2020 全国住房公积金年度报告汇编

Annual Report for National Housing Provident Funds 2020

（上册）

住房和城乡建设部住房公积金监管司 主编

中国建筑工业出版社

图书在版编目（CIP）数据

2020全国住房公积金年度报告汇编：上、下册／住房和城乡建设部住房公积金监管司主编. — 北京：中国建筑工业出版社，2022.4
ISBN 978-7-112-27314-0

Ⅰ.①2… Ⅱ.①住… Ⅲ.①住房基金-公积金制度-研究报告-汇编-中国-2020 Ⅳ.①F299.233.1

中国版本图书馆CIP数据核字（2022）第063728号

责任编辑：范业庶　高　悦　万　李
责任校对：赵　颖

2020全国住房公积金年度报告汇编

住房和城乡建设部住房公积金监管司　主编

*

中国建筑工业出版社出版、发行（北京海淀三里河路9号）
各地新华书店、建筑书店经销
北京鸿文瀚海文化传媒有限公司制版
北京中科印刷有限公司印刷

*

开本：880毫米×1230毫米　1/16　印张：111½　字数：3034千字
2022年4月第一版　　2022年4月第一次印刷
定价：420.00元（上、下册）
ISBN 978-7-112-27314-0
（38941）

版权所有　翻印必究
如有印装质量问题，可寄本社图书出版中心退换

（邮政编码 100037）

《2020 全国住房公积金年度报告汇编》指导委员会

指导委员会成员：（按姓氏笔画排序）

王　茜　　王旭东　　王建业　　王晓阳　　乌欣佳

庄欠华　　刘　帝　　刘　涛　　刘丽媛　　刘晓庆

孙　康　　杜凌波　　李　迎　　李　剑　　李　莹

李洋宇　　李晓娟　　李晓霞　　李慧群　　杨　帆

杨　林　　杨佳燕　　邱修海　　邹　澜　　陈　燕

陈彩林　　郑玉玲　　孟　萍　　耿江华　　夏剑君

倪吉信　　崔　勇　　葛　峰　　蒋俊锋　　翟　鹰

前 言

2020年是决胜全面建成小康社会和"十三五"规划的收官之年,住房公积金全系统坚持以习近平新时代中国特色社会主义思想为指导,坚决贯彻落实党中央、国务院决策部署,坚持以人民为中心的发展思想,坚持稳中求进工作总基调,坚持房子是用来住的、不是用来炒的定位,以满足缴存职工基本住房需求为目标,助力实现住有所居,各项工作取得了新的成效。

面对突如其来的新冠肺炎疫情,住房公积金系统积极应对,实施住房公积金阶段性支持政策,为企业和职工纾难解困;强化线上业务办理,优化线下服务,有序恢复窗口服务,确保疫情防控与业务办理两不误。

站在"两个一百年"的历史交汇点,全面建设社会主义现代化国家新征程已经开启。回望2020年,住房公积金人深入学习贯彻习近平总书记关于住房和城乡建设工作的重要指示批示精神,研究探索住房公积金支持租赁住房发展,稳步推进住房公积金区域协调发展机制建设,进一步增强住房公积金制度的普惠性和互助性,提升运行效率;研究扩大住房公积金缴存覆盖面,推动灵活就业人员参加住房公积金制度试点,住房公积金服务群体范围稳步扩大,非公有制缴存单位职工占比持续增加;加大职工租房和购房的支持力度,为发展租赁住房和城镇老旧小区改造提供资金支持,减轻缴存职工住房消费负担,有力保障基本住房需求;完善全国住房公积金数据平台,开发建设全国住房公积金监管服务平台,信息化建设和监管效能取得新成果;全国341个设区城市(地、州、盟)住房公积金管理中心如期实现了3个高频事项"跨省通办"与全国异地转移接续平台直连任务,其中337个住房公积金管理中心建成了住房公积金综合服务平台,管理服务水平大幅提升。

展望未来,住房公积金全系统将以更加昂扬的斗志、更加坚定的信心和更加扎实的工作,推动住房公积金事业高质量发展,为全面建设社会主义现代化国家作出新的更大贡献。

目　　录

上　　册

全国住房公积金 2020 年年度报告 ………………………………………………………… 2
北京住房公积金 2020 年年度报告 ………………………………………………………… 18
天津市住房公积金 2020 年年度报告 ……………………………………………………… 24
河北省住房公积金 2020 年年度报告 ……………………………………………………… 30
　石家庄住房公积金 2020 年年度报告 …………………………………………………… 33
　唐山市住房公积金 2020 年年度报告 …………………………………………………… 40
　秦皇岛市住房公积金 2020 年年度报告 ………………………………………………… 44
　邯郸市住房公积金 2020 年年度报告 …………………………………………………… 48
　邢台市住房公积金 2020 年年度报告 …………………………………………………… 52
　保定市住房公积金 2020 年年度报告 …………………………………………………… 57
　张家口市住房公积金 2020 年年度报告 ………………………………………………… 65
　承德市住房公积金 2020 年年度报告 …………………………………………………… 69
　沧州市住房公积金 2020 年年度报告 …………………………………………………… 74
　廊坊市住房公积金 2020 年年度报告 …………………………………………………… 81
　衡水市住房公积金 2020 年年度报告 …………………………………………………… 86
山西省住房公积金 2020 年年度报告 ……………………………………………………… 92
　太原住房公积金 2020 年年度报告 ……………………………………………………… 95
　大同市住房公积金 2020 年年度报告 …………………………………………………… 101
　阳泉市住房公积金 2020 年年度报告 …………………………………………………… 105
　长治市住房公积金 2020 年年度报告 …………………………………………………… 111
　晋城市住房公积金 2020 年年度报告 …………………………………………………… 115
　朔州市住房公积金 2020 年年度报告 …………………………………………………… 120
　晋中市住房公积金 2020 年年度报告 …………………………………………………… 125
　运城市住房公积金 2020 年年度报告 …………………………………………………… 130

忻州市住房公积金2020年年度报告 …… 133

临汾市住房公积金2020年年度报告 …… 138

吕梁市住房公积金2020年年度报告 …… 142

山西省省级机关住房资金管理中心住房公积金2020年年度报告 …… 146

内蒙古自治区住房公积金2020年年度报告 …… 154

呼和浩特住房公积金2020年年度报告 …… 157

包头市住房公积金2020年年度报告 …… 162

乌海市住房公积金2020年年度报告 …… 165

赤峰市住房公积金2020年年度报告 …… 170

通辽市住房公积金2020年年度报告 …… 174

鄂尔多斯市住房公积金2020年年度报告 …… 179

呼伦贝尔市住房公积金2020年年度报告 …… 182

巴彦淖尔市住房公积金2020年年度报告 …… 187

乌兰察布市住房公积金2020年年度报告 …… 192

兴安盟住房公积金2020年年度报告 …… 196

锡林郭勒盟住房公积金2020年年度报告 …… 201

阿拉善盟住房公积金2020年年度报告 …… 205

满洲里市住房公积金2020年年度报告 …… 210

辽宁省住房公积金2020年年度报告 …… 216

沈阳住房公积金2020年年度报告 …… 219

大连市住房公积金2020年年度报告 …… 229

鞍山市住房公积金2020年年度报告 …… 234

抚顺市住房公积金2020年年度报告 …… 238

本溪市住房公积金2020年年度报告 …… 244

丹东市住房公积金2020年年度报告 …… 248

锦州市住房公积金2020年年度报告 …… 252

营口市住房公积金2020年年度报告 …… 256

阜新市住房公积金2020年年度报告 …… 260

辽阳市住房公积金2020年年度报告 …… 266

盘锦市住房公积金2020年年度报告 …… 270

铁岭市住房公积金2020年年度报告 …… 277

朝阳市住房公积金2020年年度报告 …… 282

葫芦岛市住房公积金2020年年度报告 …… 285

吉林省住房公积金 2020 年年度报告 ·········· 292
　长春地区住房公积金 2020 年年度报告 ·········· 295
　吉林市住房公积金 2020 年年度报告 ·········· 305
　四平市住房公积金 2020 年年度报告 ·········· 309
　辽源市住房公积金 2020 年年度报告 ·········· 313
　通化市住房公积金 2020 年年度报告 ·········· 316
　白山市住房公积金 2020 年年度报告 ·········· 319
　松原市住房公积金 2020 年年度报告 ·········· 323
　白城市住房公积金 2020 年年度报告 ·········· 327
　延边朝鲜族自治州住房公积金 2020 年年度报告 ·········· 331

黑龙江省住房公积金 2020 年年度报告 ·········· 338
　哈尔滨住房公积金 2020 年年度报告 ·········· 344
　齐齐哈尔市住房公积金 2020 年年度报告 ·········· 348
　鸡西市住房公积金 2020 年年度报告 ·········· 352
　鹤岗市住房公积金 2020 年年度报告 ·········· 357
　双鸭山市住房公积金 2020 年年度报告 ·········· 362
　大庆市住房公积金 2020 年年度报告 ·········· 366
　伊春市住房公积金 2020 年年度报告 ·········· 371
　佳木斯市住房公积金 2020 年年度报告 ·········· 375
　七台河市住房公积金 2020 年年度报告 ·········· 378
　牡丹江市住房公积金 2020 年年度报告 ·········· 381
　黑河市住房公积金 2020 年年度报告 ·········· 384
　绥化市住房公积金 2020 年年度报告 ·········· 387
　大兴安岭地区住房公积金 2020 年年度报告 ·········· 390
　省直住房公积金 2020 年年度报告 ·········· 394
　哈尔滨住房公积金管理中心农垦分中心住房公积金 2020 年年度报告 ·········· 398
　黑龙江省森工林区住房公积金 2020 年年度报告 ·········· 402
　电力分中心住房公积金 2020 年年度报告 ·········· 406

上海市住房公积金 2020 年年度报告 ·········· 412

江苏省住房公积金 2020 年年度报告 ·········· 422
　南京住房公积金 2020 年年度报告 ·········· 427
　无锡市住房公积金 2020 年年度报告 ·········· 432
　徐州市住房公积金 2020 年年度报告 ·········· 438

常州市住房公积金2020年年度报告	443
苏州市住房公积金2020年年度报告	447
南通市住房公积金2020年年度报告	455
连云港市住房公积金2020年年度报告	460
淮安市住房公积金2020年年度报告	464
盐城市住房公积金2020年年度报告	469
扬州市住房公积金2020年年度报告	475
镇江市住房公积金2020年年度报告	478
泰州市住房公积金2020年年度报告	485
宿迁市住房公积金2020年年度报告	491
浙江省住房公积金2020年年度报告	**498**
杭州住房公积金2020年年度报告	501
宁波市住房公积金2020年年度报告	510
温州市住房公积金2020年年度报告	516
嘉兴市住房公积金2020年年度报告	521
湖州市住房公积金2020年年度报告	526
绍兴市住房公积金2020年年度报告	530
金华市住房公积金2020年年度报告	535
衢州市住房公积金2020年年度报告	540
舟山市住房公积金2020年年度报告	545
丽水市住房公积金2020年年度报告	549
台州市住房公积金2020年年度报告	556
安徽省住房公积金2020年年度报告	**562**
合肥住房公积金2020年年度报告	565
芜湖市住房公积金2020年年度报告	569
蚌埠市住房公积金2020年年度报告	573
淮南市住房公积金2020年年度报告	576
马鞍山市住房公积金2020年年度报告	580
淮北市住房公积金2020年年度报告	585
铜陵市住房公积金2020年年度报告	591
安庆市住房公积金2020年年度报告	594
黄山市住房公积金2020年年度报告	598
滁州市住房公积金2020年年度报告	602

阜阳市住房公积金 2020 年年度报告	606
宿州市住房公积金 2020 年年度报告	610
六安市住房公积金 2020 年年度报告	614
亳州市住房公积金 2020 年年度报告	618
池州市住房公积金 2020 年年度报告	622
宣城市住房公积金 2020 年年度报告	626

福建省住房公积金 2020 年年度报告 ……… 634
   福州住房公积金 2020 年年度报告 ……… 637
   厦门市住房公积金 2020 年年度报告 ……… 642
   莆田市住房公积金 2020 年年度报告 ……… 648
   三明市住房公积金 2020 年年度报告 ……… 652
   泉州市住房公积金 2020 年年度报告 ……… 656
   漳州市住房公积金 2020 年年度报告 ……… 661
   南平市住房公积金 2020 年年度报告 ……… 665
   龙岩市住房公积金 2020 年年度报告 ……… 669
   宁德市住房公积金 2020 年年度报告 ……… 674
   平潭综合实验区住房公积金 2020 年年度报告 ……… 678

江西省住房公积金 2020 年年度报告 ……… 684
   南昌住房公积金 2020 年年度报告 ……… 687
   景德镇市住房公积金 2020 年年度报告 ……… 691
   萍乡市住房公积金 2020 年年度报告 ……… 694
   九江市住房公积金 2020 年年度报告 ……… 698
   新余市住房公积金 2020 年年度报告 ……… 702
   鹰潭市住房公积金 2020 年年度报告 ……… 706
   赣州市住房公积金 2020 年年度报告 ……… 711
   吉安市住房公积金 2020 年年度报告 ……… 715
   宜春市住房公积金 2020 年年度报告 ……… 720
   抚州市住房公积金 2020 年年度报告 ……… 724
   上饶市住房公积金 2020 年年度报告 ……… 728

山东省住房公积金 2020 年年度报告 ……… 734
   济南住房公积金 2020 年年度报告 ……… 740
   青岛市住房公积金 2020 年年度报告 ……… 744
   淄博市住房公积金 2020 年年度报告 ……… 749

枣庄市住房公积金 2020 年年度报告	754
东营市住房公积金 2020 年年度报告	759
烟台市住房公积金 2020 年年度报告	765
潍坊市住房公积金 2020 年年度报告	769
济宁市住房公积金 2020 年年度报告	775
泰安市住房公积金 2020 年年度报告	779
威海市住房公积金 2020 年年度报告	784
日照市住房公积金 2020 年年度报告	788
临沂市住房公积金 2020 年年度报告	793
德州市住房公积金 2020 年年度报告	797
聊城市住房公积金 2020 年年度报告	800
滨州市住房公积金 2020 年年度报告	805
菏泽市住房公积金 2020 年年度报告	809
河南省住房公积金 2020 年年度报告	**816**
郑州住房公积金 2020 年年度报告	819
开封市住房公积金 2020 年年度报告	828
洛阳市住房公积金 2020 年年度报告	833
平顶山市住房公积金 2020 年年度报告	837
安阳市（含滑县）住房公积金 2020 年年度报告	841
鹤壁市住房公积金 2020 年年度报告	847
新乡市住房公积金 2020 年年度报告	853
焦作市住房公积金 2020 年年度报告	859
濮阳市住房公积金 2020 年年度报告	864
许昌市住房公积金 2020 年年度报告	868
漯河市住房公积金 2020 年年度报告	872
三门峡市住房公积金 2020 年年度报告	877
南阳市住房公积金 2020 年年度报告	881
商丘市住房公积金 2020 年年度报告	886
信阳市住房公积金 2020 年年度报告	896
周口市住房公积金 2020 年年度报告	900
驻马店市住房公积金 2020 年年度报告	904
济源市住房公积金 2020 年年度报告	907

下 册

湖北省住房公积金 2020 年年度报告 914
- 武汉住房公积金 2020 年年度报告 917
- 黄石市住房公积金 2020 年年度报告 922
- 十堰市住房公积金 2020 年年度报告 926
- 宜昌市住房公积金 2020 年年度报告 932
- 襄阳市住房公积金 2020 年年度报告 937
- 鄂州市住房公积金 2020 年年度报告 941
- 荆门市住房公积金 2020 年年度报告 946
- 孝感市住房公积金 2020 年年度报告 949
- 荆州市住房公积金 2020 年年度报告 953
- 黄冈市住房公积金 2020 年年度报告 957
- 咸宁市住房公积金 2020 年年度报告 963
- 随州市住房公积金 2020 年年度报告 968
- 恩施土家族苗族自治州住房公积金 2020 年年度报告 971
- 仙桃市住房公积金 2020 年年度报告 975
- 潜江市住房公积金 2020 年年度报告 978
- 天门市住房公积金 2020 年年度报告 981
- 神农架林区住房公积金 2020 年年度报告 985

湖南省住房公积金 2020 年年度报告 990
- 长沙住房公积金 2020 年年度报告 993
- 株洲市住房公积金 2020 年年度报告 997
- 湘潭市住房公积金 2020 年年度报告 1003
- 衡阳市住房公积金 2020 年年度报告 1007
- 邵阳市住房公积金 2020 年年度报告 1011
- 岳阳市住房公积金 2020 年年度报告 1015
- 常德市住房公积金 2020 年年度报告 1020
- 张家界市住房公积金 2020 年年度报告 1024
- 郴州市住房公积金 2020 年年度报告 1028
- 永州市住房公积金 2020 年年度报告 1033
- 怀化市住房公积金 2020 年年度报告 1039
- 娄底市住房公积金 2020 年年度报告 1043

湘西土家族苗族自治州住房公积金2020年年度报告 ·············· 1047
益阳市住房公积金2020年年度报告 ·············· 1052

广东省住房公积金2020年年度报告 ·············· 1058
广州住房公积金2020年年度报告 ·············· 1061
韶关市住房公积金2020年年度报告 ·············· 1066
深圳市住房公积金2020年年度报告 ·············· 1069
珠海市住房公积金2020年年度报告 ·············· 1075
汕头市住房公积金2020年年度报告 ·············· 1079
佛山市住房公积金2020年年度报告 ·············· 1084
江门市住房公积金2020年年度报告 ·············· 1088
湛江市住房公积金2020年年度报告 ·············· 1093
茂名市住房公积金2020年年度报告 ·············· 1097
肇庆市住房公积金2020年年度报告 ·············· 1100
惠州市住房公积金2020年年度报告 ·············· 1104
梅州市住房公积金2020年年度报告 ·············· 1108
汕尾市住房公积金2020年年度报告 ·············· 1114
河源市住房公积金2020年年度报告 ·············· 1118
阳江市住房公积金2020年年度报告 ·············· 1123
清远市住房公积金2020年年度报告 ·············· 1128
东莞市住房公积金2020年年度报告 ·············· 1132
中山市住房公积金2020年年度报告 ·············· 1138
潮州市住房公积金2020年年度报告 ·············· 1142
揭阳市住房公积金2020年年度报告 ·············· 1146
云浮市住房公积金2020年年度报告 ·············· 1151

广西壮族自治区住房公积金2020年年度报告 ·············· 1158
南宁住房公积金2020年年度报告 ·············· 1162
柳州市住房公积金2020年年度报告 ·············· 1171
桂林市住房公积金2020年年度报告 ·············· 1176
梧州市住房公积金2020年年度报告 ·············· 1181
北海市住房公积金2020年年度报告 ·············· 1186
防城港市住房公积金2020年年度报告 ·············· 1191
钦州市住房公积金2020年年度报告 ·············· 1197
贵港市住房公积金2020年年度报告 ·············· 1203

玉林市住房公积金2020年年度报告	1210
百色市住房公积金2020年年度报告	1215
贺州市住房公积金2020年年度报告	1220
来宾市住房公积金2020年年度报告	1227
崇左市住房公积金2020年年度报告	1231
河池市住房公积金2020年年度报告	1236
海南省住房公积金2020年年度报告	**1244**
重庆市住房公积金2020年年度报告	**1250**
四川省住房公积金2020年年度报告	**1256**
成都住房公积金2020年年度报告	1259
自贡市住房公积金2020年年度报告	1264
攀枝花市住房公积金2020年年度报告	1268
泸州市住房公积金2020年年度报告	1273
德阳市住房公积金2020年年度报告	1277
绵阳市住房公积金2020年年度报告	1282
广元市住房公积金2020年年度报告	1285
遂宁市住房公积金2020年年度报告	1289
内江市住房公积金2020年年度报告	1293
乐山市住房公积金2020年年度报告	1297
南充市住房公积金2020年年度报告	1301
宜宾市住房公积金2020年年度报告	1305
广安市住房公积金2020年年度报告	1309
达州市住房公积金2020年年度报告	1314
巴中市住房公积金2020年年度报告	1317
雅安市住房公积金2020年年度报告	1322
眉山市住房公积金2020年年度报告	1325
资阳市住房公积金2020年年度报告	1329
阿坝藏族羌族自治州住房公积金2020年年度报告	1333
甘孜藏族自治州住房公积金2020年年度报告	1337
凉山彝族自治州住房公积金2020年年度报告	1341
贵州省住房公积金2020年年度报告	**1348**
贵阳住房公积金2020年年度报告	1351
六盘水市住房公积金2020年年度报告	1356

遵义市住房公积金2020年年度报告 …… 1360

安顺市住房公积金2020年年度报告 …… 1363

毕节市住房公积金2020年年度报告 …… 1367

铜仁市住房公积金2020年年度报告 …… 1371

黔西南布依族苗族自治州住房公积金2020年年度报告 …… 1376

黔东南苗族侗族自治州住房公积金2020年年度报告 …… 1380

黔南布依族苗族自治州住房公积金2020年年度报告 …… 1384

云南省住房公积金2020年年度报告 …… 1390

昆明住房公积金2020年年度报告 …… 1394

曲靖市住房公积金2020年年度报告 …… 1399

玉溪市住房公积金2020年年度报告 …… 1403

保山市住房公积金2020年年度报告 …… 1410

昭通市住房公积金2020年年度报告 …… 1417

丽江市住房公积金2020年年度报告 …… 1421

普洱市住房公积金2020年年度报告 …… 1424

临沧市住房公积金2020年年度报告 …… 1429

楚雄彝族自治州住房公积金管理中心2020年工作报告 …… 1434

红河哈尼族彝族自治州住房公积金2020年年度报告 …… 1441

文山壮族苗族自治州住房公积金2020年年度报告 …… 1446

西双版纳傣族自治州住房公积金2020年年度报告 …… 1449

大理白族自治州住房公积金2020年年度报告 …… 1453

德宏傣族景颇族自治州住房公积金2020年年度报告 …… 1457

怒江傈僳族自治州住房公积金2020年年度报告 …… 1460

迪庆藏族自治州住房公积金2020年年度报告 …… 1463

西藏自治区住房公积金2020年年度报告 …… 1468

拉萨市市直住房公积金2020年年度报告 …… 1471

日喀则市住房公积金2020年年度报告 …… 1474

昌都市住房公积金2020年年度报告 …… 1478

山南市住房公积金2020年年度报告 …… 1481

那曲市住房公积金2020年年度报告 …… 1484

阿里地区住房公积金2020年年度报告 …… 1488

林芝市住房公积金2020年年度报告 …… 1492

甘肃省住房公积金2020年年度报告 …… 1498

兰州住房公积金 2020 年年度报告 ·· 1501
嘉峪关市住房公积金 2020 年年度报告 ··· 1509
金昌市住房公积金 2020 年年度报告 ··· 1514
白银市住房公积金 2020 年年度报告 ··· 1518
天水市住房公积金 2020 年年度报告 ··· 1523
武威市住房公积金 2020 年年度报告 ··· 1527
张掖市住房公积金 2020 年年度报告 ··· 1531
平凉市住房公积金 2020 年年度报告 ··· 1536
酒泉市住房公积金 2020 年年度报告 ··· 1540
庆阳市住房公积金 2020 年年度报告 ··· 1545
定西市住房公积金 2020 年年度报告 ··· 1549
陇南市住房公积金 2020 年年度报告 ··· 1553
临夏回族自治州住房公积金 2020 年年度报告 ··· 1556
甘南州住房公积金 2020 年年度报告 ··· 1559

陕西省住房公积金 2020 年年度报告 ··· 1566
西安住房公积金 2020 年年度报告 ··· 1569
铜川市住房公积金 2020 年年度报告 ··· 1574
宝鸡市住房公积金 2020 年年度报告 ··· 1577
咸阳市住房公积金 2020 年年度报告 ··· 1582
渭南市住房公积金 2020 年年度报告 ··· 1585
延安市住房公积金 2020 年年度报告 ··· 1590
汉中市住房公积金 2020 年年度报告 ··· 1594
榆林市住房公积金 2020 年年度报告 ··· 1599
安康市住房公积金 2020 年年度报告 ··· 1604
商洛市住房公积金 2020 年年度报告 ··· 1607
杨凌示范区住房公积金 2020 年年度报告 ··· 1611

青海省住房公积金 2020 年年度报告 ··· 1616
西宁住房公积金 2020 年年度报告 ··· 1619
海东市住房公积金 2020 年年度报告 ··· 1625
海北藏族自治州住房公积金 2020 年年度报告 ··· 1627
黄南藏族自治州住房公积金 2020 年年度报告 ··· 1632
海南藏族自治州住房公积金 2020 年年度报告 ··· 1635
果洛藏族自治州住房公积金 2020 年年度报告 ··· 1638

| 玉树藏族自治州住房公积金2020年年度报告 | 1641 |
| 海西蒙古族藏族自治州住房公积金2020年年度报告 | 1645 |

宁夏回族自治区住房公积金2020年年度报告 … 1652

银川住房公积金2020年年度报告	1655
石嘴山市住房公积金2020年年度报告	1661
吴忠市住房公积金2020年年度报告	1665
固原市住房公积金2020年年度报告	1669
中卫市住房公积金2020年年度报告	1672

新疆维吾尔自治区住房公积金2020年年度报告 … 1680

乌鲁木齐住房公积金2020年年度报告	1684
克拉玛依市住房公积金2020年年度报告	1687
吐鲁番市住房公积金2020年年度报告	1691
哈密市住房公积金2020年年度报告	1695
昌吉回族自治州住房公积金2020年年度报告	1699
博尔塔拉蒙古自治州住房公积金2020年年度报告	1703
巴音郭楞蒙古自治州住房公积金2020年年度报告	1707
阿克苏地区住房公积金2020年年度报告	1710
克孜勒苏柯尔克孜自治州住房公积金2020年年度报告	1713
喀什地区住房公积金2020年年度报告	1717
和田地区住房公积金2020年年度报告	1720
伊犁哈萨克自治州住房公积金2020年年度报告	1724
塔城地区住房公积金2020年年度报告	1728
阿勒泰地区住房公积金2020年年度报告	1732

新疆生产建设兵团住房公积金2020年年度报告 … 1738

索引 … 1742

2020 全国住房公积金年度报告汇编

全 国

全国住房公积金 2020 年年度报告[1]

2020年，住房公积金系统坚持以习近平新时代中国特色社会主义思想为指导，深入贯彻党的十九大和十九届二中、三中、四中、五中全会精神，坚决贯彻落实党中央、国务院决策部署，牢固树立以人民为中心的发展思想，坚持稳中求进工作总基调，坚持房子是用来住的、不是用来炒的定位，以保障缴存职工基本住房需求为目标，在妥善应对新冠肺炎疫情的同时，稳步推进住房公积金制度改革完善，加强信息化建设，持续提升管理规范化和服务便捷化水平，住房公积金制度运行安全平稳。根据《住房公积金管理条例》和《住房和城乡建设部 财政部 中国人民银行关于健全住房公积金信息披露制度的通知》（建金〔2015〕26号）有关规定，现将全国住房公积金2020年年度报告公布如下。

一、机构概况

（一）根据《住房公积金管理条例》规定，住房和城乡建设部会同财政部、中国人民银行负责拟定住房公积金政策，并监督执行。住房和城乡建设部设立住房公积金监管司，各省、自治区住房和城乡建设厅设立住房公积金监管处（办），分别负责全国、省（自治区）住房公积金日常监管工作。截至2020年末，国家、省两级住房公积金专职监管人员共计137人。

（二）直辖市和省、自治区人民政府所在地的市以及其他设区的市（地、州、盟）设立住房公积金管理委员会，作为住房公积金管理决策机构，负责在《住房公积金管理条例》框架内审议住房公积金决策事项，制定和调整住房公积金具体管理措施并监督实施。截至2020年末，全国共设有住房公积金管理委员会341个。

（三）直辖市和省、自治区人民政府所在地的市以及其他设区的市（地、州、盟）设立住房公积金管理中心，负责住房公积金的管理运作。截至2020年末，全国共设有住房公积金管理中心341个；未纳入设区城市统一管理的分支机构137个，其中，省直分支机构24个，石油、电力、煤炭等企业分支机构69个，区县分支机构44个。全国住房公积金服务网点3452个。全国住房公积金从业人员4.47万人，其中，在编2.68万人，非在编1.79万人。

（四）按照中国人民银行的规定，住房公积金贷款、结算等金融业务委托住房公积金管理委员会指定的商业银行办理。受委托商业银行主要为工商银行、农业银行、中国银行、建设银行、交通银行等。

二、业务运行情况

2020年，住房公积金缴存额26210.83亿元，提取额18551.18亿元，发放个人住房贷款13360.04亿元，购买国债5.04亿元。截至2020年末，缴存余额73041.40亿元，个人住房贷款余额62313.53亿元，保障性住房建设试点项目贷款余额5.61亿元，国债余额11.24亿元，住房公积金结余资金[2] 10711.02亿元。

（一）缴存。2020年，住房公积金实缴单位365.38万个，实缴职工15327.70万人，分别比上年增长13.33%和3.00%。新开户单位68.92万个，新开户职工1835.11万人。

2020年，住房公积金缴存额26210.83亿元，比上年增长10.55%。

截至2020年末，住房公积金累计缴存总额195834.91亿元，缴存余额73041.40亿元，结余资金10711.02亿元，分别比上年末增长15.46%、11.73%和13.21%。见表1、表2。

2020年分地区住房公积金缴存情况　　　　　　　　　　　　　　　　　　　表1

地区	实缴单位（万个）	实缴职工（万人）	缴存额（亿元）	累计缴存总额（亿元）	缴存余额（亿元）
全国	**365.38**	**15327.70**	**26210.83**	**195834.91**	**73041.40**
北京	34.93	882.98	2471.47	17781.39	5491.08
天津	7.59	281.83	569.45	5057.62	1628.55
河北	6.97	520.98	706.07	5808.52	2490.44
山西	4.94	343.18	445.78	3606.48	1462.66
内蒙古	4.43	252.34	442.75	3517.90	1544.53
辽宁	9.85	504.26	845.34	8033.92	2806.71
吉林	4.35	245.16	370.29	3225.30	1332.41
黑龙江	4.20	289.44	494.83	4155.38	1659.67
上海	45.15	884.33	1687.39	12774.99	5361.77
江苏	39.88	1408.74	2280.95	16113.81	5478.98
浙江	30.89	924.02	1814.86	12794.09	3927.69
安徽	7.26	454.47	762.65	6240.53	1992.03
福建	14.02	438.56	740.36	5530.36	1913.66
江西	5.01	285.67	498.08	3305.91	1515.08
山东	19.41	1011.60	1436.94	10799.89	4250.65
河南	8.81	659.12	881.41	6242.62	2842.37
湖北	8.23	495.97	927.38	6577.39	3022.17
湖南	7.65	475.22	749.09	5230.53	2445.74
广东	46.51	1976.60	2904.39	20757.10	6740.04
广西	6.03	310.55	528.77	3931.74	1357.42
海南	3.45	110.42	142.12	1,102.15	483.82
重庆	4.22	273.86	475.57	3388.32	1211.28
四川	13.68	724.47	1197.79	8706.21	3593.96
贵州	5.17	269.30	455.15	2924.48	1284.29
云南	5.68	286.40	591.63	4583.92	1657.25
西藏	0.54	35.92	111.29	709.35	343.18
陕西	6.93	418.54	592.90	4380.84	1828.94
甘肃	3.39	195.06	324.11	2576.89	1145.49
青海	1.07	55.73	127.08	1007.81	345.39
宁夏	1.04	66.49	115.79	1008.72	353.93
新疆	3.58	220.68	471.14	3616.21	1377.96
新疆兵团	0.52	25.81	47.99	344.54	152.26

2020年分类型单位住房公积金缴存情况 表2

单位性质	缴存单位（万个）	占比（%）	实缴职工（万人）	占比（%）	新开户职工（万人）	占比（%）
国家机关和事业单位	72.61	19.87	4513.36	29.45	239.65	13.06
国有企业	21.57	5.90	2907.38	18.97	201.29	10.97
城镇集体企业	4.54	1.24	236.82	1.54	25.70	1.40
外商投资企业	10.86	2.97	1174.73	7.66	154.72	8.43
城镇私营企业及其他城镇企业	207.95	56.92	5358.40	34.96	989.37	53.91
民办非企业单位和社会团体	8.88	2.43	269.16	1.76	47.68	2.60
其他类型单位	38.96	10.67	867.85	5.66	176.69	9.63
合计	365.38	100.00	15327.70	100.00	1835.11	100.00

"十三五"期间，住房公积金缴存额累计106264.77亿元，年均增长12.16%。"十三五"期末缴存余额比"十二五"期末增长79.57%。见图1。

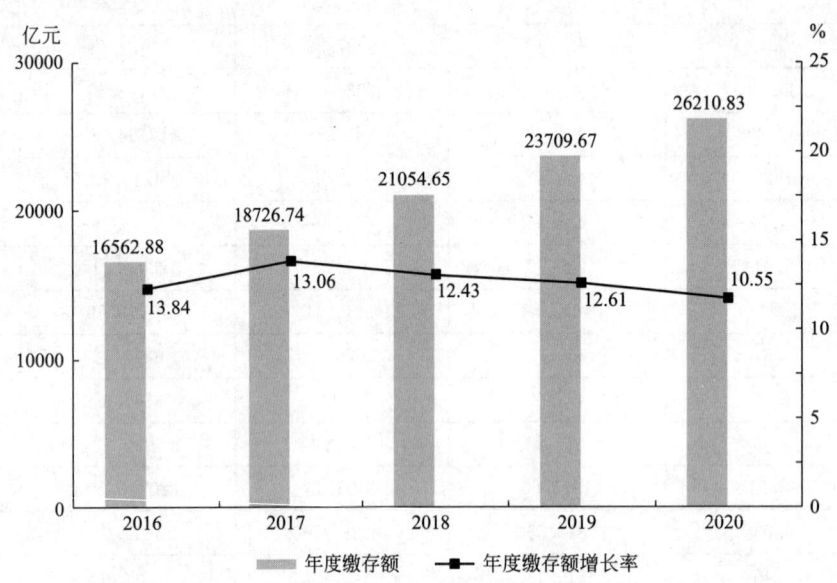

图1 "十三五"期间住房公积金缴存额及增长率

（二）提取。2020年，住房公积金提取人数6083.42万人，占实缴职工人数的39.69%；提取额18551.18亿元，比上年增长13.94%；提取率[3] 70.78%，比上年增加2.11个百分点。

截至2020年末，住房公积金累计提取总额122793.52亿元，占累计缴存总额的62.70%。见表3。

2020年分地区住房公积金提取情况 表3

地区	提取额（亿元）	提取率（%）	住房消费类提取额（亿元）	非住房消费类提取额（亿元）	累计提取总额（亿元）
全国	18551.18	70.78	15130.52	3420.66	122793.52
北京	1825.38	73.86	1633.17	192.23	12290.32
天津	414.79	72.84	321.64	93.15	3429.07

续表

地区	提取额（亿元）	提取率（％）	住房消费类提取额（亿元）	非住房消费类提取额（亿元）	累计提取总额（亿元）
河北	439.24	62.21	311.24	128.00	3318.08
山西	251.83	56.49	183.60	68.23	2143.83
内蒙古	304.33	68.74	221.11	83.22	1973.36
辽宁	653.49	77.30	496.46	157.02	5227.22
吉林	271.30	73.27	178.34	92.96	1892.89
黑龙江	321.04	64.88	214.94	106.10	2495.71
上海	1046.75	62.03	868.79	177.95	7413.22
江苏	1702.28	74.63	1430.63	271.65	10634.83
浙江	1461.04	80.50	1258.64	202.40	8866.34
安徽	571.44	74.93	469.98	101.46	4248.50
福建	566.02	76.45	462.50	103.52	3616.71
江西	322.29	64.71	247.76	74.54	1790.83
山东	1033.05	71.89	829.86	203.18	6549.24
河南	568.30	64.48	404.68	163.61	3400.24
湖北	552.35	59.56	429.44	122.90	3555.22
湖南	450.18	60.10	332.68	117.50	2784.79
广东	2188.32	75.35	1924.56	263.76	14017.06
广西	400.30	75.70	327.82	72.48	2574.32
海南	91.53	64.40	73.23	18.30	618.33
重庆	346.27	72.81	284.53	61.74	2177.05
四川	772.52	64.50	631.39	141.13	5112.25
贵州	312.44	68.65	254.99	57.45	1640.18
云南	473.70	80.07	392.62	81.08	2926.67
西藏	68.93	61.94	55.79	13.14	366.16
陕西	354.30	59.76	277.46	76.84	2551.90
甘肃	229.94	70.95	177.93	52.01	1431.41
青海	111.42	87.68	86.27	25.15	662.42
宁夏	88.32	76.28	69.34	18.99	654.79
新疆	324.12	68.80	256.31	67.82	2238.25
新疆兵团	33.97	70.78	22.82	11.15	192.28

"十三五"期间，住房公积金提取额累计73930.14亿元，年均增长12.39%。见图2。

1. 提取用于租赁住房和老旧小区改造。

2020年，支持1226.42万人提取住房公积金1188.51亿元用于租赁住房，分别占当年提取人数、提取金额的20.16%、6.41%。见图3。

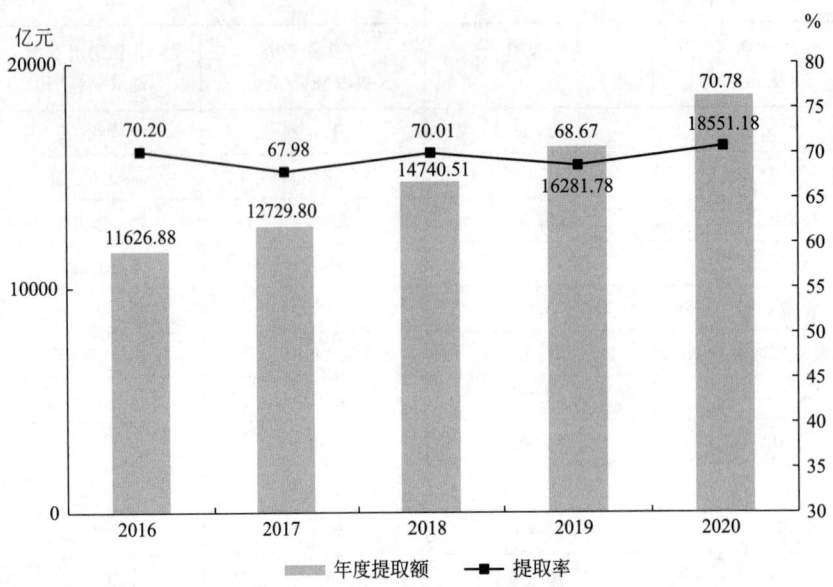

图 2 "十三五"期间住房公积金提取额及提取率

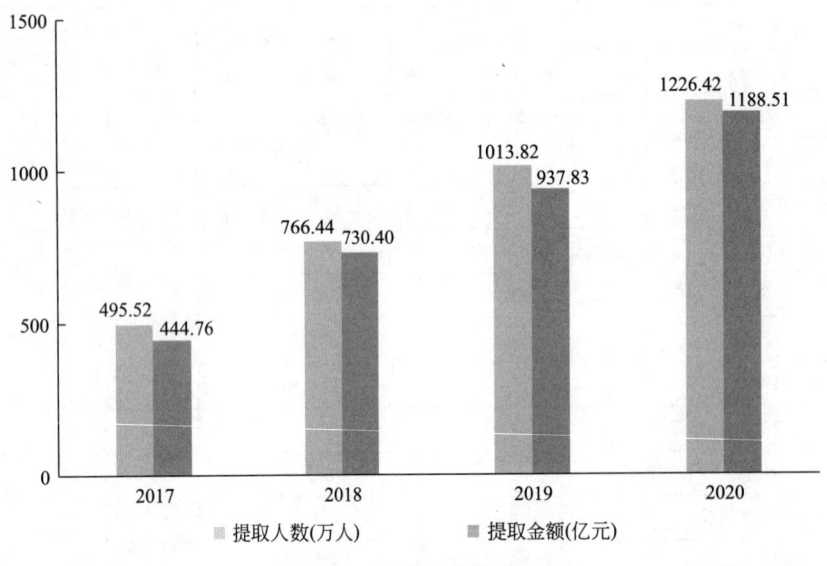

图 3 租赁住房提取

支持 0.51 万人提取住房公积金 2.11 亿元用于老旧小区改造，分别占当年提取人数、提取金额的 0.01%、0.01%。

2. 提取用于购买、建造、翻建、大修自住住房和偿还购房贷款利息。

2020 年，支持 3891.57 万人提取住房公积金用于购买、建造、翻建、大修自住住房和偿还购房贷款利息，共计 13803.19 亿元，分别占当年提取人数、提取金额的 63.97%、74.41%。见图 4。

3. 离退休等提取。

2020 年，支持 964.83 万人因离退休等原因提取住房公积金，共计 3557.37 亿元，分别占当年提取人数、提取金额的 15.86%、19.18%。见表 4。

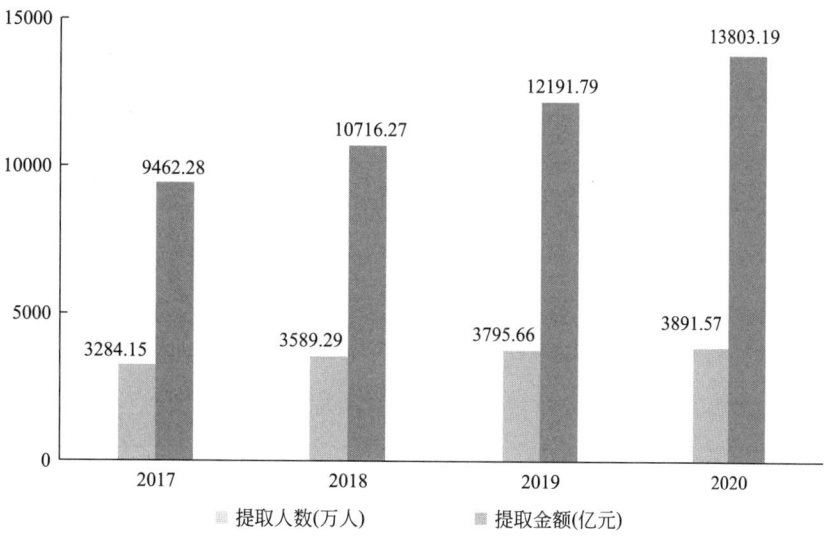

图 4 购买、建造、翻建、大修自住住房和偿还购房贷款利息提取

2020 年分类型住房公积金提取情况 表 4

	提取原因	提取人数（万人）	占比（%）	提取金额（亿元）	占比（%）
住房消费类	购买、建造、翻建、大修自住住房	745.83	12.26	5118.26	27.59
	偿还购房贷款本息	3145.74	51.71	8684.93	46.82
	租赁住房	1226.42	20.16	1188.51	6.41
	老旧小区改造	0.51	0.01	2.11	0.01
	其他	135.05	2.22	136.71	0.74
非住房消费类	离退休	248.20	4.08	2370.31	12.78
	丧失劳动能力，与单位终止劳动关系	223.26	3.67	325.12	1.75
	出境定居或户口迁移	55.97	0.92	67.15	0.36
	死亡或宣告死亡	11.56	0.19	75.31	0.41
	其他	290.79	4.78	582.77	3.14
	合计	6083.42	100.00	18551.18	100.00

（三）贷款。

1. 个人住房贷款。

2020 年，发放住房公积金个人住房贷款 302.77 万笔，比上年增长 5.85%；发放金额 13360.04 亿元，比上年增长 10.06%；回收金额 6947.47 亿元，比上年增长 13.87%。

截至 2020 年末，累计发放住房公积金个人住房贷款 3924.31 万笔、111337.58 亿元，分别比上年末增长 8.38% 和 13.66%；个人住房贷款余额 62313.53 亿元，比上年末增长 11.51%；个人住房贷款率[4] 85.31%，比上年末减少 0.17 个百分点。见表 5、表 6。

2020年分地区住房公积金个人住房贷款情况　　　　表5

地区	放贷笔数 （万笔）	贷款发放额 （亿元）	累计放贷笔数 （万笔）	累计贷款总额 （亿元）	贷款余额 （亿元）	个人住房贷款率 （％）
全国	**302.77**	**13360.04**	**3924.31**	**111337.58**	**62313.53**	**85.31**
北京	8.30	627.82	126.29	7544.02	4571.29	83.25
天津	5.24	241.90	107.56	3440.71	1465.42	89.98
河北	8.75	382.80	116.80	3059.15	1843.37	74.02
山西	6.75	296.04	67.42	1755.65	1138.90	77.87
内蒙古	6.54	249.85	117.44	2444.51	1183.97	76.66
辽宁	11.22	383.23	192.16	4553.40	2317.46	82.57
吉林	4.82	191.95	79.78	1931.27	1107.08	83.09
黑龙江	4.98	176.65	97.96	2256.99	1105.12	66.59
上海	15.07	1029.18	283.32	9757.14	4978.75	92.86
江苏	27.95	1204.26	359.62	10332.61	5328.63	97.26
浙江	18.72	870.52	211.60	7186.40	3738.61	95.19
安徽	11.94	421.07	148.42	3565.80	1947.05	97.74
福建	7.42	374.39	110.40	3278.87	1790.25	93.55
江西	6.72	263.40	85.83	2201.51	1279.11	84.43
山东	21.80	799.10	242.76	6363.52	3621.72	85.20
河南	14.09	565.75	144.90	3646.69	2259.37	79.49
湖北	13.93	668.96	151.35	4209.96	2491.10	82.43
湖南	10.32	399.23	147.84	3459.51	2107.83	86.18
广东	24.66	1272.90	224.98	8489.10	5327.83	79.05
广西	7.35	275.34	80.11	1929.95	1240.30	91.37
海南	1.90	103.39	19.59	620.00	418.96	86.60
重庆	5.53	213.63	65.72	1876.67	1195.27	98.68
四川	16.86	671.81	179.70	4782.66	2910.83	80.99
贵州	8.26	324.66	82.24	2057.84	1294.03	100.76
云南	6.85	264.82	132.06	2827.01	1343.32	81.06
西藏	1.14	72.84	10.30	421.74	249.50	72.70
陕西	8.16	358.71	87.43	2273.84	1489.80	81.46
甘肃	5.22	197.87	83.59	1675.36	875.93	76.47
青海	1.92	86.19	29.12	614.11	284.07	82.25
宁夏	1.66	69.77	29.97	654.93	286.34	80.90
新疆	7.62	260.52	100.91	1969.05	1020.80	74.08
新疆兵团	1.08	41.49	7.14	157.61	101.52	66.67

2020年分类型住房公积金个人住房贷款情况　　　　表6

类别		发放笔数（万笔）	占比（%）	金额（亿元）	占比（%）
房屋类型	新房	213.02	70.36	9060.78	67.82
	存量商品住房	87.43	28.88	4162.99	31.16
	建造、翻建、大修自住住房	0.40	0.13	14.70	0.11
	其他	1.92	0.63	121.58	0.91
房屋建筑面积	90平方米（含）以下	75.11	24.81	3563.12	26.67
	90至144平方米（含）	199.86	66.01	8509.01	63.69
	144平方米以上	27.80	9.18	1287.91	9.64
支持购房套数	首套	261.25	86.29	11524.37	86.26
	二套及以上	41.52	13.71	1835.67	13.74
贷款职工	单缴存职工	146.25	48.30	5742.15	42.98
	双缴存职工	155.80	51.46	7584.49	56.77
	三人及以上缴存职工	0.72	0.24	33.40	0.25
贷款职工年龄	30岁（含）以下	99.09	32.73	4293.92	32.14
	30岁~40岁（含）	128.40	42.41	6030.72	45.14
	40岁~50岁（含）	58.93	19.46	2438.21	18.25
	50岁以上	16.35	5.40	597.19	4.47
收入水平[5]	中、低收入	289.19	95.51	12573.13	94.11
	高收入	13.58	4.49	786.91	5.89

"十三五"期间，累计发放个人住房贷款1423.64万笔、57954.19亿元，年均发放284.73万笔、11590.84亿元。"十三五"期末个人住房贷款余额较"十二五"期末增长89.61%。个贷率从"十二五"期末的80.80%提高到85.31%。见图5。

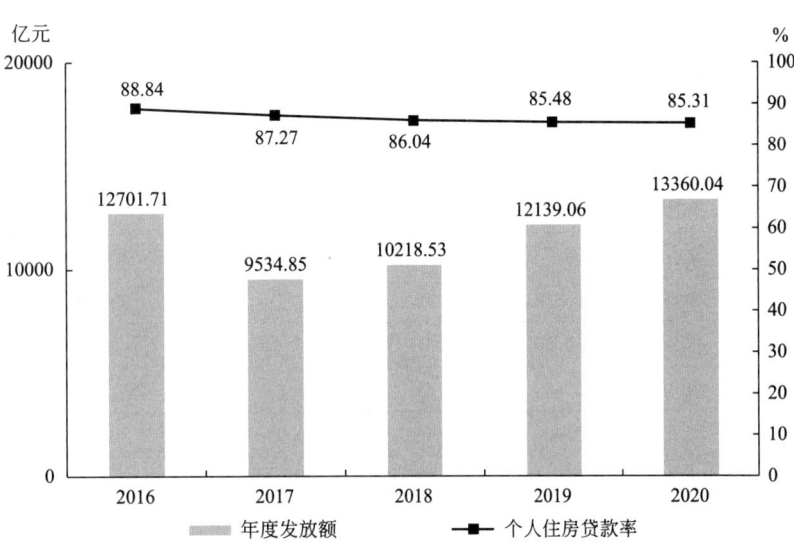

图5　"十三五"期间个人住房贷款发放额及个人住房贷款率

2. 支持保障性住房建设试点项目贷款。

近年来,支持保障性住房建设试点项目贷款工作以贷款回收为主。2020年,未发放试点项目贷款,回收试点项目贷款1.35亿元。

截至2020年末,累计向373个试点项目发放贷款872.15亿元,累计回收试点项目贷款866.54亿元,试点项目贷款余额5.61亿元。368个试点项目结清贷款本息,81个试点城市全部收回贷款本息。

(四)国债。 2020年,购买国债5.04亿元,兑付、转让、收回国债14.63亿元;截至2020年末,国债余额11.24亿元。

三、业务收支及增值收益情况

(一)业务收入。 2020年,住房公积金业务收入2316.85亿元,比上年增长12.95%。其中,存款利息400.67亿元,委托贷款利息1907.75亿元,国债利息0.44亿元,其他7.99亿元。

(二)业务支出。 2020年,住房公积金业务支出1203.68亿元,比上年增长11.96%。其中,支付缴存职工利息1068.89亿元,支付受委托银行归集手续费28.08亿元、委托贷款手续费64.24亿元,公转商贴息、融资成本等其他支出42.46亿元。

(三)增值收益。 2020年,住房公积金增值收益1113.17亿元,比上年增长14.04%;增值收益率[6]1.58%。

(四)增值收益分配。 2020年,提取住房公积金贷款风险准备金314.45亿元,提取管理费用121.38亿元,提取城市公共租赁住房(廉租住房)建设补充资金688.54亿元。见表7。

截至2020年末,累计提取住房公积金贷款风险准备金2488.07亿元,累计提取城市公共租赁住房(廉租住房)建设补充资金4692.16亿元。

2020年分地区住房公积金增值收益及分配情况 表7

地区	业务收入(亿元)	业务支出(亿元)	增值收益(亿元)	增值收益率(%)	提取贷款风险准备金(亿元)	提取管理费用(亿元)	提取公租房(廉租房)建设补充资金(亿元)
全国	2316.85	1203.68	1113.17	1.58	314.45	121.38	688.54
北京	169.57	82.67	86.90	1.67	1.68	5.89	79.33
天津	48.92	27.07	21.85	1.39	2.42	3.34	16.16
河北	77.75	38.13	39.63	1.67	2.46	6.98	30.19
山西	49.02	23.49	25.53	1.87	7.43	3.37	26.01
内蒙古	46.04	22.94	23.10	1.56	9.77	3.94	9.76
辽宁	90.05	46.00	44.05	1.61	13.99	4.63	25.43
吉林	41.33	20.70	20.64	1.61	5.83	3.29	11.52
黑龙江	48.52	25.47	23.05	1.46	0.99	2.70	19.37
上海	182.74	84.40	98.34	1.94	95.48	1.40	1.45
江苏	177.80	102.21	75.59	1.46	36.36	7.49	31.82
浙江	128.31	70.72	57.59	1.53	32.70	4.50	20.39
安徽	64.75	34.58	30.17	1.58	5.69	3.83	20.65

续表

地区	业务收入（亿元）	业务支出（亿元）	增值收益（亿元）	增值收益率（%）	提取贷款风险准备金（亿元）	提取管理费用（亿元）	提取公租房（廉租房）建设补充资金（亿元）
福建	61.01	36.10	24.90	1.35	6.27	1.50	17.13
江西	48.62	23.09	25.52	1.78	2.37	2.71	20.44
山东	135.50	71.67	63.83	1.56	0	5.54	58.29
河南	85.99	44.33	41.65	1.55	2.96	4.72	33.82
湖北	95.25	49.03	46.22	1.62	7.68	7.63	30.36
湖南	77.77	37.89	39.88	1.73	3.73	6.08	30.07
广东	218.04	114.28	103.76	1.61	38.45	7.35	57.93
广西	42.86	23.10	19.77	1.53	4.25	3.92	11.60
海南	14.97	8.11	6.87	1.48	4.12	0.71	2.17
重庆	38.17	21.40	16.76	1.45	0.99	3.06	12.71
四川	114.50	56.31	58.20	1.72	12.88	6.70	38.62
贵州	39.36	24.77	14.59	1.19	1.82	2.25	10.52
云南	51.29	26.68	24.61	1.53	0.73	4.88	18.99
西藏	6.71	5.09	1.62	0.51	0.97	0.16	0.48
陕西	54.88	29.29	25.59	1.49	3.95	4.51	17.07
甘肃	35.13	18.99	16.14	1.46	1.26	3.96	10.93
青海	12.45	5.06	7.39	2.17	3.19	0.67	3.57
宁夏	10.53	5.80	4.73	1.38	0.23	0.68	3.81
新疆	44.01	21.94	22.07	1.67	2.81	2.74	16.52
新疆兵团	4.98	2.35	2.63	1.80	0.97	0.24	1.42

（五）管理费用支出。2020年，实际支出管理费用110.97亿元，比上年减少1.36%。其中，人员经费[7] 58.17亿元，公用经费[8] 11.35亿元，专项经费[9] 41.44亿元。

四、资产风险情况

（一）个人住房贷款。截至2020年末，住房公积金个人住房贷款逾期额21.97亿元，逾期率[10] 0.04%；住房公积金个人住房贷款风险准备金余额2466.92亿元。

2020年，使用住房公积金个人住房贷款风险准备金核销呆坏账7.99万元。

（二）支持保障性住房建设试点项目贷款。2020年，试点项目贷款未发生逾期。截至2020年末，无试点项目贷款逾期。试点项目贷款风险准备金余额1.66亿元。

五、社会经济效益

（一）缴存群体进一步扩大。

2020年，全国净增住房公积金实缴单位42.98万个，净增住房公积金实缴职工446.32万人，住房公积金缴存规模持续增长。见图6。

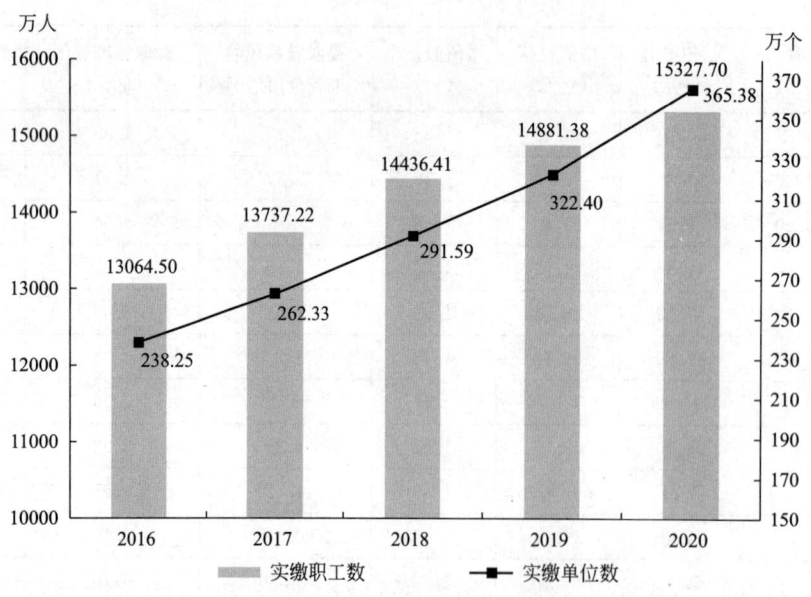

图6　2016—2020年实缴单位数和实缴职工人数

缴存职工中，城镇私营企业及其他城镇企业、外商投资企业、民办非企业单位和其他类型单位占50.04%，比上年增加1个百分点，非公有制缴存单位职工占比进一步增加。见图7。

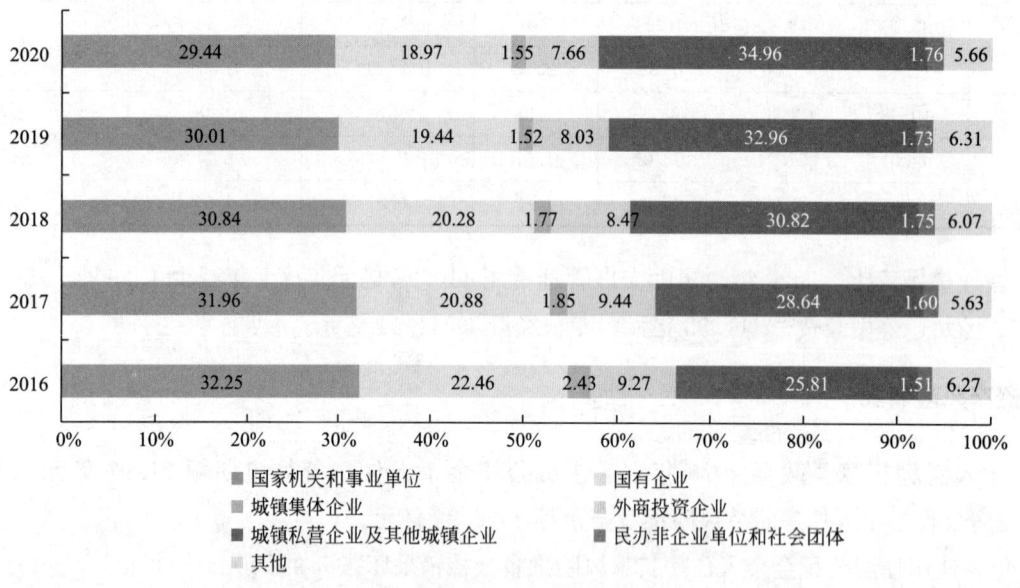

图7　2016—2020年按单位性质分缴存职工人数占比变化

新开户职工中，城镇私营企业及其他城镇企业、外商投资企业、民办非企业单位和其他类型单位的职工占比达74.57%；农业转移人口及新就业大学生等新市民1029.52万人，占全部新开户职工的56.10%，住房公积金帮助新市民在城市稳业安居发挥了积极作用。见图8。

（二）支持缴存职工住房消费。

有效支持租赁住房消费。2020年，租赁住房提取金额1188.51亿元，比上年增长26.73%，占当年提

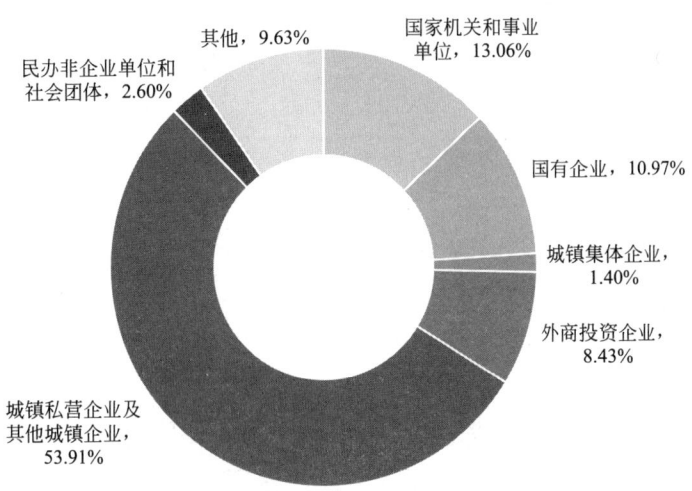

图 8　2020 年按单位性质分新开户职工人数占比

取金额的比例逐年上涨；租赁住房提取人数 1226.42 万人，比上年增长 20.97%。

大力支持城镇老旧小区改造。2020 年，支持 0.51 万人提取住房公积金 2.11 亿元用于加装电梯等自住住房改造，改善职工居住环境。

个人住房贷款重点支持中、低收入群体首套普通住房。2020 年发放的个人住房贷款笔数中，中、低收入职工贷款占 95.51%，首套住房贷款占 86.29%，144 平方米（含）以下住房贷款占 90.82%，40 岁（含）以下职工贷款占 75.14%。2020 年末，住房公积金个人住房贷款市场占有率[11] 15.30%。见图 9。

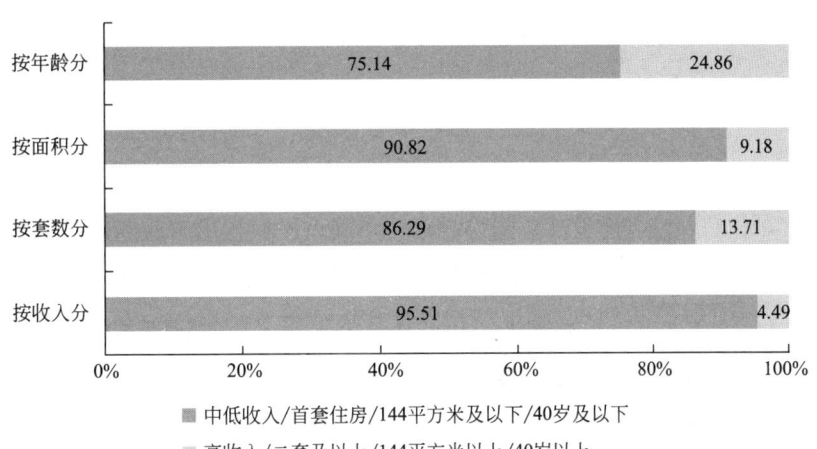

图 9　2020 年按收入、套数、面积、年龄分贷款笔数占比

2020 年，发放异地贷款[12] 18.28 万笔、742.72 亿元；截至 2020 年末，累计发放异地贷款 105.19 万笔、3586.13 亿元，余额 2603.82 亿元。

（三）支持保障性住房建设。

持续支持保障性住房建设。2020 年，提取城市公共租赁住房（廉租住房）建设补充资金占当年分配增值收益的 61.24%。2020 年末，累计为城市公共租赁住房（廉租住房）建设提供补充资金 4692.16 亿元。见图 10。

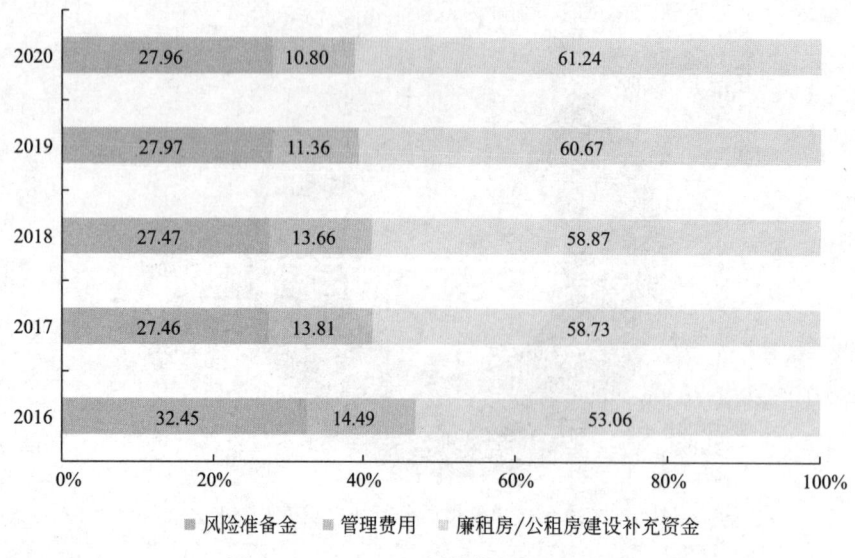

图10 2016—2020年增值收益分配占比

（四）节约职工住房贷款利息支出。

住房公积金个人住房贷款利率比同期贷款市场报价利率（LPR）低1.1~1.55个百分点，2020年发放的住房公积金个人住房贷款，偿还期内可为贷款职工节约利息[13]支出约2953.40亿元，平均每笔贷款可节约利息支出约9.75万元。

2020年，发放公转商贴息贷款[14] 8.65万笔、399.89亿元，当年贴息21.22亿元。2020年末，累计发放公转商贴息贷款74.54万笔、3155.40亿元，累计贴息99.79亿元。

六、其他重要事项

（一）阶段性支持政策发挥纾难解困作用。

2020年2月21日，住房和城乡建设部会同财政部、中国人民银行出台应对新冠肺炎疫情住房公积金阶段性支持政策。政策实施至2020年6月底，期间，全国共支持13.22万个受疫情影响的企业减少住房公积金缴存274.29亿元；对77.54万笔受疫情影响无法正常还款的住房公积金贷款未作逾期处理，涉及贷款余额1879.42亿元；为56.62万名受疫情影响职工提高租房提取额度，增加租房提取住房公积金10.16亿元。

（二）探索推动住房公积金制度改革完善。

研究扩大住房公积金缴存覆盖面，推动灵活就业人员参加住房公积金制度试点，研究建立试点推进机制，指导有关城市制定试点方案。研究探索住房公积金支持租赁住房发展。长三角、粤港澳大湾区、成渝地区、长江中游城市群等住房公积金协调发展机制建设稳步实施。

（三）信息化建设取得新进展。

完善全国住房公积金数据平台，开发建设了全国住房公积金监管服务平台，在北京、山西、黑龙江等10个省（市）先试先用，运用信息化手段实施线上动态监管，提高监管工作效能。探索建立与公安、税务、市场监管等部门数据共享机制，努力推动"让信息多跑路、群众少跑腿"。继续通过国家政务服务平台和国务院客户端向缴存职工提供住房公积金信息查询，2020年共计3.13亿次。

（四）以"跨省通办"等为抓手不断提高服务效能。

贯彻落实国务院关于加快推进政务服务"跨省通办"工作部署，实现个人缴存贷款等信息查询、出具贷款职工缴存使用证明、正常退休提取3个高频事项"跨省通办"。全部设区城市（地、州、盟）住房公积金管理中心实现了与全国异地转移接续平台直连，2020年全年，通过转移接续平台共办结64.36万笔转移接续业务，转移接续资金205.99亿元，畅通异地转移接续渠道。继续推进"互联网＋政务服务"，全国337个设区城市（地、州、盟）住房公积金管理中心建成住房公积金综合服务平台，其中，2020年12329服务热线服务5692.81万次、短消息服务9.14亿条。

（五）精神文明建设成果丰硕。

2020年，全系统深入开展精神文明创建活动，共获得地市级以上文明单位（行业、窗口）226个，青年文明号82个，工人先锋号12个，五一劳动奖章（劳动模范）12个，三八红旗手（巾帼文明岗）42个，先进集体和个人864个，其他荣誉称号525个。

注释：

[1] 本报告数据取自各省（区、市）披露的住房公积金年度报告、全国住房公积金统计信息系统及各地报送的数据，对各省（区、市）年度报告中的部分数据进行了修正。部分数据因小数取舍，存在与分项合计不等的情况，不作机械调整。指标口径按《住房和城乡建设部 财政部 中国人民银行关于健全住房公积金信息披露制度的通知》（建金〔2015〕26号）等文件规定注释。

[2] 结余资金指年度末缴存余额扣除个人住房贷款余额、保障性住房建设试点项目贷款余额和国债余额后的金额。

[3] 提取率指当年提取额占当年缴存额的比率。

[4] 个人住房贷款率指年度末个人住房贷款余额占年度末住房公积金缴存余额的比率。

[5] 中、低收入指收入低于上年当地社会平均工资3倍，高收入指收入高于上年当地社会平均工资3倍（含）。

[6] 增值收益率指增值收益与月均缴存余额的比率。

[7] 人员经费包括住房公积金管理中心工作人员的基本工资、补助工资、职工福利费、社会保障费、住房公积金、助学金等。

[8] 公用经费包括住房公积金管理中心的公务费、业务费、设备购置费、修缮费和其他费用。

[9] 专项经费指经财政部门批准的用于指定项目和用途，并要求单独核算的资金。

[10] 个人住房贷款逾期率指个人住房贷款逾期额占个人住房贷款余额的比率。

[11] 个人住房贷款市场占有率指当年住房公积金个人住房贷款余额占全国商业性和住房公积金个人住房贷款余额总和的比率。

[12] 异地贷款指缴存和购房行为不在同一城市的住房公积金个人住房贷款，包括用本市资金为在本市购房的外地缴存职工发放的贷款以及用本市资金为在外地购房的本市缴存职工发放的贷款。

[13] 可为贷款职工节约利息指当年获得住房公积金个人住房贷款的职工合同期内所需支付贷款利息总额与申请商业性住房贷款利息总额的差额。商业性住房贷款利率按贷款市场报价利率（LPR）测算。

[14] 公转商贴息贷款指商业银行向缴存职工发放的个人住房贷款，商业贷款和住房公积金贷款利息之差由住房公积金管理中心承担，所发放的个人住房贷款未计入住房公积金缴存使用情况表。

2020 全国住房公积金年度报告汇编

北 京

北京住房公积金 2020 年年度报告

根据国务院《住房公积金管理条例》和住房和城乡建设部、财政部、中国人民银行《关于健全住房公积金信息披露制度的通知》（建金〔2015〕26号）的规定，经北京住房公积金管理委员会审议通过，现将北京住房公积金 2020 年年度报告公布如下：

一、机构概况

（一）住房公积金管理委员会。北京住房公积金管理委员会有 30 名成员，2020 年召开 2 次会议，审议通过的事项主要包括：2019 年住房公积金归集使用计划执行情况和 2020 年计划，北京住房公积金增值收益 2019 年收支情况和 2020 年收支计划，北京住房公积金 2019 年年度报告，妥善应对新冠肺炎疫情实施住房公积金阶段性支持政策报告，住房公积金缴存比例执行及审批单位降低缴存比例和缓缴申请，取消由借款申请人承担二手房公积金贷款评估费有关问题请示，落实不再由借款申请人承担二手房公积金贷款评估费、启用新版合同单据进一步精简贷款办事材料以及实施冲还贷提取业务情况报告等有关事项。

（二）住房公积金管理中心。北京住房公积金管理中心（以下简称管理中心）为北京市政府直属的不以营利为目的的全额拨款事业单位。中心有 3 个分中心：中共中央直属机关分中心（以下简称中直分中心）、中央国家机关分中心（以下简称国管分中心）、北京铁路分中心（以下简称铁路分中心）；内设 11 个处室、机关党委、机关纪委和工会；垂直管理 20 个分支机构（18 个管理部和住房公积金贷款中心、结算中心）；下设 2 个直属事业单位：北京住房公积金客户服务中心、北京市住房贷款担保中心。从业人员 867 人，其中，在编 765 人，非在编 102 人。

二、业务运行情况

（一）缴存。2020 年，北京地区新开户单位 137887 个，实缴单位 349258 个，净增单位（实缴）142915 个，同比增长 69.3%；新开户职工 126.62 万人，实缴职工 882.98 万人，净增职工（实缴）84.44 万人，同比增长 10.6%；缴存额 2471.47 亿元，同比增长 11.7%。2020 年末，缴存总额 17781.39 亿元，同比增长 16.1%；缴存余额 5491.08 亿元，同比增长 13.3%。受管理中心委托办理住房公积金缴存业务的银行 11 家。

（二）提取。2020 年，427.88 万名缴存人提取住房公积金 1825.38 亿元，同比增长 13.2%。占当年缴存额的 73.9%，同比增长 1 个百分点。2020 年末，提取总额 12290.32 亿元，同比增长 17.4%。

（三）委托贷款。

1. 住房公积金个人住房贷款

个人住房贷款最高额度 120 万元，其中，单缴存职工和双缴存职工的最高额度均为 120 万元。

2020 年，北京地区发放住房公积金个人住房贷款 82991 笔、627.82 亿元，同比分别增长 16.1%、12.6%。其中，北京地方发放 61954 笔、437.9 亿元，中直分中心发放 270 笔、2.01 亿元，国管分中心发放 17264 笔、164.79 亿元，铁路分中心发放 3503 笔、23.11 亿元。

2020 年，回收个人住房贷款 349.36 亿元。其中，北京地方回收 284.94 亿元，中直分中心回收 1.97

亿元，国管分中心回收 54.52 亿元；铁路分中心回收 7.93 亿元。

2020 年末，北京地区累计发放个人住房贷款 126.29 万笔、7544.02 亿元，贷款余额 4571.29 亿元，同比分别增长 7%、9.1%、6.5%。个人住房贷款余额占缴存余额的 83.2%，比上年同期下降 5.4 个百分点。受委托办理住房公积金个人住房贷款业务的银行 10 家。

2. 异地贷款

2020 年，发放异地购房贷款 525 笔、41274 万元。2020 年末，发放异地购房贷款总额 145710.8 万元，异地贷款余额 132992.81 万元。

3. 公转商贴息贷款

2020 年，未发放公转商贴息贷款，当年贴息额 877.5 万元。2020 年末，累计发放公转商贴息贷款 13527 笔、496253.8 万元，累计贴息 17913.05 万元。

4. 住房公积金支持保障性住房建设项目贷款

2020 年末，累计发放项目贷款 236.09 亿元，项目贷款余额 37.4 亿元。

（四）购买国债。2020 年，未发生新购买、兑付、转让、回收国债情况。2020 年末，国债抵债资产 2.27 亿元。

（五）资金存储。2020 年末，管理中心住房公积金存款 953.1 亿元。其中，活期 1.88 亿元，1 年以内定期（含）225.51 亿元，1 年以上定期 445.27 亿元，其他（协定、通知存款）280.44 亿元。

（六）资金运用率。2020 年末，住房公积金个人住房贷款余额、项目贷款余额和购买国债余额的总和占缴存余额的 84%，比上年同期下降 4.7 个百分点。

三、主要财务数据

（一）业务收入。2020 年，住房公积金业务收入共计 1695654.57 万元，同比增长 12%。其中，北京地方 1318184.38 万元，中直分中心 10637.31 万元，国管分中心 315800.9 万元，铁路分中心 51031.98 万元；存款（含增值收益存款）利息收入 250450.15 万元，委托贷款利息收入 1444677.32 万元，无国债利息收入，其他收入 527.10 万元。

（二）业务支出。2020 年，住房公积金业务支出共计 826674.68 万元，同比增长 10.6%。其中，北京地方 648552.31 万元，中直分中心 5608.34 万元，国管分中心 144167.96 万元，铁路分中心 28346.07 万元；住房公积金利息支出 781909.07 万元，归集手续费用支出 4466.96 万元，委托贷款手续费支出 39228.23 万元，其他支出 1070.42 万元。

（三）增值收益。2020 年，住房公积金增值收益 868979.88 万元，同比增长 13.4%。其中，北京地方 669632.07 万元，中直分中心 5028.97 万元，国管分中心 171632.94 万元，铁路分中心 22685.91 万元。增值收益率（增值收益与月均缴存余额的比率）1.7%，与上年相比无变化。

（四）增值收益分配。2020 年，提取贷款风险准备金 16817.48 万元，提取管理费用 58872.65 万元，提取城市廉租住房（公共租赁住房）建设补充资金 793289.76 万元。

2020 年，上交财政管理费用 60412.39 万元。上缴财政城市廉租住房（公共租赁住房）建设补充资金 878246.87 万元，其中北京地方 875771.87 万元（包括以前年度资金），铁路分中心 2475 万元。

2020 年末，贷款风险准备金余额 1086305.05 万元。累计提取城市廉租住房（公共租赁住房）建设补充资金 4579945.71 万元。其中，北京地方提取 3881522.82 万元，中直分中心提取 29827.75 万元，国管分中心 513392.47 万元，铁路分中心 155202.67 万元。

（五）管理费用支出。2020 年，管理费用支出 56959.03 万元，同比下降 12.1%。其中，人员经费 25964.16 万元，公用经费 2065.52 万元，专项经费 28929.35 万元。

北京地方管理费用支出 44554.34 万元，其中，人员、公用、专项经费分别为 21103.75 万元、1542.68 万元、21907.90 万元；中直分中心管理费用支出 929.87 万元，其中，人员、公用、专项经费分别为 384.68 万元、60.19 万元、485.01 万元；国管分中心管理费用支出 6604.79 万元，其中，人员、公用、专项经费分别为 1942.69 万元、325.54 万元、4336.55 万元；铁路分中心管理费用支出 4870.03 万元，其中，人员、公用、专项经费分别为 2533.04 万元、137.11 万元、2199.88 万元。

四、资产风险状况

（一）住房公积金个人住房贷款。2020 年末，逾期住房公积金个人贷款 1350.95 万元，住房公积金个人贷款逾期率 0.03‰。其中，国管分中心逾期率 0.2‰。住房公积金个人贷款风险准备金余额为 1072425.05 万元。当年无使用住房公积金个人贷款风险准备金核销金额。

（二）支持保障性住房建设试点项目贷款。2020 年末，无逾期项目贷款。项目贷款风险准备金余额为 13880 万元。当年无使用项目贷款风险准备金核销金额。

五、社会经济效益

（一）缴存业务。缴存职工中，国家机关和事业单位职工占 14.5%，国有企业职工占 16.5%，城镇集体企业职工占 0.4%，外商投资企业职工占 7.8%，城镇私营企业及其他城镇企业职工占 34%，民办非企业单位和社会团体职工占 0.8%，其他职工占 26%；中、低收入群体占 89.1%，高收入群体占 10.9%。

新开户职工中，国家机关和事业单位占 5.1%，国有企业占 12.2%，城镇集体企业占 0.2%，外商投资企业占 3.7%，城镇私营企业及其他城镇企业占 30.8%，民办非企业单位和社会团体占 0.7%，其他占 47.2%；中、低收入群体占 98.1%，高收入群体占 1.9%。

（二）提取业务。提取金额中，购买、建造、翻建、大修自住住房占 62.2%，偿还购房贷款本息占 18.3%，租赁住房占 8.6%，离休和退休提取占 7.7%，完全丧失劳动能力并与单位终止劳动关系提取占 0.04%，户口迁出本市或出境定居占 0.01%，其他占 3.2%。

提取职工中，中、低收入群体占 84.9%，高收入群体占 15.1%。

（三）贷款业务。

1. 住房公积金个人住房贷款

2020 年，支持职工购房 713.79 万平方米。年末住房公积金个人住房贷款市场占有率（指 2020 年末住房公积金个人住房贷款余额占当地商业性和住房公积金个人住房贷款余额总和的比率）为 29.4%，比上年同期增加 0.2 个百分点。通过申请住房公积金个人住房贷款，购房职工减少利息支出约 1285512.1 万元。

职工贷款笔数中，购房建筑面积 90（含）平方米以下占 70.6%，90~144（含）平方米占 27.2%，

144平方米以上占2.2%；购买新房占41.2%（购买保障性住房占21%），购买二手房占58.8%。

职工贷款笔数中，单缴存职工申请贷款占43.5%，双缴存职工申请贷款占56.5%。

贷款职工中，30岁（含）以下占26.5%，30岁～40岁（含）占56.5%，40岁～50岁（含）占12.2%，50岁以上占4.7%；首次申请贷款占99%，二次及以上申请贷款占1%；中、低收入群体占79.5%，高收入群体占20.5%。

2. 支持保障性住房建设试点项目贷款

2020年末，累计发放项目贷款37个，贷款额度236.09亿元，建筑面积约943万平方米，可解决约9万户中低收入职工家庭的住房问题。35个项目贷款资金已发放并还清贷款本息。

（四）住房贡献率。2020年，住房公积金个人住房贷款发放额、公转商贴息贷款发放额、项目贷款发放额、住房消费提取额的总和与当年缴存额的比率为92.9%。

六、其他重要事项

（一）严守疫情防控责任，出台阶段性支持政策。坚决贯彻落实习近平总书记关于疫情防控工作的重要指示，从速从细落实市委市政府疫情防控工作决策部署，管理中心各业务场所及全体职工实现"零感染"。

2月26日及时出台《关于妥善应对新冠肺炎疫情落实北京住房公积金阶段性支持政策的通知》，停止主动催缴公积金，对小微企业不予行政处罚，改进政策宣传方式方法，鼓励企业执行弹性缴存比例，引导困难企业申请降低缴存比例或申请缓缴。阶段性政策期间，北京地区申请缓缴企业8076个，金额24亿元；申请提高租房提取额度1741个缴存人，累计提高租房提取金额3727万元；受疫情影响无法正常还款、不作逾期处理的住房公积金贷款1193笔，对应余额6亿元，减轻了企业和个人负担，助力企业复工复产。

2020年住房公积金年度缴存基数上下限、缴存比例政策未做调整，较上一年度无变化。

（二）服务全市工作大局，推进执法检查工作发展。2020年，管理中心充实执法力量，专职执法人员由66人增加至115人，加快打造规范文明、专业高效的执法队伍。全年受理职工维护缴存权益投诉案件9191件，月均受理766件，同比增长22%，维护了职工的合法权益。对存在造假违规骗提住房公积金行为的85家单位、1832名个人进行了查处，严厉打击违规提取、骗提住房公积金行为，维护北京住房公积金管理良好秩序。

（三）持续深化放管服改革，不断提升便民服务效能。管理中心大力优化营商环境，进一步"减材料、减时限、减跑动"，办事材料由138份精简至47份，精简66%；办事时限由62个工作日压减至43个，压减30%；全程网办事项由17项增至28项，减少办事群众柜台跑动；继续做好"e窗通、一点通、全城通"，集中出台"五险一金"合并申报、银行账户信息共享、公积金账户自动注销、新设破产清算信息查询事项等7项措施，9个服务事项纳入指尖行动计划；坚持做到"审核快、网办快、回复快"，落实超越行动计划，提出20项"一证通办"、27项"秒批"、5项"联审联办"意向清单。二手房评估费不再由借款申请人承担；开通"冲还贷"业务，借款人住房公积金账户余额可直接用于偿还贷款。综合信息系统迁移入云工作顺利完成，推进电子政务集约化建设和管理，提升中心信息共享和业务服务水平。

各业务大厅全面推行延时服务，解决群众办事难点；印发《政务服务"一次性告知"工作制度》《政务服务事项"最多签两次"办结工作制度》，提高办事效率；印发《住房公积金归集业务银行代办网点管理办法（试行）》，创建住房公积金优化营商环境示范窗口，顺利部署政务服务"好差评"系统，系统提高柜面业务服务质量和网点运营效用。

2020 全国住房公积金年度报告汇编

天津市

天津市住房公积金 2020 年年度报告

根据国务院《住房公积金管理条例》和住房和城乡建设部、财政部、人民银行《关于健全住房公积金信息披露制度的通知》（建金〔2015〕26 号）以及住房和城乡建设部住房公积金监管司《关于做好 2020 年住房公积金年度报告披露工作的通知》（建司局函金〔2021〕6 号）的规定，经住房公积金管理委员会审议通过，现将天津市住房公积金 2020 年年度报告公布如下：

一、机构概况

（一）住房公积金管理委员会。 住房公积金管理委员会有 27 名委员，2020 年通过召开全体会议和函审方式审议公积金相关事项 3 次，审议事项主要包括：

1. 天津市 2019 年住房公积金归集使用情况及 2020 年住房公积金归集使用计划。
2. 天津市 2019 年住房公积金增值收益分配意见及 2020 年住房公积金增值收益计划。
3. 2019 年度天津市住房公积金制度执行情况公报。
4. 天津市 2020 年住房公积金管理工作意见。
5. 关于调整 2020 年住房公积金缴存额的通知。
6. 关于调整天津市住房公积金管理委员会委员的通知。
7. 修订《天津市个人住房公积金贷款管理办法》。

（二）住房公积金管理中心。 住房公积金管理中心（以下简称"中心"）为直属于天津市政府、不以营利为目的的自收自支事业单位，目前中心有内设机构 17 个、下设机构 4 个、办事机构（管理部）20 个，从业人员 656 人，全部为在编人员。

二、业务运行情况

（一）缴存。 2020 年，新开户单位 14004 家，净增单位 9630 家；新开户职工 25.6 万人，净增职工 10.1 万人；实缴单位 75888 家，实缴职工 281.8 万人，缴存额 569.4 亿元，分别同比增长 7.8%、0.5%、8.1%。截至 2020 年末，缴存总额 5057.6 亿元，比上年末增加 12.7%；缴存余额 1628.5 亿元，同比增长 10.5%。

受委托办理住房公积金缴存业务的银行 1 家。

（二）提取。 2020 年，119.1 万名缴存职工提取住房公积金；提取额 414.8 亿元，同比增长 6.2%，提取额占当年缴存额的 72.8%，比上年减少 1.4 个百分点。截至 2020 年末，提取总额 3429.1 亿元，比上年末增加 13.8%。

（三）贷款。

1. 个人住房贷款。个人住房贷款最高额度 60 万元。

2020 年，发放个人住房贷款 5.2 万笔 241.9 亿元，同比分别增长 4.9%、5.7%。

2020 年，回收个人住房贷款 166.5 亿元。

2020 年末，累计发放个人住房贷款 107.6 万笔、3440.7 亿元，贷款余额 1465.4 亿元，分别比上年末增加5.2%、7.6%、5.4%。个人住房贷款余额占缴存余额的89.98%，比上年末减少4.32个百分点。

受委托办理住房公积金个人住房贷款业务的银行21家。

2. 异地贷款。2020年，发放异地贷款3笔、107.2万元。2020年末，发放异地贷款总额368.2万元，异地贷款余额352.3万元。

（四）购买国债。无。

（五）资金存储。2020年末，住房公积金存款180.6亿元。其中，活期0.1亿元，1年（含）以下定期存款130亿元，1年以上定期存款30.6亿元，其他（协定、通知存款等）19.9亿元。

（六）资金运用率。2020年末，住房公积金个人住房贷款余额、项目贷款余额和购买国债余额的总和占缴存余额的89.98%，比上年末减少4.32个百分点。

三、主要财务数据

（一）业务收入。2020年，业务收入489163万元，同比增长5.5%。存款利息31831万元，委托贷款利息457332万元，国债利息0万元，其他0万元。

（二）业务支出。2020年，业务支出270655万元，同比增长4.6%。支付职工住房公积金利息238056万元，归集手续费11381万元，委托贷款手续费21947万元，其他－729万元。

（三）增值收益。2020年，增值收益218508万元，同比增长6.5%。增值收益率1.4%，比上年减少0.1个百分点。

（四）增值收益分配。2020年，提取贷款风险准备金24190万元，提取管理费用33390万元，提取城市廉租住房（公共租赁住房）建设补充资金160928万元。

2020年，实际上交财政管理费用33390万元。上缴财政城市廉租住房（公共租赁住房）建设补充资金161598万元，其中2020年增值收益资金160928万元，历年待分配增值收益资金670万元。

2020年末，贷款风险准备金余额344212万元。累计提取城市廉租住房（公共租赁住房）建设补充资金1342599万元。

（五）管理费用支出。2020年，管理费用支出33390万元，同比下降6.4%。其中，正常经费24926万元，专项经费8464万元。

四、资产风险状况

个人住房贷款。2020年末，个人住房贷款逾期额47万元，逾期率0.0032‰。个人贷款风险准备金余额330982万元。2020年，使用个人贷款风险准备金核销呆坏账0万元。

五、社会经济效益

（一）缴存业务。缴存职工中，国家机关和事业单位占18.4%，国有企业占12.1%，城镇集体企业占0.9%，外商投资企业占2.8%，城镇私营企业及其他城镇企业占62.4%，民办非企业单位和社会团体占2.7%，灵活就业人员占0.2%，其他占0.5%；中、低收入占98.0%，高收入占2.0%。

新开户职工中，国家机关和事业单位占6.3%，国有企业占4.4%，城镇集体企业占0.7%，外商投资企业占2.3%，城镇私营企业及其他城镇企业占81.3%，民办非企业单位和社会团体占3.7%，灵活就业人员占 0.5%，其他占 0.8%；中、低收入占 99.3%，高收入占 0.7%。

（二）**提取业务**。提取金额中，购买、建造、翻建、大修自住住房占 12.8%，偿还购房贷款本息占 64.4%，租赁住房占 0.3%，支持老旧小区改造占 0%，离休和退休提取占 14.4%，完全丧失劳动能力并与单位终止劳动关系提取占 0.0003%，出境定居占 0.003%，其他占 8.1%。

提取职工中，中、低收入占 95.8%，高收入占 4.2%。

（三）**贷款业务**。

个人住房贷款：2020 年，支持职工购建房 499.3 万平方米，带动个人和银行出资 521.6 亿元。通过申请住房公积金个人住房贷款，可节约职工购房利息支出 72.6 亿元。

职工贷款笔数中，购房建筑面积 90（含）平方米以下占 44.6%，90～144（含）平方米占 52.2%，144 平方米以上占 3.2%。购买新房占 57.6%（其中购买保障性住房占 3.9%），购买二手房占 42.4%，建造、翻建、大修自住住房占 0%（其中支持老旧小区改造占 0%），其他占 0%。

职工贷款笔数中，单缴存职工申请贷款占 92.9%，双缴存职工申请贷款占 7.1%，三人及以上缴存职工共同申请贷款占 0%。

贷款职工中，30 岁（含）以下占 46.0%，30 岁～40 岁（含）占 42.9%，40 岁～50 岁（含）占 9.4%，50 岁以上占 1.7%；首次申请贷款占 82.3%，二次及以上申请贷款占 17.7%；中、低收入占 99.1%，高收入占 0.9%。

（四）**住房贡献率**。2020 年，个人住房贷款发放额、公转商贴息贷款发放额、项目贷款发放额、住房消费提取额的总和与当年缴存额的比率为 99.0%，比上年减少 3.3 个百分点。

六、其他重要事项

（一）**应对新冠肺炎疫情采取的措施，落实住房公积金阶段性支出政策情况和政策实施成效**。2020 年，中心按照住房和城乡建设部会议精神和市领导批示要求，落实住房公积金阶段性支持政策，助力企业复工复产，并在住房公积金年度缴存额调整政策中明确：我市 2020 年度住房公积金缴存基数上限不再例行调整；单位在 6 月底生产经营仍困难的，可以延续申请缓缴住房公积金或降低缴存比例至 2021 年 6 月底，减轻受新冠肺炎疫情影响的单位和职工负担。全年共为 2650 家单位办理缓缴业务，涉及职工 14.2 万人，累计缓缴住房公积金 7 亿元。

（二）**住房公积金业务服务改进情况**。2020 年，按照住房和城乡建设部要求和市委市政府规划，完成公积金缴存查询等 3 项"跨省通办"事项。在我市"企业开办一窗通"中开通缴存登记服务，与市市场监管委共享企业开立信息，合并企业开立环节，实现企业设立的同时完成公积金账户的缴存登记申请。分批次在"津心办 App"上部署公积金贷款还贷提取、按揭贷款还贷提取等 11 项功能，向全市缴存职工提供多样化服务。

（三）**住房公积金信息化建设情况**。2020 年，中心正式启动核心系统改造项目，编制了项目建设规划书和应用集成蓝图，明确了项目实施路线图，确定项目任务和里程碑节点；完成了业务模式优化主题方案设计、流程设计、需求编制、需求验证、需求评审等工作，顺利完成业务需求。在推进系统建设方面，严格执行基础数据标准和设计开发规范，对新项目设计规范和建设方案进行专题审核验证，为推动中心信息化建设打下了坚实的基础。

（四）当年对违反《住房公积金管理条例》和相关法规行为进行行政处罚和申请人民法院强制执行情况。 2020年中心共申请人民法院强制执行案件267件，发生行政复议13件、行政诉讼27件，行政诉讼案件均胜诉，行政复议案件均得到维持。2020年，为适应内外部形势发展，进一步提高住房公积金行政执法管理水平，中心开展执法架构调整工作，理顺住房公积金行政执法管理体制，建立前中后台管理架构，新管理架构运行以来，执法制度更加健全，风险防控更加严密，队伍建设更加有力，化解矛盾更加有效，实现了调整预期效果。

2020 全国住房公积金年度报告汇编

河北省

石家庄
唐山市
秦皇岛市
邯郸市
邢台市
保定市
张家口市
承德市
沧州市
廊坊市
衡水市

河北省住房公积金 2020 年年度报告

根据国务院《住房公积金管理条例》和住房和城乡建设部、财政部、人民银行《关于健全住房公积金信息披露制度的通知》（建金〔2015〕26 号）规定，现将河北省住房公积金 2020 年年度报告公布如下：

一、机构概况

（一）住房公积金管理机构。全省共设 11 个设区城市住房公积金管理中心，10 个独立设置的分中心（其中，定州市和辛集市管理中心分别隶属当地城市人民政府，省直分中心隶属河北省机关事务管理局，冀东油田中心、东方物探中心、华北油田中心、管道局中心隶属中石油股份有限公司，邢矿分中心、峰峰分中心隶属冀中能源股份有限公司，开滦分中心隶属开滦（集团）有限责任公司）。从业人员 2306 人，其中，在编 1541 人，非在编 765 人。

（二）住房公积金监管机构。省住房城乡建设厅、财政厅和人民银行石家庄中心支行负责对本省住房公积金管理运行情况进行监督。省住房城乡建设厅设立住房公积金监管处，负责辖区住房公积金日常监管工作。

二、业务运行情况

（一）缴存。2020 年，新开户单位 9887 家，净增单位 5646 家；新开户职工 49.84 万人，净增职工 26.89 万人；实缴单位 69733 家，实缴职工 520.98 万人，缴存额 706.07 亿元，同比分别增长 8.81%、5.44%、7.77%。2020 年末，缴存总额 5808.52 亿元，比上年末增加 13.84%；缴存余额 2490.44 亿元，同比增长 12%。

（二）提取。2020 年，140.12 万名缴存职工提取住房公积金；提取额 439.24 亿元，同比增长 5.59%；提取额占当年缴存额的 62.21%，比上年减少 1.28 个百分点。2020 年末，提取总额 3318.08 亿元，比上年末增加 15.26%。

（三）贷款。

1. 个人住房贷款。2020 年，发放个人住房贷款 8.75 万笔、382.8 亿元，同比分别增长－0.11%、5.58%。回收个人住房贷款 179.68 亿元。

2020 年末，累计发放个人住房贷款 116.8 万笔、3059.15 亿元，贷款余额 1843.37 亿元，分别比上年末增加 8.1%、14.3%、12.38%。个人住房贷款余额占缴存余额的 74.02%，比上年末增加 0.25 个百分点。

2020 年，支持职工购建房 982.95 万平方米。年末个人住房贷款市场占有率（含公转商贴息贷款）为 11.2%，比上年末减少 0.26 个百分点。通过申请住房公积金个人住房贷款，可节约职工购房利息支出 733906.53 万元。

2. 异地贷款。2020 年，发放异地贷款 2418 笔、107593.5 万元。2020 年末，发放异地贷款总额 1617993.68 万元，异地贷款余额 975308.99 万元。

3. 公转商贴息贷款。2020 年，发放公转商贴息贷款 0 笔、0 万元，支持职工购建房面积 0 万平方米。

当年贴息额15.31万元。2020年末，累计发放公转商贴息贷款1445笔、55868.88万元，累计贴息253.48万元。

（四）**购买国债**。2020年，购买国债0亿元，兑付、转让、收回国债0亿元。2020年末，国债余额0.75亿元，比上年末减少0亿元。

（五）**融资**。2020年，融资6.09亿元，归还0.5亿元。2020年末，融资总额40.51亿元，融资余额5.59亿元。

（六）**资金存储**。2020年末，住房公积金存款681.11亿元。其中，活期7.81亿元，1年（含）以下定期157.44亿元，1年以上定期460.68亿元，其他（协定、通知存款等）55.17亿元。

（七）**资金运用率**。2020年末，住房公积金个人住房贷款余额、项目贷款余额和购买国债余额的总和占缴存余额的74.05%，比上年末增加0.25个百分点。

三、主要财务数据

（一）**业务收入**。2020年，业务收入777521.28万元，同比增长15.08%。其中，存款利息216325.47万元，委托贷款利息560733.71万元，国债利息245.25万元，其他216.85万元。

（二）**业务支出**。2020年，业务支出381264.67万元，同比增长10.13%。其中，支付职工住房公积金利息357157.41万元，归集手续费2485.38万元，委托贷款手续费19022.67万元，其他2599.21万元。

（三）**增值收益**。2020年，增值收益396256.61万元，同比增长20.29%；增值收益率1.67%，比上年增加0.1个百分点。

（四）**增值收益分配**。2020年，提取贷款风险准备金24586.49万元，提取管理费用69797.95万元，提取城市廉租住房（公共租赁住房）建设补充资金301872.17万元。

2020年，上交财政管理费用64142.31万元，上缴财政城市廉租住房（公共租赁住房）建设补充资金217273.8万元。

2020年末，贷款风险准备金余额294144.86万元，累计提取城市廉租住房（公共租赁住房）建设补充资金1967037.31万元。

（五）**管理费用支出**。2020年，管理费用支出56470.86万元，同比下降23.65%。其中，人员经费26948.58万元，公用经费4584.32万元，专项经费24937.96万元。

四、资产风险状况

个人住房贷款。2020年末，个人住房贷款逾期额2253.27万元，逾期率0.12‰，个人贷款风险准备金余额288236.86万元。2020年，使用个人贷款风险准备金核销呆坏账-37.3万元。

五、社会经济效益

（一）**缴存业务**。缴存职工中，国家机关和事业单位占42.87%，国有企业占22.61%，城镇集体企业占2.8%，外商投资企业占2.23%，城镇私营企业及其他城镇企业占22.72%，民办非企业单位和社会团体占2.08%，灵活就业人员占0.49%，其他占4.2%；中、低收入占98.56%，高收入占1.44%。

新开户职工中，国家机关和事业单位占19.81%，国有企业占12.29%，城镇集体企业占2.88%，外

商投资企业占3.51%,城镇私营企业及其他城镇企业占45.54%,民办非企业单位和社会团体占5.66%,灵活就业人员占1.14%,其他占9.17%;中、低收入占98.04%,高收入占1.96%。

(二)**提取业务**。提取金额中,购买、建造、翻建、大修自住住房占25.24%,偿还购房贷款本息占41.45%,租赁住房占3.85%,自住住房物业费0.04%,支持老旧小区改造提取占0.28%;离休和退休提取占20.42%,完全丧失劳动能力并与单位终止劳动关系提取占2.22%,出境定居占0.14%,其他占6.36%。提取职工中,中、低收入占96.5%,高收入占3.5%。

(三)**贷款业务**。

个人住房贷款:职工贷款笔数中,购房建筑面积90(含)平方米以下占19.46%,90~144(含)平方米占74.22%,144平方米以上占6.32%。购买新房占76.8%(其中购买保障性住房占0.31%),购买二手房占23.2%,建造、翻建、大修自住住房占0%,其他占0%。

职工贷款笔数中,单缴存职工申请贷款占37.42%,双缴存职工申请贷款占62.57%,三人及以上缴存职工共同申请贷款占0.01%。

贷款职工中,30岁(含)以下占24.22%,30岁~40岁(含)占45.45%,40岁~50岁(含)占24.85%,50岁以上占5.48%;首次申请贷款占85.76%,二次及以上申请贷款占14.24%;中、低收入占98.91%,高收入占1.09%。

(四)**住房贡献率**。2020年,个人住房贷款发放额、公转商贴息贷款发放额、项目贷款发放额、住房消费提取额的总和与当年缴存额的比率为98.3%,比上年减少1.52个百分点。

六、其他重要事项

(一)**应对新冠肺炎疫情,落实住房公积金阶段性支持政策情况和实施成效**。在对全省实施住房公积金阶段性支持政策进行预测评估的基础上,会同有关部门转发《住房和城乡建设部 财政部 人民银行关于妥善应对新冠肺炎疫情实施住房公积金阶段性支持政策的通知》(建金〔2020〕23号),并提出我省贯彻落实要求。住房公积金阶段性支持政策有效期至2020年6月底,期间全省累计申请缓缴住房公积金的企业1801家,涉及职工32.3万人,缓缴金额12.5亿元。对1.2万余笔贷款职工无法正常偿还的贷款不作逾期处理,涉及贷款余额25.8亿元。

(二)**当年住房公积金政策调整情况**。印发《关于进一步做好住房公积金异地个人住房贷款工作的通知》(冀建房金函〔2020〕52号),明确自2020年12月15日起,住房公积金缴存职工在户籍所在地购买自住住房的,可持缴存证明申请办理异地贷款。同时,要求各地规范审批要件,优化办理流程,健全信息核实联系人制度,加快推进综合服务平台建设和功能完善,强化贷后管理,确保资金安全运行。

(三)**当年开展监督检查情况**。深入开展公积金电子稽查,督导业务疑点和风险问题整改。持续督导各管理中心每月开展电子稽查自查,全年对21个住房公积金中心(分中心)进行了现场抽检。

(四)**当年服务改进情况**。深入贯彻落实《国务院办公厅关于加快推进政务服务"跨省通办"的指导意见》《住房和城乡建设部办公厅关于做好住房公积金服务"跨省通办"工作的通知》要求,迅速行动,周密部署,加强组织协调,指导各地制定工作方案,明确责任分工、时间表、路线图,建立联系人制度,设立"跨省通办"专办窗口,受理线下业务申请。目前,全省已实现个人住房公积金缴存贷款等信息查询、出具贷款职工住房公积金缴存使用证明、正常退休提取住房公积金和住房公积金单位及个人缴存信息变更 4 项业务"跨省通办"。

（五）当年信息化建设情况。以有效推进各中心实现住房公积金缴存业务"全程网办""通缴通取"为工作目标，组织实施住房公积金省级监管平台和全省互联共享平台建设，推动实现住房公积金中心与相关政务部门、商业银行之间的信息互联共享，为目标实现提供信息资源支撑。

（六）当年住房公积金机构及从业人员所获荣誉情况。当年加强精神文明建设情况。2020 年，全省住房公积金系统创建文明单位（行业、窗口）19 个（其中，国家级 1 个、省部级 4 个、地市级 14 个）、青年文明号 5 个（其中，省部级 1 个、地市级 4 个）、三八红旗手 1 个（地市级）、先进集体和个人 35 个（其中，省部级 5 个、地市级 30 个）、其他荣誉称号 13 个（其中，国家级 2 个、省部级 1 个、地市级 10 个）。

（七）当年对住房公积金管理人员违规行为的纠正和处理情况等。无。

（八）其他需要披露的情况。无。

石家庄住房公积金 2020 年年度报告

根据国务院《住房公积金管理条例》和住房和城乡建设部、财政部、人民银行《关于健全住房公积金信息披露制度的通知》（建金〔2015〕26 号）的规定，经住房公积金管理委员会审议通过，现将石家庄住房公积金 2020 年年度报告公布如下：

一、机构概况

（一）住房公积金管理委员会。石家庄住房公积金管理委员会有 30 名委员，2020 年召开 4 次会议，审议通过的事项主要包括：《关于 2019 年度住房公积金归集使用计划执行情况及 2020 年度住房公积金归集使用计划的报告》《石家庄市住房公积金 2019 年年度报告》《石家庄灵活就业人员自愿缴存住房公积金管理办法（试行）》《关于进一步做好住房公积金异地个人住房贷款、异地购房提取相关工作的通知》。

辛集市住房公积金管理委员会有 18 名委员，2020 年召开 4 次会议，审议通过的事项主要包括：《2019 年住房公积金归集、使用计划执行情况》《2019 年增值收益分配方案》《2020 年住房公积金归集、使用计划》《关于落实"多证合一"登记制度改革推进单位住房公积金有关业务办理便捷化的通知》《辛集市财政局辛集市住房公积金管理中心关于妥善应对新冠肺炎疫情实施住房公积金阶段性支持政策的通知》《辛集市灵活就业人员自愿缴存公积金管理办法》《关于简化二手房公积金贷款业务办理证明》《辛集市购买绿色建筑公积金贷款额度的通知》《辛集市住房公积金工作人员工作过错责任追究办法》《关于简化二手房公积金贷款业务办理证明》《关于调整住房公积金个人贷款政策的通知》等。

（二）住房公积金管理中心。

1. 石家庄住房公积金管理中心为石家庄市人民政府直属的不以营利为目的独立的正县级事业单位，设 12 个科室，22 个管理部。从业人员 164 人，其中，在编 155 人，非在编 9 人。

2. 河北省省直住房资金管理中心为河北省机关事务管理局不以营利为目的自收自支正处级事业单位，设 6 个科。从业人员 46 人，其中，在编 36 人，非在编 10 人。

3. 辛集市住房公积金管理中心为辛集市人民政府不以营利为目的自收自支事业单位，设4个科。从业人员24人，其中，在编12人，非在编12人。

二、业务运行情况

（一）缴存。2020年，新开户单位2858家，净增单位2201家；新开户职工10.46万人，净增职工1.44万人；实缴单位14984家，实缴职工100.35万人，缴存额162.64亿元，分别同比增长16.11%、3.17%、9.20%。2020年末，缴存总额1246.16亿元，比上年末增加15.01%；缴存余额561.76亿元，同比增长11.45%。

石家庄住房公积金管理中心受委托办理住房公积金缴存业务的银行6家。河北省省直住房资金管理中心受委托办理住房公积金缴存业务的银行7家。辛集市住房公积金管理中心受委托办理住房公积金缴存业务的银行7家。

（二）提取。2020年，31.23万名缴存职工提取住房公积金；提取额104.95亿元，同比增长7.25%；提取额占当年缴存额的64.53%，比上年减少1.17个百分点。2020年末，提取总额684.40亿元，比上年末增加18.11%。

（三）贷款。

1. 个人住房贷款。个人住房贷款最高额度60万元（石家庄住房公积金管理中心和河北省省直住房资金管理中心依据《石家庄市绿色建筑创建行动实施方案》（石住建办〔2020〕41号））的规定，使用住房公积金购买高于最低等级绿色建筑标准的新建绿色建筑自住住房的，贷款最高额度上浮至70万元。

2020年，发放个人住房贷款1.38万笔，同比降低7.38%；发放个人住房贷款65.81亿元，同比增长0.15%。其中，石家庄住房公积金管理中心发放个人住房贷款1.21万笔、58.26亿元，河北省省直住房资金管理中心发放个人住房贷款0.12万笔、6.24亿元，辛集市住房公积金管理中心发放个人住房贷款0.05万笔、1.31亿元。

2020年，回收个人住房贷款31.24亿元。其中，石家庄住房公积金管理中心26.51亿元，河北省省直住房资金管理中心4.2亿元，辛集市住房公积金管理中心0.53亿元。

2020年末，累计发放个人住房贷款18.98万笔、569.97亿元，贷款余额348.44亿元，分别比上年末增加7.84%、13.05%、11.02%。个人住房贷款余额占缴存余额的62.03%，比上年末减少0.24个百分点。

石家庄住房公积金管理中心受委托办理住房公积金个人住房贷款业务的银行9家。河北省省直住房资金管理中心受委托办理住房公积金个人住房贷款业务的银行6家。辛集市住房公积金管理中心受委托办理住房公积金个人住房贷款业务的银行3家。

2. 异地贷款。2020年，发放异地贷款89笔、2578万元。2020年末，发放异地贷款总额512607.10万元，异地贷款余额241015.57万元。

3. 公转商贴息贷款。2020年，辛集市住房公积金管理中心未发放公转商贴息贷款，当年贴息额15.31万元。2020年末，累计发放公转商贴息贷款84笔、1904万元，累计贴息40.29万元。

（四）资金存储。2020年末，住房公积金存款220.30亿元。其中，活期2.29亿元，1年（含）以下定期60.97亿元，1年以上定期145.42亿元，其他（协定、通知存款等）11.62亿元。

（五）资金运用率。2020年末，住房公积金个人住房贷款余额占缴存余额的62.03%，比上年末减少0.24个百分点。

三、主要财务数据

（一）业务收入。2020年，业务收入171721.68万元，同比增长18.45%。其中，石家庄住房公积金管理中心135405.38万元，河北省省直住房资金管理中心32939.66万元，辛集市住房公积金管理中心3376.64万元；存款利息63713.09万元，委托贷款利息107992.78万元，其他15.81万元。

（二）业务支出。2020年，业务支出85770.54万元，同比增长10.66%。其中，石家庄住房公积金管理中心67002.05万元，河北省省直住房资金管理中心17342.12万元，辛集市住房公积金管理中心1426.37万元；支付职工住房公积金利息81045.96万元，归集手续费550万元，委托贷款手续费4050.78万元，其他123.8万元。

（三）增值收益。2020年，增值收益85951.14万元，同比增长27.39%。其中，石家庄住房公积金管理中心68403.33万元，河北省省直住房资金管理中心15597.54万元，辛集市住房公积金管理中心1950.27万元；增值收益率1.61%，比上年增加0.19个百分点。

（四）增值收益分配。2020年，提取贷款风险准备金517.48万元，提取管理费用8270.11万元，提取城市廉租住房（公共租赁住房）建设补充资金77163.55万元。

2020年，上交财政管理费用7652.57万元。上缴财政城市廉租住房（公共租赁住房）建设补充资金56530.69万元。其中，石家庄住房公积金管理中心上缴43994.33万元，河北省省直住房资金管理中心上缴11771.63万元，辛集市住房公积金管理中心上缴764.73万元。

2020年末，贷款风险准备金余额44898.66万元。累计提取城市廉租住房（公共租赁住房）建设补充资金458875.65万元。其中，石家庄住房公积金管理中心提取361677.04万元，河北省省直住房资金管理中心提取93065.71万元，辛集市住房公积金管理中心提取4132.90万元。

（五）管理费用支出。2020年，管理费用支出7730万元，同比下降11.95%。其中，人员经费5015.61万元，公用经费581.60万元，专项经费2132.79万元。

石家庄住房公积金管理中心管理费用支出5666.64万元，其中，人员、公用、专项经费分别为3922.97万元、347.86万元、1395.81万元；河北省省直住房资金管理中心管理费用支出1534.65万元，其中，人员、公用、专项经费分别为841.6万元、218.49万元、474.56万元；辛集市住房公积金管理中心管理费用支出528.71万元，其中，人员、公用、专项经费分别为251.04万元、15.25万元、262.42万元。

四、资产风险状况

个人住房贷款。2020年末，个人住房贷款逾期额574.47万元，逾期率0.16‰，其中，石家庄住房公积金管理中心0.19‰，河北省省直住房资金管理中心0.003‰，辛集市住房公积金管理中心无逾期。个人贷款风险准备金余额44898.66万元。2020年未使用个人贷款风险准备金核销呆坏账。

五、社会经济效益

（一）缴存业务。缴存职工中，国家机关和事业单位占32.87%，国有企业占21.05%，城镇集体企业

占 2.16%，外商投资企业占 2.05%，城镇私营企业及其他城镇企业占 37.71%，民办非企业单位和社会团体占 1.16%，灵活就业人员占 0.04%，其他占 2.96%；中、低收入占 96.88%，高收入占 3.12%。

新开户职工中，国家机关和事业单位占 11.22%，国有企业占 16.77%，城镇集体企业占 2.8%，外商投资企业占 2.68%，城镇私营企业及其他城镇企业占 52.82%，民办非企业单位和社会团体占 1.77%，灵活就业人员占 0.01%，其他占 11.93%；中、低收入占 98.05%，高收入占 1.95%。

（二）提取业务。提取金额中，购买、建造、翻建、大修自住住房占 28.12%，偿还购房贷款本息占 34.32%，租赁住房占 5.87%，离休和退休提取占 17.81%，完全丧失劳动能力并与单位终止劳动关系提取占 0.04%，其他占 13.84%。提取职工中，中、低收入占 90.36%，高收入占 9.64%。

（三）贷款业务。

个人住房贷款。2020 年，支持职工购建房 146.38 万平方米（含公转商贴息贷款），年末个人住房贷款市场占有率（含公转商贴息贷款）为 10.52%，比上年末减少 0.5 个百分点。通过申请住房公积金个人住房贷款，可节约职工购房利息支出 136810.61 万元。

职工贷款笔数中，购房建筑面积 90（含）平方米以下占 29.39%，90~144（含）平方米占 65.27%，144 平方米以上占 5.34%。购买新房占 63.35%，购买二手房占 36.65%。

职工贷款笔数中，单缴存职工申请贷款占 29.34%，双缴存职工申请贷款占 70.66%。

贷款职工中，30 岁（含）以下占 28.41%，30 岁~40 岁（含）占 49.39%，40 岁~50 岁（含）占 18.9%，50 岁以上占 3.3%；首次申请贷款占 92.54%，二次及以上申请贷款占 7.46%；中、低收入占 97.8%，高收入占 2.2%。

（四）住房贡献率。2020 年，个人住房贷款发放额、住房消费提取额的总和与当年缴存额的比率为 84.02%，比上年减少 5.28 个百分点。

六、其他重要事项

（一）应对新冠肺炎疫情采取的措施，落实住房公积金阶段性支持政策情况和政策实施成效。为应对新冠肺炎疫情，石家庄住房公积金管理中心行动迅速、主动作为，在严格落实各项防控措施的基础上，紧紧围绕全市工作大局，从解决企业实际困难入手，从维护职工利益出发，依据《住房和城乡建设部 财政部 人民银行关于妥善应对新冠肺炎疫情实施住房公积金阶段性支持政策的通知》（建金〔2020〕23 号）及省市相关规定，2020 年 3 月 2 日及时发布并实施了《石家庄住房公积金管理中心关于妥善应对新冠肺炎疫情实施住房公积金阶段性支持政策的通知》。按照通知规定，受新冠肺炎疫情影响的企业，可按规定申请在 2020 年 6 月 30 日前缓缴住房公积金，缓交期间缴存时间连续计算，不影响职工正常提取和申请住房公积金贷款；受疫情影响住房公积金贷款不能正常还款的职工，不作逾期处理，不作为逾期记录报送征信部门，已报送的予以调整。2020 年受疫情影响申请缓缴的企业 433 家，职工 71420 人。截至 2020 年 12 月 31 日，恢复正常汇缴的企业 331 家，职工 39878 人，累计缴存金额 3.64 亿元；补缴住房公积金的企业 90 家，职工 31154 人，累计缴存金额 3.04 亿元。落实住房公积金阶段性支持政策期间，石家庄住房公积金管理中心积极主动开拓贷款市场，全面开展组合贷款等业务，对优质楼盘主动对接、提前介入、现场办公，减少审批要件，提高审批速度。中心共与 81 个房地产项目开展合作，帮助 230 余家房地产开发企业加速回笼资金，有效缓解了企业资金流转压力。阶段性支持政策期间，不作逾期处理的贷款累计 2404 笔。

河北省省直住房资金管理中心印发了《关于妥善应对新冠肺炎疫情实施公积金阶段性支持政策的通知》，为16个企业办理缓缴公积金815.99万元，惠及职工1639人。

辛集市住房公积金管理中心2020年3月出台了《关于妥善应对新冠肺炎疫情实施住房公积金阶段性支持政策的通知》，企业可根据自身情况适当降低公积金缴存比例或缓缴公积金，职工受疫情影响未偿还公积金贷款的不作逾期处理。2020年度，为我市7家企业，844名职工办理缓缴业务，累计缓缴金额130万元；疫情期间不作逾期处理的贷款56笔，不作逾期处理的贷款余额1134.94万元。

（二）当年机构及职能调整情况，受委托办理缴存贷款业务金融机构变更情况。石家庄住房公积金管理中心新增华夏银行为受委托办理贷款业务银行。河北省省直住房资金管理中心受委托办理缴存业务银行由8家变为7家。辛集市住房公积金管理中心根据业务需要撤销河北银行股份有限公司辛集支行账户，新增河北辛集农村商业银行股份有限公司为受委托办理缴存业务银行。

（三）当年住房公积金政策调整及执行情况。

1. 当年缴存基数限额及确定方法、缴存比例

石家庄住房公积金管理中心和河北省省直住房资金管理中心2020年度住房公积金的月缴存基数最高不得超过上一年度职工月平均工资的3倍，最低不得低于上一年度职工月平均工资的60%。按照河北省统计局公布的2019年石家庄（不含辛集）城镇非私营单位就业人员年平均工资76980元测算，2020年度石家庄住房公积金缴存基数最高为19245元，最低为3849元。单位和职工住房公积金缴存比例，均不得低于5%，最高不得超过12%。辛集市住房公积金管理中心2020年度缴存基数最高为石家庄市统计部门公布的2019年度职工月平均工资3倍，即19245元；最低为辛集市最低工资标准，即1790元。

住房公积金缴存单位可在5%至12%的区间内自主确定单位和个人住房公积金缴存比例，单位和个人的缴存比例应一致。

2. 当年缴存、提取政策调整情况

石家庄住房公积金管理委员会出台了《石家庄灵活就业人员自愿缴存住房公积金管理办法（试行）》，设立了集中缴存管理账户，在集中缴存管理账户下开设灵活就业人员个人账户，实行集中管理。

石家庄住房公积金管理中心和河北省省直住房资金管理中心依据《关于进一步做好住房公积金异地个人住房贷款、异地购房提取相关工作的通知》的相关规定，职工购买我市行政区域以外自住住房，未取得不动产权证书的，可提供经房地产主管部门登记备案的购房合同及售房单位签章的购房款发票，向中心申请提取购房当月之前（含当月）职工账户的余额。

辛集市住房公积金管理中心制定了《辛集市灵活就业人员自愿缴存住房公积金管理办法》，由辛集市住房公积金管理中心设立集中缴存账户，统一负责全市灵活就业人员自愿缴存者的住房公积金缴存、提取及贷款等管理工作。

3. 当年个人住房贷款政策调整情况

石家庄住房公积金管理中心个人住房贷款政策调整如下：（1）2020年，石家庄住房公积金管理中心根据《石家庄市绿色建筑创建行动实施方案》（石住建办〔2020〕41号），将使用住房公积金购买高于最低等级绿色建筑标准的新建绿色建筑自住住房的，贷款最高额度上浮至70万元。（2）自2020年8月6日起，河北省省直住房资金管理中心缴存职工在石家庄住房公积金管理中心申请贷款时，河北省省直住房资金管理中心缴存证明不再作为申请要件。对缴存情况存疑的，可要求提供缴存明细等相应辅助证明材料。

(3) 根据石家庄住房公积金管理委员会《石家庄灵活就业人员自愿缴存住房公积金管理办法（试行）》文件规定，中心开展自由职业者缴存使用住房公积金业务，申请集中缴存管理的灵活就业人员，连续足额缴存住房公积金满 6 个月后，在本市行政区域内购买自住住房，可申请住房公积金贷款，最高贷款额度为 60 万元。申请住房公积金贷款的灵活就业人员，贷款发放后，借款人应继续履行缴存义务，按期足额偿还住房公积金贷款本息，逾期不还的，公积金中心有权提前终止合同，收回已发放的住房公积金贷款。

(4) 为加强住房公积金制度的互助性和保障性，按照省住房和城乡建设厅《关于进一步做好住房公积金异地个人住房贷款工作的通知》等要求，石家庄住房公积金管理委员会出台了《关于进一步做好住房公积金异地个人住房贷款、异地购房提取相关工作的通知》，自 2020 年 12 月 15 日起，在我市全面开展住房公积金异地个人住房贷款业务。

河北省省直住房资金管理中心恢复住房公积金异地贷款业务。

辛集市住房公积金管理中心个人住房贷款政策调整如下：(1) 缴存职工使用住房公积金贷款购买二星级及以上绿色建筑的，住房公积金贷款额度可上浮 20%，上浮后额度不超过辛集市最高贷款限额。(2) 职工在就业地缴存住房公积金且为辛集户籍、在辛集市行政区域内购买自住住房的，可持就业地住房公积金管理中心出具的《异地贷款职工住房公积金缴存使用证明》，向辛集市住房公积金管理中心申请办理住房公积金个人贷款。(3) 住房公积金个人贷款房屋面积不再限制。借款人购买别墅、商业用房、商住两用住房等房屋用途为非住宅的住房不予贷款。(4) 借款人住房公积金贷款结清后，符合申请条件的，可以再次申请公积金贷款。

4. 当年住房公积金存、贷款利率执行标准

职工住房公积金账户存款利率按一年期定期存款基准利率 1.5% 执行。

住房公积金个人贷款利率执行中国人民银行公布的个人住房公积金贷款利率。购买家庭首套住房的个人住房公积金贷款利率为：1～5 年期（含）年利率为 2.75%，6～30 年期年利率为 3.25%。购买家庭第二套住房的个人住房公积金贷款利率为同期首套个人住房公积金贷款利率的 1.1 倍，即：1～5 年期（含）年利率 3.025%；6～30 年期年利率 3.575%。

（四）当年服务改进情况。石家庄住房公积金管理中心全力深化"放管服"改革，强力推进住房公积金信息化建设，创新服务手段，再造业务流程，深化信息对接和共享，顺利实现全市住房公积金"通缴通取"，率先实现缴存业务和购房、租房提取业务"全程网办"。截至 2020 年底，8 个"跨省通办"服务事项中，个人住房公积金缴存贷款等信息查询、提前还清住房公积金贷款、正常退休提取住房公积金、住房公积金单位及个人缴存信息变更、住房公积金单位登记开户等 5 个事项已实现全程网上办理。中心 23 个业务大厅分别设立"跨省通办"服务窗口，自 2020 年 12 月 15 日起开始代收代办"出具贷款职工住房公积金缴存使用证明"等跨省通办业务。加强综合服务平台建设，将业务办理由柜台办，拓展至网上办、掌上办。缴存单位及职工，除在柜台办理住房公积金业务外，还可通过中心网上大厅、手机公积金、微信公众号、支付宝城市服务、冀时办 App 等渠道办理和查询相关业务。在疫情期间，通过网上业务的开展，减少了办事人员的流动及接触，有效降低了疫情传播风险。

河北省省直住房资金管理中心建立核心业务系统和综合服务系统两个平台，推进"互联网＋住房公积金"信息化改革。按照"一个数据中心、两个平台、四办服务（马上办、网上办、就近办、一次办）、六位一体（包括网上业务大厅、官方微信、微博、手机 App、12329 热线、自助终端的综合服务平台）"的

信息化管理模式，全力推进省直住房公积金核心业务系统升级改造和省直住房公积金综合服务平台系统建设。业务办理跑零次，服务群众零跑腿，联系交流零距离。开展电子化印章系统改造升级，实现电子印章信息在国家和省一体化平台备案。住房公积金 39 项业务全部实现"最多跑一次"，其中 17 项业务实现"跑零次"。缴存职工可在省直公积金手机 App、冀时办 App2.0、省直公积金网上业务大厅等线上平台，直接办理偿还购房贷款本息、退休、购房、租房等提取业务，以及提前还款、还款账户变更、委托扣划签约等贷款业务。省直缴存单位在省直公积金网上业务大厅可直接办理汇缴相关业务。

辛集市住房公积金管理中心全面建成综合服务平台，实现中心门户网站、网上服务大厅、自助终端、手机 App、微信公众号、12329 服务热线、短信、支付宝"市民中心"8 个渠道为核心的在线服务体系的基础上，全力打造网上办理、线上审批的新型服务模式，提高业务办理的离柜率。解决档案重复利用问题，实现中心已有的业务档案（例如提取业务需提交的商业银行借款合同等）不必重复提交，减少办事群众办理相同业务时需提交的要件。

（五）当年信息化建设情况。石家庄住房公积金管理中心持续推动数据共享，打通办事群众信息壁垒，减少办事要件，目前已实现与河北省省直住房资金管理中心、民政、住建、市场监督等部门信息共享。通过数据共享有效支撑了石家庄住房公积金管理中心各类业务的开展。疫情期间，石家庄住房公积金管理中心陆续开通完善了单位自主开户、比例变更、租房提取等网上业务，为缴存职工提供更加方便、快捷的办事服务。

河北省省直住房资金管理中心多点接入，数据共享，整体互动，统一识别，统一管理，统一风控。系统接入住房和城乡建设部住房公积金结算应用系统，直接与受托银行进行支付结算，实时获取银行结算数据，实现了资金、业务和财务信息的自动平衡匹配；在财务结算方面，根据"银行到账通知"自动登记《银行存款日记账》、自动逐笔勾兑，日终自动汇总制单，做到了业务账、资金账、财务账"三账联动"。系统与省政务服务网、冀时办 App2.0 互联互通，直接或间接同公安、人民银行、不动产、工商、民政、社保、合作银行等部门信息共享，实现了缴存、提取、贷款业务的"马上办、网上办、就近办、一次办"。

辛集市住房公积金管理中心以"互联网＋公积金"为抓手，全力做好信息化建设。着眼推进公积金服务数字化转型工作需求，从优化信息化软硬件设备入手，继续深入完善住房公积金综合服务平台、核心办公软件升级改造建设。严格制度、细化分工、明确责任，确保核心业务系统、不间断电源系统、业务监控系统、视频会议系统、12329 热线服务平台等现有信息管理系统运行平稳。建立健全数据管理、权限管理、网上业务管理等信息安全管理制度，规范业务办理和系统操作，加强疑点数据分析，防控业务风险，保障业务办理和资金结算安全。

（六）当年住房公积金管理中心及职工所获荣誉情况。石家庄住房公积金管理中心获得"河北省文明单位"称号，获得"2020 年度河北省网民留言办理工作先进单位"，获得"2019 年度全市法治宣传教育先进单位"，获得"2019 年度部门决算工作开展较好部门"；1 人获得"河北省会计先进工作者"称号，1 人获得"2019 年度全市法治宣传教育先进工作者"，1 人获得 2019 年度"石家庄市优秀共青团干部"荣誉称号，1 人获得 2018-2019 年度"综合统计工作先进个人"，1 人获得"2019 年度部门决算工作开展较好个人"。

河北省省直住房资金管理中心共有 1 人被评为省直优秀党员，3 人被评为年度优秀共产党员，1 人记功奖励，10 人绩效考核优秀，6 人嘉奖奖励。

（七）当年对违反《住房公积金管理条例》和相关法规行为进行行政处罚和申请人民法院强制执行情况。 2020 年，石家庄住房公积金管理中心对违反《住房公积金管理条例》和相关法规的行为进行了行政处罚，18 人缴纳行政罚款 24230 元，11 人已申请人民法院强制执行。

唐山市住房公积金 2020 年年度报告

根据国务院《住房公积金管理条例》和住房和城乡建设部、财政部、人民银行《关于健全住房公积金信息披露制度的通知》（建金〔2015〕26 号）的规定，经住房公积金管理委员会审议通过，现将唐山市住房公积金 2020 年年度报告公布如下：

一、机构概况

（一）住房公积金管理委员会。 住房公积金管理委员会有 19 名委员，2020 年召开 6 次会议，审议通过的事项主要包括：《唐山市住房公积金 2019 年年度报告》《关于 2020 年上半年全市住房公积金工作情况的通报》《关于建立健全工作机制促进住房公积金发展的意见》《关于提请审议规范调整住房公积金会计业务支出项的请示》等事项。

（二）住房公积金管理中心。 住房公积金管理中心为唐山市政府不以营利为目的的正县级事业单位，设 11 个处室，17 个分支机构。市中心从业人员 244 人，其中，在编 192 人，非在编 52 人。开滦分中心从业人员 14 人，在编 14 人。

二、业务运行情况

（一）缴存。 2020 年，新开户单位 900 家，净增单位 608 家；新开户职工 6.98 万人，净增职工 1.92 万人；实缴单位 7138 家，实缴职工 81.37 万人，缴存额 102.19 亿元，分别同比增长 11.27%、14.39%、5.78%。2020 年末，缴存总额 900.24 亿元，比上年末增加 12.80%；缴存余额 404.48 亿元，同比增长 10.46%。受委托办理住房公积金缴存业务的银行 5 家。

（二）提取。 2020 年，18.67 万名缴存职工提取住房公积金；提取额 63.89 亿元，同比增长 2.83%；提取额占当年缴存额的 62.52%，比上年减少 1.79 个百分点。2020 年末，提取总额 495.76 亿元，比上年末增加 14.79%。

（三）贷款。

1. 个人住房贷款。个人住房贷款最高额度 60 万元。

2020 年，发放个人住房贷款 1.47 万笔、60.89 亿元，同比分别下降 11.11%、11.24%。其中，市中心发放个人住房贷款 1.41 万笔、58.42 亿元，开滦分中心发放个人住房贷款 0.06 万笔、2.47 亿元。

2020 年，回收个人住房贷款 35.63 亿元。其中，市中心 33.70 亿元，开滦分中心 1.93 亿元。

2020 年末，累计发放个人住房贷款 22.61 万笔、585.19 亿元，贷款余额 345.55 亿元，分别比上年末增加 6.95%、11.61%、7.89%。个人住房贷款余额占缴存余额的 85.43%，比上年末减少 2.04 个百分点。受委托办理住房公积金个人住房贷款业务的银行13家。

2.异地贷款。2020年，发放异地贷款0笔、0万元。2020年末，发放异地贷款总额78604.50万元，异地贷款余额71945.37万元。

（四）**购买国债**。2020年，购买（记账式、凭证式）国债0亿元，（兑付、转让、收回）国债0亿元。2020年末，国债余额0.75亿元。

（五）**资金存储**。2020年末，住房公积金存款60.03亿元。其中，活期0.72亿元，1年（含）以下定期2.80亿元，1年以上定期52.88亿元，其他（协定、通知存款等）3.63亿元。

（六）**资金运用率**。2020年末，住房公积金个人住房贷款余额、项目贷款余额和购买国债余额的总和占缴存余额的85.62%，比上年末减少2.05个百分点。

三、主要财务数据

（一）**业务收入**。2020年，业务收入128852.70万元，同比增长10.58%。其中，市中心117098.49万元，开滦分中心11754.21万元；存款利息20983.08万元，委托贷款利息107619.50万元，国债利息245.25万元，其他4.87万元。

（二）**业务支出**。2020年，业务支出63522.13万元，同比增长4.59%。其中，市中心57896.38万元，开滦分中心5625.75万元；支付职工住房公积金利息59231.67万元，归集手续费0万元，委托贷款手续费3,313.60万元，其他976.86万元。

（三）**增值收益**。2020年，增值收益65330.57万元，同比增长17.10%。其中，市中心59202.11万元，开滦分中心6128.46万元；增值收益率1.67%，比上年增加0.08个百分点。

（四）**增值收益分配**。2020年，提取贷款风险准备金2472.71万元，提取管理费用5663.68万元，提取城市廉租住房（公共租赁住房）建设补充资金57194.18万元。

2020年，上交财政管理费用4041.94万元。上缴财政城市廉租住房（公共租赁住房）建设补充资金43826.23万元。其中，市中心上缴43826.23万元，开滦分中心上缴（收缴单位）0万元。

2020年末，贷款风险准备金余额51661.30万元。累计提取城市廉租住房（公共租赁住房）建设补充资金412140.48万元。其中，市中心提取362454.07万元，开滦分中心提取49686.41万元。

（五）**管理费用支出**。2020年，管理费用支出4459.14万元，同比下降20.02%。其中，人员经费3357.10万元，公用经费299.35万元，专项经费802.69万元。

市中心管理费用支出4060.10万元，其中，人员、公用、专项经费分别为3034.17万元、238.74万元、787.19万元；开滦分中心管理费用支出399.04万元，其中，人员、公用、专项经费分别为322.93万元、60.61万元、15.50万元。

四、资产风险状况

个人住房贷款。2020年末，个人住房贷款逾期额1.37万元，逾期率0‰，其中，市中心0‰，开滦分中心0.01‰。个人贷款风险准备金余额46433.30万元。2020年，使用个人贷款风险准备金核销呆坏账0万元。

五、社会经济效益

（一）缴存业务。缴存职工中，国家机关和事业单位占 29.91%，国有企业占 35.05%，城镇集体企业占 0.41%，外商投资企业占 1.38%，城镇私营企业及其他城镇企业占 31.16%，民办非企业单位和社会团体占 0.58%，灵活就业人员占 0.04%，其他占 1.47%；中、低收入占 100%，高收入占 0%。

新开户职工中，国家机关和事业单位占 16.82%，国有企业占 15.63%，城镇集体企业占 0.77%，外商投资企业占 2.99%，城镇私营企业及其他城镇企业占 56.47%，民办非企业单位和社会团体占 1.65%，灵活就业人员占 0.24%，其他占 5.43%；中、低收入占 100%，高收入占 0%。

（二）提取业务。提取金额中，购买、建造、翻建、大修自住住房占 14.52%，偿还购房贷款本息占 54.05%，租赁住房占 0.81%，支持老旧小区改造占 0%，离休和退休提取占 23.45%，完全丧失劳动能力并与单位终止劳动关系提取占 0.52%，出境定居占 0%，其他占 6.65%。提取职工中，中、低收入占 100%，高收入占 0%。

（三）贷款业务。

个人住房贷款：2020 年，支持职工购建房 164.13 万平方米（含公转商贴息贷款），年末个人住房贷款市场占有率（含公转商贴息贷款）为 30.21%，比上年末减少 7.51 个百分点。通过申请住房公积金个人住房贷款，可节约职工购房利息支出 103705.80 万元。

职工贷款笔数中，购房建筑面积 90（含）平方米以下占 18.90%，90～144（含）平方米占 75.80%，144 平方米以上占 5.30%。购买新房占 76.11%（其中购买保障性住房占 0%），购买二手房占 23.89%，建造、翻建、大修自住住房占 0%（其中支持老旧小区改造占 0%），其他占 0%。

职工贷款笔数中，单缴存职工申请贷款占 57.94%，双缴存职工申请贷款占 42.02%，三人及以上缴存职工共同申请贷款占 0.04%。

贷款职工中，30 岁（含）以下占 17.27%，30 岁～40 岁（含）占 46.86%，40 岁～50 岁（含）占 28.67%，50 岁以上占 7.20%；首次申请贷款占 72.03%，二次及以上申请贷款占 27.97%；中、低收入占 100%，高收入占 0%。

（四）住房贡献率。2020 年，个人住房贷款发放额、公转商贴息贷款发放额、项目贷款发放额、住房消费提取额的总和与当年缴存额的比率为 102.97%，比上年减少 10.71 个百分点。

六、其他重要事项

（一）应对新冠肺炎疫情采取的措施，落实住房公积金阶段性支持政策情况和政策实施成效。印发了《关于做好疫情防控期间住房公积金管理服务工作的通知》，细化相关政策解读，加大政策宣传，因时因地制宜，分级分类指导受疫情影响的企业科学制定缓缴、补缴方案，切实帮助企业降费减负，加快推进企业复工复产，累计为 907 家企业、12.28 万人缓缴住房公积金 5.29 亿元。减轻借款职工还贷压力，累计不作逾期处理的住房公积金贷款 5778 笔、贷款余额 11.64 亿元。租房提取额上调至每季度 2100 元，共有 2294 人提高了租房提取额度，累计提取金额 190.4 万元。

（二）当年住房公积金政策调整及执行情况。

1. 印发了《关于简化新增缴存单位开户资料及新增通缴通取业务的通知》，简化新增缴存单位开户资料，取消单位开设账户时提供统一社会信用代码证复印件。推进"多证合一"，缴存单位只需提供统一社会信用代码证号，即可借助"河北省法人库共享应用平台"进行自主查询、自主开户，实现了"一证一网通办"。网上缴存、汇缴、补缴、职工开户、租房提取等24项业务实现全市任一网点办理。2020年，通过网上业务大厅、微信公众号、冀时办App等线上渠道办理提取业务7万多笔、金额15亿元，线上业务办理笔数及金额占比分别达到44%和28.72%。

2. 印发了《关于调整2020年度住房公积金缴存基数及缴存比例工作的通知》，规定了2020年度住房公积金缴存基数限额及确定方法，鼓励最低缴存基数按照唐山市统计部门公布的2019年度社平工资的60%，即3773元执行，低于最低缴存基数的应逐步提高。最高缴存基数不超过唐山市统计部门公布的2019年度社会平均工资6288元的3倍。

住房公积金缴存比例按以下规定执行：

（1）机关事业单位按照唐山市人民政府办公室《关于规范全市机关事业单位住房公积金个人缴存比例的通知》（唐政办字〔2018〕78号）执行，单位缴存比例为12%，个人缴存比例为8%。对于县（市）区机关事业单位缴存比例低于上述标准的，原则上应逐年提高，达到市本级同等缴存比例。

（2）企业单位的缴存比例可在5%至12%区间内确定，有条件的企业可参照机关事业单位执行，也可提高到单位、个人各12%缴存。

（3）同一单位职工的缴存比例应当一致，单位缴存比例和职工缴存比例宜一致。

3. 支持老旧小区改造政策落实情况。我市已将既有住宅加装电梯提取住房公积金政策纳入《唐山市中心区既有住宅加装电梯办法》，该办法于2020年4月30日下发。因我市中心区目前无既有住宅加装电梯改造项目，所以至今未发生此类提取业务。

4. 根据上级有关要求，结合我市实际，对住房公积金贷款政策做出了如下调整：

（1）为支持河北自由贸易试验区曹妃甸片区建设，吸引广大高端创新人才来唐创业，高端创新人才使用住房公积金在唐山市范围内购买自住住房的住房公积金贷款最高限额为80万元。

（2）职工购买使用二星级及以上绿色建筑标准的新建被动式超低能耗自住住房的，住房公积金贷款额度上浮20%。

（3）按照住房和城乡建设部要求，二套房住房公积金贷款利率上浮10%。

（4）开展住房公积金异地个人住房贷款业务。职工在就业地缴存住房公积金、在户籍所在地购买自住住房的，可持就业地住房公积金管理中心出具的缴存证明，向户籍所在地住房公积金管理中心申请办理住房公积金个人住房贷款。申请异地贷款的职工与申请本地贷款的职工享有同等权益。

（三）当年服务改进情况。

1. 按照住房和城乡建设部印发的《住房和城乡建设部办公厅关于做好住房公积金服务"跨省通办"工作的通知》和河北省人民政府办公厅印发的《关于河北省推进政务服务"跨省通办"工作方案的通知》要求，个人住房公积金缴存、贷款等信息查询、正常退休提取住房公积金、出具贷款职工住房公积金缴存使用证明等7项业务实现网上渠道办理。购房提取住房公积金业务通过"代收代办""两地联办"方式实现了跨省通办。

2. 为方便缴存单位、缴存职工办理公积金业务，开发并上线了自助开通单位网厅业务、网上住房公积金单位登记开户、异地贷款缴存证明打印、贷款结清证明打印、偿还商业贷款提取、封存提取、退休还贷销户提取、还款账号变更等网上业务。

3.认真贯彻落实住房和城乡建设部和河北省住房和城乡建设厅关于住房公积金电子稽查工作的有关要求,定时执行电子稽查工具并上报电子稽查报告,按时上报率100%,进一步规范了住房公积金基础数据,增强了风险防控能力,为维护缴存职工利益、提升管理服务水平提供了坚实保障。

4.中心综合服务平台搭建完成并平稳运行,并以优秀等次通过省住房城乡建设厅验收组验收。

（四）当年信息化建设情况。开发上线了"法院版网上办事大厅",实现了法院查询、冻结、解冻、扣划公积金等业务线上办理,提高了办事效率。

秦皇岛市住房公积金2020年年度报告

根据国务院《住房公积金管理条例》和住房和城乡建设部、财政部、人民银行《关于健全住房公积金信息披露制度的通知》（建金〔2015〕26号）的规定,经住房公积金管理委员会审议通过,现将秦皇岛市住房公积金2020年年度报告公布如下。

一、机构概况

（一）住房公积金管理委员会。住房公积金管理委员会有25名委员,2020年召开四次会议,审议通过的事项主要包括：秦皇岛市住房公积金2019年年度报告；2020年住房公积金归集、使用计划；秦皇岛市个人自愿缴存住房公积金管理办法（试行）等事项。

（二）住房公积金管理中心。住房公积金管理中心为直属于市政府的不以营利为目的的全额拨款事业单位,设8个科室,4个管理部,从业人员83人,其中,在编49人,非在编34人。

二、业务运行情况

（一）缴存。2020年,新开户单位216家,净增单位－326家,新开户职工2.36万人,净增职工－0.19万人,实缴单位3531家,实缴职工29.50万人,年缴存额38.33亿元,分别同比增长－0.06%、0.99%、8.15%。2020年末,缴存总额377.36亿元,比上年末增加11.31%；缴存余额130.20亿元,同比增长7.72%。

受委托办理住房公积金缴存业务的银行5家。

（二）提取。2020年,10.04万名缴存职工提取住房公积金,提取额29.01亿元,同比下降1.79%；提取额占当年缴存额的75.67%,比上年减少7.68个百分点。2020年末,提取总额247.16亿元,比上年末增加13.30%。

（三）贷款。单缴存职工个人住房贷款最高额度40万元,夫妻双缴存职工个人住房贷款最高额度60万元。

2020年,发放个人住房贷款0.48万笔、18.49亿元,同比分别下降12.73%、14.83%。

2020年,回收个人住房贷款10.82亿元。

2020年末，累计发放个人住房贷款7.71万笔、205.56亿元，贷款余额117.86亿元，分别比上年末增加6.64%、9.88%、6.96%。个人住房贷款余额占缴存余额的90.52%，比上年末减少0.64个百分点。

受委托办理住房公积金个人住房贷款业务的银行5家。

（四）**资金存储**。2020年末，住房公积金存款15.796亿元。其中，活期0.005亿元，1年（含）以下定期12.33亿元，1年以上定期2.80亿元，其他（协定、通知存款等）0.661亿元。

（五）**资金运用率**。2020年末，住房公积金个人住房贷款余额、项目贷款余额和购买国债余额的总和占缴存余额的90.52%，比上年末减少0.64个百分点。

三、主要财务数据

（一）**业务收入**。2020年，业务收入40692.96万元，同比增长10.81%。其中，存款利息3639.15万元，委托贷款利息37046.70万元，其他7.11万元。

（二）**业务支出**。2020年，业务支出20166.10万元，同比下降2.43%。其中，支付职工住房公积金利息17320.99万元，归集手续费1916.69万元，委托贷款手续费926.17万元，其他2.25万元。

（三）**增值收益**。2020年，实现增值收益20526.86万元，同比增长27.85%。增值收益率1.62%，比上年增加0.25个百分点。

（四）**增值收益分配**。2020年，提取贷款风险准备金766.99万元，提取管理费用2124.47万元，提取城市廉租住房（公共租赁住房）建设补充资金17635.40万元。

2020年，上交财政管理费用1716.86万元。上缴财政城市廉租住房（公共租赁住房）建设补充资金13183.76万元。

2020年末，贷款风险准备金余额11785.75万元。累计提取城市廉租住房（公共租赁住房）建设补充资金150250.60万元。

（五）**管理费用支出**。2020年，管理费用支出1651.42万元，同比减少9.58%。其中，人员经费804.73万元，公用经费63.79万元，专项经费782.90万元。

四、资产风险状况

2020年末，个人住房贷款逾期额192.47万元，逾期率0.16‰。个人贷款风险准备金余额11785.75万元。2020年，使用个人贷款风险准备金核销呆坏账0万元。

五、社会经济效益

（一）**缴存业务**。缴存职工中，国家机关和事业单位占43.23%，国有企业占24.21%，城镇集体企业占0.21%，外商投资企业占5.67%，城镇私营企业及其他城镇企业占24.99%，民办非企业单位和社会团体占0.44%，灵活就业人员占0.01%，其他占1.24%；缴存人中，中、低收入者占98.82%，高收入者占1.18%。

新开户职工中，国家机关和事业单位占19.31%，国有企业占11.41%，城镇集体企业占0.025%，外商投资企业占2.66%，城镇私营企业及其他城镇企业占58.53%，民办非企业单位和社会团体占1.47%，灵活就业人员占0.105%，其他占6.49%；中、低收入者占99.89%，高收入者占0.11%。

(二)提取业务。提取金额中,购买、建造、翻建、大修自住住房占 32.43%,偿还购房贷款本息占 39.93%,租赁住房占 1.39%,离休和退休提取占 17.85%,其他占 8.40%。提取职工中,中、低收入占 96.59%,高收入占 3.41%。

(三)贷款业务。2020 年,支持职工购建房 50.23 万平方米。2020 年末个人住房贷款市场占有率为 9.31%,比上年末减少 4.89 个百分点。通过申请住房公积金个人住房贷款,与商业贷款相比可节约职工购房利息支出 35227.71 万元。

职工贷款笔数中,购房建筑面积 90(含)平方米以下占 33.98%,90~144(含)平方米占 62.33%,144 平方米以上占 3.69%。购买新房占 60.92%(其中购买保障性住房占 1.17%),购买二手房占 39.08%。

职工贷款笔数中,单缴存职工申请贷款占 26.36%,双缴存家庭申请贷款占 73.64%。

贷款职工中,30 岁(含)以下占 22.38%,30 岁~40 岁(含)占 42.22%,40 岁~50 岁(含)占 28.44%,50 岁以上占 6.96%;首次申请贷款占 92.84%,二次申请贷款的占 7.16%;中、低收入占 98.73%,高收入占 1.27%。

(四)住房贡献率。2020 年,个人住房贷款发放额、公转商贴息贷款发放额、项目贷款发放额、住房消费提取额的总和与当年缴存额的比率为 104%,比上年减少 18 个百分点。

六、其他重要事项

(一)落实住房公积金阶段性支持政策情况和成效。2020 年 3 月,根据上级要求,出台了《关于妥善应对新冠肺炎疫情实施住房公积金阶段性支持政策》。受新冠肺炎疫情影响的企业,可按规定申请在 2020 年 6 月 30 日前缓缴住房公积金。受新冠肺炎疫情影响的职工,2020 年 6 月 30 日前住房公积金贷款不能正常还款的,不作逾期处理且不计罚息,不作为逾期记录报送征信部门。住房公积金归集和提取业务推行"非接触""不见面"办理模式,通过网上办、预约办、错峰办等多种方式,精简办理要件和程序,提高办事效率。截至年底,缴存单位或职工通过线上渠道办理住房公积金的业务量已达 16.23 万余笔。

2020 年,全市共有 100 家企业办理延缓缴存住房公积金手续,涉及职工 19770 人,缓解企业资金压力 9476 万元。

(二)当年机构及职能调整情况、受委托办理缴存贷款业务金融机构变更情况。2020 年,秦皇岛市住房公积金管理中心无机构及职能调整情况。2020 年,无新增或减少受委托办理缴存贷款业务金融机构。

(三)当年住房公积金政策调整及执行情况。

1. 当年缴存基数限额及确定方法、缴存比例等缴存政策调整情况。

2020 年,公积金缴存基数为职工本人上一年度(自然年度)月平均工资。公积金缴存基数上限为 19152 元,下限为 1900 元。公积金缴存比例不应高于 12% 且不低于 5%。

2020 年 7 月 1 日出台《个人自愿缴存住房公积金管理办法》,开展个人自愿缴存住房公积金业务,全年共有 21 名灵活就业人员开户并缴存住房公积金。

按照住房和城乡建设部的工作部署和河北省监管处全年重点工作要求,秦皇岛市住房公积金管理中心优化维护系统数据，对未及时办理销户手续的单位账户和个人账户进行了清理，从而导致当年净增单位和净增职工为负数。

2. 当年提取政策调整情况。

2020年7月7日出台《关于本市既有住宅加装电梯提取住房公积金有关规定的通知》，开展既有住宅加装电梯提取住房公积金业务。

3. 当年个人住房贷款最高贷款额度、贷款条件等贷款政策调整情况。

2020年，我市住房公积金个人住房贷款最高贷款额度未调整，仍为60万元，贷款条件、贷款政策均未调整。

2020年12月15日，出台《关于开展住房公积金异地个人住房贷款的通告》，本市户籍在外地就业的职工，可凭就业地住房公积金管理中心开具的《异地贷款职工住房公积金缴存使用证明》，按照秦皇岛市住房公积金贷款管理相关规定，向我市住房公积金管理中心申请办理个人住房贷款。

4. 当年住房公积金存贷款利率执行标准。

按照中国人民银行、住房和城乡建设部、财政部《关于完善职工住房公积金账户存款利率形成机制的通知》（银发〔2016〕43号）要求，职工住房公积金账户存款利率统一按一年期定期存款基准利率执行，目前为1.50%。住房公积金贷款利率按中国人民银行的规定执行，目前五年期以下（含五年）贷款利率为2.75%，五年期以上贷款利率为3.25%。

（四）当年服务改进情况。

1. 一是优化再造业务流程，进一步简化办理要件。优化贷款流程，积极协调银行、房产管理、邮政等相关部门，实现贷款业务"最多跑一次"。加强与人民银行的沟通联系，完成个人征信终端机的安装建设，方便职工打印个人信用报告。研究制定住房公积金"通缴通取"业务方案并进行系统开发建设，实现了全市跨机构、跨银行办理住房公积金缴存提取业务。圆满完成国务院要求的"跨省通办"事项。

2. 强化科技引领，构建"互联网＋公积金"管理模式。探索"不见面审批"模式，实现了多项业务网上办理，对接"冀时办"App和"幸福秦皇岛"App，满足了缴存单位和职工多元化、个性化需求。目前，住房公积金贷款全面实现了网上申请，归集业务68%以上实现了网上办理，提取业务离柜率达到了45%，为缴存单位和职工提供了更优的办事体验。

3. 以"惠民利民"为导向，争创一流服务品牌。以群众切身利益为工作出发点，全面推进"管理工作精细化、业务操作规范化、为民服务便捷化"建设，大力优化服务环境，规范窗口服务行为，实现优质服务常态化。全年3次召开现场观摩推进会，研讨"精细化、规范化、便捷化"管理工作，探索工作新标准和新方法，全面提升服务效能和群众满意度。

（五）当年信息化建设情况。 2020年8月，完成了"冀时办"2.0升级改造任务。2020年11月，完成与省级监管平台、省高院、省市场监督管理局和商业银行网络互通信息共享。2020年12月，开发完成与省民政和金融办等部门数据交换共享。网厅、微信、手机App等11项移动政务服务全部接入综合服务平台系统统一管理，2020年10月，综合服务平台建设顺利通过省住房城乡建设厅验收。

（六）当年对违反《住房公积金管理条例》和相关法规行为进行行政处罚和申请人民法院强制执行情况。 2020年无行政处罚及申请法院强制执行案件。

（七）当年对住房公积金管理人员违规行为的纠正和处理情况。2020年本市住房公积金管理人员无违规行为。

邯郸市住房公积金2020年年度报告

根据国务院《住房公积金管理条例》和住房和城乡建设部、财政部、人民银行《关于健全住房公积金信息披露制度的通知》（建金〔2015〕26号）的规定，经住房公积金管理委员会审议通过，现将邯郸市住房公积金2020年年度报告公布如下：

一、机构概况

（一）住房公积金管理委员会。住房公积金管理委员会有21名委员，2020年召开两次会议，审议通过的事项主要包括：2019年度市住房公积金管理工作报告和年度财务报告（含增值收益分配方案）；缴存比例双12%的，最高贷款额度提高到80万元议题；对自愿缴存管理办法做补充规定；连续欠缴住房公积金3个月以上的，暂停受理其贷款和提取申请等议题。

（二）住房公积金管理中心。住房公积金管理中心为直属市政府管理不以营利为目的的自收自支事业单位，设个10处（室），20个管理部，1个分中心。从业人员179人（含峰峰集团分中心7人），其中，在编129人（含峰峰集团分中心7人），非在编50人。

二、业务运行情况

（一）缴存。2020年，新开户单位1453家，净增单位394家；新开户职工4.29万人，净增职工1.36万人；实缴单位6922家，实缴职工48.59万人，缴存额58.08亿元，分别同比增长25.01%、9.99%、4.34%（剔除2019年市中心接受新兴铸管公积金余额4.85亿元因素，缴存额同比增长14.29%）。2020年末，缴存总额461.41亿元，比上年末增加14.40%；缴存余额221.81亿元，同比增长14.91%。受委托办理住房公积金缴存业务的银行15家（峰峰集团增加兴业银行）。

（二）提取。2020年，10.67万名缴存职工提取住房公积金；提取额29.30亿元，同比增长12.80%；提取额占当年缴存额的50.46%，比上年增加3.79个百分点。2020年末，提取总额239.60亿元，比上年末增加13.94%。

（三）贷款。

1. 个人住房贷款。个人住房贷款最高额度80万元（缴存比例双12%的，最高贷款额度提高到80万元）。

2020年，发放个人住房贷款1.01万笔、48.57亿元，同比分别增长11.91%、16.83%。其中，市中心发放个人住房贷款1.01万笔、48.44亿元，峰峰集团分中心发放个人住房贷款0万笔（35笔）、0.13亿元。

2020年，回收个人住房贷款15.75亿元。其中，市中心15.02亿元，峰峰集团分中心0.73亿元。

2020年末，累计发放个人住房贷款10.34万笔、282.24亿元，贷款余额187.10亿元，分别比上年末增加10.84%、20.79%、21.27%。个人住房贷款余额占缴存余额的84.35%，比上年末增加4.43个百分点。受委托办理住房公积金个人住房贷款业务的银行9家。

2. 异地贷款。2020年，发放异地贷款1笔、60万元。2020年末，发放异地贷款总额117614.3万元，异地贷款余额74581.39万元。

3. 公转商贴息贷款。2020年未开展公转商贴息贷款业务。

（四）购买国债。市中心与峰峰集团分中心均未购买国债。

（五）资金存储。2020年末，住房公积金存款45.54亿元。其中，活期0亿元，1年（含）以下定期1.72亿元，1年以上定期42.43亿元，协定存款1.39亿元。

（六）资金运用率。2020年末，住房公积金个人住房贷款余额、项目贷款余额和购买国债余额的总和占缴存余额的84.35%，比上年末增加4.43个百分点。

三、主要财务数据

（一）业务收入。2020年，业务收入72646.01万元，同比增长19.76%。其中，市中心67288.06万元，峰峰集团分中心5357.95万元；存款利息18048.34万元，委托贷款利息54595.78万元，国债利息0万元，其他1.89万元。

（二）业务支出。2020年，业务支出35635.01万元，同比增长17.65%。其中，市中心33387.62万元，峰峰集团分中心2247.39万元；支付职工住房公积金利息31954.08万元，归集手续费0万元，委托贷款手续费2264.40万元，其他1416.53万元。

（三）增值收益。2020年，增值收益37011.00万元，同比增长21.88%。其中，市中心33900.44万元，峰峰集团分中心3110.56万元；增值收益率1.76%，比上年增加0.06个百分点。

（四）增值收益分配。2020年，提取贷款风险准备金3340万元，提取管理费用6696.86万元，提取城市廉租住房（公共租赁住房）建设补充资金26974.14万元。其中，市中心分别提取3340万元、6489.30万元、24071.14万元，峰峰集团分中心分别提取0万元、207.56万元、2903万元。

2020年，上交财政管理费用6349.21万元。上缴财政城市廉租住房（公共租赁住房）建设补充资金23768.89万元。其中，市中心上缴23768.89万元，峰峰集团分中心上缴0万元。

2020年末，贷款风险准备金余额20518.1万元。累计提取城市廉租住房（公共租赁住房）建设补充资金172159.99万元。其中，市中心提取153184.57万元，峰峰集团分中心提取18975.42万元。

（五）管理费用支出。2020年，管理费用支出5746.89万元，同比增长16.32%。其中，人员经费1516.18万元，公用经费171.74万元，专项经费4058.97万元。

市中心管理费用支出5531.19万元，其中，人员、公用、专项经费分别为1417.99万元、110.17万元、4003.03万元；峰峰集团分中心管理费用支出215.70万元，其中，人员、公用、专项经费分别为98.19万元、61.57万元、55.94万元。

四、资产风险状况

2020年末，个人住房贷款逾期额30.89万元，逾期率0.02‰，其中，市中心0.01‰，峰峰集团分中心 0.38‰。个人贷款风险准备金余额 19838.10 万元。2020 年，使用个人贷款风险准备金核销呆坏账 0 万元。

五、社会经济效益

（一）缴存业务。缴存职工中，国家机关和事业单位占 45.09%，国有企业占 21.75%，城镇集体企业占 3.58%，外商投资企业占 1.42%，城镇私营企业及其他城镇企业占 13.21%，民办非企业单位和社会团体占 1.12%，灵活就业人员占 0.19%，其他占 13.64%；中、低收入占 99.83%，高收入占 0.17%。

新开户职工中，国家机关和事业单位占 25.88%，国有企业占 11.54%，城镇集体企业占 1.02%，外商投资企业占 3.02%，城镇私营企业及其他城镇企业占 38.15%，民办非企业单位和社会团体占 4.44%，灵活就业人员占 1.82%，其他占 14.13%；中、低收入占 99.99%，高收入占 0.01%。

（二）提取业务。提取金额中，购买、建造、翻建、大修自住住房占 9.21%，偿还购房贷款本息占 51.89%，租赁住房占 4.00%，支持老旧小区改造占 0%，离休和退休提取占 27.72%，完全丧失劳动能力并与单位终止劳动关系提取占 1.96%，出境定居占 1.13%，其他占 4.09%。提取职工中，中、低收入占 99.82%，高收入占 0.18%。

（三）贷款业务。

个人住房贷款。2020 年，支持职工购建房 117.96 万平方米，年末个人住房贷款市场占有率为 16.56%，比上年末减少 1.77 个百分点。通过申请住房公积金个人住房贷款，可节约职工购房利息支出 87077.66 万元。

职工贷款笔数中，购房建筑面积 90（含）平方米以下占 11.76%，90~144（含）平方米占 82.27%，144 平方米以上占 5.97%。购买新房占 85.90%（其中购买保障性住房占 0%），购买二手房占 14.10%，建造、翻建、大修自住住房占 0%（其中支持老旧小区改造占 0%），其他占 0%。

职工贷款笔数中，单缴存职工申请贷款占 47.24%，双缴存职工申请贷款占 52.76%，三人及以上缴存职工共同申请贷款占 0%。

贷款职工中，30 岁（含）以下占 14.20%，30 岁~40 岁（含）占 49.94%，40 岁~50 岁（含）占 29.32%，50 岁以上占 6.54%；首次申请贷款占 84.35%，二次及以上申请贷款占 15.65%；中、低收入占 100%，高收入占 0%。

（四）住房贡献率。

2020 年，个人住房贷款发放额、公转商贴息贷款发放额、项目贷款发放额、住房消费提取额的总和与当年缴存额的比率为 116.47%，比上年增加 12.75 个百分点。

六、其他重要事项

（一）应对新冠肺炎疫情采取的措施，落实住房公积金阶段性支持政策情况和政策实施成效。严格贯彻落实国家、省、市文件精神和决策部署，陆续出台支持困难企业暂缓缴存、缓解一线防疫职工和受疫情影响职工还款压力等系列助企惠民政策。

1. 受新冠肺炎疫情影响的企业在 2020 年 6 月 30 日前可申请缓缴住房公积金。缓缴期间，缴存时间连续计算，不影响职工正常提取和申请住房公积金贷款。

为促进企业办理缓缴手续，我中心通过邮箱受理缓缴企业申请资料，运用网络平台逐级审批的方式，审核企业缓缴手续，做到当日受理当日完成审批，1日内为企业办结缓缴手续。疫情防控期间，办理缓缴手续企业5家，缓缴职工1250人，缓缴金额455万元。

2. 6月30日前因受疫情影响不能正常偿还住房公积金贷款的，可向贷款发放部门提出申请，不计入逾期、不征收罚息、不认定为失信。疫情期间共193笔贷款不作逾期处理，不作逾期贷款处理的贷款余额共3174.64万元，不作逾期贷款处理的应还未还本金75.62万元。

（二）当年机构及职能调整情况、受委托办理缴存贷款业务金融机构变更情况。当年机构及职能没有变更。峰峰集团办理缴存手续银行增加兴业银行。

（三）当年住房公积金政策调整及执行情况。

1. 职工住房公积金缴存基数最低不得低于上一年度劳动部门规定的职工月最低工资标准。最高不得超过市统计部门公布的上一年度全市职工月平均工资的三倍。

2020年度邯郸市丛台区、邯山区、复兴区、经济开发区、冀南新区、峰峰矿区、武安市及磁县最低缴存基数为1790元；永年区、肥乡区、临漳县、成安县、曲周县、鸡泽县、邱县、涉县最低缴存基数为1680元；魏县、大名县、广平县、馆陶县最低缴存基数为1580元。2020年度我市住房公积金缴存基数最高为16635元。

单位和职工住房公积金缴存比例，均不得低于5％，最高不得超过12％。缴存单位可以在5％至12％区间内，自主确定住房公积金缴存比例。

2. 我中心个人住房公积金最高贷款额度为60万元。单位和个人缴存比例均为12％的，最高贷款额度可以提高到80万元。

3. 提取、贷款业务增加条件，连续欠缴住房公积金三个月以上的暂停受理其贷款和提取申请。

4. 根据《河北省电梯安全管理办法》（省政府令〔2017〕1号）要求，2017年我中心印发《关于调整我市住房公积金相关政策的通知》（邯公积金办〔2017〕12号），老旧住宅小区因加装电梯的房屋所有权人及其配偶可以提取住房公积金。

5. 我中心公积金贷款利率按照国家有关规定执行。住房公积金贷款期限在五年及以下的，贷款利率为2.75％，贷款期限五年以上的，贷款利率为3.25％。职工首套住房公积金贷款结清后，申请第二套住房公积金贷款的，利率为基准利率的1.1倍。

（四）当年服务改进情况。

1. 全媒体客服开发完成。倾力打造语音、图文、音像等多渠道、全方位的互动交流模式，为办事职工提供全流程交互式服务体验。

2. 双休日"不打烊"深入开展。扩宽服务窗口办事的可选择的时间，开展双休日办公，有效缓解正常工作日拥挤和排队现象，为广大上班族开辟了假期绿色通道。

3. 预约服务模式迅速推开。推出即来即办的"零等候"预约服务，微信公众号、手机客户端、网上大厅三大渠道实现24小时预约受理，大大减少职工办理时间。

4. 积极推进跨省通办业务。2020年12月18日制定发布《开展跨省通办业务的通知》，在2020年底前实现个人住房公积金缴存贷款等信息查询、出具贷款职工住房公积金缴存使用证明、正常退休提取住房公积金和住房公积金单位及个人缴存信息变更等事项"跨省通办"，开具住房公积金个人住房贷款全部还清证明和提前还清住房公积金贷款等事项提前半年实现网上"跨省通办"。

（五）当年信息化建设情况，包括信息系统升级改造情况，基础数据标准贯彻落实和结算应用系统接入情况等。

1. 为进一步提升业务办理便利性、服务效率，提高群众使用体验，中心对原机房进行升级改造，重新投入使用数据机房严格按照国家三级等保要求建设，采用华为模块化设计的数据中心，将供配电、温控、机柜通道、布线、监控集成在一个模块内。智能模块化机房通过构筑核心子系统智能化，全面提升供配电、温控系统可靠性、节能性，并引入 AI 技术，实现供配电和制冷的智能联动控制，保障了机房设备的高效运行。

2. 中心深度优化的电子档案系统，做到了档案的高级检索随点即达的效果，万份档案的单一条件检索时间不超 1 秒，多索引要素复合查询文档时间不超过 5 秒，文档查全率和查准率达到了 100%。

3. 实现了与省数据共享平台的对接，进一步精简了数量，如结婚证、社保缴纳证明、开发企业资质等要件不再需要提供，为进一步优化邯郸市营商环境，提升服务群众水平做好数据共享支撑。

4. 在已经实现的离退休提取、购房提取、公积金还贷提取等业务网上办理的基础上，新增失业提取、死亡提取、偿还商业贷款提取等办理量大，群众期盼的业务。

（六）当年住房公积金管理中心及职工所获荣誉情况。邯郸市住房公积金管理中心入选 2019 年度全国住房公积金综合发展评价排名五十强。在全国 333 个城市和地区住房公积金综合发展指标评价排名中入选前五十强，位列河北省第二。

邯郸市公积金贷款"一网通办"平台，作为省内唯一一家地级市单位，被评为"2020 年全国网上群众路线典型案例"。

公积金贷款大厅被评为河北省青年文明号，并已申报全国青年文明号，临漳管理部被评为第 21 届邯郸十大青年文明号标杆单位，武安管理部、丛台区管理部被评为第 21 届邯郸青年文明号单位。

（七）当年对违反《住房公积金管理条例》和相关法规行为进行行政处罚和申请人民法院强制执行情况。清理非法中介组织 6 个，清除发布违规提取信息的网站 2 个、微信 12 条、涉嫌违法电话 8 个。惩戒违规提取职工 11 人，追回资金 295.6 万元，追回率达到 97.1%；因提供虚假配偶材料拒绝公积金贷款 6 人，拒贷金额 275 万元，拟冻结骗贷单位 3 个。

（八）其他披露事项。可节约职工购房利息支出金额，指当年获得住房公积金个人住房贷款的职工所需支付贷款利息总额与申请商业性个人住房贷款所需支付贷款利息总额的差额。本报告中节约职工购房利息支出金额 87077.66 万元，是按住房和城乡建设部要求以当前五年期 LPR 利率 4.65% 计算的商业性住房贷款利息总额与公积金贷款利息总额之差，实际上我市商业银行住房贷款利率均在 LPR 基础上加 98.5 个基点，执行利率为 5.635%，如果按商业银行实际执行利率 5.635% 计算，职工节约购房利息支出金额为 149915.06 万元。

邢台市住房公积金 2020 年年度报告

根据国务院《住房公积金管理条例》和住房和城乡建设部、财政部、人民银行《关于健全住房公积金

信息披露制度的通知》（建金〔2015〕26号）的规定，经住房公积金管理委员会审议通过，现将邢台市住房公积金2020年年度报告公布如下：

一、机构概况

（一）住房公积金管理委员会。住房公积金管理委员会有18名委员，2020年召开2次会议，审议通过的事项主要包括：邢台市住房公积金管理委员会组成人员调整建议、市住房公积金管理中心《2019年度邢台市住房公积金管理工作报告》、关于适当调整公积金贷款政策的有关情况等。

（二）住房公积金管理中心。住房公积金管理中心为隶属于邢台市人民政府不以营利为目的的自收自支事业单位，设5个科，19个管理部，1个分中心。从业人员192人，其中，在编125人，非在编67人（市中心在编90人，非在编67人，冀中能源邢矿分中心在编35人）。

二、业务运行情况

（一）缴存。2020年，新开户单位564家，净增单位496家；新开户职工3.71万人，净增职工2.33万人；实缴单位4443家，实缴职工34.04万人，缴存额39.13亿元，分别同比增长0.38%、4.07%、9.67%。2020年末，缴存总额309.48亿元，比上年末增加14.47%；缴存余额131.23亿元，同比增长11.69%。

（二）提取。2020年，6.76万名缴存职工提取住房公积金；提取额25.39亿元，同比增长12.54%；提取额占当年缴存额的64.88%，比上年增加1.65个百分点。2020年末，提取总额178.25亿元，比上年末增加16.61%。

（三）贷款。

个人住房贷款。单缴存职工个人住房贷款最高额度40万元，双缴存职工个人住房贷款最高额度60万元。

2020年，发放个人住房贷款0.70万笔、28.70亿元，同比分别增长（下降）2.94%、14.71%。其中，市中心发放个人住房贷款0.69万笔、28.42亿元，冀中能源邢矿分中心发放个人住房贷款0.01万笔、0.28亿元。

2020年，回收个人住房贷款12.88亿元。其中，市中心12.62亿元，冀中能源邢矿分中心0.26亿元。

2020年末，累计发放个人住房贷款7.63万笔、179.56亿元，贷款余额114.55亿元，分别比上年末增加10.26%、19.02%、16.02%。个人住房贷款余额占缴存余额的87.29%，比上年末增加3.26个百分点。受委托办理住房公积金个人住房贷款业务的银行4家。

（四）资金存储。2020年末，住房公积金存款20.02亿元。其中，活期0.20亿元，1年（含）以下定期13.67亿元，1年以上定期5.49亿元，其他（协定、通知存款等）0.66亿元。

（五）资金运用率。2020年末，住房公积金个人住房贷款余额、项目贷款余额和购买国债余额的总和占缴存余额的87.29%，比上年末增加3.26个百分点。

三、主要财务数据

（一）业务收入。2020年，业务收入40564.09万元，同比增长13.63%。其中，市中心37504.92万元，冀中能源邢矿分中心 3059.17 万元；存款利息 5901.71 万元，委托贷款利息 34662.24 万元，其他 0.14 万元。

（二）业务支出。2020 年，业务支出 20863.94 万元，同比增长 12.59%。其中，市中心 19255.91 万元，冀中能源邢矿分中心 1608.03 万元；支付职工住房公积金利息 19154.93 万元，委托贷款手续费 1708.66 万元，其他 0.35 万元。

（三）增值收益。2020 年，增值收益 19700.15 万元，同比增长 14.75%。其中，市中心 18249.01 万元，冀中能源邢矿分中心 1451.14 万元；增值收益率 1.56%，比上年减少 0.03 个百分点。

（四）增值收益分配。2020 年，提取贷款风险准备金 1581.01 万元；提取管理费用 9615.25 万元，提取城市廉租住房（公共租赁住房）建设补充资金 8503.89 万元。

2020 年，上交财政管理费用 7003 万元。上缴财政城市廉租住房（公共租赁住房）建设补充资金 7489.15 万元。

2020 年末，贷款风险准备金余额 14284.86 万元。累计提取城市廉租住房（公共租赁住房）建设补充资金 90434.55 万元。

（五）管理费用支出。2020 年，管理费用支出 5645.74 万元，同比增长 0.81%。其中，人员经费 2283.02 万元，公用经费 201.74 万元，专项经费 3160.98 万元。

市中心管理费用支出 5513.63 万元，其中，人员、公用、专项经费分别为 2208.03 万元、197.22 万元、3108.38 万元；冀中能源邢矿分中心管理费用支出 132.11 万元，其中，人员、公用、专项经费分别为 74.99 万元、4.52 万元、52.60 万元。

四、资产风险状况

2020 年末，个人住房贷款逾期额 53.39 万元，逾期率 0.046‰，其中，市中心 0.047‰，冀中能源邢矿分中心 0‰。个人贷款风险准备金余额 14284.86 万元。2020 年，使用个人贷款风险准备金核销呆坏账 0 万元。

五、社会经济效益

（一）缴存业务。缴存职工中，国家机关和事业单位占 60.51%，国有企业占 22.13%，城镇集体企业占 0.86%，外商投资企业占 0.89%，城镇私营企业及其他城镇企业占 12.98%，民办非企业单位和社会团体占 0.30%，灵活就业人员占 2.28%，其他占 0.05%；中、低收入占 98.83%，高收入占 1.17%。

新开户职工中，国家机关和事业单位占 16.53%，国有企业占 14.17%，城镇集体企业占 0.80%，外商投资企业占 5.21%，城镇私营企业及其他城镇企业占 53.90%，民办非企业单位和社会团体占 2.13%，灵活就业人员占 6.85%，其他占 0.41%；中、低收入占 99.16%，高收入占 0.84%。

（二）提取业务。提取金额中，购买、建造、翻建、大修自住住房占 24.86%，偿还购房贷款本息占 47.80%，租赁住房占 1.48%，离休和退休提取占 18.49%，完全丧失劳动能力并与单位终止劳动关系提取占 0.12%，出境定居占 0.05%，其他占 7.20%。提取职工中，中、低收入占 92.95%，高收入占 7.05%。

（三）贷款业务。2020 年，支持职工购建房 90.28 万平方米（含公转商贴息贷款），年末个人住房贷款市场占有率（含公转商贴息贷款）为 11.01%，比上年末减少 0.93 个百分点。通过申请住房公积金个人住房贷款，可节约职工购房利息支出 57337.75 万元。

职工贷款笔数中，购房建筑面积 90（含）平方米以下占 5.36%，90～144（含）平方米占 74.49%，144 平方米以上占 20.15%。购买新房占 92.89%，购买二手房占 7.11%。

职工贷款笔数中，单缴存职工申请贷款占 43.20%，双缴存职工申请贷款占 56.80%，三人及以上缴存职工共同申请贷款占 0%。

贷款职工中，30 岁（含）以下占 17.45%，30 岁～40 岁（含）占 49.96%，40 岁～50 岁（含）占 27.24%，50 岁以上占 5.35%；首次申请贷款占 86.52%，二次及以上申请贷款占 13.48%；中、低收入占 99.15%，高收入占 0.85%。

（四）住房贡献率。 2020 年，个人住房贷款发放额、公转商贴息贷款发放额、项目贷款发放额、住房消费提取额的总和与当年缴存额的比率为 122.08%，比上年增加 4.65 个百分点。

六、其他重要事项

（一）应对新冠肺炎疫情采取的措施，落实住房公积金阶段性支持政策情况和政策实施成效。

1. 新冠肺炎疫情发生后，中心于 1 月 29 日迅速成立新型冠状病毒感染的肺炎疫情防控工作领导小组，负责中心机关及各管理部疫情防控应对工作，同时，成立三个疫情防控督察小组深入社区监督指导疫情防控工作，安排志愿者到联建小区开展测量体温等疫情防控志愿服务，做到了及时、规范、科学、有效应对处置新型冠状病毒感染的肺炎疫情。

2. 疫情期间，中心领导带头并向广大党员发出号召主动多交党费支持武汉打赢疫情防控阻击战，中心广大党员主动多交党费共计 11500 元，确保在疫情防控工作中发挥传递组织温暖、解决实际困难、凝聚党心民心的重要作用。

3. 出台住房公积金阶段性支持政策，包括：受新冠肺炎疫情影响生产经营困难的企业和暂时无稳定收入的灵活就业人员可申请缓缴或部分缓缴 2020 年 2 月至 2020 年 6 月的住房公积金，并于河北省重大突发公共卫生事件一级响应结束后 2 个月内补缴；经批准缓缴的企业和灵活就业人员，缓缴期间缴存时间连续计算，不影响职工正常提取和申请住房公积金贷款；在河北省重大突发公共卫生事件一级响应期间及结束后 6 个月内，因受新冠肺炎疫情影响，支付房租压力较大的职工申请租房提取住房公积金时，提取额度提高到 15000 元/年；对因感染新冠肺炎住院治疗或隔离人员、疫情需要隔离观察人员、一线医务人员等参加疫情防控工作人员以及受疫情影响暂时失去收入来源的人群，2020 年 6 月 30 日前住房公积金贷款不能正常还款的，不作逾期处理，不计收罚息且不影响个人征信，在河北省重大突发公共卫生事件一级响应期间及结束后 6 个月内，对具有一级资质或 2019 年度邢台市纳税大户前 20 名中的房地产开发企业，其开发项目在取得预售许可证且形象进度达正负零后可申请放贷；对具有二级资质的房地产开发企业，其开发项目在取得预售许可证且形象进度达到多层过半、高层三分之一可申请放贷。妥善应对新冠肺炎疫情带来的影响，助力企业复工复产，推动经济社会发展，截至当年 6 月末政策成效包括：为受疫情影响的 17 个企业 1.02 万名职工办理缓缴住房公积金 4833.78 万元；对 200 余户受疫情影响无法正常还款职工不作逾期处理；受疫情影响提高租房支取额度，为职工多支取 121.60 万元用于支付房租；克服受疫情影响归集面收窄等困难，上半年发放贷款 12.95 亿元，有效助力房地产市场复工复产。

（二）机构及职能调整情况。根据《邢台市部分行政区划调整组织实施总体方案》和《市政公用事业工作组工作方案》要求，经市委编办批准，市直管理一部（行政许可服务科）更名为市直管理部（行政许可服务科），负责在市中心授权范围内具体办理市直部门（含邢东新区）住房公积金业务；市直管理二部更名为襄都区管理部，负责在市中心授权范围内具体办理襄都区和高开区行政区域内的住房公积金业务；邢台县管理部更名为信都区管理部，负责在市中心授权范围内具体办理信都区行政区域内的住房公积金业务；南和县管理部更名为南和区管理部，负责在市中心授权范围内具体办理南和区行政区域内的住房公积金业务；任县管理部更名为任泽区管理部，负责在市中心授权范围内具体办理任泽区行政区域内的住房公积金业务。5个管理部更名后，于2020年8月1日正式挂牌开展业务。

（三）住房公积金政策调整及执行情况。

1. 当年缴存基数限额及确定方法、缴存比例调整情况。根据中心《关于核定2020年度财政供给人员住房公积金缴存基数的通知》《关于核定2020年度企业职工住房公积金缴存基数的通知》规定：

（1）企业职工2020年度缴存住房公积金的月工资基数为2019年度职工本人月平均工资，即2019年1至12月份工资总额除以12，企业职工工资总额由计时工资、计件工资、奖金、津贴和补贴、加班加点工资、特殊情况下支付的工资六部分组成，核定后的缴存基数自2020年7月1日至2021年6月30日执行，本缴存年度内保持不变；

（2）机关公务员、工勤人员2020年度职工缴存住房公积金的月工资基数为2019年度职工本人月平均工资（含奖金），即职工2019年1至12月份工资总额除以12；事业单位职工2020年度职工缴存住房公积金的月工资基数为2019年度职工本人月平均工资（含奖励性绩效工资、奖金），即职工2019年1至12月份工资总额除以12，核定后的缴存基数自2020年1月1日至2020年12月31日执行，本年度内不得变更；

（3）缴存基数上限：职工不超过2019年度全市在岗职工月平均工资的3倍，经计算为16850元；缴存基数下限不低于当地月最低工资标准。

2. 2020年4月7日印发《邢台市实施高层次人才住房公积金优惠政策的规定》（〔2020〕16号），高层次人才包括2020年1月1日后来邢就业创业的全日制博士研究生，到民营企业工作（与用人单位签订3年以上劳动合同）及自主创业的全日制硕士研究生，可享受单位为高层次人才缴存住房公积金的，缴存比例可高于单位其他职工的缴存比例，但单位和个人缴存比例合计不超过24%等五项优惠政策。

3. 为进一步优化营商环境，最大程度精简证明材料，2020年5月13日印发《关于取消部分业务证明材料的通知》（〔2020〕37号），取消四项业务证明材料，包括取消了灵活就业人员个人账户转移提供建立劳动关系证明等；替代九项业务证明材料，包括灵活就业人员个人账户设立、缴存基数核定，取消社会养老保险缴费证明，替代为职工本人承诺、管理部通过社保部门或网络信息调查核实等。

4. 2020年12月11日印发《关于办理住房公积金异地贷款有关事项的通知》（〔2020〕71号），我市自2020年12月15日起开展住房公积金异地个人住房贷款业务。异地贷款包括具有我市户籍的职工在就业地正常缴存住房公积金、在我市购买自住住房并申请住房公积金贷款的情形。

5. 2020年12月14日印发《关于调整住房公积金贷款政策的通知》（〔2020〕72号），从2021年1月1日起将我市住房公积金贷款房屋套数认定政策调整为：公积金缴存职工申请住房公积金贷款时，职工家庭（含未成年子女）没有住房且没有使用过住房贷款的为首套房，有一套住房或使用过一次住房贷款的为二套房，不得向购买第三套及以上住房的缴存职工家庭发放公积金个人住房贷款。

（四）服务改进及信息化建设情况。 大力推行缴存业务"两不见面"和"7×24小时指尖办"，缴存单位和职工可通过网上服务大厅、微信公众号和手机App等渠道办理各项业务；全市范围内实现住房公积金"通缴通取"，缴存单位和职工可就近在市域范围内任一公积金网点办理业务；上线运行"电子档案"功能，归集、提取档案全部录入电子档案系统，职工不再提供复印资料，持续减轻了职工负担、不断提升了中心服务效能。

（五）住房公积金管理中心及职工所获荣誉情况。 邢台市住房公积金管理中心被邢台市文明办授予2018—2020年度"文明单位"称号；闫军锋同志被住房和城乡建设部授予全国住房和城乡建设系统抗击新冠肺炎疫情先进个人荣誉称号。

保定市住房公积金2020年年度报告

根据国务院《住房公积金管理条例》和住房和城乡建设部、财政部、人民银行《关于健全住房公积金信息披露制度的通知》（建金〔2015〕26号）的规定，经住房公积金管理委员会审议通过，现将保定市住房公积金2020年年度报告公布如下：

一、机构概况

（一）住房公积金管理委员会。 保定市住房公积金管理委员会有19名委员，2020年召开1次会议，审议通过的事项主要包括：《2019年住房公积金财务决算说明》《2020年住房公积金财务收支预算编制说明》《保定市住房公积金归集管理暂行办法》《保定市住房公积金提取管理暂行办法》《保定市住房公积金贷款管理暂行办法》《灵活就业人员自愿缴存住房公积金管理办法（试行）》《关于住房公积金个人住房贷款呆账核销的请示》。定州市住房公积金管理委员会有20名委员，2020年召开4次会议，审议通过的事项主要包括：《定州市2019年住房公积金管理工作报告》《2019年住房公积金财务决算报告》《2020年住房公积金财务收支预算编制说明》、市财政局《关于对市住房公积金管理中心2019年财务决算及2020年收支预算的审核报告》《定州市住房公积金2019年年度报告》《网络安全等级保护建设实施方案》和《综合服务提升项目建设实施方案》《关于在华夏银行定州支行及河北银行定州支行设立账户的报告》《定州市个人自愿缴存住房公积金管理暂行办法》《关于落实〈河北省促进绿色建筑发展条例〉的报告》《关于落实住房公积金异地个人住房贷款工作的通知》。东方物探住房公积金管理委员会有12名委员，2020年召开一次会议，审议通过的事项主要包括：听取2019年住房公积金管理工作汇报，审议通过了住房公积金2020年重点工作安排；审议通过了2020年住房公积金归集使用计划及管理经费预算计划；住房公积金管理委员会授权住房公积金管理中心批准缴存单位申请或降低缴存比例事项。

（二）住房公积金管理中心。 保定市住房公积金管理中心为直属市人民政府不以营利为目的的正县级自收自支事业单位，设11个处室，21个管理部，4个分中心。从业人员286人，其中，在编151人，非在编135人。定州市住房公积金管理中心为定州市人民政府不以营利为目的的财政性资金零补助事业单位，内设 7 个科室，下设住房公积金服务大厅。从业人员 24 人，其中在编 24 人。地方物探住房公积金管理中心为东方地球物理公司不以营利为目的的企业机关附属位，设 3 个科室，从业人员 10 人，其中，在编 10 人。

二、业务运行情况

（一）缴存。2020 年，新开户单位 1159 家，净增单位 178 家；新开户职工 6.3 万人，净增职工 730 人；实缴单位 7907 家，实缴职工 65.46 万人，缴存额 78.85 亿元，分别同比增长 10.79％、4.25％、9.67％。2020 年末，缴存总额 603.32 亿元，比上年末增加 15.03％；缴存余额 271.12 亿元，同比增长 15.75％。受委托办理住房公积金缴存业务的银行 24 家（保定中心受委托办理住房公积金缴存业务的银行 16 家。定州中心受委托办理住房公积金缴存业务的银行 7 家。东方物探中心受委托办理住房公积金缴存业务的银行 1 家）。

（二）提取。2020 年，17.81 万名缴存职工提取住房公积金；提取额 41.95 亿元，同比增长 7.4％；提取额占当年缴存额的 53.2％，比上年减少 1.13 个百分点。2020 年末，提取总额 332.2 亿元，比上年末增加 14.45％。

（三）贷款。

1. 个人住房贷款。个人住房贷款最高额度 60 万元。

2020 年，发放个人住房贷款 9939 笔、44.94 亿元，同比分别增长 9.9％、26.77％。其中，保定中心发放个人住房贷款 9469 笔、43.6 亿元，定州中心发放个人住房贷款 457 笔、1.28 亿元，东方物探中心发放个人住房贷款 13 笔、0.06 亿元。

2020 年，回收个人住房贷款 15.36 亿元。其中，保定中心 14.34 亿元，定州中心 0.94 亿元，东方物探中心 0.08 亿元。

2020 年末，累计发放个人住房贷款 11.42 万笔、294.17 亿元，贷款余额 192.38 亿元，分别比上年末增加 9.6％、18.04％、18.16％。个人住房贷款余额占缴存余额的 70.96％，比上年末增加 1.45 个百分点。受委托办理住房公积金个人住房贷款业务的银行 17 家（保定中心受委托办理住房公积金个人住房贷款业务的银行 12 家。定州中心受委托办理住房公积金个人住房贷款业务的银行 4 家。东方物探中心受委托办理住房公积金个人住房贷款业务的银行 1 家）。

2. 异地贷款。2020 年，发放异地贷款 422 笔、18864.5 万元。2020 年末，发放异地贷款总额 228480.61 万元，异地贷款余额 115941.95 万元。

3. 公转商贴息贷款。2020 年，未发放公转商贴息贷款 2020 年末，累计未发放公转商贴息贷款。

（四）购买国债。2020 年，未购买国债，2020 年末，国债余额为零。

（五）资金存储。2020 年末，住房公积金存款 82.93 亿元。其中，活期 1.33 亿元，1 年（含）以下定期 28.7 亿元，1 年以上定期 26.65 亿元，其他（协定、通知存款等）26.25 亿元。

（六）资金运用率。2020 年末，住房公积金个人住房贷款余额、项目贷款余额和购买国债余额的总和占缴存余额的 70.96％，比上年末增加 1.45 个百分点。

三、主要财务数据

（一）业务收入。2020 年，业务收入 77658.1 万元，同比增长 19.23％。其中，保定中心 70310.61 万元，定州中心 3814.11 万元，东方物探中心 3533.38 万元；存款利息 21608.56 万元，委托贷款利息 56048.12 万元，其他 1.42 万元。

（二）**业务支出**。2020 年，业务支出 39111.49 万元，同比增长 16.63％。其中，保定中心 35487.35 万元，定州中心 1965.45 万元，东方物探中心 1658.69 万元；支付职工住房公积金利息 38270.46 万元，归集手续费 0 万元，委托贷款手续费 810.79 万元，其他 30.24 万元。

（三）**增值收益**。2020 年，增值收益 38546.61 万元，同比增长 21.99％。其中，保定中心 34823.26 万元，定州中心 1848.67 万元，东方物探中心 1874.68 万元；增值收益率 1.52％，比上年增加 0.06 个百分点。

（四）**增值收益分配**。2020 年，提取贷款风险准备金 4036.85 万元，提取管理费用 11938.39 万元，提取城市廉租住房（公共租赁住房）建设补充资金 22571.37 万元。

2020 年，上交财政管理费用 13124.47 万元。上缴财政城市廉租住房（公共租赁住房）建设补充资金 13901.32 万元。其中，保定中心上缴财政 12923.05 万元，定州中心上缴财政 771.91 万元，东方物探中心上缴公司财务部门 206.36 万元。

2020 年末，贷款风险准备金余额 29066.81 万元。累计提取城市廉租住房（公共租赁住房）建设补充资金 145421.08 万元。其中，保定中心提取 135579.37 万元，定州中心提取 6168.66 万元，东方物探中心提取 3673.05 万元。

（五）**管理费用支出**。2020 年，管理费用支出 8119.22 万元，同比下降 63.85％。其中，人员经费 3089.88 万元，公用经费 323.78 万元，专项经费 4705.56 万元。保定中心管理费用支出 6894.62 万元，其中，人员、公用、专项经费分别为 2492.95 万元、250.06 万元、4151.61 万元；定州中心管理费用支出 895.63 万元，其中，人员、公用、专项经费分别为 312.78 万元、51.1 万元、531.75 万元；东方物探中心管理费用支出 328.97 万元，其中，人员、公用、专项经费分别为 284.15 万元、22.62 万元、22.2 万元。

四、资产风险状况

个人住房贷款。2020 年末，个人住房贷款逾期额 197.9 万元，逾期率 0.1‰，其中，保定中心 0.1‰，定州中心 0.17‰，东方物探中心 0‰。个人贷款风险准备金余额 29066.81 万元。2020 年，收回以前年度已核销个人贷款风险准备金呆坏账 37.3 万元。

五、社会经济效益

（一）**缴存业务**。缴存职工中，国家机关和事业单位占 51.96％，国有企业占 15.02％，城镇集体企业占 11.43％，外商投资企业占 1.37％，城镇私营企业及其他城镇企业占 15％，民办非企业单位和社会团体占 1.82％，灵活就业人员占 0％，其他占 3.4％；中、低收入占 98.06％，高收入占 1.94％。

新开户职工中，国家机关和事业单位占 28.94％，国有企业占 6.79％，城镇集体企业占 13.64％，外商投资企业占 1.35％，城镇私营企业及其他城镇企业占 36.75％，民办非企业单位和社会团体占 5.31％，灵活就业人员占 0％，其他占 7.22％；中、低收入占 88.86％，高收入占 11.14％。

（二）**提取业务**。提取金额中，购买、建造、翻建、大修自住住房占 22.48％，偿还购房贷款本息占 40.59％，租赁住房占 7.47％，支持老旧小区改造占 0％，离休和退休提取占 20.27％，完全丧失劳动能力并与单位终止劳动关系提取占 6.82%，出境定居占 0%，其他占 2.37%。提取职工中，中、低收入占 97.35%，高收入占 2.65%。

（三）贷款业务。

个人住房贷款：2020 年，支持职工购建房 108.27 万平方米（含公转商贴息贷款），年末个人住房贷款市场占有率（含公转商贴息贷款）为 10.9%，比上年末增加 0.5 个百分点。通过申请住房公积金个人住房贷款，可节约职工购房利息支出 93737.71 万元。

职工贷款笔数中，购房建筑面积 90（含）平方米以下占 22.2%，90～144（含）平方米占 74.79%，144 平方米以上占 3.01%。购买新房占 83.03%（其中购买保障性住房占 1.91%），购买二手房占 16.97%，建造、翻建、大修自住住房占 0%（其中支持老旧小区改造占 0%），其他占 0%。

职工贷款笔数中，单缴存职工申请贷款占 26.12%，双缴存职工申请贷款占 73.87%，三人及以上缴存职工共同申请贷款占 0.01%。

贷款职工中，30 岁（含）以下占 32.37%，30 岁～40 岁（含）占 44.39%，40 岁～50 岁（含）占 20.06%，50 岁以上占 3.18%；首次申请贷款占 90.54%，二次及以上申请贷款占 9.46%；中、低收入占 98.69%，高收入占 1.31%。

（四）住房贡献率。 2020 年，个人住房贷款发放额、公转商贴息贷款发放额、项目贷款发放额、住房消费提取额的总和与当年缴存额的比率为 94.58%，比上年增加 5.83 个百分点。

六、其他重要事项

（一）应对新冠肺炎疫情采取的措施，落实住房公积金阶段性支持政策情况和政策实施成效。

保定中心。

为有效应对新冠肺炎影响，根据《住房和城乡建设部　财政部　人民银行关于妥善应对新冠肺炎疫情实施住房公积金阶段性支持政策的通知》（建金〔2020〕23 号）及省相关规定，经市政府同意，中心会同市财政局、人行保定市中心支行印发了《关于妥善应对新冠肺炎疫情实施住房公积金阶段性支持政策的通知》（保房金管〔2020〕13 号），对因受疫情影响的企业缓缴住房公积金出台阶段性支持政策。中心实施住房公积金阶段性支持政策期间，为 66 家企业 49963 人办理了住房公积金缓缴手续，累计缓缴金额 8102.7 万元。因新冠肺炎疫情影响的职工，住房公积金贷款不能正常偿还的，不作逾期处理，不作为逾期记录报送征信部门，已逾期处理或报送征信部门的，予以调整，该政策于 6 月 30 日到期。截至 6 月 30 日已办理 31 笔公积金贷款不作逾期处理，减轻疫情期间职工还贷压力，不作逾期处理的贷款余额为 490.02 万元，不作逾期处理的贷款应还未还本金额为 5.29 万元。

定州中心。

为帮助支持企业减负和复工复产，积极维护广大缴存职工合法权益，中心制定了我市《关于妥善应对新冠肺炎疫情实施住房公积金阶段性支持政策的通知》。疫情期间，累计缓缴企业 8 家，缓缴职工 3663 人，缓缴金额 1243.14 万元，不作贷款逾期处理 15 笔，不作逾期处理的贷款余额 200.10 万元。截至 10 月 27 日，缓缴企业已恢复正常缴存，不作逾期处理的贷款已全部进行还款、恢复正常还款。

地方物探中心。

为了贯彻落实习总书记关于新冠肺炎疫情防控和应对工作的指示精神，根据住房和城乡建设部等三部委《关于妥善应对新冠肺炎疫情实施住房公积金阶段性支持政策的通知》文件精神，出台了《关于贯彻落实住房公积金阶段性支持政策的通知》（人事〔2020〕2号）文件，对受疫情影响在2020年6月30日前员工贷款不能正常还贷的，不作逾期处理；对按租房项目提取公积金支付房租的员工，可灵活安排提取时间；对因延迟复工影响缴存公积金的，不影响员工正常提取公积金和申请公积金贷款。

截至6月末，中心共为受疫情影响职工无法正常还款的16笔贷款38人次不作逾期处理并享受享受罚息减免政策。

（二）当年机构及职能调整情况、受委托办理缴存贷款业务金融机构变更情况。

保定中心。

保定中心受委托办理住房公积金缴存业务的银行16家，比上年增加3家，受委托办理住房公积金贷款业务的银行12家，比上年增加2家。

定州中心。

为加强内部审计，强化内控监督，根据定州市委审计委员会办公室《关于设立内部审计工作机构的通知》文件要求，定州中心成立审计稽核科，主要负责谋划和制定年度审计工作计划、依法开展内部审计工作、日常审计监督、抓好审计发现问题整改工作的督促落实和其他相关审计事项。

定州中心受委托办理住房公积金缴存业务的银行7家，比上年增加2家，受委托办理贷款业务的银行4家，同上年比无增减变化。

东方物探中心2020年机构和职能未做调整，受委托办理缴存贷款业务的金融机构也未变更。

（三）当年住房公积金政策调整及执行情况，包括当年缴存基数限额及确定方法、缴存比例等缴存政策调整情况；当年提取政策调整情况；当年个人住房贷款最高贷款额度、贷款条件等贷款政策调整情况；当年住房公积金存贷款利率执行标准等；支持老旧小区改造政策落实情况。

保定中心。

2020年，出台了《保定市住房公积金归集管理暂行办法》（市房金委字〔2020〕4号）、《保定市住房公积金提取管理暂行办法》（市房金委字〔2020〕5号）、《保定市灵活就业人员自愿缴存住房公积金管理办法（试行）》（市房金委字〔2020〕7号）、《保定市住房公积金管理中心保定市财政局中国人民银行保定市中心支行关于妥善应对新冠肺炎疫情实施住房公积金阶段性支持政策的通知》（保房金管〔2020〕13号）、《关于落实〈保定市住房公积金贷款保证金管理办法〉需要把握的几个问题的通知》（保房金管〔2020〕23号）、《关于调整公积金贷款保证金比例和项目审批中楼盘形象进度的通知》（保房金管〔2020〕26号）、《保定市住房公积金个人住房贷款管理暂行办法》（市房金委字〔2020〕6号）、《关于进一步做好住房公积金异地个人住房贷款工作的通知》（保房金管〔2020〕56号）。

根据统计、人社部门发布的相关数据，2020年度保定市住房公积金月缴存基数上限为17118元，下限为1900元。

当年个人住房贷款最高限额为60万元，使用住房公积金贷款购买二星级以上的新建绿色建筑自住住房（含被动式超低能耗住房）或者政府批准的新建全装修自住住房的最高贷款额度上浮20%。

定州中心。

1. 缴存政策调整及执行情况

根据《住房公积金管理条例》和省市有关政策规定，定州中心印发《关于2020年度住房公积金缴存基数及结息的通知》，按照统计部门公布的 2019 年在岗职工年平均工资（工资总额）进行调整，缴存基数最高不超过上年度职工月平均工资的三倍，最低不低于上年度职工最低月工资标准。定州市 2020 年度住房公积金缴存基数上限为 16449 元，下限为 1790 元，执行时间从 2020 年 7 月 1 日至 2021 年 6 月 30 日。

2. 贷款政策调整及执行情况

根据《河北省促进绿色建筑发展条例》（冀金管函〔2020〕15 号）和《定州市绿色家庭创建行动方案》（定妇联字〔2020〕1 号）等文件规定，结合定州市实际情况，对于使用住房公积金贷款购买二星级以上新建绿色建筑自住住房或者新建全装修自住住房的，贷款额度上浮 20%，同时公积金贷款申请人还款能力应符合公积金贷款政策规定，从 2020 年 8 月 25 日开始执行。

根据《进一步做好住房公积金异地个人住房贷款工作的通知》（冀建房金函〔2020〕52 号）文件规定，自 2020 年 12 月 15 日起，开展住房公积金异地个人住房贷款业务。职工在就业地缴存住房公积金、在户籍所在地购买自住住房的，可持就业地住房公积金管理中心出具的缴存证明，向户籍所在地住房公积金管理中心申请办理住房公积金个人住房贷款。申请异地贷款的职工，与申请本地贷款的职工享有同等权益，不得设置附加条件。

东方物探中心：受新冠肺炎疫情影响，中心积极出台相关政策为缴存职工纾困解难，对按租房项目提取公积金安排由原来每年 11、12 月集中提取改为随交资料随提。

（四）当年服务改进情况，包括推进住房公积金服务"跨省通办"工作情况，服务网点、服务设施、服务手段、综合服务平台建设和其他网络载体建设服务情况等。

保定中心服务改进情况。

加强信息化建设，拓宽为民服务途径。一是不断完善住房公积金综合服务平台功能。拓宽建设中心网站、微博、微信、12329 热线、12329 短信、自助终端、网上大厅、手机 App 8 种住房公积金服务渠道。对中心网站的政府信息公开栏目进行全面升级改版，进一步加强常态化自查工作，完善网站栏目，丰富网站内容，及时更新微博微信等政务新媒体，积极打造公积金对外宣传的重要窗口，保证广大缴存职工可以实时了解公积金动态。二是在手机 App 和官方微信公众号增设预约业务服务功能，实现业务的网上预约，同时可动态查看叫号情况。预约业务服务功能的增设，避免了职工长时间排队等待的辛苦，真正实现了"信息多跑路，职工少跑路"，为缴存职工提供更加优质、便捷的公积金服务。三是进一步规范 12329 政策咨询热线。实现 12329 热线与核心业务系统的融合，提高与业务系统进行数据交互能力。截至 2020 年 12 月底，12329 热线累计接听电话 341247 个（其中人工接听电话 59907），人工接通率 92.8%，呼损率 7.19%，平均通话时长 109 秒，平均等待时间 8 秒，坐席投诉为零，客户满意度为 100%。四是加快政务互联，实现数据共享。按照河北省监管平台和数据互联共享平台建设要求，不断优化业务系统功能，开发数据接口，及时完成联通测试。与市政各部门加强协调联动，及时完成政务数据共享的连接，最大程度地减少职工提供的纸质手续，加快数字化转型。五是严格落实上级政策。就住房公积金归集提取业务实行全市"通缴通取"办理和住房公积金"跨省通办"进行专题研究并出台相关规定，进一步提升服务效率，让广大缴存单位和职工可享受多渠道、多元化的住房公积金服务，真正实现了"让信息多跑路，让群众少跑腿"。六是正式入驻市民服务中心。2020 年 3 月 16 日正式入驻保定市民服务中心，共有业务窗口 3 个，目前可办理住房公积金缴存和提取业务。截至 2020 年 12 月 31 日中心驻厅业务窗口累计受理住房公积金提取业务 7093 笔，提取额 28079.2 万元；住房公积金归集业务 5446 笔，累计归集额 53931 万元。七是新增两处服务网点。为更好地方便缴存单位和职工就近办理住房公积金缴存、提取业务，中心于 2020 年 12 月 10 日在莲池区（红阳大街 69 号假日公馆底商）增设服务网点，12 月 14 日在竞秀区（乐凯北大街 421 号电厂生活区一区 3 号楼底商）增设服务网点，两个服务营业网点均可办理缴存和提取业务。截至 2020 年 12 月 31 日莲池区管理部累计受理住房公积金提取业务 718 笔，提取额 2817.2 万元；住房公积金归集业务 419 笔，累计归集额 1844.8 万元。竞秀区管理部累计受理住房公积金提取业务 820 笔，提取额 3090.7 万元；住房公积金归集业务 390 笔，累计归集额 2772.7 万元，便民服务渠道的增加，有效保证了广大缴存职工的业务办理需求。

不断强化工作举措，切实提高办事效率。一是不断提升硬件设施水平。市中心综合服务大厅及办公场所于 2020 年 10 月 19 日搬至新址，服务大厅共有业务窗口 20 个，其中综合业务窗口 15 个，复核窗口 4 个，咨询台 1 个，办公秩序良好。各县（市、区）营业网点升级改造工作也在稳步推进中。二是服务不断提质增效。研究实施优化流程、简化手续的具体措施，进一步简化办理业务所需材料。设置首问责任岗、党员示范岗、现退役军人优先岗和工作人员职位明示卡。充实前台人员力量，设立便民设施，为广大干部职工提供更广阔、更便捷的政策咨询、查询、交流服务平台。三是社会知晓度逐步提高。在做好电视、报纸、电台等传统媒体政策宣传推广的基础上，充分发挥网站、手机 App、微信等自媒体传播优势，丰富微信推送内容，创新扩展宣传渠道，用群众喜闻乐见、易通易懂的形式对政策开展精准解读，广泛宣传公积金政策法规、办理程序、所需材料及管理服务工作的新进展、新成效，不断提高公积金政策的知晓度与影响力。

定州中心服务改进情况。

根据住房和城乡建设部《住房公积金综合服务平台建设导则》及省住房城乡建设厅相关文件要求，9 月 16 日，受住房和城乡建设部委托省住房城乡建设厅组成住房公积金综合服务平台检查验收组对市中心检查验收，经综合测评中心以"优秀"档次通过验收；拓展服务新举措，建立中心与相关银行系统数据接口，实时获取我市缴存职工商业购房贷款信息，在网上业务大厅和手机公积金 App 中开通商贷购房提取业务；为方便广大缴存职工，中心"手机公积金"App 最新上线公积金缴存证明、公积金缴存明细、公积金贷款结清证明自助查询下载打印新功能，保障了公积金高频业务"跨省通办"工作顺利完成；中心坚持以移动终端为载体，管控服务渠道，完善服务功能，利用先进的信息技术手段，提高我市公积金管理能力和服务水平，真正实现让职工少跑路、让信息多跑腿。截至 12 月底，中心网上业务办件量稳步提升，综合业务离柜率突破 60%。

东方物探中心服务改进情况。

受新冠疫情影响，造成个人出行受限，职工不能及时提取个人住房公积金。为落实国家放管服改革要求，切实方便缴存职工办理住房公积金提取，中心下发新冠疫情期间办理住房公积金提取通知。

1. 2020 年，缴存职工办理住房公积金提取不受时间限制，首次提取、非首次提取均实行"随扫随提"。2021 年及以后年度各缴存单位非首次提取公积金按照中心制定的提取计划集中办理。

2. 缴存职工居住地、工作地均在单位所在地的，由单位住房公积金管理员严格落实不动产权证书或房地产主管部门登记备案的购房合同、购房款（契税）发票、身份证及结婚证等原件审核责任，原件不再报中心查验。对因审核不严出现骗提套取住房公积金的，缴存单位住房公积金管理员负全部责任，并按相关规定进行违规处理。

3. 缴存职工居住地在涿州，工作地在单位所在地的，可由职工本人或直系亲属将不动产权证书或房地产主管部门登记备案的购房合同、购房款（契税）发票、身份证及结婚证等原件交由中心审核及扫描，由缴存单位住房公积金管理员在业务系统上传资料及登记提交。

（五）当年信息化建设情况，包括信息系统升级改造情况，基础数据标准贯彻落实和结算应用系统接入情况等。

保定中心信息化建设情况。

1. 对综合业务服务大厅及办公场所的网络基础设施进行超前规划并顺利投入使用

本着设施完善、规划科学、布局合理、智能高效、安全绿色的原则，对综合业务服务大厅及办公场所的网络基础设施进行规划，经过近一年的实施，于2020年10月正式投入使用。一是核心机房可以实现无人值守、智能管理、环境温湿度自动调节、用电情况及设备功耗自动监测、消防灭火自动响应、机房情况远程监控、机房异常自动报警、节能减排等功能。空间上考虑满足五年的使用冗余，具备一定的超前性。二是根据承载业务种类不同，重新划分内外网功能及应用，实行严格的内外网物理隔离，保证关键数据和关键业务安全。三是实现办公区域无死角监控，将生物识别技术应用于中心安防监控，对柜台业务实现全程录音录像。四是实现了办公区域 WiFi 覆盖。五是加强对县市区网络应用的管理能力，实现远程调用、远程监管。

2. 加强网络安全建设，确保业务安全

一是重新规划网络布局、规范网络应用，实行严格的内外网物理隔离制度。二是投入资金购置网络安全设备，强化功能区边界安全及实时监测处置网络安全事件。三是全面落实 IPV6 技术标准，应用新技术。

3. 完成各项软硬件维护工作

软件维护方面，一是启动与十个商业银行商贷数据共享接口开发工作，目前已开发测试完成三个，正在开发七个。二是启动业务好差评功能开发，建立业务办理评价体系。三是完成"冀时办"手机 App2.0 版本升级上线工作。四是重新开发售房款管理系统，并完成原有数据的移植。

硬件维护方面，一是加强硬件巡检力度，确保系统稳定运行，全年共进行硬件巡检8次，替换损坏硬件3个。二是顺利完成机房设备搬迁工作，保证原有设备运行正常。三是为每个分中心、管理部增加网络设备，规范内外网应用。

定州中心信息化建设情况。

加快"互联网+政务服务"体系建设，中心顺利完成全国住房公积金异地转移接续平台直连工作，顺利通过公安部信息安全等级保护三级认证，建成异地数据灾备系统，升级改造档案管理信息化平台，保证信息系统的安全平稳、高效运行，实现档案管理的数字化、规范化和主要业务数据全覆盖；按照省住房城乡建设厅统一部署，中心通过省公积金监管平台与省高院、省市场监督管理局、商业银行完成对接，进一步提升了我中心数据共享和业务协同工作水平；接入河北政务平台，"冀时办2.0" App 全新升级上线；中心依托"双贯标"和"综合服务平台"建设成果，全面布局新型服务管理模式，将"群众跑"转变为"数据跑""网上跑"，为我市广大缴存职工提供更便捷、更优质的公积金服务。

东方物探中心信息化建设情况。

为切实方便缴存职工办理公积金提取，减少要件冗余，提高办事效率，2020年中心业务系统上线电子档案管理模块，实现提取公积金资料电子化管理。

（六）当年住房公积金管理中心及职工所获荣誉情况，包括：文明单位（行业、窗口）、青年文明号、工人先锋号、五一劳动奖章（劳动模范）、三八红旗手（巾帼文明岗）、先进集体和个人等。

保定中心。

2020年保定中心团委被保定市直团工委评为"五四红旗团组织"，一名工作人员被评为市直机关优秀共青团干部。2020年保定中心网络信息处被保定市直机关工委表彰，荣获市直机关青年文明号。保定中心被中共保定市直属机关工作委员会表彰，被评为2018—2020年度市直机关文明单位。保定中心高新区管理部归集提取岗被中共保定市直属机关工作委员会表彰，被评为2020年市直机关"共产党员先锋岗"。2020年12月保定中心参加市总工会、体育局组织的市直机关职工乒乓球比赛，获得了优秀组织奖。保定中心妇委会被保定市直属机关妇女工作委员会表彰，被授予2020年度"市直机关妇女工作先进集体"称号，一名工作人员被授予为2020年度"市直机关先进妇女工作者"称号，一名工作人员被授予为2020年度"市直机关三八红旗手"称号，一名工作人员家庭被授予2020年度"市直机关最美家庭"称号。

定州中心。

定州市公积金中心荣获2018—2020年度"河北省文明单位"荣誉称号。

（七）当年对违反《住房公积金管理条例》和相关法规行为进行行政处罚和申请人民法院强制执行情况。无。

（八）当年对住房公积金管理人员违规行为的纠正和处理情况等。无。

（九）其他需要披露的情况。无。

张家口市住房公积金 2020 年年度报告

根据国务院《住房公积金管理条例》和住房和城乡建设部、财政部、人民银行《关于健全住房公积金信息披露制度的通知》（建金〔2015〕26号）的规定，经住房公积金管理委员会审议通过，现将张家口市住房公积金2020年年度报告公布如下。

一、机构概况

（一）住房公积金管理委员会。住房公积金管理委员会有25名委员，2020年召开2次会议，审议通过的事项主要包括：《张家口市住房公积金管理中心2019年住房公积金归集使用计划执行情况和2020年住房公积金归集使用计划（草案）的报告》《2019年住房公积金增值收益分配方案》《张家口市住房公积金2019年年度报告》《张家口市住房公积金归集管理实施细则》《张家口市住房公积金提取管理实施细则》《张家口市住房公积金个人住房贷款管理实施细则》《张家口市个人自愿缴存住房公积金暂行管理办法》。

（二）住房公积金管理中心。住房公积金管理中心为市政府直属不以营利为目的的自收自支事业单位，设13个科室，17个管理部，2个办事处。从业人员299人，其中，在编181人，非在编118人。

二、业务运行情况

（一）缴存。2020年，新开户单位387家，净增单位89家；新开户职工1.83万人，净增职工0.41万人；实缴单位4946家，实缴职工29.29万人，缴存额41.23亿元，分别同比增长2.53%、－0.07%、3.54%。2020年末，缴存总额362.71亿元，比上年末增加12.83%；缴存余额163.48亿元，同比增长14.19%。受委托办理住房公积金缴存业务的银行8家。

（二）提取。2020年，5.63万名缴存职工提取住房公积金；提取额20.91亿元，同比增长9.42%；提取额占当年缴存额的50.72%，比上年增加2.73个百分点。2020年末，提取总额199.23亿元，比上年末增加11.73%。

（三）贷款。

1. 个人住房贷款。个人住房贷款最高额度60万元。

2020年，发放个人住房贷款0.54万笔23.46亿元，同比分别增长8.00%、12.79%。

2020年，回收个人住房贷款11.11亿元。

2020年末，累计发放个人住房贷款9.50万笔、200.24亿元，贷款余额105.50亿元，分别比上年末增加6.03%、13.28%、13.26%。个人住房贷款余额占缴存余额的64.53%，比上年末减少0.54个百分点。受委托办理住房公积金个人住房贷款业务的银行7家。

2. 异地贷款。2020年，发放异地贷款1528笔、71057.60万元。2020年末，发放异地贷款总额251057.8万元，异地贷款余额220584.02万元。

（四）资金存储。2020年末，住房公积金存款59.07亿元。其中，活期0.03亿元，1年（含）以下定期0.50亿元，1年以上定期56.40亿元，其他（协定、通知存款等）2.14亿元。

（五）资金运用率。2020年末，住房公积金个人住房贷款余额、项目贷款余额和购买国债余额的总和占缴存余额的64.53%，比上年末减少0.54个百分点。

三、主要财务数据

（一）业务收入。2020年，业务收入51785.72万元，同比增长19.35%。存款利息19604.70万元，委托贷款利息32149.43万元，其他31.59万元。

（二）业务支出。2020年，业务支出24084.28万元，同比增长17.42%。其中，支付职工住房公积金利息23228.41万元，归集手续费18.39万元，委托贷款手续费837.48万元，其他0万元。

（三）增值收益。2020年，增值收益27701.44万元，同比增长21.09%。增值收益率1.80%，比上年增加0.07个百分点。

（四）增值收益分配。2020年，提取贷款风险准备金1162.75万元；提取管理费用5919.16万元，提取城市公共租赁住房建设补充资金20619.54万元。

2020年，上交财政管理费用5919.16万元。上缴财政城市公共租赁住房建设补充资金17031.63万元。

2020年末，贷款风险准备金余额10549.73万元。累计提取城市公共租赁住房建设补充资金104059.67万元。

（五）管理费用支出。 2020 年，管理费用支出 5492.92 万元，同比下降 3.87%。其中，人员经费 1767.51 万元，公用经费 181.76 万元，专项经费 3543.65 万元。

四、资产风险状况

个人住房贷款。2020 年末，个人住房贷款逾期额 745.97 万元，逾期率 0.71‰。个人贷款风险准备金余额 10549.73 万元。2020 年，使用个人贷款风险准备金核销呆坏账 0 万元。

五、社会经济效益

（一）缴存业务。 缴存职工中，国家机关和事业单位占 52.92%，国有企业占 29.24%，城镇集体企业占 2.46%，外商投资企业占 0.93%，城镇私营企业及其他城镇企业占 12.36%，民办非企业单位和社会团体占 2.04%，灵活就业人员占 0%，其他占 0.05%；中、低收入占 98.15%，高收入占 1.85%。

新开户职工中，国家机关和事业单位占 27.10%，国有企业占 24.47%，城镇集体企业占 2.28%，外商投资企业占 3.24%，城镇私营企业及其他城镇企业占 36.80%，民办非企业单位和社会团体占 5.87%，灵活就业人员占 0.02%，其他占 0.22%；中、低收入占 99.42%，高收入占 0.58%。

（二）提取业务。 提取金额中，购买、建造、翻建、大修自住住房占 19.17%，偿还购房贷款本息 40.67%，租赁住房占 1.60%，支持老旧小区改造占 0%，离休和退休提取占 31.40%，完全丧失劳动能力并与单位终止劳动关系提取占 3.61%，出境定居占 0%，其他占 3.55%。提取职工中，中、低收入占 97.68%，高收入占 2.32%。

（三）贷款业务。

个人住房贷款。2020 年，支持职工购建房 61.03 万平方米（含公转商贴息贷款），年末个人住房贷款市场占有率（含公转商贴息贷款）为 15.31%，比上年末增加 2.22 个百分点。通过申请住房公积金个人住房贷款，可节约职工购房利息支出 45221.97 万元。

职工贷款笔数中，购房建筑面积 90（含）平方米以下占 14.22%，90～144（含）平方米占 79.17%，144 平方米以上占 6.61%。购买新房占 82.95%（其中购买保障性住房占 0%），购买二手房占 17.05%，建造、翻建、大修自住住房占 0%（其中支持老旧小区改造占 0%），其他占 0%。

职工贷款笔数中，单缴存职工申请贷款占 38.95%，双缴存职工申请贷款占 61.01%，三人及以上缴存职工共同申请贷款占 0.04%。

贷款职工中，30 岁（含）以下占 43.47%，30 岁～40 岁（含）占 35.90%，40 岁～50 岁（含）占 16.46%，50 岁以上占 4.17%；首次申请贷款占 72.97%，二次及以上申请贷款占 27.03%；中、低收入占 97.89%，高收入占 2.11%。

（四）住房贡献率。 2020 年，个人住房贷款发放额、公转商贴息贷款发放额、项目贷款发放额、住房消费提取额的总和与当年缴存额的比率为 88.21%，比上年增加 5.27 个百分点。

六、其他重要事项

（一）应对新冠肺炎疫情采取的措施，落实住房公积金阶段性支持政策情况和政策实施成效。 2020 年，市中心全力应对新冠肺炎疫情带来的严峻挑战，坚持一手抓防控一手抓服务，用积极行动、务实举措服务全市经济社会发展。一是及时制定印发了《关于积极应对新冠肺炎疫情做好住房公积金管理服务工作的通知》，从阶段调整缴存政策、合理调整提取政策、适度调整贷款政策、积极优化服务措施等方面，为企业和职工进一步纾困解难。二是对受疫情影响的业务，开辟绿色通道，明确专人办理，同时主动对接缴存企业，指导企业在疫情防控期间做好相关工作，助力企业复工复产；疫情期间为30家企业办理了缓缴，涉及2006名职工，缓缴金额754万余元。三是积极服务缴存职工，通过适当提高租房提取额度和不计疫情期间逾期信息的方式，进一步增强了缴存职工享受住房公积金福利的幸福感；疫情期间，共有2252人办理了租房提取，有255笔贷款不计逾期。四是完善系统服务功能，在营业网点以专人专柜授权的方式，在全市区域内实现了"通缴通取"，同时可进行不动产信息、网签合同信息、婚姻信息、企业基本信息、事业单位及党群机关信息以及个人征信信息7项业务的查询。五是提升信息化水平，实现了缴存、开户、转移等业务的网上办理；综合服务平台系统正式上线运行；微信系统升级完成平稳运行，网上营业厅和手机App上线运行，实现了支付宝、微信小程序、百度客户端公积金余额查询。六是加大宣传力度，拓宽宣传渠道，及时更新了网站、微信群内容，通过电台播报和新媒体应用，让更多的单位、职工了解当前最新政策动态。

（二）当年机构及职能调整情况、受委托办理缴存贷款业务金融机构变更情况。2020年11月，增加中国邮政储蓄银行股份有限公司张家口市分行直属支行为住房公积金业务办理受托银行。

（三）当年住房公积金政策调整及执行情况，包括当年缴存基数限额及确定方法、缴存比例等缴存政策调整情况；当年提取政策调整情况；当年个人住房贷款最高贷款额度、贷款条件等贷款政策调整情况；当年住房公积金存贷款利率执行标准等；支持老旧小区改造政策落实情况。2020年度单位职工住房公积金缴存基数为职工本人上一年度月平均工资，最高不超过市统计部门公布的上一年度月平均工资的3倍。市属以下单位最高缴存基数为16947元；中央、省属单位最高缴存工资基数为17907元。最低不低于当地工资标准。

2020年度自愿缴存者住房公积金缴存基数分为两档：低档是张家口市公布的最低工资标准，高档是张家口市统计局公布的月社会平均工资，由本人自主选择。

在缴存比例上，所有单位及其职工住房公积金缴存比例仍按最低不低于5％，最高不超过12％比例执行。缴存单位可以在5％至12％区间内自主确定住房公积金缴存比例。自愿缴存者住房公积金缴存比例按20％执行。

提取政策按照《河北省住房公积金归集提取管理办法》的规定执行。

2020年度个人购买住房贷款最高贷款额度仍为60万元。若借款申请人购买二星级以上绿色建筑标准的新建被动式超低能耗自住住房（二星级认定标准参照《河北省促进绿色建筑发展条例》相关规定），在测算出的最高贷款额度基础上可上浮15％。

同时在贷款条件上增加：申请贷款额度不应高于借款申请人（夫妻双方）住房公积金账户缴存余额的10倍，住房公积金账户余额不足3万元的按3万元计算。

职工住房公积金账户存款利率无论是当年缴存资金还是往年累计缴存资金，统一按一年期定期存款基准利率执行。当年贷款利率执行标准：五年（含五年）以下年利率2.75％，五年以上3.25％，二套房贷款利率在此基础上上浮10％。

（四）当年服务改进情况，包括推进住房公积金服务"跨省通办"工作情况，服务网点、服务设施、服务手段、综合服务平台建设和其他网络载体建设服务情况等。

1. 全面建成综合服务平台。2020年住房公积金综合服务平台全面建成，并顺利通过省住房城乡建设厅专家组验收。网上营业大厅、中心网站、12329服务热线、微信公众号、张家口公积金App、冀时办App、支付宝城市服务、自助查询终端和官方微博等服务渠道全部开通运营。

2. 扎实推进网上业务办理。网上营业大厅和张家口公积金App等多种线上渠道开通后，为缴存单位提供公积金缴存类、变更类、查询类等17项对公业务服务；为缴存职工提供公积金查询类、提取类，证明类等18项个人业务服务。

3. 有效促进信息互联互通。大力推进与市直相关业务部门数据对接，完成了与市民政局、税务局、自然资源和规划局、住房城乡建设局、市场监督管理局、行政生审批局和卫生健康委七部门接口系统的对接和部分数据的共享，完成了与金融机构商业贷款相关数据接口的有序开发。

（五）当年信息化建设情况，包括信息系统升级改造情况，基础数据标准贯彻落实和结算应用系统接入情况等。完成了住房公积金核心系统全面升级，通过搭建虚拟化＋云平台模式，对住房公积金系统进行了改造和优化；通过了业务系统信息安全的计算机等级测评，加强了信息系统的运行防护。

（六）当年住房公积金管理中心及职工所获荣誉情况，包括：文明单位（行业、窗口）、青年文明号、工人先锋号、五一劳动奖章（劳动模范）、三八红旗手（巾帼文明岗）、先进集体和个人等。无。

（七）当年对违反《住房公积金管理条例》和相关法规行为进行行政处罚和申请人民法院强制执行情况。无。

（八）当年对住房公积金管理人员违规行为的纠正和处理情况等。无。

（九）其他需要披露的情况。无。

承德市住房公积金2020年年度报告

根据国务院《住房公积金管理条例》和住房和城乡建设部、财政部、人民银行《关于健全住房公积金信息披露制度的通知》（建金〔2015〕26号）的规定，经住房公积金管理委员会审议通过，现将承德市住房公积金2020年年度报告公布如下。

一、机构概况

（一）**住房公积金管理委员会**。住房公积金管理委员会有28名委员，2020年召开4次会议，审议通过的事项主要包括：1.听取和审议了市住房公积金管理中心关于2019年工作及2020年工作安排的报告；2.对做好2020年工作提出明确要求；3.审议并通过了公积金管理中心提出的2019年增值收益分配方案；4.审议并通过了《承德市住房公积金2019年年度报告》；5.审议并原则通过在疫情期间实施住房公积金阶段性支持政策；6.审议并原则同意对《承德市住房公积金归集提取管理实施细则》部分条款进行修改；7.听取了市住房公积金管理中心关于加快住房公积金贷款工作程序的汇报；8.原则通过了《市住房公积金管委会办公室关于开展单位暂存款清算的通知》；9.研究讨论了使用住房公积金贷款购买二星级以上新建绿色建筑上浮贷款额度相关事宜。

（二）住房公积金管理中心。住房公积金管理中心为隶属市政府不以营利为目的的全额事业单位，中心机关参照公务员管理，设9个科，12个管理部。从业人员137人，其中，在编93人，非在编44人。

二、业务运行情况

（一）缴存。2020年，新开户单位429家，净减单位153家；新开户职工1.96万人，净减职工0.77万人；实缴单位4195家，实缴职工22.82万人，缴存额35.00亿元，分别同比增长4.77%、3.58%、8.44%。2020年末，缴存总额294.23亿元，比上年末增加13.50%；缴存余额126.55亿元，同比增长9.45%。受委托办理住房公积金缴存业务的银行9家。

（二）提取。2020年，7.75万名缴存职工提取住房公积金；提取额24.07亿元，同比增长24.61%；提取额占当年缴存额的68.77%，比上年增加8.93个百分点。2020年末，提取总额167.69亿元，比上年末增加16.76%。

（三）贷款。

1. 个人住房贷款。个人住房贷款最高额度60万元。单缴存职工个人住房贷款最高额度40万元，双缴存职工个人住房贷款最高额度60万元。

2020年，发放个人住房贷款0.42万笔、16.30亿元，同比分别增长16.67%、18.72%。

2020年，回收个人住房贷款9.32亿元。

2020年末，累计发放个人住房贷款6.09万笔、149.23亿元，贷款余额84.53亿元，分别比上年末增加7.41%、12.26%、9.01%。个人住房贷款余额占缴存余额的66.79%，比上年末减少0.27个百分点。受委托办理住房公积金个人住房贷款业务的银行9家。

2. 异地贷款。2020年，发放异地贷款0笔、0万元。2020年末，发放异地贷款总额66840万元，异地贷款余额53043.10万元。

3. 公转商贴息贷款。无。

4. 住房公积金支持保障性住房建设项目贷款。无。

（四）购买国债。无。

（五）资金存储。2020年末，住房公积金存款43.08亿元。其中，活期3.13亿元，1年（含）以下定期0.30亿元，1年以上定期39.65亿元，其他（协定、通知存款等）0亿元。

（六）资金运用率。2020年末，住房公积金个人住房贷款余额、项目贷款余额和购买国债余额的总和占缴存余额的66.79%，比上年末减少0.28个百分点。

三、主要财务数据

（一）业务收入。2020年，业务收入41310.91万元，同比增长14.31%。存款利息15551.66万元，委托贷款利息25759.25万元，国债利息0万元，其他0万元。

（二）业务支出。2020年，业务支出19064.42万元，同比增长9.42%。支付职工住房公积金利息17806.29万元，归集手续费0万元，委托贷款手续费1257.83万元，其他0.30万元。

（三）增值收益。2020年，增值收益22246.49万元，同比增长18.87%。增值收益率1.82%，比上年

增加 0.11 个百分点。

（四）增值收益分配。2020 年，提取贷款风险准备金 698.17 万元；提取管理费用 2500 万元，提取城市廉租住房（公共租赁住房）建设补充资金 19048.32 万元。

2020 年，上交财政管理费用 2700 万元。上缴财政城市廉租住房（公共租赁住房）建设补充资金 15474.22 万元。

2020 年末，贷款风险准备金余额 8452.55 万元。累计提取城市廉租住房（公共租赁住房）建设补充资金 117146.95 万元

（五）管理费用支出。2020 年，管理费用支出 2170.61 万元，同比增长 5.85%。其中，人员经费 1101.68 万元，公用经费 124.74 万元，专项经费 944.19 万元。

四、资产风险状况

（一）个人住房贷款。2020 年末，个人住房贷款逾期额 137.14 万元，逾期率 0.16‰。个人贷款风险准备金余额 8452.55 万元。2020 年，使用个人贷款风险准备金核销呆坏账 0 万元。

（二）支持保障性住房建设试点项目贷款。无。

五、社会经济效益

（一）缴存业务。缴存职工中，国家机关和事业单位占 58.20%，国有企业占 20.52%，城镇集体企业占 0.79%，外商投资企业占 0.41%，城镇私营企业及其他城镇企业占 4.65%，民办非企业单位和社会团体占 0.66%，灵活就业人员占 0.07%，其他占 14.70%；中、低收入占 98.87%，高收入占 1.13%。

新开户职工中，国家机关和事业单位占 29.48%，国有企业占 6.97%，城镇集体企业占 0.53%，外商投资企业占 3.90%，城镇私营企业及其他城镇企业占 12.78%，民办非企业单位和社会团体占 3.22%，灵活就业人员占 0.76%，其他占 42.36%；中、低收入占 99.63%，高收入占 0.37%。

（二）提取业务。提取金额中，购买、建造、翻建、大修自住住房占 37.69%，偿还购房贷款本息占 28.95%，租赁住房占 0.34%，支持老旧小区改造占 0.01%，离休和退休提取占 24.04%，完全丧失劳动能力并与单位终止劳动关系提取占 2.72%，出境定居占 0.58%，其他占 5.67%。提取职工中，中、低收入占 97%，高收入占 3%。

（三）贷款业务。

1. 个人住房贷款。2020 年，支持职工购建房 49.44 万平方米，年末个人住房贷款市场占有率为 13.67%，比上年末降低 1.29 个百分点。通过申请住房公积金个人住房贷款，年内节约职工购房利息支出 29244.48 万元。

职工贷款笔数中，购房建筑面积 90（含）平方米以下占 13.38%，90~144（含）平方米占 77.27%，144 平方米以上占 9.35%。购买新房占 81.32%（其中购买保障性住房占 0.53%），购买二手房占 18.68%，建造、翻建、大修自住住房占 0%（其中支持老旧小区改造占 0%），其他占 0%。

职工贷款笔数中，单缴存职工申请贷款占 57.41%，双缴存职工申请贷款占 42.59%，三人及以上缴存职工共同申请贷款占 0%。

贷款职工中，30 岁（含）以下占 33.55%，30 岁~40 岁（含）占 38.80%，40 岁~50 岁（含）占

21.99%，50岁以上占5.66%；首次申请贷款占92.66%，二次及以上申请贷款占7.34%；中、低收入占98.90%，高收入占1.10%。

2. 支持保障性住房建设试点项目贷款。无。

（四）住房贡献率。 2020年，个人住房贷款发放额、公转商贴息贷款发放额、项目贷款发放额、住房消费提取额的总和与当年缴存额的比率为92.78%，比上年增加12.17个百分点。

六、其他重要事项

（一）应对新冠肺炎疫情采取的措施，落实住房公积金阶段性支持政策情况和政策实施成效。

1. 应对新冠肺炎疫情采取的措施

中心党组坚持把疫情防控作为当前头等大事和最重大的政治任务，及时落实中央、省市关于疫情防控工作的各项安排部署。一是成立领导小组。明确党组书记、主任对此项工作负总责，其他班子成员各负其责，分别做好分管科室和管理部管理措施落实工作。各科室、各管理部负责人是第一责任人，负责本科室、管理部的疫情防控工作。二是加强宣传引导。及时传达省市疫情防控相关要求，及时下发文件，通过邮箱、微信群等及时发布相关信息，引导广大职工正确认识并有效应对疫情。三是开展排查工作。按照市疫情办阶段性工作重点，全面加大排查监测力度，各县区管理部、各科室对工作人员严格进行排查，重点对中高风险地区来承人员、归国人员进行排查，并及时上报。四是严格防控措施。严格落实单位通风、消毒等防控措施，做到办公场所重点部位定期消毒，办公室和各县区营业大厅每天通风。为机关全体人员办理出入证，办公人员凭证出入。中心及各管理部在门口设置体温监测岗，对办事人员进行测温和登记工作。按照市政府要求，下沉双桥区中华路街道竹林寺社区和中华路社区建立"党员先锋岗"3个，在辖区小区设置人员出入检测点，进行全天候不间断体温检测和信息登记。

2. 落实住房公积金阶段性支持政策情况和政策实施成效

为贯彻落实住房和城乡建设部、财政部、人民银行《关于妥善应对新冠肺炎疫情实施住房公积金阶段性支持政策的通知》（建金〔2020〕23号）文件精神，切实帮助受疫情影响企业和职工解决实际困难，出台住房公积金阶段性支持政策，疫情期间8家企业办理缓缴，涉及职工1141人、299.9万元，2家经营困难企业申请降低缴存比例，涉及职工97人、5.84万元。同时针对多家房地产开发企业疫情期间出现的难点、困点、盼点，以主动服务、超前服务、精细服务为主线，深入调研、精准发力，因时因势调整工作着力点和应对举措，点对点帮助房企克服实际困难、提振发展信心、尽快复工复产。疫情期间，中心共与开发企业签订合作项目56个，购房人贷前提取住房公积金支付购房首付款达6.4亿元，有力地支持了房企提前锁定客户，缓解资金断流难题。

（二）当年机构及职能调整情况、受委托办理缴存贷款业务金融机构无变更情况。 2020年承德市住房公积金管理中心无机构及职能调整情况；承德市住房公积金管理委员会单位代表及职工代表无调整情况；增设建行承德分行九华山支行公积金业务承办网点。

（三）当年住房公积金政策调整及执行情况。

1. 缴存基数限额及确定方法、缴存比例等缴存政策调整情况

2020住房公积金年度（2020年7月1日至2021年6月30日）的月缴存基数上限按照承德市统计局公布的2019年承德市城镇非私营单位从业人员年平均工资（66807元）的300%测算，月缴存基数上限为

16701元，月缴存额上限为4008.24元。缴存基数下限不低于承德市2020年职工最低工资标准。单位和职工住房公积金缴存比例最高分别为职工工资的12%，均不得低于职工工资的5%。

2.当年提取政策调整情况

修改《承德市住房公积金归集提取管理实施细则》部分条款，其一，提取条件改为连续正常缴存3个月以上；销户提取的职工住房公积金账户为封存状态。其二，职工及配偶在承德市行政区域内无所有权住房，可每年提取一次住房公积金且每次提取应间隔12个月以上，再分别按以下规定提供资料：租住公共租赁住房，提供公共租赁住房租赁合同和租金缴纳凭证、提取人身份证。提取额度为按实际房租支出全额提取；租住商品住房，管理部负责核实家庭是否无房并出具制式证明。提供提取人及配偶身份证、结婚证，提取额度为申请提取日前12个月住房公积金缴存额（正常汇缴）合计的70%。其三，职工死亡或者被宣告死亡的，提供死亡证明、公证部门对该继承权或受遗赠权出具的公证书，其继承人或者受遗赠人可销户提取其住房公积金账户余额，也可以转入继承人或者受遗赠人的住房公积金账户继续存储。对该继承权或受遗赠权发生争议的，应当提供法院判决、裁定、调解的证明文件。多个继承人或者受遗赠人的应同时到场并签订委托其中一人提取的声明。

3.当年个人住房贷款最高贷款额度、贷款条件等贷款政策调整情况

政策调整情况：根据省住房城乡建设厅《进一步做好住房公积金异地个人住房贷款工作的通知》要求，下发《住房公积金异地个人住房贷款工作的通知》，自2020年12月15日起，在全市全面开展住房公积金异地个人住房贷款业务。具有我市户籍的外地公积金缴存人，在我市行政区域内购买自住住房的，可向辖区管理部申请办理住房公积金个人贷款。申请异地贷款的职工，与我市贷款职工同等享有贷款权益。管理部对符合异地贷款要求的申请职工，按照我市住房公积金相关要求办理。同时，管理部对未使用过住房公积金个人住房贷款或首次住房公积金个人住房贷款已经结清的职工，出具住房和城乡建设部统一制式《异地贷款职工住房公积金缴存使用证明》。

4.当年住房公积金存贷款利率执行标准等

按照中国人民银行、住房和城乡建设部、财政部《关于完善职工住房公积金账户存款利率形成机制的通知》（银发〔2016〕43号）要求，职工住房公积金账户存款利率统一按一年期定期存款基准利率执行，利率为1.50%。当年住房公积金贷款利率没有调整，1~5年贷款利率2.75%，5年以上贷款利率3.25%。

5.支持老旧小区改造政策落实情况

通过调整住房公积金提取政策，增加老旧小区加装电梯可提取条件，更好地为职工解决了实际困难。

(四)当年服务改进情况。

1.推进住房公积金服务"跨省通办"工作情况

2020年底前已经实现网上办理正常退休提取、偿还公贷提取等业务。全市行政区域范围内实现住房公积金缴存提取业务"通缴通取"，个人住房公积金缴存贷款等信息查询、出具贷款职工住房公积金缴存使用证明、正常退休提取和住房公积金单位及个人缴存信息变更等事项实现了"跨省通办"，有效解决企业和群众"多地跑""往返跑"问题。

2.服务网点、服务设施、服务手段和其他网络载体建设服务情况等

深入推进"互联网＋政务服务"工作开展，一是实现部分业务网上办理。完成了中心门户网站改版、网上服务大厅新增业务办理功能。二是做到一站式服务。为进一步提高服务质量和服务效率，方便广大缴

存人办理业务，我中心综合考虑银行网点服务半径、节约成本、提高服务质量、相对固定业务人员等因素，合理设置银行网点，鼓励银行网点工作人员集中进入管理部服务大厅办理业务。通过积极与宽城县行政审批局沟通对接，宽城县公积金管理部率先在县政务服务大厅设立公积金业务专区，实现了住房公积金窗口和不动产登记、税务部门及相关委托银行集成办公，公积金全业务实现零障碍衔接、高效率办结，实现"只进一扇门""办事一次成"。目前，丰宁、围场、平泉、隆化等管理部实现了银行进驻管理部大厅，极大地方便了群众办理公积金业务。三是强化网络载体建设服务。顺利完成了"满意承德"手机客户端、冀时办App、微信、12329短信、12329热线、微博、自助终端、支付宝城市服务10个服务渠道建设。

（五）当年信息化建设情况。一是完成网厅、手机App、微信公众号的升级改造，并在河北省率先接入冀时办手机App。二是积极推进加入人民银行征信系统工作。前期工作已完成，待通过金融城域网验收后加入人民银行征信系统。三是积极推进数据共享工作。中心完成与民政、住房城乡建设、自然规划、卫健委、行政审批、医保六个部门的数据接口开发工作，其中：民政部门数据已正式嵌入中心业务系统；卫健部门数据交换，待省卫健部门完成结构调整后进行测试；自然规划部门数据交换已进行了大部分的数据测试，预计到2021年3月底可以完成数据嵌入工作；已与住房城乡建设局初步达成接口数据共识，待住房城乡建设局接口开发完成后，进行测试；与行政审批局预计在2021年3月中旬完成数据上传工作，在3月底前完成测试工作；医保部门数据交换工作，在2021年上半年完成。同时2021上半年实现公积金中心和商业银行、省高院、市场监督管理局的数据共享。四是通过综合服务平台验收，并被评定为优秀。五是完成与住房和城乡建设部数据上传工作，将数据按t＋1要求上传住房和城乡建设部。六是完成中心网络与行政审批局对接。落实了大数据为支撑的"满意承德"，和公积金业务进驻行政审批大厅的便民措施。

（六）当年住房公积金管理中心及职工所获荣誉情况。无。

（七）当年对违反《住房公积金管理条例》和相关法规行为进行行政处罚和申请人民法院强制执行情况。无。

（八）当年对住房公积金管理人员违规行为的纠正和处理情况等。无。

（九）其他需要披露的情况。无。

沧州市住房公积金2020年年度报告

根据国务院《住房公积金管理条例》和住房和城乡建设部、财政部、人民银行《关于健全住房公积金信息披露制度的通知》（建金〔2015〕26号）的规定，经沧州市住房公积金管理委员会审议通过，现将沧州住房公积金2020年年度报告公布如下：

一、机构概况

（一）住房公积金管理委员会

1. 沧州市住房公积金管理委员会，有委员25名，2020年召开3次会议，审议通过的事项主要包括：沧州市住房公积金管理中心《2019年度住房公积金归集使用计划执行情况的报告》《2020年度住房公积金归集使用计划》和《沧州市住房公积金2019年年度报告》，并对其他重要事项进行决策，主要包括审议通过《关于疫情影响期间实施住房公积金阶段性支持政策具体办法》《2019年度住房公积金增值收益分配方案》《沧州市住房公积金管理委员会议事规则》《沧州市住房公积金个人缴存委托管理办法》，审议批准了沧州市住房公积金管理中心《关于调整住房公积金贷款相关政策的请示》《关于恢复异地个人住房贷款业务的请示》等。

2. 中国石油天然气股份有限公司华北油田分公司住房公积金管理委员会，有24名委员，2020年召开1次会议，审议通过的事项主要包括：《关于调整华北油田住房公积金管理委员会委员的意见》《2019—2020年度住房公积金结息及基数调整情况报告》《2020年上半年住房公积金财务收支情况说明》《2020年度住房公积金归集、使用计划》等，审议讨论了其他事项。

（二）住房公积金管理中心

1. 沧州市住房公积金管理中心（以下简称市公积金中心）为隶属沧州市人民政府的不以营利为目的的参照公务员管理的事业单位，设7个科室，9个管理部，7个分中心。从业人员335人，其中，在编123人，非在编212人。

2. 中国石油天然气股份有限公司华北油田分公司住房公积金管理中心（以下简称华油公积金中心）为隶属于华北油田公司不以营利为目的的直属单位，设5个科室。从业人员29人，其中，在编29人。

二、业务运行情况

（一）缴存。2020年，沧州市（含华北油田）新开户单位669家，净增单位－252家；新开户职工5.06万人，净增职工2.4094万人；实缴单位6346家，实缴职工49.2258万人，缴存额72.21亿元，分别同比增长－3.82％、5.15％、8.8％。2020年末，缴存总额644.68亿元，同比增长12.61％；缴存余额229.46亿元，同比增长10.85％。

其中1，市公积金中心2020年实缴单位6229家，新开户单位669家，净增单位－251家；实缴职工42.3713万人，新开户职工5.026万人，净增职工1.2213万人；当年缴存额52.61亿元，同比增长8.05％。

截至2020年底，沧州市缴存总额420.25亿元，缴存余额176.55亿元，同比分别增长14.31％、11.14％。

受委托办理住房公积金缴存业务的银行14家。

其中2，华油公积金中心2020年实缴单位117家，新开户单位0家，净增单位－1家；实缴职工6.85万人，新开户职工0.0376万人，净增职工－0.27万人；当年缴存额19.60亿元，同比增长10.86％。

截至2020年底，华北油田缴存总额224.42亿元，缴存余额52.91亿元，同比分别增长9.57％、9.91％。

受委托办理住房公积金缴存业务的银行3家。

（二）提取。2020年，沧州市（含华北油田）15.85万名缴存职工提取住房公积金；提取额49.75亿元，同比下降3.33％；提取额占当年缴存额的68.9％，比上年减少8.63个百分点。2020年末，提取总额415.22亿元，比上年增加14.24％。

其中1，市公积金中心2020年当年提取额34.92亿元，同比增长－5.4％；占当年缴存额的比率

66.37%，比上年同期减少 9.43 个百分点。

截至 2020 年底，沧州市提取总额 243.7 亿元，同比增长 17.85%。

其中 2，华油公积金中心 2020 年当年提取额 14.83 亿元，同比增长 1.99%；占当年缴存额的比率 75.66%，比上年同期减少 6.58 个百分点。

截至 2020 年底，华北油田提取总额 171.52 亿元，同比增长 9.47%。

(三) 贷款。

1. 个人住房贷款。

市公积金中心个人住房贷款最高额度 60 万元，其中，单缴存职工家庭最高额度 40 万元，双缴存职工家庭最高额度 60 万元。

华油公积金中心个人住房贷款最高额度 80 万元，其中，单缴存职工家庭最高额度 60 万元，双缴存职工家庭最高额度 80 万元。

2020 年，沧州市（含华北油田）发放个人住房贷款 0.915 万笔、37.78 亿元，同比分别增长 5.43%、12.77%。其中，沧州市发放个人住房贷款 0.7807 万笔、31.19 亿元；华北油田发放个人住房贷款 0.1343 万笔、6.59 亿元。

2020 年，沧州市（含华北油田）回收个人住房贷款 18.73 亿元。其中，沧州市回收 14.79 亿元，华北油田回收 3.94 亿元。

2020 年末，沧州市（含华北油田）累计发放个人住房贷款 11.3232 万笔、290.63 亿元，贷款余额 169.17 亿元，同比分别增长 8.79%、14.94%、12.69%。个人住房贷款余额占缴存余额的 73.72%，比上年增加 1.2 个百分点。

其中 1，市公积金中心累计发放个人住房贷款 9.5905 万笔、243.69 亿元，贷款余额 144.43 亿元，同比分别增长 9.86%、14.68%、12.8%。个人住房贷款余额占缴存余额的 81.81%，比上年同期增加 1.21 个百分点。

市公积金中心受委托办理住房公积金个人住房贷款业务的银行 9 家。

其中 2，华油公积金中心累计发放个人住房贷款 1.73 万笔、46.94 亿元，贷款余额 24.74 亿元，同比分别增长 8.13%、16.33%、12.05%。个人住房贷款余额占缴存余额的 46.76%，比上年同期增加 0.89 个百分点。

华油公积金中心受委托办理住房公积金个人住房贷款业务的银行 11 家。

2. 住房公积金支持保障性住房建设项目贷款。无。

(四) 购买国债。 无。

(五) 资金存储。 2020 年末，沧州市（含华北油田）住房公积金存款 60.28 亿元。其中，活期 0.04 亿元，1 年（含）以下定期 14.3 亿元，1 年以上定期 41.99 亿元，其他（协定、通知存款等）3.95 亿元。

其中 1，市公积金中心住房公积金存款额 32.95 亿元。其中，活期 0.02 亿元，1 年以内定期（含）7.7 亿元，1 年以上定期 22.18 亿元，其他（协议、协定、通知存款等）3.05 亿元。

其中 2，华油公积金中心住房公积金存款额 27.33 亿元。其中，活期 0.02 亿元，1 年以内定期（含）6.6 亿元，1 年以上定期 19.81 亿元，其他（协议、协定、通知存款等）0.9 亿元。

(六) 资金运用率。 2020 年末，沧州市（含华北油田）住房公积金个人住房贷款余额、项目贷款余额和购买国债余额的总和占缴存余额的 73.72%，比上年增加 1.2 个百分点。

其中 1，市公积金中心资金运用率 81.81%，比上年同期增加 1.21 个百分点。

其中 2，华油公积金中心资金运用率 46.76%，比上年同期减少 0.89 个百分点。

三、主要财务数据

（一）业务收入。2020 年，沧州市（含华北油田）业务收入 72949.24 万元（其中，市公积金中心 54952.08 万元、华油公积金中心 17997.16 万元），同比增长 8.9%。其中，存款利息收入 22230.86 万元，委托贷款利息收入 50718.12 万元，国债利息收入 0 万元，其他 0.26 万元。

（二）业务支出。2020 年，沧州市（含华北油田）业务支出 34834.88 万元（其中，市公积金中心 26725.32 万元、华油公积金中心 8109.56 万元），同比增长 7.45%。其中，支付职工住房公积金利息 33168.53 万元，支付归集手续费 0.27 万元，支付委托贷款手续费 1643.56 万元，其他 22.52 万元。

（三）增值收益。2020 年，沧州市（含华北油田）增值收益 38114.36 万元（其中，市公积金中心 28226.76 万元、华油公积金中心 9887.6 万元），同比增长 10.26%。增值收益率 1.75%，比上年增加 0.02 个百分点。

（四）增值收益分配。

其中 1，市公积金中心 2020 年提取贷款风险准备金 1464.67 万元，提取管理费用 7240.35 万元，提取城市廉租住房（公共租赁住房）建设补充资金 19521.74 万元。

2020 年，上交财政管理费用 7240.35 万元。上缴财政城市廉租住房（公共租赁住房）建设补充资金 16943.46 万元。

2020 年末，贷款风险准备金余额 14499.67 万元。累计提取城市廉租住房（公共租赁住房）建设补充资金 139957.81 万元。

其中 2，华油公积金中心 2020 年，提取贷款风险准备金 5932.56 万元，提取管理费用 3064.07 万元，提取城市廉租住房（公共租赁住房）建设补充资金 890.97 万元。

2020 年，上交管理费用 3754.72 万元。上缴城市廉租住房（公共租赁住房）建设补充资金 360.85 万元。

2020 年末，贷款风险准备金余额 66902.43 万元。累计提取城市廉租住房（公共租赁住房）建设补充资金 17327.41 万元。

（五）管理费用支出。2020 年，市公积金中心（含华油公积金中心）管理费用支出 8387.79 万元，同比减少 4.39%。其中，人员经费 3931.93 万元，公用经费 1825.46 万元，专项经费 2630.4 万元。

其中 1，市公积金中心管理费用支出 6936.12 万元，其中，人员、公用、专项经费分别为 3133.42 万元、1576.29 万元、2226.41 万元。

其中 2，华油公积金中心管理费用支出 1451.67 万元，其中，人员、公用、专项经费分别为 798.51 万元、249.17 万元、403.99 万元。

四、资产风险状况

（一）个人住房贷款。2020 年末，沧州市（含华北油田）个人住房贷款逾期额 27.35 万元，逾期率

0.016‰。其中，市中心 0.019‰，华油中心为 0。

2020 年，市公积金中心个人贷款风险准备金按贷款余额的 1％提取。华油公积金中心个人贷款风险准备金按增值收益的 60％提取。个人贷款风险准备金余额 81402.1 万元。2020 年，使用个人贷款风险准备金核销呆坏账 0 元。

（二）支持保障性住房建设试点项目贷款。 无。

五、社会经济效益

（一）缴存业务。 缴存职工中，国家机关和事业单位占 43.93％，国有企业占 22.64％，城镇集体企业占 2.5％，外商投资企业占 1.57％，城镇私营企业及其他城镇企业占 23.75％，民办非企业单位和社会团体占 1.05％，灵活就业人员占 2.94％，其他占 1.62％；中、低收入占 98.71％，高收入占 1.29％。

新开户职工中，国家机关和事业单位占 25.4％，国有企业占 11.52％，城镇集体企业占 1.33％，外商投资企业占 0.5％，城镇私营企业及其他城镇企业占 53.34％，民办非企业单位和社会团体占 2.52％，灵活就业人员占 3.01％，其他占 2.38％；中、低收入占 99.86％，高收入占 0.14％。

（二）提取业务。 提取金额中，购买、建造、翻建、大修自住住房占 48.61％，偿还购房贷款本息占 26.54％，租赁住房占 2.02％，支持老旧小区改造占 0.15％，离休和退休提取占 19.05％，完全丧失劳动能力并与单位终止劳动关系提取占 2.71％，出境定居占 0％，其他占 0.92％。提取职工中，中、低收入占 97.97％，高收入占 2.03％。

（三）贷款业务。

1. 个人住房贷款。2020 年，支持职工购建房 107.54 万平方米。年末个人住房贷款市场占有率为 14.58％，比上年末增加 1.04 个百分点。通过申请住房公积金个人住房贷款，可节约购房利息支出 68538.61 万元。

职工贷款笔数中，购房建筑面积 90（含）平方米以下 10.24％，90～144（含）平方米占 84.2％，144 平方米以上占 5.56％。购买新房占 82.36％（其中购买保障性住房占 0％），购买存量商品住房占 17.64％，建造、翻建、大修自住住房占 0％，其他占 0％。

职工贷款笔数中，单缴存职工家庭申请贷款占 21.38％，双缴存职工家庭申请贷款占 78.62％，三人及以上缴存职工共同申请贷款占 0％。

贷款职工中，30 岁（含）以下占 20.84％，30 岁～40 岁（含）占 38.78％，40 岁～50 岁（含）占 32.08％，50 岁以上占 8.3％；首次申请贷款占 88.54％，二次及以上申请贷款占 11.46％；中、低收入占 98.42％，高收入占 1.58％。

2. 支持保障性住房建设试点项目贷款。无。

（四）住房贡献率。 2020 年，个人住房贷款发放额、公转商贴息贷款发放额、项目贷款发放贷款额、住房消费提取额的总和与当年缴存额的比率为 105.58％，比上年减少 1.93 个百分点。

六、其他重要事项

（一）应对新冠肺炎疫情采取的措施，落实住房公积金阶段性支持政策情况和政策实施成效。

1. 市公积金中心出台了《沧州市疫情期间实施住房公积金阶段性支持政策的具体办法》和《实施细

则》，共为 134 家企业、2 万名职工办理了公积金缓缴，金额达到 0.52 亿元。

2. 华油公积金中心研究下发了《关于妥善应对新冠肺炎疫情实施住房公积金阶段性支持政策的通知》，按规定程序对 6 个单位的缓缴申请进行了审批，涉及员工近七千人，缓缴金额 0.69 万元。

（二）当年机构及职能调整情况、受委托办理缴存贷款业务金融机构变更情况。2020 年，沧州市住房公积金管理中心新增设了内审稽核科，负责沧州市住房公积金系统内部审计稽核工作。受委托办理贷款业务金融机构增加 1 家。

（三）沧州市当年住房公积金政策调整及执行情况。

1. 缴存基数调整情况。

（1）单位职工缴存基数核定标准

① 单位职工住房公积金缴存基数应当为职工本人上一年度（2019 自然年度）月平均工资，计算住房公积金缴存基数的工资应当根据国家统计局关于工资总额组成的规定核定。

新参加工作的职工从参加工作的第二个月开始缴存住房公积金，缴存基数为职工本人当月工资。

单位新调入的职工从调入单位发放工资之月起缴存住房公积金，缴存基数为职工本人当月工资。

② 住房公积金的月缴存基数最高不得超过沧州市统计部门公布的 2019 年度城镇非私营单位就业人员月平均工资（6292 元）的 3 倍（18876 元），最低不应低于 2019 年度沧州市最低月工资标准（1790 元）。缴存职工实际收入低于沧州市最低工资标准的按最低工资标准执行。

（2）灵活就业人员缴存基数核定标准

市公积金中心制定《沧州市住房公积金个人缴存委托管理办法》对缴存基数最低标准进行了调整。2020 年执行标准为：个人缴存基数最低标准由不得低于 2019 年度沧州市城镇非私营单位就业人员月平均工资的 80%（5034 元）下调到 60%（3775 元），最高不得超过 2019 年度沧州市城镇非私营单位就业人员月平均工资的 3 倍（18876 元）。

2. 提取政策调整。自 2020 年 4 月 17 日起，停止共同生活的未婚子女购买普通自住住房提取父母公积金业务；停止全款购买 90 平方米以下首套自住住房累计提取业务；停止提取公积金支付物业费业务。

3. 住房公积金存贷款利率执行标准。职工住房公积金账户存款利率按一年期定期存款基准利率执行；住房公积金首套贷款年利率 5 年以内（含）为 2.75%、5 年以上为 3.25%，二套贷款利率上浮 10%。

4. 贷款政策调整。

（1）自 2020 年 4 月 17 日起，使用住房公积金贷款购买二星级以上绿色建筑且为低能耗建筑的自住住房，可贷额度在不超过我市住房公积金贷款最高额度且符合国家关于住房贷款首付比例政策的情况下，上浮 15%。同时，住房公积金贷款申请人还款能力应符合贷款政策规定。

（2）自 2020 年 5 月 1 日起，取消夫妻单方缴存公积金计算其还贷能力时，其配偶收入按上一年度市政府公布的最低工资标准计入其家庭收入的规定。计算贷款申请人还款能力时不再考虑其未缴存住房公积金的配偶收入。

（3）自 2020 年 5 月 1 日起，暂停受理不在沧州缴存住房公积金的职工在沧州购房申请住房公积金贷款业务。自 12 月 15 日起，恢复户籍地为沧州并在沧州本地购买自住住房的异地贷款业务。

（4）自 2020 年 10 月 22 日起，停止受理低收入家庭住房公积金贷款贴息业务。

（5）自 2020 年 11 月 1 日起，停止缴存人交清全部再交易住房房款申请住房公积金贷款业务。

(6) 自 2020 年 11 月 23 日起，对全日制本科以上学历人才及高层次人才，连续正常足额缴存住房公积金 6 个月即可享受住房公积金贷款，贷款额度在可贷款额度基础上上浮 10%，但不能超过市住房公积金管理委员会规定的最高贷款额度和家庭还款能力。住房公积金贷款优惠政策只能享受一次，贷款额度优惠政策以家庭为单位计算。

（四）当年服务改进情况。

1. 市公积金中心

2020 年，一是完善综合服务平台功能。提升网站、网厅、微信公众号、手机 App、12329 热线、短信、自助终端七大自建渠道服务功能，开通了单位网厅缴存业务。单位和职工可以在线自助办理公积金业务，实现了全市公积金"通缴通提"。全市有 4410 家缴存单位开通了网厅实现网上缴存，占全部缴存单位的 70%。9 月 23 日，市公积金中心综合服务平台通过省住房城乡建设厅验收，获得"优秀"等次。二是推进政务信息共享。实现与工商、公安、民政、卫健委、编办和不动产交易、登记信息共享，提高了网上业务办理率。全年线上提取业务 3 万多笔，占到总提取业务量的三分之一。三是借力延伸公积金服务。推出冀时办、支付宝城市服务、中信手机银行、建行智慧柜员机等平台上的公积金服务，将公积金服务延伸到更多平台，让群众办理公积金业务少跑路、不跑路。四是开通"跨省通办"业务，实现个人缴存贷款等信息查询、退休提取、单位及个人缴存信息变更、提前还清公积金贷款、出具公积金缴存使用证明、公积金贷款还清证明 6 项业务跨省通办。五是在各县（市、区）全面推开公积金＋商业组合贷款业务，为缴存职工购房提供更便捷有效的资金支持。全年发放组合贷款 2016 笔，合计贷款全额 15.08 亿元，其中公积金贷款 7.38 亿元、商业贷款 7.75 亿元。

2. 华油公积金中心

第一时间推出线上"购房提取、提前偿还公积金贷款"等业务。自开通以来，累计提取 1.23 万笔、3.5 亿元，提前还款业务 850 笔、0.9 亿元。

（五）当年信息化建设情况。

1. 市公积金中心

一是完善业务系统功能。在业务系统开发了多个共享数据查询接口，便于柜员办理业务时核实信息；对公贷提取、托收入账、贷款审批等业务功能和流程进行了改造优化；开发了职工异地转移接续网厅线上申请功能。二是加快共享数据接口开发。与省厅数据互联共享平台对接，完成法院冻结、银行商贷、企业开办、婚姻登记、低保、法人库、中小微企业缴存等 11 个数据接口开发。三是将全市历史贷款档案进行数字化加工，推进档案存储数字化。四是提升中心机房安全等级至国家三级水平，业务数据定时异地备份存储，确保住房公积金数据和网络安全。

2. 华油公积金中心

一是进一步完善综合服务平台建设。疫情发生后，中心立即启用了微信、手机 App、网厅三个线上应用渠道，注册人数达 4 万人，占缴存职工总量的 64.52%，达到了既有效阻断疫情传播，又大力践行公积金"让信息多跑路、让群众少跑腿"的服务理念。二是稳步推进电子档案建设，筑牢服务基础。电子档案系统 10 月底基本建成，与电子档案相对应的核心系统和综服平台接口开发也同步完成。届时，缴存职工各类资料要件都可通过电子档案系统方便、快捷的拍照保存，省去了客户办理公积金业务复印资料或因资料不全往返奔波的烦恼。并且在职工再次办理业务时，只需提供本人身份证就可办理，大大提高办事效率，节省办事时间，方便办事群众。

（六）当年住房公积金管理中心及职工所获荣誉情况。 2020年，市公积金中心及职工获得荣誉：国家级1个、省级4个、市级13个。国家级：任丘市分中心获得全国文明单位。省级：市住房公积金管理中心获得省级文明单位；市公积金中心在全省住房公积金管理工作综合排名第二；任丘分中心获得全省住建系统"人民满意的公务员集体"十佳集体；会计核算科获得"全省会计工作先进集体"。市级：渤海新区、河间、泊头、沧县、献县、东光、南皮、青县、孟村、盐山、海兴管理部（分中心）获得市文明单位。机关党支部和泊头市分中心党支部获市直工委"百强党支部"称号；渤海新区获得"渤海新区疫情防控先进集体"。

（七）当年对违反《住房公积金管理条例》和相关法规行为进行行政处罚和申请人民法院强制执行情况。 无。

（八）当年对住房公积金管理人员违规行为的纠正和处理情况等。 无。

（九）其他需要披露的情况。 无。

廊坊市住房公积金2020年年度报告

根据国务院《住房公积金管理条例》和住房和城乡建设部、财政部、人民银行《关于健全住房公积金信息披露制度的通知》（建金〔2015〕26号）的规定，经住房公积金管理委员会审议通过，现将廊坊市住房公积金2020年年度报告公布如下。

一、机构概况

（一）住房公积金管理委员会。

1. 廊坊市住房公积金管理委员会有25名委员，2020年召开4次会议，审议通过的事项主要包括：《廊坊市住房公积金2019年年度报告》、《廊坊市住房公积金管理中心关于2019年度增值收益分配方案》、《廊坊市个人自愿缴存住房公积金管理办法》（试行）、《廊坊市住房公积金管理中心关于全面开展住房公积金异地个人住房贷款工作的情况报告》、《廊坊市住房公积金管理中心关于落实"跨省通办"有关情况的报告》等。

2. 中国石油天然气管道局住房公积金管理委员会有15名委员，2020年召开1次会议，审议通过的事项主要包括：（1）2019年管道局住房公积金年度报告；（2）管道局住房公积金管理中心关于2019年增值收益分配方案。

（二）住房公积金管理中心。

1. 廊坊市住房公积金管理中心为不以营利为目的的独立的事业机构，直接隶属于市政府，设6个科室，11个管理部（其中，对廊坊开发区管理部业务监督指导，开发区管理部人员由开发区管委会管理，管理费用由廊坊开发区财政负担）。从业人员166人，其中，在编106人，非在编60人。

2. 中国石油天然气管道局住房公积金管理中心为中国石油天然气管道局矿区服务公司不以营利为目

的企业附属单位，设 3 个科室。从业人员 10 人，其中，在编 10 人，非在编 0 人。

二、业务运行情况

（一）缴存。2020 年，新开户单位 757 家，净增单位 392 家；新开户职工 4.6381 万人，净增职工 3830 人；实缴单位 5455 家，实缴职工 38.4463 万人，缴存额 53.55 亿元，分别同比增长 7.74%、1.01%、7.1%。2020 年末，缴存总额 429.77 亿元，比上年末增加 14.23%；缴存余额 157.75 亿元，同比增长 11.52%。

受委托办理住房公积金缴存业务的银行：廊坊市 6 家；石油管道局 1 家。

（二）提取。2020 年，11.9033 万名缴存职工提取住房公积金；提取额 37.25 亿元，同比增长 1.28%；提取额占当年缴存额的 69.56%，比上年减少 4 个百分点。2020 年末，提取总额 272.02 亿元，比上年末增加 15.87%。

（三）贷款。

1. 个人住房贷款。

个人住房贷款最高额度：廊坊市 60 万元；石油管道局单缴存职工最高额度 60 万元，双缴存职工最高额度 80 万元。

2020 年，发放个人住房贷款 0.4413 万笔、22.98 亿元，同比分别增长 7.63%、9.48%。

2020 年，回收个人住房贷款 8.52 亿元。

2020 年末，累计发放个人住房贷款 5.3247 万笔、176.56 亿元，贷款余额 110.71 亿元，分别比上年末增加 9.11%、14.96%、15.02%。个人住房贷款余额占缴存余额的 70.18%，比上年末增加 2.14 个百分点。

受委托办理住房公积金个人住房贷款业务的银行：廊坊市 6 家；石油管道局 1 家。

2. 异地贷款。2020 年，发放异地贷款 17 笔、800 万元。2020 年末，发放异地贷款总额 47889.9 万元，异地贷款余额 34509.62 万元。

3. 无公转商贴息贷款。

4. 无住房公积金支持保障性住房建设项目贷款。

（四）购买国债。2020 年，购买（记账式、凭证式）国债 0 亿元，（兑付、转让、收回）国债 0 亿元。2020 年末，国债余额 0 亿元。

（五）资金存储。2020 年末，住房公积金存款 48.34 亿元。其中，活期 0.03 亿元，1 年（含）以下定期 0.7 亿元，1 年以上定期 43.72 亿元，其他（协定、通知存款等）3.89 亿元。

（六）资金运用率。2020 年末，住房公积金个人住房贷款余额、项目贷款余额和购买国债余额的总和占缴存余额的 70.18%，比上年末增加 2.14 个百分点。

三、主要财务数据

（一）业务收入。2020 年，业务收入 52030.14 万元，同比增长 12.82%。存款利息 18791.82 万元，委托贷款利息 33089.53 万元，国债利息 0 万元，其他 148.79 万元。

（二）业务支出。2020 年，业务支出 24109.12 万元，同比增长 5.72%。支付职工住房公积金利息 22932.85 万元，归集手续费 0 万元，委托贷款手续费 1150.11 万元，其他 26.16 万元。

（三）**增值收益**。2020 年，增值收益 27921.02 万元，同比增长 19.76%。增值收益率 1.85%，比上年增加 0.12 个百分点。

（四）**增值收益分配**。2020 年，提取贷款风险准备金 2158.31 万元；提取管理费用 2764 万元，提取城市廉租住房（公共租赁住房）建设补充资金 22998.71 万元。

2020 年，上交财政管理费用 307.38 万元。上缴财政城市廉租住房（公共租赁住房）建设补充资金 1944.15 万元。

2020 年末，贷款风险准备金余额 14766 万元。累计提取城市廉租住房（公共租赁住房）建设补充资金 112866.47 万元。

（五）**管理费用支出**。2020 年，管理费用支出 3331.86 万元，同比下降 39.01%。其中，人员经费 2081.91 万元，公用经费 669.6 万元，专项经费 580.35 万元。

四、资产风险状况

（一）**个人住房贷款**。2020 年末，个人住房贷款逾期额 112 万元，逾期率 0.104‰。个人贷款风险准备金余额 14766 万元。2020 年，使用个人贷款风险准备金核销呆坏账 0 万元。

（二）**无支持保障性住房建设试点项目贷款**。

五、社会经济效益

（一）**缴存业务**。缴存职工中，国家机关和事业单位占 38.33%，国有企业占 15.21%，城镇集体企业占 0.99%，外商投资企业占 9.68%，城镇私营企业及其他城镇企业占 25.66%，民办非企业单位和社会团体占 2.35%，灵活就业人员占 0.03%，其他占 7.75%；中、低收入占 98.49%，高收入占 1.51%。

新开户职工中，国家机关和事业单位占 11.67%，国有企业占 6.51%，城镇集体企业占 0.83%，外商投资企业占 13.58%，城镇私营企业及其他城镇企业占 48.54%，民办非企业单位和社会团体占 6.89%，灵活就业人员占 0.07%，其他占 11.91%；中、低收入占 99.79%，高收入占 0.21%。

（二）**提取业务**。提取金额中，购买、建造、翻建、大修自住住房占 15.14%，偿还购房贷款本息占 53.86%，租赁住房占 9.51%，支持老旧小区改造占 0%，离休和退休提取占 12.80%，完全丧失劳动能力并与单位终止劳动关系提取占 5.7%，出境定居占 0.04%，其他占 2.95%。提取职工中，中、低收入占 98.04%，高收入占 1.96%。

（三）**贷款业务**。

1. 个人住房贷款。2020 年，支持职工购建房 426470.39 平方米（含公转商贴息贷款），年末个人住房贷款市场占有率（含公转商贴息贷款）为 3.09%，比上年末增加 0.3 个百分点。通过申请住房公积金个人住房贷款，可节约职工购房利息支出 49893.92 万元。

职工贷款笔数中，购房建筑面积 90（含）平方米以下占 46.97%，90～144（含）平方米占 50.6%，144 平方米以上占 2.43%。购买新房占 45.18%（其中购买保障性住房占 0.02%），购买二手房占 54.82%，建造、翻建、大修自住住房占 0%（其中支持老旧小区改造占 0%），其他占 0%。

职工贷款笔数中，单缴存职工申请贷款占 34.6%，双缴存职工申请贷款占 65.4%，三人及以上缴存职工共同申请贷款占 0%。

贷款职工中，30岁（含）以下占33.04%，30岁~40岁（含）占48.24%，40岁~50岁（含）占16.52%，50岁以上占2.2%；首次申请贷款占94.99%，二次及以上申请贷款占5.01%；中、低收入占98.82%，高收入占1.18%。

2. 无支持保障性住房建设试点项目贷款。

（四）住房贡献率。 2020年，个人住房贷款发放额、公转商贴息贷款发放额、项目贷款发放额、住房消费提取额的总和与当年缴存额的比率为97.52%，比上年减少2.64个百分点。

六、其他重要事项

（一）应对新冠肺炎疫情采取的措施，落实住房公积金阶段性支持政策情况和政策实施成效。

廊坊市

2020年2月，为纾解企业困难，减轻企业负担，有序推进企业复工复产，做好疫情期间住房公积金管理与服务工作，支持受疫情影响的困难企业缓缴2020年2月至6月期间的住房公积金。

2020年3月9日市住房公积金管理中心、市财政局、中国人民银行廊坊市中心支行联合印发了《关于妥善应对新冠肺炎疫情实施住房公积金阶段性支持政策的通知》（廊金管〔2020〕2号）。市住房公积金管理中心印发《应对新型冠状病毒感染的肺炎疫情做好住房公积金管理服务工作有关措施的通告》《廊坊市受新冠肺炎疫情影响的职工申请住房公积金贷款不作逾期处理办理指南》和《落实〈关于妥善应对新冠肺炎疫情实施住房公积金阶段性支持政策的通知〉实施细则》（廊金管字〔2020〕6号），及时出台实施阶段性支持政策具体办法，支持企业复工复产，维护缴存职工合法权益，确保政策平稳顺利实施。2020年，共为26个受疫情影响的企业缓缴住房公积金1076.28万元。

管道局

应对新冠肺炎疫情，出台《关于妥善应对新冠肺炎疫情实施住房公积金阶段性支持政策的通知》（管金〔2020〕2号）文件，同时对业务系统进行了同步调整，对后台数据进行了核对，确保政策落实到位，职工权益不受影响。

阶段性支持政策执行期间，各缴存单位正常缴存住房公积金，贷款职工按时还贷，租房提取金额和频次满足租房职工支付房租需求。

（二）当年机构及职能调整情况、受委托办理缴存贷款业务金融机构变更情况。 受委托办理住房公积金缴存贷款业务的银行6家，比上年增加中国邮政储蓄银行股份有限公司。

（三）当年住房公积金政策调整及执行情况，包括当年缴存基数限额及确定方法、缴存比例等缴存政策调整情况；当年提取政策调整情况；当年个人住房贷款最高贷款额度、贷款条件等贷款政策调整情况；当年住房公积金存贷款利率执行标准等。

廊坊市

1. 归集缴存政策调整及执行情况。

2020年6月23日印发了《关于调整2020年度住房公积金缴存基数的通知》，调整了缴存基数上限和下限。即：2020年7月至2021年6月住房公积金基数上限为22713元（即廊坊市2019年度城镇非私营单位就业人员月平均工资的3倍），缴存基数下限为1680元（即廊坊市2019年度最低工资标准）。缴存基数确定：职工住房公积金的缴存基数是职工本人上一年度月平均工资总额。新录用或新调入职工住房公积金的缴存基数为职工本人当月工资总额。

单位可在5%至12%的区间内自主确定单位和个人住房公积金缴存比例，同一单位职工的缴存比例应当一致，单位缴存比例和职工个人缴存比例宜一致。

2020年4月29日出台了《廊坊市住房公积金管理中心关于在全市范围内开展通缴通取业务的通知》（廊金管字〔2020〕11号），明确缴存单位和缴存职工可按照就近、便利原则，在全市范围内任一住房公积金业务大厅（或管理部）办理住房公积金缴存、提取业务，进一步提升公积金服务水平。

2. 贷款政策调整。2020年度，个人住房贷款最高贷款额度60万元。2020年12月11日，"中心"印发《关于转发〈河北省住房和城乡建设厅关于进一步做好住房公积金异地个人住房贷款工作的通知〉的通知》。自2020年12月15日起，在全市全面开展住房公积金异地个人住房贷款业务。职工在就业地缴存住房公积金、在户籍所在地购买自住住房的，可持就业地住房公积金管理中心出具的缴存证明，向户籍所在地住房公积金管理中心申请办理住房公积金个人住房贷款。

3. 当年住房公积金存贷款利率执行标准。2020年住房公积金存贷利率无调整。公积金存款利率统一按一年期定期存款基准利率1.5%执行。公积金贷款利率，五年以上年利率为3.25%，五年及以下年利率为2.75%。

管道局

执行管道局总部中油工程所在地北京市缴存基数，缴存上限按照社平工资三倍计算为27786元，缴存下限按照社会平均工资60%计算为5558元。同一缴存单位职工个人缴存比例调整一致。

（四）当年服务改进情况，包括推进住房公积金服务"跨省通办"工作情况，服务网点、服务设施、服务手段、综合服务平台建设和其他网络载体建设服务情况等。

廊坊市

1. 2020年9月完成"冀时办App"版本升级并拓展了业务服务事项。
2. 2020年10月与省数据互联共享平台对接。
3. 2020年11月启动自助服务终端的建设。
4. 2020年12月"跨省通办"业务完成了专办窗口的建立，综合联系人的确认及跨省业务的试运行工作。

管道局

按时完成了住房公积金监管服务平台建设工作，提高数据关联和融合利用能力，积极推进住房公积金服务"跨省通办"。

（五）当年信息化建设情况，包括信息系统升级改造情况，基础数据标准贯彻落实和结算应用系统接入情况等。

廊坊市

1. 2020年9月完成了省高级人民法院与公积金的网络执行查控功能的接口对接工作。
2. 2020年10月完成自由职业者缴存功能的开发及上线。
3. 2020年12月筹备建设异地灾备项目。

管道局

对住房公积金业务管理系统数据库及服务器中间件进行了版本升级。

(六)当年住房公积金管理中心及职工所获荣誉情况,包括:文明单位(行业、窗口)、青年文明号、工人先锋号、五一劳动奖章(劳动模范)、三八红旗手(巾帼文明岗)、先进集体和个人等。

集体:荣获廊坊市级文明单位、市直信息工作先进单位、市直网民留言办理工作优胜单位、廊坊市党委党报党刊发行工作先进单位、廊坊市广阳区抗疫先锋。

个人:甄广志同志被评为廊坊市争创全国文明城市突出贡献个人。刘涛、郭精彩、林颖、翟文庆、张恕珩、杨威六位同志被评为争创全国文明城市模范市民。

衡水市住房公积金 2020 年年度报告

根据国务院《住房公积金管理条例》和住房和城乡建设部、财政部、人民银行《关于健全住房公积金信息披露制度的通知》(建金〔2015〕26 号)文件规定,经市住房公积金管理委员会审议通过,现将衡水市住房公积金 2020 年年度报告公布如下。

一、机构概况

(一)住房公积金管理委员会。 住房公积金管理委员会有 25 名委员,2020 年召开两次会议,审议通过的事项主要包括:

《衡水市住房公积金管理中心关于 2019 年度住房公积金归集使用计划执行情况及 2020 年度归集使用计划的报告》《衡水市 2019 年度住房公积金增值收益分配方案(草案)》《衡水市住房公积金 2019 年年度报告》《衡水市灵活就业人员缴存使用住房公积金管理暂行办法》。

(二)住房公积金管理中心。 住房公积金管理中心为衡水市政府不以营利为目的的自收自支事业单位,设 7 个科(室),12 个管理部。从业人员 109 人,其中,在编 101 人,非在编 8 人。

二、业务运行情况

(一)缴存。 2020 年,新开户单位 495 家,净增单位 330 家;新开户职工 2.26 万人,净增职工 1.53 万人;实缴单位 3866 家,实缴职工 21.89 万人,缴存额 24.87 亿元,同比分别增长 6.06%、6.26%、10.68%。2020 年末,缴存总额 179.15 亿元,比上年末增长 16.12%;缴存余额 92.60 亿元,同比增长 15.05%。受委托办理住房公积金缴存业务的银行 11 家。

(二)提取。 2020 年,3.81 万名缴存职工提取住房公积金;提取额 12.76 亿元,同比增长 4.76%;提取额占当年缴存额的 51.31%,比上年减少 2.90 个百分点。2020 年末,提取总额 86.56 亿元,比上年末增长 17.31%。

(三)贷款。

1. 个人住房贷款。单缴存职工个人住房贷款最高额度 40 万元,双缴存职工个人住房贷款最高额度 60 万元。

2020 年,发放个人住房贷款 0.39 万笔、14.88 亿元,同比分别下降 11.02%、3.94%。

2020年,回收个人住房贷款10.33亿元。

2020年末,累计发放个人住房贷款5.87万笔、125.80亿元,贷款余额67.58亿元,分别比上年末增长7.14%、13.42%、7.22%。个人住房贷款余额占缴存余额的72.98%,比上年减少5.31个百分点。受委托办理住房公积金个人住房贷款业务的银行9家。

2. 异地贷款。2020年,发放异地贷款2笔、56万元。2020年末,发放异地贷款总额51407.24万元,异地贷款余额35733.02万元。

(四)**资金存储**。2020年末,住房公积金存款25.70亿元。其中,活期0.03亿元,1年(含)以下定期21.45亿元,1年以上定期3.25亿元,其他(协定、通知存款等)0.97亿元。

(五)**资金运用率**。2020年末,住房公积金个人住房贷款余额、项目贷款余额和购买国债余额的总和占缴存余额的72.98%,比上年减少5.31个百分点。

三、主要财务数据

(一)**业务收入**。2020年,业务收入27309.71万元,同比增长17.25%。其中,存款利息6252.50万元,委托贷款利息21052.26万元,国债利息0万元,其他4.95万元。

(二)**业务支出**。2020年,业务支出14102.74万元,同比增长19.96%。其中,支付职工住房公积金利息13043.22万元,归集手续费0万元,委托贷款手续费1059.29万元,其他0.23万元。

(三)**增值收益**。2020年,增值收益13206.97万元,同比增长14.49%。增值收益率1.53%,比上年减少0.01个百分点。

(四)**增值收益分配**。2020年,提取贷款风险准备金455.00万元,提取管理费用4001.60万元,提取城市廉租住房(公共租赁住房)建设补充资金8750.37万元。

2020年,上交财政管理费用4104.13万元。上缴财政城市廉租住房(公共租赁住房)建设补充资金6819.45万元。

2020年末,贷款风险准备金余额6759.00万元。累计提取城市廉租住房(公共租赁住房)建设补充资金46396.65万元。

(五)**管理费用支出**。2020年,管理费用支出3735.27万元,同比增长34.91%。其中,人员经费1999.03万元,公用经费140.76万元,专项经费1595.48万元。

四、资产风险状况

个人住房贷款。2020年末,个人住房贷款逾期额180.32万元,逾期率0.27‰。个人贷款风险准备金余额6759.00万元。2020年,使用个人贷款风险准备金核销呆坏账0万元。

五、社会经济效益

(一)**缴存业务**。缴存职工中,国家机关和事业单位占53.27%,国有企业占12.90%,城镇集体企业占0.02%,外商投资企业占0%,城镇私营企业及其他城镇企业占4.12%,民办非企业单位和社会团体占22.99%,灵活就业人员占0.68%,其他占6.02%;中、低收入占98.87%,高收入占1.13%。

新开户职工中,国家机关和事业单位占27.57%,国有企业占4.17%,城镇集体企业占0%,外商投资企业占 0%，城镇私营企业及其他城镇企业占 1.30%，民办非企业单位和社会团体占 55.77%，灵活就业人员占 2.03%，其他占 9.16%；中、低收入占 99.81%，高收入占 0.19%。

（二）提取业务。提取金额中，购买、建造、翻建、大修自住住房占 10.16%，偿还购房贷款本息占 53%，租赁住房占 1.33%，支持老旧小区改造占 0%，离休和退休提取占 23.39%，完全丧失劳动能力并与单位终止劳动关系提取占 1.95%，出境定居占 0.84%，其他占 9.33%。提取职工中，中、低收入占 100%，高收入占 0%。

（三）贷款业务。

个人住房贷款。2020 年，支持职工购建房 45.03 万平方米（含公转商贴息贷款），年末个人住房贷款市场占有率（含公转商贴息贷款）为 11.25%，比上年末减少 1.14 个百分点。通过申请住房公积金个人住房贷款，可节约职工购房利息支出 27110.31 万元。

职工贷款笔数中，购房建筑面积 90（含）平方米以下占 11.16%，90～144（含）平方米占 85.11%，144 平方米以上占 3.73%。购买新房占 87.46%（其中购买保障性住房占 0.03%），购买二手房占 12.54%，建造、翻建、大修自住住房占 0%（其中支持老旧小区改造占 0%），其他占 0%。

职工贷款笔数中，单缴存职工申请贷款占 12.69%，双缴存职工申请贷款占 87.31%，三人及以上缴存职工共同申请贷款占 0%。

贷款职工中，30 岁（含）以下占 16.39%，30 岁～40 岁（含）占 46.07%，40 岁～50 岁（含）占 30.57%，50 岁以上占 6.97%；首次申请贷款占 88.38%，二次及以上申请贷款占 11.62%；中、低收入占 99.08%，高收入占 0.92%。

（四）住房贡献率。2020 年，个人住房贷款发放额、公转商贴息贷款发放额、项目贷款发放额、住房消费提取额的总和与当年缴存额的比率为 93.16%，比上年减少 12.98 个百分点。

六、其他重要事项

（一）应对新冠肺炎疫情采取的措施，落实住房公积金阶段性支持政策情况和政策实施成效。住房和城乡建设部、财政部、人民银行《关于妥善应对新冠肺炎疫情实施住房公积金阶段性支持政策的通知》（建金〔2020〕23 号）下发后，我"中心"立即进行了研究部署，并于 2020 年 2 月 27 日印发了《关于妥善应对新冠肺炎疫情实施住房公积金阶段性支持政策的通知》（衡房金管通字〔2020〕4 号）。明确规定，对受新冠肺炎疫情影响的企业，可申请在 2020 年 6 月 30 日前缓缴住房公积金，缓缴期间缴存时间可连续计算，不影响职工正常提取和申请住房公积金贷款。同时明确，6 月 30 日以后，缓缴企业要及时补缴缓缴的住房公积金。对因感染新冠肺炎住院治疗或隔离人员、参与新冠肺炎治疗的一线医务人员，因疫情影响 2020 年 6 月 30 日前不能正常偿还住房公积金贷款的，可向该笔贷款发放管理部提出申请，计收的罚息作退回处理，且不作为逾期记录报送征信部门。

衡水市执行住房公积金阶段性缓缴政策以来，有 15 家企业受疫情影响办理了阶段性缓缴业务。截至 2020 年 12 月底，上述 15 家单位已补缴全部申请缓缴的住房公积金。其中，9 家已正常缴纳 12 月份住房公积金，5 家已缴纳 11 月份住房公积金，1 家已缴纳 10 月份住房公积金，该单位表示，单位核算完成后马上为职工缴纳住房公积金。累计缴存金额 1268.50 万元。

受疫情影响，我市仅有 1 名职工受疫情影响贷款未正常还款，申请了不作逾期处理。该笔逾期已于

2020 年 4 月 9 日偿还，目前还款情况正常。

（二）当年机构及职能调整情况、受委托办理缴存贷款业务金融机构变更情况。2020 年，受委托办理住房公积金个人住房贷款业务的银行减少了河北银行股份有限公司。

（三）当年住房公积金政策调整及执行情况，包括当年缴存基数限额及确定方法、缴存比例等缴存政策调整情况；当年提取政策调整情况；当年个人住房贷款最高贷款额度、贷款条件等贷款政策调整情况；当年住房公积金存贷款利率执行标准等；支持老旧小区改造政策落实情况。

1. 缴存基数限额及确定方法执行情况。

自 2020 年 7 月 1 日起，全市住房公积金缴存基数由 2018 年职工个人月均工资总额，调整为 2019 年职工个人月均工资总额。住房公积金缴存基数最高不得超过 16149 元，最低不得低于 1580 元。灵活就业人员住房公积金缴存基数执行 5383 元标准。

2. 个人住房贷款最高贷款额度、贷款条件等贷款政策调整情况。

将贷款额度计算公式"贷款额度＝（借款人缴存住房公积金的工资基数＋配偶缴存住房公积金的工资基数）×45％×贷款总月数"调整为"月还款额不超过借款人及配偶住房公积金缴存基数之和的 50％"。

在最高限额（夫妻 60 万元，单身 40 万元）的基础上，将使用住房公积金贷款购买二星级以上新建绿色建筑自住住房、新建全装修自住住房或者达到二星级及以上绿色建筑标准的新建被动式超低能耗自住住宅的贷款额度上浮 10％，其他贷款条件不变。

自 2020 年 12 月 15 日起，全面开展住房公积金异地个人住房贷款业务。

3. 住房公积金贷款利率执行标准。

全国住房公积金贷款利率按照中国人民银行公布的利率标准执行，最新住房公积金贷款利率标准为：5 年以上公积金贷款利率为年利率 3.25％；5 年及以下公积金贷款利率为年利率 2.75％。

将第二套个人住房公积金贷款利率上浮 10％。

4. 2020 年，我市未发生支持老旧小区改造提取业务。

（四）当年服务改进情况，包括服务网点、服务设施、服务手段、综合服务平台建设和其他网络载体建设服务情况等。上线了网厅、手机 App、微信公众号等服务渠道，新增缴存、提取、查询等功能。实现了衡水市域内的通缴通取。

（五）当年信息化建设情况，包括信息系统升级改造情况、基础数据标准贯彻落实和结算应用系统接入情况等。2020 年完成了业务系统硬件设备的更新；起动了业务系统等保三级的认证工作，预计在 2021 年内完成。

（六）当年住房公积金管理中心及职工所获荣誉情况，包括：文明单位（行业、窗口）、青年文明号、工人先锋号、五一劳动奖章（劳动模范）、三八红旗手（巾帼文明岗）、先进集体和个人等。刘楠同志获得市直新时代优秀共产党员称号。

（七）其他需要披露的情况。关于报告中"三、主要财务数据（四）增值收益分配：上缴财政城市廉租住房（公共租赁住房）建设补充资金 6819.45 万元。"的说明：2019 年度实现的住房公积金增值收益 11535.58 扣除住房公积金贷款风险准备金 612 万元和 2020 年度住房公积金管理费用 4104.13 万元及以前年度多缴增值收益 33.43 万元后，剩余资金 6786.02 万元为 2020 年实际上缴城市廉租住房（公共租赁住房）建设补充资金。

2020 全国住房公积金年度报告汇编

山西省

太原
大同市
阳泉市
长治市
晋城市
朔州市
晋中市
运城市
忻州市
临汾市
吕梁市
山西省省级机关住房资金管理中心

山西省住房公积金 2020 年年度报告

根据国务院《住房公积金管理条例》和住房和城乡建设部、财政部、人民银行《关于健全住房公积金信息披露制度的通知》（建金〔2015〕26 号）规定，现将我省住房公积金 2020 年年度报告汇总公布如下。

一、机构概况

（一）住房公积金管理机构。全省共设 11 个设区城市住房公积金管理中心，2 个独立设置的分中心（省直分中心、焦煤分中心，均隶属于太原市）。从业人员 2148 人，其中，在编 1335 人，非在编 813 人。

（二）住房公积金监管机构。省住房城乡建设厅、财政厅和人民银行太原中心支行负责对本省住房公积金管理运行情况进行监督。省住房城乡建设厅设立住房公积金监管处，负责辖区住房公积金日常监管工作。

二、业务运行情况

（一）缴存。2020 年，新开户单位 6049 家，净增单位 1408 家；新开户职工 28.9 万人，净增职工 9.39 万人；实缴单位 49435 家，实缴职工 343.18 万人，缴存额 445.78 亿元，分别同比增长 2.93%、2.81%、8.14%。2020 年末，缴存总额 3606.48 亿元，比上年末增加 14.1%；缴存余额 1462.66 亿元，同比增长 15.29%。

（二）提取。2020 年，98.5 万名缴存职工提取住房公积金；提取额 251.83 亿元，同比增长 8.55%；提取额占当年缴存额的 56.49%，比上年增加 0.21 个百分点。2020 年末，提取总额 2143.83 亿元，比上年末增加 13.31%。

（三）贷款。

1. 个人住房贷款。2020 年，发放个人住房贷款 6.75 万笔、296.04 亿元，同比增长 7.14%、9.13%。回收个人住房贷款 113.77 亿元。

2020 年末，累计发放个人住房贷款 67.42 万笔、1755.65 亿元，贷款余额 1138.9 亿元，分别比上年末增加 11.11%、20.28%、19.05%。个人住房贷款余额占缴存余额的 77.86%，比上年末增加 2.46 个百分点。

2020 年，支持职工购建房 813.9 万平方米。年末个人住房贷款市场占有率为 25.68%，比上年末减少 1.05 个百分点。通过申请住房公积金个人住房贷款，可节约职工购房利息支出 766567.01 万元。

2. 异地贷款。2020 年，发放异地贷款 13705 笔、584942.17 万元。2020 年末，发放异地贷款总额 1665368.05 万元，异地贷款余额 1459261.69 万元。

（四）购买国债。2020 年末，国债余额 0.19 亿元。

（五）融资。2020 年，融资 41.2 亿元，归还 25 亿元。2020 年末，融资总额 58.2 亿元，融资余额 33.2 亿元。

（六）资金存储。2020 年末，住房公积金存款 382.7 亿元。其中，活期 0.55 亿元，1 年（含）以下定期 37.64 亿元，1 年以上定期 315.49 亿元，其他（协定、通知存款等）29.02 亿元。

（七）资金运用率。 2020 年末，住房公积金个人住房贷款余额、购买国债余额的总和占缴存余额的 77.88%，比上年末增加 2.42 个百分点。

三、主要财务数据

（一）业务收入。 2020 年，业务收入 490180.32 万元，同比增长 16.7%。其中，存款利息 156418.94 万元，委托贷款利息 332732.57 万元，其他 1028.81 万元。

（二）业务支出。 2020 年，业务支出 234853.85 万元，同比增长 20.54%。其中，支付职工住房公积金利息 207258.97 万元，委托贷款手续费 15350.63 万元，其他 12244.25 万元。

（三）增值收益。 2020 年，增值收益 255326.47 万元，同比增长 13.39%；增值收益率 1.87%，比上年减少 0.05 个百分点。

（四）增值收益分配。 2020 年，提取贷款风险准备金 73742.71 万元，提取管理费用 33728.15 万元，提取城市廉租住房（公共租赁住房）建设补充资金 147855.61 万元。

2020 年，上交财政管理费用 27893.12 万元，上缴财政城市廉租住房（公共租赁住房）建设补充资金 168742.46 万元。

2020 年末，贷款风险准备金余额 393091.05 万元，累计提取城市廉租住房（公共租赁住房）建设补充资金 1107896.02 万元。

（五）管理费用支出。 2020 年，管理费用支出 31187.68 万元，同比增长 8.55%。其中，人员经费 18337.86 万元，公用经费 2813.88 万元，专项经费 10035.94 万元。

四、资产风险状况

（一）个人住房贷款。 2020 年末，个人住房贷款逾期额 13479.46 万元，逾期率 1.2‰，个人贷款风险准备金余额 392730.85 万元。2020 年，使用个人贷款风险准备金核销呆坏账 0 万元。

（二）项目贷款。 2020 年，项目贷款风险准备金余额 360.20 万元。

五、社会经济效益

（一）缴存业务。 缴存职工中，国家机关和事业单位占 37.43%，国有企业占 41.55%，城镇集体企业占 2.01%，外商投资企业占 3.14%，城镇私营企业及其他城镇企业占 11.6%，民办非企业单位和社会团体占 0.97%，灵活就业人员占 0.93%，其他占 2.37%；中、低收入占 99.01%，高收入占 0.99%。

新开户职工中，国家机关和事业单位占 19.4%，国有企业占 24.18%，城镇集体企业占 1.94%，外商投资企业占 7.01%，城镇私营企业及其他城镇企业占 35.08%，民办非企业单位和社会团体占 3.3%，灵活就业人员占 4.64%，其他占 4.45%；中、低收入占 99.81%，高收入占 0.19%。

（二）提取业务。 提取金额中，购买、建造、翻建、大修自住住房 23.16%，偿还购房贷款本息占 29.94%，租赁住房占 19.77%；离休和退休提取占 21.37%，完全丧失劳动能力并与单位终止劳动关系提取占 2.28%，其他占 3.48%。提取职工中，中、低收入占 98.3%，高收入占 1.7%。

（三）贷款业务。

个人住房贷款。职工贷款笔数中，购房建筑面积 90（含）平方米以下占 12.4%，90～144（含）平方米占 74.96%，144 平方米以上占 12.64%。购买新房占 87.22%（其中购买保障性住房占 0.33%），购买二手房占 12.11%，建造、翻建、大修自住住房占 0.07%，其他占 0.6%。

职工贷款笔数中，单缴存职工申请贷款占 42.86%，双缴存职工申请贷款占 56.9%，三人及以上缴存职工共同申请贷款占 0.24%。

贷款职工中，30 岁（含）以下占 24.78%，30 岁～40 岁（含）占 45.73%，40 岁～50 岁（含）占 19.78%，50 岁以上占 9.71%；首次申请贷款占 81.89%，二次及以上申请贷款占 18.11%；中、低收入占 98.68%，高收入占 1.32%。

（四）住房贡献率。2020 年，个人住房贷款发放额、住房消费提取额的和与当年缴存额的比率为 107.6%，比上年减少 0.91 个百分点。

六、其他重要事项

（一）全面落实住房公积金阶段性支持政策。为落实好住房和城乡建设部、财政部、人民银行联合印发的《关于妥善应对新冠肺炎疫情实施住房公积金阶段性支持政策的通知》和省政府办公厅印发的《关于印发加快促进服务业稳定增长若干措施的通知》文件精神，纾解企业困难，各市出台相关措施，支持受疫情影响企业，申请缓缴住房公积金，缓缴期间视为正常缴存，合并计算缴存时间，不影响缴存职工公积金的正常使用，因疫情影响不能正常还款的，不作逾期处理，不计罚息。政策执行以来，全省累计受理审批缓缴企业 1682 个，涉及缴存职工 214573 人，累计缓缴金额达 95701.5 万元（含单位部分和职工部分）。因受疫情影响无法正常还款且不作逾期处理贷款 8271 笔，涉及应还未还本金额 2566.4 万元。为我省企业的复工复产起到了积极的支持作用。

（二）当年住房公积金政策调整及执行情况。根据审计署《审计报告》指出的问题，下发《关于审计整改中几个问题的整改要求》，停止各市自行出台的《住房公积金管理条例》规定的提取条件以外的重大疾病、装修、物业费、自然灾害或突发事件、子女考取学校等提取政策；各市结合实际调整了公积金贷款中房屋套数认定标准；各市出台灵活就业人员缴存和使用住房公积金实施办法，将个体工商户、自由职业者纳入住房公积金缴存范围。

支持城镇老旧小区居民提取住房公积金，用于加装电梯等自住住房改造，既有住宅所有权人出资为住宅加装电梯，本人承担部分可以申请提取住房公积金。

（三）当年廉租住房补贴资金计提情况。按照新发布的《住房公积金资金管理业务标准》JGJ/T 474—2019，对上年未分配的增值收益进行了二次分配，计提城市廉租住房（公共租赁住房）建设补充资金 11.22 亿元，2020 年度全省共提取城市廉租住房（公共租赁住房）建设补充资金 26.01 亿元，对当地城市廉租住房（公共租赁住房）及人才公寓建设提供了强有力的财力支持。

（四）当年开展监督检查情况。围绕各市业务运行情况、年度目标考核任务、政策研究等，对全省 11 个市公积金中心进行了督导调研，推动年度目标任务的落实，对逾期率高和逾期额多的阳泉、太原、运城公积金中心，进行现场指导；对我省个贷率较低的吕梁、阳泉，进行督办。

根据国家审计署 2019 年住房公积金审计报告，认真落实省政府安排部署，制定整改方案，建立整改台账，组织召开了全省公积金审计整改推进会，每月定期研究各市整改工作中遇到的问题，动态跟踪各市审计整改进度。对审计提供的违法违规线索，严肃追责问责，确保全面落实审计整改。积极协调省直属机关事务管理局、焦煤集团加快推进分支机构属地化管理。截至目前,《审计报告》中涉及公积金的 18 个问题,已完成整改 16 个,追回违规提取公积金 1743 万元,追回骗取公积金贷款 3418 万元。

（五）当年服务改进情况。认真贯彻执行住房公积金归集、提取、贷款和资金管理业务标准,进一步优化住房公积金缴存、提取、贷款的业务流程,精简审批要件,积极与受托银行协商,解决公积金贷款中银行审批盖章时间长的问题,压缩办理时限。

积极探索公积金改革,通过阳泉市公积金中心跨区域发放公积金贷款和吕梁市公积金中心延伸服务窗口,为本市缴存职工在异地购房较为集中的太原、晋中市发放公积金贷款两项举措,统筹使用公积金,均衡提升全省住房公积金服务水平。

充分利用数据互联共享平台优势,协调相关部门,围绕实现企业和群众必须到现场办理的事项"只进一扇门""一个窗口""一次办成"目标,不断优化调整窗口设置,服务大厅设立"跨省通办"窗口,指定专人专岗办理跨省业务,寄送相关跨省资料,受理"跨省通办"业务,通过"代收代办""两地联办"服务,实现与省外住房公积金管理中心的高效协同。

利用"互联网+"持续提升服务效能,建立和完善住房公积金综合服务平台,通过业务属地住房公积金管理中心网上办事大厅、网络小程序、手机 App 等渠道全流程全环节网上办理,不受地域限制,方便快捷地办理住房公积金业务。

（六）当年信息化建设和改造情况。我省 11 个市全部列入全国住房公积金监管服务平台试点,针对试点风险指标,建立整改标准和程序,形成省市目标一致、上下贯通、运转高效的工作机制。全年下发了六期工单,监管平台累计风险问题数 55168 个,无需整改问题数 3652 个,已整改问题数 51035 个,正在处理中问题数 481 个,总体整改进度为 99.13%。进一步推进互联共享平台数据落地应用。"跨省通办"完成个人住房公积金缴存贷款等信息查询、出具贷款职工住房公积金缴存使用证明、正常退休提取住房公积金 3 项全程网办,公积金业务"全程网办"率再度提升。

（七）当年住房公积金机构及从业人员所获荣誉情况。2020 年,我省公积金行业深入开展精神文明创建活动,共获得地市级文明单位 6 个;省部级青年文明号 3 个;省部级三八红旗手 1 个,地市级三八红旗手 1 个;省部级先进集体和个人 15 个,地市级先进集体和个人 4 个。

太原住房公积金 2020 年年度报告

根据国务院《住房公积金管理条例》和住房和城乡建设部、财政部、人民银行《关于健全住房公积金信息披露制度的通知》（建金〔2015〕26 号）的规定,经太原住房公积金管理委员会审议通过,现将太原住房公积金 2020 年年度报告公布如下。

一、机构概况

（一）住房公积金管理委员会。太原住房公积金管理委员会有 29 名委员,2020 年 6 月 5 日召开了四届三次会议,审议通过的事项主要包括:《太原市住房公积金管理中心 2019 年工作情况和 2020 年工作要点报告》《2020 年度住房公积金归集、使用计划》《2019 年度住房公积金增值收益分配方案》《2020 年度办公经费预算》《太原市住房公积金 2019 年年度报告》。

（二）住房公积金管理中心。太原市住房公积金管理中心为隶属于太原市人民政府不以营利为目的的公益一类事业单位，下设铁路分中心、山西焦煤集团分中心（未移交）、省直机关分中心（未移交），机关党委和稽查队、12 个处室、12 个分理处。从业人员 331 人，其中，在编 220 人，非在编 111 人。

二、业务运行情况

（一）缴存。2020 年，新开户单位 2831 家，净增单位 224 家；新开户职工 12.33 万人，净增职工 5.59 万人；实缴单位 11557 家，实缴职工 96.15 万人，缴存额 151.89 亿元，分别同比增长 1.98%、6.17%、13.15%。2020 年末，缴存总额 1192.18 亿元，比上年末增加 14.60%；缴存余额 482.09 亿元，同比增长 13.52%。受委托办理住房公积金缴存业务的银行 3 家。

（二）提取。2020 年，31.74 万名缴存职工提取住房公积金，提取额 94.48 亿元，同比增长 16.17%；提取额占当年缴存额的 62.20%，比上年增加 1.61 个百分点。2020 年末，提取总额 710.09 亿元，比上年末增加 15.35%。

（三）贷款。

1. 个人住房贷款。单缴存职工个人住房贷款最高额度 50 万元，双缴存职工个人住房贷款最高额度 80 万元。

2020 年，发放个人住房贷款 2.40 万笔、116.55 亿元，分别同比增长 5.73%、3.02%。回收个人住房贷款 42.92 亿元。

2020 年末，累计发放个人住房贷款 18.36 万笔、671.41 亿元，贷款余额 471.94 亿元，分别比上年末增加 15.04%、21.01%、18.49%。个人住房贷款余额占缴存余额的 97.89%，比上年末增加 4.10 个百分点。受委托办理住房公积金个人住房贷款业务的银行 16 家。

2. 异地贷款。2020 年，发放异地贷款 5195 笔、26.84 亿元。2020 年末，发放异地贷款总额 56.95 亿元，异地贷款余额 51.40 亿元。

（四）资金存储。2020 年末，住房公积金存款 56.08 亿元（含融资 33.20 亿元）。其中，活期 0.07 亿元，1 年（含）以下定期 2.99 亿元，1 年以上定期 40.31 亿元，其他（协定、通知存款等）12.71 亿元。

（五）资金运用率。2020 年末，住房公积金个人住房贷款余额占缴存余额的 97.89%，比上年末增加 4.10 个百分点。

三、主要财务数据

（一）业务收入。2020 年，业务收入 163323.83 万元，同比增长 19.50%。其中，存款利息 24375.68 万元，委托贷款利息 138889.83 万元，其他 58.32 万元。

（二）业务支出。2020 年，业务支出 87090.23 万元，同比增长 23.53%。其中，支付职工住房公积金利息 69066.07 万元，委托贷款手续费 6944.49 万元，其他 11079.67 万元。

（三）增值收益。2020 年，增值收益 76233.60 万元，同比增长 15.21%。增值收益率 1.67%，比上年增加 0.01 个百分点。

（四）增值收益分配。 2020 年，提取贷款风险准备金 7362.70 万元，提取管理费用 7716.99 万元，提取城市廉租住房（公共租赁住房）建设补充资金 61153.91 万元。

2020 年，上交财政管理费用 7716.99 万元。上缴财政城市廉租住房（公共租赁住房）建设补充资金 20000.00 万元。

2020 年末，贷款风险准备金余额 47194.01 万元。累计提取城市廉租住房（公共租赁住房）建设补充资金 418033.95 万元。

（五）管理费用支出。 2020 年，管理费用支出 7365.83 万元，同比增长 3.75％。其中，人员经费 4303.10 万元，公用经费 359.43 万元，专项经费 2703.30 万元。

四、资产风险状况

个人住房贷款。2020 年末，个人住房贷款逾期额 8717.86 万元，逾期率 1.85‰，个人贷款风险准备金余额 47194.01 万元。2020 年，未使用个人贷款风险准备金核销呆坏账。

五、社会经济效益

（一）缴存业务。 缴存职工中，国家机关和事业单位占 20.39％，国有企业占 45.52％，城镇集体企业占 3.31％，外商投资企业占 6.90％，城镇私营企业及其他城镇企业占 18.28％，民办非企业单位和社会团体占 2.38％，灵活就业人员占 1.97％，其他占 1.25％。

新开户职工中，国家机关和事业单位占 10.67％，国有企业占 19.94％，城镇集体企业占 2.01％，外商投资企业占 12.96％，城镇私营企业及其他城镇企业占 41.44％，民办非企业单位和社会团体占 6.06％，灵活就业人员占 3.84％，其他占 3.08％。

（二）提取业务。 2020 年，支持职工购建房 78.54 万平方米，提取金额中，购买、建造、翻建、大修自住住房占 23.12％，偿还购房贷款本息占 37.54％，租赁住房占 15.23％，离休和退休提取占 20.56％，完全丧失劳动能力并与单位终止劳动关系提取占 2.97％，其他占 0.58％。

（三）贷款业务。

个人住房贷款。2020 年，支持职工购建房 281.16 万平方米，年末个人住房贷款市场占有率为 22.73％，比上年末增加 2.64 个百分点。通过申请住房公积金个人住房贷款，可节约职工购房利息支出 336198.44 万元。

职工贷款笔数中，购房建筑面积 90（含）平方米以下占 20.69％，90～144（含）平方米占 66.90％，144 平方米以上占 12.41％。购买新房占 86.73％，购买二手房占 13.27％。

职工贷款笔数中，单缴存职工申请贷款占 53.98％，双缴存职工申请贷款占 45.79％，三人及以上缴存职工共同申请贷款占 0.23％。

贷款职工中，30 岁（含）以下占 28.08％，30 岁～40 岁（含）占 41.57％，40 岁～50 岁（含）占 16.18％，50 岁以上占 14.17％；首次申请贷款占 72.60％，二次申请贷款占 27.40％。

（四）住房贡献率。 2020 年，个人住房贷款发放额、住房消费提取额的和与当年缴存额的比率为 123.96％，比上年减少 6.61 个百分点。

六、其他重要事项

(一) 应对新冠肺炎疫情采取的措施、落实住房公积金阶段性支持政策情况和政策实施成效

1. 联防联控，构筑疫情防控最坚实的防线。

一是通过门户网站、微信、大厅电子屏等方式广泛宣传防疫抗疫知识，助力防疫斗志，坚定抗疫信心；二是做好办公场所特别是 16 个业务大厅的消毒防护、人员监测、办公秩序管理；三是通过微信、"手机公积金" App 向缴存单位、职工定向发布阶段性政策文件，实现政策透明，人人知晓；四是强化 12329 热线服务，2～6 月期间累计受理市民咨询、投诉、建议等来电 21 万余个，及时回应了社会关切；五是广大党员冲锋在前、勇挑重担，4 名党员和 1 名积极分子第一时间加入全市抗击疫情突击队，下沉到万柏林、杏花岭等社区、企业一线开展防疫工作；134 名党员踊跃捐款 2.93 万元，以实际行动支持新冠肺炎疫情防控。

2. "智慧公积金"，实现便民服务"不断档"。

在全省率先推出"网上办、掌上办、不见面"线上业务办理模式，特别是在疫情防控的关键阶段，公积金线上业务正常办理，有效缓解了职工资金压力，发挥了公积金的民生保障作用。仅 1 月 24 日～3 月 22 日，通过网上业务大厅和"手机公积金" App，线上办理公积金缴存、提取、还贷等各类业务共计 11.64 万笔，金额 23.39 亿元，较上年同期增长 1.56 万笔、8.32 亿元，线上业务量占到全部业务量 97% 以上。

3. 精准施策，切实为企业和职工纾困解难。

一是出台了太原市阶段性住房公积金减负保障政策，期间，共有 731 个单位在线申报阶段性缓缴，涉及职工 9.40 万人，缓缴资金 3.83 亿元，切实帮助企业缓解了资金压力，积蓄了复工复产的动力。二是与太原市七部门共同下发了推进疫情期间房地产市场平稳健康发展的 15 条措施，简化房地产开发企业现金质押的解除条件，并推出了暂缓办理现金质押的措施。三是对受新冠疫情影响导致经营困难的餐饮住宿和文化旅游行业的正常缴存单位提供政策支持，截至 2020 年底，共有 7 个单位申请阶段性缓缴，涉及职工 266 人，缓缴金额 211.22 万元；1 个单位申请阶段性降低比例，涉及职工 116 人，减少单位资金缴存 1.13 万元。

(二) 当年住房公积金政策调整及执行情况

1. 调整 2020 年度住房公积金缴存基数和比例。

太原地区范围内的住房公积金缴存单位和灵活就业人员。缴存基数：按照太原市统计部门公布的 2019 年太原市城镇非私营单位就业人员平均工资 80060 元计算，2020 年度缴存基数上限为 20016 元；下限为太原市最低工资标准（小店区、迎泽区、杏花岭区、尖草坪区、万柏林区、晋源区、古交市 1700 元；清徐县 1600 元；阳曲县 1500 元；娄烦县 1400 元）。缴存比例：下限为 5%，上限为 12%，单位可在上下限区间内自主确定，单位和个人应当执行同一缴存比例。

生产经营困难企业，可以按照《太原市单位申请降低住房公积金缴存比例或者缓缴相关事项的规定》（并公积金〔2015〕19 号）申请降低缴存比例或者缓缴。

灵活就业人员应当按照《灵活就业人员住房公积金缴存和使用规定》（并公积金〔2016〕24 号）规定的标准执行。

2. 规范业务发展。

一是推行公积金行业标准，下发《关于使用身份证件号码作为住房公积金个人账号的通知》，全面规范个人账号识别，调整了购房提取识别标志，对5.7万余条零余额账户、一人多户、身份信息不完整数据进行了整改完善，全面提升了数据质量。

二是调整提取范围，出台《关于调整住房公积金提取范围的通知》（并公积金〔2020〕5号），取消了支付物业费、住房面积每平方米1000元装修费用和单位发生撤销、解散、破产情形的住房公积金提取；职工购买、建造、翻建、大修自住住房的可提取金额不大于实际支付的购房款。

三是明确了购房套数认定标准，出台《关于明确购房套数认定标准的通知》（并公积金〔2020〕6号），进一步明确了申请贷款职工购房套数认定标准为购房家庭成员名下实际拥有的成套住房数量及成套住房贷款次数，对二套房贷款利率实行首套房贷款利率的1.1倍，停止向购买第三套及以上住房的职工受理和发放住房公积金贷款。

3. 简化业务办理材料。

对柜台提取业务申请材料，取消了申请租赁商品住房提取的"政府房产主管部门出具的距申请日12个月内的申请人及配偶名下无房产的证明（古交市、娄烦县、阳曲县除外）"和解除劳动关系提取的"解除（终止）劳动关系协议"。

借款职工在办理商品房贷款及个人住房组合贷款报备材料中，不再需要借款职工提供预（销）售许可证复印件。

对租赁商品房提取的"无房证明"、申请公积金贷款的"房产证明"和省外缴存职工办理贷款的"异地公积金缴存使用情况证明"三项证明事项施行告知承诺制，用承诺代替证明，让信用代替跑腿，最大限度地为缴存职工节约办事时间成本。

4. 化解担保难题。

出台了《关于办理变更担保方式相关工作的通知》（并公积金〔2020〕6号），为借款人在贷款期间因保证人不能履行担保义务或发生房屋拆迁等情况提出变更担保方式提供了便利。

5. 全力清收逾期贷款。

2020年下半年，中心实施了"强化风控、降低风险"百日行动方案，行动实施以来，收回5期以内的逾期贷款1087笔、525.01万元，6期及以上的逾期贷款229笔、10391万元，逾期率由疫情期间的4.31‰下降到1.85‰。

（三）当年服务改进情况

1. 积极推进"跨省通办"工作。

根据部、省关于2020年工作的要求，我中心已经在16个分理处/管理部设置了"跨省通办"窗口，指定了"跨省通办"业务联系人，在全国住房公积金监管平台开设了业务权限；住房公积金缴存信息查询、正常退休提取住房公积金、出具贷款职工住房公积金缴存使用证明、提前结清贷款等业务已经实现全程网办。

2. 构建住房公积金政务服务"好差评"评价体系。

2020年中心全面落实"服务绩效由企业和群众来评判"工作要求，以缴存单位和缴存职工办理住房公积金业务事项的便利度、快捷度、满意度为衡量标准，构建中心住房公积金政务服务"好差评"评价体系,形成缴存单位和缴存职工积极参与、社会各界广泛评价、住房公积金服务及时改进的良性互动局面,促进中心政务服务质量有效提升。

3. 全面推进综合服务平台的运用。

经过近几年的建设,中心综合服务平台功能不断完善,使用效率不断提升,为数字治理下的"放管服"改革提供了被行业认可的"太原经验"。截至2020年底,中心住房公积金综合服务平台注册人数89.01万人,线上办理公积金业务207.34万笔、金额335.94亿元,线上办理笔数占到业务总笔数94%以上,真正做到线上业务办理"不断档",服务缴存职工"不打烊"。

4. 持续推进组合贷业务大厅建设。

在建成二手房交易、公积金贷款服务大厅和推出交行、建行两个组合贷服务大厅基础上,2020年,中心持续推进组合贷大厅建设,先后考察推进了5家银行。截至2020年底,浦发银行、邮储银行和兴业银行服务大厅前期准备工作已经完成。2021年3月10日,邮储大厅已启动运行,极大方便了职工个贷业务"就近办、一次办"。

5. 降低职工贷款办理成本。

协调市财政部门拨出专项费用由中心支付抵押登记费,降低了缴存职工办理贷款成本。2020年,中心共为5050个贷款家庭支付抵押登记费44万元。

(四)当年信息化建设情况

1. 融入山西住房公积金数据共享平台,推进数据的共享应用。

2020年中心实现了对全省不动产登记、不动产税务、婚姻登记等数据的共享,并实时应用到省内跨地市购房提取业务办理中,有效解决了异地购房信息缺失,核查周期较长的问题。自2019年7月平台上线至2020年年底,中心通过全省住房公积金数据互联共享平台,共发起数据查询197811次,有效地促进了数据的共享运用。

2. 拓展网上业务大厅功能,单位缴存住房公积金实现"云缴费"支付。

为推进住房公积金单位业务和资金缴款一体化办理模式的进一步完善,2020年中心与光大银行合作,将"云缴费"网络缴款平台与中心网厅对接,实现了单位汇补缴业务线上缴款。

(五)当年住房公积金管理中心所获荣誉情况

1. 被山西省人力资源和社会保障厅、山西省住房和城乡建设厅授予2020年度山西省住建系统"先进集体"的荣誉称号。

2. 被山西省住房和城乡建设厅授予2019年度"住房公积金管理工作优秀单位"的荣誉称号。

3. 被太原市委、市政府命名为"太原市文明单位标兵"。

4. 被太原市委、市政府、太原警备区授予"太原市双拥模范单位"。

5. 中心机关团总支被共青团太原市委授予"2019年度全市共青团工作考核先进集体"。

(六)积极通过法律途径维护资金安全

1. 深化扫黑除恶,依法打击各类违法违规行为。

2020年中心追回利用虚假资料骗提的住房公积金57笔,涉及金额246.41万元;向辖区公安机关移交利用虚假资料骗提的住房公积金线索9条,线索移交后,被万柏林区人民法院判处有期徒刑2人,取保候审4人(中介1人);追回利用虚假资料骗取住房公积金贷款7笔,涉及金额648万元。

2. 借助司法途径，积极清收逾期贷款。

2020年中心移交律师事务所逾期案件48件，涉及逾期金额2022.75万元，已全部进入起诉程序；对36个案件采取诉前财产保全措施，降低了可能存在的财产执行风险。截至2020年底，通过法律途径清回逾期本息960.46万元。

大同市住房公积金2020年年度报告

根据国务院《住房公积金管理条例》和住房和城乡建设部、财政部、人民银行《关于健全住房公积金信息披露制度的通知》（建金〔2015〕26号）的规定，经住房公积金管理委员会审议通过，现将大同市住房公积金2020年年度报告公布如下。

一、机构概况

（一）住房公积金管理委员会。住房公积金管理委员会有26名委员，2020年召开1次会议，审议通过的事项主要包括：1. 大同市住房公积金2019年管理工作报告；2. 大同市住房公积金2019年年度报告；3. 大同市住房公积金关于2020年住房公积金归集使用及增值收益计划建议和2019年增值收益分配方案的报告。

（二）住房公积金管理中心。住房公积金管理中心为市政府直属不以营利为目的的公益一类事业单位，设10个科室，1个分中心，11个管理部。从业人员188人，其中，在编102人，政府购买服务人员86人。

二、业务运行情况

（一）缴存。2020年，新开户单位215家，净增单位11家；新开户职工1.56万人，净增职工0.69万人；实缴单位3,485家，实缴职工32.08万人，缴存额38.33亿元，分别同比增长0.32%、2.20%、1.78%。2020年末，缴存总额349.64亿元，比上年末增加12.31%；缴存余额113.39亿元，同比增长15.11%。

受委托办理住房公积金缴存业务的银行5家。

（二）提取。2020年，10.14万名缴存职工提取住房公积金，提取额23.44亿元，同比增长10.15%；提取额占当年缴存额的61.15%，比上年增加4.65个百分点。2020年末，提取总额236.25亿元，比上年末增加11.02%。

（三）贷款。

1. 个人住房贷款。单缴存职工个人住房贷款最高额度60万元，双缴存职工个人住房贷款最高额度80万元。

2020年，发放个人住房贷款0.6万笔、27.76亿元，同比分别下降6.76%、8.11%。

2020年，回收个人住房贷款8.39亿元。

2020年末，累计发放个人住房贷款4.65万笔、145.70亿元，贷款余额110.68亿元，分别比上年末

增加 14.94％、23.53％、21.21％。个人住房贷款余额占缴存余额的 97.61％，比上年末增加 4.91 个百分点。

受委托办理住房公积金个人住房贷款业务的银行 5 家。

2. 异地贷款。2020 年，发放异地贷款 1287 笔、58696.00 万元。2020 年末，发放异地贷款总额 263477.80 万元，异地贷款余额 248437.29 万元。

（四）资金存储。2020 年末，住房公积金存款 2.90 亿元。其中，活期 0.01 亿元，1 年以上定期 2 亿元，其他（协定、通知存款等）0.89 亿元。

（五）资金运用率。2020 年末，住房公积金个人住房贷款余额占缴存余额的 97.61％，比上年末增加 4.91 个百分点。

三、主要财务数据

（一）业务收入。2020 年，业务收入 36241.94 万元，同比增长 28.23％。其中，存款利息 2232.91 万元，委托贷款利息 33191.00 万元，其他 818.03 万元。

（二）业务支出。2020 年，业务支出 18425.36 万元，同比增长 23.92％。其中，支付职工住房公积金利息 15962.75 万元，委托贷款手续费 1668.00 万元，其他 794.61 万元。

（三）增值收益。2020 年，增值收益 17816.58 万元，同比增长 33.02％。增值收益率 1.69％，比上年增加 0.19 个百分点。

（四）增值收益分配。2020 年，提取贷款风险准备金 1935.35 万元，提取城市廉租住房（公共租赁住房）建设补充资金 15881.23 万元。

2020 年，上缴财政城市廉租住房（公共租赁住房）建设补充资金 12876.13 万元。

2020 年末，贷款风险准备金余额 11066.32 万元。累计提取城市廉租住房（公共租赁住房）建设补充资金 111204.89 万元。

（五）管理费用支出。2020 年，管理费用支出 2254.83 万元，同比下降 1.48％。其中，人员经费 959.50 万元，公用经费 50.42 万元，专项经费 1244.91 万元。

四、资产风险状况

2020 年末，个人住房贷款逾期额 477.23 万元，逾期率 0.43‰。个人贷款风险准备金余额 11066.32 万元。2020 年，未使用个人贷款风险准备金核销呆坏账。

五、社会经济效益

（一）缴存业务。缴存职工中，国家机关和事业单位占 38.58％，国有企业占 51.79％，城镇集体企业占 0.30％，外商投资企业占 0.60％，城镇私营企业及其他城镇企业占 8.15％，民办非企业单位和社会团体占 0.27％，其他占 0.31％；中、低收入占 99.08％，高收入占 0.92％。

新开户职工中，国家机关和事业单位占 22.81％，国有企业占 40.03％，城镇集体企业占 0.26％，外商投资企业占 0.81％，城镇私营企业及其他城镇企业占 32.49％，民办非企业单位和社会团体占 2.60％，其他占 1.0％；中、低收入占 99.77％，高收入占 0.23％。

（二）提取业务。提取金额中，购买、建造、翻建、大修自住住房占16.66%，偿还购房贷款本息占24.79%，租赁住房占34.66%，离休和退休提取占20.45%，完全丧失劳动能力并与单位终止劳动关系提取占0.95%，其他占2.49%。提取职工中，中、低收入占99.40%，高收入占0.60%。

（三）贷款业务。

个人住房贷款：2020年，支持职工购建房73.36万平方米，年末个人住房贷款市场占有率为37.61%，比上年末减少1.08个百分点。通过申请住房公积金个人住房贷款，可节约职工购房利息支出52295.69万元。

职工贷款笔数中，购房建筑面积90（含）平方米以下占7.60%，90～144（含）平方米占77.84%，144平方米以上占14.56%。购买新房占83.96%，购买二手房占13.64%，其他占2.40%。

职工贷款笔数中，单缴存职工申请贷款占65.62%，双缴存职工申请贷款占34.31%，三人及以上缴存职工共同申请贷款占0.07%。

贷款职工中，30岁（含）以下占23.48%，30岁～40岁（含）占40.37%，40岁～50岁（含）占25.40%，50岁以上占10.75%；首次申请贷款占85.28%，二次及以上申请贷款占14.72%；中、低收入占99.47%，高收入占0.53%。

（四）住房贡献率。2020年，个人住房贷款发放额、住房消费提取额的和与当年缴存额的比率为118.98%，比上年减少6.27个百分点。

六、其他重要事项

（一）积极采取措施应对新冠肺炎疫情，落实住房公积金阶段性支持政策情况和政策实施成效。根据《住房和城乡建设部、财政部、人民银行关于妥善应对新冠肺炎疫情实施住房公积金阶段性支持政策的通知》（建金〔2020〕23号）精神，中心制定了多项住房公积金阶段性支持政策措施。

1. 2019年12月以前正常缴存住房公积金的企业，受新冠肺炎疫情影响导致生产经营困难的，可按规定申请缓缴2020年1月至6月的住房公积金。

2. 职工所在企业受新冠肺炎疫情影响未及时缴存住房公积金的，不影响职工申请住房公积金贷款。职工于2020年6月30日前申请住房公积金贷款的，2020年1月至职工申请贷款之月视为正常缴存住房公积金，可将2019年12月及以前的正常缴存月份合并计算连续缴存时间。

3. 对参加疫情防控的一线工作者、新型冠状病毒感染的肺炎患者或隔离人员以及受疫情影响暂时失去收入来源的职工，在2020年6月30日前住房公积金贷款不能正常还款的，不作逾期处理，不作为逾期记录报送征信部门，已报送的予以调整。

4. 因受新冠肺炎疫情影响，职工市场租房没有提取住房公积金的，可延期至本年内办理，提取额度按照我市现行政策规定执行。

（二）当年机构及职能调整情况。根据大同市深化事业单位改革统一部署，中心由副处级建制调整为正处级建制，为市政府直属公益一类事业单位。

（三）当年住房公积金政策调整及执行情况。

1. 2020年住房公积金缴存基数限额及确定方法。

根据山西省统计局公报，大同市2019年城镇非私营单位就业人员年平均工资67181元，大同市2019

年月平均工资为5598.4元,据此核定2020年大同市住房公积金缴存基数上限为16795元;根据山西省人民政府现行最低工资标准,据此核定2020年大同市住房公积金缴存基数下限为1400元。

2. 当年住房公积金贷款利率执行标准。

首套房贷款利率为5年期以内(含5年)执行利率为2.75%,5年期以上执行利率为3.25%。

二套房贷款利率上浮1.1倍,即5年期以内(含5年)执行利率为3.025%,5年期以上执行利率为3.575%。

3. 支持老旧小区改造政策落实情况。

2020年,中心会同市住房城乡建设局等九部门联合印发《关于印发大同市既有住宅加装电梯的实施办法的通知》(同建住〔2020〕47号),对既有住宅加装电梯的业主在加装电梯时可按规定提取住房公积金。

(四)当年服务改进情况。

1. 推行"互联网+"服务模式,为全市缴存单位和职工提供便捷服务。

(1)开通企业缴存登记线上办理。

加快信息互联共享,推进全市新开办企业的注册登记与住房公积金缴存业务双向互动,无缝对接,全程网办,新开办企业在市市场监管局办理注册登记时,同步办理住房公积金缴存登记。

(2)增加了"住房公积金+商业贷款"业务。

2020年,中心与工商银行、农业银行、建设银行签订了个人住房组合贷款协议,全力推动个人住房组合贷款业务全面落地,实现了办理住房公积金组合贷款业务公积金部分与商业贷款部分的审核签约、资金发放"一站式"服务,缩短了业务受理时间,缓解了缴存职工购房个人资金压力,助力缴存职工圆住房梦。

(3)实现住房公积金异地转移接续线上办理。

异地转入职工在微信公众号提交申请,经转出地中心审核后,资金自动转入职工住房公积金账户。

2. 完善综合服务平台,提升服务能力。

为加快推进综合服务平台建设和功能完善,充分发挥综合服务平台作用,实现更多服务事项线上办理,推出了5项"跨省通办"事项,包括查询个人住房公积金缴存贷款等信息、退休提取、住房公积金单位登记开户、出具贷款职工住房公积金缴存使用证明、提前还清住房公积金贷款,使缴存单位及职工不受地域的限制办理业务。

中心在综合服务平台系统中微信端新增5项网办业务:住房公积金贷款提前部分还款、住房公积金冲还贷协议自助签约、住房公积金贷款还款计划查询、住房公积金异地转入业务进度查询、住房公积金中心内部转移。中心网办业务种类占比达到了82.86%。

3. 完成全市个人住房历史贷款数据移植,贷款职工足不出户即可享受线上公积金高效、优质、便捷的服务。

经过分批次有序移植,我市工商银行、农业银行、中国银行、建设银行、交通银行5家银行的住房公积金个人贷款实现自主核算,住房公积金已有的老贷款搭上信息时代的快车,贷款职工可通过微信公众号或柜台完成"冲还贷"签约、贷款信息查询、住房公积金贷款提前还款、住房公积金贷款提前结清、偿还贷款本息提取、打印住房公积金贷款结清证明等服务。

4. 强化媒体融合理念，加大住房公积金政策宣传力度。

通过大同市广播电视台、大同日报、大同晚报、多媒体等，对住房公积金各项业务政策及业务流程进行宣传，使群众能够全方位、多角度、深层次了解住房公积金相关政策，让住房公积金政策家喻户晓、深入人心。

(五) 当年信息化建设情况。

1. 实现省公积金数据互联共享平台接口落地。

(1) 接入省信息共享平台税票验证接口，在业务系统中可通过接口验证税票的真实性。

(2) 缴存职工在申请偿还本省商业贷款提取和商转公贷款时，通过省共享平台商贷查询接口，增加了个人商贷信息查询功能。

(3) 通过省共享平台市场监管局数据接口，实现企业住房公积金开户"一网通办"。

2. 为进一步强化和保障信息系统及数据的安全，完成了住房公积金综合管理业务系统三级等保测评。

3. 为提升系统数据的安全性，实现住房公积金远程数据备份，将中心的所有业务数据进行远程备份，当本地发生场地灾难时，可通过异地备份数据进行恢复。

(六) 当年住房公积金管理中心及职工所获荣誉情况。2020年1月，被山西省住房和城乡建设厅表彰为"全省住房和城乡建设工作优秀单位"。

(七) 当年对违反《住房公积金管理条例》和相关法规行为进行行政处罚和申请人民法院强制执行情况。2020年，中心依法对两家违反《住房公积金管理条例》的单位作出行政处罚。

2020年，依法查处了3起提供虚假资料骗提骗贷住房公积金案件，将骗提骗贷线索全部移送公安机关，公安机关对2人下达行政处罚决定书并行政拘留，追回骗提资金24.97万元。

阳泉市住房公积金2020年年度报告

根据国务院《住房公积金管理条例》和住房和城乡建设部、财政部、人民银行《关于健全住房公积金信息披露制度的通知》（建金〔2015〕26号）的规定，经住房公积金管理委员会审议通过，现将阳泉（市）住房公积金2020年年度报告公布如下。

一、机构概况

(一) 住房公积金管理委员会。住房公积金管理委员会有28名委员，2020年召开1次会议，审议通过的事项主要包括：

1.《2019年年度报告信息披露的请示》；

2.《关于2019年度市住房公积金管理中心增值收益分配情况说明》；

3.《关于2019年度住房公积金阳煤分中心增值收益分配情况说明》；

4.《关于资金存入阳泉市商业银行支持商业银行发展的议案》；

5.《申请授权阳泉市住房公积金管理中心审批单位缓缴住房公积金的请示》。

（二）住房公积金管理中心。住房公积金管理中心为直属市政府不以营利为目的的参公事业单位，设6个科，6个管理部，1个分中心。从业人员94人，其中，在编57人，非在编37人。

二、业务运行情况

（一）缴存。2020年，新开户单位143家，净增单位32家；新开户职工0.56万人，净减职工0.92万人；实缴单位1754家，实缴职工16.40万人，缴存额17.48亿元，分别同比增长1.86%、减少5.31%、增长5.88%。2020年末，缴存总额168.07亿元，比上年末增加11.62%；缴存余额60.13亿元，同比增长16.85%。受委托办理住房公积金缴存业务的银行6家。

（二）提取。2020年，3.77万名缴存职工提取住房公积金；提取额8.82亿元，同比增长27.09%；提取额占当年缴存额的50.46%，比上年增加2.89个百分点。2020年末，提取总额107.94亿元，比上年末增加8.91%。

（三）贷款。

1. 个人住房贷款。个人住房贷款最高额度80万元。

2020年，发放个人住房贷款0.15万笔、5.68亿元，同比分别增长22.56%、48.69%。

2020年，回收个人住房贷款2.57亿元。

2020年末，累计发放个人住房贷款2.56万笔、47.94亿元，贷款余额22.70亿元，分别比上年末增加6.25%、13.47%、15.82%。个人住房贷款余额占缴存余额的37.75%，比上年末减少0.34个百分点。受委托办理住房公积金个人住房贷款业务的银行6家。

2. 异地贷款。2020年，发放异地贷款241笔、9555.80万元。2020年末，发放异地贷款总额17973.90万元，异地贷款余额16940.69万元。

（四）资金存储。2020年末，住房公积金存款37.73亿元。其中，活期0.01亿元，1年（含）以下定期6.72亿元，1年以上定期30.12亿元，其他（协定、通知存款等）0.88亿元。

（五）资金运用率。2020年末，住房公积金个人住房贷款余额占缴存余额的37.75%，比上年末减少0.34个百分点。

三、主要财务数据

（一）业务收入。2020年，业务收入18328.73万元，同比增长26.58%。存款利息11968.40万元，委托贷款利息6356.24万元，其他4.09万元。

（二）业务支出。2020年，业务支出8697.81万元，同比增长17.90%。支付职工住房公积金利息8436.79万元，归集手续费0万元，委托贷款手续费252.73万元，其他8.29万元。

（三）增值收益。2020年，增值收益9630.92万元，同比增长35.58%。增值收益率1.73%，比上年减少0.27个百分点。

（四）增值收益分配。2020年，提取贷款风险准备金5778.55万元，提取管理费用2350万元，提取城市廉租住房（公共租赁住房）建设补充资金1502.37万元。

2020年，上交财政管理费用2350万元。上缴财政城市廉租住房（公共租赁住房）建设补充资金7981.96万元。

2020 年末，贷款风险准备金余额 15945.09 万元。累计提取城市廉租住房（公共租赁住房）建设补充资金 62867.86 万元。

（五）管理费用支出。 2020 年，管理费用支出 1107.60 万元，同比增长 19.90%。其中，人员经费 587.20 万元，公用经费 57.20 万元，专项经费 463.20 万元。

四、资产风险状况

个人住房贷款。2020 年末，个人住房贷款逾期额 836.54 万元，逾期率 3.70‰，个人贷款风险准备金余额 15945.09 万元。

五、社会经济效益

（一）缴存业务。 缴存职工中，国家机关和事业单位占 26.55%，国有企业占 68.26%，城镇集体企业占 2.86%，外商投资企业占 0.30%，城镇私营企业及其他城镇企业占 1.91%，民办非企业单位和社会团体占 0.04%，灵活就业人员占 0.06%，其他占 0.02%；中、低收入占 98.43%，高收入占 1.57%。

新开户职工中，国家机关和事业单位占 27.66%，国有企业占 54.32%，城镇集体企业占 1.95%，外商投资企业占 0.39%，城镇私营企业及其他城镇企业占 13.80%，民办非企业单位和社会团体占 0.86%，灵活就业人员占 0.97%，其他占 0.05%；中、低收入占 99.35%，高收入占 0.65%。

（二）提取业务。 提取金额中，购买、建造、翻建、大修自住住房占 40.56%，偿还购房贷款本息占 13.99%，租赁住房占 18.93%，支持老旧小区改造占 0.04%，离休和退休提取占 24.20%，完全丧失劳动能力并与单位终止劳动关系提取占 0.15%，其他占 2.13%。提取职工中，中、低收入占 98.69%，高收入占 1.31%。

（三）贷款业务。

个人住房贷款。2020 年，支持职工购建房 18.67 万平方米（含公转商贴息贷款），年末个人住房贷款市场占有率（含公转商贴息贷款）为 34.13%，比上年末增加 11.49 个百分点。通过申请住房公积金个人住房贷款，可节约职工购房利息支出 11929.30 万元。

职工贷款笔数中，购房建筑面积 90（含）平方米以下占 9.47%，90～144（含）平方米占 67.35%，144 平方米以上占 23.18%。购买新房占 94.01%，购买二手房占 5.99%。

职工贷款笔数中，单缴存职工申请贷款占 6.09%，双缴存职工申请贷款占 93.91%。

贷款职工中，30 岁（含）以下占 15.56%，30 岁～40 岁（含）占 36.62%，40 岁～50 岁（含）占 21.79%，50 岁以上占 26.03%；首次申请贷款占 91.19%，二次及以上申请贷款占 8.81%；中、低收入占 94.50%，高收入占 5.50%。

（四）住房贡献率。 2020 年，个人住房贷款发放额、住房消费提取额的和与当年缴存额的比率为 68.54%，比上年增加 3.37 个百分点。

六、其他重要事项

（一）应对新冠肺炎疫情采取的措施，落实住房公积金阶段性支持政策情况和政策实施成效。

1. 出台了《关于妥善应对新冠肺炎疫情实施住房公积金阶段性支持政策的措施》（阳管住发〔2020〕

10号）文件。

（1）受新冠肺炎疫情影响的企业，可按规定申请在2020年6月30日前缓缴住房公积金，缓缴期间缴存时间连续计算，不影响职工正常提取和申请住房公积金贷款。

（2）受新冠肺炎疫情影响的职工（包括参加疫情防控的一线工作者，因感染新型肺炎住院治疗或隔离人员、疫情防控需要隔离观察人员以及受疫情影响暂时失去收入来源的个体工商户及其雇佣人员、自由职业者等），在2020年6月30日前住房公积金贷款不能正常还款的，不作逾期处理，不作为逾期记录报送征信部门。

（3）职工提取住房公积金，因受疫情影响无法办理而超期的，提取业务所需的相关资料期限可顺延三个月。

2. 认真落实省、市加快促进服务业恢复稳定增长若干措施，公积金阶段性支持政策措施方面，按照公积金管理有关政策，对受疫情导致经营困难的服务业餐饮住宿、文化旅游企业，经行业主管部门认定，可申请降低住房公积金缴存比例或者缓缴，降比、缓缴期限均不超过1年。

中心第一时间将文件在中心门户网站向社会进行公布，并将文件精神传达至各窗口工作人员，详细告知办理事项；同时，将文件在公积金业务专管员微信群进行发布，将企业因疫情影响办理缓缴业务流程在公积金业务微信群向各企业单位专管员进行告知。

3. 政策实施成效。

（1）2020年，共为阳泉市公交公司等5家单位办理缓缴申请，涉及职工5521人，当年累计缓缴金额2315.24万元。

阶段性支持政策，实实在在地降低了企业的成本，缓解了企业经营困难。

（2）截止到2020年6月30日，不作逾期处理的贷款笔数为649笔，不作逾期处理的贷款余额为14383.47万元。7月1日至7月15日，不作逾期处理的649笔贷款中，有499笔贷款已恢复正常还款，贷款余额11354.55万元。

（二）当年机构及职能调整情况、受委托办理缴存贷款业务金融机构变更情况。2020年，中心机构及职能无调整，未新增存贷款业务委托银行。

（三）当年住房公积金政策调整及执行情况。

1. 住房公积金缴存政策调整。

（1）缴存基数。

1）自2020年7月1日起，职工住房公积金的缴存基数由2018年职工个人月平均工资总额，调整为2019年职工个人月平均工资总额。

2020年1月1日后新参加工作的职工，从参加工作的第二个月开始缴存住房公积金，以其参加工作的第二个月工资总额作为住房公积金缴存基数。

2020年1月1日后新调入的职工，从调入当月开始缴存住房公积金，以其调入当月工资总额作为住房公积金缴存基数。

2）职工工资总额按国家统计局《关于工资总额组成的规定》（统制字〔1990〕1号）计算执行，具体由六个部分组成：计时工资、计件工资、奖金、津贴和补贴、加班加点工资、特殊情况下支付的工资。

3）缴存基数上下限的确定：职工住房公积金月缴存基数最高不得超过16302元。职工住房公积金缴存基数不得低于阳泉市上一年度确定的最低工资标准：城区、矿区、郊区、开发区的缴存单位不得低于1700元；平定、盂县的缴存单位不得低于1500元。

（2）缴存比例。

我市住房公积金缴存比例仍严格执行以下规定，即缴存比例最低不得低于5%（单位和个人缴存比例均不得低于5%），最高不得高于12%（单位和个人缴存比例均不得高于12%）。

2. 住房公积金提取政策调整。2020年当年住房公积金提取政策有较大调整，下发了阳住管发〔2020〕17号文件："严格执行《住房公积金管理条例》及住房和城乡建设部相关政策规定，停止办理重大疾病提取、装修提取、物业费提取、自然灾害或突发事件提取、子女考取学校提取等提取业务。"

阳住管发〔2020〕28号文件："目前，中心执行的购房提取政策是7年以内的同一套房最多可以提取二次（购房合同和房证各提取一次）；为了满足职工的需求，支持职工住房消费，对目前执行的购房提取政策进行调整：职工持7年以内有效的购房合同或不动产权证明（房证），可每年提取一次公积金，提取金额不得超过购买该套房的房屋总价（以购房原价为基准），以前年度购房提取的金额也应计算在内。开办提取公积金偿还省内异地商业银行住房贷款业务。

3. 住房公积金贷款政策调整。

（1）阳住管发〔2020〕10号文件《关于妥善应对新冠肺炎疫情实施住房公积金阶段性支持政策的措施》要求，受新冠肺炎疫情影响的企业，可按规定申请在2020年6月30日前缓缴住房公积金，缓缴期间缴存时间连续计算，不影响职工正常提取和申请住房公积金贷款。受新冠肺炎疫情影响的职工（包括参加疫情防控的一线工作者，因感染新型肺炎住院治疗或隔离人员、疫情防控需要隔离观察人员以及受疫情影响暂时失去收入来源的个体工商户及其雇佣人员、自由职业者等），在2020年6月30日前住房公积金贷款不能正常还款的，不作逾期处理，不作为逾期记录报送征信部门。

（2）阳住管发〔2020〕28号文件"对缴存职工为他人进行了公积金贷款担保，可办理提取业务，但办理贷款业务要求必须进行更换后才可申请的规定进行调整：本着方便职工的原则，缴存职工为他人进行了公积金贷款担保，在符合担保条件的情况下，担保职工不需要更换可正常办理公积金提取和贷款业务；缴存职工贷款时采用了职工保证加公积金质押担保方式，贷款期间有保证人提出要求申请撤销贷款连带保证责任（保证人人数在2人以上的），本着方便职工的原则，首先须征得其他所有保证人的同意，其次要符合贷款担保条件，并与中心办理相关手续的情况下可办理撤销保证人担保责任业务。缴存职工申请住房公积金贷款时，由于无法办理房屋预告登记，采用一套全产权住房进行抵押贷款，现行规定按照抵押住房价值的70%确定贷款额度，可贷额度不足部分可用借款人及配偶公积金余额的10%进行补足的规定进行调整：抵押一套旧房的按抵押房屋价值的70%确定可贷额度外，不足部分可用借款人及配偶公积金余额的30%进行补足。"

（3）支持老旧小区改造政策落实情况。

我中心下发阳住管发〔2020〕24号文件，转发了晋建城字〔2020〕28号《关于既有住宅加装电梯工作的指导意见》，我中心结合业务实际，提出了具体实施意见。支持缴存职工申请使用本人（房屋所有权人）及配偶的住房公积金支付电梯加装的建设费用，但不包括加装电梯后期的管理、运行和维护费用。提取公积金需要提供：1）住宅所在地县（区）住房和城乡建设部门同意加装电梯的审核意见书（加盖公章）；2）加装电梯业主共同书面签定的同意加装电梯改造协议（协议附每一户承担的费用明细），并由所在社区出具意见（盖章）；3）提取金额不得超过每户所承担的费用（本人公积金余额不足，可提取配偶的公积金）。

4. 当年住房公积金存贷款利率调整及执行情况。我中心根据银发〔2016〕43号文件规定，自2016年2月21日起，将职工住房公积金账户存款利率，由现行按照归集时间执行活期、三个月存款基准利率，调整为统一按一年期定期存款利率基准利率执行。

执行个人住房公积金贷款利率5年以下年利率为2.75%；5年以上年利率为3.25%。购买二套住房贷款利率上浮10%。

我中心严格按照文件规定执行。

（四）当年服务改进情况。 通过与省、市数据平台的对接，优化线下线上业务流程，加快推进"一网通办"和"跨省通办"的进程。"一网通办"要求实现新开办企业通过"一网通办"平台进行住房公积金缴存登记，实现职工缴存登记，功能正在测试中。"跨省通办"已实现职工缴存及贷款信息查询、职工打印缴存证明、退休提取。"一网通办"完成后，将同步实现"跨省通办"中要求的职工缴存登记。

继续完善单位网厅。单位网厅的推广，实现了单位只要有U盾，缴存单位就可以在单位办公室直接办理缴存业务。培训后的单位就可以在单位网厅上完成汇缴、封存、启封等一系列的工作。2020年，各单位通过单位网厅完成业务11447笔。

大力推广线上业务办理。中心上线了个人网上营业大厅、微信公众号、手机App三个线上渠道，缴存职工足不出户就可以在家办理部分公积金个人业务。职工可以在个人网厅、手机App、微信公众号上查到公积金的余额、个人公积金业务明细、贷款明细、提取预约、贷款预约等信息，并可在App上直接进行部分业务的提取操作，真正实现"数据多跑路，群众少跑腿"。2020年，职工通过个人网上渠道完成业务18983笔。

进一步拓展线上业务种类。2020年新增上线租房提取、退休提取、离职提取、单位破产提取、偿还本地公积金贷款提取等业务。

（五）当年信息化建设情况。

1. 核心业务系统迁移至建行公有云平台，增加系统安全性和稳定性。为贯彻落实住房和城乡建设部信息化建设要求，提升公积金服务方式的安全化、高效化、规范化进程，2020年3月28日，中心与建行配合，将核心业务系统迁移至建行公有云服务平台。通过本次系统迁移建行公有云，中心真正实现了数据异地灾备，增加了系统安全性和稳定性。

2. 阳煤分中心核心业务系统迁移至建行公有云平台。2020年6月5日，阳煤分中心核心业务系统迁移至建行公有云平台，成功实现与中心业务系统的统一。阳煤分中心核心业务系统的上线，切实解决了分中心原有旧系统无法正常汇缴、支取、结息等问题，实现了我市住房公积金统一决策、统一管理、统一制度、统一核算，全面提升了住房公积金管理和服务水平，为全市住房公积金缴存职工提供了更加方便快捷优质的服务。

3. 打通信息"孤岛"，实现信息互联互通。目前，我中心已接入省数据共享平台，实现与公安、房产、民政、工商、银行等数据平台的接口对接；电子印章已完成备案工作，目前正在对电子印章嵌入中心业务系统进行开发；依托阳泉市信息中心数据交换平台，中心已申请不动产登记证明接口、不动产权证书接口、商品房备案数据接口和商品房网签信息接口。通过与省、市数据平台的对接，优化线下线上业务流程，加快推进"一网通办"和"跨省通办"的进程。

（六）当年住房公积金管理中心及职工所获荣誉情况。

1. 中心信息技术科科长史剑颖荣获 2020 年省住建系统"先进个人"。
2. 中心盂县管理部荣获 2020 年省住建系统"先进集体"。
3. 中心城区管理部为省"青年文明号"。
4. 中心 2020 年度市级文明单位。
5. 中心王娅荣获 2020 年度阳泉市机关工委"优秀党务工作者"。
6. 中心刘亚飞荣获 2020 年阳泉市机关工委"优秀党员"。

（七）当年对违反《住房公积金管理条例》和相关法规行为进行行政处罚和申请人民法院强制执行情况。2020 年，我中心对 7 名发生严重逾期贷款行为的职工进行了法律诉讼，当地法院已全部开庭，目前已进行了调解，准备进入强制执行阶段。

长治市住房公积金 2020 年年度报告

根据国务院《住房公积金管理条例》和住房和城乡建设部、财政部、人民银行《关于健全住房公积金信息披露制度的通知》（建金〔2015〕26 号）的规定，经住房公积金管理委员会审议通过，现将长治市住房公积金 2020 年年度报告公布如下。

一、机构概况

（一）住房公积金管理委员会。住房公积金管理委员会有 25 名委员，2020 年召开 2 次会议，审议通过的事项主要包括：1. 关于 2019 年住房公积金归集使用计划执行情况及 2020 年归集使用计划；2. 调整无房租房提取额度、贷款存贷挂钩机制等住房公积金使用政策；3. 灵活就业人员住房公积金缴存使用办法；4. 增值收益分配方案；5. 进一步完善和优化住房公积金使用政策；6. 修订《长治市住房公积金按揭贷款管理办法》。

（二）住房公积金管理中心。长治市住房公积金管理中心为市人民政府直属的不以营利为目的的全额事业单位。设 1 室 6 科，12 个管理部，1 个分中心，1 个 12329 热线服务中心。从业人员 128 人，其中，在编 113 人，非在编 15 人。

二、业务运行情况

（一）缴存。2020 年，新开户单位 410 家，净增单位 7 家；新开户职工 1.81 万人，净增职工 0.37 万人；实缴单位 4685 家，实缴职工 28.50 万人，缴存额 33.17 亿元，分别同比增长 0.15%、1.32%、9.33%。2020 年末，缴存总额 262.38 亿元，比上年末增加 14.47%；缴存余额 107.31 亿元，同比增长 18.05%。受委托办理住房公积金缴存业务的银行 7 家。

（二）提取。2020 年，8.04 万名缴存职工提取住房公积金；提取额 16.76 亿元，同比增长 24.15%；

提取额占当年缴存额的 50.53%，比上年增加 6.03 个百分点。2020 年末，提取总额 155.06 亿元，比上年末增加 12.11%。

（三）贷款。

1. 个人住房贷款。单缴存职工个人住房贷款最高额度 56 万元，双缴存职工个人住房贷款最高额度 84 万元。

2020 年，发放个人住房贷款 0.38 万笔、12.95 亿元，同比分别下降 26.92%、28.77%。

2020 年，回收个人住房贷款 7.92 亿元。

2020 年末，累计发放个人住房贷款 4.65 万笔、114.55 亿元，贷款余额 74.84 亿元，分别比上年末增加 8.90%、12.75%、7.21%。个人住房贷款余额占缴存余额的 69.74%，比上年末减少 7.05 个百分点。受委托办理住房公积金个人住房贷款业务的银行 6 家。

2. 异地贷款。2020 年，发放异地贷款 603 笔、19050.10 万元。2020 年末，发放异地贷款总额 123219.48 万元，异地贷款余额 84385.64 万元。

（四）资金存储。2020 年末，住房公积金存款 34.44 亿元。其中，1 年（含）以下定期 5.23 亿元，1 年以上定期 28.39 亿元，其他（协定、通知存款等）0.82 亿元。

（五）资金运用率。2020 年末，住房公积金个人住房贷款余额占缴存余额的 69.74%，比上年末减少 7.05 个百分点。

三、主要财务数据

（一）业务收入。2020 年，业务收入 34678.42 万元，同比增长 28.02%。存款利息 11393.03 万元，委托贷款利息 22989.99 万元，其他 295.40 万元。

（二）业务支出。2020 年，业务支出 15784.03 万元，同比增长 19.59%。支付职工住房公积金利息 14694.63 万元，委托贷款手续费 1084.62 万元，其他 4.78 万元。

（三）增值收益。2020 年，增值收益 18894.39 万元，同比增长 36.02%。增值收益率 1.88%，比上年增加 0.19 个百分点。

（四）增值收益分配。2020 年，提取贷款风险准备金 612.08 万元；提取管理费用 46.89 万元，提取城市廉租住房（公共租赁住房）建设补充资金 18235.42 万元。

2020 年，上交财政管理费用 46.33 万元。上缴财政城市廉租住房（公共租赁住房）建设补充资金 13874.33 万元。

2020 年末，贷款风险准备金余额 11897.42 万元。累计提取城市廉租住房（公共租赁住房）建设补充资金 128021.78 万元。

（五）管理费用支出。2020 年，管理费用支出 1578.52 万元，同比增长 9.73%。其中，人员经费 1028.00 万元，公用经费 114.04 万元，专项经费 436.48 万元。

四、资产风险状况

个人住房贷款。2020 年末，个人住房贷款逾期额 375.89 万元，逾期率 0.50‰。个人贷款风险准备金余额 11897.42 万元。2020 年，使用个人贷款风险准备金核销呆坏账 0 万元。

五、社会经济效益

（一）**缴存业务**。缴存职工中，国家机关和事业单位占38.52%，国有企业占45.63%，城镇集体企业占2.11%，外商投资企业占0.36%，城镇私营企业及其他城镇企业占4.78%，民办非企业单位和社会团体占0.20%，灵活就业人员占2.18%，其他占6.22%；中、低收入占97.71%，高收入占2.29%。

新开户职工中，国家机关和事业单位占22.05%，国有企业占17.60%，城镇集体企业占1.61%，外商投资企业占0.37%，城镇私营企业及其他城镇企业占19.01%，民办非企业单位和社会团体占0.86%，灵活就业人员占19.83%，其他占18.67%；中、低收入占99.50%，高收入占0.50%。

（二）**提取业务**。提取金额中，购买、建造、翻建、大修自住住房占14.32%，偿还购房贷款本息占32.37%，租赁住房占29.46%，离休和退休提取占20.14%，其他占3.71%。提取职工中，中、低收入占98.10%，高收入占1.90%。

（三）**贷款业务**。

个人住房贷款：2020年，支持职工购建房45.78万平方米，年末个人住房贷款市场占有率为34.74%，比上年末增加3.63个百分点。通过申请住房公积金个人住房贷款，可节约职工购房利息支出18048.76万元。

职工贷款笔数中，购房建筑面积90（含）平方米以下占7.71%，90~144（含）平方米占84.16%，144平方米以上占8.13%。购买新房占92.50%，购买二手房占7.50%。

职工贷款笔数中，单缴存职工申请贷款占63.35%，双缴存职工申请贷款占36.65%。

贷款职工中，30岁（含）以下占31.88%，30岁~40岁（含）占43.31%，40岁~50岁（含）占19.19%，50岁以上占5.62%；首次申请贷款占96.17%，二次及以上申请贷款占3.83%；中、低收入占97.93%，高收入占2.07%。

（四）**住房贡献率**。2020年，个人住房贷款发放额、住房消费提取额的和与当年缴存额的比率为77.53%，比上年减少15.10个百分点。

六、其他重要事项

（一）**全力做好疫情防控期间公积金管理服务工作**。

1. 出台《关于疫情防控期间进一步做好管理和服务工作的通知》。积极引导缴存单位和职工通过线上办理业务，减少人员聚集。

2. 出台《妥善应对新冠肺炎疫情落实住房公积金阶段性支持政策的通知》。支持受疫情影响的企业缓缴住房公积金，缓缴期间不影响职工公积金的正常使用；不能正常偿还公积金贷款的，不作逾期贷款处理、不计罚息。阶段性支持政策实施以来，不作逾期处理的贷款339笔、133.91万元，共有25家企业10781人办理了缓缴，缓缴金额累计4829.12万元。截至12月底有24家进行了补缴，补缴金额3271.69万元。

（二）**市住房公积金管理中心机构改革顺利完成**。2020年，长治市住房公积金管理中心在全市事业单位机构改革中由副处级建制升格为正处级建制，领导班子建设进一步加强。

（三）进一步优化住房公积金缴存使用政策。

1. 住房公积金缴存方面

（1）调整缴存基数上限。按照有关规定，依据"长治市统计局统计信息网"2020年统计公告中的上年度全市在岗职工月平均工资，将我市2020年度住房公积金月缴存基数的上限调整为16293元，下限仍为1400元，单位和职工缴存比例均不高于12%不低于5%。

（2）制定《长治市灵活就业人员住房公积金缴存使用办法》。灵活就业人员缴存基数按我市公布的公积金缴存基数上下限执行，缴存比例在10%~24%之间自由选择，缴存比例、缴存基数每年7月调整一次。

2. 住房公积金提取方面

（1）提高无房租房提取额度。将无房租房提取金额由每年8000元/人调整为每年15000元/人。

（2）延长以商品房买卖合同提取的期限。由原来的"已备案购房合同签订之日起一年内申请提取"调整为"已备案购房合同签订之日起五年内申请提取，每年限提一次，累计提取金额不超过购房总价款"。

（3）开展阶段性集中提取。对从未使用过住房公积金的缴存职工，在2020年10月9日~12月20日期间内持《房屋所有权证》或《不动产权证书》申请提取，提取金额不超过购房总价款，不受取得证书时间限制。

（4）支持老旧小区改造。印发《长治市住房公积金既有住宅加装电梯提取住房公积金的通知》，公积金缴存人加装电梯个人负担部分可申请提取使用住房公积金。

3. 住房公积金贷款方面

（1）完善住房公积金个人存贷挂钩机制。最高贷款额度与借款申请人缴存年限和借款申请人（含共同申请人）公积金账户缴存余额同时挂钩。

（2）调整二套房贷款额度核定方法。取消购买第二套住房贷款额度要核减已提取额的规定。

（3）建立住房公积金流动性调节机制。为保证住房公积金政策连续性，根据住房公积金资金流动情况，设立最高可贷款额度参数，参数根据个贷率变化情况分别按1.4、1.3、1.0核定，最高贷款额度＝60万元×最高可贷额度参数。

（4）修订《长治市住房公积金按揭贷款管理办法》。为进一步优化营商环境，简化项目楼盘准入流程，取消"开发楼盘项目有土地抵押、在建工程抵押的不予准入"和"借款人所购房屋主体结构封顶后放款"的限制。

（5）调整贷款条件。借款申请人（含共同申请人）住房公积金个人住房贷款结清"6个月后可再次申请住房公积金个人住房贷款"调整为"次月可再次申请住房公积金个人住房贷款"。

（6）调整认房认贷方式。认房方式调整为根据借款申请人（含共同申请人）房屋购买地不动产权登记部门开具的房屋套数证明进行认定；认贷方式调整为根据借款申请人（含共同申请人）的住房公积金贷款记录和住房商业贷款记录进行认定，已结清的住房商业贷款不计算在内。

（四）持续提升服务效能。

1. 优化审批流程，缩短贷款发放时间。贷款申请当日完成审批办结，受托银行贷款审批时间不超过2个工作日。受托银行办理抵押权登记后，中心通过住房和城乡建设部银行结算平台当日即可发放贷款。

2. 单位间协同合作，异地转移接续业务及时办理。异地转移业务实行每日关注，办理转入时优化了业务与财务衔接流程，转入资金及时入账，收款当日即可办结转入接续，保证了异地转移接续平台上无滞留、无积压业务。

3. 推进落实"跨省通办"，提高数据质量。深化住房公积金"放管服"改革，通过"全程网办""代收代办""两地联办"三种方式，完成了个人住房公积金缴存贷款等信息查询、出具贷款职工住房公积金缴存使用证明、正常退休提取住房公积金三项事项"跨省通办"。异地购房提取业务实现了容缺办结，实现了跨部门、跨行业数据互联互通。

（五）大力推进信息化建设

1. 完善电子档案和电子印章管理。全面梳理了公积金各项业务环节电子档案的收集与管理，基本建成了公积金电子档案系统；根据我中心的业务动态，结合电子签章技术，推动电子签章系统升级，网办业务全流程使用电子签章。

2. 加强综合服务平台建设。通过优化住房公积金网上大厅（单位版），实现了汇缴业务实时完结，汇缴分配实时到账，缴存单位专管员随时可登录查询单位汇缴状态及职工个人账户情况，并完成打印。强化互联网＋公积金综合服务效能，拓宽线上办理渠道，形成了以12329热线、门户网站、网上服务大厅、微信公众号、手机App于一体的综合服务体系。截至2020年底，全市住房公积金业务全程网办率达82％。

（六）所获荣誉情况。2020年我中心被市精神文明建设指导委员会授予"市级文明单位"荣誉称号；潞州区管理部被省住房城乡建设厅授予"先进集体"、被市直工委授予"党员先锋号"荣誉称号；在市直工委组织的"迎国庆强素质促发展"知识竞赛中我中心获得优秀组织奖。

（七）当年对违反《住房公积金管理条例》和相关法规行为进行行政处罚和申请人民法院强制执行情况。年度内有一起逾期催收申请人民法院强制执行。

晋城市住房公积金2020年年度报告

根据国务院《住房公积金管理条例》和住房和城乡建设部、财政部、人民银行《关于健全住房公积金信息披露制度的通知》（建金〔2015〕26号）的规定，经住房公积金管理委员会审议通过，现将晋城市住房公积金2020年年度报告公布如下。

一、机构概况

（一）住房公积金管理委员会。住房公积金管理委员会有27名委员，2020年召开一次会议，审议通过的事项主要包括：晋城市住房公积金2019年年度报告；2019年度住房公积金归集使用计划执行情况报告；2019年度住房公积金增值收益分配方案；2020年度住房公积金归集使用计划。

（二）住房公积金管理中心。住房公积金管理中心为直属于晋城市人民政府不以营利为目的的事业单位，设 9 个科，8 个分中心。从业人员 139 人，其中，在编 101 人，非在编 38 人。

二、业务运行情况

（一）缴存。2020 年，新开户单位 370 家，净增单位 151 家；新开户职工 1.57 万人，净增职工 0.47 万人；实缴单位 2863 家，实缴职工 25.68 万人，缴存额 29.09 亿元，分别同比增长 5.57%、1.86%、4.79%。年末，缴存总额 257.78 亿元，比上年末增加 12.72%；缴存余额 109.51 亿元，同比增长 13.17%。受委托办理住房公积金缴存业务的银行 9 家。

（二）提取。2020 年，5.61 万名缴存职工提取住房公积金；提取额 16.34 亿元，同比增长 26.76%；提取额占当年缴存额的 56.17%，比上年增加 9.74 个百分点。2020 年末，提取总额 148.27 亿元，比上年末增加 12.39%。

（三）贷款。

1. 个人住房贷款。个人住房贷款最高额度 80 万元。

2020 年，发放个人住房贷款 0.58 万笔、22.38 亿元，同比分别增长 70.59%、88.38%。

2020 年，回收个人住房贷款 7.49 亿元。

2020 年末，累计发放个人住房贷款 4.57 万笔、109.35 亿元，贷款余额 66.77 亿元，分别比上年末增加 14.54%、25.75%、28.70%。个人住房贷款余额占缴存余额的 60.97%，比上年末增加 7.36 个百分点。受委托办理住房公积金个人住房贷款业务的银行 7 家。

2. 异地贷款。2020 年，发放异地贷款 293 笔、11380 万元。2020 年末，发放异地贷款总额 20903.30 万元，异地贷款余额 17620.17 万元。

（四）资金存储。2020 年末，住房公积金存款 44.44 亿元。其中，活期 0.01 亿元，1 年以上定期 44.16 亿元，其他（协定、通知存款等）0.27 亿元。

（五）资金运用率。2020 年末，住房公积金个人住房贷款余额占缴存余额的 60.97%，比上年末增加 7.36 个百分点。

三、主要财务数据

（一）业务收入。2020 年，业务收入 37841.12 万元，同比增长 16.18%。其中，存款利息 20159.40 万元，委托贷款利息 17671.15 万元，其他 10.57 万元。

（二）业务支出。2020 年，业务支出 16332.78 万元，同比增长 16.28%。其中，支付职工住房公积金利息 15484.98 万元，委托贷款手续费 829.60 万元，其他 18.20 万元。

（三）增值收益。2020 年，增值收益 21508.34 万元，同比增长 16.10%。增值收益率 2.10%，比上年增加 0.01 个百分点。

（四）增值收益分配。2020 年，提取贷款风险准备金 1489.40 万元，提取管理费用 2300 万元，提取城市廉租住房（公共租赁住房）建设补充资金 17718.94 万元。

2020 年，上交财政管理费用 2500 万元。上缴财政城市廉租住房（公共租赁住房）建设补充资金 10610.40 万元。

2020 年末，贷款风险准备金余额 11807 万元。累计提取城市廉租住房（公共租赁住房）建设补充资金 98515.91 万元。

（五）管理费用支出。 2020 年，管理费用支出 2154.42 万元，同比增长 15.49%。其中，人员经费 1370.53 万元，公用经费 216.46 万元，专项经费 567.43 万元。

四、资产风险状况

个人住房贷款。2020 年末，个人住房贷款逾期额 70.58 万元，逾期率 0.11‰。个人贷款风险准备金余额 11807 万元。2020 年，使用个人贷款风险准备金核销呆坏账 0 万元。

五、社会经济效益

（一）缴存业务。 缴存职工中，国家机关和事业单位占 27%，国有企业占 52.75%，城镇集体企业占 1.93%，外商投资企业占 9.96%，城镇私营企业及其他城镇企业占 5.22%，民办非企业单位和社会团体占 0.19%，灵活就业人员占 0.19%，其他占 2.76%；中、低收入占 97.54%，高收入占 2.46%。

新开户职工中，国家机关和事业单位占 13.12%，国有企业占 35.42%，城镇集体企业占 3.73%，外商投资企业占 21.26%，城镇私营企业及其他城镇企业占 16.96%，民办非企业单位和社会团体占 0.71%，灵活就业人员占 1.61%，其他占 7.19%；中、低收入占 99.07%，高收入占 0.93%。

（二）提取业务。 提取金额中，购买、建造、翻建、大修自住住房占 27.95%，偿还购房贷款本息占 25.85%，租赁住房占 23.55%，支持老旧小区改造占 0.04%，离休和退休提取占 17.23%，完全丧失劳动能力并与单位终止劳动关系提取占 3.30%，其他占 2.08%。提取职工中，中、低收入占 96.73%，高收入占 3.27%。

（三）贷款业务。

个人住房贷款：2020 年，支持职工购建房 68.02 万平方米，2020 年末个人住房贷款市场占有率为 35.35%，比上年末增加 1.64 个百分点。通过申请住房公积金个人住房贷款，可节约职工购房利息支出 46999.76 万元。

职工贷款笔数中，购房建筑面积 90（含）平方米以下占 7.71%，90～144（含）平方米占 87.38%，144 平方米以上占 4.91%。购买新房占 87.31%，购买二手房占 12%，其他占 0.69%。

职工贷款笔数中，单缴存职工申请贷款占 15.75%，双缴存职工申请贷款占 84.25%。

贷款职工中，30 岁（含）以下占 27.86%，30 岁～40 岁（含）占 46.15%，40 岁～50 岁（含）占 22.35%，50 岁以上占 3.64%；首次申请贷款占 91.49%，二次及以上申请贷款占 8.51%；中、低收入占 95.80%，高收入占 4.20%。

（四）住房贡献率。 2020 年，个人住房贷款发放额、住房消费提取额的和与当年缴存额的比率为 120.63%，比上年增加 42.71 个百分点。

六、其他重要事项

（一）应对新冠肺炎疫情采取的措施，落实住房公积金阶段性支持政策情况和政策实施成效。 为深入贯彻党中央、国务院关于新冠肺炎疫情防控和应对工作安排部署，落实住房和城乡建设部、财政部、人民银行《关于妥善应对新冠肺炎疫情实施住房公积金阶段性支持政策的通知》（建金〔2020〕23 号）要求，结合我市实际，我中心出台了《关于做好妥善应对新冠肺炎疫情实施住房公积金阶段性支持政策的通知》（晋市公积金〔2020〕1号）和《晋城市住房公积金管理中心关于做好新冠肺炎疫情期间住房公积金管理服务工作的通知》（晋市公积金函〔2020〕3号），先后为829个企业办理公积金缓缴，涉及职工78021人，缓缴金额达到4.53亿元。6月30日前，对因受新冠肺炎疫情影响未能正常还款的借款人，不作逾期处理，不计入征信，涉及借款人1046人。同时，加大宣传，积极引导各缴存单位和职工通过网上营业厅、"手机公积金"App办理住房公积金业务，减轻防控压力。

（二）当年机构及职能调整情况、受委托办理缴存贷款业务金融机构变更情况。根据省委编办《关于晋城市副处级以上事业单位审核确认的函》（晋编办函字〔2020〕69号）和市委编委《关于印发〈晋城市深化事业单位改革实施方案〉的通知》（晋市编字〔2020〕14号）精神，经市委编委2020年第五次会议研究同意，晋城市住房公积金管理中心为市政府直属事业单位，正处级建制，公益一类事业单位，核定编制94名（其中财政拨款事业编制43名、自收自支事业编制51名），领导职数1正3副。

受委托办理缴存贷款业务的金融机构严格按照有关规定执行，当年未进行变更。

（三）当年住房公积金政策调整及执行情况。

1. 当年缴存政策调整情况

缴存基数限额及确定方法：各缴存单位从2020年7月1日起，缴存基数为2019年度职工个人月均工资总额。调整后的缴存基数不得超过本市统计部门公布的2019年度本市城镇非私营单位就业人员月均工资的3倍，即不超过16569元（2019年度职工月平均工资5523×3倍后四舍五入）。职工月均工资总额（实行年薪制的按月均分）未超过上述限额的，以实际月均工资总额作为缴存基数；超过上述限额的，以该限额作为缴存基数。

最低不得低于晋城市人力资源和社会保障局确定的最低工资标准：城区、泽州、高平、阳城为1700元，沁水为1600元、陵川为1500元。

个体工商户、自由职业者等灵活就业人员应以2019年本市城镇非私营单位就业人员月平均工资5523元作为住房公积金缴存基数。

缴存比例：全市住房公积金缴存比例继续执行最高12%、最低5%，缴存单位可在5%至12%区间自主确定缴存比例。

晋煤分中心各缴存单位从2021年1月起严格执行《晋城市住房公积金管理中心关于缴存基数和缴存比例调整工作的通知》（晋市公积金〔2020〕14号）文件规定。

中心出台《个体工商户、自由职业者等灵活就业人员住房公积金缴存和使用规定》，降低灵活就业人员缴存门槛，帮助253名灵活就业人员建立了公积金制度。

2. 当年提取政策调整情况

取消重大疾病提取和物业费提取两项提取政策。取消后，我市提取形式还有购买、建造、翻建、大修自住住房提取；离休、退休提取；出境定居提取；偿还购房贷款本息提取；缴存职工及配偶无自有住房而租赁住房提取；死亡、被宣告死亡提取；与单位终止或解除劳动关系提取。

3. 当年贷款政策调整情况

全省第二家开通"组合贷"业务，通过"一窗受理、同步审批、限时放款"，实现"大额贷款、公银合作、同步审核、群众受益"，满足了职工购房贷款需求。积极推动和房地产企业合作，大力推行按揭担保，截至 12 月底，和 83 家房地产开发商、124 个楼盘签订按揭合作协议，开发商阶段性担保占到了非抵押担保的 96%，解决了担保难。开通预抵押业务，主动承担每户 80 元的房产抵押费用，现已累计支付 16.78 万元抵押费用。开通手机 App 年冲还款业务，实现了不出门一网办理。

4. 当年住房公积金存贷款利率执行标准

按照中国人民银行、住房和城乡建设部、财政部《关于完善职工住房公积金账户存款利率形成机制的通知》（银发〔2016〕43 号）规定，职工住房公积金账户存款利率统一按一年期定期存款基准利率 1.5% 执行。

根据中国人民银行规定，个人住房公积金贷款利率五年期以下（含五年）2.75%、五年期以上 3.25%。职工申请第二次使用住房公积金购房贷款时，贷款利率上浮 10%，五年期以下（含五年）利率上浮为 3.025%、五年期以上利率上浮为 3.575%。

5. 支持老旧小区改造政策落实情况

根据省住房城乡建设厅和市人民政府关于市区既有多层住宅加装电梯工作的要求，为支持老旧小区改造政策，缓解缴存职工加装电梯的资金困难，中心制定《关于晋城市市区既有多层住宅加装电梯支取住房公积金的办法》（晋市公积金函〔2019〕27 号），2020 年共有 15 人提取公积金，金额 59.65 万元。

（四）当年服务改进情况。

一是加快推进住房公积金"跨省通办"工作。2020 年底前，通过"全程网办""代收代办""两地联办"三种方式，完成了单位、个人住房公积金信息查询、个人缴存使用证明和离、退休提取住房公积金三项业务的"跨省通办"，为住房公积金缴存职工提供更多便利服务。

二是持续提升住房公积金服务效能。缴存、提取即时即办，贷款从开始审批到放款不超过 5 个工作日（不含产权抵押办理时间），无滞留、无积压异地转移接续业务，上传住房和城乡建设部的个人贷款及相关信息准确完整无超时。修订《受托银行考核办法》，将受托银行审批时间控制在 2 个工作日，发放时间不超过 1 个工作日，并对受托银行进行考核，根据考核结果支付手续费。特别是邀请郑州、焦作、洛阳等河南 5 市公积金中心主任参加丹河新城郑州推荐会，组建工作专班为丹河新城房地产企业提供精准服务，利用 EMS 寄递封宣传丹河新城和公积金，为丹河新城建设服好务。

（五）当年信息化建设情况。接入晋城市"晋来办"，拓宽业务办理渠道，通过全省住房公积金数据共享平台，实现了与市场监管、公安、民政、不动产、19 家商业银行等部门数据共享，完成房产交易、公积金贷款、不动产登记等"业务融合、一站办理"，企业缴存登记线上全程网办。通过市大数据局共享平台，实现了购房合同备案查询，有力地杜绝了骗提骗贷。与人民银行征信共享工作稳步推进，取得阶段性成效。大力推广 UK 和手机 App，使用 UK 注册 707 个，增加网厅扫码功能，提高网厅使用覆盖率。15 项业务可在 App 办理，网办率达到 95.24%。实现了电子档案管理，完成了信息系统，综合服务平台等保三级测评工作，在北京安泰伟奥技术公司建立数据异地灾备，每月定期巡检并出具报告，信息化建设工作走在全省前列。

（六）当年住房公积金管理中心及职工所获荣誉情况。2020 年，中心被省住房城乡建设厅评为"全省住房城乡建设工作优秀单位"；被市精神文明建设指导委员会评为"市级文明单位标兵"；被市劳动竞赛委员会记"创建全国文明城市集体三等功"。泽州分中心被省人社厅、省住房城乡建设厅表彰为"山西省住房城乡建设系统先进集体"，张永林被省人社厅、省住房城乡建设厅授予"山西省住房城乡建设系统先进工作者"。

朔州市住房公积金 2020 年年度报告

根据国务院《住房公积金管理条例》和住房和城乡建设部、财政部、人民银行《关于健全住房公积金信息披露制度的通知》（建金〔2015〕26 号）的规定，经住房公积金管理委员会审议通过，现将朔州市住房公积金 2020 年年度报告公布如下。

一、机构概况

（一）**住房公积金管理委员会**。住房公积金管理委员会有 25 名委员，2020 年召开 1 次会议，审议通过的事项主要包括：2019 年住房公积金管理工作及 2020 年工作计划；2020 年朔州市住房公积金归集、使用计划；2019 年朔州市住房公积金增值收益分配方案；朔州市住房公积金 2019 年年度报告；住房公积金缴存、提取、贷款业务调整事项。

（二）**住房公积金管理中心**。朔州市住房公积金管理中心为直属于朔州市人民政府、不以营利为目的的公益一类事业单位，设 3 个科室，6 个管理部。从业人员 72 人，其中，在编 10 人，非在编 62 人。

二、业务运行情况

（一）**缴存**。2020 年，新开户单位 139 家，净减少单位 15 家；新开户职工 0.68 万人，净减少职工 0.51 万人；实缴单位 2040 家；实缴职工 10.97 万人，同比下降 4.44%，缴存额 17.65 亿元，同比增长 6.13%。年末，缴存总额 154.85 亿元，比上年末增加 12.86%；缴存余额 57.52 亿元，同比增长 14.51%。受委托办理住房公积金缴存业务的银行 2 家。

（二）**提取**。2020 年，3.26 万名缴存职工提取住房公积金；提取额 10.36 亿元，同比增长 9.63%；提取额占当年缴存额的 58.7%，比上年增加 1.87 个百分点。年末，提取总额 97.32 亿元，比上年末增加 11.91%。

（三）**贷款**。

1. 个人住房贷款。个人住房贷款最高额度 45 万元。

2020 年，发放个人住房贷款 0.23 万笔、6.96 亿元，同比分别增长 18.40%、25.89%。

2020 年，回收个人住房贷款 3.56 亿元。

2020 年末，累计发放个人住房贷款 3.16 万笔、61.59 亿元，贷款余额 32.74 亿元，分别比上年末增加 7.85%、12.74%、11.10%。个人住房贷款余额占缴存余额的 56.92%，比上年末减少 1.75 个百分点。受委托办理住房公积金个人住房贷款业务的银行 5 家。

2. 异地贷款。2020 年，发放异地贷款 721 笔、22520.90 万元。2020 年末，发放异地贷款总额 94319.40 万元，异地贷款余额 76200.19 万元。

（四）购买国债。 2020 年末，国债余额 0.19 亿元。

（五）资金存储。 2020 年末，住房公积金存款 25.42 亿元。其中，活期 0.03 亿元，1 年（含）以下定期 18.13 亿元，1 年以上定期 7.15 亿元，其他（协定、通知存款等）0.11 亿元。

（六）资金运用率。 2020 年末，住房公积金个人住房贷款余额和购买国债余额的和占缴存余额的 57.25%，比上年末减少 1.8 个百分点。

三、主要财务数据

（一）业务收入。 2020 年，业务收入 15909.91 万元，同比增长 2.47%。其中，存款利息 6086.04 万元，委托贷款利息 9815.25 万元，其他 8.62 万元。

（二）业务支出。 2020 年，业务支出 7902.96 万元，同比增长 9.98%。其中，支付职工住房公积金利息 7626.42 万元，委托贷款手续费 276.29 万元，其他 0.25 万元。

（三）增值收益。 2020 年，增值收益 8006.95 万元，同比下降 4.16%。增值收益率 1.5%，比上年减少 0.32 个百分点。

（四）增值收益分配。 2020 年，提取贷款风险准备金 3273.93 万元；提取管理费用 1286.69 万元，提取城市廉租住房（公共租赁住房）建设补充资金 3446.33 万元。

2020 年，上交财政管理费用 1137.27 万元。上缴财政城市廉租住房（公共租赁住房）建设补充资金 4256.25 万元。

2020 年末，贷款风险准备金余额 18019.07 万元。累计提取城市廉租住房（公共租赁住房）建设补充资金 41308.59 万元。

（五）管理费用支出。 2020 年，管理费用支出 1156.01 万元，同比增长 14.05%。其中，人员经费 441.96 万元，公用经费 486.14 万元，专项经费 227.91 万元。

四、资产风险状况

（一）个人住房贷款。 2020 年末，个人住房贷款逾期额 77.02 万元，逾期率 0.24‰。个人贷款风险准备金余额 17980.87 万元。

（二）支持保障性住房建设试点项目贷款。 2020 年末，项目贷款风险准备金余额 38.2 万元。

五、社会经济效益

（一）缴存业务。 缴存职工中，国家机关和事业单位占 62.87%，国有企业占 26.16%，城镇集体企业占 0.79%，外商投资企业占 0.30%，城镇私营企业及其他城镇企业占 9.20%，民办非企业单位和社会团体占 0.13%，灵活就业人员占 0.04%，其他占 0.51%；中、低收入占 98.31%，高收入占 1.69%。

新开户职工中，国家机关和事业单位占 38.96%，国有企业占 23.33%，城镇集体企业占 1.26%，外商投资企业占 0.37%，城镇私营企业及其他城镇企业占 33.74%，民办非企业单位和社会团体占 0.44%，灵活就业人员占 0.37%，其他占 1.53%；中、低收入占 99.60%，高收入占 0.40%。

（二）提取业务。 提取金额中，购买、建造、翻建、大修自住住房占 35.94%，偿还购房贷款本息占 23.42%，租赁住房占 18.92%，离休和退休提取占 18.56%，完全丧失劳动能力并与单位终止劳动关系提取占1.51%，出境定居占0.56%，其他占1.09%。提取职工中，中、低收入占98.33%，高收入占1.67%。

（三）贷款业务。

个人住房贷款：2020年，支持职工购建房28.70万平方米，年末个人住房贷款市场占有率为33.88%，比上年末减少6.85个百分点。通过申请住房公积金个人住房贷款，可节约职工购房利息支出12997.83万元。

职工贷款笔数中，购房建筑面积90（含）平方米以下占3.59%，90～144（含）平方米占79.25%，144平方米以上占17.16%。购买新房占94.09%（其中购买保障性住房占2.80%），购买二手房占5.87%，其他占0.04%。

职工贷款笔数中，单缴存职工申请贷款占30.21%，双缴存职工申请贷款占69.79%。

贷款职工中，30岁（含）以下占32.40%，30岁～40岁（含）占40.98%，40岁～50岁（含）占18.65%，50岁以上占7.97%；首次申请贷款占92.08%，二次及以上申请贷款占7.92%；中、低收入占97.99%，高收入占2.01%。

（四）住房贡献率。 2020年，个人住房贷款发放额、住房消费提取额的和与当年缴存额的比率为85.36%，比上年增长6.97个百分点。

六、其他重要事项

（一）应对新冠肺炎疫情采取的措施，落实住房公积金阶段性支持政策情况和政策实施成效。

1. 制定出台了《关于新冠肺炎疫情期间实施住房公积金阶段性支持政策的通知》（朔住公字〔2020〕9号）及《关于进一步做好新冠肺炎疫情防控期间住房公积金服务保障工作的通知》，明确受疫情影响的职工（特别是一线的医护人员、疫情防控人员），2020年6月30日前住房公积金贷款不能正常还款的，不作逾期处理，不作为逾期记录报送征信部门。期间，共为全市1628户因受疫情影响未能及时还款的职工家庭办理免除逾期处理、不作逾期处理的贷款余额为28400.05万元。

随着疫情发展变化，中心及时做好阶段性支持政策与既有政策的衔接，保持住房公积金业务平稳运行。在落实好现有政策的同时，有针对性地对结转的上半年度逾期贷款采取各项强有力的催收措施。截至2020年12月底，正常还款户16647户，逾期8户77.02万元，逾期率0.24‰（中心对7名长期不正常履行还款义务的借款人提起法律诉讼，其中1名已由法院强制执行，待执行款入账后，逾期金额51.98万元，逾期率0.158‰）。

2. 组织专人编写疫情防控指南，多渠道做好宣传教育工作；合理安排部署人员应急值守、来访登记、防控、安全消杀。7名党员干部积极参与志愿服务，深入社区协助开展入户排查、消杀、发放通行证等工作。

3. 通过多种渠道紧急筹措，为环卫系统及周边乡镇捐赠医用口罩4000只，84消毒液130余桶，消毒酒精50余桶，医用防护手套25盒，捐助抗疫资金8400元，为缓解全市抗疫物资紧缺贡献绵薄之力。

4. 为推动疫情防控和日常业务工作两不误、两推进，中心对外发布延停服务窗口业务办理公告，实行错峰工作制，积极引导和鼓励缴存职工线上办、紧急事项预约办。通过线上非接触式办理业务，减少人员接触和暴露风险。

（二）当年机构及职能调整情况、受委托办理缴存贷款业务金融机构变更情况。2020年9月，朔州市住房公积金管理中心由副处级调整为正处级公益一类事业单位，核定财政拨款事业编制27名，设主任1名，副主任2名。

（三）当年住房公积金政策调整及执行情况，包括当年缴存基数限额及确定方法、缴存比例等缴存政策调整情况；当年提取政策调整情况；当年个人住房贷款最高贷款额度、贷款条件等贷款政策调整情况；当年住房公积金存贷款利率执行标准等；支持老旧小区改造政策落实情况。

1. 缴存政策调整情况

（1）根据《朔州市住房公积金管理中心关于2020年全市住房公积金缴存有关问题的通知》（朔住公字〔2020〕27号），2020年朔州市各县（市、区）、市直、驻朔各单位住房公积金缴存基数最高不超过16551元。下限原则上不低于我市统计部门公布的上一年度职工月平均工资的60%（3310元），最低不得低于《山西省人民政府办公厅关于调整我省最低工资标准的通知》（晋政办发〔2017〕120号）规定的最低工资标准，其中：一类地区平鲁区和朔城区不得低于1700元；二类地区山阴县和怀仁市不得低于1600元；三类地区应县和右玉县不得低于1500元。

（2）住房公积金缴存比例最低不得低于5%，最高不得超过12%，各单位可在5%~12%区间内自主确定；同一缴存单位职工的缴交比例必须一致。

（3）灵活就业人员按照《朔州市个体工商户、自由职业者缴存和使用住房公积金实施办法（试行）》（朔住公字〔2020〕31号）规定的标准执行。截至12月底共为11户个体工商户、自由职业者办理归集2.16万元。

2. 提取政策调整情况

停止办理职工提取住房公积金支付物业管理费和大病提取业务。

3. 贷款政策调整情况

（1）停止办理职工购买公寓等非住宅类房产的住房公积金贷款业务。

（2）实行贷款额度与借款申请人住房公积金的缴存年限、账户余额挂钩，提高可贷额度。

（3）按照《山西省住房和城乡建设厅关于对〈太原市住房公积金管理中心关于晋建金字〔2015〕74号文件执行中有关问题的请示〉的批复》（晋建金函〔2015〕593号）中"国有和国有控股企业职工缴存条件可适当放宽"的规定，出台《关于调整我市国有和国有控股企业住房公积金有关政策的通知》，明确按规定程序办理缓缴手续及因效益下滑不能按时足额缴存住房公积金又暂不具备缓缴条件，但职工个人部分仍在持续缴存的国有和国有控股企业，在住房公积金单位缴存部分申请办理缓缴、个人部分正常缴存6个月以上的情况下，可正常办理住房公积金贷款业务。计算住房公积金贷款额度时，缴存时间从职工开始缴纳住房公积金算起。待企业经济效益好转后，需补缴缓缴年度所欠的住房公积金。

4. 住房公积金存贷款利率执行标准

（1）职工住房公积金账户存款利率按一年期定期存款基准利率1.50%执行。

（2）五年期以下（含五年）住房公积金个人住房贷款年利率为2.75%，五年期以上住房公积金个人住房贷款年利率为3.25%。二套房贷款利率实行首套房贷款利率的1.1倍，停止向购买第三套及以上住房的职工受理和发放住房公积金贷款。

5. 支持老旧小区改造政策落实情况

2020年11月，制定出台了《关于既有住宅加装电梯提取住房公积金的通知》（朔住公字〔2020〕36号），明确朔州市行政区域内既有住宅所有权人出资为该住宅加装电梯，并已取得各县（市、区）行政审批服务局出具的同意加装告知书，该既有住宅所有权人及其配偶可以申请提取住房公积金。职工本人及配偶每年可提取一次，累计提取总额不超过职工本人家庭所分摊的电梯加装费用总额。职工本人及配偶如有未还清的住房公积金贷款或在为他人提供住房公积金贷款担保期间，不能办理此类提取。

（四）当年服务改进情况，包括推进住房公积金服务"跨省通办"工作情况，服务网点、服务设施、服务手段、综合服务平台建设和其他网络载体建设服务情况等。

1. 积极推进"跨省通办"工作。按照部省工作要求，设置了"跨省通办"窗口，在全国住房公积金监管平台开设了业务权限；住房公积金缴存信息查询、正常退休提取住房公积金、出具贷款职工住房公积金缴存使用证明、提前结清贷款、异地购房提取住房公积金等业务已经实现全程网办。对于尚未实现全程网办的"跨省通办"业务，指定专人专岗通过全国住房公积金监管服务平台，无差别做好"代收代办""两地联办"服务，实现与异地住房公积金管理中心的高效协同。

2. 完善综合服务平台功能。我市住房公积金综合服务平台8种服务渠道已全部建成。缴存单位可自行在网上办理单位信息变更、缴存核定、人员信息变更、封存启封等业务，缴存职工可在网上业务大厅办理退休提取、对冲还贷等部分业务及缴存证明，异地贷款缴存证明，缴存明细，贷款结清证明四项打印功能。手机公积金App新增购房提取和偿还商业贷款提取业务。截至2020年底，中心住房公积金综合服务平台各渠道累计注册人数17.35万人，线上办理公积金业务0.99万笔。

3. 持续深化"放管服效"改革，推动"三服务"工作取得新进展，优化营商环境。9月份再次修订完善缴存、提取、贷款业务管理办法，进一步优化业务流程，简化办事环节，减少办理要件，压缩办理时限，并通过朔州日报、朔州市人民政府门户网站、中心门户网站、中心微信公众号及时向社会公布最新业务服务指南。

4. 严格执行文明服务规范。制定督查考评办法，对执行服务规范、使用服务用语、遵守工作纪律等方面进行专项督查，建立明察暗访、跟踪检查、量化考核、定期通报、责任追究等工作制度，形成转变工作作风、提升服务质量的长效机制。

5. 提高服务质量，为办事职工排忧解难。积极开展服务礼仪及业务培训，不断强化干部职工的业务技能，提升服务质量。以"立足岗位练精兵、比武争优提技能"为主题，围绕"强素质、比技能、转作风、争先进"主线，开展"文明服务窗口"和"文明服务明星"评比活动，精心打造"诚心、倾心、贴心、虚心、尽心"的"五心级"服务品牌，在全中心形成了"学习先进、崇尚先进、赶超先进"的浓厚氛围。

（五）当年信息化建设情况，包括信息系统升级改造情况，基础数据标准贯彻落实和结算应用系统接入情况等。

1. 成功接入全省住房公积金信息共享平台。实时对接省住房城乡建设厅和10个市住房公积金信息及全省19家商业银行住房贷款信息。省内偿还住房公积金贷款提取业务和全国住房公积金转移业务可直接网办，缴存职工数据异地转移与资金支付实时操作，减少审核及人工操作步骤，缩短了办理周期，实现了"账随人走、钱随账走"。

2. 逐步建成电子档案系统，推进电子印章应用。中心自综合服务平台建成以来，进一步加大档案管理工作力度，采用电子档案和纸质档案相结合的方式，逐步实现中心各类档案管理规范化管理、科学化存放，并指定专人保管，权责明晰，严格执行借阅登记制度，保证事事有据可依，有档可查，工作效率得到极大提升。将建设住房公积金业务系统电子印章系统项目列入了 2021 年预算一体化，推进建设完善电子签章应用，逐步减少实体章应用，为群众提供更便捷的公积金服务。

3. 推进市级部门数据共享，实现"业务融合、一站办结"。实现了对企业信息数据、身份信息识别、银行贷款信息、房屋交易信息、不动产登记信息、婚姻登记信息和税务信息的调取和使用，有效解决了业务办理过程中辨识证明材料真伪的难题，遏制了利用虚假材料骗提骗贷公积金等不法行为，为持续推动公积金业务办理信息化、规范化、高效化提供了强有力的数据保障。加入人民银行金融信用信息基础数据库申请资料已全部交验，预计 2021 年上半年可完成信息对接工作。

4. 积极推进三级等保测评工作。按照省住房城乡建设厅关于三级等保工作的相关要求，择优选择具备三级等保测评资质的机构为中心信息系统安全进行了差距分析，并对照报告内容逐条逐项进行分析、整改和完善，使我市住房公积金信息系统在技术安全、系统管理、应急保障等方面全面达到国家标准，建成完备的网络信息安全保护体系，为住房公积金信息安全工作及信息系统长远发展打下坚实基础。

5. 多措并举，确保公积金异地转移接续平台运行平稳。为有效解决群众办事"多头跑、重复跑"，真正实现缴存资金和账户信息"全国漫游"，中心自异地转移接续平台建成以来，与各部门在业务协同上快捷响应、密切配合，做到异地转移接续业务"无滞留、无积压"，资金"秒到账"，确保住房公积金账户异地转移信息和资金的安全，保障了住房公积金缴存职工合法权益。累计办理本市公积金账户资金转出业务 1199 笔，涉及本息金额 3820.25 万元；异地公积金账户资金转入业务 954 笔，涉及金额 2213.99 万元。其中 2020 年共办理转出 387 笔、1066.85 万元，转入 413 笔、948.83 万元。

（六）当年住房公积金管理中心及职工所获荣誉情况，包括：文明单位（行业、窗口）、青年文明号、工人先锋号、五一劳动奖章（劳动模范）、三八红旗手（巾帼文明岗）、先进集体和个人等。

1. 被山西省住房和城乡建设厅授予 2020 年度"住房公积金管理工作先进单位"的荣誉称号。
2. 被朔州市精神文明建设指导委员会评为"朔州市文明单位"。
3. 刘世清同志被山西省人力资源和社会保障厅、山西省住房和城乡建设厅授予 2020 年度山西省住建系统"先进个人"的荣誉称号。

（七）当年对违反《住房公积金管理条例》和相关法规行为进行行政处罚和申请人民法院强制执行情况。中心借助司法途径，积极清收逾期贷款。对 7 名长期不正常履行还款义务的借款人提起法律诉讼，涉及逾期贷款金额 136.3 万元。其中 1 名已由法院强制执行，其余 6 名已进入执行程序。

晋中市住房公积金 2020 年年度报告

根据国务院《住房公积金管理条例》和住房和城乡建设部、财政部、人民银行《关于健全住房公积金信息披露制度的通知》（建金〔2015〕26 号）的规定，经住房公积金管理委员会审议通过，现将晋中市住房公积金 2020 年年度报告公布如下。

一、机构概况

（一）住房公积金管理委员会。2020 年晋中市住房公积金管理委员会有 17 名委员。2020 年经住房公积金管委会审议如下事宜。一是审议通过晋中市住房公积金管理中心 2019 年度缴存使用情况及 2020 年度缴存使用计划。二是审议通过晋中市住房公积金管理中心 2019 年度住房公积金增值收益分配方案。三是审议通过晋中市住房公积金管理中心 2019 年年度报告。

（二）住房公积金管理中心。晋中市住房公积金管理中心为直属晋中市人民政府，不以营利为目的的全额事业单位，内设 10 个科室，下设 12 个管理部、办事处。从业人员 185 人，其中，在编 130 人，非在编 55 人。

二、业务运行情况

（一）缴存。2020 年，新开户单位 235 家，单位净增加 89 家；新开户职工 1.49 万人，职工净增加 0.24 万人；实缴单位 3836 家，实缴职工 21.65 万人，缴存额 23.24 亿元，分别同比增加 2.38%、1.07%、7.05%。截至 2020 年末，缴存总额 180.45 亿元，同比增长 14.78%；缴存余额 85.21 亿元，同比增长 16.66%。

受委托办理住房公积金缴存业务的银行 5 家。

（二）提取。2020 年，10.91 万人提取住房公积金，提取额为 11.07 亿元，同比下降 10.22%，提取额占当年缴存额的 47.64%，比上年减少 16.16 个百分点。截至 2020 年末，提取总额 95.24 亿元，同比增加 13.15%。

（三）贷款。

1. 个人住房贷款。单缴存职工个人住房贷款最高额度 50 万元，双缴存职工个人住房贷款最高额度 80 万元。

2020 年，发放个人住房贷款 0.47 万笔、21.63 亿元，同比分别下降 9.18%、5.96%。

2020 年，回收个人住房贷款 8.47 亿元。

2020 年末，累计发放个人住房贷款 4.46 万笔、119.04 亿元，贷款余额 83.29 亿元，同比分别增长 11.78%、22.21%、18.78%。个人住房贷款余额占缴存余额的 97.75%，比上年末增加 1.75 个百分点。受委托办理住房公积金个人住房贷款业务的银行 8 家。

2. 异地贷款。2020 年，发放异地贷款 1220 笔、58894 万元。2020 年末，发放异地贷款总额 223001.60 万元，异地贷款余额 199401.28 万元。

（四）资金存储。2020 年末，住房公积金存款 6.19 亿元，其中：活期 0.01 亿元，1 年以上定期 5.80 亿元，其他（协定、通知存款等）0.38 亿元。

（五）资金运用率。2020 年末，住房公积金个人住房贷款余额占缴存余额的 97.75%，比上年末增加 1.75 个百分点。

三、主要财务数据

（一）业务收入。2020 年，业务收入 27811.62 万元，同比增长 16.70%。其中：存款利息收入

3325.62 万元，委托贷款利息收入 24484.41 万元，其他收入 1.59 万元。

（二）业务支出。2020 年，业务支出 13239.16 万元，同比增长 12.22%。其中：支付职工住房公积金利息支出 12037.65 万元，委托贷款手续费支出 1194.49 万元，其他支出 7.02 万元。

（三）增值收益。2020 年，增值收益 14572.46 万元，同比增长 21.08%。增值收益率 1.83%，比上年增加 0.07 个百分点。

（四）增值收益分配。2020 年，提取贷款风险准备金 8328.78 万元，提取管理费用 2200 万元，提取城市廉租住房（公共租赁住房）建设补充资金 4043.68 万元。

2020 年，上交财政管理费用 2300 万元。上缴财政城市廉租住房（公共租赁住房）建设补充资金 4063.15 万元。

2020 年末，贷款风险准备金余额 43196.29 万元。累计提取城市廉租住房（公共租赁住房）建设补充资金 30788.48 万元。

（五）管理费用支出。2020 年，管理费用支出 2288.18 万元，同比下降 0.08%。其中：人员经费 1691.21 万元，公用经费 343.05 万元，专项经费 253.92 万元。

四、资产风险状况

（一）个人住房贷款。2020 年末，个人住房贷款逾期额 6.84 万元，逾期率 0.01‰。个人贷款风险准备金余额 42874.29 万元。2020 年，使用个人贷款风险准备金核销呆坏账 0 万元。

（二）支持保障性住房建设试点项目贷款。2020 年末，项目贷款风险准备金余额 322 万元。

五、社会经济效益

（一）缴存业务。缴存职工中，国家机关和事业单位占 49.63%，国有企业占 24.12%，城镇集体企业占 6.31%，外商投资企业占 2.89%，城镇私营企业及其他城镇企业占 9.10%，民办非企业单位和社会团体占 0.70%，灵活就业人员占 0.06%，其他占 7.19%；中、低收入占 98.79%，高收入占 1.21%。

新开户职工中，国家机关和事业单位占 29.55%，国有企业占 14.28%，城镇集体企业占 10.92%，外商投资企业占 2.64%，城镇私营企业及其他城镇企业占 32.77%，民办非企业单位和社会团体占 1.45%，灵活就业人员占 0.47%，其他占 7.92%；中、低收入占 99.76%，高收入占 0.24%。

（二）提取业务。提取金额中，购买、建造、翻建、大修自住住房占 14.35%，偿还购房贷款本息占 39.01%，租赁住房占 12.06%，离休和退休提取占 26.70%，完全丧失劳动能力并与单位终止劳动关系提取占 4.61%，死亡或宣告死亡占 0.95%，其他非住房消费占 2.32%。提取职工中，中、低收入占 99.92%，高收入占 0.08%。

（三）贷款业务。2020 年，支持职工购建房 56.72 万平方米，年末个人住房贷款市场占有率为 21.75%，比上年末减少 0.62%。通过申请住房公积金个人住房贷款，可节约职工购房利息支出 69661.48 万元。

职工贷款笔数中，购房建筑面积 90（含）平方米以下占 10.96%，90～144（含）平方米占 77.97%，144 平方米以上占 11.07%；购买新房占 88.74%（其中购买保障性住房占 0%），购买二手房占 11.26%，建造、翻建、大修自住住房占 0%，其他占 0%。

职工贷款笔数中，单缴存职工申请贷款占22.03%，双缴存职工申请贷款占77.42%，三人及以上缴存职工共同申请贷款占0.55%。

贷款职工中，30岁（含）以下占27.72%，30岁～40岁（含）占43.03%，40岁～50岁（含）占22.88%，50岁以上占6.37%；首次申请贷款占91.48%，二次及以上申请贷款占8.52%；中、低收入占98.89%，高收入占1.11%。

（四）住房贡献率。 2020年，个人住房贷款发放额、住房消费提取额的和与当年缴存额的比率为124.27%。比上年减少23.15%。

六、其他重要事项

（一）应对新冠肺炎疫情采取的措施，落实住房公积金阶段性支持政策情况和政策实施成效。

1. 2020年2月中心印发了《关于新冠肺炎疫情防控期间进一步加强住房公积金服务保障工作》的通告（市房金管发〔2020〕1号）。

（1）新冠肺炎确诊患者可按照"其他特殊情况"要求，申请大病提取，用于医疗支出。

（2）对参加疫情防控的工作人员及其配偶，以及因感染新冠肺炎住院治疗的患者、疑似人员、集中隔离人员和受疫情影响暂时失去收入来源的人群，因疫情影响未能及时还款的，不作逾期处理。

（3）疫情防控期间，住房公积金中心提供帮办代办服务，公开13个业务邮箱和13部对外服务电话，采取主动疏导、电话咨询、微信和邮件预受理等方式，推行"不见面"帮办代办，指导备齐办事材料错峰办理业务，做到即来即办、即办即走。

疫情期间办理帮办代办业务5573笔，邮箱业务207笔，提供咨询18218次。保障缴存职工足不出户办理公积金业务，服务效果显著。

2. 2020年2月中心印发了《关于疫情防控期间做好公积金缓缴和职工延迟偿还贷款》的通知（市房金管函〔2020〕3号）。

（1）企业缓缴：由企业法人或法人委托代理人、企业财务负责人或专管员签字，提出缓交申请，并承诺于六月底前一次性补缴，不视为断缴。

（2）贷款职工：由贷款职工本人提出延迟还贷申请，并承诺于六月底前一次还清，期间未正常还贷月份不视为逾期。

2020年，晋中市住房公积金管理中心为56个企业、10973个职工办理缓缴公积金业务。这一举措切实缓解了企业的经济压力，受到企业和群众的一致好评。

（二）2020年机构及职能调整情况、受委托办理贷款业务金融机构变更情况。 受委托办理住房公积金个人住房贷款业务的银行8家，比上年增加2家：开发区农村信用社、晋商银行。

（三）2020年晋中市住房公积金政策调整及执行情况。

1. 缴存政策及缴存基数调整情况

（1）2020年6月中心印发了《关于2020年度晋中市住房公积金缴存基数、比例调整》的通知（市房金管发〔2020〕22号），明确自2020年7月1日起，本市职工住房公积金的缴存基数由2018年月平均工资调整为2019年月平均工资；对2019年度晋中市住房公积金缴存上下限执行标准进行调整，统一调整为：月工资上限最高16878元，月工资下限最低1400元。

(2) 2020年8月中心印发了《关于贷后断缴个人托管账户相关业务》的通知（市房金管函〔2020〕9号），对于贷后断缴职工可就近建立个人托管账户。

2. 提取政策调整情况

2020年6月中心印发了《关于晋中市既有住宅加装电梯提取住房公积金实施细则》的通知（市房金管发〔2020〕23号），明确了晋中市既有住宅加装电梯提取住房公积金的有关办理事项。

3. 贷款政策调整情况

2020年4月中心印发了《关于公积金相关业务办理》的通知（市金管发〔2020〕11号），明确新办理的贷款，要严格执行二套房贷款利率上浮10%的规定；停止向购买第三套（含第三套）以上住房、第三次（含第三次）以上申请住房贷款的缴存职工家庭发放住房公积金贷款；夫妻双方中有一方有过购房记录的，累计计算购房次数。

（四）对上年度结转的未分配增值收益进行了分配，计提城市廉租住房（公共租赁住房）建设补充资金5055.29万元，当年累计提取城市廉租住房（公共租赁住房）建设补充资金9098.97万元。

（五）2020年晋中市住房公积金服务改进情况。

1. 成立入企服务小组。坚持服务企业、服务民生的发展理念，以"公积金＋银行"为着力点，以群众所急所需所盼为导向，联合11家合作银行成立入企便民服务小组提供金融服务，由中心党组成员挂帅，统筹推进、区块结合、主动对接、一企一策、把脉问诊，攻难关破难点，为助力企业发展提供政策支撑和资金保障。

2. 推动两厅融合。中心积极推进网厅、大厅两厅融合，网厅覆盖全市公积金缴存单位，大幅提升离柜率，通过对大数据的整合利用，实现了资金在银行和中心系统内的实时入账，精准匹配，企业办理缴存业务实现了"零手工、零表格、零失误、一站式"，极大地减少临柜办理的时间，为缴存单位节省大量的人力成本和时间成本；实体大厅配置了智能服务终端机、智能触摸显示屏、网厅电脑、复印机、老花镜、饮水机等设施设备，将自助引导、自助查询、自助办理、信息公开等功能融为一体，从业务咨询、填表指导、答疑解惑、业务办理环节提供更多有温度接地气的暖心服务。

（六）信息化建设改进情况。

1. 推动跨省通办。依托综合服务平台，加强数据互联互通，拓宽办事渠道、优化办理流程、提升服务能力，通过减时间、减环节、减材料、减跑动，大力推进公积金服务全程网办、代收代办、两地联办，缴存职工通过手机App提取离退休、偿还购房贷款本息公积金等其他提取业务。实现跨省异地群众"马上办、网上办、就近办、一地办"，公积金服务和群众获得感得到显著提升。

2. 实现互联共享。中心进一步深化"放管服效"改革，继"双贯标""综合服务平台"上线之后，不断优化服务功能，完善公积金信息系统，与不动产登记中心、房产交易中心和商业银行进行系统对接，房产信息、商贷信息一键可查。山西省互联共享平台实现全省相关业务部门间的数据共享，实现了省内公积金业务一站式办结。全国住房公积金异地转移接续平台实现了"账随人走，钱随账走"，避免职工在转入地和转出地往返奔波。

（七）住房公积金管理中心所获荣誉情况。2020年晋中市住房公积金管理中心被山西省住房和城乡建设厅评为"优秀单位"；被市直工委评为"示范型党组织"；开发区办事处被山西省人力资源和社会保障厅、山西省住房和城乡建设厅评为"先进单位"；党组成员、副主任王梅同志被山西省人力资源和社会保障厅、山西省妇女联合会授予"山西省巾帼建功标兵"荣誉称号；党组成员、副主任郭俊伯同志被山西省人力资源和社会保障厅、山西省住房和城乡建设厅评为"先进个人"。

运城市住房公积金 2020 年年度报告

根据国务院《住房公积金管理条例》和住房和城乡建设部、财政部、人民银行《关于健全住房公积金信息披露制度的通知》（建金〔2015〕26号）的规定，经住房公积金管理委员会审议通过，现将运城市住房公积金 2020 年年度报告公布如下。

一、机构概况

（一）住房公积金管理委员会。住房公积金管理委员会有 19 名委员，2020 年召开 1 次会议，审议通过的事项主要包括：《运城市住房公积金 2019 年年度报告》《关于 2019 年全市住房公积金工作情况和 2020 年工作要点的报告》《关于 2019 年全市住房公积金归集、使用计划执行情况及 2020 年住房公积金归集、使用计划的报告》《关于 2019 年全市住房公积金增值收益分配方案和 2020 年增值收益预算的报告》。

（二）住房公积金管理中心。住房公积金管理中心为直属运城市人民政府不以营利为目的的全额事业单位，设 7 个科（室），16 个管理部。从业人员 205 人，其中，在编 173 人，非在编 32 人。

二、业务运行情况

（一）缴存。2020 年，新开户单位 461 家，净增单位 223 家；新开户职工 2.89 万人，净增职工 1.14 万人；实缴单位 4285 家，实缴职工 27.74 万人，缴存额 28.55 亿元，分别同比增长 5.49％、4.25％、7.94％。2020 年末，缴存总额 214.59 亿元，比上年末增加 15.35％；缴存余额 103.78 亿元，同比增长 14.75％。受委托办理住房公积金缴存业务的银行 7 家。

（二）提取。2020 年，5.12 万名缴存职工提取住房公积金；提取额 15.22 亿元，同比增长 19.56％；提取额占当年缴存额的 53.31％，比上年增加 5.18 个百分点。2020 年末，提取总额 110.82 亿元，比上年末增加 15.92％。

（三）贷款。

1. 个人住房贷款。个人住房贷款最高额度 80 万元。

2020 年，发放个人住房贷款 5915 笔、21.6 亿元，同比分别增长 10.85％、31.96％。

2020 年末，累计发放个人住房贷款 10.31 万笔、144.53 亿元，贷款余额 70.96 亿元，分别比上年末增加 6.08％、17.56％、18.96％。个人住房贷款余额占缴存余额的 68.38％，比上年末增加 2.43 个百分点。受委托办理住房公积金个人住房贷款业务的银行 3 家。

2. 异地贷款。2020 年，发放异地贷款 1318 笔、47782 万元。2020 年末，发放异地贷款总额 95461 万元，异地贷款余额 87819.42 万元。

（四）资金存储。2020 年末，住房公积金存款 34.04 亿元。其中，活期 0.01 亿元，1 年以上定期

30.48 亿元，其他（协定、通知存款等）3.55 亿元。

（五）资金运用率。 2020 年末，住房公积金个人住房贷款余额占缴存余额的 68.38%，比上年末增加 2.43 个百分点。

三、主要财务数据

（一）业务收入。 2020 年，业务收入 35391.92 万元，同比增长 15.96%。存款利息 14338.6 万元，委托贷款利息 21029.69 万元，其他 23.63 万元。

（二）业务支出。 2020 年，业务支出 16057.43 万元，同比增长 12.54%。支付职工住房公积金利息 15201.95 万元，委托贷款手续费 838.92 万元，其他 16.56 万元。

（三）增值收益。 2020 年，增值收益 19334.49 万元，同比增长 18.96%。增值收益率 1.99%，比上年增加 0.05 个百分点。

（四）增值收益分配。 2020 年，提取贷款风险准备金 8514.94 万元，提取管理费用 3054.27 万元，提取城市廉租住房建设补充资金 7765.28 万元。

2020 年，上交财政管理费用 2723.01 万元。上缴财政城市廉租住房建设补充资金 6371.82 万元。

2020 年末，贷款风险准备金余额 53054.11 万元。累计提取城市廉租住房建设补充资金 37735.39 万元。

（五）管理费用支出。 2020 年，管理费用支出 2427.58 万元，同比下降 12.58%。其中，人员经费 1645.06 万元，公用经费 125.34 万元，专项经费 657.18 万元。

四、资产风险状况

个人住房贷款。2020 年末，个人住房贷款逾期额 1547.57 万元，逾期率 2.18‰。2020 年末，个人贷款风险准备金余额 53054.11 万元。2020 年使用个人贷款风险准备金核销呆坏账 0 万元。

五、社会经济效益

（一）缴存业务。 缴存职工中，国家机关和事业单位占 50.25%，国有企业占 19.91%，城镇集体企业占 0.71%，外商投资企业占 0.21%，城镇私营企业及其他城镇企业占 27.54%，民办非企业单位和社会团体占 1.09%，灵活就业人员占 0.26%，其他占 0.03%；中、低收入占 99.31%，高收入占 0.69%。

新开户职工中，国家机关和事业单位占 18.21%，国有企业占 7.23%，城镇集体企业占 0.35%，外商投资企业占 0.1%，城镇私营企业及其他城镇企业占 70.87%，民办非企业单位和社会团体占 0.95%，灵活就业人员占 2.07%，其他占 0.22%；中、低收入占 99.84%，高收入占 0.16%。

（二）提取业务。 提取金额中，购买、建造、翻建、大修自住住房占 28.56%，偿还购房贷款本息占 30.79%，租赁住房占 11.52%，离休和退休提取占 23.39%，完全丧失劳动能力并与单位终止劳动关系提取占 2.36%，其他占 3.38%。提取职工中，中、低收入占 99.12%，高收入占 0.88%。

（三）贷款业务。

个人住房贷款：2020 年，支持职工购建房 78.68 万平方米（含公转商贴息贷款），2020 年末个人住房贷款市场占有率（含公转商贴息贷款）为 27.15%，比上年末增加 0.35 个百分点。通过申请住房公积金个人住房贷款，可节约职工购房利息支出 51176.53 万元。

职工贷款笔数中，购房建筑面积 90（含）平方米以下占 2.99%，90～144（含）平方米占 79.85%，144 平方米以上占 17.16%。购买新房占 86.91%，购买二手房占 11.55%，其他占 1.54%。

职工贷款笔数中，单缴存职工申请贷款占 64.21%，双缴存职工申请贷款占 35.79%。

贷款职工中，30 岁（含）以下占 30.62%，30 岁～40 岁（含）占 43.42%，40 岁～50 岁（含）占 19.39%，50 岁以上占 6.57%；首次申请贷款占 88.44%，二次及以上申请贷款占 11.56%；中、低收入占 99.63%，高收入占 0.37%。

（四）住房贡献率。 2020 年，个人住房贷款发放额、住房消费提取额的和与当年缴存额的比率为 113.40%，比上年增加 16.72 个百分点。

六、其他重要事项

（一）应对新冠肺炎疫情采取的措施，落实住房公积金阶段性支持政策情况。 新冠肺炎疫情发生以来，按照疫情防控工作要求，中心及时召开会议，成立领导组，安排落实疫情防控相关工作，持续关注疫情发展形势，坚持疫情防控日报制度，抓好疫情防控常态化工作。疫情发生后，为缓解疫情影响压力，为企业和职工纾困解难，中心第一时间研究制定发布了《关于妥善应对新冠肺炎疫情实施住房公积金阶段性支持政策的通知》（运市住金字〔2020〕8 号），规定"受疫情影响的企业，可按规定申请在 2020 年 6 月 30 日前缓缴住房公积金，缓缴期间缴存时间连续计算，不影响职工正常提取和申请住房公积金贷款；受疫情影响的职工，2020 年 6 月 30 日前住房公积金贷款不能正常还款的，不作逾期处理，不作为逾期记录报送征信部门，已报送的予以调整。"中心通过市政府网站住房公积金专栏和"运城市住房公积金"微信公众号进行了政策宣传，阶段性政策实施期间，全市共收到申请缓缴住房公积金的企业 15 家，涉及缴存职工 7266 人，累计缓缴金额 724.54 万元；因受疫情影响无法正常还款且不作逾期处理的贷款 3 笔。

（二）当年住房公积金政策调整及执行情况。

1. 2020 年 7 月调整核定住房公积金月缴存基数及比例，缴存基数上限按不超过运城市 2019 年度职工月平均工资 3 倍的要求确定为 15454 元，缴存基数下限按 2019 年度月最低工资标准 1700 元执行，职工和单位住房公积金的缴存比例上限为 12%，下限为 5%。

2. 出台《关于调整住房公积金提取范围的通知》（运市住金函〔2020〕9 号），取消"享受城镇最低生活保障的"住房公积金提取申请条件；将"部分或者全部丧失劳动能力以及遇到其他突发事件，造成家庭生活严重困难的"修改为："完全丧失劳动能力并与单位终止劳动关系的"。

3. 出台《运城市个人自愿缴存者住房公积金缴存和使用管理办法（试行）的通知》（运市住金字〔2020〕17 号），规定自愿缴存者携带本人身份证、本辖区户口簿或有效居民身份证明、个人征信报告，到中心业务大厅（管理部）办理开户登记手续并设立个人住房公积金账户，自愿缴存者使用住房公积金按照运城市住房公积金管理中心的规定执行。

4. 印发《关于确定个人住房公积金贷款额度的意见》（运市住金函〔2020〕15 号），实行存贷挂钩机制，切实保障住房公积金资金安全，具体贷款额度由业务大厅和各管理部根据借款人的征信、家庭收入、缴存情况、房屋总价、可贷年限等综合因素考虑确定，但不得超过规定的最高贷款额度。

5. 住房公积金存贷款利率执行标准：职工住房公积金账户存款利率统一按照一年期定期存款基准利

率1.5%计息，个人住房公积金贷款年利率五年期以下（含五年）2.75%，5年期以上3.25%。职工购买第二套改善型住房申请住房公积金个人住房贷款的，按照同期首套住房公积金个人住房贷款利率的1.1倍计息，个人住房公积金贷款年利率五年期以下（含五年）3.025%，五年期以上3.575%。

（三）当年服务改进情况。

1. 2020年，中心认真贯彻落实国务院、住房和城乡建设部和省住房城乡建设厅住房公积金服务"跨省通办"工作要求，实现"个人住房公积金缴存贷款信息查询、出具贷款职工住房公积金缴存使用证明、正常退休提取住房公积金"三项业务全程网办。

2. 12个管理部主动对接入驻各县（市、区）政务大厅，服务窗口全部实行综合柜员制，实现了"进一扇门、办所有事"，不断压缩贷款审批时限，进一步提高户均贷款额度，服务工作取得了新成效。

3. 2020年，中心对综合服务平台进行升级改造，加快推进山西省住房公积金互联共享平台建设，通过互联共享平台与房产、民政、公安、税务部门实现数据共享，新增"购房支取、偿还商业银行贷款支取、退休支取"三种网办业务。

（四）当年住房公积金管理中心及职工所获荣誉情况。中心被省住房城乡建设厅评为"2020年度全省住房城乡建设工作良好单位"，新绛管理部被省人社厅、省住房城乡建设厅评为"山西省住建系统先进集体"，中心高青龙同志被省人社厅、省住房城乡建设厅评为"山西省住建系统先进个人"。

（五）当年对违反《住房公积金管理条例》和相关法规行为进行行政处罚和申请人民法院强制执行情况。对一家单位下发了《运城市住房公积金管理中心限期缴存住房公积金通知书》《运城市住房公积金管理中心限期办理住房公积金缴存登记通知书》；有一家单位召开了行政处罚听证会。

忻州市住房公积金2020年年度报告

根据国务院《住房公积金管理条例》和住房和城乡建设部、财政部、人民银行《关于健全住房公积金信息披露制度的通知》（建金〔2015〕26号）的规定，经住房公积金管理委员会审议通过，现将忻州市住房公积金2020年年度报告公布如下。

一、机构概况

（一）住房公积金管理委员会。住房公积金管理委员会有24名委员，2020年召开1次会议，审议通过的事项主要包括：2020年归集使用计划及2019年归集使用计划执行情况的报告、增值收益分配方案、忻州市住房公积金2019年年度报告。

（二）住房公积金管理中心。住房公积金管理中心为政府直属不以营利为目的的全额事业单位，设6个科，15个管理部。从业人员158人，其中，在编67人，非在编91人。

二、业务运行情况

（一）缴存。2020年，新开户单位349家，净增单位106家；新开户职工0.97万人，净增职工0.33

万人；实缴单位 4300 家，实缴职工 17.27 万人，缴存额 20.52 亿元，分别同比增长 2.53%、1.95%、5.12%。2020 年末，缴存总额 163.94 亿元，比上年末增加 14.31%；缴存余额 65.03 亿元，同比增长 17.49%。受委托办理住房公积金缴存业务的银行 5 家。

（二）提取。2020 年，4.51 万名缴存职工提取住房公积金；提取额 10.84 亿元，同比增长 12.8%；提取额占当年缴存额的 52.83%，比上年增加 3.59 个百分点。2020 年末，提取总额 98.91 亿元，比上年末增加 12.31%。

（三）贷款。

1. 个人住房贷款。个人住房贷款最高额度 60 万元。

2020 年，发放个人住房贷款 0.4 万笔、16.98 亿元，同比分别增加 33.33%、55.92%。

2020 年，回收个人住房贷款 5.52 亿元。

2020 年末，累计发放个人住房贷款 3.94 万笔、88.13 亿元，贷款余额 48.99 亿元，分别比上年末增加 11.3%、23.85%、30.54%。个人住房贷款余额占缴存余额的 75.34%，比上年末增加 7.54 个百分点。受委托办理住房公积金个人住房贷款业务的银行 5 家。

2. 异地贷款。2020 年，发放异地贷款 761 笔、31666 万元。2020 年末，发放异地贷款总额 94984 万元，异地贷款余额 73002.5 万元。

（四）资金存储。2020 年末，住房公积金存款 16.78 亿元。其中，1 年以上定期 16.43 亿元，其他（协定、通知存款等）0.35 亿元。

（五）资金运用率。2020 年末，住房公积金个人住房贷款余额占缴存余额的 75.34%，比上年末增加 7.54 个百分点。

三、主要财务数据

（一）业务收入。2020 年，业务收入 22864.77 万元，同比下降 27.34%；存款利息 9386.72 万元，委托贷款利息 13463.31 万元，其他 14.74 万元。

（二）业务支出。2020 年，业务支出 9340.90 万元，同比增加 19.19%；支付职工住房公积金利息 8950.85 万元，委托贷款手续费 390.05 万元。

（三）增值收益。2020 年，增值收益 13523.87 万元，同比下降 42.78%；增值收益率 2.28%，比上年下降 2.56 个百分点。

（四）增值收益分配。2020 年，提取贷款风险准备金 4900 万元，提取管理费用 1600 万元，提取城市廉租住房（公共租赁住房）建设补充资金 7023.87 万元。

2020 年，上交财政管理费用 2750 万元。上缴财政城市廉租住房（公共租赁住房）建设补充资金 350 万元。

2020 年末，贷款风险准备金余额 62989.38 万元。累计提取城市廉租住房（公共租赁住房）建设补充资金 16347.24 万元。

（五）管理费用支出。2020 年，财政拨付管理费用支出 1957.67 万元，同比增加 33.57%。其中，人员经费 612.51 万元，公用经费 26.18 万元，专项经费 1318.98 万元。

四、资产风险状况

个人住房贷款。2020年末，个人住房贷款逾期额913.8万元，逾期率1.87‰，个人贷款风险准备金余额62989.38万元。

五、社会经济效益

（一）**缴存业务**。缴存职工中，国家机关和事业单位占60.95%，国有企业占29.37%，城镇集体企业占0.46%，外商投资企业占0.22%，城镇私营企业及其他城镇企业占7.03%，民办非企业单位和社会团体占0.93%，灵活就业人员占0.78%，其他占0.26%；中、低收入占98.83%，高收入占1.17%。

新开户职工中，国家机关和事业单位占26.94%，国有企业占20.98%，城镇集体企业占0.38%，外商投资企业占1.08%，城镇私营企业及其他城镇企业占41.65%，民办非企业单位和社会团体占7.14%，灵活就业人员占1.02%，其他占0.81%；中、低收入占99.59%，高收入占0.41%。

（二）**提取业务**。提取金额中，购买、建造、翻建、大修自住住房占19.79%，偿还购房贷款本息占26.72%，租赁住房占29.21%，离休和退休提取占20.38%，完全丧失劳动能力并与单位终止劳动关系提取占1.45%，其他占2.45%。提取职工中，中、低收入占99.96%，高收入占0.04%。

（三）**贷款业务**。

个人住房贷款：2020年，支持职工购建房47.53万平方米，年末个人住房贷款市场占有率为49.25%，比上年末增加2.87个百分点。通过申请住房公积金个人住房贷款，可节约职工购房利息支出51954.01万元。

职工贷款笔数中，购房建筑面积90（含）平方米以下占12.71%，90～144（含）平方米占77.46%，144平方米以上占9.83%。购买新房77.98%，购买二手房占22.02%。

职工贷款笔数中，单缴存职工申请贷款占28.44%，双缴存职工申请贷款占71.56%。

贷款职工中，30岁（含）以下占27.27%，30岁～40岁（含）占47.87%，40岁～50岁（含）占18.56%，50岁以上占6.3%；首次申请贷款占93.46%，二次及以上申请贷款占6.54%；中、低收入占100%。

（四）**住房贡献率**。2020年，个人住房贷款发放额与住房消费提取额的和与当年缴存额的比率为122.73%，比上年增加28.68个百分点。

六、其他重要事项

（一）为早日打赢我市疫情防控和经济发展两场战役，全力做好我市住房公积金阶段性支持政策服务保障，确保全市经济社会平稳健康有序发展，中心采取如下措施。

1. 受疫情影响的企业，可按规定申请在2020年6月30日前缓缴住房公积金，缓缴期间缴存时间连续计算，不影响职工正常提取和申请住房公积金贷款。

2. 受疫情影响的职工2020年6月30日前不能按时偿还住房公积金贷款的，不作逾期处理，不计入个人征信。我市现行租房提取额度每年为2万元，可以满足支付本市租房租金，在疫情防控期间，租房提取可通过网上和窗口优先办理。

3. 为阻断新冠肺炎传播，保护缴交职工的身体健康，在疫情未解除前，请尽量选择通过忻州市住房公积金网上营业大厅、微信公众号、手机App线上办理业务，也可通过12329住房公积金服务热线或窗口服务电话咨询。尽量避免到市住房公积金管理中心服务大厅和县（市、区）管理部现场办理业务，如确需现场办理的，可提前预约，错峰办理，分散办理。

4. 我市住房公积金管理中心提供主动服务，公开15个业务邮箱和15部对外服务电话，采取主动疏导、电话咨询、微信和邮件预受理等方式，推行"不见面"服务，指导备齐办事材料，错峰办理业务，做到即来即办、即办即走。

5. 向疫情防控一线工作者提供更多支持，对参加疫情防控一线的医务工作者开通绿色通道优先办理各类住房公积金业务。

6. 与住房公积金业务相关的部门、银行、房产企业加强协作，相互配合，不断强化"三服务"，为全市经济社会平稳健康有序发展提供服务保障。

通过以上制度的实施，住房公积金缴交、提取、贷款等业务线上办理率明显提升，对于受疫情影响的2293笔贷款无法正常还款不作逾期处理，缓解了贷款职工的还款压力。对提出缓交的单位给予及时审批。

（二）2020年12月18日忻州市委、市政府批准了《忻州市住房公积金管理中心职能配置、内设机构和人员编制规定》，明确忻州市住房公积金管理中心是市政府直属正处级公益一类事业单位，内设6个科室，分别为办公室、计财科、归集和提取管理科、贷款管理科、统计信息科、监督（内审）科；原有管理部名称和职能保持不变的基础上新增加一个市直管理部，调整后全市共15个管理部。

（三）当年住房公积金政策调整及执行情况如下。

1. 调整2020年度住房公积金缴存基数和缴存比例

根据《关于做好2020年度住房公积金缴存基数和缴存比例调整工作的通知》（忻住金业〔2020〕2号）文件进行如下调整。

缴存基数：根据忻州市统计部门公布的2019年度职工月平均工资为5468元，2020年度（即2020年7月1日至2021年6月30日）缴存基数下限为不得低于《山西省人民政府办公厅关于调整我省最低工资标准的通知》（晋政办发〔2017〕120号）中规定的最低工资标准为1400元，上限为不得超过忻州市统计部门公布的2020年度职工月平均工资的3倍16404元。缴存基数确定后，在本缴存年度内不得变更。

缴存比例：单位和个人住房公积金缴存比例均不低于5%、不高于12%。缴存单位可在规定的比例5%至12%区间内自主确定和调整。同一单位职工的缴存比例应当一致，缴存比例一律取整数；缴存比例确定后，在本年度内不得变更。

2. 调整住房公积金提取政策

根据《关于住房公积金提取、贷款业务有关问题的通知》（忻住金贷〔2020〕1号）文件，取消四种提取政策。即：停止大病、物业费、低保、自然灾害或突发事件四种提取业务。

3. 调整了贷款房屋套数的认定标准

房屋套数认定执行认房又认贷，根据借款申请人（含共同申请人）在公积金缴存地和购房所在地不动产登记部门出具的房屋套数证明及本人承诺书，并结合征信系统和住房公积金系统中的贷款次数，综合认定房屋套数。房屋套数证明有效期为1个月。

① 购买首套房的认定。

房屋套数查询记录中无住房，且借款申请人（含共同申请人）的个人信用报告和住房公积金系统中无住房贷款和装修贷款记录。

② 购买二套房的认定。

有下列情形之一的，认定为二套房：

a. 借款申请人（含共同申请人）的房屋套数查询记录中有一套住房，个人信用报告或住房公积金系统中无贷款记录；

b. 借款申请人（含共同申请人）的房屋套数查询记录中有一套住房，个人信用报告或住房公积金系统中有一笔住房贷款或装修贷款记录，且贷款记录和房屋套数查询记录的房屋为同一套；

c. 借款申请人（含共同申请人）的房屋套数查询记录中有一套住房，个人信用报告或住房公积金系统中有一笔住房贷款和一笔装修贷款记录，且贷款记录和房屋套数查询记录的房屋为同一套；

d. 房屋套数查询记录中无住房，借款申请人（含共同申请人）的个人信用报告或住房公积金系统中有一笔住房贷款或装修贷款记录；

e. 房屋套数查询记录中无住房，借款申请人（含共同申请人）的个人信用报告或住房公积金系统中有一笔住房贷款和装修贷款记录，且贷款记录的房屋为同一套；

③ 除上述所列的属购买首套房、二套房的情形外，均认定为购买第三套及以上住房，不能申请住房公积金个人住房贷款。

4. 当年住房公积金存贷款利率执行标准

2020年，继续执行《中国人民银行　住房和城乡建设部　财政部关于完善职工住房公积金账户存款利率形成机制的通知》（银发〔2016〕43号）文件要求，"自2016年2月21日起，将职工住房公积金账户存款利率，由现行按照归集时间执行活期、三个月存款基准利率，调整为统一按一年期定期存款基准利率执行"，即1.5%。

2020年，中国人民银行对个人住房公积金贷款利率未做调整，仍执行2017年的标准，首套房五年期以上个人住房公积金贷款利率为3.25%，五年期以下（含五年）个人住房公积金贷款利率为2.75%。二套房五年期以上个人住房公积金贷款利率为3.575%，五年期以下（含五年）个人住房公积金贷款利率为3.025%。

（四）推进住房公积金服务"跨省通办"事项包括通过微信、手机App、网厅实现个人住房公积金缴存贷款等信息查询，正常退休提取，单位及个人缴存信息变更，住房公积金贷款提前还款证明。

在全市"创建文明城市"和优化营商环境工作的指引下，中心结合自身特点，组合发力，全面提升服务水平和窗口形象。一是全市持续推广网办业务；二是组织管理部业务人员到市直轮训，提高了基层业务素质和服务能力；三是实现市直业务"管办分离"，保证了各类业务按时效审批办结；四是以"创建文明城市"为契机，创优服务环境，提升服务水平，市直服务大厅顺利通过"省级青年文明号"复审；五是按照全市优化营商环境工作要求，进一步简化程序、优化流程、缩短时限。接入不动产登记业务，极大地方便了办事群众；六是定期对窗口服务测评，褒奖先进，弘扬正能量。

（五）当年信息化建设和改造情况如下：

1. 完成了业务系统迁移到忻州市政务云。在硬件、软件、网络、合作商业银行、部省市平台和多家外围接口与共享平台等单位的共同努力下，忻州市住房公积金业务系统于12月6日成功迁移到忻州市政务云机房。

2. 实现各类数据落地应用。启用的接口包括异地转移接续补充信息查询、个人公积金信息查询、异地缴存证明信息查询、异地公积金贷款信息查询、异地贷款证明回执、工商信息接口查询、公安信息接口查询、银行商业贷款查询接口、税务税票信息验证功能、民政婚姻等接口。

3. 按照跨省通办有关政策的要求，升级网厅功能和优化移动客户端的功能。依托网上营业厅，个人网厅实现离退休、解除劳动关系、购买自住住房、建造及翻建及大修住房、租赁自住房、偿还省内异地公积金贷款提取、偿还省内商业贷款提取、异地转移接续、公积金冲还贷签约，提前部分还款和提前全部还款等功能；单位网厅实现了单位汇缴、单位清册变更（启封、封存）、比例调整、基数调整、内部转移、单位缴存、单位基本信息修改、职工基本信息修改（手机号）；优化微信端将偿还异地公积金贷款提取更改为线上办结、微信端将偿还异地公积金商业银行贷款提取更改为线上办结、微信端租房提取融合民政接口。

（六）2020 年忻州市住房公积金管理中心荣获省目标任务考核"良好单位"；市直服务大厅荣获"省级青年文明号"和"山西省住建系统先进集体"；宁武管理部副主任张尚富（第一书记）荣获山西省事业单位集中开展脱贫攻坚专项奖励"记大功"一次；五寨管理部副主任尹宝君荣获山西省住建系统先进个人。

（七）由纪检监察司法部门对已发现的违法违纪人员进行了查处。

临汾市住房公积金 2020 年年度报告

根据国务院《住房公积金管理条例》和住房和城乡建设部、财政部、人民银行《关于健全住房公积金信息披露制度的通知》（建金〔2015〕26 号）的规定，经住房公积金管理委员会审议通过，现将临汾市住房公积金 2020 年年度报告公布如下。

一、机构概况

（一）住房公积金管理委员会。住房公积金管理委员会有 25 名委员，2020 年召开一次会议，审议通过的事项主要包括：市住房公积金管理中心工作报告，市住房公积金管理中心 2019 年度住房公积金归集、使用计划执行情况及 2020 年度计划情况报告，市住房公积金 2019 年年度报告，市住房公积金管理中心关于缴存、提取、贷款管理办法的修改意见。

（二）住房公积金管理中心。住房公积金管理中心为临汾市人民政府不以营利为目的的公益一类正处级事业单位，内设 9 个科（室）、19 个管理部。从业人员 264 人，其中，在编 160 人，非在编 104 人。

二、业务运行情况

（一）缴存。2020 年，新开户单位 660 家，净增单位 536 家；新开户职工 2.12 万人，净增职工 0.61 万人；实缴单位 6356 家，实缴职工 29.52 万人，缴存额 31.00 亿元，分别同比增长 9.21%、2.11%、

5.08%。2020 年末，缴存总额 244.11 亿元，比上年末增加 14.55%；缴存余额 119.35 亿元，同比增长 11.80%。受委托办理住房公积金缴存业务的银行 7 家。

（二）提取。2020 年，6.78 万名缴存职工提取住房公积金；提取额 18.39 亿元，同比增长 14.94%；提取额占当年缴存额的 59.32%，比上年增加 5.10 个百分点。2020 年末，提取总额 124.76 亿元，比上年末增加 17.29%。

（三）贷款。

1. 个人住房贷款。个人住房贷款最高额度 60 万元。

2020 年，发放个人住房贷款 0.48 万笔、20.15 亿元，同比分别下降 11.11%、8.33%。

2020 年，回收个人住房贷款 10.05 亿元。

2020 年末，累计发放个人住房贷款 7.24 万笔、155.95 亿元，贷款余额 92.57 亿元，分别比上年末增加 7.10%、14.84%、12.23%。个人住房贷款余额占缴存余额的 77.56%，比上年末增加 0.30 个百分点。受委托办理住房公积金个人住房贷款业务的银行 7 家。

2. 异地贷款。2020 年，发放异地贷款 1173 笔、44752.37 万元。2020 年末，发放异地贷款总额 130226.27 万元，异地贷款余额 119400.22 万元。

（四）资金存储。2020 年末，住房公积金存款 27.93 亿元。其中，活期 0.01 亿元，1 年（含）以下定期 3.40 亿元，1 年以上定期 22.60 亿元，其他（协定、通知存款等）1.92 亿元。

（五）资金运用率。2020 年末，住房公积金个人住房贷款余额占缴存余额的 77.56%，比上年末增加 0.30 个百分点。

三、主要财务数据

（一）业务收入。2020 年，业务收入 39123.05 万元，同比增长 15.89%。其中，存款利息 11150.66 万元，委托贷款利息 27968.91 万元，其他 3.48 万元。

（二）业务支出。2020 年，业务支出 18978.46 万元，同比增长 22.98%。其中，支付职工住房公积金利息 17413.46 万元，委托贷款手续费 1296.02 万元，其他 268.98 万元。

（三）增值收益。2020 年，增值收益 20144.59 万元，同比增长 9.91%。增值收益率 1.78%，比上年减少 0.06 个百分点。

（四）增值收益分配。2020 年，提取贷款风险准备金 12086.75 万元，提取管理费用 3161.37 万元，提取城市廉租住房建设补充资金 4896.47 万元。

2020 年，上交财政管理费用 3339.53 万元。上缴财政城市廉租住房建设补充资金 19687.72 万元。

2020 年末，贷款风险准备金余额 62514.76 万元。累计提取城市廉租住房建设补充资金 39671.24 万元。

（五）管理费用支出。2020 年，管理费用支出 3330.02 万元，同比下降 7.30%。其中，人员经费 2472.49 万元，公用经费 237.97 万元，专项经费 619.56 万元。

四、资产风险状况

个人住房贷款。2020 年末，个人住房贷款逾期额 267.33 万元，逾期率 0.29‰。个人贷款风险准备金余额 62514.76 万元。2020 年，使用个人贷款风险准备金核销呆坏账 0 万元。

五、社会经济效益

（一）缴存业务。缴存职工中，国家机关和事业单位占 59.29%，国有企业占 23.79%，城镇集体企业占 0.59%，外商投资企业占 0.98%，城镇私营企业及其他城镇企业占 11.03%，民办非企业单位和社会团体占 0.68%，灵活就业人员占 1.36%，其他占 2.28%；中、低收入占 99.39%，高收入占 0.61%。

新开户职工中，国家机关和事业单位占 41.26%，国有企业占 21.94%，城镇集体企业占 0.58%，外商投资企业占 0.56%，城镇私营企业及其他城镇企业占 12.11%，民办非企业单位和社会团体占 0.50%，灵活就业人员占 18.88%，其他占 4.17%；中、低收入占 99.89%，高收入占 0.11%。

（二）提取业务。提取金额中，购买、建造、翻建、大修自住住房占 31.17%，偿还购房贷款本息占 25.42%，租赁住房占 13.06%，离休和退休提取占 24.54%，完全丧失劳动能力并与单位终止劳动关系提取占 4.03%，其他占 1.78%。提取职工中，中、低收入占 99.86%，高收入占 0.14%。

（三）贷款业务。

个人住房贷款：2020 年，支持职工购建房 61.18 万平方米，年末个人住房贷款市场占有率为 30.72%，比上年末减少 1.60 个百分点。通过申请住房公积金个人住房贷款，可节约职工购房利息支出 40785 万元。

职工贷款笔数中，购房建筑面积 90（含）平方米以下占 6.11%，90～144（含）平方米占 79.07%，144 平方米以上占 14.82%。购买新房占 89.36%，购买二手房占 8.66%，建造、翻建、大修自住住房占 0.94%，其他占 1.04%。

职工贷款笔数中，单缴存职工申请贷款占 22.75%，双缴存职工申请贷款占 75.72%，三人及以上缴存职工共同申请贷款占 1.53%。

贷款职工中，30 岁（含）以下占 30.55%，30 岁～40 岁（含）占 43.66%，40 岁～50 岁（含）占 19.60%，50 岁以上占 6.19%；首次申请贷款占 90.74%，二次申请贷款占 9.26%；中、低收入占 95.94%，高收入占 4.06%。

（四）住房贡献率。2020 年，个人住房贷款发放额、住房消费提取额之和与当年缴存额的比率为 106.33%，比上年减少 7.44 个百分点。

六、其他重要事项

（一）应对新冠肺炎疫情采取的措施，落实住房公积金阶段性支持政策情况和政策实施成效。

积极采取以下应对措施。

1. 受新冠肺炎疫情影响的企业，可按规定申请在 2020 年 6 月 30 日前缓缴住房公积金。缓缴期间缴存时间连续计算，不影响职工正常提取和申请住房公积金贷款。

2. 2020 年 6 月 30 日前，住房公积金贷款的借款人因受新冠肺炎疫情影响未能正常还款的，不作逾期处理，不作为逾期记录报送征信部门，已报送的予以调整。

3. 受新冠肺炎疫情影响，职工所在单位发生补缴住房公积金的，不影响职工申请住房公积金贷款。职工于 2020 年 6 月 30 日前申请住房公积金贷款的，2020 年 1 月至职工申请贷款之月视为正常缴存住房公积金，可与 2019 年 12 月及以前的正常缴存月份合并计算连续缴存时间。

4. 各缴存单位和职工可通过临汾市住房公积金管理中心官网、微信公众号、"手机公积金"App 查询及办理住房公积金业务。

截至 12 月底，共为 10 家企业办理公积金缓交，涉及职工 576 名，缓缴资金 31.84 万元。

（二）当年机构及职能调整情况、受委托办理缴存贷款业务金融机构变更情况。 临汾市住房公积金管理中心现为临汾市人民政府直属的财政拨款事业单位，正处级建制，公益一类。临汾 12329 住房公积金热线服务中心为自收自支事业单位。

受委托办理住房公积金缴存贷款业务的金融机构严格按照有关规定执行，当年未进行变更。

（三）当年住房公积金政策调整及执行情况。

缴存基数限额及确定方法、缴存比例等缴存政策调整情况。一是依据临汾市统计局公布的上年度全市在岗职工月平均工资 5556 元，调整我市 2020 年 7 月 1 日至 2021 年 6 月 30 日的住房公积金缴存基数上限为 16668 元；依据山西省人力资源和社会保障厅公布的最低工资标准，认定我市住房公积金缴存基数下限为 1400 元。二是放宽缴存比例选择范围，单位和个人缴存比例分别由 6%～12%调整为 5%～12%，在此比例范围内，单位和职工可自主选择。三是扩展市中心经办机构承办业务的区域范围，取消部分缴存业务办理地点的限制，简化企业申请缓缴的条件，提高服务效能。四是出台临汾市灵活就业人员住房公积金缴存使用政策，农业转移人口、非全日制从业人员以及其他灵活就业人员可以自由缴存住房公积金，扩大了住房公积金制度覆盖面，2020 年全市共有 4003 名灵活就业人员开通并正常缴存住房公积金。

提取政策调整情况。取消六项提取业务：直系亲属购买、建造、大修自住住房或者偿还住房贷款的提取；享受城镇最低生活保障的提取；家庭遭遇突发事件，造成生活特别困难的提取；地方医保部门确定的重大疾病，造成家庭生活严重困难的提取；支付物业管理费的提取；进城务工人员的提取。新增既有住宅加装电梯提取业务。

调整存贷挂钩机制。住房公积金贷款最高额度与借款人缴存年限挂钩，住房公积金贷款最高额度不超过借款人缴存年限×10 万元，夫妻双方缴存住房公积金的缴存月份以双方缴存月份之和计算，缴存年限按照缴存月份/12 取整加 1 计算，根据缴存年限测算的最高贷款额度低于 20 万元的，按照 20 万元计算。

存贷款利率执行标准。职工住房公积金账户存款利率统一按照一年期定期存款基准利率 1.5%计息。个人住房公积金贷款利率 5 年期以下（含 5 年）2.75%、5 年期以上 3.25%。职工购买第二套改善型住房申请住房公积金个人住房贷款的，按照同期首套住房公积金个人住房贷款利率的 1.1 倍计息，5 年期以下（含 5 年）3.025%，5 年期以上 3.575%。

（四）上年待分配增值收益的分配情况。 根据省住房城乡建设厅《关于足额分配住房公积金增值收益有关问题的通知》文件精神，2020 年从上年结转的待分配增值收益中计提城市廉租住房建设补充资金 12139.25 万元，总计提取城市廉租住房建设补充资金 17035.72 万元。

（五）当年服务改进情况。 我中心积极响应开通住房公积金"跨省通办"服务的要求，在 2020 年底前实现了"个人住房公积金缴存贷款等信息查询""出具贷款职工住房公积金缴存使用证明""正常退休提取住房公积金"三项业务的"跨省通办"，职工登录临汾公积金微信公众号或手机 App 即可进行办理，解决了职工身在外地不能前来临汾市各网点办理业务的困难。充分利用互联网数据互联互通优势及山西省住房公积金数据平台共享模式，在现有的网上业务渠道的基础上，持续不断着力打造更智能、更便捷、更安全、更高效的综合服务平台。

积极推进住房公积金服务窗口进驻政务大厅工作，2020年霍州管理部、古县管理部、隰县管理部圆满完成将服务网点进驻当地政务中心的工作任务。

全年以"互联网＋公积金"为导向，不断加强对中心工作人员、缴存单位专管员的系统培训，加快综合服务平台推广工作，拓宽服务渠道，全面推行业务线上办理，持续推广功能齐全、使用便捷、服务高效的住房公积金网上服务大厅，增强业务自助办理能力。

（六）当年信息化建设情况。

继续做好基础数据贯标工作：中心在2018年完成"双贯标"工作后，把工作重心放在缴存人基础数据治理上，充分利用公积金年检、网上用户注册、电话核实等措施，重点对缴存人姓名、身份证号、手机号码等基础信息进行了纠错处理。

持续加强信息系统安全管理：2020年中心根据等保三级的要求，重新进行了网络安全规划，购买了网络安全设备、企业版杀毒软件，并对发现的高危安全漏洞进行了快速处置，多渠道保证信息系统的安全。

有序推进数据互联共享工作：在2019年实现省市两级多部门资源共享的基础上，2020年着力实现共享接口的全面落地及规范使用，新增省内异地贷款信息查询，民政、公安、不动产、税务等部门相关信息查询，完善了购房提取查询、商贷提取查询等功能，为实现职工"少证明、少跑腿"又迈了一大步。

（七）当年住房公积金管理中心及职工所获荣誉情况。

集体荣誉：1.市中心被市直文明委授予"市直文明单位"称号；2.市中心团支部被共青团临汾市委授予"临汾市五四红旗团支部"称号；3.市直分理处保持省级"青年文明号"称号。

个人荣誉：1.梁岩滢同志荣获山西省住建系统"先进个人"称号；2.祁波同志荣获临汾市"担当作为先进典型"称号。

吕梁市住房公积金2020年年度报告

根据国务院《住房公积金管理条例》和住房和城乡建设部、财政部、人民银行《关于健全住房公积金信息披露制度的通知》（建金〔2015〕26号）的规定，经市住房公积金管理委员会审议通过，现将吕梁市住房公积金2020年年度报告公布如下。

一、机构概况

（一）住房公积金管理委员会。住房公积金管理委员会有24名委员，2020年召开一次会议，审议通过的事项主要包括：2019年住房公积金增值收益分配方案、2019年住房公积金归集使用计划执行情况及2020年归集使用计划、吕梁市住房公积金2019年年度报告。

（二）住房公积金管理中心。住房公积金管理中心为市政府直属不以营利为目的的正县级公益一类事业单位，设8个科，13个管理部。从业人员261人，其中，在编101人，非在编160人。

二、业务运行情况

（一）缴存。2020年，新开户单位196家，净增单位23家；新开户职工12319人，净增职工5847人；实缴单位3669家，实缴职工201126人，缴存额27.67亿元，分别同比增长0.63%、2.99%，缴存额同比下降0.72%。2020年末，缴存总额183.26亿元，比上年末增加17.78%；缴存余额90.07亿元，同比增长20.25%。受委托办理住房公积金缴存业务的银行5家。

（二）提取。2020年，49633名缴存职工提取住房公积金；提取额12.50亿元，同比增长27.16%；提取额占当年缴存额的45.18%，比上年增加9.93个百分点。2020年末，提取总额93.19亿元，比上年末增加15.49%。

（三）贷款。

1. 个人住房贷款。个人住房贷款最高额度80万元。

2020年，发放个人住房贷款1648笔、5.97亿元，同比分别增长46.36%、63.56%。

2020年，回收个人住房贷款3.74亿元。

2020年末，累计发放个人住房贷款21855笔、48.11亿元，贷款余额25.71亿元，分别比上年末增加8.16%、14.17%、9.54%。个人住房贷款余额占缴存余额的28.54%，比上年末减少2.8个百分点。受委托办理住房公积金个人住房贷款业务的银行5家。

2. 异地贷款。2020年，发放异地贷款176笔、6513万元。2020年末，发放异地贷款总额21668万元，异地贷款余额16302.91万元。

（四）资金存储。2020年末，住房公积金存款63.79亿元。其中，活期0.01亿元，1年以上定期61.62亿元，其他（协定、通知存款等）2.16亿元。

（五）资金运用率。2020年末，住房公积金个人住房贷款余额占缴存余额的28.54%，比上年末减少2.8个百分点。

三、主要财务数据

（一）业务收入。2020年，业务收入35110.74万元，同比增长46.85%。其中，存款利息27432.31万元，委托贷款利息7613.32万元，其他65.11万元。

（二）业务支出。2020年，业务支出12841.11万元，同比增长39.97%。其中，支付职工住房公积金利息12579.73万元，委托贷款手续费256.20万元，其他5.18万元。

（三）增值收益。2020年，增值收益22269.63万元，同比增长51.13%。其中，增值收益率2.71%，比上年增加0.46个百分点。

（四）增值收益分配。2020年，提取贷款风险准备金16798.00万元，提取管理费用3136.52万元，提取城市廉租住房（公共租赁住房）建设补充资金2335.11万元。

2020年，上交财政管理费用1718.62万元。上缴财政城市廉租住房（公共租赁住房）建设补充资金4372.19万元。

2020年末，贷款风险准备金余额49131.83万元。累计提取城市廉租住房（公共租赁住房）建设补充资金21622.58万元。

（五）管理费用支出。 2020 年，管理费用支出 2077.11 万元，同比增长 20.87%。其中，人员经费 996.43 万元，公用经费 669.52 万元，专项经费 411.16 万元。

四、资产风险状况

个人住房贷款。2020 年末，个人住房贷款逾期额 188.70 万元，逾期率 0.73‰，个人贷款风险准备金余额 49131.83 万元。

五、社会经济效益

（一）缴存业务。 缴存职工中，国家机关和事业单位占 61.95%，国有企业占 18.93%，城镇集体企业占 0.69%，外商投资企业占 0.91%，城镇私营企业及其他城镇企业占 7.36%，民办非企业单位和社会团体占 0.24%，其他占 9.92%；中、低收入占 99.96%，高收入占 0.04%。

新开户职工中，国家机关和事业单位占 24.99%，国有企业占 22.96%，城镇集体企业占 0.92%，外商投资企业占 0.37%，城镇私营企业及其他城镇企业占 33.31%，民办非企业单位和社会团体占 0.48%，其他占 16.97%；中、低收入占 99.98%，高收入占 0.02%。

（二）提取业务。 提取金额中，购买、建造、翻建、大修自住住房占 16.05%，偿还购房贷款本息占 20.42%，租赁住房占 38.19%，离休和退休提取占 21.03%，完全丧失劳动能力并与单位终止劳动关系提取占 1.93%，其他占 2.38%。提取职工中，中、低收入占 99.9%，高收入占 0.1%。

（三）贷款业务。 个人住房贷款：2020 年，支持职工购建房 208828.61 平方米，年末个人住房贷款市场占有率为 21.38%，比上年末增加 0.36 个百分点。通过申请住房公积金个人住房贷款，可节约职工购房利息支出 18365.75 万元。

职工贷款笔数中，购房建筑面积 90（含）平方米以下占 5.76%，90～144（含）平方米占 71.91%，144 平方米以上占 22.33%。购买新房占 84.16%，购买二手房占 11.89%，其他占 3.95%。

职工贷款笔数中，单缴存职工申请贷款占 18.99%，双缴存职工申请贷款占 81.01%。

贷款职工中，30 岁（含）以下占 25.18%，30 岁～40 岁（含）占 52.85%，40 岁～50 岁（含）占 17.48%，50 岁以上占 4.49%；首次申请贷款占 96.72%，二次及以上申请贷款占 3.28%；中、低收入占 100%。

（四）住房贡献率。 2020 年，个人住房贷款发放额、住房消费提取额的和与当年缴存额的比率为 55.31%，比上年增加 17.93 个百分点。

六、其他重要事项

（一）应对新冠肺炎疫情采取的措施，落实住房公积金阶段性支持政策情况和政策实施成效。 2020 年 3 月 9 日，中心下发《关于新冠肺炎疫情期间实施住房公积金阶段性支持政策的通知》，公布以下几项阶段性支持政策。

1. 实施阶段性缓缴住房公积金。全市受新冠肺炎疫情影响的企业，经与职工充分协商，可在 2020 年 6 月 30 日前申请缓缴 2020 年 1 月至 6 月应当缴存的住房公积金，缓缴期间缴存时间连续计算。

2. 适度放宽职工提取办理时限。对于结清住房贷款提取业务未能在疫情防控期间办理的，可延期到疫情结束后 3 个月内办理。

3. 有效保障缴存职工贷款权益。对 2019 年 12 月 31 日以前正常缴存住房公积金，符合住房公积金个人贷款条件的职工，2020 年 6 月 30 日前因受疫情影响未能正常缴存住房公积金的，在符合其他住房公积金个人贷款办理条件时，可正常申请住房公积金个人贷款。

4. 妥善处理贷款职工贷款逾期。全市被确诊的新冠肺炎患者、疑似病人、密切接触者，疫情防控一线工作人员和支援湖北的医护人员，暂时失去收入来源及其他受疫情影响的贷款职工，在疫情防控期间不能正常偿还住房公积金个人贷款本息的，不作逾期贷款处理、不计罚息。已作逾期处理的，贷款职工在疫情防控期解除后 3 个月内可以向我中心提出书面申请并提供相关证明材料，偿还所欠住房公积金贷款本息后，公积金中心返还罚息。

2020 年，全市办理缓缴单位 13 户，涉及 9969 名缴存职工，办理缓缴减少缴存金额 2276.22 万元，其中企业减少缴存金额 1352.26 万元。根据《关于改进住房公积金缴存机制进一步降低企业成本的通知》（建金〔2018〕45 号）精神，继续阶段性适当降低企业缴存比例惠及 246 户单位，15126 名职工，减少缴存金额 5517.99 万元，其中企业减少缴存金额 1626.82 万元。

（二）当年机构及职能调整情况、受委托办理缴存贷款业务金融机构变更情况。2020 年，市委编委印发《关于市住房公积金管理中心机构编制事宜的通知》（吕编字〔2020〕86 号），中心由原先的副处级建制升格为正处级建制，为市政府直属公益一类事业单位，核定财政拨款事业编制 66 名，处级领导职数 1 正 3 副。按照要求，中心研究起草了《吕梁市住房公积金管理中心职能配置、内设机构和人员编制规定》并上报市委编办，目前，正在审核中。2020 年，中心受委托办理住房公积金个人住房贷款业务的银行 5 家。

（三）当年住房公积金政策调整及执行情况。

1. 缴存基数限额及确定方法、缴存比例等缴存政策调整情况。2020 年，本市缴存基数为职工本人上一年度月平均工资，缴存上限为 16685 元，下限为 1400 元；缴存比例为 5‰～12‰之间由缴存单位自主确定。

2. 提取政策调整情况。根据 2019 年住房公积金和住宅专项维修资金审计整改建议，2020 年取消大病提取业务；调整购买自住住房提取政策，由原购房行为发生三年内每年提取一次放宽至六年内每年提取一次，累计提取额度不超过购房总额，取消异地购买商品房（含二手房）提取公积金中房籍地限制。

3. 贷款政策调整情况。2020 年 9 月份，中心提高贷款最高额度到 80 万元；取消担保人地域限制，符合条件的自然人可在全市辖区范围内担保；12 月份，下发了《关于开展省内异地购房缴存地贷款的通知》，由建行太原分行、建行晋中分行受吕梁市住房公积金管理中心委托，分别负责我市缴存职工在两地购买自住住房，在我市申请办理住房公积金贷款和住房公积金组合贷款业务，以满足我市缴存职工省内异地购房贷款需求。住房公积金贷款利率五年以下（含）年利率 2.75‰，五年以上年利率 3.25‰。

（四）当年信息化建设、服务改进情况。2020 年按照国办〔2020〕35 号文件《国务院办公厅关于加快推进政务服务"跨省通办"的指导意见》的要求，便利群众异地办事，实现个人住房公积金缴存贷款等信息查询、正常退休提取住房公积金、出具贷款职工住房公积金缴存使用证明 3 项服务事项"跨省通办"，完成了国家提出的"跨省通办"的相关业务及要求。

2020 年，吕梁市住房公积金综合服务平台通过省级验收，实现吕梁市政府网、手机 App、VTM 自助终端办理公积金业务。增加了偿还本地公积金贷款提取、离退休提取、离职提取、公积金贷款提前还款四项个人业务和缴存业务的在线办理。

（五）当年住房公积金管理中心及职工所获荣誉情况。2020年，中心被省住房城乡建设厅评为"全省住房城乡建设优秀单位"，被省人社厅、省妇联评为"三八红旗集体"，被市文明委授予"市级文明单位"，被临县县委、县政府评为"2020年度临县干部驻村帮扶先进集体"；岚县管理部被省人社厅、省住房城乡建设厅评为"山西省住建系统先进集体"。薛爱婵同志被临县县委、县政府评为"2020年度临县干部驻村帮扶先进工作者"。薛林娥同志被省人社厅、省扶贫办评为"山西省干部驻村帮扶工作模范第一书记"，被市直工委评为"2019年度担当作为表现突出干部"，被临县县委、县政府评为"2020年度临县优秀农村第一书记"。刘小兵同志被临县县委、县政府评为"2020年度临县干部驻村帮扶先进工作者"。张文辉同志被省人社厅、省住房城乡建设厅评为"山西省住建系统先进工作者"。

山西省省级机关住房资金管理中心住房公积金 2020年年度报告

根据国务院《住房公积金管理条例》和住房和城乡建设部、财政部、人民银行《关于健全住房公积金信息披露制度的通知》（建金〔2015〕26号）的规定，经住房公积金管理委员会审议通过，现将山西省省级机关住房资金管理中心（太原市住房公积金管理中心省直机关分中心，下同）住房公积金2020年年度报告公布如下。

一、机构概况

山西省省级机关住房资金管理中心为山西省直属机关事务管理局下属的不以营利为目的的全额事业单位，主要负责省直行政事业单位住房公积金的归集、管理、使用和会计核算。设6个科室。从业人员40人，其中，在编17人，非在编23人。

二、业务运行情况

（一）缴存。2020年，新开户单位30家，实缴单位441家，净增单位16家；新开户职工0.53万人，实缴职工2.45万人，净增职工0.34万人；缴存额4.55亿元，同比增长41.74%。2020年末，缴存总额18.57亿元，比上年末增加32.55%；缴存余额12.02亿元，比上年末增加28.97%。

受委托办理住房公积金缴存业务的银行2家。

（二）提取。2020年，提取额1.85亿元，同比增长45.67%；占当年缴存额的40.66%，比上年增加1.1个百分点。2020年末，提取总额6.55亿元，比上年末增加39.36%。

（三）贷款。

个人住房贷款。单缴存职工最高额度50万元，双缴存职工最高额度80万元。

2020年，发放个人住房贷款0.04万笔、2.58亿元，同比分别下降20.00%、26.50%。

2020 年，回收个人住房贷款 0.66 亿元。

2020 年末，累计发放个人住房贷款 0.22 万笔、11.82 亿元，贷款余额 9.54 亿元，分别比上年末增加 29.41%、27.92%、25.20%。个人住房贷款余额占缴存余额的 79.37%，比上年末减少 2.39 个百分点。

受委托办理住房公积金个人住房贷款业务的银行 1 家，与上年相比较无变化。

（四）**资金存储**。2020 年末，住房公积金存款 2.70 亿元。其中，活期 0.39 亿元，1 年（含）以下定期 1.17 亿元，1 年以上定期 1.06 亿元，其他（协定、通知存款等）0.08 亿元。

（五）**资金运用率**。2020 年末，住房公积金个人住房贷款余额的和占缴存余额的 79.37%，比上年末减少 2.39 个百分点。

三、主要财务数据

（一）**业务收入**。2020 年，业务收入 3470.63 万元，同比增长 25.39%。其中，存款利息 669.86 万元，委托贷款利息 2800.77 万元。

（二）**业务支出**。2020 年，业务支出 1621.86 万元，同比增长 29.47%。其中，支付职工住房公积金利息 1621.74 万元，其他 0.12 万元。

（三）**增值收益**。2020 年，增值收益 1848.77 万元，同比增长 22.01%。其中，增值收益率 1.72%，比上年减少 0.16 个百分点。

（四）**增值收益分配**。2020 年，提取贷款风险准备金 1384.44 万元，提取管理费用 464.33 万元，提取廉租住房补充资金 0 万元。

2020 年，上交财政管理费用 1026.37 万元。

2020 年末，贷款风险准备金余额 3458.42 万元。

（五）**管理费用支出**。2020 年，管理费用支出 619.91 万元，同比增长 51.31%。人员经费 196.85 万元，公用经费 16.86 万元，专项经费 406.2 万元。

四、资产风险状况

个人住房贷款。2020 年末，个人住房贷款逾期额 0 万元，逾期率 0‰，使用个人贷款风险准备金核销呆坏账 0 万元。

五、社会经济效益

（一）**缴存业务**。2020 年，实缴单位数、实缴职工人数和缴存额同比分别增长 3.76%、16.11% 和 41.74%。

缴存单位中，国家机关和事业单位占 89.34%，国有企业占 6.8%，城镇私营企业及其他城镇企业占 2.72%，其他占 1.14%。

缴存职工中，国家机关和事业单位占 86.96%，国有企业占 11.95%，城镇集体企业占 0%，城镇私营企业及其他城镇企业占 0.79%，其他占 0.3%；中、低收入占 99.62%，高收入占 0.38%。

新开户职工中，国家机关和事业单位占 95.15%，国有企业占 4.32%，城镇集体企业占 0%，城镇私营企业及其他城镇企业占 0.47%，其他占 0.06%；中、低收入占 99.75%，高收入占 0.25%。

（二）提取业务。 2020年，0.62万名缴存职工提取住房公积金1.85亿元。

提取金额中，住房消费提取占73.34%（购买、建造、翻建、大修自住住房占16.53%，偿还购房贷款本息占36.43%，租赁住房占20.37%，其他占0%）；非住房消费提取占26.66%（离休和退休提取占21.74%，出境定居占0%，其他占4.92%）。

提取职工中，中、低收入占99.6%，高收入占0.4%。

（三）贷款业务。

个人住房贷款。2020年，支持职工购建房4.94万平方米，年末个人住房贷款市场占有率为22.73%，比上年末增加22.34个百分点。通过申请住房公积金个人住房贷款，可节约职工购房利息支出1181.73万元。

职工贷款笔数中，购房建筑面积90（含）平方米以下占21.15%，90~144（含）平方米占59.13%，144平方米以上占19.71%。购买新房占75.96%，购买二手房占24.04%。

职工贷款笔数中，单缴存职工申请贷款占24.28%，双缴存职工申请贷款占75.72%。

贷款职工中，30岁（含）以下占23.56%，30岁~40岁（含）占51.92%，40岁~50岁（含）占19.23%，50岁以上占5.29%；首次申请贷款占96.63%，二次及以上申请贷款占3.37%；中、低收入占99.76%，高收入占0.24%。

异地贷款。2020年，发放异地贷款1笔、50万元。2020年末，发放异地贷款总额1686万元，异地贷款余额185.44万元。

（四）住房贡献率。 2020年，个人住房贷款发放额、住房消费提取额的和与当年缴存额的比率为86.50%，比上年减少51.96个百分点。

六、其他重要事项

（一）应对新冠肺炎采取的措施，落实住房公积金阶段性支持政策情况和政策实施成效

1. 为深入贯彻省委、省政府及省直属机关事务局、省住房城乡建设厅关于新型冠状病毒感染的肺炎疫情防控工作部署和要求，省级机关住房资金管理中心（以下简称中心）于2020年2月2日发布了倡导业务网办的通告，切实做好疫情防控期间的住房公积金服务保障工作。

2. 允许缴存住房公积金存在困难未及时缴纳的单位，申请降低住房公积金缴存比例或缓交住房公积金。同时采取简化办理程序、缩短审批时限、不见面审批的方式办理相关业务。

3. 主动作为，保障柜面业务。新冠病毒疫情发生以来，针对省政务中心窗口暂时关闭的情况，为不影响职工办理柜面业务，桃园分理处网点坚持正常办公，并积极落实疫情防控责任，通过设置业务缓冲区等严格有效的防控措施，确保窗口业务正常办理。

4. 向疫情防控一线工作者提供更多支持。疫情防控一线工作者申请省直公积金个人住房贷款的，信贷政策上予以适当倾斜。从2020年1月起到疫情结束后三个月，疫情防控一线工作者不能正常归还公积金贷款的，不作逾期处理、不计罚息。

5. 向受疫情影响职工提供更多关怀。将新型冠状病毒感染的肺炎列入大病提取住房公积金范围。对新型冠状病毒感染的肺炎患者、疑似病人、密切接触者在其隔离治疗期间或医学观察期间以及因政府实施隔离措施或采取其他紧急措施而不能正常归还公积金贷款的，不作逾期处理、不计罚息。

6. 受疫情影响近期未能及时缴存住房公积金的单位，说明情况并补缴后，可视同正常缴存，其职工申请贷款权益不受影响。

7. 对设有办理时限要求的贷款和提取业务，因疫情影响耽误的，可顺延至疫情防控结束后两个月内。

通过上述措施，保证了疫情期间各项业务的平稳过渡衔接和正常开展，在严峻的疫情防控形势下，最大力度地满足办理业务的需求，最大限度地保护缴存人的权益，通过全面推广业务网办，实现不见面受理、不见面审批，避免人员聚集造成交叉感染，做到了疫情防控和业务办理两手抓、两不误、两促进。

（二）当年住房公积金政策调整及执行情况

1. 住房公积金缴存

（1）及时发放基数调整文件，做好年度基数核定工作。明确了基数核定内容、口径和计算精度。

（2）严格执行基数标准。严格执行缴存基数上下限控制，上限不得超过太原市上年度平均工资的3倍，下限不得低于太原市最低工资标准，并在系统中进行参数设置。

（3）规范和降低缴存比例。住房公积金缴存比例原则上不得低于单位10%、个人6%，不得高于单位12%、个人12%。

困难企业单位执行住房公积金缴存比例下限可为5%；同一单位只能执行同一种缴存比例，缴存比例一律取整数；缴存比例确定后，在本年度内不得变更。

2. 住房公积金提取

（1）进一步简化提取材料。通过住房公积金双贯标管理系统业务影像资料的复用，简化支取材料，全面取消住房公积金提取业务中的纸质材料。

（2）调整政策，规范业务。按照审计意见，停止住房公积金物业费提取，切实发挥好住房保障作用。

（3）扩大提取范围。职工与单位解除劳动合同关系封存已满6个月且未在异地重新缴存的，可以办理住房公积金销户提取。

3. 住房公积金贷款

（1）适时调整贷款政策，优化办事流程，简化办理手续。取消贷款面签预约制度，借款人在备齐贷款所需资料后，可在贷款窗口申请办理初审面签，根据贷款资金存量情况，适时加快放款速度。使广大缴存职工快乐购房、快乐贷款。

（2）严格执行住房和城乡建设部等三部委《关于规范商业个人住房贷款中第二套住房认定标准的通知》（建房〔2010〕83号）规定，明确办理住房公积金贷款时购房套数认定标准，抑制炒房行为。住房公积金贷款缴存职工家庭住房套数，依据拟购方家庭成员名下实际拥有的成套住房数量及成套住房贷款次数进行认定。优先满足缴存人家庭首套住房刚性需求，有条件的支持缴存人改善性住房。使缴存职工的购房需求得到有力保障。

（3）明确贷款额度计算口径。借款人夫妻双方均正常缴存住房公积金的，核定贷款额度最高为80万元，单身职工或夫妻双方只有一方正常缴存住房公积金的，核定贷款额度最高为50万元。

（4）二手房商转公业务的担保方式问题。借款人办理二手房商转公业务时可采用自然人阶段性保证加房产抵押或者第三方房产抵押两种担保方式。

（5）拓展贷款品种，组合贷款业务的全面展开，使中心在为广大缴存职工提供方便、快捷、多样化贷款业务种类服务上迈上一个新台阶。

(三) 当年信息化建设完成情况

1. 逐步完善住房公积金信息化善互联网渠道建设，补齐网办业务短板

2020年5月20日完成住房公积金省级数据共享平台内置工作，将数据接入中心住房公积金核心业务系统和综合服务平台，通过调取全省各中心数据，进一步减少审批要件，解决所需材料真伪难辨等问题，有效提升全流程网上办理业务量。目前，网上办理业务涵盖约80%的住房公积金和住房货币化补贴业务，其中住房公积金提取业务8项、归集业务19项、贷款业务6项。

2. 提升数据质量，加强数据治理

2020年，对住房公积金基础数据全面分析，充分利用电子稽查工具，严格对照住房和城乡建设部住房公积金归集、提取、贷款业务标准，筛查住房公积金个人及单位数据，并形成工单及时向业务科室反馈，督促相关数据整改工作。通过近一年的努力，使我中心住房公积金数据情况得到明显改善，我中心数据质量位列全省第一，全国第43位。

3. 强化信息系统安全，保障系统安全

在信息化快速推进的大环境下，信息化工作的安全问题日益突出。我们采取积极应对及时防患的方式：一是完成住房公积金信息化管理系统等级保护定级测评，全年共组织漏扫和测试5次，累计发现并整改高危漏洞17个、中低危漏洞42个；二是顺利通过"HW2020"攻防演习和省委网信办组织的安全检查工作；三是充分利用中心网络监控系统，实现统一的安全策略管理，部署完成柜员机镜像还原系统和企业版杀毒软件，提升中心各个系统节点终端的安全性、可控性和抵御风险能力，形成信息安全防护体系。

4. 根据业务需要完善住房公积金系统

（1）启用建行归集户

为进一步方便职工办理住房公积金提取业务，根据业务实际需要开通各类渠道的归集功能。

（2）日志可视化

按照等保2.0相关要求，对管理员操作日志及柜员登录日志进行可视化前台改造。

（3）网站贷款信息公示

有效提高住房公积金贷款业务透明度，提升中心服务水平，增加职工了解贷款业务办理情况。

5. 2020年度"跨省通办"完成情况

（1）个人住房公积金缴存贷款等信息查询

该项业务已实现全程网办。缴存职工通过人脸认证、手机短信验证码、密钥或政务服务统一认证登录网上办事大厅个人版、手机App或微信公众号进行实时查询，也可以通过支付宝城市服务及省内中国建设银行各营业网点智能柜员机进行实时查询。

（2）出具贷款职工住房公积金缴存使用证明

此项业务已经实现全程网办。缴存职工通过登录个人版网上办事大厅或绑定微信公众号，使用相关功能进行打印住房公积金缴存使用证明。

（3）正常退休提取住房公积金

此项业务已经实现全程网办。缴存职工使用人脸认证、手机短信验证码、密钥或政务服务统一认证登录网上办事大厅个人版、手机App，进入之后点击"我要提取"或业务办理菜单，系统会根据身份证年龄及个人缴存状态判断是否符合条件，自助办理该项业务。

（4）住房公积金单位及个人缴存信息变更

此项业务已经实现全程网办。缴存单位专管员可通过数字证书及密钥登录网上办事大厅单位版后，进入"单位信息变更"界面办理该业务；单位职工可通过手机短信验证码、密钥或政务服务统一认证登录网上办事大厅个人版、手机 App 及微信公众号，进入"其他业务"进行个人缴存信息变更。

（5）购房提取住房公积金

此项业务已经实现全程网办。缴存职工使用支付宝人脸认证、手机短信验证码、密钥或政务服务统一认证登录网上办事大厅个人版、手机 App，点击"业务办理"进入提取界面，输入不动产权证号或网签合同编号，系统通过与房地产部门联网核查相关信息，核实后即可提取住房公积金。

（6）开具住房公积金个人住房贷款全部还清证明

此项业务已经实现全程网办。缴存职工通过个人版网上办事大厅，使用相关功能即可开具住房公积金个人住房贷款全部还清证明。

（7）提前还清住房公积金贷款

此项业务已经实现全程网办。存职工使用支付宝人脸认证、手机短信验证码、密钥及政务服务统一认证登录网上办事大厅个人版、手机 App，点击"贷款业务"进入该界面，系统通过判断个人住房公积金贷款情况后自助办理相关业务。

（四）当年服务改进情况

1. 加强业务培训，提高中心职工的综合素质和服务能力。按照省政务中心创建"红旗窗口、服务之星"的活动要求，加大职工业务能力、服务意识、服务理念以及窗口人员行为礼仪规范培训力度，进一步强化服务宗旨。创建活动中，中心多名职工获得"服务之星"的称号，通过典型和榜样的力量较大程度地提升了中心的服务水平。

2. 重新梳理和规范业务，出台住房公积金业务标准。重新修订各项业务的办理流程和业务指南，印制新版宣传彩页，出台了《住房公积金归集业务工作标准》《住房公积金贷款业务工作标准》及各项业务的标准流程图，确保各项业务标准化、流程化、规范化。

3. 盘活住房公积金结余资金，扩大贷款准备金规模。中心班子在对历年归集资金、结余资金、贷款额、提取额等指标进行类比分析后，对今后资金流向做出科学的研判，最大限度发挥住房公积金结余资金的作用，扩大贷款准备金规模，为贷款业务保驾护航。

4. 取消贷款业务预审轮候制，实行即来即办制。借款人在详细了解贷款所需的各类材料后，可直接在我中心贷款窗口申请办理初审面签，不再通过住房公积金管理系统进行预审，不再预约轮候，实行即来即办。

5. 开通住房公积金组合贷款业务，有效缓解住房公积金资金压力。

6. 及时公布贷款办理情况，增加透明度。从贷款初审面签开始起算，依据贷款办理流程节点，及时公布各个环节的办理情况，便于职工查询和监督。

我中心本着以人民为中心的发展观，通过系统性培训、规范业务标准、科学调配资金、合理调整政策、创新办理模式、拓展业务种类等一系列措施，实现了"应缴尽缴""应提尽提""应贷尽贷"，彻底化解了贷款准备金不足、贷款业务轮候时间过长的矛盾，缩短了贷款时限，实现了飞跃式提速，最快的贷款审批 10 日内便可完成，切实提高了服务效率和服务水平，大大增强了缴存职工的获得感和幸福感。

2020 全国住房公积金年度报告汇编

内蒙古自治区

呼和浩特
包头市
乌海市
赤峰市
通辽市
鄂尔多斯市
呼伦贝尔市
巴彦淖尔市
乌兰察布市
兴安盟
锡林郭勒盟
阿拉善盟
满洲里市

内蒙古自治区住房公积金 2020 年年度报告

根据国务院《住房公积金管理条例》和住房和城乡建设部、财政部、人民银行《关于健全住房公积金信息披露制度的通知》（建金〔2015〕26 号）规定，现将内蒙古自治区住房公积金 2020 年年度报告汇总公布如下。

一、机构概况

（一）住房公积金管理机构。全区共设 13 个设区城市住房公积金管理中心，8 个独立设置的分中心（其中，内蒙古自治区住房资金中心 1 隶属呼和浩特市，内蒙古电力（集团）有限公司住房资金管理中心 2 隶属呼和浩特市，国网内蒙古东部电力有限公司住房公积金管理部 3 隶属呼和浩特市，北方联合电力有限责任公司住房公积金管理部 4 隶属呼和浩特市，内蒙古集通铁路（集团）有限责任公司住房公积金管理部 5 隶属呼和浩特市，包钢住房公积金管理分中心 6 隶属包头市，神华准格尔能源有限责任公司住房公积金管理分中心 7 隶属鄂尔多斯市，二连浩特市住房公积金管理中心 8 隶属锡林郭勒盟）。

从业人员 1756 人，其中，在编 1016 人，非在编 749 人。

（二）住房公积金监管机构。自治区住房城乡建设厅、财政厅和中国人民银行呼和浩特中心支行负责对本区住房公积金管理运行情况进行监督。自治区住房城乡建设厅设立住房公积金监管处，负责辖区住房公积金日常监管工作。

二、业务运行情况

（一）缴存。2020 年，新开户单位 4336 家，净增单位 1071 家；新开户职工 23.98 万人，净增职工 8.27 万人；实缴单位 44313 家，实缴职工 252.34 万人，缴存额 442.75 亿元，分别同比增长 2.48％、3.39％、12.62％。2020 年末，缴存总额 3517.90 亿元，比上年末增加 14.4％；缴存余额 1544.53 亿元，同比增长 9.84％。

（二）提取。2020 年，100.19 万名缴存职工提取住房公积金；提取额 304.33 亿元，同比增长 16.47％；提取额占当年缴存额的 68.74％，比上年增加 2.28 个百分点。2020 年末，提取总额 1973.36 亿元，比上年末增加 18.23％。

（三）贷款。

1. 个人住房贷款。2020 年，发放个人住房贷款 6.54 万笔、249.85 亿元，同比增长－4.39％、0.65％。回收个人住房贷款 172.08 亿元。

2020 年末，累计发放个人住房贷款 117.44 万笔、2444.51 亿元，贷款余额 1183.97 亿元，分别比上年末增加 5.9％、11.38％、7.03％。个人住房贷款余额占缴存余额的 76.66％，比上年末减少 2.01 个百分点。

2020 年，支持职工购建房 804.57 万平方米。年末个人住房贷款市场占有率（含公转商贴息贷款）为 27.52％，比上年末减少 7.28 个百分点。通过申请住房公积金个人住房贷款，可节约职工购房利息支出 408019.55 万元。

2. 异地贷款。2020 年，发放异地贷款 3434 笔、135923.02 万元。2020 年末，发放异地贷款总额 840926.19 万元，异地贷款余额 667926.16 万元。

3. 公转商贴息贷款。2020 年，发放公转商贴息贷款 530 笔、20087.84 万元，支持职工购建房面积 6.63 万平方米。当年贴息额 495.04 万元。2020 年末，累计发放公转商贴息贷款 762 笔、34978.55 万元，累计贴息 509.70 万元。

（四）购买国债。2020 年，购买（记账式、凭证式）国债 0 亿元，（兑付、转让、收回）国债 0 亿元。2020 年末，国债余额 0 亿元，比上年末增加 0 亿元。

（五）融资。2020 年，融资 0 亿元，归还 1.8 亿元。2020 年末，融资总额 8 亿元，融资余额 0 亿元。

（六）资金存储。2020 年末，住房公积金存款 378.73 亿元。其中，活期 18.85 亿元，1 年（含）以下定期 175.80 亿元，1 年以上定期 143.36 亿元，其他（协定、通知存款等）40.73 亿元。

（七）资金运用率。2020 年末，住房公积金个人住房贷款余额、项目贷款余额和购买国债余额的总和占缴存余额的 76.66%，比上年末减少 2.01 个百分点。

三、主要财务数据

（一）业务收入。2020 年，业务收入 460407.30 万元，同比增长 9.04%。其中，存款利息 93836.68 万元，委托贷款利息 366311.80 万元，国债利息 0 万元，其他 258.82 万元。

（二）业务支出。2020 年，业务支出 229408.53 万元，同比增长 9.95%。其中，支付职工住房公积金利息 222518.27 万元，归集手续费 66.66 万元，委托贷款手续费 3798.97 万元，其他 3024.63 万元。

（三）增值收益。2020 年，增值收益 230998.77 万元，同比增长 8.15%；增值收益率 1.56%，比上年减少 0.04 个百分点。

（四）增值收益分配。2020 年，提取贷款风险准备金 97744.05 万元，提取管理费用 39404.75 万元，提取城市廉租住房（公共租赁住房）建设补充资金 97611.74 万元。

2020 年，上交财政管理费用 28307.41 万元，上缴财政城市廉租住房（公共租赁住房）建设补充资金 59241.19 万元。

2020 年末，贷款风险准备金余额 686395.25 万元，累计提取城市廉租住房（公共租赁住房）建设补充资金 617598.52 万元。

（五）管理费用支出。2020 年，管理费用支出 32421.74 万元，同比增长 6.51%。其中，人员经费 14307.21 万元，公用经费 4923.64 万元，专项经费 13190.89 万元。

四、资产风险状况

个人住房贷款。2020 年末，个人住房贷款逾期额 10851.49 万元，逾期率 0.9‰，个人贷款风险准备金余额 686395.25 万元。2020 年，使用个人贷款风险准备金核销呆坏账 4.31 万元。

五、社会经济效益

（一）缴存业务。缴存职工中，国家机关和事业单位占 46.3%，国有企业占 27.81%，城镇集体企业占 1.76%，外商投资企业占 1%，城镇私营企业及其他城镇企业占 18.07%，民办非企业单位和社会团体占0.63%,灵活就业人员占1.15%,其他占3.28%;中、低收入占97.9%,高收入占2.1%。

新开户职工中,国家机关和事业单位占26.86%,国有企业占24.23%,城镇集体企业占1.58%,外商投资企业占1.21%,城镇私营企业及其他城镇企业占39.45%,民办非企业单位和社会团体占1.33%,灵活就业人员占0.88%,其他占4.56%;中、低收入占98.75%,高收入占1.25%。

(二)提取业务。提取金额中,购买、建造、翻建、大修自住住房占34.69%,偿还购房贷款本息占33.82%,租赁住房占3.31%,支持老旧小区改造提取占0%;离休和退休提取占20.33%,完全丧失劳动能力并与单位终止劳动关系提取占2.65%,出境定居占0.64%,其他占4.56%。提取职工中,中、低收入占94.57%,高收入占5.43%。

(三)贷款业务。

个人住房贷款。职工贷款笔数中,购房建筑面积90(含)平方米以下占14.22%,90~144(含)平方米占65.9%,144平方米以上占19.88%。购买新房占70.95%(其中购买保障性住房0.02%),购买二手房占26.15%,建造、翻建、大修自住住房占1.53%(其中支持老旧小区改造占0%),其他占1.37%。

职工贷款笔数中,单缴存职工申请贷款占40.06%,双缴存职工申请贷款占59.63%,三人及以上缴存职工共同申请贷款占0.31%。

贷款职工中,30岁(含)以下占24.31%,30岁~40岁(含)占42.51%,40岁~50岁(含)占23.09%,50岁以上占10.09%;首次申请贷款占82.11%,二次及以上申请贷款占17.89%;中、低收入占97.86%,高收入占2.14%。

(四)住房贡献率。2020年,个人住房贷款发放额、公转商贴息贷款发放额、项目贷款发放额、住房消费提取额的总和与当年缴存额的比率为106.82%,比上年减少4.35个百分点。

六、其他重要事项

(一)应对新冠肺炎疫情采取的政策措施,落实住房公积金阶段性支持政策情况和政策实施成效。全面落实《自治区人民政府办公厅转发自治区住房和城乡建设厅等3部门关于做好疫情防控期间住房公积金管理服务工作意见的通知》(内政办发〔2020〕5号),截至2020年6月30日,经全区住房公积金管理中心审核认定,全区累计340家企业办理缓缴住房公积金业务,累计缓缴职工人数42307人,累计缓缴金额企业部分5879.16万元,职工部分5879.16万元;不作逾期处理的贷款总笔数93971笔,不作逾期处理涉及的贷款余额221.83亿元,不作逾期处理的贷款应还未还本金额2.47亿元;提高租房提取金额受益职工累计16369人,提高租房提取金额共计1.06亿元。

(二)当年住房公积金政策调整情况。以自治区人民政府办公厅名义印发了《关于印发自治区全面推进城镇老旧小区改造工作实施方案的通知》(内政办发〔2020〕27号),明确支持小区居民提取住房公积金用于加装电梯等自住住房改造。

(三)当年开展监督检查情况。推动中心逾期贷款追缴常态化,向3个住房公积金逾期贷款居高不下的中心下发《关于做好住房公积金逾期贷款追缴工作的通知》,明确要求中心采取有效措施,加大追缴力度,按规定核销呆账,2020年共追缴逾期贷款0.2亿元。将国家审计署2019年对部分省市审计出的住房公积金专项审计问题汇总清单,2020年同《住房和城乡建设部办公厅关于住房公积金专项审计发现典型案例的通报》一并转发各盟市管委会和中心，要求各中心对照典型案例举一反三，按照国家政策规定，开展全面排查，针对发现问题，制定措施及时整改。

（四）当年服务改进情况。按国务院要求完成全区住房公积金"跨省通办"2020年申请人异地"个人住房公积金缴存贷款等信息查询、正常退休提取住房公积金"全程网办和"出具贷款职工住房公积金缴存使用证明"代收代办3项事项；配合自治区市场监督管理局推动"一网通办"住房公积金缴存登记备案工作。

（五）当年信息化建设情况。进一步推动全区住房公积金综合服务平台建设，配合住房和城乡建设部专家组完成8家中心综合服务平台验收。

（六）当年住房公积金机构及从业人员所获荣誉情况，包括：文明单位（行业、窗口）、青年文明号、工人先锋号、五一劳动奖章（劳动模范）、三八红旗手（巾帼文明岗）、先进集体和个人等。

2020年赤峰市住房公积金管理中心翁牛特旗管理部、敖汉旗管理部、元宝山管理部被评为地市级"文明单位"称号；宁城管理部归集支取科被赤峰市工会授予"五一巾帼标兵岗"称号；赤峰市住房公积金系统中有2名职工荣获赤峰市政府办公室机关党委优秀共产党员和优秀党务工作者称号。通辽市住房公积金管理中心被评为省级"文明单位"称号。乌海市住房公积金中心被妇女联合会评选为"三八红旗手"集体荣誉称号、党支部以综合测评第一名的成绩获得由市住建局机关党委评选的先进基层党组织、中心一名工作人员被市行政审批和政务服务局评选为2020年"最美窗口工作者"荣誉称号。乌兰察布市住房公积金中心商都县管理部获得乌兰察布市三八红旗集体、商都县（区）级文明单位。兴安盟住房公积金中心党总支获得了兴安盟直属机关先进基层党组织荣誉称号、一名职工获得了兴安盟直属机关优秀共产党员荣誉称号。

呼和浩特住房公积金2020年年度报告

根据国务院《住房公积金管理条例》和住房和城乡建设部、财政部、人民银行《关于健全住房公积金信息披露制度的通知》（建金〔2015〕26号）的规定，经住房公积金管理委员会审议通过，现将呼和浩特（市）住房公积金2020年年度报告公布如下。

一、机构概况

住房公积金管理中心为隶属呼和浩特市住房和城乡建设局的不以营利为目的的公益一类事业单位，设7个处（科），7个管理部，1个分中心。从业人员166人，其中，在编53人，非在编113人。

二、业务运行情况

（一）缴存。2020年，新开户单位1337家，净增单位439家；新开户职工5.6530万人，净增职工1.0359万人；实缴单位8003家，实缴职工57.39万人，缴存额116.45亿元，分别同比增长5.80%、1.84%、9.90%。2020年末，缴存总额993.75亿元，比上年末增加13.27%；缴存余额386.69亿元，同比增长9.15%。受委托办理住房公积金缴存业务的银行6家。

（二）提取。 2020年，42.26万名缴存职工提取住房公积金；提取额84.05亿元，同比增长15.96%；提取额占当年缴存额的72.17%，比上年增加3.77个百分点。2020年末，提取总额607.06亿元，比上年末增加16.07%。

（三）贷款。

1. 个人住房贷款。呼和浩特住房公积金管理中心：个人住房贷款最高额度70万元（个人住房贷款最高额度政策不按单缴存职工和双缴存职工区分的城市填写）。其中，单缴存职工个人住房贷款最高额度40万元，双缴存职工个人住房贷款最高额度70万元（个人住房贷款最高额度政策按单缴存职工和双缴存职工区分的城市填写）。内蒙古住房资金管理中心：个人住房贷款最高额度80万元（其中，单缴存职工最高额度80万元，双缴存职工最高额度80万元）；内蒙古电力管理部：个人住房贷款最高额度80万元（其中，单缴存职工最高额度50万元，双缴存职工最高额度80万元）；东部电力管理部：个人住房贷款最高额度50万元（其中，单缴存职工最高额度50万元，双缴存职工最高额度50万元）；北方电力管理部：个人住房贷款最高额度80万元（其中，单缴存职工最高额度50万元，双缴存职工最高额度80万元）；集通铁路管理部：个人住房贷款最高额度80万元；（其中，单缴存职工最高额度80万元，双缴存职工最高额度80万元）。

2020年，发放个人住房贷款0.9164万笔、42.51亿元，同比分别减少9.63%、8.97%。其中，呼和浩特住房公积金管理中心发放个人住房贷款0.4866万笔、20.04亿元，内蒙古住房资金管理中心发放个人住房贷款0.2402万笔、13.72亿元，内蒙古电力管理部发放个人住房贷款0.0987万笔、4.88亿元，东部电力管理部发放个人住房贷款0.0367万笔、1.53亿元，北方电力管理部发放个人住房贷款0.0453万笔、1.96亿元，集通铁路管理部发放个人住房贷款0.0089万笔、0.38亿元。

2020年，回收个人住房贷款28.73亿元。其中，呼和浩特住房公积金管理中心16.66亿元，内蒙古住房资金管理中心5.82亿元，内蒙古电力管理部4.25亿元，东部电力管理部1.13亿元，北方电力管理部0.75亿元，集通铁路管理部0.12亿元。

2020年末，累计发放个人住房贷款19.43万笔、470.93亿元，贷款余额265.91亿元，分别比上年末增加4.97%、9.92%、5.47%。个人住房贷款余额占缴存余额的68.77%，比上年减少2.40个百分点。受委托办理住房公积金个人住房贷款业务的银行5家。

2. 异地贷款。2020年，发放异地贷款786笔、36130.02万元。2020年末，发放异地贷款总额358930.74万元，异地贷款余额298223.09万元。

3. 公转商贴息贷款。2020年，发放公转商贴息贷款0笔、0万元，当年贴息额0万元。2020年末，累计发放公转商贴息贷款0笔、0万元，累计贴息0万元。

4. 住房公积金支持保障性住房建设项目贷款（本段仅项目贷款余额不为0的城市填写）。2020年，发放支持保障性住房建设项目贷款0亿元，回收项目贷款0亿元。2020年末，累计发放项目贷款0亿元，项目贷款余额0亿元。

（四）购买国债。 2020年，购买（记账式、凭证式）国债0亿元，（兑付、转让、收回）国债0亿元。2020年末，国债余额0亿元，比上年减少（增加）0亿元。

（五）资金存储。 2020年末，住房公积金存款123.03亿元。其中，活期8.61亿元，1年（含）以下定期 14.40 亿元，1 年以上定期 88.39 亿元，其他（协定、通知存款等）11.63 亿元。

（六）资金运用率。 2020 年末，住房公积金个人住房贷款余额、项目贷款余额和购买国债余额的总和占缴存余额的 68.77%，比上年末减少 2.40 个百分点。

三、主要财务数据

（一）业务收入。 2020 年，业务收入 118121.44 万元，同比增长 7.08%。其中，呼和浩特住房公积金管理中心 68422.92 万元，内蒙古住房资金管理中心 20063.24 万元，内蒙古电力管理部 16672.69 万元，东部电力管理部 4126.30 万元，北方电力管理部 5615.70 万元；集通铁路管理部 3220.59 万元。存款利息 34838.56 万元，委托贷款利息 83276.82 万元，国债利息 0 万元，其他 6.06 万元。

（二）业务支出。 2020 年，业务支出 56150.78 万元，同比增长 5.24%。其中，呼和浩特住房公积金管理中心 30668.14 万元，内蒙古住房资金管理中心 10655.45 万元，内蒙古电力管理部 7731.28 万元，东部电力管理部 2059.25 万元，北方电力管理部 3144.87 万元，集通铁路管理部 1891.79 万元；支付职工住房公积金利息 55564.65 万元，归集手续费 4.00 万元，委托贷款手续费 465.79 万元，其他 116.34 万元。

（三）增值收益。 2020 年，增值收益 61970.66 万元，同比增长 8.80%。其中，呼和浩特住房公积金管理中心 37754.78 万元，内蒙古住房资金管理中心 9407.79 万元，内蒙古电力管理部 8941.40 万元，东部电力管理部 2067.05 万元，北方电力管理部 2470.84 万元，集通铁路管理部 1328.80 万元。增值收益率 1.68%，比上年减少 0.02 个百分点。

（四）增值收益分配。 2020 年，提取贷款风险准备金 24703.41 万元，提取管理费用 13839.37 万元，提取城市廉租住房（公共租赁住房）建设补充资金 27189.66 万元。上年末待分配增值收益 3761.78 万元，其中，北方电力管理部 3761.78 万元，本年度进行分配。

2020 年，上交财政管理费用 3443.93 万元。上缴财政城市廉租住房（公共租赁住房）建设补充资金 15192.06 万元。其中，呼和浩特住房公积金管理中心上缴 8143.42 万元，内蒙古住房资金管理中心上缴 7048.64 万元，内蒙古电力管理部上缴 0 万元，东部电力管理部上缴 0 万元，北方电力管理部上缴 0 万元，集通铁路管理部上缴 0 万元。

2020 年末，贷款风险准备金余额 188256.27 万元。累计提取城市廉租住房公共租赁住房建设补充资金 212324.21 万元。其中，呼和浩特住房公积金管理中心提取 129345.47 万元，内蒙古住房资金管理中心提取 56209.32 万元，内蒙古电力管理部提取 17846.47 万元，东部电力管理部提取 5073.01 万元，北方电力管理部提取 3743.34 万元，集通铁路管理部提取 106.60 万元。

（五）管理费用支出。 2020 年，管理费用支出 8114.41 万元，同比增加 34.52%。其中，人员经费 1619.09 万元，公用经费 1081.61 万元，专项经费 5413.71 万元。

呼和浩特住房公积金管理中心管理费用支出 2159.17 万元，其中，人员、公用、专项经费分别为 571.25 万元、40.45 万元、1547.47 万元；内蒙古住房资金管理中心管理费用支出 1505.35 万元，其中，人员、公用、专项经费分别为 615.40 万元、197.52 万元、692.43 万元；内蒙古电力管理部管理费用支出 3071.70 万元，其中，人员、公用、专项经费分别为 0 万元、79.48 万元、2992.22 万元；东部电力管理部管理费用支出 146.47 万元，其中，人员、公用、专项经费分别为 0 万元、91.37 万元、55.10 万元；北方电力管理部管理费用支出 710.80 万元，其中，人员、公用、专项经费分别为 0 万元、645.20 万元、

65.60万元；集通铁路管理部管理费用支出520.92万元，其中，人员、公用、专项经费分别为432.44万元、27.59万元、60.89万元。

四、资产风险状况

（一）个人住房贷款。2020年末，个人住房贷款逾期额981.40万元，逾期率0.4‰。其中呼和浩特住房公积金管理中心0.2‰，内蒙古住房资金管理中心1.0‰。内蒙古电力管理部0.2‰，东部电力管理部0‰，北方电力管理部0‰，集通铁路管理部0‰。个人贷款风险准备金余额188256.27万元。2020年末，使用个人贷款风险准备金核销呆坏账0万元。

（二）支持保障性住房建设试点项目贷款（本段仅项目贷款余额不为0的城市填写）。2020年末，逾期项目贷款0万元，逾期率0‰。项目贷款风险准备金余额0万元，2020年，使用项目贷款风险准备金核销呆坏账0万元。

五、社会经济效益

（一）缴存业务。缴存职工中，国家机关和事业单位占31.47%，国有企业占40.58%，城镇集体企业占0.64%，外商投资企业占0.51%，城镇私营企业及其他城镇企业占24.34%，民办非企业单位和社会团体占0.49%，灵活就业人员占0.91%，其他占1.06%；中、低收入占94.27%，高收入占5.73%。

新开户职工中，国家机关和事业单位占15.24%，国有企业占26.30%，城镇集体企业占0.95%，外商投资企业占0.82%，城镇私营企业及其他城镇企业占51.25%，民办非企业单位和社会团体占1.26%，灵活就业人员占1.86%，其他占2.32%；中、低收入占98.83%，高收入占1.17%。

（二）提取业务。提取金额中，购买、建造、翻建、大修自住住房占35.60%，偿还购房贷款本息占31.98%，租赁住房占3.41%，支持老旧小区改造占0%，离休和退休提取占19.11%，完全丧失劳动能力并与单位终止劳动关系提取占2.65%，出境定居占2.15%，其他占5.10%。提取职工中，中、低收入占87.29%，高收入占12.71%。

（三）贷款业务。

1.个人住房贷款。2020年，支持职工购建房106.95万平方米（含公转商贴息贷款），年末个人住房贷款市场占有率为30.83%，比上年末减少2.84个百分点。通过申请住房公积金个人住房贷款，可节约职工购房利息支出116150.60万元。

职工贷款笔数中，购房建筑面积90（含）平方米以下占21.68%，90～144（含）平方米占61.55%，144平方米以上占16.77%。购买新房占57.68%（其中购买保障性住房占0.07%），购买二手房占34.07%，建造、翻建、大修自住住房占0%（其中支持老旧小区改造占0%），其他占8.25%。

职工贷款笔数中，单缴存职工申请贷款占48.89%，双缴存职工申请贷款占51.11%，三人及以上缴存职工共同申请贷款占0%。

贷款职工中，30岁（含）以下占28.00%，30岁～40岁（含）占43.54%，40岁～50岁（含）占21.63%，50岁以上占6.83%；首次申请贷款占93.18%，二次及以上申请贷款占6.82%；中、低收入占91.70%，高收入占8.30%。

2.支持保障性住房建设试点项目贷款（本段仅项目贷款余额不为0的城市填写）。2020年末，累计试点项目0个，贷款额度0亿元，建筑面积0万平方米，可解决0户中低收入职工家庭的住房问题。0个试点项目贷款资金已发放并还清贷款本息。

（四）住房贡献率。 2020年，个人住房贷款发放额、公转商贴息贷款发放额、项目贷款发放额、住房消费提取额的总和与当年缴存额的比率为88.12％，比上年减少1.79个百分点。

六、其他重要事项

（一）紧紧围绕"精简"二字，努力在减证便民上求突破。 一是简化业务要件"轻松办"。中心按照"能取则取、能并则并"的工作思路，持续清理规范各类业务要件和证明。截至目前，已取消9项、简化4项、废止4项材料，同时取消了所有住房公积金业务复印件。二是核查业务材料"共享办"。中心陆续与人民银行、公安、民政、税务、产权和不动产登记6个部门建立了信息共享机制，采用"诚信申报＋授权核查"业务模式，实时核验业务申请人的户籍、征信、婚姻、购房发票、房屋权属及他项情况，实现了业务要件外联信息核验"全覆盖"的目标。目前，各类信息共享渠道已查询核验相关数据80多万条，有效筑牢了合规合法使用公积金的第一道关口。三是推出阶段性政策"调整办"。中心自2017年起陆续出台3个涉企优惠政策文件；对企业住房公积金最高缴存比例下调1个百分点，即企业缴存比例可在5％～12％之间任选；截至2020年12月底，中心累计受理降低缴存比例的企业单位900多个，涉及缴存职工近20万人，月缴存额降低约2000万元。自2016年7月以来，间接降低企业成本约9亿元。

（二）重点突出"高效"二字，努力在优化流程上做文章。 一是优化业务流程"提速办"。对外公布并承诺住房公积金归集7项、提取17项、贷后9项业务，即来即办、立等办结；对2项提取业务（购买回迁房和大病提取）限时外调3个工作日内回复办结；受理公积金贷款时，凡属中心审批环节的，由10个工作日压缩至7个工作日内完成。二是异地职工贷款"支持办"。针对外地企业在我市范围内派驻经营及异地缴存职工的实际情况，大力开展异地住房公积金贷款业务，支持异地缴存职工在我市的购房消费。截至2020年12月底，累计发放异地贷款7602笔、34.12亿元。

（三）精准着力"便捷"二字，努力在"互联网＋"上加速度。 一是推出个人业务"掌上办"。2020年，中心"呼和浩特公积金"手机客户端、"微信公众平台""网上业务大厅"的业务办理渠道陆续上线运行。缴存职工办理购房等5项提取业务、出具缴存明细等3项证明、线上办理还款签约等2项业务，实现了全程电子化、网络化功能，有效降低了办事成本，提高了服务效率。目前，微信公众号关注人数累计达到36.52万人；线上实名注册用户约27万人，占实缴职工数的75％；线上提取业务已占到了全部提取业务的60％以上。二是推广单位业务"网上办"。各缴存单位可通过数字证书登录网上业务大厅，线上办理归集业务，实现了单位缴存业务由"跑一次"向"零跑路"的转变。三是实现公积金业务"智慧办"。2020年12月9日，中心综合服务平台建设以"优秀"成绩通过住房和城乡建设部检查验收，实现门户网站、网上办事大厅、手机客户端、微信公众平台、自助服务终端和12329热线与短信7种服务渠道全部接入综合管理系统进行统一集中管理。截至目前，12329服务热线总呼叫量为152万次，人工呼叫量71万次，客服满意率为99.1％；12329短信发送量为4110万条；中心门户网站访问次数累计达到9100万次。

（四）其他需要披露的情况。 当前呼和浩特市存在多家住房公积金管理机构，包括呼和浩特住房公积金管理中心、内蒙古自治区住房资金管理中心，内蒙古中心同时对四家行业管理中心（集通铁路、内蒙古电力、北方联合电力、国网内蒙古东部电力）进行业务指导。本次住房公积金年度报告各项披露数据大多为以上管理中心的合并数据，但是由于各机构独立运营，机构情况、业务运行、管理实际不尽相同，因此在 2020 年年度报告中，第一部分"机构概况"，第六部分"其他重要事项"披露信息与数据仅包括呼和浩特住房公积金管理中心（含呼和浩特住房公积金管理中心铁路分中心）。

包头市住房公积金 2020 年年度报告

根据国务院《住房公积金管理条例》和住房和城乡建设部、财政部、人民银行《关于健全住房公积金信息披露制度的通知》（建金〔2015〕26 号）的规定，经包头市住房公积金管理委员会审议通过，现将包头市住房公积金 2020 年年度报告公布如下。

一、机构概况

（一）包头市住房公积金管理委员会。包头市住房公积金管理委员会有 27 名委员，2020 年召开 1 次会议，会议通报了《关于调整住房公积金管理委员会组成人员的通知》，听取并审议了《包头市住房公积金 2019 年归集使用计划执行情况及 2020 年归集使用计划的报告》《关于调整我市住房公积金提取和贷款政策的建议》及《关于 2020 年房地产集中展示交易活动期间住房公积金优惠政策的建议》《包头市住房公积金信用评价管理办法》《包头市住房公积金管理中心深化"放管服"改革、打造一流营商环境实施方案》，听取并审议了包头市财政局《关于对 2019 年包头市住房公积金决算审查情况的报告》及《关于包头市住房公积金管理中心 2020 年预算安排情况的报告》。

（二）包头市住房公积金管理中心。包头市住房公积金管理中心为隶属于包头市人民政府，是由包头市住房和城乡建设局代管的不以营利为目的的准处级全额管理事业单位，设 14 个科室，7 个管理部，1 个包钢分中心。从业人员 188 人，其中，在编 99 人，非在编 89 人。

二、业务运行情况

（一）缴存。2020 年，新开户单位 420 家，净增单位 78 家；新开户职工 2.11 万人，净增职工 1.06 万人；实缴单位 4074 家，实缴职工 30.5 万人，缴存额 47.19 亿元，分别同比增长 1.95%、3.6%、5.5%。年末，缴存总额 421.75 亿元，比上年末增加 12.6%；缴存余额 187.13 亿元，同比增长 5.72%。

受委托办理住房公积金缴存业务的银行 5 家。

（二）提取。2020 年，10.77 万名缴存职工提取住房公积金；提取额 37.07 亿元，同比增长 6.68%；提取额占当年缴存额的 78.55%，比上年增加 0.87 个百分点。2020 年末，提取总额 234.62 亿元，比上年末增加 18.76%。

（三）贷款。

1. 个人住房贷款。单缴存职工个人住房贷款最高额度 30 万元，双缴存职工个人住房贷款最高额度 60 万元。

2020 年，发放个人住房贷款 0.86 万笔、30.94 亿元，同比分别下降 2.27%、4.83%。其中，市中心发放个人住房贷款 0.72 万笔、24.76 亿元，包钢分中心发放个人住房贷款 0.14 万笔、6.18 亿元。

2020 年，回收个人住房贷款 19.27 亿元。其中，市中心 15.48 亿元，包钢分中心 3.79 亿元。

2020 年末，累计发放个人住房贷款 10.11 万笔、289.39 亿元，贷款余额 171.79 亿元，分别比上年末增加 9.3%、11.97%、7.29%。个人住房贷款余额占缴存余额的 91.8%，比上年末增加 1.34 个百分点。

受委托办理住房公积金个人住房贷款业务的银行 5 家。

2. 异地贷款。2020 年，发放异地贷款 362 笔、12294.80 万元。2020 年末，发放异地贷款总额 81548 万元，异地贷款余额 59861.82 万元。

3. 公转商贴息贷款。2020 年，发放公转商贴息贷款 530 笔、20087.84 万元，当年贴息额 495.04 万元。2020 年末，累计发放公转商贴息贷款 762 笔、34978.55 万元，累计贴息 509.70 万元。

（四）资金存储。2020 年末，住房公积金存款 17.52 亿元。其中，活期 0.04 亿元，1 年（含）以下定期 5.1 亿元，1 年以上定期 3.4 亿元，其他（协定、通知存款等）8.98 亿元。

（五）资金运用率。2020 年末，住房公积金个人住房贷款余额、项目贷款余额和购买国债余额的总和占缴存余额的 91.8%，比上年末增加 1.34 个百分点。

三、主要财务数据

（一）**业务收入**。2020 年，业务收入 59212.76 万元，同比增长 4.49%。其中，市中心 44893.71 万元，包钢分中心 14319.05 万元；存款利息 5802.42 万元，委托贷款利息 53410.17 万元，其他 0.17 万元。

（二）**业务支出**。2020 年，业务支出 30602.94 万元，同比增长 8.82%。其中，市中心 23455.14 万元，包钢分中心 7147.80 万元；支付职工住房公积金利息 27843.14 万元，委托贷款手续费 104.86 万元，其他 2654.94 万元。

（三）**增值收益**。2020 年，增值收益 28609.82 万元，同比增长 0.23%。其中，市中心 21438.57 万元，包钢分中心 7171.25 万元；增值收益率 1.56%，比上年减少 0.1 个百分点。

（四）**增值收益分配**。2020 年，提取贷款风险准备金 17165.89 万元，提取管理费用 3763.93 万元，提取城市廉租住房（公共租赁住房）建设补充资金 7680 万元。

2020 年，上交财政管理费用 2720.63 万元。上缴财政城市廉租住房（公共租赁住房）建设补充资金 8668.53 万元。其中，市中心上缴 6179.19 万元，包钢分中心上缴 2489.34 万元。

2020 年末，贷款风险准备金余额 107765.38 万元。累计提取城市廉租住房（公共租赁住房）建设补充资金 42117.87 万元。其中，市中心提取 36773.96 万元，包钢分中心提取 5343.91 万元。

（五）**管理费用支出**。2020 年，管理费用支出 3326.80 万元，同比增长 0.32%。其中，人员经费 980.72 万元，公用经费 248.33 万元，专项经费 2097.75 万元。

市中心管理费用支出 2875.87 万元，其中，人员、公用、专项经费分别为 846.18 万元、86.14 万元、1943.55 万元；包钢分中心管理费用支出 450.93 万元，其中，人员、公用、专项经费分别为 134.54 万元、162.19 万元、154.2 万元。

四、资产风险状况

个人住房贷款。2020 年末，个人住房贷款逾期额 0 万元，逾期率 0‰。其中，市中心 0‰，包钢分中心 0‰。个人贷款风险准备金余额 107765.38 万元。2020 年，使用个人贷款风险准备金核销呆坏账 0 万元。

五、社会经济效益

（一）缴存业务。缴存职工中，国家机关和事业单位占 29.72%，国有企业占 44.45%，城镇集体企业占 0.3%，外商投资企业占 1.11%，城镇私营企业及其他城镇企业占 15.94%，民办非企业单位和社会团体占 0.47%，灵活就业人员占 1%，其他占 7.01%；中、低收入占 98.6%，高收入占 1.4%。

新开户职工中，国家机关和事业单位占 13.28%，国有企业占 20.83%，城镇集体企业占 0.41%，外商投资企业占 2.93%，城镇私营企业及其他城镇企业占 45.95%，民办非企业单位和社会团体占 1.31%，灵活就业人员占 0.81%，其他占 14.48%；中、低收入占 99.7%，高收入占 0.3%。

（二）提取业务。提取金额中，购买、建造、翻建、大修自住住房占 36.44%，偿还购房贷款本息占 34.8%，租赁住房占 1.9%，离休和退休提取占 22.17%，完全丧失劳动能力并与单位终止劳动关系提取占 2.87%，其他占 1.82%。提取职工中，中、低收入占 98.22%，高收入占 1.78%。

（三）贷款业务。

个人住房贷款。2020 年，支持职工购建房 100.09 万平方米，2020 年末个人住房贷款市场占有率为 12.35%，比上年末减少 11.04 个百分点。通过申请住房公积金个人住房贷款，可节约职工购房利息支出 42196.15 万元。

职工贷款笔数中，购房建筑面积 90（含）平方米以下占 19.2%，90~144（含）平方米占 66.99%，144 平方米以上占 13.81%。购买新房占 72.22%，购买二手房占 27.78%。

职工贷款笔数中，单缴存职工申请贷款占 27.16%，双缴存职工申请贷款占 72.83%，三人及以上缴存职工共同申请贷款占 0.01%。

贷款职工中，30 岁（含）以下占 21.33%，30 岁~40 岁（含）占 42.53%，40 岁~50 岁（含）占 27.38%，50 岁以上占 8.76%；首次申请贷款占 94.86%，二次申请贷款占 5.14%；中、低收入占 99.48%，高收入占 0.52%。

（四）住房贡献率。2020 年，个人住房贷款发放额、公转商贴息贷款发放额、项目贷款发放额、住房消费提取额的总和与当年缴存额的比率为 127.27%，比上年减少 4.5 个百分点。

六、其他重要事项

1. 统筹推进业务发展和疫情防控工作，迅速制定疫情期间公积金阶段性企业降比缓缴政策，放宽职工还贷逾期时限，提高租房提取额度，积极推广业务网上办理渠道，疫情期间共受理申请缓缴公积金企业 62 家，缓缴金额 3217 万元，申请降低缴存比例企业 6 家，有效支持企业及职工应对疫情、共度难关。

2. 当年住房公积金政策调整及执行情况。一是缴存基数上限按统计部门公布的不超过本市上年度职工社会月平均工资 6643 元的 3 倍即 19929 元执行，缴存基数下限按上年度人社部门公布的最低月工资标准 1760 元执行。最低单位（个人）缴存比例为 5%，最高单位（个人）缴存比例为 12%。二是扎实开展"公转商"存量贴息贷款业务，4 月份实现轮候贷款全部清零。在此基础上，积极探索增量贴息贷款模式，年内与建行成功发放首笔增量贴息贷款 60 万元。三是根据中国人民银行规定，个人住房公积金存款利率按一年期定期存款基准利率1.5%执行。贷款利率按五年以下（含五年）年利率为2.75%，五年期以上年利率为3.25%执行。四是调整使用政策，支持合理住房需求。经管委会审议通过，放宽面向刚需家庭的公积金使用政策，出台"提高单人贷款最高额度，取消首次贷款'提+贷'额度限制，支持老旧小区加装电梯改造提取公积金"等5项业务新政。

3. 当年服务改进情况。一是减证便民，打通服务群众"最后一公里"。下大力"减事项、减资料、减环节、减时限"，推出贷款银行卡"一卡通办"、二手房贷款"市区通办"、还清贷款"跑一次"、返还房本"零跑腿"、组合贷款"一站式"等多项便民举措。取消开发项目贷款准入，实行网上数据录入；取消线下4项、线上13项业务审核材料，14项线上业务实现"零材料、零审批"；将贷款发放时限压缩至15个工作日之内，业务时限更加透明，职工办理更加方便。二是加强管理，切实提升窗口服务水平。将缴存业务进驻市政务大厅，开通"跨省通办"服务窗口，接入市政务服务"好差评"系统，实行业务柜台标准化设置，推行公积金服务限时承诺，推出"一厅办"服务全景展示，全面提升职工办事体验，切实增强职工群众满意度。三是健全机制，着力解决办事难点堵点问题。建立企业走访回访制度，定期深入企业进行政策宣传和涉企矛盾化解。持续开展"业务干部办业务"工作，全年按计划开展33次，解决各类问题26项。建立完善12329会商制度，初步形成"前台问题反馈、后台协同解决"的长效机制。

4. 当年信息化建设情况。率先接入自治区公积金监管系统，全面建成公积金综合服务平台，打通网厅、网站、手机App、微信、微博、12329热线、短信、自助终端及支付宝城市服务"8+N"服务渠道，实现缴存全业务线上办理，部分提取和贷款业务"网上办""掌上办"。升级改造12329客服中心，建成公积金综合调度平台，推进线上线下业务融合发展。

乌海市住房公积金2020年年度报告

根据国务院《住房公积金管理条例》和住房和城乡建设部、财政部、人民银行《关于健全住房公积金信息披露制度的通知》（建金〔2015〕26号）的规定，经住房公积金管理委员会审议通过，现将乌海市住房公积金2020年年度报告公布如下。

一、机构概况

（一）住房公积金管理委员会。 住房公积金管理委员会有21名委员，2020年召开1次会议，审议通过的事项主要包括：

1. 审议并通过了《乌海市住房公积金管理中心关于2019年工作总结及2020年工作计划的报告》。

2. 会议审议并通过了《关于拟调整住房公积金贷款政策的请示》。将贷款条件由职工家庭（包括借款人及其配偶）仅能申请两次住房公积金贷款调整为：经相关部门（乌海市住房市场服务中心、乌海市不动产登记中心）查询认证后，缴存职工家庭当前无房或仅拥有一套住房，且名下无未结清的住房公积金贷款，为购买首套或改善性第二套住房，在符合现有贷款条件的基础上，可以不计次数地申请住房公积金贷款。但对职工购买第三套及以上住房申请住房公积金贷款的不予支持。异地缴存职工如有在乌海市购房的，可以凭缴存地住房公积金中心出具的《住房公积金缴存证明》，在乌海市申请住房公积金贷款，并享有与本市缴存职工同等待遇。

3. 会议审议并通过了《关于拟开办住房商业贷款转住房公积金贷款业务的请示》。要求市住房公积金管理中心做好与市不动产登记中心和受托银行等相关部门的配合工作，完成公积金贷款条件的确认、房屋抵押权的转移、《不动产登记证明》的再生成、商业银行与公积金之间的账务处理等重要环节的衔接工作。根据乌海市住房公积金管理中心现有条件，暂定与中国建设银行股份有限公司乌海分行、中国农业银行股份有限公司乌海分行和中国邮政储蓄银行股份有限公司乌海市分行开办此项业务，待条件成熟后，再逐步推开与其他商业银行的合作。

（二）住房公积金管理中心。乌海市住房公积金管理中心隶属于乌海市住房和城乡建设局，是不以营利为目的的公益一类事业单位，设5个科，3个管理部。从业人员55人，其中，在编31人，非在编24人。

二、业务运行情况

（一）缴存。2020年，新开户单位91家，实缴单位953家，净增单位50家；新开户职工2.65万人，实缴职工7.61万人，净增职工1.85万人；缴存额21.41亿元，同比增长111.42%。2020年末，缴存总额91.39亿元，比上年末增加30.59%；缴存余额46.56亿元，比上年末增加39.46%[1]。受委托办理住房公积金缴存业务的银行3家，比上年增加0家。

（二）提取。2020年，提取额8.24亿元，同比增长52.88%；占当年缴存额的38.47%，比上年减少14.77个百分点。2020年末，提取总额44.83亿元，比上年末增加22.52%[2]。

（三）贷款。

1. 个人住房贷款。个人住房贷款最高额度60万元，其中，单缴存职工最高额度50万元，双缴存职工最高额度60万元。2020年，发放个人住房贷款0.14万笔、4.39亿元，同比分别增长6.14%、9.2%。2020年，回收个人住房贷款3.67亿元。2020年末，累计发放个人住房贷2.3万笔、46.69亿元，贷款余额19.76亿元，分别比上年末增加6.48%、10.38%、3.78%。个人住房贷款余额占缴存余额的42.44%，比上年末减少14.58个百分点。受委托办理住房公积金个人住房贷款业务的银行3家，比上年增加1家。

2. 住房公积金支持保障性住房建设项目贷款。2020年，发放支持保障性住房建设项目贷款0亿元，回收项目贷款0亿元。2020年末，累计发放项目贷款0亿元，项目贷款余额0亿元。

（四）购买国债。2020年，购买（记账式、凭证式）国债0亿元，（兑付、转让、收回）国债0亿元。2020年末，国债余额0亿元，比上年末减少（增加）0亿元。

（五）融资。2020年，融资0亿元，归还0亿元。2020年末，融资总额0亿元，融资余额0亿元。

（六）资金存储。2020年末，住房公积金存款27.15亿元。其中，活期0.003亿元，1年（含）以下定期0亿元，1年以上定期25.9亿元，其他（协定、通知存款等）1.25亿元。

（七）资金运用率。2020年末，住房公积金个人住房贷款余额、项目贷款余额和购买国债余额的总和占缴存余额的42.44%[3]，比上年末减少14.58个百分点。

三、主要财务数据

（一）业务收入。2020年，业务收入10855.72万元，同比增长39.17%。其中，存款利息4618.86万元，委托贷款利息 6225.58 万元，国债利息 0 万元，其他 11.29 万元。

(二) **业务支出**。2020 年，业务支出 6447.88 万元，同比增长 39.79%。其中，支付职工住房公积金利息 6368.20 万元，归集手续费 0 万元，委托贷款手续费 79.43 万元，其他 0.25 万元。

(三) **增值收益**。2020 年，增值收益 4407.85 万元，同比增长 38.28%[4]。增值收益率 1.03%，比上年减少 0.01 个百分点。

(四) **增值收益分配**。2020 年，提取贷款风险准备金 2644.71 万元，提取管理费用 503 万元，提取城市廉租住房（公共租赁住房）建设补充资金 1260.14 万元。

2020 年，上交财政管理费用 503 万元。上缴财政城市廉租住房（公共租赁住房）建设补充资金 1260.14 万元。

2020 年末，贷款风险准备金余额 17442.04 万元。累计提取城市廉租住房（公共租赁住房）建设补充资金 9436.45 万元。

(五) **管理费用支出**。2020 年，管理费用支出 879.40 万元，同比增长 4.71%。其中，人员经费 540.20 万元，公用经费 185.79 万元，专项经费 153.41 万元。

四、资产风险状况

(一) **个人住房贷款**。2020 年末，个人住房贷款逾期额 604.97 万元，逾期率 3.1‰[5]。个人贷款风险准备金按增值收益的 60% 提取。2020 年，提取个人贷款风险准备金 2644.71 万元，使用个人贷款风险准备金核销呆坏账 0 万元。2020 年末，个人贷款风险准备金余额 17442.04 万元，占个人住房贷款余额的 8.83%，个人住房贷款逾期额与个人贷款风险准备金余额的比率为 3.47%。

(二) **支持保障性住房建设试点项目贷款**。2020 年末，逾期项目贷款 0 万元，逾期率 0‰。项目贷款风险准备金按贷款余额的 0% 提取。2020 年，提取项目贷款风险准备金 0 万元，使用项目贷款风险准备金核销呆坏账 0 万元，项目贷款风险准备金余额 0 万元，占项目贷款余额的 0%，项目贷款逾期额与项目贷款风险准备金余额的比率为 0%。

五、社会经济效益

(一) **缴存业务**。2020 年，实缴单位数、实缴职工人数和缴存额同比分别增长 5.54%、32.18% 和 111.42%。

缴存单位中，国家机关和事业单位占 60.44%，国有企业占 13.54%，城镇集体企业占 0.53%，外商投资企业占 0.73%，城镇私营企业及其他城镇企业占 21.72%，民办非企业单位和社会团体占 1.47%，其他占 1.57%。

缴存职工中，国家机关和事业单位占 33.87%，国有企业占 39.36%，城镇集体企业占 0.05%，外商投资企业占 0.8%，城镇私营企业及其他城镇企业占 24.9%，民办非企业单位和社会团体占 0.19%，其他占 0.83%；中、低收入占 99.75%，高收入占 0.25%。

新开户职工中，国家机关和事业单位占 8.06%，国有企业占 62.53%，城镇集体企业占 0.02%，外商投资企业占 0.40%，城镇私营企业及其他城镇企业占 28.77%，民办非企业单位和社会团体占 0.01%，其他占 0.21%；中、低收入占 100%，高收入占 0%。

（二）提取业务。 2020年，4.90万名缴存职工提取住房公积金8.24亿元。提取金额中，住房消费提取占67.33%（购买、建造、翻建、大修自住住房占23.58%，偿还购房贷款本息占37.98%，租赁住房占5.77%，其他占0%）；非住房消费提取占32.67%（离休和退休提取占25.98%，完全丧失劳动能力并与单位终止劳动关系提取占3.64%，出境定居占0%，其他占3.05%）。提取职工中，中、低收入占99.11%，高收入占0.89%。

（三）贷款业务。

1. 个人住房贷款。2020年，支持职工购建房16.17万平方米，年末个人住房贷款市场占有率（含公转商贴息贷款）为37.65%，比上年末增加1.09个百分点。通过申请住房公积金个人住房贷款，可节约职工购房利息支出5592.70万元。

职工贷款笔数中，购房建筑面积90（含）平方米以下占21.74%，90~144（含）平方米占67.88%，144平方米以上占10.38%。购买新房占48.15%（其中购买保障性住房占0%），购买二手房占51.85%，建造、翻建、大修自住住房占0%，其他占0%。职工贷款笔数中，单缴存职工申请贷款占70.38%，双缴存职工申请贷款占29.55%，三人及以上缴存职工共同申请贷款占0.07%。贷款职工中，30岁（含）以下占28.92%，30岁~40岁（含）占43.69%，40岁~50岁（含）占20.77%，50岁以上占6.62%；首次申请贷款占89.62%，二次及以上申请贷款占10.38%；中、低收入占99.72%，高收入占0.28%。

2. 异地贷款。2020年，发放异地贷款170笔、4902.50万元。2020年末，发放异地贷款总额21327.8万元，异地贷款余额17509.96万元。

3. 公转商贴息贷款。2020年，发放公转商贴息贷款0笔、0万元，支持职工购建住房面积0万平方米，当年贴息额0万元。2020年末，累计发放公转商贴息贷款0笔、0万元，累计贴息0万元。

4. 支持保障性住房建设试点项目贷款。2020年末，累计试点项目0个，贷款额度0亿元，建筑面积0万平方米，可解决0户中低收入职工家庭的住房问题。0个试点项目贷款资金已发放并还清贷款本息。

（四）住房贡献率。 2020年，个人住房贷款发放额、公转商贴息贷款发放额、项目贷款发放额、住房消费提取额的总和与当年缴存额的比率为46.41%[3]，比上年减少30.15个百分点。

六、其他重要事项

（一）当年机构及职能调整情况、受委托办理缴存贷款业务金融机构变更情况。 2020年机构及职能没有调整；受托办理贷款业务金融机构增加市邮储银行一家。

（二）当年住房公积金政策调整及执行情况。

1. 公积金缴存基数调整情况。2020年我市职工住房公积金年度缴存基数上限21444元，下限按1760元执行；缴存比例上限12%，下限5%。

2. 提取政策调整情况。将用于办理提取业务的个人征信报告有效期限由之前的1个月更改为3个月内有效；取消"连提带贷"不超过所购房屋价值总额的贷款条件。

3. 贷款政策调整情况。一是将提前贷款部分还款最低金额由3万元降至1万元；二是借款申请人拟申请二手房贷款比例金额由房屋价值的60%提升至70%；三是开办"差额对冲"还款业务；四是由目前个人最多可申请两次公积金贷款变为职工名下只有一套住房的不限次数贷款；五是开办商业住房贷款转住房公积金贷款。

（三）当年服务改进情况，包括服务网点、服务设施、服务手段、综合服务平台建设和其他网络载体建设服务情况等。为方便老城区缴存职工办理公积金业务，中心于2020年5月启用海勃湾区管理部，实现了营业网点在本地辖区全覆盖，从而将"就近办""跨区通办"落到实处。

为提升服务质量，中心各管理部配备了高拍、高扫来减少办事材料的复印件，同时为档案电子化工作提供先行条件；在保证数据安全的前提下，配备人证合验机，避免骗提骗贷等不良事件发生。中心业务大厅则安装配备了自助打印签章机，方便缴存职工自主查询公积金基本信息、账户流水、个人贷款信息，还可以打印结清证明、异地贷款缴存证明、缴存明细和还款明细。

（四）当年信息化建设情况，包括信息系统升级改造情况，基础数据标准贯彻落实和结算应用系统接入情况等。2020年3月接入产权的系统终端，配合中心自主研发的房屋档案查询子系统，实现了产权信息实时可查。从而将购房提取由原来的3个工作日缩短到即时办，给办事群众带来了极大便利。2020年5月，我中心开展配合阿拉善盟住房公积金中心为在乌海买房的阿盟缴存职工进行不动产权信息网上核查，加强与周边盟市合作，为我中心今后扩大信息共建共享打下基础。按照自治区住房城乡建设厅统一部署，将业务系统与自治区监管平台进行端口接续，实现民政、公安、不动产等部门部分信息共享。顺利通过由住房和城乡建设部及自治区住房城乡建设厅组成的住房公积金综合服务平台联合检查验收组对我中心综合服务平台建设验收工作。

（五）当年住房公积金管理中心及职工所获荣誉情况。获得由乌海市妇女联合会评选的2020年三八红旗手集体荣誉称号；住房公积金党支部以综合测评第一名的成绩获得由市住建局机关党委评选的先进基层党组织；中心一名工作人员被市行政审批和政务服务局评选为2020年"最美窗口工作者"荣誉称号。

（六）当年对违反《住房公积金管理条例》和相关法规行为进行行政处罚和申请人民法院强制执行情况。无。

（七）当年对住房公积金管理人员违规行为的纠正和处理情况等。无。

（八）其他需要披露的情况。无。

注释：

[1] 2020年我市公积金缴存额21.41亿元，同比增长111.42%；缴存余额46.56亿元，比上年末增长39.46%；当年缴存额和缴存余额增长幅度较大，主要原因有两方面，一是神华乌海能源公司移交职工1.4万人9.09亿元公积金余额；二是包钢万腾、宜化、美方煤焦化等私营企业职工新开户约7600人。

[2] 2020年4.90万名职工提取公积金8.24亿元，同比增长52.88%；提取总额44.83亿元，比上年末增加22.52%；主要原因为：一是神华乌海能源公司移交职工偿还商业住房贷款和离退休提取增速较快；二是2020我市二手房交易量增长迅速，购房提取增速较快；三是针对全市缴存职工关心、关注的住房公积金使用问题，中心先后出台住房公积金"差额对冲"还款、商业住房贷款转住房公积金贷款、"认房改认贷"等19项切实改善职工住房水平的惠民政策（包括疫情期间阶段性放宽公积金缓缴、企业降低缴存比例等政策6项）。

[3] 2020年个贷率和资金运用率为42.44%，比上年末减少14.58个百分点；2020年住房贡献率为46.41%，比上年减少30.15个百分点。主要原因为神华乌海能源公司移交职工公积金余额9.09亿元，而神华乌海能源公司一直未开办贷款业务，导致中心缴存余额增大；个贷率、资金运用率及住房贡献率下降明显。

［4］2020年增值收益4407.85万元,同比增长38.28%;主要是因为业务收入存款利息收入4618.86万元,同比增长167.05%;其他收入11.29万元同比增长300.35%,主要为公积金个人贷款逾期罚息收入。

［5］2020年末个人住房贷款逾期额604.97万元,逾期率3.1‰,较上年年末下降161.29%;主要原因为中心通过法院诉讼、上门催缴、电话催缴等方式,加大逾期贷款催缴力度。

赤峰市住房公积金2020年年度报告

根据国务院《住房公积金管理条例》和住房和城乡建设部、财政部、人民银行《关于健全住房公积金信息披露制度的通知》(建金〔2015〕26号)的规定,经住房公积金管理委员会审议通过,现将赤峰市住房公积金2020年年度报告公布如下。

一、机构概况

(一)**住房公积金管理委员会。**赤峰市住房公积金管理委员会有16名委员,2020年召开2次会议,其中第一次会议审议通过的事项主要包括:

1. 调整赤峰市住房公积金管理委员会主要领导职务;
2. 审议赤峰市住房公积金2019年工作报告和2020年重点工作计划;
3. 审议赤峰市住房公积金2019年度财务运营公告;
4. 审议赤峰市住房公积金2019年增值收益分配情况及2020年公积金归集、贷款、增值收益实现计划;
5. 审议赤峰市住房公积金关于实施公积金按月对冲还贷、余额还逾期贷款以及调整提取公积金有关政策的申请。

第二次会议审议通过的事项主要包括:

1. 调整赤峰市住房公积金管理委员会副主任委员;
2. 研究赤峰市住房公积金管理中心部分业务政策调整事宜。

(二)**住房公积金管理中心。**赤峰市住房公积金管理中心为隶属于赤峰市人民政府办公厅不以营利为目的的全额拨款事业单位,设10个科,12个管理部。从业人员265人,其中,在编156人,非在编109人。

二、业务运行情况

(一)**缴存。**2020年,新开户单位412家,净增单位0家;新开户职工2.58万人,净增职工1.12万人;实缴单位4380家,实缴职工30.34万人,缴存额47.04亿元,分别同比增长0%、3.82%、12.13%。2020年末,缴存总额375.62亿元,比上年末增加14.32%;缴存余额172.23亿元,同比增长5.67%。受委托办理住房公积金缴存业务的银行5家。

（二）提取。2020年，6.95万名缴存职工提取住房公积金；提取额37.80亿元，同比增长39.18%；提取额占当年缴存额的80.36%，比上年增加15.61个百分点。2020年末，提取总额203.39亿元，比上年末增加22.83%。

（三）贷款。

1. 个人住房贷款。个人住房贷款最高额度60万元。

2020年，发放个人住房贷款1.13万笔、46.02亿元，同比分别增长6.6%、22.07%。2020年，回收个人住房贷款31.12亿元。2020年末，累计发放个人住房贷款14.64万笔、360.5亿元，贷款余额160.85亿元，分别比上年末增加8.39%、14.63%、10.21%。个人住房贷款余额占缴存余额的93.39%，比上年末增加3.84个百分点。受委托办理住房公积金个人住房贷款业务的银行5家。

2. 异地贷款。2020年，发放异地贷款722笔、29711.5万元。2020年末，发放异地贷款总额100241.2万元，异地贷款余额85095.33万元。

3. 公转商贴息贷款。2020年，发放公转商贴息贷款0笔、0万元，当年贴息额0万元。2020年末，累计发放公转商贴息贷款0笔、0万元，累计贴息0万元。

4. 住房公积金支持保障性住房建设项目贷款。2020年，发放支持保障性住房建设项目贷款0亿元，回收项目贷款0亿元。2020年末，累计发放项目贷款0亿元，项目贷款余额0亿元。

（四）购买国债。2020年，购买（记账式、凭证式）国债0亿元，（兑付、转让、收回）国债0亿元。2020年末，国债余额0亿元。

（五）资金存储。2020年末，住房公积金存款16.19亿元。其中，活期0.01亿元，1年（含）以下定期11.2亿元，1年以上定期3.2亿元，其他（协定、通知存款等）1.78亿元。

（六）资金运用率。2020年末，住房公积金个人住房贷款余额、项目贷款余额和购买国债余额的总和占缴存余额的93.39%，比上年末增加3.84个百分点。

三、主要财务数据

（一）业务收入。2020年，业务收入56254.21万元，同比增长13.97%。其中，存款利息6224.05万元，委托贷款利息49940.76万元，国债利息0万元，其他89.39万元。

（二）业务支出。2020年，业务支出27081.94万元，同比增长9.75%。其中，支付职工住房公积金利息25679.49万元，归集手续费0万元，委托贷款手续费1402.43万元，其他0.02万元。

（三）增值收益。2020年，增值收益29172.27万元，同比增长18.18%。增值收益率1.72%，比上年增加0.13个百分点。

（四）增值收益分配。2020年，提取贷款风险准备金1000万元，提取管理费用4106.58万元，提取城市廉租住房（公共租赁住房）建设补充资金24065.69万元。

2020年，上交财政管理费用4106.58万元。上缴财政城市廉租住房（公共租赁住房）建设补充资金0万元。

2020年末，贷款风险准备金余额49797.63万元。累计提取城市廉租住房（公共租赁住房）建设补充资金93282.59万元。

（五）管理费用支出。2020年，管理费用支出4500.55万元，同比增长12.35%。其中，人员经费

2564.66 万元，公用经费 292 万元，专项经费 1643.89 万元。

四、资产风险状况

（一）个人住房贷款。2020 年末，个人住房贷款逾期额 5005.43 万元，逾期率 3.1‰。个人贷款风险准备金余额 49797.63 万元。2020 年，使用个人贷款风险准备金核销呆坏账 0 万元。

（二）支持保障性住房建设试点项目贷款。2020 年末，逾期项目贷款 0 万元，逾期率 0‰；项目贷款风险准备金余额 0 万元。2020 年，使用项目贷款风险准备金核销呆坏账 0 万元。

五、社会经济效益

（一）缴存业务。缴存职工中，国家机关和事业单位占 54.23%，国有企业占 24.13%，城镇集体企业占 0.23%，外商投资企业占 1.48%，城镇私营企业及其他城镇企业占 12.86%，民办非企业单位和社会团体占 2.27%，灵活就业人员占 0%，其他占 4.8%；中、低收入占 99.99%，高收入占 0.01%。

新开户职工中，国家机关和事业单位占 39.38%，国有企业占 16.06%，城镇集体企业占 0.19%，外商投资企业占 1.96%，城镇私营企业及其他城镇企业占 27.95%，民办非企业单位和社会团体占 5.27%，灵活就业人员占 0%，其他占 9.19%；中、低收入占 99.85%，高收入占 0.15%。

（二）提取业务。提取金额中，购买、建造、翻建、大修自住住房占 35.85%，偿还购房贷款本息占 40.20%，租赁住房占 0.63%，支持老旧小区改造占 0%，离休和退休提取占 19.22%，完全丧失劳动能力并与单位终止劳动关系提取占 1.82%，出境定居占 0%，其他占 2.28%。提取职工中，中、低收入占 99.99%，高收入占 0.01%。

（三）贷款业务。

1. 个人住房贷款。2020 年，支持职工购建房 134.74 万平方米（含公转商贴息贷款），2020 年末个人住房贷款市场占有率（含公转商贴息贷款）为 22.18%，比上年末减少 2.23 个百分点。通过申请住房公积金个人住房贷款，可节约职工购房利息支出 67791.61 万元。

职工贷款笔数中，购房建筑面积 90（含）平方米以下占 11.39%，90～144（含）平方米占 78.57%，144 平方米以上占 10.04%。购买新房占 83.71%（其中购买保障性住房占 0%），购买二手房占 16.29%，建造、翻建、大修自住住房占 0%（其中支持老旧小区改造占 0%），其他占 0%。

职工贷款笔数中，单缴存职工申请贷款占 25.52%，双缴存职工申请贷款占 74.48%，三人及以上缴存职工共同申请贷款占 0%。

贷款职工中，30 岁（含）以下占 21.23%，30 岁～40 岁（含）占 42.62%，40 岁～50 岁（含）占 24.21%，50 岁以上占 11.94%；首次申请贷款占 82.63%，二次及以上申请贷款占 17.37%；中、低收入占 99.77%，高收入占 0.23%。

2. 支持保障性住房建设试点项目贷款。2020 年末，累计试点项目 0 个，贷款额度 0 亿元，建筑面积 0 万平方米，可解决 0 户中低收入职工家庭的住房问题。0 个试点项目贷款资金已发放并还清贷款本息。

（四）住房贡献率。2020 年，个人住房贷款发放额、公转商贴息贷款发放额、项目贷款发放额、住房消费提取额的总和与当年缴存额的比率为 159.46%，比上年增加 21.98 个百分点。

六、其他重要事项

（一）应对新冠肺炎疫情采取的措施，落实住房公积金阶段性支持政策情况和政策实施成效。

1. 应对新冠肺炎采取的措施。

为支持新冠肺炎疫情防控工作，坚决打赢疫情防控阻击战。对于受疫情影响的单位和职工，中心在缴存公积金、住房贷款、还款等方面做出一系列调整。一是临时放宽企业公积金缴交时限，在2020年6月30日之前缓交其所属职工住房公积金的企业，住房公积金缴存时间连续计算，不影响职工住房公积金贷款的权益。二是受疫情影响导致生产经营困难的企业，可按规定申请降低住房公积金缴存比例，开辟绿色通道，及时办理。三是提高提取标准，将新冠肺炎纳入到大病提取住房公积金范围。四是对因感染新冠肺炎住院治疗或隔离人员、疫情防控需要隔离观察人员、一线医务人员、参加疫情防控人员以及受疫情影响的职工，一定时间内不能正常还贷款的，不作逾期处理、免收逾期罚息。

2. 落实住房公积金阶段性支持政策情况和政策实施成效。

（1）公积金缓缴情况：截至2020年6月30日，赤峰市住房公积金管理中心已累计为32家企业1225人办理了住房公积金缓缴手续，累计缓缴金额314.82万元（单位和个人合计部分）。

（2）不作逾期处理情况：截至2020年6月30日，赤峰市住房公积金管理中心不作逾期处理的公积金逾期贷款57099笔，减轻了疫情期间职工还贷压力。

（3）租房提取情况：赤峰市住房公积金管理中心为减轻受疫情影响的缴存职工支付房租的压力，合理的提高租房提取额度，由原提取额度2.2万元/年提高到目前的2.4万元/年。截至2020年6月30日累计办理提高住房提取额度业务28笔，累计提高租房提取金额5.6万元。

（4）企业降低缴存比例情况：截至2020年6月30日，赤峰市住房公积金管理中心对受疫情影响的3家企业降低缴存比例申请进行及时办理，涉及职工人数为1465人，涉及金额为78.55万元。

（二）当年住房公积金政策调整及执行情况，包括当年缴存基数限额及确定方法、缴存比例等缴存政策调整情况；当年提取政策调整情况；当年个人住房贷款最高贷款额度、贷款条件等贷款政策调整情况；当年住房公积金存贷款利率执行标准等；支持老旧小区改造政策落实情况。

根据赤峰市统计局公布的2019年社平工资，确定2020年赤峰公积金缴存比例和缴交基数。机关企事业单位，单位和职工住房公积金缴存比例不得低于5%，上限不得高于12%。缴存住房公积金的月工资基数，上限不应超过统计部门公布的上一年度城镇职工月平均工资总额的3倍。

2020年11月16日，我中心调整住房公积金贷款以及支取政策。一是将公积金贷款上限额度由80万元调整为60万元，私营企业仍执行贷款上限40万元。将公积金第一套房首付款比例提高到30%，第二套房首付款比例提高到40%。二是调整偿还住房贷款政策，允许借款人使用本人及配偶的公积金账户余额直接偿还公积金贷款。三是调整提取公积金账户余额支付房租额度，取消原来的划分学区房、非学区房不同支取标准，统一调整为支取人在缴存地无自住住房的，每人每年在本人账户提取租金6000元，夫妻双方都有公积金账户，缴存地无自住住房的，一年提取租金12000元。

2020年公积金利率执行标准：根据央行确定的贷款基准利率执行。

首套房：1~5年（含5年）月息2.292‰，6年以上月息2.708‰。

二套房：1~5年（含5年）月息2.521‰，6年以上月息2.979‰。

（三）当年服务改进情况，包括推进住房公积金服务"跨省通办"工作情况，服务网点、服务设施、服务手段、综合服务平台建设和其他网络载体建设服务情况等。

深化"放管服"改革，优化营商环境，服务管理全面提升，多措并举，精心部署，明确分工，压实责任，围绕群众反映强烈的办事难、办事慢、办事繁等问题方面下苦功、出实招，着力解决办事环节多、运行效率低、管理不通畅等问题。一是精简申报材料，将交叉的、重复的、不是特别必须的材料精简合并并向群众免费复印。二是优化业务流程，及时更新业务指南，在公积金的各个平台上进行公告，尽量让办事职工看得见、听得懂、能监督。三是利用"互联网＋"技术，提升服务质效、优化业务流程、完善系统功能。通过"12329"服务热线、短信平台、手机App、微信公众平台、网上业务大厅和综合服务平台，将公积金服务渠道全方位扩展，为广大缴存单位和缴存职工提供功能更齐全、更便捷、更高效、更安全的住房公积金服务。四是实现接入自治区一体化在线政务服务平台，完成15项公共服务事项填报。五是就"跨省通办""一网通办"任务进行了技术实现研究，制定了工作计划，已按期完成应于本年年底前完成的3个跨省通办事项。六是充分利用"互联网＋"技术，已开发出手机公积金App，目前已实现公积金按月对冲，公积金账户余额提前还本，职工只需通过登录手机公积金App即可办理，开通住房公积金对冲还贷业务后，职工不用每年前来提取公积金，实现了还贷业务办理"零跑路"。

（四）当年信息化建设情况。2020年赤峰市住房公积金管理中心在机房建构了三个私有云，即核心云、外围云和外网云，将中心软件迁移到云上运行。

（五）当年住房公积金管理中心及职工所获荣誉情况。2020年赤峰市住房公积金管理中心翁牛特旗管理部、敖汉旗管理部、元宝山管理部被赤峰市委宣传部授予"文明单位"称号；宁城管理部归集支取股被赤峰市工会授予"五一巾帼标兵岗"称号、全市住房公积金系统中有2名职工荣获赤峰市政府办公室机关党委优秀共产党员和优秀党务工作者称号。

（六）当年对违反《住房公积金管理条例》和相关法规行为进行行政处罚和申请人民法院强制执行情况。2020年度共起诉逾期贷款人员24人，结案27人（包括2019年3人），追缴逾期贷款资金2900余万元。

通辽市住房公积金2020年年度报告

根据国务院《住房公积金管理条例》和住房和城乡建设部、财政部、人民银行《关于健全住房公积金信息披露制度的通知》（建金〔2015〕26号）的规定，现将通辽市住房公积金2020年年度报告公布如下。

一、机构概况

通辽市住房公积金管理中心为隶属于通辽市住房城乡建设局不以营利为目的的公益一类全额拨款事业单位，设7个处（科），8个管理部，0个分中心。从业人员147人，其中，在编81人，非在编66人。

二、业务运行情况

（一）缴存。2020年，新开户单位197家，净增单位18家；新开户职工1.79万人，净增职工0.25万人；实缴单位3,609家，实缴职工20.32万人，缴存额31.99亿元，分别同比增长0.50%、1.25%、10.61%。2020年末，缴存总额252.26亿元，比上年末增加14.52%；缴存余额133.28亿元，同比增长7.85%。受委托办理住房公积金缴存业务的银行5家。

（二）提取。2020年，4.60万名缴存职工提取住房公积金；提取额22.29亿元，同比增长12.93%；提取额占当年缴存额的69.67%，比上年增加1.43个百分点。2020年末，提取总额118.99亿元，比上年末增加23.05%。

（三）贷款。

1. 个人住房贷款。单缴存职工个人住房贷款最高额度40万元，双缴存职工个人住房贷款最高额度50万元。

2020年，发放个人住房贷款0.37万笔11.02亿元，同比分别（下降）13.57%、14.48%。

2020年，回收个人住房贷款15.46亿元。

2020年末，累计发放个人住房贷款14.66万笔、226.20亿元，贷款余额85.43亿元，分别比上年末增加2.62%、5.15%、－4.94%。个人住房贷款余额占缴存余额的64.10%，比上年末减少8.63个百分点。受委托办理住房公积金个人住房贷款业务的银行5家。

2. 异地贷款。2020年，发放异地贷款146笔、4231万元。2020年末，发放异地贷款总额26700万元，异地贷款余额21002.40万元。

3. 公转商贴息贷款。无。

4. 住房公积金支持保障性住房建设项目贷款（本段仅项目贷款余额不为0的城市填写）。无。

（四）购买国债。无。

（五）资金存储。2020年末，住房公积金存款48.83亿元。其中，活期0.005亿元，1年（含）以下定期41亿元，协定7.827亿元。

（六）资金运用率。2020年末，住房公积金个人住房贷款余额、项目贷款余额和购买国债余额的总和占缴存余额的64.10%，比上年末减少8.63个百分点。

三、主要财务数据

（一）业务收入。2020年，业务收入33273.65万元，同比下降5.10%。其中，存款利息5135.62万元，委托贷款利息28111.19万元，其他26.84万元。

（二）业务支出。2020年，业务支出19586.06万元，同比增长8.84%。其中，支付职工住房公积金利息19551.76万元，委托贷款手续费33.64万元，其他0.66万元。

（三）增值收益。2020年，增值收益13687.59万元，同比下降19.37%。增值收益率1.06%，比上年减少0.37个百分点。

（四）增值收益分配。2020年，提取贷款风险准备金0万元，提取管理费用2261.40万元，提取城市廉租住房（公共租赁住房）建设补充资金11426.19万元。

2020年，上交财政管理费用2261.40万元。上缴财政城市廉租住房（公共租赁住房）建设补充资金14529.26万元。

2020年末，贷款风险准备金余额9556.51万元。累计提取城市廉租住房（公共租赁住房）建设补充资金99480.91万元。

（五）管理费用支出。 2020年，管理费用支出1979.47万元，与上年基本持平。其中，人员经费921.66万元，公用经费1057.81万元。

四、资产风险状况

（一）个人住房贷款。 2020年末，个人住房贷款逾期额644.83万元，逾期率0.8‰。个人贷款风险准备金余额9556.51万元。2020年，使用个人贷款风险准备金核销呆坏账0万元。

（二）支持保障性住房建设试点项目贷款（本段仅项目贷款余额不为0的城市填写）。 无。

五、社会经济效益

（一）缴存业务。 缴存职工中，国家机关和事业单位占58.86%，国有企业占18.63%，城镇集体企业占3.64%，外商投资企业占1.63%，城镇私营企业及其他城镇企业占16.92%，民办非企业单位和社会团体占0.32%，灵活就业人员占0%，其他占0%；中、低收入占99.36%，高收入占0.64%。

新开户职工中，国家机关和事业单位占49.70%，国有企业占7.94%，城镇集体企业占2.77%，外商投资企业占3.46%，城镇私营企业及其他城镇企业占35.51%，民办非企业单位和社会团体占0.62%，灵活就业人员占0%，其他占0%；中、低收入占100.00%，高收入占0%。

（二）提取业务。 提取金额中，购买、建造、翻建、大修自住住房占31.92%，偿还购房贷款本息占36.38%，租赁住房占0.59%，支持老旧小区改造占0%，离休和退休提取占23.57%，完全丧失劳动能力并与单位终止劳动关系提取占3.33%，出境定居占0%，其他占4.21%。提取职工中，中、低收入占99.32%，高收入占0.68%。

（三）贷款业务。

1. 个人住房贷款。2020年，支持职工购建房42.54万平方米（含公转商贴息贷款），年末个人住房贷款市场占有率（含公转商贴息贷款）为28.42%，比上年末减少6.79个百分点。通过申请住房公积金个人住房贷款，可节约职工购房利息支出12818.82万元。

职工贷款笔数中，购房建筑面积90（含）平方米以下占16.98%，90~144（含）平方米占73.93%，144平方米以上占9.09%。购买新房占69.22%（其中购买保障性住房占0%），购买二手房占30.78%，建造、翻建、大修自住住房占0%（其中支持老旧小区改造占0%），其他占0%。

职工贷款笔数中，单缴存职工申请贷款占60.96%，双缴存职工申请贷款占39.04%，三人及以上缴存职工共同申请贷款占0%。

贷款职工中，30岁（含）以下占29.30%，30岁~40岁（含）占46.15%，40岁~50岁（含）18.80占%，50岁以上占5.75%；首次申请贷款占71.79%，二次及以上申请贷款占28.21%；中、低收入占99.28%，高收入占0.72%。

2. 支持保障性住房建设试点项目贷款（本段仅项目贷款余额不为0的城市填写）。无。

（四）住房贡献率。 2020年，个人住房贷款发放额、公转商贴息贷款发放额、项目贷款发放额、住房消费提取额的总和与当年缴存额的比率为82.44%，比上年减少10.51个百分点。

六、其他重要事项

（一）应对新冠肺炎疫情采取的措施，落实住房公积金阶段性支持政策情况和政策实施成效。 疫情初期，我中心积极引导缴存职工通过12329服务热线、微信公众号等线上渠道咨询、办理住房公积金业务，对外公布预约办理电话，对确需当面办理的急件快件，实行预约办理和错峰办理，减少职工等待时间，减少人员聚集。针对疫情对办理公积金业务的影响，疫情期间采取了相应的措施。

住房公积金缴存方面。

1. 缴存单位受疫情影响，未能按时足额缴存住房公积金的，可向我中心说明情况并在一定期限内办理补缴。其间，职工的住房公积金缴存时间连续计算，不影响职工申请租房提取和住房公积金贷款的权益。

2. 支持受疫情影响导致生产经营困难的企业，按规定申请降低缴存比例或暂缓缴存住房公积金。同时开辟绿色通道，加快受理审核。疫情期间全市共10个企业申请缓缴，19个企业申请降低比例。

住房公积金提取方面。

1. 将办理对冲还款时间由原来的每月1日～20日调整为每月1日～23日；受疫情影响，2020年2月～6月份未能正常还款或未能办理从2月份开始生效的对冲还贷业务的，可顺延至6月末前偿还贷款本息，即在6月30日前偿还（或办理对冲）的，不作逾期处理，不计罚息；对因感染新冠肺炎住院治疗或隔离人员、疫情防控需要隔离观察人员、援鄂医疗队医护人员、一线医务人员等参加疫情防控工作人员以及受疫情影响暂时失去收入来源的人群，灵活调整其住房公积金贷款还款安排，合理延后还款期限，疫情防控期间形成的逾期还款不作逾期处理。

2. 将新冠肺炎患者纳入大病提取住房公积金范围，职工可按相关政策规定提取住房公积金补贴治疗费用。对购房类提取、大病提取、一次性偿还商业银行个人住房贷款后提取业务，业务办理期限在疫情防控期间到期的，按自然顺延2个月执行。按年偿还本市商业银行个人住房贷款或异地住房公积金贷款本息的，可按本年度应还贷款本息合计金额提取（不含提前还本金额），提取资金可划转至职工银行账户（贷款地中心有特殊规定的除外）。

（二）当年机构及职能调整情况、受委托办理缴存贷款业务金融机构变更情况。 我中心2020年没有机构及职能调整情况、受委托办理缴存贷款业务金融机构没有变动情况。

（三）当年住房公积金政策调整及执行情况，包括当年缴存基数限额及确定方法、缴存比例等缴存政策调整情况；当年提取政策调整情况；当年个人住房贷款最高贷款额度、贷款条件等贷款政策调整情况；当年住房公积金存贷款利率执行标准等；支持老旧小区改造政策落实情况。

1. 缴存政策调整情况。

职工2020年度住房公积金缴存基数为职工本人2019年度月平均工资总额，新参加工作职工的第二月当月工资和新调入职工首月工资。2020年度缴存基数最高限额不得高于按照市统计部门提供的"2019年通辽市城镇非私营单位在岗职工年平均工资75329元"计算的月平均工资6277元的3陪，即18831元。调整缴存基数最高限额的单位，需同时补齐本年度已汇缴月份的差额部分住房公积金。2020年度住房公积金基数最低限额不做调整，仍为科尔沁区、开发区、霍林郭勒市1660元/月；开鲁县、扎鲁特旗1560元/月；科尔沁左翼后旗、库伦旗、奈曼旗、科尔沁左翼中旗1460元/月。单位和职工个人住房公积金缴存比例应一致，不得低于5%，不得高于12%。

2. 提取政策调整情况。

（1）因偿还商业银行住房贷款提取，取消每次提取都提供银行借款合同，调整为首次办理时提供即可。

（2）因偿还异地住房公积金贷款提取，提取款项划入异地中心账户的，取消提供还款情况说明。

（3）正常退休职工申请提取，男性年满60周岁、女性年满55周岁（企业女职工年满50周岁）的，取消提供退休证或退休审批表等退休相关材料。

3. 贷款政策调整情况。

为降低贷款风险，异地缴存企业职工办理公积金贷款时，提供担保调整为可在以下三种方式中任选其一。

（1）两名符合担保条件的行政事业单位正式在编在岗职工提供担保。

（2）用房产（自有住房、共有或第三人所有房屋产权的）现值全额抵押担保，抵押值最高不得超过抵押房产现值的50%。如抵押值不足，可另提供一套房产（两套房产现值的50%可做累加）或一位符合担保条件的行政事业单位正式在编在岗职工提供担保（提供一位担保人后，其抵押房产现值不超过80%）。

（3）担保公司担保。

（四）当年服务改进情况，包括推进住房公积金服务"跨省通办"工作情况，服务网点、服务设施、服务手段、综合服务平台建设和其他网络载体建设服务情况等。

为贯彻落实国务院深化"放管服"改革部署，按照《国务院办公厅关于加快推进政务服务"跨省通办"的指导意见》要求，中心围绕深化"全程网办"、拓展"异地代收代办"、优化"多地联办"业务模式，切实提升政务服务便捷度。加强综合服务平台的宣传和推广，要求前台工作人员主动对前来咨询和办理业务的职工宣传综合服务平台相关服务渠道；在服务大厅醒目位置放置展板，方便缴存职工进行注册；12329客服人员在接听客户咨询电话时，主动告知其他服务渠道查询和办理住房公积金业务。

1. 我中心已实现住房公积金单位登记开户、住房公积金单位及个人缴存信息变更、住房公积金正常退休提取、住房公积金贷款提前结清以及个人住房公积金缴存、提取、贷款明细查询5项业务全程网上办理，实现由"群众跑腿"到"数据跑路"的转变。完善综合服务平台渠道，中心现已开通微博，至此八大服务渠道均已开通。

2. 开通手机对冲、还款和提取业务。我中心推出的"手机公积金App"，在原有服务的基础上，开通"月对冲还贷""提前结清""离、退休提取"和"解除劳动关系提取"等业务，职工足不出户"一次不跑"即可办理住房公积金有关业务。

3. "跨省通办"三项服务事项提前完成。按照《住房和城乡建设部关于做好住房公积金服务"跨省通办"工作的通知》文件要求，2020年底前实现个人住房公积金缴存贷款等信息查询、出具贷款职工住房公积金缴存使用证明、正常退休提取住房公积金三项服务事项"跨省通办"，中心已于2020年11月27日完成。

4. 增设了业务办理网点。为了提升服务水平，更好地实现"通缴通取"，在全市原有9个业务网点工作的基础上,市本级和科尔沁区管理部各增设一个业务办理网点。目前全市已设立住房公积金业务网点11个,其中市中心2个、科尔沁区2个、其他旗县市各1个。

5. 科尔沁左翼后旗管理部业务窗口进驻当地政务服务大厅。

(五)当年信息化建设情况,包括信息系统升级改造情况,基础数据标准贯彻落实和结算应用系统接入情况等。我中心积极推进共享平台建设,实现与自治区监管处搭建的监管与数据共享平台完成对接,计划将共享平台数据嵌入核心业务系统,可减少办理要件,同时更多地开展网上业务,方便缴存职工办理业务。现通过电子政务外网访问国家企业信用信息系统(部门协同监管平台),实现与市场监督局平台的对接工作。根据《网络安全法》等文件要求,中心对核心业务系统及综合服务平台渠道进行等级保护三级测评工作并已取得了证书,下一步依据测评报告的检查内容继续补强薄弱环节,以保证中心信息、资金及网络的安全。

(六)当年住房公积金管理中心及职工所获荣誉情况,包括:文明单位(行业、窗口)、青年文明号、工人先锋号、五一劳动奖章(劳动模范)、三八红旗手(巾帼文明岗)、先进集体和个人等。我中心于2007年9月被自治区党委、政府评为"自治区文明单位",根据内蒙古自治区文明办《关于复查确认继续保留荣誉称号的内蒙古自治区文明城市、文明村镇、文明单位和文明家庭的通知》(内文明办字〔2020〕3号)文件精神,我中心继续保留自治区文明单位荣誉称号。

(七)当年对违反《住房公积金管理条例》和相关法规行为进行行政处罚和申请人民法院强制执行情况。我中心2020年没有因违反《住房公积金管理条例》和相关法规受到行政处罚和人民法院强制执行情况。

(八)当年对住房公积金管理人员违规行为的纠正和处理情况等。霍林郭勒市管理部合同制职工刘志超在2014~2017年期间利用职务便利侵占法院执行款等相关费用,2020年12月10日,刘志超接受通辽市科尔沁区监察委员会纪律审查和监察调查,目前案件正在调查中。

鄂尔多斯市住房公积金2020年年度报告

根据国务院《住房公积金管理条例》和住房和城乡建设部、财政部、人民银行《关于健全住房公积金信息披露制度的通知》(建金〔2015〕26号)的规定,经住房公积金管理委员会审议通过,现将鄂尔多斯市住房公积金2020年年度报告公布如下。

一、机构概况

(一)住房公积金管理委员会。住房公积金管理委员会有30名委员,2020年召开0次会议。

(二)住房公积金管理中心。住房公积金管理中心为直属市住房和城乡建设局不以营利为目的的差额拨款事业单位,设6个科室,8个管理部,1个分中心。从业人员127人,其中,在编66人,非在编61人。

二、业务运行情况

（一）**缴存**。2020年，新开户单位856家，净增单位549家；新开户职工3.76万人，净增职工1.91万人；实缴单位5518家，实缴职工28.87万人，缴存额48.27亿元，分别同比增长11.05%、7.08%、18.52%。2020年末，缴存总额310.81亿元，比上年末增加18.39%；缴存余额167.88亿元，同比增长12.40%。受委托办理住房公积金缴存业务的银行5家。

（二）**提取**。2020年，4.46万名缴存职工提取住房公积金；提取额29.75亿元，同比增长27.03%；提取额占当年缴存额的61.62%，比上年增加4.12个百分点。2020年末，提取总额142.92亿元，比上年末增加26.28%。

（三）**贷款**。

1. 个人住房贷款。中心个人住房贷款最高额度80万元，分中心个人住房贷款最高额度60万元。

2020年，发放个人住房贷款0.79万笔、37.76亿元，同比分别增长12.50%、22.63%。其中，市中心发放个人住房贷款0.78万笔、37.23亿元，分中心发放个人住房贷款0.01万笔、0.53亿元。

2020年，回收个人住房贷款16.04亿元。其中，市中心15.31亿元，分中心0.73亿元。

2020年末，累计发放个人住房贷款10.24万笔、221.59亿元，贷款余额118.29亿元，分别比上年末增加8.40%、20.54%、22.48%。个人住房贷款余额占缴存余额的70.46%，比上年末增加5.80个百分点。受委托办理住房公积金个人住房贷款业务的银行5家。

2. 异地贷款。2020年，发放异地贷款203笔、10220.00万元。2020年末，发放异地贷款总额31664.00万元，异地贷款余额25704.17万元。

（四）**购买国债**。2020年，购买（记账式、凭证式）国债0亿元，（兑付、转让、收回）国债0亿元。2020年末，国债余额0亿元。

（五）**资金存储**。2020年末，住房公积金存款52.21亿元。其中，活期7.49亿元，1年（含）以下定期27.60亿元，1年以上定期17.12亿元，其他（协定、通知存款等）0亿元。

（六）**资金运用率**。2020年末，住房公积金个人住房贷款余额、项目贷款余额和购买国债余额的总和占缴存余额的70.46%，比上年末增加5.80个百分点。

三、主要财务数据

（一）**业务收入**。2020年，业务收入49319.04万元，同比增长16.21%。其中，市中心43198.52万元，分中心6120.52万元；存款利息15810.66万元，委托贷款利息33418.62万元，国债利息0万元，其他89.76万元。

（二）**业务支出**。2020年，业务支出22815.80万元，同比增长13.43%。其中，市中心20368.57万元，分中心2447.23万元；支付职工住房公积金利息22771.04万元，归集手续费0万元，委托贷款手续费0万元，其他44.76万元。

（三）**增值收益**。2020年，增值收益26503.24万元，同比增长18.71%。其中，市中心22829.95万元，分中心3673.29万元；增值收益率1.67%，比上年增加0.08个百分点。

（四）**增值收益分配**。2020年，提取贷款风险准备金16638.58万元；提取管理费用1614.69万元，提取城市廉租住房（公共租赁住房）建设补充资金 8249.97 万元。

2020 年，上交财政管理费用 1309.00 万元。上缴财政城市廉租住房（公共租赁住房）建设补充资金 6241.00 万元。其中，市中心上缴 6241.00 万元，分中心上缴（收缴单位）0 万元。

2020 年末，贷款风险准备金余额 97576.07 万元。累计提取城市廉租住房（公共租赁住房）建设补充资金 36311.24 万元。其中，市中心提取 35811.55 万元，分中心提取 499.69 万元。

（五）管理费用支出。 2020 年，管理费用支出 1370.56 万元，同比增长 18.49%。其中，人员经费 707.89 万元，公用经费 415.97 万元，专项经费 246.70 万元。

市中心管理费用支出 956.58 万元，其中，人员、公用、专项经费分别为 464.38 万元、245.50 万元、246.70 万元；分中心管理费用支出 413.98 万元，其中，人员、公用、专项经费分别为 243.51 万元、170.47 万元、0 万元。

四、资产风险状况

个人住房贷款。2020 年末，个人住房贷款逾期额 1175.29 万元，逾期率 1.00‰，其中，市中心 1.00‰，分中心 0‰。个人贷款风险准备金余额 97576.07 万元。2020 年，使用个人贷款风险准备金核销呆坏账 0 万元。

五、社会经济效益

（一）缴存业务。 缴存职工中，国家机关和事业单位占 35.96%，国有企业占 20.74%，城镇集体企业占 0.37%，外商投资企业占 2.21%，城镇私营企业及其他城镇企业占 27.40%，民办非企业单位和社会团体占 0.56%，灵活就业人员占 0%，其他占 12.76%；中、低收入占 99.10%，高收入占 0.90%。

新开户职工中，国家机关和事业单位占 24.10%，国有企业占 21.37%，城镇集体企业占 0.37%，外商投资企业占 0.88%，城镇私营企业及其他城镇企业占 42.63%，民办非企业单位和社会团体占 0.66%，灵活就业人员占 0%，其他占 9.99%；中、低收入占 99.53%，高收入占 0.47%。

（二）提取业务。 提取金额中，购买、建造、翻建、大修自住住房占 45.38%，偿还购房贷款本息占 20.49%，租赁住房占 9.98%，支持老旧小区改造占 0%，离休和退休提取占 13.45%，完全丧失劳动能力并与单位终止劳动关系提取占 5.53%，出境定居占 0%，其他占 5.17%。提取职工中，中、低收入占 99.00%，高收入占 1.00%。

（三）贷款业务。

个人住房贷款。2020 年，支持职工购建房 110.51 万平方米（含公转商贴息贷款），2020 年末个人住房贷款市场占有率（含公转商贴息贷款）为 63.55%，比上年末增加 2.92 个百分点。通过申请住房公积金个人住房贷款，可节约职工购房利息支出 50446.42 万元。

职工贷款笔数中，购房建筑面积 90（含）平方米以下占 6.49%，90~144（含）平方米占 58.34%，144 平方米以上占 35.17%。购买新房占 73.06%（其中购买保障性住房占 0%），购买二手房占 26.79%，建造、翻建、大修自住住房占 0.14%（其中支持老旧小区改造占 0%），其他占 0.01%。

职工贷款笔数中，单缴存职工申请贷款占 27.21%，双缴存职工申请贷款占 72.79%，三人及以上缴存职工共同申请贷款占 0%。

贷款职工中，30 岁（含）以下占 25.40%，30 岁～40 岁（含）占 53.67%，40 岁～50 岁（含）占 15.76%，50 岁以上占 5.17%；首次申请贷款占 82.72%，二次及以上申请贷款占 17.28%；中、低收入占 98.83%，高收入占 1.17%。

（四）住房贡献率。 2020 年，个人住房贷款发放额、公转商贴息贷款发放额、项目贷款发放额、住房消费提取额的总和与当年缴存额的比率为 125.14%，比上年增加 6.78 个百分点。

六、其他重要事项

（一）应对新冠肺炎疫情采取的措施，落实住房公积金阶段性支持政策情况和政策实施成效。 受疫情影响，允许企业暂缓缴存住房公积金、降低住房公积金缴存比例。业务办理期限在疫情防控期间到期的，顺延至 2020 年 6 月 30 日。对于符合租房提取条件的缴存职工，年租房提取金额上限由 22500 元提高至 30000 元。疫情防控期间未能按时正常偿还住房公积金贷款的，还款期限延后至 2020 年 6 月 30 日，在此期间不作逾期处理。截至 2020 年底，受疫情影响已缓缴企业恢复正常缴存的 52 家、职工 5608 人、金额 4951.93 万元。截至 2020 年 6 月 30 日，累计提高租房提取金额 4251 笔、1716.70 万元；累计不作逾期处理贷款 9565 笔应还未还本金 3372.29 万元。

（二）当年住房公积金政策调整及执行情况。 2020 年住房公积金缴存基数原则上不低于 2019 年全市在岗职工月平均工资 8177 元的 60% 即 4906 元，月平均工资不足 4906 元的按 4906 元缴存基数核定，特殊情况需住房公积金管理中心审批；不得高于 2019 年全市在岗职工月平均工资 8177 元的 300% 即 24531 元，月平均工资高于 24531 元的按 24531 元缴存基数核定。单位和职工个人住房公积金缴存比例不低于 5%，不得高于 12%。

（三）当年服务改进情况，包括推进住房公积金服务"跨省通办"工作情况，服务网点、服务设施、服务手段、综合服务平台建设和其他网络载体建设服务情况等。 完成了市中心全部档案搬入市政务服务中心的工作，增加开设了市中心服务窗口 4 个，专门开设"跨省通办"窗口 1 个。完成了单位网厅的开发上线，开通了手机公积金 App 线上业务办理渠道，首批上线离退休提取、离职销户提取、提前结清、提前还本、按月对冲签约业务。完成了综合服务管理系统的建设工作并对已建成的服务渠道功能进行了优化升级，同时开通了微博渠道，完成了八大服务渠道的建设。2020 年 12 月，我市住房公积金综合服务平台顺利通过住房和城乡建设部验收。

呼伦贝尔市住房公积金 2020 年年度报告

根据国务院《住房公积金管理条例》和住房和城乡建设部、财政部、人民银行《关于健全住房公积金信息披露制度的通知》（建金〔2015〕26 号）的规定，经住房公积金管理委员会审议通过，现将呼伦贝尔市住房公积金 2020 年年度报告公布如下。

一、机构概况

（一）住房公积金管理委员会。住房公积金管理委员会有19名委员，2020年共召开3次会议，审议通过的事项主要包括：调整我市住房公积金相关政策、修订了《呼伦贝尔市住房公积金管理委员会章程》、为莫旗管理部购买业务用房、对陈旗管理部业务用房进行维修、定制职工工作装、对二手房贷款基本价格内部核查进行招标、住房公积金增值收益分配方案、疫情防控期间调整全市住房公积金管理服务工作、上收神华宝日希勒能源有限公司自行归集住房公积金、2019年年度报告、购置红外热成像测温告警系统、调整开发企业按揭贷款保证金等有关事项。

（二）住房公积金管理中心。住房公积金管理中心为隶属呼伦贝尔市住房和城乡建设局，不以营利为目的的全额事业单位，中心设七个科，十二个旗市区管理部。从业人员153人，其中，在编67人，非在编86人。

二、业务运行情况

（一）缴存。2020年，新开户单位260家，净增单位－105家；新开户职工1.20万人，净增职工－0.10万人；实缴单位5300家，实缴职工20.63万人，缴存额39.90亿元，分别同比增长－1.94％、－0.50％、10.58％。2020年末，缴存总额328.45亿元，比上年末增加13.83％；缴存余额127.68亿元，同比增长13.61％。受委托办理住房公积金缴存业务的银行四家。

（二）提取。2020年，7.05万名缴存职工提取住房公积金；提取额24.60亿元，同比增长13.21％；提取额占当年缴存额的61.66％，比上年增加1.42个百分点。2020年末，提取总额200.77亿元，比上年末增加13.97％。

（三）贷款。

1. 个人住房贷款。个人住房贷款最高额度60万元。

2020年，发放个人住房贷款6218笔、20.03亿元，同比分别下降2.00％、2.48％。

2020年，回收个人住房贷款15.54亿元。

2020年末，累计发放个人住房贷款12.63万笔、223.31亿元，贷款余额103.28亿元，分别比上年末增加5.18％、9.85％、4.55％。个人住房贷款余额占缴存余额的80.89％，比上年末减少7.01个百分点。受委托办理住房公积金个人住房贷款业务的银行四家。

2. 异地贷款。2020年，发放异地贷款165笔、5412.30万元。2020年末，发放异地贷款总额59184.60万元，异地贷款余额43149.82万元。

3. 无公转商贴息贷款。

4. 以前年度住房公积金支持保障性住房建设项目贷款已全部还清。

（四）未购买国债。

（五）资金存储。2020年末，住房公积金存款27.42亿元。其中，活期0.02亿元，1年（含）以下定期25.57亿元，其他（协定、通知存款等）1.83亿元。

（六）资金运用率。2020年末，住房公积金个人住房贷款余额、项目贷款余额和购买国债余额的总和占缴存余额的80.89％，比上年末减少7.01个百分点。

三、主要财务数据

（一）**业务收入**。2020年，业务收入38655.09万元，同比增长11.66%。存款利息6482.69万元，委托贷款利息32172.40万元。

（二）**业务支出**。2020年，业务支出18779.37万元，同比增长13.26%。支付职工住房公积金利息18176.94万元，委托贷款手续费602.00万元，其他0.43万元。

（三）**增值收益**。2020年，增值收益19875.72万元，同比增长10.19%。增值收益率1.66%，比上年减少0.06个百分点。

（四）**增值收益分配**。2020年，提取贷款风险准备金11925.50万元，提取管理费用3262.00万元，提取城市廉租住房建设补充资金4688.22万元。

2020年，上交财政管理费用4490.00万元。上缴财政城市廉租住房建设补充资金2724.69万元。

2020年末，贷款风险准备金余额76472.30万元。累计提取城市廉租住房建设补充资金13251.20万元。

（五）**管理费用支出**。2020年，管理费用支出2689.70万元，同比下降30.10%。其中，人员经费1462.33万元，公用经费568.32万元，专项经费659.05万元。

四、资产风险状况

（一）**个人住房贷款**。2020年末，个人住房贷款逾期额515.10万元，逾期率0.50‰。个人贷款风险准备金余额75972.30万元。2020年，使用个人贷款风险准备金核销呆坏账为零。

（二）以前年度住房公积金支持保障性住房建设项目贷款已全部还清。

五、社会经济效益

（一）**缴存业务**。缴存职工中，国家机关和事业单位占67.91%，国有企业占18.03%，城镇集体企业占0.60%，外商投资企业占1.15%，城镇私营企业及其他城镇企业占11.15%，民办非企业单位和社会团体占0.14%，灵活就业人员占0%，其他占1.02%；中、低收入占95.62%，高收入占4.38%。

新开户职工中，国家机关和事业单位占43.43%，国有企业占27.56%，城镇集体企业占0.43%，外商投资企业占0.75%，城镇私营企业及其他城镇企业占27.09%，民办非企业单位和社会团体占0.44%，灵活就业人员占0%，其他占0.30%；中、低收入占83.51%，高收入占16.49%。

（二）**提取业务**。提取金额中，购买、建造、翻建、大修自住住房占26.67%，偿还购房贷款本息占40.58%，租赁住房占4.06%，支持老旧小区改造占0%，离休和退休提取占23.35%，完全丧失劳动能力并与单位终止劳动关系提取占0%，出境定居占0%，其他占5.34%。提取职工中，中、低收入占91.17%，高收入占8.83%。

（三）**贷款业务**。

1. 个人住房贷款。2020年，支持职工购建房73.89万平方米，年末个人住房贷款市场占有率为53.86%，比上年末减少3.41个百分点。通过申请住房公积金个人住房贷款，可节约职工购房利息支出25906.31万元。

职工贷款笔数中，购房建筑面积90（含）平方米以下占21.41%，90~144（含）平方米占57.70%，144平方米以上占20.89%。购买新房占58.60%（其中购买保障性住房占0%），购买二手房占41.40%，建造、翻建、大修自住住房占0%（其中支持老旧小区改造占0%），其他占0%。

职工贷款笔数中，单缴存职工申请贷款占35.48%，双缴存职工申请贷款占64.52%，三人及以上缴存职工共同申请贷款占0%。

贷款职工中，30岁（含）以下占25.25%，30岁~40岁（含）占36.46%，40岁~50岁（含）占25.01%，50岁以上占13.28%；首次申请贷款占76.99%，二次及以上申请贷款占23.01%；中、低收入占94.64%，高收入占5.36%。

2. 以前年度住房公积金支持保障性住房建设项目贷款已全部还清。

（四）住房贡献率。2020年，个人住房贷款发放额、公转商贴息贷款发放额、项目贷款发放额、住房消费提取额的总和与当年缴存额的比率为94.17%，比上年减少7.15个百分点。

六、其他重要事项

（一）应对新冠肺炎疫情采取的措施，落实住房公积金阶段性支持政策情况和政策实施成效。自新冠肺炎疫情发生以来，我中心积极应对，并制定相关政策。

1. 缴存提取方面。一是倡导我市住房公积金缴存职工通过线上渠道办理各项业务。在疫情防控期间，对于提取住房公积金有时限要求的业务，可延期到疫情结束后办理（延长期限为：疫情防控期结束后1个月内）。二是疫情期间中心对住房公积金政策进行相应调整，"支持受疫情影响导致生产经营困难的企业，按规定申请降低住房公积金缴存比例和暂缓缴存住房公积金业务"。三是对于受疫情影响未能按时足额缴存住房公积金的单位，可在当年6月30日前向中心出具情况说明并办理补缴的，可按汇缴办理，期间职工的住房公积金缴存时间连续计算。疫情期间，共有10家企业向中心提出缓缴申请，累计缓缴人数1044人，累计缓缴金额共251.34万元。

2. 贷款方面。一是疫情防控期间未能正常还款发生逾期的，不记逾期，不记罚息，已计入逾期的可以调整，已收罚息的可以在下月利息中冲回。二是在疫情防控期间，办理贷款业务购房要件超过有效期限的，可延期到疫情结束后办理。三是因受疫情影响，单位已办理住房公积金缓缴手续的，在此期间其职工申请公积金贷款时，视同连续足额正常缴存，不影响职工公积金贷款资格。疫情期间为申请缓缴企业的职工，办理贷款10笔，贷款金额共289.60万元；为购房要件超期的职工办理贷款7笔，贷款金额共173.30万元；为受疫情影响暂时失去还款能力的借款人冲还罚息51笔、457.44元，冲还罚息贷款余额920.77万元。

（二）当年机构及职能调整情况、受委托办理缴存贷款业务金融机构变更情况。我中心当年机构及职能没有调整情况。

受委托银行办理住房公积金缴存贷款业务的银行四家，与上年一致无变更。

（三）当年住房公积金政策调整及执行情况。

1. 当年缴存基数限额及确定方法、缴存比例等缴存政策调整情况。2020年度我市住房公积金缴存基数的上限18714.00元，按不高于职工工作地设区城市2019年职工月平均工资总额的3倍确定；缴存基数下限1660.00元，按照不应低于职工工作地设区城市公布的最低工资标准确定。

2020年单位和职工个人住房公积金缴存比例，不高于12%且不低于5%。

2. 当年提取政策调整情况。一是在国有（集体）土地上大修自住住房提取，取消提供《准建证》。二是取消"遇到突发事件（如火灾等），造成家庭财产重大损失，造成家庭生活特别困难的"提取。三是取消"因企业转制，职工买断工龄一次性安置的"和"在职期间被判处刑罚，并与所在单位解除（终止）劳动（人事）关系的"提取，一并按照"与单位解除（终止）劳动（人事）关系并封存满半年提取"方式办理。四是出境定居提取，需提供出境定居签证或户籍注销证明。五是"职工死亡或者被宣告死亡的"提取，补充提供具有法律效力的继承或受遗赠文件（如：经公证的继承协议、经公证的遗嘱、人民法院的调解书或判决书，或经人民法院确认的人民调解委员会出具的继承调解协议书等）；提取资金转入提取申请人（职工的继承人、受遗赠人或权益代理人）账户或经公证的授权委托书指定账户。六是购买再交易自住住房提取，无《增值税普通发票》的，可提供契税票据办理。

3. 当年个人住房贷款最高贷款额度、贷款条件等贷款政策调整情况。一是职工购买第二套住房申请办理住房公积金贷款的，其贷款利率按住房公积金个人住房贷款同期基准利率的1.1倍执行。二是在呼伦贝尔市购房办理异地贷款的，取消呼伦贝尔市户籍限制。三是职工在办理贷款业务时提供的《个人信用报告》中显示有住房贷款（包括已还清贷款）的，视为拥有此处住房。如此处住房已不在本人名下，需提供住房所在地不动产登记部门开具的房屋权属登记信息。四是自贷款申请受理之日起，借款人无正当理由60个自然日内，未按中心告知继续办理贷款的，其本次贷款申请资料予以作废。

4. 当年住房公积金存贷款利率执行标准情况。2020年存贷款利率无调整，我中心严格按照人民银行文件规定的利率执行。

（四）当年服务改进情况。

1. 推进住房公积金服务"跨省通办"工作情况。我中心根据住房和城乡建设部办公厅《关于做好住房公积金服务"跨省通办"工作的通知》精神，于2020年底完成个人住房公积金缴存贷款等信息查询、出具职工住房公积金缴存证明、正常退休提取公积金三项跨省通办业务，同时提前完成了住房公积金单位及个人缴存信息变更、开具住房公积金个人贷款全部还清证明、提前还清住房公积金贷款三项业务跨省受理，缴存职工可通过网上业务大厅、手机App、微信公众号进行查询和办理。我中心已经在全市12个旗市区住房公积金管理部业务服务大厅，设立了"跨省通办业务窗口"，增强服务功能。

2. 改进服务设施、服务手段方面。一是为了给办事职工提供更好的服务环境，中心为莫旗管理部购买业务用房。二是为了方便少数民族职工办理住房公积金业务，已在海拉尔等四个管理部，设立单独的"双语"窗口。三是已将开发企业楼盘备案流程、现房贷款系统审批备案流程及所需资料在中心网站进行公布，开发企业可自行进入网站查看清单准备资料，同时楼盘备案不再需要向市中心提供纸质材料，可使用电子档案内部传送审批。四是公积金账户为封存状态的借款人，也可以通过网上办事大厅、手机App、微信公众号等渠道签订公积金对冲协议。五是优化短信通知业务，对可以使用住房公积金还清贷款的借款人推送短信进行告知。六是优化抵押登记费报销流程，由之前的需要借款人前往不动产登记中心领取不动产登记证明，缴纳抵押登记费用后返回管理部报销，调整为由管理部前往不动产登记中心统一领取不动产登记证明，同时缴纳抵押登记费用。七是中心开通与合作银行网上传递借款合同的业务，实现通过业务专线将借款合同、借款申请表、借据传递由线下转为线上传递，有效减少办事环节。同时，中心实行先办理后审批的工作程序，通过电子合同传递的方式，将银行审核、中心审批、不动产抵押办理，由之前的顺序办理调整为三个环节同步并行办理，极大缩短了办理时限，为贷款职工提供更加高效便捷服务。

3. 综合服务平台建设和其他网络载体建设服务情况。2020年由于受疫情的影响，为方便缴存单位经办人员及缴存职工可以足不出户办理部分住房公积金业务，无需到网点排队，中心对综合服务平台进行再次完善。一是2020年9月25日，呼伦贝尔市住房公积金管理中心"7×24小时"网上办理模式正式上线，有效解决缴存职工"上班时间没空办、下班时间没处办"的困扰，打通服务群众"最后一公里"。二是为保障个人信息数据的安全，在网厅、微信、手机App客户端添加了个人住房公积金隐私协议和用户协议，并将个人数据信息做了国密保护，实现了个人数据信息报送有授权、个人信息传输有加密。三是为实现住房公积金业务"零跑路"，在线上办理的业务中增加销户提取（离退休提取、出国定居提取、与单位解除劳动关系提取）、住房公积金证明打印（异地缴存证明打印、余额证明打印、结清证明打印）、职工信息变更、单位缴存登记信息变更、单位缴存信息注销等业务；同时增加了一些便民服务功能：如常用下载、常见问题咨询。四是中心与房产、不动产、公安、民政数据共享接口已经联调完毕，实现数据共享。

2020年全年网站共发布工作动态67条，累计发布工作动态448条，回复网站问题36条，累计回复网站问题1413条；微信关注用户14445人，累计关注用户85477人，绑定人数9097人，累计绑定人数21844人，信息查询及业务办理1367812笔；网厅信息查询及业务办理70307笔；手机App客户端信息查询及业务办理538702笔；12329热线全年累计受理43719人次，其中，人工接听答复14617人次，自助查询业务（包括业务指南、缴存、贷款余额查询等）29102人次。

（五）当年信息化建设情况。

1. 信息系统升级改造情况：一是按照《关于做好全市统一政务服务门户和"蒙速办"移动端建设工作的通知》文件要求，将公积金信息查询功能接入"蒙速办"。二是已接入自治区公积金共享平台，与房产、不动产、公安、民政实现数据共享。三是实现移动办公，中心工作人员通过手机App，可以在任何时间、任何地点完成业务审批、查询等远程办公任务。四是升级改造电子签章、签名服务，在原有电子印章的基础上增加客户电子签名，职工采用电子手写签名和指纹的确认方式，在实现业务办理高效便捷的同时确保了签署方的身份真实可信。五是开通与合作银行网上传递借款合同的业务，实现通过业务专线，将借款合同、申请表、借据传递由线下转为线上传递。六是完成六项"跨省通办"业务，方便市民办理相关业务。七是为进一步优化营商环境，提升服务效能，中心接入企业开办一网通办平台，将住房公积金企业缴存登记纳入一网通办平台，通过"一窗"采集，并发推送，缩短企业开户的时间。

2. 基础数据标准贯彻落实和结算应用系统接入情况：按照国家和自治区的部署和要求，2017年3月27日"双贯标"工作正式上线，2018年3月20日，"双贯标"顺利通过了住房和城乡建设部及自治区住房城乡建设厅"双贯标"专家组的验收。

巴彦淖尔市住房公积金2020年年度报告

根据国务院《住房公积金管理条例》和住房和城乡建设部、财政部、人民银行《关于健全住房公积金信息披露制度的通知》（建金〔2015〕26号）的规定，经住房公积金管理委员会审议通过，现将巴彦淖尔市住房公积金2020年年度报告公布如下。

一、机构概况

（一）**住房公积金管理委员会**。住房公积金管理委员会有19名委员，2020年召开一次会议，审议通过的事项主要包括：1.《市住房公积金管理中心2019年度全市住房公积金管理工作总结和2020年度管理工作要点的报告》；2.《2020年全市住房公积金增值收益预算及分配方案》；3.调整全市住房公积金部分归集、提取、贷款政策。

（二）**住房公积金管理中心**。住房公积金管理中心为巴彦淖尔市住房和城乡建设局不以营利为目的的全额拨款准处级事业单位，设6个科，7个管理部，0个分中心。从业人员88人，其中，在编44人，非在编35人，其他（劳务派遣）9人。

二、业务运行情况

（一）**缴存**。2020年，新开户单位113家，净增单位-75家；新开户职工0.87万人，净增职工0.01万人；实缴单位2392家，实缴职工14.58万人，缴存额20.94亿元（包括年度结息1.15亿元），分别同比下降3.04%、增长0.03%、增长2.65%。2020年末，缴存总额181.4亿元，比上年末增加13.05%；缴存余额84.63亿元，同比增长9.42%。受委托办理住房公积金缴存业务的银行4家。

（二）**提取**。2020年，4.15万名缴存职工提取住房公积金；提取额13.65亿元，同比增长1.82%；提取额占当年缴存额的65.21%，比上年减少0.54个百分点。2020年末，提取总额96.76亿元，比上年末增加16.43%。

（三）**贷款**。

1. 个人住房贷款。个人住房贷款最高额度50万元（个人住房贷款最高额度政策不按单缴存职工和双缴存职工区分的城市填写）。

2020年，发放个人住房贷款0.32万笔、11.05亿元，同比分别下降29.26%、25.95%。其中，临河管理部发放个人住房贷款0.22万笔、8.54亿元，五原管理部发放个人住房贷款0.02万笔、0.55亿元，前旗管理部发放个人住房贷款0.02万笔、0.57亿元，中旗管理部发放个人住房贷款0.01万笔、0.32亿元，后旗管理部发放个人住房贷款0.01万笔、0.15亿元，杭后管理部发放个人住房贷款0.03万笔、0.73亿元，磴口管理部发放个人住房贷款0.01万笔、0.19亿元。

2020年，回收个人住房贷款10.21亿元。从住房公积金基础数据贯标及综合服务平台系统上线后，回收个人住房贷款不分旗县管理部，全部由市中心统一核算。

2020年末，累计发放个人住房贷款8.24万笔、148.44亿元，贷款余额66.74亿元，分别比上年末增加4.01%、8.04%、1.28%。个人住房贷款余额占缴存余额的78.86%，比上年末减少6.34个百分点。受委托办理住房公积金个人住房贷款业务的银行4家。

2. 异地贷款。2020年，发放异地贷款180笔、8249.9万元。2020年末，发放异地贷款总额51854.9万元，异地贷款余额41637.63万元。

3. 公转商贴息贷款。2020年，发放公转商贴息贷款0笔、0万元，当年贴息额0万元。2020年末，累计发放公转商贴息贷款0笔、0万元，累计贴息0万元。

4. 住房公积金支持保障性住房建设项目贷款（本段仅项目贷款余额不为0的城市填写）。2020年，发放支持保障性住房建设项目贷款 0 亿元，回收项目贷款 0 亿元。2020 年末，累计发放项目贷款 0 亿元，项目贷款余额 0 亿元。

（四）**购买国债**。2020 年，购买（记账式、凭证式）国债 0 亿元，（兑付、转让、收回）国债 0 亿元。2020 年末，国债余额 0 亿元。

（五）**资金存储**。2020 年末，住房公积金存款 17.26 亿元。其中，活期 0.01 亿元，1 年（含）以下定期 15.2 亿元，1 年以上定期 0 亿元，其他（协定、通知存款等）2.05 亿元。

（六）**资金运用率**。2020 年末，住房公积金个人住房贷款余额、项目贷款余额和购买国债余额的总和占缴存余额的 78.86%，比上年末减少 6.34 个百分点。

三、主要财务数据

（一）**业务收入**。2020 年，业务收入 24648.87 万元，同比增长 6.45%。其中，存款利息 2328.01 万元，增值收益利息 1002.96 万元，委托贷款利息 21307.34 万元，国债利息收入 0 万元，其他（个人贷款逾期罚息收入）10.56 万元。

（二）**业务支出**。2020 年，业务支出 12484.32 万元，同比增长 10.84%。其中，支付职工住房公积金利息 12404.3 万元，归集手续费 0 万元，委托贷款手续费 80 万元，其他（购买支票费用）0.02 万元。

（三）**增值收益**。2020 年，增值收益 12164.54 万元，同比增长 2.29%。其中，增值收益率 1.49%，比上年减少 0.11 个百分点。

（四）**增值收益分配**。2020 年，提取贷款风险准备金 7298.72 万元，提取管理费用 875 万元，提取城市廉租住房（公共租赁住房）建设补充资金 3990.82 万元。

2020 年，上交财政管理费用 875 万元。上缴财政城市廉租住房（公共租赁住房）建设补充资金 3990.82 万元。全部由市中心统一上缴财政国库。

2020 年末，贷款风险准备金余额 55813.59 万元。累计提取城市廉租住房（公共租赁住房）建设补充资金 28363.83 万元。全市实行统一核算，全部由市中心上交。

（五）**管理费用支出**。2020 年，管理费用支出 844.06 万元，同比增长 5.74%。其中，人员经费 205.25 万元，公用经费 254.63 万元，专项经费 384.18 万元（包括房屋构建费、12329 综合服务平台建设、运维费及信息系统建设维护费）。

四、资产风险状况

（一）**个人住房贷款**。2020 年末，个人住房贷款逾期额 127.89 万元，逾期率 0.2‰。个人贷款风险准备金余额 55813.59 万元。2020 年，使用个人贷款风险准备金核销呆坏账 0 万元。

（二）**支持保障性住房建设试点项目贷款**（本段仅项目贷款余额不为 0 的城市填写）。2020 年末，逾期项目贷款 0 万元，逾期率 0‰；项目贷款风险准备金余额 0 万元。2020 年，使用项目贷款风险准备金核销呆坏账 0 万元。

五、社会经济效益

（一）**缴存业务**。缴存职工中，国家机关和事业单位占 50.81%，国有企业占 10.41%，城镇集体企业占 14.04%，外商投资企业占 0.22%，城镇私营企业及其他城镇企业占 13.22%，民办非企业单位和社会团体占 0.5%，灵活就业人员占 10.8%，其他占 0%；中、低收入占 99.69%，高收入占 0.31%。

新开户职工中，国家机关和事业单位占 27.59%，国有企业占 4.72%，城镇集体企业占 19.96%，外商投资企业占 0.38%，城镇私营企业及其他城镇企业占 43.41%，民办非企业单位和社会团体占 0.63%，灵活就业人员占 3.31%，其他占 0%；中、低收入占 99.86%，高收入占 0.14%。

（二）提取业务。提取金额中，购买、建造、翻建、大修自住住房占 32.32%，偿还购房贷款本息占 32.78%，租赁住房占 0.65%，支持老旧小区改造占 0%，离休和退休提取占 26.06%，完全丧失劳动能力并与单位终止劳动关系提取占 3.42%，出境定居占 0%，其他占 4.77%。提取职工中，中、低收入占 99.18%，高收入占 0.82%。

（三）贷款业务。

1. 个人住房贷款。2020 年，支持职工购建房 39.7 万平方米（含公转商贴息贷款），年末个人住房贷款市场占有率（含公转商贴息贷款）为 32.07%，比上年末减少 2.83 个百分点。通过申请住房公积金个人住房贷款，可节约职工购房利息支出 24446.3 万元。

职工贷款笔数中，购房建筑面积 90（含）平方米以下占 8.61%，90～144（含）平方米占 76.95%，144 平方米以上占 14.44%。购买新房占 77.81%（其中购买保障性住房占 0%），购买二手房占 22.19%，建造、翻建、大修自住住房占 0%（其中支持老旧小区改造占 0%），其他占 0%。

职工贷款笔数中，单缴存职工申请贷款占 65.79%，双缴存职工申请贷款占 34.18%，三人及以上缴存职工共同申请贷款占 0.03%。

贷款职工中，30 岁（含）以下占 20.4%，30 岁～40 岁（含）占 38.46%，40 岁～50 岁（含）占 28.84%，50 岁以上占 12.3%；首次申请贷款占 83.29%，二次及以上申请贷款占 16.71%；中、低收入占 99.59%，高收入占 0.41%。

2. 支持保障性住房建设试点项目贷款（本段仅项目贷款余额不为 0 的城市填写）。2020 年末，累计试点项目 0 个，贷款额度 0 亿元，建筑面积 0 万平方米，可解决户中低收入职工家庭的住房问题。0 个试点项目贷款资金已发放并还清贷款本息。

（四）住房贡献率。2020 年，个人住房贷款发放额、公转商贴息贷款发放额、项目贷款发放额、住房消费提取额的总和与当年缴存额的比率为 95.66%，比上年减少 25.58 个百分点。

六、其他重要事项

（一）应对新冠肺炎疫情采取的措施，落实住房公积金阶段性支持政策情况和政策实施成效。

1. 归集业务。新冠肺炎疫情发生以来，我中心认真贯彻落实住房和城乡建设部下发的住房公积金阶段性、有针对性的政策措施，纾解企业困难的决策部署，截至 2020 年 6 月 30 日，全市共有 31 家受疫情影响企业办理缓缴住房公积金业务，缓缴职工 6896 人，缓缴金额 376.72 万元。在贯彻落实政策方面，一是制定了具体的实施方案，明确受新冠肺炎疫情影响的企业，在 2020 年 6 月 30 日前，无法按时足额缴存住房公积金的，经企业职工代表大会或者工会讨论通过后，可以向巴彦淖尔市住房公积金管理中心所属管理部申请缓缴。缓缴期间缴存时间连续计算，不影响职工正常提取住房公积金和申请住房公积金贷款。在办理过程中，企业存在因复工复产、工作人员未到位等情形，我们采取了简化办事流程，缩短审批时限，并开通了企业住房公积金专管员可以邮寄材料或发送资料照片无需到中心办理等绿色通道；二是采取了要求各缴存单位提供了科学合理的补缴方案的衔接措施。

截至年底，所有因受新冠肺炎疫情影响实行阶段性缓缴的企业，已全部恢复正常缴存，并补缴了缓缴期间的住房公积金。

通过政策的全面贯彻运行，不仅维护了广大缴存职工的合法权益，确保缴存单位在阶段性缓缴政策到期后，能按时足额缴存当月并补缴缓缴期间的住房公积金，而且方便高效地缓解了企业缴存住房公积金的困难。

2. 贷款业务。一是购房合同、首付款发票或契税完税凭证、不动产权证等在2019年12月31日前签定的，按2019年的贷款政策申请办理，办理截止时间为2020年4月15日，截止时间内未办理的按2020年的贷款政策执行。二是购房合同、首付款发票或契税完税凭证、不动产权证等在2020年1月1日后签订办理的，严格按2020年的贷款业务规范调整政策申请办理。

（二）无机构及职能调整情况、无受委托办理缴存贷款业务金融机构变更情况。

（三）当年住房公积金政策调整及执行情况。

1. 2020年缴存基数限额及确定方法、缴存比例等缴存政策调整情况。

根据市统计局公布的数据，2019年度全市职工月平均工资为6323元。据此，2020年度全市单位和个人月缴存工资基数最高为18970元，单位和职工月最高缴存额为2276元。缴存比例：单位、个人分别为12%，企业最低缴存基数为2000元。缴存政策无调整情况。

2. 2020年提取政策调整情况。

一是将由职工符合购建房提取条件的，可以提取配偶、双方父母及其子女（同户籍）的住房公积金，拟规范调整为：职工为未成年子女（同户籍）购建房的，可以申请提取本人及其配偶账户内的存储余额，不再支持父母与成年子女购房互提公积金业务。二是取消缴存职工购买"公寓式住宅"提取住房公积金业务。三是取消重大疾病、大修基金提取住房公积金业务。四是对同一人多次变更婚姻关系购房、多人频繁买卖同一套住房、非配偶或非直系亲属共同购房、夫妻双方以及父母与子女之间变更产权的，不得申请提取住房公积金。五是缴存职工及配偶在巴市行政区域范围内已有自住住房及购房或偿还非同一套住房贷款有两次提取记录的，不得申请租赁住房提取住房公积金业务。六是缴存职工及其配偶、未成年子女（同户籍）在非缴存地或非户籍地购买自住住房及已有过两次购房提取记录的，不得申请提取住房公积金业务。

3. 2020年住房贷款最高贷款限额、贷款条件等贷款政策调整情况。

住房贷款最高贷款额度调整为职工为50万元、个体缴存户为30万元。

贷款业务。一是将缴存人及其配偶、双方父母、子女（同户籍）可以办理住房贷款政策，拟规范调整为：缴存人及其配偶、未成年子女（同户籍）可以申请办理住房公积金贷款。二是停止办理"公寓式住宅"住房公积金贷款业务。三是调整首次申请办理住房公积金贷款首付款比例，由首付款比例：期房不得低于20%、二手房不得低于30%。拟规范调整为：首付款比例期房不得低于30%、二手房不得低于40%。四是将贷后停缴住房公积金的借款人（因缴存单位原因造成的除外），借款利率上调至同期商业银行贷款利率水平。五是对第二次申请住房公积金贷款的借款人，贷款利率上浮1.1倍并且首付款比例不得低于50%。

4. 当年无住房公积金存贷款利率执行标准等。

5. 当年无支持老旧小区改造政策落实情况。

（四）当年无服务改进情况，包括推进住房公积金服务"跨省通办"工作情况，服务网点、服务设施、服务手段、综合服务平台建设和其他网络载体建设服务情况等。

（五）当年无信息化建设情况，包括信息系统升级改造情况，基础数据标准贯彻落实和结算应用系统接入情况等。

（六）当年住房公积金管理中心及职工所获荣誉情况：

1. 2020年11月3日，由燕山大学住房公积金研究中心根据2019年全国住房公积金年度信息披露的数据，发布了2019年全国住房公积金发展评价报告，巴彦淖尔市住房公积金管理中心在全国333个公积金中心中排名第45名、88.15分，全国城市和地区平均分为78.54分；也是内蒙古自治区内唯一排名进入全国城市和地区住房公积金综合发展50强的中心。

2. 2020年12月23日，以优秀等级通过住房和城乡建设部专家组对巴彦淖尔市住房公积金管理中心综合服务平台的检查验收。

（七）当年无对违反《住房公积金管理条例》和相关法规行为进行行政处罚和申请人民法院强制执行情况。

（八）当年无对住房公积金管理人员违规行为的纠正和处理情况等。

（九）无其他需要披露的情况。

乌兰察布市住房公积金2020年年度报告

根据国务院《住房公积金管理条例》和住房和城乡建设部、财政部、人民银行《关于健全住房公积金信息披露制度的通知》（建金〔2015〕26号）的规定，经住房公积金管理委员会审议通过，现将乌兰察布市住房公积金2020年年度报告公布如下。

一、机构概况

（一）住房公积金管理委员会。住房公积金管理委员会有25名委员，2020年召开1次会议，审议通过的事项主要包括：听取《乌兰察布市住房公积金管理中心2019年工作总结及2020年工作计划》；审议了《乌兰察布市住房公积金2019年年度报告》《乌兰察布市住房公积金管理中心2019年度资金使用计划执行情况及2020年度资金使用计划报告》《乌兰察布市住房公积金管理中心2019年度财务报告》《乌兰察布市住房公积金管理中心关于2019年增值收益分配方案、决算及2020年财务预算报告》《2020年住房公积金业务委托银行情况》《关于调整乌兰察布市贷款政策的请示》《关于调整乌兰察布市非财政单位住房公积金基数核定日期的请示》《乌兰察布市住房公积金管理中心关于资产上缴乌兰察布市国有资产监督管理委员会的请示》《乌兰察布市住房公积金归集管理办法（修订草案）》《乌兰察布市住房公积金贷款管理办法（修订草案）》《乌兰察布市住房公积金提取管理办法（修订草案）》《乌兰察布市住房公积金管理中心失信行为管理暂行办法》，并对部分旗县市住房公积金财政补贴欠补情况进行通报。

（二）住房公积金管理中心。住房公积金管理中心为隶属于市人民政府的不以营利为目的的财政全额拨款事业单位，6个科室，10个管理部。从业人员138人，其中，在编93人，非在编45人。

二、业务运行情况

（一）缴存。2020年，新开户单位141家，净增单位21家；新开户职工0.99万人，净增职工0.48万人；实缴单位2493家，实缴职工12.81万人，缴存额17.66亿元，分别同比增长0.85%、3.91%、10.83%。2020年末，缴存总额130.84亿元，比上年末增加15.6%；缴存余额69.91亿元，同比增长11.15%。受委托办理住房公积金缴存业务的银行4家。

（二）提取。2020年，2.44万名缴存职工提取住房公积金；提取额10.65亿元，同比增长20.34%；提取额占当年缴存额的60.28%，比上年增加4.77个百分点。2020年末，提取总额60.93亿元，比上年末增加21.16%。

（三）贷款。

1.个人住房贷款。单缴存职工个人住房贷款最高额度40万元，双缴存职工个人住房贷款最高额度70万元。

2020年，发放个人住房贷款4211笔15.33亿元，同比分别下降5.46%、1.22%。

2020年，回收个人住房贷款7.92亿元。

2020年末，累计发放个人住房贷款6万笔、113.93亿元，贷款余额52.35亿元，分别比上年末增加7.53%、15.54%、16.46%。个人住房贷款余额占缴存余额的74.89%，比上年末增加3.42个百分点。受委托办理住房公积金个人住房贷款业务的银行2家。

2.异地贷款。2020年，发放异地贷款500笔、18709万元。2020年末，发放异地贷款总额49664万元，异地贷款余额41582.44万元。

（四）资金存储。2020年末，住房公积金存款17.93亿元。其中，活期1.35亿元，1年（含）以下定期13.08亿元，1年以上定期3.5亿元，无其他协定、通知存款等。

（五）资金运用率。2020年末，住房公积金个人住房贷款余额、项目贷款余额和购买国债余额的总和占缴存余额的74.89%，比上年末增加3.42个百分点。

三、主要财务数据

（一）业务收入。2020年，业务收入20568.67万元，同比增长17.80%。存款利息5336.91万元，委托贷款利息15226.93万元，其他4.83万元。

（二）业务支出。2020年，业务支出9903.09万元，同比增长14.37%。支付职工住房公积金利息9879.54万元，归集手续费1.1万元，委托贷款手续费22.45万元。

（三）增值收益。2020年，增值收益10665.58万元，同比增长21.17%。增值收益率1.64%，比上年增加0.11个百分点。

（四）增值收益分配。2020年，提取贷款风险准备金6399.35万元，提取管理费用2300万元，提取城市廉租住房（公共租赁住房）建设补充资金1966.23万元。

2020年，上交财政管理费用 2700 万元。上缴财政城市廉租住房（公共租赁住房）建设补充资金 820.95 万元。

2020年末，贷款风险准备金余额 37870.06 万元。累计提取城市廉租住房（公共租赁住房）建设补充资金 5436.78 万元。

（五）管理费用支出。2020 年，管理费用支出 1801.49 万元，同比下降 2.91%。其中，人员经费 1559.59 万元，公用经费 201.43 万元，专项经费 40.47 万元。

四、资产风险状况

个人住房贷款。2020年末，个人住房贷款逾期额 152.77 万元，逾期率 0.3‰。个人贷款风险准备金余额 37870.06 万元。2020 年，使用个人贷款风险准备金核销呆坏账 4.31 万元。

五、社会经济效益

（一）缴存业务。缴存职工中，国家机关和事业单位占 72.91%，国有企业占 10.22%，城镇集体企业占 4.71%，外商投资企业占 0.33%，城镇私营企业及其他城镇企业占 10.66%，民办非企业单位和社会团体占 0.63%，其他占 0.54%；中、低收入占 99.29%，高收入占 0.71%。

新开户职工中，国家机关和事业单位占 43.16%，国有企业占 7.01%，城镇集体企业占 4.85%，外商投资企业占 0.47%，城镇私营企业及其他城镇企业占 42.35%，民办非企业单位和社会团体占 1.84%，其他占 0.32%；中、低收入占 99.66%，高收入占 0.34%。

（二）提取业务。提取金额中，购买、建造、翻建、大修自住住房占 28.12%，偿还购房贷款本息占 32.83%，租赁住房占 6.84%，离休和退休提取占 27.44%，完全丧失劳动能力并与单位终止劳动关系提取占 2.12%，其他占 2.65%。提取职工中，中、低收入占 99.41%，高收入占 0.59%。

（三）贷款业务。

个人住房贷款。2020 年，支持职工购建房 52.83 万平方米（含公转商贴息贷款），年末个人住房贷款市场占有率（含公转商贴息贷款）为 53.81%，比上年末减少 7.11 个百分点。通过申请住房公积金个人住房贷款，可节约职工购房利息支出 20051.4 万元。

职工贷款笔数中，购房建筑面积 90（含）平方米以下占 6.98%，90～144（含）平方米占 69.61%，144 平方米以上占 23.41%。购买新房占 80.41%，购买二手房占 3.82%，建造、翻建、大修自住住房占 15.77%。

职工贷款笔数中，单缴存职工申请贷款占 22.11%，双缴存职工申请贷款占 74.71%，三人及以上缴存职工共同申请贷款占 3.18%。

贷款职工中，30 岁（含）以下占 23.94%，30 岁～40 岁（含）占 36.95%，40 岁～50 岁（含）占 23.03%，50 岁以上占 16.08%；首次申请贷款占 74.8%，二次及以上申请贷款占 25.2%；中、低收入占 98.53%，高收入占 1.47%。

（四）住房贡献率。2020 年，个人住房贷款发放额、公转商贴息贷款发放额、项目贷款发放额、住房消费提取额的总和与当年缴存额的比率为 127.65%，比上年减少 7.01 个百分点。

六、其他重要事项

（一）应对新冠肺炎疫情采取的措施，落实住房公积金阶段性支持政策情况和政策实施成效。

1. 应对新冠肺炎疫情采取的措施。2020年疫情期间，在落实疫情防控的基础上结合住房公积金综合服务平台建设，积极优化服务措施。

（1）推广线上业务办理，在保证已开通的对冲还贷签约、还贷业务以及两项提取业务顺利运行的前提下，推进单位网厅归集业务办理，并扩展职工网上办理提取业务的种类，推进缴存业务全部网上办理，提取业务职工自主办理的目标。

（2）开设绿色通道专项受理受疫情影响的企业和职工业务审批，针对疫情影响生产经营困难缓缴、降比例的企业审批，时限由原来的最长10个工作缩短为不超过2个工作日。

2. 落实住房公积金阶段性支持政策和政策实施成效。为保障受疫情影响经营困难中小企业健康发展，受疫情影响经营困难的的企业可按规定申请在2020年6月30日前降低比例、缓缴、停缴住房公积金；企业职工特别是一线医护人员、疫情防控人员，因疫情需要隔离或者暂时受疫情影响的职工，在2020年6月30日前住房公积金贷款不能正常还款的，不作逾期处理，不产生罚息；为缓解受疫情影响缴存职工支付房租的压力，租房提取最高额度从原来的2万元提高到3万元。

（二）当年机构及职能调整情况、受委托办理缴存贷款业务金融机构变更情况。2020年，乌兰察布市住房公积金管理委员会、住房公积金管理中心机构及职能较上年无变化。缴存业务委托银行较上年无变化，贷款业务委托银行增加中国建设银行，具体为中国农业银行、中国建设银行。

（三）当年住房公积金政策调整及执行情况。

1. 2020年缴存基数限额及确定方法、缴存比例调整情况。住房公积金月缴存基数不得低于2019年度全市月最低工资标准1560元，不得高于全市2019年度社平工资的3倍19172元。

2. 缴存比例不得低于5%、不得高于12%。按照住房和城乡建设部、财政部、人民银行《关于改进住房公积金缴存机制进一步降低企业成本的通知（建金〔2018〕45号）》文件的时限要求，放开阶段性适当降低企业住房公积金缴存比例政策。企业住房公积金最高缴存比例恢复到12%。

3. 2020年住房公积金贷款政策调整情况：取消装修贷款业务；取消私企单位缴存职工贷款最高额度按缴存余额20倍计算的限制。

4. 2020年住房公积金贷款利率：贷款期限五年以下（含五年）执行2.75%，贷款期限五年以上执行3.25%。

2020年住房公积金结息利率是根据中国人民银行、住房和城乡建设部、财政部《关于完善职工住房公积金账户存款利率形成机制的通知》（银发〔2016〕43号），将职工住房公积金账户存款，按一年期定期存款基准利率计息。

（四）当年服务改进情况。截至2020年年底，已实现个人住房公积金缴存贷款等信息查询、出具贷款职工住房公积金缴存使用证明、正常退休提取住房公积金、住房公积金单位登记开户、住房公积金单位及个人缴存信息变更、开具住房公积金个人住房贷款全部还清证明、提前还清住房公积金贷款7项服务事项的"跨省通办"。

2020年，在中心综服平台已经开通的12329电话热线、门户网站、手机App、个人网厅、短信等7

个渠道的基础上新接入支付宝渠道，综合服务管理系统对各电子渠道服务活动进行统一管控，打造线上线下融合发展的新型服务模式，实现缴存职工一个渠道办理业务，线上线下全渠道互认。

（五）当年信息化建设情况。2020年中心综合服务平台系统通过了部省级联合验收；自治区数据共享平台提供的婚姻关系、不动产、网签合同信息接口已经完成查询测试，下一步将把上述接口嵌入核心系统业务流程和App业务办理流程。

（六）当年住房公积金管理中心及职工所获荣誉情况。2020年，商都管理部获得乌兰察布市三八红旗集体、商都县（区）级文明单位。

兴安盟住房公积金2020年年度报告

根据国务院《住房公积金管理条例》和住房和城乡建设部、财政部、人民银行《关于健全住房公积金信息披露制度的通知》（建金〔2015〕26号）的规定，经住房公积金管理委员会审议通过，现将兴安盟住房公积金2020年年度报告公布如下。

一、机构概况

（一）住房公积金管理委员会。住房公积金管理委员会有20名委员，2020年召开1次会议，审议通过的事项主要包括：审议通过了《兴安盟住房公积金管理中心2019年度工作报告》《2019年度兴安盟住房公积金财务运行情况报告》《2019年度全盟住房公积金制度执行情况报告》《兴安盟住房公积金2019年年度报告》及兴安盟住房公积金2020年拟调整的住房公积金相关政策，调整的政策如下："将申请住房公积金贷款职工的房屋套数（不包括住宅及商住房类型以外的房屋或建筑）认定标准由原来的既认房屋套数同时又认住房公积金贷款次数调整为只认房屋套数。"

（二）住房公积金管理中心。住房公积金管理中心为（隶属于兴安盟行政公署）不以营利为目的（自收自支）事业单位，设6个科，5个管理部，0个分中心。从业人员87人，其中，在编64人，非在编23人。

二、业务运行情况

（一）缴存。2020年，新开户单位151家，净增单位63家；新开户职工0.71万人，净增职工0.31万人；实缴单位2127家，实缴职工9.99万人，缴存额18.17亿元，分别同比增长3.05%、3.20%、10.14%。2020年末，缴存总额138.99亿元，比上年末增加15.04%；缴存余额54.13亿元，同比增长8.02%。受委托办理住房公积金缴存业务的银行4家。

（二）提取。2020年，3.03万名缴存职工提取住房公积金；提取额14.15亿元，同比增长20.00%；提取额占当年缴存额的77.89%，比上年增加6.40个百分点。2020年末，提取总额84.85亿元，比上年末增加20.02%。

（三）贷款。

1. 个人住房贷款。个人住房贷款最高额度 60 万元（个人住房贷款最高额度政策不按单缴存职工和双缴存职工区分）。

2020 年，发放个人住房贷款 0.45 万笔、15.36 亿元，同比分别增长 14.42%、31.49%。

2020 年，回收个人住房贷款 10.72 亿元。

2020 年末，累计发放个人住房贷款 7.53 万笔、128.88 亿元，贷款余额 50.86 亿元，分别比上年末增加 6.29%、13.53%、10.04%。个人住房贷款余额占缴存余额的 93.96%，比上年末增加 1.73 个百分点。受委托办理住房公积金个人住房贷款业务的银行 4 家。

2. 异地贷款。2020 年，发放异地贷款 134 笔、4467.30 万元。2020 年末，发放异地贷款总额 15646.70 万元，异地贷款余额 12584.88 万元。

3. 公转商贴息贷款。2020 年，发放公转商贴息贷款 0 笔、0 万元，当年贴息额 0 万元。2020 年末，累计发放公转商贴息贷款 0 笔、0 万元，累计贴息 0 万元。

（四）购买国债。2020 年，购买（记账式、凭证式）国债 0 亿元，（兑付、转让、收回）国债 0 亿元。2020 年末，国债余额 0 亿元。

（五）资金存储。2020 年末，住房公积金存款 3.72 亿元。其中，活期 0 亿元，1 年（含）以下定期 3 亿元，1 年以上定期 0 亿元，其他（协定、通知存款等）0.72 亿元。

（六）资金运用率。2020 年末，住房公积金个人住房贷款余额、项目贷款余额和购买国债余额的总和占缴存余额的 93.96%，比上年末增加 1.73 个百分点。

三、主要财务数据

（一）业务收入。2020 年，业务收入 16273.47 万元，同比增长 8.94%。存款利息 1207.36 万元，委托贷款利息 15063.70 万元，国债利息 0 万元，其他 2.41 万元。

（二）业务支出。2020 年，业务支出 8000.67 万元，同比增长 10.50%。支付职工住房公积金利息 7925.91 万元，归集手续费 0 万元，委托贷款手续费 74.55 万元，其他 0.21 万元。

（三）增值收益。2020 年，增值收益 8272.80 万元，同比增长 7.47%。其中，增值收益率 1.58%，比上年减少 0.06 个百分点。

（四）增值收益分配。2020 年，提取贷款风险准备金 3001.13 万元，提取管理费用 2671.67 万元，提取城市廉租住房（公共租赁住房）建设补充资金 2600 万元。

2020 年，上交财政管理费用 1380.79 万元。上缴财政城市廉租住房（公共租赁住房）建设补充资金 2600 万元。

2020 年末，贷款风险准备金余额 11906.54 万元。累计提取城市廉租住房（公共租赁住房）建设补充资金 32386.25 万元。

（五）管理费用支出。2020 年，管理费用支出 2600.82 万元，同比增长 9.27%。其中，人员经费 1663.38 万元，公用经费 443.50 万元，专项经费 493.94 万元。

四、资产风险状况

个人住房贷款。2020 年末，个人住房贷款逾期额 326.12 万元，逾期率 0.60‰，个人贷款风险准备金余额 11906.54 万元。2020 年，使用个人贷款风险准备金核销呆坏账 0 万元。

五、社会经济效益

（一）缴存业务。缴存职工中，国家机关和事业单位占 74.23%，国有企业占 14.67%，城镇集体企业占 2.18%，外商投资企业占 0.83%，城镇私营企业及其他城镇企业占 7.76%，民办非企业单位和社会团体占 0.10%，灵活就业人员占 0%，其他占 0.23%；中、低收入占 99.59%，高收入占 0.41%。

新开户职工中，国家机关和事业单位占 71.51%，国有企业占 9.17%，城镇集体企业占 2.63%，外商投资企业占 0.35%，城镇私营企业及其他城镇企业占 15.41%，民办非企业单位和社会团体占 0.21%，灵活就业人员占 0%，其他占 0.72%；中、低收入占 99.78%，高收入占 0.22%。

（二）提取业务。提取金额中，购买、建造、翻建、大修自住住房占 39.74%，偿还购房贷款本息占 36.62%，租赁住房占 2.78%，支持老旧小区改造占 0%，离休和退休提取占 17.16%，完全丧失劳动能力并与单位终止劳动关系提取占 1.39%，出境定居占 0%，其他占 2.31%。提取职工中，中、低收入占 98.93%，高收入占 1.07%。

（三）贷款业务。

个人住房贷款。2020 年，支持职工购建房 56.95 万平方米（含公转商贴息贷款），年末个人住房贷款市场占有率（含公转商贴息贷款）为 42.37%，比上年末减少 0.36 个百分点。通过申请住房公积金个人住房贷款，可节约职工购房利息支出 18904.31 万元。

职工贷款笔数中，购房建筑面积 90（含）平方米以下占 13.39%，90～144（含）平方米占 56.75%，144 平方米以上占 29.86%。购买新房占 74.48%（其中购买保障性住房占 0.02%），购买二手房占 24.55%，建造、翻建、大修自住住房占 0%（其中支持老旧小区改造占 0%），其他占 0.97%。

职工贷款笔数中，单缴存职工申请贷款占 64.04%，双缴存职工申请贷款占 35.90%，三人及以上缴存职工共同申请贷款占 0.06%。

贷款职工中，30 岁（含）以下占 26.95%，30 岁～40 岁（含）占 34.91%，40 岁～50 岁（含）占 25.11%，50 岁以上占 13.03%；首次申请贷款占 64.10%，二次及以上申请贷款占 35.90%；中、低收入占 99.55%，高收入占 0.45%。

（四）住房贡献率。2020 年，个人住房贷款发放额、公转商贴息贷款发放额、项目贷款发放额、住房消费提取额的总和与当年缴存额的比率为 146.15%，比上年增加 16.81 个百分点。

六、其他重要事项

（一）应对新冠肺炎疫情采取的措施，落实住房公积金阶段性支持政策情况和政策实施成效。

应对新冠疫情采取的措施有。

归集方面。1. 兴安盟行政区域范围内，受疫情影响的企业可按规定申请在 2020 年 6 月 30 日前缓缴住房公积金，缓缴期间缴存时间连续计算，不影响职工正常提取住房公积金和申请住房公积金贷款。

2. 受疫情影响导致生产经营困难的企业可以按照有关政策规定，在与职工充分协商的前提下，申请降低住房公积金缴存比例，最低缴存比例不低于国家政策规定的 5%。

3. 受疫情影响，未能按时缴存住房公积金的单位和个人，说明情况在一定期限内补缴后，视同正常缴存，不影响个人提取住房公积金和申请住房公积金贷款。

提取方面。1. 疫情防控期间，缴存职工偿还贷款本息提取住房公积金的，因贷款合同到期未能及时办理的，可以顺延至 2020 年 6 月 30 日前。

2. 疫情防控期间，对支付房租压力较大的缴存职工，可根据实际情况合理提高租房提取额度，灵活安排提取时间。

3. 将新冠肺炎纳入大病提取住房公积金范围，患者可按相关政策规定提取住房公积金用以补贴治疗费用。

贷款方面。1. 对因新冠肺炎住院治疗或隔离人员、疫情防控需要隔离观察人员、一线医务人员、参加疫情防控人员以及受疫情影响的职工，在 2020 年 6 月 30 日前住房公积金贷款不能正常还款的，不作逾期处理。

2. 申请住房公积金贷款的业务办理期限在疫情防控期间到期的，可顺延至 2020 年 6 月 30 日。

（二）当年机构及职能调整情况、受委托办理缴存贷款业务金融机构变更情况。当年对兴安盟住房公积金管理委员会成员进行了调整，管委会现有组成人员共 20 人，成员单位 19 个，包括：盟行署副盟长刘树成为主任；盟行署办公室副主任叶明为副主任，兼任管委会办公室主任；委员有：盟政协副主席、财政局局长刘春元，盟住房城乡规划建设局局长王福顺，盟审计局局长孙兴宇，盟国土资源局局长王占明，盟住房公积金管理中心党组书记、主任张伟，盟直属机关党委书记乔霞，盟工商联副主席刘继红，盟工会主席马玉清，中国人民银行兴安盟中心支行行长王维民，盟教育局工会主席班布拉，乌兰浩特市人民政府副市长吴金德，阿尔山市人民政府副市长赵德权，扎赉特旗人民政府副旗长刘宇，科右前旗人民政府副旗长李建民，突泉县人民政府副旗长李红星，科右中旗人民政府副旗长邹小舟，红云红河烟草集团乌兰浩特卷烟厂工会主席袁庆文，乌兰浩特钢铁有限责任公司人企部部长王佳杰。

（三）当年住房公积金政策调整及执行情况，包括当年缴存基数限额及确定方法、缴存比例等缴存政策调整情况；当年提取政策调整情况；当年个人住房贷款最高贷款额度、贷款条件等贷款政策调整情况；当年住房公积金存贷款利率执行标准等；支持老旧小区改造政策落实情况。

2020 年将申请住房公积金贷款职工的房屋套数（不包括住宅及商住房类型以外的房屋或建筑）认定标准由原来的既认房屋套数同时又认住房公积金贷款次数调整为只认房屋套数，具体认定标准如下。

1. 如借款申请人及配偶在兴安盟住房公积金管理中心办理过贷款，但目前其夫妻双方名下均没有自住住房记录（以不动产登记机构出具的房屋套数证明为准，以下同）的，在购买自住住房申请住房公积金贷款时认定为购买首套自住住房。

2. 如借款申请人及配偶在兴安盟住房公积金管理中心办理过贷款，但目前其夫妻双方名下合计只有 1 套自住住房记录的，在购买自住住房申请住房公积金贷款时认定为拥有 1 套住房、为改善居住条件第二次购买普通自住住房。

3. 如借款申请人及配偶在兴安盟住房公积金管理中心办理过贷款，且目前其夫妻双方名下合计有 2 套及以上自住住房记录的，不得再次申请住房公积金贷款。

4. 如借款申请人在购买自住住房时以本人夫妻双方名下或其中一方名下其他的具有《不动产权证书》的房屋设定抵押或作为附属抵押物设定抵押的，提供一套房屋《不动产权证书》的视为已拥有一套住房，提供两套房屋《不动产权证书》的视为已拥有两套住房，以此类推。

(四）当年服务改进情况，包括推进住房公积金服务"跨省通办"工作情况，服务网点、服务设施、服务手段、综合服务平台建设和其他网络载体建设服务情况等。

一是截至2020年底，管理中心完成了国务院办公厅要求的八项跨省通办任务。其中"非缴存地购房提取住房公积金"业务需通过住房和城乡建设部监管服务平台办理，其他七项业务只需通过中心网站或手机App就能进行自主办理。具体包括：个人住房公积金缴存贷款等信息查询、出具贷款职工住房公积金缴存使用证明、正常退休提取住房公积金、住房公积金单位登记开户、住房公积金单位及个人缴存信息变更、开具住房公积金个人住房贷款全部还清证明、提前还清住房公积金贷款。二是管理中心网站已建成信息公开、政务公开、办事指南、网上业务大厅、互动咨询、智能机器人等服务内容，其中在个人网上大厅中职工可以查询个人缴存明细、贷款进度、还款明细、业务查询、在线咨询等服务；单位网上大厅的功能有单位开户登记、职工开户登记、基数调整、汇缴补缴、单位信息变更、缴存人信息变更、缴存人调动、业务查询、报表打印、账户维护等业务。三是目前，管理中心八个服务渠道已全部上线使用，并基于综合服务平台实现了统一渠道管理、统一渠道发布、统一渠道统计、统一渠道稽核。四是五个旗县市管理部新的业务用房均已投入使用，为缴存职工提供了明亮的办公环境和优质的办事体验。五是充分发挥了叫号机作用，统一叫号让业务办理井然有序，值班柜员负责业务办理前期的引导工作，最大限度地发挥了值班制度的优势，提升了办事效率。六是在办事大厅配备查询机、等候椅、饮水机等服务措施，办事窗口均放置业务办理流程清单及相关二维码，极大地方便缴存职工办理各项公积金事宜。七是启用了自助打印盖章系统，前来办理业务的缴存职工及单位专管员可以通过本系统自助打印职工基本情况表、个人贷款结清证明、个人贷款还款明细、公积金汇缴书、公积金补缴书、单位职工对账单等，极大地省去了职工排队等候的时间。八是坚持推进"六项服务措施"和"四个零服务标准"，在服务过程中做到"准""细""实""笑"。一年来为老弱病残职工提供了50多次上门服务。九是与兴安广播电视台和兴安日报社合作，对住房公积金政策进行了大力宣传，刊发稿件30余篇。

(五）当年信息化建设情况，包括信息系统升级改造情况，基础数据标准贯彻落实和结算应用系统接入情况等。

一是"手机公积金"App正式上线，能够实现贷款提前还本、提前结清、退休提取、终止劳动关系提取四项业务的线上办理，截止到2020年底共计办理了11194笔业务，真正实现了职工线上办理业务"零跑腿"。二是与兴安盟大数据中心建设了数据共享接口对接系统，为下一步实现数据共享打下坚实基础。三是采取多方面措施确保职工公积金数据安全：圆满完成自治区北疆-护网2020年度攻防演练，安装公安部一所G01网站安全防护软件，多次邀请专业团队对中心网站进行渗透性测试，前台业务人员统一使用UKEY秘钥方可进入系统，多项并举确保职工公积金数据安全。

(六）当年住房公积金管理中心及职工所获荣誉情况，包括：文明单位（行业、窗口）、青年文明号、工人先锋号、五一劳动奖章（劳动模范）、三八红旗手（巾帼文明岗）、先进集体和个人等。

2020年，管理中心党总支获得了兴安盟直属机关先进基层党组织荣誉称号；职工王玉文获得了兴安盟直属机关优秀共产党员荣誉称号。

(七）当年对违反《住房公积金管理条例》和相关法规行为进行行政处罚和申请人民法院强制执行情况。 无。

(八）当年对住房公积金管理人员违规行为的纠正和处理情况等。 无。

（九）其他需要披露的情况。无。

锡林郭勒盟住房公积金 2020 年年度报告

根据国务院《住房公积金管理条例》和住房和城乡建设部、财政部、人民银行《关于健全住房公积金信息披露制度的通知》（建金〔2015〕26 号）的规定，经锡林郭勒盟住房公积金管理委员会审议通过，现将锡林郭勒盟住房公积金 2020 年年度报告公布如下。

一、机构概况

（一）**住房公积金管理委员会**。住房公积金管理委员会有委员 31 名。2021 年管委会第一次全体会议审议通过的事项主要有：

1. 2020 年全盟住房公积金工作情况；
2. 2020 年度全盟住房公积金缴存使用计划执行情况及财务决算情况；
3. 2021 年度全盟住房公积金缴存使用计划及财务预算（草案）。

（二）**住房公积金管理中心**。住房公积金管理中心为隶属于盟行署不以营利为目的的公益一类事业单位，设 7 个科，12 个管理部；从业人员 124 人，其中，在编 77 人，非在编 47 人。

二连浩特市住房公积金管理中心为隶属于二连浩特市政府的不以营利为目的的全额拨款事业单位内设 4 个科室，从业人员 19 人，其中在编 12 人、非在编 7 人。

二、业务运行情况

（一）**缴存**。2020 年，新开户单位 181 家，净增 61 家；新开户职工 1.21 万人，净增 0.24 万人；实缴单位 3167 家，实缴职工 11.89 万人，缴存额 20.1 亿元，同比分别增长 1.96%、2.05%、6.02%。2020 年末，缴存总额 157.39 亿元，同比增长 14.64%，锡盟、二连浩特市分别为 145.35 亿元、12.04 亿元；缴存余额 67.07 亿元，同比增长 14.1%，锡盟、二连浩特市分别为 62.36 亿元、4.71 亿元。受委托办理住房公积金缴存业务的银行 5 家。

（二）**提取**。2020 年，7.46 万名缴存人提取住房公积金 11.81 亿元，同比减少 10.35%。锡盟、二连浩特市各提取 10.82 亿元、0.99 亿元，提取额占当年缴存额的 58.77%，较上年减少 15.44 个百分点。2020 年末，提取总额 90.31 亿元，同比增长 15.04%（其中锡盟、二连浩特市提取总额分别为 82.99 亿元、7.33 亿元）。

（三）**贷款**。①单缴存人个人住房贷款最高额度 40 万元，双缴存人个人住房贷款最高额度 60 万元。②2020 年，发放个人住房贷款 0.3 万笔、9.18 亿元，同比分别下降 32.38%、36.87%（其中锡盟 0.28 万笔、8.73 亿元，二连浩特市 173 笔、0.45 亿元）。2020 年，回收个人住房贷款 7.97 亿元（其中，锡盟 7.52 亿元，二连浩特市 0.45 亿元）。③2020 年，发放异地贷款 28 笔、633.5 万元。年末，发放异地贷款总额 37383 万元（其中锡盟 34015.5 万元、二连浩特市 3367.5 万元），异地贷款余额 18993.46 万元（其中锡盟 16283.72 万元、二连浩特市 2709.74 万元）。2020 年末，累计发放个人住房贷款 6.17 万笔、121.29 亿元（其中锡盟、二连浩特市分别为 5.77 万笔、114.19 亿元，0.4 万笔、7.1 亿元），贷款余额 60.09 亿元（其中锡盟、二连浩特市分别为 56.89 亿元、3.2 亿元），分别同比增长 6.08%、8.19%、2.12%。个人住房贷款余额占缴存余额的 89.59%，同比减少 10.5 个百分点。受委托办理住房公积金个人住房贷款业务的银行 5 家。

（四）**资金存储**。2020 年末，住房公积金存款 8.4 亿元。其中活期 0.35 亿元，1 年（含）以下定期 3.4 亿元，1 年以上定期 1.1 亿元，协定存款 3.54 亿元。

（五）**资金运用率**。2020 年末，住房公积金个人住房贷款余额、项目贷款余额和购买国债余额的总和占缴存余额的 89.59%，同比减少 10.56 个百分点。

三、主要财务数据

（一）**业务收入**。2020 年，完成业务收入 20689.71 万元，同比增长 13.37%（其中锡盟 19376.57 万元，二连浩特市 1313.14 万元）。其中，存款利息收入 1522.62 万元、委托贷款利息收入 19158.64 万元、其他收入 8.44 万元。

（二）**业务支出**。2020 年，完成业务支出 10431.86 万元，同比增长 8.52%（其中锡盟 9680.59 万元，二连浩特市 751.27 万元）。其中，支付职工住房公积金利息 9517.11 万元、归集手续费支出 61.56 万元、委托贷款手续费 661.19 万元、其他 192.01 万元。

（三）**增值收益**。2020 年，实现增值收益 10257.84 万元，同比增长 18.77%（其中锡盟 9695.98 万元，二连浩特市 561.86 万元）；增值收益率锡盟为 1.66%，同比增加 0.11 个百分点；二连浩特市为 1.23%，同比降低 0.22 个百分点。

（四）**增值收益分配**。2020 年，提取贷款风险准备金 5078.83 万元，提取管理费用 2679.01 万元，提取城市廉租住房（公共租赁住房）建设补充资金 2500 万元。其中：锡盟、二连浩特市分别提取贷款风险准备金 4671.97 万元、406.86 万元，分别提取管理费用 2524.01 万元、155 万元，锡盟提取城市廉租住房建设补充资金 2500 万元。

2020 年，上缴财政管理费用 2969.08 万元，其中，锡盟上缴 2814.08，二连浩特市上缴 155 万元。锡盟上缴财政城市廉租住房建设补充资金 1500 万元。

2020 年末，锡盟贷款风险准备金余额 20479.82 万元、二连浩特市 1776.01 万元。锡盟累计提取城市廉租住房建设补充资金 2.7 亿元、二连浩特市 0.09 亿元。

（五）**管理费用**。2020 年，锡盟中心支出管理费用 2592.41 万元，同比增长 8.42%。其中人员、公用、专项经费分别为 1208.39 万元、99.95 万元、1289.07 万元；二连浩特市中心支出管理费用 180.53 万元，同比下降 13.9%。其中公用、专项经费分别为 31.33 万元、149.2 万元。

四、资产风险状况

2020 年末，个人住房贷款逾期额 140.94 万元，锡盟、二连浩特市逾期率分别为 0.23‰、0.35‰；个人贷款风险准备金余额分别为 20479.82 万元、1776.01 万元。

五、社会经济效益

（一）**缴存业务**。缴存人中，国家机关和事业单位占 56.81%，国有企业占 22.61%，城镇集体企业占 0.08%，外商投资企业占 0.02%，城镇私营企业及其他城镇企业占 17.7%，民办非企业单位和社会团体占 0.1%，灵活就业人员占 2.67%，其他占 0.02%；中、低收入占 99.94%，高收入占 0.06%。

新开户人员中，国家机关和事业单位占 37.47%，国有企业占 23.61%，城镇私营企业及其他城镇企业占 34.98%，灵活就业人员占 3.94%，；中、低收入占 99.96%，高收入占 0.04%。

（二）**提取业务**。年度提取的住房公积金中，购买、建造、翻建、大修自住住房占 33.35%，偿还购房贷款本息占 35.92%，租赁住房占 2.14%，离休和退休提取占 20.6%，完全丧失劳动能力并与单位终止劳动关系提取占 3.72%，出境定居占 1.21%，其他占 3.06%。提取人中低收入占 99.95%，高收入占 0.05%。

（三）**贷款业务**。支持缴存人购建房 42.3 万平方米，年末个人住房贷款市场占有率为 49.9%，同比减少 10.82 个百分点。通过申请住房公积金个人住房贷款，可节约缴存人购房利息支出 1.34 亿元。

贷款笔数中，购房建筑面积 90（含）平方米以下占 6.86%，90~144（含）平方米占 50.35%，144 平方米以上占 42.79%。购买新房占 78.42%，购买二手房占 21.55%，建造、翻建、大修自住住房占 0.03%。

贷款笔数中，单缴存人贷款占 55.61%，双缴存人贷款占 44.36%，三人及以上缴存人共同申请贷款占 0.03%。

贷款人中，30 岁（含）以下占 22.58%，30 岁~40 岁（含）占 40.99%，40 岁~50 岁（含）占 22.28%，50 岁以上占 14.15%；首次申请贷款占 77.69%，二次及以上申请贷款占 22.31%；中、低收入占 99.93%，高收入占 0.07%。

（四）**住房贡献率**。2020 年，个人住房贷款发放额、公转商贴息贷款发放额、项目贷款发放额、住房消费提取额的总和与当年缴存额的比率为 87.84%，同比减少 41.22 个百分点。

六、其他重要事项

（一）**以潜力群体为重点，推动缴存扩面更高效**。继续借助媒体，采用新闻发布会等多种形式宣传住房公积金制度；充分利用单位门户网站、手机 App、12329 短信、微信公众号等渠道及时发布相关政策信息，让社会和公众多维度了解住房公积金、支持住房公积金；鼓励新市民自愿缴存住房公积金；对 5 家非公企业进行专项执法宣传，促应建尽建、应缴尽缴。2020 年全盟新扩面非公企业 100 家，新增个体工商户自由职业者参缴公积金 502 人。

（二）**以严格管控为载体，推动规范管理更有力**。继续在规范业务运行上下功夫，将规范化管理落到细节、落到实处，向管理要效益，向管理要安全；认真落实盟行署有关要求，全力做好疫情防控期间住房公积金服务工作，及时出台多项阶段性公积金支持政策，降低疫情对公积金缴存企业和公积金缴存人带来的影响。至 2020 年 7 月底，全盟共为 71 家企业办理了公积金缓缴手续，4 家企业降低了公积金缴存比例，对 92 笔未按合同约定时间偿还的公积金贷款未作逾期处理；强化住房公积金使用，支持缴存人合理住房消费，截至 2020 年年底，共为 473 名个体工商户自由职业者发放公积金贷款 1.22 亿元。以打击和震慑虚假材料骗提住房公积金行为为重点，持续巩固提升住房公积金领域扫黑除恶专项斗争成果。在对2016年以来区外购房提取住房公积金业务进行回头自查自纠的基础上，将多次沟通拒不退还的11笔骗提公积金线索移交公安部门并追回骗提资金45万元；进一步强化贷前、贷中、贷后管理，综合运用实地核查和网上查证等手段，确保行为真实、资金安全。多方式加大逾期贷款催收力度，全年通过法律手段清偿住房公积金贷款31笔、367万元。对贷款预抵押房屋进行回查回访，督促借款人及时办理正式抵押手续，对违约出售抵押房屋的2笔公积金贷款及时中止合同进行清贷，将相关借款人列入住房公积金失信黑名单；充分利用信息化手段规范住房公积金使用管理，不断完善内部管控制度，按月开展自查自纠并及时上报电子稽查报告，主动接受自治区住房城乡建设厅住房公积金监管处监督，切实提高住房公积金合规管理、规范管理和风控管理水平。

（三）**以提升效能为目标，推动各项服务更给力。**继续深入推进"放管服"改革和优化营商环境建设，为缴存人提供更加方便快捷的多样化业务品种服务。全面推行综合柜员制，"一窗口受理、一次性办结"落地见效；进一步优化业务审批，推进审批流程再造，窗口办结率明显提升；实施容缺受理机制，办理提取贷款时如基本条件具备、非要件材料不全，可先行受理、后予以补齐；取消足额连续还款一年时间限制，符合条件的，借款后即可按月冲还贷；通过举办缴存单位公积金专管人员沟通会、到开发企业售楼部宣讲公积金使用政策、为行动不便的借款人上门签订借款合同等方式送政策、送服务到企业、到群众；业务大厅服务标准化建设不断完善改进，"马上办"理念贯穿服务始终；召开新闻发布会，向社会和公众及时介绍我盟住房公积金使用新政策，回答媒体关注的热点焦点问题。

（四）**以完善信息化为引领，推动各项工作更优化。**强化体系运行，加快应用落地。随着网上业务大厅、手机App、官方微信、短信平台、12329服务热线、自助终端等服务渠道的上线使用，促进了中心扁平化管理，"精简前台办理，强化后台支持，提升用户体验"的管理服务目标进一步落细落实。年内12329服务热线呼入及人工接听2.4万余人次，推送短信息62万余条，门户网站访问量12万余人次，手机App、官方微信、网厅各类业务查询、办理近600万人次，公积金缴存贷款信息查询，退休、与单位解除劳动关系、个体工商户自由职业者销户提取住房公积金，单位公积金登记开户，单位及个人缴存信息变更，缴存证明和贷款还清证明开具等8项业务不受缴存地限制，实现跨省通办并可随时在线上自助完成；继续完善优化全盟住房公积金核心业务系统，疏通影响缴存人办事堵点，将服务不断向纵深延伸；系统管人管事管钱，让"提取实时入卡、贷款实时调拨、账户实时监控、业务实时办结、财务日清日结"成为现实；注重信息安全保障，构建起"两地三中心"全方位数据保护机制；住房公积金综合服务平台通过住房和城乡建设部、自治区住房城乡建设厅联合检查验收；业务信息系统连续两年通过国家信息安全等级保护三级测评；聘请专业机构对业务所涉的互联网应用程序和信息架构进行了安全渗透测试，发现并解决中危风险13个；在网信和公安部门多次网络安全检查及全区2020北疆网络专项行动中，我中心互联网应用系统和数据库安全防御措施科学到位，在被攻击中未出现漏洞风险。继续向盟大数据中心每日定时同步全盟住房公积金相关业务数据；与全区房产信息、公安户籍信息、民政婚姻信息、市场监管企业注册信息、税务登记信息实现互联互通和数据共享，目前正在试运行；住房公积金个人贷款信息纳入人民银行个人征信系统已完成接口程序的需求调研、技术开发、传输测试和入网等工作，总体推进顺利；信息共享的不断深化，为业务资料真实性核验和"最多跑一次"减证便民夯实了基础。

（五）**以公积金文化为导向，推动队伍建设更到位。**顺利完成事业单位机构改革相关工作。持续巩固

"不忘初心、牢记使命"主题教育成果,按照"抓管理促发展,以管理防风险,向管理要效益"的主导思想,切实加强员工队伍建设,与时俱进提升员工敢于担责、善于履责、全力尽责的能力本领和行动自觉。7个优秀集体、16名先进个人受到盟住房公积金管理委员会表彰奖励,1名员工被授予全盟向上向善爱岗敬业好青年,6个管理部被当地政务中心评为优质服务窗口;进一步丰富学习方式和载体,科室负责人、管理部主任领头带学讲业务课10次,举办公积金业务、《民法典》、房地产抵押等专题研讨及培训8批200余人次,微信群和"学习强国"成为互学交流、自学的重要平台;持续强化作风建设,严明工作纪律,抓实机关各项规章制度的落地执行,以作风建设实效力促履职水平提升,年内对管理部业务大厅工作纪律、服务情况开展定期不定期视频检查20余次,全系统继续保持全年服务零投诉;建立岗职相符的专业技术职务聘任机制,树立重实干重实绩用人导向,激发干部职工人心思进的正能量,团队凝聚力进一步增强,"不让政策在自己手里走样,不让业务在自己手里耽搁,不让群众在自己这里冷落,不让集体形象因自己受损"成为全体员工的工作共识和服务追求;进一步夯实全面从严治党主体责任,切实加强党风廉政建设,强化权力运行全过程监督,接受盟审计局对主要领导进行任期内经济责任审计,聘请会计师事务所对全盟住房公积金业务财务、机关经费进行年度审计;继续突出风险防控,紧扣行业特点将两大类46个风险类型、67个风险点、145项防控措施责任到岗到人,每笔业务均留痕管理,构建廉政风险防控长效机制,运用科技手段实现由人控到机控的提升;强化宗旨意识教育,防微杜渐,增强全体员工的忧患意识、风险意识和责任意识,筑牢思想道德防线,着力建设一支想干事、能干事、干成事的朝气队伍,更好地服务群众、服务社会、服务发展。

阿拉善盟住房公积金 2020 年年度报告

根据国务院《住房公积金管理条例》和住房和城乡建设部、财政部、人民银行《关于健全住房公积金信息披露制度的通知》(建金〔2015〕26号)的规定,经住房公积金管理委员会审议通过,现将阿拉善盟住房公积金 2020 年年度报告公布如下。

一、机构概况

(一)**住房公积金管理委员会**。阿拉善盟住房公积金管理委员会有 21 名委员,2020 年召开 1 次会议,审批通过的事项主要包括:《阿拉善盟住房公积金中心关于 2019 年计划执行情况和 2020 年计划安排及管理工作的报告》《阿拉善盟住房公积金 2019 年年度报告》《阿拉善盟住房公积金中心 2019 年公积金收支情况和 2020 年收支计划安排》,审议通过的事项主要包括:《关于进一步加强住房公积金管理的意见》。

(二)**住房公积金中心**。阿拉善盟住房公积金中心为(隶属阿拉善盟住房和城乡建设局)不以营利为目的的(公益一类)事业单位,设 5 个处(科),6 个管理部,从业人员 34 人,其中,在编 34 人,非在编 0 人。

二、业务运行情况

（一）缴存。2020年，新开户单位125家，净增单位15家；新开户职工0.37万人，净增职工0.18万人；实缴单位1457家，实缴职工4.54万人，缴存8亿元，分别同比增长1.04%、4.13%、3.75%。2020年末，缴存总额83.83亿元，比上年末增加10.55%；缴存余额29.22亿元，同比增长4.12%。受委托办理住房公积金缴存业务的银行5家。

（二）提取。2020年，0.95万名缴存职工提取住房公积金；提取6.84亿元，同比增长13.43%；提取额占当年缴存额的85.55%，比上年增加7.2个百分点。2020年末，提取总额54.6亿元，比上年末增加14.32%。

（三）贷款。

1. 个人住房贷款。个人住房贷款最高额度60万元。单缴存职工个人住房贷款最高额度40万元，双缴存职工个人住房贷款最高额度60万元。

2020年，发放个人住房贷款1473笔、4.6亿元，同比分别下降4.78%、增长10.05%。

2020年，回收个人住房贷款3.5亿元。

2020年末，累计发放个人住房贷款3.41万笔、61.2亿元，贷款余额17.28亿元，分别比上年末增加4.29%、8.15%、6.8%。个人住房贷款余额占缴存余额的59.12%，比上年末增加1.48个百分点。受委托办理住房公积金个人住房贷款业务的银行1家。

2. 异地贷款。2020年，发放异地贷款17笔、428.7万元。2020年末，发放异地贷款总额886.6万元，异地贷款余额755.81万元。

3. 公转商贴息贷款。无。

4. 住房公积金支持保障性住房建设项目贷款。无。

（四）购买国债。无。

（五）资金存储。2020年末，住房公积金存款12.04亿元。其中，活期0.94亿元，1年（含）以下定期11.1亿元，1年以上定期0亿元，其他（协定、通知存款等）0亿元。

（六）资金运用率。2020年末，住房公积金个人住房贷款余额、项目贷款余额和购买国债余额的总和占缴存余额的59.12%，比上年末增加1.48个百分点。

三、主要财务数据

（一）业务收入。2020年，业务收入7515.76万元，同比下降2.98%。存款利息2201.25万元，委托贷款利息5307.23万元，国债利息0万元，其他7.28万元。

（二）业务支出。2020年，业务支出4369.24万元，同比增长8.2%。支付职工住房公积金利息4262.36万元，归集手续费0万元，委托贷款手续费92万元，其他14.88万元。

（三）增值收益。2020年，增值收益3146.52万元，同比下降15.15%。增值收益率1.11%，比上年减少0.25个百分点。

（四）增值收益分配。2020年，提取贷款风险准备金1887.91万元，提取管理费用955.1万元，提取城市廉租住房（公共租赁住房）建设补充资金303.51万元。

2020年，上交财政管理费用943万元。上缴财政城市廉租住房（公共租赁住房）建设补充资金330.58万元。

2020年末，贷款风险准备金余额9701.97万元。累计提取城市廉租住房（公共租赁住房）建设补充资金8553.21万元。

（五）管理费用支出。 2020年，管理费用支出888.49万元，同比增长0.14%。其中，人员经费438.48万元，公用经费19.35万元，专项经费430.66万元。

四、资产风险状况

（一）个人住房贷款。 2020年末，个人住房贷款逾期额402.86万元，逾期率2.3‰，个人贷款风险准备金余额9701.97万元。2020年，使用个人贷款风险准备金核销呆坏账0万元。

（二）支持保障性住房建设试点项目贷款。 无。

五、社会经济效益

（一）缴存业务。 缴存职工中，国家机关和事业单位占49.89%，国有企业占28.55%，城镇集体企业占0.93%，外商投资企业占0.02%，城镇私营企业及其他城镇企业占16.16%，民办非企业单位和社会团体占0.54%，灵活就业人员占0.62%，其他占3.29%；中、低收入占99.43%，高收入占0.57%。

新开户职工中，国家机关和事业单位占19.62%，国有企业占16.8%，城镇集体企业占1.33%，外商投资企业占0.11%，城镇私营企业及其他城镇企业占53.32%，民办非企业单位和社会团体占1.74%，灵活就业人员占1.38%，其他占5.7%；中、低收入占99.7%，高收入占0.3%。

（二）提取业务。 提取金额中，购买、建造、翻建、大修自住住房占51.58%，偿还购房贷款本息占25.18%，租赁住房占2.69%，支持老旧小区改造占0%，离休和退休提取占15.59%，完全丧失劳动能力并与单位终止劳动关系提取占0.08%，出境定居占0%，死亡占0.48%，其他占4.4%。提取职工中，中、低收入占99.51%，高收入占0.49%。

（三）贷款业务。

1. 个人住房贷款。2020年，支持职工购建房19.38万平方米（含公转商贴息贷款），年末个人住房贷款市场占有率（含公转商贴息贷款）为79.49%，比上年末增加5.17个百分点。通过申请住房公积金个人住房贷款，可节约职工购房利息支出6393.08万元。

职工贷款笔数中，购房建筑面积90（含）平方米以下占5.09%，90~144（含）平方米占72.03%，144平方米以上占22.88%。购买新房占56.69%（其中购买保障性住房占0%），购买二手房占15.34%，建造、翻建、大修自住住房占20.77%（其中支持老旧小区改造占0%），其他占7.2%。

职工贷款笔数中，单缴存职工申请贷款占57.98%，双缴存职工申请贷款占42.02%，三人及以上缴存职工共同申请贷款占0%。

贷款职工中，30岁（含）以下占16.16%，30岁~40岁（含）占44.26%，40岁~50岁（含）占25.66%，50岁以上占13.92%；首次申请贷款占58.19%，二次及以上申请贷款占41.81%；中、低收入占99.52%，高收入占0.48%。

2. 支持保障性住房建设试点项目贷款。无。

（四）住房贡献率。 2020年，个人住房贷款发放额、公转商贴息贷款发放额、项目贷款发放额、住房消费提取额的总和与当年缴存额的比率为125.53%，比上年增加7.88个百分点。

六、其他重要事项

（一）应对新冠肺炎疫情采取的措施，落实住房公积金阶段性支持政策情况和政策实施成效。

1. 严格贯彻执行《住房和城乡建设部办公厅关于应对新型冠状病毒感染的肺炎疫情做好住房公积金管理服务工作的通知》（建办金函〔2020〕71号）要求，认真做好疫情防控工作。

2. 凡涉及住房公积金归集方面业务，均通过住房公积金单位网厅办理，住房公积金提取、贷款业务暂缓办理，职工确有急事需要办理的，提前1个工作日拨打中心各管理部预约电话进行预约，视情况予以错峰办理。

3. 受新冠肺炎影响，未能及时缴存住房公积金的单位及自愿缴存者，说明情况并补缴后，可视同正常缴存。受疫情影响导致生产经营困难的批发零售、住宿餐饮、物流运输、文化旅游等行业的企业，可按规定申请暂缓缴存住房公积金，待企业效益好转后，再恢复缴存。

4. 对新冠肺炎患者、疑似病人、密切接触者，在其隔离治疗期间或医学观察期间以及因政府实施隔离措施或采取其他紧急措施而不能正常还款的，住房公积金贷款不作逾期处理、不计罚息。一线医务人员、参加疫情防控人员及受疫情影响暂时失去收入来源的人群等，在疫情防控期间，住房公积金贷款不作逾期处理、不计罚息。

5. 自2020年2月1日起，将新冠肺炎列入大病提取住房公积金范围，患者可提取本人住房公积金用于医疗支出。

6. 提高提取住房公积金支付房租的标准，由原来的每年每个家庭15000元提高到每年每个家庭20000元。

（二）当年住房公积金政策调整及执行情况，包括当年缴存基数限额及确定方法、缴存比例等缴存政策调整情况；当年提取政策调整情况；当年个人住房贷款最高贷款额度、贷款条件等贷款政策调整情况；当年住房公积金存贷款利率执行标准等；支持老旧小区改造政策落实情况。

1. 当年缴存基数限额及确定方法、缴存比例等缴存政策调整情况

（1）2020年住房公积金缴存基数按缴存人上一年度月平均工资或收入确定，最高不得高于阿拉善盟统计局发布的上一年度在职职工月平均工资的3倍（6797×3=20391元），最低不得低于阿拉善盟人社局公布的最低用工工资标准（1760元）。

（2）2020年各缴存单位缴存比例最高不得高于12%，最低不得低于8%，特别困难的企业，缴存比例可按5%执行。

（3）将进城务工农牧民纳入住房公积金缴存范围，并制定进城务工农牧民住房公积金缴存规定。

2. 提取政策调整情况

（1）停止办理提取本人及配偶住房公积金用于直系亲属购房提取业务。

（2）停止办理提取本人及配偶住房公积金用于旧房装修提取业务。

（3）停止办理提取本人及配偶住房公积金用于本人或配偶、直系亲属支付大病医疗费用提取业务。

（4）停止办理提取本人及配偶住房公积金用于异地购房提取业务。

（5）提高提取本人及配偶公积金用于支付房租的标准，由每年每个家庭最高 15000 元提高到每年每个家庭最高 20000 元。

（6）停止办理提取本人及配偶公积金用于回迁安置房装修提取业务。

3. 当年个人住房贷款最高贷款额度、贷款条件等贷款政策调整情况

（1）提高住房公积金购房贷款额度，单职工缴存家庭由原来的 30 万元提高至 40 万元，双职工缴存家庭由原来的 50 万元提高至 60 万元。

（2）对各级各地区人民法院公布及个人征信不良的失信人员在申请个人住房公积金贷款时按《阿拉善盟住房公积金失信人员名单管理办法》实施惩戒。

（3）取消借款人个人住房公积金贷款按月对冲公积金账户余额大于借款人 12 个月月还款额的限制，允许足额按月正常汇缴的借款人即贷即冲。

（4）取消对单笔贷款部分还本最低还款额不低于贷款发放额 20% 的限制。

（5）实行贷款房屋抵押评估指导价，由各旗区逐年确定本行政区域内房屋抵押评估指导价。

（6）停止对同一缴存家庭发放三套及以上住房公积金购房贷款。

（7）停止办理回迁安置房装修贷款业务。

（8）停止办理旧房装修贷款业务。

4. 当年住房公积金存贷款利率执行标准等

（1）存款：住房公积金存款利率按一年期定期利率 1.5% 执行。

（2）贷款：住房公积金贷款利率按贷款期限划分，其中五年期以下（含五年）贷款年利率 2.75%，五年期以上贷款年利率 3.25%。

5. 支持老旧小区改造政策落实情况

截至 2020 年 12 月，中心已按国家、自治区相关要求开办提取住房公积金用于老旧小区加装电梯改造业务，目前，我盟还没有老旧小区加装电梯。

（三）当年服务改进情况，包括推进住房公积金服务"跨省通办"工作情况，服务网点、服务设施、服务手段、综合服务平台建设和其他网络载体建设服务情况等。 2020 年，我中心按国家、自治区相关要求积极开办"跨省通办""一网通办"业务，加强服务网点和服务设施建设，通过手机 App、住房公积金网厅、中心官方网站等渠道实现了住房公积金单位汇补缴业务、离职销户业务、退休销户业务、住房公积金贷款签约对冲及解约对冲业务、住房公积金贷款部分还本及一次性结清业务、住房公积金单位信息变更及个人信息变更等业务的线上办理，极大程度地方便了缴存职工。

（四）当年信息化建设情况，包括信息系统升级改造情况，基础数据标准贯彻落实和结算应用系统接入情况等。

1. 有序推进国务院要求的"跨省通办"事项。国务院要求 2020 年底前需完成 3 项事项现已全部完成，即：个人住房公积金缴存贷款信息查询可通过中心微信公众号、"手机公积金"应用、"网上业务大厅"查询渠道中实现，正常退休提取住房公积金已通过我中心"手机公积金"应用、"网上业务大厅"实现办理，出具贷款职工住房公积金缴存证明可以通过我中心"网上业务大厅"实现打印；国务院要求 2021 年底前需完成 5 项事项现已提前完成 2 项，即：住房公积金单位及个人缴存信息变更业务均可在我中心"手机公积金"应用和"网上业务大厅"中完成，提前还清住房公积金贷款可在我中心"手机公积

金"应用和"网上业务大厅"中完成。

2. 按住房和城乡建设部要求积极推动综合服务平台建设。中心已建成包括网上业务大厅、自助终端、"12329"服务热线、"12329"手机短信、手机 App、官方微信、门户网站、官方微博八大渠道在内的综合服务平台,并于 2020 年 12 月 25 日通过住房和城乡建设部专家组验收。综合服务平台建设以"互联网+"为导向,充分利用大数据、云计算等信息技术,涵盖业务办理、信息查询、信息发布、互动交流等线上业务,是落实国务院"放管服"改革和优化营商环境的有力举措。

3. 按照阿拉善盟委、行署安排部署,协同阿拉善盟政务服务局、阿拉善盟大数据发展局等部门,积极推动数据汇聚、政务云、蒙速办、政务一体化服务平台、一网通办等信息化建设工作。于 2020 年 8 月向阿拉善盟政务服务局正式提交迁移政务云申请,9 月住房公积金核心业务系统通过三级等保评定并向阿拉善盟大数据发展局提供数据汇聚接口,10 月完成接入"蒙速办"、政务服务一体化平台的方案论证前期工作,12 月与阿拉善盟市场监督管理局合作实现企业开户登记与住房公积金开户登记一网通办。

(五)当年对违反《住房公积金条例》和相关法规行为进行行政处罚和申请人民法院强制执行情况。 2020 年,我中心不存在违反《住房公积金条例》和相关法规行为进行行政处罚和申请人民法院强制执行的情况。

满洲里市住房公积金 2020 年年度报告

根据国务院《住房公积金管理条例》和住房和城乡建设部、财政部、人民银行《关于健全住房公积金信息披露制度的通知》(建金〔2015〕26 号)的规定,经住房公积金管理委员会审议通过,现将满洲里市住房公积金 2020 年年度报告公布如下:

一、机构概况

(一)住房公积金管理委员会。 住房公积金管理委员会有 17 名委员,2020 年召开 1 次会议,审议通过的事项主要包括:

1. 审议通过《重新聘任市住房公积金管理委员会部分委员的说明》;
2. 审议通过《关于 2018 年住房公积金使用情况及 2019 年住房公积金归集使用计划的报告》;
3. 审议通过《满洲里市住房公积金管理中心 2019 年年度报告》;
4. 审议通过《关于 2019 年住房公积金使用情况及 2020 年住房公积金归集使用计划的报告》;
5. 审议通过《关于〈满洲里市住房公积金管理中心贷款管理办法实施细则〉的修订说明》。

(二)住房公积金管理中心。 住房公积金管理中心为隶属于市人民政府不以营利为目的的自收自支事业单位,设 8 个科,1 个管理部,0 个分中心。从业人员 36 人,其中,在编 30 人,非在编 6 人。

二、业务运行情况

(一)缴存。 2020 年,新开户单位 52 家,净增单位-43 家;新开户职工 0.10 万人,净增职工-0.07

万人;实缴单位 840 家,实缴职工 2.86 万人,缴存额 5.63 亿元,分别同比增长-4.87%、-2.24%、9.27%。2020 年末,缴存总额 51.43 亿元,比上年末增加 12.29%;缴存余额 18.10 亿元,同比增长 13.80%。受委托办理住房公积金缴存业务的银行 4 家。

(二) **提取**。2020 年,1.17 万名缴存职工提取住房公积金;提取额 3.43 亿元,同比增长 1.73%;提取额占当年缴存额的 60.99%,比上年减少 4.52 个百分点。2020 年末,提取总额 33.33 亿元,比上年末增加 11.48%。

(三) **贷款**。

1. 个人住房贷款。个人住房贷款最高额度 50 万元。单缴存职工个人住房贷款最高额度 40 万元,双缴存职工个人住房贷款最高额度 50 万元。

2020 年,发放个人住房贷款 0.07 万笔 1.66 亿元,同比分别下降 27.38%、24.91%。

2020 年,回收个人住房贷款 1.93 亿元。

2020 年末,累计发放个人住房贷款 2.10 万笔、32.16 亿元,贷款余额 11.33 亿元,分别比上年末增加 3.35%、5.43%、-2.38%。个人住房贷款余额占缴存余额的 62.59%,比上年末减少 10.37 个百分点。受委托办理住房公积金个人住房贷款业务的银行 3 家。

2. 异地贷款。2020 年,发放异地贷款 21 笔、532.50 万元。2020 年末,发放异地贷款总额 5894.65 万元,异地贷款余额 1825.35 万元。

3. 公转商贴息贷款。无。

(四) **购买国债**。无。

(五) **资金存储**。2020 年末,住房公积金存款 7.03 亿元。其中,活期 0.01 亿元,1 年(含)以下定期 5.15 亿元,1 年以上定期 0.75 亿元,其他(协定、通知存款等)1.12 亿元。

(六) **资金运用率**。2020 年末,住房公积金个人住房贷款余额、项目贷款余额和购买国债余额的总和占缴存余额的 62.59%,比上年末减少 10.37 个百分点。

三、主要财务数据

(一) **业务收入**。2020 年,业务收入 5018.90 万元,同比增长 10.94%。存款利息 1324.71 万元,委托贷款利息 3692.41 万元,国债利息 0 万元,其他 1.78 万元。

(二) **业务支出**。2020 年,业务支出 2754.59 万元,同比增长 15.94%。支付职工住房公积金利息 2573.84 万元,归集手续费 0 万元,委托贷款手续费 180.64 万元,其他 0.11 万元。

(三) **增值收益**。2020 年,增值收益 2264.31 万元,同比增长 5.41%。增值收益率 1.33%,比上年减少 0.11 个百分点。

(四) **增值收益分配**。2020 年,提取贷款风险准备金 0 万元,提取管理费用 573.00 万元,提取城市廉租住房(公共租赁住房)建设补充资金 1691.31 万元。

2020 年,上交财政管理费用 605.00 万元。上缴财政城市廉租住房(公共租赁住房)建设补充资金 1383.16 万元。

2020 年末,贷款风险准备金余额 1981.06 万元。累计提取城市廉租住房(公共租赁住房)建设补充资金 8791.98 万元。

（五）**管理费用支出**。2020年，管理费用支出648.05万元，同比下降12.82%。其中，人员经费435.57万元，公用经费23.62万元，专项经费188.86万元。

四、资产风险状况

（一）**个人住房贷款**。2020年末，个人住房贷款逾期额773.89万元，逾期率6.80‰。个人贷款风险准备金余额1981.06万元。2020年，使用个人贷款风险准备金核销呆坏账0万元。

（二）没有支持保障性住房建设试点项目贷款。

五、社会经济效益

（一）**缴存业务**。缴存职工中，国家机关和事业单位占39.56%，国有企业占43.05%，城镇集体企业占0.21%，外商投资企业占0.84%，城镇私营企业及其他城镇企业占14.90%，民办非企业单位和社会团体占0.55%，灵活就业人员占0%，其他占0.89%；中、低收入占98.04%，高收入占1.96%。

新开户职工中，国家机关和事业单位占42.94%，国有企业占15.41%，城镇集体企业占0.80%，外商投资企业占1.19%，城镇私营企业及其他城镇企业占26.24%，民办非企业单位和社会团体占6.96%，灵活就业人员占0%，其他占6.46%；中、低收入占98.71%，高收入占1.29%。

（二）**提取业务**。提取金额中，购买、建造、翻建、大修自住住房占27.88%，偿还购房贷款本息占43.81%，租赁住房占0.85%，支持老旧小区改造占0%，离休和退休提取占22.76%，完全丧失劳动能力并与单位终止劳动关系提取占1.77%，出境定居占0%，其他占2.93%。提取职工中，中、低收入占98.81%，高收入占1.19%。

（三）**贷款业务**。

1. 个人住房贷款。2020年，支持职工购建房8.51万平方米（含公转商贴息贷款），年末个人住房贷款市场占有率（含公转商贴息贷款）为44.82%，比上年末减少8.51个百分点。通过申请住房公积金个人住房贷款，可节约职工购房利息支出3913.72万元。

职工贷款笔数中，购房建筑面积90（含）平方米以下占15.32%，90～144（含）平方米占61.56%，144平方米以上占23.12%。购买新房占54.20%（其中购买保障性住房占0%），购买二手房占45.80%，建造、翻建、大修自住住房占0%（其中支持老旧小区改造占0%），其他占0%。

职工贷款笔数中，单缴存职工申请贷款占71.58%，双缴存职工申请贷款占28.42%，三人及以上缴存职工共同申请贷款占0%。

贷款职工中，30岁（含）以下占28.72%，30岁～40岁（含）占40.65%，40岁～50岁（含）占21.94%，50岁以上占8.69%；首次申请贷款占70.99%，二次及以上申请贷款占29.01%；中、低收入占97.64%，高收入占2.36%。

2. 没有支持保障性住房建设试点项目贷款。

（四）**住房贡献率**。2020年，个人住房贷款发放额、公转商贴息贷款发放额、项目贷款发放额、住房消费提取额的总和与当年缴存额的比率为74.05%，比上年减少17.78个百分点。

六、其他重要事项

（一）**应对新冠肺炎疫情采取的措施，落实住房公积金阶段性支持政策情况和政策实施成效**。制定出台《关于疫情防控期间调整全市住房公积金政策及服务工作的通知》（满房金字〔2020〕5号文件），通过优化提取办理流程、畅通网上查询、顺延汇缴时限、因疫情影响产生征信不良不予记录、允许降低缴存公积金比例和暂缓缴存公积金等多项政策，为缴存职工提供疫情期间服务保障。已为受疫情影响8家企业共274人成功申请办理缓缴，累计共缓缴金额117.44万元，其中单位缓缴总金额58.72万元，个人缓缴总金额58.72万元。为受疫情影响职工无法正常还款且不作逾期处理2135笔余额共32362.72万元，减轻了疫情期间职工还贷压力。

（二）当年机构及职能调整情况、受委托办理缴存贷款业务金融机构变更情况。没有调整。

（三）当年住房公积金政策调整及执行情况，包括当年缴存基数限额及确定方法、缴存比例等缴存政策调整情况；当年提取政策调整情况；当年个人住房贷款最高贷款额度、贷款条件等贷款政策调整情况；当年住房公积金存贷款利率执行标准等；支持老旧小区改造政策落实情况。

当年缴存基数按工资构成计算上限20247元，下限1760元；当年缴存比例上限12%，下限5%无调整。

当年提取政策无调整。

当年住房公积金存贷款利率严格按照国家规定进行调整执行。

当年住房公积金个人住房贷款政策调整：①为最大限度保证借款人购房能力，对第三章第九条进行修改：借款人确定实际可贷款额度，由借款人每月偿还贷款本息之和不能超过家庭月收入的60%修改为借款人每月偿还贷款本金额不能超过家庭月收入的60%；②按照内蒙古自治区住房和城乡建设厅转发《住房和城乡建设部关于取消部分部门规章和规范性文件设定的证明事项的决定的通知》（建法规〔2019〕6号）文件要求，对第四章第十三条第二款进行修改：取消贷款抵押物价值评估报告；《房屋所有权证》名称变更为《不动产权证书》；③为防止骗提骗贷行为，防止伪造虚假合同，将第六章第二十二条第二款修改为：购买的新建住房或拆迁安置房需进行合同备案；④按照住房和城乡建设部、财政部、人民银行、公安部《关于开展治理违规提取住房公积金工作的通知》（建金〔2018〕46号）文件要求，将第六章第二十八条修改为：符合异地购房的贷款执行"先提后贷"政策；⑤因不具备可操作性，修改第八章第四十一条第一款和第二款内容：取消离异借款人变更房产所有权，取消贷款展期。

（四）当年服务改进情况，包括推进住房公积金服务"跨省通办"工作情况，服务网点、服务设施、服务手段、综合服务平台建设和其他网络载体建设服务情况等。中心分别在满洲里市中心和扎区管理部两个服务大厅设立了"跨省通办业务窗口"受理跨省通办业务，个人住房公积金缴存贷款等信息查询、正常退休提取住房公积金、出具贷款职工住房公积金缴存使用证明3项服务事项实现"跨省通办"。

综合服务平台已开通"手机公积金"App、"满洲里市住房公积金管理中心"微信公众号、"12329短信"自治区统一平台；网站、网厅已开发完毕，将在2021年按满洲里市政务服务局要求统一平台上线。

（五）当年信息化建设情况，包括信息系统升级改造情况，基础数据标准贯彻落实和结算应用系统接入情况等。基础数据标准贯彻落实和结算应用系统接入已经于2018年完成并验收通过，受新冠状病毒疫情影响2021年将继续进行升级改造。

（六）没有当年对违反《住房公积金管理条例》和相关法规行为进行行政处罚和申请人民法院强制执行情况。

（七）没有当年对住房公积金管理人员违规行为的纠正和处理情况等。

（八）没有其他需要披露的情况。

2020 全国住房公积金年度报告汇编

辽宁省

沈阳
大连市
鞍山市
抚顺市
本溪市
丹东市
锦州市
营口市
阜新市
辽阳市
盘锦市
铁岭市
朝阳市
葫芦岛市

辽宁省住房公积金 2020 年年度报告

根据国务院《住房公积金管理条例》和住房和城乡建设部、财政部、人民银行《关于健全住房公积金信息披露制度的通知》（建金〔2015〕26号）规定，现将辽宁省住房公积金 2020 年年度报告汇总公布如下。

一、机构概况

（一）住房公积金管理机构。全省共设 14 个设区城市住房公积金管理中心，1 个省直住房资金管理中心，6 个独立设置的分中心、管理部。从业人员 2103 人，其中，在编 1140 人，非在编 963 人。

（二）住房公积金监管机构。省住房城乡建设厅、财政厅和人民银行沈阳分行负责对本省住房公积金管理运行情况进行监督。省住房城乡建设厅设立住房公积金监管处，负责辖区住房公积金日常监管工作。

二、业务运行情况

（一）缴存。2020 年，新开户单位 13807 家，较上年减少 1920 家；新开户职工 35.03 万人，较上年减少 5.67 万人；实缴单位 98474 家，实缴职工 504.26 万人，缴存额 845.34 亿元，分别同比增长 2.22%、-0.92%、8.21%。2020 年末，缴存总额 8033.92 亿元，比上年末增加 11.76%；缴存余额 2806.71 亿元，同比增长 7.34%。

（二）提取。2020 年，211.61 万名缴存职工提取住房公积金；提取额 653.49 亿元，同比增长 12.46%；提取额占当年缴存额的 77.3%，比上年增加 2.92 个百分点。2020 年末，提取总额 5227.22 亿元，比上年末增加 14.29%。

（三）贷款。

1. 个人住房贷款。2020 年，发放个人住房贷款 11.22 万笔、383.23 亿元，同比下降 8.18%、4.13%。回收个人住房贷款 283.15 亿元。

2020 年末，累计发放个人住房贷款 192.16 万笔、4553.4 亿元，贷款余额 2317.46 亿元，分别比上年末增加 6.2%、9.19%、4.51%。个人住房贷款余额占缴存余额的 82.57%，比上年末减少 2.23 个百分点。

2020 年，支持职工购建房 1141.62 万平方米。年末个人住房贷款市场占有率（含公转商贴息贷款）为 21.04%，比上年末减少 1.46 个百分点。通过申请住房公积金个人住房贷款，可节约职工购房利息支出 61.89 亿元。

2. 异地贷款。2020 年，发放异地贷款 8459 笔、299959.68 万元。2020 年末，发放异地贷款总额 1633305.03 万元，异地贷款余额 1054075.52 万元。

3. 公转商贴息贷款。2020 年，发放公转商贴息贷款 0 笔、0 万元，支持职工购建房面积 0 万平方米。当年贴息额 6652.42 万元。2020 年末，累计发放公转商贴息贷款 22092 笔、834429.1 万元，累计贴息 24511.06 万元。

（四）**购买国债**。2020 年，购买国债 0 亿元，兑付收回国债 0 亿元。2020 年末，国债余额 0 亿元。

（五）**融资**。2020 年，融资 14 亿元，归还 27.7 亿元。2020 年末，融资总额 194.47 亿元，融资余额 16.69 亿元。

（六）**资金存储**。2020 年末，住房公积金存款 520.64 亿元。其中，活期 9.21 亿元，1 年（含）以下定期 229.97 亿元，1 年以上定期 224.5 亿元，其他（协定、通知存款等）56.96 亿元。

（七）**资金运用率**。2020 年末，住房公积金个人住房贷款余额、项目贷款余额和购买国债余额的总和占缴存余额的 82.57%，比上年末减少 2.23 个百分点。

三、主要财务数据

（一）**业务收入**。2020 年，业务收入 900514.77 万元，同比增长 8.87%。其中，存款利息 165371.29 万元，委托贷款利息 730803.88 万元，国债利息 0 万元，其他 4339.6 万元。

（二）**业务支出**。2020 年，业务支出 460021.12 万元，同比增长 11.26%。其中，支付职工住房公积金利息 413788.4 万元，归集手续费 8886.88 万元，委托贷款手续费 24041.25 万元，其他 13304.59 万元。

（三）**增值收益**。2020 年，增值收益 440493.65 万元，同比增长 6.47%；增值收益率 1.61%，比上年减少 0.03 个百分点。

（四）**增值收益分配**。2020 年，提取贷款风险准备金 139869.54 万元，提取管理费用 46318.91 万元，提取城市廉租住房（公共租赁住房）建设补充资金 254305.2 万元。

2020 年，上交财政管理费用 43817.93 万元，上缴财政城市廉租住房（公共租赁住房）建设补充资金 253544.6 万元。

2020 年末，贷款风险准备金余额 1348095.1 万元，累计提取城市廉租住房（公共租赁住房）建设补充资金 1926439.11 万元。

（五）**管理费用支出**。2020 年，管理费用支出 45320.08 万元，同比下降 6.51%。其中，人员经费 27248.75 万元，公用经费 4503.08 万元，专项经费 13568.25 万元。

四、资产风险状况

个人住房贷款。2020 年末，个人住房贷款逾期额 24423.48 万元，逾期率 1.05‰，个人贷款风险准备金余额 1339611.1 万元。2020 年，使用个人贷款风险准备金核销呆坏账 0 万元。

五、社会经济效益

（一）**缴存业务**。缴存职工中，国家机关和事业单位占 27.23%，国有企业占 24.32%，城镇集体企业占 1.36%，外商投资企业占 7.34%，城镇私营企业及其他城镇企业占 32.96%，民办非企业单位和社会团体占 1.53%，灵活就业人员占 0.02%，其他占 5.24%；中、低收入占 98.31%，高收入占 1.69%。

新开户职工中，国家机关和事业单位占 11.93%，国有企业占 9.95%，城镇集体企业占 1.04%，外商投资企业占 6.27%，城镇私营企业及其他城镇企业占 58.33%，民办非企业单位和社会团体占 2.56%，灵活就业人员占 0.08%，其他占 9.84%；中、低收入占 99.58%，高收入占 0.42%。

（二）**提取业务**。提取金额中，购买、建造、翻建、大修自住住房占 15.84%，偿还购房贷款本息占

56.55%，租赁住房占2.93%，支持老旧小区改造提取占0.001%，离休和退休提取占19.46%，完全丧失劳动能力并与单位终止劳动关系提取占0.93%，出境定居0.1%，其他占4.189%。

提取职工中，中、低收入占97.88%，高收入占2.12%。

（三）**贷款业务**。职工贷款笔数中，购房建筑面积90（含）平方米以下占36.75%，90~144（含）平方米占57.66%，144平方米以上占5.59%。购买新房占65.83%（其中购买保障性住房占0%），购买二手房占33.99%，建造、翻建、大修自住住房占0%（其中支持老旧小区改造占0%），其他占0.18%。

职工贷款笔数中，单缴存职工申请贷款占51.67%，双缴存职工申请贷款占48.14%，三人及以上缴存职工共同申请贷款占0.19%。

贷款职工中，30岁（含）以下占33.46%，30岁~40岁（含）占39.04%，40岁~50岁（含）占20.5%，50岁以上占7%；首次申请贷款占86.35%，二次及以上申请贷款占13.65%；中、低收入占99.07%，高收入占0.93%。

（四）**住房贡献率**。2020年，个人住房贷款发放额、公转商贴息贷款发放额、项目贷款发放额、住房消费提取额的总和与当年缴存额的比率为104.06%，比上年减少5.74个百分点。

六、其他重要事项

（一）**疫情期间持续做好住房公积金服务**。新冠肺炎疫情发生以来，为贯彻落实国家和省委、省政府对新型冠状病毒感染的肺炎疫情防控工作的决策部署，阻断疫情传播，保障人民群众生命安全和身体健康，省住房城乡建设厅印发了《关于做好疫情防控期间住房公积金服务工作的通知》《住房和城乡建设部办公厅关于应对新型冠状病毒感染的肺炎疫情做好住房公积金管理服务工作的通知》《关于做好住房公积金服务工作支持企业复工复产的通知》等文件，要求各地延迟开放部分服务大厅、积极推行网上业务办理、严格做好疫情防控工作、支持复工复产工作。

（二）**贯彻落实阶段性支持政策**。国家出台住房公积金阶段性支持政策后，省住房城乡建设厅及时转发国家政策文件，提出具体落实要求，积极做好政策解读，各地出台了具体落实文件。阶段性政策执行至2020年6月底，全省共有3540个单位申请缓缴公积金，涉及职工40万人，累计缓缴住房公积金16亿元，有效纾解企业困难，一定程度上支持了企业发展。

（三）**加大力度防控资金风险**。加大资金管控力度，严禁挪用住房公积金；综合采取每周报告、月度分析、电子稽查、书面调研和全省通报等措施，加强个贷逾期催收工作。重点监控个贷逾期率高的城市，严防疫情后个贷逾期突增风险，更换思路，更新手段，加强贷前、贷中、贷后全流程管理，逾期率有所下降。

（四）**提升住房公积金服务水平**。做好企业开办"一网通办"工作，打通公积金业务系统与省市场监督管理局企业开办"一网通办"平台数据通道，实现深度融合，企业可在平台上办理住房公积金缴存登记业务，使企业办理住房公积金缴存登记业务更高效、更便捷。完成2020年"跨省通办"任务，公积金缴存和贷款信息查询业务、正常退休提取公积金和开具缴存使用证明3项业务实现"跨省通办"。

（五）**当年住房公积金机构及从业人员所获荣誉情况**。全省有2个单位获得国家级创建文明单位荣誉，2个单位获得市级创建文明单位荣誉；8个单位获得省级"青年文明号"荣誉，3个单位获得地市级"青年文明号"荣誉；2个单位获得市级"巾帼文明岗"荣誉；2个单位获得省级先进集体荣誉；3个单位的

10名工作人员获得市级先进个人荣誉；3个单位获得其他市级奖励共27项。

沈阳住房公积金 2020 年年度报告

根据国务院《住房公积金管理条例》和住房和城乡建设部、财政部、人民银行《关于健全住房公积金信息披露制度的通知》（建金〔2015〕26号）的规定，经住房公积金管理委员会审议通过，现将沈阳住房公积金2020年年度报告公布如下。

一、机构概况

（一）住房公积金管理委员会。沈阳住房公积金管理委员会有25名委员，2020年召开3次会议，审议通过的事项主要包括：

1. 关于调整沈阳住房公积金管理委员会主任委员、副主任委员及委员的意见；
2. 沈阳住房公积金管理中心2019年工作总结及2020年工作安排的报告；
3. 沈阳住房公积金管理中心2019年计划执行情况及2020年计划安排情况的报告；
4. 关于调整铁路分中心个人住房贷款风险准备金核定标准的意见；
5. 关于调整租赁商品住房职工申请提取住房公积金限额的意见；
6. 关于调整职工偿还购房商业贷款住房公积金提取方式和提取额度的意见；
7. 关于调整职工购买自住商品住房提取住房公积金政策的意见；
8. 沈阳住房公积金管理中心"一网通办"百日攻坚行动方案。

（二）住房公积金管理中心。

1. 沈阳住房公积金管理中心（简称"沈阳中心"）。沈阳中心为直属沈阳市政府不以营利为目的的正局级事业单位，设13个部室，13个管理部，1个铁路分中心。从业人员376人，其中，在编211人，非在编165人。

2. 辽宁省省直住房资金管理中心（简称"省直中心"）。省直中心为隶属于辽宁省财政厅不以营利为目的自收自支事业单位，内设7个部。从业人员40人，其中，在编22人，非在编18人。

3. 电力分中心。电力分中心由沈阳中心授权经营，不以营利为目的非独立法人分支机构。主要负责国家电网公司系统、中国能源建设集团、部分发电企业驻辽单位住房公积金的归集、管理、使用和会计核算。目前中心内设住房公积金管理处和财务管理处。从业人员13人，其中，在编7人，非在编6人。

4. 东电管理部。电力分中心东电管理部为国家电网公司东北分部住房制度改革办公室的一个部门，主要负责国家电网公司东北分部直属单位住房公积金的归集、管理、使用和会计核算。从业人员5人，其中，在编5人。

二、业务运行情况

（一）缴存。2020年，新开户单位5172家，净增实缴单位1804家；新开户职工14.09万人，净增实缴职工 0.39 万人；实缴单位 29058 家，实缴职工 159.95 万人，缴存额 303.96 亿元，分别同比增长 6.62%、0.24%、10.66%。2020 年末，缴存总额 2723.13 亿元，比上年末增加 12.56%；缴存余额 947.44 亿元，同比增长 7.95%。受委托办理住房公积金缴存业务的银行 6 家。

沈阳中心：2020 年，新开户单位 5136 家，净增实缴单位 1880 家；新开户职工 13.34 万人，净增实缴职工 0.64 万人；实缴单位 27861 家，实缴职工 140.62 万人，缴存额 246.90 亿元，分别同比增长 7.24%、0.46%、10.94%。2020 年末，缴存总额 2156.79 亿元，比上年末增加 12.93%；缴存余额 770.71 亿元，同比增长 7.46%。受委托办理住房公积金缴存业务的银行 6 家。

省直中心：2020 年，新开户单位 34 家，净减实缴单位 77 家；新开户职工 0.6 万人，净减实缴职工 0.15 万人；实缴单位 1080 家，实缴职工 12.44 万人，缴存额 36.43 亿元，分别同比下降 6.66%、1.25%、增长 15.32%。2020 年末，缴存总额 305.69 亿元，比上年末增加 13.53%；缴存余额 101.42 亿元，同比增长 9.09%。受委托办理住房公积金缴存业务的银行 3 家。

电力分中心：2020 年，新开户单位 2 家，净增实缴单位 1 家；新开户职工 1397 人，净减实缴职工 0.08 万人；实缴单位 102 家，实缴职工 6.66 万人，缴存额 19.61 亿元，分别同比增长 0.99%、下降 1.19%、增长 1.50%。2020 年末，缴存总额 249.31 亿元，比上年末增加 8.54%；缴存余额 71.24 亿元，同比增长 11.50%。受委托办理住房公积金缴存业务的银行 2 家。

东电管理部：2020 年，新开户单位 0 家；净增实缴单位 0 家；新开户职工 92 人，净减实缴职工 228 人，实缴单位 15 家，实缴职工 2286 人，缴存额 1.02 亿元，分别同比增长 0%、下降 9.07%、16.77%。2020 年末，缴存总额 11.35 亿元，比上年末增加 9.88%；缴存余额 4.07 亿元，同比减少 12.08%。受委托办理住房公积金缴存业务的银行 1 家。

（二）提取。2020 年，72.07 万名缴存职工提取住房公积金，提取额 234.21 亿元，同比增长 13.79%；提取额占当年缴存额的 77.05%，比上年增加 2.12 个百分点。2020 年末，提取总额 1775.69 亿元，比上年末增加 15.19%。

沈阳中心：2020 年，64.09 万名缴存职工提取住房公积金，提取额 193.39 亿元，同比增长 15.08%；提取额占当年缴存额的 78.33%，比上年增加 2.81 个百分点。2020 年末，提取总额 1386.08 亿元，比上年末增加 16.21%。

省直中心：2020 年，5.69 万名缴存职工提取住房公积金，提取额 27.98 亿元，同比增长 16.62%；提取额占当年缴存额的 76.8%，比上年增加 0.86 个百分点。2020 年末，提取总额 204.27 亿元，比上年末增加 15.87%。

电力分中心：2020 年，2.22 万名缴存职工提取住房公积金，提取额 12.26 亿元，同比下降 3.99%；提取额占当年缴存额的 62.52%，比上年减少 3.58 个百分点。2020 年末，提取总额 178.07 亿元，比上年末增加 7.39%。

东电管理部：2020 年 0.07 万名缴存职工提取住房公积金，提取额 0.58 亿元，同比下降 43%；提取额占当年缴存额的 57%，比上年减少 25.93 个百分点。2020 年末，提取总额 7.28 亿元，比上年末增加 9%。

（三）贷款。

1. 个人住房贷款。沈阳中心单缴存职工最高额度 40 万元，双缴存职工最高额度 60 万元，家庭成员三人及以上共同申请贷款的最高额度80万元；省直中心单缴存职工个人住房贷款最高额度40万元，双缴存职工个人住房贷款最高额度60万元，三缴存职工最高额度80万元；电力分中心个人住房贷款最高额度60万元；东电管理部单缴存职工最高额度60万元，双缴存职工最高额度80万元。

2020年，发放个人住房贷款3.31万笔、109.99亿元，同比分别下降15.26%、13.14%。其中，沈阳中心发放个人住房贷款2.88万笔、92.01亿元，同比分别下降15.04%、13.23%；省直中心发放个人住房贷款0.26万笔、9.74亿元，同比分别下降26.46%、24.84%；电力分中心发放个人住房贷款0.1613万笔、7.69亿元，同比分别增长5.84%、7.70%；东电管理部发放个人住房贷款82笔、0.54亿元，同比分别增长3.8%、10.20%。

2020年，回收个人住房贷款97.46亿元。其中，沈阳中心回收个人住房贷款81.94亿元，省直中心回收个人住房贷款10.02亿元，电力分中心回收个人住房贷款5.31亿元，东电管理部回收个人住房贷款0.19亿元。

2020年末，累计发放个人住房贷款64.06万笔、1585.41亿元，贷款余额781.02亿元，分别比上年末增加5.44%、7.45%、1.63%。个人住房贷款余额占缴存余额的82.43%，比上年末减少5.12个百分点。

沈阳中心：2020年末，累计发放个人住房贷款56.07万笔、1348.73亿元，贷款余额655.60亿元，分别比上年末增加5.41%、7.32%、1.56%。个人住房贷款余额占缴存余额的85.06%，比上年末减少4.95个百分点。受委托办理住房公积金个人住房贷款业务的银行5家。

省直中心：2020年末，累计发放个人住房贷款5.53万笔、159.29亿元，贷款余额83.97亿元，分别比上年末增加4.85%、6.51%、减少0.33%。个人住房贷款余额占缴存余额的82.79%，比上年末减少7.83个百分点。受委托办理住房公积金个人住房贷款业务的银行1家。

电力分中心：2020年末，累计发放个人住房贷款2.4104万笔、74.89亿元，贷款余额39.60亿元，分别比上年末增加7.17%、11.44%、6.39%。个人住房贷款余额占缴存余额的55.59%，比上年末减少2.67个百分点。受委托办理住房公积金个人住房贷款业务的银行2家。

东电管理部：2020年末，累计发放个人住房贷款478笔、2.5亿元，贷款余额1.84亿元，分别比上年末增加21%、28%、23%。个人住房贷款余额占缴存余额的45%，比上年末增加4个百分点。受委托办理住房公积金个人住房贷款业务的银行1家。

2. 异地贷款。2020年，发放异地贷款2842笔、111126.20万元。其中：沈阳中心2838笔、110966.20万元；省直中心4笔、160万元。2020年末，发放异地贷款总额626225.65万元，异地贷款余额313836.46万元。

3. 公转商贴息贷款。2020年，发放公转商贴息贷款0笔、0万元，支持职工购建住房面积0万平方米，当年贴息额0万元。2020年末，累计发放公转商贴息贷款19211笔、732703.60万元，累计贴息22044.82万元。

（四）购买国债。无。

（五）资金存储。2020年末，住房公积金存款180.99亿元。其中，活期276.16万元，1年（含）以下定期120.15亿元，1年以上定期42.46亿元，其他（协定、通知存款等）18.35亿元。

沈阳中心：2020年末，住房公积金存款126.92亿元。其中，活期90万元，1年（含）以下定期

91.25 亿元，1 年以上定期 22 亿元，其他（协定、通知存款等）13.66 亿元。

省直中心：2020 年末，住房公积金存款 18.78 亿元。其中，活期 85 万元，1 年（含）以下定期 7.6 亿元，1 年以上定期 9.71 亿元，其他（协定存款）1.46 亿元。

电力分中心：2020 年末，住房公积金存款 33.04 亿元。其中，活期 100 万元，1 年（含）以下定期 21.30 亿元，1 年以上定期 8.50 亿元，其他（协定、通知存款等）3.23 亿元。

东电管理部：2020 年末，住房公积金存款 2.25 亿元。其中，活期 1.16 万元，1 年（含）以下定期 0 亿元，1 年以上定期 2.25 亿元，其他（协定、通知存款等）0 亿元。

（六）资金运用率。 2020 年末，住房公积金个人住房贷款余额、项目贷款余额和购买国债余额的总和占缴存余额的 82.43%，比上年末减少 5.13 个百分点。其中：沈阳中心 85.06%，比上年末减少 4.95 个百分点；省直中心 82.79%，比上年末减少 7.83 个百分点；电力分中心 55.59%，比上年末减少 2.67 个百分点；东电管理部 45%，比上年末增加 4 个百分点。

三、主要财务数据

（一）业务收入。 2020 年，业务收入 312262.23 万元，同比增长 8.30%。其中，存款利息 57955.20 万元，委托贷款利息 251880.48 万元，拆借资金利息 861.03 万元（沈阳中心），其他 1565.52 万元。

沈阳中心：2020 年，业务收入 253741.62 万元，同比增长 6.81%。其中，存款利息 40092.04 万元，贷款利息 211582.77 万元，拆借资金利息 861.03 万元，其他 1205.78 万元。

省直中心：2020 年，业务收入 34102.03 万元，同比增长 8.16%。其中，存款利息 6664.47 万元，委托贷款利息 27436.32 万元，其他 1.24 万元。

电力分中心：2020 年，业务收入 23145.17 万元，同比增长 28.96%。其中，存款利息 10595.75 万元，委托贷款利息 12337.73 万元，其他 211.69 万元。

东电管理部：2020 年，业务收入 1273.41 万元，同比下降 1%。其中，存款利息 602.94 万元，委托贷款利息 523.66 万元，其他 146.81 万元。

（二）业务支出。 2020 年，业务支出 164918.37 万元，同比增长 7.45%。其中，支付职工住房公积金利息 140195.59 万元，归集手续费 6671.26 万元，贷款手续费 12129.86 万元，贴息贷款利息 4717.83 万元，拆借资金利息 861.03 万元，其他 342.80 万元。

沈阳中心：2020 年，业务支出 136676.06 万元，同比增长 6.82%。其中，支付职工住房公积金利息 114274.21 万元，归集手续费 5954.55 万元，贷款手续费 10577.35 万元，贴息贷款利息 4717.83 万元，拆借资金利息 861.03 万元，其他 291.09 万元。

省直中心：2020 年，业务支出 16606.31 万元，同比增长 9.47%。其中，支付职工住房公积金利息 14954.05 万元，归集手续费 716.64 万元，委托贷款手续费 935.62 万元，其他 0 万元。

电力分中心：2020 年，业务支出 11010.34 万元，同比增长 12.84%。其中，支付职工住房公积金利息 10374.89 万元，归集手续费 0 万元，委托贷款手续费 616.89 万元，其他 18.56 万元。

东电管理部：2020 年，业务支出 625.66 万元，同比增加 3%。，支付职工住房公积金利息 592.44 万元，归集手续费 0.07 万元，委托贷款手续费 0 万元，其他 33.15 万元。

（三）增值收益。 2020 年，增值收益 147343.86 万元，同比增长 9.27%，增值收益率 1.59%，与上年保持一致。其中，沈阳中心 117065.56 万元，同比增长 6.79%，增值收益率 1.55%，比上年减少 0.03 个百分点；省直中心 17495.72 万元，同比增长 6.95%，增值收益率 1.78%，比上年减少 0.04 个百分点；电力分中心 12134.83 万元，同比增长 48.17%，增值收益率 1.77%，比上年增加 0.45 个百分点；东电管理部 647.75 万元，同比下降 5.21%，增值收益率 2%，比上年增加 0.2 个百分点。

（四）增值收益分配。2020 年，提取贷款风险准备金 88406.32 万元，提取管理费用 11800.81 万元，提取城市廉租住房（公共租赁住房）建设补充资金 47136.74 万元。其中，沈阳中心提取贷款风险准备金 70239.34 万元，提取管理费用 10088.95 万元，提取城市廉租住房（公共租赁住房）建设补充资金 36737.28 万元；省直中心提取贷款风险准备金 10497.43 万元；提取管理费用 1542.4 万元，提取城市廉租住房（公共租赁住房）建设补充资金 5455.89 万元。电力分中心提取贷款风险准备金 7280.90 万元，提取管理费用 86.46 万元，提取城市廉租住房（公共租赁住房）建设补充资金 4767.47 万元；东电管理部提取贷款风险准备金 388.65 万元，提取管理费用 83 万元，提取城市廉租住房（公共租赁住房）建设补充资金 176.1 万元。

2020 年，上交财政管理费用 12334.89 万元。上缴财政城市廉租住房（公共租赁住房）建设补充资金 43294.24 万元。其中，沈阳中心上交财政管理费用 10792.49 万元，上缴财政城市廉租住房（公共租赁住房）建设补充资金 38135.75 万元；省直中心上交财政管理费用 1542.4 万元，上缴财政城市廉租住房（公共租赁住房）建设补充资金 5158.49 万元。

2020 年末，贷款风险准备金余额 698168.35 万元。累计提取城市廉租住房（公共租赁住房）建设补充资金 412622.04 万元。其中，沈阳中心贷款风险准备金余额 533805.23 万元。累计提取城市廉租住房（公共租赁住房）建设补充资金 326321.86 万元；省直中心贷款风险准备金余额 103202.1 万元，累计提取城市廉租住房（公共租赁住房）建设补充资金 48516.05 万元；电力分中心贷款风险准备金余额 58072.92 万元，累计提取城市廉租住房（公共租赁住房）建设补充资金 36729.99 万元；东电管理部贷款风险准备金余额 3088.1 万元，累计提取城市廉租住房（公共租赁住房）建设补充资金 1054.14 万元。

（五）管理费用支出。2020 年，管理费用支出 12059.60 万元，同比下降 11.49%。其中，人员经费 7332.89 万元，公用经费 870.52 万元，专项经费 3856.19 万元。

沈阳中心：2020 年，管理费用支出 10429.87 万元，同比下降 9.96%。其中，人员经费 6625.63 万元，公用经费 633.99 万元，专项经费 3170.25 万元。

省直中心：2020 年，管理费用支出 1336.82 万元，同比下降 6.01%。其中，人员经费 649.67 万元，公用经费 67.37 万元，专项经费 619.78 万元。

电力分中心：2020 年，管理费用支出 201.83 万元，同比下降 53.29%。其中，人员经费 57.59 万元，公用经费 144.24 万元，专项经费 0 万元。

东电管理部：2020 年，管理费用支出 91.08 万元，同比下降 51%。其中，人员经费 0 万元，公用经费 24.92 万元，专项经费 66.16 万元。

四、资产风险状况

个人住房贷款。2020 年末，个人住房贷款逾期额 1533.95 万元，逾期率 0.196‰。个人贷款风险准备金余额 698168.35 万元。2020 年，使用个人贷款风险准备金核销呆坏账 0 万元。

沈阳中心：2020年末，个人住房贷款逾期额1236.85万元，逾期率0.189‰。个人贷款风险准备金余额533805.23万元。2020年，使用个人贷款风险准备金核销呆坏账0万元。

省直中心：2020年末，个人住房贷款逾期额203.24万元，逾期率0.24‰。个人贷款风险准备金余额103202.1万元。2020年，使用个人贷款风险准备金核销呆坏账0万元。

电力分中心：2020年末，个人住房贷款逾期额93.86万元，逾期率0.24‰。个人贷款风险准备金余额58072.92万元。2020年，使用个人贷款风险准备金核销呆坏账0万元。

东电管理部：2020年末，个人住房贷款逾期额0万元，逾期率0‰。个人贷款风险准备金余额3088.10万元。2020年，使用个人贷款风险准备金核销呆坏账0万元。

五、社会经济效益

（一）缴存业务。缴存职工中，国家机关和事业单位占20.08%，国有企业占23.28%，城镇集体企业占1.11%，外商投资企业占6.96%，城镇私营企业及其他城镇企业占43.26%，民办非企业单位和社会团体占0.88%，灵活就业人员占0.04%，其他占4.39%；中、低收入占98.11%，高收入占1.89%。

新开户职工中，国家机关和事业单位占7.11%，国有企业占9.51%，城镇集体企业占0.83%，外商投资企业占5.05%，城镇私营企业及其他城镇企业占70.08%，民办非企业单位和社会团体占0.99%，灵活就业人员占0.14%，其他占6.29%；中、低收入占99.49%，高收入占0.51%。

沈阳中心：缴存职工中，国家机关和事业单位占18.44%，国有企业占18.95%，城镇集体企业占1.15%，外商投资企业占7.89%，城镇私营企业及其他城镇企业占47.81%，民办非企业单位和社会团体占0.94%，灵活就业人员占0.04%，其他占4.78%；中、低收入占98.69%，高收入占1.31%。

新开户职工中，国家机关和事业单位占6.27%，国有企业占7.64%，城镇集体企业占0.87%，外商投资企业占5.31%，城镇私营企业及其他城镇企业占72.38%，民办非企业单位和社会团体占1.00%，灵活就业人员占0.14%，其他占6.39%；中、低收入占99.66%，高收入占0.34%。

省直中心：缴存职工中，国家机关和事业单位占49.62%，国有企业占30.36%，城镇集体企业占0.77%，外商投资企业占0.26%，城镇私营企业及其他城镇企业占15.91%，民办非企业单位和社会团体占0.64%，其他占2.44%；中、低收入占93.19%，高收入占6.81%。

新开户职工中，国家机关和事业单位占27.64%，国有企业占28.47%，城镇集体企业占0.17%，外商投资企业占0.45%，城镇私营企业及其他城镇企业占36.29%，民办非企业单位和社会团体占1.25%，其他占5.73%；中、低收入占96.08%，高收入占3.92%。

电力分中心：缴存职工中，国有企业占98.89%，其他占1.11%；中、低收入占95.57%，高收入占4.43%。

新开户职工中，国有企业占100%；中、低收入占98.35%，高收入占1.65%。

东电管理部：缴存职工中，国有企业占100%；中、低收入占81.28%，高收入占18.72%。

新开户职工中，国有企业占100%；中、低收入占91.30%，高收入占8.70%。

（二）提取业务。提取金额中，购买、建造、翻建、大修自住住房占14.187%，偿还购房贷款本息占57.67%，租赁住房占3.08%，支持老旧小区改造占0.003%，离休和退休提取占19.02%，完全丧失劳动能力并与单位终止劳动关系提取占0.21%，集中封存销户占3.77%，出境定居占0.02%，其他占

2.04%。提取职工中，中、低收入占98.10%，高收入占1.90%。

沈阳中心：提取金额中，购买、建造、翻建、大修自住住房占13.987%，偿还购房贷款本息占57.21%，租赁住房占3.56%，支持老旧小区改造占0.003%，离休和退休提取占18.65%，完全丧失劳动能力并与单位终止劳动关系提取占0.01%，集中封存销户占4.56%，出境定居占0.01%，其他占2.01%。提取职工中，中、低收入占98.62%，高收入占1.38%。

省直中心：提取金额中，购买、建造、翻建、大修自住住房占13.07%，偿还购房贷款本息占65.82%，租赁住房占0.98%，离休和退休提取占16.38%，完全丧失劳动能力并与单位终止劳动关系提取占1.7%，出境定居占0.08%，其他占1.97%。提取职工中，中、低收入占84.38%，高收入占15.62%。

电力分中心：提取金额中，购买、建造、翻建、大修自住住房占19.66%，偿还购房贷款本息占46.96%，租赁住房占0.45%，离休和退休提取占30.51%，完全丧失劳动能力并与单位终止劳动关系提取占0%，出境定居占0.02%，其他占2.40%。提取职工中，中、低收入占95.35%，高收入占4.65%。

东电管理部：提取金额中，购买、建造、翻建、大修自住住房占20.76%，偿还购房贷款本息占41.52%，租赁住房占0%，离休和退休提取占25.56%，完全丧失劳动能力并与单位终止劳动关系提取占0%，出境定居占0%，其他占12.16%。提取职工中，中、低收入占76.55%，高收入占23.45%。

（三）贷款业务。2020年，支持职工购建房325.84万平方米，年末个人住房贷款市场占有率（含公转商贴息贷款）为16.24%，比上年末减少3.32个百分点。通过申请住房公积金个人住房贷款，可节约职工购房利息支出198658.13万元。

职工贷款笔数中，购房建筑面积90（含）平方米以下占40.75%，90～144（含）平方米占55.75%，144平方米以上占3.5%。购买新房占79.47%（其中购买保障性住房占0%），购买二手房占20.53%，建造、翻建、大修自住住房占0%，其他占0%。

职工贷款笔数中，单缴存职工申请贷款占56.28%，双缴存职工申请贷款占43.32%，三人及以上缴存职工共同申请贷款占0.4%。

贷款职工中，30岁（含）以下占47.82%，30岁～40岁（含）占32.88%，40岁～50岁（含）占15.28%，50岁以上占4.02%；首次申请贷款占86.29%，二次及以上申请贷款占13.71%；中、低收入占99.16%，高收入占0.84%。

沈阳中心：2020年，支持职工购建房279.17万平方米，年末个人住房贷款市场占有率（含公转商贴息贷款）为13.65%，比上年末减少3.49个百分点。通过申请住房公积金个人住房贷款，可节约职工购房利息支出162488.01万元。

职工贷款笔数中，购房建筑面积90（含）平方米以下占42.63%，90～144（含）平方米占54.80%，144平方米以上占2.57%。购买新房占80.19%（其中购买保障性住房占0%），购买二手房占19.81%，建造、翻建、大修自住住房占0%，其他占0%。

职工贷款笔数中，单缴存职工申请贷款占57.45%，双缴存职工申请贷款占42.12%，三人及以上缴存职工共同申请贷款占0.43%。

贷款职工中，30岁（含）以下占50.15%，30岁～40岁（含）占32.24%，40岁～50岁（含）占14.08%，50岁以上占3.53%；首次申请贷款占86.39%，二次及以上申请贷款占13.61%；中、低收入占 99.50%，高收入占 0.50%。

省直中心：2020 年，支持职工购建房 26.51 万平方米（含公转商贴息贷款），年末个人住房贷款市场占有率（含公转商贴息贷款）为 2.03%，比上年末减少 0.36 个百分点。通过申请住房公积金个人住房贷款，可节约职工购房利息支出 17746.3 万元。

职工贷款笔数中，购房建筑面积 90（含）平方米以下占 35.43%，90~144（含）平方米占 57.22%，144 平方米以上占 7.35%。购买新房占 70.71%（其中购买保障性住房占 %），购买二手房占 29.29%。

职工贷款笔数中，单缴存职工申请贷款占 52.52%，双缴存职工申请贷款占 47.17%，三人及以上缴存职工共同申请贷款占 0.31%。

贷款职工中，30 岁（含）以下占 29.57%，30 岁~40 岁（含）占 43.21%，40 岁~50 岁（含）占 20.34%，50 岁以上占 6.88%；首次申请贷款占 82.64%，二次及以上申请贷款占 17.36%；中、低收入占 96.52%，高收入占 3.48%。

电力分中心：2020 年，支持职工购建房 19.25 万平方米，年末个人住房贷款市场占有率（含公转商贴息贷款）为 0.82%，比上年末增加 0.12 个百分点。通过申请住房公积金个人住房贷款，可节约职工购房利息支出 18348.21 万元。

职工贷款笔数中，购房建筑面积 90（含）平方米以下占 16.68%，90~144（含）平方米占 69.62%，144 平方米以上占 13.70%。购买新房占 81.28%（其中购买保障性住房占 0%），购买二手房占 18.72%，建造、翻建、大修自住住房占 0%，其他占 0%。

职工贷款笔数中，单缴存职工申请贷款占 42.03%，双缴存职工申请贷款占 57.97%，三人及以上缴存职工共同申请贷款占 0%。

贷款职工中，30 岁（含）以下占 35.84%，30 岁~40 岁（含）占 28.33%，40 岁~50 岁（含）占 27.71%，50 岁以上占 8.12%；首次申请贷款占 89.89%，二次及以上申请贷款占 10.11%；中、低收入占 98.26%，高收入占 1.74%。

东电管理部：2020 年，支持职工购建房 0.9 万平方米，通过申请住房公积金个人住房贷款，可节约职工购房利息支出 75.61 万元。

职工贷款笔数中，购房建筑面积 90（含）平方米以下占 14.63%，90~144（含）平方米占 73.17%，144 平方米以上占 12.20%。购买新房占 64.63%（其中购买保障性住房占 0%），购买二手房占 35.37%，建造、翻建、大修自住住房占 0%，其他占 0%。

职工贷款笔数中，单缴存职工申请贷款占 41.46%，双缴存职工申请贷款占 58.54%，三人及以上缴存职工共同申请贷款占 0%。

贷款职工中，30 岁（含）以下占 35.36%，30 岁~40 岁（含）占 24.39%，40 岁~50 岁（含）占 32.93%，50 岁以上占 7.32%；首次申请贷款占 92.68%，二次及以上申请贷款占 7.32%；中、低收入占 79.27%，高收入占 20.73%。

（四）**住房贡献率**。2020 年，个人住房贷款发放额、公转商贴息贷款发放额、项目贷款发放额、住房消费提取额的总和与当年缴存额的比率为 94.41%，比上年减少 9.9 个百分点。其中：沈阳中心 95.96%，比上年减少 11.42 个百分点；省直中心 88.08%，比上年减少 13.58 个百分点；电力分中心 81.48%，比上年减少 1.8 个百分点。东电管理部 110%，比上年减少 12.76 个百分点。

六、其他重要事项

（一）应对新冠肺炎疫情阶段性支持政策及执行情况。沈阳中心：制定《关于应对新冠肺炎疫情实施住房公积金阶段性支持政策》（沈政办明电〔2020〕4号），政策执行期间，全市共有1315家单位按规定申请办理了缓缴手续，涉及缴存职工19.81万人，累计缓缴资金3.37亿元；共有289户企业申请下调住房公积金缴存比例，涉及职工13901人，减少缴存资金896万元；受新冠肺炎疫情影响的企业申请缓缴期间，不影响职工正常提取和申请住房公积金贷款，符合上述条件职工共申请住房公积金贷款344笔，金额1.10亿元；对受新冠肺炎疫情影响，不能正常偿还住房公积金贷款，不作逾期处理的贷款总笔数7343笔，应还未还贷款本金1549.76万元。

省直中心：制定《落实应对新冠肺炎疫情住房公积金阶段性支持政策的实施方案》，截至2020年6月30日，共受理并批准14家企业缓缴申请，涉及缴存职工1451人，缓缴金额共计644.74万元，不作逾期处理的贷款总笔数445笔，应还未还本金额11.65万元。

（二）当年机构及职能调整情况、受委托办理缴存贷款业务金融机构变更情况。2020年，沈阳市各中心机构及职能无变化；沈阳中心增加受委托办理住房公积金缴存业务的银行1家，受委托办理住房公积金贷款业务的银行无变化。

（三）当年住房公积金政策调整及执行情况。

1. 当年缴存基数限额及确定方法。沈阳市职工住房公积金缴存基数严格按照国务院《住房公积金管理条例》和《沈阳市住房公积金管理条例》等政策规定执行。2020年缴存基数上限为21924元（即全市城镇非私营单位在岗职工2019年平均工资的3倍）；缴存基数下限为本地区社会最低工资标准，全市四个县区缴存基数下限为1540元，其他地区为1810元。

2. 缴存比例等缴存政策调整情况。无。

3. 住房公积金提取政策变化。为进一步发挥住房公积金制度的住房保障作用，加快释放住房公积金支持住房消费，保障住房公积金缴存职工合法权益，根据《沈阳市既有住宅增设电梯试点工作方案》（沈房发〔2019〕51号）、《住房公积金提取业务标准》GB/T 51353—2019、《关于住房公积金管理若干具体问题的指导意见》（建金管〔2005〕5号）和《住房和城乡建设部、财政部、人民银行关于放宽提取住房公积金支付房租条件的通知》（建金〔2015〕19号），经沈阳住房公积金管理委员会审议通过，2020年沈阳住房公积金提取政策调整如下。

（1）沈阳中心：符合沈阳市既有住宅增设电梯范围，实际支付既有住宅增设电梯费用，且无未偿清住房公积金贷款的缴存职工及配偶，在增设电梯交费票据载明日期两年内，可以申请提取一次住房公积金。

（2）沈阳中心：调整偿还商贷提取方式、额度。职工偿还购房商业贷款提取住房公积金，提取方式由原来的"比照现金购房一次性提取"和"按年还贷提取"两种方式，调整为"按年还贷提取"一种方式；提取额度由原来的"按年还贷提取，不超过本自然年按月还款合计金额"，调整为"按年还贷提取，不超过当期还款付息额（含当期提前部分还款额，不含因逾期产生的罚息）"。

（3）沈阳市各中心、分中心：提高租赁住房提取限额。调整租赁商品住房职工申请提取住房公积金限额，职工家庭租赁商品住房提取住房公积金，以承租房屋所在地为标准：房屋坐落地址在沈阳市区的，限额由1200元/月提高至1400元/月；房屋坐落地址在4个县（区、市）的，限额由800元/月提高至950

元/月。

4. 个人住房公积金贷款政策调整及执行情况。

（1）沈阳市各中心、分中心：为落实省住房城乡建设厅《关于转发住房和城乡建设部住房公积金监管司电话会议内容的函》（辽住建公积金函〔2020〕10号）要求，依据《关于规范住房公积金个人住房贷款政策有关问题的通知》（建金〔2010〕179号）"三、第二套住房公积金个人住房贷款……贷款利率不得低于同期首套住房公积金个人住房贷款利率的1.1倍"的规定，经沈阳住房公积金管理委员会2020年第一次会议议定，从2020年4月7日起，对新办理的贷款，执行二套住房公积金贷款利率上浮10%的规定。

（2）根据沈阳市房产局等9部门联合印发《关于进一步促进我市房地产市场稳定健康发展的通知》（沈房发〔2020〕14号）第八条"严格执行个人购买首套商品住房首付比例不低于30%规定，第二套商品住房首付比例提高到50%。首付款须一次性支付，禁止分期支付和'首付贷'。"规定，我市职工购买商品房使用住房公积金贷款比例从2020年9月6日起执行该政策，政策执行以备案合同签订时间为准。

（四）当年服务改进情况。 深入贯彻落实市委、市政府打造一流国际化营商环境工作部署，锲而不舍优化住房公积金营商环境，驰而不息提升综合服务能力，主要措施：一是高标准完成全市"一网通办"百日攻坚任务；按营商环境要求，结合我市公积金管理实际，多次梳理重整政务服务事项及其对应的"一网通办"各项具体工作任务对接；二是优化办事流程，简化办事要件，实现异地个人缴存贷款信息查询、出具缴存使用证明及退休提取3项业务"跨省通办"；三是完成12329热线转接改造和微信公众号业务预约功能开发，保证疫情防控期间对外客户服务工作不间断有序开展；四是对接政务外网，提升与公安、工商、不动产中心、民政、商业银行等部门联网核查数据，实现住房公积金政务服务事项"一网通办""最多跑一次"和"一窗办理"率均达到100%；五是住房公积金网厅、手机App对接辽事通、沈阳政务服务网，避免重复注册验证，实现政务服务事项"一次认证、全网通办"；六是取消商品房不动产登记证明要件，实现"三证合一"，缩减不动产登记证明办理时间7~15个工作日，提高贷款效率。

（五）当年信息化建设情况。 进一步巩固深化"双贯标"建设成果，落实市政府一体化在线政务服务平台建设要求，以智慧型、服务型公积金系统建设为总体目标，完善省级架构、智能高效、流程科学、风险可控的公积金信息化系统体系建设。主要措施：一是完成核心业务系统、管理系统、综合服务平台、网厅、App等系统功能优化316项，解决系统BUG24项，数据卸载及处理75项，涉及交易程序204个，流程98个，保障公积金业务有序开展；二是强化运用技术手段，加强基础设施线上维护和综合业务系统巡检力度，监控综合服务平台和结算平台运行状况，保障系统平稳安全运行；三是优化单边汇缴、缓缴等交易7支，为疫情防控期间实施阶段性支持政策提供有力平台保障；四是开发出国定居提取、死亡提取、电梯提取、单位销户、抵押物解除申请等线上服务功能，为实现政务服务事项网办率100%工作目标打通"最后一公里"；五是与"沈阳政务App""辽事通App"深度融合，强化协同，推动实现更多政务服务事项"掌上办""指尖办""终端办"；六是完成网厅四期建设，主要包括提升网厅系统网络安全防控能力、提升网办率、电子签章等开发建设内容，进一步推进"互联网+政务服务"工作。

（六）当年住房公积金管理中心及职工所获荣誉情况。 2020年，沈阳中心客户服务部获得辽宁省人力资源和社会保障厅、辽宁省营商环境建设局颁发的"2018—2019年度辽宁省8890综合服务平台工作先进集体"；沈阳中心客户服务部、新民管理部获辽宁省住房和城乡建设厅和共青团辽宁省委联合授予2019—2020年度省级"青年文明号"；沈阳中心沈河管理部获得"2017—2019年度沈阳市精神文明创建工作先进单位";沈阳中心审计稽核部获"2018—2019年度辽宁省内部审计先进集体"。

(七)当年对违反《住房公积金管理条例》和相关法规行为进行行政处罚和申请人民法院强制执行情况。 2020年,沈阳中心通过法院执行个人逾期贷款17人次,回收欠款378万元。

大连市住房公积金2020年年度报告

根据国务院《住房公积金管理条例》和住房和城乡建设部、财政部、人民银行《关于健全住房公积金信息披露制度的通知》(建金〔2015〕26号)的规定,经大连市住房公积金管理委员会审议通过,现将大连市住房公积金2020年年度报告公布如下。

一、机构概况

(一)住房公积金管理委员会。 大连市住房公积金管理委员会有24名委员,2020年召开1次会议,审议通过的事项主要包括:

1. 关于调整管委会部分委员的报告;
2. 关于2019年住房公积金管理工作情况及2020年主要工作安排的报告;
3. 关于2019年房改资金财务决算的报告;
4. 关于2020年住房公积金计划编制的报告;
5. 关于披露《大连市住房公积金2019年年度报告》的报告;
6. 关于修订《大连市住房公积金异地个人住房贷款管理办法》的报告;
7. 关于修订《大连市转住房公积金贷款管理办法》的报告;
8. 关于修订《大连市住房公积金管理中心贴息贷款管理暂行办法》的报告;
9. 关于修订《大连市住房公积金联名卡管理办法》的报告。

(二)住房公积金管理中心。 大连市住房公积金管理中心为直属市政府不以营利为目的的独立的正局级事业单位,设12个机关处室和11个办事处(14个网点)。从业人员391人,其中,在编245人,非在编146人。

二、业务运行情况

(一)缴存。 2020年,新开户单位5962家,较上年减少1073家;新开户职工8.78万人,较上年减少2.29万人;实缴单位41891家,同比增长4.98%;实缴职工132.54万人,同比下降0.79%;缴存额232.02亿元,同比增长6.56%。2020年末,缴存总额2355.05亿元,较上年末增长10.93%;缴存余额691.05亿元,较上年末增长4.80%。

受委托办理住房公积金缴存业务的银行2家,较上年无变化。

(二)提取。 2020年,62.28万名缴存职工提取住房公积金;提取额200.34亿元,同比增长5.87%;提取额占当年缴存额的86.35%,较上年减少0.56个百分点。2020年末,提取总额1664.00亿元,较上年末增长 13.69%。

（三）贷款。

1. 个人住房贷款。单缴存职工个人住房贷款最高额度 40 万元，双缴存职工个人住房贷款最高额度 70 万元。

2020 年，发放个人住房贷款 2.82 万笔、101.13 亿元，同比分别下降 14.29%、13.33%。

2020 年，回收个人住房贷款 87.82 亿元。

2020 年末，累计发放个人住房贷款 52.58 万笔、1408.05 亿元，贷款余额 700.53 亿元，较上年末分别增长 5.69%、7.74%、1.94%。个人住房贷款余额占缴存余额的 101.37%，较上年末减少 2.85 个百分点。

受委托办理住房公积金个人住房贷款业务的银行 3 家，较上年无变化。

2. 异地贷款。2020 年，发放异地贷款 610 笔、24310.50 万元。2020 年末，发放异地贷款总额 174892.10 万元，异地贷款余额 137102.64 万元。

3. 公转商贴息贷款。2020 年，发放公转商贴息贷款 0 笔、0 万元，当年贴息额 0 万元。2020 年末，累计发放公转商贴息贷款 3 笔、126.00 万元，累计贴息 0.68 万元。

（四）购买国债。2020 年，购买国债 0 亿元，兑付、转让、收回国债 0 亿元。2020 年末，国债余额 0 亿元，较上年无变化。

（五）资金存储。2020 年末，住房公积金存款 0 亿元。其中，活期 0 亿元，1 年（含）以下定期 0 亿元，1 年以上定期 0 亿元，其他（协定、通知存款等）0 亿元。增值收益存款 29.82 亿元。其中，活期 150 万元，1 年（含）以下定期 0 亿元，1 年以上定期 0 亿元，协定存款 29.81 亿元。

（六）资金运用率。2020 年末，住房公积金个人住房贷款余额、项目贷款余额和购买国债余额的总和占缴存余额的 101.37%，较上年末减少 2.85 个百分点。

三、主要财务数据

（一）业务收入。2020 年，业务收入 228545.69 万元，同比增长 3.60%。其中存款利息 4510.48 万元，委托贷款利息 223927.84 万元，国债利息 0 万元，其他 107.37 万元。

（二）业务支出。2020 年，业务支出 113638.90 万元，同比增长 3.36%。其中支付职工住房公积金利息 103293.96 万元，归集手续费 57.38 万元，委托贷款手续费 5522.44 万元，其他 4765.12 万元。

（三）增值收益。2020 年，增值收益 114906.79 万元，同比增长 3.84%。增值收益率 1.69%，较上年减少 0.02 个百分点。

（四）增值收益分配。2020 年，提取贷款风险准备金 13704.08 万元，提取管理费用 10233.88 万元，提取城市廉租住房（公共租赁住房）建设补充资金 90968.83 万元。

2020 年，上交财政管理费用 10233.88 万元。上缴财政城市廉租住房（公共租赁住房）建设补充资金 87359.27 万元。

2020 年末，个人贷款风险准备金余额 229057.52 万元。累计提取城市廉租住房（公共租赁住房）建设补充资金 754895.72 万元。

（五）管理费用支出。2020 年，管理费用支出 10233.88 万元，同比下降 8.36%。其中，人员经费

8603.69 万元，公用经费 359.12 万元，专项经费 1271.07 万元。

四、资产风险状况

2020 年末，个人住房贷款逾期额 3887.38 万元，逾期率 0.555‰。个人贷款风险准备金余额 229057.52 万元。2020 年，使用个人贷款风险准备金核销呆坏账 0 万元。

五、社会经济效益

（一）缴存业务。缴存职工中，国家机关和事业单位占 15.41%，国有企业占 8.76%，城镇集体企业占 1.07%，外商投资企业占 17.07%，城镇私营企业及其他城镇企业占 46.76%，民办非企业单位和社会团体占 2.38%，灵活就业人员占 0.04%，其他占 8.51%；中、低收入占 97.91%，高收入占 2.09%。

新开户职工中，国家机关和事业单位占 6.10%，国有企业占 4.02%，城镇集体企业占 0.83%，外商投资企业占 11.80%，城镇私营企业及其他城镇企业占 60.82%，民办非企业单位和社会团体占 2.38%，灵活就业人员占 0.06%，其他占 13.99%；中、低收入占 99.56%，高收入占 0.44%。

（二）提取业务。提取金额中，购买、建造、翻建、大修自住住房占 4.66%，偿还购房贷款本息占 75.26%，租赁住房占 4.29%，支持老旧小区改造占 0%，离休和退休提取占 13.86%，完全丧失劳动能力并与单位终止劳动关系提取占 0.01%，出境定居占 0%，其他占 1.92%。

提取职工中，中、低收入占 97.37%，高收入占 2.63%。

（三）贷款业务。2020 年，支持职工购建房 249.42 万平方米，2020 年末，个人住房贷款市场占有率（含公转商贴息贷款）为 19.21%，较上年减少 1.5 个百分点。通过申请住房公积金个人住房贷款，可节约职工购房利息支出 16 亿元。

职工贷款笔数中，购房建筑面积 90（含）平方米以下占 58.65%，90～144（含）平方米占 38.29%，144 平方米以上占 3.06%。购买新房占 37.53%（其中购买保障性住房占 0%），购买二手房占 62.47%，建造、翻建、大修自住住房占 0%（其中支持老旧小区改造占 0%），其他占 0%。

职工贷款笔数中，单缴存职工申请贷款占 65.98%，双缴存职工申请贷款占 34.02%，三人及以上缴存职工共同申请贷款占 0%。

贷款职工中，30 岁（含）以下占 30.04%，30 岁～40 岁（含）占 43.82%，40 岁～50 岁（含）占 20.64%，50 岁以上占 5.50%；首次申请贷款占 85.64%，二次及以上申请贷款占 14.36%（按主借款人申请贷款次数）；中、低收入占 99.96%，高收入占 0.04%。

（四）住房贡献率。2020 年，个人住房贷款发放额、公转商贴息贷款发放额、项目贷款发放额、住房消费提取额的总和与当年缴存额的比率为 116.30%，较上年减少 11.08 个百分点。

六、其他重要事项

（一）应对新冠肺炎疫情采取的措施，落实住房公积金阶段性支持政策情况和政策实施成效。为贯彻落实党中央、国务院及省、市关于新冠肺炎疫情防控工作的决策部署，充分发挥住房公积金服务保障作用，支持缴存单位和职工解决困难、缓解压力，根据相关工作要求，2020 年 2 月 27 日，大连中心出台《关于应对新冠肺炎疫情实施住房公积金阶段性支持政策的通知》（大房金发〔2020〕9 号），2020 年 4 月

20日,大连市人民政府办公室印发《关于应对新冠肺炎疫情实施住房公积金阶段性支持政策的意见》(大政办发〔2020〕16号),对缴存企业和缴存职工在缴存、提取、贷款、执法等方面提供阶段性支持政策。

一是办理企业缓缴。全年共为我市1799家企业办理缓缴业务,累计缓缴金额5.85亿元,分别占全省的50.82%和36.68%,充分发挥了住房公积金在助力企业减负担、稳周转等方面的服务保障作用。

二是指导企业降比。全年共为我市1445个单位办理降低缴存比例,累计为企业减负7714万元,为支持企业降本增效,指导企业用好降低比例等帮扶政策提供有力支持。

三是不计逾期罚息。全年共为全市15128个因受疫情影响未能及时还款的职工家庭办理免除逾期罚息,全市累计为办理缓缴公积金的职工家庭正常办理公积金贷款521笔。

四是放宽贷款要求。放宽与住房公积金合作房地产项目关于主体封顶的要求,对规模较大的房地产开发企业申请的项目,暂调整为八层以下应完成主体工程封顶,八层以上主体工程形象进度应完成总层数的三分之二以上,即可签约办理住房公积金贷款业务。

五是构建服务型执法。贯彻刚柔相济的执法理念,将维护企业利益与职工权益有效兼顾,建立轻微违法行为包容免责制度,推行宣传引导、建议预警、轻微问题告诫、突出问题约谈等非强制性执法手段,有效预防和化解职工与企业的矛盾纠纷,全年共受理投诉举报555件,其中88.38%的案件通过行政调解得到有效处理。

(二)当年机构及职能调整情况、受委托办理缴存贷款业务金融机构变更情况。2020年6月,根据《中共大连市委关于设立和撤销部分单位党组(党委)的通知》(大委〔2020〕46号),设立中共大连市住房公积金管理中心党组,撤销中共大连市住房公积金管理中心委员会。根据《关于调整市住房公积金管理中心内设机构名称的通知》(大编办发〔2020〕38号),内设机构人事教育处(党委办公室、机关党委)更名为组织人事处(机关党委)。

2020年,大连市受托办理住房公积金缴存、贷款业务的金融机构未变更。

(三)当年住房公积金政策调整及执行情况。

1.住房公积金缴存政策调整及执行情况。

(1)住房公积金缴存基数政策变化。按照国务院《住房公积金管理条例》和《关于做好2020年大连市住房公积金缴存基数调整工作的通知》(大房金发〔2020〕40号)要求,从2020年7月1日起,职工月缴存基数上限调整为23886元;下限为市政府公布的最低工资标准,其中,中山区、西岗区、沙河口区、旅顺口区、长海县和先导区1810元;瓦房店市、普兰店区、庄河市1710元。

(2)住房公积金缴存比例政策无变化。

2.住房公积金提取政策调整及执行情况。2020年,大连市住房公积金提取政策无变化。

3.个人住房公积金贷款政策调整及执行情况。

(1)个人住房贷款条件等贷款政策调整。取消《大连市个人住房公积金贷款管理办法实施细则》(大房金管发〔2018〕5号)中原有"子女可以自己名义为已退休父母申请一次公积金贷款,且不占用子女的公积金贷款额度"的规定。

(2)当年住房公积金贷款利率。五年期以下(含五年)个人住房公积金贷款年利率为2.75%,五年期以上个人住房公积金贷款年利率为3.25%。

4.支持老旧小区改造政策落实情况。2020年,大连市未实施住房公积金支持老旧小区改造政策。

（四）当年服务改进情况。

1. 住房公积金服务"跨省通办"工作情况。认真贯彻落实"放管服"改革部署，积极推进住房公积金高频服务事项"跨省通办"，建立工作联络制度，制定实施方案和业务流程；设置"跨省通办"服务窗口，细致梳理"跨省通办"事项。截至2020年末，八项住房公积金高频服务事项全部实现"全程网办"，提前达到住房和城乡建设部要求。

2. 综合服务平台及其他网络载体建设情况。统筹整合网上服务厅、微信服务号、手机App等线上服务渠道，高标准建设住房公积金综合服务平台，并以辽宁省第一名成绩通过省住房城乡建设厅验收。全力推进"一网通办"，以"互联网+"为导向，以互联网和移动终端为主要载体，认真落实"百日攻坚"任务要求。与省、市政务服务一体化平台、辽事通、e大连对接，形成了功能完备、标准统一、办事高效的智慧化服务体系，职工群众办事更加方便。

3. 其他服务优化情况。进一步完善11个办事处（14个网点）服务厅的排号机、自助服务设备等硬件设施，大力推行"一件事一次办"、服务标准化，不断完善服务设施、规范服务礼仪，提升服务层次。单位缴存业务及个人提取、还款、贷款申请等高频业务均可线上自助办理，截至2020年末，线上渠道用户人数突破96万，占缴存职工数81%，当年线上业务占比达93%。

（五）当年信息化建设情况。

1. 推动智慧公积金建设、助力服务高品质提升。全面开展政务资源共享平台建设工作，有效活化大数据应用；完成不动产中心线上申报项目建设，进一步深化数据共享应用；持续拓展"银金互动"业务范围，开展消费贷、企业贷、商贷代扣等业务种类，畅通"互联网+公积金+银行"合作渠道，开启"银金互动"新模式。

2. 夯实信息基础建设、保障业务高质量开展。加强硬件及系统软件日常运维，保障服役系统稳定运行，提早发现应用系统存在的安全隐患；清理历史数据及离线存储，大幅节省存储资源，为下一步系统优化创造巨大空间。

3. 强抓细节措施流程、落实管理高标准要求。调整项目立项编制上报流程，规范立项整体标准；引入信息系统项目监理机制，降低价格垄断等在采购招标中的风险；建立健全综合管理制度机制，有效防范业务风险，规范数据查询使用审批，提高数据安全管控能力。

（六）当年住房公积金管理中心及职工所获荣誉情况。

1. 大连市住房公积金管理中心顺利通过中央文明委复审，保留"全国文明单位"荣誉称号；在市直机关集中选派参加疫情防控工作中表现突出予以表扬；2019年度全市安全生产和消防安全目标管理考核第一等次；2019年度两项国有资产报告编报工作通报表扬；获评"大连市第十二届职工职业道德十佳单位"。

2. 大连市住房公积金管理中心团委获评"大连市五四红旗团委"；审计处获全省内部审计先进集体；客户服务处（呼叫中心）获评"辽宁省青年文明号"；客户服务处、中山办事处获评"2020年度大连市财贸·金融系统'双优'竞赛优质服务集体"；中山办事处会计科获评"大连市青年文明号"；普兰店办事处团支部获评"大连市五四红旗团支部"和"大连市在疫情防控工作中表现突出的先进青年集体"。

3. 大连市住房公积金管理中心潘玉民获评"大连市第十二届职工职业道德先进个人"；王宇获评"大连市优秀团干部"；吴保权获评"大连市优秀团员"；丛晓春、赵琪获评"2020年度大连市财贸·金融系统'双优'竞赛优质服务个人"。

（七）当年对违反《住房公积金管理条例》和相关法规行为进行行政处罚和申请人民法院强制执行情况。2020年，申请法院强制执行案件56起，涉案金额1146万元，结案16起，执行回款约231万元。

（八）当年对住房公积金管理人员违规行为的纠正和处理情况等。无。

（九）其他需要披露的情况。无。

鞍山市住房公积金2020年年度报告

根据国务院《住房公积金管理条例》和住房和城乡建设部、财政部、人民银行《关于健全住房公积金信息披露制度的通知》（建金〔2015〕26号）的规定，经住房公积金管理委员会审议通过，现将鞍山市住房公积金2020年年度报告公布如下。

一、机构概况

（一）**住房公积金管理委员会。**住房公积金管理委员会有24名委员，2020年召开1次会议，4次书面审议，审议通过的事项主要包括：

1. 关于应对新冠肺炎疫情实施住房公积金阶段性支持政策的批复；
2. 关于对市住房公积金管理中心上报议题（2019年度报告、财务报告、2020年度归集使用计划、审计署问题整改报告）审议结果的批复；
3. 关于调整住房公积金相关政策的批复；
4. 关于批准鞍山农行全面开展住房公积金业务的批复；
5. 关于调整部分住房公积金贷款政策的批复。

（二）**住房公积金管理中心。**住房公积金管理中心为隶属于市政府不以营利为目的的自收自支的事业单位，设7个部门，2个分中心。从业人员126人，其中，在编74人，非在编52人。

二、业务运行情况

（一）**缴存。**2020年，新开户单位224家，净增单位－316家；新开户职工1.34万人，净增职工－1.10万人；实缴单位3235家，实缴职工28.40万人，缴存额42.29亿元，分别同比下降8.90%、3.73%、增长5.67%。2020年末，缴存总额500.69亿元，比上年末增加9.23%；缴存余额156.77亿元，同比增长6.02%。受委托办理住房公积金缴存业务的银行5家。

（二）**提取。**2020年，18.33万名缴存职工提取住房公积金；提取额33.37亿元，同比增长14.01%；提取额占当年缴存额的78.91%，比上年增加5.77个百分点。2020年末，提取总额343.92亿元，比上年末增加10.75%。

（三）**贷款。**

1. 个人住房贷款。单缴存职工个人住房贷款最高额度40万元，双缴存职工个人住房贷款最高额度80

万元。

2020年，发放个人住房贷款0.65万笔、24.44亿元，同比分别增长20.37%、25.53%。其中，市中心发放个人住房贷款0.52万笔、19.75亿元，分中心发放个人住房贷款0.13万笔、4.69亿元。

2020年，回收个人住房贷款11.30亿元。其中，市中心7.38亿元，分中心3.92亿元。

2020年末，累计发放个人住房贷款8.56万笔、197.60亿元，贷款余额116.76亿元，分别比上年末增加8.22%、14.11%、12.67%。个人住房贷款余额占缴存余额的74.48%，比上年末增加4.39个百分点。受委托办理住房公积金个人住房贷款业务的银行4家。

2. 异地贷款。2020年，发放异地贷款697笔、27248.00万元。2020年末，发放异地贷款总额119900.30万元，异地贷款余额91316.36万元。

（四）资金存储。2020年末，住房公积金存款41.16亿元。其中，活期0亿元，1年（含）以下定期34.82亿元，1年以上定期0亿元，其他（协定、通知存款等）6.34亿元。

（五）资金运用率。2020年末，住房公积金个人住房贷款余额、项目贷款余额和购买国债余额的总和占缴存余额的74.48%，比上年末增加4.39个百分点。

三、主要财务数据

（一）业务收入。2020年，业务收入46009.80万元，同比增长11.06%。其中，市中心29783.16万元，分中心16226.64万元；存款利息10802.23万元，委托贷款利息35202.21万元，国债利息0万元，其他5.36万元。

（二）业务支出。2020年，业务支出23735.76万元，同比增长9.39%。其中，市中心13498.67万元，分中心10237.09万元；支付职工住房公积金利息22659.13万元，归集手续费691.44万元，委托贷款手续费384.87万元，其他0.32万元。

（三）增值收益。2020年，增值收益22274.04万元，同比增长12.89%。其中，市中心16284.49万元，分中心5989.55万元；增值收益率1.44%，比上年减少0.15个百分点。

（四）增值收益分配。2020年，提取贷款风险准备金1236.89万元；提取管理费用3444.68万元，提取城市廉租住房（公共租赁住房）建设补充资金17592.47万元。

2020年，上交财政管理费用2185.30万元。上缴财政城市廉租住房（公共租赁住房）建设补充资金17023.24万元。其中，市中心上缴10610.90万元，分中心上缴鞍山钢铁集团有限公司6412.34万元。

2020年末，贷款风险准备金余额52321.81万元。累计提取城市廉租住房（公共租赁住房）建设补充资金121693.74万元。其中，市中心提取49351.96万元，分中心提取72341.78万元。

（五）管理费用支出。2020年，管理费用支出3279.14万元，同比下降18.97%。其中，人员经费1604.20万元，公用经费317.54万元，专项经费1357.40万元。

市中心管理费用支出2039.74万元，其中，人员、公用、专项经费分别为1105.85万元、72.16万元、861.73万元；分中心管理费用支出1239.40万元，其中，人员、公用、专项经费分别为498.35万元、245.38万元、495.67万元。

四、资产风险状况

个人住房贷款。2020年末，个人住房贷款逾期额969.72万元，逾期率0.83‰，其中，市中心

0.83‰，分中心 0.82‰。个人贷款风险准备金余额 52321.81 万元。2020 年，使用个人贷款风险准备金核销呆坏账 0 万元。

五、社会经济效益

（一）**缴存业务**。缴存职工中，国家机关和事业单位占 35.23%，国有企业占 41.19%，城镇集体企业占 3.82%，外商投资企业占 0.75%，城镇私营企业及其他城镇企业占 15.66%，民办非企业单位和社会团体占 1.75%，灵活就业人员占 0%，其他占 1.60%；中、低收入占 98.26%，高收入占 1.74%。

新开户职工中，国家机关和事业单位占 16.44%，国有企业占 13.89%，城镇集体企业占 3.39%，外商投资企业占 1.59%，城镇私营企业及其他城镇企业占 54.42%，民办非企业单位和社会团体占 2.29%，灵活就业人员占 0%，其他占 7.98%；中、低收入占 99.82%，高收入占 0.18%。

（二）**提取业务**。提取金额中，购买、建造、翻建、大修自住住房占 37.13%，偿还购房贷款本息占 19.49%，租赁住房占 1.45%，支持老旧小区改造占 0%，离休和退休提取占 28.66%，完全丧失劳动能力并与单位终止劳动关系提取占 0.32%，出境定居占 0%，其他占 12.95%。提取职工中，中、低收入占 97.55%，高收入占 2.45%。

（三）**贷款业务**。

个人住房贷款：2020 年，支持职工购建房 72.63 万平方米（含公转商贴息贷款），年末个人住房贷款市场占有率（含公转商贴息贷款）为 26.85%，比上年末增加 3.12 个百分点。通过申请住房公积金个人住房贷款，可节约职工购房利息支出 22804.35 万元。

职工贷款笔数中，购房建筑面积 90（含）平方米以下占 21.70%，90~144（含）平方米占 70.60%，144 平方米以上占 7.70%。购买新房占 79.94%（其中购买保障性住房占 %），购买二手房占 19.91%，建造、翻建、大修自住住房占 0%（其中支持老旧小区改造占 0%），其他占 0.15%。

职工贷款笔数中，单缴存职工申请贷款占 38%，双缴存职工申请贷款占 61.87%，三人及以上缴存职工共同申请贷款占 0.13%。

贷款职工中，30 岁（含）以下占 31.03%，30 岁~40 岁（含）占 36.33%，40 岁~50 岁（含）占 22.52%，50 岁以上占 10.12%；首次申请贷款占 86.19%，二次及以上申请贷款占 13.81%；中、低收入占 98.35%，高收入占 1.65%。

（四）**住房贡献率**。2020 年，个人住房贷款发放额、公转商贴息贷款发放额、项目贷款发放额、住房消费提取额的总和与当年缴存额的比率为 136.70%，比上年增加 14.91 个百分点。

六、其他重要事项

（一）**应对新冠肺炎疫情采取的措施，落实住房公积金阶段性支持政策情况和政策实施成效**。鞍山市住房公积金管理中心在上级部门的正确领导下，积极应对疫情带来的不利影响，对受疫情影响的单位和职工给予阶段性政策支持，结合鞍山实际，对住房公积金的相关政策作阶段性调整。一是为应对新型冠状病毒感染的肺炎疫情，有效减少人员聚集，避免交叉感染，提倡各缴存单位或职工通过鞍山市住房公积金管理中心网站、网上服务大厅、微信公众号、"手机公积金"App、支付宝、热线电话 12329 等在线平台进行咨询与查询。二是受疫情影响，为减轻企业负担，保障职工权益，企业无法按时足额缴存住房公积金的，经企业职工代表大会或工会讨论通过后，可在 6 月 30 日前申请降低缴存比例和缓缴住房公积金。缓缴期间缴存时间连续计算，不影响职工正常提取和申请住房公积金贷款。同时，为有效减少人员密集，减少企业往返次数和滞留时间，实行"无接触"式办公，通过手机微信解答住房公积金降比和缓缴业务的疑难问题。压减办理要件，缩短办事流程，有效地提高办事效率。在疫情期间，共为 51 家企业 3047 名职工办理公积金缓缴，累计缓缴金额约为 826 万元。另外，2020 年，共为 25 家企业 2999 名职工办理公积金降比，累计为企业减负 362.94 万元。三是为缓解无房职工的租房压力，租房职工可在 2020 年 6 月 30 日前申请提高 2020 年 2 月至 6 月租房提取额度，每月可提高 200 元。疫情防控期间，共为 756 名租房职工提高提取额度，累计提高租房提取额 58.34 万元。有效加强服务保障，统筹做好线上线下业务办理工作，特殊时期按照特事特办、急事急办原则，简化办事流程，建立提醒通知机制，提供服务热线、预约服务等模式，提高业务办理效率。

（二）当年机构及职能调整情况、受委托办理缴存贷款业务金融机构变更情况。当年机构及职能无调整，经住房公积金管理委员会审议通过批准鞍山农行全面开展住房公积金业务。

（三）当年住房公积金政策调整及执行情况，包括当年缴存基数限额及确定方法、缴存比例等缴存政策调整情况；当年提取政策调整情况；当年个人住房贷款最高贷款额度、贷款条件等贷款政策调整情况；当年住房公积金存贷款利率执行标准等；支持老旧小区改造政策落实情况。

1. 缴存基数限额及确定方法、缴存比例等缴存政策调整情况

根据国务院《住房公积金管理条例》《鞍山市住房公积金缴存管理办法》等相关规定，对我市住房公积金缴存基数、缴存额度进行调整。

一是住房公积金缴存基数调整有关要求。缴存单位每年应根据职工上一年度月平均工资的实际变动情况，调整一次住房公积金月缴存基数，调整后的月缴存基数在一个缴存年度内保持不变。职工工资额的计算口径按国家统计局《关于工资总额组成的规定》执行。

二是住房公积金缴存基数上限。根据《鞍山市住房公积金缴存管理办法》等相关规定，住房公积金的月缴存基数不得高于上一年度在岗职工月平均工资的 3 倍。2019 年鞍山城镇非私营在岗职工年平均工资为 60962 元，按照月平均工资 5080 元 3 倍计算，2020 年度住房公积金缴存基数上限为 15240 元，月缴存额最高不超过 3656 元。

三是住房公积金缴存基数下限。职工住房公积金缴存基数下限不得低于我市劳动保障部门规定的上一年度月最低工资标准：铁东区、铁西区、立山区、千山区、鞍山高新技术产业开发区、鞍山经济开发区、千山风景名胜区为 1610 元，海城市、台安县、岫岩县为 1480 元。

四是住房公积金缴存比例。单位和职工的住房公积金缴存比例不得低于职工月平均工资的 5%，不得高于职工月平均工资的 12%。

2. 提取政策调整情况

一是为贯彻落实审计署《审计署关于辽宁省住房公积金和住房专项维修资金的审计决定》和省住房城乡建设厅《关于审计署对我省住房公积金审计发现问题的整改方案》的指示精神和工作要求，规范公积金提取范围，及时整改，拟取消特殊情形提取住房公积金的相关政策。①取消患重大疾病的职工本人或家庭成员患重大疾病的提取；②取消困难职工子女上大学的提取。二是落实《住房和城乡建设部 财政部 人民银行 公安部关于开展治理违规提取住房公积金工作的通知》（建金〔2018〕46 号）相关政策，缴存职

工与单位解除或终止劳动关系的,先办理个人账户封存。账户封存期间,在异地开立住房公积金账户并稳定缴存半年以上的,办理异地转移接续手续。未在异地继续缴存的,封存满半年后可提取。

3. 贷款政策调整情况

① 职工住房公积金贷款二套房贷款利率调整。认真贯彻落实住房和城乡建设部《关于规范住房公积金个人住房贷款政策有关问题的通知》(建金〔2010〕179号)文件精神,严格按照二套住房贷款利率上浮10%(1.1倍)的规定执行,并于2020年5月1日正式实施。

② 经鞍山市住房公积金管理委员会审议通过,于12月1日起执行个人住房公积金贷款的最高上限额80万元,增加双职工(夫妻双方)缴存住房公积金商品房贷款的最高上限为80万元,二手房贷款最高上限为70万元;单职工缴存住房公积金商品房、二手房贷款的最高上限为40万元和职工连续缴存住房公积金6个月以上可以公积金贷款购房;二次使用公积金贷款一手房、二手房首付款均提高10%的贷款政策。

③ 住房公积金存贷款利率按照国家统一规定执行五年及以下2.75%,五年以上3.25%的标准计算。

(四)当年服务改进情况,包括推进住房公积金服务"跨省通办"工作情况,服务网点、服务设施、服务手段、综合服务平台建设和其他网络载体建设服务情况等。 强化窗口服务管理,提升服务水平,不断加强对外服务窗口的建设力度,实行窗口服务综合柜员制,落实"一窗综合受理、后台并联审批工作机制",通过优化工作流程、培训提升技能等方式,真正实现窗口服务"一窗全能";在加强窗口服务管理的同时,制定工作岗位规范、接待礼仪规范、廉洁自律制度、窗口工作标准等服务制度,实行挂牌上岗、服务承诺、责任追究等服务要求,全力打造规范、高效、便捷的窗口服务模式,不断提高住房公积金综合服务水平。

(五)当年信息化建设情况,包括信息系统升级改造情况,基础数据标准贯彻落实和结算应用系统接入情况等。

1. 按照省、市政府相关部门要求,积极协调软件公司将中心核心业务操作系统接入省政务服务网及"好差评"系统,开发、完善了"辽事通"App功能,并于2020年12月25日通过验收完成上线工作。

2. 按照《国务院办公厅关于加快推进政务服务"跨省通办"的指导意见》及住房和城乡建设部、省住房城乡建设厅要求时限,鞍山市住房公积金管理中心于2020年12月末前,完成对接"跨省通办"公积金监管平台使用业务在鞍山市落地实施,在持续深化完善"全程网办"的基础上,建立了跨省通办联络制度,在办事大厅、网点均设立"跨省通办"服务窗口,提供10台公用计算机为客户使用带来便捷,安排专业人员进行引导服务。建设公积金网上办事大厅,为企业和个人提供便捷,截至2021年2月底已为1000多家企事业单位开通网上办公权限。

(六)当年住房公积金管理中心及职工所获荣誉情况,包括:文明单位(行业、窗口)、青年文明号、工人先锋号、五一劳动奖章(劳动模范)、三八红旗手(巾帼文明岗)、先进集体和个人等。 鞍山市住房公积金管理中心城区综合办事大厅荣获省住房城乡建设系统"2019—2020年度省级青年文明号"称号。

抚顺市住房公积金2020年年度报告

根据国务院《住房公积金管理条例》和住房和城乡建设部、财政部、人民银行《关于健全住房公积金

信息披露制度的通知》(建金〔2015〕26号)的规定,经住房公积金管理委员会审议通过,现将抚顺市住房公积金2020年年度报告公布如下。

一、机构概况

(一)住房公积金管理委员会。住房公积金管理委员会有25名委员,2020年受疫情影响,没有组织召开集体会议,议题通过线上表决、线下征求意见方式,审议通过的事项主要包括:

《抚顺市个体工商户、自由职业者及进城务工人员建立住房公积金制度的暂行规定》《抚顺市住房公积金行政处罚裁量管理办法(试行)》《抚顺市住房公积金行政执法暂行办法》《抚顺市住房公积金2019年年度报告》《关于〈抚顺市个体工商户、自由职业者及进城务工人员建立住房公积金制度的暂行规定〉的备案报告》《关于〈抚顺市住房公积金行政处罚裁量管理办法(试行)〉的备案报告》《关于〈抚顺市住房公积金行政执法暂行办法〉的备案报告》。

(二)住房公积金管理中心。住房公积金管理中心为市政府直属不以营利为目的的事业单位,设5个管理部,5个分支中心(办事处)。从业人员116人,其中:在编34人,非在编82人。

二、业务运行情况

(一)缴存。2020年,新开户单位159家,净增单位-40家;新开户职工0.70万人,净增职工-0.27万人;实缴单位2029家,实缴职工17.47万人,缴存额27.62亿元,分别同比下降20%、28%、6.58%。2020年末,缴存总额302.75亿元,比上年末增加10.04%;缴存余额101.35亿元,同比增长5.17%。受委托办理住房公积金缴存业务的银行7家。

(二)提取。2020年,7.33万名缴存职工提取住房公积金;提取额22.65亿元,同比增长7.09%;提取额占当年缴存额的82.01%,比上年增加1.35个百分点。2020年末,提取总额201.40亿元,比上年末增加12.67%。

(三)贷款。

1. 个人住房贷款。个人住房贷款最高额度80万元(个人住房贷款最高额度政策不按单缴存职工和双缴存职工区分的城市填写)。单缴存职工个人住房贷款最高额度80万元,双缴存职工个人住房贷款最高额度80万元。

2020年,发放个人住房贷款0.40万笔、13.10亿元,同比分别下降2.44%、增长4.14%。

2020年,回收个人住房贷款10.15亿元。

2020年末,累计发放个人住房贷款7.29万笔、170.14亿元,贷款余额81.04亿元,分别比上年末增加5.96%、8.34%、3.78%。个人住房贷款余额占缴存余额的79.96%,比上年末减少1.07个百分点。受委托办理住房公积金个人住房贷款业务的银行3家。

2. 异地贷款。2020年,发放异地贷款316笔、9485.40万元。2020年末,发放异地贷款总额63592.70万元,异地贷款余额46831.20万元。

(四)资金存储。2020年末,住房公积金存款21.45亿元。其中,活期0.76亿元,1年(含)以下定期8.09亿元,1年以上定期10.48亿元,其他(协定、通知存款等)2.12亿元。

(五)资金运用率。2020年末,住房公积金个人住房贷款余额、项目贷款余额和购买国债余额的总和占缴存余额的79.96%，比上年末减少1.07个百分点。

三、主要财务数据

（一）**业务收入**。2020年，业务收入33201.04万元，同比增8.55%。存款利息7747.10万元，委托贷款利息25448.23万元，国债利息0万元，其他5.71万元。

（二）**业务支出**。2020年，业务支出16107.01万元，同比增长3.98%。支付职工住房公积金利息15126.82万元，归集手续费654.96万元，委托贷款手续费151.92万元，其他173.31万元。

（三）**增值收益**。2020年，增值收益17094.03万元，同比增长13.25%。增值收益率1.72%，比上年增加0.11个百分点。

（四）**增值收益分配**。2020年，提取贷款风险准备金294.43万元，提取管理费用1702.95万元，提取城市廉租住房（公共租赁住房）建设补充资金15096.65万元。

2020年，上交财政管理费用1702.95万元。上缴财政城市廉租住房（公共租赁住房）建设补充资金13164.61万元。

2020年末，贷款风险准备金余额35868.75万元。累计提取城市廉租住房（公共租赁住房）建设补充资金110075.35万元。

（五）**管理费用支出**。2020年，管理费用支出1521.93万元，同比下降13.91%。其中，人员经费514.23万元，公用经费415.6万元，专项经费592.1万元。

四、资产风险状况

个人住房贷款。2020年末，个人住房贷款逾期额0万元，逾期率0‰，个人贷款风险准备金余额35868.75万元。2020年，使用个人贷款风险准备金核销呆坏账0万元。

五、社会经济效益

（一）**缴存业务**。缴存职工中，国家机关和事业单位占32.81%，国有企业占50.20%，城镇集体企业占2.95%，外商投资企业占1.23%，城镇私营企业及其他城镇企业占7.57%，民办非企业单位和社会团体占0.43%，灵活就业人员占0%，其他占4.81%；中、低收入占99.03%，高收入占0.97%。

新开户职工中，国家机关和事业单位占14.61%，国有企业占29.36%，城镇集体企业占0.36%，外商投资企业占2.92%，城镇私营企业及其他城镇企业占32.99%，民办非企业单位和社会团体占1.30%，灵活就业人员占0%，其他占18.46%；中、低收入占99.60%，高收入占0.40%。

（二）**提取业务**。提取金额中，购买、建造、翻建、大修自住住房占10.77%，偿还购房贷款本息占39.85%，租赁住房占0.70%，支持老旧小区改造占0%，离休和退休提取占28.61%，完全丧失劳动能力并与单位终止劳动关系提取占2.27%，出境定居占0%，其他占17.80%。提取职工中，中、低收入占98.27%，高收入占1.73%。

（三）**贷款业务**。

个人住房贷款：2020年，支持职工购建房42.76万平方米（含公转商贴息贷款），年末个人住房贷款市场占有率（含公转商贴息贷款）为36.91%，比上年末减少11.26个百分点。通过申请住房公积金个人住房贷款，可节约职工购房利息支出 1833.54 万元。

职工贷款笔数中，购房建筑面积 90（含）平方米以下占 27.11%，90～144（含）平方米占 69.21%，144 平方米以上占 3.68%。购买新房占 65.23%（其中购买保障性住房占 0），购买二手房占 34.77%，建造、翻建、大修自住住房占 0（其中支持老旧小区改造占 0），其他占 0。

职工贷款笔数中，单缴存职工申请贷款占 36.03%，双缴存职工申请贷款占 63.97%，三人及以上缴存职工共同申请贷款占 0%。

贷款职工中，30 岁（含）以下占 16.21%，30 岁～40 岁（含）占 42.48%，40 岁～50 岁（含）占 25.62%，50 岁以上占 15.69%；首次申请贷款占 85.42%，二次及以上申请贷款占 14.58%；中、低收入占 99.23%，高收入占 0.77%。

（四）住房贡献率。2020 年，个人住房贷款发放额、公转商贴息贷款发放额、项目贷款发放额、住房消费提取额的总和与当年缴存额的比率为 102.68%，比上年增加 1 个百分点。

六、其他重要事项

（一）应对新冠肺炎疫情采取的措施，落实住房公积金阶段性支持政策情况和政策实施成效。受新冠肺炎疫情影响的企业，可按规定申请在 2020 年 6 月 30 日前缓缴住房公积金，适度加大困难职工租赁住房提取支持政策，企业在 2020 年 6 月底前经中心批准可缓缴公积金的，视同正常缴存，企业职工可正常申请办理住房公积金贷款，在此期间职工因受疫情影响未能正常偿还公积金贷款的，不作逾期处理；受疫情影响缓缴单位共 14 家，降比例缴存单位 11 家，受疫情影响不作逾期处理的贷款仍未正常还款的总笔数 944 笔，受疫情影响不作逾期处理的贷款仍未正常还款的贷款余额总计 21049.77 万元，受疫情影响不作逾期处理的贷款仍未正常还款的应还未还本金金额合计 113.20 万元。

（二）当年机构及职能调整情况、受委托办理缴存贷款业务金融机构变更情况。当年机构及职能无调整，受委托办理缴存贷款业务金融机构与上年相同。

（三）当年住房公积金政策调整及执行情况。

1. 当年缴存基数限额及确定方法、缴存比例调整情况。2020 年住房公积金年度（2020 年 7 月 1 日至 2021 年 6 月 30 日）单位和职工住房公积金缴存比例不变，仍为各 12%。住房公积金缴存比例最低不得低于 5%；2020 年住房公积金年度的缴存基数为 2019 年职工月平均工资。2020 年度住房公积金缴存基数上限为 2019 年抚顺市职工月均工资的 300%，即 16671 元。职工住房公积金月缴存基数不得低于抚顺市人力资源和社会保障局公布的抚顺市最低工资标准。即市（区）（含沈抚新城）每月最低工资标准为 1610 元；抚顺县、清原满族自治县、新宾满族自治县，每月最低工资标准为 1480 元。

2. 当年个人住房贷款最高贷款额度、贷款条件等。借款人首次购买新建商品住房，贷款额度不得超过 80 万元。购买 90 平方米及以下贷款比例不得超过 80%；购买 90 平方米以上贷款比例不得超过 70%；购买二手住房或拍卖住房的，贷款额度不得超过 40 万元。贷款比例不得超过 60%。再次申请公积金贷款，购买商品住房的贷款比例不得超过 70%；购买二手住房或拍卖住房的，贷款比例不得超过 50%。

3. 贷款政策调整情况。①借款人已还清首次公积金贷款且公积金账户内留有 6 个月及以上余额的，可再次申请公积金贷款；②期房贷款实行阶段性担保。期房贷款担保期间，由担保公司承担全部代偿及清偿责任。期房转为现房后,取消贷款担保。

4. 当年住房公积金存贷款利率执行标准。按照中国人民银行、住房和城乡建设部、财政部印发《关于完善职工住房公积金账户存款利率形成机制的通知》(银发〔2016〕43号),自2016年2月21日起,职工住房公积金账户存款利率统一按一年期定期存款基准利率执行;按照中国人民银行的规定确定贷款利率,五年及以下2.75%,五年以上3.25%。

（四）当年服务改进情况。深入贯彻落实习近平总书记关于进一步纠正"四风"、加强作风建设的重要批示精神,按照省住房城乡建设厅《关于完善住房公积金便民服务的通知》在中心开展窗口便民服务专项整治行动,取得了一定成效,窗口服务质量明显提高。

改进"办事难"情况。一是减少各项审批要件,依据"五个凡是,一律取消"的原则,梳理出拟取消和保留的证明目录,向社会公布。二是减少审批步骤,在日常业务办理过程中不断梳理审批环节,减少不必要的环节,提高办事效率。三是压缩审批时间,强化贷款办理部门与相关部门之间的工作配合,强化各工作环节的衔接。四是完善服务渠道,综合服务平台于2019年10月8日上线运行,并相继开通运行门户网站、网上办事大厅、自助查询终端、12329服务热线、手机短信、公积金App、官方微信、官方微博等服务渠道。达到了国家对综合服务平台验收的标准,并且顺利通过国家对中心的综合服务平台的验收。达到了国家的验收标准后,我们并不满足于现状,根据我市实际情况,尽全力增添线上业务办理渠道、完善线上业务办理模式,最终的目标是实现住房公积金业务办理"最多跑一次"到"一次不用跑""不见面审批""零材料"的方式。中心成立客户服务中心,标准知识库无法回答的问题,通过人工语音全面解答疑难问题,服务得到社会的认可,取得很好的社会效益。截至目前,综合服务平台渠道访问量总计1393113次,其中App访问量为131039次,微信访问量214078次,网厅访问量199635次,自助终端访问量39700次,支付宝访问量793095次,辽事通12884次。信息推送量2410712条,全部为12329短信。渠道注册人数新增67807人。栏目内容更新量175条。12329服务热线人工坐席来电总量8825次,接通率97.97%;放弃电话量83次,呼损率0.94%;自助语音服务访问量2682次。在线服务用户满意度95.87%。五是推进信息共享,已完成与人民银行、民政部门信息共享的基础上,逐渐实现与其他部门的信息共享。六是强化服务反馈,全面开通12329热线服务,在工作日工作时间提供人工咨询和受理投诉业务,定期汇总职工满意度情况,将满意度调查结果纳入年度考核。七是加强对"办事难"先进典型的宣传,在抚顺日报、中心网站宣传中心的工作业绩和相关事迹,激发广大干部见贤思齐、奋发有为、在工作中形成鼓励担当作为、崇上苦干实干的良好氛围。公开"咋办事"信息。一方面中心在服务大厅、各业务部明显位置设置各种业务办理流程、审批层级等要素,并在服务大厅LED显示屏滚动播放杜绝"奇葩证明"。另一方面在中心网站进行了三公开,持续推进"双随机、一公开",切实解决了事中事后监管方式单一、部门协调配合不足、监管不到位等问题。中心办理业务及新开户企业办理业务期间不收取任务费用,无特殊限制、门槛高等情况发生。开展"会办事"培训。开展窗口工作人员文明礼仪及仪容仪表的培训,树立"实好干"的工作理念,把学雷锋融入"党建＋重强抓""党建＋营商环境建设"实践之中,把学雷锋活动与当前的工作联系起来,结合起来。一是建立了志愿服务队。中心各业务部成立服务队10个,立足于"奉献爱心,真情服务",每年利用5·15政务服务日,组织中心雷锋志愿者到社区、企业下发宣传单宣传公积金政策,开展形式多样的志愿服务活动,力所能及地回应基层和群众的关切和需要,帮助基层群众特别是困难群众解决生活中遇到的困难和问题,服务人次近千人,在弘扬雷锋精神中践行党的宗旨。

二是开展了"柜台前移"。"柜台前移"是中心志愿者服务的一项新举措,针对企业伤残、重大疾病职工,有许多卧床不起的情况,中心本着中心"以人为本"的服务理念,结合实际情况进行的上门服务,协调银行工作人员现场办卡,保证了职工在家中甚至床前将支取业务办理成功。该项工作落实以来,得到了广泛好评,收获了诸多感动,为中心树立了正面良好的形象。

(五)当年信息化建设情况。中心基础运维工作情况:在年初疫情未稳定的时期积极完成了存储阵列和光纤交换机、等保三级评测、系统软硬件维护、人脸识别系统改造、系统新增需求改造、基础系统运维等项目的招投标工作。5月,完成12329公积金热线人工服务升级改造,使原来的单一电话接听,变成客服中心,真正实现即时语音服务的成效;对中心公积金信息系统贷款担保流程整改进行了需求分析调研和详细设计;6月,完成公积金查询业务与"辽事通"对接文档的确定;7月,开设新抚业务部贷款业务,配置设备参数及系统调试,调试建行利旧设备,完成组网调试等;8月,为应对疫情的突然变化和后疫情的管理,加快了对网上预约系统的前期建设工作;对个贷部门提出的多项贷款细则修改,进行需求分析调研和详细设计,并初步完成系统设计规划方案;对计划实施的人脸识别系统项目进行需求分析、详细设计,并完成系统设计;对新购置的存储阵列及光纤交换机进行系统集成部署,并完成调试,极大地缓解了由于中心业务增长过快,带来的存储空间不足的问题;按照《辽宁省住房和城乡建设厅关于组建住建领域云视频会议系统的通知》组建中心云视频会议系统,并且调试安装完成;9月,对网上预约系统进行测试工作;对人脸识别系统项目进行上线试运行;增加移动审批多项业务流程,丰富审批功能;按照省市营商环境建设的要求,打造抚顺营商环境建设,中心领导高度重视,在中心领导的带领下,积极配合市营商局,全力部署各项政务服务一体化平台接入任务的进度,对各项需求进行了非常细致的需求调研,中心在规定时间节点内完成了政务服务一体化平台接入任务中的统一身份认证和事项库数据上报系统对接工作,并且数据质量一次性规则检查通过;10月,为解决中心外网路由器内存使用率过高的问题,使用新的路由集成方案,对中心新采购的路由器应用配置,重新组网;开展2020年的等级保护评测工作,对中心的信息安全进行全面的评测;同时进行了2020年关键基础数据安全演练工作。中心"一网通办"工作情况:为贯彻落实习总书记视察东北老工业基地讲话精神,按照省委、省政府关于深化"放管服"改革要求,提高审批效率的工作部署,进一步转变政府职能,优化营商环境,响应市政府的号召,中心为抚顺市优化营商环境建设做出了很多努力。为了方便百姓在互联网端做不见面业务,中心尽最大可能地把柜台业务提到互联网上操作,有效地实现"互联网+公积金"的模式,极大地满足了公众的多渠道办理需求,并且随着中心在"数据共享"方面不断取得进展的同时,也在不断地丰富互联网业务办理事项的数量。为响应营商环境建设,中心实现了一网通办的多项对接工作,在自建系统中率先完成了自建系统与政务服务平台统一身份认证对接,在各个业务部开设引导专区,引导客户通过统一身份认证平台自助办理业务;按照省住房城乡建设厅下发的统一事项库事项标准,根据中心的实际业务情况,认领了全部35个事项,并且为适应省营商局对质检规则的随时变化,事项数据对接传送程序随时进行系统升级和更改;"好差评"系统开发完成,于12月13日向生产环境部署完成,12月14日已经将好差评评价器下发和安装调试完成,并且针对上报事项产生了合格的带评价的上报数据,形成了符合标准的业务评价数据;于11月30日完成了省住房城乡建设厅下达的打造营商环境建设的任务,完成了对省厅市场监督管理局等七部门数据共享开户双向接口的开发,使企业在工商局开户时,一站式办理成功,把中心开户数据同其他七部门共享共办,极大地方便了企业注册开办过程;完成了市级大数据共享平台中心数据共享任务,中心率先将数据按照市大数据应用中心的标准实时共享,为市级数据共享平台建设打了先锋;完成了住房和城乡建设部及省住房城乡建设厅要求的"跨省通办"事项的建设工作,开设了专门的服务窗口,为客户代收代办服务,让数据多走路,群众少跑腿儿;省政务服务一体化平台融合,与"辽事通"App对接11项事项,丰富省"辽事通"App事项,在App上直接办理业务事项,业务深度向先进城市中心看齐;为防控疫情,减少人员的聚集,方便群众,完成了网上预约系统的开发工作,并完成部署使用,系统可以精准地按照小时来预约业务,给客户带来极大的方便,减小了聚集防控的危险。

为了更加方便快捷地提高用户的使用体验,降低资金安全风险和金融风险,中心完成系统刷脸生物认证功能,方便快捷,符合了信息化安全发展的要求。

(六)当年住房公积金管理中心及职工所获荣誉情况。 2020年,新抚办事处荣获嘉奖,被共青团辽宁省委员会和辽宁省住房和城乡建设厅授予"2019—2020年度青年文明号"光荣称号,被共青团抚顺市委员会授予"2019—2020年度青年文明号"光荣称号。

本溪市住房公积金2020年年度报告

根据国务院《住房公积金管理条例》和住房和城乡建设部、财政部、人民银行《关于健全住房公积金信息披露制度的通知》(建金〔2015〕26号)的规定,经住房公积金管理委员会审议通过,现将本溪市住房公积金2020年年度报告公布如下。

一、机构概况

(一)住房公积金管理委员会。 住房公积金管理委员会有15名委员,2020年召开1次会议,审议通过的事项主要包括:1.关于2019年度住房公积金执行情况和2020年度运作计划的批复;2.本溪市住房公积金2019年度报告。

(二)住房公积金管理中心。 住房公积金管理中心为本溪市政府直属正县级不以营利为目的的事业单位,设6个处(科),3个管理部,1个分中心。从业人员52人,其中,在编52人(其中:市中心44人,本钢分中心8人)。

二、业务运行情况

(一)缴存。 2020年,新开户单位219家,净增单位151家;新开户职工0.66万人,净增职工-0.34万人;实缴单位2055家,实缴职工16.98万人,缴存额21.33亿元,分别同比增长-2.97%、-3.03%、-3.66%。2020年末,缴存总额230.09亿元,比上年末增加10.22%;缴存余额83.5亿元,同比增长10.29%。受委托办理住房公积金缴存业务的银行5家。

(二)提取。 2020年,4.85万名缴存职工提取住房公积金;提取额13.54亿元,同比增长10.17%;提取额占当年缴存额的63.48%,比上年增加7.97个百分点。2020年末,提取总额146.59亿元,比上年末增加10.18%。

（三）贷款。

1. 个人住房贷款。个人住房贷款最高额度 80 万元，单缴存职工个人和双缴存职工个人住房贷款最高额度都是 80 万元。

2020 年，发放个人住房贷款 0.28 万笔、8.75 亿元，同比分别增长－9.68％、3.67％。其中，市中心发放个人住房贷款 0.19 万笔、6.47 亿元，本钢分中心发放个人住房贷款 0.09 万笔、2.28 亿元。

2020 年，回收个人住房贷款 6.21 亿元。其中，市中心 4.51 亿元，本钢分中心 1.7 亿元。

2020 年末，累计发放个人住房贷款 4.66 万笔、97.92 亿元，贷款余额 55.45 亿元，分别比上年末增加 6.15％、9.81％、4.8％。个人住房贷款余额占缴存余额的 66.41％，比上年末减少 2.14 个百分点。受委托办理住房公积金个人住房贷款业务的银行 3 家。

2. 异地贷款。2020 年，发放异地贷款 217 笔、7481 万元。2020 年末，发放异地贷款总额 51222.6 万元，异地贷款余额 35464.45 万元。

（四）购买国债。 2020 年，购买（记账式、凭证式）国债 0 亿元，（兑付、转让、收回）国债 0 亿元。2020 年末，国债余额 0 亿元。

（五）资金存储。 2020 年末，住房公积金存款 24.43 亿元。其中，活期 3.58 亿元，1 年（含）以下定期 13.5 亿元，1 年以上定期 7.35 亿元。

（六）资金运用率。 2020 年末，住房公积金个人住房贷款余额、项目贷款余额和购买国债余额的总和占缴存余额的 66.41％，比上年末减少 2.14 个百分点。

三、主要财务数据

（一）业务收入。 2020 年，业务收入 24063.78 万元，同比增长 22.14％。其中，市中心 13729.94 万元，本钢分中心 10333.84 万元；存款利息 6564.58 万元，委托贷款利息 17451.88 万元，国债利息 0 万元，其他 47.32 万元。

（二）业务支出。 2020 年，业务支出 11409.55 万元，同比增长 274.14％。其中，市中心 6072.64 万元，本钢分中心 5336.91 万元；支付职工住房公积金利息 10588.75 万元，归集手续费万元，委托贷款手续费 416.72 万元，其他 404.08 万元。

（三）增值收益。 2020 年，增值收益 12654.23 万元，同比下降 24％。其中，市中心 7657.3 万元，本钢分中心 4996.93 万元；增值收益率 1.49％，比上年减少 0.67 个百分点。

（四）增值收益分配。 2020 年，提取贷款风险准备金 7592.54 万元；提取管理费用 1855.68 万元，提取城市廉租住房（公共租赁住房）建设补充资金 3206.01 万元。

2020 年，市中心上交财政管理费用 1000 万元。上缴财政城市廉租住房（公共租赁住房）建设补充资金 117.64 万元。

2020 年末，贷款风险准备金余额 67715.77 万元。累计提取城市廉租住房（公共租赁住房）建设补充资金 28761.95 万元。其中，市中心提取 13131.35 万元，本钢分中心提取 15630.6 万元。

（五）管理费用支出。 2020 年，管理费用支出 2017.2 万元，同比增长 17.92％。其中，人员经费 857.53 万元，公用经费 634.65 万元，专项经费 525.02 万元。

市中心管理费用支出 988.2 万元，其中，人员、公用、专项经费分别为 512.53 万元、215.65 万元、

260.02 万元；本钢分中心管理费用支出 1029 万元，其中，人员、公用、专项经费分别为 345 万元、419 万元、265 万元。

四、资产风险状况

个人住房贷款。2020 年末，个人住房贷款逾期额 1788.18 万元，逾期率 3.23‰，其中，市中心 4.08‰，本钢分中心 0.99‰。个人贷款风险准备金余额 67715.77 万元。2020 年，使用个人贷款风险准备金核销呆坏账 0 万元。

五、社会经济效益

（一）**缴存业务**。缴存职工中，国家机关和事业单位占 28.22%，国有企业占 51.25%，城镇集体企业占 0.19%，外商投资企业占 0.78%，城镇私营企业及其他城镇企业占 2.39%，民办非企业单位和社会团体占 0.22%，其他占 16.95%；中、低收入占 98.39%，高收入占 1.61%。

新开户职工中，国家机关和事业单位占 14.44%，国有企业占 7.2%，城镇集体企业占 0.46%，外商投资企业占 0.78%，城镇私营企业及其他城镇企业占 9.51%，民办非企业单位和社会团体占 0.96%，其他占 66.65%；中、低收入占 100%。

（二）**提取业务**。提取金额中，购买、建造、翻建、大修自住住房占 17.87%，偿还购房贷款本息占 39.47%，租赁住房占 1.36%，离休和退休提取占 32.84%，完全丧失劳动能力并与单位终止劳动关系提取占 3.09%，其他占 5.37%。提取职工中，中、低收入占 97.53%，高收入占 2.47%。

（三）**贷款业务**。

个人住房贷款：2020 年，支持职工购建房 28.09 万平方米（含公转商贴息贷款），2020 年末个人住房贷款市场占有率（含公转商贴息贷款）为 45.62%，比上年末减少 4.65 个百分点。通过申请住房公积金个人住房贷款，可节约职工购房利息支出 17920.74 万元。

职工贷款笔数中，购房建筑面积 90（含）平方米以下占 33.54%，90~144（含）平方米占 62.12%，144 平方米以上占 4.34%。购买新房占 62.97%，购买二手房占 37.03%。

职工贷款笔数中，单缴存职工申请贷款占 39.63%，双缴存职工申请贷款占 60.37%。

贷款职工中，30 岁（含）以下占 22.67%，30 岁~40 岁（含）占 41.7%，40 岁~50 岁（含）占 24.2%，50 岁以上占 11.43%；首次申请贷款占 89.7%，二次及以上申请贷款占 10.3%；中、低收入占 98.5%，高收入占 1.5%。

（四）**住房贡献率**。2020 年，个人住房贷款发放额、公转商贴息贷款发放额、项目贷款发放额、住房消费提取额的总和与当年缴存额的比率为 78.3%，比上年增加 7.16 个百分点。

六、其他重要事项

（一）2020 年应对新冠肺炎疫情采取的措施，落实住房公积金阶段性支持政策情况和政策实施成效。2020 年疫情期间本溪市市政府出台《本溪市人民政府办公室关于妥善应对新冠肺炎疫情实施住房公积金阶段性支持政策的通知》（本政办发〔2020〕8 号），针对缴存企业、缴存职工推出五项支持性政策。一是对缴存企业，因受疫情影响导致生产经营困难的企业，出台缓缴等政策，受新冠肺炎疫情影响的企业，可按规定申请在2020年6月30日前缓缴住房公积金，缓缴期间缴存时间连续计算，不影响职工正常提取和申请住房公积金贷款。截至2020年6月30日，市中心共受理缓缴申请单位12家，缓缴职工人数701人，累计缓缴金额102.9万元；本钢分中心共受理缓缴申请单位5家，缓缴职工人数3538人，累计缓缴金额179.41万元。二是对受疫情影响导致支付房租压力较大的职工，可上浮20%房租提取额度（夫妻双方合计提取额上限为每年14400元），提供本人及配偶名下无房产证明，即来即办。截至2020年6月30日累计提取人数共111人，累计提取金额157.47万元，上浮部分金额为24.27万元。三是受新冠肺炎疫情影响截至2020年6月30日前公积金贷款不能正常还款的，不作逾期处理，不作逾期记录报送征信部门。截至2020年6月30日，市中心受疫情影响不作逾期处理的贷款笔数为242笔，不作逾期处理的贷款余额合计4191.32万元，不作逾期处理的应还未还本金金额合计38.92万元。本钢分中心受疫情影响不作逾期处理的贷款笔数为63笔，不作逾期处理的贷款余额合计787.02万元，不作逾期处理的应还未还本金金额合计38.92万元。四是疫情期间停缴住房公积金的，停缴期间连续计算，不影响职工正常申请住房公积金贷款。五是为了保证疫情期间缴存单位和缴存职工的利益不受影响，经过反复的讨论、实践、修改方案，最终开辟了一个全新的业务办理形式，通过建立微信群受理业务，每个群实行专人负责制，分工明确各司其职，实现了全程零接触业务办理，保证疫情全面防控的同时业务不停摆。

（二）2020年机构及职能调整情况、受委托办理缴存贷款业务金融机构变更情况。2020年本溪市住房公积金管理中心机构及职能未调整。2020年受委托办理缴存、贷款业务金融机构未变更。

（三）2020年住房公积金政策调整及执行情况。

1. 当年缴存基数限额及确定方法。职工住房公积金缴存基数，应当按照职工本人上一年度月平均工资计算。超出本市上一年度月平均工资三倍以上的部分，不计入缴存基数。根据《本溪市人民政府关于全市最低工资标准的公告》，2020年本溪市区缴存基数下限调整为1700元，两县缴存基数下限调整为1500元，本钢缴存基数下限调整为1455元；根据统计部门公布的2019年全市职工平均工资，2020年市缴存基数上限调整为14600元，本钢缴存基数上限调整为14550元。

2. 住房公积金缴存比例。2020年度住房公积金缴存比例的下限为5%，上限为12%，对于生产经营确有困难的单位，经职工代表大会或工会讨论通过后，提供单位确有困难的证明材料经住房公积金管理中心审核，报住房公积金管理委员会批准后可申请低于缴存比例下限缴存住房公积金。

3. 提取政策调整情况。无。

4. 贷款政策调整情况。无。

5. 住房公积金贷款利率：5年以下（含5年）月利率2.292‰，年利率2.750%；5年以上月利率2.708‰，年利率3.250%。

（四）2020年服务改进情况。

1. 提高网络安全水平并实现全业务、全数据云运行模式。2019年12月综合服务平台通过验收，在业务流程方面做出了精简优化，服务渠道方面将"互联网+"类进行整合。中心通过网上营业厅、官方网站、手机App、新浪微博、12329热线、12329短信、微信公众号等多种渠道打造综合服务平台，为公积金业务办理提供了便利，也为后续"一网通办"工作开展打下基础。

2. 全面实现公积金缴存业务"最多跑一次"和"一站式"办理，实行综合柜员制，全体人员实现提取、缴存业务综合办理，有效地提高了业务办理效率；建立覆盖全部窗口的服务评价及扫码评价系统，全面了解服务对象意见；安装了有线电视，架设了公用电脑和打印机；开通12329住房公积金服务热线，全天24小时自助语音提示，设专人接听服务，解答业务咨询、办理预约业务分流；打造了让群众感到更温馨、更满意的一流营商环境。

（五）2020年信息化建设情况。2020年信息化建设稳步推进，积极探索"互联网＋公积金"服务模式，业务办理实现缴存职工只进一扇门、群众办事最多跑一次、申请材料"大瘦身"、部分业务零跑腿、资金划转"秒"到账目标，积极推进我市营商环境建设。一是"辽事通"查询接口、业务办理接口已开发完成；二是完成政务服务平台事项录入工作；三是对接省统一身份认证系统已完成；四是加快推进政务服务"好差评"系统对接工作；五是目前电子印章已上线，完成与省电子印章系统对接；六是积极推进政务服务"办件"数据上报工作；七是全面落实省住房城乡建设厅对市场监督管理局等七部门优化"一网通办"工作，目前程序已开发完毕并已上线。

丹东市住房公积金2020年年度报告

根据国务院《住房公积金管理条例》和住房和城乡建设部、财政部、人民银行《关于健全住房公积金信息披露制度的通知》（建金〔2015〕26号）的规定，经住房公积金管理委员会审议通过，现将丹东市住房公积金2020年年度报告公布如下。

一、机构概况

（一）**住房公积金管理委员会**。住房公积金管理委员会有23名委员，2020年召开1次会议，审议通过的事项主要包括：

1. 丹东市住房公积金2019年年度报告；
2. 关于2018年度和2019年度住房公积金计划执行情况及2020年计划安排的报告；
3. 关于2018年度和2019年度住房公积金增值收益分配意见；
4. 关于实施二手房住房公积金贷款房源准入制度的意见。

（二）**住房公积金服务中心**。住房公积金服务中心为直属丹东市人民政府不以营利为目的的财政全额拨款事业单位，内设5个部门。从业人员101人，其中，在编40人，非在编61人。

二、业务运行情况

（一）**缴存**。2020年，新开户单位245家，净减单位179家；新开户职工1.22万人，净增职工0.08万人；实缴单位2753家，实缴职工14.88万人，缴存额24.53亿元，分别同比增长－6.10%、2.20%、22.22%。2020年末，缴存总额181.53亿元，比上年末增加15.63%；缴存余额75.20亿元，同比增长13.74%。受委托办理住房公积金缴存业务的银行1家。

（二）**提取**。2020年，5.81万名缴存职工提取住房公积金；提取额15.45亿元，同比增长22.61%；提取额占当年缴存额的62.97%，比上年增加0.2个百分点。2020年末，提取总额106.33亿元，比上年末增加17％。

（三）贷款。

1. 个人住房贷款。单缴存职工个人住房贷款最高额度50万元，双缴存职工个人住房贷款最高额度80万元。

2020年，发放个人住房贷款0.46万笔、16.65亿元，同比分别增长23.57％、33.44％。

2020年，回收个人住房贷款9.94亿元。

2020年末，累计发放个人住房贷款5.57万笔、134.62亿元，贷款余额70.53亿元，分别比上年末增加8.99％、14.11％、10.51％。个人住房贷款余额占缴存余额的93.79％，比上年末减少2.74个百分点。受委托办理住房公积金个人住房贷款业务的银行9家。

2. 异地贷款。2020年，发放异地贷款281笔、8324.88万元。2020年末，发放异地贷款总额58322.28万元，异地贷款余额42051.96万元。

3. 公转商贴息贷款。2020年，未发放公转商贴息贷款，当年贴息额1934.59万元。2020年末，累计发放公转商贴息贷款2878笔、101599万元，累计贴息2465.55万元。

（四）资金存储。2020年末，住房公积金存款6.28亿元。其中，活期0.01亿元，1年（含）以下定期1.85亿元，1年以上定期1.82亿元，其他（协定、通知存款等）2.60亿元。

（五）资金运用率。2020年末，住房公积金个人住房贷款余额、项目贷款余额和购买国债余额的总和占缴存余额的93.79％，比上年末减少2.74个百分点。

三、主要财务数据

（一）业务收入。2020年，业务收入23282.80万元，同比增长9.61％。其中，存款利息1637.47万元，委托贷款利息21642.55万元，其他2.78万元。

（二）业务支出。2020年，业务支出12724.37万元，同比增长7.74％。其中，支付职工住房公积金利息10648.25万元，委托贷款手续费969.71万元，其他1106.41万元。

（三）增值收益。2020年，增值收益10558.43万元，同比增长11.95％。增值收益率1.50％，与上年相同。

（四）增值收益分配。2020年，提取贷款风险准备金671.10万元，提取管理费用1648.90万元，提取城市廉租住房（公共租赁住房）建设补充资金8238.43万元。

2020年，上交财政管理费用1648.90万元。上缴财政城市廉租住房（公共租赁住房）建设补充资金7563.96万元。

2020年末，贷款风险准备金余额13199.56万元。累计提取城市廉租住房（公共租赁住房）建设补充资金59345.73万元。

（五）管理费用支出。2020年，管理费用支出2027.10万元，同比下降10.77％。其中，人员经费577.97万元，公用经费99.98万元，专项经费1349.15万元。

四、资产风险状况

个人住房贷款。2020年末，个人住房贷款逾期额172.21万元，逾期率0.24‰，个人贷款风险准备金余额 13199.56 万元。未使用个人贷款风险准备金核销呆坏账。

五、社会经济效益

（一）缴存业务。缴存职工中，国家机关和事业单位占 45.71%，国有企业占 21.62%，城镇集体企业占 1.70%，外商投资企业占 1.77%，城镇私营企业及其他城镇企业占 23.40%，民办非企业单位和社会团体占 0.80%，其他占 5.00%；中、低收入占 98.09%，高收入占 1.91%。

新开户职工中，国家机关和事业单位占 14.38%，国有企业占 9.59%，城镇集体企业占 4.54%，外商投资企业占 0.97%，城镇私营企业及其他城镇企业占 46.94%，民办非企业单位和社会团体占 1.02%，其他占 22.56%；中、低收入占 99.64%，高收入占 0.36%。

（二）提取业务。提取金额中，购买、建造、翻建、大修自住住房占 8.17%，偿还购房贷款本息占 62.23%，租赁住房占 2.05%，离休和退休提取占 24.12%，完全丧失劳动能力并与单位终止劳动关系提取占 0.61%，其他占 2.82%。提取职工中，中、低收入占 97.86%，高收入占 2.14%。

（三）贷款业务。2020 年，支持职工购建房 49.18 万平方米，年末个人住房贷款市场占有率为 32.49%，比上年末增加 13.61 个百分点。通过申请住房公积金个人住房贷款，可节约职工购房利息支出 27049.23 万元。

职工贷款笔数中，购房建筑面积 90（含）平方米以下占 26.00%，90～144（含）平方米占 66.51%，144 平方米以上占 7.49%。购买新房占 80.38%，购买二手房占 19.62%。

职工贷款笔数中，单缴存职工申请贷款占 30.49%，双缴存职工申请贷款占 67.92%，三人及以上缴存职工共同申请贷款占 1.59%。

贷款职工中，30 岁（含）以下占 17.27%，30 岁～40 岁（含）占 38.91%，40 岁～50 岁（含）占 29.55%，50 岁以上占 14.05%；首次申请贷款占 83.49%，二次及以上申请贷款占 16.51%；中、低收入占 96.99%，高收入占 3.01%。

（四）住房贡献率。2020 年，个人住房贷款发放额、住房消费提取额的总和与当年缴存额的比率为 113.46%，比上年增加 5.11 个百分点。

六、其他重要事项

（一）应对新冠肺炎疫情采取的措施，落实住房公积金阶段性支持政策情况和政策实施成效。为进一步降低新冠肺炎疫情对缴存单位和职工的影响，根据《住房和城乡建设部、财政部、中国人民银行关于妥善应对新冠肺炎疫情实施住房公积金阶段性支持政策的通知》（建金〔2020〕23 号）和省住房城乡建设厅、财政厅、中国人民银行沈阳分行《转发〈住房和城乡建设部、财政部、中国人民银行关于妥善应对新冠肺炎疫情实施住房公积金阶段性支持政策的通知〉》（辽住建〔2020〕16 号）要求，结合我市实际，制定了住房公积金阶段性支持政策，受疫情影响的企业在疫情期间可申请缓缴公积金；受疫情影响职工公积金贷款可不作逾期处理。截至 2020 年 6 月 30 日，完成了 20 家单位 806 名职工的公积金缓缴工作，缓缴额 254.4 万元；因疫情影响职工住房公积金贷款不作逾期处理的贷款 69 笔、9.44 万元，为帮助单位和职工缓解资金压力提供有力支持。

（二）当年机构及职能调整情况、受委托办理缴存贷款业务金融机构变更情况。2020 年，未涉及机构职能调整或者缴存贷款业务金融机构变更。

(三)当年住房公积金政策调整及执行情况。

1. 当年缴存基数限额及确定方法、缴存比例调整情况。2020年,住房公积金月缴存基数为职工本人上一年度月平均工资,上限不超过市统计局公布的丹东市2019年在岗职工人均工资的3倍,即14252元,下限为:市区1610元,东港市、凤城市、宽甸县1480元。

2. 当年住房公积金存贷款利率执行标准。2020年,职工住房公积金账户存款利率仍统一按一年期定期存款基准利率1.5%执行;个人住房公积金贷款利率未发生变化,5年及以下为2.75%,5年以上为3.25%,第二套房个人住房公积金贷款利率按基准利率上浮1.1倍。

(四)当年服务改进情况。

1. 推进住房公积金服务"跨省通办"工作。2020年落实《住房和城乡建设部关于做好住房公积金服务"跨省通办"工作的通知》要求,明确"跨省通办"负责人和具体联络人,联络人每天登陆住房和城乡建设部住房公积金监管服务平台,查询"跨省通办"代收代办业务。已在市本级服务大厅、东港服务分部、凤城服务分部、宽甸服务分部设置4个"跨省通办"服务窗口,每个窗口安排2人(实行AB角)专门负责。"跨市通办"工作也在稳步推进中。

2. 按照相关规定积极落实公积金中心与省市一体化平台对接工作,已完成"一网通办"要求的全部对接工作,向一体化平台传输办件数据32万多条,对接市一体化平台对每项业务进行"好差评",公积金中心所有窗口均配备"好差评"评价器,设置"一事一评"二维码扫描牌,方便群众进行评价,累计评价5万多条;"辽事通手机App"办理事项12项;实现统一身份认证、统一印章、统一入口。

3. 积极开展预约服务、上门服务等特色服务。疫情防控期间,提供预约服务5280余次,没有因疫情而影响群众的业务办理。全年为伤残行动不便人员提供上门服务4次,解决了特殊群体的服务需求。

4. 不断优化服务环境。2020年,依据《辽宁省各级各类政务服务中心建设与服务标准化指引(试行)》,对东港、凤城服务分部的窗口服务区、咨询服务区、休息等候区、自助服务区、投诉受理区等功能区建设,重点做好休息等候区、自助服务区建设,最大限度方便职工办理业务。

(五)当年信息化建设情况。

1. 2019年3月公积金中心完成了综合服务管理云平台3.0的升级工作,实现了公积金服务从柜台向网上服务的转变;按照住房和城乡建设部接口标准要求,完成基础数据标准贯彻落实和结算应用系统接入工作。

2. 实现二手房可贷房源及评估价格信息系统控制。自2020年7月1日起,取消丹东市区内二手房公积金贷款房屋评估报告要件,由公积金中心统一委托房地产评估机构评估,压缩职工公积金贷款办理环节,缩短业务办理时间。新政实施半年来,为513户贷款职工节省评估费用75.59万元,社会反响良好。

3. 公积金信息系统与人民银行征信成功对接,实现公积金缴存、贷款数据上报个人征信系统。

4. 继续做好信息系统三级等保的整改工作。2020年1~6月继续对信息系统相关安全及网络设备进行进一步升级和改造。加强了入侵防御设备、堡垒机、防火墙和数据库的设置和系统漏洞的修补。截至2020年6月29日,已完成三级等保的全部整改工作并通过三级等级保护测评。

（六）当年住房公积金服务中心及职工所获荣誉情况。

1. 丹东公积金服务中心在全国城市和地区住房公积金综合发展排名中进入 50 强，在辽宁省范围内名列第 1 名。
2. 丹东市公积金服务中心荣获省住房城乡建设系统"2019—2020 年度省级青年文明号"称号。
3. 丹东市公积金服务中心荣获"2019—2020 年度丹东市青年文明号"称号。

锦州市住房公积金 2020 年年度报告

根据国务院《住房公积金管理条例》和住房和城乡建设部、财政部、人民银行《关于健全住房公积金信息披露制度的通知》（建金〔2015〕26 号）的规定，经住房公积金管理委员会审议通过，现将锦州（市）住房公积金 2020 年年度报告公布如下。

一、机构概况

（一）住房公积金管理委员会。住房公积金管理委员会有 23 名委员，2020 年召开一次会议，审议通过的事项主要包括：《2019 年住房公积金管理工作情况报告》《2020 年锦州市住房公积金收支计划》《关于调整合同制员工工资标准的请示》。

（二）住房公积金管理中心。住房公积金管理中心为隶属于锦州市城市建设服务中心不以营利为目的的分支机构，设 13 个处（科），5 个办事处。从业人员 120 人，其中，在编 68 人，非在编 52 人。

二、业务运行情况

（一）缴存。2020 年，新开户单位 221 家，减少单位 108 家；新开户职工 1.1 万人，减少职工 0.46 万人；实缴单位 2866 家，同比下降－16.03％；实缴职工 18.31 万人，同比下降－2.4％；缴存额 24.12 亿元，同比增长 5.79％。2020 年末，缴存总额 222.65 亿元，比上年末增加 12.15％；缴存余额 102.27 亿元，同比增长 7.97％。受委托办理住房公积金缴存业务的银行 4 家。

（二）提取。2020 年，5.79 万名缴存职工提取住房公积金；提取额 16.56 亿元，同比下降 9.26％；提取额占当年缴存额的 68.66％，比上年减少 11.38 个百分点。2020 年末，提取总额 120.38 亿元，比上年末增加 15.95％。

（三）贷款。

1. 个人住房贷款。个人住房贷款最高额度 80 万元。单缴存职工个人住房贷款最高额度 80 万元，双缴存职工个人住房贷款最高额度 80 万元。

2020 年，发放个人住房贷款 0.4 万笔、14.67 亿元，同比分别下降 20％、19.84％。其中，市中心发放个人住房贷款 0.32 万笔、12.57 亿元，黑山办事处发放个人住房贷款 0.02 万笔、0.52 亿元，凌海办事处发放个人住房贷款 0.02 万笔、0.57 亿元，义县办事处发放个人住房贷款 0.017 万笔、0.36 亿元，北宁办事处发放个人住房贷款 0.019 万笔、0.5 亿元，锦州港办事处发放个人住房贷款 0.007 万笔、0.15

亿元。

2020年，回收个人住房贷款8.1亿元。其中，市中心6.77亿元，黑山办事处0.33亿元，凌海办事处0.32亿元，义县办事处0.24亿元，北宁办事处0.19亿元，锦州港办事处0.25亿元。

2020年末，累计发放个人住房贷款6.33万笔、143.56亿元，贷款余额83.94亿元，分别比上年末增加6.74%、11.38%、8.49%。个人住房贷款余额占缴存余额的82.08%，比上年末增加0.4个百分点。受委托办理住房公积金个人住房贷款业务的银行4家。

2．异地贷款。2020年，发放异地贷款376笔、13891万元。2020年末，发放异地贷款总额74135万元，异地贷款余额40408.36万元。

（四）资金存储。2020年末，住房公积金存款20.03亿元。其中，活期0.3亿元，1年（含）以下定期7.55亿元，1年以上定期7.05亿元，其他（协定、通知存款等）5.13亿元。

（五）资金运用率。2020年末，住房公积金个人住房贷款余额、项目贷款余额和购买国债余额的总和占缴存余额的82.08%，比上年末增加0.4个百分点。

三、主要财务数据

（一）业务收入。2020年，业务收入31770.14万元，同比增长8.06%。存款利息5746.62万元，委托贷款利息26014.02万元，其他9.5万元。

（二）业务支出。2020年，业务支出16977.68万元，同比增长7.14%。支付职工住房公积金利息15224.61万元，归集手续费454.16万元，委托贷款手续费1298.84万元，其他0.07万元。

（三）增值收益。2020年，增值收益14792.46万元，同比增长9.13%。增值收益率1.42%，比上年减少0.04个百分点。

（四）增值收益分配。2020年，提取贷款风险准备金8875.48万元；；提取管理费用1413.9万元，提取城市廉租住房（公共租赁住房）建设补充资金4503.08万元。

2020年，上交财政管理费用1413.9万元。上缴财政城市廉租住房（公共租赁住房）建设补充资金3852.88万元。

2020年末，贷款风险准备金余额70728.36万元。累计提取城市廉租住房（公共租赁住房）建设补充资金31099.68万元。

（五）管理费用支出。2020年，管理费用支出1413.9万元，同比下降9.9%。其中，人员经费782.62万元，公用经费105.27万元，专项经费526.01万元。

四、资产风险状况

个人住房贷款。2020年末，个人住房贷款逾期额1757.96万元，逾期率2.09‰。个人贷款风险准备金余额70728.36万元。

五、社会经济效益

（一）缴存业务。缴存职工中，国家机关和事业单位占50.49%，国有企业占25.84%，外商投资企业占0.73%，城镇私营企业及其他城镇企业占22.51%，民办非企业单位和社会团体占0.3%，其他占

0.13%；中、低收入占 97.42%，高收入占 2.58%。

新开户职工中，国家机关和事业单位占 31.05%，国有企业占 10.91%，外商投资企业占 0.99%，城镇私营企业及其他城镇企业占 56.78%，民办非企业单位和社会团体占 0.1%，其他占 0.17%；中、低收入占 98.84%，高收入占 1.16%。

（二）提取业务。 提取金额中，购买、建造、翻建、大修自住住房占 23.05%，偿还购房贷款本息占 39.38%，租赁住房占 0.46%，离休和退休提取占 29.6%，完全丧失劳动能力并与单位终止劳动关系提取占 4.63%，出境定居占 1.88%，其他占 1%。提取职工中，中、低收入占 91.78%，高收入占 8.22%。

（三）贷款业务。

个人住房贷款。2020 年，支持职工购建房 44.44 万平方米（含公转商贴息贷款），年末个人住房贷款市场占有率（含公转商贴息贷款）为 48.64%，比上年末增加 5.25 个百分点。通过申请住房公积金个人住房贷款，可节约职工购房利息支出 25,056.92 万元。

职工贷款笔数中，购房建筑面积 90（含）平方米以下占 16.21%，90～144（含）平方米占 72.39%，144 平方米以上占 11.4%。购买新房占 59.08%，购买二手房占 40.92%。

职工贷款笔数中，单缴存职工申请贷款占 32.62%，双缴存职工申请贷款占 67.38%。

贷款职工中，30 岁（含）以下占 27.96%，30 岁～40 岁（含）占 47.81%，40 岁～50 岁（含）占 20.4%，50 岁以上占 3.83%；首次申请贷款占 85.62%，二次及以上申请贷款占 14.38%；中、低收入占 99.7%，高收入占 0.3%。

（四）住房贡献率。 2020 年，个人住房贷款发放额、公转商贴息贷款发放额、项目贷款发放额、住房消费提取额的总和与当年缴存额的比率为 103.98%，比上年减少 32.03 个百分点。

六、其他重要事项

（一）应对新冠肺炎疫情采取的措施，落实住房公积金阶段性支持政策。 发挥政策优势，支持企业复工复产。面对年初突发的疫情，我们快速反应，主动服务，会同市财政局、人民银行联合印发文件，出台了我市妥善应对疫情的公积金阶段性支持政策。对于受疫情影响的企业给予缓缴的政策支持。此项政策已经惠及我市 39 家单位，缓缴资金达 1862 万元；因企业缓缴造成职工不能连续计算缴存时间的，在申请公积金贷款时，视为正常缴存给予政策支持；对于受疫情影响不能如期还款，不作为逾期处理的共有 1478 笔贷款，计 128 万元。

（二）当年住房公积金提取政策调整情况。

1. 职工购买自住住房提取，房屋共有产权人为两人或两人以上，非配偶或非直系亲属关系的，只可提取其中一人的住房公积金，同时需提供所购房屋所在地户口簿或户籍证明材料。

2. 职工购买自住住房提取，婚前全款购房的，配偶不能以购买该房屋为由申请提取住房公积金。

3. 对虚构住房消费行为提取住房公积金，市住房公积金管理中心与相关部门核实房屋真实价格后，核定提取额度。

4. 对违规提取住房公积金的缴存职工，市住房公积金管理中心有权记载其失信记录，并随个人账户一并转移；对已提取资金的，责令限期全额退回，在一定期限内限制其住房公积金提取和贷款。机关、事业单位及国有企业缴存职工违规提取住房公积金情节严重的，向其所在单位通报。

（三）当年服务改进情况，包括推进住房公积金服务"跨省通办"工作情况，服务网点、服务设施、服务手段、综合服务平台建设和其他网络载体建设服务情况等。

1. 强力推进"跨省通办"业务落地见效。为进一步提升服务水平，贯彻落实国务院深化"放管服"改革部署，按照《国务院办公厅关于加快推进政务服务"跨省通办"的指导意见》（国办发〔2020〕35号），公积金中心制定工作方案，研究办事操作流程，于12月10日设置了"跨省通办"服务窗口，"全程网办""代收代办""多地联办"三种办理形式同时启动，实现了个人住房公积金缴存贷款信息查询、出具贷款职工住房公积金缴存使用证明、退休提取住房公积金等"跨省通办"业务，为企业和群众提供线上线下多样化办事渠道，有效解决企业和群众异地办事"往返跑"等实际问题。截至目前，已办理了3笔"跨省通办"业务。

2. 增加便民举措，提高服务质量。重点围绕企业和群众办理次数多、社会反映强烈的事项，从方便群众办事的角度出发，最大限度精简办事环节、优化办事流程、压缩办理时限，切实增强企业和群众获得感。

一是优化业务流程。贷款业务申请、受理、签订合同由跑三次减少为跑一次，办理时限由法定的15日减至5个工作日。账户设立、缴存业务由初审、复审、审批三个环节减少至审核、审批二个环节。提取业务由申请、初审、复核、审批四个环节，减少为审核、审批二个环节。账户设立、缴存、提取均实现了即时办结。

二是减少审批要件。租房提取由申请人提供无房证明，改为公积金中心直接与不动产核查，让群众少跑路，我们多付出。高频事项"最多跑一次"清单，由2019年的9项增加到了16项。

三是增加便民举措。人民银行征信系统、不动产、税务、评估、受托银行进厅联合办公，公积金所有业务均实现了"一门通办"。改造一楼营业大厅，设无障碍通道、增加一个公共卫生间、5个受理窗口、20排客户等候椅、5部一体查询机，印发政策须知及服务指南3000余份，制作公示流程图、宣传指南板等30余块。

3. 深化"互联网＋"应用，拓宽服务。拓宽渠道，扎实推进综合服务平台建设，加强住房公积金数据信息整合、业务互联互通，打通条线分割，做到集成服务、网上服务，让数据多说话，有效解决群众办事"多头跑、重复跑"问题。目前，综合服务平台开设的单位网厅，覆盖全市住房公积金缴存单位。截至目前，市本级及县区办事处共开通单位网上业务大厅2054家，开通率72%，大大提高了"网上可办率""实际网办率"。4项高频业务升级为"掌上办"。搭建完成微信公众号、公积金App、辽事通、锦州通等手机端服务渠道，市民通过手机可随时了解住房公积金账户余额、缴存明细、贷款还款情况和贷款试算等。

4. 加强信息化建设，全力推进"一网通办"。公积金中心强化营商环境建设，深入贯彻落实市委、市政府关于"一网通办"工作重要指示精神，全面完成"一网通办"百日攻坚目标任务。全体职工提高政治站位，克服畏难情绪，聚集技术力量，深挖内部潜力，一体化政务服务平台涉及的9个项目，在我市率先完成全部对接；自建系统本着应接尽接、应上尽上的原则，按照省事项库35个项目标准，完成了与一体化平台的对接梳理工作；实现了"辽事通"11个服务事项的对接；公积金信息管理系统升级改造工作正式启动；"好差评"系统实现了一人一事一评的多业务场景评价全覆盖。在12月份全市"好差评"数量通报中,在我市自建系统中,公积金的"好差评"数量排名第一。

营口市住房公积金 2020 年年度报告

根据国务院《住房公积金管理条例》和住房和城乡建设部、财政部、人民银行《关于健全住房公积金信息披露制度的通知》(建金〔2015〕26 号)的规定,经住房公积金管理委员会审议通过,现将营口市住房公积金 2020 年年度报告公布如下。

一、机构概况

(一)住房公积金管理委员会。住房公积金管理委员会有 21 名委员,2020 年召开 1 次会议,审议通过的事项主要包括:《关于启用住房公积金个人住房贷款担保机制的请示》《关于调整二套住房公积金贷款利率的请示》《营口市农业转移人口和个体工商户自由职业者住房公积金管理办法(试行)》。

(二)住房公积金管理中心。住房公积金管理中心为营口市人力资源和社会保障局下属不以营利为目的的全额拨款事业单位,设 7 个科室,6 个办事处。从业人员 90 人,其中,在编 44 人,非在编 46 人。

二、业务运行情况

(一)缴存。2020 年,新开户单位 272 家,净增单位－35 家;新开户职工 1.26 万人,净增职工－0.08 万人;实缴单位 2513 家,实缴职工 16.97 万人,缴存额 24.12 亿元,分别同比增长－1.37％、－0.47％、7.65％。2020 年末,缴存总额 192.97 亿元,比上年末增加 14.39％;缴存余额 93.03 亿元,同比增长 10.64％。受委托办理住房公积金缴存业务的银行 4 家。

(二)提取。2020 年,5.65 万名缴存职工提取住房公积金;提取额 15.18 亿元,同比增长 10.16％;提取额占当年缴存额的 63.07％,比上年增加 10.16 个百分点。2020 年末,提取总额 99.94 亿元,比上年末增加 17.91％。

(三)贷款。

1. 个人住房贷款。个人住房贷款最高额度 60 万元。单缴存职工个人住房贷款最高额度 40 万元,双缴存职工个人住房贷款最高额度 60 万元。

2020 年,发放个人住房贷款 0.53 万笔、17.04 亿元,同比分别增长－7.02％、0.71％。其中,市直办事处发放个人住房贷款 0.13 万笔、4.1 亿元,大石桥办事处发放个人住房贷款 0.03 万笔、1.14 亿元,盖州办事处发放个人住房贷款 0.04 万笔、1.14 亿元,鲅鱼圈办事处发放个人住房贷款 0.18 万笔、5.64 亿元,老边办事处发放个人住房贷款 0.07 万笔、2.15 亿元,沿海办事处发放个人住房贷款 0.08 万笔、2.87 亿元。

2020 年,回收个人住房贷款 9.41 亿元。其中,市直办事处 3.33 亿元,大石桥办事处 0.69 亿元,盖州办事处 0.49 亿元,鲅鱼圈办事处 2.93 亿元,老边办事处 1.2 亿元,沿海办事处 0.77 亿元。

2020 年末,累计发放个人住房贷款 7.06 万笔、150.46 亿元,贷款余额 87.48 亿元,分别比上年末增加 8.12%、12.77%、9.56%。个人住房贷款余额占缴存余额的 94.02%，比上年末减少 0.94 个百分点。受委托办理住房公积金个人住房贷款业务的银行 7 家。

2. 异地贷款。2020 年，发放异地贷款 741 笔、22849.7 万元。2020 年末，发放异地贷款总额 129055.9 万元，异地贷款余额 94297.56 万元。

（四）**资金存储**。2020 年末，住房公积金存款 6.88 亿元。其中，活期 0.15 亿元，1 年（含）以下定期 2.5 亿元，其他（协定、通知存款等）4.23 亿元。

（五）**资金运用率**。2020 年末，住房公积金个人住房贷款余额、项目贷款余额和购买国债余额的总和占缴存余额的 94.02%，比上年末减少 0.94 个百分点。

三、主要财务数据

（一）**业务收入**。2020 年，业务收入 28137.06 万元，同比增长 13.4%。其中，存款利息 1246.56 万元，委托贷款利息 26777.14 万元，其他 113.36 万元。

（二）**业务支出**。2020 年，业务支出 13845.49 万元，同比增长 11.11%。其中，支付职工住房公积金利息 13455.01 万元，归集手续费 227.44 万元，委托贷款手续费 162.7 万元，其他 0.34 万元。

（三）**增值收益**。2020 年，增值收益 14291.57 万元，同比增长 15.71%。其中，增值收益率 1.61%，比上年增加 0.06 个百分点。

（四）**增值收益分配**。2020 年，提取贷款风险准备金 763.21 万元；提取管理费用 1163.48 万元，提取城市廉租住房（公共租赁住房）建设补充资金 12364.88 万元。

2020 年，上交财政管理费用 1163.48 万元。上缴财政城市廉租住房（公共租赁住房）建设补充资金 8700.64 万元。

2020 年末，贷款风险准备金余额 11811.77 万元。累计提取城市廉租住房（公共租赁住房）建设补充资金 81122.57 万元。

（五）**管理费用支出**。2020 年，管理费用支出 1163.48 万元，同比增长 4.59%。其中，人员经费 560.58 万元，公用经费 69.24 万元，专项经费 533.66 万元。

四、资产风险状况

个人住房贷款。2020 年末，个人住房贷款逾期额 656.55 万元，逾期率 0.75‰，其中，市直办事处 0.27‰，盖州办事处 0.07‰，鲅鱼圈办事处 0.388‰，老边办事处 0.02‰，沿海办事处 0.002‰。个人贷款风险准备金余额 11811.78 万元。2020 年，使用个人贷款风险准备金核销呆坏账 0 万元。

五、社会经济效益

（一）**缴存业务**。缴存职工中，国家机关和事业单位占 35.87%，国有企业占 12.12%，城镇集体企业占 0.22%，外商投资企业占 6.19%，城镇私营企业及其他城镇企业占 40.9%，民办非企业单位和社会团体占 3.23%，其他占 1.47%；中、低收入占 100%，高收入占 0%。

新开户职工中，国家机关和事业单位占 14.52%，国有企业占 5.04%，城镇集体企业占 0.02%，外商投资企业占 7.11%，城镇私营企业及其他城镇企业占 60.3%，民办非企业单位和社会团体占 11.82%，其他占 1.19%；中、低收入占 100%，高收入占 0%。

（二）**提取业务**。提取金额中，购买、建造、翻建、大修自住住房占 12.83%，偿还购房贷款本息占 58.43%，租赁住房占 1.27%，离休和退休提取占 20.23%，完全丧失劳动能力并与单位终止劳动关系提取占 4.2%，出境定居占 2.09%，其他占 0.95%。提取职工中，中、低收入占 100%，高收入占 0%。

（三）**贷款业务**。

个人住房贷款。2020 年，支持职工购建房 59.65 万平方米，年末个人住房贷款市场占有率为 37.21%，比上年末减少 0.26 个百分点。通过申请住房公积金个人住房贷款，可节约职工购房利息支出 18422.25 万元。

职工贷款笔数中，购房建筑面积 90（含）平方米以下占 19.05%，90~144（含）平方米占 72.69%，144 平方米以上占 8.26%。购买新房占 82.73%，购买二手房占 17.27%。

职工贷款笔数中，单缴存职工申请贷款占 73.82%，双缴存职工申请贷款占 26.18%。

贷款职工中，30 岁（含）以下占 32.5%，30 岁~40 岁（含）占 41.69%，40 岁~50 岁（含）占 21.05%，50 岁以上占 4.76%；首次申请贷款占 83.09%，二次及以上申请贷款占 16.91%；中、低收入占 99.57%，高收入占 0.43%。

（四）**住房贡献率**。2020 年，个人住房贷款发放额、公转商贴息贷款发放额、项目贷款发放额、住房消费提取额的总和与当年缴存额的比率为 133.86%，比上年减少 3.48 个百分点。

六、其他重要事项

（一）**应对新冠肺炎疫情采取的措施，落实住房公积金阶段性支持政策情况和政策实施成效**。2020 年 3 月 27 日营口市政府办公室发布《营口市政府办公室关于印发妥善应对新冠肺炎疫情落实住房公积金阶段性支持政策的通知》要求，受新冠肺炎疫情影响的企业，可按规定申请在 2020 年 6 月 30 日前缓缴住房公积金，申请缓缴时企业应提出缓缴及补缴方案。缓缴方案应由企业和职工协商一致，明确双方同时缓缴，还是职工个人继续缴存。同时缓缴的，对职工个人部分应明确处理方式。补缴方案应包括补缴的具体时间和金额，缓缴期满后及时补缴。公积金管理中心要按照《住房和城乡建设部 财政部 人民银行关于改进住房公积金缴存机制进一步降低企业成本的通知》（建金〔2018〕45 号）要求进行审批，要尽量压减证明材料，缩短办理流程，对企业和职工受疫情影响情况认定、职代会或工会讨论结果等证明材料，要适度从宽，灵活运用信用承诺制，减轻企业和职工负担。缓缴期间缴存时间连续计算，不影响职工正常提取和申请住房公积金贷款。受新冠肺炎疫情影响，对提取住房公积金有时限要求的，可延期至 2020 年 6 月 30 日前办理。结合我市实际，暂不提高租房提取住房公积金额度，继续执行年度职工租房提取住房公积金最高 9600 元的政策。同时，结合工作实际起草制定受疫情影响期间的公积金个贷支持政策，对受新冠肺炎疫情影响的企业，按规定在 2020 年 2 月 1 日至 6 月 30 日前申请缓缴住房公积金，经中心审核同意后，缓缴期间缴存时间连续计算，不影响该职工申请个人住房公积金贷款。

自 2020 年 2 月 1 日起至 2020 年 6 月 30 日，共收到 76 个企业的缓缴公积金申请，涉及缴存职工 19045 人，累计缓缴金额 7600 万元，为企业降低成本 3800 万元。受新冠疫情影响，涉及购房提取公积金延期业务 9 笔，提取金额 97.47 万元。同时，为受疫情影响申请缓缴企业职工办理贷款 131 笔，贷款金额 3248.7 万元，支持城镇住房面积 13021.21 平方米，累计政策支持 300 多笔贷款不作逾期处理，金额达 41

万余元。

（二）当年机构及职能调整情况、受委托办理缴存贷款业务金融机构变更情况。2020年，营口市社会保障中心（营口市住房公积金管理中心）无机构及职能调整情况、无受委托办理缴存贷款业务金融机构变更情况。

（三）当年住房公积金政策调整及执行情况。

1. 根据《营口市住房公积金管理中心缴存和提取管理暂行办法》（营政发〔2007〕15号）"职工住房公积金的缴存基数不得超过我市统计部门公布的上一年度职工月平均工资的3倍。"及《关于公布2019年营口市职工平均工资的通知》（营人社〔2020〕37号）"2019年度我市在岗职工月平均工资为5438元"的规定，我市2020年度住房公积金缴存基数上限调整为16314元。

2. 继续执行《关于〈关于调整部分住房公积金政策的请示〉的批复》（营公积金委发〔2018〕5号）"住房公积金缴存基数最低不得低于我市现行最低工资标准。"及《关于我市调整最低工资标准的通知》（营人社〔2019〕39号）的规定，现行住房公积金缴存基数最低标准为1610元。

3. 继续执行《关于改进住房公积金缴存机制进一步降低企业成本的通知》（营公积金发〔2018〕14号）规定：继续执行住房公积金缴存比例标准，严格规范缴存基数标准。单位和个人缴存比例不得高于12%，缴存单位可在5%～12%之间，自主确定住房公积金缴存比例。

4. 2020年内，我市住房和城乡建设部门已向我中心对关于支持老旧小区改造中职工提取住房公积金支付加装电梯费用的情况征求了意见，但尚未发布相关政策。我中心已与软件开发公司研究增加提取住房公积金支付加装电梯费用的业务需求，待财政资金到位后进行开发上线。

5. 2020年当年个人住房贷款额度继续延续了2018年以来的个贷调整政策，即申请人夫妻双方缴存住房公积金，贷款的最高限额为60万元；申请人单方缴存住房公积金，贷款的最高限额为40万元。为细化规范个贷还款能力，依据住房和城乡建设部《住房公积金个人住房贷款业务规范》，2020年4月在系统中增加了月还款额不超过工资基数的百分之五十的条件限制。6月，经市政府同意重新启用住房公积金个人住房贷款担保机制，保障了公积金贷款安全。按照国家审计署要求，同年经公积金管委会批准，在7月15日上调了二套房贷款利率，同期利率上浮百分之十。通过制度的创新、系统的完善，减少了人为干预因素，进一步规范了个人住房公积金贷款管理。

（四）当年服务改进情况。

1. 2020年全面贯彻落实好省委、省政府和市委、市政府深化"放管服"改革和"一网通办"百日攻坚行动，加快公积金核心业务与市一体化政务平台对接工作，公积金自建系统对接、"好差评"系统、辽事通、电子证照、电子印章、异地贷款缴存证明、企业缴存登记等事项，全部对接完成，并设立"一网通办"及"跨省通办"窗口，加强窗口服务意识，提高网上办事率。优化网站、网厅、手机App、自助查询、微信、短信、12329座席、微博、支付宝应用等服务渠道。

2. 转变作风创新工作模式，对楼盘项目准入实行"双审双核"，变"坐等上门"为"主动问需"，由管理型向服务型转变，充分发挥互联网优势，实行不见面办公和上门服务，努力解决企业办事难问题，力争让企业"只进一扇门，最多跑一次"。针对异地贷款业务，在2020年末完成了贷款职工住房公积金缴存使用证明网上自助打印，实现了"跨省通办"。精简环节提高工作效率，整合通知发放步骤与办事处贷款发放步骤，优化了个贷流程、压缩了办事时限，提高了办件质量及工作效率。

(五)当年信息化建设情况。

1. 继续加强改进住房公积金综合服务平台建设，完善服务平台功能，丰富网上业务办理种类。通过综合服务平台各个服务渠道发布了相关推广信息，在微信公众号发布相关信息 305 个、微博发布相关信息 315 个、网站发布相关消息 548 个。

2. 继续完善住房和城乡建设部数据平台。中心定期向住房和城乡建设部公积金数据平台上报数据，并按要求及时改进与升级，为个人所得税改革提供客观准确信息。

3. 继续完善基础数据标准和结算应用系统。根据中心业务扩展与推进，按住房和城乡建设部"双贯标"要求，进一步改进中心基础数据标准和结算应用系统，保证公积金业务的顺利开展。

4. 开展"金小二"项目工作。根据营口市政府建立金融综合服务数据共享平台要求，中心与政府信息共享数据平台对接，签订数据共享保密协议，定期提供企业缴存信息，实现公积金业务系统与政府信息中心大数据共享。

5. 开展电子签章工作。中心开发了公积金业务系统电子签章项目，实现柜面及网上各服务渠道业务均可打印电子签章回单，为中心业务实现无纸化办公打下良好的基础，同时也实现了缴存职工和缴存单位在网上就可打印各种住房公积金的有效凭证。

6. 多维辅助总账和 7×24 小时系统工作上线。8 月 2 日多维辅助总账和 7×24 小时系统正式上线，实现业务系统自动日终，贷款自动批量扣款并回收，精简财务科目，满足住房和城乡建设部及中心业务的要求。

7. 推进网上缴存业务工作开展。经各缴存单位申请，免费发放 CA 数字证书，单位可网上办理相关业务，该项业务现已在全地区推广。自 8 月份开通网上缴存以来，截至 2020 年末共发放 CA 数字证书 909 个。

8. 继续推广免费短信签约服务。缴存职工携带本人身份证到窗口或者登录公积金中心网上办事大厅、手机 App、微信公众号等均可办理免费短信签约服务，2020 年共发送短信 3373573 条。

(六)当年住房公积金管理中心及职工无所获荣誉情况。

(七)当年无对违反《住房公积金管理条例》和相关法规行为进行行政处罚和申请人民法院强制执行情况。

(八)当年无对住房公积金管理人员违规行为的纠正和处理情况等。

(九)无其他需要披露的情况。

阜新市住房公积金 2020 年年度报告

根据国务院《住房公积金管理条例》和住房和城乡建设部、财政部、人民银行《关于健全住房公积金信息披露制度的通知》(建金〔2015〕26 号)的规定，经住房公积金管理委员会审议通过，现将阜新市住房公积金 2020 年年度报告公布如下。

一、机构概况

（一）住房公积金管理委员会。住房公积金管理委员会有 25 名委员，2020 年召开第十次会议，审议通过的事项主要包括：《关于调整阜新市住房公积金管理委员会成员的通知》《阜新市住房公积金 2019 年年度报告》《阜新市住房公积金管理中心 2019 年工作报告》《阜新市住房公积金 2019 年资金运营情况报告》。

（二）住房公积金管理中心。住房公积金管理中心为直属城市人民政府不以营利为目的的独立的事业单位，设 11 个处（科），0 个管理部，0 个分中心。从业人员 83 人，其中，在编 43 人，非在编 40 人。

二、业务运行情况

（一）缴存。2020 年，新开户单位 126 家，净增单位 18 家；新开户职工 0.76 万人，净增职工 0.11 万人；实缴单位 1826 家，实缴职工 11.99 万人，缴存额 13.69 亿元，分别同比增长 1.00%、下降 0.33%、增长 5.55%。年末，缴存总额 120.16 亿元，比上年末增加 12.86%；缴存余额 49.76 亿元，同比增长 11.20%。受委托办理住房公积金缴存业务的银行 8 家。

（二）提取。2020 年，2.98 万名缴存职工提取住房公积金；提取额 8.68 亿元，同比增长 8.64%；提取额占当年缴存额的 63.40%，比上年增加 1.8 个百分点。2020 年末，提取总额 70.39 亿元，比上年末增加 14.06%。

（三）贷款。

1. 个人住房贷款。个人住房贷款最高额度 80 万元，其中，单缴存职工个人住房贷款最高额度 40 万元，双缴存职工个人住房贷款最高额度 80 万元。

2020 年，发放个人住房贷款 0.2708 万笔、7.15 亿元，同比分别增长 25.60%、32.90%。其中，海州办事处发放个人住房贷款 0.2213 万笔、6.04 亿元，阜蒙办事处发放个人住房贷款 0.0179 万笔、0.399 亿元，彰武办事处发放个人住房贷款 0.0300 万笔、0.70 亿元，清河门办事处发放个人住房贷款 0.0014 万笔、0.01 亿元，新邱办事处发放个人住房贷款 0.0002 万笔、0.001 亿元。

2020 年，回收个人住房贷款 4.68 亿元。其中，海州办事处 3.78 亿元，阜蒙办事处 0.39 亿元，彰武办事处 0.48 亿元，清河门办事处 0.02 亿元，新邱办事处 0.01 亿元。

2020 年末，累计发放个人住房贷款 5.2017 万笔、77.10 亿元，贷款余额 36.00 亿元，分别比上年末增长 5.49%、10.24%、7.37%。个人住房贷款余额占缴存余额的 72.35%，比上年减少 2.58 个百分点。受委托办理住房公积金个人住房贷款业务的银行 3 家。

2. 异地贷款。2020 年，发放异地贷款 352 笔、10423.40 万元。2020 年末，发放异地贷款总额 37889.90 万元，异地贷款余额 30273.80 万元。

3. 公转商贴息贷款。2020 年，发放公转商贴息贷款 0 笔、0 万元，当年贴息额 0 万元。年末，累计发放公转商贴息贷款 0 笔、0 万元，累计贴息 0 万元。

4. 住房公积金支持保障性住房建设项目贷款。2020 年，发放支持保障性住房建设项目贷款 0 亿元，回收项目贷款 0 亿元。2020 年末，累计发放项目贷款 0 亿元，项目贷款余额 0 亿元。

（四）购买国债。2020 年，购买（记账式、凭证式）国债 0 亿元，（兑付、转让、收回）国债 0 亿元。

2020年末，国债余额0亿元。

（五）**资金存储**。2020年末，住房公积金存款14.90亿元。其中，活期0.02亿元，1年（含）以下定期2.75亿元，1年以上定期11.40亿元，其他（协定、通知存款等）0.73亿元。

（六）**资金运用率**。2020年末，住房公积金个人住房贷款余额、项目贷款余额和购买国债余额的总和占缴存余额的72.35%，比上年末减少2.58个百分点。

三、主要财务数据

（一）**业务收入**。2020年，业务收入14354.12万元，同比增长13.14%。其中，海州办事处9195.06万元，阜蒙办事处843.37万元，彰武办事处1176.39万元，清河门办事处36.36万元，新邱办事处19.60万元，市中心3083.34万元；存款利息2409.48万元，委托贷款利息10988.72万元，国债利息0万元，其他955.92万元。

（二）**业务支出**。2020年，业务支出7520.38万元，同比增长12.14%。其中，海州办事处4818.97万元，阜蒙办事处964.01万元，彰武办事处705.94万元，清河门办事处197.10万元，新邱办事处159.43万元，市中心674.93万元；支付职工住房公积金利息6829.59万元，归集手续费130.24万元，委托贷款手续费543.11万元，其他17.44万元。

（三）**增值收益**。2020年，增值收益6833.74万元，同比增长14.26%。其中，海州办事处4376.10万元，阜蒙办事处－120.64万元，彰武办事处470.44万元，清河门办事处－160.74万元，新邱办事处－139.82万元，市中心2408.40万元；增值收益率1.44%，比上年增加0.03个百分点。

（四）**增值收益分配**。2020年，提取贷款风险准备金576.50万元，提取管理费用2200.00万元，提取城市廉租住房（公共租赁住房）建设补充资金4057.24万元。

2020年，上交财政管理费用1200.00万元。上缴财政城市廉租住房（公共租赁住房）建设补充资金0万元。其中，市中心上缴0万元。

2020年末，贷款风险准备金余额4566.65万元。累计提取城市廉租住房（公共租赁住房）建设补充资金38455.28万元。其中，市中心提取38455.28万元。

（五）**管理费用支出**。2020年，管理费用支出1127.85万元，同比减少3.86%。其中，人员经费540.02万元，公用经费307.03万元，专项经费280.80万元。

四、资产风险状况

（一）**个人住房贷款**。2020年末，个人住房贷款逾期3489.20万元，逾期率9.69‰，其中，海州办事处8.64‰，阜蒙办事处0.63‰，彰武办事处0.35‰，清河门办事处0.06‰，新邱办事处0.01‰。个人贷款风险准备金余额4566.65万元。2020年，使用个人贷款风险准备金核销呆坏账0万元。

（二）**支持保障性住房建设试点项目贷款**（本段仅项目贷款余额不为0的城市填写）。阜新市住房公积金管理中心无支持保障性住房建设试点项目贷款。

五、社会经济效益

（一）**缴存业务**。缴存职工中，国家机关和事业单位占48.00%，国有企业占33.27%，城镇集体企业占 0.43%，外商投资企业占 0.96%，城镇私营企业及其他城镇企业占 13.44%，民办非企业单位和社会团体占 1.30%，灵活就业人员占 0%，其他占 2.60%；中、低收入占 99.25%，高收入占 0.75%。

新开户职工中，国家机关和事业单位占 23.80%，国有企业占 23.44%，城镇集体企业占 0.07%，外商投资企业占 2.90%，城镇私营企业及其他城镇企业占 38.54%，民办非企业单位和社会团体占 2.58%，灵活就业人员占 0%，其他占 8.67%；中、低收入占 99.55%，高收入占 0.45%。

（二）提取业务。提取金额中，购买、建造、翻建、大修自住住房占 37.08%，偿还购房贷款本息占 30.43%，租赁住房占 2.44%，支持老旧小区改造占 0%，离休和退休提取占 25.92%，完全丧失劳动能力并与单位终止劳动关系提取占 0.48%，户口迁出本市或出境定居占 0%，其他占 3.65%。

提取职工中，中、低收入占 99.28%，高收入占 0.72%。

（三）贷款业务。

1. 个人住房贷款。2020 年，支持职工购建房 29.64 万平方米（含公转商贴息贷款），2020 年末个人住房贷款市场占有率（含公转商贴息贷款）为 39.82%，比上年末增加 0.14 个百分点。通过申请住房公积金个人住房贷款，可节约职工购房利息支出 15621.47 万元。

职工贷款笔数中，购房建筑面积 90（含）平方米以下占 20.38%，90～144（含）平方米占 69.57%，144 平方米以上占 10.05%。购买新房占 62.08%（其中购买保障性住房占 0%），购买二手房占 37.92%，建造、翻建、大修自住住房占 0%（其中支持老旧小区改造占 0%），其他占 0%。

职工贷款笔数中，单缴存职工申请贷款占 33.09%，双缴存职工申请贷款占 66.91%，三人及以上缴存职工共同申请贷款占 0%。

贷款职工中，30 岁（含）以下占 25.11%，30 岁～40 岁（含）占 40.69%，40 岁～50 岁（含）占 22.90%，50 岁以上占 11.30%；首次申请贷款占 81.87%，二次及以上申请贷款占 18.13%；中、低收入占 98.30%，高收入占 1.70%。

2. 支持保障性住房建设试点项目贷款（本段仅项目贷款余额不为 0 的城市填写）。阜新市住房公积金管理中心无支持保障性住房建设试点项目贷款。

（四）住房贡献率。2020 年，个人住房贷款发放额、公转商贴息贷款发放额、项目贷款发放额、住房消费提取额的总和与当年缴存额的比率为 96.86%，比上年增加 12.77 个百分点。

六、其他重要事项

（一）应对新冠肺炎疫情采取的措施，落实住房公积金阶段性支持政策情况和政策实施成效。

1. 应对新冠肺炎疫情采取的措施。

按照全市新冠疫情防控工作部署，阜新市住房公积金管理中心坚持防控、服务两不误，齐心协力、形成合力，第一时间部署，第一时间进社区开展协防工作，并强化五个办事大厅防控工作力度，积极推广线上服务，以"六办"措施全力做好应对新冠疫情的防控工作。一是全面推行"线上办"。加大公积金网厅、App 网上平台宣传力度，将"现场办、柜台办"转变为"网上办、掌上办"，通过"不见面"审批方式，让职工足不出户享受到优质便捷的服务。二是限流引导"分散办"。按照疫情防控工作要求，结合工作实际，办事处大厅门口增设疏导员，对大厅办理业务较多时进行限流控制。三是贴心服务"延时办"。每日上班前和发生等候人员较多情况时，提前询问办理业务类型，避免形成人员聚集。大厅窗口主动延长下班时间,保证当日业务当日办结。四是绿色通道"应急办"。开通"应急窗口",为老幼病残孕等特殊情况职工实行加急、便捷办理。实行应急响应处理机制,对争议、疑难问题及时上报业务主管、主管主任,第一时间解决业务问题。五是统筹安排"预约办"。进一步深化"最多跑一次"改革,加强微信预约平台宣传,推行"网上预约、现场办理"服务模式,专设预约服务窗口,做到即来即办,减少驻留时间,提高服务效率。六是注重防疫"安全办"。严格对群众进行体温监测,核查健康码,要求一律戴好口罩,办理业务时保持一米以上距离。加强日常消杀工作,每日定时对大厅地面、柜台、等候区、桌椅、查询机等公共区域和设施进行全方位消毒,确保职工办事环境舒适安全。

2. 落实住房公积金阶段性支持政策情况和政策实施成效。

2020年上半年,阜新市住房公积金管理中心认真贯彻落实《住房和城乡建设部 财政部 人民银行关于妥善应对新冠肺炎疫情实施住房公积金阶段性支持政策的通知》(建金〔2020〕23号)文件精神,结合我市实际,在充分调研的基础上出台了《阜新市妥善应对新冠肺炎疫情实施住房公积金阶段性支持政策的暂行办法》,简化办理程序,缩短审批时限,对受新冠肺炎疫情影响的企业,可按规定申请在2020年6月30日前缓缴住房公积金,缓缴期间的缴存时间连续计算,不影响职工正常提取和申请住房公积金贷款,帮助企业缓解困难,恢复生产。6月30日前,受新冠肺炎疫情影响支付房租压力较大的租房职工,租房提取额度提高到月租金1000元,并不受提取间隔期一年的限制。受新冠肺炎疫情影响的职工,在2月1日至6月30日之间不能正常还款的,不作逾期处理,不作为逾期记录报送征信部门。截至6月30日,共计受理审批36家企业缓缴住房公积金的申请,缓缴人数3797人,共计为29户因受疫情影响的职工提取公积金6.79万元用于支付房租,共计受理受疫情影响无法正常还款且不作逾期处理的贷款904户,金额961万元,确保住房公积金阶段性支持政策惠及因受疫情影响企业和职工。

(二)当年机构及职能调整情况、受委托办理缴存贷款业务金融机构变更情况。

1. 机构及职能调整情况:2020年机构及职能调整情况无变化。

2. 受委托办理缴存贷款业务金融机构变更情况:经阜新市住房公积金管理委员会审批受托办理缴存贷款业务的金融机构有8家,分别是:工商银行、建设银行、农业银行、中国银行、交通银行、阜新银行、邮储银行、阜蒙县农村信用合作联社,与2019年相比无变化。

(三)当年住房公积金政策调整及执行情况,包括当年缴存基数限额及确定方法、缴存比例等缴存政策调整情况;当年提取政策调整情况;当年个人住房贷款最高贷款额度、贷款条件等贷款政策调整情况;当年住房公积金存贷款利率执行标准等;支持老旧小区改造政策落实情况。

1. 当年缴存基数限额及确定方法、缴存比例等缴存政策调整情况

严格按照《国务院住房公积金管理条例》《阜新市住房公积金归集管理实施细则》(阜公积金发〔2020〕6号)、《关于调整2020年度住房公积金缴存基数上下限的通知》(阜公积金发〔2020〕11号)文件执行。严格执行住房公积金缴存基数标准,缴存住房公积金的月工资基数,不得高于职工工作地所在设区城市统计部门公布的上一年度月平均工资的3倍,下限不得低于劳动部门公布的最低工资标准。严格执行住房公积金缴存比例不得低于5%,不得高于12%的规定。缴存单位可在5%至12%之间自主确定住房公积金缴存比例。生产经营困难企业,经职工代表大会或工会讨论通过后,可申请降低缴存比例至5%以下或者缓缴。

2. 当年提取政策调整情况

2020年无大调整,但在偿还我市公贷提取方面,放宽了借款人封存账户余额的使用。

3. 当年贷款政策调整情况

2020年,对于购买第二套自住住房的缴存职工,贷款利率执行同期首套住房公积金个人住房贷款利率的1.1倍。

4. 当年存贷款利率执行标准

2020年公积金存款利率执行标准为1.5%。

2020年公积金个人住房抵押贷款利率执行标准为:1~5年期(含5年)公积金个人住房抵押贷款利率为2.75%,5年以上公积金个人住房抵押贷款利率为3.25%。

(四)当年服务改进情况,包括推进住房公积金服务"跨省通办"工作情况,服务网点、服务设施、服务手段、综合服务平台建设和其他网络载体建设服务情况等。 2020年,阜新市住房公积金管理中心以高效办成一件事为目标,强化担当、主动作为,不断提升服务水平。

1. 推进住房公积金"跨省通办"工作情况

已按照住房和城乡建设部《关于做好住房公积金跨省通办工作的通知》要求,于2020年底前完成了"缴存贷款信息查询、出具贷款职工缴存使用证明、正常退休提取"3项,以及提前完成了"单位及个人缴存信息变更、购房提取、开具公积金贷款全部还清证明、提前还清公积金贷款"项服务事项的跨省通办线上线下准备工作。具体落实了"跨省通办"服务窗口和人员设置,明确了"全程网办"和"代收代办"业务的划分,并针对"代收代办"业务在我市住房公积金管理核心系统做了"跨省通办"业务节点,便于职工进行线下申请和柜员服务操作。

2. 服务网点、服务设施、服务手段、综合服务平台建设和其他网络载体建设服务情况

一是住房公积金"一网通办"工作走在全市前列。8月24日率先实现一体化平台办理公积金业务,成为我市首家与市一体化平台对接单位。全市公积金业务数据已经实现共享,并做到时时更新。对接工作完成后,全市职工可通过阜新政务服务网办理公积金各项业务,即实现了"一网通办";率先完成统一身份认证、好差评、电子印章、数据共享等对接工作,"好差评"满意率及反馈量走在全市前列;在辽事通对接11个子项的基础上,增加阜新特色事项3个。二是创新服务形式,率先实现用"综合窗口"替代"部门窗口",12月15日阜蒙办事处进驻阜蒙县政务服务中心,顺利完成对接工作,成为市直机关进驻政务服务中心第一家报到单位。这也是服务方式的改革创新,此举也实现了从"属地办理"到"全市通办"的跨越。三是疫情防控期间全力为地产企业服务,不断强化责任担当,积极主动作为,开通容缺办理绿色通道,助力地产企业尽快复工复产,已帮扶两家企业实现公积金贷款准入。四是进一步加强工作作风和效能建设,不断建立健全排队叫号、咨询引导、首问负责、容缺受理、预约服务、代办服务、便民服务、绿色通道、好差评等相关体制机制,为军人、老弱病残开设优先服务,对特殊有困难的职工和单位进行容缺办理。推广自助服务,并安排工作人员提供指导帮助。同时不断改善五个办事处营业大厅环境,设立叫号机、引导咨询台、评价器,更新了照明设备,新增了空调系统,确保大厅明亮、整洁、温暖,让办事群众感受到了温馨和愉快。

(五)当年信息化建设情况,包括信息系统升级改造情况,基础数据标准贯彻落实和结算应用系统接入情况等。

1. 按照省委、省政府对"一网通办"工作的统一部署,为强力推进政务服务"一网通办",方便企业和群众办事。开展了面向我市政务服务网统一入口、对接统一身份认证、对接统一事项库、向一体化平台

共享办件数据、对接电子印章、对接好差评、对接辽事通、对接共享交换平台、对接省市场局九项系统对接工作。截至目前，对接工作仍在有序地进行中。

2. 基础数据贯标工作情况，采集完善基础数据，夯实数据基础。在系统升级中全面落实《基础数据标准》。

3. 公积金银行结算系统建设情况，全业务对接结算数据应用系统。全公积金银行账户覆盖。全合作银行联网。全交易接口开发测试使用。全银行账户签约。

（六）当年住房公积金管理中心及职工所获荣誉情况，包括：文明单位（行业、窗口）、青年文明号、工人先锋号、五一劳动奖章（劳动模范）、三八红旗手（巾帼文明岗）、先进集体和个人等。2020年，阜新市住房公积金管理中心获"阜新市巾帼文明岗"称号，孙宇鹏获"阜新市千千结活动最佳建议奖"称号，牟东莹获"阜新市千千结活动优秀党支部书记"称号。

（七）当年对违反《住房公积金管理条例》和相关法规行为进行行政处罚和申请人民法院强制执行情况。无。

（八）当年对住房公积金管理人员违规行为的纠正和处理情况等。无。

（九）其他需要披露的情况。无。

辽阳市住房公积金2020年年度报告

根据国务院《住房公积金管理条例》和住房和城乡建设部、财政部、人民银行《关于健全住房公积金信息披露制度的通知》（建金〔2015〕26号）的规定，经住房公积金管理委员会审议通过，现将辽阳市住房公积金2020年年度报告公布如下。

一、机构概况

（一）住房公积金管理委员会。住房公积金管理委员会有24名委员，2020年召开2次会议，审议通过的事项主要包括：会议推举产生了第四届辽阳市住房公积金管理委员会委员、副主任委员、主任委员；会议审议通过了《第四届辽阳市住房公积金管理委员会议事规则》《辽阳市住房公积金2019年年度报告》《辽阳市住房公积金2019年年度报告解读》《辽阳市2019年住房公积金归集、使用计划执行情况及2020年住房公积金归集、使用计划的报告》《辽阳市自愿缴存人员住房公积金管理办法（试行）》《关于辽阳市住房公积金委托贷款担保的意见》《辽阳市2019年住房公积金增值收益分配方案》《关于支付2019年住房公积金贷款担保费、贷款手续费的意见》；会议通过了调整第四届辽阳市住房公积金管理委员会主任委员、副主任委员和部分委员；会议审议通过了《关于调整住房公积金提取相关政策的意见》《关于阶段性实施住房公积金个人住房贷款相关事项的意见》。

（二）住房公积金管理中心。辽阳市住房公积金管理中心为市政府直属不以营利为目的的事业单位，设6个部室，6个办事处。从业人员87人，其中，在编46人，非在编41人。

二、业务运行情况

（一）缴存。2020年，新开户单位125家，净减单位251家；新开户职工0.60万人，净减职工0.67万人；实缴单位1637家，实缴职工15.23万人，缴存额21.62亿元，分别同比下降13.29%、4.24%、3.73%。2020年末，缴存总额207.77亿元，比上年末增加11.61%；缴存余额85.87亿元，同比增长8.27%。受委托办理住房公积金缴存业务的银行8家。

（二）提取。2020年，4.83万名缴存职工提取住房公积金；提取额15.06亿元，同比增长11.76%；提取额占当年缴存额的69.67%，比上年增加9.65个百分点。2020年末，提取总额121.90亿元，比上年末增加14.10%。

（三）贷款。

1. 个人住房贷款。单缴存职工个人住房贷款最高额度40万元，双缴存职工个人住房贷款最高额度80万元。2020年，发放个人住房贷款0.35万笔、11.47亿元，同比分别下降15.33%、1.65%。

2020年，回收个人住房贷款6.72亿元。

2020年末，累计发放个人住房贷款4.04万笔、85.78亿元，贷款余额40.33亿元，分别比上年末增加9.60%、15.44%、13.37%。个人住房贷款余额占缴存余额的46.97%，比上年末增加2.11个百分点。受委托办理住房公积金个人住房贷款业务的银行8家。

2. 异地贷款。2020年，发放异地贷款266笔、7192.90万元。2020年末，发放异地贷款总额18386.60万元，异地贷款余额14847.19万元。

（四）资金存储。2020年末，住房公积金存款46.12亿元。其中，活期0.03亿元，1年（含）以下定期16.00亿元，1年以上定期26.00亿元，其他（协定、通知存款等）4.09亿元。

（五）资金运用率。2020年末，住房公积金个人住房贷款余额、项目贷款余额和购买国债余额的总和占缴存余额的46.97%，比上年末增加2.11个百分点。

三、主要财务数据

（一）业务收入。2020年，业务收入25423.87万元，同比增长5.45%。存款利息13331.36万元，委托贷款利息12090.95万元，国债利息0万元，其他1.56万元。

（二）业务支出。2020年，业务支出13249.21万元，同比增长10.43%。支付职工住房公积金利息12644.99万元，归集手续费0万元，委托贷款手续费604.22万元，其他0万元。

（三）增值收益。2020年，增值收益12174.66万元，同比增长0.53%。增值收益率1.46%，比上年减少0.14个百分点。

（四）增值收益分配。2020年，提取贷款风险准备金4033.04万元，提取管理费用1500.00万元，提取城市廉租住房（公共租赁住房）建设补充资金6641.62万元。

2020年，上交财政管理费用3200.00万元。上缴财政城市廉租住房（公共租赁住房）建设补充资金11793.90万元。

2020年末，贷款风险准备金余额42398.53万元。累计提取城市廉租住房（公共租赁住房）建设补充资金50383.06万元。

(五)管理费用支出。 2020年,管理费用支出1349.24万元,同比下降0.79%。其中,人员经费480.39万元,公用经费383.15万元,专项经费485.70万元。

四、资产风险状况

个人住房贷款。2020年末,个人住房贷款逾期额47.95万元,逾期率0.119‰。个人贷款风险准备金余额42398.53万元。2020年,使用个人贷款风险准备金核销呆坏账0万元。

五、社会经济效益

(一)缴存业务。 缴存职工中,国家机关和事业单位占33.64%,国有企业占27.47%,城镇集体企业占2.45%,外商投资企业占1.56%,城镇私营企业及其他城镇企业占34.01%,民办非企业单位和社会团体占0.87%,灵活就业人员占0%,其他占0%;中、低收入占99.08%,高收入占0.92%。

新开户职工中,国家机关和事业单位占17.66%,国有企业占17.80%,城镇集体企业占1.29%,外商投资企业占2.69%,城镇私营企业及其他城镇企业占53.83%,民办非企业单位和社会团体占6.73%,灵活就业人员占0%,其他占0%;中、低收入占99.58%,高收入占0.42%。

(二)提取业务。 提取金额中,购买、建造、翻建、大修自住住房占16.71%,偿还购房贷款本息占46.10%,租赁住房占6.23%,支持老旧小区改造占0%,离休和退休提取占24.65%,完全丧失劳动能力并与单位终止劳动关系提取占4.62%,出境定居占0%,其他占1.69%。提取职工中,中、低收入占99.19%,高收入占0.81%。

(三)贷款业务。

个人住房贷款。2020年,支持职工购建房37.15万平方米(含公转商贴息贷款),2020年末个人住房贷款市场占有率(含公转商贴息贷款)为28.00%,比上年末增加1.72个百分点。通过申请住房公积金个人住房贷款,可节约职工购房利息支出17738.74万元。

职工贷款笔数中,购房建筑面积90(含)平方米以下占27.87%,90~144(含)平方米占66.62%,144平方米以上占5.51%。购买新房占73.45%(其中购买保障性住房占0%),购买二手房占23.53%,建造、翻建、大修自住住房占0%(其中支持老旧小区改造占0%),其他占3.02%。

职工贷款笔数中,单缴存职工申请贷款占34.65%,双缴存职工申请贷款占65.35%,三人及以上缴存职工共同申请贷款占0%。

贷款职工中,30岁(含)以下占25.81%,30岁~40岁(含)占39.79%,40岁~50岁(含)占25.42%,50岁以上占8.98%;首次申请贷款占90.43%,二次及以上申请贷款占9.57%;中、低收入占98.93%,高收入占1.07%。

(四)住房贡献率。 2020年,个人住房贷款发放额、公转商贴息贷款发放额、项目贷款发放额、住房消费提取额的总和与当年缴存额的比率为101.18%,比上年增加6.83个百分点。

六、其他重要事项

(一)应对新冠肺炎疫情采取的措施,落实住房公积金阶段性支持政策情况和政策实施成效。

1.单位缴存方面,为应对新冠疫情,本市出台了《关于妥善应对新冠肺炎疫情实施住房公积金阶段性支持政策的通知》，疫情期间住房公积金中心共为 38 家企业办理了缓缴手续，累计缓缴总额为 1.38 亿元，涉及缴存职工 36235 人。

2. 贷款方面，根据辽市政办电〔2020〕3 号《关于妥善应对新冠肺炎疫情实施住房公积金阶段性支持政策的通知》文件规定："受新冠肺炎疫情影响的企业，可按规定申请在 2020 年 6 月 30 日前缓缴住房公积金，缓缴期间缴存时间连续计算，不影响职工正常提取和申请住房公积金贷款。"

（二）当年机构及职能调整情况、受委托办理缴存贷款业务金融机构变更情况。当年无机构及职能调整情况、受委托办理缴存贷款业务金融机构变更情况。

（三）当年住房公积金政策调整及执行情况。

1. 当年缴存基数限额及确定方法、缴存比例等缴存政策调整情况。

（1）住房公积金中心发布《关于调整 2020 年度住房公积金缴存基数的通知》，调整后的缴存基数上限为辽阳市 2019 年在岗职工月平均工资的 3 倍，即 17275 元；缴存基数下限为辽阳市人民政府规定的全市月最低工资标准，即 1610 元。缴存单位可在 5％～12％之间，自主确定住房公积金缴存比例。生产经营困难的企业，经职工代表大会或者工会讨论通过后，可申请降低住房公积金缴存比例至 5％以下或者缓缴。

（2）为进一步扩大住房公积金制度覆盖面，充分发挥住房公积金制度的普惠性和保障功能，根据《住房公积金管理条例》（国务院令第 350 号）和《关于住房公积金管理若干具体问题的指导意见》（建金管〔2005〕5 号），结合本市实际，制定《辽阳市自愿缴存人员住房公积金管理办法（试行）》。

2. 当年提取政策调整情况。

根据《住房公积金管理条例》、《国务院办公厅关于全面推进城镇老旧小区改造工作的指导意见》（国办发〔2020〕23 号）、《住房和城乡建设部、财政部、人民银行、公安部关于开展治理违规提取住房公积金工作的通知》（建金〔2018〕46 号）及落实审计署提出的整改要求，结合我市实际情况，调整住房公积金提取有关政策。

（1）取消职工本人、配偶及其未成年子女患重大疾病和遇到其他不可预见的重大灾难可以申请提取住房公积金的规定。

（2）增加"本市既有多层住宅加装电梯可以申请提取住房公积金"的规定。

3. 当年个人住房贷款最高贷款额度、贷款条件等贷款政策调整情况。

（1）根据辽市公积金管委发〔2020〕8 号规定。借款人单方按月连续足额缴存住房公积金的，期房贷款额度上限 30 万元调整为 40 万元。

（2）异地缴存职工公积金贷款最长年限 10 年调整为 20 年，贷款期限不超过借款人法定退休年龄。

4. 当年住房公积金存贷款利率执行标准。

住房公积金存款执行利率为 1.5％。

首套住房公积金个人住房贷款执行利率 1～5 年（含）为 2.75％，五年以上为 3.25％。根据辽市不动产发〔2020〕16 号规定，第二套住房公积金个人住房贷款首付款比例不得低于 20％，贷款利率不得低于同期首套住房公积金个人住房贷款利率 1.1 倍；停止向购买第三套及以上的缴存职工家庭发放住房公积金个人住房贷款。

（四）当年服务改进情况。

1. 已完成住房和城乡建设部 2020 年所规定"跨省通办"工作目标，个人公积金存贷款信息查询全程网办，渠道为单位网厅、个人网厅、手机公积金 App、微信公众号、辽事通；正常退休提取公积金实现全程网办，渠道为手机公积金 App、辽事通；出具职工异地贷款缴存证明可以通过住房和城乡建设部监管平台进行代办，在 2021 年 4 月可以实现全程网办。

2. 为 6 个办事处增设 6 台个人征信查询机，方便群众查询个人征信报告，节约办理时间。

3. 增加辽事通移动端办理渠道。

（五）当年信息化建设情况。

1. 综合服务平台建设及双贯标建设住房和城乡建设部已验收完成。

2. 完成辽阳市住房公积金综合管理信息系统 V2.0 和辽阳市住房公积金管理中心网站安全等级测评备案工作。

3. 为保证数据安全，防止数据丢失，对住房公积金系统建立了异地实时灾备。

4. 完成公积金信息系统与市一体化在线政务服务平台的对接工作。

5. "辽事通"App 新增了 7 个业务办理事项。

6. 公积金管理中心为进一步提升服务水平，优化营商环境，为服务对象提供了对公积金中心及工作人员的服务质量进行评价的"好差评"系统。

7. 开通完成了同市场监督管理局新开办企业住房公积金缴存登记工作。

8. 完成了住房和城乡建设部 2020 年规定的"跨省通办"三项业务的联系、培训工作。

盘锦市住房公积金 2020 年年度报告

根据国务院《住房公积金管理条例》和住房和城乡建设部、财政部、人民银行《关于健全住房公积金信息披露制度的通知》（建金〔2015〕26 号）的规定，经住房公积金管理委员会审议通过，现将盘锦市住房公积金 2020 年年度报告公布如下。

一、机构概况

（一）**住房公积金管理委员会。**住房公积金管理委员会有 23 名委员，2020 年召开 1 次会议，审议通过的事项主要包括：《盘锦市住房公积金管理中心 2019 年工作完成情况及 2020 年工作安排的报告》。

（二）**住房公积金管理中心。**

1. 盘锦市住房公积金管理中心（简称"盘锦中心"）。盘锦中心为隶属于盘锦市人民政府不以营利为目的的参照公务员管理的事业单位，设 2 个科室，5 个办事处。从业人员 107 人，其中，在编 41 人，非在编 66 人。

2. 油田分中心。油田分中心由盘锦中心授权经营，不以营利为目的非独立法人分支机构。主要负责辽河油区各单位住房公积金的归集、管理、使用和会计核算。设 4 个科室，从业人员 112 人，其中，在编

33 人,非在编 79 人。

二、业务运行情况

(一)缴存。2020 年,新开户单位 241 家,净增单位 162 家;新开户职工 1.47 万人,净增职工 0.70 万人;实缴单位 1,788 家,实缴职工 23.92 万人,缴存额 43.30 亿元,分别同比下降 7.84%、下降 0.95%、增长 12.29%。2020 年末,缴存总额 415.89 亿元,比上年末增加 11.62%;缴存余额 139.99 亿元,同比增长 6.05%。其中:

盘锦中心:新开户单位 239 家,净增单位 162 家;新开户职工 1.44 万人,净增职工 0.73 万人;实缴单位 1,659 家,实缴职工 13.69 万人,缴存额 18.77 亿元,分别同比下降 8.39%、增长 0.37%、增长 15.94%。2020 年末,缴存总额 133.71 亿元,比上年末增加 16.33%;缴存余额 69.60 亿元,同比增长 15.31%。

油田分中心:新开户单位 2 家,净增单位 0 家;新开户职工 0.03 万人,净增职工－0.03 万人;实缴单位 129 家,实缴职工 10.23 万人,缴存额 24.53 亿元,分别同比增长 0%、下降 2.67%、增长 9.66%。2020 年末,缴存总额 282.18 亿元,同比增长 9.52%;缴存余额 70.39 亿元,同比减少 1.74%。

(二)提取。2020 年,提取金额 35.32 亿元,同比增长 84.15%;占当年缴存额的 81.57%,比上年增加 31.83 个百分点。2020 年末,提取总额 275.90 亿元,比上年末增加 14.68%。其中:

盘锦中心:提取金额 9.53 亿元,同比下降 1.75%;占当年缴存额的 50.77%,比上年减少 9.14 个百分点。2020 年末,提取总额 64.11 亿元,比上年末增加 17.46%。

油田分中心:提取额 25.79 亿元,同比增长 172.33%;占当年缴存额的 105.14%,比上年增加 63 个百分点。2020 年末,提取总额 211.79 亿元,同比增长 13.86%。

(三)贷款。

1. 个人住房贷款

单缴存职工个人住房贷款最高额度 50 万元,双缴存职工个人住房贷款最高额度 80 万元。

2020 年,发放个人住房贷款 0.47 万笔、16.29 亿元,同比分别增长 30.56%、58.62%。其中:

盘锦中心:发放个人住房贷款 0.34 万笔、11.36 亿元,同比分别增长 21.43%、47.15%。

油田分中心:发放个人住房贷款 0.13 万笔、4.93 亿元,同比分别增长 62.50%、93.33%。

2020 年,回收个人住房贷款 6.25 亿元。其中,市中心 4.65 亿元,油田分中心 1.60 亿元。

2020 年末,累计发放个人住房贷款 5.93 万笔、119.90 亿元,贷款余额 57.53 亿元,分别比上年末增加 8.61%、15.72%、21.14%。个人住房贷款余额占缴存余额的 41.10%,比上年末增加 5.12 个百分点。其中:

盘锦中心:累计发放个人住房贷款 4.22 万笔、85.68 亿元,贷款余额 43.28 亿元,分别比上年末增加 8.76%、15.29%、18.35%。个人住房贷款余额占缴存余额的 62.18%,比上年末增加 1.59 个百分点。

油田分中心:累计发放个人住房贷款 1.71 万笔、34.22 亿元,贷款余额 14.25 亿元,同比分别增长 8.22%、16.84%、30.61%。个人住房贷款余额占缴存余额的 20.24%,比上年增加 5 个百分点。

2. 异地贷款

2020 年,发放异地贷款 282 笔、9152 万元。2020 年末,发放异地贷款总额 37053.60 万元,异地贷款余额 28667.91 万元。其中：

盘锦中心：发放异地贷款 282 笔、9152 万元。2020 年末，发放异地贷款总额 37053.60 万元，异地贷款余额 28667.91 万元。

油田分中心：无异地贷款。

（四）资金存储。2020 年末，住房公积金存款 84.53 亿元。其中，活期 2.30 亿元，1 年（含）以下定期 10.56 亿元，1 年以上定期 71.35 亿元，协定存款 0.32 亿元。其中：

盘锦中心：住房公积金存款 27.72 亿元。其中，活期 1.72 亿元，1 年（含）以下定期 1.40 亿元，1 年以上定期 24.60 亿元。

油田分中心：住房公积金存款 56.81 亿元。其中，活期 0.58 亿元，1 年（含）以下定期 9.16 亿元，1 年以上定期 46.75 亿元，其他（协定、通知存款等）0.32 亿元。

（五）资金运用率。2020 年末，住房公积金个人住房贷款余额、项目贷款余额和购买国债余额的总和占缴存余额的 41.10%，比上年末增加 5.12 个百分点。其中：盘锦中心 62.18%，比上年末增加 1.59 个百分点；油田分中心 20.24%，比上年增加 5 个百分点。

三、主要财务数据

（一）业务收入。2020 年，业务收入 38908.07 万元，同比增长 21.41%。存款利息 22146.07 万元，委托贷款利息 15987.78 万元，其他 774.22 万元。其中：

盘锦中心：业务收入 17863.91 万元，同比增长 23.81%。其中，存款利息 5618.46 万元，委托贷款利息 12238.40 万元，其他 7.05 万元。

油田分中心：业务收入 21044.16 万元，同比增长 19.44%。存款利息 16527.61 万元，委托贷款利息 3749.38 万元，其他 767.17 万元。

（二）业务支出。2020 年，业务支出 23165.44 万元，同比增长 28.08%。支付职工住房公积金利息 22134.03 万元，委托贷款手续费 116.20 万元，其他 915.21 万元。其中：

盘锦中心：业务支出 11808.05 万元，同比增长 32.45%。其中，支付职工住房公积金利息 10892.84 万元，其他 915.21 万元。

油田分中心：业务支出 11357.39 万元，同比增长 23.83%。支付职工住房公积金利息 11241.19 万元，委托贷款手续费 116.20 万元。

（三）增值收益。2020 年，增值收益 15742.63 万元，同比增长 12.76%。增值收益率 1.12%，比上年减少 0.02 个百分点。其中：

盘锦中心：增值收益 6055.86 万元，同比增长 9.84%。增值收益率 0.93%，比上年减少 0.04 个百分点。

油田分中心：增值收益 9686.77 万元，同比增长 14.67%。增值收益率 1.27%，比上年增加 0 个百分点。

（四）增值收益分配。2020 年，提取贷款风险准备金 2095.77 万元，提取管理费用 2985.30 万元，提取城市廉租住房（公共租赁住房）建设补充资金 10661.56 万元。上交财政管理费用 819.30 万元。上缴财政城市廉租住房（公共租赁住房）建设补充资金 29166.13 万元。2020 年末，贷款风险准备金余额

25996.80万元。累计提取城市廉租住房（公共租赁住房）建设补充资金66571.70万元。其中：

盘锦中心：提取贷款风险准备金670.43万元，提取管理费用819.30万元，提取城市廉租住房（公共租赁住房）建设补充资金4566.13万元。上交财政管理费用819.30万元。上缴财政城市廉租住房（公共租赁住房）建设补充资金4566.13万元。贷款风险准备金余额5207.72万元。累计提取城市廉租住房（公共租赁住房）建设补充资金25795.41万元。

油田分中心：提取贷款风险准备金1425.34万元，提取管理费用2166.00万元，提取城市廉租住房（公共租赁住房）建设补充资金6095.43万元。上缴财政城市廉租住房（公共租赁住房）建设补充资金24600万元。贷款风险准备金余额20789.08万元。累计提取城市廉租住房（公共租赁住房）建设补充资金40776.29万元。

（五）**管理费用支出**。2020年，管理费用支出2540.67万元，同比增长1.71%。其中，人员经费1896.96万元，公用经费35.94万元，专项经费607.77万元。其中：

盘锦中心：管理费用支出776.03万元，同比增长0.05%。其中，人员经费273.50万元，公用经费0万元，专项经费502.53万元。

油田分中心：管理费用支出1764.64万元，同比增加2.46%。其中，人员经费1623.46万元，公用经费35.94万元，专项经费105.24万元。

四、资产风险状况

个人住房贷款。2020年末，个人住房贷款逾期额4210.73万元，逾期率7.32‰。其中，市中心9.73‰，油田分中心0‰。

个人贷款风险准备金按贷款余额的1%提取。2020年，提取个人贷款风险准备金2095.77万元。使用个人贷款风险准备金核销呆坏账0万元。2020年末，个人贷款风险准备金余额25996.80万元，占个人住房贷款余额的4.52%，个人住房贷款逾期额与个人贷款风险准备金余额的比率为16.20%。其中：

盘锦中心：个人贷款风险准备金按贷款余额的1%提取。提取个人贷款风险准备金670.43万元，使用个人贷款风险准备金核销呆坏账0万元。个人贷款风险准备金余额5207.72万元。占个人住房贷款余额的1.20%，个人住房贷款逾期额与个人贷款风险准备金余额的比率为80.86%。

油田分中心：个人贷款风险准备金按贷款余额的1%提取。提取个人贷款风险准备金1425.34万元，使用个人贷款风险准备金核销呆坏账0万元。个人贷款风险准备金余额20789.08万元，占个人住房贷款余额的14.59%，个人住房贷款逾期额与个人贷款风险准备金余额的比率为0%。

五、社会经济效益

（一）**缴存业务**。2020年，实缴单位数、实缴职工人数和缴存额同比分别下降7.84%、下降0.95%和增长12.29%。其中：

盘锦中心：实缴单位数、实缴职工人数和缴存额同比分别下降8.39%、增长0.37%和增长15.94%。

油田分中心：实缴单位数、实缴职工人数和缴存额同比分别增长0%、下降2.67%和增长9.66%。

缴存职工中，国家机关和事业单位占27.02%，国有企业占54.78%，城镇集体企业占1.64%，外商投资企业占0.72%，城镇私营企业及其他城镇企业占9.70%，民办非企业单位和社会团体占4.42%，其他占 1.72%；中、低收入占 97.79%，高收入占 2.21%。其中：

盘锦中心：缴存职工中，国家机关和事业单位占 46.58%，国有企业占 23.25%，城镇集体企业占 2.58%，外商投资企业占 1.26%，城镇私营企业及其他城镇企业占 15.60%，民办非企业单位和社会团体占 7.73%，其他占 3.00%；中、低收入占 99.40%，高收入占 0.60%。

油田分中心：缴存职工中，国家机关和事业单位占 1%，国有企业占 96.3%，城镇集体企业占 0.3%，外商投资企业占 0%，城镇私营企业及其他城镇企业占 2.4%，民办非企业单位和社会团体占 0%，其他占 0%；中、低收入占 95.63%，高收入占 4.37%。

新开户职工中，国家机关和事业单位占 28.73%，国有企业占 10.16%，城镇集体企业占 2.12%，外商投资企业占 1.07%，城镇私营企业及其他城镇企业占 34.28%，民办非企业单位和社会团体占 13.05%，其他占 10.59%；中、低收入占 99.94%，高收入占 0.06%。其中：

盘锦中心：新开户职工中，国家机关和事业单位占 28.96%，国有企业占 8.71%，城镇集体企业占 2.17%，外商投资企业占 1.09%，城镇私营企业及其他城镇企业占 34.96%，民办非企业单位和社会团体占 13.31%，其他占 10.80%；中、低收入占 99.95%，高收入占 0.05%。

油田分中心：新开户职工中，国家机关和事业单位占 17.30%，国有企业占 82.01%，城镇集体企业占 0%，外商投资企业占 0%，城镇私营企业及其他城镇企业占 0.69%，民办非企业单位和社会团体占 0%，其他占 0%；中、低收入占 99.31%，高收入占 0.69%。

（二）提取业务。2020 年，7.05 万名缴存职工提取住房公积金 35.32 亿元。

提取金额中，购买、建造、翻建、大修自住住房占 64.15%，偿还购房贷款本息占 18.94%，租赁住房占 0.90%，离休和退休提取占 12.11%，完全丧失劳动能力并与单位终止劳动关系提取占 1.90%，出境定居提取占 0%，死亡或宣告死亡提取占 0.65%，其他占 1.35%。提取职工中，中、低收入占 96.75%，高收入占 3.25%。其中：

盘锦中心：3.16 万名缴存职工提取住房公积金 9.53 亿元。提取金额中，购买、建造、翻建、大修自住住房占 23.54%，偿还购房贷款本息占 43.11%，租赁住房占 2.65%，离休和退休提取占 21.68%，完全丧失劳动能力并与单位终止劳动关系提取占 7.04%，出境定居提取占 0%，死亡或宣告死亡提取占 0.83%，其他占 1.15%。提取职工中，中、低收入占 99.07%，高收入占 0.93%。

油田分中心：3.89 万名缴存职工提取住房公积金 25.79 亿元。提取金额中，购买、建造、翻建、大修自住住房占 79.15%，偿还购房贷款本息占 10.01%，租赁住房占 0.25%，离休和退休提取占 8.58%，完全丧失劳动能力并与单位终止劳动关系提取占 0%，出境定居提取占 0%，死亡或宣告死亡提取占 0.58%，其他占 1.43%。提取职工中，中、低收入占 94.86%，高收入占 5.14%。

（三）贷款业务。2020 年，支持职工购建房 59.19 万平方米（含公转商贴息贷款），年末个人住房贷款市场占有率（含公转商贴息贷款）为 36.79%，比上年末增加 2.59 个百分点。通过申请住房公积金个人住房贷款，可节约职工购房利息支出 23222.25 万元。其中：

盘锦中心：支持职工购建房 42.26 万平方米（含公转商贴息贷款），年末个人住房贷款市场占有率（含公转商贴息贷款）为 27.68%，比上年末增加 1.34 个百分点。通过申请住房公积金个人住房贷款，可节约职工购房利息支出 15860.39 万元。

油田分中心：支持职工购建房 16.93 万平方米，年末个人住房贷款市场占有率（含公转商贴息贷款）

为9.11%，比上年末增加1.25个百分点。通过申请住房公积金个人住房贷款，可节约职工购房利息支出7361.86万元。

职工贷款笔数中，购房建筑面积90（含）平方米以下占7.43%，90~144（含）平方米占73.99%，144平方米以上占18.58%。购买新房占85.98%（其中购买保障性住房占0%），购买二手房占14.02%。

职工贷款笔数中，单缴存职工申请贷款占59.84%，双缴存职工申请贷款占40.16%，三人及以上缴存职工共同申请贷款占0%。

贷款职工中，30岁（含）以下占29.85%，30岁~40岁（含）占39.92%，40岁~50岁（含）占24.84%，50岁以上占5.39%；首次申请贷款占90.61%，二次及以上申请贷款占9.39%；中、低收入占95.70%，高收入占4.30%。其中：

盘锦中心：

职工贷款笔数中，购房建筑面积90（含）平方米以下占8.91%，90~144（含）平方米占73.29%，144平方米以上占17.80%。购买新房占85.36%（其中购买保障性住房占0%），购买二手房占14.64%。

职工贷款笔数中，单缴存职工申请贷款占72.85%，双缴存职工申请贷款占27.15%，三人及以上缴存职工共同申请贷款占0%。

贷款职工中，30岁（含）以下占36.63%，30岁~40岁（含）占36.78%，40岁~50岁（含）占20.98%，50岁以上占5.61%；首次申请贷款占92.89%，二次及以上申请贷款占7.11%；中、低收入占99.29%，高收入占0.71%。

油田分中心：职工贷款笔数中，购房建筑面积90（含）平方米以下占3.60%，90~144（含）平方米占75.80%，144平方米以上占20.60%。购买新房占87.60%（其中购买保障性住房占0%），购买二手房占12.40%。

职工贷款笔数中，单缴存职工申请贷款占26.11%，双缴存职工申请贷款占73.89%，三人及以上缴存职工共同申请贷款占0%。

贷款职工中，30岁（含）以下占12.25%，30岁~40岁（含）占48.09%，40岁~50岁（含）占34.84%，50岁以上占4.82%；首次申请贷款占84.69%，二次及以上申请贷款占15.31%；中、低收入占86.37%，高收入占13.63%。

（四）住房贡献率。2020年，个人住房贷款发放额、公转商贴息贷款发放额、项目贷款发放额、住房消费提取额的总和与当年缴存额的比率为106.12%，比上年增加43.20个百分点。其中：盘锦中心95.70%，比上年增加6.1个百分点；油田分中心：125.22%，比上年增加82个百分点。

六、其他重要事项

（一）应对新冠肺炎疫情采取的政策措施，落实住房公积金阶段性支持政策情况和政策实施成效。

1. 出台阶段性缓缴政策，切实减轻企业压力。根据《关于妥善应对新冠肺炎疫情实施住房公积金阶段性支持政策的通知》（建金〔2020〕23号）的通知要求，中心出台《盘锦市关于新冠肺炎疫情防控期间住房公积金阶段性支持政策实施办法》，并向全社会发出了《关于新型冠状病毒肺炎疫情防控期间盘锦市住房公积金管理服务工作的通知》，助力全市缴存企业和职工应对疫情、度过难关，取得明显成效。

凡受新冠肺炎疫情影响的企业，可按规定申请在 2020 年 6 月 30 日前缓缴住房公积金，缓缴期间缴存时间连续计算，不影响职工正常提取和申请住房公积金贷款。截至 2020 年 6 月 30 日政策到期，我中心累计为 58 家企业办理缓缴业务，涉及职工 13490 人，累计缓缴金额 3405 万元。

凡受新冠肺炎疫情影响的职工，2020 年 6 月 30 日前住房公积金贷款不能正常还款的，可按规定在还款日前，本人持经所在单位核实的说明材料到贷款办事处办理登记业务，不作逾期处理，不作为逾期记录报送征信部门。截至 2020 年 6 月 30 日政策到期，累计为 41 名职工办理不作逾期处理贷款业务，累计不作逾期处理本金 14.95 万元。

2. 推行"不见面"办理模式，用心打造便捷服务。鼓励缴存职工通过住房公积金网上办事大厅、微信公众号和手机 App 等线上渠道办理业务。疫情期间，企业和职工在家就能办理业务，切实享受到公积金的便捷服务。

3. 严格落实常态化疫情防控要求，积极推动企业复工复产。我中心及各办事处为人员较为密集的公共场所，针对疫情不断变化的实际情况，避免办事人员短时间大量聚集，采取疫情时期防控措施，引导各缴存单位、缴存职工在线办理业务，也可以提前拨打预约服务电话，中心工作人员按照和缴存职工约定的时间错峰办理业务，有效避免因人员聚集引发感染。

（二）受委托办理缴存贷款业务金融机构变更情况。2020 年，盘锦中心、油田分中心机构及职能和受委托办理缴存、贷款业务的金融机构均未变化。

（三）2020 年住房公积金政策调整情况。

1. 支取情况

根据住房和城乡建设部、财政部、人民银行、公安部《关于开展治理违规提取住房公积金工作的通知》（建金〔2018〕46 号），按照"房子是用来住的，不是用来炒的"定位，规范改进住房公积金提取政策。"重点支持提取住房公积金在缴存地或户籍地购买首套普通住房和第二套改善型住房，防止提取住房公积金用于炒房投机。"我中心就缴存职工购买自住住房或偿还自住住房贷款本息申请提取公积金有关事项调整如下：

（1）所购房屋应坐落在盘锦市行政区域内；

（2）如所购房屋坐落不在盘锦行政区域内，应满足下列条件之一：

① 房屋坐落在职工户籍所在地；

② 房屋坐落在职工配偶原户籍所在地；

③ 房屋坐落在职工配偶公积金缴存地。

2. 缴存基数调整情况

职工缴存住房公积金的月平均工资基数不应超过职工工作所在地设区城市统计部门公布的 2019 年度职工平均工资的 3 倍，单位和职工的缴存比例不得超过 12%。我市统计部门提供的城镇单位在岗职工 2019 年度平均工资为 6102 元/月。因此，我市 2020 年度住房公积金月缴存基数上限为 18306 元，盘锦中心单位和职工的住房公积金月缴存额上限各为 2197 元，合计不能超过 4394 元。

职工缴存住房公积金的月工资基数不能低于全市职工最低工资标准，单位和职工的缴存比例不能低于 5%。根据市人力资源和社会保障局公布 2019 年全市月最低工资标准 1610 元，盘锦中心单位和职工的住房公积金月缴存额下限各为 81 元，合计不能低于 162 元。

（四）2020年服务加强改进情况。认真学习、深抓落实了辽住建公积金〔2020〕18号文件，对照《住房公积金服务"跨省通办"事项清单》，2020年底前完成了个人公积金缴存贷款等信息查询、出具贷款职工住房公积金缴存使用证明、正常退休提取公积金三项跨省通办任务。全程网办的实现方式，并得到了群众的好评，真正做到了让"数据多跑腿、群众少跑路"，以人民为中心，满足人民需求，提高服务水平。

（五）信息化建设日趋完善。

1."以缴存职工为中心"，大力推进住房公积金综合服务平台建设，持续优化门户网站、网上业务大厅、手机App、微信公众号、12329热线、短信平台、自助终端、官方微博八大服务渠道，线上业务办理服务功能和效率持续提升，群众满意度大幅提高，充分发挥住房公积金的住房保障作用。

2.进一步优化营商环境，建立健全各项规章制度，严肃工作纪律，加强岗位责任制的检查、考核；全面加强信息化建设，按要求完成人民银行二代征信系统升级改造工作和辽事通App便民服务平台有关建设工作，充分发挥综合服务平台作用，逐步拓宽公积金便民服务渠道。

3.积极做好"一网通办"工作。在全市自建系统中率先完成9项对接：政务服务网统一入口、统一事项库、统一身份认证、电子证照、电子印章、"好差评"、"辽事通"、共享办件数据及与共享交换平台共享业务数据。

4.油田分中心通过信息系统等级保护三级2.0测试。

（六）2020年公积金管理中心及职工获得荣誉情况。大洼办事处获得2020年度辽宁省青年文明号。刘曼曼同志被评为2020年度辽河油田公司先进个人。

铁岭市住房公积金2020年年度报告

根据国务院《住房公积金管理条例》和住房和城乡建设部、财政部、人民银行《关于健全住房公积金信息披露制度的通知》（建金〔2015〕26号）的规定，经住房公积金管理委员会审议通过，现将铁岭市住房公积金年年度报告公布如下。

一、机构概况

（一）住房公积金管理委员会。住房公积金管理委员会有21名委员，2020年召开1次会议，审议通过的事项主要包括：

1.审议《铁岭市住房公积金个人贷款管理办法》《铁岭市住房公积金归集管理办法》《铁岭市住房公积金提取管理办法》；

2.审议住房公积金增值收益使用情况；

3.审议住房公积金管理中心工作报告；

4.调整住房公积金管理委员会组成人员。

（二）住房公积金管理中心。住房公积金管理中心为隶属市财政金融审计服务中心不以营利为目的参公事业单位，设5个科室，7个办事处，1个分中心。从业人员87人，其中，在编46人，非在编41人。

二、业务运行情况

（一）缴存。2020年，新开户单位178家；新开户职工0.86万人；实缴单位2543家，实缴职工15.55万人，缴存额20.9亿元，分别同比增长−11.82%、−0.13%、5.61%。2020年末，缴存总额206.37亿元，比上年末增加11.27%；缴存余额92.15亿元，同比增长9.09%。铁岭市住房公积金管理中心受委托办理住房公积金缴存业务的银行3家，铁煤分中心受委托办理住房公积金缴存业务的银行4家。

（二）提取。2020年，4.35万名缴存职工提取住房公积金；提取额13.22亿元，同比增长7.22%；提取额占当年缴存额的63.25%，比上年增加0.95个百分点。2020年末，提取总额114.22亿元，比上年末增加13.09%。

（三）贷款。

1.个人住房贷款。单缴存职工个人住房贷款最高额度50万元，双缴存职工个人住房贷款最高额度80万元。

2020年，发放个人住房贷款0.24万笔、7.02亿元，同比分别增长9.09%、19.8%。其中，市中心发放个人住房贷款0.24万笔、6.98亿元；铁煤分中心发放个人住房贷款15笔、0.04亿元。

2020年，回收个人住房贷款5.29亿元。其中市中心5.26亿元；铁煤分中心0.03亿元。

2020年末，累计发放个人住房贷款6.17万笔、85.63亿元，贷款余额42.54亿元，分别比上年末增加4.05%、8.92%、4.24%。个人住房贷款余额占缴存余额的46.16%，比上年末减少2.15个百分点。铁岭市住房公积金管理中心受委托办理住房公积金个人住房贷款业务的银行3家；铁煤分中心受委托办理住房公积金个人住房贷款业务的银行1家。

2.异地贷款。2020年，发放异地贷款206笔、5990.3万元。2020年末，发放异地贷款总额53324.7万元，异地贷款余额31152.8万元。

（四）资金存储。2020年末，住房公积金存款47.29亿元。其中，活期0.03亿元，1年（含）以下定期2.41亿元，1年以上定期41.13亿元，其他3.72亿元。

（五）资金运用率。2020年末，住房公积金个人住房贷款余额、占缴存余额的46.16%，比上年末减少2.15个百分点。

三、主要财务数据

（一）业务收入。2020年，业务收入36790.91万元，同比增长22.16%。其中，市中心23409.02万元，铁煤分中心13381.89万元；存款利息23377.25万元，委托贷款利息13396.21万元，其他17.45万元。

（二）业务支出。2020年，业务支出13700.56万元，同比增长106.38%。其中，市中心10048.52万元，铁煤分中心3652.04万元；支付职工住房公积金利息13467.15万元，委托贷款手续费233万元，其他0.41万元。

（三）增值收益。2020年，增值收益23090.35万元，同比减少1.66%。其中，市中心13360.5万元，铁煤分中心9729.85万元；增值收益率2.6%，比上年减少0.31百分点。

（四）增值收益分配。2020年，提取贷款风险准备金10043.44万元，提取管理费用1730万元，提取城市廉租住房（公共租赁住房）建设补充资金11316.92万元。

2020年，上交财政管理费用1800万元。上缴财政城市廉租住房（公共租赁住房）建设补充资金380万元。

2020年末，贷款风险准备金余额57691.3万元。累计提取城市廉租住房（公共租赁住房）建设补充资金40404.26万元。其中市中心提取4230.13万元，铁煤分中心提取36174.13万元。

（五）管理费用支出。2020年，管理费用支出1338.7万元，同比下降28.37%。其中，人员经费592.29万元，公用经费159.05万元，专项经费587.36万元。

四、资产风险状况

个人住房贷款。2020年末，个人住房贷款逾期额5587.77万元，逾期率13.13‰。其中，市中心5569.62万元，铁煤分中心18.15万元。个人贷款风险准备金余额57691.3万元。

五、社会经济效益

（一）缴存业务。缴存职工中，国家机关和事业单位占51.43%，国有企业占35.44%，城镇集体企业占1.28%，外商投资企业占2.72%，城镇私营企业及其他城镇企业占7.48%，民办非企业单位和社会团体占1.3%，灵活就业人员占0%，其他占0.35%；中、低收入占99.35%，高收入占0.65%。

新开户职工中，国家机关和事业单位占23.9%，国有企业占27.11%，城镇集体企业占1.27%，外商投资企业占7.87%，城镇私营企业及其他城镇企业占33.62%，民办非企业单位和社会团体占5.54%，灵活就业人员占0%，其他占0.69%；中、低收入占100%，高收入占0%。

（二）提取业务。提取金额中，购买、建造、翻建、大修自住住房占19.88%，偿还购房贷款本息占37.56%，租赁住房占1.28%，支持老旧小区改造占0%，离休和退休提取占34.93%，完全丧失劳动能力并与单位终止劳动关系提取占3.27%，出境定居占0.01%，其他占3.07%。提取职工中，中、低收入占99.86%，高收入占0.14%。

（三）贷款业务。

个人住房贷款：2020年，支持职工购建房26.91万平方米，2020年末个人住房贷款市场占有率为25%，比上年末减少7.14个百分点。通过申请住房公积金个人住房贷款，可节约职工购房利息支出15997.11万元。

职工贷款笔数中，购房建筑面积90（含）平方米以下占24.32%，90~144（含）平方米占65.61%，144平方米以上占10.07%。购买新房占82.1%，购买二手房占17.9%。

职工贷款笔数中，单缴存职工申请贷款占36.01%，双缴存职工申请贷款占63.99%。

贷款职工中，30岁（含）以下占26.94%，30岁~40岁（含）占38.72%，40岁~50岁（含）占24.52%，50岁以上占9.82%；首次申请贷款占85.43%，二次及以上申请贷款占14.57%；中、低收入占99.62%，高收入占0.38%。

（四）住房贡献率。2020年，个人住房贷款发放额、住房消费提取额的总和与当年缴存额的比率为71.58%，比上年增加4.68个百分点。

六、其他重要事项

铁岭市住房公积金管理中心

（一）应对新冠肺炎疫情采取的措施，落实住房公积金阶段性支持政策情况和政策实施成效。铁岭中心认真落实国家、省、市关于疫情防控的决策部署和工作要求，建立紧急响应预案，第一时间推行公积金业务"掌上办、网上办、预约办"服务模式，为群众提供"疫情不出门、业务也能办"的优质服务。2020年3月17日铁岭市出台《铁岭市人民政府关于印发铁岭市应对新冠肺炎疫情住房公积金阶段性支持政策措施的通知》（铁政发〔2020〕4号），铁岭中心积极推进、主动落实，有力支持企业和职工群众应对疫情难关。公积金申请缓缴，16家企业获支持，累计缓缴职工人数1803人，累计缓交金额486万元，缓缴企业政策到期后补缴方案落实到位衔接顺畅；公积金贷款未正常还款不计逾期，近万户职工受益。为助力企业复工复产、推动我市经济社会平稳有序发展发挥积极作用。

（二）当年机构及职能调整情况、受委托办理缴存贷款业务金融机构变更情况。铁岭市编办于2020年4月下达《关于组建铁岭市财政综合行政执法队的通知》（铁编发〔2020〕24号），设在市财政金融审计服务中心的市财政综合行政执法队依法受市财政局委托开展住房公积金相关执法工作，住房公积金管理中心已无行政执法职能。

铁岭市受委托办理缴存、贷款业务金融机构未发生变化。

（三）当年住房公积金政策调整及执行情况，包括当年缴存基数限额及确定方法、缴存比例等缴存政策调整情况；当年提取政策调整情况；当年个人住房贷款最高贷款额度、贷款条件等贷款政策调整情况；当年住房公积金存贷款利率执行标准等；支持老旧小区改造政策落实情况。

1. 当年缴存基数限额及确定方法、缴存比例调整情况。2020年，住房公积金月缴存基数为职工本人上一年度月平均工资，上限不超过市统计局公布的铁岭市2019年在岗职工人均工资的3倍，即15042元，下限为市政府公布的最低工资标准1480元。住房公积金缴存比例为单位和个人各12%～5%。

2. 当年缴存政策调整情况。疫情期间发布《铁岭市人民政府关于印发铁岭市应对新冠肺炎疫情住房公积金阶段性支持政策措施的通知》，放宽企业申请缓缴条件。

3. 当年提取政策调整情况。一是取消"职工家庭成员（职工本人、配偶及其未成年子女）患重大疾病或者因遇到交通事故、医疗事故、工伤事故等突发事件造成人身伤害，无力支付自费医疗费用或者支出自费医疗费用过高造成家庭生活严重困难的"提取；二是将"职工无自住住房，租房且租金支出超出家庭收入规定比例"调整为"本市无房职工租房自住的"；三是新增了限制性条款，明确住房消费类提取职工应为房屋所有权人或共有权人，所购房屋所在地应与职工本人或配偶户籍所在地或缴存所在地一致。

4. 当年个人住房贷款最高贷款额度、贷款条件等贷款政策无调整。

5. 当年住房公积金存贷款利率调整及执行情况。2020年，职工住房公积金账户存款利率仍统一按一年期定期存款基准利率执行；个人住房公积金贷款利率未发生变化，5年及以下为2.75%，5年以上为3.25%，第二套房个人住房公积金贷款利率按基准利率上浮1.1倍。

（四）当年服务改进情况，包括推进住房公积金服务"跨省通办"工作情况，服务网点、服务设施、服务手段、综合服务平台建设和其他网络载体建设服务情况等。

1. 公积金"跨省通办"服务落实落地。一是"个人住房公积金缴存贷款等信息查询""出具贷款职工住房公积金缴存使用证明""正常退休提取住房公积金"均已实现全程网办；二是在办事大厅设置"跨省通办"服务窗口，受理业务申请，采取"收办分离"模式，进行代收代办或两地联办，同时做好"跨省通办"业务信息汇总登记和办理结果反馈工作。

2. 新区办事处入驻市行政服务中心。为了进一步做好"线上线下"双重服务，方便群众办事，新区办事处原服务大厅整体迁移至市行政服务中心办公。在行政中心窗口，办事群众不出行政服务中心大厅，即可完成公积金贷款业务的整个流程。该项举措对避免群众在多部门间跑腿，打破公积金贷款抵押的最后一道壁垒，实现群众办事"一厅通办"起到了积极作用。

3. "一网通办"工作凸显成效。2020年10月，铁岭中心实现了公积金自建系统与市政务服务平台的连接，缴存单位和缴存职工可通过登录市政务服务网，查询办理四大类三十余项公积金业务。公积金网上业务办理，实现了7×24小时线上服务不间断，"零审批、零跑动"，无需提交任何要件材料，业务一步办结。"智慧公积金"实现了从传统柜面服务向互联网融合服务的巨大转变，极大地方便了缴存单位和职工。

4. "辽事通"掌上办进一步完善加强。根据全省一体化政务服务平台建设的总体要求，铁岭公积金已完成与"辽事通"App的数据对接工作，在"辽事通-公积金服务"中可实现13项查询、业务办理功能，有效提升企业群众满意度和获得感。

5. 提升服务标准，营造稳定、公开、透明的办事环境。一是实现了全市7个县（市）区办事处通缴通支，除贷款业务涉及房屋所在地区域外，其他各类公积金业务均可实现跨县区办事处办理，做到业务流程统一、规则统一、数据统一。二是严格落实各项服务制度，统一服务规范，提高窗口办事效率；三是进一步精简公积金贷款、提取业务要件，为职工办理公积金业务提供极大便利。

（五）当年信息化建设情况，包括信息系统升级改造情况，基础数据标准贯彻落实和结算应用系统接入情况等。

1. 住房公积金网络安全加固项目顺利完成，通过"等保三级"验收。根据国家《信息安全等级保护管理办法》要求，铁岭中心组织专业评测公司对中心系统进行安全评测，住房公积金管理系统和门户网站系统均达到国家标准《信息安全技术：信息系统安全等级保护基本要求》三级系统的防护要求，并通过公安系统安全等级保护备案。提升了关键信息基础设施的安全保障水平，确保公积金管理风险可控。

2. 提升线上服务能力，加强数据共享。通过企业开办"一网通办"平台信息，实现"一表填报"在线办理住房公积金企业开户。与铁岭市不动产登记中心、工行、建行、农行等部门实现数据信息互联互通。打造以"智慧公积金"为导向，建设功能齐全、使用便捷、服务高效、职工满意的住房公积金业务系统。

3. 持续优化营商环境，综合平台服务范围更广。一是助力数字政府建设，积极接入全市政务服务平台，全面完成"一网通办""好差评""辽事通"等建设任务；二是进一步优化业务流程、探索业务创新，全面提升住房公积金的办事效率和服务效能。2020年度，铁岭中心综合服务平台总访问量122.33万次，12329热线服务来电2.26万次，客服评价总体满意度99.77%。

4. 加强系统数据库管理，提升数据质量。根据《住房公积金基础数据标准》，开展数据标准建设以及核心系统数据质量筛查，采取多种措施对系统数据信息进行规范处理，进一步提高数据质量和使用效率。

铁煤分中心

2020年7月份缴存基数限额由原来的13539元调整为15042元。缴存基数限额为上一年全市在岗职工月平均工资的 3 倍。

朝阳市住房公积金 2020 年年度报告

根据国务院《住房公积金管理条例》和住房和城乡建设部、财政部、人民银行《关于健全住房公积金信息披露制度的通知》（建金〔2015〕26 号）的规定，经住房公积金管理委员会审议通过，现将朝阳市住房公积金 2020 年度报告公布如下。

一、机构概况

（一）**住房公积金管理委员会**。住房公积金管理委员会有 18 名委员，2020 年召开 1 次会议，审议通过的事项主要包括：《住房公积金归集、提取、贷款实施细则》《2019 年度决算和 2020 年度预算》《2019 年年度报告》及其他需向管委会说明的事项。

（二）**住房公积金管理中心**。住房公积金管理中心为隶属于朝阳市政府的不以营利为目的的自收自支事业单位，设 9 个科，1 个管理部，7 个办事处。从业人员 159 人，其中，在编 61 人，非在编 98 人。

二、业务运行情况

（一）**缴存**。2020 年，新开户单位 415 家，净增单位 119 家；新开户职工 1.1 万人，减少职工 0.49 万人；实缴单位 2983 家，实缴职工 15.83 万人，缴存额 24.01 亿元，分别同比增长 11.22%、减少 3%、增长 14.12%。2020 年末，缴存总额 182.39 亿元，比上年末增长 15.16%；缴存余额 91.56 亿元，同比增长 10.47%。受委托办理住房公积金缴存业务的银行 10 家。

（二）**提取**。2020 年，5.41 万名缴存职工提取住房公积金；提取额 15.33 亿元，同比增长 21.38%；提取额占当年缴存额的 63.85%，比上年增加 3.82 个百分点。2020 年末，提取总额 90.83 亿元，比上年末增加 20.30%。

（三）**贷款**。

1. 个人住房贷款。个人住房贷款最高额度 80 万元。单缴存职工个人住房贷款最高额度 50 万元，双缴存职工个人住房贷款最高额度 80 万元。

2020 年，发放个人住房贷款 0.58 万笔、19.24 亿元，同比分别增长 3.57%、22.70%。

2020 年，回收个人住房贷款 9.79 亿元。

2020 年末，累计发放个人住房贷款 7.37 万笔、142.44 亿元，贷款余额 76.61 亿元，分别比上年末增加 8.54%、15.62%、14.07%。个人住房贷款余额占缴存余额的 83.67%，比上年末增加 2.64 个百分点。受委托办理住房公积金个人住房贷款业务的银行 10 家。

2. 异地贷款。2020 年，发放异地贷款 712 笔、22247 万元。2020 年末，发放异地贷款总额 85718 万元，异地贷款余额 65752.89 万元。

（四）**资金存储**。2020 年末，住房公积金存款 16.14 亿元。其中，活期 0.26 亿元，1 年（含）以下定期 9.80 亿元，1 年以上定期 5.45 亿元，其他（协定、通知存款等）0.63 亿元。

（五）资金运用率。2020 年末，住房公积金个人住房贷款余额、项目贷款余额和购买国债余额的总和占缴存余额的 83.67%，比上年末增加 2.64 个百分点。

三、主要财务数据

（一）业务收入。2020 年，业务收入 28086.02 万元，同比增长 12.82%。存款利息 5148.36 万元，委托贷款利息 22932.84 万元，其他 4.82 万元。

（二）业务支出。2020 年，业务支出 13489.90 万元，同比增长 11.93%。支付职工住房公积金利息 13334.70 万元，委托贷款手续费 155.20 万元。

（三）增值收益。2020 年，增值收益 14596.12 万元，同比增长 13.65%。增值收益率 1.66%，比上年增加 0.03 个百分点。

（四）增值收益分配。2020 年，提取贷款风险准备金 945.03 万元；提取管理费用 2530.32 万元，提取城市廉租住房（公共租赁住房）建设补充资金 11120.77 万元。

2020 年，上交财政管理费用 2530.32 万元。上缴财政城市廉租住房（公共租赁住房）建设补充资金 9968.09 万元。

2020 年末，贷款风险准备金余额 8425.12 万元。累计提取城市廉租住房（公共租赁住房）建设补充资金 67370.76 万元。

（五）管理费用支出。2020 年，管理费用支出 2476.80 万元，同比增长 7.34%。其中，人员经费 1538.19 万元，公用经费 574.18 万元，专项经费 364.43 万元。

四、资产风险状况

个人住房贷款。2020 年末，个人住房贷款逾期额 321.89 万元，逾期率 0.42‰，个人贷款风险准备金余额 8313.12 万元。2020 年，使用个人贷款风险准备金核销呆坏账 0 万元。

五、社会经济效益

（一）缴存业务。缴存职工中，国家机关和事业单位占 59.14%，国有企业占 17.32%，城镇集体企业 1.31%，外商投资企业占 1.36%，城镇私营企业及其他城镇企业占 11.82%，民办非企业单位和社会团体占 0.34%，其他占 8.71%；中、低收入占 99.98%，高收入占 0.02%。

新开户职工中，国家机关和事业单位占 27.90%，国企业占 7.83%，城镇集体企业占 1.14%，外商投资企业占 7.43%，城镇私营企业及其他城镇企业占 51.92%，民办非企业单位和社会团体占 2.14%，其他占 1.64%；中、低收入占 99.99%，高收入占 0.01%。

（二）提取业务。提取金额中，购买、建造、翻建、大修自住住房占 12.85%，偿还购房贷款本息占 57.30%，租赁住房占 0.63%，离休和退休提取占 25.15%，完全丧失劳动能力并与单位终止劳动关系提取占 2.23%，其他占 1.84%。提取职工中，中、低收入占 100%，高收入占 0%。

（三）贷款业务。

个人住房贷款。2020 年，支持职工购建房 66.18 万平方米，年末个人住房贷款市场占有率为

40.07%，比上年末增加1.92个百分点。通过申请住房公积金个人住房贷款，可节约职工购房利息支出32024.52万元。

职工贷款笔数中，购房建筑面积90（含）平方米以下占19.73%，90～144（含）平方米占72.66%，144平方米以上占7.61%。购买新房占73.85%，购买二手房占26.15%。

职工贷款笔数中，单缴存职工申请贷款占29.78%，双缴存职工申请贷款占70.15%，三人及以上缴存职工共同申请贷款占0.07%。

贷款职工中，30岁（含）以下占30.71%，30岁～40岁（含）占37.42%，40岁～50岁（含）占21.20%，50岁以上占10.67%；首次申请贷款占82.97%，二次及以上申请贷款占17.03%；中、低收入占99.60%，高收入占0.40%。

（四）住房贡献率。 2020年，个人住房贷款发放额，住房消费提取额的总和与当年缴存额的比率为144.02%，比上年增加9.43个百分点。

六、其他重要事项

（一）面对突如其来的新冠疫情，中心积极响应市疫情防控指挥部安排部署，出台《防疫防控应急预案》，积极调拨防疫物资，严格落实有关规定，坚决遏制疫情传播蔓延。在确保系统内安全稳定的前提下，迅速抽调22名党员下沉红旗、融汇2个社区开展防疫工作，缓解社区防控人手不足难题。同时，按照市政府关于应对新冠疫情支持房地产平稳发展的要求，中心积极出台阶段性支持政策，为企业缓解困难，为职工减轻负担。中心在贯彻党中央、省、市坚持"一手抓疫情防控，一手抓振兴发展"工作中做出了积极贡献。

（二）依据我市2019年度相关统计数据和住房公积金缴存规定，自2020年7月1日起调整朝阳市2020年度住房公积金缴存基数最高限额为16080元，住房公积金缴存额最高限额为3858元，各缴存单位可按上述标准进行年度缴存基数调整。2020年1月1日起新录用或新调入的职工住房公积金缴存基数为职工本人首月工资收入，在年度缴存基数调整时，不再重新核定；缴存比例严格按照个人和单位分别不低于5%且不高于12%执行。

（三）按照全市优化营商工作要求，中心第一时间组建专班认真分析分解工作任务，依托中心信息化建设成果高效推进"一网通办"工作。通过与省、市营商局高度配合，中心各部门明确职责分工，加强部门联动，在政策支持、技术扶持和人力保障方面加大力度，确保各项措施在本部门、本系统如期落地。目前，已完成政务服务网统一入口、统一身份认证、统一事项库、向一体化平台共享办件数据、对接"辽事通"、完成与共享交换平台共享数据七项对接工作。向一体化平台共享办件数据265819条；8890平台办结率100%，即时分转即时反馈率100%，群众满意率网络端100%，话务端满意率未达到90%。"好差评"系统线上业务评价对接工作、窗口业务评价对接工作均已完成。截至目前，向一体化平台共享办件数量、网办件数量、"辽事通"上线业务数量排名全市第一。

（四）打通信息壁垒，打通公积金贷款服务的"最后一公里"。以往办理住房公积金贷款，涉及抵押登记环节，职工需要去不动产登记部门办理相关手续，耗费的时间较长还要来回往返，住房公积金贷款业务'最多跑一次'的难题始终存在瓶颈。为打通这服务群众的"最后一公里"，中心积极协调不动产抵押登记部门，科学谋划互联网＋服务，通过实行"委托登记、内网直连、材料互认"，两个部门间打破壁垒，实现了无缝对接，极大方便缴存职工办理住房贷款业务。

（五）根据国务院"放管服"改革要求，全面提升住房公积金服务水平的基础性工作，满足缴存职工多样化需求，充分发挥住房公积金制度作用，中心利用大数据、云计算等技术，完善服务平台功能，解决了企业办事耗时长、手续繁杂等问题，实现企业办事"一次不跑"。到目前为止个人账户设立、单位缴存登记信息变更等9项缴存业务实现网上办理。借助住房公积金App、微信公众号、个人网厅等平台，购房提取、借款人信息变更等15项个人业务已实现不见面网上办，节约了客户时间成本，惠及全市2983家机关企事业单位，缴存职工15.83万人。

（六）为适应不断发展的业务需要，经批准，本年度恢复成立了双塔办事处。

（七）2020年11月中心荣获2018—2019年度朝阳市文明单位，2020年11月中心营业部荣获2019—2020年度省级青年文明号，2020年3月喀左办事处荣获市级巾帼文明岗。

葫芦岛市住房公积金2020年年度报告

根据国务院《住房公积金管理条例》和住房和城乡建设部、财政部、人民银行《关于健全住房公积金信息披露制度的通知》（建金〔2015〕26号）的规定，经住房公积金管理委员会审议通过，现将葫芦岛市住房公积金2020年年度报告公布如下。

一、机构概况

（一）住房公积金管理委员会。住房公积金管理委员会有21名委员，2020年召开两次会议，审议通过的事项主要包括：

1. 关于2020年住房公积金归集使用计划的请示；
2. 关于住房公积金政策调整的请示；
3. 关于审议《葫芦岛市住房公积金2019年年度报告》的请示；
4. 关于《葫芦岛市农业转移人口、个体工商户和自由职业者缴存住房公积金管理办法（暂行）》的请示；
5. 关于授权办理缴存单位缓缴和降低缴存比例的请示；
6. 关于预缴城市廉租住房建设补充资金暨下半年管理费的请示。

（二）住房公积金管理中心。2018年11月，根据市委办《关于印发〈葫芦岛市政务服务中心主要职责内设机构和人员编制规定〉的通知》（葫委办发〔2018〕97号）精神，设立了葫芦岛市政务服务中心，加挂葫芦岛市住房公积金管理中心牌子，机构规格相当于处级，为市政府直属事业单位。住房公积金分中心设8个科室，6个驻外办事处，从业人员112人，其中，在编70人，非在编42人。

二、业务运行情况

（一）缴存。2020年，新开户单位248家，净增单位56家；新开户职工1万人，减少0.1万人。

实缴单位1297家，同比增长4.51%；实缴职工16.23万人，同比下降0.79%；缴存额21.81亿元，同比增长7.12%。2020年末，缴存总额192.45亿元，比上年末增加12.78%。缴存余额96.75亿元，同比增长8.09%。

受委托办理住房公积金缴存业务的银行6家。

（二）提取。2020年，4.89万名缴存职工提取住房公积金，提取额14.57亿元，同比增长11.31%；提取额占当年缴存额的66.80%，比上年增加2.51个百分点。2020年末，提取总额95.71亿元，比上年末增加17.97%。

（三）贷款。

1. 个人住房贷款。单缴存职工个人住房贷款最高额度50万元，双缴存职工个人住房贷款最高额度80万元。

2020年，发放个人住房贷款0.44万笔、16.28亿元，同比分别下降21.43%、15.91%。其中，市本级发放个人住房贷款0.28万笔、10.21亿元，兴城办事处发放个人住房贷款0.08万笔、3.3亿元，绥中办事处发放个人住房贷款0.07万笔、2.58亿元，建昌办事处发放个人住房贷款0.01万笔、0.19亿元。

2020年，回收个人住房贷款10.03亿元。其中，市本级回收个人住房贷款5.68亿元，连山办事处回收个人住房贷款0.34亿元，龙港办事处回收个人住房贷款0.19亿元，南票办事处回收个人住房贷款0.11亿元，兴城办事处回收个人住房贷款2.43亿元，绥中办事处回收个人住房贷款0.77亿元，建昌办事处回收个人住房贷款0.51亿元。

2020年末，累计发放个人住房贷款7.32万笔、154.77亿元，贷款余额87.69亿元，分别比上年末增加6.39%、11.76%、7.67%。个人住房贷款余额占缴存余额的90.64%，比上年末减少0.34个百分点。

受委托办理住房公积金个人住房贷款业务的银行5家。

2. 异地贷款。2020年，发放异地贷款561笔、20237.40万元。2020年末，累计发放异地贷款总额103585.70万元，异地贷款余额82071.94万元。

（四）资金存储。2020年末，住房公积金存款10.41亿元。其中，活期1.73亿元，1年以上定期8.68亿元。

（五）资金运用率。2020年末，住房公积金个人住房贷款余额、项目贷款余额和购买国债余额的总和占缴存余额的90.64%，比上年末减少0.34个百分点。

三、主要财务数据

（一）业务收入。2020年，业务收入29679.22万元，同比增长9.05%。存款利息2601.71万元，委托贷款利息27063.03万元，其他14.48万元。

（二）业务支出。2020年，业务支出15538.51万元，同比增长9.52%。支付职工住房公积金利息14185.82万元，委托贷款手续费1352.46万元，其他0.23万元。

（三）增值收益。2020年，增值收益14140.71万元，同比增长8.53%。增值收益率1.51%，比上年减少0.01个百分点。

（四）增值收益分配。2020年，提取贷款风险准备金631.71万元，提取管理费用2109万元，提取城市廉租住房（公共租赁住房）建设补充资金11400万元。

2020年，上交财政管理费用2285万元。上缴财政2019年度城市廉租住房（公共租赁住房）建设补充资金7160万元，预缴2020年度城市廉租住房（公共租赁住房）建设补充资金5000万元，2020年度共上缴城市廉租住房（公共租赁住房）建设补充资金12160万元。

2020年末，贷款风险准备金余额21772.81万元。累计提取城市廉租住房（公共租赁住房）建设补充资金63637.26万元。

（五）**管理费用支出**。2020年，管理费用支出2625.03万元，同比增长31.35%。其中，人员经费1239.59万元，公用经费171.42万元，专项经费1214.02万元。

四、资产风险状况

个人住房贷款。2020年末，个人住房贷款逾期额为0。个人贷款风险准备金按贷款余额的1‰提取。2020年，提取个人贷款风险准备金631.71万元。2020年末，个人贷款风险准备金余额21772.81万元，占个人住房贷款余额的2.48%。

五、社会经济效益

（一）**缴存业务**。2020年，实缴单位数、实缴职工人数和缴存额同比分别增长4.51%、-0.79%和7.12%。

缴存单位中，国家机关和事业单位占32.86%，国有企业占22.92%，城镇集体企业占1.71%，外商投资企业占1.99%，城镇私营企业及其他城镇企业占32.21%，民办非企业单位和社会团体占4.84%，其他占3.47%。

缴存职工中，国家机关和事业单位占47.99%，国有企业占32.73%，城镇集体企业占3.18%，外商投资企业占0.61%，城镇私营企业及其他城镇企业占12.59%，民办非企业单位和社会团体占1.36%，灵活就业人员占0.27%，其他占1.27%；中、低收入占98.38%，高收入占1.62%。

新开户职工中，国家机关和事业单位占30.49%，国有企业占31.17%，城镇集体企业占0.74%，外商投资企业占0.53%，城镇私营企业及其他城镇企业占28.93%，民办非企业单位和社会团体占1.98%，灵活就业人员占4.42%，其他占1.74%；中、低收入占99.67%，高收入占0.33%。

（二）**提取业务**。2020年，4.89万名缴存职工提取住房公积金14.57亿元。

提取金额中，住房消费提取占64.23%（购买、建造、翻建、大修自住住房占14.43%，偿还购房贷款本息占83.27%，租赁住房占2.30%）；非住房消费提取占35.77%（离休和退休提取占77.19%，完全丧失劳动能力并与单位终止劳动关系提取占15.75%，其他占7.06%）。提取职工中，中、低收入占98.52%，高收入占1.48%。

（三）**贷款业务**。2020年，支持职工购建房50.5万平方米，年末个人住房贷款市场占有率31.78%，比上年减少1.22个百分点。通过申请住房公积金个人住房贷款，可节约职工购房利息支出2.73亿元。

职工贷款笔数中，购房建筑面积90（含）平方米以下占18.35%，90~144（含）平方米占73.12%，144平方米以上占8.53%；购买新房占60.58%，购买二手房占37.33%，其他占2.09%。

职工贷款笔数中，单缴存职工申请贷款占62.24%，双缴存职工申请贷款占37.76%。

贷款职工中，30岁（含）以下占16.96%，30岁~40岁（含）占46.14%，40岁~50岁（含）占

24.95%，50 岁以上占 11.95%；首次申请贷款占 95.78%，二次及以上申请贷款占 4.22%；中、低收入占 97.53%，高收入占 2.47%。

（四）住房贡献率。 2020 年，个人住房贷款发放额、住房消费提取额的总和与当年缴存额的比率为 117.56%，比上年减少 18 个百分点。

六、其他重要事项

（一）应对新冠肺炎疫情采取的措施。

1. 住房公积金缴存方面

为应对疫情，有效减少人员聚集，避免交叉感染，指导各缴存单位通过住房公积金网上服务大厅在线办理业务。受疫情影响的企业，可按规定在 2020 年 6 月 30 日前申请降低缴存比例或缓缴住房公积金。申请缓缴时，企业应提出缓缴及补缴方案。缓缴企业持缓缴申请、企业职工代表大会（工会）决议申请办理缓缴。补缴方案应包括补缴的时间和金额，缓缴期满后及时补缴。落实住房公积金阶段性支持政策实施成效，累计开通单位网厅 1701 个，线上办理业务 4131 笔。截至 2020 年 7 月，因疫情申请降低缴存比例企业 6 家、涉及职工 393 人；申请缓缴企业 9 家、涉及职工 4717 人、缓缴金额 1297.18 万元。

2. 住房公积金提取方面

受新冠肺炎疫情影响的职工，购房提取申请超过最长时限的，提取期限顺延至 2020 年 6 月 30 日。职工只需要提交《业务延期办理申请表》及购房提取所需申报材料即可办理。

3. 住房公积金贷款方面

（1）受新冠肺炎疫情影响，企业已申请缓缴公积金的，2020 年 6 月 30 日前该企业职工缴存时间按连续计算，可正常申请公积金贷款。

（2）2020 年 6 月 30 日前受新冠肺炎疫情影响的职工，不能正常偿还公积金贷款的，不作逾期处理，不作为逾期记录报送征信部门，不计罚息。

（3）受疫情影响符合贷款条件的职工，未能及时办理公积金贷款，可延长至 2020 年 6 月 30 日前办理业务。

（二）住房公积金政策调整及执行情况

1. 住房公积金缴存政策调整情况

（1）2020 年根据我市统计局公布的城镇非私营单位在岗职工年平均工资，确定我市住房公积金缴存基数上限为 15639 元，缴存基数下限确定为我市公布的最低工资标准，即 1300 元。

（2）开通自由职业者缴存公积金业务，积极推进公积金缴存扩面。

2. 住房公积金提取政策调整情况

取消家庭困难提取公积金业务的规定。

3. 住房公积金贷款政策调整情况

（1）贷款期限不超过抵押物剩余使用年限。

（2）借款人及共同借款人已全款购买新建自住住房的，不予办理公积金贷款。

（3）农业转移人口、个体工商户、自由职业者的缴存职工申请公积金贷款必须签订《委托划转还款协议》，并以开户时设立的公积金缴存账户作为公积金贷款的还款账户。

(4) 借款人及共同借款人名下未有住房的申请公积金贷款，享受首套房待遇。

(5) 借款人及共同借款人名下拥有一套住房的，申请公积金贷款首付款比例不得低于 30%，利率上浮 10%。

(6) 取消"借款人及共同借款人 2016 年 1 月 1 日后申请两次及以上公积金贷款的，不予办理公积金贷款"规定。

(7) "借款人申请公积金贷款，借款人及共同借款人均正常缴存公积金最大额度为 65 万元，共同借款人不缴存公积金最大额度为 45 万元"调整为"借款人申请公积金贷款，借款人及共同借款人均正常缴存公积金最大额度为 80 万元，共同借款人不缴存公积金最大额度为 50 万元"。

(8) "贷款金额不得超过借款人家庭公积金账户余额的 15 倍，个人账户余额不足 1 万元的按 1 万元计算"调整为"贷款金额不得超过借款人家庭公积金账户余额的 20 倍，个人账户余额不足 1 万元的按 1 万元计算"。

（三）服务改进情况。 2020 年我市住房公积金信息化建设以"跨省通办""一网通办"为目标，系统服务能力得到提升。一是实现个人信息查询、贷款职工缴存使用证明、退休提取"跨省通办"；二是对接统一身份认证、统一事项库、电子印章、"好差评"、"辽事通"，向一体化平台共享办件数据、与共享交换平台共享业务数据。

（四）信息化建设情况。 我市公积金基础数据标准贯彻落实和结算应用系统接入两项工作通过住房和城乡建设部、省住房城乡建设厅联合专家组验收。在提升服务功能方面主要完成了以下两项工作，开通企业缴存登记数据接口、共享城镇职工养老保险个人缴费明细数据，线上一次身份验证的服务功能；完成了信息系统安全等级保护整改工作。

（五）当年住房公积金管理中心及职工所获荣誉情况。

1. 葫芦岛市政务服务中心被评为第六届全国文明单位。

2. 葫芦岛市住房公积金管理中心营业厅被评为省住房城乡建设系统"2019—2020 年度省级青年文明号"。

2020 全国住房公积金年度报告汇编

吉林省

长春地区
吉林市
四平市
辽源市
通化市
白山市
松原市
白城市
延边朝鲜族自治州

吉林省住房公积金 2020 年年度报告

根据国务院《住房公积金管理条例》和住房和城乡建设部、财政部、人民银行《关于健全住房公积金信息披露制度的通知》(建金〔2015〕26 号)规定,现将吉林省住房公积金 2020 年年度报告汇总公布如下。

一、机构概况

(一)**住房公积金管理机构**。吉林省共设 9 个设区城市住房公积金管理中心,3 个独立设置的分中心(其中,长春省直住房公积金管理分中心隶属吉林省机关事务管理局,长春市住房公积金管理中心电力分中心隶属吉林省电力有限公司,松原市住房公积金管理中心油田分中心隶属中国石油吉林油田分公司)。从业人员 1280 人,其中,在编 701 人,非在编 579 人。

(二)**住房公积金监管机构**。吉林省住房和城乡建设厅、吉林省财政厅和中国人民银行长春中心支行负责对本省住房公积金管理运行情况进行监督。吉林省住房和城乡建设厅设立吉林省住房公积金管理办公室,负责辖区住房公积金日常监管工作。

二、业务运行情况

(一)**缴存**。2020 年,新开户单位 4265 家,实缴单位净增 2145 家;新开户职工 18.78 万人,实缴职工净减 2.96 万人;实缴单位 43463 家,实缴职工 245.16 万人,缴存额 370.29 亿元,分别同比增长 5.19%、下降 1.19%、增长 4.73%。2020 年末,缴存总额 3225.30 亿元(含公主岭管理部转隶长春市住房公积金管理中心缴存资金 15.73 亿元),比上年末增加 13.60%;缴存余额 1332.41 亿元(含公主岭管理部转隶长春市住房公积金管理中心缴存资金 15.73 亿元),同比增长 9.42%。

(二)**提取**。2020 年,79.52 万名缴存职工提取住房公积金;提取额 271.30 亿元(含公主岭管理部转隶长春市住房公积金管理中心职工销户提取金额 15.63 亿元),同比增长 9.79%;提取额占当年缴存额的 73.27%,比上年增加 3.38 个百分点。2020 年末,提取总额 1892.89 亿元,比上年末增加 16.73%。

(三)**贷款**。

1. 个人住房贷款。2020 年,发放个人住房贷款 4.82 万笔、191.95 亿元,同比下降 10.84%、2.39%。回收个人住房贷款 134.42 亿元(含公主岭管理部转隶长春市住房公积金管理中心贷款销户金额 15.32 亿元)。

2020 年末,累计发放个人住房贷款 79.78 万笔、1931.27 亿元,贷款余额 1107.08 亿元(以上三项数据包含公主岭管理部转隶长春市住房公积金管理中心未结清的贷款 7446 笔、15.32 亿元,贷款余额 15.32 亿元),分别比上年末增加 7.50%、12.02%、7.05%。个人住房贷款余额占缴存余额的 83.09%,比上年末减少 1.84 个百分点。

2020 年,支持职工购建房 510.08 万平方米。年末个人住房贷款市场占有率(含公转商贴息贷款)为 22.41%,比上年末减少 0.19 个百分点。通过申请住房公积金个人住房贷款,可节约职工购房利息支出 363533.13 万元。

2. 异地贷款。2020 年，发放异地贷款 3276 笔、144071.60 万元。2020 年末，发放异地贷款总额 1141451.92 万元，异地贷款余额 710883.83 万元。

3. 公转商贴息贷款。2020 年，发放公转商贴息贷款 635 笔、24439.60 万元，支持职工购建房面积 6.78 万平方米。当年贴息额 2117.57 万元。2020 年末，累计发放公转商贴息贷款 4309 笔、157109.80 万元，累计贴息 4640.14 万元。

（四）**融资**。2020 年末，融资总额 11.80 亿元，融资余额 0 亿元。

（五）**资金存储**。2020 年末，住房公积金存款 235.13 亿元。其中，活期 16.01 亿元，1 年（含）以下定期 80.96 亿元，1 年以上定期 114.28 亿元，其他（协定、通知存款等）23.88 亿元。

（六）**资金运用率**。2020 年末，住房公积金个人住房贷款余额、项目贷款余额和购买国债余额的总和占缴存余额的 83.09%，比上年末减少 1.84 个百分点。

三、主要财务数据

（一）**业务收入**。2020 年，业务收入 413310.21 万元，同比增长 9.43%。其中，存款利息 70585.46 万元，委托贷款利息 342520.15 万元，其他 204.60 万元。

（二）**业务支出**。2020 年，业务支出 206956.68 万元，同比增长 9.46%。其中，支付职工住房公积金利息 189757.61 万元（含公主岭管理部转隶长春市住房公积金管理中心职工销户提取利息 1017.04 万元），归集手续费 797.44 万元，委托贷款手续费 14204.69 万元，其他 2196.94 万元。

（三）**增值收益**。2020 年，增值收益 206353.53 万元，同比增长 9.40%；增值收益率 1.61%，比上年减少 0.01 个百分点。

（四）**增值收益分配**。2020 年，提取贷款风险准备金 58311.21 万元，提取管理费用 32856.58 万元，提取城市廉租住房（公共租赁住房）建设补充资金 115185.74 万元。

2020 年，上交财政管理费用 32882.14 万元，上缴财政城市廉租住房（公共租赁住房）建设补充资金 81535.18 万元。

2020 年末，贷款风险准备金余额 593339.10 万元，累计提取城市廉租住房（公共租赁住房）建设补充资金 651923.35 万元。

（五）**管理费用支出**。2020 年，管理费用支出 25159.25 万元，同比下降 0.94%。其中，人员经费 15135.88 万元，公用经费 3487.46 万元，专项经费 6535.91 万元。

四、资产风险状况

个人住房贷款。2020 年末，个人住房贷款逾期额 6951.60 万元，逾期率 0.64‰，个人贷款风险准备金余额 590559.10 万元。2020 年，未使用个人贷款风险准备金核销呆坏账。

五、社会经济效益

（一）**缴存业务**。缴存职工中，国家机关和事业单位占 37.95%，国有企业占 27.38%，城镇集体企业占 2.35%，外商投资企业占 2.76%，城镇私营企业及其他城镇企业占 24.67%，民办非企业单位和社会团体占 1.98%，灵活就业人员占 0.32%，其他占 2.59%；中、低收入占 98.73%，高收入占 1.27%。

新开户职工中，国家机关和事业单位占 19.65%，国有企业占 11.11%，城镇集体企业占 3.05%，外商投资企业占 2.38%，城镇私营企业及其他城镇企业占 53.06%，民办非企业单位和社会团体占 4.70%，灵活就业人员占 0.62%，其他占 5.43%；中、低收入占 99.89%，高收入占 0.11%。

（二）提取业务。 提取金额中，购买、建造、翻建、大修自住住房占 15.53%，偿还购房贷款本息占 47.47%，租赁住房占 2.72%；离休和退休提取占 21.57%，完全丧失劳动能力并与单位终止劳动关系提取占 4.15%，出境定居占 0.59%，其他占 7.97%。提取职工中，中、低收入占 98.92%，高收入占 1.08%。

（三）贷款业务。

个人住房贷款。职工贷款笔数中，购房建筑面积 90（含）平方米以下占 31.08%，90～144（含）平方米占 62.66%，144 平方米以上占 6.26%。购买新房占 77.02%，购买二手房占 22.59%，建造、翻建、大修自住住房占 0.39%。

职工贷款笔数中，单缴存职工申请贷款占 41.47%，双缴存职工申请贷款占 58.45%，三人及以上缴存职工共同申请贷款占 0.08%。

贷款职工中，30 岁（含）以下占 25.99%，30 岁～40 岁（含）占 37.69%，40 岁～50 岁（含）占 27.12%，50 岁以上占 9.20%；首次申请贷款占 89.63%，二次及以上申请贷款占 10.37%；中、低收入占 93.01%，高收入占 6.99%。

（四）住房贡献率。 2020 年，个人住房贷款发放额、公转商贴息贷款发放额、项目贷款发放额、住房消费提取额的总和与当年缴存额的比率为 100.66%，比上年减少 4.59 个百分点。

六、其他重要事项

（一）妥善应对新冠肺炎疫情，落实住房公积金阶段性支持政策。 吉林省住房和城乡建设厅、吉林省财政厅、中国人民银行长春中心支行印发《关于贯彻落实妥善应对新冠肺炎疫情实施住房公积金阶段性支持政策的通知》（吉建联发〔2020〕5 号），规定受新冠肺炎疫情影响的单位，可按规定申请缓缴住房公积金，缓缴期间缴存时间连续计算，不影响职工正常提取和申请住房公积金贷款；对受新冠肺炎疫情影响不能正常还款的，不作逾期处理，不作为逾期记录报送征信部门，已报送的予以调整。吉林市、通化市提高了受疫情影响收入的租房职工租房提取额度。

（二）当年住房公积金政策调整情况。 为进一步规范住房公积金管理工作，吉林省住房和城乡建设厅、吉林省财政厅、中国人民银行长春中心支行联合下发了《关于规范住房公积金归集和使用管理的通知》（吉建联发〔2020〕7 号），全省各中心、分中心进一步优化提取、贷款业务办理流程和证明材料。

（三）当年开展监督检查情况。

1. 组织开展管理信息系统评测。9 月，印发了《关于继续开展住房公积金管理信息系统评测工作的通知》，要求各中心、分中心严格执行国家信息系统安全规范，加强对业务管理系统、综合服务平台的运行监测和风险排查，及时排除风险隐患，确保业务数据安全。以信息化为主导，梳理规范中心、分中心各项业务流程，强化管理信息系统审核功能，减少人工审批环节。

2. 逾期贷款清收。召开全省住房公积金个贷逾期清收工作座谈会，通报全省个贷逾期情况。对长春市等 9 个中心、分中心下发关于清收逾期贷款的督办函。建立逾期贷款清收台账，要求中心按季度上报逾期 6 期及以上贷款清收情况，及时了解逾期贷款工作进展情况。

（四）当年服务改进情况。各中心住房公积金综合服务平台全部通过住房和城乡建设部、省住房城乡建设厅专家组验收。启用了部分功能，实现了住房公积金缴存业务全程网上办，离退休、解除劳动关系、偿还住房公积金贷款等部分提取业务网上办理。在疫情防控期间，各中心通过网上办理渠道为缴存职工提供了不见面业务办理服务。

（五）信息化建设情况。推进业务系统升级改造，增加电子印章应用、7×24 小时不间断业务、移动办公等系统功能。配合政数部门完成数据共享平台对接，推动与房管、市监、公安、民政、银行等部门信息共享，提高业务在线办理率。积极落实住房和城乡建设部关于住房公积金行业"跨省通办"的重要任务，依托网上办理渠道，推进"全国住房公积金监管服务平台"应用，2020 年需完成的 3 项"跨省通办"服务事项已全部落实。

（六）当年住房公积金机构及从业人员所获荣誉情况。

1. 文明单位（行业、窗口）：省部级 1 个，地市级 3 个。
2. 青年文明号：省部级 1 个，地市级 1 个。
3. 工人先锋号：省部级 1 个。
4. 五一劳动奖章（劳动模范）：地市级 1 个。
5. 三八红旗手：地市级 1 个。
6. 先进集体和个人：省部级 7 个，地市级 18 个。
7. 其他类：省部级 3 个，地市级 44 个。

（七）其他需要披露的情况。为扩大住房公积金政策群众知晓度，让更多职工享受住房公积金制度的优惠政策，9 月～10 月在全省开展了住房公积金政策宣传月活动。各级住房公积金管理部门采取一系列宣传手段，通过各类媒体，以多种形式，全方位、多角度宣传住房公积金政策，取得了积极效果。继续做好宣传信息报送工作。全年共收到各中心报送宣传信息 190 条，向《中国建设报》推荐信息 55 条，其中 6 条信息被《中国建设报》刊载。

长春地区住房公积金 2020 年年度报告

过去的一年，长春地区住房公积金认真学习贯彻习近平新时代中国特色社会主义思想，按照省、市总体工作部署，根据国务院《住房公积金管理条例》和住房和城乡建设部、财政部、人民银行《关于健全住房公积金信息披露制度的通知》（建金〔2015〕26 号）的规定，经住房公积金管理委员会审议通过，现将长春地区住房公积金 2020 年年度报告公布如下。

一、机构概况

（一）住房公积金管理委员会。长春市住房公积金管理委员会有 26 名委员，2020 年召开 1 次会议，审议通过的事项主要包括：《长春市 2017—2019 年住房公积金计划执行情况和 2020 年计划编制草案情况报告》《关于调整住房公积金贷款和提取政策的说明》《关于委托招商银行、广发银行、盛京银行、渤海银行承办住房公积金贷款业务的说明》。

长春省直住房公积金管理委员会有18名委员，2020年未召开管委会议。

（二）**住房公积金管理中心。**长春市住房公积金管理中心为直属于长春市人民政府的不以营利为目的的自收自支事业单位（公益二类），设8个处，8个分中心，11个分理处（含公主岭）。从业人员368人（包含公主岭接收人员17人），其中，在编180人，非在编188人。

长春省直住房公积金管理分中心为吉林省机关事务管理局下属不以营利为目的的参照公务员管理事业单位，设6个科。从业人员63人，其中，在编17人，非在编46人。

长春市住房公积金管理中心电力分中心为国网吉林省电力有限公司下属不以营利为目的的国有性质单位，设2个科。从业人员14人，全部为在编人员。

二、业务运行情况

（一）**缴存。**2020年，新开户单位2509家，净增实缴单位1498家；新开户职工10.99万人，净增实缴职工0.30万人；实缴单位18528家，实缴职工121.18万人，缴存额194.51亿元，分别同比增长8.80%、0.25%、6.10%。2020年末，缴存总额1724.80亿元（包含公主岭转入归集余额15.73亿元），比上年末增加13.88%；缴存余额679.64亿元（包含公主岭转入归集余额15.73亿元），同比增长11.52%。受委托办理住房公积金缴存业务的银行4家，与上年相同（市中心为中国工商银行、中国建设银行、中国农业银行；省直分中心为中国建设银行；电力分中心为中国农业银行、交通银行）。

（二）**提取。**2020年，41.77万名缴存职工提取住房公积金；提取额140.02亿元，同比增长2.01%；提取额占当年缴存额的71.98%，比上年减少2.89个百分点。2020年末，提取总额1045.17亿元，比上年末增加15.47%。

（三）**贷款。**

1. 个人住房贷款。单缴存职工个人住房贷款最高额度50万元（电力分中心单缴存职工最高额度70万元），双缴存职工个人住房贷款最高额度80万元。

2020年，发放个人住房贷款2.01万笔、103.70亿元，同比分别增长0.95%、6.33%。其中，市中心发放个人住房贷款1.78万笔、91.58亿元，省直分中心发放个人住房贷款0.18万笔、9.50亿元，电力分中心发放个人住房贷款0.05万笔、2.62亿元。

2020年，回收个人住房贷款57.86亿元。其中，市中心48.56亿元，省直分中心7.70亿元，电力分中心1.60亿元。

2020年末，累计发放个人住房贷款31.84万笔、1016.76亿元，贷款余额623.13亿元（以上三项数据包含公主岭未结清的贷款7446笔，余额15.32亿元），分别比上年末增加9.46%、13.26%、10.88%。个人住房贷款余额占缴存余额的91.68%，比上年末减少0.53个百分点。受委托办理住房公积金个人住房贷款业务的银行18家。

2. 异地贷款。2020年，发放异地贷款1385笔、80750.80万元。2020年末，发放异地贷款总额730659.90万元，异地贷款余额500738.22万元。

3. 公转商贴息贷款。2020年，无此类业务。

（四）购买国债。2020年，无此类业务。

（五）资金存储。2020年末，住房公积金存款58.33亿元。其中，活期2.08亿元，1年（含）以下定期30.33亿元，1年以上定期16.88亿元，其他（协定、通知存款等）9.04亿元。

（六）资金运用率。2020年末，住房公积金个人住房贷款余额、项目贷款余额和购买国债余额的总和占缴存余额的91.68%，比上年末减少0.53个百分点。

三、主要财务数据

（一）业务收入。2020年，业务收入204401.96万元，同比增长9.17%。其中，市中心163230.60万元，省直分中心29174.78万元，电力分中心11996.58万元；存款利息16529.20万元，委托贷款利息187867.68万元，其他5.08万元。

（二）业务支出。2020年，业务支出103261.37万元，同比增长8.79%。其中，市中心81623.90万元，省直分中心15786.40万元，电力分中心5851.07万元；支付职工住房公积金利息93800.94万元，归集手续费226.52万元，委托贷款手续费9195.69万元，其他38.22万元。

（三）增值收益。2020年，增值收益101140.59万元，同比增长9.55%。其中，市中心81606.70万元，省直分中心13388.38万元，电力分中心6145.51万元；增值收益率1.58%，比上年增加0.01个百分点。

（四）增值收益分配。2020年，提取贷款风险准备金20691.00万元，提取管理费用14432.24万元，提取城市廉租住房（公共租赁住房）建设补充资金66017.35万元。

2020年，上交财政管理费用13888.87万元。上缴财政城市廉租住房（公共租赁住房）建设补充资金60415.62万元。其中，市中心上缴54686.11万元，省直分中心上缴（吉林省财政厅）4363.69万元，电力分中心上缴（吉林省财政厅）1365.82万元。

2020年末，贷款风险准备金余额208753.69万元（包含公主岭转入贷款风险准备金1532.50万元）。累计提取城市廉租住房（公共租赁住房）建设补充资金450948.56万元。其中，市中心提取406103.80万元，省直分中心提取34569.46万元，电力分中心提取10275.30万元。

（五）管理费用支出。2020年，管理费用支出12233.97万元，同比下降0.70%。其中，人员经费7148.29万元，公用经费1363.46万元，专项经费3722.22万元。

市中心管理费用支出10384.04万元，其中，人员、公用、专项经费分别为6878.41万元、979.28万元、2526.35万元；省直分中心管理费用支出955.26万元，其中，人员、公用、专项经费分别为269.88万元、55.01万元、630.37万元；电力分中心管理费用支出894.67万元，其中，人员、公用、专项经费分别为0万元、329.17万元、565.50万元。

四、资产风险状况

个人住房贷款。2020年末，个人住房贷款逾期额1466.06万元，逾期率0.24‰，其中，市中心0.24‰，省直分中心0.19‰，电力分中心0.23‰。个人贷款风险准备金余额208753.69万元（包含公主岭转入贷款风险准备金1532.50万元）。2020年，未使用个人贷款风险准备金核销呆坏账。

五、社会经济效益

（一）**缴存业务**。缴存职工中，国家机关和事业单位占25.16%，国有企业占26.80%，城镇集体企业占2.89%，外商投资企业占4.39%，城镇私营企业及其他城镇企业占33.92%，民办非企业单位和社会团体占3.08%，其他占3.76%；中、低收入占98.23%，高收入占1.77%。

新开户职工中，国家机关和事业单位占9.63%，国有企业占9.74%，城镇集体企业占2.38%，外商投资企业占2.75%，城镇私营企业及其他城镇企业占62.66%，民办非企业单位和社会团体占6.29%，其他占6.55%；中、低收入占99.96%，高收入占0.04%。

（二）**提取业务**。提取金额中，购买自住住房占14.01%，偿还购房贷款本息占55.20%，租赁住房占3.81%，离休和退休提取占20.03%，完全丧失劳动能力并与单位终止劳动关系提取占4.58%，出境定居占0.88%，其他占1.49%。提取职工中，中、低收入占98.86%，高收入占1.14%。

（三）**贷款业务**。

个人住房贷款。2020年，支持职工购建房205.47万平方米，年末个人住房贷款市场占有率为18.47%，比上年末减少0.64个百分点。通过申请住房公积金个人住房贷款，可节约职工购房利息支出191039.32万元。

职工贷款笔数中，购房建筑面积90（含）平方米以下占39.32%，90～144（含）平方米占55.86%，144平方米以上占4.82%。购买新房占85.12%，购买二手房占14.88%，建造、翻建、大修自住住房占0%。

职工贷款笔数中，单缴存职工申请贷款占26.42%，双缴存职工申请贷款占73.58%。

贷款职工中，30岁（含）以下占26.76%，30岁～40岁（含）占38.53%，40岁～50岁（含）占26.81%，50岁以上占7.90%；首次申请贷款占95.17%，二次及以上申请贷款占4.83%；中、低收入占96.88%，高收入占3.12%。

（四）**住房贡献率**。2020年，个人住房贷款发放额、公转商贴息贷款发放额、项目贷款发放额、住房消费提取额的总和与当年缴存额的比率为105.87%，比上年减少3.14个百分点。

六、其他重要事项

长春市住房公积金管理中心
（一）**应对新冠肺炎疫情采取的措施**。
1. 落实住房公积金阶段性支持政策情况

为妥善应对新冠肺炎疫情，帮助受疫情影响的企业和个人解决实际困难，中心按照住房和城乡建设部和省住房城乡建设厅指示精神，出台了疫情期间系列支持政策：允许受影响企业申请缓缴住房公积金，为申请缓缴住房公积金的缴存单位开辟绿色通道；单位缓缴公积金视同连续缴存，不影响职工申请公积金贷款；延长受影响缴存职工提取要件有效时限；做好疫情防控期间征信权益保护工作，2020年9月30日前住房公积金个人住房贷款不能正常还款的，不作逾期处理；为抗疫一线医务工作者优先办理公积金贷款、提取等业务。截至2020年9月30日，累计有314户企业申请缓缴公积金，涉及职工3.57万人，缓缴金额1.40亿元；为118位符合条件的职工提供了住房公积金提取的延期办理服务；疫情期间有1505人还款不及时或不能正常还款,没有上报不良信用记录。

2. 疫情防控期间工作服务举措

一是确保服务大厅办事安全。组织分中心、分理处做好常态化疫情防控工作,在确保临柜业务办理服务不间断的同时,切实保障广大办事群众及公积金工作人员身体健康。坚持"严排查",在服务大厅布置隔离带,对办事人员依次门岗测温、扫码通行,确保"不落一人、不落一环";做好"勤引导",中心人员轮流值守大厅,配合物业安保人员维持进出和办事秩序;严密"防接触",在窗口设置隔离防护屏,工作人员全程佩戴口罩和手套办理业务;实现"快速办",在"一窗受理、集成服务"基础上,提高办事速率,减少群众等待时间;严格"重消杀",每天对办公场所全面消杀,对服务设施反复消毒,营造安全放心的办事环境。

二是大力倡导网上业务办理。疫情期间,为引导广大缴存单位和职工通过长春公积金网上办事大厅和手机客户端等线上渠道办理公积金业务,中心利用微信公众号宣传推广"公积金应对疫情便民举措""提取业务 App 办理指南"等内容,帮助职工快速了解政策、快捷掌握操作方法,图文推送单日阅读点击量最高达 8.70 万次,通过宣传有效减少临柜业务办理量,缓解窗口工作压力,为阻断疫情传播发挥积极作用。

三是助力包保企业复工复产。协助企业核查返岗人员行程轨迹,为企业开工吃下"定心丸";第一时间为企业宣讲疫情防控期间增值税、企业所得税、财产行为税等阶段性税收优惠政策,提振企业恢复生产经营的信心。2020 年 5 月,中心包保的 16 户企业都已复工复产。

四是主动下沉社区联防联控。中心坚持把打赢疫情防控阻击战作为重大政治任务,先后有 120 余名党员干部职工与 21 个社区对接,10 余位同志担任楼栋长、单元长,积极履行防疫责任。疫情期间中心共捐助物资 64300 元,组织 21 名职工献血 5400cc 支援抗疫、奉献爱心。

(二)当年机构及职能调整情况、受委托办理缴存贷款业务金融机构变更情况。

1. 当年机构调整情况

按照《吉林省人民政府关于变更县级公主岭市代管关系的通知》要求,自 2020 年 12 月 30 日起,四平市住房公积金管理中心公主岭管理部正式划归长春市住房公积金管理中心管理,成立公主岭分理处,于 2021 年 1 月 6 日正式对外开展业务。公主岭分理处划归长春管理后,各项公积金业务按照长春市政策和制度执行。

2. 当年受委托办理贷款业务金融机构变更情况

为扩大住房公积金贷款业务覆盖面,给广大公积金缴存职工在选择贷款银行时提供更大空间,经住房公积金管委会审议通过,自 2020 年 4 月 22 日起,增加招商银行、广发银行、盛京银行、渤海银行和吉林九台农村商业银行承办长春市住房公积金贷款业务。

(三)当年住房公积金政策调整及执行情况。

1. 住房公积金缴存基数政策调整情况

按照国务院《住房公积金管理条例》和《关于对长春市 2020 年住房公积金缴存基数进行调整的通知》(长住金字〔2020〕29 号)要求,从 2020 年 6 月 16 日起,我市(含双阳区、九台区、榆树市、德惠市、农安县)2020 年度住房公积金缴存基数上限调整为 21422 元;铁路分中心及其下设分理处缴存职工的住房公积金缴存基数标准按照沈阳铁路局统一标准执行。

2. 住房公积金提取和贷款政策调整情况

按照中央经济工作会议提出的"一城一策"总体要求,中心紧跟我市房地产市场调控步伐,支持职工使用住房公积金贷款和提取的合理需求,保障水平不断提高。

(1) 2020年2月1日起,按照《关于调整住房公积金个人住房贷款和提取政策的通知》(长住金管字〔2020〕3号)文件规定,中心调整了公积金提取和使用政策:将首次贷款的最高额度计算方法由公积金余额的15倍提升至20倍,2次贷款的降低为10倍;将公积金2次贷款首付比例由20%提升至50%;停办3次贷款和异地贷款;取消首付款提取和非住房类民生提取,增设使用公积金为既有住宅加装电梯的提取项目。调整后的使用政策为中低收入家庭的刚性、改善性购房需求持续提供有力支撑。2020年公积金贷款中低收入职工贷款笔数占比96.56%、金额占比95.64%;30岁以下首次使用公积金贷款职工笔数占比27.30%,金额占比26.26%,切实为我市留住人才、提高中低收入职工家庭购房支付能力发挥巨大作用。

(2) 2020年6月18日起,按照《关于调整住房公积金个人住房贷款单笔最高额度的通知》(长住金管字〔2020〕5号)文件规定,调整县、市(区)及铁路沿线地区住房公积金个人住房贷款单笔最高额度如下。

公主岭市:有共同借款人的,由40万元调整至70万元;无共同借款人的,由25万元调整至50万元。

长春市双阳区:有共同借款人的,由40万元调整至70万元;无共同借款人的,由25万元调整至50万元。

九台区、德惠市、榆树市、农安县:有共同借款人的,由40万元调整至50万元;无共同借款人的,由25万元调整至30万元。

长春市区及双阳区奢岭镇:有共同借款人的为80万元,无共同借款人的为50万元不变。

吉林市:有共同借款人的,由60万元调整至70万元;无共同借款人的,由40万元调整至50万元。通化市:有共同借款人的,由50万元调整至60万元;无共同借款人的,由30万元调整至40万元。四平市、白城市、图们市:有共同借款人的,由40万元调整至50万元;无共同借款人的,由25万元调整至30万元。

以上政策适用于在长春市住房公积金管理中心各贷款经办部门申请贷款的职工,不涉及吉林、通化、白城、图们、四平五市当地住房公积金管理中心的有关贷款政策。

(3) 2020年8月1日起,按照《关于调整住房公积金个人住房贷款第二次贷款利率的通知》(长住金管字〔2020〕6号)文件规定,新增第二次申请住房公积金个人住房贷款的,贷款利率执行同期首套住房公积金个人住房贷款利率的1.1倍。

3. 住房公积金存贷款利率执行标准

五年期以下(含五年)个人住房公积金贷款年利率为2.75%,五年期以上个人住房公积金贷款年利率为3.25%。

(四)当年服务改进情况。

1. 深化政务改革,线上服务"加速度"

一是提取业务加快实现"全程网办"。年内已实现4项提取业务线上办理,全年通过公积金App办结退休（法定年龄）提取 670 笔、租房提取 14430 笔、一次性购房（合同）提取 87 笔，终止劳动关系提取 2003 笔。其中，租房提取业务量已占同期同类业务量的 34.60%，为疫情期间有效减少人员聚集、减轻低收入无房职工生活压力，做出积极贡献。二是网厅业务持续优化升级。32 项归集业务中有 6 项单位经办业务可通过市政府"一门式、一张网"进行受理，24 项业务已实现在网厅线上办理（其中 9 项业务实现一步办结），其余 2 项业务实现网厅预审，另外还有 3 项业务实现"跨省通办"。三是数据共享推动业务实现"一网通办"。2020 年 11 月初，成功与工商部门进行数据对接，依托"e 窗通"系统，简化企业开办住房公积金账户缴存登记流程，让企业在工商开户注册的同时，即可生成住房公积金单位账号，同步开户，截至 2020 年 12 月 31 日，已有 4657 户单位通过工商数据传递开办了住房公积金账户，进一步缩短企业开户办理时间。

2. 加强窗口建设，延伸服务"有温度"

中心不断加强临柜服务标准化建设，树立优质服务形象。在各分中心、分理处服务大厅统一建立"自助服务区"，配齐便民服务和防疫设施，营造舒适便捷的办事环境；在各分中心全面推行中午不间断服务，并组织分中心综合、会计等科室干部职工熟练掌握上机操作，以备窗口人员不足时随时补充，确保服务不断档；在贷款经办中心增设窗口分流业务，提升办理速率，在分中心增设军烈属优先服务窗口，开辟绿色通道；为推进公积金网点向基层延伸服务，2020 年 4 月，中心南关分中心延伸窗口进驻长春新区政务大厅正式对外开展服务，2 个公积金服务窗口可办理涉及提取和归集共计 26 项业务。

3. 畅通民意诉求，沟通服务"零距离"

中心充分利用 12329 公积金客服热线等平台解决民意诉求，各类诉求办结率达到 100%。12329 公积金热线全年接入电话 42.19 万个（其中自助语音服务电话 14.31 万个，转人工语音量 27.87 万个，人工语音服务电话 20.59 万个），通话总时长 6525 小时，日均接听电话 820 个，受理各类疑难、投诉及建议 2308 件，热线人工接听满意率达 99.77%。新媒体客户端受到广泛关注，微信公众号累计服务量 213.97 万次，手机客户端累计服务量 305.14 万次。两大渠道累计会话接入总数量 1.32 万条（其中，转人工处理数量 10326 条，新媒体客服会话转人工率 78.05%，满意度 100%）。中心网站累计发布、更新、维护各类信息 236 条，回复网站留言 1991 条，回复主任信箱 46 条，职工各类诉求都能得到及时回应。

（五）当年信息化建设情况。为共享便民成果，创新服务体验，中心不断推动住房公积金信息化、数字化建设。一是持续推进业务系统升级改造。依托中心现有核心业务系统的基础架构，进一步完善业务系统体系，增加虚拟柜员机、无纸化后台审批、柜员双因子认证登陆、7×24 小时不间断业务、移动办公 App 等系统功能，在提升群众服务体验的同时稳步筑牢信息系统的技术支撑根基。二是积极推进跨领域数据利用。完成与政数局数据共享平台对接，实现与房管、工商、民政部门信息共享，完成与工行、建行、农行数据直连，能实时共享商业贷款信息；完成中心共享数据挂载，为市级数据共享做出支持。依托数据共享实现公积金业务在柜面、手机 App、微信和网上办事大厅的在线办理，切实增强政务服务的标准化、精准化、便捷化、平台化、协同化，服务形式更加多元，全力以赴实现群众零跑动占比越来越大，当期办事环节越少越好、要件越少越好，提升群众办事满意度。三是积极落实住房和城乡建设部关于公积金行业"跨省通办"的重要任务。依托中心各业务的网上办理渠道，提前完成对接任务，并积极推进"公积金监管服务平台"在各网点的部署使用，使"跨省通办"工作在平台的支撑下，得到更全面落实。

(六)当年住房公积金管理中心及职工所获荣誉情况。 2020年,中心及内设部门共获得市区级以上荣誉16项,分别为:中心法规处荣获长春市政务服务"光荣榜"评选"先进审批单位"称号;中心绿园分中心荣获长春市"青年文明号"和"长春青年榜样集体"称号;中心综合服务中心荣获长春市直属机关"巾帼文明岗"称号;中心团总支荣获长春市"先进团总支"称号;中心经开团支部荣获长春直属机关"先进团支部"称号;中心荣获长春市直属机关抖音挑战赛"优秀组织奖"和"优胜单位奖"称号;中心获得长春市职工羽毛球赛团体二等奖、长春市职工乒乓球赛团体三等奖、长春市职工篮球赛团体三等奖;中心第一党支部、经开分中心、机关党委、综合服务中心分别荣获长春市直属机关抖音挑战赛"最美逆行奖""最逆长春奖""最美奋斗奖""最美奋斗奖"称号;中心南关分中心荣获长春市直属机关"向党说说心里话"主题有奖征集活动优秀奖。

2020年,中心职工个人共获得"全国党建优秀成果征集活动三等奖"、吉林省事业单位"脱贫攻坚工作嘉奖"、吉林省住房城乡建设系统"先进工作者""长春好人""长春青年榜样"、市直机关"三八"红旗手等省市级以上荣誉26项。

(七)当年对违反《住房公积金管理条例》和相关法规行为进行行政处罚和申请人民法院强制执行情况。 2020年,中心行政执法工作按照市政府"三段式"执法即"教育、整改、处罚"相结合的原则,按程序、有步骤地接待受理职工投诉,登记调查核实,通过沟通协调、深入缴存单位宣传教育、限期整改,共为职工补缴住房公积金1559.09万元。依据《住房公积金管理条例》第三十八条规定,2020年全年,中心共计受理分中心上报申请行政执法案件共17件,已经结案6件。其中,下达行政执法文书案件5件,皆为已建户单位,不涉及行政处罚,但由于各种经营问题欠缴职工公积金;正在法院执行案件1件。

2020年,中心深入推进公积金行业乱象治理,重点打击以伪造证明材料、隐瞒婚姻关系等手段违规提取住房公积金的行为,全年共查处违规骗提行为24例,涉及资金130.43万元。排查出问题线索24条,成功阻止骗提行为101笔,阻止近百万资金被非法骗提套取。

(八)当年对住房公积金管理人员违规行为的纠正和处理情况等。 2020年1月,中心发现德惠分理处提取初审员于流洋涉嫌犯罪问题线索后,立即报告市纪委监委,德惠市纪委监委对中心德惠分理处于流洋涉嫌贪污问题进行立案查处,并移送司法机关。2020年8月,德惠市人民法院对于流洋涉嫌贪污案作出有效判决。4月,为进一步落实全面从严治党责任,强化职工廉洁守法意识,中心党组决定在全中心开展"树正三观,扣好第一粒扣子"专题教育活动,组织全员进行党风廉政建设相关知识学习和警示教育大会,要求每名职工撰写学习体会和自检自查,同时召开班子民主生活会和支部组织生活会,进一步提高全体党员干部职工遵纪守法意识和底线意识。同时,组织各部门结合落实巡察整改工作,全面进行廉政风险排查,完善健全管理制度和内部监督机制,堵塞漏洞,依法依规履职能力和服务水平得到有效提升。2020年10月,于流洋案件终审判决后,中心依照干部管理权限与市纪委相关部门沟通,对涉案相关人员现进行追责。

长春省直住房公积金管理分中心

新冠肺炎疫情发生后,中心主动作为、履职担当,适时推出贷款保障措施,实行企业降比缓缴政策,延长多项业务受理时限,推广线上办理渠道,努力营造良好的营商环境,切实为缴存单位及职工纾困解难。

（一）疫情采取措施及阶段性支持政策落实情况。 针对新冠肺炎疫情，中心迅速反应，适时出台了《关于配合做好新冠肺炎疫情防控工作加强住房公积金业务阶段性支持的通知》《关于疫情期间阶段性支持政策执行期限延期3个月的通知》，及时发布《关于疫情防控期间办理住房公积金相关业务的告知书》《关于疫情防控期间办理住房公积金相关业务的温馨提示》《关于电话办理汇缴核定及缴存入账业务的温馨提示》《关于优先通过网上渠道办理住房公积金业务倡议书》，积极引导广大缴存职工通过中心官方网站"网上办事大厅"、微信公众号及服务热线电话"96899"等在线服务渠道查询、办理、咨询住房公积金相关业务。

（二）当年未涉及机构及职能调整、受委托办理缴存贷款业务金融机构变更等情况。

（三）当年住房公积金政策调整及执行情况。

1. 当年缴存基数限额及确定方法、缴存比例调整情况

2020年职工缴存基数为职工本人上一年度月平均工资总额，职工工资总额构成按照国家统计局《关于工资总额组成的规定》的口径计算。2020年度缴存基数最高标准不高于省统计局公布的2019年长春市在岗职工月平均工资的3倍（21422元），最低不低于2019年省政府公布的长春市区最低工资标准（1780元/月）。

继续执行5％至12％的缴存比例政策，缴存单位可在5％至12％区间内，自主确定住房公积金缴存比例。

2. 当年提取政策调整情况

（1）取消公积金贷款首付款提取政策，2020年2月16日前（包括2月16日）已发放住房公积金个人贷款且符合中心首付款提取条件的缴存职工仍可提取住房公积金贷款首付款；

（2）取消重大疾病、低保家庭子女考取大学以及家庭遭受重大财产损失的民生类提取政策；

（3）允许职工家庭提取住房公积金用于支付既有住宅加装电梯的费用。

3. 当年贷款政策调整情况

（1）缴存职工申请公积金贷款应当具备连续、足额缴存住房公积金12个月（含）以上的贷款条件；

（2）公积金贷款可申请额度在不超过单笔贷款最高额度的前提下，首次贷款的，为借款人和共同借款人住房公积金个人账户余额之和的20倍；第2次贷款的，为借款人和共同借款人住房公积金个人账户余额之和的10倍；

（3）缴存职工第2次申请公积金贷款，首付款比例不得低于购房款总额的50％；

（4）停止3次及以上公积金贷款。

（5）自2020年8月1日起，新增第二次申请住房公积金个人住房贷款的，贷款利率执行同期首套住房公积金个人住房贷款利率的1.1倍。

（6）自2020年10月15日起，在长春市及所辖县（市）、区购买144平方米以下新建商品房，首次申请住房公积金个人住房贷款的，首付款比例不得低于购房款总额的30％。

（四）当年服务改进情况。

1. 为进一步发挥"最多跑一次"改革成果，中心新增了离退休提取及与单位解除劳动关系封存满半年提取网上业务，网上操作仅需几分钟，提取资金当日到账，缴存职工足不出户便可享受网上提取带来的便利。

2. 2020 年底前，中心住房公积金缴存贷款等信息查询、出具贷款职工住房公积金缴存使用证明（包括个人住房公积金基本情况、个人住房公积金缴存明细和住房公积金异地贷款缴存证明）、正常退休提取住房公积金、住房公积金单位及个人缴存信息变更、提前还清住房公积金贷款、开具住房公积金个人住房贷款全部还清证明6个服务事项均已实现"跨省通办"。

（五）当年信息化建设情况。

1. 完成综合管理信息系统升级及"云客服"热线系统升级工作，积极开展升级后网络调试工作。

2. 组织技术人员参加省住房城乡建设厅组织的综合服务平台验收工作，了解验收流程及相关事宜，总结学习验收经验，中心综合服务平台以90.50分成绩顺利通过省住房城乡建设厅验收。

3. 全力配合省政数局做好政务服务对接，积极助力省政务信息资源共享平台建设，完成事项同源全流程上报开发工作，实现与民政、社保、产权、公安等部门数据共享技术对接工作。

长春市住房公积金管理中心电力分中心

（一）应对新冠肺炎疫情采取的措施。 针对新冠肺炎疫情期间缴存单位和职工面临的实际困难，结合工作实际，制定阶段性支持政策，切实助力企业复工复产，减轻缴存单位和贷款职工经济压力。受新冠肺炎疫情影响而经营困难的企业可申请办理2020年3月1日至2020年6月30日期间阶段性缓缴，缓缴期间缴存时间连续计算，不影响职工正常提取和申请住房公积金贷款；受新冠肺炎疫情影响而不能正常偿还个人住房公积金贷款的职工，2020年2月1日至2020年6月30日期间不作逾期处理，不作为逾期记录报送征信部门。2020年2月1日至6月30日，受疫情影响有17笔贷款无法正常还款，涉及贷款余额452.37万元，应还贷款本金4.30万元。按照电力分中心阶段性支持政策规定，对上述17名贷款人员未作逾期处理，未作为逾期记录报送征信部门，极大地缓解了贷款职工还款压力。

（二）当年未涉及机构及职能调整、受委托办理缴存贷款业务金融机构变更等情况。

（三）当年住房公积金政策调整及执行情况。

贷款政策调整方面：一是申请住房公积金贷款的，应当具备连续、足额缴存住房公积金12个月（含）以上的贷款条件；二是住房公积金个人住房贷款可申请额度在不超过单笔贷款最高额度的前提下，首次贷款的，为借款人住房公积金个人账户余额的20倍；第2次贷款的，为借款人住房公积金个人账户余额的10倍；三是第2次申请住房公积金个人住房贷款的，首付比例不得低于购房款总额的50%；四是停止3次及以上住房公积金个人住房贷款；五是自2020年8月1日起，新增第二次申请住房公积金个人住房贷款的，贷款利率执行同期首套住房公积金个人住房贷款利率的1.1倍。

提取政策调整方面：一是取消子女入学、重大疾病、突发事件致使家庭遭受重大财产损失等非住房类民生提取政策。二是允许职工家庭提取住房公积金用于支付既有住宅加装电梯的费用。

（四）当年服务改进情况。

综合服务平台方面：2020年9月7日，通过吉林省住房城乡建设厅组织的综合服务平台联合验收组验收。

"跨省通办"方面：截至2020年12月31日，职工可通过网络跨区域实现个人住房公积金缴存贷款等信息查询、出具贷款职工住房公积金缴存使用证明和正常退休提取住房公积金。

（五）其他需要披露的情况。 中心现有缴存单位72家，因缴存单位涉及全省9个地区，为方便缴存职工办理提取、贷款业务，由缴存单位经办人员在本单位收集提取、贷款后统一上报至中心审批，故中心从业人员除在编 14 人外，还有不在编的兼职人员 130 人。

吉林市住房公积金 2020 年年度报告

根据国务院《住房公积金管理条例》和住房和城乡建设部、财政部、人民银行《关于健全住房公积金信息披露制度的通知》（建金〔2015〕26 号）的规定，经住房公积金管理委员会审议通过，现将吉林市住房公积金 2020 年年度报告公布如下。

一、机构概况

（一）住房公积金管理委员会。住房公积金管理委员会有 19 名委员，2020 年召开 1 次会议，审议通过的事项主要包括：2019 年吉林市住房公积金管理中心工作报告、2019 年住房公积金归集使用计划执行情况、2019 年增值收益分配情况、2020 年住房公积金归集使用计划、关于落实专项审计整改意见调整我市住房公积金相关政策的议案、关于授权市住房公积金管理中心继续办理有关公积金缴存审批手续的议案。

（二）住房公积金管理中心。住房公积金管理中心为直属吉林市人民政府不以营利为目的的自收自支事业单位，设 12 个处室，9 个分中心。从业人员 139 人，全部为编办批准的在编人员。

二、业务运行情况

（一）缴存。2020 年，新开户单位 381 家，净减实缴单位 103 家；新开户职工 2 万人，净减实缴职工 0.44 万人；实缴单位 5486 家，实缴职工 33.3 万人，缴存额 53.84 亿元，分别同比下降 0.76％、3.98％、0.53％。2020 年末，缴存总额 503.57 亿元，比上年末增加 11.97％；缴存余额 184.06 亿元，同比增长 7.94％。受委托办理住房公积金缴存业务的银行 3 家。

（二）提取。2020 年，12.69 万名缴存职工提取住房公积金；提取额 40.30 亿元，同比下降 0.72％；提取额占当年缴存额的 74.86％，比上年减少 0.14 个百分点。2020 年末，提取总额 319.51 亿元，比上年末增加 14.43％。

（三）贷款。

1. 个人住房贷款。个人住房贷款最高额度 60 万元，单缴存职工个人住房贷款最高额度 40 万元，双缴存职工个人住房贷款最高额度 60 万元。

2020 年，发放个人住房贷款 0.73 万笔、24.05 亿元，同比分别下降 12.81％、4.65％。

2020 年，回收个人住房贷款 20.50 亿元。

2020 年末，累计发放个人住房贷款 13.62 万笔、292.67 亿元，贷款余额 164.56 亿元，分别比上年末增加 5.65％、8.95％、2.21％。个人住房贷款余额占缴存余额的 89.40％，比上年末减少 5.02 个百分点。受委托办理住房公积金个人住房贷款业务的银行 6 家，与上年持平。

2. 异地贷款。2020 年，未发放异地贷款。2020 年末，发放异地贷款总额 77051.60 万元，异地贷款余额 43061.90 万元。

3. 公转商贴息贷款。2020 年，发放公转商贴息贷款 635 笔、24439.60 万元，当年贴息额 2117.57 万元。2020 年末，累计发放公转商贴息贷款 4309 笔、157109.80 万元，累计贴息 4640.14 万元。

（四）**资金存储**。2020 年末，住房公积金存款 22.09 亿元。其中，活期 0.05 亿元，1 年（含）以下定期 4.00 亿元，1 年以上定期 9.00 亿元，其他（协定、通知存款等）9.04 亿元。

（五）**资金运用率**。2020 年末，住房公积金个人住房贷款余额、项目贷款余额和购买国债余额的总和占缴存余额的 89.40%，比上年末减少 5.02 个百分点。

三、主要财务数据

（一）**业务收入**。2020 年，业务收入 60402.48 万元，同比增长 10.00%。存款利息 7885.59 万元，委托贷款利息 52516.89 万元。

（二）**业务支出**。2020 年，业务支出 31433.57 万元，同比增长 9.52%。支付职工住房公积金利息 26876.29 万元，委托贷款手续费 2417.27 万元，其他 2140.01 万元。

（三）**增值收益**。2020 年，增值收益 28968.91 万元，同比增长 10.52%。增值收益率 1.63%，比上年末增加 0.02 个百分点。

（四）**增值收益分配**。2020 年，未提取贷款风险准备金，提取管理费用 3999.00 万元，提取城市廉租住房（公共租赁住房）建设补充资金 24969.91 万元。

2020 年，上交财政管理费用 4998.50 万元。上缴财政城市廉租住房（公共租赁住房）建设补充资金 5486.34 万元。

2020 年末，贷款风险准备金余额 107354.21 万元。累计提取城市廉租住房（公共租赁住房）建设补充资金 95829.42 万元。

（五）**管理费用支出**。2020 年，管理费用支出 3120.48 万元，同比增长 10.94%。其中，人员经费 2293.08 万元，公用经费 283.67 万元，专项经费 543.73 万元。

四、资产风险状况

2020 年末，个人住房贷款逾期额 310.43 万元，逾期率 0.19‰。个人贷款风险准备金余额 106226.21 万元。2020 年，未使用个人贷款风险准备金核销呆坏账。

五、社会经济效益

（一）**缴存业务**。缴存职工中，国家机关和事业单位占 38.58%，国有企业占 32.22%，城镇集体企业占 1.47%，外商投资企业占 0.85%，城镇私营企业及其他城镇企业占 25.64%，民办非企业单位和社会团体占 1.24%；中、低收入占 98.67%，高收入占 1.33%。

新开户职工中，国家机关和事业单位占 18.83%，国有企业占 19.88%，城镇集体企业占 0.51%，外商投资企业占 1.35%，城镇私营企业及其他城镇企业占 55.40%，民办非企业单位和社会团体占 4.03%。中、低收入占 99.77%，高收入占 0.23%。

（二）**提取业务**。提取金额中，购买、建造、翻建、大修自住住房占 10.91%，偿还购房贷款本息占

53.45%，租赁住房占 0.57%，离休和退休提取占 24.64%，完全丧失劳动能力并与单位终止劳动关系提取占 5.94%，其他占 4.49%。提取职工中，中、低收入占 98.38%，高收入占 1.62%。

（三）贷款业务。 2020 年，支持职工购建房 82.51 万平方米（含公转商贴息贷款），年末个人住房贷款市场占有率（含公转商贴息贷款）为 30.21%，比上年末减少 2.38 个百分点。通过申请住房公积金个人住房贷款，可节约职工购房利息支出 49604.40 万元。

职工贷款笔数中，购房建筑面积 90（含）平方米以下占 32.19%，90~144（含）平方米占 63.29%，144 平方米以上占 4.52%。购买新房占 72.77%（其中购买保障性住房占 0%），购买二手房占 27.23%。

职工贷款笔数中，单缴存职工申请贷款占 68.22%，双缴存职工申请贷款占 31.78%，三人及以上缴存职工共同申请贷款占比为零。

贷款职工中，30 岁（含）以下占 24.30%，30 岁~40 岁（含）占 38.34%，40 岁~50 岁（含）占 27.47%，50 岁以上占 9.89%；首次申请贷款占 85.40%，二次及以上申请贷款占 14.60%；中、低收入占 99.62%，高收入占 0.38%。

（四）住房贡献率。 2020 年，个人住房贷款发放额、公转商贴息贷款发放额、项目贷款发放额、住房消费提取额的总和与当年缴存额的比率为 97.81%，比上年减少 13.98 个百分点。

六、其他重要事项

（一）应对新冠肺炎疫情采取的措施，落实住房公积金阶段性支持政策情况和政策实施成效。

为贯彻落实住房和城乡建设部、财政部和人民银行联合印发的《关于妥善应对新冠肺炎疫情实施住房公积金阶段性支持政策的通知》及省住房城乡建设厅有关工作要求，实施以下住房公积金阶段性支持政策。

1. 受疫情影响的企业经与职工协商一致的，可申请在 2020 年 6 月 30 日前缓缴住房公积金。缓缴期间缴存时间连续计算，不影响职工正常提取和申请住房公积金贷款。

2. 因受疫情影响收入的无房且租住商品房的职工，可在 2020 年 6 月 30 日前提交相关证明材料，申请提高租房提取额度，可提高至原可提取额度的 150%。

3. 在 2020 年上半年因受疫情影响职工无法及时提取住房公积金而超期的，可顺延提取时限至 2020 年 9 月 30 日。

4. 受新冠肺炎疫情影响的职工，2020 年 6 月 30 日前住房公积金贷款不能正常还款的，不作逾期处理，不作为逾期记录报送征信部门。

在疫情期间推出的 4 项利企惠民政策措施，共计为我市 76 户受疫情影响的企业办理了缓缴手续，阶段性减轻企业资金压力 1855 万元，为 6 名租房困难职工提高租房提取金额 1.89 万元，有 3331 名贷款职工因疫情不能正常还款，中心不作为逾期处理。

（二）当年住房公积金政策调整及执行情况。 为进一步加强我市住房公积金管理，依法维护缴存职工合法权益，防范资金风险，提高使用效率，有效发挥住房公积金保障作用，促进我市住房公积金事业健康发展，2020 年 6 月 1 日起，对以下住房公积金使用政策进行调整。

1. 允许职工家庭提取住房公积金用于支付既有住宅加装电梯的费用。

2. 偿还自住住房贷款本息的，贷款发放后，可随时申请第一次提取，以后每间隔 1 年（365 日）后，可再次申请提取，直至贷款结清为止，最后一次提取应在贷款结清后1年内办理。

夫妻双方每次提取额度之和不得超过当期实际发生偿还贷款本息额。

3. 取消因职工本人、配偶及直系亲属（父母、子女）患重大疾病提取住房公积金相关政策。

4. 严肃查处骗提套取住房公积金行为，购买存量房（二手房）提取住房公积金的，自购买该自住住房过户交易之日起，未满一年（365日）再次交易过户的，应在再次过户交易前主动退还所提住房公积金，过期不退还按骗提套取住房公积金处理。

5. 严格审核职工家庭住房消费行为，属于职工个人婚前全款购买自住住房，婚后配偶不得以购买该自住住房为由申请提取住房公积金。职工婚前贷款购房的，配偶可以提取住房公积金偿还贷款本息，提取时限和额度自结婚登记之日算起。

在偿还自住住房贷款期间，因夫妻双方离婚，经法院判决或经民政部门调解，该套自住住房所有权发生变化的，则仅该套自住住房现所有人及其配偶可申请提取住房公积金。

夫妻间现有自住住房交易过户，不得申请提取住房公积金和住房公积金贷款。

因夫妻双方离婚，原自住住房产权发生变更的，任何一方不得以产权变更为由，申请提取住房公积金和住房公积金贷款。

职工购买上市交易的存量产权住房且该住房在一年内发生两次以上房屋权属过户交易的，自第二次交易起，职工以购买该住房为由提取住房公积金的，应与其购房行为发生日间隔一年以上；职工（含配偶）以偿还购房贷款本息为由申请提取住房公积金的，不得提取购房首付款；职工（含配偶）不得以购买非户籍地或非住房公积金缴存地住房为由，提取住房公积金。

（三）当年服务改进情况。一是全面优化服务质量。疫情防控期间，积极推行"预约办、网上办"服务模式，鼓励缴存单位及职工通过网厅、微信公众号等线上渠道办理业务；率先全面恢复窗口临柜服务，严格保证大厅安全，畅通网络、电话等通道，积极引导缴存职工灵活安排办事时间、就近选择办事地点，有效压缩办理时长、降低人流密度、避免人员聚集，举全力满足缴存单位及职工办理业务需要。二是综合服务平台通过验收。按照住房和城乡建设部最新要求和验收标准，中心综合服务平台建设，顺利通过住房和城乡建设部综合验收组验收。综合服务平台整合了中心门户网站、网上办事大厅、12329热线、12329短信、微信公众平台、新浪微博、手机App和自助服务终端八大服务渠道，通过创新服务手段，改善用户体验，有效提升了管理效率和服务水平。三是开展"服务质量提升年"系列活动。以"转变服务职能、创新服务体系，打造满意中心"为目标，开展了"找差距，促服务"主题讨论系列活动，促进了中心干部职工作风转变，全面提升了为民服务能力。

（四）当年信息化建设情况。一是完成政务信息资源共享工作。按照市政府下发的吉林市政务信息资源共享责任清单，根据技术方案及接口规范，完成了接口开发、系统测试、网络调试等工作。配合市政数局梳理完成了中心共44项政务事项通用目录和业务办理项在政务外网中复用的第一阶段工作。二是完成省政务服务事项同源工作。按照省政府关于省级部门自建政务服务平台政务事项同源和办件信息汇聚工作要求，开展与省祥云网络对接工作，实现事项同源项目数据互通，推进电子政务服务建设。

（五）当年住房公积金管理中心及职工所获荣誉情况。2020年，中心以党建为统领，突出文明行业创建和品牌创建，涌现出一批先进集体和先进个人。1名同志被评为省住房和城乡建设系统先进工作者；船营分中心被评为省住房和城乡建设系统先进集体；中心被评为市级精神文明建设先进集体和市级优秀分厅；另外还有 5 个集体和 12 名个人获得市级以上荣誉。

（六）当年对违反《住房公积金管理条例》和相关法规行为进行行政处罚和申请人民法院强制执行情况。坚持"有黑扫黑、有恶除恶、有乱治乱"原则，以问题为导向，提高政治站位，深入挖掘问题线索，在公积金行业领域内全面开展扫黑除恶专项斗争，重点整治非法中介违规提取住房公积金、骗取住房公积金贷款、收取高额手续费等问题，全年共追回骗提资金 48.4 万元；加快推进住房公积金制度扩面工作，适时启动行政处罚和行政强制，全年共下达《责令改正通知书》22 份，进行行政处罚 1 件，申请法院强制执行 1 件。

四平市住房公积金 2020 年年度报告

根据国务院《住房公积金管理条例》和住房和城乡建设部、财政部、人民银行《关于健全住房公积金信息披露制度的通知》（建金〔2015〕26 号）的规定，经四平市住房公积金管理委员会审议通过，现将四平市住房公积金 2020 年年度报告公布如下。

一、机构概况

（一）住房公积金管理委员会。四平市住房公积金管理委员会有 23 名委员，2020 年召开一次会议，审议通过的事项主要包括：《关于调整住房公积金管委会组成人员的建议》《四平市住房公积金 2019 年度报告》《关于四平市 2019 年住房公积金归集使用计划执行情况和 2020 年计划草案的报告》《关于修改〈四平市住房公积金提取管理办法〉〈四平市住房公积金归集管理办法〉〈四平市住房公积金个人自愿缴存管理办法〉〈四平市住房公积金贷款管理办法〉的建议》《四平市住房公积金 2019 年增值收益分配方案》《2019 年度绩效考核工作实施方案》《四平市住房公积金管委会换届会议决议》。

（二）住房公积金管理中心。四平市住房公积金管理中心为隶属于四平市人民政府不以营利为目的的公益一类自收自支的事业单位，设 9 个科室，3 个管理部。从业人员 105 人，其中，在编 41 人，非在编 64 人。

二、业务运行情况

（一）缴存。2020 年，新开户单位 156 家，净增实缴单位 44 家；新开户职工 0.98 万人，净减实缴职工 0.02 万人；实缴单位 2872 家，实缴职工 14.59 万人，缴存额 20.37 亿元，分别同比增长 1.56%、下降 0.17%、增长 8.69%。2020 年末，缴存总额 127.08 亿元，比上年末增加 19.09%；缴存余额 58.75 亿元，同比减少 7.55%。受委托办理住房公积金缴存业务的银行 7 家。

（二）提取。2020 年，7.58 万名缴存职工提取住房公积金；提取额 25.17 亿元（含公主岭管理部转隶长春市住房公积金管理中心职工销户提取金额 15.63 亿元），同比增长 204.72%；提取额占当年缴存额的 123.56%，比上年增加 79.51 个百分点。2020 年末，提取总额 68.34 亿元，比上年末增加 58.34%。

（三）贷款。

1. 个人住房贷款。个人住房贷款最高额度 70 万元。

2020 年，发放个人住房贷款 0.57 万笔、18.64 亿元，同比分别下降 1.60%、增长 7.50%。2020 年，回收个人住房贷款 22.64 亿元（含公主岭管理部转隶长春市住房公积金管理中心贷款销户金额 15.32 亿元）。2020 年末，累计发放个人住房贷款 6.24 万笔、114.45 亿元，贷款余额 51.84 亿元，分别比上年末增加 10.12%、增加 19.46%、减少 7.16%。个人住房贷款余额占缴存余额的 88.24%，比上年末增加 0.37 个百分点。受委托办理住房公积金个人住房贷款业务的银行 7 家。

2. 异地贷款。2020 年，发放异地贷款 1197 笔、40392.30 万元。2020 年末，发放异地贷款总额 167933.20 万元，异地贷款余额 61016.81 万元。

（四）资金存储。 2020 年末，住房公积金存款 8.70 亿元。其中，活期 1.59 亿元，1 年以上定期 7.11 亿元。

（五）资金运用率。 2020 年末，住房公积金个人住房贷款余额、项目贷款余额和购买国债余额的总和占缴存余额的 88.24%，比上年末增加 0.37 个百分点。

三、主要财务数据

（一）业务收入。 2020 年，业务收入 22485.70 万元，同比增长 9.19%。其中，存款利息 3835.09 万元，委托贷款利息 18637.89 万元，其他 12.72 万元。

（二）业务支出。 2020 年，业务支出 10742.15 万元，同比增长 17.43%。其中，支付职工住房公积金利息 10487.41 万元（含公主岭管理部转隶长春市住房公积金管理中心职工销户提取利息 1017.04 万元），委托贷款手续费 254.22 万元，其他 0.52 万元。

（三）增值收益。 2020 年，增值收益 11743.55 万元，同比增长 2.61%。其中，增值收益率 1.71%，比上年减少 0.24 个百分点。

（四）增值收益分配。 2020 年，提取贷款风险准备金 7046.13 万元；提取管理费用 1669.40 万元，提取城市廉租住房（公共租赁住房）建设补充资金 3028.02 万元。

2020 年，上交财政管理费用 1900 万元。上缴财政城市廉租住房（公共租赁住房）建设补充资金 2827.47 万元。

2020 年末，贷款风险准备金余额 39742.02 万元。累计提取城市廉租住房（公共租赁住房）建设补充资金 11112.08 万元。

（五）管理费用支出。 2020 年，管理费用支出 1669.40 万元，同比下降 4.64%。其中，人员经费 741.20 万元，公用经费 566.80 万元，专项经费 361.40 万元。

四、资产风险状况

个人住房贷款。2020 年末，个人住房贷款逾期额 1333.31 万元，逾期率 2.57‰。个人贷款风险准备金余额 39742.02 万元（移交给长春市住房公积金管理中心原公主岭管理部贷款风险准备金 1532.50 万元）。2020 年未使用个人贷款风险准备金核销呆坏账。

五、社会经济效益

（一）**缴存业务**。缴存职工中，国家机关和事业单位占 63.80%，国有企业占 14.06%，城镇集体企业占 0.94%，外商投资企业占 1.76%，城镇私营企业及其他城镇企业占 15.36%，民办非企业单位和社会团体占 1.28%，灵活就业人员占 2.35%，其他占 0.45%；中、低收入占 99.38%，高收入占 0.62%。

新开户职工中，国家机关和事业单位占 34.95%，国有企业占 5.77%，城镇集体企业占 0.37%，外商投资企业占 2.85%，城镇私营企业及其他城镇企业占 41.94%，民办非企业单位和社会团体占 4.33%，灵活就业人员占 7.58%，其他占 2.21%；中、低收入占 99.74%，高收入占 0.26%。

（二）**提取业务**。提取金额中，购买、建造、翻建、大修自住住房占 5.58%，偿还购房贷款本息占 17.85%，租赁住房占 0.44%，支持老旧小区改造占 0%，离休和退休提取占 10.44%，完全丧失劳动能力并与单位终止劳动关系提取占 2.41%，出境定居占 0%，其他占 63.28%（含公主岭管理部转隶长春市住房公积金管理中心职工销户提取 62.10%）。提取职工中，中、低收入占 99.47%，高收入占 0.53%。

（三）**贷款业务**。个人住房贷款。2020 年，支持职工购建房 62.56 万平方米，年末个人住房贷款市场占有率为 24.88%，比上年末减少 5.84 个百分点。通过申请住房公积金个人住房贷款，可节约职工购房利息支出 25059.33 万元。

职工贷款笔数中，购房建筑面积 90（含）平方米以下占 22.78%，90～144（含）平方米占 71.62%，144 平方米以上占 5.60%。购买新房占 78.26%，购买二手房占 21.74%。

职工贷款笔数中，单缴存职工申请贷款占 34.75%，双缴存职工申请贷款占 65.25%，三人及以上缴存职工共同申请贷款占 0%。

贷款职工中，30 岁（含）以下占 22.52%，30 岁～40 岁（含）占 38.06%，40 岁～50 岁（含）占 27.60%，50 岁以上占 11.82%；首次申请贷款占 99.76%，二次及以上申请贷款占 0.24%；中、低收入占 54.06%，高收入占 45.94%。

（四）**住房贡献率**。2020 年，个人住房贷款发放额、住房消费提取额的总和与当年缴存额的比率为 121.01%，比上年增加 1.60 个百分点。

六、其他重要事项

（一）**归集方面**。中心一直致力于聚焦服务企业，减少企业业务负担和办事成本；通过深化"放管服"改革，积极推动网上业务办理。开发上线网上营业大厅单位版和手机 App 单位业务模块，将所有涉及企业归集类业务实现全部网办，提高企业办事效率。

在疫情防控期间，中心第一时间按照上级相关指示精神，推出《关于做好疫情防控期间住房公积金服务工作的通知》《关于做好疫情防控期间住房公积金服务工作的补充通知》。因受疫情影响导致生产经营困难的企业，可按规定申请降低住房公积金缴存比例或暂缓缴存住房公积金，多举并措助力企业打赢经济复兴战的决心和信心。

（二）**贷款方面**。疫情发生以来，我中心从百姓实际问题出发，想百姓之所想，急百姓之所急，针对疫情防控期间未能及时还款职工做出阶段性放宽还款政策。对因感染新型冠状病毒肺炎住院治疗或隔离、疫情防控需要隔离观察、一线医务人员等参加疫情防控以及受疫情影响暂时失去收入来源的住房公积金贷款还款人员，因受疫情未能正常还款的公积金贷款延缓还款期限，不作逾期处理，缓解贷款职工还贷压力。此外，在疫情防控期间我中心还推行"网上办事、电话预约、线上咨询"等服务模式。做到疫情期间"少聚集、多办事"的便民举措。

（三）提取方面。自春节后，市住房公积金管理中心连续推出多项惠民政策。疫情期间，顺延贷款、提取业务办理要件时限；对暂时失去收入来源导致不能正常还款的职工，不作逾期贷款处理；对生产困难的缴存企业，可暂缓缴存住房公积金，一系列举措极大程度地缓解了缴存企业及职工的压力。并主动向社会公布业务咨询及预约电话，用热情的服务为咨询的缴存职工及企业出谋划策，共接通电话2000余次，网上、掌上办理业务1900余笔，为有特殊情况的企业及职工预约办理业务300余人次，最大限度满足了疫情期间企业和职工的办事需求。

业务大厅为优化营商环境，提升服务质量，开通了"跨省通办"窗口，可为职工办理个人住房公积金缴存贷款等信息查询、退休提取住房公积金等业务，同时进一步加强修改了我市住房公积金政策，持续推进"放管服"改革、"最多跑一次"改革、"无证明城市"改革等工作，2020年应用无证明城市核验平台共为办事职工出具亲属关系证明35笔、房屋登记信息查询证明532笔。

（四）信息技术方面。2020年，中心加大公积金业务网上查询、办理的信息化支持力度，全面开放网上业务大厅、微信公众号、手机App等8条互联网综合业务办理渠道及12329客户服务、微信公众号客户服务及手机App客户服务渠道。全年互联网业务办结量同比去年增幅超过20％，实现线上业务办理14142笔，办结12048笔，办结离柜率超过15％。全年累计完成12345热线转接人工咨询13440余次；微信公众号关注人数92780人，覆盖率73.2％，网上营业大厅2020年累计渠道访问量233153人次，消息推送106593条；12329短信发送635227条；公积金手机App现有注册职工47903人，2020年累计渠道访问量1259930人次，消息推送量1043259笔，互动咨询20771人次。

2020年为加快实现全市政务服务"一网通办"，中心现已经实现包括人口信息、户籍信息、身份信息、不动产登记信息等接口的开发测试工作，民政婚姻类信息接口的开发工作也已经完成。同时启动了城际住房公积金数据共享接口需求的开发和测试工作。并按照要求完成跨省通办服务事项前期工作，所有工作实现"0"通报，为2021年全面实现工作目标打下了坚实的基础。

（五）当年住房公积金管理中心及职工所获荣誉情况。四平市住房公积金管理中心政务大厅管理办公室被吉林省人力资源和社会保障厅和吉林省总工会授予2020年度"工人先锋号"荣誉称号；四平市住房公积金管理中心政务大厅管理办公室被吉林省创建青年文明号活动组织委员会办公室授予"吉林省青年文明号"荣誉称号；四平市住房公积金管理中心服务窗口被四平市文明办评为文明服务示范窗口；肖涤平同志获得"吉林省住建系统先进工作者"荣誉称号；王兆宇被四平市文明办评为2020年文明服务明星。

（六）当年出台相关文件情况。四房金字〔2020〕3号《关于做好疫情防控期间住房公积金服务工作的通知》。

四房金字〔2020〕7号《关于做好疫情防控期间住房公积金服务工作的补充通知》。

四房金字〔2020〕8号《关于调整住房公积金业务政策的通知》。

四房金字〔2020〕14号关于印发《四平市住房公积金归集管理办法》《四平市住房公积金个人自愿缴存管理办法》《四平市住房公积金提取管理办法》《四平市住房公积金贷款管理办法》的通知。

1. 四平市住房公积金管理中心关于疫情防控期间延长贷款提取业务办理时限的通告。

2. 关于确定 2020 年住房公积金缴存基数上下限的通知。

3. 关于印发《四平市住房公积金提取实施细则》《四平市住房公积金租房提取若干规定》《四平市住房公积金贷款实施细则》《四平市个人自愿缴存公积金贷款实施细则》的通知。

（七）监督检查方面。自接到《中央预算执行和其他财政收支审计查出问题清单》文件通告后，四平市住房公积金管理中心党组高度重视，多次召开党组会深挖问题根源，在确保职工利益得到保障的前提下，制定了《进一步规范住房公积金缴存账户管理的通知》加大催缴力度、完善基础数据为核心的工作思路并督促落实，保证应缴职工数据的准确性。

辽源市住房公积金 2020 年年度报告

根据国务院《住房公积金管理条例》和住房和城乡建设部、财政部、人民银行《关于健全住房公积金信息披露制度的通知》（建金〔2015〕26 号）的规定，经辽源市住房公积金管理委员会审议通过，现将辽源市住房公积金 2020 年年度报告公布如下。

一、机构概况

（一）住房公积金管理委员会。住房公积金管理委员会有 29 名委员，2020 年召开一次会议，审议通过的事项主要包括：《关于调整住房公积金管委会组成人员的建议》；《辽源市住房公积金 2019 年度报告》；《关于辽源市 2019 年住房公积金归集使用计划执行情况和 2020 年计划草案的报告》；《关于修改〈辽源市住房公积金提取管理办法〉〈辽源市住房公积金归集管理办法〉〈辽源市住房公积金个人自愿缴存管理办法〉〈辽源市住房公积金贷款管理办法〉的建议》；《辽源市住房公积金 2019 年增值收益分配方案》。

（二）住房公积金管理中心。住房公积金管理中心为辽源市政府不以营利为目的的公益一类事业单位，设 8 个科室，2 个分中心。从业人员 88 人，其中，在编 30 人，非在编 58 人。

二、业务运行情况

（一）缴存。2020 年，新开户单位 63 家，净增实缴单位 2 家；新开户职工 0.31 万人，净减实缴职工 0.04 万人；实缴单位 1285 家，实缴职工 6.17 万人，缴存额 9.18 亿元，分别同比增长 0.16%、下降 0.69%、增长 4.06%。2020 年末，缴存总额 65.43 亿元，比上年末增加 16.32%；缴存余额 34.46 亿元，同比增长 11.52%。受委托办理住房公积金缴存业务的银行 2 家，与上年持平。

（二）提取。2020 年，1.68 万名缴存职工提取住房公积金；提取额 5.61 亿元，同比增长 16.90%；提取额占当年缴存额的 61.15%，比上年增加 6.72 个百分点。2020 年末，提取总额 30.97 亿元，比上年末增加 22.13%。

（三）贷款。

1. 个人住房贷款。个人住房贷款最高额度 80 万元。单缴存职工个人住房贷款最高额度 40 万元，双缴存职工个人住房贷款最高额度 80 万元。

2020年，发放个人住房贷款0.21万笔、7.11亿元，同比分别下降7.61%、增长5.43%。

2020年，回收个人住房贷款3.05亿元。

2020年末，累计发放个人住房贷款2.18万笔、46.68亿元，贷款余额28.94亿元，分别比上年末增加10.61%、17.98%、16.33%。个人住房贷款余额占缴存余额的83.98%，比上年末增加3.47个百分点。受委托办理住房公积金个人住房贷款业务的银行3家，与上年持平。

2. 异地贷款。2020年，发放异地贷款93笔、3144.10万元。2020年末，发放异地贷款总额17274.22万元，异地贷款余额11609.62万元。

（四）资金存储。2020年末，住房公积金存款5.89亿元。其中，活期0.54亿元，1年（含）以下定期2.60亿元，1年以上定期2.75亿元。

（五）资金运用率。2020年末，住房公积金个人住房贷款余额、项目贷款余额和购买国债余额的总和占缴存余额的83.98%，比上年末增加3.47个百分点。

三、主要财务数据

（一）业务收入。2020年，业务收入11753.72万元，同比增长23.95%。其中，存款利息3287.98万元，委托贷款利息8464.47万元，其他1.27万元。

（二）业务支出。2020年，业务支出4717.88万元，同比增长14.99%。其中，支付职工住房公积金利息4717.81万元，归集手续费0万元，委托贷款手续费0万元，其他0.07万元。

（三）增值收益。2020年，增值收益7035.84万元，同比增长30.77%。其中，增值收益率2.14%，比上年增加0.30个百分点。

（四）增值收益分配。2020年，提取贷款风险准备金4840.84万元；提取管理费用1095.00万元，提取城市廉租住房（公共租赁住房）建设补充资金1100.00万元。

2020年，上交财政管理费用1005.00万元。上缴财政城市廉租住房（公共租赁住房）建设补充资金1100.00万元。

2020年末，贷款风险准备金余额17576.27万元。累计提取城市廉租住房（公共租赁住房）建设补充资金1325.00万元。

（五）管理费用支出：2020年，管理费用支出1005.00万元，同比下降8.03%。其中，人员经费633.73万元，公用经费371.27万元。

四、资产风险状况

个人住房贷款。2020年末，个人住房贷款逾期额63.80万元，逾期率0.22‰，个人贷款风险准备金余额17576.27万元。2020年，使用个人贷款风险准备金核销呆坏账0万元。

五、社会经济效益

（一）缴存业务。缴存职工中，国家机关和事业单位占63.43%，国有企业占21.25%，城镇集体企业占0.68%，外商投资企业占1.10%，城镇私营企业及其他城镇企业占6.94%，民办非企业单位和社会团体占0.31%，其他占6.29%；中、低收入占99.99%，高收入占0.01%。

新开户职工中，国家机关和事业单位占43.91%，国有企业占16.18%，城镇集体企业占1.41%，外商投资企业占2.72%，城镇私营企业及其他城镇企业占21.07%，民办非企业单位和社会团体占1.54%，其他占13.18%；中、低收入占100%，高收入占0%。

（二）提取业务。提取金额中，购买、建造、翻建、大修自住住房占29.97%，偿还购房贷款本息占40.28%，租赁住房占0.35%，支持老旧小区改造占0%，离休和退休提取占24.61%，完全丧失劳动能力并与单位终止劳动关系提取占2.23%，出境定居占1.03%，其他占1.53%。提取职工中，中、低收入占99.98%，高收入占0.02%。

（三）贷款业务。

个人住房贷款。2020年，支持职工购建房24.62万平方米，年末个人住房贷款市场占有率为38.00%，比上年末增加0.24个百分点。通过申请住房公积金个人住房贷款，可节约职工购房利息支出10937.39万元。

职工贷款笔数中，购房建筑面积90（含）平方米以下占18.62%，90~144（含）平方米占64.48%，144平方米以上占16.90%。购买新房占74.29%（其中购买保障性住房占0%），购买二手房占25.71%，建造、翻建、大修自住住房占0%（其中支持老旧小区改造占0%），其他占0%。

职工贷款笔数中，单缴存职工申请贷款占35.71%，双缴存职工申请贷款占64.00%，三人及以上缴存职工共同申请贷款占0.29%。

贷款职工中，30岁（含）以下占25.66%，30岁~40岁（含）占33.08%，40岁~50岁（含）占29.20%，50岁以上占12.06%；首次申请贷款占83.34%，二次及以上申请贷款占16.66%；中、低收入占99.95%，高收入占0.05%。

（四）住房贡献率。2020年，个人住房贷款发放额、公转商贴息贷款发放额、项目贷款发放额、住房消费提取额的总和与当年缴存额的比率为120.72%，比上年增加5.07个百分点。

六、其他重要事项

2020以来面对突如其来的疫情，中心高度重视出台了一系列复工复产相关政策，同时继续深化"少跑路，多办事"理念。

（一）减轻企业负担。受疫情影响延迟复工或停工停产的企业，可通过12329预约，填写说明后申报降低缴存比例或申请缓缴存住房公积金，待企业复工后再恢复缴存。

（二）暂时调整正常连续缴存6个月的贷款条件。企业因疫情影响未能正常为职工缴存住房公积金，疫情结束后补缴的，期间中断时间不影响相关职工贷款时连续缴存计算时间。

（三）推进线上服务。鼓励各缴存单位、缴存职工优选住房公积金线上服务渠道办理公积金缴存、使用相关业务，倡导使用网上营业厅、12329服务热线、微信公众号、手机App、支付宝等线上服务渠道办理住房公积金业务。确需现场办理的，实行12329预约办理，简化办事流程，提高办事效率。

一是集中服务"一窗办"。按照前台受理、后台审批、窗口一站办结的标准。中心对公积金信息管理系统进行升级改造，经过需求调研、软件研发、集成测试等一系列环节，云3.0系统正式上线。此次系统升级实现了结算核算自动化、外部接口标准化，真正实现了综合柜员制，在全国同行业率先完成窗口转型改革，大厅12个窗口同时提供缴存、提取、贷款业务无差别服务，服务速度为原先3倍，有效提升了综合服务水平，实现了办事群众"进一扇门，办多件事"。

二是便捷高效"一网办"。为了深化"放管服"改革，通过门户网站、网上营业大厅、自助终端、12329服务热线、12329手机短信、官方微博、官方微信、手机App八大服务渠道，推动公积金服务不断向服务对象身边延伸，真正实现"指尖上的公积金"。特别是率先在全省推广手机公积金App，注册量达到缴存职工的85%，目前可以办理13项业务，其中3项业务无需审批，7×24小时全天候办理，真正达到"零资料、零审批、零跑动"。随着App的广泛推广，缴存职工通过手机办理业务累计为2.5万件，网上办事率高达46%。

三是减少环节"简化办"。为了简化办事流程，缩减办理材料，中心在逐步缩减无关证明材料，通过市政数局的积极沟通，与不动产登记中心、市场处、公安局、民政局、卫健委建立起数据共享的长效机制，打破信息壁垒，联通部门"信息孤岛"实现数据信息共享。目前只需6项基础材料即可办理公积金贷款，切实做到了"降门槛""提效率"，实现了住房公积金归集缴存、提取业务一次办结，做到了业务提速、服务提质、效能提升。

通化市住房公积金2020年年度报告

根据国务院《住房公积金管理条例》和住房和城乡建设部、财政部、人民银行《关于健全住房公积金信息披露制度的通知》（建金〔2015〕26号）的规定，经住房公积金管理委员会审议通过，现将通化（市）住房公积金2020年年度报告公布如下。

一、机构概况

（一）**住房公积金管理委员会。**住房公积金管理委员会有27名委员，2020年召开1次会议，审议通过的事项主要包括：《通化市住房公积金2019年度工作报告及2020年工作部署》《通化市2019年度住房公积金归集使用计划执行情况和2020年度住房公积金归集计划编制情况的报告》《通化市住房公积金归集管理办法》《通化市住房公积金个人贷款管理办法》《通化市住房公积金提取管理办法》《通化市住房公积金财务管理办法》《通化市2019年度住房公积金管理费用收支决算和2020年度住房公积金管理费用收支预算的报告》《2020年度住房公积金增值收益分配计划》《通化市住房公积金2019年年度报告》（书面）、《通化市住房公积金管理委员会六届二次全体会议决议》。

（二）**住房公积金管理中心。**住房公积金管理中心为（隶属通化市人民政府）不以营利为目的全额拨款事业单位，设11个处（科），7个管理部，0个分中心。从业人员98人，其中，在编62人，非在编36人。

二、业务运行情况

（一）**缴存。**2020年，新开户单位344家，净增实缴单位247家；新开户职工1.6万人，净减实缴职工0.32万人；实缴单位3243家，实缴职工15.15万人，缴存额15.11亿元，分别同比增长8.24%、下降

2.08%、增长1.68%。2020年末,缴存总额127.27亿元,比上年末增长13.46%;缴存余额68.76亿元,同比增长10.65%。受委托办理住房公积金缴存业务的银行4家。

(二)提取。2020年,2.97万名缴存职工提取住房公积金;提取额8.48亿元,同比增长3.92%;提取额占当年缴存额的56.12%,比上年增加1.21个百分点。2020年末,提取总额58.51亿元,比上年末增长16.95%。

(三)贷款。

1. 个人住房贷款。个人住房贷款最高额度100万元,单缴存职工个人住房贷款最高额度30万元,双缴存职工个人住房贷款最高额度60万元。

2020年,发放个人住房贷款0.23万笔、6.69亿元,同比分别下降37.56%、36.77%。

2020年,回收个人住房贷款6.6亿元。

2020年末,累计发放个人住房贷款5.76万笔、107.91亿元,贷款余额56.07亿元,分别比上年末增长4.24%、6.61%、0.16%。个人住房贷款余额占缴存余额的81.54%,比上年末减少8.54个百分点。受委托办理住房公积金个人住房贷款业务的银行4家。

2. 异地贷款。2020年,发放异地贷款233笔、8004万元。2020年末,发放异地贷款总额55607.3万元,异地贷款余额21345.51万元。

(四)购买国债。2020年,购买(记账式、凭证式)国债0亿元,(兑付、转让、收回)国债0亿元。2020年末,国债余额0亿元。

(五)资金存储。2020年末,住房公积金存款14.314亿元。其中,活期0.005亿元,1年(含)以下定期7.63亿元,1年以上定期3.6亿元,其他(协定、通知存款等)3.079亿元。

(六)资金运用率。2020年末,住房公积金个人住房贷款余额、项目贷款余额和购买国债余额的总和占缴存余额的81.54%,比上年末减少8.54个百分点。

三、主要财务数据

(一)业务收入。2020年,业务收入20503.6万元,同比增长7.48%。存款利息2339.32万元,委托贷款利息18145.55万元,国债利息0万元,其他18.73万元。

(二)业务支出。2020年,业务支出10322.05万元,同比增长7.52%。支付职工住房公积金利息9439.09万元,归集手续费0万元,委托贷款手续费867.34万元,其他15.62万元。

(三)增值收益。2020年,增值收益10181.55万元,同比增长7.43%。增值收益率1.57%,比上年减少0.06个百分点。

(四)增值收益分配。2020年,提取贷款风险准备金617.64万元,提取管理费用1700万元,提取城市廉租住房(公共租赁住房)建设补充资金7863.91万元。

2020年,上交财政管理费用1700万元。上缴财政城市廉租住房(公共租赁住房)建设补充资金2084.24万元。

2020年末,贷款风险准备金余额33063.68万元。累计提取城市廉租住房(公共租赁住房)建设补充资金19244.8万元。

(五)管理费用支出:2020年,管理费用支出1223.34万元,同比增长5.36%。其中,人员经费

844.09万元，公用经费268.98万元，专项经费110.27万元。

四、资产风险状况

个人住房贷款。2020年末，个人住房贷款逾期额1051.7万元，逾期率1.88‰。个人贷款风险准备金余额31843.68万元。2020年，使用个人贷款风险准备金核销呆坏账0万元。

五、社会经济效益

（一）缴存业务。缴存职工中，国家机关和事业单位占51.71%，国有企业占22.33%，城镇集体企业占3.12%，外商投资企业占1.39%，城镇私营企业及其他城镇企业占16.99%，民办非企业单位和社会团体占0.22%，灵活就业人员占1.61%，其他占2.63%；中、低收入占99.14%，高收入占0.86%。

新开户职工中，国家机关和事业单位占52.67%，国有企业占8.43%，城镇集体企业占1.45%，外商投资企业占0.99%，城镇私营企业及其他城镇企业占32.52%，民办非企业单位和社会团体占0.47%，灵活就业人员占0.08%，其他占3.39%；中、低收入占100%，高收入占0%。

（二）提取业务。提取金额中，购买、建造、翻建、大修自住住房占11.38%，偿还购房贷款本息占46.77%，租赁住房占0.87%，离休和退休提取占31.78%，完全丧失劳动能力并与单位终止劳动关系提取占5.87%，其他占3.33%。提取职工中，中、低收入占100%，高收入占0%。

（三）贷款业务。个人住房贷款。2020年，支持职工购建房25.47万平方米（含公转商贴息贷款），年末个人住房贷款市场占有率（含公转商贴息贷款）为47.11%，比上年末减少2.35个百分点。通过申请住房公积金个人住房贷款，当年获得住房公积金个人住房贷款的职工合同期内所需支付贷款利息总额与申请商业性住房贷款利息总额的差额12184.26万元。

职工贷款笔数中，购房建筑面积90（含）平方米以下占24.83%，90~144（含）平方米占68.73%，144平方米以上占6.44%。购买新房占78.54%（其中购买保障性住房占0%），购买二手房占21.46%，建造、翻建、大修自住住房占0%（其中支持老旧小区改造占0%），其他占0%。

职工贷款笔数中，单缴存职工申请贷款占34.90%，双缴存职工申请贷款占63.91%，三人及以上缴存职工共同申请贷款占1.19%。

贷款职工中，30岁（含）以下占25.68%，30岁~40岁（含）占37.24%，40岁~50岁（含）占29.95%，50岁以上占7.13%；首次申请贷款占61.56%，二次及以上申请贷款占38.44%；中、低收入占99.10%，高收入占0.90%。

（四）住房贡献率。2020年，个人住房贷款发放额、公转商贴息贷款发放额、项目贷款发放额、住房消费提取额的总和与当年缴存额的比率为77.43%，比上年减少25.93个百分点。

六、其他重要事项

（一）应对新冠肺炎疫情采取的措施，落实住房公积金阶段性支持政策情况和政策实施成效。我中心根据省厅下发相关文件要求第一时间组织部署开展阶段性政策研究及落实，出台《通化市住房公积金管理中心关于疫情期间办理阶段性缓缴住房公积金、延缓还款和提高租房提取额度的通知》《通化市住房公积金管理中心关于应对疫情支持企业发展共度难关相关措施的意见》。截至2020年6月30日，累计支持缓缴单位331家，受益职工21905人，缓缴金额共计8500万余元；累计支持提高租房提取人数46人，合计金额13.69万元；不作逾期处理贷款共7笔，不作逾期处理的贷款应还未还本金额共计1.62万元。阶段性政策结束后均恢复正常状态。

（二）当年住房公积金政策调整及执行情况，包括当年缴存基数限额及确定方法、缴存比例等缴存政策调整情况；当年提取政策调整情况；当年个人住房贷款最高贷款额度、贷款条件等贷款政策调整情况；当年住房公积金存贷款利率执行标准等；支持老旧小区改造政策落实情况。按照《通化市住房公积金归集管理办法》《通化市住房公积金提取管理办法》规定和通化市统计局公布的2019年通化市城镇非私营单位从业人员年平均工资，2020年度我市公积金月缴存基数上限为14490元，即职工个人部分和单位部分月缴存额上限均定为1739元，单位部分和个人部分缴存合计不得超过3478元。根据2019年通化最低工资1580元的标准，职工个人和单位月缴存额均不得低于79元，单位部分和个人部分缴存合计不得低于158元。按照《通化市住房公积金提取管理办法》第九条的规定，提取的月租金额度不得超过966元。本市住房公积金贷款最高额度为：符合条件的单笔最高额度为100万元，职工最高额度为每人30万元。个人自愿缴存者最高额度为每人20万元。当年住房公积金存贷款利率执行标准与往年一致。

（三）当年服务改进情况，包括推进住房公积金服务"跨省通办"工作情况，服务网点、服务设施、服务手段、综合服务平台建设和其他网络载体建设服务情况等。2020年疫情期间牢固树立"微服务"和"精准服务"理念，深化住房公积金领域"放管服"改革，便民举措频出招，大厅建设更标准。通过微信公众号、官方抖音推出"公积金小课堂"，以案为例、现身说法，答疑解惑。开发实时办理流程跟踪提醒，为缴存职工推送公积金缴存、提取、贷款相关信息。推出6项标准，6项新举措，实现住房公积金大厅标准化建设，服务措施全面具体。

（四）当年信息化建设情况，包括信息系统升级改造情况，基础数据标准贯彻落实和结算应用系统接入情况等。立足"互联网+"，高标准推进公积金综合服务平台建设，优化完善51项住房公积金网上业务，常规归集业务实现网上全覆盖。今年以来，线上办理业务4.1万笔，网上渠道查询1140多万次，全年业务办理离柜率接近40%，实现掌上办、指尖办，办事群众的服务体验和获得感明显增强。

（五）当年住房公积金管理中心及职工所获荣誉情况，包括：文明单位（行业、窗口）、青年文明号、工人先锋号、五一劳动奖章（劳动模范）、三八红旗手（巾帼文明岗）、先进集体和个人等。2020年我中心荣获"市级文明单位"、市"三八"红旗集体称号。

白山市住房公积金2020年年度报告

根据国务院《住房公积金管理条例》和住房和城乡建设部、财政部、人民银行《关于健全住房公积金信息披露制度的通知》（建金〔2015〕26号）的规定，经住房公积金管理委员会审议通过，现将白山市住房公积金2020年年度报告公布如下。

一、机构概况

（一）住房公积金管理委员会。住房公积金管理委员会有18名委员，2020年召开第1次会议，审议通过的事项主要包括：《2019年全市住房公积金归集、使用、计划完成情况及2020年计划情况的报告》《白山市住房公积金2019年年度报告（草案）》《关于修改〈白山市住房公积金缴存管理办法〉、〈白山市住房公积金提取管理办法〉和〈白山市个人住房公积金贷款管理办法〉部分条款的情况说明》。

（二）住房公积金管理中心。住房公积金管理中心为市政府直属不以营利为目的的自收自支事业单位，设7个科室，5个管理部，从业人员75人，其中，在编35人，非在编40人。

二、业务运行情况

（一）缴存。2020年，新开户单位90家，净减实缴单位12家；新开户职工0.36万人，净减实缴职工0.20万人；实缴单位2008家，实缴职工8.86万人，缴存额10.63亿元，分别同比下降0.59%、下降2.20%、增长11.19%。2020年末，缴存总额100.13亿元，比上年末增长11.88%；缴存余额41.54亿元，同比增长9.60%。

受委托办理住房公积金缴存业务的银行2家。与上年持平。

（二）提取。2020年，2.32万名缴存职工提取住房公积金；提取额6.99亿元，同比增长4.80%；提取额占当年缴存额的65.76%，比上年减少4.01个百分点。2020年末，提取总额58.59亿元，比上年末增长13.55%。

（三）贷款。

1. 个人住房贷款。个人住房贷款最高额度50万元，单缴存职工个人住房贷款最高额度30万元，双缴存职工个人住房贷款最高额度50万元。

2020年，发放个人住房贷款0.11万笔、2.41亿元，同比分别下降23.19%、9.06%。

2020年，回收个人住房贷款1.75亿元。

2020年末，累计发放个人住房贷款2.29万笔、26.75亿元，贷款余额9.80亿元，分别比上年末增长5.16%、9.90%、7.10%。个人住房贷款余额占缴存余额的23.59%，比上年末减少0.55个百分点。

受委托办理住房公积金个人住房贷款业务的银行5家。与上年持平。

2. 异地贷款。2020年，发放异地贷款33笔、663.50万元。2020年末，发放异地贷款总额4069.90万元，异地贷款余额1696.14万元。

3. 住房公积金支持保障性住房建设项目贷款：2020年，发放支持保障性住房建设项目贷款0亿元，回收项目贷款0亿元。2020年末，累计发放项目贷款0.36亿元，项目贷款余额为零。

（四）资金存储。2020年末，住房公积金存款31.81亿元。其中，活期1.11亿元，1年（含）以下定期2.20亿元，1年以上定期28.50亿元。

（五）资金运用率。2020年末，住房公积金个人住房贷款余额、项目贷款余额和购买国债余额的总和占缴存余额的23.59%，比上年末减少0.55个百分点。

三、主要财务数据

（一）**业务收入**。2020 年，业务收入 13850.67 万元，同比增长 8.96%。存款利息 10842.68 万元，委托贷款利息 3006.83 万元，其他 1.16 万元。

（二）**业务支出**。2020 年，业务支出 6158.12 万元，同比增长 10.26%。支付职工住房公积金利息 6019.59 万元，归集手续费 0 万元，委托贷款手续费 138.46 万元，其他 0.07 万元。

（三）**增值收益**。2020 年，增值收益 7692.55 万元，同比增长 7.94%。增值收益率 1.94%，比上年减少 0.03 个百分点。

（四）**增值收益分配**。2020 年，提取贷款风险准备金 4615.53 万元，提取管理费用 658.70 万元，提取城市廉租住房（公共租赁住房）建设补充资金 2418.32 万元。

2020 年，上交财政管理费用 743.51 万元。上缴财政城市廉租住房（公共租赁住房）建设补充资金 1341.34 万元。

2020 年末，贷款风险准备金余额 28169.23 万元。累计提取城市廉租住房（公共租赁住房）建设补充资金 11326.39 万元。

（五）**管理费用支出**。2020 年，管理费用支出 743.51 万元，同比增长 22.99%。其中，人员经费 589.55 万元，公用经费 126.72 万元，专项经费 27.24 万元。

四、资产风险状况

（一）**个人住房贷款**。2020 年末，个人住房贷款逾期额 158.84 万元，逾期率 1.62‰，个人贷款风险准备金余额 27737.23 万元。2020 年，使用个人贷款风险准备金核销呆坏账 0 万元。

（二）**支持保障性住房建设试点项目贷款**。2020 年末，支持保障性住房建设试点项目贷款全部回收，无逾期贷款。2020 年项目贷款风险准备金余额 432 万元。2020 年，使用项目贷款风险准备金核销呆坏账 0 万元。

五、社会经济效益

（一）**缴存业务**。缴存职工中，国家机关和事业单位占 58.86%，国有企业占 23.65%，城镇集体企业占 0.54%，外商投资企业占 2.82%，城镇私营企业及其他城镇企业占 8.15%，民办非企业单位和社会团体占 2.03%，灵活就业人员占 0%，其他占 3.95%；中、低收入占 99.27%，高收入占 0.73%。

新开户职工中，国家机关和事业单位占 33.65%，国有企业占 17.43%，城镇集体企业占 0.80%，外商投资企业占 4.32%，城镇私营企业及其他城镇企业占 29.91%，民办非企业单位和社会团体占 4.18%，灵活就业人员占 0%，其他占 9.71%；中、低收入占 99.20%，高收入占 0.80%。

（二）**提取业务**。提取金额中，购买、建造、翻建、大修自住住房占 34.17%，偿还购房贷款本息占 15.75%，租赁住房占 11.36%，支持老旧小区改造占 0%，离休和退休提取占 29.38%，完全丧失劳动能力并与单位终止劳动关系提取占 3.16%，出境定居占 0%，其他占 6.18%。提取职工中，中、低收入占 98.68%，高收入占 1.32%。

（三）**贷款业务**。

1. 个人住房贷款。2020 年，支持职工购建房 12.10 万平方米，年末个人住房贷款市场占有率为

23.77%，比上年末减少 2.18 个百分点。通过申请住房公积金个人住房贷款，可节约职工购房利息支出 6163.95 万元。

职工贷款笔数中，购房建筑面积 90（含）平方米以下占 31.61%，90~144（含）平方米占 60.37%，144 平方米以上占 8.02%。购买新房占 50.85%（其中购买保障性住房 0%），购买二手房占 32.59%，建造、翻建、大修自住住房占 16.56%。

职工贷款笔数中，单缴存职工申请贷款占 33.84%，双缴存职工申请贷款占 66.16%，三人及以上缴存职工共同申请贷款占 0%。

贷款职工中，30 岁（含）以下占 19.86%，30 岁~40 岁（含）占 36.42%，40 岁~50 岁（含）占 29.74%，50 岁以上占 13.98%；首次申请贷款占 78.54%，二次及以上申请贷款占 21.46%；中、低收入占 98.93%，高收入占 1.07%。

2. 支持保障性住房建设试点项目贷款：2020 年末，累计试点项目 1 个，贷款额度 0.36 亿元，建筑面积 2.50 万平方米，可解决 346 户中低收入职工家庭的住房问题。试点项目贷款资金已发放并还清贷款本息。

（四）住房贡献率。 2020 年，个人住房贷款发放额、公转商贴息贷款发放额、项目贷款发放额、住房消费提取额的总和与当年缴存额的比率为 63.03%，比上年减少 8.41 个百分点。

六、其他重要事项

（一）应对新冠肺炎疫情采取的措施，落实住房公积金阶段性支持政策情况和政策实施成效。 政策允许受新冠肺炎疫情影响的企业，可按规定申请在 2020 年 6 月 30 日前缓缴住房公积金，缓缴期间缴存时间连续计算，不影响职工正常提取和申请住房公积金贷款。申请缓缴的企业在期满后，应恢复缓缴之前的正常缴存基数和比例并补缴。缓缴企业在期满后，若企业经营状况扔未好转，需要继续降比或缓缴的，应在期满前 10 个工作日，重新向开户地所属公积金管理部提出申请。在放开缓缴申请条件的基础上，我中心继续优化企业申请办理缓缴流程，在手续齐全的情况下，现场申请、及时办理。为支持企业复工复产、缓解职工经济压力，疫情期间我中心大力推行"网上业务大厅"和"手机 App"，对确有需要的企业实行预约办理，对特殊事项优先办理，在确保办事人不排队、不聚集的前提下正常开展公积金相关工作。

贷款业务预约办理避免人员聚集，部分业务网上办理避免人员接触。疫情原因造成的断缴、缓缴的职工可正常办理贷款业务。

（二）当年住房公积金政策调整及执行情况。 本年我市公积金缴存基数和缴存比例政策没有调整。缴存基数上限最高不得高于上一年度白山市城镇非私营单位就业人员月平均工资的 3 倍。单位、职工、个人住房公积金缴存比例，下限为 5%、上限为 12%。

我中心政策调整如下。

1. 缴存方面。调整了公积金缴存基数下限，为我市现行最低工资标准，确保疫情期间广大缴存职工的切身利益；由于新冠疫情影响，企业效益受到冲击，给企业单位缴存带来一定困难，原定缓缴业务办结时限为 3 天，现变更为 1 天，待企业经济效益好转后，再恢复缴存及补缴缓缴的住房公积金。

2. 提取方面。取消了提前偿还商业银行住房贷款提取公积金所需要件中的解除抵押证明；取消了职工及直系亲属患病入住县级以上医院治疗中异地住院所需要件中的转院审批材料或在外就医突发疾病证明材料。以上措施在疫情期间有效减少了提取职工往返多部门、多地区，减少了职工接触、感染新冠肺炎的可能，为我市防疫工作贡献了应有的力量，受到了广大职工的普遍好评。

3. 贷款方面。个人住房贷款最高贷款额度单身（单职工）30 万元，双职工最高 50 万元，取消公积金装修贷款。1~5 年 2.75%，6~30 年 3.25%。异地缴存公积金可在本市贷款，出示异地缴存证明和异地缴存明细即可办理。

（三）当年服务改进情况。

1. 根据《关于切实做好网上政务服务能力第三方评估有关工作的通知》（吉政协调办〔2020〕51 号）文件要求，我中心已做到。一是开发我中心业务核心系统与省政府网站的吉事办网上办事大厅对接接口，用于登录吉事办查询个人公积金账户等；二是在我中心业务核心系统中插入小程序与前置机相连，用于多渠道政务服务事项同源对接和办件信息实时同步对接；三是统一身份认证登录个人网厅，缴存人登录吉事办可免密自动跳转至个人网厅，可打印异地贷款缴存证明，并加盖电子印章；四是好差评接口对接工作，此项工作需全渠道开发，目前正在开发中。

2. 《住房和城乡建设部办公厅关于做好住房公积金服务"跨省通办"工作的通知》文件下发后，目前我中心个人住房公积金信息查询、退休提取住房公积金和住房公积金单位登记开户等六项服务事项已实现跨省通办，其余两项服务事项也将于 2021 年 7 月底实现。

3. 2020 年 9 月，综合服务平台顺利通过省住房城乡建设厅验收。同年手机 App 相继新增开通购买住房提取、大病医疗提取和异地贷款缴存证明等 8 项业务功能，让缴存职工足不出户就可享受白山市住房公积金中心带来的便捷服务。

（四）当年信息化建设情况。因 2020 年初"数字吉林"建设领导小组办公室下发的《关于统筹建设全省公积金综合管理系统的通知》文件要求，我中心已暂停升级和改造公积金业务管理系统。

（五）当年住房公积金管理中心及职工所获荣誉情况。中心副处级领导干部副主任岳丽华同志，荣获 2020 年度吉林省住房和城乡建设系统先进工作者。

松原市住房公积金 2020 年年度报告

根据国务院《住房公积金管理条例》和住房和城乡建设部、财政部、人民银行《关于健全住房公积金信息披露制度的通知》（建金〔2015〕26 号）的规定，经住房公积金管理委员会审议通过，现将松原市住房公积金 2020 年年度报告公布如下。

一、机构概况

（一）住房公积金管理委员会。住房公积金管理委员会有 29 名委员，2020 年召开 1 次会议，审议通过的事项主要包括：《关于应对疫情做好住房公积金管理服务工作相关措施的意见》。

（二）住房公积金管理中心。住房公积金管理中心为隶属于松原市政府直属的不以营利为目的的财政全额拨款事业单位，4 个管理部，2 个分中心。从业人员 90 人，其中，在编 61 人，非在编 29 人。

吉林油田分中心为隶属于中国石油吉林油田公司不以营利为目的的正科级单位，设1个科。从业人员13人，全部为在编人员。

二、业务运行情况

（一）缴存。2020年，新开户单位202家，净增单位61家；新开户职工0.73万人，净增职工0.11万人；实缴单位3330家，实缴职工16.09万人，缴存额26.46亿元，分别同比增长1.87%、0.66%、4.28%。2020年末，缴存总额250.76亿元，比上年末增加11.80%；缴存余额111.72亿元，同比增长9.75%。受委托办理住房公积金缴存业务的银行7家。

（二）提取。2020年，4.60万名缴存职工提取住房公积金；提取额16.53亿元，同比增长4.23%；提取额占当年缴存额的62.48%，比上年减少0.04个百分点。2020年末，提取总额139.04亿元，比上年末增加13.50%。

（三）贷款。

1. 个人住房贷款。个人住房贷款最高额度60万元，其中，单缴存职工最高额度60万元，双缴存职工最高额度60万元。

2020年，发放个人住房贷款0.35万笔、10.55亿元，同比分别下降12.71%、5.60%。其中，市中心发放个人住房贷款0.26万笔、8.29亿元，油田分中心发放个人住房贷款0.09万笔、2.26亿元。

2020年，回收个人住房贷款6.98亿元。其中，市中心4.64亿元，油田分中心2.34亿元。

2020年末，累计发放个人住房贷款5.56万笔、105.93亿元，贷款余额56.43亿元，分别比上年末增加6.80%、11.08%、6.77%。个人住房贷款余额占缴存余额的50.51%，比上年末减少1.41个百分点。受委托办理住房公积金个人住房贷款业务的银行7家。

2. 异地贷款。2020年，发放异地贷款272笔、8782.40万元。2020年末，发放异地贷款总额28940.90万元，异地贷款余额25725.80万元。

3. 公转商贴息贷款。松原市中心无公转商贴息贷款。

4. 住房公积金支持保障性住房建设项目贷款。松原市中心无项目贷款。

（四）购买国债。松原市中心未购买国债。

（五）资金存储。2020年末，住房公积金存款55.35亿元。其中，活期7.81亿元，1年（含）以下定期23.50亿元，1年以上定期24.04亿元，其他（协定、通知存款等）0亿元。

（六）资金运用率。2020年末，住房公积金个人住房贷款余额、项目贷款余额和购买国债余额的总和占缴存余额50.51%，比上年末减少1.41个百分点。

三、主要财务数据

（一）业务收入。2020年，业务收入32855.79万元，同比增长13.45%。其中，市中心21033.99万元，油田分中心11821.80万元；存款利息15331.98万元，委托贷款利息17363.99万元，国债利息0万元，其他159.82万元。

（二）业务支出。2020年，业务支出16622.04万元，同比增长10.16%。其中，市中心9093.21万元，油田分中心7528.83万元；支付职工住房公积金利息16302.24万元，归集手续费0万元，委托贷款手续费 318.61 万元，其他 1.19 万元。

（三）**增值收益**。2020 年，增值收益 16233.75 万元，同比增长 17.01%。其中，市中心 11940.78 万元，油田分中心 4292.97 万元；增值收益率 1.51%，比上年增加 0.09 个百分点。

（四）**增值收益分配**。2020 年，提取贷款风险准备金 9740.26 万元，提取管理费用 4505.96 万元，提取城市廉租住房（公共租赁住房）建设补充资金 1987.54 万元。

2020 年，上交财政管理费用 4001.33 万元。上缴财政城市廉租住房（公共租赁住房）建设补充资金 1196.92 万元。其中，市中心上缴 1196.92 万元，油田分中心上缴 0 万元。

2020 年末，贷款风险准备金余额 62142.42 万元。累计提取城市廉租住房（公共租赁住房）建设补充资金 21816.83 万元。其中，市中心提取 6456.46 万元，油田分中心提取 15360.37 万元。

（五）**管理费用支出**。2020 年，管理费用支出 1574.26 万元，同比下降 9.03%。其中，人员经费 868.99 万元，公用经费 157.08 万元，专项经费 548.19 万元。

市中心管理费用支出 1206.43 万元，其中，人员、公用、专项经费分别为 679.23 万元、97.09 万元、430.11 万元；油田分中心管理费用支出 367.83 万元，其中，人员、公用、专项经费分别为 189.76 万元、59.99 万元、118.08 万元。

四、资产风险状况

（一）**个人住房贷款**。2020 年末，个人住房贷款逾期额 2469.39 万元，逾期率 4.38‰，其中，市中心 6.11‰，油田分中心 1.15‰。个人贷款风险准备金余额 62142.42 万元。2020 年，使用个人贷款风险准备金核销呆坏账 0 万元。

（二）**支持保障性住房建设试点项目贷款**。松原市中心无此类项目贷款。

五、社会经济效益

（一）**缴存业务**。缴存职工中，国家机关和事业单位占 43.83%，国有企业占 47.05%，城镇集体企业占 0.10%，外商投资企业占 0.26%，城镇私营企业及其他城镇企业占 7.59%，民办非企业单位和社会团体占 0.79%，其他占 0.38%；中、低收入占 98.92%，高收入占 1.08%。

新开户职工中，国家机关和事业单位占 46.32%，国有企业占 18.52%，城镇集体企业占 0.01%，外商投资企业占 1.21%，城镇私营企业及其他城镇企业占 27.05%，民办非企业单位和社会团体占 2.46%，其他占 4.43%；中、低收入占 99.75%，高收入占 0.25%。

（二）**提取业务**。提取金额中，购买、建造、翻建、大修自住住房占 29.26%，偿还购房贷款本息占 40.27%，租赁住房占 1.43%，支持老旧小区改造占 0%，离休和退休提取占 22.76%，完全丧失劳动能力并与单位终止劳动关系提取占 2.12%，出境定居占 1.49%，其他占 2.67%。提取职工中，中、低收入占 98.33%，高收入占 1.67%。

（三）**贷款业务**。

1.个人住房贷款。2020 年，支持职工购建房 38.05 万平方米（含公转商贴息贷款），年末个人住房贷款市场占有率（含公转商贴息贷款）为 22.93%，比上年末增加 1.04 个百分点。通过申请住房公积金个人住房贷款，可节约职工购房利息支出 24735.86 万元。

职工贷款笔数中，购房建筑面积 90（含）平方米以下占 23.38%，90～144（含）平方米占 68.39%，144 平方米以上占 8.23%。购买新房占 68.82%，购买二手房占 31.18%。

职工贷款笔数中，单缴存职工申请贷款占 65.82%，双缴存职工申请贷款占 34.12%，三人及以上缴存职工共同申请贷款占 0.06%。

贷款职工中，30 岁（含）以下占 30.62%，30 岁～40 岁（含）占 36.05%，40 岁～50 岁（含）占 27.74%，50 岁以上占 5.59%；首次申请贷款占 86.26%，二次及以上申请贷款占 13.74%；中、低收入占 99.21%，高收入占 0.79%。

2. 支持保障性住房建设试点项目贷款。松原市中心无项目贷款。

（四）住房贡献率。 2020 年，个人住房贷款发放额、公转商贴息贷款发放额、项目贷款发放额、住房消费提取额的总和与当年缴存额的比率为 84.2%，比上年减少 5.23 个百分点。

六、其他重要事项

（一）应对新冠肺炎疫情采取的措施，落实住房公积金阶段性支持政策情况和政策实施成效。 在疫情防控的特殊时期，根据国家、省、市要求，制定了《关于应对疫情做好住房公积金管理服务工作相关措施的意见》，并根据疫情的发展情况及住房和城乡建设部、省公积金监管办的指导意见，制定了《关于妥善应对新冠肺炎疫情实施住房公积金阶段性支持政策的通知》，实行对困难企业可缓缴公积金及因受疫情影响的职工延缓公积金贷款还款等政策，为受疫情影响的 27 家企业 1746 名职工办理缓缴公积金 289.07 万元。

（二）当年机构及职能调整情况、受委托办理缴存贷款业务金融机构变更情况。 2020 年，我市住房公积金管理机构及职能无调整情况，受委托办理缴存贷款业务金融机构无变更情况。

（三）当年住房公积金政策调整及执行情况，包括当年缴存基数限额及确定方法、缴存比例等缴存政策调整情况；当年提取政策调整情况；当年个人住房贷款最高贷款额度、贷款条件等贷款政策调整情况；当年住房公积金存贷款利率执行标准等；支持老旧小区改造政策落实情况。 2020 年根据住房公积金实际业务需要，按照公积金缴存基数计算口径应按照《松原市住房公积金缴存办法》要求执行。缴存基数上限按照吉林省人力资源和社会保障厅《关于印发 2018 年城镇非私单位就业人员年平均工资有关事项的通知》（吉人社办字〔2019〕25 号）规定，不得高于松原市在岗职工平均工资 5153.00 元的 3 倍 15459.00 元；缴存基数下限按照《吉林省人民政府关于发布全省最低工资标准的通知》（吉政函〔2017〕197 号）规定，松原市区不得低于 1680.00 元，前郭县不低于 1580.00 元，扶余县、长岭县、乾安县不低于 1480.00 元。

（四）当年服务改进情况，包括推进住房公积金服务"跨省通办"工作情况，服务网点、服务设施、服务手段、综合服务平台建设和其他网络载体建设服务情况等。 一是综合服务平台各渠道运行平稳，通过微信、App、网上营业厅等多渠道为职工提供各类服务。在疫情防控期间，住房公积金管理中心通过 12329 公积金短信服务平台向全市 10.43 万缴存职工发送了有关病毒防疫工作的温馨提示。二是通过与省、市政数局沟通，并约定相关协调机制，松原市成为省内第一批开通"吉事办"查询公积金的城市之一，通过"吉事办"小程序为 2.5 万缴存职工提供服务。三是按照国家住房和城乡建设部、省住房城乡建设厅的工作部署，积极落实"跨省通办"工作相关事项，明确责任领导、责任人，细化工作流程，至 2020 年底，部分住房公积金业务按要求实现"跨省通办"。

（五）当年信息化建设情况，包括信息系统升级改造情况，基础数据标准贯彻落实和结算应用系统接入情况等。2020年，按照松原市政数局《关于松原市数据共享交换平台第一批60个数据服务接口已开通的通知》和领导批示，协调相关业务科室做好数据共享交换工作。

松原市成为省内第一批开通"吉事办"查询公积金的城市之一。

松原公积金成为全省第一家通过政务外网实现与省市场监督管理厅联网的同行业单位，企业公积金缴存开户实现了零跑腿。

（六）当年住房公积金管理中心及职工所获荣誉情况，包括：文明单位（行业、窗口）、青年文明号、工人先锋号、五一劳动奖章（劳动模范）、三八红旗手（巾帼文明岗）、先进集体和个人等。2020年，我单位职工尹航、田丽颖获得"吉林省住房和城乡建设系统先进工作者"称号。

（七）当年对违反《住房公积金管理条例》和相关法规行为进行行政处罚和申请人民法院强制执行情况。2020年，我市住房公积金无违反《住房公积金管理条例》和相关法规行为进行行政处罚和申请人民法院强制执行情况。

（八）当年对住房公积金管理人员违规行为的纠正和处理情况等。2020年，我中心管理人员无违法违纪行为发生。

白城市住房公积金2020年年度报告

根据国务院《住房公积金管理条例》和住房和城乡建设部、财政部、人民银行《关于健全住房公积金信息披露制度的通知》（建金〔2015〕26号）的规定，经住房公积金管理委员会审议通过，现将白城市住房公积金2020年年度报告公布如下。

一、机构概况

（一）住房公积金管理委员会。住房公积金管理委员会有25名委员，2020年召开1次会议，审议通过的事项主要包括：《白城市住房公积金管理中心2019年预算执行情况和2020年预算草案的报告》。

（二）住房公积金管理中心。住房公积金管理中心为隶属市政府不以营利为目的的公益性一类事业单位，设8个科，4个管理部，0个分中心。从业人员90人，其中，在编36人，非在编54人。

二、业务运行情况

（一）缴存。2020年，新开户单位151家，净增实缴单位33家；新开户职工0.78万人，净增实缴职工0.11万人；实缴单位2492家，实缴职工10.71万人，缴存额10.10亿元，分别同比增长1.34%、1.08%、5.32%。2020年末，缴存总额79.32亿元，比上年末增加14.59%；缴存余额39.43亿元，同比增长12.69%。受委托办理住房公积金缴存业务的银行4家。

（二）提取。2020年，2.23万名缴存职工提取住房公积金；提取额5.66亿元，同比增长10.98%；提取额占当年缴存额的56.04%，比上年增加2.86个百分点。2020年末，提取总额39.88亿元，比上年末增加 16.54%。

（三）贷款。

1. 个人住房贷款。个人住房贷款最高额度 70 万元。单缴存职工个人住房贷款最高额度 50 万元，双缴存职工个人住房贷款最高额度 70 万元。

2020 年，发放个人住房贷款 0.16 万笔、4.46 亿元，同比分别下降 25.30%、22.16%。其中，市中心发放个人住房贷款 0.16 万笔、4.46 亿元。

2020 年，回收个人住房贷款 4.58 亿元。其中，市中心 4.58 亿元。

2020 年末，累计发放个人住房贷款 4.05 万笔、60.47 亿元，贷款余额 29.06 亿元，分别比上年末增加 4%、7.94%，下降 0.41%。个人住房贷款余额占缴存余额的 73.70%，比上年末减少 9.70 个百分点。受委托办理住房公积金个人住房贷款业务的银行 3 家。

2. 异地贷款。2020 年，发放异地贷款 0 笔、0 万元。2020 年末，发放异地贷款总额 14350.30 万元，异地贷款余额 10378.25 万元。

（四）资金存储。 2020 年末，住房公积金存款 10.77 亿元。其中，活期 2.77 亿元，1 年（含）以下定期 2.9 亿元，1 年以上定期 5.10 亿元，其他（协定、通知存款等）0 亿元。

（五）资金运用率。 2020 年末，住房公积金个人住房贷款余额、项目贷款余额和购买国债余额的总和占缴存余额的 73.70%，比上年末减少 9.7 个百分点。

三、主要财务数据

（一）业务收入。 2020 年，业务收入 11493.23 万元，同比增长 14.91%。其中，市中心 11493.23 万元；存款利息 2067.79 万元，委托贷款利息 9425.44 万元，国债利息 0 万元，其他 0 万元。

（二）业务支出。 2020 年，业务支出 6069.26 万元，同比增长 13.18%。其中，市中心 6069.26 万元；支付职工住房公积金利息 5597.83 万元，归集手续费 0 万元，委托贷款手续费 471.27 万元，其他 0.16 万元。

（三）增值收益。 2020 年，增值收益 5423.97 万元，同比增长 16.91%。其中，市中心 5423.97 万元；增值收益率 1.46%，比上年增加 0.03 个百分点。

（四）增值收益分配。 2020 年，提取贷款风险准备金 0 万元；提取管理费用 1596.28 万元，提取城市廉租住房（公共租赁住房）建设补充资金 3827.69 万元。

2020 年，上交财政管理费用 1316.93 万元。上缴财政城市廉租住房（公共租赁住房）建设补充资金 3155.25 万元。其中，市中心上缴 3155.25 万元。

2020 年末，贷款风险准备金余额 3001.26 万元。累计提取城市廉租住房（公共租赁住房）建设补充资金 19028.27 万元。

（五）管理费用支出。 2020 年，管理费用支出 1093.46 万元，同比增长 15.19%。其中，人员经费 545.76 万元，公用经费 283.42 万元，专项经费 264.28 万元。

市中心管理费用支出 1093.46 万元，其中，人员、公用、专项经费分别为 545.76 万元、283.42 万元、264.28 万元。

四、资产风险状况

个人住房贷款。2020年末，个人住房贷款逾期额12.95万元，逾期率0.04‰。

五、社会经济效益

（一）缴存业务。缴存职工中，国家机关和事业单位占68.59%，国有企业占16.96%，城镇集体企业占7.75%，外商投资企业占0.53%，城镇私营企业及其他城镇企业占2.90%，民办非企业单位和社会团体占0.54%，灵活就业人员占0%，其他占2.73%；中、低收入占99.64%，高收入占0.36%。

新开户职工中，国家机关和事业单位占32.77%，国有企业占9.50%，城镇集体企业占31.04%，外商投资企业占0.41%，城镇私营企业及其他城镇企业占14.48%，民办非企业单位和社会团体占1.03%，灵活就业人员占0%，其他占10.77%；中、低收入占99.89%，高收入占0.11%。

（二）提取业务。提取金额中，购买、建造、翻建、大修自住住房占12.99%，偿还购房贷款本息占45.24%，租赁住房占3.80%，支持老旧小区改造占0%，离休和退休提取占28.67%，完全丧失劳动能力并与单位终止劳动关系提取占4.48%，出境定居占0%，其他占3.52%。提取职工中，中、低收入占99.49%，高收入占0.51%。

（三）贷款业务。个人住房贷款。2020年，支持职工购建房17.46万平方米（含公转商贴息贷款），年末个人住房贷款市场占有率（含公转商贴息贷款）为33.50%，比上年末减少1.2个百分点。通过申请住房公积金个人住房贷款，可节约职工购房利息支出5393.47万元。

职工贷款笔数中，购房建筑面积90（含）平方米以下占20.57%，90～144（含）平方米占67.35%，144平方米以上占12.08%。购买新房占47.11%（其中购买保障性住房占0%），购买二手房占52.89%，建造、翻建、大修自住住房占0%（其中支持老旧小区改造占0%），其他占0%。

职工贷款笔数中，单缴存职工申请贷款占35.15%，双缴存职工申请贷款占64.72%，三人及以上缴存职工共同申请贷款占0.13%。

贷款职工中，30岁（含）以下占26.86%，30岁～40岁（含）占32.52%，40岁～50岁（含）占28.47%，50岁以上占12.15%；首次申请贷款占86.31%，二次及以上申请贷款占13.69%；中、低收入占99.23%，高收入占0.77%。

（四）住房贡献率。2020年，个人住房贷款发放额、公转商贴息贷款发放额、项目贷款发放额、住房消费提取额的总和与当年缴存额的比率为78.91%，比上年减少9.37个百分点。

六、其他重要事项

（一）应对新冠肺炎疫情采取的措施，落实住房公积金阶段性支持政策情况实施成效。疫情一级响应期间，中心制定出台了《关于妥善应对新冠肺炎疫情落实住房公积金阶段性支持政策的通知》，累计为3家企业办理缓缴手续，缓缴金额32.66万元；为358笔贷款办理了不作逾期处理手续，涉及应还未还本金133.91万元、利息49.82万元。

（二）当年住房公积金政策调整及执行情况，包括当年缴存基数限额及确定方法、缴存比例等缴存政策调整情况。中心于2020年1月3日在网站公布2020年度全市缴存基数调整工作的通知，通知要求缴存基数上限为白城市统计部门公布的上一年度职工月平均工资的 3 倍（12495 元），缴存基数下限为最低不应低于白城市的最低工资标准（1480 元）。单位和职工缴存比例不低于 5%，不高于 12%。

（三）当年提取使用政策调整情况。 按照吉林省住房和城乡建设厅、吉林省财政厅、中国人民银行长春中心支行关于废止《关于放宽住房公积金使用条件促进住房消费的意见》的通知（吉建联发〔2020〕1号）要求，我市于 2020 年 3 月 1 日调整住房公积金提取、使用政策。

1. 取消购买、建造、翻建、大修自住住房职工父母、子女相互贷款、提取。
2. 取消借款人父母、子女互用公积金账户余额偿还公积金贷款。
3. 取消重大疾病职工父母、子女互用公积金账户余额。
4. 取消缴存职工及配偶提取其公积金账户余额支付购房首付款。
5. 取消缴存职工及配偶提取其公积金账户余额支付物业管理费。
6. 借款人月还款额调整为不高于家庭月总收入的 50%。
7. 职工没有还清贷款前，不得再次申请住房公积金贷款。

（四）当年服务改进情况，包括推进住房公积金服务"跨省通办"工作情况，服务网点、服务设施、服务手段、综合服务平台建设和其他网络载体建设服务情况等。 2020 年末，个人住房公积金缴存贷款等信息查询、正常退休提取、出具贷款职工住房公积金缴存使用证明已全部实现全程网办。

一是将公积金核心业务系统迁移至市政府政务云平台。利用"政务云"平台提供云计算、云存储、云备份、云安全等服务，实现公积金业务系统、备份系统和综合服务管理服务系统在云平台的全面应用。二是持续优化公积金网上营业厅、微信公众号服务功能，新增网办业务 5 项。缴存单位可以通过网厅办理个人开户、基数调整、职工封存、职工启封、职工转移等 10 余项缴存业务；同时开通个人微信、手机 App 网厅办理公积金贷款还款、退休提取、解除劳动合同、偿还公积金贷款提取等业务。进一步落实"放管服"改革要求，实现"最多跑一次，尽量不跑腿"的服务目标，为广大缴存单位和职工提供更高效便捷的服务。

在"双贯标"的基础上，结合"放管服"改革、"最多跑一次"，搭建集门户网站、12329 客服、短信、网上营业厅、微信公众号、手机 App、支付宝城市服务以及自助终端"八位一体"的综合服务平台，并顺利通过验收，实现了以互联网和移动终端为主要载体的线上综合服务，满足公积金缴存单位和职工多样化服务需求。这标志着白城公积金踏上"互联网＋"快车道。截至目前，人工客服累计接通量达 4.25 万人次，12329 短信发送量达 167 万条，门户网站访问量达 38.82 万次，微信公众号关注数量达 4.6 万人，线上办结率达 100%。对公业务除单位开户外，其他 14 项业务实现线上办理，占对公业务的 93%。个人业务中，偿还贷款、退休提取、解除劳动关系提取、提前部分偿还贷款等 5 项业务实现了线上办理，占个人业务的 43%。

（五）当年信息化建设情况。

1. 2020 年 3 月 12 日，白城市住房公积金信息管理系统历时 3 个月成功迁移至政务云平台并上线运行。政务云上线运行使公积金信息系统符合了《网络安全法》及《计算机信息安全等级保护三级》的国家标准，为综合服务平台线上业务安全开展奠定了基础。

2. 2020 年 5 月，对电子档案系统进行升级，电子档案系统升级为实现中心无纸化办公最重要的一步，我们利用电子签名及电子签章技术对电子档案进行电子认证使档案具有法律效力，将利用电子档案系统开发更多的个人业务线上办理。

3. 2020 年 9 月，白城公积金综合服务平台通过国家验收，验收组通过听取汇报、功能演示、业务实测、质询答疑等方式，对服务渠道开通和功能实现、综合管理系统和安全保障体系建设、运行绩效分析功能及取得的实际成效进行了全方位评估。经验收组专家评分、合议，一致认为白城公积金综合服务平台符合《住房公积金综合服务平台建设导则》标准，各渠道功能完善、效果突出，已成为服务缴存单位及职工的重要线上窗口，通过验收。

4. 2020 年 12 月，对业务系统进行 7×24 小时系统改造，系统改造后实现互联网和线下全天候办理公积金业务。

（六）当年住房公积金管理中心及职工所获荣誉情况。荣获 2020 年度全市政府系统政务信息上报工作先进单位称号；授予刘镭同志"吉林省住房和城乡建设系统先进工作者"称号。

延边朝鲜族自治州住房公积金 2020 年年度报告

根据国务院《住房公积金管理条例》和住房和城乡建设部、财政部、人民银行《关于健全住房公积金信息披露制度的通知》（建金〔2015〕26 号）的规定，经住房公积金管理委员会审议通过，现将延边州住房公积金 2020 年年度报告公布如下。

一、机构概况

（一）住房公积金管理委员会。住房公积金管理委员会有 34 名委员，2020 年召开一次会议，审议通过的事项主要包括：

1.《关于调整延边州住房公积金管理委员会副主任委员的议案》；
2.《州住房公积金管理中心关于 2019 年工作完成情况及 2020 年工作打算的报告》；
3.《延边州财政局关于 2019 年全州住房公积金财务决算报告及 2020 年财务预算草案》；
4.《关于 2019 年全州住房公积金各项计划指标执行情况说明及 2020 年各项计划指标草案的报告》；
5.《关于调整延边州住房公积金归集使用相关政策的议案》；
6.《延边州住房公积金 2019 年年度报告》。

（二）住房公积金管理中心。延边州住房公积金管理中心（以下简称"中心"）为直属于延边州人民政府不以营利为目的的独立的事业单位，目前中心设 11 个处室，10 个管理部。从业人员 137 人，其中，在编 73 人，非在编 64 人。

二、业务运行情况

（一）缴存。2020 年，新开户单位 369 家，净增加实缴单位 314 家；新开户职工 1.02 万人，净减少实缴职工 1.5 万人；实缴单位 4219 家，实缴职工 19.11 万人，缴存额 30.09 亿元，分别同比增长 8.04%、下降 7.29%、增长 3.22%。2020 年末，缴存总额 246.95 亿元，比上年末增加 13.88%；缴存余额 114.05

亿元，同比增加7.10%。受委托办理住房公积金缴存业务的银行5家。

（二）提取。2020年，3.66万名缴存职工提取住房公积金；提取额22.53亿元，同比增长10.50%；提取额占当年缴存额的74.88%，比上年增加4.93个百分点。2020年末，提取总额132.90亿元，比上年末增加20.41%。

（三）贷款。

1. 个人住房贷款。个人住房贷款最高额度60.00万元。单缴存职工个人住房贷款最高额度50.00万元，双缴存职工个人住房贷款最高额度60.00万元。

2020年，发放个人住房贷款0.45万笔、14.33亿元，同比分别下降30.02%、27.15%。

2020年，回收个人住房贷款10.46亿元。

2020年末，累计发放个人住房贷款8.24万笔、159.64亿元，贷款余额87.26亿元，分别比上年末增加5.77%、9.86%、4.65%。个人住房贷款余额占缴存余额的76.51%，比上年末减少1.79个百分点。受委托办理住公积金个人住房贷款业务的银行8家。

2. 异地贷款。2020年，发放异地贷款63笔、2334.50万元。2020年末，发放异地贷款总额45564.60万元，异地贷款余额35311.58万元。

（四）购买国债。2020年，未购买国债，国债余额零。

（五）资金存储。2020年末，住房公积金存款27.87亿元。其中，活期0.06亿元，1年（含）以下定期7.80亿元，1年以上定期17.30亿元，其他（协定、通知存款等）2.71亿元。

（六）资金运用率。2020年末，住房公积金个人住房贷款余额、项目贷款余额和购买国债余额的总和占缴存余额的76.51%，比上年末减少1.79个百分点。

三、主要财务数据

（一）业务收入。2020年，业务收入35563.05万元，同比增长2.47%。其中，存款利息8465.84万元，委托贷款利息27091.39万元，其他5.82万元。

（二）业务支出。2020年，业务支出17630.23万元，同比增长6.42%。其中，支付职工住房公积金利息16516.40万元，归集手续费570.92万元，委托贷款手续费541.83万元，其他1.08万元。

（三）增值收益。2020年，增值收益17932.82万元，同比下降1.14%。增值收益率1.62%，比上年减少0.15个百分点。

（四）增值收益分配。2020年，提取贷款风险准备金10759.82万元，提取管理费用3200.00万元，提取城市廉租住房（公共租赁住房）建设补充资金3973.00万元。

2020年，上交财政管理费用3328.00万元。上缴财政城市廉租住房（公共租赁住房）建设补充资金3928.00万元。

2020年末，贷款风险准备金余额93536.32万元。累计提取城市廉租住房（公共租赁住房）建设补充资金21292.00万元。

（五）管理费用支出。2020年，管理费用支出2495.83万元，同比增长3.79%。其中，人员经费1471.19万元，公用经费66.06万元，专项经费958.58万元。

四、资产风险状况

个人住房贷款。2020年末,个人住房贷款逾期额85.12万元,逾期率0.1‰。

五、社会经济效益

(一)缴存业务。 缴存职工中,国家机关和事业单位占47.26%,国有企业占29.81%,城镇集体企业占1.16%,外商投资企业占1.47%,城镇私营企业及其他城镇企业占17.45%,民办非企业单位和社会团体占0.52%,灵活就业人员占0.98%,其他占1.35%;中、低收入占99.86%,高收入占0.14%。

新开户职工中,国家机关和事业单位占21.15%,国有企业占10.12%,城镇集体企业占2.20%,外商投资企业占3.74%,城镇私营企业及其他城镇企业占54.09%,民办非企业单位和社会团体占1.47%,灵活就业人员占2.67%,其他占4.56%;中、低收入占99.73%,高收入占0.27%。

(二)提取业务。 提取金额中,购买、建造、翻建、大修自住住房占27.13%,偿还购房贷款本息占39.53%,租赁住房占1.74%,离休和退休提取占28.38%,完全丧失劳动能力并与单位终止劳动关系提取占1.74%,出境定居占0.22%,其他占1.26%。提取职工中,中、低收入占99.48%,高收入占0.52%。

(三)贷款业务。

个人住房贷款。2020年,支持职工购建房48.61万平方米(含公转商贴息贷款),年末个人住房贷款市场占有率(含公转商贴息贷款)为33.66%,比上年末减少0.22个百分点。通过申请住房公积金个人住房贷款,可节约职工购房利息支出38415.15万元。

职工贷款笔数中,购房建筑面积90(含)平方米以下占21.68%,90~144(含)平方米占71.07%,144平方米以上占7.25%。购买新房占69.95%(其中购买二手房占30.05%)。

职工贷款笔数中,单缴存职工申请贷款占64.92%,双缴存职工申请贷款占35.08%。

贷款职工中,30岁(含)以下占27.58%,30岁~40岁(含)占38.22%,40岁~50岁(含)占23.26%,50岁以上占10.94%;首次申请贷款占82.97%,二次及以上申请贷款占17.03%;中、低收入占99.78%,高收入占0.22%。

(四)住房贡献率。 2020年,个人住房贷款发放额、公转商贴息贷款发放额、项目贷款发放额、住房消费提取额的总和与当年缴存额的比率为98.90%,比上年减少19.24个百分点。

六、其他重要事项

(一)应对新冠肺炎疫情采取的措施,落实住房公积金阶段性支持政策情况和政策实施成效。 积极落实国务院常务会议精神,出台相关政策,为企业纾困解难。一是对受疫情影响的企业,经本单位职工代表大会或工会讨论通过后,可申请缓缴住房公积金,待企业效益好转再恢复缴存。在此期间共有62家企业办理了缓缴。二是对受疫情影响未能及时缴存住房公积金的单位,欠缴在3个月以内(含)的,视同正常缴存,该单位职工申请办理贷款时,视同连续足额缴存住房公积金;在此期间对职工因受疫情影响未能正常还款的住房公积金贷款,不作逾期处理。截至2020年6月末,共有2550名欠缴职工受惠。未有职工受疫情影响发生逾期贷款。三是将新型冠状病毒感染肺炎的纳入大病提取范畴。患者可凭医院诊断及医疗付费单据提取本人住房公积金支付本人负担部分。因本地未出现病例，故没有职工办理该项提取。四是受疫情影响未能及时办理贷款、提取业务的职工，购房合同、发票、医院收费等票据的有效期在疫情期间的，将有效期延长3个月。截至2020年6月末，共有25名职工因此受惠。

（二）当年机构及职能调整情况、受委托办理缴存贷款业务金融机构变更情况。2020年机构及职能未做调整；缴存业务金融机构未做变更；贷款业务金融机构减少1家。

（三）当年住房公积金政策调整及执行情况，包括当年缴存基数限额及确定方法、缴存比例等缴存政策调整情况；当年提取政策调整情况；当年个人住房贷款最高贷款额度、贷款条件等贷款政策调整情况；当年住房公积金存贷款利率执行标准等；支持老旧小区改造政策落实情况。2020年单位和个人住房公积金缴存基数上限为18723元，基数下限。延吉市、珲春市和长白山为1580元，其他县（市）为1480元。职工缴存基数应按照国家统计部门计算职工工资的口径计算职工月平均工资，包括工资、奖金、津贴、补贴等收入。提取政策上取消了突发事件提取公积金和职工判刑提取公积金。贷款政策方面本年住房公积金个人住房贷款最高额度和贷款条件未做调整；暂停执行异地贷款政策；2020年公积金贷款利率没有变化，五年期以下（含五年）个人住房公积金贷款利率为2.75%；五年期以上个人住房公积金贷款利率为3.25%。

（四）当年服务改进情况，包括推进住房公积金服务"跨省通办"工作情况，服务网点、服务设施、服务手段、综合服务平台建设和其他网络载体建设服务情况等。2020年已是服务改革工作开展的第3个年头，主要是在之前工作框架基础上进一步细化任务，不断丰富和完善基础支撑，推进服务改革向纵深发展。首先，为贯彻落实国务院办公厅《关于加快推进政务服务"跨省通办"的指导意见》（国办发〔2020〕35号）的相关要求，2020年已实现个人住房公积金缴存贷款等信息异地查询、出具异地贷款职工住房公积金缴存使用证明、正常退休异地提取住房公积金、异地申请住房公积金单位及个人缴存信息变更、异地申请开具住房公积金个人住房贷款全部还清证明五项服务事项"跨省通办"。2021年末将实现异地申请住房公积金单位登记开户、异地购房提取住房公积金、异地提前还清住房公积金贷款等三项服务事项"跨省通办"。其次，积极对接州政数局，全力配合相关工作，主要完成了政务服务事项全省统一复用，通过我省政务服务管理平台对公积金系统全部事项进行梳理筛查，结合工作实际复用业务38项，为服务改革全省通办提供依据和基础信息；推进信息数据共享，梳理提供数据和所需数据各18项，上传信息数据42万余条，占共享总数据量的48.8%，对我州信息共享工作提供了有力支撑；强化公积金专项热线、网站、微信、12345政务平台咨询回复工作，为缴存职工提供便捷信息服务，全年回复热线咨询1.44万人次，回复网站留言236人次，回复微信平台847人次，解答12345平台工单诉求78人次。

（五）当年信息化建设情况，包括信息系统升级改造情况，基础数据标准贯彻落实和结算应用系统接入情况等。2020年完成了信息系统升级改造工作，新系统提高了信息化管理水平、增强了风险防控能力、提升了服务效能；顺利通过了省检查验收组对综合服务平台建设工作的检查验收，综合服务平台的建成为深化"放管服""最多跑一次"等改革给予了技术上的支撑，有力地提升了综合管理、服务水平和工作效率。进一步丰富了对外服务手段，提升了住房公积金管理和服务水平，拓宽了中心与缴存职工的信息互动渠道，为缴存单位和缴存职工提供更加优质、高效的服务。

（六）当年住房公积金管理中心及职工所获荣誉情况，包括：文明单位（行业、窗口）、青年文明号、工人先锋号、五一劳动奖章（劳动模范）、三八红旗手（巾帼文明岗）、先进集体和个人等。

我中心荣获"省级文明单位"。

延边州住房公积金团支部荣获"全州五四红旗团支部"。

延吉市友谊路管理部 5 号窗口、天池管理部 9 号窗口在第二季度州本级政务服务中心及分厅评选中荣获"文明服务窗口"。

汪清管理部荣获"县文明单位"。

李巍荣获"州政务系统先进个人"。

陈占军在第二季度州本级政务服务中心及分厅评选中荣获"文明服务之星"。

张艳艳在第二季度州本级政务服务中心及分厅评选中荣获"文明服务之星"。

金相国在延边州"我推荐、我评议身边好人"活动中,被评为"敬业奉献"好人,入选"延边好人榜";在安图县驻村第一书记协会工作中,工作认真、表现优异,被评为"先进工作者";在 2020 人民优选直播大赛中荣获"最具风采奖"。

啜仁双在胜利村疫情防控期间,因积极参与疫情防控工作,表现突出,被评为"优秀党员"。

(七)当年对违反《住房公积金管理条例》和相关法规行为进行行政处罚和申请人民法院强制执行情况。本年没有发生违反《住房公积金管理条例》和相关法规行为。

(八)当年对住房公积金管理人员违规行为的纠正和处理情况等。本年我中心管理人员没有发生违规行为。

(九)其他需要披露的情况。本年不存在需要披露而未披露的其他情况。

2020 全国住房公积金年度报告汇编

黑龙江省

哈尔滨
齐齐哈尔市
鸡西市
鹤岗市
双鸭山市
大庆市
伊春市
佳木斯市
七台河市
牡丹江市
黑河市
绥化市
大兴安岭地区
省直
哈尔滨住房公积金管理中心农垦分中心
黑龙江省森工林区
电力分中心

黑龙江省住房公积金 2020 年年度报告

根据国务院《住房公积金管理条例》和住房和城乡建设部、财政部、人民银行《关于健全住房公积金信息披露制度的通知》(建金〔2015〕26号)规定,现将黑龙江省住房公积金 2020 年年度报告汇总公布如下。

一、机构概况

(一)住房公积金管理机构。全省共有 18 个住房公积金中心,其中,13 个设区城市住房公积金管理中心,1 个县级市公积金中心(绥芬河市住房公积金管理中心),1 个行业公积金中心(黑龙江省森工林区住房公积金管理中心,隶属于中国龙江森林工业集团有限公司),3 个独立设置的分中心(其中,哈尔滨住房公积金管理中心省直分中心,隶属于黑龙江省机关事务管理局;哈尔滨住房公积金管理中心农垦分中心,隶属于黑龙江北大荒农垦集团总公司;哈尔滨住房公积金管理中心电力分中心,隶属于国网黑龙江省电力有限公司)。从业人员 1639 人,其中,在编 965 人,非在编 674 人。

(二)住房公积金监管机构。省住房城乡建设厅、财政厅和人民银行哈尔滨中心支行负责对本省住房公积金管理运行情况进行监督。省住房和城乡建设厅设立住房保障和公积金处,负责辖区住房公积金日常监管工作。

二、业务运行情况

(一)缴存。2020 年,新开户单位 2975 家,净增单位 1615 家;新开户职工 15.17 万人,净增职工 6.36 万人;实缴单位 42031 家,实缴职工 289.44 万人,缴存额 464.00 亿元,分别同比增长 4.00%、2.25%、8.22%。2020 年末,缴存总额 4155.38 亿元,比上年末增加 13.52%;缴存余额 1659.67 亿元,同比增长 11.22%。

2020 年各地市缴存职工人数同去年对比情况见图 1。

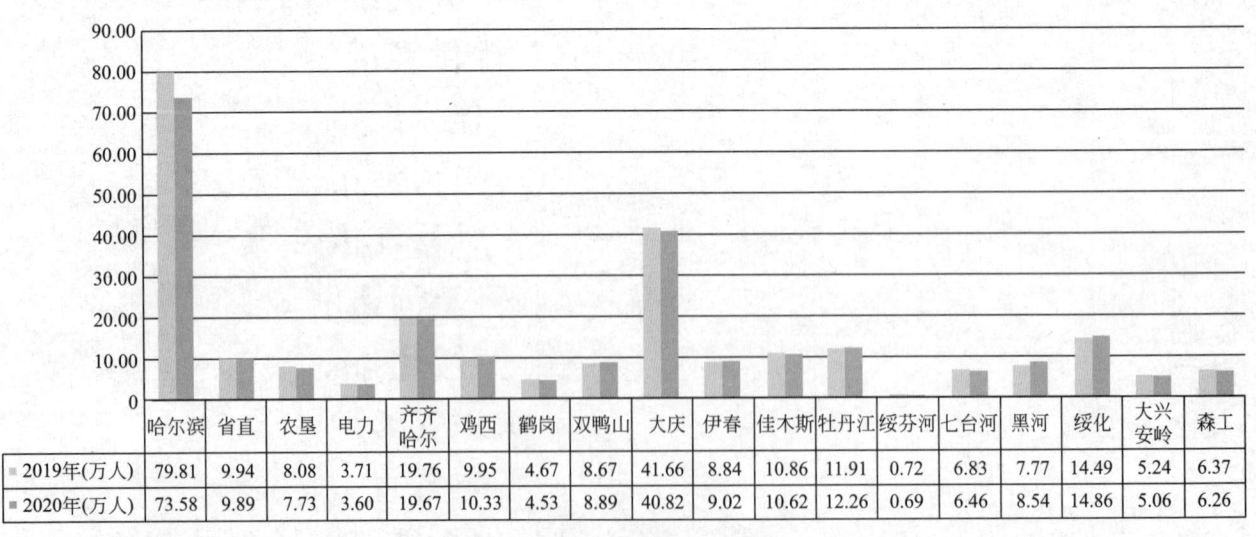

图 1 实缴职工人数统计对比图

（二）提取。2020年，107.77万名缴存职工提取住房公积金；提取额323.64亿元，同比增长2.53%；提取额占当年缴存额的69.75%，比上年减少3.87个百分点。2020年末，提取总额2495.71亿元，比上年末增加15.1%。

2020年各地市住房公积金提取额占当年缴存额的比重见图2。

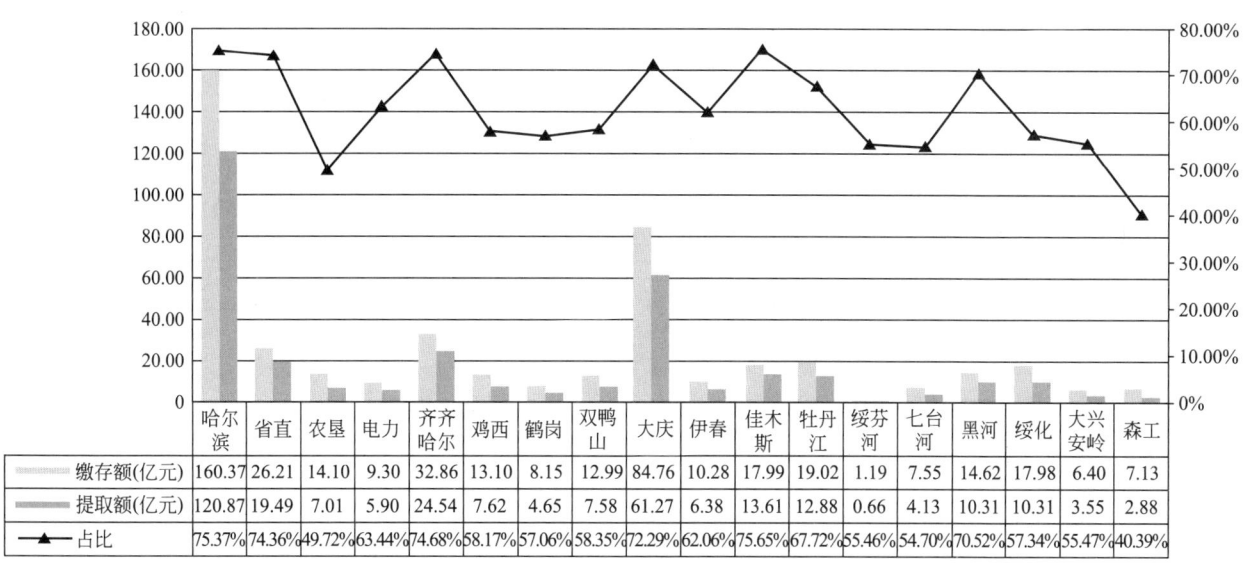

图2　2020年住房公积金提取额占当年缴存额比重表

（三）贷款。

1. 个人住房贷款。2020年，发放个人住房贷款4.98万笔、176.91亿元，同比下降17.28%、15.45%。回收个人住房贷款136.74亿元。

2020年末，累计发放个人住房贷款97.96万笔、2256.99亿元，贷款余额1105.12亿元，分别比上年末增加5.44%、8.64%、3.99%。个人住房贷款余额占缴存余额的66.59%，比上年末减少4.62个百分点。

2020年各地市住房公积金个贷率情况见图3。

2020年，支持职工购建房516.9万平方米。年末个人住房贷款市场占有率（含公转商贴息贷款）为11.73%，比上年末增加2个百分点。通过申请住房公积金个人住房贷款，可节约职工购房利息支出409458.44万元。

2. 异地贷款。2020年，发放异地贷款4558笔、177739.7万元。2020年末，发放异地贷款总额1141495.53万元，异地贷款余额769455.79万元。

（四）购买国债。2020年，国债余额0.5亿元。

（五）资金存储。2020年末，住房公积金存款566.8亿元。其中，活期6.04亿元，1年（含）以下定期283.11亿元，1年以上定期253.82亿元，其他（协定、通知存款等）23.83亿元。

（六）资金运用率。2020年末，住房公积金个人住房贷款余额、项目贷款余额和购买国债余额的总和占缴存余额的66.62%，比上年末减少4.63个百分点。

2020年各地市住房公积金资金使用率情况见图4。

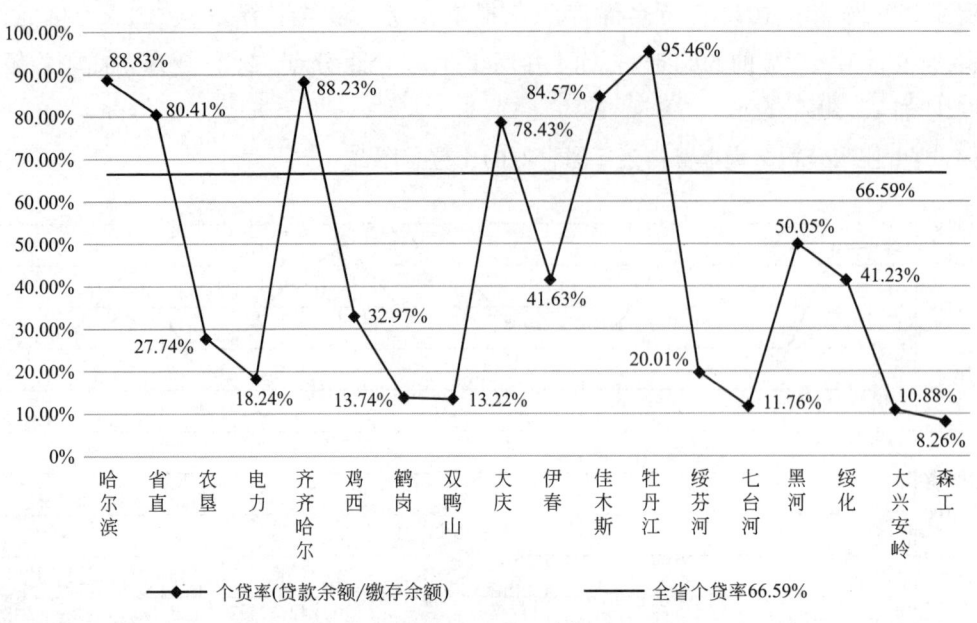

图3 2020年住房公积金个贷率情况表

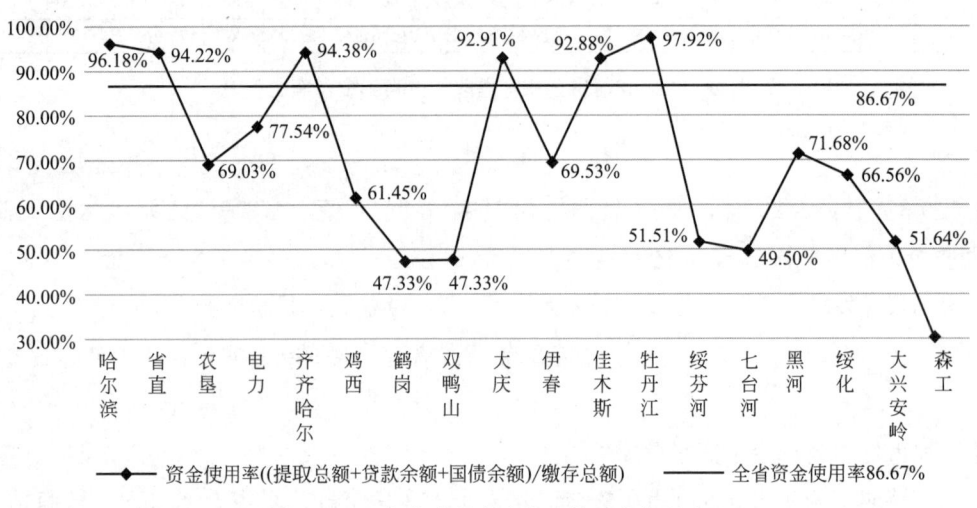

图4 2020年住房公积金资金使用率情况表

三、主要财务数据

（一）**业务收入**。2020年，业务收入485233.67万元，同比增长9.8%。其中，存款利息136568.78万元，委托贷款利息348351.32万元，国债利息177.7万元，其他135.87万元。

（二）**业务支出**。2020年，业务支出254725.38万元，同比下降2.03%。其中，支付职工住房公积金利息239545.32万元，归集手续费2307.43万元，委托贷款手续费10944.5万元，其他1928.13万元。

（三）**增值收益**。2020年，增值收益230508.29万元，同比增长26.71%；增值收益率1.46%，比上年增加0.21个百分点。

（四）**增值收益分配**。2020年，提取贷款风险准备金9859.72万元，提取管理费用26996.81万元，提取城市廉租住房（公共租赁住房）建设补充资金 193651.76 万元。

2020 年全省增值收益分配情况见图 5。

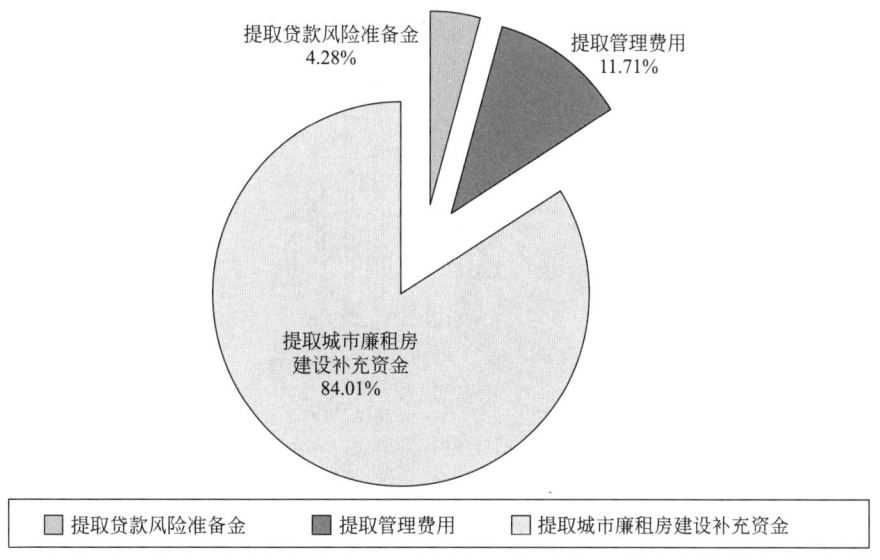

图 5　2020 年全省增值收益分配情况

2020 年，上交财政管理费用 25723.17 万元，上缴财政城市廉租住房（公共租赁住房）建设补充资金 144739.78 万元。

2020 年末，贷款风险准备金余额 353280.82 万元，累计提取城市廉租住房（公共租赁住房）建设补充资金 1242805.47 万元。

（五）管理费用支出。 2020 年，管理费用支出 25036.61 万元，同比下降 0.31%。其中，人员经费 14965.67 万元，公用经费 3348.27 万元，专项经费 6722.67 万元。

四、资产风险状况

个人住房贷款。2020 年末，个人住房贷款逾期额 18594.36 万元，逾期率 1.68‰，个人贷款风险准备金余额 339447.88 万元。2020 年，未使用个人贷款风险准备金核销呆坏账。

五、社会经济效益

（一）缴存业务。 缴存职工中，国家机关和事业单位占 39.99%，国有企业占 30.37%，城镇集体企业占 1.05%，外商投资企业占 2.31%，城镇私营企业及其他城镇企业占 18.91%，民办非企业单位和社会团体占 3.25%，灵活就业人员占 1.19%，其他占 2.93%；中、低收入占 98.11%，高收入占 1.89%。

新开户职工中，国家机关和事业单位占 31.94%，国有企业占 16.93%，城镇集体企业占 1.41%，外商投资企业占 2.1%，城镇私营企业及其他城镇企业占 35.21%，民办非企业单位和社会团体占 3.36%，灵活就业人员占 3.72%，其他占 5.33%；中、低收入占 99.19%，高收入占 0.81%。

（二）提取业务。 提取金额中，购买、建造、翻建、大修自住住房占 21.05%，偿还购房贷款本息占 43.11%，租赁住房占 2.79%；离休和退休提取占 26.69%，完全丧失劳动能力并与单位终止劳动关系提取占 2.39%，出境定居占 0.16%，其他占 3.81%。提取职工中，中、低收入占 96.93%，高收入占 3.07%。

2020 年全省住房公积金提取用途分类情况见图 6。

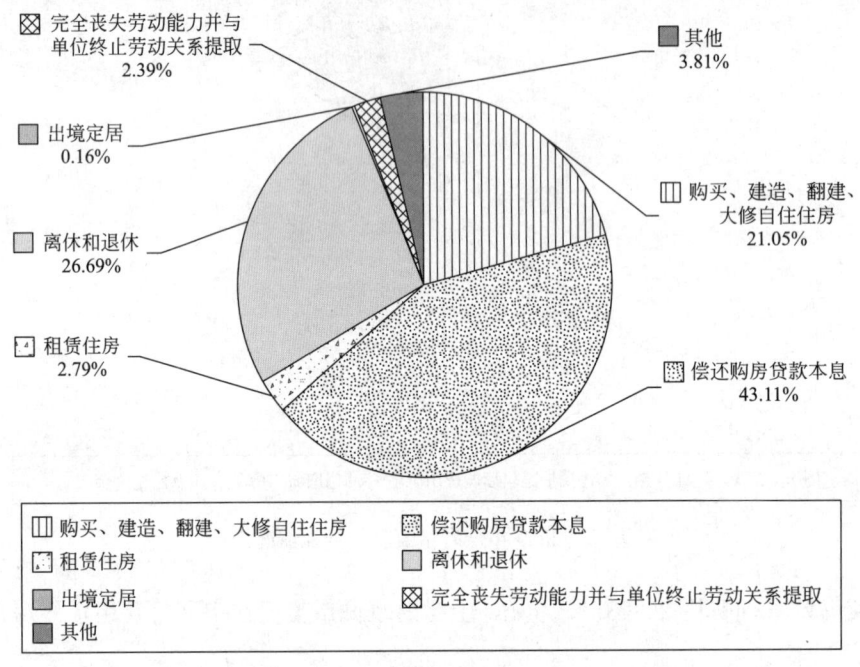

图 6　2020 年全省住房公积金提取用途分类情况

（三）**贷款业务**。个人住房贷款。职工贷款笔数中，购房建筑面积 90（含）平方米以下占 32.69%，90～144（含）平方米占 60.74%，144 平方米以上占 6.57%。购买新房占 53.94%，购买二手房占 43.66%，建造、翻建、大修自住住房占 0.07%，其他占 2.33%。

职工贷款笔数中，单缴存职工申请贷款占 65.93%，双缴存职工申请贷款占 34.02%，三人及以上缴存职工共同申请贷款占 0.05%。

贷款职工中，30 岁（含）以下占 28.45%，30 岁～40 岁（含）占 42.56%，40 岁～50 岁（含）占 22.02%，50 岁以上占 6.97%；首次申请贷款占 81.78%，二次及以上申请贷款占 18.22%；中、低收入占 98.19%，高收入占 1.81%。

（四）**住房贡献率**。2020 年，个人住房贷款发放额、公转商贴息贷款发放额、项目贷款发放额、住房消费提取额的总和与当年缴存额的比率为 84.85%，比上年减少 16.47 个百分点。

六、其他重要事项

（一）疫情防控工作情况。疫情期间，严格落实《住房和城乡建设部财政部人民银行关于妥善应对新冠肺炎疫情实施住房公积金阶段性支持政策的通知》精神和省委省政府"六稳六保"工作要求，陆续印发了《黑龙江省住房和城乡建设厅关于应对新型冠状病毒感染的肺炎疫情切实保障住房公积金缴存单位和缴存人权益的通知》等多个文件，有效指导全省各地住房公积金中心开展防疫工作。住房公积金阶段性支持政策实施期间，全省缓缴企业数量 3882 个、38.21 万人，单位和个人缓缴住房公积金 7.99 亿元；支持

18.24万笔、贷款职工无法正常偿还的个人住房公积金贷款不作逾期处理，涉及贷款余额477.69亿元。

（二）住房公积金政策调整情况。为进一步规范全省住房公积金提取贷款业务行为，有效加强住房公积金管理工作，省住房城乡建设厅于2020年3月27日印发了《黑龙江省住房和城乡建设厅关于印发〈黑龙江省住房公积金提取管理办法〉和〈黑龙江省住房公积金个人住房贷款管理办法〉的通知》，各地公积金中心及时制定实施细则并组织实施。

（三）开展监督检查情况。

1. 开展电子稽查工作。按照住房和城乡建设部电子稽查工作要求，通过日常对公积金中心电子稽查报告分析，有效指导地市开展自检和整改工作，每季度对地市公积金中心电子稽查工作进行评估。

2. 开展个贷逾期清收工作。为化解贷款逾期风险，深入个别地市现场督办，查找问题根源，提出整改要求，指导逾期率超国家风险值的公积金中心采取有效措施开展逾期贷款清收工作。

（四）服务改进情况。

1. 推进"一网通办"工作。省住房城乡建设厅与省市场监督管理局和省营商局，共同研究推进企业住房公积金建户全流程网上办理工作，完成了省级接口开发和与省市场监督管理局数据对接工作，实现了企业通过一网通办平台办理登记备案业务的同时完成公积金缴存登记。

2. 巩固"办事不求人"工作成果。为进一步深入推进住房公积金"办事不求人"，省住房城乡建设厅印发了《黑龙江省住房和城乡建设厅关于巩固深化住房公积金"办事不求人"成果的通知》，提出了公积金中心要调整完善方案、提高线上办理率等工作措施，全省各公积金中心通过拓宽服务渠道，完善服务功能，有效满足了缴存单位和职工个性化、多元化服务需求。

3. 实现住房公积金部分业务跨省通办。按照国家"放管服"改革工作要求，有效落实《住房和城乡建设部办公厅关于做好住房公积金服务"跨省通办"工作的通知》精神，全省18个公积金中心通过采取全程网办、代收代办、两地联办等方式，全部实现了"个人住房公积金缴存贷款等信息查询""出具贷款职工住房公积金缴存使用证明""正常退休提取住房公积金"服务跨省通办。

（五）信息化建设情况。

1. 接入全国住房公积金监管服务平台。为进一步履行监管职责，增强省级监管手段，经向住房和城乡建设部申请，黑龙江省被住房和城乡建设部列为全国住房公积金监管分析平台试点省份，按照试点工作要求，全省18个公积金中心全部接入国家监管平台，并根据问题工单开展整改工作，目前大部分问题得到及时有效整改，得到住房和城乡建设部认可。

2. 建立全省住房公积金监管及数据共享平台。省住房城乡建设厅按照建设"智慧住建"总体工作部署，组织建立了全省住房公积金监管及数据共享平台，实现了对全省公积金中心全面监督管理，通过数据的风险检查，提高了数据质量，加强了住房公积金监管力度，降低运行风险，提升监管效率。同时，实现了公积金中心之间数据实时查询，有效推动住房公积金与公安、房产、民政、银行等多部门数据共享。2021年4月平台正式上线运行。

（六）2020年所获荣誉情况。

省级文明窗口：

齐齐哈尔市住房公积金管理中心；

鹤岗市住房公积金管理中心；

大兴安岭地区住房公积金经办中心；

省级内部审计先进集体；

伊春市住房公积金经办中心。

（七）违规行为处理情况。 鸡西市住房公积金管理中心因单位门市房出租租金使用问题，违反《中国共产党纪律处分条例》第一百三十三条之规定，给予党内警告处分1人。

哈尔滨住房公积金2020年年度报告

根据国务院《住房公积金管理条例》和住房和城乡建设部、财政部、人民银行《关于健全住房公积金信息披露制度的通知》（建金〔2015〕26号）的规定，经住房公积金管理委员会审议通过，现将哈尔滨（市）住房公积金2020年年度报告公布如下。

一、机构概况

（一）住房公积金管理委员会。 住房公积金管理委员会有22名委员，2020年召开3次会议，审议通过的事项主要包括：1.审议关于拟调整哈尔滨住房公积金管理委员会组成人员的通知（代拟稿）；2.审议2019年住房公积金归集使计划执行情况报告；3.审议2020年住房公积金归集使用计划及财务收支预算草案；4.审议哈尔滨市住房公积金2019年年度（信息披露）报告；5.听取关于妥善应对新冠肺炎实施阶段性公积金支持政策有关情况的汇报；6.听取关于拟调整住房公积金有关政策情况的汇报；7.审议住房公积金公转商贴息贷款实施办法；8.审议住房公积金中心利用自有房产与银行开展深度合作事宜；9.审议《关于调整规范公积金贷款政策有关问题的通知》；10.审议关于预缴财政部分城市廉租建设补充资金事宜；11.审议关于住房公积金委托归集、贷款手续费拟实行浮动费率的汇报；12.审议关于拟从公积金个人贷款业务手续费中支付二手房贷款抵押房屋价值评估费有关情况的汇报。

（二）住房公积金管理中心。 住房公积金管理中心为隶属市政府不以营利为目的的独立事业单位，设十一个处（科），十八个办事处，一个分中心（铁路分中心）。此外，本年度报告中含自主管理独立运作的四个分中心（省直分中心、农垦分中心、电力分中心、黑龙江省森工林区住房公积金管理中心）数据。从业人员562人，其中，在编321人，非在编241人。其中哈尔滨中心从业人员280人，在编182人，非在编98人；省直分中心从业人员55人，在编35人，非在编20人；农垦分中心从业人员75人，在编24人，非在编51人；电力分中心从业人员56人，在编56人；黑龙江省森工林区住房公积金管理中心（以下简称森工公积金中心）从业人员96人，在编24人，非在编72人。

二、业务运行情况

（一）缴存。 2020年，新开户单位1262家，净增单位1173家；新开户职工6.92万人，净增职工7.65万人；实缴单位15640家，实缴职工122.98万人，缴存额217.11亿元，分别同比增长8.11%、6.63%、10.36%。2020年末，缴存总额1920.80亿元，比上年末增加14.82%。缴存余额666.25亿元，同比增长15.22%。受委托办理住房公积金缴存业务的银行3家。

（二）提取。2020年，56.16万名缴存职工提取住房公积金；提取额156.16亿元，同比下降1.22%；提取额占当年缴存额的71.92%，比上年减少8.44个百分点。2020年末，提取总额1254.57亿元，比上年末增加14.61%。

（三）贷款。

1. 个人住房贷款。个人住房贷款最高额度70万元。单缴存职工个人住房贷款最高额度50万元，双缴存职工个人住房贷款最高额度70万元。

2020年，发放个人住房贷款1.54万笔、67.06亿元，同比分别下降31.25%、31.03%。其中，市中心发放个人住房贷款1.34万笔、58.35亿元，省直分中心发放个人住房贷款0.12万笔、5.82亿元，农垦分中心发放个人住房贷款0.06万笔、2.16亿元，电力分中心发放个人住房贷款0.01万笔、0.40亿元，森工公积金中心发放个人住房贷款0.01万笔、0.33亿元。

2020年，回收个人住房贷款52.10亿元。其中，市中心43.27亿元，省直分中心6.35亿元，农垦分中心1.74亿元，电力分中心0.60亿元，森工公积金中心0.14亿元。

2020年末，累计发放个人住房贷款31.44万笔、928.45亿元，贷款余额501.96亿元，分别比上年末增加5.36%、8.10%、3.59%。个人住房贷款余额占缴存余额的75.34%，比上年末减少8.46个百分点。受委托办理住房公积金个人住房贷款业务的银行9家。

2. 异地贷款。2020年，发放异地贷款1136笔、52381.90万元。2020年末，发放异地贷款总额503109.53万元，异地贷款余额334824.96万元。

3. 住房公积金支持保障性住房建设项目贷款。2020年，回收项目贷款40亿元。2020年末，累计发放项目贷款40亿元，项目贷款余额0亿元。

（四）资金存储。2020年末，住房公积金存款172.30亿元。其中，活期0.084亿元，1年（含）以下定期107.45亿元，1年以上定期51.73亿元，其他（协定、通知存款等）13.04亿元。

（五）资金运用率。2020年末，住房公积金个人住房贷款余额、项目贷款余额和购买国债余额的总和占缴存余额的75.34%，比上年末减少8.46个百分点。

三、主要财务数据

（一）业务收入。2020年，业务收入200183.67万元，同比增长14.19%。其中，市中心149574.26万元，省直分中心20552.76万元，农垦分中心12901.23万元，电力分中心9485.27万元，森工公积金中心7670.15万元。存款利息41238.57万元，委托贷款利息158903.08万元，国债利息0万元，其他42.02万元。

（二）业务支出。2020年，业务支出108310.70万元，同比下降14.43%。其中，市中心79200.33万元，省直分中心11212.32万元，农垦分中心8626.19万元，电力分中心5256.88万元，森工公积金中心4014.98万元。支付职工住房公积金利息96523.15万元，归集手续费2346.63万元，委托贷款手续费7520.49万元，其他1920.42万元。

（三）增值收益。2020年，增值收益91872.95万元，同比增长88.52%。其中，市中心70373.92万元，省直分中心9340.44万元，农垦分中心4275.04万元，电力分中心4228.38万元，森工公积金中心3655.17万元；增值收益率1.42%，比上年增加0.55个百分点。

（四）增值收益分配。 2020 年，提取贷款风险准备金 0.01 万元，提取管理费用 10750.42 万元，提取城市廉租住房（公共租赁住房）建设补充资金 81122.53 万元。

2020 年，上交财政管理费用 10011.29 万元。上缴财政城市廉租住房（公共租赁住房）建设补充资金 40555.76 万元。其中，市中心上缴 29909.80 万元，省直分中心上缴 3485.25 万元，农垦分中心上缴 1102.56 万元，电力分中心上缴 3466.70 万元，森工公积金中心上缴 2591.45 万元。

2020 年末，贷款风险准备金余额 182498.03 万元。累计提取城市廉租住房（公共租赁住房）建设补充资金 430867.72 万元。其中，市中心提取 310771.25 万元，省直分中心提取 58119.03 万元，农垦分中心提取 16642.11 万元，电力分中心提取 37658.27 万元，森工公积金中心提取 7677.06 万元。

（五）管理费用支出。 2020 年，管理费用支出 9881.84 万元，同比下降 2.02%。其中，人员经费 4910.91 万元，公用经费 1049.55 万元，专项经费 3921.38 万元。

市中心管理费用支出 6397.16 万元，其中，人员、公用、专项经费分别为 3764.98 万元、555.49 万元、2076.69 万元；省直分中心管理费用支出 1391.82 万元，其中，人员、公用、专项经费分别为 345.81 万元、23.27 万元、1022.74 万元；农垦分中心管理费用支出 1322.95 万元，其中，人员、公用、专项经费分别为 602.39 万元、444.53 万元、276.03 万元；电力分中心管理费用支出 134.06 万元，其中，人员、公用、专项经费分别为 0 万元、6.16 万元、127.90 万元；森工公积金中心管理费用支出 635.85 万元，其中，人员、公用、专项经费分别为 197.73 万元、20.10 万元、418.02 万元。

四、资产风险状况

（一）个人住房贷款。 2020 年末，个人住房贷款逾期额 809.23 万元，逾期率 0.2‰，其中，市中心 0.17‰，省直分中心 0.08‰，农垦分中心 0.3‰，电力分中心 0‰，森工公积金中心 0‰。个人贷款风险准备金余额 172098.03 万元。2020 年，使用个人贷款风险准备金核销呆坏账 0 万元。

（二）支持保障性住房建设试点项目贷款。 2020 年末，项目贷款风险准备金余额 10400 万元。

五、社会经济效益

（一）缴存业务。 缴存职工中，国家机关和事业单位占 29.70%，国有企业占 38.17%，城镇集体企业占 0.83%，外商投资企业占 4.02%，城镇私营企业及其他城镇企业占 18.31%，民办非企业单位和社会团体占 7.24%，其他占 1.71%；中、低收入占 97.64%，高收入占 2.36%。

新开户职工中，国家机关和事业单位占 24.17%，国有企业占 20.57%，城镇集体企业占 0.73%，外商投资企业占 2.99%，城镇私营企业及其他城镇企业占 43.05%，民办非企业单位和社会团体占 6.33%，灵活就业人员占 0.04%，其他占 2.12%；中、低收入占 99%，高收入占 1%。

（二）提取业务。 提取金额中，购买、建造、翻建、大修自住住房占 20.48%，偿还购房贷款本息占 47.19%，租赁住房占 3.87%，支持老旧小区改造占 0%，离休和退休提取占 22.89%，完全丧失劳动能力并与单位终止劳动关系提取占 1.64%，出境定居占 0.15%，其他占 3.78%。提取职工中，中、低收入占 91.59%，高收入占 8.41%。

（三）贷款业务。

1. 个人住房贷款。2020 年，支持职工购建房 153.23 万平方米（含公转商贴息贷款），年末个人住房贷款市场占有率（含公转商贴息贷款）为16.64%，比上年末减少0.87个百分点。通过申请住房公积金个人住房贷款，可节约职工购房利息支出152483.91万元。

职工贷款笔数中，购房建筑面积90（含）平方米以下占39.50%，90~144（含）平方米占55.19%，144平方米以上占5.31%。购买新房占49.62%，购买二手房占50.38%。

职工贷款笔数中，单缴存职工申请贷款占79.51%，双缴存职工申请贷款占20.45%，三人及以上缴存职工共同申请贷款占0.04%。

贷款职工中，30岁（含）以下占32.40%，30岁~40岁（含）占40.80%，40岁~50岁（含）占20.25%，50岁以上占4.55%；首次申请贷款占78%，二次及以上申请贷款占22%；中、低收入占97.51%，高收入占2.49%。

2. 支持保障性住房建设试点项目贷款。2020年末，累计试点项目2个，贷款额度40亿元。2个试点项目贷款资金已发放并还清贷款本息。

（四）住房贡献率。2020年，个人住房贷款发放额、公转商贴息贷款发放额、项目贷款发放额、住房消费提取额的总和与当年缴存额的比率为102.81%，比上年减少7.99个百分点。

六、其他重要事项

（一）应对新冠肺炎疫情采取的措施，落实住房公积金阶段性支持政策情况和政策实施成效。新冠疫情暴发的严峻形势下，为助力企业复工复产，解决缴存单位、职工实际困难，在企业缓缴、申请降低缴存比例、个人贷款不能正常还款、合作楼盘公积金贷款签约项目等方面，中心研究细化出台相关支持政策，多渠道开展政策宣传，大力推行"不见面"办理，为企业抗"疫"纾困、全力复工复产注入"强心剂"，疫情防控工作受到了市委市政府和市直机关工委的充分肯定。

（二）当年机构及职能调整情况、受委托办理缴存贷款业务金融机构变更情况。平稳有序完成编制机构改革任务，将中心内部处室由13个精简至11个。严格落实干部岗位定期轮换制度，全年共选拔任用4批次30名干部，对125名干部进行了岗位调整。受委托办理缴存贷款业务金融机构无变化。

（三）当年住房公积金政策调整及执行情况。

1. 当年缴存政策调整情况。2020年住房公积金缴存基数上限为20596元，按照2019年全市城镇非私营单位在岗人员月平均工资的3倍确定。月缴存额上限调整为4944元。缴存比例为5%~12%。

2. 当年提取政策调整情况。自2020年4月2日开始，提高公积金支付公共租赁住房租金提取额度，市区（包括呼兰、阿城、双城）职工及配偶提取住房公积金限额由14400元/年，上调至18000元/年；县（市）职工及配偶提取住房公积金限额由9600元/年，上调至12000元/年。

支持老旧小区改造政策落实情况。2020年9月，哈尔滨住房公积金管理中心出台《哈尔滨市住房公积金提取业务实施细则》规定。职工符合老旧小区改造及加装电梯的，可以申请提取住房公积金账户内的存储余额，提取额度不得超过职工家庭应承担的费用。

3. 当年个人住房贷款政策调整情况。2020年4月，哈尔滨住房公积金管理中心出台《关于调整规范住房公积金贷款政策有关问题的通知》。具体调整内容为：（1）我市灵活就业人员建立公积金制度，将连续缴存一年申请公积金贷款资质调整成六个月；（2）对异地贷款政策进行调整，支持异地缴存职工在哈申请公积金贷款购房，并享有与本市缴存职工同等政策；（3）对住房套数认定进行调整，职工家庭只拥有一套住房或使用过一次住房公积金贷款并已结清,为改善居住条件购买第二套住房,可以申请住房公积金贷款;职工家庭购买第三套及以上住房或已使用过两次住房公积金贷款,申请住房公积金贷款不予支持。

(四)当年服务改进情况,包括推进住房公积金服务"跨省通办"工作情况,服务网点、服务设施、服务手段、综合服务平台建设和其他网络载体建设服务情况等。 充分发挥公积金纽带作用,制定落实多项惠民利企举措。一是业务优化整合驶上"快车道"。两次开展"一把手"走流程活动,梳理出4类22条流程优化、政策调整的意见和建议;累计精简提取、贷款、项目签约以及归集等业务要件15项;实现33项公共服务事项"最多跑一次",占比高达94%,群众满意度全面提高。二是业务网上办理跑出"加速度"。提取公积金偿还商贷实现"网上办";推行项目签约网上审批机制,提高签约效率;公积金全部业务网上办结率从上年的38.28%跃升至62.93%,跑出增幅为24.65%的"高速度",晋升全国前列。三是百姓安居改善筑牢"保障线"。被列入市政府年度工作报告"提高公共租赁住房提取公积金额度"的民生实事落地实施,全年共为114345户困难家庭提取公积金1.56亿元。四是营商环境优化实现"全覆盖"。推行公积金业务委托"新模式",实现依兰、延寿等6县(市)公积金业务全委托管理,落实办事处专管员制度,加强对委托银行的监督管理;充分发挥中心作风建设检查小组明查和"神秘人"暗访的作用,对中心24个办事机构明查78次、暗访153次,工作作风得到根本转变。

(五)当年信息化建设情况,包括信息系统升级改造情况,基础数据标准贯彻落实和结算应用系统接入情况等。 一是继续优化和更新核心系统。完成中心一代征信贷款生产上报;好差评系统开发上线;省监管平台及数据共享平台上线;"企业直通车"完成开发;住建委下的安置保障房接口开发完成;完成建设公积金31个接口;完成稽核审计系统招标工作;完成省监管平台和数据共享22个接口,190个字段,13张报表的开发;完成建设省营商局政务服务平台数据共享40个端口的开发;综合服务平台线上线下同步28项业务的上线实施。二是拓展合作银行网上业务,增设网上业务办理银行网点,将中心网厅业务镶嵌至银行自助设备中,在银行网点可办理公积金网上业务。三是全面提升数据信息质量。研究制定了数据保存、修改、提取和使用等系列措施规定,更加精准收集整理统计数据,全面提升统计质量和效率。

齐齐哈尔市住房公积金2020年年度报告

根据国务院《住房公积金管理条例》和住房和城乡建设部、财政部、人民银行《关于健全住房公积金信息披露制度的通知》(建金〔2015〕26号)的规定,经住房公积金管理委员会审议通过,现将齐齐哈尔市住房公积金2020年年度报告公布如下。

一、机构概况

(一)**住房公积金管理委员会。** 住房公积金管理委员会有16名委员,2020年召开一次会议,审议通过的事项主要包括:审议通过《齐齐哈尔市住房公积金个人住房贷款管理办法实施细则》《齐齐哈尔市住房公积金个人住房组合贷款管理办法》《齐齐哈尔市住房公积金提取管理实施细则》。

(二)**住房公积金管理中心。** 住房公积金管理中心隶属市政府,是不以营利为目的的公益一类事业单位，设 8 个科室。从业人员 84 人，其中，在编 27 人，非在编 57 人。

二、业务运行情况

（一）缴存。2020 年，新开户单位 362 家，净增单位-75 家；新开户职工 1.33 万人，净增职工-0.11 万人；实缴单位 3802 家，实缴职工 21.11 万人，缴存额 32.86 亿元，分别同比增长-1.93%、-0.52%、6.55%。2020 年末，缴存总额 261.39 亿元，比上年末增加 14.38%；缴存余额 124.70 亿元，同比增长 7.16%。受委托办理住房公积金缴存业务的银行 2 家。

（二）提取。2020 年，7.11 万名缴存职工提取住房公积金；提取额 24.54 亿元，同比增长 9.90%；提取额占当年缴存额的 74.68%，比上年增加 2.26 个百分点。2020 年末，提取总额 136.69 亿元，比上年末增加 21.88%。

（三）贷款。

1. 个人住房贷款：个人住房贷款最高额度 100 万元。

2020 年，发放个人住房贷款 0.62 万笔、23.88 亿元，同比分别增长 0%、8.15%。

2020 年，回收个人住房贷款 14.23 亿元。

2020 年末，累计发放个人住房贷款 7.65 万笔、187.91 亿元，贷款余额 110.03 亿元，分别比上年末增加 8.82%、14.56%、9.61%。个人住房贷款余额占缴存余额的 88.24%，比上年末增加 1.98 个百分点。受委托办理住房公积金个人住房贷款业务的银行 8 家。

2. 异地贷款：2020 年，发放异地贷款 1171 笔、50637.30 万元。2020 年末，发放异地贷款总额 180804.90 万元，异地贷款余额 153162.77 万元。

（四）资金存储。2020 年末，住房公积金存款 17.89 亿元。其中，活期 3.19 亿元，1 年（含）以下定期 7.30 亿元，1 年以上定期 7.40 亿元。

（五）资金运用率。2020 年末，住房公积金个人住房贷款余额、项目贷款余额和购买国债余额的总和占缴存余额的 88.24%，比上年末增加 1.98 个百分点。

三、主要财务数据

（一）业务收入。2020 年，业务收入 38141.11 万元，同比增长 8.28%。存款利息 4777.66 万元，委托贷款利息 33341.43 万元，其他 22.02 万元。

（二）业务支出。2020 年，业务支出 18813.54 万元，同比增长 8.94%。支付职工住房公积金利息 18486.47 万元，委托贷款手续费 326.62 万元，其他 0.45 万元。

（三）增值收益。2020 年，增值收益 19327.57 万元，同比增长 7.64%。增值收益率 1.59%，比上年减少 0.01 个百分点。

（四）增值收益分配。2020 年，提取贷款风险准备金 964.71 万元，提取管理费用 1724.00 万元，提取城市廉租住房（公共租赁住房）建设补充资金 16638.86 万元。

2020 年，上交财政管理费用 1567.74 万元。上缴财政城市廉租住房（公共租赁住房）建设补充资金 15432.60 万元。

2020 年末，贷款风险准备金余额 15931.76 万元。累计提取城市廉租住房（公共租赁住房）建设补充资金102952.57万元。

（五）管理费用支出。 2020年，管理费用支出1006.76万元，同比下降3.89%。其中，人员经费688.70万元，公用经费119.52万元，专项经费198.54万元。

四、资产风险状况

个人住房贷款。2020年末，个人住房贷款逾期额4601.04万元，逾期率4.18‰。2020年末，个人贷款风险准备金余额14331.76万元。

五、社会经济效益

（一）缴存业务。 缴存职工中，国家机关和事业单位占57.31%，国有企业占22.90%，城镇集体企业占2.32%，外商投资企业占1.83%，城镇私营企业及其他城镇企业占12.82%，民办非企业单位和社会团体占0.65%，灵活就业人员占0.08%，其他占2.09%；中、低收入占98.34%，高收入占1.66%。

新开户职工中，国家机关和事业单位占44.00%，国有企业占8.17%，城镇集体企业占5.06%，外商投资企业占2.65%，城镇私营企业及其他城镇企业占37.87%，民办非企业单位和社会团体占0.80%，灵活就业人员占0.51%，其他占0.94%；中、低收入占99.78%，高收入占0.22%。

（二）提取业务。 提取金额中，购买、建造、翻建、大修自住住房占10.58%，偿还购房贷款本息占51.35%，租赁住房占2.54%，离休和退休提取占29.48%，完全丧失劳动能力并与单位终止劳动关系提取占4.58%，其他占1.47%。提取职工中，中、低收入占98.24%，高收入占1.76%。

（三）贷款业务。 个人住房贷款。2020年，支持职工购建房64.61万平方米，年末个人住房贷款市场占有率为35.39%，比上年末增加2.12个百分点。通过申请住房公积金个人住房贷款，可节约职工购房利息支出40202.07万元。

职工贷款笔数中，购房建筑面积90（含）平方米以下占28.88%，90～144（含）平方米占66.84%，144平方米以上占4.28%；购买新房占63.87%，购买二手房占36.11%，其他占0.02%。

职工贷款笔数中，单缴存职工申请贷款占73.10%，双缴存职工申请贷款占26.90%。

贷款职工中，30岁（含）以下占27.32%，30岁～40岁（含）占38.54%，40岁～50岁（含）占23.08%，50岁以上占11.06%；首次申请贷款占87.74%，二次及以上申请贷款占12.26%；中、低收入占98.67%，高收入占1.33%。

（四）住房贡献率。 2020年，个人住房贷款发放额、住房消费提取额的总和与当年缴存额的比率为120.82%，比上年增加3.93个百分点。

六、其他重要事项

（一）应对新冠肺炎疫情采取的政策措施，落实住房公积金阶段性支持政策情况和政策实施成效。 为深入贯彻党中央、国务院和省市关于加强新冠肺炎疫情防控和应对工作的要求，认真落实《住房和城乡建设部办公厅关于应对新型冠状病毒感染的肺炎疫情做好住房公积金管理服务工作的通知》（建金函〔2020〕71号）部署，缓解企业困难，切实减轻疫情对住房公积金缴存企业及缴存职工的影响，2020年2月17日至6月30日，我市实施住房公积金阶段性支持政策。

（1）减轻企业负担，支持复工复产。受疫情影响的企业单位，可申请下调一次缴存基数，降低缴存比例和缓缴住房公积金，企业缓缴期间，职工缴存时间连续计算，不影响职工正常提取和申请住房公积金贷款。

（2）维护职工权益，降低疫情影响。疫情防控期间不能按期偿还住房公积金贷款的缴存职工，贷款可不作逾期处理，免收罚息，不作为逾期记录报送征信部门。

（3）提高租房提取额度，减轻职工压力。对受疫情影响支付房租压力较大的缴存职工，将租房提取额度从13000元提高到15000元，保障职工的租房提取需求。

疫情期间共有43家企业7840名职工享受到缓缴政策，缓缴金额2439万元；为710名缓缴单位的职工正常发放贷款2.5亿元；对25664名职工延期还款不作逾期处理，不作逾期处理的贷款余额598134.53万元，不作逾期处理的贷款应还未还本金额767.01万元；为873名无房职工增加租房提取金额168万元。

（二）当年住房公积金政策调整及执行情况。

1. 当年住房公积金提取政策调整情况。印发《齐齐哈尔市住房公积金提取管理实施细则》（齐管规〔2020〕3号）。偿还商业银行购房贷款的，可提取账户余额且累计提取不超过商业银行购房贷款本息总额；异地购房提取取消了户籍地或工作地的限制；出台老旧小区和加装电梯提取政策；增加约定提取方式，偿还商贷和租房提取的职工，中心可按合同约定时间自动划转提取金额，减少职工跑腿。

提取新政实施后，购房提取较上年增加了2639万元，偿还商业贷款提取较上年增加4553万元。

2. 当年住房公积金贷款政策调整情况。印发《齐齐哈尔市住房公积金个人住房贷款管理办法实施细则》（齐管规〔2020〕1号）。调整放宽住房公积金贷款政策，将大面积住房及二手房贷款比例由50%、70%统一调整到80%；为满足职工贷款需求，取消了"提取公积金后需连续缴存6个月方可贷款"的限制；为缓解年轻职工偿还公积金贷款的压力，允许使用父母公积金一次性冲还贷款。为提高职工购房能力，印发《齐齐哈尔市住房公积金个人住房组合贷款管理办法》（齐管规〔2020〕2号），开通与商业银行配套的组合贷款。

贷款新政实施后，为4288人发放住房公积金贷款16.9亿元。

3. 缴存基数限额及贷款利率执行情况。2020年住房公积金缴存基数上限按不超过本市统计部门公布的上一年度职工月平均工资的3倍的要求，确定为15929元，缴存基数下限按人社部门公布的上一年度职工月最低工资标准，确定为1270元。单位和职工缴存比例不低于5%，不高于12%，单位和职工缴存比例一致。

职工住房公积金存款利率1.5%，贷款利率。1~5年2.75%；6~30年3.25%。第二次使用公积金贷款，利率在原利率基础上上浮10%。

（三）服务改进情况。

1. 助力人才服务，开通绿色通道。围绕市委人才战略出台公积金人才激励政策，降低了引进人才贷款门槛，开通人才服务绿色通道，截至2020年底，已累计为187位"名校优生"发放贷款8220万元。

2. 完善智慧公积金，提升网办服务。新开通手机公积金App的"贷款业务掌上约"和"房贷计算器"等功能，满足职工多元化需求；充分利用政务云平台数据共享，进一步简化退休提取、企业缴存登记等手续，以"数据代替群众跑"共精简审批要件30多项。

3. 增设代办网点，实现"一城通办"。依托政务中心和金融机构继续增设代办网点，新增昂昂溪区政务中心和广发银行代办点,截至 2020 年底九县七区公积金代办网点共达 26 家。

4. 延伸业务范围,优化审批流程。将不动产房屋抵押登记和注销业务全部纳入公积金窗口受理范围,使北三区职工办理公积金贷款实现在公积金服务大厅"一厅式、全业务"办理;不断优化业务流程,最大程度压缩审批时限、精简审批要件,实现了贷款业务的当日受理当日审批,提取业务的即时秒到账。

5. 推进"跨省通办"政策落实。依托黑龙江省政务服务网,将 44 个服务事项全部纳入一体化政务平台办理。按照"异地受理、无差别办理"的服务要求,对其他省市尚未实现全程网办的"跨省通办"业务积极采取"收办分离"模式,为身在异地职工办理公积金业务提供切实便利。

(四)当年信息化建设情况。

1. 应用电子稽核技术,完善基础数据管理。启动住房和城乡建设部电子稽核工具,每月对中心数据库进行全方位稽核,确定核查问题,逐项列出整改,通过电子稽核提升数据处理能力,提高业务管理水平。

2. 接入数据平台,加强数据监管。接入了住房和城乡建设部数据平台和市政务服务大数据平台,对住房公积金数据进行监管,确保数据准确、信息真实,为国家及我市各部门应用住房公积金信息,优化营商环境,提供了数据支持。

(五)当年风险防控监管情况。

1. 开展行业治乱专项行动。制定《2020 年持续推进打击"黑中介"工作实施方案》,严厉打击"黑中介"伪造证件骗提骗贷住房公积金行为。今年与公安机关配合,抓获黑中介 1 个,追回公积金 26.9 万元,有效防范资金风险。

2. 强化贷前审核贷后管理。与不动产实行跨部门协同办公,避免虚假抵押现象,确保贷款资金安全;健全完善开发商准入管理制度,对在建工程实行现场实地考察主体封顶后,方可准入给予公积金贷款,从源头控制贷款风险;出台《逾期贷款催收管理办法》,开展一户一策清收。

(六)当年中心及职工所获荣誉情况。2020 年,被黑龙江省精神文明建设指导委员会授予"省级文明窗口标兵"荣誉称号。

鸡西市住房公积金 2020 年年度报告

根据国务院《住房公积金管理条例》和住房和城乡建设部、财政部、人民银行《关于健全住房公积金信息披露制度的通知》(建金〔2015〕26 号)的规定,经住房公积金管理委员会审议通过,现将鸡西市住房公积金 2020 年年度报告公布如下。

一、机构概况

(一)住房公积金管理委员会。住房公积金管理委员会有 25 名委员,2020 年召开 1 次会议,书面征求全体委员意见 2 次,审议通过的事项主要包括:《关于 2019 年度住房公积金归集和使用计划执行情况的报告》《关于 2020 年度住房公积金归集和使用计划编制情况的报告》《关于 2019 年度住房公积金增值收益分配方案的报告》《关于 2020 年度经费预算和 2019 年度经费决算情况的报告》《鸡西市住房公积金 2019 年年度报告》《关于 2020 年度龙江银行鸡西分行新增住房公积金存款的请示》《关于通过招标形式确定委托银行的请示》《鸡西市住房公积金个人贷款实施细则》《鸡西市住房公积金提取管理实施细则》《鸡西市住房公积金资金竞争性存放管理实施细则》。

（二）住房公积金管理中心。住房公积金管理中心为鸡西市人民政府直属不以营利为目的的事业单位，设 10 个科，4 个管理部。从业人员 126 人，其中，在编 70 人，非在编 56 人。

二、业务运行情况

（一）缴存。2020 年，新开户单位 51 家，净增单位－42 家；新开户职工 0.49 万人，净增职工－0.34 万人；实缴单位 1442 家，实缴职工 11.19 万人，缴存额 13.10 亿元，分别同比下降 2.83％、2.95％和增长 2.75％。2020 年末，缴存总额 104.44 亿元，比上年末增加 14.34％；缴存余额 60.07 亿元，同比增长 10.06％。受委托办理住房公积金缴存业务的银行 5 家。

（二）提取。2020 年，1.86 万名缴存职工提取住房公积金；提取额 7.62 亿元，同比增长 3.11％；提取额占当年缴存额的 58.17％，比上年增加 0.21 个百分点。2020 年末，提取总额 44.37 亿元，比上年末增加 20.73％。

（三）贷款。

1. 个人住房贷款。个人住房贷款最高额度 50 万元。

2020 年，发放个人住房贷款 0.13 万笔、3.59 亿元，同比分别下降 23.53％、0.28％。

2020 年，回收个人住房贷款 3.69 亿元。

2020 年末，累计发放个人住房贷款 3.98 万笔、56.51 亿元，贷款余额 19.80 亿元，分别比上年末增加 3.38％、6.78％、减少 0.55％。个人住房贷款余额占缴存余额的 32.96％，比上年末减少 3.52 个百分点。受委托办理住房公积金个人住房贷款业务的银行 4 家。

2. 异地贷款。2020 年，发放异地贷款 128 笔、3985.50 万元。2020 年末，发放异地贷款总额 26824.5 万元，异地贷款余额 10880.13 万元。

（四）资金存储。2020 年末，住房公积金存款 39.52 亿元。其中，活期 0.03 亿元，1 年以上定期 39.10 亿元，其他（协定、通知存款等）0.39 亿元。

（五）资金运用率。2020 年末，住房公积金个人住房贷款余额占缴存余额的 32.96％，比上年末减少 3.52 个百分点。

三、主要财务数据

（一）业务收入。2020 年，业务收入 20729.79 万元，同比增长 10.91％。存款利息 14362.30 万元，委托贷款利息 6358.53 万元，其他 8.96 万元。

（二）业务支出。2020 年，业务支出 8693.56 万元，同比增长 9.07％。支付职工住房公积金利息 8693.56 万元。

（三）增值收益。2020 年，增值收益 12036.23 万元，同比增长 12.28％。增值收益率 2.10％，比上年增加 0.03 个百分点。

（四）增值收益分配。 2020年，提取管理费用1650万元，提取城市廉租住房（公共租赁住房）建设补充资金10386.23万元。

2020年，上交财政管理费用1650万元。上缴财政城市廉租住房（公共租赁住房）建设补充资金9369.60万元。

2020年末，贷款风险准备金余额4969.84万元。累计提取城市廉租住房（公共租赁住房）建设补充资金44541.23万元。

（五）管理费用支出。 2020年，管理费用支出1517.06万元，同比增长15.55%。其中，人员经费1187.84万元，公用经费148.25万元，专项经费180.97万元。

四、资产风险状况

个人住房贷款。2020年末，个人住房贷款逾期额654.09万元，逾期率3.30‰，个人贷款风险准备金余额4969.84万元。

五、社会经济效益

（一）缴存业务。 缴存职工中，国家机关和事业单位占53.79%，国有企业占37.87%，城镇集体企业占1.84%，外商投资企业占0.52%，城镇私营企业及其他城镇企业占3.72%，民办非企业单位和社会团体占0.62%，灵活就业人员占1.18%，其他占0.46%；中、低收入占99.42%，高收入占0.58%。

新开户职工中，国家机关和事业单位占34.06%，国有企业占43.54%，城镇集体企业占2.13%，外商投资企业占1.27%，城镇私营企业及其他城镇企业占10.91%，民办非企业单位和社会团体占0.78%，灵活就业人员占6.73%，其他占0.58%；中、低收入占99.59%，高收入占0.41%。

（二）提取业务。 提取金额中，购买、建造、翻建、大修自住住房占22.02%，偿还购房贷款本息占25.07%，租赁住房占2.05%，离休和退休提取占43.07%，完全丧失劳动能力并与单位终止劳动关系提取占3.62%，其他占4.17%。提取职工中，中、低收入占99.31%，高收入占0.69%。

（三）贷款业务。 个人住房贷款。2020年，支持职工购建房13.37万平方米（含公转商贴息贷款），年末个人住房贷款市场占有率（含公转商贴息贷款）为32.05%，比上年末减少3.07个百分点。通过申请住房公积金个人住房贷款，可节约职工购房利息支出9906.40万元。

职工贷款笔数中，购房建筑面积90（含）平方米以下占31.61%，90~144（含）平方米占59.39%，144平方米以上占9%。购买新房占66.12%，购买二手房占33.88%。

职工贷款笔数中，单缴存职工申请贷款占41.31%，双缴存职工申请贷款占57.98%，三人及以上缴存职工共同申请贷款占0.71%。

贷款职工中，30岁（含）以下占25.20%，30岁~40岁（含）占45.70%，40岁~50岁（含）占21.51%，50岁以上占7.59%；首次申请贷款占90.38%，二次及以上申请贷款占9.62%；中、低收入占98.98%，高收入占1.02%。

（四）住房贡献率。 2020年，个人住房贷款发放额、住房消费提取额的总和与当年缴存额的比率为55.93%，比上年减少0.69个百分点。

六、其他重要事项

（一）应对新冠肺炎疫情采取的措施，落实住房公积金阶段性支持政策情况和政策实施成效。为贯彻落实党中央、国务院和省委省政府、市委市政府关于做好新型冠状病毒感染肺炎疫情防控的有关决策部署，在疫情防控期间积极做好疫情防控工作，鸡西市住房公积金管理中心积极响应并出台便民举措，切实维护缴存单位和职工权益，出台了《关于应对新型冠状病毒感染的肺炎疫情切实保障住房公积金缴存单位和缴存人权益的通知》，向受疫情影响的缴存单位和职工提供更多帮助。

1. 受疫情影响导致生产经营困难的企业，可按规定申请降低住房公积金缴存比例或申请暂缓缴存住房公积金，待经营正常后恢复正常缴存。全年共有30家企业因疫情申请缓缴住房公积金，缓缴职工16726人，缓缴金额1965.53万元。至2020年末，30家企业已经全部恢复正常缴存。

2. 住房公积金缴存单位及自愿缴存个人因受疫情影响，未能按时足额缴存住房公积金的，可向住房公积金管理中心说明情况并在疫情解除后3个月内办理补缴。其间，缴存人的住房公积金缴存时间连续计算，不影响缴存人申请住房公积金贷款和支取的权益。

3. 已完成公积金贷款审批业务但受疫情影响尚未放款的，如借款人疫情期间需要发放贷款，中心及各管理部协调相关单位共同完成贷款发放。

4. 在疫情防控期间，职工办理提取时限到期可顺延，顺延至疫情解除后一个月。对支付房租压力较大的租房职工，确需到现场办理的，实行预约办理和错峰办理，保障职工的租房提取需求。

5. 对因感染新冠肺炎住院治疗或隔离人员、疫情防控需要隔离观察人员、一线医务人员等参加疫情防控工作人员以及受疫情影响暂时失去收入来源的人群，疫情防控期间未能正常还款的，不作逾期处理、免收罚息（已存在历史逾期除外）。

6. 向疫情防控一线工作者提供更多支持。对参加疫情防控的一线医务人员及参加疫情防控工作人员开通绿色服务通道，优先办理和审批公积金业务。

（二）当年机构及职能调整情况、受委托办理缴存贷款业务金融机构变更情况。

1. 在鸡西市机构改革过程中，市住房公积金经办中心恢复名称为市住房公积金管理中心，并于2020年1月19日正式恢复名称。工作职能不变。

2. 受委托办理业务金融机构没有变化，与上年相同。

（三）当年住房公积金政策调整及执行情况，包括当年缴存基数限额及确定方法、缴存比例等缴存政策调整情况；当年提取政策调整情况；当年个人住房贷款最高贷款额度、贷款条件等贷款政策调整情况；当年住房公积金存贷款利率执行标准等；支持老旧小区改造政策落实情况。

1. 归集方面政策调整情况。调整鸡西市2020年度住房公积金缴存基数和缴存额，月缴存基数上限调整为15882元，月缴存额上限调整为3812元；月缴存基数下限调整为1450元，月缴存额下限为146元。

2. 提取方面政策调整情况。为进一步落实省住房城乡建设厅制定的《黑龙江省住房公积金提取管理办法》（黑建规范〔2020〕2号）相关规定，结合我市实际，经市住房公积金管理委员会集体审议通过，出台了《鸡西市住房公积金提取管理实施细则》。《实施细则》共七章，三十七条。新的《实施细则》将租房提取"房租超出家庭工资收入规定比例的"更改为"无房职工连续缴存3个月以上租房自住的"；与单位终止劳动关系的改为"与单位终止（解除）劳动关系，满6个月未再就业的"，取消了户籍地限制。明确了《提取管理实施细则》自 2020 年 11 月 30 日起施行。2015 年 4 月 22 日《鸡西市住房公积金提取实施细则》（鸡房金管〔2015〕2 号）同时废止。

3. 贷款方面政策调整情况。修订了《鸡西市住房公积金个人贷款实施细则》。明确了建造、翻建、大修自住住房的，提供有关批准文件和施工单位出具的收款凭证并提供房产抵押的可以申请公积金贷款；增加了贷后管理和法律责任章节，明确了管理中心工作人员，不按本办法规定办理公积金贷款造成工作失误的，由管理中心责令限期改正，对负有责任的主管人员和直接责任人给予政务处分；对有贪污受贿、徇私舞弊、玩忽职守等情形造成损失的，追究其经济责任；构成犯罪的，由司法机关依法追究刑事责任。贷款额度、条件未调整。公积金贷款利率按照中国人民银行规定执行。第二套房住房公积金个人住房贷款利率为同期首套住房公积金个人住房贷款利率的 1.1 倍。明确了《鸡西市住房公积金个人贷款实施细则》自 2020 年 11 月 30 日施行。2017 年 7 月 25 日《鸡西市住房公积金个人贷款实施细则》（鸡房金管〔2017〕2 号）同时废止。

4. 支持老旧小区改造政策落实情况：新的《提取管理实施细则》增加了老旧小区改造和老旧小区加装电梯提取内容，明确了提取要件和提取额度，缴存人申请老旧小区改造提取的，提取额度不应超过居民出资部分；申请老旧小区加装电梯提取的，提取额度不应超过分摊费用。

（四）当年服务改进情况，包括推进住房公积金服务"跨省通办"工作情况，服务网点、服务设施、服务手段、综合服务平台建设和其他网络载体建设服务情况等。 为深入贯彻"放管服"要求，加快推进"最多跑一次"改革，通过学习、培训和模拟操作，开通了"跨省通办"业务。与房产、不动产、商业银行、省市场监督等部门网络互联、信息共享。推出手机公积金 App，实现了集官方网站、网上服务大厅、12329 热线、短信、支付宝、手机公积金 App、微信公众号、自助终端"八位一体"的"互联网＋综合服务平台"。对接政务服务平台，优化事项办理流程，实现政务服务事项"应上尽上、应接尽接"，60％的缴存单位开通了网厅业务。目前，缴存单位或职工只需动动手指就可完成住房公积金单位或个人业务，让"数据跑起来"，保证群众"足不出户、一网办结"，实现"秒级到账"和"一次都不跑"的工作目标。

便民服务方面。1. 认真履行防疫责任。结合窗口一线业务办理实际，制定可行性疫情应对预案和大厅安全保障、工作人员防护等周密措施；坚持领导带班制度，每天保证有一名领导在岗带班，重点岗位明确专人轮流值守和机动待岗；业务大厅封闭式管理，外来人员严格执行测温、扫码、戴口罩和叫号办理、错峰办理制度；2. 切实强化保障职能。一是针对受疫情影响出现生产经营困难的企业及单位，推出利企便民政策，最大限度减轻企业负担，保障职工权益；二是积极倡导网上服务，引导群众通过网厅、手机 App 和提前预约等方式办理业务，2020 年 2 月 3 日至 12 月 30 日，累计办理线上业务 3339 笔，其中缴存 2641 笔、提取 344 笔、还贷 354 笔，简化了业务环节，减少了人员流动；三是对有困难的企业和群众开通绿色通道、特事特办，及时受理审核，切实满足防疫期间缴存单位和职工的特殊需求，把疫情对公积金业务的影响降到最低。

（五）当年信息化建设情况，包括信息系统升级改造情况，基础数据标准贯彻落实和结算应用系统接入情况等。 按照审计署要求，信息系统需达到国家最新等保 3-2.0 安全级别标准。为降低中心信息化投资成本，提升网络支撑能力，解决网络拥堵、管理困难、维护成本高和安全防护水平低等问题，2020 年初市政府决定公积金信息系统与市政务云集约共享建设，年投资 88 万元，开展"系统＋数据＋机房"上云，经与市工信局、移动公司和软件开发企业积极配合，各项工作有序推进。

**（六）当年对违反《住房公积金管理条例》和相关法规行为进行行政处罚和申请人民法院强制执行情

况。2020年，我中心在人民法院提起诉讼与执行共计27笔，涉案金额466万元。

（七）当年对住房公积金管理人员违规行为的纠正和处理情况等。因单位门市房出租租金使用问题，违反《中国共产党纪律处分条例》第一百三十三条之规定，给予党内警告处分1人。

鹤岗市住房公积金2020年年度报告

根据国务院《住房公积金管理条例》和住房和城乡建设部、财政部、人民银行《关于健全住房公积金信息披露制度的通知》（建金〔2015〕26号）的规定，经住房公积金管理委员会审议通过，现将鹤岗市住房公积金2020年年度报告公布如下。

一、机构概况

（一）住房公积金管理委员会。住房公积金管理委员会有27名委员，2020年召开1次全体会议，审议通过的事项主要包括：

1. 2019年住房公积金增值收益分配方案；
2. 住房公积金2019年年度报告；
3. 审议通过2020年住房公积金归集、使用计划；
4. 调整住房公积金贷款业务有关政策；
5. 修改《鹤岗市住房公积金贷款管理办法》部分条款；
6. 《鹤岗市农业转移人口住房公积金管理办法》；
7. 《鹤岗市个体工商户住房公积金管理办法》。

（二）住房公积金管理中心。住房公积金管理中心是隶属市政府不以营利为目的的参公管理事业单位，设9个科，5个管理部。从业人员53人，其中，在编43人，非在编10人。

二、业务运行情况

（一）缴存。2020年，新开户单位46家，净增单位16家；新开户职工0.27万人，净增职工0.11万人；实缴单位938家，实缴职工5.73万人，缴存额8.15亿元，分别同比增长1.74%、1.96%、5.84%。2020年末，缴存总额74.11亿元，比上年末增加12.36%；缴存余额45.25亿元，同比增长8.38%。受委托办理住房公积金缴存业务的银行3家。

（二）提取。2020年，0.97万名缴存职工提取住房公积金；提取额4.65亿元，同比增长18.02%；提取额占当年缴存额的57.06%，比上年增加5.89个百分点。2020年末，提取总额28.86亿元，比上年末增加19.21%。

（三）贷款。

1. 个人住房贷款。单缴存职工个人住房贷款最高额度40万元，双缴存职工个人住房贷款最高额度60万元。2020年，发放个人住房贷款0.0264万笔、0.40025亿元，同比分别下降33.16%、27.23%。

2020年，回收个人住房贷款 1.87 亿元。

2020年末，累计发放个人住房贷款 3.65 万笔、41.75 亿元，贷款余额 6.22 亿元，分别比上年末增加 0.83%、0.97%、−19.01%。个人住房贷款余额占缴存余额的 13.75%，比上年末减少 4.65 个百分点。受委托办理住房公积金个人住房贷款业务的银行 2 家。

2. 异地贷款。2020年，发放异地贷款 19 笔、308.5 万元。2020年末，发放异地贷款总额 1694.5 万元，异地贷款余额 1072.48 万元。

（四）资金存储。 2020年末，住房公积金存款 39.03 亿元。其中，活期 0.17 亿元，1 年（含）以下定期 28.91 亿元，1 年以上定期 9.95 亿元。

（五）资金运用率。 2020年末，住房公积金个人住房贷款余额、项目贷款余额和购买国债余额的总和占缴存余额的 13.75%，比上年末减少 4.65 个百分点。

三、主要财务数据

（一）业务收入。 2020年，业务收入 11269.25 万元，同比增长 14.59%。存款利息 9001.19 万元，委托贷款利息 2260.01 万元，其他 8.05 万元。

（二）业务支出。 2020年，业务支出 6782.27 万元，同比增长 12.29%。支付职工住房公积金利息 6722.16 万元，委托贷款手续费 60.11 万元。

（三）增值收益。 2020年，增值收益 4486.98 万元，同比增长 18.23%。增值收益率 1.03%，比上年增加 0.08 个百分点。

（四）增值收益分配。 2020年，提取贷款风险准备金 2692.19 万元，提取管理费用 879.69 万元，提取城市廉租住房（公共租赁住房）建设补充资金 915.10 万元。

2020年，上交财政管理费用 879.69 万元。上缴财政城市廉租住房（公共租赁住房）建设补充资金 915.10 万元。

2020年末，贷款风险准备金余额 18571.79 万元。累计提取城市廉租住房（公共租赁住房）建设补充资金 8232.81 万元。

（五）管理费用支出。 2020年，管理费用支出 809.93 万元，同比下降 5.52%。其中，人员经费 602.58 万元，公用经费 137.46 万元，专项经费 69.89 万元。

市中心管理费用支出 809.93 万元，其中，人员、公用、专项经费分别为 602.58 万元、137.46 万元、69.89 万元。

四、资产风险状况

个人住房贷款。2020年末，个人住房贷款逾期额 135.70 万元，逾期率 2.18‰。个人贷款风险准备金余额 18571.79 万元。2020年，使用个人贷款风险准备金核销呆坏账 0 万元。

五、社会经济效益

（一）缴存业务。 缴存职工中，国家机关和事业单位占 58.88%，国有企业占 32.30%，城镇集体企业占 2.46%，外商投资企业占 1.46%，城镇私营企业及其他城镇企业占 3.54%，民办非企业单位和社会团体占 0.07%，灵活就业人员占 0.01%，其他占 1.28%；中、低收入占 98.69%，高收入占 1.31%。

新开户职工中，国家机关和事业单位占 52.64%，国有企业占 10.48%，城镇集体企业占 17.93%，外商投资企业占 2.31%，城镇私营企业及其他城镇企业占 12.83%，民办非企业单位和社会团体占 0.07%，灵活就业人员占 0.07%，其他占 3.67%；中、低收入占 98.94%，高收入占 1.06%。

（二）提取业务。提取金额中，购买、建造、翻建、大修自住住房占 26.73%，偿还购房贷款本息占 8.36%，租赁住房占 3.35%，支持老旧小区改造占 0%，离休和退休提取占 53.09%，完全丧失劳动能力并与单位终止劳动关系提取占 3.49%，出境定居占 0%，其他占 4.98%。提取职工中，中、低收入占 98.83%，高收入占 1.17%。

（三）贷款业务。个人住房贷款。2020 年，支持职工购建房 2.81 万平方米（含公转商贴息贷款），年末个人住房贷款市场占有率（含公转商贴息贷款）为 37.46%，比上年末减少 0.13 个百分点。通过申请住房公积金个人住房贷款，可节约职工购房利息支出 750.83 万元。

职工贷款笔数中，购房建筑面积 90（含）平方米以下占 35.61%，90～144（含）平方米占 52.27%，144 平方米以上占 12.12%。购买新房占 38.26%（其中购买保障性住房占 0%），购买二手房占 61.74%。

职工贷款笔数中，单缴存职工申请贷款占 49.62%，双缴存职工申请贷款占 50.00%，三人及以上缴存职工共同申请贷款占 0.38%。

贷款职工中，30 岁（含）以下占 31.82%，30 岁～40 岁（含）占 47.73%，40 岁～50 岁（含）占 15.15%，50 岁以上占 5.30%；首次申请贷款占 89.02%，二次及以上申请贷款占 10.98%；中、低收入占 97.35%，高收入占 2.65%。

（四）住房贡献率。2020 年，个人住房贷款发放额、公转商贴息贷款发放额、项目贷款发放额、住房消费提取额的总和与当年缴存额的比率为 26.84%，比上年减少 1.21 个百分点。

六、其他重要事项

（一）应对新冠肺炎疫情采取的措施，落实住房公积金阶段性支持政策情况和政策实施成效。

1. 推行业务网办，阻断疫情传播。通过门户网站、微信公众号发布公告，倡议缴存单位及职工利用"单位网厅""手机 App"等网上平台办理、查询公积金业务，"12329"热线认真做好政策解答和网上业务办理指导工作。全年共办理线上业务 21965 笔，接听"12329"热线电话 4725 个，线上业务占全部业务总数的 45.18%。

2. 严格内部管理，强化自身防护。在大厅入口处设立检测岗，窗口柜台外 1 米处设置隔离带，认真履行扫码测温、消毒防护、信息登记等防疫流程，做好办事群众分流疏导，同时放宽业务要件有效期限制，因疫情影响未能及时申请办理业务的，可延期 3 个月办理。全年共接待办事群众近 3 万人次，累计办理线下业务 26653 笔。

3. 出台优惠政策，支持复工复产。发布《鹤岗市住房公积金关于应对新冠肺炎疫情实施住房公积金阶段性支持政策的通知》（鹤住发〔2020〕3 号），截至 2020 年 6 月 30 日，为 3 家受疫情影响的单位办理了缓缴业务，累计缓缴金额 132.59 万元；对 369 笔因疫情影响产生逾期的贷款作出免除罚息，不作逾期记录处理，涉及贷款本金 264.62 万元，免除罚息 7455.76 元，缓解缴存单位及职工经济压力。

（二）当年机构及职能调整情况、受委托办理缴存贷款业务金融机构变更情况。当年机构及职能调整情况。按照《中共鹤岗市委机构编制委员会关于印发鹤岗市住房公积金管理中心事业单位机构改革方案的通知》（鹤编发〔2019〕96号）要求，鹤岗市住房公积金经办中心更名为鹤岗市住房公积金管理中心，隶属于市政府，公益一类，正处级。事业编制52名，内部机构14个（均为正科级）。综合科、人事科、信贷科、核算科、信息科、计划财务科、资金归集科、审计稽核科、政策法规科、绥滨管理部、萝北管理部、矿区管理部、向阳管理部、工农管理部。领导职数。主任1职（正处级），副主任3职（副处级）；内部机构领导职数。科长14职、副科长6职。经费形式为财政全额拨款。

中心职能当年无变化。

中心受委托办理缴存贷款业务金融机构当年无变化。

（三）当年住房公积金政策调整及执行情况，包括当年缴存基数限额及确定方法、缴存比例等缴存政策调整情况；当年提取政策调整情况；当年个人住房贷款最高贷款额度、贷款条件等贷款政策调整情况；当年住房公积金存贷款利率执行标准等；支持老旧小区改造政策落实情况。

1. 缴存基数限额及确定方法、缴存比例等缴存政策调整情况。下发《关于调整2020年度住房公积金缴存基数的通知》（鹤住发〔2020〕14号）。

（1）根据建金〔2005〕5号文件及《住房公积金归集业务标准》要求，住房公积金缴存基数不得高于本市上年度职工平均工资的3倍，不得低于本市上年度最低工资标准。

（2）鹤岗市统计局公布的2019年从业人员平均工资48238元（4020元/月）。2020年度我市住房公积金月缴存基数最高限额不得超过12060元。最低限额按照省政府公布的我市月最低工资标准1450元执行。

（3）最高缴存比例为个人月平均工资总额的12%，最低缴存比例为个人月平均工资总额的5%。

2. 提取政策调整情况。重新制定《鹤岗市住房公积金提取管理办法》（鹤住发〔2020〕10号），新提取办法自2020年5月1日起实施，2018年8月10日《鹤岗市住房公积金提取管理办法》（鹤住发〔2018〕5号）同时废止。

（1）将购买保障性住房、拍卖住房纳入购房提取业务范围。

（2）新增异地购房提取还贷、老旧小区改造、老旧小区加装电梯提取业务。

（3）购买新建自住住房的，取消契税发票手续要件；异地购房的，取消《个人名下不动产登记情况查询证明》、收入证明、工作证明手续要件。

（4）缴存人租住公共租赁住房的，按照实际房租支出全额提取；缴存人租住商品住房的，租房提取额度每月800元，年提取额度合计9600元。

3. 个人住房贷款政策调整情况。重新制定《鹤岗市住房公积金个人住房贷款管理办法》（鹤住发〔2020〕11号），新贷款办法自2020年5月1日起施行，2018年8月10日《鹤岗市住房公积金贷款管理办法》（鹤住发〔2018〕5号）同时废止。

（1）贷款对象。明确规定了公积金贷款用于购买首套自住住房或第二套改善型普通自住住房（夫妻双方合并计算）、建造、翻建、大修自住住房。禁止向购买第三套住房的职工家庭发放公积金贷款。

（2）贷款条件。增加了"申请公积金贷款时不得超过法定退休年龄""借款申请人（含共同申请人）及配偶无尚未还清的公积金贷款""借款申请人自购买自住住房之日起，一年内向公积金中心申请公积金贷款"等限定。

（3）贷款额度。规定"贷款额度不超过借款申请人（含共同借款人）住房公积金缴存余额的 10 倍。借款申请人公积金账户余额不足 2 万元的按 2 万元计算"。

（4）贷款期限。增加了"公积金贷款到期日不超过借款申请人（含共同申请人）法定退休年龄后 5 年"限定。

（5）贷款担保。借款人申请公积金贷款，采用抵押担保方式。购买自住住房的，应使用本次公积金贷款所购住房作为抵押物；建造、翻建、大修自住住房的，可用其他房产作为抵押物。同时规定"房屋开发单位销售的期房在未取得房屋所有权证前，房屋开发单位须为借款人提供阶段性担保"。

（6）贷款偿还。明确了提前还款的偿还资金，按利息、本金的顺序回收；逾期还款的偿还资金，按罚息、逾期利息、逾期本金的顺序回收。

当年个人住房贷款最高贷款额度，住房公积金存贷款利率无变化。

4. 归集政策调整情况。制定并下发《关于实施〈鹤岗市农业转移人口住房公积金管理办法〉和〈鹤岗市个体工商户住房公积金管理办法〉的通知》（鹤住发〔2020〕7 号），将有稳定收入的农村转移人口和城市个体工商户纳入住房公积金制度范围，使更多人群享受公积金政策红利。

5. 支持老旧小区改造政策落实情况。中心已于 2020 年 5 月 1 日开通城镇老旧小区改造和老旧小区加装电梯提取业务，当年未接到职工办理申请。

（四）当年服务改进情况，包括推进住房公积金服务"跨省通办"工作情况，服务网点、服务设施、服务手段、综合服务平台建设和其他网络载体建设服务情况等。

1. 积极开展"跨省通办"工作。认真贯彻落实《住房和城乡建设部办公厅关于做好住房公积金服务"跨省通办"工作的通知》（建办金〔2020〕53 号）要求，扎实开展"跨省通办"相关工作，截至 2020 年年底，已实现个人住房公积金缴存、贷款信息查询；出具贷款职工住房公积金缴存使用证明；正常退休提取住房公积金共 3 项"跨省通办"服务事项。

2. 简化业务审批流程。除缴存单位注销、公积金贷款业务仍保留二级审批外，其余业务均调整为一级审批，并将审批权限全部下放到各管理部，全面实行"柜员受理，部长核准"业务办理模式。同时充分利用移动网上办公系统，开展远程业务审批，进一步方便办事群众。

3. 压缩业务办理时限。对能够现场审核的提取业务，当场办结、即时到账；对需要后续核实的提取业务，自受理申请之日起 3 个工作日内作出准予或不准予提取的决定，相比之前提速 40%；对符合申请条件的公积金贷款职工，自受理之日起 5 个工作日内作出是否准予贷款的决定，相比之前提速 30%。

4. 退休提取业务实现"同城通办"。开放业务控制权限，打破网点区域限制，对退休提取业务实行"同城通办"，职工可以在全市任意公积金网点办理退休提取，解决职工排队提取公积金问题。

5. 大力推广"网上办、掌上办"服务模式。通过召开业务培训会、网上一对一指导、上传业务图解教程等方式，加大对单位网厅的服务指导力度；采取发放宣传单、现场演示、网络宣传等形式，积极推广微信公众号和手机 App 服务。同时在服务大厅配备内外工作人员，分别进行"线上"引导办理、"线下"兜底办理，实现"线上、线下"服务无缝衔接。

6. 积极推动综合服务平台和其他网络载体建设。

（1）完善单位网厅业务功能。在单位网厅增加"市区转移、异地转移"业务，网上缴存业务种类增至 14 个，基本实现汇缴业务种类网上办理全覆盖。截至年底，网厅单位开户数已达 835 家，占实缴单位总数的近90%，网厅业务办理量占全部缴存业务总量的近70%，推广工作成效显著。

（2）增加手机App业务种类。在手机App上增加购房、租房提取功能，推出移动端业务24小时受理服务，全面将公积金业务由窗口办理向网上业务平台转移。微信公众号和手机App累计注册用户32275名，"网上办"和"掌上办"成为我市公积金管理服务新常态。

（3）完成全市政务服务一体化平台接入工作。按照全市建立政务服务一体化平台要求，与公安、民政、社保等部门建立政务信息共享机制，实现在线核查缴存职工户籍、婚姻、就业等信息，进一步简化业务办理要件，优化业务审核流程。

（五）当年信息化建设情况，包括信息系统升级改造情况，基础数据标准贯彻落实和结算应用系统接入情况等。

1. 积极配合完成省级监管系统建设方案编制及省级监管平台的开发测试，于2020年12月30日正式接入省级监管平台。

2. 将现有业务软件升级为"云3"系统，实现所有业务环节全流程推送，批量业务自动定时触发，全面提高结算、记账、监管自动化、智能化水平。

（六）当年住房公积金管理中心及职工所获荣誉情况。 2020年3月，鹤岗市住房公积金管理中心被黑龙江省文明委授予"省级文明窗口"荣誉称号。

双鸭山市住房公积金2020年年度报告

根据国务院《住房公积金管理条例》和住房和城乡建设部、财政部、人民银行《关于健全住房公积金信息披露制度的通知》（建金〔2015〕26号）的规定，经住房公积金管理委员会审议通过，现将双鸭山市住房公积金2020年年度报告公布如下。

一、机构概况

（一）住房公积金管理委员会。住房公积金管理委员会有19名委员，2020年召开2次会议，审议通过的事项主要包括：《关于调整双鸭山市住房公积金管理委员会部分委员的建议》《双鸭山市住房公积金管理中心2019年工作总结和2020年工作安排》《关于双鸭山市住房公积金2019年预算执行情况和2020年预算安排（草案）的报告》《双鸭山市住房公积金管理中心关于住房公积金管理有关政策调整的请示》《双鸭山市住房公积金管理中心关于信息化建设及其他事项费用的请示》《关于提请审议〈双鸭山市住房公积金提取管理实施细则〉和〈双鸭山市住房公积金个人住房贷款管理实施细则〉的请示》。

（二）住房公积金管理中心。住房公积金管理中心为市政府不以营利为目的的副处级事业单位，设12个处（科），0个管理部。从业人员83人，其中，在编69人，非在编14人。

二、业务运行情况

（一）缴存。2020年，新开户单位80家，净增单位16家；新开户职工0.47万人，净增职工－0.09

万人；实缴单位 1388 家，实缴职工 9.7 万人，缴存额 12.98 亿元，分别同比下降 1.69％、2.02％、增加 7.27％。2020 年末，缴存总额 100.69 亿元，比上年末增加 14.79％；缴存余额 61.12 亿元，同比增长 9.71％。受委托办理住房公积金缴存业务的银行 6 家。

（二）提取。2020 年，18252 万名缴存职工提取住房公积金；提取额 7.58 亿元，同比增长 18.07％；提取额占当年缴存额的 58.39％，比上年增加 5.33 个百分点。2020 年末，提取总额 39.57 亿元，比上年末增加 23.69％。

（三）贷款。

1. 个人住房贷款。个人住房贷款最高额度 50 万元。单缴存职工个人住房贷款最高额度 40 万元，双缴存职工个人住房贷款最高额度 50 万元。

2020 年，发放个人住房贷款 0.07 万笔、1.11 亿元，同比分别下降 30％、18.98％。

2020 年，回收个人住房贷款 1.79 亿元。

2020 年末，累计发放个人住房贷款 2.55 万笔、28.95 亿元，贷款余额 8.08 亿元，分别比上年末增加 2.82％、3.99％、下降 7.76％。个人住房贷款余额占缴存余额的 13.22％，比上年末减少 2.5 个百分点。受委托办理住房公积金个人住房贷款业务的银行 5 家。

2. 异地贷款。2020 年，发放异地贷款 60 笔、1047 万元。年末，发放异地贷款总额 4706 万元，异地贷款余额 3549.06 万元。

（四）资金存储。2020 年末，住房公积金存款 53.07 亿元。其中，活期 0.52 亿元，1 年（含）以下定期 23.45 亿元，1 年以上定期 29.1 亿元。

（五）资金运用率。2020 年末，住房公积金个人住房贷款余额、项目贷款余额和购买国债余额的总和占缴存余额的 13.22％，比上年末减少 2.5 个百分点。

三、主要财务数据

（一）业务收入。2020 年，业务收入 11919.02 万元，同比下降 4.33％。存款利息 9227.52 万元，委托贷款利息 2680.83 万元，其他 3.6 万元。

（二）业务支出。2020 年，业务支出 8920.15 万元，同比增长 10.07％。支付职工住房公积金利息 8855.87 万元，委托贷款手续费 64.28 万元。

（三）增值收益。2020 年，增值收益 2998.87 万元，同比下降 31.12％。增值收益率 0.51％，比上年减少 0.31 个百分点。

（四）增值收益分配。2020 年，提取管理费用 807.18 万元，提取城市廉租住房（公共租赁住房）建设补充资金 2191.69 万元。

2020 年，上交财政管理费用 807.18 万元。上缴财政城市廉租住房（公共租赁住房）建设补充资金 2191.69 万元。

2020 年末，贷款风险准备金余额 1637.65 万元。累计提取城市廉租住房（公共租赁住房）建设补充资金 22572.48 万元。

（五）管理费用支出。2020 年，管理费用支出 807.18 万元，同比下降 7.8％。其中，人员经费 515.81 万元，公用经费 70.21 万元，专项经费 221.16 万元。

四、资产风险状况

个人住房贷款。2020年末,个人住房贷款逾期额131.82万元,逾期率1.63‰。个人贷款风险准备金余额1637.65万元。

五、社会经济效益

(一)缴存业务。 缴存职工中,国家机关和事业单位占42.28%,国有企业占45.07%,城镇集体企业占0.03%,外商投资企业占0.05%,城镇私营企业及其他城镇企业占10.62%,民办非企业单位和社会团体占0.07%,其他占1.88%;中、低收入占97.38%,高收入占2.62%。

新开户职工中,国家机关和事业单位占51.46%,国有企业占24.36%,城镇集体企业占0.09%,外商投资企业占0.11%,城镇私营企业及其他城镇企业占22.03%,民办非企业单位和社会团体占0.04%,其他占1.91%;中、低收入占99.29%,高收入占0.71%。

(二)提取业务。 提取金额中,购买、建造、翻建、大修自住住房占27.47%,偿还购房贷款本息占14.88%,租赁住房占2.98%,离休和退休提取占45.71%,完全丧失劳动能力并与单位终止劳动关系提取占3.05%,其他占5.91%。提取职工中,中、低收入占93.8%,高收入占6.2%。

(三)贷款业务。

个人住房贷款。2020年,支持职工购建房7.5万平方米(含公转商贴息贷款),年末个人住房贷款市场占有率(含公转商贴息贷款)为37.72%,比上年末减少0.74个百分点。通过申请住房公积金个人住房贷款,可节约职工购房利息支出1899.44万元。

职工贷款笔数中,购房建筑面积90(含)平方米以下占33.90%,90~144(含)平方米占55.70%,144平方米以上占10.40%。购买新房占39.74%,购买二手房占60.26%。

职工贷款笔数中,单缴存职工申请贷款占37.32%,双缴存职工申请贷款占62.68%。

贷款职工中,30岁(含)以下占23.93%,30岁~40岁(含)占46.3%,40岁~50岁(含)占21.79%,50岁以上占7.98%;首次申请贷款占86.47%,二次及以上申请贷款占13.53%;中、低收入占96.01%,高收入占3.99%。

(四)住房贡献率。 2020年,个人住房贷款发放额、公转商贴息贷款发放额、项目贷款发放额、住房消费提取额的总和与当年缴存额的比率为35.01%,比上年减少0.53个百分点。

六、其他重要事项

(一)应对新冠肺炎疫情采取的措施,落实住房公积金阶段性支持政策情况和政策实施成效。 一是合理延后贷款还款期限。在疫情防控期间未能正常偿还我市住房公积金贷款的,2020年6月30日前不作逾期处理。截至2020年6月30日,我市不作逾期处理的住房公积金贷款共241笔,贷款余额2365.95万元。个人公积金贷款逾期记录从7月1日起重新记录。二是保障缴存人提取权益。延长购房提取公积金时限,职工购房提取在疫情防控期间到期,受疫情影响未办理的,提取时间可延长至2020年6月30日。提高租房提取额度,提取最高额度由每年每个家庭6000元调整为7000元,缓解职工租房压力。三是企业可申请降低缴存比例或缓缴。受疫情影响,企业可在2020年6月30日前自愿缴存住房公积金,不影响职工正常提取住房公积金和申请住房公积金贷款。截至 2020 年 6 月 30 日，我市缓缴企业累计 208 家，缓缴职工累计 46526 人，缓缴金额累计 3341.18 万元，切实减轻企业负担。

（二）当年机构及职能调整情况、受委托办理缴存贷款业务金融机构变更情况。2020 年，市住房公积金管理中心机构及职能没有调整变化；受委托办理缴存贷款业务金融机构没有变化。

（三）当年住房公积金政策调整及执行情况。

1. 当年缴存基数限额及确定方法、缴存比例等缴存政策调整情况。缴存基数上限以双鸭山市统计部门公布的上一年当地社平工资 3 倍为准，下限以双鸭山市人民政府公布的最低用工工资为准，2020 年缴存基数上限为 15608.75 元/月，下限为 1450 元/月。2020 年缴存比例最高为 12%，最低为 5%。

2. 当年提取政策调整情况。经双鸭山市住房公积金管理委员会 2020 年第一次会议审议通过，提取政策作以下调整。①职工购买本市行政区域内政府棚改、拆迁项目住房的，无法在规定时限（一年内）获得增值税普通发票，进一步放宽提取条件，在 2019 年 12 月 31 日以前购买的，提供拆迁安置补偿协议、搬迁验收单或入户通知单及缴款票据即可提取本人及配偶账户内的公积金余额，提取额度不超过购房补差款金额。②同一套住房一年（365 天）内两次以上变更产权的，产权人及配偶均不能申请购房提取住房公积金。③职工购买、建造、翻建、大修自住住房申请提取住房公积金，有效时限由"一年以内"调整为"两年以内"，起始计算日期以取得的增值税普通发票所载明日期为准。④职工在本市和异地购买自住住房申请提取住房公积金，应提供登记备案的商品房买卖合同、增值税普通发票或不动产权证书、增值税普通发票、契税完税证明。⑤职工购买拍卖住房申请提取住房公积金，应提供房屋拍卖成交确认书、不动产权证书和增值税普通发票。⑥职工购买拆迁安置住房并已经取得不动产权证书的，应提供不动产权证书、增值税普通发票、契税完税证明。⑦职工连续足额缴存住房公积金满 3 个月，本人及配偶在缴存地无自有住房且租赁住房的，提取最高额度由每年每个家庭"6000 元"调整为"7000 元"，应提供提取人身份证及本人一类账户银行卡、户口（未婚或离婚职工提供）或结婚证（已婚职工提供）。⑧退休职工申请提取住房公积金，只需提供提取人身份证和本人一类账户银行卡。

经市住房公积金管理委员会 2020 年第二次会议审议通过，《双鸭山市住房公积金提取管理实施细则》于 2020 年 6 月 10 日起施行。

3. 当年个人住房贷款最高贷款额度、贷款条件等贷款政策调整情况。

双鸭山市住房公积金个人住房贷款最高额度 50 万元，其中，单缴存职工最高额度 40 万元，双缴存职工最高额度 50 万元。

经双鸭山市住房公积金管理委员会 2020 年第一次会议审议通过，贷款政策作以下调整。①取消借款人申请住房公积金贷款原需提供的评估报告。②严格以家庭为单位发放公积金贷款。将《双鸭山市住房公积金个人住房贷款管理实施细则》中"在中心办理贷款超过两次的不予贷款"调整为"以家庭为单位在中心办理贷款超过两次的不予贷款"。③取消借款人夫妻双方近六个月的工资流水证明。④第二套住房公积金个人住房贷款利率为同期首套住房公积金个人住房贷款利率的 1.1 倍。⑤调整住房公积金贷款购房要件获取时间限制和贷款比例。购买期房申请住房公积金贷款，贷款额度为购房总价款的 80%。购买一手房，1 年内（含 1 年）申请住房公积金贷款，贷款额度为购房总价款的 80%；超过 1 年未满 2 年内（含 2 年）申请住房公积金贷款，贷款额度不超过购房总价款的 70%。购买二手房，2 年内（含 2 年）申请住房公积金贷款，贷款额度不超过购房总价款的 70%。购房时间超过 2 年不予受理住房公积金贷款。购房时间及购房金额以增值税普通发票为准。⑥借款人在履行借款合同期间，借款人或其配偶死亡，贷款人有权直接扣划其账户内的公积金余额用于偿还本笔、贷款，且不需要另行通知。借款人在履行借款合同期间，借款人连续3个月（含）以上未按约定还款的，贷款人有权直接扣划借款人、配偶、共同借款人账户内的公积金余额用于偿还本笔、贷款，且不需要另行通知。

双鸭山市住房公积金管理中心修订了《双鸭山市住房公积金个人住房贷款管理实施细则》，经市住房公积金管理委员会2020年第二次会议审议通过，于2020年6月10日起施行。

4. 当年住房公积金存贷款利率执行标准。当年职工住房公积金账户存款利率未作调整，按一年期定期存款基准利率1.5%执行。

当年住房公积金贷款利率未作调整。目前，贷款1～5年期执行2.75%的年利率，5年期以上执行3.25%的年利率。

第二套住房公积金个人住房贷款利率为同期首套住房公积金个人住房贷款利率的1.1倍。

5. 支持老旧小区改造政策落实情况。《双鸭山市住房公积金提取管理实施细则》中增加了老旧小区改造和老旧小区加装电梯提取政策。

（四）当年服务改进情况。一是升级窗口服务。成立了住房公积金服务大厅，住房公积金服务事项同步入驻了市民服务中心，进一步提高住房公积金服务整体水平。二是实行"全城通办"。市本级及各办事处缴存职工，可就近选择全市任一网点办理住房公积金业务。三是提升服务效能。我市住房公积金公共服务事项共51项，全部实现了"最多跑一次"，其中44项业务实现了网上受理，网上受理率达到了86.27%，为缴存单位和职工提供更加高效便捷的服务。四是推进"跨省通办"，实现了个人住房公积金缴存贷款信息查询等3项服务事项"跨省通办"。

（五）当年信息化建设情况。2020年，双鸭山市住房公积金管理中心补充了网闸、堡垒机、上网行为管理等网络安全防护产品，进一步加强了公积金信息系统安全防护工作。

（六）当年住房公积金机构及从业人员所获荣誉情况。本年度双鸭山市住房公积金管理中心有1名职工被市直属机关工作委员会评为"党务模范工作者"；2名职工被市直属机关工作委员会评为"优秀共产党员"；1名职工因在全市疫情防控阻击战中表现突出，被市委组织部予以通报褒扬。

大庆市住房公积金2020年年度报告

根据国务院《住房公积金管理条例》和住房和城乡建设部、财政部、人民银行《关于健全住房公积金信息披露制度的通知》（建金〔2015〕26号）的规定，经住房公积金管理委员会审议通过，现将大庆市住房公积金2020年年度报告公布如下。

一、机构概况

（一）住房公积金管理委员会。住房公积金管理委员会有24名委员，2020年召开2次会议，审议通过的事项主要包括：听取《2019年住房公积金管理工作汇报》，审议《2019年住房公积金财务预算执行情况及 2020 年住房公积金财务预算安排》的报告。

（二）住房公积金管理中心。住房公积金管理中心为市政府直属不以营利为目的的公益一类事业单位，设 10 个科，6 个管理部。从业人员 95 人，其中，在编 60 人，非在编 35 人。

二、业务运行情况

（一）缴存。2020 年，新开户单位 293 家，净减单位 107 家；新开户职工 1.33 万人，净减职工 0.93 万人；实缴单位 3688 家，实缴职工 43.29 万人，缴存额 84.76 亿元，分别同比下降 2.82%、2.11%、增长 7.74%。2020 年末，缴存总额 932.04 亿元，比上年末增加 10%；缴存余额 306.56 亿元，同比增长 8.3%。

受委托办理住房公积金缴存业务的银行 2 家。

（二）提取。2020 年，19.05 万名缴存职工提取住房公积金；提取额 61.27 亿元，同比增长 3.39%；提取额占当年缴存额的 72.29%，比上年减少 3.04 个百分点。2020 年末，提取总额 625.48 亿元，比上年末增加 10.86%。

（三）贷款。

1. 个人住房贷款。个人住房贷款最高额度 60 万元。单缴存职工个人住房贷款最高额度 60 万元，双缴存职工个人住房贷款最高额度 60 万元。

2020 年，发放个人住房贷款 0.98 万笔、29.69 亿元，同比分别下降 16.14%、15.76%。

2020 年，回收个人住房贷款 32.96 亿元。

2020 年末，累计发放个人住房贷款 23.46 万笔、576.38 亿元，贷款余额 240.44 亿元，分别比上年末增加 4.38%、5.43%、减少 1.34%。个人住房贷款余额占缴存余额的 78.43%，比上年末减少 7.67 个百分点。

受委托办理住房公积金个人住房贷款业务的银行 12 家。

2. 异地贷款。2020 年，发放异地贷款 576 笔、19238.3 万元。2020 年末，发放异地贷款总额 175355.1 万元，异地贷款余额 109247.51 万元。

（四）资金存储。2020 年末，住房公积金存款 67.04 亿元。其中，活期 0.29 亿元，1 年（含）以下定期 28.1 亿元，1 年以上定期 36.60 亿元，其他（协定、通知存款等）2.05 亿元。

（五）资金运用率。2020 年末，住房公积金个人住房贷款余额、项目贷款余额和购买国债余额的总和占缴存余额的 78.43%，比上年末减少 7.67 个百分点。

三、主要财务数据

（一）业务收入。2020 年，业务收入 85886.11 万元，同比下降 0.05%。其中，存款利息 7857.94 万元，委托贷款利息 78019.63 万元，其他 8.54 万元。

（二）业务支出。2020 年，业务支出 45694.1 万元，同比增长 7.69%。其中，支付职工住房公积金利息 44508.87 万元，委托贷款手续费 1185.02 万元，其他 0.21 万元。

（三）增值收益。2020 年，增值收益 40192.01 万元，同比下降 7.61%。增值收益率 1.35%，比上年减少 0.24 个百分点。

(四)增值收益分配。2020年,提取管理费用2367.21万元,提取城市廉租住房(公共租赁住房)建设补充资金37824.8万元。

2020年,上交财政管理费用2367.21万元。上缴财政城市廉租住房(公共租赁住房)建设补充资金38001.31万元。

2020年末,贷款风险准备金余额72787.26万元。累计提取城市廉租住房(公共租赁住房)建设补充资金392746.91万元。

(五)管理费用支出。2020年,管理费用支出2330.79万元,同比下降16.24%。其中,人员经费1316.24万元,公用经费458.25万元,专项经费556.3万元。

四、资产风险状况

个人住房贷款。2020年末,个人住房贷款逾期额2329.21万元,逾期率0.97‰。个人贷款风险准备金余额72787.26万元。

五、社会经济效益

(一)缴存业务。缴存职工中,国家机关和事业单位占21.75%,国有企业占15.64%,城镇集体企业占0.93%,外商投资企业占0.54%,城镇私营企业及其他城镇企业占53.30%,民办非企业单位和社会团体占0.21%,灵活就业人员占6.59%,其他占1.04%;中、低收入占97.67%,高收入占2.33%。

新开户职工中,国家机关和事业单位占17.82%,国有企业占2.38%,城镇集体企业占0.45%,外商投资企业占0.85%,城镇私营企业及其他城镇企业占52.37%,民办非企业单位和社会团体占1.71%,灵活就业人员占22.80%,其他占1.62%;中、低收入占97.85%,高收入占2.15%。

(二)提取业务。提取金额中,购买、建造、翻建、大修自住住房占22.85%,偿还购房贷款本息占46.68%,租赁住房占1.33%,离休和退休提取占25%,完全丧失劳动能力并与单位终止劳动关系提取占2.64%,出境定居占0.01%,其他占1.49%。提取职工中,中、低收入占98.29%,高收入占1.71%。

(三)贷款业务。

个人住房贷款。2020年,支持职工购建房101.55万平方米,年末个人住房贷款市场占有率为56.82%,比上年末减少1个百分点。通过申请住房公积金个人住房贷款,可节约职工购房利息支出71841.40万元。

职工贷款笔数中,购房建筑面积90(含)平方米以下占36.83%,90~144(含)平方米占55.05%,144平方米以上占8.12%。购买新房占26.03%,购买二手房占67.88%,其他占6.09%。

职工贷款笔数中,单缴存职工申请贷款占67.51%,双缴存职工申请贷款占32.41%,三人及以上缴存职工共同申请贷款占0.08%。

贷款职工中,30岁(含)以下占27.37%,30岁~40岁(含)占46.29%,40岁~50岁(含)占21.44%,50岁以上占4.9%;首次申请贷款占74.88%,二次及以上申请贷款占25.12%;中、低收入占97.91%,高收入占2.09%。

(四)住房贡献率。2020年,个人住房贷款发放额、公转商贴息贷款发放额、项目贷款发放额、住房消费提取额的总和与当年缴存额的比率为86.26%,比上年减少15.66个百分点。

六、其他重要事项

(一)应对新冠肺炎疫情采取的措施,落实住房公积金阶段性支持政策情况和政策实施成效。

1. 印发《大庆市住房公积金管理中心应对新型肺炎疫情阶段性支持政策实施办法》,并取得积极成效。

为落实住房和城乡建设部、财政部、人民银行《关于妥善应对新冠肺炎疫情实施住房公积金阶段性支持政策的通知》(建金〔2020〕23号)及《关于应对新型冠状病毒感染的肺炎疫情切实保障住房公积金缴存单位和缴存人权益的通知》(黑建防疫〔2020〕18号)文件精神,中心于2020年3月6日发布实施《大庆市住房公积金管理中心应对新型肺炎疫情阶段性支持政策实施办法》(庆公积金发〔2020〕4号)。截至到期日2020年6月30日,大庆市共有57家企业与职工协商一致后,向中心申请并办理了缓缴手续,涉及缓缴职工3908人,缓缴资金1200万元。不作逾期处理的贷款共计15682笔,不作逾期处理的贷款应还未还本金额3126.7万元。到2020年底,受疫情影响办理缓缴的企业陆续复产复工,57家申请缓缴的单位已全部恢复缴存,解除率达100%。由此看出,我市企业在政府有关部门支持企业复产复工,落实党中央、国务院的工作部署,出台多项支持政策的扶持下,复产复工效果明显。

2. 加强政策解读,扩大政策宣传范围。中心通过住房公积金网、微博、微信公众号、12329、大庆日报、晚报及多个新媒体等宣传支持政策。由于疫情期间一些办事群众居家隔离,对政策信息了解闭塞,中心多次做客大庆油田综合频道《生活帮》《今晚头条》等电视节目进行政策宣传解读。

3. 政策到期后衔接到位,保障各项业务平稳运行。一是政策实施过程中,中心持续监测阶段性政策的实施情况,及时总结政策实施效果,做好阶段性政策期满后与既有政策的衔接工作。二是主动了解掌握企业补缴存在的困难和问题,对于需要办理补缴业务的企业,可充分利用"智慧公积金"服务平台,通过网厅、手机App(缴存月无人员变化)提交相关业务,也可以到窗口办理。三是为了让公积金贷款逾期人员"零跑动"就能及时清楚了解逾期还贷办理流程,中心梳理出相关流程、要件,通过公众号、微博、大庆日报、大庆晚报等多渠道发出公积金还款"一次性告知单"。四是大力宣传手机公积金App,让"信息多跑路",还款人"足不出户"就可完成还贷。

4. 靠前服务,开通绿色通道。为支持企业复工复产,中心在疫情防控形势向好后,立即通过"走流程"方式到开发企业现场了解存在的困难,并迅速召开现场办公会研究解决办法,从行业角度出发为企业纾困。在疫情最严重的二月至三月上旬,为缓解开发商企业因疫情导致销售停滞经营资金困难情况,在做好疫情防控的前提下,通过开通绿色通道预约办理的方式,为缴存职工办理住房公积金贷款,一定程度上缓解了开发商企业资金短缺的情况,帮助我市房地产开发企业抢抓"开春即开工"关键期,较好地支持了企业复工复产。

5. 优化服务方式,提升便民服务质量。一是优化网办流程,提高网办率。疫情期间,积极引导办事群众通过手机App、网厅等渠道办理业务,这样既有助于办事群众的疫情防护,同时网办量的提升也有助于我们发现系统流程堵点,及时优化升级,以便更好的服务缴存人。二是保障问题解答热线畅通。确保12329服务热线畅通,及时做好政策解答和预约工作,指导网上办理,将咨询遇到的问题记录在案,及时提出解决方案并做好反馈。为方便群众咨询,将咨询电话转接到值班人员手机上,确保每一个咨询电话都能得到及时答复。三是开展代办服务。针对没有密钥、经办人无公积金账户的缴存单位,为不影响单位正常汇缴，可通过电话、微信等不见面形式与中心联系，在与缴存单位核实缴存信息无误后为单位办理无变更汇缴核定业务。

（二）当年机构及职能调整情况、受委托办理缴存贷款业务金融机构变更情况。2020年公积金贷款受托银行无变化。

（三）当年住房公积金政策调整及执行情况，包括当年缴存基数限额及确定方法、缴存比例等缴存政策调整情况；当年提取政策调整情况；当年个人住房贷款最高贷款额度、贷款条件等贷款政策调整情况；当年住房公积金存贷款利率执行标准等；支持老旧小区改造政策落实情况。

1. 贷款政策方面。

（1）2020年最高贷款额度为60万元（含）；

（2）2020年公积金贷款政策无调整；

（3）住房公积金贷款利率1～5年为2.75%，6～30年为3.25%。

2. 归集提取方面。

（1）2020年5月1日，黑建规范〔2020〕2号《黑龙江省住房公积金提取管理办法》发布并实施，大庆市住房公积金管理中心根据《黑龙江省住房公积金提取管理办法》修订《大庆市住房公积金提取业务操作规程》并同期实施。

（2）大庆市住房公积金缴存基数每年调整一次。2020年7月1日开始缴存基数调整工作，住房公积金缴存基数上限按照大庆市统计部门公布的上一年度全市城镇非私营单位就业人员平均工资的3倍确定，住房公积金缴存基数下限不得低于设区城市所在地上一年度最低工资标准。2020年缴存基数上限为23574元，缴存基数下限为市区1680元、县区1270元。

缴存比例按缴存基数5%～12%之间由缴存单位自主确定。

（3）大庆市住房公积金管理中心根据《黑龙江省住房公积金提取管理办法》中关于老旧小区改造和老旧小区加装电梯的提取规定，详细制定了老旧小区改造和老旧小区加装电梯的要件和办理流程。

（四）当年服务改进情况，包括推进住房公积金服务"跨省通办"工作情况，服务网点、服务设施、服务手段、综合服务平台建设和其他网络载体建设服务情况等。

1. 积极落实住房公积金"跨省通办"工作。大庆市住房公积金管理中心根据《住房和城乡建设部办公厅关于做好住房公积金服务"跨省通办"工作的通知》（建办金〔53〕号）（以下简称《通知》）的文件精神，设立"跨省通办"业务服务窗口，并制定"跨省通办"业务的具体实施方案及办理流程。

（1）落实"全程网办"，应上尽上。按《通知》要求，个人住房公积金缴存贷款等信息查询、出具贷款职工住房公积金缴存使用证明、正常退休提取住房公积金等3项服务事项"跨省通办"，自2020年底前已全部实现网上办理。

（2）落实"代收代办"，业务联办。针对未实现"跨省通办"事项的中心采取"代收代办"的工作方式。按《大庆市住房公积金管理中心"跨省通办"业务流程（试行）》设立受理窗口、业务传递流程、并提前将2021年"跨省通办"事项一同纳入窗口受理事项内容，实现"跨省通办"事项内容全面受理。

2. 增加服务网点，提供更便捷服务。中心林甸业务部窗口在原有归集、提取业务的基础上，增加贷款业务服务，同时加强窗口业务人员培训，提升业务能力，实现归集、提取、贷款"一条龙"服务。

（五）当年信息化建设情况，包括信息系统升级改造情况，基础数据标准贯彻落实和结算应用系统接入情况等。2020年，信息管理科在中心党组的正确领导和上级部门的关心指导下，围绕保障公积金业务系统高效运行，深度落实省厅信息化发展各项要求，不断加快推进公积金信息化建设步伐，使信息技术成为保障民生、信息惠民重要保障手段，公积金信息化发展迈出坚实的步伐，推动住房公积金事业快速健康发展，各项工作取得了显著成绩。

1. 接入人民银行征信查询业务的开通。
2. 支付宝中市民中心可进行公积金查询、提取（离退休提取）。
3. App实现住房公积金贷款受理、审批、发放等全流程办理。
4. 推进住房公积金网厅与省政务平台对接工作。
5. 加快实现住房公积金系统与政务服务平台数据对接。
6. 住房和城乡建设部数据共享（报税）平台上线完成。
7. 公积金App、个人版业务网厅、单位版业务网厅等互联网服务渠道安全系统改造。
8. 与软件服务商、数据库服务公司密切合作优化存储过程、数据存储介质、远程灾备策略提升数据库性能、提升应用响应速度、提升防灾能力。

伊春市住房公积金2020年年度报告

根据国务院《住房公积金管理条例》和住房和城乡建设部、财政部、人民银行《关于健全住房公积金信息披露制度的通知》（建金〔2015〕26号）的规定，经住房公积金管理委员会审议通过，现将伊春市住房公积金2020年年度报告公布如下。

一、机构概况

（一）住房公积金管理委员会。住房公积金管理委员会有17名委员，2020年召开1次会议，审议通过的事项主要包括：《2019年伊春市住房公积金工作报告》《伊春市住房公积金缴存管理办法》《伊春市住房公积金提取实施细则》《伊春市住房公积金个人住房贷款实施细则》《伊春市住房公积金逾期贷款委外催收暂行办法》、工商银行伊春分行办理公积金结算业务、六个非城关镇设立住房公积金服务站并委托银行代办公积金业务及其他政策调整事宜，修订了《伊春市住房公积金商业银行组合贷款管理办法》《死亡提取小额住房公积金简易程序》。

（二）住房公积金经办中心。住房公积金经办中心为隶属于伊春市人民政府不以营利为目的的公益一类事业单位，设5个科室，10个管理部。从业人员59人，其中，在编47人，非在编12人。

二、业务运行情况

（一）缴存。2020年新开户单位59家，净减单位28家；新开户职工4659人，净减职工0.34万人；实缴单位1365家，实缴职工9.65万人，缴存额10.28亿元，分别同比下降2.01%、3.35%、增长2.70%。2020年末，缴存总额72.28亿元，比上年末增加16.58%；缴存余额38.59亿元，同比增长

11.24%。受委托办理住房公积金缴存业务的银行3家。

（二）提取。2020年，2.13万名缴存职工提取住房公积金；提取额6.38亿元，同比增长25.34%；提取额占当年缴存额的62.06%，比上年增加11.21个百分点。2020年末，提取总额33.69亿元，比上年末增加23.32%。

（三）贷款。

1. 个人住房贷款。个人住房贷款最高额度60万元。

2020年，发放个人住房贷款1697笔、4.79亿元，同比分别增长7.00%、73.55%。

2020年，回收个人住房贷款3.02亿元。

2020年末，累计发放个人住房贷款28831笔、38.73亿元，贷款余额16.06亿元，分别比上年末增加6.25%、14.08%、12.31%。个人住房贷款余额占缴存余额的41.62%，比上年末增加0.4个百分点。受委托办理住房公积金个人住房贷款业务的银行3家。

2. 异地贷款。2020年，发放异地贷款131笔、4074.50万元。2020年末，发放异地贷款总额30164.90万元，异地贷款余额3869.53万元。

（四）购买国债。2020年末，国债余额0.50亿元。

（五）资金存储。2020年末，住房公积金存款21.60亿元。其中，活期0.02亿元，1年（含）以下定期0.90亿元，1年以上定期20.48亿元，其他（协定存款）0.20亿元。

（六）资金运用率。2020年末，住房公积金个人住房贷款余额和购买国债余额的总和占缴存余额的42.91%，比上年末增加0.25个百分点。

三、主要财务数据

（一）业务收入。2020年，业务收入12720.47万元，同比增长12.54%。存款利息7840.23万元，委托贷款利息4697.63万元，国债利息177.70万元，其他4.91万元。

（二）业务支出。2020年，业务支出5237.21万元，同比增长16.43%。支付职工住房公积金利息5235.73万元，其他1.48万元。

（三）增值收益。2020年，增值收益7483.26万元，同比增长9.98%。增值收益率2.04%，比上年减少0.08个百分点。

（四）增值收益分配。2020年，提取贷款风险准备金176.15万元；提取管理费用646.70万元，提取城市廉租住房（公共租赁住房）建设补充资金6660.41万元。

2020年，上交财政管理费用646.70万元。上缴财政城市廉租住房（公共租赁住房）建设补充资金6660.41万元。

2020年末，贷款风险准备金余额1824.94万元。累计提取城市廉租住房（公共租赁住房）建设补充资金26636.92万元。

（五）管理费用支出。2020年，管理费用支出795.76万元，同比下降41.28%。其中，人员经费630.22万元，公用经费58.52万元，专项经费107.02万元。

四、资产风险状况

2020年末，个人住房贷款逾期额377.90万元，逾期率2.35‰，个人贷款风险准备金余额1824.94

万元。

五、社会经济效益

（一）缴存业务。缴存职工中，国家机关和事业单位占 54.98%，国有企业占 33.48%，城镇集体企业占 0.55%，外商投资企业占 0.77%，城镇私营企业及其他城镇企业占 1.67%，民办非企业单位和社会团体占 0.02%，灵活就业人员占 0.29%，其他占 8.24%；中、低收入占 98.61%，高收入占 1.39%。

新开户职工中，国家机关和事业单位占 26.49%，国有企业占 29.06%，城镇集体企业占 0.13%，外商投资企业占 1.09%，城镇私营企业及其他城镇企业占 10.50%，民办非企业单位和社会团体占 0.02%，灵活就业人员占 5.15%，其他占 27.56%；中、低收入占 99.48%，高收入占 0.52%。

（二）提取业务。提取金额中，购买、建造、翻建、大修自住住房占 27.77%，偿还购房贷款本息占 26.96%，租赁住房占 2.08%，离休和退休提取占 34.35%，完全丧失劳动能力并与单位终止劳动关系提取占 3.06%，其他占 5.78%。

提取职工中，中、低收入占 98.08%，高收入占 1.92%。

（三）贷款业务。2020 年，支持职工购建房 18.49 万平方米，年末个人住房贷款市场占有率为 63.85%，比上年末增加 1.29 个百分点。通过申请住房公积金个人住房贷款，可节约职工购房利息支出 16518.45 万元。

职工贷款笔数中，购房建筑面积 90（含）平方米以下占 29.82%，90~144（含）平方米占 55.75%，144 平方米以上占 14.43%。购买新房占 60.05%，购买二手房占 35.36%，建造、翻建、大修自住住房占 2.18%，其他占 2.41%。

职工贷款笔数中，单缴存职工申请贷款占 38.01%，双缴存职工申请贷款占 61.99%。

贷款职工中，30 岁（含）以下占 22.21%，30 岁~40 岁（含）占 39.66%，40 岁~50 岁（含）占 23.34%，50 岁以上占 14.79%；首次申请贷款占 86.27%，二次及以上申请贷款占 13.73%；中、低收入占 97.11%，高收入占 2.89%。

（四）住房贡献率。2020 年，个人住房贷款发放额、住房消费提取额的总和与当年缴存额的比率为 82.83%，比上年增加 23.49 个百分点。

六、其他重要事项

（一）应对新冠肺炎疫情采取的措施，落实住房公积金阶段性支持政策情况和政策实施成效。

1. 防范疫情措施。按照省住房城乡建设厅防控疫情要求，结合中心实际，制定疫情防控措施。对进入办事大厅人员要求测温、扫码、戴口罩。创新开通手机 App 网上预约功能，采取"一对一"个别办理，根据预约情况安排错峰办理，并指派专人对办事人员进行疏导，避免人员聚集。

2. 落实政策情况。针对我市中小企业复工复产面临的收入减少、成本上升、资金紧张等难题，于 2020 年 2 月，率先在全省出台了 5 项利企便民政策。

3. 政策实施成效。为企业缓缴或降低住房公积金缴存比例、争取援鄂医护人员公积金待遇、助力复工复产三个方面实施优惠政策。一是为大商百货、奥德燃气等 10 家企业减轻资金负担 210 万元。二是争取到为部分未缴存公积金的赴鄂聘用医护人员享受公积金待遇。三是对房产积压的升辉、华脉房产公司创新采取"现签现贷"工作方式，开通绿色贷款通道，办理贷款280余笔，放款9800万元，大幅缩短资金回笼周期。

（二）当年机构及职能调整情况、受委托办理缴存贷款业务金融机构变更情况。

1. 根据伊编〔2020〕12号《关于市住房公积金经办中心增设内设机构的通知》文件，经2020年市编委第一次会议研究决定，增设乌翠和友好公积金管理部，增加人员编制8人，实现我市一市、五县、四区公积金服务机构全覆盖。

2. 增加龙江银行伊春分行办理个人住房公积金贷款业务。

（三）当年住房公积金政策调整及执行情况。

1. 缴存。根据《住房公积金管理条例》（国务院令第350号）和省、市有关住房公积金管理规定，出台《伊春市住房公积金缴存管理办法》，将自愿缴存人和在校大学生纳入缴存范围。依据建金管〔2005〕5号文件"缴存住房公积金的月工资基数，原则上不超过城市统计部门公布的上一年度职工月平均工资的2倍或3倍"的要求，确定2020年住房公积金缴存基数上限为10920元，2020年住房公积金缴存基数下限为1270元。缴存比例最低5%，最高12%；住房公积金账户余额按一年期定期存款基准利率1.5%计息，并记入职工公积金账户内。

2. 提取。依据《住房公积金管理条例》（国务院令第350号）和《黑龙江省住房公积金提取管理办法》，制定《伊春市住房公积金提取实施细则》。新增老旧小区改造和老旧小区加装电梯，可提取住房公积金；停办物业费提取业务；修订《死亡提取小额住房公积金简易程序》，适用范围由提取公积金账户余额3000元（含）以下提升至4000元（含）以下。

3. 贷款。根据国务院《住房公积金管理条例》（国务院令第350号）和《黑龙江省住房公积金个人住房贷款管理办法》等有关法律法规，制定《伊春市住房公积金个人住房贷款实施细则》，停办个人住房大（装）修贷款业务，新增商业银行组合贷款业务。出台《伊春市住房公积金逾期贷款委外催收暂行办法》，公积金中心对已穷尽催收办法仍没有效果，不经司法诉讼程序无法催回的逾期贷款，经公积金中心逾期催收工作例会研究后，移交给中标的律师事务所催收。

（四）当年服务改进情况。

1. 着力打造"材料最简、流程最优、时限最短"的业务办理体系。针对上班族、外来人员、身体不便无法到现场办理人员，提供延时、预约和上门服务。目前，我市公积金缴存、提取、贷款和查询4大类35项业务"只进一扇门"，其中31项实现"最多跑一次"。

2. 建成我省首个乡镇住房公积金服务网点——朗乡镇公积金服务站，公积金服务下沉到乡镇，打通服务群众"最后一公里"，服务站采取"公积金指导—银行代办"模式，委托建行代办业务，我中心负责人员培训、业务指导、监督考核工作。

（五）当年信息化建设情况。

1. 八项业务实现"跨省通办"。为解决职工群众异地办事"多地跑""往返跑"问题，我中心通过"全程网办""异地代收代办""多地联办"等方式，着力打造"标准统一、异地受理、远程办理、协同联动"的"跨省通办"政务服务新模式。我市公积金已有8项业务实现"跨省通办"，其中7项实现手机App"掌上办"，中心在各管理部、服务站均开设"跨省通办"窗口。

2. 我市开通公积金网厅单位达到727家，手机App注册用户3.96万人，微信公众号关注人数3.81

万人,"不见面"办理业务 1.5 万余笔。

3. 通过安全三级等保测评,标志着公积金中心信息系统在技术安全、应用安全、系统管理、应急保障以及安全制度等方面达到国家标准;与建行、工行实现数据互联互通,配合省住房城乡建设厅建设省监管平台和数据共享平台。

(六)当年所获荣誉情况。 中心风险合规科被黑龙江省内部审计协会评为"全省内部审计先进集体";行政服务大厅管理部被市总工会授予"工人先锋号"、被市总工会和市营商环境建设监督局授予"优化营商环境标兵团队窗口";杨德伟同志获市委组织部、市人社局事业单位脱贫攻坚专项奖励。

佳木斯市住房公积金 2020 年年度报告

根据国务院《住房公积金管理条例》和住房和城乡建设部、财政部、人民银行《关于健全住房公积金信息披露制度的通知》(建金〔2015〕26 号)的规定,经住房公积金管理委员会审议通过,现将佳木斯市住房公积金 2020 年年度报告公布如下。

一、机构概况

(一)住房公积金管理委员会。 住房公积金管理委员会有 36 名委员,2020 年召开一次会议,审议并通过《住房公积金 2019 年年度报告》《2019 年度住房公积金归集、使用执行情况及 2020 年归集,使用计划》《2019 年住房公积金增值收益分配情况及 2020 年收益分配方案》。

(二)住房公积金管理中心。 住房公积金管理中心为隶属于市政府不以营利为目的的参照公务员管理的事业单位,设 14 个科室,6 个县(市)办事处。从业人员 100 人,其中,在编 66 人,非在编 34 人。

二、业务运行情况

(一)缴存。 2020 年,新开户单位 169 家,净增单位 28 家;新开户职工 0.69 万人,净增职工减少 0.03 万人;实缴单位 2687 家,实缴职工 12.29 万人,缴存额 17.99 亿元,分别同比增长 1.05%、下降 0.24%、增长 4.29%。2020 年末,缴存总额 151.54 亿元,比上年末增加 13.47%;缴存余额 69.96 亿元,同比增长 6.66%。

受委托办理住房公积金缴存业务的银行 8 家。

(二)提取。 2020 年,3.75 万名缴存职工提取住房公积金;提取额 13.61 亿元,同比增长 5.5%;提取额占当年缴存额的 75.65%,比上年增加 0.87 个百分点。2020 年末,提取总额 81.57 亿元,比上年末增加 20.03%。

(三)贷款。

1. 个人住房贷款。个人住房贷款最高额度 70 万元。其中,单缴存职工个人住房贷款最高额度 60 万元,双缴存职工个人住房贷款最高额度 70 万元。

2020 年,发放个人住房贷款 0.45 万笔、14.69 亿元,同比分别增长 9.76%、14.14%。

2020年，回收个人住房贷款6.91亿元。

2020年末，累计发放个人住房贷款5.34万笔、110.19亿元，贷款余额59.17亿元，分别比上年末增加9.2%、15.38%、15.16%。个人住房贷款余额占缴存余额的84.58%，比上年末增加6.24个百分点。受委托办理住房公积金个人住房贷款业务的银行5家。

2. 异地贷款。2020年，发放异地贷款335笔、11861.8万元。2020年末，发放异地贷款总额76835万元，异地贷款余额49478.46万元。

（四）资金存储。2020年末，住房公积金存款11.65亿元。其中，活期0.03亿元，1年以上定期10.65亿元，其他（协定、通知存款等）0.97亿元。

（五）资金运用率。2020年末，住房公积金个人住房贷款余额、项目贷款余额和购买国债余额的总和占缴存余额的84.58%，比上年末增加6.24个百分点。

三、主要财务数据

（一）业务收入。2020年，业务收入22422.21万元，同比增长10.4%。存款利息4764.53万元，委托贷款利息17652.91万元，其他4.77万元。

（二）业务支出。2020年，业务支出10558.31万元，同比增长8.04%。支付职工住房公积金利息10336.46万元，委托贷款手续费221.62万元，其他0.23万元。

（三）增值收益。2020年，增值收益11863.9万元，同比增长12.6%。增值收益率1.74%，比上年增加0.08个百分点。

（四）增值收益分配。2020年，提取贷款风险准备金1167.58万元，提取管理费用1500万元，提取城市廉租住房（公共租赁住房）建设补充资金9196.33万元。

2020年，上交财政管理费用1500万元。上缴财政城市廉租住房（公共租赁住房）建设补充资金8046.73万元。

2020年末，贷款风险准备金余额8875.3万元。累计提取城市廉租住房（公共租赁住房）建设补充资金63531.78万元。

（五）管理费用支出。2020年，管理费用支出1490.6万元，同比增长12%。其中，人员经费1214.67万元，公用经费81.28万元，专项经费194.65万元。

四、资产风险状况

个人住房贷款。2020年末，个人住房贷款逾期额2316.93万元，逾期率3.92‰。个人贷款风险准备金余额8875.3万元。

五、社会经济效益

（一）缴存业务。缴存职工中，国家机关和事业单位占62.07%，国有企业占17.33%，城镇集体企业占4.02%，外商投资企业占1.32%，城镇私营企业及其他城镇企业占12.7%，民办非企业单位和社会团体占0.39%，其他占2.17%；中、低收入占99.97%，高收入占0.03%。

新开户职工中，国家机关和事业单位占34.98%，国有企业占12.68%，城镇集体企业占2.96%，外

商投资企业占 1.07％，城镇私营企业及其他城镇企业占 43.26％，民办非企业单位和社会团体占 1.84％，其他占 3.21％；中、低收入占 100％。

（二）**提取业务**。提取金额中，购买、建造、翻建、大修自住住房占 28.39％，偿还购房贷款本息占 34.46％，租赁住房占 0.97％，离休和退休提取占 29.12％，完全丧失劳动能力并与单位终止劳动关系提取占 4.32％，出境定居占 0.08％，其他占 2.66％。提取职工中，中、低收入占 99.86％，高收入占 0.14％。

（三）**贷款业务**。个人住房贷款。2020 年，支持职工购建房 49.34 万平方米（含公转商贴息贷款），2020 年末个人住房贷款市场占有率（含公转商贴息贷款）为 58.59％，比上年末增加 9.73 个百分点。通过申请住房公积金个人住房贷款，可节约职工购房利息支出 47616.74 万元。

职工贷款笔数中，购房建筑面积 90（含）平方米以下占 21.82％，90～144（含）平方米占 69.22％，144 平方米以上占 8.96％。购买新房占 76.29％，购买二手房占 12.36％，其他占 11.35％。

职工贷款笔数中，单缴存职工申请贷款占 42.89％，双缴存职工申请贷款占 57.09％，三人及以上缴存职工共同申请贷款占 0.02％。

贷款职工中，30 岁（含）以下占 26.22％，30 岁～40 岁（含）占 43.99％，40 岁～50 岁（含）占 21.97％，50 岁以上占 7.82％；首次申请贷款占 82.61％，二次及以上申请贷款占 17.39％；中、低收入占 99.53％，高收入占 0.47％。

（四）**住房贡献率**。2020 年，个人住房贷款发放额、公转商贴息贷款发放额、项目贷款发放额、住房消费提取额的总和与当年缴存额的比率为 129.96％，比上年增加 6.04 个百分点。

六、其他重要事项

（一）**应对新冠肺炎疫情采取的措施，落实住房公积金阶段性支持政策情况和政策实施成效**。2020 年，我们坚决贯彻落实习近平总书记对新冠肺炎疫情做出的重要指示和省市对疫情防控的工作要求，快速应对，主动作为，采取有力措施，健全防控体系，出台了《佳木斯市住房公积金管理中心关于应对新型冠状病毒感染性肺炎疫情的应急预案》，组建防疫志愿者服务队，全力援助东风区的防疫工作。

出台了《关于在疫情期间做好住房公积金管理服务工作的通知》，对于因疫情影响未能及时缴存住房公积金的单位，可以说明情况补缴后视同正常缴存；因疫情影响职工个人提取住房公积金有时限要求的，可延期办理；在疫情防控期间不能正常偿还住房公积金贷款的，不作逾期处理，免收罚息。

（二）**当年受委托办理缴存贷款业务金融机构变更情况**。2020 年，受委托办理公积金业务的金融机构 8 家，比上年增加了 2 家。

（三）**当年住房公积金政策调整及执行情况，包括当年缴存基数限额及确定方法、缴存比例等缴存政策调整情况**。2020 年，本地住房公积金缴存基数的上限为我市统计部门公布的在岗职工上一年度月平均工资的 3 倍，上限金额为 14016 元，缴存基数的下限为我市统计部门公布的在岗职工上一年度月平均工资的 60％，下限金额为 2803 元。

2020 年住房公积金二次贷款利率上浮 10％。

（四）**当年服务改进情况，包括推进住房公积金服务"跨省通办"工作情况，服务网点、服务设施、服务手段、综合服务平台建设和其他网络载体建设服务情况等。**

1.2020 年，我们认真落实"双贯标"工作要求，努力打造"四化"服务理念。按照住房和城乡建设部住房公积金"双贯标"综合服务平台系统建设的标准及规范，加强住房公积金综合服务平台建设，实现系统建设平台化、公积金业务标准化、档案管理电子化、财务管理自动化的"四化"服务理念。

2. 积极推进住房公积金服务"跨省通办"工作，已按国家要求落实做好基础工作，正处于调试阶段。

3. 出台《全面开展住房公积金电子稽查工作实施方案》严格执行内部审计监督责任，时时跟踪审计，对发现的问题第一时间告知并督促整改，有效地控制了违规问题的发生。

4. 严格楼盘准入标准，在降低贷款风险上狠下功夫。严格按照《住房公积金个人贷款合作项目签约管理办法》准入楼盘，对恶意逃避或拒绝还贷的借款人，采取当面约谈、电话催收、上门催收、申请法院强制执行等措施，有效降低了贷款逾期率。

（五）当年住房公积金管理中心及职工所获荣誉情况。2020年，我中心业务窗口科室被省妇联评为"三八红旗"先进科室。一人被佳木斯市直机关工委评为"工匠精神"先进个人。

七台河市住房公积金2020年年度报告

根据国务院《住房公积金管理条例》和住房和城乡建设部、财政部、人民银行《关于健全住房公积金信息披露制度的通知》（建金〔2015〕26号）的规定，经住房公积金管理委员会审议通过，现将七台河市住房公积金2020年年度报告公布如下。

一、机构概况

（一）**住房公积金管理委员会**。住房公积金管理委员会有23名委员，2020年召开4次会议，审议通过的事项主要包括：《七台河市住房公积金2019年年度报告》《2020年住房公积金归集、使用计划》《七台河市住房公积金提取管理实施细则》《七台河市住房公积金个人住房贷款管理实施细则》。

（二）**住房公积金经办中心**。住房公积金经办中心为隶属市政府不以营利为目的的公益一类事业单位，设8个科室，2个管理部。从业人员59人，其中，在编36人，非在编23人。

二、业务运行情况

（一）**缴存**。2020年，新开户单位66家，净增单位35家；新开户职工0.43万人，净减职工0.12万人；实缴单位907家，同比增长4.01%；实缴职工7.86万人，缴存额7.55亿元，分别同比下降1.5%、1.56%。2020年末，缴存总额66.91亿元，比上年末增加12.74%；缴存余额38.29亿元，同比增长9.84%。受委托办理住房公积金缴存业务的银行2家。

（二）**提取**。2020年，0.94万名缴存职工提取住房公积金；提取额4.13亿元，同比增长4.29%；提取额占当年缴存额的54.7%，比上年增加3.07个百分点。2020年末，提取总额28.62亿元，比上年末增加16.86%。

（三）**贷款**。

1. 个人住房贷款。个人住房贷款最高额度60万元。

2020年，发放个人住房贷款558笔、1.32亿元，同比分别增长0.36%、28.16%。

2020年，回收个人住房贷款0.68亿元。

2020年末，累计发放个人住房贷款0.84万笔、10.53亿元，贷款余额4.5亿元，分别比上年末增加6.41%、14.33%、16.58%。个人住房贷款余额占缴存余额的11.75%，比上年末增加0.68个百分点。受委托办理住房公积金个人住房贷款业务的银行2家。

2. 异地贷款。2020年，发放异地贷款32笔、828.8万元。2020年末，发放异地贷款总额4601.1万元，异地贷款余额3244.85万元。

（四）**资金存储**。2020年末，住房公积金存款33.89亿元。其中，活期0.002亿元，1年（含）以下定期13.62亿元，1年以上定期19.07亿元，其他（协定、通知存款等）1.198亿元。

（五）**资金运用率**。2020年末，住房公积金个人住房贷款余额、项目贷款余额和购买国债余额的总和占缴存余额的11.75%，比上年末增加0.68个百分点。

三、主要财务数据

（一）**业务收入**。2020年，业务收入11059.89万元，同比增长17.4%。存款利息9761.07万元，委托贷款利息1298.66万元，其他0.16万元。

（二）**业务支出**。2020年，业务支出5556.15万元，同比增长11.25%。支付职工住房公积金利息5552.08万元，其他4.07万元。

（三）**增值收益**。2020年，增值收益5503.74万元，同比增长24.34%。增值收益率1.5%，比上年增加0.16个百分点。

（四）**增值收益分配**。2020年，提取贷款风险准备金3302.25万元，提取管理费用2001.49万元，提取城市廉租住房（公共租赁住房）建设补充资金200万元。

2020年，上交财政管理费用1770.59万元。上缴财政城市廉租住房（公共租赁住房）建设补充资金0万元。

2020年末，贷款风险准备金余额18440.27万元。累计提取城市廉租住房（公共租赁住房）建设补充资金4237.9万元。

（五）**管理费用支出**。2020年，管理费用支出1182.10万元，同比增长55.27%。其中，人员经费531.34万元，公用经费596.96万元，专项经费53.8万元。

四、资产风险状况

个人住房贷款。2020年末，个人住房贷款逾期额0元，逾期率0，个人贷款风险准备金余额18440.27万元。

五、社会经济效益

（一）**缴存业务**。缴存职工中，国家机关和事业单位占57.57%，国有企业占33.71%，城镇集体企业占0.48%，外商投资企业占0.15%，城镇私营企业及其他城镇企业占6.30%，民办非企业单位和社会团体占0.26%，其他占1.53%；中、低收入占99.61%，高收入占0.39%。

新开户职工中，国家机关和事业单位占66.76%，国有企业占12.03%，城镇集体企业占0.02%，外

商投资企业占0.21%，城镇私营企业及其他城镇企业占11.59%，民办非企业单位和社会团体占1.87%，其他占7.52%；中、低收入占99.77%，高收入占0.23%。

（二）提取业务。提取金额中，购买、建造、翻建、大修自住住房占38.74%，偿还购房贷款本息占10.55%，租赁住房占0.90%，离休和退休提取占40.21%，完全丧失劳动能力并与单位终止劳动关系提取占7.15%，其他占2.45%。提取职工中，中、低收入占99.47%，高收入占0.53%。

（三）贷款业务。

个人住房贷款。2020年，支持职工购建房5.9万平方米（含公转商贴息贷款），年末个人住房贷款市场占有率（含公转商贴息贷款）为31.38%，比上年末增加11.61个百分点。通过申请住房公积金个人住房贷款，可节约职工购房利息支出1608万元。

职工贷款笔数中，购房建筑面积90（含）平方米以下占28.67%，90~144（含）平方米占66.31%，144平方米以上占5.02%。购买新房占58.24%，购买二手房占41.76%。

职工贷款笔数中，单缴存职工申请贷款占35.30%，双缴存职工申请贷款占64.70%。

贷款职工中，30岁（含）以下占20.61%，30岁~40岁（含）占50.36%，40岁~50岁（含）占23.48%，50岁以上占5.55%；首次申请贷款占88.89%，二次及以上申请贷款占11.11%；中、低收入占98.75%，高收入占1.25%。

（四）住房贡献率。2020年，个人住房贷款发放额、公转商贴息贷款发放额、项目贷款发放额、住房消费提取额的总和与当年缴存额的比率为44.9%，比上年增加4.9个百分点。

六、其他重要事项

（一）应对新冠疫情政策措施情况。坚决贯彻落实国家、省、市决策部署，第一时间出台6项阶段性支持政策及具体实施办法，共为62家企业单位缓缴住房公积金7639.6万元，为缓缴企业职工正常办理住房公积金贷款11笔、金额172.3万元，有力支持了企业复工复产，缓解了职工购房资金压力。

（二）政策调整及执行情况。

1.缴存政策。按我市统计部门公布的2019年全市城镇非私营单位从业人员年平均工资59823.00元计算，单位和职工缴存比例不应低于5%、不高于12%，住房公积金月缴存基数上限为14956.00元，月缴存基数下限为1450.00元。

2.提取政策。依据《住房和城乡建设部关于取消部分规章和规范性文件设定的证明事项的决定》（建法规〔2019〕6号），自2020年2月起，取消在本市无自住住房且租赁商品房提取住房公积金时，需提供房屋租赁合同原件的规定，同时提取金额统一调整为每年5000元。

市住房公积金管理委员会于2020年6月29日发布实施《七台河市住房公积金提取管理实施细则》（七住房公积发〔2020〕5号）。

3.贷款政策。

（1）依据《关于规范住房公积金个人住房贷款政策有关问题的通知》（建金〔2010〕179号）和《住房和城乡建设部关于取消部分部门规章和规范性文件设定的证明事项的决定》（建法规〔2019〕6号）的规定，自2020年2月起，职工家庭在使用住房公积金贷款购买第二套自住住房和第二次使用住房公积金贷款时，贷款利率按同期首套住房公积金贷款利率1.1倍执行；住房公积金贷款对象为增值税普通发票日期一年内购买首套自住住房或第二套自住住房的缴存职工；取消借款申请人提交二手房估价报告手续。

(2) 住房公积金贷款利率1~5年为2.75%，6~30年为3.25%。

(3) 市住房公积金管理委员会于2020年6月29日发布实施《七台河市住房公积金个人住房贷款管理实施细则》（七住房公积发〔2020〕4号）。

(三) 当年服务改进情况。

(1) 按照《住房和城乡建设部办公厅关于做好住房公积金服务"跨省通办"工作的通知》（建办金〔2020〕53号）部署要求，"专人专班"推进相关业务"跨省通办"工作，业务大厅设立了"跨省通办"服务窗口，先期已实现退休提取住房公积金、个人住房公积金缴存贷款等信息查询、出具贷款职工住房公积金缴存使用证明三类业务"跨省通办"。

(2) 在市委、市政府的关心和支持下，购置了新办公大楼，办公地点及业务大厅搬迁至桃山区学府街234号。

(3) 在进一步优化柜面服务的基础上，以"互联网＋"为导向，以互联网和移动终端为主要载体，拓展服务渠道，实现了集网站、网厅、手机App、微信、短信平台、12329热线、支付宝、自助终端八大渠道为一体的综合服务平台，可以实现基本信息查询、缴存、贷款明细查询、自助业务办理（解除劳动合同提取、退休提取、提前或部分结清贷款、按月对冲签约）等功能，已有近60%的住房公积金缴存单位开通了网厅业务。

(四) 当年信息化建设情况。为切实降低信息化建设成本，大力提升网络安全防护水平，将住房公积金信息系统迁移到了联通云平台，并且通过了网络安全等级保护测评。

牡丹江市住房公积金2020年年度报告

根据国务院《住房公积金管理条例》和住房和城乡建设部、财政部、人民银行《关于健全住房公积金信息披露制度的通知》（建金〔2015〕26号）的规定，经住房公积金管理委员会审议通过，现将牡丹江市住房公积金2020年年度报告公布如下。

一、机构概况

(一) **住房公积金管理委员会。** 住房公积金管理委员会有19名委员，2020年召开2次会议，审议通过的事项主要包括：《关于牡丹江市2019年住房公积金归集使用计划执行情况及2020年归集使用计划的报告》《牡丹江市2019年度住房公积金增值收益分配方案》《关于向牡丹江市所属县（市）分配2018年廉租住房建设补充资金的请示》《关于2019年管理费用预算执行情况及2020年管理费用预算的报告》《牡丹江市住房公积金2019年年度报告》《关于购置桥北办事处业务用房的请示》《关于2020年编外合同制职工提高工资标准的请示》。

(二) **住房公积金管理中心。** 住房公积金管理中心为直属市政府不以营利为目的的自收自支公益一类事业单位，设20个处（科），另设党总支、团委、工会。从业人员152人，其中，在编78人，非在编74人。

二、业务运行情况

（一）缴存。2020年，新开户单位195家，净增单位662家；新开户职工0.6万人，净增职工－0.16万人；实缴单位3638家，缴存额19.02亿元，分别同比增长22.24%、5.67%。实缴职工13.34万人，同比下降1.19%。2020年末，缴存总额161.7亿元，比上年末增加13.34%；缴存余额73.93亿元，同比增长9.06%。受委托办理住房公积金缴存业务的银行2家。

（二）提取。2020年，4.24万名缴存职工提取住房公积金；提取额12.88亿元，同比增长3.21%；提取额占当年缴存额的67.72%，比上年减少1.61个百分点。2020年末，提取总额87.76亿元，比上年末增加17.19%。

（三）贷款。

1. 个人住房贷款。个人住房贷款最高额度40万元。

2020年，发放个人住房贷款0.43万笔、16.10亿元，同比分别下降17.31%、15.35%。

2020年，回收个人住房贷款7.85亿元。

2020年末，累计发放个人住房贷款5.16万笔、117.75亿元，贷款余额70.58亿元，分别比上年末增加9.09%、15.84%、13.25%。个人住房贷款余额占缴存余额的95.47%，比上年末增加3.54个百分点。受委托办理住房公积金个人住房贷款业务的银行10家。

2. 异地贷款。2020年，发放异地贷款556笔、22147.3万元。2020年末，发放异地贷款总额63151.1万元，异地贷款余额55256.39万元。

（四）资金存储。2020年末，住房公积金存款5.28亿元。其中，活期0.16亿元，1年以上定期4.08亿元，其他（协定、通知存款等）1.04亿元。

（五）资金运用率。2020年末，住房公积金个人住房贷款余额、项目贷款余额和购买国债余额的总和占缴存余额的95.47%，比上年末增加3.54个百分点。

三、主要财务数据

（一）业务收入。2020年，业务收入23544.58万元，同比增长11.47%。其中，存款利息1955.71万元，委托贷款利息21586.66万元，其他2.21万元。

（二）业务支出。2020年，业务支出11206.86万元，同比增长10.54%。其中，支付职工住房公积金利息10343.33万元，委托贷款手续费863.30万元，其他0.23万元。

（三）增值收益。2020年，增值收益12337.72万元，同比增长12.34%。增值收益率1.73%，比上年增加0.09个百分点。

（四）增值收益分配。2020年，提取贷款风险准备金1238万元；提取管理费用2030万元，提取城市廉租住房（公共租赁住房）建设补充资金9070万元。

2020年，上交财政管理费用2050万元。上缴财政城市廉租住房（公共租赁住房）建设补充资金7273万元。

2020年末，贷款风险准备金余额14330万元。累计提取城市廉租住房（公共租赁住房）建设补充资金57973万元。

（五）管理费用支出： 2020 年，管理费用支出 2192.41 万元，同比增长 21.92%。其中，人员经费 1380.89 万元，公用经费 537.95 万元，专项经费 273.57 万元。

四、资产风险状况

个人住房贷款。2020 年末，个人住房贷款逾期额 577.84 万元，逾期率 0.82‰。个人贷款风险准备金余额 12698 万元。

五、社会经济效益

（一）缴存业务。 缴存职工中，国家机关和事业单位占 52.69%，国有企业占 17.28%，城镇集体企业占 0.42%，外商投资企业占 2.78%，城镇私营企业及其他城镇企业占 7.79%，民办非企业单位和社会团体占 0.46%，灵活就业人员占 0.97%，其他占 17.61%；中、低收入占 99.33%，高收入占 0.67%。

新开户职工中，国家机关和事业单位占 37.47%，国有企业占 12.32%，外商投资企业占 3.89%，城镇私营企业及其他城镇企业占 20.66%，民办非企业单位和社会团体占 1.14%，灵活就业人员占 1.98%，其他占 22.54%；中、低收入占 99.70%，高收入占 0.3%。

（二）提取业务。 提取金额中，购买、建造、翻建、大修自住住房占 10.44%，偿还购房贷款本息占 51.75%，租赁住房占 3.49%，离休和退休提取占 29.86%，完全丧失劳动能力并与单位终止劳动关系提取占 2.21%，其他占 2.25%。提取职工中，中、低收入占 99.16%，高收入占 0.84%。

（三）贷款业务。 个人住房贷款。2020 年，支持职工购建房 44.62 万平方米（含公转商贴息贷款），年末个人住房贷款市场占有率（含公转商贴息贷款）为 29.65%，比上年末减少 1.63 个百分点。通过申请住房公积金个人住房贷款，可节约职工购房利息支出 33638.36 万元。

职工贷款笔数中，购房建筑面积 90（含）平方米以下占 28.51%，90～144（含）平方米占 68.72%，144 平方米以上占 2.77%。购买新房占 73.74%，购买二手房占 26.26%。

职工贷款笔数中，单缴存职工申请贷款占 44.48%，双缴存职工申请贷款占 55.52%。

贷款职工中，30 岁（含）以下占 28.93%，30 岁～40 岁（含）占 40.69%，40 岁～50 岁（含）占 22.82%，50 岁以上占 7.56%；首次申请贷款占 90.73%，二次及以上申请贷款占 9.27%；中、低收入占 99.67%，高收入占 0.33%。

（四）住房贡献率。 2020 年，个人住房贷款发放额、公转商贴息贷款发放额、项目贷款发放额、住房消费提取额的总和与当年缴存额的比率为 129.26%，比上年减少 24.02 个百分点。

六、其他重要事项

（一）应对新冠疫情阶段性支持政策情况及成效。 疫情期间累计为 888 名借款人延长还款期限，延后还款 1.64 亿元；为 25 家企业、1725 名职工办理缓缴业务，缓缴资金 618.44 万元。

（二）政策调整情况。 出台《牡丹江市住房公积金个人住房贷款工程项目审核办法》（牡公管规〔2020〕1 号）、《牡丹江市住房公积金提取实施细则》（牡公管委发〔2020〕15 号）、《牡丹江市住房公积金个人住房贷款实施细则》（牡公管委发〔2020〕16 号）、《牡丹江市住房公积金缴存管理办法》（牡公管委发〔2020〕3 号）。

(三)服务改进情况。 深入落实"放管服"改革要求和优化营商环境，推进落实综合服务窗口改革，全面实行一窗式办结；江南办事处同市不动产中心、市医保局等多家单位进驻市民生大厦，达到了一站式为民服务效果，形成了惠及民众的基本公共服务体系；充分运用信息化手段解决企业和群众反映强烈的办事难、办事慢、办事繁的问题，加快推进政务服务"一网通办"，主动对接市级政务服务一体化平台，梳理33项公积金公共服务事项、优化工作流程，缩减承办时限。

(四)信息化建设情况。 综合服务平台、公积金业务系统、网上服务大厅、手机App四大服务系统推出查询挂账明细、修改抵押物合同信息等20项全新便民服务功能；已有15716名职工通过支付宝"刷脸"功能绑定住房公积金账户。手机App注册人数达7193人。"牡丹江公积金"微信公众号智能查询服务日均办理查询服务96人次，职工通过微信办理查询业务总量218629人次。

(五)获得荣誉情况。

1. 荣获市总工会颁发的全市"安康杯"竞赛优胜班组。
2. 荣获市直机关工委颁发的"十佳五星级党支部"荣誉称号。
3. 荣获市直机关工委颁发的"工匠精神"荣誉称号。
4. 荣获市妇女联合会委颁发的"巾帼建功先进集体""三八"红旗手荣誉称号。
5. 荣获市直机关工委颁发的践行"工匠精神"先进干部荣誉称号。

(六)法院强制执行情况。 2020年对35户"一房多售"逾期户进行司法起诉，经法院调解4户已结清贷款，回收逾期资金20万元。

黑河市住房公积金2020年年度报告

根据国务院《住房公积金管理条例》和住房和城乡建设部、财政部、人民银行《关于健全住房公积金信息披露制度的通知》（建金〔2015〕26号）的规定，经住房公积金管理委员会审议通过，现将黑河市住房公积金2020年年度报告公布如下。

一、机构概况

(一)住房公积金管理委员会。 住房公积金管理委员会有21名委员，2020年召开1次会议，审议通过的事项主要包括：2019年住房公积金归集、使用计划执行情况和2020年归集、使用计划；向社会发布的黑河市住房公积金2019年年度报告；修订黑河市住房公积金个人住房贷款管理办法和调整住房公积金相关政策意见。

(二)住房公积金管理中心。 住房公积金管理中心为公益一类不以营利为目的财政全额补助事业单位，设8个科，7个分中心。从业人员79人，其中，在编59人，非在编20人。

二、业务运行情况

(一)缴存。 2020年，新开户单位127家，净减单位9家；新开户职工0.63万人，净增职工0.42万人；实缴单位 1981 家，实缴职工 9.79 万人，缴存额 14.62 亿元，分别同比下降 0.45%、同比增长 4.48%、12.20%。2020 年末，缴存总额 114.20 亿元，比上年末增加 14.68%；缴存余额 64.74 亿元，同比增长 7.11%。受委托办理住房公积金缴存业务的银行 5 家。

（二）提取。2020 年，5.92 万名缴存职工提取住房公积金 10.31 亿元，同比增长 5.42%；提取额占当年缴存额的 70.52%，比上年减少 4.56 个百分点。2020 年末，提取总额 49.45 亿元，比上年末增加 26.34%。

（三）贷款。

1. 个人住房贷款。单缴存职工个人住房贷款最高额度 55 万元，双缴存职工个人住房贷款最高额度 70 万元。

2020 年，发放个人住房贷款 0.29 万笔、8.94 亿元，同比分别持平、增长 16.41%。

2020 年，回收个人住房贷款 5.75 亿元。

2020 年末，累计发放个人住房贷款 6.02 万笔、84.21 亿元，贷款余额 32.41 亿元，分别比上年末增加 5.24%、11.88%、10.92%。个人住房贷款余额占缴存余额的 50.06%，比上年末增加 1.72 个百分点。受委托办理住房公积金个人住房贷款业务的银行 3 家。

2. 异地贷款。2020 年，发放异地贷款 122 笔、3246 万元。2020 年末，发放异地贷款总额 7956 万元，异地贷款余额 6956.32 万元。

（四）资金存储。2020 年末，住房公积金存款 32.25 亿元。其中，活期 0.41 亿元，1 年定期 29.88 亿元，协定存款 1.96 亿元。

（五）资金运用率。2020 年末，住房公积金个人住房贷款余额占缴存余额的 50.06%，比上年末增加 1.72 个百分点。

三、主要财务数据

（一）业务收入。2020 年，业务收入 17597.34 万元，同比增长 10.92%。存款利息 7638.87 万元，委托贷款利息 9950.69 万元，其他 7.78 万元。

（二）业务支出。2020 年，业务支出 9866.36 万元，同比增长 7.83%。支付职工住房公积金利息 9567.25 万元，委托贷款手续费 298.52 万元，其他 0.59 万元。

（三）增值收益。2020 年，增值收益 7730.98 万元，同比增长 15.12%。增值收益率 1.23%，比上年增加 0.1 个百分点。

（四）增值收益分配。2020 年，提取贷款风险准备金 318.84 万元，提取管理费用 709.88 万元，提取城市廉租住房（公共租赁住房）建设补充资金 6702.26 万元。

2020 年，上交财政管理费用 914.44 万元。上缴财政城市廉租住房（公共租赁住房）建设补充资金 5673.17 万元。

2020 年末，贷款风险准备金余额 4123.15 万元。累计提取城市廉租住房（公共租赁住房）建设补充资金 37576.89 万元。

（五）管理费用支出。2020 年，管理费用支出 1155.23 万元，同比增长 20.42%。其中，人员经费 869.20 万元，公用经费 38.18 万元，专项经费 247.85 万元。

四、资产风险状况

个人住房贷款。2020年末，个人住房贷款逾期额815.48万元，逾期率2.52‰。个人贷款风险准备金余额4123.15万元。

五、社会经济效益

（一）缴存业务。缴存职工中，国家机关和事业单位占60.10%，国有企业占21.72%，城镇集体企业占0.70%，外商投资企业占1.41%，城镇私营企业及其他城镇企业占4.83%，民办非企业单位和社会团体占0.26%，灵活就业人员占2.89%，其他占8.09%；中、低收入占98.82%，高收入占1.18%。

新开户职工中，国家机关和事业单位占36.98%，国有企业占15.68%，城镇集体企业占0.19%，外商投资企业占1.01%，城镇私营企业及其他城镇企业占7.29%，民办非企业单位和社会团体占0.72%，灵活就业人员占28.66%，其他占9.47%；中、低收入占99.67%，高收入占0.33%。

（二）提取业务。提取金额中，购买、建造、翻建、大修自住住房占24.81%，偿还购房贷款本息占28.72%，租赁住房占0.61%，离休和退休提取占23.70%，其他占22.16%。提取职工中，中、低收入占97.40%，高收入占2.60%。

（三）贷款业务。个人住房贷款。2020年，支持职工购建房32.41万平方米，年末个人住房贷款市场占有率为42.10%，比上年末增加2.24个百分点。通过申请住房公积金个人住房贷款，节约职工购房利息支出9534.64万元。

职工贷款笔数中，购房建筑面积90（含）平方米以下占19.64%，90～144（含）平方米占72.62%，144平方米以上占7.74%。购买新房占78.41%，购买二手房占21.59%。

职工贷款笔数中，单缴存职工申请贷款占96.13%，双缴存职工申请贷款占3.87%。

贷款职工中，30岁（含）以下占25.60%，30岁～40岁（含）占38.72%，40岁～50岁（含）占25.43%，50岁以上占10.25%；首次申请贷款占81.12%，二次及以上申请贷款占18.88%；中、低收入占98.46%，高收入占1.54%。

（四）住房贡献率。2020年，个人住房贷款发放额、住房消费提取额的总和与当年缴存额的比率为99.32%，比上年减少9.52个百分点。

六、其他重要事项

（一）应对新冠肺炎疫情采取的措施，落实住房公积金阶段性支持政策情况和政策实施成效。一是加强网上办理业务。为全面做好新型冠状病毒感染肺炎疫情防控工作，有效避免人员聚集，黑河市住房公积金管理中心发出《不出门不见面网上办推行业务网上办理倡议书》，选择使用管理中心网上业务大厅、手机App、微信公众号等方式办理业务，共受理电话咨询业务200余人次，自助查询业务21905笔，单位公积金缴存业务985笔。

二是给予政策支持。对因受疫情影响，未能按时足额缴存住房公积金的单位及个人，可申请补缴。缴存时间连续计算，不影响缴存人申请租房提取和住房公积金贷款的权益；受疫情影响导致生产经营困难的企业，可在2020年6月30日前申请降低住房公积金缴存比例或申请暂缓缴存住房公积金；对提取住房公积金有时限要求的,可在疫情解除后60日内办理;所有受疫情影响的缴存人,2020年6月30日前未能正常还款的,不作逾期处理,免收罚息,不作为逾期记录报送征信部门。

(二)推出了"异地协查认证""自由职业者缴存使用住房公积金""支持外国人和港澳台同胞缴存住房公积金"等13项利民、惠民政策,解决了"职工无法在购房所在地提供贷款抵押物""自由职业者贷款购房成本高"等难题,进一步扩大了公积金政策红利覆盖面。对现有的办件手续要件和流程进行梳理,利用信息技术手段对所需材料进行电子化管理,降低缴存职工办事成本,缩短缴存职工办理时间。持续推进缴存扩面,市级及爱辉区财政拨款单位缴存比例由10%提高到12%。加大按揭贷款签约力度,对符合签约条件的开发企业,主动上门服务、预约服务。进一步加强资金管理,积极协调受委托银行将存款利率由基准利率上浮30%提高到50%,贷款手续费由5%降至3%,多措并举提高收益水平。印发《黑河市住房公积金个人住房贷款管理暂行办法》,规范住房公积金个人住房贷款管理,放宽贷款条件,提高贷款额度,放开国内异地贷款。开足马力亲民助企,通过"上门"政策宣讲、"预约+延时"业务办理等举措,进一步提速公积金贷款办理及发放,助力疫情期间企业复工复产。

绥化市住房公积金 2020 年年度报告

根据国务院《住房公积金管理条例》和住房和城乡建设部、财政部、人民银行《关于健全住房公积金信息披露制度的通知》(建金〔2015〕26号)的规定,经住房公积金管理委员会审议通过,现将绥化市住房公积金2020年年度报告公布如下。

一、机构概况

(一)住房公积金管理委员会。住房公积金管理委员会有19名委员,2020年召开1次会议,审议通过的事项主要包括:关于呈报《2019年工作总结和2020年工作安排》的报告、《绥化市住房公积金经办中心2020年归集使用计划及增值分配计划》、《绥化市住房公积金2019年年度工作报告》、《关于开设住房公积金专户的申请》、《关于为公积金缴存单位配备电子智能钥匙所需经费的请示》等。

(二)住房公积金管理中心。住房公积金管理中心为隶属绥化市政府不以营利为目的的自筹自支事业单位,设6个科,9个管理部。从业人员122人,其中,在编67人,非在编55人。

二、业务运行情况

(一)缴存。2020年,新开户单位200家,净增单位21家;新开户职工1.38万人,净增职工0.54万人;实缴单位3044家,实缴职工16.36万人,缴存额17.98亿元,分别同比增长0.69%、3.41%、8.97%。2020年末,缴存总额134.85亿元,比上年末增加15.38%;缴存余额76.72亿元,同比增长11.11%。受委托办理住房公积金缴存业务的银行2家。

(二)提取。2020年,2.82万名缴存职工提取住房公积金;提取额10.31亿元,同比增长0.78%;提取额占当年缴存额的57.34%,比上年减少4.66个百分点。2020年末,提取总额58.13亿元,比上年末增加 21.56%。

(三) 贷款。

1. 个人住房贷款。个人住房贷款最高额度 90 万元。单缴存职工个人住房贷款最高额度 60 万元，双缴存职工个人住房贷款最高额度 90 万元。

2020 年，发放个人住房贷款 0.18 万笔、4.81 亿元，同比分别下降 5.26%、3.99%。

2020 年，回收个人住房贷款 5.18 亿元。

2020 年末，累计发放个人住房贷款 4.2 万笔、64.03 亿元，贷款余额 31.63 亿元，分别比上年末增加 4.48%、8.12%、－1.16%。个人住房贷款余额占缴存余额的 41.23%，比上年末减少 5.11 个百分点。受委托办理住房公积金个人住房贷款业务的银行 4 家。

2. 异地贷款。2020 年，发放异地贷款 263 笔、7418.5 万元。2020 年末，发放异地贷款总额 63414.1 万元，异地贷款余额 36175.31 万元。

(四) 资金存储。2020 年末，住房公积金存款 45.1 亿元。其中，活期 0.05 亿元，1 年（含）以下定期 43.3 亿元，其他（协定、通知存款等）1.75 亿元。

(五) 资金运用率。2020 年末，住房公积金个人住房贷款余额占缴存余额的 41.23%，比上年末减少 5.11 个百分点。

三、主要财务数据

(一) 业务收入。2020 年，业务收入 18083.95 万元，同比增长 10.04%。存款利息 7860.98 万元，委托贷款利息 10200.56 万元，其他 22.41 万元。

(二) 业务支出。2020 年，业务支出 10277.25 万元，同比增长 15.57%。支付职工住房公积金利息 9958.65 万元，委托贷款手续费 318.3 万元，其他 0.3 万元。

(三) 增值收益。2020 年，增值收益 7806.7 万元，同比增长 3.52%。增值收益率 1.08%，比上年减少 0.07 个百分点。

(四) 增值收益分配。2020 年，提取管理费用 983.76 万元，提取城市廉租住房（公共租赁住房）建设补充资金 6822.94 万元。

2020 年，上交财政管理费用 983.76 万元。上缴财政城市廉租住房（公共租赁住房）建设补充资金 6016.24 万元。

2020 年末，贷款风险准备金余额 4763.67 万元。累计提取城市廉租住房（公共租赁住房）建设补充资金 31425.18 万元。

(五) 管理费用支出。2020 年，管理费用支出 983.76 万元，同比下降 23.18%。其中，人员经费 778.38 万元，公用经费 25.27 万元，专项经费 180.11 万元。

四、资产风险状况

个人住房贷款。2020 年末，个人住房贷款逾期额 5824.27 万元，逾期率 18.41‰。个人贷款风险准备金余额 4763.67 万元。

五、社会经济效益

（一）**缴存业务**。缴存职工中，国家机关和事业单位占65.75%，国有企业占21.49%，城镇集体企业占0.37%，外商投资企业占1.37%，城镇私营企业及其他城镇企业占5.93%，民办非企业单位和社会团体占0.06%，其他占5.03%；中、低收入占97.93%，高收入占2.07%。

新开户职工中，国家机关和事业单位占43.62%，国有企业占10.84%，城镇集体企业占0.54%，外商投资企业占0.47%，城镇私营企业及其他城镇企业占28.06%，民办非企业单位和社会团体占0.12%，其他占16.35%；中、低收入占99.82%，高收入占0.18%。

（二）**提取业务**。提取金额中，购买、建造、翻建、大修自住住房占22.1%，偿还购房贷款本息占34.26%，租赁住房占0.79%，离休和退休提取占32.53%，完全丧失劳动能力并与单位终止劳动关系提取占3.53%，其他占6.79%。提取职工中，中、低收入占98.13%，高收入占1.87%。

（三）**贷款业务**。个人住房贷款。2020年，支持职工购建房19.7万平方米（含公转商贴息贷款），年末个人住房贷款市场占有率（含公转商贴息贷款）为31.54%，比上年末增加0.82个百分点。通过申请住房公积金个人住房贷款，可节约职工购房利息支出22625.6万元。

职工贷款笔数中，购房建筑面积90（含）平方米以下占26.02%，90~144（含）平方米占66.94%，144平方米以上占7.04%。购买新房占71.52%，购买二手房占28.48%。

职工贷款笔数中，单缴存职工申请贷款占46.26%，双缴存职工申请贷款占53.74%。

贷款职工中，30岁（含）以下占24.77%，30岁~40岁（含）占36.93%，40岁~50岁（含）占30.44%，50岁以上占7.86%；首次申请贷款占91.38%，二次及以上申请贷款占8.62%；中、低收入占98.04%，高收入占1.96%。

（四）**住房贡献率**。2020年，个人住房贷款发放额、住房消费提取额的总和与当年缴存额的比率为59.51%，比上年减少10.07个百分点。

六、其他重要事项

1. 当年信息化建设情况。为充分响应国家大数据发展战略，加快公积金大数据部署，深化大数据应用，充分利用"互联网＋"技术，依照住房和城乡建设部颁布的《综合服务平台建设导则》，结合住房和城乡建设部住房公积金监管司及省公积金建管处相关要求，中心投入资金、人力、物力建立了科学、合理、规范、实用的住房公积金业务数据体系，按时限完成各类住房公积金平台接入工作，主要包括以下几方面：①接入全国住房公积金监管服务平台；②接入黑龙江省住房公积金监管及数据共享平台；③升级完善自建监管平台及综合服务平台相关业务模块；④接入税务数据上报平台实现数据实时上报；⑤开通公积金业务跨省通办业务模块。

2. 2020年根据统计局提供的绥化市2019年从业人员年人均工资，确定了2020年绥化住房公积金缴存基数上限为13966.00元，根据省人社部门发布的绥化地区用工最低标准，确定了缴存基数下限为1450元。并下发了《关于确定2020年绥化市住房公积金缴存基数和月缴存额上、下限以及相关要求的通知》绥金办函〔2020〕3号文件。

3. 当年个人住房贷款最高贷款额度90万元，执行贷款利率5年以内（含5年）为2.75%，5年以上为3.25%。

4. 下发了《绥化市住房公积金经办中心关于妥善应对新冠肺炎疫情落实住房公积金阶段性支持政策的通知》绥金管〔2020〕4号。主要包括以下几方面：①受新冠肺炎疫情影响的企业，可按规定申请在2020年6月30日前缓缴住房公积金，缓缴期间缴存时间连续计算，不影响职工正常提取和申请住房公积金贷款；②经认定的新冠肺炎疫情严重和较严重县、市、区，企业在与职工充分协商的前提下，可在2020年6月30日前自愿缴存住房公积金；③2020年6月30日前，住房公积金贷款的借款人因受新冠肺炎疫情影响未能正常还款的，不作逾期处理，不作为逾期记录报送征信部门，已报送的予以调整。

大兴安岭地区住房公积金2020年年度报告

根据国务院《住房公积金管理条例》和住房和城乡建设部、财政部、人民银行《关于健全住房公积金信息披露制度的通知》（建金〔2015〕26号）的规定，经大兴安岭地区住房公积金管理委员会审议通过，现将大兴安岭地区住房公积金2020年度报告公布如下。

一、机构概况

（一）住房公积金管理委员会。住房公积金管理委员会有19名委员，2020年召开1次会议，审议通过的事项主要包括：

1.《关于2019年住房公积金归集使用计划执行情况和2020年住房公积金归集使用计划的报告》；
2.《2019年增值收益分配方案及2020年增值收益分配计划》；
3.《大兴安岭地区住房公积金2019年度报告》；
4.《大兴安岭地区住房公积金提取管理办法》；
5.《大兴安岭地区住房公积金贷款暂行管理办法》；
6.《大兴安岭地区住房公积金经办中心逾期贷款催收管理办法》；
7.《大兴安岭地区住房公积金失信黑名单暂行管理办法》；
8.《大兴安岭地区住房公积金征信系统使用管理办法》；
9.《大兴安岭地区灵活就业自愿缴存住房公积金的工作方案》；
10.《2020年全区住房公积金清理不合规账户工作方案》；
11.《地区住房公积金经办中心线上业务办理情况》；
12.《农业银行大兴安岭分行与中心数据共享工作情况》；
13.《大兴安岭地区住房公积金电子稽查工作方案》。

（二）住房公积金管理中心。住房公积金经办中心为大兴安岭地区行署不以营利为目的的参公事业单位，下设5个科室，1个核算中心，12个服务网点。从业人员45人，其中，在编12人，非在编33人。

二、业务运行情况

（一）缴存。2020年，新开户单位38家，净减少36家，新开户职工0.12万人，净减少职工0.13万人；实缴单位1252家，实缴职工5.37万人，缴存额6.40亿元，分别同比减少2.80%、减少2.36%、同比增长1.75%。2020年末，缴存总额49.40亿元，比上年末增加14.88%；缴存余额26.81亿元，同比增长11.94%。

受委托办理住房公积金缴存业务的银行4家。

（二）提取。2020年，0.84万名缴存职工提取住房公积金；提取额3.55亿元，同比增长12.69%；提取额占当年缴存额的55.47%，比上年增加5.4个百分点。2020年末，提取总额22.59亿元，比上年末增加18.58%。

（三）贷款。

1. 个人住房贷款。个人住房贷款最高额度40万元，单缴存职工个人住房贷款最高额度30万元，双缴存职工个人住房贷款最高额度40万元。

2020年，发放个人住房贷款0.03万笔、0.42亿元，同比分别下降25%、32.26%。

2020年，回收个人住房贷款0.60亿元。

2020年末，累计发放个人住房贷款0.55万笔、7.19亿元，贷款余额2.92亿元，分别比上年末增加5.77%、增加6.36%、减少5.81%。个人住房贷款余额占缴存余额的10.89%，比上年末减少2.05个百分点。受委托办理住房公积金个人住房贷款业务的银行2家。

2. 异地贷款。2020年，发放异地贷款21笔、415.30万元。2020年末，发放异地贷款总额2103.80万元，异地贷款余额1187.92万元。

（四）资金存储。2020年末，住房公积金存款22.96亿元。其中，活期1.07亿元，1年以上定期21.89亿元。

（五）资金运用率。2020年末，住房公积金个人住房贷款余额、项目贷款余额和购买国债余额的总和占缴存余额的10.89%，比上年末减少2.05个百分点。

三、主要财务数据

（一）业务收入。2020年，业务收入9394.16万元，同比增长17.32%。存款利息8452.97万元，委托贷款利息940.94万元，其他0.25万元。

（二）业务支出。2020年，业务支出3870.87万元，同比增长16.10%。其中，支付职工住房公积金利息3823.75万元，委托贷款手续费47.03万元，其他0.09万元。

（三）增值收益。2020年，增值收益5523.29万元，同比增长18.19%。增值收益率2.18%，比上年增加0.09个百分点。

（四）增值收益分配。2020年，提取管理费用630.60万元，提取城市廉租住房（公共租赁住房）建设补充资金4892.69万元。

2020年，上交财政管理费用347.57万元。上缴财政城市廉租住房（公共租赁住房）建设补充资金3652.43万元。

2020年末，贷款风险准备金余额3996.95万元。累计提取城市廉租住房（公共租赁住房）建设补充资金14810.60万元。

（五）管理费用支出。 2020年，管理费用支出630.60万元，同比增长38.94%。其中，人员经费174.63万元，公用经费15.92万元，专项经费440.05万元。

四、资产风险状况

个人住房贷款。2020年末，个人住房贷款逾期额20.85万元，逾期率0.71‰，个人贷款风险准备金余额3996.95万元。2020年，使用个人贷款风险准备金核销呆坏账0万元。

五、社会经济效益

（一）缴存业务。 缴存职工中，国家机关和事业单位占46.97%，国有企业占51.41%，城镇集体企业占0.24%，外商投资企业占0.03%，城镇私营企业及其他城镇企业占1.14%，民办非企业单位和社会团体占0.11%，灵活就业人员占0%，其他占0.10%；中、低收入占98.80%，高收入占1.20%。

新开户职工中，国家机关和事业单位占51.67%，国有企业占37.79%，城镇集体企业占0%，外商投资企业占0.42%，城镇私营企业及其他城镇企业占8.61%，民办非企业单位和社会团体占0.17%，灵活就业人员占0%，其他占1.34%；中、低收入占97.91%，高收入占2.09%。

（二）提取业务。 提取金额中，购买、建造、翻建、大修自住住房占29.84%，偿还购房贷款本息占19.66%，租赁住房占2.30%，支持老旧小区改造占0%，离休和退休提取占41.24%，完全丧失劳动能力并与单位终止劳动关系提取占0%，出境定居占0%，其他占6.96%。提取职工中，中、低收入占64.30%，高收入占35.70%。

（三）贷款业务。

个人住房贷款。2020年，支持职工购建房2.64万平方米，年末个人住房贷款市场占有率为51.87%，比上年末增加1.30个百分点。通过申请住房公积金个人住房贷款，可节约职工购房利息支出664.75万元。

职工贷款笔数中，购房建筑面积90（含）平方米以下占41.64%，90～144（含）平方米占53.90%，144平方米以上占4.46%。购买新房占3.35%（其中购买保障性住房占0%），购买二手房占96.65%，建造、翻建、大修自住住房占0%（其中支持老旧小区改造占0%），其他占0%。

职工贷款笔数中，单缴存职工申请贷款占48.33%，双缴存职工申请贷款占51.67%，三人及以上缴存职工共同申请贷款占0%。

贷款职工中，30岁（含）以下占32.34%，30岁～40岁（含）占41.63%，40岁～50岁（含）占14.13%，50岁以上占11.90%；首次申请贷款占93.68%，二次及以上申请贷款占6.32%；中、低收入占98.14%，高收入占1.86%。

（四）住房贡献率。 2020年，个人住房贷款发放额、公转商贴息贷款发放额、项目贷款发放额、住房消费提取额的总和与当年缴存额的比率为35.31%，比上年减少3.48个百分点。

六、其他重要事项

（一）应对新冠肺炎疫情采取的措施，落实住房公积金阶段性支持政策情况和政策实施成效。 年初以来，受到新型冠状病毒感染肺炎疫情影响，在春节假期结束后窗口停止办公。大兴安岭地区住房公积金管理委员会第一时间下发《关于做好疫情防控工作加强住房公积金业务支持有关问题的通知》，执行了对因感染新型肺炎住院治疗或被隔离、疫情防控需要被隔离观察、参加疫情防控工作以及其他受疫情影响的缴存人，疫情期间不能正常偿还住房公积金贷款的，不作逾期处理，免收罚息的政策。实实在在为老百姓做实事，从根本上减轻了还款压力；恢复业务办理后，采取窗口预约的方式，合理调节窗口业务受理数量，既保证了防控安全，也满足了职工需求。

截至2020年末，受疫情影响已缓缴企业恢复正常缴存的个数为1218户，受疫情影响已缓缴企业恢复正常缴存的职工总数为52434人，受疫情影响已缓缴企业恢复正常缴存的金额合计（含单位和职工部分）35467.92万元。受疫情影响不作逾期处理的贷款仍未正常还款的总笔数为1笔，受疫情影响不作逾期处理的贷款仍未正常还款的贷款余额合计19.19万元，受疫情影响不作逾期处理的贷款仍未正常还款的应还未还本金金额合计为3.53万元。

（二）当年机构及职能调整情况、受委托办理缴存贷款业务金融机构变更情况。当年中心机构和职能无调整，缴存贷款业务的金融机构无变更。

（三）当年住房公积金政策调整及执行情况，包括当年缴存基数限额及确定方法、缴存比例等缴存政策调整情况；当年提取政策调整情况；当年个人住房贷款最高贷款额度、贷款条件等贷款政策调整情况；当年住房公积金存贷款利率执行标准等；支持老旧小区改造政策落实情况。根据《住房公积金管理条例》（国务院令第350号）和建设部、财政部、中国人民银行《关于住房公积金管理若干具体问题的指导意见》建金管〔2005〕5号文件规定，按照今年大兴安岭地区行署统计局《2019年大兴安岭地区国民经济和社会发展统计公报》公布的相关数据，现将我区2020年职工住房公积金缴存基数上限作如下调整。2020年统计局公布，2019年全区城镇非私营在岗职工平均工资为55608元，确定2020年住房公积金缴存基数上限为2019年末全区城镇非私营在岗职工月平均工资的3倍13902元（55608元/年÷12个月×3倍）。

为全面贯彻落实省委、地委"深入开展解放思想，推动高质量发展大讨论"和"整顿机关作风，优化营商环境"，建立起"办事不求人机制"的总体部署，秉持"便民、利民、惠民、提效"的原则，中心在充分调研的基础上，召开9次专题会议深入研究讨论，在征得省住房城乡建设厅公积金监管处同意后，对我区原有公积金管理机制、制度、办法进行了修改完善，调整了相关政策。修订了《大兴安岭地区住房公积金提取管理办法》《大兴安岭地区住房公积金贷款暂行管理办法》《大兴安岭地区住房公积金经办中心逾期贷款催收管理办法》《大兴安岭地区住房公积金失信黑名单暂行管理办法》。制定了《大兴安岭地区住房公积金征信系统使用管理办法》《大兴安岭地区灵活就业自愿缴存住房公积金的工作方案》《2020年全区住房公积金清理不合规账户工作方案》《地区住房公积金经办中心线上业务办理情况》《农业银行大兴安岭分行与中心数据共享工作情况》《大兴安岭地区住房公积金电子稽查工作方案》。9月3日，经大兴安岭地区住房公积金管委会审议通过。

根据本地区实际情况和今年工作中出现的新变化新需求。对公积金提取范围、提取凭证、提取程序和法律责任作了增加和调整，如无房职工连续缴存3个月以上即可租房提取，以前为6个月等。根据本地区实际对原贷款办法修改8条，增加4条，删除1条。目前公积金存款利率为1.5%，贷款利率五年以下的为2.75%，五年以上为3.25%。老旧小区改造政策方面，将老旧小区加装电梯列为公积金提取范围，全力支持老旧小区改造。

（四）当年服务改进情况，包括推进住房公积金服务"跨省通办"工作情况，服务网点、服务设施、服务手段、综合服务平台建设和其他网络载体建设服务情况等。不断优化调整各项政策。一是创新工作手段，全力服务职工。针对无法直接到窗口办理个人业务的职工，中心秉持着帮助群众真真切切解决问题的宗旨，提供上门服务，派出业务人员到职工家中为其办理个人业务，得到了职工群众的高度赞扬。

二是根据职工需求，不断调整各项政策。扩大了提取范围。无房职工连续缴存3个月以上即可租房提取；购买异地自住住房能够提供网签合同和相关手续可以提取；老旧小区加装电梯提供相应手续可以提取。放宽了贷款门槛。如因开发商手续不全、不具备购房时即时申请条件的，五年内完备手续符合贷款条件可申请贷款。

三是深入优化业务流程，服务效能长足提升。男性年满60周岁、女性年满55周岁无需提供退休证明材料即可进行退休提取；取消了由职工提供的住房抵押评估证明；取消了在异地缴存住房公积金，并在本地购买住房的第三方担保；取消了当借款人本地不动产价值与市场价值不符时在资产评估机构办理评估所需的费用，该费用由中心承担；取消了销户提取的销户确认书一项要件。

四是积极推进灵活就业人员缴存公积金工作。新制定了《大兴安岭地区灵活就业人员自愿缴存住房公积金的工作方案》和《灵活就业人员建立住房公积金制度暂行管理办法》（征求意见稿）。经测算，我区灵活就业人员总数应该在5万人左右，如果将拥有自住住房在本地无购房需求的人群排除，全区总人数约为2万人。如果能为这部分自由职业者建立住房公积金，将为他们改善居住条件提供强有力的资金保障，对缓解购房压力，改善生活水平起到积极的促进作用，对助力我区民生建设具有深远意义。

全力推进数据共享工作，积极对接政府服务平台。一是完成了住房公积金数据共享平台对接工作。二是完成了政务服务平台事项对接。三是积极配合央行做好二代征信工作。

全面建成住房公积金系统综合服务平台，服务能力显著增强。一是完成网上业务大厅、手机App、微信公众号、12329客户服务系统、12329短信、自助查询机等多个服务渠道的建设和整合；二是建成后台综合管理系统；三是同步建设网络安全防护措施；四是建成电子档案容灾保护系统；五是完成机房配套工程建设。

（五）当年信息化建设情况，包括信息系统升级改造情况，基础数据标准贯彻落实和结算应用系统接入情况等。2020年大兴安岭公积金经办中心按照"模式金融化、业务智能化、流程标准化、服务社会化"的发展目标，以信息化建设为载体和突破口，以拓展"互联网＋公积金"服务为途径，加大投入，创新发展，不断完善信息化建设，提高服务效能。紧紧围绕住房和城乡建设部及黑龙江省住房和城乡建设厅工作大局，与时俱进，真抓实干，根据业务发展需求建设住房公积金综合服务平台、业务档案管理系统、手机App、完成住房公积金省、市数据共享平台对接工作、搭建业务与管理系统的二级等保测评、实施了信息中心网络及机房改造工程、完成失信黑名单管理系统建设、完善了计算机系统安全管理及设备维护等方面的制度，为中心各项业务的开展提供技术保障。

省直住房公积金2020年年度报告

根据国务院《住房公积金管理条例》和住房和城乡建设部、财政部、人民银行《关于健全住房公积金

信息披露制度的通知》（建金〔2015〕26号）的规定，经住房公积金管理委员会审议通过，现将省直住房公积金2020年年度报告公布如下。

一、机构概况

哈尔滨住房公积金管理中心省直分中心为黑龙江省机关事务管理局不以营利为目的的自收自支事业单位，主要负责省直住房公积金的归集、管理、使用和会计核算，设8个科室，从业人员55人，其中，在编35人，非在编20人。

二、业务运行情况

（一）缴存。2020年，新开户单位45家，净增单位－111家；新开户职工0.59万人，净增职工0.05万人；实缴单位1051家，实缴职工10.96万人，缴存额26.21亿元，分别同比增长－9.55％、0.45％、9.25％。2020年末，缴存总额232.86亿元，比上年末增加12.68％；缴存余额68.71亿元，同比增长10.82％。受委托办理住房公积金缴存业务的银行2家。

（二）提取。2020年，20.33万名缴存职工提取住房公积金；提取额19.49亿元，同比下降3.71％；提取额占当年缴存额的74.36％，比上年减少10个百分点。2020年末，提取总额164.16亿元，比上年末增加13.48％。

（三）贷款。

1.个人住房贷款。单缴存职工个人住房贷款最高额度50万元，双缴存职工个人住房贷款最高额度70万元。

2020年，发放个人住房贷款0.12万笔、5.82亿元，同比分别下降14.29％、11.15％。

2020年，回收个人住房贷款6.35亿元。

2020年末，累计发放个人住房贷款3.18万笔、108.85亿元，贷款余额55.25亿元，分别比上年末增加3.92％、5.65％、－0.95％。个人住房贷款余额占缴存余额的80.41％，比上年末减少9.57个百分点。受委托办理住房公积金个人住房贷款业务的银行2家。

2.异地贷款。2020年，发放异地贷款7笔、362万元。2020年末，发放异地贷款总额13488万元，异地贷款余额8518.39万元。

（四）资金存储。2020年末，住房公积金存款14.06亿元。其中，活期0.01亿元，1年（含）以下定期13.00亿元，1年以上定期0亿元，其他（协定、通知存款等）1.05亿元。

（五）资金运用率。2020年末，住房公积金个人住房贷款余额、项目贷款余额和购买国债余额的总和占缴存余额的80.41％，比上年末减少9.57个百分点。

三、主要财务数据

（一）业务收入。2020年，业务收入20552.76万元，同比增长9.53％。存款利息2551.56万元，委托贷款利息18001.20万元，国债利息0万元，其他0万元。

（二）业务支出。2020年，业务支出11212.32万元，同比下降17.90％。支付职工住房公积金利息10093.5万元，归集手续费351.32万元，委托贷款手续费767.5万元，其他0万元。

(三) 增值收益。2020年，增值收益9340.44万元，同比增长82.87%。增值收益率1.40%，比上年增加0.55个百分点。

(四) 增值收益分配。2020年，提取贷款风险准备金0万元，提取管理费用1230.29万元，提取城市廉租住房（公共租赁住房）建设补充资金8110.15万元。

2020年，上交财政管理费用1622.31万元。上缴财政城市廉租住房（公共租赁住房）建设补充资金3485.25万元。

2020年末，贷款风险准备金余额5598.79万元。累计提取城市廉租住房（公共租赁住房）建设补充资金58119.03万元。

(五) 管理费用支出。2020年，管理费用支出1391.82万元，同比增长17.51%。其中，人员经费345.81万元，公用经费23.27万元，专项经费1022.74万元。

四、资产风险状况

2020年末，个人住房贷款逾期额43.39万元，逾期率0.079‰，个人贷款风险准备金余额5598.79万元。2020年，使用个人贷款风险准备金核销呆坏账0万元。

五、社会经济效益

(一) 缴存业务。缴存职工中，国家机关和事业单位占76.48%，国有企业占6.44%，城镇集体企业占0.07%，外商投资企业占0.13%，城镇私营企业及其他城镇企业占15.45%，民办非企业单位和社会团体占0.21%，灵活就业人员占0%，其他占1.22%；中、低收入占99.96%，高收入占0.04%。

新开户职工中，国家机关和事业单位占56.64%，国有企业占13.07%，城镇集体企业占0.02%，外商投资企业占0.03%，城镇私营企业及其他城镇企业占28.72%，民办非企业单位和社会团体占0.47%，灵活就业人员占0%，其他占1.05%；中、低收入占98.02%，高收入占1.98%。

(二) 提取业务。提取金额中，购买、建造、翻建、大修自住住房占20.24%，偿还购房贷款本息占57.22%，租赁住房占1.86%，支持老旧小区改造占0%，离休和退休提取占16.75%，完全丧失劳动能力并与单位终止劳动关系提取占1.62%，出境定居占0%，其他占2.31%。提取职工中，中、低收入占95.87%，高收入占4.13%。

(三) 贷款业务。2020年，支持职工购建房12.09万平方米（含公转商贴息贷款），年末个人住房贷款市场占有率（含公转商贴息贷款）为1.83%，比上年末减少0.19个百分点。通过申请住房公积金个人住房贷款，可节约职工购房利息支出14387.83万元。

职工贷款笔数中，购房建筑面积90（含）平方米以下占41.24%，90~144（含）平方米占47.93%，144平方米以上占10.83%。购买新房占29.01%（其中购买保障性住房占0%），购买二手房占70.99%，建造、翻建、大修自住住房占0%（其中支持老旧小区改造占0%），其他占0%。

职工贷款笔数中，单缴存职工申请贷款占80.91%，双缴存职工申请贷款占19.09%，三人及以上缴存职工共同申请贷款占0%。

贷款职工中，30岁（含）以下占25.29%，30岁~40岁（含）占53.47%，40岁~50岁（含）占18.18%，50岁以上占3.06%；首次申请贷款占87.11%，二次及以上申请贷款占12.89%；中、低收入

占 97.60%，高收入占 2.40%。

（四）住房贡献率。 2020 年，个人住房贷款发放额、公转商贴息贷款发放额、项目贷款发放额、住房消费提取额的总和与当年缴存额的比率为 81.27%，比上年减少 16.81 个百分点。

六、其他重要事项

（一） 新冠肺炎疫情发生以来，我中心认真贯彻关于妥善应对新冠肺炎疫情实施住房公积金阶段性支持政策有关精神和要求，积极推进政策落实，全力帮助企业纾解困难，保障缴存职工合法权益。

1. 从 3 月 15 日政策发布到 6 月 30 日政策到期，有 7 家企业通过微信或电子邮件的方式申请缓缴，涉及职工 255 人，为企业减轻流动资金压力 262.88 万元。

2. 申请缓缴的企业中有两家单位只补缴了两个月的公积金，单位依然是欠缴状态，通过我中心与未能恢复正常缴交的两家企业沟通得知，两家企业在 2019 年年底进行事业单位机构改革后，单位性质由原有的自收自支事业单位转变为自负盈亏的企业，经营方向也发生变化，疫情期间，其生产经营又遭受严重损失，新的经营模式和业务拓展方向目前还不明朗，今后一段时间内可能都存在缴交困难的情况。针对这种情况，依据《住房公积金管理条例》，企业和职工充分协商，经企业职工代表大会或者工会审议通过，即可预约申请办理降低缴存比例至 5% 或延期缓缴住房公积金。

3. 受新冠肺炎疫情导致住院治疗、隔离、参与防控工作以及受疫情影响收入的公积金贷款职工，如果不能正常还款，不作逾期处理，不计收罚息且不影响个人征信，此举有效缓解缴存职工的还款压力，助力企业稳定职工队伍。从 3 月 15 日政策发布到 6 月 30 日政策到期，为 2120 余位职工处理逾期还款，涉及金额 620.08 万元。受疫情影响不作逾期处理的贷款恢复正常还情况后，全部正常还款。

（二） 按照国务院《住房公积金管理条例》、省直有关部门相关规定，2020 年省直公积金将住房公积金缴存基数调整为职工 2019 年月平均工资额。职工工资额按照国家统计局《关于工资总额组成的规定》（统制字〔1990〕1 号）计算。从 2020 年 1 月起，职工月缴存基数上限调整为 17943 元（即全市城镇非私营单位在岗职工 2019 平均工资的 3 倍），下限为哈尔滨市统计局公布的最低工资标准。

我中心作为哈尔滨住房公积金管理中心的分中心，参照《哈尔滨市住房公积金提取业务实施细则》（哈公积金规〔2020〕6 号）文件落实政策。我中心按照政策要求并结合工作实际，力争做到和哈尔滨住房公积金管理中心相同业务事项办理条件、材料要件、办理流程等各要素无差别、同待遇办理。

为支持城镇老旧小区居民提取住房公积金用于加装电梯等自住住房改造，按照省住房城乡建设厅《黑龙江省住房公积金提取管理办法》及哈尔滨住房公积金管理中心《哈尔滨市住房公积金提取业务实施细则》的政策要求，我中心自 2020 年 10 月起开展老旧小区改造及加装电梯提取工作。目前，两项业务已经开展数月有余，但均没有咨询及办理业务的相关实施单位及个人。

（三） 目前，我中心现有依申请类行政权力事项 0 项，缴存、提取、贷款、信息查询等公共服务事项共计 40 项，其中 31 项基于中心内部数据校验可在我中心公积金网上服务大厅及手机 App 上操作，实现全程网上办理及"跨省通办"，网上业务办结率为 77.50%。40 项服务事项中，5 项实现了"最多跑一次"，31 项实现"跑零次"，即办件比例达到 90%。其中，个人住房公积金缴存、提取、贷款信息均可在手机 App、微信公众号查询；住房公积金汇缴、补缴业务，单位及个人的缴存信息变更业务，单位经办人可使用秘钥登录网上服务大厅随时随地办理；正常退休的缴存职工无论身在何处都可通过手机App办理退休销户业务，公积金余额秒到账。2020年5月至10月，我中心按照省营商环境建设监督局相关要求，梳理服务事项、优化流程、精简材料，已将所涉及的服务事项按照《国家政务服务平台政务服务事项基本目录及实施清单》提出的要素标准规范要求全部上报省政务服务平台。2020年，企业可在政务服务网上直接进行住房公积金缴存注册登记，无需再到我中心网上服务大厅或线下业务大厅进行二次登记。

截止到2020年12月31日，公积金手机App累计注册人数46811人，日活跃量达到950人，网上服务大厅累计注册量为795家单位，每日在网上服务大厅办理汇补缴、缴存单位及个人信息变更等对公业务180余笔。2019年线上业务办理数量为18079笔，2020年线上业办理务数量增长为29559笔，同比增长了63.5%。

（四）根据《黑龙江省住房和城乡建设厅关于加快建设全省住房公积金监管及数据共享平台的通知》要求，我中心结合自身实际，制定了《哈尔滨住房公积金管理中心省直分中心接入省级监管及数据共享平台工作方案》。督促业务系统服务厂商严格按照《黑龙江省住房公积金监管及数据共享平台技术方案》按时完成技术开发和接入工作。并按照《各住房公积金管理中心工作清单》要求，调试网络、配置网络访问端口及访问关系。规划硬件资源，搭建数据库从库，用于监管平台采集数据。2020年12月25至30日部署程序进行测试，并于2020年12月31日完成开发，在2021年1月4日正式接入省级监管平台。

（五）针对目前与房产、民政等相关部门未能实现全面信息共享，而缴存职工办理提取、贷款业务可能存在提供虚假材料问题的现状，为进一步加大审核力度、防范业务风险，我中心执行下列相关措施。1.建立了与其他公积金中心跨地协查机制；2.实施失信联合惩戒，机关、事业单位及国有企业缴存职工违规提取住房公积金情节严重的，向其所在单位通报；3.建立提取承诺书及贷款保证书制度，以书面的形式对其强调申请材料真实有效的严肃性及如果提供虚假材料所需承担的法律后果，并将承诺、保证书作为事后督查、跟踪审计的重要材料；4.在办理部分提取业务时，必须是提取人本人或者配偶办理，其他人员均不能代为办理。进一步阻断黑中介可能介入办理违规提取的路径；5.全面提升公积金队伍综合素质。对工作规程、业务流程再次进行梳理，规范服务行为，对重要岗位相关工作人员进行轮岗交流和顶岗检查，形成更加完善的工作标准和运行规程。建立起科学合理、符合工作实际的权力之间、部门之间、岗位之间相互制约的机制；6.业务大厅可查询个人征信报告，联网核查确保提取住房公积金的行为和要件真实准确；7.与当地、外地不动产部门实时联系，及时核对房产信息的真实性。

哈尔滨住房公积金管理中心农垦分中心住房公积金2020年年度报告

根据国务院《住房公积金管理条例》和住房和城乡建设部、财政部、人民银行《关于健全住房公积金信息披露制度的通知》（建金〔2015〕26号）的规定，现将哈尔滨住房公积金管理中心农垦分中心住房公积金2020年年度报告公布如下。

一、机构概况

（一）**住房公积金管理委员会**。住房公积金管理委员会有 15 名委员，2020 年未召开会议。

（二）**住房公积金管理中心**。住房公积金管理中心为北大荒农垦集团有限公司不以营利为目的的自收自支事业单位，设 8 个科，7 个管理部。从业人员 75 人，其中，在编 24 人，非在编 51 人。

二、业务运行情况

（一）**缴存**。2020 年，新开户单位 36 家，净增单位 10 家；新开户职工 0.46 万人，净增职工－0.19 万人；实缴单位 932 家，实缴职工 9.1 万人，缴存额 14.1 亿元，分别同比增长 1.08%、－2.04%、4.5%。2020 年末，缴存总额 129.36 亿元，比上年末增加 12.24%；缴存余额 55.44 亿元，同比增长 14.66%。受委托办理住房公积金缴存业务的银行 2 家。

（二）**提取**。2020 年，1.62 万名缴存职工提取住房公积金；提取额 7.01 亿元，同比下降 8.41%；提取额占当年缴存额的 49.73%，比上年减少 7.02 个百分点。2020 年末，提取总额 73.92 亿元，比上年末增加 10.48%。

（三）**贷款**。

1. 个人住房贷款。个人住房贷款最高额度 70 万元。单缴存职工个人住房贷款最高额度 50 万元，双缴存职工个人住房贷款最高额度 70 万元。

2020 年，发放个人住房贷款 0.06 万笔、2.16 亿元，同比分别下降 44.47%、43.86%。

2020 年，回收个人住房贷款 1.74 亿元。

2020 年末，累计发放个人住房贷款 2.39 万笔、37.21 亿元，贷款余额 15.38 亿元，分别比上年末增加 2.36%、6.18%、2.85%。个人住房贷款余额占缴存余额的 27.74%，比上年末减少 3.18 个百分点。受委托办理住房公积金个人住房贷款业务的银行 3 家。

2. 异地贷款。2020 年，发放异地贷款 37 笔、1089.5 万元。年末，发放异地贷款总额 8020.5 万元，异地贷款余额 7033.42 万元。

（四）**资金存储**。2020 年末，住房公积金存款 40.07 亿元。其中，活期 0.01 亿元，1 年（含）以下定期 29.85 亿元，1 年以上定期 10 亿元，其他（协定、通知存款等）0.21 亿元。

（五）**资金运用率**。2020 年末，住房公积金个人住房贷款余额、项目贷款余额和购买国债余额的总和占缴存余额的 27.74%，比上年末减少 3.18 个百分点。

三、主要财务数据

（一）**业务收入**。2020 年，业务收入 12901.23 万元，同比增长 24.4%。其中，存款利息 8003.76 万元，委托贷款利息 4872.38 万元，其他 25.09 万元。

（二）**业务支出**。2020 年，业务支出 8626.19 万元，同比增长 33.58%。其中，支付职工住房公积金利息 7253.85 万元，委托贷款手续费 133.79 万元，其他 1238.55 万元（其中按审计要求为开发商保证金计息 1226.97 万元）。

（三）**增值收益**。2020 年，增值收益 4275.04 万元，同比增长 9.24%。增值收益率 0.83%，比上年减少 0.04 个百分点。

（四）增值收益分配。 2020 年，提取管理费用 1751.37 万元，提取城市廉租住房（公共租赁住房）建设补充资金 2523.68 万元。

2020 年，上交财政管理费用 1315.82 万元。上缴财政城市廉租住房（公共租赁住房）建设补充资金 1102.56 万元。

2020 年末，贷款风险准备金余额 13378.96 万元。累计提取城市廉租住房（公共租赁住房）建设补充资金 16642.11 万元。

（五）管理费用支出。 2020 年，管理费用支出 1322.95 万元，同比下降 21.52%。其中，人员经费 602.39 万元，公用经费 444.53 万元，专项经费 276.03 万元。

四、资产风险状况

个人住房贷款。 2020 年末，个人住房贷款逾期额 45.92 万元，逾期率 0.3‰。个人贷款风险准备金余额 13378.96 万元。2020 年，使用个人贷款风险准备金核销呆坏账 0 万元。

五、社会经济效益

（一）缴存业务。 缴存职工中，国家机关和事业单位占 26.63%，国有企业占 69.24%，城镇集体企业占 0.33%，城镇私营企业及其他城镇企业占 3.09%，民办非企业单位和社会团体占 0.03%，灵活就业人员占 0.01%，其他占 0.67%；中、低收入占 99.4%，高收入占 0.6%。

新开户职工中，国家机关和事业单位占 20.77%，国有企业占 68.17%，城镇集体企业占 0.11%，城镇私营企业及其他城镇企业占 9.33%，其他占 1.62%；中、低收入占 99.4%，高收入占 0.6%。

（二）提取业务。 提取金额中，购买、建造、翻建、大修自住住房占 26.4%，偿还购房贷款本息占 20.01%，租赁住房占 2.02%，离休和退休提取占 39.62%，出境定居占 3.42%，其他占 8.53%。提取职工中，中、低收入占 99.45%，高收入占 0.55%。

（三）贷款业务。 个人住房贷款。2020 年，支持职工购建房 5.27 万平方米，年末个人住房贷款市场占有率为 0.51%，比上年末减少 0.03 个百分点。通过申请住房公积金个人住房贷款，可节约职工购房利息支出 4104.45 万元。

职工贷款笔数中，购房建筑面积 90（含）平方米以下占 46.2%，90~144（含）平方米占 50.54%，144 平方米以上占 3.26%；购买新房占 49.64%（其中购买保障性住房占 0%），购买二手房占 50.36%。

职工贷款笔数中，单缴存职工申请贷款占 35.87%，双缴存职工申请贷款占 63.04%，三人及以上缴存职工共同申请贷款占 1.09%。

贷款职工中，30 岁（含）以下占 36.96%，30 岁~40 岁（含）占 39.31%，40 岁~50 岁（含）占 19.02%，50 岁以上占 4.71%；首次申请贷款占 98.55%，二次及以上申请贷款占 1.45%；中、低收入占 99.82%，高收入占 0.18%。

（四）住房贡献率。 2020 年，个人住房贷款发放额、公转商贴息贷款发放额、项目贷款发放额、住房消费提取额的总和与当年缴存额的比率为 39.5%，比上年减少 21.39 个百分点。

六、其他重要事项

（一）应对新冠肺炎疫情采取的措施，落实住房公积金阶段性支持政策情况和政策实施成效。

1. 高度重视，做好宣传工作。收到住房和城乡建设部等三部委印发的《关于妥善应对新冠肺炎疫情实施住房公积金阶段性支持政策的通知》（以下简称《通知》）后，中心高度重视，积极行动，认真开展政策宣传工作，在中心网站、网厅、微信公众号、手机 App 等服务平台及时宣传《通知》精神，提高政策知晓度。

2. 认真落实，执行阶段性支持政策。中心执行哈尔滨住房公积金管理中心出台的阶段性政策，具体内容。一是受新冠肺炎疫情影响，2019 年正常缴存住房公积金的单位可以提出申请，缓缴 2020 年 1 月份至 6 月份的住房公积金；二是受新冠肺炎疫情影响未及时缴存住房公积金的单位，其职工可以提出申请，缓缴 2020 年 1 月份至 6 月份的住房公积金。缓缴期间连续计算缴存时间，不影响职工正常提取和住房公积金贷款；三是受新冠肺炎疫情影响，住房公积金贷款职工 2020 年 6 月 30 日前不能正常还款的，不作逾期处理。

3. 开辟多种服务渠道，降低人员聚集风险。疫情期间，为减少人员聚集，阻断疫情传播，推行线上不见面业务和柜面办理预约制，受疫情影响的职工，可通过网上渠道办理提取、个人信息变更、还贷等业务，也可通过电话预约，错峰安排柜面办理时间，确保安全有保障、业务不停办。

4. 政策实施取得切实成效。截至政策到期日，累计缓缴企业 666 个，职工 64562 人，金额 29694 万元；线上办理住房公积金提取 1208 笔、4614 万元；延期还款的贷款 553 笔、59.87 万元。通过阶段性政策帮扶，缓解了企业和职工疫情期间的资金压力，对企业稳岗复产、职工生活安定具有积极意义。

（二）当年住房公积金政策调整及执行情况。

1. 缴存政策调整。印发了《关于调整 2020 年度职工住房公积金缴存基数上限的通知》（哈垦金文〔2020〕15 号），对 2020 年度职工住房公积金的缴存基数标准作出调整。

2. 提取政策调整。印发了《关于印发〈黑龙江省农垦住房公积金提取业务管理实施细则〉的通知》（哈垦金文〔2020〕18 号），对部分提取类型、提取条件、提取材料作出调整。

（1）提取类型调整。新增加"老旧小区改造和老旧小区加装电梯"提取，取消重大疾病提取。

（2）提取条件和材料调整。调整了缴存人非贷款购买自住住房提取、缴存人购买异地自住住房提取、购买公有住房提取、购买拍卖住房提取、偿还本中心公积金贷款本息提取、租赁自住住房提取、租住公共租赁住房提取、缴存人死亡或被宣告死亡提取的提取条件和材料。

3. 贷款政策调整。修订了《黑龙江省农垦住房公积金个人住房贷款管理实施细则》（哈垦金文〔2020〕25 号）和《黑龙江省农垦住房公积金贷前业务操作规程》，调整了贷款审批、发放时限等内容。

（三）当年服务改进情况。

1. 缩短时限，力求"最多跑一次"。推动中心电子档案深入应用，归集业务全部下沉至管理部，实现一步审核、即时办结。贷款从受理到审批由 10 个工作日缩减为 5 个工作日，符合放款条件的当日放款。贷款发放通知书由管理部出具改为中心直接出具，减少了办事层级。除申请公积金贷款外，其他业务已实现"一次不跑"或"最多跑一次"。

2. 完善功能，提高线上办理率。中心综合服务平台建设项目于 2019 年 12 月份通过省住房城乡建设厅验收。2020年增加了"一步办结"业务种类，提高结算类交易办理成功率。单位网厅已实现100%覆盖，全部34项单位业务均实现"足不出户"线上办理。全部24项个人业务中14项可通过微信公众号、手机App等渠道线上一步办结，个人公积金信息全部线上可查。单位业务线上办理率99%，提取业务线上办理率38.43%，贷款业务线上办理率44.8%，线上综合办理率已达到70%。基本实现了"让信息多跑路、群众少跑腿"。

3. 延伸服务，满足职工服务需求。创新服务举措，中心服务大厅开通了抖音账号"公事小喇叭"，及时发布新出台的便民服务措施、网上操作小常识和小窍门等，帮助职工了解公积金知识，同时注重收集群众意见建议。对部分因受疫情影响不方便到业务窗口开具缴存及还款流水的缴存职工，扩大服务范围，服务大厅开通邮寄服务，让职工足不出户就能收到所需材料。

（四）当年信息化建设情况。修订、完善信息安全管理制度。以"可落实、可操作"为着眼点修订、完善中心的网络和信息安全管理制度，使之更加全面、科学、严谨。充分结合信息化工作的实际情况，细化覆盖物理环境、网络、主机系统等26项管理制度和管理办法，制定可落实的工具、表单共23项，按照工作事项、所使用的工具（表单）、涉及的岗位、检查周期等制定工作落实指导清单。

进一步加强网络与信息安全管理。按照住房和城乡建设部发布的《住房公积金信息系统技术规范》要求，中心对正在运行的业务与管理系统、综合服务平台系统进行了三级等保备案和测评；按照年度工作计划，聘请第三方专业机构对业务网络、主机、应用系统等开展年度渗透性测试和风险评估。按照测评和评估结论认真落实整改要求，对发现的安全隐患立行立改，进一步提高应对网络和信息安全风险的能力。

（五）当年获得荣誉情况。中心始终重视应急安全建设，组织职工学习应急安全知识，开展应急演练，并不断完善和优化应急安全制度流程，建立了较为完善的应急管理机制，提升了应急处置的能力。2020年，中心被评为北大荒农垦集团有限公司安全应急工作优秀单位，两名职工被评为北大荒农垦集团有限公司安全应急工作先进个人。

（六）逾期贷款起诉情况。2020年对于恶意不还款的逾期借款人，中心采取了法律手段催收。共申请起诉9笔，申请强制执行1笔，通过法律方式收回逾期贷款83.3万元。

黑龙江省森工林区住房公积金2020年年度报告

根据国务院《住房公积金管理条例》和住房和城乡建设部、财政部、人民银行《关于健全住房公积金信息披露制度的通知》（建金〔2015〕26号）的规定，现将黑龙江省森工林区住房公积金2020年年度报告公布如下。

一、机构概况

（一）住房公积金管理委员会。住房公积金管理委员会有27名委员，2020年召开1次会议，审议通过的事项主要包括：

1. 传达管委会组成人员调整通知；

2. 听取公积金中心 2019 年工作总结和 2020 年工作打算；

3. 听取公积金中心 2019 年决算及 2020 年经费预算情况；

4. 审议森工 2019 年公积金中心归集与使用执行情况及 2020 年归集与使用计划；

5. 审议 2019 年森工公积金中心增值收益分配方案；

6. 审议 2019 年森工公积金中心年度报告；

7. 审议《森工林区住房公积金个人贷款实施细则（试行）》（修订稿）；

8. 审议《森工林区住房公积金提取实施细则（试行）》（修订稿）；

9. 审议《森工林区住房公积金归集实施细则（试行）》（修订稿）。

（二）住房公积金管理中心。住房公积金管理中心为隶属于中国龙江森林工业集团有限公司（隶属关系）不以营利为目的的公益一类（机构属性）事业单位，设 5 个处（科），23 个管理部，0 个分中心。从业人员 96 人，其中，在编 24 人，非在编 72 人。

二、业务运行情况

（一）缴存。2020 年，新开户单位 36 家，净增单位 15 家；新开户职工 0.19 万人，净增职工 0.01 万人；实缴单位 1022 家，实缴职工 6.53 万人，缴存额 7.13 亿元，分别同比下降 0.58%、下降 6.85%、增长 8.85%。2020 年末，缴存总额 37.96 亿元，比上年末增加 23.13%；缴存余额 31.29 亿元，同比增长 15.72%。受委托办理住房公积金缴存业务的银行 4 家。

（二）提取。2020 年，0.81 万名缴存职工提取住房公积金；提取额 2.88 亿元，同比增长 72.46%；提取额占当年缴存额的 40.39%，比上年增加 14.89 个百分点。2020 年末，提取总额 6.68 亿元，比上年末增加 76.25%。

（三）贷款。

1. 个人住房贷款。单缴存职工个人住房贷款最高额度 60 万元，双缴存职工个人住房贷款最高额度 70 万元。

2020 年，发放个人住房贷款 0.01 万笔、0.33 亿元，同比分别下降 83.33%、86.36%。

2020 年，回收个人住房贷款 0.14 亿元。

2020 年末，累计发放个人住房贷款 0.07 万笔、2.81 亿元，贷款余额 2.58 亿元，分别比上年末增加 16.67%、13.31%、7.50%。个人住房贷款余额占缴存余额的 8.25%，比上年末减少 0.63 个百分点。受委托办理住房公积金个人住房贷款业务的银行 4 家。

2. 异地贷款。2020 年，发放异地贷款 49 笔、1941.00 万元。2020 年末，发放异地贷款总额 25156.00 万元，异地贷款余额 23296.50 万元。

3. 公转商贴息贷款。2020 年，发放公转商贴息贷款 0 笔、0 万元，当年贴息额 0 万元。2020 年末，累计发放公转商贴息贷款 0 笔、0 万元，累计贴息 0 万元。

（四）购买国债。2020 年，购买（记账式、凭证式）国债 0 亿元，（兑付、转让、收回）国债 0 亿元。2020 年末，国债余额 0 亿元。

（五）资金存储。2020 年末，住房公积金存款 27.86 亿元。其中，活期 0.02 亿元，1 年（含）以下定期 10.80 亿元，1 年以上定期 15.44 亿元，其他（协定、通知存款等）1.60 亿元。

（六）资金运用率。2020 年末，住房公积金个人住房贷款余额、项目贷款余额和购买国债余额的总和占缴存余额的 8.25%，比上年末减少 0.63 个百分点。

三、主要财务数据

（一）业务收入。2020 年，业务收入 7670.15 万元，同比增长 11.73%。其中，存款利息 6870.41 万元，委托贷款利息 799.73 万元，国债利息 0 万元，其他 0.01 万元。

（二）业务支出。2020 年，业务支出 4014.98 万元，同比增长 21.77%。其中，支付职工住房公积金利息 4014.98 万元，归集手续费 0 万元，委托贷款手续费 0 万元，其他 0 万元。

（三）增值收益。2020 年，增值收益 3655.17 万元，同比增长 2.45%。其中，增值收益率 1.25%，比上年减少 0.21 个百分点。

（四）增值收益分配。2020 年，提取贷款风险准备金 0.01 万元，提取管理费用 898.91 万元，提取城市廉租住房（公共租赁住房）建设补充资金 2756.25 万元。

2020 年，上交财政管理费用 736.16 万元。上缴财政城市廉租住房（公共租赁住房）建设补充资金 2591.45 万元。

2020 年末，贷款风险准备金余额 2448.72 万元。累计提取城市廉租住房（公共租赁住房）建设补充资金 7677.06 万元。

（五）管理费用支出。2020 年，管理费用支出 635.85 万元，同比下降 17.74%。其中，人员经费 197.73 万元，公用经费 20.10 万元，专项经费 418.02 万元。

四、资产风险状况

个人住房贷款。2020 年末，个人住房贷款逾期额 0 万元，逾期率 0‰。个人贷款风险准备金余额 2448.72 万元。2020 年，使用个人贷款风险准备金核销呆坏账 0 万元。

五、社会经济效益

（一）缴存业务。缴存职工中，国家机关和事业单位占 14.46%，国有企业占 83.94%，城镇集体企业占 0%，外商投资企业占 0%，城镇私营企业及其他城镇企业占 1.44%，民办非企业单位和社会团体占 0%，灵活就业人员占 0%，其他占 0.16%；中、低收入占 99.99%，高收入占 0.01%。

新开户职工中，国家机关和事业单位占 18.76%，国有企业占 79.05%，城镇集体企业占 0%，外商投资企业占 0%，城镇私营企业及其他城镇企业占 0.94%，民办非企业单位和社会团体占 0%，灵活就业人员占 0%，其他占 1.25%；中、低收入占 99.84%，高收入占 0.16%。

（二）提取业务。提取金额中，购买、建造、翻建、大修自住住房占 20.88%，偿还购房贷款本息占 9.52%，租赁住房占 2.04%，支持老旧小区改造占 0%，离休和退休提取占 60.57%，完全丧失劳动能力并与单位终止劳动关系提取占 1.14%，出境定居占 0%，其他占 5.85%。提取职工中，中、低收入占 100%，高收入占 0%。

（三）贷款业务。

个人住房贷款。2020 年，支持职工购建房 0.90 万平方米（含公转商贴息贷款），2020 年末个人住房贷款市场占有率（含公转商贴息贷款）为0.08%。通过申请住房公积金个人住房贷款，可节约职工购房利息支出45.74万元。

职工贷款笔数中，购房建筑面积90（含）平方米以下占39.77%，90～144（含）平方米占45.46%，144平方米以上占14.77%。购买新房占53.41%（其中购买保障性住房占0%），购买二手房占46.59%，建造、翻建、大修自住住房占0%（其中支持老旧小区改造占0%），其他占0%。

职工贷款笔数中，单缴存职工申请贷款占30.68%，双缴存职工申请贷款占69.32%，三人及以上缴存职工共同申请贷款占0%。

贷款职工中，30岁（含）以下占17.05%，30岁～40岁（含）占45.45%，40岁～50岁（含）占30.68%，50岁以上占6.82%；首次申请贷款占100%，二次及以上申请贷款占0%；中、低收入占100%，高收入占0%。

（四）住房贡献率。 2020年，个人住房贷款发放额、公转商贴息贷款发放额、项目贷款发放额、住房消费提取额的总和与当年缴存额的比率为17.81%，比上年减少24.91个百分点。

六、其他重要事项

（一）应对新冠肺炎疫情采取的措施，落实住房公积金阶段性支持政策情况和政策实施成效。 为深入贯彻落实党中央、国务院、省住房城乡建设厅和森工集团关于新冠肺炎疫情防控工作的决策部署，充分发挥住房公积金服务保障作用，帮助缴存单位和职工解决困难、缓解压力，根据《住房和城乡建设部财政部人民银行关于妥善应对新冠肺炎疫情实施住房公积金阶段性支持政策的通知》（建金〔2020〕23号）的要求，森公积金中心下发《关于妥善应对新冠肺炎疫情实施住房公积金阶段性支持政策的通知》，支持企业复产复工，提高租房提取额度。截至6月30日，为38名职工办理租房提取业务，累计提高租房提取金额13.35万元。

对疫情防疫期间没有按期还款的借款人进行电话问询，如确因感染新型肺炎住院治疗或隔离人员、疫情防控需要隔离观察人员、一线医护人员及受疫情影响暂时失去收入来源的人群的，告知其可以在疫情结束后及时偿还应还贷款，疫情期间为偿还贷款不按逾期情况处理。

（二）当年住房公积金政策调整及执行情况。

1. 2020年7月1日，调整2020年度住房公积金缴存基数上限为2019年哈尔滨市城镇非私营单位在岗人员月平均工资的三倍20596元；缴存基数下限为2019年哈尔滨市最低工资标准（第三档）1270元。缴存比例按单位和职工缴存比例不应高于12%且不应低于5%。同一单位职工的缴存比例应一致，单位缴存比例和职工缴存比例宜一致标准执行。

2. 根据《黑龙江省住房公积金提取管理办法》规定，我中心于2020年7月对《黑龙江省森工林区住房公积金提取实施细则》进行修订，并通过管委会审议于7月1日起实施。新细则简化了业务办理要件，取消无房证明、退休证明（职工达到法定退休年龄）等业务办理要件的出具。增加老旧小区改造和老旧小区加装电梯提取条件，截至目前，暂未接收到此类条件提取申请。

3. 根据《黑龙江省住房公积金个人住房贷款管理办法》规定，于2020年7月对《黑龙江省森工林区个人住房公积金贷款实施细则》进行修订，并通过管理委员会审议于2020年7月1日起实施。将单缴存职工使用公积金贷款的最高额度由原来50万元提高到60万元，双缴存职工使用公积金贷款的最高额度不变。

4. 公积金贷款利率按照中国人民银行的规定执行，贷款期限 1～5（含）年公积金贷款年利率为 2.75%，贷款期限 6～30 年公积金贷款年利率为 3.25%。

（三）当年服务改进情况。 7 月 1 日起完成 23 个管理部归集、提取、贷款全部业务办理权限下放工作。提高业务办理效率，让职工在"家门口"办理公积金各类业务。

（四）当年信息化建设情况。 一是市场监督管理局单位信息查询接口开发。为方便缴存单位开户，中心对业务系统进行升级，开发对接市场监督管理局的数据接口。实现了系统内查询企业工商开户信息，避免单位重复提供材料要件，实现缴存单位开户一网通办。

二是省级监管及数据共享平台的接入。按照省住房城乡建设厅下发的建设方案要求，规划设计中心业务系统，按要求完成系统的开发、测试及接入工作。与省内其他公积金中心进行数据共享，通过整体监督与管理，实时准确的掌握公积金业务、资金情况，通过统筹管理，综合分析公积金管理情况，有效化解和消除风险隐患，保证公积金制度运行健康发展。

（五）其他需要披露的情况。 审计整改工作。按照省住房城乡建设厅、省财政厅《关于做好黑龙江省 2019 年住房公积金和住宅专项维修资金审计发现问题整改工作的通知》的要求，对 2019 年度审计发现问题和自检自查问题进行整改，审计发现问题和自检自查问题均已完成整改。

省住房城乡建设厅于 9 月起实行业务数据联网核查，归集部根据相关整改要求，每月按时完成相关整改工作。

电力分中心住房公积金 2020 年年度报告

根据国务院《住房公积金管理条例》和住房和城乡建设部、财政部、人民银行《关于健全住房公积金信息披露制度的通知》（建金〔2015〕26 号）的规定，经住房公积金管理委员会审议通过，现将电力住房公积金 2020 年年度报告公布如下。

一、机构概况

住房公积金管理中心为国网黑龙江省电力有限公司下属不以营利为目的的自收自支事业单位，设 2 个处（科），0 个管理部，0 个分中心。从业人员 56 人，其中，在编 56 人，非在编 0 人。

二、业务运行情况

（一）缴存。 2020 年，新开户单位 1 家，净增单位 1 家；新开户职工 0.07 万人，净增职工－0.04 万人；实缴单位 50 家，实缴职工 3.84 万人，缴存额 9.30 亿元，分别同比增长 2.04%、－1.03%、4.14%。2020 年末，缴存总额 128.94 亿元，比上年末增加 7.77%；缴存余额 35.43 亿元，同比增长 10.61%。受委托办理住房公积金缴存业务的银行 2 家。

（二）提取。 2020 年，0.86 万名缴存职工提取住房公积金；提取额 5.90 亿元，同比增长 2.97%；提取额占当年缴存额的 63.44%，比上年减少 0.72 个百分点。2020 年末，提取总额 93.51 亿元，比上年末增加 6.73%。

（三）贷款。

1. 个人住房贷款。单缴存职工个人住房贷款最高额度 50 万元，双缴存职工个人住房贷款最高额度 70 万元。

2020 年，发放个人住房贷款 0.01 万笔、0.40 亿元，同比分别下降 50.00%、60.40%。

2020 年，回收个人住房贷款 0.60 亿元。

2020 年末，累计发放个人住房贷款 0.30 万笔、9.94 亿元，贷款余额 6.46 亿元，分别比上年末增加 3.45%、4.30%、－3.00%。个人住房贷款余额占缴存余额的 18.23%，比上年末减少 2.56 个百分点。受委托办理住房公积金个人住房贷款业务的银行 3 家。

2. 异地贷款。2020 年，发放异地贷款 0 笔、0 万元。2020 年末，发放异地贷款总额 0 万元，异地贷款余额 0 万元。

3. 公转商贴息贷款。2020 年，发放公转商贴息贷款 0 笔、0 万元，当年贴息额 0 万元。2020 年末，累计发放公转商贴息贷款 0 笔、0 万元，累计贴息 0 万元。

4. 住房公积金支持保障性住房建设项目贷款（本段仅项目贷款余额不为 0 的城市填写）。2020 年，发放支持保障性住房建设项目贷款 0 亿元，回收项目贷款 0 亿元。2020 年末，累计发放项目贷款 0 亿元，项目贷款余额 0 亿元。

（四）购买国债。 2020 年，购买（记账式、凭证式）国债 0 亿元，（兑付、转让、收回）国债 0 亿元。2020 年末，国债余额 0 亿元。

（五）资金存储。 2020 年末，住房公积金存款 29.25 亿元。其中，活期 0.01 亿元，1 年（含）以下定期 2.75 亿元，1 年以上定期 26.29 亿元，其他（协定、通知存款等）0.20 亿元。

（六）资金运用率。 2020 年末，住房公积金个人住房贷款余额、项目贷款余额和购买国债余额的总和占缴存余额的 18.23%，比上年末减少 2.56 个百分点。

三、主要财务数据

（一）业务收入。2020 年，业务收入 9485.27 万元，同比增长 14%。存款利息 7340.11 万元，委托贷款利息 2145.16 万元，国债利息 0 万元，其他 0 万元。

（二）业务支出。2020 年，业务支出 5256.88 万元，同比增长 11.77%。支付职工住房公积金利息 5217.32 万元，归集手续费 0 万元，委托贷款手续费 39.20 万元，其他 0.36 万元。

（三）增值收益。2020 年，增值收益 4228.38 万元，同比增长 16.90%。增值收益率 1.23%，比上年增加 0.06 个百分点。

（四）增值收益分配。2020 年，提取贷款风险准备金 0 万元，提取管理费用 90.36 万元，提取城市廉租住房（公共租赁住房）建设补充资金 4138.02 万元。

2020 年，上交财政管理费用 150.38 万元。上缴财政城市廉租住房（公共租赁住房）建设补充资金 3466.70 万元。

2020 年末，贷款风险准备金余额 8402.45 万元。累计提取城市廉租住房（公共租赁住房）建设补充资金 37658.27 万元。

(五）管理费用支出。2020年，管理费用支出134.06万元，同比增长51.38%。其中，人员经费0万元，公用经费6.16万元，专项经费127.9万元。

四、资产风险状况

个人住房贷款。2020年末，个人住房贷款逾期额0万元，逾期率0‰，个人贷款风险准备金余额8402.45万元。2020年，使用个人贷款风险准备金核销呆坏账0万元。

五、社会经济效益

（一）缴存业务。缴存职工中，国家机关和事业单位占0%，国有企业占100%，城镇集体企业占0%，外商投资企业占0%，城镇私营企业及其他城镇企业占0%，民办非企业单位和社会团体占0%，灵活就业人员占0%，其他占0%；中、低收入占96.94%，高收入占3.06%。

新开户职工中，国家机关和事业单位占0%，国有企业占100%，城镇集体企业占0%，外商投资企业占0%，城镇私营企业及其他城镇企业占0%，民办非企业单位和社会团体占0%，灵活就业人员占0%，其他占0%；中、低收入占97.86%，高收入占2.14%。

（二）提取业务。提取金额中，购买、建造、翻建、大修自住住房占39.26%，偿还购房贷款本息占22.02%，租赁住房占0.14%，支持老旧小区改造占0%，离休和退休提取占33.82%，完全丧失劳动能力并与单位终止劳动关系提取占0%，出境定居占0.01%，其他占4.75%。提取职工中，中、低收入占96.59%，高收入占3.41%。

（三）贷款业务。

1. 个人住房贷款。2020年，支持职工购建房1万平方米（含公转商贴息贷款），年末个人住房贷款市场占有率（含公转商贴息贷款）为0.21%，比上年末减少0.08个百分点。通过申请住房公积金个人住房贷款，可节约职工购房利息支出704.9万元。

职工贷款笔数中，购房建筑面积90（含）平方米以下占22.47%，90~144（含）平方米占67.42%，144平方米以上占10.11%。购买新房占48.31%（其中购买保障性住房占0%），购买二手房占51.69%，建造、翻建、大修自住住房占0%（其中支持老旧小区改造占0%），其他占0%。

职工贷款笔数中，单缴存职工申请贷款占66.29%，双缴存职工申请贷款占33.71%，三人及以上缴存职工共同申请贷款占0%。

贷款职工中，30岁（含）以下占52.81%，30岁~40岁（含）占19.10%，40岁~50岁（含）占19.1%，50岁以上占8.99%；首次申请贷款占89.89%，二次及以上申请贷款占10.11%；中、低收入占98.88%，高收入占1.12%。

2. 支持保障性住房建设试点项目贷款（本段仅项目贷款余额不为0的城市填写）。年末，累计试点项目 个，贷款额度 亿元，建筑面积 万平方米，可解决户中低收入职工家庭的住房问题。 个试点项目贷款资金已发放并还清贷款本息。

（四）住房贡献率。2020年，个人住房贷款发放额、公转商贴息贷款发放额、项目贷款发放额、住房消费提取额的总和与当年缴存额的比率为43.23%，比上年减少11.19个百分点。

六、其他重要事项

（一）应对新冠肺炎疫情采取的措施，落实住房公积金阶段性支持政策情况和政策实施成效。积极落实国家、省关于住房公积金阶段性支持的相关政策，并制定中心的相关政策，将阶段性缓缴、补缴以及公积金贷款还款的相关政策及时传达到每一个缴存单位。

（二）当年机构及职能调整情况、受委托办理缴存贷款业务金融机构变更情况。机构职能无调整，委托存贷业务金融机构无变化。

（三）当年住房公积金政策调整及执行情况，包括当年缴存基数限额及确定方法、缴存比例等缴存政策调整情况；当年提取政策调整情况；当年个人住房贷款最高贷款额度、贷款条件等贷款政策调整情况；当年住房公积金存贷款利率执行标准等；支持老旧小区改造政策落实情况。以职工上年度月平均工资为缴费基数，并按属地社会平均工资三倍封顶。贷款最高额度为单职工50万元，有共同还款人70万元，贷款最高额度不得超过职工账户余额25倍。职工家庭只拥有一套住房或使用过一次住房公积金贷款并已结清，为改善居住条件购买第二套住房，可申请住房公积金贷款，其利率为同期首套住房公积金个人住房贷款利率的1.1倍。职工家庭购买第三套及以上住房或已使用过两次住房公积金贷款，申请住房公积金贷款不予支持。出台相关提取细则支持老旧小区改造和加装电梯工作。

（四）当年服务改进情况，包括推进住房公积金服务"跨省通办"工作情况，服务网点、服务设施、服务手段、综合服务平台建设和其他网络载体建设服务情况等。按住房和城乡建设部和住房城乡建设厅的整体要求，完成当年"跨省通办"事项的落实。综合服务平台为广大职工提供多元化线上服务。

（五）当年信息化建设情况，包括信息系统升级改造情况，基础数据标准贯彻落实和结算应用系统接入情况等。已联网省住房城乡建设厅住房公积金监管平台。基础数据双贯标工作已于2017年完成。

（六）当年住房公积金管理中心及职工所获荣誉情况，包括：文明单位（行业、窗口）、青年文明号、工人先锋号、五一劳动奖章（劳动模范）、三八红旗手（巾帼文明岗）、先进集体和个人等。无。

（七）当年对违反《住房公积金管理条例》和相关法规行为进行行政处罚和申请人民法院强制执行情况。无。

（八）当年对住房公积金管理人员违规行为的纠正和处理情况等。无。

（九）其他需要披露的情况。无。

2020 全国住房公积金年度报告汇编

上海市

上海市住房公积金 2020 年年度报告

根据国务院《住房公积金管理条例》和住房和城乡建设部、财政部、人民银行《关于健全住房公积金信息披露制度的通知》（建金〔2015〕26 号）的规定，经第 63 次住房公积金管理委员会会议审议通过，现将上海市住房公积金 2020 年年度报告公布如下。

一、机构概况

（一）住房公积金管理委员会。住房公积金管理委员会有 20 名委员，2020 年召开 2 次会议，审议通过的事项主要包括：《关于 2019 年本市住房公积金预算收支执行情况以及 2020 年计划安排的报告》《关于上海市住房公积金 2019 年年度报告编制说明的报告》《上海市住房公积金管委会 2019 年工作总结及 2020 年工作计划》《关于 2020—2021 年度住房公积金归集提取相关业务委托协议方案的报告》《关于在沪工作的外籍人员、获得境外永久（长期）居留权人员住房公积金个人住房贷款若干问题的报告》等，通报了《关于新冠肺炎疫情防控期间本市住房公积金相关工作调整事宜的情况报告》《关于公积金个人住房贷款支持本市旧区改造居民购买征收安置住房方案的报告》《关于长三角住房公积金一体化推进情况的报告》以及《关于上海市住房公积金综合业务服务和管理平台二期建成运行情况的报告》等。

（二）住房公积金管理中心。上海市公积金管理中心（以下简称"中心"）为直属上海市政府不以营利为目的的独立的事业单位，设 13 个处室，16 个管理部。2020 年末，从业人员 309 人，其中，在编 229 人，非在编 80 人。

二、业务运行情况

（一）缴存。2020 年，新开户单位 5.18 万家，净增单位 2.48 万家；新开户职工 68.50 万人，净增职工 1.55 万人；实缴单位 45.15 万家，实缴职工 884.33 万人，缴存额 1687.39 亿元，同比分别增长 5.81%、0.18% 和 10.03%（图 1）。2020 年末，缴存总额 12774.99 亿元，比上年增长 15.22%；缴存余额 5361.77 亿元，同比增长 13.57%。受委托办理住房公积金缴存业务的银行 1 家。

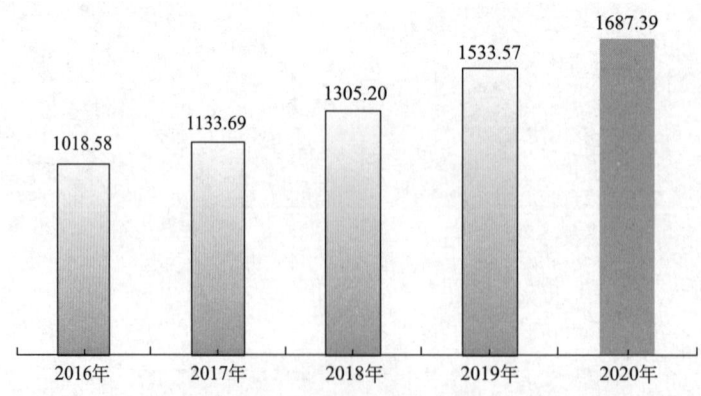

图 1　2016—2020 年缴存额情况（单位：亿元）

（二）提取。2020年，339.16万名缴存职工提取住房公积金；提取额1046.75亿元，同比增长15.40%（图2）；提取额占当年缴存额的62.03%，比上年增加2.88个百分点。2020年末，提取总额7413.22亿元，比上年增长16.44%。

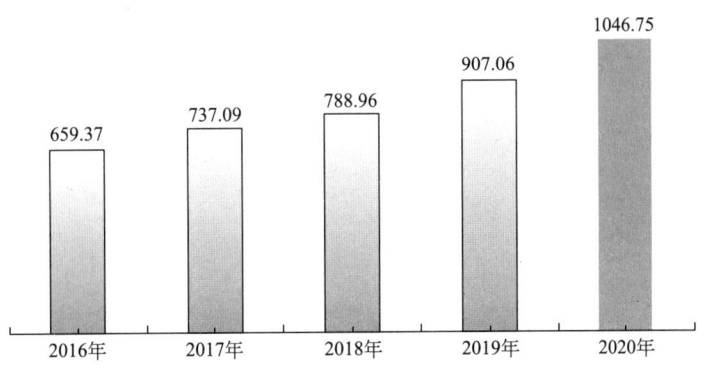

图2 2016—2020年提取额情况（单位：亿元）

（三）贷款。

1. 个人住房贷款。本市购买首套住房家庭最高贷款额度为100万元（个人为50万元），缴交补充公积金的最高贷款额度为120万元（个人为60万元）；本市购买第二套改善型住房家庭最高贷款额度为80万元（个人为40万元），缴交补充公积金的最高贷款额度为100万元（个人为50万元）。

2020年，发放个人住房贷款15.08万笔、1029.18亿元（含贴息贷款置换0.01万笔、0.58亿元），同比分别增长7.10%、9.58%（图3）；回收个人住房贷款500.48亿元。

2020年末，累计发放个人住房贷款283.32万笔、9757.14亿元，贷款余额4978.75亿元，分别比上年增长5.62%、11.79%、11.88%。个人住房贷款余额占缴存余额的92.86%，比上年末减少1.40个百分点。受委托办理住房公积金个人住房贷款业务的银行19家。

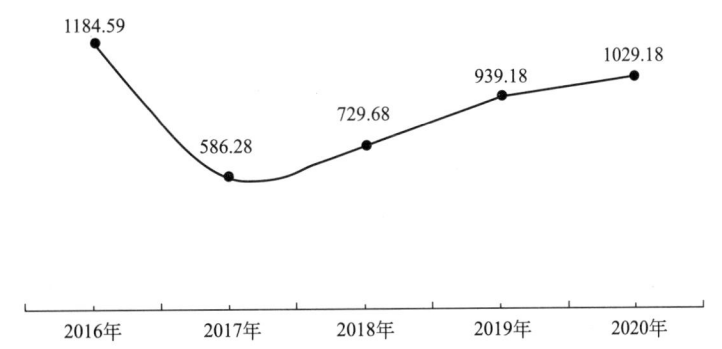

图3 2016—2020年住房公积金个人住房贷款发放额情况（单位：亿元）

2. 异地贷款。2020年，发放异地贷款204笔、1.71亿元。2020年末，发放异地贷款总额2.50亿元，异地贷款余额2.41亿元。

3. 住房公积金贴息贷款。2020年，未发放住房公积金贴息贷款，当年贴息额20.05万元。2020年末，累计发放住房公积金贴息贷款5.21万笔、353.76亿元，累计贴息6.77亿元，贴息贷款余额为零。

（四）购买国债。2020年未购买国债，至年末国债余额为零。

（五）资产证券化。2020年末，个人住房贷款资产支持证券的未偿付贷款笔数为7.75万笔，本金余额为141.20亿元。

（六）资金存储。2020年末，住房公积金存款423.00亿元，存款类型为其他（协定、通知、智能存款等）。

（七）资金运用率。2020年末，住房公积金个人住房贷款余额和项目贷款余额的总和占缴存余额的92.86%，比上年末减少1.40个百分点。

三、主要财务数据

（一）业务收入。2020年，业务收入182.74亿元，同比增长14.22%。其中，存款利息28.53亿元，委托贷款利息152.32亿元，其他1.89亿元。

（二）业务支出。2020年，业务支出84.40亿元，同比增长12.82%。其中，支付职工住房公积金利息76.82亿元，归集手续费2.87亿元，委托贷款手续费3.88亿元，其他0.83亿元。

（三）增值收益。2020年，增值收益98.34亿元。其中，住房公积金增值收益96.88亿元，同比增长15.36%。当年增值收益率1.92%，比上年增加0.02个百分点。

城市廉租住房建设补充资金增值收益1.46亿元。

（四）增值收益分配。2020年，提取贷款风险准备金95.48亿元，提取管理费用1.40亿元，提取城市廉租住房建设补充资金1.46亿元。

2020年，上交财政管理费用1.40亿元。

2020年末，贷款风险准备金余额485.27亿元。累计提取城市廉租住房建设补充资金246.93亿元。

（五）管理费用支出。2020年，管理费用支出1.39亿元，同比下降3.47%。其中，人员经费0.71亿元，公用经费0.25亿元，专项经费0.43亿元。

四、资产风险状况

个人住房贷款。2020年末，个人住房贷款逾期额1.72亿元，逾期率0.345‰。个人贷款风险准备金余额485.27亿元。2020年，未使用个人贷款风险准备金核销逾期贷款。

五、社会经济效益

（一）缴存业务。缴存职工中，国家机关和事业单位占8.47%，国有企业占11.77%，城镇集体企业占1.72%，外商投资企业占16.63%，城镇私营企业及其他城镇企业占58.06%，民办非企业单位和社会团体占1.15%，灵活就业人员占0.05%，其他占2.15%（图4）；中、低收入占89.19%，高收入占10.81%。

新开户职工中，国家机关和事业单位占3.52%，国有企业占7.64%，城镇集体企业占1.22%，外商投资企业占14.75%，城镇私营企业及其他城镇企业占70.50%，民办非企业单位和社会团体占0.83%，灵活就业人员占0.01%，其他占1.53%；中、低收入占97.04%，高收入占2.96%。

（二）提取业务。提取金额中，偿还购房贷款本息占66.01%，租赁住房占11.35%，购买、建造、翻

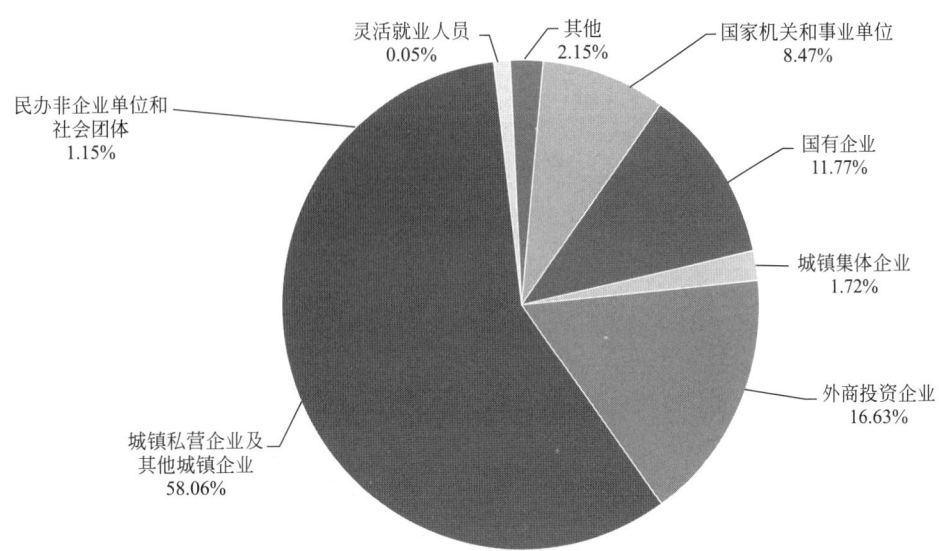

图 4　2020 年实缴职工按所在单位性质分类

建、大修自住住房占 5.63%，支持老旧小区改造占 0.01%，离休和退休提取占 14.40%，完全丧失劳动能力并与单位终止劳动关系提取占 0.02%，出境定居占 0.03%，其他占 2.55%（图 5）。

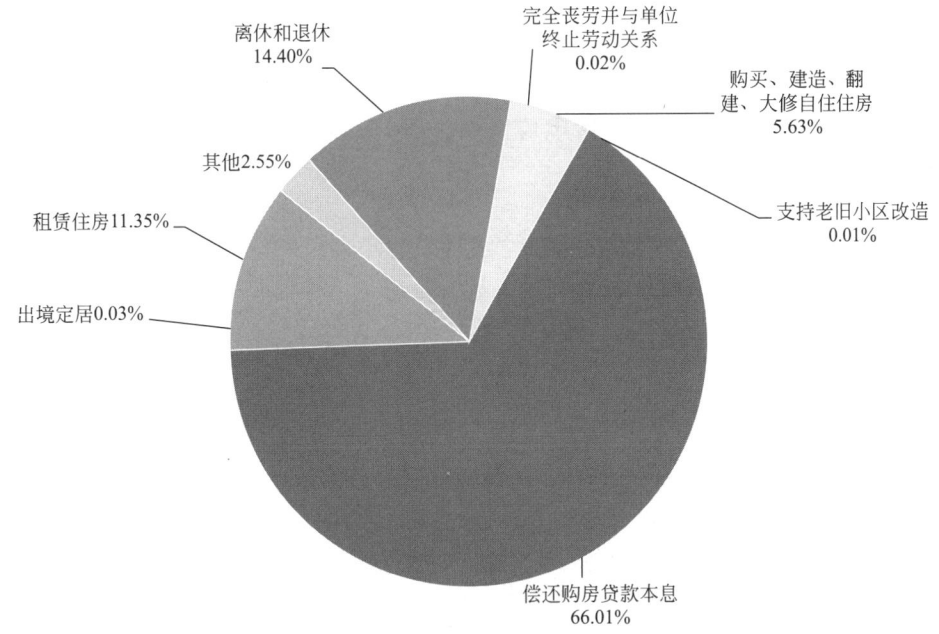

图 5　2020 年住房公积金提取额按提取原因分类

提取职工中，中、低收入占 83.26%，高收入占 16.74%。

（三）**贷款业务**。个人住房贷款。2020 年，支持职工购建房 1298.34 万平方米，年末个人住房贷款市场占有率为 24.72%，比上年末增加 0.75 个百分点。通过申请住房公积金个人住房贷款，在贷款合同约定的存续期内可节约职工购房利息支出 192.18 亿元。

职工贷款笔数中，购房建筑面积 90（含）平方米以下占 62.56%，90~144（含）平方米占 33.00%，

144平方米以上占4.44%（图6）。购买新房占29.01%（其中购买保障性住房占7.26%），购买二手房占70.99%。

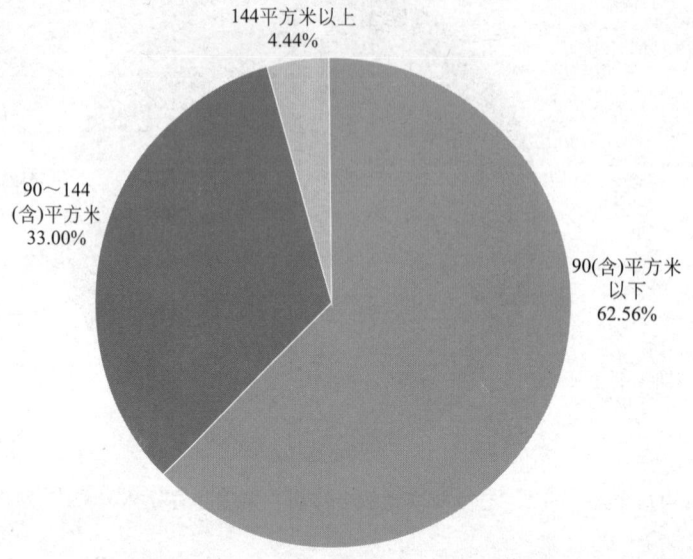

图6 2020年个人住房贷款职工贷款笔数按面积分类

职工贷款笔数中，单缴存职工申请贷款占51.96%，双缴存职工申请贷款占47.81%，三人及以上缴存职工共同申请贷款占0.23%。

贷款职工中，30岁（含）以下占26.19%，30岁~40岁（含）占55.35%，40岁~50岁（含）占15.50%，50岁以上占2.96%（图7）；首次申请贷款占85.91%，二次及以上申请贷款占14.09%；中、低收入占87.91%，高收入占12.09%。

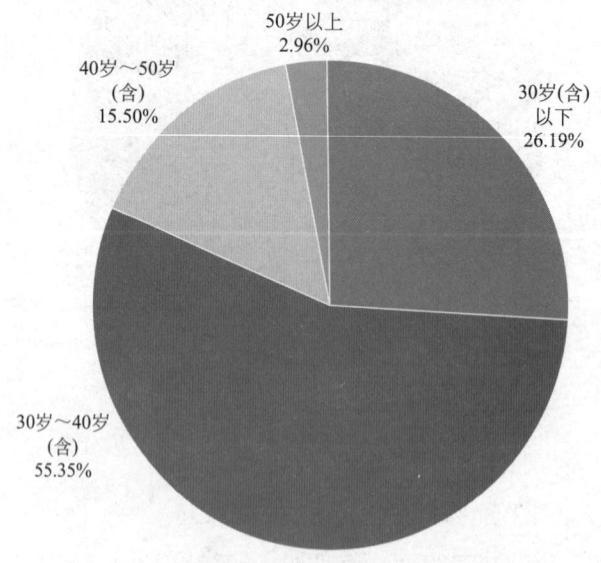

图7 2020年个人住房贷款职工按年龄分类

（四）住房贡献率。 2020年，个人住房贷款发放额、住房消费提取额的总和与当年缴存额的比率为112.48%，比上年增加1.67个百分点。

六、其他重要事项

(一)疫情防控和应对情况。

1. 落实疫情防控要求,推行网上服务新模式。在疫情防控期间,强化服务保障,推行"网上办事、网上预约、网上维权、网上咨询"等服务新模式。一是推行网上办事,拓展线上渠道。单位日常缴存业务网上办理全覆盖,职工高频业务网上办理;进一步延长单位业务网上服务时间,除汇缴、补缴两项涉资金业务外,其余单位网上业务全天24小时均可办理,维持个人网上业务全天24小时办理。二是开启提前预约,加快窗口办理。通过上海住房公积金网或"上海公积金"微信公众号预约业务办理,并对前往网点办理的职工进行事先联系和预约引导,减少人员聚集。三是依托"云服务",在线"云客服"。通过上海住房公积金网在线咨询、"上海公积金"微信微客服、12329公积金热线等多种咨询渠道,积极回应职工的业务需求,在线解答职工提问。

2. 实施阶段性支持政策,为企业和职工纾困解难。为贯彻落实国务院常务会议精神,出台《关于本市妥善应对新冠肺炎疫情实施住房公积金阶段性支持政策的通知》及其实施细则。政策涵盖疫情防控期间企业缓缴、自愿缴存者缓缴、延长部分提取业务受理时限、提高租赁提取月提取额、降低缴存比例、申请住房公积金贷款、住房公积金贷款逾期处理等方面内容。阶段性缓缴措施惠及企业1.78万家,职工51万人,相关企业减负公积金20.44亿元。受理职工申请提高租赁提取限额内提取额近3.6万笔,涉及增加提取额3600余万元。公积金贷款方面累计受理不作逾期处置申请229笔。阶段性支持政策期满后,分情况、分步骤妥善推进缓缴企业恢复正常缴存和补缴工作。截至2020年底,近1.66万户单位,近47万职工已恢复正常缴存。

(二)政策调整情况。

1. 调整2020年度住房公积金缴存基数和月缴存额上下限。本市2020年度住房公积金缴存基数、比例以及月缴存额上下限的调整时间从4月1日调整至7月1日。自2020年7月1日起,职工住房公积金的缴存基数由2018年月平均工资调整为2019年月平均工资。2020年度职工本人和单位住房公积金缴存比例为各5%至7%,由单位自主确定;单位可以自愿参加补充住房公积金制度,补充住房公积金缴存比例为各1%至5%。2020年度本市住房公积金月缴存额上下限如表1所示。

2020年度本市住房公积金月缴存额上下限   表1

类型	单位和个人缴存比例	月缴存额上限	月缴存额下限
住房公积金	各7%	3922元	348元
	各6%	3362元	298元
	各5%	2802元	248元
补充住房公积金	各5%	2802元	248元
	各4%	2242元	198元
	各3%	1682元	148元
	各2%	1120元	100元
	各1%	560元	50元

对缴存住房公积金确有困难的单位,符合规定情形的,可以按照上海市降低住房公积金缴存比例或缓

缴住房公积金管理办法的相关规定，申请降低住房公积金缴存比例或缓缴。

2. 实施本市既有多层住宅加装电梯提取住房公积金政策。《关于本市既有多层住宅加装电梯提取使用住房公积金的通知》于2月1日起施行。凡按照本市对既有多层住宅加装电梯的相关规定实施加装电梯的，加装电梯项目正式施工后，已先行支付建设资金的业主（房屋产权人或者公有住房承租人），可以申请提取业主本人及配偶住房公积金账户资金，不足时可以申请提取业主本人直系血亲住房公积金账户内的存储余额，用于加装电梯中个人所需支付的建设资金。提取总额不超过业主家庭分摊的电梯建设费用以及实际出资金额，且各申请人提取金额不超过申请人住房公积金账户余额。

3. 出台个人购买征收安置住房贷款政策。为进一步发挥住房公积金制度作用，出台《上海市住房公积金个人购买征收安置住房贷款管理试行办法》，明确本市旧区改造的居民在征收补偿中选择征收安置住房且征收安置住房的价格（不含其他费用）超过其获得的征收补偿金额，可就征收安置房屋需补交差价部分申请公积金贷款，并于2021年1月24日施行。

4. 出台外籍、获得境外永久（长期）居留权在沪工作人员住房公积金贷款政策。为进一步发挥住房公积金制度对在本市工作的外籍人员、获得境外永久（长期）居留权人员基本住房需求的保障作用，出台《关于在沪工作的外籍人员、获得境外永久（长期）居留权人员住房公积金个人住房贷款若干问题的通知》，于12月20日起施行。明确外籍人员、获得境外永久（长期）居留权人员申请住房公积金个人住房贷款的资格、条件、额度、期限、利率及房屋套数认定标准参照本市住房公积金个人住房贷款现行规定执行。

（三）长三角一体化推进情况。8月20日，长三角住房公积金一体化战略合作框架协议签约仪式暨第一次联席会议在上海顺利召开。今年，一市三省已率先推进跨地区购房信息协查、异地贷款证明信息互认、购房提取异常地区警示公告、长三角住房公积金一体化服务专栏等合作项目落地。今后一市三省将通过齐力打造信息数据共享、业务标准统一、风险防范协同的"长三角住房公积金一体化"服务品牌，共同推动长三角地区住房公积金管理和服务水平成为行业标杆。

（四）优化营商环境情况。

1. 拓展业务办理方式，进一步满足企业和职工不同办事需求。一是新增电子营业执照作为企业办理公积金业务的认证方式。企业除可以通过使用原有的公积金专用证书、法人一证通登录操作网上业务办理系统外，还可以使用电子营业执照登录系统进行线上公积金业务办理。二是单位为再招聘职工办理个人住房公积金账户设立纳入"开办企业一窗通"服务平台，进一步提高企业开办办事效率。三是新增住房公积金基数调整办理方式及渠道。20人以下无补充住房公积金账户的单位，可通过上海公积金网或手机登录基数调整专栏办理。四是推进个人住房公积金业务接入"一网通办"。将租赁提取、离退休提取、大部分或完全丧劳提取、自愿缴存期满提取等个人住房公积金业务接入"一网通办"总门户。同时，个人出具异地贷款缴存使用证明业务接入长三角"一网通办"。

2. 围绕"一件事""免于提交""跨省通办"，进一步提升业务办理便利度。一是以"高效办成一件事"为目标，推进离退休提取住房公积金纳入企业职工退休"一件事"，实现公积金与其他业务事项跨部门、跨层级"一件事一次办"。二是通过调用电子证照实现住房公积金业务材料免交。企业和职工办理住房公积金业务时，可通过"扫码亮证"，即提交电子证照的方式实现本市政府部门核发的证照材料"免于提交"。三是融合"线上＋线下"办理渠道，实现"跨省通办"。一方面依托住房公积金网站、"一网通办"

总门户、"随申办"移动端等线上渠道,实现个人住房公积金缴存贷款等信息查询、出具贷款职工住房公积金缴存使用证明、正常退休提取住房公积金、住房公积金单位登记开户、住房公积金单位及个人缴存信息变更、提前还清住房公积金贷款(2020年8月1日后受理的住房公积金贷款)6项业务全程网办;另一方面加强"跨省通办"线下窗口建设。按照"异地受理、无差别办理"的服务要求,在各区管理部服务大厅设置"跨省通办"窗口服务。

(五)治理手段创新情况。一是以支持职工真实住房消费需求为出发点,建立租赁信息长效联查机制。推进公租房租赁合同网签备案信息共享,采用信息核验和实地核查相结合规范租赁提取。二是以治理住房公积金领域骗提、骗贷乱象为抓手,持续开展扫黑除恶专项斗争;依托本市有关部门组成联席会议机制,开展综合治理和源头治理,形成多部门"齐抓共管"、协同推进的有利局面。

(六)风险防范建设情况。一是严格贯彻落实监管要求,结合本地业务实际,上线上海特色住房公积金风险防控系统,以第三方视角精准防控业务风险点,利用数字化手段增强风险防控能力。二是强化审计监督,规范审计程序,督促审计整改落实,织牢风险防控安全网。三是进一步加强房地产、金融市场分析,促进资金流动性管理更加科学、精准。

(七)信息化建设情况。2020年8月,新系统二期如期建成上线运行,推动整体技术架构、数据标准、门户管理、用户权限管理、安全防护体系以及线上线下系统平台六项统一,全面实现上海公积金归集、提取、贷款的业务、财务、资金三账联动、实时结算。同时随着二期系统上线,全面完成住房和城乡建设部基础贯标和结算应用系统接入工作,为本市住房公积金精细管理、精准服务和资金安全奠定坚实基础。

(八)荣誉获得情况。2020年,中心及职工共获得省部级以上荣誉5项,分别为:中心通过"全国文明单位"复查,继续保留"全国文明单位"称号,中心团委荣获"上海市五四红旗团委"称号,中心3名职工分别获评"全国住房和城乡建设系统抗击新冠肺炎疫情先进个人""上海市先进工作者""上海市优秀共青团员"称号。

2020 全国住房公积金年度报告汇编

江苏省

南京
无锡市
徐州市
常州市
苏州市
南通市
连云港市
淮安市
盐城市
扬州市
镇江市
泰州市
宿迁市

江苏省住房公积金 2020 年年度报告

根据国务院《住房公积金管理条例》和住房和城乡建设部、财政部、人民银行《关于健全住房公积金信息披露制度的通知》（建金〔2015〕26 号）规定，现将江苏省住房公积金 2020 年年度报告汇总公布如下。

一、机构概况

（一）住房公积金管理机构。全省共设 13 个设区市住房公积金管理中心、9 个独立设置的分中心，其中，江苏省省级机关住房资金管理中心隶属江苏省机关事务管理局，江苏省监狱系统住房公积金管理部隶属江苏省监狱管理局，中国石化集团华东石油局住房公积金管理部隶属中国石化集团华东石油局，徐州矿务集团住房基金管理中心隶属徐州矿务集团有限公司，国家管网集团东部原油储运有限公司住房公积金管理中心（原中国石化集团管道储运公司住房公积金管理中心）隶属国家管网集团东部原油储运有限公司，大屯煤电（集团）有限责任公司住房公积金管理中心隶属大屯煤电（集团）有限责任公司，扬州市住房公积金管理中心仪化分中心隶属中国石化仪征化纤有限责任公司，江苏石油勘探局有限公司住房公积金管理中心隶属中国石化集团江苏石油勘探局有限公司，苏州工业园区社会保险基金和公积金管理中心隶属苏州工业园区管委会。从业人员 2054 人，其中，在编 1171 人，非在编 883 人。

（二）住房公积金监管机构。江苏省住房和城乡建设厅、财政厅和人民银行南京分行负责监督本省住房公积金管理运行情况。江苏省住房和城乡建设厅设立住房公积金监管处，负责本省住房公积金日常监管工作。

二、业务运行情况

（一）缴存。2020 年，新开户单位 86570 家，净增单位 48230 家；新开户职工 204.17 万人，净增职工 51.7 万人；实缴单位 397441 家，实缴职工 1408.82 万人，缴存额 2280.95 亿元，分别同比增长 13.81%、3.81%、11.82%。2020 年末，缴存总额 16113.81 亿元，比上年末增加 16.49%；缴存余额 5478.98 亿元，同比增长 11.81%。

（二）提取。2020 年，662.63 万名缴存职工提取住房公积金；提取额 1702.28 亿元，同比增长 15.01%；提取额占当年缴存额的 74.63%，比上年增加 2.07 个百分点。2020 年末，提取总额 10634.83 亿元，比上年末增加 19.06%。

（三）贷款。

1. 个人住房贷款。2020 年，发放个人住房贷款 27.95 万笔、1204.26 亿元，同比下降 1.59%、1.78%。回收个人住房贷款 669.55 亿元。

2020 年末，累计发放个人住房贷款 359.62 万笔、10332.61 亿元，贷款余额 5328.63 亿元，分别比上年末增加 8.43%、13.19%、11.15%。个人住房贷款余额占缴存余额的 97.26%，比上年末减少 0.57 个百分点。

2020 年，支持职工购建房 2953.94 万平方米。年末个人住房贷款市场占有率（含公转商贴息贷款）

为 12.41%，比上年末减少 0.81 个百分点。通过申请住房公积金个人住房贷款，可节约职工购房利息支出 3292156 万元。

2. 异地贷款。2020 年，发放异地贷款 9273 笔、337016 万元。2020 年末，发放异地贷款总额 869639 万元，异地贷款余额 721611 万元。

3. 公转商贴息贷款。2020 年，发放公转商贴息贷款 6283 笔、265534 万元，支持职工购建房面积 57.96 万平方米。当年贴息额 25411 万元。2020 年末，累计发放公转商贴息贷款 173780 笔、6037887 万元，累计贴息 206770 万元。

（四）购买国债。2020 年，国债余额 0.58 亿元。

（五）融资。2020 年，融资 199.42 亿元，归还 182.40 亿元。2020 年末，融资总额 599.77 亿元，融资余额 209.23 亿元。

（六）资金存储。2020 年末，住房公积金存款 606.19 亿元。其中，活期 32.28 亿元，1 年（含）以下定期 186.73 亿元，1 年以上定期 123.15 亿元，其他（协定、通知存款等）264.03 亿元。

（七）资金运用率。2020 年末，住房公积金个人住房贷款余额、项目贷款余额和购买国债余额的总和占缴存余额的 97.27%，比上年末减少 0.57 个百分点。

三、主要财务数据

（一）业务收入。2020 年，业务收入 1778038 万元，同比增长 13.40%。其中，存款利息 124539 万元，委托贷款利息 1642831 万元，国债利息 179 万元，其他 10489 万元。

（二）业务支出。2020 年，业务支出 1022149 万元，同比增长 13.13%。其中，支付职工住房公积金利息 815353 万元，归集手续费 53524 万元，委托贷款手续费 54237 万元，其他 99035 万元。

（三）增值收益。2020 年，增值收益 760472 万元（含苏州市住房公积金管理中心以前年度形成的其他住房基金结转 1761 万元和泰州市住房公积金管理中心长期挂账转为增值收益的 2821 万元），同比增长 14.45%；增值收益率 1.47%，比上年增加 0.03 个百分点。

（四）增值收益分配。2020 年，提取贷款风险准备金 363620 万元，提取管理费用 75334 万元，提取城市廉租住房（公共租赁住房）建设补充资金 318193 万元。

2020 年，上交财政管理费用 69099 万元，上缴财政城市廉租住房（公共租赁住房）建设补充资金 304084 万元。

2020 年末，贷款风险准备金余额 2763434 万元，累计提取城市廉租住房（公共租赁住房）建设补充资金 2643397 万元。

（五）管理费用支出。2020 年，管理费用支出 67064 万元，同比增长 5.31%。其中，人员经费 37934 万元，公用经费 5623 万元，专项经费 23507 万元。

四、资产风险状况

个人住房贷款。2020 年末，个人住房贷款逾期额 3695 万元，逾期率 0.07‰，个人贷款风险准备金余额 2762881 万元。2020 年，使用个人贷款风险准备金核销呆坏账 0 万元。

五、社会经济效益

（一）**缴存业务**。缴存职工中，国家机关和事业单位占17.48%，国有企业占9.06%，城镇集体企业占1.39%，外商投资企业占15.34%，城镇私营企业及其他城镇企业占50.50%，民办非企业单位和社会团体占1.34%，灵活就业人员占0.90%，其他占3.99%；中、低收入占96.11%，高收入占3.89%。

新开户职工中，国家机关和事业单位占5.56%，国有企业占4.77%，城镇集体企业占1.02%，外商投资企业占16.98%，城镇私营企业及其他城镇企业占65.17%，民办非企业单位和社会团体占1.41%，灵活就业人员占0.81%，其他占4.28%；中、低收入占99.12%，高收入占0.88%。

（二）**提取业务**。提取金额中，购买、建造、翻建、大修自住住房占25.65%，偿还购房贷款本息占54.82%，租赁住房占3.57%，支持老旧小区改造提取占0.002%；离休和退休提取占9.58%，完全丧失劳动能力并与单位终止劳动关系提取占1.90%，出境定居占0.57%，其他占3.91%。提取职工中，中、低收入占96.5%，高收入占3.5%。

（三）**个人住房贷款业务**。职工贷款笔数中，购房建筑面积90（含）平方米以下占25.66%，90～144（含）平方米占65.53%，144平方米以上占8.81%。购买新房占61.13%（其中购买保障性住房占0.35%），购买二手房占38.45%，建造、翻建、大修自住住房占0.01%，其他占0.41%。

职工贷款笔数中，单缴存职工申请贷款占43.67%，双缴存职工申请贷款占55.62%，三人及以上缴存职工共同申请贷款占0.71%。

贷款职工中，30岁（含）以下占36.32%，30岁～40岁（含）占41.13%，40岁～50岁（含）占18.29%，50岁以上占4.26%；首次申请贷款占82.04%，二次申请贷款占17.96%；中、低收入占96.64%，高收入占3.36%。

（四）**住房贡献率**。2020年，个人住房贷款发放额、公转商贴息贷款发放额、项目贷款发放额、住房消费提取额的总和与当年缴存额的比率为116.72%，比上年减少5.02个百分点。

六、其他重要事项

（一）**应对新冠肺炎疫情的政策措施和实施成效**。

1. 率先布置疫情防控措施。在疫情发生后不久，省住房和城乡建设厅就在全国率先出台应对疫情防控措施，印发了《关于加强全省住房公积金系统疫情防控工作的通知》，要求推行线上服务，阻断病毒传播途径，提出企业和受疫情影响人员减负措施。促进将企业缓缴住房公积金政策写入《省政府关于应对新型冠状病毒肺炎疫情影响推动经济循环畅通和稳定持续发展的若干政策措施》。

2. 全面落实阶段性支持政策。全省住房公积金严格落实住房和城乡建设、财政部、人民银行《关于妥善应对新冠肺炎疫情实施住房公积金阶段性支持政策的通知》，全省13个城市住房公积金管理中心全部出台了相关政策措施。全省累计为18740家企业74.91万名职工办理缓缴住房公积金13.17亿元，其中为企业缓缴6.86亿元；对74739笔、14436.44万元住房公积金贷款不作逾期记录；支持9773名缴存职工通过提高租房提取公积金额度政策多提取公积金2696.07万元。有效缓解了企业和职工压力，为经济稳定持续发展作出了积极的贡献。

（二）当年开展监督检查情况。

1. 严肃开展审计整改。针对 2019 年审计署对我省住房公积金专项审计提出的问题，全省住房公积金高度重视，逐条对照检查，认真分析问题成因，制定切实可行的整改方案，严肃进行整改。

2. 全面开展住房公积金电子稽查和评估，有效提升全省住房公积金规范管理、合规管治和风险管控水平，保障资金安全和政策落实。

（三）当年服务改进情况。

1. 扎实推进长三角住房公积金一体化建设。8 月 20 日，长三角住房公积金一体化战略合作框架协议签约仪式暨第一次联席会议召开，上海市住房和城乡建设管理委员会，江苏、浙江、安徽省住房和城乡建设厅正式签署《长三角住房公积金一体化战略合作框架协议》，并确定 9 项 2020 年长三角住房公积金一体化具体合作项目。跨地区购房新信息协查、异地贷款证明信息互认、购房提取异常地区警示公告、长三角住房公积金一体化服务专栏等合作项目已经落地，江苏牵头的《住房公积金资金管理业务标准》《住房公积金归集业务标准》《住房公积金提取业务标准》《住房公积金个人贷款业务规范》的贯彻工作已经启动。

2. 全面完成住房公积金跨省通办服务事项。2020 年，住房公积金涉及的跨省通办事项有 3 项，分别是个人住房公积金缴存贷款等信息查询、出具贷款职工住房公积金缴存使用证明、正常退休提取住房公积金。全省住房公积金按照住房和城乡建设部要求，积极建设包含网站、网厅、12329 热线、12329 短信、微信、微博、手机 App、自助终端八个网上服务渠道的住房公积金综合服务平台，并通过全国住房公积金监管服务平台、长三角一网通办平台、政府 App、支付宝小程序、微信小程序等服务渠道，全面完成 2020 年 3 项住房公积金跨省通办事项。

3. 进一步优化营商环境。省住房城乡建设厅开展住房公积金"多证合一"数据对接及通过电子营业执照办理业务试点工作，联合省政务服务管理办公室、省市场监督管理局印发《新办企业住房公积金缴存登记"多证合一"数据共享指引》，深入推进企业开办一件事，进一步优化营商环境。

4. 淮海经济区住房公积金一体化取得新突破。在 2019 年淮海八城互认互贷基础上，新增济宁、临沂两中心成功签约，淮海十城全部实现公积金互认互贷。召开淮海经济区公积金第二届主任联席会、信息共享平台建设研讨会、宣传思想文化工作交流暨特色服务品牌观摩会，签订《区域一体化合作推进项目清单》和《信息共享服务平台建设合作框架协议》，稳步推进各市之间信息资源互通共享。开发淮海经济区公积金一体化平台，推动淮海经济区公积金一体化进程，实现淮海经济区公积金信息互联互通。开展跨区域联合执法，协同打击住房公积金违法违规行为，累计为区域其他城市中心办理协查 531 笔，涉及金额 4700 万元；联合执法 15 次，涉及金额 340 万元。

5. 持续提升服务水平。南京住房公积金管理中心注重提升服务技能，对分中心和 28 个承办银行服务窗口开展服务巡查，组织 7 家归集业务承办银行 260 名柜面人员开展提取审核和业务操作培训，对 300 余家缴存单位开展 32 场网上营业厅业务操作培训。无锡市住房公积金管理中心简化无房房租提取手续，通过与房屋交易中心、民政局等部门的数据共享，实现无房房租提取自动审核，资金支付时限升级为即时支付。徐州市住房公积金管理中心聚焦群众关注的热点堵点痛点，推出提高贷款上限、增加组合贷合作银行、上浮四星级人才和购买绿色建筑贷款额度、取消职工到不动产登记部门办理贷款抵押手续等"公积金八项新政惠彭城"项目，获 2020 年度振兴徐州老工业基地创新奖。苏州市住房公积金管理中心围绕基层"三整合"改革，在 6 个地区率先试行乡镇一级便民服务中心设立公积金综合服务网点，并借助大数据地理信息，优化调整18个公积金服务网点。淮安市住房公积金管理中心拓展服务范围，采取与承办银行合作的方式，选择位置相对偏远、缴存单位较多、辐射带动面较广的区域，设立6个住房公积金业务代办点，实现公积金业务"就近办"。镇江市住房公积金管理中心创新服务管理，通过组建服务内训师团队、建立第三方服务评测机制、开展服务之星评比、争创"服务先锋岗"演讲比赛、公积金岗位大练兵等活动，营造公积金窗口"比、学、赶、帮、超"的良好学习工作氛围。宿迁市住房公积金管理中心精简审批手续，推广"信用承诺＋容缺受理"机制，取消延长或缩短贷款年限、按年提取还商贷等业务的婚姻证明要件。

（四）当年信息化建设情况。

1. 出台信息安全管理办法和档案管理办法。为保障住房公积金资金安全和信息安全，强化住房公积金信息安全管理，防范计算机信息技术风险和廉政风险，推进"智慧公积金"建设，省住房城乡建设厅出台《江苏省住房公积金信息安全管理办法（试行）》；为规范档案管理，加快档案数字化进程，推进电子档案建设，省住房城乡建设厅联合省档案局、省档案馆出台《江苏省住房公积金档案管理暂行办法》。两个办法的出台为"智慧公积金"建设提供了保障，注入了"新鲜血液"。

2. 完成10个城市中心综合服务平台验收。经过近3年的建设，全省住房公积金基本建成包含8个基本线上服务渠道的住房公积金综合服务平台。在2019年住房和城乡建设部对南京、盐城住房公积金综合服务平台验收的基础上，2020年，省住房城乡建设厅组织专家完成了10个城市住房公积金管理中心综合服务平台的验收。住房公积金综合服务平台的建设使住房公积金线上服务水平有了质的提升，企业和百姓办事更加方便。疫情防控期间，全省住房公积金业务线上办理率近100％。

3. 深化"智慧公积金"建设。扬州市住房公积金管理中心深化"智慧公积金"建设，大力推进"不见面审批"（服务），与13个部门实现了数据共享，开发了24项全天候、零材料、零见面线上业务，"不见面审批"业务占业务总量的98％以上。常州市住房公积金管理中心持续推进信息安全建设，完成信息系统安全风险评估和网络安全等级保护（三级）测评，在全市"网安2020"网络安全攻防实战演练中获优胜单位荣誉称号。南通市住房公积金管理中心电子档案系统正式投入使用，实现电子档案与业务系统的无缝对接，提高了档案管理水平，方便档案的复用和查阅。连云港市住房公积金管理中心深入打造"互联网＋公积金"，强化数据共享推动中心网上业务大厅与"我的连云港"App深度融合，先后与房产、不动产互联互通，接入购房（商品房、二手房）提取功能，已实现偿还商贷提取、购买商品房提取、购买二手房提取等12项高频服务事项线上办理，线上办理率达100％。盐城市住房公积金管理中心加强信息安全建设，除在本地建有数据双活系统外，在贵州遵义中心建立了数据异地灾备系统。泰州市住房公积金管理中心拓展丰富智能化建设，引入智能客服机器人"泰金宝"，实时为办理业务职工解答相关政策。

（五）当年住房公积金机构及从业人员所获荣誉情况。2020年，全省住房公积金系统获得：3个国家级、5个省部级、3个地市级文明单位（行业、窗口）；2个地市级青年文明号；1个国家级、39个省部级、65个地市级先进集体和个人；3个省部级、3个地市级工人先锋号；3个地市级五一劳动奖章（劳动模范）；1个省部级、3个地市级三八红旗手；8个省部级、25个地市级其他荣誉。

南京住房公积金 2020 年年度报告

根据国务院《住房公积金管理条例》和住房和城乡建设部、财政部、人民银行《关于健全住房公积金信息披露制度的通知》(建金〔2015〕26 号) 的规定,现将南京住房公积金 2020 年年度报告公布如下。

一、机构概况

(一) 住房公积金管理委员会。住房公积金管理委员会有 22 名委员,2020 年召开 1 次会议。审议通过的事项主要包括：南京住房公积金管理中心关于 2019 年全市住房公积金工作情况和 2020 年工作打算的报告,住房公积金管理委员会成员调整建议,2019 年住房公积金计划执行情况和 2020 年住房公积金计划安排建议,2019 年住房公积金增值收益分配建议,南京住房公积金 2019 年年度报告,住房公积金管理中心关于管委会授权审批单位降低比例缴存和缓缴业务的申请,江苏省监狱管理局关于使用住房公积金增值收益资金的申请等事项。

(二) 住房公积金管理中心。南京住房公积金管理中心系南京市政府直属的不以营利为目的的公益一类事业单位,主要负责全市住房公积金的归集、提取、使用和住房公积金的核算。目前,中心内设办公室、归集贷款管理处、资金计划处、信息管理处、客户服务处、财务处、审计处、稽查支队、机关党委(组织人事处) 和纪律监督室；下设省级机关住房公积金管理分中心、江苏省监狱管理局住房公积金管理部、中国石化集团华东石油局住房公积金管理部、南京住房公积金管理中心铁路分中心 4 个行业性分支机构,城中分中心、江宁分中心、浦口分中心、六合分中心、溧水分中心、高淳分中心、江北分中心 7 个区域性分支机构。从业人员 251 人,其中,在编 148 人,非在编 103 人。目前,7 个区域性分支机构和南京住房公积金管理中心铁路分中心已纳入南京住房公积金管理中心统一管理。

二、业务运行情况

(一) 缴存。2020 年,新开户单位 16406 家,净增单位 9923 家；新开户职工 33.34 万人,净增职工 13.98 万人；实缴单位 68194 家,实缴职工 267.86 万人,缴存额 539.17 亿元,分别同比增长 16.89％、5.76％、15.03％。2020 年末,缴存总额 3760.53 亿元,比上年末增加 16.74％；缴存余额 1378.87 亿元,同比增长 13.13％。受委托办理住房公积金缴存业务的银行 7 家,较上年无变化。

其中,南京中心本级实缴单位 66015 家,实缴职工 236.33 万人,缴存额 426.04 亿元；省级机关分中心实缴单位 2002 家,实缴职工 23.05 万人,缴存额 85.32 亿元；铁路分中心实缴单位 141 家,实缴职工 6.86 万人,缴存额 21.56 亿元；江苏省监狱管理局管理部实缴单位 13 家,实缴职工 1.23 万人,缴存额 4.92 亿元；华东石油局管理部实缴单位 23 家,实缴职工 0.39 万人,缴存额 1.33 亿元。

(二) 提取。2020 年,131.97 万名缴存职工提取住房公积金；提取额 379.19 亿元,同比增长 20.28％；提取额占当年缴存额的 70.33％,比上年增加 3.07 个百分点。2020 年末,提取总额 2381.66 亿元,比上年末增加 18.94％。

(三) 贷款。

1. 个人住房贷款。单缴存职工最高额度 50 万元,双缴存职工最高额度 100 万元。

2020年，发放个人住房贷款5.99万笔、332.83亿元，同比分别增长0.84%、1.88%。其中，南京中心本级发放个人住房贷款5.06万笔、278.85亿元，省级机关分中心发放个人住房贷款0.68万笔、41.6亿元，铁路分中心发放个人住房贷款0.23万笔、11.04亿元，江苏省监狱管理局管理部发放个人住房贷款0.02万笔、0.87亿元，华东石油局管理部发放个人住房贷款0.0082万笔、0.47亿元。

2020年，回收个人住房贷款145.28亿元。其中，南京中心本级120.09亿元，省级机关分中心16.99亿元，铁路分中心6.50亿元，江苏省监狱管理局管理部1.41亿元，华东石油局管理部0.29亿元。

2020年末，累计发放个人住房贷款77.23万笔、2483.76亿元，贷款余额1346.17亿元，分别比上年末增加8.41%、15.47%、16.19%。个人住房贷款余额占缴存余额的97.63%，比上年末增加2.57个百分点。受委托办理住房公积金个人住房贷款业务的银行21家，较上年无变化。

2. 异地贷款。2020年，铁路分中心发放异地贷款47笔、2472.9万元。2020年末，发放异地贷款总额11090.9万元，异地贷款余额8027.82万元。

3. 公转商贴息贷款。2020年，发放公转商贴息贷款1893笔、109339.5万元，当年贴息额180.07万元。2020年末，累计发放公转商贴息贷款23959笔、929594.93万元，累计贴息17442.66万元。

4. 住房公积金支持保障性住房建设项目贷款。2020年，未发放支持保障性住房建设项目贷款。

（四）购买国债。2020年未购买国债，国债余额为零。

（五）资金存储。2020年末，住房公积金存款106.06亿元。其中，活期0.09亿元，1年（含）以下定期52.81亿元，1年以上定期22.54亿元，其他（协定、通知存款等）30.62亿元。

南京中心本级住房公积金存款额12.85亿元。其中，活期0亿元，1年以内定期（含）0亿元，1年以上定期0亿元，其他（协议、协定、通知存款等）12.85亿元。

省级机关分中心住房公积金存款额72.54亿元。其中，活期0亿元，1年以内定期（含）40亿元，1年以上定期19.74亿元，其他（协议、协定、通知存款等）12.80亿元。

铁路分中心住房公积金存款额13.74亿元。其中，活期0亿元，1年以内定期（含）10.11亿元，1年以上定期0亿元，其他（协议、协定、通知存款等）3.63亿元。

江苏省监狱管理局管理部住房公积金存款额4.53亿元。其中，活期0.001亿元，1年以内定期（含）2.7亿元，1年以上定期1亿元，其他（协议、协定、通知存款等）0.83亿元。

华东石油局管理部住房公积金存款额2.40亿元。其中，活期0.09亿元，1年以内定期（含）0亿元，1年以上定期1.8亿元，其他（协议、协定、通知存款等）0.51亿元。

（六）资金运用率。2020年末，住房公积金个人住房贷款余额、项目贷款余额和购买国债余额的总和占缴存余额的97.63%，比上年增加2.57%。其中，南京中心本级资金运用率104.79%。

三、主要财务数据

（一）业务收入。2020年，业务收入440899.42万元，同比增长13.45%。其中，南京中心本级358817.43万元，省级机关分中心57829.75万元，铁路分中心20492.72万元，省监狱系统管理部3011.16万元，华东石油局管理部748.36万元。存款利息35766.76万元，委托贷款利息405106.05万元，国债利息0万元，其他26.61万元。

（二）业务支出。2020年，业务支出239757.29万元，同比增长15.75%。其中，南京中心本级

191628.81 万元，省级机关分中心 34809.08 万元，铁路分中心 10987.26 万元，省监狱系统管理部 1737.13 万元，华东石油局管理部 595.01 万元。支付职工住房公积金利息 206818.71 万元，归集手续费 16150.58 万元，委托贷款手续费 16607.93 万元，其他（公转商贴息支出）180.07 万元。

（三）增值收益。2020 年，增值收益 201142.11 万元，同比增长 10.83%。其中，南京中心本级 167188.62 万元，省级机关分中心 23020.66 万元，铁路分中心 9505.45 万元，省监狱系统管理部 1274.03 万元，华东石油局管理部 153.35 万元。

增值收益率 1.13%，比上年减少 0.46 个百分点。其中，南京中心本级增值收益率 1.64%，比上年增加 0.03 个百分点；省级机关分中心增值收益率 1.08%，比上年减少 0.39 个百分点，铁路分中心增值收益率 1.41%，比上年减少 0.09 个百分点，省监狱系统管理部增值收益率 1.16%，比上年减少 0.07 个百分点，华东石油局管理部增值收益率 0.38%，比上年减少 1.25 个百分点。

（四）增值收益分配。2020 年，提取贷款风险准备金 108545.51 万元，提取管理费用 8551.43 万元，提取城市廉租住房（公共租赁住房）建设补充资金 84045.17 万元。

2020 年上交财政管理费用 7611.35 万元。上缴财政城市廉租住房（公共租赁住房）建设补充资金 93659.08 万元，其中，南京中心本级上缴 51990.48 万元，省级机关分中心上缴 39668.60 万元，铁路分中心上缴 0 万元，省监狱系统管理部上缴 2000.00 万元，华东石油局管理部上缴 0 万元。

2020 年末，贷款风险准备金余额 844818.74 万元。累计提取公共租赁住房建设补充资金 708844.78 万元，其中，南京中心本级提取 478496.21 万元，省级机关分中心提取 198987.34 万元，铁路分中心提取 19144.29 万元，省监狱系统管理部提取 12027.56 万元，华东石油局管理部提取 189.38 万元。

（五）管理费用支出。2020 年，管理费用支出 9056.77 万元，同比增长 20.43%。其中，人员经费 5312.97 万元，公用经费 303.84 万元，专项经费 3439.96 万元。

南京中心本级管理费用支出 6517.52 万元，其中，人员、公用、专项经费分别为 4184.46 万元、200.12 万元、2132.94 万元；省级机关分中心管理费用支出 1216.09 万元，其中，人员、公用、专项经费分别为 590.72 万元、24.08 万元、601.29 万元；铁路分中心管理费用支出 978.51 万元，其中，人员、公用、专项经费分别为 537.79 万元、43.20 万元、397.52 万元；省监狱系统管理部管理费用支出 211.56 万元，其中，人员、公用、专项经费分别为 0 万元、36.44 万元、175.12 万元；华东石油局管理部管理费用支出 133.09 万元，其中，人员、公用、专项经费分别为 0 万元、0 万元、133.09 万元。

四、资产风险状况

个人住房贷款。2020 年末，个人住房贷款逾期额 1698.99 万元，逾期率 0.13‰。其中，南京中心本级 0.11‰，省级机关分中心 0.27‰，铁路分中心 0.045‰，江苏省监狱管理局管理部 0‰，华东石油局管理部 0‰。

2020 年，个人贷款风险准备金余额 844818.74 万元，未使用个人贷款风险准备金核销呆坏账。

五、社会经济效益

（一）缴存业务。缴存职工中，国家机关和事业单位占 14.95%，国有企业占 13.77%，城镇集体企业占 1.35%，外商投资企业占 7.59%，城镇私营企业及其他城镇企业占 57.72%，民办非企业单位和社会团体占 0.99%，灵活就业人员占 0.4%，其他占 3.23%；中、低收入占 98.23%，高收入占 1.77%。

新开户职工中，国家机关和事业单位占 5.3%，国有企业占 8.31%，城镇集体企业占 0.99%，外商投资企业占 5.95%，城镇私营企业及其他城镇企业占 73.85%，民办非企业单位和社会团体占 1.08%，灵活就业人员占 0.76%，其他占 3.76%；中、低收入占 99.66%，高收入占 0.34%。

（二）提取业务。提取金额中，购买、建造、翻建、大修自住住房占 19.80%，偿还购房贷款本息占 53.49%，租赁住房占 9.95%，支持老旧小区改造占 0.01%，离休和退休提取占 11.41%，完全丧失劳动能力并与单位终止劳动关系提取占 0.08%，出境定居占 0.02%，其他占 5.24%。提取职工中，中、低收入占 98%，高收入占 2%。

（三）贷款业务。

个人住房贷款。2020 年，支持职工购建房 591.08 万平方米（含公转商贴息贷款），2020 年末个人住房贷款市场占有率（含公转商贴息贷款）为 13.92%，比上年末增加 0.79 个百分点。通过申请住房公积金个人住房贷款，预计未来累计可节约职工购房利息支出南京中心本级 1367759.25 万元，省级机关分中心 7322.91 万元。

职工贷款笔数中，购房建筑面积 90（含）平方米以下占 49.05%，90~144（含）平方米占 47.85%，144 平方米以上占 3.10%。购买新房占 45.82%（其中购买保障性住房占 0.16%），购买二手房占 54.18%，建造、翻建、大修自住住房占 0%，其他占 0%。

职工贷款笔数中，单缴存职工申请贷款占 58.80%，双缴存职工申请贷款占 41.20%，三人及以上缴存职工共同申请贷款占 0%。

贷款职工中，30 岁（含）以下占 53.57%，30 岁~40 岁（含）占 34.26%，40 岁~50 岁（含）占 10.47%，50 岁以上占 1.70%；首次申请贷款占 89.19%，第二次申请贷款占 10.81%；中、低收入占 98.79%，高收入占 1.21%。

（四）住房贡献率。2020 年，个人住房贷款发放额、公转商贴息贷款发放额、住房消费提取额的总和与当年缴存额的比率为 122.31%，比上年减少 4.55 个百分点。

六、其他重要事项

（一）应对新冠肺炎疫情采取的措施，落实住房公积金阶段性支持政策情况和政策实施成效。根据中央、省委和市委的疫情防控工作部署，先后出台《关于调整疫情防控期间住房公积金有关事项的通知》和《关于疫情防控期间实施住房公积金阶段性支持政策的通知》，针对受疫情影响的企业，可办理缓缴住房公积金或降低比例缴存；对受疫情影响还款的职工，不作逾期处理；因疫情影响收入的无房职工，可申请提高 2 月至 6 月的租房提取额度，单身职工每月可提高 300 元，已婚职工夫妻双方每月可提高 600 元；购房提取超期的，提取期限顺延 3 个月。2020 年南京中心本级共办理缓缴单位 590 户，涉及职工 7.24 万人，累计缓缴金额 2.58 亿元。共有 1534 家单位办理降低比例缴存，涉及职工 4.49 万人，合计减少缴存金额 0.69 亿元。办理提高租金提取 30 人，提取金额 5.89 万元，受理职工在单位缓缴期间的公积金贷款申请 651 笔。省级机关分中心共办理缓缴单位 193 家、涉及职工 1.2 万人，累计缓缴金额 0.22 亿元；受疫情影响职工无法正常还款且不作逾期处理的贷款累计 506 笔、贷款余额 1.6 亿元，不作逾期处理的贷款应还未还本金额 93.52 万元。

（二）当年机构及职能调整情况、受委托办理缴存贷款业务金融机构变更情况。无此类情况。

（三）当年住房公积金政策调整及执行情况。

1. 调整年度缴存基数。2020年度缴存基数为2019年度职工个人月平均工资，最高不超过市统计局公布的南京市2019年在岗职工月人均工资的3倍（31200元），最低不低于南京市2020年职工最低工资标准（2020元）。

2. 支持老旧小区改造政策落实情况。办理老旧小区加装电梯提取住房公积金242.71万元。

（四）当年服务改进情况。

1. 提升服务技能。对分中心和28个承办银行服务窗口开展服务巡查，并督促整改。全年组织7家归集业务承办银行260名柜面人员开展提取审核和业务操作培训；对300余家缴存单位开展32场网上营业厅业务操作培训；组织6家公积金贷款业务承办银行开展住房公积金商业贴息贷款业务培训；联合农业银行、南京银行、紫金农商银行、交通银行等分批对相关企业、房地产开发单位3000余人开展公积金政策宣传。

2. 提高服务水平。制定中心服务管理办法和网络、柜面服务标准；全面推广"一窗受理、一站办结、全市通办"的服务模式；推动"跨省通办"事项落实落地；实现公积金在线异地转移；与省级机关公积金分中心开展联网还贷；实行商品房贷款无纸化审批；实现公积金查询功能"一机通"，完成市政务服务大厅等全市多个网点的设立。

3. 提供多渠道服务。全年接听"12329"电话86.23万个，"南京公积金"App访问4463.48万次，南京公积金网上服务大厅访问320.08万次，短信推送3114.45万条；线上缴存业务60.17万笔，线上提取业务53.59万笔；回复在线留言1.57万个，实时互动交流10.27万个；"南京公积金"微信公众号及政务微博共发布、推送867篇；办结政务热线工单7796件；在南京市机关作风和行业作风建设满意度评议活动中，12345政务热线考评得分100分，列第四组15个有对应成绩部门（单位）的第1位；办结和谐信访系统转办件42件，满意率100%。

（五）当年信息化建设情况。

1. 率先完成全省"多证合一"试点工作。作为全省住房公积金"多证合一"试点单位，在全省率先完成"多证合一"系统建设，实现按月批量获取企业登记注册信息，为企业开户提供更加便捷的服务，为扩面工作提供更加精准的数据支撑，为全省推行住房公积金"多证合一"工作提供示范样本。

2. 加强信息共享平台建设。深入开展信息共享，积极对接省市各政务平台，实现部分公积金服务事项跨省通办；对接市政务办电子证照平台建设，实现电子证照状态实时更新；对接省大数据平台，落实贷款审批电子证照应用试点工作；完成民政部全国婚姻信息共享，并基本完成家庭名下房产等信息的数据共享，为公积金提取和贷款业务在线审批提供数据支撑。

3. 强化网络信息安全管理。开展2020年度网络安全等级保护测评工作，优化完善系统监控平台，定期开展网络安全巡检和专项检查，做好网络安全防护和专项检查工作。加强系统运维审计，规范数据操作和运维管理流程，确保系统和数据安全。

4. 升级网上办事大厅数字证书系统。对网厅单位用户启用新CA证书，并依托156个缴存银行网点有序开展新老证书换发工作，确保平稳过渡。新CA证书系统采用国密算法优化了签名验签功能，使用更加安全、灵活便捷，有效提升了用户体验。

5. 推进住房公积金无纸化业务办理系统项目建设。项目通过建立无纸化业务支撑平台，运用手写数字签名服务和电子签章等技术，实现归集、提取、贷款、财务等业务无纸化办理。

（六）当年住房公积金管理中心及职工所获荣誉情况。南京住房公积金管理中心被全国精神文明建设指导委员会复查通过评为全国文明单位；被中共南京市委、南京市人民政府评为2020年度机关作风建设先进单位；被中共南京市委办公厅、南京市人民政府办公厅评为2019年度市12345政务热线工作先进单位；被南京市政务公开领导小组办公室评为2019年度政务新媒体监管工作先进单位；被中共南京市委网络安全和信息化委员会办公室评为2019年网络安全工作责任制检查考核优秀等次单位。中共南京住房公积金管理中心机关委员会被中共江苏省住房城乡建设行业委员会评为全省住房城乡建设行业先进基层党组织；南京住房公积金管理中心工会被江苏省建设工会工作委员会评为2019年度全省住房城乡建设系统工会工作先进集体；南京住房公积金管理中心信息管理处被江苏省住房城乡建设系统职工劳动竞赛活动领导小组评为江苏省住房城乡建设系统窗口单位优质服务竞赛"优质服务窗口"，被中共南京市委市级机关工作委员会评为2019年度南京市市级机关市级青年文明号；南京住房公积金管理中心客户服务处被江苏省建设工会工作委员会评为江苏省住房城乡建设系统"工人先锋号"，被南京市妇女联合会评为南京市"巾帼文明岗"。

南京住房公积金管理中心职工朱克瑜同志被中共江苏省住房城乡建设行业委员会评为全省住房城乡建设行业优秀党务工作者；李冰同志被江苏省住房城乡建设系统职工劳动竞赛活动领导小组评为全省城乡建设系统优秀服务明星；邓克文同志被江苏省建设工会工作委员会评为全省住房城乡建设系统优秀工会工作者；冯春、刘壮志同志被南京市委、南京市人民政府评为2020年度机关作风建设先进个人；孙海燕、王冬平同志被中共南京市委办公厅、南京市人民政府办公厅评为2019年度市12345政务热线工作先进个人；章俊同志被中共南京市委市级机关工作委员会评为南京市"新时代最美机关人"；汪冰洋同志被中共南京市委市级机关工作委员会评为2019年度市级机关青年岗位能手。

（七）当年对违反《住房公积金管理条例》和相关法规行为进行行政处罚和申请人民法院强制执行情况。2020年对57家单位不缴或少缴住房公积金违规行为，向南京市玄武区人民法院申请强制执行。

1. 对申请法院强制执行的建邺区某社区居民之家、江苏省某信息发展有限公司、南京某物业管理有限公司等37家单位，法院均做出准予执行行政决定裁定，现已执行完毕。

2. 对申请法院强制执行的南京某电气有限公司、南京某股份有限公司、南京某教育咨询有限公司等20家单位，法院仍在执行中。

（八）当年对住房公积金管理人员违规行为的纠正和处理情况等。无此类情况。

无锡市住房公积金2020年年度报告

根据国务院《住房公积金管理条例》和住房和城乡建设部、财政部、人民银行《关于健全住房公积金信息披露制度的通知》（建金〔2015〕26号）的规定，经住房公积金管理委员会审议通过，现将无锡市住房公积金2020年年度报告公布如下。

一、机构概况

（一）**住房公积金管理委员会**。住房公积金管理委员会有 25 名委员，2020 年召开 1 次会议，审议通过的事项主要包括：《无锡市 2019 年住房公积金财务收支计划执行情况和 2020 年住房公积金财务收支计划》《关于调整第二套住房公积金个人住房贷款利率的通知》《关于使用住房公积金支付本市既有住宅增设电梯费用的通知》。

（二）**住房公积金管理中心**。住房公积金管理中心为直属于无锡市市政府不以营利为目的的独立全民事业单位，内设 9 个部室，下设 5 个分支机构。从业人员 168 人，其中，在编 81 人，非在编 87 人。

二、业务运行情况

（一）**缴存**。2020 年，新开户单位 14801 家，净增单位 9874 家；新开户职工 22.01 万人，净增职工 5.82 万人；实缴单位 75496 家，实缴职工 175.35 万人，缴存额 248.45 亿元，分别同比增长 15.05％、3.43％、10.38％。2020 年末，缴存总额 1818.21 亿元，比上年末增加 15.83％；缴存余额 650.72 亿元，比上年末增加 10.38％。受委托办理住房公积金缴存业务的银行 8 家。

（二）**提取**。2020 年，71.45 万名缴存职工提取住房公积金；提取额 187.24 亿元，同比增长 10.26％；提取额占当年缴存额的 75.36％，比上年减少 0.08 个百分点。2020 年末，提取总额 1167.5 亿元，比上年末增加 19.1％。

（三）**贷款**。

1. 个人住房贷款。个人住房贷款最高额度 60 万元，其中，单缴存职工最高额度 30 万元，双缴存职工最高额度 60 万元。

2020 年，发放个人住房贷款 2.55 万笔、101.74 亿元，同比分别下降 45.4％、56.84％。其中，市中心发放个人住房贷款 1.49 万笔、60.8 亿元，江阴分中心发放个人住房贷款 0.48 万笔、18.05 亿元，宜兴分中心发放个人住房贷款 0.27 万笔、10.35 亿元，锡山分中心发放个人住房贷款 0.19 万笔、7.79 亿元，惠山分中心发放个人住房贷款 0.12 万笔、4.75 亿元。

2020 年，回收个人住房贷款 87.35 亿元。其中，市中心 52.79 亿元，江阴分中心 15.02 亿元，宜兴分中心 7.46 亿元，锡山分中心 6.61 亿元，惠山分中心 5.47 亿元。

2020 年末，累计发放个人住房贷款 41.72 万笔、1355.16 亿元，贷款余额 698.5 亿元，分别比上年末增加 6.48％、8.12％、2.1％。个人住房贷款余额占缴存余额的 107.34％，比上年末减少 8.71 个百分点。受委托办理住房公积金个人住房贷款业务的银行 14 家。

2. 异地贷款。2020 年，发放异地贷款 955 笔、42064.3 万元。2020 年末，发放异地贷款总额 206762.1 万元，异地贷款余额 179915.49 万元。

3. 公转商贴息贷款。2020 年，发放公转商贴息贷款 0 笔、0 万元，当年贴息额 2.66 万元。2020 年末，累计发放公转商贴息贷款 3131 笔、79629.3 万元，累计贴息 1857.66 万元。

（四）**购买国债**。2020 年，未购买国债。年末，国债余额 0 亿元。

（五）**资金存储**。2020 年末，住房公积金存款 52.32 亿元。其中，活期 0.03 亿元，1 年（含）以下定期 21.4 亿元，1 年以上定期 0 亿元，其他（协定、通知存款等）30.89 亿元。

(六）资金运用率。 2020 年末，住房公积金个人住房贷款余额、项目贷款余额和购买国债余额的总和占缴存余额的 107.34%，比上年末减少 8.71 个百分点。

三、主要财务数据

（一）业务收入。 2020 年，业务收入 239518.12 万元，同比增长 17.21%。其中，市中心 148413.05 万元，江阴分中心 36866.72 万元，宜兴分中心 21162.6 万元，锡山分中心 18730 万元，惠山分中心 14345.75 万元；存款利息 8109.76 万元，委托贷款利息 223688.92 万元，国债利息 0 万元，其他 7719.44 万元。

（二）业务支出。 2020 年，业务支出 153068.83 万元，同比增长 27.36%。其中，市中心 100376.59 万元，江阴分中心 20028.61 万元，宜兴分中心 12593.8 万元，锡山分中心 11741.64 万元，惠山分中心 8328.19 万元；支付职工住房公积金利息 94443.59 万元，归集手续费 3667.6 万元，委托贷款手续费 7975.64 万元，其他 46982 万元。

（三）增值收益。 2020 年，增值收益 86449.29 万元，同比增长 2.72%。其中，市中心 48036.46 万元，江阴分中心 16838.11 万元，宜兴分中心 8568.8 万元，锡山分中心 6988.35 万元，惠山分中心 6017.57 万元；增值收益率 1.38%，比上年减少 0.1 个百分点。

（四）增值收益分配。 2020 年，提取贷款风险准备金 51869.57 万元，提取管理费用 5754.74 万元，提取城市廉租住房（公共租赁住房）建设补充资金 28824.98 万元。

2020 年，上交财政管理费用 5754.74 万元。上缴财政城市廉租住房（公共租赁住房）建设补充资金 27181.98 万元。其中，市中心上缴 15520.52 万元，江阴分中心上缴 5355.71 万元，宜兴分中心上缴 2625.69 万元，锡山分中心上缴 2003.49 万元，惠山分中心上缴 1676.57 万元。

2020 年末，贷款风险准备金余额 392278.95 万元。累计提取城市廉租住房（公共租赁住房）建设补充资金 314524.81 万元。其中，市中心提取 197224.94 万元，江阴分中心提取 59937.16 万元，宜兴分中心提取 26074.89 万元，锡山分中心提取 16491.31 万元，惠山分中心提取 14796.51 万元。

（五）管理费用支出。 2020 年，管理费用支出 6154.59 万元，同比增长 0.44%。其中，人员经费 3204.07 万元，公用经费 1856.85 万元，专项经费 1093.67 万元。

市中心管理费用支出 3665.17 万元，其中，人员、公用、专项经费分别为 1709.7 万元、911.89 万元、1043.58 万元；江阴分中心管理费用支出 700.81 万元，其中，人员、公用、专项经费分别为 512.98 万元、153.57 万元、34.26 万元；宜兴分中心管理费用支出 727.79 万元，其中，人员、公用、专项经费分别为 461.8 万元、251.26 万元、14.73 万元；锡山分中心管理费用支出 523.62 万元，其中，人员、公用、专项经费分别为 244.71 万元、277.81 万元、1.1 万元；惠山分中心管理费用支出 537.2 万元，其中，人员、公用、专项经费分别为 274.88 万元、262.32 万元、0 万元。

四、资产风险状况

个人住房贷款。 2020 年末，个人住房贷款逾期额 0 万元，逾期率 0‰。个人贷款风险准备金余额 392278.95 万元。2020 年，使用个人贷款风险准备金核销呆坏账 0 万元。

五、社会经济效益

（一）**缴存业务。**缴存职工中，国家机关和事业单位占9.99%，国有企业占7.2%，城镇集体企业占3.07%，外商投资企业占19.44%，城镇私营企业及其他城镇企业占56.93%，民办非企业单位和社会团体占1.09%，灵活就业人员占1.01，其他占，1.27%；中、低收入占97.65%，高收入占2.35%。

新开户职工中，国家机关和事业单位占3.14%，国有企业占3.52%，城镇集体企业占2.43%，外商投资企业占18.3%，城镇私营企业及其他城镇企业占69.81%，民办非企业单位和社会团体占1.05%，灵活就业人员占0.33%，其他占1.42%；中、低收入占99.53%，高收入占0.47%。

（二）**提取业务。**提取金额中，购买、建造、翻建、大修自住住房占32.59%，偿还购房贷款本息占47.87%，租赁住房占5.28%，支持老旧小区改造占0%，离休和退休提取占8.5%，完全丧失劳动能力并与单位终止劳动关系提取占5.25%，出境定居占0.23%，其他占0.28%。提取职工中，中、低收入占95.71%，高收入占4.29%。

（三）**贷款业务。**

个人住房贷款。2020年，支持职工购建房281.93万平方米，年末个人住房贷款市场占有率为21.71%，比上年末增加0.37个百分点。通过申请住房公积金个人住房贷款，可节约职工购房利息支出547323.62万元。

职工贷款笔数中，购房建筑面积90（含）平方米以下占27%，90～144（含）平方米占58.51%，144平方米以上占14.49%。购买新房占65.51%（其中购买保障性住房占1.39%），购买二手房占34.49%，建造、翻建、大修自住住房占0%（其中支持老旧小区改造占0%），其他占0%。

职工贷款笔数中，单缴存职工申请贷款占19.73%，双缴存职工申请贷款占80.27%，三人及以上缴存职工共同申请贷款占0%。

贷款职工中，30岁（含）以下占28.87%，30岁～40岁（含）占46.77%，40岁～50岁（含）占20.71%，50岁以上占3.65%；首次申请贷款占55.29%，二次及以上申请贷款占44.71%；中、低收入占95.29%，高收入占4.71%。

（四）**住房贡献率。**2020年，个人住房贷款发放额、公转商贴息贷款发放额、项目贷款发放额、住房消费提取额的总和与当年缴存额的比率为105.57%，比上年减少64.16个百分点。

六、其他重要事项

（一）**应对新冠肺炎疫情采取的措施，落实住房公积金阶段性支持政策情况和政策实施成效。**贯彻落实习近平总书记关于新冠肺炎疫情防控和应对工作的重要指示精神，及时制定并实施《关于妥善应对新冠肺炎疫情实施住房公积金阶段性支持政策的通知》（锡房金〔2020〕7号），支持企业稳岗复产，助力保障民生稳定。一是受疫情影响的企业，6月30日前可延期办理住房公积金缴存业务。在此期间企业未能及时缴存住房公积金的，补缴后可视同正常缴存；职工申请公积金贷款的，视同连续缴存。二是受疫情影响的职工，3月5日至6月30日期间不能正常还款的，不作逾期处理，不作为逾期记录报送征信部门，已报送的予以调整。三是受疫情影响的企业，6月30日前可根据实际情况，在5%～12%之间自主调整住房公积金缴存比例。截至6月30日，共有11472家缴存单位、28.18万缴存职工缓缴住房公积金，4.2万笔、逾期贷款不作逾期处理。

（二）当年机构及职能调整情况、受委托办理缴存贷款业务金融机构变更情况。2020年，中心未对内设机构及职能进行调整。

2020年，本市受托缴存贷款业务金融机构无变化。

（三）当年住房公积金政策调整及执行情况，包括当年缴存基数限额及确定方法、缴存比例等缴存政策调整情况；当年提取政策调整情况；当年个人住房贷款最高贷款额度、贷款条件等贷款政策调整情况；当年住房公积金存贷款利率执行标准等；支持老旧小区改造政策落实情况。

1. 当年缴存基数限额及确定方法、缴存比例调整情况。2020年7月起，根据上一年度全市城镇非私营单位在岗职工平均工资的3倍确定当年缴存基数上限为26300元，缴存基数下限按上年度最低工资标准2020元执行。

国家机关、各类事业单位，单位与职工缴存比例为各12％；各类企业、民办非企业单位、社会团体及其他单位，单位与职工缴存比例一致，由单位在5％~12％之间自行确定。

上一年度为亏损的企业，经本企业职工代表大会或工会讨论通过，可向住房公积金管理中心申请缓缴住房公积金。缓缴住房公积金的企业，待经济效益好转后，应补缴缓缴部分。企业缓缴住房公积金的期限不得超过一年。超过一年需继续缓缴的，应提前1个月至住房公积金管理中心重新办理申请手续。

2. 当年提取政策调整情况。2020年11月1日起，凡按照本市对既有住宅增设电梯相关规定加装电梯的，在既有住宅增设电梯项目竣工验收并取得电梯使用登记证后，出资增设电梯的产权人及其配偶、产权人直系亲属可以提取本人的住房公积金支付增设电梯所分摊的费用。

3. 当年住房公积金存贷款利率调整及执行情况。2020年，职工住房公积金账户存款利率继续按照《中国人民银行 住房和城乡建设部 财政部关于完善职工住房公积金账户存款利率形成机制的通知》（银发〔2016〕43号）规定，按照一年期定期存款基准利率执行。

第一套住房公积金贷款利率继续按照《中国人民银行关于下调金融机构人民币贷款及存款基准利率并进一步推进利率市场化改革的通知》（银发〔2015〕325号）规定执行，五年期以下（含五年）住房公积金个人住房贷款利率为2.75％；五年期以上住房公积金个人住房贷款利率为3.25％。第二套自住住房公积金贷款利率按照住房和城乡建设部、财政部、人民银行、银行业监督管理委员会《关于规范住房公积金个人住房贷款政策有关问题的通知》（建金〔2010〕179号）规定执行，贷款利率为同期首套住房公积金贷款利率的1.1倍。

（四）当年服务改进情况，包括推进住房公积金服务"跨省通办"工作情况，服务网点、服务设施、服务手段、综合服务平台建设和其他网络载体建设服务情况等。

1. 优化营商环境力度加大。一是中心进一步规范"双随机、一公开"监管行为，制定"双随机、一公开"监管工作实施细则和随机抽查事项清单，确保中心"双随机、一公开"监管依法有序开展。二是中心推出使用电子营业执照在线办理单位开户业务，进一步简化了审批手续，实现了一环节、零材料、全天候、在线办、即时办的缴存登记方式，截至2020年末，已有2820家单位在线自助办理了单位缴存登记。全市共有6.82万家单位在线办理公积金缴存业务，不见面归集率为98.93％。

2. 线上平台持续优化。一是个人业务线上办理越来越完善。简化无房房租提取手续，通过与房屋交易中心、民政局等部门的数据共享，实现无房房租提取自动审核，资金支付时限从原来的最长8个工作日升级为即时支付；2020年8月新增公积金贷款提前还贷业务功能，截至年末共成功办理3433笔，合计金额约4.3亿元。2020年共办理线上业务37万笔，个人业务不见面办理率达94%。二是"12329"热线服务满意度越来越高。2020年，"12329"提供人工和自助语音服务63.25万个，总接通率93.3%，满意率99.94%。三是微信公众号影响力越来越大。2020年，"无锡公积金"微信公众号发布推文68篇，累计阅读量473.93万，39次登上"无锡新媒体排行榜·政务类微信公众号榜单"，并荣获"2019年度无锡政务新媒体微信影响力十佳"称号。截至2020年底，微信公众号关注人数已突破172万。四是跨地区业务办理越来越便捷。中心积极推进"跨省通办""长三角住房公积金一体化"工作，目前正常退休提取公积金、个人住房公积金缴存贷款等信息查询、出具异地贷款缴存使用证明已实现全程网办，满足缴存职工异地办事需求；开展住房公积金跨地区信息协查工作，推动信息共享，确保业务办理规范、高效、安全，2020年共配合异地住房公积金中心协查房产交易信息345人次。

3. 线下服务不断提升。严格贯彻落实"十要十严禁"等服务制度，继续深化文明服务六步法，通过季度"服务之星""客服之星"评选、不定期音视频监控抽查、组织第三方暗访等方式提升窗口服务水平；积极开展市政务服务分中心"争先创优"工作，2020年，中心获"创新示范窗"称号2次，6名同志获得"服务排头兵"称号；优化业务流程，简化出境提取业务办理材料，调整公积金委托偿还住房贷款业务办理方式；及时回应群众关切，切实做好信访答复及12345政府公共服务热线的回复工作，确保件件有着落，事事有回音，全年共回复信访意见书19件，办理"12345"政府热线工单2437份，工单办结率100%。

（五）当年信息化建设情况，包括信息系统升级改造情况，基础数据标准贯彻落实和结算应用系统接入情况等。

1. 系统集成项目建设。2020年8月中心通过系统集成项目建设，加固了中心信息系统安全防护，部署了防毒墙、IPS等安全设备，提高了信息系统安全性，保证了系统7×24小时安全、稳定对外提供服务。通过系统监控软件及监控大屏展示，实时监控中心信息系统软硬件运行情况，多角度、多维度对信息系统进行监控，确保中心信息系统安全、稳定、高效运行。

2. 行政执法系统上线。围绕行政执法"三项制度"，2020年开发投产行政执法系统，实现对行政执法全流程的有效管控，住房公积金执法欠缴金额计算时间由原来平均每笔、40分钟缩短至4分钟，效率提高了9倍，案件差错率由2019年的4.87%下降至0.31%。截至2020年末，执法系统已处理案件885起；与无锡市中级人民法院共同开发上线"点对点"网络执行查控系统，法院可在线实时查询职工公积金账户情况、冻结职工公积金账户，有效提高了法院的案件执行效率。

3. 电子档案管理系统上线。2020年10月，中心顺利完成公积金电子档案管理系统的上线工作，目前系统运行正常。通过采用电子签名、数据共享等技术手段，实现业务流程的无纸化。运用CA技术加密业务数据、档案数据进行归档和存储，以保证数据的真实性、完整性、可靠性和可追溯性，达到信息数据防篡改、防抵赖的目的。

4. 等级保护测评情况。2020年，住房公积金管理信息系统测评（2.0三级标准）得分由81.2分提高至85.34分，微信公众号系统测评（2.0二级标准）得分由82.76分提高至92.57分。

（六）当年住房公积金管理中心及职工所获荣誉情况，包括：文明单位（行业、窗口）、青年文明号、工人先锋号、五一劳动奖章（劳动模范）、三八红旗手（巾帼文明岗）、先进集体和个人等。2020年，中心全体员工凝心聚力，立足岗位，砥砺奋进，各项工作得到了广泛认可，收获了一系列荣誉。

1. 集体。

(1) 中心被评为 2019 年江苏省健康单位;

(2) 中心被评为 2019 年度无锡市网络安全等级保护工作优秀单位;

(3) 中心被评为 2016—2018 年度无锡市文明单位;

(4) 营业部党支部被评为省住房和城乡建设行业先进基层党组织;

(5) 江阴分中心党支部被评为无锡市人民政府办公室 2018—2019 年度先进基层党组织。

2. 个人。

(1) 茹学雯被评为省住房和城乡建设行业优秀共产党员;

(2) 陈敏、崔屹被评为无锡市人民政府办公室 2018—2019 年度优秀党务工作者;

(3) 倪千红、房恩勤、钱敏华、唐俊良、杨杨、邓晓荣被评为无锡市人民政府办公室 2018—2019 年度优秀共产党员;

(4) 丁玲被评为市级机关"争当领跑先锋"行动党员"领跑先锋"。

(七) 当年对违反《住房公积金管理条例》和相关法规行为进行行政处罚和申请人民法院强制执行情况。 2020 年,中心未作出行政处罚决定,共有 301 起责令限期缴存住房公积金决定申请人民法院强制执行。

徐州市住房公积金 2020 年年度报告

根据国务院《住房公积金管理条例》和住房和城乡建设部、财政部、人民银行《关于健全住房公积金信息披露制度的通知》(建金〔2015〕26 号)的规定,经住房公积金管理委员会同意,现将徐州市住房公积金 2020 年年度报告公布如下。

一、机构概况

(一) 住房公积金管理委员会。 住房公积金管理委员会有 27 名委员,2020 年召开 1 次会议,听取《2019 年徐州市住房公积金管理工作报告》,审议通过《徐州市 2019 年年度住房公积金归集使用计划执行情况及 2020 年年度住房公积金归集使用计划》《徐州市住房公积金 2019 年年度报告》,研究出台《关于调整徐州市住房公积金部分提取、贷款业务政策的报告》。

(二) 住房公积金管理中心。 徐州市住房公积金管理中心为直属徐州市人民政府不以营利为目的的公益一类事业单位,设 13 个处(科),7 个管理部。另设徐州矿务集团住房公积金管理中心、大屯煤电(集团)有限责任公司住房公积金管理中心及中国石化集团管道储运公司住房公积金管理中心 3 个行业性分支机构。从业人员 221 人,其中,在编 146 人,非在编 75 人。

二、业务运行情况

(一) 缴存。 2020 年,新开户单位 1112 家,净增单位 1037 家;新开户职工 6.23 万人,净增职工

2.53万人；实缴单位8358家，实缴职工63.18万人，缴存额117.63亿元，分别同比增长6.83%、2.88%、8.66%。2020年末，缴存总额1045.71亿元，比上年末增加12.67%；缴存余额386.62亿元，同比增长7.74%。受委托办理住房公积金缴存业务的银行25家。

（二）提取。2020年，21.93万名缴存职工提取住房公积金；提取额89.86亿元，同比增长4.17%；提取额占当年缴存额的76.39%，比上年减少3.29个百分点。年末，提取总额659.09亿元，比上年末增加15.79%。

（三）贷款。

1. 个人住房贷款。单缴存职工个人住房贷款最高额度50万元，双缴存职工个人住房贷款最高额度70万元。

2020年，发放个人住房贷款2.49万笔、96.61亿元，同比分别增长70.55%、91.57%。其中，市中心发放个人住房贷款2.40万笔、93.80亿元，徐矿集团发放个人住房贷款0.04万笔、1.33亿元、大屯煤电公司发放个人住房贷款0.05万笔、1.48亿元。

2020年，回收个人住房贷款43.87亿元。其中，市中心41.02亿元，徐矿集团1.38亿元，大屯煤电公司1.45亿元，中石化管道公司0.02亿元。

2020年末，累计发放个人住房贷款25.09万笔、650.53亿元，贷款余额312.33亿元，分别比上年末增加11.02%、17.44%、20.32%。个人住房贷款余额占缴存余额的80.78%，比上年末增加8.44个百分点。受委托办理住房公积金个人住房贷款业务的银行18家。

2. 异地贷款。2020年，发放异地贷款1003笔、37394万元。2020年末，发放异地贷款总额52617.3万元，异地贷款余额50189.90万元。

3. 公转商贴息贷款。2020年末，累计发放公转商贴息贷款10766笔、350444.80万元，累计贴息14773.91万元。

（四）资金存储。2020年末，住房公积金存款84.83亿元。其中，活期1.10亿元，1年（含）以下定期31.39亿元，1年以上定期22.70亿元，其他（协定、通知存款等）29.64亿元。

（五）资金运用率。2020年末，住房公积金个人住房贷款余额、项目贷款余额和购买国债余额的总和占缴存余额的80.78%，比上年末增加8.44个百分点。

三、主要财务数据

（一）业务收入。2020年，业务收入110558.26万元，同比增长8.53%。其中，市中心96970.59万元，徐矿集团6637.85万元，大屯煤电公司5342.73万元，中石化管道公司1607.09万元；存款利息18236.29万元，委托贷款利息92167.88万元，其他154.09万元。

（二）业务支出。2020年，业务支出63434.68万元，同比增长10.01%。其中，市中心56822.29万元，徐矿集团3052.31万元，大屯煤电公司2586.83万元，中石化管道公司973.25万元；支付职工住房公积金利息60826.49万元，归集手续费788.78万元，委托贷款手续费1025.99万元，其他793.42万元。

（三）增值收益。2020年，增值收益47123.58万元，同比增长6.60%。其中，市中心40148.30万元，徐矿集团3585.54万元，大屯煤电公司2755.90万元，中石化管道公司633.84万元；增值收益率1.26%，比上年减少0.01个百分点。

（四）增值收益分配。 2020 年，提取贷款风险准备金 7570.12 万元，提取管理费用 6288.90 万元，提取城市廉租住房（公共租赁住房）建设补充资金 29532.80 万元。

2020 年，上交财政管理费用 6288.90 万元。上缴财政城市廉租住房（公共租赁住房）建设补充资金 34752.43 万元。其中，市中心上缴 31268.85 万元，徐矿集团上缴 3483.58 万元。

2020 年末，贷款风险准备金余额 46208.84 万元。累计提取城市廉租住房（公共租赁住房）建设补充资金 298578.20 万元。其中，市中心 240460.01 万元，徐矿集团 58118.19 万元。

（五）管理费用支出。 2020 年，管理费用支出 5117.66 万元，同比增长 7.85%。其中，人员经费 3741.09 万元，公用经费 266.67 万元，专项经费 1109.90 万元。

市中心管理费用支出 4712.80 万元，其中，人员、公用、专项经费分别为 3410.85 万元、233.79 万元、1068.16 万元；徐矿集团管理费用支出 188.90 万元，其中，人员、公用、专项经费分别为 151.91 万元、16.75 万元、20.24 万元；大屯煤电公司管理费用支出 194.21 万元，其中，人员、公用、专项经费分别为 178.33 万元、15.88 万元、0 万元；中石化管道公司管理费用支出 21.75 万元，其中，人员、公用、专项经费分别为 0 万元、0.25 万元、21.50 万元。

四、资产风险状况

2020 年末，个人住房贷款逾期额 24.74 万元，逾期率 0.01‰，其中，市中心 0.01‰，徐矿集团 0.12‰，大屯煤电公司 0‰，中石化管道公司 0‰。个人贷款风险准备金余额 46208.84 万元。2020 年，使用个人贷款风险准备金核销呆坏账 0 万元。

五、社会经济效益

（一）缴存业务。 缴存职工中，国家机关和事业单位占 43.61%，国有企业占 24.17%，城镇集体企业占 1.37%，外商投资企业占 3.04%，城镇私营企业及其他城镇企业占 20.41%，民办非企业单位和社会团体占 1.38%，其他占 6.02%；中、低收入占 96.22%，高收入占 3.78%。

新开户职工中，国家机关和事业单位占 17.61%，国有企业占 14.72%，城镇集体企业占 1.96%，外商投资企业占 3.56%，城镇私营企业及其他城镇企业占 49.38%，民办非企业单位和社会团体占 3.07%，其他占 9.70%；中、低收入占 99.60%，高收入占 0.40%。

（二）提取业务。 提取金额中，购买、建造、翻建、大修自住住房占 34.49%，偿还购房贷款本息占 43.95%，租赁住房占 0.06%，离休和退休提取占 16.38%，完全丧失劳动能力并与单位终止劳动关系提取占 3.64%，出境定居占 0.01%，其他占 1.47%。提取职工中，中、低收入占 94.54%，高收入占 5.46%。

（三）贷款业务。 2020 年，支持职工购建房 284.92 万平方米（含公转商贴息贷款），年末个人住房贷款市场占有率（含公转商贴息贷款）为 12.47%，比上年末减少 2.25 个百分点。通过申请住房公积金个人住房贷款，可节约职工购房利息支出 135254 万元。

职工贷款笔数中，购房建筑面积 90（含）平方米以下占 12.35%，90~144（含）平方米占 81.44%，144 平方米以上占 6.21%。购买新房占 74.21%，购买二手房占 21.23%，其他占 4.56%。

职工贷款笔数中，单缴存职工申请贷款占 30.76%，双缴存职工申请贷款占 69.16%，三人及以上缴存职工共同申请贷款占 0.08%。

贷款职工中，30 岁（含）以下占 28.44%，30 岁～40 岁（含）占 41.74%，40 岁～50 岁（含）占 24.03%，50 岁以上占 5.79%；首次申请贷款占 78.55%，二次及以上申请贷款占 21.45%；中、低收入占 96%，高收入占 4%。

（四）住房贡献率。 2020 年，个人住房贷款发放额、公转商贴息贷款发放额、项目贷款发放额、住房消费提取额的总和与当年缴存额的比率为 142.10%，比上年增加 37.44 个百分点。

六、其他重要事项

（一）应对新冠肺炎疫情采取的措施，落实住房公积金阶段性支持政策情况和政策实施成效。

1. 具体措施。为有效应对新冠疫情，支持企业生产经营，中心制定出台《徐州市住房公积金管理中心关于应对新冠肺炎疫情精准帮扶受困企业和职工的实施意见》（徐公积金〔2020〕6 号）。

主要内容包括：一是延长缴存期限。2020 年 6 月 30 日之前，受疫情影响生产经营困难的企业可向市公积金中心申请缓缴 2020 年 2 月份至 6 月份的住房公积金，期间，其职工的住房公积金缴存时间连续计算，不影响职工公积金贷款资格。二是减免贷款逾期罚息。凡因感染新冠肺炎住院治疗或被隔离人员、疫情防控需要被隔离观察人员、参加疫情防控工作人员以及受疫情影响暂时失去收入来源的人员，在疫情防控期间未能及时偿还住房公积金贷款的，由本人提供有效证明并经市公积金中心贷款管理部门核实，在 2020 年 6 月 30 日前还清逾期部分的，不作逾期处理，并免收罚息，同时不作为征信逾期记录上传人民银行征信系统。三是延长业务申办时限。住房公积金缴存职工符合住房公积金贷款条件，因受疫情影响造成购房合同超期、商转公业务申请时限超期的，延长申请时限至 2020 年 6 月 30 日。对在疫情防控期间超出规定提取时限的公积金提取业务，办理时限延长至 2020 年 6 月 30 日。

2. 实施成效。累计为 362 家企业缓缴住房公积金，涉及缴存职工 27332 人，共计每月减少缴存住房公积金 2243.97 万元，合计缓缴金额 11219.85 万元；对涉及 283 户职工的 5177.5 万元贷款逾期金额免收罚息，同时不作为征信逾期记录上传人民银行征信系统。

（二）当年机构及职能调整情况、受委托办理缴存贷款业务金融机构变更情况。

1. 2020 年调整徐州市住房公积金管理委员会委员，调整后委员由 31 人减至 27 人。

2. 为进一步优化服务，更加方便职工选择办理住房公积金组合贷款业务，拓宽住房公积金组合贷款业务合作银行，在不增加中心账户总数的前提下，将华夏银行原归集账户变更为贷款账户使用，华夏银行由原受委托办理缴存业务的银行变更为受委托办理贷款业务的银行。

（三）当年住房公积金政策调整及执行情况，包括当年缴存基数限额及确定方法、缴存比例等缴存政策调整情况；当年提取政策调整情况；当年个人住房贷款最高贷款额度、贷款条件等贷款政策调整情况；当年住房公积金存贷款利率执行标准情况。

1. 归集业务。

（1）住房公积金缴存基数为职工本人 2019 年度月平均工资额。2020 年度职工住房公积金月缴存基数上限按 19642 元执行，下限参照职工养老保险最低缴费基数执行。

（2）2020 年度职工本人和单位住房公积金缴存比例为：机关事业单位的职工和单位的住房公积金缴存比例各为 12%，企业等其他单位参照最新文件执行，最高不得超过 12%。职工个人住房公积金的缴存比例应与单位为职工缴存住房公积金的比例保持一致。

2.提取业务。

(1) 取消"本人、配偶及子女因患重大疾病，住院医疗费用在三万元以上，造成家庭生活严重困难的"提取政策。

(2) 取消"享受城镇最低生活保障的"提取政策。

(3) 将"与单位解除或终止劳动关系，个人公积金账户封存满6个月，未在异地开设公积金账户继续正常缴存的"提取政策调整为"完全丧失劳动能力，并与单位终止劳动关系的"提取政策。

3.贷款业务。

(1) 将"贷款额度不高于住房公积金贷款最高限额。职工单方申请公积金贷款最高额度不得超过40万元，职工双方共同申请公积金贷款额度最高不得超过50万元。"调整为"贷款额度不高于住房公积金贷款最高限额。徐州市区（含铜山区）职工单方申请公积金贷款最高额度不得超过50万元，职工双方共同申请公积金贷款额度最高不得超过70万元。"

(2) 缴存职工使用住房公积金贷款购买二星级以上绿色住宅建筑时，公积金贷款额度计算中的借款人个人贷款偿还能力参考值上浮20%，总额度不超过我市住房公积金贷款最高限额。

(3) 对持有彭城英才卡四星级的职工发放住房公积金贷款，贷款额度测算可以上浮20%，总额度不超过我市住房公积金贷款最高限额。

(4) 存贷款利率。住房公积金存款利率为1.5%；贷款利率五年以上为3.25%，五年以下（含五年）为2.75%。

（四）当年服务改进情况，包括推进住房公积金服务"跨省通办"工作情况，服务网点、服务设施、服务手段、综合服务平台建设和其他网络载体建设服务情况等。

1.服务改进情况。

(1) 争先创优，营商环境建设持续深化。对标市营商环境"深化年"工作部署，深化"放管服"改革，精简优化归集、提取、贷款业务流程，缴存实现一键办理，贷款取消抵押面签，超出条例提取项目全部整改。持续优化业务系统，在严格落实基础数据标准的基础上，通过综合服务平台验收。"公积金e网通"进一步提质扩容增效，列入全市利企便民"双百行动"的五项工作全部提前完成。深化运用"有求必应、无事不扰"服务企业工作机制，到企业开展现场办公，及时帮助企业解决困难和问题，畅通联系服务企业渠道。

(2) 深化合作，区域一体化取得新突破。在2019年淮海八城互认互贷基础上，新增济宁、临沂两中心成功签约，淮海十城全部实现公积金互认互贷。召开淮海经济区公积金第二届主任联席会、信息共享平台建设研讨会、宣传思想文化工作交流暨特色服务品牌观摩会，签订《区域一体化合作推进项目清单》和《信息共享服务平台建设合作框架协议》，稳步推进各市之间信息资源互通共享。开发淮海经济区公积金一体化平台，推动淮海经济区公积金一体化进程，实现淮海经济区公积金信息互联互通。开展跨区域联合执法，协同打击住房公积金违法违规行为，累计为区域其他城市中心办理协查531笔，涉及金额4700万元；联合执法15次，涉及金额340万元。淮海经济区公积金一体化工作受到住房和城乡建设部、四省住房城乡建设厅和全国同行业广泛关注与高度认可，洛阳、日照等兄弟单位先后到中心学习一体化建设先进经验。

(3) 改革创新,有效破解事业发展难题。研究制定《打造贯彻新发展理念区域样板工作方案》,以改革创新推动公积金事业高质量发展。聚焦群众关注的热点堵点痛点,推出提高贷款上限、增加组合贷合作银行、上浮四星级人才和购买绿色建筑贷款额度、取消职工到不动产登记部门办理贷款抵押手续等多项务实惠民举措,进一步释放了制度红利。市级创新项目公积金"八项新政惠彭城"成效显著。尤其是公积金"惠企贷"项目,鼓励银行以企业正常缴存公积金作为授信的主要条件,向企业发放信用贷款,助力企业解决融资难题,全年各签约银行发放 25 笔,授信金额 9076.6 万元,围绕中心,服务大局,服务全市高质量发展。"公积金八项新政惠彭城"项目获 2020 年度振兴徐州老工业基地创新奖。

2. "跨省通办"情况。个人住房公积金缴存信息异地查询、住房公积金汇缴补缴、正常退休异地提取住房公积金、异地申请住房公积金单位及个人信息变更、异地提前还清本中心住房公积金贷款、异地申请开具住房公积金个人住房贷款全部还清证明等业务实现全程网上办理及"跨省通办"。

(五) 当年信息化建设情况,包括信息系统升级改造情况,基础数据标准贯彻落实和结算应用系统接入情况等。全面提升互联网+公积金服务水平,先后推出了单位版网厅、开发商版网厅、个人版网厅及手机公积金 App,开通政务旗舰店、融入政务 App,实现与江苏政务"苏服码"对接,将电子证照与业务系统有机融合,开辟"支付宝市民中心"业务办理渠道,实现预约叫号,优化互联网渠道业务功能,推出智能客服"小金",将互联网、大数据、云计算、人工智能与公积金业务深度融合,打造出公积金智慧化服务新模式。积极对接市大数据局和各业务合作单位,实现与自然资源与规划(房屋抵押登记)、公安(身份证)、市场监管(新企业开户)、社保(退休)信息共享。加上之前已实现的住建(房屋交易)、税务(契税)、民政(婚姻、死亡),目前,中心业务所需共享信息已基本实现全覆盖。

(六) 当年住房公积金管理中心及职工所获荣誉情况,包括:文明单位(行业、窗口)、青年文明号、工人先锋号、五一劳动奖章(劳动模范)、三八红旗手(巾帼文明岗)、先进集体和个人等。2020 年,中心获得青年文明号荣誉 1 次,工人先锋号荣誉 1 次,五一劳动奖章(劳动模范)荣誉 1 次,三八红旗手荣誉 1 次,先进集体和个人荣誉 13 次。

(七) 当年对违反《住房公积金管理条例》和相关法规行为进行行政处罚和申请人民法院强制执行情况。2020 年行政处罚 1 家单位,申请法院强制执行 6 起,执法立案 12 起,办理结案 3 起,协调处理投诉 100 余起。

(八) 当年对住房公积金管理人员违规行为的纠正和处理情况等。无。

(九) 其他需要披露的情况。无。

常州市住房公积金 2020 年年度报告

根据国务院《住房公积金管理条例》和住房和城乡建设部、财政部、人民银行《关于健全住房公积金信息披露制度的通知》(建金〔2015〕26 号)的规定,经住房公积金管理委员会审议通过,现将常州市住房公积金 2020 年年度报告公布如下。

一、机构概况

(一)住房公积金管理委员会。住房公积金管理委员会有23名委员,2020年召开1次会议,审议通过的事项主要包括:1. 常州市住房公积金管理中心2019年工作总结和2020年工作计划、常州市住房公积金2019年年度报告;2. 关于2019年归集使用、财务收支计划执行情况和2020年归集使用、财务收支计划的报告;3. 关于修改《常州市住房公积金个人贷款管理实施细则》的建议。

(二)住房公积金管理中心。住房公积金管理中心为隶属常州市人民政府、不以营利为目的的自收自支事业单位,设8个处室,3个办事处,3个分中心。从业人员181人,其中,在编84人,非在编97人。

二、业务运行情况

(一)缴存。2020年,新开户单位6602家,净增单位6453家;新开户人数13.66万人,净增人数7.6万人;实缴单位36662家,实缴人数103.34万人,缴存额154.09亿元,分别同比增长14.04%、4.02%、11.64%。2020年末,缴存总额1100.24亿元,比上年末增加16.29%;缴存余额379.38亿元,同比增长10.19%。受委托办理住房公积金缴存业务的银行7家。

(二)提取。2020年,45.46万名缴存职工提取住房公积金;提取额118.99亿元,同比增长16.26%;提取额占当年缴存额的77.22%,比上年增加3.06个百分点。2020年末,提取总额720.86亿元,比上年末增加19.70%。

(三)贷款。

1. 个人住房贷款。单缴存职工个人住房贷款最高额度30万元,双缴存职工个人住房贷款最高额度60万元。

2020年,发放个人住房贷款2.51万笔、109.54亿元,同比分别增长20.67%、23.29%。其中,市中心发放个人住房贷款1.45万笔、64.78亿元,武进分中心发放个人住房贷款0.53万笔、23.54亿元,金坛分中心发放个人住房贷款0.27万笔、10.99亿元,溧阳分中心发放个人住房贷款0.25万笔、10.23亿元。

2020年,回收个人住房贷款57.28亿元。其中,市中心33.02亿元,武进分中心12.79亿元,金坛分中心4.65亿元,溧阳分中心6.82亿元。

2020年末,累计发放个人住房贷款28.82万笔、819.30亿元,贷款余额413.59亿元,分别比上年末增加9.54%、15.43%、14.46%。个人住房贷款余额占缴存余额的109.02%,比上年末增加4.07个百分点。受委托办理住房公积金个人住房贷款业务的银行10家。

2. 异地贷款。2020年,发放异地贷款1407笔、58538.70万元。2020年末,异地贷款总额65241.20万元,异地贷款余额63844.69万元。

3. 公转商贴息贷款。2020年,发放公转商贴息贷款0笔、0万元,当年贴息额8711.77万元。2020年末,累计发放公转商贴息贷款39032笔、1229456.80万元,累计贴息54977.21万元。

(四)购买国债。2020年,购买国债0亿元,兑付、转让或收回国债0亿元。2020年末,国债余额0亿元。

(五)资金存储。2020年末,住房公积金存款0.65亿元。其中,活期0.01亿元,1年(含)以下定期 0 亿元，1 年以上定期 0 亿元，其他（协定、通知存款等）0.64 亿元。

（六）资金运用率。2020 年末，住房公积金个人住房贷款余额、项目贷款余额和购买国债余额的总和占缴存余额的 109.02%，比上年末增加 4.07 个百分点。

三、主要财务数据

（一）业务收入。2020 年，业务收入 129796.26 万元，同比增长 13.72%。其中，存款利息 2636.03 万元，委托贷款利息 127149.23 万元，国债利息 0 万元，其他 11 万元。

（二）业务支出。2020 年，业务支出 79762.2 万元，同比增长 8.22%。其中，支付职工住房公积金利息 53907.29 万元，公转商贴息支出 8711.77 万元，融资利息支出 9369.19 万元，归集手续费 2469.08 万元，委托贷款手续费 3952.3 万元，其他 1352.57 万元。

（三）增值收益。2020 年，增值收益 50034.06 万元，同比增长 23.72%。其中，市中心 27310.97 万元，武进分中心 12577.19 万元，金坛分中心 4453.11 万元，溧阳分中心 5692.79 万元；增值收益率 1.38%，比上年增加 0.14 个百分点。

（四）增值收益分配。2020 年，提取贷款风险准备金 5266.07 万元，提取管理费用 4333.61 万元，提取城市廉租住房（公共租赁住房）建设补充资金 40474.38 万元。

2020 年，上交财政管理费用 4333.61 万元。上缴财政城市廉租住房（公共租赁住房）建设补充资金 29875.07 万元。其中，市中心上缴 15002.44 万元，武进分中心上缴 8065.32 万元，金坛分中心上缴 3269.05 万元，溧阳分中心上缴 3538.26 万元。

2020 年末，贷款风险准备金余额 84919.33 万元。累计提取城市廉租住房（公共租赁住房）建设补充资金 294349.16 万元。其中，市中心提取 182223.69 万元，武进分中心提取 58743.15 万元，金坛分中心提取 23772.25 万元，溧阳分中心提取 29610.07 万元。

（五）管理费用支出。2020 年，管理费用支出 4333.61 万元，同比下降 34.87%。其中，人员经费 3060.89 万元，公用经费 148.85 万元，专项经费 1123.87 万元。

四、资产风险状况

个人住房贷款。2020 年末，个人住房贷款逾期额 0 万元，逾期率 0‰，其中，市中心 0‰，武进分中心 0‰，金坛分中心 0‰，溧阳分中心 0‰。个人贷款风险准备金余额 84919.33 万元。2020 年，使用个人贷款风险准备金核销呆坏账 0 万元。

五、社会经济效益

（一）缴存业务。缴存职工中，国家机关和事业单位占 13.32%，国有企业占 1.8%，城镇集体企业占 0.41%，外商投资企业占 8.98%，城镇私营企业及其他城镇企业占 67.44%，民办非企业单位和社会团体占 0.12%，灵活就业人员占 7.92%，其他占 0.01%；中、低收入占 73.23%，高收入占 26.77%。

新开户职工中，国家机关和事业单位占 4.34%，国有企业占 0.68%，城镇集体企业占 0.37%，外商投资企业占 11.27%，城镇私营企业及其他城镇企业占 75.24%，民办非企业单位和社会团体占 0.17%，灵活就业人员占 7.93%，其他占 0%；中、低收入占 90.83%，高收入占 9.17%。

（二）提取业务。提取金额中，购买、建造、翻建、大修自住住房占26.09%，偿还购房贷款本息占44.36%，租赁住房占6.17%，支持老旧小区改造占0.001%，离休和退休提取占7.87%，完全丧失劳动能力并与单位终止劳动关系提取占0.99%，出境定居占0.002%，其他占14.517%。提取职工中，中、低收入占70.52%，高收入占29.48%。

（三）贷款业务。个人住房贷款。2020年，支持职工购建房276.66万平方米（含公转商贴息贷款），年末个人住房贷款市场占有率（含公转商贴息贷款）为16.48%，比上年末下降1.86个百分点。通过申请住房公积金个人住房贷款，可节约职工购房利息支出258426.77万元。

职工贷款笔数中，购房建筑面积90（含）平方米以下占23.37%，90~144（含）平方米占69.64%，144平方米以上占6.99%。购买新房占56.35%（其中购买保障性住房占0.116%），购买二手房占43.65%，建造、翻建、大修自住住房占0.004%（其中支持老旧小区改造占0%），其他0%。

职工贷款笔数中，单缴存职工申请贷款占44%，双缴存职工申请贷款占55.19%，三人及以上缴存职工共同申请贷款占0.81%。

贷款职工中，30岁（含）以下占28.94%，30岁~40岁（含）占43.69%，40岁~50岁（含）占22.76%，50岁以上占4.61%；首次申请贷款占84.73%，二次及以上申请贷款占15.27%；中、低收入占91.57%，高收入占8.43%。

（四）住房贡献率。2020年，个人住房贷款发放额、公转商贴息贷款发放额、项目贷款发放额、住房消费提取额的总和与当年缴存额的比率139.30%，比上年增加18.04个百分点。

六、其他重要事项

（一）妥善应对新冠肺炎疫情，实施住房公积金阶段性支持政策。出台《关于应对疫情做好住房公积金惠企便民服务的实施意见》（常公积金〔2020〕4号），实施9项惠企便民服务政策。其中，因受疫情影响生产经营特别困难，申请缓缴住房公积金的企业有289家，缓缴住房公积金4909万元；受疫情影响在疫情期间未能正常偿还住房公积金贷款，不作逾期处理、免收逾期罚息的职工有1400户。

（二）当年机构及职能调整情况、受委托办理缴存贷款业务金融机构变更情况。无。

（三）当年住房公积金政策调整情况。调整住房公积金缴存基数限额。2020年住房公积金缴存基数上限为26100元，比上年度增长14.5%；下限为：常州市区（含武进区、经开区）2020元，金坛区、溧阳市1850元。

（四）当年服务改进情况。落实住房公积金服务"跨省通办"工作，设立专窗并推出个人缴存、贷款信息查询，出具贷款职工住房公积金缴存使用证明，退休提取等三项"跨省通办"业务。

加强在线渠道建设与线上业务推广工作。"常州住房公积金"微信公众号关注人数超60万，绑定用户数54万。16种常用单位业务与14种主要提取、贷款业务已经实现线上办理，全年线上办理量分别为53.28万笔与14.24万笔，占总办理量的80%与65%。

加快推进办理网点与自助服务建设。分别在新北行政服务中心与罗溪镇便民服务中心设立公积金服务窗口。在全市8个主要服务网点部署21台自助终端设备，提供查询、证明打印以及部分提取业务办理等服务，全年提供自助服务0.93万次。

（五）当年信息化建设情况。持续推进信息安全建设，完成了年度信息系统安全风险评估和网络安全等级保护（三级）测评工作与月度常规信息安全检测工作。加快系统功能优化完善工作，全面新增各类功能模块 7 项，实现了智能客服、现金还贷、征信查询、行政执法、智慧党建等功能的上线。持续推进综合服务平台建设，并通过省厅验收。积极推进住房和城乡建设部主导的数据质量治理工作。

（六）当年住房公积金管理中心及职工所获荣誉情况。2020 年中心获得常州市政府网站建设管理先进单位、"网安 2020"常州行动暨网络安全攻防实战演练优胜单位、常州市"七五"普法中期先进单位、江苏省住房城乡建设系统模范职工之家、常州市信赖职工之家等 8 项荣誉，获得省、市表彰的有 9 人次。

（七）当年对违反《住房公积金管理条例》和相关法规行为进行行政处罚和申请人民法院强制执行情况。坚持依法行政，不断推进执法维权工作，全年对 9 家单位欠缴或少缴住房公积金的违法行为向人民法院申请强制执行，申请执行金额 97.78 万元；对 1 家单位未办理缴存登记的违法行为作出 1 万元的行政处罚决定。

（八）当年对住房公积金管理人员违规行为的纠正和处理情况等。2020 年对 2019 年陆扬经济犯罪刑事案件相关责任人进行党纪政纪处分。

（九）其他需要披露的情况。无。

苏州市住房公积金 2020 年年度报告

根据国务院《住房公积金管理条例》和住房和城乡建设部、财政部、人民银行《关于健全住房公积金信息披露制度的通知》（建金〔2015〕26 号）的规定，经住房公积金管理委员会审议通过，现将苏州市住房公积金 2020 年年度报告公布如下。

一、机构概况

（一）住房公积金管理委员会。住房公积金管理委员会有 17 名委员，2020 年召开 2 次会议，审议通过的事项主要包括：

1. 第四届三次全体会议审议了市公积金中心《关于苏州市 2019 年住房公积金归集使用计划执行情况和 2020 年住房公积金归集使用计划草案的报告》《关于苏州市 2019 年住房公积金财务收支计划执行情况和 2020 年住房公积金财务收支计划草案的报告》《苏州市住房公积金 2019 年年度报告》《市公积金中心机关本级行政管理经费分摊方案》以及《阶段性适当降低企业住房公积金缴存比例政策期满后的处理意见》，追补审议了《新冠肺炎疫情防控期间住房公积金帮扶受困企业和职工相关政策》，听取了《妥善应对新冠肺炎疫情实施住房公积金阶段性支持政策的说明》，并书面审阅了《关于 2019 年度住房公积金业务的审计报告》和《关于 2019 年度住房公积金管理费用使用的审计报告》；

2. 第四届四次全体会议替补了管委会副主任委员，听取了市公积金中心上半年公积金运行情况汇报，审议了市公积金中心《灵活就业人员自愿缴存住房公积金苏州试点方案》《关于苏州市 2020 年度住房公积金缴存基数的调整方案》《关于新一轮购买住房公积金贷款风险管理服务的报告》《苏州市住房公积金"统一核算"实施方案》以及《关于市属机关事业单位新职工住房补贴发放方式调整的报告》，追补审议了

《修订〈苏州市住房公积金准备金管理制度〉的报告》。

（二）住房公积金管理中心。苏州市住房公积金管理中心（下称市中心）为直属苏州市政府不以营利为目的的公益一类事业单位，主要负责全市（不含工业园区）住房公积金的归集、管理、使用和会计核算。中心内设9个职能处室，另设机关党委和机关纪委。在所辖四个县级市、五个区设置9个分中心和1个管理部。从业人员278人，其中，参公管理人员119人，公益性岗位人员71人，服务外包人员88人。

（三）苏州工业园区相关概况。

1. 苏州工业园区管理委员会负责在工业园区行政区域内组织和推行社会保险（公积金）制度，研究决定园区社会保险（公积金）制度的重大事项和发展规划。

2. 苏州工业园区劳动和社会保障局负责实施工业园区行政区域内的社会保险制度和住房公积金制度。

3. 苏州工业园区社会保险基金和公积金管理中心（下称园区中心）负责工业园区行政区域内社会保险基金和公积金的管理，负责区内住房公积金的缴存、提取、贷款和基金管理，具体承办园区社会保险运行业务，负责社会保险登记、基金征缴、个人权益记录、社会保险待遇支付等工作。

二、业务运行情况

（一）缴存。2020年，新开户单位35402家（其中园区中心9336家），净增单位21979家（其中园区中心2739家）；新开户职工76.06万人（其中园区中心10.75万人），净增职工20.88万人（其中园区中心1.25万人）；实缴单位123942家（其中园区中心26104家），实缴职工399.31万人（其中园区中心60.33万人），缴存额556.42亿元（其中园区中心109.59亿元），分别同比增长18.74%、4.28%、7.35%。2020年末，缴存总额3754.41亿元（其中园区中心621.96亿元），比上年末增加16.79%；缴存余额1140.14亿元（其中园区中心193.14亿元），同比增长13.74%。受委托办理住房公积金缴存业务的银行6家。

（二）提取。2020年，157.40万名（其中园区中心33.57万名）缴存职工提取住房公积金；提取额409.73亿元（其中园区中心77.28亿元），同比增长8.37%；提取额占当年缴存额的73.64%，比上年增加0.7个百分点。2020年末，提取总额2614.27亿元（其中园区中心428.82亿元），比上年末增加18.59%。

（三）贷款。

1. 个人住房贷款。职工家庭住房贷款最高额度70万元。此外，购买套型建筑面积90平方米（含90平方米）以内的住房，且住房总价不超过110万元的职工，首次使用住房公积金贷款，贷款最高限额可计算至住房总价的80%。

首次使用住房公积金贷款的，借款申请人及共同借款申请人中有两人（含）以上共同参与计算可贷额度的，最高贷款额度为70万元；仅借款申请人参与计算可贷额度的，最高贷款额度为45万元。第二次使用住房公积金贷款的，借款申请人及共同借款申请人中有两人（含）以上共同参与计算可贷额度的，最高贷款额度为50万元；仅借款申请人参与计算可贷额度的，最高贷款额度为30万元。

2020年，发放个人住房贷款3.87万笔、192.22亿元，同比分别下降26.43%、14.6%。其中，张家港分中心发放个人住房贷款0.46万笔、22.14亿元，常熟分中心发放个人住房贷款0.37万笔、19.31亿元，昆山分中心发放个人住房贷款0.74万笔、32.97亿元，太仓分中心发放个人住房贷款0.31万笔、

14.95亿元，吴江分中心发放个人住房贷款0.19万笔、9.06亿元，吴中分中心发放个人住房贷款0.18万笔、9.15亿元，相城分中心发放个人住房贷款0.09万笔、4.25亿元，姑苏分中心发放个人住房贷款0.61万笔、28.46亿元，虎丘分中心发放个人住房贷款0.32万笔、15.15亿元，园区中心发放个人住房贷款0.6万笔、36.78亿元。

2020年，回收个人住房贷款101.1亿元。其中，张家港分中心10.21亿元，常熟分中心8.96亿元，昆山分中心20.48亿元，太仓分中心6.72亿元，吴江分中心6.19亿元，吴中分中心5.75亿元，相城分中心2.35亿元，姑苏分中心17.16亿元，虎丘分中心10.31亿元，园区中心12.97亿元。

2020年末，累计发放个人住房贷款56.75万笔（其中园区中心4.97万笔）、1856.09亿元（其中园区中心253.31亿元），贷款余额1005.01亿元（其中园区中心176.44亿元），分别比上年末增加7.32%、11.55%、9.97%。个人住房贷款余额占缴存余额的88.15%，比上年末减少3.84个百分点。受委托办理住房公积金个人住房贷款业务的银行16家。

2. 异地贷款。2020年，未发放异地贷款。2020年末，发放异地贷款总额0万元，异地贷款余额0万元。

3. 公转商贴息贷款。2020年未发放公转商贴息贷款。截至2020年末，历年累计发放公转商贴息贷款44279笔、1613559.76万元（其中园区中心8153笔、421571.31万元），累计贴息59976.28万元（其中园区中心18807.71万元），其中2020年贴息额4470.17万元（其中园区中心3925.26万元）。

4. 住房公积金支持保障性住房建设项目贷款。2020年，未发放支持保障性住房建设项目贷款。截至2020年末，累计发放项目贷款3.2亿元，无项目贷款余额。

（四）购买国债。2020年，未购买国债。年末，国债余额0亿元。

（五）资金存储。2020年末，住房公积金存款161.11亿元（其中园区中心24.03亿元）。其中，活期0亿元，1年（含）以下定期22.60亿元，1年以上定期2.00亿元，其他（协定、通知存款等）136.51亿元。

（六）资金运用率。2020年末，住房公积金个人住房贷款余额、项目贷款余额和购买国债余额的总和占缴存余额的88.15%，比上年末减少3.84个百分点。

三、主要财务数据

（一）业务收入。2020年，业务收入334932.11万元，同比增长13.36%。其中，市中心（含姑苏分中心、虎丘分中心）81963.99万元，张家港分中心32253.39万元，常熟分中心30885.28万元，昆山分中心62753.88万元，太仓分中心20840.99万元，吴江分中心20279.86万元，吴中分中心19772.77万元，相城分中心9426.33万元，园区中心56755.62万元；存款利息23785.60万元（其中园区中心3276.99万元），委托贷款利息311146.51万元（其中园区中心53478.62万元），国债利息0万元，其他0万元。

（二）业务支出。2020年，业务支出203135.79万元，同比增长9.69%。其中，市中心（含姑苏分中心、虎丘分中心）47342.67万元，张家港分中心19914.96万元，常熟分中心19172.12万元，昆山分中心38735.78万元，太仓分中心13152.82万元，吴江分中心12984.14万元，吴中分中心12905.98万元，相城分中心6775.21万元，园区中心32152.11万元；支付职工住房公积金利息161450.66万元（其中园区中心 24427.02 万元），归集手续费 17663.40 万元，委托贷款手续费 12596.75 万元（其中园区中心 2673.93 万元），其他 11424.98 万元（其中园区中心 5051.16 万元）。

（三）增值收益。2020 年，增值收益 133557.55 万元（含以前年度形成的其他住房基金结转 1761.23 万元），同比增长 21.12%。其中，市中心（含姑苏分中心、虎丘分中心）35764.43 万元，张家港分中心 12338.43 万元，常熟分中心 11717.74 万元，昆山分中心 24194.72 万元，太仓分中心 7688.17 万元，吴江分中心 7297.13 万元，吴中分中心 7302.30 万元，相城分中心 2651.12 万元，园区中心 24603.51 万元；增值收益率 1.24%，比上年增加 0.05 个百分点。

（四）增值收益分配。2020 年，提取贷款风险准备金 76384.76 万元（其中园区中心 14762.10 万元）；提取管理费用 12964.60 万元，提取城市廉租住房（公共租赁住房）建设补充资金 44208.19 万元（其中园区中心 9841.40 万元）。

2020 年末，贷款风险准备金余额 365542.10 万元（其中含园区中心 75542.45 万元）。累计提取城市廉租住房（公共租赁住房）建设补充资金 419423.31 万元；其中，市中心（含姑苏分中心、虎丘分中心）提取 135221.46 万元，张家港分中心提取 51743.99 万元，常熟分中心提取 51513.00 万元，昆山分中心提取 63520.19 万元，太仓分中心提取 18328.46 万元，吴江分中心提取 23394.64 万元，吴中分中心提取 20304.39 万元，相城分中心提取 5035.55 万元，园区中心提取 50361.63 万元。

此外，根据 2020 年年度预算提取的管理费用 12964.60 万元，已全额上交财政。

2019 年实现的城市廉租住房（公共租赁住房）建设补充资金 57111.29 万元已全部上缴财政；其中，市中心（含姑苏分中心、虎丘分中心）上缴 11094.35 万元，张家港分中心上缴 7550.78 万元，常熟分中心上缴 7253.70 万元，昆山分中心上缴 12084.83 万元，太仓分中心上缴 3307.32 万元，吴江分中心上缴 3332.71 万元，吴中分中心上缴 4147.92 万元，相城分中心上缴 730.78 万元，园区中心上缴 7608.90 万元。

（五）管理费用支出。2020 年，管理费用实际支出 13133.38 万元，同比下降 0.06%。其中，人员经费 6042.11 万元，公用经费 381.34 万元，专项经费 6709.93 万元。

市中心（含姑苏分中心、虎丘分中心）管理费用支出 6147.49 万元，其中，人员、公用、专项经费分别为 2531.73 万元、147.28 万元、3468.48 万元；张家港分中心管理费用支出 1001.32 万元，其中，人员、公用、专项经费分别为 564.16 万元、33.91 万元、403.25 万元；常熟分中心管理费用支出 1103.29 万元，其中，人员、公用、专项经费分别为 547.01 万元、37.85 万元、518.43 万元；昆山分中心管理费用支出 1546.08 万元，其中，人员、公用、专项经费分别为 600.41 万元、39.28 万元、906.39 万元；太仓分中心管理费用支出 763.99 万元，其中，人员、公用、专项经费分别为 446.78 万元、35.06 万元、282.15 万元；吴江分中心（含盛泽管理部）管理费用支出 1117.15 万元，其中，人员、公用、专项经费分别为 559.02 万元、35.39 万元、522.74 万元；吴中分中心管理费用支出 880.73 万元，其中，人员、公用、专项经费分别为 422.38 万元、26.93 万元、431.42 万元；相城分中心管理费用支出 573.33 万元，其中，人员、公用、专项经费分别为 370.62 万元、25.64 万元、177.07 万元。

四、资产风险状况

（一）个人住房贷款。2020 年末，个人住房贷款逾期额 2.46 万元，逾期率 0.0003‰，其中，张家港分中心 0‰，常熟分中心 0‰，昆山分中心 0‰，太仓分中心 0.0034‰，吴江分中心 0‰，吴中分中心 0.0004‰，相城分中心 0‰，姑苏分中心 0‰，虎丘分中心 0‰，园区中心 0‰。个人贷款风险准备金余额 365542.09 万元（含园区中心 75542.45 万元）。2020 年，使用个人贷款风险准备金核销呆坏账 0 万元。

（二）支持保障性住房建设试点项目贷款。2020 年末，无逾期项目贷款。未计提项目贷款风险准备金。无项目贷款风险准备金余额。

五、社会经济效益

（一）缴存业务。缴存职工中，国家机关和事业单位占 8.44%，国有企业占 3.52%，城镇集体企业占 0.94%，外商投资企业占 30.36%，城镇私营企业及其他城镇企业占 54.20%，民办非企业单位和社会团体占 1.20%，灵活就业人员占 0%，其他占 1.34%；中、低收入占 98.20%，高收入占 1.80%。

新开户职工中，国家机关和事业单位占 1.91%，国有企业占 1.40%，城镇集体企业占 0.47%，外商投资企业占 30.15%，城镇私营企业及其他城镇企业占 64.39%，民办非企业单位和社会团体占 0.84%，灵活就业人员占 0%，其他占 0.84%；中、低收入占 99.73%，高收入占 0.27%。

（二）提取业务。提取金额中，购买、建造、翻建、大修自住住房占 22.90%，偿还购房贷款本息占 61.50%，租赁住房占 0.06%，支持老旧小区改造占 0%，离休和退休提取占 6.64%，完全丧失劳动能力并与单位终止劳动关系提取占 0.01%，出境定居占 0.01%，其他占 8.88%。提取职工中，中、低收入占 96.90%，高收入占 3.10%。

（三）贷款业务。

1. 个人住房贷款。2020 年，支持职工购建房 363.37 万平方米（含公转商贴息贷款）（其中园区中心 50.33 万平方米），2020 年末个人住房贷款市场占有率（含公转商贴息贷款）为 9.63%，比上年末减少 0.05 个百分点。通过申请住房公积金个人住房贷款，可节约职工购房利息支出 357645.32 万元（其中园区中心 92764.61 万元）。

职工贷款笔数中，购房建筑面积 90（含）平方米以下占 31.28%，90～144（含）平方米占 59.59%，144 平方米以上占 9.13%。购买新房占 56.43%（其中购买保障性住房占 0.08%），购买二手房占 43.50%，建造、翻建、大修自住住房占 0.07%（其中支持老旧小区改造占 0%），其他占 0%。

职工贷款笔数中，单缴存职工申请贷款占 49.17%，双缴存职工申请贷款占 50.27%，三人及以上缴存职工共同申请贷款占 0.56%。

贷款职工中，30 岁（含）以下占 31.94%，30 岁～40 岁（含）占 50.95%，40 岁～50 岁（含）占 15.37%，50 岁以上占 1.74%；首次申请贷款占 90.95%，二次及以上申请贷款占 9.05%；中、低收入占 96.88%，高收入占 3.12%。

2. 支持保障性住房建设试点项目贷款。2020 年末，无试点项目，未涉及贷款额度、建筑面积、中低收入职工家庭的住房问题。试点项目贷款资金未发放且无贷款本息还清。

（四）住房贡献率。2020 年，个人住房贷款发放额、公转商贴息贷款发放额、项目贷款发放额、住房消费提取额的总和与当年缴存额的比率为 96.74%，比上年减少 10.49 个百分点。

六、其他重要事项

（一）应对新冠肺炎疫情采取的措施，落实住房公积金阶段性支持政策情况和政策实施成效。针对受新冠肺炎疫情影响的受困企业和缴存职工,出台《关于做好新型冠状病毒感染的肺炎疫情防控期间住房公积金保障工作的通知》,推出"五助五稳"复工复业"组合拳",通过"最优政策"和"至高服务",构筑最舒心的营商环境。

一是助企业减负降本稳经营。提供"一企一策"的降比缓缴政策,放宽缴存比例区间,为8752家单位降比减负3.6亿元;为230家企业延缓缴纳资金2300万元。二是助房企资金减压稳市场。取消公积金贷款发放轮候期限制,将贷款放款时间从轮候6个月缩短至平均10.9日即可放款,助力357家房地产企业加速回笼资金。三是助企业引进人才稳创新。结合苏州市最新人才落户政策,继续实施好住房公积金高层次人才支持政策,全市(不含园区中心)审批高层次人才贷款129笔、1.33亿元,户均103.24万元。四是助企业职工返岗稳队伍。积极呼应"租购并举"住房制度改革要求,推出"租房委托提取"模式,简流程、减材料、不见面,助力返苏职工解决居住问题,支持企业稳定职工队伍、顺利复产复工。五是助缴存职工改善住房稳预期。对受疫情影响的缴存职工放宽贷款条件、放宽提取材料有效期、放宽逾期罚息处理,为118名职工免除逾期还贷影响。

(二)当年机构及职能调整情况、受委托办理缴存贷款业务金融机构变更情况。2020年,经中共苏州市委市级机关工作委员会批复同意,中共苏州市住房公积金管理中心机关总支部委员会改建为中共苏州市住房公积金管理中心机关委员会,同时成立中共苏州市住房公积金管理中心机关纪律检查委员会。2020年9月21日,中心召开机关党员大会,选举产生第一届机关党委和机关纪委委员。

2020年未涉及受委托办理缴存贷款业务金融机构变更。

(三)当年住房公积金政策调整及执行情况,包括当年缴存基数限额及确定方法、缴存比例等缴存政策调整情况;当年提取政策调整情况;当年个人住房贷款最高贷款额度、贷款条件等贷款政策调整情况;当年住房公积金存贷款利率执行标准等;支持老旧小区改造政策落实情况。

1. 当年缴存基数限额及确定方法、缴存比例等缴存政策调整情况。

(1)缴存基数限额。2020年度,苏州住房公积金最高缴存基数为26400元,最低不得低于苏州各地人社部门公布的当地最低社保缴费基数,如职工工资基数确实低于当地最低社保缴费基数的,经住房公积金管理机构核准,按实缴存,但最低不得低于苏州市人力资源和社会保障局公布的当年度最低工资,即2020元。

(2)确定方法。

最高限额:苏州市统计局公布的上一年度职工月平均工资的3倍;

最低限额:苏州市人力资源和社会保障局公布的当年度最低工资。

(3)缴存比例调整。

各类企业、民办非企业单位、社会团体及其他单位:单位与职工各5%~12%。

各级国家机关、各类事业单位:单位与职工各8%~12%。

2. 当年提取政策调整情况。

(1)2020年,为贯彻落实加快建立租购并举住房制度,进一步支持职工使用住房公积金租赁住房,我中心出台《苏州市住房公积金缴存职工租赁住房消费提取管理办法(试行)》,规范了租房提取对象、条件、方式、额度等。

(2)根据审计署审计整改意见,我中心明确缴存职工患重病提取额度,明确职工本人、配偶或其直系亲属因患重病治疗，造成家庭生活严重困难的，在患病治疗期间，以上家庭成员可以提取本人住房公积金。提取金额不超过重病治疗费用个人自负和个人自费部分。

3.2020年未涉及贷款政策（个人住房贷款最高贷款额度、贷款条件等）、住房公积金存贷款利率执行标准的调整。

（四）当年服务改进情况，包括推进住房公积金服务"跨省通办"工作情况，服务网点、服务设施、服务手段、综合服务平台建设和其他网络载体建设服务情况等。

1. 推进住房公积金服务"跨省通办"工作情况。

（1）全市9个分中心于服务大厅开设"跨省通办"专窗，并设置明显标识，配备2名专窗工作人员互为AB角。个人住房公积金缴存贷款信息查询、出具贷款职工住房公积金缴存使用证明、正常退休提取住房公积金，已全部实现线上办理。

（2）苏州作为第一批试点城市，在省内率先接入长三角"一网通办"平台，实现《异地贷款职工住房公积金缴存使用证明》业务线上办理，中心编制的《〈异贷缴存使用证明〉接口开发指引》，作为"苏州经验"在全省推广应用。

2. 推进住房公积金服务市域一体化工作情况。市公积金中心与园区社会保险基金和公积金管理中心工业园区加强系统对接融合，2020年6月"苏州公积金"App上线"职工账户转入园区"功能，截至年末共办理职工账户转入园区3455笔、涉及金额5196.94万元。在此基础上，进一步加强系统对接，加快数据统计标准化进程。针对苏相合作区范围内的公积金业务服务，加强合作探索。

3. 服务网点、服务设施、服务手段等工作情况。持续推进"放管服"改革，全面贯彻"用户思维、客户体验"，不断提升为民服务软实力，做优做强"公积金·惠万家"民生品牌。邀请第三方对社会公众开展公积金服务测评，满意率达96%。

（1）推进综合窗口模式，助力全市一体通办。全市9个服务大厅、1个管理部实施综合窗口改革，共计建成综合窗口162个，办理业务12.29万余笔，实现公积金业务"一网、一窗、一人"办理。启动全域业务通办，22项使用业务、17项单位及个人事项在9个县（市）、区实现通办。

（2）构建服务提升体系，做优做强服务品牌。组织开展2020年全市公积金系统全业务技能竞赛活动，提高社会影响力。每季开展"流动红旗"评比活动，通过视频检查、暗访检查、交叉暗访、投诉处理、电话回访及服务特色报送等多种形式进行综合评比，发挥先进示范作用。通过神秘人暗访及飞行检查，全面掌握各服务大厅及承办网点服务现状，开展服务质量指导监督，保持公积金服务在群众中的良好口碑。

（3）持续优化线下布局，主动融入基层改革。围绕基层"三整合"改革，赴全市10个乡镇调研推进基层整合审批服务执法力量情况，在6个地区率先试行乡镇一级便民服务中心设立公积金综合服务网点。借助大数据地理信息，全面摸清公积金服务网点、楼盘、承办银行、缴存单位等资源家底，年内重新调整18个公积金服务网点。探索针对公积金贷款"一揽子"事项再优化，提供贷后材料寄送服务，为贷款职工提供"少跑一次"的多选项。针对贷款还清后续业务，会同银行、担保、不动产登记中心打通前后链条，实现"一站式"办结。

（4）改革创新提振效能，全面优化营商环境。联合工、农、建三家银行推出"公积金小微企业贷"，为997家企业提供纯信用贷款11.63亿元，为轻资产创新创业型市场主体解决资金问题创造条件。太仓、昆山、常熟率先通过"企业开办一件事"为9943家企业提供"多证合一"同步开户服务。启动"企业服务月暨集中宣传月"活动，走访 4262 家企业，开展"法治体检"210 余次，发放宣传材料 41.05 万份，宣传对象超 2 万人（次），实现政策直达企业，服务直达职工。设立拟上市企业"专家门诊"，服务指导拟上市企业出具住房公积金缴存证明材料 1064 份。依托官方网站推出"网上服务旗舰店"，开通单位开户、缴存证明出具线上办理渠道，拓展"不见面"服务内涵。

4. 综合服务平台建设和其他网络载体建设服务情况。进一步完善"微信公众号、网上服务大厅、手机 App、自助终端"多位一体的"智慧公积金"线上综合服务平台。其中，"苏州公积金"微信公众号粉丝达 175 万余人，影响力领先同行。12329 热线全年人工接听 70 余万个电话，满意率近 100％。单位业务实现 100％可线上办理，离柜率达到 80.3％，不见面汇缴率达 92.33％。实现 48 项个人高频业务线上全覆盖，个人线上查询及办理业务 1098.43 万笔，个人使用业务离柜率达 95.99％，其中提取业务 28.33 万笔、同比增长 28.54％。在此基础上，2020 年 8 月综合服务平台以高分优秀通过省厅检查验收组的验收。

（五）**当年信息化建设情况，包括信息系统升级改造情况，基础数据标准贯彻落实和结算应用系统接入情况等。**全面完成了第三代公积金综合业务系统三期项目建设，项目涉及 14 个大项，包括线上业务范围丰富扩展，银行直联功能强化，结算单据电子化处理，外联单位业务对接，系统功能优化完善等方面。其中，依托电子签章技术，实现公积金结算单据电子化变革，大幅提高资金结算风险的防范能力和结算单据的传递效率，并实现全市住房公积金资金统一集中管理；与园区中心建立高效数据交换通道，实现职工账户转入园区线上办理 3455 笔，金额 5196.94 万元；完成新 OA 办公系统开发，建立办公系统手机 App，实现办公应用的移动延伸；引入地理信息、大数据分析等目前主流的信息化技术搭建公积金大数据应用管理平台。

信息系统对接国家、省、市三级公积金大数据应用管理平台。市内对接"苏周到""智慧苏州"等数据平台，建立苏州市纪委、市发展改革委、市中院等 14 个部门及 9 个地方部门数据交互共享平台；省内对接江苏政务服务平台，日均更新信息 1.7 万余条；国家对接住房和城乡建设部公积金大数据平台，每日更新公积金数据信息。

（六）**当年住房公积金管理中心及职工所获荣誉情况，包括：文明单位（行业、窗口）、青年文明号、工人先锋号、五一劳动奖章（劳动模范）、三八红旗手（巾帼文明岗）、先进集体和个人等。**

1. 集体。

（1）中心获评"2016—2018 年度江苏省文明单位"荣誉称号；

（2）姑苏分中心、吴江分中心获评"2016—2018 年度江苏省文明单位"荣誉称号；

（3）中心被苏州市创建青年文明号活动组委会评为青年文明号；

（4）虎丘分中心获评"苏州市工人先锋号"荣誉称号；

（5）中心 12329 热线被评选为苏州市三八红旗手；

（6）中心工会获省建设工会"先进产业局工会"先进；

（7）吴中分中心获省建设工会"模范职工小家"先进；

（8）市中心机关第四党支部被评为全省住房和城乡建设行业先进基层党组织；

（9）吴江分中心获评 2020 年度江苏省巾帼文明岗；

（10）常熟分中心获省建设工会"优质服务窗口"；

（11）中心在 2019 年度苏州市"便民杯"优质服务竞赛活动中被评为优质单位（服务优质）；

(12) 市中心团支部被共青团苏州市委员会推选为苏州市"三敢三勇"团组织；

(13) 中心在2019年度苏州市内部审计工作质量检查评估中被市审计局评为"优秀单位"。

2. 个人。

(1) 姑苏分中心陆歆琦被国家机关事务管理局办公室、住房和城乡建设部办公厅评为2019年公共机构生活垃圾分类"46城万人志愿者"活动优秀志愿者；

(2) 姑苏分中心范婷荣获2020年度苏州市五一劳动奖章；

(3) 昆山分中心吴莉芬获2019年省建设工会"优质服务明星"荣誉；

(4) 中心内审处杨芸同志被中共江苏省住房和城乡建设行业委员会评为全省住房和城乡建设行业优秀共产党员；

(5) 中心办公室金黎婷获评苏州市三八红旗手。

(七) 当年对违反《住房公积金管理条例》和相关法规行为进行行政处罚和申请人民法院强制执行情况。 2020年，全市无相关行政处罚案件，无申请法院强制执行情况。

(八) 当年对住房公积金管理人员违规行为的纠正和处理情况等。 2020年，全市住房公积金管理人员不存在违规行为。

(九) 其他需要披露的情况。

1. 开展2020年度中低收入家庭购买保障性住房的公积金贷款贴息，全市（不含园区中心）共计办理贷款贴息205笔、60.63万元，户均贴息2957.69元。

2. 继续对长期未使用住房公积金的缴存职工实施奖励补贴机制，全年累计向8.39万名（其中园区中心0.23万名）符合条件的职工实施奖励6158.23万元（其中园区中心389.94万元），人均享受补贴733.57元。

南通市住房公积金2020年年度报告

根据国务院《住房公积金管理条例》和住房和城乡建设部、财政部、人民银行《关于健全住房公积金信息披露制度的通知》（建金〔2015〕26号）的规定，经住房公积金管理委员会审议通过，现将南通市住房公积金年度报告公布如下。

一、机构概况

（一）住房公积金管理委员会。 住房公积金管理委员会有25名委员，2020年召开1次会议，审议通过的事项主要包括：

1. 审议《关于2019年住房公积金归集、使用计划执行情况和2020年住房公积金归集、使用计划的报告》；

2. 听取市财政局《2019年住房公积金资金审计情况的汇报》，审议《2019年度住房公积金财务报表审计情况说明书》和《2019年度住房公积金管理费用使用审计情况说明书》；

3. 审议《2019 年住房公积金增值收益分配方案》；
4. 审议《南通市住房公积金管理中心 2019 年年度报告》；
5. 听取公积金中心 2019 年度住房公积金审计自查整改情况汇报；
6. 听取公积金中心《关于调整租房提取住房公积金相关规定的通知》情况汇报；
7. 审议《关于受托银行承办住房公积金归集业务的管理意见》；
8. 审议《关于同意招商银行南通分行开展住房公积金归集业务的请示》。

（二）住房公积金管理中心。住房公积金管理中心为市政府直属不以营利为目的的自收自支事业单位，设 10 个处（科），6 个管理部，5 个办事处。从业人员 143 人，其中，在编 97 人，非在编 46 人。

二、业务运行情况

（一）缴存。2020 年，新开户单位 3771 家，净增单位 1792 家；新开户职工 14.59 万人，净增职工 3.66 万人；实缴单位 22408 家，实缴职工 93.18 万人，缴存额 170.48 亿元，分别同比增长 8.69%、4.09%、21.42%。2020 年末，缴存总额 1122.13 亿元，比上年末增加 17.91%；缴存余额 353.94 亿元，同比增长 13.22%。受委托办理住房公积金缴存业务的银行 7 家。

（二）提取。2020 年，31.94 万名缴存职工提取住房公积金；提取额 129.15 亿元，同比增长 18.32%；提取额占当年缴存额的 75.76%，比上年减少 1.98 个百分点。2020 年末，提取总额 768.19 亿元，比上年末增加 20.21%。

（三）贷款。

1. 个人住房贷款。单缴存职工个人住房贷款最高额度 40 万元，双缴存职工个人住房贷款最高额度 80 万元。

2020 年，发放个人住房贷款 2.21 万笔、99.64 亿元，同比分别增长 0.45%、3.51%。

2020 年，回收个人住房贷款 49.23 亿元。

2020 年末，累计发放个人住房贷款 29.48 万笔、802.06 亿元，贷款余额 425.16 亿元，分别比上年末增加 8.10%、14.19%、13.45%。个人住房贷款余额占缴存余额的 120.12%，比上年末增加 0.24 个百分点。受委托办理住房公积金个人住房贷款业务的银行 19 家。

2. 异地贷款。2020 年，发放异地贷款 1281 笔、57320.65 万元。2020 年末，发放异地贷款总额 161035.11 万元，异地贷款余额 137780.94 万元（不含系统升级前数据）。

3. 公转商贴息贷款。2020 年，发放公转商贴息贷款 0 笔、0 万元，当年贴息额 4515.94 万元。2020 年末，累计发放公转商贴息贷款 14387 笔、613597.65 万元，累计贴息 24091.78 万元。

（四）购买国债。2020 年未购买国债，至年底国债余额为 0。

（五）资金存储。2020 年末，住房公积金存款 10.85 亿元，其中，活期 0.03 亿元，协定 10.82 亿元（包含融资金额）。

（六）资金运用率。2020 年末，住房公积金个人住房贷款余额、项目贷款余额和购买国债余额的总和占缴存余额的 120.12%，比上年末增加 0.24 个百分点。

三、主要财务数据

（一）业务收入。2020 年，业务收入 135602.52 万元，同比增长 18.55%。其中存款利息 1042.38 万元，委托贷款利息 134560.14 万元，国债利息 0 万元，其他 0 万元。

（二）**业务支出**。2020 年，业务支出 80312.56 万元，同比增长 19.62%。其中支付职工住房公积金利息 51533.20 万元，归集手续费 3830.61 万元，委托贷款手续费 3272.89 万元，其他 21675.86 万元。

（三）**增值收益**。2020 年，增值收益 55289.96 万元，同比增长 17.02%。增值收益率 1.65%，比上年增加 0.05 个百分点。

（四）**增值收益分配**。2020 年，提取贷款风险准备金 33173.98 万元，提取管理费用 3879.30 万元，提取城市廉租住房（公共租赁住房）建设补充资金 18236.68 万元。

2020 年，上交财政管理费用 4217.99 万元。上缴财政城市廉租住房（公共租赁住房）建设补充资金 14681.21 万元。

2020 年末，贷款风险准备金余额 289473.43 万元。累计提取城市廉租住房（公共租赁住房）建设补充资金 146467.77 万元。

（五）**管理费用支出**。2020 年，管理费用支出 3879.30 万元，同比下降 8.03%。其中，人员经费 3027.99 万元，公用经费 174.52 万元，专项经费 676.79 万元。

四、资产风险状况

个人住房贷款。2020 年末，个人住房贷款逾期额 658.17 万元，逾期率 0.155‰。个人贷款风险准备金余额 289473.43 万元。2020 年，使用个人贷款风险准备金核销呆坏账 0 万元。

五、社会经济效益

（一）**缴存业务**。缴存职工中，国家机关和事业单位占 19.52%，国有企业占 6.77%，城镇集体企业占 1.37%，外商投资企业占 10.76%，城镇私营企业及其他城镇企业占 57.08%，民办非企业单位和社会团体占 1.76%，灵活就业人员占 0.08%，其他占 2.66%；中、低收入占 98.27%，高收入占 1.73%。

新开户职工中，国家机关和事业单位占 7.50%，国有企业占 4.92%，城镇集体企业占 1.09%，外商投资企业占 6.92%，城镇私营企业及其他城镇企业占 72.43%，民办非企业单位和社会团体占 2.65%，灵活就业人员占 0.05%，其他占 4.44%；中、低收入占 99.83%，高收入占 0.17%。

（二）**提取业务**。提取金额中，购买、建造、翻建、大修自住住房占 38.192%，偿还购房贷款本息占 45.593%，租赁住房占 0.089%，支持老旧小区改造占 0%，离休和退休提取占 8.98%，完全丧失劳动能力并与单位终止劳动关系提取占 0.231%，出境定居占 0.002%，其他占 6.912%。提取职工中，中、低收入占 97.39%，高收入占 2.61%。

（三）**贷款业务**。个人住房贷款。2020 年，支持职工购建房 264.69 万平方米，年末个人住房贷款市场占有率（含公转商贴息贷款）为 15.54%，比上年末减少 0.42 个百分点。通过申请住房公积金个人住房贷款，可节约职工购房利息支出 166440.29 万元。

职工贷款笔数中，购房建筑面积 90（含）平方米以下占 13.77%，90~144（含）平方米占 72.23%，144 平方米以上占 14%。购买新房占 60.11%（其中购买保障性住房占 0%），购买二手房占 39.89%，建造、翻建、大修自住住房占 0%（其中支持老旧小区改造占 0%），其他占 0%。

职工贷款笔数中，单缴存职工申请贷款占 43.95%，双缴存职工申请贷款占 50.86%，三人及以上缴存职工共同申请贷款占 5.19%。

贷款职工中，30 岁（含）以下占 32.71%，30 岁~40 岁（含）占 39.07%，40 岁~50 岁（含）占 21.91%，50 岁以上占 6.32%；首次申请贷款占 77.87%，二次及以上申请贷款占 22.13%；中、低收入占 99.995%，高收入占 0.005%。

（四）住房贡献率。 2020 年，个人住房贷款发放额、公转商贴息贷款发放额、项目贷款发放额、住房消费提取额的总和与当年缴存额的比率为 121.99%，比上年减少 13.68 个百分点。

六、其他重要事项

（一）应对新冠肺炎疫情采取的措施，落实住房公积金阶段性支持政策情况和政策实施成效。

1. 疫情期间积极倡导线上办理业务。新冠肺炎疫情发生以来，中心深入贯彻落实党中央和习近平总书记关于新型冠状病毒感染的肺炎疫情防控工作一系列指示精神和市委、市政府安排部署，全力支持、配合全市疫情防控工作，暂时关停窗口现场办理业务。1 月 30 日开始通过短信通知在微信、网站、App 等各种新媒体途径陆续发布各类信息，引导缴存市民办理线上业务。

2. 及时出台缓缴政策，助力企业复工复产。中心在 2 月份出台了《关于疫情期间企业阶段性实施缓缴住房公积金的通知》，针对因疫情影响暂时无力缴纳住房公积金的企业，可以申请阶段性缓缴住房公积金，期限最长可至 2020 年 6 月底前。全市共有 819 家企业申请缓缴，涉及职工 83938 人，总计缓缴金额 2.48 亿元。

3. 认真贯彻落实新冠肺炎疫情住房公积金贷款阶段性支持政策，明确了受新冠肺炎疫情影响的企业经中心批准同意缓缴的，在缓缴期间申请公积金贷款，缴存时间可连续计算，不影响申请住房公积金贷款；受疫情影响不能正常还款的职工，不作逾期处理，不作为逾期记录报送人行，免收逾期罚息。

（二）当年机构及职能调整情况、受委托办理缴存贷款业务金融机构变更情况。 受委托办理缴存业务金融机构增加邮储银行、招商银行，受委托办理贷款业务金融机构和去年一致。

（三）当年住房公积金政策调整及执行情况。

1. 当年缴存基数限额及确定方法。出台《关于调整南通市市区 2020 年度住房公积金缴存基数的通知》（通金管〔2020〕36 号），规定：（1）住房公积金缴存月工资基数按职工本人 2019 年度月平均工资收入（工资总额）核定。具体口径按国家统计局现行关于工资总额组成的规定执行。（2）各单位和职工的缴存月工资基数最低不低于南通市人力资源和社会保障局公布的最低月工资标准；最高不超过南通市统计局公布的市区 2019 年度城镇非私营单位就业人员月平均工资的 3 倍，我市 2020 年度缴存月工资基数上限为 25000 元。（3）住房公积金缴存比例为单位和职工各 5%~12%，缴存单位可在 5%~12% 区间内自主确定缴存比例。

2. 当年提取政策调整情况。出台《关于调整住房公积金提取范围的通知》（通金管〔2020〕26 号）（通金管〔2020〕27 号），规定缴存职工符合以下情形的，可以提取住房公积金账户内的存储余额：（1）购买、建造、翻建、大修自住住房的；（2）离休、退休的；（3）完全丧失劳动能力，并与单位终止劳动关系的；（4）出境定居的；（5）偿还购房贷款本息的；（6）无房职工租住住房的；（7）享受最低生活保障的；（8）人民法院判决书涉及住房公积金的；（9）职工死亡或被宣告死亡的，应由职工的继承人、受遗赠人或权益代理人申请提取住房公积金。

提取类型由原有的19种归并为9种类型，取消了"与单位解除劳动关系，连续两年以上（不含两年）未重新就业，且男满50周岁，女满40周岁"等六类提取情形。

3. 当年公积金贷款政策调整情况。调整住房公积金贷款成套住房情况认定。（1）调整认房范围。房屋套数认定以购房地、公积金缴存地、户籍所在地住房信息为依据；（2）调整认贷时间。取消原认贷5年的期限；（3）重申。不得向购买第三套住房的职工发放住房公积金贷款，不得向缴存职工发放三次及以上住房公积金贷款。

4. 当年住房公积金存贷款利率执行标准。住房公积金存款利率。职工缴存住房公积金按照1.5%付息。住房公积金贷款利率。五年期（含五年）以下为2.75%，五年期以上为3.25%。

（四）当年服务改进情况。

1. 在2019年部分业务实现了"同城通办"、窗口一站式办理的基础上，2020年研究出台了《关于住房公积金缴存提取业务全市通办的通知》，自2020年5月1日起住房公积金缴存、提取业务实现"全市通办""就近办"。

2. 在全省率先引入电子签章功能，实现了群众足不出户即可办理异地贷款证明和公积金贷款结清证明。简化了公积金同城转移业务。职工可直接在转入单位所在辖区的公积金中心分支机构提出申请、现场办理，只需跑一次即可。

3. 根据"三集中、三到位"要求，5月份对政务中心办事处与崇川区办事处窗口进行了整合，公积金提取、缴存、转移、贷款等窗口业务全部入驻市政务中心。在全市11个政务中心自助大厅安装了住房公积金自助查询机和自动叫号系统，方便职工办理各项业务。

4. 2020年8月，中心综合服务平台建设工作以"优秀"等级通过住房和城乡建设部的检查验收。截止到2020年年底，综合服务平台网厅渠道累计注册用户150027人，微信累计注册用户133710人，App累计注册用户76734人，支付宝渠道累计用户578536人。

（五）当年信息化建设情况。 积极融入长三角住房公积金一体化战略合作，8月份签署了《长三角住房公积金一体化战略合作框架协议》，积极对接长三角"一网通办"平台开展住房公积金异地贷款的业务。

进一步优化营商环境，推动公积金缴存登记"多证合一"数据共享。为新办企业办理住房公积金缴存业务网上预开户业务。

档案电子化建设初见成效。公积金电子档案系统于2020年5月正式投入使用，实现了电子档案与业务系统的无缝对接、提高了档案管理水平，方便档案的复用和查阅。

（六）当年住房公积金管理中心及职工所获荣誉情况。

1. 三八红旗手省部级1个。

2. 先进集体和个人省部级4个，地市级1个。

3. 其他省部级2个。

（七）当年对违反《住房公积金管理条例》和相关法规行为进行行政处罚和申请人民法院强制执行情况。 2020年向41家企业下发了责令限期缴存决定书，对11家拒不办理缴存的企业向法院申请了强制执行。

连云港市住房公积金 2020 年年度报告

根据国务院《住房公积金管理条例》和住房和城乡建设部、财政部、人民银行《关于健全住房公积金信息披露制度的通知》（建金〔2015〕26号）的规定，经连云港市第四届住房公积金管理委员会第五次会议审议通过，现将《连云港市住房公积金 2020 年年度报告》公布如下。

一、机构概况

（一）**住房公积金管理委员会**。住房公积金管理委员会有 21 名委员，2020 年召开第四届住房公积金管理委员会第三次会议、第四次会议，审议通过的事项主要包括：《连云港市住房公积金 2019 年度决算及 2020 年度预算的报告》《连云港市住房公积金 2019 年年度报告》《关于实行住房公积金贷款利率差别化》《连云港市住房公积金管理委员会章程（修订稿）》《连云港市住房公积金提取管理实施细则（修订稿）》《连云港市住房公积金贷款管理实施细则（修订稿）》。

（二）**住房公积金管理中心**。住房公积金管理中心为市政府直属不以营利为目的的副处级事业单位，设 8 个处（科），6 个分中心。从业人员 92 人，其中，在编 63 人，非在编 29 人。

二、业务运行情况

（一）**缴存**。2020 年，新开户单位 2130 家，净增单位 1468 家；新开户职工 5.86 万人，净增职工 3.28 万人；实缴单位 9783 家，实缴职工 41.41 万人，缴存额 68.04 亿元，分别同比增长 17.65％、8.60％、13.06％。2020 年末，缴存总额 485.81 亿元，比上年末增加 16.29％；缴存余额 178.34 亿元，同比增长 9.32％。

受委托办理住房公积金缴存业务的银行 8 家，与上年相同。

（二）**提取**。2020 年，16.87 万名缴存职工提取住房公积金；提取额 52.83 亿元，同比增长 27.12％；提取额占当年缴存额的 77.65％，比上年增加 8.59 个百分点。2020 年末，提取总额 307.47 亿元，比上年末增加 20.75％。

（三）**贷款**。

1. 个人住房贷款。个人住房贷款最高额度 60 万元，其中，单缴存职工最高额度 30 万元，双缴存职工最高额度 60 万元。

2020 年，发放个人住房贷款 1.31 万笔、47.36 亿元，同比分别增长 74.67％、77.31％。

2020 年，回收个人住房贷款 30.05 亿元。

2020 年末，累计发放个人住房贷款 13.37 万笔、366.67 亿元，贷款余额 155.73 亿元，分别比上年末增加 10.86％、14.83％、12.51％。个人住房贷款余额占缴存余额的 87.32％，比上年末增加 2.47 个百分点。

受委托办理住房公积金个人住房贷款业务的银行 6 家，与上年相同。

2. 异地贷款。2020 年，发放异地贷款 1350 笔、45757.73 万元。2020 年末，发放异地贷款总额 80482.53 万元，异地贷款余额 70771.03 万元。

（四）**资金存储**。2020年末，住房公积金存款24.66亿元。其中，活期0.16亿元，1年（含）以下定期13.23亿元，1年以上定期4.15亿元，其他（协定、通知存款等）7.12亿元。

（五）**资金运用率**。2020年末，住房公积金个人住房贷款余额、项目贷款余额和购买国债余额的总和占缴存余额的87.32%，比上年末增加2.47个百分点。

三、主要财务数据

（一）**业务收入**。2020年，业务收入53889.94万元，同比增长11.68%。存款利息7184.59万元，委托贷款利息46703.85万元，其他1.5万元。

（二）**业务支出**。2020年，业务支出23818.68万元，同比增长2.58%。支付职工住房公积金利息21871.07万元，归集手续费800万元，委托贷款手续费1100万元，其他47.61万元。

（三）**增值收益**。2020年，增值收益30071.26万元，同比增长20.12%。增值收益率1.74%，比上年增加0.12个百分点。

（四）**增值收益分配**。2020年，提取贷款风险准备金21498.73万元，提取管理费用3572.53万元，提取城市廉租住房（公共租赁住房）建设补充资金5000万元。

2020年，上交财政管理费用3929.08万元。上缴财政城市廉租住房（公共租赁住房）建设补充资金5000万元。

2020年末，贷款风险准备金余额124743.98万元。累计提取城市廉租住房（公共租赁住房）建设补充资金51755.95万元。

（五）**管理费用支出**。2020年，管理费用支出4246.31万元，同比增长24.66%。其中，人员经费2089.42万元，公用经费87.88万元，专项经费2069.01万元。

四、资产风险状况

个人住房贷款。2020年末，个人住房贷款逾期额20.12万元，逾期率0.01‰。个人贷款风险准备金余额124743.98万元。

五、社会经济效益

（一）**缴存业务**。缴存职工中，国家机关和事业单位占26.77%，国有企业占11.07%，城镇集体企业占1.94%，外商投资企业占3.09%，城镇私营企业及其他城镇企业占53.37%，民办非企业单位和社会团体占1.22%，灵活就业人员占0.06%，其他占2.48%；中、低收入占95.51%，高收入占4.49%。

新开户职工中，国家机关和事业单位占9.43%，国有企业占4.79%，城镇集体企业占4.09%，外商投资企业占1.89%，城镇私营企业及其他城镇企业占75.57%，民办非企业单位和社会团体占1.59%，灵活就业人员占0.67%，其他占1.97%；中、低收入占99.79%，高收入占0.21%。

（二）**提取业务**。提取金额中，购买、建造、翻建、大修自住住房占14.40%，偿还购房贷款本息占64.71%，租赁住房占0.96%，离休和退休提取占11.87%，完全丧失劳动能力并与单位终止劳动关系提取占6.01%，户口迁出本市或出境定居占1.55%，其他占0.50%。

提取职工中，中、低收入占93.86%，高收入占6.14%。

(三)贷款业务。个人住房贷款。2020年,支持职工购建房151.43万平方米(含公转商贴息贷款),年末个人住房贷款市场占有率(含公转商贴息贷款)为11.37%,比上年末减少0.58个百分点。通过申请住房公积金个人住房贷款,可节约职工购房利息支出99463万元。

职工贷款笔数中,购房建筑面积90(含)平方米以下占15.25%,90~144(含)平方米占75.94%,144平方米以上占8.81%。购买新房占57.27%(其中购买保障性住房占1.16%),购买二手房占42.72%,建造、翻建、大修自住住房占0.01%。

职工贷款笔数中,单缴存职工申请贷款占63.31%,双缴存职工申请贷款占36.69%。

贷款职工中,30岁(含)以下占36.39%,30岁~40岁(含)占44.51%,40岁~50岁(含)占16.54%,50岁以上占2.56%;首次申请贷款占84.37%,二次及以上申请贷款占15.63%;中、低收入占97.88%,高收入占2.12%。

(四)住房贡献率。2020年,个人住房贷款发放额、公转商贴息贷款发放额、项目贷款发放额、住房消费提取额的总和与当年缴存额的比率为131.78%,比上年增加30.9个百分点。

六、其他重要事项

(一)应对新冠肺炎疫情采取的措施,落实住房公积金阶段性支持政策情况和政策实施成效。中心坚决落实中央和省、市有关疫情防控和复工复产的部署要求,在疫情期间出台《关于受新型冠状病毒肺炎疫情影响企业缓缴住房公积金的通知》(连房公积金〔2020〕8号),规定受疫情影响的企业,在2020年6月30日前可以向中心申请暂缓缴存住房公积金。2020年,全市共审批缓缴公积金企业418家,缓缴人数30042人,累计缓缴额10516万元。截至12月底,已恢复缴存企业399家,恢复缴存职工人数32107人,累计恢复缴存金额16468万元,缴存人数和金额已恢复正常水平。

(二)当年机构及职能调整情况、受委托办理缴存贷款业务金融机构变更情况。

1. 当年机构及职能调整情况。2020年,按照连云港市纪委监委派驻要求,中心成立纪检组。根据《关于同意核增市住房公积金管理中心领导职数的批复》(连编〔2020〕11号),核增领导职数1名用于配备中心纪检组组长。

2. 当年受委托办理缴存贷款业务金融机构变更情况。2020年,中心未涉及受委托办理缴存贷款业务金融机构变更。

(三)当年住房公积金政策调整及执行情况。

1. 当年缴存基数限额及确定方法、缴存比例调整情况。2020年,本市住房公积金月缴存基数上限为20216元,依此设定单位和个人月缴存额上限合计为4852元;本市住房公积金月缴存基数下限为3368元,依此设定单位和个人月缴存额下限各为169元,单位和个人月缴存额下限合计为338元。2020年,本市机关事业单位和职工住房公积金缴存比例仍各为12%;各类企业及其他经济组织单位和职工住房公积金缴存比例为5%~12%。

2. 当年缴存政策调整情况。出台《关于印发〈关于规范县区机关事业单位住房公积金缴存基数工作方案〉的通知》(连房公积金〔2020〕22号),进一步规范县区机关事业单位住房公积金缴存基数。

3. 当年提取政策调整情况。一是出台《关于印发〈连云港市住房公积金提取管理实施细则(修订稿)〉的通知》(连住公委〔2020〕5号),汇总了近年来我市出台的住房公积金提取新政策,同时根据上级要求，规范、调整、归并和删减了部分提取项目。二是出台《关于调整职工提取住房公积金留存额度的通知》（连房公积金〔2020〕27号），将职工原来购房、偿还贷款等提取住房公积金保留账户余额10％，以及贷款余额1/15的规定，调整为可只保留1元，向社会释放十几亿资金。三是出台《关于规范职工家庭突发事件提取住房公积金的通知》（连房公积金〔2020〕43号），进一步规范职工因突发事件造成家庭生活严重困难提取住房公积金。

4.当年贷款政策调整情况。一是出台《关于印发〈连云港市住房公积金贷款管理实施细则（修订稿）〉的通知》（连住公委〔2020〕6号），汇总了近年来我市出台的住房公积金贷款新政策，同时根据上级要求，调整、规范了部分贷款政策。二是出台《关于修订〈连云港市高层次人才住房公积金贷款实施细则〉的通知》（连房公积金〔2020〕47号），对已取得人才购房券或生活补贴的全职引进在我市市区范围内工作的各类人才，购买首套自住住房单方最高贷款额度提高到50万元，夫妻双方均为高层次人才的，双方最高贷款额度提高到100万元。

5.当年住房公积金存贷款利率执行标准。住房公积金存贷款利率按一年期定期存款基准利率执行1.5％，五年以下（含五年）个人住房公积金贷款利率执行2.75％，五年以上个人住房公积金贷款利率执行3.25％。出台《关于实行住房公积金贷款差别化利率的通知》（连住公委〔2020〕1号），落实"房子是用来住的，不是用来炒的"定位，对住房公积金贷款政策及执行标准进行规范及调整，职工家庭购买首套自住住房申请住房公积金贷款的，贷款利率按住房公积金贷款基准利率执行；职工家庭购买第二套自住住房申请住房公积金贷款的，贷款利率按住房公积金贷款基准利率的1.1倍执行，并以"住房公积金贷款记录和职工家庭拥有住房情况"作为住房套数认定依据。

6.支持老旧小区改造政策落实情况。支持老旧小区改造加装电梯提取公积金，简化提取手续，做到应支尽支。

（四）当年服务改进情况。

1.当年推进住房公积金服务"跨省通办"工作情况。中心积极推进"跨省通办"事项，个人住房公积金缴存贷款等信息异地查询、正常退休异地提取住房公积金以及出具异地贷款职工住房公积金缴存使用证明三个事项全程网办。

2.当年服务网点、服务设施、服务手段等情况。中心坚持打造文明创建主阵地，深入开展窗口6S规范化管理，创新实践窗口文明服务九部曲，评选窗口"服务标兵"64人次，6S规范化管理作为唯一公积金服务项目入选全省美丽宜居城市建设试点项目。中心深入推进窗口文明创建标准化，将文明创建内容、品牌形象标识等内容融入窗口日常工作、服务、环境的每个细节，嵌入到引导咨询、柜面服务、功能与设施配置、环境与文化氛围等每个环节。新建的连云分中心服务大厅投入使用。

3.当年推进综合服务平台建设情况。中心全面建成门户网站、网上业务大厅、自助终端、服务热线、手机短信、公积金客户端、"我的连云港"App、"江苏政务服务"App、"连易办"24小时自助服务、微信为一体的综合服务平台。2020年，中心以全省第二高分通过省住房城乡建设厅专家组验收。

（五）当年信息化建设情况。中心深入打造"互联网＋公积金"，通过强化数据共享推动中心网上业务大厅与"我的连云港"App深度融合，先后与房产、不动产互联互通，接入购房（商品房、二手房）提取功能，已实现偿还商贷提取、购买商品房提取、购买二手房提取等12项高频服务事项线上办理，线上办理率达100％。通过全面精简审批材料，已开通线上提取、贷款等个人业务23项，全部实现"零材料"

"零审批",即时办结。大力推进"档案电子化,前台无纸化",全面推进数字化档案工作;服务前台柜面通过电子手写签名板、应用数字签名、电子签章技术,全面实现前台业务无纸化。已实现单位业务全部一网通办,新办企业一经注册即自动开设住房公积金账户,企业法定代表人通过支付宝认证,即可实现从开户到缴存全程不见面。

(六)**当年住房公积金管理中心及职工所获荣誉情况。**中心获评第六届全国文明单位、全省住建行业先进基层党组织、江苏省青年志愿服务事业贡献先进集体、市级机关党建工作优秀单位、全市信息化建设先进单位等市级以上表彰20余项。中心"圆梦公积金"志愿服务队荣获市级优秀志愿服务组织,海州分中心党支部"三化服务先锋队"荣获市级机关高质发展先锋队;吴红同志被市委、市政府给予创建全国文明城市工作记功;高云玲同志荣获市政协十三届三次会议以来优秀界别召集人;徐翔同志荣获全省住建行业优秀党务工作者。

(七)**当年对违反《住房公积金管理条例》和相关法规行为进行行政处罚和申请人民法院强制执行情况。**中心对违反《住房公积金管理条例》规定,不办理住房公积金缴存登记或者不为本单位职工办理住房公积金账户设立手续的3家单位作出行政处罚决定3件,涉及金额共计7万元。对违反《住房公积金管理条例》规定,逾期不缴住房公积金的单位,申请法院强制执行1件,涉及金额3860元。

(八)**当年对住房公积金管理人员违规行为的纠正和处理情况等。**2020年无需要披露事项。

淮安市住房公积金2020年年度报告

根据国务院《住房公积金管理条例》和住房和城乡建设部、财政部、人民银行《关于健全住房公积金信息披露制度的通知》(建金〔2015〕26号)的规定,经淮安市住房公积金管理委员会审议通过,现将本市住房公积金2020年年度报告公布如下。

一、机构概况

(一)**住房公积金管理委员会。**淮安市住房公积金管理委员会现有委员30名,2020年召开会议1次。审议通过的事项主要包括:淮安市住房公积金管理中心2019年住房公积金财务决算和2020年住房公积金财务预算草案、淮安市住房公积金2019年年度报告、同意向金融机构适时融资补充头寸建议、同意启动新一代住房公积金信息系统建设、同意适度增加银行机构承办住房公积金金融业务等事项。

(二)**住房公积金管理中心。**淮安市住房公积金管理中心作为直属市政府的不以营利为目的的事业单位,内设5个职能部门。办公室(人事教育处)、归集执法处、财务计划处、信息技术处、审计稽核处,下设3个服务网点。市区营业部、新区营业部、网上营业部,下设6个分支机构。淮阴、淮安、涟水、洪泽、盱眙、金湖分中心。从业人员108人,其中,在编62人、非在编46人。

二、业务运行情况

(一)**缴存。**2020年,新开户单位937家,净增单位762家;新开户职工6.98万人,净增职工4.53

万人;实缴单位 6768 家,实缴职工 41.40 万人,缴存额 71.21 亿元,分别同比增长 7.96%、-7.10%、11.97%。2020 年末,缴存总额 491.59 亿元,比上年末增加 16.94%;缴存余额 155.13 亿元,同比增长 11.64%。受委托办理住房公积金缴存业务的银行 4 家。

(二)提取。2020 年,15.99 万名缴存职工提取住房公积金;提取额 55.04 亿元,同比增长 23.02%;提取额占当年缴存额的 77.29%,比上年增加 6.94 个百分点。2020 年末,提取总额 336.46 亿元,比上年末增加 19.56%。

(三)贷款。

1. 个人住房贷款。个人住房贷款最高额度 60 万元。单缴存职工个人住房贷款最高额度 40 万元,双缴存职工个人住房贷款最高额度 60 万元。

2020 年,发放个人住房贷款 1.42 万笔、51.94 亿元,同比分别增长 35.24%、50.59%。其中,市中心发放个人住房贷款 0.73 万笔、27.64 亿元,淮阴分中心发放个人住房贷款 0.13 万笔、4.36 亿元,淮安分中心发放个人住房贷款 0.17 万笔、6.22 亿元,涟水分中心发放个人住房贷款 0.11 万笔、3.70 亿元,洪泽分中心发放个人住房贷款 0.08 万笔、2.47 亿元,盱眙分中心发放个人住房贷款 0.15 万笔、5.70 亿元,金湖分中心发放个人住房贷款 0.05 万笔、1.85 亿元。

2020 年,回收个人住房贷款 27.99 亿元。其中,市中心 16.18 亿元,淮阴分中心 2.48 亿元,淮安分中心 2.91 亿元,涟水分中心 1.45 亿元,洪泽分中心 1.66 亿元,盱眙分中心 1.92 亿元,金湖分中心 1.39 亿元。

2020 年末,累计发放个人住房贷款 13.12 万笔、312.74 亿元,贷款余额 151.60 亿元,分别比上年末增加 12.23%、19.92%、18.74%。个人住房贷款余额占缴存余额的 97.72%,比上年末增加 5.86 个百分点。受委托办理住房公积金个人住房贷款业务的银行 2 家。

2. 异地贷款。2020 年,发放异地贷款 846 笔、28389.30 万元。2020 年末,发放异地贷款总额 33027.00 万元,异地贷款余额 31756.63 万元。

(四)购买国债。2020 年未购买、兑付国债。年末国债余额 979 万元为以前年度使用住房公积金购买的国债,依据国家有关规定托管在华泰证券淮安营业部席位。

(五)资金存储。2020 年末,住房公积金存款 9.01 亿元。其中,活期存款 4.01 亿元,1 年(含)以下定期存款 1 亿元,1 年以上定期存款 4 亿元。

(六)资金运用率。2020 年末,住房公积金个人住房贷款余额、购买国债余额的总和占缴存余额的 97.79%,比上年末增加 5.86 个百分点。

三、主要财务数据

(一)业务收入。2020 年,全市住房公积金业务收入 49746.01 万元,同比增长 16.73%。其中,住房公积金利息收入 4261.44 万元、委托贷款利息收入 45431.03 万元,国债利息收入 33.62 万元,住房公积金贷款逾期罚息收入 19.92 万元。

(二)业务支出。2020 年,全市住房公积金业务支出 22872.31 万元,同比增长 10.01%。其中,支付职工住房公积金利息支出 21898.22 万元、归集手续费支出 671.50 万元、委托贷款手续费支出 66.09 万元、网络运行费支出 156.17 万元、不动产抵押登记费支出 80.33 万元。

（三）**增值收益**。2020年，全市住房公积金增值收益26873.70万元，同比增长23.14%，增值收益率为1.81%，比上年同期增加0.13个百分点。

（四）**增值收益分配**。2020年，全市提取管理费用2137.47万元，提取城市廉租房建设补充资金24736.23万元。

2020年，全市上交财政管理费用2137.47万元，上缴2019年财政城市廉租房建设补充资金19831.20万元。

2020年末，全市贷款风险准备金余额25765.18万元，累计提取城市廉租房建设补充资金137776.07万元。

（五）**管理费用**。2020年，全市管理费用支出2137.47万元，同比增长7.25%。其中，人员经费1400.07万元、公用经费187.42万元、专项经费549.98万元。

四、资产风险状况

2020年末，住房公积金个人贷款逾期16.55万元，个人贷款逾期率为0.01‰。截至2020年末，住房公积金个人贷款风险准备金余额为25765.18万元，住房公积金个人贷款风险准备金余额与住房公积金个人贷款余额的比率为1.70%。

五、社会经济效益

（一）**缴存业务**。缴存职工中，国家机关和事业单位占37.67%、国有企业占14.51%、城镇集体企业占0.94%、外商投资企业占12.95%、城镇私营企业及其他城镇企业占29.94%、民办非企业单位和社会团体占2.41%、其他占1.58%；中、低收入占98.93%，高收入占1.07%。

新开户职工中，国家机关和事业单位占21.93%、国有企业占9.53%、城镇集体企业占0.75%、外商投资企业占18.76%、城镇私营企业及其他城镇企业占44.44%、民办非企业单位和社会团体占3.23%、其他占1.36%；中、低收入占99.72%，高收入占0.28%。

（二）**提取业务**。提取金额中，购买、建造、翻建、大修自住住房占25.77%，偿还购房贷款本息占60.21%，租赁住房占0.12%，离休和退休提取占10.64%，完全丧失劳动能力并与单位终止劳动关系提取占0.67%，出境定居占0.58%，其他占2.01%。提取职工中，中、低收入占98.31%，高收入占1.69%。

（三）**贷款业务**。2020年，支持职工购建房169.23万平方米，年末个人住房贷款市场占有率为9.69%，比上年末减少0.18个百分点。通过申请住房公积金个人住房贷款，可节约职工购房利息支出59058.52万元。

职工贷款笔数中，购房建筑面积90（含）平方米以下占14.10%，90～144（含）平方米占75.61%，144平方米以上占10.29%。购买新房占71.16%（其中购买保障性住房占0.01%），购买二手房占28.84%。

职工贷款笔数中，单缴存职工申请贷款占20.02%，双缴存职工申请贷款占79.98%。

贷款职工中，30岁（含）以下占26.93%，30岁～40岁（含）占38.33%，40岁～50岁（含）占26.20%，50岁以上占8.54%；首次申请贷款占60.83%，二次及以上申请贷款占39.17%；中、低收入占 93.83%，高收入占 6.17%。

(四)住房贡献率。 2020 年，个人住房贷款发放额、住房消费提取额的总和与当年缴存额的比率为 139.49%，比上年增加 24.84 个百分点。

六、其他重要事项

(一)应对新冠肺炎疫情采取的政策措施，落实住房公积金阶段性支持政策情况和政策实施成效。 2020 年，全市共有 55 家企业缓缴住房公积金，涉及职工 10211 人，共为企业阶段性缓解资金压力 2629.59 万元；20 家企业、3403 名职工的住房公积金缴存比例由 8% 降为 5%，共为企业减少资金支出 200.87 万元，助力企业度过疫情影响难关。

(二)当年机构及职能调整情况、受委托办理缴存贷款业务金融机构变更情况。 2020 年，淮安市住房公积金管理委员会四届二次会议同意兴业银行淮安分行作为住房公积金承办银行开展归集、提取、贷款等金融业务。

(三)当年住房公积金政策调整情况。

1. 住房公积金缴存政策调整情况。2020 年，我市出台《关于调整 2020 年住房公积金缴存基数的通知》（淮房委〔2020〕1 号），开展住房公积金缴存基数调整工作。明确住房公积金缴存基数为职工本人 2019 年工资总额除以 12，工资总额按照国家统计局规定列入工资总额统计的项目计算。要求住房公积金缴存基数最高不超过市统计部门公布的上一年度职工月平均工资的 3 倍，最低不低于 2019 年市人社部门规定的职工最低社会保险费缴费基数。同时规定本市国家机关、事业单位住房公积金缴存比例单位和职工个人仍各为 12%；新建立住房公积金制度的企业可根据自身生产经营状况，在 5%~12% 之间自主确定住房公积金缴存比例。已建立住房公积金制度、生产经营困难的企业，经本单位职工代表大会或工会讨论通过，可按相关规定申请降低缴存比例或者缓缴住房公积金，降低后的单位和职工住房公积金缴存比例不得低于 5%。

2020 年全市共有 3365 个单位、243996 名职工调整了住房公积金缴存基数，新增月增缴存额 4879.28 万元，人均新增 200 元/月。

2. 住房公积金贷款政策调整情况。2020 年，根据《关于调整住房公积金有关政策的通知》（淮房委〔2020〕3 号）文件规定，调整单方缴存职工贷款的最高额度。借款人、共同借款人单方符合住房公积金贷款条件的，贷款最高额度 40 万元；借款人、共同借款人双方符合住房公积金贷款条件的，贷款最高额度 60 万元。

我市住房公积金贷款额度的确定，主要是按照借款人的住房公积金账户存储余额、偿还贷款能力、购建住房价款等因素综合确定。每笔、贷款额度应当同时符合下列限额标准：

一是贷款额度不得高于申请贷款时住房公积金账户余额的 15 倍；在本市连续足额缴存住房公积金 2 年以上，借款人、共同借款人申请贷款时按照住房公积金账户余额 15 倍计算贷款额度不能满足需求的，可按住房公积金贷款还贷能力系数计算确定。计算公式为：可贷额度＝缴存基数×还贷能力系数（30%）×实际贷款期限（月）；

二是贷款额度不得高于购买、建造、大修自住住房应付房价款的 70%（二套房再次贷款不超过 50%）；

三是贷款额度不得超过市住房公积金管理委员规定的贷款最高额度（一方符合条件40万元；双方符合条件的分别计算的贷款最高额度均不超过30万元，贷款最高额度不超过60万元）。

3. 住房公积金存贷款利率执行标准。（1）个人住房公积金账户存款利率。根据中国人民银行、住房和城乡建设部、财政部印发《关于完善职工住房公积金账户存款利率形成机制的通知》（银发〔2016〕43号）的规定，个人住房公积金账户存款上年结转和当年归集均按一年期定期存款1.50%的基准利率执行。（2）住房公积金个人住房贷款利率。职工购买首套房、首次申请住房公积金贷款的，五年期以上个人住房公积金贷款利率为3.25%；五年期以下（含五年）个人住房公积金贷款利率为2.75%。职工购买第二套住房或首次贷款已结清第二次使用住房公积金贷款的，五年期以上个人住房公积金贷款利率为3.575%；五年期以下（含五年）个人住房公积金贷款利率为3.025%。

（四）当年服务改进情况。 2020年，中心坚持深化"放管服"改革，拓展服务范围。本着不增加人员编制、不增设机构、不增加经费开支的原则，通过采取与承办银行合作的方式，选择位置相对偏远、缴存单位较多、辐射带动面较广的区域，设立6个住房公积金业务代办点，实现公积金业务"就近办"。

截至2020年底，全年6个代办点共办理住房公积金贷款业务1085笔，发放贷款4.34亿元，办理提取业务449笔、提取金额2093万元，办理汇缴业务243笔，汇缴金额3452万元。

2020年，中心全面整合服务方式、打通业务咨询渠道。率先在12345政府服务热线设立4个住房公积金人工专席，专人专岗专业化回应群众诉求，实现政策咨询在线答、疑难问题立即回，提高热线服务效率，提升群众满意度。

截至2020年底，全年累计解答群众咨询16985个，办结率100%，满意率100%。

（五）当年信息化建设情况。 2020年，我市切实强化技术引领，积极推进信息化建设工作。一是启动新一代住房公积金信息系统建设工作。实地考察学习兄弟中心信息化建设情况，形成新一代住房公积金信息系统建设方案并获得市政府批准。成立信息化建设领导小组，积极推进新一代住房公积金信息系统建设工作，按程序开展论证和招标，完成需求调研和核心系统设计工作。二是积极做好数据共享对接。主动对接自然资源、住建、民政、公安、市场监管、发展改革委、税务等部门，明确信息共享范围、共享方式、共享流程等内容，为新一代信息系统网上一步办结建立技术支撑。三是不断加强系统网络安全工作。专项列支20余万费用，购买安全设备强化网络安全。结合等级保护测评发现的问题，结合风险等级，制定整改计划，逐步整改到位，并通过三级等保测评。

（六）当年住房公积金管理中心及职工所获荣誉情况。

1. 集体奖。

（1）中共淮安市住房公积金管理中心总支部委员会被中共江苏省住房和城乡建设行业委员会评为"先进基层党组织"。

（2）盱眙分中心、金湖分中心被江苏省住房和城乡建设厅评为"江苏省住房和城乡建设系统优质服务窗口"。

（3）市区营业部工会小组被江苏省建设工会工作委员会评为"江苏省住房和城乡建设系统模范职工小家"。

（4）淮安市住房公积金管理中心被淮安市委、市政府评为"淮安市创建全国文明城市通报表扬单位"。

(5) 市区营业部被淮安市行政审批局评为第一、二、三季度"服务优胜窗口"称号。

2. 个人奖。

(1) 黄闻玮同志被评为"2019年度江苏省住房和城乡建设系统优质服务个人""创建全国文明城市优秀志愿者"。

(2) 周芸同志被评为"2020年度江苏省住房和城乡建设系统优质服务个人"。

(3) 王彬同志被评为"江苏省住房和城乡建设行业优秀共产党员"。

(4) 李晓岩同志被评为"江苏省建设经济会计学会先进个人"。

(5) 张卫兵同志被淮安市委、市政府评为"创建全国文明城市嘉奖人员"。

(6) 陈岑同志获中共淮安市委市级机关工委"2020年度机关党建研究优秀课题一等奖"。

(7) 童剑英同志被淮安市行政审批局评为"优秀窗口负责人"。

(8) 王晨、黄闻玮、万亚璇、曹颖、颜曙光、陆阳六位同志被淮安市行政审批局评为"季度先进个人"。

(七)当年对违反《住房公积金管理条例》和相关法规行为进行行政处罚和申请人民法院强制执行情况。 2020年中心积极做好住房公积金缴存投诉的受理、调处、回复，积极与单位沟通协调，督促单位按规定改正有关违法行为，确保受理及时、流程正确、调处合法、回复"零差错"，有效解决了职工诉求。全年共受理单位不办理住房公积金缴存登记和不为职工办理住房公积金账户设立手续的缴存投诉事项40件，立案17件。

分中心、稽查大队分别在市场监管平台随机抽取了淮安中哲实业有限公司、淮安侨凯环保科技有限公司、淮安市福田物业服务发展有限公司、江苏智地百纳房地产经纪有限公司等近49家单位，组织开展了执法检查。"双随机一公开"的检查结果已录入"江苏省市场监管信息平台"予以公示。

(八)当年对住房公积金管理人员违规行为的纠正和处理情况。 无。

(九)其他需要披露的情况。 无。

盐城市住房公积金2020年年度报告

根据国务院《住房公积金管理条例》和住房和城乡建设部、财政部、人民银行《关于健全住房公积金信息披露制度的通知》(建金〔2015〕26号)的规定，经住房公积金管理委员会审议通过，现将盐城市住房公积金2020年年度报告公布如下。

一、机构概况

(一)住房公积金管理委员会。 住房公积金管理委员会有25名委员，2020年召开1次会议，审议通过的事项主要包括：1. 关于推举改选市住房公积金管委会副主任委员；2. 关于2019年度全市住房公积金归集、使用计划执行情况；3. 关于2020年工作任务；4. 关于2020年度全市住房公积金融资计划；5. 关于2020年度全市住房公积金增值收益分配方案；6. 关于我市住房公积金有关政策调整问题；7. 关于当前和今后一段时期我市住房公积金管理工作要求。

（二）住房公积金管理中心。住房公积金管理中心为盐城市市政府不以营利为目的的公益一类事业单位，设8个处（室），10个管理部。从业人员134人，其中，在编98人，非在编36人。

二、业务运行情况

（一）缴存。2020年，新开户单位1469家，实缴单位12416家，比上年减少单位504家；新开户职工7.01万人，实缴职工61.33万人，净增职工2.4万人；缴存额80.21亿元，同比增长12.22%。2020年末，缴存总额580.26亿元，比上年末增加16.04%；缴存余额170.17亿元，比上年末增加8.51%。

受委托办理住房公积金缴存业务的银行5家，无变动。

（二）提取。2020年，提取额66.86亿元，同比增长18.63%；占当年缴存额的83.36%，比上年增加4.5个百分点。2020年末，提取总额410.09亿元，比上年末增加19.48%。

（三）贷款。个人住房贷款最高额度40万元，其中，单缴存职工最高额度20万元，双缴存职工最高额度40万元。

2020年，发放个人住房贷款9769笔、25.52亿元，同比分别减少1.58%、1.2%。其中，市区（不含大丰区）发放个人住房贷款5402笔、14.3亿元，东台管理部发放个人住房贷款823笔、2.06亿元，大丰管理部发放个人住房贷款636笔、1.59亿元，建湖管理部发放个人住房贷款668笔、1.6亿元，射阳管理部发放个人住房贷款806笔、2.13亿元，滨海管理部发放个人住房贷款657笔、1.7亿元，阜宁管理部发放个人住房贷款409笔、1.14亿元，响水管理部发放个人住房贷款368笔、1亿元。

2020年，回收个人住房贷款27.27亿元。其中，市区（不含大丰区）15.6亿元，东台管理部2.29亿元，大丰管理部2.79亿元，建湖管理部1.36亿元，射阳管理部1.5亿元，滨海管理部1.6亿元，阜宁管理部1.16亿元，响水管理部0.97亿元。

2020年末，累计发放个人住房贷款17.32万笔、367.95亿元，分别比上年末增加6%、7.45%。个人住房贷款余额176.54亿元，比上年末减少0.98%，个人住房贷款余额占缴存余额的103.74%，比上年末减少9.95个百分点。

受委托办理住房公积金个人住房贷款业务的银行8家，无变动。

（四）购买国债。2020年末，未购买（记账式、凭证式）国债。2020年末，国债余额0.49亿元，与上年同期持平。

（五）融资。2020年，融资6亿元，归还18.97亿元。2020年末，融资总额89.38亿元，融资余额5亿元。

（六）资金存储。2020年末，住房公积金存款12.22亿元。其中，活期0.01亿元，1年（含）以下定期4.74亿元，协定存款7.47亿元。

（七）资金运用率。2020年末，住房公积金个人住房贷款余额和购买国债余额的总和占缴存余额的104.03%，比上年末减少9.97个百分点。

三、主要财务数据

（一）业务收入。2020年，业务收入58272万元，同比增长6.52%。其中，存款利息1661万元，委托贷款利息 56466 万元，国债利息 145 万元。

（二）**业务支出**。2020 年，业务支出 34512 万元，同比增长 0.58%。其中，支付职工住房公积金利息 25048 万元，归集手续费 3861 万元，委托贷款手续费 2920 万元，融资利息支出 2560 万元，其他 123 万元。

（三）**增值收益**。2020 年，增值收益 23760 万元，同比增长 16.52%。增值收益率 1.44%，比上年增加 0.28 个百分点。

（四）**增值收益分配**。2020 年，提取管理费用 11600 万元，提取城市廉租住房建设补充资金 12160 万元。

2020 年，上交财政管理费用 8650 万元。上缴财政城市廉租住房建设补充资金 4600 万元，其中，市区（不含大丰区）2300 万元，东台 392 万元，大丰 428 万元，建湖 328 万元，射阳 347 万元，滨海 270 万元，阜宁 326 万元，响水 209 万元。

2020 年末，贷款风险准备金余额 106214 万元。累计提取城市廉租住房建设补充资金 57675 万元，其中，市区（不含大丰区）30090 万元，东台 5143 万元，大丰 4580 万元，建湖 4119 万元，射阳 4142 万元，滨海 3299 万元，阜宁 3818 万元，响水 2484 万元。

（五）**管理费用支出**。2020 年，管理费用支出 5044.71 万元，同比增加 16.88%。其中，人员经费 2671.04 万元，公用经费 1117.2 万元，专项经费 1256.47 万元。

市区（不含大丰区）管理费用支出 3611.01 万元，其中，人员、公用、专项经费分别为 1536.21 万元、818.33 万元、1256.47 万元；东台管理部管理费用支出 234.05 万元，其中，人员、公用经费分别为 198.88 万元、35.17 万元；大丰管理部管理费用支出 219.91 万元，其中，人员、公用经费分别为 175.34 万元、44.57 万元；建湖管理部管理费用支出 194.97 万元，其中，人员、公用经费分别为 156.82 万元、38.15 万元；射阳管理部管理费用支出 209.32 万元，其中，人员、公用经费分别为 173.37 万元、35.95 万元；滨海管理部管理费用支出 217.37 万元，其中，人员、公用经费分别为 149.09 万元、68.28 万元；阜宁管理部管理费用支出 188.5 万元，其中，人员、公用经费分别为 150.45 万元、38.05 万元；响水管理部管理费用支出 169.58 万元，其中，人员、公用经费分别为 130.89 万元、38.69 万元。

四、资产风险状况

（一）**个人住房贷款**。2020 年末，个人住房贷款逾期额 261 万元，逾期率 0.15‰。

个人贷款风险准备金按增值收益 60% 提取。2020 年末，个人贷款风险准备金余额 106214 万元，占个人住房贷款余额的 6.02%，个人住房贷款逾期额与个人贷款风险准备金余额的比率为 0.25%。

（二）**支持保障性住房建设试点项目贷款**。2020 年末，无项目贷款。

五、社会经济效益

（一）**缴存业务**。2020 年，实缴单位数同比减少 3.9%、实缴职工人数和缴存额同比分别增长 4.07% 和 12.23%。

缴存单位中，国家机关和事业单位占 33.01%，国有企业占 10.96%，外商投资企业占 1.44%，城镇私营企业及其他城镇企业占 49.57%，民办非企业单位和社会团体占 3.42%，其他占 1.6%。

缴存职工中，国家机关和事业单位占32.68%，国有企业占15.06%，外商投资企业占3.04%，城镇私营企业及其他城镇企业占44.73%，民办非企业单位和社会团体占2.87%，个人自愿缴存占0.2%，其他占1.42%；中、低收入占98.35%，高收入占1.65%。

新开户职工中，国家机关和事业单位占6.82%，国有企业占18.76%，外商投资企业占4.1%，城镇私营企业及其他城镇企业占65.63%，民办非企业单位和社会团体占2.71%，个人自愿缴存占0.48%，其他占1.5%；中、低收入占99.83%，高收入占0.17%。

（二）提取业务。2020年，25.86万名缴存职工提取住房公积金66.86亿元。

提取金额中，住房消费提取占84.05%（购买、建造、翻建、大修自住住房占25.76%，偿还购房贷款本息占57.36%，租赁住房占0.75%，其他占0.18%）；非住房消费提取占15.95%（离休和退休提取占9.51%，完全丧失劳动能力并与单位终止劳动关系提取占0.58%，死亡或宣告死亡占0.29%，其他占5.57%）。

提取职工中，中、低收入占97.5%，高收入占2.5%。

（三）贷款业务。

1. 个人住房贷款。2020年，支持职工购建房117.25万平方米，年末个人住房贷款市场占有率为9.94%，比上年末减少3.03个百分点。通过申请住房公积金个人住房贷款，可节约职工购房利息支出3551万元。

职工贷款笔数中，购房建筑面积90（含）平方米以下占9.7%，90~144（含）平方米占80.08%，144平方米以上占10.22%。购买新房占71.86%，购买二手房占28.14%。

职工贷款笔数中，单缴存职工申请贷款占22.88%，双缴存职工申请贷款占75.33%，三人及以上缴存职工共同申请贷款占1.79%。

贷款职工中，30岁（含）以下占36.48%，30岁~40岁（含）占38.36%，40岁~50岁（含）占19.61%，50岁以上占5.55%；首次申请贷款占100%，无二次及以上申请贷款；中、低收入占99.39%，高收入占0.61%。

2. 异地贷款。2020年，发放异地贷款437笔、11163万元。2020年末，累计发放异地贷款总额83983万元，异地贷款余额48425万元。

3. 公转商贴息贷款。2020年，未发放公转商贴息贷款。2020年末，累计发放公转商贴息贷款1892笔、3.72亿元，累计贴息131.41万元。

（四）住房贡献率。2020年，个人住房贷款发放额和住房消费提取额的总和与当年缴存额的比率为115.17%，比上年增加0.17个百分点。

六、其他重要事项

（一）当年机构及职能调整情况。2020年2月，根据市委编办《关于同意调整市住房公积金管理中心内设机构的批复》（盐编办复〔2019〕54号）同意，我中心财务处更名为会计核算处，业务部更名为市直管理部，撤销资金运用处和归集处，设立服务管理处和风险防控与稽核审计处。

（二）当年住房公积金政策调整及执行情况。

1. 当年缴存基数限额及确定方法、缴存比例调整情况。

自 2020 年 7 月 1 日起，职工实际工资收入低于市政府公布执行的上年度月最低工资标准的，月缴存工资基数应按月最低工资标准执行（其中，市区、东台、大丰月最低工资标准为 1830 元，建湖、射阳、阜宁、滨海、响水最低工资标准为 1620 元）。职工住房公积金月缴存工资基数上限为 20500 元。

个人缴存者的住房公积金月缴存工资基数不低于省政府公布的当年养老保险缴费基数下限（当年未公布的暂时按上年度公布的养老保险缴费基数下限执行），不高于全市缴存基数上限 20500 元。

机关事业单位及其职工缴存比例仍为 12%；企业及其职工缴存比例仍为 5%~12%；个人缴存者缴存比例为 10%。

2. 当年住房公积金存贷款利率调整及执行情况。

2020 年住房公积金存贷款利率未调整。住房公积金存款利率为 1.5%；贷款利率为五年（含）以内 2.75%，五年以上 3.25%。

3. 当年住房公积金个人住房贷款最高贷款额度调整情况。

购买非装配式住宅的：2020 年住房公积金个人住房贷款最高贷款额度未调整。家庭成员均符合贷款条件的，贷款额最高不超过 40 万元；仅一人符合贷款条件的，贷款额最高不超过 20 万元。

购买装配式住宅的，贷款额按非装配式住宅的贷款额为基础再上浮 20%。经盐城市服务高校发展办公室审核确定的留盐就业创业 5 年内、在本市行政区域内购买首套自住商品住房的驻盐高校毕业生最高限额可上浮 50%。

4. 应对新冠肺炎疫情采取的措施，落实住房公积金阶段性支持政策情况和政策实施成效。

（1）出台《关于配合做好疫情防控工作加强住房公积金服务保障的通知》。（2）为进一步贯彻落实好《住房和城乡建设部、财政部、人民银行关于妥善应对新冠肺炎疫情实施住房公积金阶段性支持政策的通知》（建金〔2020〕23 号）精神，出台《关于疫情防控期间实施住房公积金阶段性支持政策的通知》。

2020 年，全市缓交住房公积金 2802 个单位，涉及缴存职工 8.76 万人，阶段性减轻企业负担 6150 万元，免除 176 户逾期贷款罚息。

5. 为进一步规范现行政策，对盐城市住房公积金缴存、提取、贷款等三个细则作了修订。

6. 为规范住房公积金按揭贷款的操作与管理，从 2020 年 5 月起取消按揭楼盘贷款保函制度。对新的按揭楼盘贷款合作不再收受开发企业保函或不动产抵押物。

（三）当年服务改进情况。根据改革发展的新形势、新要求，围绕人民群众的所想所求，从"惠民、便民、精简、高效"几方面入手，推行实体大厅、网上大厅、微信公众号、自助终端等相结合的综合服务。

深入推进"放管服"改革。按照"放管服"改革要求，升级公积金"一张网"业务系统，提升公积金"不见面"服务项目。引导高频简单业务网上自助办理，努力减轻柜面业务办理压力。成立服务工作 QQ 群，对网上缴存业务办理出现问题的单位在线视频指导。推进长三角"一网通办"工作，开具《异地贷款职工住房公积金缴存使用证明》实现"零跑腿"。通过线上、线下业务的融合发展，致力实现归集、提取"不见面"办理、贷款"只见一面"审批的目标。"一张网"业务系统上线后，全市住房公积金单位业务网上办理率由 7.61% 提升为 85.2%，提取业务由 43.05% 提升为 62.05%。

健全完善综合服务平台。升级改造网上营业厅、微信公众号、12329 热线等多渠道的综合服务平台，完善网上服务和网上互动，为住房公积金缴存单位和职工提供更加快捷、高效的服务体验。目前缴存单位开通网厅数为 12008 家，占缴存单位总数的 94.80%。全年通过综合服务平台全年办理归集业务 21.04 万笔，提取业务 9.54 万笔。各渠道访问量 3168 万人次，微信公众号累计关注人数 26.67 万人，绑定人数 16.73 万人。

巩固提升窗口服务质量。加强对大厅服务的现场管理，优化业务流程，完善相关工作制度。开展窗口服务岗位评比，每月评选"服务标兵""微笑之星"，通过示范带动作用，不断提高窗口人员的综合素养、服务理念和服务能力。开展住房公积金延时服务，确保当天业务全部办结，让群众少跑腿。针对公积金信访热点问题，进一步优化服务流程，减少材料收件，方便单位、职工办理公积金相关业务。2020 年度共受理 12345 转办工单 1152 件，按时办结率 100%，回访工单满意率 99.83%；好差评转办工单 642 件，按时办结率 100%，满意率 99.85%。

（四）当年信息化建设情况。启动实施"一张网"项目建设，10 月 9 日"一张网"项目第一阶段工作全部完成，207 项功能点中的 130 项已上线，单位缴存和个人还贷提取等业务均可在网上实时办理。同时，在支付宝、江苏政务服务网、"我的盐城"App、盐城公积金网厅、盐城公积金微信公众号等渠道可同步办理公积金相关业务。

"一张网"项目一期上线后，各渠道 130 个线上服务功能点平稳运行，同时运维能力明显提升，信息安全也得以加强。目前，中心除在本地建有数据双活系统外，在贵州遵义中心也建立了数据异地灾备系统。

（五）当年住房公积金管理中心及职工所获荣誉情况。

1. 集体。

（1）中心被市委、市政府评为创建全国文明城市先进集体；

（2）中心机关支部被江苏省住建行业党委评为先进基层党组织；

（3）中心工会被市总工会评为 2019 年度全市工会工作综合先进；

（4）东台管理部被东台市文明委评为 2019 年度东台市文明单位；

（5）东台管理部被东台市行政审批局评为 2020 年度红旗示范窗口；

（6）大丰管理部被大丰区委、区政府评为 2018～2019 年度大丰区文明创建先进集体；

（7）大丰管理部被大丰区政府评为 2019 年度全区金融工作先进集体；

（8）建湖管理部被市总工会评为"工人先锋号"；

（9）建湖管理部被建湖县委、县政府评为全县综合考核先进集体三等奖；

（10）阜宁管理部被阜宁县委、县政府评为全县综合考核先进集体二等奖；

2. 个人。

（1）中心李正林同志被市级机关工委评为履行机关党建工作责任好领导；

（2）中心办公室宋得蓉同志被市委、市政府评为创建全国文明城市先进个人；

（3）市直管理部陈智勇同志被省住房和城乡建设系统职工劳动竞赛活动领导小组表彰为优质服务明星；

（4）大丰管理部陈月华同志获机关党建创新"金点子"项目三等奖；

（5）大丰管理部施波同志被大丰区政府评为 2019 年度大丰区金融工作先进个人；

（6）建湖管理部周馥菲同志被建湖县妇女联合会评为建湖县三八红旗手；

（7）阜宁管理部郑浩同志被市总工会授予盐城市五一劳动奖章；

（8）盐都管理部王学勇同志获市委宣传部"我与'学习强国'征文"一等奖；

（9）大丰管理部毕筱筱同志获市级机关"相信信仰的力量"征文二等奖，阜宁管理部陈华丽同志获三等奖。

（六）当年对违反《住房公积金管理条例》和相关法规行为进行行政处罚和申请人民法院强制执行情况。 2020年对违反《住房公积金管理条例》和相关法规行为，申请人民法院强制执行1件，执行到账罚款2万元，罚息2万。

扬州市住房公积金2020年年度报告

根据国务院《住房公积金管理条例》和住房和城乡建设部、财政部、人民银行《关于健全住房公积金信息披露制度的通知》（建金〔2015〕26号）的规定，经市住房公积金管理委员会审议通过，现将扬州市住房公积金2020年年度报告公布如下。

一、机构概况

（一）住房公积金管理委员会。住房公积金管委会有21名成员，2021年3月30日召开四届四次会议，审议通过的事项主要包括：2020年度住房公积金归集、使用计划执行情况和2021年住房公积金归集、使用计划报告，2020年财务收支决算情况和2021年财务预算报告，扬州市住房公积金2020年年度报告。

（二）住房公积金管理中心。住房公积金管理中心为市政府直属的不以营利为目的的自收自支事业单位，设7个处室，4个分中心、3个管理部，业务指导江苏油田分中心、仪征化纤分中心。从业人员180人，其中，在编115人（含仪征化纤9人、江苏油田16人），非在编65人。

二、业务运行情况

（一）缴存。2020年，新开户单位1602家，净增单位626家；新开户职工6.21万人，净增职工2.27万人；实缴单位12591家，实缴职工59.67万人，缴存额97.83亿元，分别同比增长5.4%、增长4.0%、增长5.8%。2020年末，缴存总额728.85亿元，比上年末增加15.5%；缴存余额241.42亿元，同比增长7.6%。受委托办理住房公积金缴存业务的银行13家。

（二）提取。2020年，27.50万名缴存职工提取住房公积金；提取额80.75亿元，同比增长21.0%；提取额占当年缴存额的85.4%，比上年增加10.8个百分点。2020年末，提取总额487.43亿元，比上年末增加19.9%。

（三）贷款。

1. 个人住房贷款。单缴存职工个人住房贷款最高额度为30万元，双缴存职工个人住房贷款最高额度为50万元。

2020年，发放个人住房贷款1.41万笔、47.39亿元，同比分别增长20.7%、63.7%。其中，市中心发放个人住房贷款1.38万笔、46.16亿元，仪征化纤分中心发放个人住房贷款126笔、3777万元，江苏油田分中心发放个人住房贷款224笔、8531万元。

2020年，回收个人住房贷款32.92亿元。其中，市中心30.91亿元，仪征化纤分中心1.00亿元，江苏油田分中心1.01亿元。

2020年末，累计发放个人住房贷款19.44万笔、448.38亿元，贷款余额208.87亿元，分别比上年末增加7.8%、11.8%、7.4%。个人住房贷款余额占缴存余额的86.5%，比上年末减少0.2个百分点。受委托办理住房公积金个人住房贷款业务的银行共计13家。

2. 异地贷款。2020年，发放异地贷款498笔、15186.50万元。年末，发放异地贷款总额15186.50万元，异地贷款余额14962.80万元。

3. 公转商贴息贷款。2020年，发放公转商贴息贷款0笔、0万元，当年贴息额0万元。2020年末，累计发放公转商贴息贷款4947笔、15.98亿元，累计贴息5480万元。

（四）**购买国债**。无。

（五）**资金存储**。2020年末，住房公积金存款51.37亿元。其中，活期0.11亿元，1年（含）以下定期7.38亿元，1年以上定期32.72亿元，其他（协定、通知存款等）11.16亿元。

（六）**资金运用率**。2020年末，住房公积金个人住房贷款余额、项目贷款余额和购买国债余额的总和占缴存余额的86.5%，比上年末减少0.2个百分点。

三、主要财务数据

（一）**业务收入**。2020年，业务收入80833万元，同比增长10.5%。其中，市中心73076万元，仪征化纤分中心3023万元，江苏油田分中心4734万元；存款利息16038万元，委托贷款利息64795万元，国债利息0万元。

（二）**业务支出**。2020年，业务支出41675万元，同比增长8.5%。其中，市中心38222万元，仪征化纤分中心1357万元，江苏油田分中心2096万元；支付职工住房公积金利息35518万元、归集手续费用2760万元、委托贷款手续费2247万元、其他1150万元。

（三）**增值收益**。2020年，增值收益39158万元，同比增长12.8%。其中，市中心34854万元，仪征化纤分中心1666万元，江苏油田分中心2638万元；增值收益率为1.68%，比上年增加0.04个百分点。

（四）**增值收益分配**。2020年，提取贷款风险准备金22150万元；提取管理费用6338万元；提取城市廉租住房（公共租赁住房）建设补充资金10669万元。

2020年，上交财政管理费用4549万元。上缴财政城市廉租住房（公共租赁住房）建设补充资金7836万元。其中，市中心上缴7836万元，仪征化纤分中心上缴0万元，江苏油田分中心上缴0万元。

2020年末，贷款风险准备金余额161149万元。累计提取城市廉租住房（公共租赁住房）建设补充资金96054万元。其中，市中心提取69839万元，仪征化纤分中心提取9790万元，江苏油田分中心提取16425亿元。

（五）**管理费用支出**。2020年，管理费用支出5301万元，同比增长28.2%。其中，人员经费3364万元，公用经费760万元，专项经费1177万元。

市中心管理费用支出4338万元，其中，人员、公用、专项经费分别为2738万元、595万元、1005万元；仪征化纤分中心管理费用支出318万元，其中，人员、公用、专项经费分别为233万元、33万元、52万元；江苏油田分中心管理费用支出645万元，其中，人员、公用、专项经费分别为393万元、132万元、120万元。

四、资产风险状况

2020年末，个人住房贷款逾期额103.8万元，逾期率0.05‰。其中，市中心0.05‰，仪征化纤分中心为0，江苏油田分中心为0。个人贷款风险准备金余额为161149万元。2020年，使用个人贷款风险准备金核销呆坏账0万元。

五、社会经济效益

（一）缴存业务。缴存职工中，国家机关和事业单位占23.7%，国有企业占9.6%，城镇集体企业占3.5%，外商投资企业占7.3%，城镇私营企业及其他城镇企业占25.5%，民办非企业单位和社会团体占3.2%，灵活就业人员占0.1%，其他占27.1%；中、低收入占98.9%，高收入占1.1%。

新开户职工中，国家机关和事业单位占9.1%，国有企业占3.9%，城镇集体企业占2.3%，外商投资企业占6.9%，城镇私营企业及其他城镇企业占42.9%，民办非企业单位和社会团体占1.9%，灵活就业人员占0.3%，其他占32.7%；中、低收入占99.9%，高收入占0.1%。

（二）提取业务。提取金额中，购买、建造、翻建、大修自住住房占25.9%，偿还购房贷款本息占54.4%，租赁住房占1.2%，支持老旧小区改造占0.1%，离休和退休提取占9.7%，与单位终止劳动关系（完全丧失劳动能力、封存满半年不再缴存）提取占7.1%，出境定居提取占0.1%，其他占1.5%。提取职工中，中、低收入占98.1%，高收入占1.9%。

（三）贷款业务。2020年，支持职工购建房约158万平方米，年末个人住房贷款市场占有率为11.7%，比上年末下降2.4个百分点。通过申请住房公积金个人住房贷款，可节约职工购房利息支出99000万元。

职工贷款笔数中，购房建筑面积90（含）平方米以下占18.7%，90~144（含）平方米占74.0%，144平方米以上占7.3%。购买新房占64.9%（其中购买保障性住房占0.1%），购买二手房占35.1%，建造、翻建、大修自住住房占0%（其中支持老旧小区改造占0%），其他占0%。

职工贷款笔数中，单缴存职工申请贷款占27.5%，双缴存职工申请贷款占72.5%，三人及以上缴存职工共同申请贷款占0%。

贷款职工中，30岁（含）以下占29.0%，30岁~40岁（含）占41.4%，40岁~50岁（含）占23.0%，50岁以上占6.6%；首次申请贷款占86.7%，二次及以上申请贷款占13.3%；中、低收入占98.8%，高收入占1.2%。

（四）住房贡献率。2020年，个人住房贷款发放额、公转商贴息贷款发放额、项目贷款发放额、住房消费提取额的总和与当年缴存额的比率为135.5%，比上年增加40.8个百分点。

六、其他重要事项

1. 出台《关于贯彻落实妥善应对新冠肺炎疫情住房公积金阶段性支持政策的通知》（扬金管〔2020〕

5号),符合条件的企业可按规定申请在2020年6月30日前缓缴住房公积金。出台《关于做好应对新冠肺炎疫情住房公积金阶段性支持政策到期后有关工作衔接的通知》(扬金管〔2020〕41号),对相关企业恢复缴存和补缴及有困难企业办理缓缴延期做出具体规定。疫情期间,全市共有268家企业申请缓缴公积金,涉及职工1.64万人,缓缴金额683.11万元。截至年底,共有252家企业,1.49万个职工恢复了缴存,补缴金额2866万元;11家企业依规继续申请了缓缴;5家企业由于破产等原因,目前均已封存停缴。

2. 落实国家审计署专项审计整改要求,聚焦问题,认真整改到位。审计报告披露必须整改的五大类14个方面的问题,整改到位13项,剩余1项封存账户清理工作已建立长效工作机制,当年清理封存账户5.85万个、5.52亿元。

3. 政府办2020年3月份印发《市政府办公室关于调整第四届住房公积金管理委员会委员的通知》(扬府传发〔2020〕23号),决定调整第四届住房公积金管理委员会委员,调整后委员变为21名。仪化、油田分中心年度归集使用计划及执行情况、财务收支预算计划及执行情况按规定上报市公积金管委会审议批准,年度收支决算由江苏苏税讯通会计师事务所审计。

4. 出台《关于进一步规范住房公积金管理政策的意见》(扬金管委〔2020〕3号),通过内部讨论、部门征求意见、社会公开征求意见以及合法性、风险性、廉洁性审查评估,经住房公积金管委会四届三次会议审议批准自2020年4月10日起实施。

5. 为进一步落实"放管服"改革要求,持续优化营商环境,方便新办企业办理公积金业务,联合市场监督和政务服务管理部门出台《关于进一步做好新办企业住房公积金缴存登记"多证合一"工作的通知》(扬市监注〔2020〕277号)。

6. 大力推进"不见面审批"(服务),深化"智慧公积金"建设。中心与13个部门实现了数据共享,开发了24项全天候、零材料、零见面线上业务。通过微信公众号完成账号绑定职工近50万人,累计访问量达1300万人次,申请办理业务近13万笔,提取金额18.24亿元。"不见面审批"业务占业务总量的98%以上。全市有72家建行STM机嵌入公积金线上业务模块,成为公积金服务大厅的延伸,满足更多群体就近办理需求。综合服务平台建设工作以98.7分通过住房和城乡建设部验收,位列全省第一。

7. 中心对照"等保三级"要求,开展了第二期安全防护建设,采购负载均衡、安全网关等安全设备,进一步完善安全防护体系。开展电子留痕项目建设,为住房公积金网上业务规范化提供积极支持。

8. 当年住房公积金管理中心及职工所获荣誉情况。包括:市中心创成第六届"全国文明单位",市中心信息处被评为"全省住房和城乡建设系统工人先锋号",中心党组织获评"全省住房城乡建设行业先进基层党组织",直属管理部获评"全省住房和城乡建设系统窗口单位优质服务竞赛先进集体",高邮分中心获得"江苏省健康机关""全国职工书屋示范点"称号。

镇江市住房公积金2020年年度报告

根据国务院《住房公积金管理条例》和住房和城乡建设部、财政部、人民银行《关于健全住房公积金信息披露制度的通知》(建金〔2015〕26号)的规定,经住房公积金管理委员会审议通过,现将镇江市住房公积金 2020 年年度报告公布如下。

一、机构概况

（一）住房公积金管理委员会。住房公积金管理委员会现有 25 名委员，2020 年召开 1 次会议，审议通过的事项主要包括：镇江市住房公积金 2019 年管理情况及 2020 年工作计划的报告、2020 年住房公积金指标计划安排；对新冠肺炎疫情期间住房公积金政策实行阶段性调整；减免住房公积金个人贷款抵押物评估费用；新增按月提取住房公积金归还本市自住住房商贷业务；完善住房公积金按揭贷款担保方式；授权市住房公积金管理中心修订完善《镇江市住房公积金缴存实施细则》《镇江市住房公积金提取实施细则》《镇江市住房公积金个人贷款实施细则》；降低镇江市人才开发有限责任公司等 25 家单位住房公积金缴存比例。

（二）住房公积金管理中心。住房公积金管理中心为直属镇江市人民政府不以营利为目的的依照国家公务员管理的副处级事业单位，设 7 个处室（部门），1 个管理部，3 个分中心。从业人员 149 人，其中，在编 68 人，非在编 81 人。

二、业务运行情况

（一）缴存。2020 年，新开户单位 1500 家，净增单位 737 家；新开户职工 4.28 万人，净增职工 1.32 万人；实缴单位 10496 家，实缴职工 36.32 万人，缴存额 62.96 亿元，分别同比增长 4.57%、-2.86%、14.85%。2020 年末，缴存总额 507.72 亿元，比上年末增加 14.16%；缴存余额 160.21 亿元，同比增长 12.31%。受委托办理住房公积金缴存业务的银行 5 家。

（二）提取。2020 年，93.87 万名缴存职工提取住房公积金；提取额 45.39 亿元，同比增长 6.77%；提取额占当年缴存额的 72.10%，比上年增加 5.47 个百分点。2020 年末，提取总额 347.51 亿元，比上年末增加 15.03%。

（三）贷款。

1. 个人住房贷款。单缴存职工个人住房贷款最高额度 30 万元，双缴存职工个人住房贷款最高额度 50 万元。

2020 年，发放个人住房贷款 1.05 万笔、36.46 亿元，同比分别增长 57.33%、65.32%。其中，市中心发放个人住房贷款 0.60 万笔、21.50 亿元，丹阳分中心发放个人住房贷款 0.23 万笔、7.71 亿元，句容分中心发放个人住房贷款 0.08 万笔、2.88 亿元，扬中分中心发放个人住房贷款 0.11 万笔、3.21 亿元，丹徒管理部发放个人住房贷款 0.03 万笔、1.15 亿元。

2020 年，回收个人住房贷款 21.32 亿元。其中，市中心 12.21 亿元，丹阳分中心 3.82 亿元，句容分中心 2.56 亿元，扬中分中心 1.90 亿元，丹徒管理部 0.81 亿元。

2020 年末，累计发放个人住房贷款 16.26 万笔、344.31 亿元，贷款余额 164.49 亿元，分别比上年末增加 6.90%、11.84%、10.14%。个人住房贷款余额占缴存余额的 102.67%，比上年末减少 2.02 个百分点。受委托办理住房公积金个人住房贷款业务的银行 16 家。

2. 异地贷款。2020 年，发放异地贷款 269 笔、8492.40 万元。2020 年末，发放异地贷款总额 47295 万元，异地贷款余额 34664.68 万元。

3. 商转公贴息贷款。2020年，发放商转公贴息贷款3333笔、120189万元（不含二次贴息），当年贴息额1825万元。2020年末，累计发放商转公贴息贷款14695笔、48000万元，累计贴息6326万元。

4. 住房公积金支持保障性住房建设项目贷款。无。

（四）**购买国债**。2020年，购买国债0亿元，兑付、转让、收回国债0亿元。2020年末，国债余额0亿元。

（五）**资金存储**。2020年末，住房公积金存款13.59亿元。其中，活期0亿元，1年（含）以下定期3.05亿元，1年以上定期0亿元，其他（协定、通知存款等）10.54亿元。

（六）**资金运用率**。2020年末，住房公积金个人住房贷款余额、项目贷款余额和购买国债余额的总和占缴存余额的102.67%，比上年末减少2.02个百分点。

三、主要财务数据

（一）**业务收入**。2020年，业务收入53154.42万元，同比增长6.76%。其中，市中心30397.84万元，丹阳分中心9837.62万元，句容分中心5763.25万元，扬中分中心5108.40万元，丹徒管理部2047.31万元；存款利息2335.64万元，委托贷款利息50808.25万元，国债利息0万元，其他10.53万元。

（二）**业务支出**。2020年，业务支出32257.13万元，同比增长0.23%。其中，市中心19125.14万元，丹阳分中心5399.26万元，句容分中心4070.37万元，扬中分中心2507.72万元，丹徒管理部1154.64万元；支付职工住房公积金利息22578.84万元，归集手续费861.97万元，委托贷款手续费1402.19万元，其他7414.13万元。

（三）**增值收益**。2020年，增值收益20897.29万元，同比增长18.71%。其中，市中心11272.69万元，丹阳分中心4438.36万元，句容分中心1692.89万元，扬中分中心2600.68万元，丹徒管理部892.67万元；增值收益率1.38%，比上年增加0.09个百分点。

（四）**增值收益分配**。2020年，提取贷款风险准备金12502.74万元，提取管理费用4149.96万元，提取城市廉租住房（公共租赁住房）建设补充资金4244.61万元。

2020年，上交财政管理费用4131.36万元。上缴财政城市廉租住房（公共租赁住房）建设补充资金2717.96万元。其中，市中心上缴1442.08万元，丹阳分中心上缴1095.88万元，句容分中心上缴100万元，扬中分中心上缴80万元，丹徒管理部上缴0万元。

2020年末，贷款风险准备金余额113383.36万元。累计提取城市廉租住房（公共租赁住房）建设补充资金47304.43万元。其中，市中心提取29958.67万元，丹阳分中心提取13792.62万元，句容分中心提取1100万元，扬中分中心提取893.14万元，丹徒管理部提取1560万元。

（五）**管理费用支出**。2020年，管理费用支出3550.48万元，同比下降6.21%。其中，人员经费2001.65万元，公用经费115.58万元，专项经费1433.25万元。

市中心管理费用支出1903.73万元，其中，人员、公用、专项经费分别为941.89万元、38.89万元、922.95万元；丹阳分中心管理费用支出532.23万元，其中，人员、公用、专项经费分别为275.65万元、29.28万元、227.30万元；句容分中心管理费用支出394.25万元，其中，人员、公用、专项经费分别为242.38万元、24.30万元、127.57万元；扬中分中心管理费用支出393.02万元，其中，人员、公用、专项经费分别为 254.75 万元、11.91 万元、126.36 万元；丹徒管理部管理费用支出 327.25 万元，其中，人员、公用、专项经费分别为 286.98 万元、11.20 万元、29.07 万元。

四、资产风险状况

（一）**个人住房贷款**。2020 年末，个人住房贷款逾期额 640.49 万元，逾期率 0.39‰，其中，市中心 0.52‰，丹阳市中心 0.09‰，句容分中心 0.34‰，扬中分中心 0.13‰，丹徒管理部 0.78‰。个人贷款风险准备金余额 113383.36 万元。2020 年，使用个人贷款风险准备金核销呆坏账 0 万元。

（二）**支持保障性住房建设试点项目贷款**。无。

五、社会经济效益

（一）**缴存业务**。缴存职工中，国家机关和事业单位占 32.22%，国有企业占 11.80%，城镇集体企业占 1.19%，外商投资企业占 6.01%，城镇私营企业及其他城镇企业占 22.16%，民办非企业单位和社会团体占 0%，灵活就业人员占 3.63%，其他占 22.99%；中、低收入占 98.16%，高收入占 1.84%。

新开户职工中，国家机关和事业单位占 12.37%，国有企业占 4.51%，城镇集体企业占 0.70%，外商投资企业占 3.86%，城镇私营企业及其他城镇企业占 33.16%，民办非企业单位和社会团体占 0%，灵活就业人员占 2.11%，其他占 43.29%；中、低收入占 99.67%，高收入占 0.33%。

（二）**提取业务**。提取金额中，购买、建造、翻建、大修自住住房占 22.98%，偿还购房贷款本息占 56.20%，租赁住房占 4.56%，支持老旧小区改造占 0%，离休和退休提取占 11.46%，完全丧失劳动能力并与单位终止劳动关系提取占 0%，出境定居占 0.01%，其他占 4.79%。提取职工中，中、低收入占 97.77%，高收入占 2.23%。

（三）**贷款业务**。

1. 个人住房贷款。2020 年，支持职工购建房 170 万平方米（含商转公贴息贷款），年末个人住房贷款市场占有率（含商转公贴息贷款）为 17.01%，比上年末增加 0.39 个百分点。通过申请住房公积金个人住房贷款，可节约职工购房利息支出 73814 万元。

职工贷款笔数中，购房建筑面积 90（含）平方米以下占 11.97%，90～144（含）平方米占 72.46%，144 平方米以上占 15.57%。购买新房占 73.76%（其中购买保障性住房占 0%），购买二手房占 26.21%，建造、翻建、大修自住住房占 0.03%（其中支持老旧小区改造占 0%），其他占 0%。

职工贷款笔数中，单缴存职工申请贷款占 40.90%，双缴存职工申请贷款占 58.65%，三人及以上缴存职工共同申请贷款占 0.45%。

贷款职工中，30 岁（含）以下占 31.81%，30 岁～40 岁（含）占 42.20%，40 岁～50 岁（含）占 21.83%，50 岁以上占 4.16%；首次申请贷款占 81.71%，二次及以上申请贷款占 18.29%；中、低收入占 98.36%，高收入占 1.64%。

2. 支持保障性住房建设试点项目贷款。无。

（四）**住房贡献率**。2020 年，个人住房贷款发放额、商转公贴息贷款发放额（不含二次贴息）、项目贷款发放额、住房消费提取额的总和与当年缴存额的比率为 137.60%，比上年减少 12.04 个百分点。

六、其他重要事项

(一)应对新冠肺炎疫情采取的措施,落实住房公积金阶段性支持政策情况和政策实施成效。

1. 出台了《关于疫情防控期间优化我市住房公积金相关事项的通知》(镇公积金〔2020〕4号)、《关于明确疫情期间企业办理住房公积金缓缴或降低缴存比例操作事项的通知》(镇公积金〔2020〕5号)、《关于疫情期间企业办理住房公积金缓缴或降低住房公积金缴存比例业务的公告》等配套政策。对受疫情影响停工停产、延迟复工或生产经营出现效益下降的企业,可按规定申请降低公积金缴存比例(最低可降至国家规定的5%)或在2020年6月30日前缓缴公积金。全市共有315家单位成功申请公积金缓缴,缓缴人数2.71万人,为企业阶段性缓缴8327.50万元。共受理降比申请单位27家,每月为降比企业降低人工成本支出145万余元。

2. 加大对疫情防控一线工作者住房贷款支持力度。一是给予防疫一线医务人员购房关爱。我市赴湖北支援的医务人员,3年内在本市购房符合公积金贷款条件的,可享受1次个人贷款限额上浮50%的政策优惠;二是暂时调整正常连续缴存的贷款条件。对疫情期间申请缓缴公积金并审批通过的企业职工,缓缴期间视同正常连续缴存,不影响公积金贷款的申请;三是适当延后公积金贷款还款时间。受疫情影响未能正常还款的新增公积金贷款逾期,2020年6月30日前相关逾期贷款不作逾期、罚息处理,不纳入征信;四是放宽业务办理时限。职工在疫情期间申请住房公积金贷款和贴息业务时限到期的,可延长至我市防控措施取消后3个月内办理。截至12月末,全市通过缓缴的企业名下共有600户职工家庭申请公积金贷款,涉及贷款金额1.88亿元,其中,已发放498户,贷款金额1.55亿;为1880户职工家庭减免公积金贷款逾期罚息12528.89元;为10名赴湖北抗疫一线的医务人员办理购房关爱贷款,贷款金额526万元。

3. 全力推进房地产企业复工复产,统筹抓好疫情防控与公积金按揭楼盘全覆盖工作,多措并举促进我市房地产市场的平稳健康发展。一是缓解开发企业回笼资金困境。出台了《关于实行银行保函和商品房预售款专用账户应急举措的通知》(镇公积金〔2020〕21号)文件,对有土地抵押权项目暂不能办理预抵押登记的公积金按揭贷款,实行银行保函和使用商品房预售款专用账户发放贷款,目前通过此项举措及时发放公积金贷款378笔、1.4亿元,缓解了疫情防控期间房地产企业面临的资金困难,保障了刚需及改善型购房者的贷款需求;二是破解开发企业销售困境。为缓解疫情防控期间房地产开发企业面临的销售难题,帮助企业顺利度过难关,公积金贷款"小委托"队伍多次开展"贷款到身边,服务零距离"活动,进美的城君兰悦、美堤苑、四季风华里、雍和雅苑等多家合作楼盘开展现场服务活动,为600多名职工现场受理公积金"小委托"贷款业务,涉及金额2.5亿元,让开发企业尽快恢复正常运行,让购房者也享受到了便捷高效的公积金贷款服务体验。

(二)当年机构及职能调整情况、受委托办理缴存贷款业务金融机构变更情况。 当年无变化。

(三)当年住房公积金政策调整及执行情况。

1. 根据《关于调整市直机关事业单位2020年住房公积金缴存基数的通知》(镇公积金〔2019〕69号)文件规定,自2020年1月1日起,机关事业单位缴存比例仍为单位和个人各12%。当年住房公积金缴存基数上限调整为21400元,下限仍为2020元。

2. 根据《关于调整2020年度住房公积金缴存基数的通知》(镇公积金〔2020〕31号)文件规定,自2020年7月1日起,企业单位住房公积金缴存比例按国家相关规定执行,单位和职工的缴存比例最高不超过各12%。当年住房公积金缴存基数上限调整为23300元，下限仍为2020元。

3. 根据上级部门对我市住房公积金审计、监管要求，确保住房公积金的专款专用属性，根据《住房公积金管理条例》的规定，经市住房公积金管理委员会审议同意，出台《关于停止办理住房公积金支付物业费等业务的通知》（镇公积金〔2020〕42号），自2020年9月10日起停止办理"支付物业管理费提取住房公积金"以及"享受城市居民最低生活保障或特困职工家庭，夫妻一方或双方及其直系亲属患重病治疗，造成家庭生活严重困难的提取住房公积金"两类提取业务。

（四）当年服务改进情况。

1. 推进住房公积金服务"跨省通办"情况。今年以来，我中心对照全国高频政务服务"跨省通办"事项清单，对涉及住房公积金的8个事项，采取全程网办、代收代办、两地联办等方式，2020年底前应实现的个人住房公积金缴存贷款信息查询、出具贷款职工住房公积金缴存使用证明、正常离退休提取住房公积金3项业务的"跨省通办"已陆续开通；2021年底前应实现5项业务中的住房公积金单位及个人缴存信息变更、开具住房公积金个人住房贷款全部还清证明等2项业务的"跨省通办"已提前完成；2020年末，个人住房公积金缴存贷款信息查询业务量超过千万，出具贷款职工住房公积金缴存使用证明1047份，已为204名职工办理正常离退休提取住房公积金业务，住房公积金单位及个人缴存信息变更356条，开具住房公积金个人住房贷款全部还清证明325份，"跨省通办"事项有序推进，初见成效。

2. 疫情期间服务举措实施情况。

（1）迅速响应，组建工作队伍。疫情期间，公积金服务窗口第一时间成立"疫情期间缓缴、降比业务"工作专班，明确专人专岗，简化办事流程，开通绿色、常态、预约三类通道，运用公积金官网、微信、微博、"12329"公积金热线等平台宣传公积金疫情防控措施和使用政策，对受疫情影响停工停产、延迟复工或效益下降的企业，按期办理申请降低公积金缴存比例业务，减轻企业成本负担。

（2）科学防疫，确保窗口安全。实行办事职工出示健康码、佩戴口罩并进行体温检测和实名健康登记等防控措施，保障群众身体健康和生命安全。主推融合创新，升级大厅预约叫号系统，实现排队叫号情况在线查询，避免高峰时段扎堆等候。

（3）拓宽思路，丰富业务种类。新增按月提取公积金归还本市自住住房商业贷款业务，让职工"少跑腿"。多次开展"贷款到身边，服务零距离"活动，主动走进"美的城""万科"等16家合作楼盘开展现场服务活动，为购房者提供了便捷高效的公积金贷款服务体验。

3. 综合服务平台建设情况。以深化"智慧公积金"建设为切入点，深化以门户网站、网上服务大厅、12329热线、手机客户端、微信、微博、短信、自助终端八个载体高度集成的住房公积金综合服务平台，将公积金服务从线下延展到线上，有效分流业务高峰，真正实现"数据多跑路、职工少跑腿"。全市已有3200多家单位签约单位网厅，线上办理缴存业务9.5万笔，金额9.7亿元；已有25.7万名职工完成互联网渠道签约，线上办结提取业务4.64万笔，提取金额7亿元，网络渠道已成为职工办理公积金业务的重要选择。

4. 服务管理创新情况。通过组建服务内训师团队、建立第三方服务评测机制、开展服务之星评比、争创"服务先锋岗"演讲比赛、公积金岗位大练兵等活动，营造公积金窗口"比、学、赶、帮、超"的良好学习工作氛围。开展上门服务，结合志愿者服务和公益服务制度，深入企业、广场、机关事业单位宣传20余场，开展关怀退休职工、帮扶残困人士，提供爱心服务、上门服务、慰问服务等。全面建立公积金服务"好差评"制度体系,形成服务窗口、"12329"公积金热线、现场问卷调查、公积金门户网站线上线下全面服务评价体系,实现服务事项全覆盖,形成评价、反馈、整改、监督全流程衔接,持续提升公积金服务质量。

(五)当年信息化建设情况。深化"放管服"改革,以服务客户为导向,充分利用"互联网+"技术,深化综合服务平台建设,提升服务效能,高分通过省住房城乡建设厅组织的综合服务平台验收。通过建设逐月提取住房公积金偿还商业住房贷款系统,实现职工网上、柜面签约功能,实现逐月支付并短信通知职工。公积金核心业务系统通过国家安全等级三级保护测评,保障缴存职工资金、账户信息安全。加强信息安全防护和日常检查工作,确保公积金信息系统安全稳定运行。

(六)当年住房公积金管理中心及职工所获荣誉。

1. 中心荣誉。

镇江市住房公积金管理中心城区客户服务部党支部荣获全省住房和城乡建设行业先进基层党组织(苏建行党〔2020〕9号);

镇江市住房公积金管理中心工会荣获2019年度江苏省住房城乡建设系统工会工作先进集体(苏建工委〔2020〕9号);

镇江市住房公积金管理中心城区客户服务部被全省住房城乡建设系统继续认定为合格的省级青年文明号(苏建文明〔2020〕240号);

镇江市住房公积金管理中心网络客户服务部荣获2020年江苏省住房城乡建设系统工人先锋号(苏建工委〔2020〕12号);

镇江12329住房公积金热线荣获2019年度江苏省住房和城乡建设系统窗口单位优质服务竞赛活动优质服务窗口(苏建竞〔2020〕10号);

镇江市住房公积金管理中心城区客户服务部资金归集部荣获2020年度江苏省住房城乡建设系统窗口单位优质服务竞赛活动优质服务窗口(苏建竞〔2020〕51号);

镇江市住房公积金管理中心荣获全市2019年度"网络发言人"工作先进集体(中共镇江市委网络安全和信息化委员会办公室);

镇江市住房公积金管理中心荣获2019年度政务公开考核结果优秀单位(镇政办函〔2020〕9号);

镇江市住房公积金管理中心城区客户服务部荣获2019年度市级机关"十佳群众满意窗口"(镇效能〔2020〕1号);

镇江市住房公积金管理中心机关党支部"一个中心,三个坚持"党支部工作法荣获市级机关优秀"党支部工作法"(镇机发〔2020〕35号);

镇江市住房公积金管理中心网络客户服务部荣获党员示范岗(镇机发〔2020〕25号);

镇江市住房公积金管理中心党总支荣获2019年度市财政局先进基层党组织(镇财党委〔2020〕1号);

镇江市住房公积金管理中心荣获2019年度局属事业单位机关绩效考核优秀单位(镇财人〔2020〕4号);

镇江市住房公积金管理中心荣获2019年度信息宣传工作先进集体(镇财办〔2020〕3号)。

2. 职工个人荣誉。

方黎明荣获全省住房和城乡建设行业优秀党务工作者（苏建行党〔2020〕9号）；

吴益红荣获2019年度江苏省住房和城乡建设系统窗口单位优质服务竞赛活动优质服务明星（苏建竞〔2020〕10号）；

罗雪荣获2020年度江苏省住房城乡建设系统窗口单位优质服务竞赛活动优质服务明星（苏建竞〔2020〕51号）；

方黎明荣获优秀党支部书记（镇机发〔2020〕25号）；

孙媛媛荣获2019年度政务公开考核结果先进个人（镇政办函〔2020〕9号）；

王文清、孙媛媛、于安莉、吴垠荣获2019年度市财政局优秀共产党员，朱贞、居建荣获2019年度市财政局优秀党务工作者（镇财党委〔2020〕1号）；

许起鸿、龚婷婷、李杰、方黎明、徐文静、张艳荣获2019年度市财政局考核优秀人员，龚婷婷记三等功一次（镇财人〔2020〕4号）；

范文撰写的《基于DEA方法的住房公积金使用效率研究——以S省为例》荣获镇江市建筑会计学会2020年优秀论文一等奖（镇建会学〔2020〕6号）。

（七）当年对违反《住房公积金管理条例》和相关法规行为进行行政处罚和申请人民法院强制执行情况。 2020年，我中心共对润东物业等12家单位开展专项稽查，推进240余人建缴公积金，送达各类行政法律文书33份，申请法院强制执行4件，行政复议1件，为39位职工追缴公积金70万元。

泰州市住房公积金2020年年度报告

根据国务院《住房公积金管理条例》和住房和城乡建设部、财政部、人民银行《关于健全住房公积金信息披露制度的通知》（建金〔2015〕26号）的规定，经市住房公积金管理委员会第二十次全体会议审议通过，现将泰州市住房公积金2020年年度报告公布如下。

一、机构概况

（一）**住房公积金管理委员会。** 住房公积金管理委员会有30名委员，2020年召开1次会议，审议通过的事项主要包括：2019年泰州市住房公积金工作情况和2020年工作计划、2020年泰州市住房公积金相关政策调整情况、泰州市住房公积金2019年年度报告。

（二）**住房公积金管理中心。** 住房公积金管理中心为泰州市政府直属的不以营利为目的的事业单位，设8个处（室），5个分中心。从业人员90人，其中，在编53人，非在编37人。

二、业务运行情况

（一）**缴存。** 2020年，新开户单位1061家，净增单位802家；新开户职工4.35万人，净增职工1.74万人；实缴单位7155家，实缴职工39.74万人，缴存额70亿元，分别同比增长8%、3.11%、17.86%。2020年末，缴存总额473.04亿元，比上年末增加17.37%；缴存余额174.9亿元，同比增长9.8%。受委托办理住房公积金缴存业务的银行9家。

（二）提取。2020年，17.24万名缴存职工提取住房公积金，提取额54.39亿元，同比增长25.21%，提取额占当年缴存额的77.7%，比上年增加4.56个百分点。2020年末，提取总额298.13亿元，比上年末增加22.31%。

（三）贷款。

1. 个人住房贷款。个人住房贷款最高额度40万元，其中，单缴存职工最高额度25万元，双缴存职工最高额度40万元。

2020年，发放个人住房贷款1.18万笔、31.36亿元，同比分别下降4.84%、11.01%。其中，市中心发放个人住房贷款0.44万笔、12.16亿元，靖江分中心发放个人住房贷款0.22万笔、5.27亿元，泰兴分中心发放个人住房贷款0.19万笔、4.81亿元，兴化分中心发放个人住房贷款0.11万笔、3.03亿元，姜堰分中心发放个人住房贷款0.16万笔、4.48亿元，高港分中心发放个人住房贷款0.06万笔、1.61亿元。

2020年，回收个人住房贷款25.64亿元。其中，市中心10.18亿元，靖江分中心4.15亿元，泰兴分中心3.97亿元，兴化分中心2.7亿元，姜堰分中心3.5亿元，高港分中心1.14亿元。

2020年末，累计发放个人住房贷款14.4万笔、340.68亿元，贷款余额161.63亿元，分别比上年末增加9.01%、10.14%、3.68%。个人住房贷款余额占缴存余额的92.41%，比上年末减少5.46个百分点。受委托办理住房公积金个人住房贷款业务的银行19家。

2. 异地贷款。2020年，发放异地贷款0笔、0万元。2020年末，发放异地贷款总额10425.1万元，异地贷款余额3788.3万元。

3. 公转商贴息贷款。2020年，发放公转商贴息贷款0笔、0万元，当年贴息额5093.89万元。2020年末，累计发放公转商贴息贷款16652笔、539142.45万元，累计贴息21709.39万元。

4. 住房公积金支持保障性住房建设项目贷款。2020年，发放支持保障性住房建设项目贷款0亿元，回收项目贷款0亿元。2020年末，累计发放项目贷款0亿元，项目贷款余额0亿元。

（四）购买国债。2020年，购买（记账式、凭证式）国债0亿元，兑付国债0亿元。2020年末，国债余额0亿元。

（五）资金存储。2020年末，住房公积金存款30.92亿元。其中，活期0.32亿元，1年（含）以下定期27.1亿元，1年以上定期1亿元，其他（协定、通知存款等）2.5亿元。

（六）资金运用率。2020年末，住房公积金个人住房贷款余额、项目贷款余额和购买国债余额的总和占缴存余额的92.41%，比上年末减少5.46个百分点。

三、主要财务数据

（一）业务收入。2020年，业务收入56594.06万元，同比增长11.02%。其中，存款利息5016.12万元，委托贷款利息51576.22万元，国债利息0万元，其他1.72万元。

（二）业务支出。2020年，业务支出30517.24万元，同比增长2.92%。其中，支付职工住房公积金利息25423.35万元，归集手续费0万元，委托贷款手续费0万元，其他5093.89万元。

（三）增值收益。2020年，增值收益26076.82万元，同比增长22.29%。增值收益率1.56%，比上年

增长 0.15 个百分点。

（四）**增值收益分配**。2020 年，提取贷款风险准备金 21536.49 万元，提取管理费用 3861.68 万元，提取城市廉租住房（公共租赁住房）建设补充资金 3500 万元。

2020 年，上交财政管理费用 3861.68 万元。上缴财政城市廉租住房（公共租赁住房）建设补充资金 2300 万元。其中，市中心上缴 595 万元，靖江分中心上缴 510 万元，泰兴分中心上缴 522 万元，兴化分中心上缴 325 万元，姜堰分中心上缴 348 万元。

2020 年末，贷款风险准备金余额 159569.57 万元。累计提取城市廉租住房（公共租赁住房）建设补充资金 25995.31 万元。其中，市中心提取 7272.31 万元，靖江分中心提取 5771 万元，泰兴分中心提取 5897 万元，兴化分中心提取 3364 万元，姜堰分中心提取 3530 万元，高港分中心提取 161 万元。

（五）**管理费用支出**。2020 年，管理费用支出 3485.51 万元，同比下降 4.29%。其中，人员经费 1196.98 万元，公用经费 96.08 万元，专项经费 2192.45 万元。

市中心管理费用支出 1745.09 万元，其中，人员、公用、专项经费分别为 711.22 万元、52.08 万元、981.79 万元；靖江分中心管理费用支出 452.44 万元，其中，人员、公用、专项经费分别为 166.03 万元、12.91 万元、273.5 万元；泰兴分中心管理费用支出 309.13 万元，其中，人员、公用、专项经费分别为 75.4 万元、7.73 万元、226 万元；兴化分中心管理费用支出 377.43 万元，其中，人员、公用、专项经费分别为 96.37 万元、8.56 万元、272.5 万元；姜堰分中心管理费用支出 392.2 万元，其中，人员、公用、专项经费分别为 102.2 万元、9.24 万元、280.76 万元，高港分中心管理费用支出 209.22 万元，其中，人员、公用、专项经费分别为 45.76 万元、5.56 万元、157.9 万元。

四、资产风险状况

（一）**个人住房贷款**。2020 年末，个人住房贷款逾期额 217.14 万元，逾期率 0.13‰。其中，市中心 0.22‰，靖江分中心 0.08‰，泰兴分中心 0.14‰，兴化分中心 0‰，姜堰分中心 0‰，高港分中心 0.3‰。个人贷款风险准备金 159569.57 万元，2020 年，使用个人贷款风险准备金核销呆坏账 0 万元。

（二）**支持保障性住房建设试点项目贷款**。2020 年末，逾期项目贷款 0 万元，逾期率 0‰。项目贷款风险准备金余额为 0 万元。2020 年，使用项目贷款风险准备金核销呆坏账 0 万元。

五、社会经济效益

（一）**缴存业务**。缴存职工中，国家机关和事业单位占 33.57%，国有企业占 11.31%，城镇集体企业占 4.27%，外商投资企业占 8.5%，城镇私营企业及其他城镇企业占 38.16%，民办非企业单位和社会团体占 2.78%，灵活就业人员占 0%，其他占 1.41%；中、低收入占 95.47%，高收入占 4.53%。

新开户职工中，国家机关和事业单位占 12.68%，国有企业占 7.12%，城镇集体企业占 2.05%，外商投资企业占 11.35%，城镇私营企业及其他城镇企业占 63.28%，民办非企业单位和社会团体占 3.08%，灵活就业人员占 0%，其他占 0.44%；中、低收入占 99.2%，高收入占 0.8%。

（二）**提取业务**。提取金额中，购买、建造、翻建、大修自住住房占 30.58%，偿还购房贷款本息占 51.99%，租赁住房占 2.08%，支持老旧小区改造占 0.03%，离休和退休提取占 11.43%，完全丧失劳动能力并与单位终止劳动关系占 0.01%，出境定居占 0.01%，其他占 3.87%。提取职工中，中、低收入占

89.7%,高收入占 10.3%。

(三)贷款业务。

1. 个人住房贷款。2020 年,支持职工购建房 147.92 万平方米(含公转商贴息贷款),年末个人住房贷款市场占有率(含公转商贴息贷款)为 14.48%,比上年末增加 2.47 个百分点。通过申请住房公积金个人住房贷款,可节约职工购房利息支出 42064.59 万元。

职工贷款笔数中,购房建筑面积 90(含)平方米以下占 10.18%,90~144(含)平方米占 74.56%,144 平方米以上占 15.26%。购买新房占 69.61%(其中购买保障性住房占 0.06%),购买二手房占 30.39%,建造、翻建、大修自住住房占 0%,(其中支持老旧小区改造占 0%),其他占 0%。

职工贷款笔数中,单缴存职工申请贷款占 22.43%,双缴存职工申请贷款占 76.05%,三人及以上缴存职工共同申请贷款占 1.52%。

贷款职工中,30 岁(含)以下占 38.46%,30 岁~40 岁(含)占 38.12%,40 岁~50 岁(含)占 19.35%,50 岁以上占 4.07%;首次申请贷款占 79.44%,二次及以上申请贷款占 20.56%;中、低收入占 92.62%,高收入占 7.38%。

2. 支持保障性住房建设试点项目贷款。2020 年末,累计试点项目 0 个,贷款额度 0 亿元,建筑面积 0 万平方米,可解决 0 户中低收入职工家庭的住房问题。0 个试点项目贷款资金已发放并还清贷款本息。

(四)住房贡献率。2020 年,个人住房贷款发放额、公转商贴息贷款发放额、项目贷款发放额、住房消费提取额的总和与当年缴存额的比率为 110.72%,比上年减少 13.3 个百分点。

六、其他重要事项

(一)应对新冠肺炎疫情采取的措施,落实住房公积金阶段性支持政策情况和政策实施成效。2020 年 2 月以来,我市住房公积金中心先后出台一系列政策和举措支持企业复工复产。

政策包括因受疫情影响生产经营困难的企业可申请缓缴住房公积金,缓缴期 6 个月,缓缴期间不影响企业信用和职工住房公积金权益;住房公积金缴存职工因受疫情影响产生的住房公积金贷款逾期不作逾期处理;调整房地产开发企业贷款履约担保方式,取消新项目的履约监管资金,并全额返还已缴纳的履约监管资金;全面解封各承办银行对房地产开发企业开立的所有住房公积金履约监管资金共管账户及基础保证金账户。

截至 4 月 10 日,各承办银行对房地产开发企业开立的所有住房公积金履约监管资金共管账户及基础保证金账户账务全面清零,累计释放资金超 6 亿元。截至 6 月 30 日,我市因新冠肺炎疫情影响,申请阶段性缓缴住房公积金的企业共计 258 家,涉及缴存职工 2.03 万人,累计缓缴金额 4199.2 万元。

(二)当年机构及职能调整情况、受委托办理缴存贷款业务金融机构变更情况。2020 年度机构及职能无变更,为 8 个处(室)及 5 个分中心。2020 年我市缴存业务金融机构无变更,仍为 9 家;未新增贷款业务金融机构,目前我市贷款业务金融机构共有 19 家。

(三)当年住房公积金政策调整及执行情况,包括当年缴存基数限额及确定方法、缴存比例等缴存政策调整情况;当年提取政策调整情况;当年个人住房贷款最高贷款额度、贷款条件等贷款政策调整情况;当年住房公积金贷款利率执行标准等;支持老旧小区改造政策落实情况。当年缴存基数限额及确定方法、缴存比例等缴存政策调整情况。2020 年 7 月 1 日起,按职工本人 2019 年度月平均工资收入核定调整职工住房公积金缴存基数,其中机关、事业单位和职工个人缴存比例为12%;企业单位和职工个人缴存比例上限为12%,下限为5%,新开户企业单位缴存比例可在5%~12%区间内确定,已开户企业单位仍按原缴存比例执行,同一单位必须执行同一缴存比例。单位职工住房公积金月缴存工资基数的上限由18000元调整为21500元,下限与2019年度保持不变,市区为2328元,靖江、泰兴、兴化为2299元。新的缴存基数一经确定,在一个缴存年度内不再调整。

当年提取政策调整情况。简化提取公积金偿还商贷手续;简化租房情形提取住房公积金手续;对因受疫情影响支付房租压力较大的租房职工,可适当提高租房提取额度;取消《住房公积金提取书》,并实现住房公积金提取业务全市通办。

当年个人住房贷款最高贷款额度、贷款条件等贷款政策调整情况。一是放宽贷款担保条件。在我市连续正常缴存住房公积金六个月以上的职工均可作为保证人进行住房公积金贷款担保,每位职工最多同时担保次数由两次调整为五次。取消直系血亲关系不得担保、职工之间不得互相担保、担保人剩余退休年限不得少于贷款期限等条件限制。二是缩减贷款业务材料。

住房公积金贷款主借款人、配偶及其他共有产权人(尚未申领并提供居民身份证的未成年人除外)不再需要提供户口簿。三是优化贷款办理流程。不参与住房公积金贷款共同借款的其他共有产权人只需到贷款承办银行签署相关材料,不再需要到公积金中心签署《承诺书》(贷款承办银行在公积金中心驻场服务的除外);取消《泰州市住房公积金委托放款协议》。

当年住房公积金存贷款利率执行标准等。2020年,泰州市住房公积金管理中心执行的存款利率标准为《中国人民银行住房和城乡建设部财政部关于完善职工住房公积金账户存款利率形成机制的通知》(银发〔2016〕43号)的规定,住房公积金存款上年结转和当年缴存均按一年期定期存款1.5%的基准利率执行;执行的贷款利率标准为《中国人民银行关于下调金融机构人民币贷款和存款基准利率并进一步推进利率市场化改革的通知》(银发〔2015〕265号),5年期以下(含五年)住房公积金贷款年利率为2.75%,5年期以上至30年(含)的住房公积金贷款年利率为3.25%。

(四)当年服务改进情况,包括推进住房公积金服务"跨省通办"工作情况,服务网点、服务设施、服务手段、综合服务平台建设和其他网络载体建设服务情况等。一是实现"跨省通办"。按照《全国高频政务服务"跨省通办"事项清单》要求,提前一年完成公积金八项业务"跨省通办"事项,同时通过泰州公积金网上业务大厅或泰州通App办理实现全程网办。二是完成综合服务平台的建设。按照住房和城乡建设部规定的各个服务渠道建设,实现了40余项业务线上办理,取消身份证等17类纸质材料,优化业务流程,方便职工办理公积金各项业务。2020年6月,中心综合服务平台以优秀等次通过省住房城乡建设厅验收。三是新办企业住房公积金缴存登记纳入"多证合一"数据共享。新办企业在市场监管部门注册登记后,泰州市住房公积金管理中心通过信息共享自动为企业设立住房公积金账户,并通过短信通知企业法定代表人,大大提升了为企业服务的效率和水平。四是完成服务热线整合。通过12329热线和12345热线整合,设立12329专席和12345全员接听的方式,有效提高了12329热线的接通率和话务处理质量。五是开展公积金智能化建设。为进一步提升大厅一站式服务水平,方便职工办事,中心引进智能客服机器人,机器人服务活跃了大厅气氛,有效缓解职工排队办事的焦虑,提高了大厅客服效率。截至2020年底,中心各种线上渠道业务办理量达6万多笔,发送12329住房公积金服务短信超800万条,网站访问量超120万人次,微信、App等移动终端访问量超36万人次,自助平台服务量超6万人次。

（五）当年信息化建设情况，包括信息系统升级改造情况，基础数据标准贯彻落实和结算应用系统接入情况等。2020年中心持续推进智能化建设，以大数据、云计算、人工智能为核心，做精细化、科学化的"智慧公积金"。紧跟新时代，着力大数据建设，推进信息共享，持续简化材料、优化业务流程。一是持续推动信息化建设。受疫情影响，本年度信息化建设时间紧、任务重，及时完成了硬件改造、软件升级、安全整改、维保服务等信息化建设项目。升级改造了一批硬件设备，在信息化项目采购过程中正式引入了采购代理机构，如期完成归并银行账户、集中业务无人值守监控平台、电子稽查整改及风险防控、双因子认证、同城通办、智慧泰州等多项软件功能开发。二是着力推进大数据建设。深度开展信息共享与交流，多角度、深层次地开展数据的传递与分享，纵向加深同行业数据流通，横向拓宽跨领域合作交流，成为全省独家住房公积金贷款、提取电子证照应用试点；提前一年完成公积金业务"跨省通办"事项；依据省厅序时进度实现"长江三角一网通办"和"一件事改革"，实现让"数据多跑路，群众少跑腿"。三是拓展丰富智能化建设。中心高度重视智能化服务，牢固树立"互联网＋"工作思路，坚持以人民群众满意度为目标。引入智能客服机器人"泰金宝"，实时为办理业务职工解答相关政策；与建行联合开展"智能公积金"战略合作项目，借由建行STM、手机银行App等渠道实现公积金服务渠道的进一步拓展，全面实现业务办理的智能化。四是引入安全集中管理平台。充分利用大数据、可视化建模分析等技术，融合多种探知检测系统，提供大数据存储计算、数据挖掘分析、场景引擎分析、大数据建模分析、态势分析、调查分析、安全监测、安全处置、集中策略管控、资产管理、威胁情报等核心功能，实现全面安全态势感知。集中管理平台与防火墙、入侵防御、僵蠕木检测平台、日志审计系统等设备实现底层协议联动，通过系统层面以及策略协议的对接，挖掘分析建立情报关联、攻击检测、IP画像、态势分析等模型对探知检测到的数据分析全面找出网络风险。通过住房公积金信息系统总体安全体系建设，完善基础安全防护架构，构建统一、立体、纵深的信息系统安全防护体系，确保系统、资金和信息安全。

（六）当年住房公积金管理中心及职工所获荣誉情况，包括：文明单位（行业、窗口）、青年文明号、工人先锋号、五一劳动奖章（劳动模范）、三八红旗手（巾帼文明岗）、先进集体和个人等。2020年，中心先后获得2020年度改革创新奖、"智慧公积金综合电子证照基础数据库应用"荣获泰州市综合基础数据库创新应用案例类二等奖、"智慧公积金房屋网签备案数据库应用"荣获泰州市综合基础数据库创新应用创意类三等奖；泰州市住房公积金管理中心党总支荣获全省住房和城乡建设行业先进基层党组织；中心史小琴同志荣获全省住房和城乡建设行业优秀党务工作者；卢雪萍同志被评为2020年泰州文明职工；盛凯同志被评为2020年度全市政务数据工作先进个人；陈雅文同志被评为2020年度泰州市市长信箱人民来信办理工作先进个人。

（七）当年对违反《住房公积金管理条例》和相关法规行为进行行政处罚和申请人民法院强制执行情况。根据《住房公积金管理条例》规定，依法对我市住房公积金领域内的违法行为进行执法，督促相关单位依法纠正违法行为，维护职工的合法权益。2020年中心没有作出行政处罚决定；对泰州市海陵区某房地产咨询有限公司欠缴的43343元住房公积金作出强制补缴决定，并依法向泰州市海陵区人民法院申请强制执行。

（八）当年对住房公积金管理人员违规行为的纠正和处理情况等。无。

（九）其他需要披露的情况。无。

宿迁市住房公积金 2020 年年度报告

根据国务院《住房公积金管理条例》和住房和城乡建设部、财政部、人民银行《关于健全住房公积金信息披露制度的通知》（建金〔2015〕26号）的规定，经住房公积金管理委员会审议通过，现将宿迁市住房公积金 2020 年年度报告公布如下。

一、机构概况

（一）住房公积金管理委员会。住房公积金管理委员会有 18 名委员，2020 年召开 1 次会议，审议通过的事项主要包括：1. 宿迁市住房公积金 2019 年年度报告；2. 关于 2019 年增值收益分配建议；3. 关于 2019 年度城市廉租住房建设补充资金分配方案；4. 关于支付受托银行 2019 年手续费的请示；5. 关于本市 2019 年度住房公积金归集使用计划执行情况和 2020 年度住房公积金归集使用计划。

（二）住房公积金管理中心。住房公积金管理中心为直属市政府不以营利为目的的自收自支事业单位，设 6 个科室，6 个管理部。从业人员 61 人，其中，在编 38 人，非在编 23 人。

二、业务运行情况

（一）缴存。2020 年，新开户单位 614 家，净增单位 338 家；新开户职工 4.36 万人，净增职工 2.53 万人；实缴单位 4557 家，实缴职工 26.59 万人，缴存额 44.46 亿元，同比分别增长 9.25%、8.27%、14.04%。2020 年末，缴存总额 245.29 亿元，比上年末增加 22.14%；缴存余额 109.14 亿元，同比增长 11.92%。受委托办理住房公积金缴存业务的银行 5 家。

（二）提取。2020 年，10.07 万名缴存职工提取住房公积金；提取额 32.85 亿元，同比增长 38.32%；提取额占当年缴存额的 73.89%，比上年增加 12.98 个百分点。2020 年末，提取总额 136.15 亿元，比上年末增加 31.80%。

（三）贷款。

个人住房贷款。个人住房贷款最高额度 50 万元，其中，单缴存职工个人住房贷款最高额度 25 万元，双缴存职工个人住房贷款最高额度 50 万元。

2020 年，发放个人住房贷款 1.01 万笔、31.62 亿元，同比分别增长 12.17%、6.37%。

2020 年，回收个人住房贷款 20.25 亿元。

2020 年末，累计发放个人住房贷款 6.64 万笔、184.96 亿元，贷款余额 109.00 亿元，分别比上年末增加 17.91%、20.62%、11.65%。个人住房贷款余额占缴存余额的 99.87%，比上年末减少 0.24 个百分点。受委托办理住房公积金个人住房贷款业务的银行 5 家。

异地贷款。2020 年，发放异地贷款 1180 笔、31329.9 万元。2020 年末，发放异地贷款总额 100153.9 万元，异地贷款余额 77483.83 万元。

公转商贴息贷款。2020 年，未发放公转商贴息贷款，当年发放以前年度公转商贴息额 0.03 万元。2020 年末，累计发放公转商贴息贷款 40 笔、840.08 万元，累计贴息 3.80 万元。

住房公积金支持保障性住房建设项目贷款。2020 年末，我市无保障性住房建设试点项目贷款。

（四）购买国债。2020年，未购买国债，2020年末，国债余额0。

（五）资金存储。2020年末，住房公积金存款0.98亿元。其中，活期90万元，其他（协定存款）0.98亿元。

（六）资金运用率。2020年末，住房公积金个人住房贷款余额、项目贷款余额和购买国债余额的总和占缴存余额的99.87%，比上年末减少0.24个百分点。

三、主要财务数据

（一）业务收入。2020年，业务收入34242.66万元，同比增长15.45%。其中，存款利息827.77万元，委托贷款利息33414.24万元，其他0.65万元。

（二）业务支出。2020年，业务支出17024.90万元，同比增长22.40%。支付职工住房公积金利息15954.76万元，归集手续费0元，委托贷款手续费1070.10万元，其他0.04万元。

（三）增值收益。2020年，增值收益17217.76万元，同比增长9.32%。增值收益率1.64%，比上年减少0.09个百分点。

（四）增值收益分配。2020年，提取贷款风险准备金3162万元；提取管理费用1494.61万元，提取城市廉租住房建设补充资金12561.15万元。

2020年，上交财政管理费用1450万元。上缴财政城市廉租住房建设补充资金4537.44万元。

2020年末，贷款风险准备金余额49263.72万元。累计提取城市廉租住房建设补充资金39395.50万元。

（五）管理费用支出。2020年，管理费用支出1919.14万元，同比增长37.65%。其中，人员经费1214.85万元，公用经费105.21万元，专项经费599.08万元。

四、资产风险状况

（一）个人住房贷款。2020年末，个人住房贷款逾期额52.01万元，逾期率0.048‰，2020年，未使用个人贷款风险准备金核销呆坏账。

（二）支持保障性住房建设试点项目贷款。我市无保障性住房建设试点项目贷款。

五、社会经济效益

（一）缴存业务。缴存职工中，国家机关和事业单位占33.32%，国有企业占17.01%，城镇集体企业占1.27%，外商投资企业占1.82%，城镇私营企业及其他城镇企业占29.52%，民办非企业单位和社会团体占2.08%，其他占14.98%；中、低收入占97.6%，高收入占2.40%。

新开户职工中，国家机关和事业单位占11.43%，国有企业占7.15%，城镇集体企业占0.69%，外商投资企业占1.04%，城镇私营企业及其他城镇企业占53.82%，民办非企业单位和社会团体占5.21%，其他占20.66%；中、低收入占99.76%，高收入占0.24%。

（二）提取业务。提取金额中，购买、建造、翻建、大修自住住房占18.61%，偿还购房贷款本息占68.18%，租赁住房占0.60%，离休和退休提取占7.65%，完全丧失劳动能力并与单位终止劳动关系提取占4.41%，其他占0.55%。提取职工中，中、低收入占89.87%，高收入占10.13%。

（三）贷款业务。

个人住房贷款。2020年，支持职工购建房130.24万平方米，年末个人住房贷款市场占有率为7.67%，比上年末减少1.17个百分点。通过申请住房公积金个人住房贷款，可节约职工购房利息支出62120.12万元。

职工贷款笔数中，购房建筑面积90（含）平方米以下占3.71%，90～144（含）平方米占83.41%，144平方米以上占12.88%。购买新房占92.40%，购买二手房占7.60%。

职工贷款笔数中，单缴存职工申请贷款占18.34%，双缴存职工申请贷款占81.66%。

贷款职工中，30岁（含）以下占33.95%，30岁～40岁（含）占40.41%，40岁～50岁（含）占20.71%，50岁以上占4.93%；首次申请贷款占89.38%，二次及以上申请贷款占10.62%；中、低收入占97.12%，高收入占2.88%。

支持保障性住房建设试点项目贷款。我市无保障性住房建设试点项目贷款。

（四）住房贡献率。 2020年，个人住房贷款发放额、公转商贴息贷款发放额、项目贷款发放额、住房消费提取额的总和与当年缴存额的比率：135.22%，比上年增加7.57个百分点。

六、其他重要事项

（一）应对新冠肺炎疫情采取的措施，落实住房公积金阶段性支持政策情况和政策实施成效。

1. 采取的措施。一是经市住房公积金管理委员会批准，于2月6日出台了《关于配合做好疫情防控工作加强住房公积金服务保障的通知》（宿公积金委〔2020〕1号）；二是贯彻落实《住房和城乡建设部财政部人民银行关于妥善应对新冠肺炎疫情实施住房公积金阶段性支持政策的通知》（建金〔2020〕23号）。

2. 实施成效。截至2020年6月30日，累计审批受疫情影响申请缓缴的企业84家，涉及职工10295人，缓缴累计涉及金额1538万元；截至2020年6月30日，受疫情影响职工无法正常还款且不作逾期处理的贷款总笔数139笔。

（二）当年机构及职能调整情况、受委托办理缴存贷款业务金融机构变更情况。 2020年，我市住房公积金管理中心未涉及机构及职能调整。

2020年，受委托办理缴存业务金融机构增加一家中国农业银行；受委托办理贷款业务金融机构增加二家，分别为中国农业银行、交通银行。

（三）当年住房公积金政策调整及执行情况。

1. 缴存基数限额及确定方法、缴存比例等缴存政策调整情况。2020年度，宿迁市住房公积金缴存基数最高工资限额为18119元，最低限额为不低于市人力资源和社会保障部门公布的最低工资标准，即1620元。

确定方法：

最高限额为宿迁市统计局公布的上一年度在职职工月平均工资的3倍；最低限额为宿迁市人力资源和社会保障局公布的上年最低工资和当年最低工资。

缴存比例：

国家机关、事业单位，单位与职工各12%；

各类企业及其他单位，单位和职工各5%～12%。

2. 当年提取政策调整情况。为进一步优化营商环境，提升服务水平，方便群众办事，切实解决群众需求，对公积金提取还贷部分政策进行调整。

新增"提取公积金冲抵公积金贷款"业务，即本市未结清公积金贷款的缴存人（含已办理按月抵扣业务），公积金账户在保留当前月缴额6倍金额的前提下（夫妻双方均需保留），每年可申请办理一次使用公积金账户结余资金直接冲减公积金贷款余额业务，从2020年11月1日起执行。

3. 当年个人住房贷款最高贷款额度、贷款条件等贷款政策调整情况。2020年度，宿迁市住房公积金管理中心个人住房公积金贷款最高额度没有变化，仍执行原标准，即：单职工最高贷款额度25万元，双职工家庭最高贷款额度50万元。

为满足异地公积金缴存职工贷款需求，经住房公积金管理委员批准，中心出台《关于恢复开办住房公积金异地个人住房贷款业务的通知》（宿公积金委〔2020〕4号），自2020年5月1日起，恢复开办住房公积金异地个人住房贷款业务。

为了促进绿色建筑发展，节约资源，提高人居环境质量，推动我市新型城镇化建设，发挥公积金推动绿色建筑发展的作用，根据《江苏省绿色建筑发展条例》精神，经市住房公积金管理委员会批准，中心出台《关于对购买二星级以上绿色建筑公积金贷款额度进行上浮的通知》（宿公积金委〔2020〕5号），对缴存职工购买绿色建筑公积金贷款额度进行上浮，自2020年5月1日起，缴存职工使用住房公积金贷款购买二星级以上绿色建筑的，公积金贷款额度可上浮20%，上浮后额度不超过我市最高贷款限额。

4. 当年住房公积金存贷款利率执行标准。2020年度，首套房贷款利率没有调整，仍执行原贷款利率，即五年以内（含）贷款2.75%，五年以上贷款利率3.25%；5月1日起，二套房贷款利率上浮10%。

（四）当年服务改进情况，包括推进住房公积金服务"跨省通办"工作情况，服务网点、服务设施、服务手段、综合服务平台建设和其他网络载体建设服务情况等。

1. 落实住房公积金服务"跨省通办"。建立运行机制，优化办事环节与流程，加强线上渠道建设，设立住房公积金服务"跨省通办"窗口，全面实现个人住房公积金缴存贷款等信息查询、出具贷款职工住房公积金缴存使用证明、正常退休提取住房公积金等8项业务线上线下"跨省通办"，为住房公积金缴存职工提供更多便利服务。

2. 优化惠民利民举措。一是开办异地住房公积金贷款业务。2020年5月至12月，受理异地贷款1677笔、4.5亿元。二是支持绿色建筑和装配式建筑发展。2020年，325名职工办理了此项业务。三是开通提取公积金冲抵公积金贷款业务。该政策自2020年11月1日执行以来，共办理2545笔、2.38亿元。四是缩短贷款轮候周期支持企业发展。根据中秋节、春节等房地产市场资金需求节点，充分考虑社会稳定等因素，建立贷款发放动态调整机制。2020年，全市共发放住房公积金贷款10090笔、31.62亿元，有效帮助企业快速回笼资金，保证企业资金链安全。

3. 持续优化营商环境。一是推进"不见面"审批。进一步优化办理流程，鼓励缴存职工线上办理公积金业务。2020年，线上办理业务45万笔，线上办件量占比达到80%以上。二是精简审批手续。推广"信用承诺+容缺受理"机制，取消延长或缩短贷款年限、按年提取还商贷等业务的婚姻证明要件。2020年，精简审批及容缺受理业务29264笔。三是强化客服功能。开展"优质服务'零投诉'"活动，建立全年无休在线受理群众咨询投诉机制。2020年，承办网络问政省、市工单1684件，电话咨询近4万个，按时办结率、满意率均达到100%。四是推进"一网通办"。牵头建立"一网通办"试点窗口，办理江、浙、沪、皖公积金产证信息、房产交易信息协查等业务。2020年，通过"一网通办"平台协查办件142件，通过微信群协查办件约 600 件。

4. 全面提升风险防控能力。着力建立健全"三项机制",实现内部监督从事前监督为主向事前、事中、事后全过程监督的转变。一是建立电子检查机制。运用"智慧公积金"稽核审计功能和住房和城乡建设部电子检查工具,定期或不定期开展数据比对筛查。二是建立人工稽查机制。由监察科、归集科、贷款科组成专门稽查小组,每月赴各县区开展现场飞行稽查,重点检查材料的真实性和业务的合规性。三是建立外部审计机制。聘请第三方审计机构,对制度执行情况、业务运行情况和财务管理情况等进行了全面系统审计,充分发挥外部审计的监督作用,切实堵牢安全漏洞。

(五)当年信息化建设情况,包括信息系统升级改造情况,基础数据标准贯彻落实和结算应用系统接入情况等。

1. 完成住房公积金银行结算数据应用系统升级改造。根据住房和城乡建设部文件要求,对住房公积金银行结算系统中单笔、收款、单笔、付款等 33 个接口进行升级改造,统一中心支付结算通道,提高支付结算效率。

2. 完成住房公积金综合服务平台验收。2020 年 8 月底,省住房城乡建设厅组成专家组对我市综合服务平台建设使用情况进行检查验收,中心综合得分位居全省前列。

3. 推进数据共享、多证合一项目建设。加快与市县区各级不动产登记、房管和市监部门的沟通协调,获取房屋登记信息、房屋网签信息、企业登记、个人婚姻状况等数据,实现线上业务自动审批。同时,推广"信用承诺＋容缺受理"机制,精简审批手续。2020 年,精简审批及容缺受理业务 29264 笔。

(六)当年住房公积金管理中心及职工所获荣誉情况。宿迁市住房公积金管理中心先后获得省住建系统"先进基层党组织""2020 年度新闻发布工作先进单位""12345 热线工作先进集体""全市政务公开工作先进单位"等荣誉称号;市直及县(区)管理部先后荣获"优质服务窗口""红旗窗口"30 次。

(七)当年对违反《住房公积金管理条例》和相关法规行为进行行政处罚和申请人民法院强制执行情况。无。

(八)当年对住房公积金管理人员违规行为的纠正和处理情况等。无。

(九)其他需要披露的情况。无。

2020 全国住房公积金年度报告汇编

浙江省

杭州
宁波市
温州市
嘉兴市
湖州市
绍兴市
金华市
衢州市
舟山市
丽水市
台州市

浙江省住房公积金 2020 年年度报告

根据国务院《住房公积金管理条例》以及住房和城乡建设部、财政部、人民银行《关于健全住房公积金信息披露制度的通知》（建金〔2015〕26 号）规定，现将浙江省住房公积金 2020 年年度报告汇总公布如下。

一、机构概况

（一）住房公积金管理机构。全省共设 11 个设区城市住房公积金管理中心，另设省直单位住房公积金管理中心，12 个独立设置的分中心（其中，北仑、镇海、象山、宁海、余姚、慈溪、奉化分中心隶属宁波市中心，嘉善、海盐、海宁、平湖、桐乡分中心隶属嘉兴市中心）。从业人员 1845 人，其中，在编 981 人，非在编 864 人。

（二）住房公积金监管机构。省住房城乡建设厅、财政厅和人行杭州中心支行负责对本省住房公积金管理运行情况进行监督。省住房城乡建设厅设立住房公积金监管处，负责辖区住房公积金日常监管工作。

二、业务运行情况

（一）缴存。2020 年，新开户单位 85448 家，净增单位 46093 家；新开户职工 172.88 万人，净增职工 56.32 万人；实缴单位 308916 家，实缴职工 924.02 万人，缴存额 1814.86 亿元，分别同比增长 17.54%、6.49%、13.48%。2020 年末，缴存总额 12794.06 亿元，比上年末增加 16.53%；缴存余额 3927.69 亿元，同比增长 9.9%。

（二）提取。2020 年，401.71 万名缴存职工提取住房公积金；提取额 1461.04 亿元，同比增长 21.60%；提取额占当年缴存额的 80.5%，比上年增加 5.4 个百分点。2020 年末，提取总额 8866.34 亿元，比上年末增加 19.73%。

（三）贷款。

1. 个人住房贷款。2020 年，发放个人住房贷款 18.72 万笔、870.52 亿元，同比增长 19.24%、24.64%。回收个人住房贷款 165.02539.83 亿元。

2020 年末，累计发放个人住房贷款 211.62 万笔、7186.42 亿元，贷款余额 3738.61 亿元，分别比上年末增加 9.7%、13.78%、9.7%。个人住房贷款余额占缴存余额的 95.19%，比上年末减少 0.21 个百分点。

2020 年，支持职工购建房 2072.27 万平方米。年末个人住房贷款市场占有率（含公转商贴息贷款）为 13.58%，比上年末减少 0.6 个百分点。通过申请住房公积金个人住房贷款，可节约职工购房利息支出 181.58 亿元。

2. 异地贷款。2020 年，发放异地贷款 9231 笔、432131.06 万元。2020 年末，发放异地贷款总额 1685490.82 万元，异地贷款余额 1254234.43 万元。

3. 公转商贴息贷款。2020 年，发放公转商贴息贷款 26026 笔、1245111.48 万元，支持职工购建房面积 293.84 万平方米。当年贴息额 60048.44 万元。2020 年末，累计发放公转商贴息贷款 156934 笔、7764400.83 万元，累计贴息 268840.92 万元。

4. 住房公积金支持保障性住房建设项目贷款。2020年末，累计发放项目贷款14.92亿元，所有项目贷款本息已全部结清。

（四）**购买国债**。2020年，我省无购买国债情况。2020年末，国债余额0亿元。

（五）**融资**。2020年，融资23.03亿元，归还52.79亿元。2020年末，融资总额518.56亿元，融资余额38.75亿元。

（六）**资金存储**。2020年末，住房公积金存款269.65亿元。其中，活期2.56亿元，1年（含）以下定期76.13亿元，1年以上定期1.83亿元，其他（协定、通知存款等）189.13亿元。

（七）**资金运用率**。2020年末，住房公积金个人住房贷款余额、项目贷款余额和购买国债余额的总和占缴存余额的95.19%，比上年末减少0.21个百分点。

三、主要财务数据

（一）**业务收入**。2020年，业务收入1283138.83万元，同比增长10.69%。其中，存款利息102262.66万元，委托贷款利息1177522.09万元，国债利息0万元，其他3354.08万元。

（二）**业务支出**。2020年，业务支出707219.12万元，同比增长7.96%。其中，支付职工住房公积金利息572292.26万元，归集手续费6393.96万元，委托贷款手续费43275.13万元，其他85257.77万元。

（三）**增值收益**。2020年，增值收益575919.72万元，同比增长47.23%；增值收益率1.5%，与上年持平。

（四）**增值收益分配**。2020年，提取贷款风险准备金326994.26万元，提取管理费用45039.55万元，提取城市廉租住房（公共租赁住房）建设补充资金203885.91万元。

2020年，上交财政管理费用43459.98万元，上缴财政城市廉租住房（公共租赁住房）建设补充资金166993.16万元。

2020年末，贷款风险准备金余额2850152.42万元，累计提取城市廉租住房（公共租赁住房）建设补充资金1721613.82万元。

（五）**管理费用支出**。2020年，管理费用支出54774.8万元，同比增长0.92%。其中，人员经费31899.77万元，公用经费5485.85万元，专项经费17689.18万元。

四、资产风险状况

（一）**个人住房贷款**。2020年末，个人住房贷款逾期额1930.3万元，逾期率0.05‰，个人贷款风险准备金余额2847574.64万元。2020年，使用个人贷款风险准备金核销呆坏账299.59万元。

（二）**住房公积金支持保障性住房建设项目贷款**。2020年末，我省无逾期项目贷款，项目贷款风险准备金余额2577.78万元。2020年，使用项目贷款风险准备金核销呆坏账0万元。

五、社会经济效益

（一）**缴存业务**。缴存职工中，国家机关和事业单位占10.46%，国有企业占3.31%，城镇集体企业占1.41%，外商投资企业占1.56%，城镇私营企业及其他城镇企业占73.66%，民办非企业单位和社会团体占2.31%，灵活就业人员占0.84%，其他占6.45%；中、低收入占97.32%，高收入占2.68%。

新开户职工中，国家机关和事业单位占 6.56%，国有企业占 5.34%，城镇集体企业占 1.04%，外商投资企业占 5.07%，城镇私营企业及其他城镇企业占 72.31%，民办非企业单位和社会团体占 1.51%，灵活就业人员占 1.36%，其他占 6.81%；中、低收入占 98.93%，高收入占 1.07%。

（二）提取业务。 提取金额中，购买、建造、翻建、大修自住住房占 26.92%，偿还购房贷款本息占 53.47%，租赁住房占 6.91%；离休和退休提取占 8.14%，完全丧失劳动能力并与单位终止劳动关系提取占 0.83%，出境定居占 1.38%，其他占 2.35%。提取职工中，中、低收入占 96.04%，高收入占 3.96%。

（三）贷款业务。

1. 个人住房贷款。职工贷款笔数中，购房建筑面积 90（含）平方米以下占 28.11%，90～144（含）平方米占 62.95%，144 平方米以上占 8.94%。购买新房占 62.6%（其中购买保障性住房占 0.18%），购买二手房占 37.3%，建造、翻建、大修自住住房占 0.04%（其中支持老旧小区改造占 0%），其他占 0.06%。

职工贷款笔数中，单缴存职工申请贷款占 46.31%，双缴存职工申请贷款占 53.48%，三人及以上缴存职工共同申请贷款占 0.21%。

贷款职工中，30岁（含）以下占 35.19%，30岁～40岁（含）占 43.61%，40岁～50岁（含）占 17.35%，50岁以上占 3.85%；首次申请贷款占 87.28%，二次及以上申请贷款占 12.72%；中、低收入占 96.62%，高收入占 3.38%。

2. 住房公积金支持保障性住房建设项目贷款。2020年末，全省有住房公积金试点城市 4 个，试点项目 10 个，贷款额度 14.9 亿元，建筑面积 101.7 万平方米，可解决 12415 户中低收入职工家庭的住房问题。所以试点项目贷款资金已发放并还清贷款本息。

（四）住房贡献率。 2020年，个人住房贷款发放额、公转商贴息贷款发放额、项目贷款发放额、住房消费提取额的总和与当年缴存额的比率为 125.25%，比上年增加 13.25 个百分点。

六、其他重要事项

（一）应对新冠肺炎疫情采取的政策措施，落实住房公积金阶段性支持政策情况和政策实施成效。 2020年年初，面对突发疫情，我省住房城乡建设厅联合财政厅和人行杭州中心支行下发《关于做好妥善应对新冠肺炎疫情实施住房公积金阶段性支持政策相关工作的通知》（浙建办〔2020〕25号），各地围绕通知精神先后出台和落实支持企业发展有关政策、住房公积金阶段性支持政策等，助力企业解困，助力复工复产。全省申请降低住房公积金缴存比例企业 2798 家，缓缴企业 3843 家，停缴企业 1014 家，合计减少企业缴存 3.4 亿元。

（二）当年住房公积金政策调整情况。 为发挥住房公积金作用，助力实现"六稳"目标，完成"六保"工作，我省住房城乡建设厅、财政厅和人行杭州中心支行下发了《关于改革完善住房公积金有关政策的通知》（浙建金监〔2020〕56号）。推行省内异地购房提取"全省通办"政策，落实住房公积金支持既有住宅加装电梯、支持老旧小区改造等措施。

（三）当年开展监督检查情况。 持续开展公积金监督检查工作，发挥监管作用。一是电子监管应用。利用全国电子化稽查手段和信息化监督平台，建立住房公积金业务实时动态监管体系。完成 25 批、1.7 万条风险隐患排查及整改任务清单。二是抓好专项监管。委托第三方中介机构，对湖州、绍兴、衢州、台州、丽水、省直等管理中心开展专项行政监督检查。三是强化信息公开。发送住房公积金短信近 8000 万条,公积金互联网+平台网上查询量1.48亿人次。

(四)当年服务改进情况。2020年,持续深化服务转型,公积金服务效能不断提升。一是率先上线政务服务2.0。住房公积金全部29个事项率先2.0上线运行,完成办理事项6.6万件。全年政务服务办件超过35万件。二是推行"全省通办""跨省通办"、长三角"一网通办"。建立长三角住房公积金一体化战略合作机制,"一网通办"接口调用超过100万次。三是借力部门协同"一件事"。会同省自然资源厅、农业农村厅、大数据局推进住房公积金提前还贷、建造翻建自住住房提取"一件事"等。

(五)当年信息化建设情况。政务服务2.0平台公积金服务事项的审批对接,实现了公积金业务从网上、掌上"可办"向"好办、易办"转变;建成"数字高铁"10号线,实现分钟级数据交换,归集数据8亿条,提高数据运行速度;"一件事"联办对接,推进了跨部门协同办公。

(六)当年住房公积金机构及从业人员所获荣誉情况。湖州市中心通过"全国文明单位"复评。舟山市中心、安吉分中心、桐乡分中心、洞头分中心、文成分中心获省级"文明单位"称号。宁波市中心、金华市中心、丽水市中心、浦江分中心、磐安分中心、缙云分中心通过省级"文明单位"复评。萧山分中心获省级"巾帼文明岗"称号,苍南分中心获省级"青年文明号"称号,沈小龙同志荣获2020年度浙江省"最美建设人"。全省各地住房公积金管理机构共获得地市级以上先进单位、个人称号以及其他荣誉59个。

(七)当年对住房公积金管理人员违规行为的纠正和处理情况等。当年我省未发生住房公积金管理人员违规行为。

杭州住房公积金2020年年度报告

根据国务院《住房公积金管理条例》和住房和城乡建设部、财政部、人民银行《关于健全住房公积金信息披露制度的通知》(建金〔2015〕26号)的规定,经住房公积金管理委员会审议通过,现将杭州住房公积金2020年年度报告公布如下。

一、机构概况

(一)住房公积金管理委员会。住房公积金管理委员会有30名委员,2020年召开1次会议,审议通过的事项主要包括:《2019年住房公积金计划执行情况和2020年住房公积金计划草案》《杭州市住房公积金2019年年度报告》《关于调整杭州银行委贷银行有关事项的建议》《关于疫情期间出台帮助企业复工复产住房公积金阶段性支持政策的报告》和《关于2019年降低住房公积金缴存比例和缓缴住房公积金审批情况的报告》。

(二)住房公积金管理中心。住房公积金管理中心为杭州市人民政府直属的不以营利为目的的事业单位,设8个内设机构、7个分中心、1个省直中心。从业人员314人,其中,在编168人,非在编146人。

二、业务运行情况

(一)缴存。2020年,新开户单位23676家,净增单位16084家;新开户职工61.2万人,净增职工

16.1万人；实缴单位116694家，实缴职工316.3万人，缴存额682.6亿元，分别同比增长16.0%、5.4%、13.6%。2020年末，缴存总额4617.3亿元，比上年末增加17.3%；缴存余额1338.7亿元，比上年末增长13.4%。

受委托办理住房公积金缴存业务的银行5家，比上年无增减。

(二)提取。2020年，162.1万名缴存职工提取住房公积金；提取额524.6亿元，同比增长20.4%；提取额占当年缴存额的76.9%，比上年增加4.4个百分点。2020年末，提取总额3278.6亿元，比上年末增长19.0%。

(三)贷款。

1. 个人住房贷款。个人住房贷款最高额度100万元，其中，单缴存职工最高额度50万元，双缴存职工最高额度100万元。高层次人才在我市首次购买自住普通商品住房申请公积金贷款额度可按家庭当期最高贷款限额上浮50%确定。

2020年，发放个人住房贷款6.1万笔、349.7亿元，同比分别增长22.0%、25.4%；回收个人住房贷款195.4亿元（表1）。

2020年末，累计发放个人住房贷款55.2万笔、2322.8亿元，贷款余额1260.9亿元，比上年末分别增加12.4%、17.7%、13.9%。个人住房贷款余额占缴存余额的94.2%，比上年末增加0.5个百分点。

受委托办理住房公积金个人住房贷款业务的银行27家，比上年无增减。

2020年全市个人住房贷款发放回收情况表 表1

单位	发放笔数（万笔）	发放金额（亿元）	回收金额（亿元）
市中心	2.7	157.7	83.6
省直中心	1.0	61.0	30.4
萧山分中心	0.7	39.0	29.8
余杭分中心	0.7	37.2	16.3
富阳分中心	0.3	20.5	8.8
临安分中心	0.4	21.4	11.0
桐庐分中心	0.1	4.4	3.8
淳安分中心	0.1	3.3	5.4
建德分中心	0.1	5.2	6.3
合计	6.1	349.7	195.4

2. 异地贷款。2020年，发放异地贷款3151笔、208549.8万元。2020年末，发放异地贷款总额696238.4万元，异地贷款余额505811.8万元。

3. 公转商贴息贷款。2020年，发放公转商贴息贷款（含增量和存量公转商，下同）14690笔、799939.2万元，年末贴息贷款余额1974445.0万元，当年贴息额24495.4万元。2020年末，累计发放公转商贴息贷款52989笔、2628470.3万元，累计贴息101848.7万元。

4. 住房公积金支持保障性住房建设项目贷款。2020年，发放及回收支持保障性住房建设项目贷款均为0。2020年末，累计发放项目贷款7.0亿元，项目贷款余额为0。

(四)购买国债。2020年，国债购买、兑付、转让、收回均为0。2020年末，国债余额为0，比上年无增减。

（五）**资金存储**。2020年末，住房公积金存款89.8亿元。其中，活期0.2亿元，1年（含）以下定期23.1亿元，1年以上定期0亿元，其他（协定、通知存款等）66.5亿元。

（六）**资金运用率**。2020年末，住房公积金个人住房贷款余额、项目贷款余额和购买国债余额的总和占缴存余额的94.2%，比上年末增加0.5个百分点。

三、主要财务数据

（一）**业务收入**。2020年，业务收入417670.3万元，同比增长15.6%。其中，存款利息27780.5万元，委托贷款利息389884.2万元，国债利息0万元，其他5.6万元。

（二）**业务支出**。2020年，业务支出239367.6万元，同比增长15.9%。其中，支付职工住房公积金利息190229.1万元，归集手续费4555.9万元，委托贷款手续费19385.8万元，其他25196.8万元。

（三）**增值收益**。2020年，增值收益178302.7万元，同比增长15.1%。其中，增值收益率1.4%，比上年无增减。

（四）**增值收益分配**。2020年，提取贷款风险准备金97103.6万元，提取管理费用5536.0万元，提取城市廉租住房（公共租赁住房）建设补充资金75663.1万元。

2020年，上交财政管理费用5611.8万元。上缴财政城市廉租住房（公共租赁住房）建设补充资金54789.9万元。

2020年末，贷款风险准备金余额769834.0万元（表2）。累计提取城市廉租住房（公共租赁住房）建设补充资金727659.9万元（表3）。

（五）**管理费用支出**。2020年，管理费用支出11684.0万元，同比增长6.7%（表4）。其中，人员经费5241.3万元，公用经费1035.2万元，专项经费5407.5万元。

2020年全市住房公积金资产负债表（单位：万元） 表2

项目	年初数	年末数	项目	年初数	年末数
资产			负债		
住房公积金存款	849407.1	898026.9	住房公积金	11807038.6	13386794.7
增值收益存款	717730.1	850130.3	应付利息	85375.8	97239.9
应收利息	6473.1	7103.0	专项应付款	64266.4	85063.7
其他应收款	14002.4	9401.8	其中：城市廉租住房建设补充资金	61181.6	82054.6
委托贷款	11066770.9	12609298.4	其他应付款	24746.1	35098.9
逾期贷款	73.8	70.8	负债合计	11981426.9	13604197.2
国家债券	0	0			
			净资产		
			贷款风险准备	673030.5	769834.0
			待分配增值收益	0	0
			净资产合计	673030.5	769834.0
资产总计	12654457.4	14374031.2	负债及净资产总计	12654457.4	14374031.2

2020年全市住房公积金增值收益及其分配表（单位：万元） 表3

单位	业务收入	业务支出	增值收益	提取贷款风险准备	提取管理费用	城市廉租住房(公共租赁住房)建设补充资金		
						当年提取	当年上缴	累计提取
市中心	208389.7	121697.0	86692.7	41716.5	1319.4	43656.8	24175.4	392314.0
省直中心	104422.0	53450.2	50971.8	29870.8	3878.8	17222.2	17791.2	195599.0
萧山分中心	37811.9	25175.8	12636.1	8143.7	0	4492.4	3750.6	52840.3
余杭分中心	34037.4	19830.3	14207.1	10481.7	0	3725.4	0	20404.5
富阳分中心	18879.3	14034.0	4845.3	4845.3	0	0	1812.6	17701.6
临安分中心	14260.7	11949.0	2311.7	2311.7	0	0	0	9043.4
桐庐分中心	6045.1	3897.2	2147.9	450.5	0	1697.4	1670.5	9609.6
淳安分中心	6125.3	4583.4	1541.9	−537.3	0	2079.7	1903.6	10774.7
建德分中心	8841.2	5893.0	2948.2	−179.3	337.8	2789.7	3686.0	19372.8
合计	417670.3	239367.6	178302.7	97103.6	5536.0	75663.1	54789.9	727659.9

注：全市范围内调剂资金的利息收支及内部收支分摊金额在全市业务收入、业务支出汇总时合并计算。

2020年全市管理费用实际支出情况表（单位：万元） 表4

单位	人员经费	公用经费	专项经费	管理费用合计
市中心	1764.2	376.6	1519.2	3660.0
省直中心	859.3	393.3	2413.8	3666.4
萧山分中心	560.1	76.2	344.3	980.6
余杭分中心	675.0	54.0	537.7	1266.7
富阳分中心	297.5	47.5	155.0	500.0
临安分中心	339.0	39.8	135.6	514.4
桐庐分中心	259.4	21.9	80.1	361.4
淳安分中心	245.6	12.3	138.8	396.7
建德分中心	241.2	13.6	83.0	337.8
合计	5241.3	1035.2	5407.5	11684.0

注：当年管理费用不列入增值收益分配的有：市中心的人员经费、公用经费、部分专项经费以及萧山、余杭、富阳、临安、桐庐、淳安分中心的所有管理费用均由当地财政在预算内安排。

四、资产风险状况

（一）个人住房贷款。2020年末，个人住房贷款逾期额795.3万元，逾期率0.063‰。其中，市中心0.112‰，省直中心0.039‰，余杭分中心0.001‰，临安分中心0.054‰，建德分中心0.001‰，萧山、富阳、桐庐和淳安分中心均为0。

个人贷款风险准备金按贷款余额的5%差额提取（其中，省直中心按个人住房贷款余额的1%提取）。2020年，提取个人贷款风险准备金97103.6万元，未使用个人贷款风险准备金核销。2020年末，个人贷款风险准备金余额769834.0万元，占个人住房贷款余额的6.1%，个人住房贷款逾期额与个人贷款风险准备金余额的比率为0.1%。

(二)支持保障性住房建设试点项目贷款。 2020年末,未发生项目贷款逾期,未使用项目贷款风险准备金核销,项目贷款、项目贷款逾期额和项目贷款风险准备金余额均为0。

五、社会经济效益

(一)缴存业务。 缴存职工中,国家机关和事业单位占12.5%,国有企业占5.2%,城镇集体企业占0.1%,外商投资企业占4.0%,城镇私营企业及其他城镇企业占76.3%,民办非企业单位和社会团体占0.2%,其他占1.7%;中、低收入占96.1%,高收入占3.9%。

新开户职工中,国家机关和事业单位占3.6%,国有企业占2.9%,城镇集体企业占0.0%,外商投资企业占3.4%,城镇私营企业及其他城镇企业占88.1%,民办非企业单位和社会团体占0.2%,其他占1.8%;中、低收入占98.5%,高收入占1.5%(表5)。

2020年全市住房公积金缴存分类情况表　　　　　　　　　　　　　　　　　　　表5

类别		缴存职工(万人)	占比(%)	新开户职工(万人)	占比(%)
单位性质	国家机关和事业单位	39.8	12.5	2.2	3.6
	国有企业	16.3	5.2	1.8	2.9
	城镇集体企业	0.1	0.1	0.0	0.0
	外商投资企业	12.5	4.0	2.1	3.4
	城镇私营企业及其他城镇企业	241.4	76.3	53.9	88.1
	民办非企业单位和社会团体	0.6	0.2	0.1	0.2
	其他	5.6	1.7	1.1	1.8
	合计	316.3	100.0	61.2	100.0
收入水平	中、低收入	304.1	96.1	60.3	98.5
	高收入	12.2	3.9	0.9	1.5
	合计	316.3	100.0	61.2	100.0

注:中、低收入为收入低于2019年杭州市社会平均工资的3倍;高收入为收入高于2019年杭州市社会平均工资的3倍(含)。

(二)提取业务。 提取金额中,购买、建造、翻建、大修自住住房占9.1%,偿还购房贷款本息占69.4%,租赁住房占11.0%,支持老旧小区改造占0.0%,离休和退休提取占7.0%,完全丧失劳动能力并与单位终止劳动关系提取占0%,出境定居占2.8%,其他占0.7%。

提取职工中,中、低收入占94.7%,高收入占5.3%(表6)。

2020年全市住房公积金提取分类情况表　　　　　　　　　　　　　　　　　　　表6

类别		人数(万人)	占比(%)	金额(亿元)	占比(%)
住房消费提取	购买、建造、翻建、大修自住住房	4.6	2.8	47.7	9.1
	偿还贷款本息	76.6	46.3	364.0	69.4
	租赁住房	71.8	43.4	58.0	11.0
	其他	0	0	0	0
	小计	153.0	92.5	469.7	89.5

续表

类别		人数(万人)	占比(%)	金额(亿元)	占比(%)
非住房消费提取	离休和退休	3.3	2.0	36.6	7.0
	完全丧失劳动能力并与单位终止劳动关系	0	0	0	0
	出境定居	7.9	4.8	14.7	2.8
	其他	1.1	0.7	3.6	0.7
	小计	12.3	7.5	54.9	10.5
合计		165.3	100.0	524.6	100.0
收入水平	中、低收入	153.5	94.7	456.5	87.0
	高收入	8.6	5.3	68.1	13.0
	合计	162.1	100.0	524.6	100.0

注：1. 出境定居提取包括非本地户籍职工终止劳动关系后未在本地重新就业；
2. 非住房消费提取中的其他提取包括本地户籍职工终止劳动关系后未重新就业满5年或者男性年满50周岁、女性年满45周岁；享受最低生活保障；死亡或宣告死亡；
3. 中、低收入为收入低于2019年杭州市社会平均工资的3倍；高收入为收入高于2019年杭州市社会平均工资的3倍（含）；
4. 提取人数按提取原因分类。同一职工不同原因提取的，分别计算提取人数。

（三）贷款业务。

个人住房贷款。2020年，支持职工购建房792.5万平方米（含公转商贴息贷款），年末个人住房贷款市场占有率为14.3%（年末个人住房贷款市场占有率=年末住房公积金个人贷款余额÷年末商业性和住房公积金个人贷款余额总和，含公转商贴息贷款），比上年增加0.1个百分点。通过申请住房公积金个人住房贷款，可节约职工购房利息支出801979.7万元。

职工贷款笔数中，购房建筑面积90（含）平方米以下占37.7%，90～140（含）平方米占55.7%，140平方米以上占6.6%。购买新房占60.7%（其中购买保障性住房占0%），购买二手房占39.3%，建造、翻建、大修自住住房占0%（其中支持老旧小区改造占0%），其他占0%。

职工贷款笔数中，单缴存职工申请贷款占55.7%，双缴存职工申请贷款占44.3%，三人及以上缴存职工共同申请贷款占0%。

贷款职工中，30岁（含）以下占41.0%，30岁～40岁（含）占42.6%，40岁～50岁（含）占13.1%，50岁以上占3.3%；首次申请贷款占91.8%，二次及以上申请贷款占8.2%；中、低收入占95.1%，高收入占4.9%（表7）。

2020年全市住房公积金个人住房贷款分类情况表 表7

分类方式	类别	发放笔数(万笔)	占比(%)	金额(亿元)	占比(%)
房屋类型	新房	3.7	60.7	213.5	61.1
	其中,保障性住房	0	0	0.8	0.2
	二手房	2.4	39.3	136.2	38.9
	建造、翻建、大修自住住房	0	0	0	0
	其他	0	0	0	0

续表

分类方式	类别	发放笔数（万笔）	占比(%)	金额(亿元)	占比(%)
房屋建筑面积	90平方米(含)以下	2.3	37.7	123.7	35.4
	90至140平方米(含)	3.4	55.7	198.5	56.7
	140平方米以上	0.4	6.6	27.5	7.9
贷款种类	纯公积金贷款	0.9	14.8	60.6	17.3
	组合贷款	5.2	85.2	289.1	82.7
购贷次数	首次	5.6	91.8	319.1	91.2
	二次及以上	0.5	8.2	30.6	8.8
贷款职工	单缴存职工	3.4	55.7	148.3	42.4
	双缴存职工	2.7	44.3	201.4	57.6
	三人及以上缴存职工	0	0	0	0
贷款人年龄	30岁(含)以下	2.5	41.0	131.1	37.5
	30岁~40岁(含)	2.6	42.6	159.3	45.5
	40岁~50岁(含)	0.8	13.1	49.5	14.2
	50岁以上	0.2	3.3	9.8	2.8
收入水平	中、低收入	5.8	95.1	328.6	94.0
	高收入	0.3	4.9	21.1	6.0

注：1. 中、低收入为收入低于2019年杭州市社会平均工资的3倍；高收入为收入高于2019年杭州市社会平均工资的3倍(含)；
2. 按房屋类型分类中，保障性住房132笔、其他4笔，均因换算进位原因，未在以万笔为单位的表中列出；房屋类型为其他的金额占比，因换算进位原因，占比为0；
3. 购贷次数中，"二次及以上"栏实为第二次公积金贷款数据，二次以上公积金贷款数为0。

(四)住房贡献率。 2020年，个人住房贷款发放额、公转商贴息贷款发放额、项目贷款发放额、住房消费提取额的总和与当年缴存额的比率为131.8%，比上年增加13.8个百分点。

六、其他重要事项

(一)应对新冠肺炎疫情采取的措施，落实住房公积金阶段性支持政策情况和政策实施成效。

1. 实施住房公积金阶段性支持政策，受新冠肺炎疫情影响的企业，缴存住房公积金确有困难的，在与职工充分协商的前提下，经职工代表大会或工会讨论通过并提交决议书，可申请在2020年6月30日前降低住房公积金缴存比例最低至3%或缓缴住房公积金，期限均不超过12个月。

2. 受新冠肺炎疫情影响的企业，缴存住房公积金确有困难的，在与职工充分协商的前提下，经职工代表大会或工会讨论通过并提交决议书，可申请在2020年6月30日前降低住房公积金缴存比例最低至3%或缓缴住房公积金，其间，不影响职工正常提取住房公积金和申请住房公积金贷款。

3. 受新冠肺炎疫情影响的缴存单位及自愿缴存个人，未能按时足额缴存住房公积金的，说明情况并在2020年6月30日前完成补缴的，不影响职工正常提取和申请住房公积金贷款。

4. 受新冠肺炎疫情影响对支付房租压力较大的无房职工，2020年6月30日前可按月提取本人住房公积金账户余额，提取限额按现有标准上浮50%。

5. 受新冠肺炎疫情影响的职工，2020年6月30日前住房公积金贷款不能正常还款的，不作逾期处理，不作为逾期记录报送征信部门。

全年共申请降低缴存比例企业2266家，涉及职工14.8万人，累计减少缴存金额8.5亿元；申请缓缴企业1217家，涉及职工3.9万人，累计暂缓缴存金额1.7亿元。疫情期间，阶段性提高无房租赁提取限额上浮50%，15万人享受租赁提取支持政策，提取次数19.6万次，租赁提取总额15.6亿元，其中提高限额标准新增提取额2.3亿元；共受理审核5928名受疫情影响借款人"不作逾期处理"申请，涉及贷款余额25.0亿元。

（二）当年机构及职能调整情况、受委托办理缴存贷款业务金融机构变更情况。2020年，因事业单位机构改革，杭州住房公积金管理中心原下属分支机构铁路分中心整合并入中心，调整为内设机构"服务管理处（杭州住房公积金管理中心铁路分中心）"，分中心职责同步并入中心职责。此外，中心对各区县（市）分中心的职责调整为"负责对各区县（市）分中心住房公积金业务实行统一制度、统一核算、统一管理"。

受委托办理住房公积金个人住房贷款业务的银行中，委贷银行杭州银行股份有限公司官巷口支行调整为杭州银行股份有限公司，撤销杭州银行股份有限公司滨江支行委贷银行资格。

（三）当年住房公积金政策调整及执行情况。

1. 当年缴存基数限额及确定方法、缴存比例等缴存政策调整情况。

住房公积金缴存基数为职工本人2019年度月平均工资，职工工资口径、缴存比例及缴存额计算规则未作调整。缴存基数设定上限和下限，实行"控高保低"。缴存基数上限为25950元（按2018年杭州市社会平均工资97243元/12的3倍确定），7月起缴存基数上限调整为29335元（按2019年杭州市社会平均工资103798元/12的3倍确定）。缴存基数下限为各地政府公布执行的最低工资标准，即杭州主城区、萧山区、余杭区和富阳区下限为2010元，临安区下限为1800元，桐庐县、淳安县、建德市下限为1660元。

2. 当年提取政策调整情况。

（1）调整无房租赁提取限额。2020年3月18日起，受新冠肺炎疫情影响对支付房租压力较大的无房职工，2020年6月30日前可按月提取本人住房公积金账户余额，提取限额按现有标准上浮50%确定。2020年12月1日起，提高无房租赁提取住房公积金限额标准，杭州市区（含萧山区、余杭区、富阳区、临安区）为1200元/月、桐庐县为840元/月、淳安县为600元/月、建德市为480元/月；每年提取一次。对职工租住公共租赁住房的，按实际租金核定提取额度。

（2）新增老旧小区改造提取。2020年12月1日起，缴存职工及其直系亲属（配偶、父母、子女）可以提取住房公积金，用于支付列入全省老旧小区改造计划，并已实施改造的自住住房改造个人分摊费用。

（3）扩大购房提取范围。2020年12月1日起，缴存职工在浙江省内购买住房的，可以提取住房公积金用于支付购房款、偿还购房贷款本息。

（4）扩大既有住宅加装电梯提取对象范围。2020年12月1日起缴存职工及其直系亲属（配偶、父母、子女）可以提取住房公积金，用于支付既有住宅加装电梯个人分摊费用。

3. 当年住房公积金存贷款利率执行标准。2020年，职工住房公积金存款利率按一年期整存整取定期存款基准利率1.50%执行。年度结息日为每年的6月30日。

个人住房公积金贷款利率，贷款5年（含）之内的基准年利率为2.75%，5年以上的基准年利率为3.25%；第二套房贷款利率按基准利率的1.1倍执行。贷款期限在1年（含）以内的，执行合同利率，遇法定利率调整时不作调整;贷款期限在1年以上的,遇法定利率调整时,自调整的次年1月1日起,按调整后的利率执行。

(四)当年服务改进情况。

1. 缴存提取业务改进情况。2020年,持续深化"最多跑一次改革",在减材料、提效率上下功夫,公积金服务效能不断提升。一是便捷缴存企业有力。将缴存登记纳入商事登记"开办企业"一网通办平台,完善网厅送缴自助缴款功能,拓展结算资金缴纳方式,实现企业建缴证明线上"一站式"办理。二是支持"一件事"改革有为。配合完成公务员职业生涯全生命周期管理"一件事"改革,完善住房补贴、企业员工招聘退休、人才引进等"一件事"办理流程,实现申报信息一张表、集成整合一平台、高效办结一次性的联办机制。三是线下业务就近办理。健全"线下办理就近跑"便民、快捷服务体系。主城区各服务网点实行双休日无差别业务办理,增设银行网点业务办理渠道,将办事服务延伸至乡镇(街道),依托农商行网点实现全市就近办业务全覆盖。省直中心实施"一窗一点一厅"工程,新设滨江办事网点、新增房改综合服务窗口、整合古墩路归集权证大厅、改造凤起路大厅,权证办结取证提速至20分钟。

2. 贷款业务改进情况。2020年,继续提升信贷服务效能,推进贷款"零材料"全程网办模式,通过扩大贷款数据共享、完善电子影像系统、全面推行电子用印等,进一步提高贷款办理质效。贯彻《关于加快推进政务服务"跨省通办"的指导意见》要求,推出出具贷款职工缴存使用证明、开具住房公积金个人住房贷款全部还清证明和提前还清住房公积金贷款等"跨省通办"事项。

3. 长三角一体化情况。2020年,助力长三角一体化建设,推进公积金高质量发展。坚持主动融入,贯彻落实长三角住房公积金一体化战略合作,优化公积金异地互贷政策,压缩3项申请材料,对长三角地区来杭申请公积金贷款的职工,无需提供公积金缴存使用证明、近一年公积金缴存明细及户籍地家庭住房情况证明,大幅提高异地贷款办事效率。参与共建长三角"一网通办"平台,优化长三角地区公积金异地贷款管理,通过"一网通办"平台查询,办理异地贷款业务817笔。承担长三角公积金一体化融资课题,开展跨区域融资创新理论研究。

4. 综合服务平台建设情况。2020年,在"亲清在线"平台新增"五险一金"、年度基数调整、汇补缴、退缴、转移接续等单位服务事项,在事业单位(公务员)一件事平台实现职业生涯全生命周期一件事办理。截至年末,除各网点办事窗口,缴存单位和职工可通过中心网上办事大厅、浙江政务服务网、浙里办App、"亲清在线"平台、事业单位(公务员)一件事平台、城市大脑App、杭州办事综合自助机等多种线上渠道办理公积金业务。公积金服务真正进入"刷脸办""零材料""无纸化"和"零跑腿"时代。

(五)当年信息化建设情况。 2020年,助力城市大脑建设,打造行业首个"公积金智慧大脑"。建设完成公积金数字驾驶舱和多维指标系统,搭建贷款额度模型,实时监测公积金业务指标变化,全面反映居民住房消费情况,提升中心决策分析管理能力,为行业治理体系和治理能力现代化提供新样本。启动"易贷"场景建设,运用大数据、区块链、人工智能等技术,进行信贷业务流程再造,搭建移动端线上贷款服务大厅。

打造线上行政服务大厅,试点推出租赁提取、职工开户、停缴和提前还贷事项"7×24小时"网办,实现网上自助缴款和"建缴证明"线上自助打印。积极配合省政务服务2.0和数据高铁建设。

(六)当年住房公积金管理中心及职工所获荣誉情况。

1. 单位荣誉。杭州住房公积金管理中心被评为浙江省住房和城乡建设厅2020年度工作目标责任制考核优秀单位；萧山分中心获"浙江省巾帼文明岗"。

2. 职工荣誉。2020年12月，张志娜被杭州市委、杭州市人民政府评为"2019年度杭州市国际一流营商环境创建工作突出贡献个人"。

（七）当年对违反《住房公积金管理条例》和相关法规行为进行行政处罚和申请人民法院强制执行情况。2020年，以建设法治政府为契机，全方位提高依法行政能力和执法水平。在重大行政决策管理、行政规范性文件管理、合同管理等方面持续发力，推进法治公积金建设。夯实执法三项制度实施，启用音像询问室，实现执法案件从受理到调查全过程记录，完善执法系统建设，案件证据材料全电子化采集，启用执法电子印章，实现执法文书电子化管理。创新公积金欠缴纠纷化解机制，与人民法院合作，设立行业首家"住房公积金微法庭"，打造诉源治理"升级版"，提升治理效能取得实效，获得住房和城乡建设部肯定。全年共完成行政执法立案957件，调查取证785件，制发责令限期纠正违法行为决定书138件，申请法院强制执行36件，结案460件，仅发生1起行政诉讼，未发生败诉案件。

（八）当年对住房公积金管理人员违规行为的纠正和处理情况。2020年，未发生住房公积金管理人员违规行为。

（九）其他需要披露的情况。中心组织机构、政策资讯、委托银行、业务流程、办事网点、服务渠道及其他信息公开内容详见机构网站（市中心网址：http://gjj.hangzhou.gov.cn，省直中心网址：www.zjgjj.com）。

宁波市住房公积金 2020 年年度报告

根据国务院《住房公积金管理条例》和住房和城乡建设部、财政部、人民银行《关于健全住房公积金信息披露制度的通知》（建金〔2015〕26号）的规定，经住房公积金管理委员会审议通过，现将宁波市住房公积金2020年年度报告公布如下。

一、机构概况

（一）住房公积金管理委员会。宁波市住房公积金管理委员会有29名委员，因受新冠肺炎疫情影响，2020年组织2次书面审议，审议通过的事项主要包括：《宁波市住房公积金2019年年度报告》《宁波市住房公积金管理中心关于2019年宁波市住房公积金执行情况及2020年住房公积金归集使用计划安排的报告》和《关于妥善应对新冠肺炎疫情实施住房公积金阶段性支持政策的情况通报》。

（二）住房公积金管理中心。宁波市住房公积金管理中心为宁波市政府直属，不以营利为目的的公益一类事业单位，主要负责全市住房公积金的归集、管理、使用和会计核算。中心设8个部室，7个分中心。从业人员193人，其中，在编123人，非在编70人。

二、业务运行情况

（一）缴存。2020年，新开户单位22489家，净增单位12648家；新开户职工33.81万人，净增职工

7.87万人；实缴单位52732家，实缴职工168.04万人，缴存额301.07亿元，分别同比增长31.55%、4.91%、12.56%。2020年末，累计缴存总额2198.01亿元，比上年末增加15.87%；缴存余额608.11亿元，同比增长7.85%。受委托办理住房公积金缴存业务的银行3家。

（二）提取。2020年，66.61万名缴存职工提取住房公积金；提取额256.84亿元，同比增长20.88%；提取额占当年缴存额的85.31%，比上年增加5.87个百分点。2020年末，累计提取总额1589.91亿元，比上年末增加19.27%。

（三）贷款。

1. 个人住房贷款。个人住房贷款最高额度60万元。

2020年，发放个人住房贷款2.50万笔、110.99亿元，同比分别下降3.1%、3.04%。其中，市中心发放个人住房贷款1.18万笔、56.98亿元，镇海分中心发放个人住房贷款0.15万笔、7.14亿元，北仑分中心发放个人住房贷款0.43万笔、19.36亿元，奉化分中心发放个人住房贷款0.13万笔、3.79亿元，余姚分中心发放个人住房贷款0.17万笔、6.20亿元，慈溪分中心发放个人住房贷款0.25万笔、10.51亿元，宁海分中心发放个人住房贷款0.11万笔、3.50亿元，象山分中心发放个人住房贷款0.08万笔、3.51亿元。

2020年，回收个人住房贷款73.46亿元。其中，市中心39.06亿元，镇海分中心5.37亿元，北仑分中心10.74亿元，奉化分中心2.23亿元，余姚分中心4.76亿元，慈溪分中心6.71亿元，宁海分中心2.42亿元，象山分中心2.17亿元。

2020年末，累计发放个人住房贷款31.40万笔、1104.13亿元，贷款余额567.06亿元，分别比上年末增加8.65%、11.18%、7.09%。个人住房贷款余额占缴存余额的93.25%，比上年末减少0.66个百分点。受委托办理住房公积金个人住房贷款业务的银行10家。

2. 异地贷款。2020年，发放异地贷款558笔、25285.46万元。2020年末，累计发放异地贷款总额132521.60万元，异地贷款余额119704.07万元。

3. 公转商贴息贷款。2020年，发放公转商贴息贷款6498笔、256889.7万元，当年贴息额16722.91万元。2020年末，累计发放公转商贴息贷款50373笔、2789133.4万元，累计贴息87694.14万元。

（四）购买国债。2020年，未发生购买、兑付、转让、收回（记账式、凭证式）国债等情况，国债余额为零。

（五）资金存储。2020年末，住房公积金存款44.39亿元。其中，活期0.36亿元，1年（含）以下定期7.90亿元，其他（协定、通知存款等）36.13亿元。

（六）资金运用率。2020年末，住房公积金个人住房贷款余额、项目贷款余额和购买国债余额的总和占缴存余额的93.25%，比上年末减少0.66个百分点。

三、主要财务数据

（一）业务收入。2020年，业务收入200451.65万元，同比增长10.70%。其中，市中心102327.74万元，镇海分中心15214.53万元，北仑分中心28664.09万元，奉化分中心6055.32万元，余姚分中心12551.08万元，慈溪分中心21860.91万元，宁海分中心6913.57万元，象山分中心6864.41万元；存款利息19358.94万元，委托贷款利息181088.64万元，国债利息为零，其他4.07万元。

(二)业务支出。2020年,业务支出114745.96万元,同比增长4.72%。其中,市中心57497.43万元,镇海分中心8766.40万元,北仑分中心16560.89万元,奉化分中心4299.66万元,余姚分中心8009.96万元,慈溪分中心11030.52万元,宁海分中心4180.05万元,象山分中心4401.05万元;支付职工住房公积金利息89446.19万元,归集手续费1776.17万元,委托贷款手续费6730.46万元,其他16793.14万元。

(三)增值收益。2020年,增值收益85705.69万元,同比增长19.88%。其中,市中心44830.31万元,镇海分中心6448.13万元,北仑分中心12103.20万元,奉化分中心1755.66万元,余姚分中心4541.12万元,慈溪分中心10830.39万元,宁海分中心2733.52万元,象山分中心2463.36万元;增值收益率1.45%,比上年增加0.13个百分点。

(四)增值收益分配。2020年,提取贷款风险准备金51423.42万元,提取管理费用2841.08万元,提取城市廉租住房(公共租赁住房)建设补充资金31441.19万元。

2020年,上交财政管理费用2283.10万元。上缴财政城市廉租住房(公共租赁住房)建设补充资金26065.77万元。其中,市中心上缴(宁波市财政局)14271.76万元,镇海分中心上缴(宁波市镇海区财政局)1703.79万元,北仑分中心上缴(宁波市北仑区财政局)3849.77万元,奉化分中心上缴(宁波市奉化区财政局)193.58万元,余姚分中心上缴(余姚市财政局)1270.97万元,慈溪分中心上缴(慈溪市财政局)3474.60万元,宁海分中心上缴(宁海县财政局)591.18万元,象山分中心上缴(象山县财政局)710.12万元。

2020年末,贷款风险准备金余额473485.01万元。累计提取城市廉租住房(公共租赁住房)建设补充资金255785.22万元。其中,市中心提取151642.04万元,镇海分中心提取21486.09万元,北仑分中心提取30516.58万元,奉化分中心提取3763.36万元,余姚分中心提取13210.52万元,慈溪分中心提取22344.74万元,宁海分中心提取6049.95万元,象山分中心提取6771.94万元。

(五)管理费用支出。2020年,管理费用支出6952.38万元,同比下降8.79%。其中,人员经费4860.45万元,公用经费445.57万元,专项经费1646.36万元。

市中心管理费用支出2306.93万元,其中,人员、公用、专项经费分别为1520.02万元、153.31万元、633.6万元;镇海分中心管理费用支出519.90万元,其中,人员、公用、专项经费分别为407.69万元、22.34万元、89.87万元;北仑分中心管理费用支出1345.70万元,其中,人员、公用、专项经费分别为799.58万元、80.89万元、465.23万元;奉化分中心管理费用支出503.64万元,其中,人员、公用、专项经费分别为406.14万元、40.56万元、56.94万元;余姚分中心管理费用支出415.41万元,其中,人员、公用、专项经费分别为349.23万元、26.48万元、39.70万元;慈溪分中心管理费用支出602.64万元,其中,人员、公用、专项经费分别为473.86万元、41.10万元、87.68万元;宁海分中心管理费用支出560.08万元,其中,人员、公用、专项经费分别为400.07万元、49.69万元、110.32万元;象山分中心管理费用支出698.08万元,其中,人员、公用、专项经费分别为503.86万元、31.20万元、163.02万元。

四、资产风险状况

个人住房贷款。2020年末,个人住房贷款逾期额362.52万元,逾期率0.06‰,其中市中心0.05‰,

镇海分中心为零，北仑分中心为0.03‰，奉化分中心为零，余姚分中心为0.17‰，慈溪分中心为0.22‰，宁海分中心为零，象山分中心为零。个人贷款风险准备金余额471467.23万元。2020年，使用个人贷款风险准备金核销呆坏账为零。

五、社会经济效益

（一）**缴存业务**。缴存职工中，国家机关和事业单位占14.91%，国有企业占10.04%，城镇集体企业占0.93%，外商投资企业占7.92%，城镇私营企业及其他城镇企业占40.32%，民办非企业单位和社会团体占2.43%，灵活就业人员占0.06%，其他占23.39%；中、低收入占98.93%，高收入占1.07%。

新开户职工中，国家机关和事业单位占3.62%，国有企业占4.54%，城镇集体企业占0.59%，外商投资企业占7.91%，城镇私营企业及其他城镇企业占58.86%，民办非企业单位和社会团体占2.43%，灵活就业人员占0.10%，其他占21.95%；中、低收入占99.76%，高收入占0.24%。

（二）**提取业务**。提取金额中，购买、建造、翻建、大修自住住房占33.34%，偿还购房贷款本息占49.01%，租赁住房占3.18%，离休和退休提取占6.94%，完全丧失劳动能力并与单位终止劳动关系提取占0.19%，出境定居占0.01%，其他占7.33%（主要为失业满五年、非本市户籍职工离职、死亡或宣告死亡、户口迁出本市及个人账户合并等原因的提取）。提取职工中，中、低收入占98.14%，高收入占1.86%。

（三）**贷款业务**。个人住房贷款。2020年，支持职工购建房325.51万平方米（含公转商贴息贷款），2020年末个人住房贷款市场占有率（含公转商贴息贷款）为12.22%，比上年末减少1.59个百分点。通过申请住房公积金个人住房贷款，可节约职工购房利息支出187174.91万元。

职工贷款笔数中，购房建筑面积90（含）平方米以下占25.06%，90~144（含）平方米占67.37%，144平方米以上占7.57%。购买新房占61.01%（其中购买保障性住房占0.53%），购买二手房占38.99%。

职工贷款笔数中，单缴存职工申请贷款占67.03%，双缴存职工申请贷款占32.91%，三人及以上缴存职工共同申请贷款占0.06%。

贷款职工中，30岁（含）以下占39.08%，30岁~40岁（含）占43.64%，40岁~50岁（含）占14.80%，50岁以上占2.48%；首次申请贷款占87.29%，二次及以上申请贷款占12.71%；中、低收入占99.52%，高收入占0.48%。

（四）**住房贡献率**。2020年，个人住房贷款发放额、公转商贴息贷款发放额、项目贷款发放额、住房消费提取额的总和与当年缴存额的比率为118.36%，比上年增加6.39个百分点。

六、其他重要事项

（一）**应对新冠肺炎疫情采取的措施，落实住房公积金阶段性支持政策情况和政策实施成效**。市公积金中心坚持疫情防控和复工复产"两手抓、两手硬"，2020年2月26日印发《宁波市住房公积金管理中心关于妥善应对新冠肺炎疫情住房公积金阶段性支持政策实施细则的通知》（甬房金管〔2020〕5号），实施了部分企业可按程序申请缓缴、降比、停缴住房公积金，缴存职工在特定时限内不能正常偿还住房公积金贷款的不作逾期处理，海曙区等区县（市）无房职工租房可提取的月度限额由700元提高至1000元。

同时，进一步优化服务方式，创新服务机制，针对重点疫区来的办事职工，开辟了专属绿色通道快速办理；开设了业务专窗，快速受理单位相关申请；开通了"网上办""掌上办"等各种"非接触式"业务办理渠道，为急需业务办理的职工提供特色预约上门服务。自政策实施以来，得到了企业的积极响应，为企业纾解疫情期间困难发挥了积极作用。截至2020年6月底，全市已办理住房公积金缓缴共计549家企业，办理降低缴存比例共计81家企业，办理停缴共计31家企业。截至2020年12月底，549家缓缴企业均恢复正常缴存。

（二）当年机构及职能调整情况、受委托办理缴存贷款业务金融机构变更情况。

1. 余姚分中心取消项目贷款管理科，新增计划财务科。慈溪分中心新增房改政策科。

2. 2020年，根据《关于扩大宁波市住房公积金（提取、贷款）业务承办银行的通知》（甬房公办〔2018〕4号）文件精神，镇海分中心增加上海浦东发展银行宁波分行镇海支行为提取、贷款业务承办银行；奉化分中心增加上海浦东发展银行宁波奉化支行为提取、贷款业务承办银行；余姚分中心增加中信银行股份有限公司宁波余姚支行、宁波余姚农村商业银行股份有限公司为提取、贷款业务承办银行；慈溪分中心增加中国邮政储蓄银行股份有限公司慈溪市支行为提取、贷款业务承办银行。

（三）当年住房公积金政策调整及执行情况。

1. 当年缴存基数限额及确定方法、缴存比例等情况。2020年6月18日，市公积金管委办印发《关于调整宁波市市区2020年度住房公积金缴存基数的通知》（甬房公办〔2020〕3号），明确2020年住房公积金缴存基数上限为宁波市2019年度职工月平均工资的3倍，即30972元；缴存基数下限为2019年度宁波市市区职工最低工资标准，即2010元。单位和个人按职工本人2019年度月平均工资的5%～12%的比例缴存住房公积金（同一单位职工适用同一缴存比例）。住房公积金月缴存额＝缴存基数×（单位缴存比例＋个人缴存比例）。职工缴存住房公积金的工资基数统一按照国家统计局《关于工资总额组成的规定》计算，具体包括计时工资、计件工资、奖金、津贴和补贴、加班加点工资以及特殊情况下支付的工资。

2. 当年提取政策调整情况。2020年11月13日，市公积金管委办印发《关于同意开展偿还商业性个人住房按揭贷款委托提取住房公积金业务的批复》（甬房公办〔2020〕9号），开展按月偿还商业性个人住房按揭贷款委托提取住房公积金业务，方便职工偿还商业性个人住房按揭贷款提取住房公积金，进一步提升服务水平。

3. 当年个人住房贷款政策调整情况。象山分中心对住房公积金最高贷款额度进行政策调整。根据《关于调整住房公积金贷款额度的通知》（象房金〔2020〕17号）规定，职工按规定连续缴存住房公积金满2年，首次申请住房公积金贷款购买首套自住住房的，住房公积金最高贷款额度从60万元调整到40万元；职工按规定连续缴存住房公积金满6个月，第二次申请住房公积金贷款或购买第二套房申请住房公积金贷款，最高额度从40万元调整到25万元。全市其他区县（市）贷款政策没有调整。

4. 当年住房公积金存贷款利率执行情况。2020年住房公积金存款利率按照一年期定期存款基准利率1.5%执行。年度结息日为6月30日。

当年住房公积金贷款利率未作调整。首套房贷款，1～5年（含5年）期执行2.75%的年利率，5年（不含5年）期以上执行3.25%的年利率；拥有1套住房且尚未结清商业性贷款，为改善居住条件再次申请住房公积金贷款购买第2套住房，贷款利率执行不低于同期首套房住房公积金贷款利率的1.1倍。

5. 支持老旧小区改造政策落实情况。市公积金管委会于2017年出台《关于调整宁波市住房公积金提取有关政策的通知》（甬房公委〔2017〕6号），规定既有多层住宅加装电梯中出资的业主或其配偶可按规定提取住房公积金，提取总额不得超过个人出资部分。2020年3月起，进一步简化了多层住宅加装电梯提取住房公积金业务办理材料及流程。

（四）当年服务改进情况。 市公积金中心牢记初心，多措并举，不断改进服务方式，提高服务水平，努力提升办事群众的体验感、获得感、幸福感。主动融入长三角一体化，实现住房公积金异地缴存、贷款信息实时共享，实现数字化、无纸化开具异地缴存证明，减少缴存职工办理异地贷款"两头跑"；积极推进甬杭湖三地"自助通办"，购房、还贷、退休等10项提取业务上线自助终端，缴存职工可异地办理相关业务；加快推进甬舟一体化进程，线上依托浙江政务服务网、浙里办申请办理，线下建立内部联系机制代收申请材料，两地中心信息互通、联动办理，促进住房公积金提取同城化；"打通"全城通办最后一公里，实现住房公积金服务乡镇（街道）网点全覆盖。各分中心因地制宜，结合实际推出了一系列便民服务举措。如镇海分中心延伸服务网点至全区各乡镇街道；北仑分中心办理住房公积金与不动产关联业务实现"跑一次"；奉化分中心建立经办人工作平台，为推进政务2.0提供全方位技术支撑；余姚分中心实现乡镇街道服务网点宁波综合自助机全覆盖；慈溪分中心建立"一个中心、多点延伸、全市通办"的住房公积金服务网络；宁海分中心大力推进"好差评"业务闭环管理系统；象山分中心简化流程做到"一柜办结、全城通办"。

（五）当年信息化建设情况。 市公积金中心于2015年11月10日顺利通过了住房和城乡建设部组织的"双贯标"专家验收，成为全国第三家、省内首家通过住房和城乡建设部"双贯标"工作验收单位。2020年，中心按照省市"最多跑一次"改革和数字化转型部署要求，升级完善业务系统功能、推进部门信息共享、调整优化业务流程，深化推进信息化建设。一是织好"数据治理网"。建立常态化数据治理机制，规范基础数据，创新服务模式。采用电子化检查工具，完善"按月巡检"工作机制，开展常态化电子稽查，努力实现减存量、控增量、提质量的目标。二是织好"信息共享网"。推进"数据高铁"建设，实现数据归集链路、模式的优化升级，数据实时采集、跨网传输、流式加工；积极推进"一件事"建设，认真配合做好企业职工退休"一件事"、公务员职业生涯全周期管理"一件事"、企业开办"一件事"等工作。三是织好"互联网+"政务服务网。积极推进住房公积金服务2.0建设，住房公积金提取、贷款等业务实现无差别受理、同标准办理、全过程监控、"好差评"闭环，线上办理业务从"可办"转为"好办、易办"。大力推进"减证便民"，通过人脸识别、数据共享和人工核查平台，取消户籍、婚姻等23项纸质证明。

（六）当年住房公积金管理中心及职工所获荣誉情况。 市公积金中心2020年通过浙江省文明单位复评，获评全市住房公积金目标管理考核优秀单位、市住建局五星级优秀党组织、海员建设系统工会先进单位、宁波市五四红旗团支部等荣誉，涌现出了全国住房城乡建设系统抗击新冠肺炎疫情先进个人郑凤等先进个人。各分中心比学赶超、对标进位，广泛开展了文明单位、文明窗口、文明行业等各类创建活动，显著提升了我市住房公积金行业管理服务水平。奉化、余姚分中心获评宁波市生活垃圾分类示范单位；慈溪分中心通过复评保留宁波市文明单位荣誉称号；宁海分中心继续认定为宁波市级青年文明号和宁波市文明单位。

（七）当年依法行政情况。 市公积金中心坚持依法行政，健全完善宣传发动、部门联动、考核带动、执法推动"四个联动"工作机制，不断加大扩面工作力度；开展以"疫战到底、惠民如一"为主题的住房公积金制度宣传月系列活动，走企业、进社区，充分利用互联网，扩大制度知晓面；加强与市发展改革委、市经信局、市人社局、市统计局、市市场监督管理局等部门的合作，建立信息共享长效机制；严格执行《浙江省住房公积金行政执法规定》；配合市信用办推动诚信体系建设；常态化开展扫黑除恶专项斗争；针对疫情影响，信访投诉增多，积极妥善处理职工来信来访，办结率为100%，做到件件有回音，事事有着落。

注：按住房和城乡建设部规定个人住房贷款逾期额口径为，2020年末借款合同约定到期3个月（含）以上、6个月（不含）以内应还未还贷款本金额与合同约定到期6个月（含）以上未归还贷款的本金余额之和。

温州市住房公积金2020年年度报告

根据国务院《住房公积金管理条例》和住房和城乡建设部、财政部、人民银行《关于健全住房公积金信息披露制度的通知》（建金〔2015〕26号）的规定，经住房公积金管理委员会审议通过，现将温州市住房公积金2020年年度报告公布如下。

一、机构概况

（一）住房公积金管理委员会。住房公积金管理委员会有25名委员，13名特邀委员，2020年召开1次会议，审议通过的事项主要包括：《温州市2019年住房公积金归集及使用计划执行情况和2020年住房公积金归集及使用计划》《温州市2019年住房公积金业务收支、增值收益分配决算和2020年住房公积金业务收支、增值收益分配预算》《温州市住房公积金管理中心关于调整住房公积金若干业务政策的报告》《温州市住房公积金2019年年度报告》《关于加强住房公积金审计稽核管理工作的报告》。

（二）住房公积金管理中心。住房公积金管理中心为温州市人民政府直属不以营利为目的的参照公务员法管理的正处级事业单位，设5个处室，3个管理部，9个分中心。从业人员253人，其中，在编114人，非在编139人。

二、业务运行情况

（一）缴存。2020年，新开户单位5170家，净增单位4123家；新开户职工16.67万人，净增职工8.51万人；实缴单位28642家，实缴职工84.09万人，缴存额151.02亿元，分别同比增长16.82%、11.26%、13.35%。2020年末，缴存总额1137.62亿元，比上年末增加15.31%；缴存余额416.54亿元，同比增长6.89%。受委托办理住房公积金缴存业务的银行3家。

（二）提取。2020年，37.33万名缴存职工提取住房公积金；提取额124.16亿元，同比增长14.35%；提取额占当年缴存额的82.22%，比上年增加0.72个百分点。2020年末，提取总额721.08亿元，比上年末增加20.8%。

（三）贷款。

1. 个人住房贷款。个人住房贷款最高额度70万元，其中，单缴存职工最高额度50万元，双缴存职工最高额度70万元。

2020年，发放个人住房贷款1.65万笔、75.52亿元，同比分别增长35.25%、39.26%。其中，市中心（含市区管理部和龙港分中心）发放个人住房贷款9203笔、45.27亿元，乐清分中心发放个人住房贷款1422笔、7.09亿元，瑞安分中心发放个人住房贷款1568笔、7.79亿元，永嘉分中心发放个人住房贷款923笔、3.93亿元，洞头分中心发放个人住房贷款200笔、0.74亿元，文成分中心发放个人住房贷款263笔、1.25亿元，平阳分中心发放个人住房贷款1246笔、3.80亿元，泰顺分中心发放个人住房贷款593笔、2.11亿元，苍南分中心发放个人住房贷款1053笔、3.54亿元。

2020年，回收个人住房贷款45.76亿元。其中，市中心（含市区管理部和龙港分中心）22.87亿元，乐清分中心4.74亿元，瑞安分中心4.98亿元，永嘉分中心2.99亿元，洞头分中心0.63亿元，文成分中心1.00亿元，平阳分中心3.19亿元，泰顺分中心2.08亿元，苍南分中心3.28亿元。

2020年末，累计发放个人住房贷款21.76万笔、744.61亿元，贷款余额402.70亿元，分别比上年末增加8.20%、11.29%、7.98%。个人住房贷款余额占缴存余额的96.68%，比上年末增加0.98个百分点。受委托办理住房公积金个人住房贷款业务的银行13家。

2. 异地贷款。2020年，发放异地贷款499笔、20239.80万元。2020年末，发放异地贷款总额60930.20万元，异地贷款余额53021.66万元。

3. 公转商贴息贷款。2020年，发放公转商贴息贷款3276笔、130583.50万元，当年贴息额11520.50万元。2020年末，累计发放公转商贴息贷款19622笔、98.50亿元，累计贴息34920.25万元。

（四）**购买国债**。2020年，购买（记账式、凭证式）国债0亿元，兑付、转让、收回国债0亿元。2020年末，国债余额0亿元。

（五）**资金存储**。2020年末，住房公积金存款16.79亿元。其中，活期0.06亿元，1年（含）以下定期0.87亿元，1年以上定期0亿元，其他（协定、通知存款等）15.86亿元。

（六）**资金运用率**。2020年末，住房公积金个人住房贷款余额、项目贷款余额和购买国债余额的总和占缴存余额的96.68%，比上年末增加0.98个百分点。

三、主要财务数据

（一）**业务收入**。2020年，业务收入139392.86万元（剔除内部调剂资金利息收支后为137194.14万元），同比增长7.16%。其中，市中心（含市区管理部和龙港分中心）66020.12万元，乐清分中心17255.46万元，瑞安分中心16633.21万元，永嘉分中心9853.22万元，洞头分中心1959.74万元，文成分中心3188.48万元，平阳分中心9165.05万元，泰顺分中心4062.63万元，苍南分中心11254.95万元；存款利息9635.62万元，委托贷款利息127500.62万元，国债利息0万元，其他2256.62万元（剔除内部调剂资金利息收支后为57.90万元）。

（二）**业务支出**。2020年，业务支出76646.63万元（剔除内部调剂资金利息收支后为74447.92万元），同比增长8.31%。其中，市中心（含市区管理部和龙港分中心）36198.81万元，乐清分中心9331.37万元，瑞安分中心9025.75万元，永嘉分中心5680.63万元，洞头分中心1183.26万元，文成分中心1632.95万元，平阳分中心5825.80万元，泰顺分中心2012.29万元，苍南分中心5755.77万元；支付职工住房公积金利息61696.99万元，归集手续费17.58万元，委托贷款手续费1211.95万元，其他13720.11万元（剔除内部调剂资金利息收支后为11521.39万元）。

（三）增值收益。 2020年，增值收益62746.23万元，同比增长5.78%。其中，市中心（含市区管理部和龙港分中心）29821.31万元，乐清分中心7924.09万元，瑞安分中心7607.46万元，永嘉分中心4172.59万元，洞头分中心776.48万元，文成分中心1555.53万元，平阳分中心3339.25万元，泰顺分中心2050.34万元，苍南分中心5499.18万元；增值收益率1.55%，比上年减少0.02个百分点。

（四）增值收益分配。 2020年，提取贷款风险准备金26511.40万元，提取管理费用5233.70万元，提取城市廉租住房（公共租赁住房）建设补充资金31001.13万元。

2020年，上交财政管理费用5233.70万元。上缴财政城市廉租住房（公共租赁住房）建设补充资金26904.98万元。其中，市中心（含市区管理部和龙港分中心）上缴16040.76万元，乐清分中心上缴乐清市财政局3347.43万元，瑞安分中心上缴瑞安市财政局2054.18万元，永嘉分中心上缴永嘉县财政局1494.04万元，洞头分中心上缴洞头区财政局101.93万元，文成分中心上缴文成县财政局287.09万元，平阳分中心上缴平阳县财政局1226.83万元，泰顺分中心上缴泰顺县财政局426.50万元，苍南分中心上缴苍南县财政局1926.22万元。

2020年末，贷款风险准备金余额280468.27万元。累计提取城市廉租住房（公共租赁住房）建设补充资金268920.97万元。其中，市中心（含市区管理部和龙港分中心）提取156428.39万元，乐清分中心提取29604.18万元，瑞安分中心提取28581.80万元，永嘉分中心提取11776.90万元，洞头分中心提取1582.24万元，文成分中心提取4016.15万元，平阳中心提取12449.96万元，泰顺分中心提取3071.83万元，苍南分中心提取21409.52万元。

（五）管理费用支出。 2020年，管理费用支出5266.82万元，同比下降7.58%。其中，人员经费3242.92万元，公用经费556.34万元，专项经费1467.56万元。

市中心（含市区管理部和龙港分中心）管理费用支出2365.69万元，其中，人员、公用、专项经费分别为1342.56万元、259.45万元、763.68万元；乐清分中心管理费用支出440.20万元，其中，人员、公用、专项经费分别为284.44万元、15.82万元、139.94万元；瑞安分中心管理费用支出491.54万元，其中，人员、公用、专项经费分别为332.46万元、28.32万元、130.76万元；永嘉分中心管理费用支出429.70万元，其中，人员、公用、专项经费分别为274.02万元、27.69万元、127.99万元；洞头分中心管理费用支出206.32万元，其中，人员、公用、专项经费分别为166.25万元、15.31万元、24.76万元；文成分中心管理费用支出214.03万元，其中，人员、公用、专项经费分别为112.12万元、87.01万元、14.90万元；平阳分中心管理费用支出378.73万元，其中，人员、公用、专项经费分别为268.59万元、81.25万元、28.89万元；泰顺分中心管理费用支出339.11万元，其中，人员、公用、专项经费分别为187.90万元、18.37万元、132.84万元；苍南分中心管理费用支出401.50万元，其中，人员、公用、专项经费分别为274.58万元、23.12万元、103.80万元。

四、资产风险状况

个人住房贷款。2020年末，个人住房贷款逾期额134.36万元，逾期率0.033‰，其中，市中心（含市区管理部和龙港分中心）0.006‰，乐清分中心0.002‰、瑞安分中心0.009‰、永嘉分中心0‰、洞头分中心0‰、文成分中心0‰、平阳分中心0.044‰、泰顺分中心0‰、苍南分中心0‰。个人贷款风险准备金余额280468.27万元。2020年，使用个人贷款风险准备金核销呆坏账0万元。

五、社会经济效益

（一）缴存业务。缴存职工中，国家机关和事业单位占29.84%，国有企业占8.72%，城镇集体企业占0.43%，外商投资企业占1.47%，城镇私营企业及其他城镇企业占52.33%，民办非企业单位和社会团体占0.22%，灵活就业人员占1.21%，其他占5.78%；中、低收入占98.43%，高收入占1.57%。

新开户职工中，国家机关和事业单位占6.35%，国有企业占3.46%，城镇集体企业占0.10%，外商投资企业占2.62%，城镇私营企业及其他城镇企业占77.39%，民办非企业单位和社会团体占0.13%，灵活就业人员占1.33%，其他占8.62%；中、低收入占99.83%，高收入占0.17%。

（二）提取业务。提取金额中，购买、建造、翻建、大修自住住房占39.88%，偿还购房贷款本息占35.42%，租赁住房占6.49%，支持老旧小区改造占0.03%，离休和退休提取占9.74%，完全丧失劳动能力并与单位终止劳动关系提取占0%，出境定居占0%，其他占8.44%。提取职工中，中、低收入占98.06%，高收入占1.94%。

（三）贷款业务。

个人住房贷款。2020年，支持职工购建房234.37万平方米（含公转商贴息贷款），年末个人住房贷款市场占有率（含公转商贴息贷款）为17.43%，比上年末减少3.86个百分点。通过申请住房公积金个人住房贷款，可节约职工购房利息支出120944.54万元。

职工贷款笔数中，购房建筑面积90（含）平方米以下占16.64%，90~144（含）平方米占74.11%，144平方米以上占9.25%。购买新房占67.08%（其中购买保障性住房占0.25%），购买二手房占32.31%，建造、翻建、大修自住住房占0.02%（其中支持老旧小区改造占0%），其他占0.59%。

职工贷款笔数中，单缴存职工申请贷款占46.62%，双缴存职工申请贷款占53.38%，三人及以上缴存职工共同申请贷款占0%。

贷款职工中，30岁（含）以下占25.75%，30岁~40岁（含）占44.27%，40岁~50岁（含）占25.88%，50岁以上占4.10%；首次申请贷款占85.79%，二次及以上申请贷款占14.21%；中、低收入占97.36%，高收入占2.64%。

（四）住房贡献率。2020年，个人住房贷款发放额、公转商贴息贷款发放额、项目贷款发放额、住房消费提取额的总和与当年缴存额的比率为125.93%，比上年增加7.51个百分点。

六、其他重要事项

（一）应对新冠肺炎疫情采取的措施，落实住房公积金阶段性支持政策情况和政策实施成效。

1. 2020年2月9日，温州市住房公积金管理中心印发了《关于疫情防控期间进一步加强我市住房公积金服务保障有关事项通知》，加强疫情期间住房公积金业务便利服务工作，切实保障受疫情影响单位和职工的权益保障。

2. 2020年3月16日，市住房公积金管理中心、中国人民银行温州中心支行、市财政局联合印发了《关于应对新冠肺炎疫情实施住房公积金阶段性支持政策的通知》，做好我市住房公积金管理服务工作，切实减轻疫情对企业和职工的影响。截至6月30日阶段性政策期满，市住房公积金管理中心核准全市1.19万家小微企业的降低缴存比例或缓缴申请，涉及22.59万企业职工，累计纾解企业资金1.61亿元；提高租房提取额度，使 1.17 万缴存职工受益，累计多提取公积金 1343 万元。

（二）当年机构及职能调整情况、受委托办理缴存贷款业务金融机构变更情况。

1. 2020 年 3 月，撤销温州市住房公积金管理中心苍南分中心龙港管理所，设立温州市住房公积金管理中心龙港分中心，与市管理中心实行"统一决策、统一管理、统一制度、统一核算"，主要负责龙港市住房公积金经办服务等工作。在管理机制赋能上做成了"两项改革"。一是建立完善编制人事统一管理制度，即人员纳入温州市委编办实名制系统管理，组织人事日常工作由市管理中心统一管理；二是建立资金经费统一管理制度，龙港分中心不独立设置财务账套，不独立开设银行账户，统一在市管理中心本级财务账户核算。在服务模式增效上做到了"两项创新"。一是业务运行模式创新，分中心资金独立核算业务自办模式转变为资金统一核算业务自办＋银行代办模式，利用银行网点多分布广的特点，实现住房公积金民生事项"就近可办"；二是窗口服务模式创新，窗口由传统柜台式转变为客厅式"公积金＋金融"综合服务室，体现住房公积金"金"管家式服务。

2. 温州市住房公积金受委托办理缴存业务的银行 3 家，办理贷款业务的银行 13 家，没有发生变化。新增委托银行机构 5 家，委托办理龙港分中心住房公积金缴存贷款业务，分别是工行龙港支行、农行龙港支行、中行龙港支行、龙港农商行、建行龙港支行。

（三）当年住房公积金政策调整及执行情况，包括当年缴存基数限额及确定方法、缴存比例等缴存政策调整情况；当年提取政策调整情况；当年个人住房贷款最高贷款额度、贷款条件等贷款政策调整情况；当年住房公积金存贷款利率执行标准等；支持老旧小区改造政策落实情况。

1. 当年缴存基数限额及确定方法、缴存比例等缴存政策调整情况。2020 年度住房公积金缴存基数按职工本人 2019 年月平均工资（实行年薪制的按月均分）确定，缴存基数不得超过 2019 年全市在岗职工月平均工资的 3 倍，不得低于所在区、县（市）的最低月工资标准。

2020 年度全市住房公积金缴存比例下限为 5%，上限为 12%。机关、事业单位缴存比例按 12% 执行。社会团体缴存比例原则上按 12% 执行。企业、民办非企业缴存单位可在 5% 至 12% 区间内，自主确定住房公积金缴存比例。

2. 当年提取政策调整情况。适当放宽异地购房提取条件，支持缴存职工购买异地住房用于帮助属地直系亲属解决住房问题。调整后的异地购房提取个人住房公积金需满足条件。在非缴存地、非户籍地购房，除已获得当地住房公积金贷款（含公转商贴息贷款）或直系亲属户籍在购房地的外，不得提取住房公积金。

3. 当前住房公积金贷款利率执行标准情况。5 年期以下（含 5 年）的个人住房公积金贷款年利率继续执行 2.75%；5 年期以上的个人住房公积金贷款年利率继续执行 3.25%。

4. 支持老旧小区改造政策落实情况。允许缴存职工及其配偶提取住房公积金，用于支付既有住宅加装电梯个人分摊费用。

（四）当年服务改进情况，包括推进住房公积金服务"跨省通办"工作情况，服务网点、服务设施、服务手段、综合服务平台建设和其他网络载体建设服务情况等。

一是推进住房公积金"一件事"改革，实现机关事业单位人员，从录用至退休全职业生涯中 10 类涉及住房公积金的业务在内跑平台上办理"不用跑"，住房公积金提前还贷（结清）一次性联办，企业注册开办同步完成住房公积金开户登记。二是完成了省住房城乡建设厅长三角"一网通办"建设，实现个人住房公积金缴存贷款信息查询、贷款职工缴存使用证明、正常退休提取等事项长三角"一网通办"。三是通过温州住房公积金网上大厅、政务服务网、支付宝、微信公众号等网络平台，全年网上共受理业务466592人次。四是"温州住房公积金"官方网站年总访问量达到381.04万次，微信公众号关注量达到38.35万人。五是住房公积金民生事项在全市488个乡镇（街道）便民服务中心和银行网点"就近可办"。六是继续提供"午间连续办"和"上门服务"。

（五）当年信息化建设情况，包括信息系统升级改造情况，基础数据标准贯彻落实和结算应用系统接入情况等。

一是开展数据高铁建设，实现数据实时采集、跨网传输，全省率先完成数据推送任务；二是省厅要求，完成了政务服务2.0建设工作；三是完成了龙港分中心分设的系统建设工作；四是完成了贷款"直通车"升级、房开版网厅子系统建设、大数据核查在业务应用系统中的改造等适应住房公积金系统的改造工作；五是制定全市专网运维管理制度，建立专网运维工作责任制；六是完成了公务员"一件事"和公积金基数调整"一件事"的系统开发上线工作；七是完成了长三角缴存异地证明功能、公积金缓缴功能、个人社保参保明细查询功能等16项系统功能优化的确认、开发、测试和发布工作。

（六）当年住房公积金管理中心及职工所获荣誉情况。洞头分中心、文成分中心荣获省委省政府授予的"浙江省文明单位"称号，苍南分中心荣获"浙江省青年文明号"称号，住房公积金系统实现省级"文明单位"、省级"青年文明号"全覆盖；龙湾管理部创成温州市第二批"四化"示范党支部；市管理中心的党建课题调研理论文章荣获三等奖；鹿城管理部、洞头、乐清、瑞安、平阳、文成等分中心获得当地目标责任制考核"优秀单位"称号。

（七）当年对违反《住房公积金管理条例》和相关法规行为进行行政处罚和申请人民法院强制执行情况。2020年，温州有1家单位未按规定为单位职工缴存住房公积金，违反了《住房公积金管理条例》第二十条"单位应当按时、足额缴存住房公积金，不得逾期缴存或者少缴"的规定。市住房公积金管理中心对其作出了《责令限期缴存通知书》决定，涉及金额948.86万元，到期仍拒不补缴住房公积金。市住房公积金管理中心根据《住房公积金管理条例》第三十八条规定向法院申请强制执行，目前仍在执行中。

（八）当年对住房公积金管理人员违规行为的纠正和处理情况等。无。

（九）其他需要披露的情况。无。

嘉兴市住房公积金 2020 年年度报告

根据国务院《住房公积金管理条例》和住房和城乡建设部、财政部、人民银行《关于健全住房公积金信息披露制度的通知》（建金〔2015〕26号）的规定，经住房公积金管理委员会四届一次会议审议通过，现将嘉兴市住房公积金2020年年度报告公布如下。

一、机构概况

（一）住房公积金管理委员会。住房公积金管理委员会有29名委员，2020年召开1次会议，审议通

过的事项主要包括：《2019年度嘉兴市住房公积金决算报告和2020年度嘉兴市住房公积金预算草案》《嘉兴市住房公积金2019年年度报告》《嘉兴市住房公积金缴存、提取、个人住房贷款管理办法》。

（二）住房公积金管理服务中心。嘉兴市住房公积金管理服务中心（以下简称"市中心"）为市政府直属事业单位，主要负责全市住房公积金的归集、使用、管理和会计核算。市中心内设综合处、稽核财务处、归集信贷处、信息科技处、直属管理处5个职能处室，在嘉善县、平湖市、海盐县、海宁市和桐乡市设5个分中心，其资金独立核算，实行分账管理。全市从业人员117人，其中，在编85人，非在编32人。

二、业务运行情况

（一）缴存。2020年，新开户单位4004家，净增单位2658家；新开户职工12.76万人，净增职工5.93万人；实缴单位24410家，实缴职工75.94万人，缴存额129.46亿元，分别同比增长12.22%、8.47%、12.66%。2020年末，缴存总额909.8亿元，比上年末增长16.59%；缴存余额274.37亿元，同比增长8.05%。受委托办理住房公积金缴存业务的银行7家。

（二）提取。2020年，30.3万名缴存职工提取住房公积金；提取额109.02亿元，同比增长25.64%；提取额占当年缴存额的84.21%，比上年增加8.7个百分点。2020年末，提取总额635.44亿元，比上年末增长20.71%。

（三）贷款。

1. 个人住房贷款。单缴存职工个人住房贷款最高额度30万元，双缴存职工个人住房贷款最高额度60万元（符合人才政策和城市品质提升政策的缴存职工贷款额度可适当提高，具体参照相关文件执行）。

2020年，发放个人住房贷款1.93万笔、85.5亿元，同比分别增长57.7%、104.57%。其中，市中心0.74万笔、33.89亿元，嘉善分中心0.14万笔、6.13亿元，平湖分中心0.27万笔、11.36亿元，海盐分中心0.23万笔、10.41亿元，海宁分中心0.29万笔、12.76亿元，桐乡分中心0.26万笔、10.95亿元。

2020年，回收个人住房贷款35.86亿元。其中，市中心15.74亿元，嘉善分中心2.59亿元，平湖分中心4.85亿元，海盐分中心3.73亿元，海宁分中心4.31亿元，桐乡分中心4.64亿元。

2020年末，累计发放个人住房贷款20.31万笔、509.24亿元，贷款余额256.53亿元，分别比上年末增长10.51%、20.18%、23.99%。个人住房贷款余额占缴存余额的93.5%，比上年末增加12.02个百分点。受委托办理住房公积金个人住房贷款业务的银行14家。

2. 异地贷款。2020年，发放异地贷款832笔、3.42亿元。2020年末，发放异地贷款总额10.87亿元，异地贷款余额7.51亿元。

3. 公转商贴息贷款。全市未开办此项业务。

4. 住房公积金支持保障性住房建设项目贷款。全市未开办此项业务。

（四）购买国债。2020年未作国债投资，期末国债余额为0。

（五）资金存储。2020年末，住房公积金存款21.04亿元。其中，活期0.34亿元，1年（含）以下定期10.19亿元，1年以上定期0亿元，其他（协定、通知存款等）10.51亿元。

（六）资金运用率。2020年末，住房公积金个人住房贷款余额、项目贷款余额和购买国债余额的总和占缴存余额的93.5%，比上年末增加12.02个百分点。

三、主要财务数据

（一）业务收入。2020年，业务收入86132.02万元，同比增长12.45%。其中，市中心33574.99万元，嘉善分中心7089.01万元，平湖分中心12382.18万元，海盐分中心9894.48万元，海宁分中心11644.77万元，桐乡分中心11546.59万元；存款利息11244.11万元，委托贷款利息74869.89万元，国债利息0万元，其他18.02万元。

（二）业务支出。2020年，业务支出44465.41万元，同比增长12.2%。其中，市中心16854.06万元，嘉善分中心4028.19万元，平湖分中心6326.74万元，海盐分中心5275.84万元，海宁分中心6024.65万元，桐乡分中心5955.93万元；支付职工住房公积金利息40871.58万元，归集手续费24.27万元，委托贷款手续费3462.83万元，其他106.73万元。

（三）增值收益。2020年，增值收益41666.61万元，同比增长12.72%。其中，市中心16720.93万元，嘉善分中心3060.82万元，平湖分中心6055.44万元，海盐分中心4618.64万元，海宁分中心5620.12万元，桐乡分中心5590.66万元；增值收益率1.56%，比上年增加0.03个百分点。

（四）增值收益分配。2020年，提取贷款风险准备金24999.97万元，提取管理费用3957.28万元，提取城市廉租房（公共租赁住房）建设补充资金12709.36万元。

2020年，上交财政管理费用3944.94万元。上缴财政城市廉租住房（公共租赁住房）建设补充资金11073.59万元。其中，市中心上缴4898.54万元；各分中心上缴至当地财政部门，嘉善分中心上缴720.2万元，平湖分中心上缴1450.93万元，海盐分中心上缴1195.62万元，海宁分中心上缴1400万元，桐乡分中心上缴1408.3万元。

2020年末，贷款风险准备金余额225064.31万元。累计提取城市廉租住房（公共租赁住房）建设补充资金90925.99万元。其中，市中心提取35105.33万元，嘉善分中心提取7544.48万元，平湖分中心提取12493.88万元，海盐分中心提取11594.76万元，海宁分中心提取11070.18万元，桐乡分中心提取13117.36万元。

（五）管理费用支出。2020年，管理费用支出4129.54万元，同比增长3.1%。其中，人员经费3055.77万元，公用经费526.04万元，专项经费547.73万元。

市中心管理费用支出1426.95万元，其中，人员、公用、专项经费分别为861.44万元、261.62万元、303.89万元；嘉善分中心管理费用支出482.21万元，其中，人员、公用、专项经费分别为393.86万元、21.35万元、67万元；平湖分中心管理费用支出604.74万元，其中，人员、公用、专项经费分别为480.64万元、55.37万元、68.73万元；海盐分中心管理费用支出464.57万元，其中，人员、公用、专项经费分别为387.27万元、35万元、42.3万元；海宁分中心管理费用支出612.34万元，其中，人员、公用、专项经费分别为525.56万元、53.97万元、32.81万元；桐乡分中心管理费用支出538.73万元，其中，人员、公用、专项经费分别为407万元、98.73万元、33万元。

四、资产风险状况

个人住房贷款。2020年末，个人住房贷款逾期额1.52万元，逾期率0.001‰。其中，市中心0.001‰，嘉善分中心0‰，平湖分中心0‰，海盐分中心0‰，海宁分中心0‰，桐乡分中心0‰。个人贷款风险准备金余额 225064.31 万元。2020 年，使用个人贷款风险准备金核销呆坏账 0 万元。

五、社会经济效益

（一）缴存业务。缴存职工中，国家机关和事业单位占 18.04%，国有企业占 10.42%，城镇集体企业占 2.12%，外商投资企业占 13.2%，城镇私营企业及其他城镇企业占 43.5%，民办非企业单位和社会团体占 2.57%，灵活就业人员占 0.78%，其他占 9.37%；中、低收入者占 98.84%，高收入者占 1.16%。

新开户职工中，国家机关和事业单位占 5.18%，国有企业占 4.8%，城镇集体企业占 0.73%，外商投资企业占 13.94%，城镇私营企业及其他城镇企业占 61.5%，民办非企业单位和社会团体占 1.67%，灵活就业人员占 1.24%，其他占 10.94%；中、低收入者占 99.77%，高收入者占 0.23%。

（二）提取业务。提取金额中，购买、建造、翻建、大修自住住房占 33.65%，偿还购房贷款本息占 45.29%，租赁住房占 6.89%，支持老旧小区改造占 0%，离休和退休提取占 7.43%，完全丧失劳动能力并与单位终止劳动关系、出境定居提取占 0.01%，其他占 6.73%。提取职工中，中、低收入者占 98.42%，高收入者占 1.58%。

（三）贷款业务。个人住房贷款。2020 年，支持职工购建房 216.85 万平方米，年末个人住房贷款市场占有率为 9.2%，比上年末增加 0.26 个百分点。通过申请住房公积金个人住房贷款，可节约职工购房利息支出 224460.33 万元。

职工贷款笔数中，购房建筑面积 90（含）平方米以下占 28.26%，90~144（含）平方米占 63.01%，144 平方米以上占 8.73%。购买新房占 47.92%（其中购买保障性住房占 0.17%），购买二手房占 52.04%，建造、翻建、大修自住住房占 0.04%，其他占 0%。

职工贷款笔数中，单缴存职工申请贷款占 23.09%，双缴存职工申请贷款占 75.05%，三人及以上缴存职工共同申请贷款占 1.86%。

贷款职工中，30 岁（含）以下占 30.75%，30 岁~40 岁（含）占 49.32%，40 岁~50 岁（含）占 16.55%，50 岁以上占 3.38%；首次申请贷款占 79.78%，二次及以上申请贷款占 20.22%；中、低收入者占 98.85%，高收入者占 1.15%。

（四）住房贡献率。2020 年，个人住房贷款发放额、住房消费提取额的总和与当年缴存额的比率为 138.42%，比上年增加 38.02 个百分点。

六、其他重要事项

（一）全力投入"两战两赢"，落实住房公积金阶段性支持政策情况。全市公积金系统闻令而动，积极投身抗击新冠肺炎疫情，全面助力疫情防控和复工复产。先后制订实施了《关于做好疫情防控期间住房公积金服务保障工作的通知》（嘉公积金〔2020〕3 号）、《关于企业申请阶段性降低住房公积金缴存比例的有关事项的通知》（嘉公积金〔2020〕4 号）、《关于住房公积金关爱帮扶抗疫一线医务人员的若干意见》（嘉公积金〔2020〕7 号）等政策服务措施，在全省率先推出了降率减负、缓缴减压、逾期不究、提取宽限、特殊帮扶及全程网办、分类导办等利企惠民举措。为全市 1125 家企业减负 7900 多万元。48 名疫情防控一线医务人员享受公积金使用政策优惠。

（二）住房公积金政策调整及执行情况。

1. 基数调整。2020年度全市职工月缴存基数按照职工本人上一年度月平均工资总额确定，原则上不低于市统计部门公布的上一年度职工月平均工资的60%，其中确有困难的单位，必须经职工代表大会或工会审议通过，并经当地住房公积金管理服务机构核准，可按当地政府公布的最低工资标准确定；最高不超过市统计部门公布的上一年度在岗职工月平均工资的3倍。全市共有44.5万名职工进行了基数调整。

2. 政策调整。

2019年12月26日印发《嘉兴市职工偿还商业性个人住房贷款委托按月提取住房公积金实施办法》（嘉公积金〔2019〕69号），自2020年1月1日起实施；

2020年4月1日印发《关于调整我市住房公积金有关提取、贷款定额标准的通知》（嘉公积金委办〔2020〕4号），自2020年4月1日起实施；

3月31日印发《嘉兴市住房公积金缴存管理办法等三个办法》（嘉公积金委〔2020〕2号），自2020年4月1日起实施；

5月22日印发《嘉兴市住房公积金缴存管理实施细则等三个细则》（嘉公积金〔2020〕19号），自2020年6月1日起实施；

8月11日印发《关于进一步完善内部流程优化提取服务的通知》（嘉公积金〔2020〕28号），自2020年8月11日起实施；

9月1日印发《嘉兴市住房公积金助推长三角一体化发展的意见》（嘉公积金〔2020〕31号），自2020年10月1日起实施；

12月23日印发《关于完善住房公积金提取业务有关事项的通知》（嘉公积金〔2020〕36号），自2021年1月1日起实施。

3. 利率执行。2020年，职工住房公积金存款利率按一年期整存整取定期存款基准利率1.50%执行。年度结息日为每年6月30日。

个人住房公积金贷款利率，贷款5年（含）以内的基准年利率为2.75%，5年以上的基准年利率为3.25%；二套房贷款按基准利率的1.1倍执行。

（三）当年服务改进和信息化建设情况。

1. 完成政务服务2.0对接和省厅数据高铁的建设工作，全面推进全流程网办、跨区域通办。实现了公积金单位、个人业务100%全流程网办掌办，网（掌）办率达到93%。市域内所有业务全通办、提取业务"全省通办"、贷款异地缴存证明出具3项业务实现"跨省通办"。

2. 积极协同推进机关事业单位人员职业生涯全周期管理"一件事"和机关内部、企业开办、职工退休等"一件事"联办。着力推行公积金贷款"一件事"、还贷结清和抵押注销"一件事"等，累计受理各类"一件事"业务3万多件。

3. 全面提升"就近办""自助办"水平。制订受托银行延伸网点规范化服务建设标准，统一公积金业务经办标准和服务规范。在各级政务服务中心、社区便民服务点设立自助终端，开展租房提取、退休提取等简单业务自助办理。实现了公积金个人业务50%自助办、50%就近办，积极探索开展"无前台"政务服务改革等试点，打造"家门口公积金"品牌。

（四）当年住房公积金系统所获荣誉情况。市公积金中心获得省住房城乡建设厅2020年度工作目标责任制考核优秀单位、市级"工人先锋号"、市级"最美战疫志愿服务团队"称号；桐乡分中心获得省级文明单位称号。

（五）当年对违反《住房公积金管理条例》和相关法规行为进行行政处罚和申请人民法院强制执行情况。2020年，深入开展公积金领域扫黑除恶斗争，严厉打击骗提骗贷公积金行为，共查处骗提骗贷违法行为34件，涉及金额180万元，移送公安机关6起，纳入失信名单78人。

（六）当年对住房公积金管理人员违规行为的纠正和处理情况等。2020年，未发生住房公积金管理人员违规行为。

湖州市住房公积金2020年年度报告

根据国务院《住房公积金管理条例》和住房和城乡建设部、财政部、人民银行《关于健全住房公积金信息披露制度的通知》（建金〔2015〕26号）的规定，经住房公积金管理委员会审议通过，现将湖州市住房公积金2020年年度报告公布如下。

一、机构概况

（一）住房公积金管理委员会。住房公积金管理委员会有27名委员，2021年召开1次会议，审议通过的事项主要包括：湖州市2020年住房公积金计划执行情况及财务决算和2021年计划及财务预算的报告、关于湖州市2020年度住房公积金增值收益分配方案、湖州市住房公积金资金竞争性存放实施细则（修订稿）和湖州市住房公积金2020年年度报告。

（二）住房公积金管理中心。住房公积金管理中心为市政府直属不以营利为目的的参照公务员法管理的事业单位，设6个处室，1个直属业务部、2个管理部、3个分中心以及1个缴存托管服务中心。从业人员143人，其中，在编61人，非在编82人。

二、业务运行情况

（一）缴存。2020年，新开户单位4054家，净增单位1951家；新开户职工9.08万人，净增职工4.58万人；实缴单位20563家，实缴职工53.16万人，缴存额83.10亿元，分别同比增长10.48%、9.43%和26.50%。2020年末，缴存总额548.16亿元，比上年末增加17.87%；缴存余额198.67亿元，同比增长16.44%。受委托办理住房公积金缴存业务的银行9家。

（二）提取。2020年，14.55万名缴存职工提取住房公积金；提取额55.05亿元，同比增长26.60%；提取额占当年缴存额的66.25%，比上年增加0.06个百分点。2020年末，提取总额349.48亿元，比上年末增加18.70%。

（三）贷款。

1.个人住房贷款。单缴存职工个人住房贷款最高额度40万元，双缴存职工个人住房贷款最高额度50万元。

2020年，发放个人住房贷款13601笔、51.04亿元，同比分别增长44.19%、47.03%。其中，市本级发放个人住房贷款5900笔、22.59亿元，德清县分中心发放个人住房贷款2640笔、9.91亿元，长兴县分中心发放个人住房贷款2985笔、10.48亿元，安吉县分中心发放个人住房贷款2076笔、8.06亿元。

2020年，回收个人住房贷款33.58亿元（含存量公转商转让资金）。其中，市本级15.82亿元，德清县分中心6.20亿元，长兴县分中心5.53亿元，安吉县分中心6.03亿元。

2020年末，累计发放个人住房贷款134460笔、385.99亿元，贷款余额197.04亿元，分别比上年末增加11.25%、15.24%、9.72%。个人住房贷款余额占缴存余额的99.18%，比上年末减少6.07个百分点。表外个人住房贷款率达到112.94%。受委托办理住房公积金个人住房贷款业务的银行13家。

2. 异地贷款。2020年，发放异地贷款965笔、39116.50万元。2020年末，发放异地贷款总额150337.70万元，异地贷款余额94516.19万元。

3. 公转商贴息贷款。2020年，发放公转商贴息贷款525笔、17660.93万元。当年贴息额2194.60万元。2020年末，累计发放公转商贴息贷款10988笔、388730.43万元，累计贴息10319.65万元。

（四）购买国债。2020年，国债购买、兑付、转让、收回均为0。2020年末，国债余额为0。

（五）资金存储。2020年末，住房公积金存款11.68亿元。其中，活期0.30亿元，其他（协定、通知存款等）11.38亿元。

（六）资金运用率。2020年末，住房公积金个人住房贷款余额、项目贷款余额和购买国债余额的总和占缴存余额的99.18%，比上年末减少6.07个百分点。

三、主要财务数据

（一）业务收入。2020年，业务收入64335.05万元，同比增长12.56%。其中，市本级32894.09万元，德清县分中心9919.09万元，长兴县分中心12066.82万元，安吉县分中心9455.05万元。存款利息2498.91万元，委托贷款利息61638.92万元，其他197.22万元。

（二）业务支出。2020年，业务支出32867.79万元，同比增长6.94%。其中，市本级16291.10万元，德清县分中心4765.31万元，长兴县分中心6630.07万元，安吉县分中心5181.31万元；支付职工住房公积金利息28618.60万元，归集手续费10.07万元，委托贷款手续费1173.88万元，其他3065.24万元。

（三）增值收益。2020年，增值收益31467.26万元，同比增长19.09%。其中，市本级16602.99万元，德清县分中心5153.78万元，长兴县分中心5436.75万元，安吉县分中心4273.74万元；增值收益率1.68%，比上年增加0.03个百分点。

（四）增值收益分配。2020年，提取贷款风险准备金18880.35万元，提取管理费用3957.14万元，提取城市廉租住房（公共租赁住房）建设补充资金8629.77万元。

2020年，上交财政管理费用3475.36万元。上缴财政2019年度城市廉租住房（公共租赁住房）建设补充资金7200.16万元。其中，市本级上缴3767.07万元，德清县分中心上缴1169.33万元，长兴县分中心上缴1364.52万元，安吉县分中心上缴899.24万元。

2020年末，贷款风险准备金余额146541.53万元（包括项目贷款风险准备金560万元）。累计提取城市廉租住房（公共租赁住房）建设补充资金60339.41万元。其中，市本级提取29279.78万元，德清县分中心提取11960.76万元，长兴县分中心提取11335.05万元，安吉县分中心提取7763.82万元。

（五）管理费用支出。 2020 年，管理费用支出 4394.66 万元，同比下降 18.40%。其中，人员经费 2518.71 万元，公用经费 308.24 万元，专项经费 1567.71 万元。

市本级管理费用支出 2035.32 万元，其中，人员、公用、专项经费分别为 1229.05 万元、177.61 万元、628.66 万元，专项经费中包含房屋购建费 258.62 万元；德清县分中心管理费用支出 1235.65 万元，其中人员、公用、专项经费分别为 458.13 万元、19.06 万元、758.46 万元，专项经费中包含公转商贷款利差财政贴息 600 万元；长兴县分中心管理费用支出 546.31 万元，其中人员、公用、专项经费分别为 448.43 万元、55.16 万元、42.72 万元；安吉县分中心管理费用支出 577.38 万元，其中人员、公用、专项经费分别为 383.10 万元、56.41 万元、137.87 万元。

四、资产风险状况

个人住房贷款。2020 年末，个人住房贷款未发生逾期，逾期率为 0。个人贷款风险准备金余额 145981.53 万元。2020 年，未使用个人贷款风险准备金核销呆坏账。

五、社会经济效益

（一）缴存业务。 缴存职工中，国家机关和事业单位占 18.88%，国有企业占 12.62%，城镇集体企业占 1.81%，外商投资企业占 6.39%，城镇私营企业及其他城镇企业占 50.15%，民办非企业单位和社会团体占 5.23%，灵活就业人员占 4.00%，其他占 0.92%；中、低收入占 97.90%，高收入占 2.10%。

新开户职工中，国家机关和事业单位占 4.46%，国有企业占 5.93%，城镇集体企业占 1.26%，外商投资企业占 6.98%，城镇私营企业及其他城镇企业占 72.41%，民办非企业单位和社会团体占 4.01%，灵活就业人员占 4.05%，其他占 0.90%；中、低收入占 99.73%，高收入占 0.27%。

（二）提取业务。 提取金额中，购买、建造、翻建、大修自住住房占 41.09%，偿还购房贷款本息占 41.34%，租赁住房占 0.54%，支持加装电梯等老旧小区改造占 0.0036%，离休和退休提取占 10.95%，完全丧失劳动能力并与单位终止劳动关系提取占 1.93%，出境定居占 2.96%，其他占 1.1864%。提取职工中，中、低收入占 96.33%，高收入占 3.67%。

（三）贷款业务。

个人住房贷款。2020 年，支持职工购建房 167.71 万平方米（含公转商贴息贷款），年末个人住房贷款市场占有率（含公转商贴息贷款）为 14.81%，比上年末减少 2.46 个百分点。通过申请住房公积金个人住房贷款，与商业银行住房贷款利率比较，职工在整个贷款偿还期内可节约购房利息支出 137382.63 万元。

职工贷款笔数中，购房建筑面积 90（含）平方米以下占 20.38%，90～144（含）平方米占 69.75%，144 平方米以上占 9.87%。购买新房占 80.90%（其中购买保障性住房占 0.05%），购买二手房占 19.00%，建造、翻建、大修自住住房占 0.10%。

职工贷款笔数中，单缴存职工申请贷款占 24.66%，双缴存职工申请贷款占 75.34%。

贷款职工中，30 岁（含）以下占 29.60%，30 岁～40 岁（含）占 42.89%，40 岁～50 岁（含）占 21.55%，50 岁以上占 5.96%；首次申请贷款 81.42%，二次及以上申请贷款占 18.58%；中、低收入占 96.82%，高收入占 3.18%。

（四）住房贡献率。 2020年，个人住房贷款发放额、公转商贴息贷款发放额、住房消费提取额的总和与当年缴存额的比率为118.62%，比上年增加11.19个百分点。

六、其他重要事项

（一）应对新冠肺炎疫情采取的措施，落实住房公积金阶段性支持政策情况和政策实施成效。 为深入贯彻党中央、国务院和省市关于做好新型冠状病毒感染肺炎疫情防控和应对工作的重要指示精神，中心研究出台《关于做好疫情防控期间住房公积金服务保障工作的通知》（湖公积金发〔2020〕1号）和《关于疫情期间实施住房公积金阶段性支持政策的通知》（湖公积金委办〔2020〕1号），对受疫情影响的缴存单位和职工做好服务保障，对受疫情影响的贷款职工给予政策支持。全年累计114家企业4023名缴存职工办理降低公积金缴存比例，为237家企业12289名员工申请公积金缓缴。对困难企业职工缴存基数实行"低门槛进入"，全年为企业减负1.5亿元。全市疫情期间受疫情影响不作逾期处理的贷款有27笔，涉及贷款余额达593.75万元。

（二）当年机构及职能调整情况、受委托办理缴存贷款业务金融机构变更情况。 2020年，机构及职能未作调整。全市受委托办理住房公积金缴存业务金融机构未发生变化；市本级增设南浔银行为委贷银行，全市受委托办理住房公积金贷款业务增加一家金融机构。

（三）当年住房公积金政策调整及执行情况。

1. 当年缴存基数限额及确定方法、缴存比例等缴存政策调整情况。2020年职工缴存工资基数按2019年度职工个人工资总额的月平均数确定（工资口径按国家统计局规定列入工资总额统计的项目计算）。各缴存单位在此基础上进行年度调整，2020年全市缴存单位调整完成率达到96.20%，全市缴存职工调整完成率达到95.10%。

2. 当年提取政策调整情况。2020年，对职工在非本人或其配偶缴存地、户籍地购房的，不得提取住房公积金；可申请提取住房公积金用于既有住宅加装电梯；开通提取住房公积金偿还商业性个人住房贷款；提高租房提取额度至每月不超过1200元；对列入全省老旧小区改造计划的，可提取住房公积金。

3. 当年个人住房贷款最高贷款额度、贷款条件等贷款政策调整情况。

2020年，进一步完善住房公积金贷款有关政策，对持有绿卡的高层次人才推出按规定支付首付后剩余房款可全额享受公积金贷款等七项优惠政策。住房套数认定标准调整为认房又认未结清住房贷款，不向购买第三套及以上住房的缴存职工家庭发放住房公积金贷款。

4. 当年住房公积金存贷款利率执行标准。2020年，职工住房公积金存款利率按一年期整存整取定期存款基准利率1.5%执行。年度结息日为每年的6月30日。

个人住房公积金贷款利率，贷款5年（含）之内的基准年利率为2.75%，5年以上的基准年利率为3.25%；第二套贷款利率按基准利率的1.1倍执行。贷款期限在1年（含）以内的，执行合同利率，遇法定利率调整时不作调整；贷款期限在1年以上的，遇法定利率调整时，自调整的次年1月1日起，按调整后的利率执行。

5. 支持老旧小区改造政策落实情况。为支持老旧小区改造，经报市公积金管理委员会同意，中心出台了完善住房公积金使用的有关政策。明确自2020年11月1日起，允许我市缴存职工提取住房公积金，用于支付列入浙江省老旧小区改造计划并已实施改造的自住住房个人分摊费用。

(四)当年服务改进情况。

1. "最多跑一次"改革。继续深入推进"以人民为中心"的服务理念,所有 29 个公积金事项在政务服务 2.0 上线。

2. 服务延伸。公积金业务向全市所有乡镇(街道)便民服务中心延伸。

3. 服务方式优化。持续推进公积金个人贷款"一件事",创新推动组合贷款"一证通办"、公积金业务线下"刷脸办",率先完成长三角地区跨省异地开具《异地贷款职工住房公积金缴存使用证明》,实现将住房公积金业务数据实时同步到省住房城乡建设厅"高铁数据仓"。

(五)当年信息化建设情况。 2020 年,围绕湖州市加快政府数字化转型和现代智慧城市建设工作要求,中心积极做好信息化服务提升工作,完善政务服务线上线下办理。系统建设与信息安全工作稳步推进,系统安全设备再度扩容,安全等级再升级。

2020 年,中心严格落实征信信息安全管理制度,征信信息查询符合征信信息安全和合规管理相关规定。

(六)当年住房公积金管理中心及职工所获荣誉情况。

1. 中心通过"全国文明单位"复评。
2. 2020 年度省住房城乡建设厅工作目标责任制考核为优秀单位。
3. 沈小龙同志荣获 2020 年度浙江省"最美建设人"。
4. 侯利萍同志被湖州市委市政府授予湖州市践行"绿水青山就是金山银山"理念 15 周年先进个人。
5. 潘小强同志被湖州市委市政府授予 2019 年度全市重点工作突出贡献个人。
6. 安吉县分中心荣获省级"文明单位"。
7. 安吉县分中心荣获市级"青年文明号"。
8. 德清县分中心荣获市级"青年文明号"。
9. 长兴县分中心通过省一级档案达标。

绍兴市住房公积金 2020 年年度报告

根据国务院《住房公积金管理条例》和住房和城乡建设部、财政部、人民银行《关于健全住房公积金信息披露制度的通知》(建金〔2015〕26 号)的规定,经住房公积金管理委员会审议通过,现将绍兴市住房公积金 2020 年年度报告公布如下。

一、机构概况

(一)住房公积金管理委员会。住房公积金管理委员会有 21 名委员,2020 年召开 1 次会议,审议通过的事项主要包括:2020 年度住房公积金归集、使用计划,关于商业性资金使用情况的报告,绍兴市住房公积金 2019 年年度报告。

(二)住房公积金管理中心。住房公积金管理中心为直属于绍兴市人民政府不以营利为目的的参照公务员法管理的事业单位，设8个处，1个管理部，5个分中心。从业人员138人，其中，在编94人，非在编44人。

二、业务运行情况

（一）缴存。2020年，新开户单位11289家，净增单位2165家；新开户职工117800人，净增职工24261人；实缴单位15288家，实缴职工569978人，缴存额116.80亿元，分别同比增长16.5%、4.4%、14.0%。2020年末，缴存总额811.66亿元，比上年末增加16.8%；缴存余额247.79亿元，同比增长7.1%。受委托办理住房公积金缴存业务的银行3家。

（二）提取。2020年，209957名缴存职工提取住房公积金；提取额100.47亿元，同比增长25.9%；提取额占当年缴存额的86.0%，比上年增加8.1个百分点。2020年末，提取总额563.87亿元，比上年增加21.7%。

（三）贷款。

1. 个人住房贷款。单缴存职工个人住房贷款最高额度40万元，双缴存职工个人住房贷款最高额度60万元。

2020年，发放个人住房贷款11405笔、46.48亿元，同比分别增长－2.0%、4.4%。其中，市中心发放个人住房贷款2287笔、10.63亿元，柯桥分中心发放个人住房贷款1090笔、4.88亿元，上虞分中心发放个人住房贷款2278笔、8.85亿元，诸暨分中心发放个人住房贷款2998笔、12.37亿元，嵊州分中心发放个人住房贷款1336笔、4.13亿元，新昌分中心发放个人住房贷款1416笔、5.62亿元。

2020年，回收个人住房贷款33.24亿元。其中，市中心10.00亿元，柯桥分中心4.32亿元，上虞分中心5.42亿元，诸暨分中心7.20亿元，嵊州分中心3.20亿元，新昌分中心3.10亿元。

2020年末，累计发放个人住房贷款138111笔、444.96亿元，贷款余额230.14亿元，分别比上年末增加9.0%、11.7%、6.1%。个人住房贷款余额占缴存余额的92.9%，比上年末减少0.8个百分点。受委托办理住房公积金个人住房贷款业务的银行11家。

2. 异地贷款。2020年，发放异地贷款808笔、28915.25万元。2020年末，发放异地贷款总额145069.65万元，异地贷款余额109588.07万元。

3. 公转商贴息贷款。2020年，发放公转商贴息贷款501笔、18187万元，当年贴息额2466.98万元。2020年末，累计发放公转商贴息贷款8833笔、376699万元，累计贴息15161.62万元。

（四）购买国债。2020年，购买国债0亿元，（兑付、转让、收回）国债0亿元。2020年末，国债余额0亿元。

（五）资金存储。2020年末，住房公积金存款19.34亿元。其中，活期0.22亿元，1年（含）以下定期7.30亿元，1年以上定期0亿元，其他（协定、通知存款等）11.82亿元。

（六）资金运用率。2020年末，住房公积金个人住房贷款余额、项目贷款余额和购买国债余额的总和占缴存余额的92.9%，比上年减少0.8个百分点。

三、主要财务数据

（一）业务收入。2020年，业务收入82443.16万元，同比增长10.6%。其中，市中心25679.54万元，柯桥分中心 11864.77 万元，上虞分中心 13193.00 万元，诸暨分中心 16581.86 万元，嵊州分中心 7728.93 万元，新昌分中心 7395.06 万元；存款利息 6435.97 万元，委托贷款利息 73200.43 万元，国债利息 0 万元，其他 2806.76 万元。

（二）**业务支出**。2020 年，业务支出 44973.68 万元，同比增长 9.7%。其中，市中心 14329.95 万元，柯桥分中心 5999.52 万元，上虞分中心 7196.89 万元，诸暨分中心 9522.19 万元，嵊州分中心 4194.62 万元，新昌分中心 3730.51 万元；支付职工住房公积金利息 36662.22 万元，归集手续费 0.41 万元，委托贷款手续费 2982.86 万元，其他 5328.19 万元。

（三）**增值收益**。2020 年，增值收益 37469.48 万元，同比增长 11.6%。其中，市中心 11349.59 万元，柯桥分中心 5865.25 万元，上虞分中心 5996.11 万元，诸暨分中心 7059.67 万元，嵊州分中心 3534.31 万元，新昌分中心 3664.55 万元；增值收益率 1.55%，比上年增加 0.03 个百分点。

（四）**增值收益分配**。2020 年，提取贷款风险准备金 22481.69 万元，提取管理费用 6555.21 万元，提取城市廉租住房（公共租赁住房）建设补充资金 8432.58 万元。

2020 年，上缴财政管理费用 6555.21 万元。上缴财政城市廉租住房（公共租赁住房）建设补充资金 9012.77 万元，其中，市中心上缴 2796.56 万元，柯桥分中心上缴 1643.12 万元，上虞分中心上缴 991.12 万元，诸暨分中心上缴 1842.95 万元，嵊州分中心上缴 925.09 万元，新昌分中心上缴 813.93 万元。

2020 年末，贷款风险准备金余额 194091.06 万元。累计提取城市廉租住房（公共租赁住房）建设补充资金 71027.43 万元。其中，市中心提取 21897.64 万元，柯桥分中心提取 11131.79 万元，上虞分中心提取 9249.20 万元，诸暨分中心提取 15392.82 万元，嵊州分中心提取 7214.50 万元，新昌分中心提取 6141.48 万元。

（五）**管理费用支出**。2020 年，管理费用支出 6595.54 万元，同比增长 44.2%。其中，人员经费 2849.94 万元，公用经费 393.00 万元，专项经费 3352.60 万元。市中心管理费用支出 3351.35 万元，其中，人员、公用、专项经费分别为 803.72 万元、100.51 万元、2447.12 万元；柯桥分中心管理费用支出 605.98 万元，其中，人员、公用、专项经费分别为 520.58 万元、35.64 万元、49.76 万元；上虞分中心管理费用支出 1051.47 万元，其中，人员、公用、专项经费分别为 470.65 万元、82.19 万元、498.63 万元；诸暨分中心管理费用支出 540.93 万元，其中，人员、公用、专项经费分别为 414.89 万元、27.01 万元、99.03 万元；嵊州分中心管理费用支出 478.03 万元，其中，人员、公用、专项经费分别为 226.02 万元、98.29 万元、153.72 万元；新昌分中心管理费用支出 567.78 万元，其中，人员、公用、专项经费分别为 414.08 万元、49.36 万元、104.34 万元。

四、资产风险状况

个人住房贷款。2020 年末，个人住房贷款逾期额 298.46 万元，逾期率 0.13‰。其中，市中心 0.34‰，柯桥分中心 0.07‰，上虞分中心 0‰，诸暨分中心 0.06‰，嵊州分中心 0.06‰，新昌分中心 0‰。个人贷款风险准备金余额 194091.06 万元。2020 年，使用个人贷款风险准备金核销呆坏账 0 万元。

五、社会经济效益

（一）**缴存业务**。缴存职工中，国家机关和事业单位占 27.1%，国有企业占 15.6%，城镇集体企业占

3.1%，外商投资企业占 3.7%，城镇私营企业及其他城镇企业占 46.7%，民办非企业单位和社会团体占 2.0%，灵活就业人员占 0.5%，其他占 1.3%。中、低收入占 92.9%，高收入占 7.1%。

新开户职工中，国家机关和事业单位占 20.2%，国有企业占 12.2%，城镇集体企业占 1.8%，外商投资企业占 4.3%，城镇私营企业及其他城镇企业占 55.5%，民办非企业单位和社会团体占 2.5%，灵活就业人员占 1.0%，其他占 2.5%。中、低收入占 94.5%，高收入占 5.5%。

（二）提取业务。提取金额中，购买、建造、翻建、大修自住住房占 41.5%，偿还购房贷款本息占 40.8%，租赁住房占 3.1%，支持老旧小区改造占 0.008%，离休和退休提取占 8.8%，完全丧失劳动能力并与单位终止劳动关系提取占 1.4%，出境定居占 0.0002%，其他占 4.4%。提取职工中，中、低收入占 89.5%，高收入占 10.5%。

（三）贷款业务。

个人住房贷款。2020 年，支持职工购建房 150.82 万平方米，年末个人住房贷款市场占有率为 11.0%，比上年末减少 1.7 个百分点。通过申请住房公积金个人住房贷款，可节约职工购房利息支出 51306.06 万元。

职工贷款笔数中，购房建筑面积 90（含）平方米以下占 18.4%，90～144（含）平方米占 61.1%，144 平方米以上占 20.5%。购买新房占 61.7%（其中购买保障性住房占 0%），购买二手房占 38.3%，建造、翻建、大修自住住房占 0.02%（其中支持老旧小区改造占 0%），其他占 0%。

职工贷款笔数中，单缴存职工申请贷款占 47.6%，双缴存职工申请贷款占 52.4%，三人及以上缴存职工共同申请贷款占 0%。

贷款职工中，30 岁（含）以下占 26.7%，30 岁～40 岁（含）占 43.3%，40 岁～50 岁（含）占 24.2%，50 岁以上占 5.8%；首次申请贷款占 82.7%，二次及以上申请贷款占 17.3%。中、低收入占 88.3%，高收入占 11.7%。

（四）住房贡献率。2020 年，个人住房贷款发放额、公转商贴息贷款发放额、项目贷款发放额、住房消费提取额的总和与当年缴存额的比率为 114.8%，比上年增加 5.8 个百分点。

六、其他重要事项

（一）应对新冠肺炎疫情采取的措施，落实住房公积金阶段性支持政策情况和政策实施成效。

1. 为扎实做好疫情防控工作，切实保障广大职工切身利益，2020 年 2 月 10 日～12 月 31 日期间，暂时取消年偿还购房贷款提取住房公积金总额（含借款人及其配偶、共同借款人）不得超过一年还款金额的限制。其中，首次还贷提取须在贷款还满一年（包括一年）后申请，提取金额不超过实际的还款额；非首次提取金额不超过上个提取日以来的实际还款额。

2. 为贯彻中央、省、市有关新型冠状病毒感染的肺炎疫情防控工作决策部署，减轻企业负担，保障职工权益，出台我市妥善应对新冠肺炎疫情实施住房公积金阶段性支持政策。2020 年 2 月 21 日～6 月 30 日期间，一是允许经营困难的企业申请缓缴、停缴住房公积金。缓缴企业，期满后，需足额补缴；停缴企业，允许选择不补缴，但停缴期间，个人部分不得再从职工工资中代扣。二是允许企业经职工代表大会或工会等讨论通过后，在 12% 以内自主确定缴存比例，但月缴额不得低于绍兴市住房公积金中心公布的最低缴存额（最低缴存额为单方 209 元/月）。三是企业缓缴、停缴期间，视同职工正常缴存，缴存时间连续计算，不影响职工提取和正常申请住房公积金贷款。在计算可贷额度时，允许职工补缴个人部分金额，补缴金额给予双倍计算。四是对因感染新冠肺炎住院治疗或隔离人员、疫情防控需要集中隔离或居家隔离观察人员、一线医务人员等参加疫情防控工作人员以及受疫情影响暂时失去收入来源的职工，在2020年1月31日至6月30日期间，未能正常偿还住房公积金贷款造成逾期的，逾期记录不计入住房公积金信用体系，不报送征信部门，不计收罚息。五是提高租房提取标准，由原1000元/（月·户）提高到1500元/（月·户）。

（二）当年机构及职能调整情况、受委托办理缴存贷款业务金融机构变更情况。

1. 根据绍兴市本级事业单位改革工作要求，绍兴市住房公积金管理中心对9个内设机构进行了调整，分别为：综合处更名为办公室，计划财务处更名为财务处，信贷归集处更名为业务处，信息科技处更名为信息处，稽查监察处更名为督查处（挂内审处牌子），越城管理部更名为直属管理部，政治处不变，取消袍江管理部、滨海管理部，另外增设法规处、托管处。

2. 缴存贷款业务金融机构未发生变更。

（三）当年住房公积金政策调整及执行情况。

1. 根据《住房公积金管理条例》（国务院令第350号）、市住房公积金管理委员会《关于规范住房公积金缴存工资基数的通知》（绍住金管〔2007〕2号）及市委、市政府对新冠肺炎疫情防控有关工作部署，全市住房公积金缴存限额仍然执行上年标准，其中，单位职工的月最低缴存额分别为单位和个人各209元；个人托管缴存职工的月最低缴存额为670元。全市缴存单位和职工住房公积金缴存基数均为2019年职工个人月平均工资，缴存比例单位和职工最高各为12%，最低各为5%。因疫情影响导致经营困难的企业，在与单位职工充分协商的基础上，可自主选择按5%的比例缴存或申请缓缴住房公积金。其中，申请缓缴的期限不得超过一年。

2. 根据人民银行和住房和城乡建设部相关文件规定，2020年住房公积金存款利率按一年期定期存款利率1.50%计息；贷款利率，五年期以上个人住房公积金贷款利率3.25%，五年期以下（含五年）个人住房公积金贷款利率2.75%。

3. 上虞区最高贷款额度由双职工60万元、单职工40万元分别调整至双职工50万元、单职工30万元；新昌县最高贷款额度由双职工50万元、单职工30万元分别调增至双职工60万元、单职工35万元。

4. 支持10户缴存职工家庭在老旧小区住宅加装电梯，涉及金额78万元。

（四）当年服务改进情况。

1. 全省首家推出银行自助设备、银行App电子渠道提取公积金业务。在工商银行、建设银行、中国银行等银行的自助设备、银行App电子渠道开通商业住房按揭贷款年还贷提取等7项公积金高频提取业务，缴存职工可选择上述任一银行的自助设备和App电子渠道办理绍兴市8家承办银行的住房按揭贷款年还贷提取公积金业务。

2. 推出长三角公积金异地购房贷款缴存证明"一网通办"服务。

3. 推出市级机关公务员和事业单位工作人员职业生涯全周期管理"一件事"、企业开户"一件事"等多项"一件事"公积金服务。

4. 推出3项业务"跨省通办"服务。个人住房公积金缴存贷款等信息查询、出具贷款职工住房公积金缴存使用证明、正常退休提取住房公积金等3项业务实现"跨省通办"，办事群众可不受住房公积金缴存地的限制，异地办理这些业务。

（五）当年信息化建设情况。开发建成省政务服务2.0、省"数据高铁"、长三角政务服务"一网通办"、市级机关公务员和事业单位工作人员职业生涯全周期管理"一件事"、企业开户"一件事"等平台涉及的我市住房公积金业务应用模块。

（六）当年住房公积金管理中心及职工所获荣誉情况。

2020年1月，被浙江省住房和城乡建设厅评为2019年度各市住房和城乡建设系统行业主管部门工作目标责任制考核优秀单位；

2020年1月，获评2019年度市直清廉机关创建工作先进单位；

2020年2月，中心越城管理部获评2019年度城市建设和管理突出贡献集体；

2020年3月，获评2019年度全省住房城乡建设系统信息宣传工作考核优秀单位；

2020年3月，获评2019年度市直机关"五星级"党组织。

（七）当年对违反《住房公积金管理条例》和相关法规行为进行行政处罚和申请人民法院强制执行情况。2020年，中心依据《浙江省住房公积金条例》第三十九条、《绍兴市住房公积金行政执法实施办法》第十三条、《绍兴市住房公积金骗提套取行为处理暂行办法》第十二条的规定，对10名当事人以虚假材料骗提本人住房公积金的违法行为进行了查处，并根据情节轻重给予"冻结违法行为人个人住房公积金账户"一至五年不等的处理。

（八）当年对住房公积金管理人员违规行为的纠正和处理情况等。2020年我市未出现管理人员违规行为。

（九）其他需要披露的情况。无。

金华市住房公积金2020年年度报告

根据国务院《住房公积金管理条例》和住房和城乡建设部、财政部、人民银行《关于健全住房公积金信息披露制度的通知》（建金〔2015〕26号）的规定，经住房公积金管理委员会审议通过，现将金华市住房公积金2020年年度报告公布如下。

一、机构概况

（一）住房公积金管理委员会。住房公积金管理委员会有23名委员，2020年召开一次会议，审议通过的事项主要包括：《关于2019年度全市住房公积金年度预算执行情况的报告》《关于2019年度全市住房公积金增值收益分配方案的报告》《关于2020年度全市住房公积金收支计划的报告》《关于2020年度全市住房公积金管理机构经费收支计划的报告》《关于金华市本级单位住房资金2019年度预算执行情况及2020年度收支计划的报告》和《金华市住房公积金2019年年度报告》。

（二）住房公积金管理中心。住房公积金管理中心为直属市政府不以营利为目的的参照公务员管理的事业单位，设4个科室，2个管理部，6个分中心，义乌市住房公积金管理中心实行独立管理。从业人员

193 人，其中，在编 65 人，非在编 128 人。

二、业务运行情况

（一）缴存。2020 年，新开户单位 3092 家，净增单位 2177 家；新开户职工 8.76 万人，净增职工 2.85 万人；实缴单位 16176 家，实缴职工 52.34 万人，缴存额 96.93 亿元，分别同比增长 15.55%、5.76%、8.59%。2020 年末，缴存总额 736.18 亿元，比上年末增加 15.16%；缴存余额 252.75 亿元，同比增长 5.87%。受委托办理住房公积金缴存业务的银行 5 家。

（二）提取。2020 年，20.34 万名缴存职工提取住房公积金；提取额 82.91 亿元，同比增长 27.18%；提取额占当年缴存额的 85.54%，比上年增加 12.51 个百分点。2020 年末，提取总额 483.43 亿元，比上年末增加 20.70%。

（三）贷款。

1. 个人住房贷款。单缴存职工个人住房贷款最高额度 60 万元，双缴存职工个人住房贷款最高额度 100 万元（义乌市）。

2020 年，发放个人住房贷款 10481 笔、44.58 亿元，同比分别增长 22.86%、30.96%。其中，市中心发放个人住房贷款 2696 笔、9.62 亿元，婺城管理部发放个人住房贷款 791 笔、2.62 亿元，金东管理部发放个人住房贷款 621 笔、2.12 亿元，兰溪分中心发放个人住房贷款 971 笔、3.06 亿元，东阳分中心发放个人住房贷款 1668 笔、7.21 亿元，义乌市中心发放个人住房贷款 999 笔、8.71 亿元，永康分中心发放个人住房贷款 1245 笔、4.96 亿元，浦江分中心发放个人住房贷款 651 笔、3.60 亿元，武义分中心发放个人住房贷款 559 笔、1.78 亿元，磐安分中心发放个人住房贷款 280 笔、0.90 亿元。

2020 年，回收个人住房贷款 33.40 亿元。其中，市中心 8.86 亿元，婺城管理部 0.92 亿元，金东管理部 0.72 亿元，兰溪分中心 1.97 亿元，东阳分中心 3.95 亿元，义乌市中心 8.19 亿元，永康分中心 4.25 亿元，浦江分中心 1.91 亿元，武义分中心 1.34 亿元，磐安分中心 1.29 亿元。

2020 年末，累计发放个人住房贷款 14.97 万笔、475.04 亿元，贷款余额 230.54 亿元，分别比上年末增加 7.54%、10.36%、5.10%。个人住房贷款余额占缴存余额的 91.21%，比上年末减少 0.68 个百分点。受委托办理住房公积金个人住房贷款业务的银行 15 家。

2. 异地贷款。2020 年，发放异地贷款 650 笔、21344.50 万元。2020 年末，发放异地贷款总额 128192.80 万元，异地贷款余额 83793.54 万元。

3. 公转商贴息贷款。2020 年，发放公转商贴息贷款 56 笔、4715 万元，当年贴息额 174.24 万元。2020 年末，累计发放公转商贴息贷款 4406 笔、168448.60 万元，累计贴息 1644.05 万元。

（四）购买国债。2020 年，无国债购买、兑付、转让、收回。2020 年末，无国债余额。

（五）资金存储。2020 年末，住房公积金存款 25.28 亿元。其中，活期 0.28 亿元，1 年（含）以下定期 17.07 亿元，1 年以上定期 1.40 亿元，其他（协定、通知存款等）6.53 亿元。

（六）资金运用率。2020 年末，住房公积金个人住房贷款余额、项目贷款余额和购买国债余额的总和占缴存余额的 91.21%，比上年末减少 0.68 个百分点。

三、主要财务数据

（一）业务收入。2020 年，业务收入 85223.52 万元，同比增长 6.39%。其中，市中心 21405.45 万元，婺城管理部 2455.20 万元，金东管理部 1835.72 万元，兰溪分中心 5617.66 万元，东阳分中心 11163.12 万元，义乌市中心 20182.93 万元，永康分中心 10506.36 万元，浦江分中心 5222.42 万元，武义分中心 4002.86 万元，磐安分中心 2831.80 万元；存款利息 11742.35 万元，委托贷款利息 73479.98 万元，国债利息 0 万元，其他 1.19 万元。

（二）业务支出。2020 年，业务支出 42393.20 万元，同比增长 3.10%。其中，市中心 10554.65 万元，婺城管理部 1210.14 万元，金东管理部 904.06 万元，兰溪分中心 2719.64 万元，东阳分中心 5361.01 万元，义乌市中心 10712.16 万元，永康分中心 4915.05 万元，浦江分中心 2588.07 万元，武义分中心 1979.60 万元，磐安分中心 1448.82 万元；支付职工住房公积金利息 37814.16 万元，归集手续费 0.07 万元，委托贷款手续费 2891.32 万元，其他 1687.65 万元。

（三）增值收益。2020 年，增值收益 42830.32 万元，同比增长 9.86%。其中，市中心 10850.80 万元，婺城管理部 1245.06 万元，金东管理部 931.66 万元，兰溪分中心 2898.02 万元，东阳分中心 5802.11 万元，义乌市中心 9470.77 万元，永康分中心 5591.31 万元，浦江分中心 2634.35 万元，武义分中心 2023.26 万元，磐安分中心 1382.98 万元；增值收益率 1.73%，比上年增加 0.02 个百分点。

（四）增值收益分配。2020 年，提取贷款风险准备金 26645.27 万元；提取管理费用 3559.73 万元，提取城市廉租住房（公共租赁住房）建设补充资金 12625.32 万元。

2020 年，上交财政管理费用 3784.14 万元。上缴财政城市廉租住房（公共租赁住房）建设补充资金 11739.53 万元。其中，市中心上缴金华市财政局 3362.52 万元，婺城管理部上缴婺城区财政局 162.25 万元，金东管理部上缴金东区财政局 126.85 万元，兰溪分中心上缴兰溪市财政局 588.45 万元，东阳分中心上缴东阳市财政局 1625.09 万元，义乌市中心上缴义乌市财政局 2580.52 万元，永康分中心上缴永康市财政局 1871.61 万元，浦江分中心上缴浦江县财政局 542.04 万元，武义分中心上缴武义县财政局 563.30 万元，磐安分中心上缴磐安县财政局 316.90 万元。

2020 年末，贷款风险准备金余额 257711.72 万元。累计提取城市廉租住房（公共租赁住房）建设补充资金 83815.05 万元。其中，市中心提取 27758.47 万元，婺城管理部提取 1563.99 万元，金东管理部提取 1330.23 万元，兰溪分中心提取 6089.40 万元，东阳分中心提取 10280.95 万元，义乌市中心提取 14398.36 万元，永康分中心提取 11911.16 万元，浦江分中心提取 4596.04 万元，武义分中心提取 3903.48 万元，磐安分中心提取 1982.97 万元。

（五）管理费用支出。2020 年，管理费用支出 3410.84 万元，同比增长 0.53%。其中，人员经费 2034.88 万元，公用经费 508.82 万元，专项经费 867.14 万元。

市中心管理费用支出 750.07 万元，其中，人员、公用、专项经费分别为 303.27 万元、186.98 万元、259.82 万元；婺城管理部管理费用支出 176.98 万元，其中，人员、公用、专项经费分别为 80.26 万元、25.43 万元、71.29 万元；金东管理部管理费用支出 164.96 万元，其中，人员、公用、专项经费分别为 122.43 万元、35.97 万元、6.56 万元；兰溪分中心管理费用支出 372.80 万元，其中，人员、公用、专项经费分别为 239.45 万元、14.94 万元、118.41 万元；东阳分中心管理费用支出 298.83 万元，其中，人员、公用、专项经费分别为 150.85 万元、107.67 万元、40.31 万元；义乌市中心管理费用支出 694.21 万元，其中，人员、公用、专项经费分别为 376.72 万元、25.32 万元、292.17 万元；永康分中心管理费用支出 285.11 万元，其中，人员、公用、专项经费分别为 250.00 万元、27.61 万元、7.50 万元；浦江分中心管理费用支出 291.84 万元，其中，人员、公用、专项经费分别为 231.80 万元、31.32 万元、28.72 万元；武义分中心管理费用支出 172.18 万元，其中，人员、公用、专项经费分别为 138.06 万元、25.62 万元、8.50 万元；磐安分中心管理费用支出 203.86 万元，其中，人员、公用、专项经费分别为 142.04 万元、27.96 万元、33.86 万元。

四、资产风险状况

个人住房贷款。2020 年末，个人住房贷款逾期额 89.92 万元，逾期率 0.039‰，其中，兰溪分中心 0.0027‰，东阳分中心 0.003‰，义乌市中心 0.0968‰，永康分中心 0.1177‰，磐安分中心 0.0249‰。市中心、婺城管理部、金东管理部、浦江分中心、武义分中心逾期率为 0。个人贷款风险准备金余额 257711.72 万元。2020 年，使用个人贷款风险准备金核销呆坏账 0 万元，收回已核销呆坏账 0.42 万元。

五、社会经济效益

（一）**缴存业务**。缴存职工中，国家机关和事业单位占 33.45%，国有企业占 12.55%，城镇集体企业占 4.12%，外商投资企业占 1.83%，城镇私营企业及其他城镇企业占 38.32%，民办非企业单位和社会团体占 2.89%，灵活就业人员占 6.84%，其他占 0%；中、低收入占 99.06%，高收入占 0.94%。

新开户职工中，国家机关和事业单位占 15.01%，国有企业占 8.02%，城镇集体企业占 7.75%，外商投资企业占 1.86%，城镇私营企业及其他城镇企业占 52.02%，民办非企业单位和社会团体占 4.19%，灵活就业人员占 11.15%，其他占 0%；中、低收入占 99.81%，高收入占 0.19%。

（二）**提取业务**。提取金额中，购买、建造、翻建、大修自住住房占 37.19%，偿还购房贷款本息占 40.45%，租赁住房占 4.91%，支持老旧小区改造占 0%，离休和退休提取占 10.89%，完全丧失劳动能力并与单位终止劳动关系提取占 3.04%，出境定居占 2.45%，其他占 1.07%。提取职工中，中、低收入占 98.70%，高收入占 1.30%。

（三）**贷款业务**。个人住房贷款。2020 年，支持职工购建房 119.77 万平方米（含公转商贴息贷款），年末个人住房贷款市场占有率（含公转商贴息贷款）为 11.60%，比上年末减少 1.19 个百分点。通过申请住房公积金个人住房贷款，可节约职工购房利息支出 49650.43 万元。

职工贷款笔数中，购房建筑面积 90（含）平方米以下占 30.64%，90～144（含）平方米占 58.91%，144 平方米以上占 10.45%。购买新房占 62.76%（其中购买保障性住房占 0%），购买二手房占 36.90%，建造、翻建、大修自住住房占 0.34%（其中支持老旧小区改造占 0%），其他占 0%。

职工贷款笔数中，单缴存职工申请贷款占 34.96%，双缴存职工申请贷款占 65.04%，三人及以上缴存职工共同申请贷款占 0%。

贷款职工中，30 岁（含）以下占 35.34%，30 岁～40 岁（含）占 41.89%，40 岁～50 岁（含）占 18.80%，50 岁以上占 3.97%；首次申请贷款占 89.61%，二次及以上申请贷款占 10.39%；中、低收入占 99.74%，高收入占 0.26%。

（四）**住房贡献率**。2020 年，个人住房贷款发放额、公转商贴息贷款发放额、项目贷款发放额、住房消费提取额的总和与当年缴存额的比率为 117.09%，比上年增加 17.45 个百分点。

六、其他重要事项

（一）应对新冠肺炎疫情采取的措施，落实住房公积金阶段性支持政策情况和政策实施成效。应对新冠肺炎疫情，我中心第一时间出台加强住房公积金服务保障的政策，减轻企业和职工负担。在帮助企业减负和复工复产的同时，进一步实施阶段性住房公积金支持政策，加大疫情受困职工保障力度，切实维护职工权益。全市共计申请缓缴企业114家，职工人数11490人；申请降低公积金缴存比例企业9家，职工人数67人；累计停缴46家，金额98.73万元，涉及职工2371人。全市公积金贷款不计逾期，涉及贷款职工数472人。

（二）当年机构及职能调整情况、受委托办理缴存贷款业务金融机构变更情况。

1.2020年事业单位机构改革，金华市住房公积金管理中心的单位分类类别由承担行政职能的事业单位调整为公益一类事业单位。职能调整将金华市住房公积金管理中心的分账管理其他住房资金职责划入金华市住房保障管理中心。

2.2020年，受委托办理缴存银行无变化。受委托办理贷款银行新增5家，分别是招商银行股份有限公司金华分行、浙商银行股份有限公司金华分行、中国邮政储蓄银行股份有限公司金华市分行、华夏银行股份有限公司金华分行、宁波银行股份有限公司金华分行。2020年末，受委托办理贷款银行共15家。

（三）当年住房公积金政策调整及执行情况。

1.当年缴存基数限额及确定方法、缴存比例等缴存政策调整情况。住房公积金缴存基数最低不低于当地最低工资标准。住房公积金缴存基数最高按不高于上一年度在岗职工月平均工资的3倍计算。

2.当年提取政策调整情况。2020年9月起，一年一次还贷提取住房公积金额度计算时间，由原来的提取还贷额度合计不超过借款人上一年按月还本付息总额调整为不超过借款人近12个月还本付息总额。

3.当年个人住房贷款最高贷款额度、贷款条件等贷款政策调整情况。2020年5月起，市区购买首套住房贷款，夫妻双方正常缴存的最高额度调整为60万元，单方缴存的最高额度调整为30万元；购买第二套住房贷款，夫妻双方正常缴存的最高额度调整为40万元，单方缴存的最高额度调整为20万元。存贷挂钩倍数为贷款额不超过账户余额的20倍。

4.当年住房公积金存贷款利率执行标准。职工住房公积金账户存款利率按一年期定期存款基准利率1.5%执行。年度结息日为每年的6月30日。个人住房公积金贷款利率，五年期以下（含五年）的基准年利率为2.75%，五年期以上的基准年利率为3.25%；第二套住房贷款利率按基准利率的1.1倍执行。

5.支持老旧小区改造政策落实情况。制定出台了金华市区既有住宅加装电梯提取住房公积金相关政策，助力老旧小区加装电梯。

（四）当年服务改进情况。以"最多跑一次"改革为总线，实现"跨省通办"、长三角"一网通办"，结合"就近办""零跑腿"和"一件事"，为职工提供更全面、更智能化的服务体验。

1.推进住房公积金服务"跨省通办"工作。实现个人住房公积金缴存贷款等信息查询、出具贷款职工住房公积金缴存使用证明、正常退休提取住房公积金等跨省通办业务。

2.实现长三角地区公积金业务"互联互通"。实现了长三角"一网通办"开具住房公积金异地贷款缴存证明、贷款信息实时共享，截至 2020 年 12 月底，全市共接收《异地贷款职工住房公积金缴存使用证明》317 份，开具 205 份。推动"长三角"住房公积金缴存信息一体化。

3. 推出公积金提前还贷"一件事"。市公积金中心会同市不动产登记部门，借助省级金融综合服务平台，打通部门业务壁垒，在全省提前实现公积金还贷结清"一个环节、一次办结"，通过掌上办实现"零跑腿"。截至 2020 年 12 月底，受理公积金提前还贷"一件事"业务 107 件。

4. 综合服务平台建设情况。住房公积金除提供缴存职工通过网站、热线、短信、综合自助机查询咨询外，所有办事事项均已实现从浙江政务服务网、浙里办 App、浙江政务服务 2.0 智慧大厅办理。综合服务平台的互联互通管理应用，打造了多渠道、智能化办理的智慧服务平台。

（五）信息化建设情况。2020 年，公务员一件事、事业单位一件事、退休一件事、企业开办一件事等"一件事"联办对接，推进了跨部门协同办公；全省"数据高铁"数据实时推送，提高了数据运行速度；政务服务 2.0 平台公积金服务事项的审批对接，实现了公积金业务从网上、掌上"可办"向"好办、易办"转变；与市政府综合一体机对接，支持部门综合应用服务。各项功能的集中开发改造，为提升各类服务能力提供科技保障。

（六）当年住房公积金管理中心及职工所获荣誉情况。东阳分中心获得全省"示范数字档案室"称号。经复查，金华市中心、浦江分中心、磐安分中心继续保留"浙江省文明单位"称号。金华市公积金中心在金华市住房和城乡建设局 2020 年度工作绩效考评中获得优秀。金华市公积金中心党支部被中共金华市委组织部评为"五星基层党组织"。婺城管理部、浦江分中心、东阳分中心、金东管理部、兰溪分中心获得"全市住房公积金管理机构工作目标考核优秀单位"称号。

衢州市住房公积金 2020 年年度报告

根据国务院《住房公积金管理条例》和住房和城乡建设部、财政部、人民银行《关于健全住房公积金信息披露制度的通知》（建金〔2015〕26 号）的规定，经住房公积金管理委员会审议通过，现将衢州市住房公积金 2020 年年度报告公布如下。

一、机构概况

（一）住房公积金管理委员会。住房公积金管理委员会有 31 名委员，2020 年召开 1 次会议，审议通过的事项主要包括：1.《关于全市 2019 年度住房公积金收支计划执行情况和 2020 年度收支计划的报告（草案）》；2.《关于做好 2020 年度全市机关、事业单位住房公积金缴存工资基数调整和年度验审工作的通知（草案）》；3.《关于做好 2020 年度全市企业单位住房公积金缴存工资基数调整和年度验审工作的通知（草案）》；4.《关于调整公积金贷款轮候规则的建议》。

（二）住房公积金中心。住房公积金中心为衢州市人民政府直属公益一类事业单位，机构规格相当于正县级，设 6 个处室，3 个管理部，4 个分中心。从业人员 114 人，其中，在编 52 人，非在编 62 人。

二、业务运行情况

（一）缴存。2020年，新开户单位926家，净增单位519家；新开户职工3.06万人，净增职工1.49万人；实缴单位6011家，实缴职工23.81万人，缴存额56.77亿元，分别同比增长9.45%、6.68%、14.18%。2020年末，缴存总额406.14亿元，比上年末增加16.25%；缴存余额113.55亿元，同比增长10.68%。受委托办理住房公积金缴存业务的银行5家。

（二）提取。2020年，9.97万名缴存职工提取住房公积金；提取额45.81亿元，同比增长21.22%；提取额占当年缴存额的80.69%，比上年增加4.68个百分点。2020年末，累计提取总额292.59亿元，比上年末增加18.56%。

（三）贷款。

1. 个人住房贷款。单缴存职工个人住房贷款最高额度30万元，双缴存职工个人住房贷款最高额度50万元。

2020年，发放个人住房贷款0.59万笔、19.03亿元，同比分别增长15.69%、18.13%。其中，市中心发放个人住房贷款0.28万笔、8.95亿元，龙游分中心发放个人住房贷款0.09万笔、3.04亿元，江山分中心发放个人住房贷款0.1万笔、3.33亿元，常山分中心发放个人住房贷款0.05万笔、1.44亿元，开化分中心发放个人住房贷款0.07万笔、2.27亿元。

2020年，回收个人住房贷款19.97亿元。其中，市中心10.48亿元，龙游分中心2.67亿元，江山分中心2.76亿元，常山分中心1.85亿元，开化分中心2.21亿元。

2020年末，累计发放个人住房贷款10.33万笔、257.18亿元，贷款余额111.96亿元，贷款发放笔数和金额分别比上年末增加6.06%、7.99%，贷款余额比上年末减少0.83%。个人住房贷款余额占缴存余额的98.6%，比上年末减少11.44个百分点。受委托办理住房公积金个人住房贷款业务的银行18家。

2. 异地贷款。2020年，发放异地贷款592笔、18258.7万元。2020年末，发放异地贷款总额81820.7万元，异地贷款余额69381.58万元。

3. 公转商贴息贷款。2020年，发放公转商贴息贷款41笔、1166.2万元，当年贴息额237.52万元。2020年末，累计发放公转商贴息贷款917笔、28853.47万元，累计贴息1155.49万元。

（四）购买国债。2020年，购买国债0亿元，兑付、转让、收回国债0亿元。2020年末，国债余额0亿元。

（五）资金存储。2020年末，住房公积金存款3.88亿元。其中，活期0.11亿元，1年（含）以下定期0亿元，1年以上定期0亿元，其他（协定、通知存款等）3.77亿元。

（六）资金运用率。2020年末，住房公积金个人住房贷款余额、项目贷款余额和购买国债余额的总和占缴存余额的98.6%，比上年末减少11.44个百分点。

三、主要财务数据

（一）业务收入。2020年，业务收入40379.66万元，同比下降6.66%。其中，市中心21681.38万元，龙游分中心5472.8万元，江山分中心5997.07万元，常山分中心3566.52万元，开化分中心3661.89万元；存款利息2946.66万元，委托贷款利息37432.59万元，国债利息0万元，其他0.41万元。

（二）业务支出。2020年，业务支出20353.79万元，同比下降26.85%。其中，市中心10703.19万元，龙游分中心2830.62万元，江山分中心2985.97万元，常山分中心1856.44万元，开化分中心1977.57万元；支付职工住房公积金利息16544.89万元，归集手续费0.05万元，委托贷款手续费979.7万元，其他2829.15万元。

（三）增值收益。2020年，增值收益20025.87万元，同比增长29.73%。其中，市中心10978.19万元，龙游分中心2642.18万元，江山分中心3011.1万元，常山分中心1710.08万元，开化分中心1684.32万元；增值收益率1.83%，比上年增加0.25个百分点。

（四）增值收益分配。2020年，提取贷款风险准备金12015.52万元，提取管理费用3053.88万元，提取城市廉租住房（公共租赁住房）建设补充资金4956.47万元。

2020年，上交财政管理费用2581.85万元。上缴财政城市廉租住房（公共租赁住房）建设补充资金4478.14万元。其中，市中心上缴（衢州市财政局）2926.18万元，龙游分中心上缴（龙游县财政局）487.57万元，江山分中心上缴（江山市财政局）568.89万元，常山分中心上缴（常山县财政局）299.61万元，开化分中心上缴（开化县财政局）195.89万元。

2020年末，贷款风险准备金余额98365.85万元。累计提取城市廉租住房（公共租赁住房）建设补充资金31338.25万元。其中，市中心提取17887.47万元，龙游分中心提取3108.64万元，江山分中心提取5210.94万元，常山分中心提取2699.79万元，开化分中心提取2431.41万元。

（五）管理费用支出。2020年，管理费用支出3077.45万元，同比增长4.09%。其中，人员经费1840.7万元，公用经费396.24万元，专项经费840.51万元。

市中心管理费用支出1665.2万元，其中，人员、公用、专项经费分别为900.91万元、108.33万元、655.96万元；龙游分中心管理费用支出330.11万元，其中，人员、公用、专项经费分别为193.94万元、136.17万元、0万元；江山分中心费用支出398.4万元，其中，人员、公用、专项经费分别为257万元、20.33万元、121.07万元；常山分中心管理费用支出283.74万元，其中，人员、公用、专项经费分别为234.98万元、13.15万元、35.61万元；开化分中心管理费用支出400万元，其中，人员、公用、专项经费分别为253.87万元、118.26万元、27.87万元。

四、资产风险状况

个人住房贷款。2020年末，个人住房贷款逾期额85.79万元，逾期率0.08‰，其中，市中心0.06‰，龙游分中心0.3‰，江山分中心0，常山分中心0，开化分中心0。个人贷款风险准备金余额98365.85万元。2020年，使用个人贷款风险准备金核销呆坏账0万元。

五、社会经济效益

（一）缴存业务。缴存职工中，国家机关和事业单位占32.63%，国有企业占18.39%，城镇集体企业占2.34%，外商投资企业占4.17%，城镇私营企业及其他城镇企业占38.06%，民办非企业单位和社会团体占2.58%，灵活就业人员占1.47%，其他占0.36%；中、低收入占94.01%，高收入占5.99%。

新开户职工中，国家机关和事业单位占10.96%，国有企业占10.65%，城镇集体企业占1.02%，外商投资企业占4.4%，城镇私营企业及其他城镇企业占67.62%，民办非企业单位和社会团体占2.63%，

灵活就业人员占 2.41%，其他占 0.31%；中、低收入占 99.46%，高收入占 0.54%。

（二）提取业务。提取金额中，购买、建造、翻建、大修自住住房占 31.86%，偿还购房贷款本息占 51.78%，租赁住房占 2.1%，支持老旧小区改造占 0%，离休和退休提取占 9.58%，完全丧失劳动能力并与单位终止劳动关系提取占 2.33%，出境定居占 0%，其他占 2.35%。提取职工中，中、低收入占 92.01%，高收入占 7.99%。

（三）贷款业务。个人住房贷款。2020 年，支持职工购建房 62.36 万平方米（含公转商贴息贷款），年末个人住房贷款市场占有率（含公转商贴息贷款）为 13.98%，比上年末减少 1.41 个百分点。通过申请住房公积金个人住房贷款，可节约职工购房利息支出 30418.3 万元。

职工贷款笔数中，购房建筑面积 90（含）平方米以下占 26.46%，90~144（含）平方米占 66.43%，144 平方米以上占 7.11%。购买新房占 49.75%（其中购买保障性住房占 0%），购买二手房占 50.16%，建造、翻建、大修自住住房占 0.09%（其中支持老旧小区改造占 0%），其他占 0%。

职工贷款笔数中，单缴存职工申请贷款占 33.49%，双缴存职工申请贷款占 66.51%，三人及以上缴存职工共同申请贷款占 0%。

贷款职工中，30 岁（含）以下占 37.87%，30 岁~40 岁（含）占 35.35%，40 岁~50 岁（含）占 19.85%，50 岁以上占 6.93%；首次申请贷款占 84.29%，二次及以上申请贷款占 15.71%；中、低收入占 96.35%，高收入占 3.65%。

（四）住房贡献率。2020 年，个人住房贷款发放额、公转商贴息贷款发放额、项目贷款发放额、住房消费提取额的总和与当年缴存额的比率为 102.92%，比上年增加 6.07 个百分点。

六、其他重要事项

（一）应对新冠肺炎疫情采取的措施，落实住房公积金阶段性支持政策情况和政策实施成效。为最大限度降低疫情对企业和经济的影响，进一步优化衢州营商环境，精准做到"两手抓""两战赢"的目标，根据住房和城乡建设部、省住房城乡建设厅及市委的相关规定，衢州市住房公积金管理委员会出台了降比减负、缓缴减压的惠企政策（《关于新冠肺炎疫情防控期间进一步加强住房公积金服务保障的通知》（衢住金管委〔2020〕1 号）和《关于新冠肺炎疫情防控期间进一步加强住房公积金服务工作的补充通知》（衢住金管委办〔2020〕1 号）），帮助企业减轻负担。

2020 年 3 月至 6 月期间，衢州市共有 41 家单位办理公积金缓缴，累计缓缴金额 428.711 万元。

2020 年 3 月至 6 月期间，共有 25 家企业申请办理公积金缴存降比，累计降比缴存金额 327.32 万元。

（二）当年机构及职能调整情况、受委托办理缴存贷款业务金融机构变更情况。

1. 当年机构及职能调整情况：根据衢市编〔2020〕50 号文件，明确衢州市住房公积金中心为衢州市人民政府直属公益一类事业单位，机构规格相当于正县级。将原"计划统计科"和"结算运行科"合并为"计划财务处"，并增设"信贷服务处"，分别承担财务和信贷管理职能。

2. 受委托办理缴存贷款业务金融机构无变更，全市仍为 18 家。

（三）当年住房公积金政策调整及执行情况。

1. 当年缴存基数限额及确定方法、缴存比例等缴存政策调整情况。2020 年，我市缴存基数上限为 2019 年度市区城镇在岗职工月平均工资的 3 倍，即 30474 元，下限为 2019 年度市区职工最低工资标准，即1660元。单位和个人按职工本人2019年度月平均工资的5%~12%的比例缴存住房公积金（同一单位职工适用同一缴存比例）。住房公积金月缴存额＝缴存基数×（单位缴存比例＋个人缴存比例）。职工缴存基数统一按照国家统计局《关于工资总额组成的规定》计算。

2. 当年提取政策调整情况。

（1）二手房。根据不动产交易规则变化，二手房提取政策进行了调整，提取额度。以网签合同载明的住宅价格为准（不含储藏间和车库、车位价格），提取时间截至不动产权证发证时间12个月内。

（2）租房。调整租房提取方式，将原按季、按年提取改为按月、多月、按年提取，同时提高租房提取额度上限到每月职工本人及配偶提取总额最高不超过（含）0.2万元。

（3）新增既有住宅加装电梯提取公积金政策。缴存职工本人、配偶或其父母、子女既有住宅加装电梯的，且缴存职工本人及其配偶无未结清住房公积金贷款余额的，可申请提取住房公积金、公积金补贴及住房补贴。合计提取额度不超过职工家庭实际分摊支付电梯安装费用的总额，提取时间为自加装电梯档案接收证明开具之日起12个月内，超过规定时间不予办理。

3. 当年个人住房贷款政策调整情况。调整购买二手房公积金贷款受理条件为贷款受理岗在借款人办理二手房买卖网签手续后即可受理借款申请。

4. 当年住房公积金存贷款利率执行标准。2020年住房公积金存款利率按照一年期定期存款基准利率1.5%执行。年度结息日为6月30日。

当年住房公积金贷款利率未作调整。首套房贷款，1~5年（含5年）期执行2.75%的年利率，5年（不含5年）期以上执行3.25%的年利率；如属第二次及以上申请住房公积金贷款的，贷款利率执行住房公积金贷款基准利率的1.1倍。

5. 支持老旧小区改造政策落实情况。衢州市住房公积金管理委员会出台印发《〈衢州市调整租房提取公积金政策〉和〈衢州市既有住宅加装电梯提取公积金政策〉的通知》（衢住金管委〔2020〕6号），新增既有住宅加装电梯提取公积金政策，支持老旧小区改造。

（四）当年服务改进情况。2020年度，积极推进住房公积金服务"跨省通办"，完成个人住房公积金缴存贷款等信息异地查询、出具异地贷款职工住房公积金缴存使用证明、正常退休异地提取住房公积金等事项的跨省通办。业务服务向乡镇街道和便民服务中心全面延伸。服务设施更加齐全，在多个网点增加配备VTM机。不断丰富服务内容、拓展服务手段。升级综合服务平台，完善服务渠道，绝大部分业务能够"掌上办"。

（五）当年信息化建设情况。2020年度，持续信息化和智能化建设，不断优化完善信息系统，提高业务处理能力和群众服务体验，强化网络和数据安全防护，主要有对接省政务中台2.0、公积金信用体系建设、机关事业人员"一件事"联办、长三角一体化、数据高铁建设、接入结算应用系统2.0等。

（六）当年住房公积金中心及职工所获荣誉情况。

1. 全省住房城乡建设系统2020年度"最美建设集体"提名奖；

2. 2020年度住房城乡建设系统综合考核"优秀单位"；

3. 2020年度市直机关最佳满意单位（政府类）；

4. 衢州市委组织部疫情防控"包区清楼"行动先进集体；

5. 刘建平同志荣获衢州市委组织部疫情防控"包区清楼"行动先进个人；

6. 市直管理部获市"跑改办"2020年度"群众最满意窗口"；

7. 程晓敏同志获市"跑改办"2020年度"改革先进个人"。

（七）当年无对违反《住房公积金管理条例》和相关法规行为进行行政处罚和申请人民法院强制执行情况。

（八）当年无对住房公积金管理人员违规行为的纠正和处理情况。

（九）无其他需要披露的情况。

舟山市住房公积金2020年年度报告

根据国务院《住房公积金管理条例》和住房和城乡建设部、财政部、人民银行《关于健全住房公积金信息披露制度的通知》（建金〔2015〕26号）的规定，经住房公积金管理委员会审议通过，现将《舟山市住房公积金2020年年度报告》公布如下。

一、机构概况

（一）住房公积金管理委员会。舟山市住房公积金管理委员会有24名委员，2020年召开2次会议，审议通过的事项主要包括：1.舟山市住房公积金2019年年度报告、2020年度全市公积金归集使用计划的报告、2020年度住房公积金增值收益分配方案的报告。2.职工住房公积金还贷提取间隔期由原有的每间隔3年提取一次调整为每间隔1年提取1次。

（二）住房公积金管理中心。住房公积金管理中心为市政府直属公益一类性质的事业单位，设4个处，4个分中心。从业人员81人，其中，在编44人，非在编37人。

二、业务运行情况

（一）缴存。2020年，新开户单位528家，净增单位185家；新开户职工2万人，净增职工1.39万人；实缴单位3967家，实缴职工16.74万人，缴存额38.31亿元，分别同比增长4.89%、8.98%、7.61%。2020年末，缴存总额291.02亿元，比上年末增加15.16%；缴存余额88.37亿元，同比增长8.47%。受委托办理住房公积金缴存业务的银行10家。

（二）提取。2020年，7.21万名缴存职工提取住房公积金；提取额31.40亿元，同比增长18.85%；提取额占当年缴存额的81.96%，比上年增加7.75个百分点。2020年末，提取总额202.65亿元，比上年末增加18.34%。

（三）贷款。

1.个人住房贷款。个人住房贷款最高额度60万元。

2020年，发放个人住房贷款0.42万笔、14.79亿元，同比分别增长10.53%、12.39%。其中，市中心发放个人住房贷款0.26万笔、9.43亿元，定海区分中心发放个人住房贷款0.03万笔、1.29亿元，普陀区分中心发放个人住房贷款0.06万笔、2.01亿元，岱山县分中心发放个人住房贷款0.05万笔、1.47亿元，嵊泗县分中心发放个人住房贷款0.02万笔、0.59亿元。

2020年，回收个人住房贷款17.58亿元。其中，市中心12.82亿元，定海区分中心1.09亿元，普陀区分中心1.90亿元，岱山县分中心1.18亿元，嵊泗县分中心0.59亿元。

2020年末，累计发放个人住房贷款6.40万笔、183.83亿元，贷款余额87.16亿元，分别比上年末增加7.02%、8.76%、减少3.09%。个人住房贷款余额占缴存余额的98.62%，比上年末减少11.78个百分点。受委托办理住房公积金个人住房贷款业务的银行10家。

2. 异地贷款。2020年，发放异地贷款174笔、4455万元。2020年末，发放异地贷款总额61087万元，异地贷款余额44736万元。

3. 公转商贴息贷款。2020年，发放公转商贴息贷款439笔、15970万元，当年贴息额1043万元。2020年末，累计发放公转商贴息贷款3457笔、153122万元，累计贴息6392万元。

(四) 购买国债。2020年，购买国债0亿元，兑付、转让、收回国债0亿元。2020年末，国债余额0亿元。

(五) 资金存储。2020年末，住房公积金存款13.33亿元。其中，活期0.05亿元，1年（含）以下定期6.84亿元，1年以上定期0.43亿元，其他（协定、通知存款等）6.01亿元。

(六) 资金运用率。2020年末，住房公积金个人住房贷款余额、项目贷款余额和购买国债余额的总和占缴存余额的98.62%，比上年末减少11.78个百分点。

三、主要财务数据

(一) 业务收入。2020年，业务收入32871万元，同比增长6.78%。其中，市中心20199万元，定海区分中心3154万元，普陀区分中心4833万元，岱山县分中心2840万元，嵊泗县分中心1845万元；存款利息3173万元，委托贷款利息29635万元，国债利息0万元，其他63万元。

(二) 业务支出。2020年，业务支出21360万元，同比增长5.09%。其中，市中心14599万元，定海区分中心1743万元，普陀区分中心2646万元，岱山县分中心1466万元，嵊泗县分中心906万元；支付职工住房公积金利息13097万元，归集手续费6万元，委托贷款手续费831万元，其他（包括授信贷款利息支出、存量公转商贷款利息支出和增量公转商贷款利息支出）7426万元。

(三) 增值收益。2020年，增值收益11511万元，同比增长10.07%。其中，市中心5600万元，定海区分中心1411万元，普陀区分中心2186万元，岱山县分中心1375万元，嵊泗县分中心939万元；增值收益率1.30%，比上年增加0.02个百分点。

(四) 增值收益分配。2020年，提取贷款风险准备金6906万元，提取管理费用2536万元，提取城市廉租住房（公共租赁住房）建设补充资金2068万元。

2020年，上缴财政管理费用2301万元。上缴财政城市廉租住房（公共租赁住房）建设补充资金1883万元。其中，市中心上缴市财政1217万元，定海区分中心上缴定海区财政272万元，普陀区分中心上缴普陀区财政316万元，岱山县分中心上缴岱山县财政50万元，嵊泗县分中心上缴嵊泗县财政28万元。

2020年末，贷款风险准备金余额69598万元。累计提取城市廉租住房（公共租赁住房）建设补充资金17163万元。其中，市中心提取11429万元，定海区分中心提取1497万元，普陀区分中心提取3415万元，岱山县分中心提取488万元，嵊泗县分中心提取334万元。

（五）管理费用支出。 2020 年，管理费用支出 1996 万元，同比下降 1.67%。其中，人员经费 1211 万元，公用经费 348 万元，专项经费 437 万元。

市中心管理费用支出 910 万元，其中，人员、公用、专项经费分别为 484 万元、216 万元、210 万元；定海区分中心管理费用支出 268 万元，其中，人员、公用、专项经费分别为 186 万元、13 万元、69 万元；普陀区分中心管理费用支出 375 万元，其中，人员、公用、专项经费分别为 282 万元、55 万元、38 万元；岱山县分中心管理费用支出 243 万元，其中，人员、公用、专项经费分别为 131 万元、27 万元、85 万元；嵊泗县分中心管理费用支出 200 万元，其中，人员、公用、专项经费分别为 129 万元、37 万元、34 万元。

四、资产风险状况

个人住房贷款。2020 年末，个人住房贷款逾期额 12.04 万元，逾期率 0.0138‰，其中，市中心 0.095‰，定海区分中心 0‰，普陀区分中心 0.003‰，岱山县分中心 0‰，嵊泗县分中心 0‰。

个人贷款风险准备金余额 69598 万元。2020 年，使用个人贷款风险准备金核销呆坏账 0 万元。

五、社会经济效益

（一）缴存业务。 缴存职工中，国家机关和事业单位占 35.03%，国有企业占 15.04%，城镇集体企业占 0.10%，外商投资企业占 1.23%，城镇私营企业及其他城镇企业占 44.18%，民办非企业单位和社会团体占 2.65%，灵活就业人员占 0.01%，其他占 1.76%；中、低收入占 98.92%，高收入占 1.08%。

新开户职工中，国家机关和事业单位占 16.68%，国有企业占 7.89%，城镇集体企业占 0.24%，外商投资企业占 1.24%，城镇私营企业及其他城镇企业占 69.32%，民办非企业单位和社会团体占 1.61%，灵活就业人员占 0%，其他占 3.02%；中、低收入占 99.66%，高收入占 0.34%。

（二）提取业务。 提取金额中，购买、建造、翻建、大修自住住房占 24.53%，偿还购房贷款本息占 56.17%，租赁住房占 3.05%，支持老旧小区改造占 0%，离休和退休提取占 10.32%，完全丧失劳动能力并与单位终止劳动关系提取占 1.71%，出境定居占 0%，其他占 4.22%。提取职工中，中、低收入占 96.19%，高收入占 3.81%。

（三）贷款业务。

个人住房贷款。2020 年，支持职工购建房 47.39 万平方米（含公转商贴息贷款），年末个人住房贷款市场占有率（含公转商贴息贷款）为 14.12%，比上年末减少 0.81 个百分点。通过申请住房公积金个人住房贷款，可节约职工购房利息支出 54092.94 万元。

职工贷款笔数中，购房建筑面积 90（含）平方米以下占 42.78%，90~144（含）平方米占 54.68%，144 平方米以上占 2.54%。购买新房占 61.02%（其中购买保障性住房占 0%），购买二手房占 38.69%，建造、翻建、大修自住住房占 0%（其中支持老旧小区改造占 0%），其他占 0.29%。

职工贷款笔数中，单缴存职工申请贷款占 39.79%，双缴存职工申请贷款占 59.98%，三人及以上缴存职工共同申请贷款占 0.23%。

贷款职工中，30 岁（含）以下占 33.21%，30 岁~40 岁（含）占 42.59%，40 岁~50 岁（含）占 18.29%，50 岁以上占 5.91%；首次申请贷款占 84.04%，二次及以上申请贷款占 15.96%；中、低收入占 99.12%，高收入占 0.88%。

(四)住房贡献率。2020年,个人住房贷款发放额、公转商贴息贷款发放额、项目贷款发放额、住房消费提取额的总和与当年缴存额的比率为111.43%,比上年增加12.53个百分点。

六、其他重要事项

(一)应对新冠肺炎疫情采取的措施,落实住房公积金阶段性支持政策情况和政策实施成效。一是加强对受疫情影响的单位政策支持。1.受新冠肺炎疫情影响的企业,必须在与职工充分协商的前提下,经职工代表大会或工会讨论通过后,可按规定申请在2020年6月30日前缓缴住房公积金,缓缴期间缴存时间连续计算,不影响职工正常提取和申请住房公积金贷款。2.支持受疫情影响导致生产经营困难的企业按规定申请降低住房公积金缴存比例缴存住房公积金。缴存单位可在5%至12%区间内,自主确定住房公积金的缴存比例。执行情况。政策出台以来,全市累计有40家企业申请缓交,涉及职工1677人,金额774.20万元;有1家企业申请降比。

二是加强对受疫情影响职工的贷款权益保障。1.对感染新冠肺炎住院治疗或隔离人员、疫情防控需要隔离观察人员、一线医务人员等参加疫情防控工作人员和受新冠肺炎疫情影响暂时失去收入来源人群以及受新冠肺炎疫情影响的其他职工,2020年6月30日前住房公积金贷款不能正常还款的,不作逾期处理,不作为逾期记录报送征信部门。2.职工在2019年11月1日以后交易过户二手房的,延长二手房申请公积金贷款时间,暂不受"借款人应在办妥房屋交易过户手续,缴纳房屋契税后的3个月内提出贷款申请"政策的限制,可在2020年6月30日前提出贷款申请。2020年7月1日起恢复执行原政策。3.需贷款职工因疫情影响暂缓申请公积金贷款的,可适当缩短贷款轮候期。执行情况。尚未有受疫情影响未能正常归还贷款的职工。

三是推进住房公积金业务"线上服务"模式。根据新冠肺炎疫情防控形势,在疫情防控期间推行"网上办事、电话预约、线上咨询"等服务模式。缴存单位和职工可通过浙江政务服务网、"浙里办"App等途径办理公积金相关业务,同时落实专人做好咨询电话和经办人员QQ群等渠道的答疑工作。

(二)当年机构及职能调整情况、受委托办理缴存贷款业务金融机构变更情况。根据舟编〔2020〕6号文件精神,我中心于2020年7月30日对经费来源从原"财政全额拨款"变更为"财政全额补助"。

2020年受委托办理缴存贷款业务金融机构无变更。

(三)当年住房公积金政策调整及执行情况,包括当年缴存基数限额及确定方法、缴存比例等缴存政策调整情况;当年提取政策调整情况;当年个人住房贷款最高贷款额度、贷款条件等贷款政策调整情况;当年住房公积金存贷款利率执行标准等;支持老旧小区改造政策落实情况。

职工住房公积金月缴存工资基数上限为市统计部门公布的2019年度全市职工月平均工资8870元的3倍;最低缴存基数按2019年度养老保险最低缴费基数3322元计算。缴存政策未调整。

提取政策调整情况。调整职工还贷期间住房公积金提取间隔期,由原有的每间隔3年提取一次调整为每间隔1年提取一次。

贷款政策未调整。

公积金存贷款利率执行标准。按照中国人民银行公布的公积金存贷款利率执行。

出台《关于既有住宅加装电梯提取住房公积金的通知》《关于改革完善住房公积金有关政策的通知》等文件,规定:1.舟山市行政区域内缴存职工及其直系亲属(配偶、父母、子女)既有住宅加装电梯的,可在加装电梯建设工程规划许可证发证后两年内申请提取住房公积金；2.住房公积金缴存职工及其直系亲属既有住宅列入县、区级以上政府老旧小区改造计划，并已实施改造的，统一实施计划中个人分摊支付的费用可向缴存地住房公积金管理中心申请办理提取住房公积金。

（四）当年服务改进情况，包括推进住房公积金服务"跨省通办"工作情况，服务网点、服务设施、服务手段、综合服务平台建设和其他网络载体建设服务情况等。

一是落实住房和城乡建设部住房公积金服务"跨省通办"工作。当年已实现个人住房公积金缴存及贷款信息查询、出具贷款职工住房公积金缴存使用证明、正常退休提取住房公积金3项服务事项"跨省通办"。

二是正式启用浙江政务服务平台2.0。实现了共享数据的自动填充，大幅提升了部门信息共享覆盖率、共享数据传输效率和共享信息准确性，"一证通办"体验进一步优化。

三是"在线办"比例持续提升。以疫情防控为契机，大力推广"网上办""掌上办"，引导缴存单位和职工通过浙江政务服务网、"浙里办"App等途径办理公积金相关业务，公积金业务全年在线办理量达46000余笔，线上办结率达90%以上。

四是多部门"一件事"联办顺利上线。通过部门协作、数据共享，由中心主导推动顺利上线"公积金贷款一件事"联办系统。加强与市委组织部等相关部门的工作对接，加大系统开发力度，形成规范统一的办事流程和标准，"公务员一件事""企业开办一件事""事业单位人员全周期管理一件事"等相继顺利上线运行。

五是"无证明通办"覆盖全域。进一步优化延伸网点布局，全市延伸网点数量达65个，覆盖我市全部乡镇。延伸网点与中心窗口"统一政策、统一网络、统一系统、统一操作"，下放数据共享权限，客户可在任何网点无证明办理所有个人公积金业务。

（五）当年信息化建设情况，包括信息系统升级改造情况，基础数据标准贯彻落实和结算应用系统接入情况等。2020年中心共投入信息化建设费用119万元。为推进浙江省"政务服务2.0"和"长三角一网通办"等工作任务，对全市住房公积金核心业务进行升级改造，改进综合服务平台服务功能。

（六）当年住房公积金管理中心及职工所获荣誉情况，包括：文明单位（行业、窗口）、青年文明号、工人先锋号、五一劳动奖章（劳动模范）、三八红旗手（巾帼文明岗）、先进集体和个人等。舟山市住房公积金管理中心获"省级文明单位"荣誉称号。

（七）当年对违反《住房公积金管理条例》和相关法规行为进行行政处罚和申请人民法院强制执行情况。2020年，无发生行政处罚和申请人民法院强制执行情况。

（八）当年对住房公积金管理人员违规行为的纠正和处理情况等。2020年，无发生住房公积金管理人员违规行为。

（九）其他需要披露的情况。2020年，无其他需要披露的情况。

丽水市住房公积金2020年年度报告

根据国务院《住房公积金管理条例》及住房和城乡建设部、财政部、人民银行《关于健全住房公积金信息披露制度的通知》（建金〔2015〕26号）的规定，经市住房公积金管理委员会审议通过，现将丽水市住房公积金2020年年度报告公布如下。

一、机构概况

（一）住房公积金管理委员会。 住房公积金管理委员会有25名委员，2020年召开1次成员会议，审议通过的事项主要包括：《丽水市住房公积金管理中心2019年工作总结和2020年工作任务的汇报》《关于落实既有住宅加装电梯提取住房公积金有关政策的建议》《2019年度丽水市住房公积金财务收支决算》《2020年度住房公积金财务收支预算》和《丽水市住房公积金2019年年度报告》。

（二）住房公积金管理中心。 丽水市住房公积金管理中心为丽水市人民政府直属的负责全市住房公积金管理运作的公益一类事业单位，机构规格相当于副处级。设4个处室，8个分中心。从业人员132人，其中，在编76人，非在编56人。

二、业务运行情况

（一）缴存。 2020年，新开户单位780家，净增单位231家；新开户职工2.66万人，净增职工1.09万人；实缴单位6732家，实缴职工21.80万人，缴存额51.72亿元，分别同比增长3.6%、5.3%、19.7%。2020年末，缴存总额376.79亿元，比上年末增加15.9%；缴存余额121.16亿元，同比增长8.1%。受委托办理住房公积金缴存业务的银行6家，建行、工行、农行、中行、农商银行和邮储银行。

（二）提取。 2020年，10.16万名缴存职工提取住房公积金；提取额42.65亿元，同比增长21.8%；提取额占当年缴存额的82.5%，比上年增加1.5个百分点。2020年末，提取总额255.64亿元，比上年末增加20.0%。

（三）贷款。

1. 个人住房贷款。单缴存职工个人住房贷款最高额度25万元，双缴存职工个人住房贷款最高额度50万元。

2020年，发放个人住房贷款0.50万笔、18.17亿元，同比分别下降5.6%、6.6%。

2020年，回收个人住房贷款18.25亿元（表1）。

2020年全市贷款发放及回收情况表 表1

机构名称	发放笔数(万笔)	发放金额(亿元)	回收金额(亿元)
市中心	0.19	6.94	7.69
青田分中心	0.06	2.11	1.69
缙云分中心	0.04	1.52	1.79
遂昌分中心	0.03	1.24	1.48
松阳分中心	0.03	1.2	1.11
云和分中心	0.03	0.91	0.95
庆元分中心	0.04	1.61	0.98
景宁分中心	0.03	0.96	1.02
龙泉分中心	0.05	1.68	1.54
合计	0.5	18.17	18.25

2020年末，累计发放个人住房贷款8.19万笔、259.10亿元，贷款余额127.15亿元，分别比上年末增加6.4%、7.5%、－0.1%。个人住房贷款余额占缴存余额的104.9%，比上年末减少8.6个百分点。受委托办理住房公积金个人住房贷款业务的银行10家，建行、工行、农行、中行、交行、浦发银行、中信银行、农商行、浙商银行和邮储银行。

2. 异地贷款。2020年，发放异地贷款119笔、3542万元。2020年末，发放异地贷款总额21810万元，异地贷款余额16615万元。

3. 公转商贴息贷款。2020年，发放公转商贴息贷款0笔、0万元，当年贴息额0万元。2020年末，累计发放公转商贴息贷款345笔、14598万元，累计贴息131万元。

（四）购买国债。2020年，购买国债0亿元。2020年末，国债余额0亿元。

（五）资金存储。2020年末，住房公积金存款5.47亿元。其中，活期0.26亿元，1年（含）以下定期1.28亿元，1年以上定期0亿元，其他（协定、通知存款等）3.93亿元。

（六）资金运用率。2020年末，住房公积金个人住房贷款余额、项目贷款余额和购买国债余额的总和占缴存余额的104.9%，比上年末减少8.6个百分点。

三、主要财务数据

（一）业务收入。2020年，业务收入45820万元，同比增长3.8%。其中，存款利息3048万元，委托贷款利息42577万元，国债利息0万元，其他195万元。

（二）业务支出。2020年，业务支出25949万元，同比下降2.0%。其中，支付职工住房公积金利息17878万元，归集手续费1万元，委托贷款手续费1119万元，其他6951万元。

（三）增值收益。2020年，增值收益19871万元，同比增长12.6%（表2）。增值收益率1.70%，比上年增加0.07个百分点。

2020年全市业务收支及增值收益情况表 表2

机构名称	业务收入(万元)	业务支出(万元)	增值收益(万元)
市中心	17780	12970	4810
青田分中心	5267	2391	2876
缙云分中心	4730	2158	2572
遂昌分中心	3396	1605	1791
松阳分中心	3152	1515	1637
云和分中心	2018	904	1114
庆元分中心	2955	1488	1467
景宁分中心	2732	1195	1537
龙泉分中心	3790	1723	2067
合计	45820	25949	19871

（四）增值收益分配。2020年，提取贷款风险准备金11923万元，提取管理费用3889万元，提取城市廉租住房（公共租赁住房）建设补充资金4059万元。

2020年，上交财政管理费用3789万元。上缴财政城市廉租住房（公共租赁住房）建设补充资金3257

万元。其中，市中心上缴市财政局 555 万元，青田分中心上缴青田县财政局 531 万元，缙云分中心上缴缙云县财政局 491 万元，遂昌分中心上缴遂昌县财政局 393 万元，松阳分中心上缴松阳县财政局 364 万元，云和分中心上缴云和县财政局 121 万元，庆元分中心上缴庆元县财政局 200 万元，景宁分中心上缴景宁县财政局 205 万元，龙泉分中心上缴龙泉市财政局 397 万元。

2020 年末，贷款风险准备金余额 114100 万元。累计提取城市廉租住房（公共租赁住房）建设补充资金 31548 万元。其中，市中心提取 9371 万元，青田分中心提取 3787 万元，缙云分中心提取 3802 万元，遂昌分中心提取 3999 万元，松阳分中心提取 3132 万元，云和分中心提取 832 万元，庆元分中心提取 2075 万元，景宁分中心提取 2147 万元，龙泉分中心提取 2403 万元。

（五）管理费用支出。2020 年，管理费用支出 3264 万元，同比增长 5.3%。其中，人员经费 2246 万元，公用经费 579 万元，专项经费 439 万元（表3）。

2020 年全市管理经费支出情况表 表3

机构名称	管理费用支出合计（万元）	人员经费（万元）	公用经费（万元）	专项经费（万元）
市中心	884	598	161	125
青田分中心	257	203	47	7
缙云分中心	266	190	38	38
遂昌分中心	286	205	20	61
松阳分中心	253	169	11	73
云和分中心	332	258	31	43
庆元分中心	307	214	93	0
景宁分中心	307	206	86	15
龙泉分中心	372	203	92	77
合计	3264	2246	579	439

四、资产风险状况

个人住房贷款。2020 年末，个人住房贷款逾期额 24.09 万元，逾期率 0.019‰，其中，市中心 0.002‰，青田分中心 0.171‰，缙云分中心 0‰，遂昌分中心 0‰，松阳分中心 0‰，云和分中心 0‰，庆元分中心 0‰，景宁分中心 0‰，龙泉分中心 0‰。个人贷款风险准备金余额 114100 万元。2020 年，使用个人贷款风险准备金核销呆坏账 0 万元。

五、社会经济效益

（一）缴存业务。缴存职工中，国家机关和事业单位占 44.1%，国有企业占 15.5%，城镇集体企业占 2.0%，外商投资企业占 1.0%，城镇私营企业及其他城镇企业占 34.6%，民办非企业单位和社会团体占 1.7%，灵活就业人员占 1.0%，其他占 0.1%；中、低收入占 97.6%，高收入占 2.4%。

新开户职工中，国家机关和事业单位占 15.8%，国有企业占 9.1%，城镇集体企业占 1.9%，外商投资企业占 2.2%，城镇私营企业及其他城镇企业占 66.8%，民办非企业单位和社会团体占 2.4%，灵活就业人员占1.4%，其他占0.4%；中、低收入占99.8%，高收入占0.2%。

（二）**提取业务**。提取金额中，购买、建造、翻建、大修自住住房占32.8%，偿还购房贷款本息占49.0%，租赁住房占2.7%，支持老旧小区改造等其他提取占0.2%，离休和退休提取占11.1%，完全丧失劳动能力并与单位终止劳动关系提取占3.3%，出境定居占0.0%，其他占0.9%。

提取职工中，中、低收入占97.9%，高收入占2.1%。

（三）**贷款业务**。个人住房贷款。2020年，支持职工购建房57.13万平方米（含公转商贴息贷款），年末个人住房贷款市场占有率（含公转商贴息贷款）为23.0%，比上年末增加1.7个百分点。通过申请住房公积金个人住房贷款，可节约职工购房利息支出54632万元。

职工贷款笔数中，购房建筑面积90（含）平方米以下占19.2%，90~144（含）平方米占74.0%，144平方米以上占6.8%。购买新房占73.1%（其中购买保障性住房占0%），购买二手房占26.9%，建造、翻建、大修自住住房占0%（其中支持老旧小区改造占0%），其他占0%。

职工贷款笔数中，单缴存职工申请贷款占48.3%，双缴存职工申请贷款占51.7%，三人及以上缴存职工共同申请贷款占0%。

贷款职工中，30岁（含）以下占26.8%，30岁~40岁（含）占42.1%，40岁~50岁（含）占23.1%，50岁以上占8%；首次申请贷款占70.1%，二次及以上申请贷款占29.9%；中、低收入占98.8%，高收入占1.2%。

（四）**住房贡献率**。2020年，个人住房贷款发放额、公转商贴息贷款发放额、项目贷款发放额、住房消费提取额的总和与当年缴存额的比率为105.0%，比上年减少5.4个百分点。

六、其他重要事项

（一）**应对新冠肺炎疫情采取的政策措施，落实住房公积金阶段性支持政策情况和政策实施成效**。新冠肺炎疫情期间，大力推行业务办理"不见面"服务、预约服务，住房公积金业务办理正常有序。出台妥善应对新冠肺炎疫情实施住房公积金阶段性支持政策，企业单位经程序可申请缓缴，可在5%~12%之间自主确定缴存比例；公积金贷款未能正常还款的不作逾期处理，缓缴期间缴存时间连续计算；租房提取限额从800元/月上调至1000元/月，租房提取频次由每间隔12个月可提取一次调整为每间隔6个月可提取一次；未能在规定时限内办理提取、贷款业务的，可延期至2020年6月30日办理。

政策实施期间，全市共有47家企业申请缓缴住房公积金，涉及金额195.68万元；不作逾期处理的贷款总笔数894笔；累计有3148名职工办理了提高额度后的租房提取，金额268.57万元，切实解决职工需求，助力企业单位职工"轻装上阵"复工复产。

（二）**当年机构及职能调整情况、受委托办理缴存贷款业务金融机构变更情况**。

1. 当年机构及职能调整情况。丽水市住房公积金管理中心调整为丽水市人民政府直属的负责全市住房公积金管理运作的公益一类事业单位，机构规格相当于副处级。主要职责是：（1）落实市住房公积金管理委员会的决策和决定；（2）编制、执行住房公积金的归集、使用计划、年度预算和决算；（3）负责记载职工住房公积金的缴存、提取、使用等情况；（4）负责住房公积金的核算；（5）审批住房公积金的提取、使用；（6）负责住房公积金的保值和归还；（7）编制住房公积金归集、使用计划执行情况的报告；（8）完成市人民政府交办的其他任务。

设综合处、稽核财务处、业务管理处和信息技术处 4 个内设机构，设立龙泉、青田、云和、庆元、缙云、遂昌、松阳、景宁 8 个分中心，为市住房公积金管理中心的分支机构，机构规格相当于副科级，主要承担本辖区内住房公积金的缴存、提取、使用等管理服务职责。

2. 受委托办理缴存贷款业务金融机构变更情况。受委托办理住房公积金缴存业务的银行 6 家，受委托办理住房公积金个人住房贷款业务的银行 10 家，没有变动。

（三）当年住房公积金政策调整及执行情况。

1. 当年缴存基数限额及确定方法、缴存比例等缴存政策调整情况。住房公积金缴存基数按职工本人 2019 年平均月工资，职工工资按照国家统计局规定的工资总额口径计算，实行"控高保低"政策。缴存基数下限按当地最低月工资标准确定为 1660 元，缴存基数上限按当地统计局提供的 2019 年丽水市职工月平均工资的 3 倍确定为 27720 元。

全市住房公积金缴存比例为单位和个人各 5％至 12％，单位和个人缴存比例应一致，同一单位实行同一缴存比例。如单位经营困难，经职工代表大会或者工会讨论通过，可以申请缓缴或降低缴存比例至 5％以下。

2. 当年提取政策调整情况。出台《丽水市住房公积金管理委员会关于落实既有住宅加装电梯提取住房公积金有关政策的通知》（丽公积金管委〔2020〕4 号）。

3. 当年个人住房贷款最高贷款额度、贷款条件等贷款政策调整情况。个人住房贷款最高贷款额度。夫妻双方缴存住房公积金的，贷款最高限额为 50 万元，一方缴存住房公积金的，贷款最高限额为 25 万元。在丽水市行政区域内缴存住房公积金的第一至四类高层次人才，夫妻双方缴存住房公积金的，贷款最高限额为 80 万元，高层次人才一方缴存住房公积金的，贷款最高限额为 50 万元；第五类高层次人才，夫妻双方缴存住房公积金的，住房公积金贷款最高限额为 60 万元，高层次人才一方缴存住房公积金的，住房公积金贷款最高限额为 40 万元。

个人住房贷款条件。职工家庭首次住房公积金贷款结清 1 年内，不得申请住房公积金贷款；职工家庭二次以上住房公积金贷款结清 3 年内，不得申请住房公积金贷款。

4. 当年住房公积金存贷款利率执行标准。个人住房公积金存款利率：职工住房公积金账户存款利率，统一按一年期定期存款基准利率 1.5％执行，年度结息日为每年的 6 月 30 日。

个人住房公积金贷款利率：个人住房公积金贷款 5 年（含）以下的基准年利率为 2.75％，5 年以上的基准年利率为 3.25％；第二套住房个人住房公积金贷款利率按基准利率的 1.1 倍执行。

5. 支持老旧小区改造政策落实情况。落实既有住宅加装电梯提取政策，助力城镇老旧小区改造。

（四）当年服务改进情况。

1. 推进住房公积金服务"跨省通办"工作情况。坚持以人民为中心推进住房公积金服务"跨省通办"和住房公积金长三角政务服务一体化工作。对相关人员加强培训和数据安全教育，妥善管理全国住房公积金监管服务平台、省政务服务 2.0 等平台的账号密码及使用权限。在业务大厅设立"跨省通办"专窗，明确专窗综合联络人负责受理或协调沟通"跨省通办"工作。对照"跨省通办"事项清单，个人住房公积金缴存贷款等信息查询、正常退休提取住房公积金、出具贷款职工住房公积金缴存使用证明 3 个实现"跨省通办"的事项 100％实现全程网办。

2. 服务网点延伸。深化"最多跑一次"改革，优化住房公积金服务网点布局，积极拓展服务网点。

青田分中心延伸至7家银行、7个网点；缙云分中心延伸至5家银行、7个网点；遂昌分中心延伸至6家银行、6个网点；松阳分中心延伸至6家银行、6个网点；云和分中心延伸至5家银行、5个网点；庆元分中心延伸至6家银行、8个网点；景宁分中心延伸至6家银行、8个网点；龙泉分中心延伸至7家银行、7个网点。

3. 服务手段提升。落实政府数字化转型工作，推进住房公积金数据高铁建设，推广应用政务服务2.0。深化住房公积金组合贷款、企业开办、机关事业单位人员职业生涯全周期管理等"一件事"集成办理。大力推动住房公积金业务"网上办""掌上办"，在"浙江政务服务"网、"浙里办"App实现网上受理业务占比88%以上。完成中国农业银行、中国银行、中信银行、浦发银行、温州银行等合作银行与住房公积金合作开展快贷业务接口改造工作，当年各行使用公积金数据办理个人信用贷款8.34万笔，年末累计未结清贷款笔数6.01万笔。推出商业银行住房按揭贷款按年约定提取服务，实现系统自动划转。

（五）当年信息化建设情况，包括信息系统升级改造情况，基础数据标准贯彻落实和结算应用系统接入情况等。

1. 业务系统升级改造情况。持续做好综合业务系统优化工作，提高业务办理效率，实现租房提取业务与政务网和浙里办App深度融合对接；实现商业贷款按年冲还贷；实现全市贷后管理通查；完成住房公积金报表系统优化工作；深度推进公积金业务数字化，完成与10家合作银行的贷款信息联网查询和银行卡有效性校验。

2. 基础数据标准落实情况。为提高我市住房公积金业务数据治理，持续做好数据治理工作。为避免业务风险，对业务系统中个人身份证信息缺失，且长期处于封存状态账户进行集中核查，通过单位核实、查阅档案等方式完善信息；依据单位统一信用代码规则，对住房公积金缴存单位性质进行核查，修复单位性质采集错误；完成住房公积金电子稽查数据报送工作，并进行核查分析。

3. 政府数字化转型工作。完成数字化政府建设相关工作任务，实现住房公积金数字化转型。深入开展"最多跑一次"工作，完成公积金业务系统与政务2.0对接和业务测试工作；为提高共享数据质量，完成住房公积金数据高铁建设工作；为主动融入长三角一体化，完成长三角一网通办对接和测试工作；完成公务员"一件事"和事业单位"一件事"系统对接工作，实现机关内部业务协同办理；完成企业开户"一件事"系统对接；完成住房公积金信息资源目录优化和数据开放工作，实现数据共享和开放；实现全市住房公积金网上受理业务占比80%以上。

（六）当年住房公积金管理中心及职工所获荣誉情况。市中心、缙云分中心通过浙江省文明单位复评，青田分中心被评为丽水市文明单位，青田分中心档案室被评为全省"示范数字档案室"，市中心1名职工被评为"丽水之干先锋模范人物"，市中心1名职工获得个人三等功，市中心1名职工被评为丽水市金融支持地方经济发展先进个人。

（七）当年对违反《住房公积金管理条例》和相关法规行为进行行政处罚和申请人民法院强制执行情况。开展扫黑除恶专项斗争行业乱象集中整治专项行动，严厉打击骗提、骗贷及侵害缴存职工合法权益的行为。对摸排、收集的黑恶线索及时移送公安等有关部门。全市查处骗提9起，其中7起未遂、2起既遂，被骗提金额26.7万元已全数追回。骗提住房公积金的9名缴存职工被列入全市住房公积金系统严重失信行为黑名单，予以失信惩戒。收集非法中介线索，移交公安部门处理。

加大对不良贷款处置力度，及时通过法院诉讼及其他法律手段回收贷款本息，全市共处置不良贷款 4 笔、金额 82.77 万元。

台州市住房公积金 2020 年年度报告

根据国务院《住房公积金管理条例》和住房和城乡建设部、财政部、人民银行《关于健全住房公积金信息披露制度的通知》（建金〔2015〕26 号）的规定，经住房公积金管理委员会审议通过，现将台州市住房公积金 2020 年年度报告公布如下。

一、机构概况

（一）住房公积金管理委员会。住房公积金管理委员会有 26 名委员，2020 年因疫情原因采用书面形式征求各委员审议意见，审议通过的事项主要包括：《台州市住房公积金 2019 年年度报告》《2019 年住房公积金增值收益及分配情况》《2019 年台州市住房公积金计划执行情况和 2020 年住房公积金归集使用计划》以及新修改的《台州市住房公积金缴存管理实施细则》《台州市住房公积金提取管理实施细则》《台州市住房公积金个人住房贷款管理实施细则》《台州市自由职业者个人缴存和使用住房公积金管理办法》《台州市住房公积金委托按月提取还贷管理办法》等。

（二）住房公积金管理中心。台州市住房公积金管理中心为市政府直属的公益一类事业单位，设 4 个处室，9 个分中心。从业人员 167 人，其中，在编 99 人，非在编 68 人。

二、业务运行情况

（一）缴存。2020 年，新开户单位 9440 家，净增单位 3352 家；新开户职工 11.10 万人，净增职工 4.11 万人；实缴单位 17701 家，实缴职工 54.81 万人，缴存额 107.14 亿元，分别同比增长 23.36%、8.1%、10.89%。2020 年末，缴存总额 761.41 亿元，同比增长 16.38%；缴存余额 267.71 亿元，同比增长 7.64%。受委托办理住房公积金缴存业务的银行 7 家。

（二）提取。2020 年，22.13 万名缴存职工提取住房公积金；提取额 88.15 亿元，同比增长 25.8%；提取额占当年缴存额的 82.28%，比上年增加 9.75 个百分点。2020 年末，提取总额 493.7 亿元，同比增长 21.74%。

（三）贷款。

1. 个人住房贷款。单缴存职工个人住房贷款最高额度 30 万元，双缴存职工个人住房贷款最高额度 50 万元。

2020 年，发放个人住房贷款 1.49 万笔、54.76 亿元，同比分别增长 15.23%、16.57%。其中，市中心发放个人住房贷款 0.25 万笔、9.85 亿元，椒江分中心发放个人住房贷款 0.2 万笔、7.53 亿元，黄岩分中心发放个人住房贷款 0.1 万笔、3.38 亿元，路桥分中心发放个人住房贷款 0.11 万笔、3.64 亿元，临海分中心发放个人住房贷款 0.26 万笔、9.77 亿元，温岭分中心发放个人住房贷款 0.16 万笔、6.26 亿元，玉环分中心发放个人住房贷款0.08万笔、2.8亿元，天台分中心发放个人住房贷款0.15万笔、5.25亿元，仙居分中心发放个人住房贷款0.09万笔、3.35亿元，三门分中心发放个人住房贷款0.09万笔、2.93亿元。

2020年，回收个人住房贷款33.33亿元。其中，市中心5.64亿元，椒江分中心4.89亿元，黄岩分中心2.99亿元，路桥分中心2.52亿元，临海分中心4.37亿元，温岭分中心4.27亿元，玉环分中心2.64亿元，天台分中心2.3亿元，仙居分中心1.65亿元，三门分中心2.06亿元。

2020年末，累计发放个人住房贷款15.77万笔、499.53亿元，贷款余额267.39亿元，分别比上年末增长10.42%、12.31%、8.71%。个人住房贷款余额占缴存余额的99.88%，比上年增加0.99个百分点。受委托办理住房公积金个人住房贷款业务的银行7家。

2. 异地贷款。2020年，发放异地贷款883笔、28178.85万元。2020年末，发放异地贷款总额98810.92万元，异地贷款余额81928.66万元。

3. 公转商贴息贷款。2020年，发放公转商贴息贷款0笔，当年贴息额1192.99万元。2020年末，累计发放公转商贴息贷款5004笔、231306.6万元，累计贴息9574.4万元。

4. 住房公积金支持保障性住房建设项目贷款。2020年末，累计发放项目贷款0亿元。

（四）购买国债。2020年，无买卖国债业务。2020年末，国债余额0亿元。

（五）资金存储。2020年末，住房公积金存款18.64亿元。其中，活期0.38亿元，1年（含）以下定期1.6亿元，1年以上定期0亿元，其他（协定、通知存款等）16.66亿元。

（六）资金运用率。2020年末，住房公积金个人住房贷款余额、项目贷款余额和购买国债余额的总和占缴存余额的99.88%，比上年增加0.99个百分点。

三、主要财务数据

（一）业务收入。2020年，业务收入90618万元，同比增长10.48%。其中，市中心14270.23万元，椒江分中心11972.96万元，黄岩分中心7569.71万元，路桥分中心7555.58万元，临海分中心12123.89万元，温岭分中心12695.98万元，玉环分中心7569.04万元，天台分中心6810.6万元，仙居分中心5342.9万元，三门分中心4707.11万元；存款利息4398.54万元，委托贷款利息86215.55万元，国债利息0万元，其他3.91万元。

（二）业务支出。2020年，业务支出46293.97万元，同比增长7.43%。其中，市中心8200.52万元，椒江分中心6278.99万元，黄岩分中心3664.87万元，路桥分中心3650.38万元，临海分中心6220.62万元，温岭分中心6253.52万元，玉环分中心3761.95万元，天台分中心3232万元，仙居分中心2681.23万元，三门分中心2349.89万元；支付职工住房公积金利息39433.51万元，归集手续费1.86万元，委托贷款手续费2506.39万元，其他4352.21万元。

（三）增值收益。2020年，增值收益44324.04万元，同比增长13.86%。其中，市中心6069.71万元，椒江分中心5693.97万元，黄岩分中心3904.84万元，路桥分中心3905.21万元，临海分中心5903.26万元，温岭分中心6442.46万元，玉环分中心3807.1万元，天台分中心3578.6万元，仙居分中心2661.67万元，三门分中心2357.22万元。增值收益率1.7%，比上年增加0.06个百分点。

（四）增值收益分配。2020年，提取贷款风险准备金28104.18万元，提取管理费用3920.16万元，提取城市廉租住房（公共租赁住房）建设补充资金 12299.70 万元。

2020 年，上交财政管理费用 3899.90 万元。上缴财政城市廉租住房（公共租赁住房）建设补充资金 10588.82 万元。其中，市中心上缴台州市财政局 1609.26 万元，椒江分中心上缴椒江区财政局 1217.06 万元，黄岩分中心上缴黄岩区财政局 924.73 万元，路桥分中心上缴路桥区财政局 890 万元，临海分中心上缴临海市财政局 1199.84 万元，温岭分中心上缴温岭市财政局 1949.36 万元，玉环分中心上缴玉环市财政局 979.53 万元，天台分中心上缴天台县财政局 822.1 万元，仙居分中心上缴仙居县财政局 902.6 万元，三门分中心上缴三门县财政局 94.34 万元。

2020 年末，贷款风险准备金余额 220892.02 万元。累计提取城市廉租住房（公共租赁住房）建设补充资金 83089.94 万元。其中，市中心提取 9898.55 万元，椒江分中心提取 12355.95 万元，黄岩分中心提取 7041.64 万元，路桥分中心提取 7030.15 万元，临海分中心提取 12192.61 万元，温岭分中心提取 17825.13 万元，玉环分中心提取 7158.91 万元，天台分中心提取 5857.61 万元，仙居分中心提取 2628.4 万元，三门分中心提取 1100.99 万元。

（五）**管理费用支出**。2020 年，管理费用支出 4303.20 万元，同比下降 5.79%。其中，人员经费 2797.66 万元，公用经费 389.05 万元，专项经费 1116.49 万元。

市中心管理费用支出 837.71 万元，其中，人员、公用、专项经费分别为 595.61 万元、79.1 万元、163 万元；椒江分中心管理费用支出 555.62 万元，其中，人员、公用、专项经费分别为 313.8 万元、40.34 万元、201.48 万元；黄岩分中心管理费用支出 441.47 万元，其中，人员、公用、专项经费分别为 289 万元、50.27 万元、102.2 万元；路桥分中心管理费用支出 326.63 万元，其中，人员、公用、专项经费分别为 189.84 万元、49.79 万元、87 万元；临海分中心管理费用支出 428.96 万元，其中，人员、公用、专项经费分别为 283.75 万元、13.21 万元、132 万元；温岭分中心管理费用支出 405.87 万元，其中，人员、公用、专项经费分别为 281.52 万元、41.07 万元、83.28 万元；玉环分中心管理费用支出 357.81 万元，其中，人员、公用、专项经费分别为 195.19 万元、48.7 万元、113.92 万元；天台分中心管理费用支出 323.04 万元，其中，人员、公用、专项经费分别为 213.22 万元、26 万元、83.82 万元；仙居分中心管理费用支出 324.51 万元，其中，人员、公用、专项经费分别为 220.6 万元、21.52 万元、82.39 万元；三门分中心管理费用支出 301.58 万元，其中，人员、公用、专项经费分别为 215.13 万元、19.05 万元、67.4 万元。

四、资产风险状况

（一）**个人住房贷款**。2020 年末，个人住房贷款逾期额 126.34 万元，逾期率 0.047‰。其中，市中心 0.112‰，椒江分中心 0，黄岩分中心 0，路桥分中心 0，临海分中心 0，温岭分中心 0.005‰；玉环分中心 0.274‰，天台分中心 0，仙居分中心 0.111‰，三门分中心 0.004‰。个人贷款风险准备金余额 220892.02 万元，2020 年，使用个人贷款风险准备金核销呆坏账 0 万元。

（二）**支持保障性住房建设试点项目贷款**。2020 年末，逾期项目贷款 0 万元，逾期率 0。

五、社会经济效益

（一）**缴存业务**。缴存职工中，国家机关和事业单位占 29.36%，国有企业占 15.13%，城镇集体企业占 2.17%，外商投资企业占 2.03%，城镇私营企业及其他城镇企业占 47.01%，民办非企业单位和社会团体占 2.78%，灵活就业人员 0.59%，其他占 0.93%；中、低收入占 98.44%，高收入占 1.56%。

新开户职工中，国家机关和事业单位占 9.25%，国有企业占 11.52%，城镇集体企业占 3.43%，外商投资企业占 1.89%，城镇私营企业及其他城镇企业占 68.43%，民办非企业单位和社会团体占 2.57%，灵活就业人员占 1.39%，其他占 1.52%；中、低收入占 99.27%，高收入占 0.73%。

（二）提取业务。提取金额中，购买、建造、翻建、大修自住住房占 31.01%，偿还购房贷款本息占 46.20%，租赁住房占 4.60%，支持老旧小区改造占 0%，离休和退休提取占 9.13%，完全丧失劳动能力并与单位终止劳动关系提取占 4.46%，出境定居占 0%，其他占 4.6%。提取职工中，中、低收入占 97.34%，高收入占 2.66%。

（三）贷款业务。

1. 个人住房贷款。2020 年，支持职工购建房 185.3 万平方米，年末个人住房贷款市场占有率（含公转商贴息贷款）为 15.12%，比上年下降 0.47 个百分点。通过申请住房公积金个人住房贷款，可节约职工购房利息支出 103800 万元。

职工贷款笔数中，购房建筑面积 90（含）平方米以下占 16.52%，90～144（含）平方米占 68.26%，144 平方米以上占 15.22%。购买新房占 70.16%（其中购买保障性住房占 0），购买二手房 29.84%，建造、翻建、大修自住住房占 0（其中支持老旧小区改造占 0%），其他占 0。

职工贷款笔数中，单缴存职工申请贷款占 35.46%，双缴存职工申请贷款占 64.54%，三人及以上缴存职工共同申请贷款占 0。

贷款职工中，30 岁（含）以下占 30.12%，30 岁～40 岁（含）占 45.98%，40 岁～50 岁（含）占 19.29%，50 岁以上占 4.61%；首次申请贷款占 91.78%，二次及以上申请贷款占 8.22%；中、低收入占 98.53%，高收入占 1.47%。

2. 支持保障性住房建设试点项目贷款。2020 年末，累计试点项目 0 个。

（四）住房贡献率。2020 年，个人住房贷款发放额、公转商贴息贷款发放额、项目贷款发放额、住房消费提取额的总和与当年缴存额的比率为 118.57%，比上年增长 11.34 个百分点。

六、其他重要事项

（一）应对新冠肺炎疫情、落实住房公积金阶段性支持政策情况。市中心先后出台了 3 个阶段性支持政策《关于在疫情防控期间加强住房公积金服务工作的通知》《关于明确在疫情防控期间落实稳企业稳就业的具体操作的通知》《关于进一步做好疫情防控期间企业申请缓缴住房公积金服务工作的通知》，并与市建设局、市财政局、中国人民银行台州市中心支行四部门联合出台《关于妥善应对新冠肺炎疫情实施住房公积金阶段性支持政策的通知》，助力困难企业和职工度过难关。

（二）受委托办理缴存贷款业务金融机构变更情况。当年新增中国邮政储蓄银行为贷款及归集业务承办行。

（三）当年住房公积金政策调整情况。归集方面，修订《缴存管理实施细则》及《自由职业者个人缴存和使用住房公积金管理办法》，修订《提取管理实施细则》和《按月提取还贷管理办法》，进一步简化相关办事材料，缩短审批流程。贷款方面，修订《台州市住房公积金个人住房贷款管理实施细则》。

(四)当年信息化建设和服务改进情况。继续深化"最多跑一次"改革,以"互联网+政务服务"为抓手,完善服务渠道功能,优化政务审批,不断提高办事效率和管理服务水平。顺利完成政务服务2.0升级,实现"脚尖"到"指尖"的零距离办理;完成长三角地区跨省开具异地缴存证明,实现异地贷款职工住房公积金缴存证明互联互通,线上轻松办理,避免职工两地来回跑;进一步优化规则引擎和数据共享,实现离职提取和离、退休提取住房公积金事项"秒办";按照省"数据高铁"建设工作要求,利用政务云和数据链等手段,实现全市公积金数据实时采集推送到省数据仓,为全省数据共享夯实基础;继续推进"一件事"办理,完成公务员职业生涯全周期管理、事业单位工作人员职业生涯全周期管理和企业开户"一件事"的系统对接和业务办理。

(五)所获荣誉情况。2020年度我中心被省住房城乡建设厅评为住房和城乡系统住房公积金主管部门工作目标责任制考核优秀单位。

(六)对违反《住房公积金管理条例》和相关法规行为进行行政执法情况。印发《关于进一步做好住房公积金系统扫黑除恶专项斗争工作的通知》,出台《关于印发〈台州市住房公积金管理中心扫黑除恶专项斗争行业乱象集中整治专项行动方案〉的通知》,继续大力打击骗提骗贷住房公积金违法行为。

2020 全国住房公积金年度报告汇编

安徽省

合肥
芜湖市
蚌埠市
淮南市
马鞍山市
淮北市
铜陵市
安庆市
黄山市
滁州市
阜阳市
宿州市
六安市
亳州市
池州市
宣城市

安徽省住房公积金 2020 年年度报告

根据国务院《住房公积金管理条例》和住房和城乡建设部、财政部、人民银行《关于健全住房公积金信息披露制度的通知》（建金〔2015〕26 号）规定，现将安徽省住房公积金 2020 年年度报告汇总公布如下。

一、机构概况

（一）住房公积金管理机构。全省共设 16 个设区城市住房公积金管理中心，5 个独立设置的分中心（其中，省直住房公积金管理分中心隶属合肥市住房公积金管理中心，皖北煤电集团公司分中心、淮北矿业集团分中心隶属淮北市住房公积金管理中心，淮南矿业集团分中心隶属淮南市住房公积金管理中心，马钢集团控股有限公司分中心隶属马鞍山市住房公积金管理中心）。从业人员 1299 人，其中，在编 772 人，非在编 527 人。

（二）住房公积金监管机构。安徽省住房和城乡建设厅、财政厅和人民银行合肥中心支行负责对本省住房公积金管理运行情况进行监督。省住房城乡建设厅设立住房公积金监管处，负责辖区住房公积金日常监管工作。

二、业务运行情况

（一）缴存。2020 年，新开户单位 11560 家，净增单位 7114 家；新开户职工 71.02 万人，净增职工 17.13 万人；实缴单位 72645 家，实缴职工 454.46 万人，缴存额 762.63 亿元，分别同比增长 10.86%、3.92%、11.01%。2020 年末，缴存总额 6240.52 亿元，比上年末增加 13.92%；缴存余额 1992.02 亿元，同比增长 10.62%。

（二）提取。2020 年，157.73 万名缴存职工提取住房公积金；提取额 571.44 亿元，同比增长 11.65%；提取额占当年缴存额的 74.93%，比上年增加 0.43 个百分点。2020 年末，提取总额 4248.50 亿元，比上年末增加 15.54%。

（三）贷款。

1. 个人住房贷款。2020 年，发放个人住房贷款 11.95 万笔、421.06 亿元，同比增长 10.44%、15.69%。回收个人住房贷款 239.10 亿元。

2020 年末，累计发放个人住房贷款 148.45 万笔、3565.79 亿元，贷款余额 1947.04 亿元，分别比上年末增加 8.76%、13.39%、10.31%。个人住房贷款余额占缴存余额的 97.74%，比上年末减少 0.28 个百分点。

2020 年，支持职工购建房 1345.98 万平方米。年末个人住房贷款市场占有率（含公转商贴息贷款）为 12.23%，比上年末减少 0.72 个百分点。通过申请住房公积金个人住房贷款，可节约职工购房利息支出 677443.73 万元。

2. 异地贷款。2020 年，发放异地贷款 4275 笔、134215.55 万元。2020 年末，发放异地贷款总额 1593378.75 万元，异地贷款余额 857838.71 万元。

3. 公转商贴息贷款。2020年，发放公转商贴息贷款181笔、5017.32万元，支持职工购建房面积2.69万平方米。当年贴息额1614.44万元。2020年末，累计发放公转商贴息贷款12634笔、315342.97万元，累计贴息12334.99万元。

（四）**融资**。2020年，融资45.79亿元，归还47.04亿元。2020年末，融资总额468.65亿元，融资余额117.74亿元。

（五）**资金存储**。2020年末，住房公积金存款188.76亿元。其中，活期2.95亿元，1年（含）以下定期68.21亿元，1年以上定期26.13亿元，其他（协定、通知存款等）91.47亿元。

（六）**资金运用率**。2020年末，住房公积金个人住房贷款余额、项目贷款余额和购买国债余额的总和占缴存余额的97.74%，比上年末减少0.28个百分点。

三、主要财务数据

（一）**业务收入**。2020年，业务收入647498.34万元，同比增长9.24%。其中，存款利息54916.11万元，委托贷款利息582396.20万元，国债利息0万元，其他10186.03万元。

（二）**业务支出**。2020年，业务支出345815.25万元，同比增长7.59%。其中，支付职工住房公积金利息292288.79万元，归集手续费1735.48万元，委托贷款手续费17657.10万元，其他34133.88万元。

（三）**增值收益**。2020年，增值收益301683.09万元，同比增长11.20%；增值收益率1.58%。

（四）**增值收益分配**。2020年，提取贷款风险准备金56879.54万元，提取管理费用38286.56万元，提取公共租赁住房建设补充资金206516.99万元。

2020年，上交财政管理费用43783.86万元，上缴财政公共租赁住房建设补充资金200908.81万元。

2020年末，贷款风险准备金余额647152.05万元，累计提取公共租赁住房建设补充资金1385832万元。

（五）**管理费用支出**。2020年，管理费用支出40458.69万元，同比下降7.45%。其中，人员经费17073.43万元，公用经费3531.20万元，专项经费19854.06万元。

四、资产风险状况

（一）**个人住房贷款**。2020年末，个人住房贷款逾期额3139.70万元，逾期率0.16‰，个人贷款风险准备金余额633580.07万元。2020年，使用个人贷款风险准备金核销呆坏账0万元。

（二）**住房公积金支持保障性住房建设项目贷款**。我省已完成支持保障性住房建设项目贷款的发放和回收工作，项目贷款风险准备金余额13571.98万元。

五、社会经济效益

（一）**缴存业务**。缴存职工中，国家机关和事业单位占35.66%，国有企业占25.76%，城镇集体企业占1.27%，外商投资企业占3.75%，城镇私营企业及其他城镇企业占27.60%，民办非企业单位和社会团体占1.85%，灵活就业人员占0.26%，其他占3.85%；中、低收入占98.53%，高收入占1.47%。

新开户职工中，国家机关和事业单位占17.29%，国有企业占13.51%，城镇集体企业占1.32%，外商投资企业占4.32%，城镇私营企业及其他城镇企业占55.04%，民办非企业单位和社会团体占2.77%，灵活就业人员占0.47%，其他占5.28%；中、低收入占99.42%，高收入占0.58%。

（二）提取业务。 提取金额中，购买、建造、翻建、大修自住住房占28.80%，偿还购房贷款本息占50.69%，租赁住房占2.33%。离休和退休提取占12.28%，完全丧失劳动能力并与单位终止劳动关系提取占2.51%，出境定居占0.76%，其他占2.63%。提取职工中，中、低收入占98.05%，高收入占1.95%。

（三）个人住房贷款业务。 职工贷款笔数中，购房建筑面积90（含）平方米以下占16.10%，90~144（含）平方米占77.24%，144平方米以上占6.66%。购买新房72.43%（其中购买保障性住房占0.01%），购买二手房占27.56%，其他占0.01%。

职工贷款笔数中，单缴存职工申请贷款占45.69%，双缴存职工申请贷款占54.31%。

贷款职工中，30岁（含）以下占36.24%，30岁~40岁（含）占36.03%，40岁~50岁（含）占20.83%，50岁以上占6.90%；首次申请贷款占84.38%，二次及以上申请贷款占15.62%；中、低收入占96.99%，高收入占3.01%。

（四）住房贡献率。 2020年，个人住房贷款发放额、公转商贴息贷款发放额、住房消费提取额的总和与当年缴存额的比率为116.90%，比上年增加2.77个百分点。

六、其他重要事项

（一）应对新冠肺炎疫情采取的政策措施，落实住房公积金阶段性支持政策情况和政策实施成效。 我省认真落实《住房和城乡建设部财政部人民银行关于妥善应对新冠肺炎疫情实施住房公积金阶段性支持政策的通知》。阶段性支持期间，各地住房公积金管理中心共为3147个企业办理了缓缴住房公积金的申请，涉及缓交职工40.71万人，缓缴金额17.73亿元。

（二）当年开展监督检查情况。 建立了审计+稽查评估相结合的监管模式，加强资金流动性风险防控，实行政策调整备案审查，加大对住房公积金归集、提取、贷款、资金管理、基础数据标准、规范的贯彻力度，举办住房公积金贷款业务规范培训。

（三）当年信息化建设及服务改进情况。 当年完成企业开办"一网通办"目标任务，实现住房公积金单位登记开户、信息变更、缴存业务全程网办；实现长三角住房公积金"个人申请出具异地贷款缴存使用证明"服务事项全程网办；实现个人住房公积金缴存贷款等信息查询、出具贷款职工住房公积金缴存使用证明、正常退休提取住房公积金三项业务"跨省通办"。全省16个城市中心已完成了综合服务平台建设，已有11个城市中心通过了部省联合验收。

（四）当年住房公积金机构及从业人员所获荣誉情况。 2020年，全省住房公积金行业积极开展精神文明创建，分别荣获省级文明单位7个、地市级9个；地市级青年文明号2个；地市级五一劳动奖章2个；国家级巾帼文明岗1个、地市级2个；省部级先进集体和个人10个、地市级60个；省部级其他荣誉10个、地市级46个。

合肥住房公积金 2020 年年度报告

根据国务院《住房公积金管理条例》和住房和城乡建设部、财政部、人民银行《关于健全住房公积金信息披露制度的通知》(建金〔2015〕26 号)的规定,经住房公积金管理委员会审议通过,现将合肥住房公积金 2020 年年度报告公布如下。

一、机构概况

(一)**住房公积金管理委员会**。住房公积金管理委员会有 29 名委员,2020 年召开一次会议,审议通过 2019 年度住房公积金归集、使用计划执行情况和 2020 年计划草案的报告。审议通过 2019 年住房公积金增值收益分配情况和 2020 年增值收益计划分配方案的报告。

(二)**住房公积金管理中心**。住房公积金管理中心为直属合肥市人民政府不以营利为目的的公益二类事业单位,主要负责全市住房公积金的归集、管理、使用和会计核算。设 10 个处室,4 个管理部,3 个分中心。从业人员 203 人,其中,在编 109 人,非在编 94 人。省直住房公积金管理分中心为独立法人,隶属安徽省机关事务管理局。

二、业务运行情况

(一)**缴存**。2020 年,新开户单位 5158 家,净增单位 3132 家;新开户职工 33.02 万人,净增职工 6.63 万人;实缴单位 19669 家,实缴职工 144.12 万人,缴存额 238.46 亿元,分别同比增长 18.94%、4.82%、12.96%。2020 年末,缴存总额 1760.03 亿元,比上年末增加 15.67%;缴存余额 556.69 亿元,同比增长 14.09%。受委托办理住房公积金缴存业务的银行 4 家。

(二)**提取**。2020 年,51.76 万名缴存职工提取住房公积金;提取额 169.69 亿元,同比增长 15.80%;提取额占当年缴存额的 71.16%,比上年增加 1.75 个百分点。2020 年末,提取总额 1203.34 亿元,比上年末增加 16.42%。

(三)**贷款**。

1. 个人住房贷款。单缴存职工个人住房贷款最高额度 45 万元,双缴存职工个人住房贷款最高额度 55 万元。

2020 年,发放个人住房贷款 3.34 万笔、151.65 亿元,同比分别增长 25.56%、26.14%。其中,市中心发放个人住房贷款 2.72 万笔、123.02 亿元,省直分中心发放个人住房贷款 0.62 万笔、28.63 亿元。

2020 年,回收个人住房贷款 63.03 亿元。其中,市中心 47.85 亿元,省直分中心 15.18 亿元。

2020 年末,累计发放个人住房贷款 33.34 万笔、1007.09 亿元,贷款余额 580.81 亿元,分别比上年末增加 11.13%、17.73%、18.01%。个人住房贷款余额占缴存余额的 104.33%,比上年末增加 3.46 个百分点。受委托办理住房公积金个人住房贷款业务的银行 16 家。

2. 异地贷款。2020 年,发放异地贷款 51 笔、2253.50 万元(铁路行业)。2020 年末,发放异地贷款总额 345799.84 万元,异地贷款余额 160090.11 万元。

(四)**资金存储**。2020 年末,住房公积金存款 33.14 亿元。其中,活期 0.25 亿元,1 年(含)以下定期 11.05 亿元，其他（协定存款等）21.84 亿元。

（五）资金运用率。2020 年末，住房公积金个人住房贷款余额、项目贷款余额和购买国债余额的总和占缴存余额的 104.33%，比上年末增加 3.46 个百分点。

三、主要财务数据

（一）业务收入。2020 年，业务收入 169151.17 万元，同比增长 15.09%。其中，市中心 128412.27 万元，省直分中心 40738.90 万元；存款利息 7642.60 万元，委托贷款利息 161480.67 万元，国债利息 0 万元，其他 27.90 万元。

（二）业务支出。2020 年，业务支出 93229.21 万元，同比增长 15.70%。其中，市中心 72550.41 万元，省直分中心 20678.80 万元；支付职工住房公积金利息 78806.67 万元，归集手续费 790.68 万元，委托贷款手续费 4043.61 万元，其他 9588.25 万元（其中市中心融资借款的利息支出 3792.59 万元，担保及资产管理费 4465.52 万元，省直分中心担保费 1329.58 万元）。

（三）增值收益。2020 年，增值收益 75921.96 万元，同比增长 14.34%。其中，市中心 55861.85 万元，省直分中心 20060.11 万元；增值收益率 1.44%，比上年减少 0.02 个百分点。

（四）增值收益分配。2020 年，提取贷款风险准备金 1236.61 万元，提取管理费用 5733.70 万元，提取城市廉租住房（公共租赁住房）建设补充资金 68951.65 万元。

2020 年，上交财政管理费用 5660.25 万元。上缴财政城市廉租住房（公共租赁住房）建设补充资金 60847.49 万元。其中，市中心上缴 44477.82 万元，省直分中心上缴 16369.67 万元。

2020 年末，贷款风险准备金余额 131460.46 万元。累计提取城市廉租住房（公共租赁住房）建设补充资金 400698.02 万元。其中，市中心提取 290767.55 万元，省直分中心提取 109930.47 万元。

（五）管理费用支出。2020 年，管理费用支出 5041.08 万元，同比下降 10.85%。其中，人员经费 2596.80 万元，公用经费 301.98 万元，专项经费 2142.30 万元。

市中心管理费用支出 3394.83 万元，其中，人员、公用、专项经费分别为 2053.90 万元、197.18 万元、1143.75 万元；省直分中心管理费用支出 1646.25 万元，其中，人员、公用、专项经费分别为 542.90 万元、104.80 万元、998.55 万元。

四、资产风险状况

个人住房贷款。2020 年末，个人住房贷款逾期额和逾期率均为零。个人贷款风险准备金余额 131460.46 万元。2020 年未使用个人贷款风险准备金核销呆坏账。

五、社会经济效益

（一）缴存业务。缴存职工中，国家机关和事业单位占 20.71%，国有企业占 23.93%，城镇集体企业占 0.29%，外商投资企业占 4.65%，城镇私营企业及其他城镇企业占 48.49%，民办非企业单位和社会团体占 1.87%，灵活就业人员占 0%，其他占 0.06%；中、低收入占 97.87%，高收入占 2.13%。

新开户职工中，国家机关和事业单位占 9.07%，国有企业占 13.41%，城镇集体企业占 0.33%，外商投资企业占 4.34%，城镇私营企业及其他城镇企业占 70.41%，民办非企业单位和社会团体占 2.07%，灵活就业人员占0%，其他占0.37%；中、低收入占99.14%，高收入占0.86%。

（二）**提取业务**。提取金额中，购买、建造、翻建、大修自住住房占22.50%，偿还购房贷款本息占57.74%，租赁住房占5.53%，支持老旧小区改造占0.0026%，离休和退休提取占9.85%，完全丧失劳动能力并与单位终止劳动关系提取占0.15%，出境定居占1.56%，其他占2.68%。提取职工中，中、低收入占96.91%，高收入占3.09%。

（三）**贷款业务**。个人住房贷款。2020年，支持职工购建房347.89万平方米（含公转商贴息贷款），年末个人住房贷款市场占有率（含公转商贴息贷款）为10.80%，比上年末增加0.26个百分点。通过申请住房公积金个人住房贷款，可节约职工购房利息支出239331.14万元。

职工贷款笔数中，购房建筑面积90（含）平方米以下占26.27%，90~144（含）平方米占68.27%，144平方米以上占5.46%。购买新房占64.56%（其中购买保障性住房占0%），购买二手房占35.44%，建造、翻建、大修自住住房占0%（其中支持老旧小区改造占0%），其他占0%。

职工贷款笔数中，单缴存职工申请贷款占43.63%，双缴存职工申请贷款占56.37%，三人及以上缴存职工共同申请贷款占0%。

贷款职工中，30岁（含）以下占50.24%，30岁~40岁（含）占36.24%，40岁~50岁（含）占10.91%，50岁以上占2.61%；首次申请贷款占85.09%，二次及以上申请贷款占14.91%；中、低收入占96.39%，高收入占3.61%。

（四）**住房贡献率**。2020年，个人住房贷款发放额、公转商贴息贷款发放额、项目贷款发放额、住房消费提取额的总和与当年缴存额的比率为125.01%，比上年增加8.63个百分点。

六、其他重要事项

（一）**应对新冠肺炎疫情采取的措施，落实住房公积金阶段性支持政策情况和政策实施成效**。积极贯彻落实住房和城乡建设部、财政部、人民银行《关于妥善应对新冠肺炎疫情实施住房公积金阶段性支持政策的通知》要求，及时发布《关于加强疫情防控期间住房公积金服务保障的通知》、第一时间出台《关于疫情防控期间支持企业住房公积金缓缴等事项的通知》（合积〔2020〕8号），通过加大宣传、简化办事程序，灵活运用信用承诺制，优化审批流程，截至6月底，全市共有1633户（其中市中心1526户，省直分中心107户）企业申请缓缴住房公积金11.20亿元（其中市中心10.54亿元，省直分中心0.66亿元），有力促进了企业复工复产。对受疫情影响未能正常还款的贷款家庭，不作逾期处理。职工受疫情防控影响无法办理提取而导致超期的，提取时限顺延至疫情结束后3个月，实实在在帮助缴存职工纾解困难，缓解生活压力。严格单位职工、办公场所、公积金业务大厅疫情防控，营造安全的办事环境。积极提倡职工疫情期间线上办理业务，阻断疫情传播。同时在12329公积金热线的基础上，增设8部专线及时回应缴存单位和职工的业务诉求，对于特殊业务办理，采取电话、邮寄等多种方式办理，收到邮件1243封全部办结。妥善做好阶段性政策期满后的衔接，确保平稳过渡，缓缴住房公积金企业基本恢复正常缴存。

（二）**当年机构及职能调整情况、受委托办理缴存贷款业务金融机构变更情况**。省直分中心由原来的7个内设机构，调整为综合发展部、业务服务部、计划财务部3个内设机构。2020年11月，增加合肥科技农村商业银行为贷款委托银行。

(三）当年住房公积金政策调整及执行情况。

1. 2020年继续贯彻执行规范和阶段性降低缴存比例政策，住房公积金缴存比例保持5%～12%。出台《关于调整年度基数执行时间的通知》（合金管办〔2020〕1号）。2020年1月1日至2020年12月31日，职工住房公积金月缴存基数上限为22528元，下限按现行的合肥市最低工资标准1550元/月执行，市辖四县一市最低工资标准按省市相关文件规定执行。

2. 出台《关于完善我市住房公积金贷款政策的通知》（合金管办〔2020〕2号），自2020年9月7日起执行。

一是完善贷款额度的确定标准。贷款额度实行与职工还款能力和缴存余额双挂钩。贷款额度在不高于我市规定的最高贷款额度内，按以下两种公式计算的低值确定实际贷款额度。

① 借款人夫妻双方计缴住房公积金月工资收入之和×12个月×还款能力系数×实际可贷年限。

② 借款人公积金账户缴存余额×缴存时间倍数＋借款人配偶公积金账户缴存余额×缴存时间倍数。

连续缴存住房公积金在1年以内（含1年），缴存时间倍数为10倍；连续缴存住房公积金在1年以上2年以内（含2年），缴存时间倍数为15倍；连续缴存住房公积金2年以上，缴存时间倍数为20倍。账户缴存余额不足1万元的按1万元计算。当前"还贷能力系数"为0.5。

二是明确对婚姻状况变化后家庭贷款次数的认定。婚姻状况的变化不影响公积金贷款次数的认定，婚前公积金贷款次数在婚后合并记入家庭贷款次数，婚姻关系存续期间家庭的公积金贷款次数在婚姻关系结束后分别记入当事人贷款次数。

三是贷款最长期限调整为30年，且不得超过借款人法定退休年龄后5年。

3. 贯彻落实老旧小区加装电梯提取住房公积金政策，2020年共为13户家庭办理了加装电梯提取业务。

（四）当年服务改进情况。

1. 强化服务水平，持续优化营商环境。加大宣传，积极扩大制度受益面范围，贯彻落实公积金领域"放管服"改革，持续推进信用体系建设。推出了批量业务上门服务、特殊群体上门服务、每周六志愿者服务，每日提前半小时服务，开通预约办理小程序等"品牌服务"。通过"贴心办""上门办""随时办"等服务方式，满足单位和职工的个性化需求。2020年共组织了四次大型志愿者服务活动，累计服务580户缴存职工家庭。专题调研共40余次。在花园街、政务、滨湖三个服务网点开设跨省通办、长三角一体化专窗。

2. 强化服务能力，不断提升办事效率。持续完善住房公积金网上办理事项，实现除贷款面签外的全业务覆盖。发布了《关于取消异地户口离职职工提取时提供"解除劳动关系证明"的通知》《关于取消市辖区内租赁自住住房提取有关材料的通知》，进一步精简办事材料，解决了缴存职工一类卡校验问题。持续对网厅业务进行优化，实现了与社保、公安、民政、房产等部门数据对接及共享。在全面推进企业开办"一网通办"的基础上，25项提取业务逐步实现机审机控办理。经过大力宣传推广，网上大厅业务量稳步上升，年底前单位网上业务办理离柜率达到了七成，个人网上业务办理离柜率达到了五成。

3. 强化综合管理，提高基础支撑水平。将原有对受托银行和担保公司的委托管理，调整为协议管理，充分发挥中心的监督管理职能，调动受托银行和担保公司的积极能动性。修订《归集业务委托协议》《住房公积金委托担保贷款业务合作协议》和《委托业务考核办法》，加强对归集、贷款和担保业务考核，对受托银行和担保公司在服务网点设置、人员配备、归集贷款担保手续费支付标准等方面进行了规范。出台了《关于规范住房公积金贷款审批时限规定的通知》,进一步明确了各类型贷款业务办理时限,强化了对受托银行业务的过程管理,提高银行公积金承办工作水平,提升了服务质量。

4. 强化风险防范,健全完善内控和法治体系。加强资金调度,进一步完善贷款、提取等政策法规制度。出台《合肥市住房公积金资金流动性风险预警管理办法》,建立了资金风险预警机制。充分利用好电子稽查工具,加大"扫黑除恶"工作力度,增强中心风险排查能力,防范资金风险。不断完善、健全中心内部法规制度,合理、规范行使行政权力。

5. 强化队伍建设,抓好党建促发展。中心始终把学习宣传贯彻党的十九大和十九届二中、三中、四中、五中全会精神和习近平新时代中国特色社会主义思想,贯穿于全年住房公积金工作之中,牢固树立"四个意识",坚定"四个自信",坚决做到"两个维护",使党员领导干部和每一位普通党员都能准确把握党的路线方针政策,将思想统一到中央的决策部署上,努力营造奋发向上、实干担当的工作氛围。

(五)当年信息化建设情况。

1. 加快建设综合服务平台,实现了"7×24小时服务不打烊"。9月通过国家住房和城乡建设部"综合服务平台"项目验收。实现了住房公积金服务由原先的柜面人工服务办理,转移到网上智能服务为主的办理模式。建立了以互联网和移动终端为载体,整合网上办事大厅、门户网站、官方微信、官方微博、手机短信、12329服务热线、自助服务终端等服务渠道的住房公积金综合服务平台服务体系。围绕"互联网+公积金服务"和"智慧公积金"建立部门间信息共享、互联互通机制,提升系统自动化办理、减少人工审核,实现"让数据多跑路、让群众少跑腿",进一步促进了住房公积金服务的迈进升级。省直分中心14家委贷银行全部实现贷款自主核算,实现了从按月划转向"冲还贷"升级;完成信息机房改造升级工程,实现"区块链"技术运用。

2. 加强跨省区域合作,长三角"一网通办"平台上线。10月份,在合肥市住房公积金门户网站通过统一的长三角栏目,即可登录长三角任何城市的网上业务大厅进行线上业务办理;通过长三角"一网通办"专窗系统,实现了住房公积金信息协查、购房提取异常地区警示公告和个人申请出具异地贷款缴存使用证明三个服务事项清单;实现了8项服务事项"跨省通办";减少职工在各城市间往返,轻松实现跨地区在线办结。

(六)当年住房公积金管理中心及职工所获荣誉情况。2020年管理中心获得合肥市效能建设考评优秀单位、合肥市政务公开优秀单位、合肥市预算绩效管理考核优秀单位、合肥市本级预算管理综合考评先进单位、机关党委获得市级"好"党组、业务服务处获得合肥市巾帼文明岗、孙海茵同志获全国住建系统抗击新冠肺炎疫情先进个人荣誉称号、铁路分中心获得第五批全省住建系统学雷锋活动示范点和合肥市三八红旗集体、省直分中心获得安徽省第十二届文明单位。

芜湖市住房公积金2020年年度报告

根据国务院《住房公积金管理条例》和住房和城乡建设部、财政部、人民银行《关于健全住房公积金

信息披露制度的通知》（建金〔2015〕26号）的规定，经住房公积金管理委员会审议通过，现将芜湖市住房公积金2020年年度报告公布如下。

一、机构概况

（一）**住房公积金管理委员会**。住房公积金管理委员会有29名委员，2020年召开1次会议，审议通过的事项主要包括：

1. 芜湖市住房公积金管理中心2019年工作总结及2020年工作计划；

2. 2019年度市住房公积金管理中心融资使用情况及2020年度融资计划；

3. 关于落实《住房和城乡建设部、财政部、人民银行关于妥善应对新冠肺炎疫情实施住房公积金阶段性支持政策的通知》情况的汇报；

4. 2020年各县（市）、区、经开区住房公积金扩面工作目标任务安排；

5. 修订《芜湖市住房公积金委托业务考核办法》；

6. 芜湖市住房公积金2019年年度报告（书面）；

7. 芜湖市住房公积金管理中心2019年度全市住房公积金收支及管理情况专项审计报告（书面）；

8. 2019年度市住房公积金管理中心审批住房公积金缓缴情况备案报告（书面）；

9. 关于调整2019年度芜湖市住房公积金缴存基数和比例的备案报告（书面）。

（二）**住房公积金管理中心**。芜湖市住房公积金管理中心为芜湖市人民政府直属事业单位，内设6个科、4个管理部、1个管理处、2个办事处。从业人员100人，其中，在编46人，非在编54人。

二、业务运行情况

（一）**缴存**。2020年，新开户单位1230家，净增单位1025家；新开户职工7.44万人，净增职工0.66万人；实缴单位5702家，实缴职工37.56万人，缴存额56.85亿元，分别同比增长21.92%、1.79%、9.39%。2020年末，缴存总额465.54亿元，比上年末增长13.91%；缴存余额148.40亿元，同比增长9.89%。受委托办理住房公积金缴存业务的银行3家。

（二）**提取**。2020年，14.41万名缴存职工提取住房公积金；提取额43.50亿元，同比增长13.99%；提取额占当年缴存额的76.52%，比上年增加3.09个百分点。2020年末，提取总额317.14亿元，比上年末增加15.90%。

（三）**贷款**。

1. 个人住房贷款。单缴存职工个人住房贷款最高额度30万元，双缴存职工个人住房贷款最高额度50万元。

2020年，发放个人住房贷款0.94万笔、27.86亿元，同比分别增长22.08%、26.23%。

2020年，回收个人住房贷款17.75亿元。

2020年末，累计发放个人住房贷款13.40万笔、287.13亿元，贷款余额145.45亿元，分别比上年末增加7.54%、10.75%、7.46%。个人住房贷款余额占缴存余额的98.02%，比上年末减少2.21个百分点。受委托办理住房公积金个人住房贷款业务的银行17家。

2. 异地贷款。2020年，发放异地贷款5笔、152.4万元。2020年末，发放异地贷款总额110904.9万元，异地贷款余额 54966.91 万元。

3. 公转商贴息贷款。2020 年，未发放公转商贴息贷款，当年贴息额 312.6 万元。2020 年末，累计发放公转商贴息贷款 2165 笔、48100 万元，累计贴息 2981.83 万元。

（四）**资金存储**。2020 年末，住房公积金存款 7.03 亿元。其中，协定存款 7.03 亿元。

（五）**资金运用率**。2020 年末，住房公积金个人住房贷款余额、项目贷款余额和购买国债余额的总和占缴存余额的 98.02%，比上年末减少 2.21 个百分点。

三、主要财务数据

（一）**业务收入**。2020 年，业务收入 55284.24 万元，同比增长 0.36%。其中，存款利息 1969.25 万元，委托贷款利息 45341.61 万元，其他 7973.38 万元（含财政补贴融资利息）。

（二）**业务支出**。2020 年，业务支出 26038.92 万元，同比下降 13.39%。其中，支付职工住房公积金利息 20513.77 万元，归集手续费 15.62 万元，委托贷款手续费 0 万元，其他 5509.53 万元（含融资利息支出）。

（三）**增值收益**。2020 年，增值收益 29245.32 万元，同比增长 16.89%；增值收益率 2.04%，较上年增长 0.09 个百分点。

（四）**增值收益分配**。2020 年，提取贷款风险准备金 0 万元，提取管理费用 9190.21 万元（其中财政补贴融资利息专项 7600 万元），提取城市廉租住房（公共租赁住房）建设补充资金 20055.11 万元。

2020 年，上交财政管理费用 9608.33 万元。上缴财政城市廉租住房（公共租赁住房）建设补充资金 15411.78 万元。

2020 年末，贷款风险准备金余额 45298.93 万元。累计提取城市廉租住房（公共租赁住房）建设补充资金 106056.14 万元。

（五）**管理费用支出**。2020 年，管理费用支出 9190.21 万元，同比下降 20.83%。其中，人员经费 883.74 万元，公用经费 126.68 万元，专项经费 8179.79 万元（含财政补贴融资利息支出）。

四、资产风险状况

个人住房贷款。2020 年末，个人住房贷款逾期额 538.39 万元，逾期率 0.37‰。个人贷款风险准备金余额 43498.93 万元。2020 年，使用个人贷款风险准备金核销呆坏账 0 万元。

五、社会经济效益

（一）**缴存业务**。缴存职工中，国家机关和事业单位占 27.65%，国有企业占 23.48%，城镇集体企业占 0.85%，外商投资企业占 7.70%，城镇私营企业及其他城镇企业占 30.76%，民办非企业单位和社会团体占 1.45%，灵活就业人员占 1.39%，其他占 6.72%；中、低收入占 98.52%，高收入占 1.48%。

新开户职工中，国家机关和事业单位占 19.08%，国有企业占 15.23%，城镇集体企业占 0.60%，外商投资企业占 6.16%，城镇私营企业及其他城镇企业占 44.64%，民办非企业单位和社会团体占 2.54%，灵活就业人员占 2.04%，其他占 9.71%；中、低收入占 99.53%，高收入占 0.47%。

（二）**提取业务**。提取金额中，购买、建造、翻建、大修自住住房占 24.64%，偿还购房贷款本息占 56.45%，租赁住房占 0.98%，离休和退休提取占 8.70%，完全丧失劳动能力并与单位终止劳动关系提取占 8.27%，出境定居占 0.42%，其他占 0.54%。提取职工中，中、低收入占 97.86%，高收入占 2.14%。

（三）贷款业务。个人住房贷款。2020 年，支持职工购建房 105.56 万平方米（含公转商贴息贷款），年末个人住房贷款市场占有率（含公转商贴息贷款）为 12.57%，比上年末减少 0.76 个百分点。通过申请住房公积金个人住房贷款，可节约职工购房利息支出 49387.77 万元。

职工贷款笔数中，购房建筑面积 90（含）平方米以下占 20.86%，90～144（含）平方米占 71.18%，144 平方米以上占 7.96%。购买新房占 59.12%（其中购买保障性住房占 0%），购买二手房占 40.83%，其他占 0.05%。

职工贷款笔数中，单缴存职工申请贷款占 61.67%，双缴存职工申请贷款占 38.33%。

贷款职工中，30 岁（含）以下占 33.17%，30 岁～40 岁（含）占 41.34%，40 岁～50 岁（含）占 19.03%，50 岁以上占 6.46%；首次申请贷款占 81.80%，二次及以上申请贷款占 18.20%；中、低收入占 97.08%，高收入占 2.92%。

（四）住房贡献率。2020 年，个人住房贷款发放额、公转商贴息贷款发放额、项目贷款发放额、住房消费提取额的总和与当年缴存额的比率为 111.85%，比上年增加 9.51 个百分点。

六、其他重要事项

（一）应对新冠肺炎疫情，落实住房公积金阶段性支持政策，中心党组迅速反应、主动作为，在全省率先出台了《关于调整疫情防控期间住房公积金有关事项的通知》，认真贯彻落实部、省《关于妥善应对新冠肺炎疫情实施住房公积金阶段性支持政策的通知》等政策，对受疫情影响的企业申请缓缴住房公积金，纾解企业困难。2020 年 1～3 月，审批企业缓缴住房公积金 367 家，涉及职工 4.43 万人，缓缴金额 1.15 亿元；审批 199 名缓缴单位职工贷款申请，同意 640 名职工延期还款申请，以实际行动助力"六稳""六保"。

（二）当年住房公积金政策调整及执行情况。

1. 当年缴存基数限额及确定方法、缴存比例等缴存政策调整情况。2020 年住房公积金缴存基数是按照 2019 年（2019 年 1 月 1 日至 2019 年 12 月 31 日）职工月平均工资确定。

缴存基数不得高于市统计部门公布的 2019 年度芜湖市城镇非私营单位就业人员月平均工资的 3 倍，即不超过 19540 元（2019 年度芜湖市城镇非私营单位就业人员月平均工资 6513.4 元×3 倍）；不得低于 2019 年芜湖市月最低工资标准 1380 元。缴存比例为 5%～12%。

2. 中心与退役军人事务局联合出台我市自主择业军转干部建缴住房公积金政策，会同市委组织部、财政局联合印发《关于为村干部及村后备干部建立住房公积金制度的意见》，加强农村基层干部基本保障机制。2020 年，全市已有 5397 名村干部建缴住房公积金。

3. 根据住房和城乡建设部、财政部、中国人民银行、中国银行业监督管理委员会《关于规范住房公积金个人住房贷款政策有关问题的通知》等文件规定，第二次申请住房公积金个人贷款购买普通自住住房的，最低首付款比例为 30%，贷款利率不得低于同期首次住房公积金个人贷款利率的 1.1 倍（2020 年 8 月 10 日起正式施行）。

4. 住房公积金个人贷款最短期限为 1 年。贷款发放 1 年后，借款人方可申请提前还款（2020 年 8 月 10 日起正式施行）。

（三）运用"互联网＋政务服务"，打造"指尖上的公积金服务"，形成以门户网站、政务服务网、微信服务号、12329 热线、皖事通 App、城市令 App 等为主渠道，以第三方支付宝等为补充的在线服务体系，为缴存单位和职工提供全方位、高效、快捷的服务体验。全年累计办理公积金网上业务 8.6 万笔，是上年同期的 3.44 倍，网办业务量位列全市第一。

进一步简化优化业务流程，减少证明材料 56 项。致力于深化"放管服"改革，积极发挥"智慧公积金"作用，主动打通数据壁垒，在全省率先实现行政区域内住房公积金业务"通缴通取通贷"和长三角地区住房公积金缴存职工《异地贷款缴存使用证明》"一网通办"，打通"服务最后一公里"。

（四）当年住房公积金管理中心及职工所获荣誉情况。

1. 2020 年 3 月 27 日市中心被芜湖市精神文明建设指导委员会授予芜湖市第十四届市级文明单位标兵《关于表彰芜湖市第十四届市级文明单位标兵和第十八届市级文明单位的通报》（芜文明〔2020〕1 号）；

2. 2020 年 4 月 17 日综合科被住房城乡建设厅表彰为第五批"全省住房城乡建设系统学雷锋活动示范点"，邹海孝同志被评为学雷锋标兵《关于命名第四批全省住房城乡建设系统学雷锋活动示范点和岗位学雷锋标兵的决定》（建会函〔2020〕337 号）；

3. 2020 年 6 月 9 日中心被省文明委授予"第十二届安徽省文明单位"称号《关于表彰安徽省文明城市（城区）、文明村镇、文明单位的通报》（皖文明〔2020〕6 号）；

4. 2020 年 10 月 30 日芜湖市住房公积金管理中心被市委评为 2019 年度综合考核"优秀"等次《中共芜湖市委关于 2019 年度市管领导班子和领导干部综合考核及新冠肺炎疫情防控专项考核结果的通报》；

5. 2020 年 12 月 20 日，陈鑫斌副主任荣获芜湖市高质量发展先进个人。《中共芜湖市委芜湖市人民政府关于表彰芜湖市高质量发展先进集体和先进个人的决定》（芜〔2020〕393 号）。

（五）积极开展住房公积金领域骗提骗贷涉黑涉恶专项治理，推进诚信芜湖建设。2020 年，查获住房公积金各类骗提骗贷案件 43 起，涉及资金 439.3 万元，惩戒失信行为人 43 人。

蚌埠市住房公积金 2020 年年度报告

根据国务院《住房公积金管理条例》和住房和城乡建设部、财政部、人民银行《关于健全住房公积金信息披露制度的通知》（建金〔2015〕26 号）的规定，经住房公积金管理委员会审议通过，现将蚌埠市住房公积金 2020 年年度报告公布如下。

一、机构概况

（一）住房公积金管理委员会。住房公积金管理委员会有 27 名委员，2020 年召开 2 次会议，审议通过的事项主要包括：

第四届第四次会议审议通过两项议题，1. 蚌埠市住房公积金 2019 年年度报告；2. 2019 年度住房公积金增值收益分配方案。

第五届第一次会议审议通过四项议题，1. 审议五届一次管委会成员名单；2. 审议 2020 年度 1~11 月业务工作情况的报告；3. 审议关于调整 2020 年度住房公积金缴存基数及限额的意见；4. 审议关于本市既有多层住宅加装电梯提取使用住房公积金的意见。

（二）住房公积金管理中心。住房公积金管理中心为市政府直属不以营利为目的的公益二类事业单位，设 6 个科，3 个管理部。从业人员 68 人，其中，在编 28 人，非在编 40 人。

二、业务运行情况

（一）缴存。2020 年，新开户单位 631 家，净增单位 301 家；新开户职工 3.05 万人，净增职工 0.74 万人；实缴单位 3350 家，实缴职工 20.26 万人，缴存额 33.80 亿元，分别同比增长 9.87%、3.79%、19.77%。2020 年末，缴存总额 266.31 亿元，比上年末增加 14.53%；缴存余额 91.83 亿元，同比增长 13.69%。受委托办理住房公积金缴存业务的银行 3 家。

（二）提取。2020 年，6.91 万名缴存职工提取住房公积金；提取额 22.74 亿元，同比增长 12.19%；提取额占当年缴存额的 67.28%，比上年减少 4.54 个百分点。2020 年末，提取总额 174.48 亿元，比上年末增加 14.98%。

（三）贷款。

1. 个人住房贷款。单缴存职工个人住房贷款最高额度 20 万元，双缴存职工个人住房贷款最高额度 40 万元。

2020 年，发放个人住房贷款 0.41 万笔、10.46 亿元，同比分别下降 6.82%、0.76%。2020 年，回收个人住房贷款 10.68 亿元。

2020 年末，累计发放个人住房贷款 7.38 万笔、153.41 亿元，贷款余额 85.10 亿元，分别比上年末增加 5.88%、7.32%、-0.26%。个人住房贷款余额占缴存余额的 92.67%，比上年末减少 12.96 个百分点。受委托办理住房公积金个人住房贷款业务的银行 10 家。

2. 异地贷款。2020 年，发放异地贷款 2 笔、35 万元。2020 年末，发放异地贷款总额 62834.70 万元，异地贷款余额 41936.09 万元。

（四）资金存储。2020 年末，住房公积金存款 13.51 亿元。其中，活期 0.05 亿元，其他（协定、通知存款等）13.46 亿元。

（五）资金运用率。2020 年末，住房公积金个人住房贷款余额、项目贷款余额和购买国债余额的总和占缴存余额的 92.67%，比上年末减少 12.96 个百分点。

三、主要财务数据

（一）业务收入。2020 年，业务收入 30310.93 万元，同比增长 2.59%。其中，存款利息 2705.65 万元，委托贷款利息 27605.28 万元。

（二）业务支出。2020 年，业务支出 18996.55 万元，同比下降 3.51%。其中，支付职工住房公积金利息 13200.72 万元，委托贷款手续费 1507.86 万元，其他 4287.97 万元。

（三）增值收益。2020 年，增值收益 11314.38 万元，同比增长 14.78%。增值收益率 1.30%，比上年增加 0.01 个百分点。

（四）**增值收益分配。**2020 年，提取管理费用 1318.38 万元，提取城市廉租住房（公共租赁住房）建设补充资金 9996.00 万元。

2020 年，上交财政管理费用 1208.12 万元。上缴财政城市廉租住房（公共租赁住房）建设补充资金 8449 万元。

2020 年末，贷款风险准备金余额 27843.10 万元。累计提取城市廉租住房（公共租赁住房）建设补充资金 57050 万元。

（五）**管理费用支出。**2020 年，管理费用支出 1318.06 万元，同比下降 6.39%。其中，人员经费 795.26 万元，公用经费 455.85 万元，专项经费 66.95 万元。

四、资产风险状况

个人住房贷款。2020 年末，个人住房贷款逾期额 630.97 万元，逾期率 0.74‰。个人贷款风险准备金余额 27843.10 万元。2020 年，使用个人贷款风险准备金核销呆坏账 0 万元。

五、社会经济效益

（一）**缴存业务。**缴存职工中，国家机关和事业单位占 43.71%，国有企业占 21.74%，城镇集体企业占 2.14%，外商投资企业占 2.90%，城镇私营企业及其他城镇企业占 8.85%，民办非企业单位和社会团体占 2.10%，灵活就业人员占 0.01%，其他占 18.55%；中、低收入占 98.99%，高收入占 1.01%。

新开户职工中，国家机关和事业单位占 25.32%，国有企业占 14.08%，城镇集体企业占 2.46%，外商投资企业占 2.90%，城镇私营企业及其他城镇企业占 21.58%，民办非企业单位和社会团体占 5.13%，灵活就业人员占 0%，其他占 28.53%；中、低收入占 99.96%，高收入占 0.04%。

（二）**提取业务。**提取金额中，购买、建造、翻建、大修自住住房占 23.83%，偿还购房贷款本息占 51.86%，租赁住房占 2.90%，支持老旧小区改造占 0%，离休和退休提取占 14.29%，完全丧失劳动能力并与单位终止劳动关系提取占 0.44%，出境定居占 1.94%，其他占 4.74%。提取职工中，中、低收入占 97.35%，高收入占 2.65%。

（三）**贷款业务。**个人住房贷款。2020 年，支持职工购建房 47.43 万平方米（含公转商贴息贷款），年末个人住房贷款市场占有率（含公转商贴息贷款）为 9.83%，比上年末减少 1.41 个百分点。通过申请住房公积金个人住房贷款，可节约职工购房利息支出 16570.89 万元。

职工贷款笔数中，购房建筑面积 90（含）平方米以下占 11.29%，90~144（含）平方米占 83.75%，144 平方米以上占 4.96%。购买新房占 77.76%，购买二手房占 22.24%。

职工贷款笔数中，单缴存职工申请贷款占 59.69%，双缴存职工申请贷款占 40.31%。

贷款职工中，30 岁（含）以下占 34.15%，30 岁~40 岁（含）占 38.20%，40 岁~50 岁（含）占 21.31%，50 岁以上占 6.34%；首次申请贷款占 84.88%，二次及以上申请贷款占 15.12%；中、低收入占 98.99%，高收入占 1.01%。

（四）**住房贡献率。**2020 年，个人住房贷款发放额、公转商贴息贷款发放额、项目贷款发放额、住房消费提取额的总和与当年缴存额的比率为 83.86%，比上年减少 9.76 个百分点。

六、其他重要事项

（一）应对新冠肺炎疫情采取的措施，落实住房公积金阶段性支持政策情况和政策实施成效。积极落实《关于贯彻落实妥善应对新冠肺炎疫情实施住房公积金阶段性支持政策的通知》，组织干部职工311人次参与有关社区的联防联控。率先在全市政务服务窗口开通线上服务及人工远程咨询专线，指导职工通过网络办理住房公积金业务。协调委托银行落实贷款181笔、不作逾期处理。有效缓解了受疫情影响的贷款职工短期困难。受理企业缓缴申请预约97家，办理缓缴94家，缓缴金额1833.8万元，缓缴职工8566人。7月份之后全部恢复正常缴存，补缴金额1850万元。

（二）当年机构及职能调整情况、受委托办理缴存贷款业务金融机构变更情况。当年新增委托贷款合作银行两家，分别是蚌埠农村商业银行、中国邮储银行蚌埠分行。

（三）当年住房公积金政策调整及执行情况。根据住房和城乡建设部、财政部、中国人民银行《关于住房公积金管理若干问题的指导意见》（建金管〔2005〕5号）和省住房和城乡建设厅、省发展和改革委员会、省财政厅、中国人民银行合肥中心支行《转发住房和城乡建设部、发展改革委、财政部、人民银行关于规范和阶段性适当降低住房公积金缴存比例的通知》（建金〔2016〕95号）等相关规定，对我市2020年度住房公积金缴存基数进行调整，调整后，月缴存额上限为单位、个人各2170元，增长139元。月缴存基数下限不变。

（四）当年服务改进情况。按照住房和城乡建设部的相关部署，设立专窗办理"跨省通办"业务，并实行AB岗工作制。严格按住房和城乡建设部《综合服务平台建设导则》要求，建设综合服务平台，提升信息化管理服务水平。开通了网上业务大厅并与支付宝、皖事通（App）、省政务服务网实现统一认证和管理，真正达到了"一网""一门"，实现"不见面办理"的目标；通过与市云数据中心的联网，实现部门间数据共享；在"一网通办"的基础上，部分高频事项实现了"全程网办"，自动开具长三角异地贷款缴存证明；完成了与人民银行个人征信联网查询系统的升级；开展了企业缴存托收和自动开户业务，进一步优化了我市的营商环境；全面完成贷款自主核算、统一核算和通缴通提工作；此外12329语音系统的升级、短信平台的开通都为缴存职工提供了更好的服务体验。

（五）当年信息化建设情况。按照信息安全等级保护（三级）要求，以等保测评2.0标准，通过公开招标，添置了态势感知、权限管理和安全管理、接入认证网关和网络分析系统等信息安全设备。对现有的信息管理制度进行了调整，按照不相容岗位相分离的原则，强化数据安全管理，与系统操作人员签订保密协议，有效防范操作风险。

（六）当年住房公积金管理中心及职工所获荣誉情况。2020年，我中心获安徽省文明单位荣誉称号；业务服务中心获全国巾帼文明岗荣誉称号。

淮南市住房公积金2020年年度报告

根据国务院《住房公积金管理条例》和住房和城乡建设部、财政部、人民银行《关于健全住房公积金

信息披露制度的通知》（建金〔2015〕26号）的规定，经住房公积金管理委员会审议通过，现将淮南市住房公积金2020年年度报告公布如下。

一、机构概况

（一）**住房公积金管理委员会**。住房公积金管理委员会有29名委员，2020年召开2次会议，审议通过的事项主要包括：1.《淮南市2019年住房公积金计划执行情况及2020年工作计划的报告》；2.《淮南市2019年度住房公积金增值收益分配方案》；3.《淮南市2019年度住房公积金财务报告》；4.《淮南市住房公积金2019年年度报告》；5.《关于调整淮南市第四届住房公积金管理委员会成员的通知》；6.《关于既有住宅增设电梯提取住房公积金的通知（意见稿）》。

（二）**住房公积金管理中心**。住房公积金管理中心为市政府不以营利为目的的自收自支事业单位，设9个科，4个个分中心。从业人员79人，其中，在编60人，非在编19人。

二、业务运行情况

（一）**缴存**。2020年，新开户单位180家，净增单位246家；新开户职工1.96万人，净减职工0.44万人；实缴单位3717家，实缴职工25.88万人，缴存额48.11亿元，分别同比增长7.09%、－1.67%、8.19%。2020年末，缴存总额544.68亿元，比上年末增加9.69%；缴存余额158.58亿元，同比增长5.72%。受委托办理住房公积金缴存业务的银行5家。

（二）**提取**。2020年，9.62万名缴存职工提取住房公积金；提取额39.53亿元，同比增长3.16%；提取额占当年缴存额的82.16%，比上年减少4.01个百分点。2020年末，提取总额386.10亿元，比上年末增加11.41%。

（三）**贷款**。

1.个人住房贷款。单缴存职工个人住房贷款最高额度35万元，双缴存职工个人住房贷款最高额度45万元。

2020年，发放个人住房贷款0.59万笔、19.19亿元，同比分别下降40.40%、41.30%。其中，市中心发放个人住房贷款0.34万笔、11.29亿元，矿业集团分中心发放个人住房贷款0.25万笔、7.90亿元。

2020年，回收个人住房贷款17.07亿元。其中，市中心11.19亿元，矿业集团分中心5.88亿元。

2020年末，累计发放个人住房贷款11.41万笔、266.14亿元，贷款余额127.74亿元，分别比上年末增加5.55%、7.77%、1.68%。个人住房贷款余额占缴存余额的80.56%，比上年末减少3.19个百分点。受委托办理住房公积金个人住房贷款业务的银行8家。

2.异地贷款。2020年，发放异地贷款299笔、8898.104万元。2020年末，发放异地贷款总额134138.80万元，异地贷款余额103055.25万元。

（四）**资金存储**。2020年末，住房公积金存款32.79亿元。其中，活期1.58亿元，1年（含）以下定期18.23亿元，1年以上定期8.50亿元，其他（协定、通知存款等）4.48亿元。

（五）**资金运用率**。2020年末，住房公积金个人住房贷款余额、项目贷款余额和购买国债余额的总和占缴存余额的80.56%，比上年末减少3.19个百分点。

三、主要财务数据

（一）业务收入。 2020年，业务收入52910.62万元，同比增长18.30%。其中，市中心28718.69万元，矿业集团分中心24191.93万元；存款利息12155.14万元，委托贷款利息40754.99万元，国债利息0万元，其他0.49万元。

（二）业务支出。 2020年，业务支出33833.51万元，同比增长30.75%。其中，市中心18586万元，矿业集团分中心15247.51万元；支付职工住房公积金利息31912.31万元，归集手续费0万元，委托贷款手续费1023.61万元，其他897.59万元。

（三）增值收益。 2020年，增值收益19077.11万元，同比增长1.21%。其中，市中心10132.70万元，矿业集团分中心8944.41万元；增值收益率1.23%，比上年减少0.05个百分点。

（四）增值收益分配。 2020年，提取贷款风险准备金0万元；提取管理费用1715.86万元，提取城市廉租住房（公共租赁住房）建设补充资金17361.25万元。

2020年，上交财政管理费用3831.80万元。上缴财政城市廉租住房（公共租赁住房）建设补充资金14905.76万元。其中，市中心上缴9441.75万元，矿业集团分中心上缴5464.01万元。

2020年末，贷款风险准备金余额66488.95万元。累计提取城市廉租住房（公共租赁住房）建设补充资金158722.98万元。其中，市中心提取85220.72万元，矿业集团分中心提取73502.26万元。

（五）管理费用支出。 2020年，管理费用支出2052.94万元，同比增长8.42%。其中，人员经费1165.88万元，公用经费37.83万元，专项经费849.23万元。

市中心管理费用支出1363.09万元，其中，人员、公用、专项经费分别为631.27万元、29.53万元、702.29万元；矿业集团分中心管理费用支出689.85万元，其中，人员、公用、专项经费分别为534.61万元、8.30万元、146.94万元。

四、资产风险状况

（一）个人住房贷款。 2020年末，个人住房贷款逾期额0万元，逾期率0‰，其中，市中心0‰，矿业集团分中心0‰。个人贷款风险准备金余额56942.15万元。2020年，使用个人贷款风险准备金核销呆坏账0万元。

（二）支持保障性住房建设试点项目贷款。 2020年末，无逾期项目贷款；项目贷款风险准备金余额9546.80万元。

五、社会经济效益

（一）缴存业务。 缴存职工中，国家机关和事业单位占24.77%，国有企业占52.05%，城镇集体企业占3.45%，外商投资企业占1.15%，城镇私营企业及其他城镇企业占12.31%，民办非企业单位和社会团体占3.26%，灵活就业人员占0.54%，其他占2.47%；中、低收入占98.68%，高收入占1.32%。

新开户职工中，国家机关和事业单位占24.50%，国有企业占36.46%，城镇集体企业占1.65%，外商投资企业占1.35%，城镇私营企业及其他城镇企业占25.64%，民办非企业单位和社会团体占4.97%，灵活就业人员占1.90%，其他占3.53%；中、低收入占99.70%，高收入占0.30%。

(二)提取业务。提取金额中,购买、建造、翻建、大修自住住房占32.37%,偿还购房贷款本息占34.29%,租赁住房占0.17%,支持老旧小区改造占0%,离休和退休提取占23.01%,完全丧失劳动能力并与单位终止劳动关系提取占0.44%,出境定居占0%,其他占9.72%。提取职工中,中、低收入占99.09%,高收入占0.91%。

(三)贷款业务。个人住房贷款。2020年,支持职工购建房66.10万平方米(含公转商贴息贷款),年末个人住房贷款市场占有率(含公转商贴息贷款)为24.65%,比上年末减少2.44个百分点。通过申请住房公积金个人住房贷款,可节约职工购房利息支出25916.16万元。

职工贷款笔数中,购房建筑面积90(含)平方米以下占17.88%,90~144(含)平方米占75.98%,144平方米以上占6.14%。购买新房占65.22%(其中购买保障性住房占0%),购买二手房占34.78%,建造、翻建、大修自住住房占0%(其中支持老旧小区改造占0%),其他占0%。

职工贷款笔数中,单缴存职工申请贷款占48.26%,双缴存职工申请贷款占51.74%,三人及以上缴存职工共同申请贷款占0%。

贷款职工中,30岁(含)以下占19.71%,30岁~40岁(含)占39.51%,40岁~50岁(含)占29.64%,50岁以上占11.14%;首次申请贷款占84.53%,二次及以上申请贷款占15.47%;中、低收入占99.73%,高收入占0.27%。

(四)住房贡献率。2020年,个人住房贷款发放额、公转商贴息贷款发放额、项目贷款发放额、住房消费提取额的总和与当年缴存额的比率为97.16%,比上年减少37.79个百分点。

六、其他重要事项

(一)积极应对新冠疫情,确保服务提质增效。自新冠肺炎疫情发生以来,我中心一方面通过"网上自助办""远程指导办""现场预约办"等多种方式,有效做到了疫情防控与服务群众两不误。另一方面,疫情防控期间出台了一系列住房公积金阶段性惠民政策,如通过办理困难企业缓缴公积金、困难职工延长贷款年限、延长提取贷款使用期限等方式,多方位、多维度做好缴存企业和职工的复工复产服务保障工作。

(二)机构建制部分调整,提升服务职工环境。2020年6月,经市编办批准,寿县管理部、毛集管理部分别更名为寿县分中心、毛集分中心,寿县管理部建制由副科级升格为正科级,全市住房公积金形成了"市中心下辖4个分中心"的架构。2020年10月,市中心完成山南新区业务用房的购房手续并装修完毕,即将投入使用。

(三)政策调整松弛有度,归集使用总体平衡。

1. 按照市统计局公布的2019年度在岗职工人均工资标准,确定2020年度我市住房公积金缴存基数上限为21245元,单位和职工住房公积金缴存额上限各为2549.40元/月,从2020年7月1日起执行。

2. 根据中国人民银行、住房和城乡建设部、财政部印发的《关于完善职工住房公积金账户存款利率形成机制的通知》(银发〔2016〕43号),职工住房公积金账户存款当年归集和上年结转部分均按一年期定期存款基准利率执行,目前利率为1.50%。根据中国人民银行公布的住房公积金贷款利率,目前个人住房公积金贷款基准利率为五(含)年期以下2.75%,五年期以上3.25%。

3. 支持老旧小区改造政策落实情况。根据省、市文件精神,经市住房公积金管理委员会四届六次会议审议通过，我市下发了《关于既有住宅增设电梯提取住房公积金的通知》（淮住金〔2020〕30号），通知规定淮南市行政区域范围内既有住宅增设电梯的，职工本人及配偶在本市无未结清个人住房公积金贷款，增设电梯竣工验收使用后，可以提取本人及配偶账户内的住房公积金。

（四）信息建设再上新台阶，线上办理更加便捷。2020年9月15日，中心综合服务平台顺利通过安徽省住房和城乡建设厅平台检查验收组验收。平台通过门户网站、网上大厅、自助终端、服务热线、手机短信、手机客户端、微信、微博八个服务渠道为广大缴存职工服务，业务涵盖公积金的缴存、提取、贷后业务，线上业务功能比较齐全，实现了与相关部门间数据互联互通。尤其是疫情防控期间，线上业务发展迅速，满足了缴存职工办理业务的需要，在疫情防控工作中发挥了重要作用。

（五）积极推进"跨省通办"，流程再造提升服务。一是不断深化长三角一网通办平台融入程度。中心认真贯彻会议精神，积极推进"跨省通办"工作要求，并正式接入使用全国住房公积金监管服务平台系统。个人住房公积金缴存贷款等信息查询、出具贷款职工住房公积金缴存使用证明、正常退休提取住房公积金3个事项已实现业务服务"跨省通办"，工作进度位居全省第一方阵。二是为提升办事群众满意度，将流程再造做减法。通过进一步缩短业务办结时限、精简办件资料，切实做到办理环节更省、提交材料更简、群众跑腿更少。良好的营商环境是企业良性发展的基础，据安徽省"互联网＋营商环境监测系统"发布的2020年1至9月各地市"企业开办"指标营商环境测评排名，淮南与宣城、芜湖、六安并列全省第一，其中就有公积金一网通办的贡献。

（六）全面完成贷款自主核算，账目处理实现自动化。2020年，中心完成了全部委托贷款银行的公积金存量贷款数据回收工作，上线新的业务模块，陆续新增贷款相关业务二十余项，全面实现归集、支取、贷款等各项业务的自主核算全覆盖。与此同时，实现单位汇缴、个人提取、贷款发放、账户转移等关键业务的自动记账，缴存职工可通过皖事通、支付宝市民中心、公积金网上大厅等途径实时查询公积金账目变化情况，业务服务广度进一步提升，服务效能进一步增强。

（七）单位和职工当年获得荣誉情况。2020年，中心获全市"2019年目标管理绩效考核先进单位""2020年度市级部门预算编制先进单位""2019年度全市政务公开工作先进单位""2019年度全市政府网站暨政务新媒体工作先进单位"和"2019年度市长热线办理工作先进集体"；毛集分中心获"第五批全省住房城乡建设系统学雷锋活动示范点"；卫永道获"第七批选派帮扶干部2019年度考核'优秀'等次"、李姝获"2019年度市长热线办理工作先进个人"、马胜男获"第五批全省住房城乡建设系统岗位学雷锋标兵"、张宇峰获"全市政府网站暨政务新媒体工作先进个人"及"全市政务公开工作先进个人"、张丹丹获"全市信访工作先进工作者"。

马鞍山市住房公积金2020年年度报告

根据国务院《住房公积金管理条例》和住房和城乡建设部、财政部、人民银行《关于健全住房公积金信息披露制度的通知》（建金〔2015〕26）的规定，现将本市住房公积金2020年年度报告呈报如下。

一、机构概况

（一）住房公积金管理委员会。住房公积金管理委员会有 24 名委员，2020 年召开两次全体会议，审议通过的事项主要包括：审议通过了 2019 年年度报告和 2020 年计划安排；审议通过了《马鞍山市住房公积金贷款办法》《马鞍山市住房公积金提取办法》；通过了《关于部分管委会委员调整情况报告》；会议批准了兴业银行马鞍山分行、招商银行马鞍山分行承办公积金金融委托业务的申请；根据国家三部委精神，管委会授权市住房公积金管理中心审批生产经营困难企业的降比和缓缴申请业务；会议审议了《关于进一步规范我市住房公积金贷款期房阶段性履约责任金管理的请示》《关于进一步落实高层次人才住房公积金贷款支持政策（讨论稿）》。会议对市住房公积金管理中心 2019 年以来的工作以及年初疫情防控应对保障措施等予以充分肯定，并对今年我市公积金管理工作进行了部署。

（二）住房公积金管理中心。住房公积金管理中心为直属马鞍山市人民政府不以营利为目的的自收自支事业单位，设 7 个科室，3 个管理部，1 个办事处，1 个分中心。从业人员 60 人，其中，在编 47 人，非在编 13 人。

二、业务运行情况

（一）缴存。2020 年，新开户单位 426 家，净增单位 280 家；新开户职工 2.37 万人，净增职工 0.16 万人；实缴单位 3240 家，实缴职工 22.40 万人、缴存额 44.53 亿元，分别同比增长 9.46%、0.72%、－3.66%。2020 年末，缴存总额 409.51 亿元，比上年末增加 12.20%；缴存余额 110.95 亿元，同比增长 2.14%。受委托办理住房公积金缴存业务的银行 14 家。

（二）提取。2020 年，6.31 万名缴存职工提取住房公积金；提取额 42.21 亿元，同比增长 25.81%；提取额占当年缴存额的 94.79%，比上年增加 22.2 个百分点。2020 年末，提取总额 298.55 亿元，比上年末增加 16.47%。

（三）贷款。

1. 个人住房贷款。单缴存职工个人住房贷款最高额度 35 万元，双缴存职工个人住房贷款最高额度 50 万元。

2020 年，发放个人住房贷款 0.79 万笔、25.90 亿元，同比分别增长 23.44%、43.57%。其中，市中心发放个人住房贷款 0.62 万笔、20.03 亿元，马钢分中心发放个人住房贷款 0.17 万笔、5.87 亿元。

2020 年，回收个人住房贷款 16.54 亿元。其中，市中心 12.60 亿元，马钢分中心 3.94 亿元。

2020 年末，累计发放个人住房贷款 10.89 万笔、219.98 亿元，贷款余额 99.50 亿元，分别比上年末增加 7.82%、13.35%、10.40%。个人住房贷款余额占缴存余额的 89.67%，比上年末增加 6.70 个百分点。受委托办理住房公积金个人住房贷款业务的银行 14 家。

2. 异地贷款。2020 年，发放异地贷款 602 笔、16165 万元。发放异地贷款总额 94743.80 万元，异地贷款余额 37966.59 万元。

（四）资金存储。2020 年末，住房公积金存款 14.14 亿元。其中，活期 0.07 亿元，1 年（含）以下定期 10.12 亿元，1 年以上定期 1.3 亿元，其他（协定、通知存款等）2.65 亿元。

（五）资金运用率。2020 年末，住房公积金个人住房贷款余额、项目贷款余额和购买国债余额的总和占缴存余额的 89.67%，比上年末增加 6.70 个百分点。

三、主要财务数据

（一）业务收入。2020 年，业务收入 35199.41 万元，同比增长 12.02%。其中，市中心 25303.41 万元，马钢分中心 9896 万元；存款利息 5098.42 万元，委托贷款利息 30098.88 万元，国债利息 0 万元，其他 2.11 万元。

（二）业务支出。2020 年，业务支出 18322.81 万元，同比增长 2.90%。其中，市中心 13306.07 万元，马钢分中心 5016.74 万元；支付职工住房公积金利息 16629.29 万元，归集手续费用 158.74 万元，委托贷款手续费 980.74 万元，其他 554.04 万元。

（三）增值收益。2020 年，增值收益 16876.60 万元，同比增长 23.94%。其中，市中心 11997.34 万元，马钢分中心 4879.26 万元；增值收益率 1.52%，比上年增加 0.22 个百分点。

（四）增值收益分配。2020 年，提取贷款风险准备金 2797 万元，提取管理费用 1079.02 万元，提取城市廉租房（公共租赁住房）建设补充资金 13000.58 万元。

2020 年，上交财政管理费用 1438 万元。上缴财政城市廉租住房（公共租赁住房）建设补充资金 11617.11 万元。其中，市中心上缴 8316.78 万元，马钢分中心上缴 3300.33 万元。

2020 年末，贷款风险准备金余额 29829.51 万元。累计提取城市廉租住房（公共租赁住房）建设补充资金 95883.16 万元。其中，市中心提取 60713.20 万元，马钢分中心提取 35169.96 万元。

（五）管理费用支出。2020 年，管理费用支出 1577.88 万元，同比下降 1.41%。其中，人员经费 986.32 万元，公用经费 335.58 万元，专项经费 255.98 万元。

市中心管理费用支出 1111.16 万元，其中，人员、公用、专项经费分别为 678.13 万元、308.09 万元、124.94 万元；马钢分中心管理费用支出 466.72 万元，其中，人员、公用、专项经费分别为 308.19 万元、27.49 万元、131.04 万元。

四、资产风险状况

个人住房贷款。2020 年末，个人住房贷款逾期额 19.80 万元，逾期率为十万分之一点九九。其中，市中心逾期率为十万分之二点六三。

个人贷款风险准备金余额 29829.51 万元。

五、社会经济效益

（一）缴存业务。缴存职工中，国家机关和事业单位占 28.08%，国有企业占 34.89%，城镇集体企业占 2.43%，外商投资企业占 4.80%，城镇私营企业及其他城镇企业占 8.86%，民办非企业单位和社会团体占 1.14%，灵活就业人员占 0.65%，其他占 19.15%；中、低收入占 99.60%，高收入占 0.40%。

新开户职工中，国家机关和事业单位占 9.57%，国有企业占 8.66%，城镇集体企业占 1.17%，外商投资企业占 4.25%，城镇私营企业及其他城镇企业占 45.32%，民办非企业单位和社会团体占 3.13%，灵活就业人员占 1.89%，其他占 26.01%；中、低收入占 99.92%，高收入占 0.08%。

（二）提取业务。提取金额中，购买、建造、翻建、大修自住住房占 34.31%，偿还购房贷款本息占

39.32%，租赁住房占 0.31%，支持老旧小区改造占 0%；离休和退休提取占 13.27%，完全丧失劳动能力并与单位终止劳动关系提取占 10.76%，出境定居占 1.18%，其他占 0.85%。提取职工中，中、低收入占 99.42%，高收入占 0.58%。

（三）贷款业务。个人住房贷款。2020 年，支持职工购建房 89.50 万平方米（含公转商贴息贷款），年末个人住房贷款市场占有率（含公转商贴息贷款）为 19.44%，比上年末减少 0.87 个百分点。通过申请住房公积金个人住房贷款，可节约职工购房利息支出 38364.70 万元。

职工贷款笔数中，购房建筑面积 90（含）平方米以下占 14.42%，90~144（含）平方米占 79%，144 平方米以上占 6.58%；购买新房占 60.73%（其中购买保障性住房占 0%），购买二手房占 39.27%，建造、翻建、大修自住住房占 0%（其中支持老旧小区改造占 0%），其他占 0%。

职工贷款笔数中，单缴存职工申请贷款占 28.72%，双缴存职工申请贷款占 71.28%，三人及以上缴存职工共同申请贷款占 0%。

贷款职工中，30 岁（含）以下占 31.77%，30 岁~40 岁（含）占 33.53%，40 岁~50 岁（含）占 26.59%，50 岁以上占 8.11%；首次申请贷款占 84.62%，二次及以上申请贷款占 15.38%；中、低收入占 95.38%，高收入占 4.62%。

（四）住房贡献率。2020 年，个人住房贷款发放额、公转商贴息贷款发放额、项目贷款发放额、住房消费提取额的总和与当年缴存额的比率为 128.26%，比上年增加 32.62 个百分点。

六、其他重要事项

（一）应对新冠肺炎疫情采取的措施，落实住房公积金阶段性支持政策情况和政策实施成效。一是提前做好了防疫物资的采购和储备，疫情期间，市县 6 个线下窗口不断线，实施预约服务，扩展网上办理事项。二是第一时间研究并出台阶段性支持政策，累计受理 92 家单位 5286 名职工申请缓缴、缓缴金额 1274.21 万元，4 家单位申请降比、缴存比例由 7% 降至 5%，有效支持了企业复工复产，目前所有企业均已恢复正常缴存。三是积极组织党员志愿者参与疫情防控、抗疫捐款，筹措采购防疫物资，动员职工参与"消费扶贫爱心助力"活动。

（二）当年机构及职能调整情况、受委托办理缴存贷款业务金融机构变更情况。

1. 机构及职能调整情况。2020 年，经市编办批准，增设"党建工作科"，其他机构及职能，与去年相比没有变化。

2. 缴存贷款业务金融机构变更情况。受托承办住房公积金贷款业务的银行为十四家，比去年增加两家。

（三）当年住房公积金政策调整及执行情况。

1. 缴存基数限额及确定方法、缴存比例调整情况。2020 年，按照住房公积金缴存基数不得高于职工工作地所在设区城市统计部门公布的上一年度月平均工资 3 倍的规定，依据市统计局 2019 年公布的我市城镇非私营单位就业人员年平均工资 79030 元测算，调整后，住房公积金月缴存基数上限为 19757 元，月缴存额上限（单位和个人合计）为 4742 元，住房公积金月缴存基数下限为我市现行最低工资标准 1380 元。个人缴存户遵循自愿的原则，根据个人收入来源和稳定性情况综合确定。已办理公积金贷款的，其缴存额原则上只调高不调低。住房公积金缴存比例下限 5%，上限 12%。

2. 住房公积金存贷款利率调整及执行情况。中心严格按照中国人民银行、住房和城乡建设部、财务部印发的《关于完善职工住房公积金账户存款利率形成机制的通知》（银发〔2016〕43号）规定，对职工住房公积金账户存款利率，不论是上年结转还是当年归集，统一按一年期定期存款利率1.5%计息。

3. 住房公积金个人住房贷款政策调整情况。2020年，我市住房公积金个人住房贷款政策与上年相比没有调整。双方缴存住房公积金的最高贷款额度为50万元，单方缴存住房公积金的最高贷款额度为35万元。市县住房公积金贷款实行统一最高限额。

（四）当年服务改进情况。

1. 便民服务更贴心。一是与市不动产登记中心实现了跨部门之间的深度合作，对公积金贷款期房抵押登记实现了一窗式受理，统一了市县住房公积金贷款不动产预告登记转本位登记流程，实现了住房公积金组合贷款两本抵押权证管理。二是实现公积金服务与银行业务数据共联共享，与招商银行签订了全面战略合作协议，实现双方数据有效融通；与农行合作建设了智慧公积金；新引进招商、兴业、邮储3家贷款银行入驻大厅。三是积极对接"长三角住房公积金一体化"，承办安徽省长三角住房公积金一体化合作推进项目座谈会，承担长三角一体化人才共育课题，并在年内顺利结题，同时作为缴存地和贷款地，在全省率先实现了异地贷款职工缴存使用证明的开具，增设"跨省通办"专窗，向社会开办"跨省通办"和"长三角一网通办"业务。

2. 品牌服务再提升。一是以荣获国家级青年文明号为动力，将"阳光智慧公积金，微笑服务伴你行"服务品牌提升行动常态化。中心服务大厅采取业务学习、礼仪培训等多种方式全面提升窗口人员的综合素质。二是合理运用中心宣传矩阵，运用各类新闻媒体和宣传载体，大力宣传服务品牌提升行动的具体举措和进展成效，营造创先争优的良好氛围。三是加强日常监督检查。窗口工作严格执行服务承诺制、首问负责制等各项制度，不断推进服务规范化、标准化、人性化。有效落实奖惩机制，将品牌服务提升贯穿在业务工作的方方面面。

（五）当年信息化建设情况。2020年中心信息化建设工作稳步推进，紧紧围绕中心工作，以技术为依托，以服务为宗旨，为公积金线上、线下业务以及管理等提供技术支持和保障，努力规范中心信息化工作，积极推进各项工作进程。

在疫情期间，为方便广大公积金缴存单位和职工，减少或不到现场办理业务，充分发挥"互联网＋政务服务"的作用，在皖事通扩大了服务事项范围，上线了包括购房提取等在内的7项提取业务。按照住房和城乡建设部及省厅文件要求，对相关贷款逾期罚息的计算按要求先后两次进行调整，发挥了信息化工作在重大情况下的重要作用。

向市政府行文申请信息化专项资金，通过招投标程序，实施了公积金信贷数据上报征信，长三角异地贷款缴存证明开具对接，电子营业执照的应用以及存储扩容升级等工作。开通了上线7×24小时服务大厅各类查询及证明打印功能。

实现与徽商银行点贷项目对接，拓展公积金增值服务。与农行共同开发了智慧公积金项目，除了实现商业贷款数据共享外，在农行掌银开通公积金查询及偿还商业贷款（农行）提取等功能，并实现农行网银单位业务跳转至中心网厅办理单位业务，在核心系统实时获取农行商业贷款数据，职工至前台办理农行商贷还款提取可不用再提供还贷流水。新增招商、兴业银行与中心业务系统对接，并通过了住房和城乡建设部结算应用系统和核心业务系统功能测试。

按照工作目标计划，年底前完成了应急演练和等保测评工作。与灾备厂家、软件公司沟通协调，三方配合，于11月中旬完成了一次中心核心业务系统灾备应急演练，切换至备份，并进行了反切。完成了第三方等级保护测评工作，并按照测评意见进行整改，修补存在的问题和漏洞，确保网络、系统安全稳定运行。

（六）当年住房公积金管理中心及职工所获荣誉情况。 本年度，市中心业务大厅获得"安徽省住房和城乡建设系统抗击新冠肺炎疫情先进集体"荣誉称号；和县管理部荣获省厅"学雷锋示范岗"荣誉称号；当涂管理部荣获市县"工人先锋号"、市"巾帼文明岗"、市县"文明单位"荣誉称号；含山管理部荣获县级第十三届"文明单位"荣誉称号。

（七）当年对违反《住房公积金管理条例》和相关法规行为进行行政处罚和申请人民法院强制执行情况。 无。

（八）当年对住房公积金管理人员违规行为的纠正和处理情况等。 无。

（九）其他需要披露的事项。

1. 修改完善住房公积金政策制度。根据国家和省、市有关文件、规范要求，修改完善了《马鞍山市住房公积金归集管理办法》《马鞍山市住房公积金提取管理办法》和《马鞍山市住房公积金个人住房贷款办法》。

2. 归集扩面与联合执法成效初显。一是结合工作实际制定并下发年度扩面考核指标，全年实际扩面23667人。二是组织开展了以"依法缴存，诚信使用"为主题的微信有奖知识答题活动，全市共有12202名职工参与，进一步增强了职工的法律意识、维权意识和诚信意识，提高了住房公积金制度的社会影响力。三是强化"双随机"监管工作领导，先后制定《2020年"双随机一公开"检查工作实施方案》及《2020年涉企检查工作计划》，首次与市市场监督管理局开展"双随机一公开"联合检查，12家企业除1家合并重组待生产外全部缴纳住房公积金检查。四是妥善受理信访投诉，做好接访全程音视频记录，今年顺利为4名投诉人协商补缴在职期间应缴未缴住房公积金26054元。五是高质量推进扫黑除恶专项斗争，加强了与市司法局、市公安局、市检察院等相关部门的沟通协调，实现刑事司法与行政执法的有效衔接，全年累计共查处36人违规骗提住房公积金358.71万元，已追回20人146.28万元。

3. 着力防范化解资金运行风险。一是严格执行2019年度新修订的《流动性风险管理暂行办法》《住房公积金专户资金使用管理规定》《中心机关财务管理制度》等6项制度，有效防范廉政风险。二是定期对全市住房公积金运行数据和逾期贷款情况进行分析，做好资金合理调度，规避流动性风险。三是大力发挥内审稽核职能，全力做好住房公积金的全流域、全过程的内审监督，以日常稽核为基本手段，不定期采取专项稽核的方式，对中心政策执行、资金管理、公积金缴存和使用等所有业务流程全面展开稽核，加强了内部监督和风险管控。

淮北市住房公积金 2020 年年度报告

根据国务院《住房公积金管理条例》和住房和城乡建设部、财政部、人民银行《关于健全住房公积金

信息披露制度的通知》(建金〔2015〕26号)的规定,经淮北市住房公积金管理委员会审议通过,现将安徽省淮北市住房公积金2020年年度报告公布如下。

一、机构概况

(一)住房公积金管理委员会。淮北市住房公积金管理委员会有25名委员,2020年召开2次会议,审议通过的事项主要包括:

1.《淮北市住房公积金2019年年度报告》;
2.《关于调整淮北市住房公积金贷款政策的意见》;
3.《关于调整淮北市住房公积金异地贷款政策的意见》;
4.《关于统筹调度使用各分中心住房公积金资金的意见》。

(二)住房公积金管理中心。淮北市住房公积金管理中心隶属淮北市人民政府,是不以营利为目的的自收自支的事业单位,设4个科,1个管理部,2个分中心。从业人员66人,其中,在编38人,非在编28人。

二、业务运行情况

(一)缴存。2020年,新开户单位219家,净增单位140家;新开户职工1.25万人,净增职工1.03万人;实缴单位1527家,实缴职工20.39万人,缴存额37.55亿元,分别同比增长10.09%、5.32%、13.51%。2020年末,缴存总额386.94亿元,比上年末增加10.75%;缴存余额117.86亿元,同比增长8.57%。受委托办理住房公积金缴存业务的银行2家。

(二)提取。2020年,7.22万名缴存职工提取住房公积金;提取额28.25亿元,同比下降4.27%;提取额占当年缴存额的75.23%,比上年减少13.98个百分点。2020年末,提取总额269.08亿元,比上年末增加11.73%。

(三)贷款。

1.个人住房贷款。单缴存职工个人住房贷款最高额度40万元,双缴存职工个人住房贷款最高额度50万元。

2020年,发放个人住房贷款0.62万笔、22.17亿元,同比分别增长-3.13%、2.07%。其中,市中心发放个人住房贷款0.32万笔、11.57亿元,淮北矿业分中心发放个人住房贷款0.23万笔、8.02亿元,皖北煤电分中心发放个人住房贷款0.07万笔、2.58亿元。

2020年,回收个人住房贷款12.54亿元。其中,市中心5.65亿元,淮北矿业分中心5.3亿元,皖北煤电分中心1.59亿元。

2020年末,累计发放个人住房贷款8.03万笔、181.41亿元,贷款余额101亿元,分别比上年末增加8.51%、13.92%、10.54%。个人住房贷款余额占缴存余额的85.69%,比上年末增加1.53个百分点。受委托办理住房公积金个人住房贷款业务的银行9家。

2.异地贷款。2020年,发放异地贷款485笔、22128.55万元。2020年末,发放异地贷款总额318378.45万元,异地贷款余额144986.2万元。

(四)资金存储。2020年末,住房公积金存款17.28亿元。其中,活期0.25亿元,1年(含)以下定期 9.71 亿元，1 年以上定期 4.18 亿元，其他（协定、通知存款等）3.14 亿元。

（五）资金运用率。2020 年末，住房公积金个人住房贷款余额、项目贷款余额和购买国债余额的总和占缴存余额的 85.69%，比上年末增加 1.53 个百分点。

三、主要财务数据

（一）业务收入。2020 年，业务收入 40539.12 万元，同比增长 24.03%。其中，市中心 16219.25 万元，淮北矿业分中心 19357.42 万元，皖北煤电分中心 4962.45 万元；存款利息 9668.39 万元，委托贷款利息 30841.39 万元，国债利息 0 万元，其他 29.34 万元。

（二）业务支出。2020 年，业务支出 17810.21 万元，同比增长 28.35%。其中，市中心 7753.34 万元，淮北矿业分中心 7323.33 万元，皖北煤电分中心 2733.54 万元；支付职工住房公积金利息 16659.17 万元，归集手续费 417.26 万元，委托贷款手续费 727.83 万元，其他 5.95 万元。

（三）增值收益。2020 年，增值收益 22728.91 万元，同比增长 20.84%。其中，市中心 8465.91 万元，淮北矿业分中心 12034.09 万元，皖北煤电分中心 2228.91 万元；增值收益率 2%，比上年增加 0.24 个百分点。

（四）增值收益分配。2020 年，提取贷款风险准备金 10099.44 万元，提取管理费用 2664.5 万元，提取城市廉租住房（公共租赁住房）建设补充资金 9964.97 万元。

2020 年，上交财政管理费用 2753.97 万元。上缴财政城市廉租住房（公共租赁住房）建设补充资金 16055.56 万元。其中，市中心上缴 6141.21 万元，淮北矿业分中心上缴淮北市财政局 8300 万元，皖北煤电分中心上缴淮北市财政局 1614.35 万元。

2020 年末，贷款风险准备金余额 30373.9 万元。累计提取城市廉租住房（公共租赁住房）建设补充资金 100939.55 万元。其中，市中心提取 39995.36 万元，淮北矿业分中心提取 51697.96 万元，皖北煤电分中心提取 9246.23 万元。

（五）管理费用支出。2020 年，管理费用支出 5280.99 万元，同比增长 196.55%。其中，人员经费 806.96 万元，公用经费 295.13 万元，专项经费 4178.9 万元。

市中心管理费用支出 1417.6 万元，其中，人员、公用、专项经费分别为 422.93 万元、37.44 万元、957.23 万元；淮北矿业分中心管理费用支出 450.26 万元，其中，人员、公用、专项经费分别为 213.06 万元、132.85 万元、104.35 万元；皖北煤电分中心管理费用支出 3413.13 万元，其中，人员、公用、专项经费分别为 170.97 万元、124.84 万元、3117.32 万元［其中当年确认业务用房 3059.53 万元（含业务用房购置款、装修款及办证税费）］。

四、资产风险状况

个人住房贷款。2020 年末，个人住房贷款逾期额 225.79 万元，逾期率 0.22‰，其中，市中心 0‰，淮北矿业分中心 0.19‰，皖北煤电分中心 1.27‰。个人贷款风险准备金余额 30373.9 万元。2020 年，使用个人贷款风险准备金核销呆坏账 0 万元。

五、社会经济效益

（一）缴存业务。缴存职工中，国家机关和事业单位占 21.76%，国有企业占 64.67%，城镇集体企业

占0.95%，外商投资企业占2.66%，城镇私营企业及其他城镇企业占8.3%，民办非企业单位和社会团体占0.71%，灵活就业人员占0.07%，其他占0.88%；中、低收入占98.35%，高收入占1.65%。

新开户职工中，国家机关和事业单位占11.99%，国有企业占27.23%，城镇集体企业占2.62%，外商投资企业占7.79%，城镇私营企业及其他城镇企业占45.08%，民办非企业单位和社会团体占2.36%，灵活就业人员占0.2%，其他占2.73%；中、低收入占99.68%，高收入占0.32%。

（二）提取业务。提取金额中，购买、建造、翻建、大修自住住房占39.3%，偿还购房贷款本息占38.86%，租赁住房占0.2%，支持老旧小区改造占0%，离休和退休提取占16.66%，完全丧失劳动能力并与单位终止劳动关系提取占2.12%，出境定居占0%，其他占2.86%。提取职工中，中、低收入占98.66%，高收入占1.34%。

（三）贷款业务。

个人住房贷款。2020年，支持职工购建房69.41万平方米（含公转商贴息贷款），年末个人住房贷款市场占有率（含公转商贴息贷款）为30.24%，比上年末减少2.64个百分点。通过申请住房公积金个人住房贷款，可节约职工购房利息支出31816.13万元。

职工贷款笔数中，购房建筑面积90（含）平方米以下占14.39%，90~144（含）平方米占80.57%，144平方米以上占5.04%。购买新房占75.2%（其中购买保障性住房占0%），购买二手房占24.8%，建造、翻建、大修自住住房占0%（其中支持老旧小区改造占0%），其他占0%。

职工贷款笔数中，单缴存职工申请贷款占28.9%，双缴存职工申请贷款占71.1%，三人及以上缴存职工共同申请贷款占0%。

贷款职工中，30岁（含）以下占21.06%，30岁~40岁（含）占39.07%，40岁~50岁（含）占33.15%，50岁以上占6.72%；首次申请贷款占89.86%，二次及以上申请贷款占10.14%；中、低收入占94.13%，高收入占5.87%。

（四）住房贡献率。2020年，个人住房贷款发放额、公转商贴息贷款发放额、项目贷款发放额、住房消费提取额的总和与当年缴存额的比率为118%，比上年减少16.31个百分点。

六、其他重要事项

（一）积极做好疫情防控工作。淮北市住房公积金管理中心认真贯彻落实中央和省、市防控指挥部部署要求，全面动员、全面部署、全力推进，打出防疫"组合拳"，同心共筑"防疫墙"，推动疫情防控各项措施落细落实，为全市战"疫"取得实效贡献了力量。

一是迅速行动，绘制疫情防控"作战图"。为应对新冠肺炎疫情，市中心迅速成立了以主要负责同志为组长、党组成员为副组长、各科室（部）负责人为成员的疫情防控领导小组；制定下发了中心疫情防控工作方案，对中心疫情防控工作进行周密部署和精心安排，确保中心疫情防控工作不缺位、不失责、有成效，要求全员坚决服从全市防疫大局，把各项防疫安排部署落到实处。

二是率先垂范，下沉一线织密"防护网"。市中心20名党员干部勇担抗疫冲锋在前的使命，在防疫战场上发挥"旗帜"作用。党组书记、主任王亚辉以普通党员的身份带头下沉一线，主动到社区报到，协助和指导社区做好疫情防控工作。由于表现突出，被建安社区评为疫情防控工作"最美志愿者"。市中心干部职工在中心党组带领下，与社区的同志共同携手作战，联防联控，排查外出人员，认真做好筛查检测，到社区公共区域场所防疫消杀等，为居民的健康安全筑起坚固的防线。中心干部职工开展防疫工作时长累计近1万小时。

三是出台政策，积极提供合规"减压器"。市中心认真贯彻落实上级文件精神，及时出台了《关于应对新型冠状病毒肺炎疫情做好住房公积金管理服务工作的通知》，积极做好疫情防控期间我市的住房公积金服务保障工作，切实减轻企业负担，维护缴存职工的基本权益。申请缓缴企业共79家，涉及人数3.22万人，缓缴金额1.23亿元，有效缓解了受疫情影响停工停产、延迟复工或生产经营出现效益下降的企业的资金压力。

四是加强督导，时时刻刻紧绷"纪律弦"。为确保中心疫情防控工作落实到位，每天由一名领导带班到干部职工值守点开展防疫督导，除特殊情况外，不得请假。要求干部职工坚守工作岗位，严守工作纪律落实防控责任。市中心组建了抗疫工作小组，要求每名工作人员晚上要将今天体温情况，有无咳嗽、发烧、外出以及家人情况及时报给综合计划科汇总，方便领导掌握中心工作人员及家人动态。

（二）当年住房公积金政策调整及执行情况。

1. 住房公积金缴存政策调整。2020年6月，中心出台《关于2020年度住房公积金年检及调整缴存基数的通知》（淮房金〔2020〕18号）文件，我市2020年度住房公积金缴存基数上限调整为18858元（单位和个人住房公积金月缴存额上限各为2263元，合计不得超过4526元），缴存基数下限不得低于1737元（单位和个人住房公积金月缴存额下限各为87元，合计不得低于174元）。

2. 住房公积金贷款政策调整。经淮北市住房公积金管理委员会三届十三次会议批准，2020年6月，中心分别印发了《关于调整淮北市住房公积金贷款政策的通知》（淮公委〔2020〕2号）、《关于调整淮北市住房公积金异地贷款政策的通知》（淮公委〔2020〕3号）文件，对我市住房公积金贷款政策作适当调整，7月1日起执行，调整贷款政策如下：

（1）贷款额度与缴存余额挂钩。在我市最高贷款限额下，可贷额度不超过借款人及共同借款人申请贷款时住房公积金账户余额之和的15倍，并且最高贷款额不超过月缴存额相对应的同档次最高贷款额。

（2）调整二次公积金贷款利率。执行首次公积金贷款同档次利率标准的1.1倍。

（3）为保证住房公积金制度合规运行，职工因与单位终止劳动关系，其缴存账户封存后未重新就业的，如有住房公积金贷款未结清，须办理住房公积金自由职业者个人缴存。

（4）借款人在住房公积金贷款还贷期间，连续六个月不能正常缴存住房公积金的，中心有权按照合同约定上浮到同档次商业贷款利率或追究借款人的违约责任。

（5）异地贷款借款申请人及共同申请人（配偶）其中一方须为淮北市户籍。

（6）异地贷款借款申请人及共同申请人（配偶）信用良好，个人信用报告中，两年内无连续三期或累计六期逾期记录，且无影响本次贷款的其他负债。

（7）实行定额轮候发放政策。中心根据当月资金运行情况，确定并公布异地贷款发放额度，按中心受理并收到抵押权证先后排序轮候发放贷款。

（三）当年服务改进情况。中心始终坚持"温馨、便捷、安全、高效"的服务理念，以行动树立一流服务形象。积极创建"阳光智慧公积金，品质服务你我他"党建品牌，充分利用"互联网＋"技术，以服务缴存单位和缴存职工为导向，进一步转变工作作风、提升服务质效、优化业务流程、完善系统功能。

一是不断提升服务环境。2020年，市中心和淮北矿业分中心分别启用了新标准化服务大厅，新服务大厅按照便民利民的设计理念，设置了业务办理等候区、配备了智能查询机、自动排队叫号系统等各类硬件设施，为缴存人提供良好、便捷的服务。

二是持续规范服务标准。中心研究并制定了《淮北市住房公积金管理中心服务大厅管理规定和服务标准》，以6大类共36条的明文规定进一步明确了窗口服务标准、规范了服务语言，将更加"温馨、便捷、安全、高效"的住房公积金形象展示在广大缴存企业和缴存者面前。

三是加强智慧型公积金建设。中心始终以优化服务为出发点，深化"放管服"改革，不断升级优化单位网厅和个人网厅，将"互联网＋公积金"服务融合更加紧密，业务办理渠道进一步拓展，职工登录中心网站、微信和微博平台，即可获取住房公积金相关资讯，查询和办理住房公积金所有缴存及大部分提取业务。

（四）当年信息化建设情况。 2020年，中心进一步加快全市住房公积金信息化建设进程，以信息化发展带动服务水平的全面提升。

一是推进信息共享，加强区域联动。积极融入长三角区域及淮海经济区住房公积金事业一体化发展，进一步加强区域城市住房公积金管理中心之间的信息共享，突出破解住房公积金行业"信息孤岛"问题，努力实现让信息多跑路、群众少跑腿，为共同推动住房公积金事业一体化高质量发展，落实好国务院部署的"跨省通办"工作奠定坚实基础。切实加强住房公积金信用体系建设，实现与不动产等相关部门信息互联共享。通过"大数据"互联互通，拓宽信息核对渠道、提高业务办理效率。

二是更新安全设备，健全防护措施。健全机房安全管理制度，购置冗余设备，优化网络结构，加快推进安全防护工作，保障机房设备安全，提高中心信息安全保障能力和水平。加大信息安全等级保护工作投入力度，市中心完成信息安全等级保护三级建设工作，保障应用系统安全。皖北分中心机房网络安全建设达到"二级等保"标准并对机房、档案室消防系统进行了改造，满足了消防规范要求。

三是落实上级要求，开展线上服务。积极落实《国务院办公厅电子政务办公室2020年长三角地区政务服务"一网通办"工作要点》和省市部署，完成"个人申请出具异地贷款缴存使用证明"服务事项清单工作。全面落实企业住房公积金开户"一网通办"，实现住房公积金单位登记开户、缴存业务等工作全程网办。淮矿、皖北两个分中心均于年内实现贷款自主核算，进一步简化了业务办理程序。

（五）当年住房公积金管理中心及职工所获荣誉情况。 2020年，中心围绕"内练素质、外塑形象"，以文明创建为抓手，扎实推进争先创优工作，先后获得以下荣誉称号：

1. 淮北市住房公积金管理中心被评为"全省住房和城乡建设系统抗击新冠肺炎疫情先进集体"、第五批"全省住房和城乡建设系统学雷锋示范点""2019年度目标管理绩效考核先进单位"及"2020年度市直机关工会工作优秀单位"；

2. 淮北市住房公积金管理中心服务大厅荣获2019年度淮北市"青年文明号"；

3. 付昌彪同志被评为"第五批全省住房和城乡建设系统岗位学雷锋标兵"；

4. 王坤同志被评为"淮北好人""2020年淮北市向上向善好青年""扶贫济困青春先锋""扶贫助困好青年"，荣获"脱贫攻坚贡献奖"；

5. 张磊同志荣获淮北市"高质量转型发展先进个人"称号；

6. 孟磊同志荣获淮北市直机关职工"学习标兵"称号。

（六）其他需要披露的情况。 加强区域合作，推进住房公积金事业一体化高质量发展。为切实推动区域性住房公积金一体化高质量发展，实现公积金业务"跨省通办"，市住房公积金管理中心积极融入长三角和淮海经济区住房公积金事业一体化高质量发展中。

2020年9月，中心成功承办了淮海经济区住房公积金事业一体化发展第二届主任联席会议并成为轮值城市，会上起草并签订了《淮海经济区住房公积金事业一体化发展信息共享服务平台建设合作框架协议》及《淮海经济区住房公积金事业一体化发展第二届主任联席会议合作推进项目清单》，建立了《淮海经济区住房公积金事业一体化发展主任联席会议制度及日常工作机制》，形成分工协作和优势互补的发展格局。

2020年6月以来，中心领导先后赴上海、滁州等城市参加长三角住房公积金一体化暨全省住房公积金管理工作推进会，交流长三角住房公积金一体化2020年项目落实情况，研讨了长三角地区住房公积金人员交流培训方案，为共同推动住房公积金事业一体化高质量发展，落实好国务院部署的"跨省通办"工作奠定坚实基础。

铜陵市住房公积金2020年年度报告

根据国务院《住房公积金管理条例》和住房和城乡建设部、财政部、人民银行《关于健全住房公积金信息披露制度的通知》（建金〔2015〕26号）的规定，经住房公积金管理委员会审议通过，现将铜陵市住房公积金2020年年度报告公布如下。

一、机构概况

（一）住房公积金管理委员会。住房公积金管理委员会有21名委员，2020年召开1次会议，审议通过的事项主要包括：听取并审议《关于铜陵市2019年住房公积金归集使用计划执行情况和2020年住房公积金归集使用计划（草案）的报告》《关于铜陵市2019年度住房公积金增值收益分配建议的报告》《铜陵市住房公积金2019年年度报告》。

（二）住房公积金管理中心。铜陵市住房公积金管理中心为直属铜陵市人民政府不以营利为目的的公益一类事业单位。下设6个科室，2个管理部。从业人员37人，其中，在编25人，非在编12人。

二、业务运行情况

（一）缴存。2020年，新开户单位260家，净增单位154家；新开户职工1.07万人，净增职工－0.07万人；实缴单位2974家，实缴职工14.8万人，缴存额24.4亿元，分别同比增长5.46%、增长－0.47%、增长10.21%。2020年末，缴存总额217.01亿元，比上年末增加12.67%；缴存余额62.99亿元，同比增长8.57%。

受委托办理住房公积金缴存业务的银行5家。

（二）提取。2020年，5.72万名缴存职工提取住房公积金；提取额19.43亿元，同比增长8.37%；提取额占当年缴存额的79.63%，比上年减少1.35个百分点。2020年末，提取总额154.03亿元，比上年末增加 14.44%。

（三）贷款。

1. 个人住房贷款。单缴存职工个人住房贷款最高额度 30 万元，双缴存职工个人住房贷款最高额度 40 万元。

2020 年，发放个人住房贷款 0.4 万笔、12.61 亿元，同比分别增长－4.76%，5.97%。

2020 年，回收个人住房贷款 7.84 亿元。

2020 年末，累计发放个人住房贷款 4.86 万笔、108.15 亿元，贷款余额 59.69 亿元，分别比上年末增加 8.97%、13.2%、8.67%。个人住房贷款余额占缴存余额的 94.76%，比上年末增加 0.09 个百分点。受委托办理住房公积金个人住房贷款业务的银行 5 家。

2. 异地贷款。2020 年，发放异地贷款 405 笔、12194.3 万元。2020 年末，发放异地贷款总额 45612.4 万元，异地贷款余额 37564.03 万元。

3. 公转商贴息贷款。2020 年，发放公转商贴息贷款 0 笔、0 万元，当年贴息额 437.2 万元。2020 年末，累计发放公转商贴息贷款 4575 笔、108126.56 万元，累计贴息 4842.32 万元。

（四）资金存储。2020 年末，住房公积金存款 5.47 亿元。其中，1 年（含）以下定期 1.4 亿元，1 年以上定期 1.5 亿元，其他（协定、通知存款等）2.57 亿元。

（五）资金运用率。年末，住房公积金个人住房贷款余额、项目贷款余额和购买国债余额的总和占缴存余额的 94.76%，比上年末增加 0.09 个百分点。

三、主要财务数据

（一）业务收入。2020 年，业务收入 20097.38 万元，同比增长 7.33%。存款利息 1228.62 万元，委托贷款利息 18867.41 万元，其他 1.35 万元。

（二）业务支出。2020 年，业务支出 10347.97 万元，同比增长 6.87%。支付职工住房公积金利息 8816.42 万元，归集手续费 351.21 万元，委托贷款手续费 143.11 万元，其他 1037.23 万元。

（三）增值收益。2020 年，增值收益 9749.4 万元，同比增长 7.82%。增值收益率 1.6%，比上年减少 0.03 个百分点。

（四）增值收益分配。2020 年，提取贷款风险准备金 0 万元，提取管理费用 693.39 万元，提取城市廉租住房（公共租赁住房）建设补充资金 9056.02 万元。

2020 年，上交财政管理费用 826.25 万元。上缴财政城市廉租住房（公共租赁住房）建设补充资金 15215.69 万元。

2020 年末，贷款风险准备金余额 16387.78 万元。累计提取城市廉租住房（公共租赁住房）建设补充资金 50664.12 万元。

（五）管理费用支出。2020 年，管理费用支出 730.87 万元，同比下降 12.42%。其中，人员经费 568.87 万元，公用经费 116.59 万元，专项经费 45.41 万元。

四、资产风险状况

个人住房贷款。2020 年末，个人住房贷款逾期额 8.37 万元，逾期率 0.01‰，个人贷款风险准备金余额 16387.78 万元。2020 年，未使用个人贷款风险准备金核销呆坏账。

五、社会经济效益

（一）缴存业务。缴存职工中，国家机关和事业单位占 39.52%，国有企业占 34.37%，城镇集体企业占 1.13%，外商投资企业占 1.88%，城镇私营企业及其他城镇企业占 20.02%，民办非企业单位和社会团体占 1.21%，灵活就业人员占 0.4%，其他占 1.47%；中、低收入占 98.12%，高收入占 1.88%。

新开户职工中，国家机关和事业单位占 20%，国有企业占 13.7%，城镇集体企业占 4.04%，外商投资企业占 1.57%，城镇私营企业及其他城镇企业占 53.89%，民办非企业单位和社会团体占 4.08%，灵活就业人员占 1.71%，其他占 1.01%；中、低收入占 99.49%，高收入占 0.51%。

（二）提取业务。提取金额中，购买、建造、翻建、大修自住住房占 28.25%，偿还购房贷款本息占 51.45%，租赁住房占 1.73%，离休和退休提取占 14.78%，完全丧失劳动能力并与单位终止劳动关系提取占 0.51%，户口迁出本地或出境定居 0.17%，其他占 3.11%。提取职工中，中、低收入占 98.04%，高收入占 1.96%。

（三）贷款业务。个人住房贷款。2020 年，支持职工购建房 44.52 万平方米，2020 年末个人住房贷款市场占有率（含公转商贴息贷款）为 24.95%，比上年末增加 0.8 个百分点。通过申请住房公积金个人住房贷款，可节约职工购房利息支出 20588.47 万元。

职工贷款笔数中，购房建筑面积 90（含）平方米以下占 19.16%，90～144（含）平方米占 76.68%，144 平方米以上占 4.16%。购买新房占 69.97%（其中购买保障性住房占 0.18%），购买二手房占 30.03%。

职工贷款笔数中，单缴存职工申请贷款占 64.19%，双缴存职工申请贷款占 35.81%。

贷款职工中，30 岁（含）以下占 29.43%，30 岁～40 岁（含）占 33.18%，40 岁～50 岁（含）占 25.47%，50 岁以上占 11.92%；首次申请贷款占 74.53%，二次及以上申请贷款占 25.47%；中、低收入占 98.62%，高收入占 1.38%。

（四）住房贡献率。2020 年，个人住房贷款发放额、公转商贴息贷款发放额、项目贷款发放额、住房消费提取额的总和与当年缴存额的比率为 116.53%，比上年减少 4.11 个百分点。

六、其他重要事项

（一）应对新冠肺炎疫情采取的措施，落实住房公积金阶段性支持政策情况和政策实施成效。一是积极推行线上办公、网上预约等住房公积金线上服务，安排人员及时在线审批。二是出台住房公积金缓缴、因疫情逾期还贷免责等阶段性支持政策。共受理审批了 44 家单位缓缴申请，缓缴金额约 1633 万元。且在 2020 年 9 月底完成了各类单位与人员公积金补缴工作，有效的完成了政策衔接，保障了职工的合法权益。

（二）当年住房公积金政策调整及执行情况。当年缴存基数限额及确定方法。按照 2019 年本市在职职工月平均工资（6359 元）的 300% 确定本市 2020 年度住房公积金最高月缴存工资基数为 19078 元，按照 2019 年本市最低工资标准确定本市 2020 年度住房公积金最低月缴存工资基数为 1550 元。

（三）当年服务改进情况，包括推进住房公积金服务"跨省通办"工作情况，服务网点、服务设施、服务手段、综合服务平台建设和其他网络载体建设服务情况等。一是积极推进"线上办、自助办、掌上办、电视办"。率先开展了"皖事通办·一源五端"服务渠道建设，深度对接"皖事通"、支付宝、自助终端、电视等平台，打造多端协同、资源共享的创新服务模式。二是深化"一网通办""一次都不跑"的目标。全部公积金事项实现了全天候24小时"零跑腿"线上业务办理，同时提供了信息查询、信息修改、贷款测算等便民服务工具。三是信息化项目顺利落地。综合服务平台项目通过验收，建成了网站、网厅、终端、热线、短信、App、微信、微博8类服务渠道，向广大住房公积金缴存单位及职工提供了100余项实时线上服务。四是深入推进数据共建共享。一方面，主动融入长三角"一网通办"新态势，实现了异地贷款职工住房公积金缴存证明互通互认；另一方面，打通了部门间"数据孤岛"，完成了34个审批要件的线上共享数据接口开发，实现了不动产、离退休、低保等信息的联网查询，事项申请材料大幅减少，减政便民的成效进一步显现。五是创新服务模式。打造"智慧审批"的服务新模式，无房、离退休、低保、偿还公积金贷款等提取类事项实现了"零材料、机器审、秒办理"的目标，同时，开通了直联支付、跨行支付等功能，服务效率显著提升。

（四）当年信息化建设情况，包括信息系统升级改造情况，基础数据标准贯彻落实和结算应用系统接入情况等。一是对照标准，加强基础数据建设。利用电子稽查工具识别数据质量、政策执行、操作环节长期存在的问题，清理长期封存户，为排除风险隐患提供了保障。二是按照住房和城乡建设部的要求完成了"跨省通办"三个公积金服务事项。

（五）当年所获荣誉情况。2020年，铜陵市住房公积金管理中心荣获第五批全省住房城乡建设系统学雷锋活动示范点和岗位学雷锋标兵、第二十届铜陵市文明单位、2019年度党政机关目标管理绩效考核优秀、2019年度政务服务窗口先进集体称号、2019年度"互联网＋政务服务"工作先进单位、2019年度市直部门决算先进单位。

安庆市住房公积金2020年年度报告

根据国务院《住房公积金管理条例》和住房和城乡建设部、财政部、人民银行《关于健全住房公积金信息披露制度的通知》（建金〔2015〕26号）的规定，经住房公积金管理委员会审议通过，现将安庆市住房公积金2020年年度报告公布如下。

一、机构概况

（一）住房公积金管理委员会。住房公积金管理委员会有23名委员，2020年召开1次会议，审议通过的事项主要包括：听取并审议《安庆市住房公积金2019年年度报告》《2019年度住房公积金归集使用计划执行情况和2020年度归集使用计划的报告》《2019年度住房公积金增值收益分配方案》《关于我市住房公积金期房贷款履约金管理的建议》。

（二）住房公积金管理中心。住房公积金管理中心为直属市政府领导的不以营利为目的的公益一类事业单位，设7个科（室），5个管理部，2个分中心。从业人员111人，其中，在编69人，非在编42人。

二、业务运行情况

（一）缴存。 2020 年，新开户单位 287 家，净增单位 287 家；新开户职工 1.83 万人，净增职工 0.91 万人；实缴单位 4073 家，实缴职工 21.84 万人，缴存额 45.71 亿元，分别同比增长 5.16%、4.35%、12.23%。2020 年末，缴存总额 372.73 亿元，比上年末增加 13.98%；缴存余额 122.45 亿元，同比增长 8.57%。

受委托办理住房公积金缴存业务的银行 3 家。

（二）提取。 2020 年，3.08 万名缴存职工提取住房公积金；提取额 36.05 亿元，同比增长 13.33%；提取额占当年缴存额的 78.87%，比上年增加 0.77 个百分点。2020 年末，提取总额 250.29 亿元，比上年末增加 16.83%。

（三）贷款。

1. 个人住房贷款。单缴存职工个人住房贷款最高额度 35 万元，双缴存职工个人住房贷款最高额度 45 万元。

2020 年，发放个人住房贷款 0.78 万笔、26.05 亿元，同比分别增长 16.42%、21.11%。

2020 年，回收个人住房贷款 16.82 亿元。

2020 年末，累计发放个人住房贷款 11.51 万笔、236.88 亿元，贷款余额 117.88 亿元，分别比上年末增加 7.27%、12.36%、8.49%。个人住房贷款余额占缴存余额的 96.27%，比上年末减少 0.07 个百分点。

受委托办理住房公积金个人住房贷款业务的银行 8 家。

2. 异地贷款。2020 年未发生异地贷款。年末，发放异地贷款总额 36031.4 万元，异地贷款余额 22135.27 万元。

3. 公转商贴息贷款。2020 年未发生公转商贴息贷款。年末，累计发放公转商贴息贷款 1523 笔、49888.77 万元，累计贴息 1074.38 万元。

（四）资金存储。 2020 年末，住房公积金存款 8.86 亿元。其中，活期 0.02 亿元，协定存款 8.83 亿元。

（五）资金运用率。 2020 年末，住房公积金个人住房贷款余额、项目贷款余额和购买国债余额的总和占缴存余额的 96.27%，比上年末减少 0.07 个百分点。

三、主要财务数据

（一）业务收入。 2020 年，业务收入 38832.7 万元，同比下降 1.94%。其中，存款利息 2241.93 万元，委托贷款利息 36590.77 万元。

（二）业务支出。 2020 年，业务支出 18501.95 万元，同比下降 13.91%。其中，支付职工住房公积金利息 17292.46 万元，委托贷款手续费 1146.46 万元，其他 63.03 万元。

（三）增值收益。 2020 年，增值收益 20330.75 万元，同比增长 12.27%。增值收益率 1.71%，比上年增加 0.04 个百分点。

（四）增值收益分配。 2020 年，提取贷款风险准备金 12198.45 万元，提取管理费用 2302.44 万元，提取城市廉租住房（公共租赁住房）建设补充资金 5829.86 万元。

2020 年，上交财政管理费用 2302.44 万元。上缴财政城市廉租住房（公共租赁住房）建设补充资金 5291.03 万元。

2020 年末，贷款风险准备金余额 75209.25 万元。累计提取城市廉租住房（公共租赁住房）建设补充资金 50036.06 万元。

（五）管理费用支出。2020 年，管理费用支出 2175.51 万元，同比增长 3.98%。其中，人员经费 1295.41 万元，公用经费 92.2 万元，专项经费 787.9 万元。

四、资产风险状况

个人住房贷款。2020 年末，个人住房贷款逾期额 53.11 万元，逾期率 0.045‰。个人贷款风险准备金余额 75209.25 万元。2020 年，未使用个人贷款风险准备金核销呆坏账。

五、社会经济效益

（一）缴存业务。缴存职工中，国家机关和事业单位占 53.92%，国有企业占 21.45%，城镇集体企业占 1.14%，外商投资企业占 1.4%，城镇私营企业及其他城镇企业占 6.71%，民办非企业单位和社会团体占 1.01%，其他占 14.37%；中、低收入占 97.89%，高收入占 2.11%。

新开户职工中，国家机关和事业单位占 25.5%，国有企业占 17.22%，城镇集体企业占 0.46%，外商投资企业占 2.35%，城镇私营企业及其他城镇企业占 23.84%，民办非企业单位和社会团体占 2.85%，其他占 27.78%；中、低收入占 98.81%，高收入占 1.19%。

（二）提取业务。提取金额中，购买、建造、翻建、大修自住住房占 37.5%，偿还购房贷款本息占 45.94%，租赁住房占 0.71%，离休和退休提取占 12.58%，户口迁出本地或出境定居占 0.66%，其他占 2.61%。提取职工中，中、低收入占 97.88%，高收入占 2.12%。

（三）贷款业务。个人住房贷款。2020 年，支持职工购建房 92.94 万平方米，年末个人住房贷款市场占有率为 18.26%，比上年末减少 0.74 个百分点。通过申请住房公积金个人住房贷款，可节约职工购房利息支出 35803.09 万元。

职工贷款笔数中，购房建筑面积 90（含）平方米以下占 9.35%，90~144（含）平方米占 82.49%，144 平方米以上占 8.16%。购买新房占 76%，购买二手房占 23.99%，其他占 0.01%。

职工贷款笔数中，单缴存职工申请贷款占 22.49%，双缴存职工申请贷款占 77.51%。

贷款职工中，30 岁（含）以下占 27.1%，30 岁~40 岁（含）占 31.31%，40 岁~50 岁（含）占 28.04%，50 岁以上占 13.55%；首次申请贷款占 74.03%，二次贷款占 25.97%；中、低收入占 98.64%，高收入占 1.36%。

（四）住房贡献率。2020 年，个人住房贷款发放额、公转商贴息贷款发放额、项目贷款发放额、住房消费提取额的总和与当年缴存额的比率为 123.43%，比上年增加 6.46 个百分点。

六、其他重要事项

（一）应对新冠肺炎疫情采取的措施，落实住房公积金阶段性支持政策情况和政策实施成效。为应对新冠疫情影响，按照国家和省住房公积金管理相关要求，及时出台阶段性支持政策。受疫情影响的企业，可按规定申请 2020 年 2 月至 6 月缓缴公积金，缓缴期间不影响职工正常使用；受疫情影响的职工，在 2020 年 2 月 1 日至 6 月 30 日期间不能正常归还公积金贷款的，不作逾期处理，逾期记录不报送征信部门；受疫情影响的家庭无自有住房租房居住支付租金压力较大的职工，可提前提取公积金支付一年的租金。大力推行线上办理业务，加快贷款审批发放速度，为单位和职工提供高效便捷服务。政策执行期间，我市受疫情影响缓缴住房公积金企业 64 家，缓缴职工 3607 人，缓缴金额 450.58 万元；受疫情影响职工无法正常还款且不作逾期处理的贷款 564 笔、应还未还本金 54.44 万元、贷款余额 11779.04 万元。

（二）当年机构及职能调整情况、受委托办理缴存贷款业务金融机构变更情况。当年未发生此类情况。

（三）当年住房公积金政策调整及执行情况，包括当年缴存基数限额及确定方法、缴存比例等缴存政策调整情况；当年提取政策调整情况；当年个人住房贷款最高贷款额度、贷款条件等贷款政策调整情况；当年住房公积金存贷款利率执行标准等；支持老旧小区改造政策落实情况。根据我市统计部门公布的 2019 年城镇非私营单位在岗职工年平均工资为 71841 元，2020 年度我市住房公积金缴存基数上限调整为 17960 元（单位和个人月缴存额上限各为 2155 元），缴存基数下限不得低于 1280 元。国家及省驻安庆垂直管理单位按我市缴存基数限额标准执行。支持职工拆迁安置住房增购住房面积提取住房公积金 567.38 万元。

（四）当年服务改进情况，包括推进住房公积金服务"跨省通办"工作情况，服务网点、服务设施、服务手段、综合服务平台建设和其他网络载体建设服务情况等。根据国家及省相关工作部署，组织开展全市"跨省通办"业务培训，设立"跨省通办"专窗。继续加大综合服务平台建设，在市政务服务大厅 7×24 小时自助服务区加载公积金服务，实现缴存、贷款查询和打印自助办理。完成信息化系统使用情况评估、省数据资源目录认领编制和全市数据归集合力攻坚工作，并以库表方式向市数据局提供全量业务数据。完成与省政务服务平台、上海公积金中心等地联调，并在长三角"一网通办"平台作为缴存地上线，实现了安庆缴存职工在长三角地区办理异地贷款时，可通过长三角"一网通办"平台直接申请开具《异地贷款职工住房公积金缴存使用证明》。开发公积金异地转入服务模块，异地调动职工，可直接通过皖事通 App、公积金网上服务大厅等渠道办理。开通商品房贷款网上申请模块，通过数据共享调用住房和城乡建设部门商品房交易信息，不断提升公积金贷款服务效能。

（五）当年信息化建设情况，包括信息系统升级改造情况，基础数据标准贯彻落实和结算应用系统接入情况等。继续加强信息系统建设，增设公积金贷款履约金管理模块，增加楼栋信息扫描实现全市开发项目集中管理，完善贷款自主核算按日扣款和计收罚息功能。为做好法院在执行涉及公积金案件协助和配合工作，联合市中级人民法院印发了《关于建立住房公积金执行协作联动机制的若干意见》，开发法院冻结管理模块，规范办理法院冻结、解冻等业务，维护缴存人和债权人合法权益。加大信息化硬件设备投入，提高系统承载能力和业务处理速度，落实三级等保制度，进一步提升网络安全防护能力。加强基础数据进行清理，持续完善基础数据贯标工作。

（六）当年住房公积金管理中心及职工所获荣誉情况，包括：文明单位（行业、窗口）、青年文明号、工人先锋号、五一劳动奖章（劳动模范）、三八红旗手（巾帼文明岗）、先进集体和个人等。2020 年，安庆市住房公积金政务中心窗口和一名工作人员分别荣获安徽省住房和城乡建设系统学雷锋示范点、学雷锋岗位标兵荣誉称号。

(七）当年对违反《住房公积金管理条例》和相关法规行为进行行政处罚和申请人民法院强制执行情况。当年未发生此类情况。

（八）当年对住房公积金管理人员违规行为的纠正和处理情况等。当年未发生此类情况。

（九）其他需要披露的情况。无其他需披露的情况。

黄山市住房公积金 2020 年年度报告

根据国务院《住房公积金管理条例》和住房和城乡建设部、财政部、人民银行《关于健全住房公积金信息披露制度的通知》（建金〔2015〕26 号）的规定，经住房公积金管理委员会审议通过，现将黄山市住房公积金 2020 年年度报告公布如下。

一、机构概况

（一）住房公积金管理委员会。住房公积金管理委员会有 27 名委员，2020 年召开 1 次会议，审议通过的事项主要包括：

1. 黄山市住房公积金 2019 年年度报告；
2. 黄山市 2020 年住房公积金归集、使用计划以及增值收益分配方案；
3. 各区县政府和市级园区管委会 2020 年住房公积金扩面工作目标任务；
4. 适当降低期房住房公积金贷款的阶段性担保比例，将担保比例从现行的 5‰～15‰下调至 2‰～5‰；
5. 将既有住宅增设电梯纳入住房公积金提取范围。

（二）住房公积金管理中心。黄山市住房公积金管理中心为直属市政府不以营利为目的的自收自支事业单位，设 6 个科室，6 个管理部。从业人员 64 人，其中，在编 46 人，非在编 18 人。

二、业务运行情况

（一）缴存。2020 年，新开户单位 278 家，净增单位 62 家；新开户职工 0.96 万人，净增职工 0.41 万人；实缴单位 2872 家，实缴职工 9.71 万人，缴存额 17.99 亿元，分别同比增长 2.21%、4.41%、6.45%。2020 年末，缴存总额 158.47 亿元，比上年末增长 12.81%；缴存余额 47.84 亿元，同比增长 11.41%。受委托办理住房公积金缴存业务的银行 2 家。

（二）提取。2020 年，2.61 万名缴存职工提取住房公积金；提取额 13.09 亿元，同比增长 6.25%；提取额占当年缴存额的 72.76%，比上年减少 0.14 个百分点。2020 年末，提取总额 110.63 亿元，比上年末增长 13.43%。

（三）贷款。

1. 个人住房贷款。首次申请住房公积金贷款的单缴存职工最高额度 35 万元，双缴存职工最高额度 45 万元。

2020 年，发放个人住房贷款 0.27 万笔、7.76 亿元，同比分别增长 8%、11.17%。

2020年，回收个人住房贷款6.11亿元。

2020年末，累计发放个人住房贷款4.17万笔、84.25亿元，贷款余额40.85亿元，分别比上年末增长6.92%、10.15%、4.24%。个人住房贷款余额占缴存余额的85.38%，比上年末减少5.89个百分点。受委托办理住房公积金个人住房贷款业务的银行10家。

2. 异地贷款。2020年，发放异地贷款220笔、6016.5万元。2020年末，发放异地贷款总额35353.6万元，异地贷款余额22854.6万元。

（四）**资金存储**。2020年末，住房公积金存款9.32亿元。其中，活期0.03亿元，1年（含）以下定期0.57亿元，1年以上定期0.1亿元，协定存款8.62亿元。

（五）**资金运用率**。2020年末，住房公积金个人住房贷款余额、项目贷款余额和购买国债余额的总和占缴存余额的85.38%，比上年末减少5.89个百分点。

三、主要财务数据

（一）**业务收入**。2020年，业务收入14262.98万元，同比下降1.4%。其中，存款利息1286.35万元，委托贷款利息12976.63万元。

（二）**业务支出**。2020年，业务支出5017.73万元，同比下降6.81%。其中，支付职工住房公积金利息4374.89万元，委托贷款手续费642.22万元，其他0.62万元。

（三）**增值收益**。2020年，增值收益9245.25万元，同比增长1.81%。增值收益率2.03%，比上年减少0.2个百分点。

（四）**增值收益分配**。2020年，提取贷款风险准备金0万元，提取管理费用1930.55万元，提取城市廉租住房（公共租赁住房）建设补充资金7314.7万元。

2020年，上交财政管理费用1930.55万元。上缴财政城市廉租住房（公共租赁住房）建设补充资金7190.23万元。

2020年末，贷款风险准备金余额9876.24万元。累计提取城市廉租住房（公共租赁住房）建设补充资金40982.27万元。

（五）**管理费用支出**。2020年，管理费用支出1533.05万元，同比增长13.99%。其中，人员（含退休人员）经费936.70万元（含基本工资、津贴补贴、绩效工资、社会保障费、住房公积金、奖励资金等），公用经费72.89万元，专项经费523.46万元。

四、资产风险状况

个人住房贷款。2020年末，个人住房贷款逾期额3万元，逾期率0.01‰。个人贷款风险准备金余额9876.24万元。2020年，未使用个人贷款风险准备金核销呆坏账。

五、社会经济效益

（一）**缴存业务**。缴存职工中，国家机关和事业单位占52.08%，国有企业占20.31%，城镇集体企业占1.19%，外商投资企业占1.42%，城镇私营企业及其他城镇企业占19.57%，民办非企业单位和社会团体占3.2%，灵活就业人员占0.15%，其他占2.08%；中、低收入占98.88%，高收入占1.12%。

新开户职工中，国家机关和事业单位占 16.69%，国有企业占 12.74%，城镇集体企业占 0.48%，外商投资企业占 2.84%，城镇私营企业及其他城镇企业占 60.76%，民办非企业单位和社会团体占 4.51%，灵活就业人员占 0.44%，其他占 1.54%；中、低收入占 99.7%，高收入占 0.3%。

（二）提取业务。 提取金额中，购买、建造、翻建、大修自住住房占 34.57%，偿还购房贷款本息占 47.55%，租赁住房占 1.99%，支持老旧小区改造占 0%，离休和退休提取占 12.46%，完全丧失劳动能力并与单位终止劳动关系提取占 1.91%，出境定居占 0%，其他占 1.52%。提取职工中，中、低收入占 98.3%，高收入占 1.7%。

（三）贷款业务。 个人住房贷款。2020 年，支持职工购建房 32.13 万平方米（含公转商贴息贷款），年末个人住房贷款市场占有率（含公转商贴息贷款）为 13.97%，比上年末减少 0.69 个百分点。通过申请住房公积金个人住房贷款，可节约职工购房利息支出 10991.99 万元。

职工贷款笔数中，购房建筑面积 90（含）平方米以下占 15.22%，90～144（含）平方米占 71.82%，144 平方米以上占 12.96%。购买新房占 62.94%（其中购买保障性住房占 0%），购买二手房占 37.06%，建造、翻建、大修自住住房占 0%（其中支持老旧小区改造占 0%），其他占 0%。

职工贷款笔数中，单缴存职工申请贷款占 63.27%，双缴存职工申请贷款占 36.73%，三人及以上缴存职工共同申请贷款占 0%。

贷款职工中，30 岁（含）以下占 32.17%，30 岁～40 岁（含）占 34.28%，40 岁～50 岁（含）占 23.18%，50 岁以上占 10.37%；首次申请贷款占 78.49%，二次及以上申请贷款占 21.51%；中、低收入占 99.41%，高收入占 0.59%。

（四）住房贡献率。 2020 年，个人住房贷款发放额、公转商贴息贷款发放额、项目贷款发放额、住房消费提取额的总和与当年缴存额的比率为 104.33%，比上年增加 1.84 个百分点。

六、其他重要事项

（一）应对新冠肺炎疫情，落实住房公积金阶段性支持政策情况和政策实施成效。 统筹应对疫情防控和经济发展，及时出台实施阶段性支持政策。一是对受新冠肺炎疫情影响的企业，按规定准予在 6 月 30 日前缓缴住房公积金，其中，对我市文旅企业还准予降低住房公积金缴存比例，将缓缴和降比期限延长至疫情防控形势稳定、应急响应解除后 3 个月内；二是在企业缓缴期间，对职工缴存时间连续计算，不影响其正常提取和申请住房公积金贷款；三是对因受疫情影响的人群，在疫情防控期间未能正常偿还住房公积金贷款的，不作逾期处理。同时，及时推行线上办、预约办、延期办、7×24 小时自助服务等多项便民服务措施，确保了疫情防控期间业务不断、服务不降。2020 年全市共审批住房公积金缓缴或降低缴存比例的企业 80 家，涉及缓缴职工 3508 人，缓缴总额 784.74 万元，其中，文旅企业 34 家，涉及职工 1629 人，缓缴总额 480.81 万元；不作逾期处理的贷款 87 笔、1394.3 万元，切实帮扶了缴存企业和职工共克时艰。

（二）当年机构及职能调整情况、受委托办理缴存贷款业务金融机构变更情况。

1. 孙湘英同志任市住房公积金管理中心核算科科长，免去其资金使用科科长职务；李立新同志任市住房公积金管理中心资金使用科科长，免去其核算科科长职务。

2. 汪秀美同志任市住房公积金管理中心信息管理科科长（试用期一年）；柯群同志任市住房公积金管理中心稽核科科长（试用期一年）。

（三）当年住房公积金政策调整及执行情况，包括当年缴存基数限额及确定方法、缴存比例等缴存政策调整情况；当年提取政策调整情况；当年个人住房贷款最高贷款额度、贷款条件等贷款政策调整情况；当年住房公积金存贷款利率执行标准等；支持老旧小区改造政策落实情况。2020年度住房公积金缴存基数和缴存比例调整执行时间为2020年7月1日起至2021年6月30日止。单位和职工个人住房公积金的缴存比例在5%～12%区间内选择确定。

住房公积金缴存基数根据国家统计局关于工资总额组成的规定，按职工本人上一年度（自然年度）月平均工资计算，2020年度最高不得高于统计部门公布的2019年黄山市城镇非私营单位就业人员月平均工资的3倍，即19150元；最低不得低于黄山市中心城区最低工资标准1280元。单位和职工住房公积金月缴存额上限分别为2298元；单位和职工住房公积金月缴存额下限分别为64元。

恢复差别化利率政策即缴存职工家庭第二次申请住房公积金个人住房贷款时，贷款利率按照同期住房公积金个人住房贷款利率的1.1倍执行；调整恢复异地贷款业务，拥有黄山市户籍的市外职工在就业地缴存住房公积金，在黄山市行政区域内购买普通自住住房，符合黄山市住房公积金个人住房贷款其他条件的，可持就业地住房公积金管理中心出具的缴存证明，向黄山市住房公积金管理中心申请住房公积金个人住房贷款。将新签楼盘期房住房公积金贷款的阶段性担保比例从现行的5%～15%下调至2%～5%。支持老旧小区改造，将既有住宅增设电梯纳入住房公积金提取范围。

（四）当年服务改进情况，包括推进住房公积金服务"跨省通办"工作情况，服务网点、服务设施、服务手段、综合服务平台建设和其他网络载体建设服务情况等。持续推进"互联网＋公积金"，丰富服务渠道，拓展服务内容，通过安徽政务服务网、皖事通App、中心门户网等渠道，满足广大缴存职工差异化和个性化的服务需求，目前已实现了27项住房公积金业务"零跑腿"；贯彻落实国务院"跨省通办"要求，推进长三角住房公积金一体化及浙闽赣皖四省边际城市住房公积金跨省通办，在业务大厅设置了"跨省通办"专窗，通过资料代收、业务联办等方式，切实保障住房公积金"跨省通办"业务有效运转；扩展服务时间，开通节假日预约办，7×24小时服务等。

住房公积金综合服务平台自上线运行以来，得到住房和城乡建设部、省住房城乡建设厅及广大缴存单位和职工的充分认可，2020年，综合服务平台充分发挥服务功能，持续为缴存单位和职工提供优质高效服务。通过各线上渠道实现单位归集业务100%全程网办，住房公积金缴存即时入账、资金零停留；依托住房公积金网厅、皖事通App等实现住房公积金查询、离退休、离职类销户、购房提取、提前偿还住房公积金贷款及打印各类证明，为缴存单位和职工提供更加高效便捷的服务。截至2020年底，各服务渠道注册用户9.99万人，累计发送12329短信179.9万条；各类查询服务606万次；单位归集业务办理4.99万笔、凭证打印7.6万次；个人业务办理0.17万次。进驻市政务中心7×24小时服务大厅。

（五）当年信息化建设情况，包括信息系统升级改造情况，基础数据标准贯彻落实和结算应用系统接入情况等。开展信息系统等级保护建设，从网络安全、主机安全、数据安全、安全运维、安全威胁检测、安全服务六个方面对住房公积金信息系统开展系统信息安全建设，提升系统安全防御能力。对接长三角"一网通办"平台，实现长三角地区异地贷款职工住房公积金缴存使用证明互认。江苏、浙江、安徽、上海三省一市区域内缴存人办理住房公积金异地贷款时不用再为开具缴存情况证明来回跑，线上就能实现住房公积金异地贷款缴存使用证明开具、注销等。持续完善信息系统功能模块建设，新增网上办理业务事项，为贯彻落实党中央、国务院和省、市疫情防控部署要求，切实做好我市新型冠状病毒肺炎防控工作，便于住房公积金缴存单位和缴存职工办理住房公积金业务,一是开展离职封存半年销户提取住房公积金等线上提取业务;二是优化持续对接"皖事通办"平台;三是落实省委、省政府提出的"2020年底前实现100%的政务数据和60%的社会数据汇聚"的任务要求,完成住房公积金政务数据资源挂载,推进政务数据资源共享;四是做好"互联网+营商环境监测"系统对接,完成企业住房公积金缴存登记数据信息汇聚对接工作。

(六)当年住房公积金管理中心及职工所获荣誉情况。

单位:1.荣获全省住房城乡建设系统抗击新冠肺炎疫情先进集体、第五批全省住房城乡建设系统学雷锋活动示范点;2.荣获第十三届黄山市级文明单位、市直机关效能建设考评优秀单位、市级平安建设优秀单位、市政府网站暨政务微博微信工作先进单位、市级拥军优属合格单位、市政务服务中心最佳服务窗口。

个人:1.汪正如同志荣获市管领导干部综合考核"优秀"等次嘉奖、市直机关优秀党务工作者;2.许燕、孙湘英、陈亮、胡志东、夏珞婵等同志荣获市政务服务中心最美服务之星。

(七)当年对违反《住房公积金管理条例》和相关法规行为进行行政处罚和申请人民法院强制执行情况。当年未发生此类情况。

(八)当年对住房公积金管理人员违规行为的纠正和处理情况等。当年未发生此类情况。

(九)其他需要披露的情况。当年无其他需要披露的情况。

滁州市住房公积金2020年年度报告

根据国务院《住房公积金管理条例》和住房和城乡建设部、财政部、人民银行《关于健全住房公积金信息披露制度的通知》(建金〔2015〕26号)的规定,经住房公积金管理委员会同意,现将滁州市住房公积金2020年年度报告公布如下。

一、机构概况

(一)住房公积金管理委员会。住房公积金管理委员会有25名委员,2020年召开1次会议,审议通过的事项主要包括:滁州市住房公积金2019年度归集使用计划执行情况和2020年度归集使用计划、滁州市住房公积金2019年预算执行情况和2020年收支预算、滁州市住房公积金2019年度增值收益分配方案、调整2020年度滁州市住房公积金最高缴存额和最低缴存额、修订《滁州市住房公积金个人贷款管理办法》、修订《滁州市住房公积金委托银行业务评价暂行办法》等。

(二)住房公积金管理中心。住房公积金管理中心为直属于市人民政府的不以营利为目的的正处级事业单位,设7个科,5个管理部,1个分中心。从业人员94人,其中,在编51人,非在编43人。

二、业务运行情况

(一)缴存。2020年,新开户单位615家,净增单位300家;新开户职工5.05万人,净增职工1.88

万人；实缴单位 5076 家，实缴职工 28.14 万人，缴存额 38.82 亿元，分别同比增长 6.28%、7.16%、11.91%。2020 年末，缴存总额 298.62 亿元，比上年末增加 14.94%；缴存余额 89.64 亿元，同比增长 12.42%。受委托办理住房公积金缴存业务的银行 2 家。

（二）提取。2020 年，10.25 万名缴存职工提取住房公积金；提取额 28.92 亿元，同比增长 13.32%；提取额占当年缴存额的 74.50%，比上年增加 0.93 个百分点。2020 年末，提取总额 208.98 亿元，比上年末增加 16.06%。

（三）贷款。

1. 个人住房贷款。单缴存职工个人住房贷款最高额度 20 万元，双缴存职工个人住房贷款最高额度 30 万元。

2020 年，发放个人住房贷款 0.40 万笔、8.95 亿元，同比分别下降 6.98%、7.25%。

2020 年，回收个人住房贷款 13.24 亿元。

2020 年末，累计发放个人住房贷款 7.48 万笔、163.60 亿元，贷款余额 83.69 亿元，分别比上年末增加 5.65%、5.79%、-4.87%。个人住房贷款余额占缴存余额的 93.36%，比上年末减少 16.96 个百分点。受委托办理住房公积金个人住房贷款业务的银行 11 家。

2. 异地贷款。2020 年，未发放异地贷款。2020 年末，发放异地贷款总额 88178 万元，异地贷款余额 54074 万元。

（四）资金存储。2020 年末，住房公积金存款 17.46 亿元。其中，活期 0.05 亿元，1 年（含）以下定期 12.40 亿元，其他（协定）5.01 亿元。

（五）资金运用率。2020 年末，住房公积金个人住房贷款余额、项目贷款余额和购买国债余额的总和占缴存余额的 93.36%，比上年末减少 16.96 个百分点。

三、主要财务数据

（一）业务收入。2020 年，业务收入 31506.69 万元，同比下降 7.44%。其中，存款利息 1546.67 万元，委托贷款利息 28167.98 万元，其他 1792.04 万元。

（二）业务支出。2020 年，业务支出 17896.30 万元，同比下降 24.89%。其中，支付职工住房公积金利息 12782.99 万元，委托贷款手续费 891.04 万元，其他 4222.27 万元。

（三）增值收益。2020 年，增值收益 13610.39 万元，同比增长 33.29%。增值收益率 1.60%，比上年增加 0.24 个百分点。

（四）增值收益分配。2020 年，提取贷款风险准备金 8166.23 万元，提取管理费用 3089.30 万元，提取城市廉租住房（公共租赁住房）建设补充资金 2354.86 万元。

2020 年，上交财政管理费用 3881.53 万元。上缴财政城市廉租住房（公共租赁住房）建设补充资金 400 万元。

2020 年末，贷款风险准备金余额 40611.89 万元。累计提取城市廉租住房（公共租赁住房）建设补充资金 30477.86 万元。

（五）管理费用支出。2020 年，管理费用支出 3829.68 万元，同比下降 32.04%。其中，人员经费 1676.25 万元，公用经费 649.95 万元，专项经费 1503.48 万元（其中含 1410 万元融资贴息）。

四、资产风险状况

（一）个人住房贷款。 2020年末，个人住房贷款逾期额105.87万元，逾期率0.13‰。个人贷款风险准备金余额39710.71万元。2020年，未使用个人贷款风险准备金核销呆坏账。

（二）支持保障性住房建设试点项目贷款。 2020年末，无逾期项目贷款；项目贷款风险准备金余额901.18万元。

五、社会经济效益

（一）缴存业务。 缴存职工中，国家机关和事业单位占37.33%，国有企业占15.37%，城镇集体企业占0.97%，外商投资企业占9.80%，城镇私营企业及其他城镇企业占32.73%，民办非企业单位和社会团体占1.95%，灵活就业人员占0.67%，其他占1.18%；中、低收入占100%，高收入占0%。

新开户职工中，国家机关和事业单位占14.36%，国有企业占8.95%，城镇集体企业占1.40%，外商投资企业占12.02%，城镇私营企业及其他城镇企业占61.23%，民办非企业单位和社会团体占1.99%，灵活就业人员占0%，其他占0.05%；中、低收入占100%，高收入占0%。

（二）提取业务。 提取金额中，购买、建造、翻建、大修自住住房占26.54%，偿还购房贷款本息占56.93%，租赁住房占1.97%，支持老旧小区改造占0%，离休和退休提取占9.41%，完全丧失劳动能力并与单位终止劳动关系提取占3.58%，出境定居占0.56%，其他占1.01%。提取职工中，中、低收入占100%，高收入占0%。

（三）贷款业务。 个人住房贷款。2020年，支持职工购建房46.56万平方米，年末个人住房贷款市场占有率为7.56%，比上年末减少1.59个百分点。通过申请住房公积金个人住房贷款，可节约职工购房利息支出11000万元。

职工贷款笔数中，购房建筑面积90（含）平方米以下占7.69%，90~144（含）平方米占83.73%，144平方米以上占8.58%。购买新房占86.68%，购买二手房占13.24%，建造、翻建、大修自主住房占0%，其他占0.08%。

职工贷款笔数中，单缴存职工申请贷款占57.09%，双缴存职工申请贷款占42.91%，三人及以上缴存职工共同申请贷款占0%。

贷款职工中，30岁（含）以下占27.07%，30岁~40岁（含）占28.43%，40岁~50岁（含）占30.50%，50岁以上占14%；首次申请贷款占83.65%，二次及以上申请贷款占16.35%；中、低收入占100%，高收入占0%。

（四）住房贡献率。 2020年，个人住房贷款发放额、公转商贴息贷款发放额、项目贷款发放额、住房消费提取额的总和与当年缴存额的比率为86.94%，比上年减少3.94个百分点。

六、其他重要事项

（一）应对新冠肺炎疫情采取的措施，落实住房公积金阶段性支持政策情况和政策实施成效。 贯彻应对新冠疫情的住房公积金阶段性支持政策措施，倡导线上办理住房公积金业务，支持近200家受疫情影响导致生产经营困难的企业缓缴住房公积金3000万元，为近百名缴存职工延期办理住房公积金购房提取和贷款 200 多万元，为部分借款人适当延后住房公积金贷款还款时间，同时阶段性调整连续缴存住房公积金的贷款条件，保障职工权益，为抗击疫情职工使用住房公积金开辟"绿色通道"。

(二)当年住房公积金政策调整及执行情况。

1. 根据《滁州市住房公积金缴存管理办法》，调整了 2020 年度单位和职工住房公积金最高和最低月缴存额，分别为 2292 元和 87 元。从 2020 年元月 1 日起执行。

2. 修订完善《滁州市住房公积金个人贷款管理办法》，明确住房公积金管委会及公积金管理中心在贷款管理方面的职责，适当调整贷款发放条件和发放范围，明确冲还贷为偿还贷款的主要方式之一，优化贷款发放回收操作流程，强化贷后管理。

(三)当年服务改进情况。

1. 实现住房公积金贷款自主核算全覆盖。贯彻落实住房和城乡建设部、省住房城乡建设厅加强住房公积金管理的要求，全市所有受托银行住房公积金贷款数据全面迁移至住房公积金信息系统，实现了住房公积金贷款的受理、审核、审批、发放、回收、核算等全过程由公积金管理中心自主管理，住房公积金信息化建设及便民服务水平迈上新台阶。

2. 积极推进住房公积金服务"跨省通办"。积极实施长三角住房公积金服务一体化，在全省率先设立住房公积金长三角"跨省通办"服务专窗；落实住房和城乡建设部办公厅《关于做好住房公积金服务"跨省通办"工作的通知》要求，实现了个人住房公积金缴存贷款信息查询、出具贷款职工住房公积金缴存使用证明、退休提取住房公积金等 3 项服务事项在全国范围内"跨省通办"。

3. 助力打造"亭满意"营商环境，大力促进"四办"服务。30 项住房公积金服务事项实现"马上办、一次办"，16 项住房公积金提取业务实现全市范围各网点"就近办"，8 台住房公积金服务自助终端遍布各网点满足"自助办"，企业在线办理开办设立登记，可以同步进行住房公积金开户"一网通办"。

4. 不断优化业务服务流程。出台进一步优化住房公积金业务服务七项具体措施，最大限度方便单位和职工补缴、转入、提取、查询住房公积金及提前偿还住房公积金贷款；进一步扩大网上业务办理事项，压缩网上业务办理资料，简化业务办理流程，缩短办理时限。

(四)当年信息化建设情况。

1. 完成住房公积金综合服务平台建设并顺利通过验收工作。建成了集门户网站、网上大厅、自助终端、手机客户端等八大服务渠道为一体的住房公积金综合服务平台。

2. 集中完善基础数据信息。对正常缴存人员的基础数据信息进行了全面的完善整改，共完善近 8000 条；对已经停缴住房公积金的人员基础数据信息，主动联系所在单位或托管中心收集相关信息，完善基础数据。

(五)当年住房公积金管理中心及职工所获荣誉情况。滁州市住房公积金管理中心获得"安徽省文明单位"荣誉称号，被市委、市政府授予"创建全国文明城市先进集体"，被省住房城乡建设厅授予"全省住房城乡建设系统抗击新冠肺炎疫情先进集体"，市长热线电话和网上留言办理等工作被市效能办通报表扬。

市中心服务窗口被省住房城乡建设厅授予"第五批全省住房城乡建设系统学雷锋活动示范点"，被市政府授予"2019 年度市政务服务红旗窗口"，被市政务服务管理局、文明办、文行办授予"全市政务服务系统文明服务窗口"，被市总工会、文明办、文行办联合授予"滁州市 2020 年文明窗口""滁州市 2020 年服务名牌"等荣誉称号。明光市管理部窗口被共青团滁州市委授予"2019年度市级青年文明号"。

综合科袁瑾同志被市委、市政府授予"2019年创建全国文明城市先进个人",信息管理科方冰同志被市政府办授予"2019年度全市政务公开、政府网站暨政务微博微信工作先进个人",业务服务科毛秋玥等多名同志获得"全市政务服务系统政务服务明星"等多项荣誉称号。

(六)其他需要披露的情况。

1. 市政府继续将住房公积金建制扩面工作纳入县域经济和社会发展目标管理责任制考核,做到目标明确,任务量化。

2. 与市中级人民法院建立联动机制。规范公积金管理中心与人民法院相互协助和配合的工作程序,协助法院查询、冻结、扣划住房公积金事项的办理,联合法院受理立案并强制执行不按规定缴存住房公积金行为。

阜阳市住房公积金2020年年度报告

根据国务院《住房公积金管理条例》和住房和城乡建设部、财政部、人民银行《关于健全住房公积金信息披露制度的通知》(建金〔2015〕26号)的规定,经住房公积金管理委员会审议通过,现将阜阳市住房公积金2020年年度报告公布如下。

一、机构概况

(一)住房公积金管理委员会。 住房公积金管理委员会有14名委员,2020年召开2次会议,审议通过的事项主要包括:住房公积金管理委员会审议通过《阜阳市住房公积金2019年归集使用计划执行情况和2020年归集使用计划》《阜阳市住房公积金2019年度增值收益分配方案》《阜阳市住房公积金2019年度决算和2020年度预算》;通报了阜阳市住房公积金前三季度运营情况,充分肯定了住房公积金取得的成绩,并对下一步工作提出要求。

(二)住房公积金管理中心。 住房公积金管理中心为(直属于市政府)不以营利为目的的独立核算事业单位,设6个科室,5个管理部。从业人员56人,其中,在编47人,非在编9人。

二、业务运行情况

(一)缴存。 2020年,新开户单位485家,净增单位227家;新开户职工3.41万人,净增职工2.22万人;实缴单位4549家,实缴职工29.87万人,缴存额43.06亿元,分别同比增长5.25%、8.03%、19.51%。2020年末,缴存总额310.24亿元,比上年末增加16.12%;缴存余额128.72亿元,同比增长11.74%。受委托办理住房公积金缴存业务的银行4家。

(二)提取。 2020年,11.14万名缴存职工提取住房公积金;提取额29.54亿元,同比增长7.77%;提取额占当年缴存额的68.6%,比上年减少7.48个百分点。2020年末,提取总额181.51亿元,比上年末增加19.44%。

（三）贷款。

1. 个人住房贷款。单缴存职工个人住房贷款最高额度 30 万元，双缴存职工个人住房贷款最高额度 40 万元。

2020 年，发放个人住房贷款 0.87 万笔、28.38 亿元，同比分别增长 33.85％、33.43％。

2020 年，回收个人住房贷款 14.39 亿元。

2020 年末，累计发放个人住房贷款 8.62 万笔、236.72 亿元，贷款余额 153.1 亿元，分别比上年末增加 11.23％、13.62％、10.06％。个人住房贷款余额占缴存余额的 118.94％，比上年末减少 1.82 个百分点。受委托办理住房公积金个人住房贷款业务的银行 13 家。

2. 异地贷款。2020 年，发放异地贷款 0 笔、0 万元。2020 年末，发放异地贷款总额 20685.1 万元，异地贷款余额 13767.58 万元。

（四）资金存储。 2020 年末，住房公积金存款 0.42 亿元，全部以协定存款形式存储。

（五）资金运用率。 2020 年末，住房公积金个人住房贷款余额、项目贷款余额和购买国债余额的总和占缴存余额的 118.94％，比上年末减少 1.82 个百分点。

三、主要财务数据

（一）业务收入。 2020 年，业务收入 44754.75 万元，同比增长 11.14％。其中，存款利息 2909.96 万元，委托贷款利息 41485.92 万元，国债利息 0 万元，其他 358.87 万元。

（二）业务支出。 2020 年，业务支出 27470.95 万元，同比增长 18.54％。其中，支付职工住房公积金利息 21769.39 万元，归集手续费 1.97 万元，委托贷款手续费 3550.57 万元，其他 2149.02 万元。

（三）增值收益。 2020 年，增值收益 17283.8 万元，同比增长 1.11％。增值收益率 1.41％，比上年减少 0.13 个百分点。

（四）增值收益分配。 2020 年，提取贷款风险准备金 10370.28 万元，提取管理费用 1530 万元，提取城市廉租住房（公共租赁住房）建设补充资金 5383.52 万元。

2020 年，上交财政管理费用 1750 万元。上缴财政城市廉租住房（公共租赁住房）建设补充资金 5087.57 万元。

2020 年末，贷款风险准备金余额 47901.59 万元。累计提取城市廉租住房（公共租赁住房）建设补充资金 71304.74 万元。

（五）管理费用支出。 2020 年，管理费用支出 1278.09 万元，同比增长 13.16％。其中，人员经费 855.11 万元，公用经费 251.48 万元，专项经费 171.5 万元。

四、资产风险状况

个人住房贷款。2020 年末，个人住房贷款逾期额 592.68 万元，逾期率 0.38‰。个人贷款风险准备金余额 47901.59 万元。2020 年，使用个人贷款风险准备金核销呆坏账 0 万元。

五、社会经济效益

（一）缴存业务。 缴存职工中，国家机关和事业单位占 60.39％，国有企业占 16.1％，城镇集体企业占1.28%，外商投资企业占0.53%，城镇私营企业及其他城镇企业占17.76%，民办非企业单位和社会团体占0.25%，灵活就业人员占0.12%；其他占3.57%；中、低收入占99.18%，高收入占0.82%。

新开户职工中，国家机关和事业单位占39.37%，国有企业占7.34%，城镇集体企业占0.14%，外商投资企业占0.41%，城镇私营企业及其他城镇企业占42.49%，民办非企业单位和社会团体0.20%，灵活就业人员占1.04%，其他占9.01%；中、低收入占99.79%，高收入占0.21%。

（二）提取业务。提取金额中，购买、建造、翻建、大修自住住房占29.29%，偿还购房贷款本息占50.06%，租赁住房占1.66%，支持老旧小区改造占0%，离休和退休提取占12.83%，完全丧失劳动能力并与单位终止劳动关系提取占3.06%，出境定居占0%，其他占3.1%。提取职工中，中、低收入占98.7%，高收入占1.3%。

（三）贷款业务。

个人住房贷款。2020年，支持职工购建房103.53万平方米（含公转商贴息贷款），年末个人住房贷款市场占有率（含公转商贴息贷款）为10.9%，比上年末减少1.47个百分点。通过申请住房公积金个人住房贷款，可节约职工购房利息支出56934.52万元。

职工贷款笔数中，购房建筑面积90（含）平方米以下占3.96%，90~144（含）平方米占91.1%，144平方米以上占4.94%。购买新房占90.55%（其中购买保障性住房占0%），购买二手房占9.45%，建造、翻建、大修自住住房占0%（其中支持老旧小区改造占0%）。

职工贷款笔数中，单缴存职工申请贷款占32%，双缴存职工申请贷款占68%，三人及以上缴存职工共同申请贷款占0%。

贷款职工中，30岁（含）以下占39.74%，30岁~40岁（含）占34.17%，40岁~50岁（含）占20.18%，50岁以上占5.91%；首次申请贷款占88.13%，二次及以上申请贷款占11.87%；中、低收入占98.86%，高收入占1.14%。

（四）住房贡献率。2020年，个人住房贷款发放额、公转商贴息贷款发放额、项目贷款发放额、住房消费提取额的总和与当年缴存额的比率为121.59%，比上年增加2.83个百分点。

六、其他重要事项

（一）应对新冠肺炎疫情采取的措施，落实住房公积金阶段性支持政策情况和政策实施成效。

1. 积极开展疫情防控。疫情期间，按照上级部署积极开展疫情防控，一是要求所有线下办事人员扫安康码，佩戴口罩，排队保持间隔1米以上。二是要求各窗口配备口罩、消毒液等防护用具，确保公共场所清洁消毒全覆盖。三是开展"不见面"办事服务，引导各缴存单位和职工通过网上办事大厅办理相关业务。四是业务提前预约，根据预约情况错时受理，避免人员扎堆。

2. 严格落实阶段性支持政策。一是积极引导缴存单位及职工通过网厅、皖事通、微信公众号等渠道线上办理住房公积金业务。二是因疫情影响出现生产经营困难的企业，未能按时足额缴存住房公积金的，可按规定申请缓缴，待疫情结束后补齐，视为正常缴存。三是对职工购房达到业务办理规定时限的，适当延长贷款和提取业务办理时限。四是受疫情影响的职工，不能正常归还住房公积金贷款的，不作逾期处理、不计罚息。五是简化审批手续，及时完成内部审批，积极协调委托银行、不动产登记中心等相关单位，加快贷款发放进度。

3. 取得显著效果。我中心充分利用线上政务服务平台，鼓励办事群众通过"非接触"方式办理业务，有力保证了各项服务渠道畅通。截至4月末，疫情期间共办理缴存业务12.6亿元，提取8亿元，其中线上提取2578笔。

（二）当年机构及职能调整情况、受委托办理缴存贷款业务金融机构变更情况。当年未发生变化。

（三）当年住房公积金政策调整及执行情况。

缴存方面。根据阜阳市统计局发布上年度城镇非私营单位在岗职工年平均工资数据，调整阜阳市2020年住房公积金缴存上限为17434元，下限不低于月平均工资的5%，缴存比例为5%～12%，调整后执行时间为2020年7月1日至2021年6月30日。

提取方面。1. 职工异地购房提取住房公积金账户余额的，除按规定提供材料外，还须提供购房所在地本人或直系亲属（仅限配偶、父母、子女）任一方的户口簿（或两年以上的社保缴费单据）。2. 同一人多次（一年之内两次及以上）变更婚姻关系购房、多人频繁买卖同一套住房（一年之内两次及以上）的不予提取。

贷款方面。停止向购买第三套及以上住房的职工受理和发放住房公积金贷款。缴存职工第二次申请住房公积金贷款购买普通自住住房的，首付比例不得低于50%。

贷款利率方面。缴存职工第二次申请住房公积金贷款购买普通自住住房的，贷款利率不得低于同期首套住房公积金个人住房贷款利率的1.1倍。

（四）当年服务改进情况。

1. 住房公积金服务"跨省通办"情况。我中心公积金信息查询、出具缴存使用证明、正常退休提取等"跨省通办"服务事项已实现无障碍办理，并提前完成了单位登记开户、单位及个人缴存信息变更、购房提取、开具个人住房贷款全部还清证明等服务事项。

其次，我中心接入长三角协查专窗，协查内容包含公积金信息、产证信息、购房合同信息和有无房产信息，截至年底我中心共发起查询89笔，协助查验30笔。同时，为满足职工长三角地区异地购房贷款需求，中心还接入了长三角"异贷证明"平台，实现了"零跑腿"的工作目标。

2. 提升服务水平情况。2020年，我中心在窗口增设两台自助查询打印机，方便群众快捷查询、打印公积金缴存和贷款明细材料。在服务大厅设立咨询台，安排人员轮流值班，为办事职工做好服务导引。面向社会公布热线电话"12329"，全年服务热线累计接听咨询电话11349人次，为办事群众做好政策解释工作，受到广大职工一致好评。

3. 综合服务平台建设情况。我中心已建成门户网站、网上大厅、自助终端、服务热线、手机短信、手机客户端、微信、微博八个线上服务渠道，并且全省首家进驻支付宝市民中心，可网上办理所有公积金提取业务。2020年7月，接入由市场监管部门开发的"企业开办、一网通办、一日办结"平台。2020年9月，我市住房公积金综合服务平台通过省住房城乡建设厅验收。截至2020年底，我中心微信公众号关注用户20余万，占正常缴存职工的70%左右，各线上渠道办理提取业务7000多笔，目前网上缴存签约单位2000多家，极大提高了办事离柜率。

（五）当年信息化建设情况。2020年，我中心聘请网络安全专家对全体员工进行网络安全专题培训，并联系运维公司定期对机房巡检，对设备进行病毒查杀及漏洞扫描，做到全年系统运行平稳，安全无事故。

（六）当年住房公积金管理中心及职工所获荣誉情况。 2020年，我中心驻市民中心窗口被省住房城乡建设厅评为第五批全省住房城乡建设系统学雷锋活动示范点，李雷同志被省住房城乡建设厅评为"全省住房城乡建设系统岗位学雷锋标兵"。

2020年，我中心获"全市金融服务工作先进单位""全市政务公开工作先进单位""全市选派帮扶工作先进集体"荣誉称号，王莹莹同志被评为"政务公开工作先进个人"。

（七）当年对违反《住房公积金管理条例》和相关法规行为进行行政处罚和申请人民法院强制执行情况。 2020年，我中心通过协查，发现5起骗提行为，针对涉嫌伪造及使用结婚证、购房发票、不动产证书等虚假材料的组织和个人，中心将其纳入公积金失信名单，3年内限制其提取和贷款，并将其行为通报所在单位。

2020年，相关委托银行对24起公积金逾期贷款发起了法律诉讼，已收回逾期贷款93万余元，剩余资金正在诉讼、执行过程中。

宿州市住房公积金2020年年度报告

根据国务院《住房公积金管理条例》和住房和城乡建设部、财政部、人民银行《关于健全住房公积金信息披露制度的通知》（建金〔2015〕26号）的规定，经住房公积金管理委员会审议通过，现将宿州市住房公积金2020年年度报告公布如下。

一、机构概况

（一）住房公积金管理委员会。 住房公积金管理委员会有25名委员，2020年召开1次会议，审议通过了《关于2019年度工作任务完成情况及2020年工作计划安排的报告》《关于2020年向商业银行融资的意见》《关于2019年度住房公积金归集、使用计划和增值收益分配方案执行情况的报告》《关于编制2020年度住房公积金归集、使用计划和增值收益分配方案的意见》《宿州市住房公积金2019年年度报告》。

（二）住房公积金管理中心。 住房公积金管理中心为市政府直属不以营利为目的的公益类事业单位，设9个科，4个管理部，1个办事处。从业人员123人，其中，在编66人，非在编57人。

二、业务运行情况

（一）缴存。 2020年，新开户350单位家，净增单位87家；新开户职工1.75万人，净增职工0.64万人；实缴单位3175家，实缴职工17.55万人，缴存额27.34亿元，分别同比增长2.82%、3.78%、11.05%。2020年末，缴存总额212.82亿元，比上年末增加14.74%；缴存余额82.79亿元，同比增长10.2%。受委托办理住房公积金缴存业务的银行7家。

（二）提取。 2020年，5.26万名缴存职工提取住房公积金；提取额19.67亿元，同比增长11.51%；提取额占当年缴存额的71.95%，比上年增加0.3个百分点。2020年末，提取总额130.03亿元，比上年末增加17.82%。

(三)贷款。

1. 个人住房贷款。单缴存职工个人住房贷款最高额度30万元,双缴存职工个人住房贷款最高额度50万元。

2020年,发放个人住房贷款0.55万笔、19.11亿元,同比分别增长19.57%、22.26%。

2020年,回收个人住房贷款9.55亿元。

2020年末,累计发放个人住房贷款5.64万笔、135.23亿元,贷款余额84.2亿元,分别比上年末增加10.59%、16.46%、12.81%。个人住房贷款余额占缴存余额的101.7%,比上年末增加2.35个百分点。受委托办理住房公积金个人住房贷款业务的银行8家。

2. 异地贷款。2020年,发放异地贷款888笔、28384.4万元。2020年末,发放异地贷款总额113234.3万元,异地贷款余额27672.28万元。

3. 公转商贴息贷款。2020年,发放公转商贴息贷款0笔、0万元,当年贴息额107.74万元。2020年末,累计发放公转商贴息贷款689笔、15016.65万元,累计贴息506.01万元。

(四)资金存储。 2020年末,住房公积金存款7.63亿元。其中,活期0.13亿元,其他(协定、通知存款等)7.5亿元。

(五)资金运用率。 2020年末,住房公积金个人住房贷款余额、项目贷款余额和购买国债余额的总和占缴存余额的101.7%,比上年末增加2.35个百分点。

三、主要财务数据

(一)业务收入。 2020年,业务收入27035.42万元,同比增长5.03%。存款利息1495.61万元,委托贷款利息25539.81万元。

(二)业务支出。 2020年,业务支出12349.55万元,同比增长34.63%。支付职工住房公积金利息10578.07万元,归集手续费0万元,委托贷款手续费964.72万元,其他806.76万元。

(三)增值收益。 2020年,增值收益14685.87万元,同比下降11.35%。增值收益率1.85%,比上年减少0.47个百分点。

(四)增值收益分配。 2020年,提取贷款风险准备金8420.27万元,提取管理费用2123.08万元,提取城市廉租住房(公共租赁住房)建设补充资金4142.52万元。

2020年,上交财政管理费用2396.78万元。上缴财政城市廉租住房(公共租赁住房)建设补充资金9103.23万元。

2020年末,贷款风险准备金余额40492.92万元。累计提取城市廉租住房(公共租赁住房)建设补充资金30267.41万元。

(五)管理费用支出。 2020年,管理费用支出2219.81万元,同比下降9.31%。其中,人员经费1561.56万元,公用经费391.23万元,专项经费267.02万元。

四、资产风险状况

个人住房贷款。2020年末,个人住房贷款逾期额355.14万元,逾期率0.42‰。个人贷款风险准备金余额40492.92万元。

五、社会经济效益

（一）缴存业务。缴存职工中，国家机关和事业单位占 64.38%，国有企业占 19.82%，城镇集体企业占 1.32%，外商投资企业占 1.15%，城镇私营企业及其他城镇企业占 6.63%，民办非企业单位和社会团体占 2.68%，灵活就业人员占 0.14%，其他占 3.88%；中、低收入占 98.48%，高收入占 1.52%。

新开户职工中，国家机关和事业单位占 36.47%，国有企业占 16.04%，城镇集体企业占 5.43%，外商投资企业占 1.39%，城镇私营企业及其他城镇企业占 23.03%，民办非企业单位和社会团体占 5.84%，灵活就业人员占 0.41%，其他占 11.39%；中、低收入占 99.75%，高收入占 0.25%。

（二）提取业务。提取金额中，购买、建造、翻建、大修自住住房占 37.14%，偿还购房贷款本息占 42.37%，租赁住房占 0.52%，支持老旧小区改造占 0%，离休和退休提取占 14.2%，完全丧失劳动能力并与单位终止劳动关系提取占 3.74%，出境定居占 0%，其他占 2.03%。提取职工中，中、低收入占 97.92%，高收入占 2.08%。

（三）贷款业务。

个人住房贷款。2020 年，支持职工购建房 63.6 万平方米（含公转商贴息贷款），2020 年末个人住房贷款市场占有率（含公转商贴息贷款）为 10.58%，比上年末减少 1.81 个百分点。通过申请住房公积金个人住房贷款，可节约职工购房利息支出 35661.25 万元。

职工贷款笔数中，购房建筑面积 90（含）平方米以下占 11.7%，90～144（含）平方米占 80.56%，144 平方米以上占 7.74%。购买新房占 83.6%（其中购买保障性住房占 %），购买二手房占 16.4%，建造、翻建、大修自住住房占 0%（其中支持老旧小区改造占 %），其他占 0%。

职工贷款笔数中，单缴存职工申请贷款占 54.82%，双缴存职工申请贷款占 45.18%，三人及以上缴存职工共同申请贷款占 0%。

贷款职工中，30 岁（含）以下占 25.88%，30 岁～40 岁（含）占 39.4%，40 岁～50 岁（含）占 28.19%，50 岁以上占 6.53%；首次申请贷款占 91.69%，二次及以上申请贷款占 8.31%；中、低收入占 82.17%，高收入占 17.83%。

（四）住房贡献率。2020 年，个人住房贷款发放额、公转商贴息贷款发放额、项目贷款发放额、住房消费提取额的总和与当年缴存额的比率为 127.57%，比上年增加 7.04 个百分点。

六、其他重要事项

（一）应对新冠肺炎疫情采取的措施，落实住房公积金阶段性支持政策情况和政策实施成效。新冠肺炎疫情发生以来，我中心一手抓防控、一手保稳定，及时成立了疫情防控工作领导小组，积极落实应对新冠肺炎疫情阶段性支持政策，联合市财政局、中国人民银行宿州支行制发了《宿州市应对新冠肺炎疫情住房公积金阶段性支持政策实施办法》，及时调整缴存、个贷、提取等阶段性支持政策，通过采取线上办理、预约服务等方式，全力做好受疫情影响企业和职工住房公积金服务保障工作，先后准许 35 家企业申请缓缴，涉及缓缴职工 3080 人、缓缴资金 1208.36 万元，截至当年 10 月份，缓缴企业已全部补缴完成并恢复正常缴存，实现住房公积金各项工作平稳运行。

（二）当年机构及职能调整情况、受委托办理缴存贷款业务金融机构变更情况。当年机构及职能无调整、受委托办理缴存贷款业务金融机构减少1家，缴存业务金融机构减少2家。

（三）当年住房公积金政策调整及执行情况。（1）当年缴存基数限额及确定方法、缴存比例等缴存政策调整情况。缴存基数最高为16939元（依据宿州市统计部门公布的上一年度我市城镇非私营单位在岗就业人员月平均工资的3倍测算）、最低为1280元（依据省政府公布2018年度我市最低工资标准）；缴存比例上限为12%、下限为5%，缴存单位可在5%至12%区间内，自主确定缴存比例；保障港澳台同胞在宿州缴存，执行与我市职工同等的缴存政策。（2）当年提取政策调整情况。当年提取政策与上年调整后的政策一致，无其他变化。（3）当年个人住房贷款最高贷款额度、贷款条件等贷款政策调整情况。当年个人住房最高贷款额度与上年一致，即单方贷款额度最高30万、夫妻双方贷款最高额度50万；当年贷款条件等贷款政策与上年调整后的政策一致，无其他变化。（4）当年住房公积金存贷款利率执行标准。职工住房公积金账户存款利率，执行中国人民银行、住房和城乡建设部、财政部的《关于完善职工住房公积金账户存款利率形成机制的通知》（银发〔2016〕4号），当年缴存的和以前年度结存的住房公积金统一按一年期定期存款基准利率1.5%执行；贷款利率执行标准为，第一次申请住房公积金贷款的五年期以下（含五年）、五年期以上贷款利率分别按2.75%、3.25%执行，用于改善居住条件第二次申请住房公积金贷款的贷款利率上浮10%。

（四）当年服务改进情况。当年持续深化"放管服"改革，不断优化服务方式，采取线上与线下办理相结合，扎实推进住房公积金"一网通办""跨省通办"事项，大力推行"不见面审批"和"最多跑一次"，开展预约上门服务等，全面落实限时办结制。按照住房和城乡建设部住房公积金综合服务平台建设要求，年内建成并开通了门户网站、网上办事大厅、12329热线、12329短信、手机App、自助终端、微信、微博八个服务渠道为一体的综合服务平台，并于9月份顺利通过省综合服务平台验收组验收。当年年底，我中心"个人住房公积金缴存贷款等信息查询""正常退休提取住房公积金"两项业务实现全程网办，"出具贷款职工住房公积金缴存使用证明"事项，已在柜面开设专窗实现代收代办。全市各个服务网点均配备了咨询台、取号机、自助查询机、休息椅、饮水机等设施，切实为广大缴存职工提供便民化服务。

（五）当年信息化建设情况。当年信息化建设情况。开展公积金业务系统升级，实现公积金贷款由委托银行核算模式转换为中心自主核算模式，为进一步提升贷款自主管理水平，提供数据和信息支撑；持续深化综合服务平台建设，拓展线上服务事项，我中心综合服务平台顺利通过省住房城乡建设厅组织的专家组验收；积极融入长三角住房公积金一体化发展合作框架，对接长三角"一网通办"平台，实现长三角范围内公积金缴存职工《异地贷款职工住房公积金缴存使用证明》的线上开具、使用；持续做好网络安全风险防控工作，完善风险防控体系建设，防范隐私信息泄露。

（六）当年住房公积金管理中心及职工所获荣誉情况。当年市中心荣获"安徽省巾帼文明岗""安徽省文明单位""全省住房城乡建设系统抗击新冠肺炎疫情先进集体""宿州市巾帼建功文明岗"荣誉称号。砀山县管理部被市总工会评为"市五一劳动奖状"荣誉称号。

（七）当年对违反《住房公积金管理条例》和相关法规行为进行行政处罚和申请人民法院强制执行情况。当年无此类情况。

（八）当年对住房公积金管理人员违规行为的纠正和处理情况等。当年无此类情况。

（九）其他需要披露的情况。当年无此类情况。

六安市住房公积金 2020 年年度报告

根据国务院《住房公积金管理条例》和住房和城乡建设部、财政部、人民银行《关于健全住房公积金信息披露制度的通知》（建金〔2015〕26 号）的规定，经住房公积金管理委员会审议通过，现将六安市住房公积金 2020 年年度报告公布如下。

一、机构概况

（一）**住房公积金管理委员会**。六安市住房公积金管理委员会有 39 名委员，2020 年召开 1 次会议，审议通过的事项主要包括：

1. 六安市住房公积金 2019 年年度报告；
2. 2019 年住房公积金增值收益分配方案；
3. 2020 年住房公积金归集和使用计划；
4. 提高租房提取住房公积金额度；
5. 降低银行贷款手续费；
6. 调整住房公积金置业担保费率；
7. 放开住房公积金归集银行限制。

（二）**住房公积金管理中心**。住房公积金中心为市政府直属的不以营利为目的的公益二类事业单位，设 8 个科室，8 个管理部。从业人员 84 人，其中，在编 42 人，非在编 42 人。

二、业务运行情况

（一）**缴存**。2020 年，新开户单位 448 家，净增单位 306 家；新开户职工 1.74 万人，净增职工 1.27 万人；实缴单位 3174 家，实缴职工 18.23 万人，缴存额 36.51 亿元，分别同比增长 10.67%、7.49%、9.15%。2020 年末，缴存总额 271.60 亿元，比上年末增加 15.54%；缴存余额 100.21 亿元，同比增长 11.22%。受委托办理住房公积金缴存业务的银行 6 家，比上年增加 1 家。

（二）**提取**。2020 年，7.12 万名缴存职工提取住房公积金；提取额 26.41 亿元，同比增长 14.08%；提取额占当年缴存额的 72.34%，比上年增加 3.13 个百分点。2020 年末，提取总额 171.39 亿元，比上年末增加 18.22%。

（三）**贷款**。

1. 个人住房贷款。单缴存职工个人住房贷款最高额度 40 万元，双缴存职工个人住房贷款最高额度 60 万元。2020 年，发放个人住房贷款 0.56 万笔、20.54 亿元，同比分别增长 27.27%、38.88%。

2020 年，回收个人住房贷款 10.79 亿元。2020 年末，累计发放个人住房贷款 6.25 万笔、155.33 亿元，贷款余额 92.93 亿元，分别比上年末增加 9.84%、15.24%、11.72%。个人住房贷款余额占缴存余额的 92.74%，比上年末增加 0.42 个百分点。受委托办理住房公积金个人住房贷款业务的银行 8 家。

2. 异地贷款。2020 年，发放异地贷款 86 笔、2828 万元。2020 年末，发放异地贷款总额 57147.64 万元，异地贷款余额 39575.53 万元。

（四）资金存储。 2020年末，住房公积金存款14.90亿元。其中，活期0.20亿元，1年（含）以下定期3.33亿元，1年以上定期10.05亿元，其他（协定、通知存款等）1.32亿元。

（五）资金运用率。 2020年末，住房公积金个人住房贷款余额、项目贷款余额和购买国债余额的总和占缴存余额的92.74%，比上年末增加0.42个百分点。

三、主要财务数据

（一）业务收入。 2020年，业务收入31815.95万元，同比增长13.69%。存款利息2996.04万元，委托贷款利息28819.91万元，国债利息0万元，其他0万元。

（二）业务支出。 2020年，业务支出16233.75万元，同比增长15.99%。其中，支付职工住房公积金利息14076.38万元，归集手续费0万元，委托贷款手续费356.01万元，其他1801.36万元。

（三）增值收益。 2020年，增值收益15582.20万元，同比增长11.39%。增值收益率1.63%，比上年减少0.02个百分点。

（四）增值收益分配。 2020年，提取贷款风险准备金2054.12万元；提取管理费用2000万元，提取城市廉租住房（公共租赁住房）建设补充资金11528.08万元。2020年，上交财政管理费用3240.51万元。上缴财政城市廉租住房（公共租赁住房）建设补充资金14419.91万元。2020年末，贷款风险准备金余额47056.63万元。累计提取城市廉租住房（公共租赁住房）建设补充资金48605.22万元。

（五）管理费用支出。 2020年，管理费用支出1544.18万元，同比下降57.53%。其中，人员经费1072.65万元，公用经费136.57万元，专项经费334.96万元。

四、资产风险状况

（一）个人住房贷款。 2020年末，个人住房贷款逾期额314.35万元，逾期率0.3383‰，其中，个人贷款风险准备金余额45732.63万元。

（二）支持保障性住房建设试点项目贷款。 2020年末，项目贷款风险准备金余额1324万元。

五、社会经济效益

（一）缴存业务。 缴存职工中，国家机关和事业单位占59.76%，国有企业占15.69%，城镇集体企业占2.52%，外商投资企业占1.51%，城镇私营企业及其他城镇企业占15.77%，民办非企业单位和社会团体占4.27%，灵活就业人员占0.01%，其他占0.47%；中、低收入占99.98%，高收入占0.02%。

新开户职工中，国家机关和事业单位占27.72%，国有企业7.07%，城镇集体企业占7.44%，外商投资企业占2.09%，城镇私营企业及其他城镇企业占41.75%，民办非企业单位和社会团体占10.88%，灵活就业人员占0.07%，其他占2.98%；中、低收入占99.74%，高收入占0.26%。

（二）提取业务。 提取金额中，购买、建造、翻建、大修自住住房占32.55%，偿还购房贷款本息占50.69%，租赁住房占1.62%，支持老旧小区改造占0%，离休和退休提取占11.41%，完全丧失劳动能力并与单位终止劳动关系提取占2.38%，出境定居占0%，其他占1.35%。提取职工中，中、低收入占99.97%，高收入占0.03%。

（三）贷款业务。

个人住房贷款。2020年，支持职工购建房68.38万平方米（含公转商贴息贷款），年末个人住房贷款市场占有率（含公转商贴息贷款）为8.89%，比上年末减少0.23个百分点。通过申请住房公积金个人住房贷款，可节约职工购房利息支出30136.96万元。

职工贷款笔数中，购房建筑面积90（含）平方米以下占7.36%，90～144（含）平方米占83.26%，144平方米以上占9.38%。购买新房占87.12%（其中购买保障性住房占0%），购买二手房占12.88%，建造、翻建、大修自住住房占0%（其中支持老旧小区改造占0%），其他占0%。

职工贷款笔数中，单缴存职工申请贷款占20.31%，双缴存职工申请贷款占79.69%，三人及以上缴存职工共同申请贷款占0%。

贷款职工中，30岁（含）以下占30.30%，30岁～40岁（含）占32.94%，40岁～50岁（含）占25.66%，50岁以上占11.10%；首次申请贷款占84.73%，二次及以上申请贷款占15.27%；中、低收入占99.98%，高收入占0.02%。

（四）住房贡献率。 2020年，个人住房贷款发放额、公转商贴息贷款发放额、项目贷款发放额、住房消费提取额的总和与当年缴存额的比率为117.87%，比上年增加17.21个百分点。

六、其他重要事项

（一）应对新冠肺炎疫情采取的措施，落实住房公积金阶段性支持政策情况和政策实施成效。 市公积金中心坚持守土尽责，着力构筑疫情防控坚实阵地。一是加强制度建设。通过印发《六安市住房公积金中心关于新型冠状病毒感染的肺炎疫情期间防控工作方案》《关于应对新型冠状病毒肺炎疫情做好住房公积金服务工作的通知》《关于进一步做好住房公积金服务大厅防疫工作的通知》《市公积金中心关于加强秋季疫情防控工作的通知》等10余份疫情防控工作相关通知或要求，从制度上扎紧织密疫情防控"笼子"。二是坚持常态防控。中心8个管理部办事大厅设置疫情防控服务台，安排专人引导进入大厅人员测量体温、佩戴口罩及登记工作。三是持续督促检查。通过电话抽查疫情防控值班情况、远程视频检查工作疫情防控落实情况以及现场督查疫情防控物资储备以办公场所卫生消杀毒等情况，堵塞疫情防控工作管理漏洞，做到守土有责、守土尽责。四是落实政策。为企业复工复产创造条件。按照国家及省厅关于疫情期间困难企业缓缴公积金等政策要求。加强政策宣传引导，及时兑现惠企政策，全年为86家符合条件的困难企业办理公积金缓缴业务，金额1910.85万元。

（二）当年机构及职能调整情况、受委托办理缴存贷款业务金融机构变更情况。 2020年，新增招商银行六安分行1家归集银行。

（三）住房公积金政策调整及执行情况。

1. 调整缴存基数。根据安徽省统计局公布的六安市城镇非私营就业人员年平均工资测算，2020年六安市单位职工住房公积金的月缴存基数上限为19298元，月缴存基数下限仍按六安市现行的最低月工资标准1380元计算。即2020年住房公积金月缴存额上限为4632元（单位和个人各为2316元）。住房公积金月缴存额下限为138元（单位和个人各为69元）。

2. 提高租房提取住房公积金额度。职工租住公共租赁住房的，按实际房租支出全额提取；租住商品住房的，每个家庭每年提取额从1万元调整为不超过1.20万元。

（四）当年服务改进情况。

1. 全面落实"跨省通办"。根据国务院"跨省通办"要求，实行专窗受理、专人负责。积极践行"放管服"改革，实现公积金业务"全市通办"。为夯实公积金服务事项"跨省通办"工作，中心积极开展公积金业务"全市通办"工作。制定《六安市住房公积金"全市通办"工作实施方案》，印发《关于全市通办住房公积金业务的通知》，从2020年12月31日起，缴存单位及职工可选择就近办理住房公积金缴存、提取、贷款等业务。

2. 优化网厅功能。通过完善单位网厅、个人网厅功能，安装公积金自助查询打印一体机和个人征信查询机等设备，提供我市7×24小时"不打烊"公积金"随时办"服务。可以办理缴存、提取、贷款3大类23项具体业务。

3. 自助缴存业务上线运行。开通住房公积金单位网厅联机扣款（自助缴存）功能，更加方便单位缴存住房公积金。

4. 实行贷款直冲式还款。变更冲还贷业务模式，采用统一财务处理方式，每月从职工个人公积金账户直接扣收贷款本息，减轻职工每月房贷还款压力，惠及全市3.6万余户公积金贷款职工家庭，同时每月盘活存量资金8000余万元。

（五）信息化建设情况。

1. 全面升级网厅，融入长三角。持续优化通办网办，打造信息化建设新高地。围绕"一网通办""全程网办""综合服务平台""长三角一体化专窗"等工作，加大"平台建设""数据管控""技术保障"三方面的支撑力度。

2. 强化数据对接，提升办事效力。积极借鉴合肥等中心信息化建设成果，加快推进我市"智慧公积金"工程。深化大数据融合与运用工作，重点抓好数据安全、信息安全、网络安全、资金安全等问题。升级完善我市公积金单位网厅、个人网厅、上线企业网厅、把信息化建设成果转为高质量发展的核心竞争力。

（六）所获荣誉情况。

1. 安徽省第十二届文明单位；

2. 六安市第十届文明单位；

3. 六安市直第十届文明单位；

4. 六安市职工劳动和技能竞赛优秀组织单位；

5. 六安市住房公积金中心金寨县管理部获得全省住房城乡建设系统"抗击新冠肺炎疫情先进集体"荣誉称号；六安市劳动竞赛委员会2020年12月授予张睿倩同志为"六安市五一劳动奖章"获得者。授予张睿倩、王影、陈正、陈静霞、宣驰、贾仁千6名同志分别获得"六安市技术能手""六安市青年岗位能手""六安市巾帼建功标兵"荣誉称号。

（七）当年对违反《住房公积金管理条例》和相关法规行为进行行政处罚和申请人民法院强制执行情况。当年无此类情况。

（八）当年对住房公积金管理人员违规行为的纠正和处理情况等。当年无此类情况。

（九）其他需要披露的情况。提前完成国务院第六次大督查发现问题整改任务。一是取消住房公积金担保保证金制度；二是清退存量住房公积金担保保证金4.35亿元。三是建立长效机制。制定《六安市住房公积金中心个人委托贷款抵押凭证管理制度》《开发企业落实阶段性保证责任的工作流程》，修订《六安市开发企业新建楼盘申请住房公积金贷款个人住房贷款合作暂行办法》等制度。四是开展专项审计。提请市审计局对公积金贷款担保保证金清退开展专项审计。

亳州市住房公积金 2020 年年度报告

根据国务院《住房公积金管理条例》和住房和城乡建设部、财政部、人民银行《关于健全住房公积金信息披露制度的通知》（建金〔2015〕26 号）的规定，经住房公积金管理委员会审议通过，现将亳州市住房公积金 2020 年年度报告公布如下。

一、机构概况

（一）住房公积金管理委员会。 住房公积金管理委员会有 29 名委员，2020 年召开 1 次会议。审议通过的事项主要包括：

1. 审议批准 2019 年度全市住房公积金归集、使用计划执行情况；
2. 审议批准 2019 年度全市住房公积金增值收益分配方案；
3. 审议批准 2020 年全市住房公积金归集、使用计划；
4. 审议批准《亳州市住房公积金 2019 年年度报告》。

（二）住房公积金管理中心。 住房公积金管理中心为隶属于亳州市人民政府不以营利为目的的自收自支事业单位，设 6 个科室，3 个县管理部。从业人员 47 人，其中，在编 31 人，非在编 16 人。

二、业务运行情况

（一）缴存。 2020 年，新开户单位 440 家，净增单位 344 家；新开户职工 3.22 万人，净增职工 1.2 万人；实缴单位 3188 家，实缴职工 17.32 万人，缴存额 27.68 亿元，分别同比增长 12.10%、7.44%、11.75%。2020 年末，缴存总额 210.68 亿元，比上年末增加 15.13%；缴存余额 77.62 亿元，同比增长 10.49%。受委托办理住房公积金缴存业务的银行 8 家。

（二）提取。 2020 年，5.63 万名缴存职工提取住房公积金；提取额 20.31 亿元，同比增长 7.12%；提取额占当年缴存额的 73.37%，比上年减少 3.17 个百分点。2020 年末，提取总额 133.06 亿元，比上年末增加 18.01%。

（三）贷款。

1. 个人住房贷款。单缴存职工个人住房贷款最高额度 33 万元，双缴存职工个人住房贷款最高额度 43 万元。

2020 年，发放个人住房贷款 0.63 万笔、19.90 亿元，同比分别增长 46.51%、55.96%。

2020 年，回收个人住房贷款 8.01 亿元。

2020 年末，累计发放个人住房贷款 4.98 万笔、122.10 亿元，贷款余额 75.72 亿元，分别比上年末增加 14.48%、19.47%、18.61%。个人住房贷款余额占缴存余额的 97.56%，比上年末增加 6.68 个百分点。受委托办理住房公积金个人住房贷款业务的银行 7 家。

2. 异地贷款。2020 年，发放异地贷款 1227 笔、35016 万元。2020 年末，发放异地贷款总额 62276 万元，异地贷款余额 54145.88 万元。

（四）购买国债。无。

（五）资金存储。2020 年末，住房公积金存款 2.8 亿元。其中，活期 0.1 亿元，1 年（含）以下定期 1.4 亿元，1 年以上定期 0.5 亿元，其他（协定、通知存款等）0.8 亿元。

（六）资金运用率。2020 年末，住房公积金个人住房贷款余额、项目贷款余额和购买国债余额的总和占缴存余额的 97.56%，比上年末增加 6.68 个百分点。

三、主要财务数据

（一）业务收入。2020 年，业务收入 23816.14 万元，同比增长 9.99%。其中，存款利息 1213.58 万元，委托贷款利息 22602.03 万元，国债利息 0 万元，其他 0.53 万元。

（二）业务支出。2020 年，业务支出 11407.83 万元，同比增长 16.04%。其中，支付职工住房公积金利息 10790.11 万元，归集手续费 0 万元，委托贷款手续费 617.06 万元，其他 0.66 万元。

（三）增值收益。2020 年，增值收益 12408.31 万元，同比增长 4.96%。增值收益率 1.66%，比上年减少 0.09 个百分点。

（四）增值收益分配。2020 年，提取贷款风险准备金 0 万元，提取管理费用 1104.63 万元，提取城市廉租住房（公共租赁住房）建设补充资金 11303.68 万元。

2020 年，上交财政管理费用 1104.63 万元。上缴财政城市廉租住房（公共租赁住房）建设补充资金 10977.47 万元。

2020 年末，贷款风险准备金余额 11390.33 万元。累计提取城市廉租住房（公共租赁住房）建设补充资金 70617.06 万元。

（五）管理费用支出。2020 年，管理费用支出 761.93 万元，同比增长 1.98%。其中，人员经费 558.60 万元，公用经费 120.60 万元，专项经费 82.73 万元。

四、资产风险状况

个人住房贷款。2020 年末，个人住房贷款逾期额 62.72 万元，逾期率 0.08‰。个人贷款风险准备金余额 11390.33 万元。2020 年，使用个人贷款风险准备金核销呆坏账 0 万元。

五、社会经济效益

（一）缴存业务。缴存职工中，国家机关和事业单位占 60.66%，国有企业占 22.85%，城镇集体企业占 4.83%，外商投资企业占 0.68%，城镇私营企业及其他城镇企业占 8.66%，民办非企业单位和社会团体占 1.98%，灵活就业人员占 0.21%，其他占 0.13%；中、低收入占 97.54%，高收入占 2.46%。

新开户职工中，国家机关和事业单位占 47.62%，国有企业占 13.03%，城镇集体企业占 7.57%，外商投资企业占 0.76%，城镇私营企业及其他城镇企业占 21.61%，民办非企业单位和社会团体占 3.11%，灵活就业人员占 0.90%，其他占 5.4%；中、低收入占 99.07%，高收入占 0.93%。

（二）提取业务。 提取金额中，购买、建造、翻建、大修自住住房占 35.59%，偿还购房贷款本息占 49.75%，租赁住房占 0%，支持老旧小区改造占 0%，离休和退休提取占 12.04%，完全丧失劳动能力并与单位终止劳动关系提取占 1.54%，出境定居占 0.03%，其他占 1.05%。提取职工中，中、低收入占 96.19%，高收入占 3.81%。

（三）贷款业务。

个人住房贷款。2020 年，支持职工购建房 75.67 万平方米（含公转商贴息贷款），年末个人住房贷款市场占有率（含公转商贴息贷款）为 9.62%，比上年末减少 0.85 个百分点。通过申请住房公积金个人住房贷款，可节约职工购房利息支出 37500 万元。

职工贷款笔数中，购房建筑面积 90（含）平方米以下占 2.01%，90～144（含）平方米占 91.02%，144 平方米以上占 6.97%。购买新房占 96.08%（其中购买保障性住房占 0%），购买二手房占 3.92%，建造、翻建、大修自住住房占 0%（其中支持老旧小区改造占 0%），其他占 0%。

职工贷款笔数中，单缴存职工申请贷款占 66.81%，双缴存职工申请贷款占 33.19%，三人及以上缴存职工共同申请贷款占 0%。

贷款职工中，30 岁（含）以下占 36.86%，30 岁～40 岁（含）占 39.50%，40 岁～50 岁（含）占 18.30%，50 岁以上占 5.34%；首次申请贷款占 89.71%，二次及以上申请贷款占 10.29%；中、低收入占 99.18%，高收入占 0.82%。

（四）住房贡献率。 2020 年，个人住房贷款发放额、公转商贴息贷款发放额、项目贷款发放额、住房消费提取额的总和与当年缴存额的比率为 134.49%，比上年增加 20.36 个百分点。

六、其他重要事项

（一）应对新冠肺炎疫情采取的措施，落实住房公积金阶段性支持政策情况和政策实施成效。

1. 应对新冠肺炎疫情采取的措施。根据住房和城乡建设部等四部委印发的《关于妥善应对新冠肺炎疫情实施住房公积金阶段性支持政策的通知》，在全市范围内推行"网上办、掌上办"不见面服务，综合服务平台 24 小时对外提供服务；受疫情影响无法正常缴存的企业及个人可办理降低缴存比例和暂缓缴存住房公积金，提取及贷款权益不受影响。

2. 落实住房公积金阶段性支持政策情况。

归集业务。为 97 家企业办理公积金缓缴，缓缴职工 11625 人，缓缴金额达 5990.59 万元，未出现因疫情影响申请降低住房公积金缴存比例或破产的企业。2020 年 6 月 30 日后，所有申请缓缴企业现已全部恢复正常缴存，并足额补缴疫情期间欠缴的住房公积金。

提取业务。为发挥住房公积金保障功能，缓解缴存职工的还款压力，保障缴存职工的合法权益，部分有提取时限的业务，时限可顺延至疫情结束后三个月。共为 23 人办理了购房顺延提取住房公积金。

贷款业务。截至 2020 年 6 月底，因受疫情影响不作逾期处理的贷款总笔数为 2236 人，应还未还贷款本金 237.5 万元。开展多方面催收措施，因受疫情影响还贷能力不足的，帮助其制定还款计划，分期偿还，逐步减少逾期期数。截至 2020 年底，因新冠肺炎疫情影响逾期贷款已全部正常还款。

3. 政策实施成效。疫情期间住房公积金阶段性支持政策减轻了企业缴存的压力，也缓解了贷款职工的还贷压力，有力地支持了企业复工复产，帮助缴存职工度过难关。

（二）当年机构及职能调整情况、受委托办理缴存贷款业务金融机构变更情况。当年机构及职能未做调整、受委托办理缴存贷款业务金融机构均没有变化，与上年一致。

（三）当年住房公积金政策调整及执行情况，包括当年缴存基数限额及确定方法、缴存比例等缴存政策调整情况；当年提取政策调整情况；当年个人住房贷款最高贷款额度、贷款条件等贷款政策调整情况；当年住房公积金存贷款利率执行标准等；支持老旧小区改造政策落实情况。

1. 缴存政策调整情况。无调整。

2. 提取政策调整情况。简化拆迁还原安置住房提取公积金要件，由原来须提供拆迁还原住房找补差价票据、拆迁安置协议、拆迁安置结算单，简化为提供拆迁安置协议、拆迁安置结算单。

3. 贷款政策调整情况。单缴存职工个人住房贷款最高额度由30万调整为33万元，双缴存职工个人住房贷款最高额度由40万调整为43万元。

4. 住房公积金存贷款利率执行标准。

（1）存款利率。2020年职工住房公积金存款利率按一年期定期存款利率1.5%执行，年度结息日为每年的6月30日。

（2）贷款利率。按照中国人民银行规定利率执行，首次住房公积金贷款的，5年期以下（含五年）住房公积金贷款利率为2.75%，5年期以上住房公积金贷款利率为3.25%；第二次住房公积金贷款的，利率上浮10%。首付比例。首套房不低于20%；二套房和二手房首付不低于50%。

5. 支持老旧小区改造政策落实情况。无。

（四）当年服务改进情况，包括推进住房公积金服务"跨省通办"工作情况，服务网点、服务设施、服务手段、综合服务平台建设和其他网络载体建设服务情况等。

1. 优化服务网点。设立"跨省通办"窗口，明确专人具体负责；退休和购房提取住房公积金（申请人在非缴存地购房的，可向购房地住房公积金管理中心提出申请，从缴存地住房公积金管理中心提取住房公积金）全部实现了网上办理。

2. 完善服务设施。对服务大厅进行装修改造，购置部分便民服务设施，优化服务环境，升级服务窗口，接受办事群众评价。

3. 提升服务手段。大力宣传网上办理公积金提取业务，精心制作办理公积金提取流程视频及手机版提取公积金流程，实行网上24小时不间断申请提取；公开办件流程，办件结果短信通知等全方位服务，完善正常审批，电话沟通，节假日加班审批等相结合的工作机制，履行按时办结服务承诺。

及时办理网上申请提取办件，无逾期办件。网上办件率达98%。

4. 主动接受监督。落实信息公开工作，通过门户网站、微信公众号、安徽政务服务网等，主动发布"亳州市住房公积金提取管理办法"、提取申请资料、办理流程、办理时限、在线咨询等，业务大厅张贴亳州市住房公积金提取服务指南，检验监督业务大厅文明服务工作成效，有力推进中心的行风建设。

5. 综合服务平台建设和其他网络载体建设服务情况。升级住房公积金综合服务平台管理系统，加强对各服务渠道的管控，完善渠道业务统计功能，确保服务渠道统一管理、数据查询统一规范、渠道端系统与核心业务系统安全交互。

（五）当年信息化建设情况，包括信息系统升级改造情况，基础数据标准贯彻落实和结算应用系统接入情况等。

1. 与亳州市市场监督管理局完成亳州市企业联办平台对接工作，利用政务大数据和系统自动审批实现了企业设立登记时公积金开户的秒批秒办。

2. 根据《关于发展住房公积金个人住房贷款业务的通知》（建金〔2014〕148号）的要求，完成了长三角《异地贷款职工住房公积金缴存使用证明》一网通办对接工作。缴存职工"零跑腿"开具《异地贷款职工住房公积金缴存使用证明》，实现异地贷款的申请、查询、注销、回执、结清等功能。

（六）**当年住房公积金管理中心及职工所获荣誉情况，包括：文明单位（行业、窗口）、青年文明号、工人先锋号、五一劳动奖章（劳动模范）、三八红旗手（巾帼文明岗）、先进集体和个人等。** 2020年，亳州市住房公积金管理中心先后荣获"五星基层党组织""全省住房城乡建设系统学雷锋活动示范点""第十二届安徽省文明单位""无烟党政机关"和"第九届亳州市文明单位"等荣誉称号。

（七）当年对违反《住房公积金管理条例》和相关法规行为进行行政处罚和申请人民法院强制执行情况。无。

（八）当年对住房公积金管理人员违规行为的纠正和处理情况等。无。

（九）其他需要披露的情况。无。

池州市住房公积金2020年年度报告

根据国务院《住房公积金管理条例》和住房和城乡建设部、财政部、人民银行《关于健全住房公积金信息披露制度的通知》（建金〔2015〕26号）的规定，经住房公积金管理委员会审议通过，现将池州市住房公积金2020年年度报告公布如下。

一、机构概况

（一）**住房公积金管理委员会。** 住房公积金管理委员会有23名委员，2020年召开1次会议，审议通过的事项主要包括：

（1）2019年度住房公积金年度报告；

（2）2019年度住房公积金归集和使用计划执行情况的报告；

（3）2019年度住房公积金决算；

（4）2019年度住房公积金增值收益分配方案；

（5）2020年度住房公积金归集、使用计划；

（6）2020年度住房公积金预算。

（二）**住房公积金管理中心。** 住房公积金管理中心为直属池州市人民政府不以营利为目的的参照公务员法管理的事业单位，设6个科室，4个管理部。从业人员46人，其中，在编24人，非在编22人。

二、业务运行情况

（一）**缴存。** 2020年，新开户单位191家，净增单位89家；新开户职工1.07万人，净增职工－0.49

万人；实缴单位 2057 家，实缴职工 8.18 万人，缴存额 14.42 亿元，分别同比增长 4.52%、-5.65%、7.05%。2020 年末，缴存总额 122.89 亿元，比上年末增加 13.29%；缴存余额 36.68 亿元，同比增加 10.98%。受委托办理住房公积金缴存业务的银行 5 家。

（二）提取。2020 年，3.39 万名缴存职工提取住房公积金；提取额 10.79 亿元，同比增长 0.56%；提取额占当年缴存额的 74.83%，比上年减少 4.83 个百分点。2020 年末，提取总额 86.21 亿元，比上年末增加 14.31%。

（三）贷款。

1. 个人住房贷款。单缴存职工个人住房贷款最高额度 35 万元，双缴存职工个人住房贷款最高额度 45 万元。

2020 年，发放个人住房贷款 0.25 万笔、7.33 亿元，同比分别下降 3.85%、5.05%。

2020 年，回收个人住房贷款 4.44 亿元。

2020 年末，累计发放个人住房贷款 3.37 万笔、67.71 亿元，贷款余额 34.34 亿元，分别比上年末增加 8.01%、12.14%、9.22%。个人住房贷款余额占缴存余额的 93.62%，比上年末减少 1.51 个百分点。受委托办理住房公积金个人住房贷款业务的银行 10 家。

2. 异地贷款。2020 年，发放异地贷款 4 笔、103.80 万元。2020 年末，发放异地贷款总额 27321.20 万元，异地贷款余额 16831.47 万元。

3. 公转商贴息贷款。2020 年，发放公转商贴息贷款 0 笔、0 万元，当年贴息额 469.37 万元。2020 年末，累计发放公转商贴息贷款 1852 笔、52618.80 万元，累计贴息 1754.91 万元。

（四）资金存储。2020 年末，住房公积金存款 2.35 亿元。其中，活期 0.10 亿元，1 年以上定期 0 亿元，其他（协定、通知存款等）2.25 亿元。

（五）资金运用率。2020 年末，住房公积金个人住房贷款余额、项目贷款余额和购买国债余额的总和占缴存余额的 93.62%，比上年末减少 1.51 个百分点。

三、主要财务数据

（一）业务收入。2020 年，业务收入 11209.32 万元，同比增长 7.02%。其中，存款利息 455.99 万元，委托贷款利息 10753.33 万元。

（二）业务支出。2020 年，业务支出 5921.26 万元，同比增长 25.51%。其中，支付职工住房公积金利息 5488.97 万元，委托贷款手续费 432.17 万元，其他 0.12 万元。

（三）增值收益。2020 年，增值收益 5288.06 万元，同比下降 8.14%。增值收益率 1.52%，比上年减少 0.28%。

（四）增值收益分配。2020 年，提取贷款风险准备金 1537.14 万元，提取管理费用 706.92 万元，提取城市廉租住房（公共租赁住房）建设补充资金 3044.00 万元。

2020 年，上交财政管理费用 746.12 万元。上缴财政城市廉租住房（公共租赁住房）建设补充资金 0 万元。

2020 年末，贷款风险准备金余额 18236.32 万元。累计提取城市廉租住房（公共租赁住房）建设补充资金 17998.19 万元。

(五)管理费用支出。 2020 年,管理费用支出 824.64 万元,同比增长 3.24%。其中,人员经费 649.70 万元,公用经费 112.74 万元,专项经费 62.20 万元。

四、资产风险状况

个人住房贷款。2020 年末,个人住房贷款逾期额 39.56 万元,逾期率 0.12‰。个人贷款风险准备金余额 18236.32 万元。2020 年,使用个人贷款风险准备金核销呆坏账 0 万元。

五、社会经济效益

(一)缴存业务。 缴存职工中,国家机关和事业单位占 52.29%,国有企业占 18.79%,城镇集体企业占 1.24%,外商投资企业占 1.12%,城镇私营企业及其他城镇企业占 24.32%,民办非企业单位和社会团体占 0.92%,灵活就业人员占 0.09%,其他占 1.23%;中、低收入占 99.19%,高收入占 0.81%。

新开户职工中,国家机关和事业单位占 26.28%,国有企业占 12.97%,城镇集体企业占 0.46%,外商投资企业占 0.86%,城镇私营企业及其他城镇企业占 52.48%,民办非企业单位和社会团体占 3.87%,灵活就业人员占 0.16%,其他占 2.92%;中、低收入占 99.69%,高收入占 0.31%。

(二)提取业务。 提取金额中,购买、建造、翻建、大修自住住房占 31.18%,偿还购房贷款本息占 54.49%,租赁住房占 0.21%,离休和退休提取占 9.48%,完全丧失劳动能力并与单位终止劳动关系提取占 3.92%,出境定居占 0%,其他占 0.72%。提取职工中,中、低收入占 99.21%,高收入占 0.79%。

(三)贷款业务。 个人住房贷款。2020 年,支持职工购建房 29.30 万平方米(含公转商贴息贷款),年末个人住房贷款市场占有率(含公转商贴息贷款)为 14.13%,比上年末减少 0.67 个百分点。通过申请住房公积金个人住房贷款,可节约职工购房利息支出 12358.02 万元。

职工贷款笔数中,购房建筑面积 90(含)平方米以下占 15.10%,90~144(含)平方米占 78.80%,144 平方米以上占 6.10%。购买新房占 65.20%(其中购买保障性住房占 0%),购买二手房占 34.80%。

职工贷款笔数中,单缴存职工申请贷款占 68.93%,双缴存职工申请贷款占 31.07%。

贷款职工中,30 岁(含)以下占 33.10%,30 岁~40 岁(含)占 37.81%,40 岁~50 岁(含)占 20.97%,50 岁以上占 8.12%;首次申请贷款占 81.33%,二次及以上申请贷款占 18.67%;中、低收入占 99.76%,高收入占 0.24%。

(四)住房贡献率。 2020 年,个人住房贷款发放额、公转商贴息贷款发放额、项目贷款发放额、住房消费提取额的总和与当年缴存额的比率为 115.12%,比上年减少 10.84 个百分点。

六、其他重要事项

(一)应对新冠肺炎疫情采取的措施,落实住房公积金阶段性支持政策情况和政策实施成效。 认真学习贯彻习近平总书记关于新冠疫情防控的重要指示讲话精神,坚持把人民生命安全和身体健康放在第一位,统筹做好疫情防控和公积金管理服务工作。一是统筹线上线下,保障业务运转安全高效。持续推进"互联网+政务服务",做到群众刚需高频事项线上线下业务同步受理,让企业、职工少跑路。并自 5 月起,市、县公积金窗口安排工作人员双休日正常上班,实行 7×24 小时不打烊服务,全面做好常态化疫情防控期间的公积金管理服务工作。二是及时研究出台我市《关于应对新型肺炎疫情做好住房公积金管理服务工作措施的通知》《关于妥善应对新冠肺炎疫情落实住房公积金阶段性支持政策的通知》，切实保障缴存企业和职工的利益。三是帮助企业减负，有效促进复工复产。受疫情影响生产经营困难的企业，可申请在2020年6月30日前阶段性缓缴住房公积金。截至6月底，全市共有37家企业申请阶段性缓缴公积金，累计缓缴金额588.28万元。四是保障职工权益，助稳岗就业不受影响。对37家阶段性缓缴企业的2506名职工，缓缴期内缴存时间连续计算，不影响职工个人住房公积金提取和贷款权益。对受疫情影响，支付房租有压力的缴存职工，放宽租房提取条件，累计为20位无房职工提高租房提取金额5.52万元。截至6月30日，对因受疫情影响总共84户借款人，未能正常偿还住房公积金贷款的，不作逾期处理，不计罚息，不作为逾期记录报送征信部门。

（二）当年机构及职能调整情况、受委托办理缴存贷款业务金融机构变更情况。2020年池州市住房公积金管理中心无此类情况发生。

（三）当年住房公积金政策调整及执行情况。

1. 根据国务院《住房公积金管理条例》规定，单位与职工缴存住房公积金的月工资基数，原则上不应超过市统计部门公布的上一年度职工月平均工资的3倍。2020年，池州市住房公积金管理中心依据市统计局《统计年鉴》提供的数据，上一年度池州市职工月平均工资为6371.00元，按最高缴存比例12%测算出本市单位职工缴存住房公积金，单位补贴部分最高金额为每月不超过2294.00元，并及时公开，予以调整。

2. 根据《住房公积金管理条例》《住房公积金归集业务标准》等规定，对我市住房公积金缴存基数有关问题进行明确。国家统计局《劳动工资统计报表制度》明确工资总额包含机关事业单位公车改革补贴、单位工会发放的实物性质的津补贴等工资性津贴和补贴。自2020年7月起，将上一年度单位实际发放的公车改革补贴、工会发给的实物性质津补贴等工资性津贴补贴纳入年度住房公积金缴存基数调整。职工住房公积金缴存基数每年核定一次，各缴存单位自2020年度以后，每年7月份统一进行缴存基数调整并缴存。

3. 为规范我市住房公积金个人住房贷款政策，根据住房和城乡建设部、财政部、中国人民银行和中国银行业监督管理委员会《关于规范住房公积金个人住房贷款政策有关问题的通知》（建金〔2010〕179号）文件精神，对我市住房公积金贷款有关政策进行规范，第二套住房公积金个人住房贷款，贷款利率不得低于同期首套住房公积金个人住房贷款利率的1.1倍。

4. 借款申请人应为住房公积金缴存职工，对于存在共同申请人的，共同申请人应为借款申请人配偶。申请贷款前6个月连续缴存公积金，且申请贷款时公积金账户应处于正常缴存状态。缴存职工家庭首次申请住房公积金贷款购买自住住房，夫妻双方正常缴存住房公积金的，贷款最高限额为45万元；一方正常缴存住房公积金的，贷款最高限额为35万元。缴存职工家庭第二次申请住房公积金贷款购买自住住房，夫妻双方正常缴存住房公积金的，贷款最高限额为35万元；一方正常缴存住房公积金的，贷款最高限额为25万元。最低首付比例不低于所购住房总价款的20%，贷款利率按照中国人民银行规定住房公积金贷款利率执行。住房公积金贷款最长年限为30年，且贷款到期日不超过借款申请人（含共同申请人）法定退休时间后5年。

（四）当年服务改进情况。

1. 推进优化营商环境改革举措，对住房公积金实行开户"一网办理"和缴存业务全程网办、"跨省通办""通缴通取",企业注册登记可直接填报单位及个人住房公积金缴存比例信息,减少办理环节,实现"最多跑一次"目标。

2.认真落实《2020年长三角地区政务服务"一网通办"工作要点》,按时完成"个人申请出具异地贷款缴存使用证明"服务事项清单工作,推进长三角住房公积金一体化发展协作。

(五)当年信息化建设情况。开展住房公积金信息系统网络安全等级保护工作,完成网络安全等级三级保护的测评、整改与备案工作,提升了住房公积金整体网络安全防护能力。

(六)当年住房公积金管理中心及职工所获荣誉情况。

1.2020年5月14日市双拥工作领导小组通报表彰市住房公积金管理中心等131家单位为2019年度市直双拥优秀单位,名列前26名。

2.2020年5月13日市政法委通报2018—2019年度市直部门所属独立核算二级机构平安建设(综治工作)目标管理考核结果,市住房公积金管理中心为2018年度考核"优秀"等次独立核算二级机构。

3.2020年5月21日中共池州市委办公室池州市人民政府办公室命名通报市住房公积金管理中心等74家单位为2019年度全市平安建设(综治工作)优秀单位。

4.2020年6月29日,市直工委授予我单位王鹤春同志"市直优秀党务工作者"称号。

5.2020年9月24日,市委办、市政府办在"评比窗口"2019年度工作中,市住房公积金管理中心窗口被评为"最佳服务窗口"。

6.2020年12月14日,市双拥工作领导小组命名胡红平为"池州市双拥模范个人"。

(七)当年对违反《住房公积金管理条例》和相关法规行为进行行政处罚和申请人民法院强制执行情况。2020年池州市住房公积金管理中心无此类情况发生。

(八)当年对住房公积金管理人员违规行为的纠正和处理情况等。2020年池州市住房公积金管理中心无此类情况发生。

(九)其他需要披露的情况。2019年度提取城市廉租住房(公共租赁住房)建设补充资金3030.00万元,分配计划市政府未审批,财政暂未同意上缴,因此城市廉租住房(公共租赁住房)建设补充资金一直挂账,等待上缴,专项用于保障性住房建设,实行专款专用。

宣城市住房公积金2020年年度报告

根据国务院《住房公积金管理条例》和住房和城乡建设部、财政部、人民银行《关于健全住房公积金信息披露制度的通知》(建金〔2015〕26号)的规定,经住房公积金管理委员会审议通过,现将宣城市住房公积金2020年年度报告公布如下。

一、机构概况

(一)住房公积金管理委员会。住房公积金管理委员会有27名委员,2020年召开1次会议,审议通过的事项主要包括:《宣城市2019年度住房公积金归集使用计划执行情况和2020年度住房公积金归集使用计划》《宣城市住房公积金 2019 年年度报告》和《2019 年城市廉租住房（公共租赁住房）建设补充资金分配方案》。

（二）住房公积金管理中心。住房公积金管理中心为市人民政府直属不以营利为目的的全额拨款事业单位，设 5 个科、5 个管理部，1 个分中心。从业人员 61 人，其中在编 43 人、非在编 18 人。

二、业务运行情况

（一）缴存。2020 年，新开户单位 362 家，净增单位 221 家；新开户职工 1.83 万人，净增职工 0.38 万人；实缴单位 4302 家，实缴职工 18.21 万人，缴存额 27.40 亿元，分别同比增长 5.42%、2.13%、9.16%。2020 年末，缴存总额 232.45 亿元，比上年末增加 13.36%；缴存余额 58.77 亿元，比上年末增加 11.56%。受委托办理住房公积金缴存业务的银行 5 家。

（二）提取。2020 年，7.30 万名缴存职工提取住房公积金；提取额 21.31 亿元，同比增长 6.60%；提取额占当年缴存额的 77.77%，比上年减少 1.87 个百分点。2020 年末，提取总额 173.68 亿元，比上年末增加 13.99%。

（三）贷款。

1. 个人住房贷款。个人住房贷款最高额度 40 万元。2020 年，发放个人住房贷款 0.55 万笔、13.2 亿元，同比分别减少 17.91%、19.81%。

2020 年，回收个人住房贷款 10.30 亿元。

2020 年末，累计发放个人住房贷款 7.12 万笔、140.66 亿元，贷款余额 65.04 亿元，分别比上年末增加 8.37%、10.36%、4.68%。个人住房贷款余额占缴存余额的 110.67%，比上年末减少 7.27 个百分点。受委托办理住房公积金个人住房贷款业务的银行 15 家。

2. 异地贷款。2020 年，发放异地贷款 1 笔、40 万元。2020 年末，发放异地贷款总额 40738.62 万元，异地贷款余额 26216.92 万元。

3. 公转商贴息贷款。2020 年，发放公转商贴息贷款 181 笔、5017.32 万元，当年贴息额 287.53 万元。2020 年末，累计发放公转商贴息贷款 1830 笔、41592.19 万元，累计贴息 1175.54 万元。

4. 住房公积金支持保障性住房建设项目贷款。无。

（四）购买国债。无。

（五）资金存储。2020 年末，住房公积金存款 1.66 亿元。其中，活期 0.12 亿元，其他（协定、通知存款等）1.54 亿元。

（六）资金运用率。2020 年末，住房公积金个人住房贷款余额、项目贷款余额和购买国债余额的总和占缴存余额 110.67%，比上年末减少 7.27 个百分点。

三、主要财务数据

（一）业务收入。2020 年，业务收入 20771.52 万元，同比增长 7.49%。存款利息 301.92 万元，委托贷款利息 20469.59 万元。

（二）业务支出。2020 年，业务支出 12436.75 万元，同比增长 1.41%。支付职工住房公积金利息 8597.18 万元，委托贷款手续费 630.09 万元，其他 3209.48 万元（其中含银行融资利息 2920.99 万元、存量"公转商"贷款贴息287.53万元）。

（三）增值收益。 2020年，增值收益8334.77万元，同比增长18.04%。增值收益率1.48%，比上年增加0.09个百分点。

（四）增值收益分配。 2020年，提取贷款风险准备金0万元，提取管理费用1104.58万元，提取城市廉租住房（公共租赁住房）建设补充资金7230.19万元。

2020年，上交财政管理费用1104.58万元。上缴财政城市廉租住房（公共租赁住房）建设补充资金5936.98万元。

2020年末，贷款风险准备金余额8694.25万元。累计提取城市廉租住房（公共租赁住房）建设补充资金55529.22万元。

（五）管理费用支出。 2020年，管理费用支出1099.77万元，同比减少0.24%。其中，人员经费663.62万元，公用经费33.9万元，专项经费402.25万元。

四、资产风险状况

（一）个人住房贷款。 2020年末，个人住房贷款逾期额189.95万元，逾期率0.29‰。个人贷款风险准备金余额8694.25万元。2020年，使用个人贷款风险准备金核销呆坏账0万元。

（二）支持保障性住房建设试点项目贷款。 无。

五、社会经济效益

（一）缴存业务。 缴存职工中，国家机关和事业单位占41.76%，国有企业占12.02%，城镇集体企业占0.90%，外商投资企业占3.39%，城镇私营企业及其他城镇企业占38.19%，民办非企业单位和社会团体占2.77%，灵活就业人员占0.08%，其他占0.89%；中、低收入占98.80%，高收入占1.20%。

新开户职工中，国家机关和事业单位占21.24%，国有企业占5.20%，城镇集体企业占0.45%，外商投资企业占3.50%，城镇私营企业及其他城镇企业占65.42%，民办非企业单位和社会团体占3.07%，灵活就业人员占0.12%，其他占1%；中、低收入占99.72%，高收入占0.28%。

（二）提取业务。 提取金额中，购买、建造、翻建、大修自住住房占26.00%，偿还购房贷款本息占58.60%，租赁住房占0.65%，支持老旧小区改造占0%，离休和退休提取占10.25%，完全丧失劳动能力并与单位终止劳动关系提取占3.32%，出境定居占0.59%，其他占0.59%。提取职工中，中、低收入占99.36%，高收入占0.64%。

（三）贷款业务。

1.个人住房贷款。2020年，支持职工购建房63.46万平方米，年末个人住房贷款市场占有率（含公转商贴息贷款）为10.7%，比上年末减少0.7个百分点。通过申请住房公积金个人住房贷款，可节约职工购房利息支出25082.64万元。

职工贷款笔数中，购房建筑面积90（含）平方米以下占15.32%，90~144（含）平方米占75.45%，144平方米以上占9.23%。购买新房占72.86%（其中购买保障性住房占0%），购买二手房占27.14%，建造、翻建、大修自住住房占0%（其中支持老旧小区改造占0%），其他占0%。

职工贷款笔数中，单缴存职工申请贷款占67.01%，双缴存职工申请贷款占32.99%，三人及以上缴

存职工共同申请贷款占0%。

贷款职工中，30岁（含）以下占37.37%，30岁~40岁（含）占33.50%，40岁~50岁（含）占21.96%，50岁以上占7.17%；首次申请贷款占84.43%，二次及以上申请贷款占15.57%；中、低收入占99.55%，高收入占0.45%。

2.支持保障性住房建设试点项目贷款。无。

（四）住房贡献率。 2020年，个人住房贷款发放额、公转商贴息贷款发放额、项目贷款发放额、住房消费提取额的总和与当年缴存额的比率为116.31%，比上年减少25.32个百分点。

六、其他重要事项

（一）应对新冠肺炎疫情采取的措施，落实住房公积金阶段性支持政策情况和政策实施成效。

1.加强组织领导，落实防控责任。自2020年1月27日（正月初三）起，领导班子成员到岗就位，组织全体工作人员通过办公网和微信工作群，深入学习贯彻习近平总书记关于疫情防控工作的重要指示批示精神等文件，全面摸排中心所有人员外出返宣情况、与重点地区人员接触情况、身体健康情况等。

2.深入联系社区，协助疫情防控。成立志愿者队伍，放弃休假时间，采取定人、定岗、定位等方式，深入共建社区宣传疫情防控知识，协助路段巡查和卡口值班值守，支持社区口罩500副。

3.落实缓缴政策，支持企业复工复产。认真贯彻落实习近平总书记重要指示精神和中央、省、市重要决策部署，率先出台《关于疫情防控期间支持中小微企业平稳健康发展加强住房公积金服务保障的通知》和《关于企业受疫情影响申请缓缴公积金办理程序的通知》，落实"稳企业、稳就业"公积金助企纾困政策，支持企业复工复产。截至6月底，共为133家企业办理公积金缓缴手续，涉及职工2.2万人，缓缴金额2140万元。

（二）当年机构及职能调整情况、受委托办理缴存贷款业务金融机构变更情况。 2020年，受委托办理住房公积金个人住房贷款业务的银行15家，比上年增加旌德农商行。

（三）当年住房公积金政策调整及执行情况，包括当年缴存基数限额及确定方法、缴存比例等缴存政策调整情况；当年提取政策调整情况；当年个人住房贷款最高贷款额度、贷款条件等贷款政策调整情况；当年住房公积金存贷款利率执行标准等；支持老旧小区改造政策落实情况。

1.住房公积金缴存政策调整。从2020年1月1日起调整我市住房公积金月缴存额上、下限标准。月缴存额上限。根据宣城市统计局公布的数据，2019年度宣城市区城镇非私营单位在岗人员年平均工资为79047元，即月平均工资为6587元。按照月缴存工资基数不高于上一年度月平均工资3倍的规定，我市2019年度职工住房公积金月缴存基数上限为19761元，缴存比例不得高于12%。单位及个人月缴存额均不得高于2371元，月缴存总额上限为4742元；月缴存额下限。职工住房公积金的月缴存工资基数为职工本人上一年月平均工资，最低缴存基数不得低于本年度宣城市区最低工资标准1380元。缴存比例不得低于5%。

2.住房公积金贷款政策调整。自2020年8月14日起，对新受理的缴存职工家庭第二次住房公积金贷款，利率按照同期公积金个人住房公积金贷款基准利率的1.1倍执行。现行个人住房公积金贷款基准利率上浮后，分别按五年以下（含五年）3.025%、五年以上3.575%执行。

（四）当年服务改进情况，包括推进住房公积金服务"跨省通办"工作情况，服务网点、服务设施、

服务手段、综合服务平台建设和其他网络载体建设服务情况等。

1. 提升窗口服务效能，群众办事跑一次。为进一步提升服务效能，方便缴存职工，实行各网点前台受理，市中心线上统一审批、统一支付，在全省率先实现市域范围内公积金支取业务的统一在线审批和支取资金"秒到账"。为减少职工往返，将公积金贷后冲还贷业务申请提前到贷款受理阶段，贷款发放成功后即可自动冲还贷。通过精简公积金业务办理要件，取消退休和账户封存证明材料，压缩业务办结时限，使其业务效能达到省内同行业最优水平。公积金贷款从受理到放款最快只用了3天时间。在保障春节抗疫工作的同时，加班加点开通线下全市辖区"通缴通取通还"业务，职工可在全市7个县市网点，就近办理住房公积金相关业务。

精细化做好业务窗口日常管理，落实首问负责、一次性告知等八项效能制度，实行综合窗口业务一窗一次办结。现场指导缴存单位和职工使用电脑、手机线上查询和办理公积金业务。开展送政策进房企活动，走进售楼部宣传讲解公积金贷款政策、申请要件、贷款额度测算等，深受开发企业好评。

2. 建好公积金互联网，群众办事不跑腿。不断升级优化"互联网＋住房公积金"综合服务平台渠道，加强网上办理公积金相关业务能力，实现"现场办"与"网上办"互补互通，减少群众现场排队等候时间，提高办事效率。积极推进相关部门数据共享应用，后台密切关注网办业务运行"日清日结"，目前已实现所有公积金业务可在网站、手机App、微信公众号等渠道线上24小时申请办理，切实做到了7×24小时服务，提高了离柜率。自网办业务开通以来，全市线上业务已办理65.37万笔，办结率100%。"宣城住房公积金"微信公众号关注突破7.2万人。

进驻宣城市企业"一网通办"服务平台，在省内首批实现线上企业注册与公积金账户设立并行办理。深度参与长三角住房公积金一体化合作，联通长三角一网通办平台，开设"长三角住房公积金一体化服务"专栏，建立协查机制。通过全国住房公积金监管服务平台，落实第一批"跨省通办"服务事项，职工可异地查询公积金缴存贷款信息、打印公积金缴存使用证明，办理退休提取公积金手续。

开通和完善微信公众号、微博、网站、自助查询终端等，向缴存职工提供住房公积金个人信息查询功能，公布各项业务政策解读及办理流程，解答相关问题，并扩展12329短信平台的服务范围，对账户资金变动、还款失败、扣款成功等业务增加短信提示功能。"12329"住房公积金服务热线共接听电话4.84万次，其中人工服务2.99万次，发送业务告知短信61.19万条。在疫情防控期间，"12329"服务热线成绩突出，市政府政务公开办负责人实地调研并给予高度评价。

（五）当年信息化建设情况，包括信息系统升级改造情况，基础数据标准贯彻落实和结算应用系统接入情况等。

1. 完成住房公积金管理信息系统三级等级保护建设。第一时间启动相关工作，投入144.43万元采购项目建设所需硬件设备，严格按照《网络安全法》《信息安全技术网络安全等级保护基本要求》要求，经过第三方等保测评机构、等保整改工作承建单位共同努力，于10月完成向市公安局网安支队报备，并通过专家组验收。

2. 完成门户网站迁移。按照市政府办公室要求，我中心门户网站被统一纳入市政府集约化管理平台管理，并优化调整网站页面布局。进一步加强了网站管理工作的规范性、兼容性，提升了网站整体应用能力和可操作性，保障了网站24小时不间断平稳运行。

3. 多方数据共享，联合保障权益。主动与市场监管局、市中级人民法院等部门加强沟通交流和协调配合，组织系统承建单位面对面技术对接，倒排工期，按时向数据资源目录管理系统一次性全量上报14项目录数据；在全省率先与中级人民法院联合印发《关于建立住房公积金审判执行和联合惩戒机制的实施办法》，通过系统互联方式，实现公积金查询、冻结、解冻，失信被执行人名单推送功能，并完成网络专线开通、调试工作。

（六）当年住房公积金管理中心及职工所获荣誉情况，包括：文明单位（行业、窗口）、青年文明号、工人先锋号、五一劳动奖章（劳动模范）、三八红旗手（巾帼文明岗）、先进集体和个人等。中心领导班子在2019年度综合考核中，被评定为"好"等次；中心先后被评为市直工委先进基层党组织、政府网站及政务新媒体工作先进集体，荣获市直单位工间操比赛一等奖第一名、中华经典诵读比赛三等奖。各网点窗口均被当地政务服务局作为先进典型推广宣传。营业部窗口荣获"2019年度市政务服务红旗窗口"称号，且2020年连续4次被评为"双月红旗窗口"，宁国管理部、郎溪管理部、泾县管理部、广德分中心被评为全省住房城乡建设系统学雷锋活动示范点、县直机关效能考评优秀单位、目标管理绩效考核优胜单位、优秀窗口、共产党员示范岗；中心荣获全省住房城乡建设系统岗位学雷锋标兵1名，政办之星4名，"五星级服务"工作人员1名，最佳亲切（微笑）服务之星1名，市法治家庭标兵户1名，微笑之星9次，服务之星7次，优秀共产党员1名，人民满意科股长1名，最佳服务标兵1名，先进个人3名；宁国管理部还收到缴存职工的感谢锦旗。

（七）当年对违反《住房公积金管理条例》和相关法规行为进行行政处罚和申请人民法院强制执行情况。无。

（八）当年对住房公积金管理人员违规行为的纠正和处理情况等。无。

（九）其他需要披露的情况。

1. 为保障缴存职工购房需求，实现公积金资金供需平衡，持续自我加压，点对点开展宣传，积极扩大住房公积金制度覆盖面。

一是精细分解目标任务。年初根据全市未建缴住房公积金企业户数、职工人数以及社保参保人数等因素，研究制订年度制度扩面目标任务，经市住房公积金管委会审议通过，将任务分解到各县市管理部（分中心），要求各部门抓住工作重点，采取有力措施，用好用足政策，调动多方资源，强化目标任务和承诺事项责任落实，督促完成全年目标任务，特别是公积金归集额和新增人数。10月，全市住房公积金缴存人数突破20万人。

二是社会宣传多渠道，引导制度再扩面。通过电视、报纸、网站、微信等传媒，多渠道、多形式、广角度不断进行政策宣传和解读，努力扩大制度的宣传面和影响力。领导班子带队前往企业开展"四送一服"活动，与企业主深入交流，向职工解答公积金政策，加深企业对住房公积金政策法规的理解，进一步提高了住房公积金政策的影响力和建制积极性。多渠道对已建制企业进行正面宣传，激励未建制企业依法缴存。

三是对接职能部门，健全信息共享。主动与人社、财政、市场监管等部门加强沟通交流和协调配合，及时掌握全市机关、企事业单位等公积金建制情况，设立未建制单位名册，开展针对性的催建催缴工作。委托市市场监督局，在企业申请开办时，发放公积金宣传材料，提前让企业了解公积金的政策和红利，增强企业缴存住房公积金的自觉性与主动性。与市司法局互动合作，推动全市尚未建制的律师事务所尽快落实住房公积金缴存政策。通过加大对合作银行考核，促进合作银行对企业住房公积金制度扩面进一步深入。成功接入宣城市企业开办"一网通办"网上服务平台，在省内首批实现线上企业开办与公积金缴存开户并行办理，为企业开办工商登记和公积金开户申请提供便利。同时，积极争取各县市党委政府更大工作支持，实现了全市机关事业单位公积金缴存基数的应纳尽纳。

四是建立联合惩戒，提升执法能力。着力提升运用法治思维和法治方式的能力，切实加大制度公积金扩面执法力度，力推从行政推动向法治促进转变，促进全市住房公积金规范缴存和管理，进一步完善工作机制。一是聘请法律顾问参与执法审查，维护单位、职工合法权益；二是加强队伍执法培训，组织学习《民法典》等法律法规；三是规范缴存年审，进而规范全市上市公司、劳务派遣公司的公积金缴存管理；四是落实"双随机一公开"，依法公布权责清单，主动接受社会监督；五是与市中级人民法院联合出台《关于建立住房公积金审判执行和联合惩戒机制的实施办法》，规范并优化法院在执行涉及公积金案件中，法院与公积金中心相互协助的工作程序，依法维护公积金缴存人和债权人的合法权益。

2. 我中心创新资金管理模式，在减少资金沉淀、提高资金使用效率上狠下功夫，取得明显成效。

一是规范资金运作，控本节支、提高效益。全市资金统一管理，统筹使用，充分发挥存量资金效用；科学测算职工贷款、支取的资金需求，根据中心的资金总量，在防范资金流动性风险的前提下，适度缩减融资规模，压缩融资成本，与银行进行协商，将一年期流贷年利率从4.35%下调至3.85%，公转商贷款年利率从4.9%、5.39%统一调整为4.05%，减少融资规模2.05亿元。

二是强化内审，保障资金安全。做好常规业务稽核，每月抓重点完成公积金贷款、提取业务、公积金账目会计核算等稽核检查，并在月度例会上及时举一反三，总结完善。对照住房和城乡建设部反馈的公积金业务电子化检查结果，对公积金存疑数据，逐项梳理核查，限期查实整改，并督促各业务网点完善业务管理，多角度防范风险，确保资金安全。12月份，开展2020年度治理违规骗取住房公积金"回头看"工作，运用多种协查手段，严格核查住房消费行为和证明材料的真实性，并依照相关规定向公安部门移交了案件材料。

三是完成期房贷款保证金整改，提高风险防控能力。积极贯彻省住房城乡建设厅《关于落实国务院第六次大督查反馈问题整改工作的通知》（建金函〔2019〕1683号），进一步转变管理方式，增强风险意识，提高贷后管理水平，从4月1日起，中心在发放贷款的同时，逐笔、将贷款金额的5%资金划入开发企业履约担保专户，同时开展保证金对账及清退工作。截至12月底，中心已清退保证金7860.65万元，涉及开发企业130家，做到保证金应退尽退。

四是加强贷后管理，防范资金风险。为切实保障住房公积金信贷资金的安全和广大缴存职工的合法权益，采取积极有效的措施，扎实做好逾期贷款回收工作。针对贷款户逾期的不同情况实行差别化催收，运用电话催收、短信催收、微信催收、上门催收、开发企业支持还款、法律途径等多种行之有效的措施，确保逾期贷款数量不增长、不积压。

五是处置闲置资产，避免资源浪费。近年来，我中心6个县市网点先后整体进驻当地政务服务大厅，各网点办公用房陆续空置。6月12日，市政府第55次常务会研究决定将我中心5处经营性房产（406.03平方米）移交市国控集团。9月27日，市政府第60次常务会研究决定将我中心6处非营业性办公用房（1333.9平方米）及1间车库公开拍卖处置。

2020 全国住房公积金年度报告汇编

福建省

福州
厦门市
莆田市
三明市
泉州市
漳州市
南平市
龙岩市
宁德市
平潭综合实验区

福建省住房公积金 2020 年年度报告

根据国务院《住房公积金管理条例》和住房和城乡建设部、财政部、人民银行《关于健全住房公积金信息披露制度的通知》（建金〔2015〕26 号）规定，现将福建省住房公积金 2020 年年度报告汇总公布如下。

一、机构概况

（一）**住房公积金管理机构**。全省共设 9 个设区城市住房公积金中心，平潭综合实验区行政服务中心承担住房公积金管理中心的职能。其中，福州另设有三个住房公积金管理机构（其中福建省直单位住房公积金中心隶属福建省机关事务管理局、福州住房公积金中心铁路分中心隶属中国铁路南昌局集团有限公司、福州住房公积金中心福建省能源集团分中心隶属福建省能源集团有限责任公司）。全省从业人员 927 人，其中，在编 599 人，非在编 328 人。

（二）**住房公积金监管机构**。福建省住房和城乡建设厅、财政厅和人民银行福州中心支行负责对本省住房公积金管理运行情况进行监督。福建省住房和城乡建设厅设立住房公积金监管处，负责辖区住房公积金日常监管工作。

二、业务运行情况

（一）**缴存**。2020 年，新开户单位 26296 家，实缴单位 140200 家，净增单位 15939 家；新开户职工 56.57 万人，实缴职工 438.56 万人，净增职工 22.18 万人；缴存额 740.36 亿元，同比增长 10.89%。2020 年末，缴存总额 5530.36 亿元，比上年末增加 15.46%；缴存余额 1913.66 亿元，比上年末增加 10.02%。

（二）**提取**。2020 年，提取额 566.02 亿元，同比增长 17.20%；占当年缴存额的 76.45%，比上年增加 4.11 个百分点。2020 年末，提取总额 3616.71 亿元，比上年末增加 18.55%。

（三）**贷款**。

1. 个人住房贷款。2020 年，发放个人住房贷款 7.42 万笔、374.39 亿元，同比增长 13.28%、12.94%。回收个人住房贷款 211.03 亿元。

2020 年末，累计发放个人住房贷款 110.4 万笔、3278.87 亿元，贷款余额 1790.25 亿元，分别比上年末增加 7.21%、12.89%、10.04%。个人住房贷款余额占缴存余额的 93.55%，比上年末增加 0.01 个百分点。

2. 住房公积金支持保障性住房建设项目贷款。2020 年未发放支持保障性住房建设项目贷款，无应还贷款本金余额。

（四）**购买国债**。2020 年，未购买国债。当年未兑付、转让、收回国债，国债余额 0.48 亿元，与上年同期保持不变。

（五）**融资**。2020 年，融资 14 亿元，归还 25 亿元。2020 年末，融资总额 277.88 亿元，融资余额 16.30 亿元。

（六）资金存储。2020 年末，住房公积金存款 163.45 亿元。其中，活期 1.88 亿元，1 年（含）以下定期 29.15 亿元，1 年以上定期 49.45 亿元，其他（协定、通知存款等）82.97 亿元。

（七）资金运用率。2020 年末，住房公积金个人住房贷款余额、项目贷款余额和购买国债余额的总和占缴存余额的 93.58％，比上年末增加 0.02 个百分点。

三、主要财务数据

（一）业务收入。2020 年，业务收入 610092.46 万元，同比增长 11.03％。其中，存款利息 50491.44 万元，委托贷款利息 559391.97 万元，国债利息 152.40 万元，其他 56.65 万元。

（二）业务支出。2020 年，业务支出 361046.98 万元，同比增长 11.18％。其中，支付职工住房公积金利息 272549.53 万元，归集手续费 15586.01 万元，委托贷款手续费 15829.09 万元，其他 57082.35 万元。

（三）增值收益。2020 年，增值收益 249045.48 万元，同比增长 10.81％；增值收益率 1.35％，比上年减少 0.02 个百分点。

（四）增值收益分配。2020 年，提取贷款风险准备金 62679.95 万元，提取管理费用 15038.95 万元，提取城市廉租住房（公共租赁住房）建设补充资金 171326.58 万元。

2020 年，上缴管理费用 14013.87 万元，上缴城市廉租住房（公共租赁住房）建设补充资金 143082.91 万元。

2020 年末，贷款风险准备金余额 727587.39 万元，累计提取城市廉租住房（公共租赁住房）建设补充资金 1311331.97 万元。

（五）管理费用支出。2020 年，管理费用支出 21511.81 万元，同比增长 7.46％。其中，人员经费 12485.10 万元，公用经费 1577.61 万元，专项经费 7449.10 万元。

四、资产风险状况

（一）个人住房贷款。2020 年末，个人住房贷款逾期额 4571.80 万元，逾期率 0.255‰。

2020 年，提取个人贷款风险准备金 62679.95 万元，使用个人贷款风险准备金核销呆坏账 0 万元。2020 年末，个人贷款风险准备金余额 724527.39 万元，占个人贷款余额的 4.05％，个人贷款逾期额与个人贷款风险准备金余额的比率为 0.63％。

（二）住房公积金支持保障性住房建设项目贷款。我省项目贷款于 2015 年已全部结清，无项目贷款逾期情况，全省项目贷款风险准备金余额为 3060 万元，其中厦门贷款风险准备金余额 1840 万元，福州贷款风险准备金余额 1220 万元。

五、社会经济效益

（一）缴存业务。2020 年，实缴单位数、实缴职工人数和缴存额增长率分别为 12.83％、5.33％ 和 10.89％。

缴存单位中，国家机关和事业单位占 15.98％，国有企业占 7.83％，城镇集体企业占 1.42％，外商投资企业占 2.92％，城镇私营企业及其他城镇企业占 51.06％，民办非企业单位和社会团体占 3.68％，其他占 17.10%。

缴存职工中，国家机关和事业单位占 26.89%，国有企业占 23.77%，城镇集体企业占 1.43%，外商投资企业占 8.06%，城镇私营企业及其他城镇企业占 27.96%，民办非企业单位和社会团体占 2.8%，其他占 9.1%；中、低收入占 96.05%，高收入占 3.95%。

新开户职工中，国家机关和事业单位占 10.87%，国有企业占 17.96%，城镇集体企业占 1.21%，外商投资企业占 8.1%，城镇私营企业及其他城镇企业占 47.03%，民办非企业单位和社会团体占 3.48%，其他占 11.35%；中、低收入占 99.04%，高收入占 0.96%。

（二）提取业务。2020 年，168.25 万名缴存职工提取住房公积金 566.02 亿元。

提取金额中，住房消费提取占 81.71%（购买、建造、翻建、大修自住住房占 26.05%，偿还购房贷款本息占 51.91%，租赁住房占 3.69%，其他占 0.06%）；非住房消费提取占 18.29%（离休和退休提取占 10.35%，完全丧失劳动能力并与单位终止劳动关系提取占 4.29%，出境定居占 0.01%，其他占 3.63%）。

提取职工中，中、低收入占 94.07%，高收入占 5.93%。

（三）贷款业务。

1. 个人住房贷款。2020 年，支持职工购建房 939.42 万平方米。年末个人住房贷款市场占有率（含公转商贴息贷款）为 13.95%，比上年末增加 0.01 个百分点。通过申请住房公积金个人住房贷款，可节约职工购房利息支出 1141805.94 万元。

职工贷款笔数中，购房建筑面积 90（含）平方米以下占 33.4%，90~144（含）平方米占 61.35%，144 平方米以上占 5.26%。购买新房占 72.2%（其中购买保障性住房占 4.11%），购买二手房占 27.52%，建造、翻建、大修自住住房占 0.04%，其他占 0.23%。

职工贷款笔数中，单缴存职工申请贷款占 56.90%，双缴存职工申请贷款占 42.95%，三人及以上缴存职工共同申请贷款占 0.15%。

贷款职工中，30 岁（含）以下占 28.5%，30 岁~40 岁（含）占 44.72%，40 岁~50 岁（含）占 20.24%，50 岁以上占 6.55%；首次申请贷款占 88%，二次及以上申请贷款占 12%；中、低收入占 92.78%，高收入占 7.22%。

2. 异地贷款。2020 年，发放异地贷款 1759 笔、85618.62 万元。2020 年末，发放异地贷款总额 398278.24 万元，异地贷款余额 317018.52 万元。

3. 公转商贴息贷款。2020 年，发放公转商贴息贷款 16242 笔、981052.20 万元，支持职工购建房面积 157.15 万平方米。当年贴息额 48055.70 万元。2020 年末，累计发放公转商贴息贷款 87573 笔、4588031.17 万元，累计贴息 108690.68 万元。

4. 住房公积金支持保障性住房建设项目贷款。2020 年末，我省未开展住房公积金支持保障性住房建设项目贷款。

（四）住房贡献率。2020 年，个人住房贷款发放额、公转商贴息贷款发放额、项目贷款发放额、住房消费提取额的总和与当年缴存额的比率为 126.3%，比上年减少 4.89 个百分点。

六、其他重要事项

（一）积极应对新冠肺炎疫情，切实贯彻住房公积金阶段性支持政策落实。2020 年 2 月 12 日，转发住房和城乡建设部办公厅《关于应对新型冠状病毒感染的肺炎疫情做好住房公积金管理服务工作的通知》（建办金函〔2020〕71号），督促各地做好疫情防控和应对工作，加强窗口防护，全力推行网办和预约办等业务模式，并协调项目组加快开发上线贷款预受理等各类网办业务，保证了在疫情条件下住房公积金服务正常办、安全办。3月5日，联合省财政厅、人民银行福州中心支行印发《关于做好新冠肺炎疫情期间住房公积金阶段性支持政策落实工作的通知》（闽建金函〔2020〕1号），落实三部委住房公积金阶段性支持政策，减轻企业负担，保障职工权益不受影响，全省共有7722家单位申请缓缴住房公积金，累计缓缴金额约5.39亿元。

（二）加强监测防控，严防业务和资金风险。加强住房和城乡建设部电子化检查工具应用，定期抽查督促各地进行业务风险排查，增强业务风险防控能力；充分利用我省数据集中优势加强各地运行情况监测分析，指导各地加强资金运行情况分析，重点督促个贷使用率较高或增长较快的中心，合理安排资金使用，继续做好个贷使用率稳控工作，全省个贷使用率基本保持平稳。

（三）不断优化核心系统，持续提升网办服务水平。2020全年共实施31次核心系统更新，实现了977个功能新增及优化工作，系统服务效能得到进一步提升。在核心系统不断优化的基础上，持续完善网厅、微信公众号、手机App等综合服务平台的网办功能，实现单位业务网厅办理全覆盖，个人业务办理范围不断扩大，新增7类证明类材料打印（带电子印章）、公积金还贷和商贷还贷提取（还贷类允许配偶共同提取）、偿还本金提取、租房提取、出境定居提取等网办业务。我省于2020年5月份顺利完成第二批综合服务平台验收，至此全省全面完成综合服务平台验收工作。

（四）借力融合发展，拓展线上服务渠道和类型。对接闽政通、省网上办事大厅等系统，借力融合发展，丰富服务渠道多样化，实现跨平台服务统一登录；推进与省汇聚平台、省税务局、部分商业银行实现民政婚姻数据、工商企业开户数据、税务购房发票数据以及部分受托银行商贷数据的共享对接，指导各地进一步简化办事材料，拓展线上服务类型；完成省高院司法查控系统互联，实现部门办事"一趟不用跑"。

（五）强化工作支撑，推动住房公积金服务"跨省通办"。积极贯彻落实国家、部省级关于"跨省通办"工作的要求，督促各地在服务大厅设置"跨省通办"窗口，通过代收代办、两地联办等方式受理"跨省通办"业务申请。同时，充分发挥综合服务平台作用，按照"应上尽上""能上尽上"的原则，加快丰富线上服务种类，缴存贷款信息查询、离退休提取、公积金缴存证明打印等三项"跨省通办"服务事项均已实现全程网办，部分需2021年底完成的"跨省通办"事项也已提前实现，让缴存职工不受地域限制随时办理业务。

（六）深入推进精神文明建设。2020年全省全系统创建地市级以上文明单位3个，青年文明号1个，工人先锋号1个，三八红旗手1个，先进集体和个人1个，其他类荣誉称号21个。其中，省部级荣誉称号4个，地市级荣誉称号24个。

福州住房公积金2020年年度报告

根据国务院《住房公积金管理条例》和住房和城乡建设部、财政部、人民银行《关于健全住房公积金

信息披露制度的通知》（建金〔2015〕26号）的规定，经住房公积金管理委员会审议通过，现将福州住房公积金2020年年度报告（由福州中心、省直中心、铁路分中心、能源分中心的数据汇总生成）公布如下。

一、机构概况

（一）住房公积金管理委员会。福州住房公积金管理委员会有25名委员，2020年共召开1次全体成员会议，1次主任委员办公会议，审议通过4项事项，主要包括：1.《福州住房公积金2019年年度报告》；2.《关于调整部分管委会委员的报告》；3.各中心《2019年住房公积金计划执行情况和2020年住房公积金计划（草案）的报告》；4.《关于调整2020年度福州住房公积金缴存基数的通知》。

（二）住房公积金管理中心。福州住房公积金中心为直属于市政府不以营利为目的的参照公务员法管理的正处级事业单位，主要负责全市住房公积金的归集、管理、使用和会计核算。中心内设8个处，下设9个管理部。从业人员153人，其中，在编88人，非在编65人。

福建省直单位住房公积金中心为隶属于福建省机关事务管理局不以营利为目的的参照公务员法管理的正处级事业单位，主要负责在榕省属单位和中央驻榕单位住房公积金归集、管理、使用和会计核算。中心内设6个部（室），从业人员48人，其中，在编18人，非在编30人。

福州住房公积金中心福州铁路分中心为隶属于中国铁路南昌局集团有限公司不以营利为目的的正处级国有企业单位，主要负责中国铁路南昌局集团有限公司福建省境内所属各单位、合资铁路公司、铁路集体经济企业以及其他委托单位住房公积金归集、管理、使用和会计核算。分中心内设5个科室，从业人员14人，其中，在编14人，非在编0人。

福州住房公积金中心福建省能源集团分中心为隶属于福建省能源集团有限责任公司不以营利为目的机构属性单位，主要负责福建省能源集团有限责任公司福建省境内所属单位住房公积金归集、管理、使用和会计核算。分中心内设4个处（科），从业人员10人，其中，在编10人，非在编0人。

二、业务运行情况

（一）缴存。2020年，新开户单位5310家，净增单位2850家；新开户职工16.36万人，净增职工3.61万人；实缴单位28081家，实缴职工108.49万人，缴存额217.83亿元，分别同比增长11.30%、3.44%、10.45%。2020年末，缴存总额1605.15亿元，比上年末增加15.70%；缴存余额561.62亿元，同比增长12.32%。受委托办理住房公积金缴存业务的银行7家，分别是建设银行、工商银行、中国银行、农业银行、兴业银行、农村商业银行、中信银行。

（二）提取。2020年，36.63万名缴存职工提取住房公积金；提取额156.22亿元，同比增长11.64%；提取额占当年缴存额的71.72%，比上年增加0.76个百分点。2020年末，提取总额1043.53亿元，比上年末增加17.61%。

（三）贷款。

1.个人住房贷款。个人住房贷款最高额度80万元。单缴存职工个人住房贷款最高额度50万元，双缴存职工个人住房贷款最高额度80万元。

2020年，发放个人住房公积金贷款1.65万笔、90.84亿元，同比分别下降11.00%、6.29%。其中，福州中心发放个人住房贷款0.98万笔、52.92亿元，省直中心发放个人住房贷款0.54万笔、32.08亿元，铁路分中心发放个人住房贷款 0.11 万笔、4.75 亿元，能源分中心发放个人住房公积金贷款 0.02 万笔、1.09 亿元。

2020 年，回收个人住房公积金贷款 45.26 亿元。其中，福州中心 22.48 亿元，省直中心 18.78 亿元，铁路分中心 3.11 亿元，能源分中心 0.89 亿元。

2020 年末，累计发放个人住房公积金贷款 21.83 万笔、816.49 亿元、贷款余额 493.61 亿元，分别比上年末增加 8.16%、12.52%、10.17%。个人住房贷款余额占缴存余额的 87.89%，比上年末减少 1.71 个百分点。受委托办理住房公积金个人住房贷款业务的银行 8 家，分别是建设银行、工商银行、农业银行、中国银行、交通银行、兴业银行、农村商业银行、中信银行。

2. 异地贷款。2020 年，发放异地贷款 181 笔、8791.12 万元。2020 年末，发放异地贷款总额 53,977.42 万元，异地贷款余额 35794.46 万元。

3. 公转商贴息贷款。2020 年，发放公转商贴息贷款 9 笔、483 万元，当年贴息额 370.93 万元。2020 年末，累计发放公转商贴息贷款 10266 笔、504863.80 万元，累计贴息 10344.97 万元。

（四）购买国债。2020 年，未购买国债，国债余额 0 元。

（五）资金存储。2020 年末，住房公积金存款 77.38 亿元。其中，活期 0.70 亿元，1 年（含）以下定期 10.95 亿元，1 年以上定期 48.45 亿元，其他（协定、通知存款等）17.28 亿元。

（六）资金运用率。2020 年末，住房公积金个人住房贷款余额、项目贷款余额和购买国债余额的总和占缴存余额的 87.89%，比上年末减少 1.71 个百分点。

三、主要财务数据

（一）业务收入。2020 年，业务收入 174276.51 万元，同比增长 12.97%，其中，福州中心 91332.46 万元，省直中心 68978.85 万元，铁路分中心 11042.13 万元，能源分中心 2923.07 万元。存款利息 22408.17 万元，委托贷款利息 151856.58 万元，国债利息 0 元，其他 11.76 万元。

（二）业务支出。2020 年，业务支出 92224.64 万元，同比增长 10.97%，其中，福州中心 47521.92 万元，省直中心 38264.35 万元，铁路分中心 4897.25 万元，能源分中心 1541.12 万元。支付职工住房公积金利息 79661.29 万元，归集手续费 6362.49 万元，委托贷款手续费 4979.73 万元，其他 1221.13 万元。

（三）增值收益。2020 年，增值收益 82051.87 万元，同比增长 15.30%，其中，福州中心 43810.54 万元，省直中心 30714.50 万元，铁路分中心 6144.88 万元，能源分中心 1381.95 万元。增值收益率 1.53%，比上年增加 0.03 个百分点。

（四）增值收益分配。2020 年，提取贷款风险准备金 17555.45 万元，提取管理费用 1842.00 万元，提取公共租赁住房建设补充资金 62654.42 万元。

2020 年，上交财政管理费用 900 万元。上缴财政城市公共租赁住房建设补充资金 43623.04 万元。其中，福州中心上缴 23519.87 万元，省直中心上缴 20103.17 万元，铁路分中心上缴 0 万元，能源分中心上缴 0 万元。

2020 年末，贷款风险准备金余额 202977.22 万元。累计提取城市公共租赁住房建设补充资金 405142.54 万元。其中，福州中心提取 192253.39 万元，省直中心提取 176100.10 万元，铁路分中心提取 30018.57 万元，能源分中心提取 6770.48 万元。

（五）管理费用支出。 2020 年，管理费用支出 6261.89 万元，同比增长 22.98%。其中，人员经费 3097.68 万元，公用经费 298.80 万元，专项经费 2865.41 万元。

福州中心管理费用支出 4672.50 万元，其中，人员、公用、专项经费分别为 1856.46 万元、161.78 万元、2654.26 万元；省直中心管理费用支出 755.93 万元，其中，人员、公用、专项经费分别为 649.72 万元、57.93 万元、48.28 万元；铁路分中心管理费用支出 493.50 万元，其中，人员、公用、专项经费分别为 414.55 万元、40.82 万元、38.13 万元；能源分中心管理费用支出 339.96 万元，其中，人员、公用、专项经费分别为 176.95 万元、38.27 万元、124.74 万元。

四、资产风险状况

个人住房贷款。2020 年末，个人住房贷款逾期额 1088.36 万元，逾期率 0.220‰，其中，福州中心 0.232‰，省直中心 0.144‰，铁路分中心 0.491‰，能源分中心 0.620‰。个人贷款风险准备金余额 201757.22 万元。2020 年，使用个人贷款风险准备金核销呆坏账 0 万元。

五、社会经济效益

（一）缴存业务。 缴存职工中，国家机关和事业单位占 27.20%，国有企业占 31.32%，城镇集体企业占 0.57%，外商投资企业占 4.65%，城镇私营企业及其他城镇企业占 31.69%，民办非企业单位和社会团体占 2.49%，其他占 2.08%；中、低收入占 97.08%，高收入占 2.92%。

新开户职工中，国家机关和事业单位占 13.53%，国有企业占 27.74%，城镇集体企业占 0.46%，外商投资企业占 4.34%，城镇私营企业及其他城镇企业占 47.58%，民办非企业单位和社会团体占 2.95%，其他占 3.40%；中、低收入占 98.72%，高收入占 1.28%。

（二）提取业务。 提取金额中，购买、建造、翻建、大修自住住房占 25.01%，偿还购房贷款本息占 52.16%，租赁住房占 1.61%，支持老旧小区改造占 0.03%，离休和退休提取占 11.02%，完全丧失劳动能力并与单位终止劳动关系提取占 6.88%，出境定居占 0.01%，其他占 3.28%。提取职工中，中、低收入占 96.36%，高收入占 3.64%。

（三）贷款业务。 个人住房贷款。2020 年，支持职工购建房 162.90 万平方米（含公转商贴息贷款），年末个人住房贷款市场占有率（含公转商贴息贷款）为 11.44%，比上年末增加 0.02 个百分点。通过申请住房公积金个人住房贷款，可节约职工购房利息支出 203305.66 万元。

职工贷款笔数中，住房建筑面积 90（含）平方米以下占 42.58%，90～144（含）平方米占 53.64%，144 平方米以上占 3.78%。购买新房占 71.35%（其中购买保障性住房占 0.53%），购买二手房占 27.79%，建造、翻建、大修自住住房占 0%（其中支持老旧小区改造占 0%），其他占 0.86%。

职工贷款笔数中，单缴存职工申请贷款占 58.85%，双缴存职工申请贷款占 41.15%，三人及以上缴存职工共同申请贷款占 0%。

贷款职工中，30 岁（含）以下占 35.16%，30 岁～40 岁（含）占 41.96%，40 岁～50 岁（含）占 17.86%，50 岁以上占 5.02%；首次申请贷款占 93.26%，二次及以上申请贷款占 6.74%；中、低收入占 95.97%，高收入占 4.03%。

（四）住房贡献率。 2020 年，个人住房贷款发放额、公转商贴息贷款发放额、项目贷款发放额、住房消费提取额的总和与当年缴存额的比率为 98.25%，比上年减少 7.73 个百分点。

六、其他重要事项

（一）落实住房公积金阶段性支持政策情况。2020 年福州中心、省直中心及各分中心按照上级关于疫情防控工作的部署要求，通过中心网站、微信公众号等渠道发布公告引导群众网上办、预约办和安全办，保障了疫情期间职工提取贷款需求。为保障受疫情影响企业和职工的权益，助力复工复产，福州中心、省直中心及各分中心认真贯彻落实《住房和城乡建设部、财政部、人民银行关于妥善应对新冠肺炎疫情实施住房公积金阶段性支持政策的通知》（建金〔2020〕23 号）文件要求。其中，福州中心出台了《福州住房公积中心关于对受疫情影响的缴存单位和职工给予政策支持的通知》（榕公积业〔2020〕3 号）、《关于疫情期间住房公积金阶段性支持政策的补充通知》（榕公积业〔2020〕6 号）等阶段性政策，省直中心出台了《关于应对疫情加强住房公积金服务保障工作的通知》等 5 项阶段性支持政策和服务保障措施，铁路分中心出台了《福州住房公积金铁路分中心关于应对疫情加强住房公积金服务保障的通知》，能源分中心出台了《福建省能源集团有限责任公司关于对受疫情影响的缴存单位和职工给予政策支持的通知》。自阶段性支持政策实施以来，共有受疫情影响的 615 家缴存单位申请缓缴了公积金，缓缴职工人数 34230 人，缓缴金额 9194.71 万元，其中，福州中心 602 家人数 31816 人金额 8703.05 万元，省直中心 10 家人数 627 人金额 190.22 万元，铁路中心 3 家人数 1787 人金额 301.44 万元；福州中心对受疫情影响的 219 名职工延长提取时限，涉及金额 641.47 万元，省直中心为受疫情影响严重的厦航福州分公司无房职工批量办理租房提取 180 人、金额 197.18 万元。

（二）受委托办理缴存贷款业务金融机构变更情况。2020 年福州中心、省直中心新增 1 家住房公积金业务承办银行：中信银行股份有限公司福州分行。

（三）当年住房公积金政策调整。6 月 30 日，福州住房公积金管理管委会印发《关于调整 2020 年度福州住房公积金缴存基数的通知》（榕公积管委〔2020〕2 号），7 月起在福州地区缴存住房公积金的单位及其职工住房公积金最高月缴存基数为 22239 元，最低月缴存基数为 1720 元。

2020 年福州地区 5 年期以下（含）个人住房公积金贷款利率为 2.75%，5 年期以上个人住房公积金贷款利率为 3.25%；个人住房公积金存款利率为 1.5%。

2020 年福州中心、省直中心及分中心在老旧小区改造方面提供了政策支持，为既有住宅加装电梯的职工提供了提取业务共 86 笔，金额 445.77 万元，人均提取 5.18 万元。

（四）当年服务改进情况。2020 年福州中心、省直中心及各分中心深化"放管服"改革，努力打造优质高效的服务品牌。一是深入推进"跨省通办"。福州中心、省直中心推出了 8 项"跨省通办"事项，在各县（市）区公积金服务大厅设立跨省通办服务窗口，通过全程网办、代收代办、两地联办等方式，实现住房公积金服务跨省通办。二是大力推进互联网＋公积金服务。福州中心、省直中心在全省率先试行上线"好差评"综合评价系统；福州中心实现"一趟不用跑"事项达 38 项，占总事项的 72%，全流程网办事项达 30 项，占总事项的 57%，自主研发福州住房公积金微信小程序，实现办事指南一扫而知，升级改造 12329 热线平台，实现综合服务平台实时统计监督功能和职工可通过热线实时查询账户信息、贷款信息的功能；省直中心开通全流程网办业务 44 项，在全省率先研发开通 12329 智能语音，实现 24 小时无间断热线服务。三是线下服务升级版不断推进。福州中心开展"五险一金"一窗联办业务，推进管理服务标准化、规范化，修订提取、商转公、变更共同还款人业务操作规程，完成"五级十五同"公共服务事项的梳理，健全承办银行及服务网点日常管理考核机制，组织367名从业人员参加上岗资格考试，在全市范围内稳步拓展公积金承办银行服务网点至35个，将公积金服务延伸至市民"家门口"，长乐管理部入驻长乐区行政服务中心，马尾管理部搬迁至新服务用房，为办事群众提供更加温馨舒适的服务环境；省直中心在福州城区新布设8台自助服务终端，新增建行晋安支行、工行五一支行作为省直公积金贷款业务受理网点，就近方便服务省直干部职工。

（五）当年信息化建设情况。福建省住房公积金综合管理信息系统上线至今，福州中心、省直中心及各分中心全面贯彻落实住房和城乡建设部《关于贯彻落实住房公积金基础数据标准的通知》《接入住房公积金银行结算数据应用系统与公积金中心接口标准》及《住房公积金信息系统技术规范》的要求，不断加强数据治理，补全了系统中缺失数据，实现了住房和城乡建设部结算应用系统的接入，加强统一联网结算，主动发起资金结算业务，通过托收、网厅缴费等手段办理单位缴存业务。

2020年福建省住房公积金综合管理信息系统进行了20次版本更新，解决系统问题和优化新增系统功能达474项，实现了与省公安、省民政、市不动产登记等7部门的系统对接，简化多项业务办理材料。福州中心和省直中心在全省率先完成业务系统与全部7个承办银行贷款数据的共享，实现了全省跨中心个人缴存信息数据查询、缴存证明打印等功能，运用公积金服务终端实现跨中心自助查询、打印功能，让数据多跑路、职工少跑腿。

（六）当年获得荣誉情况。2020年福州中心被省文明办评为2018—2020年省级文明单位，"党建活动室及职工之家"被评为市直机关优秀党建活动场所；长乐管理部荣获福建省总工会"五一先锋号"称号；城区管理部、网服处联合支部被市行政（市民）服务中心评为2019—2020年度先进基层党组织；城区管理部被市民（行政）服务中心管委会评为11次标兵窗口。

省直公积金中心获评"2018—2020年度省级文明单位"和2020年"福建省模范职工之家"荣誉称号。

（七）当年行政执法情况。2020年福州中心对违反《住房公积金管理条例》的违规企业作出15份责令限期缴纳住房公积金决定书，结案19起、督促单位补缴住房公积金117.09万元，对6名骗取骗贷人员作出冻结使用住房公积金资格处理的决定。铁路中心对11起骗取案件进行了处理。

厦门市住房公积金2020年年度报告

根据国务院《住房公积金管理条例》和住房和城乡建设部、财政部、人民银行《关于健全住房公积金信息披露制度的通知》（建金〔2015〕26号）的规定，经市住房公积金管理委员会审议通过，现将厦门市住房公积金2020年年度报告公布如下。

一、机构概况

（一）住房公积金管理委员会。厦门市住房公积金管理委员会有28名委员，2020年召开1次会议，审议通过的事项主要包括：《关于进一步加强住房公积金支持防控新型冠状病毒感染肺炎疫情有关工作的建议》《厦门市住房公积金2019年年度报告》《关于审议我市2019年度住房公积金决算的请示》《关于审议我市2020年度住房公积金预算的请示》《厦门市2019年度住房公积金归集使用计划执行情况报告》《2019年度住房公积金增值收益分配方案》《关于调整2020年度厦门市住房公积金月缴存额上下限的建议》《厦门市住房公积金管理运行情况报告》《厦门市2019年住房公积金管理使用情况审计报告及审计整改落实情况》。

（二）住房公积金中心。厦门市住房公积金中心为直属厦门市人民政府不以营利为目的的参照公务员法管理事业单位，设6个科，4个工作部。从业人员66人，其中，在编50人，非在编16人。

二、业务运行情况

（一）缴存。2020年，新开户单位11632家，净增单位6675家；新开户职工16.47万人，净增职工4.02万人；实缴单位50439家，实缴职工121.21万人，缴存额188.83亿元，分别同比增长15.25%、3.43%、11.90%。2020年末，缴存总额1339.99亿元，比上年末增加16.4%；缴存余额453.50亿元，同比增长11.97%。受委托办理住房公积金缴存业务的银行8家。

（二）提取。2020年，55.33万名缴存职工提取住房公积金；提取额140.35亿元，同比增长19.22%；提取额占当年缴存额的74.33%，比上年增加4.56个百分点。2020年末，提取总额886.49亿元，比上年末增加18.81%。

（三）贷款。

1. 个人住房贷款。个人住房贷款最高额度120万元。

2020年，发放个人住房贷款1.23万笔、100.25亿元，同比分别增长32.26%、11.39%。

2020年，回收个人住房贷款43.82亿元。

2020年末，累计发放个人住房贷款18.59万笔、762.47亿元，贷款余额429.45亿元，分别比上年末增加7.09%、15.14%、15.13%。个人住房贷款余额占缴存余额的94.70%，比上年末增加2.60个百分点。受委托办理住房公积金个人住房贷款业务的银行15家。

2. 异地贷款。2020年，发放异地贷款104笔、6735.70万元。2020年末，发放异地贷款总额92658.60万元，异地贷款余额76967.96万元。

3. 公转商贴息贷款。2020年，发放公转商贴息贷款6924笔、584831.70万元，当年贴息额20469.24万元。2020年末，累计发放公转商贴息贷款22804笔、1846785.49万元，累计贴息45690.62万元。

（四）购买国债。2020年，未购买、未兑付国债，期末无国债余额。

（五）资金存储。2020年末，住房公积金存款28.77亿元。其中，活期0.05亿元，协定存款28.72亿元。

（六）资金运用率。2020年末，住房公积金个人住房贷款余额、项目贷款余额和购买国债余额的总和占缴存余额的94.70%，比上年末增加2.60个百分点。

三、主要财务数据

（一）业务收入。2020年，业务收入142834.19万元，同比增长16.19%。其中，存款利息10277.73

万元，委托贷款利息 132551.20 万元，其他 5.26 万元。

（二）业务支出。2020 年，业务支出 88998.34 万元，同比增长 14.70%。其中，支付职工住房公积金利息 61593.63 万元，委托归集手续费 3245.88 万元，委托贷款手续费 3480.89 万元，贴息支出 20469.46 万元，其他支出 208.48 万元。

（三）增值收益。2020 年，增值收益 53835.85 万元，同比增加 18.74%。增值收益率 1.24%，比上年增加 0.04 个百分点。

（四）增值收益分配。2020 年，提取贷款风险准备金 22571.45 万元，提取管理费用 2530.69 万元，提取城市廉租住房（公共租赁住房）建设补充资金 28733.71 万元。

2020 年，上交财政管理费用 2161.25 万元。上缴财政城市廉租住房（公共租赁住房）建设补充资金 22538.28 万元。

2020 年末，贷款风险准备金余额 173621.37 万元。累计提取城市廉租住房（公共租赁住房）建设补充资金 298920.00 万元。

（五）管理费用支出。2020 年，管理费用支出 2332.72 万元，同比增长 3.85%。其中，人员经费 1781.67 万元，公用经费 290.74 万元，专项经费 260.31 万元。

四、资产风险状况

（一）个人住房贷款。2020 年末，个人住房贷款逾期额 878.15 万元，逾期率 0.204‰。个人贷款风险准备金余额 171781.37 万元。2020 年，未使用个人贷款风险准备金核销呆坏账。

（二）支持保障性住房建设试点项目贷款。2020 年末，项目贷款已全部结清，无项目贷款逾期情况。当年未计提项目贷款风险准备金，未使用贷款风险准备金核销项目贷款，项目贷款风险准备金余额为 1840 万元。

五、社会经济效益

（一）缴存业务。缴存职工中，国家机关和事业单位占 9.7%，国有企业占 17.57%，城镇集体企业占 0.95%，外商投资企业占 17.14%，城镇私营企业及其他城镇企业占 24.41%，民办非企业单位和社会团体占 2.13%，灵活就业人员占 0.26%，其他占 27.84%；中、低收入占 91.28%，高收入占 8.72%。

新开户职工中，国家机关和事业单位占 3.73%，国有企业占 12.16%，城镇集体企业占 0.62%，外商投资企业占 15.14%，城镇私营企业及其他城镇企业占 33.01%，民办非企业单位和社会团体占 3.76%，灵活就业人员占 0.37%，其他占 31.21%；中、低收入占 98.37%，高收入占 1.63%。

（二）提取业务。提取金额中，购买、建造、翻建、大修自住住房占 21.73%，偿还购房贷款本息占 52.9%，租赁住房占 10.61%，支持老旧小区改造占 0.10%，离休和退休提取占 6.78%，完全丧失劳动能力并与单位终止劳动关系提取占 0.93%，出境定居占 0.01%，其他占 6.94%。提取职工中，中、低收入占 87.51%，高收入占 12.49%。

（三）贷款业务。2020 年，支持职工购建房 108.33 万平方米（含公转商贴息贷款），年末个人住房贷款市场占有率（含公转商贴息贷款）为 16.14%，比上年末增加 1.85 个百分点。通过申请住房公积金个人住房贷款，可节约职工购房利息支出 482452.32 万元。

职工贷款笔数中，购房建筑面积90（含）平方米以下占63.01%，90~144（含）平方米占33.22%，144平方米以上占3.77%。购买新房占51.98%（其中购买保障性住房占购买新房的39.97%），购买二手房占48.01%，建造、翻建、大修自住住房占0.01%，其他占0%。

职工贷款笔数中，单缴存职工申请贷款占62.90%，双缴存职工申请贷款占37.10%，三人及以上缴存职工共同申请贷款占0%。

贷款职工中，30岁（含）以下占26.22%，30岁~40岁（含）占57.20%，40岁~50岁（含）占14.33%，50岁以上占2.25%；首次申请贷款占84.67%，二次及以上申请贷款占15.33%；中、低收入占69.84%，高收入占30.16%。

（四）住房贡献率。 2020年，个人住房贷款发放额、公转商贴息贷款发放额、项目贷款发放额、住房消费提取额的总和与当年缴存额的比率为147.49%，比上年减少10.81个百分点。

六、其他重要事项

（一）应对新冠肺炎疫情采取的措施，落实住房公积金阶段性支持政策情况和政策实施成效。 深入贯彻落实习近平总书记关于统筹疫情防控和经济社会发展的重要讲话精神，坚决落实住房和城乡建设部和省、市疫情防控决策部署，提前谋划、积极部署、精准施策。

1. 快速部署早筹划。按照"早筹划、早准备、早沟通、早出台"的要求，在春节期间组织工作人员全面梳理本市住房公积金单位缴存、租房提取、住房公积金贷款与还贷等情况，实时跟踪了解兄弟城市相关做法，多方案做好政策的论证与储备，为及时出台住房公积金支持疫情防控政策措施奠定了坚实的基础。

2. "不见面"审批有作为。按照"业务审批不打烊，服务质量不下降"的要求，春节期间组织开发和上线新增的网上业务服务项目，第一时间推出外地购房提取、调离本市提取、全部或部分丧失劳动能力提取等全程网办业务。同时推出业务办理双向邮寄服务。业务办理全面实行"网上＋邮寄"方式，高标准落实住房公积金业务窗口"不见面"审批，避免办事群众聚集。

3. 出台政策解民忧。2月14日根据银保监办发〔2020〕10号和银发〔2020〕29号文件精神，结合我市实际情况，经市住房公积金管理委员会审议通过，我市先行推出住房公积金支持疫情防控政策措施，及时为缴存单位和职工排忧解难。4月1日，根据住房和城乡建设部和省住房城乡建设厅统一决策部署，我市出台了积极妥善应对新冠肺炎疫情实施住房公积金阶段性支持政策。（1）受新冠肺炎疫情影响的企业，经职工（代表）大会或工会讨论通过后，可按规定申请在2020年2月至6月期间缓缴住房公积金；（2）受新冠肺炎疫情影响的企业，经职工（代表）大会或工会讨论通过后，可阶段性降低住房公积金缴存比例，缴存比例最低不得低于5%；（3）受新冠肺炎疫情影响的企业申请缓缴住房公积金的，或住房公积金自愿缴存人员因受疫情影响未能正常缴存的，在2020年2月至6月期间缴存时间连续计算，不影响职工正常提取和申请住房公积金贷款；（4）受新冠肺炎疫情影响的职工，2020年1月24日至6月30日期间住房公积金贷款不能正常还款的，不作逾期处理，不作为逾期记录报送征信部门。借款人在归还全部欠款后，可申请退还上述期间的逾期罚息；（5）疫情防控期间，住房公积金贷款受委托银行优先安排信贷资金，确保住房公积金组合贷款及时发放。支持无房职工提取住房公积金支付房租，按季及时拨付资金。

4. 优化环节简流程。一是方便单位办理业务，利用银行网点多的特点，将降低住房公积金缴存比例业务委托各缴存银行办理，办理时限由原来的5个工作日缩减为即来即办，实现单位就近办，马上办。二是简化业务办理材料，实行承诺制。受疫情影响需缓缴住房公积金的单位，只需签署缓缴申请表，承诺单位因受疫情影响造成生产经营困难且经职工（代表）大会或工会同意即可，无需提供相关证明材料。

5. 成效明显减负担。政策实施期间，有366家受疫情影响的单位申请缓缴住房公积金，涉及15936个缴存职工，年内减少企业支出5407.06万元；163家生产经营困难的单位申请阶段性降低住房公积金缴存比例，涉及2663个缴存职工，年内减少企业支出904.06万元。

（二）当年机构及职能调整情况、受委托办理缴存贷款业务金融机构变更情况。2020年，根据厦门市委编办《关于调整厦门市住房保障和房屋管理局所属部分事业单位机构编制事项的通知》（厦委编办〔2020〕116号）文件，中心增设集美工作部、海沧工作部、翔安工作部，取消服务保障科，原稽核科调整为风险控制科，审批管理科调整为审批服务科，同安管理部调整为同安工作部。调整后，共有内设机构10个。

2020年，受委托办理缴存贷款业务金融机构未发生变更。

（三）当年住房公积金政策调整及执行情况。

1. 缴存政策调整情况。

（1）缴存基数。2020年住房公积金缴存基数为职工本人上一年度（2019年1月1日至2019年12月31日）月平均工资，且不得高于24048元，不得低于1700元。工资总额口径按国家统计局《关于工资总额组成的规定》（国家统计局令〔1990〕第1号）规定执行；

2020年1月1日（含）后新参加工作的职工，其缴存基数为该职工参加工作第二个月的月工资收入；

2020年1月1日（含）后新调入的职工，其缴存基数为该职工调入当月的月工资收入，另有规定的从其规定。

（2）缴存比例上下限。同一单位职工的缴存比例应一致。单位缴存比例和职工缴存比例应保持一致。

缴存单位可在5%至12%的区间内自主确定缴存比例。单位申请降低缴存比例的，须经本单位职工（代表）大会或工会讨论通过。

（3）月缴存额。月缴存额＝缴存基数×单位缴存比例＋缴存基数×职工缴存比例。月缴存额上限为5772元，下限为170元。

2. 提取政策调整情况。2020年未调整提取政策。

3. 贷款政策调整情况。自2020年2月26日起，职工购买二手房申请住房公积金贷款，不再要求提交抵押物评估报告；职工作出书面承诺的，抵押物评估价以我市税务部门的该房屋交易计税评估价作为认定依据。若职工对市税务部门的交易计税评估价存在异议的，可提交有资质的房地产评估公司出具的二手房评估报告或受理银行出具的价值确认函，作为二手房抵押物价值认定的依据。

4. 当年住房公积金存贷款利率执行标准。

（1）存款利率。职工住房公积金账户存款利率为一年期定期存款基准利率，即1.5%。

（2）贷款利率。首次申请住房公积金贷款的，5年期以下（含五年）住房公积金贷款利率为2.75%，5年期以上住房公积金贷款利率为3.25%；第二次申请住房公积金贷款的，利率上浮10%。

5. 支持老旧小区改造政策落实情况。2012年12月，推出老旧住宅加装电梯提取住房公积金业务；2015年9月，推出老旧电梯更新改造提取住房公积金业务。2020年，支持老旧小区加装电梯、电梯更新改造提取住房公积金1404.03万元。截至2020年12月31日，因老旧住宅加装电梯和老旧电梯更新改造提取住房公积金累计共879笔、金额4462.7万元。

（四）当年服务改进情况，包括推进住房公积金服务"跨省通办"工作情况，服务网点、服务设施、服务手段、综合服务平台建设和其他网络载体建设服务情况等。

1. "跨省通办"事项全部实现全程网办，提高政务服务水平。2020年实现了个人住房公积金缴存贷款等信息查询、出具贷款职工住房公积金缴存使用证明和正常退休提取住房公积金3个服务事项"跨省通办"，提前实现了住房公积金单位登记开户等4个服务事项"跨省通办"。"跨省通办"事项全部实现全程网办，切实解决企业和群众异地办事"多地跑""折返跑"等问题，不断提升住房公积金政务服务便捷度和群众获得感。

2. 深化服务改革切实促进业务便捷办理，提升客户服务体验。一是增设住房公积金窗口。2020年6月起，在我市集美、海沧、翔安区行政服务中心正式开设住房公积金审批窗口，为职工提供17项住房公积金提取业务审核服务，实现全市各行政区住房公积金提取业务无差别化审批服务。二是实现住房公积金和税务一体化申报。落实优化营商环境要求，打通跨部门间信息壁垒，在全国率先实现住房公积金申报业务和各项税费业务"一网通办"。我市住房公积金缴存单位登录电子税务局平台申报税费业务的同时，可直接免账号和密码登录中心网厅办理住房公积金业务。2020年我市住房公积金缴存单位通过电子税务局平台登录中心网厅12946次，办理业务15186件。三是优化办事流程，简化办事材料。认真梳理业务流程，进一步压缩办事时限和办事材料。2020年实现降低住房公积金缴存比例和缓缴住房公积金业务即来即办，实现单位住房公积金账户注销、出具单位住房公积金缴存证明、职工住房公积金异地转移接续、住房公积金缓缴审批四项缴存业务全程网上办理。

3. 持续推进网上业务审批服务纵深发展，提速网上办结效率。一是以融合发展为支撑，不断强化业务网办功能。充分利用政府部门共享的实时数据，通过业务流程线上交互和业务数据智能处理，实现业务线上全流程办理，实现数据共享、流程共认、业务共办。2020年与我市税务、社保部门配合，在全国率先推出员工入职"一件事一次办"服务，将就业登记、社保投保、住房公积金缴存等单位新员工入职必须办理的三个事项打包成一项业务，实现一次登记、一次提交、当场办结。二是以智慧便捷为引领，不断优化业务网办水平。积极梳理简化业务流程，把相关政策要件参数化，将审批要素嵌入核心业务系统。不断优化智能审批算法，打通申请受理、业务审核、资金发放各节点，让核心业务系统与银行网点、办事窗口、手机客户端等数十种线上线下服务渠道无缝对接，提供一致的自动化机审服务，推动业务从柜台"搬"到网络上。2020年线上业务办理量不断攀升，全业务网上办结率超过85%。三是以盘活渠道为抓手，不断营造业务网办氛围。通过与主流的移动互联网应用程序（App）开发运营单位合作，将住房公积金业务嵌入群众常用手机软件，办事群众无需下载新的软件，就可以通过微信、支付宝等10种常用软件办理公积金业务。2020年住房公积金网上办事大厅新增上线异地购房、异地偿还贷款、丧失劳动力、户口迁出、特殊疾病五项业务；闽政通App上线外地户口离厦、离退休两项业务；微信公众平台上线试运行八项住房公积金提取业务。

（五）当年信息化建设情况，包括信息系统升级改造、对接共享情况等。

1. 优化营商环境，一网通办。一是实现与市税务局纳税大厅系统单点登录对接，企业登录纳税大厅后，无需二次登录即可跳转至住房公积金综合服务平台；二是在市税务局纳税大厅系统新增住房公积金个人账户开户功能；三是在中心网上办事大厅新增异地转移接续、单位缴存证明、缓缴、单位账户销户等4项全程网办业务；四是通过市行政审批管理局"一照一码"平台实现与市场监督管理局"一网通"平台对接，企业进行商事登记时即可完成住房公积金单位账户开户，进一步优化了营商环境。

2. 省网上办事大厅，自动跳转。通过接入i厦门用户认证体系，全面完成与省网上办事大厅对接工作。中心在省网办事大厅发布的每一项缴存、提取业务事项，省网单位或个人用户点击后，均可自动跳转至中心网上办事大厅对应页面，无需二次登录。

3. 微信、闽政通，新增服务渠道。通过微信公众号、闽政通App，职工可办理外地户籍离厦、本市购房、离退休、失业、按年偿还公积金贷款本金以及租房提取协议签约、变更、终止等公积金提取业务；可测算公积金贷款额度、试算住房贷款月供、开具公积金缴存证明以及查询公积金缴存明细、贷款进度等。

4. 窗口办事，职工签名电子化。中心学习借鉴兄弟单位的经验做法，经过数轮对比测试、实地验证，完成办事窗口手写屏选型。组织开发人员攻关，开发出专门接口程序，嵌入住房公积金综合管理信息系统，实现了职工手写签名电子化。既节省了纸张，又减轻了工作量，中心无纸化办公迈上新台阶。

5. 线上线下，对接"好差评"。一是完成中心网上办事大厅、e政务、支付宝、i厦门、微信公众号等线上服务渠道与"好差评"系统对接工作。二是住房公积金综合管理信息系统从市、区行政服务中心排队叫号系统中读取满意度评价结果，完成线下服务窗口与"好差评"系统的对接工作。同时，在住房公积金综合管理信息系统中增加差评跟踪管理模块，通过二级审核机制，及时跟踪处理每一笔、差评件。

6. 机房日常运维，更加规范。成立机房管理小组，明确机房使用、管理各方责任，规范机房管理，确保网络安全。通过环境监测、视频监控以及网管软件，机房环境、信息化基础资源基本实现远程可视化运维。机构改革后，机房管理步入正轨。

（六）当年住房公积金管理中心及职工所获荣誉情况。公积金中心申报的《住房公积金"秒批"创新》被评为厦门市2020年度改革创新优秀案例。

（七）当年对违反《住房公积金管理条例》和相关法规行为进行行政处罚和申请人民法院强制执行情况。2020年未发生该情况。

（八）当年对住房公积金管理人员违规行为的纠正和处理情况等。2020年未发生该情况。

（九）其他需要披露的情况。2020年无其他需要披露的情况。

莆田市住房公积金2020年年度报告

根据国务院《住房公积金管理条例》和住房和城乡建设部、财政部、人民银行《关于健全住房公积金信息披露制度的通知》（建金〔2015〕26号）的规定，经住房公积金管理委员会审议通过，现将莆田市住房公积金2020年年度报告公布如下。

一、机构概况

（一）住房公积金管理委员会。住房公积金管理委员会有23名委员，2020年召开4次会议，审议通

过的事项主要包括：2019 年度住房公积金缴存使用计划执行情况及 2020 年度预算；调整住房公积金业务政策；莆田市住房公积金管理中心办公楼及档案库拆迁安置工作；莆田市住房公积金管理中心与市中级人民法院全省首家联合出台《关于建立和完善住房公积金执行联动协作机制的若干意见（试行）》等。

（二）住房公积金管理中心。住房公积金管理中心为直属莆田市人民政府不以营利为目的的事业单位，设 6 个科，4 个管理部。从业人员 60 人，其中，在编 40 人，非在编 20 人。

二、业务运行情况

（一）缴存。2020 年，新开户单位 801 家，净增单位 435 家；新开户职工 2.29 万人，净增职工 0.3 万人；实缴单位 5771 家，实缴职工 20.93 万人，缴存额 31.08 亿元，分别同比增长 8.15％、1.46％、10.63％。2020 年末，缴存总额 236.18 亿元，比上年末增加 15.16％；缴存余额 100.12 亿元，同比增长 10.63％。受委托办理住房公积金缴存业务的银行 5 家。

（二）提取。2020 年，6.44 万名缴存职工提取住房公积金；提取额 21.46 亿元，同比增长 14.89％；提取额占当年缴存额的 69.05％，比上年增加 2.56 个百分点。2020 年末，提取总额 136.06 亿元，比上年末增加 18.73％。

（三）贷款。

1. 个人住房贷款。单缴存职工个人住房贷款最高额度 45 万元，双缴存职工个人住房贷款最高额度 55 万元。

2020 年，发放个人住房贷款 0.59 万笔、24.26 亿元，同比分别增长 106.72％、102.32％。

2020 年，回收个人住房贷款 8.40 亿元。

2020 年末，累计发放个人住房贷款 4.84 万笔、143.18 亿元，贷款余额 87.68 亿元，分别比上年末增加 13.89％、20.41％、22.09％。个人住房贷款余额占缴存余额的 87.58％，比上年末增加 8.22 个百分点。受委托办理住房公积金个人住房贷款业务的银行 6 家。

2. 异地贷款。2020 年，本中心未开展异地贷款业务。

3. 公转商贴息贷款。2020 年，发放公转商贴息贷款 1 笔、45 万元，当年贴息额 3988.41 万元。2020 年末，累计发放公转商贴息贷款 8125 笔、361298.60 万元，累计贴息 9100.93 万元。

4. 住房公积金支持保障性住房建设项目贷款。2020 年本中心未开展住房公积金支持保障性住房建设项目贷款项目。

（四）购买国债。2020 年，本中心未购买国债，国债余额 0 亿元。

（五）资金存储。2020 年末，住房公积金存款 14.14 亿元。其中，活期 0.03 亿元，1 年（含）以下定期 8.75 亿元，其他（协定、通知存款等）5.36 亿元。

（六）资金运用率。2020 年末，住房公积金个人住房贷款余额、项目贷款余额和购买国债余额的总和占缴存余额的 87.58％，比上年末增加 8.22 个百分点。

三、主要财务数据

（一）业务收入。2020 年，业务收入 30018.51 万元，同比增长 16％。存款利息 4277.94 万元，委托贷款利息 25738.57 万元，其他 2 万元。

(二) 业务支出。 2020 年，业务支出 17842.54 万元，同比增长 22.04%。支付职工住房公积金利息 14456.02 万元，归集手续费 751.9 万元，委托贷款手续费 648.89 万元，其他 1985.73 万元。

(三) 增值收益。 2020 年，增值收益 12175.97 万元，同比增长 8.14%。增值收益率 1.28%，比上年减少 0.03 个百分点。

(四) 增值收益分配。 2020 年，提取贷款风险准备金 4930.04 万元，提取管理费用 1020.54 万元，提取城市廉租住房（公共租赁住房）建设补充资金 6225.39 万元。

2020 年，上交财政管理费用 906.51 万元。上缴财政城市廉租住房（公共租赁住房）建设补充资金 10424.4 万元。

2020 年末，贷款风险准备金余额 35072.13 万元。累计提取城市廉租住房（公共租赁住房）建设补充资金 67097.2 万元。

(五) 管理费用支出。 2020 年，管理费用支出 1034.87 万元，同比增长 28.44%。其中，人员经费 686.82 万元，公用经费 66.59 万元，专项经费 281.46 万元。

四、资产风险状况

(一) 个人住房贷款。 2020 年末，个人住房贷款逾期额 226.93 万元，逾期率 0.26‰，个人贷款风险准备金余额 35072.13 万元。2020 年，使用个人贷款风险准备金核销呆坏账 0 万元。

(二) 支持保障性住房建设试点项目贷款。 2020 年，本中心未开展支持保障性住房建设试点项目贷款。

五、社会经济效益

(一) 缴存业务。 缴存职工中，国家机关和事业单位占 40.78%，国有企业占 15.89%，城镇集体企业占 1.66%，外商投资企业占 9.86%，城镇私营企业及其他城镇企业占 29.09%，民办非企业单位和社会团体占 1.6%，其他占 1.12%；中、低收入占 97.19%，高收入占 2.81%。

新开户职工中，国家机关和事业单位占 15.06%，国有企业占 12.16%，城镇集体企业占 2.02%，外商投资企业占 8.83%，城镇私营企业及其他城镇企业占 58.35%，民办非企业单位和社会团体占 2.22%，其他占 1.36%；中、低收入占 99.42%，高收入占 0.58%。

(二) 提取业务。 提取金额中，购买、建造、翻建、大修自住住房占 21.83%，偿还购房贷款本息占 53.53%，租赁住房占 0.95%，支持老旧小区改造占 0.04%，离休和退休提取占 14.44%，完全丧失劳动能力并与单位终止劳动关系提取占 6.09%，其他占 3.12%。提取职工中，中、低收入占 91.3%，高收入占 8.7%。

(三) 贷款业务。

1. 个人住房贷款。2020 年，支持职工购建房 71.86 万平方米（含公转商贴息贷款），年末个人住房贷款市场占有率（含公转商贴息贷款）为 11.90%，比上年末减少 1.53 个百分点。通过申请住房公积金个人住房贷款，可节约职工购房利息支出 72011.42 万元。

职工贷款笔数中，购房建筑面积 90（含）平方米以下占 9.85%，90～144（含）平方米占 82.45%，144 平方米以上占 7.70%。购买新房占 91.44%（其中购买保障性住房占 0%），购买二手房占 8.56%。

职工贷款笔数中，单缴存职工申请贷款占 42.83%，双缴存职工申请贷款占 56.79%，三人及以上缴存职工共同申请贷款占 0.39%。

贷款职工中，30 岁（含）以下占 21.68%，30 岁～40 岁（含）占 47.94%，40 岁～50 岁（含）占 23.50%，50 岁以上占 6.88%；首次申请贷款占 95.50%，二次及以上申请贷款占 4.5%；中、低收入占 96.82%，高收入占 3.18%。

2. 支持保障性住房建设试点项目贷款。2020 年末，本中心未开展支持保障性住房建设试点项目贷款。

（四）住房贡献率。 2020 年，个人住房贷款发放额、公转商贴息贷款发放额、项目贷款发放额、住房消费提取额的总和与当年缴存额的比率为 130.79%，比上年增加 22.77 个百分点。

六、其他重要事项

（一）应对新冠肺炎疫情采取的措施，落实住房公积金阶段性支持政策情况和政策实施成效。 面对突如其来的严重疫情，中心坚持人民至上、生命至上，在落实住房公积金阶段性支持政策、保障业务办理不断档等方面走在全市前列，始终做到"四个不"，构筑起疫情防控的铜墙铁壁。一是支持企业复工复产"不打折"。中心出台了《关于应对疫情加强政策支持的通知》，积极对受新冠疫情影响的缴存单位和职工给予政策支持，全面助力企业复工复产。二是倡导网上办理"不见面"。全面推行"网上办、掌上办"审批模式，引导广大缴存职工通过网上办事大厅、闽政通、惠民宝及微信公众号等线上渠道办理业务，防止交叉感染，保证业务不断档。三是提供延伸服务"不含糊"。对于受疫情影响的企业和职工申请公积金业务，优先受理和审批；对因特殊情况超过疫情结束后次月还未办理提取、贷款业务的新冠肺炎重症、危重症患者和参加疫情防控工作的职工，在提供相应证明的情况下，予以办理。四是开展志愿服务"不掉队"。积极响应号召，发动党员参与社区防疫和服务企业复工复产工作，指导企业有序复工复产。市、区两级疫情防控指挥部专门发了感谢信，也得到了企业的高度认可和一致好评。疫情期间在网上办理的高频业务事项共有 84531 笔，办件量位居全市前列。截至 2020 年 6 月 30 日，共有 29 家企业 2781 名职工申请延迟缴存住房公积金，减缓企业资金压力 552.72 万元，切实为缴存企业和职工减负降压，共度疫情难关。

（二）当年机构及职能调整情况、受委托办理缴存贷款业务金融机构变更情况。 新增交通银行莆田分行接入住房公积金综合管理信息系统，受托办理贷款业务。

（三）当年住房公积金政策调整及执行情况， 包括当年缴存基数限额及确定方法、缴存比例等缴存政策调整情况；当年提取政策调整情况；当年个人住房贷款最高贷款额度、贷款条件等贷款政策调整情况；当年住房公积金存贷款利率执行标准等；支持老旧小区改造政策落实情况。一是 2020 年缴存基数限额及确定方法、缴存比例等缴存政策调整情况。2020 年月缴存工资基数上限。单位及其职工最高月缴存基数为 2019 年莆田市社会平均工资 5850 元的 3 倍为 17550 元；月缴存工资基数下限。市本级、仙游县、城厢区、荔城区、涵江区、秀屿区、湄洲湾北岸、湄洲岛辖区单位及其职工的最低月缴存工资基数为 1570 元。缴存比例为 5%～12%。二是 2020 年住房公积金提取、贷款政策调整情况。（1）无房职工租赁住房提取住房公积金用于支付房租，提取额度由原来每人 3600 元/年调整为每人 5400 元/年。（2）凡连续欠缴公积金超过 13 个月以上的单位，中心将封存单位及其职工个人公积金账户。（3）对职工购买二手房申请住房公积金贷款，取消评估报告后有关问题的认定。三是住房公积金存贷款利率执行标准及个人住房贷款最高贷款额度。5 年期以下（含）个人住房公积金贷款利率为 2.75%，5 年期以上个人住房公积金贷款利率为

3.25%；个人住房公积金存款利率为1.5%。个人住房公积金贷款最高额度单职工45万元、双职工55万元。同时在偿还能力足够的情况下，实行15万元贷款额度的保底政策。四是支持老旧小区改造政策落实情况。2020年共办理6笔、城市既有住宅增设电梯提取公积金业务，提取金额80.4万元。

（四）当年服务改进情况，包括推进住房公积金服务"跨省通办"工作情况，服务网点、服务设施、服务手段、综合服务平台建设和其他网络载体建设服务情况等。 中心充分运用大数据共享进行精准服务，全面优化"营商环境""放管服"工作走在全市窗口单位前列。一是优化流程，全省首批实现公积金贷款、支取业务"一次办"。将"群众要办"变为"提前为群众办"，在职工申请公积金贷款时便为其提前办理逐月冲还贷业务，让职工"少跑一趟"，全省首批实现贷款、提取业务"一次办"。二是数据赋能，全省首批实现公积金业务"三个零"办。进一步精简办事材料，全省首批推出离退休、离职等提取公积金"零材料、零跑腿、零见面"办理，31项公共服务事项100%实现"一趟不用跑"和"最多跑一趟"。三是无缝对接，全市首家在惠民宝上实现公积金业务"一趟不用跑"。全市首家在莆田惠民宝上可24小时网上自助办理个人住房公积金三项电子证明的基础上，再次推出租房、离职等提取公积金以及个人信息变更等业务办理事项，实现"一趟不用跑"。四是服务社区，全市首批实现公积金业务"社区办"。积极推进"党建+"社区邻里中心建设，全市首批在阔口社区政务自助机上开通办理职工住房公积金缴存证明、贷款证明、异地贷款职工住房公积金缴存使用证明自助业务。五是增设网点，全市首家实现公积金业务分中心和进驻窗口"就近办"。在市行政服务中心办事大厅增设公积金服务窗口，缴存单位和职工可在市区两个办事网点任意选择，就近办。2020年12月底在各管理部服务大厅和市行政服务中心公积金服务窗口专设"跨省通办"窗口，配备专职人员受理"跨省通办"事项，有效满足企业和缴存职工异地办事需求。

（五）当年信息化建设情况。 全省首家与市中级人民法院联合出台《关于建立和完善住房公积金执行联动协作机制的若干意见（试行）》，运用市中级人民法院司法查控系统与公积金业务系统互联互通，实现部门间办事"一趟不用跑"。通过法院司法查控系统，中心能实时共享公积金贷款职工是否在法院有涉及诉讼、执行等案件信息，同时人民法院能协助中心执行住房公积金催缴和贷款催收，为公积金资金安全保驾护航。

（六）当年住房公积金管理中心及职工所获荣誉情况。 中心连续三届获得省级文明单位称号，被市委市政府评为一类平安单位。公积金窗口荣获全市流动红旗窗口，多名干部职工被评选为2020年度市优秀窗口负责人、年度标兵和服务之星。

（七）当年对违反《住房公积金管理条例》和相关法规行为进行行政处罚和申请人民法院强制执行情况。 全年共发函通知各受托银行起诉贷款逾期人员13名，法院受理6名，另有7名与中心沟通协调或已正常还款等方式暂不起诉，已判结清5人。

三明市住房公积金2020年年度报告

根据国务院《住房公积金管理条例》和住房和城乡建设部、财政部、人民银行《关于健全住房公积金信息披露制度的通知》（建金〔2015〕26号）的规定，经第四届三明市住房公积金管理委员会第四次会议审议通过,现将三明市住房公积金 2020 年年度报告公布如下。

一、机构概况

(一)**住房公积金管理委员会**。住房公积金管理委员会有 24 名委员,审议通过的事项主要包括:2020 年度住房公积金缴存标准、调整市区首次住房公积金最高贷款额度、调整 2020 年度住房公积金贷款发放计划。

(二)**住房公积金管理中心**。住房公积金管理中心为直属市人民政府不以营利为目的的财政全额拨款副处级事业单位,设 5 个科室,11 个管理部。从业人员 87 人,其中,在编 55 人,非在编 32 人。

二、业务运行情况

(一)**缴存**。2020 年,新开户单位 805 家,净增单位 277 家;新开户职工 1.92 万人,净增职工 0.36 万人;实缴单位 8219 家,实缴职工 25.36 万人,缴存额 41.69 亿元,分别同比增长 3.49%、1.44%、9.11%。2020 年末,缴存总额 349.03 亿元,比上年末增长 13.56%;缴存余额 107.82 亿元,同比增长 0.49%。受委托办理住房公积金缴存业务的银行 5 家。

(二)**提取**。2020 年,10.82 万名缴存职工提取住房公积金;提取额 41.17 亿元,同比增长 34.02%;提取额占当年缴存额的 98.74%,比上年增加 18.34 个百分点。2020 年末,提取总额 241.22 亿元,比上年末增长 20.58%。

(三)**贷款**。

1. 个人住房贷款。职工家庭第一次申请住房公积金贷款的双职工最高贷款额度 50 万元,单职工最高贷款额度 35 万元。职工家庭第二次申请住房公积金贷款的最高可贷额度(双职工 45 万元、单职工 30 万元)与资金流动性状况挂钩,根据个贷率<80%、<95%、<100%、≥100%情形设置流动性调节系数,分别为 1.1、1.0、0.8、0.6 四档,2020 年个贷率大于 100%按对应流动性调节系数 0.6 计算最高可贷额度为双职工 27 万元、单职工 18 万元。

2020 年,发放个人住房贷款 5883 笔、21.71 亿元,同比分别增长 270%、323.41%。

2020 年,回收个人住房贷款 14.89 亿元。

2020 年末,累计发放个人住房贷款 11.11 万笔、219.33 亿元,贷款余额 96.98 亿元,分别比上年末增长 5.59%、10.99%、7.58%。个人住房贷款余额占缴存余额的 89.95%,比上年末增加 5.93 个百分点。受委托办理住房公积金个人住房贷款业务的银行 6 家。

2. 异地贷款。2020 年,未发放异地贷款。2020 年末,发放异地贷款总额 15136.20 万元,异地贷款余额 11535.33 万元。

3. 公转商贴息贷款。2020 年,发放公转商贴息贷款 3263 笔、130636.40 万元,当年贴息额 10925.81 万元。2020 年末,累计发放公转商贴息贷款 17432 笔、655305.66 万元,累计贴息 16108.74 万元。

(四)**购买国债**。2020 年,未购买国债,未兑付、转让、收回国债,无国债余额。

(五)**资金存储**。2020 年末,住房公积金存款 11.14 亿元。其中,活期 0.02 亿元,1 年(含)以下定期 8.2 亿元,1 年以上定期 1 亿元,其他(协定、通知存款等)1.92 亿元。

(六)**资金运用率**。2020 年末,住房公积金个人住房贷款余额、项目贷款余额和购买国债余额的总和占缴存余额的 89.95%，比上年末增加 5.93 个百分点。

三、主要财务数据

（一）**业务收入**。2020 年，业务收入 32965.99 万元，同比下降 2.56%。其中，存款利息 2476.18 万元，委托贷款利息 30469.96 万元，其他 19.85 万元。

（二）**业务支出**。2020 年，业务支出 29111.31 万元，同比增长 57.80%。其中，支付职工住房公积金利息 16437.17 万元，归集手续费 963.41 万元，委托贷款手续费 820.17 万元，其他 10890.56 万元（其中公转商贴息支出 10701.70 万元）。

（三）**增值收益**。2020 年，增值收益 3854.68 万元，同比下降 74.94%。其中，增值收益率 0.35%，比上年减少 1.14 个百分点。

（四）**增值收益分配**。2020 年，未提取贷款风险准备金，提取管理费用 1540.66 万元，提取城市廉租住房（公共租赁住房）建设补充资金 2314.02 万元。

2020 年，上交财政管理费用 1395.18 万元。上缴财政城市廉租住房（公共租赁住房）建设补充资金 4033.03 万元。

2020 年末，贷款风险准备金余额 42910.33 万元。累计提取城市廉租住房（公共租赁住房）建设补充资金 79723.44 万元。

（五）**管理费用支出**。2020 年，管理费用支出 1405.30 万元，同比增长 6.84%。其中，人员经费 1276.86 万元，公用经费 106.88 万元，专项经费 21.56 万元。

四、资产风险状况

（一）**个人住房贷款**。2020 年末，个人住房贷款逾期额 316.30 万元，逾期率 0.33‰。2020 年，未提取个人贷款风险准备金，无个人贷款风险准备金核销呆坏账。

（二）**支持保障性住房建设试点项目贷款**。未开展住房公积金支持保障性住房建设项目贷款业务。

五、社会经济效益

（一）**缴存业务**。缴存职工中，国家机关和事业单位占 35.65%，国有企业占 36.34%，城镇集体企业占 1.21%，外商投资企业占 0.47%，城镇私营企业及其他城镇企业占 20.05%，民办非企业单位和社会团体占 2.24%，灵活就业人员占 3.41%，其他占 0.63%；中、低收入占 99.32%，高收入占 0.68%。

新开户职工中，国家机关和事业单位占 26.35%，国有企业占 21.35%，城镇集体企业占 1.49%，外商投资企业占 0.61%，城镇私营企业及其他城镇企业占 39.79%，民办非企业单位和社会团体占 4.50%，灵活就业人员占 5.15%，其他占 0.76%；中、低收入占 99.96%，高收入占 0.04%。

（二）**提取业务**。提取金额中，购买、建造、翻建、大修自住住房占 33.00%，偿还购房贷款本息占 48.77%，租赁住房占 0.36%，支持老旧小区改造占 0.09%，离休和退休提取占 12.71%，完全丧失劳动能力并与单位终止劳动关系提取占 3.07%，出境定居占 0%，其他（死亡、大病医疗和法院扣划等）占 2.00%。提取职工中，中、低收入占 99.31%，高收入占 0.69%。

(三)贷款业务。

1. 个人住房贷款。2020年,支持职工购建房101.59万平方米(含公转商贴息贷款),2020年末个人住房贷款市场占有率(含公转商贴息贷款)为27.16%,比上年末减少1.96个百分点。通过申请住房公积金个人住房贷款,按贷款市场报价利率(LPR)测算,可节约职工购房利息支出69206.40万元。

职工贷款笔数中,购房建筑面积90(含)平方米以下占21.47%,90~144(含)平方米占73.86%,144平方米以上占4.67%。购买新房占60.92%(其中购买保障性住房占0%),购买二手房占38.55%,建造、翻建、大修自住住房占0.14%(其中支持老旧小区改造占0%),其他占0.39%。

职工贷款笔数中,单缴存职工申请贷款占52.58%,双缴存职工申请贷款占47.03%,三人及以上缴存职工共同申请贷款占0.39%。

贷款职工中,30岁(含)以下占25.34%,30岁~40岁(含)占36.77%,40岁~50岁(含)占25.60%,50岁以上占12.29%;首次申请贷款占84.12%,二次及以上申请贷款占15.88%;中、低收入占99.63%,高收入占0.37%。

2. 支持保障性住房建设试点项目贷款。未开展住房公积金支持保障性住房建设项目贷款业务。

(四)住房贡献率。 2020年,个人住房贷款发放额、公转商贴息贷款发放额、项目贷款发放额、住房消费提取额的总和与当年缴存额的比率为164.51%,比上年增加19.41个百分点。

六、其他重要事项

(一)应对新冠肺炎疫情采取的措施,落实住房公积金阶段性支持政策情况和政策实施成效。 积极落实市委、市政府应对新冠肺炎疫情防控措施,扎实做好"六稳"工作。一是缓解企业资金压力,共受理审批降低缴存比例企业63家、缓缴公积金企业16家,缓解企业资金支出364.45万元,对受疫情影响缓缴公积金的中小企业不予加收滞纳金。二是加大贷款发放力度,确保公积金贷和组合贷应放尽放,增加房地产企业资金回流,助力房地产企业复工复产,共发放贷款9146笔、34.77亿元(含公转商贴息贷款),同比增长10.70%。三是增强职工租房支付能力,通过e三明推行无房租房提取零材料线上办、不见面办,共有3212名职工提取公积金1498.69万元用于支付房租,同比增长51%。四是减轻疫情对职工影响,共受理办结1名职工受疫情影响无法正常还款不作逾期处理的申请。五是推进线上业务发展,先后部署e三明、网上办事大厅、微信公众号、闽政通等"非接触、不见面"服务渠道,开通68项单位及个人公积金线上业务,e三明平台公积金服务访问99.8万次位居平台第二名。

(二)当年机构及职能调整情况、受委托办理缴存贷款业务金融机构变更情况。 无。

(三)当年住房公积金政策调整及执行情况。

1. 当年缴存基数限额及确定方法、缴存比例等缴存政策调整情况。2020年度月缴存工资基数继续实行"限高保低"政策,最高月缴存工资基数为2019年三明市在岗职工月平均工资7213元的3倍(21639元);最低月缴存工资基数为2019年三明市在岗职工月平均工资7213元的0.3倍(2163元)。无缴存比例等缴存政策调整。

2. 当年提取政策调整情况,无。

3. 当年个人住房贷款最高贷款额度、贷款条件等贷款政策调整情况。①2020年1月21日起,对按规定逐月足额缴存住房公积金6个月(含)以上的高层次人才及实用型人才,在三明购买首套自住房首次申请住房公积金贷款时，单笔、贷款的最高额度可在现行政策基础上提高20万元。②2020年8月1日起下调市区首次贷款最高可贷额度5万元，调整后全市首次最高可贷额度统一为双职工50万元、单职工35万元。

4. 当年住房公积金存贷款利率执行标准。①2020年未调整住房公积金存贷款利率。②个人住房公积金存款利率为一年期定期存款基准利率即1.5%；5年期以下（含）个人住房公积金贷款利率为2.75%，5年期以上个人住房公积金贷款利率为3.25%。

5. 支持老旧小区改造政策落实情况。城市既有住宅加装电梯，在取得建设工程规划许可证或既有住宅电梯建设工程备案表一年内，或工程竣工验收手续后六个月内，可以申请提取住房公积金用于支付增设电梯相关费用。2020年共有96名职工住宅加装电梯提取住房公积金367.64万元。

（四）当年服务改进情况。服务就近办，推进3项公积金业务跨省通办，新增上线10个公积金受托银行网点，方便广大缴存职工就近办理公积金业务。服务线上办，在e三明、闽政通、微信公众号和网上办事大厅等多渠道推行68项在线办理业务，28项"一趟不用跑"服务事项，实现"数据多跑路，职工少跑腿"。服务简化办，推行逐月冲还贷业务，2020年共为32.96万人次划转还贷资金10.59亿元，减轻职工每月即时还款压力；推进工行代扣代缴功能上线，免去7000多名自由职业者每月往返银行柜台汇缴公积金手续。服务优化办，先后取消二手房贷款评估报告、单位开户信用代码证和账户许可证、还公积金贷款提前还款证明、购房提取契税发票等材料，实现无房租房提取、企业开户等线上零材料办理。

截至2020年底，中心网站累计点击量达3002.58万人次，12329热线服务74.71万人次（人工服务26.20万人次，自助服务48.51万人次），累计发送12329短信服务906.72万条，7.53万人关注微信公众号。2020年共5467家缴存单位通过网上办事大厅实现足不出户办理年度基数核定业务，超过2万名职工通过线上渠道办理公积金业务。

（五）当年信息化建设情况。1月，微信公众号网上办事大厅上线；5月，公积金多渠道服务完成省内统一身份认证，实现e三明与公积金网上办事大厅对接，公积金综合服务平台验收优秀；8月，中心官网迁移入驻市政府网站集约化建设平台。

（六）当年住房公积金管理中心及职工所获荣誉情况。市区管理部被三明市总工会评为"三明市五一先锋号"、职工郑安彬被市委、市政府评为"e三明建设工作先进个人"。

（七）当年对违反《住房公积金管理条例》和相关法规行为进行行政处罚和申请人民法院强制执行情况。无。

（八）当年对住房公积金管理人员违规行为的纠正和处理情况等。无。

（九）其他需要披露的情况。无。

泉州市住房公积金2020年年度报告

根据国务院《住房公积金管理条例》和住房和城乡建设部、财政部、人民银行《关于健全住房公积金信息披露制度的通知》（建金〔2015〕26号）的规定，经住房公积金管理委员会审议通过，现将泉州住公积金 2020 年年度报告公布如下。

一、机构概况

（一）住房公积金管理委员会。住房公积金管理委员会有 28 名委员，2020 年召开 1 次会议，审议通过的事项主要包括：2019 年度全市住房公积金管理工作和住房公积金决算情况报告、2020 年全市住房公积金计划（预算）。

（二）住房公积金管理中心。住房公积金管理中心为直属市政府不以营利为目的的参照公务员法管理事业单位，设 6 个科室，11 个管理部。从业人员 114 人，其中，在编 84 人，非在编 30 人。

二、业务运行情况

（一）缴存。2020 年，新开户单位 3804 家，净增单位 3589 家；新开户职工 6.80 万人，净增职工 5.9 万人；实缴单位 21654 家，实缴职工 57.39 万人，缴存额 95.05 亿元，分别同比增长 19.87%、11.46%、9.18%。2020 年末，缴存总额 755.22 亿元，比上年末增加 14.40%；缴存余额 253.51 亿元，同比增长 6.65%。受委托办理住房公积金缴存业务的银行 2 家。

（二）提取。2020 年，19.72 万名缴存职工提取住房公积金；提取额 79.25 亿元，同比增长 23.81%；提取额占当年缴存额的 83.38%，比上年增加 9.86 个百分点。2020 年末，提取总额 501.71 亿元，比上年末增加 18.76%。

（三）贷款。

1. 个人住房贷款。单缴存职工个人住房贷款最高额度 40 万元，双缴存职工个人住房贷款最高额度 60 万元。

2020 年，发放个人住房贷款 1.02 万笔、44.82 亿元，同比分别增长 54.55%、61.34%。

2020 年，回收个人住房贷款 41.84 亿元。

2020 年末，累计发放个人住房贷款 14.89 万笔、484.62 亿元，贷款余额 249.62 亿元，分别比上年末增加 7.43%、10.19%、1.21%。个人住房贷款余额占缴存余额的 98.47%，比上年末减少 5.29 个百分点。受委托办理住房公积金个人住房贷款业务的银行 5 家。

2. 异地贷款。2020 年，发放异地贷款 909 笔、39988.8 万元。2020 年末，发放异地贷款总额 158179.1 万元，异地贷款余额 123971.96 万元。

3. 公转商贴息贷款。2020 年，发放公转商贴息贷款 3888 笔、180434.2 万元，当年贴息额 5017.82 万元。2020 年末，累计发放公转商贴息贷款 10696 笔、487004.8 万元，累计贴息 7056.32 万元。

（四）购买国债。2020 年，本中心未购买国债，国债余额为 0 亿元。

（五）资金存储。2020 年末，住房公积金存款 14.18 亿元。其中，活期 0.99 亿元，其他（协定、通知存款等）13.19 亿元。

（六）资金运用率。2020 年末，住房公积金个人住房贷款余额、项目贷款余额和购买国债余额的总和占缴存余额的 98.47%，比上年末减少 5.29 个百分点。

三、主要财务数据

（一）业务收入。2020 年，业务收入 85362.36 万元，同比增长 1.86%。其中，存款利息 2514.35 万元，委托贷款利息 82842.21 万元，其他 5.8 万元。

（二）业务支出。2020 年，业务支出 51785.92 万元，同比下降 7.84%。其中，支付职工住房公积金利息 37265.77 万元，归集手续费 1420.94 万元，委托贷款手续费 2480.42 万元，其他 10618.79 万元。

（三）增值收益。2020 年，增值收益 33576.44 万元，同比增长 21.59%。其中，增值收益率 1.35%，比上年增加 0.12 个百分点。

（四）增值收益分配。2020 年，提取贷款风险准备金 182.98 万元，提取管理费用 2163.55 万元，提取城市廉租住房（公共租赁住房）建设补充资金 31229.91 万元。

2020 年，上交财政管理费用 2516.61 万元。上缴财政城市廉租住房（公共租赁住房）建设补充资金 25097.02 万元。

2020 年末，贷款风险准备金余额 99846.88 万元。累计提取城市廉租住房（公共租赁住房）建设补充资金 165740.90 万元。

（五）管理费用支出。2020 年，管理费用支出 2313.66 万元，同比下降 1.02%。其中，人员经费 1436.51 万元，公用经费 142.62 万元，专项经费 734.53 万元。

四、资产风险状况

（一）个人住房贷款。2020 年末，个人住房贷款逾期额 647.59 万元，逾期率 0.26‰。

（二）支持保障性住房建设试点项目贷款。2020 年，本中心未开展住房公积金支持保障性住房建设试点项目贷款。

五、社会经济效益

（一）缴存业务。缴存职工中，国家机关和事业单位占 30.44%，国有企业占 20.97%，城镇集体企业占 4.41%，外商投资企业占 5.87%，城镇私营企业及其他城镇企业占 30.44%，民办非企业单位和社会团体占 5.64%，其他占 2.23%；中、低收入占 97.79%，高收入占 2.21%。

新开户职工中，国家机关和事业单位占 12.51%，国有企业占 15.48%，城镇集体企业占 3.04%，外商投资企业占 7.67%，城镇私营企业及其他城镇企业占 52.29%，民办非企业单位和社会团体占 4.25%，其他占 4.76%；中、低收入占 99.66%，高收入占 0.34%。

（二）提取业务。提取金额中，购买、建造、翻建、大修自住住房占 30.22%，偿还购房贷款本息占 55.19%，租赁住房占 0.07%，支持老旧小区改造占 0.03%，离休和退休提取占 7.86%，完全丧失劳动能力并与单位终止劳动关系提取占 5.07%，出境定居占 0.07%，其他占 1.49%。提取职工中，中、低收入占 96.55%，高收入占 3.45%。

（三）贷款业务。

1. 个人住房贷款。2020 年，支持职工购建房 156.41 万平方米（含公转商贴息贷款），年末个人住房贷款市场占有率（含公转商贴息贷款）为 12.86%，比上年末减少 0.88 个百分点。通过申请住房公积金个人住房贷款，可节约职工购房利息支出 97260.9 万元。

职工贷款笔数中，购房建筑面积 90（含）平方米以下占 17.98%，90~144（含）平方米占 77.02%，144 平方米以上占 5%。购买新房占 84.82%（其中购买保障性住房占 0%），购买二手房占 15.18%。

职工贷款笔数中,单缴存职工申请贷款占55.57%,双缴存职工申请贷款占44.35%,三人及以上缴存职工共同申请贷款占0.08%。

贷款职工中,30岁(含)以下占27.62%,30岁～40岁(含)占48.62%,40岁～50岁(含)占20%,50岁以上占3.76%;首次申请贷款占91%,二次及以上申请贷款占9%;中、低收入占97.49%,高收入占2.51%。

2. 支持保障性住房建设试点项目贷款。2020年,本中心未开展住房公积金支持保障性住房建设试点项目贷款。

(四)住房贡献率。 2020年,个人住房贷款发放额、公转商贴息贷款发放额、项目贷款发放额、住房消费提取额的总和与当年缴存额的比率为137.44%,比上年增加14.32个百分点。

六、其他重要事项

(一)应对新冠肺炎疫情采取的措施。 我市积极贯彻落实习近平总书记关于新冠肺炎疫情防控和应对工作的重要讲话及国家省市相关文件精神,及时出台疫情防控期间住房公积金阶段性支持政策,做好住房公积金管理服务工作,切实维护缴存单位和职工权益。

1. 受疫情影响的企业,可延期3个月办理住房公积金缴存业务。受疫情影响不能按期缴存住房公积金的困难企业,可延期至疫情解除后3个月内恢复缴存。

2. 受疫情影响未能按时缴存企业的职工如需申请公积金贷款的,因疫情影响一次性补缴月份可视同正常缴存。

3. 在疫情防控期间,对全额付清购房款,全额付清征收安置房补差款,建造、翻建或大修自住住房,增设电梯4种有时限要求的住房公积金提取业务,可延期至疫情结束3个月内办理。

4. 租赁住房提取业务,因疫情影响缴存单位采取延后补缴的,补缴月份可视同正常缴存,不影响职工提取权益。至疫情结束3个月内,租房职工可不受距上次提取间隔满12个月限制,灵活安排提取时间,具体提取额度根据距上次租房提取月数计算,保障职工的租房提取需求。

5. 切实保障受疫情影响缴存职工的住房公积金贷款权益。疫情防控期间,公积金贷款职工受疫情影响不能正常还款的,在疫情结束后次月补还全部欠款的,不作逾期处理,不作为逾期记录报送征信部门,不收取逾期利息。

截至6月底,上述政策实施后,累计约有2000家企业、2万名职工共缓缴住房公积金达1亿元。

(二)当年住房公积金政策调整及执行情况。

1. 当年缴存基数限额及确定方法。根据市统计局统计公布的2019年度全市城镇非私营单位在岗职工年平均工资,2020年我市职工住房公积金最高月缴存工资基数为18080元,职工住房公积金月缴存额上限标准为4340元。根据省政府关于我省最低工资标准文件精神,2020年市直、鲤城区、丰泽区、洛江区、泉港区、石狮市、晋江市、南安市、惠安县(含台商投资区)的住房公积金最低月缴存工资基数为其最低月工资标准1720元,职工住房公积金月缴存额下限标准为172元;2020年安溪县、永春县、德化县的住房公积金最低月缴存工资基数为其最低月工资标准1570元,职工住房公积金月缴存额下限标准为158元。

2. 当年住房公积金存贷款利率执行情况。(1)存款利率。职工住房公积金账户存款利率为一年期定期存款基准利率，即1.5%。（2）贷款利率。5年期以下（含五年）住房公积金贷款利率为2.75%，5年期以上住房公积金贷款利率为3.25%。

3. 当年住房公积金政策调整情况。（1）进一步深化"放管服"改革，对业务流程和材料进行再压缩再简化，先后制订了精简提取住房公积金偿还商业性二手房按揭贷款证明材料、精简偿还部分银行商业性住房按揭贷款证明材料等多项便民服务措施，方便缴存职工高效办理住房公积金业务。（2）修订《泉州市住房公积金委托逐月提取还贷管理实施意见》，为已办理冲还贷职工开通提取冲本金业务。将原规定修改为："在逐月提取还贷期间，申请人每间隔12个月可申请提取一次住房公积金偿还部分贷款本金，但缴存账户里应留足6个月（含6个月）以上的缴存额度。除提取偿还公积金贷款本金业务外，在逐月提取还贷期间不得以其他原因提取其个人账户中的住房公积金存储余额"，充分发挥职工账户积累资金的作用，进一步减轻职工月供压力。同时将逐月提取还贷业务的申请对象拓展至已办理贴息（组合）贷款的职工，保障其享受公积金（组合）贷款同等待遇。

（三）当年服务改进情况。

1. 推进住房公积金服务"跨省通办"工作情况。为深化"放管服"改革，进一步提升服务效能，真正实现"让数据多跑路，让群众少跑腿"，我中心认真落实国务院办公厅《关于加快推进政务服务"跨省通办"的指导意见》（国办发〔2020〕35号）及住房和城乡建设部办公厅《关于做好住房公积金服务"跨省通办"工作的通知》（建办金〔2020〕53号）文件要求，于年底前开通了全部8项住房公积金"跨省通办"业务。一是在各管理部服务大厅设置"跨省通办"服务窗口，指定专人负责"跨省通办"工作。二是建立"跨省通办"工作协作机制。结合业务实际，制定"跨省通办"代收代办业务办理流程，并组织相关工作人员开展业务培训，提高"跨省通办"服务能力和水平。三是完善线上服务功能。按照"应上尽上""能上尽上"的原则，实现了"个人住房公积金缴存贷款等信息查询""出具贷款职工住房公积金缴存使用证明""正常退休提取住房公积金""住房公积金单位登记开户""住房公积金单位及个人缴存信息变更""开具住房公积金个人住房贷款全部还清证明""提前还清住房公积金贷款"7项服务事项的线上办理。

2. 积极开拓网上办业务。一是疫情期间，及时通过中心网站、微信公众号等渠道发布公告，开通了网站和微信公众号预约办理业务的功能，积极引导缴存单位和职工通过微信公众号、网上办事大厅等"非接触式"渠道办理业务。二是网办渠道先后开通了公积金网上办事大厅和微信公众号离职提取、偿还公积金贷款本金、偿还商业性住房按揭贷款本息、逐月冲还贷期间提取公积金还本等提取业务。自12月1日推出"冲还贷+还本"业务后，由于线上操作简便，职工多选择线上办理。截至12月底，全市线上累计办理业务27.96万笔，其中线上提取业务共4.09万笔，占全市提取业务办理总量的35.58%。同时制作了泉州市住房公积金网上办事大厅操作流程小课堂、泉州市住房公积金网上办事大厅个人业务操作指引小视频和网上办理公积金业务操作流程的宣传海报，指导职工在线办理公积金业务。通过网站和政务新媒体提供利企便民服务，推动便民办事服务事项向政务新媒体延伸，提升一站式在线办理深度与广度。

（四）当年信息化建设情况。 一是为进一步落实"放管服"改革，积极与房屋交易中心、不动产登记中心、部分商业银行沟通协调实现信息共享。同时按照省政府要求，与省汇聚平台进行对接，目前省汇聚平台数据已回流至公积金中心综合管理信息系统中，可直接在系统中查询养老信息、社会保障卡信息、个人婚姻信息、个体工商户基本信息、税务信息、工商企业等信息。二是做好人民银行二代征信系统上线及切换工作，及时恢复向人民银行报送公积金数据。三是确保住房公积金综合管理信息系统平稳运行，并于

2020年5月以优异成绩通过福建省住房公积金综合服务平台验收。办公自动化系统顺利迁移至云平台，完成了门户网站和办公自动化系统的三级等级测评工作。

（五）当年住房公积金管理中心及职工所获荣誉情况。2020年，市管理中心获福建省五一先锋号、福建省模范职工之家等荣誉称号，永春县管理部获全省劳动和技能竞赛优胜集体。陈超颖同志获评为2020年福建省会计领军人才。

漳州市住房公积金2020年年度报告

根据国务院《住房公积金管理条例》和住房和城乡建设部、财政部、人民银行《关于健全住房公积金信息披露制度的通知》（建金〔2015〕26号）的规定，经住房公积金管理委员会审议通过，现将漳州市住房公积金2020年年度报告公布如下。

一、机构概况

（一）住房公积金管理委员会。住房公积金管理委员会有29名委员，因疫情原因2020年采取不见面形式召开2次会议，审议通过的事项主要包括：书面审议市住房公积金中心关于2019年工作情况、信息披露报告；并审议2020年工作思路报告；2019年漳州市住房公积金收支决算2020年住房公积金预算的报告；书面审议《漳州市住房公积金流动性风险防控预案》。

（二）住房公积金中心。住房公积金中心为市住建局不以营利为目的的公益一类事业单位，设8个科，13个管理部。从业人员120人，其中，在编67人，非在编53人。

二、业务运行情况

（一）缴存。2020年，新开户单位1594家，净增单位242家；新开户职工4.22万人；实缴单位8509家，实缴职工33.81万人，缴存额54.23亿元，分别同比增长13.38%、增长16.66%、增长13.39%。2020年末，缴存总额379.22亿元，比上年末增加16.69%；缴存余额138.34亿元，同比增长12.82%。受委托办理住房公积金缴存业务的银行4家。

（二）提取。2020年，11.72万名缴存职工提取住房公积金；提取额38.51亿元，同比增长15.93%；提取额占当年缴存额的71.02%，比上年增加1.56个百分点。2020年末，提取总额240.88亿元，比上年末增加19.03%。

（三）贷款。

1. 个人住房贷款。个人住房贷款最高额度80万元，其中，单缴存职工个人住房贷款最高额度40万元，双缴存职工个人住房贷款最高额度80万元。

2020年，发放个人住房贷款0.71万笔、34.56亿元，同比分别下降20.85%、12.40%。

2020年，回收个人住房贷款14.06亿元。

2020年末，累计发放个人住房贷款9.50万笔、236.91亿元，贷款余额136.31亿元，分别比上年末

增加8.07%、17.08%、17.71%。个人住房贷款余额占缴存余额的98.53%，比上年末增加4.33个百分点。受委托办理住房公积金个人住房贷款业务的银行5家。

2. 异地贷款。2020年，发放异地贷款565笔、30103万元。2020年末，发放异地贷款总额30103万元，异地贷款余额29710.84万元。

3. 公转商贴息贷款。2020年，发放公转商贴息贷款307笔、15188.10万元，当年贴息额4133.11万元。2020年末，累计发放公转商贴息贷款11595笔、478066.8万元，累计贴息15646.29万元。

（四）购买国债。2020年未购买国债。2020年末，国债余额0.48亿元。

（五）资金存储。2020年末，住房公积金存款2.53亿元。其中，活期0.02亿元，1年（含）以下定期0.25亿元，1年以上定期0亿元，其他（协定、通知存款等）2.26亿元。

（六）资金运用率。2020年末，住房公积金个人住房贷款余额、项目贷款余额和购买国债余额的总和占缴存余额的98.87%，比上年末增加4.03个百分点。

三、主要财务数据

（一）业务收入。2020年，业务收入44328.64万元，同比增长21.53%。公积金存款利息1200.95万元，增值收益存款利息1656.57万元，委托贷款利息41315.93万元，国债利息152.40万元，其他2.79万元。

（二）业务支出。2020年，业务支出26223.50万元，同比增长9.08%。支付职工住房公积金利息19767.94万元，归集手续费1200.94万元，委托贷款手续费1121.50万元，其他4133.12万元。

（三）增值收益。2020年，增值收益18105.14万元，同比增长45.61%。增值收益率1.29%，比上年增加0.21个百分点。

（四）增值收益分配。2020年，提取贷款风险准备金11373.40万元，提取管理费用1828.64万元，提取城市廉租住房（公共租赁住房）建设补充资金4903.10万元。

2020年，上交财政管理费用1911万元。上缴财政城市廉租住房（公共租赁住房）建设补充资金3062.54万元。

2020年末，贷款风险准备金余额54521.50万元。累计提取城市廉租住房（公共租赁住房）建设补充资金62542.96万元。

（五）管理费用支出。2020年，管理费用支出1805.94万元，同比下降1.32%。其中，人员经费1461.60万元，公用经费28.63万元，专项经费315.71万元。

四、资产风险状况

（一）个人住房贷款。2020年末，个人住房贷款逾期额53.84万元，逾期率0.0395‰，个人贷款风险准备金余额54521.50万元。2020年未使用个人贷款风险准备金核销呆坏账。

（二）支持保障性住房建设试点项目贷款。未开展此项业务。

五、社会经济效益

（一）缴存业务。缴存职工中，国家机关和事业单位占37.64%，国有企业占21.93%，城镇集体企业

占0.77%，外商投资企业占7.87%，城镇私营企业及其他城镇企业占28.52%，民办非企业单位和社会团体占3.02%，灵活就业人员占0%，其他占0.25%；中、低收入占98.48%，高收入占1.52%。

新开户职工中，国家机关和事业单位占11.14%，国有企业占14.67%，城镇集体企业占0.80%，外商投资企业占11.26%，城镇私营企业及其他城镇企业占57.63%，民办非企业单位和社会团体占3.86%，灵活就业人员占0%，其他占0.64%；中、低收入占99.91%，高收入占0.09%。

（二）提取业务。提取金额中，购买、建造、翻建、大修自住住房占24.34%，偿还购房贷款本息占53.21%，租赁住房占1.79%，支持老旧小区改造占0%，离休和退休提取占12.28%，完全丧失劳动能力并与单位终止劳动关系提取占5.79%，出境定居占0%，死亡或宣告死亡占0.42%，其他占2.17%。提取职工中，中、低收入占97.83%，高收入占2.17%。

（三）贷款业务。

1. 个人住房贷款。2020年，支持职工购建房85.38万平方米（含公转商贴息贷款），2020年末个人住房贷款市场占有率（含公转商贴息贷款）为12.55%，比上年末持平。通过申请住房公积金个人住房贷款，可节约职工购房利息支出70958.85万元。

职工贷款笔数中，购房建筑面积90（含）平方米以下占23.07%，90~144（含）平方米占69.63%，144平方米以上占7.30%。购买新房占78.28%（其中购买保障性住房占0%），购买二手房占21.38%，建造、翻建、大修自住住房占0.24%（其中支持老旧小区改造占0%），其他占0.10%。

职工贷款笔数中，单缴存职工申请贷款占51.59%，双缴存职工申请贷款占48.14%，三人及以上缴存职工共同申请贷款占0.27%。

贷款职工中，30岁（含）以下占31.90%，30岁~40岁（含）占42.13%，40岁~50岁（含）占20.10%，50岁以上占5.87%；首次申请贷款占84.31%，二次及以上申请贷款占15.69%；中、低收入占97.70%，高收入占2.30%。

2. 支持保障性住房建设试点项目贷款。未开展此项业务。

（四）住房贡献率。2020年，个人住房贷款发放额、公转商贴息贷款发放额、项目贷款发放额、住房消费提取额的总和与当年缴存额的比率为123.05%，比上年减少16.44个百分点。

六、其他重要事项

（一）应对新冠肺炎疫情采取的措施，落实住房公积金阶段性支持政策情况和政策实施成效。

1. 采取的措施。一是受新冠肺炎疫情影响的企业，可按规定申请在2020年6月30日前缓缴住房公积金，缓缴期间缴存时间连续计算，不影响职工正常提取和申请住房公积金贷款。住房公积金缴存单位和职工受疫情影响在2020年6月30日前未能按时足额缴存住房公积金的，向住房公积金管理部门说明情况并完成补缴后，缴存时间连续计算，不影响个人住房公积金贷款申请等与缴存连续性相关的权益。二是受新冠肺炎疫情影响的职工，2020年6月30日前住房公积金贷款不能正常还款的，不作逾期处理，不作为逾期记录报送征信部门，已报送的予以调整。三是在疫情防控期间，对住房公积金提取、贷款等业务有限期办理要求的，可延期办理。

2. 取得的成效。在疫情期间通过加强与受托银行的协调配合，畅通线上线下业务办理渠道，通过网上业务大厅、手机App等多种服务方式，保证政策落实和各项业务顺利办理。截至2020年6月30日受疫情影响有43家企业办理缓缴业务，涉及缓缴职工人数为3319人，减轻企业负担428.11万，减轻职工负担428.11万元；2020年无受影响的职工申请逾期贷款处理的情况；在疫情防控期间，无因受疫情影响申请住房公积金提取、贷款延期办理的情况。

（二）当年机构及职能调整情况、受委托办理缴存贷款业务金融机构变更情况。2020年漳州市住房公积金管理中心更名为漳州市住房公积金中心，职能无调整，受委托办理缴存业务金融机构新增兴业银行漳州分行，受委托办理贷款业务金融机构无变更。

（三）当年住房公积金政策调整及执行情况。

1. 当年缴存基数限额及确定方法、缴存比例调整情况。从2020年7月1日起，上限标准。缴存比例为12%、缴存基数按月平均工资的3倍计算为20856元（6952×3倍），月缴存额（包括个人及单位缴存部分）由上年的4474元调整为5006元；下限标准。缴存比例为5%，缴存基数芗城区、龙文区1720元，月缴存额调整为172元，龙海市、漳浦县、云霄县、东山县、诏安县、平和县、南靖县、长泰县、华安县、漳州台商投资区、招商局漳州开发区缴存基数1570元，月缴存额调整为158元。

2. 当年住房公积金个人住房贷款最高贷款额度调整情况。2020年住房公积金个人住房贷款最高贷款额度无调整。

3. 当年住房公积金存贷款利率调整及执行情况。2020年住房公积金存贷款利率未调整。职工住房公积金账户存款利率按一年期定期存款基准利率1.5%执行；住房公积金贷款年利率为：5年（含）以下2.75%，5年以上3.25%。

4. 住房公积金政策调整情况。2020年10月23日，市住房公积金管委会印发《漳州市住房公积金流动性风险防控预案》，并于10月27日批复在我市实施增量公转商贴息贷款。

（四）当年服务改进情况。

1. 跨省通办。目前已通过"全程网办"的方式实现个人住房公积金缴存贷款等信息查询、出具贷款职工住房公积金缴存使用证明、正常退休提取住房公积金三个"跨省通办"事项。

2. 办理离退休提取，符合男性满60周岁、女干部满55周岁、女职工满50周岁，且系统个人住房公积金账户封存原因为"离退休"的，无需提供离退休证明。符合上述条件且无未结清的住房公积金贷款的职工可通过线上或掌上渠道自主办结离退休提取。

3. 办理解除劳动关系提取，系统封存原因为"解除合同"的，办理时无需提供离职证明，无未结清的住房公积金贷款的职工可通过线上或掌上渠道自主办结解除劳动关系提取。

4. 办理还贷提取，在住房公积金贷款主贷人可通过线上或掌上渠道申请办理"按年还贷"的基础上，进一步开通住房公积金贷款主贷人及其配偶均可在线上或掌上渠道申请办理"按年还贷"或"提前还本"，其中"提前还本"可自主办结。

5. 简化还贷提取事项。一是申请提取住房公积金归还组合贷款商贷部分，能通过系统查询到商贷部分信息的，免提供贷款对账单。二是申请第二次（含）以上提取住房公积金归还省内（除厦门外）属于工行、农行、中行、建行、兴业五家银行的同一笔、纯商业性住房贷款，经申请人受托后业务人员能通过系统联网查询到该笔、商业性住房贷款实时完整信息的，免提供贷款对账单。

（五）当年信息化建设情况。2020年5月，市中心档案影像系统和综合服务平台进行定级，按定级要求，档案影像系统三级、综合服务平台二级等保，于2020年11月通过测评并向漳州市公安局网安支队进行备案。

南平市住房公积金 2020 年年度报告

根据国务院《住房公积金管理条例》和住房和城乡建设部、财政部、人民银行《关于健全住房公积金信息披露制度的通知》（建金〔2015〕26 号）的规定，经住房公积金管理委员会审议通过，现将南平市住房公积金 2020 年年度报告公布如下。

一、机构概况

（一）**住房公积金管理委员会。** 住房公积金管理委员会有 26 名委员，2020 年召开 1 次会议，审议通过的事项主要包括：南平市住房公积金管理中心《关于提请审议 2019 年度住房公积金决算和 2020 年度预算编制的报告》、市财政局《关于南平住房公积金 2019 年度决算情况和 2020 年度预算（计划）草案的审核意见》《关于调整南平市住房公积金管理委员会成员的建议》《关于规范部分住房公积金提取业务的建议》《关于调整住房公积金缴存限额的建议》。

（二）**住房公积金管理中心。** 住房公积金管理中心为直属南平市人民政府不以营利为目的的财政核拨事业单位，主要负责全市住房公积金的归集、管理、使用和会计核算。内设 6 个科，10 个管理部。从业人员 84 人，其中，在编 54 人，非在编 30 人。

二、业务运行情况

（一）**缴存。** 2020 年，新开户单位 402 家，净增单位 189 家；新开户职工 1.62 万人，净增职工 1.2 万人；实缴单位 4819 家，实缴职工 19.63 万人，缴存额 31.43 亿元，分别同比增长 4.08%、6.51%、5.79%。2020 年末，缴存总额 263.22 亿元，比上年末增加 13.56%；缴存余额 94.73 亿元，同比增长 6.63%。受委托办理住房公积金缴存业务的银行 5 家。

（二）**提取。** 2020 年，7.18 万名缴存职工提取住房公积金；提取额 25.54 亿元，同比增长 7.04%；提取额占当年缴存额的 81.26%，比上年增加 0.95 个百分点。2020 年末，提取总额 168.49 亿元，比上年末增加 17.87%。

（三）**贷款。**

1. 个人住房贷款。个人住房贷款最高额度 50 万元。单缴存职工个人住房贷款最高额度 40 万元，双缴存职工个人住房贷款最高额度 50 万元。

2020 年，发放个人住房贷款 0.46 万笔、15.98 亿元，同比分别下降 2.13%、增长 7.32%。

2020 年，回收个人住房贷款 11.10 亿元。

2020 年末，累计发放个人住房贷款 7.72 万笔、166.82 亿元，贷款余额 90.01 亿元，分别比上年末增加 6.34%、10.59%、5.73%。个人住房贷款余额占缴存余额的 95.02%，比上年末减少 0.8 个百分点。受委托办理住房公积金个人住房贷款业务的银行 6 家，比上年增加 1 家。

2. 异地贷款。2020 年，发放异地贷款 0 万元。2020 年末，发放异地贷款总额 24282.30 万元，异地贷款余额 20202.59 万元。

3. 公转商贴息贷款。2020 年，发放公转商贴息贷款 1372 笔、53223.70 万元，当年贴息额 3098.80

万元。2020年末，累计发放公转商贴息贷款5779笔、224754.60万元，累计贴息4405.43万元。

4. 住房公积金支持保障性住房建设项目贷款。截至2020年末，本中心未开展住房公积金支持保障性住房建设项目贷款业务。

（四）购买国债。2020年，购买国债0亿元，兑付国债0亿元。2020年末，国债余额0亿元。

（五）资金存储。2020年末，住房公积金存款6.18亿元。其中，活期0.02亿元，1年（含）以下定期0亿元，1年以上定期0亿元，协定存款6.16亿元。

（六）资金运用率。2020年末，住房公积金个人住房贷款余额、项目贷款余额和购买国债余额的总和占缴存余额的95.02%，比上年末减少0.8个百分点。

三、主要财务数据

（一）业务收入。2020年，业务收入30335.99万元，同比增长6.34%。其中，存款利息1974.78万元，委托贷款利息28356.21万元，国债利息0万元，其他5万元。

（二）业务支出。2020年，业务支出18583.14万元，同比增长12.19%。其中，支付职工住房公积金利息13944.10万元，归集手续费619.96万元，委托贷款手续费868.82万元，其他3150.26万元。

（三）增值收益。2020年，增值收益11752.85万元，同比下降1.76%。其中，增值收益率1.29%，比上年减少0.13个百分点。

（四）增值收益分配。2020年，提取贷款风险准备金1951.17万元，提取管理费用1186.79万元，提取城市廉租住房（公共租赁住房）建设补充资金8614.89万元。

2020年，上交财政管理费用1186.79万元。上缴财政城市廉租住房（公共租赁住房）建设补充资金12415.68万元。

2020年末，贷款风险准备金余额36002.99万元。累计提取城市廉租住房（公共租赁住房）建设补充资金71803.38万元。

（五）管理费用支出。2020年，管理费用支出1069.49万元，同比下降11.56%。其中，人员经费662.12万元，公用经费34.62万元，专项经费372.75万元。

四、资产风险状况

（一）个人住房贷款。2020年末，个人住房贷款逾期额299.13万元，逾期率0.3323‰。个人贷款风险准备金余额36002.99万元。2020年，使用个人贷款风险准备金核销呆坏账0万元。

（二）支持保障性住房建设试点项目贷款。截至2020年末，本中心未开展住房公积金支持保障性住房建设试点项目贷款业务。

五、社会经济效益

（一）缴存业务。缴存职工中，国家机关和事业单位占46.94%，国有企业占25.92%，城镇集体企业占1.20%，外商投资企业占1.41%，城镇私营企业及其他城镇企业占23.12%，民办非企业单位和社会团体占0.95%，灵活就业人员占0.17%，其他占0.29%；中、低收入占99%，高收入占1%。

新开户职工中，国家机关和事业单位占21.28%，国有企业占20.06%，城镇集体企业占3.23%，外

商投资企业占 1.27%，城镇私营企业及其他城镇企业占 49.15%，民办非企业单位和社会团体占 2.45%，灵活就业人员占 0.76%，其他占 1.8%；中、低收入占 99.79%，高收入占 0.21%。

（二）提取业务。 提取金额中，购买、建造、翻建、大修自住住房占 25.57%，偿还购房贷款本息占 49.03%，租赁住房占 0.51%，支持老旧小区改造占 0.01%，离休和退休提取占 18.52%，完全丧失劳动能力并与单位终止劳动关系提取占 3.64%，出境定居占 0%，其他占 2.72%。提取职工中，中、低收入占 96.54%，高收入占 3.46%。

（三）贷款业务。

1. 个人住房贷款。2020 年，支持职工购建房 62.08 万平方米（含公转商贴息贷款），年末个人住房贷款市场占有率（含公转商贴息贷款）为 15.36%，比上年末减少 3.26 个百分点。通过申请住房公积金个人住房贷款，可节约职工购房利息支出 43724 万元。

职工贷款笔数中，购房建筑面积 90（含）平方米以下占 30.29%，90～144（含）平方米占 67.21%，144 平方米以上占 2.50%。购买新房占 71.60%（其中购买保障性住房占 0%），购买二手房占 28.33%，建造、翻建、大修自住住房占 0.07%，其他占 0%。

职工贷款笔数中，单缴存职工申请贷款占 64.67%，双缴存职工申请贷款占 35.20%，三人及以上缴存职工共同申请贷款占 0.13%。

贷款职工中，30 岁（含）以下占 27.17%，30 岁～40 岁（含）占 34.82%，40 岁～50 岁（含）占 24.41%，50 岁以上占 13.60%；首次申请贷款占 84.61%，二次及以上申请贷款占 15.39%；中、低收入占 99.25%，高收入占 0.75%。

2. 支持保障性住房建设试点项目贷款。截至 2020 年末，本中心未开展住房公积金支持保障性住房建设试点项目贷款业务。

（四）住房贡献率。 2020 年，个人住房贷款发放额、公转商贴息贷款发放额、项目贷款发放额、住房消费提取额的总和与当年缴存额的比率为 128.82%，比上年减少 39.41 个百分点。

六、其他重要事项

（一）当年机构及职能调整情况、受委托办理缴存贷款业务金融机构变更情况。 2020 年，南平市住房公积金管理中心未涉及机构及职能调整。

2020 年，新增工行剑州支行、工行光泽支行、工行政和支行、建行延平支行、农行建阳支行、中行建瓯中行、中行邵武支行及南平市建阳区农村信用合作联社营业部等 8 家银行承办住房公积金缴存贷款业务，另有兴业银行建阳支行新增承办住房公积金贷款业务。

（二）当年住房公积金政策调整及执行情况。

1. 当年缴存基数限额及确定方法、缴存比例调整情况。

（1）实施疫情防控阶段性支持政策。2020 年 2 月 17 日，出台《南平市住房公积金管理中心关于应对疫情做好服务保障工作的通知》，受疫情影响延迟复工或停产的单位，可按规定申请降低住房公积金缴存比例和缓缴住房公积金，在 2020 年 6 月 30 日前申请恢复缴存的，视同连续足额正常缴存，不影响职工正常提取和申请住房公积金贷款。

（2）实行"限高保低"政策。缴存比例为单位和职工各 5%至 12%，单位可在 5%至 12%内自主确定缴存比例。2020年，本市住房公积金月缴存基数上限为19058元，依此设定单位和职工月缴存额上限各为2287元，合计为4574元。月缴存基数下限原则上不得低于我省人社部门公布的最低工资标准，延平区、建阳区、邵武市、武夷山市、建瓯市最低月缴存工资基数1570元，单位和个人月缴存额合计原则上不低于158元；顺昌县、浦城县、光泽县、松溪县、政和县最低月缴存工资基数1420元，单位和个人月缴存额合计原则上不低于142元。

（3）明确军转干部缴存基数。新调入的军转干部住房公积金缴存基数允许调入单位按照当月工资加上所在单位同级别干部上一年度的各类奖金进行测算缴存，自2020年4月16日起执行。

2.当年提取政策调整情况。

（1）实施疫情防控阶段性支持政策。2020年2月17日，出台《南平市住房公积金管理中心关于应对疫情做好服务保障工作的通知》，对受疫情影响未能及时提取的人员，购买商品房（含保障性住房）或二手房（含拍卖房）申请提取住房公积金的，可在2020年6月30日前申请提取。提前结清贷款提取住房公积金的，可在2020年6月30日前申请提取。家庭无自有住房而租赁住房需租房提取住房公积金的，可在2020年6月30日前申请提取。

（2）规范部分住房公积金提取业务。一是职工在偿还购房贷款本息满12个月后，可申请提取住房公积金用于偿还贷款，每年还贷提取申请时间应间隔12个月，对月不对日，申请提取的金额不超过上一年的还贷本息。二是职工办理提前部分偿还住房公积金贷款本金业务每年限办一次。在同一年度内已办理逐年冲还贷业务的，可以再次申请办理提前部分偿还住房公积金贷款本金业务。三是职工办理提前部分偿还住房公积金贷款本金业务，偿还金额必须在5万元（含）以上，超过5万元的按照万元的整数倍。职工一方或夫妻双方账户余额满足以上条件的，可用住房公积金账户余额冲抵偿还；若职工一方或夫妻双方账户余额不足5万元的，必须先用自有资金偿还，还贷后可提取住房公积金，提取金额可低于5万元，但最高不得超过本次偿还贷款本金的金额。四是因购买自住住房或偿还住房贷款申请提取住房公积金的，一年内只能以夫妻名下的一套住房申请住房公积金提取。

3.当年住房公积金个人住房贷款最高贷款额度调整情况。2020年，南平市住房公积金最高贷款额度未做调整。即延平、建阳双职工最高贷款限额50万元，单职工最高贷款限额40万元；邵武、武夷山、建瓯、顺昌、浦城、光泽、松溪、政和双职工最高贷款限额45万元，单职工最高贷款限额35万元。

（三）当年服务改进情况。

1.服务云谷小区，保障新区建设。围绕武夷新区建设总体大局，积极落实云谷小区一期剩余住房配套贷款政策，持续将服务窗口前移，主动深入选房现场为市直干部职工提供业务咨询，进驻网签大厅现场受理住房公积金贷，综合办事能力、业务办理效率大幅度提升，为购买云谷小区的市直干部职工提取住房公积金4230万元左右，预计发放个人住房贷款321户、约1.22亿元，打造全方位、多层次、常态化的服务云谷小区建设工作机制。

2.优化营商环境，审批时限再提速。全面聚焦缴存单位和职工关切的堵点难点事项，重点推动减环节、减时间、减材料、减跑动，集中梳理22项公共服务事项，对标全省先进，优化再造业务流程，审批服务事项"即办件"比例提至90.91%，进一步深化"放管服"改革，优化营商环境。

3.强化窗口管理，提升服务效能。按照政务服务事项梳理要求，对住房公积金服务事项受理内容、办理时限、办理方式、申报材料等基本要素全面规范统一，打破以往业务条块分割模式，全面推行"综合柜员制""星级服务",严格按照公开承诺的办理时限和服务标准依法审批,五星服务全程网办事项占比达到82.76%。

(四)当年信息化建设情况,包括信息系统升级改造情况,基础数据标准贯彻落实和结算应用系统接入情况等。

1. 推进数字赋能,打通便民通道。稳步推进综合服务平台建设,并顺利通过住房和城乡建设部及省住房城乡建设厅两级检查验收,形成覆盖门户网站、网上办事大厅、微信公众号、公积金App、闽政通App等14余个渠道为核心的综合服务体系,55项缴存、提取、贷款业务实现"网上办、掌上办、自助办、就近办",全力打造线上线下融合发展的新型服务模式。全年全市综合服务平台注册缴存单位3206家、占比52.36%,注册缴存职工14.28万人、占比65.59%,为广大缴存单位和职工提供多形式、全方位的信息查询、政策咨询及线上业务办理服务,总访问量超过107.67万人次,12329短信发送243.73万条,传统柜面服务逐渐向互联网融合服务转型,全年线上办理缴存、提取等业务6.93万笔、4.72亿元,网办业务大幅增长,全程网办率提至30.93%,其中缴存提取网办率达47.75%,信息化建设实现跨越式发展。

2. 打破信息孤岛,实现互联互通。依托数据互联互通,按照"五级十五同"要求,重新梳理绑定29项公共服务便民事项,主动推进与各部门的数据共享,实现与公安、民政、市场监督、税务、数办、银行6个部门信息互联共享,网上商贷自助提取合作银行扩至4家,开通全国"跨省通办"3项高频业务和浙闽赣皖四省边际城市"跨省通办"5项高频业务,不断提升缴存单位和缴存职工的满意度和获得感。

(五)当年住房公积金管理中心及职工所获荣誉情况。2020年2月20日,南平市住房公积金管理中心建阳管理部被市创建青年文明号活动组委会授予"2020—2022年度市级青年文明号"。

2020年3月23日,南平市住房公积金管理中心被中共南平市委政法委员会评为"2019年度南平市直平安单位"。

(六)当年对违反《住房公积金管理条例》和相关法规行为进行行政处罚和申请人民法院强制执行情况。2020年未发生该情况。

(七)当年对住房公积金管理人员违规行为的纠正和处理情况。2020年未发生该情况。

(八)其他需要披露的情况。2020年无其他需要披露的情况。

龙岩市住房公积金2020年年度报告

根据国务院《住房公积金管理条例》和住房和城乡建设部、财政部、人民银行《关于健全住房公积金信息披露制度的通知》(建金〔2015〕26号)的规定,经住房公积金管理委员会审议通过,现将龙岩市住房公积金2020年年度报告公布如下。

一、机构概况

(一)住房公积金管理委员会。住房公积金管理委员会有24名委员,2020年召开1次会议,审议通过的事项主要包括:龙岩市住房公积金2019年年度报告、2019年度住房公积金归集使用计划执行情况及增值收益分配方案、2020年度住房公积金归集使用计划、申请商业银行授信贷款、调整住房公积金提取相关政策、招商银行龙岩分行请求龙岩住房公积金授信业务合作资格准入。

（二）住房公积金管理中心。住房公积金管理中心为直属于市人民政府不以营利为目的的全额拨款事业单位，设7个科室，6个管理部。从业人员78人，其中，在编45人，非在编33人。

二、业务运行情况

（一）缴存。2020年，新开户单位967家，实缴单位6590家，净增单位445家；新开户职工1.94万人，实缴职工22.87万人，净增职工0.51万人；缴存额38.33亿元，同比增长10.41%。2020年末，缴存总额310.33亿元，同比增长14.09%；缴存余额92.85亿元，同比增长7.37%。

受委托办理住房公积金缴存业务的银行6家，比上年增加2家。

（二）提取。2020年，提取额31.95亿元，同比增长13.15%；占当年缴存额的83.36%，比上年增加2.01个百分点。

2020年末，提取总额217.48亿元，同比增长17.22%。

（三）贷款。

1. 个人住房贷款。个人住房贷款最高额度45万元，其中，单缴存职工最高额度35万元，双缴存职工最高额度45万元。

2020年，发放个人住房贷款4942笔、16.98亿元，同比分别减少28.74%、27.32%。

2020年，回收个人住房贷款16.57亿元。

2020年末，累计发放个人住房贷款120141笔、224.38亿元，贷款余额98.86亿元，同比分别增长4.29%、8.19%、增长0.42%。个人住房贷款余额占缴存余额的106.47%，比上年下降7.36个百分点。

受委托办理住房公积金个人住房贷款业务的银行6家，比上年增加1家。

2. 住房公积金支持保障性住房建设项目贷款。未开展保障性住房建设项目贷款。

（四）购买国债。未购买国债。

（五）融资。2020年，融资6亿元，归还9.502亿元。2020年末，累计融资总额47.35亿元，融资余额8.297亿元。

（六）资金存储。2020年末，住房公积金存款33729.83万元。其中，活期260万元，1年（含）以下定期0亿元，1年以上定期0亿元，其他（协定、通知存款等）33469.83万元。

（七）资金运用率。2020年末，住房公积金个人住房贷款余额、项目贷款余额和购买国债余额的总和占缴存余额的106.47%，比上年下降7.36个百分点。

三、主要财务数据

（一）业务收入。2020年，业务收入34877.72万元，同比增长8.08%。存款利息1817.07万元，委托贷款利息33057.96万元，其他2.69万元。

（二）业务支出。2020年，业务支出18413.41万元，同比增长4.39%。支付职工住房公积金利息13242.84万元，归集手续费366.59万元，委托贷款手续费591.02万元，其他4212.96万元（其中融资利息支出4164.08万元）。

（三）**增值收益**。2020 年，增值收益 16464.31 万元，同比增长 12.53％。增值收益率 1.82％，比上年增长 0.07 个百分点。

（四）**增值收益分配**。2020 年，提取贷款风险准备 166 万元，提取管理费用 1352.37 万元，提取城市廉租住房（公共租赁住房）建设补充资金 14945.94 万元。

2020 年，上交财政管理费用 1352.37 万元。上缴财政城市廉租住房（公共租赁住房）建设补充资金 11998.52 万元。

2020 年末，贷款风险准备金余额 39543.29 万元。累计提取城市廉租住房（公共租赁住房）建设补充资金 86156.99 万元。

（五）**管理费用支出**。2020 年，管理费用支出 3581.64 万元，同比减少 1.73％。其中，人员经费 853.32 万元，公用经费 491.14 万元，专项经费 2237.18 万元（含财政返还融资贷款贴息支出 1779.17 万元）。

四、资产风险状况

（一）**个人住房贷款**。2020 年末，个人住房贷款逾期额 518.97 万元，逾期率 0.52‰。

个人贷款风险准备金按贷款余额的 1％提取，累计提取额不超过贷款余额的 4％。2020 年，提取个人贷款风险准备金 166 万元，使用个人贷款风险准备金核销呆坏账 0 万元。2020 年末，个人贷款风险准备金余额 39543.29 万元，占个人住房贷款余额的 4％，个人住房贷款逾期额与个人贷款风险准备金余额的比率为 1.31％。

（二）**支持保障性住房建设试点项目贷款**。未开展保障性住房建设试点项目贷款。

（三）**历史遗留风险资产**。不存在历史遗留风险资产。

五、社会经济效益

（一）**缴存业务**。2020 年，实缴单位数、实缴职工人数和缴存额同比分别增长 7.24％、2.26％和 10.41％。

缴存单位中，国家机关和事业单位占 28.42％，国有企业占 13.44％，城镇集体企业占 1.78％，外商投资企业占 1.2％，城镇私营企业及其他城镇企业占 44.14％，民办非企业单位和社会团体占 4.69％，其他占 6.33％。

缴存职工中，国家机关和事业单位占 39.59％，国有企业占 30.42％，城镇集体企业占 0.89％，外商投资企业占 2.86％，城镇私营企业及其他城镇企业占 17.58％，民办非企业单位和社会团体占 5.61％，其他占 3.05％；中、低收入占 97.86％，高收入占 2.14％。

新开户职工中，国家机关和事业单位占 14.89％，国有企业占 26.34％，城镇集体企业占 0.66％，外商投资企业占 4.59％，城镇私营企业及其他城镇企业占 42.22％，民办非企业单位和社会团体占 8.09％，其他占 3.21％；中、低收入占 99.65％，高收入占 0.35％。

（二）**提取业务**。2020 年，9.53 万名缴存职工提取住房公积金 31.95 亿元。

提取金额中，住房消费提取占 84.43％（购买、建造、翻建、大修自住住房占 35.44％，偿还购房贷款本息占 45.84％，租赁住房占 3.11％，其他占 0.04％）；非住房消费提取占 15.57％（离休和退休提取占11.58%，完全丧失劳动能力并与单位终止劳动关系提取占2.4%，死亡或宣告死亡占0.34%，其他占1.25%）。

提取职工中，中、低收入占93.78%，高收入占6.22%。

(三) 贷款业务。

1. 个人住房贷款。2020年，支持职工购建房56.2万平方米，年末个人住房贷款市场占有率（含公转商贴息贷款）为16.36%。通过申请住房公积金个人住房贷款，可节约职工购房利息支出46594.53万元。

职工贷款笔数中，购房建筑面积90（含）平方米以下占26.46%，90~144（含）平方米占65.22%，144平方米以上占8.32%。购买新房占72.36%（其中购买保障性住房占0%），购买二手房占27.64%，建造、翻建、大修自住住房占0%，其他占0%。

职工贷款笔数中，单缴存职工申请贷款占56.72%，双缴存职工申请贷款占42.68%，三人及以上缴存职工共同申请贷款占0.6%。

贷款职工中，30岁（含）以下占22.04%，30岁~40岁（含）占35.25%，40岁~50岁（含）占28.13%，50岁以上占14.58%；首次申请贷款占79.89%，二次及以上申请贷款占20.11%；中、低收入占97.77%，高收入占2.23%。

2. 异地贷款。2020年，发放异地贷款0笔、0万元。2020年末，发放异地贷款总额4143万元，异地贷款余额2172.83万元。

3. 公转商贴息贷款。2020年，发放公转商贴息贷款478笔、16210.1万元，支持职工购建住房面积5.68万平方米，当年贴息额33.37万元。2020年末，累计发放公转商贴息贷款581笔、19710.3万元，累计贴息75.24万元。

4. 支持保障性住房建设试点项目贷款。未开展保障性住房建设试点项目贷款。

(四) 住房贡献率。2020年，个人住房贷款发放额、公转商贴息贷款发放额、项目贷款发放额、住房消费提取额的总和与当年缴存额的比率为118.89%，比上年减少17.57个百分点。

六、其他重要事项

(一) 应对新冠肺炎疫情采取的措施。为疫情防控时期最大限度地减少人员聚集，全面推广"网上办、掌上办、预约办"服务，全力保障网上服务渠道正常运行。同时，为贯彻中央、省、市有关新型冠状病毒感染的肺炎疫情防控工作决策部署，减轻企业负担，保障职工权益，出台五大惠企便民举措应对疫情，包括：企业可暂缓缴存公积金、职工可延后还贷、放宽职工申请房贷缴存条件、延长职工提取公积金时限、保障租房职工提取公积金需求等。2020年2月~6月。累计审批63个企业缓缴住房公积金，缓缴金额1275.7万元。

(二) 当年机构及职能调整情况、受委托办理缴存贷款业务金融机构变更情况。当年机构及职能无调整。受委托办理缴存业务金融机构增加兴业银行和上杭农商行，受委托办理贷款业务金融机构增加上杭农商行。

(三) 当年住房公积金政策调整及执行情况。

1. 当年缴存基数限额及确定方法、缴存比例调整情况。

(1) 2020年缴存基数调整上下限确定。缴存基数上限按龙岩市上一年全市在岗职工年平均工资总额的 3 倍 19713 元执行。

缴存基数下限按各地上一年最低工资标准执行。市本级、新罗区最低月缴存工资基数 1720 元；漳平市、永定区、上杭县最低月缴存工资基数 1570 元；武平县、长汀县、连城县最低月缴存工资基数 1420 元。

（2）2020 年缴存比例。缴存比例为单位和职工各 5%～12%，单位可在 5% 至 12% 内自主确定缴存比例。每个单位只能申请一个缴存比例，同一单位职工的缴存比例应一致，单位缴存比例和职工缴存比例应一致。

2. 2020 年最高贷款额度未做调整。在新罗、永定购房的，单职工缴存公积金的为 35 万，双职工缴存公积金的为 45 万元；在漳平市、上杭县、连城县、长汀县、武平县购房的，单职工缴存公积金的为 30 万，双职工缴存公积金的为 40 万元。

3. 2020 年存贷款利率未调整。职工住房公积金账户存款利率按一年期定期存款基准利率 1.5% 执行；住房公积金贷款年利率为：5 年（含）以下 2.75%，5 年以上 3.25%。第二次申请公积金贷款的利率，按同期公积金贷款基准利率的 1.1 倍执行。

4. 支持老旧小区改造政策落实情况。落实支持城镇老旧小区居民提取住房公积金政策，缴存职工既有住房加装电梯，可提取住房公积金用于支付增设电梯个人分摊费用。

（四）当年服务改进情况。

1. 推出一体机自助办理及查询打印。通过市行政服务中心的 e 政务一体机，职工可自助办理离退休提取、终止劳动关系提取、购房提取、无房提取、偿还公积金本金等 6 个提取事项，以及查询账户信息、打印住房公积金缴存证明和贷款还款明细。

2. 推出线下"一证通办"。在已经实现线上办事大厅"一证通办"的基础上，依托省、市政务数据汇聚共享平台，共享公安、社保、不动产、民政等多部门电子证照信息，融合线上线下服务，将"一证通办"业务向线下窗口延伸实时对接，在窗口办事取消提供备案合同、不动产权证、无房证明、结婚证等证明材料。

3. 实现与商业住房按揭贷款的数据共享。通过与中、农、工、建、兴、中信、交通等 7 家银行系统联网，可实时查询全省范围内（除厦门外）的个人住房商业按揭贷款还贷数据信息，实现职工办理偿还商贷提取公积金"最多跑一次"。

4. 推出 3 项业务"跨省通办"。个人住房公积金缴存贷款等信息查询、出具贷款职工住房公积金缴存使用证明、正常退休提取住房公积金等 3 项业务实现"跨省通办"，办事群众可不受住房公积金缴存地的限制，异地办理这些业务。

（五）当年住房公积金管理中心及职工所获荣誉情况。

1. 龙岩市住房公积金管理中心获评龙岩市第十三届市级文明单位荣誉称号。
2. 驻市行政服务中心窗口获评"2020 年度红旗窗口"。
3. 漳平管理部窗口荣获 2020 年度行政审批服务"五比"竞赛活动"窗口管理优胜集体"一等奖。
4. 武平管理部窗口获评 2020 年度"工人先锋号"、荣获行政审批务服务"五比"竞赛活动二等奖。
5. 连城管理部窗口荣获年度"红旗窗口""工人先锋号""五比"竞赛活动集体第一名。
6. 从业人员 1 人获评县市级"红土先锋党员标兵"，18 人获评所在县市行政服务中心年度先进工作者、服务标兵、金牌员工等荣誉称号。

（六）当年对违反《住房公积金管理条例》和相关法规行为进行行政处罚和申请人民法院强制执行情

况。2020年，中心没有进行行政处罚和申请人民法院强制执行情况。

（七）当年对住房公积金管理人员违规行为的纠正和处理情况等。2020年我市未出现管理人员违规行为。

宁德市住房公积金2020年年度报告

根据国务院《住房公积金管理条例》和住房和城乡建设部、财政部、人民银行《关于健全住房公积金信息披露制度的通知》（建金〔2015〕26号）的规定，经住房公积金管理委员会审议通过，现将宁德市住房公积金2020年年度报告公布如下。

一、机构概况

（一）住房公积金管理委员会。住房公积金管理委员会有27名委员，2020年召开1次会议，审议通过的事项主要包括：《宁德市住房公积金管理中心2019年工作情况及2020年工作计划》《宁德市住房公积金2019年年度报告》《宁德市住房公积金2019年财务收支情况的报告》《宁德市住房公积金2019年度增值收益分配方案》《宁德市住房公积金2020年度财务收支及增值收益预算》《宁德市住房公积金调整有关政策的建议》《宁德市住房公积金管理中心关于编制2020年度住房公积金归集和使用计划的请示》。

（二）住房公积金管理中心。住房公积金管理中心为直属宁德市人民政府不以营利为目的的参照公务员法管理的事业单位，内设6个科室，下设10个办事处（营业部）。从业人员81人，其中，在编67人，非在编14人。

二、业务运行情况

（一）缴存。2020年，新开户单位729家，净增单位410家；新开户职工4.65万人，净增职工1.36万人；实缴单位5398家，实缴职工26.88万人，缴存额36.66亿元，分别同比增长8.22％、5.35％、16.72％。2020年末，缴存总额261.34亿元，比上年末增加16.31％；缴存余额100.50亿元，同比增长9.67％。受委托办理住房公积金缴存业务的银行5家。

（二）提取。2020年，10.06万名缴存职工提取住房公积金；提取额27.79亿元，同比增长20.16％；提取额占当年缴存额的75.82％，比上年增加2.17个百分点。2020年末，提取总额160.84亿元，比上年末增加20.89％。

（三）贷款。

1. 个人住房贷款。个人住房贷款最高额度60万元。单缴存职工个人住房贷款最高额度35万元，双缴存职工个人住房贷款最高额度60万元。

2020年，发放个人住房贷款0.64万笔、23.28亿元，同比分别增长10.47％、11.95％。

2020年，回收个人住房贷款14.43亿元。

2020年末，累计发放个人住房贷款9.66万笔、212.83亿元，贷款余额98.98亿元，分别比上年末增加 7.11％、12.28％、9.81％。个人住房贷款余额占缴存余额的 98.49％，比上年增加 0.13 个百分点。受委托办理住房公积金个人住房贷款业务的银行 5 家。

2. 异地贷款。2020 年，发放异地贷款 0 笔、0 万元。年末，发放异地贷款总额 16586.7 万元，异地贷款余额 13952.96 万元。

3. 公转商贴息贷款。我中心未开展公转商贴息贷款业务。

4. 住房公积金支持保障性住房建设项目贷款。我中心未开展保障性住房建设项目贷款业务。

（四）**购买国债**。2020 年，未购买、兑付、转让、收回国债。2020 年末，国债余额 0 亿元。

（五）**资金存储**。2020 年末，住房公积金存款 3.59 亿元。其中，活期 0.02 亿元，1 年（含）以下定期 0 亿元，1 年以上定期 0 亿元，其他（协定、通知存款等）3.57 亿元。

（六）**资金运用率**。2020 年末，住房公积金个人住房贷款余额、项目贷款余额和购买国债余额的总和占缴存余额的 98.49％，比上年末增加 0.13 个百分点。

三、主要财务数据

（一）**业务收入**。2020 年，业务收入 32134.72 万元，同比增长 10.92％。其中，存款利息 1610.86 万元，委托贷款利息 30522.40 万元，国债利息 0 万元，其他 1.46 万元。

（二）**业务支出**。2020 年，业务支出 16164.04 万元，同比增长 7.60％。其中，支付职工住房公积金利息 14693.27 万元，归集手续费 526.43 万元，委托贷款手续费 757.21 万元，其他 187.13 万元。

（三）**增值收益**。2020 年，增值收益 15970.68 万元，同比增长 14.48％。增值收益率 1.66％，比上年增加 0.07 个百分点。

（四）**增值收益分配**。2020 年，提取贷款风险准备金 3537.73 万元；提取管理费用 1477.95 万元，提取城市廉租住房（公共租赁住房）建设补充资金 10955.00 万元。

2020 年，上交财政管理费用 1477.95 万元。上缴财政城市廉租住房（公共租赁住房）建设补充资金 9333.00 万元。

2020 年末，贷款风险准备金余额 39592.51 万元。累计提取城市廉租住房（公共租赁住房）建设补充资金 70412.45 万元。

（五）**管理费用支出**。2020 年，管理费用支出 1610.55 万元，同比增长 20.88％。其中，人员经费 1124.80 万元，公用经费 131.04 万元，专项经费 354.71 万元。

四、资产风险状况

（一）**个人住房贷款**。2020 年末，个人住房贷款逾期额 56.43 万元，逾期率 0.057‰。个人贷款风险准备金余额 39592.51 万元。2020 年，使用个人贷款风险准备金核销呆坏账 0 万元。

（二）**支持保障性住房建设试点项目贷款**。中心未开展保障性住房建设项目贷款业务。

五、社会经济效益

（一）**缴存业务**。缴存职工中，国家机关和事业单位占 36.14％，国有企业占 16.82％，城镇集体企业占 2.23％，外商投资企业占 1.18％，城镇私营企业及其他城镇企业占 42.06％，民办非企业单位和社会团体占1.25%，灵活就业人员占0.25%，其他占0.07%；中、低收入占99.11%，高收入占0.89%。

新开户职工中，国家机关和事业单位占9.93%，国有企业占8.33%，城镇集体企业占2.65%，外商投资企业占0.91%，城镇私营企业及其他城镇企业占76.04%，民办非企业单位和社会团体占1.43%，灵活就业人员占0.61%，其他占0.10%；中、低收入占99.76%，高收入占0.24%。

（二）提取业务。提取金额中，购买、建造、翻建、大修自住住房占27.21%，偿还购房贷款本息占46.794%，租赁住房占4.28%，支持老旧小区改造占0.001%，离休和退休提取占13.17%，完全丧失劳动能力并与单位终止劳动关系提取占5.93%，出境定居占0%，其他占2.615%。提取职工中，中、低收入占98.85%，高收入占1.15%。

（三）贷款业务。

1. 个人住房贷款。2020年，支持职工购建房70.46万平方米（含公转商贴息贷款），年末个人住房贷款市场占有率（含公转商贴息贷款）为12.97%，比上年末减少1.11个百分点。通过申请住房公积金个人住房贷款，可节约职工购房利息支出61277.21万元。

职工贷款笔数中，购房建筑面积90（含）平方米以下占30.84%，90～144（含）平方米占61.23%，144平方米以上占7.93%。购买新房占77.95%（其中购买保障性住房占6.34%），购买二手房占22.01%，建造、翻建、大修自住住房占0.04%（其中支持老旧小区改造占0%），其他占0%。

职工贷款笔数中，单缴存职工申请贷款占59.78%，双缴存职工申请贷款占40.22%，三人及以上缴存职工共同申请贷款占0%。

贷款职工中，30岁（含）以下占28.31%，30岁～40岁（含）占43.53%，40岁～50岁（含）占20.96%，50岁以上占7.20%；首次申请贷款占85.08%，二次及以上申请贷款占14.92%；中、低收入占97.10%，高收入占2.90%。

2. 支持保障性住房建设试点项目贷款。我中心未开展保障性住房建设项目贷款业务。

（四）住房贡献率。2020年，个人住房贷款发放额、公转商贴息贷款发放额、项目贷款发放额、住房消费提取额的总和与当年缴存额的比率为122.86%，比上年减少0.24个百分点。

六、其他重要事项

（一）应对新冠肺炎疫情采取的措施，落实住房公积金阶段性支持政策情况和政策实施成效。

1. 应对新冠肺炎疫情采取的措施。一是对受疫情影响未能按时足额缴存住房公积金的单位，可向中心说明情况并在疫情结束后次月完成补缴。其间，职工的住房公积金缴存时间连续计算，不影响职工申请住房公积金贷款。二是受疫情影响导致生产经营困难的企业，可按规定申请降低缴存比例或缓缴住房公积金，但最低住房公积金缴存比例不得低于5%。三是对参加疫情防控工作人员、新型冠状病毒感染的肺炎患者及疫情防控需要隔离观察人员，因防控或隔离疫情期间不能正常还款的，不作为逾期记录报送征信部门，已报送的，中心按规定程序对逾期信息进行修复。上述职工应在疫情结束2个月内向公积金办事窗口申请，逾期不提起申请的，不再受理。四是受疫情影响，职工办理提取或贷款材料的有效期限在疫情防控期间到期的，材料有效期可以相应延长至疫情结束后的2个月内。

2. 落实住房公积金阶段性支持政策情况和政策实施成效。我中心于2020年2月17日出台疫情期间公积金阶段性支持政策，并于2020年3月5日出台《应对新冠肺炎疫情住房公积金阶段性支持政策实施细则》。截至 2020 年 12 月 31 日，我中心已受理缴存单位缓缴申请 49 家，降低缴存比例申请 24 家，此项政策共为 73 家缴存单位减轻住房公积金缴存额 347.98 万元。

（二）当年机构及职能调整情况、受委托办理缴存贷款业务金融机构变更情况。2020 年 12 月 1 日，经宁德市委编办审批同意，市住房公积金中心更名为"宁德市住房公积金管理中心"，其他机构编制事项维持不变。

（三）当年住房公积金政策调整及执行情况。

1. 当年缴存基数限额及确定方法、缴存比例情况。各缴存单位及其职工最高月缴存基数为 20745 元（2019 年宁德市在岗职工月平均工资的 3 倍），是依据《住房和城乡建设部、财政部、中国人民银行关于改进住房公积金缴存机制进一步降低企业成本的通知》（建金〔2018〕45 号）规定和我市公布的 2019 年全市在岗职工平均工资（年 82982 元、月 6915 元）计算。各缴存单位及其职工最低月缴存基数为 1420 元，是依据《福建省人力资源和社会保障厅关于公布我省最低工资标准的通知》（闽人社〔2019〕6 号）公布的我市最低工资标准最低档 1420 元。2020 年度，缴存单位及其员工的住房公积金缴存比例为各 5％～12％。

2. 当年住房公积金存贷款利率执行情况。2020 年住房公积金账户存款利率为 1.50％。

2020 年住房公积金贷款年利率为：5 年（含）以下 2.75％，5 年以上 3.25％。

3. 当年住房公积金个人住房贷款最高额度调整情况。2020 年住房公积金个人贷款最高额度未调整。

4. 住房公积金提取、贷款政策调整情况。

（1）提取方面。2020 年 4 月 3 日起，对我市公积金提取政策进行调整，一是为防范套取住房公积金行为，与非配偶、非父母、非子女共同购买二手房提取住房公积金的，须持有该房屋产权满半年，已办理住房贷款的除外。二是放宽偿还购房贷款提取条件。已自行提前还款的，可凭距申请提取日 12 个月内的贷款银行出具的提前还款凭证申请提取公积金。

（2）贷款方面。2020 年 4 月 3 日起，对我市公积金贷款政策进行调整，一是落实高层次人才优惠政策，持有三都澳英才卡（分为白金卡和金卡）的宁德市高层次人才可享受以下政策。①白金卡持卡人第一次申请使用住房公积金贷款购买第一套住房的，首付比例从 30％调低至 20％，贷款最高额度放宽至我市最高贷款额度的 4 倍；第二次申请使用住房公积金贷款或购买第二套住房的，首付比例从 50％调低至 30％。②白金卡持卡人自缴存住房公积金次月起即可申请公积金贷款；金卡持卡人申请公积金贷款所需缴存时限为 6 个月。③三都澳英才卡持卡人在我市工作并缴存住房公积金，其配偶在外地工作并按当地要求连续足额缴存住房公积金，符合我市住房公积金贷款条件的，可以按双职工申请公积金贷款。二是放宽住房公积金贷款收入认定。取消"单位住房公积金缴存比例未达 12％的，工资基数应按 12％折后计算"的规定。三是调整离婚家庭申请公积金贷款条件。已办理住房公积金贷款的缴存职工离婚，须结清该笔、贷款后，非主贷人方可再次申请住房公积金贷款。四是取消二手房纯公积金贷款评估报告。过户前贷款以备案的存量房买卖合同交易价认定抵押物价值，过户后贷款以增值税发票计税价格认定抵押物价值。

（四）当年服务改进情况。

1. 推出"一窗受理、并联审批"贷款服务新模式。积极与不动产中心、受托银行沟通协商，相互充分授权，共享业务信息，推出"一站式"联办审批服务。新模式合并了传统住房公积金贷款受理、审批、签订合同、办理抵押的环节，由窗口一次性收取材料、当场审批并签订借款合同，最大程度减少办事环节，促进贷款业务提速增效，让群众"只进一扇门，能办所有事"。

2. 推行"一趟不用跑"服务。本年新增支付房租申请提取公积金、享受城镇最低生活保障提取住房公积金等6个"一趟不用跑"事项。缴存单位可在网上办理包括缴存基数变更、人员封存启封、单位缴存比例调整等25项业务。缴存职工通过福建省住房公积金网上办事大厅、微信公众号、支付宝和闽政通App等渠道可以便捷的查询个人公积金账户信息、提取信息、贷款信息，打印异地贷款缴存使用证明等8项证明，办理偿还住房公积金贷款本金等6项提取业务，其中离职、离退休、还住房公积金贷款本金提取业务已开通了系统自动审批功能，做到缴存职工"零跑腿"，提取资金"秒到账"。

3. 举办线上服务推介活动。进一步推广单位网厅业务，扩大线上业务覆盖面，充分发挥单位经办人的"桥梁纽带"作用，让职工充分体验"线上自助服务"，我中心及下属各县（市）办事处举办了10多场政策宣传及线上服务推介会，向各住房公积金缴存单位经办人详细讲解演示了单位和个人网厅业务操作，极大地节约了缴存单位与缴存职工的人力成本和时间成本。2020年度，有3631个单位在网厅办理年度基数调整，线上办理率达94.80%。

4. 减少贷款业务办理材料复印件。职工办理住房公积金贷款业务，不再提供两套办理材料给中心及受托贷款银行，仅需提供一套办理材料，由中心窗口工作人员通过影像采集留存电子档案，纸质档流转至受托贷款银行。

（五）当年信息化建设情况。一是持续推进"互联网＋公积金"建设，综合服务平台以"优秀"等级通过住房和城乡建设部验收，并新增了闽政通、i宁德App等线上查询办理渠道，为业务网上办理打下良好基础。二是不断加强档案电子化管理，实现电子档案集中管理、资源共享和永久性保存，实现提取业务零收件。三是协调部门联动，建立信息核查、协查机制。接入福建省数据共享平台和宁德市大数据平台，为实现"一窗受理、一站办结"提供信息安全保障。四是落实等保制度，确保信息安全，综合服务平台已通过网络等级保护三级测评，客户个人信息和业务信息得到有效保障。

（六）当年住房公积金管理中心及职工所获荣誉情况。2020年，市中心运作科被中共宁德市委市直机关工委评为"一心为民"好经验好典型，被市总工会命名为宁德市"工人先锋号"；营业部被宁德市行政服务中心管理委员会评为"先进窗口"；屏南办事处3次被屏南县行政服务中心管理委员会评为"流动红旗窗口"；周宁办事处被周宁县行政服务中心管理委员会评为"红旗窗口"；高诗恬被市妇联授予宁德市"三八红旗手"荣誉称号。

平潭综合实验区住房公积金2020年年度报告

根据国务院《住房公积金管理条例》和住房和城乡建设部、财政部、人民银行《关于健全住房公积金信息披露制度的通知》（建金〔2015〕26号）的规定，经住房公积金管理委员会审议通过，现将平潭综合实验区住房公积金2020年年度报告公布如下。

一、机构概况

（一）住房公积金管理委员会。住房公积金管理委员会有15名委员，2020年召开1次全体会议，1次主任委员办公会议,审议通过2019年度住房公积金归集、使用计划执行情况、2020年住房公积金预算(草案),并对其他重要事项进行决策,主要包括:1.关于批准住房公积金2019年度报告及2020年住房公积金计划、增值收益分配预案的通知;2.关于公布2020年度平潭综合实验区住房公积金缴存标准的通知。

（二）住房公积金管理中心。平潭综合实验区行政服务中心承担住房公积金管理中心的职能,内设住房公积金管理科、财务与基金管理科等科室,为不以营利为目的的全额财政核拨事业单位。住房公积金从业人员11人,其中,在编6人,非在编5人。

二、业务运行情况

（一）缴存。2020年,新开户单位253家,净增单位65家;新开户职工0.29万人,净增职工0.11万人;实缴单位720家,实缴职工2.00万人,缴存额5.23亿元,分别同比增长9.92%、5.73%、11.88%。2020年末,缴存总额30.68亿元,比上年末增加20.57%;缴存余额10.67亿元,同比增长15.89%。

受委托办理住房公积金缴存业务的银行3家。

（二）提取。2020年,0.82万名缴存职工提取住房公积金;提取额3.77亿元,同比增长9.53%;提取额占当年缴存额的72.05%,比上年减少1.55个百分点。年末,提取总额20.01亿元,比上年末增加23.23%。

（三）贷款。

1. 个人住房贷款。个人住房贷款最高额度60万元。单缴存职工个人住房贷款最高额度40万元,双缴存职工个人住房贷款最高额度60万元。

2020年,发放个人住房贷款353笔、1.69亿元,同比分别增长40.64%、46.53%。

2020年,回收个人住房贷款0.66亿元。

2020年末,累计发放个人住房贷款0.24万笔、11.83亿元,贷款余额8.75亿元,分别比上年末增加17.10%、16.68%、13.34%。个人住房贷款余额占缴存余额的82%,比上年末减少1.85个百分点。

受委托办理住房公积金个人住房贷款业务的银行3家。

2. 异地贷款。2020年,当年未发放异地贷款。2020年末,累计发放异地贷款总额3211.92万元,异地贷款余额2709.59万元。

3. 公转商贴息贷款。2020年,未发放公转商贴息贷款,当年贴息额4.65万元。2020年末,累计发放公转商贴息贷款192笔、8912万元,累计贴息224.50万元。

4. 住房公积金支持保障性住房建设项目贷款。本中心未开展保障性住房建设项目贷款。

（四）购买国债。本中心未购买国债。

（五）资金存储。2020年末,住房公积金存款2.17亿元。其中,活期0.01亿元,1年(含)以下定期1亿元,1年以上定期0亿元,协定存款1.16亿元。

（六）资金运用率。2020年末,住房公积金个人住房贷款余额、项目贷款余额和购买国债余额的总和占缴存余额的82%,比上年末减少1.85个百分点。

三、主要财务数据

（一）业务收入。2020年,业务收入2957.81万元,同比增长16.69%。存款利息214.12万元,委托贷款利息 2680.95 万元，国债利息 0 万元，其他 62.74 万元。

（二）业务支出。2020 年，业务支出 1700.14 万元，同比增长 11.53%。支付职工住房公积金利息 1487.50 万元，归集手续费 127.48 万元，委托贷款手续费 80.43 万元，其他 4.73 万元。

（三）增值收益。2020 年，增值收益 1257.67 万元，同比增长 24.48%，增值收益率 1.26%，比上年增加 0.09 个百分点。

（四）增值收益分配。2020 年，提取贷款风险准备金 411.72 万元，提取管理费用 95.75 万元，提取城市廉租住房（公共租赁住房）建设补充资金 750.20 万元。

2020 年，上交财政管理费用 206.21 万元。上缴财政城市廉租住房（公共租赁住房）建设补充资金 557.40 万元。

2020 年末，贷款风险准备金余额 3499.18 万元。累计提取城市廉租住房（公共租赁住房）建设补充资金 3792.11 万元。

（五）管理费用支出。2020 年，管理费用支出 95.75 万元，同比下降 53.57%。其中，人员经费 88.83 万元，公用经费 1.43 万元，专项经费 5.49 万元。

四、资产风险状况

（一）个人住房贷款。2020 年末，个人住房贷款逾期额 53.37 万元，逾期率 0.6‰，个人贷款风险准备金余额 3499.18 万元。2020 年，使用个人贷款风险准备金核销呆坏账 0 万元。

（二）支持保障性住房建设试点项目贷款。本中心未开展保障性住房建设项目贷款。

五、社会经济效益

（一）缴存业务。缴存职工中，国家机关和事业单位占 46.01%，国有企业占 20.88%，城镇集体企业占 0.53%，外商投资企业占 2.62%，城镇私营企业及其他城镇企业占 24.82%，民办非企业单位和社会团体占 1.55%，灵活就业人员占 0%，其他占 3.59%；中、低收入占 95.47%，高收入占 4.53%。

新开户职工中，国家机关和事业单位占 18.00%，国有企业占 12.36%，城镇集体企业占 1.07%，外商投资企业占 4.71%，城镇私营企业及其他城镇企业占 49.86%，民办非企业单位和社会团体占 5.08%，灵活就业人员占 0%，其他占 8.92%；中、低收入占 98.46%，高收入占 1.54%。

（二）提取业务。提取金额中，购买、建造、翻建、大修自住住房占 22.56%，偿还购房贷款本息占 55.69%，租赁住房占 1.64%，支持老旧小区改造占 0%，离休和退休提取占 12.75%，完全丧失劳动能力并与单位终止劳动关系提取占 2.37%，出境定居占 0%，其他占 4.99%。提取职工中，中、低收入占 94.63%，高收入占 5.37%。

（三）贷款业务。

1. 个人住房贷款。2020 年，支持职工购建房 4.17 万平方米（含公转商贴息贷款），年末个人住房贷款市场占有率（含公转商贴息贷款）为 3.15%，比上年末减少 0.09 个百分点。通过申请住房公积金个人住房贷款，可节约职工购房利息支出 3222.65 万元。

职工贷款笔数中，购房建筑面积 90（含）平方米以下占 5.95%，90~144（含）平方米占 88.39%，144 平方米以上占 5.66%。购买新房占 94.62%（其中购买保障性住房占 0%），购买二手房占 5.38%，建造、翻建、大修自住住房占0%（其中支持老旧小区改造占0%），其他占0%。

职工贷款笔数中，单缴存职工申请贷款占59.49%，双缴存职工申请贷款占40.51%，三人及以上缴存职工共同申请贷款占0%。

贷款职工中，30岁（含）以下占32.86%，30岁~40岁（含）占37.68%，40岁~50岁（含）占24.65%，50岁以上占4.81%；首次申请贷款占96.03%，二次及以上申请贷款占3.97%；中、低收入占93.20%，高收入占6.80%。

2. 支持保障性住房建设试点项目贷款。本中心未开展保障性住房建设项目贷款。

（四）**住房贡献率**。2020年，个人住房贷款发放额、公转商贴息贷款发放额、项目贷款发放额、住房消费提取额的总和与当年缴存额的比率为89.86%，比上年增加5.15个百分点。

六、其他重要事项

（一）应对新冠肺炎疫情采取的措施，落实住房公积金阶段性支持政策情况和政策实施成效。为应对新冠肺炎疫情，做好平潭住房公积金政策落实和服务保障工作，区行政服务中心结合我区实际情况印发了《平潭综合实验区行政服务中心关于应对疫情加强住房公积金服务保障的通知》（岚综实行政〔2020〕12号）、《平潭综合实验区行政服务中心关于妥善应对新冠状肺炎疫情实施住房公积金阶段性支持政策的通知》（岚综实行政〔2020〕18号），对受疫情影响的缴存单位开展缓缴、补缴住房公积金服务，受疫情影响已缓缴恢复正常缴存的企业数为7个，缓缴职工人数271人，缴存金额合计44.18万元；对住房公积金提取有时限要求的事项，提供在疫情防控期间可延期办理的服务；为疫情防控一线工作者、受疫情影响的住房公积金贷款职工，提供了在疫情防控期间征信不列为信用不良记录、不作逾期处理、不计收罚息、已计收的罚息予以退还等服务。通过微信、闽政通App、省网上办事大厅、快递等方式开展住房公积金业务在疫情防控期间不接触办理模式，避免人员扎堆，为住房公积金缴存单位、缴存职工提供了切实的服务保障，进一步提升了窗口服务形象。

（二）当年机构及职能调整情况、受委托办理缴存贷款业务金融机构变更情况。2020年，根据《平潭综合实验区党工委办公室、平潭综合实验区管委会办公室关于印发〈平潭综合实验区行政服务中心职能配置、内设机构和人员编制规定〉的通知》（岚综委办〔2020〕42号），将区住房公积金管理中心成建制并入区行政服务中心，机构规格为相当副处级。

受委托办理住房公积金缴存和贷款业务的银行3家，今年新增1家受托银行（中国银行）。

（三）当年住房公积金政策调整及执行情况。

1. 当年缴存基数限额及确定方法、缴存比例调整情况。从2020年7月1日起，上限标准。缴存比例为12%、缴存基数按月平均工资的3倍计算为22411元（2019年度平潭综合实验区在岗职工平均工资89644元×3倍÷12个月），最高月缴存额（包括个人及单位缴存部分）由上年的4704元调整为5378元；下限标准。缴存比例为5%，缴存基数1720元，最低月缴存额为172元。

2. 当年住房公积金存贷款利率调整执行标准。2020年住房公积金存贷款利率未调整。5年期以下（含）个人住房公积金贷款利率为2.75%，5年期以上个人住房公积金贷款利率为3.25%；个人住房公积金存款利率为1.5%。

（四）进一步提升服务水平。

1. 区行政服务中心在推行"一窗通办"基础上对全国住房公积金监管服务平台已设置的出具贷款职工住房公积金缴存使用证明、住房公积金缴存贷款等信息查询、正常退休提取住房公积金、异地住房公积金单位登记开户、住房公积金单位及个人缴存信息变更、购房提取住房公积金、开具住房公积金个人住房贷款全部还清证明、提前还清住房公积金贷款8项"跨省通办""省内通办"业务，全部实现异地业务无差别就地受理，避免了企业和群众"多地跑""折返跑"。

2. 全面深化"放管服"改革，围绕"网上办、就近办、马上办、一次办"的要求，全面提升服务管理效能，不断推出多项惠民利民举措。依托"一窗通办"信息共享优势，减少缴存职工办事需提供的不动产、婚姻、社保、医保等多项证明材料，变"群众跑腿"为"信息跑路"。开展多网点"就近办"便民服务，2020年新增1家受托银行，新增1个便民服务点（海坛分中心），2020年5月住房公积金3类24项全面入驻海坛分中心，将贴心服务延伸至群众"家门口"。同时，重新梳理公共服务事项清单，推动业务"马上办""一次办"，100%在办服务事项实现"最多跑一趟"。

3. 全面落实住房公积金"首问责任制度""一次性告知制度""限时办结制度""过错责任追究制度"等服务制度。进一步简化、减少审批资料、手续和流程，区行政服务中心结合我区实际情况制定了《平潭综合实验区住房公积金个人住房贷款业务操作规程》等内部管理制度，在受托银行建行试点由受托银行统一受理贷款，中心后台审核、审批，群众通过与银行预先签订借款合同、预购商品房抵押权预告登记等签约资料，由受理环节一次性收齐所有的材料，实现"跑一趟，办所有事"。

4. 加快推动住房公积金业务"互联网＋政务服务"，着力建设住房公积金网上办事大厅，年底已完成网厅基本部署，目前已形成集门户网站、12329短信、12345服务热线、福建省网上办事大厅、闽政通App等服务渠道于一体的服务体系，缴存人可根据需要选择相应渠道查询信息、在线咨询、办理业务，其中，2020年，住房公积金12329短信服务平台向缴存职工推送账户变动情况短信207454条，12345服务热线咨询量3703件，闽政通App办理住房公积金提取607件。

（五）积极推进信息化建设工作。

1. 建设住房公积金网上办事大厅和住房公积金电子档案系统。2020年底已完成网厅基本部署，2020年成功向省建行项目组申报了住房公积金电子档案系统建设。

2. 优化拓展网上服务功能。与闽政通技术组通力合作，在闽政通上线7项公积金证明打印服务事项，目前公积金个人证明已全面实现网上打印服务；拓展闽政通住房公积金线上提取公积金功能，上线了离职提取服务事项，成功申报了借款人配偶偿还住房公积金贷款本息（含组合贷款）提取、租赁自住住房提取、借款人住房公积金贷款（含组合贷款）冲还贷业务线上签约服务等服务事项闽政通线上服务。

3. 配合省公积金核心系统测试项目组完成中国银行接入住房公积金系统的测试，保障中国银行住房公积金业务顺利开展。

4. 进一步贯彻落实《住房公积金基础数据标准》，对各项数据进行规范，优化业务办理流程，规范资金运作。由于区住房公积金管理中心成建制并入区行政服务中心，2020年区行政服务中心与各受托银行重新签订应用系统结算协议，2020年7月住房公积金存款专户、住房公积金增值收益专户由平潭综合实验区住房公积金管理中心变更为平潭综合实验区行政服务中心。

2020 全国住房公积金年度报告汇编

江西省

南昌
景德镇市
萍乡市
九江市
新余市
鹰潭市
赣州市
吉安市
宜春市
抚州市
上饶市

江西省住房公积金 2020 年年度报告

根据国务院《住房公积金管理条例》和住房和城乡建设部、财政部、人民银行《关于健全住房公积金信息披露制度的通知》（建金〔2015〕26 号）规定，现将江西省住房公积金 2020 年年度报告汇总公布如下。

一、机构概况

（一）住房公积金管理机构。全省共设 11 个设区城市住房公积金管理中心，2 个独立设置的分中心（其中，省直分中心隶属江西省住房和城乡建设厅，铁路分中心隶属中国铁路南昌局集团有限公司）。从业人员 1270 人，其中，在编 732 人，非在编 538 人。

（二）住房公积金监管机构。省住房城乡建设厅、财政厅和人民银行南昌中心支行负责对本省住房公积金管理运行情况进行监督。省住房城乡建设厅设立住房公积金监管处，负责辖区住房公积金日常监管工作。

二、业务运行情况

（一）缴存。2020 年，新开户单位 6115 家，净增单位 3083 家；新开户职工 35.87 万人，净增职工 17.65 万人；实缴单位 50138 家，实缴职工 285.67 万人，缴存额 498.08 亿元，分别同比增长 6.55%、6.59%、12.36%。2020 年末，缴存总额 3305.91 亿元，比上年末增加 17.74%；缴存余额 1515.08 亿元，同比增长 13.13%。

（二）提取。2020 年，92.66 万名缴存职工提取住房公积金；提取额 322.29 亿元，同比增长 11.79%；提取额占当年缴存额的 64.71%，比上年减少 0.33 个百分点。2020 年末，提取总额 1790.83 亿元，比上年末增加 21.95%。

（三）贷款。

1. 个人住房贷款。2020 年，发放个人住房贷款 6.72 万笔、263.40 亿元，同比增长 3.86%、13.80%。回收个人住房贷款 147.15 亿元。

2020 年末，累计发放个人住房贷款 85.83 万笔、2201.51 亿元，贷款余额 1279.11 亿元，分别比上年末增加 8.49%、13.59%、10.00%。个人住房贷款余额占缴存余额的 84.43%，比上年末减少 2.4 个百分点。

2020 年，支持职工购建房 833.35 万平方米。年末个人住房贷款市场占有率（含公转商贴息贷款）为 13.51%，比上年末减少 3.33 个百分点。通过申请住房公积金个人住房贷款，可节约职工购房利息支出 611996.10 万元。

2. 异地贷款。2020 年，发放异地贷款 1530 笔、48780.30 万元。2020 年末，发放异地贷款总额 452660.63 万元，异地贷款余额 303422.01 万元。

3. 公转商贴息贷款。2020 年，未发放公转商贴息贷款。当年未发生贴息额。2020 年末，累计发放公转商贴息贷款 5931 笔、219844.40 万元，累计贴息 6888.06 万元。

4. 住房公积金支持保障性住房建设项目贷款。无。

（四）购买国债。无。

（五）融资。2020 年，融资 10.3 亿元，归还 8 亿元。2020 年末，融资总额 193.58 亿元，融资余额 10.3 亿元。

（六）资金存储。2020 年末，住房公积金存款 272.06 亿元。其中，活期 6.72 亿元，1 年（含）以下定期 82.22 亿元，1 年以上定期 135.64 亿元，其他（协定、通知存款等）47.48 亿元。

（七）资金运用率。2020 年末，住房公积金个人住房贷款余额、项目贷款余额和购买国债余额的总和占缴存余额的 84.43%，比上年末减少 2.4 个百分点。

三、主要财务数据

（一）业务收入。2020 年，业务收入 486159.87 万元，同比增长 11.44%。其中，存款利息 77226.01 万元，委托贷款利息 394284.87 万元，国债利息 0 元，其他 14648.98 万元。

（二）业务支出。2020 年，业务支出 230944.52 万元，同比增长 9.23%。其中，支付职工住房公积金利息 211362.76 万元，归集手续费 0 元，委托贷款手续费 13481.38 万元，其他 6100.32 万元。

（三）增值收益。2020 年，增值收益 255215.30 万元，同比增长 15.17%；增值收益率 1.78%，比上年增长 0.01 个百分点。

（四）增值收益分配。2020 年，提取贷款风险准备金 23704.06 万元，提取管理费用 27071.64 万元，提取城市廉租住房（公共租赁住房）建设补充资金 204439.61 万元。

2020 年，上交财政管理费用 25966.90 万元，上缴财政城市廉租住房（公共租赁住房）建设补充资金 154582.49 万元。

2020 年末，贷款风险准备金余额 297945.29 万元，累计提取城市廉租住房（公共租赁住房）建设补充资金 1147384.88 万元。

（五）管理费用支出。2020 年，管理费用支出 28754.38 万元，同比下降 5.39%。其中，人员经费 18757.81 万元，公用经费 4344.45 万元，专项经费 5652.12 万元。

四、资产风险状况

（一）个人住房贷款。2020 年末，个人住房贷款逾期额 3836.60 万元，逾期率 0.3‰，个人贷款风险准备金余额 297385.29 万元。2020 年，使用个人贷款风险准备金核销呆坏账 0 元。

（二）住房公积金支持保障性住房建设项目贷款。无。

五、社会经济效益

（一）缴存业务。缴存职工中，国家机关和事业单位占 47.77%，国有企业占 23.12%，城镇集体企业占 1.16%，外商投资企业占 4.46%，城镇私营企业及其他城镇企业占 18.58%，民办非企业单位和社会团体占 1.97%，灵活就业人员占 0.06%，其他占 2.88%；中、低收入占 95.45%，高收入占 4.55%。

新开户职工中，国家机关和事业单位占 23.66%，国有企业占 14.03%，城镇集体企业占 1.48%，外商投资企业占 6.14%，城镇私营企业及其他城镇企业占 45.31%，民办非企业单位和社会团体占 3.62%，灵活就业人员占0.46%，其他占5.3%；中、低收入占99.23%，高收入占0.77%。

（二）**提取业务**。提取金额中，购买、建造、翻建、大修自住住房占21.95%，偿还购房贷款本息占49.71%，租赁住房占4.87%；离休和退休提取占17.15%，完全丧失劳动能力并与单位终止劳动关系提取占2.33%，出境定居占0.31%，其他占3.68%。提取职工中，中、低收入占95.02%，高收入占4.98%。

（三）**贷款业务**。

1. 个人住房贷款。职工贷款笔数中，购房建筑面积90（含）平方米以下占8.35%，90~144（含）平方米占81.84%，144平方米以上占9.81%。购买新房79.66%（其中购买保障性住房占0.03%），购买二手房占19.80%，建造、翻建、大修自住住房占0.06%，其他占0.48%。

职工贷款笔数中，单缴存职工申请贷款占49.02%，双缴存职工申请贷款占50.97%，三人及以上缴存职工共同申请贷款占0.01%。

贷款职工中，30岁（含）以下占34.08%，30岁~40岁（含）占36.06%，40岁~50岁（含）占22.11%，50岁以上占7.75%；首次申请贷款占86.93%，二次及以上申请贷款占13.07%；中、低收入占95.51%，高收入占4.49%。

2. 住房公积金支持保障性住房建设项目贷款。无。

（四）**住房贡献率**。2020年，个人住房贷款发放额、公转商贴息贷款发放额、项目贷款发放额、住房消费提取额的总和与当年缴存额的比率为102.63%，比上年下降0.43个百分点。

六、其他重要事项

（一）**应对新冠肺炎疫情采取的政策措施，落实住房公积金阶段性支持政策情况和政策实施成效**。一是省住房城乡建设厅率先下发了《关于做好新型冠状病毒疫情防控期间住房公积金管理与服务工作的通知》（赣建金〔2020〕1号），指导各管理中心妥善做好"二暂缓"工作，为全省公积金行业应对疫情赢得主动。二是严格落实住房和城乡建设部、财政部、人民银行印发《关于妥善应对新冠肺炎疫情实施住房公积金阶段性支持政策的通知》（建金〔2020〕23号）文件精神，措施有力，效果明显。全省累计为824家企业95364名职工办理了住房公积金缓缴，缓缴金额17356.11万元；不作逾期处理的贷款总笔数15012笔；8396名职工累计提高租房提取金额1741.71万元。

（二）**当年住房公积金政策调整情况**。印发了《关于做好新型冠状病毒疫情防控期间住房公积金管理与服务工作的通知》（赣建金〔2020〕1号）。一是经营困难的企业，可简化手续申请降缴或缓缴，补缴后视同正常连续缴存；未能按月及时缴存的单位或个人，补缴后视同正常连续缴存。二是对防控工作者、患者和疑似患者不能正常还款，事后按规定清偿逾期的，不作逾期处理，不纳入失信行为人员名单。

上述为阶段性政策文件，到期后已停止执行。

（三）**当年开展监督检查情况**。一是疫情期间，省住房城乡建设厅在做好防护安全的前提下，到吉安、上饶、赣州等中心开展实地督导工作，确保住房公积金疫情阶段性政策得到全面落实和准确实施。二是开展住房公积金领域行业乱象治理回头看的工作。对2018年以来发现的骗提骗贷线索进行再排查、再部署，确保治理工作达到预期成效。

（四）当年服务改进情况。一是全省住房公积金实现个人缴存贷款信息查询、出具住房公积金缴存证明、正常退休提取三项业务的"跨省通办"。二是全省基本开通网上业务大厅、微信公众号、手机 App 和"赣服通"等服务方式，为职工办理住房公积金查询、提取等业务提供便利。

（五）当年信息化建设情况。一是推进企业缴存登记通过一网通办平台办理，为企业营造良好的服务环境。二是全省基本完成 12329 热线与 12345 热线的并线整合，提升服务热线的工作效率。三是全面完成住房公积金异地转移接续平台与住房和城乡建设部平台的直连。

（六）当年住房公积金机构及从业人员所获荣誉情况。全省各住房公积金管理中心共获得 13 项文明单位（行业、窗口），其中国家级 1 项、省部级 2 项、地市级 10 项；9 项地市级先进集体和个人。其中：鹰潭获得国家级文明单位；新余和上饶获得省部级文明单位；南昌、新余、景德镇、鹰潭、宜春、抚州、上饶等获得地市级文明单位；南昌、景德镇、新余、宜春、抚州、上饶等获得地市级先进集体和个人。

南昌住房公积金 2020 年年度报告

根据国务院《住房公积金管理条例》和住房和城乡建设部、财政部、人民银行《关于健全住房公积金信息披露制度的通知》（建金〔2015〕26 号）的规定，经住房公积金管理委员会审议通过，现将南昌住房公积金 2020 年年度报告公布如下。

一、机构概况

（一）住房公积金管理委员会。南昌市住房公积金管理委员会有 29 名委员，2020 年召开 1 次会议，审议通过南昌住房公积金管理中心 2019 年度住房公积金归集、使用执行情况和 2020 年度住房公积金归集、使用计划，审议通过市财政部门关于南昌住房公积金管理中心 2019 年度会计决算审核报告和关于 2020 年专项经费预算审核意见的通知，以及市审计部门关于南昌住房公积金管理中心 2019 年度财务收支情况审计报告。

（二）住房公积金管理中心。南昌住房公积金管理中心（以下简称"中心"）为不以营利为目的的全额拨款事业单位，主要负责全市住房公积金的归集、管理、使用和会计核算。中心设九个科室、五个县（区）办事处及省直、铁路两个分中心。从业人员 171 人（含分中心），其中，在编 97 人，非在编 74 人。

二、业务运行情况

（一）缴存。2020 年，新开户单位 2651 家，净增单位 2266 家；新开户职工 13.90 万人，净增职工 7.86 万人；实缴单位 12060 家，实缴职工 83.72 万人，缴存额 172 亿元，分别同比增长 10.68%、3.91%、11.31%。2020 年末，缴存总额 1188.31 亿元，比上年末增加 16.92%；缴存余额 451.18 亿元，同比增长 13.65%。受委托办理住房公积金缴存业务的银行 2 家。

（二）提取。2020 年，33.32 万名缴存职工提取住房公积金；提取额 117.81 亿元，同比增长 5.01%；

提取额占当年缴存额的68.49%，比上年减少4.11个百分点。2020年末，提取总额737.13亿元，比上年末增加19.02%。

（三）贷款。

1. 个人住房贷款。单缴存职工个人住房贷款最高额度50万元，双缴存职工个人住房贷款最高额度60万元。

2020年，发放个人住房贷款10344笔、46亿元，同比分别下降39.54%、26%。其中，市中心发放个人住房贷款6339笔、27.28亿元，省直分中心发放个人住房贷款2615笔、12.12亿元，铁路分中心发放个人住房贷款1390万笔、6.60亿元。

2020年，回收个人住房贷款42.10亿元。其中，市中心25.05亿元，省直分中心12.44亿元，铁路分中心4.61亿元。

2020年末，累计发放个人住房贷款21.30万笔、638.88亿元，贷款余额321.53亿元，分别比上年末增加5.10%、7.76%、1.23%。个人住房贷款余额占缴存余额的71.26%，比上年末减少8.74个百分点。受委托办理住房公积金个人住房贷款业务的银行11家。

2. 异地贷款。2020年，发放异地贷款106笔、5029.40万元。2020年末，发放异地贷款总额19221.90万元，异地贷款余额13663.04万元。

3. 公转商贴息贷款。2020年，未发放公转商贴息贷款。2020年末，累计发放公转商贴息贷款5931笔、219844.40万元，累计贴息6888.06万元。

（四）资金存储。 2020年末，住房公积金存款132.43亿元。其中，活期1.66亿元，1年（含）以下定期63.30亿元，1年以上定期46.90亿元，其他（协定、通知存款等）20.57亿元。

（五）资金运用率。 2020年末，住房公积金个人住房贷款余额、项目贷款余额和购买国债余额的总和占缴存余额的71.26%，比上年末减少8.74个百分点。

三、主要财务数据

（一）业务收入。 2020年，业务收入139980.08万元，同比增长12.24%。其中，市中心81325.83万元，省直分中心38947.23万元，铁路分中心19707.02万元；存款利息31851.69万元，委托贷款利息103715.41万元，其他4412.98万元。

（二）业务支出。 2020年，业务支出69884.60万元，同比增长11.81%。其中，市中心41501.38万元，省直分中心19920.80万元，铁路分中心8462.42万元；支付职工住房公积金利息64353.06万元，委托贷款手续费5115.60万元，其他415.94万元。

（三）增值收益。 2020年，增值收益70095.48万元，同比增长12.66%。其中，市中心39824.45万元，省直分中心19026.43万元，铁路分中心11244.60万元；增值收益率1.71%，比上年增加0.06个百分点。

（四）增值收益分配。 2020年，提取贷款风险准备金844.67万元，提取管理费用4749.05万元，提取城市廉租住房（公共租赁住房）建设补充资金64501.77万元。

2020年，上交财政管理费用3873.35万元。上缴财政城市廉租住房（公共租赁住房）建设补充资金42975.77万元。其中，市中心上缴26853.42万元，省直分中心上缴江西省财政厅财政专户16122.35万元,铁路分中心上缴 0 万元。

2020 年末,贷款风险准备金余额 77910.26 万元。累计提取城市廉租住房(公共租赁住房)建设补充资金 435064.10 万元。其中,市中心提取 238578.29 万元,省直分中心提取 123220.13 万元,铁路分中心提取 73265.68 万元。

(五)管理费用支出。 2020 年,管理费用支出 5095.19 万元,同比增长 2.30%。其中,人员经费 3099.81 万元,公用经费 607.79 万元,专项经费 1387.59 万元。

市中心管理费用支出 2204.89 万元,其中,人员、公用、专项经费分别为 1358.99 万元、309.85 万元、536.05 万元;省直分中心管理费用支出 2162.10 万元,其中,人员、公用、专项经费分别为 1299.92 万元、224.44 万元、637.74 万元;铁路分中心管理费用支出 728.20 万元,其中,人员、公用、专项经费分别为 440.90 万元、73.50 万元、213.80 万元。

四、资产风险状况

个人住房贷款。2020 年末,个人住房贷款逾期额 237.02 万元,逾期率 0.07‰,其中,市中心 0.05‰,省直分中心 0.14‰,铁路分中心 0.08‰。个人贷款风险准备金余额 77910.26 万元。2020 年,未使用个人贷款风险准备金核销呆坏账。

五、社会经济效益

(一)缴存业务。 缴存职工中,国家机关和事业单位占 29.90%,国有企业占 31.23%,城镇集体企业占 1.11%,外商投资企业占 8.60%,城镇私营企业及其他城镇企业占 23.98%,民办非企业单位和社会团体占 4.18%,其他占 1%;中、低收入占 98.30%,高收入占 1.70%。

新开户职工中,国家机关和事业单位占 12.65%,国有企业占 18.66%,城镇集体企业占 1.13%,外商投资企业占 10.13%,城镇私营企业及其他城镇企业占 50.67%,民办非企业单位和社会团体占 5.48%,其他占 1.28%;中、低收入占 99.73%,高收入占 0.27%。

(二)提取业务。 提取金额中,购买、建造、翻建、大修自住住房占 25.30%,偿还购房贷款本息占 51.88%,租赁住房占 3.97%,离休和退休提取占 13.63%,完全丧失劳动能力并与单位终止劳动关系提取占 0.76%,出境定居占 0.77%,其他占 3.69%。提取职工中,中、低收入占 97.76%,高收入占 2.24%。

(三)贷款业务。 个人住房贷款。2020 年,支持职工购建房 116.13 万平方米(含公转商贴息贷款),年末个人住房贷款市场占有率(含公转商贴息贷款)为 7.06%,比上年末减少 1.77 个百分点。通过申请住房公积金个人住房贷款,可节约职工购房利息支出 98268.90 万元。

职工贷款笔数中,购房建筑面积 90(含)平方米以下占 15.24%,90~144(含)平方米占 80.48%,144 平方米以上占 4.28%。购买新房占 83.25%,购买二手房占 15.77%,其他占 0.98%。

职工贷款笔数中,单缴存职工申请贷款占 67.97%,双缴存职工申请贷款占 31.97%,三人及以上缴存职工共同申请贷款占 0.06%。

贷款职工中,30 岁(含)以下占 44.54%,30 岁~40 岁(含)占 37.71%,40 岁~50 岁(含)占 13.92%,50 岁以上占 3.83%;首次申请贷款占 94.85%,二次及以上申请贷款占 5.15%;中、低收入占

99.56%，高收入占 0.44%。

（四）住房贡献率。 2020年，个人住房贷款发放额、公转商贴息贷款发放额、项目贷款发放额、住房消费提取额的总和与当年缴存额的比率为 82.32%，比上年减少 18.63 个百分点。

六、其他重要事项

1. 多措并举助力全市企业职工复工复产。为缓解受疫情影响企业的生产经营压力，在帮助企业降低成本复工复产及维护职工住房公积金缴存权益上寻求平衡点，研究拟订住房公积金阶段性支持政策，对受疫情影响、缴存住房公积金确有困难的企业，可依法申请缓缴或降低缴存比例最低至 5%，全年共支持 1683 家企业少缴、缓缴住房公积金 1.02 亿元。为受疫情影响职工提供 3 大保障：一是对疫情期间未能正常偿还住房公积金贷款的，不作逾期处理。二是减轻职工支付房租压力，全市住房公积金租房提取额度由每月 1200 元调增至 1500 元，同时增加租房提取办理频次，由线下每年提取一次调整为线上每月可提取一次。截至 2020 年底，中心已累计受理租房提取 8.65 万人次，提取金额 3.99 亿元，比上年同比分别增加 37%、25%。三是延长购房提取的办理时限，对办理时限（购房合同备案或取得不动产权证后二年内办理提取）在疫情防控期间已到期的，提取有效期可以相应延长至疫情结束后的三个月。

2. 按照"控高保低"原则确定我市 2020 年度住房公积金月缴存额上限为 5308 元（含单位、个人两部分），下限为 260 元（含单位、个人两部分），缴存比例按单位、个人各 12% 执行，并下发通知督促单位及时办理职工住房公积金缴存额调整。

3. 调整住房公积金提取政策。缴存职工及其配偶在本市行政区域内，出资为拥有所有权的既有住宅加装电梯的，可在工程竣工验收后两年内提取一次住房公积金，每户提取总额不超过电梯加装费用扣除政府奖补后的个人分摊金额。

4. 深化区域性住房公积金贷款合作。落实省委、省政府打造大南昌都市圈的重要战略部署，根据大南昌都市圈发展协调推进领导小组办公室《推进大南昌都市圈建设 2020 年工作要点》，"加快推进都市圈内公积金、医保等方面同城化"的要求，启动大南昌都市圈住房公积金异地贷款合作。一是都市圈内各公积金中心，申请异地个人住房公积金贷款职工与本地住房公积金贷款职工享有同等权益。二是建设都市圈住房公积金数据互联共享平台，实现圈内住房公积金数据的全对接、全共享、全畅通。三是完善异地贷款风险协防机制。主要包括共同防范异地个人住房贷款风险以及协助开展贷款逾期催收。

5. "互联网＋公积金服务"打通职工办事最后一公里。一是在全省率先实现"赣服通"住房公积金提取业务办理全覆盖，在微信、网厅等线上业务的基础上，再为缴存职工提供新的服务通道。二是在单位网厅推出归集业务全程网办，在"南昌公积金"微信公众号、手机 App 渠道新增在线签订自助办理服务协议、在线打印 10 类住房公积金证明等功能，真正实现单位和职工办理住房公积金归集、提取业务"零跑腿"，有效减少服务大厅人员聚集，更好地助力疫情防控。三是推出住房公积金异地转移接续线上办理服务，让来昌就业的缴存职工全程线上办理公积金异地转入业务，获得感进一步提升。四是提取业务全城"通办"。实现住房公积金提取业务全城通办，即不再以公积金缴存地限制提取地，凡在南昌市缴存公积金的职工，均可在中心任一办事网点办理公积金提取业务。五是实施退休提取"一链式"办理。通过进一步优化业务办理流程，建立部门联动机制，中心联合市人社、医保推出退休"一链办理"业务。退休职工向人社部门提交退休申请材料后，申请人无需再跑相关部门，即可一次性办好养老、医保、公积金提取审批手续。六是贷款注销抵押"一次不跑"。为进一步方便公积金贷款职工，职工在办理了贷款结清手续的同时，可委托中心通过"互联网＋"线上办理不动产注销登记业务。贷款职工由原来需在银行、不动产中心间往返三次，变成"一次不跑"。七是设立"跨省通办"服务专窗。落实《国务院办公厅关于加快推进政务服务"跨省通办"的指导意见》（国办发〔2020〕35号）要求，为省内外异地缴存职工提供"查询个人住房公积金缴存贷款信息""出具贷款职工住房公积金缴存使用证明""退休提取住房公积金"等业务的代收代办服务，解决职工异地办事难题。

6. 提升信息化管理水平。中心新信息系统自2020年3月启动建设，2021年1月正式上线。新系统建成后，进一步实现了住房公积金各项业务的规范化、科学化、流程化、网络化，进一步推动服务方式实现从"脚尖"到"指尖"的大转变，给缴存职工和单位带来一系列服务新突破。

7. 过去一年，中心的工作还得到了社会各界的高度认可，收获了一系列荣誉。被市委、市政府授予"南昌市文明单位"荣誉称号；被省扫黑除恶专项斗争领导小组评为"2019年度全省扫黑除恶专项斗争先进单位"；被市新冠肺炎疫情防控指挥部办公室、市妇联联合授予"南昌市三八红旗集体"荣誉称号；在市公安局"护网2020"网络攻防演习中，被南昌市网络和信息安全信息通报中心评为优秀防守单位。

景德镇市住房公积金2020年年度报告

根据国务院《住房公积金管理条例》和住房和城乡建设部、财政部、人民银行《关于健全住房公积金信息披露制度的通知》（建金〔2015〕26号）的规定，经住房公积金管理委员会审议通过，现将景德镇市住房公积金2020年年度报告公布如下。

一、机构概况

（一）住房公积金管理委员会。住房公积金管理委员会有23名委员，2020年召开1次会议，审议通过的事项主要包括：《景德镇市住房公积金支持人才安居实施办法（试行）》《关于调整住房公积金月缴存额上下限的请示》《关于进一步优化住房公积金贷款发放流程工作的请示》。

（二）住房公积金管理中心。住房公积金管理中心为市政府不以营利为目的的自收自支事业单位，设7个处（科），3个管理部。从业人员99人，其中，在编51人，非在编48人。

二、业务运行情况

（一）缴存。2020年，新开户单位144家，净增单位112家；新开户职工0.99万人，净增职工0.52万人；实缴单位1709家，实缴职工11.24万人，缴存额18.89亿元，分别同比增长5.62%、3.09%、13.36%。2020年末，缴存总额121.84亿元，比上年末增加18.34%；缴存余额60.67亿元，同比增长13.45%。受委托办理住房公积金缴存业务的银行5家。

（二）提取。2020年，2.78万名缴存职工提取住房公积金；提取额11.69亿元，同比增长28.07%；

提取额占当年缴存额的 61.92%,比上年增加 7 个百分点。2020 年末,提取总额 61.17 亿元,比上年末增加 23.64%。

(三)贷款。

1. 个人住房贷款。单缴存职工个人住房贷款最高额度 35 万元,双缴存职工个人住房贷款最高额度 50 万元。

2020 年,发放个人住房贷款 0.36 万笔、13.31 亿元,同比分别增长 57.78%、57.36%。其中,市中心发放个人住房贷款 0.19 万笔、6.88 亿元,分中心乐平发放个人住房贷款 0.1 万笔、3.73 亿元,分中心浮梁发放个人住房贷款 0.07 万笔、2.7 亿元。

2020 年,回收个人住房贷款 5.82 亿元。其中,市中心 3.36 亿元,分中心乐平 1.47 亿元,分中心浮梁 0.99 亿元。

2020 年末,累计发放个人住房贷款 3.68 万笔、84.84 亿元,贷款余额 49.54 亿元,分别比上年末增加 10.91%、18.61%、17.81%。个人住房贷款余额占缴存余额的 81.64%,比上年末增加 2 个百分点。受委托办理住房公积金个人住房贷款业务的银行 7 家。

2. 异地贷款。2020 年,发放异地贷款 220 笔、39540.2 万元。2020 年末,发放异地贷款总额 38351.2 万元,异地贷款余额 30506.59 万元。

(四)资金存储。2020 年末,住房公积金存款 11.48 亿元。其中,活期 0.01 亿元,1 年(含)以下定期 2.8 亿元,其他(协定、通知存款等)8.67 亿元。

(五)资金运用率。2020 年末,住房公积金个人住房贷款余额占缴存余额的 81.64%,比上年末增加 3 个百分点。

三、主要财务数据

(一)业务收入。2020 年,业务收入 16524.7 万元,同比增长 4.67%。其中,存款利息 1495.73 万元,委托贷款利息 14664.97 万元,其他 364 万元。

(二)业务支出。2020 年,业务支出 8969.26 万元,同比增长 14.18%。其中,支付职工住房公积金利息 8699.54 万元,归集手续费 0.06 万元,委托贷款手续费 83.65 万元,其他 186.5 万元。

(三)增值收益。2020 年,增值收益 7554.94 万元,同比下降 4.74%。增值收益率 1.18%,比上年减少 0.22 个百分点。

(四)增值收益分配。2020 年,提取贷款风险准备金 748.75 万元;提取管理费用 2800 万元,提取城市廉租住房(公共租赁住房)建设补充资金 4006.19 万元。

2020 年,上交财政管理费用 2800 万元。上缴财政城市廉租住房(公共租赁住房)建设补充资金 6305.36 万元。

2020 年末,贷款风险准备金余额 4953.66 万元。累计提取城市廉租住房(公共租赁住房)建设补充资金 31977.98 万元。

(五)管理费用支出。2020 年,管理费用支出 2407.23 万元,同比增长 35.56%。其中,人员经费 1531.72 万元,公用经费 273.87 万元,专项经费 601.64 万元。

四、资产风险状况

个人住房贷款。2020年末,个人住房贷款逾期额249.45万元,逾期率0.5‰,其中,市中心0.01‰,分中心乐平1.91‰,分中心浮梁0.01‰。个人贷款风险准备金余额4953.66万元。2020年,使用个人贷款风险准备金核销呆坏账0万元。

五、社会经济效益

(一)缴存业务。缴存职工中,国家机关和事业单位占47.18%,国有企业占27.19%,城镇集体企业占0.007%,外商投资企业占0.49%,城镇私营企业及其他城镇企业占19.95%,民办非企业单位和社会团体占0.06%,灵活就业人员占0.006%,其他占5.11%;其中、低收入占99.56%,高收入占0.44%。

新开户职工中,国家机关和事业单位占35.78%,国有企业占21.21%,城镇集体企业占0.03%,外商投资企业占0.56%,城镇私营企业及其他城镇企业占36.23%,民办非企业单位和社会团体占0.07%,灵活就业人员占0%,其他占6.12%;中、低收入占99.87%,高收入占0.13%。

(二)提取业务。提取金额中,购买、建造、翻建、大修自住住房占33.83%,偿还购房贷款本息占37.88%,租赁住房占1.45%,离休和退休提取占16.46%,完全丧失劳动能力并与单位终止劳动关系提取占2.94%,其他占7.43%。提取职工中,中、低收入占99.38%,高收入占0.62%。

(三)贷款业务。

个人住房贷款。2020年,支持职工购建房43.53万平方米,年末个人住房贷款市场占有率为12.33%,比上年末增加2个百分点。通过申请住房公积金个人住房贷款,可累计节约职工购房利息支出约18721.09万元。

职工贷款笔数中,购房建筑面积90(含)平方米以下占9.01%,90~144(含)平方米占83.72%,144平方米以上占7.27%。购买新房占86.87%,购买二手房12.94%,建造、翻建、大修自住住房占0.19%。

职工贷款笔数中,单缴存职工申请贷款占57.35%,双缴存职工申请贷款占42.65%。贷款职工中,30岁(含)以下占33.78%,30岁~40岁(含)占37.06%,40岁~50岁(含)占23.58%,50岁以上占5.58%;首次申请贷款占79.93%,二次申请贷款占20.07%;中、低收入占98.56%,高收入占1.44%。

(四)住房贡献率。2020年,个人住房贷款发放额、住房消费提取额的总和与当年缴存额的比率为116.21%,比上年增加23.65个百分点。

六、其他重要事项

(一)应对新冠肺炎疫情采取的措施,落实住房公积金阶段性支持政策情况和政策实施成效。2020年市住房公积金管理中心根据《住房和城乡建设部 财政部 人民银行关于妥善应对新冠肺炎疫情实施住房公积金阶段性支持政策的通知》(建金〔2020〕23号)文件精神,适时出台了《关于妥善应对新冠肺炎疫情支持企业复工复产实施住房公积金阶段性支持政策》,从企业缴存、职工业务办理、逾期征信等方面给予政策支持,保障企业和职工的合法权益。政策截止后,经统计,景德镇市住房公积金管理中心为23家企业办理了缓缴业务，涉及缴存职工 6116 人，为企业和职工缓缴 3373.07 万元。同时，为 70 人办理了职工延期还款业务，累计延期还款金额 95.53 万元。

（二）当年住房公积金政策调整及执行情况，包括当年缴存基数限额及确定方法、缴存比例等缴存政策调整情况；当年提取政策调整情况；当年个人住房贷款最高贷款额度、贷款条件等贷款政策调整情况；当年住房公积金存贷款利率执行标准等；支持老旧小区改造政策落实情况。2020 年全市住房公积金月缴存额上下限调整。住房公积金单位和个人月缴存额上限为 4108 元（单位和个人各 2054 元），单位和个人月缴存额下限为 342 元（单位和个人各 171 元）。

（三）当年服务改进情况，包括推进住房公积金服务"跨省通办"工作情况，服务网点、服务设施、服务手段、综合服务平台建设和其他网络载体建设服务情况等。截至 2020 年底，我中心在基础服务平台全覆盖的基础上，完成了江西政务服务网"一窗式"综合服务平台提取和贷款的所有事项对接工作、"智慧瓷都"接口查询服务上线工作、住房城乡建设厅网签接口上线，实现公积金系统在线查询网签相关信息。同时，积极推进"跨省通办"和"省内通办"业务，已上线个人住房公积金缴存贷款等信息查询、出具贷款职工住房公积金缴存使用证明、正常退休提取住房公积金，畅通了异地住房公积金业务办理渠道。

（四）当年信息化建设情况，包括信息系统升级改造情况，基础数据标准贯彻落实和结算应用系统接入情况等。2020 年 3 月份完成江西政务服务网"一窗式"综合服务平台提取和贷款的所有事项对接，并完成"一窗式"办理窗口全面上线；

2020 年 4 月份召开开发商网厅培训会，实现开发商网厅的全面上线；

2020 年 5 月份完成九江银行消费贷接口上线；

2020 年 6~7 月份完成"智慧瓷都"接口查询服务上线；

2020 年 8~9 月份完成住房城乡建设厅网签接口上线，实现公积金系统可以查询网签相关信息，并传送数据到住建系统，实现双方系统的联动功能；

2020 年 10~11 月份完成住房公积金支持人才安居项目的前期调研和测试工作，计划 2021 年上线；

2020 年 12 月份完成景德镇机房搬迁和服务器网络等升级改造工作。

（五）当年住房公积金管理中心及职工所获荣誉情况，包括：文明单位（行业、窗口）、青年文明号、工人先锋号、五一劳动奖章（劳动模范）、三八红旗手（巾帼文明岗）、先进集体和个人等。2020 年度景德镇市住房公积金管理中心荣获两项荣誉，分别是：

1. 第十六届景德镇市文明单位；
2. 2020 年度公共机构节能工作优秀市直单位。

萍乡市住房公积金 2020 年年度报告

根据国务院《住房公积金管理条例》和住房和城乡建设部、财政部、人民银行《关于健全住房公积金信息披露制度的通知》（建金〔2015〕26 号）的规定，经住房公积金管理委员会审议通过，现将萍乡市住房公积金 2020 年年度报告公布如下。

一、机构概况

（一）住房公积金管理委员会。住房公积金管理委员会有 24 名委员，2020 年召开 1 次会议，审议通过的事项主要包括：《萍乡市住房公积金管理中心关于 2019 年住房公积金归集使用情况和 2020 年住房公积金归集使用及增值收益分配计划的报告》《萍乡市住房公积金 2019 年年度报告》《萍乡市住房公积金管理中心关于调整我市住房公积金使用政策的建议》。

（二）住房公积金管理中心。萍乡市住房公积金管理中心为直属萍乡市人民政府不以营利为目的的公益一类事业单位，设 7 个科，4 个办事处（管理部）。从业人员 82 人，其中，在编 61 人，非在编 21 人。

二、业务运行情况

（一）缴存。2020 年，新开户单位 205 家，净增单位 181 家；新开户职工 0.88 万人，净增职工 0.41 万人；实缴单位 1888 家，实缴职工 10.83 万人，缴存额 20.55 亿元，分别同比增长 6.31%、2.75%、12.79%。2020 年末，缴存总额 125.03 亿元，比上年末增加 19.67%；缴存余额 59.73 亿元，同比增长 15.80%。受委托办理住房公积金缴存业务的银行 5 家。

（二）提取。2020 年，3.42 万名缴存职工提取住房公积金；提取额 12.40 亿元，同比下降 11.93%；提取额占当年缴存额的 60.34%，比上年减少 16.94 个百分点。2020 年末，提取总额 65.30 亿元，比上年末增加 23.44%。

（三）贷款。

1. 个人住房贷款。单缴存职工个人住房贷款最高额度 40 万元，双缴存职工个人住房贷款最高额度 55 万元。

2020 年，发放个人住房贷款 0.5525 万笔、17.65 亿元，同比分别增长 14.18%、7.23%。其中，市本级发放个人住房贷款 0.4631 万笔、14.67 亿元，芦溪办事处发放个人住房贷款 0.0322 万笔、1.06 亿元，上栗办事处发放个人住房贷款 0.0207 万笔、0.7 亿元，莲花办事处发放个人住房贷款 0.0189 万笔、0.72 亿元，湘东办事处发放个人住房贷款 0.0176 万笔、0.50 亿元。

2020 年，回收个人住房贷款 5.56 亿元。其中，市本级 4.43 亿元，芦溪办事处 0.44 亿元，上栗办事处 0.27 亿元，莲花办事处 0.29 亿元，湘东办事处 0.13 亿元。

2020 年末，累计发放个人住房贷款 3.7486 万笔、93.12 亿元，贷款余额 66.86 亿元，分别比上年末增加 17.29%、23.39%、22.10%。个人住房贷款余额占缴存余额的 111.93%，比上年末增加 5.77 个百分点。受委托办理住房公积金个人住房贷款业务的银行 8 家。

2. 异地贷款。2020 年，发放异地贷款 0 笔、0 万元。2020 年末，发放异地贷款总额 13373 万元，异地贷款余额 9339.20 万元。

3. 公转商贴息贷款。2020 年，发放公转商贴息贷款 0 笔、0 万元，当年贴息额 0 万元。2020 年末，累计发放公转商贴息贷款 0 笔、0 万元，累计贴息 0 万元。

4. 住房公积金支持保障性住房建设项目贷款。无保障性住房建设项目贷款。

（四）购买国债。2020 年，购买记账式、凭证式国债 0 亿元，兑付、转让、收回国债 0 亿元。2020 年末，国债余额 0 亿元。

（五）资金存储。2020年末，住房公积金存款6.48亿元。其中，活期0.03亿元，1年（含）以下定期0亿元，1年以上定期0亿元，协定存款6.45亿元。

（六）资金运用率。2020年末，住房公积金个人住房贷款余额、项目贷款余额和购买国债余额的总和占缴存余额的111.93%，比上年末增加5.77个百分点。

三、主要财务数据

（一）业务收入。2020年，业务收入22096.77万元，同比增长19.54%。其中，存款利息2436.25万元，委托贷款利息19659.71万元，国债利息0万元，其他0.81万元。

（二）业务支出。2020年，业务支出12596.77万元，同比增长23.26%。其中，支付职工住房公积金利息7338.01万元，归集手续费0万元，委托贷款手续费982.90万元，其他4275.86万元。

（三）增值收益。2020年，增值收益9500万元，同比增长14.94%。增值收益率1.71%，比上年增加0.09个百分点。

（四）增值收益分配。2020年，提取贷款风险准备金1178万元；提取管理费用1852万元，提取城市廉租住房（公共租赁住房）建设补充资金6470万元。

2020年，上交财政管理费用1852万元；上缴财政城市廉租住房（公共租赁住房）建设补充资金6470万元。

2020年末，贷款风险准备金余额5476万元；累计提取城市廉租住房（公共租赁住房）建设补充资金43880.52万元。

（五）管理费用支出。2020年，管理费用支出1860.31万元，同比下降5.59%。其中，人员经费1382.06万元，公用经费223.18万元，专项经费255.07万元。

四、资产风险状况

（一）个人住房贷款。2020年末，个人住房贷款逾期额47.55万元，逾期率0.07‰，其中，市中心0.09‰，芦溪办事处0‰，上栗办事处0‰，莲花办事处0‰，湘东办事处0‰。个人贷款风险准备金余额5476万元。2020年，使用个人贷款风险准备金核销呆坏账0万元。

（二）支持保障性住房建设试点项目贷款。无保障性住房建设试点项目贷款。

五、社会经济效益

（一）缴存业务。缴存职工中，国家机关和事业单位占59.97%，国有企业占21.04%，城镇集体企业占0.64%，外商投资企业占1.21%，城镇私营企业及其他城镇企业占7.98%，民办非企业单位和社会团体占1.45%，灵活就业人员占0%，其他占7.71%；中、低收入占98.80%，高收入占1.2%。

新开户职工中，国家机关和事业单位占39.71%，国有企业占14.63%，城镇集体企业占0.62%，外商投资企业占1.94%，城镇私营企业及其他城镇企业占20.96%，民办非企业单位和社会团体占4.50%，灵活就业人员占0%，其他占17.64%；中、低收入占99.91%，高收入占0.09%。

（二）提取业务。提取金额中，购买、建造、翻建、大修自住住房占30.83%，偿还购房贷款本息占47.10%，租赁住房占0.05%，支持老旧小区改造占0%，离休和退休提取占18.00%，完全丧失劳动能力并与单位终止劳动关系提取占2.41%，出境定居占0%，其他占1.61%。提取职工中，中、低收入占98.45%，高收入占1.55%。

（三）贷款业务。

1. 个人住房贷款。2020年，支持职工购建房73.96万平方米，年末个人住房贷款市场占有率37.24%，比上年末增加10.71个百分点。通过申请住房公积金个人住房贷款，可节约职工购房利息支出51061万元。

职工贷款笔数中，购房建筑面积90（含）平方米以下占4.83%，90~144（含）平方米占61.65%，144平方米以上占33.52%。购买新房占88.98%（其中购买保障性住房占0%），购买二手房占9.01%，建造、翻建、大修自住住房占0.09%（其中支持老旧小区改造占0%），其他占1.92%。

职工贷款笔数中，单缴存职工申请贷款占22.05%，双缴存职工申请贷款占77.95%，三人及以上缴存职工共同申请贷款占0%。

贷款职工中，30岁（含）以下占24.63%，30岁~40岁（含）占37.25%，40岁~50岁（含）占27.01%，50岁以上占11.11%；首次申请贷款占86.14%，二次及以上申请贷款占13.86%；中、低收入占99.95%，高收入占0.05%。

2. 支持保障性住房建设试点项目贷款。无保障性住房建设试点项目贷款。

（四）住房贡献率。2020年，个人住房贷款发放额、公转商贴息贷款发放额、项目贷款发放额、住房消费提取额的总和与当年缴存额的比率为132.94%，比上年减少20.57个百分点。

六、其他重要事项

（一）应对新冠肺炎疫情采取的措施，落实住房公积金阶段性支持政策情况和政策实施成效。阶段性支持政策情况。根据《关于应对新型冠状病毒感染的肺炎疫情做好住房公积金管理服务工作的通知》（萍公积金字〔2020〕7号）、《关于应对新型冠状病毒感染的肺炎疫情做好住房公积金管理服务工作的补充通知》（萍公积金字〔2020〕8号）文件规定。

1. 疫情防控期间，尽量通过政务平台、网上营业厅、12329服务热线、手机App等线上渠道办理住房公积金业务；疫情防控期间，对工作在疫情防控一线工作者、新型冠状病毒肺炎患者、疑似者在治疗期间或被采取医学隔离观察期间导致不能正常还款，事后主动还款或经通知按期还款的，不作逾期处理，不纳入失信行为人员名单。

2. 疫情防控期间，对提取和办理贷款住房公积金有时限要求的可延期办理；购房合同备案在疫情防控期间已到期的，贷款、提取有效期可相应延长至疫情结束后三个月。

3. 疫情防控期间，对支付房租压力较大的租房职工将根据实际需求合理确定租房提取额度、预约安排提取时间、保障职工的租房提取需求；因受疫情影响，未能按时足额缴存住房公积金的，住房公积金缴存单位及缴存职工可向中心说明情况并在一定期限内办理补缴；在此期间，职工的住房公积金缴存时间持续计算，不影响职工申请租房提取和住房公积金贷款的权益。

政策实施成效。共有6个单位获准降低缴存比例；职工提取、贷款及还款正常，社会反响良好。

（二）当年机构及职能调整情况。受委托办理缴存贷款业务金融机构无变更。

（三）当年住房公积金政策调整及执行情况。提取政策调整。取消大病支取。

贷款政策调整。

1. 购买第二套（改善型）住房，首付款比例不得低于40%。
2. 购买首套自住住房，最高资金使用额为55万元；购买第二套住房，最高资金使用额为50万元。
3. 购买二手房第一套自住住房的，贷款额度不超过房款的70%。
4. 购买二手房自住住房的，最高贷款额度为45万元。

月缴存额上下限调整。上限为4596.48元，下限为284.2元。

（四）当年服务改进情况。

1. 2020年12月，按照住房和城乡建设部要求，开通住房公积金"跨省通办"业务，自开通至今办理业务正常顺利。
2. 完善公积金综合服务平台线上功能。通过完善网上营业大厅（个人版、单位版、开发商版）、手机App等在线业务受理渠道的功能，进一步提升服务水平和服务质量，实现群众不见面办理公积金业务。
3. 中心4个管理部先后进驻当地政务服务管理局服务大厅，大力推行文明服务、业务标准化服务。

（五）当年信息化建设情况。

1. 加强信息系统安全建设。中心组织开展公积金综合服务平台信息系统的安全运维和等保三级测评工作，完成中心公积金综合服务平台信息系统等保三级整改工作、三级等级保护备案和信息安全风险评估等安全保障工作。
2. 通过江西住建云数据共享平台，实现申请人婚姻状况在线查询，为防范骗提骗贷、资金风险提供有力技术保障。
3. 根据市政府统一工作安排，开展了与市政府"萍乡市政务服务网一窗式综合服务平台"对接工作。

（六）当年住房公积金管理中心及职工所获荣誉情况。2020年，萍乡市住房公积金管理中心被评为萍乡市文明单位，湘东办事处荣获湘东区政务管理局"先进窗口"荣誉称号。

（七）当年对违反《住房公积金管理条例》和相关法规行为进行行政处罚和申请人民法院强制执行情况。无。

（八）当年对住房公积金管理人员违规行为的纠正和处理情况等。无。

（九）其他需要披露的情况。无。

九江市住房公积金2020年年度报告

根据国务院《住房公积金管理条例》和住房和城乡建设部、财政部、人民银行《关于健全住房公积金信息披露制度的通知》（建金〔2015〕26号）的规定，现将九江市住房公积金2020年年度报告公布如下。

一、机构概况

（一）住房公积金管理委员会。住房公积金管理委员会有25名委员，2020年召开1次会议，审议通过的事项主要包括：《关于提高住房公积金贷款额度的建议》《关于增加住房公积金贷款合作银行的建议》

《九江市既有住宅加装电梯提取住房公积金暂行办法》。

（二）住房公积金管理中心。九江市住房公积金管理中心为直属九江市政府的不以营利为目的的公益一类事业单位，中心内设8个科室，14个办事处。从业人员145人，其中，在编87人，非在编58人。

二、业务运行情况

（一）缴存。2020年，新开户单位477家，实缴单位5335家，减少119家；新开户职工3.44万人，实缴职工32.42万人，净增3.41万人；缴存额45.70亿元，同比增长10.98%。2020年末，缴存总额305.11亿元，比上年末增加17.62%；缴存余额125.77亿元，比上年末增加10.93%。

受委托办理住房公积金缴存业务的银行4家，与上年相同。

（二）提取。2020年，提取额33.31亿元，同比增长10.59%；占当年缴存额的72.89%，比上年减少0.25个百分点。2020年末，提取总额179.34亿元，比上年末增加22.81%。

（三）贷款。

1.个人住房贷款。个人住房贷款最高额度40万元，其中，单缴存职工最高额度30万元，双缴存职工最高额度40万元。

2020年，发放个人住房贷款1.14万笔、31.29亿元，同比分别增长21.28%、37.84%。其中，市中心发放个人住房贷款0.50万笔、14.54亿元，浔阳办事处发放个人住房贷款0.06万笔、1.71亿元，修水县办事处发放个人住房贷款0.11万笔、3.05亿元，武宁县办事处发放个人住房贷款0.04万笔、1.14亿元，永修县办事处发放个人住房贷款0.05万笔、1.22亿元，共青城市办事处发放个人住房贷款0.06万笔、1.48亿元，德安县办事处发放个人住房贷款0.04万笔、0.93亿元，庐山市办事处发放个人住房贷款0.01万笔、0.24亿元，柴桑区办事处发放个人住房贷款0.07万笔、2.00亿元，都昌县办事处发放个人住房贷款0.04万笔、1.11亿元，湖口县办事处发放个人住房贷款0.06万笔、1.56亿元，彭泽县办事处发放个人住房贷款0.03万笔、0.64亿元，瑞昌市办事处发放个人住房贷款0.07万笔、1.67亿元。

2020年，回收个人住房贷款15.05亿元。其中，市中心7.77亿元，浔阳办事处1.30亿元，修水县办事处1.09亿元，武宁县办事处0.56亿元，永修县办事处0.63亿元，共青城市办事处0.37亿元，德安县办事处0.33亿元，庐山市办事处0.35亿元，柴桑区办事处0.56亿元，都昌县办事处0.42亿元，湖口县办事处0.66亿元，彭泽县办事处0.34亿元，瑞昌市办事处0.67亿元。

2020年末，累计发放个人住房贷款10.22万笔、219.89亿元，贷款余额110.82亿元，分别比上年末增加12.56%、16.58%、17.16%。个人住房贷款余额占缴存余额的88.11%，比上年末增加4.68个百分点。

受委托办理住房公积金个人住房贷款业务的银行11家，比上年增加5家。

2.住房公积金支持保障性住房建设项目贷款。2020年，发放支持保障性住房建设项目贷款0亿元，回收项目贷款0亿元。2020年末，累计发放项目贷款3.79亿元，项目贷款余额0亿元。

（四）购买国债。2020年，购买（记账式、凭证式）国债0亿元，（兑付、转让、收回）国债0亿元。2020年末，国债余额0亿元，与上年末相同。

（五）融资。2020年，融资0亿元，归还0亿元。2020年末，融资总额9.92亿元，融资余额0亿元。

（六）资金存储。2020年末，住房公积金存款18.37亿元。其中，活期0.05亿元，1年（含）以下定期 2.80 亿元，1 年以上定期 14.92 亿元，其他（协定、通知存款等）0.60 亿元。

（七）资金运用率。 2020 年末，住房公积金个人住房贷款余额、项目贷款余额和购买国债余额的总和占缴存余额的 88.11%，比上年末增加 4.68 个百分点。

三、主要财务数据

（一）业务收入。 2020 年，业务收入 42376.91 万元，同比增长 11.60%。其中，存款利息 6930.19 万元，委托贷款利息 32868.02 万元，国债利息 0 万元，其他 2578.70 万元。

（二）业务支出。 2020 年，业务支出 22173.18 万元，同比增长 14.32%。其中，支付职工住房公积金利息 20175.71 万元，归集手续费 0 万元，委托贷款手续费 1620.35 万元，其他 377.12 万元。

（三）增值收益。 2020 年，增值收益 20203.73 万元，同比增长 8.76%。其中，增值收益率 1.69%，比上年下降 0.02 个百分点。

（四）增值收益分配。 2020 年，提取贷款风险准备金 1623.41 万元，提取管理费用 2599.30 万元，提取城市廉租住房（公共租赁住房）建设补充资金 15981.02 万元。

2020 年，上交财政管理费用 2599.30 万元。上缴财政城市廉租住房（公共租赁住房）建设补充资金 15552.15 万元。全部为市中心上缴。

2020 年末，贷款风险准备金余额 16738.62 万元。累计提取城市廉租住房（公共租赁住房）建设补充资金 109879.98 万元。全部由市中心提取。

（五）管理费用支出。 2020 年，管理费用支出 2893.90 万元，同比下降 22.06%。其中，人员经费 2014.72 万元，公用经费 385.31 万元，专项经费 493.87 万元。

四、资产风险状况

（一）个人住房贷款。 2020 年末，个人住房贷款逾期额 92.01 万元，逾期率 0.08‰。其中，市中心 0.11‰，浔阳办事处 0.36‰，修水县办事处 0‰，武宁县办事处 0‰，永修县办事处 0‰，共青城市办事处 0‰，德安县办事处 0‰，庐山市办事处 0‰，柴桑区办事处 0‰，都昌县办事处 0‰，湖口县办事处 0‰，彭泽县办事处 0‰，瑞昌市办事处 0‰。

个人贷款风险准备金按贷款余额的 1% 提取。2020 年，提取个人贷款风险准备金 1623.41 万元，使用个人贷款风险准备金核销呆坏账 0 万元。2020 年末，个人贷款风险准备金余额 16738.62 万元，占个人住房贷款余额的 1.51%，个人住房贷款逾期额与个人贷款风险准备金余额的比率为 0.55%。

（二）支持保障性住房建设试点项目贷款。 2020 年末，逾期项目贷款 0 万元，逾期率 0‰。

项目贷款风险准备金按贷款余额的 4% 提取。2020 年，提取项目贷款风险准备金 0 万元，使用项目贷款风险准备金核销呆坏账 0 万元，项目贷款风险准备金余额 0 万元，占项目贷款余额的 0%，项目贷款逾期额与项目贷款风险准备金余额的比率为 0%。

五、社会经济效益

（一）缴存业务。 2020 年，实缴单位数、实缴职工人数同比分别增长 7.19%、11.75%，缴存额同比增长 10.98%。

缴存单位中，国家机关和事业单位占61.41%，国有企业占14.58%，城镇集体企业占1.12%，外商投资企业占1.54%，城镇私营企业及其他城镇企业占16.25%，民办非企业单位和社会团体占1.56%，其他占3.54%。

缴存职工中，国家机关和事业单位占49.07%，国有企业占22.97%，城镇集体企业占0.99%，外商投资企业占5.34%，城镇私营企业及其他城镇企业占18.01%，民办非企业单位和社会团体占0.79%，其他占2.83%；中、低收入占98.85%，高收入占1.15%。

新开户职工中，国家机关和事业单位占34.26%，国有企业占14.44%，城镇集体企业占1.47%，外商投资企业占7.89%，城镇私营企业及其他城镇企业占35.30%，民办非企业单位和社会团体占1.03%，其他占5.61%；中、低收入占99.61%，高收入占0.39%。

（二）**提取业务**。2020年，9.74万名缴存职工提取住房公积金33.31亿元。

提取金额中，住房消费提取占81.55%（购买、建造、翻建、大修自住住房占27.24%，偿还购房贷款本息占54.15%，租赁住房占0.09%，其他占0.07%）；非住房消费提取占18.45%（离休和退休提取占14.78%，完全丧失劳动能力并与单位终止劳动关系提取占2.12%，出境定居占0.24%，其他占1.31%）。

提取职工中，中、低收入占98.38%，高收入占1.62%。

（三）**贷款业务**。

1. 个人住房贷款。2020年，支持职工购建房138.73万平方米，年末个人住房贷款市场占有率（含公转商贴息贷款）为20.34%，比上年末增加8.38个百分点。通过申请住房公积金个人住房贷款，可节约职工购房利息支出54038.28万元。

职工贷款笔数中，购房建筑面积90（含）平方米以下占6.46%，90~144（含）平方米占87.76%，144平方米以上占5.78%。购买新房占81.84%（其中购买保障性住房占0.16%），购买二手房占18.16%，建造、翻建、大修自住住房占0%，其他占0%。

职工贷款笔数中，单缴存职工申请贷款占60.55%，双缴存职工申请贷款占39.45%，三人及以上缴存职工共同申请贷款占0%。

贷款职工中，30岁（含）以下占29.42%，30岁~40岁（含）占34.74%，40岁~50岁（含）占25.01%，50岁以上占10.83%；首次申请贷款占79.47%，二次及以上申请贷款占20.53%；中、低收入占98.60%，高收入占1.40%。

2. 异地贷款。2020年，发放异地贷款502笔、12356.20万元。2020年末，发放异地贷款总额94356.90万元，异地贷款余额59150.11万元。

3. 公转商贴息贷款。2020年，发放公转商贴息贷款0笔、0万元，支持职工购建住房面积0万平方米，当年贴息额0万元。2020年末，累计发放公转商贴息贷款0笔、0万元，累计贴息0万元。

4. 支持保障性住房建设试点项目贷款。2020年末，累计试点项目3个，贷款额度3.79亿元，建筑面积42.95万平方米，可解决7304户中低收入职工家庭的住房问题。3个试点项目贷款资金已发放并还清贷款本息。

（四）**住房贡献率**。2020年，个人住房贷款发放额、公转商贴息贷款发放额、项目贷款发放额、住房消费提取额的总和与当年缴存额的比率为127.91%，比上年增加11.97个百分点。

六、其他重要事项

（一）当年住房公积金政策调整及执行情况。

1. 调整缴存限额。依据2019年度九江市在岗职工月平均工资及九江市最低工资标准计算，2020年度九江市住房公积金缴存额上限为4628元/月（单位和职工合计），缴存额下限为158元/月（单位和职工合计）。

2. 调整和规范住房公积金使用政策。2020年，经九江市住房公积金管理委员会第14次全体委员会议研究决定，对住房公积金贷款使用政策和合作银行进行了调整，具体如下。

（1）双缴存职工家庭住房公积金贷款最高限额提高5万元；（2）出台了《九江市既有住宅加装电梯提取住房公积金暂行办法》；（3）增加邮储银行、农商银行、招商银行、浦发银行、中信银行5家银行为我市住房公积金贷款合作银行。

（二）当年服务改进情况。 持续推进"放管服"改革，加快实现"一次不跑"。完善并向全市各县（市、区）全面推广"网上营业厅"，全市开通"网上营业厅"的缴存单位达1564家，覆盖职工人数17.18万人。优化改进App界面，新增"签约对冲还贷"、加装电梯提取等业务，全市"手机公积金"App下载累计注册量接近15万人次，通过App办理住房公积金业务量达到56604笔，占全部业务66.44%。2020年，中心市直服务大厅及各县区办事处服务大厅继续实行工作日延时服务和双休日、节假日错时预约服务，进一步优化营商环境，提升服务效能，为单位、职工提供便利。

（三）当年信息化建设情况。 制作推出"手机公积金"App和单位版网上营业厅操作教程视频，在官方网站、手机公积金App和微信公众号新增业务咨询"智能客服"功能。"手机公积金"App上线缴存证明、缴存明细、结清证明和还款明细凭证等凭证下载打印功能，方便缴存职工自助下载打印。在官方微信公众号上线"免费房产评估"功能。完成对"公积金业务系统"年度信息系统安全等级测评，并优化与民政、公安数据的系统对接。推进我市"赣服通"3.0版市县分厅建设，在"赣服通"陆续推出了购房提取、离职提取和出境定居提取业务办理功能。接入"南昌大都市圈"业务平台，实现住房公积金职工缴存、贷款等数据共享。

（四）开展扫黑除恶专项斗争情况。 开展整治骗提套取住房公积金的行业清源百日攻坚活动，继续加强同省内外住房公积金管理机构的联系，逐步建立互查协查机制，推动治理行业乱象工作有序开展。截至2020年12月底，共上报骗提、骗贷行为60起，其中骗提45起（9起未成功），骗提金额431.15万元，追回299.20万元；骗贷15起（8起未成功），骗贷金额148万元，全部追回。

新余市住房公积金2020年年度报告

根据国务院《住房公积金管理条例》和住房和城乡建设部、财政部、人民银行《关于健全住房公积金信息披露制度的通知》（建金〔2015〕26号）的规定，经住房公积金管理委员会审议通过，现将新余市住房公积金2020年年度报告公布如下。

一、机构概况

(一)住房公积金管理委员会。住房公积金管理委员会有 20 名委员，2020 年召开 1 次会议，审议通过的事项主要包括：2020 年度公积金归集使用计划、2019 年度公积金增值收益分配方案、公积金"僵尸"账户处理等事项。

(二)住房公积金管理中心。住房公积金管理中心为隶属市政府不以营利为目的的一类公益事业单位，设 6 个科室，1 个办事处。从业人员 30 人，其中，在编 27 人，非在编 3 人。

二、业务运行情况

(一)缴存。2020 年，新开户单位 103 家，净增单位 88 家；新开户职工 0.959 万人，净增职工 0.3482 万人；实缴单位 1262 家，实缴职工 9.3874 万人，缴存额 19.02 亿元，分别同比增长 6.95％、4.65％、34.79％。2020 年末，缴存总额 114.38 亿元，比上年末增加 19.95％；缴存余额 48.53 亿元，同比增长 18.60％。受委托办理住房公积金缴存业务的银行 2 家。

(二)提取。2020 年，3.363 万名缴存职工提取住房公积金；提取额 11.41 亿元，同比增长 16.67％；提取额占当年缴存额的 59.99％，比上年减少 9.32 个百分点。2020 年末，提取总额 65.84 亿元，比上年末增加 20.95％。

(三)贷款。

1. 个人住房贷款。个人住房贷款最高额度 60 万元。

2020 年，发放个人住房贷款 0.2035 万笔、7.66 亿元，同比分别增长－17.34％、0.92％。

2020 年，回收个人住房贷款 4.629 亿元。

2020 年末，累计发放个人住房贷款 2.7719 万笔、62.575 亿元，贷款余额 35.48 亿元，分别比上年末增加 7.92％、13.94％、9.34％。个人住房贷款余额占缴存余额的 73.11％，比上年末减少 6.19 个百分点。受委托办理住房公积金个人住房贷款业务的银行 9 家。

2. 异地贷款。2020 年，发放异地贷款 82 笔、2751.6 万元。2020 年末，发放异地贷款总额 33383.6 万元，异地贷款余额 23365 万元。

3. 公转商贴息贷款。无。

4. 住房公积金支持保障性住房建设项目贷款。无。

(四)购买国债。无。

(五)资金存储。2020 年末，住房公积金存款 13.45 亿元。其中，活期 0.85 亿元，1 年（含）以下定期 0.9 亿元，1 年以上定期 11.7 亿元。

(六)资金运用率。2020 年末，住房公积金个人住房贷款余额、项目贷款余额和购买国债余额的总和占缴存余额的 73.11％，比上年末减少 6.19 个百分点。

三、主要财务数据

(一)业务收入。2020 年，业务收入 16047.88 万元，同比增长 16.79％。其中，存款利息 4475.86 万元，委托贷款利息 11272.49 万元，其他 299.53 万元。

（二）业务支出。 2020 年，业务支出 6779.52 万元，同比增长 52.09%。支付职工住房公积金利息 6300.54 万元，委托贷款手续费 388.79 万元，其他 90.19 万元。

（三）增值收益。 2020 年，增值收益 9268.36 万元，同比下降 0.16%。增值收益率 2.06%，比上年减少 0.3 个百分点。

（四）增值收益分配。 2020 年，提取贷款风险准备金 606.02 万元，提取管理费用 350 万元，提取城市廉租住房（公共租赁住房）建设补充资金 13756.73 万元。

2020 年，上交财政管理费用 350 万元。上缴财政城市廉租住房（公共租赁住房）建设补充资金 8010.22 万元。

2020 年末，贷款风险准备金余额 7095.84 万元。累计提取城市廉租住房（公共租赁住房）建设补充资金 51502.72 万元。

（五）管理费用支出。 2020 年，管理费用支出 895.56 万元，同比下降 16.76%。其中，人员经费 713.58 万元，公用经费 149.46 万元，专项经费 32.52 万元。

四、资产风险状况

（一）个人住房贷款。 2020 年末，个人住房贷款逾期额 15.47 万元，逾期率 0.04‰。个人贷款风险准备金余额 7095.84 万元，当年无核销呆坏账。

（二）支持保障性住房建设试点项目贷款。 无。

五、社会经济效益

（一）缴存业务。 缴存职工中，国家机关和事业单位占 31.43%，国有企业占 45.15%，城镇集体企业占 0.37%，外商投资企业占 1.13%，城镇私营企业及其他城镇企业占 18.93%，民办非企业单位和社会团体占 2.91%，其他占 0.08%；中、低收入占 98.91%，高收入占 1.09%。

新开户职工中，国家机关和事业单位占 16.1%，国有企业占 15.38%，城镇集体企业占 0.79%，外商投资企业占 0.95%，城镇私营企业及其他城镇企业占 60.06%，民办非企业单位和社会团体占 6.54%，其他占 0.18%；中、低收入占 99.79%，高收入占 0.21%。

（二）提取业务。 提取金额中，购买、建造、翻建、大修自住住房占 30.45%，偿还购房贷款本息占 40.59%，租赁住房占 1.19%，离休和退休提取占 18.80%，完全丧失劳动能力并与单位终止劳动关系提取占 3.59%，其他占 5.38%。提取职工中，中、低收入占 98.85%，高收入占 1.15%。

（三）贷款业务。

1. 个人住房贷款。2020 年，支持职工购建房 25.44 万平方米，年末个人住房贷款市场占有率为 15.3%，比上年末增加 0.44 个百分点。通过申请住房公积金个人住房贷款，可节约职工购房利息支出 16482.64 万元。

职工贷款笔数中，购房建筑面积 90（含）平方米以下占 11.11%，90~144（含）平方米占 70.02%，144 平方米以上占 18.87%。购买新房占 61.03%，购买二手房占 38.97%。

职工贷款笔数中，单缴存职工申请贷款占 59.21%，双缴存职工申请贷款占 40.79%。

贷款职工中，30 岁（含）以下占 22.56%，30 岁~40 岁（含）占 32.48%，40 岁~50 岁（含）占

33.22%，50岁以上占11.74%；首次申请贷款占84.52%，二次及以上申请贷款占15.48%；中、低收入占98.92%，高收入占1.08%。

2. 支持保障性住房建设试点项目贷款。无。

（四）住房贡献率。2020年，个人住房贷款发放额、公转商贴息贷款发放额、项目贷款发放额、住房消费提取额的总和与当年缴存额的比率为83.6%，比上年减少24.05个百分点。

六、其他重要事项

（一）应对新冠肺炎疫情采取的措施。积极应对新冠疫情影响，全面助力"六稳""六保"，出台了住房公积金阶段性支持政策，为困难企业实施住房公积金降缴缓缴支持，全年共为24家企业4434名职工缓缴住房公积金854万，有效减轻企业压力，帮助企业复工复产。对受疫情影响不能正常还款的公积金贷款，不作逾期处理，提高租房提取公积金额度，为209名职工提高租房提取公积金113万元，有效解决职工租房困难。

（二）当年机构及职能调整情况、受委托办理缴存贷款业务金融机构变更情况。当年无调整变更。

（三）当年住房公积金政策调整及执行情况。

1. 缴存基数限额调整情况。2020年我市住房公积金月缴存上限为4686元/月（含单位、个人两部分），月缴存下限为284元/月（含单位、个人两部分）。单位和职工各自的住房公积金缴存比例最高不得超过12%，最低不应低于5%。

2. 使用政策调整情况。当年贷款政策无调整，住房公积金贷款最高额度为60万元。出台了城区既有多层住宅加装电梯提取住房公积金政策，职工可以提取本人及配偶的住房公积金，用于支付加装电梯家庭分摊费用。

3. 住房公积金存贷款利率执行标准。公积金存款利率。当年归集和上年结转的公积金统一按一年期定期存款基准利率1.50%执行。公积金贷款利率。五年期以下为2.75%，五年期以上为3.25%。

（四）当年服务改进和信息化建设情况。

1. 着力打造了公积金网站、12329短信、网上服务大厅、手机公积金App、微信公众号、"赣服通"六位一体的住房公积金综合服务平台，推进公积金管理服务的网络化、信息化。2020年中心开通线上业务21项，完成公积金"跨省通办""省内通办"业务15项，微信公众号、手机App注册人数达到4.19万人，开通公积金网厅单位1215家，发送服务短信54.31万条。实现公积金查询实时在线，公积金缴存全程网办，公积金提取、还贷手机办，公积金证明掌上办。

2. 推行窗口业务"一站式"，市、县业务办理窗口全部进驻属地行政服务中心，"进一扇门，办所有事"，实行午休、双休照常上班制度，周末、假日"不打烊"。

3. 推行综合服务岗，一岗受理，通办业务，为群众提供"一站式、无差别，标准化"服务。

（五）当年住房公积金管理中心及职工所获荣誉情况。2020年市住房公积金管理中心先后获省级文明单位、全市精神文明建设先进单位、全市公共机构节能优秀单位等荣誉称号。财务科获市政府及时奖励（保障和改善民生领域）集体通报嘉奖。

鹰潭市住房公积金 2020 年年度报告

根据国务院《住房公积金管理条例》和住房和城乡建设部、财政部、人民银行《关于健全住房公积金信息披露制度的通知》（建金〔2015〕26 号）的规定，经住房公积金管理委员会审议通过，现将鹰潭市住房公积金 2020 年年度报告公布如下。

一、机构概况

（一）**住房公积金管理委员会**。住房公积金管理委员会有 28 名委员，2020 年召开 1 次会议，管委会审议通过 2020 年度住房公积金归集、使用计划执行情况，并且对其他重要事项进行决策。

（二）**住房公积金管理中心**。鹰潭市住房公积金管理中心为市政府直属不以营利为目的的公益一类事业单位，主要负责全市住房公积金的归集、管理、使用和会计核算。目前中心设有 5 个科室，3 个办事处，从业人员 61 人，其中，在编 36 人，非在编 25 人。

二、业务运行情况

（一）**缴存**。2020 年，新开户单位 148 家，净增单位 96 家；新开户职工 5943 人，净增职工 2769 人；实缴单位 1411 家，实缴职工 65380 人，缴存额 12.34 亿元，分别同比增长 7.3%、4.42%、10.03%。2020 年末，缴存总额 89.12 亿元，比上年末增加 16.07%；缴存余额 38.80 亿元，同比增长 4.97%。受委托办理住房公积金缴存业务的银行 3 家。

（二）**提取**。2020 年，22834 名缴存职工提取住房公积金，提取 10.5 亿元，同比增长 44.46%，提取额占当年缴存额的 85.10%，比上年增加 20.29 个百分点。2020 年末，提取总额 50.32 亿元，比上年末增加 26.37%。

（三）**贷款**。

1. 个人住房贷款。个人住房贷款最高额度 60 万元。单缴存职工个人住房贷款最高额度 40 万元，双缴存职工个人住房贷款最高额度 60 万元。

2020 年，发放个人住房贷款 2416 笔、8.84 亿元，同比分别增长 18.37%、27.06%。其中，市中心发放个人住房贷款 1269 笔、4.83 亿元，贵溪办事处发放个人住房贷款 736 笔、2.46 亿元，余江办事处发放个人住房贷款 359 笔、1.35 亿元，龙虎山办事处发放个人住房贷款 52 笔、0.20 亿元。

2020 年，回收个人住房贷款 4.16 亿元。其中，市中心 2.36 亿元，贵溪办事处 1.27 亿元，余江办事处 0.52 亿元，龙虎山办事处 0.01 亿元。

2020 年末，累计发放个人住房贷款 2.42 万笔、62.74 亿元，贷款余额 37.30 亿元，分别比上年末增加 11.08%、16.39%、14.30%。个人住房贷款余额占缴存余额的 96.13%，比上年末增加 7.84 个百分点。受委托办理住房公积金个人住房贷款业务的银行 8 家。中国建设银行、中国工商银行、中国银行、中国农业银行、中国邮政储蓄银行、江西银行、九江银行和上饶银行。

2. 住房公积金支持保障性住房建设项目贷款。截至 2020 年底，本市无项目贷款。

（四）**购买国债**。截至 2020 年底，本市没有购买国债。

（五）融资。 2020年，融资1亿元，归还0亿元。2020年末，历史累计融资总额5.55亿元，融资余额1亿元。

（六）资金存储。 2020年末，住房公积金存款3.07亿元。其中，活期0.43亿元，1年以上定期2.64亿元。

（七）资金运用率。 2020年末，住房公积金个人住房贷款余额、项目贷款余额和购买国债余额的总和占缴存余额的96.13%，比上年末增加7.84个百分点。

三、主要财务数据

（一）业务收入。 2020年，业务收入13360.66万元，同比增长5.25%。其中，市中心8214.06万元，贵溪办事处3541.14万元，余江办事处1536.20万元，龙虎山办事处69.26万元；存款利息1855.14万元，委托贷款利息11392.19万元，国债利息0万元，其他62.46万元。

（二）业务支出。 2020年，业务支出6033.45万元，同比下降1.72%。其中，市中心2896.46万元，贵溪办事处2225.48万元，余江办事处818.09万元，龙虎山办事处93.42万元；支付职工住房公积金利息5677.32万元，归集手续费0万元，委托贷款手续费205.22万元，其他150.91万元。

（三）增值收益。 2020年，增值收益7327.22万元，同比增长11.78%。其中，市中心5317.60万元，贵溪办事处1315.66万元，余江办事处718.12万元，龙虎山办事处－24.16万元；增值收益率1.96%，比上年增加0.09个百分点。

（四）增值收益分配。 2020年，提取贷款风险准备金466.75万元，提取管理费用1362.59万元，提取城市廉租住房（公共租赁住房）建设补充资金5497.87万元。

2020年，上交财政管理费用1362.59万元。上缴财政城市廉租住房建设补充资金5497.87万元。

2020年末，贷款风险准备金余额3729.94万元。累计提取城市廉租住房（公共租赁住房）建设补充资金35252.41万元。

（五）管理费用支出。 2020年，管理费用支出1363.51万元，同比下降10.78%。其中，人员经费610.72万元，公用经费157.11万元，专项经费595.68万元。

市中心管理费用支出1114.95万元，其中，人员、公用、专项经费分别为419.87万元、99.40万元、595.68万元；贵溪办事处管理费用支出120.47万元，其中，人员、公用、专项经费分别为86.42万元、34.05万元、0万元；余江办事处管理费用支出89.41万元，其中，人员、公用、专项经费分别为72.68万元、16.73万元、0万元；龙虎山办事处管理费用支出38.68万元，其中，人员、公用、专项经费分别为31.75万元、6.93万元、0万元。

四、资产风险状况

（一）个人住房贷款。 2020年末，个人住房贷款逾期率为0。

个人贷款风险准备金余额按贷款余额的1%提取。2020年，提取个人贷款风险准备金466.75万元，使用个人贷款风险准备金核销呆坏账0万元。2020年末，个人贷款风险准备金余额3729.94万元，占个人住房贷款余额的1%，个人住房贷款逾期额与个人贷款风险准备金余额的比率为0。

（二）支持保障性住房建设试点项目贷款。 截至2020年底，本市无保障性住房建设项目贷款。

五、社会经济效益

（一）缴存业务。缴存职工中，国家机关和事业单位占52.42%，国有企业占28.01%，城镇集体企业占1.09%，外商投资企业占1.55%，城镇私营企业及其他城镇企业占10.94%，民办非企业单位和社会团体占1.1%，灵活就业人员占0.32%，其他占4.57%；中、低收入占98.87%，高收入占1.13%。

新开户职工中，国家机关和事业单位占24.31%，国有企业占19.28%，城镇集体企业占3.63%，外商投资企业占2.62%，城镇私营企业及其他城镇企业占39.29%，民办非企业单位和社会团体占4.17%，灵活就业人员占1.93%，其他占4.77%；中、低收入占99.55%，高收入占0.45%。

（二）提取业务。提取金额中，购买、建造、翻建、大修自住住房占37.02%，偿还购房贷款本息占30.59%，租赁住房占1.65%，离休和退休提取占16.85%，完全丧失劳动能力并与单位终止劳动关系提取占7.07%，其他占6.82%。提取职工中，中、低收入占97.69%，高收入占2.31%。

（三）贷款业务。个人住房贷款。2020年，支持职工购建房31.32万平方米，年末个人住房贷款市场占有率为16.84%，比上年末减少3.73个百分点。通过申请住房公积金个人住房贷款，可节约职工购房利息支出25363.24万元。

职工贷款笔数中，购房建筑面积90（含）平方米以下占7.37%，90～144（含）平方米占76.65%，144平方米以上占15.98%。购买新房占72.97%，购买二手房占27.03%。

职工贷款笔数中，单缴存职工申请贷款占21.73%，双缴存职工申请贷款占78.27%。

贷款职工中，30岁（含）以下占26.94%，30岁～40岁（含）占36.30%，40岁～50岁（含）占27.94%，50岁以上占8.82%；首次申请贷款占83.15%，二次及以上申请贷款占16.85%；中、低收入占99.79%，高收入占0.21%。

（四）住房贡献率。2020年，个人住房贷款发放额、住房消费提取额的总和与当年缴存额的比率为130.55%，比上年增加3.73个百分点。

六、其他重要事项

（一）应对新冠肺炎疫情采取的措施，落实住房公积金阶段性支持政策情况和政策实施成效。

1. 应对新冠肺炎疫情采取的措施。2020年为有效发挥好住房公积金政策在我市疫情防控期间的积极作用，我市住房公积金在疫情期间实施以下阶段性支持政策。

（1）受新冠肺炎疫情影响的企业，可按规定申请在2020年6月30日前缓缴住房公积金，缓缴期间缴存时间连续计算，不影响职工正常提取和申请住房公积金贷款。企业可向市住房公积金管理中心提出缓缴申请，明确缓缴时间、补缴时间及方式；

（2）提高职工租房提取住房公积金额度，每户家庭每月提取额度由1000元提高至1500元；

（3）受新冠肺炎疫情影响的职工，在2020年6月30日前不能正常还款的，不作逾期处理，不作为逾期记录报送征信部门。

2. 落实住房公积金阶段性支持政策情况和政策实施成效。

（1）在缓解企业、职工面临的压力所发挥的作用。①截至2020年6月30日全市共缓缴企业4家，缓缴职工人数89人，缓缴企业月缴金额36.4万元；②提高职工租房提取住房公积金额度，每户家庭每月提取额度由 1000 元提高至 1500 元，截至 2020 年 6 月 30 日全市职工租房提取共计 163 人，累计提取金额为 98.6 万元；③截至 2020 年 6 月 30 日不作逾期处理的贷款户数全市累计 197 笔，累计贷款余额为 4542.38 万元，其中逾期未还金额为 41.36 万元，大大减轻了疫情期间公积金贷款职工的还贷压力。

（2）政策到期后的衔接措施。①在政策即将到期前，我中心将以企业微信群或电话的方式温馨提示各缓缴企业，尽快来恢复职工公积金的正常缴存手续，补齐缓缴企业职工 1～6 月份的公积金。②对 6 月底尚未正常还款的公积金贷款职工，我中心将以短信或电话的方式进行通知其尽快恢复正常还款，以免对该职工的征信记录造成不良影响。

（3）政策实施过程中企业、职工的意见。阶段性支持政策实施以来受到广大的企业、职工的一致好评。该政策减轻了疫情期间企业的缴存压力，为广大企业今后的复工复产做出了一定的贡献；该政策同时也减轻了职工的还贷压力，有效避免了对职工征信记录所造成的不良影响。

（二）当年机构及职能调整情况、受委托办理缴存贷款业务金融机构变更情况。

1. 2020 年，经市委市政府同意，新增成立鹰潭市住房公积金管理中心信息科。
2. 当年受委托办理缴存业务金融机构无变更情况。
3. 当年受委托办理贷款业务金融机构新增一家银行：上饶银行。

（三）当年住房公积金政策调整及执行情况。

1. 调整的部分政策。为保障我市住房公积金资金可持续健康规范运行，经市住房公积金管委会研究通过，对我市部分住房公积金政策进行适度调整，具体如下：

（1）对职工大病提取住房公积金对象进行调整，对《关于调整和取消部分住房公积金政策的通知》（鹰住公管字〔2018〕8 号）中的"职工本人、配偶或直系亲属因患重大疾病，职工本人、配偶或直系亲属可在发病当年及以后每年均可以申请提取一次住房公积金账户内的存储余额。符合提取条件当事人的提取总额不得超过患者当年承担的医疗费用支出"政策进行调整，调整后的职工大病提取对象仅限职工本人及其配偶。

（2）降低我市住房公积金最高贷款额度，首次住房公积金贷款的。双职工最高贷款额度由原来的 70 万降为 60 万元，单职工最高贷款额度由原来的 50 万降为 40 万元；第二次住房公积金贷款的。双职工最高贷款额度由原来的 50 万降为 40 万元，单职工最高贷款额度由原来的 30 万降为 20 万元。

（3）提高我市住房公积金信贷首付比，购买商品房、二手房及自建房等申请住房公积金贷款的，职工首次申请住房公积金提取和贷款额度不得超过总房价的 70%，第二次申请住房公积金提取和贷款额度不得超过总房价的 60%。

（4）对按鹰潭住房公积金最低缴存标准缴存住房公积金的特缴户收紧贷款额度，其住房公积金最高贷款额度双缴存户不得超过 30 万元，单缴存户不得超过 20 万元。

（5）对住房公积金贷款职工偿还贷款实施住房公积金对冲还贷方式调整为二选一，对用住房公积金缴存余额对冲偿还住房公积金贷款方式进行调整，即调整为："住房公积金贷款职工在选择'按月对冲还贷'和'按年对冲还贷'还款方式上为二选一。"

（6）出台支持既有住宅加装电梯提取住房公积金政策，依据《江西省城市既有住宅加装电梯指导意见》（赣建字〔2019〕5 号）和《鹰潭市既有住宅加装电梯实施意见（试行）》（鹰府办发〔2020〕23 号）"为支持引导既有住宅加装电梯，对加装电梯业主个人出资部分，可依法按程序申请使用住宅专项维修资金和提取住房公积金"的文件精神,出台"支持既有住宅加装电梯提取住房公积金"政策。

2. 当年缴存基数限额及确定方法、缴存比例等缴存政策调整情况。

根据《住房公积金管理条例》及《住房公积金归集业务标准》等有关规定,结合本市实际情况,以我市统计局2019年度职工月平均工资数据计算为依据,现就2020年度鹰潭市住房公积金缴存基数、比例和月缴存额上、下限公布如表1所示。

2020年公积金缴存基数、比例和月缴存额情况　　　　　　表1

指标	上限	下限
缴存基数	19308元	1580元
缴存比例	12%	5%
月缴存额	4634元	158元

(四)信息化建设情况。

1. 基础数据标准贯彻落实和结算应用系统接入情况。2018年通过了住房和城乡建设部专家组的验收,2019年、2020年度"中心"持续规范基础数据标准和优化结算应用系统接入,并依托住房和城乡建设部的公积金电子化检查工具,根据每个月的电子化检查结果,一旦发现风险隐患点及时进行整改,既规范了住房公积金业务管理,防范了资金风险,又提升了服务效能,还切实保障了缴存职工的相关权益。

2. 做好公积金业务系统稳定运行相关的安全保障工作。(1)完成网络安全等级测评工作,根据网络安全的工作要求。公积金业务系统需达到三级、网站达到二级。2020年我中心领导非常重视网络安全工作,对中心网络安全的环境和设备升级,并由省一级的专业第三方机构进行信息安全等级保护测评工作,目前已通过测评和备案,并获得公安局颁发的二级和三级证书。(2)完成了公积金机房设备从老办公机房至金贸大厦机房的搬迁工作。(3)制定《鹰潭市公积金管理中心信息发布管理制度》、与新员工签订鹰潭市住房公积金管理中心保密协议等。

3. 完成了"好差评"评价系统采购及建设,2020自9月系统上线以来,到2020年12月底已收到4034个服务评价,通过"好差评"评价体系有效规范了窗口服务行为。

4. 根据关于加快推进"赣服通"3.0版等政务服务平台建设有关工作的通知要求,做好"赣服通"公积金维护建设。目前在赣服通服务区已经新增开通购房提取、还款账号变更、"还款计算器""逾期未还款明细查询"等28个公积金业务事项,支撑"赣服通"特色服务专区建设。

5. 按照赣政务明电〔2020〕38号江西省政务管理办公室关于认真做好政务服务"跨省通办""省内通办"近期有关工作的通知及省住房城乡建设厅等部门的要求,我中心通过调研沟通、制定方案、会议研究等一系列工作后,在市中心业务科室、各办事处大厅安排跨省通办负责人及设立跨省通办专窗。

(五)当年住房公积金管理中心及职工所获荣誉情况。

1. 荣获全国城市和地区住房公积金综合发展指标评价体系全国第一;

2. 脱贫攻坚工作荣获集体嘉奖;

3. 精神文明创建工作方面,继续保留了全国文明单位的荣誉。

赣州市住房公积金 2020 年年度报告

根据国务院《住房公积金管理条例》和住房和城乡建设部、财政部、人民银行《关于健全住房公积金信息披露制度的通知》（建金〔2015〕26 号）的规定，经住房公积金管理委员会审议通过，现将赣州（市）住房公积金 2020 年度报告公布如下。

一、机构概况

（一）住房公积金管理委员会。市住房公积金管理委员会有 25 名委员，2020 年召开 1 次会议，审议通过的事项主要包括：审议《关于公布赣州市住房公积金 2019 年度报告的请示》；审议《关于要求审批 2020 年住房公积金资金运营计划的请示》；审议《关于确定 2020 年我市住房公积金缴存比例及缴存基数的请示》。

（二）住房公积金管理中心。市住房公积金管理中心为市政府直属、市住房和城乡建设局代管的不以营利为目的的副县级自收自支事业单位，设 6 个科，18 个办事处。从业人员 213 人，其中，在编 116 人，非在编 97 人。

二、业务运行情况

（一）缴存。2020 年，新开户单位 1039 家，净增单位 921 家；新开户职工 5.78 万人，净增职工 3.51 万人；实缴单位 8749 家，实缴职工 42.63 万人，缴存额 63.56 亿元，分别同比增长 7.24％、6.31％、16.75％。2020 年末，缴存总额 409.22 亿元，比上年末增长 18.39％；缴存余额 222.15 亿元，同比增长 13.52％。

受委托办理住房公积金缴存业务的银行 5 家。

（二）提取。2020 年，13.08 万名缴存职工提取住房公积金；提取额 37.10 亿元，同比增长 17.22％；提取额占当年缴存额的 58.37％，比上年增加 0.23 个百分点。2020 年末，提取总额 187.07 亿元，比上年末增长 27.74％。

（三）贷款。

1. 个人住房贷款。个人住房贷款最高额度中心城区 50 万元，其他县（市）40 万元。

2020 年，发放个人住房贷款 0.89 万笔、36.40 亿元，同比分别增长 23.61％、29.68％。

2020 年，回收个人住房贷款 20.03 亿元。

2020 年末，累计发放个人住房贷款 14.44 万笔、334.88 亿元，贷款余额 209.71 亿元，分别比上年末增长 6.49％、12.20％、8.47％。个人住房贷款余额占缴存余额的 94.40％，比上年末减少 4.4 个百分点。

受委托办理住房公积金个人住房贷款业务的银行 6 家。

2. 异地贷款。2020 年，发放异地贷款 0 笔、0 万元。2020 年末，发放异地贷款总额 20884.40 万元，异地贷款余额 9031.08 万元。

3. 公转商贴息贷款。2020 年，发放公转商贴息贷款 0 笔、0 万元，当年贴息额 0 万元。2020 年末，累计发放公转商贴息贷款 0 笔、0 万元，累计贴息 0 万元。

（四）购买国债。2020年，购买（记账式、凭证式）国债0亿元，（兑付、转让、收回）国债0亿元。2020年末，国债余额0亿元。

（五）资金存储。2020年末，住房公积金存款14.42亿元。其中，活期0.03亿元，1年（含）以下定期7.5亿元，1年以上定期0亿元，协定存款6.89亿元。

（六）资金运用率。2020年末，住房公积金个人住房贷款余额、项目贷款余额和购买国债余额的总和占缴存余额的94.40%，比上年末减少4.4个百分点。

三、主要财务数据

（一）业务收入。2020年，业务收入68639.81万元，同比增长7.71%。存款利息2110.81万元，委托贷款利息65444.79万元，国债利息0万元，其他1084.21万元。

（二）业务支出。2020年，业务支出33460.24万元，同比增长4.01%。支付职工住房公积金利息31607.95万元，归集手续费0万元，委托贷款手续费1566.87万元，其他285.42万元。

（三）增值收益。2020年，增值收益35179.57万元，同比增长11.47%。增值收益率1.55%，比上年减少0.03个百分点。

（四）增值收益分配。2020年，提取贷款风险准备金1574.65万元，提取管理费用4105.96万元，提取城市廉租住房（公共租赁住房）建设补充资金29498.96万元。

2020年，上交财政管理费用4105.96万元。上缴财政城市廉租住房（公共租赁住房）建设补充资金27086.48万元。

2020年末，贷款风险准备金余额20970.72万元。累计提取城市廉租住房（公共租赁住房）建设补充资金146475.58万元。

（五）管理费用支出。2020年，管理费用支出4828.73万元，同比增长9.55%。其中，人员经费3475.19万元，公用经费705.94万元，专项经费647.60万元。

四、资产风险状况

个人住房贷款。2020年末，个人住房贷款逾期额358.03万元，逾期率0.17‰。个人贷款风险准备金余额20970.72万元。2020年，使用个人贷款风险准备金核销呆坏账0万元。

五、社会经济效益

（一）缴存业务。缴存职工中，国家机关和事业单位占57.11%，国有企业占11.87%，城镇集体企业占2.14%，外商投资企业占1.14%，城镇私营企业及其他城镇企业占22.22%，民办非企业单位和社会团体占1.05%，灵活就业人员占0%，其他占4.47%；中、低收入占98.97%，高收入占1.03%。

新开户职工中，国家机关和事业单位占28.91%，国有企业占6.10%，城镇集体企业占1.16%，外商投资企业占1.93%，城镇私营企业及其他城镇企业占49.64%，民办非企业单位和社会团体占2.37%，灵活就业人员占0%，其他占9.89%；中、低收入占99.85%，高收入占0.15%。

（二）提取业务。提取金额中，购买、建造、翻建、大修自住住房占11.03%，偿还购房贷款本息占60.05%，租赁住房占2.01%，支持老旧小区改造占0.12%，离休和退休提取占19.29%，完全丧失劳动能力并与单位终止劳动关系提取占 5.40%,出境定居占 0.92%,其他占 1.18%。提取职工中,中、低收入占 97.40%,高收入占 2.6%。

(三) **贷款业务**。个人住房贷款。2020 年,支持职工购建房 113.47 万平方米,年末个人住房贷款市场占有率为 6.48%,比上年末增加 3.05 个百分点。通过申请住房公积金个人住房贷款,可节约职工购房利息支出 123912.14 万元。

职工贷款笔数中,购房建筑面积 90(含)平方米以下占 9.66%,90~144(含)平方米占 81.54%,144 平方米以上占 8.80%。购买新房占 76.31%(其中购买保障性住房占 0%),购买二手房占 23.54%,建造、翻建、大修自住住房占 0.15%(其中支持老旧小区改造占 0.03%),其他占 0%。

职工贷款笔数中,单缴存职工申请贷款占 65.27%,双缴存职工申请贷款占 34.73%,三人及以上缴存职工共同申请贷款占 0%。

贷款职工中,30 岁(含)以下占 45.61%,30 岁~40 岁(含)占 33.33%,40 岁~50 岁(含)占 15.77%,50 岁以上占 5.29%;首次申请贷款占 96.26%,二次及以上申请贷款占 3.74%;中、低收入占 99.56%,高收入占 0.44%。

(四) **住房贡献率**。2020 年,个人住房贷款发放额、公转商贴息贷款发放额、项目贷款发放额、住房消费提取额的总和与当年缴存额的比率为 100%,比上年增加 5.82 个百分点。

六、其他重要事项

(一) **应对新冠肺炎疫情采取的措施,落实住房公积金阶段性支持政策情况和政策实施成效**。2020 年 2 月,中心下发《关于应对新型冠状病毒感染的肺炎疫情做好住房公积金管理服务工作的通知》和《关于应对新型冠状病毒感染的肺炎疫情做好住房公积金管理服务工作的补充通知》,严格贯彻落实中央、省、市关于新型冠状病毒感染的肺炎疫情防控工作的决策部署,做好疫情防控期间住房公积金管理服务工作,切实维护缴存单位和职工权益。一是积极引导缴存单位和职工通过线上平台办理业务,减少人员聚集;二是优化提取办理流程,为缴存职工提取住房公积金提供便利,受疫情影响人员(包括因感染新型冠状肺炎住院治疗或隔离人员、疫情防控需要隔离观察人员、参加疫情防控工作人员以及受疫情影响暂时失去收入来源的人员)办理住房公积金提取业务时,如果提供的资料时限超过规定有效期,可延长资料有效期至 2020 年 6 月 30 日;三是切实保障受疫情影响人员的住房公积金贷款权益,截至 2020 年 6 月 30 日,企业在疫情防控期间已申请缓缴并经市中心批准同意的,或企业未能及时缴存住房公积金并已补缴的,其职工申请住房公积金贷款时,视同正常缴存。受疫情影响人员办理住房公积金贷款业务时,如果提供的资料时限超过规定有效期的,可延长资料有效期至 2020 年 6 月 30 日。受疫情影响人员未能正常还款的,可延后还款期至 2020 年 6 月 30 日不作逾期处理,共计 237 笔,贷款余额 8876.37 万元;四是落实《住房和城乡建设部 财政部 人民银行关于改进住房公积金缴存机制进一步降低企业成本的通知》(建金〔2018〕45 号)要求,对于受疫情影响导致生产经营困难的企业,可以按规定申请降低住房公积金缴存比例和缓缴住房公积金,截至 2020 年 12 月,累计 80 家企业申请降低缴存比例和缓缴住房公积金,缓缴职工 12579 人,缓缴金额 1931.88 万元,有效纾解企业困难;五是在我市疫情防控期间,适当提高租房提取额度,中心城区提高到 1400 元/月,其他县市提高到 1000 元/月。

(二) **当年机构及职能调整情况、受委托办理缴存贷款业务金融机构变更情况**。2020 年中心机构无调整，职能无变动，受委托办理缴存贷款业务金融机构较2019年无变更。

（三）当年住房公积金政策调整及执行情况。2020年4月，根据《关于确定2020年我市住房公积金缴存比例及缴存基数的通知》（赣市公管委字〔2020〕3号）文件精神，确定2020年我市住房公积金缴存比例及缴存基数，我市行政、事业单位住房公积金缴存比例按单位和个人各为12%执行，其他单位住房公积金缴存比例可根据单位实际情况按单位和个人各为5%至12%执行。住房公积金的月缴存基数按上一年度职工月平均工资总额核定（月工资总额按照国家统计部门规定的工资总额计算），但最高不超过本市统计部门公布的上一年度职工月平均工资的3倍，最低缴存基数及缴存额下限按上一年度职工月平均工资的60%确定的标准执行。我市2020年住房公积金月缴存基数上限为18378元，下限为3202元。月缴存额上限为4410元（含单位、个人两部分，下同），下限为320元。城镇个体工商户月缴存住房公积金的工资基数，按照缴存人上一年度月平均纳税收入计算。我市辖区内的中央、省属驻市单位住房公积金缴存标准，按我市缴存标准规定执行。

贷款额度。在赣州市中心城区范围内购买、建造、翻建、大修自住住房申请住房公积金贷款最高额度50万元，单方40万元，或按计算公式计算可贷金额；在县（市）城镇范围内购买、建造、翻建、大修自住住房申请住房公积金贷款最高额度40万元，单方30万元，或按计算公式计算可贷金额。

计算公式。每户可贷金额=借款人及配偶的缴存基数之和×50%×12×贷款期限（年）+借款人及配偶的住房公积金缴存余额。

贷款利率执行人民银行规定个人住房公积金贷款。5年及以内，利率2.75%；5年以上，利率3.25%。

（四）当年服务改进情况。

1. 全面完善住房公积金综合服务平台。中心已开通赣州公积金门户网站、手机公积金App、"赣州公积金"微信公众号、12329服务热线和12345服务热线并行、12329短信平台、网上服务大厅、自助查询打印一体机、官方微博等八大服务渠道。与此同时，中心积极拓宽其他服务渠道。在市民中心和市行政服务中心24小时自助服务区分别新增了1台自助查询打印一体机；实现对接支付宝城市服务平台，登录支付宝—市民中心—公积金栏目，即可实时查询公积金账户信息；实现对接省"赣服通"平台，在赣服通平台上线9项公积金查询服务事项，16项公积金业务办理事项。

2. 实现单位归集业务、开发商业务全程网上办理。中心向全市缴存单位免费发放Ukey数字证书8112个，向全市住房公积金合作房地产开发商免费发放Ukey数字证书332个。缴存单位、合作开发商可以通过Ukey数字证书，登录赣州公积金网上服务大厅，全程网上办理全部单位归集业务和开发商业务。

3. 打破数据孤岛、加快推进政务数据共享。中心加快推进政务数据共享建设。完成与市政府大数据交换平台的对接，通过交换平台实时获取身份信息、户籍信息、婚姻信息等电子证照，实现了证件联网校验。完成与市公安、民政、人社、市场监管、医保、住建、自然资源等政务部门数据共享。与工商银行、农业银行、中国银行、建设银行、赣州银行、招商银行等受托银行实现信息共享合作。依托数据共享、互联互通，中心实现34项高频公积金业务"一次不跑"全程网办，6项公积金非高频业务"只跑一次"，真正做到了"让数据多跑路，群众少跑腿"。

4. 三项公积金服务事项"跨省通办"。按照住房和城乡建设部的统一部署要求，中心完成了个人住房公积金缴存贷款等信息查询、出具贷款职工住房公积金缴存使用证明、正常退休提取住房公积金三项公积金服务事项，跨省通办、全程网办。

（五）当年信息化建设情况。 2020年度，赣州市住房公积金信息化建设费用为406.76万元，用于贯彻落实"放管服"改革相关数据接口开发、办公用设备采买，网络安全软件及设备等信息化建设。中心按照《住房公积金基础数据标准》和《接入住房公积金银行结算数据应用系统—与公积金中心接口标准》建设的住房公积金业务运行管理系统已接入住房和城乡建设部住房公积金应用结算系统和住房公积金数据平台，并通过了住房和城乡建设部"双贯标"验收。

（六）当年住房公积金管理中心及职工所获荣誉情况。 继续保留省级文明单位荣誉；1位同志被评为全省住房和城乡建设系统抗击新冠肺炎疫情表现突出的先进个人；直属办事处被评为2020年度赣州市三八红旗手（集体）。

吉安市住房公积金2020年年度报告

根据国务院《住房公积金管理条例》和住房和城乡建设部、财政部、人民银行《关于健全住房公积金信息披露制度的通知》（建金〔2015〕26号）的规定，经住房公积金管理委员会审议通过，现将吉安市住房公积金2020年年度报告公布如下。

一、机构概况

（一）住房公积金管理委员会。 住房公积金管理委员会有25名委员，2020年召开1次会议，审议通过的事项主要包括：我市2019年度住房公积金归集和使用计划执行情况的报告；我市2019年住房公积金增值收益分配方案；2020年我市住房公积金管理有关事项和计划方案；审议修订了《吉安市住房公积金管理实施细则》。

（二）住房公积金管理中心。 住房公积金管理中心为市政府直属全额拨款参照公务员法管理公益一类事业单位，市本级设四科一室，11个县（市）办事处。从业人员114人，其中，在编63人，非在编51人。

二、业务运行情况

（一）缴存。 2020年，新开户单位410家，净增单位372家；新开户职工2.59万人，净增职工0.69万人；实缴单位5039家，实缴职工23.17万人，缴存额38.74亿元，分别同比增长1.59%、17.02%、13.37%（表1）。2020年末，缴存总额248.72亿元，比上年末增加18.45%；缴存余额130.4亿元，同比增长13.76%。受委托办理住房公积金缴存业务的银行12家。

2020年市本级及各办事处住房公积金缴存情况　　　　　表1

办事处名称	全年缴存额（万元）
市本级	114379.40
井冈山市	17664.36

续表

办事处名称	全年缴存额(万元)
吉安县	33401.37
新干县	23068.37
永丰县	26172.55
峡江县	13823.24
吉水县	28037.23
泰和县	32866.07
万安县	19856.03
遂川县	29913.68
安福县	24538.85
永新县	23686.17
合计	387407.32

（二）提取。2020年，6.77万名缴存职工提取住房公积金；提取额22.96亿元，同比增长23.04%（表2）；提取额占当年缴存额的59.27%，比上年增加4.66个百分点。2020年末，提取总额118.32亿元，比上年末增加24.08%。

2020年市本级及各办事处住房公积金提取情况　　表2

办事处名称	全年提取额(万元)
市本级	73102.97
井冈山市	9429.48
吉安县	19611.12
新干县	12900.60
永丰县	13002.43
峡江县	8053.17
吉水县	17024.21
泰和县	19566.42
万安县	10992.33
遂川县	17599.28
安福县	14726.36
永新县	13596.49
合计	229604.86

（三）贷款。

1. 个人住房贷款。个人住房贷款最高额度50万元（单、双缴存职工最高额度均为50万元）。

2020年，发放个人住房贷款5350笔、23.23亿元，同比分别增长5.88%、7.05%。

2020年，回收个人住房贷款14.14亿元（表3）。

2020年末，累计发放个人住房贷款8.11万笔、192.88亿元，贷款余额123.26亿元，分别比上年末增加7.13%、13.69%、7.97%。个人住房贷款余额占缴存余额的94.52%，比上年末减少5.08个百分点。受委托办理住房公积金个人住房贷款业务的银行10家。

2020年市本级及各办事处住房公积金个人住房贷款情况 表3

办事处名称	全年贷款发放笔数(笔)	全年贷款发放金额(万元)	全年贷款回收额(万元)
市本级	2424	106664.40	66273.86
井冈山市	196	7625.30	4907.79
吉安县	322	13554.70	8172.76
新干县	296	13349.00	5902.59
永丰县	184	7477.80	5372.23
峡江县	137	5260.20	3868.49
吉水县	194	8401.20	6225.84
泰和县	290	12249.00	11174.23
万安县	286	13384.00	5556.14
遂川县	483	22163.00	10134.26
安福县	343	14502.80	8156.77
永新县	195	7707.30	5672.60
合计	5350	232338.70	141417.56

2. 异地贷款。2020年，发放异地贷款233笔、4594万元。年末，发放异地贷款总额91215.10万元，异地贷款余额60934.49万元。

3. 公转商贴息贷款。2020年，未发放公转商贴息贷款。2020年年末，公转商贴息贷款无余额。

（四）购买国债。2020年，未购买国债。2020年末，国债无余额。

（五）资金存储。2020年末，住房公积金存款15.60亿元。其中，活期0.06亿元，1年（含）以下定期0亿元，1年以上定期12.58亿元，其他（协定、通知存款等）2.96亿元。

（六）资金运用率。2020年末，住房公积金个人住房贷款余额、项目贷款余额和购买国债余额的总和占缴存余额的94.52%，比上年末减少5.08个百分点。

三、主要财务数据

（一）业务收入。2020年，业务收入45480.17万元，同比增长15.86%。其中，存款利息4238.27万元，委托贷款利息38568.68万元，国债利息0万元，其他2673.22万元。

（二）业务支出。2020年，业务支出19825.25万元，同比增长3.02%。其中，支付职工住房公积金利息18424.46万元，归集手续费0万元，委托贷款手续费1180.26万元，其他220.53万元。

（三）增值收益。2020年，增值收益25654.92万元，同比增长28.19%。增值收益率2.10%，比上年增加0.22个百分点。

（四）增值收益分配。2020年，提取贷款风险准备金12325.57万元；提取管理费用2000万元，提取城市廉租住房（公共租赁住房）建设补充资金11329.35万元。

2020年，上交财政管理费用1871.42万元。上缴财政城市廉租住房（公共租赁住房）建设补充资金6726.58万元。

2020年末，贷款风险准备金余额68416.63万元。累计提取城市廉租住房（公共租赁住房）建设补充资金55951.30万元。

（五）管理费用支出。 2020年，管理费用支出1848.47万元，同比下降4.57%。其中，人员经费1573.25万元，公用经费254.61万元，专项经费20.60万元。

四、资产风险状况

个人住房贷款。2020年末，个人住房贷款逾期额14.41万元，逾期率0.01‰。个人贷款风险准备金余额68416.63万元。2020年，未使用个人贷款风险准备金核销呆坏账。

五、社会经济效益

（一）缴存业务。 缴存职工中，国家机关和事业单位占59.01%，国有企业占13.98%，城镇集体企业占1.65%，外商投资企业占3.26%，城镇私营企业及其他城镇企业占19.77%，民办非企业单位和社会团体占2.12%，灵活就业人员占0%，其他占0.21%；中、低收入占95.37%，高收入占4.63%。

新开户职工中，国家机关和事业单位占28.30%，国有企业占5.73%，城镇集体企业占1.03%，外商投资企业占3.50%，城镇私营企业及其他城镇企业占56.51%，民办非企业单位和社会团体占3.43%，灵活就业人员占0%，其他占1.50%；中、低收入占99.43%，高收入占0.57%。

（二）提取业务。 提取金额中，购买、建造、翻建、大修自住住房占20.35%，偿还购房贷款本息占53.77%，租赁住房占0.41%，支持老旧小区改造占0.24%，离休和退休提取占20.89%，完全丧失劳动能力并与单位终止劳动关系提取占2.74%，出境定居占0%，其他占1.60%。提取职工中，中、低收入占85.12%，高收入占14.88%。

（三）贷款业务。 个人住房贷款。2020年，支持职工购建房67.18万平方米，年末个人住房贷款市场占有率为8.58%，比上年末增加4.39个百分点。通过申请住房公积金个人住房贷款，可节约职工购房利息支出107203.62万元。

职工贷款笔数中，购房建筑面积90（含）平方米以下占7.42%，90～144（含）平方米占84.21%，144平方米以上占8.37%。购买新房占74.17%（其中购买保障性住房占0%），购买二手房占25.68%，建造、翻建、大修自住住房占0.15%（其中支持老旧小区改造占0%），其他占0%。

职工贷款笔数中，单缴存职工申请贷款占25.61%，双缴存职工申请贷款占74.39%，三人及以上缴存职工共同申请贷款占0%。

贷款职工中，30岁（含）以下占39.78%，30岁～40岁（含）占34.36%，40岁～50岁（含）占20.84%，50岁以上占5.02%；首次申请贷款占87.20%，二次及以上申请贷款占12.80%；中、低收入占96.97%，高收入占3.03%。

（四）住房贡献率。 2020年，个人住房贷款发放额、公转商贴息贷款发放额、项目贷款发放额、住房消费提取额的总和与当年缴存额的比率为104.29%，比上年增加0.15个百分点。

六、其他重要事项

（一）应对新冠肺炎疫情采取的措施，落实住房公积金阶段性支持政策情况和政策实施成效。 为应对新冠肺炎疫情，中心制定出台了《关于妥善应对新冠肺炎疫情落实住房公积金阶段性支持政策的通知》（吉房金字〔2020〕6号）。支持政策及其成效主要有。一是受新冠肺炎疫情影响的企业，可按规定申请降低住房公积金缴存比例或缓缴住房公积金，且不影响职工正常提取和申请住房公积金贷款。2020年累计为全市30家企业缓缴公积金300.64万元；二是受新冠肺炎疫情影响的职工，租房提取最高限额由1000元/月调增为1200元/月。疫情期间办理租房提取业务435笔，提取金额40.68万元；三是住房公积金贷款的借款人因受新冠肺炎疫情影响未能正常还款的，不作逾期处理，不作为逾期记录报送征信部门，已报送的予以调整。2020年全市受疫情影响职工无法正常还贷且不作逾期处理的贷款共2笔，不作逾期处理的贷款余额47.10万元。

（二）当年机构及职能调整情况、受委托办理缴存贷款业务金融机构变更情况。当年机构及职能无调整，当年新增1家受委托办理贷款业务金融机构。

（三）当年住房公积金政策调整及执行情况。

1. 当年缴存基数限额及确定方法、缴存比例等政策调整情况。根据吉安市统计局公布的我市2019年城镇非私营单位在岗职工（含劳务派遣）年平均工资为67605元，我市2020年度职工住房公积金月缴存额确定上限为4058元、下限为340元（含单位、个人部分）。

2. 当年提取政策调整情况。

（1）新增既有住宅加装电梯提取。既有住宅加装电梯的，本人及配偶可提取一次住房公积金，提取额度不得超过加装电梯费用扣除政府奖补后的个人分摊金额。

（2）防范骗提风险。同一套住房一年内首次交易可以提取住房公积金，再次交易不得提取。两人（含两人）以上购房且无法提供夫妻或直系亲属关系证明的，只按购房份额提取其中一人的住房公积金。

3. 当年个人住房贷款最高贷款额度、贷款条件等贷款政策调整情况。

（1）收入还贷比（月供除以月收入的比值）由原来的不超过60%调整为不超过50%。

（2）年内提前部分还款次数由原来的一次调整为不限次数。

4. 当年住房公积金存贷款利率执行标准等。住房公积金存款利率执行1.5%。

住房公积金首套房贷款利率执行五年（含）以下2.75%，五年以上3.25%，二套房贷款利率执行同期首套房利率的1.1倍。

5. 支持老旧小区改造政策落实情况。2020年5月19日，经吉安市住房公积金管理委员会全体成员会议审议修订通过的《吉安市住房公积金管理实施细则》中，明确了"既有住宅加装电梯的，本人及配偶可提取一次住房公积金，提取额度不得超过加装电梯费用扣除政府奖补后的个人分摊金额。"

（四）当年服务改进情况。

1. 推进住房公积金服务"跨省通办"工作情况。设置醒目的"异地通办"专窗服务标识，指定专人专柜办理"跨省通办、省内通办"业务。个人住房公积金缴存贷款等信息查询、出具贷款职工住房公积金缴存使用证明、正常退休提取住房公积金事项已全部实现"跨省通办"。

2. 服务网点、服务设施、服务手段、综合服务平台建设和其他网络载体建设服务情况。结合政务服务事项标准化编制工作，通过优化流程、简化材料、信息共享，共梳理出"一次不跑"事项12项和"只跑一次"事项28项。

"赣服通"新增的线上服务事项有。享受城镇居民最低生活保障提取、完全或者部分丧失劳动能力提取、租房提取、借款人还款卡号变更、提前结清贷款、提前部分还款 6 项服务事项。

（五）当年信息化建设情况。2020 年 12 月中旬业务系统接入"一窗式"系统，实现部分业务一窗受理，并同步接受"好差评"线上评价。

（六）当年对违反《住房公积金管理条例》和相关法规行为进行行政处罚和申请人民法院强制执行情况。无。

（七）当年对住房公积金管理人员违规行为的纠正和处理情况等。无。

（八）其他需要披露的情况。无。

宜春市住房公积金 2020 年年度报告

根据国务院《住房公积金管理条例》和住房和城乡建设部、财政部、人民银行《关于健全住房公积金信息披露制度的通知》（建金〔2015〕26 号）的规定，经住房公积金管理委员会审议通过，现将宜春市住房公积金 2020 年年度报告公布如下。

一、机构概况

（一）住房公积金管理委员会。住房公积金管理委员会有 18 名委员，2020 年 3 月 27 日召开 1 次会议，审议通过的事项主要包括：1. 会议审议通过了 2019 年度市住房公积金管理中心财务预算执行情况；2. 会议审议通过了 2020 年住房公积金预算计划；3. 会议审议通过了《宜春市住房公积金 2019 年年度报告》，同意向社会予以披露；4. 会议研究确定的问题。

（二）住房公积金管理中心。住房公积金管理中心为直属市政府的不以营利为目的的自收自支事业单位，设 5 个科室，9 个县市办事处。从业人员 90 人，其中，在编 53 人，非在编 37 人。

二、业务运行情况

（一）缴存。2020 年，新开户单位 318 家，净减少单位 19 家；新开户职工 2.37 万人，净减少职工 0.3 万人；实缴单位 3765 家，实缴职工 23.75 万人，缴存额 39.6 亿元，分别同比增加 5.64%、1.54%、6.25%。2020 年末，缴存总额 263.75 亿元，比上年末增加 17.67%；缴存余额 115.16 亿元，同比增加 10.26%。

受委托办理住房公积金缴存业务的银行 6 家，与上年数持平。

（二）提取。2020 年，7.75 万名缴存职工提取住房公积金，提取额 28.88 亿元，同比增长 21.91%；提取额占当年缴存额的 72.93%，比上年增加 9.37 个百分点。2020 年末，提取总额 148.59 亿元，比上年末增加 24.11%。

（三）贷款。

个人住房贷款。个人住房贷款最高额度 60 万元。2020 年，发放个人住房贷款 0.58 万笔、25.69 亿元，同比分别增长 28.89%、42.48%。其中，市中心（含袁州区）发放个人住房贷款 0.18 万笔、8.85 亿元,丰城办事处发放个人住房贷款0.12万笔、5.31亿元,高安办事处发放个人住房贷款0.06万笔、2.88亿元,樟树办事处发放个人住房贷款0.05万笔、1.95亿元,上高办事处发放个人住房贷款0.05万笔、2.02亿元,万载办事处发放个人住房贷款0.03万笔、1.39亿元,宜丰办事处发放个人住房贷款0.02万笔、0.83亿元,奉新办事处发放个人住房贷款0.02万笔、0.84亿元,铜鼓办事处发放个人住房贷款0.03万笔、0.97亿元,靖安办事处发放个人住房贷款0.02万笔、0.65亿元。

2020年,回收个人住房贷款13.81亿元。其中,市中心(含袁州区)5.5亿元,丰城办事处2.13亿元,高安办事处1.91亿元,樟树办事处1.26亿元,上高办事处0.87亿元,万载办事处0.55亿元,宜丰办事处0.36亿元,奉新办事处0.46亿元,铜鼓办事处0.28亿元,靖安办事处0.49亿元。

2020年末,累计发放个人住房贷款7.3万笔、168.23亿元,贷款余额100.19亿元,分别比上年末增加8.63%、18.02%、13.44%。个人住房贷款余额占缴存余额的87%,比上年末增加2.44个百分点。

受委托办理住房公积金个人住房贷款业务的银行10家,与上年数持平。

(四)资金存储。2020年末,住房公积金存款19.26亿元。其中,活期0.04亿元,1年(含)以下定期0.9亿元,1年以上定期17.01亿元,其他(协定、通知存款等)1.31亿元。

(五)资金运用率。2020年末,住房公积金个人住房贷款余额、项目贷款余额和购买国债余额占缴存余额的87%,比上年末增加2.44个百分点。

三、主要财务数据

(一)业务收入。2020年,全市完成业务收入37279.23万元(其中,存款利息收入6471.98万元,贷款利息收入29861.44万元,保证金利息收入945.54万元,其他逾期罚息收入0.27万元)。

(二)业务支出。2020年业务支出16864.75万元(其中,支付职工利息支出16747.26万元,保证金利息支出117.36万元,其他银行账户管理费支出0.13万元)。

(三)增值收益。2020年,增值收益20414.48万元,同比增长16.2%。增值收益率1.85%,比上年增加0.06个百分点。

(四)增值收益分配。2020年,提取贷款风险准备金1187.61万元,提取管理费用2112.54万元,提取城市廉租住房(公共租赁住房)建设补充资金17114.33万元。

2020年,上交财政管理费用2012.1万元。上缴财政城市廉租住房(公共租赁住房)建设补充资金6919.82万元。

2020年末,贷款风险准备金余额45934.96万元。累计提取城市廉租住房(公共租赁住房)建设补充资金71414.84万元。

(五)管理费用支出。2020年,管理费用支出2112.54万元,同比增加16.28%。其中,人员经费1476.99万元,公用经费253.41万元,专项经费382.14万元。

四、资产风险状况

个人住房贷款。2020年末,个人住房贷款逾期额70.42万元,逾期率0.07‰。其中,市中心(含袁州区)0.19‰,高安办事处0.002‰。2020年末,个人贷款风险准备金余额45934.96万元,使用个人贷款风险准备金核销呆坏账0万元。

五、社会经济效益

（一）**缴存业务**。缴存职工中，国家机关和事业单位占 55.98%，国有企业占 17.46%，城镇集体企业占 0.92%，外商投资企业占 8.96%，城镇私营企业及其他城镇企业占 12.09%，民办非企业单位和社会团体占 1.04%，其他占 3.55%；中、低收入占 97.14%，高收入占 2.86%。

新开户职工中，国家机关和事业单位占 31.63%，国有企业占 10.49%，城镇集体企业占 0.56%，外商投资企业占 11.31%，城镇私营企业及其他城镇企业占 32%，民办非企业单位和社会团体占 3.87%，其他占 10.14%；中、低收入占 99.82%，高收入占 0.18%。

（二）**提取业务**。提取金额中，购买、建造、翻建、大修自住住房占 28%，偿还购房贷款本息占 46.49%，租赁住房占 0.61%，离休和退休提取占 17.77%，完全丧失劳动能力并与单位终止劳动关系提取占 3.04%，死亡或宣告死亡提取占 0.51%，其他占 3.58%。

提取职工中，中、低收入占 95.78%，高收入占 4.22%。

（三）**贷款业务**。2020 年，支持职工购建房 72.35 万平方米，年末个人住房贷款市场占有率为 15.82%，比上年增加 4.95 个百分点。通过申请住房公积金个人住房贷款，可节约职工购房利息支出 75462.81 万元。

职工贷款笔数中，购房建筑面积 90（含）平方米以下占 6.85%，90～144（含）平方米占 82.89%，144 平方米以上占 10.26%。购买新房占 76.13%，购买二手房占 23.87%。

职工贷款笔数中，单缴存职工申请贷款占 29.69%，双缴存职工申请贷款占 70.31%。

贷款职工中，30 岁（含）以下占 31.67%，30 岁～40 岁（含）占 39.44%，40 岁～50 岁（含）占 21.51%，50 岁以上占 7.38%；首次申请贷款占 81.14%，二次及以上申请贷款占 18.86%；中、低收入占 98.64%，高收入占 1.36%。

（四）**住房贡献率**。2020 年，个人住房贷款发放额、公转商贴息贷款发放额、项目贷款发放额、住房消费提取额的总和与当年缴存额的比率为 119.65%，比上年增加 23.1 个百分点。

六、其他重要事项

（一）**应对新冠肺炎疫情采取的措施，落实住房公积金阶段性支持政策情况和政策实施成效**。在疫情防控期间，深入贯彻中央和省、市关于统筹疫情防控和经济社会发展工作的决策部署，印发《关于实施住房公积金阶段性支持政策的通知》，实行住房公积金降缴缓缴的惠企政策，简化降缴缓缴手续，降低企业成本，助力企业复工复产。全市共有 60 家企业申请缓缴，累计缓缴职工人数 10485 人，缓缴金额 1435.14 万元。提高租房提取额度，加大对缴存职工租赁住房的支持力度，全市有 51 人按新租房提取金额标准累计提高租房提取金额 12.34 万元。

（二）**住房公积金政策调整及执行情况**。

1. 最高贷款额度政策调整。为了充分满足职工住房贷款需求，全市住房公积金最高贷款额度由目前 50 万元提高至 60 万元。

2. 放宽提前部分住房公积金贷款还款时间限定。为充分发挥住房公积金支持职工购房的作用，住房公积金贷款职工正常归还公积金贷款一年后，每年可申请两次用夫妻双方公积金账户内的余额冲抵部分贷款本金。

3. 全市引进人才住房公积金贷款支持政策。为进一步吸引人才落户宜春，按照《宜春市高层次人才引进办法（试行）》（宜发〔2018〕9号）文件精神认定的引进人才可享受以下公积金贷款政策，各县市根据当地的引进人才相关政策参照执行。

（1）已在异地缴存住房公积金6个月以上（含6个月）、家庭无未结清公积金贷款，且在宜春市范围内无住房的，可按首套房政策申请公积金贷款；

（2）新开户缴存住房公积金的，需在宜春市缴存住房公积金6个月以上（含6个月），且在宜春市范围内无住房的，可按首套房政策申请公积金贷款；

（3）在宜春市范围内无住房的，申请住房公积金贷款的首付比例可按不低于20%的标准执行。

4. 职工购买第二套改善性住房贷款政策调整。为满足职工日益增长的改善居住条件的需求，符合住房公积金贷款申请条件的职工，结清住房贷款购买第二套改善性住房的，可以不受"一年内因偿还住房贷款、住房公积金贷款按月划拨还贷原因不能申请公积金贷款"的政策限定，申请公积金贷款。

5. 既有住宅加装电梯提取住房公积金政策。为贯彻落实省住房城乡建设厅《关于加快推进既有住宅加装电梯有关工作的通知》（赣建房〔2020〕3号）要求，进一步加大住房公积金对职工改善居住条件的支持力度，对既有住宅加装电梯的住房公积金缴存职工可申请提取住房公积金。

6. 住房公积金存贷款利率执行标准。按照中国人民银行公布的利率标准执行。

（三）当年服务改进情况。我市住房公积金中心优化服务质效，提升服务质量。积极优化住房公积金贷款政策，提高贷款额度至60万元，出台引进人才住房公积金贷款支持政策，支持职工购买第二套改善性住房，实行住宅加装电梯提取住房公积金政策，积极支持老旧小区改造，进一步发挥住房公积金服务民生的积极作用。中心重新梳理业务政策和办理流程，编制《住房公积金服务指南》《住房公积金业务操作规范》，进一步提升政策知晓率。中心领导带队深入全市70余家企业、楼盘开展实地走访调研，开展政策宣传，积极为企业排忧解难。中心拓展服务渠道，开通网上业务大厅、短信、微信、手机App、"赣服通"等功能于一体的综合服务平台，向企业和群众提供住房公积金查询、办理事项共27项，有效拓宽了服务渠道。

（四）信息化建设情况。2020年度，宜春市住房公积金信息化建设费用为287.93万元，用于网络安全等级保护测评、维护信息系统、购置网络安全设备等信息化建设。中心按照《住房公积金基础数据标注》和《接入住房公积金银行结算数据应用系统与公积金中心接口标准》建设的综合信息管理系统已接入住房和城乡建设部住房公积金银行结算数据应用系统、并通过住房和城乡建设部"双贯标"验收。

（五）中心及职工所获荣誉情况。

2020年2月获得2019年全市应急管理考核优秀单位；

2020年3月获得2019年公共机构节能考核优秀单位；

2020年5月获得2019年度平安建设（综治工作）先进单位；

2020年6月获得2019年度市直政府服务热线工作先进单位；

2020年9月获得2019年度宜春市第八届文明单位。

（六）调整住房公积金贷款风险准备金计提标准。自2020年开始，调整全市住房公积金贷款风险准备金计提标准，全市贷款风险准备金将按照年度贷款净增余额1%标准计提。

抚州市住房公积金2020年年度报告

根据国务院《住房公积金管理条例》和住房和城乡建设部、财政部、人民银行《关于健全住房公积金信息披露制度的通知》（建金〔2015〕26号）的规定，经住房公积金管理委员会审议通过，现将抚州市住房公积金2020年年度报告公布如下。

一、机构概况

（一）住房公积金管理委员会。住房公积金管理委员会有21名委员，2020年召开1次会议，审议通过的事项主要包括：1.《抚州市住房公积金2019年度归集和使用计划执行情况暨2020年工作计划安排的报告》；2.《抚州市住房公积金2019年度报告》；3.《关于加强治理惩处和防范骗提骗用住房公积金行为的规定》；4.《关于市中心城区既有住宅加装电梯提取住房公积金的管理规定》；5.《抚州市灵活就业人员缴存、使用住房公积金暂行管理办法》。

（二）住房公积金管理中心。住房公积金管理中心为直属市人民政府不以营利为目的的事业单位，设6个科室，11个管理部，0个分中心。从业人员125人，其中，在编60人，非在编65人。

二、业务运行情况

（一）缴存。2020年，新开户单位274家，净增单位126家；新开户职工1.55万人，净增职工0.80万人；实缴单位3957家，实缴职工17.32万人，缴存额24.58亿元，分别同比增长8.00%、14.70%、4.02%。2020年末，缴存总额166.81亿元，比上年末增加17.27%；缴存余额98.55亿元，同比增长11.19%。受委托办理住房公积金缴存业务的银行12家，比上年增加了0家。

（二）提取。2020年，3.98万名缴存职工提取住房公积金，提取额14.66亿元，同比增长10.89%；提取额占当年缴存额的59.65%，比上年增加3.69个百分点。2020年末，提取总额68.26亿元，比上年末增加27.35%。

（三）贷款。

1. 个人住房贷款。个人住房贷款最高额度50万元。2020年，发放个人住房贷款0.53万笔、23.91亿元，同比分别增长39.47%、58.33%。其中，市中心发放个人住房贷款0.24万笔、10.96亿元，临川区办事处发放个人住房贷款0.04万笔、2.08亿元，崇仁县办事处发放个人住房贷款0.02万笔、0.79亿元，乐安县办事处发放个人住房贷款0.03万笔、1.14亿元，宜黄县办事处发放个人住房贷款0.01万笔、0.57亿元，南城县办事处发放个人住房贷款0.02万笔、1.11亿元，南丰县办事处发放个人住房贷款0.04万笔、1.54亿元，广昌县办事处发放个人住房贷款0.02万笔、0.73亿元，黎川县办事处发放个人住房贷款0.02万笔、0.8亿元，资溪县办事处发放个人住房贷款0.01万笔、0.4亿元，金溪县办事处发放个人住房贷款0.03万笔、1.38亿元，东乡区办事处发放个人住房贷款0.05万笔、2.41亿元。

2020年，回收个人住房贷款9.08亿元。其中，市中心2.68亿元，临川区办事处1.51亿元，崇仁县办事处0.42亿元，乐安县办事处0.67亿元，宜黄县办事处0.42亿元，南城县办事处0.59亿元，南丰县办事处0.64亿元，广昌县办事处0.34亿元，黎川县办事处0.32亿元，资溪县办事处0.15亿元，金溪县办事处0.44亿元，东乡区办事处0.9亿元。

2020年末，累计发放个人住房贷款5.27万笔、138.53亿元，贷款余额89.09亿元，分别比上年末增加11.18%、20.87%、19.97%。个人住房贷款余额占缴存余额的90.40%，比上年末增加6.61个百分点。

受委托办理住房公积金个人住房贷款业务的银行7家，比上年增加2家。

2. 异地贷款。2020年，发放异地贷款38笔、1671.5万元。2020年末，发放异地贷款总额27738.1万元，异地贷款余额19421.24万元。

3. 公转商贴息贷款。2020年，发放公转商贴息贷款0笔、0万元，当年贴息额0万元。2020年末，累计发放公转商贴息贷款0笔、0万元，累计贴息0万元。

（四）购买国债。2020年，购买（记账式、凭证式）国债0亿元，（兑付、转让、收回）国债0亿元。2020年末，国债余额0亿元。

（五）资金存储。2020年末，住房公积金存款11.07亿元。其中，活期3.00亿元，1年（含）以下定期4.02亿元，1年以上定期4.05亿元，其他（协定、通知存款等）0亿元。

（六）资金运用率。2020年末，住房公积金个人住房贷款余额、项目贷款余额和购买国债余额的总和占缴存余额的90.40%，比上年末增加6.61个百分点。

三、主要财务数据

（一）业务收入。2020年，业务收入31630.66万元，同比增长7.23%。存款利息4227.90万元，委托贷款利息26236.41万元，国债利息0万元，其他1166.35万元。

（二）业务支出。2020年，业务支出15542.21万元，同比增长12.71%。支付职工住房公积金利息14221.73万元，归集手续费0万元，委托贷款手续费1270.71万元，其他49.77万元。

（三）增值收益。2020年，增值收益16088.46万元，同比增长2.43%。增值收益率1.63%，比上年减少0.18个百分点。

（四）增值收益分配。2020年，提取贷款风险准备金1483.40万元，提取管理费用2548.66万元，提取城市廉租住房（公共租赁住房）建设补充资金12056.40万元。

2020年，上交财政管理费用2548.66万元。上缴财政城市廉租住房（公共租赁住房）建设补充资金5934.22万元。

2020年末，贷款风险准备金余额32624.28万元。累计提取城市廉租住房（公共租赁住房）建设补充资金46546.58万元。

（五）管理费用支出。2020年，管理费用支出2419.12万元，同比下降40.75%。其中，人员经费1433.44万元，公用经费275.71万元，专项经费709.97万元。

四、资产风险状况

个人住房贷款。2020年末,个人住房贷款逾期额66.27万元,逾期率0.0744‰。

2020年,计提个人住房贷款风险准备金1483.40万元,个人贷款风险准备金余额32624.28万元,占个人住房贷款余额为3.66%,个人住房贷款逾期额与个人住房贷款风险准备金余额的比率为0.2%。2020年,使用个人贷款风险准备金核销呆坏账0万元。

五、社会经济效益

(一)**缴存业务**。缴存职工中,国家机关和事业单位占63.39%,国有企业占17.50%,城镇集体企业占0.33%,外商投资企业占0.07%,城镇私营企业及其他城镇企业占7.62%,民办非企业单位和社会团体占0.23%,灵活就业人员占0.77%,其他占10.09%;中、低收入占100%,高收入占0%。

新开户职工中,国家机关和事业单位占36.44%,国有企业占13.50%,城镇集体企业占0.14%,外商投资企业占0.08%,城镇私营企业及其他城镇企业占13.14%,民办非企业单位和社会团体占0.31%,灵活就业人员占9.58%,其他占26.81%;中、低收入占100%,高收入占0%。

(二)**提取业务**。提取金额中,购买、建造、翻建、大修自住住房占11.96%,偿还购房贷款本息占57.20%,租赁住房占0.25%,支持老旧小区改造占0%,离休和退休提取占24.19%,完全丧失劳动能力并与单位终止劳动关系提取占6.38%,出境定居占0%,其他占0.02%。提取职工中,中、低收入占100%,高收入占0%。

(三)**贷款业务**。个人住房贷款。2020年,支持职工购建房62.96万平方米(含公转商贴息贷款),年末个人住房贷款市场占有率(含公转商贴息贷款)为11.57%,比上年末减少1.37个百分点。通过申请住房公积金个人住房贷款,可节约职工购房利息支出49325.88万元。

职工贷款笔数中,购房建筑面积90(含)平方米以下占7.26%,90~144(含)平方米占88.27%,144平方米以上占4.47%。购买新房占84.43%(其中购买保障性住房占0%),购买二手房占15.57%,建造、翻建、大修自住住房占0%(其中支持老旧小区改造占0%),其他占0%。

职工贷款笔数中,单缴存职工申请贷款占59.97%,双缴存职工申请贷款占39.59%,三人及以上缴存职工共同申请贷款占0.44%。

贷款职工中,30岁(含)以下占28.96%,30岁~40岁(含)占32.47%,40岁~50岁(含)占27.51%,50岁以上占11.06%;首次申请贷款占85.79%,二次及以上申请贷款占14.21%;中、低收入占100%,高收入占0%。

(四)**住房贡献率**。2020年,个人住房贷款发放额、公转商贴息贷款发放额、项目贷款发放额、住房消费提取额的总和与当年缴存额的比率为138.69%,比上年增加34.97个百分点。

六、其他重要事项

(一)**落实应对疫情政策措施取得成效**。面对年初突然暴发的新冠肺炎疫情,全市住房公积金管理机构沉着冷静,根据国家和省、市的统一部署,结合本地实际,在2月底相继制定出台困难企业阶段性缓缴公积金、阶段性提高个人贷款最高额度、增加租房提取频次及额度等多项支持政策措施,并予以认真落实执行，全市有17家受疫情影响的困难企业缓缴住房公积金220.96万元，有705户购房职工在疫情防控阶段性期间获得超出最高额度贷款2.80亿元，还租提取额也同比增长18.57万元，有力支持了企业复工复产，更好满足了职工的购房需求。

（二）统一规范执行各项政策管理规定。认真按照国务院《住房公积金管理条例》、住房和城乡建设部《关于住房公积金管理若干具体问题的指导意见》和颁布的业务国家标准，根据统计部门公布的年度数据，确定并向社会公布2020年度全市统一执行的住房公积金公积金缴存最高额度为4052元/月，最低额度市本级为158元/月，县区为148元/月。当年提取和贷款政策进行了阶段性地调整，在疫情期间，租房提取年度频率由一年一次调整为半年一次，提取金额市区提高了20%，县区提高了25%；贷款的最高额度由50万元一度调高到60万元；疫情阶段性期间，缓缴企业缴存职工的提取、信贷业务均未受影响。2020年度全市住房公积金的存贷利率严格按照央行存贷规定利率执行。

为便利缴存职工办理个人住房贷款业务，经市住房公积金管理委员会批准授权，信贷业务委托金融机构增加了农商银行和九江银行两家。

（三）优化提升公积金服务效能和水平。以开展"服务质效提升年"活动为主题推进"放管服"改革和"五型"政府建设，着力抓好三项工作，一是在信息管理系统通过住房和城乡建设部"双贯标"基础上，又相继进行了办事群众服务满意度"好差评"、大南昌都市圈城市间公积金数据共享互联、电子证照获取和企业开户一网通办、人脸识别登录等线上扩展功能的建设，同时进一步完善网上综合服务平台的建设，在原有"我的抚州App""赣服通"等功能的基础上，又相继开通了网上单位版、个人版的网上办事大厅、微信公众号和手机App等网上服务新渠道，增添了网上业务办理办结的新项目，使"一次不跑"的服务事项达到了16项，网办率已达到90%以上。二是切实抓好窗口的现场服务，严纪律、强作风、重形象，加强监督检查，即使在疫情期间，做到网上业务不中断、坚持轮值全天候、错时延时和节假日工作制照常执行，保障了"随时办"的落实。市中心大厅窗口在市政务服务中心组织的月度综合考评中连续获评第1名，受到群众的好评。三是"跨省通办"业务事项基本开通，住房和城乡建设部要求和符合政策规定的24类业务，除跨省数据共享不健全、需合同面签、涉及法律规定、关键信息网上变更风险4类外均能办理，通办率达到83.4%。

（四）开拓创新深化探索推进制度改革。首先是探索推进灵活就业人员参缴住房公积金。在5月份拟定出台了《抚州市灵活就业人员缴存、使用住房公积金管理办法》，将个体工商户及其雇员、自由职业者纳入住房公积金缴存对象、大力宣传推介和动员，到2020年底全市有1499名灵活就业人员参缴了住房公积金，缴存公积金金额达到505.64万元，受到省住房城乡建设厅高度重视和支持，并作为试点经验报住房和城乡建设部。其次是开通市中心城区既有住宅加装电梯提取住房公积金的渠道，出台具体办法，积极配合市政府加快推进旧城改造，提升人民群众生活质量的暖民便民举措，进一步发挥了住房公积金在民生工程建设中的助民政策作用。再次是主动融入大区域住房公积金互联互动的改革，在年初和五月份，响应和参与"大南昌都市圈"住房公积金异地贷款政策一体化、"长江中游城市群"四省二十市住房公积金合作互联互动合作的改革，签署协议，为跨市、跨省异地公积金贷款开启了便捷通道，使我市住房公积金业务拓展到一个更为广阔的空间。

（五）严格遵守纪律法规保障安全运行。加强对干部职工的思想政治教育，深入开展对中国特色社会主义理论和习近平系列重要讲话精神的学习，坚持抓好党风廉政建设，严格遵守法律法规、纪律规定和公积金各项政策，进一步建立健全了管理制度 10 项，定期和专项进行内审和稽核检查，保证了全市住房公积金统一规范的运行，干部职工队伍未出现违规违纪的人和事。

在 2020 年度，持续开展了防范打击骗提骗贷住房公积金违法行为的扫黑除恶活动，全年进行异地联查 55 人次，查处骗提住房公积金案件 2 起、骗贷住房公积金案件 1 起，3 名当事人列入黑名单管理。下半年还针对灵活就业人员参缴公积金业务过程中，出现的违规歪曲宣传、高额收取费用的 2 家不良中介机构进行了调查查处。此外加大对逾期贷款的追索力度，通过不间断催收和法律途径，结清逾期贷款 4 笔，追回逾期贷款本息 85.24 万元，个贷逾期率远低于省住房城乡建设厅下达的目标要求和全省平均水平，全市住房公积金的安全得到切实地保障。

全市住房公积金当年度的工作取得显著成效，市公积金管理中心被评为 2020 年度市级文明单位、市直平安建设（综治工作）优秀单位、全市公共机构节能工作优秀单位，市中心党组被市直机关工委评为先进基层党组织，一名同志还被授予"优秀共产党员"荣誉称号。

上饶市住房公积金 2020 年年度报告

根据国务院《住房公积金管理条例》和住房和城乡建设部、财政部、人民银行《关于健全住房公积金信息披露制度的通知》（建金〔2015〕26 号）的规定，经住房公积金管理委员会审议通过，现将上饶市住房公积金 2020 年年度报告公布如下。

一、机构概况

（一）住房公积金管理委员会。住房公积金管理委员会有 30 名委员，2020 年召开 1 次会议，审议通过的事项主要包括：改选、增选了市住房公积金管理委员会部分委员，听取了上饶市住房公积金管理中心 2019 年上半年工作汇报和玉山住房公积金骗贷案依法处置进展情况汇报，研究了《上饶市住房公积金管理中心关于固定资产报损及核销情况的报告》《关于调整住房公积金使用政策的报告》，审议了《上饶市住房公积金管理委员会关于公布 2020 年度住房公积金缴存上下限标准的通知》。会议还按照《上饶市住房公积金管理委员会章程》《上饶市住房公积金管理委员会议事规则》，对《上饶市住房公积金 2019 年年度报告》《关于妥善应对新冠肺炎疫情实施住房公积金阶段性支持政策的实施细则》《关于上饶市中心城区既有住宅加装电梯提取住房公积金有关事项的通知》《关于调整在中心城区购买自住住房申请公积金贷款上限额度的通知》进行了备案。

（二）住房公积金管理中心。住房公积金管理中心为直属上饶市人民政府不以营利为目的的参公事业单位，设 9 个科，13 个管理部，1 个分中心。从业人员 165 人，其中，在编 84 人，非在编 81 人。

二、业务运行情况

（一）缴存。2020 年，新开户单位 346 家，净增单位 16 家；新开户职工 2.81 万人，净增职工 1.29 万人；实缴单位 4963 家，实缴职工 24.67 万人，缴存额 43.11 亿元，分别同比增长 0.32%、5.52%、

13.93%。2020 年末，缴存总额 273.63 亿元，比上年末增加 18.7%；缴存余额 164.14 亿元，同比增长 15.11%。受委托办理住房公积金缴存业务的银行 16 家。

(二) 提取。2020 年，6.11 万名缴存职工提取住房公积金；提取额 21.57 亿元，同比增长 16.59%；提取额占当年缴存额的 50.03%，比上年增加 1.14 个百分点。2020 年末，提取总额 109.49 亿元，比上年末增加 24.53%。

(三) 贷款。

1. 个人住房贷款。个人住房贷款最高额度 60 万元。其中，上饶市中心城区个人住房贷款最高贷款额度为 60 万元，其他县（市、区）个人住房贷款最高贷款额度为 50 万元。

2020 年，发放个人住房贷款 0.66 万笔、29.41 亿元，同比分别增长 11.86%、21.43%。

2020 年，回收个人住房贷款 16.81 亿元。

2020 年末，累计发放个人住房贷款 6.73 万笔、204.92 亿元，贷款余额 135.16 亿元，分别比上年末增加 10.87%、16.76%、13.88%。个人住房贷款余额占缴存余额 82.34%，比上年末减少 0.89 个百分点。受委托办理住房公积金个人住房贷款业务的银行 11 家。

2. 异地贷款。2020 年，发放异地贷款 349 笔、14627.5 万元。2020 年末，发放异地贷款总额 70263.4 万元，异地贷款余额 54270.29 万元。

3. 公转商贴息贷款。2020 年，发放公转商贴息贷款 0 笔、0 万元，当年贴息额 0 万元。2020 年末，累计发放公转商贴息贷款 0 笔、0 万元，累计贴息 0 万元。

(四) 购买国债。2020 年，购买国债 0 亿元，（兑付、转让、收回）国债 0 亿元。2020 年末，国债余额 0 亿元。

(五) 资金存储。2020 年末，住房公积金存款 29.49 亿元。其中，活期 1 亿元，1 年（含）以下定期 0 亿元，1 年以上定期 28.49 亿元，其他（协定、通知存款等）0 亿元。

(六) 资金运用率。2020 年末，住房公积金个人住房贷款余额、项目贷款余额和购买国债余额的总和占缴存余额的 82.34%，比上年末减少 0.89 个百分点。

三、主要财务数据

(一) 业务收入。2020 年，业务收入 52743 万元，同比增长 17.5%。其中，存款利息 10033.19 万元，委托贷款利息 40600.76 万元，国债利息 0 万元，其他 2109.05 万元。

(二) 业务支出。2020 年，业务支出 24259.24 万元，同比增长 15.75%。其中，支付职工住房公积金利息 23144.23 万元，归集手续费 0 万元，委托贷款手续费 1067.03 万元，其他 47.98 万元。

(三) 增值收益。2020 年，增值收益 28483.76 万元，同比增长 19.05%。增值收益率 1.86%，比上年增加 0.06 个百分点。

(四) 增值收益分配。2020 年，提取贷款风险准备金 1665.24 万元，提取管理费用 2591.52 万元，提取城市廉租住房（公共租赁住房）建设补充资金 24227 万元。

2020 年，上交财政管理费用 2591.52 万元。上缴财政城市廉租住房（公共租赁住房）建设补充资金 24227 万元。

2020 年末，贷款风险准备金余额 14094.38 万元。累计提取城市廉租住房（公共租赁住房）建设补充资金 119438.89 万元。

（五）**管理费用支出**。2020 年，管理费用支出 3036.08 万元，同比下降 2.17%。其中，人员经费 1437.32 万元，公用经费 984.06 万元，专项经费 614.7 万元。

四、资产风险状况

2020 年末，个人住房贷款逾期额 2685.97 万元，逾期率 1.99‰。个人贷款风险准备金余额 13534.38 万元，项目贷款风险准备金余额 560 万元。2020 年，使用个人贷款风险准备金核销呆坏账 0 万元。

五、社会经济效益

（一）**缴存业务**。存款职工中，国家机关和事业单位占 61.08%，国有企业占 22.47%，城镇集体企业占 1.34%，外商投资企业占 0.11%，城镇私营企业及其他城镇企业占 13.51%，民办非企业单位和社会团体占 0.53%，灵活就业人员占 0%，其他占 0.96%；中、低收入占 64.92%，高收入占 35.08%。

新开户职工中，国家机关和事业单位占 27.2%，国有企业占 13.59%，城镇集体企业占 6.35%，外商投资企业占 0.22%，城镇私营企业及其他城镇企业占 48.14%，民办非企业单位和社会团体占 1.74%，灵活就业人员占 0%，其他占 2.76%；中、低收入占 93.19%，高收入占 6.81%。

（二）**提取业务**。提取金额中，购买、建造、翻建、大修自住住房占 11.98%，偿还购房贷款本息占 54.99%，租赁住房占 1.09%，支持老旧小区改造占 0%，离休和退休提取占 26.12%，完全丧失劳动能力并与单位终止劳动关系提取占 3.16%，出境定居占 0%，其他占 2.66%。提取职工中，中、低收入占 56.46%，高收入占 43.54%。

（三）**贷款业务**。2020 年，支持职工购建房 83.51 万平方米，年末个人住房贷款市场占有率为 14.11%，比上年末减少 0.61 个百分点。通过申请住房公积金个人住房贷款，可节约职工购房利息支出 148686 万元。

职工贷款笔数中，购房建筑面积 90（含）平方米以下占 4.15%，90～144（含）平方米占 87.5%，144 平方米以上占 8.35%。购买新房占 75.08%（其中购买保障性住房占 0%），购买二手房占 23.1%，建造、翻建、大修自住住房占 0.08%（其中支持老旧小区改造占 0%），其他占 1.74%。

职工贷款笔数中，单缴存职工申请贷款占 58.15%，双缴存职工申请贷款占 41.85%，三人及以上缴存职工共同申请贷款占 0%。

贷款职工中，30 岁（含）以下占 28.21%，30 岁～40 岁（含）占 38.63%，40 岁～50 岁（含）占 25.63%，50 岁以上占 7.53%；首次申请贷款占 88.9%，二次及以上申请贷款占 11.1%；中、低收入占 62.92%，高收入占 37.08%。

（四）**住房贡献率**。2020 年，个人住房贷款发放额、公转商贴息贷款发放额、项目贷款发放额、住房消费提取额的总和与当年缴存额的比率为 102.27%，比上年增加 5.23 个百分点。

六、其他重要事项

（一）**积极应对新冠肺炎疫情情况**。明确将奖励性工资纳入职工住房公积金缴存基数，全年新增财政配款 7056 万元；进一步加大了缴存单位网上业务大厅的推广力度，目前全市共有 268 家缴存单位通过网上业务大厅直接办理住房公积金缴存、变更等有关业务,极大方便了缴存单位正常、及时、足额缴存住房公积金;认真落实疫情期间住房公积金阶段性缓缴政策,对受疫情影响的企业在疫情期间可向缴存管理部提出申请缓缴,全年共为53家企业、6273名职工缓缴住房公积金2406.02万元;通过管委会决策,2020年对住房公积金缴存上下限不作调整,维持去年标准,切实做好与企业共克时艰。

疫情期间,对受疫情影响缓缴的企业职工出台了"在疫情期间可正常使用公积金,申请公积金贷款时,视同连续缴存。"的优惠政策;及时提请市住房公积金管委会调整了住房公积金使用政策,印发了《关于调整在中心城区购买自住住房申请公积金贷款上限额度的通知》《关于开展降低预售楼盘准入、贷款发放条件试点工作的通知》《关于调整异地购房按年提取住房公积金偿还贷款和恢复商业银行个人住房按揭贷款转住房公积金贷款的通知》等文件,对首次使用公积金贷款购买中心城区的职工将贷款最高额度从50万元提高到60万元;印发了《关于明确住房公积金贷款购买第二套自住住房套次认定等有关事项的通知》《关З于印发省民生审计中移送骗提骗贷问题的处理意见》,对"二套三次"住房和骗提骗贷问题的处理意见进行了重新认定;出台了既有住宅加装电梯提取住房公积金有关政策,对疫情期间租房提取住房公积金从原来每年一次调整为三个月一次,提取金额从原来600元每月提高到1000元每月。

(二)**服务改进情况**。努力打破"信息孤岛",在实现与不动产登记信息、结婚信息、个人身份信息、工商信息联通的基础上,人行征信系统已经接通并正式运行;和农行、招行、建行通过业务专线互联,实现银行信贷信息核实、黑白名单的共享;已经接入了市电子政务共享数据统一交换平台与其他接入单位实现了互联互通,定期向上饶市公共信用信息平台上传数据;档案规范化和数字化工作基本完成,已逐步投入实际使用,部分历史档案可以直接查询利用;实现就近办,所属任一管理部均可受理提取业务,做到就近可办、同城通办;积极支持大南昌都市圈发展工作,签订了《大南昌都市圈住房公积金个人住房贷款一体化政策合作协议》《大南昌都市圈住房公积金数据共享平台合作协议》;在全国试点跨省通办业务,实行赣浙闽皖四省跨省通办试点工作,与浙江衢州市、福建南平市、安徽黄山市实率先实行跨省通办试点,目前已开通查询类业务10项、业务类4项;扩大贷款委托银行范围,让更多的银行参与到住房公积金贷款业务中来,通过银行间的公平竞争,提升银行的服务效率;开展错延时服务,做到办事时间零"断档";加大业务差错率考核力度,将业务差错率列入年度考核指标,与工作人员年度绩效挂钩;实行了预约服务、上门服务新模式,为有特殊情况的缴存单位和缴存职工提供"一对一"服务,努力做到优质服务零"空挡";住房公积金综合服务平台建成投入使用,2020年,网站浏览总量超过26.97万,12329热线接听量达到14498个,短信平台免费发送服务短信302.92万条,住房公积金微信关注人数5.7万人,住房公积金手机App关注量达到6.38万人,住房公积金房开企业网厅首次投入使用,"赣服通"点击量38.7万次。

(三)**风险防控情况**。充分利用电子化稽查工具,按月对住房和城乡建设部明确的4大类38项风险点进行排查;结合自身业务实际,在住房公积金业务系统中嵌入稽核子模块,设置风险警示指数,每日对当天的业务进行合规性稽核,摸清风险隐患底数,从源头上化解风险疑点,堵塞风险漏洞。按照有力削减存量、有效遏制增量的原则,细化整改措施,层层压实责任,确保规范管控、整改到位。严格落实征信内控制度,加强征信柜员管理,细化征信业务操作规程,全面开展征信信息安全管理专项审计,严守征信安全底线。围绕重点领域、关键环节和新兴业务,开展业务合规、管理费用等进行内部专项稽核,全年共开展专项稽核3次,加强审计委员会作用,推进审计关口前移,强化审计成果应用转化,以内审促规范防风险，对1家中介利用小户型住房反复交易套取住房公积金行为进行了惩戒，对2家公司利用各地非公企业职工离职提取政策差异协助职工套取住房公积金行为进行了惩戒。加强了征信的利用力度，建立了信用联合惩戒机制，对市信用建设领导小组发布的3家缴存单位和4家房产开发企业失信行为进行了联合惩戒。

（四）所获荣誉情况。 余干县管理部获省级文明单位，经开区管理部、万年县管理部、广丰区管理部、弋阳县管理部荣获市级文明单位，市中心机关荣获县级文明单位、文明卫生单位，广信区管理部、德兴市管理部、铅山县管理部荣获县级综治先进单位，余干县管理部荣获2020年县直单位综合考核优秀单位、条管单位口优秀单位，德兴市管理部荣获2020年德兴市行政服务中心窗口服务工作先进单位，饶慧敏荣获上饶市文明服务明星，赵英美荣获德兴市行政服务中心2020年度窗口服务工作先进个人，王铭恺荣获"我是党员我带头"先进个人。

（五）党建工作情况。 今年以来，党建工作通过"四个坚持"，促进"四个全面"，实现与业务工作深度融合，相互促进。一是坚持以问题为导向，促进"三化"建设。印发了《上饶市住房公积金管理中心基层党组织标准化规范化信息化建设工作实施方案》，召开了基层党组织"三化"建设动员部署会，明确了任务指标、工作步骤和目标要求，成立了专项工作领导小组，压实了工作责任，全系统13个支部全部通过"三化"验收。二是坚持抓好队伍建设，促进职能全面发挥。将中心组理论学习扩大到全体党支部书记、副书记，注重以上率下带动，促进各支部班子能力水平的提升；在玉山县万花职业技术学校组织了一期支部书记党务知识培训，"七一"期间，在铅山组织了现场教学式培训，9月份结合第三季度中心组学习，进行了党员发展工作业务知识培训；开展支部书记"微党课"竞赛，常态化开展"我是党员我带头"先进典型和"争当学习方志敏精神好干部、好职工"评选活动。确定入党积极分子12人，严格落实"三会一课"、党员主题日等制度。三是坚持从严治党，促进管理全面规范。研究制定了廉洁机关、廉洁公积金方案，始终把党风廉政建设摆在重要位置。完善了《住房公积金监督员管理制度》，印发了《关于对我中心系统内部干部职工使用住房公积金进行报备管理的通知》，加强了住房公积金中心系统内部干部职工（含聘用人员）的廉洁自律；印发了《关于进一步规范人员考勤和请销假管理工作的通知》《关于进一步加强工作纪律的通知》，干部职工全部实行钉钉打卡；全面实行了党务政务公开，所有支部每月定期向外公布党务和政务有关事项；在窗口推行了工作人员承诺书，所在窗口工作人员及中层干部都签定并公开承诺书，自觉接受社会监督；完善了《上饶市住房公积金管理中心公务用车管理实施细则》，全面加强了公务用车管理。四是坚持"党建＋"引领，促进形象全面提升。开展了"十佳文明服务窗口"和"十佳文明服务明星"评选活动，强化窗口人员服务意识；坚持把扶贫工作作为干部考察的一项重要内容，向帮扶村、贫困户购买扶贫农产品2.03万元；协调上饶书协开展"春联万家新时代、福送群众祖国兴"送春联活动，筹集资金20万元，帮助扶贫点改造村服务站，在10月17日"全国扶贫日"上，为帮扶地部分小学捐赠物质12余万元；深入开展"党建＋幸福小区""党建＋好商量"等工作，推动党员进社区开展便民接待日活动，组织开展党员到社区（小区）报到活动，所有党员向所居住社区报到，参加社区"七个一"活动，在社区中树立了良好的党员形象。

2020 全国住房公积金年度报告汇编

山东省

- 济南　　泰安市
- 青岛市　威海市
- 淄博市　日照市
- 枣庄市　临沂市
- 东营市　德州市
- 烟台市　聊城市
- 潍坊市　滨州市
- 济宁市　菏泽市

山东省住房公积金 2020 年年度报告

根据国务院《住房公积金管理条例》和住房和城乡建设部、财政部、人民银行《关于健全住房公积金信息披露制度的通知》（建金〔2015〕26 号）规定，现将山东省住房公积金 2020 年年度报告汇总公布如下。

一、机构概况

（一）住房公积金管理机构。全省共设 16 个设区城市住房公积金管理中心，4 个独立设置的分中心（其中，山东电力集团分中心隶属国网山东省电力公司，济南铁路分中心隶属中国铁路济南局集团有限公司，莱钢分中心隶属莱芜钢铁集团有限公司，胜利油田分中心隶属中国石化集团胜利石油管理局有限公司）。从业人员 3079 人，其中，在编 1636 人，非在编 1443 人。

（二）住房公积金监管机构。省住房城乡建设厅、省财政厅和人民银行济南分行负责对全省住房公积金管理运行情况进行监督。省住房城乡建设厅设立住房公积金监管处，负责全省住房公积金日常监管工作。

二、业务运行情况

（一）缴存。2020 年，新开户单位 39980 家，净增单位 26329 家；新开户职工 106.73 万人，净增职工 44.15 万人；实缴单位 194083 家，实缴职工 1011.6 万人，缴存额 1436.94 亿元，分别同比增长 15.7％、4.56％、9.86％（图 1）。2020 年末，缴存总额 10799.89 亿元，比上年末增加 15.35％；缴存余额 4250.65 亿元，同比增长 10.5％。

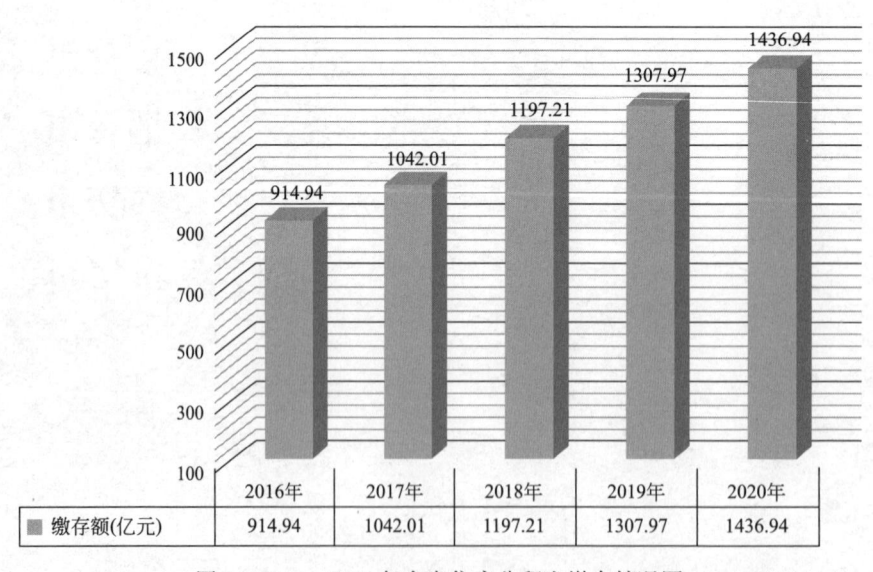

图 1　2016—2020 年全省住房公积金缴存情况图

"十三五"期间，全省住房公积金新增缴存额 5899.07 亿元，比"十二五"期间缴存额增加 89.78％。

（二）提取。 2020 年，367.8 万名缴存职工提取住房公积金；提取额 1033.05 亿元，同比增长 13.53%（图 2）；提取额占当年缴存额的 71.89%，比上年增加 2.32 个百分点。2020 年末，提取总额 6549.24 亿元，比上年末增加 18.73%。

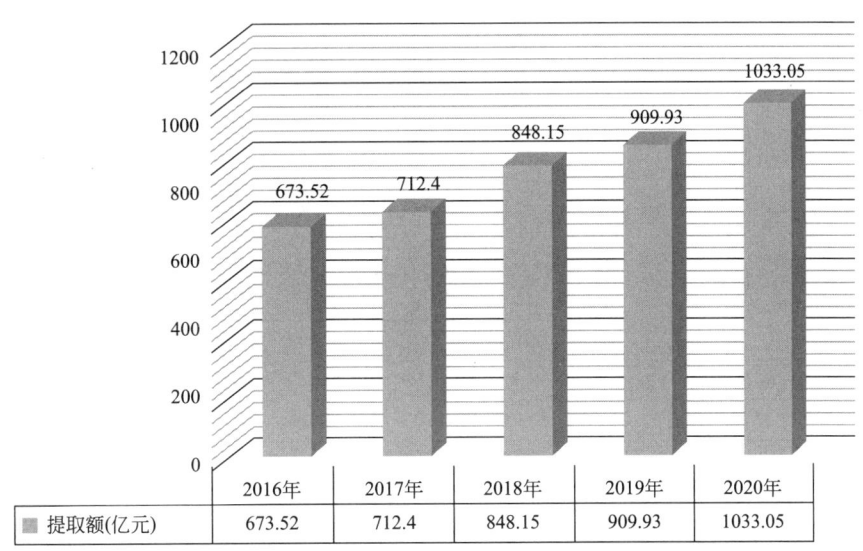

图 2　2016—2020 年全省住房公积金提取情况图

"十三五"期间，全省新增提取额 4177.05 亿元，比"十二五"期间提取额增加 154.02%。

（三）贷款。

1. 个人住房贷款。2020 年，发放个人住房贷款 21.81 万笔、799.1 亿元，同比增长 11.9%、11.39%。回收个人住房贷款 408.56 亿元。

2020 年末，累计发放个人住房贷款 242.76 万笔、6363.52 亿元，贷款余额 3621.72 亿元，分别比上年末增加 9.87%、14.36%、12.09%。个人住房贷款余额占缴存余额的 85.2%，比上年末增加 1.2 个百分点。

2020 年，支持职工购建房 2786.04 万平方米。年末个人住房贷款市场占有率（含公转商贴息贷款）为 14.28%，比上年末减少 0.35 个百分点。通过申请住房公积金个人住房贷款，可节约职工购房利息支出 1859825.86 万元。

2. 异地贷款。2020 年，发放异地贷款 12313 笔、434547.3 万元。2020 年末，发放异地贷款总额 1807441.06 万元，异地贷款余额 1437313.15 万元。

3. 公转商贴息贷款。2020 年，发放公转商贴息贷款 9 笔、325 万元，支持职工购建房面积 0.14 万平方米。当年贴息额 6079.81 万元。2020 年末，累计发放公转商贴息贷款 15577 笔、502191.8 万元，累计贴息 23353.31 万元。

"十三五"期间，为 99.79 万户职工家庭发放住房公积金贷款 3538.22 亿元，比"十二五"期间分别增加 39.92%、90.64%。个贷率由 70.25% 提高至 85.2%，提高了 14.95 个百分点（图 3）。

（四）购买国债。 2020 年，未购买（记账式、凭证式）国债。年末，国债余额为 0。

（五）融资。 2020 年，融资 38.61 亿元，归还 17.16 亿元。年末，融资总额 48.61 亿元，融资余额 31.45 亿元。

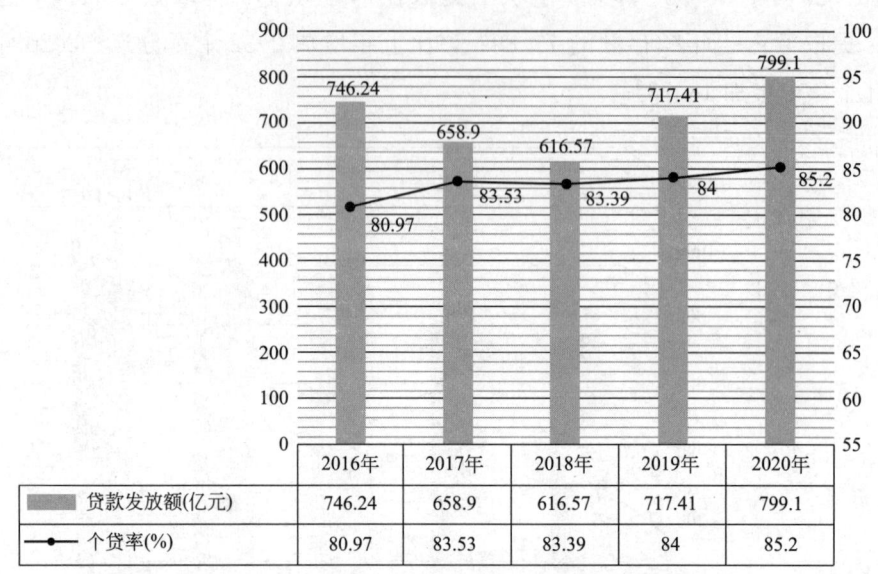

图3 2016—2020年全省住房公积金贷款情况图

（六）资金存储。 2020年末，住房公积金存款698.4亿元。其中，活期6.56亿元，1年（含）以下定期93.21亿元，1年以上定期284.49亿元，其他（协定、通知存款等）314.14亿元。

（七）资金运用率。 2020年末，住房公积金个人住房贷款余额、项目贷款余额和购买国债余额的总和占缴存余额的85.2%，比上年末增加1.2个百分点。

三、主要财务数据

（一）业务收入。 2020年，业务收入1355002万元，同比增长13.71%。其中，存款利息234582.22万元，委托贷款利息1116912.13万元，其他3507.65万元。

（二）业务支出。 2020年，业务支出716709.94万元，同比增长15.36%。其中，支付职工住房公积金利息633020万元，归集手续费22776.92万元，委托贷款手续费42790.02万元，其他18123万元。

（三）增值收益。 2020年，增值收益638292.06万元，同比增长11.91%；增值收益率1.56%，与上年持平。

（四）增值收益分配。 2020年，未提取贷款风险准备金，提取管理费用55354.46万元，提取城市廉租住房（公共租赁住房）建设补充资金582937.60万元。

2020年，上交财政管理费用67531.61万元，上缴财政城市廉租住房（公共租赁住房）建设补充资金521150.32万元。调减贷款风险准备金27559.62万元，调增管理费用2837.96万元，调增城市廉租住房（公共租赁住房）建设补充资金24721.66万元。

2020年末，贷款风险准备金余额585137.53万元，累计提取城市廉租住房（公共租赁住房）建设补充资金3637147.44万元。

（五）管理费用支出。 2020年，管理费用支出58852.64万元，同比增长1.47%。其中，人员经费27997.72万元，公用经费13037.65万元，专项经费17817.27万元。

四、资产风险状况

2020年末,个人住房贷款逾期额13460.82万元,逾期率0.37‰,个人贷款风险准备金余额585137.53万元。2020年,未使用个人贷款风险准备金核销呆坏账。

五、社会经济效益

(一)缴存业务。缴存职工中,国家机关和事业单位占30.74%,国有企业占22.78%,城镇集体企业占4.39%,外商投资企业占5.34%,城镇私营企业及其他城镇企业占30.42%,民办非企业单位和社会团体占1.72%,灵活就业人员占0.31%,其他占4.30%(图4);中、低收入占97.95%,高收入占2.05%。

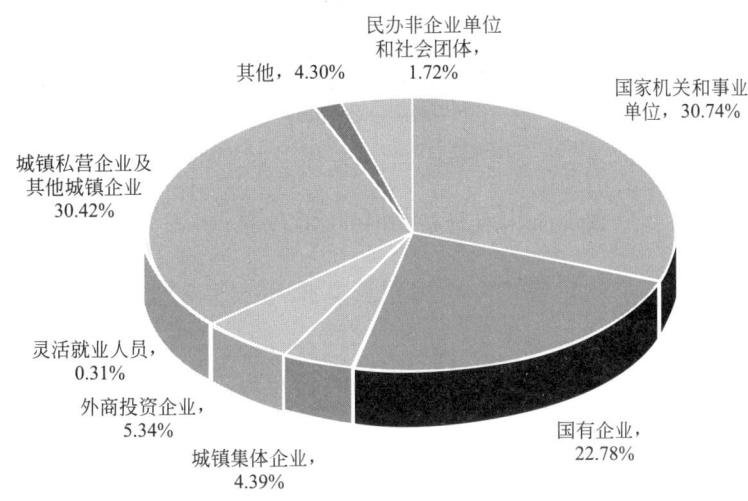

图4 2020年缴存职工人数按所在单位性质分类占比图

新开户职工中,国家机关和事业单位占15.42%,国有企业占14.09%,城镇集体企业占5.31%,外商投资企业占5.20%,城镇私营企业及其他城镇企业占47.60%,民办非企业单位和社会团体占2.90%,灵活就业人员占1.11%,其他占8.37%(图5);中、低收入占98.96%,高收入占1.04%。

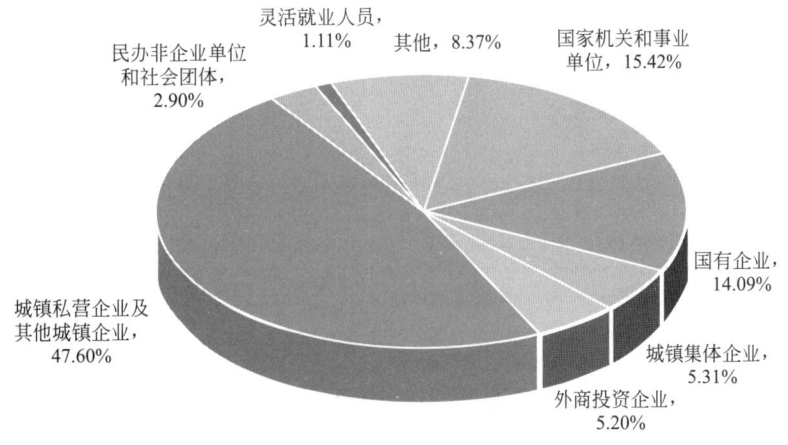

图5 2020年新开户职工人数按所在单位性质分类占比图

（二）提取业务。 提取金额中，购买、建造、翻建、大修自住住房占 25.72%，偿还购房贷款本息占 51.06%，租赁住房占 3.06%；离休和退休提取占 14.96%，完全丧失劳动能力并与单位终止劳动关系提取占 2.18%，出境定居占 0.11%，其他占 2.91%（图 6）。提取职工中，中、低收入占 96.73%，高收入占 3.27%。

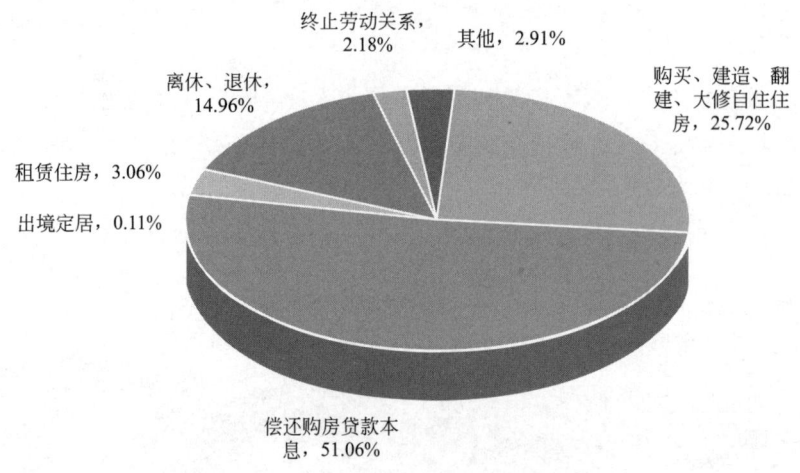

图 6　2020 年提取额按提取原因分类占比图

（三）个人贷款业务。 职工贷款笔数中，购房建筑面积 90（含）平方米以下占 16.79%，90～144（含）平方米占 67.23%，144 平方米以上占 15.98%（图 7）。购买新房占 81.45%（其中购买保障性住房占 0.19%），购买二手房占 18.46%，建造、翻建、大修自住住房占 0.08%，其他占 0.01%。

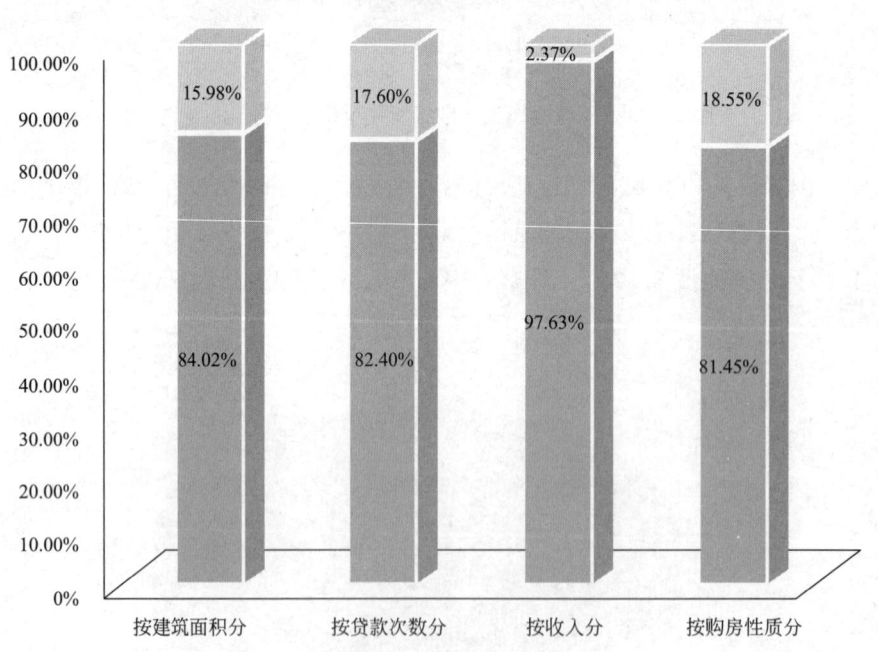

图 7　2020 年贷款笔数按面积、贷次、收入、购房性质分类占比图

职工贷款笔数中，单缴存职工申请贷款占38.86%，双缴存职工申请贷款占61.07%，三人及以上缴存职工共同申请贷款占0.07%。

贷款职工中，30岁（含）以下占29.51%，30岁～40岁（含）占43.54%，40岁～50岁（含）占20.94%，50岁以上占6.01%；首次申请贷款占82.4%，二次及以上申请贷款占17.6%；中、低收入占97.63%，高收入占2.37%。

（四）住房贡献率。2020年，个人住房贷款发放额、公转商贴息贷款发放额、项目贷款发放额、住房消费提取额的总和与当年缴存额的比率为113.36%，比上年减少0.34个百分点。

六、其他重要事项

（一）应对新冠肺炎疫情政策实施情况。妥善应对新冠肺炎疫情实施住房公积金阶段性支持政策，支持企业复工复产、纾解企业困难、保障职工权益。允许受疫情影响的企业缓缴住房公积金，导致生产经营困难的企业，可申请按照5%的最低比例缴存。受疫情影响的职工6月30日前不能正常还款的，不作逾期处理。对支付房租压力较大的职工，合理提高租房提取额度、灵活安排提取时间。全省共8917家企业缓缴了住房公积金，3772家企业降低了住房公积金缴存比例，共减轻企业负担22.87亿元。受疫情影响的借款职工暂缓偿还住房公积金贷款5687笔、1169万元，3.18万职工提高租房提取额度8431万元。

（二）开展监督检查情况。督导各地全面整改审计发现的问题，对提取范围、贷款担保方式、灵活就业人员缴存条件和贷款风险准备金比例等问题进行了规范。针对4个企业分中心未纳入设区城市统一管理问题，通过发函、座谈等方式，积极与四家企业沟通交流，督导济南市政府与莱钢集团签订了莱钢住房公积金管理机构移交协议，推进机构调整工作。

（三）服务改进情况。积极推广电子营业执照、身份证、不动产权证、不动产权证明、结婚证、离婚证等电子证照在公积金业务中的应用，逐步实现免实体证办理公积金业务。接入企业开办"一窗通"系统，企业开办的同时即可自动办理公积金缴存登记开户。接入山东省政务服务网、"爱山东"App等服务渠道，全省住房公积金政务服务事项"一网通办"率达到96.5%，"住房公积金服务大厅"入驻"爱山东"App，覆盖了全省16市住房公积金高频服务事项。推进服务事项"全省通办""跨省通办"，3项服务事项实现"跨省通办"，24项服务事项实现"全省通办"。

（四）信息化建设情况。全面完成各市综合服务平台验收，进一步提升业务线上办理能力，为群众提供多渠道、全方位的服务。推进数字政府"四个一"任务攻坚，开展"数聚赋能—优化公积金服务"专项行动，通过共享利用不动产、房产交易、婚姻登记、市场监管等数据信息，实现证明材料的线上实时核验，实现提取业务"零跑腿"，缴存、贷款业务"一次办好"。建立全省住房公积金数据平台，归集数据约10亿条，推进全省住房公积金数据资源共享和利用。

（五）开展文明创建情况。积极开展住房公积金文明行业创建"品牌提升年"活动，制定印发活动实施方案，组织召开工作推进会，举办品牌提升工作培训，邀请省品牌建设促进会专家授课，指导各中心开展品牌建设。16个城市均创建了具有地方特色和行业特点的公积金品牌，行业形象进一步得到提升。2020年，各级住房公积金管理机构获得地市级以上文明单位（行业、窗口）20个、青年文明号32个、工人先锋号1个、五一劳动奖章1个、三八红旗手6个、先进集体和个人220个，其他荣誉47个。

济南住房公积金 2020 年年度报告

根据国务院《住房公积金管理条例》和住房和城乡建设部、财政部、人民银行《关于健全住房公积金信息披露制度的通知》（建金〔2015〕26 号）的规定，经住房公积金管理委员会审议通过，现将济南住房公积金中心 2020 年年度报告公布如下。

一、机构概况

（一）住房公积金管理委员会。住房公积金管理委员会有 30 名委员，2020 年召开一次会议，审议通过的事项主要包括：1. 会议推举产生主任委员和副主任委员；2. 听取和审议住房公积金 2019 年计划执行情况和 2020 年计划安排的报告；3. 听取和审议济南市住房公积金 2019 年年度报告；4. 听取和审议提高住房公积金提取额度用于支付无自住住房房租的报告；5. 听取和审议关于增加邮储银行济南分行为住房公积金受委托银行的报告。

（二）住房公积金中心。住房公积金中心为直属济南市政府的不以营利为目的的参公事业单位，主要负责全市住房公积金的管理和运作。中心设 9 个处，3 个分中心。从业人员 202 人，其中，在编 112 人，非在编 90 人。

二、业务运行情况

（一）缴存。2020 年，新开户单位 8161 家，净增单位 5795 家；新开户职工 21.01 万人，净增职工 7.7 万人；实缴单位 34512 家，实缴职工 172.14 万人，缴存额 302.85 亿元，同比增长 20.18%、4.68 和 9.36%。2020 年末，缴存总额 2306.84 亿元，比上年末增加 15.11%；缴存余额 890.1 亿元，比上年末增长 12.22%。受委托办理住房公积金缴存业务的银行 6 家。

（二）提取。2020 年，53.17 万名缴存职工提取住房公积金；提取额 205.92 亿元，同比增长 10.82%；提取额占当年缴存额的 67.99%，比上年增加 0.89 个百分点。2020 年末，提取总额 1416.74 亿元，比上年末增加 17.01%。

（三）贷款。

1. 个人住房贷款。单缴存职工个人住房贷款最高额度 30 万元，双缴存职工个人住房贷款最高额度 60 万元。

2020 年，发放个人住房贷款 3.4 万笔、130.07 亿元，同比分别增长 15.65%、13.39%。其中，市中心发放个人住房贷款 3.24 万笔、124.26 亿元，电力分中心发放个人住房贷款 0.02 万笔、0.72 亿元，铁路分中心发放个人住房贷款 0.08 万笔、3.07 亿元，莱钢分中心发放个人住房贷款 0.06 万笔、2.02 亿元。

2020 年，回收个人住房贷款 63.83 亿元。其中，市中心 56.89 亿元，电力分中心 1.94 亿元，铁路分中心 3.97 亿元，莱钢分中心 1.03 亿元。

2020 年末，累计发放个人住房贷款 35.35 万笔、1126.98 亿元，贷款余额 625.05 亿元，分别比上年末增加 10.64%、13.05%、11.85%。个人住房贷款余额占缴存余额的 70.22%，比上年末减少 0.23 个百分点。受委托办理住房公积金个人住房贷款业务的银行 16 家。

2. 异地贷款。2020年,发放异地贷款3090笔、134012.4万元。发放异地贷款总额484236.8万元,异地贷款余额379164.83万元。

3. 公转商贴息贷款。没有开展公转商贴息贷款业务。

(四) 购买国债。2020年,无国债交易及回收行为。

(五) 资金存储。2020年末,住房公积金存款262.75亿元。其中,活期0.1亿元,1年(含)以下定期19.22亿元,1年以上定期80.59亿元,其他(协定、通知存款、大额存单等)162.84亿元。

(六) 资金运用率。2020年末,住房公积金个人住房贷款余额、项目贷款余额和购买国债余额的总和占缴存余额的70.22%,比上年末减少0.23个百分点。

三、主要财务数据

(一) 业务收入。2020年,业务收入277364.16万元,同比增长13.99%。其中,市中心213078.71万元,电力分中心22103.58万元,铁路分中心36024.72万元,莱钢分中心6157.15万元;存款利息84481.66万元,委托贷款利息192861.91万元,其他20.59万元。

(二) 业务支出。2020年,业务支出146297.89万元,同比增长14.64%。其中,市中心116428.73万元,电力分中心10061.67万元,铁路分中心17106.98万元,莱钢分中心2700.51万元;支付职工住房公积金利息127145.2万元,归集手续费9920.48万元,委托贷款手续费9110.31万元,其他121.9万元。

(三) 增值收益。2020年,增值收益131066.27万元,同比增长13.27%。其中,市中心96649.98万元,电力分中心12041.91万元,铁路分中心18917.74万元,莱钢分中心3456.64万元;增值收益率1.54%,与上年持平。

(四) 增值收益分配。2020年未提取贷款风险准备金,提取管理费用2895.55万元,提取城市廉租住房(公共租赁住房)建设补充资金128170.72万元。

2020年,上交财政管理费用1904.54万元。上缴财政城市廉租住房(公共租赁住房)建设补充资金83631.6万元。其中,市中心83631.6万元。

2020年末,贷款风险准备金余额101157.57万元。累计提取城市廉租住房(公共租赁住房)建设补充资金810255.69万元。其中,市中心提取573360.32万元,电力分中心提取94285.59万元,铁路分中心提取129825.72万元,莱钢分中心提取12784.06万元。

(五) 管理费用支出。2020年,管理费用支出4514.37万元,同比增长2.87%。其中,人员经费2541.87万元,公用经费328.93万元,专项经费1643.57万元。

市中心管理费用支出3797.8万元,其中,人员、公用、专项经费分别为2184.68万元、158.06万元、1455.06万元;电力分中心管理费用支出115.67万元,均为公用经费;铁路分中心管理费用支出245.36万元,其中,人员、公用、专项经费分别为161.26万元、15.59万元、68.51万元;莱钢分中心管理费用支出355.54万元,其中,人员、公用、专项经费分别为195.93万元、39.61万元、120万元。

四、资产风险状况

个人住房贷款。2020年末,个人住房贷款逾期额2220.96万元,逾期率0.36‰。其中,市中心0.38‰,电力分中心0.003‰,铁路分中心0.21‰,莱钢分中心0.17‰。

2020年未提取个人贷款风险准备金,未使用个人贷款风险准备金核销呆账。2020年末,个人贷款风险准备金余额101157.57万元,占个人住房贷款余额的1.62%,个人住房贷款逾期额与个人贷款风险准备金余额的比率为2.2%。

五、社会经济效益

(一)缴存业务。缴存职工中,国家机关和事业单位占20.6%,国有企业占28.27%,城镇集体企业占8.24%,外商投资企业占3%,城镇私营企业及其他城镇企业占36.86%,民办非企业单位和社会团体占1.93%,灵活就业人员占0.03%,其他占1.07%;中、低收入占96.81%,高收入占3.19%。

新开户职工中,国家机关和事业单位占9.28%,国有企业占14.21%,城镇集体企业占9.73%,外商投资企业占2.76%,城镇私营企业及其他城镇企业占58.15%,民办非企业单位和社会团体占2.72%,灵活就业人员占0.05%,其他占3.1%;中、低收入占98.86%,高收入占1.14%。

(二)提取业务。提取金额中,购买、建造、翻建、大修自住住房占23.11%,偿还购房贷款本息占53.79%,租赁住房占3.64%,离休和退休提取占15.58%,完全丧失劳动能力并与单位终止劳动关系提取占0.11%,出境定居占0.01%,其他占3.76%。提取职工中,中、低收入占95.28%,高收入占4.72%。

(三)贷款业务。

1. 个人住房贷款。2020年,支持职工购建房388.79万平方米,年末个人住房贷款市场占有率(含公转商贴息贷款)为17.24%,比上年末增加2.46个百分点。通过申请住房公积金个人住房贷款,可节约职工购房利息支出277473.61万元。

职工贷款笔数中,购房建筑面积90(含)平方米以下占13.22%,90~144(含)平方米占78.45%,144平方米以上占8.33%。购买新房占73.91%,购买二手房占26.08%,其他占0.01%。

职工贷款笔数中,单缴存职工申请贷款占62.82%,双缴存职工申请贷款占37.08%,三人及以上缴存职工共同申请贷款占0.1%。

贷款职工中,30岁(含)以下占43.29%,30岁~40岁(含)占41.33%,40岁~50岁(含)占12.63%,50岁以上占2.75%;首次申请贷款占70.63%,二次及以上申请贷款占29.37%;中、低收入占97.68%,高收入占2.32%。

2. 支持保障性住房建设试点项目贷款。2020年未发放保障性住房项目贷款。累计试点项目2个,贷款发放额度10亿元,截至2014年已收回贷款本息。

(四)住房贡献率。2020年,个人住房贷款发放额、公转商贴息贷款发放额、项目贷款发放额、住房消费提取额的总和与当年缴存额的比率为98.26%,比上年增加2.67个百分点。

六、其他重要事项

(一)机构调整情况。新增中国邮政储蓄银行作为住房公积金受托银行,办理住房公积金归集、贷款业务。
(二)住房公积金政策调整及执行情况。

1. 缴存基数。
(1)按照济南市统计局公布的2019年度济南市城镇非私营单位在岗职工年平均工资100593元3倍计

算的 2020 年度住房公积金最高月缴存基数为 25149 元。

（2）按照《山东省人民政府关于公布全省最低工资标准的通知》，2020 年度住房公积金最低月缴存基数分为两档，单位住所地为历下区、市中区、槐荫区、天桥区、历城区的最低住房公积金月缴存基数为 1910 元；单位住所地为长清区、章丘区、济阳区、莱芜区、钢城区、平阴县、商河县的最低住房公积金月缴存基数为 1730 元。

2. 缴存比例。确有困难的单位可申请降低住房公积金缴存比例至单位、个人各 5％以下。

（三）住房公积金服务改进情况。

1. 为优化营商环境，中心积极推进各项业务在企业开办专区"一窗通办"工作，已于 2020 年 9 月 24 日实现住房公积金单位缴存登记信息与营业执照申领信息简并采集、一窗受理、一次办成。

2. 为提升服务效能，中心相继推出营业执照、身份证的电子证照应用举措，进一步推动数字化服务，企业在办理相关业务时，法人通过微信小程序注册获取电子证照，中心可直接从电子证照库中核验并调取信息使用。

3. 中心积极推进跨省通办服务事项的开展，进一步明确业务模式，政务服务大厅设立通办窗口，积极推动线上线下相融合，对济南个人住房公积金缴存等信息查询，已实现全程网办，并实现跨省通办工作目标。对职工申请异地公积金业务延伸就近办理，拓展"异地代收代办"，提供"异地帮办代办"，申报材料寄递服务；优化"多地联办"，更好的为异地缴存职工提供便捷服务，确保职工缴存使用公积金、享受公积金政策。

4. 2020 年 7 月 1 日开通了住房公积金提取支付通兑业务，缴存职工提取住房公积金时，可选择将资金拨付至建设银行、工商银行、农业银行、中国银行、交通银行的任意一家归集行的个人结算账户内。

5. 开通了既有住宅增设电梯提取住房公积金业务，在我市实施既有住宅增设电梯项目的房屋产权人及配偶且在我市无住房公积金贷款余额，可提取个人名下的住房公积金。

6. 在住房公积金业务中推广电子证照，凡持有山东省内居民身份证的缴存职工和单位经办人，在济南住房公积金中心办理住房公积金缴存、贷款、提取等业务，可通过"爱山东"App 申领并出示电子身份证、电子结婚证（或离婚证）、电子不动产证、电子不动产登记证明，无需再出示实体证照，即可办理公积金业务。

7. 精简住房公积金提取业务相关材料，按偿还山东省内异地住房公积金贷款本息提取住房公积金的职工，可不再提供商品房买卖合同、住房公积金借款合同及还款明细。

（四）信息化建设情况。

1. 强化服务，持续完善综合服务平台功能。2020 年以来，济南中心以综合服务平台验收为新的起点，牢固树立"以人民为中心"的服务理念，深入贯彻落实"放管服"改革，围绕市委、市政府"一次办成""一网通办"等各项决策部署，持续推进综合服务平台建设，全力打造线上线下融合发展的新型服务模式，形成了以政务云平台支撑的覆盖门户网站、网上办事大厅、微信服务号、手机 App、自助终端、"爱山东"、"泉城办"、"爱城市网"等 10 余个渠道为核心的综合服务体系，持续创新服务手段，改善用户体验，提高服务效率，基本实现了公积金业务"全网办"。

2. 勇于实践，推进档案数字化应用进程走在前列。公积金中心以规范和提升档案数字化应用水平为总抓手，创新政务服务工作模式，提升政务信息共享力度，全面支撑业务办理"零材料""零跑腿""零等待"新模式。无纸化应用业务平台上线运行,依托电子签章、电子档案采集、人证核验、共享数据档案化管理、凭证电子化管理等平台,实现柜面提取业务全流程无纸化应用;深化电子签章应用,网上办事大厅受理的缴存业务回单、提前还款、还款方式变更、缴存证明、缴存流水等业务及证明材料全面支持电子签章及在线核验。

3. 推进信息共享,提高网办效率。一是持续推进数据共享进程,新增"房屋租赁合同查询接口""失信被执行人员信息查询接口"等共享平台共享接口,完成数据接口在核心业务系统的融合应用;二是推进"一网通办"进程,公积金缴存登记业务全面融入全省"一窗通"平台。三是完成省市一体化推进工作试点任务,省内率先实现全省公积金主题库场景应用,支撑公积金提取、异地转移接续等业务流程优化;四是完成电子证照试点任务,实现电子两证及不动产登记权证等四项证照在各业务场景的深入应用。

(五)住房公积金中心及职工所获荣誉情况。

1. 公积金中心保持省文明单位称号。
2. 公积金服务大厅保持省级青年文明号、省级工人先锋号、市工人先锋号称号。
3. 公积金中心1人获得省住建系统先进个人称号。
4. 信息管理处获得省住建系统先进集体称号。

(六)行政处罚及申请法院强制执行情况。2020年共对9个单位作出行政处罚决定,申请人民法院强制执行欠缴的住房公积金43件。

青岛市住房公积金 2020 年年度报告

根据国务院《住房公积金管理条例》和住房和城乡建设部、财政部、人民银行《关于健全住房公积金信息披露制度的通知》(建金〔2015〕26号)的规定,经住房公积金管理委员会审议通过,现将青岛市住房公积金 2020 年年度报告公布如下。

一、机构概况

(一)住房公积金管理委员会。青岛市住房公积金管理委员会有24名委员,2020年召开3次会议,审议通过的事项主要包括:《青岛市住房公积金管理中心 2019 年工作总结和 2020 年工作要点》《青岛市住房公积金管理中心 2019 年住房公积金财务报告》《青岛市住房公积金 2019 年年度报告》《关于 2020 年住房公积金归集使用计划有关情况的汇报》《关于试点共有产权住房公积金贷款业务有关准备工作情况的汇报》《关于住房公积金支持城镇老旧小区改造工作有关措施的情况汇报》《关于调整我市住房公积金贷款政策有关情况的汇报》《关于 2020 年前三季度住房公积金运行情况的汇报》《关于增加住房公积金业务委托银行的情况汇报》和《关于申报利用住房公积金支持租赁住房发展试点工作的汇报》。

(二)住房公积金管理中心。青岛市住房公积金管理中心为直属青岛市人民政府的不以营利为目的的自收自支事业单位,设9个处室,10个管理处。从业人员365人,其中,在编217人,非在编148人。

二、业务运行情况

（一）缴存。2020年，新开户单位11668家，净增单位8082家；新开户职工20.11万人，净增职工7.32万人；实缴单位59778家，实缴职工179.63万人，缴存额259.94亿元，分别同比增长15.63%、4.25%、10.95%。2020年末，缴存总额2114.62亿元，比上年末增加14.02%；缴存余额687.38亿元，同比增长10.24%。受委托办理住房公积金缴存业务的银行8家。

（二）提取。2020年，64.36万名缴存职工提取住房公积金；提取额196.06亿元，同比增长9.77%；提取额占当年缴存额的75.43%，比上年减少0.81个百分点。2020年末，提取总额1427.24亿元，比上年末增加15.92%。

（三）贷款。

1. 个人住房贷款。单缴存职工个人住房贷款最高额度36万元，双缴存职工个人住房贷款最高额度60万元。

2020年，发放个人住房贷款3.27万笔、122.56亿元，同比分别增长60.29%、56.15%。

2020年，回收个人住房贷款53.41亿元。

2020年末，累计发放个人住房贷款37.03万笔、1002.38亿元，贷款余额539.27亿元，分别比上年末增加9.72%、13.93%、14.71%。个人住房贷款余额占缴存余额的78.45%，比上年末增加3.05个百分点。受委托办理住房公积金个人住房贷款业务的银行8家。

2. 异地贷款。2020年，发放异地贷款958笔、38733万元。2020年末，发放异地贷款总额87307.50万元，异地贷款余额60292.94万元。

（四）购买国债。2020年，未购买国债，期末无国债余额。

（五）资金存储。2020年末，住房公积金存款146.88亿元。其中，活期0.008亿元，1年（含）以下定期1亿元，1年以上定期122.56亿元，其他（协定、通知存款等）23.312亿元。

（六）资金运用率。2020年末，住房公积金个人住房贷款余额、项目贷款余额和购买国债余额的总和占缴存余额的78.45%，比上年末增加3.05个百分点。

三、主要财务数据

（一）业务收入。2020年，业务收入218497.58万元，同比增长14.43%。其中，存款利息57385.76万元，委托贷款利息161101.46万元，其他10.36万元。

（二）业务支出。2020年，业务支出100149.51万元，同比增长10.58%。其中，支付职工住房公积金利息100089.90万元，其他59.61万元。

（三）增值收益。2020年，增值收益118348.07万元，同比增长17.91%。其中，增值收益率1.79%，比上年增加0.12个百分点。

（四）增值收益分配。2020年，未提取贷款风险准备金，提取管理费用9358.90万元，提取城市廉租住房（公共租赁住房）建设补充资金108989.17万元。

2020年，上交财政管理费用9358.90万元。上缴财政城市廉租住房（公共租赁住房）建设补充资金111599.32万元。

2020年末，贷款风险准备金余额68235.43万元。累计提取城市廉租住房（公共租赁住房）建设补充资金769747.65万元。

（五）管理费用支出。 2020年，管理费用支出8513.25万元，同比下降5.41%。其中，人员经费4517.38万元，公用经费3995.87万元。

四、资产风险状况

个人住房贷款：2020年末，个人住房贷款逾期额1545.19万元，逾期率0.29‰。个人贷款风险准备金余额68235.43万元。2020年，未发生使用个人贷款风险准备金核销呆坏账情况。

五、社会经济效益

（一）缴存业务。 缴存职工中，国家机关和事业单位占18.36%，国有企业占21.29%，城镇集体企业占2.70%，外商投资企业占11.37%，城镇私营企业及其他城镇企业占32.98%，民办非企业单位和社会团体占2.03%，灵活就业人员占0.05%，其他占11.22%；中、低收入占96.55%，高收入占3.45%。

新开户职工中，国家机关和事业单位占8.32%，国有企业占12.72%，城镇集体企业占2.72%，外商投资企业占9.05%，城镇私营企业及其他城镇企业占50.39%，民办非企业单位和社会团体占2.81%，灵活就业人员占0.05%，其他占13.94%；中、低收入占97.07%，高收入占2.93%。

（二）提取业务。 提取金额中，购买、建造、翻建、大修自住住房占22.98%，偿还购房贷款本息占57.94%，租赁住房占3.07%，支持老旧小区改造占0.003%，离休和退休提取占12.47%，完全丧失劳动能力并与单位终止劳动关系提取占0.94%，出境定居占0.01%，其他占2.587%。提取职工中，中、低收入占94.57%，高收入占5.43%。

（三）贷款业务。 个人住房贷款。2020年，支持职工购建房363.58万平方米，年末个人住房贷款市场占有率为9.68%，比上年末增加0.09个百分点。通过申请住房公积金个人住房贷款，可节约职工购房利息支出218287.17万元。

职工贷款笔数中，购房建筑面积90（含）平方米以下占61.32%，90～144（含）平方米占37.50%，144平方米以上占1.18%。购买新房占82.67%（其中购买保障性住房占0.04%），购买二手房占17.33%。

职工贷款笔数中，单缴存职工申请贷款占67.29%，双缴存职工申请贷款占32.71%。

贷款职工中，30岁（含）以下占38.62%，30岁～40岁（含）占40.55%，40岁～50岁（含）占16.62%，50岁以上占4.21%；首次申请贷款占73.87%，二次及以上申请贷款占26.13%；中、低收入占96.14%，高收入占3.86%。

（四）住房贡献率。 2020年，个人住房贷款发放额、住房消费提取额的总和与当年缴存额的比率为110.51%，比上年增加14.07个百分点。

六、其他重要事项

（一）应对新冠肺炎疫情采取的措施，落实住房公积金阶段性支持政策情况和政策实施成效。

一是支持受疫情影响的企业及自由职业人员缓缴住房公积金或降低缴存比例。疫情期间无法正常按月缴存住房公积金的企业及自由职业人员，可申请2020年6月底前缓缴住房公积金，缓缴期间，职工的住房公积金缴存时间连续计算，不影响职工住房公积金贷款的权益。疫情期间企业也可参照缴存基数和缴存比例调整业务，申请降低缴存比例最低至5%。

二是优化单位缓缴住房公积金或降低缴存比例业务。疫情缓缴政策到期后，经营困难企业可提供单位职工代表大会或单位工会出具的证明，申请缓缴住房公积金至2020年12月，或申请降低缴存比例最低至1%。

三是提高租赁住房职工提取额度上限。受疫情影响，支付房租压力较大的职工，可于2020年6月30日前申请提高租房提取额度，职工及配偶最高可提取额度由每月2500元提高至每月3500元。

四是对因感染新型肺炎住院治疗或隔离人员、疫情防控需要隔离观察人员、一线医务人员等参加疫情防控工作人员以及受疫情影响暂时失去收入来源的人群，灵活调整其住房公积金贷款还款安排，合理延后还款期限，不作逾期处理、免收逾期罚息，不作为逾期记录报送征信部门。

2020年全市1716家企业缓缴住房公积金，406家企业疫情期间降低缴存比例，累计为企业减负约2.5亿元；全市109名自由职业人员缓缴住房公积金35.36万元，217名职工提高租赁提取金额83.4万元；公积金贷款惠及625户受疫情影响职工，涉及贷款金额2.08亿元，切实发挥住房公积金制度优势，在减轻缴存企业及职工经济负担、支持企业复工达产、支持住房保障等方面发挥了积极作用。

（二）当年机构及职能调整情况、受委托办理缴存贷款业务金融机构变更情况。2020年，青岛市住房公积金管理中心机构、职能没有调整变化。当年受委托办理缴存贷款业务的8家银行未发生变化，仍为工商银行、农业银行、中国银行、建设银行、交通银行、光大银行、青岛银行和青岛农商银行。

（三）当年住房公积金政策调整及执行情况。

1. 当年缴存基数限额及确定方法。自2020年7月1日起，本市职工住房公积金缴存基数由2018年职工月平均工资调整为2019年职工月平均工资。2020年度住房公积金缴存基数上限为本市2019年城镇非私营单位就业人员月平均工资的3倍，即24651元。2020年度各（区）市住房公积金缴存基数下限分别按照本市上一年度月平均最低工资标准确定，其中市南区、市北区、黄岛区、崂山区、李沧区、城阳区、即墨区为1910元，胶州市、平度市、莱西市为1730元。单位和职工住房公积金月缴存额上限，各不得超过2958元。单位和职工住房公积金月缴存额下限，市南区、市北区、黄岛区、崂山区、李沧区、城阳区、即墨区分别为96元，胶州市、平度市、莱西市分别为87元。

2. 当年缴存政策调整情况。于2020年7月联合市退役军人事务局发布《关于自主择业军转干部缴存住房公积金有关事项的通知》（青住金发〔2020〕5号），将自主择业军转干部纳入住房公积金制度受益范围，年满18周岁且男性未满60周岁、女性未满55周岁，未与任何单位存在劳动关系的自主择业军转干部，可以按照自愿原则申请缴存住房公积金，并与我市缴存职工同等享有提取住房公积金和申请个人住房公积金贷款等权利。

3. 当年提取政策调整情况。一是出台老旧小区改造提取住房公积金政策。于2020年4月印发《青岛市住房公积金管理中心关于城镇老旧小区改造提取住房公积金有关事项的通知》（青住金规〔2020〕3号），我市城镇老旧小区改造及既有住宅加装电梯的职工，在项目竣工验收后，可按实际出资额提取住房公积金。二是简化租赁提取、享受本市最低生活保障提取、本地户籍离职提取、外地户籍离职提取4项提取业务办理要件。

4. 当年住房公积金存贷款利率调整及执行情况。当年住房公积金存贷款利率未作调整。目前，首套房贷款1~5年期执行2.75%的年利率，5年期以上执行3.25%的年利率；二套房贷款利率按照首套房贷款利率的1.1倍执行，分别为：二套房贷款1~5年期执行3.025%的年利率，5年期以上执行3.575%的年利率。

5. 当年住房公积金个人住房贷款政策调整情况。一是开展住房公积金委托冲还贷业务。二是试点开展共有产权住房公积金贷款业务。三是将职工住房套数纳入贷款审查范围，实行"认房认贷"差别化贷款政策。四是统一最高贷款额度政策，明确双缴存职工最高60万元贷款额度、单缴存职工最高36万元贷款额度。五是实行首付比例差别化政策，首套房首付比例不低于30%，二套房首付比例不低于40%。六是二套房贷款利率按照同期首套房住房公积金贷款利率的1.1倍执行。七是青岛、烟台、威海、潍坊、日照五市公积金贷款实行互认互贷。

（四）当年服务改进情况。

一是办事跑出加速度。依托"数聚赋能"推行容缺受理，减免租房提取、离职提取等业务证明要件，实现身份证等6项电子证照应用落地，办事材料再瘦身。与27家银行开展组合贷款合作，启用全市不动产登记远程平台"一站式"办结抵押撤押业务，试点推出房屋交易和抵押、税费缴纳、组合贷银行受理的贷款"一链式"联合办理大厅，提供"一次办好"的便捷贷款服务。在网厅开户中增设电子营业执照认证方式，将企业开设公积金账户纳入全市企业开办智能一体化平台，2020年共有2400多家新企业使用"全程网办"的方式开户建制，让企业跑腿更少、办事更快。

二是服务扩展新维度。新增购房提取、贷款延期等14项网办服务功能，商贷自助提取合作银行扩至20家，公共服务事项网办率达100%、秒批率达67%，网办服务覆盖官网、微信、支付宝、"爱山东""青e办"等多元化办事平台，全市近7万家单位、66万多名职工畅享公积金网办服务便利。入驻青岛市民中心，在多个区、市服务大厅设置业务窗口，将开户缴存等11项涉企服务延伸至合作银行柜台，部署了具有34项常用功能的公积金自助服务终端，将查询、提取等47项服务推广至行政审批、商业银行自助终端和网上银行，持续拓宽渠道边界，打造触手可及的立体化服务体系。将政务服务绩效交给企业群众评判，构建线上线下全覆盖、整改落实有回音、定期公开云监督的"好差评"机制，全市首批接入省一体化政务服务"好差评"系统，月均2.6万人次参与服务评价，整改回访满意率100%。

三是推进业务跨区域办理。积极推进公积金服务"跨省通办"，依托全国公积金监管服务平台，在全省率先实现了个人缴存贷款等信息查询、出具贷款职工缴存使用证明、正常退休提取3项业务的"跨省通办"，有效解决群众异地办事"多地跑""折返跑"的堵点难点问题。牵头启动胶东经济圈住房公积金一体化发展进程，在信息共享、互认互贷、政策协同、司法互助等方面开展深入合作，打破区域壁垒，推动公积金跨地区转移接续和缴存信息互认，建立房产、婚姻等核查联动机制，保障胶东四市居民来青购房与本市居民享有同等的公积金贷款权益，为吸引其他地市人才来青创业落户、推进区域间公共服务便利共享、加快构建胶东经济圈一体化区域发展城市群提供保障。

（五）当年信息化建设情况。 在实现基础数据贯标和结算应用系统接入的基础上，以智能互联政务为中心，通过新技术新应用不断创新，进一步优化办事流程，为职工提供便利服务。

一是升级贷款还贷模式。将公积金贷款还款模式调整为"冲还贷"模式，对近20万客户进行了委托冲还贷协议的转换。

二是建立"好差评"系统。全省率先接入省政务服务"好差评"系统,在柜面、网厅、微信、手机App和自助终端等全渠道部署"好差评"服务,持续提升客户满意度。

三是推广电子证照应用。全省首批上线应用身份证、营业执照、不动产权证书等电子证照,客户出示电子证照可替代实体证照。

四是加大数据共享力度。与11家政务部门、20家金融机构数据联网共享,快速推进智能化网办进程,实现公共服务事项100%网办。

五是扩大自助服务渠道。新增15项自助服务功能,同时积极推动公积金业务在建行、青岛银行、招行、农商行等自助柜员机上办理。

六是全省首创"公积金政企服务平台"。平台以"数据共享、业务直联"方式将住房公积金业务与企业的人力资源系统打通,实现业务一键操作、数据一键直联。

(六)当年住房公积金管理中心及职工所获荣誉情况。2020年,青岛市住房公积金管理中心经过复查被山东省精神文明建设委员会授予"省级文明单位"称号;2020年度和2020年第一、二季度被市行政审批服务局评为"示范窗口单位"。所属市南管理处被评为山东省住房城乡建设系统先进集体。

2020年,中共青岛市住房公积金管理中心机关委员会被评选为全市学用"灯塔"先进基层党委;中共青岛市住房公积金管理中心市南管理处支部委员会和黄岛管理处第一营业大厅支部委员会被评选为市直机关学用"灯塔"先进党支部。

本年度青岛市住房公积金管理中心1名职工被被评为山东省住房城乡建设系统先进个人。2020年度有29名职工被市行政审批服务局评为"服务标兵";2020年第一季度有28名职工被市行政审批服务局评为"服务标兵";第二季度有28名职工被市行政审批服务局评为"服务标兵";第三季度有27名职工被市行政审批服务局评为"服务标兵";第四季度有28名职工被市行政审批服务局评为"服务标兵"。

(七)当年对违反《住房公积金管理条例》和相关法规行为进行行政处罚和申请人民法院强制执行情况。2020年,对违反《住房公积金管理条例》和相关法规的行为共立案2292件,其中行政处罚立案160件,申请人民法院强制执行195件,共为1152名职工追缴住房公积金1540余万元。

淄博市住房公积金2020年年度报告

根据国务院《住房公积金管理条例》和住房和城乡建设部、财政部、人民银行《关于健全住房公积金信息披露制度的通知》(建金〔2015〕26号)的规定,经住房公积金管理委员会审议通过,现将淄博市住房公积金2020年年度报告公布如下。

一、机构概况

(一)住房公积金管理委员会。住房公积金管理委员会有52名委员,2020年召开一次会议,审议通过的事项主要包括:1.会议审议通过了《淄博市住房公积金2019年筹集使用计划执行情况的报告》《淄博市住房公积金2019年年度报告》和《淄博市住房公积金2020年度筹集使用计划》;2.会议审议通过了

《关于完善调整我市住房公积金使用有关政策的报告》；3. 会议对 2020 年住房公积金管理工作作出部署。一是抓好住房公积金制度推广，切实维护广大职工切身利益；二是提升管理运营科学化、规范化水平，充分发挥公积金的住房保障作用；三是强化风险防控，实现资金的安全完整和保值增值；四是持续深化"一次办好"改革，打造住房公积金信息化特色服务亮点。

（二）住房公积金管理中心。住房公积金管理中心为淄博市人民政府直属的不以营利为目的的公益一类事业单位，设 7 个科室，10 个管理部，2 个分中心。从业人员 172 人，其中，在编 85 人，非在编 87 人。

二、业务运行情况

（一）缴存。2020 年，新开户单位 2030 家，净增单位 1314 家；新开户职工 5.62 万人，净增职工 2.13 万人；实缴单位 8299 家，实缴职工 52.45 万人，缴存额 73.93 亿元，分别同比增长 18.81%、4.23%、7.63%。2020 年末，缴存总额 584.93 亿元，比上年末增加 14.47%；缴存余额 277.67 亿元，同比增长 7.2%。受委托办理住房公积金缴存业务的银行 10 家。

（二）提取。2020 年，46.47 万名缴存职工提取住房公积金；提取额 55.27 亿元，同比增长 20.02%；提取额占当年缴存额的 74.76%，比上年增加 7.72 个百分点。2020 年末，提取总额 307.26 亿元，比上年末增加 21.93%。

（三）贷款。

1. 个人住房贷款。个人住房贷款最高额度 60 万元。

2020 年，发放个人住房贷款 1.14 万笔、50.1 亿元，同比分别下降 3.39%、1.12%。其中，市中心发放个人住房贷款 1.14 万笔、50.1 亿元。

2020 年，回收个人住房贷款 27.5 亿元。其中，市中心 27.5 亿元。

2020 年末，累计发放个人住房贷款 15.66 万笔、421.07 亿元，贷款余额 263.83 亿元，分别比上年末增加 7.85%、13.51%、9.37%。个人住房贷款余额占缴存余额的 95.02%，比上年末增加 1.88 个百分点。受委托办理住房公积金个人住房贷款业务的银行 10 家。

2. 异地贷款。2020 年，发放异地贷款 782 笔、35952.5 万元。2020 年末，发放异地贷款总额 125353.1 万元，异地贷款余额 115879.89 万元。

3. 公转商贴息贷款。未开展公转商贴息贷款业务。

（四）购买国债。2020 年，未购买任何国债。2020 年末，无国债余额。

（五）资金存储。2020 年末，住房公积金存款 13.84 亿元。其中，协定存款 7.89 亿元，1 年（含）以下定期 4 亿元，1 年以上定期 1.95 亿元。

（六）资金运用率。2020 年末，住房公积金个人住房贷款余额、项目贷款余额和购买国债余额的总和占缴存余额的 95.02%，比上年末增加 1.88 个百分点。

三、主要财务数据

（一）业务收入。2020 年，业务收入 93291.88 万元，同比增长 22.67%。其中，市中心 93291.88 万元；存款利息 10073.16 万元，委托贷款利息 83206.02 万元，国债利息 0 万元，其他 12.7 万元。

（二）业务支出。 2020 年，业务支出 48320.75 万元，同比增长 14.94%。其中，市中心 48320.75 万元；支付职工住房公积金利息 44864.19 万元，归集手续费 1229.52 万元，委托贷款手续费 2226.84 万元，其他 0.2 万元。

（三）增值收益。 2020 年，增值收益 44971.13 万元，同比增长 32.25%。其中，市中心 44971.13 万元；增值收益率 1.67%，比上年增加 0.3 个百分点。

（四）增值收益分配。 2020 年，提取贷款风险准备金 0 万元；提取管理费用 5500 万元，提取城市廉租住房（公共租赁住房）建设补充资金 39471.13 万元。

2020 年，上交 2019 年度财政管理费用 4500 万元。上缴 2019 年度财政城市廉租住房（公共租赁住房）建设补充资金 23552.3 万元。其中，市中心上缴 28052.3 万元。

2020 年末，贷款风险准备金余额 48246.45 万元。累计提取城市廉租住房（公共租赁住房）建设补充资金 225592.55 万元。其中，市中心提取 225592.55 万元。

（五）管理费用支出。 2020 年，管理费用支出 3237.36 万元，同比下降 4.91%。其中，人员经费 1732.51 万元，公用经费 172.28 万元，专项经费 1332.57 万元。

市中心管理费用支出 3237.36 万元，其中，人员、公用、专项经费分别为 1732.51 万元、172.28 万元、1332.57 万元。

四、资产风险状况

个人住房贷款。2020 年末，个人住房贷款逾期额 476.89 万元，逾期率 0.18‰，其中，市中心 0.18‰。个人贷款风险准备金余额 48246.45 万元。2020 年，使用个人贷款风险准备金核销呆坏账 0 万元。

五、社会经济效益

（一）缴存业务。 缴存职工中，国家机关和事业单位占 27.33%，国有企业占 24.63%，城镇集体企业占 7.52%，外商投资企业占 3.83%，城镇私营企业及其他城镇企业占 29.28%，民办非企业单位和社会团体占 2.05%，灵活就业人员占 0.01%，其他占 5.35%；中、低收入占 98.94%，高收入占 1.06%。

新开户职工中，国家机关和事业单位占 14.82%，国有企业占 11.46%，城镇集体企业占 4.9%，外商投资企业占 2.35%，城镇私营企业及其他城镇企业占 50.90%，民办非企业单位和社会团体占 2.05%，灵活就业人员占 0.08%，其他占 13.44%；中、低收入占 99.84%，高收入占 0.16%。

（二）提取业务。 提取金额中，购买、建造、翻建、大修自住住房占 15.65%，偿还购房贷款本息占 52.11%，租赁住房占 2.3%，支持老旧小区改造占 0.01%，离休和退休提取占 21.5%，完全丧失劳动能力并与单位终止劳动关系提取占 6.35%，出境定居占 0.59%，其他占 1.49%。提取职工中，中、低收入占 98.43%，高收入占 1.57%。

（三）贷款业务。 个人住房贷款。2020 年，支持职工购建房 138.61 万平方米（含公转商贴息贷款），2020 年末个人住房贷款市场占有率（含公转商贴息贷款）为 27.14%，比上年末增加 0.56 个百分点。通过申请住房公积金个人住房贷款，可节约职工购房利息支出 119787.68 万元。

职工贷款笔数中，购房建筑面积 90（含）平方米以下占 9.67%，90～144（含）平方米占 76.71%，

144 平方米以上占 13.62%。购买新房占 68.81%（其中购买保障性住房占 3.28%），购买二手房占 31.19%，无建造、翻建、大修自住住房贷款。

职工贷款笔数中，单缴存职工申请贷款占 68.20%，双缴存职工申请贷款占 31.62%，三人及以上缴存职工共同申请贷款占 0.18%。

贷款职工中，30 岁（含）以下占 30.03%，30 岁～40 岁（含）占 45.54%，40 岁～50 岁（含）占 19.09%，50 岁以上占 5.34%；首次申请贷款占 87.88%，二次及以上申请贷款占 12.12%；中、低收入占 99.43%，高收入占 0.57%。

（四）**住房贡献率**。2020 年，个人住房贷款发放额、公转商贴息贷款发放额、项目贷款发放额、住房消费提取额的总和与当年缴存额的比率为 120.2%，比上年增加 0.11 个百分点。

六、其他重要事项

（一）**应对新冠肺炎疫情采取的措施，落实住房公积金阶段性支持政策情况和政策实施成效。**

1. 应对新冠肺炎疫情采取的措施。一是强化组织领导，成立了中心新型冠状病毒感染肺炎疫情防控领导小组，中心"一把手"坐镇一线指挥；二是强化学习教育。通过视频形式多次召开会议深入学习中央、省、市相关疫情防控文件精神，切实提高认识，增强疫情防控的思想自觉；三是及时制定贯彻落实措施，印发各类疫情防控文件、通知，进一步强化了防控工作纪律和要求；四是为方便缴存职工办理业务，拓展业务办理范围，搭建网上营业厅、微信公众号、支付宝城市服务等"不见面"办理业务平台，让数据多跑腿，让群众少出门；五是强化办公场所管理。严格执行实行外来人员登记制度，严格测量体温、扫码，坚持办公区域和会议室每天消毒；六是强化防疫物资储备。中心统筹安排采购了口罩、消毒液、额温枪等物资，保障防疫物资充足；七是加强疫情防控宣传教育。充分利用网站、微信公众号、大厅 LED 屏、微信群等开展疫情防控知识宣传，切实提升缴存职工和中心干部职工自我保护意识。

2. 落实住房公积金阶段性支持政策情况和政策实施成效。落实住房公积金阶段性支持政策况。一是制定印发疫情期间实施阶段性支持政策的操作指南和实施办法。受疫情影响的企业，在 2020 年 6 月 30 日前可申请暂缓缴存住房公积金，同时企业可申请降低住房公积金缴存比例最低至 5%。二是细化政策解读，畅通宣传和咨询渠道。通过中心网站、微信公众号、微信工作群、电话通知等方式，及时将最新政策通知到所有企业，对重点行业和重点企业做好缴存业务精准服务，确保政策宣传全覆盖。三是推行业务网上办理，方便企业足不出户办理业务。政策实施成效。全市当年受理申请缓缴和降低缴存比例企业 590 余家，涉及缴存职工近 9 万人，为企业减少资金支出压力 3.3 亿元。

（二）**当年机构及职能调整情况、受委托办理缴存贷款业务金融机构变更情况。**

1. 机构及职能调整情况。机构调整情况。无调整。职能调整情况。无调整。

2. 受委托办理缴存贷款业务金融机构变更情况。我市受委托办理缴存贷款业务的金融机构无变更，共 10 家，分别是建设银行、工商银行、农业银行、中国银行、交通银行、齐商银行、青岛银行、邮储银行、中信银行和威海银行。

（三）**当年住房公积金政策调整及执行情况。**

1. 缴存基数调整情况。缴存住房公积金的月工资基数不得超过我市统计部门公布的上一年度职工月平均工资的 3 倍。凡超过 3 倍的，一律予以规范调整。2020 年我市住房公积金月缴存基数最高不超过

19704元（我市统计部门公布的2019年度在岗职工月平均工资为6568元）。最低月缴存基数按各区县最低工资标准确定。根据山东省人民政府公布的全省最低工资标准，张店区、淄川区、临淄区为1910元，博山区、周村区、桓台县为1730元，高青县、沂源县为1550元。任何单位不得等额、定额缴存住房公积金。

2.缴存比例调整情况。严格执行控高保低政策。住房公积金缴存比例下限为5%，最高不得超过12%。缴存单位可在5%至12%之间自主确定住房公积金缴存比例。生产经营困难的企业，经职工代表大会或工会讨论通过，可申请降低住房公积金缴存比例或者缓缴。

3.当年缴存、提取政策调整情况。优化租房提取住房公积金额度调整机制，一是将我市有关部门公布市场租金标准以及商品房市场租金水平作为调整租房提取的租金标准；二是我市引进的高层次人才租房面积按照现行标准90平方米的2倍，以家庭为单位，作为租房的提取额度。

4.当年个人住房贷款最高贷款额度、贷款条件政策调整情况。2020年我市住房公积金贷款最高额度政策无调整。2020年我市住房公积金贷款条件政策调整情况。完善二手住房贷款额度确定办法。借款申请人所购再交易自住住房（二手房）价值根据房屋交易价格、契税计税价格二者较低者确定。组合贷款的，再交易自住住房（二手房）价值根据房屋交易价格、契税计税价格、组合贷款银行提供的评估价格三者较低者确定。对于二手住房房龄在20年以上的，公积金中心委托房地产评估机构进行评估，最终贷款发放金额根据合同价格、契税计税价格、评估价格三者较低者确定。评估费列入政府购买服务事项，由市住房公积金管理中心承担。

5.当年住房公积金贷款利率，执行五年期以下（含五年）个人住房公积金贷款利率2.75%，五年期以上个人住房公积金贷款利率3.25%。所购房屋为第二套住房的住房公积金个人贷款利率不得低于同期首套住房公积金个人住房贷款利率的1.1倍。

6.支持老旧小区改造政策落实情况。积极支持城镇老旧小区居民提取住房公积金用于加装电梯，调整完善提取政策，取消了提取次数限制，满足居民资金需求。全市当年办理加装电梯提取业务8笔、提取金额35.2万元。

（四）当年服务改进情况。认真落实市委市政府"一号改革工程"，持续增强政务服务能力，助力优化营商环境。一是单位业务实现"一窗通办""不见面审批"。通过淄博市企业开办"一窗通"网上服务平台登记成功的企业，可同步完成公积金账户设立；开通单位开户、调整比例和缓缴申请等线上受理业务，单位政务服务事项实现"全程网办"；二是拓展线上渠道，提高业务网办率。退休提取和辞职失业提取实现"秒批秒办"，高频业务接入支付宝市民中心和淄博服务App，业务网办率大大提升，单位业务超85%，个人业务近50%，综合服务平台以"优秀"成绩顺利通过省住房城乡建设厅专家组的检查验收。

（五）当年信息化建设情况。强化信息安全管理，保障住房公积金系统安全平稳运行，把"不见面""网上办""一次办好"改革作为信息化建设重点工作，推进全省数据平台接入、征信接入、电子证照、"好差评"等项目建设，推动业务创新，保障资金安全，连续四年通过三级等级保护测评。

（六）当年住房公积金管理中心及职工所获荣誉情况。2020年，在集体荣誉方面。中心保持"省级文明单位"，获"山东省住房城乡建设系统先进集体""市直机关书香单位"；中心机关团总支获"淄博市基层团组织规范化建设工作先进集体"（淄博市五四红旗团总支）；中心机关第五党支部获"淄博市市直机关示范党支部"；2个管理部获"全省住房公积金行业文明服务示范窗口"，4个管理部获"山东省青年文明号"，6个管理部获"淄博市青年文明号"；1个管理部获"淄博市巾帼文明岗"。在个人荣誉方面。1名同志分别获"山东省住房城乡建设系统先进个人""淄博市担当作为、狠抓落实先进个人""淄博市最美青年";7名同志获"全省住房公积金行业文明服务示范标兵";1个家庭被评为"淄博市最美家庭";1个家庭被评为"淄博市书香家庭"。

(七)当年对违反《住房公积金管理条例》和相关法规行为进行行政处罚和申请人民法院强制执行情况。 2020年行政处罚案件6例,申请人民法院强制执行0例。

(八)当年对住房公积金管理人员违规行为的纠正和处理情况等。 2020年没有发生对住房公积金管理人员违规行为的纠正和处理情况。

枣庄市住房公积金2020年年度报告

根据国务院《住房公积金管理条例》和住房和城乡建设部、财政部、人民银行《关于健全住房公积金信息披露制度的通知》(建金〔2015〕26号)的规定,经住房公积金管理委员会审议通过,现将枣庄市住房公积金2020年年度报告公布如下。

一、机构概况

(一)住房公积金管理委员会。 住房公积金管理委员会有32名委员,2020年召开1次会议,审议通过的事项主要包括:《关于2019年住房公积金计划执行情况和2020年住房公积金计划编制情况的报告》《枣庄市住房公积金2019年年度报告》《枣庄市住房公积金管理委员会第十六次全体会议决议》(草案)。

(二)住房公积金管理中心。 住房公积金管理中心为不以营利为目的事业单位,设5个科,8个管理部,2个分中心。从业人员109人,其中,在编45人,非在编64人。

二、业务运行情况

(一)缴存。 2020年,新开户单位1173家,净增单位807家;新开户职工3.2万人,净增职工0.81万人;实缴单位4621家,实缴职工28.58万人,缴存额43.42亿元,分别同比增长21.16%、2.92%、3.7%。2020年末,缴存总额341.42亿元,比上年末增加14.57%;缴存余额135.5亿元,同比增长7.64%。受委托办理住房公积金缴存业务的银行7家。

(二)提取。 2020年,9.58万名缴存职工提取住房公积金;提取额33.81亿元,同比增长15.16%;提取额占当年缴存额的77.87%,比上年增加7.75个百分点。2020年末,提取总额205.92亿元,比上年末增加19.64%。

(三)贷款。

1. 个人住房贷款。单缴存职工个人住房贷款最高额度30万元,双缴存职工个人住房贷款最高额度50万元。2020年,发放个人住房贷款0.85万笔、30.76亿元,同比分别增长11.84%、12.26%。

2020年,回收个人住房贷款16.13亿元。

2020年末,累计发放个人住房贷款9.13万笔、224.82亿元,贷款余额127.94亿元,分别比上年末增加 10.13%、15.85%、12.92%。个人住房贷款余额占缴存余额的 94.42%，比上年末增加 4.41 个百分点。受委托办理住房公积金个人住房贷款业务的银行 7 家。

2. 异地贷款。2020 年，发放异地贷款 33 笔、1185.00 万元。2020 年末，发放异地贷款总额 45436.91 万元，异地贷款余额 28523.9 万元。

3. 公转商贴息贷款。2020 年，发放公转商贴息贷款 9 笔、325.00 万元，当年贴息额 1571.42 万元。2020 年末，累计发放公转商贴息贷款 5193 笔、168036.8 万元，累计贴息 11563.41 万元。

4. 住房公积金支持保障性住房建设项目贷款。无。

（四）购买国债。无。

（五）资金存储。2020 年末，住房公积金存款 13.94 亿元。其中，活期 3.04 亿元，1 年（含）以下定期 2.6 亿元，1 年以上定期 8.3 亿元，其他（协定、通知存款等）0 亿元。

（六）资金运用率。2020 年末，住房公积金个人住房贷款余额、项目贷款余额和购买国债余额的总和占缴存余额的 94.42%，比上年末增加 4.41 个百分点。

三、主要财务数据

（一）业务收入。2020 年，业务收入 43729.68 万元，同比增长 10.96%。存款利息 4540.33 万元，委托贷款利息 39185.99 万元，国债利息 0 万元，其他 3.36 万元。

（二）业务支出。2020 年，业务支出 25665.95 万元，同比增长 7.57%。支付职工住房公积金利息 21689.81 万元，归集手续费－30.43 万元，委托贷款手续费 1931.94 万元，其他 2074.63 万元。

（三）增值收益。2020 年，增值收益 18063.73 万元，同比增长 16.17%。增值收益率 1.37%，比上年增加 0.17 个百分点。

（四）增值收益分配。2020 年，提取贷款风险准备金 0 万元，提取管理费用 1713.5 万元，提取城市廉租住房（公共租赁住房）建设补充资金 16350.23 万元。

2020 年，上交财政管理费用 2000 万元。上缴财政城市廉租住房（公共租赁住房）建设补充资金 13027.99 万元。

2020 年末，贷款风险准备金余额 20055.58 万元。累计提取城市廉租住房（公共租赁住房）建设补充资金 117931.69 万元。

（五）管理费用支出。2020 年，管理费用支出 1818.07 万元，同比下降 19.48%。其中，人员经费 1260.75 万元，公用经费 436.48 万元，专项经费 120.84 万元。

四、资产风险状况

（一）个人住房贷款。2020 年末，个人住房贷款逾期额 121.30 万元，逾期率 0.09‰。个人贷款风险准备金余额 20055.58 万元。2020 年，使用个人贷款风险准备金核销呆坏账 0 万元。

（二）支持保障性住房建设试点项目贷款。无。

五、社会经济效益

（一）缴存业务。缴存职工中，国家机关和事业单位占 39.87%，国有企业占 33.02%，城镇集体企业

占0.7%，外商投资企业占1.88%，城镇私营企业及其他城镇企业占6.68%，民办非企业单位和社会团体占0.99%，其他占16.86%；中、低收入占99.45%，高收入占0.55%。

新开户职工中，国家机关和事业单位占28.28%，国有企业占17.88%，城镇集体企业占0.67%，外商投资企业占4.7%，城镇私营企业及其他城镇企业占13.92%，民办非企业单位和社会团体占3.16%，其他占31.39%；中、低收入占99.81%，高收入占0.19%。

（二）提取业务。提取金额中，购买、建造、翻建、大修自住住房占31.35%，偿还购房贷款本息占43.90%，租赁住房占0.04%，离休和退休提取占18.61%，完全丧失劳动能力并与单位终止劳动关系提取占1.73%，其他占4.37%。提取职工中，中、低收入占99.17%，高收入占0.83%。

（三）贷款业务。

1. 个人住房贷款。2020年，支持职工购建房112.69万平方米（含公转商贴息贷款），年末个人住房贷款市场占有率（含公转商贴息贷款）为24.62%，比上年末增加2.62个百分点。通过申请住房公积金个人住房贷款，可节约职工购房利息支出47054.54万元。

职工贷款笔数中，购房建筑面积90（含）平方米以下占4.77%，90~144（含）平方米占69.49%，144平方米以上占25.74%。购买新房占84.70%（其中购买保障性住房占0%），购买二手房占15.30%，建造、翻建、大修自住住房占0%（其中支持老旧小区改造占0%），其他占0%。

职工贷款笔数中，单缴存职工申请贷款占13.26%，双缴存职工申请贷款占86.74%，三人及以上缴存职工共同申请贷款占0%。

贷款职工中，30岁（含）以下占12.78%，30岁~40岁（含）占40.99%，40岁~50岁（含）占34.17%，50岁以上占12.06%；首次申请贷款占81.93%，二次及以上申请贷款占18.07%；中、低收入占98.99%，高收入占1.01%。

2. 支持保障性住房建设试点项目贷款。无。

（四）住房贡献率。2020年，个人住房贷款发放额、公转商贴息贷款发放额、项目贷款发放额、住房消费提取额的总和与当年缴存额的比率为131.62%，比上年增加7个百分点。

六、其他重要事项

（一）应对新冠肺炎疫情采取的措施，落实住房公积金阶段性支持政策情况和政策实施成效。自新型冠状病毒肺炎疫情发生以来，枣庄市住房公积金管理中心认真贯彻落实党中央、国务院和省、市关于新型冠状病毒肺炎疫情防控工作部署，根据住房和城乡建设部、省住房城乡建设厅有关通知精神，综合灵活施策，切实保障权益。

根据我市防疫实际制定针对疫情的保障措施，落实防疫期间阶段性保障措施，市中心第一时间制定并印发《关于做好疫情防控期间住房公积金服务保障工作的通知》（枣住公〔2020〕2号）和《关于应对新型冠状病毒感染的肺炎疫情做好住房公积金管理服务工作的通知》，明确疫情防控期间政策执行和重要情况及时报告市中心，按照"一事一报一议"原则执行，实行一天一调拨。

为进一步做好疫情保障工作，市中心再次制定并印发《关于进一步明确应对新冠肺炎疫情实施阶段性保障措施的通知》（枣住公〔2020〕5号）和《关于切实做好疫防控期间幼儿园扶持工作的通知》，充分做好小微实体企业缴存和广大职工提取贷款还款等工作。

截至2020年6月30日阶段性保障措施政策结束，共为34个企业落实阶段性缓缴政策，涉及职工8585人，缓缴金额2526.65万元；申请降低缴存比例的企业5个，涉及职工446人，减少归集金额6.17万元。受新冠肺炎疫情影响职工申请延期办理公积金业务，涉及使用金额122.5万元。疫情期间各项保障政策助力减轻企业负担，不影响职工使用公积金和征信，保障了缴存职工权益。

（二）当年机构及职能调整情况、受委托办理缴存贷款业务金融机构变更情况。当年机构及职能调整情况。根据枣庄市机构编制委员会要求，将原东城分理处更名为市直管理一部，原西城分理处更名为市直管理二部。

受委托办理缴存贷款业务金融机构变更情况。无。

（三）当年住房公积金政策调整及执行情况，包括当年缴存基数限额及确定方法、缴存比例等缴存政策调整情况；当年提取政策调整情况；当年个人住房贷款最高贷款额度、贷款条件等贷款政策调整情况；当年住房公积金存贷款利率执行标准等；支持老旧小区改造政策落实情况。

1. 当年缴存基数限额及确定方法、缴存比例调整情况。

① 按照国务院《住房公积金管理条例》，2020年7月1日印发《关于确定我市2020年度住房公积金执行控高保低缴存标准的通知》（枣住公〔2020〕36号），对我市2020年度住房公积金执行"控高保低"缴存标准予以确定。

② 当年职工缴存住房公积金的月工资基数。最高是17697元/月，最低是1550元/月；缴存比例。单位和个人分别是5%～12%；月缴存额。最高4247.28元/月，最低155元/月。

2. 当年提取政策调整情况。

① 简化提取业务要件。中心下发《关于调整部分住房公积金业务规定的通知》（枣住公〔2020〕60号）文件，充分利用数据共享成果，不断简化提取业务要件，取消了离职提取业务的终止劳动关系证明，取消了偿还商业银行住房贷款提取业务的购房合同、借款合同、还款流水材料等材料。

② 调整租房提取额度。中心下发《关于恢复异地贷款、调整租住商品住房提取公积金额度的通知》（枣住公管〔2020〕3号）文件，根据我市实际情况，调整我市租住商品公积金提取额度。本人及配偶在缴存城市（枣庄市行政区域内）无自有住房且租赁商品住房的，提供身份证明、本人及配偶无房证明，按夫妻双方最高提取额度为12000元/年，单身最高提取额度为6000元/年；同时提供房地产管理部门出具的房屋租赁备案证明及完税发票的，可按实际房租支出全额提取。

3. 当年个人住房贷款最高贷款额度、贷款条件等贷款政策调整情况：

住房公积金最高贷款额度。双缴存职工最高额度50万元，单缴存职工最高额度30万元；正常连续缴存6个月，可申请住房公积金贷款，最长贷款年限不超过30年。

贷款政策调整：

为满足异地贷款购房群体需求，积极支持租房消费，保障缴存职工合法权益，本着以人为本的原则，立足我市实际和安全风险防范要求，经管委会批准，中心下发《关于恢复异地贷款、调整租住商品住房提取公积金额度的通知》（枣住公管〔2020〕3号），恢复异地贷款业务。

4. 当年住房公积金存贷款利率执行标准。

严格执行中国人民银行、住房和城乡建设部、财政部《关于完善职工住房公积金账户存款利率形成机制的通知》，公积金存款利率统一按照一年期定期存款基准利率即1.5%执行；个人住房公积金贷款利率：

5年以下（含5年）是2.75%，5年以上是3.25%。

（四）当年服务改进情况，包括推进住房公积金服务"跨省通办"工作情况，服务网点、服务设施、服务手段、综合服务平台建设和其他网络载体建设服务情况等。

1. 住房公积金服务"跨省通办"工作情况。

市中心按照住房和城乡建设部《关于做好住房公积金服务"跨省通办"工作的通知》要求，积极推动住房公积金业务"跨省通办"工作，已完成2020年度"跨省通办"业务实现全程网办。个人住房公积金缴存贷款等信息查询、出具贷款职工住房公积金缴存使用证明、正常退休提取住房公积金3项"跨省通办"业务实现网上办理。

目前，群众可以通过登录枣庄政务服务网、枣庄公积金个人网上服务厅等网络渠道直接办理个人住房公积金缴存贷款等信息查询、正常退休提取住房公积金等3项"跨省通办"业务，极大地方便了职工跨省办理公积金业务，使政务服务便捷度和群众获得感得到显著提升。

市中心下发了《关于"跨省通办"有关工作的通知》（枣住公〔2020〕66号）文件，要求各服务大厅设置"跨省通办"服务窗口，明确各项业务办理要求，推动"跨省通办"事项落地实施，规范业务办理。

2. 服务改进情况（服务网点、服务设施、服务手段等情况）。

全市公积金服务大厅推行"一窗受理""综合柜员""容缺办理""帮办代办""免费邮寄""承诺服务""预约服务""延时服务""找茬台""好差评"等系列服务制度。

区（市）服务大厅在保留原大厅服务功能的基础上，基本已进驻市民服务中心，这些窗口的增设，方便了缴存职工办事"就近跑"。继续加强窗口硬件设施建设，更新老旧电子设备和服务设施，按照标准规范要求配齐配全了各类服务设施。全面优化美化亮化服务环境，按照文明创建要求，学习对标全国先进标杆地市，配备了轮椅、雨伞、针线盒等便民服务设施，张贴温馨提示语，服务事项和制度上墙公示，进一步加强大厅的综合管理，打造了温馨、高效、便捷的服务环境。

3. 综合服务平台和其他网络载体建设情况。

2020年9月份，省住房城乡建设厅组织验收专家组一行5人对我市住房公积金综合服务平台进行了检查、验收。验收组严格对照有关评价标准，通过听取工作汇报、观看系统PPT演示、实地体验、审阅相关资料、现场咨询答疑等方式，对综合服务平台全方位、多角度进行了验收。经过专家讨论、合议，验收组一致认为枣庄公积金综合服务平台的建设符合住房和城乡建设部《住房公积金综合服务平台建设导则》的要求，并充分利用"互联网＋公积金"技术，拓展服务渠道，改进服务方式，规范业务管理，评定为优秀，标志着我市住房公积金综合服务平台建设步入全省乃至全国先进行列。

市中心打造的"互联网＋公积金"综合服务平台涵盖了枣庄公积金手机App、枣庄公积金微信公众号、枣庄公积金单位版网厅、开发商版网厅、个人版网厅等多个网上服务渠道，此外还有支付宝提取、政务服务网"一网通办"、爱枣庄App等其他网上服务渠道，线上业务实行"7×24小时"受理制，全天候受理住房公积金各项业务。缴存单位、职工利用电脑、手机等终端，通过网上服务大厅、手机App及微信渠道申请办理住房公积金业务时既不受时间限制，也不受场所限制。自建系统各个渠道注册信息共享，职工可在任一渠道进行注册后使用全部平台，注册信息与政务服务网实现了统一身份认证。单位版网厅、开发商版网厅使用UKEY数字认证，手机App和微信公众号除可使用用户名、密码登录外还可以使用刷脸认证登录，网上渠道上传的各项业务要件实行电子化管理，一次采集，多次复用。

（五）当年信息化建设情况，包括信息系统升级改造情况，基础数据标准贯彻落实和结算应用系统接入情况等。为持续深化"放管服"改革要求，创新"互联网＋政务服务"，不断减证便民，枣庄市住房公积金管理中心积极向市大数据局申请共享政务数据，借助大数据赋能推进减证便民、业务提速、流程优化。通过梳理住房公积金缴存、提取、贷款等业务流程，线上业务充分借助枣庄市政务信息核验相关公积金业务所需信息，以大数据共享接口核验替代电子档案材料，实现部分业务网上"不见面、零材料、零审批"办理。群众通过网上渠道办理住房公积金业务，切切实实感受到了"互联网＋公积金"和政务大数据共享带来的便利。

拓展共享合作模式，实现住房公积金业务多方共赢新局面。

市中心已经将住房公积金数据纳入政务数据资源共享体系，其中住房公积金缴存单位账户信息等社会需求大且相对完善的数据主动接入全市信息共享平台，实现统筹协同、共享共用。

同时，市中心积极探索与商业银行共享共建合作新模式。经住房公积金缴存人授权，向商业银行提供本人住房公积金缴存、贷款查询数据，商业银行借助"互联网＋银行＋公积金"，综合评价申请人资质，开展商业银行网络快贷业务。公积金中心通过共享商业银行住房贷款信息，实时获取缴存职工商业住房贷款还款信息，还商贷提取以商贷共享信息核验替代档案材料，实现"不见面、零材料、零审批"办理。目前，已成功共享中行、农行、工行、建行、交行商、农商行、邮储银行商贷数据。

（六）当年住房公积金管理中心及职工所获荣誉情况，包括：文明单位（行业、窗口）、青年文明号、工人先锋号、五一劳动奖章（劳动模范）、三八红旗手（巾帼文明岗）、先进集体和个人等。2020年，市中心继续保持省、市级文明单位；成功创建"枣庄市节约型机关"。滕州分中心、峄城管理部、台儿庄管理部分别荣获"2019年度区（市）经济社会发展综合考核先进集体"荣誉称号；台儿庄管理部成功创建"区级文明单位"；市中管理部、台儿庄管理部成功创建"市级青年文明号"。中心团总支荣获"枣庄市青春战'疫'优秀团队"荣誉称号。

2020年，中心3人荣获"市经济社会发展综合考核先进个人"荣誉称号，分别为"三等功"1人、"嘉奖"2人；1人荣获"区（市）经济社会发展综合考核先进个人三等功"荣誉称号，3人荣获"区（市）经济社会发展综合考核先进个人嘉奖"荣誉称号；1人荣获"新冠肺炎疫情防控工作'防疫先锋'"荣誉称号；1人荣获"枣庄市青春战'疫'先进个人"荣誉称号；1人荣获"抗击疫情最美志愿者"荣誉称号等。

（七）当年对违反《住房公积金管理条例》和相关法规行为进行行政处罚和申请人民法院强制执行情况。无。

（八）当年对住房公积金管理人员违规行为的纠正和处理情况等。无。

（九）其他需要披露的情况。无。

东营市住房公积金2020年年度报告

根据国务院《住房公积金管理条例》和住房和城乡建设部、财政部、人民银行《关于健全住房公积金信息披露制度的通知》（建金〔2015〕26号）的规定，经住房公积金管理委员会审议通过，现将东营市住房公积金 2020 年年度报告公布如下。

一、机构概况

（一）住房公积金管理委员会

市住房公积金管理委员会有 31 名委员，2020 年召开 1 次会议，审议通过 2019 年度住房公积金归集、使用计划执行情况，并对其他重要事项进行决策，主要包括：1. 审议市住房公积金管理中心（含胜利油田分中心）2019 年度工作报告；2. 审议市住房公积金管理中心（含胜利油田分中心）2019 年计划执行情况和 2020 年计划草案的报告；3. 审议市住房公积金管理中心（含胜利油田分中心）2019 年年度报告。

（二）住房公积金管理中心

市住房公积金管理中心（以下简称市中心）为市政府不以营利为目的的全额事业单位，设 5 个科，7 个管理部，1 个分中心。从业人员 71 人（不含胜利油田分中心），其中，在编 41 人，非在编 30 人。

胜利油田分中心为胜利石油管理局有限公司不以营利为目的的企业单位，设 2 个科，14 个管理部。从业人员 470 人，其中，在编 200 人，非在编 270 人。

二、业务运行情况

（一）缴存。2020 年，新开户单位 750 家，净增单位 529 家；新开户职工 2.95 万人，净增职工 0.34 万人；实缴单位 4216 家，实缴职工 38.82 万人，缴存额 69.17 亿元，分别同比增长 14.35%、0.88%、7.44%。2020 年末，缴存总额 706.3 亿元，比上年末增加 10.85%；缴存余额 144.71 亿元，同比减少 7.47%。其中，市中心新开户单位 738 家，净增单位 524 家；新开户职工 2.82 万人，净增职工 0.77 万人；实缴单位 4089 家，实缴职工 21.68 万人，缴存额 29.93 亿元，分别同比增长 14.7%、3.68%、3.03%。2020 年末，缴存总额 240.73 亿元，比上年末增加 14.2%；缴存余额 78.5 亿元，同比增长 4.85%。受委托办理住房公积金缴存业务的银行 6 家。

胜利油田分中心新开户单位 12 家，净增单位 5 家；新开户职工 0.13 万人，净增职工 -0.43 万人；实缴单位 127 家，实缴职工 17.14 万人，缴存额 39.24 亿元，分别同比增长 4.1%、-2.45%、11.07%。2020 年末，缴存总额 465.57 亿元，比上年末增加 9.2%；缴存余额 66.21 亿元，同比减少 18.78%。受委托办理住房公积金缴存业务的银行 2 家。

（二）提取。2020 年，17.91 万名缴存职工提取住房公积金，提取额 80.84 亿元，同比增长 47.73%；提取额占当年缴存额的 116.87%，比上年增加 31.87 个百分点。2020 年末，提取总额 561.59 亿元，比上年末增加 16.82%。其中，市中心 7.64 万名缴存职工提取住房公积金，提取额 26.3 亿元，同比增长 25.42%；提取额占当年缴存额的 87.87%，比上年增加 15.68 个百分点。2020 年末，提取总额 162.23 亿元，比上年末增加 19.35%。胜利油田分中心 10.27 万名缴存职工提取住房公积金，提取额 54.54 亿元，同比增长 61.6%；提取额占当年缴存额的 138.99%，比上年增加 43.46 个百分点。2020 年末，提取总额 399.36 亿元，比上年末增加 15.82%。

（三）贷款。

1. 个人住房贷款。市中心单缴存职工个人住房贷款最高额度 20 万元，双缴存职工个人住房贷款最高额度 40 万元。胜利油田分中心单缴存职工个人住房贷款最高额度 30 万元，双缴存职工个人住房贷款最高额度 50 万元。

2020 年，发放个人住房贷款 0.56 万笔、16.87 亿元，同比分别增长 1.82%、0.96%。其中，市中心发放个人住房贷款 0.39 万笔、10.41 亿元，同比分别增长 25.81%、21.61%；胜利油田分中心发放个人住房贷款 0.17 万笔、6.46 亿元，同比分别下降 29.17%、20.74%。

2020 年，回收个人住房贷款 15.51 亿元。其中，市中心回收个人住房贷款 8.93 亿元，胜利油田分中心回收个人住房贷款 6.58 亿元。

2020 年末，累计发放个人住房贷款 11.56 万笔、222.58 亿元，贷款余额 105.43 亿元，分别比上年末增加 5.09%、8.2%、1.31%。个人住房贷款余额占缴存余额的 72.86%，比上年末增加 6.31 个百分点。其中，市中心累计发放个人住房贷款 6.75 万笔、131.17 亿元，贷款余额 63.93 亿元，分别比上年末增加 6.13%、8.62%、2.37%。个人住房贷款余额占缴存余额的 81.44%，比上年末减少 1.97 个百分点。受委托办理住房公积金个人住房贷款业务的银行 17 家。胜利油田分中心累计发放个人住房贷款 4.81 万笔、91.41 亿元，贷款余额 41.50 亿元，分别比上年末增加 3.66%、7.60%、减少 0.29%。个人住房贷款余额占缴存余额的 62.68%，比上年末增加 11.63 个百分点。受委托办理住房公积金个人住房贷款业务的银行 13 家。

2. 异地贷款。2020 年，发放异地贷款 162 笔、4554.7 万元。2020 年末，发放异地贷款总额 12946.3 万元，异地贷款余额 11223.68 万元。其中，市中心发放异地贷款 131 笔、3315.4 万元。2020 年末，发放异地贷款总额 6467.9 万元，异地贷款余额 5490.36 万元。胜利油田分中心发放异地贷款 31 笔、1239.3 万元。2020 年末，发放异地贷款总额 6478.4 万元，异地贷款余额 5733.32 万元。

（四）资金存储。2020 年末，住房公积金存款 42.491 亿元。其中，活期 0.074 亿元，1 年（含）以下定期 10.878 亿元，1 年以上定期 17.359 亿元，其他（协定、通知存款等）14.180 亿元。其中，市中心住房公积金存款 16.449 亿元。其中，活期 0.070 亿元，1 年（含）以下定期 10.878 亿元，1 年以上定期 2.759 亿元，其他（协定、通知存款等）2.742 亿元。胜利油田分中心住房公积金存款 26.042 亿元。其中，活期 0.004 亿元，1 年（含）以下定期 0 亿元，1 年以上定期 14.60 亿元，其他（协定、通知存款等）11.438 亿元。

（五）资金运用率。2020 年末，住房公积金个人住房贷款余额、项目贷款余额和购买国债余额的总和占缴存余额的 72.86%，比上年末增加 6.31 个百分点。其中，市中心住房公积金个人住房贷款余额、项目贷款余额和购买国债余额的总和占缴存余额的 81.44%，比上年末减少 1.97 个百分点。胜利油田分中心住房公积金个人住房贷款余额、项目贷款余额和购买国债余额的总和占缴存余额的 62.68%，比上年末增加 11.63 个百分点。

三、主要财务数据

（一）业务收入。2020 年，业务收入 51700.19 万元，同比下降 2.95%。其中，市中心 25030.46 万元，胜利油田分中心 26669.73 万元；存款利息 17074.59 万元，委托贷款利息 34463.34 万元，其他 162.26 万元。

（二）业务支出。2020 年，业务支出 26985.52 万元，同比增长 4.51%。其中，市中心 13552.16 万元,胜利油田分中心 13433.36 万元;支付职工住房公积金利息 23544.44 万元,归集手续费 1298.28 万元,委托贷款手续费 2135.8 万元,其他 7 万元。

(三)增值收益。 2020 年,增值收益 24714.67 万元,同比下降 9.97%。其中,市中心 11478.3 万元,胜利油田分中心 13236.37 万元;增值收益率 1.61%,比上年减少 0.18 个百分点。

(四)增值收益分配。 2020 年,提取贷款风险准备金 0 万元;提取管理费用 6327.51 万元,提取城市廉租住房(公共租赁住房)建设补充资金 18387.16 万元。

2020 年,上交财政管理费用 1200 万元。上缴财政城市廉租住房(公共租赁住房)建设补充资金 88284.39 万元。其中,市中心上缴 8484.39 万元,胜利油田分中心上缴 79800 万元。

2020 年末,贷款风险准备金余额 20814.43 万元。累计提取城市廉租住房(公共租赁住房)建设补充资金 254950.1 万元。其中,市中心提取 62423.33 万元,胜利油田分中心提取 192526.77 万元。

(五)管理费用支出。 2020 年,管理费用支出 6228.63 万元,同比增长 24.86%。其中,人员经费 760.14 万元,公用经费 4050.27 万元,专项经费 1418.22 万元。

市中心管理费用支出 1275.41 万元,其中,人员、公用、专项经费分别为 760.14 万元、38.92 万元、476.35 万元;胜利油田分中心管理费用支出 4953.22 万元。其中,人员经费 0 万元,公用经费 4011.35 万元,专项经费 941.87 万元。

四、资产风险状况

个人住房贷款。2020 年末,个人住房贷款逾期额 131.66 万元,逾期率 0.12‰,个人贷款风险准备金余额 20814.43 万元。

五、社会经济效益

(一)缴存业务。 缴存职工中,国家机关和事业单位占 18.63%,国有企业占 50.69%,城镇集体企业占 0.9%,外商投资企业占 0.77%,城镇私营企业及其他城镇企业占 25.37%,民办非企业单位和社会团体占 0.88%,灵活就业人员占 0.03%,其他占 2.73%;中、低收入占 99.12%,高收入占 0.88%。

新开户职工中,国家机关和事业单位占 9.49%,国有企业占 8.64%,城镇集体企业占 4.68%,外商投资企业占 1.7%,城镇私营企业及其他城镇企业占 67.58%,民办非企业单位和社会团体占 2.92%,灵活就业人员占 0.09%,其他占 4.9%;中、低收入占 99.9%,高收入占 0.1%。

(二)提取业务。 提取金额中,购买、建造、翻建、大修自住住房占 61.07%,偿还购房贷款本息占 20.8%,租赁住房占 4.98%,离休和退休提取占 7.67%,完全丧失劳动能力并与单位终止劳动关系提取占 1.37%,出境定居占 0.19%,其他占 3.92%。提取职工中,中、低收入占 98.96%,高收入占 1.04%。

(三)贷款业务。 个人住房贷款。2020 年,支持职工购建房 81.97 万平方米,年末个人住房贷款市场占有率为 15.16%,比上年末减少 0.75 个百分点。通过申请住房公积金个人住房贷款,可节约职工购房利息支出 16029.75 万元。

职工贷款笔数中,购房建筑面积 90(含)平方米以下占 4.62%,90~144(含)平方米占 48.37%,144 平方米以上占 47.01%。购买新房占 77.04%,购买二手房占 22.96%。

职工贷款笔数中,单缴存职工申请贷款占 21.17%,双缴存职工申请贷款占 77.76%,三人及以上缴存职工共同申请贷款占 1.07%。

贷款职工中，30 岁（含）以下占 25.81%，30 岁～40 岁（含）占 44.48%，40 岁～50 岁（含）占 23.63%，50 岁以上占 6.08%；首次申请贷款占 87.16%，二次及以上申请贷款占 12.84%；中、低收入占 99.35%，高收入占 0.65%。

（四）住房贡献率。 2020 年，个人住房贷款发放额、公转商贴息贷款发放额、项目贷款发放额、住房消费提取额的总和与当年缴存额的比率为 125.89%，比上年增加 25.78 个百分点。

六、其他重要事项

市中心

（一）应对新冠肺炎疫情采取的措施，落实住房公积金阶段性支持政策情况和政策实施成效。 中心研究制定了《关于做好疫情防控期间住房公积金服务保障有关事项的通知》《关于妥善应对新冠肺炎疫情加强住房公积金政策服务保障的通知》《东营市住房公积金管理中心应对新冠肺炎疫情阶段性政策服务指南》等，允许企业申请缓缴、降低公积金缴存比例，允许个体工商户和自由职业者申请缓缴、延长提取和贷款资格时限、住房公积金贷款逾期处理等。

中心累计为 158 家企业办理缓缴手续，涉及职工 16573 人，为企业阶段性减轻资金压力 4427.96 万元；为 14 个企业办理降低比例缴存手续，涉及职工 1245 人，降低月缴存额 329.54 万元；1～6 月企业缓缴期间职工累计提取 947 笔，申请公积金贷款 111 笔，对企业办理降比业务开通绿色通道，审批时间由 3 个工作日缩短至 1 个工作日。

（二）当年机构及职能调整情况、受委托办理缴存贷款业务金融机构变更情况。 本年度新增 4 家住房公积金业务受托银行。

（三）当年住房公积金政策调整及执行情况。

1. 当年缴存政策调整情况。根据相关文件规定，职工住房公积金缴存基数不高于市统计部门公布的全市上一年度职工月平均工资的三倍，最低缴存基数不低于省人民政府公布的我市当年最低工资标准。东营市统计局公布的 2019 年度本市城镇在岗职工年平均工资 100224 元/人（即月平均工资 8352 元/人），确定 2020 住房公积金年度缴存基数上限为 25056 元。根据上一年度东营市最低工资标准确定 2020 住房公积金年度缴存基数下限为 1910 元。

2. 当年提取政策调整情况。为全力做好住房公积金支持租赁住房发展工作，提升住房公积金保障能力，上调我市的租房提取额，定额由 14400 元/年上调至 15600 元/年，如果实际房租确实高于定额的，可按照实际房租但不应超过我市的限额（30000 元/年）。

3. 当年贷款政策调整情况。调整贷款条件，职工申请住房公积金贷款时，住房公积金账户不再留存 6 个月缴存额；调整贷款担保方式，取消了住房公积金贷款担保公司担保方式。

4. 当年住房公积金存贷款利率执行标准情况。2020 年度存贷款利率按中国人民银行公布的利率标准确定。目前执行情况。（1）存款利率：1.5%。（2）贷款利率：首套房 5 年（含）以内贷款利率 2.75%，5 年以上贷款利率 3.25%；二套房住房公积金贷款利率执行同期首套个人公积金贷款利率的 1.1 倍。

（四）当年服务改进情况。 一是印发《关于做好住房公积金"跨省通办"工作的通知》，通过"全程网办""异地代收代办""多地联办"等方式，实现了个人住房公积金缴存贷款信息查询、出具贷款职工住房公积金缴存使用证明、正常退休提取住房公积金3项高频业务的"跨省通办"。二是完善大厅配套设施。服务大厅实行定位、标识、分类管理模式和五统一要求，设置引导区、自助服务区、便民服务区，开设高端人才通道、绿色通道，配备了手机加油站、雨伞、便民药箱等便民服务设施。三是创新服务模式。实行"就近办""延时办"，拓展上门服务、延时服务、非工作时间服务、工作日午间值班服务。组建内训师队伍，聘请礼仪专家开展全员礼仪培训，推广"服务七步曲"，窗口服务更优质。

（五）当年信息化建设情况。一是全面升级云平台3.0系统，打造了集网站、网厅、微信、手机App等8大规定服务渠道，创新拓展"东营掌上通"等12个合作服务渠道为一体的全新网上服务新平台，平台建设项目成功入选全市大数据创新应用百佳案例。二是依托"数聚赋能"推进数据共享，13项归集、7项提取、6项贷款业务实现网上办理，积极开展电子证照应用和"亮证"服务。将购房提取等高频事项接入"爱山东"App，"东营掌上通""智慧公积金"服务成功入选全市数字政府建设典型案例。

（六）当年住房公积金管理中心及职工所获荣誉情况。中心被省精神文明建设委员会复审通过省级文明单位称号，被市精神文明建设委员会复审通过市级文明行业，被市行政审批服务局授予"2019年度政务服务先进集体"，3名同志在全市市直事业单位年度考核中获记功奖励，6名同志在全市工作人员年度考核中获得"嘉奖"等次，1名同志被市总工会授予"东营市五一劳动奖章"称号，1名同志被市行政审批服务局授予"2019年度政务服务先进个人"。

胜利油田分中心

（一）应对新冠肺炎疫情采取的措施，落实住房公积金阶段性支持政策情况和政策实施成效。针对新冠疫情，依据省市相关要求出台了阶段性缓缴等支持措施，以最大限度保证员工的合法利益。

（二）当年机构及职能调整情况、受委托办理缴存贷款业务金融机构变更情况。按照油田机关部室职能优化调整要求，分中心机关调整优化为两个部门：公积金管理室、综合室。新增服务网点1个：胜建服务部。

当年受委托办理贷款业务新增中国邮政储蓄银行股份有限公司东营市东营区支行。

（三）当年住房公积金政策调整及执行情况。

1. 当年缴存提取政策调整情况。缴存提取政策执行东营市中心缴存、提取等相关规定，缴存基数上限25056元，下限3457元。

2. 当年贷款政策调整情况。贷款政策执行东营市中心统一贷款政策，继续执行连续缴存六个月可申请个人住房公积金贷款。

3. 当年住房公积金存贷款利率执行标准情况。与市中心同步按人民银行公布利率标准执行。职工住房公积金存款利率按一年期定期存款基准利率执行，为1.50%；贷款利率：五年期（含）以下2.75%，五年期以上3.25%，购买二套商品房申请个人住房公积金贷款的利率为同期首套商品房公积金个人住房贷款利率的1.1倍。

（四）当年服务改进情况。在深入开展文明行业创建工作的基础上，组织开展了主动服务、精准服务、个性化服务活动。在严格落实疫情防控要求的前提下，一方面指导优化业务办理和服务方式，要求各网点采取"单位预约、批量代办、绿色通道"等措施进行错峰限流；另一方面，安排党员干部承包服务网点，组织实施常态化联系基层，会同服务网点工作人员走出大厅上井场、进班组、入家门、到楼盘，精准对接单位和职工个人需求，"一对一"帮助员工规划"个性化、最佳化"的使用方案，组织业务骨干到服务部、各单位开展业务指导和培训，先后开展特色服务 53 次，受到了单位和员工的广泛欢迎。

不断完善提升公积金网上大厅功能，拓展"不跑腿、不见面"业务。在已实现线上办理退休提取、租房提取、信息查询、政策咨询、业务预约等基础上，新增了还贷提取，试点运行了购房提取业务。

（五）当年信息化建设情况。2020 年公积金信息系统严格按"双贯标"要求运行，及时推送公积金数据到全国住房公积金数据平台。

（六）当年住房公积金管理中心及职工所获荣誉情况。4 个网点获油田巾帼文明岗，2 个网点获油田三八红旗集体。1 人获油田优秀共产党员，1 人获油田双文明先进个人，5 人获油田文明建设先进个人，1 人获油田三八红旗手标兵，1 人获油田三八红旗手，1 人立油田三等功。另外，各网点获得单位集体荣誉 12 个，个人荣誉 31 个。

烟台市住房公积金 2020 年年度报告

根据国务院《住房公积金管理条例》和住房和城乡建设部、财政部、人民银行《关于健全住房公积金信息披露制度的通知》（建金〔2015〕26 号）的规定，经烟台市住房公积金管理委员会审议通过，现将烟台市住房公积金 2020 年年度报告公布如下。

一、机构概况

（一）住房公积金管理委员会。住房公积金管理委员会有 13 名委员，2020 年召开 1 次会议，会议研究落实审计署住房公积金审计发现问题整改工作，审议通过了《烟台市住房公积金 2019 年年度报告（审议稿）》《烟台市住房公积金 2020 年财务收支计划（审议稿）》。

（二）住房公积金管理中心。住房公积金管理中心为市政府直属正处级公益一类财政拨款事业单位，设 10 个科室，7 个管理部，7 个分中心。从业人员 206 人，其中，在编 154 人，非在编 52 人。

二、业务运行情况

（一）缴存。2020 年，新开户单位 1492 家，净增单位 768 家；新开户职工 6.79 万人，净增职工 0.77 万人；实缴单位 11312 家，实缴职工 84.24 万人，缴存额 110.06 亿元，分别同比增长 7.28%、0.92%、6.54%。2020 年末，缴存总额 819.70 亿元，比上年末增加 15.51%；缴存余额 323.10 亿元，同比增长 10.61%。受委托办理住房公积金缴存业务的银行 8 家。

（二）提取。2020 年，27.39 万名缴存职工提取住房公积金；提取额 79.09 亿元，同比增长 6.59%；提取额占当年缴存额的 71.86%，比上年增加 0.03 个百分点。2020 年末，提取总额 496.60 亿元，比上年末增加 18.94%。

（三）贷款。

1. 个人住房贷款。个人住房贷款最高额度 45 万元（装配式住宅 54 万元）。

2020 年，发放个人住房贷款 1.36 万笔、53.99 亿元，同比分别增长 7.94%、16.41%。

2020年，回收个人住房贷款24.78亿元。

2020年末，累计发放个人住房贷款17.43万笔、469.51亿元，贷款余额306.17亿元，分别比上年末增加8.46%、12.99%、10.55%。个人住房贷款余额占缴存余额的94.76%，比上年末减少0.05个百分点。受委托办理住房公积金个人住房贷款业务的银行8家。

2. 异地贷款。2020年，发放异地贷款481笔、21155万元。年末，发放异地贷款总额138123万元，异地贷款余额119874.93万元。

3. 公转商贴息贷款。2020年未办理公转商贴息贷款。

4. 住房公积金支持保障性住房建设项目贷款。2020年未办理住房公积金支持保障性住房建设项目贷款。

（四）**购买国债**。2020年未购买国债。

（五）**资金存储**。2020年末，住房公积金存款17.36亿元。其中，1年（含）以下定期7.1亿元，协定存款10.26亿元。

（六）**资金运用率**。2020年末，住房公积金个人住房贷款余额、项目贷款余额和购买国债余额的总和占缴存余额的94.76%，比上年末减少0.05个百分点。

三、主要财务数据

（一）**业务收入**。2020年，业务收入108526.94万元，同比增长8.92%。其中，存款利息12908.78万元，委托贷款利息95618.16万元。

（二）**业务支出**。2020年，业务支出61380.17万元，同比增长7.99%。其中，支付职工住房公积金利息55988.89万元，归集手续费610.38万元，委托贷款手续费4780.90万元。

（三）**增值收益**。2020年，增值收益47146.77万元，同比增长10.15%。增值收益率1.51%，比上年减少0.01个百分点。

（四）**增值收益分配**。2020年，提取管理费用1919.59万元，提取城市廉租住房（公共租赁住房）建设补充资金45227.18万元。

2020年，上交财政管理费用1919.59万元。上缴财政城市廉租住房（公共租赁住房）建设补充资金18218万元。

2020年末，贷款风险准备金余额50599.13万元。累计提取城市廉租住房（公共租赁住房）建设补充资金265006.78万元。

（五）**管理费用支出**。2020年，管理费用支出4856.91万元，同比增长21.53%。其中，人员经费3273.50万元，公用经费675.81万元，专项经费907.60万元。

四、资产风险状况

（一）**个人住房贷款**。2020年末，个人住房贷款逾期额4863.87万元，逾期率1.59‰，个人贷款风险准备金余额50599.13万元。2020年，未使用个人贷款风险准备金核销呆坏账。

（二）**支持保障性住房建设试点项目贷款**。2020年未办理支持保障性住房建设试点项目贷款。

五、社会经济效益

（一）**缴存业务**。缴存职工中，国家机关和事业单位占19.59%，国有企业占29.77%，城镇集体企业占0.73%，外商投资企业占12.98%，城镇私营企业及其他城镇企业占35.96%，民办非企业单位和社会团体占0.97%；中、低收入占98.47%，高收入占1.53%。

新开户职工中，国家机关和事业单位占14.34%，国有企业占47.90%，城镇集体企业占0.34%，外商投资企业占12.93%，城镇私营企业及其他城镇企业占22.29%，民办非企业单位和社会团体占2.20%；中、低收入占99.61%，高收入占0.39%。

（二）**提取业务**。提取金额中，购买、建造、翻建、大修自住住房占10.27%，偿还购房贷款本息占62.23%，租赁住房占3.12%，离休和退休提取占18.45%，完全丧失劳动能力并与单位终止劳动关系提取占0.03%，出境定居占0.41%，其他占5.49%。提取职工中，中、低收入占97.94%，高收入占2.06%。

（三）**贷款业务**。

1. 个人住房贷款。2020年，支持职工购建房151.11万平方米，年末个人住房贷款市场占有率为20.82%，比上年末增加0.02个百分点。通过申请住房公积金个人住房贷款，可节约职工购房利息支出125836万元。

职工贷款笔数中，购房建筑面积90（含）平方米以下占17.57%，90～144（含）平方米占75.75%，144平方米以上占6.68%。购买新房占88.83%，购买二手房占9.82%，建造、翻建、大修自住住房占1.26%，其他占0.09%。

职工贷款笔数中，单缴存职工申请贷款占51.77%，双缴存职工申请贷款占48.07%，三人及以上缴存职工共同申请贷款占0.16%。

贷款职工中，30岁（含）以下占37.36%，30岁～40岁（含）占40.20%，40岁～50岁（含）占17.56%，50岁以上占4.88%；首次申请贷款占90.29%，二次及以上申请贷款占9.71%；中、低收入占99.24%，高收入占0.76%。

2. 支持保障性住房建设试点项目贷款。2020年未办理支持保障性住房建设试点项目贷款。

（四）**住房贡献率**。2020年，个人住房贷款发放额、住房消费提取额的总和与当年缴存额的比率为104.39%，比上年减少1.59个百分点。

六、其他重要事项

（一）**落实住房公积金阶段性支持政策情况**。为贯彻落实上级对新冠肺炎疫情防控工作的决策部署，纾解企业阶段性困难，结合我市实际，3月11日中心出台了《关于落实应对新冠肺炎疫情住房公积金阶段性支持政策的实施意见》，推出了受新冠肺炎疫情影响的企业，可按规定申请在2020年6月底前缓缴住房公积金；经本单位职工代表大会或工会讨论通过，可依法申请降低缴存比例；适当放宽部分提取和贷款业务办理时限；受新冠疫情影响的职工，住房公积金贷款不能正常还款的，不作逾期处理的一系列阶段性支持政策。

截至2020年6月末，累计缓缴单位530个，职工71642人，缓缴金额2.7亿元；不作逾期处理贷款总笔数2609笔，贷款余额5.47亿元，应还未还本金额502.82万元。

（二）受委托办理缴存贷款业务金融机构变更情况。 当年受委托办理缴存贷款业务金融机构增加1家，为邮政储蓄银行。

（三）当年住房公积金政策调整及执行情况。

1. 我中心于每年6月底发布年度最高最低缴存基数。执行时间为当年7月1日至次年的6月30日。2020年1月1日—2020年6月30日执行的住房公积金最高缴存基数是2019年6月底发布的2019年度最高基数，是以烟台市统计局公布的2018年度职工平均工资74653元算出月平均工资的3倍为18663元；最低缴存基数莱阳市、栖霞市、海阳市、长岛综合实验区为1730元，市直及其他市区均为1910元（《关于开展2020年度住房公积金缴存基数调整工作的通知》烟住征〔2019〕4号）。

2020年7月1日—2020年12月31日执行的住房公积金最高缴存基数为20570元，是以烟台市统计局公布的2019年度职工平均工资82280元算出月平均工资的3倍；最低缴存基数莱阳市、栖霞市、海阳市、长岛综合实验区为1730元，市直及其他市区均为1910元。（《关于确定2020年度住房公积金最高、最低缴存基数的通知》烟住〔2020〕13号）。

注：2019、2020年度最低工资仍按照《山东省人民政府关于公布全省最低工资标准的通知》（鲁政字〔2018〕80号）公布的最低工资标准执行，由此确定这两年的住房公积金最低缴存基数不调整。莱阳市、栖霞市、海阳市、长岛综合实验区为1730元，市直及其他市区均为1910元。

2. 2020年度缴存比例未调整，仍执行单位和职工缴存比例不低于5%，不高于12%。

3. 2020年提取政策调整情况。经市住房公积金管理委员会同意，我中心于2020年3月印发了《关于规范我市住房公积金提取管理工作的通知》（烟住〔2020〕7号，2020年5月1日起执行），对我市住房公积金提取管理工作予以规范，取消了超出《住房公积金管理条例》等国家规定的提取范围。规范前提取条件共15项，经部分取消或合并，调整为11项。取消的3项是：支付物业费、缴纳住宅专项维修资金、异地求学提取；"农村进城务工人员与单位终止劳动关系的"和"与单位终止劳动关系，且户口迁往外地的（含外地户籍职工离开烟台的）"及"失业两年以上的"这3条综合调整为两项。"与单位终止劳动关系未再就业两年以上的"及"非本市户籍职工与单位终止劳动关系离开烟台，未在异地继续缴存住房公积金，账户封存满半年的"，这样规范后明确为11项，包括：（一）购买、建造、翻建、大修自住住房的；（二）偿还购房贷款本息的；（三）职工连续足额缴存住房公积金满3个月，本人及配偶在我市行政区域内无自有产权住房且租赁住房的；（四）退休的；（五）出境定居的；（六）职工死亡或被宣告死亡的；（七）享受城镇居民最低生活保障的；（八）完全丧失劳动能力，并与单位终止劳动关系的；（九）本人、配偶或子女患重大疾病，造成家庭生活特别困难的；（十）与单位终止劳动关系未再就业两年以上（含两年）的；（十一）非本市户籍职工与单位终止劳动关系离开烟台，未在异地继续缴存住房公积金，账户封存满半年的。

4. 当年个人住房贷款最高贷款额度45万元（装配式住宅54万元）。

5. 贷款条件调整情况。《关于调整住房公积金贷款业务相关受理标准的通知》（烟住贷〔2020〕2号），规定自2020年10月1日起。

① 停止受理"支付全款购买再交易住房（二手房）"的住房公积金贷款申请。

② 申请商业性住房贷款转住房公积金贷款的，借款申请人在办理该笔、商业性住房贷款时应具备"在本市连续按期足额缴存住房公积金12个月（含）以上"条件。

《关于调整胶东经济圈城市住房公积金异地贷款业务受理标准的通知》(烟住贷〔2020〕3号)自2020年10月28日起,"取消青岛、威海、潍坊、日照四市缴存职工在我市申请住房公积金贷款的'具有本市常住户口'条件限制。"

6. 贷款利率执行标准。贷款5年期以上3.25%,5年期以下(含)2.75%;购买第二套房的住房公积金贷款利率执行同期个人住房公积金贷款基准利率的1.1倍。

7. 无支持老旧小区改造公积金贷款政策。

(四)当年服务改进情况。中心紧扣"放管服"改革,积极打造智慧公积金信息化服务平台。升级改造了住房公积金综合信息管理系统,完善了综合服务平台渠道业务和服务功能,并于2020年12月份顺利通过山东省住房城乡建设厅检查验收组验收。

(五)当年信息化建设情况。创新线上业务办理模式,本着服务事项能上尽上、办理流程能减则减的原则,通过政务资源信息共享应用与公积金政务事项服务进行深度融合,针对不同服务渠道,不同使用人群的特点,优化业务流程,减少办事材料,精简审批环节。重点建设完善了个人网厅、单位网厅、微信公众号、手机App、自助智能终端、微博等渠道服务功能,同步接入了山东政务服务网、烟台一手通和爱山东App等,实现了职工办理公积金业务线下"一次办好",线上"自己办、零跑腿、零材料",服务能力和服务水平迈上了新台阶。

(六)当年住房公积金管理中心及职工所获荣誉情况。中心荣获2020年度"省级文明单位";孙海霞、李薇、相克君、隋玉颜、姜常青、潘海波、谢芳被评为"全省住房公积金行业文明服务标兵"。

(七)当年对违反《住房公积金管理条例》和相关法规行为进行行政处罚和申请人民法院强制执行情况。2020年对违反《住房公积金管理条例》和相关法规共申请人民法院强制执行7起案件。

潍坊市住房公积金2020年年度报告

根据国务院《住房公积金管理条例》和住房和城乡建设部、财政部、人民银行《关于健全住房公积金信息披露制度的通知》(建金〔2015〕26号)的规定,经住房公积金管理委员会审议通过,现将潍坊市住房公积金2020年年度报告公布如下。

一、机构概况

(一)住房公积金管理委员会。住房公积金管理委员会有29名委员,2020年召开1次会议,审议通过的事项主要包括:《潍坊市住房公积金管理工作报告》《潍坊市住房公积金2019年年度报告》《潍坊市住房公积金2019年归集使用计划执行情况报告》《潍坊市住房公积金2019年增值收益分配方案》《潍坊市住房公积金2020年归集使用计划》。

(二)住房公积金管理中心。住房公积金管理中心为隶属于潍坊市人民政府不以营利为目的的全额拨款事业单位,设9个科,8个管理部,8个分中心。从业人员225人,其中,在编164人,非在编61人。

二、业务运行情况

（一）缴存。2020年，新开户单位1914家，净增单位1024家；新开户职工7.80万人，净增职工3.12万人；实缴单位9442家，实缴职工71.72万人，缴存额82.70亿元，分别同比增长12.16%、4.55%、6.67%。2020年末，缴存总额617.94亿元，比上年末增加15.45%；缴存余额257.49亿元，同比增长10.92%。受委托办理住房公积金缴存业务的银行5家。

（二）提取。2020年，21.78万名缴存职工提取住房公积金，提取额57.34亿元，同比增长11.6%；提取额占当年缴存额的69.33%，比上年增加3.06个百分点。2020年末，提取总额360.45亿元，比上年末增加18.92%。

（三）贷款。

1. 个人住房贷款。个人住房贷款最高额度40万元，单缴存职工个人住房贷款最高额度35万元，双缴存职工个人住房贷款最高额度40万元。

2020年，发放个人住房贷款1.45万笔、43.29亿元，同比分别下降2.03%、0.80%。

2020年，回收个人住房贷款26.30亿元。

2020年末，累计发放个人住房贷款15.64万笔、371.41亿元，贷款余额223.07亿元，分别比上年末增加10.22%、13.19%、8.24%。个人住房贷款余额占缴存余额的86.63%，比上年末减少2.15个百分点。受委托办理住房公积金个人住房贷款业务的银行17家。

2. 异地贷款。2020年，发放异地贷款1046笔、32313.90万元。2020年末，发放异地贷款总额102351.10万元，异地贷款余额85521.74万元。

3. 公转商贴息贷款。无。

4. 住房公积金支持保障性住房建设项目贷。无。

（四）购买国债。无。

（五）资金存储。2020年末，住房公积金存款37.37亿元。其中，活期0.03亿元，1年（含）以下定期20.24亿元，1年以上定期0亿元，其他（协定、通知存款等）17.10亿元。

（六）资金运用率。2020年末，住房公积金个人住房贷款余额、项目贷款余额和购买国债余额的总和占缴存余额的86.63%，比上年末减少2.15个百分点。

三、主要财务数据

（一）业务收入。2020年，业务收入78336.95万元，同比增长9.52%。存款利息7942.65万元，委托贷款利息70387.78万元，国债利息0万元，其他6.52万元。

（二）业务支出。2020年，业务支出39834.59万元，同比增长16.41%。支付职工住房公积金利息36310.97万元，归集手续费3.85万元，委托贷款手续费3519.39万元，其他0.38万元。

（三）增值收益。2020年，增值收益38502.36万元，同比增长3.2%。增值收益率1.56%，比上年减少0.13个百分点。

（四）增值收益分配。2020年，未提取贷款风险准备金，提取管理费用5700万元，提取城市廉租住房（公共租赁住房）建设补充资金32802.36万元。

2020年，上交财政管理费用 6000 万元，上缴财政城市廉租住房（公共租赁住房）建设补充资金 31309.11 万元。

2020年末，贷款风险准备金余额 37392.68 万元，累计提取城市廉租住房（公共租赁住房）建设补充资金 162797.05 万元。

（五）管理费用支出。 2020年，管理费用支出 5241.72 万元，同比下降 0.74％。其中，人员经费 2883 万元，公用经费 186.65 万元，专项经费 2172.07 万元。

市中心管理费用支出 2333.80 万元，其中，人员、公用、专项经费分别为 810.64 万元、49.59 万元、1473.57 万元。

四、资产风险状况

（一）个人住房贷款。 2020年末，个人住房贷款逾期额 241.80 万元，逾期率 0.11‰，个人贷款风险准备金余额 37392.68 万元。2020年，使用个人贷款风险准备金核销呆坏账 0 万元。

（二）支持保障性住房建设试点项目贷款。 无。

五、社会经济效益

（一）缴存业务。 缴存职工中，国家机关和事业单位占 36.18％，国有企业占 17.85％，城镇集体企业占 3.76％，外商投资企业占 6.93％，城镇私营企业及其他城镇企业占 32.09％，民办非企业单位和社会团体占 2.37％，灵活就业人员占 0.05％，其他占 0.77％；中、低收入占 98.25％，高收入占 1.75％。

新开户职工中，国家机关和事业单位占 14.06％，国有企业占 12.22％，城镇集体企业占 5.03％，外商投资企业占 10.97％，城镇私营企业及其他城镇企业占 50.02％，民办非企业单位和社会团体占 3.47％，灵活就业人员占 0.04％，其他占 4.19％；中、低收入占 99.65％，高收入占 0.35％。

（二）提取业务。 提取金额中，购买、建造、翻建、大修自住住房占 26.93％，偿还购房贷款本息占 50.52％，租赁住房占 1.34％，支持老旧小区改造占 0.02％，离休和退休提取占 14.36％，完全丧失劳动能力并与单位终止劳动关系提取占 5.15％，出境定居占 0％，其他占 1.68％。

提取职工中，中、低收入占 96.12％，高收入占 3.88％。

（三）贷款业务。

1. 个人住房贷款。2020年，支持职工购建房 192.23 万平方米（含公转商贴息贷款），年末个人住房贷款市场占有率（含公转商贴息贷款）为 11.37％，比上年末减少 2.29 个百分点。通过申请住房公积金个人住房贷款，可节约职工购房利息支出 60745.61 万元。

职工贷款笔数中，购房建筑面积 90（含）平方米以下占 5.31％，90～144（含）平方米占 68.9％，144 平方米以上占 25.79％。购买新房占 84.86％（其中购买保障性住房占 0％），购买二手房占 15.14％，建造、翻建、大修自住住房占 0％（其中支持老旧小区改造占 0％），其他占 0％。

职工贷款笔数中，单缴存职工申请贷款占 22.32％，双缴存职工申请贷款占 77.68％，三人及以上缴存职工共同申请贷款占 0％。

贷款职工中，30岁（含）以下占 22.61％，30岁～40岁（含）占 49.05％，40岁～50岁（含）占 22.65％，50岁以上占 5.69％；首次申请贷款占 86.19％，二次及以上申请贷款占 13.81％；中、低收入占 98.57%，高收入占 1.43%。

2. 支持保障性住房建设试点项目贷款。无。

（四）住房贡献率。 2020 年，个人住房贷款发放额、公转商贴息贷款发放额、项目贷款发放额、住房消费提取额的总和与当年缴存额的比率为 107.21%，比上年下降 2.21 个百分点。

六、其他重要事项

（一）应对新冠肺炎疫情采取的措施，落实住房公积金阶段性支持政策情况和政策实施成效。

1. 研究制定《关于应对新型冠状病毒感染的肺炎疫情做好住房公积金管理服务工作的通知》，放宽公积金贷款申请的缴存条件限制。因受疫情影响，2020 年 1 月至 2020 年 6 月期间未正常缴存公积金的，视同正常缴存，2019 年 7 月至 12 月已连续缴存 6 个月的可申请公积金贷款。

2. 切实保障受疫情影响贷款职工的权益。属于感染新型肺炎住院治疗或隔离人员、疫情防控需要隔离观察人员、一线医务工作者等参加疫情防控工作人员以及受疫情影响暂时失去收入来源的人群，在 2020 年 6 月 30 日前，未能正常偿还公积金贷款本息的，7 月份偿还所欠公积金贷款本息后，经市公积金管理中心核准认定后，调整其逾期和征信记录并返还罚息。

3. 支持困难企业缓缴住房公积金。为减轻企业负担，受疫情影响导致生产经营困难，无力按时足额缴存住房公积金的企业，可以申请缓缴住房公积金，时间上可以缓缴至 2020 年 6 月 30 日。2020 年 2 至 6 月份，全市有 516 家企业缓缴住房公积金，涉及职工 28093 人，缓缴金额 2405.82 万元。

4. 允许受疫情影响生产经营出现困难的中小微企业，依法申请按照企业和个人各 5% 的最低标准缴存住房公积金缴存。我中心开辟绿色通道，加快受理审批。2020 年 2 至 6 月份，全市有 95 家企业降低住房公积金缴存比例，涉及职工 14587 人，降低金额 258.37 万元。

5. 倡导网上办理业务，方便单位和职工，减少密切接触。2020 年 2 月 2 日，市公积金中心向广大缴存单位和缴存职工发出《关于倡议业务网办加强疫情防范的公开信》，建议在疫情防控期间，尽量避免到服务窗口现场办理业务，最大限度防止面对面疫情感染。

6. 放宽提取业务办理有效期，保障群众利益不因疫情影响而受损。疫情期间放宽提取业务办理时限，缴存人因在疫情防控期间推迟办理业务，导致超过政策规定的提取业务办理有效期的，可延长申请时限至 2020 年 6 月 30 日。

7. 提高租赁自住住房提取额度，减轻疫情期间职工房租压力。2020 年 6 月 12 日，发布《关于提高租赁自住住房提取住房公积金额度的通知》，符合租赁自住住房提取条件的承租人及其配偶，按照固定额度提取的，职工及其配偶提取总额度由每年 8000 元提高到每年 12000 元，大大减轻了疫情期间职工租房的压力。

（二）当年机构及职能调整情况。

1. 2020 年 4 月，由于市住房公积金管理委员会部分组成人员工作变动，为便于工作开展，经委员会成员所在单位同意，对市住房公积金管理委员会组成人员中的 14 位进行了调整。

2. 受委托办理缴存贷款业务金融机构无变更。

（三）当年住房公积金政策调整及执行情况。

1. 当年缴存基数限额及确定方法、缴存比例、缴存政策调整情况。单位应以职工本人上一年度月平均工资作为缴存基数,并不得超过上限和低于下限。职工本人上一年度平均工资低于下限的以下限为缴存基数,高于上限的以上限为缴存基数。2020年度我市住房公积金月缴存基数上限为18819元,下限为1910元,单位、职工缴存比例,最高不得超过各12%,最低不低于各5%。

2. 当年提取政策调整情况。为减轻职工租房压力,制定了《关于提高租赁自住住房提取住房公积金额度的通知》,按照固定额度提取的,职工及配偶提取总额度由每年8000元提高到每年12000元,减轻了职工租房的压力。

3. 当年个人住房贷款最高贷款额度、贷款条件等贷款政策调整情况及住房公积金贷款利率执行标准。2020年贷款申请额度依据是否夫妻双方缴存、住房公积金缴存比例、首付款额度、账户缴存余额等条件综合确定,最高申请额度不超过40万元。其中,借款人及配偶双方缴存住房公积金的,最高贷款额度为40万元,借款人单方(含单身)缴存住房公积金的,最高贷款额度为35万元。2020年住房贷款利率执行中国人民银行规定的基准利率标准,贷款期内法定利率发生调整的,1年期贷款按合同约定利率计息,1年期以上贷款于次年1月1日起按调整后的相应利率档次计息。二次公积金贷款、第二套房贷款的利率在中国人民银行规定的基准利率标准上上调10%。

(四)当年服务改进情况。

1. 推进住房公积金服务"跨省通办"工作。深入学习贯彻文件精神,统筹规划"跨省通办"工作;优化再造业务流程,确保"跨省通办"业务信息及材料在省与省之间、市公积金中心内部畅通流转;强化窗口建设,建立AB岗制度,加强业务培训,提升"跨省通办"业务办理能力;做好"跨省通办"窗口建设督导、查验工作,确保提供高效、便捷、贴心的"跨省通办"服务。目前2020年底前需完成的3项住房公积金"跨省通办"服务事项我中心已全部完成;2021年底前需完成的5项住房公积金"跨省通办"服务事项中4项服务已实现全程网办;2020年底前需完成的24项住房公积金"全省通办"服务事项,已全部实现全程网办。

2. 多措并举,扎实有效地推进服务质量的提升。一是制定《重点工作攻坚年窗口规范化服务专班工作方案》,细化窗口规范化服务工作;二是组织以"服务礼仪、服务沟通、服务情绪管理、服务投诉处理"等内容的内训师培训班,提高内训师实战能力;三是组织全市社会监督员换届选聘工作,广泛收集各类意见建议;四是利用好"神秘人"第三方检测结果,全面查找窗口服务短板弱项;五是精心组织了"岗位大练兵、技能大比武"竞赛活动,有效推动窗口服务质量的提升。

3. 大力推进数据共享和应用。依托潍坊市政务信息资源共享交换平台,对接引入13家单位的31类数据,方便群众办事。其中省市场监管局企业注册登记信息、省民政厅婚姻登记信息、省税务局增值税和契税信息、潍坊市社保缴存信息、潍坊市(城区)不动产登记和购房合同信息等数据已经实际应用于业务办理和材料核验,最大程度地以信息抓取代替手动填写,降低自由裁量权和人为干预度,提高办事效率,规避业务风险。

4. 持续完善综合服务平台。贯彻落实住房和城乡建设部、住房城乡建设厅统一部署和要求,潍坊公积金综合服务平台严格按照行业标准建设导则持续完善建设,服务渠道齐全、数据接口完善、安全保障严密、服务功效显著。12月22日,我市综合服务平台的建设和成效得到专家组的一致认可,顺利通过验收。

5. 部门协同再造流程,深化贷款业务"一次办好"。依托公积金现有网络平台,市自然资源和规划局授权将不动产抵押登记业务前置到受委托银行窗口受理，借款人在受委托银行窗口办理公积金贷款的同时，一并提交审核录入不动产抵押登记信息，上传至不动产登记后台，实行不见面动产抵押登记审批，减少了借款人到不动产登记部门窗口办理抵押环节，让职工少跑腿，同时缩短了公积金贷款业务办理周期。

（五）当年信息化建设情况。

1. 新一代住房公积金信息系统顺利上线运行。

历经建设方案编制、项目申报审批，组织政府采购、业务需求调研、云环境搭建、功能测试确认等过程，新系统于 12 月 2 日按期完成部署，开始上线运行。经受贷款还款批扣、年末财务结账等关键节点考验，运行比较正常。新系统实现了云化运行、全城通办、7×24 小时全天候受理、自动结账等新功能特色。

2. 二代征信系统顺利切换。

根据中国人民银行统一部署和安排，2020 年 1 月 19 日上午 8 时，二代征信系统切换顺利完成，公积金业务办理涉及的个人信用报告查询等同步实现正常开展工作。

3. 全力推进政务服务事项迁移上网。

至 2020 年 10 月 23 日，山东政务服务网发布认领的 26 项公积金政务服务事项全部实现网办，其中 24 项实现全程网办"零跑腿"，公积金异地转移、偿还商贷提取、退休提取、解除劳动关系提取等 15 个高频服务事项实现"零材料"办理，综合离柜率达到 80% 以上。

4. 电子证照试点应用。

2020 年 12 月 28 日，中心发布《关于启用电子证照（试运行）的公告》："凡持有山东省居民身份证的缴存职工和单位专管员，通过"爱山东"App 申领并出示居民身份证、结婚证、不动产权证书等电子证照，无需再出示实体证照，即可办理住房公积金业务。电子证照与实体证照原件具有同等效力。"按照省、市关于开展电子证照推广应用试点工作的通知要求，完成了试点证照在公积金提取、贷款业务办理中实现电子亮证、材料减免等任务目标。

（六）当年住房公积金管理中心及职工所获荣誉情况。

1. 昌邑分中心被省住房城乡建设厅表彰为全省住房公积金行业文明服务示范窗口；7 名工作人员被表彰为全省住房公积金行业文明服务标兵。

2. 潍坊市打造"鸢都公积金，安居惠民生"文明服务品牌名称，被省住房城乡建设厅作为 2020 年全省住房公积金管理典型经验做法推广。

3. 潍坊市住房公积金管理中心被燕山大学（中国）住房公积金研究中心等机构评为全国城市和地区住房公积金综合发展前三十强。

4. 潍坊市住房公积金管理中心在 2019 年度综合考核中被评为全市脱贫攻坚（定点扶贫）工作先进单位。

5. 潍坊市住房公积金管理中心被潍坊市委办、潍坊市府办评为 2019 年度全市政务服务热线工作先进单位。

6. 潍坊市住房公积金管理中心被潍坊市政府评为 2019 年度全市政务公开工作先进单位。

7. 潍坊市住房公积金管理中心微信公众号在潍坊市市直政务微信评选活动中荣获"2019 年度潍坊（市直）十佳政务微信"称号。

8. 潍坊市住房公积金管理中心"千企万家信贷扶持计划"项目被潍坊市直机关工委评为 2020 年度市直机关第一批批准立项的优质服务项目。

9. 市直管理部被潍坊市直机关工委评为先进基层党组织。

10. 滨海管理部被潍坊市妇联评为潍坊市三八红旗集体，市直管理部缴存提取岗被评为潍坊市巾帼文明岗。

11. 市中心机关 1 名同志被潍坊市政府评为 2019 年度全市政务公开工作先进个人。

12. 市中心机关 1 名同志被潍坊市委办、潍坊市府办评为 2019 年度全市政务服务热线工作先进个人。

13. 市中心机关 1 名同志被潍坊市府办评为 2019 年度全市政府系统政务信息工作先进个人。

14. 市中心机关 1 名同志被潍坊市直机关工委评为潍坊市直机关优秀共产党员。

15. 市中心机关 1 名同志被潍坊市直机关工委授予潍坊市直机关"岗位建功标兵"荣誉称号。

（七）当年对违反《住房公积金管理条例》和相关法规行为进行行政处罚和申请人民法院强制执行情况。 无。

（八）当年对住房公积金管理人员违规行为的纠正和处理情况等。 无。

（九）其他需要披露的情况。 严格加强风险防控，制定《潍坊市住房公积金管理中心内部审计管理办法》，做得到审有遵循，查有标准，组织财务资金专项审计，制定《2020 年全市财务专项审计实施方案》，进一步排查风险隐患，确保资金管理和使用合法合规。

济宁市住房公积金 2020 年年度报告

根据国务院《住房公积金管理条例》和住房和城乡建设部、财政部、人民银行《关于健全住房公积金信息披露制度的通知》（建金〔2015〕26 号）的规定，经住房公积金管理委员会审议通过，现将济宁市住房公积金 2020 年年度报告公布如下。

一、机构概况

（一）住房公积金管理委员。 住房公积金管理委员会有 25 名委员，2020 年召开 1 次会议，审议通过的事项主要包括：

1. 2020 年度住房公积金归集、增值收益、贷款逾期率控制计划；
2. 《济宁市住房公积金 2019 年年度报告》；
3. 2019 年度住房公积金增值收益分配方案；
4. 2019 年度廉租住房建设补充资金分配方案；
5. 将住房公积金缓缴的审批权限授权给市住房公积金管理中心；
6. 调整租住商品住房提取额度；
7. 开展存量公转商贴息贷款业务。

（二）住房公积金管理中心。 住房公积金管理中心为（隶属关系）不以营利为目的的（机构属性）事业单位，设 9 个科，12 个管理部，4 个分中心。从业人员 95 人，其中，在编 95 人，非在编 0 人。

二、业务运行情况

（一）缴存。2020 年，新开户单位 1925 家，净增单位 109 家；新开户职工 5.24 万人，净增职工 4.16 万人；实缴单位 9808 家，实缴职工 62.29 万人，缴存额 92.04 亿元，分别同比增长 1.12%、7.16%、10.93%。2020 年末，缴存总额 694.71 亿元，比上年末增加 15.27%；缴存余额 276.69 亿元，同比增长 10.87%。受委托办理住房公积金缴存业务的银行 7 家。

（二）提取。2020 年，21.4 万名缴存职工提取住房公积金；提取额 64.91 亿元，同比下降 0.31%；提取额占当年缴存额的 70.52%，比上年减少 7.95 个百分点。2020 年末，提取总额 418.02 亿元，比上年末增加 18.38%。

（三）贷款。

1. 个人住房贷款。个人住房贷款最高额度 40 万元。

2020 年，发放个人住房贷款 2.1 万笔、71.5 亿元，同比分别增长 20.69%、19.49%。

2020 年，回收个人住房贷款 35.81 亿元。

2020 年末，累计发放个人住房贷款 19.78 万笔、501.48 亿元，贷款余额 285.87 亿元，分别比上年末增加 11.88%、16.63%、14.27%。个人住房贷款余额占缴存余额的 103.31%，比上年末增加 3.06 个百分点。受委托办理住房公积金个人住房贷款业务的银行 20 家。

2. 异地贷款。2020 年，发放异地贷款 13 笔、504 万元。2020 年末，发放异地贷款总额 56265.60 万元，异地贷款余额 32437.32 万元。

3. 公转商贴息贷款。2020 年，发放公转商贴息贷款 0 笔、0 万元，当年贴息额 2900.52 万元。2020 年末，累计发放公转商贴息贷款 6195 笔、183484 万元，累计贴息 4914.68 万元。

（四）融资。2020 年，新增融资 10.05 亿元，归还 10 亿元。2020 年末，融资总额 20.05 亿元，融资余额 10.05 亿元。2020 年，存量公转商借款 6.06 亿元，归还 0.16 亿元。2020 年末，存量公转商借款总额 6.06 亿元，存量公转商借款余额 5.90 亿元。

（五）资金存储。2020 年末，住房公积金存款 13.17 亿元。其中，活期 0.1 亿元，1 年（含）以下定期 0.81 亿元，1 年以上定期 4.19 亿元，其他（协定、通知存款等）8.07 亿元。

（六）资金运用率。2020 年末，住房公积金个人住房贷款余额、项目贷款余额和购买国债余额的总和占缴存余额的 103.31%，比上年末增加 3.06 百分点。

三、主要财务数据

（一）业务收入。2020 年，业务收入 96759.92 万元，同比增长 17.15%。其中，存款利息 3937.97 万元，委托贷款利息 89535.05 万元，国债利息 0 万元，其他 3286.90 万元。

（二）业务支出。2020 年，业务支出 59781.45 万元，同比增长 31.68%。其中，支付职工住房公积金利息 41254.03 万元，归集手续费 4053.28 万元，委托贷款手续费 4107.79 万元，其他 10366.35 万元。

（三）增值收益。2020 年，增值收益 36978.47 万元，同比减少 0.58%。其中，增值收益率 1.38%，比上年减少 0.16 个百分点。

（四）增值收益分配。 2020 年，提取贷款风险准备金 0 万元，提取管理费用 4036.61 万元，提取城市廉租住房（公共租赁住房）建设补充资金 32941.86 万元。

2020 年，上交财政管理费用 4036.61 万元。上缴财政城市廉租住房（公共租赁住房）建设补充资金 26848.82 万元。

2020 年末，贷款风险准备金余额 50035.96 万元。累计提取城市廉租住房（公共租赁住房）建设补充资金 195168.06 万元。

（五）管理费用支出。 2020 年，管理费用支出 4675.99 万元，同比增长 11.3%。其中，人员经费 1281.99 万元，公用经费 107.83 万元，专项经费 3286.17 万元。

四、资产风险状况

2020 年末，个人住房贷款逾期额 970.28 万元，逾期率 0.34‰。

2020 年末，个人贷款风险准备金余额 50035.96 万元。2020 年，使用个人贷款风险准备金核销呆坏账 0 万元。

五、社会经济效益

（一）缴存业务。

缴存职工中，国家机关和事业单位占 59.2%，国有企业占 14.98%，城镇集体企业占 2.04%，外商投资企业占 1.56%，城镇私营企业及其他城镇企业占 19.06%，民办非企业单位和社会团体占 1.11%，灵活就业人员占 0.26%，其他占 1.79%；中、低收入占 98.83%，高收入占 1.17%。

新开户职工中，国家机关和事业单位占 33.14%，国有企业占 9.71%，城镇集体企业占 3.33%，外商投资企业占 3.9%，城镇私营企业及其他城镇企业占 38.7%，民办非企业单位和社会团体占 2.26%，灵活就业人员占 0.84%，其他占 8.12%；中、低收入占 99.68%，高收入占 0.32%。

（二）提取业务。

提取金额中，购买、建造、翻建、大修自住住房占 27.59%，偿还购房贷款本息占 47.61%，租赁住房占 3.19%，支持老旧小区改造占 0%，离休和退休提取占 14.76%，完全丧失劳动能力并与单位终止劳动关系提取占 6.08%，出境定居占 0.18%，其他占 0.59%。提取职工中，中、低收入占 98.59%，高收入占 1.41%。

（三）贷款业务。

个人住房贷款。2020 年，支持职工购建房 271.24 万平方米（含公转商贴息贷款），年末个人住房贷款市场占有率（含公转商贴息贷款）为 22.59%，比上年末减少 2.68 个百分点。通过申请住房公积金个人住房贷款，可节约职工购房利息支出 116579.91 万元。

职工贷款笔数中，购房建筑面积 90（含）平方米以下占 4.51%，90～144（含）平方米占 77.41%，144 平方米以上占 18.08%。购买新房占 89.02%（其中购买保障性住房占 0.01%），购买二手房占 10.98%，建造、翻建、大修自住住房占 0%（其中支持老旧小区改造占 0%），其他占 0%。

职工贷款笔数中，单缴存职工申请贷款占 15.33%，双缴存职工申请贷款占 84.67%，三人及以上缴存职工共同申请贷款占 0%。

贷款职工中，30岁（含）以下占16.34%，30岁～40岁（含）占44.16%，40岁～50岁（含）占29.38%，50岁以上占10.12%；首次申请贷款占83.93%，二次及以上申请贷款占16.07%；中、低收入占97.09%，高收入占2.91%。

（四）住房贡献率。

2020年，个人住房贷款发放额、公转商贴息贷款发放额、项目贷款发放额、住房消费提取额的总和与当年缴存额的比率为132.96%，比上年减少4.56个百分点。

六、其他重要事项

（一）应对新冠肺炎疫情采取的措施，落实住房公积金阶段性支持政策情况和政策实施成效。 及时出台《济宁市住房公积金管理中心关于妥善应对新冠肺炎疫情实施住房公积金阶段性支持政策的通知》（济住字〔2020〕3号），2020年6月30日前，受新冠肺炎疫情影响的企业可向市住房公积金管理中心申请缓缴，经批准缓缴的企业2020年2月～6月的缓缴不作欠缴处理，职工的住房公积金缴存时间连续计算，不影响职工正常申请公积金贷款。因感染新冠肺炎住院治疗或疫情防控需要隔离观察的人员、一线医务人员等参加疫情防控工作的人员以及受疫情影响暂时失去收入来源的人员，2020年2月～6月30日未能正常偿还住房公积金贷款的，在2020年6月30日前提交相关申请材料，经认定后不作逾期处理，不作为逾期记录报送征信部门，已报送的予以调整。

疫情期间，全市共有87户单位办理了住房公积金缓缴业务，涉及月缴存额2105.58万元，为受疫情影响导致生产经营困难的企业提供了有力支持。共有5名职工提交受疫情影响的证明材料，提高租房提取额度，涉及金额为7.2万元，缓解了职工因疫情所带来的经济压力。

（二）受委托办理缴存贷款业务金融机构变更情况。 2020年新增贷款受托银行两家，分别是恒丰银行股份有限公司济宁分行和青岛银行。新增受委托办理住房公积金缴存业务的银行1家，为中国邮政储蓄银行股份有限公司济宁市洸河路支行。

（三）当年住房公积金政策调整及执行情况。

1. 出台《关于调整2020年度住房公积金缴存基数的通知》。2020年度月缴存基数最高不应超过我市统计部门公布的2019年度在职职工月平均工资的3倍，超过的按3倍执行（2019年度济宁市在职职工月平均工资为6270元）。月缴存基数最低不得低于市人民政府公布的职工月最低工资标准（现行职工月最低工资标准。任城区、兖州区、邹城市、曲阜市、微山县为1730元，济宁高新区、太白湖新区、济宁经济技术开发区参照任城区标准执行，泗水县、鱼台县、金乡县、嘉祥县、汶上县、梁山县为1550元）。

2. 出台《关于实行住房公积金异地个人住房贷款业务及明确部分贷款政策的通知》（济住字〔2020〕26号），自2020年10月31日起实行异地贷款业务。

3. 根据国务院《住房公积金管理条例》和住房和城乡建设部《住房公积金归集业务标准》等规定，出台了《济宁市住房公积金缴存管理办法》及相应的《济宁市住房公积金归集业务实施细则》，降低了缴存门槛，放宽了灵活就业人员缴存的条件。扩大了灵活就业人员的覆盖范围，并进一步简化了流程，灵活就业人员携带身份证即可办理缴存业务。同时，对于与本市单位形成劳动关系的港澳台居民居住证、通行证及外国人永久居留身份证持有人，新办法也将其纳入了在职职工范围。

（四）当年服务改进情况。 组织编制、认领权责清单，对照权责清单推进权力下放，实现全部政务服务事项"市县同权"。全面优化业务流程和服务流程，制定住房公积金归集、提取、贷款业务标准，规范卫生环境、服务礼仪、晨会、培训等13项服务标准，实现了各项业务和服务工作的标准化、便捷化。常态化开展"陪跑帮办"志愿服务活动，为办事群众提供全方位、全流程的"店小二""保姆式"服务，保证群众业务办理的顺畅和满意。积极推动"跨省通办"工作，按时完成了个人住房公积金贷款等信息查询、出具贷款职工住房公积金缴存使用证明、正常退休提取住房公积金等3项业务的跨省通办，提前完成了住房公积金单位开户登记、住房公积金单位及个人缴存信息变更、购房提取住房公积金、开具住房公积金住房贷款全部结清证明等4项业务的跨省办理。在全市23处办事网点开设"跨省通办"服务窗口，并实现了网厅、手机App、微信公众号等渠道的"网上办""掌上办"，切实提升了企业和群众跨省办事的方便度和获得感。

（五）当年信息化建设情况。

1. 不断拓展离柜服务渠道，搭建线上综合服务平台，归集、提取业务实现"全程网办"和"零跑腿"，高分通过了住房和城乡建设部综合服务平台验收。

2. 移动端业务功能更加丰富，使用人群大幅增长，手机App下载量达到7万人次，微信公众号关注人数突破30万人。按照上级要求，主动对接省政务服务平台，实现住房公积金业务在山东省政务服务网和"爱山东"App的"一网通办"。

3. 通过数据共享和信息联网，进一步精简证明事项，截至目前仅保留两项证明材料。研发上线"无纸化"业务系统，做到了材料、证明、签章全程电子化。

（六）当年住房公积金管理中心及职工所获荣誉情况。中心所获荣誉情况。2020年度复查合格省级文明单位、市级文明单位；2020年度山东省住房和城乡建设系统先进集体；2019—2020年度全市先进县级党委（党组）理论学习中心组；机关党建规范化建设示范单位；中心报送的《新形势下强化机关党建主体责任建设的思考》入选第五届全国基层党建创新典型案例；城区第四管理部服务大厅被评为全省住房公积金行业文明服务示范窗口。

职工所获荣誉情况。颜峰被评为山东省住房与城乡建设系统先进个人；许雅璐、王秀文、戈仙、刘现得、刘萍、薛冬梅、刘安盟被评为全省住房公积金行业文明服务标兵。

（七）当年对违反《住房公积金管理条例》和相关法规行为进行行政处罚和申请人民法院强制执行情况。无。

（八）当年对住房公积金管理人员违规行为的纠正和处理情况等。无。

（九）其他需要披露的情况。无。

泰安市住房公积金2020年年度报告

根据国务院《住房公积金管理条例》和住房和城乡建设部、财政部、人民银行《关于健全住房公积金信息披露制度的通知》（建金〔2015〕26号）的规定，经住房公积金管理委员会审议通过，现将泰安市住房公积金2020年年度报告公布如下。

一、机构概况

(一) 住房公积金管理委员会。 住房公积金管理委员会有 28 名委员，2020 年召开 1 次会议，审议通过的事项主要包括：《关于 2019 年全市住房公积金工作完成情况及 2020 年工作计划的报告》《关于邮储银行泰安市分行、青岛银行泰安分行开展住房公积金业务的报告》。

(二) 住房公积金管理中心。 住房公积金管理中心为直属泰安市人民政府的不以营利为目的的全额事业单位，设 8 个科，6 个管理部，2 个分中心。从业人员 145 人，其中，在编 65 人，非在编 80 人。

二、业务运行情况

(一) 缴存。 2020 年，新开户单位 1121 家，净增单位 1103 家；新开户职工 5.08 万人，净增职工 2.06 万人；实缴单位 6859 家，实缴职工 49.97 万人，缴存额 52.46 亿元，分别同比增长 19.16%、4.30%、21.07%。2020 年末，缴存总额 376.76 亿元，比上年末增加 16.17%；缴存余额 146.57 亿元，同比增长 12.71%。受委托办理住房公积金缴存业务的银行 9 家。

(二) 提取。 2020 年，31.26 万名缴存职工提取住房公积金；提取额 35.92 亿元，同比增长 15.31%；提取额占当年缴存额的 68.48%，比上年减少 3.41 个百分点。2020 年末，提取总额 230.19 亿元，比上年末增加 18.49%。

(三) 贷款。

1. 个人住房贷款。单缴存职工个人住房贷款最高额度 30 万元，双缴存职工个人住房贷款最高额度 60 万元。

2020 年，发放个人住房贷款 0.89 万笔、35.14 亿元，同比分别增长 21.92%、22.35%。其中，市中心发放个人住房贷款 0.40 万笔、16.61 亿元，泰山区管理部发放个人住房贷款 0.11 万笔、4.27 亿元，岱岳区管理部发放个人住房贷款 0.07 万笔、2.76 亿元，新泰市管理部发放个人住房贷款 0.08 万笔、3.34 亿元，肥城市管理部发放个人住房贷款 0.08 万笔、2.93 亿元，宁阳县管理部发放个人住房贷款 0.10 万笔、3.29 亿元，东平县管理部发放个人住房贷款 0.05 万笔、1.70 亿元，新矿分中心发放个人住房贷款 0.004 万笔、0.11 亿元，肥矿分中心发放个人住房贷款 0.005 万笔、0.14 亿元。

2020 年，回收个人住房贷款 12.71 亿元。其中，市中心 5.18 亿元，泰山区管理部 0.71 亿元，岱岳区管理部 1.12 亿元，新泰市管理部 1.21 亿元，肥城市管理部 1.55 亿元，宁阳县管理部 1.21 亿元，东平县管理部 1.18 亿元，新矿分中心 0.25 亿元，肥矿分中心 0.30 亿元。

2020 年末，累计发放个人住房贷款 9.59 万笔、229.82 亿元，贷款余额 136.05 亿元，分别比上年末增加 10.23%、18.05%、19.74%。个人住房贷款余额占缴存余额的 92.82%，比上年末增加 5.45 个百分点。受委托办理住房公积金个人住房贷款业务的银行 7 家。

2. 异地贷款。2020 年，发放异地贷款 601 笔、20051 万元。2020 年末，发放异地贷款总额 92801.4 万元，异地贷款余额 83451.28 万元。

3. 公转商贴息贷款。无。

4. 住房公积金支持保障性住房建设项目贷款：无。

(四) 购买国债。 2020 年，购买（记账式、凭证式）国债 0 亿元，（兑付、转让、收回）国债 0 亿元。

2020年末，国债余额 0 亿元。

（五）**资金存储**。2020年末，住房公积金存款 13.77 亿元。其中，活期 0.01 亿元，1年（含）以下定期 3.15 亿元，1年以上定期 10.15 亿元，其他（协定、通知存款等）0.46 亿元。

（六）**资金运用率**。2020年末，住房公积金个人住房贷款余额、项目贷款余额和购买国债余额的总和占缴存余额的 92.82%，比上年末增加 5.45 个百分点。

三、主要财务数据

（一）**业务收入**。2020年，业务收入 46659.04 万元，同比增长 13.10%。其中，存款利息 6515.67 万元，委托贷款利息 40141.62 万元，国债利息 0 万元，其他 1.75 万元。

（二）**业务支出**。2020年，业务支出 23643.11 万元，同比增长 14.83。其中，支付职工住房公积金利息 20919.03 万元，归集手续费 63.54 万元，委托贷款手续费 2665.46 万元，其他 -4.92 万元。

（三）**增值收益**。2020年，增值收益 23015.93 万元，同比增长 11.38%。其中，增值收益率 1.66%，比上年减少 0.01 个百分点。

（四）**增值收益分配**。2020年，提取贷款风险准备金 0 万元；提取管理费用 2000 万元，提取城市廉租住房（公共租赁住房）建设补充资金 21015.93 万元。

2020年，上交财政管理费用 2000 万元。上缴财政城市廉租住房（公共租赁住房）建设补充资金 15197.28 万元。

2020年末，贷款风险准备金余额 22724.78 万元。累计提取城市廉租住房（公共租赁住房）建设补充资金 151690.64 万元。

（五）**管理费用支出**。2020年，管理费用支出 2033.97 万元，同比下降 17.59%。其中，人员经费 1154.52 万元，公用经费 92.99 万元，专项经费 786.46 万元。

四、资产风险状况

（一）**个人住房贷款**。2020年末，个人住房贷款逾期额 234.73 万元，逾期率 0.17‰，其中，市中心 0.03‰，泰山区管理部 0.33‰，岱岳区管理部 0‰，新泰市管理部 0.36‰，肥城市管理部 0‰，宁阳县管理部 0.07‰，东平县管理部 0‰，新矿分中心 1.47‰，肥矿分中心 6.96‰。个人贷款风险准备金余额 22724.78 万元。2020年，使用个人贷款风险准备金核销呆坏账 0 万元。

（二）**支持保障性住房建设试点项目贷款**。无。

五、社会经济效益

（一）**缴存业务**。缴存职工中，国家机关和事业单位占 36.55%，国有企业占 23.67%，城镇集体企业占 3.71%，外商投资企业占 1.40%，城镇私营企业及其他城镇企业占 21.40%，民办非企业单位和社会团体占 0.78%，灵活就业人员占 1.34%，其他占 11.15%；中、低收入占 95.42%，高收入占 4.58%。

新开户职工中，国家机关和事业单位占 18.91%，国有企业占 12.33%，城镇集体企业占 2.48%，外商投资企业占 1.41%，城镇私营企业及其他城镇企业占 34.58%，民办非企业单位和社会团体占 1.37%，灵活就业人员占 6.79%，其他占 22.13%；中、低收入占 97.49%，高收入占 2.51%。

（二）提取业务。 提取金额中，购买、建造、翻建、大修自住住房占 37.45%，偿还购房贷款本息占 33.54%，租赁住房占 7.25%，支持老旧小区改造占 0.02%，离休和退休提取占 17.60%，完全丧失劳动能力并与单位终止劳动关系提取占 2.25%，出境定居占 0.01%，其他占 1.88%。提取职工中，中、低收入占 93.20%，高收入占 6.80%。

（三）贷款业务。

1. 个人住房贷款。2020 年，支持职工购建房 201.65 万平方米（含公转商贴息贷款），2020 年末个人住房贷款市场占有率（含公转商贴息贷款）为 13.51%，比上年末增加 0.65 个百分点。通过申请住房公积金个人住房贷款，可节约职工购房利息支出 10274.35 万元。

职工贷款笔数中，购房建筑面积 90（含）平方米以下占 12.09%，90~144（含）平方米占 78.24%，144 平方米以上占 9.67%。购买新房占 79.63%（其中购买保障性住房占 0%），购买二手房占 20.37%，建造、翻建、大修自住住房占 0%（其中支持老旧小区改造占 0%），其他占 0%。

职工贷款笔数中，单缴存职工申请贷款占 46.48%，双缴存职工申请贷款占 53.52%，三人及以上缴存职工共同申请贷款占 0%。

贷款职工中，30 岁（含）以下占 25.95%，30 岁~40 岁（含）占 44.85%，40 岁~50 岁（含）占 22.49%，50 岁以上占 6.71%；首次申请贷款占 87.94%，二次及以上申请贷款占 12.06%；中、低收入占 85.43%，高收入占 14.57%。

2. 支持保障性住房建设试点项目贷款。无。

（四）住房贡献率。 2020 年，个人住房贷款发放额、公转商贴息贷款发放额、项目贷款发放额、住房消费提取额的总和与当年缴存额的比率为 120.82%，比上年减少 2.07 个百分点。

六、其他重要事项

（一）应对新冠肺炎疫情采取的措施及成效。 为维护缴存单位和职工权益，助力企业复工复产，出台《关于妥善应对新冠肺炎疫情实施住房公积金阶段性支持政策的通知》，认真落实支持企业稳定发展的政策措施，全市有 124 家企业申请缓缴了住房公积金，缓缴金额 6418.74 万元，88 家企业申请降低缴存比例，降缴金额 1784.56 万元，缓解了疫情期间企业的生产经营压力。

（二） 本年度缴存业务金融机构没有变更，贷款业务金融机构增加两家，分别是邮储银行泰安市分行、青岛银行泰安分行。

（三） 当年住房公积金政策调整及执行情况，包括当年缴存基数限额及确定方法、缴存比例等缴存政策调整情况。

1. 当年缴存基数限额及确定方法、缴存比例等缴存政策调整情况。

（1）月缴存工资基数上下限。根据泰安市统计局提供的 2019 年泰安市在岗职工平均工资及《山东省人民政府关于公布全省最低工资标准的通知》（鲁政字〔2018〕80 号），2020 年度泰安行政区内职工住房公积金月缴存工资基数上限为 16975 元，月缴存工资基数下限为：泰山区、新泰市、肥城市 1730 元，岱岳区、宁阳县、东平县 1550 元。

（2）月缴存额上下限。根据《关于改进住房公积金缴存机制进一步降低企业成本的通知》（建金〔2018〕45 号）、《关于调整住房公积金缴存比例的通知》（泰财住房〔2013〕4 号）规定，我市住房公积金单位和个人的缴存比例为各5%至12%。因此，2020年度泰安行政区内职工住房公积金最高月缴存额单位和职工分别为2037元；最低月缴存额单位和职工分别为：泰山区、新泰市、肥城市87元，岱岳区、宁阳县、东平县78元。

2. 当年提取政策调整情况。分别出台了《关于停办住房公积金相关提取业务的通知》《关于规范购房提取住房公积金的通知》。

3. 当年个人住房贷款最高贷款额度、贷款条件等贷款政策调整情况；当年住房公积金存贷款利率执行标准等。当年最高贷款额度单职工30万元，双职工60万元。为落实"放管服"改革要求，推出两项住房公积金贷款新政，分别是：《关于修订完善〈住房公积金贷款置换商业住房贷款操作办法〉的通知》《关于个人住房公积金贷款房产抵押取消房产评估的通知（试行）》。本年度未调整住房公积金存贷款利率。

（四）**当年服务改进情况。**抓住服务民生这个根本，深化推进"放管服"改革，严格落实"一次办好"事项。创新服务方法，探索个性化延伸服务，相继开展了志愿服务岗、绿色通道服务、高层次人才、预约服务、延时服务、双休日便民服务6项个性化服务。优化业务流程，严格落实减证便民各项措施，将群众反映的热点、难点问题整理成日常"你问我答"解疑手册，编写了通用服务指南并及时更新12345知识库。优化了中心服务大厅服务制度、工作人员行为规范、值班制度等15项内部管理办法和制度。充分利用网上办事大厅、手机公积金App、12329公积金服务热线、12345政务服务热线等渠道，增强政策宣传的吸引力和实用性。健全12345热线承办诉求机制，在每月市政府政务服务热线考核考评中，综合考核成绩均名列前茅，群众满意率、回复群众率和按期答复率连续居所在类别前3位。中心荣获"市直机关示范性服务品牌""示范性服务窗口"等荣誉。

（五）**当年信息化建设情况。**一是圆满完成数聚赋能工作，将申请到的数据嵌入公积金业务系统中，用于住房公积金账户开设、账户提取、公积金贷款等业务办理的辅助查询，做到"让数据多跑路，职工少跑腿"。二是积极开展住房公积金电子证照推广应用工作，已经实现了身份证、不动产权证书、不动产登记证明电子证照在公积金提取贷款线上线下业务办理中的应用。中心多渠道多场景应用电子证照的典型经验做法被省住房城乡建设厅发文推广。三是认真落实住房公积金政务服务事项"一网通办"，个人业务通过跳转的方式实现了政务事项梳理的所有提取业务、贷款预申请业务、企业缓缴降低比例申请业务的"一网通办"，单位缴存业务通过省政务服务网直接登录中心单位网厅，也已实现全程网办。四是加强数据共享工作，已获取国家级婚姻（单人、双人）、省级婚姻（单人、双人）、市级不动产、肥城不动产、新泰不动产、宁阳不动产、东平不动产、工商企业信息登记查询等数据，已在业务系统中进行使用。

（六）**当年住房公积金管理中心及职工所获荣誉情况。**2020年中心通过省级文明单位复审，连续10年保持省级文明单位称号；中心被评为全市创城工作先进集体，2名同志被评为全市创城工作先进个人；中心服务管理科被评为全省住建系统先进集体，中心2名同志被评为全省住建系统先进个人。

（七）**当年对违反《住房公积金管理条例》和相关法规行为进行行政处罚和申请人民法院强制执行情况。**对2家拒不缴存公积金的企业下发了处罚通知，申请法院对1家企业强制执行欠缴的公积金。截至年底，被处罚的2家企业进入强制执行阶段后，均办理了住房公积金登记，开始缴存公积金。申请法院强制执行欠缴公积金的单位，正在履行相关法律程序。

（八）当年对住房公积金管理人员违规行为的纠正和处理情况等。本年度住房公积金管理人员没有发生违规行为。

威海市住房公积金 2020 年年度报告

根据国务院《住房公积金管理条例》和住房和城乡建设部、财政部、人民银行《关于健全住房公积金信息披露制度的通知》（建金〔2015〕26号）的规定，经住房公积金管理委员会审议通过，现将威海市住房公积金2020年年度报告公布如下。

一、机构概况

（一）**住房公积金管理委员会**。住房公积金管理委员会有25名委员，2020年召开1次会议，审议通过住房公积金管理委员会委员调整情况、威海市2019年度住房公积金归集使用计划执行情况和2020年度住房公积金归集使用计划、《威海市住房公积金2019年年度报告》（草案）。

（二）**住房公积金管理中心**。市住房公积金管理中心为直属市政府不以营利为目的的独立的事业单位，设11个科，8个管理部。从业人员151人，其中，在编66人，非在编85人。

二、业务运行情况

（一）**缴存**。2020年，新开户单位1188家，实缴单位6865家，净增单位805家；新开户职工3.99万人，实缴职工39.99万人，净增职工2.7万人；缴存额45.46亿元，同比增长7.02%。2020年末，缴存总额352.55亿元，比上年末增加14.80%；缴存余额160.51亿元，同比增长7.75%。受委托办理住房公积金缴存业务的银行3家。

（二）**提取**。2020年，12.15万名缴存职工提取住房公积金；提取额33.90亿元，同比增长29.84%；提取额占当年缴存额的74.57%，比上年增加13.11个百分点。2020年末，提取总额192.04亿元，比上年末增加21.44%。

（三）**贷款**。

1. 个人住房贷款。个人住房贷款最高额度60万元，其中，单缴存职工个人住房贷款最高额度30万元，双缴存职工个人住房贷款最高额度60万元。

2020年，发放个人住房贷款0.59万笔、20.72亿元，同比分别增长43.90%、60.62%。

2020年，回收个人住房贷款19.95亿元。

2020年末，累计发放个人住房贷款9.49万笔、241.66亿元，贷款余额123.85亿元，分别比上年末增加6.51%、9.37%、0.63%。个人住房贷款余额占缴存余额的77.16%，比上年末减少5.47个百分点。受委托办理住房公积金个人住房贷款业务的银行8家。

2. 异地贷款。2020年，发放异地贷款78笔、2510.10万元。2020年末，发放异地贷款总额34748.30万元，异地贷款余额24207.14万元。

（四）资金存储。 2020年末，住房公积金存款38.07亿元。其中，活期0.65亿元，1年（含）以下定期5.1亿元，协定存款32.32亿元。

（五）资金运用率。 2020年末，住房公积金个人住房贷款余额占缴存余额的77.16%，比上年末减少5.47个百分点。

三、主要财务数据

（一）业务收入。 2020年，业务收入45261.61万元，同比增长3.59%。存款利息4605.38万元，委托贷款利息40654.78万元，其他1.45万元。

（二）业务支出。 2020年，业务支出25605.33万元，同比增长10.28%。支付职工住房公积金利息23268.99万元，归集手续费864.46万元，委托贷款手续费1424.16万元，其他47.72万元。

（三）增值收益。 2020年，增值收益19656.28万元，同比下降4.00%。增值收益率1.28%，比上年减少0.18个百分点。

（四）增值收益分配。 2020年，未提取贷款风险准备金。提取管理费用2801.16万元，提取城市廉租住房（公共租赁住房）建设补充资金16855.12万元。

2020年，上交财政管理费用2979万元。上缴财政城市廉租住房（公共租赁住房）建设补充资金17496.32万元。

2020年末，贷款风险准备金余额24746.05万元。累计提取城市廉租住房（公共租赁住房）建设补充资金94765.27万元。

（五）管理费用支出。 2020年，管理费用支出3525.94万元，同比增长2.52%。其中，人员经费1393.92万元，公用经费409.02万元，专项经费1723万元。

四、资产风险状况

个人住房贷款。2020年末，个人住房贷款逾期额73.23万元，逾期率0.06‰。个人贷款风险准备金余额24746.05万元。2020年，未使用个人贷款风险准备金核销呆坏账。

五、社会经济效益

（一）缴存业务。 缴存职工中，国家机关和事业单位占23.85%，国有企业占8.46%，城镇集体企业占3.28%，外商投资企业占9.29%，城镇私营企业及其他城镇企业占53.19%，民办非企业单位和社会团体占0.40%，灵活就业人员占0.04%，其他占1.49%；中、低收入占98.80%，高收入占1.20%。

新开户职工中，国家机关和事业单位占11.36%，国有企业占3.47%，城镇集体企业占1.57%，外商投资企业占7.85%，城镇私营企业及其他城镇企业占72.52%，民办非企业单位和社会团体占0.27%，灵活就业人员占0.17%，其他占2.79%；中、低收入占99.65%，高收入占0.35%。

（二）提取业务。 提取金额中，购买、建造、翻建、大修自住住房占11.67%，偿还购房贷款本息占63.30%，租赁住房占1.23%，支持老旧小区改造占0.01%，离休和退休提取占18.01%，完全丧失劳动能力并与单位终止劳动关系提取占0.01%，出境定居占0.01%，其他占5.76%。提取职工中，中、低收入占98.00%，高收入占2.00%。

(三) 贷款业务。 个人住房贷款。2020年，支持职工购建房65.30万平方米，2020年末个人住房贷款市场占有率14.09%，比上年末减少0.77个百分点。通过申请住房公积金个人住房贷款，可节约职工购房利息支出33733.29万元。

职工贷款笔数中，购房建筑面积90（含）平方米以下占24.73%，90~144（含）平方米占59.84%，144平方米以上占15.43%。购买新房占57.76%，购买二手房占42.24%。

职工贷款笔数中，单缴存职工申请贷款占27.83%，双缴存职工申请贷款占72.17%，无三人及以上缴存职工共同申请贷款。

贷款职工中，30岁（含）以下占26.60%，30岁~40岁（含）占44.54%，40岁~50岁（含）占22.79%，50岁以上占6.07%；首次申请贷款占81.43%，二次及以上申请贷款占18.57%；中、低收入占99.30%，高收入占0.70%。

(四) 住房贡献率。 2020年，个人住房贷款发放额、住房消费提取额的总和与当年缴存额的比率为102.41%，比上年增加26.15个百分点。

六、其他重要事项

(一) 应对新冠肺炎疫情采取的措施，落实住房公积金阶段性支持政策情况和政策实施成效。 2020年3月12日，市委经济运行应急保障指挥部办公室转发了市住房公积金管理中心制定的《威海市应对新冠肺炎疫情住房公积金阶段性支持政策》，主要措施及成效有。一是落实缓缴政策。企业可申请缓缴，缓缴期限至2020年6月。缓缴期间，缴存时间连续计算，不影响职工正常提取和申请公积金贷款。截至6月底，共有32家企业申请缓缴公积金754.21万元。二是降低缴存比例。对受疫情影响的企业，可按规定申请降低缴存比例，单位和个人缴存比例最低不低于5%。全年共有91家企业申请降低缴存比例，减少缴存额692.26万元。三是贷款不作逾期处理。受新冠肺炎疫情影响的职工，2020年6月30日前不能正常还款的，不作逾期处理，不作为逾期记录报送征信部门。四是保障职工提取需求。在疫情防控期间，对购建房、提前结清贷款、既有住宅增设电梯等有受理时限要求的提取业务，延长受理时限至疫情结束后的3个月。对受疫情影响支付房租压力较大的租房职工，可在本年度内分两次提取公积金用于支付房租，提取额度不超过本年度最高限额。一年来，为职工支付租房提取住房公积金6271万元。

(二) 当年机构及职能调整情况。 按照市委办公室、市政府办公室《印发〈关于深化市级事业单位改革试点实施方案〉的通知》（威办发〔2020〕14号），市住房公积金管理中心不再由市住房和城乡建设局代管。

(三) 当年住房公积金政策调整及执行情况。

1. 当年缴存基数限额及确定方法、缴存比例等缴存政策调整情况。2020年度职工缴存基数按照职工本人2019年度月平均工资总额核定。下限不低于威海市最低工资标准，上限不高于威海市2019年度职工月平均工资的3倍。2020年度职工月缴存基数最高限额调整为17800元，最低限额为2010元。

职工本人和单位缴存比例分别不低于5%，最高不高于12%。缴存公积金确有困难的单位，经本单位职工代表大会或工会讨论通过，可申请降低缴存比例或者缓缴，待单位经济效益好转后，再提高缴存比例或者补缴。

2. 当年提取政策调整情况。提高租房提取公积金额度，将缴存职工支付房租提取公积金的额度由每人每年最高 6000 元提高到每人每年最高 9600 元。

3. 当年贷款政策调整情况。一是提高贷款额度。夫妻双方均符合贷款条件的贷款额度由最高 50 万元提高到 60 万元。二是对双一流大学生加大信贷支持。双一流大学毕业生申贷条件由连续正常缴存 12 个月放宽到 6 个月，贷款额度不与公积金账户余额挂钩。三是恢复执行异地贷款政策。户籍属于威海市辖区范围的职工，在外地就业并缴存公积金，在威海市购买住房可以申请公积金贷款。四是恢复执行商业贷款转公积金贷款政策。缴存职工已办理商业住房贷款不超过三年，且所购房符合现行公积金贷款条件的，可在提前一次性还清商业贷款后一个月内申请公积金贷款，贷款额不超过一次性还清商业贷款的金额。五是取消二次申请公积金贷款年限限制。首次公积金贷款结清后再次申请公积金贷款，不受间隔 3 年的时间限制。六是开展公积金余额抵扣公积金贷款业务。公积金贷款职工可以通过网上服务厅和手机 App 申请夫妻双方公积金余额抵扣部分贷款本金。七是深入推进胶东五市间公积金互认互贷。职工在青岛、烟台、潍坊、日照四市缴存公积金，在我市购房申请异地贷款或作为配偶参与申贷的，取消户籍限制。

4. 当年住房公积金存贷款利率执行标准。2020 年，职工住房公积金账户存款利率按照一年期定期存款基准利率执行。住房公积金贷款利率为五年（含）以下 2.75%，五年以上 3.25%。

5. 支持老旧小区改造政策落实情况。出台加装电梯可提取公积金政策，申请人提供经业主共同确认的出资协议及一年内的出资证明，可以提取本人及配偶的公积金，提取额不超过出资的费用。一年来，为职工加装电梯提取使用公积金 50 万元。

（四）当年服务改进情况，包括推进住房公积金服务"跨省通办"工作情况，服务网点、服务设施、服务手段、综合服务平台建设和其他网络载体建设服务情况等。

1. 依托全国公积金监管服务平台，实现个人缴存贷款等信息查询、出具贷款职工缴存使用证明、正常退休提取 3 项业务"跨省通办"。

2. 经区、临港和石岛管理部启用新服务大厅。全市 8 个公积金服务大厅全面推行综合柜员制，每个窗口均可独立办理各类业务，实现"一窗受理、无差别服务"。

3. 将降低缴存比例和缓缴申请的审批权限下放至服务大厅，推动办理时限由 3 个工作日提速到即时办结。

4. 服务大厅摆放办事指南二维码，方便办事群众一扫可查，一点即知；设置帮办代办、投诉受理、吐槽找茬窗口和政务公开专区，实行"好差评"制度，主动接受监督。

5. 针对老年人设立无"健康码"专用通道和业务办理"绿色通道"，推行预约上门和延时服务。

6. 个人网上服务厅开通贷款预约及预受理功能，实现"最多跑一趟"。

7. 实现不动产登记与公积金贷款业务联办，在服务大厅设立代办点，为职工办理抵押登记业务。

8. 与省市场监督管理局进行数据对接，实现企业在办理工商登记注册时，"一链办理"公积金开户手续。

9. 推进公积金网办功能与外部平台融合对接，完成了与省市两级政务网"一网通办"和"爱山东" App 接入工作。

（五）当年信息化建设情况，包括信息系统升级改造情况，基础数据标准贯彻落实和结算应用系统接入情况等。

1. 完善公积金手机 App 功能。将提取业务全部搬到网上办理，建立线上受理、上传材料，线下审批复核的模式，并增加了租房提取、农民工提取、丧失劳动能力提取、调离本市提取、购建房和大修提取等7种提取，基本实现提取业务的全覆盖。

2. "电子证照"系统上线。11月30日"电子证照"系统上线运行，职工在办理公积金业务时，可以出具身份证、不动产权证书、不动产登记证明、营业执照、结婚证和离婚证等电子证件，无需再出示实体证照，为广大群众提供更多的便利。

3. "一行一户"上线运行。11月23日"一行一户"系统正式上线，通过"一行一户"项目，取消各区市管理部单独设立银行账户、业务跨机构办理的模式，实现由市中心统一管理和集中核算，进一步增强风险防控能力，提高资金使用效率。

4. 综合服务平台通过验收。12月我市住房公积金综合服务平台建设工作顺利通过了省住房城乡建设厅专家组的验收，标志着我市公积金管理和服务水平标准化、规范化、便捷化管理更加完善，为推进"智慧公积金"建设奠定了坚实的基础。

（六）**当年住房公积金管理中心及职工所获荣誉情况。** 2020年市住房公积金管理中心通过省级文明单位复核；市区管理部通过国家级青年文明号复核；高区、荣成、文登3个管理部被授予省级青年文明号；市区、高区、荣成3个管理部被授予省级巾帼文明岗；经区、石岛2个管理部和客户服务中心被授予市级青年文明号；经区、文登、乳山、石岛4个管理部被授予市级巾帼文明岗；1名工作人员被省住房城乡建设厅评为全省住建系统先进个人。

日照市住房公积金2020年年度报告

根据国务院《住房公积金管理条例》和住房和城乡建设部、财政部、人民银行《关于健全住房公积金信息披露制度的通知》（建金〔2015〕26号）的规定，现将日照市住房公积金2020年年度报告公布如下。

一、机构概况

（一）**住房公积金管理委员会。** 住房公积金管委会有32名委员，2020年召开1次会议，审议通过的事项主要包括：日照市2019年住房公积金归集、使用计划执行情况和2020年工作计划的报告、2019年住房公积金预算执行情况的报告、2019年住房公积金增值收益分配建议的报告、日照市住房公积金2019年年度报告。

（二）**住房公积金管理中心。** 住房公积金管理中心为市政府管理的不以营利为目的的全额事业单位，设5个科，6个管理部。从业人员98人，其中，在编53人，非在编45人。

二、业务运行情况

（一）**缴存。** 2020年，新开户单位858家，净增单位669家；新开户职工2.75万人，净增职工1.29万人；实缴单位4141家，实缴职工24.07万人，缴存额42.14亿元，分别同比增长19.27%、5.66%、11.90%。2020年末，缴存总额264.57亿元，比上年末增长18.95%；缴存余额109.77亿元，同比增长

13.36%。受委托办理住房公积金缴存业务的银行7家。

（二）提取。2020年，为9.93万名缴存职工提取住房公积金；提取额29.20亿元，同比增长12.05%；提取额占当年缴存额的69.29%，比上年增加0.10个百分点。2020年末，提取总额154.80亿元，比上年末增长23.25%。

（三）贷款。

1. 个人住房贷款。在本市东港区、日照经济技术开发区、日照高新技术产业开发区、山海天旅游度假区范围内购房的，单缴存职工个人住房贷款最高额度30万元，双缴存职工个人住房贷款最高额度50万元；在本市其他区县范围内购房的，单缴存职工最高额度25万元，双缴存职工最高额度40万元。购买装配式住宅的，贷款最高额度上浮15%。

2020年，发放个人住房贷款0.77万笔、23.60亿元，同比分别增长8.45%、9.77%。

2020年，回收个人住房贷款11.43亿元。

2020年末，累计发放个人住房贷款7.19万笔、164.47亿元，贷款余额101.83亿元，分别比上年末增长11.99%、16.75%、13.57%。个人住房贷款余额占缴存余额的92.76%，比上年末增加0.17个百分点。受委托办理住房公积金个人住房贷款业务的银行7家。

2. 异地贷款。2020年，发放异地贷款226笔、6351.00万元。2020年末，发放异地贷款总额377笔、10354.00万元，异地贷款余额10247.99万元。

3. 公转商贴息贷款。2020年，未发放公转商贴息贷款，当年贴息额1607.87万元。2020年末，累计发放公转商贴息贷款4189笔、150671.00万元，累计贴息6875.22万元，公转商贴息贷款余额111222.15万元。

（四）资金存储。2020年末，住房公积金存款8.95亿元。其中，活期0.02亿元，1年（含）以下定期4.10亿元，其他（协定、通知存款等）4.83亿元。

（五）资金运用率。2020年末，住房公积金个人住房贷款余额占缴存余额的92.76%，比上年末增加0.17个百分点。

三、主要财务数据

（一）业务收入。2020年，业务收入33987.74万元，同比增长17.58%。其中，存款利息2574.06万元，委托贷款利息31412.41万元，其他1.27万元。

（二）业务支出。2020年，业务支出20447.65万元，同比增长19.60%。其中，支付职工住房公积金利息17087.76万元，委托贷款手续费1452.41万元，其他1907.48万元。

（三）增值收益。2020年，增值收益13540.09万元，同比增长14.65%。增值收益率1.30%，与上年持平。

（四）增值收益分配。2020年，未提取贷款风险准备金；提取管理费用590.94万元，提取城市廉租住房（公共租赁住房）建设补充资金12949.15万元。

2020年，上交财政管理费用635.89万元。上缴财政城市廉租住房（公共租赁住房）建设补充资金8889.55万元。

2020年末，贷款风险准备金余额17931.02万元。累计提取城市廉租住房（公共租赁住房）建设补充资金 64907.86 万元。

（五）管理费用支出。2020 年，管理费用支出 1490.06 万元，同比下降 21.13%。其中，人员经费 833.32 万元，专项经费 656.74 万元。

四、资产风险状况

个人住房贷款。2020 年末，个人住房贷款逾期额 20.44 万元，逾期率 0.020‰。个人贷款风险准备金余额 17931.02 万元。2020 年，未使用个人贷款风险准备金核销呆坏账。

五、社会经济效益

（一）缴存业务。缴存职工中，国家机关和事业单位占 33.28%，国有企业占 23.01%，城镇集体企业占 1.00%，外商投资企业占 3.19%，城镇私营企业及其他城镇企业占 32.38%，民办非企业单位和社会团体占 6.54%，灵活就业人员占 0.39%，其他占 0.21%；中、低收入占 98.35%，高收入占 1.65%。

新开户职工中，国家机关和事业单位占 18.45%，国有企业占 11.06%，城镇集体企业占 0.71%，外商投资企业占 1.59%，城镇私营企业及其他城镇企业占 52.96%，民办非企业单位和社会团体占 8.79%，灵活就业人员占 2.00%，其他占 4.44%；中、低收入占 99.31%，高收入占 0.69%。

（二）提取业务。提取金额中，购买、建造、翻建、大修自住住房占 26.60%，偿还购房贷款本息占 55.28%，租赁住房占 3.60%，离休和退休提取占 9.72%，完全丧失劳动能力并与单位终止劳动关系提取占 3.37%，出境定居提取占 0.08%，其他占 1.35%。提取职工中，中、低收入占 95.53%，高收入占 4.47%。

（三）贷款业务。

个人住房贷款。2020 年，支持职工购建房 95.27 万平方米，年末个人住房贷款（不含贴息贷款）市场占有率为 14.60%，比上年末减少 0.19 个百分点；年末个人住房贷款（含贴息贷款）市场占有率为 15.94%，比上年末减少 0.56 个百分点。通过申请住房公积金个人住房贷款，可节约职工购房利息支出 33346.36 万元。

职工贷款笔数中，购房建筑面积 90（含）平方米以下占 9.26%，90～144（含）平方米占 74.00%，144 平方米以上占 16.74%。购买新房占 80.47%，购买二手房占 19.53%。

职工贷款笔数中，单缴存职工申请贷款占 23.28%，双缴存职工申请贷款占 76.72%。

贷款职工中，30 岁（含）以下占 23.71%，30 岁～40 岁（含）占 37.59%，40 岁～50 岁（含）占 27.96%，50 岁以上占 10.74%；首次申请贷款占 82.93%，二次申请贷款占 17.07%；中、低收入占 96.43%，高收入占 3.57%。

（四）住房贡献率。2020 年，个人住房贷款发放额、住房消费提取额的总和与当年缴存额的比率为 115.51%，比上年减少 16.25 个百分点。

六、其他重要事项

（一）应对新冠肺炎疫情采取的措施，落实住房公积金阶段性支持政策情况和政策实施成效。一是严格落实服务大厅自我防护、消毒、测温等疫情防控措施，完善应急处置机制，确保了政务服务环境安全。

二是大力推广线上服务渠道，帮助办事群众实现"足不出户"办业务，同时推行预约服务，尽量避免人员聚集。三是贯彻落实上级决策部署，允许受疫情影响的缴存单位办理缓缴、允许受疫情影响的缴存单位申请降低缴存比例、允许因疫情需要隔离和一线医务人员等四类人员延后还款、因疫情缓缴期间贷款资格认定、贷款手续延后办理、提取手续延期办理等阶段性支持政策。年内审批允许97家缴存企业缓缴降比，涉及职工7362人，为企业缓解阶段性资金压力2859万元。四是参与包联社区疫情防控执勤约200人次600余小时。

（二）当年机构及职能调整情况、受委托办理缴存贷款业务金融机构变更情况。

1. 公积金管理机构及职能变化情况。2020年，经市委编制委员会办公室批准，整合会计科的提取管理职能和征收信贷科的归集管理职能，设立归集提取科，同时将征收信贷科更名为信贷科。

2. 缴存贷款业务金融机构变更情况。缴存业务、贷款业务委托银行为建行、工行、中行、农行、日照银行、邮储银行、交通银行7家银行，2020年新增2家银行。

（三）当年住房公积金政策调整及执行情况。

1. 调整了住房公积金缴存基数上、下限。2020年7月1日至2021年6月30日住房公积金月缴存基数最高限额由上一公积金年度的17886元调整为19920元，最低限额为1730元没有发生变化。

2. 提取政策调整情况。一是根据省住房城乡建设厅、财政厅、中国人民银行济南分行《关于做好住房公积金审计发现问题整改工作的通知》文件精神，取消缴纳自住住房物业费提取、缴纳自住住房住宅专项维修资金提取、购房人父母子女公积金提取三种提取情形。二是拍卖住房提取情形细化为拍卖机构拍卖和司法部门拍卖住房提取两种情形，并对提取材料进行了优化。三是调整优化租赁商品房部分提取条件，并将提取期次从每12个月可提取一次调整为每自然年度可提取一次。四是合并终止劳动关系按户口设定的三种不同提取情形，离职后未再就业的，满六个月可销户提取。五是支持城镇老旧小区改造，出台了多层住宅加装电梯提取住房公积金政策。

3. 贷款政策调整情况。一是取消了个人住房公积金贷款担保公司担保方式。二是将异地贷款受理范围从省内扩展到全国。户籍在日照市、在山东省外就业并正常缴存住房公积金的在职职工，在日照市购买普通自住住房的，可向购房地住房公积金管理部申请办理住房公积金异地贷款。三是积极推动胶东经济圈住房公积金一体化发展，胶东四市（青岛、烟台、威海、潍坊）缴存职工在日照购房，与日照缴存职工享有同等贷款权益。2020年发放胶东四市异地贷款75笔、1880万元。四是开办贷款提前部分还本缩期业务。提前部分还本缩期的，月还款额不变，根据提前还款额自动计算缩期月数。2020年办理486笔。五是提高购买装配式住宅公积金贷款最高额度，最高贷款额度上浮15%，促进全市建筑产业绿色高质量发展。

（四）当年服务改进情况。

1. 完善综合服务平台，畅通线上办理。创新新增"一网通办"微信小程序、开发商网厅、"日照通"App等线上服务，优化单位网厅、个人网厅等服务渠道，搭建完成了包含13种服务渠道的公积金综合服务平台，并以优秀等次通过部、省级验收。"手机公积金"App年内新增按月提取签约、解约、变更3项、终止劳动关系提取，提前部分还本、结清2项，异地转移接续共7项功能，"掌上可办"事项已达19种；单位网厅新增同城转移、缴存基数调整、缴存降比、缓缴公积金、单位注销等功能，单位网厅和个人网厅可办业务覆盖全部政务服务事项。

2. 对接山东政务服务平台，实现"一网通办"。一是完成了与山东政务服务平台对接工作，单位网厅、个人网厅接入省统一身份认证平台，避免了二次登录问题，57项政务服务事项全部实现"一网通办"。二是抓住事项网办深度、承诺时限、是否即办件等核心关键指标，逐一与先进地市进行比对，逐项改进提升，54项业务核心指标达到省内先进水平。三是大力推广省政务服务平台和公积金网上服务大厅应用。督促发动缴存单位新增注册省平台用户742家；向2900余家单位免费发放安装单位网厅U盾，缴存职工覆盖率达到了95%，推动公积金事项从"网上可办"向"网上好办"提升。

3. 提高服务地域跨度，落实"跨省通办"。一是公布"跨省通办"和"全省通办"清单和业务处理流程。年内实现个人缴存贷款等信息查询、出具贷款职工缴存使用证明和正常退休提取3项业务"跨省通办"，缴存登记、个人账户设立、信息变更等24项业务"全省通办"。二是设置"全省通办、跨省通办"窗口，配备专人专岗落实"异地代收代办""两地联办"。三是推进"跨域通办"，签署《胶东经济圈住房公积金一体化发展合作协议》，全面落实转移接续和互认互贷。

4. 再造业务流程，提升服务效率。一是实现新办企业注册登记、公积金登记预开户"一链办结"。通过与市场监管局、大数据发展局、审批局等省市多个部门系统对接，企业开办"一窗通"系统自动推送公积金开户信息，年内共为4900余家企业办理公积金缴存开户预登记。二是优化新市民账户开设条件，将自由职业者开户要件"职业资格证书"调整为"固定收入证明"，个人缴存开户更加便捷。年内新增自主缴存账户697个。三是开展贷款流程再造。简化贷款要件，取消了居住证、户口簿（异地贷款除外）两项证明；压减贷款审批时限，承诺时限从5个工作日压减到1个工作日；再造抵押流程，联合不动产中心创新打造贷款抵押"系统直联·线上即办"业务联办平台，职工贷款由原来需到多部门多次跑腿，简化为只到公积金中心1个部门跑1次腿，不动产抵押由15~20个工作日提速到2小时以内。工作经验被评为全国住建领域网信建设成果优秀案例。四是启用电子签章，应用于主业务系统、单位网厅和个人网厅，实现证明类、缴存明细打印类事项线上办结。五是实现电子证照应用。联通省电子证照库，实现电子身份证、营业执照、结婚证、不动产权证、不动产登记证等5类电子证照的下载和应用；前台窗口全部配备二维码扫描枪，支持线下"亮证"办理业务，减少了办事群众提交纸质证明的数量，助力日照"无证明城市"建设。

5. 夯实一线服务，提升服务质量。一是坚持窗口标准化建设，严格执行业务流程、便民设施、服务规范等13项标准。二是持续开展管理部主任驻窗口日活动，第一时间发现问题解决问题；三是提升热线服务能力，12329热线专席服务时间新增工作日中午休息时间和节假日，年内接听电话3.9万通，接通率达100%。四是倡导延时服务、预约上门服务。年内共开展延时服务548人次；预约上门办理个人业务18笔；主动服务企业1762次，开展政策上门走访企业1253家。五是强化业务培训。年内开展网办业务等培训共42次1399个单位；召开金银房企座谈会30余次。

（五）当年信息化建设情况。

1. 规范统一公积金业务网络架构。全面整合中心各类业务专网（专线），2020年12条业务专网完成向电子政务外网的分类迁移整合；依托省电子政务外网公共服务域，整合部门互联网出口，建设市县两级互联网统一接入平台。进一步优化了网络结构，强化了网络管理，着力提高了网络业务承载能力，为业务应用、数据传输提供支撑。

2. 完善公积金政务云平台建设。按照集约化建设的原则，年内完成了"公积金业务管理系统"等17

个应用系统的迁移上"政务云"工作，有效推动政府与部门资源的融合。同时借助政务云平台运行监管机制、灾备服务体系建设等多方面安全措施，建设了高级别的日照公积金安全体系。年内业务综合管理系统、综合服务平台完成三级安全等级保护建设。

3. 建设汇聚联通的数据资源体系。一是规范和完善基础数据。按照住房和城乡建设部标准对基础数据库进行了规范和整合，利用电子稽查系统按月进行整改完善，确保基础数据的完整、规范。二是深化政务数据共享和应用。年内新增税务、人社、发改等部门共享数据，实现包括人行二代征信的10个部门25类政务数据的共享，共享数据直接用于业务核查、在线信息录入、系统审批，助力29项业务实现"秒批秒办"。三是强化公积金数据汇聚。公积金信息数据上传住房和城乡建设部、省公积金主题库、市基础信息资源库、城市大脑"特征库"、日照e融金融服务平台等数据共享服务平台，为公共服务、社会治理、企业融资、金融服务等提供决策支持，充分发挥了公积金数据支撑作用和数据资产价值。其中16家合作银行以公积金缴存信息评价职工信用发放网络消费贷款17.9亿元，扩展了缴存职工消费资金来源渠道。

（六）当年住房公积金管理中心及职工所获荣誉情况。连续6年保持"省级文明单位"称号，年内先后荣获省级青年文明号、全省住建系统先进集体、全省住房公积金行业文明服务示范窗口、全国住房公积金50强、市级巾帼文明岗、五四红旗团支部、工会创新奖等省、市、区县级集体荣誉20余项，所有管理部均获得市级及以上"青年文明号"。年内与市人社局、市总工会、团市委、市妇联、合作银行联合举办了公积金业务技能和服务礼仪竞赛，自编自导自演30余个节目，展现了公积金队伍过硬业务技能、高效工作效率和标准服务礼仪，竞赛活动成功入选日照市市级一类职业技能竞赛项目。年内持续开展"服务之星""业务能手"选树活动，共选出254人次。年内职工获省住建系统先进个人、全省住房公积金行业文明服务标兵、全省"学习强国"答题争上游比赛三等奖、日照技术能手、市巾帼建功标兵、市优秀共青团员等省、市、区县级个人荣誉20余项。

（七）当年对违反《住房公积金管理条例》和相关法规行为进行行政处罚和申请人民法院强制执行情况。2020年无上述情况现象。

（八）当年对住房公积金管理人员违规行为的纠正和处理情况等。2020年住房公积金管理人员无违规现象。

临沂市住房公积金2020年年度报告

根据国务院《住房公积金管理条例》和住房和城乡建设部、财政部、人民银行《关于健全住房公积金信息披露制度的通知》（建金〔2015〕26号）的规定，经住房公积金管理委员会审议通过，现将临沂市住房公积金2020年年度报告公布如下。

一、机构概况

（一）住房公积金管理委员会。住房公积金管理委员会有35名委员，2020年召开1次会议，审议通过的事项主要包括：《2019年度临沂市住房公积金工作报告》《临沂市住房公积金管理委员会2020年第一次全体会议决议（草案）》和 2020 年度住房公积金归集、使用计划。

（二）住房公积金服务中心。住房公积金服务中心为隶属市政府的不以营利为目的公益一类事业单位，设 6 个科室（办公室、计会科、贷款管理科、征管科、稽核科、市直管理科），12 个分中心（兰山区、罗庄区、河东区、郯城县、兰陵县、沂水县、沂南县、平邑县、费县、蒙阴县、莒南县、临沭县分中心）。从业人员 246 人，其中，在编 81 人，非在编 165 人。

二、业务运行情况

（一）缴存。2020 年，新开户单位 1753 家，净增单位 1367 家；新开户职工 6.51 万人，净增职工 2.55 万人；实缴单位 8792 家，实缴职工 60.85 万人，缴存额 86.79 亿元，分别同比增长 18.41%、4.37%、10.72%。2020 年末，缴存总额 578.02 亿元，比上年末增加 17.67%；缴存余额 271.48 亿元，同比增长 11.78%。受委托办理住房公积金缴存业务的银行 7 家。

（二）提取。2020 年，15.39 万名缴存职工提取住房公积金；提取额 58.19 亿元，同比增长 8.02%；提取额占当年缴存额的 67.05%，比上年减少 1.68 个百分点。2020 年末，提取总额 306.54 亿元，比上年末增加 23.43%。

（三）贷款。

1. 个人住房贷款。个人住房贷款最高额度 50 万元，其中，单缴存职工最高额度 50 万元，双缴存职工最高额度 50 万元。

2020 年，发放个人住房贷款 1.29 万笔、57.14 亿元，同比分别下降 6.52%、4.26%。

2020 年，回收个人住房贷款 40.21 亿元。

2020 年末，累计发放个人住房贷款 19.87 万笔、510.82 亿元，贷款余额 222.52 亿元，分别比上年末增加 6.94%、12.59%、8.23%。个人住房贷款余额占缴存余额的 81.97%，比上年末减少 2.68 个百分点。受委托办理住房公积金个人住房贷款业务的银行 7 家。

2. 异地贷款。2020 年，发放异地贷款 402 笔、17472 万元。2020 年末，发放异地贷款总额 134264 万元，异地贷款余额 93563 万元。

3. 公转商贴息贷款。2020 年，发放公转商贴息贷款 0 笔、0 万元，当年贴息额 0 万元。2020 年末，累计发放公转商贴息贷款 0 笔、0 万元，累计贴息 0 万元。

4. 住房公积金支持保障性住房建设项目贷款。本中心无项目贷款业务。

（四）购买国债。2020 年，本中心未购买国债。2020 年末，国债余额 0 元。

（五）资金存储。2020 年末，住房公积金存款 53.48 亿元。其中，活期 0.01 亿元，1 年（含）以下定期 4 亿元，1 年以上定期 32.05 亿元，其他（协定、通知存款等）17.42 亿元。

（六）资金运用率。2020 年末，住房公积金个人住房贷款余额、项目贷款余额和购买国债余额的总和占缴存余额的 81.97%，比上年末减少 2.68 个百分点。

三、主要财务数据

（一）业务收入。2020 年，业务收入 83210.10 万元，同比增长 14.53%。其中，存款利息 13834.09 万元，委托贷款利息 69376.01 万元，国债利息 0 万元，其他 0 万元。

（二）业务支出。2020年，业务支出45713.20万元，同比增长13.49%。其中，支付职工住房公积金利息39062.46万元，归集手续费3182.07万元，委托贷款手续费3468.61万元，其他0.06万元。

（三）增值收益。2020年，增值收益37496.90万元，同比增长15.82%。其中，增值收益率1.45%，比上年增加0.05个百分点。

（四）增值收益分配。2020年，提取贷款风险准备金0万元，提取管理费用1885.27万元，提取城市廉租住房（公共租赁住房）建设补充资金35611.63万元。

2020年，上交财政管理费用1923.09万元。上缴财政城市廉租住房（公共租赁住房）建设补充资金26289.90万元。

2020年末，贷款风险准备金余额41118.65万元。累计提取城市廉租住房（公共租赁住房）建设补充资金173155.35万元。

（五）管理费用支出。2020年，管理费用支出2062.86万元，同比增长9.43%。其中，人员经费1699.29万元，公用经费92.65万元，专项经费270.92万元。

四、资产风险状况

（一）个人住房贷款。2020年末，个人住房贷款逾期额0万元，逾期率0‰。个人贷款风险准备金余额41,118.65万元。2020年，使用个人贷款风险准备金核销呆坏账0万元。

（二）支持保障性住房建设试点项目贷款。本中心无项目贷款业务。

五、社会经济效益

（一）缴存业务。缴存职工中，国家机关和事业单位占42.60%，国有企业占14.79%，城镇集体企业占9.20%，外商投资企业占1.81%，城镇私营企业及其他城镇企业占27.74%，民办非企业单位和社会团体占1.12%，灵活就业人员占0.09%，其他占2.65%；中、低收入占99.30%，高收入占0.70%。

新开户职工中，国家机关和事业单位占20.50%，国有企业占9.19%，城镇集体企业占9.13%，外商投资企业占2.15%，城镇私营企业及其他城镇企业占53.87%，民办非企业单位和社会团体占2.26%，灵活就业人员占0.13%，其他占2.77%；中、低收入占99.85%，高收入占0.15%。

（二）提取业务。提取金额中，购买、建造、翻建、大修自住住房占22.09%，偿还购房贷款本息占54.51%，租赁住房占1.04%，支持老旧小区改造占0%，离休和退休提取占16.94%，完全丧失劳动能力并与单位终止劳动关系提取占4.35%，出境定居占0%，其他占1.07%。提取职工中，中、低收入占99.03%，高收入占0.97%。

（三）贷款业务。

1. 个人住房贷款。2020年，支持职工购建房186.47万平方米（含公转商贴息贷款），年末个人住房贷款市场占有率（含公转商贴息贷款）为8.57%，比上年末减少0.54个百分点。通过申请住房公积金个人住房贷款，可节约职工购房利息支出86347.01万元。

职工贷款笔数中，购房建筑面积90（含）平方米以下占5.58%，90～144（含）平方米占47.08%，144平方米以上占47.34%。购买新房占78.56%（其中购买保障性住房占0.19%），购买二手房占21.44%。

职工贷款笔数中，单缴存职工申请贷款占16.87%，双缴存职工申请贷款占83.13%，三人及以上缴存职工共同申请贷款占0%。

贷款职工中，30岁（含）以下占22.03%，30岁～40岁（含）占42.50%，40岁～50岁（含）占27.52%，50岁以上占7.95%；首次申请贷款占91.69%，二次及以上申请贷款占8.31%；中、低收入占98.69%，高收入占1.31%。

2. 支持保障性住房建设试点项目贷款。本中心无项目贷款业务。

（四）**住房贡献率**。2020年，个人住房贷款发放额、公转商贴息贷款发放额、项目贷款发放额、住房消费提取额的总和与当年缴存额的比率为117.88%，比上年减少13.65个百分点。

六、其他重要事项

（一）**应对新冠肺炎疫情采取的措施，落实住房公积金阶段性支持政策情况和政策实施成效**。针对2020年突如其来的新冠肺炎疫情，住房公积金服务中心认真落实上级政策，及时出台了《关于妥善应对新冠肺炎疫情实施住房公积金阶段性支持政策的通知》，全年为192家企业40229名职工办理了缓缴手续，涉及金额10170万元，切实为企业减轻了负担。同时，进一步制定和细化疫情防控期间我市公积金贷款申请范围及条件、申请流程、贷款逾期处理及后续操作细则，最大程度满足疫情防控形势下职工的合理贷款需求。

（二）**当年机构及职能调整情况、受委托办理缴存贷款业务金融机构变更情况**。2020年，住房公积金服务中心机构、职能没有调整变化。

经住房公积金管理委员会审议通过，委托办理缴存业务金融机构增加邮政储蓄银行，委托办理贷款业务金融机构增加邮政储蓄银行。

（三）**当年住房公积金政策调整及执行情况，包括当年缴存基数限额及确定方法、缴存比例等缴存政策调整情况；当年提取政策调整情况；当年个人住房贷款最高贷款额度、贷款条件等贷款政策调整情况；当年住房公积金存贷款利率执行标准等；支持老旧小区改造政策落实情况**。2020年1月，住房公积金归集类业务实行全市通办。职工住房公积金月缴存基数按照职工本人2019年度月平均工资总额核定。2020年度住房公积金最高月缴存基数为19070元；最低月缴存基数市辖区1730元，九县1550元。单位和职工住房公积金缴存比例不得低于各5%，不得高于各12%。

2020年度严格规范执行《住房公积金提取业务标准》，取消提取住房公积金支付物业费、维修基金。

2020年，住房公积金贷款最高贷款额度50万元，制定了《临沂市住房公积金个人组合贷款管理办法》《关于开展全国范围内住房公积金缴存职工异地贷款业务有关事项的通知》。住房公积金贷款利率。五年以下（含5年）2.75%，五年以上3.25%。二套房利率按照基准利率的1.1倍执行。

（四）**当年服务改进情况，包括推进住房公积金服务"跨省通办"工作情况，服务网点、服务设施、服务手段、综合服务平台建设和其他网络载体建设服务情况等**。

1. "跨省通办"政策落实情况。开通线下服务窗口。印发《关于全面做好政务服务"跨省通办"和"全省通办"有关工作的通知》，设立"跨省通办、全省通办"服务窗口。

强化平台数据支撑。各个网办渠道均已接入统一身份认证体系，"跨省通办、全省通办"的各项业务申请人均可通过登录各网办渠道远程办理。

做好服务流程设计。深入贯彻告知承诺、预约上门、容缺受理、帮办代办等各项制度。

2.综合服务平台建设情况。按照住房和城乡建设部综合服务平台建设导则的要求,先后对手机App、微信公众号、单位网厅等网办渠道进行了升级,提升了业务自动化、智能化水平,实现了部分提取业务秒批秒办,并通过省住房城乡建设厅公积金综合服务平台验收。

(五)当年信息化建设情况,包括信息系统升级改造情况,基础数据标准贯彻落实和结算应用系统接入情况等。2020年5月,实现贷款自主核算模式转换。对信息系统进行了全面升级,实现了缴存、提取、贷款业务的全市通办,进一步确保了资金安全。

(六)当年住房公积金管理中心及职工所获荣誉情况。住房公积金服务中心顺利通过省级文明单位复查验收。市直管理科(市直服务大厅)被评为山东省青年文明号。罗庄区分中心被评为全省住房公积金行业文明服务示范窗口、临沂市三八红旗集体。河东区分中心被评为临沂市巾帼文明岗。6人被评为全省住房公积金行业文明服务标兵。

(七)当年对违反《住房公积金管理条例》和相关法规行为进行行政处罚和申请人民法院强制执行情况。无。

(八)当年对住房公积金管理人员违规行为的纠正和处理情况等。无。

(九)其他需要披露的情况。无。

德州市住房公积金2020年年度报告

根据国务院《住房公积金管理条例》和住房和城乡建设部、财政部、人民银行《关于健全住房公积金信息披露制度的通知》(建金〔2015〕26号)的规定,经住房公积金管理委员会审议通过,现将德州市住房公积金2020年年度报告公布如下。

一、机构概况

(一)住房公积金管理委员会。住房公积金管理委员会有28名委员,2020年召开2次会议,审议通过的事项主要包括:2019年年度报告、增值收益分配、既有住宅加装电梯提取政策等。

(二)住房公积金管理中心。住房公积金管理中心为市政府直属的不以营利为目的的公益一类事业单位,设5个处(科),12个管理部、从业人员103人,其中在编66人,非在编37人。

二、业务运行情况

(一)缴存。2020年,新开户单位2392家,净增单位1311家;新开户职工5.12万人,净增职工3.2万人;实缴单位7969家,实缴职工42.84万人,缴存额44.54亿元,分别同比增长19.69%、8.07%、10.63%。2020年末,缴存总额258.82亿元,比上年末增加20.79%;缴存余额134.69亿元,比上年末增加15.19%。受委托办理住房公积金缴存业务的银行6家。

(二)提取。2020年,12.19万名缴存职工提取住房公积金;提取额26.78亿元,同比增长10.66%;

提取额占当年缴存额的 60.13%，比上年增加 0.02 个百分点。2020 年末，提取总额 124.13 亿元，比上年末增加 27.51%。

（三）贷款。

1. 个人住房贷款。个人住房贷款最高额度 40 万元，其中，单缴存职工个人住房贷款最高额度 30 万元，双缴存职工个人住房贷款最高额度 40 万元。

2020 年，发放个人住房贷款 1.05 万笔、32.76 亿元，同比分别下降 7.08%、7.35%。

2020 年，回收个人住房贷款 19.23 亿元。

2020 年末，累计发放个人住房贷款 7.71 万笔、203.71 亿元，贷款余额 120.80 亿元，分别比上年末增加 15.77%、19.16%、12.61%。个人住房贷款余额占缴存余额的 89.69%，比上年末减少 2.05 个百分点。受委托办理住房公积金个人住房贷款业务的银行 14 家。

2. 异地贷款。2020 年，发放异地贷款 725 笔、22095 万元。2020 年末，发放异地贷款总额 71841 万元，异地贷款余额 53335 万元。

（四）资金存储。2020 年末，住房公积金存款 18.57 亿元。其中，活期 0.56 亿元，1 年（含）以下定期 6.55 亿元，1 年以上定期 6.84 亿元，其他（协定、通知存款等）4.62 亿元。

（五）资金运用率。2020 年末，住房公积金个人住房贷款余额、项目贷款余额和购买国债余额的总和占缴存余额的 89.69%，比上年末减少 2.05 个百分点，无项目贷款或购买国债。

三、主要财务数据

（一）业务收入。2020 年，业务收入 41446.63 万元，同比增长 15.96%。其中存款利息 4180.54 万元，委托贷款利息 37266.09 万元。

（二）业务支出。2020 年，业务支出 21192.24 万元，同比增长 20.57%。其中支付职工住房公积金利息 18960.43 万元，无归集手续费支出，委托贷款手续费 2229.31 万元，其他 2.50 万元。

（三）增值收益。2020 年，增值收益 20254.39 万元，同比增长 11.50%。其中增值收益率 1.61%，比上年减少 0.07 个百分点。

（四）增值收益分配。2020 年，提取管理费用 1724.78 万元，提取城市廉租住房（公共租赁住房）建设补充资金 18529.61 万元。

2020 年，上交财政管理费用 1414.50 万元。上缴财政城市廉租住房（公共租赁住房）建设补充资金 12874.60 万元。

2020 年末，贷款风险准备金余额 21453.89 万元。累计提取城市廉租住房（公共租赁住房）建设补充资金 82846.05 万元。

（五）管理费用支出。2020 年，管理费用支出 1889.36 万元，同比下降 9.29%。其中，人员经费 1085.01 万元，公用经费 121.41 万元，专项经费 682.94 万元。

四、资产风险状况

个人住房贷款。2020 年末，个人住房贷款逾期额 603 万元，逾期率 0.50‰。个人贷款风险准备金余额 21453.89 万元。

五、社会经济效益

（一）**缴存业务**。缴存职工中，国家机关和事业单位占 41.4%，国有企业占 22.34%，城镇集体企业占 2.56%，外商投资企业占 1.37%，城镇私营企业及其他城镇企业占 23.76%，民办非企业单位和社会团体占 3.17%，灵活就业人员占 1.44%，其他占 3.96%；中、低收入占 99.75%，高收入占 0.25%。

新开户职工中，国家机关和事业单位占 22.3%，国有企业占 11.77%，城镇集体企业占 3.82%，外商投资企业占 2.17%，城镇私营企业及其他城镇企业占 35.46%，民办非企业单位和社会团体占 4.91%，灵活就业人员占 7.41%，其他占 12.16%；中、低收入占 99.95%，高收入占 0.05%。

（二）**提取业务**。提取金额中，购买、建造、翻建、大修自住住房占 27.68%，偿还购房贷款本息占 46.49%，租赁住房占 3.3%，支持老旧小区改造占 0%，离休和退休提取占 16.85%，完全丧失劳动能力并与单位终止劳动关系提取占 3.57%，出境定居占 0.0%，其他占 2.11%。提取职工中，中、低收入占 98.91%，高收入占 1.09%。

（三）**贷款业务**。个人住房贷款。2020 年，支持职工购建房 129.19 万平方米，年末个人住房贷款市场占有率为 12.09%，比上年末减少 0.57 个百分点。通过申请住房公积金个人住房贷款，可节约职工购房利息支出 124751 万元。

职工贷款笔数中，购房建筑面积 90（含）平方米以下占 9.44%，90~144（含）平方米占 79.92%，144 平方米以上占 10.64%。购买新房占 83.03%，购买二手房占 16.97%。

职工贷款笔数中，单缴存职工申请贷款占 18.93%，双缴存职工申请贷款占 81.07%，三人及以上缴存职工共同申请贷款占 0%。

贷款职工中，30 岁（含）以下占 24.19%，30 岁~40 岁（含）占 47.79%，40 岁~50 岁（含）占 21.76%，50 岁以上占 6.26%；首次申请贷款占 67.24%，二次及以上申请贷款占 32.76%；中、低收入占 99.83%，高收入占 0.17%。

（四）**住房贡献率**。2020 年，个人住房贷款发放额、公转商贴息贷款发放额、项目贷款发放额、住房消费提取额的总和与当年缴存额的比率为 120.14%，比上年减少 13.69 个百分点。

六、其他重要事项

（一）**积极应对疫情，落实住房公积金阶段性支持政策**。允许受疫情影响的缴存企业申请缓缴或降低住房公积金缴存比例至 5%；疫情期间租房提取额度提高至 1200 元/月，单位缓缴期间不影响职工贷款。截至政策到期，共为 98 家企业办理缓缴降缴，涉及资金 2513.74 万元。

（二）2020 年 9 月，根据中共山东省委组织部《关于同意德州市总工会机关等 56 个单位参照公务员法管理的批复》（鲁组干字〔2020〕174 号），同意我中心（不含县市区管理部）实行参照管理。

（三）**住房公积金政策调整及执行情况**。缴存政策：2020 年度德州市住房公积金最高月缴存基数为 23392 元，最低月缴存基数为 1550 元；最高缴存基数根据我市统计局 2019 年度在岗职工平均工资数据，按月平均工资 3 倍计算，最低缴存基数按照山东省人民政府公布的我市月最低工资标准确定。提取政策：将租房提取额度提高至每人每年 7200 元；支持老旧小区改造政策，经管委会审议通过，开展既有住宅加装电梯提取业务。

（四）"跨省通办"工作情况。依托山东省政务服务网、网上服务厅、微信公众号等多种服务渠道，实现"跨省通办""全省通办"事项全部"全程网办"。全市12个管理部服务大厅设立"跨省通办""全省通办"服务窗口，配齐工作人员，对业务属地中心尚未实现全程网办的通办事项，通过代收代办模式实现异地业务就地受理，有效解决"多头跑、折返跑"的问题。

我中心加大与不动产登记中心对接力度，推进公积金贷款事项与不动产登记中心"一链办理"，在受理环节一并为职工办理房产抵押手续；缩短贷款审批时限，由原来的10个工作日缩减为4个工作日，银行受理当日提交，各管理部即时审核，贷款审批每日清零。为拓宽线上办理渠道，及时发布线上可办业务详细操作流程、办理指南，引导职工线上办理个人查询、贷款申请、提前还贷、打印贷款结清证明等业务，提高办事效率，让职工少跑腿。2020银行网点增加到57家，为缴存职工就近办、高效办提供了便利。

（五）2020年，我中心根据《综合服务平台建设导则》的要求，逐步建立起以微信、网上服务厅为核心的综合服务平台并顺利通过省住房城乡建设厅专家组验收，平台覆盖了归集、提取、贷款受理等业务，职工可在线办结或最多跑一次。积极对接省政务服务平台及省大数据局"一窗通"系统，共在省政务服务平台上认领26项政务服务事项，与市场监管局、大数据局进行协调沟通，完成新办企业公积金开户纳入企业开办"一窗通"系统接口开发任务；根据《山东省人民政府办公厅关于印发数字山东2019行动方案的通知》（鲁政办字〔2019〕45号）要求，积极对接"爱山东"App，按期完成了接口交付工作；成功上线电子签章和电子证照系统，制作了"德州市住房公积金管理中心电子业务专用章""德州市住房公积金管理中心电子行政执法专用章"等21枚印章，并先后接入了身份证、结婚证、离婚证、不动产证明、不动产登记证明、营业执照等电子证照，实现了与业务系统中提取业务、贷款业务的结合，减少了职工要件，精简了办事手续。

（六）荣誉奖项。2020年通过省级文明单位复审，我中心被授予"山东省住房和城乡建设系统先进集体"称号，1名同志被被授予"山东省住房和城乡建设系统先进个人"称号。

（七）2020年，无行政处罚和申请人民法院强制执行情况。

聊城市住房公积金2020年年度报告

根据国务院《住房公积金管理条例》和住房和城乡建设部、财政部、人民银行《关于健全住房公积金信息披露制度的通知》（建金〔2015〕26号）的规定，经住房公积金管理委员会审议通过，现将聊城市住房公积金2020年年度报告公布如下。

一、机构概况

（一）住房公积金管理委员会。住房公积金管理委员会共有27名委员，2020年召开1次会议，审议通过的事项主要包括：《聊城市住房公积金2019年年度报告》《关于2019年度住房公积金增值收益分配情况的报告》。

（二）住房公积金管理中心。聊城市住房公积金管理中心为直接隶属市政府不以营利为目的的正县级公益一类事业单位，设6个科（室）、9个管理部。从业人员103人，其中，在编37人，非在编66人。

二、业务运行情况

（一）缴存。2020年，新开户单位1595家，净增单位1378家；新开户职工3.63万人，净增职工2.22万人；实缴单位6912家，实缴职工42.22万人，缴存额41.60亿元，同比增长24.90%、5.55%、14.70%。2020年末，缴存总额280.82亿元，比上年末增加17.39%；缴存余额149.11亿元，同比增长10.64%。受委托办理住房公积金缴存业务的银行6家。

（二）提取。2020年，9.08万名缴存职工提取住房公积金；提取额27.25亿元，同比增长14.98%；提取额占当年缴存额的65.50%，比上年增加0.16个百分点。2020年末，提取总额131.71亿元，同比增长26.10%。

（三）贷款。

1. 个人住房贷款。个人住房贷款最高额度50万元，单缴存职工个人住房贷款最高额度30万元，双缴存职工个人住房贷款最高额度50万元。

2020年，发放个人住房贷款0.80万笔、34.44亿元，同比分别下降27.93%、26.42%。

2020年，回收个人住房贷款16.76亿元。

2020年末，累计发放个人住房贷款13.02万笔、266.82亿元，贷款余额149.33亿元，分别比上年末增加6.55%、14.82%、13.42%。个人住房贷款余额占缴存余额的100.15%，比上年末增加2.46个百分点。受委托办理住房公积金个人住房贷款业务的银行6家。

2. 异地贷款。2020年，发放异地贷款411笔、16877.30万元。2020年末，发放异地贷款总额116701.35万元，异地贷款余额98259.74万元。

（四）资金存储。2020年末，住房公积金存款3.10亿元。其中，活期1.94亿元，1年（含）以下定期1.16亿元。

（五）资金运用率。2020年末，住房公积金个人住房贷款余额、项目贷款余额和购买国债余额的总和占缴存余额的100.15%，比上年末增加2.46个百分点。

三、主要财务数据

（一）业务收入。2020年，业务收入47325.45万元，同比增长18.49%。存款利息761.99万元，委托贷款利息45793.51万元，增值收益利息769.95万元。

（二）业务支出。2020年，业务支出28495.07万元，同比增长23.61%。支付职工住房公积金利息24789.21万元；归集手续费1577.11万元；委托贷款手续费2128.55万元，其他0.2万元。

（三）增值收益。2020年，增值收益18830.38万元，同比增长11.49%。增值收益率1.32%，比上年增加0.01个百分点。

（四）增值收益分配。2020年，提取当年贷款风险准备金0万元，提取管理费用2275.66万元，提取城市廉租住房（公共租赁住房）建设补充资金16554.72万元。

2020年，上交财政管理费用2859.49万元。上缴财政城市廉租住房（公共租赁住房）建设补充资金

14029.74万元。

2020年末，贷款风险准备金余额19776.53万元。累计提取城市廉租住房（公共租赁住房）建设补充资金119378.06万元。

（五）管理费用支出。 2020年，管理费用支出1877.63万元，同比下降47.03%。其中，人员经费503.60万元，公用经费1089.60万元，专项经费284.43万元。

四、资产风险状况

个人住房贷款。2020年末，个人住房贷款逾期额1865.84万元，逾期率1.25‰，个人贷款风险准备金余额19776.53万元。2020年，未发生使用个人贷款风险准备金核销呆坏账情况。

五、社会经济效益

（一）缴存业务。 缴存职工中，国家机关和事业单位占41.10%，国有企业占14.55%，城镇集体企业占11.54%，外商投资企业占1.21%，城镇私营企业及其他城镇企业占30.44%，民办非企业单位和社会团体占0.74%，灵活就业人员占0.25%，其他占0.17%；中、低收入占98.75%，高收入占1.25%。

新开户职工中，国家机关和事业单位占25.66%，国有企业占11.75%，城镇集体企业占24.70%，外商投资企业占0.80%，城镇私营企业及其他城镇企业占32.94%，民办非企业单位和社会团体占2.17%，灵活就业人员占0.63%，其他占1.35%；中、低收入占99.83%，高收入占0.17%。

（二）提取业务。 提取金额中，购买、建造、翻建、大修自住住房占31.63%，偿还购房贷款本息占38.02%，租赁住房占2.99%；离休和退休提取占16.79%，完全丧失劳动能力并与单位终止劳动关系提取占5.68%，出境定居占0.74%，其他占4.15%。提取职工中，中、低收入占99.33%，高收入占0.67%。

（三）贷款业务。 个人住房贷款。2020年，支持职工购建房100.90万平方米，2020年末个人住房贷款市场占有率为17.26%，比上年末减少0.69个百分点。通过申请住房公积金个人住房贷款，可节约职工购房利息支出68506.86万元。

职工贷款笔数中，购房建筑面积90（含）平方米以下占9.21%，90~144（含）平方米占74.38%，144平方米以上占16.41%。购买新房占73.91%，购买二手房占26.09%。

职工贷款笔数中，单缴存职工申请贷款占20.30%，双缴存职工申请贷款占79.70%。

贷款职工中，30岁（含）以下占27.41%，30岁~40岁（含）占46.98%，40岁~50岁（含）占21.27%，50岁以上占4.34%；首次申请贷款90.05%，二次及以上申请贷款占9.95%；中、低收入占99.51%，高收入占0.49%。

（四）住房贡献率。 2020年，个人住房贷款发放额、住房消费提取额的总和与当年缴存额的比率为132.67%，比上年减少47.62个百分点。

六、其他重要事项

（一）应对新冠肺炎疫情落实住房公积金阶段性支持政策情况。

1.允许受疫情影响的单位和自由职业者暂缓缴存。疫情期间，无法正常按月缴存住房公积金的企业和自由职业者，可向市住房公积金管理中心说明情况，经批准通过，暂缓缴存住房公积金。从2020年7

月份起,应及时足额补缴。期间,职工的住房公积金缴存时间连续计算,不影响职工住房公积金贷款的权益。

2. 保障受疫情影响缴存职工的住房公积金贷款权益。2020年6月30日前,受新冠肺炎疫情影响的职工,住房公积金贷款不能正常还款的,不作逾期处理、不计罚息,不作为逾期记录报送征信部门。

3. 支持受疫情影响的困难企业和职工。疫情期间,为进一步降低企业成本,允许企业降低公积金缴存比例,单位和个人比例最低不低于5%,从2020年7月份起,企业可根据自身生产经营情况,自主选择恢复原比例。

受疫情影响,导致生产经营困难的企业,受疫情影响,导致生产经营困难的企业,在疫情结束后,仍然无法恢复正常缴存的,按照《住房公积金管理条例》规定,经企业职工代表大会通过,可向公积金中心提交缓缴住房公积金的申请,缓缴期最长不超过12个月。

4. 延长公积金提取、贷款资格时限。职工的购房手续业务办理时限若在疫情期间到期,职工因疫情防控无法办理业务而导致住房公积金提取、贷款资格认证材料超时限的,购房手续有效期顺延至疫情结束。

5. 提高租房提取额度。受新冠肺炎疫情影响,支付房租压力较大的职工,2020年6月30日前,职工租房提取额度由原来每月1500元,提高到每月1800元。

6. 倡导线上办理公积金业务。提倡广大缴存单位和职工可通过政务服务平台、聊城市住房公积金管理中心网上营业厅、微信公众号等线上渠道,办理住房公积金业务。

(二)当年受委托办理缴存贷款业务金融机构变更情况。2020年,受委托办理缴存业务金融机构在原来4家的基础上,新增加了交通银行、中国邮政储蓄银行2家;受委托办理贷款业务金融机构在原来5家的基础上,新增加了中国邮政储蓄银行1家。

(三)当年住房公积金政策调整及执行情况。

1. 当年缴存基数限额及确定方法、缴存比例调整情况。

(1)缴存基数。2020年7月1日起,各住房公积金缴存单位应当调整并执行调整后的住房公积金缴存基数,缴存基数为2019年职工个人月平均工资。调整后的缴存基数不得超过本市统计部门公布的2019年度全市在岗职工月平均工资的3倍,即不超过18624元(2019年度全市在岗职工月平均工资6208元×3倍)。

最低缴存基数暂按2018年4月26日《山东省人民政府关于公布全省最低工资标准的通知》执行,(2020年全省最低工资标准公布后,再行调整)。聊城市所辖县(市、区)月最低工资标准,即1550元。月工资额未超过月平均工资3倍的,以实际工资额计算住房公积金月缴存额。

(2)缴存比例。单位和职工的住房公积金缴存比例下限各为5%,上限各为12%。单位可以根据自身实际情况,在规定的缴存比例下限和上限区间内,自行选择合适的缴存比例。

(3)月缴存额。2020年度住房公积金月缴存额上限为4469.76元。计算公式:6208×3×12%+6208×3×12%=4469.76元。

2020年度住房公积金月缴存额下限为155元。计算公式:1550×5%+1550×5%=155元。

2. 当年提取政策调整情况。购买、建造、翻建、大修自住商品房的,农民工在城市或农村新型社区购买普通自住住房的,提取所需手续时间由3年改为1年。取消直系亲属提取业务,只提取本人及配偶的住房公积金。取消申请公积金贷款的职工在取得首付款支付凭证 1 年内提取业务。取消支付自住商品房物业费提取业务。取消职工缴纳住宅专项维修资金提取业务。

3. 当年个人住房贷款政策调整情况。

（1）为保证住房公积金可健康持续发展，最大限度发挥公积金住房保障功能，经聊城市住房公积金管理委员会批准，聊城市住房公积金管理中心印发《关于调整住房公积金贷款、提取政策的报告》（聊住金〔2019〕30 号）文件，对贷款对象、部分贷款条件、贷款额度、贷款年限进行了调整。该政策原定于 2020 年 2 月 1 日起实施，因受疫情影响，推迟至 2020 年 5 月 1 日施行。

（2）为最大限度满足职工贷款需求，保障住房公积金业务正常运转，根据资金供需情况，2020 年 3 月 2 日启动公积金贷款轮候发放制度。

（3）2020 年 7 月 1 日停止商业银行个人住房贷款转公积金贷款业务。

（4）为深入贯彻落实党中央、国务院关于房地产调控工作的决策部署，牢牢把握"房子是用来住的，不是用来炒的"定位，保证资金供需平衡，根据 2020 年 12 月 25 日《聊城市住房公积金管理委员会关于对〈关于调整住房公积金政策的请示〉的批复》（聊住金委字〔2020〕16 号）精神，建立、启动《聊城市住房公积金资金运行应急制度》，调整住房公积金贷款政策。根据《聊城市住房公积金资金运行应急制度》，我市住房公积金存贷率已达到应急响应指标，住房公积金最高贷款额度执行规定额度的 80%，即双职工缴存家庭最高贷款额度执行 40 万元，单职工缴存家庭最高贷款额度执行 24 万元，该政策于 2021 年 1 月 1 日起实施。

4. 当年住房公积金存贷款利率调整及执行情况。2020 年，职工住房公积金账户存款利率按照一年期定期存款基准利率执行。住房公积金贷款年利率，5 年以下（含 5 年）2.75%，5 年以上 3.25%。

（四）当年服务改进情况。

1. 坚持抓统筹、惠民生，服务水平逐步提高。一是做好缴存基数调整工作，按照缴存比例和缴存政策的要求，每年对原缴存单位做好基数的调整工作。二是落实阶段性支持政策。允许受新冠肺炎疫情影响的企业暂缓缴存、保障受疫情影响缴存职工的住房公积金贷款权益、提高租房提取额度等政策，妥善应对新冠肺炎疫情给缴存职工和企业带来的影响。三是提高财政供养人员公积金缴存比例。2020 年末，市直、东昌府区、开发区、高新区财政拨款单位已全部按照单位和个人各 12% 比例及应发工资为缴存基数调整到位，每月平均增加缴存额 760 余万元。四是进一步完善住房公积金业务办理流程。通过业务流程优化，信息系统升级，实现了贷款申请审批表和贷款合同直接打印。同时在业务系统新增"银行卡核验"功能，实现了工、农、中、建、交五大银行的银行卡实时核验，有效提升了业务办理的准确性。五是压缩办理时间，加快服务速度。加快贷款业务办理速度，住房公积金贷款资料齐全受理后，审批时限由 5 个工作日缩减到 3 个工作日。归集缴存类业务和提取业务全部实现即时办理。六是实现企业开办"一窗通"。将住房公积金单位开户纳入企业开办"一窗通"系统，加紧推进线上综合服务平台建设，实现了新开办企业住房公积金开户"零申报""零材料""零见面"。七是坚持问题导向，狠抓问题整改。针对《问政山东》反映的问题，中心领导高度重视、认真研究、举一反三，对所有业务流程进行全面梳理再造。2020 年末我市住房公积金已将除申请公积金贷款业务以外的 23 项服务事项均改为即办件，在全省排名中并列第一。

2. 坚持强合力、增效能，服务保障提质增效。一是做好 12329 服务热线。热线自开通以来，系统共受理了 23.11 余万个公积金缴存、提取、贷款、转移接续、异地购房等政策咨询，准确地解答群众提出的各种问题，切实提高了住房公积金管理的服务水平。二是健全服务设施。增设排号机、查询机、充电器、无线 wifi、饮水机、老花镜等，环境更温馨，服务更周到。三是完善信息系统。实现了综合服务平台、网站、微信公众号、12329 热线、12329 短信平台、公积金服务终端的高度融合，全部业务实现了"全市通办"。四是强化人员培训。邀请焦作市住房公积金内训师对中心工作人员进行服务礼仪培训，促进公积金窗口员工服务水平的提升。五是强化服务意识、增强服务效能。切实树立"以人为本"的思想观念，严格落实"六个标准化"，不断强化服务措施，规范服务行为，提高服务水平。六是开展业务技能大比武。通过大比武，提高了干部职工的综合素能，为更好地服务群众、打造"诚心诚意"聊诚办，善作善成公积金"的"聊诚办"党建服务品牌打下坚实基础。

（五）当年信息化建设情况。一是做好住房公积金征信数据的上报和个人征信查询工作。聊城公积金人行征信接口程序已通过中国人民银行征信中心的正式验收，且工、农、中、建、交的征信上传工作已全部完成。今年多次与人行沟通，实现了征信系统的对接，各管理部、中心服务大厅均已实现正常查询。二是加速推动与政务服务网的对接工作。通过住房公积金信息系统升级改造，实现了政务服务网个人业务、单位业务和中心网厅的关联对接。三是丰富网上业务办理种类，提高业务"网办率"。运用信息化手段，狠抓"离柜率"，大力开展住房公积金互联网业务。2020 年末，住房公积金提取、单位归集汇缴、信息查询均已实现网上办理，归集业务网办率达 90%，提取业务网办率达 70%，为群众办事"只进一扇门"提供了有力支撑。11 月底，我市住房公积金综合服务平台建设工作以高分通过验收，评定结果为"优秀"。四是打破"信息孤岛"，畅通数据共享渠道。实现了公积金高频服务事项接入"爱山东"App。同时积极主动与各级各部门沟通协调，通过与市大数据局对接，实现了政务信息资源共享，通过信息系统实时核验办事群众的户籍、婚姻状况、房屋产权、社保缴存等情况，提高了办事效率，真正实现了"让数据多跑路、让群众少跑腿"。五是率先完成办件数据归集对接。根据政务服务事项管理系统中住房公积金 33 项标准化事项清单统计导出公积金实时的归集、提取、贷款业务办理数据，安排专人通过库表对接的方式，将我中心的业务数据实时传输到市政务服务平台，完成数据入库。

（六）当年住房公积金管理中心及职工所获荣誉情况。2020 年度，聊城市住房公积金管理中心获得山东省住建系统先进集体、市级文明单位、市级青年文明号荣誉；综合科科长王立中同志荣获山东省住建系统先进个人称号；高唐管理部主任刘桂青同志荣获省级三八红旗手称号。

滨州市住房公积金 2020 年年度报告

根据国务院《住房公积金管理条例》和住房和城乡建设部、财政部、人民银行《关于健全住房公积金信息披露制度的通知》（建金〔2015〕26 号）的规定，经住房公积金管理委员会审议通过，现将滨州市住房公积金 2020 年年度报告公布如下。

一、机构概况

（一）**住房公积金管理委员会。** 住房公积金管理委员会有 19 名委员，2020 年召开一次会议，审议通过的事项主要包括：一是会议审议通过了《2019年全市住房公积金归集使用计划执行情况及2020年归集使用计划》。二是审议通过了有关请示事项，主要包括：出台《滨州市灵活就业人员自主缴存使用住房公积金管理办法》等6部业务管理办法；提高租房提取公积金额度，将市主城区、博兴县、邹平市租住商租房最高提取公积金额度调整为1.7万元/年。

（二）住房公积金管理中心。住房公积金管理中心为滨州市人民政府不以营利为目的的正县级事业单位，设8个科室，9个管理部。从业人员137人，其中，在编60人，非在编77人。

二、业务运行情况

（一）缴存。2020年，新开户单位1078家，净增单位674家；新开户职工3.13万人，净增职工1.59万人；实缴单位5147家，实缴职工25.03万人，缴存额36.05亿元，分别同比增长15.07%、6.78%、9.75%。2020年末，缴存总额222.03亿元，比上年末增加19.38%；缴存余额113.78亿元，同比增长11.55%。受委托办理住房公积金缴存业务的银行5家。

（二）提取。2020年，6.32万名缴存职工提取住房公积金；提取额24.27亿元，同比增长21.90%；提取额占当年缴存额的67.32%，比上年增加6.72个百分点。2020年末，提取总额108.25亿元，比上年末增加28.90%。

（三）贷款。

1. 个人住房贷款。单缴存职工个人住房贷款最高额度30万元，双缴存职工个人住房贷款最高额度50万元。

2020年，发放个人住房贷款0.7万笔、24.56亿元，同比分别下降0.01%、15.54%。

2020年，回收个人住房贷款11.81亿元。

2020年末，累计发放个人住房贷款6.67万笔、182.24亿元，贷款余额110.92亿元，分别比上年末增加11.73%、15.58%、13.00%。个人住房贷款余额占缴存余额的97.48%，比上年末增加1.26个百分点。受委托办理住房公积金个人住房贷款业务的银行5家。

2. 异地贷款。2020年，发放异地贷款553笔、17514万元。2020年末，发放异地贷款总额75379万元，异地贷款余额64485万元。

（四）购买国债。2020年，购买（记账式、凭证式）国债0亿元，兑付、转让、收回国债0亿元。2020年末，国债余额0亿元。

（五）资金存储。2020年末，住房公积金存款5.58亿元。其中，活期0.02亿元，1年（含）以下定期3.29亿元，1年以上定期0.50亿元，其他（协定、通知存款等）1.77亿元。

（六）资金运用率。2020年末，住房公积金个人住房贷款余额、项目贷款余额和购买国债余额的总和占缴存余额的97.48%，比上年末增加1.26个百分点。

三、主要财务数据

（一）业务收入。2020年，业务收入35950.52万元，同比增长13.32%。存款利息1568.25万元，委托贷款利息34382.27万元。

（二）业务支出。2020年，业务支出16466.71万元，同比增长13.78%。支付职工住房公积金利息

16466.45万元，归集手续费0万元，委托贷款手续费0万元，其他0.26万元。

（三）**增值收益**。2020年，增值收益19483.81万元，同比增长12.93%。增值收益率1.79%，比上年减少0.01个百分点。

（四）**增值收益分配**。2020年，提取贷款风险准备金0万元，提取管理费用2025.00万元，提取城市廉租住房（公共租赁住房）建设补充资金17458.81万元。

2020年，上交财政管理费用2100.00万元。上缴财政城市廉租住房（公共租赁住房）建设补充资金11387.75万元。

2020年末，贷款风险准备金余额19632.43万元。累计提取城市廉租住房（公共租赁住房）建设补充资金70767.16万元。

（五）**管理费用支出**。2020年，管理费用支出2649.14万元，同比增长3.05%。其中，人员经费1570.55万元，公用经费67.09万元，专项经费1011.50万元。

四、资产风险状况

个人住房贷款。2020年末，个人住房贷款逾期额23.89万元，逾期率0.02‰。个人贷款风险准备金余额19632.43万元。2020年，使用个人贷款风险准备金核销呆坏账0万元。

五、社会经济效益

（一）**缴存业务**。缴存职工中，国家机关和事业单位占45.49%，国有企业占18.48%，城镇集体企业占2.40%，外商投资企业占3.46%，城镇私营企业及其他城镇企业占27.00%，民办非企业单位和社会团体占2.77%，灵活就业人员占0.30%，其他占0.10%；中、低收入占99.17%，高收入占0.83%。

新开户职工中，国家机关和事业单位占22.92%，国有企业占11.67%，城镇集体企业占3.12%，外商投资企业占3.70%，城镇私营企业及其他城镇企业占52.23%，民办非企业单位和社会团体占4.93%，灵活就业人员占0.89%，其他占0.54%；中、低收入占99.81%，高收入占0.19%。

（二）**提取业务**。提取金额中，购买、建造、翻建、大修自住住房占20.87%，偿还购房贷款本息占59.03%，租赁住房占2.42%，支持老旧小区改造占0%，离休和退休提取占12.74%，完全丧失劳动能力并与单位终止劳动关系提取占3.45%，出境定居占0%，其他占1.49%。提取职工中，中、低收入占98.77%，高收入占1.23%。

（三）**贷款业务**。

个人住房贷款。2020年，支持职工购建房95.35万平方米（含公转商贴息贷款），年末个人住房贷款市场占有率（含公转商贴息贷款）为15.65%，比上年末减少5.42个百分点。通过申请住房公积金个人住房贷款，可节约职工购房利息支出81051.63万元。

职工贷款笔数中，购房建筑面积90（含）平方米以下占3.10%，90～144（含）平方米占66.77%，144平方米以上占30.13%。购买新房占87.04%（其中购买保障性住房占0%），购买二手房占12.96%，建造、翻建、大修自住住房占0%（其中支持老旧小区改造占0%），其他占0%。

职工贷款笔数中，单缴存职工申请贷款占17.49%，双缴存职工申请贷款占82.51%，三人及以上缴存职工共同申请贷款占0%。

贷款职工中，30岁（含）以下占28.83%，30岁～40岁（含）占47.61%，40岁～50岁（含）占18.61%，50岁以上占4.95%；首次申请贷款占94.15%，二次及以上申请贷款占5.85%；中、低收入占99.37%，高收入占0.63%。

（四）住房贡献率。 2020年，个人住房贷款发放额、公转商贴息贷款发放额、项目贷款发放额、住房消费提取额的总和与当年缴存额的比率为123.55%，比上年减少14.47个百分点。

六、其他重要事项

（一）应对新冠肺炎疫情采取的措施，落实住房公积金阶段性支持政策情况和政策实施成效。 2020年出台了《关于疫情期间降低缴存比例、缓缴业务办理的通知》等3个文件，落实疫情防控期间住房公积金服务保障工作，涉及疫情期间逾期人员贷款的处理、连续缴存时限的贷款认定、租房提取时限的延期办理等多个涉及贷款、提取的问题，以做好疫情期间住房公积金的服务保障工作。截至2020年6月30日，通过了滨州交运集团有限公司等4批、101家单位、8851人的缓缴申请，缓缴金额1565.4万元。目前，已有100家企业恢复缴存并补缴公积金。同时，疫情防控期间，职工无法正常还款且不作逾期处理的贷款15笔，共计371.77万元，政策到期后，均已正常还款。

（二） 当年无机构及职能调整情况、无受委托办理缴存贷款业务金融机构变更情况。

（三） 当年住房公积金政策调整及执行情况，包括当年缴存基数限额及确定方法、缴存比例等缴存政策调整情况；当年提取政策调整情况；当年个人住房贷款最高贷款额度、贷款条件等贷款政策调整情况；当年住房公积金存贷款利率执行标准等；支持老旧小区改造政策落实情况。

一是当年缴存基数限额及确定方法。我市按照"控高保低"的原则确定每年住房公积金的缴存基数限额，最高缴存基数为18378元，最低缴存基数根据各县市区经济社会发展水平不同有所差别，其中惠民县、阳信县、无棣县、沾化区行政区域内职工最低工资缴存基数为1550元，滨城区、开发区、高新区、北海新区、博兴县和邹平市行政区域内职工最低缴存工资基数为1730元。缴存比例调整方面，我市缴存单位和职工住房公积金的缴存比例均不低于各5%，不高于各12%。2020年度由于各县市区及缴存企业的经济财力不同，缴存比例也不同，其中县市区财政代发单位缴存比例分为两档，市直机关、滨城区、惠民县、阳信县、无棣县、博兴县、邹平市、滨州经济技术开发区、滨州高新技术产业开发区、北海经济开发区财政代发单位缴存比例为单位、个人各12%，沾化区财政代发单位缴存比例为单位、个人各8%。全市缴存企业中缴存比例为企业、个人各12%的占36.61%，各11%的占0.1%，各10%的占6.62%，各9%的占0.55%，各8%占28.42%，各7%占0.41%，各6%占2.98%，各5%占24.31%。

二是当年调整了租住商品房提取最高额度，职工租住我市滨城区、经济开发区、高新区、博兴县、邹平市商品住房的（以夫妻双方公积金缴存地为主），夫妻双方每年可提取额由最高1.5万元/年调整为最高1.7万元/年（按家庭），租住我市其他县区商品住房的，提取额度仍不超过1.5万元/年。同时根据省住房城乡建设厅、财政厅等上级部门的要求，规范住房公积金提取政策，取消物业费、维修资金、享受城市居民最低生活保障、职工购房父母、子女等直系亲属提取住房公积金政策。

（四） 当年服务改进情况，包括推进住房公积金服务"跨省通办"工作情况，服务网点、服务设施、服务手段、综合服务平台建设和其他网络载体建设服务情况等。

一是跨省通办方面。2020年底前实现"跨省通办"事项有3项，分别为：个人住房公积金缴存贷款等信息查询，出具贷款职工住房公积金缴存使用证明，正常退休提取住房公积金。

二是服务提升方面。按照《住房公积金综合服务平台建设导则》要求，建成了涵盖网上服务厅、网站、微信公众号、微博、12329短信、12329服务热线、自助服务终端等服务渠道的综合服务平台，并以"优秀"等级通过省住房城乡建设厅专家验收组验收，商业还贷提取、离退休提取等20余项线上业务实现秒批秒办。截至12月底，综合服务平台各类渠道注册人数达19万余人，占全市缴存职工人数的83.7%。同时，稽核科完成了对9个管理部的4次季度服务考核，出台了4期服务考核报告。无棣、阳信、邹平管理部完成服务大厅升级改造，市直管理部增设网办体验区，大力推进业务网上办理。

（五）**当年信息化建设情况，包括信息系统升级改造情况，基础数据标准贯彻落实和结算应用系统接入情况等**。2020年，我们坚持以建设"智慧公积金、数字公积金"为载体，加快信息化建设步伐，打造了线上线下全方位服务体系。一是重点实施了数据赋能、渠道融合、电子证照应用等信息化策略，实现了公积金业务一网通办，26项政务服务事项全部网上办理；实现了减证便民，客户通过申领"爱山东"手机客户端身份证电子信息、结婚证、不动产证等电子证照，即可办理住房公积金业务。二是实现了公积金期房贷款零跑腿，通过与试点银行、不动产登记中心进行业务流程融合和改造，利用数据共享、电子签章、人脸识别等信息技术手段，实现了住房公积金期房贷款的不见面审批。三是实现了新开办企业可通过"一窗通"办理公积金缴存登记。四是实现了政务服务好差评，线上线下渠道提供服务后均可评价，反向约束与正向激励同步运行。

（六）**当年住房公积金管理中心及职工所获荣誉情况，包括：文明单位（行业、窗口）、青年文明号、工人先锋号、五一劳动奖章（劳动模范）、三八红旗手（巾帼文明岗）、先进集体和个人等**。2020年，市直机关管理部、无棣管理部获得市级"青年文明号"称号；阳信管理部获得市级"三八红旗集体"称号，无棣管理部获得"山东省住房和城乡建设系统先进集体"称号，市直机关管理部获得市"流程再造、改革创新"优秀集体奖。

（七）当年无对违反《住房公积金管理条例》和相关法规行为进行行政处罚和申请人民法院强制执行情况。

（八）当年无对住房公积金管理人员违规行为的纠正和处理情况等。

（九）无其他需要披露的情况。

菏泽市住房公积金2020年年度报告

根据国务院《住房公积金管理条例》和住房和城乡建设部、财政部、人民银行《关于健全住房公积金信息披露制度的通知》（建金〔2015〕26号）的规定，经住房公积金管理委员会审议通过，现将菏泽市住房公积金2020年年度报告公布如下。

一、机构概况

（一）**住房公积金管理委员会**。住房公积金管理委员会有31名委员，2020年召开1次会议，审议通过的事项主要包括：《关于提请审议住房公积金归集办法的议案》《关于提请审议住房公积金提取办法的议案》《关于提请审议住房公积金个人住房贷款管理办法的议案》《关于提请审议 2019 年度住房公积金增值收益分配方案的议案》《关于提请审议菏泽市住房公积金失信黑名单管理办法的议案》《关于提请审议把民生银行和青岛银行纳入住房公积金合作银行的议案》《关于提请审议 2020 年任务目标的议案》。

（二）住房公积金管理中心。住房公积金管理中心为市政府不以营利为目的的全额事业单位，设 9 个科，11 个管理部。从业人员 181 人，其中，在编 95 人，非在编 86 人。

二、业务运行情况

（一）缴存。2020 年，新开户单位 881 家，净增单位 594 家；新开户职工 3.82 万人，净增职工 2.2 万人；实缴单位 5410 家，实缴职工 36.75 万人，缴存额 53.80 亿元，分别同比增长 12.33%、6.37%、14.98%。2020 年末，缴存总额 279.84 亿元，比上年末增加 23.80%；缴存余额 172.07 亿元，同比增长 20.69%。受委托办理住房公积金缴存业务的银行 13 家。

（二）提取。2020 年，9.40 万名缴存职工提取住房公积金；提取额 24.30 亿元，同比增长 23.41%；提取额占当年缴存额的 45.17%，比上年增加 3.09 个百分点。2020 年末，提取总额 107.77 亿元，比上年末增加 29.11%。

（三）贷款。

1. 个人住房贷款。单缴存职工个人住房贷款最高额度 30 万元，双缴存职工个人住房贷款最高额度 50 万元。

2020 年，发放个人住房贷款 1.60 万笔、51.60 亿元，同比分别增长 18.52%、13.36%。

2020 年，回收个人住房贷款 13.20 亿元。

2020 年末，累计发放个人住房贷款 7.64 万笔、223.77 亿元，贷款余额 179.79 亿元，分别比上年末增加 26.28%、29.97%、27.16%。个人住房贷款余额占缴存余额的 104.49%，比上年末增加 5.32 个百分点。受委托办理住房公积金个人住房贷款业务的银行 13 家。

2. 异地贷款。2020 年，发放异地贷款 2752 笔、63266.40 万元。2020 年末，发放异地贷款总额 219331.70 万元，异地贷款余额 176844.77 万元。

（四）资金存储。2020 年末，住房公积金存款 9.08 亿元。其中，协定存款 9.08 亿元。

（五）资金运用率。2020 年末，住房公积金个人住房贷款余额、项目贷款余额和购买国债余额的总和占缴存余额的 104.49%，比上年末增加 5.32 个百分点。

三、主要财务数据

（一）业务收入。2020 年，业务收入 52953.6 万元，同比增长 29.25%。其中，存款利息 1427.38 万元，委托贷款利息 51525.71 万元，其他 0.51 万元。

（二）业务支出。2020 年，业务支出 26730.78 万元，同比增长 43.28%。其中，支付职工住房公积金利息 21578.24 万元，归集手续费 4.39 万元，委托贷款手续费 1608.54 万元，其他 3539.61 万元。

（三）增值收益。2020 年，增值收益 26222.82 万元，同比增长 17.52%。增值收益率 1.67%，比上年减少 0.06 个百分点。

（四）增值收益分配。 2020年，提取管理费用4600万元，提取城市廉租住房（公共租赁住房）建设补充资金21622.82万元。

2020年，上交财政管理费用3800万元。上缴财政城市廉租住房（公共租赁住房）建设补充资金18513.65万元。

2020年末，贷款风险准备金余额21217.42万元。累计提取城市廉租住房（公共租赁住房）建设补充资金78187.48万元。

（五）管理费用支出。 2020年，管理费用支出4237.38万元，同比增长62.83%。其中，人员经费1506.37万元，公用经费1210.77万元，专项经费1520.24万元。

四、资产风险状况

个人住房贷款。2020年末，个人住房贷款逾期额67.73万元，逾期率0.04‰。个人贷款风险准备金余额21217.42万元。

五、社会经济效益

（一）缴存业务。 缴存职工中，国家机关和事业单位占59.95%，国有企业占11.52%，城镇集体企业占1.81%，外商投资企业占1.39%，城镇私营企业及其他城镇企业占17.12%，民办非企业单位和社会团体占1.08%，灵活就业人员占3.06%，其他占4.07%；中、低收入占99.24%，高收入占0.76%。

新开户职工中，国家机关和事业单位占25.52%，国有企业占6.67%，城镇集体企业占1.66%，外商投资企业占1.38%，城镇私营企业及其他城镇企业占37.86%，民办非企业单位和社会团体占4.22%，灵活就业人员占6.82%，其他占15.87%；中、低收入占99.85%，高收入占0.15%。

（二）提取业务。 提取金额中，购买、建造、翻建、大修自住住房占15.61%，偿还购房贷款本息占61.94%，租赁住房占2.162%，离休和退休提取占16.315%，完全丧失劳动能力并与单位终止劳动关系提取占2.65%，出境定居占0.003%，其他占1.32%。提取职工中，中、低收入占98.91%，高收入占1.09%。

（三）贷款业务。 个人住房贷款。2020年，支持职工购建房211.86万平方米（含公转商贴息贷款），年末个人住房贷款市场占有率（含公转商贴息贷款）为17.23%，比上年末增加0.14个百分点。通过申请住房公积金个人住房贷款，可节约职工购房利息支出93511.35万元。

职工贷款笔数中，购房建筑面积90（含）平方米以下占1.69%，90~144（含）平方米占78.48%，144平方米以上占19.83%。购买新房占97.27%，购买二手房占2.73%。

职工贷款笔数中，单缴存职工申请贷款占20.22%，双缴存职工申请贷款占79.72%，三人及以上缴存职工共同申请贷款占0.06%。

贷款职工中，30岁（含）以下占24.93%，30岁~40岁（含）占47.25%，40岁~50岁（含）占21.15%，50岁以上占6.67%；首次申请贷款占97.97%，二次及以上申请贷款占2.03%；中、低收入占99.20%，高收入占0.80%。

（四）住房贡献率。 2020年，个人住房贷款发放额、公转商贴息贷款发放额、项目贷款发放额、住房消费提取额的总和与当年缴存额的比率为131.92%，比上年增加2.04个百分点。

六、其他重要事项

（一）应对新冠肺炎疫情采取的措施，落实住房公积金阶段性支持政策情况和政策实施成效。

1. 疫情期间缴存、提取政策调整。为加快我市经济发展复苏步伐，全面助力企业复工复产，中心聚焦企业发展现实困境，实施住房公积金阶段性支持政策。一是落实缓缴政策。受新冠肺炎疫情影响的企业，无法按时足额缴存住房公积金的，可以申请在 2020 年 6 月 30 日前缓缴住房公积金。缓缴期间，不对企业作欠缴处理，职工的住房公积金缴存时间连续计算，不影响职工正常提取和申请住房公积金贷款。缓缴期限届满后，企业应当恢复缴存。对于缓缴期间的住房公积金，企业应当在缓缴期限届满后三个月内，按照缓缴前的缴存基数和缴存比例补缴欠缴的住房公积金。二是保障职工合理提取需求。在疫情防控期间，对购买住房提取、偿还商业银行按揭贷款提取、建造大修住房提取等有受理时限要求的提取业务，提取业务所需材料的有效期延长至疫情结束后的三个月内。对受疫情影响支付房租压力较大的租房职工，灵活安排提取时间。2020 年，全市共为 23 家缴存企业、6375 名职工办理住房公积金缓缴，缓缴金额 4596 万元；共为 1 家缴存企业办理降低缴存比例手续。

2. 疫情期间贷款政策调整。一是疫情期间逾期未还不记入信用报告。受疫情影响的职工，2020 年 6 月 30 日前住房公积金贷款不能正常还款的，不作逾期处理，不作为逾期记录报送征信部门，已报送的予以调整。二是全面停收、解付公积金贷款担保保证金。2020 年，全市共解付保证金本金及利息 8.10 亿元。同时，与商业银行合作，通过信用融资 13.5 亿元，做大公积金业务，支持企业复工复产，有力支持职工住房消费，缓解了房地产企业资金困难，助力菏泽经济加快发展，为菏泽市上半年经济增速位列全省第一名作出了积极贡献。三是调整简化开发企业准入审批合作模式。疫情期间，中心以"规范准入要求、减少审批要件、避免信息重报、提高工作效率"为原则，调整了开发项目准入模式，将原来对开发楼盘逐栋准入调整为经政府审批通过的开发项目整体审批准入，同时简化审批资料。项目准入以后，对后续达到合作条件的楼栋再按审批备案制实行审批准入，不再重复报送合作要件。提升了工作效率，加快了企业复工复产，受到了开发企业广泛赞誉。

（二）当年机构及职能调整情况、受委托办理缴存贷款业务金融机构变更情况。 经管委会审议通过，中心将民生银行菏泽分行、青岛银行菏泽分行纳入住房公积金合作银行，办理贷款业务。

（三）当年住房公积金政策调整及执行情况。

1. 当年缴存政策调整情况。缴存基数限额及确定方法。菏泽市住房公积金管理中心 2020 年度最高月缴存基数为菏泽市统计部门公布的上一年度全市在岗职工月平均工资的 3 倍，即 16591 元；最低月缴存基数按照山东省人民政府公布的当年我市在岗职工月最低工资标准执行，即 1550 元。缴存比例相关规定。单位和职工住房公积金的缴存比例均不得低于 5%，不得高于 12%。外资企业中方员工的单位和职工缴存比例均不得低于 8%。个体工商户、自由职业人员住房公积金的缴存比例为 5% 至 12%，并承担双倍缴存比例。单位和职工住房公积金的缴存比例应当一致。

2. 当年提取政策调整情况。为进一步完善住房公积金管理制度，明确住房公积金提取范围，保障住房公积金专款专用，根据《住房公积金提取业务标准》及上级文件精神，取消支付自住住房物业费和住宅专项维修基金申请提取住房公积金。缴存职工支付的自住住房物业费、住宅专项维修基金不再纳入住房公积金的提取范围。

3. 当年贷款政策调整情况。为确保我市场房地产市场平稳健康发展，改变我市公积金贷款资金供不应求现状，中心起草修订了《菏泽市住房公积金个人住房贷款管理办法》，主要体现在两个方面。一是调整了公积金贷款额度计算公式。新调整的计算公式为：借款申请人公积金贷款额度＝公积金账户当前余额×5＋当前公积金缴存月数×2000。二是恢复申请公积金贷款最低缴存月数。将原来规定的"……开户并按月足额连续缴存住房公积金6个月（含）以上"恢复为"……借款人按月、足额、连续缴存住房公积金12个月（含）以上"。

公积金贷款政策调整未涉及最高贷款额度和贷款利率。目前我市最高可贷额度为：单职工正常缴存家庭最高可贷30万元，双职工正常缴存家庭最高可贷50万元（异地缴存职工、个体工商户和自由职业者，单职工正常缴存家庭最高可贷20万元，双职工正常缴存家庭最高可贷40万元）。贷款利率执行国家规定的政策性利率，即贷款期限5年以下（含5年）的，年利率2.75%，贷款期限5年以上的，年利率3.25%。购买第二套住房的公积金贷款利率按照同期首套房公积金贷款利率的1.1倍执行。

（四）当年服务改进情况。

1. 助力优化营商环境。一是接入企业开办"一窗通"系统。按照国家、省、市"一窗通"工作相关文件的要求，中心积极对接大数据局，获取了"企业开户登记信息"相关数据接口，并通过接口开发、数据复用，实现企业开办的同时自动办理公积金缴存登记开户。二是接入政务服务"一网通办"专区。2020年6月，中心25个住房公积金政务服务事项已全部接入政务服务网，实现"一网通办""应上尽上"的工作要求。实现在"爱山东"App上线个人归集、提取、贷款等信息的查询功能，职工可在线办理离退休提取、出境定居提取、租房提取、贷款提前还款、提前结清等业务。

2. 全面推进服务提质增效。2020年，中心建设了独具公积金特色、装修风格统一的标准化业务服务大厅；组建了公积金内训师团队，以点带面开展公积金内训、宣讲工作；全面推行公积金"文明服务七步曲"、使用"文明服务礼貌十字用语"、建立晨会制度；组织开展文明规范服务体系评价，切实将服务"标准化"落实到位；各服务大厅施行预约服务制度、上门服务制度、延时办理制度等；市直开发区管理部推出"公积金贷款星期六""微笑服务主题活动"，推行"每月之星"评比制度，有效提升服务大厅管理水平。增加12329热线话务员席位。在原有4席的基础上，扩充至6席，确保群众电话不漏听。

3. 综合服务平台以优秀等次通过验收。持续深化"放管服"改革。不断完善菏泽公积金官网门户网站、网上办事大厅、12329热线、爱山东App、公积金短信平台、山东政务服务网、微信公众号、大厅自助服务终端"八位一体"的服务渠道，以"数据多跑路、职工少跑路"为目标，以"互联网＋"和线上办理各类公积金业务为路径，实现了"一次上网，事就办成"，促进了业务发展，提升了服务时效。

（五）当年信息化建设情况。

1. 做好系统等保测评，加固安全防御能力。根据《信息安全等级保护管理办法》，中心对公积金综合服务管理系统和公积金业务管理系统做了三级等保测评，并在公安系统进行备案。此外，引进态势感知系统、入侵防御系统、入侵检测系统、漏洞扫描系统、终端检测与响应系统、数据库审计系统以及360天擎杀毒软件，为中心系统稳定、网络安全保驾护航。

2. 政务数据共享工作进展迅速。中心积极协同大数据局以及各数据提供部门，通过问询、去函、座谈等方式，推进共享数据接口申请工作。截至2020年底，中心已整合接入购房合同信息、婚姻登记信息、不动产登记信息、税票信息、社保信息、征信信息等多家部门的信息资源，并结合共享数据开发相应的查询功能，优化服务流程，精简办事材料。

3. 档案实现电子化管理。市公积金中心创新档案管理模式，全面推进档案资源存量数字化、增量电子化、利用网络化，以档案管理"规范化、标准化、信息化"为抓手，着力提升档案资源电子化管理水平。2020年7月，中心电子档案管理系统正式上线，通过电子档案查询和有关数据的复用，全面取消提供公积金办理材料的复印件，逐步实现免实体证办理公积金业务。

（六）当年住房公积金管理中心及职工所获荣誉情况。

中心所获荣誉情况。一是菏泽市住房公积金管理中心被市委、市政府评为"菏泽市担当作为先进集体"。二是菏泽市住房公积金管理中心2020年省级精神文明单位高分通过复审。三是菏泽市住房公积金管理中心党建工作被市委组织部评为基层党建"红色品牌"创建工作示范点。四是菏泽市住房公积金管理中心被菏泽市直机关工委评选为全市首批模范机关建设先进单位。五是菏泽市住房公积金管理中心被市直机关工委评为"红旗高扬"示范党支部创建工作先进单位。六是菏泽市住房公积金管理中心市直（开发区）管理部被团市委授予市级"青年文明号"荣誉称号。七是菏泽市住房公积金管理中心在"市直机关2020年文明礼仪风采大赛"中荣获一等奖。

职工所获荣誉情况。冯善兵同志被省委宣传部评为"菏泽市抗击疫情最美志愿者"，入选鄄城好人榜。侯桃李同志被省住房城乡建设厅评为"山东省住房城乡建设先进个人"，被市委市政府评为"菏泽市干事创业先进个人"。孙贺强同志被市直机关工委评为"菏泽市直机关优秀共产党员"。宋翠莲同志被市委宣传部评为菏泽市"孝贤之星"。刘炳华同志被市委宣传部评为"学习强国"优秀管理员。李露露同志在市总工会组织的"书香三八"活动中荣获三等奖。"公积金小哥哥小姐姐帮您巧记菏泽文明20条"抖音视频获菏泽市创建全国文明城市抖音短视频大赛三等奖。

（七）当年对违反《住房公积金管理条例》和相关法规行为进行行政处罚和申请人民法院强制执行情况。 为有效治理住房公积金行业乱象，市公积金管理中心不断加强业务内部审查，多渠道核实职工提供资料的真实性，对骗提骗贷行为采取零容忍的态度，坚决遏制住房公积金骗提骗贷等行业乱象滋生蔓延。对发现的虚假提取材料通过银行、不动产登记中心、网络等多种渠道查实提取职工提供资料的真实性。对已核实的骗提行为，向当事人通过发短信、打电话、送达《关于退回骗提住房公积金的函》等方式宣传政策法规，责令提取人退回骗提资金。对拒不配合的，向其所在单位递交协查函，由其单位教育并督促其退回。对仍拒不退回住房公积金的，通过向当事人发律师函，起诉当事人请求法院强制执行追回，使公积金政策的落实和执行既具人性化又逐步迈向法治化轨道。

2020 全国住房公积金年度报告汇编

河南省

- 郑州
- 开封市
- 洛阳市
- 平顶山市
- 安阳市（含滑县）
- 鹤壁市
- 新乡市
- 焦作市
- 濮阳市
- 许昌市
- 漯河市
- 三门峡市
- 南阳市
- 商丘市
- 信阳市
- 周口市
- 驻马店市
- 济源市

河南省住房公积金 2020 年年度报告

根据国务院《住房公积金管理条例》和住房和城乡建设部、财政部、人民银行《关于健全住房公积金信息披露制度的通知》（建金〔2015〕26 号）规定，现将河南省住房公积金 2020 年年度报告汇总公布如下。

一、机构概况

（一）住房公积金管理机构。全省共设 17 个省辖市、济源示范区和 9 个省直管县（市）住房公积金管理中心，11 个独立设置的行业分中心（其中，河南省省直机关住房资金管理中心隶属河南省机关事务管理局，郑州住房公积金管理中心省电力分中心隶属国网河南省电力公司，郑州住房公积金管理中心铁路分中心隶属中国铁路郑州局集团有限公司，河南省煤炭行业住房资金管理中心隶属河南省工业和信息化厅，郑州住房公积金管理中心黄委会管理部隶属黄河水利委员会机关服务局，洛阳市住房公积金管理中心铁路分中心隶属中国铁路郑州局集团有限公司，焦作煤业（集团）有限责任公司住房公积金管理中心隶属焦作煤业（集团）有限责任公司，中原石油勘探局住房公积金管理中心隶属中原石油勘探局有限公司，三门峡市住房公积金管理中心义煤集团分中心隶属义马煤业集团股份有限公司，南阳市住房公积金管理中心河南油田分中心隶属河南石油勘探局有限公司，永城市住房公积金管理中心永煤分中心隶属永城煤电控股集团有限公司）。从业人员 2275 人，其中，在编 1315 人，非在编 960 人。

（二）住房公积金监管机构。河南省住房和城乡建设厅、河南省财政厅和中国人民银行郑州中心支行负责对本省住房公积金管理运行情况进行监督。河南省住房和城乡建设厅设立住房公积金监管处，负责辖区住房公积金日常监管工作。

二、业务运行情况

（一）缴存。2020 年，新开户单位 13029 家，净增单位 7321 家；新开户职工 72.81 万人，净增职工 21.55 万人；实缴单位 88064 家，实缴职工 659.12 万人，缴存额 881.41 亿元，分别同比增长 9.07%、3.38%、10.30%。2020 年末，缴存总额 6242.62 亿元，比上年末增加 16.44%；缴存余额 2842.37 亿元，同比增长 12.38%。

（二）提取。2020 年，205.90 万名缴存职工提取住房公积金；提取额 568.30 亿元，同比增长 18.37%；提取额占当年缴存额的 64.48%，比上年增加 4.40 个百分点。2020 年末，提取总额 3400.24 亿元，比上年末增加 20.07%。

（三）贷款。

1. 个人住房贷款。2020 年，发放个人住房贷款 14.09 万笔、565.75 亿元，同比增长 20.53%、35.78%。回收个人住房贷款 226.13 亿元。

2020 年末，累计发放个人住房贷款 144.90 万笔、3646.69 亿元，贷款余额 2259.37 亿元，分别比上年末增加 10.76%、18.36%、17.69%。个人住房贷款余额占缴存余额的 79.49%，比上年末增加 3.59 个百分点。

2020年，支持职工购建房1807.77万平方米。年末个人住房贷款市场占有率（含公转商贴息贷款）为13.61%，比上年末减少14.16个百分点。通过申请住房公积金个人住房贷款，可节约职工购房利息支出110.95亿元。

2. 异地贷款。2020年，发放异地贷款1.36万笔、53.14亿元。2020年末，发放异地贷款总额243.19亿元，异地贷款余额169.76亿元。

3. 公转商贴息贷款。2020年，发放公转商贴息贷19笔、736.70万元，支持职工购建房面积2243.30平方米。当年贴息额23.01万元。2020年末，累计发放公转商贴息贷款2.25万笔、60.16亿元，累计贴息1.74亿元。

（四）资金运用率。2020年末，住房公积金个人住房贷款余额、项目贷款余额和购买国债余额的总和占缴存余额的79.49%，比上年增加3.59个百分点。

三、主要财务数据

（一）业务收入。2020年，业务收入85.99亿元，同比增长16.05%。其中，存款利息18.97亿元，委托贷款利息66.86亿元，国债利息0亿元，其他0.16亿元。

（二）业务支出。2020年，业务支出44.34亿元，同比增长12.11%。其中，支付职工住房公积金利息40.50亿元，归集手续费0.89亿元，委托贷款手续费2.08亿元，其他0.87亿元。

（三）增值收益。2020年，增值收益41.65亿元，同比增长20.55%；增值收益率1.55%，比上年增加0.09个百分点。

（四）增值收益分配。2020年，扣除年初未弥补损失0.13亿元后，可供分配增值收益41.52亿元。其中提取贷款风险准备金2.96亿元，提取管理费用4.72亿元，提取城市廉租住房（公共租赁住房）建设补充资金33.82亿元。年末待分配增值收益0.02亿元。

2020年末，累计提取住房公积金贷款风险准备金46.33亿元，累计提取城市廉租住房（公共租赁住房）建设补充资金189.11亿元。

（五）管理费用支出。2020年，管理费用支出4.09亿元，同比增长7.92%。其中，人员经费1.83亿元，公用经费0.55亿元，专项经费1.71亿元。

四、资产风险状况

个人住房贷款。2020年末，个人住房贷款逾期额0.97亿元，逾期率0.43‰，个人贷款风险准备金余额46.28亿元。2020年，使用个人贷款风险准备金核销呆坏账0万元。

五、社会经济效益

（一）缴存业务。缴存职工中，国家机关和事业单位占44.87%，国有企业占25.42%，城镇集体企业占1.50%，外商投资企业占1.86%，城镇私营企业及其他城镇企业占17.04%，民办非企业单位和社会团体占1.54%，灵活就业人员占1.71%，其他占6.06%；中、低收入占97.02%，高收入占2.98%。

新开户职工中，国家机关和事业单位占23.35%，国有企业占13.54%，城镇集体企业占1.34%，外商投资企业占9.31%，城镇私营企业及其他城镇企业占36.66%，民办非企业单位和社会团体占2.92%，

灵活就业人员占7.84%，其他占5.04%；中、低收入占99.04%，高收入占0.96%。

（二）提取业务。提取金额中，购买、建造、翻建、大修自住住房占37.76%，偿还购房贷款本息占31.38%，租赁住房占1.70%，其他住房消费提取占0.37%；离休和退休提取占15.68%，完全丧失劳动能力并与单位终止劳动关系提取占3.95%，出境定居占0.15%，其他占9.01%。提取职工中，中、低收入占96.05%，高收入占3.95%。

（三）贷款业务。

个人住房贷款。职工贷款笔数中，购房建筑面积90（含）平方米以下占13.63%，90～144（含）平方米占76.58%，144平方米以上占9.79%。购买新房占84.17%（其中购买保障性住房占0.11%），购买二手房占15.05%，建造、翻建、大修自住住房占0.01%，其他占0.77%。

职工贷款笔数中，单缴存职工申请贷款占46.42%，双缴存职工申请贷款占53.44%，三人及以上缴存职工共同申请贷款占0.14%。

贷款职工中，30岁（含）以下占22.34%，30岁～40岁（含）占44.29%，40岁～50岁（含）占26.26%，50岁以上占7.11%；首次申请贷款占89.21%，二次及以上申请贷款占10.79%；中、低收入占96.25%，高收入占3.75%。

（四）住房贡献率。2020年，个人住房贷款发放额、公转商贴息贷款发放额、项目贷款发放额、住房消费提取额的总和与当年缴存额的比率为109.50%，比上年增加13.50个百分点。

六、其他重要事项

（一）应对新冠肺炎疫情采取的措施，落实住房公积金阶段性支持政策情况和政策实施成效。提请省政府出台住房公积金降缴、缓缴政策《河南省人民政府关于印发河南省应对疫情影响支持中小微企业平稳健康发展若干政策措施的通知》（豫政〔2020〕9号），印发实施了《关于应对新冠肺炎疫情影响防范和化解房地产市场风险的若干意见》（豫建文〔2020〕13号）等一系列措施应对疫情防控、减轻企业负担、推进企业复工复产等；同时按照住房和城乡建设部要求，严格落实住房公积金阶段性支持政策，指导企业开展降比例、缓缴、停缴等自愿缴存工作。阶段性政策实施以后，全省总计有6491家企业缓缴、停缴、降低缴存比例，涉及职工56.51万人，为企业减轻资金成本9.43亿元，其中，累计2447家企业缓缴住房公积金，涉及职工38.83万人，累计减少缴存额7.34亿元；累计73家企业降低缴存比例，涉及职工0.57万人，累计减少缴存额0.04亿元；累计3971家企业停缴住房公积金，涉及职工17.11万人，累计减少缴存额2.05亿元。

（二）当年住房公积金政策调整情况。当年未进行政策调整。

（三）当年开展监督检查情况。一是开展住房公积金行业内审。印发《河南省住房和城乡建设厅关于开展住房公积金专家内审整改工作"回头看"的通知》（豫建金〔2020〕380号），对各被审计单位的整改落实情况开展全面自查自纠，确保整改落到实处。二是建立住房公积金电子化巡检长效机制。指导各住房公积金管理机构每月通过电子化稽查工具进行巡检，并及时报送月度电子稽查报告，建立常态化工作机制。针对巡检中发现的问题，认真排查原因，确定整改措施和整改期限，从源头加以改进，严密防控各类风险。三是推进全省住房公积金专项审计整改。2019年9月，审计署驻郑州特派办对我省2018年和2019年1月至9月住房公积金归集管理使用以及相关政策措施落实情况开展专项审计，按照《审计报告》要求，通过建立与财政、审计、人行、监察部门的沟通协调联络机制，印发整改工作方案和台账，组织召开审计整改工作推进会等有力措施，指导督促各住房公积金管理机构全面推进审计整改。

（四）当年服务改进情况。一是按照《河南省加快推进住房公积金网上办理实施方案》《河南省住房公积金业务"网上办"考核办法》《河南省住房公积金对外共享数据标准》和《河南省住房公积金网上办理共享数据清单》等文件要求，畅通线上线下服务渠道，积极引导缴存职工通过政务平台、网上服务大厅、手机App等线上渠道办理个人住房公积金业务，加快推进住房公积金网上办理，提高"一网通办""零跑腿"办结率，提高广大缴存单位和职工对住房公积金服务改革的获得感、认同感。截至2020年12月底，住房公积金"一网通办""零跑腿"业务办结量4137万人次，办结率达81.88%。因改革成效显著，省全面深化改革委员会办公室《改革简报》（第69期）和省政府办公厅《政府工作快报》（第274期）分别对我省打造住房公积金服务新模式助力惠民再提速的经验做法予以充分肯定，住房和城乡建设部也专期刊发，省政府网站、河南日报、中国建设报等媒体都相继报道，"放管服"改革成效显著。二是推进住房公积金业务"跨省通办"。按照国务院办公厅《关于加快推进政务服务"跨省通办"的指导意见》要求，已基本实现个人住房公积金缴存贷款等信息查询、正常退休提取公积金、开具缴存使用证明三项业务在全国政务服务平台微信小程序、支付宝小程序、"豫事办"等渠道进行"跨省通办"。三是推进住房公积金35项服务事项接入"豫事办"，实现"一证通办"。指导各住房公积金管理机构按照接口规范要求，积极推进，主动对接，截至2020年12月底，全省接入"豫事办"住房公积金服务事项540项，接入数量全国领先。

（五）当年信息化建设情况。积极推进住房公积金综合服务平台建设。按照住房和城乡建设部《关于加快建设住房公积金综合服务平台的通知》及《住房公积金综合服务平台建设导则》等文件要求，指导各住房公积金管理机构积极推进涵盖网站、网上业务大厅、自助终端、12329热线、12329短信、微博、手机App、微信八大服务渠道在内的综合服务平台建设，实现信息查询、信息发布、互动交流、业务办理等功能，方便职工自助办理住房公积金业务，有效提升服务水平。截至2020年底，已完成全省17个省辖市、济源示范区住房公积金管理中心的验收工作，有效推动了"放管服"改革任务的落地见效。

（六）当年住房公积金机构及从业人员所获荣誉情况。包括：32个中心获得文明单位（行业、窗口）、1个中心获得青年文明号、0个中心获得工人先锋号、4个中心获得五一劳动奖章（劳动模范）、2个中心获得三八红旗手（巾帼文明岗）等。

（七）当年对住房公积金管理人员违规行为的纠正和处理情况等。无。

（八）其他需要披露的情况。无。

郑州住房公积金2020年年度报告

根据国务院《住房公积金管理条例》和住房和城乡建设部、财政部、人民银行《关于健全住房公积金信息披露制度的通知》（建金〔2015〕26号）的规定，经市住房公积金管理委员会第45次会议审议通过，现将郑州住房公积金2020年年度报告公布如下。

一、机构概况

（一）住房公积金管理委员会。 郑州住房公积金管理委员会有 23 名委员。2020 年召开一次委员全体会议，会议表决通过了《郑州住房公积金 2019 年年度报告》，审议通过了《郑州住房公积金管理中心关于妥善应对新冠肺炎疫情影响实施住房公积金阶段性支持政策有关事项的通知》，并调整补充了管委会部分委员。

（二）住房公积金管理中心。 郑州住房公积金管理中心（以下简称郑州中心）为直属郑州市政府不以营利为目的的财政全供事业单位，主要负责全市住房公积金的归集、管理、使用和会计核算。中心设 12 个处室，7 个管理部，2 个分中心。从业人员 270 人，其中，在编 108 人，非在编 162 人。

此外，郑州地区还有河南省省直机关住房资金管理中心（以下简称省直机关中心）、郑州住房公积金管理中心铁路分中心（以下简称铁路分中心）、郑州住房公积金管理中心省电力分中心（以下简称省电力分中心）、河南省煤炭行业住房资金管理中心（以下简称省煤炭中心）、郑州住房公积金管理中心黄委会管理部（以下简称黄委会管理部），负责省直及行业系统的住房公积金管理工作。

二、业务运行情况

（一）缴存。 2020 年，新开户单位 4567 家，净增单位 8353 家；新开户职工 30.28 万人，净增职工 143.89 万人；实缴单位 22219 家，实缴职工 172.8 万人，缴存额 317.59 亿元，分别同比增长 16.69%、4.5%、16.93%。2020 年末，缴存总额 2161.4 亿元，同比增长 17.22%；缴存余额 869.96 亿元，同比增长 12.65%（图1、图2）。

受委托办理住房公积金缴存业务的银行 15 家，比上年增加一家。

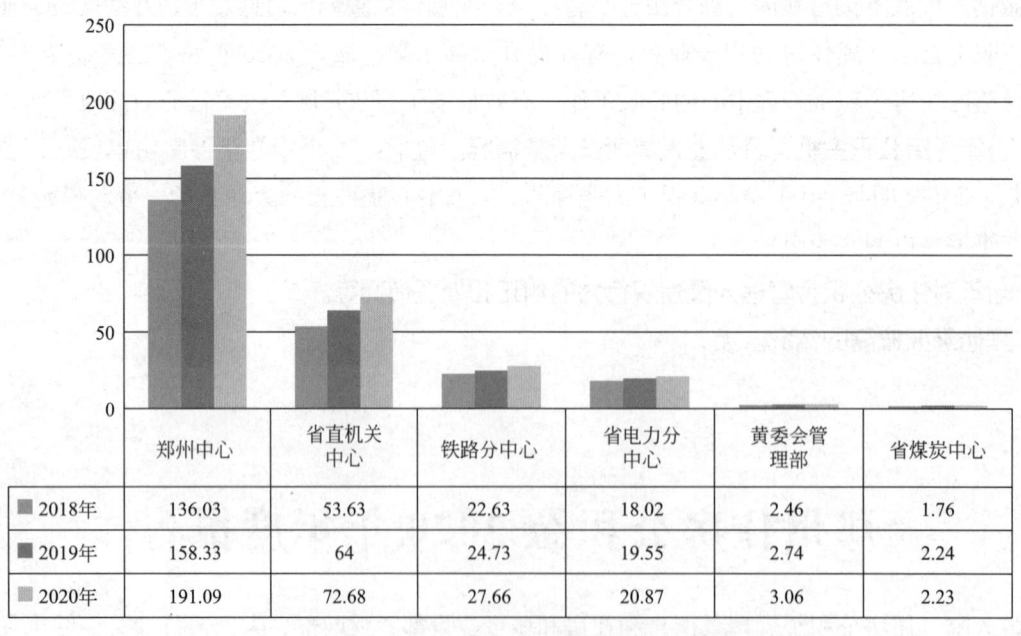

	郑州中心	省直机关中心	铁路分中心	省电力分中心	黄委会管理部	省煤炭中心
2018年	136.03	53.63	22.63	18.02	2.46	1.76
2019年	158.33	64	24.73	19.55	2.74	2.24
2020年	191.09	72.68	27.66	20.87	3.06	2.23

图 1　郑州住房公积金缴存额情况（单位：亿元）

（二）提取。 2020 年，52.1 万名缴存职工提取住房公积金；提取额 219.92 亿元，同比增长 25.02%，

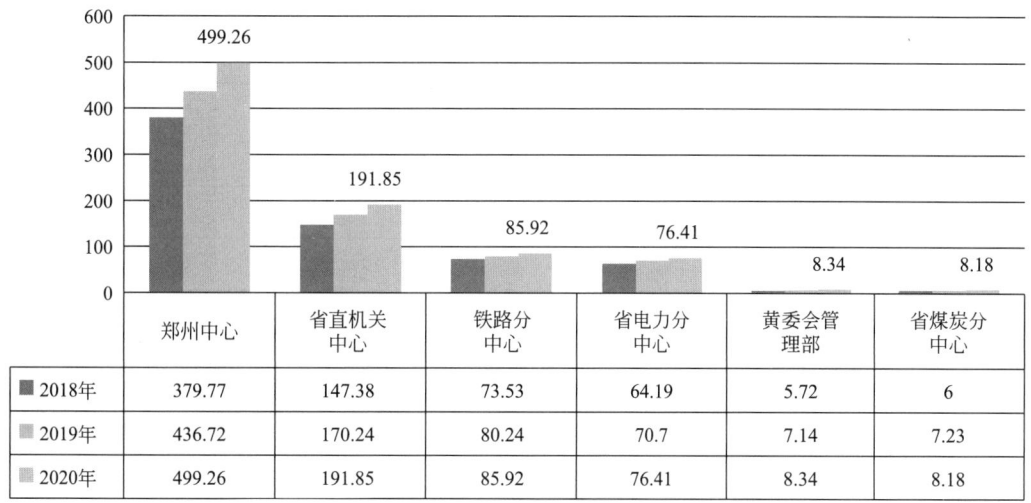

图 2 郑州住房公积金缴存余额情况（单位：亿元）

占当年缴存额的 69.25%，比上年增加 4.48 个百分点。2020 年末，提取总额 1291.45 亿元，同比增长 20.52%（图 3）。

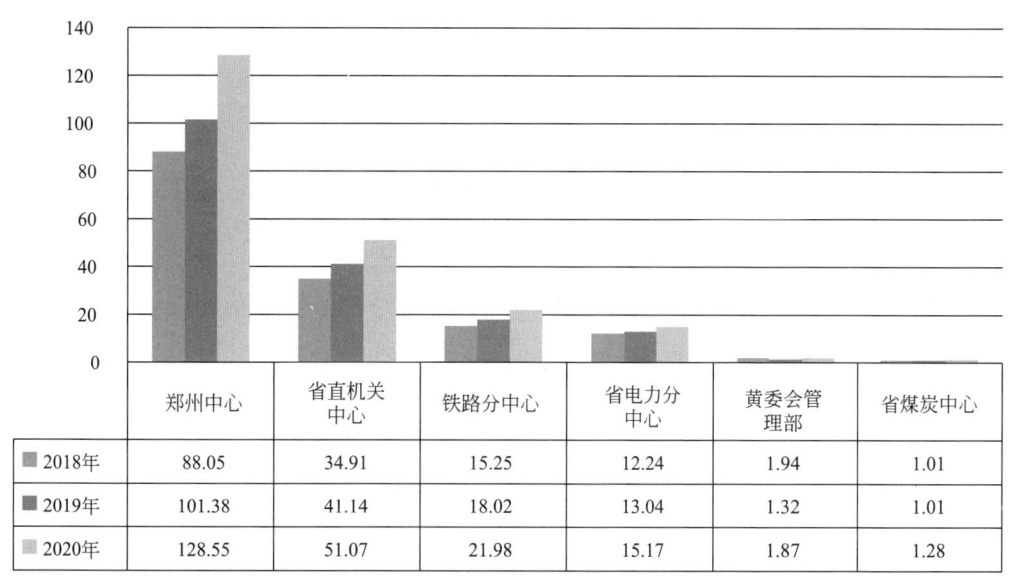

图 3 郑州住房公积金提取额情况（单位：亿元）

（三）贷款。

1. 个人住房贷款。个人住房贷款最高额度 80 万元，其中，单缴存职工最高额度 60 万元，双缴存职工最高额度 80 万元。

2020 年，发放个人住房贷款 3.67 万笔、194.24 亿元，同比分别增长 62.39%、98.1%。其中，郑州中心发放个人住房贷款 2.51 万笔、132.65 亿元；省直机关中心发放 0.53 万笔、30.81 亿元；铁路分中心发放 0.36 万笔、16.84 亿元；省电力分中心发放 0.24 万笔、12.14 亿元；省煤炭中心发放 0.02 万笔、0.82 亿元；黄委会管理部发放 0.01 万笔、0.98 亿元（图 4、图 5）。

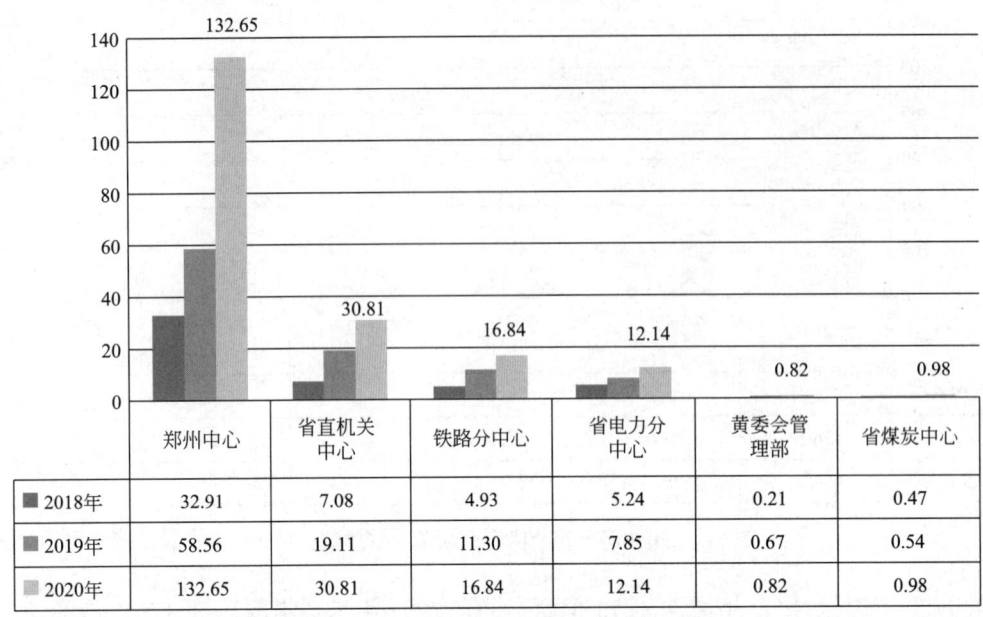

图 4　郑州住房公积金个人住房贷款发放情况（单位：亿元）

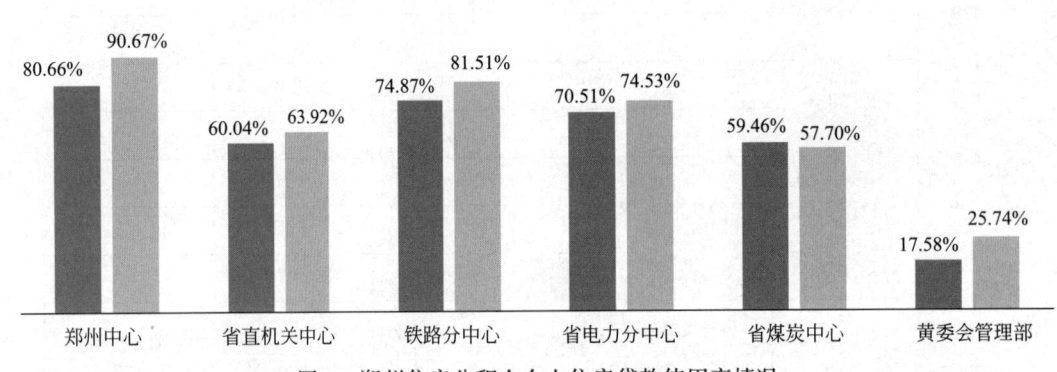

图 5　郑州住房公积金个人住房贷款使用率情况

2020 年，回收个人住房贷款 55.03 亿元。其中，郑州中心 32.25 亿元；省直机关中心 10.38 亿元；铁路分中心 6.88 亿元；省电力分中心 5.04 亿元；省煤炭中心 0.39 亿元；黄委会管理部 0.09 亿元。

2020 年末，累计发放个人住房贷款 35.89 万笔、1108.27 亿元，贷款余额 709.15 亿元，同比分别增长 11.39%、21.25%、24.42%（图 6）。个人住房贷款率为 81.52%，比上年同期增加 7.72 个百分点。

受委托办理住房公积金个人住房贷款业务的银行 10 家，与上年无变化。

2. 异地贷款。2020 年，发放异地贷款 4318 笔、228596.70 万元。2020 年末，发放异地贷款总额 1162145.84 万元，异地贷款余额 469864.56 万元。

3. 公转商贴息贷款。2020 年发放公转商贴息贷款 19 笔、736.7 万元，支持职工购建住房面积 0.22 万平方米，当年贴息额 23.01 万元。截至 2020 年末，累计发放公转商贴息贷款 15912 笔、420533.58 万元，累计贴息 13049.28 万元。

（四）资金存储。 2020 年末，住房公积金存款 171.89 亿元。其中，活期 1.46 亿元，1 年（含）以下

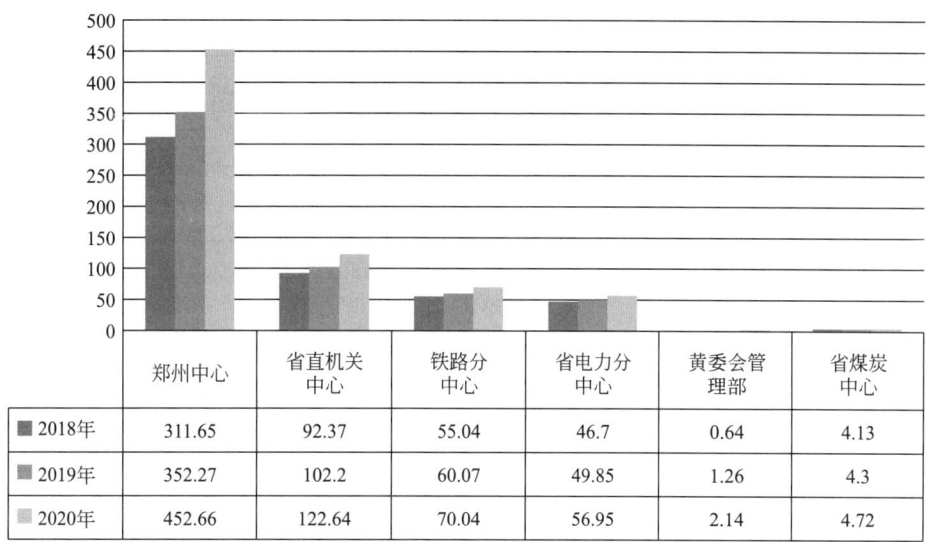

图 6 郑州住房公积金个人住房公积金贷款余额情况（单位：亿元）

定期 68.29 亿元，1 年以上定期 81.15 亿元，其他（协定、通知存款等）20.99 亿元。

（五）资金运用率。 2020 年末，住房公积金个人住房贷款余额、项目贷款余额和购买国债余额的总和占缴存余额的 81.52%，比上年增加 7.71 个百分点。

三、主要财务数据

（一）业务收入。 2020 年，业务收入 260659.15 万元，同比增长 19.09%。其中，郑州中心 145577.69 万元；省直机关中心 59232.25 万元；铁路分中心 27197.62 万元；省电力分中心 24896.52 万元；省煤炭中心 2101.42 万元；黄委会管理部 1653.65 万元。业务收入总额中，存款利息收入 54100.27 万元；委托贷款利息收入 200673.44 万元；增值收益利息收入 5787 万元；其他收入 98.44 万元。

（二）业务支出。 2020 年，业务支出 142548.95 万元，同比增长 15.51%。其中，郑州中心 83609.65 万元；省直机关中心 30372.71 万元；铁路分中心 14137.42 万元；省电力分中心 12045.86 万元；省煤炭中心 1261 万元；黄委会管理部 1122.31 万元。业务支出总额中，住房公积金利息支出 125160.35 万元，归集手续费支出 6277.69 万元，委托贷款手续费支出 6072.20 万元，其他支出 5038.71 万元。

（三）增值收益。 2020 年当年实现增值收益 118110.20 万元，同比增长 23.72%。其中，郑州中心 61968.04 万元；省直机关中心 28859.55 万元；铁路分中心 13060.20 万元；省电力分中心 12850.66 万元；省煤炭中心 840.41 万元；黄委会管理部 531.34 万元；增值收益率 1.42%，比上年增加 0.11 个百分点（图 7）。

（四）增值收益分配。 2020 年，增值收益总额 118110.2 万元。分配情况是提取贷款风险准备金 10898.66 万元，提取管理费用 7832.92 万元，提取城市廉租住房（公共租赁住房）建设补充资金 99378.62 万元。

2020 年，各管理机构从 2019 年增值收益中上缴财政管理费用 5706.22 万元。其中，郑州中心上缴财政管理费用 3759.22 万元；省直机关中心上缴财政管理费用 1200 万元；省电力分中心上缴财政管理费用 747 万元。

2020 年，各管理机构从 2019 年增值收益中上缴财政城市廉租住房（公共租赁住房）建设补充资金

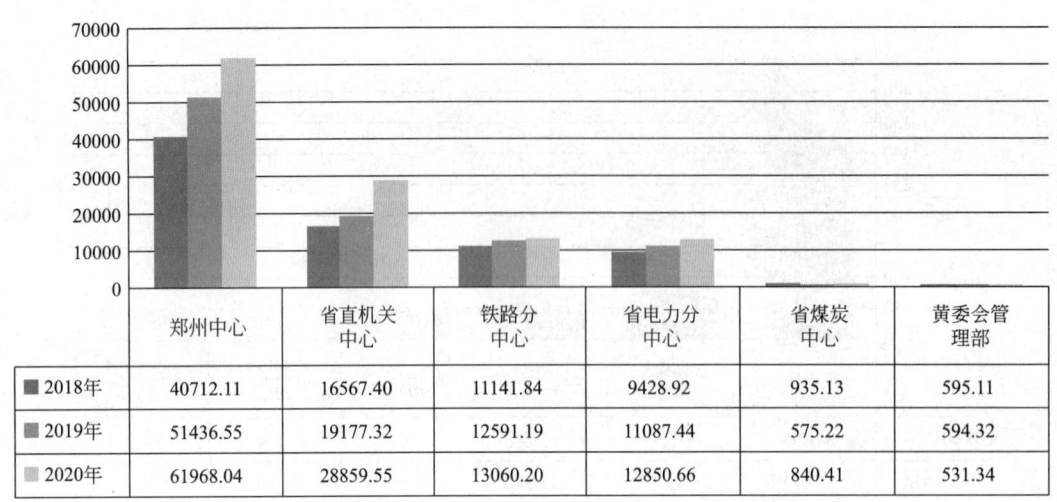

图 7　郑州住房公积金增值收益情况（单位：万元）

121804.89 万元。郑州中心上缴城市廉租住房建设补充资金 50342.95 万元；省直机关中心上缴城市廉租住房建设补充资金 44977.31 万元；省电力分中心上缴城市廉租住房建设补充资金 7173.55 万元；铁路分中心上缴城市廉租住房建设补充资金 19311.08 万元。

2020 年末，贷款风险准备金余额 189100.78 万元。累计提取城市廉租住房（公共租赁住房）建设补充资金 595864.57 万元。其中，郑州中心提取 342237.55 万元，省直机关中心提取 148866.47 万元，铁路分中心提取 64059.44 万元，电力分中心提取 40605.48 万元，省煤炭中心提取 95.63 万元。

（五）管理费用支出。2020 年，管理费用支出 9020.73 万元，同比增长 14.91%。其中，人员经费 3546.88 万元，公用经费 1455.78 万元，专项经费 4018.07 万元。

郑州中心管理费用支出 5271 万元，其中，人员、公用、专项经费分别为 2119.88 万元、486.53 万元、2664.59 万元；省直机关中心管理费用支出 1129.02 万元，其中，人员、公用、专项经费分别为 710.21 万元、56.67 万元、362.14 万元；铁路分中心管理费用支出 1159.5 万元，其中，人员、公用、专项经费分别为 522.73 万元、156.23 万元、480.54 万元；省电力分中心管理费用支出 1124.32 万元，其中，公用、专项经费分别为 613.52 万元、510.8 万元；省煤炭中心管理费用支出 137.92 万元，其中，人员、公用经费分别为 1.82 万元、136.10 万元；黄委会管理部管理费用支出 198.97 万元，其中，人员、公用经费支出分别为 192.24 万元、6.73 万元。

四、资产风险状况

（一）个人住房贷款。2020 年末，个人住房贷款逾期额 530.35 万元，逾期率 0.07‰。其中，郑州中心 0.09‰，省直机关中心 0.01‰；铁路分中心 0.11‰，省电力分中心 0.08‰。省煤炭中心 0.02‰。

郑州中心、省直机关中心、铁路分中心、电力分中心个人贷款风险准备金按新增贷款余额的 1% 提取；省煤炭中心、黄委会管理部贷款风险准备金按照 2020 年度实现增值收益总额的 60% 提取。2020 年，提取个人贷款风险准备金 10,898.66 万元。2020 年末，个人贷款风险准备金余额 188,580.78 万元，占个人住房贷款余额的 2.66%，个人住房贷款逾期额与个人贷款风险准备金余额的比率为 0.28%。

（二）支持保障性住房建设试点项目贷款。2020 年未开展保障性住房建设试点项目贷款。截至 2020

年底，项目贷款风险准备金余额为 520 万元。

五、社会经济效益

（一）**缴存业务**。缴存职工中，国家机关和事业单位占 16.72%，国有企业占 21.66%，城镇集体企业占 0.62%，外商投资企业占 28.38%，城镇私营企业及其他城镇企业占 24.76%，民办非企业单位和社会团体占 1.59%，灵活就业人员占 0.15%，其他占 6.12%（图 8）；中、低收入占 96.25%，高收入占 3.75%。

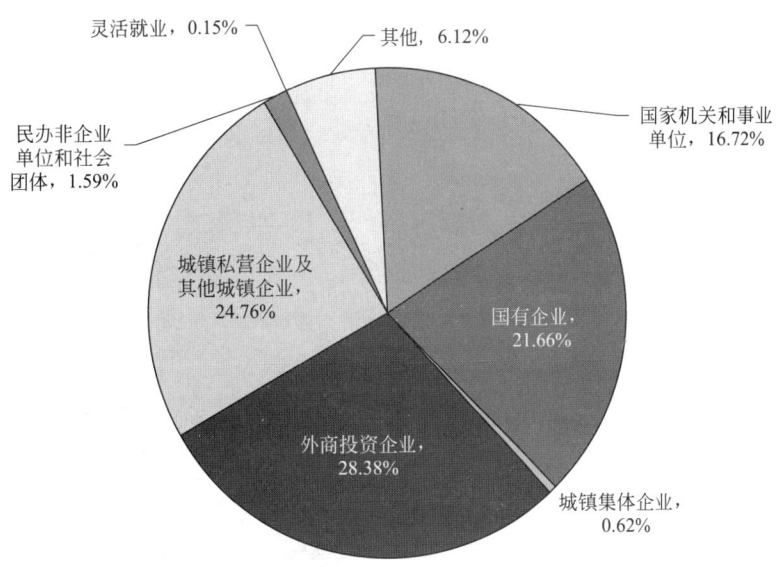

图 8　2020 年缴存职工单位性质构成情况

新开户职工中，国家机关和事业单位占 10.71%，国有企业占 17.65%，城镇集体企业占 0.90%，外商投资企业占 18.92%，城镇私营企业及其他城镇企业占 41.75%，民办非企业单位和社会团体占 2.60%，灵活就业人员占 6.54%，其他占 0.93%（图 9）；中、低收入占 98.89%，高收入占 1.11%。

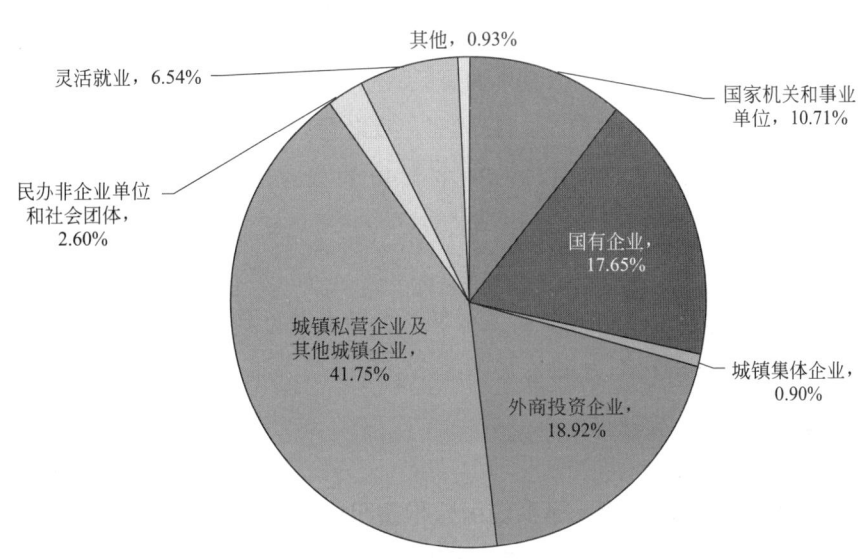

图 9　2020 年新开户缴存职工单位性质构成情况

（二）提取业务。2020年，共有52.1万名缴存职工提取住房公积金219.92亿元。

提取金额中，住房消费提取占72.21%（购买、建造、翻建、大修自住房占51.09%，偿还购房贷款本息占19.63%，租赁住房占1.45%，支持老旧小区改造占0.01%，其他占0.03%）；非住房消费提取占27.79%（离休和退休提取占11.99%，完全丧失劳动能力并与单位终止劳动关系提取占0.43%，户口迁出本市或出境定居占0.20%，其他占15.17%）（图10）。提取职工中，中、低收入占92.53%，高收入占7.47%。

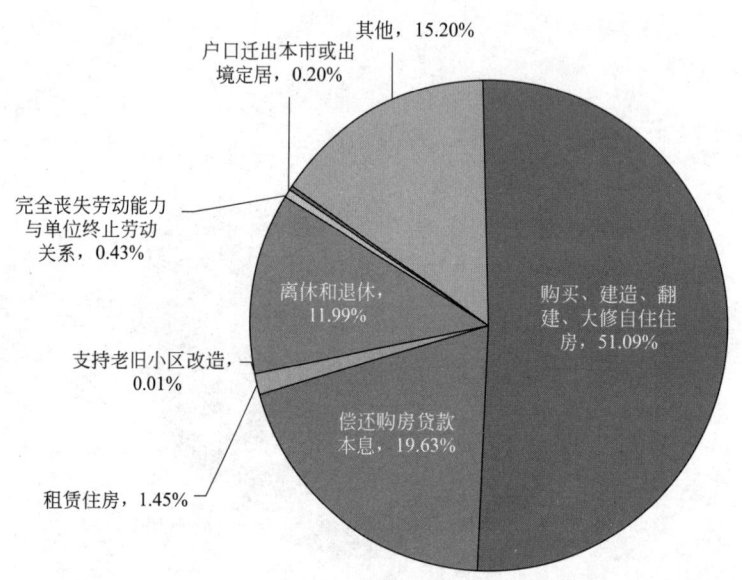

图10　2020年缴存职工提取金额原因分类

（三）贷款业务。2020年，支持职工购建房399.72万平方米（含公转商贴息贷款），2020年末个人住房贷款市场占有率（含公转商贴息贷款）为9.03%。通过申请住房公积金个人住房贷款，可节约职工购房利息支出467392.27万元。

职工贷款笔数中，购房建筑面积90（含）平方米以下占27.58%，90～144（含）平方米占64.69%，144平方米以上占7.73%。购买新房占81.59%（其中购买保障性住房占4.67%），购买二手房占18.41%。

职工贷款笔数中，单缴存职工申请贷款占81.98%，双缴存职工申请贷款占18.02%。

贷款职工中，30岁（含）以下占36.31%；30岁～40岁（含）占42.92%；40岁～50岁（含）占16.76%；50岁以上占4.01%（图11）。首次申请贷款占93.37%；二次及以上申请贷款占6.63%。中、低收入占93.38%，高收入占6.62%。

（四）住房贡献率。2020年，个人住房贷款发放额、公转商贴息贷款发放额、项目贷款发放额、住房消费提取额的总和与当年缴存额的比率为111.19%，比上年同期增加25.34个百分点。

六、其他重要事项

（一）应对新冠肺炎疫情采取的措施，落实住房公积金阶段性支持政策情况和政策实施成效。郑州中心针对疫情防控实际，着眼助推经济发展和加快生产生活秩序恢复，提升服务效能。一是加大疫情期间政策扶持力度，印发了《关于抗击疫情期间住房公积金缴存有关问题的通知》《关于妥善应对新冠肺炎疫情

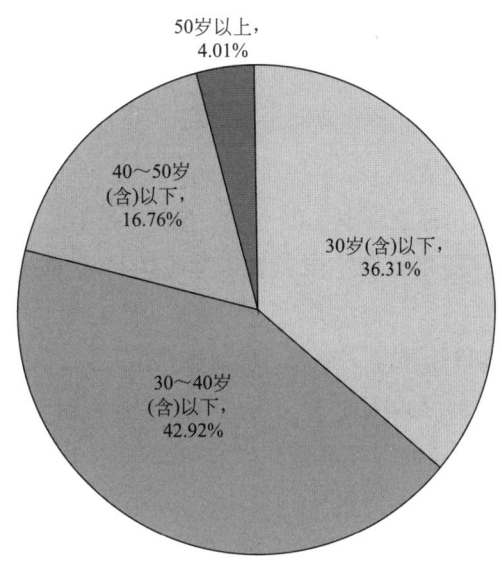

图 11 2020 年公积金个人住房贷款职工年龄分类占比情况

影响实施住房公积金阶段性支持政策有关事项的通知》，明确了疫情期间申请缓缴住房公积金、公积金延期补缴、住房公积金贷款及网上办理公积金业务等相关政策。为 387 家缴存单位降低了缴存比例，为企业减负 1477.91 万元；为 174 家企业办理了缓缴手续，缓缴金额 1.36 亿元。同时，在多家新闻媒体、官方网站开展政策解读，讲解公积金支持政策，助力企业复工复产。二是面对疫情，郑州中心深化放管服改革，率先在"郑好办" App 一件事专区推出 9 个公积金提取事项，实现了"零材料、不见面、掌上办、秒到账"。

省直机关中心印发了《关于做好新型冠状病毒感染肺炎疫情防控工作的实施方案》《关于疫情防控期间加强住房公积金服务保障的通知》。推出多种业务办理和服务渠道，设置疫情期间专用咨询预约热线，并为 911 名受疫情影响未正常偿还贷款的缴存职工免除逾期处理。铁路分中心在疫情期间，为 38 个单位缓缴了住房公积金。

（二）机构及职能调整情况，受委托办理缴存贷款业务金融机构变更情况。 2020 年郑州中心增加了光大银行为公积金缴存业务受托银行。郑州中心郑东新区办事大厅、经开区办事大厅、花园路办事大厅，分别搬迁入驻郑东新区政务服务中心、经开区政务服务中心、金水区政务服务中心。

（三）当年住房公积金政策调整及执行情况。

1. 当年住房公积金缴存基数限额及确定方法、缴存比例情况、当年提取政策调整情况。

（1）2020 年度住房公积金缴存基数执行不超过统计部门公布的 2019 年度职工月平均工资的三倍，确定缴存基数上限为 22007 元，月缴存额上限为 5282 元；缴存基数下限执行郑州市最低工资标准 1900 元，月缴存额下限为 190 元。

灵活就业人员缴存基数执行不超过统计部门公布的 2019 年度城镇私有企业职工月平均工资的三倍，确定缴存基数上限为 12840 元，月缴存额上限为 2568 元；缴存基数下限为 2570 元，月缴存额下限为 514 元。

郑州中心、省直机关中心、省煤炭中心、省电力分中心缴存比例均为 5%～12%，其中国家机关、事业单位住房公积金缴存比例为 12%，其他企业及社会团体住房公积金缴存比例可在 5%～12%之间自主确定；铁路分中心缴存比例为 12%；黄委会管理部缴存比例为 10%～12%。2020 年灵活就业人员住房公积金缴存比例为 20%。

(2) 郑州中心、省直机关中心、铁路分中心、省电力分中心、黄委会管理部支持提取住房公积金用于支付既有住宅加装电梯个人分摊费用的业务。

铁路分中心将提取公积金所提供材料的有效期由2年延长至5年。

2. 住房公积金存、贷款利率执行情况。

(1) 2020年职工住房公积金账户存款利率，仍然统一按照一年期定期存款基准利率1.50%执行。

(2) 2020年住房公积金个人住房贷款利率未调整，继续执行中国人民银行发布的五年以内2.75%、五年以上3.25%的利率。

住房公积金个人住房贷款最高贷款额度、贷款条件调整情况。

住房公积金个人住房贷款最高额度均未调整。郑州中心、省直机关中心、省电力分中心、铁路分中心、省煤炭中心，黄委会管理部单缴存职工最高贷款额度60万元，双缴存职工最高贷款额度80万元，其中省直机关中心、铁路分中心、省煤炭中心支持商业贷款转公积金贷款业务。黄委会管理部单、双缴存职工最高贷款额度均为80万元。

(四) 当年服务改进情况。 郑州中心"郑好办"App"公积金一件事"专区推出9个公积金提取事项、7个公积金查询事项，75%的提取业务实现了"零材料、不见面、掌上办、秒到账"，全年线上办理提取业务101.55万笔，占总提取业务笔数的83.33%；积极落实疫情期间"三送一强"活动，采取贷款业务集中办理模式，开辟专用窗口为购房职工集中办理贷款业务，优化了贷款业务流程，审批时限压缩至2～3个工作日。

省直机关中心升级改造了东区营业部，实现公积金"一窗受理、一厅服务"；积极落实"跨省通办"，对接了"河南政务服务网""豫事办"平台，支持刷脸认证随时登录查询账户信息，5类提取业务实现了零材料、秒到账。

铁路分中心实现了可跨省查询公积金缴存、提取和贷款等信息。

(五) 当年信息化建设情况。 郑州中心与大数据局建立了信息共享查询平台，打通了9个部门、17类证照信息的数据共享；"豫事办"上线了6个查询、2个提取、1个预约事项；2020年6月郑州中心"郑州公积金App"上线发布，可掌上办理离职、退休、偿还公积金贷款三种高频提取业务；网厅增加了刷脸认证功能。

(六) 当年住房公积金管理中心及职工所获荣誉情况。 郑州中心获2019年度郑州市依法行政工作先进集体；2017—2019年度河南省文明单位；郑州市五一劳动奖章和工人先锋号；2019年度建设五一巾帼标兵岗；行政审批办事大厅获2019年度"青年文明号"；有一名同志被表彰为郑州市抗击新冠疫情先进个人。

省煤炭中心获2019年省级文明单位称号。

开封市住房公积金2020年年度报告

根据国务院《住房公积金管理条例》和住房和城乡建设部、财政部、人民银行《关于健全住房公积金信息披露制度的通知》（建金〔2015〕26号）的规定，经住房公积金管理委员会审议通过，现将开封

（市）住房公积金2020年年度报告公布如下。

一、机构概况

（一）住房公积金管理委员会。开封市住房公积金管理委员会有15名委员，2020年召开1次会议，审议通过的事项主要包括：1.市财政局对市住房公积金管理中心2019年住房公积金增值收益分配方案及使用情况的审核意见；2.在我市开展住房公积金"冲还贷"业务。

兰考县住房公积金管理委员会有19名委员，2020年召开4次会议，审议通过的事项主要包括：《关于豫事办接入方案和综合服务平台项目建设的决议》《关于成立综合服务平台建设工作领导小组的决议》《兰考县住房公积金管理中心关于印发〈疫情防控期住房公积金服务保障工作措施〉的通知》《关于开展住房公积金内审整改"回头看"工作和完成"跨省通办"3项事项的决议》。

（二）住房公积金管理中心。开封市住房公积金管理中心为开封市人民政府不以营利为目的的自收自支事业单位，设7个处（科），5个管理部，0个分中心。从业人员80人，其中，在编71人，非在编9人。

兰考县住房公积金管理中心为隶属于县政府（隶属关系）不以营利为目的的（机构属性）一般事业单位（包括全额差额和自收自支），设4个处（科），0个管理部，0个分中心。从业人员15人，其中，在编7人，非在编8人。

二、业务运行情况

（一）缴存。2020年，新开户单位239家，净增单位176家；新开户职工1.9985万人，净增职工0.7801万人；实缴单位2488家，实缴职工21.3378万人，缴存额21.47亿元，分别同比增长－3%、－3.10%、11.01%。2020年末，缴存总额137.62亿元，比上年末增加18.48%；缴存余额76.54亿元，同比增长13.86%。受委托办理住房公积金缴存业务的银行7家。

（二）提取。2020年，3.5596万名缴存职工提取住房公积金；提取额12.16亿元，同比增长18.87%；提取额占当年缴存额的56.64%，比上年增加3.74个百分点。2020年末，提取总额61.09亿元，比上年末增加24.83%。

（三）贷款。

1.个人住房贷款。个人住房贷款最高额度50万元（个人住房贷款最高额度政策不按单缴存职工和双缴存职工区分的城市填写）。其中，兰考县单缴存职工个人住房贷款最高额度40万元，双缴存职工个人住房贷款最高额度50万元（个人住房贷款最高额度政策按单缴存职工和双缴存职工区分的城市填写）。

2020年，发放个人住房贷款0.2426万笔、9.04亿元，同比分别增长36.68%、46.28%。其中，市中心发放个人住房贷款0.1849万笔、7.21亿元，兰考发放个人住房贷款0.0577万笔、1.83亿元。

2020年，回收个人住房贷款4.05亿元。其中，市中心3.42亿元，兰考县0.63亿元。

2020年末，累计发放个人住房贷款3.3975万笔、72.83亿元，贷款余额45.91亿元，分别比上年末增加7.69%、14.15%、12.19%。个人住房贷款余额占缴存余额的59.98%，比上年末减少0.89个百分点。受委托办理住房公积金个人住房贷款业务的银行7家。

2.异地贷款。2020年，发放异地贷款259笔、10115.5万元。2020年末，发放异地贷款总额

18864.70 万元，异地贷款余额 17464.75 万元。

3. 公转商贴息贷款。2020 年，发放公转商贴息贷款 0 笔、0 万元，当年贴息额 0 万元。2020 年末，累计发放公转商贴息贷款 0 笔、0 万元，累计贴息 0 万元。

4. 住房公积金支持保障性住房建设项目贷款（本段仅项目贷款余额不为 0 的城市填写）。2020 年，发放支持保障性住房建设项目贷款 0 亿元，回收项目贷款 0 亿元。年末，累计发放项目贷款 0 亿元，项目贷款余额 0 亿元。

（四）购买国债。2020 年，购买（记账式、凭证式）国债 0 亿元，（兑付、转让、收回）国债 0 亿元。2020 年末，国债余额 0 亿元。

（五）资金存储。2020 年末，住房公积金存款 30.09 亿元。其中，活期 2.79 亿元，1 年（含）以下定期 3.45 亿元，1 年以上定期 23.85 亿元，其他（协定、通知存款等）0 亿元。

（六）资金运用率。2020 年末，住房公积金个人住房贷款余额、项目贷款余额和购买国债余额的总和占缴存余额的 59.98%，比上年末减少 0.89 个百分点。

三、主要财务数据

（一）业务收入。2020 年，业务收入 23947.41 万元，同比增长 18.68%。其中，市中心 21500.48 万元，兰考县 2446.93 万元；存款利息 9814.61 万元，委托贷款利息 14126.27 万元，国债利息 0 万元，其他 6.53 万元。

（二）业务支出。2020 年，业务支出 11604.17 万元，同比增长 17.44%。其中，市中心 10229.97 万元，兰考县 1374.20 万元；支付职工住房公积金利息 11093.74 万元，归集手续费 0 万元，委托贷款手续费 500.92 万元，其他 9.51 万元。

（三）增值收益。2020 年，增值收益 12343.24 万元，同比增长 19.86%。其中，市中心 11270.51 万元，兰考 1072.73 万元；增值收益率 1.71%，比上年增加 0.07 个百分点。

（四）增值收益分配。2020 年，提取贷款风险准备金 119.82 万元；提取管理费用 2790.98 万元，提取城市廉租住房（公共租赁住房）建设补充资金 9432.43 万元。

2020 年，上交财政管理费用 2359.53 万元。上缴财政城市廉租住房（公共租赁住房）建设补充资金 5254.89 万元。其中，市中心上缴 3361.42 万元，兰考上缴（收缴单位）1893.47 万元。

2020 年末，贷款风险准备金余额 17115.98 万元。累计提取城市廉租住房（公共租赁住房）建设补充资金 27419.41 万元。其中，市中心提取 25070.11 万元，兰考县提取 2349.3 万元。

（五）管理费用支出。2020 年，管理费用支出 1719.21 万元，同比下降 3.39%。其中，人员经费 841.73 万元，公用经费 32.17 万元，专项经费 845.31 万元。

市中心管理费用支出 1563.19 万元，其中，人员、公用、专项经费分别为 810.51 万元、19.97 万元、732.71 万元；兰考县管理费用支出 156.02 万元，其中，人员、公用、专项经费分别为 31.22 万元、12.2 万元、112.6 万元。

四、资产风险状况

（一）个人住房贷款。2020 年末，个人住房贷款逾期额 90.88 万元，逾期率 0.19‰，其中，市中心

0.12‰,兰考 0.75‰。个人贷款风险准备金余额 17115.98 万元。2020 年，使用个人贷款风险准备金核销呆坏账 0 万元。

(二)支持保障性住房建设试点项目贷款（本段仅项目贷款余额不为 0 的城市填写）。 2020 年末，逾期项目贷款 0 万元，逾期率 0‰；项目贷款风险准备金余额 0 万元。2020 年，使用项目贷款风险准备金核销呆坏账 0 万元。

五、社会经济效益

(一)缴存业务。 缴存职工中，国家机关和事业单位占 59.91%，国有企业占 21.77%，城镇集体企业占 0.49%，外商投资企业占 6.04%，城镇私营企业及其他城镇企业占 9.24%，民办非企业单位和社会团体占 0.48%，灵活就业人员占 0.07%，其他占 2%；中、低收入占 99.45%，高收入占 0.55%。

新开户职工中，国家机关和事业单位占 37.68%，国有企业占 12.65%，城镇集体企业占 0.77%，外商投资企业占 13.99%，城镇私营企业及其他城镇企业占 27.13%，民办非企业单位和社会团体占 1.34%，灵活就业人员占 0.13%，其他占 6.31%；中、低收入占 99.89%，高收入占 0.11%。

(二)提取业务。 提取金额中，购买、建造、翻建、大修自住住房占 7.40%，偿还购房贷款本息占 56.65%，租赁住房占 1.68%，支持老旧小区改造占 0%，离休和退休提取占 21.60%，完全丧失劳动能力并与单位终止劳动关系提取占 8.90%，出境定居占 0%，其他占 3.77%。提取职工中，中、低收入占 99.24%，高收入占 0.76%。

(三)贷款业务。

1. 个人住房贷款。2020 年，支持职工购建房 27.29 万平方米（含公转商贴息贷款），年末个人住房贷款市场占有率（含公转商贴息贷款）为 5.53%，比上年末减少 1.69 个百分点。通过申请住房公积金个人住房贷款，可节约职工购房利息支出 31555.14 万元。

职工贷款笔数中，购房建筑面积 90（含）平方米以下占 9.15%，90～144（含）平方米占 73.66%，144 平方米以上占 17.19%。购买新房占 86.31%（其中购买保障性住房占 0%），购买二手房占 13.64%，建造、翻建、大修自住住房占 0%（其中支持老旧小区改造占 0%），其他占 0.05%。

职工贷款笔数中，单缴存职工申请贷款占 23.91%，双缴存职工申请贷款占 76.09%，三人及以上缴存职工共同申请贷款占 0%。

贷款职工中，30 岁（含）以下占 15.79%，30 岁～40 岁（含）占 48.60%，40 岁～50 岁（含）占 29.39%，50 岁以上占 6.22%；首次申请贷款占 96.33%，二次及以上申请贷款占 3.67%；中、低收入占 98.80%，高收入占 1.20%。

2. 支持保障性住房建设试点项目贷款（本段仅项目贷款余额不为 0 的城市填写）。2020 年末，累计试点项目 0 个，贷款额度 0 亿元，建筑面积 0 万平方米，可解决 0 户中低收入职工家庭的住房问题。0 个试点项目贷款资金已发放并还清贷款本息。

(四)住房贡献率。 2020 年，个人住房贷款发放额、公转商贴息贷款发放额、项目贷款发放额、住房消费提取额的总和与当年缴存额的比率为 79.27%，比上年增加 11.75 个百分点。

六、其他重要事项

(一)妥善应对新冠肺炎疫情，落实阶段性支持政策。 根据住房和城乡建设部、财政部、人民银行

《关于妥善应对新冠肺炎疫情实施住房公积金阶段性支持政策的通知》（建金〔2020〕23号）文件要求，市公积金中心积极与市财政局、市住建局、市人行等部门对接，联合下发了《关于贯彻落实妥善应对新冠肺炎疫情实施住房公积金阶段性支持政策的通知》（汴住金管〔2020〕17号），对受疫情影响的企业和职工提供公积金优惠政策。"对于2020年6月30日前缓交住房公积金的单位，缓交期间缴存时间连续计算，不影响职工正常提取和申请住房公积金贷款；2020年6月30日前，住房公积金贷款的借款人因受新冠肺炎疫情影响未能正常还款的，不作逾期处理；对于受疫情影响，未能在有效时限内提取公积金的，延长到2020年6月30日"。该优惠政策实施，极大助力了我市企业的复工复产和困难职工度过难关。

（二）加强服务效能建设，落实"放管服"改革。

1. "跨省通办"落实情况。按照国务院办公厅《关于加快推进政务服务"跨省通办"的指导意见》（国办发〔2020〕35号）文件要求和省住房城乡建设厅关于开展公积金"跨省通办"服务事项工作安排，开封市公积金中心高度重视，安排专人负责，细化措施，迅速组织各相关业务科室梳理涉及的事项，完成了单位登记开户、单位及个人缴存信息变更、购房提取住房公积金、开具住房公积金个人住房贷款全部还清证明、提前还清住房公积金贷款5个"跨省通办"事项，确保公积金"跨省通办"服务事项落实到位。

2. 提升服务效能，落实"就近办"改革。从群众"急忧盼"问题入手，强化便民服务意识，满足群众"就近办"需求。开封市公积金中心提请市公积金管委会同意，与各业务委托银行合作，在全市选取了7家银行网点，开设住房公积金业务专柜，试点受理各类住房公积金业务。同时，为进一步提升服务质量和服务水平，开封市公积金中心抽调业务骨干员工，派驻各银行网点协助开展公积金业务指导与审核，以加强业务办理的沟通和协调，保障业务办理效率。银行网点代办公积金业务自2020年8月正式启动以来，已办理业务3438笔，受到了全市缴存单位和职工的一致好评。

3. 大力推进"网上办"。按照市优化营商环境工作有关要求，市公积金中心经过与软件开发单位协商，实现公积金业务在省（市）政务服务网申办渠道的开通，办理群众通过政务服务网站即可申办公积金业务。涉及公积金的28项业务，其中有6项可以全部实现网上办理，有26项可以实现网上受理的目标，这项改革在公积金业务与全省政务网对接方面，走在全省前列。同时，市中心与业务系统项目组结合，录制了业务操作小视频，对涉及网上办的各项公积金业务进行教学操作，极大地方便了网上办理业务的缴存单位和职工。

4. 部分业务实现"全城通办"。根据《开封市人民政府推进政府职能转变和放管服协调小组办公室关于全面推进政务服务"全城通办"工作改革方案》的文件精神，实现了偿还购房贷款本息提取住房公积金、购买自住住房提取住房公积金、离退休提取住房公积金业务的"全市受理、全市办理"，以及单位缴存登记等5项业务的"全市受理、属地办理"，切实满足企业和群众"就近、便利、高效"的办事需求。

5. 推进住房公积金业务办理"一证通办"情况。按照"放管服"改革相关要求，开封市公积金中心始终坚持"让数据多跑腿、群众少跑路"的便民服务理念，全面优化住房公积金业务操作系统，通过部门间共享数据，优化办事流程，减少办理材料，进一步梳理住房公积金各项业务所涉及的证明事项，实现了跨部门联合办公，信息数据平台共享，为推进住房公积金业务"一证通办"打下了坚实的基础。目前，我市住房公积金各项业务"一证通办"率达到了60%，受到广大缴存单位和职工的一致好评。

6. 综合服务平台建设情况。按照住房和城乡建设部《关于加快推进住房公积金综合服务平台建设的通知》（建金〔2016〕14号）、省住房城乡建设厅《关于进一步加强"双贯标"和综合服务平台建设工作的通知》等文件要求，开封市住房公积金管理中心以科技创新为抓手，以"互联网＋"为导向，以互联网和移动终端为有效载体，打造以官方网站、单位网厅、个人网厅、手机App、12329热线、微信、微博等多形式多渠道的公积金服务新模式，建设功能齐全、使用便捷、服务高效、职工满意的住房公积金综合服务平台。2020年10月，完成了综合服务平台及渠道的升级，并顺利投产运行。

（三）获得荣誉情况。 2020年，开封市住房公积金管理中心先后获得：河南省文明单位、河南省建设五一巾帼标兵岗、开封市市级卫生先进单位、政务服务系统"优质服务示范大厅"、鼓楼区综治平安建设工作优秀公共单位等荣誉称号。

洛阳市住房公积金2020年年度报告

根据国务院《住房公积金管理条例》和住房和城乡建设部、财政部、人民银行《关于健全住房公积金信息披露制度的通知》（建金〔2015〕26号）规定，经洛阳市住房公积金管理委员会三届三次会议审议通过，现将洛阳市住房公积金管理中心2020年度报告公告如下。

一、机构概况

（一）住房公积金管理委员会。 洛阳市住房公积金管委会现有成员28名。2020年，共召开3次管委会会议。

3月19日召开的管委会二届八次会议，听取了市公积金中心应对新冠肺炎疫情防控和支持服务企业政策落实情况的汇报、《洛阳市住房公积金管理中心2019年度工作报告》，审议并批准了《洛阳市2019年度住房公积金收支决算和2020年度住房公积金收支预算情况的报告》《洛阳市住房公积金2019年年度报告》《住房公积金归集管理办法（修订）草案》《住房公积金行政执法管理办法（修订）草案》和《提高高层次人才公积金租房提取和贷款最高额度及公积金缴存比例相关政策》。会议还听取了市公积金中心对2019年公积金受托银行业务考核情况的汇报。

7月3日召开的管委会三届一次会议，审议通过了《关于推进"洛阳都市圈"区域公积金一体化建设的意见》《洛阳市住房公积金个人住房贷款管理办法（修订草案）》《洛阳市住房公积金提取管理办法（修订草案）》和《关于住房公积金缓缴和降低缴存比例事项的授权建议》。

11月5日召开的管委会三届二次会议，听取了市公积金中心所作的第三季度重点工作开展情况和"洛阳都市圈"区域公积金一体化工作推进情况的汇报。审议并批准了《洛阳市个人住房公积金转商业贴息贷款管理办法（试行）》和《关于全面开放住房公积金受托银行贷款业务的建议》。会议还听取了各县（市）区管理部第三季度公积金业务责任目标完成情况和第三季度受托银行业务考核情况的汇报。

（二）住房公积金管理中心。 洛阳市住房公积金管理中心为市政府不以营利为目的的参照公务员管理的事业单位，主要负责全市住房公积金的归集、管理、使用和会计核算。中心内设6个科（室）和机关党委，下设市区营业部，下辖10个县（市）区管理部，1个分中心。从业人员181人，其中，在编76人，非在编 105 人。

二、业务运行情况

(一) 缴存。2020 年，新开户单位 890 家，实缴单位 7,613 家；新开户职工 4.70 万人，实缴职工 57.23 万人，净增职工－2.16 万人。缴存额 82.50 亿元（含年度结息 2.55 亿元），同比增长 10.78%。2020 年末，缴存总额 635.83 亿元，同比增长 14.91%、缴存余额 240.03 亿元，同比增长 8.12%。

受委托办理住房公积金缴存业务的银行 15 家，与上年持平。

(二) 提取。2020 年，提取 64.48 亿元，同比增长 15.06%，占当年缴存额比率的 78.16%，比上年同期增加 2.91 个百分点。2020 年末，提取总额 395.81 亿元，同比增长 19.46%。

(三) 贷款。

1. 个人住房贷款。市中心个人住房贷款单职工最高贷款额度 45 万元、双职工最高贷款额度 55 万元，引进的高层次人才最高贷款额度 100 万元。铁路分中心个人住房贷款最高贷款额度为 60 万元，双缴存职工家庭与单缴存职工家庭最高额度相同。

2020 年，发放个人住房贷款 1.48 万笔、59.16 亿元，同比分别增长 6.18%、22.54%。其中，市中心发放个人住房贷款 1.41 万笔、55.52 亿元，铁路分中心发放个人住房贷款 0.07 万笔、3.64 亿元。

2020 年，回收个人住房贷款 27.91 亿元，其中，市中心 25.63 亿元，铁路分中心 2.28 亿元。

2020 年末，累计发放个人住房贷款 16.50 万笔、412.15 亿元，贷款余额 231.36 亿元，同比分别增长 9.85%、16.76%、15.61%。个人住房贷款余额占缴存余额的 96.39%，比上年增加 6.25 个百分点。

受委托办理住房公积金个人住房贷款业务的银行 6 家，与上年持平。

2. 住房公积金支持保障性住房建设项目贷款。2020 年，未发放支持保障性住房建设项目贷款。

2020 年末，累计发放项目贷款 8 亿元，项目贷款余额为零。

(四) 融资。2020 年当年未融资。2020 年末，融资总额 0 亿元，融资余额 0 亿元。

(五) 资金存储。2020 年末，住房公积金存款 12.77 亿元。其中，活期 0.43 亿元，1 年以内定期（含）0.8 亿元，1 年以上定期 7.27 亿元，其他（协定、通知存款等）4.27 亿元。

(六) 资金运用率。2020 年末，住房公积金个人住房贷款余额、项目贷款余额和购买国债余额的总和占缴存余额的 96.39%，比上年增加 6.25 个百分点。

三、主要财务数据

(一) 业务收入。2020 年，业务收入 75534.46 万元，同比增长 8.03%。其中，市中心 67510.92 万元，铁路分中心 8023.54 万元。存款利息收入 6609.35 万元，委托贷款利息收入 68899.50 万元，其他收入 25.62 万元。

(二) 业务支出。2020 年，业务支出 39196.53 万元，同比增长 10.73%。其中，市中心 35367.10 万元，铁路分中心 3829.43 万元。支付职工住房公积金利息 35284.15 万元，归集手续费用 185.89 万元，委托贷款手续费 1963.45 万元，其他支出 1763.04 万元。

(三) 增值收益。2020 年，增值收益 36337.93 万元，同比增长 5.26%。其中，市中心 32143.82 万元，铁路分中心 4194.11 万元。增值收益率 1.56%，略低于上年数据。

(四) 增值收益分配。 2020 年,提取贷款风险准备金 3125.10 万元,提取管理费用 2353.38 万元,提取城市廉租住房（公共租赁住房）建设补充资金 30859.44 万元。

2020 年,市中心上交财政管理费用 2145.10 万元。上缴城市廉租住房（公共租赁住房）建设补充资金 137539.74 万元。其中,市中心上缴市财政 137539.74 万元,铁路分中心上缴中国铁路郑州局集团有限公司 0 万元。

2020 年末,贷款风险准备金余额 34709.29 万元,累计提取城市廉租住房（公共租赁住房）建设补充资金 244373.70 万元。其中,市中心提取 232538.07 万元,铁路分中心提取 11835.63 万元。

(五) 管理费用支出。 2020 年,管理费用支出 2406.71 万元,同比减少 9.69%。其中,人员经费 1363.68 万元,公用经费 108.57 万元,专项经费 934.46 万元。

2020 年,市中心管理费用支出 2024.79 万元,其中,人员、公用、专项经费分别为 1102.56 万元、58.57 万元、863.66 万元。铁路分中心管理费用支出 381.92 万元,其中,人员、公用、专项经费分别为 261.12 万元、50 万元、70.80 万元。

四、资产风险状况

(一) 个人住房贷款。 2020 年末,个人住房贷款逾期贷款余额 1.21 万元,其中,市中心无逾期贷款,铁路分中心逾期贷款余额 1.21 万元。逾期率 0‰,其中,市中心 0‰,铁路分中心 0‰。

个人贷款风险准备金,市中心按期末个人贷款余额的 1%差额提取,铁路分中心按贷款余额的 1%提取。2020 年,提取个人贷款风险准备金 3125.10 万元,未使用个人贷款风险准备金核销呆坏账。2020 年末,个人贷款风险准备金余额为 34709.29 万元,占个人住房贷款余额的 1.50%,个人住房贷款逾期贷款额与个人贷款风险准备金余额的比率 0%。

(二) 支持保障性住房建设试点项目贷款。 2020 年末,项目贷款无逾期贷款。

项目贷款风险准备金按贷款余额的 4%提取。项目贷款风险准备金无余额,项目贷款无余额。

(三) 历史遗留风险资产。 截至 2020 年底,中心无历史遗留风险资产。

五、社会经济效益

(一) 缴存业务。 2020 年,实缴单位数、实缴职工人数和缴存额同比分别增长 4.98%、0.19% 和 10.78%。

缴存单位中,国家机关与事业单位占比 38.09%,国有企业职工占比 13.62%,城镇集体企业 1.22%,外商投资企业 1.08%,城镇私营企业与其他城镇企业 30.58%,民办非企业单位和社会团体占 3.93%,个人自愿缴存及其他占 11.48%。

缴存职工中,国家机关与事业单位占比 33.27%,国有企业职工占比 33.80%,城镇集体企业 0.97%,外商投资企业 2.80%,城镇私营企业与其他城镇企业 18.98%,民办非企业单位和社会团体占 1.83%,个人自愿缴存及其他占 8.34%。中、低收入占 96.22%,高收入占 3.78%。

新开户职工中,国家机关和事业单位占 12.66%,国有企业占 21.79%,城镇集体企业占 0.67%,外商投资企业占 3.96%,城镇私营企业及其他城镇企业占 43.75%,民办非企业单位和社会团体占 3.61%,其他占 13.56%;中、低收入占 99.47%,高收入群体占 0.53%。

(二)提取业务。 2020年,22.94万名缴存职工提取住房公积金125.25万笔、64.48亿元。

提取的金额中,住房消费提取占76.77%(购买、建造、翻建、大修自住住房占33.90%,偿还购房贷款本息占42.20%,租赁住房占0.67%);非住房消费提取占23.23%(离休和退休提取占15.36%,完全丧失劳动能力并与单位终止劳动关系提取占7.10%,户口迁出本市或出境定居占0.78%,其他占0.73%)。提取职工中,中、低收入占97.42%,高收入占2.58%。

(三)贷款业务。

1. 个人住房贷款。2020年,支持职工购建房177.18万平方米,年末个人住房贷款市场占有率为23.02%,比上年同期减少0.08个百分点。通过申请住房公积金个人住房贷款,可节约职工购房利息支出109438.81万元。

职工贷款笔数中,购房建筑90(含)平方米以下占13.15%,90~144(含)平方米占77.22%,144平方米以上占9.63%;购买新房占85.60%,(其中购买保障性住房占0.65%),购买二手房占14.40%。

职工贷款笔数中,单缴存职工申请贷款占22.24%,双缴存职工申请贷款占77.76%,三人及以上缴存职工共同申请贷款占0%。

贷款职工中,30岁(含)以下占18.84%,30岁~40岁(含)占43.84%,40岁~50岁(含)占28.36%,50岁以上占8.96%;首次申请贷款占85.21%,二次及以上申请贷款占14.79%;中、低收入占96.17%,高收入占3.83%。

2. 异地贷款。2020年,发放异地贷款618.00笔、25630.60万元。2020年末,累计发放异地贷款总额134437.85万元,异地贷款余额92924.33万元。

3. 支持保障性住房建设试点项目贷款。2020年末,累计试点项目9个,贷款额度8.70亿元。均为经济适用房项目。建筑面积121.60万平方米,可解决13511户中低收入职工家庭的住房问题。9个试点项目贷款资金已全部发放完毕,并于2016年7月全部还清贷款本息。

(四)住房贡献率。 2020年,个人住房贷款发放额、项目贷款发放额、住房消费提取额的总和与当年缴存额的比率为135.18%,比上年同期增加13.31个百分点。

六、其他重要事项

(一)当年机构及职能无调整情况。受委托办理缴存贷款业务金融机构无变更。

(二)当年住房公积金政策调整及执行情况。

1. 缴存方面。修订了《洛阳市住房公积金归集管理办法》。2020年度住房公积金月缴存基数最高限额原则上不超过17799元,即不超过市统计局公布的2019年洛阳市城镇非私营单位从业人员月平均工资5933元的3倍;灵活就业人员缴存基数下限为我市上一年度城镇私营单位从业人员月平均工资的80%,上限为我市上一年度城镇私营单位从业人员月平均工资的3倍,缴存比例为16%。即灵活就业人员可在446元至1673元范围内自主确定月缴存额。

2. 提取方面。修订了《洛阳市住房公积金提取管理办法》。从2020年10月1日起,取消了"因地震、火灾、水灾、泥石流等不可抗拒的自然灾害造成房屋损毁提取住房公积金"的情形;规范购买、建造、翻建、大修自住住房的区域为职工及配偶住房公积金缴存地或户籍地;增加了同一套住房在一年内发生两次(含两次)以上房屋权属交易行为的住房公积金提取限制;增加了住房公积金贷款未结清的离异职工,再次购买自住住房提取住房公积金应同时满足的条件；增加了对偿还购买含再交易自住住房商业贷款本息提取住房公积金的限制条件。

3. 个贷方面。修订了《洛阳市住房公积金个人贷款管理办法》。高层次人才最高贷款额度由 60 万升至 100 万。推出个人住房公积金转商业贴息贷款业务，拓展了公积金贷款模式。

（三）信息化建设情况。 智能客服"洛小金"上线，实现了 24 小时不间断服务。住房公积金综合服务平台以"优秀"等级第一批通过了省建厅的检查验收。主动与省市大数据局对接，在全市第一批接入"洛快办"，推动政务服务及便民应用的移动端建设。扎实推动"洛阳都市圈"区域住房公积金一体化建设，组织召开了洛阳和平顶山、三门峡、济源"1＋3"公积金中心主任联席会，为实现"洛阳都市圈"区域住房公积金一体化发展打下坚实基础。

（四）行政处罚和申请人民法院强制执行情况。 积极开展行政执法工作和职工诉求办理，受理并化解职工投诉 80 余起。持续打击以虚假资料骗提住房公积金的行为，对 20 名违规提取当事人作出信用处罚，限制其 3～5 年不得提取和使用住房公积金贷款资格。

平顶山市住房公积金 2020 年年度报告

根据国务院《住房公积金管理条例》和住房和城乡建设部、财政部、人民银行《关于健全住房公积金信息披露制度的通知》（建金〔2015〕26 号）的规定，经住房公积金管理委员会审议通过，现将平顶山市住房公积金 2020 年年度报告公布如下（本报告中业务数据包含汝州市）。

一、机构概况

（一）住房公积金管理委员会。平顶山市住房公积金管理委员会有 29 名委员，2020 年召开 3 次会议，审议通过的事项主要包括：《关于同意平顶山市 2019 年住房公积金归集、使用计划执行情况及 2020 年住房公积金归集、使用计划报告的决议（草案）》《关于积极应对疫情减轻企业负担推动复工复产的通知（草案）》《关于调整 2020 年度住房公积金归集计划的决定（草案）》《关于调减住房公积金贷款风险准备金上缴财政的决议（草案）》和《关于积极应对疫情切实减轻职工负担的意见（草案）》。

（二）住房公积金管理中心。住房公积金管理中心为直属平顶山市人民政府的不以营利为目的的独立的事业单位，设 6 个科，10 个管理部，1 个分中心。从业人员 147 人，其中，在编 97 人，非在编 50 人。另辖内含汝州市住房公积金管理中心，从业人员 37 人，其中，在编 9 人，非在编 28 人。

二、业务运行情况

（一）缴存。2020 年，新开户单位 395 家，净增单位 214 家；新开户职工 2.3 万人，净增职工 0.32 万人；实缴单位 4136 家，实缴职工 38.73 万人，缴存额 41.33 亿元，分别同比增长 5.46％、0.82％、6.44％。2020 年末，缴存总额 379.53 亿元，比上年末增加 12.22％；缴存余额 181.89 亿元，同比增长 8.81％。

平顶山市受委托办理住房公积金缴存业务的银行7家，汝州市受委托办理住房公积金缴存业务的银行9家。

（二）提取。2020年，10.16万名缴存职工提取住房公积金；提取额26.6亿元，同比下降1.49%；提取额占当年缴存额的64.37%，比上年减少5.18个百分点。2020年末，提取总额197.64亿元，比上年末增加15.55%。

（三）贷款。

1. 个人住房贷款。个人住房贷款最高额度55万元。汝州市个人住房贷款最高额度40万元。

2020年，发放个人住房贷款1.08万笔、41.35亿元，同比分别下降1.99%、增长9.62%。其中，市中心发放个人住房贷款0.68万笔、26.35亿元，平煤分中心发放个人住房贷款0.31万笔、12.06亿元，汝州市发放个人住房贷款0.09万笔、2.94亿元。

2020年，回收个人住房贷款15.65亿元。其中，市中心10.67亿元，平煤分中心3.93亿元，汝州市1.05亿元。

2020年末，累计发放个人住房贷款10.09万笔、233.66亿元，贷款余额156.66亿元，分别比上年末增加11.93%、21.5%、19.62%。个人住房贷款余额占缴存余额的86.13%，比上年末增加7.79个百分点。平顶山市受委托办理住房公积金个人住房贷款业务的银行6家。汝州市受委托办理住房公积金个人住房贷款业务的银行4家。

2. 异地贷款。2020年，发放异地贷款1440笔、58604.5万元。年末，发放异地贷款总额146624.95万元，异地贷款余额130095.04万元。

（四）资金存储。2020年末，住房公积金存款31.15亿元。其中，活期0.34亿元，1年（含）以下定期25.26亿元，其他（协定、通知存款等）5.55亿元。

（五）资金运用率。2020年末，住房公积金个人住房贷款余额、项目贷款余额和购买国债余额的总和占缴存余额的86.13%，比上年末增加7.79个百分点。

三、主要财务数据

（一）业务收入。2020年，业务收入57638.62万元，同比增长14.56%。其中，市中心34058.21万元，平煤分中心18509.77万元，汝州市5070.64万元；存款利息10693.82万元，委托贷款利息46931.05万元，其他13.75万元。

（二）业务支出。2020年，业务支出29460.37万元，同比下降19.93%。其中，市中心17863.64万元，平煤分中心9596.87万元，汝州市1999.86万元；支付职工住房公积金利息26464.28万元，归集手续费564.7万元，委托贷款手续费1619.93万元，其他811.46万元。

（三）增值收益。2020年，增值收益28178.25万元，同比增长108.44%。其中，市中心16194.57万元，平煤分中心8912.9万元，汝州市3070.78万元；增值收益率1.61%，比上年增加0.76个百分点。

（四）增值收益分配。2020年，提取贷款风险准备金2381.86万元，提取管理费用4382.67万元，提取城市廉租住房（公共租赁住房）建设补充资金21413.72万元。

2020年，上交财政管理费用4381.53万元。上缴财政城市廉租住房（公共租赁住房）建设补充资金73416.23万元。其中，市中心上缴43420.4万元，平煤分中心上缴29995.83万元。

2020年末，贷款风险准备金余额17236.35万元。累计提取城市廉租住房（公共租赁住房）建设补充资金136234.9万元。其中，市中心提取81029.89万元，平煤分中心提取54773.41万元，汝州市431.6万元。

（五）管理费用支出。 2020年，管理费用支出4140.22万元，同比增长136.86%。其中，人员经费270.78万元，公用经费1104.52万元，专项经费2764.92万元。

市中心管理费用支出1020.88万元，其中，人员、公用、专项经费分别为95.1万元、749.94万元、175.84万元；平煤分中心管理费用支出236.96万元，其中，人员、公用、专项经费分别为46.22万元、104.49万元、86.25万元；汝州市管理费用支出2882.38万元，其中，人员、公用、专项经费分别为129.46万元、250.09万元、2502.83万元。

四、资产风险状况

个人住房贷款。2020年末，个人住房贷款逾期额391.89万元，逾期率0.25‰，其中，市中心0.16‰，平煤分中心0.52‰，汝州市0.21‰。个人贷款风险准备金余额17236.35万元。

五、社会经济效益

（一）缴存业务。 缴存职工中，国家机关和事业单位占39.67%，国有企业占42.92%，城镇集体企业占0.78%，外商投资企业占2.09%，城镇私营企业及其他城镇企业占9.69%，民办非企业单位和社会团体占0.29%，灵活就业人员占4.24%，其他占0.32%；中、低收入占99.01%，高收入占0.99%。

新开户职工中，国家机关和事业单位占33.68%，国有企业占9.49%，城镇集体企业占1%，外商投资企业占3.43%，城镇私营企业及其他城镇企业占21.3%，民办非企业单位和社会团体占1.95%，灵活就业人员占27.4%，其他占1.75%；中、低收入占99.32%，高收入占0.68%。

（二）提取业务。 提取金额中，购买、建造、翻建、大修自住住房占31.47%，偿还购房贷款本息占28.72%，租赁住房占4.59%，离休和退休提取占26.63%，完全丧失劳动能力并与单位终止劳动关系提取占3.7%，其他占4.89%。提取职工中，中、低收入占96.96%，高收入占3.04%。

（三）贷款业务。 个人住房贷款。2020年，支持职工购建房132.89万平方米，年末个人住房贷款市场占有率为30.54%，比上年末增加0.1个百分点。通过申请住房公积金个人住房贷款，可节约职工购房利息支出67427.22万元。

职工贷款笔数中，购房建筑面积90（含）平方米以下占10.45%，90~144（含）平方米占80.54%，144平方米以上占9.01%。购买新房占80.68%，购买二手房占15.85%，建造、翻建、大修自住住房0.13%，其他占3.34%。

职工贷款笔数中，单缴存职工申请贷款占22.02%，双缴存职工申请贷款占76.51%，三人及以上缴存职工共同申请贷款占1.47%。

贷款职工中，30岁（含）以下占16.72%，30岁~40岁（含）占51.55%，40岁~50岁（含）占26.39%，50岁以上占5.34%；首次申请贷款占92.63%，二次及以上申请贷款占7.37%；中、低收入占97.34%，高收入占2.66%。

（四）住房贡献率。 2020年，个人住房贷款发放额、公转商贴息贷款发放额、项目贷款发放额、住房消费提取额的总和与当年缴存额的比率为 141.93%，比上年下降 1.64 个百分点。

六、其他重要事项

（一）应对新冠肺炎疫情采取的措施。新冠肺炎疫情发生后，中心立即成立疫情防控领导小组，制定《疫情防控工作实施方案》，对疫情防控工作进行安排部署，及时通过门户网站和微信公众号宣传疫情防控知识，防止人群聚集，遏制病毒传播。为贯彻落实习近平总书记关于新冠肺炎疫情防控工作的重要指示精神，缓解企业困难，切实减轻疫情对住房公积金缴存企业及缴存职工的影响，中心印发了《关于做好疫情期间住房公积金服务保障工作的通知》《关于明确疫情期间住房公积金缓缴业务办理流程的通知》和《关于积极应对疫情减轻企业负担推动复工复产的通知》，实施住房公积金阶段性支持政策。

1. 减轻企业负担，支持复工复产。受疫情影响缴存住房公积金确有困难的企业，可以申请降低住房公积金缴存比例最低至 5%，期限不超过 12 个月；或申请缓缴住房公积金，期限不超过 12 个月，缓缴期间不影响职工正常申请住房公积金贷款。

2. 维护职工权益，降低疫情影响。住房公积金缴存单位和自愿缴存个人因受疫情影响未能按时足额缴存住房公积金的，可在疫情解除后 30 个工作日内办理汇缴。其间，职工的住房公积金缴存时间连续计算，不影响职工正常提取。受疫情影响的职工特别是一线医护人员、疫情防控人员、确诊患者、需要隔离人员等，6 月 30 日前住房公积金贷款不能正常还款的，不作逾期处理。

3. 提高租房提取额度，减轻职工压力。疫情防控期间支付房租压力较大的缴存职工，经中心审批，可按一年的实际房租费用一次性提取住房公积金，最高不超过 2 万元，切实保障职工租房提取需求。

4. 大力推行网上办，满足职工需求。在疫情期间大力倡导紧急事项预约办、常规事项线上办，提供"网上办""掌上办"等业务办理方式，采取预约错峰办理。按照"特事特办、急事急办"原则，开辟绿色通道，加强部门联动，简化审批流程，压缩审批时限，完善服务机制，不断提高办事效能，为缴存单位和职工减压。2020 年，全市共有 208 家缴存企业申请缓缴住房公积金，缓缴职工 2.6 万人，5 家缴存企业申请降低住房公积金缴存比例，不作逾期处理的贷款 924 笔，极大地缓解了缴存企业和职工的经济压力。

（二）当年住房公积金政策调整及执行情况。2020 年度我市住房公积金缴存基数上限为 16035 元，按照平顶山市统计部门公布的 2019 年全市（不含汝州）在岗职工月平均工资的 3 倍确定。2020 年度我市住房公积金缴存基数下限分别为 1900 元（市区、舞钢市）、1700 元（宝丰县、郏县）、1500 元（鲁山县、叶县），按照平顶山市 2020 年职工最低工资标准确定。

2020 年职工住房公积金账户存款利率，按一年期定期存款基准利率 1.5% 执行；住房公积金贷款利率 5 年以下执行 2.75%，5 年以上执行 3.25%。

（三）当年服务改进情况。

1. 推进"放管服"改革。深化"一网通办"下的"最多跑一次"，住房公积金贷款抵押权证办理费用由中心按规定承担；推进区域住房公积金一体化信息平台建设，加快融入洛阳都市圈，与洛阳、三门峡、济源等城市初步实现数据互联互通，信息互认互享。

2. 服务网点提升。加强与各县（市）不动产管理部门的协调联动，全市 5 个县（市）不动产管理机构全部入驻县（市）住房公积金服务大厅，为缴存职工提供更加便捷高效的服务。新增住房公积金延伸服务网点 2 个，方便缴存职工就近办理业务，截至目前，全市住房公积金延伸服务网点累计办理住房公积金提取、贷款业务 3.46 万笔，13.2 亿元。

3. 综合服务拓展。按照"马上办、网上办、就近办、一次办"的工作要求，进一步优化单位版住房公积金网上业务大厅，推进住房公积金业务网上办理，加快住房公积金服务"跨省通办"，提高异地转移接续效率，满足缴存职工异地办事需求。2020 年，全市共有 2757 家缴存单位签约单位版网上业务大厅，累计签约单位达 3709 家，全市住房公积金网上办结率达 97.1%，占平顶山市网上办结业务的 84.6%。河南省住房和城乡建设厅印发《关于全省持续推进住房公积金"放管服"改革有关情况的通报》（豫建金〔2021〕43 号），我市住房公积金网上办结率名列全省第一。

4. 优化营商环境。召开优化营商环境工作推进会，安排部署营商环境建设工作；深入开展营商环境"大学习、大检查、大提升"活动，圆满完成中心承担的六项工作任务；将 15 个"最多跑一次"、31 个"就近跑一次"、12 个"一次不用跑"、16 个"秒级到账"服务事项面向社会公开，接受社会监督；住房公积金服务大厅实行综合柜员制，"一个窗口、集成服务"，持续提升服务效能；2020 年，中心驻行政审批服务大厅公积金窗口连续两个季度被授予"优质服务窗口"荣誉称号。

（四）当年信息化建设情况。按照"一网通办""一次办妥""一证通办"的要求，主动接入市政务数据共享交换平台，与全市有关部门实现信息共享；积极推动公积金业务系统与省政务服务移动端"豫事办"对接；进一步优化门户网站、手机 App、网上业务大厅、12329 服务热线、12329 短信、自助终端、微信服务平台、官方微博、支付宝刷脸查询九大服务渠道功能，综合服务平台以优异成绩顺利通过省住房城乡建设厅的检查验收；严格落实网络安全工作责任制，扎实开展信息系统安全等级测评，联合信阳中心实施业务数据异地容灾备份，确保住房公积金信息系统安全平稳运行；充分发挥 12329 住房公积金服务热线的沟通桥梁作用，2020 年，共接听人工咨询 65024 人次，自助语音查询 27572 人次，接通率保持在 99% 以上。

（五）当年住房公积金管理中心所获荣誉情况。2020 年，中心先后被省委、省政府、省住房城乡建设厅、市委、市政府授予"省级文明单位""全省住房和城乡建设系统信息宣传工作先进单位""河南省节约型公共机构示范单位""全市市长热线工作先进单位""全市公文处理工作先进单位""平顶山市公共机构节能减排工作先进单位"和"市级节水型单位"等荣誉称号；省级卫生先进单位、省级文明单位创建工作顺利通过复审验收；中心从"最多跑一次"到"一次不用跑"改革，被平顶山市委全面深化改革领导小组确定为 2020 年改革先进典型。

安阳市（含滑县）住房公积金 2020 年年度报告

根据国务院《住房公积金管理条例》和住房和城乡建设部、财政部、人民银行《关于健全住房公积金信息披露制度的通知》（建金〔2015〕26 号）的规定，经安阳市和滑县住房公积金管理委员会分别审议通过。按照上报要求，合并两地年报数据，现将安阳市（含滑县）住房公积金 2020 年年度报告公布如下。

一、机构概况

（一）住房公积金管理委员会。

1. 安阳市住房公积金管理委员会有 28 名委员，2020 年召开 2 次会议，审议通过的事项主要包括：(1)《安阳市住房公积金 2019 年归集、使用计划执行情况及 2020 年住房公积金归集、使用计划》；(2)《安阳市住房公积金 2019 年决算报告及 2020 年预算报告》；(3)《安阳市住房公积金 2019 年增值收益分配方案》；(4)《安阳市住房公积金 2019 年年度报告》；(5)《关于停止执行有关住房公积金提取业务的请示》；(6)《关于安阳住房公积金信息系统入驻大数据中心云计算中心的请示》；(7) 调整住房公积金贷款有关规定的议题。

2. 滑县住房公积金管理委员会有 15 名委员，2020 年召开一次会议，审议通过的事项主要包括：(1) 审议滑县住房公积金管理中心 2019 年年度报告；(2) 授权公积金中心审批企业申请降低住房公积金缴存比例或缓缴事项；(3) 同意公积金中心向银行拆借资金应对流动性不足；(4) 调整了住房公积金部分政策。

（二）住房公积金管理中心。

1. 安阳市住房公积金管理中心为安阳市政府直属的不以营利为目的的事业单位，设 11 个科、8 个管理部。从业人员 107 人，其中，在编 58 人，非在编 49 人。

2. 滑县住房公积金管理中心为隶属于滑县人民政府不以营利为目的的财政全供事业单位，设 5 个科，1 个管理部。从业人员 20 人，其中，在编 14 人，非在编 6 人。

二、业务运行情况

（一）缴存。2020 年，新开户单位 389 家，净增单位 191 家；新开户职工 2.05 万人，净增职工 0.58 万人；实缴单位 3896 家，实缴职工 25.13 万人，缴存额 37.77 亿元，分别同比增长 5.9%、2.0%、10.3%。2020 年末，缴存总额 270.47 亿元，比上年末增加 16.23%；缴存余额 113.69 亿元，同比增长 16.5%。受委托办理住房公积金缴存业务的银行 13 家。

（二）提取。2020 年，7.27 万名缴存职工提取住房公积金；提取额 21.71 亿元，同比增长 9.2%；提取额占当年缴存额的 57.5%，比上年减少 0.6 个百分点。2020 年末，提取总额 156.78 亿元，比上年末增加 16.1%。

（三）贷款。

1. 个人住房贷款。单缴存职工个人住房贷款最高额度 40 万元，双缴存职工个人住房贷款最高额度 50 万元（滑县贷款最高额度 55 万元，不分单双职工）。

2020 年，发放个人住房贷款 0.57 万笔、21.02 亿元，同比分别增长 80.5%、106%。其中，市中心发放个人住房贷款 0.48 万笔、17.56 亿元，滑县发放个人住房贷款 0.09 万笔、3.45 亿元。

2020 年，回收个人住房贷款 12.12 亿元。其中，市中心 10.66 亿元，滑县中心 1.46 亿元。

2020 年末，累计发放个人住房贷款 6.59 万笔、145.40 亿元，贷款余额 69 亿元，分别比上年末增加 9.4%、16.9%、18.2%。个人住房贷款余额占缴存余额的 60.7%，比上年末增加 0.9 个百分点。

市中心受委托办理住房公积金个人住房贷款业务的银行 11 家。

滑县中心受委托办理住房公积金个人住房贷款业务的银行 4 家。

2. 异地贷款。2020年，发放异地贷款191笔、6967.5万元。2020年末，发放异地贷款总额21959.2万元，异地贷款余额19230.25万元。

3. 公转商贴息贷款。无。

（四）**购买国债**。无。

（五）**资金存储**。2020年末，住房公积金存款45.56亿元。其中，活期0.03亿元，1年（含）以下定期6.45亿元，1年以上定期30.72亿元，其他（协定、通知存款等）8.36亿元。

（六）**资金运用率**。2020年末，住房公积金个人住房贷款余额、项目贷款余额和购买国债余额的总和占缴存余额的60.7%，比上年末增加0.9个百分点。

三、主要财务数据

（一）**业务收入**。2020年，业务收入34888.88万元，同比增长16.9%。其中，市中心30795.88万元，滑县中心4093.00万元；存款利息14597.15万元，委托贷款利息20289.17万元，国债利息0万元，其他2.56万元。

（二）**业务支出**。2020年，业务支出16918.37万元，同比增长16.7%。其中，市中心15091.75万元，滑县中心1826.62万元；支付职工住房公积金利息15986.42万元，归集手续费120.09万元，委托贷款手续费784.69万元，其他27.17万元。

（三）**增值收益**。2020年，增值收益17970.51万元，同比增长17.0%。其中，市中心15704.13万元，滑县中心2266.38万元；增值收益率1.7%，与上年持平。

（四）**增值收益分配**。2020年，提取贷款风险准备金865.11万元，提取管理费用1637.09万元，提取城市廉租住房（公共租赁住房）建设补充资金15468.31万元。

2020年，上交财政管理费用1454.03万元。上缴财政城市廉租住房（公共租赁住房）建设补充资金23506.56万元。其中，市中心上缴21365.18万元，滑县中心上缴2141.38万元。

2020年末，贷款风险准备金余额9362.73万元。累计提取城市廉租住房（公共租赁住房）建设补充资金96109.4万元。其中，市中心提取89950.62万元，滑县中心提取6158.78万元。

（五）**管理费用支出**。2020年，管理费用支出1317.30万元，同比增长10.5%。其中，人员经费620.22万元，公用经费468.00万元，专项经费229.08万元。

市中心管理费用支出1155.49万元，其中，人员、公用、专项经费分别为577.14万元、424.75万元、153.60万元；滑县中心管理费用支出161.81万元，其中，人员、公用、专项经费分别为43.08万元、43.25万元、75.48万元。

四、资产风险状况

个人住房贷款。2020年末，个人住房贷款逾期额453.41万元，逾期率0.66‰。其中市中心0.77‰，滑县中心0.01‰。个人贷款风险准备金余额9362.73万元。2020年，使用个人贷款风险准备金核销呆坏账0万元。

五、社会经济效益

（一）**缴存业务**。缴存职工中，国家机关和事业单位占57.6%，国有企业占25.1%，城镇集体企业占

1.3%，外商投资企业占 0.9%，城镇私营企业及其他城镇企业占 9.2%，民办非企业单位和社会团体占 0.8%，灵活就业人员占 1.0%，其他占 4.1%；中、低收入占 98.6%，高收入占 1.4%。

新开户职工中，国家机关和事业单位 35.7%，国有企业占 9.4%，城镇集体企业占 1.1%，外商投资企业占 1.4%，城镇私营企业及其他城镇企业占 29.8%，民办非企业单位和社会团体占 2.7%，灵活就业人员占 10.2%，其他占 9.7%；中、低收入占 99.8%，高收入占 0.2%。

（二）提取业务。提取金额中，购买、建造、翻建、大修自住住房占 33.2%，偿还购房贷款本息占 43.8%，租赁住房占 1.9%，支持老旧小区改造占 0%，离休和退休提取占 16.2%，完全丧失劳动能力并与单位终止劳动关系提取占 3.5%，出境定居占 0%，其他占 1.4%。提取职工中，中、低收入占 98.6%，高收入占 1.4%。

（三）贷款业务。

个人住房贷款。2020 年，支持职工购建房 74.26 万平方米（含公转商贴息贷款），年末个人住房贷款市场占有率（含公转商贴息贷款）为 9.3%，比上年末减少 0.7 个百分点。通过申请住房公积金个人住房贷款，可节约职工购房利息支出 52263.4 万元。

职工贷款笔数中，购房建筑面积 90（含）平方米以下占 4.0%，90~144（含）平方米占 77.3%，144 平方米以上占 18.7%。购买新房占 91.9%（其中购买保障性住房占 0%），购买二手房占 8.1%，建造、翻建、大修自住住房占 0%（其中支持老旧小区改造占 0%），其他占 0%。

职工贷款笔数中，单缴存职工申请贷款占 43.2%，双缴存职工申请贷款占 56.8%，三人及以上缴存职工共同申请贷款占 0%。

贷款职工中，30 岁（含）以下占 19.1%，30 岁~40 岁（含）占 44.5%，40 岁~50 岁（含）占 31.5%，50 岁以上占 4.9%；首次申请贷款占 79.8%，二次及以上申请贷款占 20.2%；中、低收入占 98.0%，高收入占 2.0%。

（四）住房贡献率。2020 年，个人住房贷款发放额、公转商贴息贷款发放额、项目贷款发放额、住房消费提取额的总和与当年缴存额的比率为 101%，比上年增加 24.2 个百分点。

六、其他重要事项

（一）应对新冠肺炎疫情采取的措施，落实住房公积金阶段性支持政策情况和政策实施成效。

1. 市中心新冠肺炎疫情采取的措施，落实住房公积金阶段性支持政策情况和政策实施成效情况。推行抗疫新举措，安全有效服务职工。一是引导网上办理，实行"不见面"服务。通过网站、微信公众号等发布公告，引导职工通过网上服务大厅、"手机公积金"App 和微信公众号进行查询和办理业务。二是开通绿色通道，实施紧急业务预约办理。三是用好 12329 公积金热线电话，做好政策解释和咨询等工作。及时宣传政策，解答职工政策咨询，做到有问必答、有求必应。四是做好服务大厅疫情管控。制作微信扫码登记程序，确保进入大厅人员可追溯可联络。设置健康检查区、缓冲区，加强体温检测，防止人员聚集。做好办事大厅清洁消毒，配备洗手液，对洗手间、门把手等关键部位每小时消毒 1 次，确保消毒无死角。五是开展疫情知识宣传。制作疫情宣传版面、海报，在服务大厅播放疫情宣传知识，引导群众不信谣、不传谣、不随意散播疫情信息。

落实上级文件精神，出台缓缴住房公积金政策。为减轻疫情期间企业运营成本，按照《住房和城乡建

设部 财政部 人民银行关于妥善应对新冠肺炎疫情实施住房公积金阶段性支持政策的通知》（建金〔2020〕23号）文件精神，参与制定《安阳市人民政府关于应对新冠肺炎疫情支持企业发展稳定经济运行的若干意见》（安政〔2020〕1号），发布《关于企业申请缓缴住房公积金的实施细则》，落细阶段性支持措施，减轻疫情期间企业运营成本、职工偿还住房贷款压力。2020年2月至6月，共有320家企业4.42万名职工获准缓缴住房公积金，缓缴期满后，企业足额补缴缓缴的住房公积金，视同正常缴存，不影响缴存人员个人权益。5220名受疫情影响未能正常偿还贷款的职工，不作逾期处理，不作为逾期记录报送征信部门。2020年7月，疫情防控阶段性政策停止执行。截至年底，有290家企业4.17万名恢复正常缴存，缴存金额3.15亿元。

2.滑县中心新冠肺炎疫情采取的措施，落实住房公积金阶段性支持政策情况和政策实施成效情况。为应对新冠肺炎影响，滑县住房公积金积极贯彻落实上级文件精神，联合住建局等八部门出台了《关于积极应对疫情影响促进建筑和房地产市场平稳健康发展的通知》（滑建〔2020〕28号）和《关于受疫情影响期间维护缴存职工权益的通知》（滑公积金〔2020〕7号）文件。

文件规定，受疫情影响，导致缴存住房公积金确实困难的企业可以向我中心申请降低缴存比例或者缓缴住房公积金，并承诺待疫情解除后一定期限内办理补缴，期限不得超过12个月；自2020年2月至6月疫情期间，补缴职工可享受正常缴存职工贷款政策，受疫情影响未能正常还款的职工逾期贷款不记收罚息，逾期记录不计入逾期次数。

疫情期间，累计调整不作逾期处理的贷款773笔，不作逾期处理的贷款应还未还本金161.14万元，有效缓解了职工还贷压力。

（二）当年机构及职能调整情况、受委托办理缴存贷款业务金融机构变更情况。

1.当年机构及职能调整情况。2020年机构及职能无调整。

2.受委托办理缴存贷款业务金融机构变更情况。市中心当年受委托办理缴存业务的金融机构共13家，比上年增加1家（中国工商银行、中国农业银行、中国银行、中国建设银行、交通银行、中原银行、中信银行、招商银行、广发银行、中国邮政储蓄银行、浦发银行、安阳商都农商银行、新增洛阳银行）；受委托办理住房公积金个人贷款业务的金融机构共11家，与去年相比无变动（中国工商银行、中国农业银行、中国银行、中国建设银行、交通银行、中原银行、中信银行、招商银行、广发银行、中国邮政储蓄银行、安阳商都农商银行）。

滑县中心当年委托受理缴存业务的金融机构为中国农业银行、中国银行、中国邮政储蓄银行、中信银行；委托受理个人住房公积金贷款业务的金融机构为中国农业银行、中国银行、中国邮政储蓄银行、中信银行。

（三）当年住房公积金政策调整及执行情况包括当年缴存基数限额及确定方法、缴存比例等缴存政策调整情况；当年提取政策调整情况；当年个人住房贷款最高贷款额度、贷款条件等贷款政策调整情况；当年住房公积金存贷款利率执行标准等；支持老旧小区改造政策落实情况。

1.当年缴存基数限额及确定方法、缴存比例等缴存政策调整情况。

市中心2020年度住房公积金缴存基数为职工本人2019年度月平均工资。根据市统计部门提供的2019年度相关数据，确定2020年度全市住房公积金缴存基数的上限为15417元。住房公积金缴存基数下限安阳市区为1900元；林州市、安阳县、汤阴县为1700元；内黄县为1500元。住房公积金月缴存额上限为

3700元。住房公积金月缴存额下限安阳市区为190元；林州市、安阳县、汤阴县为170元；内黄县为150元。各缴存单位的住房公积金缴存比例在5%至12%以内。

滑县中心根据国家统计部门提供的2019年度相关数据，确定2020年度全县住房公积金缴存基数的上限为15417元，下限为1500元；2020年度住房公积金月缴存额上限为3700元，下限为150元。当年单位缴存比例最高不超过12%，最低不低于5%，自主缴存职工缴存比例为8%。

2. 当年提取政策调整情况。滑县中心新增享受城镇最低生活保障提取住房公积金政务服务事项，完善与所在单位终止劳动关系未重新就业且封存满半年提取住房公积金事项，取消异地购房支取中配偶在购房地的户籍或者社保证明。

3. 当年个人住房贷款最高贷款额度、贷款条件等贷款政策调整情况。市中心：①取消异地贷款自然人担保，职工申请异地贷款不再需要自然人担保。②放宽普通自住住房贷款条件，支持职工购买改善型自住住房，除别墅以外的自住住房均可申请住房公积金贷款。

滑县中心：当年个人住房贷款最高贷款额度55万元，不区分单、双缴存职工。

4. 当年住房公积金存贷款利率执行标准。当年住房公积金存贷款利率执行标准均未做调整。即。当年住房公积金存款利率执行按照《中国人民银行　住房和城乡建设部　财政部关于完善职工住房公积金账户存款利率形成机制的通知》（银发〔2016〕43号）文件要求执行一年期定期存款基准利率1.5%，贷款利率按照《中国人民银行关于下调金融机构人民币贷款和存款基准利率并进一步推进利率市场化改革的通知》（银发〔2015〕265号）要求，五年以下（含）2.75%，五年以上3.25%。

（四）当年服务改进情况，包括推进住房公积金服务"跨省通办"工作情况，服务网点、服务设施、服务手段、综合服务平台建设和其他网络载体建设服务情况等。

1. 推进住房公积金服务"跨省通办"情况。截至目前，国务院要求的3项服务事项"跨省通办"全部实现。一是实现住房公积金缴存、贷款等信息查询全程网办。二是实现正常退休提取住房公积金全程网办。三是实现出具贷款职工住房公积金缴存使用证明全程网办和代收代办。

2. 市中心服务网点、服务设施、服务手段、综合服务平台建设和其他网络载体建设服务情况。按照中心提出的硬件设施人性化、服务礼仪标准化、管理责任具体化的"三化"建设工作思路，全面夯实工作基础。一是在硬件设施人性化上下功夫，进一步规划设置咨询引导区、综合受理服务区、自助服务区等功能区，优化住房公积金服务大厅布局、完善自助服务设施，推动服务硬件全面实现新阵地新设施。实行"一窗受理、集成服务"模式，实现职工办事"只进一扇门""最多跑一次"。二是在服务礼仪标准化上下功夫，注重服务细节，制定服务标准，拓展服务时间。2020年8月，住房公积金各服务大厅实行周六延时服务；2020年10月，12329住房公积金服务热线实行7×24小时服务人工值守。三是在管理责任具体化上下功夫。把服务大厅所有需要管理的各个部位和环节，明确划分责任到每名具体工作人员，努力做到人人有责任、管理无死角。全覆盖建立"好差评"体系，优化政务服务。服务基础更加坚实，群众办事更加方便。四是建成了包含门户网站、网上服务大厅、自助服务终端、服务热线、手机短信、手机公积金App、官方微信、官方微博、"安阳公积金"支付宝生活号等为一体的综合服务平台，实现了信息查询、业务办理、信息发布和互动交流等线上服务；应用了刷脸、手机短信、扫码等多种安全认证方式，信息系统达到《信息安全等级保护管理办法》规定的三级等保要求。市中心2020年网上办理住房公积金业务271万笔，住房公积金服务事项"一网通办"办结率86.32%，提前超额完成2020年底达到70%的省定责任目标。五是按照市委市政府优化营商环境的要求，启动新开办企业住房公积金缴存登记"一表填报"在线办理。推动实现企业开办住房公积金缴存登记"登录一个平台、填报一次信息、后台实时流转、即时回馈信息"的高效机制，优化营商环境。

（五）**当年信息化建设情况，包括信息系统升级改造情况，基础数据标准贯彻落实和结算应用系统接入情况等。** 市中心 2020 年 10 月信息系统顺利升级至云平台 4.0 版本，整体入驻安阳市大数据局云计算中心，提升了住房公积金系统硬件标准和安全保障；以"互联网+""大数据云计算"为基础，通过业务融合、流程再造、数据共享，落地数字化管理和移动化服务，建设"监督、管理、服务、互联互通"功能为一体的住房公积金信息化系统。

滑县中心完成主业务系统改造升级，中心引进"智慧终端"，全力打造智慧公积金自助服务系统，为缴存职工提供"全流程、一站式"办理业务。依据《全国住房公积金异地转移接续业务操作规程》，对原有的核心业务系统进行开发升级改造。正式上线异地转移接续直连系统，业务操作人员不用登录结算应用平台即可进行转移接续业务的操作。

（六）**当年住房公积金管理中心及职工所获荣誉情况，包括：文明单位（行业、窗口）、青年文明号、工人先锋号、五一劳动奖章（劳动模范）、三八红旗手（巾帼文明岗）、先进集体和个人等。** 市中心，2020 年 4 月，安阳市住房公积金管理中心被中共河南省委、河南省人民政府授予河南省文明单位称号。

滑县中心 2020 年 6 月，被县文明办评选为"文明服务示范窗口"称号。

（七）**当年对违反《住房公积金管理条例》和相关法规行为进行行政处罚和申请人民法院强制执行情况。** 2020 年，滑县中心个人住房公积金贷款的借款人睢某某，因连续多次逾期，情节严重，中心按照《住房公积金管理条例》和相关法规，向滑县人民法院申请强制执行，追回逾期贷款本金、利息、滞纳金合计 109910.02 元。

（八）**当年对住房公积金管理人员违规行为的纠正和处理情况等。** 无。

（九）**其他需要披露的情况。** 无。

鹤壁市住房公积金 2020 年年度报告

根据国务院《住房公积金管理条例》以及住房和城乡建设部、财政部、人民银行《关于健全住房公积金信息披露制度的通知》（建金〔2015〕26 号）规定，现将鹤壁市住房公积金 2020 年年度报告公布如下。

一、机构概况

（一）**鹤壁市住房公积金管理委员会。** 鹤壁市住房公积金管理委员会有 25 名委员，2020 年，召开会议审议通过的事项有《鹤壁市住房公积金 2019 年年度报告》《鹤壁市住房公积金 2019 年决算报告及 2020 年预算报告》《鹤壁市住房公积金个人住房贷款管理办法（试行）》《鹤壁市住房公积金管理中心在洛阳银行鹤壁分行开设银行账户》《鹤煤公司使用电子银行承兑汇票缴存住房公积金》等 13 个议题。

（二）**鹤壁市住房公积金管理中心。** 鹤壁市住房公积金管理中心为鹤壁市人民政府不以营利为目的的财政全供事业单位，设9个科室、3个管理部、1个分中心。从业人员80人，其中在编39人、劳务派遣人员41人。

二、业务运行情况

（一）缴存。

1. 2020年，新开户单位252家，期末单位账户与上年相比减少296家。

2. 新开户职工1.96万人，期末缴存职工与上年相比增加0.71万人。

3. 实缴单位2168家，实缴职工12.39万人，缴存额12.33亿元，同比分别增长5.24%、1.12%、—8.3%。

4. 2020年末，缴存总额108.65亿元，比上年末增长12.8%。

5. 缴存余额43.65亿元，同比增长8.72%。

6. 受委托办理住房公积金缴存业务的银行有8家。

（二）提取。 3.48万名缴存职工提取住房公积金提取额8.83亿元，比上年增加10.57个百分点，同比增长7.54%，公积金成立以来，累计提取总额65亿元，提取额占当年缴存额71.61%，比上年末增长15.72%。

（三）贷款。

1. 个人住房贷款：个人住房最高贷款额度50万元。2020年，发放个人住房贷款0.37万笔、14.15亿元，同比分别增长16.16%、25.02%。其中，市中心发放个人住房贷款0.34万笔、13.19亿元，分中心发放个人住房贷款300笔、0.96亿元。

2020年，回收个人住房贷款5.21亿元。其中，市中心4.26亿元，分中心0.95亿元。

2020年末，累计发放个人住房贷款4.43万笔、83.06亿元，贷款余额42.96亿元，分别比上年末增长9.03%、20.53%、26.26%。个人住房贷款余额占缴存余额的98.43%，比上年增加13.67个百分点。受委托办理住房公积金个人住房贷款业务的银行4家。

2. 异地贷款。2020年，发放异地贷款371笔、14686万元。2020年末，发放异地贷款总额36950.1万元，异地贷款余额34546.01万元。

（四）资金存储。 2020年末住房公积金存款1.64亿元，活期0.01亿元，1年以上定期0.82亿元，其他（协定、通知存款等）0.81亿元。

（五）资金运用率。 2020年末，住房公积金个人住房贷款余额占缴存余额的98.43%，比上年增加13.67个百分点。

三、主要财务数据

（一）业务收入。 2020年，业务收入14359.1万元，同比增长6.32%。其中，市中心11817.24万元，分中心2541.86万元；存款利息1213.48万元，委托贷款利息12617.15万元，其他528.47万元。

（二）业务支出。 2020年，业务支出7212.63万元，同比增长9.48%。其中，市中心5622.83万元，分中心1589.80万元；支付职工住房公积金利息6330.69万元，委托贷款手续费374.94万元，其他507万元。

（三）**增值收益**。2020年，增值收益7146.47万元，同比增长3.31%。其中，市中心6194.41万元，分中心952.06万元；增值收益率1.71%，比上年减少0.12个百分点。

（四）**增值收益分配**。2020年，提取贷款风险准备金893.68万元，提取管理费用2134.78万元，提取城市廉租住房（公共租赁住房）建设补充资金4118.01万元。

2020年，上缴财政管理费用1589.50万元；上缴财政城市廉租住房（公共租赁住房）建设补充资金11364.29万元，其中，市中心上缴649.52万元，分中心上缴10714.77万元。

2020年末，贷款风险准备金余额4296.37万元。累计提取城市廉租住房（公共租赁住房）建设补充资金39785.35万元，其中，市中心提取24368.09万元，分中心提取15417.26万元。

（五）**管理费用支出**。2020年，管理费用支出1415.08万元，同比下降5.13%。其中，人员经费551.87万元，公用经费38.79万元，专项经费824.42万元。

市中心管理费用支出1195.60万元。其中，人员、公用、专项经费分别为397.73万元、28.08万元、769.79万元；分中心管理费用支出219.48万元。其中，人员、公用、专项经费分别为154.14万元、10.71万元、54.63万元。

四、资产风险状况

2020年末，个人住房贷款逾期额496.79万元，逾期率1.16‰。其中，市中心0.77‰，分中心3.52‰。个人贷款风险准备金余额4296.37万元。

五、社会经济效益

（一）**缴存业务**。缴存职工中，国家机关和事业单位占36.81%，国有企业占29.09%，城镇集体企业占0.48%，外商投资企业占5.33%，城镇私营企业及其他城镇企业占19.58%，民办非企业单位和社会团体占0.63%，灵活就业人员占7.49%，其他占0.59%；中、低收入占99.17%，高收入占0.83%。

新开户职工中，国家机关和事业单位占14.76%，国有企业占4.69%，城镇集体企业占0.27%，外商投资企业占4.52%，城镇私营企业及其他城镇企业占39.12%，民办非企业单位和社会团体占0.86%，灵活就业人员占33.56%，其他占2.22%；中、低收入占99.81%，高收入占0.19%。

（二）**提取业务**。提取金额中，购买、建造、翻建、大修自住住房占33.4%，偿还购房贷款本息占39.6%，租赁住房占1.82%，离休和退休提取占12.73%，完全丧失劳动能力并与单位终止劳动关系提取占5.4%，其他占7.05%；提取职工中，中、低收入占98.96%，高收入占1.04%。

（三）**贷款业务**。2020年，支持职工购建房44.34万平方米，年末，个人住房贷款市场占有率为17.68%，比上年末增加1.11个百分点。通过申请住房公积金个人住房贷款，可节约职工购房利息支出24034.81万元。

职工贷款笔数中，购房建筑面积90（含）平方米以下占4.76%，90至144（含）平方米占87.94%，144平方米以上占7.30%；购买新房占75.96%，购买二手房占19.71%，其他（商转公贷款）占4.33%。

职工贷款笔数中，单缴存职工申请贷款占22.95%，双缴存职工申请贷款占77.05%。

贷款职工中，30岁（含）以下占23.58%，30岁至40岁（含）占47.7%，40岁至50岁（含）占21.92%，50岁以上占6.8%；首次申请贷款占86.6%，二次申请贷款占13.4%，无二次以上申请贷款；

中、低收入占98.26%，高收入占1.74%。

（四）住房贡献率。 2020年个人住房贷款发放额、住房消费提取额的总和与当年缴存额的比率为168.29%，比上年增加38.91个百分点。

六、工作开展情况

在不寻常的一年里，市住房公积金管理中心坚持"一个"引领，实施"五个五"措施，取得了五项优异成绩，具体情况如下。

（一）坚持"一个"引领，即以党的建设高质量为引领。 促各项工作上台阶：

一是加强党的组织建设。以"五比五提升"活动为抓手，中心主任任支部书记，亲自抓党的建设，切实担负起主体责任，实现"服务型"党支部"走在前、出重彩"。

二是切实履行基层党建主体责任。牢固树立党建最大政绩观，深入贯彻市委"1567"党建高质量总体思路，突出住房公积金保障民生福祉职能定位，守正公积金"房住不炒"要求，逐级签订党建目标责任，层层压实主体责任，实现党建与业务工作深度融合、相互促进。

三是创新开展党建活动。组织到淇县灵山街道大石岩村、淇滨区大河涧乡毛连洞村等教育基地开展守初心担使命、践行爱国主义主题党日活动，组织到鹤山区新华街街道北站路东社区开展"文明城市创建""党的十九届四中全会精神宣讲"主题文艺会演，组织开展党建演讲比赛和"走好第一方阵，争创模范机关"学习教育活动，实现了党员干部培根铸魂。

四是严肃开展组织生活。严格执行"三会一课"制度，开展支部书记讲党课、专题组织生活会等活动；通过自查剖析，对标对表，提振工作干劲，转变工作作风，努力提升"七种能力"。

五是加强意识形态管理。常态化开展关键节点集体廉政谈话，时刻掌握党员干部思想动态，及时发现控制苗头性问题，保证干部队伍纯洁性。

六是发挥支部战斗堡垒作用。全体党员干部下沉到社区抗疫最前线，成立突击队，发扬善打硬仗的精神，在疫情防控中锤炼党性修养，践行初心使命。

（二）实施"五个五"措施，确保工作取得实效。

1. 出台五项帮扶政策，助力"六稳""六保"。

一是支持受疫情影响经营困难的企业降低缴存比例或缓缴。

二是及时进行住房公积金补缴的企业，职工贷款不受影响。

三是参加疫情防控工作人员以及暂时失去收入来源的职工，在疫情影响期间未能按时偿还贷款本息的，不作逾期处理。

四是职工提供的贷款资料有效期可延长至疫情结束后30日。

五是提取住房公积金时限可延期至疫情结束后30日内办理。疫情期间累计为34个经营困难企业8974名职工办理缓缴住房公积金1500万元，对940个困难家庭不能正常还款的131万元，不作逾期处理，有效实现为企业职工纾难解困，扎实促进复工复产。

2. 破解五项发展难点堵点，促进发展提质增效，正视问题不回避，担当作为开新局。

一是解决职工身份信息不完善问题。为打赢基础数据"翻身仗"，采取成专班建台账，广宣传深发动，全覆盖细排查，建机制促落实"四大途径"，通过努力，信息不完善的职工由2.1万余人大幅减少为2000

余人,夯实了"放管服"改革工作基础。

二是解决长期封存未销户问题。采取全员任务分解、全市工作联动、开辟绿色通道、破解资金难题"四大举措",2020年4月份以来已办理1.62万人账户清理,提取1.38亿元,广大职工收获了满满的幸福感、获得感。

三是解决贷款逾期率高问题。通过建立信用制度,加强贷前审批,健全逾期责任制、动态风险预警、制定"黑名单"和开展法律诉讼"六大手段",当年完成催收441人75.16万元,对11名严重逾期职工开展法律诉讼,收回贷款66.61万元。经过努力,贷款逾期率由2019年的3.58‰大幅下降到现在的1.16‰,有力化解了资金风险。

四是解决死亡职工提取住房公积金难问题。由于继承问题需要进行公证,继承人意见很大。通过调研,采取了由一个继承人收集其他继承人身份证,并写出保证承诺的情况下进行提取,受到了群众的好评。

五是解决职工贷款多跑路问题。职工贷款需要到中心递交材料,审核通过后再到中心签合同。通过调研,采取让职工递交申请材料和签合同同时进行,减少了职工来回奔跑的次数,大大方便了职工,受到了职工的好评。

3. 实现"五个办",综合服务平台见成效。

一是实现缴存职工"网上办"。强化数据赋能,深化互联融合,打造网厅、手机App、支付宝城市服务、"豫事办"等十大渠道综合服务平台,实现数据共享。通过住房公积金手机App和个人住房公积金网厅,目前已实现23项个人业务网上一次办结。同时接入"豫事办",已实现14项服务事项"掌上办""随时办"。

二是实现缴存单位"网上办"。不断完善单位网厅功能,免费给全市2000余个缴存单位发放CA数字安全证书,开展银行托收业务,已实现14项单位业务"全程网办""一次不跑";2020年底,中心网上办结率达94.14%。

三是实现"一证通办"。取消全部办理要件复印件,实现业务办理"大瘦身",住房公积金提前还贷、个人账户转移、偿还住房公积金贷款本息提取住房公积金等3个改革事项全部实现"一证通办"。

四是实现"跨省通办"。运用公积金大数据,做到共享互通,目前实现了缴存贷款信息查询、出具缴存使用证明、开具贷款还清证明、提前还清贷款等7项业务线上"跨省通办"。

五是实现"就近办"。打破县区数据壁垒,实现通存通取通贷,为方便老城区职工办理业务,在山城区建行、工行增设代办网点,实现老城区群众"就近办",同时打通受托银行数据通道,提取业务全部实现"秒到账"。

4. 打好"五张牌",保障资金运营安全高效。

一是打好"思想"防控牌。结合"主题教育"活动,认真学习党的十九大及十九大历次全会精神和习近平系列讲话精神以及《中国共产党廉洁自律准则》《中国共产党纪律处分条例》《中国共产党党内监督条例》等党纪党规,强化廉政学习,既要"内化于心",成为自觉追求,又要"外化于行",成为自觉行动。树立"公款姓公,一分一厘不能乱用;公权为民,一丝一毫不能私用"的意识,廉洁自保,不踩规矩的"红线",不触法律的"高压线"。

二是打好"内控"制度牌。不断完善内控管理体系,深入剖析审计发现问题根源,修订完善了资金、经费、考核等23项管理制度，优化流程再造，对不相容岗位分离，并严格落实逐级审批制。

三是打好"机控"牌。认真总结工作经验，将业务办理风险点参数化，镶嵌到住房公积金核心系统中，依托住房和城乡建设部电子稽查工具，实现由"人控"到"机控"转变，"事中"拦截与"事后"检查，有效减少人为因素干扰，杜绝了违规问题的发生。

四是打好"计划"牌。科学编制年度计划，加强资金监管分析，根据受托银行归集、使用资金规模，精准测算下一阶段资金需求，按照"三重一大"要求合理调拨，保证资金充足高效使用，杜绝了临时随意性调拨资金的风险。

五是打好"阳光"牌。优化受托银行相关考核办法，对各银行利率指标、经济贡献度、工作主动性、服务质量等指标每季度开展考核，净化与受托银行之间的合作环境，激发银行之间的竞争意识，建立健全中心与银行的相互监督机制，有效防范资金被挪用风险。

5. 创新五大服务举措，优化营商环境。

一是深化简政放权。取消二手房贷款评估报告，减少职工负担，取消群众查询房屋套数环节，减少职工"两头跑"麻烦。

二是压缩办理环节。提取审批由三级压缩为两级，贷款审批由四级压缩为三级，贷款审批压缩到10个工作日内。

三是实行综合柜员制。打破窗口业务界限，窗口综合受理所有业务，实现全部业务"一窗受理"。

四是加快"好差评"建设。将"好差评"纳入2020年重点工作，坚持"做好服务是本分，服务不好是失职"原则，加快将"好差评"系统与业务服务系统紧密融合，切实推动窗口人员转变服务理念，调动服务积极性，有效提升群众满意度。

五是推行"五优"服务。着力打造"服务态度优、举止优、技能优、效率优、环境优"服务窗口，开展上门服务、延时服务、预约服务，实现办事群众即来即办，为集中办理业务的单位开辟"绿色通道"。今年已为1000余名群众开展了延时服务，为30余个单位开展上门服务。

（三）取得五项优异成绩，提振干事创业激情。中心全体干部职工团结一心、众志成城，奋勇争先地努力工作，在大疫之年取得"五项"优异成绩，有效推动了住房公积金事业的高质量发展。

一是业务指标再创历史新高。截至2020年12月底，当年归集住房公积金12.33亿元；当年为3.48万名职工办理住房公积金提取8.83亿元；当年为3673户家庭发放住房公积金贷款14.15亿元；当年完成增值收益7146.47万元，更好地实现保值增值。

二是档案管理水平实现质的飞跃。高标准建设档案库房，改建了240平方米的高标准档案室，购置了8组17列智能密集架，档案室硬件环境跃居全市先进水平；高起点完成档案归档，对标对表科学制定了我市公积金统一归档标准，截至目前1600余个缴存单位历史归集档案归档入柜全部完成；高效率管理业务档案，构建虚拟库房系统，实现实体及电子档案的登记、交接、上架、查询、借阅、归还、鉴定、销毁的全生命周期管理。由于管理先进，2020年底，中心受到了省住房城乡建设厅表扬，并在全省住建系统表彰大会上作为先进典型进行了经验交流。

三是全市人大评议取得好的成绩。中心在2020年10月份鹤壁市人大常委会开展的高质量发展城市建设工作评议中，获得了公共服务类第二名的优秀成绩。

四是获得多项荣誉称号。中心坚持党建统领，坚持稳中求进、加压奋进，抢回疫情耽误时间，统筹抓好疫情防控和复工复产，业务工作呈现稳、好、增、快发展态势。2020年，支部获得"鹤壁市抗击新冠肺炎疫情先进集体""鹤壁市先进基层党组织"荣誉称号，中心获得"市直事业单位疫情防控工作集体嘉奖""鹤壁市文明服务示范窗口""十佳优质服务窗口"荣誉称号。

五是住房和城乡建设部综合服务平台验收高分通过。在2020年11月份住房和城乡建设部对住房公积金综合服务平台验收中，我市考核成绩位居全省前列。

2021年，鹤壁市住房公积金管理中心将围绕市委"355661"工程，立足新发展阶段、贯彻新发展理念、构建新发展格局，以中心"1355"工作思路为抓手，把高质量发展住房公积金各项任务落到实处，推动公积金事业再上新台阶，为中国共产党成立100周年献礼。

新乡市住房公积金2020年年度报告

根据国务院《住房公积金管理条例》和住房和城乡建设部、财政部、人民银行《关于健全住房公积金信息披露制度的通知》（建金〔2015〕26号）的规定，经住房公积金管理委员会审议通过，现将新乡（市）住房公积金2020年年度报告公布如下。

一、机构概况

（一）住房公积金管理委员会。新乡市住房公积金管理委员会有23名委员，2020年召开1次会议，审议通过的事项主要包括：《2019年新乡市住房公积金中心增值收益分配方案》《新乡市住房公积金2019年年度报告》《2020年新乡市住房公积金归集、使用计划》《关于"规范改进住房公积金提取政策"的建议》《关于"全面清理长期休眠账户"的建议》《关于"修改黑名单期限"的建议》《新乡市住房公积金资金流动性风险预警暂行办法》《新乡市住房公积金个人住房组合贷款管理暂行办法》。

省直管长垣市住房公积金管理委员会有15名委员，2020年召开1次会议，会议审议通过了：1.《长垣市住房公积金2019年年度报告》；2.《长垣市个人住房公积金贷款管理办法》；3.《长垣市住房公积金提取管理办法》；4.《关于调整长垣市住房公积金管理委员会委员的通知》。

（二）住房公积金中心。新乡市住房公积金中心为市政府直属不以营利为目的的财政全供事业单位，设6个科，7个管理部。从业人员68人，其中，在编41人，非在编27人。

省直管长垣市住房公积金管理中心为隶属长垣市人民政府不以营利为目的的财政全供事业单位，设4个科。从业人员15人，其中，在编7人，非在编8人。

二、业务运行情况

（一）缴存。2020年，新开户单位490家，净增单位447家；新开户职工3.29万人，净增职工－1.28万人；实缴单位3971家，实缴职工30.56万人，缴存额36.54亿元，分别同比增长8.2%、4.3%、13.6%。2020年末，缴存总额237.94亿元，比上年末增加18.1%；缴存余额115.77亿元，同比增长12.2%。新乡市受委托办理住房公积金缴存业务的银行4家。省直管长垣市受委托办理住房公积金缴存业务的银行 8 家,比上年增加 1 家。

(二)提取。2020 年,9.97 万名缴存职工提取住房公积金;提取额 23.92 亿元,同比增长 19.2%;提取额占当年缴存额的 65.5%,比上年增加 3.1 个百分点。2020 年末,提取总额 122.17 亿元,比上年末增加 24.3%。

(三)贷款。

1. 个人住房贷款。新乡市住房公积金中心单缴存职工个人住房贷款最高额度 30 万元,双缴存职工个人住房贷款最高额度 55 万元。省直管长垣市住房公积金管理中心个人住房贷款最高额度 55 万元。

2020 年,发放个人住房贷款 0.61 万笔、22.33 亿元,同比分别下降 13%、7.7%。

2020 年,回收个人住房贷款 11.36 亿元。

2020 年末,累计发放个人住房贷款 5.8 万笔、153.2 亿元,贷款余额 106.82 亿元,分别比上年末增长 11.8%、17.1%、11.4%。个人住房贷款余额占缴存余额的 92.3%,比上年末减少 0.6 个百分点。新乡市住房公积金中心受委托办理住房公积金个人住房贷款业务的银行 4 家。省直管长垣市住房公积金管理中心受委托办理住房公积金个人住房贷款业务的银行 2 家。

2. 异地贷款。2020 年,发放异地贷款 818 笔、27877 万元。2020 年末,发放异地贷款总额 127130.6 万元,异地贷款余额额 110648.1 万元。

3. 公转商贴息贷款。2020 年,发放公转商贴息贷款 0 笔、0 万元,当年贴息额 0 万元。2020 年末,累计发放公转商贴息贷款 0 笔、0 万元,累计贴息 0 万元。

(四)购买国债。2020 年,购买(记账式、凭证式)国债 0 亿元,(兑付、转让、收回)国债 0 亿元。2020 年末,国债余额 0 亿元。

(五)资金存储。2020 年末,住房公积金存款 10.3 亿元。其中,活期 0.03 亿元,1 年(含)以下定期 3.84 亿元,1 年以上定期 3.72 亿元,其他(协定、通知存款等)2.71 亿元。

(六)资金运用率。2020 年末,住房公积金个人住房贷款余额、项目贷款余额和购买国债余额的总和占缴存余额的 92.3%,比上年末减少 0.6 个百分点。

三、主要财务数据

(一)业务收入。2020 年,业务收入 36450.3 万元,同比增长 15.9%。其中,新乡市住房公积金中心业务收入 32989.96 万元,省直管长垣市住房公积金管理中心业务收入 3460.34 万元;存款利息 3027.7 万元,委托贷款利息 33422.6 万元,国债利息 0 万元,其他 0 万元。

(二)业务支出。2020 年,业务支出 18168.01 万元,同比增长 11.3%。其中,新乡市住房公积金中心业务支出 16651.13 万元,省直管长垣市住房公积金管理中心业务支出 1516.88 万元;支付职工住房公积金利息 16587.96 万元,归集手续费 0 万元,委托贷款手续费 1575.92 万元,其他 4.13 万元。

(三)增值收益。2020 年,增值收益 18282.29 万元,同比增长 20.9%。其中,新乡市住房公积金中心增值收益 16338.83 万元,省直管长垣市住房公积金管理中心增值收益 1943.46 万元;增值收益率 1.7%,比上年增加 0.2 个百分点。

(四)增值收益分配。2020 年,提取贷款风险准备金 934.15 万元,提取管理费用 1415.16 万元,提取城市廉租住房(公共租赁住房)建设补充资金 15932.98 万元。

2020年，上交财政管理费用1318.5万元。上缴财政城市廉租住房（公共租赁住房）建设补充资金15658.98万元。其中，新乡市住房公积金中心上缴财政城市廉租住房（公共租赁住房）建设补充资金15018.45万元，省直管长垣市住房公积金管理中心上缴财政城市廉租住房（公共租赁住房）建设补充资金640.53万元。

2020年末，贷款风险准备金余额25751.46万元。累计提取城市廉租住房（公共租赁住房）建设补充资金85150.34万元。其中，新乡市住房公积金中心累计提取城市廉租住房（公共租赁住房）建设补充资金80785.55万元。省直管长垣市住房公积金管理中心累计提取城市廉租住房（公共租赁住房）建设补充资金4364.79万元。

（五）**管理费用支出**。2020年，管理费用支出1218.92万元，同比下降10.3%。其中，人员经费660.26万元，公用经费65.33万元，专项经费493.33万元。

新乡市住房公积金中心管理费用支出1107.99万元，同比下降9.1%。其中，人员经费613.39万元，公用经费25.33万元，专项经费469.27万元。

省直管长垣市住房公积金管理中心管理费用支出110.93万元，同比下降20.9%。其中，人员经费46.87万元，公用经费40万元，专项经费24.06万元。

四、资产风险状况

个人住房贷款。2020年末，个人住房贷款逾期额0万元，逾期率0‰。其中，新乡市住房公积金中心个人住房贷款逾期额0万元，逾期率0‰，省直管长垣市住房公积金管理中心个人住房贷款逾期额2.04万元，逾期率0.25‰。个人贷款风险准备金余额25751.46万元。2020年，使用个人贷款风险准备金核销呆坏账0万元。

五、社会经济效益

（一）**缴存业务**。缴存职工中，国家机关和事业单位占53.6%，国有企业占17%，城镇集体企业占0.6%，外商投资企业占0.6%，城镇私营企业及其他城镇企业占7.5%，民办非企业单位和社会团体占2.1%，灵活就业人员占0.1%，其他占18.5%；中、低收入占97.6%，高收入占2.4%。

新开户职工中，国家机关和事业单位占29.9%，国有企业占8.8%，城镇集体企业占0.9%，外商投资企业占0.8%，城镇私营企业及其他城镇企业占27.2%，民办非企业单位和社会团体占5.0%，灵活就业人员占0.9%，其他占26.5%；中、低收入占93%，高收入占7%。

（二）**提取业务**。提取金额中，购买、建造、翻建、大修自住住房占19.3%，偿还购房贷款本息占48.1%，租赁住房占2.4%，支持老旧小区改造占0%，离休和退休提取占18.1%，完全丧失劳动能力并与单位终止劳动关系提取占0.8%，出境定居占0%，其他占11.3%。提取职工中，中、低收入占96.4%，高收入占3.6%。

（三）**贷款业务**。

个人住房贷款。2020年，支持职工购建房74.26万平方米（含公转商贴息贷款），年末个人住房贷款市场占有率（含公转商贴息贷款）为10.9%，比上年末减少0.5个百分点。通过申请住房公积金个人住房贷款，可节约职工购房利息支出48689.06万元。

职工贷款笔数中,购房建筑面积 90（含）平方米以下占 11.3%,90～144（含）平方米占 78.8%,144 平方米以上占 9.9%。购买新房占 81.5%（其中购买保障性住房占 0%）,购买二手房占 18.5%,建造、翻建、大修自住住房占 0%（其中支持老旧小区改造占 0%）,其他占 0%。

职工贷款笔数中,单缴存职工申请贷款占 23.2%,双缴存职工申请贷款占 76.8%,三人及以上缴存职工共同申请贷款占 0%。

贷款职工中,30 岁（含）以下占 17.5%,30 岁～40 岁（含）占 51%,40 岁～50 岁（含）占 25.3%,50 岁以上占 6.2%;首次申请贷款占 89.4%,二次及以上申请贷款占 10.6%;中、低收入占 97.6%,高收入占 2.4%。

（四）住房贡献率。 2020 年,个人住房贷款发放额、公转商贴息贷款发放额、项目贷款发放额、住房消费提取额的总和与当年缴存额的比率为 106.8%,比上年减少 13.2 个百分点。

六、其他重要事项

（一）应对新冠肺炎疫情采取的措施,落实住房公积金阶段性支持政策情况和政策实施成效。
新乡市住房公积金中心

2020 年 2 月 19 日,下发《新乡市住房公积金中心关于疫情防控期间做好住房公积金管理服务工作的通知》（新公积金〔2020〕2 号）;2020 年 3 月 19 日管委会出台《关于落实住房和城乡建设部财政部人民银行关于妥善应对新冠肺炎疫情实施住房公积金阶段性支持政策的通知》（新公积金管〔2020〕3 号）,主要内容:（1）延长住房公积金缴存时限;受疫情影响,未能及时按月缴存住房公积金的单位,在疫情防控解除后三个月之内,足额补缴的视同正常缴存;（2）受疫情影响导致生产经营困难的企业,不能按月缴存住房公积金的,6 月底前可按规定申请暂缓缴存住房公积金或降低住房公积金缴存比例,缓缴期间不影响职工正常申请贷款;（3）受疫情影响的职工,2020 年 6 月 30 日前住房公积金贷款不能正常还款的,不作逾期处理;（4）对支付房租压力较大的职工,6 月 30 日前提取住房公积金支付房租月租金标准适当提高,单身职工提取标准调整为 1200 元/月;夫妻双方提取标准调整为 1400 元/月。

疫情期间共有 905 个单位享受"公积金迟缴"政策,2 家企业 2227 名职工办理了缓缴手续,切实解决疫情期间企业面临的困难;为 1022 户职工预约和错峰办理了相关业务,有 9 户职工家庭享受了贷款顺延服务;为因疫情经营有困难申请缓交单位的职工办理理贷款申请 35 户,贷款金额 1188.6 万元;有 9 户家庭困难职工享受租房提取优惠政策,多提公积金 1.69 万元。

省直管长垣市住房公积金管理中心

2021 年 2 月 24 日出台了《关于疫情防控期间做好住房公积金管理服务工作的通知》（长公积金〔2020〕6 号）,对特定企业允许缓缴或降低缴存比例,可以适当延长住房公积金缴存时限,顺延提取和贷款办理期限,对受疫情影响贷款未能正常还款的,不作逾期处理。截至 2020 年底,共为 8 家缴存单位,缴存职工 3438 人缓缴公积金 136.81 万余元;另外,进一步优化住房公积金拨付流程,做到快审快批快放,对信用良好的房地产开发企业提前放款时间,以缓解企业资金压力。

（二）当年机构及职能调整情况、受委托办理缴存贷款业务金融机构变更情况。 新乡市住房公积金中心 2020 年委托办理贷款业务金融机构增加邮政储蓄银行,由原来的 3 家变为 4 家。委托办理归集业务金融机构无变化。

省直管长垣市住房公积金管理中心2020年新增加工商银行为受委托缴存业务银行。

（三）当年住房公积金政策调整及执行情况，包括当年缴存基数限额及确定方法、缴存比例等缴存政策调整情况。当年提取政策调整情况；当年个人住房贷款最高贷款额度、贷款条件等贷款政策调整情况；当年住房公积金存贷款利率执行标准等；支持老旧小区改造政策落实情况。

新乡市住房公积金中心

1. 缴存基数及比例调整情况。按照《新乡市人民政府办公室关于进一步扩大住房公积金制度受益范围的实施意见》（新政办〔2017〕104号）规定。"全市住房公积金缴存基数不得高于本市上年度职工平均工资的3倍，不得低于本市（县）上年度最低工资标准；最高缴存比例为12%，最低缴存比例为5%。"按市统计局公布的2019年社平工资标准，我市2020年度住房公积金缴存基数最高限额为15487元。按照《新乡市人民政府关于调整新乡市最低工资标准的通知》（新政〔2018〕9号）规定，我市缴存基数最低限额为：市区1900元；辉县市、新乡县1700元；卫辉市、获嘉县、原阳县、封丘县、延津县1500元。

2. 提取政策调整情况。《异地购房提取实施细则》于5月1日起正式实施。重点支持提取住房公积金用于在缴存地或户籍地购买首套普通住房和第二套改善型住房。对非住房公积金缴存地或非户籍所在地购房职工取消本人、配偶和直系亲属购买自住住房及偿还个人住房贷款本息的住房公积金提取业务。

3. 当年个人住房贷款最高贷款额度。夫妻双方按时连续足额缴存住房公积金的，贷款最高额度55万元；单方按时连续足额缴存住房公积金的，贷款最高额度30万元。

4. 贷款条件等贷款政策调整情况。为更好地满足住房公积金缴存职工住房贷款需求，解决职工购房资金不足问题，出台《新乡市住房公积金个人住房组合贷款管理暂行办法》。

5. 当年住房公积金贷款利率执行标准。目前执行的贷款年利率5年（含）以下2.75%；5年以上3.25%。二套房贷款年利率5年（含）以下3.025%；5年以上3.575%。

6. 当年住房公积金存款利率执行情况。2020年住房公积金存款10.30亿元，其中，一年以下定期存款3.84亿元，平均利率2.2%；协定存款2.71亿元，执行利率1.38%；活期存款0.34亿元，执行利率0.3%。

省直管长垣市住房公积金管理中心

1. 缴存基数及比例调整情况。2020年6月29日，按照国务院《住房公积金管理条例》《河南省住房公积金管理条例》和《河南省人民政府办公厅关于进一步扩大住房公积金制度受益范围的若干意见》（豫政办〔2016〕223号）等文件规定，依据我市统计部门提供的2019年度全市职工年平均工资标准，缴存基数不得超过2019年度我市在岗职工月平均工资的3倍，最低限额不得低于2019年度缴存基数2214元（2019年度全市在岗职工月平均工资为4756元）。职工和单位的住房公积金缴存比例均不低于职工上一年度月平均工资的5%，不高于12%；自主缴存者缴存比例为16%；垂直管理部门缴存基数可参照新乡市缴存标准执行。并及时下发《关于核定2020年度住房公积金缴存基数和比例的通知》。

2. 贷款政策调整情况。为贯彻落实"房子是用来住的，不是用来炒的"政策定位，中心结合我市实际，修订了《长垣市个人住房公积金贷款管理办法》，将个人住房贷款最高贷款额度调整为55万元。提高了二套房首付比例，具体为：所购住房面积小于144平方米（含144平方米）的，贷款额度不得超过所购住房总价的70%；所购住房面积大于144平方米，小于180平方米（含180平方米）的，贷款额度不得超过所购住房总价的60%；所购住房面积大于180平方米的，原则上不予支持公积金贷款。

3. 提取政策调整情况。为加强住房公积金提取管理,结合我市实际,重新修订了《长垣市住房公积金提取管理办法》,增加了物业费提取;限制了非工作所在地和户籍所在地提取使用公积金;提高了新建自住住房每平方提取金额,由原来的提取总额不得超过 800 元/平方米提高至 1600 元/平方米;减少了租住商品住房提取公积金要件,提取人只需提供家庭在本市无房产证明集体办理提取。

(四)当年服务改进情况,包括推进住房公积金服务"跨省通办"工作情况,服务网点、服务设施、服务手段、综合服务平台建设和其他网络载体建设服务情况等。

新乡市住房公积金中心

1. 2020 年底前需完成的住房公积金"跨省通办"三项政务服务事项我中心均已实现全程网办。2021 年底前需完成的"跨省通办"五项事项中,已有四项业务实现全程网办,购房提取住房公积金业务需按照两地联办要求加强中心之间协同合作进行办理。

中心已设跨省通办综合联系人 A 角、B 角,并在政务服务大厅设置跨省通办服务窗口,负责中心跨省通办业务办理。

2. 开通并不断完善门户网站、手机 App、网上业务大厅、12329 服务热线、自助终端、微信公众号服务平台、官方微博、12329 短信、河南省政务服务网、豫事办、支付宝市民中心等十一种服务渠道,公积金便民服务渠道变得更加多元化。

一是服务内容多元化。缴存单位可查询单位基本信息、职工信息、业务办理情况;缴存职工可通过多种服务渠道查询个人账户信息、缴存提取明细、贷款信息等;单位和个人可以通过网上办理缴存、提取、查询、预约等服务。

二是服务更加方便快捷。职工既可以与 12329 人工热线客服一对一交流,也可通过微信、微博、手机 App、网站进行政策咨询、业务查询、投诉、意见反馈等。

三是服务不间断。网上服务 7×24 小时,通过线上服务渠道,职工不用请假跑腿,拿起手机动动手指即可办理业务,在线零材料,资金实时到账,极大地方便了缴存职工。

3. 已经实现公安、人社、工商、税务、民政、不动产房屋信息查询和房屋备案合同信息(备案合同电子证照)数据共享。数据共享工作的推进,减少了办事群众和专管员奔波之苦,既提高了办理业务的准确率,也减轻了柜台人员的工作强度。

4. 2020 年 11 月 9、10 日,中心公积金综合服务平台以优秀成绩通过省住房城乡建设厅验收。综合服务平台的使用和通过验收,将不断提升公积金智慧服务,为我市推进"放管服"改革、优化营商环境做出更大贡献。

省直管长垣市住房公积金管理中心

1. 为满足"放管服"改革工作需要,使办事群众"只进一扇门,最多跑一次",2020 年 6 月,按照市政府安排,我中心全体职工牺牲节假日加班加点完成了办公场所的搬迁,入驻了行政服务中心。窗口设在二号楼四楼,行政人员办公室在七号楼二楼。进一步提高了服务效能,方便缴存职工办理公积金业务。

2. 增加了"跨省通办"窗口,并有专人负责相关的业务办理;同时为了进一步优化营商环境,在政务服务中心 2 楼企业开办专区增加了公积金窗口,为企业开立住房公积金账户提供服务。

3. 为适应快速发展的住房公积金业务需要,进一步加强和提升服务,力争让群众"最多跑一次",甚至零跑腿,我中心对标先进,攻坚克难,积极争取财政资金,推进信息化建设。完成了豫事办、一网通办、一证通办建设等招投标工作,并督促施工企业顺利完成了开发建设。做好住房公积金服务事项接入"豫事办",完成综合服务平台建设,开通了网厅、网站、App、查办一体机等渠道,推动住房公积金服务事项"掌上办""随时办";实现了我市住房公积金办件量实时推送至省政务服务平台。

(五)当年信息化建设情况,包括信息系统升级改造情况,基础数据标准贯彻落实和结算应用系统接入情况等。

新乡市住房公积金中心

1. 2020年8月在全省率先实现全国异地转移接续业务网上办。异地转入我中心的缴存职工不用到中心柜台申请,只需动动手指便可零材料在线办理异地转移接续申请,资金转入个人公积金账户成功后,系统自动短信通知到职工本人。

2. 实现异地贷款职工公积金缴存使用证明和公积金贷款结清证明两项"跨省通办"业务全程网办。缴存职工不用再跑到我中心来,在网上便可打印贷款职工异地缴存使用证明、缴存明细表和公积金贷款结清证明,网上打印实现电子印章,确保文书打印具有法律效力。

3. 在系统中为符合退休、离职等提取办理条件人员自动发送提示办理短信,让缴存职工第一时间能够在线零材料办理提取手续,为职工提供暖心贴心服务。每月还对欠缴1个月以上缴存单位专管员发短信提醒缴纳公积金。

4. 通过大数据局接收不动产登记交易中心新房备案合同电子证照,在核心业务系统已实现购房提取职工房屋信息反显并复用其备案电子合同。

(六)当年住房公积金中心及职工所获荣誉情况。包括:文明单位(行业、窗口)、青年文明号、工人先锋号、五一劳动奖章(劳动模范)、三八红旗手(巾帼文明岗)、先进集体和个人等。

2020年4月,新乡市住房公积金中心荣获五一劳动奖状;

2020年9月,新乡市住房公积金中心荣获市直机关迎国庆书法比赛优秀组织奖;

2020年11月,新乡市住房公积金中心荣获党建知识网络竞赛优秀组织奖;

2020年,省直管长垣市住房公积金管理中心窗口被评为"三八红旗集体",杨潇同志被评为"三八红旗手"。

(七)当年对违反《住房公积金管理条例》和相关法规行为进行行政处罚和申请人民法院强制执行情况。 无。

(八)当年对住房公积金管理人员违规行为的纠正和处理情况等。 无。

(九)其他需要披露的情况。 无。

焦作市住房公积金2020年年度报告

根据国务院《住房公积金管理条例》和住房和城乡建设部、财政部、人民银行《关于健全住房公积金信息披露制度的通知》(建金〔2015〕26号)的规定,经住房公积金管理委员会审议通过,现将焦作市住房公积金2020年年度报告公布如下。

一、机构概况

（一）住房公积金管理委员会。住房公积金管理委员会有24名委员，2020年召开2次会议，审议通过的事项主要包括：1.审议《关于调整住房公积金贷款政策的通知》（2020年3月焦公积金委〔2020〕1号）；2.审议《老旧住宅小区加装电梯提取住房公积金办法》；3.审议《关于与受托银行续签业务办理委托合同的通知》；4.审议《焦作市住房公积金中心关于2020年度收支预算草案》；5.审议《焦作市住房公积金中心关于2019年度增值收益分配方案》；6.审议《焦作市住房公积金2019年年度报告》；7.审议2020年《关于调整住房公积金贷款政策的通知》（2020年8月焦公积金委〔2020〕7号）。

（二）住房公积金中心。市住房公积金中心为直属市政府领导的不以营利为目的财政全供事业单位，内设10个科室，8个县（市）区管理部，从业人员117人，其中，在编66人，非在编51人；焦煤分中心设3个科，从业人员14人，其中，在编14人。

二、业务运行情况

（一）缴存。2020年，新开户单位345家，净增单位96家；新开户职工1.99万人，净减少职工0.54万人；实缴单位4172家，实缴职工31.28万人，缴存额27.88亿元，分别同比增长2.36%、下降1.69%、下降3.54%。2020年末，缴存总额231.68亿元，同比增长13.68%；缴存余额115.16亿元，同比增长10.67%。受委托办理住房公积金缴存业务的银行4家。

（二）提取。2020年，7.55万名缴存职工提取住房公积金；提取额16.77亿元，同比增长8.17%；占当年缴存额的60.17%，比上年增长6.5个百分点。2020年末，提取总额116.52亿元，同比增长16.82%。

（三）贷款。

1. 个人住房公积金贷款。单缴存职工个人住房贷款最高额度40万元，双缴存职工个人住房贷款最高额度45万元。

2020年，发放个人住房贷款0.44万笔、14.76亿元，同比分别下降19.12%及15.65%。其中，市中心发放个人住房贷款0.41万笔、13.82亿元，焦煤分中心发放个人住房贷款0.03万笔、0.94亿元。

2020年，回收个人住房贷款10.43亿元。其中，市中心9.8亿元，焦煤分中心0.63亿元。

2020年末，累计发放个人住房贷款8.06万笔、168.7亿元，贷款余额99.63亿元，同比分别增长5.84%、9.59%、4.55%。个人住房贷款余额占缴存余额的86.52%，比上年减少5.06个百分点。受委托办理住房公积金个人住房贷款业务的银行8家。

2. 异地贷款。2020年，发放异地贷款6笔、203万元。2020年末，发放异地贷款总额49206.8万元，异地贷款余额31664.16万元。

（四）购买国债。2020年，购买国债0亿元，回收国债0亿元。年末，国债余额为0亿元。

（五）资金存储。2020年末，住房公积金存款19.05亿元。其中，活期1.33亿元，1年（含）以下定期8.1亿元，1年以上定期6.85亿元，其他（协定、通知存款等）2.77亿元。

（六）资金运用率。2020年末，住房公积金个人住房贷款余额、项目贷款余额和购买国债余额的总和占缴存余额的86.52%，比上年减少5.06个百分点。

三、主要财务数据

（一）业务收入。2020 年，业务收入 36749.73 万元，同比增长 16.04%。其中，市中心 34041.74 万元，焦煤分中心 2707.99 万元；存款利息 4418.21 万元，委托贷款利息 31535.67 万元，国债利息 0 万元，其他 795.85 万元。

（二）业务支出。2020 年，业务支出 18389.21 万元，同比增长 11.04%。其中，市中心 16491.99 万元，焦煤分中心 1897.22 万元；支付职工住房公积金利息 16544.67 万元，归集手续费 1276.95 万元，委托贷款手续费 566.27 万元，其他 1.32 万元。

（三）增值收益。2020 年，增值收益 18360.52 万元，同比增长 21.52%。其中，市中心 17549.75 万元，焦煤分中心 810.77 万元；增值收益率 1.65%，比上年增长 0.11 个百分点。

（四）增值收益分配。2020 年，提取贷款风险准备金 24.33 万元，提取管理费用 3510.03 万元，提取城市廉租住房（公共租赁住房）建设补充资金 13323.55 万元。

2020 年，上交财政管理费用 2393.64 万元。上缴财政城市廉租住房（公共租赁住房）建设补充资金 16459.01 万元。其中，市中心上缴财政城市廉租住房（公共租赁住房）建设补充资金 16459.01 万元，焦煤分中心上缴 0 万元。

2020 年末，贷款风险准备金余额 22772.94 万元。累计提取城市廉租住房（公共租赁住房）建设补充资金 66972.83 万元。其中，市中心提取 64377.62 万元，焦煤分中心提取 2595.21 万元。

（五）管理费用支出。2020 年，管理费用支出 2147.38 万元，同比下降 20.52%。其中，人员经费 1040.54 万元，公用经费 128.69 万元，专项经费 978.15 万元。

市中心管理费用支出 1886.83 万元，其中，人员、公用、专项经费分别为 857.52 万元、116.69 万元、912.62 万元；焦煤分中心管理费用支出 260.55 万元，其中，人员、公用、专项经费分别为 183.02 万元、12 万元、65.53 万元。

四、资产风险状况

个人住房贷款。2020 年末，个人住房贷款逾期额 384.38 万元，逾期率 0.39‰。其中，市中心 0.29‰，焦煤分中心 1.93‰。个人贷款风险准备金余额 22772.94 万元。2020 年，使用个人贷款风险准备金核销呆坏账 0 万元。

五、社会经济效益

（一）缴存业务。缴存职工中，国家机关和事业单位占 43.85%，国有企业占 22.89%，城镇集体企业占 7.39%，外商投资企业占 0.84%，城镇私营企业及其他城镇企业占 17.21%，民办非企业单位和社会团体占 1.24%，灵活就业人员 2.54%，其他占 4.04%；中、低收入占 98.97%，高收入占 1.03%。

新开户职工中，国家机关和事业单位占 31.35%，国有企业占 8.85%，城镇集体企业占 4.79%，外商投资企业占 0.54%，城镇私营企业及其他城镇企业占 36.6%，民办非企业单位和社会团体占 5.23%，灵活就业人员 6%，其他占 6.64%；中、低收入占 99.86%，高收入占 0.14%。

（二）提取业务。提取金额中，购买、建造、翻建、大修自住住房占 21.21%，偿还购房贷款本息占

44.64%，租赁住房占 0.1%，支持老旧小区改造占 0.02%，离休和退休提取占 21.91%，完全丧失劳动能力并与单位终止劳动关系提取占 9.19%，出境定居占 0%，其他占 2.93%。提取职工中，中、低收入占 98.41%，高收入占 1.59%。

（三）**贷款业务**。个人住房贷款。2020 年，支持职工购建房 54.95 万平方米，年末个人住房贷款市场占有率为 24.52%，比上年减少 2.78 个百分点。2020 年，市中心共发放 4145 笔、住房公积金贷款，贷款金额 13.82 亿元，以贷款 5 年期以上利率计算住房公积金贷款利率（3.25%）较同期商业性个人住房贷款利率（商业性住房贷款利率按照最新贷款市场报价利率（LPR）4.65% 计算）低 1.4 个百分点，通过申请住房公积金个人住房贷款，可节约职工购房利息支出 22830 万元，人均可节约职工购房利息支出 5.51 万元；焦煤分中心可节约职工购房利息支出 1664.02 万元。

职工贷款笔数中，购房建筑面积 90（含）平方米以下占 7.98%，90～144（含）平方米占 80.39%，144 平方米以上占 11.63%。购买新房占 85.95%（其中购买保障性住房占 0%），购买存量商品住房占 14.03%，建造、翻建、大修自住住房占 0%，其他占 0.02%。

职工贷款笔数中，单缴存职工申请贷款占 46.48%，双缴存职工申请贷款占 53.52%，三人及以上缴存职工共同申请贷款占 0%。

贷款职工中，30 岁（含）以下占 18.06%，30 岁～40 岁（含）占 44.86%，40 岁～50 岁（含）占 30.31%，50 岁以上占 6.77%；首次申请贷款占 86.87%，二次及以上申请贷款占 13.13%；中、低收入占 98.11%，高收入占 1.89%。

（四）**住房贡献率**。2020 年，个人住房贷款发放额、公转商贴息贷款发放额、项目贷款发放额、住房消费提取额的总和与当年缴存额的比率为 92.86%，比上年减少 2.41 个百分点。

六、其他重要事项

焦作市住房公积金中心不断创新、探索和实践，充分发挥公积金制度效用，不断提高服务水平，各项业务指标稳步增长，社会影响力、群众满意度及上级部门的认可度得到日益增强。2020 年，中心先后荣获"河南省文明单位""河南省文明服务示范窗口""就业工作先进单位""2019 年度内部审计工作先进单位""2019 年度金融工作先进单位""脱贫攻坚爱心助学圆梦先进单位""2019 年党建信息先进集体"等多项荣誉。

（一）**多措并举，深入细致地开展各项新冠疫肺炎情防控工作**。一是提前部署。研究制定有效措施，出台《焦作市住房公积金中心防控新型冠状病毒感染肺炎疫情工作的实施方案》（焦公积金〔2020〕6号），建立疫情防控应急机制并安排专人负责，并提前多方购买筹措口罩、酒精、护目镜、额温枪等消毒防控用品；二是强化引导。通过微信公众号、微信工作群、各类媒体和各网点门头电子显示屏、及时向中心工作人员和群众传递权威的病毒防控知识，号召群众不信谣不传谣，倡导广大缴存职工网上办理业务，竭力营造全社会共同参与、坚决打赢疫情防控攻坚战的良好氛围；三是下沉一线。中心组织党员领导干部投入到基层防疫一线，协助社区楼院排查登记重点疫情地区返焦人员，开展疫情防控知识宣传，管控人员流动、聚集，全力阻断传染源，阻断疫情扩撒。四是加强防控。中心在侧门设置疫情防控点，落实群众信息登记、体温监测、口罩提醒等工作，严格要求工作人员佩戴口罩手套、护目镜等防护设备，设置一米线，材料传递通过专用纸盒，减少不必要接触，同时，严格落实窗口消杀工作，每天要进行不少于 3 次消毒。五是出台政策。中心积极响应国务院、省、市助力企业复工复产精神，落实住房公积金阶段性支持政策，主动研究出台企业缓缴住房公积金、疫情期间公积金业务系统不转逾期、降低公积金项目准入条件、延长公积金贷款受理时限、加快放款速度以及住房公积金装修贷款可实施的贷后惠民政策等为企业减负，使企业及职工更好地使用公积金的政策，疫情期间，全市享受缓交政策的企业有38家，职工人数10131人，金额合计3764.29万元。疫情期间，全市享受政策的房产开发企业有14家，为1349户缴存职工家庭发放住房公积金贷款4.46亿，支持住房面积167372.37平方米。

（二）缴存基数、缴存比例调整工作。

1. 缴存基数不得超过焦作市统计局公布的2019年度全市城镇非私营单位从业人员月平均工资（5090元/月）的3倍，即15270元，比去年增加681元；月缴存额上限为3664元，比去年增加162元。月缴存基数下限不低于《河南省人民政府关于调整河南省最低工资标准的通知》（豫政〔2018〕26号）文件规定的焦作市市区2018年度最低工资标准，市区、沁阳、孟州为1900元，月缴存额下限为190元。修武、武陟、博爱、温县为1700元，月缴存额下限为170元。

2. 自主缴存者月缴存基数最高为15270元，月缴存额上限为3664元；月缴存基数最低为5090元，比去年增加227元；月缴存额下限为510元，比去年增加24元。

3. 务工农民月缴存基数最高为15270元，月缴存额上限为3664元；月缴存基数最低为4327元，比去年增加193元；月缴存额下限为432元，比去年增加18元。

（三）住房公积金提取政策调整。出台老旧住宅小区加装电梯提取住房公积金。

（四）个人住房贷款政策调整情况。

1. 提高公积金使用效率。住房公积金装修贷款可申请住房公积金账户余额"逐月冲还贷"和使用一次性提取住房公积金账户余额结清贷款本息。在计算贷款使用次数时，装修贷款不再计入其中。

2. 职工住房公积金账户封存状态下，符合月冲条件的，可以申请月冲还贷。

3. 放宽住房公积金担保人的担保条件。

4. 恢复异地缴存职工贷款、商业贷款转公积金贷款和提取住房公积金账户余额提前部分还本业务。

（五）住房公积金贷款利率执行情况。住房公积金存贷款利率按照中国人民银行公布的住房公积金存贷款利率执行。

（六）综合服务平台及信息化建设情况。

1. 顺利完成综合服务平台、核心系统验收。近年来，按照"放管服"要求，稳步推进综合服务平台、核心系统建设，建成了以综合管理系统为核心的覆盖门户网站、12329服务热线、网上办事大厅、手机App、微信公众号、支付宝城市服务、自助终端等多个渠道的综合服务体系。今年七月份住房和城乡建设部监管司、省厅监管处一行专家对平台进行验收，验收组通过听取汇报、现场检查、质询答疑、合议等方式，对服务渠道开通和功能实现情况、综合管理系统和安全保障体系建设情况、运行绩效分析功能及取得的成效进行量化评分，最后以优异成绩通过住房和城乡建设部专家验收组验收，平台的验收，标志着中心信息化建设又上了一个新台阶。

2. 进一步拓展"互联网＋"线上业务。本着"让数据多跑路，群众少跑腿"的宗旨，以"互联网＋"为导向，充分利用大数据、云计算等信息技术，进一步拓宽线上业务、增加线上业务种类，增强线上线下业务融合度。今年疫情期间，为避免办事职工聚集，缓解缴存企业负担，手机App、网厅上线预约服务、线上申请降低缴存比例、缓交；微信公众号上线购、建房、租房提取，离、退休提取，偿还商贷提取，离境、终止劳动关系提取，月对冲，提取结清，还款账号变更，预约服务，缴存证明查询打印等业务，进一步提高线上服务效率。截至目前，中心全部32项事项实现"马上办"和"就近办"，29项事项实现一网通办。

3. 开拓工作思路，创新上线新业务。为进一步提高网上服务实效，上半年上线微信小程序"焦您办"及微信视频号，微信小程序涵盖服务指南、网点导航、贷款测算、政策解读四大内容，简洁直观为缴存职工提供政策咨询。同时为进一步提高商贷提取、法院查询、扣划、冻结业务办理效率，下半年制定了商贷提取业务统一接口标准，开发了法院查询、扣划、冻结对接接口，目前正在稳步推进，该两项业务也是全省行业内首次创新。

濮阳市住房公积金2020年年度报告

根据国务院《住房公积金管理条例》和住房和城乡建设部、财政部、人民银行《关于健全住房公积金信息披露制度的通知》（建金〔2015〕26号）的规定，经住房公积金管理委员会审议通过，现将（市）住房公积金年年度报告公布如下。

一、机构概况

（一）**住房公积金管理委员会**。住房公积金管理委员会有23名委员，2020年召开2次会议，审议通过的事项主要包括：《关于2019年归集使用计划执行情况及2020年归集使用计划安排的报告》，《2019年住房公积金增值收益分配方案（草案）》，《濮阳市住房公积金2019年年度报告（草案）》，《濮阳市住房公积金诚信黑名单管理办法》，《关于暂停办理"商转公"业务的通知》，《关于阶段性重开二套房住房公积金贷款的通知》，表决授权住房公积金管理中心审批生产困难的企业，降低住房公积金缴存比例或缓缴的申请，《关于暂缓开办二套房贷款的报告》等。

（二）**住房公积金管理中心**。住房公积金管理中心为直属濮阳市人民政府的不以营利为目的的公益一类事业单位，设个5处（科），7个管理部，1个分中心。从业人员97人，其中，在编70人，非在编27人。

二、业务运行情况

（一）**缴存**。2020年，新开户单位156家，净增单位125家；新开户职工1.77万人，净增职工-0.51万人；实缴单位2562家，实缴职工24.89万人，缴存额38.27亿元，分别同比下降0.4%、增长0.9%、增长8.9%。2020年末，缴存总额324.34亿元，比上年末增加13.4%；缴存余额113.07亿元，同比增长12.1%。受委托办理住房公积金缴存业务的银行6家。

（二）**提取**。2020年，8.56万名缴存职工提取住房公积金；提取额26.04亿元，同比下降0.5%；提取额占当年缴存额的68.0%，比上年减少6.4个百分点。2020年末，提取总额211.27亿元，比上年末增加 14.1%。

（三）贷款。

1. 个人住房贷款。个人住房贷款最高额度 45 万元。

2020 年，发放个人住房贷款 0.64 万笔、23.22 亿元，同比分别下降 9.2%、增长 4.4%。其中，市中心发放个人住房贷款 0.35 万笔、11.20 亿元，中原油田分中心发放个人住房贷款 0.29 万笔、12.02 亿元。

2020 年，回收个人住房贷款 12.77 亿元。其中，市中心 8.12 亿元，中原油田分中心 4.65 亿元。

2020 年末，累计发放个人住房贷款 8.07 万笔、178.36 亿元，贷款余额 101.80 亿元，分别比上年末增加 8.6%、15.0%、11.4%。个人住房贷款余额占缴存余额的 90.0%，比上年末减少 0.6 个百分点。受委托办理住房公积金个人住房贷款业务的银行 5 家。

2. 异地贷款。2020 年，发放异地贷款 8 笔、203.50 万元。2020 年末，发放异地贷款总额 103147.56 万元，异地贷款余额 55235.04 万元。

3. 公转商贴息贷款。2020 年，发放公转商贴息贷款 0 笔、0 万元，当年贴息额 0 万元。2020 年末，累计发放公转商贴息贷款 0 笔、0 万元，累计贴息 0 万元。

（四）购买国债。 2020 年，购买（记账式、凭证式）国债 0 亿元，（兑付、转让、收回）国债 0 亿元。2020 年末，国债余额 0 亿元。

（五）资金存储。 2020 年末，住房公积金存款 13.97 亿元。其中，活期 0.04 亿元，1 年（含）以下定期 1.6 亿元，1 年以上定期 2.01 亿元，其他（协定、通知存款等）10.32 亿元。

（六）资金运用率。 2020 年末，住房公积金个人住房贷款余额、项目贷款余额和购买国债余额的总和占缴存余额的 90.0%，比上年末减少 0.6 个百分点。

三、主要财务数据

（一）业务收入。 2020 年，业务收入 35141.22 万元，同比增长 15.0%。其中，市中心 20611.02 万元，中原油田分中心 14530.20 万元；存款利息 4246.91 万元，委托贷款利息 30884.05 万元，国债利息 0 万元，其他 10.26 万元。

（二）业务支出。 2020 年，业务支出 17544.45 万元，同比增长 13.2%。其中，市中心 10487.34 万元，中原油田分中心 7057.11 万元；支付职工住房公积金利息 16232.63 万元，归集手续费 0 万元，委托贷款手续费 1310.74 万元，其他 1.08 万元。

（三）增值收益。 2020 年，增值收益 17596.77 万元，同比增长 16.8%。其中，市中心 10123.68 万元，中原油田分中心 7473.09 万元；增值收益率 1.7%，比上年增加 0.1 个百分点。

（四）增值收益分配。 2020 年，提取贷款风险准备金 1045.21 万元，提取管理费用 2342.30 万元，提取城市廉租住房（公共租赁住房）建设补充资金 14209.26 万元。

2020 年，上交财政管理费用 1256.10 万元。上缴财政城市廉租住房（公共租赁住房）建设补充资金 6957.66 万元。其中，市中心上缴 6957.66 万元。

2020 年末，贷款风险准备金余额 30335.41 万元。累计提取城市廉租住房（公共租赁住房）建设补充资金 76522.07 万元。其中，市中心提取 49491.70 万元，中原油田分中心提取 27030.37 万元。

（五）管理费用支出。 2020 年，管理费用支出 1579.79 万元，同比下降 15.8%。其中，人员经费

1047.53万元，公用经费172.06万元，专项经费360.20万元。

市中心管理费用支出844.10万元，其中，人员、公用、专项经费分别为541.00万元、13.10万元、290.00万元；中原油田分中心管理费用支出735.69万元，其中，人员、公用、专项经费分别为506.53万元、158.96万元、70.20万元。

四、资产风险状况

个人住房贷款。2020年末，个人住房贷款逾期额1700.49万元，逾期率1.67‰，其中，市中心1.8‰，中原油田分中心1.37‰。个人贷款风险准备金余额30335.41万元。2020年，使用个人贷款风险准备金核销呆坏账0万元。

五、社会经济效益

（一）缴存业务。缴存职工中，国家机关和事业单位占42.4%，国有企业占33.4%，城镇集体企业占0.8%，外商投资企业占0.4%，城镇私营企业及其他城镇企业占13.9%，民办非企业单位和社会团体占2.5%，灵活就业人员占6.6%，其他占0%；中、低收入占99.6%，高收入占0.4%。

新开户职工中，国家机关和事业单位占23.6%，国有企业占26.1%，城镇集体企业占1.0%，外商投资企业占1.9%，城镇私营企业及其他城镇企业占28.8%，民办非企业单位和社会团体占10.0%，灵活就业人员占7.4%，其他占1.2%；中、低收入占100%，高收入占0%。

（二）提取业务。提取金额中，购买、建造、翻建、大修自住住房占38.8%，偿还购房贷款本息占38.4%，租赁住房占0.8%，支持老旧小区改造占0%，离休和退休提取占13.2%，完全丧失劳动能力并与单位终止劳动关系提取占3.9%，出境定居占0.1%，其他占4.8%。提取职工中，中、低收入占99.4%，高收入占0.6%。

（三）贷款业务。个人住房贷款。2020年，支持职工购建房77.82万平方米，2020年末个人住房贷款市场占有率为20.5%，比上年末减少6.2个百分点。通过申请住房公积金个人住房贷款，可节约职工购房利息支出54236.61万元。

职工贷款笔数中，购房建筑面积90（含）平方米以下占10.4%，90~144（含）平方米占82.8%，144平方米以上占6.8%。购买新房占79.3%（其中购买保障性住房占0.6%），购买二手房占15.7%，建造、翻建、大修自住住房占0%（其中支持老旧小区改造占0%），其他占5.0%。

职工贷款笔数中，单缴存职工申请贷款占25.1%，双缴存职工申请贷款占74.9%，三人及以上缴存职工共同申请贷款占0%。

贷款职工中，30岁（含）以下占10.3%，30岁~40岁（含）占41.1%，40岁~50岁（含）占38.3%，50岁以上占10.3%；首次申请贷款占79.2%，二次及以上申请贷款占20.8%；中、低收入占99.4%，高收入占0.6%。

（四）住房贡献率。2020年，个人住房贷款发放额、公转商贴息贷款发放额、项目贷款发放额、住房消费提取额的总和与当年缴存额的比率为115.20%，比上年减少9.7个百分点。

六、其他重要事项

（一）应对新冠肺炎疫情采取的措施，落实住房公积金阶段性支持政策情况和政策实施成效。新冠疫情发生以来，中心积极落实国家、省、市陆续出台的住房公积金阶段政策，保障疫情期间业务平稳运行，保障职工权益。一是积极引导缴存单位和职工通过政务平台、网上营业厅、12329服务热线、手机App等线上渠道办理住房公积金业务。无法线上办理的实行预约办理和错峰办理，减少人员聚集。二是因疫情影响，未能足额缴存住房公积金的，可说明情况，并在一定期限内办理补缴。职工住房公积金缴存时间连续计算，不影响职工申请提取和住房公积金贷款权益。三是疫情防控期间未能正常还款的，暂不作逾期处理。累计批准不作逾期处理的贷款总笔数1247笔，不作逾期处理的贷款余额2.15亿元，不作逾期处理的贷款应还未还本金额79.77万元，取得了良好社会效果。四是对受疫情影响缴存住房公积金确有困难的企业，可以申请降低住房公积金缴存比例或申请缓缴住房公积金，缓缴期间不影响职工正常申请贷款。累计批准16家企业3259名职工缓缴住房公积金，缓缴金额达385.3万元。缓交使企业减轻了资金压力，生产经营得到恢复。

（二）当年机构及职能调整情况、受委托办理缴存贷款业务金融机构变更情况。无。

（三）当年住房公积金政策调整及执行情况，包括当年缴存基数限额及确定方法、缴存比例等缴存政策调整情况；当年提取政策调整情况；当年个人住房贷款最高贷款额度、贷款条件等贷款政策调整情况；当年住房公积金存贷款利率执行标准等；支持老旧小区改造政策落实情况。无。

（四）当年服务改进情况，包括推进住房公积金服务"跨省通办"工作情况，服务网点、服务设施、服务手段、综合服务平台建设和其他网络载体建设服务情况等。

1. 深入推进住房公积金"放管服"改革。紧盯群众办事热点，拓展服务渠道，将缴存、提取和贷款三项业务的44个办理事项进行全面梳理规范，进一步优化工作流程，推进"一网通办"。大力推广单位和个人版网上营业厅、住房公积金手机App，打造掌上公积金、网上公积金，实现企业及职工办理公积金业务"一次都不跑"。加快推进住房公积金服务事项"跨省通办"，按照国务院、省住房城乡建设厅安排部署，中心采取有效措施，实现6项服务事项"跨省通办"，其中，提前完成3项应2021年底前实现的服务事项。4月份取消了二手房贷款申请要件中的"抵押物价值评估报告"一项，贷款职工减少了评估费支出。

2. 加强硬件建设，不断提升服务水平。经政府采购公开招标，为清丰县管理部购置办公业务用房，购买了我市县区管理部第二处自有办公业务用房。完成濮阳县管理部办公业务用房装修，并搬迁入驻新址办公，结束了市和县区管理部全部租用办公业务用房的历史，住房公积金业务服务设施建设迈出了坚实一步。

（五）当年信息化建设情况，包括信息系统升级改造情况，基础数据标准贯彻落实和结算应用系统接入情况等。持续推进信息化建设。一是接入全国住房公积金异地转移接续平台，并正式上线运行。全年异地接续业务转入274笔、582万元，转出592笔、923万元。二是大力推进住房公积金综合服务平台建设。按照省住房城乡建设厅综合服务平台建设要求，倒排工期，按时间节点推进完成各个阶段的工作任务。及时对照住房公积金综合服务平台验收标准，进行自评，对照评分明细，进一步改进系统。2020年11月12日，省住房城乡建设厅组成检查验收组，对我中心综合服务平台建设使用情况进行检查验收，检查验收组通过听取汇报、现场检查、质询答疑和专家合议等方式，对服务渠道开通和功能实现情况、综合管理系统和安全保障体系建设情况、运行绩效分析功能及取得的成效进行了现场检查验收，检查验收组一致同意以优秀等级通过检查验收。三是完成信息系统等级保护测评工作，已达到三级信息系统安全保护标准，进一步提高信息系统的信息安全防护能力。

（六）当年住房公积金管理中心及职工所获荣誉情况，包括：文明单位（行业、窗口）、青年文明号、工人先锋号、五一劳动奖章（劳动模范）、三八红旗手（巾帼文明岗）、先进集体和个人等。

1. 2020年3月份中共河南省委河南省人民政府授予濮阳市住房公积金管理中心河南省文明单位称号。

2. 2020年11月河南省住房和城乡建设厅授予濮阳市住房公积金管理中心《河南省住房公积金综合服务平台》验收项目优秀等级。

3. 2021年2月中共濮阳市委濮阳市人民政府授予李敬同志2020年度政协提案办理工作表现突出个人。

许昌市住房公积金2020年年度报告

根据国务院《住房公积金管理条例》及住房和城乡建设部、财政部、人民银行《关于健全住房公积金信息披露制度的通知》（建金〔2015〕26号）和住房和城乡建设部住房公积金监管司《关于做好2020年住房公积金年度报告披露工作的通知》（建司局函金〔2021〕6号）规定，现将我市住房公积金2020年年度报告公布如下。

一、机构概况

（一）住房公积金管理委员会。 住房公积金管理委员会有23名委员，2020年召开1次会议，审议通过了2019年住房公积金归集使用计划执行情况及2020年归集使用计划。

（二）住房公积金中心。 许昌市住房公积金中心为直属市政府的事业单位，主要负责全市住房公积金的归集、管理、使用和会计核算。中心内设7个科室，下设7个管理部。从业人员71人，其中，在编41人，非在编30人。

二、业务运行情况

（一）缴存。 2020年，新开户单位287家，净增单位151家；新开户职工1.95万人，净增职工0.5万人；实缴单位3028家，实缴职工22.38万人，缴存额31.70亿元，分别同比增长5.2%、2.3%、10.6%。2020年末，缴存总额204.46亿元，比上年末增加18.3%；缴存余额89.80亿元，同比增长12.4%。

受委托办理住房公积金缴存业务的银行10家。

（二）提取。 2020年，9.52万名缴存职工提取住房公积金，提取额21.76亿元，同比增长13.9%；提取额占当年缴存额的68.6%，比上年增加2个百分点。2020年末，提取总额114.67亿元，比上年末增加23.4%。

（三）贷款。

1. 个人住房贷款。个人住房贷款最高额度50万元。

2020年，发放个人住房贷款0.54万笔、16.36亿元，同比增长0.9%、下降2.9%。

2020年，回收个人住房贷款9.22亿元。

2020年末，累计发放个人住房贷款5.18万笔、142.47亿元，贷款余额83.24亿元，分别比上年末增加11.6%、13%、9.4%。个人住房贷款余额占缴存余额的92.7%，比上年减少2.6个百分点。

受委托办理住房公积金个人住房贷款业务的银行10家。

2. 异地贷款。2020年，发放异地贷款101笔、1447.20万元。2020年末，发放异地贷款总额50557.4万元，异地贷款余额39842.57万元。

3. 公转商贴息贷款。2020年末，累计发放公转商贴息贷款2887笔、86860.27万元，累计贴息2234.94万元。

（四）资金存储。2020年末，住房公积金存款8.59亿元。其中，活期0.37亿元，协定存款8.22亿元。

（五）资金运用率。2020年末，住房公积金个人住房贷款余额占缴存余额的92.7%，比上年减少2.6个百分点。

三、主要财务数据

（一）业务收入。2020年，业务收入28119.80万元，同比增长12.7%。存款利息1994.88万元，委托贷款利息26124.05万元，其他0.87万元。

（二）业务支出。2020年，业务支出13665.03万元，同比增长7.5%。支付职工住房公积金利息12870.71万元，委托贷款手续费783.71万元，其他10.61万元。

（三）增值收益。2020年，增值收益14454.77万元，同比增长18.2%。增值收益率1.7%，比上年增长0.1个百分点。

（四）增值收益分配。2020年，提取贷款风险准备金714.36万元，提取管理费用1062.76万元，提取城市廉租住房（公共租赁住房）建设补充资金12677.65万元。

2020年，上交财政管理费用918.23万元。上缴财政城市廉租住房（公共租赁住房）建设补充资金11310.82万元。

2020年末，贷款风险准备金余额25776.44万元。累计提取城市廉租住房（公共租赁住房）建设补充资金54822.64万元。

（五）管理费用支出。2020年，管理费用支出957.42万元，同比减少26.9%。其中，人员经费602.04万元，公用经费169.92万元，专项经费185.46万元。

四、资产风险状况

2020年末，个人住房贷款逾期额24.97万元，逾期率0.03‰。

个人贷款风险准备金按年度贷款余额的1%提取。2020年，提取个人贷款风险准备金714.36万元，使用个人贷款风险准备金核销呆坏账0万元。

五、社会经济效益

（一）缴存业务。缴存职工中，国家机关和事业单位占57%，国有企业占18.4%，城镇集体企业占

1%，外商投资企业占 0.2%，城镇私营企业及其他城镇企业占 20.6%，民办非企业单位和社会团体占 0.9%，灵活就业人员占 1.9%；中、低收入占 98.5%，高收入占 1.5%。

新开户职工中，国家机关和事业单位占 27.8%，国有企业占 14.4%，城镇集体企业占 1.1%，外商投资企业占 0.5%，城镇私营企业及其他城镇企业占 45.4%，民办非企业单位和社会团体占 4.4%，灵活就业人员占 6.4%；中、低收入占 99.8%，高收入占 0.2%。

（二）提取业务。提取金额中，购买、建造、翻建、大修自住住房占 30%，偿还购房贷款本息占 44.6%，租赁住房占 2.6%，离休和退休提取占 10.8%，其他占 12%。提取职工中，中、低收入占 98.6%，高收入占 1.4%。

（三）贷款业务。2020 年，支持职工购建房 67.15 万平方米，年末个人住房贷款市场占有率为 10.9%，比上年减少 1.7 个百分点。通过申请住房公积金个人住房贷款，可节约职工购房利息支出 21633.73 万元。

职工贷款笔数中，购房建筑面积 90（含）平方米以下占 7.4%，90~144（含）平方米占 86.1%，144 平方米以上占 6.5%。购买新房占 94.4%，购买二手房占 5.6%。

职工贷款笔数中，单缴存职工申请贷款占 57.9%，双缴存职工申请贷款占 42.1%，三人及以上缴存职工共同申请贷款占 0%。

贷款职工中，30 岁（含）以下占 12.4%，30 岁~40 岁（含）占 42.9%，40 岁~50 岁（含）占 34.2%，50 岁以上占 10.5%；首次申请贷款占 86%，二次及以上申请贷款占 14%；中、低收入占 99.4%，高收入占 0.6%。

（四）住房贡献率。2020 年，个人住房贷款发放额、住房消费提取额的总和与当年缴存额的比率为 104.6%，比上年减少 7.3 个百分点。

六、其他重要事项

（一）应对新冠肺炎疫情采取的措施，落实住房公积金阶段性支持政策情况和政策实施成效。在严格落实新冠肺炎疫情防控各项措施的前提下，积极作为，精准施策，强化公积金服务保障，支持企业复工复产，及时提出"三允许两提高"（2020 年 6 月 30 日前，允许受疫情影响企业缓缴或降低缴存比例至 5% 以下、允许受疫情影响严重或较严重企业自愿停缴、允许受疫情影响职工延后住房公积金贷款还款时限；提高租房提取标准、提高住房公积金服务效率）支持政策，多措并举帮助企业及职工减压纾困。截至 2020 年底，全市 78 家企业申请降低缴存比例或缓缴公积金，累计减负 1218.91 万元；4865 个受疫情影响的职工家庭支付房租提取 5570.27 万元；对 471 名受疫情影响的职工公积金贷款不作逾期处理，有效减轻企业和职工负担。

（二）当年机构及职能调整情况、受委托办理缴存贷款业务金融机构变更情况。当年机构及职能没有调整情况、受委托办理缴存贷款业务金融机构没有变更情况。

（三）当年住房公积金政策调整及执行情况；当年住房公积金存贷款利率执行标准等。

1. 缴存基数、限额、比例政策调整。当年住房公积金缴存基数上限为 16095 元，下限为：市区、魏都区、建安区、长葛市 1900 元，禹州市、鄢陵县、襄城县 1700 元。

缴存比例为 5%~12%。

2. 政策调整情况。2020年3月6日,中心印发《关于调整提取住房公积金支付房租月租金标准的通知》(许公积金〔2020〕4号),将单身职工租住商品房月租金提取标准由原来500元/月调整为700元/月,夫妻双方家庭租住商品房月租金提取标准由原来1000元/月调整为1400元/月。

2020年11月24日,中心印发《关于调整住房公积金资金流动性调节系数的通知》(许公积金〔2020〕25号),对应我市住房公积金个贷率的变化,及时将我市住房公积金贷款资金流动性调节系数由0.7调整至0.8,提高资金使用效率,进一步支持我市购房职工贷款需求。

2020年12月8日,中心印发《许昌市住房公积金中心住房公积金个人住房贷款阶段性风险管理办法(暂行)》(许公积金〔2020〕29号),进一步加强住房公积金个人住房贷款阶段性风险防控,确保公积金资金安全。

3. 贷款额度及贷款利率执行标准。住房贷款最高额度为50万元。

住房公积金贷款利率:五年期(含五年)以下为2.75%,五年期以上为3.25%;二套房贷款利率上浮10%。

(四)住房公积金服务改进情况。一是精准个性服务。将原有30个公积金服务事项最小颗粒化拆分至44个,其中28个网上办结,44个网上可办,时限压缩78%,实现政务服务事项精细化、要素模板化、指南标准化、办事场景化,企业和群众办事的清晰度、知晓度大幅提升,体验感和获得感不断增强。二是推广网上办理。加大网厅宣传推广力度,积极引导单位和职工通过公积金网厅、i许昌手机App、微信公众号、支付宝等渠道线上办理,全面推行服务事项"网上办",全市2678个缴存单位开通网厅,覆盖93.9%的缴存职工,实现公积金缴存事项"零跑腿"。全年办理各类公积金业务42.56万笔,其中网上办理38.22万笔,网办业务占比达90%。三是推进延伸服务。依托受托银行,分别在建安区和国家许昌经济技术开发区布局两个公积金自助服务网点,打造职工"家门口的公积金",方便群众"就近办""自助办"。

(五)当年信息化建设情况。一是提升平台服务功能。12329公积金服务热线与12345政务热线顺利切换并线,核心业务系统与省政务服务网融合。支付宝市民中心公积金服务功能进一步扩展,个人账户缴存、提取、还款信息动账推送提醒,职工退休提取、离职提取跨省通办。"豫事办"第一批公积金事项清单顺利接入,第二批事项清单完成测试。公积金还贷提取业务在"i许昌"手机App成功上线。与省人社、民政、公安、残联等8个部门实现数据共享,公积金"网上办"更加便利。二是保障企业线上开办。在全省率先成功对接河南政务服务网"企业开办专区"主题集成服务,实现企业开办公积金企业缴存登记与其他事项"一次登录、一网填报、合并申请、后台流转、即时回馈",进一步提升了企业开办便利化水平。三是加强网络安全防护。注重信息安全运行维护,全面排查网络及信息系统安全风险,定期堵塞系统漏洞,强化账户登录认证,加强数据容灾运维检测,完成信息安全三级等保测评备案,保障网络系统安全运行。

(六)当年住房公积金中心及职工所获荣誉情况。中心市直管理部被评为许昌市文明服务示范窗口。三名职工分别被评为河南省巾帼建功标兵、许昌市文明优质服务标兵和许昌市优秀党务工作者。

(七)当年对违反《住房公积金管理条例》和相关法规行为进行行政处罚和申请人民法院强制执行情况。当年没有发生违反《住房公积金管理条例》和相关法规行为进行行政处罚和申请人民法院强制执行情况。

（八）当年对住房公积金管理人员违规行为的纠正和处理情况等。 当年没有住房公积金管理人员违规行为的纠正和处理情况。

漯河市住房公积金 2020 年年度报告

根据国务院《住房公积金管理条例》和住房和城乡建设部、财政部、人民银行《关于健全住房公积金信息披露制度的通知》（建金〔2015〕26 号）的规定，经住房公积金管理委员会审议通过，现将漯河市住房公积金 2020 年年度报告公布如下。

一、机构概况

（一）住房公积金管理委员会。 住房公积金管理委员会有 28 名委员，2020 年召开 2 次会议，审议通过的事项主要包括：《漯河市住房公积金 2019 年年度报告》《2019 年及 2020 上半年工作报告》《漯河市住房公积金中心 2019 年年度决算和 2020 年年度预算方案》。

（二）住房公积金中心。 住房公积金中心为直属漯河市人民政府管理的不以营利为目的的财政全供事业单位，设 11 个内设机构，2 个分支机构。从业人员 89 人，其中，在编 89 人，非在编 0 人。

二、业务运行情况

（一）缴存。 2020 年，新开户单位 350 家，净增单位 143 家；新开户职工 1.84 万人，净增职工 0.61 万人；实缴单位 2595 家，实缴职工 17.26 万人，缴存额 20.01 亿元，分别同比增长 5.83%、3.66%、10.56%。2020 年末，缴存总额 121.26 亿元，比上年末增加 19.76%；缴存余额 68.31 亿元，比上年末增加 11.29%。受委托办理住房公积金缴存业务的银行 9 家。

（二）提取。 2020 年，6.21 万名缴存职工提取住房公积金；提取额 13.09 亿元，同比增长 38.96%；提取额占当年缴存额的 65.42%，比上年增加 13.49 个百分点。2020 年末，提取总额 52.96 亿元，比上年末增加 32.83%。

（三）贷款。

1. 个人住房贷款。个人住房贷款最高额度 40 万元，其中，单缴存职工个人住房贷款最高额度 30 万元，双缴存职工个人住房贷款最高额度 40 万元。

2020 年，发放个人住房贷款 0.45 万笔、13.48 亿元，同比分别增长 15.38%、23.56%。

2020 年，回收个人住房贷款 7.22 亿元。

2020 年末，累计发放个人住房贷款 5.11 万笔、100.93 亿元，贷款余额 56.33 亿元，分别比上年末增加 9.66%、15.41%、12.52%。个人住房贷款余额占缴存余额的 82.46%，比上年末增加 0.90 个百分点。受委托办理住房公积金个人住房贷款业务的银行 7 家。

2. 异地贷款。2020 年，发放异地贷款 363 笔、10018.80 万元。2020 年末，发放异地贷款总额 65292.04 万元，异地贷款余额 50461.62 万元。

3. 公转商贴息贷款。2020年，未发放公转商贴息贷款。2020年末，累计发放公转商贴息贷款2869笔、70846万元（2018年已经全部回购转为住房公积金贷款），累计贴息1748.04万元。

4. 住房公积金支持保障性住房建设项目贷款。截至2020年底，漯河市住房公积金中心未发放支持保障性住房建设项目贷款。

（四）购买国债。截至2020年底，漯河市住房公积金中心没有国债购买、兑付、转让、收回业务。

（五）资金存储。2020年末，住房公积金存款13.31亿元。其中，活期0.23亿元，1年（含）以下定期12.3亿元，1年以上定期0.2亿元，其他（协定、通知存款等）0.58亿元。

（六）资金运用率。2020年末，住房公积金个人住房贷款余额、项目贷款余额和购买国债余额的总和占缴存余额的82.46%，比上年末增加0.90个百分点。

三、主要财务数据

（一）业务收入。2020年，业务收入20383.49万元，同比增长19.79%。存款利息3177.49万元，委托贷款利息17195.88万元，国债利息0万元，其他10.12万元。

（二）业务支出。2020年，业务支出10927.48万元，同比增长15.95%。支付职工住房公积金利息9608.34万元，归集手续费472.34万元，委托贷款手续费826.76万元，其他20.04万元。

（三）增值收益。2020年，增值收益9456.01万元，同比增长24.55%。增值收益率1.46%，比上年增加0.13个百分点。

（四）增值收益分配。2020年，提取贷款风险准备金577.38万元，提取管理费用1676.94万元，提取城市廉租住房（公共租赁住房）建设补充资金7201.69万元。

2020年，上交财政管理费用1890万元。上缴财政城市廉租住房（公共租赁住房）建设补充资金1354.3万元。

2020年末，贷款风险准备金余额5632.78万元。累计提取城市廉租住房（公共租赁住房）建设补充资金32605.07万元。

（五）管理费用支出。2020年，管理费用支出1576.1万元，同比增长7.28%。其中，人员经费1024.89万元，公用经费58.61万元，专项经费492.6万元。

四、资产风险状况

个人住房贷款。2020年末，个人住房贷款逾期额114.44万元，逾期率0.2‰。个人贷款风险准备金余额5632.78万元。2020年，使用个人贷款风险准备金核销呆坏账0万元。

五、社会经济效益

（一）缴存业务。缴存职工中，国家机关和事业单位占50.72%，国有企业占9.33%，城镇集体企业占2.19%，外商投资企业占7%，城镇私营企业及其他城镇企业占8.88%，民办非企业单位和社会团体占1.69%，灵活就业人员占6.31%，其他占13.88%；中、低收入占98.4%，高收入占1.6%。

新开户职工中，国家机关和事业单位占33.43%，国有企业占2.92%，城镇集体企业占2.11%，外商投资企业占8.29%，城镇私营企业及其他城镇企业占20.35%，民办非企业单位和社会团体占2.82%，灵活就业人员占 16.78%，其他占 13.30%；中、低收入占 99.80%，高收入占 0.20%。

（二）**提取业务**。提取金额中，购买、建造、翻建、大修自住住房占 31.59%，偿还购房贷款本息占 38.42%，租赁住房占 0.13%，支持老旧小区改造占 0%，离休和退休提取占 12.69%，完全丧失劳动能力并与单位终止劳动关系提取占 16.70%，出境定居占 0%，其他占 0.47%。提取职工中，中、低收入占 98.57%，高收入占 1.43%。

（三）**贷款业务**。个人住房贷款。2020 年，支持职工购建房 57.67 万平方米，2020 年末个人住房贷款市场占有率为 13.77%，比上年末减少 1.93 个百分点。通过申请住房公积金个人住房贷款，可节约职工购房利息支出 1887.2 万元。

职工贷款笔数中，购房建筑面积 90（含）平方米以下占 12.53%，90～144（含）平方米占 81.73%，144 平方米以上占 5.74%。购买新房占 71.38%（其中购买保障性住房占 0%），购买二手房占 23.10%，建造、翻建、大修自住住房占 0%（其中支持老旧小区改造占 0%），其他占 5.52%。

职工贷款笔数中，单缴存职工申请贷款占 44.53%，双缴存职工申请贷款占 55.47%，三人及以上缴存职工共同申请贷款占 0%。

贷款职工中，30 岁（含）以下占 18.16%，30 岁～40 岁（含）占 47.31%，40 岁～50 岁（含）占 29.15%，50 岁以上占 5.38%；首次申请贷款占 84.02%，二次及以上申请贷款占 15.98%；中、低收入占 97.51%，高收入占 2.49%。

（四）**住房贡献率**。2020 年，个人住房贷款发放额、公转商贴息贷款发放额、项目贷款发放额、住房消费提取额的总和与当年缴存额的比率为 113.24%，比上年增加 14.9 个百分点。

六、其他重要事项

（一）**应对新冠肺炎疫情采取的措施，落实住房公积金阶段性支持政策情况和政策实施成效**。2020 年漯河市住房公积金中心应对新冠肺炎疫情采取的措施。(1) 中心于 2 月 6 日发布《关于对受疫情影响导致生产经营困难企业实施缓缴住房公积金的通知》（漯公积金〔2020〕2 号），对符合政策的相关企业，可申请暂缓缴存住房公积金，缓缴期最长 6 个月，缓缴期满后，企业足额补缴缓缴的住房公积金，可视同正常缴存，不影响缴存人员个人权益。(2) 3 月 5 日，中心又制定《关于妥善应对新冠肺炎疫情住房公积金阶段性支持政策实施办法的通知》（漯公积金〔2020〕5 号），对受疫情影响的缴存企业进一步阶段性放宽住房公积金缴存和使用政策，受疫情影响导致生产经营困难的企业，可申请在 6 月 30 日前降低缴存比例最低至 1%，缓缴或暂停缴存住房公积金。在企业缓缴和暂停缴存住房公积金期间，缴存时间连续计算，不影响职工正常提取公积金和使用公积金贷款。截至 6 月 30 日，已有 165 个单位申请缓缴公积金，涉及职工 31994 名，累计缓缴住房公积金 4542.9 万元；2 个单位申请暂停缴存住房公积金，涉及职工 67 名，累计少缴公积金 8.2 万元；10 个单位申请暂时降低住房公积金缴存比例，涉及职工 1091 名，累计减少缴存住房公积金 106.26 万元。(3) 中心 4 月 20 日出台的《漯河市住房公积金中心关于疫情防控期间逾期贷款认定处理有关事项的通知》（漯公积金〔2020〕9 号），对于 1 月 25 日至 6 月 30 日期间不能按合同约定偿还住房公积金贷款的，不视为贷款逾期，不计收罚息。(4) 积极推行住房公积金业务"网上办"。为了减少经办现场人员流量，降低感染风险，中心在疫情期间大力开展住房公积金业务网上办理服务。已经开通单位版网厅的单位，通过系统办理单位查询、基数调整、缴存人状态变更、交款（打印凭条）等 11 项业务。公积金缴存人员个人可通过中心网上业务大厅或下载"手机公积金"App按照办事指南准备申报材料，自助进行网上申报和办理查询信息、离职退休提取、冲还贷等13项业务，还可通过关注漯河市住房公积金中心微信公众号、支付宝"城市服务"、支付宝"豫事办"小程序、"豫事办"App、漯河政务服务App查询住房公积金相关信息。疫情期间，共通过网厅办理住房公积金业务259717笔。同时，各业务部门安排专人负责在微信群中指导单位网上办公，12329服务热线保持持续畅通，实时解答缴存单位和群众的咨询，做到疫情防控期间，业务办理不中断。（5）推行预约办理服务。疫情期间中心驻市行政服务大厅窗口和两县业务部公布预约电话，对于无法在网上办理，且必须在近期办理的特殊业务，办理人可提前通过电话进行实名预约。预约成功后，按照防疫要求，在预约时间前往相关窗口办理。对于非急需办理的业务，工作人员留存预约人员电话，一次性告知所办业务需要的资料，待等疫情结束后，及时通过电话通知其前往业务窗口办理。对于预约成功后进行现场办理的业务，中心窗口坚持高质量、高效率办理，对可一次办结的业务确保一次性办结，避免办事群众在疫情期间来回奔波。

（二）当年机构及职能调整情况、受委托办理缴存贷款业务金融机构变更情况。

1. 当年机构及职能调整情况。2020年漯河市住房公积金中心未做调整。

2. 缴存业务金融机构变更情况。2020年受委托办理住房公积金缴存业务的网点有24家，与上年对比未变化。

3. 贷款业务金融机构变更情况。2020年受委托办理住房公积金贷款业务的网点有11家，与上年对比未变化。

（三）当年住房公积金政策调整及执行情况，包括当年缴存基数限额及确定方法、缴存比例等缴存政策调整情况；当年提取政策调整情况；当年个人住房贷款最高贷款额度、贷款条件等贷款政策调整情况；当年住房公积金存贷款利率执行标准等；支持老旧小区改造政策落实情况。

1. 当年缴存基数限额及确定方法、缴存比例等缴存政策调整情况。2020年度漯河住房公积金缴存比例为单位和职工个人各5%～12%，住房公积金月缴存工资基数为职工本人当年月平均工资，根据住房公积金月缴存基数原则上不得超出统计部门公布的上一年度职工月平均工资3倍的规定，2019年漯河市城镇在岗职工月平均工资4975元，确定我市2020年度住房公积金月缴存工资基数的上限为14925元，住房公积金月缴存额的上限设为3582元；参照我市社保部门规定的社保基数，住房公积金缴存基数下限为2745元，月缴存额下限为274.5元。

2. 当年个人住房贷款最高贷款额度、贷款条件等贷款政策调整情况。（1）2020年贷款额度无调整，双职工家庭夫妻双方连续足额缴存住房公积金的，最高贷款额度为40万元，单职工家庭一方连续足额缴存住房公积金的，最高贷款额度为30万元。（2）2020年贷款条件无调整，具有稳定收入，正常缴纳住房公积金，有偿还贷款本息能力的购房人均可申请公积金贷款。

3. 当年住房公积金存贷款利率执行标准。根据人民银行公布的存贷款基准利率、《人民币利率管理规定》（银发〔1999〕77号）、《关于完善职工住房公积金账户存款利率形成机制的通知》《住房公积金条例》等相关规定，2020年上年结转和当年缴存住房公积金存款统一按一年期定期存款基准利率（1.5%）计算存款利息。2020年住房公积金贷款首套房执行基准利率，二套房利率上浮10%执行。住房公积金贷款利率，5年以下（含5年）贷款基准利率为2.75%，5年以上30年以下（含30年）贷款基准利率为3.25%。

4. 当年提取政策调整及支持老旧小区改造政策落实情况。为助力老旧小区改造提升这项惠及千家万户的实事办好办实，2020 年中心新增既有住宅加装电梯的提取政策，制定了《漯河市既有住宅加装电梯提取住房公积金实施办法》，规定既有住宅小区加装电梯，存在个人分摊费用支出的，房产所有人及配偶，可一次性提取住房公积金，提取金额不超过个人分摊费用的总额。

（四）当年服务改进情况，包括推进住房公积金服务"跨省通办"工作情况，服务网点、服务设施、服务手段、综合服务平台建设和其他网络载体建设服务情况等。 2020 年漯河市住房公积金中心服务改进情况。（1）以智能化、现代化、人性化的服务大厅，打造环境优美、服务一流的窗口形象。服务大厅划分出咨询区、引导区、自助办理区、人工办理区等多功能区，摆放饮水机、设置等候座椅、提供办事指南，切实为群众营造温馨舒适的办事氛围。（2）创新管理模式。打破了以往的窗口分业务受理模式，实现了前台综合受理、后台分类审批的无差别"一窗受理"模式。（3）开展"大厅轮流负责制"，增强人员责任心。每人轮流负责服务大厅的日常管理、接待办事群众、网厅业务指导，做到问有答声，走有送声。（4）全面落实服务承诺制、一次性告知制、限时办结制，常态化提供预约服务、延时服务、上门服务。设置绿色通道，为老、弱、病、残、孕提供更加人性化的便民服务。（5）依托公安、不动产、民政、市场监管等部门信息的互联互通，实现了数据多跑腿，群众少跑腿，资金秒到账的高效便民服务。（6）制作撤押明白卡，指引群众扫描二维码，直接导航至办理地点，方便办事群众。（7）建立容缺机制。对符合条件、核心要件齐全的事项，容缺受理，并一次性告知需要补齐或补正的材料、时限和超期处理办法，最大限度的做到应办尽办、让"最多跑一次"成为上限，让便民利民工作落到实处。全年容缺受理业务 30 多次。（8）加大"放管服"力度，认真落实跨省通办。个人住房公积金缴存、贷款信息查询、出具贷款职工住房公积金缴存使用证明及正常退休提取公积三项业务实现了跨省通办。（9）通过手机 App、单位网厅、个人网厅及政务服务网等渠道可网上办理缴存、提取、还贷等 24 项事项，实现网上可办率 80％。（10）设置待回复登记制度，根据群众实际需求，自行设计待回复业务登记本。针对群众提出的诉求或建议当场不能答复的情况，受理人员对客户姓名、联系电话、受理问题、受理人等信息进行登记，按照专人负责、及时跟进的原则，回复后记录回访时间、处理结果及群众满意度。全年记录待回复事项共计 86 项，及时回复率和职工满意度均达到百分之百。（11）单位住房公积金新开户实现"企业开办"一表通办。单位住房公积金开户融入企业设立登记环节，一窗受理、一表填报，后台推送要件，自动完成单位住房公积金缴存登记，提高企业开办的便利度。

（五）当年信息化建设情况，包括信息系统升级改造情况，基础数据标准贯彻落实和结算应用系统接入情况等。 2020 年漯河市住房公积金中心信息化建设情况。（1）持续推进网上办理工作。积极推进综合服务平台建设，以优秀等次通过河南省住房和城乡建设厅综合服务平台专家验收组的验收，积极推动网厅、App 和微信公众号等八大服务渠道建设，实现 24 项公积金业务"一网通办、全程网办"，完成省政府确定的网上办结率 70％目标任务。（2）加强共享数据应用和推送工作。依托漯河市数据共享平台，加强与有关部门数据共享共用，应用了市场监督、公安、民政、税务、人社、自然资源确权等六个部门的共享数据，并向市政务服务平台推送住房公积金业务数据和办件数据，数据量稳居全市前列，为全市"放管服"改革提供数据支持。（3）大力推进"豫事办"接入工作。中心通过流程再造、业务梳理、数据互联互通，推动公积金业务在政务服务移动端"豫事办"App 上实现"掌上办、预约办"。（4）积极推进政务服务"好差评"建设工作，为住房公积金缴存单位和职工提供更优质、更高效的服务。（5）开展中心信息系统等级保护测评工作。开展中心信息系统三级、网站二级等保测评工作。通过测评对中心网络和系统存在的问题进行了全面分析，指出存在的隐患，对中心网络做了进一步优化，提升了中心网络安全防护能力。

（六）当年住房公积金管理中心及职工所获荣誉情况，包括：文明单位（行业、窗口）、青年文明号、工人先锋号、五一劳动奖章（劳动模范）、三八红旗手（巾帼文明岗）、先进集体和个人等。

2020年漯河市住房公积金中心及职工所获主要荣誉：（1）中心被河南省建设工会委员会授予"2019年度全省住房和城乡建设系统工会工作先进单位"；（2）中心财务科被河南省建设工会委员会授予河南省建设五一巾帼标兵岗；（3）中共漯河市住房公积金中心机关支部委员会被中共漯河市委组织部授予2019年度"过硬党支部"；（4）中共漯河市住房公积金中心机关总支部委员会"服务精细化出彩公积金"党建品牌被中共漯河市委市直机关工作委员会第二批党建品牌予以命名；（5）中心被漯河文明办、创文办授予"最美文明服务窗口"；（6）穆丹被红旗出版社和中国妇女报社授予第八届"书香三八"读书征文"三等奖"；李卫红被授予家书"优秀奖"；（7）魏喜良、王若宁被河南省建设工会委员会授予2019年度全省住房和城乡建设系统优秀工会工作者；（8）滕丽美被河南省建设工会委员会授予河南省建设五一巾帼标兵；（9）闫海燕被漯河市总工会授予2019年度"最美志愿者"；（10）李志华被漯河市总工会授予漯河市"五一巾帼标兵"；（11）宋晓勇被漯河市驻村结对共建工作领导小组办公室授予"2019年度驻村之星"。

（七）当年对违反《住房公积金管理条例》和相关法规行为进行行政处罚和申请人民法院强制执行情况。 漯河市住房公积金中心2020年未发生。

（八）当年对住房公积金管理人员违规行为的纠正和处理情况等。 漯河市住房公积金中心2020年未发生。

三门峡市住房公积金2020年年度报告

根据国务院《住房公积金管理条例》和住房和城乡建设部、财政部、人民银行《关于健全住房公积金信息披露制度的通知》（建金〔2015〕26号）的规定，经住房公积金管理委员会审议通过，现将三门峡住房公积金2020年年度报告公布如下。

一、机构概况

（一）住房公积金管理委员会。 住房公积金管理委员会有25名委员，2020年召开4次会议，审议通过的事项主要包括：《三门峡市住房公积金缴存管理办法实施细则》《三门峡市住房公积金贷款管理办法实施细则》《三门峡市住房公积金提取管理办法实施细则》《三门峡市住房公积金2019年度收支决算及2020年度收支预算》《三门峡市住房公积金2019年度增值收益分配方案》《三门峡市住房公积金管理中心受委托银行账户开户情况》《三门峡市住房公积金2019年度报告》等。

（二）住房公积金管理中心。 住房公积金管理中心为直属市政府的不以营利为目的的财政全供正县级事业单位。目前中心设7个科室，1个市区营业部，1个商务区营业部，5个县（市、区）管理部和1个义煤分中心。市中心从业人员65人，其中，在编33人，非在编32人。义煤分中心从业人员15人。

二、业务运行情况

(一) 缴存。2020年,新开户单位225家,新开户职工0.91万人;实缴职工15.1万人,同比下降14.74%;实缴单位2597家,缴存额20.3亿元,分别同比增长3.18%、1.7%。2020年末,缴存总额178.23亿元,比上年末增加12.85%;缴存余额75.74亿元,同比增长5.8%。受委托办理住房公积金缴存业务的银行8家。

(二) 提取。2020年,5.79万名缴存职工提取住房公积金;提取额16.16亿元,同比增长31.06%;提取额占当年缴存额的79.61%,比上年增加17.84个百分点。2020年末,提取总额102.49亿元,比上年末增加18.72%。

(三) 贷款。

1. 个人住房贷款。个人住房贷款最高额度40万元。

2020年,发放个人住房贷款3555笔、12.08亿元,同比分别增长26.33%、34.07%。其中,市中心发放个人住房贷款3526笔、12亿元,义煤分中心发放个人住房贷款29笔、0.08亿元。

2020年,回收个人住房贷款5.37亿元。其中,市中心5.04亿元,义煤分中心0.33亿元。

2020年末,累计发放个人住房贷款3.15万笔、80.54亿元,贷款余额56.9亿元,分别比上年末增加12.9%、17.65%、13.39%。个人住房贷款余额占缴存余额的75.13%,比上年末增加5.04个百分点。受委托办理住房公积金个人住房贷款业务的银行7家。

2. 异地贷款。2020年,发放异地贷款200笔、6829.1万元。2020年末,发放异地贷款总额42794.9万元,异地贷款余额35491.03万元。

(四) 资金存储。2020年末,住房公积金存款17.85亿元。其中,活期0.09亿元,1年(含)以下定期3.85亿元,1年以上定期12.1亿元,其他(协定、通知存款等)1.81亿元。

(五) 资金运用率。2020年末,住房公积金个人住房贷款余额、项目贷款余额和购买国债余额的总和占缴存余额的75.13%,比上年末增加5.04个百分点。

三、主要财务数据

(一) 业务收入。2020年,业务收入23726.08万元,同比增长24.42%。其中,市中心19492.29万元,义煤分中心4233.79万元。

(二) 业务支出。2020年,业务支出10481.6万元,同比增长53.29%。其中,市中心7992.62万元,义煤分中心2488.98万元;支付职工住房公积金利息10221.21万元,委托贷款手续费254.86万元,其他5.53万元。

(三) 增值收益。2020年,增值收益13244.48万元,同比增长8.28%。其中,市中心11499.67万元,义煤分中心1744.81万元;增值收益率1.8%,较上年无变化。

(四) 增值收益分配。2020年,提取贷款风险准备金695.59万元;提取管理费用1592.56万元,提取城市廉租住房(公共租赁住房)建设补充资金10956.33万元。

2020年,上交财政管理费用1211.03万元。上缴财政城市廉租住房(公共租赁住房)建设补充资金35424.97万元。其中,市中心上缴21148.39万元,义煤分中心上缴市财政局14276.58万元。

2020 年末，贷款风险准备金余额 5714.08 万元。累计提取城市廉租住房（公共租赁住房）建设补充资金 65316.55 万元。其中，市中心提取 49637.72 万元，义煤分中心提取 15678.83 万元。

（五）管理费用支出。 2020 年，管理费用支出 1369.22 万元，同比增长 15.2%。其中，人员经费 592.85 万元，公用经费 60.21 万元，专项经费 716.16 万元。

市中心管理费用支出 1212.33 万元，其中，人员、公用、专项经费分别为 477.48 万元、22.46 万元、712.39 万元；义煤分中心管理费用支出 156.89 万元，其中，人员、公用、专项经费分别为 115.37 万元、37.75 万元、3.77 万元。

四、资产风险状况

个人住房贷款。2020 年末，个人住房贷款逾期额 828.08 万元，逾期率 1.09‰，其中，市中心 1.53‰，义煤分中心 0.12‰。个人贷款风险准备金余额 5714.08 万元。

五、社会经济效益

（一）缴存业务。 缴存职工中，国家机关和事业单位占 48.35%，国有企业占 39.73%，城镇集体企业占 0.51%，外商投资企业占 0.57%，城镇私营企业及其他城镇企业占 7.86%，民办非企业单位和社会团体占 1.36%，灵活就业人员占 0.85%，其他占 0.77%；中、低收入占 98.35%，高收入占 1.65%。

新开户职工中，国家机关和事业单位占 23.79%，国有企业占 31.27%，城镇集体企业占 0.24%，外商投资企业占 1.46%，城镇私营企业及其他城镇企业占 23.64%，民办非企业单位和社会团体占 4.65%，灵活就业人员占 10.2%，其他占 4.75%；中、低收入占 98.37%，高收入占 1.63%。

（二）提取业务。 提取金额中，购买、建造、翻建、大修自住住房占 37.56%，偿还购房贷款本息占 28.91%，租赁住房占 3.59%，离休和退休提取占 14.59%，完全丧失劳动能力并与单位终止劳动关系提取占 8.46%，其他占 6.89%。提取职工中，中、低收入占 99.8%，高收入占 0.2%。

（三）贷款业务。

个人住房贷款。2020 年，支持职工购建房 36.48 万平方米（含公转商贴息贷款），年末个人住房贷款市场占有率（含公转商贴息贷款）为 68.14%，比上年末增加 23.89 个百分点。通过申请住房公积金个人住房贷款，可节约职工购房利息支出 43544.03 万元。

职工贷款笔数中，购房建筑面积 90（含）平方米以下占 3.15%，90～144（含）平方米占 70.01%，144 平方米以上占 26.84%。购买新房占 91.87%，购买二手房占 8.13%。

职工贷款笔数中，单缴存职工申请贷款占 24.98%，双缴存职工申请贷款占 75.02%。

贷款职工中，30 岁（含）以下占 15.13%，30 岁～40 岁（含）占 42.95%，40 岁～50 岁（含）占 27.91%，50 岁以上占 14.01%；首次申请贷款占 82.08%，二次及以上申请贷款占 17.92%；中、低收入占 98.09%，高收入占 1.91%。

（四）住房贡献率。 2020 年，个人住房贷款发放额、公转商贴息贷款发放额、项目贷款发放额、住房消费提取额的总和与当年缴存额的比率为 139.11%，比上年增加 54.34 个百分点。

六、其他重要事项

（一）应对新冠肺炎疫情采取的措施，落实住房公积金阶段性支持政策情况和政策实施成效。2020

年，市住房公积金管理中心根据省市相关工作要求，发布了《关于应对新冠肺炎疫情做好住房公积金管理服务工作的通知》，并与住房城乡建设局、发展改革委、财政局等部门联合发布了《关于应对新冠肺炎疫情影响防范和化解房地产市场风险的实施意见》，与住房和城乡建设部、财政部及人民银行等部门联合发布了《关于妥善应对新冠肺炎疫情实施住房公积金阶段性政策支持的通知》三个文件，允许受疫情影响经营困难企业降低住房公积金缴存比例或申请缓缴住房公积金，合理延后公积金贷款逾期的计算期限，职工租房提取额度在原额度基础上增加50%，降低房地产开发企业申请办理公积金贷款项目的准入条件，尽可能缓解疫情对企业的影响。政策实施期间，全市55家企业申请缓缴住房公积金，缓缴金额达3251.68万元；24家房地产开发企业的133栋楼盘符合降低门槛后的准入条件，受益购房人达1489户。

（二）当年机构及职能调整情况、受委托办理缴存贷款业务金融机构变更情况。 2020年，市住房公积金管理中心机构和职能未进行调整，受委托办理住房公积金业务的银行无变化。

（三）当年住房公积金政策调整及执行情况。 2020年2月28日起，市住房公积金管理中心开始执行新的《三门峡市住房公积金缴存管理办法》《三门峡市住房公积金自由职业者缴存使用暂行办法》《三门峡市住房公积金贷款管理办法》《三门峡市住房公积金提取管理办法》《三门峡市住房公积金缴存实施细则》《三门峡市住房公积金提取实施细则》《三门峡市住房公积金贷款实施细则》。

2020年，根据"控高保低"政策规定，职工住房公积金的缴存基数上限为16533元，住房公积金月缴存额上限为3968元，职工本人和单位住房公积金的月缴存额上限各为1984元。职工住房公积金的缴存基数下限为1900元，住房公积金月缴存额下限为190元，职工本人和单位的月缴存额下限各为95元。

自由职业者缴存基数为4409元，缴存比例为20%，月缴存额为882元。

三门峡市本级财政供给单位职工本人和单位住房公积金缴存比例为各12%；市本级差供事业单位、自收自支事业单位可参照上述标准执行；各县（市、区）相同性质单位职工本人和单位住房公积金缴存比例可参照上述标准执行；其他单位职工本人和单位住房公积金缴存比例仍为各5%～12%。缴存住房公积金确有困难的单位，可申请缓缴住房公积金。

根据《中国人民银行、住房和城乡建设部、财政部关于完善职工住房公积金账户存款利率形成机制的通知》（银发〔2016〕43号）的规定，个人住房公积金存款实行统一利率结息；上年结转和当年缴存的统一按结息日人民银行挂牌公告的一年期定期存款基准利率计算，至2020年12月31日，最新的利率为1.5%；年度结息日为每年的6月30日。

2020年，印发《城市既有住宅加装电梯提取公积金业务操作指南》，允许城市既有住宅加装电梯的缴存职工及其配偶、子女提取住房公积金，提取总额不得超过加装电梯费用扣除政府补贴后的个人分摊金额，提取期限为电梯改造竣工验收合格后一年内。

（四）当年服务改进情况。 一是在2020年底前已实现个人住房公积金缴存贷款等信息查询、正常退休提取住房公积金、住房公积金单位登记开户、住房公积金单位及个人缴存信息变更、提前还清住房公积金贷款7项公积金服务事项"跨省通办"。二是综合服务平台建设项目以优秀等级在全省率先通过国家验收，可以为缴存职工提供多元化的服务渠道。三是截至2020年底已为全市正常缴存的单位办理CA数字证书2550个，几乎覆盖了峡市范围内所有正常缴存的单位，将网上办结率提升至93%以上，位居全省第五位。四是积极推动一网通办、一证通办。46个公积金服务事项全部实现"一网通办"。23项服务事项实现一证通办。五是加入"洛阳都市圈"区域住房公积金一体化战略合作项目,与洛阳、平顶山、济源三市的公积金中心合作发展,实现住房公积金数据共享、缴存证明和贷款资格互认。六是常态化组织干部职工开展服务进社区、进企业、进楼盘、进家门的"四进"活动,进一步深化"效能革命",提高社会满意度。七是开展延时服务、周六便民服务等特色服务活动,将群众的办事需求放在第一位。八是深入开展联企入企助企惠企活动,深入 170 余家企业宣传政策,加强与企业的沟通与联系,全力保障市场主体稳定经营、健康发展。

（五）当年信息化建设情况。一是已实现与不动产登记部门、民政、人社等 7 个部门 12 个接口的对接,仅剩一个与人行的征信系统接口对接正在推进中。二是业务系统通过公安部门信息系统等级保护三级测评,取得三级等级保护证书。

（六）当年住房公积金管理中心及职工所获荣誉情况。2020 年,三门峡市住房公积金管理中心省级文明单位复检工作顺利通过,并被市文明办评为 2020 年度"文明服务示范窗口",马彦茹同志获得 2020 年度"三门峡市文明优质服务标兵"。

南阳市住房公积金 2020 年年度报告

根据国务院《住房公积金管理条例》和住房和城乡建设部、财政部、人民银行《关于健全住房公积金信息披露制度的通知》（建金〔2015〕26 号）的规定,经住房公积金管理委员会审议通过,现将南阳（市）住房公积金 2020 年年度报告公布如下。

一、机构概况

（一）**住房公积金管理委员会**。住房公积金管理委员会有 31 名委员组成,有效行使了管委会职能。

（二）**住房公积金管理中心**。住房公积金管理中心是直属南阳市政府的不以营利为目的的独立的事业单位,设 8 个科,12 个管理部,1 个分中心。从业人员 131 人,其中在编 94 人,非在编 47 人。

二、业务运行情况

（一）**缴存**。2020 年,新开户单位 295 家,实缴单位 6130 家,净增单位 123 家;新开户职工 4.91 万人,实缴职工 52.03 万人,净增职工 1.76 万人;缴存额 48.96 亿元,同比增长 13.12％。2020 年末,缴存总额 335.12 亿元,比上年末增加 17.02％;缴存余额 204.47 亿元,比上年末增加 14.17％。

受委托办理住房公积金缴存业务的银行 12 家,比上年增加（减少）0 家。

（二）**提取**。2020 年,提取额 23.55 亿元,同比增长 37.88％;占当年缴存额的 48.10％,比上年增加个百分点 8.46。2020 年末,提取总额 130.63 亿元,比上年末增加 21.75％。

（三）**贷款**。

1. 个人住房贷款。个人住房贷款最高额度 50 万元,其中,单缴存职工最高额度 40 万元,双缴存职工最高额度 50 万元。

2020年，发放个人住房贷款0.88万笔、28.73亿元，同比分别增长12.82%、13.47%。其中，市中心发放个人住房贷款0.73万笔、24.79亿元，邓州中心发放个人住房贷款0.03万笔、1.15亿元，油田分中心发放个人住房贷款0.12万笔、2.79亿元。

2020年，回收个人住房贷款13.33亿元。其中，市中心11.3亿元，邓州中心1.33亿元，油田分中心0.7亿元。

2020年末，累计发放个人住房贷款8.59万笔、185.50亿元，贷款余额114.10亿元，分别比上年末增加1.30%、8.01%、15.51%。个人住房贷款余额占缴存余额的55.80%，比上年末增加0.64个百分点。受委托办理住房公积金个人住房贷款业务的银行6家。

2. **异地贷款**。2020年，发放异地贷款1497笔、47560.60万元。2020年末，发放异地贷款总额140529.40万元，异地贷款余额49455.10万元。

3. **公转商贴息贷款**。2020年，发放公转商贴息贷款0笔、0万元，当年贴息额0万元。

4. **住房公积金支持保障性住房建设项目贷款**。2020年，发放支持保障性住房建设项目贷款0亿元，回收项目贷款0亿元。年末，累计发放项目贷款0亿元，项目贷款余额0亿元。

（四）**购买国债**。2020年，购买国债0亿元。

（五）**融资**。2020年末，住房公积金存款93.11亿元。其中，活期15.7亿元，1年（含）以下定期28.17亿元，1年以上定期49.16亿元，其他（协定、通知存款等）0.08亿元。

（六）**资金运用率**。年末，住房公积金个人住房贷款余额、项目贷款余额和购买国债余额的总和占缴存余额的55.80%，比上年末增加0.64个百分点。

三、主要财务数据

（一）**业务收入**。2020年，业务收入58794.28万元，同比增长14.88%。其中，市中心49504.27万元，油田分中心5991.28万元，邓州中心3298.73万元；存款利息24717.97万元，委托贷款利息34028.22万元，国债利息万0元，其他48.09万元。

（二）**业务支出**。2020年，业务支出29848.76万元，同比增长14.72%。其中，市中心24437.66万元，油田分中心3353.03万元，邓州中心2058.07万元；支付职工住房公积金利息28396.9万元，归集手续费0万元，委托贷款手续费1346.88万元，其他104.98万元。

（三）**增值收益**。2020年，增值收益28945.53万元，同比增长15.06%。其中，市中心25066.61万元，油田分中心2638.26万元，邓州中心1240.66万元；增值收益率1.52%，比上年减少0.01个百分点。

（四）**增值收益分配**。2020年，提取贷款风险准备金1556.24万元；提取管理费用3780.31万元，提取城市廉租住房（公共租赁住房）建设补充资金23608.97万元。

2020年，上交财政管理费用3513.47万元。上缴财政城市廉租住房（公共租赁住房）建设补充资金20159.39万元。其中，市中心上缴19482.95万元，油田分中心上缴0万元，邓州中心上缴676.44万元。

2020年末，贷款风险准备金余额13573.23万元。累计提取城市廉租住房（公共租赁住房）建设补充资金104412.97万元。其中，市中心提取88261.88万元，油田分中心提取12605.99万元，邓州中心提取3545.1万元。

（五）**管理费用支出**。2020年，管理费用支出2808.33万元，同比下降1.1%。其中，人员经费

1375.87万元，公用经费234.11万元，专项经费1246.37万元。

市中心管理费用支出1973.19万元，其中，人员、公用、专项经费分别为1050.33万元、107.96万元、814.9万元；邓州中心管理费用支出568.8万元，其中，人员、公用、专项经费分别为107.83万元、77.5万元、383.47万元；油田分中心管理费用支出266.35万元，其中，人员、公用、专项经费分别为217.71万元、48.65万元、48万元。

四、资产风险状况

（一）个人住房贷款。2020年末，个人住房贷款逾期额2739.14万元，逾期率2.4‰，其中，市中心1.6‰，邓州中心15.88‰，油田分中心0.4‰。个人贷款风险准备金余额13573.23万元。2020年，使用个人贷款风险准备金核销呆坏账0万元。

（二）支持保障性住房建设试点项目贷款。2020年末，逾期项目贷款万0元，逾期率0‰；项目贷款风险准备金余额0万元。2020年，使用项目贷款风险准备金核销呆坏账0万元。

五、社会经济效益

（一）缴存业务。2020年，实缴单位数、实缴职工人数和缴存额同比分别增长20.43%、10.02%和13.12%。

缴存单位中，国家机关和事业单位占65.64%，国有企业占6.05%，城镇集体企业占0.19%，外商投资企业占2.01%，城镇私营企业及其他城镇企业占7.56%，民办非企业单位和社会团体占1.99%，其他占16.56%。

缴存职工中，国家机关和事业单位占52.90%，国有企业占12.47%，城镇集体企业占1.66%，外商投资企业占0.05%，城镇私营企业及其他城镇企业占11.24%，民办非企业单位和社会团体占1.70%，其他占19.98%；中、低收入占99.5%，高收入占0.50%。

新开户职工中，国家机关和事业单位占39.52%，国有企业占5.20%，城镇集体企业占1.44%，外商投资企业占0.12%，城镇私营企业及其他城镇企业占30.48%，民办非企业单位和社会团体占2.12%，其他占21.12%；中、低收入占97.76%，高收入占2.24%。

（二）提取业务。2020年，6.21万名缴存职工提取住房公积金23.55亿元。

提取金额中，住房消费提取占63.49%（购买、建造、翻建、大修自住住房占54.58%，偿还购房贷款本息占29.64%，租赁住房占11.45%，其他占4.33%）；非住房消费提取占36.51%（离休和退休提取占47.59%，完全丧失劳动能力并与单位终止劳动关系提取占33.28%，出境定居占0.23%，其他占18.70%）。

提取职工中，中、低收入占98.83%，高收入占1.17%。

（三）贷款业务。

个人住房贷款。2020年，支持职工购建房135.1万平方米（含公转商贴息贷款），年末个人住房贷款市场占有率（含公转商贴息贷款）为57.42%，比上年末增加23.66个百分点。通过申请住房公积金个人住房贷款，可节约职工购房利息支出7278.55万元。

职工贷款笔数中，购房建筑面积90（含）平方米以下占11.46%，90～144（含）平方米占80.31%，

144 平方米以上占 8.23%。购买新房占 79.94%（其中购买保障性住房占 0%），购买二手房占 20.06%，建造、翻建、大修自住住房占 0%（其中支持老旧小区改造占 0%），其他占 0%。

职工贷款笔数中，单缴存职工申请贷款占 86.27%，双缴存职工申请贷款占 13.32%，三人及以上缴存职工共同申请贷款占 0.41%。

贷款职工中，30 岁（含）以下占 16.32%，30 岁～40 岁（含）占 46.01%，40 岁～50 岁（含）占 27.72%，50 岁以上占 9.95%；首次申请贷款占 99.04%，二次及以上申请贷款占 0.96%；中、低收入占 98.74%，高收入占 1.26%。

（四）住房贡献率。 2020 年，个人住房贷款发放额、公转商贴息贷款发放额、项目贷款发放额、住房消费提取额的总和与当年缴存额的比率为 89.17%，比上年增加 56.64 个百分点。

六、其他重要事项

（一）应对新冠肺炎疫情采取的措施，落实住房公积金阶段性支持政策情况和政策实施成效。 强化责任担当，全力以赴做好疫情防控工作。贯彻习近平总书记重要指示精神，落实李克强总理批示要求，按照省、市工作部署，以对人民群众高度负责的态度，全力以赴做好疫情防控工作。第一时间成立中心疫情防控领导小组，明确相关职责，实施班子成员坐镇一线指挥；强化应急值守和信息报送工作，严格落实"日报告""零报告"制度。做好机关大门、中心机关、市民服务中心窗口、各管理部以及天洼社区的疫情防控值守、物资储备和运用。动员中心 130 多人下沉社区、楼院，通过上门走访、逐户摸排、卡点监控、带班值班等措施参与防控。成立党员突击队和党员志愿服务队 3 个，全部下沉到防控一线，参与市、县疫情防控党员人数 1179 人次。中心班子领导对负责防控卡点认真督导，共督查 180 人次。由于工作突出，受到市级嘉奖 2 人，市直工委表彰优秀党员 4 名，登上辖区内疫情防控荣誉榜 7 人次，受到社区、乡镇卡点工作队书面及口头表扬 35 人次。

积极应对疫情，落实住房公积金阶段性支持政策。助力中小微企业复工复产、支持房地产企业发展、减轻企业负担、维护公积金缴存单位和自愿缴存人员权益，及时出台阶段性支持政策，印发《南阳市住房公积金管理委员会关于应对新冠肺炎疫情实施住房公积金阶段性支持政策的通知》（宛公管委字〔2020〕1号）。累计缓缴公积金企业 450 个，缓缴职工 38112 人，累计缓缴金额 6300 万元；办理不作逾期处理的公积金贷款 272 笔，涉及贷款余额 2007 万元，涉及应还未还本金额 567 万元；享受住房提取额度新政实惠职工 499 人，受惠金额 299.4 万元。

（二）当年住房公积金政策调整及执行情况。 宛公积金〔2020〕38 号文《关于做好 2020 年度住房公积金缴存比例和缴存基数调整工作的通知》注明 2020 年 7 月 1 日至 2021 年 6 月 30 日为 2020 年住房公积金缴存年度，明确 2020 年度住房公积金月缴存基数上限为 14382.75 元，月缴存额上限为 3451.86 元；南阳市城区月缴存基数下限 1700 元，月缴存额下限 170 元；其他县月缴存基数下限 1500 元，月缴存额下限 150 元。灵活就业人员月缴存基数上限 14382.75 元，月缴存额上限 2588.90；月缴存基数下限 2876.55元，月缴存额下限 517.78 元。文件中对单位缴存职工范围作了明确界定，包含有单位支付工资的未达到法定退休年龄人员、聘用制、合同制、进城务工人员和人才代理人员等所有人员。对于职工缴存基数的认定做出了详细的解读，职工的上年度工资总额月平均工资作为次年职工住房公积金的缴存基数。工资总额应以经国务院批准、由国家统计局发布的《关于工资总额组成的规定》的内容为准，具体有以下六个部分组成。计时工资、计件工资、奖金、津贴和补贴、加班加点工资、特殊情况下支付的工资。

个人住房贷款最高贷款额度为 50 万，其中，单缴存职工最高额度 40 万元，双缴存职工最高额度 50 万元。当年住房公积金存贷款利率执行标准为 1～5 年的公积金贷款年利率 2.75％，5～30 年的公积金贷款年利率为 3.25％。

（三）当年服务改进情况。

转换贷款核算管理模式。中心在原住房公积金结算应用系统的基础上，将住房公积金贷款由原来的委托银行管理模式转换为自主核算模式，是业务管理模式的又一重大改革，标志着南阳公积金贷款正式进入自主审批、独立核算新时代，管理模式转化后，原受托银行派员进入公积金服务大厅专门从事公积金业务，人员实行双重管理。目前已有银行职员 36 人进入市、县公积金服务大厅工作。

有力推进"一证通办"。中心通过成立专项工作领导小组、组建数据接口研发团队、排档期促进度等措施，有力推进了公积金"一证通办"事项的落实。目前，个人账户设立、个人账户转移、个人账户启封、提取本人账户余额提前偿还公积金贷款、职工离退休提取、封存 6 个月以上未重新就业提取共六项业务实现了"一证通办。"

实现业务办理"跨省通办"。全市 12 个县区服务大厅设立专门的"跨省通办"窗口，指定专人负责受理、审批。采取全程网办、代收代办、两地联办等方式，打破业务受理时限和地域空间限制，实时实现住房公积金服务跨省、跨地区通办。目前"跨省通办"窗口可办理 3 项业务。个人住房公积金缴存贷款等信息查询；出具贷款职工住房公积金缴存使用证明；正常退休提取住房公积金。

12329 语音自助系统上线。建设了中心自主的 12329 呼叫总台，管理部一线人员轮流上台接线，消除了原来外包移动公司的诸多弊端，提高了解答的针对性和准确性。开通了语音自主系统，梳理了 35 项住房公积金主要业务规范，自动解答来自各方面的问题和咨询。住房公积金缴存职工可通过拨打 12329 热线的方式，随时查询个人信息，咨询相关业务，了解目前南阳市住房公积金的相关政策。12329 语音自助服务的开通，进一步完善了语音服务、丰富了查询内容、扩展了服务功能。12329 全年咨询量近 19000 余人次。

（四）当年信息化建设情况。

信息系统进一步安全加固。信息系统的安全建设是住房公积金业务系统的重要组成部分，参照上一年度等保测评意见，结合专业技术人员提出的整改思路，制定系统加固方案，耗资 70 余万元，于 2020 年 5 月份完成设备的上线运行。加固后的信息系统安全得到进一步提升，更好的保障了住房公积金数据资产的安全。

优化升级综合服务平台建设。综合服务平台全新改版升级于 2020 年 11 月 20 日完成，并以优异成绩通过了省厅验收小组的验收，成绩位居全省第一方阵。市住房公积金综合服务平台包含中心门户网站、网上办事大厅、微信公众号、官方微博、12329 服务热线、自助终端、手机客户端、12329 短信、支付宝、豫事办等在内的十大渠道，承载着信息查询、信息发布、互动交流、答疑解惑、业务办理等功能，不仅可以从该平台及时了解到公积金资讯、掌握最新公积金政策，实时查询到本人公积金缴存、提取、贷款等有关信息，同时还可以办理单位和个人公积金业务，使职工实现从"最多跑一次"到"一次不用跑"的体验升级。

开启"人脸识别"新技术。发展"互联网＋公积金"业务服务，依托"大数据"和"人工智能"技术，更新个人实名认证渠道，引进"人脸识别"技术，该功能检测迅速、识别率高、安全性强。着力完善互联网便民服务功能，通过中心网厅、微信、政务服务平台、手机 App 等渠道，缴存职工只需输入身份证及姓名，与人脸识别匹配通过后即可进入办理相关业务，极大的方便了缴存职工。

实现数据共享全覆盖。依托大数据平台，实现了企业信息、法人信息、社保信息、不动产登记情况、婚姻状况、税务信息的查询、核验，实现了"一网通办"前提下的"数据多跑路，群众少跑腿"，不断增强人民群众的获得感和幸福感。

（五）获得荣誉情况。南阳市住房公积金管理中心及干部职工 2020 年所获荣誉情况。河南省级文明单位，南阳市创建全国文明城市工作集体嘉奖，南阳市"两个高质量"绩效考核先进单位，南阳市放管服改革工作集体三等功，南阳市平安建设先进单位，南阳市放管服改革工作先进个人 2 名，南阳市直机关巾帼建功先进个人 2 名，南阳市新冠肺炎疫情防控工作嘉奖 2 人，南阳市直工委表彰优秀党员及党务工作者 4 名。

（六）人员违规行为的纠正和处理情况。全年处理违纪人员 1 人（党内警告处分）。

商丘市住房公积金 2020 年年度报告

根据国务院《住房公积金管理条例》和住房和城乡建设部、财政部、人民银行《关于健全住房公积金信息披露制度的通知》（建金〔2015〕26 号）的规定，经住房公积金管理委员会审议通过，现将商丘市住房公积金 2020 年年度报告公布如下。

一、机构概况

（一）住房公积金管理委员会

商丘中心。商丘市住房公积金管理委员会是商丘市住房公积金管理的决策机构，现有主任委员、副主任委员、委员共 27 名。2020 年召开 1 次会议，审议通过的事项主要包括：

1. 商丘市住房公积金管理中心 2019 年度增值收益情况及分配方案；
2. 商丘市住房公积金资金使用和调拨管理规定；
3. 关于调整住房公积金贷款政策相关问题的通知；
4. 商丘市住房公积金个人住房组合贷款管理办法（试行）；
5. 关于修订《商丘市住房公积金按揭贷款管理办法》的通知。

2020 年，管委会书面审议通过的事项主要包括：

1. 关于妥善应对新冠肺炎疫情实施阶段性支持政策的通知；
2. 关于对市住房公积金管理中心 2019 年度报告公告请示的批复；
3. 关于对上缴贷款风险准备金请示的批复；
4. 关于办理购买拍卖住房提取住房公积金业务有关问题的通知；
5. 关于允许因清理长期封存账户销户的职工配偶申请住房公积金贷款的通知；

6. 关于开展商业性个人住房贷款转住房公积金贷款业务的通知。

永城及永煤。住房公积金管理委员会有19名委员，2020年召开1次会议，审议通过的事项主要包括：

1.《永城市住房公积金管理中心2020年度归集和使用计划》；
2.《关于2019年度住房公积金增值收益及分配的报告》；
3.《永城市住房公积金2019年年度报告》；
4.《关于核定2020年度住房公积金缴存基数、比例及有关事项的报告》；
5.《关于建设永城市住房公积金微信公众号的报告》；
6.《关于做好公积金信息系统安全等级保护工作的报告》；
7.《关于做好公积金大数据共享接口工作的报告》；
8.《关于永煤分中心续租办公场所的报告》。

（二）住房公积金管理中心

商丘中心。住房公积金管理中心为市政府直属不以营利为目的的公益一类事业单位，设6个科，10个管理部，1个分中心。从业人员90人，其中，在编51人，非在编39人。

永城及永煤。住房公积金管理中心为永城市人民政府不以营利为目的的公益性事业单位，设7个科，1个管理部，1个分中心。从业人员26人，其中，在编12人，非在编14人。

二、业务运行情况

（一）缴存。2020年，新开户单位406家，净增单位96家；新开户职工2.96万人，净增职工0.53万人；实缴单位4070家，实缴职工33.85万人，缴存额35.9亿元，分别同比增长16.52%、－1.23%、－3.39%。2020年末，缴存总额231.18亿元，比上年末增加18.38%；缴存余额141.4亿元，同比增长14.79%。

商丘中心。2020年，新开户单位367家，净增单位103家；新开户职工2.82万人，净增职工0.63万人；实缴单位3630家，实缴职工29.8万人，缴存额31.24亿元，分别同比增长18.51%、0.68%、1.99%。2020年末，缴存总额183.61亿元，比上年末增加20.5%；缴存余额116.04亿元，同比增长16.48%。受委托办理住房公积金缴存业务的银行6家。

永城及永煤。2020年，新开户单位39家，净增单位2家；新开户职工0.14万人，净增职工0.08万人；实缴单位440家，实缴职工4.05万人，缴存额4.66亿元，分别同比增长2.33%、－13.46%、－28.64%。2020年末，缴存总额47.57亿元，比上年末增加10.83%；缴存余额25.36亿元，同比增长7.59%。受委托办理住房公积金缴存业务的银行7家。

（二）提取。2020年，6.25万名缴存职工提取住房公积金；提取额17.7亿元，同比增长31.7%；提取额占当年缴存额的49.3%，比上年增加13.13个百分点。2020年末，提取总额89.79亿元，比上年末增加24.52%。

商丘中心。2020年，5.39万名缴存职工提取住房公积金；提取额14.82亿元，同比增长33.75%；提取额占当年缴存额的47.44%，比上年增加11.27个百分点。2020年末，提取总额67.57亿元，比上年末增加28.09%。

永城及永煤。2020年，0.86万名缴存职工提取住房公积金；提取额2.88亿元，同比增长22.03%；提取额占当年缴存额的61.8%，比上年增加25.66个百分点。2020年末，提取总额22.22亿元，比上年末增加14.77%。

（三）贷款。

1. 个人住房贷款。

商丘中心。单缴存职工最高额度40万元，双缴存职工最高额度60万元。

永城及永煤。单缴存职工最高额度35万元，双缴存职工最高额度50万元。

2020年，发放个人住房贷款0.66万笔、24.97亿元，同比分别上升20%、50.06%。

商丘中心。2020年，发放个人住房贷款0.61万笔、23.24亿元，同比分别增长34.39%、62.29%。

永城及永煤。2020年，发放个人住房贷款0.05万笔、1.73亿元，同比分别下降44.44%、25.43%。

2020年，回收个人住房贷款10.24亿元。

商丘中心。2020年，回收个人住房贷款9.16亿元。

永城及永煤。2020年，回收个人住房贷款1.08亿元。

2020年末，累计发放个人住房贷款5.6万笔、132.02亿元，贷款余额89.81亿元，分别比上年末增加13.36%、23.33%、19.62%。个人住房贷款余额占缴存余额的63.51%，比上年末增加2.56个百分点。

商丘中心。2020年末，累计发放个人住房贷款4.86万笔、117.44亿元，贷款余额80.4亿元，分别比上年末增加14.43%、24.67%、21.23%。个人住房贷款余额占缴存余额的69.29%，比上年末增加2.71个百分点。受委托办理住房公积金个人住房贷款业务的银行8家。

永城及永煤。2020年末，累计发放个人住房贷款0.74万笔、14.58亿元，贷款余额9.41亿元，分别比上年末增加7.25%、13.46%、7.54%。个人住房贷款余额占缴存余额的37.11%，比上年末减少0.01个百分点。受委托办理住房公积金个人住房贷款业务的银行3家。

2. 异地贷款。2020年，发放异地贷款1236笔、42657.8万元。2020年末，发放异地贷款总额119959.9万元，异地贷款余额105282.85万元。

商丘中心。2020年，发放异地贷款1193笔、41408.8万元。2020年末，发放异地贷款总额116492.1万元，异地贷款余额102626.85万元。

永城及永煤。2020年，发放异地贷款43笔、1249万元。2020年末，发放异地贷款总额3467.8万元，异地贷款余额2656万元。

3. 公转商贴息贷款。无。

4. 住房公积金支持保障性住房建设项目贷款。无。

（四）购买国债。无。

（五）资金存储。2020年末，住房公积金存款52.1647亿元。其中，活期1.9006亿元，1年（含）以下定期39.89亿元，1年以上定期8.2亿元，协定存款2.1681亿元。

商丘中心。2020年末，住房公积金存款36.1687亿元。其中，活期0.0006亿元，1年（含）以下定期34亿元，1年以上定期0亿元，协定存款2.1681亿元。

永城及永煤。2020年末，住房公积金存款15.996亿元。其中，活期1.906亿元，1年（含）以下定期 5.89 亿元，1 年以上定期 8.2 亿元，协定存款 0 亿元。

（六）资金运用率。2020 年末，住房公积金个人住房贷款余额、项目贷款余额和购买国债余额的总和占缴存余额的 63.51%，比上年增加 2.56 个百分点。

商丘中心。2020 年末，住房公积金个人住房贷款余额、项目贷款余额和购买国债余额的总和占缴存余额的 69.29%，比上年增加 2.71 个百分点。

永城及永煤。2020 年末，住房公积金个人住房贷款余额、项目贷款余额和购买国债余额的总和占缴存余额的 37.11%，比上年末减少 0.01 个百分点。

三、主要财务数据

（一）业务收入。2020 年，业务收入 38905.8 万元，同比增长 15.2%。存款利息 12549.7 万元，委托贷款利息 26326.83 万元，国债利息 0 万元，其他 29.27 万元。

商丘中心。2020 年，业务收入 31461.93 万元，同比增长 19.05%。存款利息 8120.07 万元，委托贷款利息 23340.26 万元，国债利息 0 万元，其他 1.6 万元。

永城及永煤。2020 年，业务收入 7443.87 万元，同比增长 1.33%。存款利息 4429.63 万元，委托贷款利息 2986.57 万元，其他 27.67 万元。

（二）业务支出。2020 年，业务支出 20644.64 万元，同比增长 23.88%。支付职工住房公积金利息 19901.99 万元，归集手续费 0 万元，委托贷款手续费 742.28 万元，其他 0.37 万元。

商丘中心。2020 年，业务支出 16895.24 万元，同比增长 24.2%。支付职工住房公积金利息 16221.87 万元，归集手续费 0 万元，委托贷款手续费 673.28 万元，其他（网银及账户维护费用）0.09 万元。

永城及永煤。2020 年，业务支出 3749.4 万元，同比增长 22.47%。支付职工住房公积金利息 3680.12 万元，委托贷款手续费 69 万元，其他 0.28 万元。

（三）增值收益。2020 年，增值收益 18261.16 万元，同比增长 6.73%。增值收益率 1.3%，比上年减少 0.23 个百分点。

商丘中心。2020 年，增值收益 14566.69 万元，同比增长 13.59%。增值收益率 1.36%，比上年减少 0.07 个百分点。

永城及永煤。2020 年，增值收益 3694.47 万元，同比下降 13.78%。增值收益率 1.53%，比上年减少 0.44 个百分点。

（四）增值收益分配。2020 年，提取贷款风险准备金 1481.41 万元，提取管理费用 1565.47 万元，提取城市廉租住房（公共租赁住房）建设补充资金 15214.28 万元。

2020 年，上交财政管理费用 1291.4 万元。上缴财政城市廉租住房（公共租赁住房）建设补充资金 17106.02 万元。

2020 年末，贷款风险准备金余额 15161.59 万元。累计提取城市廉租住房（公共租赁住房）建设补充资金 71586.39 万元。

商丘中心。2020 年，提取贷款风险准备金 1407.84 万元，提取管理费用 705.2 万元，提取城市廉租住房（公共租赁住房）建设补充资金 12453.65 万元。

2020 年，上交财政管理费用 941.4 万元。上缴财政城市廉租住房（公共租赁住房）建设补充资金

15107.93 万元。

2020 年末，贷款风险准备金余额 8039.94 万元。累计提取城市廉租住房（公共租赁住房）建设补充资金 63337.78 万元。

永城及永煤。2020 年，提取贷款风险准备金 73.57 万元；，提取管理费用 860.27 万元，提取城市廉租住房（公共租赁住房）建设补充资金 2760.63 万元。

2020 年，上交财政管理费用 350 万元。上缴财政城市廉租住房（公共租赁住房）建设补充资金 1998.09 万元。

2020 年末，贷款风险准备金余额 7121.65 万元。累计提取城市廉租住房（公共租赁住房）建设补充资金 8248.61 万元。

（五）管理费用支出。 2020 年，管理费用支出 2145.99 万元，同比下降 10.95%。其中，人员经费 1295 万元，公用经费 455.2 万元，专项经费 395.79 万元。

商丘中心。2020 年，管理费用支出 1530.14 万元（其中，从上缴管理费用中安排的支出为 783.72 万元），同比下降 19.41%。管理费用支出中，人员经费 995.48 万元（其中，从上缴管理费用中安排 325.02 万元），公用经费 310.22 万元，专项经费 224.44 万元。

永城及永煤。2020 年，管理费用支出 615.85 万元，同比增长 20.48%。其中，人员经费 299.52 万元，公用经费 144.98 万元，专项经费 171.35 万元。

四、资产风险状况

（一）个人住房贷款。 2020 年末，个人住房贷款逾期额 338.7 万元，逾期率 0.39‰。个人贷款风险准备金余额 15161.59 万元。2020 年，使用个人贷款风险准备金核销呆坏账 0 万元。

商丘中心。2020 年末，个人住房贷款逾期额 136.18 万元，逾期率 0.17‰。个人贷款风险准备金余额 8039.94 万元。2020 年，使用个人贷款风险准备金核销呆坏账 0 万元。

永城及永煤。2020 年末，个人住房贷款逾期额 202.52 万元，逾期率 2.15‰。个人贷款风险准备金余额 7121.65 万元。2020 年，使用个人贷款风险准备金核销呆坏账 0 万元。

（二）支持保障性住房建设试点项目贷款。 无。

五、社会经济效益

（一）缴存业务。 缴存职工中，国家机关和事业单位占 63.12%，国有企业占 19.55%，城镇集体企业占 0.19%，外商投资企业占 0.56%，城镇私营企业及其他城镇企业占 11.38%，民办非企业单位和社会团体占 1.47%，灵活就业人员占 2.34%，其他占 1.39%；中、低收入占 99.85%，高收入占 0.15%。

新开户职工中，国家机关和事业单位占 27.61%，国有企业占 9.1%，城镇集体企业占 0.19%，外商投资企业占 0.83%，城镇私营企业及其他城镇企业占 33.83%，民办非企业单位和社会团体占 3.75%，灵活就业人员占 1.54%，其他占 23.15%；中、低收入占 99.99%，高收入占 0.01%。

（二）提取业务。 提取金额中，购买、建造、翻建、大修自住住房占 20.85%，偿还购房贷款本息占 40.42%，租赁住房占 2.3%，支持老旧小区改造占 0%，离休和退休提取占 18.81%，完全丧失劳动能力并与单位终止劳动关系提取占11.65%，出境定居占3.82%，其他占2.15%。提取职工中，中、低收入占99.74%，高收入占0.26%。

（三）贷款业务。

1. 个人住房贷款。2020年，支持职工购建房84.53万平方米，年末个人住房贷款市场占有率为15.53%，比上年增加5.49个百分点。通过申请住房公积金个人住房贷款，可节约职工购房利息支出35492.58万元。

职工贷款笔数中，购房建筑面积90（含）平方米以下占5.27%，90~144（含）平方米占86.7%，144平方米以上占8.03%。购买新房占86.07%（其中购买保障性住房占0%），购买二手房占13.91%，建造、翻建、大修自住住房占0.02%（其中购买保障性住房占0%），其他占0%。

职工贷款笔数中，单缴存职工申请贷款占22.92%，双缴存职工申请贷款占77.08%，三人及以上缴存职工共同申请贷款占0%。

贷款职工中，30岁（含）以下占10.69%，30岁~40岁（含）占47.44%，40岁~50岁（含）占34.74%，50岁以上占7.13%；首次申请贷款占93.4%，二次及以上申请贷款占6.6%；中、低收入占99.88%，高收入占0.12%。

2. 支持保障性住房建设试点项目贷款。无。

（四）住房贡献率。 2020年，个人住房贷款发放额、公转商贴息贷款发放额、项目贷款发放额、住房消费提取额的总和与当年缴存额的比率为101.3%，比上年增加34.86个百分点。

六、其他重要事项

（一）应对新冠肺炎疫情采取的措施，落实住房公积金阶段性支持政策情况和政策实施成效。

商丘中心。面对新冠疫情对经济社会发展造成的影响，中心适时制定阶段性支持政策，对受疫情影响的单位和职工调整归集、贷款政策并采取拓展服务渠道等措施，全力维护企业职工合法权益。截至2020年6月份，共有25家企业申请缓缴，涉及缴存职工1863人；对479笔、受疫情影响无法正常还款的不作逾期处理，涉及贷款余额9305.94万元。

1. 阶段性调整缴存政策。允许受新冠肺炎疫情影响和受疫情严重或较严重影响的企业，在与职工充分协商并取得一致意见的基础上，于2020年6月30前可缓缴、降低缴存比例、停缴住房公积金。缴缴、停缴期间缴存时间连续计算，不影响职工正常提取和申请住房公积金贷款。

2. 阶段性调整提取政策。住房公积金缴存职工及自愿缴存个人符合住房公积金贷款条件或提取条件，因受疫情影响造成申请时限超期的，可延长申请时限至6月30日。

3. 阶段性调整贷款政策。对参加疫情防控的医护人员、政府工作人员，因感染新型肺炎住院治疗或隔离人员、疫情防控需要隔离观察人员及受疫情影响的职工，自2020年1月25日起不能按月正常还款，在2020年6月30日前能还清拖欠部分的，不作逾期处理，不作为逾期记录报送征信部门。

4. 进一步提升疫情期间服务效率。积极引导职工通过住房公积金网上业务大厅、微信公众号等线上渠道办理住房公积金缴存、提取和贷款业务。对企业申请在2020年6月30日前缓缴、降低缴存比例、停缴住房公积金，中心严格落实容缺办理机制，压缩证明材料，减轻企业和职工负担，缩短办理流程，提高服务效率。

永城及永煤。积极应对新冠肺炎疫情，相继出台了《关于做好疫情防控期间住房公积金服务保障工作的通知》《永城市住房公积金管理中心关于妥善应对新冠肺炎疫情实施住房公积金阶段性支持政策的通知》等文件，延长职工住房公积金贷款、提取申请期限，保障职工权益不受损害，放宽住房公积金缴存条件，落实缓缴政策，支持受困企业战胜疫情。严格按照疫情防控工作要求做好疫情防控政策宣传，利用线上平台普及科学防控知识。积极做好敏感人员排查工作，及时梳理上报防控办公室。切实做好办公场所安全管控，佩戴口罩、定时消杀、体温检测，确保安全无疫情。

（二）当年机构及职能调整情况、受委托办理缴存贷款业务金融机构变更情况。

商丘中心。2020年，机构、职能和受委托办理缴存贷款业务金融机构未进行调整。目前办理缴存业务银行仍为六家，分别是建行、农行、邮蓄银行、中信银行、中行、浦发银行；办理贷款业务银行仍为八家，分别是建行、农行、邮蓄银行、中信银行、工行、交通银行、中原银行、华商银行。

永城及永煤。无。

（三）当年住房公积金政策调整及执行情况。

1. 当年缴存基数限额及确定方法、缴存比例等缴存政策调整情况。

商丘中心。

① 缴存基数。按照住房公积金月缴存基数不超过统计部门公布的上一年度职工月平均工资三倍的原则，依据统计部门公布的商丘市2019年度职工年平均工资（59272元），确定商丘市财政单位2021年度和非财政单位2020年度住房公积金月缴存基数上限为14817元，下限为1700元。

按照不超过统计部门公布的上年度职工月平均工资的1.2倍，不低于0.8倍的原则，确定自主缴存者住房公积金月缴存基数上限为5927元，下限为3951元。

② 月缴存额。2020年度单位和职工住房公积金月缴存额上限为1778元，下限暂按85元执行。自主缴存者住房公积金月缴存额上限为1422元，下限为395元。

③ 缴存比例。单位和职工住房公积金缴存比例下限均为5%，上限均为12%。自主缴存者住房公积金缴存比例最低为10%，最高为24%，由自主缴存者自行确定。

永城及永煤。按照《住房公积金管理条例》《永城市住房公积金归集管理办法》有关规定，我市2020年度住房公积金缴存比例为5%～12%，不得高于12%。2020年度住房公积金缴存基数上限为13860元，单位和个人月缴上限均为1663元，合计不得超过3326元；缴存基数下限为1700元，单位和个人月缴存下限均为85元，合计不应低于170元；由市财政统发工资的行政事业单位（不含乡镇），按照市财政预算工资基数计算，缴存比例为单位、个人各12%。

2. 提取政策调整情况。

① 将职工购买拍卖住房提取住房公积金要件材料中的"购房款发票"调整为"购房款发票或契税完税凭证"。

② 调整在原商丘市住房公积金管理中心永城管理部贷款的神火集团职工偿还住房公积金提取条件，具体包括：在原永城管理部以保证担保方式申请住房公积金贷款的神火集团缴存职工，偿清贷款后一年内，可以向商丘市住房公积金管理中心申请提取住房公积金账户余额，（夫妻双方）提取额度合计不得超过偿还住房公积金贷款本息总额。

③ 对于因租房申请提取住房公积金的，缴存地为梁园区、睢阳区、城乡一体化示范区的，每户每年提取最高额度由9600元调整为15000元；缴存地为其他县（市）的，每户每年提取最高额度由7200元调

整为10000元。

永城及永煤。无。

3. 住房贷款最高贷款额度、贷款条件等贷款政策调整情况。

① 调整最高贷款额度。申请人一人满足公积金贷款条件的，最高贷款额度从30万元调整到40万元；夫妻双方满足公积金贷款条件的，最高贷款额度从50万元调整到60万元，且首套房不超过所购房屋总价的80%、二套房不超过所购房屋总价的70%。

② 出台了针对政府招才引智和军队转业干部安置的财政供给人员贷款政策，以上人员从公积金缴存开户之日起三年内在购买首套自住住房申请住房公积金贷款时，计算其可贷款额度时不受缴存时间系数及账户余额系数的限制。

③ 开展了住房公积金和商业银行住房组合贷款。缴存住房公积金的职工在申请住房公积金个人住房贷款数额超出规定贷款额度时，可同时向受托银行申请办理商业银行个人住房贷款，但必须同时符合住房公积金个人住房贷款政策和商业银行个人住房贷款的相关规定，组合贷款由借款人根据需要自愿申请，公积金中心和受托银行联合发放。

④ 修订了房地产开发企业申请住房公积金按揭贷款合作的条件，取消了"房地产开发企业在申请住房公积金按揭贷款合作时，需提供申请住房公积金按揭合作的开发项目与国有商业银行住房按揭贷款业务合作的有效协议"。

⑤ 修改了楼盘准入所需材料。明确了楼盘准入的流程和房地产开发企业及借款人的责任义务。

⑥ 从2020年12月1日起开展商业性个人住房贷款转住房公积金贷款业务。具体条件包括：符合我市住房公积金贷款现行条件；已办理的商业性个人住房贷款须符合中国人民银行有关个人住房贷款规定，且正常归还贷款一期以上；商转公贷款申请人须为原商业性个人住房贷款的借款人或房屋共有产权人，以共有产权作为抵押的，其房屋共有产权人须为商转公贷款申请人配偶；商业性个人住房贷款所购住房已经取得《不动产权证书》（《房屋所有权证书》）；商业性个人住房贷款所购住房仅为原贷款银行设定抵押权登记且未设定其他抵押事项。

永城及永煤。无。

4. 当年住房公积金存贷款利率执行标准。

五年以上首套房公积金贷款年利率为3.25%，五年及以下首套房公积金贷款年利率为2.75%，二套房利率在原贷款利率基础上上浮10%。

永城及永煤。当年贷款执行利率为年利率3.25%。

5. 支持老旧小区改造政策落实情况。

商丘中心。未出台支持老旧小区改造的相关政策。

永城及永煤。无。

(四) 当年服务改进情况。

商丘中心。

1. 持续推进"跨省通办"工作。2020年底已经实现个人住房公积金缴存贷款等信息查询、出具贷款职工住房公积金缴存使用证明、正常退休提取住房公积金3项业务"跨省通办"。

2. 增设服务网点。为方便缴存单位及缴存职工"就近办"，2020年7月我中心增设示范区管理部网点,入驻商丘市城乡一体化示范区行政审批服务局,实现了全部30项住房公积金业务"就近办""一次办"、25项业务"马上办"。

3. 改进服务设施。除睢县管理部外,各管理部(分中心)均已入驻行政服务中心或搬迁至新服务用房,配备了休息座椅、饮水机、雨伞、医药箱、轮椅、报刊、书写台和意见箱等服务设施,张贴和放置了住房公积金政策规定、业务流程、服务热线等宣传和服务资料,营造了整洁美观、秩序良好的服务环境。

4. 综合服务平台服务推广情况。通过网站、微信公众号、微信群等渠道,采取动漫形式,加快综合服务平台的推广使用,为职工提供政策咨询、信息查询、业务办理、互动交流、服务监督等各类服务,客户可根据自己需求选择不同的服务方式。不断完善渠道功能,实现了全部30项住房公积金业务中的6项归集业务、3项提取业务、1项贷款业务"网上办结"。2020年,职工通过各类在线渠道累计办理业务380.1万笔,在线办结351.1万笔,网上办结率97.15%,远超省定70%目标。

5. 省市政务服务平台对接情况。完成与河南省政务服务网的开发对接工作,按照服务事项最小颗粒化建设要求,在政务服务平台完成了事项的拆分和录入调整工作,深入推进住房公积金业务"一网通办"。完成豫事办App19个服务事项的接口开发和上线工作,可线上办理个人基本信息查询、账户明细查询、缴存账户查询等16项查询业务和离退休提取、封存满半年提取、偿还公积金贷款本息提取3项提取业务,逐步实现了业务由线下向移动端转变。

6. 数据互联共享情况。完成了省数据共享平台公安、民政、税务、工商、人社等8个部门14个数据共享接口开发工作,实现了离退休、契税、不动产完税证明、企业基本信息、医学死亡证明、婚姻关系证明等10项数据共享查询;完成市数据共享平台不动产5个数据接口的开发工作。实现了不动产购房合同信息、不动产房地产权信息等5项数据共享查询。公积金窗口受理人员可以直接通过业务系统共享查询市区内不动产信息,减少了业务办理时间,提高了业务办理效率。

7. "一证通办"情况。实现了凭一张身份证办理个人账户设立、个人账户转移、个人账户启封、住房公积金提前还贷、偿还住房公积金贷款本息提取住房公积金、与所在单位终止劳动关系未重新就业且封存满半年提取公积金6项业务。

8. 优化流程提高效率。简化贷款手续,取消购买二手住房申请住房公积金贷款事项中的《住房公积金贷款谈话笔、录》。凡在市区内购房的缴存职工,在售楼部提交过住房公积金贷款申请以后,可选择我市任一管理部就近办理公积金贷款业务。

永城及永煤。严格按照"跨省通办"工作要求,积极推进工作开展。目前,个人住房公积金缴存贷款等信息查询、出具贷款职工住房公积金缴存使用证明、正常退休提取住房公积金、住房公积金单位及个人缴存信息变更等业务已实现"跨省通办",其余业务正在加快建设。持续优化便民服务环境,不断完善便民服务设施,深化与中信银行的合作,增添了多功能智能服务终端,职工可通过智能终端自助办理住房公积金业务,极大地提高了办事效率。积极推行窗口服务标准化建设,持续推进"四四五三工作法"和"五零""五心"服务活动,获得群众一致好评;以文明创建为抓手,持续开展星级服务窗口、优秀党员示范岗、卫生文明标兵等创建活动,定期评选"服务之星",进一步优化服务质量;大力推行政务党务公开,公开办事流程、政策措施、服务承诺等,接受职工群众监督。按照"放管服"改革工作要求,不断推进住房公积金网上办理服务,依托综合服务平台通过网站、网上业务大厅、自助终端、手机客户端、官方微信、12329服务热线、短信平台以及支付宝、豫事办等渠道不断提高住房公积金线上业务覆盖率、办结率。最大化发挥网上窗口、线上渠道作用，为缴存单位、职工提供一对一、交互式、场景式服务，目前，单位、个人账户信息、缴存明细、提取明细、贷款信息等线上渠道 24 小时可查，缴存单位和个人也可以通过网上在线预约渠道办理缴存、提取、贷款等业务，极大地促进了住房公积金服务体系的高效化运转和服务效能的提升，真正实现了一网运行、一键监管、一网通办的服务目标。

（五）当年信息化建设情况。

商丘中心。

1. 综合服务平台建设情况。完成了综合服务平台门户网站、网上大厅、手机客户端（App）、微信公众号、微博、自助终端、12329 短信、12329 服务热线建设和上线工作，高分通过省住房城乡建设厅验收。

2. 加强信息安全保障。配合市大数据局完成综合业务系统三级等保认证；定期排查系统安全隐患；开展网络信息安全培训，全员签署保密协议，严防各业务环节客户信息泄露风险。

永城及永煤。积极推进信息共享机制建设，以政务服务平台为介质，做好数据端口开发，积极谋求住房公积金与公安、房产交易、不动产登记、人民银行征信系统、民政和"豫事办"等相关部门或平台的对接互联，落实"一网通办"工作要求。扎实推进综合服务平台建设，打造多渠道、一体化服务体系，进一步提高业务办理"离柜率"，提高住房公积金信息化服务水平，中心综合服务平台建设工作通过了省厅验收组的检查验收。进一步增强网上政务服务能力，依托"互联网＋政务服务"，充分发挥住房公积金"双贯标""异地转移接续"平台和综合服务平台等作用，搭建中心与缴存职工的互动桥梁，为职工群众提供高效便捷服务。

（六）当年住房公积金管理中心及职工所获荣誉情况。

商丘中心。

省级表彰：

1. 获"河南省文明单位"称号；

2. 获"河南省卫生先进单位"称号；

3. 获"河南省建设劳动奖"；

3. 获"2019 年度全省住房和城乡建设系统工会工作先进单位"；

4. 李翼桐获"2019 年度全省住房和城乡建设系统优秀工会工作者"。

市级表彰：

1. 获"2019 年度工会工作先进单位"；

2. 获"让党中央放心，让人民群众满意的模范机关"；

3. 获全市依法行政考核优秀等次；

4. 获 2019 年度全市平安建设考评"优秀单位"；

5. 获"2018 年度全市脱贫攻坚先进帮扶单位"；

6. 获"2019 年度 12345 马上办便民服务热线承办工作先进单位"；

7. 获"党的创新理论万场宣讲进基层"理论宣讲大赛和"出彩新人说"宣传教育活动优秀组织奖；

8. 市直管理部获"2019 年商丘市巾帼文明岗"；

9. 李欣获"2019 年度优秀工会工作者"；

10. 张锋获"2019 年度优秀女职工工作者"；

11. 户丹丹获"2019年商丘市巾帼建功标兵";
12. 杜丽娜获全市机关党的建设课题研究工作优秀奖;
13. 韩亚博获市直机关优秀宣讲员。

永城及永煤。无。

(七) 当年对违反《住房公积金管理条例》和相关法规行为进行行政处罚和申请人民法院强制执行情况。无。

(八) 当年对住房公积金管理人员违规行为的纠正和处理情况等。无。

信阳市住房公积金 2020 年年度报告

根据国务院《住房公积金管理条例》和住房和城乡建设部、财政部、人民银行《关于健全住房公积金信息披露制度的通知》(建金〔2015〕26号)的规定,经住房公积金管理委员会审议通过,现将信阳市住房公积金 2020 年年度报告公布如下。

一、机构概况

(一)住房公积金管理委员会。 住房公积金管理委员会有 25 名委员,2020 年召开 1 次会议,审议通过的事项主要包括:

1. 《2019 年度信阳市住房公积金管理中心工作情况的报告》;
2. 《信阳市住房公积金 2019 年年度报告》(信息披露报告);
3. 审议市住房公积金 2019 年度增值收益分配方案;
4. 审议关于既有住宅加装电梯申请提取住房公积金的意见。

(二)住房公积金管理中心。 住房公积金管理中心为市人民政府的不以营利为目的的直属事业单位,设 7 个科室,10 个管理部。从业人员 98 人,其中,在编 67 人,非在编 31 人。

二、业务运行情况

(一)缴存。 2020 年,新开户单位 311 家,净增单位 261 家;新开户职工 1.92 万人,净增职工 0.34 万人;实缴单位 5404 家,实缴职工 26.15 万人,缴存额 32.05 亿元,分别同比增长(下降)5.07%、1.32%、-5.65%。2020 年末,缴存总额 210.12 亿元,比上年末增加 18.01%;缴存余额 116.62 亿元,同比增长 14.52%。受委托办理住房公积金缴存业务的银行 8 家。

(二)提取。 2020 年,5.51 万名缴存职工提取住房公积金;提取额 17.26 亿元,同比下降 7.97%;提取额占当年缴存额的 53.86%,比上年减少 1.37 个百分点。2020 年末,提取总额 93.5 亿元,比上年末增加 22.64%。

(三)贷款。

1. 个人住房贷款。个人住房贷款最高额度 50 万元。单缴存职工个人住房贷款最高额度 40 万元,双缴存职工个人住房贷款最高额度 50 万元。

2020 年，发放个人住房贷款 0.51 万笔、18.72 亿元，同比分别增长 22.48%、24.66%。其中，市中心发放个人住房贷款 0.51 万笔、18.72 亿元。

2020 年，回收个人住房贷款 6.75 亿元。

2020 年末，累计发放个人住房贷款 4.66 万笔、120.61 亿元，贷款余额 82.52 亿元，分别比上年末增加 12.28%、18.37%、16.97%。个人住房贷款余额占缴存余额的 70.76%，比上年末增加 1.48 个百分点。受委托办理住房公积金个人住房贷款业务的银行 4 家。

2. 异地贷款。2020 年，发放异地贷款 371 笔、13368 万元。2020 年末，发放异地贷款总额 32711.73 万元，异地贷款余额 30322.46 万元。

（四）资金存储。2020 年末，住房公积金存款 35.62 亿元。其中，活期 0.71 亿元，1 年（含）以下定期 7.80 亿元，1 年以上定期 25.72 亿元，其他（协定、通知存款等）1.39 亿元。

（五）资金运用率。2020 年末，住房公积金个人住房贷款余额、项目贷款余额和购买国债余额的总和占缴存余额的 70.76%，比上年增加 1.48 个百分点。

三、主要财务数据

（一）业务收入。2020 年，业务收入 33211.39 万元，同比增长 21.25%。其中，存款利息 8529.92 万元，委托贷款利息 24672.14 万元，国债利息 0 万元，其他 9.33 万元。

（二）业务支出。2020 年，业务支出 16726.09 万元，同比增长 16.82%。其中，支付职工住房公积金利息 15951.15 万元，归集手续费 0 万元，委托贷款手续费 754.07 万元，其他 20.87 万元。

（三）增值收益。2020 年，增值收益 16485.30 万元，同比增长 26.10%。增值收益率 1.50%，比上年增加 0.11 个百分点。

（四）增值收益分配。2020 年，提取贷款风险准备金 1197.21 万元，提取管理费用 2375.37 万元，提取城市廉租住房（公共租赁住房）建设补充资金 12912.72 万元。

2020 年，上交财政管理费用 2000 万元。上缴财政城市廉租住房（公共租赁住房）建设补充资金 11032.60 万元。

2020 年末，贷款风险准备金余额 8252.26 万元。累计提取城市廉租住房（公共租赁住房）建设补充资金 52058.30 万元。

（五）管理费用支出。2020 年，管理费用支出 1981.16 万元，同比增长 20.82%。其中，人员经费 1133.63 万元，公用经费 471.73 万元，专项经费 375.80 万元。

市中心管理费用支出 1981.16 万元，其中，人员、公用、专项经费分别为 1133.63 万元、471.73 万元、375.80 万元。

四、资产风险状况

个人住房贷款。2020 年末，个人住房贷款逾期额 408.21 万元，逾期率 0.49‰。个人贷款风险准备金余额 8252.26 万元。2020 年，使用个人贷款风险准备金核销呆坏账 0 万元。

五、社会经济效益

（一）缴存业务。缴存职工中，国家机关和事业单位占72.89%，国有企业占11.46%，城镇集体企业占2.61%，外商投资企业占0.39%，城镇私营企业及其他城镇企业占8.63%，民办非企业单位和社会团体占0.42%，灵活就业人员占0.03%，其他占3.57%；中、低收入占98.99%，高收入占1.01%。

新开户职工中，国家机关和事业单位占52.34%，国有企业占5.71%，城镇集体企业占8.38%，外商投资企业占0.92%，城镇私营企业及其他城镇企业占27.64%，民办非企业单位和社会团体占0.16%，灵活就业人员占0.02%，其他占4.83%；中、低收入占99.71%，高收入占0.29%。

（二）提取业务。提取金额中，购买、建造、翻建、大修自住住房占18.23%，偿还购房贷款本息占47.77%，租赁住房占7.73%，支持老旧小区改造占0%；离休和退休提取占18.78%，完全丧失劳动能力并与单位终止劳动关系提取占5.12%，出境定居占0.55%，其他占1.82%。

提取职工中，中、低收入占94.76%，高收入占5.24%。

（三）贷款业务。

个人住房贷款。2020年，支持职工购建房61.14万平方米（含公转商贴息贷款），年末个人住房贷款市场占有率（含公转商贴息贷款）为11.98%，比上年末减少0.02个百分点。通过申请住房公积金个人住房贷款，可节约职工购房利息支出56256.93万元。

职工贷款笔数中，购房建筑面积90（含）平方米以下占8.82%，90~144（含）平方米占81.67%，144平方米以上占9.51%。购买新房占83.69%（其中购买保障性住房占0%），购买二手房占16.31%，建造、翻建、大修自住住房占0%（其中支持老旧小区改造占0%），其他占0%。

职工贷款笔数中，单缴存职工申请贷款占21.18%，双缴存职工申请贷款占78.82%，三人及以上缴存职工共同申请贷款占0%。

贷款职工中，30岁（含）以下占10.22%，30岁~40岁（含）占45.13%，40岁~50岁（含）占36.75%，50岁以上占7.90%；首次申请贷款占76.31%，二次及以上申请贷款占23.69%；中、低收入占94.86%，高收入占5.14%。

（四）住房贡献率。2020年，个人住房贷款发放额、公转商贴息贷款发放额、项目贷款发放额、住房消费提取额的总和与当年缴存额的比率为98.18%，比上年增加15.26个百分点。

六、其他重要事项

（一）应对新冠肺炎疫情采取的措施，落实住房公积金阶段性支持政策情况和政策实施成效。2020年2月9日中心在全省率先出台了《关于支持疫情防控工作发挥公积金作用的通知》，从"缓""延""降""网"四个方面，持续支持受疫情影响的中小企业降低成本，度过难关。在此基础上，制定出台了《关于进一步妥善应对新冠肺炎疫情实施住房公积金阶段性支持政策的通知》和《关于受新冠肺炎疫情影响阶段性降低缴存比例或缓缴住房公积金的办理流程》，认真做好政策精准宣传、政策全面解读、政策兑现衔接等工作，落实落细上级阶段性支持政策，助力企业复工复产。

（二）当年机构及职能调整情况、受委托办理缴存贷款业务金融机构变更情况。受委托办理住房公积金缴存业务的银行8家，比上年增加1家。

（三）当年住房公积金政策调整及执行情况，包括当年缴存基数限额及确定方法、缴存比例等缴存政策调整情况；当年提取政策调整情况；当年个人住房贷款最高贷款额度、贷款条件等贷款政策调整情况；当年住房公积金存贷款利率执行标准等；支持老旧小区改造政策落实情况。

根据《关于调整住房公积金缴存基数的通知》（信房金字〔2020〕25号）文件精神的要求，自2020年7月起，将全市住房公积金最高缴存基数调整为15127元，住房公积金最高月缴存额调整为单位个人各1815元；住房公积金最低缴存基数市直（包括浉河、平桥及各管理区）为1700元，各县为1500元，住房公积金最低月缴存额市直为单位个人各85元，各县为单位个人各75元。

当年缴存比例。无变化。

当年个人住房贷款最高贷款额度；无变化。

出台了关于既有住宅加装电梯提取住房公积金的通知。

（四）当年服务改进情况，包括推进住房公积金服务"跨省通办"工作情况，服务网点、服务设施、服务手段、综合服务平台建设和其他网络载体建设服务情况等。

1. 坚决贯彻落实《国务院办公厅关于加快推进政务服务"跨省通办"的指导意见》，顺利实现了个人住房公积金缴存贷款信息查询、出具贷款职工住房公积金缴存使用证明和正常退休提取住房公积金3项服务事项"跨省通办"。

2. 圆满完成综合服务平台的建设工作，2020年12月25日以优秀等级通过了省住房城乡建设厅专家组的验收。

3. 积极对接省"豫事办"公积金网上办理事项接口研发和测试工作，目前已上线18项网办事项。

4. 建设了异地容灾备份系统，有效地保障了数据安全。

5. 有20项提取和归集业务实现了一网通办。

（五）当年信息化建设情况，包括信息系统升级改造情况，基础数据标准贯彻落实和结算应用系统接入情况等。

1. 基础数据标准已全面贯标完成。

2. 2020年11月13日我中心贷款自主核算模式正式上线，实现了中心贷款核算模式由银行核算向中心自主核算的转换。

（六）当年住房公积金管理中心及职工所获荣誉情况，包括：文明单位（行业、窗口）、青年文明号、工人先锋号、五一劳动奖章（劳动模范）、三八红旗手（巾帼文明岗）、先进集体和个人等。中心系统成功创建新一届省级文明单位、市综治平安建设先进单位。在承担服务保障职能的市直单位考评中名列第8位，受到市政府通报表扬。市住房公积金中心市直管理部被河南省建设工会授予"河南省建设五一巾帼奖"、共青团信阳市委和信阳市人力资源和社会保障局授予"信阳市青年文明号"称号。

（七）其他需要披露的情况。2020年，为落实《河南省财政厅关于进一步规范住房公积金增值收益管理的通知》（豫财综〔2020〕27号）文件精神，经市政府同意，年末计提贷款风险准备金按年末贷款余额的1%计提并缴入市财政专户管理，以前年度计提的公积金贷款风险准备金超额部分7696.48万元作为增值收益上缴市财政。

周口市住房公积金 2020 年年度报告

根据国务院《住房公积金管理条例》和住房和城乡建设部、财政部、人民银行《关于健全住房公积金信息披露制度的通知》（建金〔2015〕26 号）的规定，经住房公积金管理委员会审议通过，现将周口市住房公积金 2020 年年度报告公布如下。

一、机构概况

（一）住房公积金管理委员会。住房公积金管理委员会有 30 名委员，2020 年召开 1 次会议，审议通过的事项主要包括：《周口市住房公积金 2019 年年度报告》《周口市住房公积金中心 2019 年度住房公积金归集、使用计划执行情况》《周口市住房公积金中心 2020 年住房公积金归集、使用计划》《周口市住房公积金中心关于妥善应对新冠肺炎疫情实施住房公积金阶段性支持政策的请示》《周口市住房公积金中心关于申请单位降低缴存比例或缓缴公积金有关事项审批职责的请示》。

（二）住房公积金中心。周口市住房公积金中心为（周口市人民政府）不以营利为目的的（一般）事业单位，设 7 个处（科），11 个管理部。从业人员 80 人，其中，在编 51 人，非在编 29 人。

二、业务运行情况

（一）缴存。2020 年，新开户单位 331 家，净增单位 220 家；新开户职工 3.86 万人，净增职工 1.48 万人；实缴单位 4036 家，实缴职工 33.38 万人，缴存额 29.60 亿元，分别同比增长 5.77％、4.65％、16.82％。2020 年末，缴存总额 163.82 亿元，比上年末增加 22.05％；缴存余额 106.45 亿元，同比增长 22.95％。受委托办理住房公积金缴存业务的银行 8 家。

（二）提取。2020 年，5.28 万名缴存职工提取住房公积金；提取额 9.73 亿元，同比增长 40.88％；提取额占当年缴存额的 32.86％，比上年增加 5.61 个百分点。2020 年末，提取总额 57.37 亿元，比上年末增加 20.41％。

（三）贷款。

1. 个人住房贷款。个人住房贷款最高额度 45 万元，单缴存职工个人住房贷款最高额度 45 万元，双缴存职工个人住房贷款最高额度 45 万元。

2020 年，发放个人住房贷款 0.47 万笔、15.89 亿元，同比分别下降 3.94％、0.05％。其中，市中心发放个人住房贷款 0.45 万笔、15.48 亿元，鹿邑分中心发放个人住房贷款 0.02 万笔、0.41 亿元。

2020 年，回收个人住房贷款 5.84 亿元。其中，市中心 5.46 亿元，鹿邑分中心 0.38 亿元。

2020 年末，累计发放个人住房贷款 3.89 万笔、106.68 亿元，贷款余额 80.31 亿元，分别比上年末增加 13.60％、17.50％、14.31％。个人住房贷款余额占缴存余额的 75.45％，比上年末减少 5.70 个百分点。受委托办理住房公积金个人住房贷款业务的银行 6 家。

2. 异地贷款。2020 年，发放异地贷款 697 笔、22949.50 万元。2020 年末，发放异地贷款总额 98341.40 万元，异地贷款余额 86335.90 万元。

（四）资金存储。2020 年末，住房公积金存款 28.07 亿元。其中，活期 0.12 亿元，1 年（含）以下定期 22.89 亿元，1 年以上定期 1.10 亿元，协定存款 3.96 亿元。

（五）资金运用率。2020 年末，住房公积金个人住房贷款余额、项目贷款余额和购买国债余额的总和占缴存余额的 75.45%，比上年末减少 5.70 个百分点。

三、主要财务数据

（一）业务收入。2020 年，业务收入 28987.80 万元，同比增长 20.56%。其中，市中心 27184.34 万元，鹿邑分中心 1803.46 万元；存款利息 4802.40 万元，委托贷款利息 24173.27 万元，其他 12.13 万元。

（二）业务支出。2020 年，业务支出 14670.74 万元，同比增长 19.71%。其中，市中心 13543.89 万元，鹿邑分中心 1126.85 万元；支付职工住房公积金利息 14393.10 万元，归集手续费 0.27 万元，委托贷款手续费 252.81 万元，其他 24.56 万元。

（三）增值收益。2020 年，增值收益 14317.06 万元，同比增长 21.46%。其中，市中心 13640.45 万元，鹿邑分中心 676.61 万元；增值收益率 1.49%，比上年减少 0.04 个百分点。

（四）增值收益分配。2020 年，提取贷款风险准备金 1005.31 万元，提取管理费用 3308.00 万元，提取城市廉租住房（公共租赁住房）建设补充资金 10003.75 万元。

2020 年，上缴财政管理费用 2268.00 万元。上缴财政城市廉租住房（公共租赁住房）建设补充资金 27431.68 万元。其中，市中心上缴 27381.68 万元，鹿邑分中心上缴鹿邑县财政局 50.00 万元。

2020 年末，贷款风险准备金余额 8749.11 万元。累计提取城市廉租住房（公共租赁住房）建设补充资金 42461.71 万元。其中，市中心提取 41761.73 万元，鹿邑分中心提取 699.98 万元。

（五）管理费用支出。2020 年，管理费用支出 1331.96 万元，同比增长 6.91%。其中，人员经费 846.88 万元，公用经费 172.44 万元，专项经费 312.64 万元。

市中心管理费用支出 1099.81 万元，其中，人员、公用、专项经费分别为 808.39 万元、147.23 万元、144.19 万元；鹿邑分中心管理费用支出 232.15 万元，其中，人员、公用、专项经费分别为 38.49 万元、25.21 万元、168.45 万元。

四、资产风险状况

个人住房贷款。2020 年末，个人住房贷款逾期额 940.46 万元，逾期率 1.17‰，其中，市中心 1.20‰，鹿邑分中心 0.65‰。个人贷款风险准备金余额 8749.11 万元。2020 年，使用个人贷款风险准备金核销呆坏账 0 万元。

五、社会经济效益

（一）缴存业务。缴存职工中，国家机关和事业单位占 68.30%，国有企业占 13.71%，城镇集体企业占 1.75%，外商投资企业占 0.68%，城镇私营企业及其他城镇企业占 11.46%，民办非企业单位和社会团体占 0.37%，灵活就业人员占 2.29%，其他占 1.44%；中、低收入占 97.95%，高收入占 2.05%。

新开户职工中，国家机关和事业单位占 55.15%，国有企业占 7.94%，城镇集体企业占 0.86%，外商投资企业占 0.85%，城镇私营企业及其他城镇企业占 25.93%，民办非企业单位和社会团体占 0.95%，灵活就业人员占 5.62%，其他占 2.70%；中、低收入占 97.20%，高收入占 2.80%。

（二）提取业务。提取金额中，购买、建造、翻建、大修自住住房占16.31%，偿还购房贷款本息占31.71%，租赁住房占0.87%，自住住房物业费占1.25%，离休和退休提取占34.60%，完全丧失劳动能力并与单位终止劳动关系提取占8.94%，出境定居占1.28%，死亡或宣告死亡占2.06%，其他占2.98%。提取职工中，中、低收入占90.63%，高收入占9.37%。

（三）贷款业务。个人住房贷款。2020年，支持职工购建房86.88万平方米（含公转商贴息贷款），年末个人住房贷款市场占有率（含公转商贴息贷款）为12.62%，比上年末减少1.16个百分点。通过申请住房公积金个人住房贷款，可节约职工购房利息支出51229.14万元。

职工贷款笔数中，购房建筑面积90（含）平方米以下占4.15%，90～144（含）平方米占89.06%，144平方米以上占6.79%；购买新房占100%。

职工贷款笔数中，单缴存职工申请贷款占19.16%，双缴存职工申请贷款占80.84%。

贷款职工中，30岁（含）以下占19.39%，30岁～40岁（含）占52.08%，40岁～50岁（含）占24.06%，50岁以上占4.47%；首次申请贷款占98.30%，二次及以上申请贷款占1.70%；中、低收入占93.42%，高收入占6.58%。

（四）住房贡献率。2020年，个人住房贷款发放额、公转商贴息贷款发放额、项目贷款发放额、住房消费提取额的总和与当年缴存额的比率为86.56%，比上年减少3.45个百分点。

六、其他重要事项

（一）应对新冠肺炎疫情采取的措施，落实住房公积金阶段性支持政策及实施成效。应对疫情影响，中心出台了《周口市住房公积金中心关于妥善应对新冠肺炎疫情实施住房公积金阶段性支持政策的通知》（周住金〔2020〕16号），该通知对受疫情影响的企业可以缓缴公积金、适当降低缴存比例等作出了详细解释和规定，助力企业复工复产。2020年，我市共有2家企业申请缓缴、1家企业申请降低比例缴存，涉及职工290人，节约企业经营成本93.24万元。

（二）银行新开户情况。新增一家贷款开户银行，即中原银行。

（三）规范缴存基数和缴存比例情况。

1. 单位缴存标准。按照周口市统计局公布的2019年城镇非私营单位就业人员年平均工资为56562元，根据相关规定，住房公积金月缴存基数最高不应高于职工工作地设区城市上一年度职工月平均工资3倍，最低不应低于职工工作地设区城市上一年度职工月平均工资的60%。2020年周口住房公积金年度月缴存基数上限为14142元，单位和职工个人月缴存总额上限为3394元；住房公积金月缴存基数的下限为2828元，单位和职工个人月缴存总额下限为283元。其中确有困难的单位，经职工代表大会或者工会讨论通过，并经中心核准，可按河南省人民政府豫政〔2018〕26号文周口市最低工资标准（1700元/月）确定。

2. 自由职业者自主缴存标准。自主缴存人员住房公积金月缴存基数分为三个档次。一是我市统计部门公布的上一年度职工月平均工资的80%；二是我市统计部门公布的上一年度职工月平均工资的100%；三是我市统计部门公布的上一年度职工月平均工资的300%。缴存比率统一为两个10%。按以上三个档次计算，2020年自主缴存住房公积金月缴存基数分别为3771元、4714元、14142元；缴存总额分别为754元、943元、2828元。

3. 贷款利率执行情况。当年个贷最高额度为 45 万元。购买首套住房的，首付款比例不得低于房价总额的 20%，贷款利率 5 年以上 3.25%（年利率），5 年以下 2.75%（年利率）；购买二套住房首付款比例不得低于房价总额的 30%，且利率上浮 10%；三套及以上住房贷款不予受理。

（四）当年服务改进情况。

1. 实现 5 个服务事项的"跨省通办"。可实现个人缴存（贷款）信息查询、缴存信息变更、退休提取、提前还清住房公积金贷款和出具职工缴存使用证明 5 个服务事项的"跨省通办"。

2. 搭建信息外联平台，加快推进"一网通办"。积极参与周口市政务云平台系统建设，综合运用"区块链"技术将各项业务数据通过电子政务外网上传至政务云平台，利用周口公积金综合服务平台与各部门进行数据交换，实现"一张网联通全市、一朵云承载应用、一平台交换数据"。目前，可通过周口公积金主业务系统实时查询到公安、民政、残联、不动产等多个部门的数据信息，真正做到打通共享堵点、疏通群众痛点，达到"资源整合、互联互通、业务协同"的预期目标，实现真"联"、真"通"、真"办"。

3. 全面实现公积金服务事项"掌上办"。依托"互联网＋政务服务"，在实体大厅和官方网站醒目位置公布周口公积金官方微信、手机 App、支付宝城市服务"二维码"和网上办事大厅链接，办事群众通过扫描二维码，刷脸或手动输入认证身份信息，即可"掌上"获知所办事项的申请材料、承诺期限、咨询电话等信息，或在线申请办理公积金各项业务。截至目前，住房公积金 30 个服务事项均实现政务服务网"一网通办"，25 项业务实现"线上"办结，其中，6 项归集业务和偿还公积金贷款提取、物业费提取、离退休提取 3 项提取业务实现"零材料"办结，提取资金"秒级到账"，大大提升公积金业务"离柜率"。

4. 着眼信息透明，积极推进申办材料瘦身。扎实开展"三减一零"行动，即"减材料""减流程""减时限"和"零费用"办结，将长期以来的"要证明"转变为"信用承诺"，取消公积金缴存、提取、贷款各环节的证明材料、复印件、申请表等 26 项办理要件，较之前减少 80% 以上。

5. 全面推进"线上一次注册，线下一趟不跑"。将传统服务模式升级打造为"互联网＋公积金服务"的"线上＋线下"服务新窗口。大厅每个窗口配备内外工作人员，分别进行"线上"引导办结、"线下"兜底办理，服务大厅实体窗口成倍减少，"线上"办结率和窗口离柜率数倍提高。

（五）信息化建设情况。

1. 持续优化住房公积金综合服务平台。2020 年 9 月以优秀等次通过部省联合检查组验收。充分利用大数据、云计算等信息技术，精准把握缴存职工诉求，完善服务平台功能，丰富线上业务办理种类，不断提高业务办理离柜率，提高住房公积金服务满意度。

2. 持续推进部门数据互联共享。积极运用区块链技术，建立与其他部门间的数据通道，加快实现公积金数据共享交换，为"互联网＋政务服务"和提高行业服务水平提供有力技术支撑。

3. 持续提高风险防控信息化能力。对各项政策规定、审核要件、业务流程、服务时限实行信息化控制，对资金运行实行在线预警监控，形成"自控、互控、监控"相互结合的监控体系，最大限度减少人为操作风险。

4. 持续加强网络信息安全建设。坚持"安全第一，预防为主"，进一步加强计算机安全意识教育和防范技能训练，定期对全体工作人员进行网络安全培训，落实事故预防和控制措施，注重人防与技防结合，有效防止重特大网络生产事故发生，提高系统安全防护水平。

（六）年内获得荣誉。

先进集体：

1. 被市委、市政府授予"优秀县处级领导班子";
2. 被市综合考评工作领导小组授予"市管领导班子综合考评优秀等次";
3. 被市委、市政府命名"市级文明单位(标兵)"(在届);
4. 被共青团周口市委授予"青年文明号";
5. 被市委宣传部等7部门授予"十佳文明窗口";
6. 被市直机关工委授予中心第四党支部委员会"'学习强国'先进党支部";
7. 被市社会信用体系建设领导小组办公室授予"2020年上半年信用体系建设工作评价优秀等次"。

先进个人:
1. 被市委、市政府评为"优秀县处级干部"(2人);
2. 被市综合考评工作领导小组评为"市管领导干部优秀等次"(2人);
3. 被市委组织部、市人社局给予"2020年周口市直事业单位新冠肺炎疫情防控工作嘉奖个人"(1人);
4. 被市直机关工委授予"'学习强国'挑战答题赛优秀等次"(2人);
5. 被市委宣传部、市直机关工委授予"'豫学习豫出彩'——第二届'学习强国'河南省千万学员万场答题挑战赛周口市预赛一等奖"(1人)。

(七)无其他需要披露的情况。

驻马店市住房公积金2020年年度报告

根据国务院《住房公积金管理条例》和住房和城乡建设部、财政部、人民银行《关于健全住房公积金信息披露制度的通知》(建金〔2015〕26号)的规定,现将驻马店市(含省直管新蔡县)住房公积金2020年年度报告公布如下。

一、机构概况

(一)**住房公积金管理委员会**。驻马店市住房公积金管理委员会有25名委员,2020年召开3次会议,审议通过了《关于调整市住房公积金管理委员会组成人员的报告》《驻马店市住房公积金中心2019年度归集使用计划执行情况及2020年度归集使用计划报告》《驻马店市住房公积金2019年年度报告》《关于市住房公积金账户有关情况的报告》;审议通过了《关于调整县直个人住房公积金贷款最高额度的报告》《关于变更受委托银行有关情况报告》《关于对以前年度增值收益分配方案进行调整的报告》;审议通过了《关于在中国光大银行驻马店分行开设住房公积金账户的报告》等事项。

(二)**住房公积金中心**。驻马店市住房公积金中心(以下简称"中心")为驻马店市人民政府不以营利为目的的公益一类直属事业单位,设7个科,10个管理部。从业人员109人,其中,在编59人,非在编50人。

二、业务运行情况

（一）缴存。2020年，新开户单位478家，净增单位51家；新开户职工2.80万人，净增职工0.29万人；实缴单位4633家，实缴职工30.54万人，缴存额35.89亿元，分别同比增长4.04%、4.98%、8.46%。2020年末，缴存总额225.79亿元，比上年末增加19.36%；缴存余额121.08亿元，同比增长14.19%。受委托办理住房公积金缴存业务的银行11家，与上年相比增加1家。

（二）提取。2020年，29.12万名缴存职工提取住房公积金；提取额20.87亿元，同比增长20.29%；提取额占当年缴存额的58.15%，比上年增加5.93个百分点。2020年末，提取总额104.71亿元，比上年末增加24.89%。

（三）贷款。

1. 个人住房贷款。单缴存职工个人住房贷款最高额度40万元，双缴存职工个人住房贷款最高额度50万元。

2020年，发放个人住房贷款0.84万笔、27.93亿元，同比分别增长16.67%、21.49%。

2020年，回收个人住房贷款11.46亿元。

2020年末，累计发放个人住房贷款7.04万笔、161.06亿元，贷款余额95.28亿元，分别比上年末增加13.55%、21.00%、21.22%。个人住房贷款余额占缴存余额的78.69%，比上年末增加4.56个百分点。受委托办理住房公积金个人住房贷款业务的银行10家。

2. 异地贷款。2020年，发放异地贷款546笔、10415.30万元。2020年末，发放异地贷款总额65344.80万元，异地贷款余额46922.30万元。

（四）资金存储。2020年末，住房公积金存款27.50亿元。其中，活期5.08亿元，1年（含）以下定期0亿元，1年以上定期22.42亿元，其他（协定、通知存款等）0亿元。

（五）资金运用率。2020年末，住房公积金个人住房贷款余额、项目贷款余额和购买国债余额的总和占缴存余额的78.69%，比上年增加4.56个百分点。

三、主要财务数据

（一）业务收入。2020年，业务收入38227.12万元，同比增长13.12%。存款利息10116.90万元，委托贷款利息28105.45万元，国债利息0万元，其他4.77万元。

（二）业务支出。2020年，业务支出17939.06万元，同比增长17.85%。支付职工住房公积金利息16914.95万元，归集手续费0.01元，委托贷款手续费721.25万元，其他302.85万元。

（三）增值收益。2020年，增值收益20288.06万元，同比增长9.25%。增值收益率1.80%，比上年减少0.03个百分点。

（四）增值收益分配。2020年，提取贷款风险准备金1695.49万元，提取管理费用2252.20万元，提取城市廉租住房建设补充资金16340.37万元。

2020年，上交财政管理费用1945.63万元。上缴财政城市廉租住房建设补充资金23812.26万元。

2020年末，贷款风险准备金余额25704.36万元。累计提取城市廉租住房建设补充资金64981.41万元。

(五)管理费用支出。 2020年,管理费用支出1435.50万元,同比减少33.13%。其中,人员经费1012.34万元,公用经费291.39万元,专项经费131.77万元。

四、资产风险状况

2020年末,个人住房贷款逾期额28.90万元,逾期率0.033‰。个人贷款风险准备金余额25704.36万元。2020年,使用个人贷款风险准备金核销呆坏账0万元。

五、社会经济效益

(一)缴存业务。 缴存职工中,国家机关和事业单位占63.68%,国有企业占12.74%,城镇集体企业占3.80%,外商投资企业占1.36%,城镇私营企业及其他城镇企业占8.79%,民办非企业单位和社会团体占1.53%,灵活就业人员占2.49%,其他占5.61%;中、低收入占94.75%,高收入占5.25%。

新开户职工中,国家机关和事业单位占37.49%,国有企业占7.25%,城镇集体企业占4.01%,外商投资企业占2.10%,城镇私营企业及其他城镇企业占34.74%,民办非企业单位和社会团体占3.79%,灵活就业人员占1.35%,其他占9.27%;中、低收入占98.27%,高收入占1.73%。

(二)提取业务。 提取金额中,购买、建造、翻建、大修自住住房占22.91%,偿还购房贷款本息占45.55%,租赁住房占1.81%,支持老旧小区改造占0%,离休和退休提取占17.27%,完全丧失劳动能力并与单位终止劳动关系提取占3.72%,出境定居占0.07%,其他占8.67%。提取职工中,中、低收入占97.80%,高收入占2.20%。

(三)贷款业务。

个人住房贷款。2020年,支持职工购建房107.97万平方米,年末个人住房贷款市场占有率为12.29%,比上年末减少0.54个百分点。通过申请住房公积金个人住房贷款,可节约职工购房利息支出86431.18万元。

职工贷款笔数中,购房建筑面积90(含)平方米以下占4.48%,90~144(含)平方米占79.31%,144平方米以上占16.21%。购买新房占91.06%,购买二手房占8.94%,建造、翻建、大修自住住房占0%(其中支持老旧小区改造占0%),其他占0%。

职工贷款笔数中,单缴存职工申请贷款占45.08%,双缴存职工申请贷款占54.92%,三人及以上缴存职工共同申请贷款占0%。

贷款职工中,30岁(含)以下占15.51%,30岁~40岁(含)占46.37%,40岁~50岁(含)占29.51%,50岁以上占8.61%;首次申请贷款占80.71%,二次及以上申请贷款占19.29%;中、低收入占94.50%,高收入占5.50%。

(四)住房贡献率。 2020年,个人住房贷款发放额、公转商贴息贷款发放额、项目贷款发放额、住房消费提取额的总和与当年缴存额的比率为135.97%,比上年增加26.93个百分点。

六、其他重要事项

(一)应对新冠肺炎疫情采取的措施、落实住房公积金阶段性支持政策情况和政策实施成效。 按照住房和城乡建设部、财政部、人民银行《关于妥善应对新冠肺炎疫情实施住房公积金阶段性支持政策的通知》要求，驻马店中心制定相应配套文件，依规受理审批 23 家企业申请缓缴业务，涉及企业员工 4759 人缓缴资金 4235.52 万元；同意 8 家企业降低住房公积金缴存比例，共有 281 名企业职工少缴资金 27.57 万元，支持企业复工复产。

（二）受委托办理缴存贷款业务金融机构变更情况。将兴业银行驻马店分行营业部在办理住房公积金归集、提取业务的基础上，新增办理贷款受托业务。增加中国光大银行驻马店分行为住房公积金归集、提取业务受托银行。

（三）住房公积金政策调整及执行情况。2020 年，驻马店市住房公积金贷款政策进行了调整。各县住房公积金贷款最高额度由 45 万元调整为 50 万元，和市区一致。住房公积金缴存基数上限按照不超过本市上年职工月平均工资 3 倍的要求，确定为 14730 元，缴存基数下限按上年度月平均最低工资标准 1500 元执行，缴存比例为 5~12％。2020 年，市直、各县区财政供养单位缴存比例为 12％。

（四）服务改进情况。制定印发了《驻马店市住房公积金中心关于进一步提升服务工作的通知》，推出十二项措施保障住房公积金服务，提高网上办事效率；积极提高网上业务办理，9 项业务实现"一证通办"，6 项业务实现全域通办，7 项业务实现跨省通办，汇缴业务实现"全程网办""一网通办"，网上办结率达到 85％以上。2020 年，市纪检监察系统对市直 107 个服务窗口进行评议，中心行政审批服务科总分位居第一名。

（五）信息化建设情况。按照"凡是系统能做的人工不做，凡是线上能做的线下不做"的工作总基调，充分利用大数据、云计算等信息技术，加大线上业务办理范围，实现"24 小时可办"工作目标落实。完成了中心基于互联网＋政务服务体系的业务系统改造，利用审计整改契机加大提升数据质量治理；深度推进网上办理渠道建设，全面完成与省政务服务平台、"豫事办""咱的驻马店 App"等新型政务媒体互联互通；全面超额完成"跨省通办"业务，实现全部事项线上办理；完成公积金业务数据共享工作，取得民政、公安、不动产相关信息并集成业务管理系统应用；完成了中心综合业务管理系统服务平台的基础网络环境安全信息系统安全等级保护三级认证工作。

（六）创建工作情况。深化拓展精神文明建设，省级文明单位通过复检验收；加大综合治理建设，被评为驻马店市平安建设先进单位；行政审批服务科被全国妇联表彰为"全国巾帼文明岗"。

济源市住房公积金 2020 年年度报告

根据国务院《住房公积金管理条例》和住房和城乡建设部、财政部、人民银行《关于健全住房公积金信息披露制度的通知》（建金〔2015〕26 号）的规定，经住房公积金管理委员会审议通过，现将济源（市）住房公积金 2020 年年度报告公布如下。

一、机构概况

（一）住房公积金管理委员会。住房公积金管理委员会有名委员，2020 年召开 1 次会议，审议通过的事项主要包括：1. 审议《关于调整济源第四届住房公积金管理委员会委员的通知》；2. 听取《关于管理中心疫情防控工作及 2020 年工作计划汇报》；3. 审议《济源市住房公积金 2019 年年度报告》；4. 审议《济源市住房公积金 2019 年度决算及 2020 年度预算报告》；5. 审议《济源市住房公积金管理中心关于增加中国工商银行股份有限公司济源分行、交通银行股份有限公司济源分行为业务合作行的申请》。

（二）住房公积金管理中心。住房公积金管理中心为人民政府直属不以营利为目的的财政全供事业单位，设 5 个处（科），个管理部，0 个分中心。从业人员 21 人，其中，在编 11 人，非在编 10 人。

二、业务运行情况

（一）缴存。2020 年，新开户单位 328 家，净增单位 249 家；新开户职工 1.06 万人，净增职工 -0.15 万人；实缴单位 1723 家，实缴职工 10.30 万人，缴存额 7.82 亿元，分别同比增长 16.89%、-0.87%、2.62%。2020 年末，缴存总额 57.85 亿元，比上年末增加 15.63%；缴存余额 32.98 亿元，同比增长 6.98%。受委托办理住房公积金缴存业务的银行 8 家。

（二）提取。2020 年，2.99 万名缴存职工提取住房公积金；提取额 5.67 亿元，同比增长 17.39%；提取额占当年缴存额的 72.51%，比上年增加 9.12 个百分点。2020 年末，提取总额 24.87 亿元，比上年末增加 29.53%。

（三）贷款。

1. 个人住房贷款。单缴存职工个人住房贷款最高额度 25 万元，双缴存职工个人住房贷款最高额度 40 万元。

2020 年，发放个人住房贷款 0.20 万笔、6.00 亿元，同比分别增长 11.11%、16.51%。其中，市中心发放个人住房贷款 0.20 万笔、6.00 亿元。

2020 年，回收个人住房贷款 3.19 亿元。其中，市中心 3.19 亿元。

2020 年末，累计发放个人住房贷款 2.38 万笔、46.73 亿元，贷款余额 26.68 亿元，分别比上年末增加 8.68%、14.76%、11.77%。个人住房贷款余额占缴存余额的 80.91%，比上年末增加 3.49 个百分点。受委托办理住房公积金个人住房贷款业务的银行 8 家。

2. 异地贷款。2020 年，发放异地贷款 86 笔、2442 万元。年末，发放异地贷款总额 12142.31 万元，异地贷款余额 8419.04 万元。

3. 公转商贴息贷款。2020 年，发放公转商贴息贷款 0 笔、0 万元，当年贴息额 0 万元。2020 年末，累计发放公转商贴息贷款 0 笔、0 万元，累计贴息 0 万元。

（四）购买国债。2020 年，购买（记账式、凭证式）国债亿元，（兑付、转让、收回）国债 0 亿元。2020 年末，国债余额 0 亿元。

（五）资金存储。2020 年末，住房公积金存款 6.86 亿元。其中，活期 0.02 亿元，1 年（含）以下定期 5.9 亿元，1 年以上定期 0.2 亿元，协定存款 0.74 亿元。

（六）资金运用率。2020 年末，住房公积金个人住房贷款余额、项目贷款余额和购买国债余额的总和占缴存余额的 80.91%，比上年末增加 3.49 个百分点。

三、主要财务数据

（一）业务收入。2020 年，业务收入 9911.81 万元，同比增长 4.28%。其中，市中心 9911.81 万元；

存款利息 1715 万元，委托贷款利息 8117.34 万元，国债利息 0 万元，其他 79.47 万元。

（二）业务支出。2020 年，业务支出 5095.77 万元，同比增长 1.39%。其中，市中心 5095.77 万元；支付职工住房公积金利息 4844.63 万元，归集手续费 0 万元，委托贷款手续费 251.00 万元，其他 0.14 万元。

（三）增值收益。2020 年，增值收益 4816.04 万元，同比增长 7.53%。其中，市中心 4816.04 万元；增值收益率 1.51%，比上年增加 0 个百分点。

（四）增值收益分配。2020 年，提取贷款风险准备金 281.25 万元，提取管理费用 600 万元，提取城市廉租住房（公共租赁住房）建设补充资金 3934.79 万元。

2020 年，上交财政管理费用 566.33 万元。上缴财政城市廉租住房（公共租赁住房）建设补充资金 1084.92 万元。其中，市中心上缴 1651.25 万元。

2020 年末，贷款风险准备金余额 2667.93 万元。累计提取城市廉租住房（公共租赁住房）建设补充资金 24415.88 万元。其中，市中心提取 27083.81 万元。

（五）管理费用支出。2020 年，管理费用支出 566.33 万元，同比下降 31.98%。其中，人员经费 169.76 万元，公用经费 24.53 万元，专项经费 372.04 万元。

市中心管理费用支出 566.33 万元，其中，人员、公用、专项经费分别为 169.76 万元、24.53 万元、372.04 万元。

四、资产风险状况

个人住房贷款。2020 年末，个人住房贷款逾期额 168.57 万元，逾期率 0.63‰，其中，市中心 0.63‰。个人贷款风险准备金余额 2667.93 万元。2020 年，使用个人贷款风险准备金核销呆坏账 0 万元。

五、社会经济效益

（一）缴存业务。缴存职工中，国家机关和事业单位占 30.30%，国有企业占 6.73%，城镇集体企业占 0%，外商投资企业占 0%，城镇私营企业及其他城镇企业占 48.58%，民办非企业单位和社会团体占 2.67%，灵活就业人员占 0.29%，其他占 11.43%；中、低收入占 99.60%，高收入占 0.40%。

新开户职工中，国家机关和事业单位占 6.79%，国有企业占 5.31%，城镇集体企业占 0%，外商投资企业占 0%，城镇私营企业及其他城镇企业占 79.26%，民办非企业单位和社会团体占 1.18%，灵活就业人员占 5.90%，其他占 1.56%；中、低收入占 99.94%，高收入占 0.06%。

（二）提取业务。提取金额中，购买、建造、翻建、大修自住住房占 30.35%，偿还购房贷款本息占 32.30%，租赁住房占 0.12%，支持老旧小区改造占 0%，离休和退休提取占 13.66%，完全丧失劳动能力并与单位终止劳动关系提取占 20.53%，出境定居占 0%，其他占 3.04%。提取职工中，中、低收入占 98.13%，高收入占 1.87%。

（三）贷款业务。

个人住房贷款。2020 年，支持职工购建房 31.90 万平方米（含公转商贴息贷款），年末个人住房贷款市场占有率（含公转商贴息贷款）为 25.48%，比上年末增加 7.93 个百分点。通过申请住房公积金个人住房贷款，可节约职工购房利息支出 19807.59 万元。

职工贷款笔数中,购房建筑面积 90(含)平方米以下占 4.69%,90~144(含)平方米占 78.60%,144 平方米以上占 16.71%。购买新房占 86.27%(其中购买保障性住房占 0%),购买二手房占 13.73%,建造、翻建、大修自住住房占 0%(其中支持老旧小区改造占 0%),其他占 0%。

职工贷款笔数中,单缴存职工申请贷款占 16.25%,双缴存职工申请贷款占 83.75%,三人及以上缴存职工共同申请贷款占 0%。

贷款职工中,30 岁(含)以下占 15.85%,30 岁~40 岁(含)占 52.80%,40 岁~50 岁(含)占 27.16%,50 岁以上占 4.19%;首次申请贷款占 85.21%,二次及以上申请贷款占 14.79%;中、低收入占 99.60%,高收入占 0.40%。

(四)住房贡献率。2020 年,个人住房贷款发放额、公转商贴息贷款发放额、项目贷款发放额、住房消费提取额的总和与当年缴存额的比率为 122.28%,比上年增加 17.25 个百分点。

六、其他重要事项

(一)应对新冠肺炎疫情采取的措施,落实住房公积金阶段性支持政策情况和政策实施成效。一是及时推进线上服务。疫情暴发以后,及时发布《致全体市民的一封信》《济源市住房公积金管理中心暂停服务大厅对外开放推行"网上办、预约办"的公告》,引导缴存单位和个人通过微信公众号、预约热线进行办理,累计通过微信公众号发布倡议书、公告、通知等 5 次。截至线下服务有序恢复前,中心累计接听电话咨询 895 人次,网上办理业务 22666 人次,预约服务 20 人次,现场办理 99 人次。二是适时出台惠企便民政策。受疫情影响延迟复工或停工停产的企业,可申请缓缴住房公积金;疫情防控期间,职工购房提取无法办理而超期的,提取期限暂顺延 3 个月;对受疫情影响的缴存职工,适当延后公积金贷款还款时间,相关逾期贷款不作逾期记录;暂时调整正常连续缴存 6 个月的贷款条件,疫情期间中断时间不影响职工贷款时连续缴存计算时间。截至 2020 年 6 月底,共有 879 家企业缓交住房公积金,涉及职工 52073 人,缓交金额 8159.46 万元;对未能及时还款的 50 户贷款职工(贷款余额 769.76 万元)不作逾期处理。

(二)当年机构及职能调整情况、受委托办理缴存贷款业务金融机构变更情况。2020 年新增缴存业务金融机构两家分别是工商银行和交通银行,新增贷款业务金融机构三家分别是邮政银行、工商银行和交通银行。

(三)当年住房公积金政策调整及执行情况,包括当年缴存基数限额及确定方法、缴存比例等缴存政策调整情况;当年提取政策调整情况;当年个人住房贷款最高贷款额度、贷款条件等贷款政策调整情况;当年住房公积金存贷款利率执行标准等;支持老旧小区改造政策落实情况。2020 年 6 月,印发了《关于做好 2020 年度住房公积金缴存基数和缴存比例调整工作的通知》(济公积金〔2020〕13 号),规定了单位缴存基数区间为 2200~16803 元,缴存比例区间为 5%~12%,自主缴存者实行分档缴费模式,每月缴存额分别为 360 元、480 元、600 元三档,由职工自主选择。2020 年 9 月,印发了《关于进一步优化部分业务办理事项的通知》(济公积金〔2020〕20 号),精简了完全丧失劳动能力并与单位终止劳动关系或出境定居的提取以及"冲还贷"业务的申请材料,降低了偿还商贷本息提取准入条件,开通了购买棚户区改造安置房提取和偿还住房公积金贷款本息提取业务,优化了建造、翻建、大修自住住房提取申请材料,支持单位封存账户转为自主缴存。贷款额度和条件等政策未做调整,延续以前的政策规定。存款年利率为 1.5%,贷款利率按照以下标准执行。一是属于首次贷、首套房的,贷款期限五年(含)以下的,年利率为 2.75%；贷款期限五年以上的，年利率为 3.25%。二是属于二次贷、二套房的，贷款期限五年（含）以下的，年利率为 3.025%；贷款期限五年以上的，年利率为 3.575%。

（四）当年服务改进情况，包括推进住房公积金服务"跨省通办"工作情况，服务网点、服务设施、服务手段、综合服务平台建设和其他网络载体建设服务情况等。一是自助服务大厅投入使用。在市民之家办公区域布置查询叫号机、自助一体机、自动填单机等设备以及按照信息化建建设要求实现"线上线下＋前台后台"的一体化自助服务大厅。二是综合服务平台通过验收。以 PC 端和手机端为载体，继续拓宽服务渠道。目前，除单位开户、灵活就业人员开户、降低比例和缓缴业务外，剩余归集业务已经实现网办；离职提取、退休提取业务实现网办；贷款业务中，提前部分还贷业务实现网办，实现了公积金服务从局部到整体、从线下到线上、从人工到智能的转变。三是成功接入"豫事办"，实现提取资金实时到账，从真正意义上实现了"掌上办、随身办、零跑腿、零材料、秒到账"。四是"跨省通办"事项已按要求完成本年任务。截至目前，要求今年底 3 项已全部完成，明年底 5 项，除单位登记开户和购房提取外，已完成其他 3 项。

（五）当年信息化建设情况，包括信息系统升级改造情况，基础数据标准贯彻落实和结算应用系度统接入情况等。无。

（六）当年住房公积金管理中心及职工所获荣誉情况，包括：文明单位（行业、窗口）、青年文明号、工人先锋号、五一劳动奖章（劳动模范）、三八红旗手（巾帼文明岗）、先进集体和个人等。根据《关于2019 年度示范区平安建设考评情况的通报》（济区平安办〔2020〕8 号），中心获得优秀单位称号；根据《关于表彰 2017—2019 年度市级文明单位市级文明村的决定》（济区文〔2020〕65 号），中心通过验收并获得文明单位标兵称号；根据爱卫办发文《关于命名 2020 年济源市健康单位的通知》（济爱卫〔2020〕13 号），中心获得 2020 年济源市健康单位；根据爱卫办发文《关于命名 2020 年济源市无烟单位的通知》（济爱卫〔2020〕14 号），中心获得 2020 年济源市无烟单位。

根据《北海办事处关于表彰第二批疫情防控先进个人的决定》（北文〔2020〕17 号），董彦获得先进个人荣誉；根据《沁园街道党工委、沁园街道办事处新冠肺炎疫情防控阶段性工作表彰通报》（沁文〔2020〕2 号），侯沛、吴亚敏、杜兵获得抗疫先锋个人称号；根据《关于表彰 2019 年度全面依法治区工作先进单位和先进个人的决定》（济法治区〔2020〕6 号），张新泉获得先进个人称号；大厅窗口工作人员卢佳、孟佩娇两人在市民之家举办的"文明服务我出彩群众满意在窗口"主题演讲活动中荣获一等奖、三等奖。

（七）当年对违反《住房公积金管理条例》和相关法规行为进行行政处罚和申请人民法院强制执行情况。无。

（八）当年对住房公积金管理人员违规行为的纠正和处理情况等。无。

（九）其他需要披露的情况。无。

2020 全国住房公积金年度报告汇编（下册）

Annual Report for National Housing Provident Funds 2020

住房和城乡建设部住房公积金监管司　主编

中国建筑工业出版社

目 录

上 册

全国住房公积金 2020 年年度报告 ······ 2
北京住房公积金 2020 年年度报告 ······ 18
天津市住房公积金 2020 年年度报告 ······ 24
河北省住房公积金 2020 年年度报告 ······ 30
  石家庄住房公积金 2020 年年度报告 ······ 33
  唐山市住房公积金 2020 年年度报告 ······ 40
  秦皇岛市住房公积金 2020 年年度报告 ······ 44
  邯郸市住房公积金 2020 年年度报告 ······ 48
  邢台市住房公积金 2020 年年度报告 ······ 52
  保定市住房公积金 2020 年年度报告 ······ 57
  张家口市住房公积金 2020 年年度报告 ······ 65
  承德市住房公积金 2020 年年度报告 ······ 69
  沧州市住房公积金 2020 年年度报告 ······ 74
  廊坊市住房公积金 2020 年年度报告 ······ 81
  衡水市住房公积金 2020 年年度报告 ······ 86
山西省住房公积金 2020 年年度报告 ······ 92
  太原住房公积金 2020 年年度报告 ······ 95
  大同市住房公积金 2020 年年度报告 ······ 101
  阳泉市住房公积金 2020 年年度报告 ······ 105
  长治市住房公积金 2020 年年度报告 ······ 111
  晋城市住房公积金 2020 年年度报告 ······ 115
  朔州市住房公积金 2020 年年度报告 ······ 120
  晋中市住房公积金 2020 年年度报告 ······ 125
  运城市住房公积金 2020 年年度报告 ······ 130

忻州市住房公积金 2020 年年度报告	133
临汾市住房公积金 2020 年年度报告	138
吕梁市住房公积金 2020 年年度报告	142
山西省省级机关住房资金管理中心住房公积金 2020 年年度报告	146

内蒙古自治区住房公积金 2020 年年度报告 … 154

呼和浩特住房公积金 2020 年年度报告	157
包头市住房公积金 2020 年年度报告	162
乌海市住房公积金 2020 年年度报告	165
赤峰市住房公积金 2020 年年度报告	170
通辽市住房公积金 2020 年年度报告	174
鄂尔多斯市住房公积金 2020 年年度报告	179
呼伦贝尔市住房公积金 2020 年年度报告	182
巴彦淖尔市住房公积金 2020 年年度报告	187
乌兰察布市住房公积金 2020 年年度报告	192
兴安盟住房公积金 2020 年年度报告	196
锡林郭勒盟住房公积金 2020 年年度报告	201
阿拉善盟住房公积金 2020 年年度报告	205
满洲里市住房公积金 2020 年年度报告	210

辽宁省住房公积金 2020 年年度报告 … 216

沈阳住房公积金 2020 年年度报告	219
大连市住房公积金 2020 年年度报告	229
鞍山市住房公积金 2020 年年度报告	234
抚顺市住房公积金 2020 年年度报告	238
本溪市住房公积金 2020 年年度报告	244
丹东市住房公积金 2020 年年度报告	248
锦州市住房公积金 2020 年年度报告	252
营口市住房公积金 2020 年年度报告	256
阜新市住房公积金 2020 年年度报告	260
辽阳市住房公积金 2020 年年度报告	266
盘锦市住房公积金 2020 年年度报告	270
铁岭市住房公积金 2020 年年度报告	277
朝阳市住房公积金 2020 年年度报告	282
葫芦岛市住房公积金 2020 年年度报告	285

吉林省住房公积金 2020 年年度报告	292
长春地区住房公积金 2020 年年度报告	295
吉林市住房公积金 2020 年年度报告	305
四平市住房公积金 2020 年年度报告	309
辽源市住房公积金 2020 年年度报告	313
通化市住房公积金 2020 年年度报告	316
白山市住房公积金 2020 年年度报告	319
松原市住房公积金 2020 年年度报告	323
白城市住房公积金 2020 年年度报告	327
延边朝鲜族自治州住房公积金 2020 年年度报告	331
黑龙江省住房公积金 2020 年年度报告	338
哈尔滨住房公积金 2020 年年度报告	344
齐齐哈尔市住房公积金 2020 年年度报告	348
鸡西市住房公积金 2020 年年度报告	352
鹤岗市住房公积金 2020 年年度报告	357
双鸭山市住房公积金 2020 年年度报告	362
大庆市住房公积金 2020 年年度报告	366
伊春市住房公积金 2020 年年度报告	371
佳木斯市住房公积金 2020 年年度报告	375
七台河市住房公积金 2020 年年度报告	378
牡丹江市住房公积金 2020 年年度报告	381
黑河市住房公积金 2020 年年度报告	384
绥化市住房公积金 2020 年年度报告	387
大兴安岭地区住房公积金 2020 年年度报告	390
省直住房公积金 2020 年年度报告	394
哈尔滨住房公积金管理中心农垦分中心住房公积金 2020 年年度报告	398
黑龙江省森工林区住房公积金 2020 年年度报告	402
电力分中心住房公积金 2020 年年度报告	406
上海市住房公积金 2020 年年度报告	412
江苏省住房公积金 2020 年年度报告	422
南京住房公积金 2020 年年度报告	427
无锡市住房公积金 2020 年年度报告	432
徐州市住房公积金 2020 年年度报告	438

常州市住房公积金 2020 年年度报告	443
苏州市住房公积金 2020 年年度报告	447
南通市住房公积金 2020 年年度报告	455
连云港市住房公积金 2020 年年度报告	460
淮安市住房公积金 2020 年年度报告	464
盐城市住房公积金 2020 年年度报告	469
扬州市住房公积金 2020 年年度报告	475
镇江市住房公积金 2020 年年度报告	478
泰州市住房公积金 2020 年年度报告	485
宿迁市住房公积金 2020 年年度报告	491

浙江省住房公积金 2020 年年度报告 — 498

杭州住房公积金 2020 年年度报告	501
宁波市住房公积金 2020 年年度报告	510
温州市住房公积金 2020 年年度报告	516
嘉兴市住房公积金 2020 年年度报告	521
湖州市住房公积金 2020 年年度报告	526
绍兴市住房公积金 2020 年年度报告	530
金华市住房公积金 2020 年年度报告	535
衢州市住房公积金 2020 年年度报告	540
舟山市住房公积金 2020 年年度报告	545
丽水市住房公积金 2020 年年度报告	549
台州市住房公积金 2020 年年度报告	556

安徽省住房公积金 2020 年年度报告 — 562

合肥住房公积金 2020 年年度报告	565
芜湖市住房公积金 2020 年年度报告	569
蚌埠市住房公积金 2020 年年度报告	573
淮南市住房公积金 2020 年年度报告	576
马鞍山市住房公积金 2020 年年度报告	580
淮北市住房公积金 2020 年年度报告	585
铜陵市住房公积金 2020 年年度报告	591
安庆市住房公积金 2020 年年度报告	594
黄山市住房公积金 2020 年年度报告	598
滁州市住房公积金 2020 年年度报告	602

阜阳市住房公积金 2020 年年度报告	606
宿州市住房公积金 2020 年年度报告	610
六安市住房公积金 2020 年年度报告	614
亳州市住房公积金 2020 年年度报告	618
池州市住房公积金 2020 年年度报告	622
宣城市住房公积金 2020 年年度报告	626

福建省住房公积金 2020 年年度报告 ······ 634
    福州住房公积金 2020 年年度报告 ······ 637
    厦门市住房公积金 2020 年年度报告 ······ 642
    莆田市住房公积金 2020 年年度报告 ······ 648
    三明市住房公积金 2020 年年度报告 ······ 652
    泉州市住房公积金 2020 年年度报告 ······ 656
    漳州市住房公积金 2020 年年度报告 ······ 661
    南平市住房公积金 2020 年年度报告 ······ 665
    龙岩市住房公积金 2020 年年度报告 ······ 669
    宁德市住房公积金 2020 年年度报告 ······ 674
    平潭综合实验区住房公积金 2020 年年度报告 ······ 678

江西省住房公积金 2020 年年度报告 ······ 684
    南昌住房公积金 2020 年年度报告 ······ 687
    景德镇市住房公积金 2020 年年度报告 ······ 691
    萍乡市住房公积金 2020 年年度报告 ······ 694
    九江市住房公积金 2020 年年度报告 ······ 698
    新余市住房公积金 2020 年年度报告 ······ 702
    鹰潭市住房公积金 2020 年年度报告 ······ 706
    赣州市住房公积金 2020 年年度报告 ······ 711
    吉安市住房公积金 2020 年年度报告 ······ 715
    宜春市住房公积金 2020 年年度报告 ······ 720
    抚州市住房公积金 2020 年年度报告 ······ 724
    上饶市住房公积金 2020 年年度报告 ······ 728

山东省住房公积金 2020 年年度报告 ······ 734
    济南住房公积金 2020 年年度报告 ······ 740
    青岛市住房公积金 2020 年年度报告 ······ 744
    淄博市住房公积金 2020 年年度报告 ······ 749

枣庄市住房公积金 2020 年年度报告	754
东营市住房公积金 2020 年年度报告	759
烟台市住房公积金 2020 年年度报告	765
潍坊市住房公积金 2020 年年度报告	769
济宁市住房公积金 2020 年年度报告	775
泰安市住房公积金 2020 年年度报告	779
威海市住房公积金 2020 年年度报告	784
日照市住房公积金 2020 年年度报告	788
临沂市住房公积金 2020 年年度报告	793
德州市住房公积金 2020 年年度报告	797
聊城市住房公积金 2020 年年度报告	800
滨州市住房公积金 2020 年年度报告	805
菏泽市住房公积金 2020 年年度报告	809

河南省住房公积金 2020 年年度报告 ·········· 816

郑州住房公积金 2020 年年度报告	819
开封市住房公积金 2020 年年度报告	828
洛阳市住房公积金 2020 年年度报告	833
平顶山市住房公积金 2020 年年度报告	837
安阳市（含滑县）住房公积金 2020 年年度报告	841
鹤壁市住房公积金 2020 年年度报告	847
新乡市住房公积金 2020 年年度报告	853
焦作市住房公积金 2020 年年度报告	859
濮阳市住房公积金 2020 年年度报告	864
许昌市住房公积金 2020 年年度报告	868
漯河市住房公积金 2020 年年度报告	872
三门峡市住房公积金 2020 年年度报告	877
南阳市住房公积金 2020 年年度报告	881
商丘市住房公积金 2020 年年度报告	886
信阳市住房公积金 2020 年年度报告	896
周口市住房公积金 2020 年年度报告	900
驻马店市住房公积金 2020 年年度报告	904
济源市住房公积金 2020 年年度报告	907

下 册

湖北省住房公积金 2020 年年度报告 ·········· 914
  武汉住房公积金 2020 年年度报告 ·········· 917
  黄石市住房公积金 2020 年年度报告 ·········· 922
  十堰市住房公积金 2020 年年度报告 ·········· 926
  宜昌市住房公积金 2020 年年度报告 ·········· 932
  襄阳市住房公积金 2020 年年度报告 ·········· 937
  鄂州市住房公积金 2020 年年度报告 ·········· 941
  荆门市住房公积金 2020 年年度报告 ·········· 946
  孝感市住房公积金 2020 年年度报告 ·········· 949
  荆州市住房公积金 2020 年年度报告 ·········· 953
  黄冈市住房公积金 2020 年年度报告 ·········· 957
  咸宁市住房公积金 2020 年年度报告 ·········· 963
  随州市住房公积金 2020 年年度报告 ·········· 968
  恩施土家族苗族自治州住房公积金 2020 年年度报告 ·········· 971
  仙桃市住房公积金 2020 年年度报告 ·········· 975
  潜江市住房公积金 2020 年年度报告 ·········· 978
  天门市住房公积金 2020 年年度报告 ·········· 981
  神农架林区住房公积金 2020 年年度报告 ·········· 985

湖南省住房公积金 2020 年年度报告 ·········· 990
  长沙住房公积金 2020 年年度报告 ·········· 993
  株洲市住房公积金 2020 年年度报告 ·········· 997
  湘潭市住房公积金 2020 年年度报告 ·········· 1003
  衡阳市住房公积金 2020 年年度报告 ·········· 1007
  邵阳市住房公积金 2020 年年度报告 ·········· 1011
  岳阳市住房公积金 2020 年年度报告 ·········· 1015
  常德市住房公积金 2020 年年度报告 ·········· 1020
  张家界市住房公积金 2020 年年度报告 ·········· 1024
  郴州市住房公积金 2020 年年度报告 ·········· 1028
  永州市住房公积金 2020 年年度报告 ·········· 1033
  怀化市住房公积金 2020 年年度报告 ·········· 1039
  娄底市住房公积金 2020 年年度报告 ·········· 1043

湘西土家族苗族自治州住房公积金2020年年度报告 …………………………………………… 1047

益阳市住房公积金2020年年度报告 …………………………………………………………… 1052

广东省住房公积金2020年年度报告 …………………………………………………………… 1058

广州住房公积金2020年年度报告 ………………………………………………………………… 1061

韶关市住房公积金2020年年度报告 ……………………………………………………………… 1066

深圳市住房公积金2020年年度报告 ……………………………………………………………… 1069

珠海市住房公积金2020年年度报告 ……………………………………………………………… 1075

汕头市住房公积金2020年年度报告 ……………………………………………………………… 1079

佛山市住房公积金2020年年度报告 ……………………………………………………………… 1084

江门市住房公积金2020年年度报告 ……………………………………………………………… 1088

湛江市住房公积金2020年年度报告 ……………………………………………………………… 1093

茂名市住房公积金2020年年度报告 ……………………………………………………………… 1097

肇庆市住房公积金2020年年度报告 ……………………………………………………………… 1100

惠州市住房公积金2020年年度报告 ……………………………………………………………… 1104

梅州市住房公积金2020年年度报告 ……………………………………………………………… 1108

汕尾市住房公积金2020年年度报告 ……………………………………………………………… 1114

河源市住房公积金2020年年度报告 ……………………………………………………………… 1118

阳江市住房公积金2020年年度报告 ……………………………………………………………… 1123

清远市住房公积金2020年年度报告 ……………………………………………………………… 1128

东莞市住房公积金2020年年度报告 ……………………………………………………………… 1132

中山市住房公积金2020年年度报告 ……………………………………………………………… 1138

潮州市住房公积金2020年年度报告 ……………………………………………………………… 1142

揭阳市住房公积金2020年年度报告 ……………………………………………………………… 1146

云浮市住房公积金2020年年度报告 ……………………………………………………………… 1151

广西壮族自治区住房公积金2020年年度报告 ………………………………………………… 1158

南宁住房公积金2020年年度报告 ………………………………………………………………… 1162

柳州市住房公积金2020年年度报告 ……………………………………………………………… 1171

桂林市住房公积金2020年年度报告 ……………………………………………………………… 1176

梧州市住房公积金2020年年度报告 ……………………………………………………………… 1181

北海市住房公积金2020年年度报告 ……………………………………………………………… 1186

防城港市住房公积金2020年年度报告 …………………………………………………………… 1191

钦州市住房公积金2020年年度报告 ……………………………………………………………… 1197

贵港市住房公积金2020年年度报告 ……………………………………………………………… 1203

条目	页码
玉林市住房公积金 2020 年年度报告	1210
百色市住房公积金 2020 年年度报告	1215
贺州市住房公积金 2020 年年度报告	1220
来宾市住房公积金 2020 年年度报告	1227
崇左市住房公积金 2020 年年度报告	1231
河池市住房公积金 2020 年年度报告	1236
海南省住房公积金 2020 年年度报告	**1244**
重庆市住房公积金 2020 年年度报告	**1250**
四川省住房公积金 2020 年年度报告	**1256**
成都住房公积金 2020 年年度报告	1259
自贡市住房公积金 2020 年年度报告	1264
攀枝花市住房公积金 2020 年年度报告	1268
泸州市住房公积金 2020 年年度报告	1273
德阳市住房公积金 2020 年年度报告	1277
绵阳市住房公积金 2020 年年度报告	1282
广元市住房公积金 2020 年年度报告	1285
遂宁市住房公积金 2020 年年度报告	1289
内江市住房公积金 2020 年年度报告	1293
乐山市住房公积金 2020 年年度报告	1297
南充市住房公积金 2020 年年度报告	1301
宜宾市住房公积金 2020 年年度报告	1305
广安市住房公积金 2020 年年度报告	1309
达州市住房公积金 2020 年年度报告	1314
巴中市住房公积金 2020 年年度报告	1317
雅安市住房公积金 2020 年年度报告	1322
眉山市住房公积金 2020 年年度报告	1325
资阳市住房公积金 2020 年年度报告	1329
阿坝藏族羌族自治州住房公积金 2020 年年度报告	1333
甘孜藏族自治州住房公积金 2020 年年度报告	1337
凉山彝族自治州住房公积金 2020 年年度报告	1341
贵州省住房公积金 2020 年年度报告	**1348**
贵阳住房公积金 2020 年年度报告	1351
六盘水市住房公积金 2020 年年度报告	1356

遵义市住房公积金2020年年度报告 …………………………………………………………… 1360

安顺市住房公积金2020年年度报告 …………………………………………………………… 1363

毕节市住房公积金2020年年度报告 …………………………………………………………… 1367

铜仁市住房公积金2020年年度报告 …………………………………………………………… 1371

黔西南布依族苗族自治州住房公积金2020年年度报告 ……………………………………… 1376

黔东南苗族侗族自治州住房公积金2020年年度报告 ………………………………………… 1380

黔南布依族苗族自治州住房公积金2020年年度报告 ………………………………………… 1384

云南省住房公积金2020年年度报告 …………………………………………………………… 1390

昆明住房公积金2020年年度报告 ……………………………………………………………… 1394

曲靖市住房公积金2020年年度报告 …………………………………………………………… 1399

玉溪市住房公积金2020年年度报告 …………………………………………………………… 1403

保山市住房公积金2020年年度报告 …………………………………………………………… 1410

昭通市住房公积金2020年年度报告 …………………………………………………………… 1417

丽江市住房公积金2020年年度报告 …………………………………………………………… 1421

普洱市住房公积金2020年年度报告 …………………………………………………………… 1424

临沧市住房公积金2020年年度报告 …………………………………………………………… 1429

楚雄彝族自治州住房公积金管理中心2020年工作报告 ……………………………………… 1434

红河哈尼族彝族自治州住房公积金2020年年度报告 ………………………………………… 1441

文山壮族苗族自治州住房公积金2020年年度报告 …………………………………………… 1446

西双版纳傣族自治州住房公积金2020年年度报告 …………………………………………… 1449

大理白族自治州住房公积金2020年年度报告 ………………………………………………… 1453

德宏傣族景颇族自治州住房公积金2020年年度报告 ………………………………………… 1457

怒江傈僳族自治州住房公积金2020年年度报告 ……………………………………………… 1460

迪庆藏族自治州住房公积金2020年年度报告 ………………………………………………… 1463

西藏自治区住房公积金2020年年度报告 ……………………………………………………… 1468

拉萨市市直住房公积金2020年年度报告 ……………………………………………………… 1471

日喀则市住房公积金2020年年度报告 ………………………………………………………… 1474

昌都市住房公积金2020年年度报告 …………………………………………………………… 1478

山南市住房公积金2020年年度报告 …………………………………………………………… 1481

那曲市住房公积金2020年年度报告 …………………………………………………………… 1484

阿里地区住房公积金2020年年度报告 ………………………………………………………… 1488

林芝市住房公积金2020年年度报告 …………………………………………………………… 1492

甘肃省住房公积金2020年年度报告 …………………………………………………………… 1498

兰州住房公积金 2020 年年度报告 ·················· 1501
嘉峪关市住房公积金 2020 年年度报告 ················ 1509
金昌市住房公积金 2020 年年度报告 ················· 1514
白银市住房公积金 2020 年年度报告 ················· 1518
天水市住房公积金 2020 年年度报告 ················· 1523
武威市住房公积金 2020 年年度报告 ················· 1527
张掖市住房公积金 2020 年年度报告 ················· 1531
平凉市住房公积金 2020 年年度报告 ················· 1536
酒泉市住房公积金 2020 年年度报告 ················· 1540
庆阳市住房公积金 2020 年年度报告 ················· 1545
定西市住房公积金 2020 年年度报告 ················· 1549
陇南市住房公积金 2020 年年度报告 ················· 1553
临夏回族自治州住房公积金 2020 年年度报告 ············ 1556
甘南州住房公积金 2020 年年度报告 ················· 1559

陕西省住房公积金 2020 年年度报告 ·················· 1566
西安住房公积金 2020 年年度报告 ·················· 1569
铜川市住房公积金 2020 年年度报告 ················· 1574
宝鸡市住房公积金 2020 年年度报告 ················· 1577
咸阳市住房公积金 2020 年年度报告 ················· 1582
渭南市住房公积金 2020 年年度报告 ················· 1585
延安市住房公积金 2020 年年度报告 ················· 1590
汉中市住房公积金 2020 年年度报告 ················· 1594
榆林市住房公积金 2020 年年度报告 ················· 1599
安康市住房公积金 2020 年年度报告 ················· 1604
商洛市住房公积金 2020 年年度报告 ················· 1607
杨凌示范区住房公积金 2020 年年度报告 ··············· 1611

青海省住房公积金 2020 年年度报告 ·················· 1616
西宁住房公积金 2020 年年度报告 ·················· 1619
海东市住房公积金 2020 年年度报告 ················· 1625
海北藏族自治州住房公积金 2020 年年度报告 ············ 1627
黄南藏族自治州住房公积金 2020 年年度报告 ············ 1632
海南藏族自治州住房公积金 2020 年年度报告 ············ 1635
果洛藏族自治州住房公积金 2020 年年度报告 ············ 1638

玉树藏族自治州住房公积金 2020 年年度报告 …………………………………………………… 1641

海西蒙古族藏族自治州住房公积金 2020 年年度报告 …………………………………………… 1645

宁夏回族自治区住房公积金 2020 年年度报告 ………………………………………………… 1652

银川住房公积金 2020 年年度报告 ………………………………………………………………… 1655

石嘴山市住房公积金 2020 年年度报告 …………………………………………………………… 1661

吴忠市住房公积金 2020 年年度报告 ……………………………………………………………… 1665

固原市住房公积金 2020 年年度报告 ……………………………………………………………… 1669

中卫市住房公积金 2020 年年度报告 ……………………………………………………………… 1672

新疆维吾尔自治区住房公积金 2020 年年度报告 ……………………………………………… 1680

乌鲁木齐住房公积金 2020 年年度报告 …………………………………………………………… 1684

克拉玛依市住房公积金 2020 年年度报告 ………………………………………………………… 1687

吐鲁番市住房公积金 2020 年年度报告 …………………………………………………………… 1691

哈密市住房公积金 2020 年年度报告 ……………………………………………………………… 1695

昌吉回族自治州住房公积金 2020 年年度报告 …………………………………………………… 1699

博尔塔拉蒙古自治州住房公积金 2020 年年度报告 ……………………………………………… 1703

巴音郭楞蒙古自治州住房公积金 2020 年年度报告 ……………………………………………… 1707

阿克苏地区住房公积金 2020 年年度报告 ………………………………………………………… 1710

克孜勒苏柯尔克孜自治州住房公积金 2020 年年度报告 ………………………………………… 1713

喀什地区住房公积金 2020 年年度报告 …………………………………………………………… 1717

和田地区住房公积金 2020 年年度报告 …………………………………………………………… 1720

伊犁哈萨克自治州住房公积金 2020 年年度报告 ………………………………………………… 1724

塔城地区住房公积金 2020 年年度报告 …………………………………………………………… 1728

阿勒泰地区住房公积金 2020 年年度报告 ………………………………………………………… 1732

新疆生产建设兵团住房公积金 2020 年年度报告 ……………………………………………… 1738

索引 ………………………………………………………………………………………………… 1742

2020 全国住房公积金年度报告汇编

湖北省

武汉	荆州市
黄石市	黄冈市
十堰市	咸宁市
宜昌市	随州市
襄阳市	恩施土家族苗族自治州
鄂州市	仙桃市
荆门市	潜江市
孝感市	天门市
	神农架林区

湖北省住房公积金 2020 年年度报告

根据国务院《住房公积金管理条例》和住房和城乡建设部、财政部、人民银行《关于健全住房公积金信息披露制度的通知》（建金〔2015〕26 号）规定，现将湖北省住房公积金 2020 年年度报告汇总公布如下。

一、机构概况

（一）**住房公积金管理机构**。全省共设 17 个市、州、直管市、神农架林区住房公积金管理中心。从业人员 2190 人，其中，在编 1399 人，非在编 791 人。

（二）**住房公积金监管机构**。湖北省住房和城乡建设厅、湖北省财政厅和中国人民银行武汉分行负责对本省住房公积金管理运行情况进行监督。省住房城乡建设厅设立住房公积金监管处，负责辖区住房公积金日常监管工作。

二、业务运行情况

（一）**缴存**。2020 年，新开户单位 10557 家，净增单位 5004 家；新开户职工 50.79 万人，净增职工 9.62 万人；实缴单位 82292 家，实缴职工 495.97 万人，缴存额 927.38 亿元，分别同比增长 6.47%、1.98%、8.68%。2020 年末，缴存总额 6577.39 亿元，比上年末增加 16.41%；缴存余额 3022.17 亿元，同比增长 14.17%。

（二）**提取**。2020 年，151.28 万名缴存职工提取住房公积金；提取额 552.35 亿元，同比增长 7.61%；提取额占当年缴存额的 59.56%，比上年减少 0.59 个百分点。2020 年末，提取总额 3555.22 亿元，比上年末增加 18.39%。

（三）**贷款**。

1. 个人住房贷款。2020 年，发放个人住房贷款 13.93 万笔、668.96 亿元，分别同比增长 12.98%、28.58%。回收个人住房贷款 256.04 亿元。

2020 年末，累计发放个人住房贷款 151.35 万笔、4209.96 亿元，贷款余额 2491.1 亿元，分别比上年末增加 10.14%、18.89%、19.87%。个人住房贷款余额占缴存余额的 82.43%，比上年末增加 3.92 个百分点。

2020 年，支持职工购建房 1552.73 万平方米。年末个人住房贷款市场占有率（含公转商贴息贷款）为 17.47%，比上年末减少 2.04 个百分点。通过申请住房公积金个人住房贷款，可节约职工购房利息支出 207.16 亿元。

2. 异地贷款。2020 年，发放异地贷款 8434 笔、40.65 亿元。2020 年末，发放异地贷款总额 143.23 亿元，异地贷款余额 104.73 亿元。

3. 公转商贴息贷款。2020 年，发放公转商贴息贷款 0 笔、0 万元，支持职工购建房面积 0 万平方米。当年贴息额 297.99 万元。2020 年末，累计发放公转商贴息贷款 1048 笔、30074.41 万元，累计贴息 769.01 万元。

（四）购买国债。 2020年，购买（记账式、凭证式）国债0万元，（兑付、转让、收回）国债0万元。2020年末，国债余额2514.7万元，与上年末相等。

（五）融资。 2020年，融资0亿元，归还0亿元。2020年末，累计融资总额171.24亿元，融资余额0亿元。

（六）资金存储。 2020年末，住房公积金存款629.97亿元。其中，活期7.55亿元，1年（含）以下定期65.91亿元，1年以上定期468.77亿元，其他（协定、通知存款等）87.74亿元。

（七）资金运用率。 2020年末，住房公积金个人住房贷款余额、项目贷款余额和购买国债余额的总和占缴存余额的82.44%，比上年末增加3.92个百分点。

三、主要财务数据

（一）业务收入。 2020年，业务收入95.25亿元，同比增长12.6%。其中，存款利息22.22亿元，委托贷款利息72.77亿元，国债利息94.3万元，其他2520.23万元。

（二）业务支出。 2020年，业务支出49.03亿元，同比增长15.86%。其中，支付职工住房公积金利息45.41亿元，归集手续费9648.44万元，委托贷款手续费2.2亿元，其他4520.04万元。

（三）增值收益。 2020年，增值收益46.22亿元，同比增长9.34%；增值收益率1.62%，比上年减少0.08个百分点。

（四）增值收益分配。 2020年，提取贷款风险准备金7.68亿元，提取管理费用7.63亿元，提取城市廉租住房（公共租赁住房）建设补充资金30.36亿元。

2020年，上交财政管理费用7.7亿元，上缴财政城市廉租住房（公共租赁住房）建设补充资金29.27亿元。

2020年末，贷款风险准备金余额59.56亿元，累计提取城市廉租住房（公共租赁住房）建设补充资金194.16亿元。

（五）管理费用支出。 2020年，管理费用支出53277.24万元，同比下降16.6%。其中，人员经费29812.28万元，公用经费6099.63万元，专项经费17365.33万元。

四、资产风险状况

（一）个人住房贷款。 2020年末，个人住房贷款逾期额1.5亿元，逾期率0.6‰，个人贷款风险准备金余额59.47亿元。2020年，使用个人贷款风险准备金核销呆坏账0亿元。

（二）住房公积金支持保障性住房建设项目贷款。 2020年末，逾期项目贷款0万元，逾期率为0‰，项目贷款风险准备金余额820万元。2020年，使用项目贷款风险准备金核销呆坏账0万元。

五、社会经济效益

（一）缴存业务。 缴存职工中，国家机关和事业单位占34.68%，国有企业占26.15%，城镇集体企业占1.57%，外商投资企业占8.27%，城镇私营企业及其他城镇企业占23.99%，民办非企业单位和社会团体占3.16%，灵活就业人员占0.3%，其他占1.88%；中、低收入占97.22%，高收入占2.78%。

新开户职工中，国家机关和事业单位占15.29%，国有企业占16.76%，城镇集体企业占1.26%，外

商投资企业占9.75%，城镇私营企业及其他城镇企业占47.56%，民办非企业单位和社会团体占5.37%，灵活就业人员占0.6%，其他占3.41%；中、低收入占99.35%，高收入占0.65%。

（二）**提取业务**。提取金额中，购买、建造、翻建、大修自住住房占43.48%，偿还购房贷款本息占30.23%，租赁住房占3.9%，支持老旧小区改造提取占0.01%；离休和退休提取占16.74%，完全丧失劳动能力并与单位终止劳动关系提取占1.76%，出境定居占0.12%，其他占3.76%。提取职工中，中、低收入占96.6%，高收入占3.4%。

（三）**贷款业务**。

1. 个人住房贷款。职工贷款笔数中，购房建筑面积90（含）平方米以下占17.01%，90~144（含）平方米占76.97%，144平方米以上占6.02%。购买新房占75.82%（其中购买保障性住房占0.03%），购买二手房占23.68%，建造、翻建、大修自住住房占0.16%，其他占0.34%。

职工贷款笔数中，单缴存职工申请贷款占43.5%，双缴存职工申请贷款占55.82%，三人及以上缴存职工共同申请贷款占0.68%。

贷款职工中，30岁（含）以下占33.47%，30岁~40岁（含）占41.09%，40岁~50岁（含）占19.21%，50岁以上占6.23%；首次申请贷款占80.67%，二次及以上申请贷款占19.33%；中、低收入占94.76%，高收入占5.24%。

2. 住房公积金支持保障性住房建设项目贷款。2020年末，全省有住房公积金试点城市4个，试点项目4个，贷款额度7.3亿元，建筑面积97.43万平方米，可解决12406户中低收入职工家庭的住房问题。4个试点项目贷款资金已发放并还清贷款本息。

（四）**住房贡献率**。2020年，个人住房贷款发放额、公转商贴息贷款发放额、项目贷款发放额、住房消费提取额的总和与当年缴存额的比率为118.44%，比上年增加11.73个百分点。

六、其他重要事项

（一）**应对新冠肺炎疫情采取的政策措施，落实住房公积金阶段性支持政策情况和政策实施成效**。各地认真落实国家和省助企纾困政策，帮助企业复工复产，效果明显。截至2020年6月底，全省累计缓缴企业9504个，累计缓缴职工人数66.14万人，累计缓缴金额13.57亿元。累计降比例缴存企业920个，累计降比例缴存职工98702人，累计减少缴存金额1.02亿元；累计停缴企业2499个，累计停缴职工20.83万人，累计停缴金额3.3亿元。受疫情影响不作逾期处理贷款39385笔，不作逾期处理贷款余额92.3亿元。

（二）**当年住房公积金政策调整情况**。各地积极调整使用政策支持缴存职工解决住房困难问题，增强制度吸引力。进一步提高租房提取额度，缓解受疫情影响职工的租房压力，受疫情影响提高租房提取金额45005人，累计提高租房提取金额6430.09万元。因城施策调整贷款政策，武汉、宜昌等城市提高最高贷款额度加大支持职工购房力度。各地积极制订老旧小区加装电梯提取住房公积金政策，支持老旧小区改造，改善职工住房条件。

（三）**当年开展监督检查情况**。积极争取住房和城乡建设部支持将湖北列为住房公积金监管服务平台试点省份。根据监管平台试点工作的统一部署，严格按照监管平台操作手册和工作规则推进试运行工作。设置专职岗位和人员，实时监控平台运行情况，及时下发整改工单，督促相关中心及时排查、整改各类风险预警事项。初步形成线上线下相结合的监管模式，监管能力明显提升。

（四）当年信息化和服务质量改进情况。紧扣"互联网＋"的发展趋势，加大公积金信息化建设力度，创新线上服务新模式，提高住房公积金服务质量，增强制度吸引力。综合服务平台建设稳步推进，12月组织完成孝感、咸宁、潜江综合服务平台验收工作。积极推动各地与省市场监管局企业开办专区系统对接，加快推进住房公积金单位缴存登记"一网通办"。认真落实国家和省要求，督促各市州中心完成规定的3项业务"跨省通办"任务。各地不断完善住房公积金综合服务平台功能，拓展网站、微信、手机App、12329服务热线等业务办理渠道，推进公积金业务"零接触办"，取得较好效果。随州积极推进公积金业务"零材料办"、鄂州开展公积金"e心办"，网上服务水平明显提升。

（五）当年住房公积金机构及从业人员所获荣誉情况。

1. 获得集体荣誉。2020年全省共计获得7个文明单位（行业、窗口），其中省部级2个，地市级5个；地市级工人先锋号1个。

2. 获得个人荣誉。地市级三八红旗手（巾帼文明岗）3个；先进集体和个人共计35个，其中国家级1个，省部级3个，地市级31个；获得其他荣誉15个，其中省部级4个，地市级11个。

武汉住房公积金2020年年度报告

根据国务院《住房公积金管理条例》和住房和城乡建设部、财政部、人民银行《关于健全住房公积金信息披露制度的通知》（建金〔2015〕26号）的规定，经住房公积金管理委员会审议通过，现将武汉住房公积金2020年年度报告公布如下。

一、机构概况

（一）住房公积金管理委员会。武汉住房公积金管理委员会有27名委员，2020年召开1次会议，审议通过的事项主要包括：《关于调整武汉住房公积金管理委员会部分委员人选的建议》《关于调整武汉住房公积金管理委员会副主任委员人选的建议》《2019年度武汉住房公积金管理工作报告》《武汉住房公积金2019年年度报告》《武汉住房公积金管理中心关于2019年度归集使用及财务收支计划执行情况和2020年度归集使用计划及财务收支预算的报告》《市财政局关于2020年武汉住房公积金管理机构住房公积金财务收支及管理费预算的审核意见》《武汉住房公积金管理中心关于疫情防控期间住房公积金服务保障措施的报告》《武汉住房公积金流动性风险管理暂行办法》。

（二）住房公积金管理中心。武汉住房公积金管理中心（以下简称武汉公积金中心）为武汉市政府直属不以营利为目的的正局级事业单位，设8个处室，9个分中心，按规定设置机关党委。从业人员274人，其中，在编145人，非在编129人。

二、业务运行情况

（一）缴存。2020年，新开户单位6141家，净增单位4189家；新开户职工28.25万人，净增职工

7.33 万人；实缴单位 35772 家，实缴职工 238.69 万人，缴存额 470.34 亿元，分别同比增长 13.26%、3.17%、10.31%。2020 年末，缴存总额 3374.47 亿元，比上年末增长 16.90%；缴存余额 1469.40 亿元，同比增长 14.51%。受委托办理住房公积金缴存业务的银行 17 家。

（二）提取。2020 年，79.16 万名缴存职工提取住房公积金；提取额 290.58 亿元，同比增长 11.72%；提取额占当年缴存额的 61.78%，比上年增加 0.78 个百分点。2020 年末，提取总额 1905.07 亿元，比上年末增长 18.82%。

（三）贷款。

1. 个人住房贷款。个人住房贷款最高额度 70 万元。单缴存职工个人住房贷款最高额度 70 万元，双缴存职工个人住房贷款最高额度 70 万元。

2020 年，发放个人住房贷款 7.41 万笔、423.76 亿元，同比分别增长 37.14%、54.74%。

2020 年，回收个人住房贷款 129.55 亿元。

2020 年末，累计发放个人住房贷款 69.38 万笔、2361.59 亿元，贷款余额 1375.39 亿元，分别比上年末增长 13.33%、22.44%、27.55%。个人住房贷款余额占缴存余额的 93.60%，比上年末增加 9.60 个百分点。受委托办理住房公积金个人住房贷款业务的银行 21 家。

2. 异地贷款。2020 年，发放异地贷款 4407 笔、260180.60 万元。2020 年末，发放异地贷款总额 408684.90 万元，异地贷款余额 396031.43 万元。

3. 住房公积金支持保障性住房建设项目贷款。2020 年末，累计发放项目贷款 4 亿元，项目贷款已全部收回。

（四）购买国债。2020 年末，国债余额 0.25 亿元。

（五）资金存储。2020 年末，住房公积金存款 154.57 亿元。其中，活期 0.06 亿元，1 年（含）以下定期 1.08 亿元，1 年以上定期 123.56 亿元，协定存款 14.87 亿元，通知存款 15 亿元。

（六）资金运用率。2020 年末，住房公积金个人住房贷款余额、项目贷款余额和购买国债余额的总和占缴存余额的 93.62%，比上年末增加 9.57 个百分点。

三、主要财务数据

（一）业务收入。2020 年，业务收入 458009.65 万元，同比增长 12.36%。存款利息 71464.05 万元，委托贷款利息 386431.30 万元，国债利息 94.30 万元，其他 20 万元。

（二）业务支出。2020 年，业务支出 247189.05 万元，同比增长 14.21%。支付职工住房公积金利息 226233.10 万元，委托归集手续费 7796.11 万元，委托贷款手续费 13158.92 万元，其他 0.92 万元。

（三）增值收益。2020 年，增值收益 210820.60 万元，同比增长 10.27%。增值收益率 1.51%，比上年下降 0.08 个百分点。

（四）增值收益分配。2020 年，提取贷款风险准备金 63563.39 万元，提取管理费用 10574.15 万元，提取城市廉租住房（公共租赁住房）建设补充资金 136683.06 万元。

2020 年，上交财政管理费用 10574.15 万元。上缴财政城市廉租住房（公共租赁住房）建设补充资金 141132 万元。

2020 年末，贷款风险准备金余额 357372.06 万元。累计提取城市廉租住房（公共租赁住房）建设补充资金 1016236.70 万元。

（五）**管理费用支出**。2020 年，管理费用支出 9824.83 万元，同比下降 38.78%。其中，人员经费 4383.23 万元，公用经费 1201.62 万元，专项经费 4239.98 万元。

四、资产风险状况

（一）**个人住房贷款**。2020 年末，个人住房贷款逾期额 6109.73 万元，逾期率 0.44‰，个人贷款风险准备金余额 356772.06 万元。2020 年，收回历年核销的贷款 1.26 万元，未使用个人贷款风险准备金核销呆坏账。

（二）**支持保障性住房建设试点项目贷款**。项目贷款风险准备金余额 600 万元。2020 年，未使用项目贷款风险准备金核销呆坏账。

五、社会经济效益

（一）**缴存业务**。缴存职工中，国家机关和事业单位占 19.8287%，国有企业占 28.5478%，城镇集体企业占 2.2482%，外商投资企业占 13.8637%，城镇私营企业及其他城镇企业占 31.8915%，民办非企业单位和社会团体占 3.3032%，灵活就业人员占 0.0016%，其他占 0.3153%；中、低收入占 99.9961%，高收入占 0.0039%。

新开户职工中，国家机关和事业单位占 6.7058%，国有企业占 19.0881%，城镇集体企业占 1.6164%，外商投资企业占 13.9893%，城镇私营企业及其他城镇企业占 53.23%，民办非企业单位和社会团体占 4.4932%，灵活就业人员占 0.0035%，其他占 0.8737%；中、低收入占 99.9986%，高收入占 0.0014%。

（二）**提取业务**。提取金额中，购买、建造、翻建、大修自住住房占 17.5984%，偿还购房贷款本息占 56.5403%，租赁住房占 6.0402%，支持老旧小区改造提取 24.02 万元（加装电梯），离休和退休提取占 14.76%，完全丧失劳动能力并与单位终止劳动关系提取 4.3892%，出境定居占 0.5824%，其他占 0.0887%。提取职工中，中、低收入占 99.7912%，高收入占 0.2088%。

（三）**贷款业务**。

1. 个人住房贷款。2020 年，支持职工购建房 784.83 万平方米，年末个人住房贷款市场占有率为 18.55%，比上年末增加 2.51 个百分点。通过申请住房公积金个人住房贷款，可节约职工购房利息支出 1423819.92 万元。

职工贷款笔数中，购房建筑面积 90（含）平方米以下占 24.58%，90～144（含）平方米占 71.10%，144 平方米以上占 4.32%。购买新房占 69.42%，购买二手房占 30.58%。

职工贷款笔数中，单缴存职工申请贷款占 48.84%，双缴存职工申请贷款占 51.16%。

贷款职工中，30 岁（含）以下占 40.39%，30 岁～40 岁（含）占 45%，40 岁～50 岁（含）占 11.70%，50 岁以上占 2.91%；首次申请贷款占 75.92%，二次及以上申请贷款占 24.08%；中、低收入占 94.56%，高收入占 5.44%。

2. 支持保障性住房建设试点项目贷款。2020 年末，累计试点项目 1 个，贷款额度 4 亿元，建筑面积 52.87 万平方米，可解决 6600 户中低收入职工家庭的住房问题。试点项目贷款资金已发放并还清贷款本息。

（四）住房贡献率。 2020 年，个人住房贷款发放额、项目贷款发放额、住房消费提取额的总和与当年缴存额的比率为 139.63%，比上年增加 27.26 个百分点。

六、其他重要事项

（一）应对新冠肺炎疫情采取的措施，落实住房公积金阶段性支持政策情况和政策实施成效。为打赢"武汉保卫战"，帮助企业和职工共度难关，武汉公积金中心出台了《关于做好疫情防控期间住房公积金服务保障工作的通知》，随后又出台了《关于新冠肺炎疫情防控期间住房公积金使用倾斜政策的解读》《关于阶段性降低中小微企业住房公积金缴交比例的通知》，对阶段性政策适用条件进行明确，并对《条例》规定的缓缴和降低比例流程进行简化。

具体实施成效。1. 有效减轻了企业生产经营压力。截至 2020 年 12 月底，共为 479 家企业办理了缓缴手续，涉及人数 7.07 万人，缓缴金额 3836.65 万元；为 718 家企业办理了降低缴交比例业务，涉及人数 9.81 万人，减少缴交金额 3791 万元。2. 有效减轻了贷款职工的生活压力。对 2020 年 2 月起至 6 月底未能正常偿还公积金贷款的职工，不收取逾期罚息，不纳入违约客户黑名单，不上报逾期征信记录，累计为 4.68 万人次宽限公积金贷款 9424 万元。3. 有效提高了一线医护人员的获得感。对一线医护人员降低贷款门槛、提高贷款额度，全年向医护人员发放公积金贷款 9696 笔、共计 74.11 亿元，人均贷款额度 76.43 万元，远高于我市普通缴存职工人均 54.29 万元的贷款水平。

（二）当年机构及职能调整情况、受委托办理缴存贷款业务金融机构变更情况。原荆门住房公积金管理中心沙洋监狱管理局分中心（以下简称原沙洋分中心）管理的住房公积金于 2020 年 1 月移交至武汉公积金中心。武汉公积金中心指定建行沙洋支行对口做好原沙洋分中心缴存职工的公积金缴存及贷款服务。

（三）当年住房公积金政策调整及执行情况。

1. 根据武汉市统计局公布的 2019 年度在岗职工平均工资标准，确定 2020 年武汉缴存职工住房公积金月缴存基数上限为 24510.75 元，从 2020 年 7 月 1 日开始执行，各缴存单位一律不得突破上限缴存。2020 年武汉缴存职工的最低月缴存基数为：中心城区 1750 元，新城区 1500 元。

2. 为促进住房公积金制度平稳健康可持续发展，制发了《武汉住房公积金流动性风险管理暂行办法》和《关于调整住房公积金个人住房贷款政策的通知》，调整了我市住房公积金异地个人住房贷款的受理范围，除湖北省内以及长江中游城市群住房公积金合作城市外，暂停受理其他城市住房公积金缴存职工的异地个人住房贷款；调整我市个人住房商业贷款转住房公积金贷款（以下简称商转公贷款）的受理范围，我市商转公贷款的受理范围仅限于原个人住房商业贷款借款人的首套住房贷款，自 2020 年 10 月 22 日起施行。

3. 为加强对我市住房公积金个人贷款使用管理，提高服务效率，适应新形势新要求，制发了《武汉个人住房商业贷款转住房公积金贷款实施细则》。

（四）当年服务改进情况。

1. 着力深化"四办"改革。持续开展"五减"行动，引入公积金贷款担保竞争机制，取消二手房评估报告，预计每年可节省职工办事成本 3800 余万元，实现全市业务跨区域通审通办，单位缴存开户一事联办，企业职工办事零成本。全面梳理审批服务事项，积极推进网上业务流程再造，对 10 项业务操作进行系统改造，网上业务办理量同比提升 25%。

2. 积极推进"跨省通办"。实现了"个人住房公积金缴存贷款信息查询、出具贷款职工住房公积金缴存使用证明、正常退休提取住房公积金"3件事项"跨省通办",增强了客户服务体验,拓宽了服务渠道。

3. 优化银行网点布局。为推动归集扩面工作,根据银行网点地理位置,新增招商银行金融港支行、中国银行经开区支行、中信银行东西湖支行等29家归集网点,及时落实新增网点的硬件设施、柜员配备、业务培训,有效发挥新增网点的归集服务效能。

4. 创新推出"非接触办"。疫情期间,为满足职工办事需求,减少人员聚集,组织科技力量加班加点设计研发,依托微信公众号全新推出"武汉公积金"小程序,实现缴存职工在线办理租房提取、退休提取、单位缴存比例变更、疫情期间申请缓缴、咨询等5类业务通过网上视频办理,受到了办事职工的一致好评和上级部门的高度认可。

5. 加强客户服务管理。设立客服中心,根据电话咨询量及时增加12329热线坐席和中继线路,满足群众咨询需求。推进5个分中心服务大厅标准化建设,为缴存职工提供更加温馨舒适的办事环境。加强宣传力度,在电视台、广播电台播发节目85期,各类媒体报道80余篇,微信图文推送46期150篇,公众号关注人数超过111万,获评"2020年度中国政务优秀新媒体"。

(五)当年信息化建设情况。2020年,武汉公积金中心积极探索利用先进信息技术推进"互联网＋政务服务"融合发展,对标银行金融科技,不断提升信息化建设水平。

1. 启动核心业务系统2.0升级。围绕"客户使用方便、管理逻辑清晰、智能业务升级、系统风险可控"的建设目标,将使用了10余年的核心业务系统进行升级改造。

2. 建立个人网上业务实人身份认证体系。依托OCR技术、生物识别和数字签名技术,采用四要素认证(姓名、身份证号、银行卡号、手机号)＋人脸识别＋公安比对＋电子印签校验用户实名信息,正式上线人脸识别新功能,缴存职工在手机移动端办理业务时,会更加安全、便捷。基于武汉公积金实人身份认证系统打造的可信数字签名解决方案获评"2020政府信息化方案案例创新奖"。

3. 有序推进双数据中心建设。按照金融级双数据中心建设规划,完成三阳路数据中心设备升级,后湖数据中心完成基建和部分网络设备安装工作,为武汉公积金中心信息化建设奠定了坚实基础。

4. 建成全国首个公积金数据交换平台。在确保数据安全和个人隐私的前提下,与银行进行数据需求对接,为缴存职工的个性化消费贷款需求提供数据依据,为中小微企业贷款难、融资难提供数据支撑,推动实体经济和数字经济融合发展。

5. 建成公积金智慧监测大厅。对机房安全和主要业务指标实时监测管控及可视化呈现,健全安全防控举措。

(六)当年住房公积金管理中心及职工所获荣誉情况。武汉公积金中心被评为"市直机关党建工作先进单位",成功复核为市级文明单位,3个部门成功复核为省级青年文明号,5个部门复核为市级青年文明号,2个党支部获评"党支部标准化规范化建设示范案例",1名同志被评为2020年度机关作风大竞赛"坚定不移抓落实标兵",1名同志被评为武汉市"最美岗花",2名同志被评为"武汉市抗疫先进个人",1名同志被评为"全国住建系统抗疫先进个人"。

(七)其他需要披露的情况。

1. 深化了长江中游城市群住房公积金合作。2020年9月,武汉公积金中心发起举办长江中游城市群住房公积金合作会议,20个城市公积金中心代表同时签署了《长江中游城市群住房公积金管理中心合作公约》。合作的广度和深度不断拓展，业务范围也越来越广。

2. 合并了原沙洋分中心住房公积金历史数据。截至 2019 年末，其住房公积金存款 35044.11 万元；住房公积金累计归集 175405.51 万元、累计提取 111455.64 万元、余额 63949.87 万元；累计发放住房公积金个人贷款 90901 万元、7573 户，余额 28967.41 万元；累计提取个人贷款风险准备金 342.54 万元、核销使用 52.87 万元、余额 289.67 万元，已于 2020 年 1 月 1 日全部并入武汉公积金中心核算管理。

黄石市住房公积金 2020 年年度报告

根据国务院《住房公积金管理条例》和住房和城乡建设部、财政部、人民银行《关于健全住房公积金信息披露制度的通知》（建金〔2015〕26 号）的规定，经住房公积金管理委员会审议通过，现将黄石（市）住房公积金 2020 年年度报告公布如下。

一、机构概况

（一）住房公积金管理委员会。住房公积金管理委员会有 23 名委员，2020 年召开 1 次会议，审议通过的事项主要包括：《黄石市住房公积金管理工作情况报告》、关于《黄石市住房公积金 2019 年预算执行情况和 2020 年预算》的报告、《黄石市住房公积金 2019 年年度报告》。

（二）住房公积金管理中心。住房公积金管理中心为市政府不以营利为目的的自收自支事业单位，设 6 个科，2 管理部，1 个大冶分中心、1 个阳新办事处、从业人员 78 人，其中，在编 65 人，非在编 13 人。

二、业务运行情况

（一）缴存。2020 年，新开户单位 381 家，净增单位 72 家；新开户职工 1.69 万人，净增职工－0.13 万人；实缴单位 3533 家，实缴职工 20.66 万人，缴存额 30.06 亿元，分别同比增长 2.08％、－8.56％、5.71％。2020 年末，缴存总额 237.45 亿元，比上年末增加 14.49％；缴存余额 120.82 亿元，同比增长 10.98％。受委托办理住房公积金缴存业务的银行 7 家。

（二）提取。2020 年，6.07 万名缴存职工提取住房公积金；提取额 18.1 亿元，同比增长 1.29％；提取额占当年缴存额的 60.22％，比上年减少 2.63 个百分点。2020 年末，提取总额 116.64 亿元，比上年末增加 18.37％。

（三）贷款。

1. 个人住房贷款。单缴存职工个人住房贷款最高额度 50 万元，双缴存职工个人住房贷款最高额度 60 万元（个人住房贷款最高额度政策按单缴存职工和双缴存职工区分的城市填写）。

2020 年，发放个人住房贷款 0.53 万笔、22.20 亿元，同比分别下降 8.62％、3.89％。其中，市中心发放个人住房贷款 0.35 万笔、14.72 亿元，大冶分中心发放个人住房贷款 0.10 万笔、4.09 亿元，阳新办事处发放个人住房贷款 0.08 万笔、3.39 亿元。

2020 年，回收个人住房贷款 11.43 亿元。其中，市中心 7.91 亿元，大冶分中心 2.15 亿元，阳新办事处 1.37 亿元。

2020 年末，累计发放个人住房贷款 7.11 万笔、186.02 亿元，贷款余额 113.69 亿元，分别比上年末增加 7.99%、13.55%、10.47%。个人住房贷款余额占缴存余额的 94.1%，比上年末减少 0.44 个百分点。受委托办理住房公积金个人住房贷款业务的银行 7 家。

2. 异地贷款。2020 年，发放异地贷款 234 笔、9603.5 万元。2020 年末，发放异地贷款总额 39327.5 万元，异地贷款余额 35856 万元。

3. 公转商贴息贷款。2020 年，发放公转商贴息贷款 0 笔、0 万元，当年贴息额 0 万元。2020 年末，累计发放公转商贴息贷款 0 笔、0 万元，累计贴息 0 万元。

4. 住房公积金支持保障性住房建设项目贷款（本段仅项目贷款余额不为 0 的城市填写）。2020 年，发放支持保障性住房建设项目贷款 0 亿元，回收项目贷款 0 亿元。2020 年末，累计发放项目贷款 0.4 亿元，项目贷款余额 0 亿元。

（四）购买国债。2020 年，购买（记账式、凭证式）国债 0 亿元，（兑付、转让、收回）国债 0 亿元。2020 年末，国债余额 0 亿元。

（五）资金存储。2020 年末，住房公积金存款 11.75 亿元。其中，活期 0.07 亿元，1 年（含）以下定期 5.82 亿元，1 年以上定期 0 亿元，其他（协定、通知存款等）5.86 亿元。

（六）资金运用率。2020 年末，住房公积金个人住房贷款余额、项目贷款余额和购买国债余额的总和占缴存余额的 94.1%，比上年末减少 0.44 个百分点。

三、主要财务数据

（一）业务收入。2020 年，业务收入 37970.27 万元，同比下降 22.55%。其中，存款利息 3041.33 万元，委托贷款利息 34928.42 万元，国债利息 0 万元，其他 0.52 万元。

（二）业务支出。2020 年，业务支出 17759.86 万元，同比下降 27.3%。其中，支付职工住房公积金利息 16649.1 万元，归集手续费 0 万元，委托贷款手续费 672.28 万元，其他 238.48 万元。

（三）增值收益。2020 年，增值收益 20410.41 万元，同比下降 17.94%。其中，增值收益率 1.77%，比上年减少 0.6 个百分点。

（四）增值收益分配。2020 年，提取贷款风险准备金 395.91 万元，提取管理费用 2170 万元，提取城市廉租住房（公共租赁住房）建设补充资金 17844.51 万元。

2020 年，上交财政管理费用 2180 万元。上缴财政城市廉租住房（公共租赁住房）建设补充资金 21417.1 万元。其中，市中心上缴 19817.1 万元，大冶分中心上缴 1000 万元，阳新办事处上缴 600 万元。

2020 年末，贷款风险准备金余额 35308.35 万元。累计提取城市廉租住房（公共租赁住房）建设补充资金 105626.54 万元。

（五）管理费用支出。2020 年，管理费用支出 2108.97 万元，同比下降 11.56%。其中，人员经费 1602.46 万元，公用经费 261.63 万元，专项经费 244.88 万元。

四、资产风险状况

个人住房贷款。2020 年末，个人住房贷款逾期额 21.56 万元，逾期率 0.02‰。个人贷款风险准备金余额 35308.35 万元。2020 年，使用个人贷款风险准备金核销呆账 0 万元。

五、社会经济效益

（一）缴存业务。缴存职工中，国家机关和事业单位占 32.59%，国有企业占 23.77%，城镇集体企业占 1.89%，外商投资企业占 13.38%，城镇私营企业及其他城镇企业占 23.96%，民办非企业单位和社会团体占 1.73%，灵活就业人员占 0.16%，其他占 2.52%；中、低收入占 98.26%，高收入占 1.74%。

新开户职工中，国家机关和事业单位占 20.85%，国有企业占 9.51%，城镇集体企业占 1.81%，外商投资企业占 19.68%，城镇私营企业及其他城镇企业占 34.45%，民办非企业单位和社会团体占 5.16%，灵活就业人员占 0.16%，其他占 8.38%；中、低收入占 99.77%，高收入占 0.23%。

（二）提取业务。提取金额中，购买、建造、翻建、大修自住住房占 10.06%，偿还购房贷款本息占 60.54%，租赁住房占 0.61%，支持老旧小区改造占 0.05%，离休和退休提取占 20.59%，与单位终止劳动关系提取占 6.02%，出境定居占 0%，其他占 2.13%。提取职工中，中、低收入占 97.84%，高收入占 2.16%。

（三）贷款业务。

1. 个人住房贷款。2020 年，支持职工购建房 69.37 万平方米（含公转商贴息贷款），年末个人住房贷款市场占有率（含公转商贴息贷款）为 27.47%，比上年末减少 0.4 个百分点。通过申请住房公积金个人住房贷款，可节约职工购房利息支出 33330.04 万元。

职工贷款笔数中，购房建筑面积 90（含）平方米以下占 5%，90～144（含）平方米占 88%，144 平方米以上占 7%。购买新房占 88.4%（其中购买保障性住房占 0%），购买二手房占 11.44%，建造、翻建、大修自住住房占 0.12%（其中支持老旧小区改造占 0%），其他占 0.04%。

职工贷款笔数中，单缴存职工申请贷款占 22.01%，双缴存职工申请贷款占 69.81%，三人及以上缴存职工共同申请贷款占 8.18%。

贷款职工中，30 岁（含）以下占 25.34%，30 岁～40 岁（含）占 35.72%，40 岁～50 岁（含）占 29.42%，50 岁以上占 9.52%；首次申请贷款占 85.95%，二次及以上申请贷款占 14.05%；中、低收入占 98.29%，高收入占 1.71%。

2. 支持保障性住房建设试点项目贷款（本段仅项目贷款余额不为 0 的城市填写）。2020 年末，累计试点项目 1 个，贷款额度 0.4 亿元，建筑面积 16.7 万平方米，可解决 2800 户中低收入职工家庭的住房问题。1 个试点项目贷款资金已发放并还清贷款本息。

（四）住房贡献率。2020 年，个人住房贷款发放额、公转商贴息贷款发放额、项目贷款发放额、住房消费提取额的总和与当年缴存额的比率为 116.45%，比上年减少 7.31 个百分点。

六、其他重要事项

（一）应对新冠肺炎疫情采取的措施，落实住房公积金阶段性支持政策情况和政策实施成效。

一是落实住房公积金缴存单位缴费缓缴政策，助力困难企业发展。实行阶段性减缓缴存住房公积金政策，助力我市企业复工复产。共为 62 家单位办理缓缴，涉及职工 21725 人，金额 8118 万元；7 家单位办理停缴，人数 73 人，金额 16 万元；29 家单位降低缴存比例，人数 3403 人，金额 560 万元。

二是阶段性降低开发企业房地产楼盘准入条件，激活房地产市场。对2020年9月30日之前拟合作楼盘项目的准入条件由主体封顶放宽至形象工程进度达到二分之一即可申报。对于应收取项目保证金的楼盘项目，在9月30日之前均予以免收，缓解开发企业的资金压力。对在网厅申报个贷申请的审批时限由过去的10个工作日压缩至5个工作日，加快开发企业资金回笼速度。

三是强化政策支持，减轻职工还贷压力。为减轻租房职工支付房租压力，将最高租房提取限额由1.5万元提高至1.8万元。提取住房公积金偿还商业住房贷款的次数由原来的提取一次，调整为每年可提取一次，从而减轻商贷职工的还款压力。对于在2020年2~6月不能正常归还公积金贷款的职工，不作逾期处理，不计收罚息，已累计对891户未正常还款的贷款职工未作逾期处理。对在疫情期间缴存职工所在单位办理了停缴和缓缴的，缴存时间连续计算，均不影响其办理住房公积金贷款申请，对办理有时限要求的贷款业务，均可向后延期3个月办理。

当年机构及职能调整情况、受委托办理缴存贷款业务金融机构变更情况。无。

当年住房公积金政策调整及执行情况，包括当年缴存基数限额及确定方法、缴存比例等缴存政策调整情况；当年提取政策调整情况；当年个人住房贷款最高贷款额度、贷款条件等贷款政策调整情况；当年住房公积金存贷款利率执行标准等；支持老旧小区改造政策落实情况。无。

（二）当年服务改进情况，包括推进住房公积金服务"跨省通办"工作情况，服务网点、服务设施、服务手段、综合服务平台建设和其他网络载体建设服务情况等。

一是创新工作方式，减少职工办事往返次数。开发企业提交职工贷款申请后，工作人员可通过与职工电话、微信视频等方式了解贷款相关情况，待贷款审批通过后，职工只需来一次，就可办理完成贷款申请、签约、抵押、放款等手续，实现"一次性"办结。推行"政务＋邮"服务，通过与鄂州市不动产登记中心、黄石邮政速递公司进行沟通协商合作，积极推进"政务＋邮"服务，提高鄂州花湖地区"期转现"业务工作效率。

二是大力推行"互联网＋公积金服务"。为不断提升线上服务能力，公积金中心陆续开通"手机公积金"提前还贷和支付宝城市服务（市民中心）公积金提取功能，进一步拓宽公积金个人业务线上办理渠道，提升线上服务能力，实现让职工、缴存单位线上"零跑路"，线下最多"跑一次"。同时通过免费集中办理的方式协助缴存单位开通网厅CA，鼓励缴存单位通过网厅办理公积金单位业务。截至去年年底，已有2838家单位开通网上服务大厅，占正常缴存单位的85%。

三是助推长江中游城市群住房公积金合作走深走实。为加大长江中游城市群住房公积金合作，构建长江中游城市群住房公积金"政策互动、服务互鉴、系统互通、信息互享、信用互认"的管理新格局，促进区域住房公积金深度融合协同发展，今年9月份与长江中游城市群四省会城市、16家观察员城市共同签署了《长江中游城市群住房公积金管理中心合作公约》，开创了城市群公积金共赢发展新格局。

（三）当年信息化建设情况，包括信息系统升级改造情况，基础数据标准贯彻落实和结算应用系统接入情况等。 2020年1月中心对原有系统进行了升级，上线了神玥公司云3.0系统。

（四）当年住房公积金管理中心及职工所获荣誉情况，包括：文明单位（行业、窗口）、青年文明号、工人先锋号、五一劳动奖章（劳动模范）、三八红旗手（巾帼文明岗）、先进集体和个人等。

1. 市民之家营业部获得2020年黄石市民之家"优质服务窗口"称号，张明华、吴婧被评为优秀服务工作人员。

2. 大冶分中心获得共青团大冶市 2019—2020 大冶文明号。

3. 阳新办事处获得黄石市 2019—2020 年学雷锋活动示范点。

（五）当年对违反《住房公积金管理条例》和相关法规行为进行行政处罚和申请人民法院强制执行情况。无。

（六）当年对住房公积金管理人员违规行为的纠正和处理情况等。无。

（七）其他需要披露的情况。无。

十堰市住房公积金 2020 年年度报告

根据国务院《住房公积金管理条例》和住房和城乡建设部、财政部、人民银行《关于健全住房公积金信息披露制度的通知》（建金〔2015〕26 号）的规定，经住房公积金管理委员会审议通过，现将十堰市住房公积金 2020 年年度报告公布如下。

一、机构概况

（一）住房公积金管理委员会。住房公积金管理委员会有 19 名委员，2020 年召开 1 次会议，审议通过的事项主要包括：住房公积金年度报告、住房公积金增值收益分配方案、住房公积金归集和使用计划等。

（二）住房公积金管理中心。住房公积金管理中心为（隶属关系）不以营利为目的的（机构属性）事业单位，设 6 个处（科），11 个办事处，1 个分中心。从业人员 208 人，其中，在编 125 人，非在编 83 人。

二、业务运行情况

（一）缴存。2020 年，新开户单位 281 家，净减单位 200 家；新开户职工 1.34 万人，净减职工 0.83 万人；实缴单位 4152 家，实缴职工 24.01 万人，缴存额 47.02 亿元，分别同比增长 8.67%、32.18%、6.86%。2020 年末，缴存总额 365.04 亿元，比上年末增加 14.79%；缴存余额 182.81 亿元，同比增长 14.47%。

受委托办理住房公积金缴存业务的银行 12 家。

（二）提取。2020 年，5.32 万名缴存职工提取住房公积金；提取额 23.91 亿元，同比增长 6.65%；提取额占当年缴存额的 50.85%，比上年增加 0.10 个百分点。2020 年末，提取总额 182.23 亿元，比上年末增加 15.10%。

（三）贷款。

1. 个人住房贷款。个人住房贷款最高额度 70 万元（个人住房贷款最高额度政策不按单缴存职工和双缴存职工区分的城市填写）。单缴存职工个人住房贷款最高额度 70 万元，双缴存职工个人住房贷款最高额度 70 万元（个人住房贷款最高额度政策按单缴存职工和双缴存职工区分的城市填写）。

2020年，发放个人住房贷款0.63万笔、24.87亿元，同比分别下降18.18%、15.24%。其中，市中心发放个人住房贷款0.53万笔、20.49亿元，东风分中心发放个人住房贷款0.10万笔、4.38亿元。

2020年，回收个人住房贷款10.68亿元。其中，市中心9.18亿元，东风分中心1.50亿元。

2020年末，累计发放个人住房贷款6.53万笔、165.86亿元，贷款余额109.85亿元，分别比上年末增加10.87%、17.63%、14.83%。个人住房贷款余额占缴存余额的60.09%，比上年末增加0.19个百分点。受委托办理住房公积金个人住房贷款业务的银行6家。

2. 异地贷款。2020年，发放异地贷款26笔、799.00万元。2020年末，发放异地贷款总额22583.50万元，异地贷款余额15013.18万元。

3. 公转商贴息贷款。2020年，发放公转商贴息贷款0笔、0万元，当年贴息额0万元。2020年末，累计发放公转商贴息贷款0笔、0万元，累计贴息0万元。

4. 住房公积金支持保障性住房建设项目贷款（本段仅项目贷款余额不为0的城市填写）。2020年，发放支持保障性住房建设项目贷款0亿元，回收项目贷款0亿元。2020年末，累计发放项目贷款0亿元，项目贷款余额0亿元。

（四）购买国债。2020年，购买（记账式、凭证式）国债0亿元，（兑付、转让、收回）国债0亿元。2020年末，国债余额0亿元。

（五）资金存储。2020年末，住房公积金存款74.23亿元。其中，活期0.11亿元，1年（含）以下定期4.57亿元，1年以上定期65.38亿元，其他（协定、通知存款等）4.17亿元。

（六）资金运用率。2020年末，住房公积金个人住房贷款余额、项目贷款余额和购买国债余额的总和占缴存余额的60.09%，比上年末增加0.19个百分点。

三、主要财务数据

（一）业务收入。2020年，业务收入58290.76万元，同比增长16.64%。其中，市中心51123.57万元，东风分中心7167.19万元；存款利息25215.19万元，委托贷款利息33071.76万元，国债利息0万元，其他3.81万元。

（二）业务支出。2020年，业务支出30937.00万元，同比增长22.12%。其中，市中心25628.28万元，东风分中心5308.72万元；支付职工住房公积金利息29591.87万元，归集手续费0万元，委托贷款手续费1336.86万元，其他8.27万元。

（三）增值收益。2020年，增值收益27353.76万元，同比增长11.00%。其中，市中心25495.29万元，东风分中心1858.47万元；增值收益率1.60%，比上年减少0.07个百分点。

（四）增值收益分配。2020年，提取贷款风险准备金311.30万元，提取管理费用4352.54万元，提取城市廉租住房（公共租赁住房）建设补充资金22689.92万元。

2020年，上交财政管理费用3911.57万元。上缴财政城市廉租住房（公共租赁住房）建设补充资金12840.68万元。其中，市中心上缴12840.68万元，东风分中心上缴0万元。

2020年末，贷款风险准备金余额16752.41万元。累计提取城市廉租住房（公共租赁住房）建设补充资金95178.65万元。其中，市中心提取80532.39万元，东风分中心提取14646.26万元。

（五）管理费用支出。2020年，管理费用支出4367.75万元，同比增长（下降）23.71%。其中，人员经费 2865.22 万元，公用经费 873.64 万元，专项经费 628.89 万元。

市中心管理费用支出 4000.66 万元，其中，人员、公用、专项经费分别为 2653.78 万元、839.56 万元、507.32 万元；东风分中心管理费用支出 367.09 万元，其中，人员、公用、专项经费分别为 211.44 万元、34.08 万元、121.57 万元。

四、资产风险状况

（一）个人住房贷款。2020 年末，个人住房贷款逾期额 864.98 万元，逾期率 0.79‰，其中，市中心 0.79‰，东风分中心 0‰。个人贷款风险准备金余额 16752.40 万元。2020 年，使用个人贷款风险准备金核销呆坏账 0 万元。

（二）支持保障性住房建设试点项目贷款（本段仅项目贷款余额不为 0 的城市填写）。2020 年末，逾期项目贷款 0 万元，逾期率 0‰；项目贷款风险准备金余额 0 万元。2020 年，使用项目贷款风险准备金核销呆坏账 0 万元。

五、社会经济效益

（一）缴存业务。缴存职工中，国家机关和事业单位占 40.64%，国有企业占 39.56%，城镇集体企业占 0.73%，外商投资企业占 0.49%，城镇私营企业及其他城镇企业占 1.09%，民办非企业单位和社会团体占 15.71%，灵活就业人员占 1.53%，其他占 0.24%；中、低收入占 94.16%，高收入占 5.84%。

新开户职工中，国家机关和事业单位占 44.67%，国有企业占 16.35%，城镇集体企业占 0.54%，外商投资企业占 0.87%，城镇私营企业及其他城镇企业占 4.51%，民办非企业单位和社会团体占 21.50%，灵活就业人员占 6.34%，其他占 5.21%；中、低收入占 99.34%，高收入占 0.66%。

（二）提取业务。提取金额中，住房消费提取占 67.01%（购买、建造、翻建、大修自住住房占 22.61%，偿还购房贷款本息占 44.02%，租赁住房占 0.19%，其他占 0.18%）；非住房消费提取占 32.99%（离休和退休提取占 24.59%，完全丧失劳动能力并与单位终止劳动关系提取占 3.22%，出境定居占 0.01%，其他占 5.17%）。

提取职工中，中、低收入占 93.06%，高收入占 6.94%。

（三）贷款业务。

1. 个人住房贷款。2020 年，支持职工购建房 71.40 万平方米（含公转商贴息贷款），年末个人住房贷款市场占有率（含公转商贴息贷款）为 27.95%，比上年末减少 2.18 个百分点。通过申请住房公积金个人住房贷款，可节约职工购房利息支出 59809.00 万元。

职工贷款笔数中，购房建筑面积 90（含）平方米以下占 12.39%，90~144（含）平方米占 84.37%，144 平方米以上占 3.24%。购买新房占 81.67%（其中购买保障性住房 0%），购买二手房占 18.33%，建造、翻建、大修自住住房占 0%（其中支持老旧小区改造占 0%），其他占 0%。

职工贷款笔数中，单缴存职工申请贷款占 37.71%，双缴存职工申请贷款占 62.26%，三人及以上缴存职工共同申请贷款占 0.03%。

贷款职工中，30 岁（含）以下占 28.94%，30 岁~40 岁（含）占 37.45%，40 岁~50 岁（含）占 24.49%，50 岁以上占 9.12%；首次申请贷款占 91.12%，二次及以上申请贷款占 8.88%；中、低收入占

98.22%，高收入占 1.78%。

2. 支持保障性住房建设试点项目贷款（本段仅项目贷款余额不为 0 的城市填写）。2020 年末，累计试点项目 0 个，贷款额度 0 亿元，建筑面积 0 万平方米，可解决 0 户中低收入职工家庭的住房问题。0 个试点项目贷款资金已发放并还清贷款本息。

（四）住房贡献率。 2020 年，个人住房贷款发放额、公转商贴息贷款发放额、项目贷款发放额、住房消费提取额的总和与当年缴存额的比率为 88.18%，比上年增加 0.86 个百分点。

六、其他重要事项

（一）应对新冠肺炎疫情采取的措施，落实住房公积金阶段性支持政策情况和政策实施成效。

1. 采取的措施。2020 年疫情期间，中心组织城区党员干部 105 人下沉社区参与联防联控工作，动员党员捐款 2.3 万元用于抗击疫情，中心党员突击队被市委组织部表彰为"先进集体"。复工之后，中心严格落实疫情防控主体责任，不断提高应急处置水平和能力，巩固了"无疫单位"荣誉称号。针对业务大厅每日人流量密集问题，中心每天安排专人在大厅门口值守，负责进入人员体温监测工作，严格落实"四必机制"，凡是进入大厅的人员，做到"身份必问、信息必录、体温必测、口罩必戴"，防止疫情发生反弹。中心每月采购口罩、84 消毒液，保障了全体干部职工防疫物资充足，切实做到疫情防控"五有"。中心今年通过开展"爱国卫生月活动"、践行"公勺公筷"和"每周五卫生大扫除"活动，有力提升了单位形象和卫生水平。

2. 落实住房公积金阶段性支持政策情况和政策实施成效。2 月 21 日，住房和城乡建设部、财政部、人民银行下发《关于妥善应对新冠肺炎疫情实施住房公积金阶段性支持政策的通知》，中心第一时间响应，克服因疫情封城等困难，于 2 月 23 日，在全省公积金系统率先出台《关于做好"新冠肺炎"疫情防控期间住房公积金服务的通知》，灵活调整公积金缴存比例，通过制定"调基、降比、缓缴、延期"等措施对企业实行阶段性保障举措，切实减轻缴存企业负担。3 月 23 日，中心下发《关于取消开发商阶段性保证金的通知》，通过取消我市房地产企业缴纳贷款保证金，为企业松绑减负。全年共办理缓缴企业 29 家，人数 1394 人，金额 243 万元；办理降比企业 44 家，人数 3658 人，金额 574.46 万元。今年中心取消了我市房地产企业缴纳贷款保证金，截至 12 月，共向全市 84 家房地产企业退付保证金 1.29 亿元，有效落实了"六稳""六保"任务。

（二）当年机构及职能调整情况、受委托办理缴存贷款业务金融机构变更情况。

1. 今年机构和职能未进行调整；

2. 受委托办理缴存贷款业务金融机构没有发生变更。

（三）当年住房公积金政策调整及执行情况，包括当年缴存基数限额及确定方法、缴存比例等缴存政策调整情况；当年提取政策调整情况；当年个人住房贷款最高贷款额度、贷款条件等贷款政策调整情况；当年住房公积金存贷款利率执行标准等；支持老旧小区改造政策落实情况。

1. 政策调整情况。疫情防控期间调整业务举措。（1）关于住房公积金缴存、提取业务，受疫情影响企业可申请缓缴住房公积金。2020 年 6 月底前，企业可申请缓缴住房公积金，申请缓缴住房公积金期限最长不超过一年，即 2020 年 1 月 1 日至 2020 年 12 月 31 日。（2）疫情期结束及时补缴后视为正常缴存。从 2020 年 1 月起，因企业受疫情影响未能按月缴存而形成的断缴，在疫情期结束后及时补缴，不视为断缴，享受连续缴存职工和个人同等的提取权益。（3）延长购房提取资格的时限。职工因疫情防控无法办理购房提取业务，导致提取材料超过时限规定的，办理资格时间从2020年1月顺延到疫情结束后的次月。

2. 提取政策调整情况。为进一步改善住房公积金缴存职工家庭居住条件，支持和配合城镇老旧小区改造工作，根据国务院办公厅《关于全面推进城镇老旧小区改造工作的指导意见》（国办发〔2020〕23号）文件精神，经市人民政府批准，我市缴存职工家庭既有住宅加装电梯可以提取住房公积金。

3. 贷款政策调整情况。根据国务院《住房公积金管理条例》、建设部、财政部、中国人民银行《关于住房公积金管理若干具体问题的指导意见》（建金管〔2005〕5号）文件精神及国家审计署武汉特派办审计要求，为进一步规范贷款业务管理，提高贷款工作质量与工作效率，最大限度地降低贷款风险，现将贷款业务相关问题进行统一规范如下。

严格贷款申请人条件，凡申请住房公积金贷款，开户缴存日期距贷款申请日期必须满6个月；三类人（含进城务工人员、城镇个体工商户、城镇自由职业者）须连续缴交至贷款申请前一个月，且贷款时书面承诺贷后续缴。

认真执行贷款年限要求，借款人申请贷款年限与实际年龄之和，男性不超过65周岁，女性不超过60周岁。

落实贷款审批时限，除抵押外，受理、审批环节应不超过15个工作日。

加强房产查询管理，城区贷款申请人家庭房屋套数，统一在中心大厅查询，由查询人标注时间签字盖章，原则上在业务流程内传递；各（县）市办事处主动联系房管部门、不动产登记机关，争取信息联网，保证查询信息真实完整。

4. 切实提高贷款受理和审核能力，对提供虚假个人信用报告、购房"阴阳合同"、虚构劳务关系、购房后临时变更婚姻关系等情况申请公积金贷款的，各机构有权拒贷，并建立信息联动机制，保证贷款质量，防范资金风险。

疫情期间贷款业务调整情况。

（1）疫情期结束及时补缴享受连续缴存职工同等的贷款权益。单位或个人受疫情影响未能按月汇缴形成的断缴，在疫情期结束后及时进行补缴的，职工申请住房公积金贷款享受连续缴存职工同等的贷款权益。

（2）延长贷款资格时限。职工因疫情防控无法办理业务而导致贷款资格认证材料超时限的，办理资格时间从2020年1月顺延到疫情结束后的次月。

（3）因受疫情影响贷款未正常还款的，不作逾期处理。2020年1月23日至2020年6月30日期间，对职工因受疫情影响未能正常还款的住房公积金贷款，不作逾期处理。

（4）贷款利率执行标准。2020年贷款利率没有发生变化。

（5）支持老旧小区改造政策落实情况。为进一步改善住房公积金缴存职工家庭居住条件，支持和配合城镇老旧小区改造工作，根据国务院办公厅《关于全面推进城镇老旧小区改造工作的指导意见》（国办发〔2020〕23号）文件精神，经市人民政府批准，结合本市实际，现就职工家庭既有住宅加装电梯提取住房公积金制定实施办法如下：①提取范围，十堰市行政区域范围内既有住宅加装电梯的房屋所有权人、配偶（在本市无未结清的个人住房公积金贷款），可提取其名下的住房公积金（账户保留余额）；②提取材料，加装电梯职工的身份证及房屋所有权证，配偶提取还需提供身份证及结婚证；加装电梯协议书；加装电梯支付费用的发票或收据；辖区住建等部门出具的联合审查意见；电梯使用登记证书或电梯工程施工验收登记表；③提取时效与额度，加装电梯提取住房公积金凭上述材料，在电梯竣工验收使用后一年内一次性提取。职工本人及配偶提取额度不超过本人账户余额，且合计不超过该户加装电梯分摊的实际支付费用。

加装电梯提取住房公积金不影响其他符合条件的住房公积金提取和贷款业务办理。

（四）当年服务改进情况，包括推进住房公积金服务"跨省通办"工作情况，服务网点、服务设施、服务手段、综合服务平台建设和其他网络载体建设服务情况等。

1. 住房公积金服务"跨省通办"工作情况。2020年中心未实现公积金业务"跨省通办"。

2. 服务网点、服务设施、服务手段。2020年新开设京东路业务办理网点，可办理公积金贷款、提取、归集业务。中心按照市委、市政府关于"一网通办"工作部署，积极与市行政审批局沟通对接，在做好保密安全的条件下，已将我市公积金相关数据移交至市行政审批局，为推进信息数据平台建设奠定了坚实基础。中心扎实推进公积金"信息化、智能化、便捷化"建设步伐，目前已完成了公积金网上营业厅、微信公众号、短信提醒服务、12329服务热线、中心门户网站等多功能于一体的综合服务平台建设，构建了"互联网＋公积金"服务模式。

3. 综合服务平台建设和其他网络载体建设服务情况。综合服务平台建设稳步推进，目前平台运行正常。

（五）当年信息化建设情况，包括信息系统升级改造情况，基础数据标准贯彻落实和结算应用系统接入情况等。

1. 2020年中心把完成计算机三级等保作为工作重点，按国家审计署整改要求，通过购买服务的方式包括安全感知平台服务，日志审计服务，安全威胁分析服务，主机安全加固服务，网站安全加固服务，Web应用云端防护服务，管理制度梳理服务，安全评估服务，顺利通过了公安部进行的网络攻防演练，按要求在年内完成了等保测评。

2. 按照市委宣传部关于落实软件正版化工作的要求，中心积极准备迎检材料，包括《软件正版化经费预算制度》《软件正版化台账管理制度》《正版软件资产管理制度》等。并且对中心内部60余台电脑的软件安装情况进行了全面的检查。建立了详细的软件安装使用台账，顺利通过正版化检查。

3. 按市政府统一要求，中心积极与大数据完成了数据对接。并且按十堰市数字政府建设领导小组办公室下发的《关于强化优化营商环境"一网通办"考核实现线上线下办件全量汇聚的通知》文件要求，加快完成与全省统一受理平台系统的对接，今后将建立规范化数据传输标准，通过省身份统一认证平台提供的服务实现十堰住房公积金中心与政务网的访问及数据交换，确保数据统一进出口，满足数据交换信息系统的可维护性及可扩展性要求。

（六）当年住房公积金管理中心及职工所获荣誉情况，包括：文明单位（行业、窗口）、青年文明号、工人先锋号、五一劳动奖章（劳动模范）、三八红旗手（巾帼文明岗）、先进集体和个人等。

2020年3月31日，市委办、市政府下发文件《关于表彰十堰市"推动高质量发展""实施乡村振兴战略"先进集体和先进个人的决定》（十文〔2020〕11号），中心贷款科科长顾小刚被评为"先进个人"。

2020年4月17日，市委组织部下发文件《关于在全市疫情防控工作中担当作为先进典型的表扬通报》（十组通〔2020〕7号），被评为"先进集体"。

2020年4月29日，市政府下发文件《关于表扬2019年税费征收保障工作成效突出单位的通报》（十政发〔2020〕11号），被评为"税费征收保障工作成效突出单位"。

2020年5月10日，市文明办发文《关于表扬2019年度十堰市网络文明传播工作先进单位和优秀志愿者的通报》（十文明委办〔2020〕24号），被评为"网络文明传播先进单位和先进个人（郑丽君）"。

2020年6月10日，市委、市政府下发文件《关于2019年度全市平安建设（综治工作）考核情况通报》（十文〔2020〕20号），被评选为"先进单位。"

2020年12月2日，市委、市政府下发文件《关于授予2018～2019年度市级文明县城（市、区）、文明单位、文明乡镇（街办）、文明社区、文明村、文明家庭、文明校园、十星级文明示范户称号的通知》（十文〔2020〕36号），被评为"市级文明单位"。

2020年12月16日，市档案局发文《关于2020年度档案工作先进达标先进单位的通报》（十档发〔2020〕2号），被评为"档案达标先进单位"。

（七）当年对违反《住房公积金管理条例》和相关法规行为进行行政处罚和申请人民法院强制执行情况。2020年度无。

（八）当年对住房公积金管理人员违规行为的纠正和处理情况等。2020年度无。

（九）其他需要披露的情况。2020年度无。

宜昌市住房公积金2020年年度报告

根据国务院《住房公积金管理条例》和住房和城乡建设部、财政部、人民银行《关于健全住房公积金信息披露制度的通知》（建金〔2015〕26号）的规定，经宜昌市住房公积金管理委员会审议通过，现将宜昌住房公积金2020年度报告公布如下。

一、机构概况

（一）住房公积金管理委员会。宜昌市住房公积金管理委员会有39名委员，2020年召开1次会议，审议通过的事项主要包括：1. 改、增选了部分委员并选举产生了主任委员、副主任委员；2. 审议了《关于宜昌住房公积金2019年度归集使用计划执行情况及2020年度归集使用计划（草案）的报告》；3. 审议了《宜昌住房公积金2019年年度报告》；4. 表决通过了《关于调整全市住房公积金使用政策的通知（代拟稿）》《关于授权中心适时分批启动"商转公"业务的建议》《关于修订〈宜昌市住房公积金提取管理办法〉及〈宜昌市住房公积金个人住房贷款管理办法〉的建议》和《关于进一步完善"服务窗口形象提升"项目的建议》。

（二）住房公积金中心。宜昌住房公积金中心为市政府直属的不以营利为目的的公益二类事业单位，设12个科室，11个营业部，2个分中心。从业人员215人，其中，在编150人，非在编65人。

二、业务运行情况

（一）缴存。2020年，新开户单位812家，净增单位300家；新开户职工3.98万人，净增职工1.42

万人；实缴单位 6213 家，实缴职工 36.61 万人，缴存额 67.85 亿元，分别同比增长 5.07%、4.04%、9.54%。2020 年末，缴存总额 491.96 亿元，比上年末增加 16%；缴存余额 203.33 亿元，同比增长 16.41%。受委托办理住房公积金缴存业务的银行 14 家。

（二）提取。2020 年，12.11 万名缴存职工提取住房公积金；提取额 39.19 亿元，同比增长 1.9%；提取额占当年缴存额的 57.76%，比上年减少 4.33 个百分点。2020 年末，提取总额 288.64 亿元，比上年末增加 15.71%。

（三）贷款。

1. 个人住房贷款。个人住房贷款最高额度 50 万元。

2020 年，发放个人住房贷款 0.63 万笔、24.23 亿元，同比分别增长 8.62%、20.91%。其中，市中心发放个人住房贷款 0.58 万笔、22.26 亿元，三峡分中心发放个人住房贷款 0.02 万笔、0.81 亿元，葛洲坝分中心发放个人住房贷款 0.03 万笔、1.16 亿元。

2020 年，回收个人住房贷款 16.16 亿元。其中，市中心 13.97 亿元，三峡分中心 1.08 亿元，葛洲坝分中心 1.11 亿元。

2020 年末，累计发放个人住房贷款 10.38 万笔、247.06 亿元，贷款余额 140.45 亿元，分别比上年末增加 6.46%、10.87%、6.1%。个人住房贷款余额占缴存余额的 69.07%，比上年末减少 6.72 个百分点。

受委托办理住房公积金个人住房贷款业务的银行 9 家，较上年增加 1 家。

2. 异地贷款。2020 年，发放异地贷款 689 笔、27980.60 万元。2020 年末，发放异地贷款总额 274680.30 万元，异地贷款余额 143997.90 万元。

3. 公转商贴息贷款。2020 年，未发放公转商贴息贷款。

（四）购买国债。2020 年，未购买国债。

（五）资金存储。2020 年末，住房公积金存款 65.90 亿元。其中，活期 0.02 亿元，1 年（含）以下定期 4.26 亿元，1 年以上定期 48.97 亿元，其他（协定、通知存款等）12.65 亿元。

（六）资金运用率。2020 年末，住房公积金个人住房贷款余额、项目贷款余额和购买国债余额的总和占缴存余额的 69.07%，比上年末减少 6.72 个百分点。

三、主要财务数据

（一）业务收入。2020 年，业务收入 64608.80 万元，同比增长 18.64%。其中，市中心 53619.22 万元，三峡分中心 3935.40 万元，葛洲坝分中心 7054.18 万元；存款利息 20272.95 万元，委托贷款利息 44333.95 万元，其他 1.90 万元。

（二）业务支出。2020 年，业务支出 31305.26 万元，同比增长 17%。其中，市中心 25787.37 万元，三峡分中心 2353.21 万元，葛洲坝分中心 3164.68 万元；支付职工住房公积金利息 29135.50 万元，归集手续费 444.33 万元，委托贷款手续费 1725.23 万元，其他 0.2 万元。

（三）增值收益。2020 年，增值收益 33303.54 万元，同比增长 20.22%。其中，市中心 27831.85 万元，三峡分中心 1582.19 万元，葛洲坝分中心 3889.50 万元；增值收益率 1.74%，比上年增加 0.04 个百分点。

（四）增值收益分配。2020 年，提取贷款风险准备金 769.44 万元，提取管理费用 7902.49 万元，提取城市廉租住房（公共租赁住房）建设补充资金24076.69万元。

2020年，上交管理费用9771.93万元。上缴城市廉租住房（公共租赁住房）建设补充资金15373.42万元，其中，市中心上缴14775.88万元，三峡分中心上缴中国长江三峡集团有限公司597.54万元。

2020年末，贷款风险准备金余额14895.13万元。累计提取城市廉租住房（公共租赁住房）建设补充资金142623.81万元，其中，市中心提取120021.68万元，三峡分中心提取6180.70万元，葛洲坝分中心提取16421.43万元。

（五）管理费用支出。 2020年，管理费用支出6722.41万元，同比下降17.03%。其中，人员经费4330.19万元，公用经费808.24万元，专项经费1583.98万元。

市中心管理费用支出5851.44万元，其中，人员、公用、专项经费分别为3551.21万元、772.07万元、1528.16万元；三峡分中心管理费用支出277.80万元，其中，人员、公用、专项经费分别为232.05万元、13.53万元、32.22万元；葛洲坝分中心管理费用支出593.17万元，其中，人员、公用、专项经费分别为546.93万元、22.64万元、23.60万元。

四、资产风险状况

个人住房贷款。2020年末，个人住房贷款逾期额347.30万元，逾期率0.25‰，其中，市中心0.26‰，三峡分中心逾期额为零，葛洲坝分中心0.19‰。个人贷款风险准备金余额14675.13万元。2020年，未使用个人贷款风险准备金核销呆坏账。

五、社会经济效益

（一）缴存业务。 缴存职工中，国家机关和事业单位占32.87%，国有企业占34.45%，城镇集体企业占0.62%，外商投资企业占1.86%，城镇私营企业及其他城镇企业占22.28%，民办非企业单位和社会团体占2.23%，灵活就业人员占0.69%，其他占5%；中、低收入占91.83%，高收入占8.17%。

新开户职工中，国家机关和事业单位占12.62%，国有企业占27.74%，城镇集体企业占0.12%，外商投资企业占1.77%，城镇私营企业及其他城镇企业占54.27%，民办非企业单位和社会团体占2.98%，灵活就业人员占0.22%，其他占0.28%；中、低收入占99.4%，高收入占0.6%。

（二）提取业务。 提取金额中，购买、建造、翻建、大修自住住房占20.99%，偿还购房贷款本息占55.37%，租赁住房占2.5%，支持老旧小区改造占0.09%，离休和退休提取占16.55%，完全丧失劳动能力并与单位终止劳动关系提取占0.63%，出境定居占0.19%，其他占3.68%。提取职工中，中、低收入占88.99%，高收入占11.01%。

（三）贷款业务。 个人住房贷款。2020年，支持职工购建房74.01万平方米，年末个人住房贷款市场占有率为17.64%，比上年末减少0.22个百分点。通过申请住房公积金个人住房贷款，为职工节约购房利息支出63660.05万元。

职工贷款笔数中，购房建筑面积90（含）平方米以下占9.36%，90～144（含）平方米占85.53%，144平方米以上占5.11%。购买新房占78.21%（其中购买保障性住房占0.67%），购买二手房占21.57%，建造、翻建、大修自住住房占0.01%，其他占0.21%。

职工贷款笔数中，单缴存职工申请贷款占44.12%，双缴存职工申请贷款占54.93%，三人及以上缴

存职工共同申请贷款占0.95%。

贷款职工中,30岁(含)以下占44.07%,30岁~40岁(含)占36.18%,40岁~50岁(含)占16.53%,50岁以上占3.22%;首次申请贷款占76.1%,二次及以上申请贷款占23.9%;中、低收入占95.34%,高收入占4.66%。

(四)住房贡献率。 2020年,个人住房贷款发放额、公转商贴息贷款发放额、项目贷款发放额、住房消费提取额的总和与当年缴存额的比率为81.33%,比上年增加1.05个百分点。

六、其他重要事项

(一)应对新冠肺炎疫情采取的措施,落实住房公积金阶段性支持政策情况和政策实施成效。

1. 面对新冠肺炎疫情大考,中心党组严格贯彻落实上级党委政府工作部署,坚持全面发动、全体动员,激励引导广大党员干部带头坚守岗位、带头恪尽职守、带头英勇奋战,不断增强党员干部"疫情就是命令、防控就是责任"的强烈使命感,160余名干部职工下沉社区参与疫情防控,参与率近100%,累计捐款17840元。在窗口一线抓长抓实疫情防控常态化措施,严格执行"扫码+测温+戴口罩"制度,城区营业部累计登记人员出入7.2万人次。

2. 疫情防控封城期间,为纾解企业和职工生产生活困难,中心落实中央、省、市促进经济社会发展有关精神,及时出台住房公积金缓缴、降低缴存比例等政策,明确经营困难的企业可申请6月30日前缓缴住房公积金,缓缴期间缴存时间连续计算,不影响缴存人正常提取和申请住房公积金贷款;中小微企业可连续6个月按3%的标准缴存住房公积金。2020年,共为60家缴存单位9260名缴存职工办理阶段性缓缴业务,缓缴资金2593.15万元。为54家中小企业及民办学校3383名缴存职工办理阶段性降比至3%业务,累计为企业节约经营成本556.43万元。

3. 为支持企业疫后重振,中心贯彻中央、省市优化营商环境工作精神,在政策法规允许范围内最大程度减轻企业成本。2020年累计核准228家新开户企业4337名职工按最低缴存基数建缴,占企业开户数的56%,占新增企业缴存职工人数的24%。核准652家缴存企业51167名缴存职工按法定最低比例5%缴交。核准59家缴存企业缓缴最长不超过1年。

(二)当年机构及职能调整情况、受委托办理缴存贷款业务金融机构变更情况。 2020年,市中心机构及职能未调整。市中心共委托14家商业银行办理住房公积金缴存业务,较上年无变化;委托9家商业银行办理住房公积金个人住房贷款业务,当年新增中信银行宜昌分行1家商业银行。委托办理缴存贷款业务金融机构均经宜昌市住房公积金管理委员会审议通过。

(三)当年住房公积金政策调整及执行情况。

1. 调整2020年度住房公积金月缴存额上下限。2020年全市职工住房公积金月缴存额上限调整为4376元,下限为150元,缴存比例保持5%~12%(单边)。全市灵活就业人员住房公积金月缴存额上限调整为3647元,下限为400元,缴存比例为20%(双边)。

2. 取消重大疾病提取、困难家庭子女教育提取、低收入职工提取、最低生活保障对象或特困职工提取。

3. 缴存人家庭(缴存人及配偶)在宜昌区域范围内的既有住宅加装电梯的,可以提取缴存人住房公积金账户内的存储余额。2020年共办理81笔、既有住宅增设电梯提取业务,支持落实了老旧小区改造政策。

4. 调整贷款额度核定方式。

(1) 购买首套首贷或第二套自住住房的最高贷款额度统一调整为50万元。

(2) 购买首套首贷自住住房的贷款额度不超过房屋总价的80%。

(3) 调整二手房贷款额度比例为：房龄≤20年，首套首贷的不超过房屋总价的80%，第二套住房不超过房屋总价的50%；20年＜房龄≤30年的，不超过房屋总价的40%。

(4) 调整商品房现房贷款额度比例为：5年＜房龄≤20年的，不超过房屋评估价值的80%；20年＜房龄≤30年的，不超过房屋评估价值的60%。

(5) 调整"不高于按照贷款还款能力确定的贷款额度"计算公式为｛[借款人月缴存额（单位＋个人）÷借款人月缴存比例（单位＋个人）]－所有借款人未结清贷款每月偿还金额｝×0.35×12个月×贷款年限。

5. 增加个人贷款信用评价标准。

(1) 在中国人民银行《个人信用报告》"信贷交易授信及负债信息概要"中"相关还款责任信息汇总"显示为个人或企业提供担保的，不能办理住房公积金贷款。

(2) 在《个人信用报告》"贷记卡账户、准贷记卡账户"逾期栏记录逾期"月份数"合计6次以上的，不能办理住房公积金贷款。

(3) 在《个人信用报告》"公开信息"中"判决信息"显示借款人有诉讼案件，且"案件状态"未显示为"执行完毕"，或"是否被列入失信被执行人名单"未显示为"否"的，不能办理住房公积金贷款。

6. 调整灵活就业人员申请贷款条件。灵活就业人员在申请住房公积金贷款时，须增加1名在宜昌区域内单位正常缴存公积金的缴存职工（不含灵活就业人员及葛洲坝分中心、三峡分中心缴存人员）作为保证人，承担连带担保责任，担保期限至借款人结清贷款为止。保证人满足提取及贷款条件的，可正常提取本人公积金或申请公积金贷款。

7. 放宽贷款次数认定标准。将"借款人已有两次及以上购房贷款记录的（含公积金贷款和商业银行贷款），不能申请公积金贷款"调整为"借款人已有两次及以上公积金贷款记录的（含异地公积金贷款），不能再次申请公积金贷款。"即商业银行贷款记录不再作为申请住房公积金贷款的限制条件。

8. 放宽房屋套数认定标准。取消购买第二套住房认定条件。"借款人已办理过1次商业银行购房贷款（无论结清与否，以人民银行的信用报告为准）"。即商业银行贷款记录不再作为缴存人申请住房公积金贷款的认定条件。

(四) 当年服务改进情况。

1. 提速信息建设，努力实现业务一网通办。一是业务上网突出"全"。加快信息系统服务功能开发，推动31项公积金单位业务全部在线可办，个人业务除死亡提取等3项业务外，其他32项全部在线可办，实现公积金业务上网"应上尽上、全部覆盖"。不断完善网上综合服务平台功能，实现除部分资金结算业务外全部业务7×24小时全天候、全地域在线可办。二是业务受理突出"简"。完成全国公积金数据、全市17个电子证照数据端口接入工作，通过信息互认进一步压减办事材料。除降低缴存比例、缓缴、单位账户注销3项业务须在线上传资料外，其他28项单位业务全部"零材料"在线办理。28项个人业务线上"零材料"办理，4项个人业务在线"零跑腿"提交材料，中心后台审批办结。三是业务办结突出"快"。

通过信息数据智慧匹配、系统智能审批，实现28项单位业务、28项个人业务在线办理"即办即结、无需等待"。进一步精简办理流程，需后台审批的3项单位业务、4项个人业务办理时长全部压缩至法定时限一半以内。网上办、掌上办已逐渐成为宜昌市民办理公积金业务的首选。2020年，全市57.04%的缴存人开通网上业务，个人业务"网办率"达59.34%。

2. 提升服务水平，着力推行柜面贴心服务。一是推动服务硬件提档升级。结合文明城市创建"四连冠"，推进服务大厅标准化建设。按照市政府统一安排，高标准装修市民之家公积金服务大厅。对所有服务事项办事指南进行合法性审核，确保业务办理所需材料为法定证明材料，业务受理条件、程序均符合上位法规要求。二是营造浓厚服务氛围。在服务大厅开展"月度标兵、季度先锋、年度楷模"评比活动，定期公示评比结果，接受办事群众监督。并将结果与年度绩效考核挂钩，激励干部职工牢固树立服务至上理念。结合支部主题党日活动，组织一线干部职工学习省市优化营商环境典型案例通报，举一反三、自查改进。三是着力消除"数字鸿沟"。紧盯老年人办理业务困难实际，设立老年人服务专柜，在柜台配备老花镜，方便老年人办理业务。在服务大厅设置服务自助终端，并配备业务引导员手把手帮助老年人办理业务。四是落实"跨省通办"要求。在11个服务大厅设置"跨省通办"服务专柜，完善"台前代收、台后联办"工作机制，提前完成了住房和城乡建设部规定的8项业务"跨省通办"任务。

3. 积极回应诉求，切实提升群众满意度获得感。对照12345市民服务热线管理要求，规范12329公积金热线服务，实现各渠道诉求件统一受理、统一办理、统一回复。聚焦关注度较高的热点诉求，及时正面回应，调整完善政策。针对房地产开发企业提出的"项目保证金比例过高"诉求，提出"分期分批退还保证金"解决措施，部分缓解企业资金周转压力。针对不少群众反映的"公积金贷款房屋套数认定"问题，调整公积金贷款"认房认贷"标准，明确商业银行住房贷款记录不再作为申请住房公积金贷款的限制条件。政策调整受到了广大缴存职工和社会各界的广泛好评。

（五）当年信息化建设情况。宜昌综合服务平台各渠道公积金网上业务63项，业务"上网率"达95.45%；个人提取业务上网率达92.86%；个人贷款业务上网率达83.33%。在已上网的所有个人业务中，87.5%的业务实现线上"零材料、零审批、零跑腿"一步办结，资金实时到账。近年来，宜昌综合服务平台功能和使用体验不断升级，注册用户迅速覆盖全市，功能不断优化扩展，是市民咨询政策、办理业务的首选，已成为宜昌市民身边的公积金知心"好管家"。

（六）当年住房公积金中心及职工所获荣誉情况。宜昌住房公积金中心直属机关党委专职副书记余毅敏2020年12月被中华人民共和国住房和城乡建设部授予"全国住房和城乡建设系统抗击新冠肺炎疫情先进个人"荣誉称号；办公室副主任熊志澜2021年1月被中共宜昌市委、宜昌市人民政府评为"全市创建全国文明城市'四连冠'突出贡献个人"。

襄阳市住房公积金2020年年度报告

根据国务院《住房公积金管理条例》和住房和城乡建设部、财政部、人民银行《关于健全住房公积金信息披露制度的通知》（建金〔2015〕26号）的规定，经住房公积金管理委员会审议通过，现将襄阳市住房公积金 2020 年年度报告公布如下。

一、机构概况

(一)住房公积金管理委员会。住房公积金管理委员会有 24 名委员，2020 年召开第十六次会议，审议了《关于 2019 年工作情况和 2020 年工作计划安排的报告》《关于 2019 年住房公积金增值收益分配（预案）的议案》《关于职工因既有住宅加装电梯申请提取住房公积金管理办法的议案》《关于襄阳市 2020 年度住房公积金缴存基数调整的说明》。

(二)住房公积金中心。襄阳市住房公积金中心是直属襄阳市人民政府领导不以营利为目的的正县级事业单位，中心内设七个科室，下设两个管理部和七个办事处。从业人员 202 人，其中，在编 115 人，非在编 87 人。

二、业务运行情况

(一)缴存。2020 年，新开户单位 455 家，净增单位 88 家；新开户职工 37184 人，净增职工 4781 人；实缴单位 5150 家，实缴职工 320775 人，缴存额 54.29 亿元，分别同比增长 1.74%、1.51%、10.30%。2020 年末，缴存总额 364.26 亿元，比上年末增加 17.51%；缴存余额 175.54 亿元，同比增长 15.21%。受委托办理住房公积金缴存业务的银行 15 家。

(二)提取。2020 年，85304 名缴存职工提取住房公积金；提取额 31.12 亿元，同比增长 9%；提取额占当年缴存额的 57.32%，比上年减少 0.68 个百分点。2020 年末，提取总额 188.72 亿元，比上年末增加 19.74%。

(三)贷款。

1. 个人住房贷款。个人住房贷款最高额度 60 万元。

2020 年，发放个人住房贷款 8156 笔、35.56 亿元，同比分别增长 17.62%、26.55%。

2020 年，回收个人住房贷款 13.25 亿元。

2020 年末，累计发放个人住房贷款 72820 笔、206.35 亿元，贷款余额 138.47 亿元，分别比上年末增加 12.61%、20.82%、19.22%。个人住房贷款余额占缴存余额的 78.88%，比上年末增加 2.65 个百分点。受委托办理住房公积金个人住房贷款业务的银行 10 家。

2. 异地贷款。2020 年，发放异地贷款 656 笔、28704 万元。2020 年末，发放异地贷款总额 110324 万元，异地贷款余额 96701 万元。

(四)购买国债。无国债。

(五)资金存储。2020 年末，住房公积金存款 36.99 亿元。其中，活期 0.06 亿元，1 年（含）以下定期 0 亿元，1 年以上定期 29.23 亿元，协定存款 7.70 亿元。

(六)资金运用率。2020 年末，住房公积金个人住房贷款余额、项目贷款余额和购买国债余额的总和占缴存余额的 78.88%，比上年末增加 2.65 个百分点。

三、主要财务数据

(一)业务收入。2020 年，业务收入 57825.52 万元，同比增长 26.78%。其中，存款利息 16455.67

万元，委托贷款利息 40881.21 万元，其他 488.64 万元。

（二）**业务支出。**2020 年，业务支出 34914.61 万元，同比增长 58.90%。其中，支付职工住房公积金利息 30204.62 万元，归集手续费 0.33 万元，委托贷款手续费 1047.50 万元，其他 3662.16 万元。

（三）**增值收益。**2020 年，增值收益 22910.91 万元，同比下降 3.09%。增值收益率 1.39%，比上年减少 0.27 个百分点。

（四）**增值收益分配。**2020 年，未提取贷款风险准备金，提取管理费用 3981.23 万元，提取城市廉租住房（公共租赁住房）建设补充资金 18929.68 万元。

2020 年，上交财政管理费用 3396 万元。上缴财政城市廉租住房（公共租赁住房）建设补充资金 15473.28 万元。

2020 年末，贷款风险准备金余额 16615.44 万元。累计提取城市廉租住房（公共租赁住房）建设补充资金 118895.96 万元。

（五）**管理费用支出。**2020 年，管理费用支出 3233.02 万元，同比下降 33.79%。其中，人员经费 1780.72 万元，公用经费 139.55 万元，专项经费 1312.75 万元。专项经费中，公积金业务发展费 1126.41 万元，信息系统建设及维护项目费 186.34 万元。

四、资产风险状况

个人住房贷款。2020 年末，个人住房贷款逾期额 688 万元，逾期率 0.50‰。个人贷款风险准备金余额 16615.44 万元。2020 年，未使用个人贷款风险准备金核销呆坏账。

五、社会经济效益

（一）**缴存业务。**缴存职工中，国家机关和事业单位占 47.73%，国有企业占 23.45%，城镇集体企业占 0.46%，外商投资企业占 4.45%，城镇私营企业及其他城镇企业占 11.44%，民办非企业单位和社会团体占 2.31%，灵活就业人员占 0.49%，其他占 9.67%；中、低收入占 92.05%，高收入占 7.95%。

新开户职工中，国家机关和事业单位占 28.63%，国有企业占 14.51%，城镇集体企业占 0.29%，外商投资企业占 3.29%，城镇私营企业及其他城镇企业占 22.69%，民办非企业单位和社会团体占 6.96%，灵活就业人员占 0.77%，其他占 22.86%；中、低收入占 97.24%，高收入占 2.76%。

（二）**提取业务。**提取金额中，购买、建造、翻建、大修自住住房占 29.55%，偿还购房贷款本息占 43.58%，租赁住房占 2.06%，离休和退休提取占 18.68%，完全丧失劳动能力并与单位终止劳动关系提取占 4.16%，出境定居占 0.02%，其他占 1.95%。提取职工中，中、低收入占 87.90%，高收入占 12.10%。

（三）**贷款业务。**

个人住房贷款。2020 年，支持职工购建房 103.71 万平方米，年末个人住房贷款市场占有率为 21%，比上年末减少 0.05 个百分点。通过申请住房公积金个人住房贷款，可节约职工购房利息支出 94273 万元。

职工贷款笔数中，购房建筑面积 90（含）平方米以下占 10.77%，90～144（含）平方米占 83.48%，144 平方米以上占 5.75%。购买新房占 85.02%，购买二手房占 14.98%。

职工贷款笔数中,单缴存职工申请贷款占 22.88%,双缴存职工申请贷款占 77.10%,三人及以上缴存职工共同申请贷款占 0.02%。

贷款职工中,30 岁(含)以下占 16.97%,30 岁~40 岁(含)占 36.03%,40 岁~50 岁(含)占 34.04%,50 岁以上占 12.96%;首次申请贷款占 91.10%,二次及以上申请贷款占 8.90%;中、低收入占 87.60%,高收入占 12.40%。

(四)住房贡献率。 2020 年,个人住房贷款发放额、住房消费提取额的总和与当年缴存额的比率为 108.71%,比上年增加 8.54 个百分点。

六、其他重要事项

1. 积极投入疫后重振。一是第一时间落实惠企政策。在住房和城乡建设部发布原则性惠企政策后,中心在全省率先出台实施办法,实行市县联动抓落实,为全市 40 家企业舒缓资金压力 2128 万元。二是有效支持房地产市场健康平稳。超常规追赶进度,发放住房贷款从一季度的下降 53% 反转为上半年的增长 14%,住房公积金贷款比重占全市住房贷款比重达 21%,对稳定襄阳房地产市场发挥了重要作用。三是真情实干助力复工复产。落实"千名干部进千企"工作要求,全系统帮扶企业 11 家,帮助他们享受惠企政策,解决停车难、用工难等困难。市中心帮扶企业襄阳群龙公司专程送来感谢的锦旗。四是主动减轻企业负担。退付房地产企业保证金 1.71 亿元、利息 2811.97 万元,并对新的保证金实行计付利息、逐笔、退付;11 月份,还决定对缴存单位的网厅安全证书费用由中心负担,减少了企业费用支出和安全认证事务。中心支持疫后重振的做法,受到上级简报两次表扬,被湖北日报头版头条、中国建设报等主流媒体宣传报道。

2. 迎难而上,实现业务发展再上新台阶。疫情严重时期,全市住房公积金主体业务全面停顿,一季度归集额、贷款额分别下降 5%、53%,分别掉正常进度 2.37、8 个百分点。此种局面前所未有,给我们完成全年目标任务造成了巨大的压力。对此,中心党组在疫情严重时期及 3 月 16 日复工复产后,对面临的形势进行调查分析,研究制定应对措施,针对各项业务特点,突出工作重点,坚持分层次推进,迅速扭转了被动局面。全市归集住房公积金 54.29 亿元,完成全年任务的 123%,同比增长 10%;新开户缴存单位 455 家,完成全年计划的 166%;新开户缴存职工 3.7 万人,完成全年计划的 373%;发放个人住房公积金贷款 35.56 亿元,完成全年任务的 209%,同比增长 27%;提取住房公积金 31.12 亿元。突出重点抓扩面。以社区干部职工、进城务工人员、民办学校教师、民营医院医生等五大群体为重点,主动上门宣传政策,做好全程服务,新增缴存人员 3 万余人。立足规范抓缴存。及时跟踪掌握因疫情停缴、缓缴、降低比例缴存单位状况,督促引导恢复正常缴存;大力推进网上缴存,化解了疫情状态下的缴存难题;严格执行限高保低政策,做好年度登记年审工作。优化服务抓贷款。复工复产后便立即沟通联系各个楼盘,宣传介绍贷款政策和服务举措,新增合作楼盘 17 个,实行"即来即审快审、应贷尽贷快贷、应放尽放快放"的快捷服务,个人住房贷款发放效率和质量都得到了很大的提升。

3. 全力优化营商环境。对全部服务事项分类整合,除部分贷款业务事项外,全部实现"一窗通办";进一步强化减证便企便民措施,减少 8 项业务办理所需资料,开通了公积金开户"多证合一"通道;12 个省市考核的住房公积金服务事项全部纳入"一张网"办理,办结时间压缩 60%;广泛推进业务网上受理办理,正常缴存单位网厅开通率达 100%,网上缴存额同比增长 593.6%,网上提取额同比增长

211.3%；跟进老旧小区改造政策，出台既有住宅加装电梯住房公积金提取办法；做好12345热线服务和网上咨询投诉工作，接听三方通话2968个，处理热线工单3657件。

4. 贯彻国家业务标准，改进资金业务管理。按照住房和城乡建设部资金管理业务标准，调整现有市、县两级财务管理方式。市中心负责全市财务统一管理、统一核算，住房公积金资金实行垂直管理，分支机构负责配合市中心做好财务管理有关工作。同时修订完善归集、贷款、资金等受托业务合作事项。

5. 加强信息化建设，升级管理服务平台。完成了中心综合管理系统与市政务服务"一张网"的技术对接；推进数据互通互联，实现与人民银行、民政局、住建局、公安局等相关部门数据共享；异地转移接续平台升级为系统直连模式，异地转移与资金支付实现了实时操作；升级改造资金结算平台，支撑资金业务改革；增加缴存职工登记身份证号校验、补缴额度校验、加装电梯提取等功能，增添了自助盖章打印设备；根据业务需要，优化信息系统多个功能点位，提高办事效率和满意率；建好中心网站和公众号，中心网站发布公开文件53件、发布信息159篇，App推文40次279条，微博推文208篇，网站和App的社会点击量、转发转载量大幅度增加。

6. 立足岗位争先创优。2020年，中心业务大厅被青年团湖北省委命名"湖北省青年文明号"；在市政务服务窗口考核中，中心业务大厅自4月份参加考评以来，连续两季度获"红旗窗口"，10月份单月考评得第一名，在政务热线考评中，前10个月有7个月名列前十名；保康办事处驻歇马镇毛家河村钟佳鹏同志被保康县委组织部通报表彰为"优秀第一书记"；保康办事处被保康县委县政府综合考评评为先进等次；孙家荣荣获"先进工作者"称号，王小波同志、彭立男同志被评为"劳动模范"；谷城办事处驻冷集镇陈家山村扶贫工作队和工作队员江俊杰分别被授予"优秀驻村工作队"和"优秀工作队员"称号；南漳住房公积金服务窗口受到县政务中心表扬，全体窗口人员得到奖励加分。

鄂州市住房公积金2020年年度报告

根据国务院《住房公积金管理条例》和住房和城乡建设部、财政部、人民银行《关于健全住房公积金信息披露制度的通知》（建金〔2015〕26号）的规定，经住房公积金管理委员会审议通过，现将鄂州市住房公积金2020年年度报告公布如下。

一、机构概况

（一）**住房公积金管理委员会。** 住房公积金管理委员会有21名委员，2020年召开1次会议，审议通过的事项主要包括：《2019年住房公积金工作报告》、《2019年度住房公积金财务执行情况报告》、关于《鄂州市住房公积金个人自愿缴存与使用管理暂行办法（审议稿）》起草说明、《鄂州市住房公积金个人自愿缴存与使用管理暂行办法（审议稿）》。

（二）**住房公积金中心。** 鄂州市住房公积金中心为直属鄂州市政府不以营利为目的的全额拨款参公管理事业单位，设4个处（科），从业人员20人（在编13人，非在编7人）。未设管理部和分中心。

二、业务运行情况

（一）缴存。2020 年，新开户单位 209 家，实缴单位 1151 家，净增单位 130 家；新开户职工 0.6039 万人，实缴职工 7.04 万人，净减职工 0.0683 万人；缴存额 12.40 亿元，同比增长 6.28%。2020 年末，缴存总额 93.68 亿元，同比增长 15.26%；缴存余额 39.08 亿元，同比增长 8.85%。

受委托办理住房公积金缴存业务的银行 9 家，与上年度无变化。

（二）提取。2020 年，提取额 9.22 亿元，同比增长 15.11%；占当年缴存额的 74.35%，比上年增加 5.68 个百分点。2020 年末，提取总额 54.59 亿元，同比增长 20.32%。

（三）贷款。

1. 个人住房贷款。个人住房贷款最高额度 50 万元，其中，单缴存职工最高额度 50 万元，双缴存职工最高额度 50 万元。

2020 年，发放个人住房贷款 0.2899 万笔、10.63 亿元，同比分别上涨 9.94%、11.20%。2020 年，回收个人住房贷款 4.28 亿元。

2020 年末，累计发放个人住房贷款 32503 笔、71.45 亿元，贷款余额 34.8 亿元，同比分别增长 9.73%、17.49%、22.36%。个人住房贷款余额占缴存余额的 89.02%，比上年增加 9.83 个百分点。

受委托办理住房公积金个人住房贷款业务的银行 5 家，与上年无变化。

2. 住房公积金支持保障性住房建设项目贷款。2020 年，发放支持保障性住房建设项目贷款 0 亿元，回收项目贷款 0 亿元。2020 年末，累计发放项目贷款 0 亿元，项目贷款余额 0 亿元。

（四）购买国债。2020 年，购买（记账式、凭证式）国债 0 亿元，（兑付、转让、收回）国债 0 亿元。2020 年末，国债余额 0 亿元，比上年减少（增加）0 亿元。

（五）融资。2020 年，融资 0 亿元，归还 0 亿元。2020 年末，融资总额 0 亿元，融资余额 0 亿元。

（六）资金存储。2020 年末，住房公积金存款 6.42 亿元。其中，活期 72.23 万元，1 年（含）以下定期 0 亿元，1 年以上定期 6.4 亿元，其他（协定、通知存款等）81.2 万元。

（七）资金运用率。2020 年末，住房公积金个人住房贷款余额、项目贷款余额和购买国债余额的总和占缴存余额的 89.02%，比上年增加 9.83 个百分点。

三、主要财务数据

（一）业务收入。2020 年，业务收入 13103.71 万元，同比减少 0.05%。其中，存款利息 3248.53 万元，委托贷款利息 9774.15 万元，国债利息 0 万元，其他 81.03 万元。

（二）业务支出。2020 年，业务支出 6107.56 万元，同比上涨 12.85%。其中，支付职工住房公积金利息 5614.25 万元，归集手续费 5 万元，委托贷款手续费 488.14 万元，其他 0.17 万元。

（三）增值收益。2020 年，增值收益 6996.15 万元，同比减少 9.12%。增值收益率 1.85%，较上年减少 0.44 个百分点。

（四）增值收益分配。2020 年，提取贷款风险准备金 4198.15 万元，

2020 年，上交财政管理费用 935.33 万元。上缴财政城市廉租住房（公共租赁住房）建设补充资金 2143.67 万元。

2020年末，贷款风险准备金余额34618.62万元。

四、资产风险状况

（一）个人住房贷款。2020年末，个人住房贷款逾期额212.09万元，逾期率0.60‰。

个人贷款风险准备金按增值收益的60%提取。2020年，提取个人贷款风险准备金4198.15万元，使用个人贷款风险准备金核销呆坏账0万元。2020年末，个人贷款风险准备金余额34618.62万元，占个人住房贷款余额的9.95%，个人住房贷款逾期额与个人贷款风险准备金余额的比率为0.61%。

（二）支持保障性住房建设试点项目贷款。2020年末，逾期项目贷款0万元，逾期率0‰。

（三）历史遗留风险资产。2020年末，历史遗留风险资产余额0万元，比上年减少0万元，历史遗留风险资产回收率0%。

五、社会经济效益

（一）缴存业务。2020年，实缴单位数、实缴职工人数和缴存额同比分别增长12.73%、－0.96%和6.28%。

缴存单位中，国家机关和事业单位占42.83%，国有企业占11.29%，城镇集体企业占0.17%，外商投资企业占0.96%，城镇私营企业及其他城镇企业占26.94%，民办非企业单位和社会团体占2.61%，其他占15.20%。

缴存职工中，国家机关和事业单位占37.97%，国有企业占29.49%，城镇集体企业占0.01%，外商投资企业占1.88%，城镇私营企业及其他城镇企业占22.85%，民办非企业单位和社会团体占0.87%，其他占6.93%；中、低收入占98.48%，高收入占1.52%。

新开户职工中，国家机关和事业单位占27.69%，国有企业占7.27%，城镇集体企业占0%，外商投资企业占3.40%，城镇私营企业及其他城镇企业占37.85%，民办非企业单位和社会团体占2.43%，其他占21.36%；中、低收入占99.52%，高收入占0.48%。

（二）提取业务。2020年，24616名缴存职工提取住房公积金9.22亿元。

提取金额中，住房消费提取占76.47%（购买、建造、翻建、大修自住住房占34.67%，偿还购房贷款本息占39.55%，租赁住房占1.53%，其他占0.72%）；非住房消费提取占23.53%（离休和退休提取占15.05%，完全丧失劳动能力并与单位终止劳动关系提取占2.53%，户口迁出本市或出境定居占0.13%，死亡或宣告死亡0.75%，其他占5.07%）。

提取职工中，中、低收入占99.94%，高收入占0.06%。

（三）贷款业务。

1.个人住房贷款。2020年，支持职工购建房32.73万平方米。通过申请住房公积金个人住房贷款，可节约职工购房利息支出18266.6万元。

职工贷款笔数中，购房建筑面积90（含）平方米以下占14.35%，90～144（含）平方米占81.44%，144平方米以上占4.21%。购买新房占79.13%（其中购买保障性住房占0%），购买二手房占20.73%，建造、翻建、大修自住住房占0%，其他占1.14%。

职工贷款笔数中，单缴存职工申请贷款占28.46%，双缴存职工申请贷款占71.37%，三人及以上缴

存职工共同申请贷款占 0.17%。

贷款职工中,30 岁(含)以下占 24.59%,30 岁~40 岁(含)占 35.36%,40 岁~50 岁(含)占 31.18%,50 岁以上占 8.87%;首次申请贷款占 79.48%,二次及以上申请贷款占 20.52%;中、低收入占 98.28%,高收入占 1.72%。

2. 异地贷款。2020 年,发放异地贷款 671 笔、25567 万元。2020 年末,发放异地贷款总额 67245 万元,异地贷款余额 61388.95 万元。

3. 2020 年,发放纯公积金贷款 2461 笔、8.98 亿元,组合贷款 438 笔、1.65 亿元。

4. 公转商贴息贷款。2020 年,发放公转商贴息贷款 0 笔、0 万元,支持职工购建住房面积 0 万平方米,当年贴息额 0 万元。2020 年末,累计发放公转商贴息贷款 0 笔、0 万元,累计贴息 0 万元。

5. 支持保障性住房建设试点项目贷款。2020 年末,累计试点项目 0 个,贷款额度 0 亿元,建筑面积 0 万平方米,可解决 0 户中低收入职工家庭的住房问题。0 个试点项目贷款资金已发放并还清贷款本息。

(四)住房贡献率。2020 年,个人住房贷款发放额、公转商贴息贷款发放额、项目贷款发放额、住房消费提取额的总和与当年缴存额的比率为 142.37%,比上年增加 9.52 个百分点。

六、其他重要事项

(一)疫情期间阶段性住房公积金政策调整及执行情况。

缴存。疫情受困企业可自主调整缴存比例。受疫情影响的企业,可按规定在 2020 年 6 月 30 日前,结合本单位的实际情况,在 5%至 12%之间,自主调整单位和个人的住房公积金缴存比例。疫情受困的中小微企业可申请降低缴存比例。自 3 月 1 日起,中小微企业经职工代表大会或工会讨论通过,可按规定在 2020 年 6 月 30 日前申请连续 6 个月按 3%的标准缴存住房公积金。降比期满后,企业可根据自身生产经营情况,自主恢复原缴存比例。疫情受困企业可申请缓缴住房公积金。受疫情影响,企业无法按时足额缴存住房公积金的,经企业职工代表大会或工会讨论通过后,可申请在 2020 年 6 月 30 日前缓缴住房公积金。企业申请缓缴时,应当同时提交补缴方案,明确补缴的具体时间和金额,并在 2020 年 12 月 31 日前补齐欠缴的住房公积金,补缴金额按照缓缴前的缴存基数和缴存比例计算确定。

提取。受疫情影响支付房租压力较大的职工,年度内尚未办理租房提取的,提取额度由 10000 元/年提高至 12000 元/年。租房职工可在本年度内分两次灵活安排时间,提取住房公积金用于支付房租,提取额度不超过本年度最高限额。

贷款。对疫情防控期间,受疫情影响暂时失去收入来源而未能正常还款的职工,可合理延后还款期限,6 月 30 日前可不作逾期处理,不收罚息。

(二)当年住房公积金政策调整及执行情况。

1. 2020 年住房公积金缴存基数方法。各缴存单位应按职工上一年度月平均工资总额调整当年职工住房公积金月缴存基数。2020 年职工住房公积金的月缴存基数为 2019 年度年工资总额除以 12,2020 年度我市住房公积金月缴存额上限为 4536 元(单位和个人缴存额合计),月缴存额下限为 138 元(单位和个人缴存额合计)。自由职业者、个体工商户、进城务工人员可参照执行。月缴存比例执行政策为:2020 年度住房公积金缴存比例继续执行鄂州地区现行的政策,即单位和职工的住房公积金缴存比例均不得低于

5%；有条件的单位可以根据实际情况提高缴存比例，但最高比例均不得超过12%。缴存住房公积金确有困难的单位，由本单位职工代表大会或工会讨论通过，经市公积金中心审核后，可以降低住房公积金缴存比例或者缓缴住房公积金。待单位经济效益好转后，应当恢复正常缴存比例并补缴缓缴额。

2. 住房公积金缴存政策变动。鄂州市住房公积金管理委员会2020年四届五次会议通过了《鄂州市住房公积金个人自愿缴存与使用管理暂行办法（审议稿）》，公积金缴存主体新增加"个人自愿缴存者"。

3. 住房公积金贷款政策变动。从2020年11月1日起，在异地缴存住房公积金申请本地住房公积金购房贷款的职工需具有本市户籍才能申请本地住房公积金贷款。

4. 住房公积金存贷款利率执行情况。2020年缴存人住房公积金销户提取，中心均按提取当日人民银行挂牌一年期定期存款利率进行结算。6月30日结息，当年新增和上年结转的公积金存款利率按结息日当天人民银行挂牌一年期存款利率1.5%执行。2020年国家未对公积金贷款利率进行调整，中心对贷款五年期以下（含五年）客户利率仍按人行挂牌年息2.75%执行，五年以上按人行挂牌年息3.25%执行。

（三）当年服务改进及信息化建设情况。

中心着眼数字赋能"放管服"改革，以信息技术更大力度优化营商环境，信息化建设走在湖北省公积金行业前沿。坚持"以人为中心"，不断创新服务模式，提升服务效能，真正实现群众就近办、网上办、自助办、贴心办和"一次也不跑"。全年共受理线上业务16897笔，占全年业务总量的52.78%，同比增长565.94%，办结率100%。发送公积金业务短信319万余条。

1. 湖北省第一家全面取消24类证明事项，精减28项业务材料46件。强化数据信息共享功能运用，按照"五减""两放""一提高"要求，通过部门间数据共享，实现流程再造，减证便民。

2. 中心坚持中心领导班子成员到营业部代班服务、机关中层干部到大厅坐班服务、一般干部到窗口轮班服务制度化。不断提升服务质量，全面提高中心队伍的专业素养和业务本领。

3. 自主设计建设"好差评"系统，实现与湖北政务网"鄂汇办"对接。以公积金用户参与服务为原则，对业务办理体验进行评价，反向约束和正向激励同步运行，提升公积金服务水平。

4. 湖北首第一个自主研发设计公积金云服务平台——鄂州住房公积金"e心办"智能云服务平台正式上线运行。在全省公积金行业首家建成"云机房""云桌面"的基础上推进公积金"e心办"智能云平台研发上线，实现了中心公积金服务软硬件全面"云端漫步"，3大类59项线上业务迈入"云时代"，促进了公积金业务高质量发展。

5. 湖北省第一家开通"公积金驿站"。为更好温度服务企业和职工，中心通过与合作银行"网点大厅互享、数据接口互联"共建共享模式，依托"e心办"智能服务云平台在葛店、西山、花湖、临空等银行网点部署7家"公积金驿站"，11台智能自助服务终端机同步云开通上线运行。企业和职工不需再往返公积金，在就近的自助终端即可不见面办理查询、打印、提取、还贷等23项公积金业务。

6. 湖北省第一单公积金"跨省通办"业务办结。通过全程网办、代收代办、两地联办三种办理模式，省去了职工来回缴存地住房公积金中心办理业务的环节，实现"跨省通办，一网联办"便民服务新渠道。

疫情期间，充分发挥住房公积金服务保障作用，制定出台《鄂州市住房公积金中心关于应对当前新型冠状病毒肺炎疫情政策服务保障措施的通知》《关于应对新型冠状病毒肺炎疫情实施住房公积金阶段性支持政策的通知》，通过为受疫情影响中小微企业和个人采取自主调比、降比、缓缴、延长还款期限、延长业务办理资格时限、租房提取提额等方式纾困解忧。共办理降比缴存单位17家、849人、117万元，缓缴单位 7 家、543 人、145 万元，不作逾期处理 231 笔、1668.26 万元，享受"租房提取"疫情新政提额 846 人 169.2 万元。

（四）强化执法制度约束力。 多次开展进企业、进市场、进楼盘做政策宣讲，组织缴存企业、房产开发及中介机构经办人员进行"云平台"等自助业务操作培训。强化执法制度约束力，对职工反映未按规定缴交和建制单位上门催缴建缴。对已判决生效而不履行职责的 7 户逾期借款户，依法申请强制执行。依法处理 10 个投诉渠道 84 件职工投诉案，实现零复诉。提请管委会审议制定出台了《鄂州市住房公积金个人自愿缴存与使用管理暂行办法》，修改完善《鄂州市住房公积金信用管理暂行办法》，与人民法院协商联合制定《协助执行职工住房公积金联动机制的若干意见》。

（五）所获荣誉情况。 2020 年度中心获评"湖北省文明单位""湖北省档案管理特级单位""湖北省卫生先进单位""鄂州市文明单位""鄂州市绩效综合考评优秀单位""鄂州市综合治理先进单位"、鄂州市"示范爱心母婴室"等七项省市级光荣称号，受市级以上表彰先进个人（家庭）6 人次。

（六） 2020 年当年住房公积金从业人员无违规行为发生。

荆门市住房公积金 2020 年年度报告

根据国务院《住房公积金管理条例》和住房和城乡建设部、财政部、人民银行《关于健全住房公积金信息披露制度的通知》（建金〔2015〕26 号）的规定，经住房公积金管理委员会审议通过，现将荆门市住房公积金 2020 年年度报告公布如下。

一、机构概况

（一）住房公积金管理委员会。住房公积金管理委员会有 18 名委员，2020 年召开 1 次会议，审议通过的事项主要包括：2019 年度住房公积金归集使用计划执行情况；住房公积金年度报告；2020 年度住房公积金归集使用计划安排；调整优化住房公积金使用政策。

（二）住房公积金中心。住房公积金中心为直属于市政府不以营利为目的的正县级事业单位，设 6 个处（科），1 个管理部，1 个分中心。从业人员 177 人，其中，在编 90 人，非在编 87 人。

二、业务运行情况

（一）缴存。2020 年，新开户单位 304 家，净减单位 61 家；新开户职工 1.59 万人，净减职工 0.28 万人；实缴单位 3596 家，实缴职工 17.13 万人，缴存额 28.52 亿元，分别同比下降 0.22%、增长 0.18%、增长 4.58%。2020 年末，缴存总额 211.59 亿元，比上年末增加 15.58%；缴存余额 108.43 亿元，同比增长 15.22%。受委托办理住房公积金缴存业务的银行 7 家。

（二）提取。2020 年，4.46 万名缴存职工提取住房公积金；提取额 14.20 亿元，同比增长 3.27%；提取额占当年缴存额的 49.77%，比上年减少 0.63 个百分点。2020 年末，提取总额 103.16 亿元，比上年末增加 15.96%。

（三）贷款。

1. 个人住房贷款。单缴存职工个人住房贷款最高额度 40 万元，双缴存职工个人住房贷款最高额度 60 万元（个人住房贷款最高额度政策按单缴存职工和双缴存职工区分的城市填写）。

2020 年，发放个人住房贷款 4170 笔、13.55 亿元，同比分别下降 21.26%、21.04%。

2020 年，回收个人住房贷款 9.37 亿元。

2020 年末，累计发放个人住房贷款 7.15 万笔、135.17 亿元，贷款余额 80.05 亿元，分别比上年末增加 6.20%、11.14%、5.50%。个人住房贷款余额占缴存余额的 73.83%，比上年末减少 6.80 个百分点。受委托办理住房公积金个人住房贷款业务的银行 7 家。

2. 异地贷款。2020 年，发放异地贷款 0 笔、0 万元。2020 年末，发放异地贷款总额 72221.50 万元，异地贷款余额 52785.06 万元。

（四）资金存储。 2020 年末，住房公积金存款 34.95 亿元。其中，活期 0.04 亿元，1 年（含）以下定期 3.57 亿元，1 年以上定期 25.16 亿元，其他（协定、通知存款等）6.18 亿元。

（五）资金运用率。 2020 年末，住房公积金个人住房贷款余额、项目贷款余额和购买国债余额的总和占缴存余额的 73.83%，比上年末减少 6.8 个百分点。

三、主要财务数据

（一）业务收入。 2020 年，业务收入 33833.47 万元，同比增长 15.03%。其中，存款利息 8402.46 万元，委托贷款利息 25430.33 万元，其他 0.68 万元。

（二）业务支出。 2020 年，业务支出 13396.29 万元，同比增长 23.65%。其中，支付职工住房公积金利息 12380.15 万元，归集手续费 0 万元，委托贷款手续费 947.09 万元，其他 69.05 万元。

（三）增值收益。 2020 年，增值收益 20437.18 万元，同比增长 10.00%。增值收益率 2.02%，比上年减少 0.11 个百分点。

（四）增值收益分配。 2020 年，提取贷款风险准备金 2716.48 万元，提取管理费用 5066.95 万元，提取城市廉租住房（公共租赁住房）建设补充资金 3748.63 万元。

2020 年，上交财政管理费用 5066.95 万元。上缴财政城市廉租住房（公共租赁住房）建设补充资金 2318.94 万元。

2020 年末，贷款风险准备金余额 17459.64 万元。累计提取城市廉租住房（公共租赁住房）建设补充资金 43828.75 万元。

（五）管理费用支出。 2020 年，管理费用支出 5016.68 万元，同比下降 2.45%。其中，人员经费 2711.58 万元，公用经费 358.10 万元，专项经费 1947 万元。

四、资产风险状况

个人住房贷款。2020 年末，个人住房贷款逾期额 1426.29 万元，逾期率 1.78‰。个人贷款风险准备金余额 17459.64 万元。2020 年，使用个人贷款风险准备金核销呆坏账 0 万元。

五、社会经济效益

（一）缴存业务。 缴存职工中，国家机关和事业单位占 43.49%，国有企业占 20.84%，城镇集体企业占 0.96%，外商投资企业占 0.42%，城镇私营企业及其他城镇企业占 32.29%，民办非企业单位和社会团体占 1.66%，灵活就业人员占 0.34%，其他占 0%；中、低收入占 99.97%，高收入占 0.03%。

新开户职工中，国家机关和事业单位占 12.39%，国有企业占 10.03%，城镇集体企业占 0.63%，外商投资企业占 0.57%，城镇私营企业及其他城镇企业占 72.07%，民办非企业单位和社会团体占 2.62%，灵活就业人员占 1.69%，其他占 0%；中、低收入占 99.98%，高收入占 0.02%。

（二）提取业务。 提取金额中，购买、建造、翻建、大修自住住房占 19.77%，偿还购房贷款本息占 47.87%，租赁住房占 2.18%，支持老旧小区改造占 0%，离休和退休提取占 23.13%，完全丧失劳动能力并与单位终止劳动关系提取占 4.19%，出境定居占 0%，其他占 2.86%。提取职工中，中、低收入占 99.96%，高收入占 0.04%。

（三）贷款业务。

个人住房贷款。2020 年，支持职工购建房 50.53 万平方米（含公转商贴息贷款），年末个人住房贷款市场占有率（含公转商贴息贷款）为 26.29%，比上年末增加 9.66 个百分点。通过申请住房公积金个人住房贷款，可节约职工购房利息支出 35105.90 万元。

职工贷款笔数中，购房建筑面积 90（含）平方米以下占 5.88%，90～144（含）平方米占 87.55%，144 平方米以上占 6.57%。购买新房占 96.76%，购买二手房占 3.24%，建造、翻建、大修自住住房占 0%，其他占 0%。

职工贷款笔数中，单缴存职工申请贷款占 54.39%，双缴存职工申请贷款占 41.46%，三人及以上缴存职工共同申请贷款占 4.15%。

贷款职工中，30 岁（含）以下占 34.61%，30 岁～40 岁（含）占 36.76%，40 岁～50 岁（含）占 22.06%，50 岁以上占 6.57%；首次申请贷款占 91.22%，二次及以上申请贷款占 8.78%；中、低收入占 100%，高收入占 0%。

（四）住房贡献率。 2020 年，个人住房贷款发放额、公转商贴息贷款发放额、项目贷款发放额、住房消费提取额的总和与当年缴存额的比率为 82.25%，比上年减少 15.36 个百分点。

六、其他重要事项

（一）应对新冠肺炎疫情采取的措施，落实住房公积金阶段性支持政策情况和政策实施成效。 落实《住房和城乡建设部、财政部、中国人民银行关于妥善应对新冠肺炎疫情实施住房公积金阶段性支持政策的通知》（建金〔2020〕23 号）精神，实施缓还、不计逾期、缓缴、降比等惠企惠民政策，疫情期间累计缓收职工贷款 1.19 亿元、为 604 笔、贷款免计逾期，为 118 家企业阶段性减少支出 3295 万元，缓解职工还款压力、助力企业复工复产。

（二）当年机构及职能调整情况、受委托办理缴存贷款业务金融机构变更情况。 无调整、变更情况。

（三）当年住房公积金政策调整及执行情况。

1. 当年缴存基数限额及确定方法、缴存比例调整情况。住房公积金缴存基数上限为统计部门公布的上一年度职工月平均工资的 3 倍，最低不低于上年度全市最低工资标准。缴存比例继续执行单位和个人最高各为 12%，最低各为 5%。

2. 当年个人住房贷款最高贷款额度、贷款条件等贷款政策调整情况。当年住房公积金最高贷款额度由 50 万元调高到 60 万元，单职工缴存住房公积金的家庭贷款额度上限 40 万元，双职工缴存住房公积金的家庭贷款额度上限 60 万元。放宽住房公积金个人贷款房屋套数认定标准，降低住房公积金个人贷款首付比例，支持职工家庭改善性购房需求，恢复商业银行按揭贷款转住房公积金贷款业务。

3. 当年住房公积金存贷款利率执行标准。职工住房公积金账户存款利率仍统一按一年期定期存款基准利率1.5％执行；个人住房公积金贷款利率未变化，5年及以下为2.75％，5年以上为3.25％，第二套房个人住房公积金贷款利率按基准利率上浮1.1倍。

（四）当年服务改进情况。坚持推行"规范化、标准化、精细化"管理，针对"老年人"等特殊群体办事难的问题，特色实施延时、预约和上门服务，展现政务服务窗口新作风、新作为；加强政务服务窗口建设，完善基础服务条件，京山新购置服务大厅并投入使用；强化窗口服务监管，健全考核督办机制，定期通报，督促及时整改；坚持实行服务承诺制、首问负责制、限时办结制等服务制度，所有业务"最多跑一次""零收费"，职工"零负担"。

（五）当年信息化建设情况。全力落实国务院高频政务服务业务"跨省通办"工作要求，加快信息开发力度，首期实现职工正常退休、信息查询等业务全网办。

（六）当年所获荣誉情况。中心获2019—2020年度市级文明单位、招商引资先进单位、综治目标管理考评先进单位、履职尽责综合考评优秀等次；城区办事处象山营业部荣获"荆门市优质服务窗口""荆门市工人先锋号"荣誉称号；王萍萍同志获2019年度荆门市先进工作者表彰，张雨甜同志获2019年度荆门市优秀共青团员表彰。

（七）当年对违反《住房公积金管理条例》和相关法规行为进行行政处罚和申请人民法院强制执行情况。无。

（八）当年对住房公积金管理人员违规行为的纠正和处理情况等。无。

（九）其他需要披露的情况。无。

孝感市住房公积金2020年年度报告

根据国务院《住房公积金管理条例》和住房和城乡建设部、财政部、人民银行《关于健全住房公积金信息披露制度的通知》（建金〔2015〕26号）的规定，经住房公积金管理委员会审议通过，现将孝感住房公积金2020年年度报告公布如下。

一、机构概况

（一）住房公积金管理委员会。2020年住房公积金管理委员会有20名委员，2020年召开一次会议，审议通过的事项主要包括《孝感住房公积金2019年年度报告》《孝感住房公积金中心关于2019年度住房公积金归集使用计划执行情况和2020年度归集使用计划的报告》《孝感住房公积金中心2019年住房公积金增值收益分配方案》《孝感住房公积金中心关于2019年度财务收支决算与2020年度财务收支预算的报告》《孝感市住房公积金管理委员会关于明确住房公积金归集政策的通知》《孝感市住房公积金管理委员会关于明确住房公积金提取政策的通知》《孝感市住房公积金管理委员关于明确住房公积金贷款政策的通知》等报告。

（二）住房公积金中心。 住房公积金中心为不以营利为目的的事业单位，设6个科室，7个办事处。从业人员189人。其中，在编148人，非在编41人。

二、业务运行情况

（一）缴存。 2020年，新开户单位231家，净增单位210家；新开户职工1.46万人，净增职工4997人；实缴单位3498家，实缴职工19.13万人，缴存额32.29亿元，实缴单位同比下降1%，实缴职工与上年持平，缴存额同比增长6.4%。2020年末，缴存总额222.25亿元，比上年末增加17%；缴存余额115.23亿元，同比增长14%。受委托办理住房公积金缴存业务的银行11家。

（二）提取。 2020年，5.11万名缴存职工提取住房公积金；提取额17.72亿元，同比下降2%；提取额占当年缴存额的55%，比上年减少4个百分点。2020年末，提取总额107.02亿元，比上年末增加20%。

（三）贷款。

1. 个人住房贷款。个人住房贷款最高额度50万元。

2020年，发放个人住房贷款3514笔、12.43亿元，同比分别下降8%、3%。其中，市本级发放个人住房贷款1294笔、4.82亿元。

2020年，回收个人住房贷款8.24亿元。其中，市本级回收3亿元。

2020年末，累计发放个人住房贷款51981笔、114.49亿元，贷款余额68.58亿元，分别比上年末增加11%、12%、7%。个人住房贷款余额占缴存余额的59.52%，比上年末减少4.45个百分点。受委托办理住房公积金个人住房贷款业务的银行10家。

2. 异地贷款。2020年，发放异地贷款186笔、5806万元。2020年末，发放异地贷款总额32134万元，异地贷款余额25924万元。

3. 公转商贴息贷款。孝感住房公积金中心未开展公转商贴息贷款。

（四）购买国债。 孝感住房公积金中心无购买国债。

（五）资金存储。 2020年末，住房公积金存款46.78亿元。其中，活期1.07亿元，1年（含）以下定期0.81亿元，1年以上定期40.64亿元，其他（协定、通知存款等）4.26亿元。

（六）资金运用率。 2020年末，住房公积金个人住房贷款余额、项目贷款余额和购买国债余额的总和占缴存余额的59.52%，比上年末减少4.45个百分点。

三、主要财务数据

（一）业务收入。 2020年，业务收入36735.76万元，同比增长22%（其中市本级11707.25万元）。存款利息14892.24万元，委托贷款利息21819.99万元，其他23.53万元。

（二）业务支出。 2020年，业务支出16132.91万元，同比增长18%（其中市本级5146.45万元）。支付职工住房公积金利息16117.01万元，归集手续费0万元，委托贷款手续费0万元，其他15.9万元。

（三）增值收益。 2020年，增值收益20602.85万元，同比增长26%。其中，市本级6560.8万元；增值收益率1.91%，比上年增加0.15个百分点。

（四）增值收益分配。 2020 年，提取贷款风险准备金 539.8 万元，提取管理费用 3504.56 万元，提取城市廉租住房（公共租赁住房）建设补充资金 16558.49 万元。

2020 年，上交财政管理费用 3577.56 万元。上缴财政城市廉租住房（公共租赁住房）建设补充资金 11133.05 万元。其中，市本级上缴 4832.54 万元。

2020 年末，贷款风险准备金余额 11038 万元。累计提取城市廉租住房（公共租赁住房）建设补充资金 69498.66 万元。其中，市本级提取 36000 万元。

（五）管理费用支出。 2020 年，管理费用支出 3610.23 万元，同比下降 9%。其中，人员经费 2252.11 万元，公用经费 255.65 万元，专项经费 1102.47 万元。

市本级管理费用支出 716.26 万元，其中，人员、公用、专项经费分别为 365.08 万元、55.36 万元、295.82 万元。

四、资产风险状况

个人住房贷款。2020 年末，个人住房贷款逾期额 1027.14 万元，逾期率 1.5‰，其中，市中心 0.6‰。个人贷款风险准备金余额 11038 万元。2020 年，使用个人贷款风险准备金核销呆坏账 0 万元。

五、社会经济效益

（一）缴存业务。 缴存职工中，国家机关和事业单位占 57%，国有企业占 20%，城镇集体企业占 1%，外商投资企业占 5%，城镇私营企业及其他城镇企业占 15%，民办非企业单位和社会团体占 0.5%，灵活就业人员占 0.9%，其他占 0.6%；中、低收入占 99.9%。

新开户职工中，国家机关和事业单位占 25%，国有企业占 10.3%，城镇集体企业占 0.8%，外商投资企业占 12.5%，城镇私营企业及其他城镇企业占 43.4%，民办非企业单位和社会团体占 2.9%，灵活就业人员占 2.3%，其他占 2.8%；中、低收入占 99.9%。

（二）提取业务。 提取金额中，购买、建造、翻建、大修自住住房占 24%，偿还购房贷款本息占 48%，租赁住房占 1%，支持老旧小区改造占 0%，离休和退休提取占 20%，完全丧失劳动能力并与单位终止劳动关系提取占 4%，出境定居占 1%，其他占 2%。提取职工中，中、低收入占 99.8%。

（三）贷款业务。

个人住房贷款。2020 年，支持职工购建房 41.64 万平方米（含公转商贴息贷款），年末个人住房贷款市场占有率（含公转商贴息贷款）为 15.36%，比上年末减少 0.24 个百分点。当年获得住房公积金个人住房贷款的职工合同期内所需支付贷款利息总额与申请商业性住房贷款利息总额的差额 25119 万元。

职工贷款笔数中，购房建筑面积 90（含）平方米以下占 10%，90~144（含）平方米占 86%，144 平方米以上占 4%。购买新房占 75.36%，购买二手房占 24.61%，其他占 0.03%。

职工贷款笔数中，单缴存职工申请贷款占 62.75%，双缴存职工申请贷款占 37.22%，三人及以上缴存职工共同申请贷款占 0.03%。

贷款职工中，30 岁（含）以下占 23.39%，30 岁~40 岁（含）占 32.78%，40 岁~50 岁（含）占 33.47%，50 岁以上占 10.36%；首次申请贷款占 93.65%，二次及以上申请贷款占 6.35%；中、低收入占 99.9%。

（四）住房贡献率。 2020 年，个人住房贷款发放额、公转商贴息贷款发放额、项目贷款发放额、住房消费提取额的总和与当年缴存额的比率为 78.72%，比上年减少 6.78 个百分点。

六、其他重要事项

（一）应对新冠肺炎疫情采取的措施，落实住房公积金阶段性支持政策情况和政策实施成效。中心认真贯彻落实《住房和城乡建设部 财政部 人民银行关于妥善应对新冠肺炎疫情实施住房公积金阶段性支持政策的通知》和《省人民政府关于印发湖北省促进经济社会加快发展若干政策措施的通知》（鄂政发〔2020〕6号）文件精神，先后出台了《关于做好疫情防控期间住房公积金服务保障工作的通知》《关于进一步明确新冠肺炎疫情防控期间住房公积金服务保障工作的通知》等通知文件，纾解企业、贷款职工困难。

截至 2020 年 6 月 30 日，缓缴企业 557 家，缓缴职工 40436 人，累计缓缴金额单位部分 4609.87 万元。没有企业申请停缴。不做贷款逾期处理未正常还款 717 笔，逾期金额共计 206.1 万元。截至 2020 年 8 月 31 日，受疫情影响降比企业 22 家，累计减少缴存金额单位部分 65.7 万。

（二）当年机构及职能调整情况、受委托办理缴存贷款业务金融机构变更情况。2020 年无机构及职能调整。新增一家办理委托贷款金融机构。2020 年 1 月中心与湖北孝感农村商业银行股份有限公司签署住房公积金贷款业务委托协议书，从 2020 年 1 月湖北孝感农村商业银行股份有限公司高新区支行开始承办住房公积金委托贷款业务。

（三）当年缴存基数限额及确定方法、缴存比例调整情况。

1. 缴存基数限额及确定方法。《关于调整 2020 年度住房公积金缴存基数的通知》（孝公管委发〔2020〕4 号）规定。2020 年度职工住房公积金月缴存基数应按 2019 年度职工本人月平均工资（即职工 2019 年度工资总额÷12）核定。职工工资总额计算口径应按《国家统计局关于认真贯彻执行〈关于工资总额组成的规定〉的通知》（统制字〔1990〕1 号）执行。

根据湖北省人民政府《关于调整全省最低工资标准的通知》（鄂政发〔2017〕44 号）规定，2020 年度孝感城区（含孝南）、汉川、应城在岗职工的住房公积金最低月缴存基数不得低于 1380 元，安陆、云梦、大悟、孝昌不得低于 1250 元。

根据孝感市统计部门提供的 2019 年孝感市城镇非私单位在岗职工相关工资数据，我市各地 2020 年度职工住房公积金月缴存基数上限分别为：孝感城区（含孝南）职工月缴存基数上限不得高于 19690 元，其他市县职工月缴存基数上限不得高于 16326 元。

2. 缴存比例调整情况。《关于调整 2020 年度住房公积金缴存基数的通知》（孝公管委发〔2020〕4 号）规定。2020 年全市职工和单位住房公积金缴存比例均不得低于 5%，有条件的单位可以根据各自实际情况提高缴存比例，但最高比例均不得超过 12%。企业单位可以根据自身实际情况在规定的缴存比例下限和上限区间内自行选择合适的缴存比例。

灵活就业人员缴存比例为 10%，月缴存基数不得超出当年中心公布的上下限标准。

（四）当年住房公积金政策调整及执行情况。2020 年对以前调整频繁、目前在用且分散于十余年不同文件的政策进行了梳理、归纳、汇总、优化，同时结合我市住房公积金业务运行实际，广泛征求意见，经孝感市住房公积金管理委员会四届五次会议批准，出台了《孝感市住房公积金管理委员会关于明确公积金归集政策的通知》（孝公管委发〔2020〕1 号）、《孝感市住房公积金管理委员会关于明确公积金提取政策的通知》（孝公管委发〔2020〕2 号）、《孝感市住房公积金管理委员会关于明确公积金贷款政策的通知》

（孝公管委发〔2020〕3号）、《孝感市住房公积金管理委员会关于调整2020年度住房公积金缴存基数的通知》（孝公管委发〔2020〕4号）四个文件。

政策的主要变化。一是增加贷款对象，与中心签订了公积金互认互贷协议地区（武汉）的缴存职工在本市购买自住住房的，申请公积金贷款不受户籍限制。二是支持首次使用，缴存职工只要是第一次使用公积金贷款，在孝感市购买自住住房的，贷款最高额度可为50万。三是增加还款方式，以前只有等额本息还款法一种方式，现在增加了等额本金还款法，让借款申请人根据自身实际有更多的选择。四是增加老旧小区改造提取。五是强化楼盘合作管理，防控楼盘风险。六是明确了预抵押转正式抵押的时限、流程。七是增加违规使用公积金的法律责任。

（五）当年服务改进情况。2020年，中心继续在优化营商环境、提升服务质效上不懈努力。一是除中心本级在市民之家设立营业网点外，孝南、孝昌、汉川、安陆、云梦等公积金办事处也陆续在各自市民之家设立网点或办事柜台，着力优化营商环境，解决群众办事难、多头跑的问题。二是解决"群众办事最后一公里"。坚持延时服务、上门服务、预约服务，推出快递服务、免复印件服务，通过内部流程优化、部门衔接、工作人员跑腿，不断化解群众"办事难"，把群众办事难题变成中心自己的课题，将不动产业务延伸到公积金柜面前台，实现不动产抵押登记、转抵押业务一窗办理和一事联办。三是全面提高业务网办率，归集类线上办理率超过80%，推出了离职和退休两项业务全程网办，2020年10月以来，线上离职提取办理率已达到40%，贷款还款类、按月划扣签约等业务均可线上办理。

（六）当年信息化建设情况。2020年，中心在完成基础数据标准和结算应用系统"双贯标"的基础上，持续进行整改和信息系统优化，全面完成了公积金综合服务平台建设，以高分通过住房和城乡建设部验收，名列全省第一。建立工作机制，每月进行基础数据电子化检查，专人负责数据分析、数据派发、整改汇总、建立台账和销账；多次、各层级进行审计，针对审计提出的问题，及时采取措施进行改进，为防范业务风险点和公积金业务转型打下坚实的基础。完成了"住房公积金缴存贷款信息查询""出具贷款职工住房公积金缴存使用证明""正常退休提取住房公积金"这三项跨省通办业务的开通。

积极对接湖北省"电子政务一张网"，完成了公积金政务服务事项梳理和上线，积极探索统一受理平台、24小时政务终端、电子证照等对接。

（七）当年对住房公积金管理人员违规行为的纠正和处理情况等。大悟办事处两名工作人员因违规发放贷款、挪用公款等问题，受到党纪政纪处分。

（八）当年住房公积金管理中心及职工所获荣誉情况。2020年孝感住房公积金中心荣获孝感市三八红旗集体称号、1人荣获全国住建系统抗击新冠肺炎疫情先进个人、1人荣获全省抗击新冠肺炎疫情最美家庭和孝感市抗击新冠肺炎疫情先进个人、1人荣获孝感市直机关优秀共产党员。

荆州市住房公积金2020年年度报告

根据国务院《住房公积金管理条例》和住房和城乡建设部、财政部、人民银行《关于健全住房公积金信息披露制度的通知》（建金〔2015〕26号）的规定，经荆州市住房公积金管理委员会审议通过，现将荆州市住房公积金 2020 年年度报告公布如下。

一、机构概况

（一）**住房公积金管理委员会。** 住房公积金管理委员会有 21 名委员，2021 年召开 1 次会议，审议通过的事项主要包括：《荆州住房公积金中心关于 2020 年计划执行情况及 2021 年计划任务的报告》《荆州住房公积金中心关于 2020 年度增值收益分配方案的报告》《荆州市住房公积金 2020 年年度报告》。

（二）**住房公积金管理中心。** 荆州住房公积金中心为荆州市政府直属不以营利为目的的事业单位，设 8 个科室，2 个营业部。有 9 个县市公积金机构。全市从业人员 179 人，其中，在编 123 人，非在编 56 人。

二、业务运行情况

（一）**缴存。** 2020 年，新开户单位 300 家，净增单位 197 家；新开户职工 1.77 万人，净增职工 0.77 万人；实缴单位 4179 家，实缴职工 23.24 万人，缴存额 40.03 亿元，分别同比增长 0.45%、0.69%、8.86%。2020 年末，缴存总额 278.48 亿元，比上年末增长 16.78%；缴存余额 127.59 亿元，同比增长 13.00%。受委托办理住房公积金缴存业务的银行 7 家。

（二）**提取。** 2020 年，提取额 25.35 亿元，同比增长 8.12%；占当年缴存额的 63.32%，比上年减少 0.02 个百分点。2020 年末，提取总额 150.89 亿元，比上年末增长 20.19%。

（三）**贷款。**

1. 个人住房贷款。单缴存职工个人住房贷款最高额度 40 万元，双缴存职工个人住房贷款最高额度 45 万元。

2020 年，发放个人住房贷款 0.64 万笔、22.68 亿元，同比分别增长 5.79%、10.8%。其中，市中心发放个人住房贷款 0.223 万笔、8.28 亿元，荆州区发放个人住房贷款 0.0265 万笔、1.0103 亿元，江陵县发放个人住房贷款 0.0263 万笔、0.9034 亿元，监利县发放个人住房贷款 0.0944 万笔、3.38493 亿元，洪湖市发放个人住房贷款 0.0579 万笔、1.8092 亿元，公安县发放个人住房贷款 0.0725 万笔、2.6183 亿元，松滋市发放个人住房贷款 0.0826 万笔、2.7447 亿元，石首市发放个人住房贷款 0.0525 万笔、1.76035 亿元，江北办事处发放个人住房贷款 0.0043 万笔、0.1676 亿元。

2020 年，回收个人住房贷款 10.4 亿元。其中，市中心 4.47 亿元；荆州区 0.653587 亿元；江陵县 0.56251 亿元；监利县 0.975703 亿元；洪湖市 0.977411 亿元；公安县 0.977285 亿元；松滋市 0.884439 亿元；石首市 0.760759 亿元；江北办事处 0.133384 亿元。

2020 年末，累计发放个人住房贷款 7.1073 万笔、157.92 亿元，贷款余额 95.64 亿元，分别比上年末增长 9.9%、16.77%、14.74%。个人住房贷款余额占缴存余额的 74.96%，比上年末增加 1.14 个百分点。受委托办理住房公积金个人住房贷款业务的银行 6 家。

2. 异地贷款。2020 年，发放异地贷款 0 笔；2020 年末，发放异地贷款总额 26764.9 万元，异地贷款余额 20562.55 万元。

3. 公转商贴息贷款。2020 年，发放公转商贴息贷款 0 笔；2020 年末，累计发放公转商贴息贷款 0 笔。

（四）**购买国债**。2020年，购买（记账式、凭证式）国债0亿元，（兑付、转让、收回）国债0亿元。2020年末，国债余额0亿元，比上年末减少（增加）0亿元。

（五）**融资**。2020年，融资0亿元，归还0亿元。2020年末，融资总额1亿元，融资余额0亿元。

（六）**资金存储**。2020年末，住房公积金存款36.90亿元。其中，活期1.22亿元，1年（含）以下定期6.35亿元，1年以上定期24.17亿元，协定存款5.16亿元。

（七）**资金运用率**。2020年末，住房公积金个人住房贷款余额、项目贷款余额和购买国债余额的总和占缴存余额的74.96%，比上年末增加1.14个百分点。

三、主要财务数据

（一）**业务收入**。2020年，业务收入3.94亿元，同比增长13.32%，其中中心本级业务收入1.53亿元，各县（市、区）管理机构业务收入2.41亿元。全市业务收入中，存款利息1.05亿元，委托贷款利息2.89亿元，国债利息0亿元，其他17.65万元。

（二）**业务支出**。2020年，业务支出1.89亿元，同比增长12.24%，其中中心本级业务支出0.77亿元，各县（市、区）管理机构业务支出1.12亿元。全市业务支出中，支付职工住房公积金利息1.83亿元，归集手续费68.66万元，委托贷款手续费589.01万元。

（三）**增值收益**。2020年，增值收益2.05亿元，同比增长14.34%，其中中心本级0.76亿元，各县（市、区）管理机构1.29亿元；增值收益率1.70%，比上年增加0.01个百分点。

（四）**增值收益分配**。2020年，全市将2019年实现的增值收益1.79亿元进行分配及上缴，具体为提取贷款风险准备金0.10亿元，提取管理费用0.29亿元，提取并上缴城市廉租住房（公共租赁住房）建设补充资金1.40亿元。

2020年，实际上交财政管理费用0.29亿元。上缴财政城市廉租住房（公共租赁住房）建设补充资金1.40亿元。其中，中心本级上缴0.52亿元，各县（市、区）管理机构上缴0.88亿元。

2020年末，贷款风险准备金余额0.83亿元。累计提取城市廉租住房（公共租赁住房）建设补充资金8.44亿元。其中，中心本级提取4.11亿元，各县（市、区）管理机构提取4.33亿元。

（五）**管理费用支出**。2020年，管理费用支出2623.5万元，同比下降5%左右。其中，人员经费1583.94万元，公用经费217.8万元，专项经费821.76万元。

市中心管理费用支出1106.36万元，其中，人员、公用、专项经费分别为646.33万元、80.07万元、379.96万元；其他各县市管理机构费用支出1517.14万元，其中，人员、公用、专项经费分别为937.61万元、137.73万元、441.8万元。

四、资产风险状况

（一）**个人住房贷款**。2020年末，个人住房贷款逾期额2180.57万元，逾期率2.28‰，其中，市中心1.88‰；荆州区0‰；江陵县0‰；监利县0.06‰；洪湖市1.29‰；公安县0.6‰；松滋市0‰；石首市17.5‰；江北办事处0‰。个人贷款风险准备金余额8335.5万元。2020年，使用个人贷款风险准备金核销呆坏账0万元。

个人贷款风险准备金按贷款余额的1%提取。2020年，实际提取个人贷款风险准备金0.10亿元，使用个人贷款风险准备金核销呆坏账 0 亿元。2020 年末,个人贷款风险准备金余额 0.83 亿元,占个人住房贷款余额的 0.87%,个人住房贷款逾期额与个人贷款风险准备金余额的比率为 26.16%。

(二)支持保障性住房建设试点项目贷款。 2020 年末,逾期项目贷款 0 万元。荆州市迄今未开办此项目贷款业务。

五、社会经济效益

(一)缴存业务。 缴存职工中,国家机关和事业单位占 62.58%,国有企业占 11.40%,城镇集体企业占 0.81%,外商投资企业占 1.27%,城镇私营企业及其他城镇企业占 16.69%,民办非企业单位和社会团体占 2.15%,灵活就业人员占 0.03%,其他占 5.07%,中、低收入占 94.75%,高收入占 5.25%。

新开户职工中,国家机关和事业单位占 32.68%,国有企业占 8.63%,城镇集体企业占 0.39%,外商投资企业占 3.99%,城镇私营企业及其他城镇企业占 39.44%,民办非企业单位和社会团体占 13.87%,灵活就业人员占 0.05%,其他占 0.91%;中、低收入占 99.31%,高收入占 0.68%。

(二)提取业务。 2020 年,6.9 万名缴存职工提取住房公积金 25.35 亿元。

提取金额中,住房消费提取占 76.92%(购买、建造、翻建、大修自住住房占 28.64%,偿还购房贷款本息占 45.17%,租赁住房占 2.8%,其他占 0.31%);非住房消费提取占 23.08%(离休和退休提取占 19.56%,完全丧失劳动能力并与单位终止劳动关系提取占 2.19%,出境定居占 0.32%,其他占 1.01%)。

提取职工中,中、低收入占 92.29%,高收入占 7.71%。

(三)贷款业务。

1. 个人住房贷款。2020 年,支持职工购建房 75.86 万平方米,年末个人住房贷款市场占有率为 25.09%,比上年末增加 6.3 个百分点。通过申请住房公积金个人住房贷款,可节约职工购房利息支出 117651.44 万元。

职工贷款笔数中,购房建筑面积 90(含)平方米以下占 9.72%,90~144(含)平方米占 84.97%,144 平方米以上占 5.31%。购买新房占 83.53%(其中购买保障性住房占 0%),购买二手房占 14.03%,建造、翻建、大修自住住房占 0.14%,其他占 2.3%。

职工贷款笔数中,单缴存职工申请贷款占 30.16%,双缴存职工申请贷款占 69.83%,三人及以上缴存职工共同申请贷款占 0.02%。

贷款职工中,30 岁(含)以下占 18.06%,30 岁~40 岁(含)占 39.31%,40 岁~50 岁(含)占 33.05%,50 岁以上占 9.58%;首次申请贷款占 89.59%,二次及以上申请贷款占 10.41%;中、低收入占 96%,高收入占 4%。

2. 支持保障性住房建设试点项目贷款。荆州市迄今未开办此贷款业务。

(四)住房贡献率。 2020 年,个人住房贷款发放额、公转商贴息贷款发放额、项目贷款发放额、住房消费提取额的总和与当年缴存额的比率为 1.063%,比上年增加 3.04 个百分点。

六、其他重要事项

(一)配合新冠肺炎疫情防控,出台实施阶段性住房公积金支持政策。 全年共办理降低缴存比例企业 70 余家,涉及企业职工 16825 人,月减少缴存额 287.56 万元;申请缓缴企业 15 家,缓缴人数 3746 人,月缴额 125.16 万元，最大限度地减轻了部分企业负担。

（二）当年机构及职能调整、受委托办理缴存贷款业务的金融机构均无变化。

（三）调整了公积金缴存基数核定标准。经当年市住房公积金管委会会议讨论确定，2020 年住房公积金缴存基数以上年市统计部门公布的城镇非私营单位职工平均工资为标准，最高不超过平均工资的 3 倍。

（四）当年服务改进情况。（1）推进落实了住房公积金三项业务的"跨省通办"；（2）中心城区完成了不动产抵押及解押登记网上业务平台的接入及银行个人征信查询系统进公积金营业窗口，贷款业务真正实现了一站式办理，公积金业务基本实现群众最多跑一次目标；（3）试点调整了开发企业阶段性保证金收取方式。中心城区自 2020 年 10 月后，对新的楼盘引入政府指定担保公司担保，不再收取开发企业贷款保证金，极大地减轻了开发商的资金压力。

（五）当年信息化建设情况。完成了住房和城乡建设部公积金异地转移接续平台直连工作；推动公积金综合服务平台建设取得积极进展；完成了公积金信息系统升级改造项目立项审批及预算申报工作。

（六）当年住房公积金中心及职工所获荣誉情况。包括：荆州住房公积金中心获 2017—2019 省级文明单位称号，张莉华同志获 2020 年住房和城乡建设部抗疫先进个人称号。

（七）当年无对违反《住房公积金管理条例》和相关法规行为进行行政处罚和申请人民法院强制执行情况。

（八）当年无对住房公积金管理人员违规行为的纠正和处理情况。

（九）其他需要披露的情况。2020 年全市实现住房公积金增值收益 2.05 亿元，将在 2021 年经荆州市住房公积金管理委员会会议审议后，再进行分配及上缴。分配方案为：提取贷款风险准备金 0.12 亿元，提取管理费用 0.30 亿元，提取并上缴城市廉租住房（公共租赁住房）建设补充资金 1.63 亿元。

黄冈市住房公积金 2020 年年度报告

根据国务院《住房公积金管理条例》和住房和城乡建设部、财政部、人民银行《关于健全住房公积金信息披露制度的通知》（建金〔2015〕26 号）的规定，经住房公积金管理委员会审议通过，现将黄冈住房公积金中心 2020 年年度报告公布如下。

一、机构概况

（一）住房公积金管理委员会。住房公积金管理委员会有 15 名委员，2020 年召开 1 次会议，审议通过的事项主要包括：《黄冈住房公积金缴存暂行办法（2020 版）》《黄冈住房公积金提取暂行办法（2020 版）》《黄冈住房公积金委托贷款暂行办法（2020 版）》《黄冈住房公积金财务管理办法》《关于明确 2020 年度黄冈市住房公积金缴存"限高保低"标准的通知》《黄冈住房公积金 2019 年度市直财务决算和 2020 年度全市财务预算的报告》及《黄冈住房公积金 2019 年年度报告》。

（二）住房公积金中心。住房公积金中心为黄冈市人民政府的直属事业单位（不以营利为目的），设 20 个内设机构，从业人员 214 人，其中，在编 143 人，非在编 71 人。

二、业务运行情况

（一）缴存。2020年，新开户单位513家，净增单位116家；新开户职工21933人，净增职工4250人。实缴单位4705家，实缴职工226029人，分别同比增长2.53%、1.92%。缴存额44.54亿元，同比增长6.79%。2020年末，缴存总额285.94亿元，比上年末增加18.46%；缴存余额154.03亿元，比上年末增加16.76%。受委托办理住房公积金缴存业务的银行9家。

（二）提取。2020年，49819名缴存职工提取住房公积金；提取额22.44亿元，同比下降0.92%；提取额占当年缴存额的50.38%，比上年减少3.4个百分点。2020年末，提取总额131.9亿元，比上年末增加20.5%。

（三）贷款。

1. 个人住房贷款。个人住房贷款最高额度50万元（高端人才和高层次人才购买首套房并首次使用公积金的，贷款额度提高到最高限额的1.2倍），其中，单缴存职工最高额度50万元，双缴存职工最高额度50万元。

2020年，发放个人住房贷款5716笔、20.93亿元，同比分别下降16.81%、6.69%。2020年，回收个人住房贷款14.17亿元。

2020年末，累计发放个人住房贷款75158笔、162.43亿元，贷款余额97.9亿元，分别比上年末增加8.24%、14.79%、7.41%。个人住房贷款余额占缴存余额的63.56%，比上年末减少5.53个百分点。受委托办理住房公积金个人住房贷款业务的银行6家。

2. 异地贷款。2020年，发放异地贷款213笔、4153.7万元。2020年末，发放异地贷款总额50538.6万元，异地贷款余额4103.12万元。

3. 公转商贴息贷款。2020年，发放公转商贴息贷款0笔、0万元，当年贴息额0万元。2020年末，累计发放公转商贴息贷款0笔、0万元，累计贴息0万元。

（四）购买国债。2020年，购买（记账式、凭证式）国债0亿元，（兑付、转让、收回）国债0亿元。2020年末，国债余额0亿元。

（五）资金存储。2020年末，住房公积金存款61.33亿元。其中，活期2.09亿元，1年（含）以下定期19.62亿元，1年以上定期39.62亿元，其他（协定、通知存款等）0亿元。

（六）资金运用率。2020年末，住房公积金个人住房贷款余额、项目贷款余额和购买国债余额的总和占缴存余额的66.56%，比上年末减少5.53个百分点。

三、主要财务数据

（一）业务收入。2020年，业务收入52405.96万元，同比增长31.3%。其中存款利息21693.07万元，委托贷款利息30712.89万元，国债利息0万元，其他0万元。因2020年5月起黄冈住房公积金中心实行全市统一核算，故业务收支、增值收益等不再分办事处核算。

（二）业务支出。2020年，业务支出25367.07万元，同比增长35.24%。其中支付职工住房公积金利息23936.8万元，归集手续费432.53万元，委托贷款手续费968.59万元，其他29.15万元。

（三）增值收益。2020年，增值收益27038.9万元，同比增长27.82%。增值收益率1.89%，比上年

同期增加 0.17 个百分点。

(四) 增值收益分配。 2020 年，提取贷款风险准备金 8038.9 万元，提取管理费用 18240.98 万元，提取城市廉租住房（公共租赁住房）建设补充资金 759.02 万元。

2020 年末，贷款风险准备金余额 45831.98 万元。累计提取城市廉租住房（公共租赁住房）建设补充资金 30183.62 万元。

(五) 管理费用支出。 2020 年，管理费用支出 5146.91 万元，同比减少 0.85%。其中，人员经费 3056.99 万元，公用经费 582.27 万元，专项经费 1507.65 万元。

四、资产风险状况

个人住房贷款。2020 年末，个人住房贷款逾期额 388.45 万元，逾期率 0.4‰。个人贷款风险准备金余额 45831.98 万元。

2020 年，使用个人贷款风险准备金核销呆坏账 0 万元。

五、社会经济效益

(一) 缴存业务。 缴存职工中，国家机关和事业单位占 67.18%，国有企业占 13.31%，城镇集体企业占 1.78%，外商投资企业占 1.4%，城镇私营企业及其他城镇企业占 13.8%，民办非企业单位和社会团体占 1.49%，灵活就业人员占 0.15%，其他占 0.89%；中、低收入占 87.21%，高收入占 12.79%。

新开户职工中，国家机关和事业单位占 35.15%，国有企业占 8.02%，城镇集体企业占 2.44%，外商投资企业占 2.59%，城镇私营企业及其他城镇企业占 42.92%，民办非企业单位和社会团体占 5.37%，灵活就业人员占 0.67%，其他占 2.84%；中、低收入占 97.75%，高收入占 2.25%。

(二) 提取业务。 提取金额中，购买、建造、翻建、大修自住住房占 22.55%，偿还购房贷款本息占 50.78%，租赁住房占 1.53%，支持老旧小区改造占 0.01%，离休和退休提取占 19.84%，完全丧失劳动能力并与单位终止劳动关系提取占 2.26%，出境定居占 0.61%，其他占 2.42%。提取职工中，中、低收入占 81.82%，高收入占 18.18%。

(三) 贷款业务。

个人住房贷款。2020 年，支持职工购建房 73.43 万平方米，年末个人住房贷款市场占有率（含公转商贴息贷款）为 17.98%，比上年末减少 2.85 个百分点。通过申请住房公积金个人住房贷款，可节约职工购房利息支出 27458.34 万元。

职工贷款笔数中，购房建筑面积 90（含）平方米以下占 6.59%，90～144（含）平方米占 80.46%，144 平方米以上占 12.95%。购买新房占 81.33%（其中购买保障性住房占 0.09%），购买二手房占 16.08%，建造、翻建、大修自住住房占 2.59%，（其中支持老旧小区改造占 0%），其他占 0%。

职工贷款笔数中，单缴存职工申请贷款占 51.89%，双缴存职工申请贷款占 43.4%，三人及以上缴存职工共同申请贷款占 4.71%。

贷款职工中，30 岁（含）以下占 24.35%，30 岁～40 岁（含）占 33.59%，40 岁～50 岁（含）占 27.75%，50 岁以上占 14.31%。首次申请贷款占 86.21%，二次及以上申请贷款占 13.79%；中、低收入占 84.22%，高收入占 15.78%。

(四)住房贡献率。 2020年,个人住房贷款发放额、公转商贴息贷款发放额、项目贷款发放额、住房消费提取额的总和与当年缴存额的比率为85.1%,比上年减少3.87个百分点。

六、其他重要事项

(一)应对新冠肺炎疫情采取的措施,落实住房公积金阶段性支持政策情况和政策实施成效。

1. 应对新冠疫情采取的措施。2020年2月5日和3月27日先后出台《关于配合做好疫情防控工作加强住房公积金服务保障的通知》和《关于应对新冠肺炎疫情实施住房公积金阶段性支持政策的通知》,提出六项举措。一是受困企业可申请缓缴住房公积金;二是受困企业可申请降低缴存比例;三是减免职工贷款逾期利息;四是适当提高租房提取额度;五是延长业务办理资格时限;六是推行网上服务和预约服务。

2. 落实住房公积金阶段性支持政策情况及政策实施成效。我中心积极贯彻落实阶段性支持政策,得到了企业和群众的认可,取得了较好的实效。截至2020年6月30日,全市申请缓缴企业34个4600人次,缓缴金额1149万元;申请自由降低缴存比例企业6个629人次,降低金额22.87万元;降低缴存比例为3%的企业3个59人次,降低金额3.96万元;减免住房公积金贷款逾期罚息5673笔、28864元;享受提高租房提取额度315人次594.8万元;为27名职工延长业务资格时限,涉及资金171.6万元;疫情期间,职工通过网厅、微信、手机App等办理业务3164人次,涉及资金8452.65万元。

(二)当年机构及职能调整情况、受委托办理缴存贷款业务金融机构变更情况。 2020年,机构及职能无调整。2020年5月起黄冈住房公积金实行全市资金统一核算,按照"一本账"集中管理工作要求,我们将11个办事处的财务印鉴(章)和未到期的单位定期存单集中管理,将86个公积金银行专户合并为9个,注销、冻结账户77个。实现了资金集中管理,统一调度核算,切实保障资金安全,同时发挥了资金的规模效应。

2020年,受委托办理住房公积金缴存业务的银行为工行、农行、中行、建行、交行、邮储银行、黄农商行、湖北银行、武农商行等9家银行,比上年增加2家;受委托办理住房公积金贷款业务的银行为工行、农行、中行、建行、交行、黄农商行6家银行,较上年无变更。

(三)当年住房公积金政策调整及执行情况。包括当年缴存基数限额及确定方法、缴存比例等缴存政策调整情况;当年提取政策调整情况;当年个人住房贷款最高贷款额度、贷款条件等贷款政策调整情况;当年住房公积金存贷款利率执行标准等;支持老旧小区改造政策落实情况。

1. 当年住房公积金政策调整及执行情况,包括当年缴存基数限额及确定方法、缴存比例等缴存政策调整情况。

2020年度黄冈市单位对职工住房公积金每月缴存补贴上限为2297元,下限为180元(进城务工人员、个体工商户、自由职业者可参照执行);为了优化营商环境,激发市场活力,允许困难企业缴存下限降为160元。我市住房公积金缴存比例为5%~12%之间,按照职工本人上年度月平均工资基数据实测算、申报、审批,各单位需严格执行"限高保低"政策。以上标准执行时间为2020年7月1日至2021年6月30日。

2. 当年提取政策调整情况。

(1) 取消先取后贷政策。为更好发挥住房公积金制度的保障性、互助性、长期性作用,取消"先取后贷"政策。将同一套住房"先取后贷"修改为"取贷两选一"。

(2) 取消调出本市提取。根据住房和城乡建设部、国家市场监督管理局联合发布《住房公积金提取业务标准》GB/T 51353—2019 的相关规定，取消工作调出本市提取政策。

(3) 取消大病提取。审计署《审计报告》（审社报〔2020〕7 号）中明确"大病提取"属扩大公积金提取范围的问题，根据《住房公积金管理条例》第二十四条职工可提取公积金情形的规定，为保障住房公积金资金专款专用，取消大病提取政策。

(4) 新增出境定居提取。根据住房和城乡建设部、国家市场监督管理局联合发布的《住房公积金提取业务标准》GB/T 51353—2019 的相关规定，新增出境定居提取。

(5) 进一步规范与单位终止劳动关系提取的情形。根据《住房公积金管理条例》第二十四条职工可提取公积金情形的规定，将"与单位终止劳动关系"规范为"完全丧失劳动能力，并与单位终止劳动关系"。

(6) 进一步明确职工为子女在全国范围内购买首套自住住房的，可实行代际互助提取。支持子女首次购买自住住房实行代际互助，解决子女刚性住房需求。进一步明确子女购买首套自住住房实行代际提取使用公积金政策。

(7) 进一步明确棚改房、拆迁还建房提取时限及额度。将棚改房、拆迁还建房提取时限明确为三年内，提取额度以不超过补差面积购房款的 70％为限。

(8) 进一步明确"无房职工支付房租"提取条件和需提供资料。明确提取条件为连续足额缴存住房公积金满 3 个月，本市家庭且依法承租本市住房用于自住的（含廉租房、公租房及商品房），将原需提供资料"房管部门和不动产登记部门出具的无房证明、职工租房合同或协议、租金缴纳证明"修改为支付租住公共租赁住房房租的，需提供房屋租赁合同和租金缴费凭证；支付租住商品住房房租的，需提供婚姻证明、不动产登记部门出具的《家庭无房证明》、房管部门出具的《房屋租赁备案证》。暂不能办理《房屋租赁备案证》的，提供房屋租赁合同、租房收据。

(9) 进一步明确偿还住房贷款本息提取范围。将提取范围由"职工本人或配偶已有公积金贷款且未申请按月划扣的或已有商业银行住房贷款的，可每年提取本人及配偶的公积金一次；若既有公积金贷款又有商业住房贷款且符合上述提取条件的，只能选择其中的一种办理提取"调整为"职工本人或配偶已有住房贷款且还款账户连续扣款 12 个月的，可提取一年还款额度；若既有公积金贷款又有商业住房贷款的，提取公积金只能偿还公积金贷款"。

(10) 精简相关要件。职工退休提取，达到法定退休年龄，且停缴住房公积金的，免提供退休证或退休文件；无房职工支付房租提取，提供房管部门出具的《房屋租赁备案证》的，免提供租房合同或协议、租金缴纳证明；进一步简化进城落户人员、"三类人员"、异地缴存职工购买拆迁还建、"房改房""二手房"以及自建房提取手续，对于 2016 年 6 月 28 日后办理了《不动产权证书》（房屋使用期限 70 年）的职工，提供《不动产权证书》，购房付款凭证就可以办理公积金提取，免提供网签备案购房合同。

3. 当年个人住房贷款最高贷款额度、贷款条件等贷款政策调整情况。

(1) 适当提高首套房贷款额度。首套自住住房最高贷款限额提高到 50 万元，二套房最高限额维持 40 万不变；

(2) 对于高端人才和高层次人才，购买首套房并首次使用公积金的，贷款额度提高到最高限额的 1.2 倍（即 60 万元）；

(3) 取消异地账户质押担保的规定；

（4）增加进城落户人员相关规定；

（5）进一步明确住房公积金贷款的使用次数。借款申请人家庭（含本人、配偶）在公积金系统中记载2017年1月1日以后已使用过2次及以上公积金购、建房贷款的，不得再次申请公积金贷款；

（6）取消异地缴存职工贷款需缴交6000元建立异地缴存账户的规定；

（7）进一步简化贷款手续。职工只需提供三年内办理的《不动产权证书》（房屋土地使用期限70年）、付款凭证等资料，可申请办理最高限额为20万元的公积金贷款。

4. 当年住房公积金存贷款利率执行标准。2020年，职工住房公积金账户存款利率统一为1.50%；公积金贷款利率为：五年以上公积金贷款年利率3.25%，五年及以下公积金贷款年利率2.75%。

5. 支持老旧小区改造政策落实情况。

2020年，在支持老旧小区改造方面，支持"既有住宅加装电梯"公积金支取，全年办理3笔、金额合计11.16万元。

（四）当年服务改进情况。 包括推进住房公积金服务"跨省通办"工作情况，服务网点、服务设施、服务手段、综合服务平台建设和其他网络载体建设服务情况等。

一是工作流程进一步优化。推进政务服务"一网、一门、一次"和"马上办、网上办、就近办、一地办"，切实减证便民，优化服务。通过归类、合并和删减，精简要件资料，归集、个贷业务类型由73项减少到52项，要件资料由400件减少到159件。推行电子档案管理，柜面业务全部实现档案管理电子化，为档案整理、归档、传递、保管、查询和利用节约了时间和成本。

二是网厅业务进一步推进。优化升级了综合服务平台，实现了"不见面受理"和"不见面审批"。全年网上办理的业务占业务总量的20.8%。加强沟通联系，争取市财政局支持，我中心作为全市首家财政电子票据试点单位，率先通过网上汇缴住房公积金、网上打印缴交收据，实现住房公积金缴交全程网办。

三是服务效能进一步提升。积极推动信息共享，与民政、房产、市场监管、人社、公安、不动产等六部门进行数据交互对接，实现了婚姻、房产、企业登记、社保、户口、不动产等信息的实时查询；在全市率先实现住房公积金业务系统对接省政务服务统一受理平台，让数据"多跑路"，让群众"少跑腿"。落实"同城通贷"，打通服务"最后一公里"，通过改造管理系统，实现了市内异地抵押贷款业务，个人可直接在购房地申请抵押贷款。

四是积极开展"跨省通办"业务。根据《国务院办公厅关于加快推进政务服务"跨省通办"的指导意见》（国办发〔2020〕35号）文件精神，在各办事处设立"跨省通办"专办窗口。

（五）当年信息化建设情况。 包括信息系统升级改造情况，基础数据标准贯彻落实和结算应用系统接入情况等。

1. 信息系统升级改造情况。

一是"四统一"系统改造。2020年对全市业务进行改造升级，实现全市住房公积金集中统一核算、统一结算、统一业务、电子印章和综合服务平台系统功能的升级。

二是调优系统参数落实政策。为落实"四统一"政策、2020年新政、疫情防控阶段性支持政策和贷款"七条新举措"的实施，对系统的参数、控制进行了54项调整优化，各项政策在系统操作层面得到了落实。

三是消减要件便民服务。在系统中归类、合并和删减归集、个贷业务类型要件，办事事项由原来的

73 项减少到 52 项，要件资料由 400 件减少到 159 件，减少了大量要件的提交，极大地方便了缴存职工。

四是对接统一受理平台。按照"一网通、一门进、一次办"要求，完成了住房公积金业务系统与湖北省政务服务统一受理平台对接，达成多渠道、全方位、及时性办理、审批、评价。信息数据互联互通，进一步简化了业务办理的要件资料，提高业务办理效率。

2. 基础数据标准贯彻落实和结算应用系统接入情况。黄冈住房公积金中心已实施住房公积金按月划扣、异地贷款等地方特色业务，系统已接入全国统一结算平台，有14家银行已实现了公积金业务的实时结算，包括跨行交易等所有支付结算交易。

（六）当年住房公积金管理中心及职工所获荣誉情况，包括：文明单位（行业、窗口）、青年文明号、工人先锋号、五一劳动奖章（劳动模范）、三八红旗手（巾帼文明岗）、先进集体和个人等。

2020 年，市中心荣获 2019 年度黄冈市文明单位，所属办事处共获评优胜（红旗）服务窗口、巾帼文明示范岗 13 次，14 人次被政府及相关部门表彰为服务明星、先进工作者。

（七）当年对违反《住房公积金管理条例》和相关法规行为进行行政处罚和申请人民法院强制执行情况。 无。

（八）当年对住房公积金管理人员违规行为的纠正和处理情况等。 无。

（九）其他需要披露的情况。 无。

咸宁市住房公积金 2020 年年度报告

根据国务院《住房公积金管理条例》和住房和城乡建设部、财政部、人民银行《关于健全住房公积金信息披露制度的通知》（建金〔2015〕26 号）的规定，经住房公积金管理委员会审议通过，现将咸宁（市）住房公积金 2020 年年度报告公布如下。

一、机构概况

（一）住房公积金管理委员会。 住房公积金管理委员会有 20 名委员，2020 年召开 1 次会议，审议通过的事项主要包括：

1. 关于《咸宁市住房公积金中心 2019 年度财务收支报告》《咸宁市住房公积金中心（市直）增值收益、管理费用 2019 年度决算和 2020 年度预算报告》。

2. 关于 2020 年公积金"限高保低"政策调整。会议听取了市公积金中心关于 2020 年公积金"限高保低"政策变化的说明，同意将我市 2020 年度住房公积金月最高缴存额调整为 4146 元（单位和个人各半）。

3. 关于提高住房公积金贷款额度上限和增加组合贷款。会议同意提升我市住房公积金单笔、贷款额度，即借款人及配偶均缴存住房公积金的最高贷款额度由 40 万元提高到 50 万元，借款人一人缴存住房公积金的最高贷款额度由 30 万元提高到 40 万元，灵活就业人员最高贷款额度保持 30 万元不变。同一套住房可先提后贷，但提取额、贷款额之和不得超过最高贷款额度限制。

会议同意增加组合贷款模式，具体实施办法、实施细则由市住房公积金中心制定，实施组合贷款的商业银行由住房公积金管理机构委托确定。

4. 关于住房公积金贷款管理办法的修订。会议原则同意关于住房公积金贷款管理办法的修改意见，审议通过了《咸宁市住房公积金贷款管理办法（审议稿）》，由市住房公积金管理委员会授权市住房公积金中心按程序制定发布。

5. 关于住房公积金提取管理办法的修订。会议原则同意关于住房公积金提取管理办法的修改意见，审议通过了《咸宁市住房公积金提取管理办法（审议稿）》，由市住房公积金管理委员会授权市住房公积金中心按程序制定发布。

6. 关于灵活就业人员住房公积金缴存、使用管理办法的修订。会议原则同意关于灵活就业人员住房公积金缴存、使用管理办法的修改意见，审议通过了《咸宁市灵活就业人员住房公积金缴存、使用管理办法（审议稿）》，由市住房公积金管理委员会授权市住房公积金中心按程序制定发布。

7. 关于住房公积金专项审计整改。会议听取并同意市住房公积金中心提出的住房公积金专项审计整改计划，具体为：（1）严格执行2020年度限高保低政策；（2）严格禁贷第三套（次）住房；（3）停止执行住房公积金支持棚户区改造政策，不再在贷款和提取政策上给予倾斜；（4）对于职工全款购房申请的公积金贷款，资金发放流向由买卖双方自行确定；（5）加大管理体制"四统一"推进力度；（6）住房公积金二孩配套政策执行到2020年12月31日止。

关于缴存单位降缴、缓缴申请的审批权限：会议同意将缴存单位提出降低缴存比例或者缓缴申请的审批权限由市住房公积金管理委员会下放到住房公积金中心，由住房公积金中心统一受理后集中向管委会报告备案。

（二）住房公积金中心。住房公积金中心为咸宁市人民政府不以营利为目的的参照公务员法管理的事业单位，设3个处（科），6个管理部，0个分中心。从业人员131人，其中，在编80人，非在编51人。

二、业务运行情况

（一）缴存。2020年，新开户单位217家，净增单位80家；新开户职工1.43万人，净增职工0.64万人；实缴单位2499家，实缴职工15.68万人，缴存额23.09亿元，分别同比增长3.30%、4.26%、6.36%。2020年末，缴存总额149.36亿元，比上年末增加18.29%；缴存余额78.48亿元，同比增长12.00%。受委托办理住房公积金缴存业务的银行16家。

（二）提取。2020年，3.50万名缴存职工提取住房公积金；提取额14.68亿元，同比增长1.31%；提取额占当年缴存额的63.58%，比上年减少3.16百分点。2020年末，提取总额70.88亿元，比上年末增加26.12%。

（三）贷款。

1. 个人住房贷款。个人住房贷款最高额度50.00万元。单缴存职工个人住房贷款最高额度40.00万元，双缴存职工个人住房贷款最高额度50.00万元。

2020年，发放个人住房贷款0.56万笔、16.47亿元，同比分别增长5.67%、8.71%。其中，市中心发放个人住房贷款0.20万笔、5.95亿元。

2020年，回收个人住房贷款7.51亿元。其中，市中心2.89亿元。

2020年末，累计发放个人住房贷款5.69万笔、98.88亿元，贷款余额53.72亿元，分别比上年末增加 10.92%、19.99%、20.00%。个人住房贷款余额占缴存余额的 68.45%，比上年末增加 4.56 个百分点。受委托办理住房公积金个人住房贷款业务的银行 8 家。

2. 异地贷款。2020 年，发放异地贷款 795 笔、22829.40 万元。2020 年末，发放异地贷款总额 99313.10 万元，异地贷款余额 47334.63 万元。

3. 公转商贴息贷款。2020 年，发放公转商贴息贷款 0 笔，累计发放公转商贴息贷款 0 笔、0 万元，累计贴息 0 万元。

（四）购买国债。2020 年，购买（记账式、凭证式）国债 0 亿元，（兑付、转让、收回）国债 0 亿元。2020 年末，国债余额 0 亿元。

（五）资金存储。2020 年末，住房公积金存款 26.94 亿元。其中，活期 2.19 亿元，1 年（含）以下定期 3.15 亿元，1 年以上定期 21.60 亿元，其他（协定、通知存款等）0 亿元。

（六）资金运用率。2020 年末，住房公积金个人住房贷款余额、项目贷款余额和购买国债余额的总和占缴存余额的 68.45%，比上年末增加 4.56 个百分点。

三、主要财务数据

（一）业务收入。2020 年，业务收入 25430.28 万元（市中心本级 8065.13 万元），同比增长 8.80%。其中，存款利息 9267.45 万元，委托贷款利息 15631.28 万元，国债利息 0 万元，其他 531.55 万元。

（二）业务支出。2020 年，业务支出 13194.66 万元（市中心本级 3965.11 万元），同比增长 17.34%。其中，支付职工住房公积金利息 11309.98 万元，归集手续费 897.90 万元，委托贷款手续费 791.11 万元，其他 195.67 万元。

（三）增值收益。2020 年，增值收益 12235.62 万元（市中心本级 4100.02 万元），同比增长 0.88%，增值收益率 1.64%，比上年下降 0.19 个百分点。

（四）增值收益分配。2020 年，提取贷款风险准备金 2176.97 万元；提取管理费用 6516.56 万元，提取城市廉租住房（公共租赁住房）建设补充资金 6116.13 万元。

2020 年，上交财政管理费用 4364.30 万元。上缴财政城市廉租住房（公共租赁住房）建设补充资金 9313.11 万元。其中，市中心上缴 1070.61 万元。

2020 年末，贷款风险准备金余额 13610.18 万元。累计提取城市廉租住房（公共租赁住房）建设补充资金 30074.71 万元。其中，市中心累计提取 4888.19 万元。

（五）管理费用支出。2020 年，管理费用支出 2765.59 万元，同比下降 7.13%。其中，人员经费 1383.33 万元，公用经费 716.46 万元，专项经费 665.80 万元。

市中心管理费用支出 832.33 万元，其中，人员、公用、专项经费分别为 312.62 万元、252.90 万元、266.81 万元。

四、资产风险状态

个人住房贷款。2020 年末，个人住房贷款逾期额 448.72 万元，逾期率 0.84‰，其中，市中心 0.33‰。个人贷款风险准备金余额 13610.18 万元。2020 年，使用个人贷款风险准备金核销呆坏账 0 万元。

五、社会经济效益

(一)缴存业务。缴存职工中,国家机关和事业单位占56.60%,国有企业占17.12%,城镇集体企业占0.83%,外商投资企业占0.96%,城镇私营企业及其他城镇企业占19.52%,民办非企业单位和社会团体占1.29%,灵活就业人员占1.10%,其他占2.58%;中、低收入占95.27%,高收入占4.73%。

新开户职工中,国家机关和事业单位占27.51%,国有企业占8.63%,城镇集体企业占0.86%,外商投资企业占0.64%,城镇私营企业及其他城镇企业占50.98%,民办非企业单位和社会团体占3.67%,灵活就业人员占3.51%,其他占4.20%;中、低收入占99.90%,高收入占0.10%。

(二)提取业务。提取金额中,购买、建造、翻建、大修自住住房占36.48%,偿还购房贷款本息占35.82%,租赁住房占1.75%,支持老旧小区改造占0%,离休和退休提取占16.67%,完全丧失劳动能力并与单位终止劳动关系提取占3.07%,出境定居占0%,其他占6.21%。提取职工中,中、低收入占87.40%,高收入占12.60%。

(三)贷款业务。

个人住房贷款。2020年,支持职工购建房40.43万平方米,年末个人住房贷款市场占有率(含公转商贴息贷款)为26.80%,比上年末增加2.64个百分点。通过申请住房公积金个人住房贷款,可节约职工购房利息支出122511.65万元。

职工贷款笔数中,购房建筑面积90(含)平方米以下占6.56%,90~144(含)平方米占83.54%,144平方米以上占9.90%。购买新房占77.64%(其中购买保障性住房占0%),购买二手房占22.36%,建造、翻建、大修自住住房占0%(其中支持老旧小区改造占0%),其他占0%。

职工贷款笔数中,单缴存职工申请贷款占29.31%,双缴存职工申请贷款占69.56%,三人及以上缴存职工共同申请贷款占1.13%。

贷款职工中,30岁(含)以下占25.02%,30岁~40岁(含)占42.72%,40岁~50岁(含)占22.57%,50岁以上占9.69%;首次申请贷款占80.73%,二次及以上申请贷款占19.27%;中、低收入占96.38%,高收入占3.62%。

(四)住房贡献率。2020年,个人住房贷款发放额、公转商贴息贷款发放额、项目贷款发放额、住房消费提取额的总和与当年缴存额的比率为118.37%,比上年增加0.87个百分点。

六、其他重要事项

(一)应对新冠肺炎疫情采取的措施,落实住房公积金阶段性支持政策情况和政策实施成效。疫情期间,引导缴存单位、职工通过网上服务大厅、"鄂汇办"、微信公众号线上办理公积金业务,在疫情防控期间保证公积金业务顺利开展,累计办理业务600余笔,并在全省首创上线了"咸宁公积金疫情服务"微信小程序和支付宝小程序,专门受理受疫情影响的缴存职工和单位的线上业务申请,办理业务370笔。

做好"六稳"工作、落实"六保"任务,在落实企业减负和维护职工权益上靶向发力,降"及时雨"、解"燃眉急",审批96家企业8748名职工缓缴公积金1650.8万元,审批14家企业954名职工降比缴存公积金50.9万元，调整不作逾期处理的贷款5笔，86家楼盘降低准入合作门槛。

（二）当年机构及职能调整情况、受委托办理缴存贷款业务金融机构变更情况。无。

（三）当年住房公积金政策调整及执行情况，包括当年缴存基数限额及确定方法、缴存比例等缴存政策调整情况；当年提取政策调整情况；当年个人住房贷款最高贷款额度、贷款条件等贷款政策调整情况；当年住房公积金存贷款利率执行标准等；支持老旧小区改造政策落实情况。

1. 依据湖北省人民政府《关于调整全省最低工资标准的通知》（鄂政发〔2017〕44号）的规定，2020年度我市住房公积金的月缴存基数不得低于1380.00元。根据咸宁市统计局提供的2019年度全市城镇非私营单位在岗职工年平均工资为69061元，住房公积金月缴存基数按不超过上一年度职工月平均工资3倍计算，2020年度我市住房公积金的月最高缴存基数为17265元，月最高缴存额为4146.00元（单位、个人各半）。本市行政区域内职工个人和单位缴存比例分别为10%，同时允许有条件单位在此比例上提高1～2个百分点，有困难的单位可下调1～5个百分点。财政供养的行政事业单位和职工个人住房公积金缴存比例分别为12%。

2. 住房公积金贷款利率仍然按五年以上公积金贷款利率3.25%、五年及以下公积金贷款利率为年利率2.75%；依据咸宁市住房公积金管理委员会文件咸公积金管〔2020〕1号文件，单位缴存职工中，借款人及配偶均缴存住房公积金的，最高贷款额度为50.00万元；只有借款人一人缴存住房公积金的，最高贷款额度为40.00万元，灵活就业人员家庭最高贷款额度为30.00万元（按《咸宁市灵活就业人员住房公积金缴存、使用管理办法》执行）。

住房公积金贷款不足以支付购房贷款的，借款人可在住房公积金管理机构委托的受托银行办理住房公积金和商业银行个人住房组合贷款。住房公积金个贷率超过75%时，适时调整住房公积金使用政策，优先保障本市缴存职工"首套、首贷"等刚性基本住房需求。

（四）当年服务改进情况，包括推进住房公积金服务"跨省通办"工作情况，服务网点、服务设施、服务手段、综合服务平台建设和其他网络载体建设服务情况等。2020年微信公众号推送信息100条，微博推送信息81条，12329专线全年呼入量12049条，客户评价满意度100%，全年给客户发送信息313.61万条。

（五）当年信息化建设情况，包括信息系统升级改造情况，基础数据标准贯彻落实和结算应用系统接入情况等。"互联网＋政务服务"项目支出34.00万元，三级等保服务费支出27.20万元，三级等保第三阶段测评费支出22.78万元，信息系统维保费支出39.20万元。

（六）当年住房公积金管理中心及职工所获荣誉情况。包括：文明单位（行业、窗口）、青年文明号、工人先锋号、五一劳动奖章（劳动模范）、三八红旗手（巾帼文明岗）、先进集体和个人等。无。

（七）当年对违反《住房公积金管理条例》和相关法规行为进行行政处罚和申请人民法院强制执行情况。无。

（八）当年对住房公积金管理人员违规行为的纠正和处理情况等。无。

（九）其他需要披露的情况。无。

随州市住房公积金 2020 年年度报告

根据国务院《住房公积金管理条例》和住房和城乡建设部、财政部、人民银行《关于健全住房公积金信息披露制度的通知》（建金〔2015〕26 号）的规定，经住房公积金管理委员会审议通过，现将随州市住房公积金 2020 年年度报告公布如下。

一、机构概况

（一）住房公积金管理委员会。住房公积金管理委员会有 19 名委员，2020 年召开 1 次会议，审议通过的事项主要包括：1. 原则同意市住房公积金中心工作报告；2. 原则同意市住房公积金中心《2019 年度归集使用计划执行情况及 2020 年度归集使用计划报告》；3. 原则同意市住房公积金中心提请决议的《关于多计提住房公积金贷款风险准备金 10187.68 万元审计整改问题》。

（二）住房公积金中心。住房公积金中心为直属随州市人民政府不以营利为目的的公益二类事业单位，设 6 个科室，1 个直属营业部，2 个办事处。从业人员 39 人，其中，在编 20 人，非在编 19 人。

二、业务运行情况

（一）缴存。2020 年，新开户单位 171 家，净增单位 36 家；新开户职工 0.76 万人，净增职工 0.12 万人；实缴单位 2124 家，实缴职工 8.51 万人，缴存额 13.46 亿元，分别同比增长 1.72%、1.43%、11.52%。2020 年末，缴存总额 79.70 亿元，比上年末增加 20.30%；缴存余额 42.82 亿元，同比增长 16.26%。受委托办理住房公积金缴存业务的银行 9 家。

（二）提取。2020 年，2.60 万名缴存职工提取住房公积金；提取额 7.47 亿元，同比增长 14.22%；提取额占当年缴存额的 55.50%，比上年增加 1.32 个百分点。2020 年末，提取总额 36.88 亿元，比上年末增加 0.14%。

（三）贷款。

1. 个人住房贷款。个人住房贷款最高额度 45 万元。

2020 年，发放个人住房贷款 0.21 万笔、7.55 亿元，同比分别下降 30.00%、26.05%。

2020 年，回收个人住房贷款 5.10 亿元。

2020 年末，累计发放个人住房贷款 2.20 万笔、57.13 亿元，贷款余额 36.58 亿元，分别比上年末增加 11.11%、15.25%、7.18%。个人住房贷款余额占缴存余额的 85.43%，比上年末减少 7.24 个百分点。受委托办理住房公积金个人住房贷款业务的银行 5 家。

2. 异地贷款。2020 年，发放异地贷款 64 笔、2289.20 万元。2020 年末，发放异地贷款总额 85620.04 万元，异地贷款余额 58441.74 万元。

3. 公转商贴息贷款。2020 年，发放公转商贴息贷款 0 笔、0 万元，当年贴息额 297.99 万元。2020 年末，累计发放公转商贴息贷款 1048 笔、30074.41 万元，累计贴息 769.01 万元。

4. 住房公积金支持保障性住房建设项目贷款。尚未列入试点城市。

（四）购买国债。 尚未购买国债。

（五）资金存储。 2020年末，住房公积金存款7.69亿元。其中，活期0.04亿元，1年（含）以下定期2.04亿元，1年以上定期2.65亿元，其他（协定、通知存款等）2.96亿元。

（六）资金运用率。 2020年末，住房公积金个人住房贷款余额、项目贷款余额和购买国债余额的总和占缴存余额的85.43%，比上年末减少7.24个百分点。

三、主要财务数据

（一）业务收入。 2020年，业务收入13082.18万元，同比增长17.94%。存款利息1335.95万元，委托贷款利息11746.23万元，国债利息0万元，其他0万元。

（二）业务支出。 2020年，业务支出6206.87万元，同比增长22.08%。支付职工住房公积金利息5908.14万元，归集手续费0万元，委托贷款手续费0万元，其他298.73万元。

（三）增值收益。 2020年，增值收益6875.31万元，同比增长14.44%。增值收益率1.73%，比上年减少0.05个百分点。

（四）增值收益分配。 2020年，冲减贷款风险准备金9942.23万元，提取管理费用1565.00万元，提取城市廉租住房（公共租赁住房）建设补充资金16618.97万元。

2020年，上交财政管理费用2449.00万元（其中，2020年管理费用884.00万元，2021年管理费用1565.00万元）。上缴财政城市廉租住房（公共租赁住房）建设补充资金1410.00万元。

2020年末，贷款风险准备金余额3658.10万元。累计提取城市廉租住房（公共租赁住房）建设补充资金24925.92万元。

（五）管理费用支出。 2020年，管理费用支出1114.38万元，同比下降0.08%。其中，人员经费600.02万元，公用经费61.56万元，专项经费452.80万元。

四、资产风险状况

（一）个人住房贷款。 2020年末，个人住房贷款逾期额253.19万元，逾期率0.69‰，个人贷款风险准备金余额3658.10万元。2020年，使用个人贷款风险准备金核销呆坏账0万元。

（二）支持保障性住房建设试点项目贷款。 尚未列入试点城市。

五、社会经济效益

（一）缴存业务。 缴存职工中，国家机关和事业单位占53.79%，国有企业占15.60%，城镇集体企业占0.38%，外商投资企业占3.36%，城镇私营企业及其他城镇企业占20.89%，民办非企业单位和社会团体占2.00%，灵活就业人员占2.56%，其他占1.42%；中、低收入占99.48%，高收入占0.52%。

新开户职工中，国家机关和事业单位占26.92%，国有企业占7.17%，城镇集体企业占0.03%，外商投资企业占4.34%，城镇私营企业及其他城镇企业占55.01%，民办非企业单位和社会团体占4.19%，灵活就业人员占2.07%，其他占0.27%；中、低收入占99.74%，高收入占0.26%。

（二）提取业务。 提取金额中，购买、建造、翻建、大修自住住房占14.84%，偿还购房贷款本息占60.52%，租赁住房占1.04%，支持老旧小区改造占0.09%，离休和退休提取占17.39%，完全丧失劳动能力并与单位终止劳动关系提取占 3.10%，出境定居占 0%，其他占 3.02%。提取职工中，中、低收入占 97.82%，高收入占 2.18%。

（三）贷款业务。

1. 个人住房贷款。2020 年，支持职工购建房 27.28 万平方米（含公转商贴息贷款），年末个人住房贷款市场占有率（含公转商贴息贷款）为 16.58%，比上年末减少 1.20 个百分点。通过申请住房公积金个人住房贷款，可节约职工购房利息支出 21700 万元。

职工贷款笔数中，购房建筑面积 90（含）平方米以下占 4.34%，90~144（含）平方米占 82.91%，144 平方米以上占 12.75%。购买新房占 83.00%（其中购买保障性住房占 0%），购买二手房占 17.00%，建造、翻建、大修自住住房占 0%（其中支持老旧小区改造占 0%），其他占 0%。

职工贷款笔数中，单缴存职工申请贷款占 72.49%，双缴存职工申请贷款占 27.42%，三人及以上缴存职工共同申请贷款占 0.09%。

贷款职工中，30 岁（含）以下占 25.32%，30 岁~40 岁（含）占 36.81%，40 岁~50 岁（含）占 27.00%，50 岁以上占 10.87%；首次申请贷款占 94.86%，二次及以上申请贷款占 5.14%；中、低收入占 98.46%，高收入占 1.54%。

2. 支持保障性住房建设试点项目贷款。尚未列入试点城市。

（四）住房贡献率。2020 年，个人住房贷款发放额、公转商贴息贷款发放额、项目贷款发放额、住房消费提取额的总和与当年缴存额的比率为 98.54%，比上年减少 26.77 个百分点。

六、其他重要事项

（一）**认真落实住房公积金缴存惠企政策，支持企业复工复产。**2020 年疫情发生后，随州市住房公积金中心认真落实住房和城乡建设部、财政部、人民银行《关于妥善应对新冠肺炎疫情实施住房公积金阶段性支持政策的通知》、《省人民政府关于印发湖北省促进经济社会加快发展若干政策的通知》（鄂政发〔2020〕6 号）、《市人民政府办公室关于落实若干政策促进经济社会加快发展的通知》等文件精神，结合随州实际，中心报请市政府同意，印发了《关于加强住房公积金服务配合做好疫情防控工作的通知》及《补充通知》。通过随州日报、中心网站、微信公众号、单位住房公积金缴存专管员 QQ 群等，刊载或转发有关文件，让更多的企业了解和运用缓缴及降比缴存政策，将住房公积金阶段性惠企政策落地落实落细。截至 12 月底，受疫情影响，全市累计缓缴住房公积金企业 276 个，缓缴职工 18721 人，企业缓缴金额 980.51 万元。累计申请降低住房公积金缴存比例企业 18 家，降比缴存职工 1128 人，企业减少缴存金额 80.92 万元。

（二）**适时推出贷款"三个提速"，为房地产企业纾困解难。**为切实降低疫情对房地产开发企业运行的影响，全力支持开发企业健康平稳运行，随州市住房公积金中心认真落实省政府办公厅《关于促进建筑业和房地产市场平稳健康发展措施的通知》，优化对我市房地产开发企业住房公积金服务，做到"三个提速"。一是新开发楼盘调查准入提速。二是贷款资金放款提速。实现应放尽放、随来随放。将总层次在 12 层以上高层住宅楼的放款条件由原来的封顶放款，改为主体结构达到 2/3 及以上即可放款。三是贷款保证金解冻提速。完成保证金对账工作，符合保证金解冻条件的楼盘可以即来即办，缓解开发企业资金流动性压力。

（三）继续执行5%～12%缴存比例，完成年度缴存基数调整。2020年，随州各类缴存单位为职工缴存住房公积金的比例为5%～12%，住房公积金月缴存额上限为5240元（单位和个人缴存数合计），月缴存额下限定为：市城区140元（单位和个人缴存数合计），随县、广水市130元（单位和个人缴存数合计）。对2019年度未达到月缴存额上限的单位职工，可执行补充住房公积金制度。国家、省委、省政府、市委、市政府批准的各项政策性奖金可以作为补缴住房公积金的缴存基数，按12%的比例补缴单位缴存的住房公积金。

（四）扩大住房公积金使用，支持职工住房消费。为进一步改善住房公积金缴存职工家庭居住条件，支持和配合城镇老旧小区改造工作，根据国务院办公厅《关于全面推进城镇老旧小区改造工作的指导意见》（国办发〔2020〕23号）文件精神，结合随州实际。2020年9月14日，市住房公积金中心提请市住房公积金管理委员会印发《随州市既有住宅加装电梯提取住房公积金实施办法》，增加了一项住房公积金提取种类。全年办理10户51万元加装电梯提取公积金申请。

（五）大力推进"互联网＋＋公积金政务服务"，提升便民服务水平。已实现与人民银行征信、公安、民政、人社、市场监管、税务、不动产局、房产、工商银行9个部门实现数据共享，住房公积金业务"全程网办""不见面办""零材料办"项目正式启动，提取业务70%可以网上办结，缴存业务90%可实现网上办结，贷款业务可实现"最多跑一次"。职工到公积金中心柜面现场办理业务时，凡是共享数据能够说明的情况，不再要求提供证明材料，职工所提供的材料可以做到最简化，甚至是"零材料"。

恩施土家族苗族自治州住房公积金2020年年度报告

根据国务院《住房公积金管理条例》和住房和城乡建设部、财政部、人民银行《关于健全住房公积金信息披露制度的通知》（建金〔2015〕26号）的规定，经住房公积金管理委员会审议通过，现将恩施土家族苗族自治州住房公积金2020年年度报告公布如下。

一、机构概况

（一）住房公积金管理委员会。住房公积金管理委员会有23名委员，2020年召开1次会议，审议通过的事项主要包括：1.同意《州住房公积金管理委员会六届四次全会工作报告》；2.同意《恩施州2020年住房公积金归集使用及增值收益计划（草案）》《恩施州2019年度住房公积金归集使用、资产负债及增值收益计划执行情况的报告（草案）》；3.同意《关于对我州住房公积金提取、贷款相关政策进行调整的请示》；4.同意《关于追认我州疫情期间出台的住房公积金阶段性支持政策的请示》；5.同意《关于恩施州住房公积金归集银行招标结果的报告》。

（二）住房公积金中心。住房公积金中心为直属恩施州人民政府不以营利为目的的正县级事业单位，设8个科室，1个直属营业部，8个县市办事处。从业人员120人，其中，在编66人，非在编54人。

二、业务运行情况

（一）缴存。2020年，新开户单位312家，净增单位296家；新开户职工0.91万人，净增职工0.87万人；实缴单位3080家，实缴职工14.50万人，缴存额34.69亿元，分别同比增长0.29%、1.19%、6.65%。2020年末，缴存总额216.48亿元，比上年末增加19.08%；缴存余额107.55亿元，同比增长14.51%。受委托办理住房公积金缴存业务的银行4家。

（二）提取。2020年，5.68万名缴存职工提取住房公积金；提取额21.05亿元，同比增长6.04%；提取额占当年缴存额的60.70%，比上年减少0.35个百分点。2020年末，提取总额108.93亿元，比上年末增加23.95%。

（三）贷款。

1. 个人住房贷款。个人住房贷款最高额度50万元，其中，单缴存职工个人住房贷款最高额度40万元，双缴存职工个人住房贷款最高额度50万元。

2020年，发放个人住房贷款0.52万笔、20.06亿元，同比分别下降7.42%、10.43%。

2020年，回收个人住房贷款9.60亿元。

2020年末，累计发放个人住房贷款8.39万笔、160.13亿元，贷款余额93.18亿元，分别比上年末增加6.61%、14.32%、12.66%。个人住房贷款余额占缴存余额的86.64%，比上年末减少1.43个百分点。受委托办理住房公积金个人住房贷款业务的银行7家。

2. 异地贷款。2020年，发放异地贷款30笔、1139.70万元。2020年末，发放异地贷款总额24697.19万元，异地贷款余额21404.34万元。

3. 公转商贴息贷款。2020年，发放公转商贴息贷款0笔、0万元，当年贴息额0万元。年末，累计发放公转商贴息贷款0笔、0万元，累计贴息0万元。

（四）购买国债。2020年，购买（记账式、凭证式）国债0亿元，（兑付、转让、收回）国债0亿元。2020年末，国债余额0亿元。

（五）资金存储。2020年末，住房公积金存款16.72亿元。其中，活期0.03亿元，1年（含）以下定期11.8亿元，1年以上定期0亿元，其他（协定、通知存款等）4.89亿元。

（六）资金运用率。2020年末，住房公积金个人住房贷款余额、项目贷款余额和购买国债余额的总和占缴存余额的86.64%，比上年末减少1.43个百分点。

三、主要财务数据

（一）业务收入。2020年，业务收入30868.33万元，同比增长10.41%。存款利息2565.32万元，委托贷款利息28286.33万元，国债利息0万元，其他16.68万元。

（二）业务支出。2020年，业务支出15093.14万元，同比增长14.25%。支付职工住房公积金利息15092.89万元，归集手续费0万元，委托贷款手续费0万元，其他0.25万元。

（三）增值收益。2020年，增值收益15775.19万元，同比增长6.98%。增值收益率1.56%，比上年减少0.12个百分点。

（四）增值收益分配。2020年，提取贷款风险准备金1046.88万元，提取管理费用4200万元，提取城市廉租住房（公共租赁住房）建设补充资金10528.31万元。

2020年，上交财政管理费用5000万元。上缴财政城市廉租住房（公共租赁住房）建设补充资金8425.58万元。

2020年末，贷款风险准备金余额9317.61万元。累计提取城市廉租住房（公共租赁住房）建设补充资金44079.49万元。

（五）管理费用支出。 2020年，管理费用支出2955.69万元，同比下降29%。其中，人员经费1416.20万元，公用经费265.14万元，专项经费1274.35万元。

四、资产风险状况

个人住房贷款。2020年末，个人住房贷款逾期额98.76万元，逾期率0.11‰。个人贷款风险准备金余额9317.61万元。2020年，使用个人贷款风险准备金核销呆坏账0万元。

五、社会经济效益

（一）缴存业务。 缴存职工中，国家机关和事业单位占66.71%，国有企业占15.28%，城镇集体企业占0.47%，外商投资企业占0.17%，城镇私营企业及其他城镇企业占11.43%，民办非企业单位和社会团体占2.80%，灵活就业人员占0%，其他占3.14%；中、低收入占95.07%，高收入占4.93%。

新开户职工中，国家机关和事业单位占37.85%，国有企业占7.92%，城镇集体企业占0.43%，外商投资企业占0.57%，城镇私营企业及其他城镇企业占37.12%，民办非企业单位和社会团体占7.05%，灵活就业人员占0%，其他占9.06%；中、低收入占99.19%，高收入占0.81%。

（二）提取业务。 提取金额中，购买、建造、翻建、大修自住住房占28.37%，偿还购房贷款本息占51.15%，租赁住房占1.05%，支持老旧小区改造占0%，离休和退休提取占13.52%，完全丧失劳动能力并与单位终止劳动关系提取占1.69%，出境定居占0.01%，其他占4.21%。提取职工中，中、低收入占94.16%，高收入占5.84%。

（三）贷款业务。

个人住房贷款。2020年，支持职工购建房69.93万平方米（含公转商贴息贷款），年末个人住房贷款市场占有率（含公转商贴息贷款）为19.75%，比上年末增加（减少）4.15个百分点。通过申请住房公积金个人住房贷款，可节约职工购房利息支出29329.96万元。

职工贷款笔数中，购房建筑面积90（含）平方米以下占5.24%，90~144（含）平方米占73.86%，144平方米以上占20.90%。购买新房占87.97%（其中购买保障性住房占0.01%），购买二手房占11.7%，建造、翻建、大修自住住房占0%（其中支持老旧小区改造占0%），其他占0.33%。

职工贷款笔数中，单缴存职工申请贷款24.08%，双缴存职工申请贷款占74.02%，三人及以上缴存职工共同申请贷款占1.9%。

贷款职工中，30岁（含）以下占22.05%，30岁~40岁（含）占33.94%，40岁~50岁（含）占29.45%，50岁以上占14.56%；首次申请贷款占74.5%，二次及以上申请贷款占25.5%；中、低收入占95.47%，高收入占4.53%。

（四）住房贡献率。 2020 年，个人住房贷款发放额、公转商贴息贷款发放额、项目贷款发放额、住房消费提取额的总和与当年缴存额的比率为 106.72%，比上年减少 11.32 个百分点。

六、其他重要事项

（一）应对新冠肺炎疫情采取的措施，落实住房公积金阶段性支持政策情况和政策实施成效。

1. 归集。一是落实缓交政策；二是执行降低缴存比例政策。

截至 2020 年 6 月 30 日，主动申请办理公积金缓缴企业 8 个共 981 人，缓缴金额 146.3 万元；主动申请办理降低比例缴存单位 10 个共 256 人，少缴金额 144.4 万元。以上企业占已开户非国有企业总数的 9.76%。

2. 提取。提高无房户租房提取最高限额。

截至 2020 年 6 月 30 日，全州共为 928 名缴存职工租房提取住房公积金 1010.01 万元。

3. 个贷。一是降低按揭贷款保证金比例；二是加大按揭贷款发放力度；三是降低开发企业准入资质要求；四是推行组合贷款业务新模式；五是贷款不作逾期处理；六是降低项目准入形象进度。

截至 2020 年 12 月 31 日，为 37 家企业退还保证金 81 批次 8610.38 万元，其中为 18 家满足相应条件的开发企业按 2.5% 释放历史保证金 3625.63 万元；发放住房公积金按揭贷款资金占全州住房按揭市场总额的 19.10%，位居第三；发放个人期房组合贷款 301 笔、1.1 亿元。

（二）当年机构及职能调整情况、受委托办理缴存贷款业务金融机构变更情况。 一是受委托办理住房公积金缴交业务的银行经公开招标，由上年的 7 家减至 4 家；二是受委托办理住房公积金个人贷款业务的银行由上年的 5 家增至 7 家。

（三）当年住房公积金政策调整及执行情况。

1. 当年缴存基数限额及确定方法、缴存比例等缴存政策调整情况。恩施州 2020 年度职工住房公积金月最高缴存限额个人和单位合计不得超过 6030 元，每月最低缴存限额个人和单位合计不低于 138 元，单位和个人缴存比例为 5%~12%。

2. 当年提取政策调整情况。一是取消"因本人或家庭成员（夫妻、父母、子女）患重大疾病、发生不可预见重特大事故提取住房公积金"；二是规范与单位终止劳动人事关系提取住房公积金。

3. 当年个人住房贷款最高贷款额度、贷款条件等贷款政策调整情况。一是开展个人期房组合贷款业务；二是开展贷款缩期业务；三是降低按揭贷款保证金比例并释放部分历史保证金。

4. 当年住房公积金存贷款利率执行国家标准，一套房贷款执行基准利率，二套房贷款利率上浮 10%。

（四）当年服务改进情况。 2020 年底前已实现 3 项"跨省通办"事项。一是个人住房公积金缴存贷款等信息查询；二是出具贷款职工住房公积金缴存使用证明；三是正常退休提取住房公积金。

恩施州住房公积金中心全州共有 9 个服务网点，全部上线自助终端查询机、开通"单位网上服务大厅""开发商网上服务大厅""12329 语音平台"，与州大数据中心数据成功对接，完成省"一网通办"服务事项，多渠道为缴存单位、缴存职工、开发商提供便捷服务。

（五） 按照住房和城乡建设部要求已完成公积金基础数据贯标和结算应用系统接入工作，并正常运行。

（六）当年中心及职工所获荣誉情况。 恩施州住房公积金中心来凤县办事处何欢同志获得"全国住房和城乡建设系统抗击新冠肺炎疫情先进个人"荣誉称号。

（七）当年对违反《住房公积金管理条例》和相关法规行为进行行政处罚和申请人民法院强制执行情况。借款人崔普辉贷款逾期，经起诉追偿，未在规定时限内履行还款手续，我中心于2020年4月13日向法院申请强制执行，评估拍卖其本人名下的抵押房屋。

（八）当年对住房公积金管理人员违规行为的纠正和处理情况等。无。

（九）其他需要披露的情况。无。

仙桃市住房公积金2020年年度报告

根据国务院《住房公积金管理条例》和住房和城乡建设部、财政部、人民银行《关于健全住房公积金信息披露制度的通知》（建金〔2015〕26号）的规定，经住房公积金管理委员会审议通过，现将仙桃（市）住房公积金2020年年度报告公布如下。

一、机构概况

（一）住房公积金管理委员会。住房公积金管理委员会有20名委员，2020年召开1次会议，审议通过的事项主要包括：仙桃住房公积金"管办分离"实施方案、仙桃住房公积金中心综合柜员制实施方案、关于应对新冠肺炎疫情提供公积金阶段性政策支持和服务保障的通知、调整2020年住房公积金月缴存上限及租赁住房提取金额的通知、仙桃市既有住宅加装电梯提取住房公积金实施方法、设立"跨省通办"办理服务窗口、公积金购房提取和提前还清公积金贷款以及个人信息变更的跨省通办业务实行全程网办。

（二）住房公积金管理中心。2019年机构改革，仙桃住房公积金管理中心与仙桃市房产局合并成立仙桃市住房保障服务中心为直属仙桃市政府管理不以营利为目的事业单位，设11个处（科），1个管理部，0个分中心。从业人员59人，其中，在编54人，非在编5人。

二、业务运行情况

（一）缴存。2020年，新开户单位65家，净增单位15家；新开户职工0.39万人，净增职工0.04万人；实缴单位838家，实缴职工4.91万人，缴存额7.53亿元，分别同比增长1.82%、0.82%、14.26%。2020年末，缴存总额45.31亿元，比上年末增加19.93%；缴存余额21.67亿元，同比增长18.93%。受委托办理住房公积金缴存业务的银行9家。

（二）提取。2020年，1.16万名缴存职工提取住房公积金；提取额4.08亿元，同比增长1.74%；提取额占当年缴存额的54.18%，比上年减少6.67个百分点。2020年末，提取总额23.63亿元，比上年末增加20.87%。

（三）贷款。

1. 个人住房贷款。个人住房贷款最高额度50万元（个人住房贷款最高额度政策不按单缴存职工和双缴存职工区分的城市填写）。

2020年，发放个人住房贷款0.13万笔、4.62亿元，同比分别增长0%、1.09%。

2020年，回收个人住房贷款1.36亿元。

2020年末，累计发放个人住房贷款1.08万笔、20.75亿元，贷款余额13.83亿元，分别比上年末增加13.68%、28.64%、30.84%。个人住房贷款余额占缴存余额的63.82%，比上年末增加5.81个百分点。受委托办理住房公积金个人住房贷款业务的银行6家。

2. 异地贷款。2020年，发放异地贷款29笔、559万元。2020年末，发放异地贷款总额12430.1万元，异地贷款余额9615.38万元。

3. 公转商贴息贷款。2020年，发放公转商贴息贷款0笔、0万元，当年贴息额0万元。2020年末，累计发放公转商贴息贷款0笔、0万元，累计贴息0万元。

（四）购买国债。2020年，购买（记账式、凭证式）国债0亿元，（兑付、转让、收回）国债0亿元。2020年末，国债余额0亿元。

（五）资金存储。2020年末，住房公积金存款8.22亿元。其中，活期0.28亿元，1年（含）以下定期0.2亿元，1年以上定期7.06亿元，其他（协定、通知存款等）0.68亿元。

（六）资金运用率。2020年末，住房公积金个人住房贷款余额、项目贷款余额和购买国债余额的总和占缴存余额的63.82%，比上年末增加5.81个百分点。

三、主要财务数据

（一）业务收入。2020年，业务收入6930.87万元，同比增长19.22%。存款利息2914.15万元，委托贷款利息4016.72万元，国债利息0万元，其他0万元。

（二）业务支出。2020年，业务支出3074.9万元，同比增长17.38%。支付职工住房公积金利息3035.59万元，归集手续费3.47万元，委托贷款手续费35.74万元，其他0.10万元。

（三）增值收益。2020年，增值收益3855.97万元，同比增长20.74%。增值收益率1.78%，比上年增加0.04个百分点。

（四）增值收益分配。2020年，提取贷款风险准备金953.64万元，提取管理费用1484.85万元，提取城市廉租住房（公共租赁住房）建设补充资金1417.48万元。

2020年，上交财政管理费用854.85万元。上缴财政城市廉租住房（公共租赁住房）建设补充资金1711.39万元。

2020年末，贷款风险准备金余额5247.19万元。累计提取城市廉租住房（公共租赁住房）建设补充资金14063.1万元。

（五）管理费用支出。2020年，管理费用支出432.7万元，同比下降38.22%。其中，人员经费181.6万元，公用经费58.2万元，专项经费192.9万元。

四、资产风险状况

个人住房贷款。2020年末，个人住房贷款逾期额0万元，逾期率0‰。个人贷款风险准备金余额5247.19万元。2020年，使用个人贷款风险准备金核销呆坏账0万元。

五、社会经济效益

（一）缴存业务。缴存职工中，国家机关和事业单位占60.89%，国有企业占10.22%，城镇集体企业

占 0.11%，外商投资企业占 7.14%，城镇私营企业及其他城镇企业占 16.2%，民办非企业单位和社会团体占 2.65%，灵活就业人员占 1.23%，其他占 1.56%；中、低收入占 92.27%，高收入占 7.73%。

新开户职工中，国家机关和事业单位占 34.17%，国有企业占 7.31%，城镇集体企业占 0.1%，外商投资企业占 11.53%，城镇私营企业及其他城镇企业占 32.02%，民办非企业单位和社会团体占 8%，灵活就业人员占 6.11%，其他占 0.76%；中、低收入占 70.64%，高收入占 29.36%。

（二）提取业务。 提取金额中，购买、建造、翻建、大修自住住房占 32.6%，偿还购房贷款本息占 45.08%，租赁住房占 0.65%，支持老旧小区改造占 0%，离休和退休提取占 14.78%，完全丧失劳动能力并与单位终止劳动关系提取占 3.79%，出境定居占 1.05%，其他占 2.05%。提取职工中，中、低收入占 82.33%，高收入占 17.67%。

（三）贷款业务。

个人住房贷款。2020 年，支持职工购建房 15.08 万平方米（含公转商贴息贷款），年末个人住房贷款市场占有率（含公转商贴息贷款）为 7.84%，比上年末增加 1.48 个百分点。通过申请住房公积金个人住房贷款，可节约职工购房利息支出 6498 万元。

职工贷款笔数中，购房建筑面积 90（含）平方米以下占 5.33%，90~144（含）平方米占 89.58%，144 平方米以上占 5.09%。购买新房占 89.18%（其中购买保障性住房占 0%），购买二手房占 10.74%，建造、翻建、大修自住住房占 0.08%（其中支持老旧小区改造占 0%），其他占 0%。

职工贷款笔数中，单缴存职工申请贷款占 24.26%，双缴存职工申请贷款占 73.04%，三人及以上缴存职工共同申请贷款占 2.7%。

贷款职工中，30 岁（含）以下占 18.22%，30 岁~40 岁（含）占 39.14%，40 岁~50 岁（含）占 32.54%，50 岁以上占 10.1%；首次申请贷款占 90.69%，二次及以上申请贷款占 9.31%；中、低收入占 99.92%，高收入占 0.08%。

（四）住房贡献率。 2020 年，个人住房贷款发放额、公转商贴息贷款发放额、项目贷款发放额、住房消费提取额的总和与当年缴存额的比率为 115.53%，比上年减少 1.16 个百分点。

六、其他重要事项

（一）2020 年住房公积金月缴存基数下限为 1380 元，月缴存金额下限为 138 元；月缴存基数上限为 13195 元，月缴存金额上限为 3166 元。

（二）公积金中心发布公告。1. 受新冠肺炎疫情影响的企业，提出申请后，在 2020 年 6 月 30 日前缓缴住房公积金，缓缴期间缴存时间连续计算，不影响职工正常提取和申请住房公积金贷款。2. 在 2020 年 6 月 30 日前，个人公积金贷款受疫情影响，不能正常还款的，不计逾期，不计罚息。3. 自 2020 年 3 月 1 日起，中小微企业可连续 6 个月按 3% 的标准缴纳住房公积金。

（三）制定《仙桃市既有住宅加装电梯提取住房公积金实施方法》。

（四）租赁住房提取金额由夫妻双方每年合计 10000 元提高至 12000 元。

（五）设立"跨省通办"办理服务窗口、公积金购房提取和提前还清公积金贷款以及个人信息变更的跨省通办业务实行全程网办。

（六）2020 年荣获第六届"全国文明单位"。

潜江市住房公积金 2020 年年度报告

根据国务院《住房公积金管理条例》和住房和城乡建设部、财政部、人民银行《关于健全住房公积金信息披露制度的通知》（建金〔2015〕26 号）的规定，经住房公积金管理委员会审议通过，现将潜江市住房公积金 2020 年年度报告公布如下。

一、机构概况

（一）住房公积金管理委员会。住房公积金管理委员会有 9 名委员，2020 年召开 1 次会议，审议通过的事项主要包括：《潜江市住房公积金中心 2019 年工作报告》《2019 年住房公积金增值收益分配方案》《2020 年住房公积金中心管理费用预算方案》《2019 年住房公积金归集使用计划执行情况的报告》以及《2020 年住房公积金归集和使用计划的报告》《潜江市住房公积金 2019 年年度报告》，并听取了潜江市住房公积金相关政策调整的情况汇报。

（二）住房公积金管理中心。住房公积金管理中心为市政府直属不以营利为目的的事业单位，设 3 个处（科），0 个管理部，0 个分中心。从业人员 30 人，其中，在编 18 人，非在编 12 人。

二、业务运行情况

（一）缴存。2020 年，新开户单位 69 家，净增单位 32 家；新开户职工 0.2669 万人，净增职工 0.0567 万人；实缴单位 779 家，实缴职工 3.2424 万人，缴存额 6.17 亿元，分别同比增长 4.28%、1.78%、6.3%。2020 年末，缴存总额 39.51 亿元，比上年末增加 18.51%；缴存余额 20.7 亿元，同比增长 14.2%。受委托办理住房公积金缴存业务的银行 7 家。

（二）提取。2020 年，0.647 万名缴存职工提取住房公积金；提取额 3.6 亿元，同比下降 2.7%；提取额占当年缴存额的 58.29%，比上年减少 5.4 个百分点。2020 年末，提取总额 18.81 亿元，比上年末增加 23.65%。

（三）贷款。

1. 个人住房贷款。个人住房贷款最高额度 60 万元。单缴存职工个人住房贷款最高额度 60 万元，双缴存职工个人住房贷款最高额度 60 万元。

2020 年，发放个人住房贷款 0.0897 万笔、3.63 亿元，同比分别下降 9.21%、增长 7.4%。

2020 年，回收个人住房贷款 0.97 亿元。

2020 年末，累计发放个人住房贷款 1.0652 万笔、15.14 亿元，贷款余额 8.86 亿元，分别比上年末增加 9.2%、31.54%、42.9%。个人住房贷款余额占缴存余额的 42.79%，比上年末增加 8.57 个百分点。受委托办理住房公积金个人住房贷款业务的银行 6 家。

2. 异地贷款。2020 年，发放异地贷款 115 笔、5172.8 万元。2020 年末，发放异地贷款总额 7461.8 万元，异地贷款余额 7213.26 万元。

3. 公转商贴息贷款。2020 年，发放公转商贴息贷款 0 笔、0 万元，当年贴息额 0 万元。2020 年末，累计发放公转商贴息贷款 0 笔、0 万元，累计贴息 0 万元。

4. 住房公积金支持保障性住房建设项目贷款。2020年，发放支持保障性住房建设项目贷款0亿元，回收项目贷款0亿元。2020年末，累计发放项目贷款0亿元，项目贷款余额0亿元。

（四）购买国债。2020年，购买（记账式、凭证式）国债0亿元，（兑付、转让、收回）国债0亿元。2020年末，国债余额0亿元。

（五）资金存储。2020年末，住房公积金存款12.236亿元。其中，活期0.015亿元，1年（含）以下定期0亿元，1年以上定期10.15亿元，其他（协定、通知存款等）2.071亿元。

（六）资金运用率。2020年末，住房公积金个人住房贷款余额、项目贷款余额和购买国债余额的总和占缴存余额的42.79%，比上年末增加8.57个百分点。

三、主要财务数据

（一）业务收入。2020年，业务收入6375.51万元，同比增长7.94%。存款利息4016.8万元，委托贷款利息2358.71万元，国债利息0万元，其他0万元。

（二）业务支出。2020年，业务支出2932.2万元，同比增长14.31%。支付职工住房公积金利息2932.2万元，归集手续费0万元，委托贷款手续费0万元，其他0万元。

（三）增值收益。2020年，增值收益3443.32万元，同比增长3.06%。增值收益率1.76%，比上年减少0.19个百分点。

（四）增值收益分配。2020年，提取贷款风险准备金708.47万元；提取管理费用579.07万元，提取城市廉租住房（公共租赁住房）建设补充资金2155.78万元。

2020年，上交财政管理费用450.12万元。上缴财政城市廉租住房（公共租赁住房）建设补充资金3523.14万元。

2020年末，贷款风险准备金余额1328.85万元。累计提取城市廉租住房（公共租赁住房）建设补充资金11891.08万元。

（五）管理费用支出。2020年，管理费用支出890.74万元，同比增长46.22%。其中，人员经费400.76万元，公用经费42.10万元，专项经费447.88万元。

市中心管理费用支出890.74万元，其中，人员、公用、专项经费分别为400.76万元、42.10万元、447.88万元。

四、资产风险状况

（一）个人住房贷款。2020年末，个人住房贷款逾期额28.79万元，逾期率0.3‰。个人贷款风险准备金余额1328.85万元。2020年，使用个人贷款风险准备金核销呆坏账0万元。

（二）支持保障性住房建设试点项目贷款。2020年末，逾期项目贷款0万元，逾期率0‰；项目贷款风险准备金余额0万元。2020年，使用项目贷款风险准备金核销呆坏账0万元。

五、社会经济效益

（一）缴存业务。缴存职工中，国家机关和事业单位占59.95%，国有企业占18.6%，城镇集体企业占1.61%，外商投资企业占1.61%，城镇私营企业及其他城镇企业占16.07%，民办非企业单位和社会团体占 1.27%，灵活就业人员占 0.09%，其他占 0.8%；中、低收入占 99.99%，高收入占 0.01%。

新开户职工中，国家机关和事业单位占 26.45%，国有企业占 15.32%，城镇集体企业占 0.37%，外商投资企业占 1.87%，城镇私营企业及其他城镇企业占 43.84%，民办非企业单位和社会团体占 3.6%，灵活就业人员占 4.91%，其他占 3.64%；中、低收入占 100%，高收入占 0%。

（二）提取业务。提取金额中，购买、建造、翻建、大修自住住房占 57.49%，偿还购房贷款本息占 17.84%，租赁住房占 0.65%，支持老旧小区改造占 0%，离休和退休提取占 19.82%，完全丧失劳动能力并与单位终止劳动关系提取占 2.46%，出境定居占 0.19%，其他占 1.55%。提取职工中，中、低收入占 99.89%，高收入占 0.11%。

（三）贷款业务。

1. 个人住房贷款。2020 年，支持职工购建房 9.35 万平方米（含公转商贴息贷款），年末个人住房贷款市场占有率（含公转商贴息贷款）为 12.05%，比上年末增加 3.01 个百分点。通过申请住房公积金个人住房贷款，可节约职工购房利息支出 10174.74 万元。

职工贷款笔数中，购房建筑面积 90（含）平方米以下占 4.35%，90～144（含）平方米占 82.5%，144 平方米以上占 13.15%。购买新房占 73.36%（其中购买保障性住房占 0%），购买二手房占 10.93%，建造、翻建、大修自住住房占 0%（其中支持老旧小区改造占 0%），其他占 15.71%。

职工贷款笔数中，单缴存职工申请贷款占 67.34%，双缴存职工申请贷款占 32.66%，三人及以上缴存职工共同申请贷款占 0%。

贷款职工中，30 岁（含）以下占 36.23%，30 岁～40 岁（含）占 35.34%，40 岁～50 岁（含）占 22.97%，50 岁以上占 5.46%；首次申请贷款占 90.19%，二次及以上申请贷款占 9.81%；中、低收入占 100%，高收入占 0%。

2. 支持保障性住房建设试点项目贷款。2020 年末，累计试点项目 0 个，贷款额度 0 亿元，建筑面积 0 万平方米，可解决 0 户中低收入职工家庭的住房问题。0 个试点项目贷款资金已发放并还清贷款本息。

（四）住房贡献率。2020 年，个人住房贷款发放额、公转商贴息贷款发放额、项目贷款发放额、住房消费提取额的总和与当年缴存额的比率为 103.08%，比上年减少 5.07 个百分点。

六、其他重要事项

（一）应对新冠肺炎疫情采取的措施，落实住房公积金阶段性支持政策情况和政策实施成效。根据湖北省住房和城乡建设厅、湖北省财政厅、人民银行武汉分行转发住房和城乡建设部等三部门《关于应对新冠肺炎疫情实施住房公积金阶段性支持政策的通知》相关要求，我中心出台了《关于应对新冠肺炎疫情实施住房公积金阶段性支持政策的通知》。

取得的成效。（1）我市共有 113 名住房公积金贷款用户因受新冠疫情影响，不能正常还款，所产生的罚息合计 195 期，共计 974.17 元，按照相关要求，已将 974.17 元罚息返还至其贷款还款账户。（2）我市共有 3 名住房公积金缴存用户因受新冠疫情影响，不能正常办理公积金提取业务，按照相关要求，延期办理了提取业务，金额为 19.6 万元。

（二）当年机构及职能调整情况、受委托办理缴存贷款业务金融机构变更情况。2020 年，机构及职能未调整，受委托办理缴存贷款业务金融机构没有变更。

（三）当年住房公积金政策调整及执行情况，包括当年缴存基数限额及确定方法、缴存比例等缴存政策调整情况；当年提取政策调整情况；当年个人住房贷款最高贷款额度、贷款条件等贷款政策调整情况；当年住房公积金存贷款利率执行标准等；支持老旧小区改造政策落实情况。

2020年，按照"缴存住房公积金的月工资基数最高不得超过市统计部门公布的上一年度职工月平均工资的3倍，最低不得低于市人社部门规定的上一年度职工最低月工资标准"的要求，潜江市2020年度住房公积金月缴存基数最高上限为14060元，最低下限为1380元。缴存比例为5%～12%。

2020年7月，经潜江市住房公积金管理委员会第十六次工作会议批准，取消装修贷款业务，调整期房按揭贷款上限额度为60万元。

2020年，中心严格按照中国人民银行有关住房公积金存贷款利率规定执行。

（四）当年服务改进情况，包括推进住房公积金服务"跨省通办"工作情况，服务网点、服务设施、服务手段、综合服务平台建设和其他网络载体建设服务情况等。2020年12月10日，综合服务平台已建设完成并通过省厅专家组验收。"政务一张网"于2020年3月建设完成，缴存职工可登录湖北省政务服务网办理公积金业务。2020年9月，中心成功对接"鄂汇办"App，缴存职工可在"鄂汇办"上办理公积金业务。

（五）当年信息化建设情况，包括信息系统升级改造情况，基础数据标准贯彻落实和结算应用系统接入情况等。2020年，中心完成了综合服务平台建设、政务一张网建设、接入"鄂汇办"App、系统数据异地灾备等工作，基础数据标准贯彻落实和结算应用系统接入已于2018年完成并通过住房和城乡建设部专家组验收。

（六）当年住房公积金管理中心及职工所获荣誉情况，包括：文明单位（行业、窗口）、青年文明号、工人先锋号、五一劳动奖章（劳动模范）、三八红旗手（巾帼文明岗）、先进集体和个人等。2020年，郑莉荣获"三八红旗手"称号。

（七）当年对违反《住房公积金管理条例》和相关法规行为进行行政处罚和申请人民法院强制执行情况。2020年，中心没有进行行政处罚和申请人民法院强制执行情况。

（八）当年对住房公积金管理人员违规行为的纠正和处理情况等。2020年，中心工作人员没有违规行为。

（九）其他需要披露的情况。无。

天门市住房公积金2020年年度报告

根据国务院《住房公积金管理条例》和住房和城乡建设部、财政部、人民银行《关于健全住房公积金信息披露制度的通知》（建金〔2015〕26号）的规定，现将天门市住房公积金2020年度工作报告如下。

一、机构概况

（一）住房公积金管理委员会。住房公积金管理委员会有18名委员，2020年召开1次会议，审议通

过的事项主要有《关于调整 2020 年度住房公积金缴存标准的请示》《2019 年度公积金增值收益分配方案》等。

（二）公积金直属中心。公积金直属中心是住房保障服务中心下属事业单位，负责全市公积金相关业务办理。从业人员 36 人，其中，在编 20 人，非在编 16 人。

二、业务运行情况

（一）缴存。2020 年，新开户单位 58 家，实缴单位 655 家，净增单位 14 家；新开户职工 3277 人，实缴职工 33090 人，净增职工 1690 人；缴存额 5.78 亿元，同比减少 1.86%。2020 年末，缴存总额 38.37 亿元；缴存余额 20.55 亿元，同比增长 13.59%。

受委托办理住房公积金缴存业务的银行 7 家，与往年持平。

（二）提取。2020 年，提取额 3.32 亿元，同比减少 4.87%；占当年缴存额的 57.43%，比上年减少 1.82 个百分点。2020 年末，提取总额 17.81 亿元，同比增长 22.99%。

（三）贷款。

1. 个人住房贷款。个人住房贷款最高额度 40 万元，其中，单缴存职工最高额度 40 万元，双缴存职工最高额度 40 万元。

2020 年，发放个人住房贷款 805 笔、2.71 亿元，同比分别下降 37.5%、37.12%。

2020 年，回收个人住房贷款本金 1.82 亿元。

2020 年末，累计发放个人住房贷款 0.98 万笔、22.28 亿元，贷款余额 14.78 亿元，同比分别增长 8.88%、13.90%、6.40%。个人住房贷款余额占缴存余额的 71.92%，比上年减少 4.86 个百分点。

受委托办理住房公积金个人住房贷款业务的银行 7 家，与上年持平。

2. 异地贷款。2020 年，发放异地贷款 136 笔、4548.60 万元。2020 年末，发放异地贷款总额 25765.70 万元，异地贷款余额 22929.93 万元。

3. 公转商贴息贷款。2020 年，中心未发放公转商贴息贷款。

4. 住房公积金支持保障性住房建设项目贷款。2020 年，中心未发放支持保障性住房建设项目贷款。

（四）购买国债。2020 年，中心未购买国债也无余额。

（五）资金存储。2020 年末，住房公积金存款 6.07 亿元。其中，活期 0.03 亿元，1 年（含）以下定期 2.10 亿元，1 年以上定期 3.48 亿元，其他（协定、通知存款等）0.46 亿元。

（六）资金运用率。2020 年末，住房公积金个人住房贷款余额、项目贷款余额和购买国债余额的总和占缴存余额的 71.92%，比上年末减少 4.86 个百分点。

三、主要财务数据

（一）业务收入。2020 年，业务收入 5985.54 万元，同比增长 11.30%。其中，存款利息 1384.54 万元，委托贷款利息 4601 万元。

（二）业务支出。2020 年，业务支出 2919.57 万元，同比增长 11.36%。其中，支付职工住房公积金利息 2848.29 万元，委托贷款手续费 71.28 万元。

（三）增值收益。2020 年，增值收益 3065.97 万元，同比增长 11.25%。增值收益率 1.59%，比上年增加 0.11 个百分点。

（四）增值收益分配。 2020 年，提取贷款风险准备金 87.42 万元，提取管理费用 1597.27 万元，提取城市廉租住房（公共租赁住房）建设补充资金 1381.28 万元。

2020 年，上缴财政管理费用 1910.03 万元。上缴财政城市廉租住房（公共租赁住房）建设补充资金 786.91 万元。

2020 年末，贷款风险准备金余额 1477.14 万元。累计提取城市廉租住房（公共租赁住房）建设补充资金 6439.69 万元。

（五）管理费用支出。 2020 年，管理费用支出 874.58 万元，同比增加 17.68%。其中，人员经费 501.75 万元，公用经费 65.65 万元，专项经费 307.18 万元。

四、资产风险状况

（一）个人住房贷款。 个人贷款风险准备金按贷款余额的 1% 提取。2020 年，提取个人贷款风险准备金 87.42 万元，使用个人贷款风险准备金核销呆坏账 0 万元。2020 年末，个人贷款风险准备金余额 1,477.14 万元，占个人住房贷款余额的 1%，个人住房贷款逾期额与个人贷款风险准备金余额的比率为 30.47%。

（二）支持保障性住房建设试点项目贷款。 截至 2020 年末，中心无支持保障性住房建设试点项目贷款。

五、社会经济效益

（一）缴存业务。 缴存职工中，国家机关和事业单位占 67.75%，国有企业占 13.37%，城镇集体企业占 0.22%，外商投资企业占 2.07%，城镇私营企业及其他城镇企业占 9.00%，民办非企业单位和社会团体占 7.37%，其他占 0.22%。

新开户职工中，国家机关和事业单位占 40.86%，国有企业占 5.74%，城镇集体企业占 0.37%，外商投资企业占 4.30%，城镇私营企业及其他城镇企业占 30.91%，民办非企业单位和社会团体占 17.55%，其他占 0.27%。

（二）提取业务。 提取金额中，购买、建造、翻建、大修自住住房占 22.26%，偿还购房贷款本息占 47.06%，租赁住房占 0.63%，离休和退休提取占 21.09%，完全丧失劳动能力并与单位终止劳动关系提取占 0.89%，出境定居占 0%，其他占 8.07%。

（三）贷款业务。

1. 个人住房贷款。2020 年，支持职工购建房 9.83 万平方米（含公转商贴息贷款），年末个人住房贷款市场占有率（含公转商贴息贷款）为 15.88%，比上年末增加 2.59 个百分点。通过申请住房公积金个人住房贷款，可节约职工购房利息支出 4700.20 万元。

职工贷款笔数中，购房建筑面积 90（含）平方米以下占 6.21%，90～144（含）平方米占 85.59%，144 平方米以上占 8.20%。购买新房占 75.40%，购买二手房占 11.55%，建造、翻建、大修自住住房占 0.25%，其他占 12.80%。

职工贷款笔数中，单缴存职工申请贷款占 69.44%，双缴存职工申请贷款占 30.43%，三人及以上缴存职工共同申请贷款占0.12%。

贷款职工中，30岁（含）以下占34.53%，30岁～40岁（含）占31.68%，40岁～50岁（含）占24.60%，50岁以上占9.19%；首次申请贷款占92.55%，二次及以上申请贷款占7.45%。

2. 支持保障性住房建设试点项目贷款。截至2020年末，中心无支持保障性住房建设试点项目贷款。

（四）**住房贡献率**。2020年，个人住房贷款发放额、公转商贴息贷款发放额、项目贷款发放额、住房消费提取额的总和与当年缴存额的比率为104.32%，比上年减少28.1个百分点。

六、其他重要事项

（一）应对新冠肺炎疫情采取的措施，落实住房公积金阶段性支持政策情况和政策实施成效。按照《关于妥善应对新冠肺炎疫情实施住房公积金阶段性支持政策的通知》（建金〔2020〕23号）要求，中心出台了《天门市住房保障服务中心关于妥善应对新冠肺炎疫情落实住房公积金阶段性支持政策的实施办法》并认真组织实施。截止到6月30日，全市缓缴企业127家，共计6520人；降低缴存比例企业3家，共计54人，确保政策达到支持和帮助企业的效果。

（二）当年机构及职能调整情况、受委托办理缴存贷款业务金融机构变更情况。2019年，根据天门市市委、市政府印发《天门市住房保障服务中心职能配置、内设机构和人员编制规定》的通知要求，市住房公积金管理中心成建制划转到市住房保障服务中心管理。2020年成立二级单位天门市公积金直属中心继续负责全市住房公积金的管理运作。

（三）当年住房公积金政策调整及执行情况，包括当年缴存基数限额及确定方法、缴存比例等缴存政策调整情况；当年提取政策调整情况；当年个人住房贷款最高贷款额度、贷款条件等贷款政策调整情况；当年住房公积金存贷款利率执行标准等；支持老旧小区改造政落实情况。2020年，中心经管委会同意调整公积金月缴存额上限为2876元，同时完善了公积金直属分中心建设，改善了服务环境；制定了营业部工作人员管理考核办法，规范工作人员服务标准，按照"人员向大厅集中、审批向大厅集中、职能向大厅集中、权限向大厅集中"的原则，加快公积金审批制度改革，简化审批流程，精简审批要件，实行限时办结，初步实现了群众办理业务"一柜合办"。同时，中心结合相关政策拟出台关于支持老旧小区加装电梯的相关政策，拓宽渠道服务百姓。

（四）当年服务改进情况，包括推进住房公积金服务"跨省通办"工作情况，服务网点、服务设施、服务手段、综合服务平台建设和其他网络载体建设服务情况等。根据省住房城乡建设厅关于《住房和城乡建设部办公厅关于做好住房公积金"跨省通办"工作的通知》，中心高度重视住房公积金跨省通办的工作，认真贯彻落实各服务事项的安排部署。公积金中心综合服务平台已于正式上线，职工可以通过微信、网厅、天门公积金手机App、支付宝、湖北省政务服务网、鄂汇办等渠道查询公积金缴存、提取、贷款信息；在个人办理正常退休提取住房公积金时，可实现资金一个工作日到账并办结，公积金业务初步实现了由柜台办理向平台办理转变、由群众跑腿向数据跑路转变、由纸质档案向电子档案转变。

（五）当年信息化建设情况，包括信息系统升级改造情况，基础数据标准贯彻落实和结算应用系统接入情况等。按照省厅部署和要求，中心加快信息化建设，着力推进智能服务，完成了公积金基础数据标准化、银行结算数据应用系统与公积金中心接口标准化（"双贯标"）建设，并顺利通过住房和城乡建设部检查验收。住房公积金管理初步实现了财务自主核算、账户统一监管、银行数据直连、资金秒级到账、平台充分共享、运转安全稳定。

综合服务平台建设和异地转移接续平台顺利完成。现已完成网上办事大厅、短信、12329热线、微信、微博、手机App、门户网站、自助查询终端等基本建设，已正式通过验收上线运行。平台的建设完成，进一步提高了办理时效性和便捷度。

（六）当年住房公积金管理中心及职工所获荣誉情况，包括：文明单位（行业、窗口）、青年文明号、工人先锋号、五一劳动奖章（劳动模范）、三八红旗手（巾帼文明岗）、先进集体和个人等。

天门市公积金直属中心荣获"2020年度天门市十优满意单位"和"省级文明单位"荣誉称号。

（七）当年对违反《住房公积金管理条例》和相关法规行为进行行政处罚和申请人民法院强制执行情况。无。

（八）当年对住房公积金管理人员违规行为的纠正和处理情况等。无。

（九）其他需要披露的情况。无。

神农架林区住房公积金2020年年度报告

根据国务院《住房公积金管理条例》和住房和城乡建设部、财政部、人民银行《关于健全住房公积金信息披露制度的通知》（建金〔2015〕26号）的规定，经住房公积金管理委员会审议通过，现将神农架林区住房公积金2020年年度报告公布如下。

一、机构概况

（一）住房公积金管理委员会。住房公积金管理委员会有10名委员，2020年召开1次会议，审议通过的事项主要包括：《关于2019年林区住房公积金计划执行和工作开展情况的报告》《住房公积金2019年年度报告》《2020年住房公积金归集、使用计划及增值收益方案》等。

（二）住房公积金中心。神农架林区住房公积金中心为直属林区人民政府不以营利为目的的公益一类事业单位，设4个科室。从业人员14人，其中，在编10人，非在编4人。

二、业务运行情况

（一）缴存。2020年，新开户单位16家，净增单位14家；新开户职工595人；实缴单位274家，实缴职工0.78万人，缴存额1.90亿元，分别同比增长1.48%、-2.5%、-5%。2020年末，缴存总额11.36亿元，比上年末增加21.37%；缴存余额6.22亿元，同比增长11.87%。受委托办理住房公积金缴存业务的银行7家。

（二）提取。2020年，0.2万名缴存职工提取住房公积金；提取额1.25亿元，同比增长4.79%；提取额占当年缴存额的65.65%，比上年增加6.65个百分点。2020年末，提取总额5.14亿元，比上年末增加35.26%。

（三）贷款。

1. 个人住房贷款。个人住房贷款最高额度50万元，其中，单缴存职工个人住房贷款最高额度50万元,双缴存职工个人住房贷款最高额度 50 万元。

2020 年,发放个人住房贷款 283 笔、1.02 亿元,同比分别增长 4.81%、32.73%。

2020 年,回收个人住房贷款 0.71 亿元。

2020 年末,累计发放个人住房贷款 0.29 万笔、5.92 亿元,贷款余额 2.77 亿元,分别比上年末增加 11.05%、21.31%、12.60%。个人住房贷款余额占缴存余额的 44.53%,比上年末增加 0.29 个百分点。受委托办理住房公积金个人住房贷款业务的银行 1 家。

2. 异地贷款。2020 年,神农架林区未发放异地贷款。

3. 公转商贴息贷款。2020 年,神农架林区未发放公转商贴息贷款。

4. 住房公积金支持保障性住房建设项目贷款。截止到 2020 年末,神农架林区无住房公积金支持保障房住房建设项目贷款。

(四)资金存储。2020 年末,住房公积金存款 3.63 亿元。其中,活期 0.18 亿元,1 年(含)以下定期 0.54 亿元,1 年以上定期 2.91 亿元。

(五)资金运用率。2020 年末,住房公积金个人住房贷款余额、项目贷款余额和购买国债余额的总和占缴存余额的 44.53%,比上年末增加 0.29 个百分点。

三、主要财务数据

(一)业务收入。2020 年,业务收入 1318.60 万元,同比增长 15.01%。存款利息 503.05 万元,委托贷款利息 814.89 万元,其他 0.66 万元。

(二)业务支出。2020 年,业务支出 1039.14 万元,同比增长 19.81%。支付职工住房公积金利息 1038.85 万元,其他 0.29 万元。

(三)增值收益。2020 年,增值收益 279.46 万元,同比增长 0.09%。增值收益率 0.44%,比上年减少 0.1 个百分点。

(四)增值收益分配。2020 年,提取贷款风险准备金 15 万元;提取管理费用 250 万元,提取城市廉租住房(公共租赁住房)建设补充资金 14.46 万元。

2020 年,上交财政管理费用 250 万元。上缴财政城市廉租住房(公共租赁住房)建设补充资金 14.46 万元。

2020 年末,贷款风险准备金余额 277.59 万元。累计提取城市廉租住房(公共租赁住房)建设补充资金 168.15 万元。

(五)管理费用支出。2020 年,管理费用支出 243.77 万元,同比增长 41.14%。其中,人员经费 60.79 万元,公用经费 83.89 万元,专项经费 99.09 万元。

四、资产风险状况

(一)个人住房贷款。2020 年末,个人住房贷款逾期额为零,逾期率为零。

(二)支持保障性住房建设试点项目贷款。截止到 2020 年末,神农架林区无支持保障性住房建设试点项目。

五、社会经济效益

（一）缴存业务。缴存职工中，国家机关和事业单位占 57.94%，国有企业占 23.85%，城镇集体企业占 4.97%，城镇私营企业及其他城镇企业占 8.01%，民办非企业单位和社会团体占 0.54%，其他占 4.69%；中、低收入占 99.94%，高收入占 0.06%。

新开户职工中，国家机关和事业单位占 32.11%，国有企业占 14.62%，城镇集体企业占 7.06%，城镇私营企业及其他城镇企业占 34.45%，民办非企业单位和社会团体占 4.37%，其他占 7.39%；中、低收入占 99.5%，高收入占 0.05%。

（二）提取业务。提取金额中，购买、建造、翻建、大修自住住房占 27.09%，偿还购房贷款本息占 46.53%，租赁住房占 0.07%，离休和退休提取占 14.52%，完全丧失劳动能力并与单位终止劳动关系提取占 2.08%，其他占 9.71%。提取职工中，中、低收入占 99.9%，高收入占 0.1%。

（三）贷款业务。

1. 个人住房贷款。2020 年，支持职工购建房 3.56 万平方米，年末个人住房贷款市场占有率为 69.9%，比上年末增加 28.37 个百分点。通过申请住房公积金个人住房贷款，可节约职工购房利息支出 1065.70 万元。

职工贷款笔数中，购房建筑面积 90（含）平方米以下占 13.78%，90～144（含）平方米占 76.33%，144 平方米以上占 9.89%。购买新房占 70.67%，购买二手房占 14.85%，建造、翻建、大修自住住房占 14.48%。

职工贷款笔数中，单缴存职工申请贷款占 18.9%，双缴存职工申请贷款占 81.1%。

贷款职工中，30 岁（含）以下占 25.33%，30 岁～40 岁（含）占 37.59%，40 岁～50 岁（含）占 28.85%，50 岁以上占 8.23%；首次申请贷款占 71.73%，二次及以上申请贷款占 28.27%；中、低收入占 100%。

2. 支持保障性住房建设试点项目贷款。截止到 2020 年末，神农架林区无支持保障性住房建设试点项目。

（四）住房贡献率。2020 年，个人住房贷款发放额、公转商贴息贷款发放额、项目贷款发放额、住房消费提取额的总和与当年缴存额的比率为 106.84%，比上年增加 19.98 个百分点。

六、其他重要事项

（一）2020 年应对新冠肺炎疫情，落实住房公积金阶段性支持政策情况。2020 年初疫情期间，为贯彻落实住房和城乡建设部、财政部、人民银行印发的《关于妥善应对新冠肺炎疫情实施住房公积金阶段性支持政策的通知》文件精神，中心结合实际，陆续出台了相关政策并实施，支持企业和个人复工复产。

1.3 月 2 日，中心印发《关于应对新冠肺炎疫情调整住房公积金部分政策的通知》。一是明确因受新型冠状病毒感染肺炎疫情影响，各缴存单位不能正常按时足额缴存住房公积金的，可延长缴存时间，不作为逾期缴存处理，疫情过后补缴到位；二是疫情期间，缴存单位职工申请住房公积金贷款，视同连续足额正常缴存，不影响职工住房公积金贷款资格；办理按月公积金委托扣划偿还贷款业务的，职工因延期缴存无法正常还款的，不纳入违约客户黑名单，不上报征信，不作逾期处理、不计罚息。

2.3月18日，中心研究出台了《林区住房公积金中心〈关于应对新冠病毒疫情调整住房公积金部分政策的通知〉的实施细则》。一是对企业缓缴和降低缴存比例制定具体操作流程；二是对购房、建造、翻建提取（受理时限。购房发票开具时间1年内、建造行为一年内）等有受理时限要求的住房公积金提取业务，在疫情期间受理时限期满的，依职工申请，可延长受理时限至疫情结束后的3个月；三是对已办理租赁提取业务的职工，因感染新冠肺炎住院治疗或隔离、疫情防控需要隔离观察、一线医务人员等参加疫情防控工作以及受疫情影响暂时失去收入来源，支付房租压力较大的，可申请适当提高受疫情影响期间租赁提取额，最长时限不超过2020年6月30日。

3.疫情期间中心共为区内15家企业694名职工办理缓缴业务，累计缓缴金额单位部分201.54万元，职工部分201.54万元，合计403.08万元。目前，15家企业已补缴完毕，恢复正常缴存。疫情期间中心共为487笔、无法正常还款贷款户办理不作逾期处理，涉及应还未还本金90.62万元。目前，不作逾期处理的贷款已全部恢复正常还款。

（二）2020年住房公积金政策调整及执行情况。

1.2020年缴存基数限额及确定方法、缴存比例调整情况。依照林区统计局发布的2019年全区在岗职工年平均工资3倍计算，2020年度全区缴存职工月缴存额上限为3994元；根据省人民政府《关于调整全省最低工资标准的通知》（鄂政发〔2017〕44号）文件精神，2020年度全区缴存职工月缴存额下限为130元；林区住房公积金缴存比例按在职职工上一年月平均工资总额的5％～12％执行。

2.2020年住房公积金存贷款利率调整及执行情况。根据中国人民银行、住房和城乡建设部、财政部印发《关于完善职工住房公积金账户存款利率形成机制的通知》（银发〔2016〕43号）要求，2020年神农架林区职工住房公积金账户存款利率统一按一年期定期存款基准利率1.50％执行。

2020年住房公积金贷款利率未作调整。首套房仍按五年期以上个人住房公积金贷款利率3.25％、五年期以下（含五年）个人住房公积金贷款利率2.75％执行。

3.2020年住房公积金个人住房贷款最高贷款额度调整情况。经林区住房公积金管理委员会批准，从2020年4月7日起，林区住房公积金个人住房贷款最高额度调整为50万元。

（三）2020年住房公积金服务改进情况。

1.建设综合服务平台，全面提升互联网政务服务水平。2020年，按照住房公积金综合服务平台相关文件要求，林区住房公积金综合服务平台已完成门户网站、网上业务大厅、短信平台、官方微信、移动App、12329热线等渠道建设工作并投入使用，实现了网上业务办理、信息查询、预约服务、信息发布和互动交流等服务功能。

2.推进住房公积金业务"跨省通办"工作。按照住房和城乡建设部《住房和城乡建设部办公厅关于做好住房公积金服务"跨省通办"工作的通知》文件要求。截止到2020年底，林区已实现个人住房公积金缴存贷款信息查询、出具贷款职工住房公积金缴存使用证明、正常退休提取住房公积金3项服务事项"跨省通办"。

2020 全国住房公积金年度报告汇编

湖南省

长沙
株洲市
湘潭市
衡阳市
邵阳市
岳阳市
常德市
张家界市
郴州市
永州市
怀化市
娄底市
湘西土家族苗族自治州
益阳市

湖南省住房公积金2020年年度报告

根据国务院《住房公积金管理条例》和住房和城乡建设部、财政部、人民银行《关于健全住房公积金信息披露制度的通知》（建金〔2015〕26号）规定，现将湖南省住房公积金2020年年度报告汇总公布如下。

一、机构概况

（一）住房公积金管理机构。全省共设14个设区城市住房公积金管理中心，2个独立设置的分中心（其中，湖南省直单位住房公积金管理分中心隶属湖南省机关事务管理局，长沙住房公积金管理中心铁路分中心隶属长沙住房公积金管理中心）。从业人员1973人，其中，在编1210人，非在编763人。

（二）住房公积金监管机构。湖南省住房和城乡建设厅、财政厅和人民银行长沙中心支行负责对本省住房公积金管理运行情况进行监督。省住房和城乡建设厅设立住房公积金监管处，负责辖区住房公积金日常监管工作。

二、业务运行情况

（一）缴存。2020年，新开户单位8836家，净增单位4708家；新开户职工55.73万人，净增职工19.20万人；实缴单位76482家，实缴职工475.22万人，缴存额749.09亿元，分别同比增长6.56%、4.21%、9.57%。2020年末，缴存总额5230.53亿元，比上年末增加16.72%；缴存余额2445.74亿元，同比增长13.92%。

（二）提取。2020年，144.06万名缴存职工提取住房公积金；提取额450.18亿元，同比增长12.69%；提取额占当年缴存额的60.00%，比上年增加1.57个百分点。2020年末，提取总额2784.79亿元，比上年末增加19.28%。

（三）贷款。

1. 个人住房贷款。2020年，发放个人住房贷款10.32万笔、399.23亿元，同比增长-7.77%、-5.21%。回收个人住房贷款200.22亿元。

2020年末，累计发放个人住房贷款147.84万笔、3459.51亿元，贷款余额2107.83亿元，分别比上年末增加7.50%、13.05%、10.43%。个人住房贷款余额占缴存余额的86.18%，比上年末减少2.73个百分点。

2020年，支持职工购建房1284.78万平方米。年末个人住房贷款市场占有率（含公转商贴息贷款）为17.19%，比上年末增加3.86个百分点。通过申请住房公积金个人住房贷款，可节约职工购房利息支出895457.33万元。

2. 异地贷款。2020年，发放异地贷款5642笔、189348.1万元。2020年末，发放异地贷款总额1547818.5万元，异地贷款余额1128551.27万元。

3. 公转商贴息贷款。2020年，发放公转商贴息贷款5011笔、142153.48万元，支持职工购建房面积47.63万平方米。当年贴息额2814.84万元。2020年末，累计发放公转商贴息贷款12016笔、324934.39万元，累计贴息7347.18万元。

4. 住房公积金支持保障性住房建设项目贷款。2020年末，累计发放项目贷款5.66亿元，项目贷款余额0亿元。

（四）**购买国债**。2020年，购买（凭证式）国债0亿元，兑付国债0.20亿元。2020年末，国债余额0亿元，比上年末减少0.20亿元。

（五）**资金存储**。2020年末，住房公积金存款412.57亿元，其中，活期26.56亿元，1年（含）以下定期35.99亿元，1年以上定期280.42亿元，其他（协定、通知存款等）69.60亿元。

（六）**资金运用率**。2020年末，住房公积金个人住房贷款余额、项目贷款余额和购买国债余额的总和占缴存余额的86.18%，比上年末减少2.74个百分点。

三、主要财务数据

（一）**业务收入**。2020年，业务收入777687.25万元，同比增长11.83%。其中，存款利息116551.03万元，委托贷款利息659142.61万元，国债利息19.85万元，其他1973.76万元。

（二）**业务支出**。2020年，业务支出378898.89万元，同比增长7.49%。其中，支付职工住房公积金利息347920.49万元，归集手续费3145.86万元，委托贷款手续费11091.81万元，其他16740.73万元。

（三）**增值收益**。2020年，增值收益398788.35万元，同比增长16.29%；增值收益率1.73%，比上年增加0.02个百分点。

（四）**增值收益分配**。2020年，提取贷款风险准备金37264.10万元，提取管理费用60783.30万元，提取城市廉租住房（公共租赁住房）建设补充资金300740.95万元。

2020年，上交财政管理费用52706.43万元，上缴财政城市廉租住房（公共租赁住房）建设补充资金267364.23万元。

2020年末，贷款风险准备金余额429806.11万元，累计提取城市廉租住房（公共租赁住房）建设补充资金1714657.11万元。

（五）**管理费用支出**。2020年，管理费用支出58967.63万元，同比增长6.02%。其中，人员经费31868.1万元，公用经费8639.05万元，专项经费18460.48万元。

四、资产风险状况

个人住房贷款。2020年末，个人住房贷款逾期额2510.89万元，逾期率0.12‰，个人贷款风险准备金余额429806.11万元。2020年，使用个人贷款风险准备金核销呆坏账16.17万元。

五、社会经济效益

（一）**缴存业务**。缴存职工中，国家机关和事业单位占42.93%，国有企业占20.58%，城镇集体企业占0.65%，外商投资企业占2.76%，城镇私营企业及其他城镇企业占26.11%，民办非企业单位和社会团体占2.28%，灵活就业人员占0.99%，其他占3.70%；中、低收入占99.01%，高收入占0.99%。

新开户职工中，国家机关和事业单位占17.00%，国有企业占10.91%，城镇集体企业占0.66%，外商投资企业占4.29%，城镇私营企业及其他城镇企业占54.03%，民办非企业单位和社会团体占3.93%，灵活就业人员占1.42%，其他占7.76%；中、低收入占99.57%，高收入占0.43%。

（二）提取业务。 提取金额中，购买、建造、翻建、大修自住住房占 22.58%，偿还购房贷款本息占 50.17%，租赁住房占 0.99%，支持老旧小区改造提取占 0.02%；离休和退休提取占 17.50%，完全丧失劳动能力并与单位终止劳动关系提取占 5.58%，出境定居占 0.11%，其他占 3.05%。提取职工中，中、低收入占 98.75%，高收入占 1.25%。

（三）贷款业务。

个人住房贷款。职工贷款笔数中，购房建筑面积 90（含）平方米以下占 9.27%，90～144（含）平方米占 74.88%，144 平方米以上占 15.85%。购买新房占 84.99%（其中购买保障性住房占 0%），购买二手房占 13.05%，建造、翻建、大修自住住房占 0.18%（其中支持老旧小区改造占 0%），其他占 1.78%。

职工贷款笔数中，单缴存职工申请贷款占 41.55%，双缴存职工申请贷款占 58.31%，三人及以上缴存职工共同申请贷款占 0.14%。

贷款职工中，30 岁（含）以下占 34.38%，30 岁～40 岁（含）占 38.38%，40 岁～50 岁（含）占 21.75%，50 岁以上占 5.49%；首次申请贷款占 86.36%，二次及以上申请贷款占 13.64%；中、低收入占 98.06%，高收入占 1.94%。

（四）住房贡献率。 2020 年，个人住房贷款发放额、公转商贴息贷款发放额、项目贷款发放额、住房消费提取额的总和与当年缴存额的比率为 99.60%，比上年减少 5.88 个百分点。

六、其他重要事项

（一）应对新冠肺炎疫情采取的政策措施，落实住房公积金阶段性支持政策情况和政策实施成效。 根据住房和城乡建设部、财政部、中国人民银行《关于妥善应对新冠肺炎疫情实施住房公积金阶段性支持政策的通知》精神，我厅进一步细化相关内容，印发了《湖南省住房和城乡建设厅关于切实做好新冠肺炎疫情防控期间企业开复工作的通知》（湘建〔2020〕30 号），文件明确了受新冠肺炎疫情影响的企业、职工享受的多种优惠政策。疫情期间，全省约 2900 家企业、单位办理缓交住房公积金，缓交金额达 17.02 亿元；39 家经营困难企业申请降低缓存比例通过审核；贷款逾期免除罚息、不作为逾期记录报送征信部门的缴存职工近 2 万余人。

（二）当年开展监督检查情况。 2020 年，利用电子稽查工具对全省 15 个住房公积金管理中心（分中心）政策执行情况和风险隐患情况开展了 4 次电子稽查，并根据稽查结果，指导各城市住房公积金管理中心进一步完善了相关制度和下步工作措施；落实住房公积金专项审计整改，针对审计署提出的问题和整改意见，厅党组多次召开专题会议，安排部署整改任务，整改措施和成效得到审计署充分肯定。

（三）当年服务改进情况。 一是搭建线上服务平台，推动各市州住房公积金管理中心网厅、App、微信端的开发推广，推进"跨省通办"服务事项进程，促进全省住房公积金业务从"线下办"到"线上办"的转变；二是加强从业人员能力素质建设，遵照《住房公积金管理人员职业标准》，指导各城市住房公积金管理中心开展相关培训，不断提高服务质量与服务效率，做到业务"一次办"；三是积极增设营业网点，通过推动营业网点建设，铺开住房公积金服务网络，实现住房公积金业务"就近办"。

（四）当年信息化建设情况。

一是加强综合服务平台建设，丰富线上服务渠道。省市两级综合服务平台顺利通过住房和城乡建设部专家验收，各城市住房公积金管理中心已开通的门户网站、网上业务大厅、12329 热线、12329 短信、微信公众号、手机公积金 App、自助查询终端等服务渠道涵盖住房公积金提取、贷款管理、信息变更、异地转入等业务，全省业务办理"离柜率"稳步提升。

二是不断推进数据共享平台建设，构建信息沟通桥梁。15 个住房公积金管理中心全部与省级数据共享平台对接，实现线上查询民政、住建、人民银行、公安等部门相关信息。积极推进"互联网＋政务服务"，规范 35 个服务事项进入省级政务服务平台。

三是严格落实安全保障体系建设，确保网络信息安全。指导各城市住房公积金管理中心出台信息安全制度，严格执行国家信息系统安全规范，建立完备的信息安全保障体系，实现渠道设施、终端设备、通信线路和服务平台的全面安全，确保线上业务、资金和信息安全。全省 15 个住房公积金管理中心（分中心）信息系统、综合服务平台进行国家三级等保测评验收。

（五）当年住房公积金机构及从业人员所获荣誉情况。文明单位 3 个，其中国家级 0 个，省部级 2 个，地市级 1 个；文明标兵单位 3 个，其中省部级 2 个，地市级 1 个；青年文明号 0 个；三八红旗手（巾帼文明岗）6 个，省部级 1 个，地市级 5 个；先进集体和个人 17 个，其中省部级 0 个，地市级 17 个；其他荣誉称号 26 个，其中国家级 0 个，省部级 4 个，地市级 22 个。

（六）当年对住房公积金管理人员违规行为的纠正和处理情况。2020 年，全省住房公积金行业接受处理共 3 人，其中 2 人违反工作纪律受到市纪委市监察委派驻市财政局纪检监察组党内严重警告处分和政务记大过分，1 人涉嫌严重违纪被立案审查。

长沙住房公积金 2020 年年度报告

根据国务院《住房公积金管理条例》和住房和城乡建设部、财政部、人民银行《关于健全住房公积金信息披露制度的通知》（建金〔2015〕26 号）的规定，经住房公积金管理委员会审议通过，现将长沙住房公积金 2020 年年度报告公布如下。

一、机构概况

（一）住房公积金管理委员会。住房公积金管理委员会有 27 名委员，2020 年召开 2 次会议，审议通过的事项主要包括：《长沙市住房公积金 2019 年年度报告》《2019 年度长沙住房公积金财务执行情况报告》《2020 年长沙住房公积金归集、使用计划报告》等 14 个报告。

（二）住房公积金管理中心。住房公积金管理中心为直属长沙市人民政府不以营利为目的的正县级事业单位，设 11 个处（科），9 个管理部，1 个省直分中心，1 个铁路分中心。从业人员 275 人，其中，在编 156 人，非在编 119 人。

二、业务运行情况

（一）缴存。2020 年，新开户单位 5264 家，净增单位 3490 家；新开户职工 31.48 万人，净增职工 11.39 万人；实缴单位 26362 家，实缴职工 177.43 万人，缴存额 275.12 亿元，分别同比增长 15.26％、

6.86%、13.39%。2020年末，缴存总额1790.55亿元，比上年末增加18.16%；缴存余额855.46亿元，同比增长16.03%。受委托办理住房公积金缴存业务的银行7家。

（二）提取。2020年，52.29万名缴存职工提取住房公积金；提取额156.95亿元，同比增长15.4%；提取额占当年缴存额的57.05%，比上年增加1个百分点。2020年末，提取总额935.08亿元，比上年末增加20.17%。

（三）贷款。

1. 个人住房贷款。个人住房贷款最高额度60万元。其中，单缴存职工最高额度60万元，双缴存职工最高额度60万元。

2020年，发放个人住房贷款2.74万笔、127.63亿元，同比分别下降9.57%、8.54%。其中，市中心发放个人住房贷款1.71万笔、74.3亿元，省直分中心发放个人住房贷款1.03万笔、53.33亿元。

2020年，回收个人住房贷款58.69亿元。其中，市中心38.44亿元，省直分中心20.25亿元。

2020年末，累计发放个人住房贷款35.08万笔、1086.69亿元，贷款余额713.39亿元，分别比上年末增加8.44%、13.31%、10.7%。个人住房贷款余额占缴存余额的83.39%，比上年末减少4.02个百分点。受委托办理住房公积金个人住房贷款业务的银行14家。

2. 异地贷款。2020年，发放异地贷款197笔、10414.5万元。2020年末，发放异地贷款总额467631.5万元，异地贷款余额311976.29万元。

（四）资金存储。2020年末，住房公积金存款154.76亿元。其中，活期2.43亿元，1年（含）以下定期16.65亿元，1年以上定期116.12亿元，其他（协定、通知存款等）19.56亿元。

（五）资金运用率。2020年末，住房公积金个人住房贷款余额、项目贷款余额和购买国债余额的总和占缴存余额的83.39%，比上年末减少4.02个百分点。

三、主要财务数据

（一）业务收入。2020年，业务收入263627.31万元，同比增长16.81%。其中，市中心162651.13万元，省直分中心100976.18万元；存款利息43228.75万元，委托贷款利息220387.9万元，其他10.66万元。

（二）业务支出。2020年，业务支出128458.36万元，同比增长11.08%。其中，市中心80194.74万元，省直分中心48263.62万元；支付职工住房公积金利息117660.77万元，归集手续费2077.82万元，委托贷款手续费7588.35万元，其他1131.42万元。

（三）增值收益。2020年，增值收益135168.94万元，同比增长22.84%。其中，市中心82456.38万元，省直分中心52712.56万元；增值收益率1.69%，比上年增加0.09个百分点。

（四）增值收益分配。2020年，提取贷款风险准备金13788.56万元，提取管理费用12538.12万元，提取城市廉租住房（公共租赁住房）建设补充资金108842.26万元。

2020年，上交财政管理费用5421.8万元。上缴财政城市廉租住房（公共租赁住房）建设补充资金83282.36万元。其中，市中心上缴53252.99万元，省直分中心上缴30029.37万元。

2020年末，贷款风险准备金余额142677.63万元。累计提取城市廉租住房（公共租赁住房）建设补充资金632175.24万元。其中，市中心提取387960.98万元，省直分中心提取244214.26万元。

（五）管理费用支出。 2020 年，管理费用支出 12377.61 万元，同比增加 35.94％。其中，人员经费 5647.8 万元，公用经费 580.26 万元，专项经费 6149.55 万元。

市中心管理费用支出 8897.71 万元。其中，人员、公用、专项经费分别为 4350.33 万元、257.95 万元、4289.43 万元；省直分中心管理费用支出 3479.9 万元。其中，人员、公用、专项经费分别为 1297.47 万元、322.31 万元、1860.12 万元。

四、资产风险状况

2020 年末，个人住房贷款无逾期额，逾期率 0‰，个人贷款风险准备金余额 142677.63 万元。2020 年，使用个人贷款风险准备金核销呆坏账 0 万元。

五、社会经济效益

（一）缴存业务。 缴存职工中，国家机关和事业单位占 19.46％，国有企业占 24.11％，城镇集体企业占 0.09％，外商投资企业占 4.52％，城镇私营企业及其他城镇企业占 43.26％，民办非企业单位和社会团体占 2.9％，灵活就业人员占 0.05％，其他占 5.61％；中、低收入占 98.86％，高收入占 1.14％。

新开户职工中，国家机关和事业单位占 5.57％，国有企业占 12.59％，城镇集体企业占 0.07％，外商投资企业占 4.83％，城镇私营企业及其他城镇企业占 64.01％，民办非企业单位和社会团体占 3.71％，灵活就业人员占 0.38％，其他占 8.84％；中、低收入占 99.85％，高收入占 0.15％。

（二）提取业务。 提取金额中，购买、建造、翻建、大修自住住房占 15.33％，偿还购房贷款本息占 56.09％，租赁住房占 1.13％，支持老旧小区改造占 0.01％，离休和退休提取占 15.37％，完全丧失劳动能力并与单位终止劳动关系提取占 9.98％，出境定居占 0.01％，其他占 2.08％。提取职工中，中、低收入占 96.81％，高收入占 3.19％。

（三）贷款业务。 2020 年，支持职工购建房 317.76 万平方米，2020 年末个人住房贷款市场占有率为 14.2％，比上年末减少 0.12 个百分点。通过申请住房公积金个人住房贷款，可节约职工购房利息支出 284399.71 万元。

职工贷款笔数中，购房建筑面积 90（含）平方米以下占 14.38％，90～144（含）平方米占 72.64％，144 平方米以上占 12.98％。购买新房占 74.54％，购买二手房占 19.28％，其他占 6.18％。

职工贷款笔数中，单缴存职工申请贷款占 49.4％，双缴存职工申请贷款占 50.15％，三人及以上缴存职工共同申请贷款占 0.45％。

贷款职工中，30 岁（含）以下占 49.23％，30 岁～40 岁（含）占 39.64％，40 岁～50 岁（含）占 9.41％，50 岁以上占 1.72％；首次申请贷款占 89.76％，二次及以上申请贷款占 10.24％；中、低收入占 99.27％，高收入占 0.73％。

（四）住房贡献率。 2020 年，个人住房贷款发放额、住房消费提取额的总和与当年缴存额的比率为 87.78％，比上年减少 11.22 个百分点。

六、其他重要事项

（一）应对新冠肺炎疫情采取的措施，落实住房公积金阶段性支持政策情况和政策实施成效。 2020 年

2月，中心及省直分中心均发布应对新冠肺炎提供阶段政策支持的通知，明确受新冠肺炎疫情影响的企业可按规定申请缓缴住房公积金，缓缴期间职工贷款和提取权益不受影响；参加疫情防控工作人员、因感染新冠肺炎住院治疗或隔离人员、因疫情防控需隔离观察人员以及其他受疫情影响的人员，可申请缓还贷款。住房公积金阶段性政策实施后，共有2335家企业办理缓缴，涉及职工近26万人，累计缓缴金额11.8亿元。对疫情期间所产生的逾期贷款，严格按照相关政策，不算逾期、不计罚息（含复利）、不报征信，共计免除8148名借款职工8.47万元罚息（含复利）。

（二）当年机构及职能调整情况、受委托办理缴存贷款业务金融机构变更情况。当年机构及职能无调整。受委托办理缴存业务的金融机构增加1家，办理贷款业务的金融机构增加3家。

（三）当年住房公积金政策调整及执行情况。

1. 缴存基数与缴存比例调整情况。2020年，长沙市单位和职工住房公积金月缴存基数为职工本人上一年度月平均工资，即上年度全年税前总收入（包括工资、奖金、年终绩效奖励和各种津补贴）除以12之金额。职工住房公积金缴存基数最高不得超过长沙市统计局公布的上一年度职工月平均工资的3倍。月缴存基数不得低于我市人力资源和社会保障部门发布的2019年度最低月工资标准（最低月工资标准1700元/月）。根据长沙市统计局公布的"2019年长沙市城镇在岗职工年平均工资为98459元"计算，2019年度长沙市城镇职工月平均工资为8204.9元。因此，2020年职工住房公积金月最高缴存基数为24614元。湖南省内铁路职工的住房公积金缴存基数上限参照广州市铁路职工缴存基数上限进行缴存（广州市铁路职工缴存基数上限以每年广州住房公积金管理中心公布的年审文件为准）。财政全额拨款的行政事业单位职工的住房公积金缴存基数按照《2020年本级行政事业单位住房公积金年审操作指引》规定项目核定。

2020年度长沙市单位和职工住房公积金最低缴存比例为5%，最高缴存比例为12%。凡住房公积金缴存比例高于12%的，一律予以规范调整，不得超过12%。

2. 政策调整情况。2月1日起，简化既有住宅增设电梯提取审批资料。职工家庭既有住宅增设电梯符合住房公积金提取条件的，不再需要提供建设工程规划许可证、建筑工程施工许可证、安装告知备案证，改为提供《长沙市既有多层住宅增设电梯联合备案和竣工验收表》，其他材料依然按照《关于印发〈长金管委〔2018〕2号文件实施细则〉的通知》的规定执行；职工申请住房公积金贷款时，家庭已注销的房产其中1套不论面积大小不计入家庭住房套数；具有中国永久居留权的外国人，凭外国人永久居留身份证可以在我市缴存住房公积金；职工死亡或被宣告死亡后，其住房公积金账户余额10000元以下（含）的，继承人或受遗赠人可凭死亡证明或户口注销证明、继承人或受遗赠人身份证（多人继承均须身份证）、亲属关系证明申请提取被继承人账户余额，不再需要提供公证书。

5月28日，出台《长沙住房公积金个人住房贷款管理办法》，创新二手房贷款流程，从只允许过户后申请贷款的单一模式，到既允许过户后申请贷款又允许前置审批后再过户的二选一模式，为职工申请办理二手房业务提供便利。

3. 利率调整情况。存款利率：职工住房公积金账户存款利率，按一年期定期存款基准利率执行。

贷款利率：1~5年（含）以下2.75%，5年以上3.25%。

4. 支持老旧小区改造政策落实情况。自2018年起，中心积极参与老旧小区改造，支持缴存职工家庭提取住房公积金用于既有住宅增设电梯建设，通过提取住房公积金改善居住条件。截至2020年底，累计支持132户职工家庭提取住房公积金586.34万元用于既有住宅增设电梯建设。

(四) 当年服务改进情况。

1. 推进"跨省通办"。2020年，开通了"跨省通办"业务，年底前，个人住房公积金缴存贷款等信息查询、出具贷款职工住房公积金缴存使用证明、正常退休提取住房公积金等三项功能已实现全程网办。

2. 推进线上办理。深化"最多跑一次"，全面开放线上业务办理，并主动与群众使用频率高的渠道（微信、支付宝）对接开发线上服务，并推进"一网通办"，将综合服务平台接入"我的长沙"城市移动综合服务平台。目前缴存单位和职工可通过网上业务大厅、微信公众号、支付宝"市民中心""我的长沙"App等渠道查询和办理公积金业务。

3. 推广综合服务平台。为缴存职工提供网上业务大厅、官方微信、12329服务热线等8种服务渠道。截至2020年底，微信公众号关注量77.42万人，网上业务大厅个人版注册人数24万，网上业务大厅单位版签约数超2万家。

4. 提高窗口服务水平。省直分中心成立政务服务大厅营业部入住省政务服务中心；针对铁路职工比较分散的特点，在岳阳试点贷款业务网上办，帮助实现异地职工贷款"最多跑一次"；开展"身边事教育身边人"主题活动，改进为民服务水平，提高为民服务标准。

(五) 当年信息化建设情况。2020年，"我的长沙"App、支付宝市民中心实现住房公积金自助查询与在线提取业务办理，"一网通办"提取业务办理功能上线试运行；网厅单位版新增在线申请疫情缓交功能及疫情缓交解除功能，避免了面对面接触；微信公众号、网厅开通铁路分中心职工在线提取渠道；开发了铁路分中心异地贷款电子签章模块，极大地缩短了业务办结时间。实现缴存证明与市电子证照库对接，进一步方便群众办事。

(六) 当年住房公积金管理中心及职工所获荣誉情况。成功通过全国文明单位复检；省直分中心成功获评湖南省2020届文明单位，其河西营业部被评为2020年度湖南省巾帼文明岗。

(七) 当年对违反《住房公积金管理条例》和相关法规行为进行行政处罚和申请人民法院强制执行情况。全年下发各类执法文书141份，其中责令（限期）改正通知书86份，催缴、催建通知书14份，行政处理预先告知书24份，行政处理决定书17份；申请法院强制执行9起。全年打击骗提骗贷行为48起，阻止及追回骗提骗贷金额1638万余元。

株洲市住房公积金2020年年度报告

根据国务院《住房公积金管理条例》和住房和城乡建设部、财政部、人民银行《关于健全住房公积金信息披露制度的通知》（建金〔2015〕26号）的规定，经住房公积金管理委员会审议通过，现将株洲市住房公积金2020年年度报告公布如下。

一、机构概况

(一) 住房公积金管理委员会。住房公积金管理委员会有23名委员，2020年召开1次会议，审议通过的事项主要包括：

审议株洲市住房公积金管理中心 2019 年度工作计划执行情况报告暨 2020 年度工作计划报告；

审议株洲市住房公积金 2019 年年度报告的议案；

审议 2019 年度住房公积金财务情况公告的议案；

审议 2019 年度株洲市住房公积金增值收益分配方案的议案；

听取株洲市住房公积金管理中心关于对四届二次管委会会议监管意见整改情况的报告；

听取株洲市财政局关于 2019 年度住房公积金监管情况的报告；

听取中国人民银行株洲市中心支行关于对 2019 年度住房公积金账户监督情况的报告；

听取中国银保监会株洲监管分局关于对 2019 年度住房公积金受托银行监管情况的报告；

审议关于调整住房公积金使用政策的议案；

审议关于株洲市个人住房公积金贷款管理办法（2020 修订版）的议案；

审议关于株洲市住房公积金提取管理办法（2020 修订版）的议案；

审议关于调整株洲市普通商品住房准入住房公积金贷款规定的议案；

审议关于株洲市住房公积金管理先进单位和优秀专管员评选办法的议案。

（二）住房公积金管理中心。 住房公积金管理中心为直属于市人民政府的不以营利为目的的正处级公益一类事业单位，设 9 个科室，9 个管理部。从业人员 119 人，其中，在编 75 人，非在编 44 人。

二、业务运行情况

（一）缴存。 2020 年，新开户单位 324 家，净增单位 118 家；新开户职工 2.72 万人，净增职工 0.5 万人；实缴单位 3910 家，实缴职工 28.66 万人，缴存额 51.52 亿元，分别同比增长 3.11%、1.78%、7.69%。年末，缴存总额 399.64 亿元，比上年末增加 14.8%；缴存余额 180.61 亿元，同比增长 13.35%。受委托办理住房公积金缴存业务的银行 6 家。

（二）提取。 2020 年，10.26 万名缴存职工提取住房公积金；提取额 30.24 亿元，同比增长 28.64%；提取额占当年缴存额的 58.70%，比上年增加 9.56 个百分点。年末，提取总额 219.03 亿元，比上年末增加 16.02%。

（三）贷款。

1. 个人住房贷款。单缴存职工个人住房贷款最高额度 40 万元，双缴存职工个人住房贷款最高额度 60 万元。

2020 年，发放个人住房贷款 0.8167 万笔、32.33 亿元，同比分别增长 22.81%、23.96%。

2020 年，回收个人住房贷款 14.24 亿元。

2020 年末，累计发放个人住房贷款 10.53 万笔、263.39 亿元，贷款余额 150.35 亿元，分别比上年末增加 8.44%、13.99%、13.67%。个人住房贷款余额占缴存余额的 83.25%，比上年末增加 0.24 个百分点。受委托办理住房公积金个人住房贷款业务的银行 6 家。

2. 异地贷款。2020 年，发放异地贷款 859 笔、30655.3 万元。2020 年末，发放异地贷款总额 123745.5 万元，异地贷款余额 99958.37 万元。

3. 公转商贴息贷款。2020 年，发放公转商贴息贷款 0 笔、0 万元，当年贴息额 0 万元。2020 年末，累计发放公转商贴息贷款 0 笔、0 万元，累计贴息 0 万元。

（四）购买国债。2020 年，购买（记账式、凭证式）国债 0 元，（兑付、转让、收回）国债 0 元。年末，国债余额 0 元。

（五）资金存储。2020 年末，住房公积金存款 32.66 亿元。其中，活期 0.03 亿元，1 年（含）以下定期 0.3 亿元，1 年以上定期 28.95 亿元，其他（协定、通知存款等）3.38 亿元。

（六）资金运用率。2020 年末，住房公积金个人住房贷款余额、项目贷款余额和购买国债余额的总和占缴存余额的 83.25％，比上年末增加 0.24 个百分点。

三、主要财务数据

（一）业务收入。2020 年，业务收入 58427.61 万元，同比增长 17.18％。存款利息 11982.14 万元，委托贷款利息 46316.25 万元，国债利息 0 万元，其他 129.22 万元。

（二）业务支出。2020 年，业务支出 26314.19 万元，同比增长 13.23％。支付职工住房公积金利息 25729.44 万元，归集手续费 0 万元，委托贷款手续费 129.89 万元，其他 454.86 万元。

（三）增值收益。2020 年，增值收益 32113.42 万元，同比增长 20.63％。增值收益率 1.88％，比上年增加 0.08 个百分点。

（四）增值收益分配。2020 年，提取贷款风险准备金 3616.73 万元；，提取管理费用 4852.37 万元，提取城市廉租住房（公共租赁住房）建设补充资金 23644.32 万元。

2020 年，上交财政管理费用 4852.37 万元。上缴财政城市廉租住房（公共租赁住房）建设补充资金 23644.32 万元。

2020 年末，贷款风险准备金余额 30069.97 万元。累计提取城市廉租住房（公共租赁住房）建设补充资金 152468.29 万元。

（五）管理费用支出。2020 年，管理费用支出 4715.10 万元，同比增长 27.98％。其中，人员经费 2096.50 万元，公用经费 768.10 万元，专项经费 1850.50 万元。

四、资产风险状况

个人住房贷款。年末，个人住房贷款逾期额 0 万元，逾期率 0‰。个人贷款风险准备金余额 30069.97 万元。使用个人贷款风险准备金核销呆坏账 0 万元。

五、社会经济效益

（一）缴存业务。缴存职工中，国家机关和事业单位占 38.85％，国有企业占 31.7％，城镇集体企业占 0.63％，外商投资企业占 1.22％，城镇私营企业及其他城镇企业占 26％，民办非企业单位和社会团体占 1.46％，灵活就业人员占 0％，其他占 0.14％；中、低收入占 98.04％，高收入占 1.96％。

新开户职工中，国家机关和事业单位占 20.22％，国有企业占 16.64％，城镇集体企业占 0.27％，外商投资企业占 1.57％，城镇私营企业及其他城镇企业占 57.38％，民办非企业单位和社会团体占 3.31％，灵活就业人员占 0％，其他占 0.61％；中、低收入占 99.86％，高收入占 0.14％。

（二）提取业务。提取金额中，购买、建造、翻建、大修自住住房占 12.68％，偿还购房贷款本息占 55.15％，租赁住房占 1.01％，支持老旧小区改造占 0.08％，离休和退休提取占 20.86％，完全丧失劳动能力并与单位终止劳动关系提取占 0%，出境定居占 0.01%，其他占 10.21%。提取职工中，中、低收入占 97.73%，高收入占 2.27%。

（三）贷款业务。

个人住房贷款。2020 年，支持职工购建房 101.49 万平方米（含公转商贴息贷款），年末个人住房贷款市场占有率（含公转商贴息贷款）为 16.41%，比上年末增加 0.3 个百分点。通过申请住房公积金个人住房贷款，可节约职工购房利息支出 57193.28 万元。

职工贷款笔数中，购房建筑面积 90（含）平方米以下占 7.3%，90～144（含）平方米占 79.65%，144 平方米以上占 13.05%。购买新房占 87.27%（其中购买保障性住房占 0%），购买二手房占 12.57%，建造、翻建、大修自住住房占 0.16%（其中支持老旧小区改造占 0%），其他占 0%。

职工贷款笔数中，单缴存职工申请贷款占 66.29%，双缴存职工申请贷款占 33.67%，三人及以上缴存职工共同申请贷款占 0.04%。

贷款职工中，30 岁（含）以下占 44.73%，30 岁～40 岁（含）占 38.88%，40 岁～50 岁（含）占 14.90%，50 岁以上占 1.49%；首次申请贷款占 87.54%，二次及以上申请贷款占 12.46%；中、低收入占 97.32%，高收入占 2.68%。

（四）住房贡献率。2020 年，个人住房贷款发放额、公转商贴息贷款发放额、项目贷款发放额、住房消费提取额的总和与当年缴存额的比率为 103.21%，比上年增加 18.03 个百分点。

六、其他重要事项

（一）应对新冠肺炎疫情采取的措施，落实住房公积金阶段性支持政策情况和政策实施成效。

1. 制定疫情防控优惠政策。3 月 2 日和 27 日，中心分别下发《关于支持新冠肺炎疫情防控期间企业复工复产调整有关政策操作的通知》（株金管发〔2020〕2 号）和《关于开展"温暖企业行动"主题活动的通知》（株金管办发〔2020〕5 号），规定对受新冠肺炎疫情影响的企业可按规定申请在 2020 年 6 月 30 日前缓缴住房公积金，缓缴期间缴存时间连续计算，不影响职工正常提取和申请住房公积金贷款；对受新冠肺炎疫情影响的职工，2020 年 6 月 30 日前住房公积金贷款不能正常还款的，不作逾期处理，不作为逾期记录报送征信部门外，还制定了延长有关提取和贷款办理时限，将新型冠状病毒感染的肺炎列入大病提取范围，开辟服务绿色通道、不设置门槛、即时审批等一系列政策。

2. 开展温暖企业行动。为减轻后疫情时期地产开发企业的资金压力，促进我市房地产市场平稳健康发展，中心将我市"温企十二条"中降低住房公积金贷款准入门槛的优惠政策"开发项目及楼栋取得商品房预售许可证的，株洲市区（含渌口）房屋形象进度达到 1/5、县（市）房屋工程形象进度达到 1/2 的，即可办理住房公积金贷款准入手续"调整为一项长期的利好政策，全市 200 多家在建地产开发项目获得实实在在的收益。5～6 月，中心领导班子成员先后对全市受疫情影响具有代表性的 13 家企业进行了走访调研，了解企业复工复产中遇到的困难和问题，并现场解答住房公积金阶段性支持政策，切实助力企业应对疫情度过难关。

3. 归集缓缴助力企业复产。6 月 30 日前企业申请缓缴的，简化资料，直接报管理部即时审定，不用再报中心科室和领导审批。7 月份起，缓缴期满后仍需缓缴的，企业报中心科室和领导审批。企业申请降低缴存比例的，审批时限不超过 3 个工作日。截至 2020 年 6 月 30 日，中心共受理全市包括中车株机、步步高株洲分公司等213家企业缓缴申请，缓缴住房公积金达1.82亿元；同时，为株洲时代电气绝缘有限责任公司等14家企业降低缴存比例，减少月缴额24.43万元，大大降低了企业运营成本，为企业复工复产创造宽松政策环境。

4. 推广网厅办理业务。大力开展"疫情期间不出门，在家能办公积金"的服务宣传，鼓励和指引单位及职工通过线上办理各类业务。疫情期间，实现网厅办理缴存、提取等业务，既做好了疫情防控又方便了广大职工。

（二）当年机构及职能调整情况、受委托办理缴存贷款业务金融机构变更情况。2020年，中心机构及职能、受托办理缴存贷款业务金融机构无变更。网点新增了芦淞管理部（有机构、编制）。

（三）当年住房公积金政策调整及执行情况，包括当年缴存基数限额及确定方法、缴存比例等缴存政策调整情况；当年提取政策调整情况；当年个人住房贷款最高贷款额度、贷款条件等贷款政策调整情况；当年住房公积金存贷款利率执行标准等；支持老旧小区改造政策落实情况。

1. 当年缴存基数限额及确定方法、缴存比例等缴存政策调整情况。中心按照国务院《住房公积金管理条例》和三部委《关于住房公积金管理若干具体问题的指导意见》，"以上年度本市职工社会平均工资为当年住房公积金缴存基数，最高缴存基数不超过市统计局公布的上年度全市在岗职工人均月工资的3倍"的规定，根据株洲市统计局公布的2019年株洲市城镇非私营单位在岗职工年平均工资81646元计算，2020年株洲市住房公积金缴存基数上限为20411元，单位和职工单边月缴存额上限均为2449元，合计月缴存额上限为4898元；缴存基数最低不得低于我市人力资源和社会保障部门发布的上一年度最低月工资标准，2020年最低缴存基数调整。城市五区（含云龙示范区）最低缴存基数标准为1700元；渌口区、醴陵市、攸县最低缴存基数标准为1540元；茶陵县、炎陵县最低缴存基数标准为1380元。合计月缴存额下限没有变化，仍为240元。

缴存比例为5%～12%，允许经营困难的企业在5%～12%的范围内，申请适当降低缴存比例。按程序审批同意23家企业降低缴存比例，缴存金额减少300.71万元。

2. 当年提取政策调整情况。一是认定住房套数。职工家庭不得因第3套及以上住房申请住房公积金提取。二是取消购（建）房提取不得超过3次、房屋层高不得高于3.5米的规定。三是非销户类提取最低保留额由12个月缴存额调整为100元。四是建造、翻建、大修提取每平方米最高核算额由1500元调整为3000元。

3. 当年个人住房贷款最高贷款额度、贷款条件等贷款政策调整情况。

（1）最高贷款额度。借款人及配偶均在株洲行政区域内正常缴存住房公积金的最高可贷款额度为60万元，个人缴存的最高可贷款额度为40万元。

（2）贷款政策调整。一是认定住房套数。职工家庭不得因第3套及以上住房申请住房公积金提取或贷款（职工家庭住房套数暂按缴存地及购房地有效产权住房计算）。二是限定贷款次数。符合贷款条件的职工家庭最多可申请2次公积金贷款。第1次申请公积金贷款的。若无房，最低首付比例为20%；若已有1套住房，最低首付比例为20%，贷款利率上浮10%。第2次申请公积金贷款的，最低首付比例为50%，贷款利率上浮10%。

4. 当年住房公积金存贷款利率执行标准情况。2020年，中心住房公积金贷款利率保持不变。5年以内。一贷2.75%；二贷3.025%；5年以上。一贷3.25%；二贷3.575%。住房公积金存款利率在人民银行基准利率基础上上浮40%~55%。

5. 支持老旧小区改造政策落实情况。2020年，全市共受理老旧小区加装电梯提取住房公积金业务61笔，新增覆盖24个小区34台电梯，提取资金227.05万元，为改善老旧小区居民生活提供了政策资金支持。

（四）当年服务改进情况，包括推进住房公积金服务"跨省通办"工作情况，服务网点、服务设施建设情况。

1. 紧盯目标，全面超额完成跨省通办目标任务。2020年，住房和城乡建设部发布的"跨省通办"2020年底前完成的3个服务事项，株洲中心已全部实现全程网办；且2021年底前需要完成的5个服务事项已有4项提前实现全程网办，超额完成目标任务。2020年12月3日，住房和城乡建设部住房公积金监管司李慧群处长在中心开展"跨省通办"服务调研，中心所取得的成绩，得到了监管司领导的高度认可与肯定。

2. 信息赋能，"一次也不跑"成为服务新常态。疫情前夕，中心率先推行"一次也不跑"，成功上线个人网厅、主动推出"株洲住房公积金"微信公众号办理个人业务，16项个人业务可通过手机在线"刷脸"足不出户办理，24小时随时随地随心办，一个工作日内完成审批，资金即时到账，"一次也不跑"将成为我市住房公积金服务常态。

目前，缴存职工已开通个人提取网厅，缴存单位已开通归集网厅，开发商已开通贷款网厅，3大服务网厅打造了一个全要素高效率安全化的"互联网+住房公积金"信息服务平台，缴存单位及个人业务线上可办率达85%，办事"离柜率"已经超过70%。截至目前，个人网厅业务办理量达1.7万笔，网上业务访问量达246万人次。6月，省监管处领导到株洲调研，认为中心线上服务种类齐全、操作便捷，网上办事水平为全省树立了榜样。今年年初株洲市行政审批局发文表彰的15个优秀窗口单位中，株洲公积金中心位列全市第一名。

3. 为民务实，"面签当天即放款"成为服务新名片。贷款业务是住房公积金业务中要件最繁琐、流程最复杂的，涉及不动产、开发商多个部门多个环节，放款速度慢是全国所有商业银行和住房公积金服务改革面临的难点问题。2020年，中心在贷款业务实现"五趟变一趟"的基础上，通过再造业务流程、精简部门审批，将以前住房贷款放贷需要3~5才能走完的公积金中心、不动产登记中心等跨部门审批1天内即可走完，做到了当天受理，当天审批，当天抵押，当天放款，创造性地实现了多部门、多环节的积极联动，从"五趟变一趟"全面提升至"面签当天即放款"，将住房公积金贷款服务改革做到了极致。在今年1月18日的株洲市《政府工作报告》中，公积金贷款实现"面签当天即放款"成为株洲市2020年行政审批服务改革持续深化的亮点。

4. 高效推动，芦淞管理部启用完善网点新布局。2020年，中心严格落实中央审批服务"马上办、网上办、就近办、一门办"要求，多次实地调研择优选择了缴存单位集中，公共交通便捷，办事停车方便，且临近区级行政中心的汇通金港。服务大厅设计现代，为广大办事群众提供了一个现代舒适，大方优雅，宽敞明亮的服务环境。8月3日，芦淞管理部正式对外运行，芦淞广大缴存单位和缴存职工不跨区即可就近办理住房公积金业务，同时标志着全市"5区4县"住房公积金服务网点布局圆满完成。

（五）当年信息化建设情况，包括信息系统升级改造情况，基础数据标准贯彻落实和结算应用系统接入情况。

1. 丰富线上服务渠道。2020年5月开通了微信公众号的业务办理，2020年9月对接株洲市行政审批局开通了诸事达App的业务办理。缴存职工可通过网厅、公众号、App等渠道足不出户自助办理16项线上业务，涵盖提取、贷款管理、信息变更、证明打印、异地转入等事项。

2. 推进信息互联共享。中心积极推进与不动产、银行、公安、民政等共享信息对接工作。截至2020年底，已实现婚姻、户籍、不动产登记、商业银行住房贷款等信息共享，并与株洲市政务平台对接，实现住房公积金信息及业务办理信息共享。

3. 提升网络安全保护。2020年11月，信息系统、综合服务平台取得公安部门信息系统安全等级保护三级备案证明。由中国信息安全测评中心华中测评中心进行综合测评，信息系统安全等级保护测评报告通过公安部门的审批。

（六）当年住房公积金管理中心及职工所获荣誉情况，包括：文明单位（行业、窗口）、青年文明号、工人先锋号、五一劳动奖章（劳动模范）、三八红旗手（巾帼文明岗）、先进集体和个人等。2020年，株洲市住房公积金管理中心荣获株洲市2020年度市直部门（单位）财务工作先进单位；株洲市住房公积金管理中心石峰管理部荣获株洲市2020年度巾帼文明岗荣誉称号。

（七）当年对违反《住房公积金管理条例》和相关法规行为进行行政处罚和申请人民法院强制执行情况。 2020年，中心在催建催缴工作中坚持协调为主、处罚为辅的原则，妥善化解社会矛盾，切实维护广大在职职工的合法权益，无行政处罚和新增申请法院强制执行案件。

（八）当年对住房公积金管理人员违规行为的纠正和处理情况等。 2020年，中心严格落实《内部稽核管理办法》规定，对归集、提取、贷款所有业务实现100%业务稽核，实现了事前预防，事中发现，事后处理的全过程监察，共发现各类差错9笔，均属于操作性差错，无政策性违规行为。中心在发现问题的同时要求各管理部及时整改到位，并对相关部门和个人按绩效管理办法和稽核管理办法执行相关规定。

湘潭市住房公积金2020年年度报告

根据国务院《住房公积金管理条例》和住房和城乡建设部、财政部、人民银行《关于健全住房公积金信息披露制度的通知》（建金〔2015〕26号）的规定，经住房公积金管理委员会审议通过，现将湘潭市住房公积金2020年年度报告公布如下。

一、机构概况

（一）住房公积金管理委员会。 住房公积金管理委员会有21名委员，2020年召开1次会议，审议通过的事项主要包括：《2019年工作总结和2020年工作思路》《2019年度住房公积金增值收益及分配方案》《2020年度住房公积金归集使用计划》《关于审社报〔2020〕15号审计报告所指问题整改情况报告》《关于增设经开区管理部有关事项的请示》。

（二）住房公积金管理中心。 住房公积金管理中心为湘潭市人民政府不以营利为目的的公益一类事业单位，设10个处（科），4个管理部，0个分中心。从业人员74人，其中，在编43人，非在编31人。

二、业务运行情况

（一）缴存。2020年，新开户单位270家，净增单位117家；新开户职工1.41万人，净增职工-0.37万人；实缴单位2409家，实缴职工18.26万人，缴存额32.18亿元，分别同比增长5.1%、-1.99%、6.27%。2020年末，缴存总额265.87亿元，比上年末增加13.77%；缴存余额88.72亿元，同比增长12.6%。受委托办理住房公积金缴存业务的银行4家。

（二）提取。2020年，8.2万名缴存职工提取住房公积金；提取额22.25亿元，同比增长6.92%；提取额占当年缴存额的69.14%，比上年增加0.41个百分点。2020年末，提取总额177.15亿元，比上年末增加14.36%。

（三）贷款。

1. 个人住房贷款。个人住房贷款最高额度50万元。单缴存职工个人住房贷款最高额度40万元，双缴存职工个人住房贷款最高额度50万元。

2020年，发放个人住房贷款0.0036万笔、0.12亿元，同比分别下降99.38%、99.4%。

2020年，回收个人住房贷款4.32亿元。（不包含"公转商"融资贷款收回数据）

2020年末，累计发放个人住房贷款8.22万笔、154.39亿元，贷款余额83.82亿元，分别比上年末增加0.04%、0.08%、-4.77%。个人住房贷款余额占缴存余额的94.47%，比上年末减少17.25个百分点。受委托办理住房公积金个人住房贷款业务的银行4家。

2. 异地贷款。2020年，发放异地贷款6笔、184.6万元。2020年末，发放异地贷款总额95879.5万元，异地贷款余额36601.24万元。

3. 公转商贴息贷款。2020年，发放公转商贴息贷款3292笔、103179.82万元，当年贴息额969.73万元。2020年末，累计发放公转商贴息贷款3292笔、103179.82万元，累计贴息969.73万元。

4. 住房公积金支持保障性住房建设项目贷款。2020年，发放支持保障性住房建设项目贷款0亿元，回收项目贷款0亿元。2020年末，累计发放项目贷款1.1亿元，项目贷款余额0亿元。

（四）购买国债。2020年，购买国债0亿元，（兑付、转让、收回）国债0亿元。2020年末，国债余额0亿元。

（五）资金存储。2020年末，住房公积金存款7.23亿元。其中，活期0.04亿元，1年（含）以下定期0亿元，1年以上定期0亿元，其他（协定、通知存款等）7.19亿元。

（六）资金运用率。2020年末，住房公积金个人住房贷款余额、项目贷款余额和购买国债余额的总和占缴存余额的94.47%，比上年末减少17.25个百分点。

三、主要财务数据

（一）业务收入。2020年，业务收入29775.05万元，同比下降2.37%。存款利息385.69万元，委托贷款利息29385.66万元，国债利息0万元，其他3.7万元。

（二）业务支出。2020年，业务支出17250.47万元，同比下降13.24%。支付职工住房公积金利息12632.56万元，归集手续费0万元，委托贷款手续费106.1万元，其他4511.81万元。

（三）增值收益。2020年，增值收益12524.58万元，同比增长17.98%。增值收益率1.49%，比上年

增加0.05个百分点。

（四）增值收益分配。 2020年，提取贷款风险准备金1993万元，提取管理费用1943.31万元，提取城市廉租住房建设补充资金12574.27万元。

2020年，上交财政管理费用1943.31万元。上缴财政城市廉租住房建设补充资金12574.27万元。

2020年末，贷款风险准备金余额16851.33万元。累计提取城市廉租住房建设补充资金80029.94万元。

（五）管理费用支出。 2020年，管理费用支出2016.11万元，同比增长6%。其中，人员经费596.58万元，公用经费602.12万元，专项经费817.41万元。

四、资产风险状况

（一）个人住房贷款。 2020年末，个人住房贷款逾期额0万元，逾期率0‰。个人贷款风险准备金余额16851.33万元。

2020年，使用个人贷款风险准备金核销呆坏账0万元。

（二）支持保障性住房建设试点项目贷款。 2020年末，逾期项目贷款0万元，逾期率0‰；项目贷款风险准备金余额0万元。2020年，使用项目贷款风险准备金核销呆坏账0万元。

五、社会经济效益

（一）缴存业务。 缴存职工中，国家机关和事业单位占45.22%，国有企业占31.55%，城镇集体企业占0.37%，外商投资企业占3.99%，城镇私营企业及其他城镇企业占16.54%，民办非企业单位和社会团体占2.01%，灵活就业人员占0%，其他占0.32%；中、低收入占98.88%，高收入占1.12%。

新开户职工中，国家机关和事业单位占27.4%，国有企业占17.58%，城镇集体企业占0.27%，外商投资企业占7.48%，城镇私营企业及其他城镇企业占41.74%，民办非企业单位和社会团体占4.23%，灵活就业人员占0%，其他占1.3%；中、低收入占99.5%，高收入占0.5%。

（二）提取业务。 提取金额中，购买、建造、翻建、大修自住住房占23.27%，偿还购房贷款本息占53.41%，租赁住房占1.47%，支持老旧小区改造占0.02%，离休和退休提取占15.72%，完全丧失劳动能力、与单位终止劳动关系提取占3.55%，出境定居占0%，其他占2.56%。提取职工中，中、低收入占98.81%，高收入占1.19%。

（三）贷款业务。

1. 个人住房贷款。2020年，支持职工购建房39.96万平方米（含公转商贴息贷款），年末个人住房贷款市场占有率（含公转商贴息贷款）为18.35%，比上年末减少3.5个百分点。通过申请住房公积金个人住房贷款，可节约职工购房利息支出25429.06万元。

职工贷款笔数中，购房建筑面积90（含）平方米以下占8.33%，90～144（含）平方米占75%，144平方米以上占16.67%。购买新房占97.22%（其中购买保障性住房占0%），购买二手房占2.78%，建造、翻建、大修自住住房占0%（其中支持老旧小区改造占0%），其他占0%。

职工贷款笔数中，单缴存职工申请贷款占30.56%，双缴存职工申请贷款占69.44%，三人及以上缴存职工共同申请贷款占0%。

贷款职工中，30岁（含）以下占19.44%，30岁~40岁（含）占50%，40岁~50岁（含）占25%，50岁以上占5.56%；首次申请贷款占88.89%，二次及以上申请贷款占11.11%；中、低收入占100%，高收入占0%。

2. 支持保障性住房建设试点项目贷款。2020年末，累计试点项目1个，贷款额度1.1亿元，建筑面积4.25万平方米，可解决386户中低收入职工家庭的住房问题。1个试点项目贷款资金已发放并还清贷款本息。

（四）住房贡献率。2020年，个人住房贷款发放额、公转商贴息贷款发放额、项目贷款发放额、住房消费提取额的总和与当年缴存额的比率为86.49%，比上年减少34.16个百分点。

六、其他重要事项

（一）应对新冠肺炎疫情采取的措施，落实住房公积金阶段性支持政策情况和政策实施成效。受疫情影响，不少企业的生产经营遇到现金流紧张等实际困难，有的甚至无力按时足额缴存住房公积金，对缴存职工正常还贷带来了不少影响，对此，湘潭市住房公积金管理中心在"保"字上下功夫，精准纾困，出台了四条"硬核"举措帮助企业和员工复工复产，解决燃眉之急。

1. 出台政策缓解企业压力。2月26日，湘潭市住房公积金管理中心发布《关于应对新冠肺炎疫情强化住房公积金服务保障的通知》（以下简称《通知》），明确受疫情影响的企业，可按规定申请缓缴住房公积金。全年累计受理降低住房公积金缴存比例的企业19家，为企业降低成本18.60万元；累计受理申请缓缴住房公积金单位45家，涉及缓缴职工10956人，累计缓缴住房公积金4835.20万元。

2. 调整楼盘准入模式。受疫情影响较大的还有房地产企业。对此，湘潭市住房公积金管理中心决定调整楼盘准入模式，实行按揭楼盘备案制，以尽可能缩短按揭楼盘办理期房按揭的时间。全年共办理92个按揭楼盘准入，在一定程度上减少疫情对房地产市场的影响，助推我市房地产市场平稳发展。

3. 主动退还贷款保证金。2020年上半年，为缓解房地产企业流动资金压力，帮助受疫情影响的房地产企业复工，湘潭市住房公积金管理中心仅用了26天时间，完成了《贷款保证金退还实施方案》拟定，以及全市199家房地产开发企业、557个按揭楼盘项目、11373笔、保证金的对账工作，并主动筹措资金，于5月6日前将3.6亿元贷款保证金（含利息）全部退还到位，为促进我市房地产市场平稳发展发挥积极作用。

4. 保障缴存职工的住房公积金权益。2月26日下发的《通知》明确，受疫情影响的职工，如在2020年6月30日前住房公积金贷款不能正常还款的，湘潭市住房公积金管理中心将不对其作逾期处理，不作为逾期记录报送征信部门，积极保障缴存职工的公积金权益在疫情期间不受影响。

（二）当年机构及职能调整情况、受委托办理缴存贷款业务金融机构变更情况。无。

（三）当年住房公积金政策调整及执行情况，包括当年缴存基数限额及确定方法、缴存比例等缴存政策调整情况；当年提取政策调整情况；当年个人住房贷款最高贷款额度、贷款条件等贷款政策调整情况；当年住房公积金存贷款利率执行标准等；支持老旧小区改造政策落实情况。

1. 2020年我市单位和职工个人住房公积金最高月缴存额分别为2079元，合计最高月缴存额为4158元；单位和职工个人住房公积金最低月缴存额分别为100元，合计最低月缴存额为200元，与2019年持平。

2. 2020年暂未调整提取政策。

3. 2020年暂未调整个人住房贷款最高贷款额度、贷款条件等贷款政策。

4. 存款年利率1.5%，职工家庭购买首套住房且首次申请办理住房公积金贷款，按人民银行公布的住房公积金基准利率来执行，即。贷款年限五年（含）以内，贷款年利率为2.75%，贷款年限五年（不含）以上，贷款年利率为3.25%；购买第二套住房或第二次申请住房公积金贷款，贷款利率上浮10%。

5. 《湘潭市支持市城区老旧小区改造十条措施》从2月28日起施行。湘潭市住房公积金管理中心率先落实，在支持和推进老旧小区改造业务办理上实现了零的突破，2020年共有9个居民小区进行了多层住宅增设电梯提取业务，提取金额457272.32元，有效改善了职工居住条件。

（四）当年服务改进情况，包括推进住房公积金服务"跨省通办"工作情况，服务网点、服务设施、服务手段、综合服务平台建设和其他网络载体建设服务情况等。完成了住房和城乡建设部要求的3项跨省通办业务；2020年1月份开始，陆续在手机公积金App上增加了购房、退休、离职等7项提取业务，修改还款卡号、增加贷款标识等5项贷款业务，完善了预约功能；陆续在网上服务大厅（单位版）增加了降低缴存比例审批、年审等功能；设立了经开区管理部。

（五）当年信息化建设情况，包括信息系统升级改造情况，基础数据标准贯彻落实和结算应用系统接入情况等。2020年11月份，综合服务平台建设高分验收通过，按照最新网络安全等级保护三级的标准完成了整改。

（六）当年住房公积金管理中心及职工所获荣誉情况。获评为湖南省文明标兵单位、"零资料办理，一次不用跑，推进部门数据共享"入选湖南省基层改革案例100例、获评为湘潭市2019年度绩效考核优秀单位。

（七）当年对违反《住房公积金管理条例》和相关法规行为进行行政处罚和申请人民法院强制执行情况。无。

（八）当年对住房公积金管理人员违规行为的纠正和处理情况等。无。

（九）其他需要披露的情况。无。

衡阳市住房公积金2020年年度报告

根据国务院《住房公积金管理条例》和住房和城乡建设部、财政部、人民银行《关于健全住房公积金信息披露制度的通知》（建金〔2015〕26号）的规定，经住房公积金管理委员会审议通过，现将衡阳市住房公积金2020年年度报告公布如下。

一、机构概况

（一）**住房公积金管理委员会。**住房公积金管理委员会有29名委员。

（二）**住房公积金管理中心。**住房公积金管理中心为衡阳市人民政府不以营利为目的的正处级事业单位，设10个科室，12个管理部。从业人员148人，其中，在编111人，非在编37人。

二、业务运行情况

（一）缴存。2020年，新开户单位281家，净增单位-61家；新开户职工2.67万人，净增职工0.44万人；实缴单位4118家，同比下降1.46%，实缴职工33.24万人，同比增加1.34%，缴存额49.90亿元，同比增加7.17%。2020年末，缴存总额343.88亿元，比上年末增加16.97%；缴存余额159.21亿元，同比增长15.27%。

受委托办理住房公积金缴存业务的银行8家，与上年度相比无变化。

（二）提取。2020年，9.25万名缴存职工提取住房公积金；提取额28.81亿元，同比增长31.43%；提取额占当年缴存额的57.72%，比上年增加10.65个百分点。2020年末，提取总额184.67亿元，比上年末增加18.48%。

（三）贷款。

1. 个人住房贷款。个人住房贷款最高额度50万元。单缴存职工个人住房贷款最高额度与双缴存职工个人住房贷款最高额度均为50万元。

2020年，发放个人住房贷款0.53万笔，同比下降1.17%、发放个人住房贷款19.61亿元，同比增长7.62%。

2020年，回收个人住房贷款13.01亿元。

2020年末，累计发放个人住房贷款9.25万笔、203.46亿元，贷款余额115.32亿元，分别比上年末增加6.11%、10.67%、6.08%。个人住房贷款余额占缴存余额的72.43%，比上年末减少6.28个百分点。受委托办理住房公积金个人住房贷款业务的银行8家。

2. 异地贷款。2020年，发放异地贷款36笔、1248.00万元。2020年末，发放异地贷款总额39515.50万元，异地贷款余额28988.13万元。

（四）资金存储。2020年末，住房公积金存款48.97亿元。其中，活期9.19亿元，1年（含）以下定期5.1亿元，1年以上定期34.68亿元。

（五）资金运用率。2020年末，住房公积金个人住房贷款余额、项目贷款余额和购买国债余额的总和占缴存余额的72.43%，比上年末减少6.28个百分点。

三、主要财务数据

（一）业务收入。2020年，业务收入50093.52万元，同比增长13.65%。存款利息13434.42万元，委托贷款利息36507.85万元，国债利息0万元，其他151.25万元。

（二）业务支出。2020年，业务支出23171.45万元，同比增长18.51%。支付职工住房公积金利息22424.53万元，归集手续费0万元，委托贷款手续费468.85万元，其他278.07万元。

（三）增值收益。2020年，增值收益26922.07万元，同比增长9.78%。增值收益率1.81%，比上年减少0.14个百分点。

（四）增值收益分配。2020年，提取贷款风险准备金1321.02万元；提取管理费用2931.00万元，提取城市廉租住房（公共租赁住房）建设补充资金22670.05万元。

2020年，上交财政管理费用2931.00万元。上缴财政城市廉租住房（公共租赁住房）建设补充资金

21799.45万元。

2020年末，贷款风险准备金余额23063.78万元。累计提取城市廉租住房（公共租赁住房）建设补充资金134898.29万元。

（五）管理费用支出。 2020年，管理费用支出3639.82万元，同比增长2.56%。其中，人员经费2310.56万元，公用经费565.12万元，专项经费764.14万元。

四、资产风险状况

个人住房贷款。2020年末，个人住房贷款逾期额496.65万元，逾期率0.43‰。个人贷款风险准备金余额23063.78万元。2020年，使用个人贷款风险准备金核销呆坏账0万元。

五、社会经济效益

（一）缴存业务。 缴存职工中，国家机关和事业单位占56.51%，国有企业11.56占%，城镇集体企业占0.48%，外商投资企业占1.02%，城镇私营企业及其他城镇企业占18.77%，民办非企业单位和社会团体占2.40%，其他占9.26%；中、低收入占99.82%，高收入占0.18%。

新开户职工中，国家机关和事业单位占23.63%，国有企业占4.71%，城镇集体企业占0.41%，外商投资企业占1.81%，城镇私营企业及其他城镇企业占40.97%，民办非企业单位和社会团体占6.77%，其他占21.70%；中、低收入占99.95%，高收入占0.05%。

（二）提取业务。 提取金额中，购买、建造、翻建、大修自住住房占28.32%，偿还购房贷款本息占42.83%，租赁住房占2.64%，离休和退休提取占18.38%，完全丧失劳动能力并与单位终止劳动关系提取占2.79%，出境定居占0.88%，其他占4.16%。提取职工中，中、低收入占97.27%，高收入占2.73%。

（三）贷款业务。

个人住房贷款。2020年，支持职工购建房68.24万平方米，年末个人住房贷款市场占有率为13.33%，比上年末减少1.7个百分点。通过申请住房公积金个人住房贷款，可节约职工购房利息支出29648.96万元。

职工贷款笔数中，购房建筑面积90（含）平方米以下占7.74%，90~144（含）平方米占79.27%，144平方米以上占12.99%。购买新房95.58%，购买二手房占1.16%，建造、翻建、大修自住住房占0.24%。

职工贷款笔数中，单缴存职工申请贷款占29.07%，双缴存职工申请贷款占70.93%。

贷款职工中，30岁（含）以下占27.02%，30岁~40岁（含）占41.80%，40岁~50岁（含）占26.80%，50岁以上占4.38%；首次申请贷款占91.21%，二次及以上申请贷款占8.79%；中、低收入占99.87%，高收入占0.03%。

（四）住房贡献率。 2020年，个人住房贷款发放额、公转商贴息贷款发放额、项目贷款发放额、住房消费提取额的总和与当年缴存额的比率为82.53%，比上年增加10.26个百分点。

六、其他重要事项

（一）应对新冠肺炎疫情采取的措施，落实住房公积金阶段性支持政策情况和政策实施成效。2020年

2月中心出台了《关于配合做好新冠肺炎疫情防控工作加强住房公积金业务支持的公告》，从疫情防控工作实际出发，加强住房公积金业务支持企业。

一是对因受新冠肺炎疫情影响的企业，在新冠疫情期间未能及时缴存住房公积金的，其职工在此期间申请住房公积金贷款时，视同连续缴存。

二是对因感染新冠肺炎住院治疗或被隔离、疫情防控需要被隔离观察，被隔离期间不能正常偿还住房公积金贷款的，凭住院证明可不作为逾期记录报送征信部门。

三是对受疫情影响的人员（包括因感染新冠肺炎住院治疗或隔离人员、疫情防控需要隔离观察人员），办理公积金业务时，如提供的材料时限超过规定有效期的，可延长有效期3个月。

四是对接衡阳市政务公开政务服务领导小组办公室，拟定了《申请降低缴存比例或缓缴住房公积金》的指南，方便企业办理相关业务，为降低企业成本做好基础服务工作。在住房公积金阶段性支持政策实施期间，截至6月30日，累计缓缴单位98家，累计缓缴人员20019人，累计缓缴金额3297.5万元。

（二）当年机构及职能调整情况、受委托办理缴存贷款业务金融机构变更情况。2020年机构及职能未做调整，受委托办理缴存贷款业务金融机构未变化。

（三）当年住房公积金政策调整及执行情况。

1. 当年缴存基数限额及确定方法、缴存比例执行情况。缴存单位其单位和职工住房公积金缴存比例各为5%~12%之间，即单位和职工月缴存比例最低不得低于各5%，最高不得高于各12%。其单位和职工住房公积金最高月缴存额之和不得超过4386元/月，最低月缴存额之和不得低于154元/月。

2. 为适应社会发展，支持老旧小区改造，中心已出台了《衡阳市住房公积金管理中心关于缴存职工既有住宅增设电梯提取住房公积金管理办法》，为职工既有住宅增设电梯的资金需求提供了有力支持。

3. 个人住房贷款最高贷款额度为50万元。

4. 职工住房公积金账户存款利率按一年期定期存款基准利率（1.5%）执行。住房公积金个人住房贷款5年期内（含）贷款年利率为2.75%，5年期以上贷款年利率为3.25%。第二次住房公积金贷款利率上浮10%。

（四）当年服务改进情况。

1. 综合服务平台建设使用情况。为深入推进"放管服"改革，中心不断拓展和完善门户网站、网上服务大厅、自助终端、微信、微博、手机客户端、短信、12329服务热线8大服务平台功能，以"优秀"等级通过了住房和城乡建设部和省住房城乡建设厅组成的联合验收组的检查验收。截止到2020年底，我中心综合服务平台网上注册用户已达到15万余人，当年通过网厅、"手机公积金"App等渠道办理住房公积金业务11395笔，金额合计5.12亿元（其中线上提取金额2.3亿元，线上提前偿还公积金贷款金额1亿元，汇缴1.82亿元）。

2. "跨省通办"工作情况。根据国务院、住房和城乡建设部有关住房公积金服务"跨省通办"工作的相关要求，中心制定了《中心"跨省通办"工作实施方案》，对"跨省通办"工作的8个事项，明确了业务办理模式及岗位工作职责、梳理出了中心作为受理地和属地的办理流程，确保了"跨省通办"工作的顺利开展。

（五）当年信息化建设情况。2020年度根据上级要求和住房公积金政策调整，对现有住房公积金业务系统进行了优化和完善，完成资金监管系统开发；与各部门的数据共享进得新的进展。中心与市住房和城乡建设局合作，共同开发了信息共享平台，通过这个平台，中心各管理部可以查询市本级及六个县的商品房备案合同信息。此外，中心还接入了全省公积金数据共享平台，通过该平台，可以查询全省各市州住房公积金、房产网签、婚姻、户籍等信息，方便中心工作人员核查职工申请材料的真实性；中心"双贯标"工作已通过住房和城乡建设部检查验收，标志着我中心构建的住房公积金基础数据信息和银行结算数据应用系统达到行业标准规范要求。中心还按照住房和城乡建设部要求，进一步完善了全国公积金异地转移接续直连平台。

（六）当年住房公积金管理中心及职工所获荣誉情况。中心顺利通过全国文明单位复评，被评为市目标管理绩效考核良好单位。

邵阳市住房公积金 2020 年年度报告

根据国务院《住房公积金管理条例》和住房和城乡建设部、财政部、人民银行《关于健全住房公积金信息披露制度的通知》（建金〔2015〕26 号）的规定，经住房公积金管理委员会审议通过，现将邵阳市住房公积金 2020 年年度报告公布如下。

一、机构概况

（一）住房公积金管理委员会。住房公积金管理委员会有 26 名委员，2020 年召开一次会议，审议通过的事项主要包括：审议通过我市住房公积金 2019 年年度报告；审议通过我市住房公积金 2020 年度归集、使用计划；审计通过市住房公积金管理中心 2020 年经费预算；审议通过市住房公积金管理中心 2020 年信息化建设工作方案；审议通过市住房公积金管理中心办公院落消防、监控设施维修预算；审议通过市住房公积金管理中心办公楼后院（原财政局家属楼）办证过户费预算。

（二）住房公积金管理中心。住房公积金管理中心为市政府直属的公益一类事业单位，设 11 个科室，12 个管理部。从业人员 156 人，其中在编 124 人，非在编 32 人。

二、业务运行情况

（一）缴存。2020 年，新开户单位 230 家，净增单位－200 家；新开户职工 2.39 万人，净增职工 0.42 万人；实缴单位 4036 家，实缴职工 24.22 万人，缴存额 40.87 亿元，分别同比增长－5％、2％、10％。2020 年末，缴存总额 268.68 亿元，比上年末增加 18％；缴存余额 145.48 亿元，同比增长 12％。受委托办理住房公积金缴存业务的银行 12 家。

（二）提取。2020 年，7.02 万名缴存职工提取住房公积金；提取额 25.14 亿元，同比增长 14％；提取额占当年缴存额的 62％，比上年增加 3 个百分点。2020 年末，提取总额 123.20 亿元，比上年末增加 26％。

（三）贷款。

1. 个人住房贷款。个人住房贷款最高额度 50 万元。2020 年，发放个人住房贷款 0.74 万笔、28.29

亿元,同比分别增长6%、13%。2020年,回收个人住房贷款13.76亿元。2020年末,累计发放个人住房贷款9.43万笔、210.22亿元,贷款余额126.25亿元,分别比上年末增加9%、16%、13%。个人住房贷款余额占缴存余额的87%,比上年末增加1个百分点。受委托办理住房公积金个人住房贷款业务的银行6家。

2. 异地贷款。2020年,发放异地贷款588笔、19862万元。2020年末,发放异地贷款总额52770万元,异地贷款余额48442.9万元。

3. 公转商贴息贷款。无。

4. 住房公积金支持保障性住房建设项目贷款。无。

(四)购买国债。无。

(五)资金存储。2020年末,住房公积金存款21.68亿元。其中,活期0.02亿元,1年(含)以下定期0亿元,1年以上定期15.41亿元,其他(协定、通知存款等)6.25亿元。

(六)资金运用率。2020年末,住房公积金个人住房贷款余额占缴存余额的87%,比上年末增加1个百分点。

三、主要财务数据

(一)业务收入。2020年,业务收入46592.13万元,同比增长13%。其中,存款利息7073.12万元,委托贷款利息39321万元,国债利息0万元,其他198.01万元。

(二)业务支出。2020年,业务支出21465.70万元,同比增长14%。其中,支付职工住房公积金利息20570.52万元,归集手续费0万元,委托贷款手续费775.66万元,其他119.52万元。

(三)增值收益。2020年,增值收益25126.43万元,同比增长13%。增值收益率1.82%,比上年减少0.01个百分点。

(四)增值收益分配。2020年,提取贷款风险准备金2906.27万元;提取管理费用4423.16万元,提取城市廉租住房建设补充资金17797万元。2020年,上交财政管理费用4423.16万元。上缴财政城市廉租住房建设补充资金15378万元。2020年末,贷款风险准备金余额25249.65万元。累计提取城市廉租住房(公共租赁住房)建设补充资金91077万元。

(五)管理费用支出。2020年,管理费用支出4385.06万元,同比增长0.93%。其中,人员经费2954.12万元,公用经费931.49万元,专项经费499.45万元。

四、资产风险状况

(一)个人住房贷款。2020年末,个人住房贷款逾期额50.11万元,逾期率0.04‰。个人贷款风险准备金余额25249.65万元。2020年,使用个人贷款风险准备金核销呆坏账0万元。

(二)支持保障性住房建设试点项目贷款。无。

五、社会经济效益

(一)缴存业务。缴存职工中,国家机关和事业单位占71.61%,国有企业占15.16%,城镇集体企业占0.48%,外商投资企业占0.52%,城镇私营企业及其他城镇企业占11.71%,民办非企业单位和社会团体占0.23%，灵活就业人员占0%，其他占0.29%；中、低收入占100%，高收入占0%。

新开户职工中，国家机关和事业单位占58.86%，国有企业占6.02%，城镇集体企业占4.76%，外商投资企业占10.66%，城镇私营企业及其他城镇企业占15.08%，民办非企业单位和社会团体占4.62%，灵活就业人员占0%，其他占0%；中、低收入占100%，高收入占0%。

（二）提取业务。提取金额中，购买、建造、翻建、大修自住住房占32.17%，偿还购房贷款本息占45.77%，租赁住房占0.04%，支持老旧小区改造占0%，离休和退休提取占19.07%，完全丧失劳动能力并与单位终止劳动关系提取占1.64%，出境定居占0%，其他占1.31%。提取职工中，中、低收入占100%，高收入占0%。

（三）贷款业务。

1. 个人住房贷款。2020年，支持职工购建房90.18万平方米，年末个人住房贷款市场占有率为23.41%，比上年末减少2.96个百分点。通过申请住房公积金个人住房贷款，可节约职工购房利息支出44817元。

职工贷款笔数中，购房建筑面积90（含）平方米以下占3.33%，90～144（含）平方米占62.4%，144平方米以上占34.27%。购买新房占91%，购买二手房占8.5%，建造、翻建、大修自住住房占0.5%，其他占0%。

职工贷款笔数中，单缴存职工申请贷款占23.83%，双缴存职工申请贷款占76.17%，三人及以上缴存职工共同申请贷款占0%。

贷款职工中，30岁（含）以下占20.57%，30岁～40岁（含）占42.33%，40岁～50岁（含）占28.2%，50岁以上占8.9%；首次申请贷款占81.14%，二次及以上申请贷款占18.86%；中、低收入占100%，高收入占0%。

2. 支持保障性住房建设试点项目贷款。无。

（四）住房贡献率。2020年，个人住房贷款发放额、住房消费提取额的总和与当年缴存额的比率为117%，比上年增加4个百分点。

六、其他重要事项

（一）应对新冠肺炎疫情采取的措施，落实住房公积金阶段性支持政策情况和政策实施成效。认真贯彻落实中央和省市关于降低实体经济成本、减轻企业非税负担的要求，政策与进一步优化营商环境战略相匹配。出台《邵阳市住房公积金缓缴、降低缴存比例操作办法》，为企业减负提供政策支持，大力推行惠民利企新政，解决企业急难愁苦问题。截至年底，共有邵阳爱尔眼科医院等6家缴存单位申请缓缴或降低缴存比例，惠及缴存职工1267人，缓缴住房公积金485万元。积极支持企业复工复产，出台应对新冠肺炎疫情提供阶段性政策支持，助力尽快恢复社会经济秩序。共有南方水泥等4家受疫情影响的企业申请缓缴，惠及缴存职工531人，缓缴住房公积金308万元。与市住建局等四部门联合制定出台了《邵阳市既有多层住宅增设电梯办理细则》，允许我市既有多层住宅增设电梯竣工后可提取住房公积金，有力支持了我市老旧小区改造工作，改善了人居环境。

（二）当年机构及职能调整情况、受委托办理缴存贷款业务金融机构变更情况。2020年4月，市编委印发《邵阳市住房公积金管理中心职能配置、内设机构和人员编制规定》，明确中心为市政府直属公益一类事业单位，正处级。下设办公室等 11 个内设机构，正科级；下设城区管理部等 12 个直属机构，正科级；核定自收自支事业编制 115 名。受委托办理缴存贷款业务金融机构无变更。

（三）当年住房公积金政策调整及执行情况。我市住房公积金缴存比例为 5%～12%。2020 年 7 月，下发《关于调整 2020 年度住房公积金缴存比例及缴存基数的通知》，从 2020 年 1 月 1 日起，我市职工月缴存总额不得超过 3950 元、不得低于 138 元。2020 年 11 月，出台《邵阳市灵活就业人员缴存住房公积金管理办法（试行）》；已出台《关于印发邵阳市既有多层住宅增设电梯实施细则的通知》，新增"既有多层住宅增设电梯提取住房公积金"事项。

2020 年，我市住房公积金个人住房贷款最高额度为 50 万元，现行利率 5 年以下（含 5 年）年利率为 2.75%，5 年以上年利率为 3.25%（第二次使用住房公积金贷款的，利率按现行利率 1.1 倍执行）。

（四）当年服务改进情况。一是制定出台《服务窗口规范化服务标准》《政务服务"好差评"制度和"服务满意度"制度》，下发《关于推行服务窗口文明服务"十步曲"的通知》，巩固提升全国文明单位建设成果，进一步健全服务规范，细化服务标准，提高服务水平，群众满意度不断提升。二是通过增设双清、北塔两个服务网点，开展业务分流，实现网点全市覆盖，住房公积金业务"就近办"。三是积极推进"互联网＋政务服务"改革，开展"我要办理就业登记""我要办住房公积金贷款""我要提取住房公积金""我要缓缴住房公积金"等事项整合工作，实现企业和群众办事"只进一扇门"。着力打造住房公积金网上业务大厅，利用微信公众号、支付宝等平台，实现了离退休提取、离职提取等业务线上办结，让缴存人足不出户就可以办理住房公积金业务，体验线上业务带来的便利。2020 年底实现了个人缴存贷款等信息查询、出具贷款职工缴存使用证明、退休提取等三项服务事项的"跨省通办"，达到了住房和城乡建设部做好住房公积金服务"跨省通办"工作的通知要求。

（五）当年信息化建设情况。中心紧紧围绕中心综合服务平台建设这一工作重点，大力强化信息化建设。一是将 2020 年确定为信息化建设年，制定出台《中心信息化建设三年规划》。二是综合服务平台建设深度不断扩大，服务渠道不断扩张。完成中心网站、网上业务大厅、12329 热线、12329 短信、微信公众平台、手机公积金 App、自助查询终端 7 个渠道的建设和上线测试运行，并创新建成了支付宝城市服务、银行 App 公积金查询、邵阳市政务服务网公积金业务办理咨询 3 项便民服务。开通线上 CA 登录集成、微信人脸识别及支付宝人脸识别，不断提升业务办理"离柜率"，提高办事效率在住房和城乡建设部组织的综合服务平台的考核验收中排名全省第二名。三是加强安全保障体系建设。出台《中心计算机运行维护管理规定》《中心计算机病毒防治管理办法》等多项信息安全制度，严格执行国家信息系统安全规范，保障渠道设施、终端设备、通信线路和服务平台安全，实现线上业务、资金和信息安全。四是实现了住房公积金财务集中管理模式。启动业务系统升级改造工作，全面推进中心财务集中管理统一核算模式，账户统一设立，资金实时结算，自动匹配入账，使管理模式更加规范，资金运作更加科学，业务流程更加优化，服务群众更加便捷。

（六）当年住房公积金管理中心及职工所获荣誉情况。2020 年，中心全国文明单位成功通过复检验收，中心荣获全市党委信息工作先进单位、市直机关党建工作优秀单位、2020 年度宣传思想工作先进单位、部门决算先进单位、全市"双联"和城市困难职工解困脱困工作先进单位、市委宣传部"绘就新蓝图、开启新征程"市直机关党的理论知识竞赛三等奖。城区管理部获得全省住房城乡建设系统单项工作突出单位；双清管理部获得十大最美服务窗口；绥宁县管理部被评为县绩效考核先进单位；洞口县管理部获得县综治工作先进单位，并获得县文明单位；邵阳县管理部连续五年获得县绩效考核先进单位；新邵管理部连续三年获得"新邵县扶贫工作"先进单位；邵东市管理部连续两年获得邵东市宣传思想工作先进单位，邵东市管理部归集提取岗获省巾帼文明岗；新宁管理部连续三年获得综合治理先进单位；武冈市管理部被评为市平安建设工作先进单位。城区管理部王佐堂同志获得市直机关工委优秀共产党员，办公室胡亚男同志获得市直机关工委优秀党务工作者，武冈市管理部孙先哲同志获得市委宣传部"绘就新蓝图、开启新征程"市直机关党的理论知识竞赛优秀选手称号。办公室马军同志获得全市党委信息工作先进个人。

（七）当年对违反《住房公积金管理条例》和相关法规行为进行行政处罚和申请人民法院强制执行情况。无。

（八）当年对住房公积金管理人员违规行为的纠正和处理情况等。无。

（九）其他需要披露的情况。无。

岳阳市住房公积金 2020 年年度报告

根据国务院《住房公积金管理条例》和住房和城乡建设部、财政部、人民银行《关于健全住房公积金信息披露制度的通知》（建金〔2015〕26 号）规定，经住房公积金管理委员会审议通过，现将岳阳市住房公积金 2020 年年度报告公布如下。

一、机构概况

（一）住房公积金管理委员会。住房公积金管理委员会有 29 名委员，2020 年召开了 1 次会议，审议通过的事项主要包括：

1.《岳阳市 2019 年度住房公积金归集、使用计划执行情况的报告》；
2.《关于核定 2019 年市住房公积金增值收益分配方案的请示》；
3.《岳阳市住房公积金 2019 年年度报告》；
4.《岳阳市 2020 年度住房公积金归集、使用计划的报告》；
5.《关于调整和明确部分住房公积金提取和贷款政策的请示》；
6.《关于推进全市住房公积金缴存单位按月汇缴的请示》；
7.《关于进一步优化住房公积金业务管理信息系统的请示》；
8.《关于推动相关部门与市住房公积金管理中心实现信息共享的请示》；
9.《关于重建岳阳市住房公积金管理中心岳阳县管理部服务大楼的请示》。

（二）住房公积金管理中心。住房公积金管理中心为市人民政府直属正处级公益一类经费自理事业单位，设 16 个科室和部门，11 个管理部，从业人员 199 人（其中，在编 124 人，非在编 75 人）。

二、业务运行情况

（一）缴存。2020 年，新开户单位 437 家，净增单位－70 家；新开户职工 2.4 万人，净增职工 0.45

万人；实缴单位 4687 家，实缴职工 27.18 万人，缴存额 44.89 亿元，分别同比增长－1.47%、1.68%、9.27%。2020 年末，缴存总额 334.46 亿元，比上年末增长 15.5%；缴存余额 174.38 亿元，同比增长 13.95%。

受委托办理住房公积金缴存业务的银行 14 家，比上年增加 0 家。

（二）提取。2020 年，6.4 万名缴存职工提取住房公积金；提取额 23.55 亿元，同比增长 15.67%；占当年缴存额的 52.46%，比上年增长 2.9 个百分点。2020 年末，提取总额 160.08 亿元，比上年末增长 17.24%。

（三）贷款。

1. 个人住房贷款。在本市城区内（岳阳楼区、经济技术开发区、南湖新区）购建自住住房，个人住房贷款最高额度 60 万元，其中，单缴存职工最高额度 50 万元，双缴存职工最高额度 60 万元。在本市下辖其他县（市、区）购建自住住房，个人住房贷款最高额度 50 万元，其中，单缴存职工最高额度 40 万元，双缴存职工最高额度 50 万元。

2020 年，发放个人住房贷款 0.57 万笔、21.68 亿元，同比分别下降 5%、10.52%。

2020 年，回收个人住房贷款 13.28 亿元。

2020 年末，累计发放个人住房贷款 8.89 万笔、213.41 亿元，贷款余额 133.48 亿元，同比分别增长 6.85%、11.31%、6.71%。个人住房贷款余额占缴存余额的 76.55%，比上年末减少 5.19 个百分点。受委托办理住房公积金个人住房贷款业务的银行 7 家。

2. 异地贷款。2020 年，发放异地贷款 0 笔、0 万元。2020 年末，发放异地贷款总额 105175 万元，异地贷款余额 76242.12 万元。

3. 公转商贴息贷款。2020 年，发放公转商贴息贷款 0 笔、0 万元，支持职工购建住房面积 0 万平方米，当年贴息额 0 万元。2020 年末，累计发放公转商贴息贷款 0 笔、0 万元，累计贴息 0 万元。

4. 住房公积金支持保障性住房建设项目贷款。2020 年，发放支持保障性住房建设项目贷款 0 亿元，回收项目贷款 0 亿元。2020 年末，累计发放项目贷款 4.56 亿元，项目贷款余额 0 亿元。

（四）购买国债。2020 年，购买（记账式、凭证式）国债 0 亿元，兑付（转让、收回）国债 0 亿元。2020 年末，国债余额 0 亿元，比上年减少（增加）0 亿元。

（五）资金存储。2020 年末，住房公积金存款 42.69 亿元。其中，活期 0.06 亿元，1 年（含）以下定期 0 亿元，1 年以上定期 40.7 亿元，其他（协定、通知存款等）1.93 亿元。

（六）资金运用率。2020 年末，住房公积金个人住房贷款余额、项目贷款余额和购买国债余额的总和占缴存余额的 76.55%，比上年减少 5.19 个百分点。

三、主要财务数据

（一）业务收入。2020 年，业务收入 56176.75 万元，同比增长 13.86%。存款利息 13053.67 万元，委托贷款利息 43118.19 万元，国债利息 0 万元，其他 4.89 万元。

（二）业务支出。2020 年，业务支出 24776.75 万元，同比增长 16.11%。其中，支付职工住房公积金利息 24734.30 万元，归集手续费 0 万元，委托贷款手续费 0 万元，其他 42.45 万元。

（三）增值收益。2020 年，增值收益 31400 万元，同比增长 12.14%。增值收益率 1.91%，比上年减少 0.05 个百分点。

（四）增值收益分配。2020 年，提取贷款风险准备金 1680 万元，提取管理费用 5718.50 万元，提取城市廉租住房（公共租赁住房）建设补充资金 24001.50 万元。

2020 年，上交财政管理费用 4757.96 万元。上缴财政城市廉租住房（公共租赁住房）建设补充资金 26853.74 万元。

2020 年末，贷款风险准备金余额 26696.01 万元。累计提取城市廉租住房（公共租赁住房）建设补充资金 140465.77 万元。

（五）管理费用支出。2020 年，管理费用支出 4388.25 万元，同比增长 1.03%。其中，人员经费 2068.49 万元，公用经费 1570.54 万元，专项经费 749.22 万元。

四、资产风险状况

（一）个人住房贷款。2020 年末，个人住房贷款逾期额 597.35 万元，逾期率 0.45‰，经湖南省住房和城乡建设厅审批同意，在剔除已进入司法程序的逾期贷款后，期末个人住房贷款逾期率为 0.05‰，符合年度计划个人住房贷款逾期率控制在 0.3‰ 以下的要求。个人贷款风险准备金按贷款余额的 2% 提取。2020 年末，个人贷款风险准备金余额 26696.01 万元。2020 年，提取个人贷款风险准备金 1680 万元，使用个人贷款风险准备金核销呆坏账 0 万元。

（二）支持保障性住房建设试点项目贷款。2020 年末，逾期项目贷款 0 万元，逾期率 0‰；项目贷款风险准备金余额 0 万元。2020 年，使用项目贷款风险准备金核销呆坏账 0 万元。

五、社会经济效益

（一）缴存业务。缴存职工中，国家机关和事业单位占 53.99%，国有企业占 20.93%，城镇集体企业占 1.96%，外商投资企业占 1.61%，城镇私营企业及其他城镇企业占 18.32%，民办非企业单位和社会团体占 1.35%，灵活就业人员占 0%，其他占 1.84%；中、低收入占 100%，高收入占 0%。

新开户职工中，国家机关和事业单位占 24.4%，国有企业占 9.13%，城镇集体企业占 2.31%，外商投资企业占 2.76%，城镇私营企业及其他城镇企业占 55.23%，民办非企业单位和社会团体占 2.36%，灵活就业人员占 0%，其他占 3.81%；中、低收入占 100%，高收入占 0%。

（二）提取业务。提取金额中，购买、建造、翻建、大修自住住房占 19.57%，偿还购房贷款本息占 44.03%，租赁住房占 1.67%，支持老旧小区改造占 0%，离休和退休提取占 27.86%，完全丧失劳动能力并与单位终止劳动关系提取占 4.15%，户口迁出本市或出境定居占 1.11%，其他占 1.61%。提取职工中，中、低收入占 99.99%，高收入占 0.01%。

（三）贷款业务。

1. 个人住房贷款。2020 年，支持职工购建房 71.29 万平方米，年末个人住房贷款市场占有率为 20.50%，比上年减少 2.82 个百分点。通过申请住房公积金个人住房贷款，可节约职工购房利息支出 57430 万元。

职工贷款笔数中，购房建筑面积 90（含）平方米以下占 5.3%，90～144（含）平方米占 85.09%，144 平方米以上占 9.61%。购买新房占 89.32%（其中购买保障性住房占 0%），购买存量商品住房占

10.68%，建造、翻建、大修自住住房占 0%，（其中支持老旧小区改造占 0%，）其他占 0%。

职工贷款笔数中，单缴存职工申请贷款占 63.16%，双缴存职工申请贷款占 36.84%，三人及以上缴存职工共同申请贷款占 0%。

贷款职工中，30 岁（含）以下占 32%，30 岁~40 岁（含）占 41.28%，40 岁~50 岁（含）占 23.96%，50 岁以上占 2.76%；首次申请贷款占 70.01%，二次及以上申请贷款占 29.99%；中、低收入占 100%，高收入占 0%。

2. 支持保障性住房建设试点项目贷款。2020 年末，累计支持试点项目 5 个，贷款额度 4.56 亿元，建筑面积 65.97 万平方米，可解决 5231 户中低收入职工家庭的住房问题。5 个试点项目贷款资金已发放并还清贷款本息。

（四）住房贡献率。 2020 年，个人住房贷款发放额、公转商贴息贷款发放额、项目贷款发放额、住房消费提取额的总和与当年缴存额的比率为 82.53%，比上年减少 8.94 个百分点。

六、其他重要事项

（一）应对新冠肺炎疫情采取的措施，落实住房公积金阶段性政策情况和政策实施成效。 根据住房和城乡建设部、财政部、中国人民银行《关于妥善应对新冠肺炎疫情实施住房公积金阶段性支持政策的通知》（建金〔2020〕23 号）和湖南省住房公积金监管处《关于做好全省住房公积金系统新型冠状病毒感染的肺炎疫情防控工作的通知》要求，我中心结合本地实际，印发了《岳阳市住房公积金管理中心关于应对新型冠状病毒感染的肺炎疫情做好住房公积金管理服务工作的通知》（岳市公积〔2020〕13 号），并根据实际情况对有关内容进行调整，印发《岳阳市住房公积金管理中心关于取消新冠肺炎疫情期间单位申请缓缴住房公积金相关证明的通知》（岳市公积〔2020〕31 号）。共 81 家企业申请缓缴 19964 万元。

（二）当年机构及职能调整情况、受委托办理缴存贷款业务金融机构变更情况。 岳阳市住房公积金管理中心为岳阳市人民政府直属正处级公益一类经费自理事业单位，设 12 个内设机构。综合科、客户服务科、资金结算科、会计核算科、归集提取科、贷款管理科、风险防控科（内部审计科）、政策法规科、信息管理科、行政保卫科、财务管理科、人事教育科；按章程和相关规定设置。机关党委、机关纪委、机关工会和离退休人员管理服务科。中心下辖市直管理部、平江县管理部、岳阳县管理部、华容县管理部、湘阴县管理部、临湘市管理部、汨罗市管理部、岳阳楼区管理部、云溪区管理部、君山区管理部、屈原管理部等 11 个正科级分支机构。

2020 年受托办理缴存业务的金融机构未发生变化。

2020 年办理住房公积金贷款个人扣款的金融机构未发生变化。

（三）当年住房公积金政策调整及执行情况，包括当年缴存基数限额及确定方法、缴存比例等缴存政策调整情况；当年提取政策调整情况；当年个人住房贷款最高贷款额度、贷款条件等贷款政策调整情况；当年住房公积金存贷款利率执行标准等；支持老旧小区落实情况。

1. 当年缴存政策调整情况

根据《关于发布 2020 年度岳阳市住房公积金缴存标准的通知》（岳住委办〔2020〕4 号）文件，我市执行 2020 年最新缴存标准缴存。

2020 年我市缴存标准为：根据管委会批复执行，最低不低于 458 元，最高不超过 3888 元。另根据

《关于规范和阶段性适当降低住房公积金缴存比例的通知》文件精神，缴存困难企业可向管理中心申请降低缴存标准和比例，但最低缴存标准不得低于276元。确定最高标准是不超过2019年度岳阳市职工月平均工资的三倍乘以12%缴存比例。

2.当年提取政策调整情况

（1）为了规范住房公积金个人账户管理，保障缴存职工权益，方便缴存职工办理住房公积金业务，根据我中心工作实际情况，新增了睡眠账户提取类型并制定了相关细则。

（2）为了支持和配合老旧小区改造，新增了既有住宅增设电梯提取类型。

（3）取消了家庭生活困难提取类型。

3.当年贷款政策调整情况

主要调整内容：

（1）当年个人住房公积金贷款最高贷款额度无变化；

（2）当年个人住房公积金贷款利率无变化；

（3）为切实保障受疫情影响缴存职工的贷款权益，我中心严格按照住房和城乡建设部办公厅《关于应对新型冠状病毒感染的肺炎疫情做好住房公积金管理服务工作的通知》（建办金函〔2020〕71号）精神，为受疫情影响缓缴单位职工发放住房公积金贷款共计85笔。

（四）当年服务改进情况，包括推进住房公积金服务网点、服务设施、服务手段、综合服务平台建设和其他网络载体建设服务情况等。

1.2020年7月设立园区服务窗口，为经济技术开发区和城陵矶新港区的住房公积金缴存职工提供缴存、提取和贷款等一系列住房公积金服务。

2.全面推行"贷款跑两次"，将原来需要"跑一次"的抵押放贷手续提前到合同签订步骤签字，相关事宜由中心工作人员负责落实，从而让客户少跑一次。

3.为方便职工贷款办理，规避业务风险，杜绝本地不动产信息造假，经多方协调，中心于12月接入不动产业务系统，实现自办产权查询、抵押登记和撤押登记业务，做到了贷款一站式办理。

（五）当年信息化建设情况。

1.根据国家网络安全法及公安机关对信息安全保护条例规定，中心严格按照三级等保标准对机房服务器机柜和网络机柜进行重新规划和调整，所有设备重新规范布线和标识，新增冗余核心交换设备、防火墙、日志审计设备和网络安全设备，并配置机房环境监测系统。

2.根据《住房和城乡建设部关于加快建设住房公积金综合服务平台的通知》要求，中心按照"模式金融化、管理标准化、业务智能化、服务社会化"的标准，有序开展综合服务平台的建设工作，并于11月底顺利通过省部两级专家组验收。

（六）当年住房公积金管理中心及职工所获荣誉情况。

岳阳市住房公积金管理中心2020年度省级文明标兵单位复查合格，保牌成功；

岳阳市住房公积金管理中心获得2020年度平安建设合格单位；

市直管理部获得2020年度省住房公积金管理工作突出单位；

市直管理部分部获得2020年度市政务服务中心十佳示范窗口；

华容县管理部获得2020年度华容县综合绩效考评先进单位；

叶积安同志被评为2020年度市政府防汛救灾先进个人；

吴胜同志被评为2020年度市政府疫情防控先进个人；

余静同志获得2020年度屈原管理区三等功荣誉。

（七）当年对违反《住房公积金管理条例》和相关法规行为进行行政处罚和申请人民法院强制执行情况。

1. 中心与岳阳市中级人民法院联合印发《关于建立涉及住房公积金案件审理、执行联动机制的若干意见》，对公积金相关案件的查询、冻结、划拨及住房公积金非诉行政案件的执行、住房公积金贷款案件的审理和执行的条件、要件等作出了具体规定。同时，规范了人民法院与住房公积金管理中心相互协助配合的工作程序，以及基层法院执行权力的行使。

2. 有效推进通过司法手段催收逾期贷款。2020年，全中心共有5个管理部37笔逾期贷款进入司法程序，其中2笔完成强制执行，3笔提前结清，11笔达成和解。

3. 严厉打击骗提行为。全年累计追回已拨付骗提2笔，共计6.49万元，并冻结其账户3年。通过查验，及时制止了20笔骗提行为，涉案金额56.46万元，并对相关职工进行批评教育，依法依规冻结了其住房公积金账户。

（八）当年对住房公积金管理人员违规行为的纠正和处理情况等。 无。

（九）其他需要披露的情况。 无。

常德市住房公积金2020年年度报告

根据国务院《住房公积金管理条例》和住房和城乡建设部、财政部、人民银行《关于健全住房公积金信息披露制度的通知》（建金〔2015〕26号）的规定，经住房公积金管理委员会审议通过，现将常德市住房公积金2020年年度报告公布如下。

一、机构概况

（一）住房公积金管理委员会。 住房公积金管理委员会有36名委员。因2020年新冠肺炎疫情影响，2020年未召开管委会，经省住房公积金监管处和市住房公积金管委会批准，披露了《常德市住房公积金2019年年度报告》。

（二）住房公积金管理中心。 住房公积金管理中心为直属常德市人民政府不以营利为目的的公益一类事业单位，设9个部室，13个管理部。从业人员147人，其中，正式在编109人，临聘人员38人。

二、业务运行情况

（一）缴存。 2020年，新开户单位238家，净增单位203家；新开户职工2.33万人，净增职工2.05万人；实缴单位5144家，实缴职工31.99万人，缴存额46.88亿元，分别同比增长4.10%、6.85%、7.32%。2020年末，缴存总额350.60亿元，比上年末增加15.44%；缴存余额144.84亿元，同比增长 12.53%。

受委托办理住房公积金缴存业务的银行 14 家。

（二）提取。2020 年，9.15 万名缴存职工提取住房公积金；提取额 30.75 亿元，同比下降 10.09%；提取额占当年缴存额的 65.59%，比上年减少 12.71 个百分点。2020 年末，提取总额 205.76 亿元，比上年末增加 17.57%。

（三）贷款。

1. 个人住房贷款。单缴存职工个人住房贷款最高额度 40 万元，双缴存职工个人住房贷款最高额度 50 万元。

2020 年，发放个人住房贷款 6756 笔、22.92 亿元，同比分别下降 6.02%、4.62%。

2020 年，回收个人住房贷款 14.07 亿元。

2020 年末，累计发放个人住房贷款 9.5332 万笔、227.84 亿元，贷款余额 138.07 亿元，分别比上年末增加 7.63%、11.18%、6.86%。个人住房贷款余额占缴存余额的 95.33%，比上年末减少 5.07 个百分点。

2. 异地贷款。2020 年，发放异地贷款 218 笔、7288.60 万元。2020 年末，发放异地贷款总额 77361.54 万元，异地贷款余额 50783.19 万元。

受委托办理住房公积金个人住房贷款业务的银行 4 家。

（四）购买国债。2020 年无购买国债行为。2020 年末，国债余额为 0。

（五）资金存储。2020 年末，住房公积金存款 22.01 亿元。其中，活期 0.04 亿元，1 年（含）以下定期 2.55 亿元，1 年以上定期 12.24 亿元，其他（协定、通知存款等）7.18 亿元。

（六）资金运用率。2020 年末，住房公积金个人住房贷款余额、项目贷款余额和购买国债余额的总和占缴存余额的 95.33%，比上年末减少 5.07 个百分点。

三、主要财务数据

（一）业务收入。2020 年，业务收入 47499.39 万元，同比下降 13.80%。存款利息 4283.64 万元，委托贷款利息 43209.78 万元，国债利息 0 万元，其他 5.97 万元。

（二）业务支出。2020 年，业务支出 27317.46 万元，同比下降 25.31%。支付职工住房公积金利息 20849.66 万元，计提归集手续费 727.95 万元，计提委托贷款手续费 677.02 万元，其他 5062.83 万元。

（三）增值收益。2020 年，增值收益 20181.93 万元，同比增长 8.92%，增值收益率 1.46%。

（四）增值收益分配。2020 年，提取贷款风险准备金 1769.59 万元，提取管理费用 3318.74 万元，提取城市廉租住房（公共租赁住房）建设补充资金 15093.60 万元。

2020 年，上交财政管理费用 3318.74 万元。上缴财政城市廉租住房（公共租赁住房）建设补充资金 15093.60 万元。

2020 年末，贷款风险准备金余额 27613.46 万元。累计提取城市廉租住房（公共租赁住房）建设补充资金 50299.79 万元。

（五）管理费用支出。2020 年，中心管理费用支出 3318.74 万元，同比下降 42.12%。其中，人员经费 2023.14 万元，公用经费 1033.64 万元，专项经费 261.96 万元。

四、资产风险状况

个人住房贷款。2020年末，个人住房贷款逾期额0万元，逾期率0‰。个人贷款风险准备金余额27613.46万元。2020年，使用个人贷款风险准备金核销呆坏账0万元。

五、社会经济效益

（一）缴存业务。缴存职工中，国家机关和事业单位占49.38%，国有企业占16.60%，城镇集体企业占0.62%，外商投资企业占2.91%，城镇私营企业及其他城镇企业占19.84%，民办非企业单位和社会团体占2.37%，灵活就业人员占1.83%，其他占6.45%；中、低收入占99.44%，高收入占0.56%。

新开户职工中，国家机关和事业单位占28.13%，国有企业占8.71%，城镇集体企业占0.31%，外商投资企业占4.64%，城镇私营企业及其他城镇企业占46.97%，民办非企业单位和社会团体占5.01%，灵活就业人员占0.15%，其他占6.08%；中、低收入占99.95%，高收入占0.05%。

（二）提取业务。提取金额中，购买、建造、翻建、大修自住住房占28.29%，偿还购房贷款本息占46.31%，租赁住房占0.68%，支持老旧小区改造占0.02%，离休和退休提取占19.45%，完全丧失劳动能力并与单位终止劳动关系提取占2.24%，出境定居占0%，其他占3.01%。提取职工中，中、低收入占99.19%，高收入占0.81%。

（三）贷款业务。个人住房贷款。2020年，支持职工购建房83.62万平方米，年末个人住房贷款市场占有率为17.05%，比上年末减少1.86个百分点。通过申请住房公积金个人住房贷款，可节约职工购房利息支出50064.49万元。

职工贷款笔数中，购房建筑面积90（含）平方米以下占7.60%，90～144（含）平方米占80.59%，144平方米以上占11.81%。购买新房占91.30%（其中购买保障性住房占0%），购买二手房占8.55%，建造、翻建、大修自住住房占0.01%（其中支持老旧小区改造占0%），其他占0.14%。

职工贷款笔数中，单缴存职工申请贷款占29.82%，双缴存职工申请贷款占70.18%，三人及以上缴存职工共同申请贷款占0%。

贷款职工中，30岁（含）以下占34.95%，30岁～40岁（含）占34.18%，40岁～50岁（含）占26.39%，50岁以上占4.48%；首次申请贷款占89.67%，二次及以上申请贷款占10.33%；中、低收入占99.00%，高收入占1.00%。

（四）住房贡献率。2020年，个人住房贷款发放额、公转商贴息贷款发放额、项目贷款发放额、住房消费提取额的总和与当年缴存额的比率为98.33%，比上年减少19.62个百分点。

六、其他重要事项

（一）应对新冠肺炎疫情采取的措施，落实住房公积金阶段性支持政策情况和政策实施成效。

1. 应对新冠肺炎疫情采取的措施。中心于2020年3月2日出台了《关于妥善应对新冠肺炎疫情实施住房公积金阶段性支持政策的通知》，并在多家媒体上以政策问答的形式广泛宣传。

2. 落实住房公积金阶段性支持政策情况和政策实施成效。

（1）受新冠肺炎疫情影响的企业可按规定申请在2020年6月30日前缓缴住房公积金，截至6月30

日，累计缓缴企业个数36个，累计缓缴职工人数6178人，累计缓缴金额799.776万元。降低了企业运营成本，减轻了企业经营压力。截至2020年12月31日，我市受疫情影响原已缓缴的企业中已有31家企业共6074名职工恢复了正常缴存。未出现因受疫情影响缓缴造成的职工投诉情况。

（2）放宽开发商楼盘备案标准，调整为在2020年6月30日前，房地产开发项目在办理商品房预售许可后、主体工程完成三分之一时，即可办理住房公积金贷款准入备案。

（3）受疫情影响缓缴住房公积金的职工，住房公积金缴存时间连续计算，不影响职工正常申请住房公积金贷款。

（4）受新冠肺炎疫情影响的职工，即经过批准允许缓缴住房公积金企业的贷款职工，2020年6月30日前，住房公积金贷款不能正常还款的，不作逾期处理，不作为逾期记录报送征信部门。

（二）当年机构及职能调整情况、受委托办理缴存贷款业务金融机构变更情况。 当年无机构及职能调整情况，无受委托办理缴存贷款业务金融机构变更的情况。

（三）当年住房公积金政策调整及执行情况，包括当年缴存基数限额及确定方法、缴存比例等缴存政策调整情况；当年提取政策调整情况；当年个人住房贷款最高贷款额度、贷款条件等贷款政策调整情况；当年住房公积金存贷款利率执行标准等；支持老旧小区改造政策落实情况。

1. 缴存基数限额及确定方法、缴存比例等缴存政策调整情况。2020年8月26日出台《常德市住房公积金管理委员会关于调整我市2020年度住房公积金缴存基数的通知》（常房金管〔2020〕1号）限定我市住房公积金月缴存额最高不超过5190元，最低不低于200元。缴存比例仍为5％～12％之间。

2. 提取政策调整情况。2020年8月26日出台《常德市住房公积金管理委员会关于修订住房公积金部分提取政策的通知》（常房金管〔2020〕2号），对原住房公积金提取政策进行了部分修改，并正式增加了"在城市老旧住宅小区增设电梯""本人及配偶享受城镇最低生活保障""其他情形"等三项住房公积金提取情形。

3. 个人住房贷款最高贷款额度、贷款条件等贷款政策调整情况。从2020年5月1日起恢复了住房公积金异地贷款业务。

4. 住房公积金存贷款利率执行标准。2020年，住房公积金存贷款利率无调整。职工住房公积金账户存款利率按一年定期存款基准利率执行。贷款利率。5年以下（含5年）的年利率为2.75％，5年以上的年利率为3.25％。

5. 支持老旧小区改造政策落实情况。中心于2019年3月12日下达了《既有住宅增设电梯提取住房公积金业务操作细则（试行）》。自该政策细则公布以来，常德市范围内已有10名职工以"既有住宅增设电梯"的理由提取了个人住房公积金共计65.78万元。

（四）当年服务改进情况，包括推进住房公积金服务"跨省通办"工作情况，服务网点、服务设施、服务手段、综合服务平台建设和其他网络载体建设服务情况等。

1. 推进住房公积金服务"跨省通办"工作情况。

（1）完成了个人住房公积金缴存贷款等信息查询。申请人可异地查询个人住房公积金缴存贷款等信息，不受住房公积金缴存地限制。

（2）完成了可向非住房公积金缴存地申请出具贷款职工住房公积金缴存使用证明。申请人在非住房公积金缴存地贷款购房，可向购房地住房公积金管理中心申请出具贷款职工住房公积金缴存地使用证明，不受住房公积金缴存地限制。

（3）完成了正常退休异地提取住房公积金。申请人正常退休，已实现手机 App 自助办理，不受住房公积金缴存地限制。

2. 综合服务平台建设和其他网络载体建设服务情况。中心积极推广开发商网上贷款业务，综合服务平台功能得到进一步优化完善，通过了住房和城乡建设部和省住房城乡建设厅联合检查组专项工作验收。

（五）当年信息化建设情况，包括信息系统升级改造情况，基础数据标准贯彻落实和结算应用系统接入情况等。 信息化建设情况。中心进行了电子档案系统建设项目申报评审和公开招标采购，完成了 2020 年度信息安全等保三级测评，参加了全市网络安全攻防演练，保障了中心信息安全。

（六）当年住房公积金管理中心及职工所获荣誉情况，包括：文明单位（行业、窗口）、青年文明号、工人先锋号、五一劳动奖章（劳动模范）、三八红旗手（巾帼文明岗）、先进集体和个人等。

2020年中心及职工所获荣誉情况。中心获评湖南省住房和城乡建设厅 2020 年住房公积金管理工作突出单位、常德市 2019 年绩效评估良好单位、常德市 2019 年智慧常德建设工作优秀单位、2017 至 2019 年全省内部审计先进集体；汉寿管理部获评汉寿县 2019 年度绩效评估优秀单位；临澧管理部获评 2020 年度市级文明窗口单位、临澧县 2019 年度绩效评估良好单位；石门管理部获评石门县 2019 年度绩效评估优秀单位、石门县 2019 年度平安建设工作绩效考核优秀单位；桃源管理部获评桃源县 2019 年度绩效评估优秀单位；武陵管理部获评武陵区 2020 年度绩效评估良好单位、武陵区平安建设工作优秀单位；石门管理部李婷获评常德市芙蓉百岗明星；安乡管理部唐飘飘获评常德市征信知识网络公开课竞赛活动优秀奖；经开区管理部张小煦获评经开区 2019 年度平安建设先进个人。

（七）当年对违反《住房公积金管理条例》和相关法规行为进行行政处罚和申请人民法院强制执行情况。 当年无对违反《住房公积金管理条例》和相关法规行为进行行政处罚和申请人民法院强制执行情况。

（八）当年对住房公积金管理人员违规行为的纠正和处理情况等。 2020 年 7 月，中心有 2 名同志因违反工作纪律受到市纪委市监委派驻市财政局纪检监察组党内严重警告和政务记大过处分。

张家界市住房公积金 2020 年年度报告

根据国务院《住房公积金管理条例》和住房和城乡建设部、财政部、人民银行《关于健全住房公积金信息披露制度的通知》（建金〔2015〕26 号）的规定，经住房公积金管理委员会审议通过，现将张家界市住房公积金 2020 年年度报告公布如下。

一、机构概况

（一）住房公积金管理委员会。 住房公积金管理委员会有 21 名委员，2020 年召开 2 次会议，文件会签 2 次，审议通过的事项主要包括：

1.《张家界市住房公积金 2019 年年度报告》；

2.《中华人民共和国审计署审计报告》（审社报〔2020〕15 号）中关于我市住房公积金工作有关问题

的整改情况；

3.《2019 年度住房公积金归集使用计划执行情况的报告和 2020 年度住房公积金归集使用计划》；

4.《关于进一步规范住房公积金个人贷款工作的通知》；

5.《关于进一步规范全市住房公积金缴存、提取工作的通知》；

6.《张家界市住房公积金失信行为惩戒管理办法》；

7.《张家界市灵活就业人员住房公积金缴存使用管理办法》。

（二）住房公积金管理中心。住房公积金管理中心为直属张家界市人民政府不以营利为目的正处级公益一类事业单位，设 6 个部室，5 个管理部。从业人员 58 人，其中，在编 35 人，非在编 23 人。

二、业务运行情况

（一）缴存。2020 年，新开户单位 103 家，净增单位－70 家；新开户职工 0.48 万人，净增职工 0.05 万人；实缴单位 2239 家，实缴职工 7.05 万人，缴存额 15.49 亿元，分别同比增长 0.26%、0.71%、2.38%。2020 年末，缴存总额 101.29 亿元，比上年末增加 18.05%；缴存余额 42.12 亿元，同比增长 18.61%。受委托办理住房公积金缴存业务的银行 9 家。

（二）提取。2020 年，1.82 万名缴存职工提取住房公积金；提取额 8.88 亿元，同比下降 0.11%；提取额占当年缴存额的 57.33%，比上年减少 1.67 个百分点。2020 年末，提取总额 59.17 亿元，比上年末增加 17.7%。

（三）贷款。

1. 个人住房贷款。个人住房贷款最高额度 50 万元。单缴存职工个人住房贷款最高额度 50 万元，双缴存职工个人住房贷款最高额度 50 万元。

2020 年，发放个人住房贷款 0.19 万笔、7.01 亿元，同比分别增长－1.32%、0.86%。

2020 年，回收个人住房贷款 3.19 亿元。

2020 年末，累计发放个人住房贷款 2.44 万笔、51.37 亿元，贷款余额 32.02 亿元，分别比上年末增加 8.44%、15.8%、13.55%。个人住房贷款余额占缴存余额的 76%，比上年末减少 3 个百分点。受委托办理住房公积金个人住房贷款业务的银行 5 家。

2. 异地贷款。2020 年，发放异地贷款 50 笔、1800.3 万元。年末，发放异地贷款总额 13626.9 万元，异地贷款余额 9777.38 万元。

（四）资金存储。2020 年末，住房公积金存款 11.11 亿元。其中，活期 1.06 亿元，1 年（含）以下定期 5.22 亿元，1 年以上定期 4.39 亿元，协定存款 0.44 亿元。

（五）资金运用率。2020 年末，住房公积金个人住房贷款余额、项目贷款余额和购买国债余额的总和占缴存余额的 76%，比上年末减少 3 个百分点。

三、主要财务数据

（一）业务收入。2020 年，业务收入 12533.92 万元，同比增长 13.47%。其中，存款利息 2565.2 万元，委托贷款利息 9968.72 万元。

（二）业务支出。2020 年，业务支出 5846.24 万元，同比增长 20.52%。其中，支付职工住房公积金利息 5845.92 万元，其他 0.32 万元。

（三）增值收益。 2020 年，增值收益 6687.68 万元，同比增长 7.95%。增值收益率 1.72%，比上年减少 0.18 个百分点。

（四）增值收益分配。 2020 年，提取贷款风险准备金 775.17 万元，提取管理费用 1150 万元，提取城市廉租住房（公共租赁住房）建设补充资金 4762.51 万元。

2020 年，上交财政管理费用 1150 万元。上缴财政城市廉租住房（公共租赁住房）建设补充资金 4978.74 万元。

2020 年末，贷款风险准备金余额 6469.05 万元。累计提取城市廉租住房（公共租赁住房）建设补充资金 25168.12 万元。

（五）管理费用支出。 2020 年，管理费用支出 1283.78 万元，同比增长 8.96%。其中，人员经费 730.45 万元，公用经费 335.68 万元，专项经费 217.65 万元。

四、资产风险状况

个人住房贷款。2020 年末，个人住房贷款逾期额 58.21 万元，逾期率 0.182‰。个人贷款风险准备金余额 6469.05 万元。2020 年，未使用个人贷款风险准备金核销呆坏账。

五、社会经济效益

（一）缴存业务。 缴存职工中，国家机关和事业单位占 67.92%，国有企业占 18.46%，城镇集体企业占 4.08%，外商投资企业占 0.49%，城镇私营企业及其他城镇企业占 6.72%，民办非企业单位和社会团体占 1.06%，灵活就业人员占 0.39%，其他占 0.88%；中、低收入占 97.23%，高收入占 2.77%。

新开户职工中，国家机关和事业单位占 46.43%，国有企业占 10.92%，城镇集体企业占 12.67%，外商投资企业占 0.15%，城镇私营企业及其他城镇企业占 21.86%，民办非企业单位和社会团体占 5.27%，灵活就业人员占 0.73%，其他占 1.97%；中、低收入占 99.48%，高收入占 0.52%。

（二）提取业务。 提取金额中，购买、建造、翻建、大修自住住房占 50.97%，偿还购房贷款本息占 25.35%，租赁住房占 0.99%，离休和退休提取占 12.47%，完全丧失劳动能力并与单位终止劳动关系提取占 3.37%，出境定居占 2.88%，其他占 3.97%。提取职工中，中、低收入占 93.71%，高收入占 6.29%。

（三）贷款业务。

个人住房贷款。2020 年，支持职工购建房 24.9 万平方米（含公转商贴息贷款），年末个人住房贷款市场占有率（含公转商贴息贷款）为 18.8%，比上年末减少 0.55 个百分点。通过申请住房公积金个人住房贷款，可节约职工购房利息支出 13977.75 万元。

职工贷款笔数中，购房建筑面积 90（含）平方米以下占 6.61%，90～144（含）平方米占 78.52%，144 平方米以上占 14.87%。购买新房占 81.45%，购买二手房占 14.44%，建造、翻建、大修自住住房占 1.87%，其他占 2.24%。

职工贷款笔数中，单缴存职工申请贷款占 29.26%，双缴存职工申请贷款占 70.74%。

贷款职工中，30 岁（含）以下占 20.1%，30 岁～40 岁（含）占 36.94%，40 岁～50 岁（含）占

31.93%，50岁以上占11.03%；首次申请贷款占59.91%，二次及以上申请贷款占40.09%；中、低收入占97.6%，高收入占2.4%。

（四）住房贡献率。 2020年，个人住房贷款发放额、公转商贴息贷款发放额、项目贷款发放额、住房消费提取额的总和与当年缴存额的比率为90.3%，比上年增加7.12个百分点。

六、其他重要事项

（一）应对新冠肺炎疫情采取的措施，落实住房公积金阶段性支持政策情况和政策实施成效。 积极响应疫情防控惠民政策，坚决执行中央、省、市文件精神，出台了《关于应对新型冠状病毒的肺炎疫情做好住房公积金管理服务工作的通知》（张金字〔2020〕4号），确保疫情防控惠民政策落实到位。全年为全市46家企业、2628人实行了缓缴公积金，金额210.76万元；为37户职工办理了公积金贷款延迟归还手续；清退全市91家企业的14979.47万元贷款保证金，为企业复工复产充分缓解了资金压力。

（二）当年住房公积金政策调整及执行情况。

1. 当年缴存基数限额及确定方法、缴存比例等缴存政策调整情况。

（1）当年缴存基数限额及确定方法、缴存比例。住房公积金缴存基数按职工本人上一年度月平均工资收入核定，其中最高限额为不超过张家界市统计局公布的在岗职工当年月平均工资6022元的3倍计算，单位和个人合计最高缴存额不超过4336元，最低缴存额不低于200元，缴存比例为5%~12%。

（2）缴存政策调整。

① 规范单位新增、新提拔人员的缴存。新调入、新录（聘）用缴存职工重新开户时，将其原有账户剩余资金合并到新户、同时对原有账户予以销户，严禁"一人多户"；对合户不到位的单位暂缓年审，也暂不提高缴存标准。

② 规范缴存基数。依据国家统计局发布的《关于工资总额组成的规定》，主要包含工资、奖金、津贴、补贴以及特殊情况下支付的工资；原则上为普惠性、长期性、稳定性的工资。

③ 规范年审时间。从2020年起，每年的年审时间统一安排在6月，从同年7月起执行年审后的新标准。

④ 规范缴存时间。各单位缴存公积金与工资发放同步，最迟必须在每月25日前汇缴到住房公积金专户内。

⑤ 规范缴存年龄。经组织批准延长退休年龄的，可以继续缴纳，但必须提供批准依据。2015年享受市委规定的机构改革政策提前退休的职工，在未达到法定退休年龄前其住房公积金要继续缴存到住房公积金专户。

⑥ 规范灵活就业人员缴存住房公积金。出台了《张家界市灵活就业人员住房公积金缴存使用管理办法》（张金委〔2020〕4号）。

2. 当年提取政策调整。缴存职工有重大生活困难急需资金的，如老旧小区改造（含多层住宅增设电梯）、遭受重大疾病和自然灾害等情形，缴存职工可按规定提取住房公积金。

3. 当年个人住房贷款最高贷款额度、贷款条件等贷款政策调整情况。

（1）贷款最高额为50万元。

（2）全面开通省、市外异地贷款业务。凡符合贷款条件的市外公积金缴存户，在我市购房时均可申请公积金贷款。为简化手续,在没有提供公积金缴存地、工作地、生活地不动产登记部门出具的无房证明前提下,均按二套房计息。

(3) 出台了《关于进一步规范住房公积金个人贷款工作的通知》(张金字〔2020〕5号)、《张家界市住房公积金失信行为惩戒管理办法》(张金委〔2020〕3号)。

4. 当年住房公积金存贷款利率执行标准。

(1) 住房公积金存款利率。严格执行中国人民银行的相关规定,当年归集的个人住房公积金存款和上年结转的个人住房公积金存款利率统一按一年期定期存款基准利率执行,目前为1.50%。

(2) 住房公积金贷款利率。个人住房公积金贷款5年(含)之内的基准年利率为2.75%,5年以上的基准年利率为3.25%,遇法定利率调整时调整。存量贷款遇法定利率调整时,于次年1月1日起,按相应利率档次执行新的利率标准。

5. 支持老旧小区改造政策落实情况。出台了《关于进一步规范全市住房公积金缴存、提取工作的通知》(张金字〔2020〕13号),凡属老旧小区改造(含多层住宅增设电梯)的,缴存职工可按规定提取住房公积金。

(三)当年服务改进情况。 2020年,中心积极推进实施市委市政府"一件事一次办"项目"我要提取住房公积金""通缴通取"改革,开通了网上服务大厅、微信公众号人脸识别功能等服务渠道,通过了国家住房公积金综合服务平台验收,实现了微信公众号微信离退休提取住房公积金和全市范围内住房公积金提取"通缴通取"。

(四)当年信息化建设情况。 2020年,中心更新了部分硬件设备,优化升级了业务操作系统,确保了业务系统稳定运行,同时根据国家信息系统等级保护体系和标准要求,进行了信息系统网络安全等级(三级)保护项目建设,通过了中国信息安全测评中心华中测评中心测评验收,有效提升了住房公积金网络信息安全。

(五)当年住房公积金管理中心及职工所获荣誉情况。

1. 单位所获荣誉情况

在全省住房公积金系统综合考核中为一类、排第三;成功创建省级文明标兵单位;连续三年被评为平安建设(综治)工作先进单位,获平安单位称号;获市级巾帼文明岗称号;关工委工作被评为优秀等级;市绩效考核优秀单位;中心驻村帮扶工作队被评为全市优秀驻村帮扶工作队;2020年度市本级非税收入先进单位。

2. 职工所获荣誉情况

曹巍被评为2020年度市"三八红旗手"、优秀共产党员;

胡光莉被评为2020年度全市优秀共产党员,市爱盟公益协会"抗疫先进个人""优秀志愿者"。

郴州市住房公积金2020年年度报告

根据国务院《住房公积金管理条例》和住房和城乡建设部、财政部、人民银行《关于健全住房公积金信息披露制度的通知》(建金〔2015〕26号)的规定,经住房公积金管理委员会审议通过,现将郴州市住房公积金 2020 年年度报告公布如下。

一、机构概况

（一）住房公积金管理委员会。住房公积金管理委员会有 24 名委员，2020 年召开 2 次会议，审议通过的事项主要包括：2020 年 3 月 26 日，第四届第四次全体委员会议审议并表决通过了《关于郴州市住房公积金管理委员会 2020 年度委员调整情况的报告》《关于〈郴州市住房公积金管理中心 2020 年度住房资金财务收支计划〉审核意见的说明》《郴州市住房公积金 2019 年年度报告》和《2020 年郴州市住房公积金管理工作要点》。2020 年 8 月 4 日，市住房公积金管委会主任委员会议专题研究拟向商业银行借款放贷的有关问题。会议同意市住房公积金管理中心向工行、农行、建行三家银行申请授信额度合计 15 亿元的信用贷款，期限 12 个月，年利率 4.35%，用每月归集的住房公积金和回收的贷款本息归还银行贷款。如后续资金持续供应不足，采用"贴息贷款"模式予以应对，贴息部分列入市住房公积金管理中心业务支出。

（二）住房公积金管理中心。市住房公积金管理中心为市政府直属正处级不以营利为目的的公益一类事业单位，设 8 个科，12 个管理部，无分中心。从业人员 179 人，其中，在编 106 人，非在编 73 人。

二、业务运行情况

（一）缴存。2020 年，新开户单位 282 家，净增单位 -102 家，主要是受疫情和账户并户影响所致；新开户职工 1.56 万人，净增职工 0.06 万人；实缴单位 4339 家，实缴职工 22.20 万人，缴存额 39.41 亿元，分别同比下降 2.3% 和增长 0.27%、6%。2020 年末，缴存总额 288.28 亿元，比上年末增长 15.84%；缴存余额 137.12 亿元，同比增长 10.46%。受委托办理住房公积金缴存业务的银行 15 家。

（二）提取。2020 年，6.99 万名缴存职工提取住房公积金。提取额 26.43 亿元，同比增长 13.19%；提取额占当年缴存额的 67.05%，比上年增加 4.26 个百分点。2020 年末，提取总额 151.16 亿元，比上年末增长 21.18%。

（三）贷款。

1. 个人住房贷款。2020 年 8 月 1 日前，单缴存职工个人住房贷款最高额度 50 万元，双缴存职工个人住房贷款最高额度 60 万元。从 2020 年 8 月 1 日起，单缴存职工个人住房贷款最高额度 30 万元，双缴存职工个人住房贷款最高额度 45 万元。

2020 年，发放个人住房贷款 0.95 万笔、37.60 亿元，同比分别增长 17.28%、18.54%。2020 年，回收个人住房贷款 12.12 亿元。

2020 年末，累计发放个人住房贷款 9.73 万笔、212.28 亿元，贷款余额 135.73 亿元，分别比上年末增长 10.82%、21.52%、23.11%。个人住房贷款余额占缴存余额的 98.98%，比上年末增加 10.16 个百分点。受委托办理住房公积金个人住房贷款业务的银行 5 家。

2. 异地贷款。2020 年，发放异地贷款 532 笔、21540 万元。2020 年末，发放异地贷款总额 125397 万元，异地贷款余额 111248.10 万元。

3. 公转商贴息贷款。我中心无公转商贴息贷款。

4. 住房公积金支持保障性住房建设项目贷款。我中心无保障性住房建设项目贷款。

(四) 购买国债。 2020 年，我中心未购买国债，未兑付、转让或收回国债。2020 年末，国债余额为零。

(五) 资金存储。 2020 年末，住房公积金存款 11.28 亿元。其中，活期 0.03 亿元，1 年（含）以下定期 0.44 亿元，1 年以上定期 1.55 亿元，其他（协定、通知存款等）9.26 亿元。

(六) 资金运用率。 2020 年末，住房公积金个人住房贷款余额、项目贷款余额和购买国债余额的总和占缴存余额的 98.98%，比上年末增加 10.16 个百分点。

三、主要财务数据

(一) 业务收入。 2020 年，业务收入 43569.30 万元，同比增长 14.93%。其中，存款利息 2947.95 万元，委托贷款利息 40617.97 万元，无国债利息，其他 3.38 万元。

(二) 业务支出。 2020 年，业务支出 22112.98 万元，同比增长 18.41%。其中，支付职工住房公积金利息 20490.35 万元，委托贷款手续费 416.12 万元，其他 1206.51 万元（其中印花税 15.86 万元，银行日常手续费支出 1.65 万元，银行借款利息 1189 万元）。

(三) 增值收益。 2020 年，增值收益 21456.32 万元，同比增长 11.56%。增值收益率 1.66%，与上年持平。

(四) 增值收益分配。 2020 年，提取贷款风险准备金 5095.23 万元，提取管理费用 5950.59 万元，提取城市廉租住房（公共租赁住房）建设补充资金 10410.50 万元。

2020 年，上交财政管理费用 5950.59 万元，并由财政全部转回管理费用账户。上缴财政城市廉租住房（公共租赁住房）建设补充资金 14586.53 万元。全部由市本级统一核算并上缴。

2020 年末，贷款风险准备金余额 27145.17 万元。累计提取城市廉租住房（公共租赁住房）建设补充资金 95328.53 万元。

(五) 管理费用支出。 2020 年，实际管理费用支出 5790.19 万元，同比增长 34.65%。其中，人员经费 3177.92 万元，公用经费 191.37 万元，专项经费 2420.90 万元。中心管理费用实行统一核算，管理部公用、专项经费实行报账制度，人员经费、12329 热线、信息系统建设、贷款资产管理费和扶贫、综治、防疫等支出均由市本级统一核报。2020 年，市本级管理费用支出 5544.03 万元，其中，人员、公用、专项经费分别为 3177.92 万元、132.46 万元、2233.65 万元。12 个管理部管理费用支出 246.16 万元，其中，公用、专项经费分别为 58.91 万元、187.25 万元。

四、资产风险状况

(一) 个人住房贷款。 2020 年末，个人住房贷款逾期额 175.31 万元，逾期率 0.13‰。个人贷款风险准备金余额 27145.17 万元。2020 年，未使用个人贷款风险准备金核销呆坏账。

(二) 支持保障性住房建设试点项目贷款。 我中心无保障性住房建设试点项目贷款。

五、社会经济效益

(一) 缴存业务。 缴存职工中，国家机关和事业单位占 61.8%，国有企业占 23.77%，城镇集体企业占 0.59%，外商投资企业占 1%，城镇私营企业及其他城镇企业占 10.95%，民办非企业单位和社会团体占 1.31%，灵活就业人员占 0.57%，其他占 0.01%；中、低收入占 99.05%，高收入占 0.95%。

新开户职工中，国家机关和事业单位占 36.29%，国有企业占 12.76%，城镇集体企业占 0.57%，外商投资企业占 2.6%，城镇私营企业及其他城镇企业占 44.82%，民办非企业单位和社会团体占 2.76%，灵活就业人员占 0.06%，其他占 0.14%；中、低收入占 95.79%，高收入占 4.21%。

（二）提取业务。提取金额中，购买、建造、翻建、大修自住住房占 27.27%，偿还购房贷款本息占 44.81%，租赁住房占 0.27%，支持老旧小区改造占 0.13%，离休和退休提取占 18.14%，完全丧失劳动能力并与单位终止劳动关系提取占 2.56%，出境定居占 0%，其他占 6.82%。提取职工中，中、低收入占 99.35%，高收入占 0.65%。

（三）贷款业务。

1. 个人住房贷款。2020 年，支持职工购建房 117.10 万平方米（含公转商贴息贷款），年末个人住房贷款市场占有率（含公转商贴息贷款）为 19.90%，比上年末减少 7.68 个百分点。通过申请住房公积金个人住房贷款，可节约职工购房利息支出 104672.54 万元。

职工贷款笔数中，购房建筑面积 90（含）平方米以下占 9.45%，90～144（含）平方米占 78.88%，144 平方米以上占 11.67%。购买新房占 92.84%（其中购买保障性住房占 0%），购买二手房占 7.11%，建造、翻建、大修自住住房 0.05%（其中支持老旧小区改造占 0%），其他占 0%。

职工贷款笔数中，单缴存职工申请贷款占 35.11%，双缴存职工申请贷款占 64.89%，三人及以上缴存职工共同申请贷款占 0%。

贷款职工中，30 岁（含）以下占 34.34%，30 岁～40 岁（含）占 35.51%，40 岁～50 岁（含）占 25.59%，50 岁以上占 4.56%；首次申请贷款占 88.71%，二次及以上申请贷款占 11.29%；中、低收入占 99.31%，高收入占 0.69%。

2. 支持保障性住房建设试点项目贷款。我中心无保障性住房建设试点项目贷款。

（四）住房贡献率。2020 年，个人住房贷款发放额、公转商贴息贷款发放额、项目贷款发放额、住房消费提取额的总和与当年缴存额的比率为 143.99%，比上年增加 15.73 个百分点。

六、其他重要事项

（一）应对新冠肺炎疫情采取的措施，落实住房公积金阶段性支持政策情况和政策实施成效。我中心严格贯彻国家及省、市关于妥善应对新冠肺炎疫情实施住房公积金阶段性支持政策有关精神和要求，快速反应、主动服务，积极推进政策落地落细落实，制定下发了《关于配合做好疫情防控工作加强我市住房公积金服务保障的通知》（郴金管字〔2020〕3 号）和《关于妥善应对新冠肺炎疫情加强我市住房公积金阶段性政策支持的通知》（郴金管字〔2020〕5 号），对 2020 年 6 月 30 日前受新冠肺炎疫情影响住房公积金贷款不能正常还款的职工，经本人申请，凭单位证明，报市中心审批，不作逾期处理，不作为逾期记录报送征信部门，不计罚息；将新冠肺炎列入大病提取住房公积金范围，支持受困单位和职工缓缴住房公积金，湖南有色黄沙坪矿业有限公司、中铁五局工程有限责任公司等一批企业提出缓缴申请，涉及缴存职工 3938 人，缓缴金额 1836.27 万元，切实减轻了因疫情给企业带来的经营压力。疫情期间，充分借助"智慧公积金"平台，大力推行"不见面服务"。引导和鼓励广大缴存职工尽量选择网上办事大厅等线上方式办理业务，实行"掌上办、网上办、预约办"服务模式，切实让广大职工体会"智慧公积金"带来的便利。

（二）当年机构及职能调整情况、受委托办理缴存贷款业务金融机构变更情况。中心机构及职能无调整，受托办理缴存业务的银行新增三家，分别为兴业银行、中信银行和广发银行。注销桂阳沪农商银行账户，停止桂阳沪农商银行缴存业务。委贷银行无变化。目前中心受托办理缴存提取业务的银行有十五家，分别为工商银行、农业银行、中国银行、建设银行、交通银行、邮储银行、光大银行、浦发银行、华夏银行、华融湘江银行、长沙银行、郴州农商银行、兴业银行、中信银行和广发银行。委贷银行有五家，分别为工商银行、农业银行、中国银行、建设银行和交通银行。

（三）当年住房公积金政策调整及执行情况，包括当年缴存基数限额及确定方法、缴存比例等缴存政策调整情况；当年提取政策调整情况；当年个人住房贷款最高贷款额度、贷款条件等贷款政策调整情况；当年住房公积金存贷款利率执行标准等；支持老旧小区改造政策落实情况。

1. 当年缴存基数限额及确定方法、缴存比例等缴存政策调整情况。(1) 缴存比例。2020 年我市行政事业单位和职工个人住房公积金缴存比例统一为 12%。其他单位和个人住房公积金缴存比例为 5%～12%，具体比例由各单位根据实际情况确定。(2) 缴存基数。职工本人 2019 年全年税前总收入金额（包括工资、奖金、年终绩效奖和各种津补贴）除以 12 为住房公积金月缴存基数。灵活就业人员的按照申请人在社保部门的灵活就业人员养老保险缴交基数标准核定。根据住房公积金缴存基数相关规定和郴州市统计局公布的 2019 年度全市在岗职工月平均工资 5598 元/月测算，2020 年度我市单位和职工个人住房公积金月缴存基数不超过 16794 元，月缴存额上限为 4030 元，即单位和个人月缴存额分别不高于 2015 元。为维护低收入职工的合法权益，严格执行"控高保低"政策。根据郴州市人力资源和社会保障局公布的现行最低工资标准 1380 元/月测算，2020 年我市住房公积金月缴存基数不低于 1380 元，月缴存额下限为 138 元，即单位和职工个人月缴存额分别不低于 69 元。(3) 账户设立。非公企业申请住房公积金缴存登记和为本企业职工开户时，需提供本企业为职工正常缴交的养老保险凭证；灵活就业人员开户时，需提供郴州市辖区内灵活就业人员养老保险缴交凭证（不包含城乡居民养老保险），申请当月之前正常连续缴交 24 个月（含）以上养老保险记录。

2. 当年个人住房贷款最高贷款额度、贷款条件等贷款政策调整情况。经郴州市住房公积金管委会第四届第四次全体委员会议审议通过，决定暂时取消异地公积金住房贷款，并自 2020 年 3 月 31 日文件公布之日起执行；非公企业客户申请住房公积金贷款时，除提供既定的贷款资料外，还须提供近 12 个月企业养老保险缴交凭证；灵活就业人员符合《郴州市住房公积金个人住房贷款管理办法》和《郴州市住房公积金个人住房贷款实施细则》中住房公积金贷款申请条件的同时，还需连续正常缴存住房公积金 12 个月以上，并提供一个本市行政、事业单位正常缴存人担保书面承诺，且冻结申请人 6000 元的住房公积金余额，才可凭相关材料申请办理住房公积金贷款（不受理商业银行住房贷款转住房公积金贷款）；个人工资收入按照职工住房公积金缴交基数推算认定，原则上不再提供工资证明；如缴交基数未及时调整准确，管理中心可以要求客户或者由客户自行提供银行工资流水账或工资表作认定依据，但核定工资收入的上限，不得高于公积金缴交基数的 1.5 倍；根据郴州市住房公积金管委会主任委员会议精神，同意将我市住房公积金贷款额度上限调整为双缴职工 45 万元，单缴职工 30 万元，第二套房单双缴存职工贷款额度上限均为 30 万元，从 2020 年 8 月 1 日起执行。

3. 当年住房公积金存贷款利率执行标准。职工住房公积金账户存款年利率按 1.5% 执行。首套房贷款年利率 5 年以上 3.25％，五年以下（含五年）2.75％。二套房贷款年利率按首套房贷款年利率上浮 10％执行。

4. 支持老旧小区改造政策落实情况。全年支持 51 户缴存职工既有住宅增设电梯提取住房公积金，提取金额为 339.53 万元。

（四）当年服务改进情况，包括推进住房公积金服务"跨省通办"工作情况，服务网点、服务设施、服务手段、综合服务平台建设和其他网络载体建设服务情况等。深化"放管服"改革，在全市推广综合柜员制，实现群众办事"一窗受理、一柜办结、一条龙服务"，打造优质高效便捷公积金服务品牌，提升缴存职工服务体验。大力推进"全市通办"力度，出台《深化"一件事一次办"改革推行政务服务事项"全市通办"工作实施方案》《关于推进"全市通办"建立跨域协查制度的通知》等文件，全部提取业务实现了"全市通办"，缴存职工享受到"身在一处、通办八方"的便利。加快综合服务平台建设并顺利通过部、省验收，门户网站、网上办事大厅、手机公积金 App、微信、自助服务终端、12329 服务热线、12329 短信七大功能不断完善，业务办理由"线下办"逐步向"线上办"转变，网上办理业务量不断提升。个人网厅除死亡提取外，其余 10 项提取全部实现"网上办"。单位网厅上线个人开户、汇缴核定、个人封存、启封等功能并已对外推广。

（五）当年信息化建设情况，包括信息系统升级改造情况，基础数据标准贯彻落实和结算应用系统接入情况等。2020 年 1 月，业务系统顺利上线"建行云"平台，中心的信息化建设正式迈入"云计算时代"。

（六）当年住房公积金管理中心及职工所获荣誉情况，包括：文明单位（行业、窗口）、青年文明号、工人先锋号、五一劳动奖章（劳动模范）、三八红旗手（巾帼文明岗）、先进集体和个人等。中心获评 2020 年度郴州市文明标兵单位；市直管理部获省住房城乡建设系统 2020 年度公积金管理先进集体、2020 年第二季度文明窗口、流动红旗窗口、巾帼示范岗荣誉称号；宜章县管理部荣获 2020 年度优秀窗口；汝城管理部荣获 2020 年第四季度文明窗口。

（七）当年对违反《住房公积金管理条例》和相关法规行为进行行政处罚和申请人民法院强制执行情况。2020 年中心无对违反《住房公积金管理条例》和相关法规行为进行行政处罚和申请人民法院强制执行的情况。

（八）当年对住房公积金管理人员违规行为的纠正和处理情况等。2020 年 7 月 20 日，中心职工胡某某因涉嫌严重违纪问题被立案审查。

永州市住房公积金 2020 年年度报告

根据国务院《住房公积金管理条例》和住房和城乡建设部、财政部、人民银行《关于健全住房公积金信息披露制度的通知》（建金〔2015〕26 号）的规定，经住房公积金管理委员会审议通过，现将永州市住房公积金 2020 年年度报告公布如下。

一、机构概况

（一）住房公积金管理委员会。住房公积金管理委员会有31名委员，2020年召开1次会议，审议通过的事项主要包括：《关于2019年永州市住房公积金管理工作情况及2020年工作安排的报告》《关于永州市住房公积金2019年预算执行情况和2020年预算草案的报告》《关于开展住房公积金专项审计整改工作落实情况的报告》《关于全市住房公积金资金归集财政拨付情况的报告》。

（二）住房公积金管理中心。住房公积金管理中心为直属于市政府不以营利为目的的正处级事业单位，内设10个部室，11个县区管理部，1个直属营业部。从业人员168人，其中，在编91人，非在编77人。

二、业务运行情况

（一）缴存。2020年，新开户单位427家，净增单位221家；新开户职工1.85万人，净增职工0.8万人；实缴单位5037家，实缴职工26.98万人，缴存额33.44亿元，分别同比增长4.59%、3.06%、2.33%。2020年末，缴存总额248.18亿元，比上年末增加15.58%；缴存余额125.63亿元，同比增长10.49%。受委托办理住房公积金缴存业务的银行9家。

（二）提取。2020年，5.87万名缴存职工提取住房公积金；提取额21.51亿元，同比增长7.98%；提取额占当年缴存额的64.32%，比上年增加3.37个百分点。2020年末，提取总额122.54亿元，比上年末增加21.29%。

（三）贷款。

1. 个人住房贷款。个人住房贷款最高额度45万元。单、双缴存职工额度一致。

2020年，发放个人住房贷款0.72万笔、25.21亿元，同比分别增长1.7%、下降7.76%。2020年，回收个人住房贷款11.73亿元。

2020年末，累计发放个人住房贷款9.9万笔、197.65亿元，贷款余额122.17亿元，分别比上年末增加7.84%、14.62%、12.4%。个人住房贷款余额占缴存余额的97.25%，比上年末增加1.65个百分点。受委托办理住房公积金个人住房贷款业务的银行9家。

2. 异地贷款。2020年，发放异地贷款1322笔、43069万元。2020年末，发放异地贷款总额178928万元，异地贷款余额156904.55万元。

3. 公转商贴息贷款。2020年，发放公转商贴息贷款0笔、0万元，当年贴息额461.54万元。2020年末，累计发放公转商贴息贷款1059笔、35807.4万元，累计贴息2160.58万元。

4. 住房公积金支持保障性住房建设项目贷款。无。

（四）购买国债。无。

（五）资金存储。2020年末，住房公积金存款9.68亿元。其中，活期0.03亿元，1年（含）以下定期0.08亿元，1年以上定期0亿元，其他（协定、通知存款等）9.57亿元。

（六）资金运用率。2020年末，住房公积金个人住房贷款余额、项目贷款余额和购买国债余额的总和占缴存余额的97.25%，比上年末增加1.65个百分点。

三、主要财务数据

（一）**业务收入**。2020 年，业务收入 40811.19 万元，同比增长 10.85%。其中，存款利息 2837.7 万元，委托贷款利息 37959.42 万元，国债利息 0 万元，其他 14.07 万元。

（二）**业务支出**。2020 年，业务支出 20724.18 万元，同比增长 0.39%。其中，支付职工住房公积金利息 19907.75 万元，归集手续费 114.57 万元，委托贷款手续费 189.8 万元，其他 512.06 万元。

（三）**增值收益**。2020 年，增值收益 20087.01 万元，同比增长 24.2%。其中，增值收益率 1.67%，比上年增加 0.16 个百分点。

（四）**增值收益分配**。2020 年，提取贷款风险准备金 2695.98 万元，提取管理费用 3752.2 万元，提取城市廉租住房（公共租赁住房）建设补充资金 13638.83 万元。

2020 年，上交财政管理费用 3752.2 万元。上缴财政城市廉租住房（公共租赁住房）建设补充资金 12570.54 万元。

2020 年末，贷款风险准备金余额 24434.87 万元。累计提取城市廉租住房（公共租赁住房）建设补充资金 56804.00 万元。

（五）**管理费用支出**。2020 年，管理费用支出 3613.76 万元，同比增长 12.05%。其中，人员经费 2183.16 万元，公用经费 608.62 万元，专项经费 821.98 万元。

四、资产风险状况

（一）**个人住房贷款**。2020 年末，个人住房贷款逾期额 243.32 万元，逾期率 0.2‰，个人贷款风险准备金余额 24434.87 万元。2020 年，使用个人贷款风险准备金核销呆坏账 0 万元。

（二）**支持保障性住房建设试点项目贷款**。无。

五、社会经济效益

（一）**缴存业务**。缴存职工中，国家机关和事业单位占 63.43%，国有企业占 13.38%，城镇集体企业占 0.64%，外商投资企业占 5.05%，城镇私营企业及其他城镇企业占 13.47%，民办非企业单位和社会团体占 2.77%，灵活就业人员占 0%，其他占 1.26%；中、低收入占 99.93%，高收入占 0.07%。

新开户职工中，国家机关和事业单位占 41.74%，国有企业占 6.99%，城镇集体企业占 0.35%，外商投资企业占 6.88%，城镇私营企业及其他城镇企业占 34.19%，民办非企业单位和社会团体占 5.9%，灵活就业人员占 0%，其他占 3.95%；中、低收入占 100%，高收入占 0%。

（二）**提取业务**。提取金额中，购买、建造、翻建、大修自住住房占 29.86%，偿还购房贷款本息占 44.07%，租赁住房占 0.51%，支持老旧小区改造占 0%，离休和退休提取占 20.25%，完全丧失劳动能力并与单位终止劳动关系提取占 0%，出境定居占 0%，其他占 5.31%。提取职工中，中、低收入占 99.99%，高收入占 0.01%。

（三）**贷款业务**。

1. 个人住房贷款。2020 年，支持职工购建房 96.06 万平方米（含公转商贴息贷款），年末个人住房贷款市场占有率（含公转商贴息贷款）为 19.13%，比上年末减少 1.89 个百分点。通过申请住房公积金个人住房贷款,可节约职工购房利息支出70303.32万元。

职工贷款笔数中,购房建筑面积90(含)平方米以下占3.61%,90~144(含)平方米占74.37%,144平方米以上占22.02%。购买新房占92.6%(其中购买保障性住房占0%),购买二手房占6.52%,建造、翻建、大修自住住房占0.85%(其中支持老旧小区改造占0%),其他占0.03%。

职工贷款笔数中,单缴存职工申请贷款占32.61%,双缴存职工申请贷款占67.39%,三人及以上缴存职工共同申请贷款占0%。

贷款职工中,30岁(含)以下占5.35%,30岁~40岁(含)占30.54%,40岁~50岁(含)占41.22%,50岁以上占22.89%;首次申请贷款占87.72%,二次及以上申请贷款占12.28%;中、低收入占97.15%,高收入占2.85%。

2. 支持保障性住房建设试点项目贷款。无。

(四)住房贡献率。 2020年,个人住房贷款发放额、公转商贴息贷款发放额、项目贷款发放额、住房消费提取额的总和与当年缴存额的比率为123.27%,比上年减少6.48个百分点。

六、其他重要事项

(一)应对新冠肺炎疫情采取的措施,落实住房公积金阶段性支持政策情况和政策实施成效。 为认真贯彻落实习近平总书记关于新冠肺炎疫情防控工作的重要讲话指示精神和党中央、国务院有关决策部署,按照省、市的工作部署和要求,结合我市疫情防控工作实际,经永州市住房公积金管理委员会同意,对新冠肺炎疫情防控期间住房公积金缴存、使用及业务办理出台了"七条"政策支持措施。

1. 受疫情影响,缴存单位未能及时足额缴存住房公积金的,在2020年3月31日前办理补缴后,可视同正常缴存。缴存企业因延迟复工或经营困难的,在2020年6月30日前,可申请缓缴住房公积金或经职工代表大会同意申请阶段性降低住房公积金缴存比例。在此期间,缴存单位暂时断缴、缓缴的,职工的住房公积金缴存时间连续计算,不影响缴存单位和职工申请办理住房公积金业务。

2. 将新冠肺炎列入大病提取住房公积金范围,缴存职工本人、配偶、子女或双方父母被确诊或疑似感染新冠肺炎的,可按重大疾病政策规定提取住房公积金。

3. 因疫情防控需要而被滞留、隔离观察人员等,在疫情防控期间租赁房屋自住的,在疫情防控结束后3个月内,可申请提取本人住房公积金用于支付房租。

4. 受疫情影响,对设有追溯期限的住房公积金相关业务,其追溯期限一律延长3个月。对隔离、治疗人员和参与疫情防控救治的一线医务人员等,其在隔离、治疗和参与疫情防控救治期间不计算追溯期,待隔离、治疗和疫情防控救治结束后延长追溯期限3个月。

5. 受疫情影响暂时失去收入来源的人员,2020年6月30日前,可提取本人及配偶的住房公积金(冻结账户除外)偿还其住房公积金贷款本息;或者采取阶段性调整个人信贷还款金额,合理延后还款期限等方式,适当减轻还款压力,缓解家庭困难。

6. 受疫情影响,住房公积金贷款职工未及时还款导致贷款逾期的(不包括"组合贷款"和"公转商"贴息贷款),符合以下三种情形之一的,可不上报计入个人征信贷款逾期记录,一律不计收罚息。2020年3月31日前还清逾期贷款本息的;因隔离、治疗等原因,待相关措施解除后1个月内还清逾期贷款本息的;参与疫情防控救治的一线医务人员,待疫情防控结束后1个月内还清逾期贷款本息的。

7. 市住房公积金管理中心已开通住房公积金业务网上办、手机 App 掌上办。疫情防控期间开辟住房公积金业务办理绿色快速通道，增加和畅通业务咨询渠道，加大业务政策宣传，采取网上办、预约办、上门办、承诺办、容缺办、快速办等方式，进一步简化业务办理流程手续，提高业务办理效率，为各缴存单位、广大缴存职工和楼盘开发企业提供便民、高效、优质服务。

政策出台后，中心及所属各管理部积极深入园区企业，开展调研和政策上门宣传，共为全市 26 家企业办理了住房公积金缓缴业务，缓缴金额 1054 万元，为助力疫情防控和企业复工复产发挥了重要作用。同时，全面落实了关爱医护人员工作要求，实现了公立医院住房公积金建制全覆盖，民办医院愿建尽建，全年医护人员住房公积金新增开户达 3421 人。

（二）当年机构及职能调整情况、受委托办理缴存贷款业务金融机构变更情况。无。

（三）当年住房公积金政策调整及执行情况。

1. 调整住房公积金使用的追溯期限。缴存职工购买、建造、翻建、大修自住住房的追溯期由原来的三年内（含）调整到一年内（含）。即。缴存职工发生购建房行为取得相关有效资料的时间超过一年的，不再提供住房公积金提取或贷款。

2. 调整首付比例及贷款利率。调整贷款首付比例和贷款利率标准。即。购买首套自住住房的，首付比例仍为 20％；购买第二套自住住房的首付比例由原 20％调整至 30％，利率仍按同期首套住房公积金贷款利率的 1.1 倍执行。

3. 增加月缴存额因素测算可贷额度。一是职工申请使用住房公积金贷款，除考虑家庭月收入、购房价款、抵押物价值和个人信用等情况外，增加缴存额测算因素，但不得超过我市最高贷款额度。即计算公式为：可贷额度＝（住房公积金月缴存额×12×未来可缴存年限＋住房公积金个人账户余额）×n 倍，可贷额度测算以缴存职工家庭为单位，测算低于 25 万元的，最高贷款额度按 25 万元核定，其余测算原则和测算方式保持不变。二是建立我市住房公积金贷款资金流动性风险调控机制，住房公积金贷款可贷额度与我市个人住房贷款率挂钩，根据上年底"个贷率"高低对可贷额度进行调控。即：当"个贷率"低于 70％时，n 为 2；介于 70％（含）～80％之间时，n 为 1.5；介于 80％（含）～90％之间时，n 为 1.2；高于 90％（含）低于 95％时，n 为 1；高于 95％（含）时，n 为 0.9，其中异地缴存职工 n 值低于本地缴存职工 0.2 个点。

4. 适当调整住房公积金"组合贷款"政策。对因缴存年限、缴存额测算未达到借款申请人贷款额度的，可通过商业银行个人住房贷款补充。取消原"组合贷款"规定住房公积金贷款部分必须达到中心最高贷款额度后再申请商业银行贷款补充。

5. 完善同一套住房多次交易并使用住房公积金的规定。对同一套住房发生购房提取住房公积金行为后，12 个月内（含 12 个月）再次发生交易的，不予提取住房公积金及申请住房公积金贷款。

6. 既有住宅增设电梯可提取住房公积金。永州市行政区域内既有住宅所有权人已出资为该住宅加装电梯，自既有住宅安装电梯工程动工后二年内，该既有住宅所有权人及其配偶可一次性提取本人住房公积金账户余额，提取总额不得超过该户分摊后的自付费用金额。

7. 当年缴存基数限额及缴存比例调整情况。2020 年 1～6 月，市住房公积金月缴存额为单位和个人最高均不得高于 1894 元/月，最低均不得低于 64 元/月；2020 年 7～12 月，市住房公积金月缴存额为单位和个人最高均不得高于 1992 元/月，最低均不得低于 69 元/月。2020 年度住房公积金缴存比例单位和个人最低均不得低于5％，最高均不得高于12％。生产经营困难企业可按有关规定申请办理住房公积金缓缴或经企业职工大会同意降低缴交比例。

当年个人住房贷款最高贷款额度以及住房公积金存贷款利率执行标准等未做调整。

（四）当年服务改进情况。制定实施了《永州市住房公积金个人自愿缴存使用管理暂行办法》，全面推行住房公积金窗口工作人员服务礼仪规范，每月开展"文明服务之星"评选。全面贯彻落实"四办"改革和"放管服"改革，大幅压缩、精简了住房公积金业务办理流程、手续、资料，全面取消了不必要的签字、按手印和证明材料等，提速了业务办结时限，压缩贷款审批时限由原来的12个工作日至9个工作日内，开办了按月对冲还贷业务。开通了网上营业大厅、住房公积金手机App网上业务办理功能，住房公积金业务网办率达到了82.6％。通过加强协作、完善系统，制定了"跨省通办"操作规程和应急预案，建立了省内外"跨省通办"协作联动机制，各业务大厅设置了"跨省通办"专窗，开展了全员操作培训，在省内率先完成了住房公积金"跨省通办"业务落地落实。在"统一政策、统一要件、统一流程"的基础上，采取"共同受理、共同审核、共同审批、共同面签、分别放贷"的办法，联合商业银行优化推出了"住房公积金＋商业银行"组合贷款，实现缴存职工只跑一次、一套资料和手续同时办结两笔、贷款，当年发放"组合贷款"6.42亿元，直接拉动住房消费12亿元以上。

（五）当年信息化建设情况。落实了全国住房公积金专项审计整改，住房公积金基础数据等更为规范健全，不断升级优化完善了住房公积金业务操作系统，住房公积金综合服务平台高分通过住房和城乡建设部验收，通过与市行政审批服务局积极对接，住房公积金业务办理服务事项纳入了市政务服务一体化平台，并在市政务服务一体化平台实行综合受理。

（六）当年所获荣誉情况。2020年中心成功创建省文明单位，获评市意识形态责任制工作考核优秀单位、市模范职工之家。稽查部获评2017—2019年全省内部审计先进集体，祁阳管理部获评省住房城乡建设厅2020年度住房公积金管理工作突出单位，东安、新田、冷水滩管理部获评市"巾帼文明岗"，中心驻苏家岭村工作队获评优秀市派驻村帮扶工作队，零陵、新田、江永管理部获评县区绩效评估考核优秀等次，零陵、江华管理部获评县区综治考核先进单位，祁阳、新田、道县管理部获评县"五四红旗团支部"，祁阳县管理部获评县创国卫考评先进单位，新田管理部获评县脱贫攻坚优秀驻村帮扶后盾单位，道县、江永管理部多次获评政务中心红旗窗口。朱鑫获评优秀市派驻村帮扶工作队员和市脱贫攻坚记功嘉奖，卞向李娜、成建获评市市直单位绩效评估先进个人，涂梽荘获评县"服务经济社会突出贡献奖"和县综治维稳工作先进个人，周大春获评区优秀驻村帮扶工作人员，邓芳、陈远健获评县脱贫攻坚工作先进个人，陈林姣获评县创省卫生县城先进个人，罗芳伟获评县"平安建设先进个人"，罗卿获评县"优秀共青团干部"，江娟莲获评县"青年岗位能手"，李园园获评市行政审批系统青年岗位能手，江娟莲、李英梅、朱丽梅、王湘、张晶等人多次获评政务中心窗口服务明星，李丽娟多次获评政务中心优秀首席代表，欧阳艳辉、罗兰多次获评政务中心先进个人，李园园、陈江梅、刘彬彬、唐丽萍、席姣玲、李林倩、周丽文、屈海芳、文芳等人多次获市行政审批系统通报表扬。

（七）当年对违反《住房公积金管理条例》和相关法规行为进行行政处罚和申请人民法院强制执行情况。无。

（八）当年对住房公积金管理人员违规行为的纠正和处理情况等。无。

（九）其他需要披露的情况。无。

怀化市住房公积金 2020 年年度报告

根据国务院《住房公积金管理条例》和住房和城乡建设部、财政部、人民银行《关于健全住房公积金信息披露制度的通知》（建金〔2015〕26 号）的规定，现将《怀化市住房公积金 2020 年年度报告》公布如下。

一、机构概况

（一）住房公积金管理委员会。怀化市住房公积金管理委员会（以下简称管委会）有 27 名委员，2020 年召开了一次全体委员会议和一次主任委员办公会议。4 月 22 日召开的四届六次会议审议通过的事项主要包括：《关于 2019 年住房公积金管理工作情况和 2020 年工作设想汇报》《关于 2019 年住房公积金归集使用与增值收益计划执行情况及 2020 年计划预算的审核意见》《关于 2018 年度市住房公积金审计监督情况的报告》《关于受托银行办理的住房公积金金融业务监管情况的通报》和《怀化市住房公积金 2019 年年度报告》五项报告内容；11 月 25 日召开的管委会主任委员办公会议审议通过的事项主要包括：《关于 2020 年度预算调整和 2021 年专项资金预算项目立项审核意见》。

（二）住房公积金管理中心。怀化市住房公积金管理中心是怀化市人民政府办管辖的不以营利为目的自收自支事业单位，内设 7 个部，下辖 13 个管理部。从业人员 119 人，其中，在编 83 人，非在编 36 人。

二、业务运行情况

（一）缴存。2020 年，新开户单位 154 家，实缴单位 4429 家，净减单位 45 家；新开户职工 15842 人，实缴职工 216004 人，净增职工 4127 人；缴存额 34.01 亿元，同比增长 13.18%。2020 年末，缴存总额 234.9 亿元，比上年末增加 16.93%；缴存余额 113.97 亿元，比上年末增加 13.14%。

受委托办理住房公积金缴存业务的银行 9 家，比上年增加了 1 家（怀化农村商业银行）。

（二）提取。2020 年，提取额 20.77 亿元，同比增长 6.08%；占当年缴存额的 61.07%，比上年减少 4.08 个百分点。年末，提取总额 120.93 亿元，比上年末增加 20.75%。

（三）贷款。

个人住房贷款。个人住房贷款最高额度 50 万元，其中，单缴存职工最高额度 50 万元，双缴存职工最高额度 50 万元。

2020 年，发放个人住房贷款 0.6002 万笔、23.39 亿元，同比分别增长 2.16%、11.01%。

2020 年，回收个人住房贷款 10.96 亿元。

2020 年末，累计发放个人住房贷款 8.9454 万笔、180.17 亿元，贷款余额 107.16 亿元，分别比上年末增加 7.19%、14.92%、13.12%。个人住房贷款余额占缴存余额的 94.02%，比上年末减少 0.03 个百分点。

受委托办理住房公积金个人住房贷款业务的银行 7 家，与上年相同。

（四）资金存储。2020 年末，住房公积金存款 9.12 亿元。其中，活期 7.52 亿元，1 年（含）以下定期 1.60 亿元。

(五)资金运用率。2020年末,住房公积金个人住房贷款余额、项目贷款余额和购买国债余额的总和占缴存余额的94.02%,比上年末减少0.03个百分点。

三、主要财务数据

(一)业务收入。2020年,业务收入36532.3万元,同比增长10.7%。其中,存款利息2363.43万元,委托贷款利息34163.19万元,其他5.68万元。

(二)业务支出。2020年,业务支出16849.47万元,同比增长18.75%。其中,支付职工住房公积金利息16830.04万元,其他19.43万元。

(三)增值收益。2020年,增值收益19682.84万元,同比增长4.63%。增值收益率1.85%,比上年减少0.15个百分点。

(四)增值收益分配。2020年,提取贷款风险准备金2484.87万元,提取管理费用3042.58万元,提取城市廉租住房(公共租赁住房)建设补充资金14155.39万元。

2020年,上交财政管理费用3111.86万元。上缴财政城市廉租住房(公共租赁住房)建设补充资金13820.32万元。

2020年末,贷款风险准备金余额21431.41万元。累计提取城市廉租住房(公共租赁住房)建设补充资金86565.97万元。

(五)管理费用支出。2020年,管理费用支出2943.79万元,同比减少23.16%。其中,人员经费1755.43万元,公用经费575.04万元,专项经费613.32万元。

四、资产风险状况

个人住房贷款。2020年末,个人住房贷款逾期额421.27万元,逾期率0.393‰。

个人贷款风险准备金按(贷款余额或增值收益)的2%提取。2020年,提取个人贷款风险准备金2484.87万元,使用个人贷款风险准备金核销呆坏账0万元。2020年末,个人贷款风险准备金余额21431.41万元,占个人住房贷款余额的2%,个人住房贷款逾期额与个人贷款风险准备金余额的比率为1.97%。

五、社会经济效益

(一)缴存业务。2020年,实缴单位数、实缴职工人数和缴存额同比分别增长-1.01%、1.95%和13.18%。

缴存单位中,国家机关和事业单位占73.33%,国有企业占8.67%,城镇集体企业占0.52%,外商投资企业占0.29%,城镇私营企业及其他城镇企业占9.12%,民办非企业单位和社会团体占6.8%,其他占1.26%。

缴存职工中,国家机关和事业单位占69.95%,国有企业占14.79%,城镇集体企业占0.2%,外商投资企业占0.58%,城镇私营企业及其他城镇企业占7.3%,民办非企业单位和社会团体占6.28%,其他占0.9%;中、低收入占99.99%,高收入占0.01%。

新开户职工中,国家机关和事业单位占44.39%,国有企业占6.17%,城镇集体企业占0.87%,外商投资企业占1.55%，城镇私营企业及其他城镇企业占32.11%，民办非企业单位和社会团体占4.4%，其他占10.51%；中、低收入占99.99%，高收入占0.01%。

（二）提取业务。2020年，6.77万名缴存职工提取住房公积金20.77亿元。

提取金额中，住房消费提取占77.02%（购买、建造、翻建、大修自住住房占26.64%，偿还购房贷款本息占50.13%，租赁住房占0.25%）；非住房消费提取占22.98%（离休和退休提取占18.4%，完全丧失劳动能力并与单位终止劳动关系提取占3.74%，出境定居占0.01%，其他占0.82%）。

提取职工中，中、低收入占99.96%，高收入占0.04%。

（三）贷款业务。

1.个人住房贷款。2020年，支持职工购建房74.58万平方米，年末个人住房贷款市场占有率（含公转商贴息贷款）为17.99%，比上年末减少0.82个百分点。通过申请住房公积金个人住房贷款，可节约职工购房利息支出42356.38万元。

职工贷款笔数中，购房建筑面积90（含）平方米以下占10.15%，90~144（含）平方米占77.51%，144平方米以上占12.35%。购买新房占90.77%（其中购买保障性住房占0%），购买二手房占9.15%，建造、翻建、大修自住住房占0.08%。

职工贷款笔数中，单缴存职工申请贷款占36.89%，双缴存职工申请贷款占62.95%，三人及以上缴存职工共同申请贷款占0.17%。

贷款职工中，30岁（含）以下占38.84%，30岁~40岁（含）占32.74%，40岁~50岁（含）占24.79%，50岁以上占3.63%；首次申请贷款占83.12%，二次及以上申请贷款占16.88%；中、低收入占99.88%，高收入占0.12%。

2.异地贷款。2020年末，发放异地贷款总额20155.36万元，异地贷款余额11305.74万元。

（四）住房贡献率。2020年，个人住房贷款发放额、公转商贴息贷款发放额、项目贷款发放额、住房消费提取额的总和与当年缴存额的比率为115.82%，比上年减少2.19个百分点。

六、其他重要事项

（一）当年机构及职能调整情况、受委托办理缴存贷款业务金融机构变更情况。

1.当年机构及职能调整情况。根据市编委《关于印发〈怀化市住房公积金管理中心职能配置、内设机构和人员编制规定〉的通知》（怀编〔2020〕81号）规定，我中心是直属市人民政府的副处级公益一类事业单位，主要承担全市住房公积金归集、使用、管理和资金保值增值职责，内设综合部、财务部、稽核部、资金核算部、业务指导部、科技信息部、市直管理部7个部门，下辖13个县（市、区）管理部。

2.受委托办理缴存贷款业务金融机构变更情况。2020年经市管委会批准，在怀化农村商业银行开设了一个归集专户，归集银行增加到9家；受委托办理贷款业务金融机构无变化。

（二）当年住房公积金政策调整及执行情况。

1.缴存基数限额调整情况及确定方法。

（1）缴存基数限额。经怀化市住房公积金管理委员会批准，2020年全市住房公积金缴存比例浮动区间为5%~12%，缴存单位可在此区间内自主确定住房公积金缴存比例；2020年度怀化市在岗职工住房公积金最高月缴存额为4312元；市直、鹤城区、中方县在岗职工住房公积金最低月缴存额为138元；沅陵县、辰溪县、溆浦县、麻阳县、新晃县、芷江县、洪江市、洪江区、会同县、靖州县、通道县等11个县市区在岗职工住房公积金最低月缴存额为122元。

（2）缴存基数确定方法。我市职工住房公积金缴存基数由市住房公积金管理中心每年核准调整一次。职工月缴存基数按照职工本人上年度全年税前总收入额（包括工资、奖金、年终绩效奖励和各种津补贴）除以12个月的方式核算确定，但目前我市大部分单位未将绩效奖金纳入缴存基数核算。个体工商户、自由职业者等新市民住房公积金缴存基数为其上一年度月平均收入，且不得低于上年度怀化市统计部门公布的在岗职工月平均工资额、不得高于上年度怀化市统计部门公布的在岗职工月平均工资额的3倍。缴存比例按10%至24%申报。

2. 缴存比例调整情况。2020年度怀化市单位和职工住房公积金缴存比例执行5%～12%的标准；2020年，全市共有6个县调整了缴存比例，即沅陵、麻阳将财政供养人员缴存比例由10%提高至12%，芷江、洪江市由6%提高到12%，新晃、洪江区由8%提高至12%。

3. 当年提取政策调整情况。当年中心出台了《怀化市住房公积金管理中心关于明确老旧小区住房加装电梯提取住房公积金业务相关事项的通知》，对老旧小区住房加装电梯提取住房公积金业务进行了明确。

4. 当年个人住房贷款最高贷款额度、贷款条件等贷款政策调整情况。自2017年1月，中心将最高可贷额度上调至50万元，2020年最高贷款额度保持不变；贷款条件主要依据2018年3月14日在《怀化日报》公布的《怀化市住房公积金管理中心关于印发〈怀化市住房公积金缴存管理办法〉等管理办法的通知》（怀市公积金发〔2018〕7号）、《怀化市住房公积金管理中心关于加强住房公积金期房贷款管理的通知》（怀市公积金发〔2019〕12号）、《关于进一步规范非公企业职工、个体工商户和自由职业者住房公积金缴存和贷款管理的通知》（怀市公积金发〔2019〕16号），2020年中心出台了《怀化市住房公积金管理中心关于加强住房公积金期房贷款管理的补充通知》，对期房贷款作了进一步明确。

5. 当年住房公积金存贷款利率调整及执行情况。住房公积金存款利率严格执行中国人民银行、住房和城乡建设部、财政部印发《关于完善职工住房公积金账户存款利率形成机制的通知》（银发〔2016〕43号）规定，统一按一年期定期存款基准利率1.5%执行。个人住房公积金住房贷款利率严格按国家规定执行，即贷款期限5年以下（含5年）的按年利率2.75%执行，5年以上的按年利率3.25%执行；二套房贷在基准利率基础上上浮10%。

（三）当年服务改进情况。2020年，中心坚持以文明创建为抓手，以永不懈怠、永不满足、永不跑调的精神状态，不断巩固提升"全国文明单位"荣誉成果，通过全力推行"6+6"柜面服务（举手迎、笑相问、双手接、快准办、双手递、目相送），抓实"四个精益"（精益现场、精益流程、精益礼仪、精益服务），全面督查落实"8S"现场管理（即整顿、整理、清洁、素养、安全、节约、规范、服务），突出"人、物、事、钱"四位一体（即做到人要精神、物要整洁、事要规范、钱要安全），力求做到环境优、程序简、态度好、效率高，逐步实现了管理服务全域提质、全程提速、全员提升、全面提效。同时，中心积极参与社会公益事业，积极开展关爱留守儿童和孤寡老人、助学助残等志愿者服务活动，主动参与全市"三城同创"工作创建，以高度的政治责任感使命感全力以赴推进精准脱贫工作，帮扶村如期实现脱贫摘帽。当年，中心顺利通过"全国文明单位"复查，洪江市管理部、洪江区管理部荣获"省级文明窗口"荣誉，中方县管理部被省住房城乡建设厅评为工作突出部门，有6个管理部继续保持了"市级文明窗口"荣誉，1个管理部保持了"省级青年文明号"，得到了社会广泛认可，不断提高了群众的获得感和满意度。

（四）当年信息化建设情况。2020年，中心不断深化"放管服"改革，全力推进"一件事一次办""四办"和跨域通办，着力提效能、优服务，住房公积金智慧服务逐步迈入"一时代"。通过全国异地转移接续平台，实现了"账随人走、钱随账走"；通过与电子政务实行对接，实现了业务办理"好差评"在线评价，期房贷款业务全部线上受理、线上审批，支付秒级到账；通过与省民政、市公安、市不动产联网实现数据共享，不仅便于数据查询，也为防范骗提骗贷提供了保障；通过建设信息安全三级等保和电子化风险检测系统，全面筑牢了信息网络数据安全"防火墙"；通过实施智能"机控"监管，逐步实现流程"电脑系统固化"、权限"电脑后台控制"、风险"电脑自助预警"，责任追溯"电脑源头监督""智能"监管能力不断提高。同时，中心顺利通过"业务网厅、网站、手机App、微信、短信、服务热线、自助服务终端"7大渠道的综合服务平台国检验收，实现了"一窗受理、全网通办"，缴存人足不出户即可了解个人住房公积金账户信息，不出办事大厅即可收到提取或贷款信息，切实提高了工作效率，方便了缴存职工，真正做到了"让数据多跑路，让群众少跑腿"。

（五）当年住房公积金管理中心及职工所获荣誉情况。2020年，中心继续保持了"全国文明单位"荣誉称号，洪江市管理部、洪江区管理部荣获"省级文明窗口单位"、沅陵县管理部继续保持了"省青年文明号"荣誉称号。

（六）当年对违反《住房公积金管理条例》和相关法规行为进行行政处罚和申请人民法院强制执行情况。全市当年对逾期贷款起诉7起，申请执行3起，提起执行异议申请16起，提起执行异议复议申请12起，行政复议1起，应诉案件2起，积极主动协助法院办理符合提取条件扣划及查询案件。

（七）当年对住房公积金管理人员违规行为的纠正和处理情况等。全年中心对2名轻微违规24分制积分达到12分的人员进行了提醒谈话和诫勉谈话；对下辖13个管理部和相关业务部门开展了1次日常业务全面稽核，1次专案稽核，对稽核发现的问题严格按照《怀化市住房公积金管理中心过错责任追究暂行办法》进行纠错问责，切实做到了防微杜渐；下发稽核报告14份，下达整改意见72条，对8人次违反作风建设规定的现象给予了内部通报批评和问责处罚。

娄底市住房公积金2020年年度报告

根据国务院《住房公积金管理条例》和住房和城乡建设部、财政部、人民银行《关于健全住房公积金信息披露制度的通知》（建金〔2015〕26号）的规定，经住房公积金管理委员会审议通过，现将娄底市住房公积金2020年年度报告公布如下。

一、机构概况

（一）住房公积金管理委员会。住房公积金管理委员会有28名委员，2020年召开1次会议，审议通过的事项主要包括：

1. 市住房公积金管理中心关于2019年工作总结和2020年工作计划汇报；
2. 《娄底市人民政府关于〈2019年省住房公积金和住宅专项维修资金审计报告〉整改情况报告》（代

拟稿）；

3. 市住房公积金管理中心《关于执行〈娄底市审计局审计报告〉的报告》；
4. 市住房公积金管理中心《关于抵押权登记费列入业务支出费用的请示》；
5. 市住房公积金管理中心《关于授予降低缴存比例或缓缴审批权限的请示》；
6. 市住房公积金管委会办公室《关于调整管委会部分委员的建议方案》。

（二）住房公积金管理中心。 住房公积金管理中心为直属娄底市人民政府的不以营利为目的的公益一类自收自支事业单位，设8个部（室），7个管理部。从业人员129人，其中，在编57人，非在编72人。

二、业务运行情况

（一）缴存。 2020年，新开户单位276家，净增单位158家；新开户职工1.29万人，净增职工－0.02万人；实缴单位2869家，实缴职工18.87万人，缴存额29.82亿元，分别同比增长5.83%、－0.11%、11.23%。2020年末，缴存总额210.83亿元，比上年末增加16.47%；缴存余额100.87亿元，同比增长13.45%。受委托办理住房公积金缴存业务的银行10家。

（二）提取。 2020年，4.63万名缴存职工提取住房公积金；提取额17.90亿元，同比增长30.08%；提取额占当年缴存额的60.02%，比上年增加6.71个百分点。2020年末，提取总额109.96亿元，比上年末增长19.44%。

（三）贷款。

1. 个人住房贷款。个人住房贷款最高额度50万元。单缴存职工个人住房贷款最高额度50万元，双缴存职工个人住房贷款最高额度50万元。

2020年，发放个人住房贷款0.48万笔、17.63亿元，同比分别增长0.15%、6.10%。其中，市中心发放个人住房贷款0.48万笔、17.63亿元。

2020年，回收个人住房贷款8.78亿元。其中，市中心8.78亿元。

2020年末，累计发放个人住房贷款8.78万笔、150.48亿元，贷款余额80.88亿元，分别比上年末增加5.78%、13.27%、12.30%。个人住房贷款余额占缴存余额的80.18%，比上年末减少0.79个百分点。受委托办理住房公积金个人住房贷款业务的银行7家。

2. 异地贷款。2020年，发放异地贷款319笔、12447万元。年末，发放异地贷款总额99439万元，异地贷款余额64269.19万元。

3. 公转商贴息贷款。2020年，未发放公转商贴息贷款。

（四）购买国债。 2020年，未购买国债。2020年末，国债余额为零。

（五）资金存储。 2020年末，住房公积金存款21.85亿元。其中，活期0.01亿元，1年以上定期21.58亿元，协定存款0.26亿元。

（六）资金运用率。 2020年末，住房公积金个人住房贷款余额、项目贷款余额和购买国债余额的总和占缴存余额的80.18%，比上年末减少0.79个百分点。

三、主要财务数据

（一）业务收入。 2020年，业务收入33016.48万元，同比增长16.27%。其中，市中心33016.48万元；存款利息 8319.75 万元，委托贷款利息 24696.73 万元。

（二）**业务支出。**2020 年，业务支出 14867.46 万元，同比增长 13.39％。其中，市中心 14867.46 万元；支付职工住房公积金利息 14764.74 万元，归集手续费 15.60 万元，其他 87.12 万元。

（三）**增值收益。**2020 年，增值收益 18149.02 万元，同比增长 18.75％。其中，市中心 18149.02 万元；增值收益率 1.88％，比上年增加 0.04 个百分点。

（四）**增值收益分配。**2020 年，提取贷款风险准备金 2672.86 万元；提取管理费用 3998.52 万元，提取城市廉租住房（公共租赁住房）建设补充资金 11477.64 万元。

2020 年，上交财政管理费用 3998.52 万元。上缴财政城市廉租住房（公共租赁住房）建设补充资金 11477.64 万元。其中，市中心上缴 11477.64 万元。

2020 年末，贷款风险准备金余额 24264.24 万元。累计提取城市廉租住房（公共租赁住房）建设补充资金 65409.01 万元。

（五）**管理费用支出。**2020 年，管理费用支出 3684.95 万元，同比增长 8.63％。其中，人员经费 2566.99 万元，公用经费 324.07 万元，专项经费 793.89 万元。

市中心管理费用支出 3684.95 万元，其中，人员、公用、专项经费分别为 2566.99 万元、324.07 万元、793.89 万元。

四、资产风险状况

（一）**个人住房贷款。**2020 年末，个人住房贷款逾期额 165.82 万元，逾期率 0.2‰，其中，市中心 0.2‰。个人贷款风险准备金余额 24264.24 万元。2020 年，使用个人贷款风险准备金核销呆坏账 16.17 万元。

（二）**支持保障性住房建设试点项目贷款。**本市未开展住房公积金支持保障性住房建设试点项目贷款。

五、社会经济效益

（一）**缴存业务。**缴存职工中，国家机关和事业单位占 57.46％，国有企业占 19.54％，城镇集体企业占 2.84％，外商投资企业占 0.95％，城镇私营企业及其他城镇企业占 9.46％，民办非企业单位和社会团体占 3.33％，灵活就业人员占 0.57％，其他占 5.85％；中、低收入占 96.5％，高收入占 3.5％。

新开户职工中，国家机关和事业单位占 24.80％，国有企业占 7.66％，城镇集体企业占 1.56％，外商投资企业占 0.76％，城镇私营企业及其他城镇企业占 30.92％，民办非企业单位和社会团体占 4.78％，灵活就业人员占 4.63％，其他占 24.89％；中、低收入占 98.46％，高收入占 1.54％。

（二）**提取业务。**提取金额中，购买、建造、翻建、大修自住住房占 38.74％，偿还购房贷款本息占 35.80％，租赁住房占 0.52％，离休和退休提取占 18.85％，完全丧失劳动能力并与单位终止劳动关系提取占 3.07％，其他占 3.02％。提取职工中，中、低收入占 90.33％，高收入占 9.67％。

（三）**贷款业务。**

1. 个人住房贷款。2020 年，支持职工购建房 78.40 万平方米，2020 年末个人住房贷款市场占有率（含公转商贴息贷款）为 24.08％，比上年末减少 3.62 个百分点。通过申请住房公积金个人住房贷款，可节约职工购房利息支出 28321.68 万元。

职工贷款笔数中，购房建筑面积90（含）平方米以下占7%，90~144（含）平方米占66.75%，144平方米以上占26.25%。购买新房占82.63%（其中购买保障性住房占0%），购买二手房占15.19%，建造、翻建、大修自住住房占0.38%，其他占1.8%。

职工贷款笔数中，单缴存职工申请贷款占24.70%，双缴存职工申请贷款占75.30%，三人及以上缴存职工共同申请贷款占0%。

贷款职工中，30岁（含）以下占23.51%，30岁~40岁（含）占40.85%，40岁~50岁（含）占29.39%，50岁以上占6.25%；首次申请贷款占83.16%，二次及以上申请贷款占16.84%；中、低收入占96.04%，高收入占3.96%。

2. 支持保障性住房建设试点项目贷款。截至2020年底，本市住房公积金未开展保障性住房建设试点项目贷款业务。

（四）住房贡献率。 2020年，个人住房贷款发放额、公转商贴息贷款发放额、项目贷款发放额、住房消费提取额的总和与当年缴存额的比率为104.63%，比上年增加4.31个百分点。

六、其他重要事项

（一）应对新冠肺炎疫情采取的措施，落实住房公积金阶段性支持政策情况和政策实施成效。

1. 措施。制定了《娄底市住房公积金管理中心关于应对新冠肺炎疫情调整住房公积金部分政策的通知》（娄公积金发〔2020〕3号）。

（1）受疫情影响未能按时足额缴存的企业，可按规定向管理部提交申请，在2020年6月30日前缓缴住房公积金单位部分，缓缴部分在2020年9月30日前办理补缴。在此期间，住房公积金视为正常缴存，不影响职工申请住房公积金贷款的权益。灵活就业人员参照执行。

（2）一线的医护人员、疫情防控人员申请办理设有时限的提取、贷款业务时，因疫情影响耽误的，可顺延至疫情防控结束后两个月内。

（3）在2020年6月30日前，对于支付房租有压力的缴存职工，可以按规定额度按月提取住房公积金支付房租。

（4）在2020年6月30日前，对一线的医护人员、疫情防控人员，因疫情需要隔离或者暂时受疫情影响的职工，住房公积金贷款不能正常还款的，不作逾期处理、不计罚息。相关人员可在疫情结束后两个月内，向管理部提出申请，经管理部审核后，将已计收的罚息退回，不作为逾期记录报送征信部门。

2. 取得成效。

（1）共有湖南华菱涟源钢铁有限公司、华天酒店管理有限责任公司、上海红星美凯龙品牌管理有限公司娄底分公司、贵州星空影院娄底分公司、锡矿山闪星锑业有限责任公司、湖南三泰新材料股份有限公司、福利厂7家企业申请办理缓缴业务，共缓缴18473人、缓缴金额1748.71万元，切实减轻企业困难。

（2）办理了15笔、按月提取住房公积金支付房租的业务，共提取79510元，缓解职工实际困难。

（3）3名符合贴息条件的职工，因疫情影响无法及时前来办理贴息手续，我中心考虑到实际情况为其办理了延期。

（二）当年缴存基数限额及确定方法、缴存比例调整情况。

1. 缴存基数。2020年度职工住房公积金缴存基数为职工本人2019年（自然年度）月平均工资，即职工2019年度个人工资总额（包括工资、奖金、年终绩效奖励和各种津补贴）除以12个月的金额。

2020年度我市住房公积金月缴存基数，不得高于市统计局公布的2019年娄底市在岗职工月平均工资的三倍（即16089元），不得低于2019年度娄底市最低工资标准1220元。凡超过三倍的，一律予以规范调整，在上下限范围内的据实计算；低于娄底市最低工资标准的按最低工资标准计算。

2. 缴存比例。单位和职工住房公积金缴存比例下限分别为5%，上限分别最高不得超过12%。单位和职工的住房公积金缴存比例应当相同，同一单位的职工住房公积金缴存比例应当相同。

3. 月缴存额。住房公积金月缴存额＝月缴存基数×单位缴存比例＋月缴存基数×职工缴存比例。住房公积金月缴存额单位和个人部分均以元为单位，元以下四舍五入。

2020年度我市职工住房公积金月最高缴存额为3862元，即单位和个人月缴存额均不得超过1931元，最低合计不得低于122元。

（三）当年服务改进情况。及时推进住房公积金服务"跨省通办"工作，在各管理部服务大厅设立"跨省通办"窗口，由专人受理业务。综合服务平台建设工作通过综合服务平台建设验收组验收，微信公众号在原有功能上增加离职提取、离退休提取、公积金按年对冲等业务办理功能。单位版网上服务大厅正式上线，缴存单位可通过单位网厅完成单位汇缴、补缴、职工封存、启封、基数调整等多项业务。

（四）当年信息化建设情况。按信息系统安全等级保护第三级要求，对信息系统进行了安全整改；在基础数据和资金结算平台"双贯标"验收的基础上，持续对信息系统进行优化和完善；按"互联网＋政务服务"要求，推进与娄底市"互联网＋政务一体化"一体化数据平台对接等工作。

（五）当年住房公积金管理中心及职工所获荣誉情况。

1. 在湖南省住房城乡建设系统2020年度单项工作表彰通报中，娄底市住房公积金管理中心住房公积金管理工作突出受到通报表彰。

2. 娄底市住房公积金管理中心获得娄底市文明单位称号、综治工作优秀单位称号。

3. 娄星区管理部通过全市文明单位复审。

4. 涟源市管理部、冷水江市管理部获得或保留"湖南省文明窗口单位"称号。

5. 钟芝兰同志获评全市政协扶贫行动先进个人。

6. 申泰林同志获得全市先进工作者荣誉称号。

（六）当年对违反《住房公积金管理条例》和相关法规行为进行行政处罚和申请人民法院强制执行情况。2020年向6家单位进行了住房公积金的催缴催建，催建人数5104人，补缴金额3163万元；向1家单位送达了《责令限期办理住房公积金缴存登记手续通知书》。

湘西土家族苗族自治州住房公积金2020年年度报告

根据国务院《住房公积金管理条例》和住房和城乡建设部、财政部、人民银行《关于健全住房公积金信息披露制度的通知》（建金〔2015〕26号）的规定，经住房公积金管理委员会审议通过，现将湘西州住房公积金2020年年度报告公布如下。

一、机构概况

（一）住房公积金管理委员会。住房公积金管理委员会有 30 名委员，2020 年召开 2 次会议，审议通过的事项主要包括：《州住房公积金管理中心 2019 年工作报告》《2019 年公积金预算执行情况》《州住房公积金 2019 年年度报告》《2020 年公积金预算草案》《州住房公积金中心 2020 年工作要点》《2021 年业务指标》《审计问题整改情况》《湘西州住房公积金管理委员会章程（修改稿）》（列出住房公积金管理委员会通过的主要议案名称）。

（二）住房公积金管理中心。住房公积金管理中心为州人民政府直属正处级不以营利为目的的公益一类差额拨款事业单位，设 9 个处（科），10 个管理部，0 个分中心。从业人员 100 人，其中，在编 63 人，非在编 37 人。

二、业务运行情况

（一）缴存。2020 年，新开户单位 0.0284 万家，净增单位 780 家；新开户职工 0.9171 万人，净增职工 2 万人；实缴单位 3893 家，实缴职工 14.92 万人，缴存额 22.85 亿元，分别同比增长 25.06%、15.47%、6.18%。2020 年末，缴存总额 156.34 亿元，比上年末增加 17.13%；缴存余额 79.22 亿元，同比增长 12.35%。受委托办理住房公积金缴存业务的银行 10 家。

（二）提取。2020 年，5.28 万名缴存职工提取住房公积金；提取额 14.14 亿元，同比增长 8.27%；提取额占当年缴存额的 61.89%，比上年增加 1.2 个百分点。2020 年末，提取总额 77.12 亿元，比上年末增加 22.45%。

（三）贷款。

1. 个人住房贷款。个人住房贷款最高额度 35 万元（个人住房贷款最高额度政策不按单缴存职工和双缴存职工区分的城市填写）。单缴存职工个人住房贷款最高额度 35 万元，双缴存职工个人住房贷款最高额度 35 万元（个人住房贷款最高额度政策按单缴存职工和双缴存职工区分的城市填写）。

2020 年，发放个人住房贷款 5243 笔、15.91 亿元，同比分别增长 7.77%、12.2%。其中，吉首地区发放个人住房贷款 2861 笔、8.7 亿元，龙山县发放个人住房贷款 923 笔、2.95 亿元，永顺县发放个人住房贷款 439 笔、1.34 亿元，保靖县发放个人住房贷款 173 笔、0.45 亿元，花垣县发放个人住房贷款 190 笔、0.58 亿元，凤凰县发放个人住房贷款 411 笔、1.18 亿元，泸溪县发放个人住房贷款 150 笔、0.46 亿元，古丈县发放个人住房贷款 96 笔、0.25 亿元。

2020 年，回收个人住房贷款 7.23 亿元。其中，吉首地区 4.13 亿元，龙山县 0.54 亿元，永顺县 0.6 亿元，保靖县 0.41 亿元，花垣县 0.41 亿元，凤凰县 0.54 亿元，泸溪县 0.37 亿元，古丈县 0.23 亿元。

2020 年末，累计发放个人住房贷款 6.45 万笔、117.17 亿元，贷款余额 67.62 亿元，分别比上年末增加 8.77%、15.71%、14.73%。个人住房贷款余额占缴存余额的 85.36%，比上年末增加 1.77 个百分点。受委托办理住房公积金个人住房贷款业务的银行 3 家。

2. 异地贷款。2020 年，发放异地贷款 303 笔、9121 万元。2020 年末，发放异地贷款总额 26993 万元，异地贷款余额 22425.83 万元。

3. 公转商贴息贷款。2020 年，发放公转商贴息贷款 0 笔、0 万元，当年贴息额 175.47 万元。2020 年末，累计发放公转商贴息贷款 1260 笔、33864.6 万元，累计贴息 849.94 万元。

4. 住房公积金支持保障性住房建设项目贷款（本段仅项目贷款余额不为 0 的城市填写）。年，发放支持保障性住房建设项目贷款亿元，回收项目贷款亿元。年末，累计发放项目贷款亿元，项目贷款余额亿元。

（四）**购买国债**。2020 年，购买（记账式、凭证式）国债 0 亿元，（兑付、转让、收回）国债 0.2 亿元。2020 年末，国债余额 0 亿元。

（五）**资金存储**。2020 年末，住房公积金存款 13.1 亿元。其中，活期 0.04 亿元，1 年（含）以下定期 3.7 亿元，1 年以上定期 4.8 亿元，其他（协定、通知存款等）4.56 亿元。

（六）**资金运用率**。2020 年末，住房公积金个人住房贷款余额、项目贷款余额和购买国债余额的总和占缴存余额的 85.36%，比上年末增加 1.49 个百分点。

三、主要财务数据

（一）**业务收入**。2020 年，业务收入 24683.69 万元，同比增长 8.97%。其中，存款利息 3720.89 万元，委托贷款利息 21181.95 万元，国债利息 19.85 万元，其他－239.01 万元。

（二）**业务支出**。2020 年，业务支出 11541.58 万元，同比增长 15.33%。其中，支付职工住房公积金利息 11320.18 万元，归集手续费 1.47 万元，委托贷款手续费 34.86 万元，其他 185.07 万元。

（三）**增值收益**。2020 年，增值收益 13142.11 万元，同比增长 3.93%。增值收益率 1.75%，比上年减少 0.16 个百分点。

（四）**增值收益分配**。2020 年，提取贷款风险准备金 399.09 万元；提取管理费用 1964.2 万元，提取城市廉租住房（公共租赁住房）建设补充资金 10778.81 万元。

2020 年，上交财政管理费用 1964.2 万元。上缴财政城市廉租住房（公共租赁住房）建设补充资金 6024.85 万元。

2020 年末，贷款风险准备金余额 13523.31 万元。累计提取城市廉租住房（公共租赁住房）建设补充资金 36835.42 万元。

（五）**管理费用支出**。2020 年，管理费用支出 2516.84 万元，同比下降 21.19%。其中，人员经费 1651.46 万元，公用经费 261.73 万元，专项经费 603.65 万元。

四、资产风险状况

个人住房贷款。2020 年末，个人住房贷款逾期额 155.09 万元，逾期率 0.2‰。个人贷款风险准备金余额 13523.31 万元。2020 年，使用个人贷款风险准备金核销呆坏账 0 万元。

五、社会经济效益

（一）**缴存业务**。缴存职工中，国家机关和事业单位占 71.37%，国有企业占 14.83%，城镇集体企业占 0.4%，外商投资企业占 0.28%，城镇私营企业及其他城镇企业占 11.32%，民办非企业单位和社会团体占 1.39%，灵活就业人员占 0.23%，其他占 0.18%；中、低收入占 96.84%，高收入占 3.16%。

新开户职工中，国家机关和事业单位占 37.89%，国有企业占 8.78%，城镇集体企业占 0.45%，外商投资企业占0.8%，城镇私营企业及其他城镇企业占46.9%，民办非企业单位和社会团体占3.95%，灵活就业人员占0.48%，其他占0.75%；中、低收入占99.78%，高收入占0.22%。

（二）提取业务。提取金额中，购买、建造、翻建、大修自住住房占26.93%，偿还购房贷款本息占50.92%，租赁住房占0.71%，支持老旧小区改造占0%，离休和退休提取占14.5%，完全丧失劳动能力并与单位终止劳动关系提取占1.91%，出境定居占0.01%，其他占5.02%。提取职工中，中、低收入占99.63%，高收入占0.37%。

（三）贷款业务。

1. 个人住房贷款。2020年，支持职工购建房64.28万平方米（含公转商贴息贷款），年末个人住房贷款市场占有率（含公转商贴息贷款）为24.44%，比上年末增加5.75个百分点。通过申请住房公积金个人住房贷款，可节约职工购房利息支出48522.4万元。

职工贷款笔数中，购房建筑面积90（含）平方米以下占13.98%，90~144（含）平方米占75.13%，144平方米以上占10.89%。购买新房占78.26%（其中购买保障性住房占0%），购买二手房占21.74%，建造、翻建、大修自住住房占0%（其中支持老旧小区改造占0%），其他占0%。

职工贷款笔数中，单缴存职工申请贷款占54.34%，双缴存职工申请贷款占45.62%，三人及以上缴存职工共同申请贷款占0.04%。

贷款职工中，30岁（含）以下占26.89%，30岁~40岁（含）占41.4%，40岁~50岁（含）占25.88%，50岁以上占5.83%；首次申请贷款占99.49%，二次及以上申请贷款占0.51%；中、低收入占97.75%，高收入占2.25%。

2. 支持保障性住房建设试点项目贷款（本段仅项目贷款余额不为0的城市填写）。年末，累计试点项目个，贷款额度亿元，建筑面积万平方米，可解决户中低收入职工家庭的住房问题。个试点项目贷款资金已发放并还清贷款本息。

（四）住房贡献率。2020年，个人住房贷款发放额、公转商贴息贷款发放额、项目贷款发放额、住房消费提取额的总和与当年缴存额的比率为118.24%，比上年增加4.25个百分点。

六、其他重要事项

（一）应对新冠肺炎疫情采取的措施，落实住房公积金阶段性支持政策情况和政策实施成效。出台的《关于防控新型冠状病毒感染的肺炎疫情期间做好住房公积金服务保障有关工作的通知》（州金管发〔2020〕3号）明确了缴存和贷款业务的支持性政策。

1. 因疫情防控导致未能按月足额缴存的经说明原因并补缴后视同正常缴存；因疫情防控造成经营困难的企业可申请缓缴（期限一年）或降低缴存比例（5%~12%之间），缓缴期间职工可正常申请住房公积金贷款。

2. 因疫情防控一线工作者包括医护人员、警务人员、社区工作者及机关企事业单位从事疫情防控的干部职工等、因疫情住院治疗、医学观察、被隔离观察的患者、疑似患者和密切接触者，因单位或个人未能及时缴存导致无法正常对冲还款，和因疫情防控期间暂时失去工资来源等无法正常还款的，可不视为违约，不作逾期处理。

3. 提倡网上办理及延期办理住房公积金业务，办理住房公积金相关业务及其相关资料因疫情防控造成时限超期的，办理所有业务所需的材料期限可以延长至疫情解除后三个月。

（二）当年机构及职能调整情况、受委托办理缴存贷款业务金融机构变更情况。无。

（三）当年住房公积金政策调整及执行情况，包括当年缴存基数限额及确定方法、缴存比例等缴存政策调整情况；当年提取政策调整情况；当年个人住房贷款最高贷款额度、贷款条件等贷款政策调整情况；当年住房公积金存贷款利率执行标准等；支持老旧小区改造政策落实情况。

汇缴政策。住房公积金最高月缴存额由最高缴存基数和最高缴存比例确定。最高缴存基数为上一年度全州在岗职工月平均工资的3倍，最高缴存比例为12%。上年度，全州在岗职工月平均工资为6067元，其3倍为18200元，故2020年住房公积金单位和职工最高月缴额之和为4368元。个体工商户和自由职业者最低月缴存总额仍为966元，最高月缴存总额与全州机关、事业、国有企业单位职工相同，即4368元。中心仍保留200元作为最低月缴存总额。

（四）当年服务改进情况，包括推进住房公积金服务"跨省通办"工作情况，服务网点、服务设施、服务手段、综合服务平台建设和其他网络载体建设服务情况等。

1. 州直、吉首、永顺、花垣、保靖、凤凰等地区住房公积金业务全面入驻当地政务服务中心，实现"一站式"办结服务。推出"柜台前移"业务，将住房公积金缴存单位或个人推向网络办理大厅的各个终端，将公积金贷款业务延伸到各个房地产企业客户大厅。让广大公积金缴存用户足不出户就可以办理公积金的汇缴、提取业务，让公积金贷款客户到房地产企业楼盘就可以专享便捷的公积金服务。

2. 2020年11月23日，住房和城乡建设部、湖南省住房和城乡建设厅联合专家组对湘西自治州住房公积金综合服务平台的渠道开通、功能实现、综合管理系统建设、安全保障体系、运行绩效以及服务成效等多个方面进行了细致的检查验收。专家组通过听取汇报、现场检查、质询和专家合议等方式，对服务渠道开通、功能实现、综合管理、安全保障体系建设、运行绩效分析及取得的成效进行了现场检查，最终一致同意湘西自治州住房公积金综合服务平台建设工作以"优秀"的成绩通过验收。

3. 积极对接"互联网＋监督"工作，并成为我州首家对接省"互联网＋政务服务"一体化平台的州直单位，实时接受省行政效能电子监察系统的监察。2020年，省"互联网＋政务服务"一体化平台自动采集州住房公积金管理中心的办件数达9074件，占全州总数的53.38%，没有出现红黄牌警告提示。积极开发公积金业务办理好差评系统，提升服务质量和效率，接受群众的监督。该系统自今年8月份上线以来，共收到评价数据3376条，其中，非常满意3329条，满意1条，基本满意46条，满意率100%。

（五）当年信息化建设情况，包括信息系统升级改造情况，基础数据标准贯彻落实和结算应用系统接入情况等。2020年7月中心核心业务系统和综合服务平台按国家要求进行每年三级等保测评，经过5个月对测评整改报告的梳理、整改和相关等保设备的采购安装配置升级。12月通过测评公司静态评估、现场测试、综合评估等多方面的综合测评，已通过国家三级等保的测评要求。这标志着我中心信息系统在技术安全、系统管理、应急保障等方面达到了国家安全等级标准，建立了较为完备的网络信息安全保护体系，满足了住房公积金的安全管理运营要求，有力维护全州住房公积金网络安全，保障全州缴存职工住房公积金基本信息的安全完整。

（六）当年住房公积金管理中心及职工所获荣誉情况，包括：文明单位（行业、窗口）、青年文明号、工人先锋号、五一劳动奖章（劳动模范）、三八红旗手（巾帼文明岗）、先进集体和个人等。

中心被评为2019年度州级文明标兵单位。

（七）当年对违反《住房公积金管理条例》和相关法规行为进行行政处罚和申请人民法院强制执行情况。无。

（八）当年对住房公积金管理人员违规行为的纠正和处理情况等。无。

（九）其他需要披露的情况。无。

益阳市住房公积金2020年年度报告

根据国务院《住房公积金管理条例》和住房和城乡建设部、财政部、人民银行《关于健全住房公积金信息披露制度的通知》（建金〔2015〕26号）的规定，经住房公积金管理委员会审议通过，现将益阳市住房公积金2020年年度报告公布如下。

一、机构概况

（一）**住房公积金管理委员会**。住房公积金管理委员会有45名委员，2020年召开1次会议，审议通过的事项主要包括：《2019年度住房公积金预算执行、决算审核、增值收益分配情况和2020年住房公积金年度预算方案》《2020—2021年度住房公积金缴存标准》《益阳市住房公积金缴存管理办法》《益阳市住房公积金提取管理办法》《益阳市住房公积金个人住房贷款管理办法》。住房公积金管理委员会下设住房公积金监督管理委员会，负责审议市公积金中心在管理委员会闭会期间提交的有关事项。2020年，住房公积金监督管理委员会有9名委员，召开2次会议，审议6个提请事项。

（二）**住房公积金管理中心**。住房公积金管理中心为直属益阳市人民政府不以营利为目的的正处级公益一类事业单位，设4个管理科室，9个管理部（营业部），1个办事处。从业人员102人，其中，在编33人，非在编69人。

二、业务运行情况

（一）**缴存**。2020年，新开户单位266家，净增单位169家；新开户职工2.64万人，净增职工1.02万人；实缴单位3010家，实缴职工22.63万人，缴存额32.70亿元，分别同比增长5.95%、4.71%、5.42%。2020年末，缴存总额237.03亿元，比上年末增加16.0%；缴存余额98.11亿元，同比增长11.16%。受委托办理住房公积金缴存业务的银行9家。

（二）**提取**。2020年，10.13万名缴存职工提取住房公积金；提取额22.86亿元，同比增长3.71%；提取额占当年缴存额的69.90%，比上年减少1.15个百分点。2020年末，提取总额138.93亿元，比上年末增加19.70%。

（三）**贷款**。

1. 个人住房贷款。个人住房贷款最高额度35万元。

2020年，发放个人住房贷款0.78万笔、19.90亿元，同比分别下降28.23%、23.73%。2020年，回收个人住房贷款14.83亿元。

2020年末，累计发放个人住房贷款10.66万笔、190.99亿元，贷款余额101.58亿元，分别比上年末增加7.89%、11.63%、5.26%。个人住房贷款余额占缴存余额的103.54%，比上年末减少5.79个百分点。受委托办理住房公积金个人住房贷款业务的银行2家。

2. 异地贷款。2020年，发放异地贷款1212笔、31717.8万元。2020年末，发放异地贷款总额121146.70万元，异地贷款余额99628.24万元。

3. 公转商贴息贷款。2020年，发放公转商贴息贷款1719笔、38973.66万元，当年贴息额1208.10万元。2020年末，累计发放公转商贴息贷款6405笔、152082.57万元，累计贴息3366.93万元。

4. 住房公积金支持保障性住房建设项目贷款。无。

（四）购买国债。无。

（五）资金存储。2020年末，住房公积金存款6.41亿元。其中，活期2.35亿元，1年（含）以下定期0.35亿元，1年以上定期0亿元，其他（协定、通知存款等）3.71亿元。

（六）资金运用率。2020年末，住房公积金个人住房贷款余额、项目贷款余额和购买国债余额的总和占缴存余额的103.54%，比上年末减少5.79个百分点。

三、主要财务数据

（一）业务收入。2020年，业务收入34348.62万元，同比增长14.93%。存款利息354.62万元，增值收益利息0.06万元，委托贷款利息32307.99万元，国债利息0万元，其他1685.95万元。

（二）业务支出。2020年，业务支出18202.62万元，同比增长14.28%。支付职工住房公积金利息14159.73万元，归集手续费208.45万元，委托贷款手续费705.17万元，其他3129.27万元。

（三）增值收益。2020年，增值收益16146.0万元，同比增长15.68%。增值收益率1.73%，比上年增加0.6个百分点。

（四）增值收益分配。2020年，提取贷款风险准备金51.75万元；提取管理费用5200万元，提取城市廉租住房（公共租赁住房）建设补充资金10894.25万元。

2020年，上交财政管理费用5200万元。上缴财政城市廉租住房（公共租赁住房）建设补充资金5279.87万元。

2020年末，贷款风险准备金余额20316.24万元。累计提取城市廉租住房（公共租赁住房）建设补充资金67131.74万元。

（五）管理费用支出。2020年，管理费用支出4293.63万元，同比增长11.86%。其中，人员经费2105.50万元，公用经费291.27万元，专项经费1896.86万元。

四、资产风险状况

（一）个人住房贷款。2020年末，个人住房贷款逾期额147.77万元，逾期率0.15‰，个人贷款风险准备金余额20316.24万元。2020年，使用个人贷款风险准备金核销呆坏账0万元。

（二）支持保障性住房建设试点项目贷款。无。

五、社会经济效益

（一）缴存业务。缴存职工中，国家机关和事业单位占49.89%，国有企业占10.39%，城镇集体企业

占1.98%，外商投资企业占0.9%，城镇私营企业及其他城镇企业占21.41%，民办非企业单位和社会团体占2.14%，灵活就业人员占12.33%，其他占0.96%；中、低收入占99.38%，高收入占0.62%。

新开户职工中，国家机关和事业单位占22.36%，国有企业占3.61%，城镇集体企业占1.27%，外商投资企业占2.01%，城镇私营企业及其他城镇企业占48.50%，民办非企业单位和社会团体占3.14%，灵活就业人员占16.16%，其他占2.95%；中、低收入占96.68%，高收入占3.32%。

（二）提取业务。提取金额中，购买、建造、翻建、大修自住住房占20.02%，偿还购房贷款本息占57.78%，租赁住房占0.80%，离休和退休提取占14.65%，完全丧失劳动能力并与单位终止劳动关系提取占2.12%，死亡或宣告死亡提取占0.61%，其他占4.02%。提取职工中，中、低收入占98.49%，高收入占1.51%。

（三）贷款业务。

1. 个人住房贷款。2020年，支持职工购建房104.54万平方米（含公转商贴息贷款），年末个人住房贷款市场占有率（含公转商贴息贷款）为29.17%，比上年末增加0.21个百分点。通过申请住房公积金个人住房贷款，可节约职工购房利息支出38320.76万元。

职工贷款笔数中，购房建筑面积90（含）平方米以下占6.20%，90~144（含）平方米占80.81%，144平方米以上占12.99%。购买新房占81.46%（其中购买保障性住房占0%），购买二手房占18.54%。

职工贷款笔数中，单缴存职工申请贷款占31.88%，双缴存职工申请贷款占68.09%，三人及以上缴存职工共同申请贷款占0.03%。

贷款职工中，30岁（含）以下占31.34%，30岁~40岁（含）占41.56%，40岁~50岁（含）占20.61%，50岁以上占6.49%；首次申请贷款占82.81%，二次及以上申请贷款占17.19%；中、低收入占88.73%，高收入占11.27%。

2. 支持保障性住房建设试点项目贷款。无。

（四）住房贡献率。2020年，个人住房贷款发放额、公转商贴息贷款发放额、项目贷款发放额、住房消费提取额的总和与当年缴存额的比率为127.71%，比上年减少30.14个百分点。

六、其他重要事项

（一）应对新冠肺炎疫情采取措施、落实住房公积金阶段性支持政策情况和政策实施成效。印发了《益阳市住房公积金管理中心关于做好疫情防控期间住房公积金管理服务工作的通知》（益公积金发〔2020〕3号），全年共为9家企业办理住房公积金缓缴业务，涉及395人、41万元，为13名贷款职工办理阶段性降低住房公积金贷款月还款额业务，为未在规定时效内申请业务办理的45名缴存职工办理购房提取、还贷提取等业务。

（二）机构、职能及业务银行调整情况。2020年，机构及职能未作调整，受委托办理缴存贷款业务银行未发生变化。

（三）住房公积金政策调整及执行情况。

1. 缴存基数限额。上限17469元，下限3494元。

2. 确定方法。缴存基数上、下限原则上不超过和不低于益阳统计部门公布的上一年度职工月平均工资（5823元）的3倍和60%。

3. 缴存比例。与2019年度一致，仍为5%～12%。

4. 当年提取政策调整情况。①新增"结清住房贷款时可以办理提取（提取金额不大于实际还款额）"的业务类型；②新增"既有住宅增设电梯提取"的业务类型。益阳市行政区域范围内既有住宅所有权人或配偶，出资为该住宅增设电梯时可提取住房公积金；③取消购买期房时需冻结保证金的规定；④取消《房屋所有权证》（不动产权证书）、《房屋买卖合同》《购买安置房合同》《建筑工程规划许可证》《农村村民个人建房用地许可证》（建设用地批准书）、《房屋安全鉴定报告》等材料中关于提取时效（1年或2年）的相关规定；⑤新增离职提取时间限制，个人账户封存满半年后方可提取；⑥购买自住住房提取和偿还住房贷款提取，由仅限湖南省调整为全国范围内（提取申请人或配偶提供购房所在地的住房公积金缴存证明或户籍证明）；⑦明确城镇或农村建造、翻建、扩建自住住房以及大修住房提取仅限益阳市行政区域内。

5. 当年个人住房贷款最高贷款额度、贷款条件等贷款政策调整情况。①贷款次数认定标准由"住房公积金贷款"调整为"住房公积金贷款加住房商业贷款"；②在实现不动产登记信息资源互联共享情况下，将房屋套数认定范围从原购房所在地区（县）市调整为益阳市行政区域；③新增二手房贷款预审环节；④明确住房公积金贷款月还款本息与借款人及配偶家庭月收入之比不超过50%（有其他贷款与债务的也包含在月还款本息内）；⑤取消按贷款发放金额5%收取贷款保证金的规定。

6. 当年住房公积金存贷款利率执行标准。职工住房公积金账户存款利率按一年期定期存款基准利率（1.5%）执行。住房公积金个人住房贷款5年期内（含）贷款年利率为2.75%，5年期以上贷款年利率为3.25%。第二次住房公积金贷款利率上浮10%。

（四）当年服务改进情况。

1. 印发了《住房公积金服务"跨省通办"实施细则》，明确了跨省通办流程及时效，在每个网点设立了"跨省通办"专用窗口，受理缴存职工申请。2020年，实现"跨省通办"业务类型3项，分别为：个人住房公积金缴存贷款等信息查询、出具贷款职工住房公积金缴存使用证明、正常退休提取住房公积金。

2. 按照"缴存政策规范化、提取政策便民化、贷款政策精准化"原则，全面修订了缴存、提取和贷款三大管理办法，取消了期房提取保证金，调整了房屋套数和贷款次数的认定标准。

3. 按照《住房公积金综合服务平台建设导则》要求，建设开通了自助终端和微博，进一步完善了网站、网厅、12329热线、12329短信、微信公众号、手机App等服务平台。

（五）当年信息化建设情况。

1. 通过升级核心网络设备、增加网络安全设备配置等手段，对现有网络进行了重新规划整合，对关键网络节点进行了安全加固，住房公积金业务运行更加安全稳定。

2. 按照《住房公积金综合服务平台建设导则》要求，完成了综合服务平台建设工作，并以"优秀"等级通过湖南省住房和城乡建设厅专家组检查验收。

3. 按照"最大限度贴合业务需求和提升使用体验"的原则，完成系统改进需求近百个，有效提升了系统功能和服务能力。

4. 根据《关于开展住房公积金电子稽查问题整改专项行动的通知》要求，按照"先易后难"的原则，对电子稽查系统73项疑点数据中的51项内容进行了整改，电子稽查得分大幅提升，住房公积金信息基础数据质量改善明显。

(六)当年住房公积金管理中心及职工所获荣誉情况。

1. 单位所获荣誉情况。顺利通过"全国文明单位"复查,被评为益阳市平安建设平安单位、益阳市政务公开先进单位,获益阳市青年排球赛市直组二等奖。法制科获"2017—2019年全省内部审计先进集体"荣誉称号,资阳管理部获益阳市"三八红旗集体"荣誉称号,高新支部获"市直机关先进基层党组织"荣誉称号。

2. 职工所获荣誉情况。

王时彬:记三等功;

杨峰:益阳市事业单位脱贫攻坚先进个人;

代志鹏:益阳市事业单位脱贫攻坚先进个人;

严立春:益阳市事业单位脱贫攻坚先进个人;

彭煜:2017—2019年益阳市内部审计先进个人。

(七)当年对违反《住房公积金管理条例》和相关法规行为进行行政处罚和申请人民法院强制执行情况。2020年,没有进行行政处罚,没有申请人民法院强制执行。

(八)当年对住房公积金管理人员违规行为的纠正和处理情况等。2020年,住房公积金管理人员未发生相关违规行为。

2020 全国住房公积金年度报告汇编

广东省

广州　　梅州市
韶关市　汕尾市
深圳市　河源市
珠海市　阳江市
汕头市　清远市
佛山市　东莞市
江门市　中山市
湛江市　潮州市
茂名市　揭阳市
肇庆市　云浮市
惠州市

广东省住房公积金 2020 年年度报告

根据国务院《住房公积金管理条例》和住房和城乡建设部、财政部、人民银行《关于健全住房公积金信息披露制度的通知》（建金〔2015〕26 号）的规定，现将广东省住房公积金 2020 年年度报告公布如下。

一、机构概况

（一）住房公积金管理机构。全省共设 21 个设区城市住房公积金管理中心，1 个独立设置的分中心（广州铁路分中心，隶属广州住房公积金管理中心）。从业人员 2319 人，其中，在编 1127 人，非在编 1192 人。

（二）住房公积金监管机构。省住房城乡建设厅、财政厅和人民银行负责对本省住房公积金管理运行情况进行监督。省住房城乡建设厅设立住房公积金监管处，负责辖区住房公积金日常监管工作。

二、业务运行情况

（一）缴存。2020 年，新开户单位 77681 家，净增单位 39347 家；新开户职工 292.76 万人，净增职工－31.71 万人（指标统计口径调整所致）；实缴单位 465094 家，实缴职工 1976.60 万人，缴存额 2904.39 亿元，同比增长 9.24%、下降 1.58%、增长 12.13%。2020 年末，缴存总额 20757.10 亿元，比上年末增加 16.27%；缴存余额 6740.04 亿元，同比增加 11.89%。

（二）提取。2020 年，965.77 万名缴存职工提取住房公积金；提取额 2188.32 亿元，同比增加 19.08%；提取额占当年缴存额的 75.35%，比上年增加 4.40 个百分点。2020 年末，提取总额 14017.06 亿元，比上年末增加 18.50%。

（三）贷款。

1. 个人住房贷款。2020 年，发放个人住房贷款 24.66 万笔、1272.90 亿元，同比增长 8.72%、增长 8.44%。回收个人住房贷款 529.57 亿元。

2020 年末，累计发放个人住房贷款 224.97 万笔、8489.10 亿元，贷款余额 5327.83 亿元，分别比上年末增加 12.31%、增加 17.64%、增加 16.21%。个人住房贷款余额占缴存余额的 79.05%，比上年末增加 2.95 个百分点。

2020 年，支持职工购建房 2479.44 万平方米。年末个人住房贷款市场占有率（含公转商贴息贷款）为 9.84%，比上年末增加 0.17 个百分点。通过申请住房公积金个人住房贷款，可节约职工购房利息支出 2773146.29 万元。

2. 异地贷款。2020 年，发放异地贷款 15685 笔、665225.05 万元。2020 年末，发放异地贷款总额 2824260.23 万元，异地贷款余额 2101509.85 万元。

3. 公转商贴息贷款。2020 年，发放公转商贴息贷款 211 笔、8862.00 万元，支持职工购建房面积 2.25 万平方米。当年贴息额 13287.36 万元。2020 年末，累计发放公转商贴息贷款 37451 笔、1582689.90 万元，累计贴息 56883.44 万元。

（四）购买国债。2020年，购买（记账式、凭证式）国债3.00亿元，（兑付、转让、收回）国债12.09亿元。2020年末，国债余额4.30亿元，比上年末减少9.09亿元。

（五）融资。2020年，融资8.90亿元，归还10.22亿元。年末，融资总额42.16亿元，融资余额7.76亿元。

（六）资金存储。2020年末，住房公积金存款1492.36亿元。其中，活期0.87亿元，1年（含）以下定期84.23亿元，1年以上定期1252.40亿元，其他（协定、通知存款等）154.86亿元。

（七）资金运用率。2020年末，住房公积金个人住房贷款余额、项目贷款余额和购买国债余额的总和占缴存余额的79.11%，比上年增加2.78个百分点。

三、主要财务数据

（一）业务收入。2020年，业务收入2180425.48万元，同比增长15.75%。其中，存款利息564877.06万元，委托贷款利息1612095.86万元，国债利息2718.56万元，其他734.00万元。

（二）业务支出。2020年，业务支出1142845.26万元，同比增长12.45%。其中，支付职工住房公积金利息998531.72万元，归集手续费52043.91万元，委托贷款手续费74907.22万元，其他17362.41万元。

（三）增值收益。2020年，增值收益1037580.21万元，同比增长21.81%；增值收益率1.61%，比上年增加0.10个百分点。

（四）增值收益分配。2020年，提取贷款风险准备金384525.56万元，提取管理费用73548.91万元，提取城市廉租住房（公共租赁住房）建设补充资金579275.65万元。

2020年，上交财政管理费用70277.16万元（根据各地公积金管理中心上报数汇总），上缴财政城市廉租住房（公共租赁住房）建设补充资金456852.91万元。

2020年末，贷款风险准备金余额2115781.54万元，累计提取城市廉租住房（公共租赁住房）建设补充资金4348572.50万元。

（五）管理费用支出。2020年，管理费用支出76489.56万元，同比增长10.15%。其中，人员经费34837.79万元，公用经费3331.43万元，专项经费38320.34万元。

四、资产风险状况

个人住房贷款。2020年末，个人住房贷款逾期额19593.70万元，逾期率0.37‰，个人贷款风险准备金余额2115781.54万元。2020年，使用个人贷款风险准备金核销呆坏账0万元。

五、社会经济效益

（一）缴存业务。缴存职工中，国家机关和事业单位占17.35%，国有企业占10.29%，城镇集体企业占1.15%，外商投资企业占17.00%，城镇私营企业及其他城镇企业占46.92%，民办非企业单位和社会团体占2.50%，灵活就业人员占0.26%，其他占4.53%；中、低收入占95.99%，高收入占4.01%。

新开户职工中，国家机关和事业单位占6.43%，国有企业占6.10%，城镇集体企业占1.02%，外商投资企业占15.29%，城镇私营企业及其他城镇企业占61.57%，民办非企业单位和社会团体占3.32%，

灵活就业人员占0.42%，其他占5.85%；中、低收入占99.36%，高收入占0.64%。

（二）提取业务。提取金额中，购买、建造、翻建、大修自住住房占12.78%，偿还购房贷款本息占52.02%，租赁住房占18.75%，支持老旧小区改造提取占0.02%；离休和退休提取占7.22%，完全丧失劳动能力并与单位终止劳动关系提取占0.39%，出境定居占0.68%，其他占8.14%。提取职工中，中、低收入占94.53%，高收入占5.47%。

（三）贷款业务。个人住房贷款。职工贷款笔数中，购房建筑面积90（含）平方米以下占34.44%，90～144（含）平方米占58.59%，144平方米以上占6.97%。购买新房占63.15%（其中购买保障性住房占0.92%），购买二手房占34.26%，建造、翻建、大修自住住房占0%（其中支持老旧小区改造占0%），其他占2.59%。

职工贷款笔数中，单缴存职工申请贷款占52.82%，双缴存职工申请贷款占46.99%，三人及以上缴存职工共同申请贷款占0.19%。

贷款职工中，30岁（含）以下占31.27%，30岁～40岁（含）占46.96%，40岁～50岁（含）占18.27%，50岁以上占3.50%；首次申请贷款占90.22%，二次及以上申请贷款占9.78%；中、低收入占93.22%，高收入占6.78%。

（四）住房贡献率。2020年，个人住房贷款发放额、公转商贴息贷款发放额、住房消费提取额的总和与当年缴存额的比率为110.12%，比上年增加1.80个百分点。

六、其他重要事项

（一）应对新冠肺炎疫情采取的政策措施，落实住房公积金阶段性支持政策情况和政策实施成效。省住房城乡建设厅和各地住房公积金中心严格落实多项住房公积金阶段性支持政策应对疫情影响，全力支持企业复工复产。截至2020年6月末，全省共惠及7000余个企业、20余万户职工家庭。

（二）当年住房公积金政策调整情况（下发文件名称、文号）。

1.《广东省住房和城乡建设厅关于做好疫情防控期间住房公积金服务保障工作的通知》（粤建金函〔2020〕20号）。

2.《广东省住房和城乡建设厅关于尽快落实好住房公积金阶段性支持政策的通知》（粤建金函〔2020〕54号）。

3.《广东省住房和城乡建设厅办公室关于转发〈住房和城乡建设部办公厅关于做好住房公积金"跨省通办"工作的通知〉的通知》（粤建办金函〔2020〕26号）。

4.《广东省住房和城乡建设厅关于印发广东省住房公积金共享平台信息资源管理暂行规定等的通知》（粤建金〔2020〕166号）。

（三）当年开展监督检查情况。

1. 开展电子检查，强化公积金日常监管。2020年，省住房城乡建设厅继续按照住房和城乡建设部住房公积金监管司《关于全面开展住房公积金电子稽查工作的通知》要求，应用国家住房公积金电子稽查工具、监管平台以及省级动态监管平台等信息化手段，开展了全省住房公积金政策执行情况检查和风险隐患排查，及时落实整改，强化住房公积金日常监管。

2. 开展调查研究，加强公积金运行监管。2020年，省住房城乡建设厅按照《广东省住房公积金资金流动性风险预警和管理指导意见》，通过对住房公积金管理情况进行分析研判，及时发现问题，指导地方采取措施加以解决。先后到公积金个贷率较高的城市实地调研，指导地方及时调整政策，确保全省住房公积金运行平稳、安全。

3.落实审计整改，全面提升管理水平。2020年，省住房城乡建设厅针对住房公积金审计报告指出的问题，组织和指导各地按要求逐项落实整改，至年末全部问题均整改到位。进一步规范了全省住房公积金管理，全面提升了管理水平。

（四）当年服务改进情况。

1.落实企业开办"一网通办"。2020年，省住房城乡建设厅贯彻落实《国务院办公厅关于深化商事制度改革进一步为企业松绑减负激发企业活力的通知》（国办发〔2020〕29号）等要求，组织各地住房公积金业务系统对接国家"一网通办"平台，将住房公积金缴存登记纳入企业开办"一网通办"。

2.加快推进政务服务"跨省通办"。2020年，省住房城乡建设厅贯彻落实《国务院办公厅关于加快推进政务服务"跨省通办"的指导意见》（国办发〔2020〕35号）等要求，组织开展住房公积金服务渠道线上服务。年末，个人住房公积金缴存贷款等信息查询、正常退休提取住房公积金和住房公积金单位登记开户3个高频业务全省实现"全网通办"。

（五）当年信息化建设情况。

1.全面推动应用广东省住房公积金共享平台。2020年，省住房城乡建设厅组织签订《广东省住房公积金信息共享合作协议》，推动城市之间"数据互通、业务互助、信用互认"。完成了与31个政务部门数据对接、19家商业银行接口建设，初步实现了城市、部门间信息共享。出台了共享平台信息共享规范，为共享平台的规范应用提供依据。

2.开展广东省住房公积金动态监管平台建设。2020年，省住房城乡建设厅针对住房公积金监管手段不足，监管力度不够，建成了广东省住房公积金动态监管平台。以住房公积金资金和资产管理为主线，通过对各地住房公积金业务数据的收集、挖掘和分析，以实现全省住房公积金业务全流程的动态监控和风险防范常态化管理。

3.推动"广东公积金"微信小程序建设。2020年，省住房城乡建设厅以广东省住房公积金信息共享平台为基础，外延建立全省手机公积金服务小程序——"广东公积金"微信小程序，作为全省统一的公积金服务移动办事入口，为全省住房公积金用户提供涵盖缴存、提取、贷款、查询等功能的一站式线上服务。

广州住房公积金2020年年度报告

根据国务院《住房公积金管理条例》和住房和城乡建设部、财政部、人民银行《关于健全住房公积金信息披露制度的通知》（建金〔2015〕26号）的规定，经广州市住房公积金管理委员会审议通过，现将广州住房公积金2020年年度报告公布如下。

一、机构概况

（一）住房公积金管理委员会。广州市住房公积金管理委员会是广州市住房公积金管理的决策机构，现有委员30名，其中，市人民政府负责人和住房城乡建设、财政、人民银行、审计等有关部门代表和有关专家占三分之一，工会代表和职工代表占三分之一，单位代表占三分之一。2020年召开管委会会议和书面表决共7次，审议通过的事项主要包括：《关于调整市住房公积金管理委员会委员的意见》《广州住房公积金2019年年度报告》《关于我市缴存人在肇庆购建住房提取住房公积金有关问题的通知》《关于住房公积金缴存有关问题的通知》等。

（二）住房公积金管理中心。广州住房公积金管理中心为直属广州市人民政府不以营利为目的的副局级事业单位，设10个部（室），1个分中心，4个办事处，8个管理部。从业人员522人，其中，在编208人，非在编314人。

二、业务运行情况

（一）缴存。2020年，新开户单位21385家，净增单位12357家；新开户职工61.04万人，净增职工6.75万人；实缴单位117529家，实缴职工486.47万人，缴存额949.75亿元，分别同比增长11.75%、1.41%、11.60%。2020年末，缴存总额7730.04亿元，比上年末增加14.01%；缴存余额2078.35亿元，同比增长12.58%。受委托办理住房公积金缴存业务的银行15家。

（二）提取。2020年，223.03万名缴存职工提取住房公积金；提取额717.51亿元，同比增长14.16%；提取额占当年缴存额的75.55%，比上年增加1.70个百分点。2020年末，提取总额5651.69亿元，比上年末增加14.54%。

（三）贷款。

1. 个人住房贷款。个人住房贷款最高额度100万元。单缴存职工个人住房贷款最高额度60万元，双缴存职工个人住房贷款最高额度100万元。

2020年，发放个人住房贷款5.21万笔、344.17亿元，同比分别增长28.65%、29.36%。

2020年，回收个人住房贷款168.05亿元。

2020年末，累计发放个人住房贷款61.44万笔、2817.86亿元，贷款余额1516.25亿元，分别比上年末增加9.26%、13.91%、13.14%。个人住房贷款余额占缴存余额的72.95%，比上年末增加0.36个百分点。受委托办理住房公积金个人住房贷款业务的银行17家。

2. 异地贷款。2020年，发放异地贷款653笔、4.20亿元。2020年末，发放异地贷款总额12.80亿元，异地贷款余额10.55亿元。

3. 公转商贴息贷款。2020年，当年未发放公转商贴息贷款，当年贴息额0.76亿元。2020年末，累计发放公转商贴息贷款14952笔、96.01亿元，累计贴息3.27亿元。

（四）购买国债。2020年，购买记账式国债3亿元，兑付国债12亿元。2020年末，国债余额3亿元。

（五）资金存储。2020年末，住房公积金存款575.61亿元。其中，活期0.02亿元，1年（含）以下定期22.90亿元，1年以上定期528.85亿元，其他（协定、通知存款等）23.84亿元。

（六）资金运用率。2020年末，住房公积金个人住房贷款余额、项目贷款余额和购买国债余额的总和占缴存余额的 73.10%，比上年末减少 0.14 个百分点。

三、主要财务数据

（一）业务收入。2020 年，业务收入 66.83 亿元，同比增长 16.42%；存款利息 20.41 亿元，委托贷款利息 46.19 亿元，国债利息 0.22 亿元，其他 0.01 亿元。

（二）业务支出。2020 年，业务支出 32.67 亿元，同比增长 9.01%；支付职工住房公积金利息 28.85 亿元，归集手续费 0.74 亿元，委托贷款手续费 2.31 亿元，其他 0.77 亿元。

（三）增值收益。2020 年，增值收益 34.16 亿元，同比增长 24.51%。增值收益率 1.73%，比上年增加 0.15 个百分点。

（四）增值收益分配。2020 年，提取贷款风险准备金 13.75 亿元，提取管理费用 1.56 亿元，提取城市廉租住房（公共租赁住房）建设补充资金 18.85 亿元。

2020 年，上交财政管理费用 1.47 亿元。上缴财政城市廉租住房（公共租赁住房）建设补充资金 15.38 亿元。

2020 年末，贷款风险准备金余额 60.65 亿元。累计提取城市廉租住房（公共租赁住房）建设补充资金 194.80 亿元。

（五）管理费用支出。2020 年，管理费用支出 2.03 亿元，同比下降 5.36%。其中，人员经费 0.79 亿元，公用经费 0.06 亿元，专项经费 1.18 亿元。具体如表 1 所示。

管理费用支出（单位：万元） 表 1

	人员经费	公用经费	专项经费	管理费用小计
市中心	5780.32	412.94	11138.52	17331.77
番禺办事处	456.76	30.92	135.44	623.13
花都办事处	388.64	34.00	195.37	618.01
从化办事处	221.13	27.94	63.04	312.10
增城办事处	384.52	22.85	96.14	503.51
广铁分中心	674.52	37.95	199.56	912.03

四、资产风险状况

个人住房贷款。2020 年末，个人住房贷款逾期额 0.72 亿元，逾期率 0.48‰。个人贷款风险准备金余额 60.65 亿元。2020 年，未使用个人贷款风险准备金核销呆坏账。

五、社会经济效益

（一）缴存业务。缴存职工中，国家机关和事业单位占 16.24%，国有企业占 8.91%，城镇集体企业占 1.31%，外商投资企业占 10.72%，城镇私营企业及其他城镇企业占 59.68%，民办非企业单位和社会团体占 2.20%，灵活就业人员占 0.30%，其他占 0.64%；中、低收入占 96.76%，高收入占 3.24%。

新开户职工中，国家机关和事业单位占 6.45%，国有企业占 5.25%，城镇集体企业占 1.36%，外商投资企业占 8.22%，城镇私营企业及其他城镇企业占 75.05%，民办非企业单位和社会团体占 2.48%，灵活就业人员占 0.37%，其他占 0.82%；中、低收入占 99.54%，高收入占 0.46%。

（二）提取业务。提取金额中，购买、建造、翻建、大修自住住房占 9.05%，偿还购房贷款本息占 67.79%，租赁住房占 11.74%，支持老旧小区改造占 0.04%，离休和退休提取占 7.60%，完全丧失劳动能力并与单位终止劳动关系提取占 0.01%，出境定居占 0.02%，其他占 3.75%。提取职工中，中、低收入占 95.62%，高收入占 4.38%。

（三）贷款业务。个人住房贷款。2020 年，支持职工购建房 483.33 万平方米（含公转商贴息贷款），年末个人住房贷款市场占有率（含公转商贴息贷款）为 14.67%，比上年末增长 0.05 个百分点。通过申请住房公积金个人住房贷款，可节约职工购房利息支出 68.44 亿元。

职工贷款笔数中，购房建筑面积 90（含）平方米以下占 47.38%，90～144（含）平方米占 51.46%，144 平方米以上占 1.16%。购买新房占 52.46%（其中购买保障性住房占 0.10%），购买二手房占 47.54%。

职工贷款笔数中，单缴存职工申请贷款占 69.35%，双缴存职工申请贷款占 30.64%，三人及以上缴存职工共同申请贷款占 0.01%。

贷款职工中，30 岁（含）以下占 38.67%，30 岁～40 岁（含）占 46.99%，40 岁～50 岁（含）占 12.43%，50 岁以上占 1.91%；首次申请贷款占 90.41%，二次及以上申请贷款占 9.59%；中、低收入占 97.04%，高收入占 2.96%。

（四）住房贡献率。2020 年，个人住房贷款发放额、公转商贴息贷款发放额、项目贷款发放额、住房消费提取额的总和与当年缴存额的比率为 103.19%，比上年增加 5.22 个百分点。

六、其他重要事项

（一）应对新冠肺炎疫情采取的措施。面对新冠肺炎疫情对经济社会发展带来的冲击，中心按照党中央、国务院以及省委省政府和市委市政府的决策部署，贯彻落实住房和城乡建设部、省住房城乡建设厅关于妥善应对疫情实施阶段性支持政策的要求，坚持疫情防控和经济社会发展"两手抓""两不误"，出台系列暖企便民政策，全力落实"六稳六保"。

2020 年 2 月发布《关于新型冠状病毒肺炎疫情防控期间加强住房公积金管理服务工作的通知》，倡导单位和职工网上办理业务，对受疫情影响的企业和职工出台支持措施；3 月发布《应对新冠肺炎疫情实施住房公积金阶段性支持政策热点问题解答》及配套业务指引等对建金〔2020〕23 号文件精神进行细化；11 月发布实施《关于住房公积金缴存有关问题的通知》，做好政策衔接。其中，归集方面。及时给予受疫情影响企业延期缴存、降低缴存比例、缓缴政策支持，在省内率先推出阶段性停缴政策，协助经营困难的企业减轻负担，顺利复产复工，对受疫情影响未正常缴存住房公积金的单位缴存有关问题进行明确，以便防范风险。截至 2020 年 12 月底，共有 1008 家单位申请了降比、缓缴或停缴，涉及职工 54794 人，降低成本约 2 亿元，未恢复缴存的单位从年初的 2.8 万家减少至 1337 家。贷款方面。对因疫情原因未能连续缴存的职工提供支持，以免影响其住房公积金贷款申请；对受疫情影响贷款还款的职工，通过采取延长贷款期限、不上传征信逾期记录来减轻职工还贷负担。截至 2020 年 12 月 31 日，累计调整还款安排或征信记录共 326 人。

为进一步帮助缴存职工度过难关、发挥住房公积金民生保障功能，2020 年 5 月中心发布《关于实施租房提取住房公积金阶段性支持措施的通知》，给予降低缴存比例、缓缴、阶段性停缴单位的职工，以及受疫情影响导致失业或未失业但暂时失去收入来源的缴存人，在规定期限内申请多提取一次住房公积金，用于缓解支付房租压力。共有 5577 人办理了阶段性租房提取，提取金额达到 1402.99 万元。

（二）当年住房公积金政策调整及执行情况。2020 年 6 月印发《广州住房公积金管理中心关于 2020—2021 年度住房公积金缴存调整有关问题的通知》（穗公积金中心〔2020〕50 号），规定自 2020 年 7 月 1 日起可通过网上自主办理、前台预约办理的方式开展新年度缴存基数、缴存比例调整工作。《通知》规定 2020—2021 年度职工缴存基数不低于本市现行最低工资标准 2100 元，不高于本市 2019 年城镇非私营单位在岗职工月平均工资的 3 倍，即 30876 元；单位及个人的住房公积金缴存比例下限各为 5％，上限各为 12％。

2020 年 4 月发布实施《关于我市缴存人在肇庆市购建住房提取住房公积金有关问题的通知》（穗公积金中心〔2020〕24 号）。根据广肇合作协议商定内容，为进一步支持广大缴存人在肇庆市购买自住住房，充分发挥住房公积金的住房保障作用，将肇庆纳入我市住房公积金缴存人异地购房提取城市，推动两市经济的共同发展，实现互惠共赢。

支持城镇老旧小区居民提取公积金，2020 年加装电梯提取额达到 2570.20 万元。

（三）当年服务改进情况。

1. 落实住房公积金服务"跨省通办"工作。据住房公积金服务"跨省通办"相关工作要求，个人住房公积金缴存贷款等信息查询、出具贷款职工住房公积金缴存使用证明和正常退休提取住房公积金 3 个事项 2020 年已实现全程网办。

2. 对标对表先进城市，全面优化营商环境。与市市场监管局、税务局等部门协同打造"一网通"平台，将住房公积金缴存登记与商事登记、就业参保等业务流程整合为一个环节办理，企业办理缴存登记更便利，共 15504 家企业通过一网通平台办理了缴存登记手续。与市税务局共同打造个人所得税、社会保险费和住房公积金缴纳三表合一申报平台，实现税险金一次登录、一个界面、一键申报，共 7437 家单位通过平台办理汇缴业务 17871 笔。

3. 积极建设"数字政府"，打造"智慧公积金"。一体化政务服务水平走前列，44 项其他行政权力和公共服务事项"零跑腿"。单位网上办事大厅新增 5 个服务事项，基本实现单位高频业务全程网办。上线新版手机网厅，实现购房首次提取网上办理、贷款申请业务"只跑一次"、异地转入"免跑动"。全年共 8.77 万个单位和 212.42 万名职工线上办理业务 549.14 万笔。上线智慧预约系统，业务全面网上预约，预约时段细分到每小时，大大节约群众办理等候时间。

（四）当年信息化建设情况。

1. 打造并发挥"新型智慧公积金"优势，推动业务线上办理。3 月 28 日上线新版手机网厅，实现"零跑腿"业务 44 项，"只跑一次"业务 3 项，中心微信公众号办理首次提取业务 546134 笔，非首次提取 1468210 笔，提取业务占所有渠道 71.5％，网办率达 80.7％；12 月 4 日上线智慧预约系统，上线首月，全市共有 17314 个单位，27489 名职工通过预约系统预约办理业务。

2. 助力建设粤港澳大湾区公积金信息共享。牵头建设粤港澳大湾区公积金信息共享平台，为全省各中心提供异地缴存、贷款等信息共享。同时基于共享平台推动建立广州深圳两市住房公积金异地信息交换和核查机制。上线"广东公积金"微信小程序。推行全省范围内网上审批和服务，加快实现一网通办、异地可办。建成省公积金动态监管平台。实现对业务数据、财务数据和专户资金流动、电子检查数据的全面监管。

3. 共建广清帮扶综合业务系统，为广清高效协同发展提供有力支撑。基本完成核心业务系统、微信服务、硬件平台等系统建设，完成二轮中心存量数据和银行贷款数据的迁移演练。

（五）当年住房公积金管理中心及职工所获荣誉情况。荔湾管理部被授予"第20届广东省青年文明号"称号、荔湾管理部团支部被授予2019—2020年度"广州市五四红旗团支部"称号；越秀管理部《以"广厦情怀"筑幸福安居》作品在第八届广东省市直机关"先锋杯"工作创新大赛评比中荣获"优秀作品奖"；广铁分中心被确定为广东省爱心妈妈小屋示范点、广州市5"A"级女职工休息哺乳室；谢宝仪被评为2019年度广州市"政务服务标兵"。

（六）当年对违反《住房公积金管理条例》和相关法规行为进行行政处罚和申请人民法院强制执行情况。2020年，中心对违反《住房公积金管理条例》和相关法规的10个单位实施了行政处罚。通过执法办案和法院强制执行为15096名职工追回单位欠缴的住房公积金，维护了职工的合法权益。

（七）当年对住房公积金管理人员违规行为的纠正和处理情况等。2020年，本市住房公积金管理人员没有发生违反住房公积金管理相关规定的行为。

韶关市住房公积金2020年年度报告

根据国务院《住房公积金管理条例》和住房和城乡建设部、财政部、人民银行《关于健全住房公积金信息披露制度的通知》（建金〔2015〕26号）的规定，经住房公积金管理委员会审议通过，现将韶关市住房公积金2020年年度报告公布如下。

一、机构概况

（一）住房公积金管理委员会。住房公积金管理委员会有34名委员，2020年召开1次会议，审议通过的事项主要包括：《韶关市住房公积金管理委员会委员的组成名单》《韶关市2019年度住房公积金年度报告》《韶关市财政局2020年度市住房公积金财务收支预算的审核意见》《关于调整住房公积金贷款政策的建议》《关于调整住房公积金人才贷款政策的建议》《农商行承办公积金归集贷款业务和账户设立事宜》《东莞银行韶关分行受托公积金归集银行的请示》。

（二）住房公积金管理中心。住房公积金管理中心为市政府直属（住管局代管）不以营利为目的的参照公务员法管理公益一类事业单位。设4个科，8个办事处。从业人员90人，其中，在编44人，非在编46人。

二、业务运行情况

（一）缴存。2020年，新开户单位563家，净增单位306家；新开户职工2.39万人，净增职工0.37万人；实缴单位5116家，实缴职工23.82万人，缴存额41.75亿元，分别同比增长6.36%、1.6%、

8.88%。截至2020年末，缴存总额364.69亿元，比上年末增加12.93%；缴存余额100.92亿元，同比增长8.53%。受委托办理住房公积金缴存业务的银行7家。

（二）提取。2020年，8.78万名缴存职工提取住房公积金；提取额33.82亿元，同比增长9.91%；提取额占当年缴存额的81%，比上年增加0.76个百分点。截至2020年末，提取总额263.77亿元，比上年末增加14.71%。

（三）贷款。

1. 个人住房贷款。单缴存职工个人住房贷款最高额度25万元，双缴存职工个人住房贷款最高额度40万元。

2020年，发放个人住房贷款0.47万笔、12.03亿元，同比分别下降14.53%、16.15%。

2020年，回收个人住房贷款8.71亿元。

截至2020年末，累计发放个人住房贷款7.52万笔、146.78亿元，贷款余额90.98亿元，分别比上年末增加6.68%、8.93%、3.78%。个人住房贷款余额占缴存余额的90.15%，比上年末减少4.13个百分点。受委托办理住房公积金个人住房贷款业务的银行9家。

2. 异地贷款。2020年，发放异地贷款82笔、2585.10万元。截至2020年末，发放异地贷款总额15214.57万元，异地贷款余额12662.86万元。

（四）资金存储。截至2020年末，住房公积金存款11.60亿元。其中，活期0.01亿元，1年以上定期9.54亿元，其他（协定、通知存款等）2.05亿元。

（五）资金运用率。截至2020年末，住房公积金个人住房贷款余额、项目贷款余额和购买国债余额的总和占缴存余额的90.15%，比上年末减少4.13个百分点。

三、主要财务数据

（一）业务收入。2020年，业务收入32849.27万元，同比增长7.7%。存款利息3576.44万元，委托贷款利息29270.65万元，其他2.18万元。

（二）业务支出。2020年，业务支出16287.81万元，同比增长9.07%。支付职工住房公积金利息14888.33万元，委托贷款手续费1399.48万元。

（三）增值收益。2020年，增值收益16561.46万元，同比增长6.39%。增值收益率1.68%，比上年减少0.05个百分点。

（四）增值收益分配。2020年，提取贷款风险准备金331.34万元，提取管理费用2092.99万元，提取城市廉租住房（公共租赁住房）建设补充资金14137.13万元。

2020年，上交财政管理费用2092.99万元。上缴财政城市廉租住房（公共租赁住房）建设补充资金13229.68万元。

截至2020年末，贷款风险准备金余额9098.17万元。累计提取城市廉租住房（公共租赁住房）建设补充资金120648.70万元。

（五）管理费用支出。2020年，管理费用支出1971.65万元，同比增长6.06%。其中，人员经费968.01万元，公用经费117万元，专项经费886.64万元。

四、资产风险状况

个人住房贷款。截至 2020 年末，个人住房贷款逾期额 328.70 万元，逾期率 0.3613‰。个人贷款风险准备金余额 9098.17 万元。2020 年，使用个人贷款风险准备金核销呆坏账 0 万元。

五、社会经济效益

（一）缴存业务。缴存职工中，国家机关和事业单位占 44.21%，国有企业占 24.91%，城镇集体企业占 0.51%，外商投资企业占 3.33%，城镇私营企业及其他城镇企业占 17.28%，民办非企业单位和社会团体占 1.15%，灵活就业人员占 0.35%，其他占 8.26%；中、低收入占 98.24%，高收入占 1.76%。

新开户职工中，国家机关和事业单位占 28%，国有企业占 13.23%，城镇集体企业占 0.67%，外商投资企业占 4.56%，城镇私营企业及其他城镇企业占 32.61%，民办非企业单位和社会团体占 2.33%，灵活就业人员占 1.36%，其他占 17.24%；中、低收入占 99.85%，高收入占 0.15%。

（二）提取业务。提取金额中，购买、建造、翻建、大修自住住房占 21.78%，偿还购房贷款本息占 58.66%，租赁住房占 0.86%，支持老旧小区改造占 0.11%，离休和退休提取占 15.40%，出境定居占 0.72%，其他占 2.47%。提取职工中，中、低收入占 97.75%，高收入占 2.25%。

（三）贷款业务。个人住房贷款。2020 年，支持职工购建房 61.19 万平方米，年末个人住房贷款市场占有率为 15.92%，比上年末减少 0.99 个百分点。通过申请住房公积金个人住房贷款，可节约职工购房利息支出 20716.41 万元。

职工贷款笔数中，购房建筑面积 90（含）平方米以下占 3.51%，90～144（含）平方米占 77.60%，144 平方米以上占 18.89%。购买新房占 88.99%，购买二手房占 11.01%。

职工贷款笔数中，单缴存职工申请贷款占 62.51%，双缴存职工申请贷款占 37.30%，三人及以上缴存职工共同申请贷款占 0.19%。

贷款职工中，30 岁（含）以下占 32.15%，30 岁～40 岁（含）占 29.99%，40 岁～50 岁（含）占 27.93%，50 岁以上占 9.93%；首次申请贷款占 86.72%，二次及以上申请贷款占 13.28%；中、低收入占 99.51%，高收入占 0.49%。

（四）住房贡献率。2020 住房贷款发放额、公转商贴息贷款发放额、项目贷款发放额、住房消费提取额的总和与当年缴存额的比率为 94.75%，比上年减少 9.74 个百分点。

六、其他重要事项

（一）新冠肺炎疫情期间服务保障工作情况。全面贯彻落实阶段性支持政策要求，及时制定发布降缴、缓缴、停缴等多项政策落实细则，有效落实"六稳""六保"任务。阶段性支持政策实施期间，共为 61 家企业办理缓缴，累计缓缴人数 11347 人，累计缓缴金额 3984.87 万元，支持 18 户缓交职工家庭贷款资金 497.3 万元，有力帮助企业和职工应对疫情、共度难关。多渠道、多举措做好政策宣传，让疫情期间惠民政策深入人心。

（二）当年住房公积金政策调整及执行情况。

1. 当年缴存基数限额及确定方法、缴存比例等缴存政策调整情况。根据韶关市住房公积金管理委员会《关于2020年度住房公积金缴存调整工作的通知》，住房公积金缴存基数为职工本人2019年度月平均工资，不高于本市2019年城镇非私营单位在岗职工月平均工资7277元的3倍，不低于本市现行最低工资标准1410元。2020年7月1日至2021年6月30日，本市住房公积金缴存基数上限为21831元，下限为1410元。最高缴存比例为12%，最低缴存比例为5%。

2. 当年利率执行标准。归集的个人住房公积金存款利率为1.5%，上年结转的个人住房公积金存款利率为1.5%。五年期以上个人住房公积金贷款利率为3.25%，五年期以下（含五年）个人住房公积金贷款利率为2.75%。

（三）当年服务改进情况。对标住房和城乡建设部关于住房公积金"跨省通办"工作要求，完成个人缴存贷款等信息查询、出具贷款职工缴存使用证明、正常退休提取3个服务事项的"跨省通办"。积极落实省、市政务服务建设统一要求，不断深化"粤省事"服务事项对接，新增了离退休提取、租房提取、偿还贷款本息提取等业务办理，接入"一网通办"平台，提升"一网通办"服务水平。网上办事大厅新增了"单位汇缴确认""偿还应还未还"等6项业务办理。

（四）当年信息化建设情况。建成贷后停缴管理系统，对贷后借款人缴存状态进行实时监控并推送待办任务，实现异地缴存信息维护，自动计算停缴后应调整利率等，并为借款人提供短信提醒及催缴服务，进一步加强了贷后停缴管理。

（五）当年所获荣誉情况。市中心被授予广东省"三八红旗集体"；仁化办事处被授予韶关市"三八红旗集体"；乳源办事处和始兴办事处被授予韶关市"巾帼文明岗"；曲江办事处被授予曲江区"巾帼文明岗"；翁源办事处被授予翁源县"文明单位"。

（六）当年行政执法情况。根据《中共韶关市委机构编制委员会关于调整市住房和城乡建设管理局所属事业单位机构编制事项的通知》（韶机编发〔2019〕11号），自2019年3月起我中心不再具有对违反《住房公积金管理条例》有关违法行为的处罚等行政职能。2020年度，协助韶关市住房和城乡建设管理局受理完成职工投诉33宗，为职工依法补缴住房公积金1283150元。向未建缴住房公积金的单位发放催缴函600份。

深圳市住房公积金2020年年度报告

根据国务院《住房公积金管理条例》和住房和城乡建设部、财政部、人民银行《关于健全住房公积金信息披露制度的通知》（建金〔2015〕26号）的规定，经深圳市住房公积金管理委员会同意，现将深圳市住房公积金2020年年度报告公布如下。

一、机构概况

（一）深圳市住房公积金管理委员会。深圳市住房公积金管理委员会为深圳市住房公积金管理的决策机构，由市政府分管市领导担任管委会主任，现有委员21名，主要由职工代表、单位代表和政府职能部门负责人及有关专家组成。

住房公积金管理委员会主要职责为依据有关法律、法规和政策，制定和调整住房公积金的具体管理措施，并监督实施；拟订住房公积金的具体缴存比例；审批住房公积金年度归集、使用计划及计划执行情况的报告；审批住房公积金年度财务收支预算、决算；审批住房公积金增值收益分配方案；审批住房公积金呆坏账核销申请；审议住房公积金年度公报以及需要决策的其他事项等。

2020年召开1次会议，审议通过《深圳市住房公积金2019年运行情况及2020年归集使用和财务收支计划》《关于申请开展灵活就业人员缴存住房公积金试点的请示》等议题。

（二）深圳市住房公积金管理中心。深圳市住房公积金管理中心（以下简称中心）为市政府直属、市住房和建设局代管、不以营利为目的的经费自理事业单位，为深圳市法定机构试点单位，内设综合管理部、人力资源部、政策法规部、计划财务部、资产运营部、归集管理部、贷款管理部、业务审批部、综合执法部、审计稽核部、互联网应用发展部、信息管理部和事务受理部13个部门，下设福田管理部、宝安管理部和龙岗管理部3个管理部。从业人员256人。

二、业务运行情况

（一）缴存。2020年，新开户单位（不含尚未缴存）31190家；新开户职工（不含尚未缴存，下同）98.71万人；实缴单位195944家，同比增加17671家，同比增长9.91%；实缴职工661.77万人，同比减少职工3.39万人，同比减少0.51%；缴存额812.27亿元，同比增长13.15%（图1）。

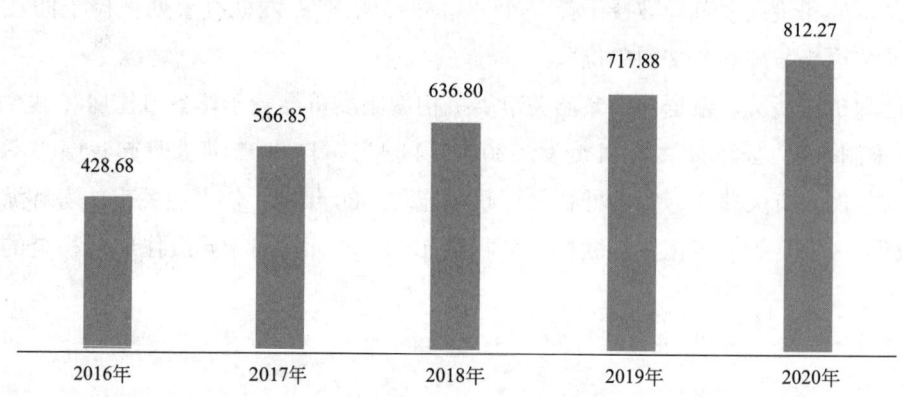

图1 2016—2020年缴存额情况（单位：亿元）

截至2020年末，累计缴存总额4642.38亿元，比上年末增长21.21%；缴存余额2046.66亿元，比上年末增长10.32%。

受委托办理住房公积金缴存业务的银行7家，与上年相同。

（二）提取。2020年，359.94万名缴存职工提取住房公积金620.86亿元；提取额620.86亿元，同比增长34.60%（图2）；提取额占当年缴存额的76.44%，比上年增加12.18个百分点。

截至2020年末，累计提取总额2595.72亿元，比上年末增长31.44%。

（三）贷款。

1. 个人住房贷款。个人住房贷款最高额度90万元，其中，单缴存职工最高额度50万元，双缴存职工最高额度90万元。

2020年，发放个人住房贷款5.49万笔、372.65亿元，同比分别增长6.87%、8.52%（图3）。

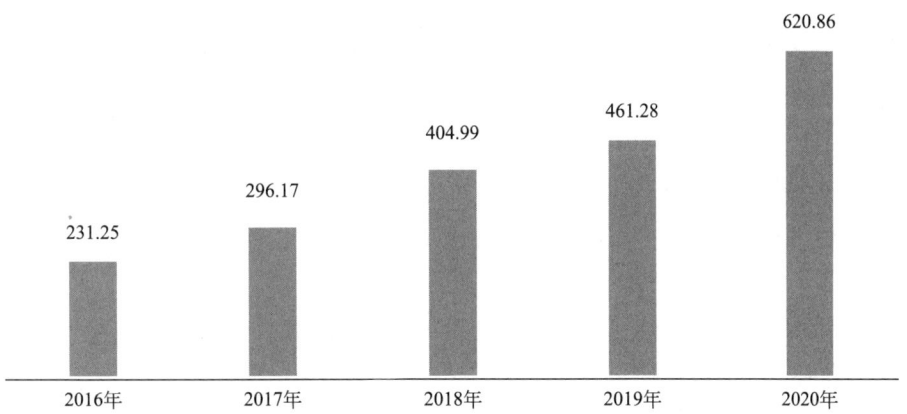

图 2　2016—2020 年提取额情况（单位：亿元）

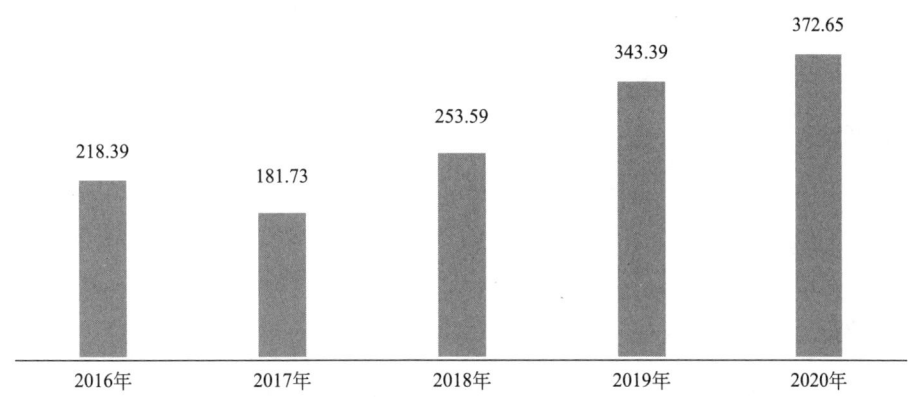

图 3　2016—2020 年住房公积金个人住房贷款发放情况（单位：亿元）

2020 年，回收个人住房贷款 137.32 亿元。

2020 年末，累计发放个人住房贷款 30.29 万笔、1885.56 亿元，贷款余额 1446.93 亿元，分别比上年末增加 22.13％、24.63％、19.42％。个人住房贷款率为 70.70％，比上年末增加 5.39 个百分点。

受委托办理住房公积金个人住房贷款业务的银行 10 家，与上年相同。

2. 异地贷款。2020 年，发放异地贷款 452 笔、32117.70 万元。截至 2020 年末，累计发放异地贷款总额 99526 万元，异地贷款余额 89666.32 万元。

（四）资金存储。2020 年末，住房公积金存款 612.49 亿元。其中，活期存款 51.55 亿元（普通活期存款 0.01 亿元，协定存款 51.54 亿元），1 年以上定期 560.94 亿元。

（五）资金运用率。2020 年末，资金运用率为 70.70％，比上年末增加 5.39 个百分点。

三、主要财务数据

（一）业务收入。2020 年，业务收入 697566.80 万元，同比增长 13.02％。其中，存款利息收入 265808.72 万元，委托贷款利息收入 431754.35 万元，其他收入 3.73 万元。

（二）业务支出。2020 年，业务支出 335938.17 万元，同比增长 13.43％。其中，支付职工住房公积金利息支出 301264.75 万元，归集手续费支出 13957.09 万元，委托贷款手续费支出 20567.23 万元，其他支出 149.10 万元。

（三）增值收益。 2020 年，增值收益 361628.63 万元，同比增长 12.64%。增值收益率为 1.83%，比上年减少 0.02 个百分点。

（四）增值收益分配。 2020 年，计提贷款风险准备金 216977.18 万元，计提管理费用 14926.92 万元，计提公共租赁住房等保障性住房建设资金 129724.53 万元。

2020 年，上交财政管理费用 14926.92 万元，上缴财政 2019 年度公共租赁住房等保障性住房建设资金 116439.06 万元。

2020 年末，贷款风险准备金余额 1122869.69 万元。累计提取公共租赁住房等保障性住房建设资金 642440.58 万元。

（五）管理费用支出。 2020 年，管理费用支出 14478.78 万元，同比增长 30.45%，主要是由于办公场所租金增长、人员增加及项目增加等原因。其中，人员工资、社会保险、住房公积金、年金等人员经费 6492.75 万元，公用经费 213.79 万元，办公场所租金、物业管理费、电费、业务开展经费以及行政执法经费等专项经费 7772.24 万元。

四、资产风险状况

2020 年末，个人住房贷款逾期额 1353.73 万元，逾期率 0.09‰；个人贷款风险准备金余额 1122869.69 万元。2020 年，使用个人贷款风险准备金核销呆坏账 0 万元。

五、社会经济效益

（一）缴存业务。 缴存职工中，国家机关和事业单位占 4.45%，国有企业占 12.28%，城镇集体企业占 1.02%，外商投资企业占 24.57%，城镇私营企业及其他城镇企业占 49.75%，民办非企业单位和社会团体占 1.99%，其他占 5.94%。

新开户职工中，国家机关和事业单位占 2.18%，国有企业占 7.97%，城镇集体企业占 0.70%，外商投资企业占 20.00%，城镇私营企业及其他城镇企业占 60.34%，民办非企业单位和社会团体占 2.00%，其他占 6.81%。

（二）提取业务。 提取金额中，住房消费提取占 89.63%（购买、建造、翻建、大修自住住房占 10.83%，偿还购房贷款本息占 23.39%，租赁住房占 42.10%，支持老旧小区改造等其他住房消费占 13.31%）；非住房消费提取占 10.37%（离休和退休提取占 4.40%，完全丧失劳动能力并与单位终止劳动关系提取占 0.02%，出境定居占 0.02%，其他非住房消费占 5.93%）。

（三）贷款业务。 2020 年，支持职工购建房 453.47 万平方米，年末个人住房贷款市场占有率为 9.04%，比上年末增加 0.61 个百分点。通过申请住房公积金个人住房贷款，可节约职工购房利息支出 974781.78 万元。

职工贷款笔数中，购房建筑面积 90（含）平方米以下占 73.58%，90～144（含）平方米占 24.35%，144 平方米以上占 2.07%。购买新房占 38.76%（其中购买保障性住房占 3.91%），购买二手房占 61.24%。

职工贷款笔数中，单缴存职工申请贷款占 45%，双缴存职工申请贷款占 54.91%，三人及以上缴存职工共同申请贷款占0.09%。

贷款职工中，30岁（含）以下占27.58%，30岁～40岁（含）占58.16%，40岁～50岁（含）占12.72%，50岁以上占1.54%；首次申请贷款占93.22%，二次及以上申请贷款占6.78%。

（四）住房贡献率。 2020年，住房贡献率为114.39%，比上年增加9.17个百分点。

六、其他重要事项

（一）应对新冠肺炎疫情采取的政策措施和实施成效。 2020年，为做好新冠肺炎疫情期间的住房公积金服务保障工作，深圳市出台实施了一系列住房公积金阶段性支持政策，助力缴存单位和职工共度难关。

1. 降低缴存比例和缓缴的支持政策。2020年2月7日，深圳市人民政府发布《深圳市应对新型冠状病毒感染的肺炎疫情支持企业共度难关的若干措施》（深府规〔2020〕1号）。2020年7月14日，经深圳市住房公积金管理委员会批准，《关于社会团体等单位降低缴存比例和缓缴住房公积金政策有关事项的通知》（深公积金规〔2020〕2号）正式实施。根据上述两项文件规定。对受疫情影响、缴存住房公积金确有困难的企业、民办非企业单位和社会团体等单位，经职工代表大会或者工会审议通过，在2020年12月31日前，可以依法申请降低住房公积金缴存比例最低至3%，期限不超过12个月；或申请缓缴住房公积金，期限不超过12个月。

2. 企业阶段性"自愿缴存"的支持政策。2020年3月19日，广东省住房和城乡建设厅印发《关于尽快落实好住房公积金阶段性支持政策的通知》（粤建金函〔2020〕54号），明确指出广东省属于新冠肺炎疫情严重地区，应贯彻执行《住房和城乡建设部财政部人民银行关于妥善应对新冠肺炎疫情实施住房公积金阶段性支持政策的通知》（建金〔2020〕23号，以下简称《通知》）第三条关于自愿缴存的支持政策。据此，中心对疫情期间企业阶段性自愿缴存住房公积金进行明确。受疫情影响、缴存住房公积金确有困难的企业，经企业职工代表大会或工会审议通过，可以申请在2020年6月30日前暂停缴存住房公积金，或在1%～4%（包括本数）的缴存比例区间继续缴存；2020年6月30日后，企业自动恢复到申请前的缴存状态。

3. 阶段性适度提高租房提取额度的支持政策。为积极贯彻落实《通知》第二条关于合理提高租房提取额度的支持政策，2020年7月1日，经深圳市住房公积金管理委员会批准，《关于阶段性调整我市住房公积金租房提取额度的通知》正式实施，文件明确规定。自2020年7月1日起至2020年12月31日期间，职工提取住房公积金用于支付房租的，2020年7月至12月期间的每月可提取额不超过申请当月应缴存额的80%；自2021年1月1日起，恢复执行《深圳市住房公积金提取管理规定》中住房公积金用于支付房租的提取额度标准。

4. 及时推出多项住房公积金服务保障举措。为进一步做好疫情防控工作，切实加强住房公积金服务保障，中心及时推出多项具体保障措施。一是对因新型冠状病毒肺炎住院治疗或隔离人员、疫情防控需要隔离观察人员和参加疫情防控工作人员（以下统称职工），受到疫情影响无法正常偿还住房公积金贷款的，可申请办理延长公积金贷款期限，延长后的期限不超过公积金贷款规定最长贷款期限。二是上述职工因单位未能在疫情防控期间连续按时缴存住房公积金，而在申请公积金贷款前6个月内发生补缴情形的，视同正常缴存，可申请公积金贷款；三是受新冠肺炎疫情影响的企业，按规定申请在2020年6月30日前缓缴住房公积金的，缓缴期间缴存时间连续计算，不影响职工正常申请住房公积金贷款；四是受疫情影响的存量住房公积金贷款职工，自《通知》发布之日起至 2020 年 6 月 30 日前不能正常归还住房公积金贷款的，不收取罚息、不作为逾期记录报送征信部门；五是办理购房提取业务时，在疫情防控期间购房票据开具时间已经超过 3 年的，有效期可以相应延长至疫情结束后 3 个月等。

中心通过上述举措推动落实住房公积金阶段性支持政策，有效降低了企业负担，减轻了职工租房压力。截至 2020 年末，深圳市共有 7000 余家企业办理缓缴或降低缴存比例，涉及职工 70 余万人，企业累计减少或延缓缴存住房公积金合计约 6.9 亿元。2020 年，支持职工提取住房公积金 261.41 亿元用于租房，同比增长 55.66%。

（二）当年住房公积金政策调整及执行情况。2020 年 6 月 29 日，中心印发《深圳市住房公积金管理中心关于做好 2020 年住房公积金缴存基数和缴存比例调整工作的通知》（深公积金〔2020〕34 号），规定自 2020 年 7 月 1 日起，各住房公积金缴存单位应当调整并执行调整后的住房公积金缴存基数，缴存基数为 2019 年职工个人月平均工资。月缴存基数上限由 27927 元调整为 31938 元，缴存基数下限仍维持 2200 元不变。

（三）当年服务优化情况。

1. 持续优化"互联网＋公积金服务"。一是 2020 年 2 月，为配合疫情防控，中心在"粤省事"微信小程序、"i 深圳"App、支付宝市民中心推出在线签订自助办理服务协议等业务，职工无需跑网点即可"刷脸"完成协议签订、提取及贷后变更等业务的全流程办理，有效地减少了职工聚集。二是在中心网站在线办理平台、"粤省事"微信小程序、支付宝市民中心三个渠道新增异地转移接续业务功能。三是在"粤省事"微信小程序、"i 深圳"App 实现港澳居民"刷脸"登录，港澳居民可与内地缴存职工同样享受"刷脸"在线办理余额查询、缴存明细查询、租房提取、其他住房消费提取、离休退休提取、贷后业务变更、联名卡关联等业务。四是新增广东公积金小程序、深圳市政务服务一体机、深圳市租赁平台等服务渠道，完成广东省政务服务平台单点登录优化改造，丰富了缴存单位和缴存职工的服务选择。

2. 深化落实"放管服"改革。一是对异地转移接续业务流程、办理材料进行优化和精简，取消了资金到账的职工现场确认环节，实现异地转入资金自动入账，进一步提升了服务便利性。二是完成"开办企业一窗通"系统建设相关工作。中心与深圳市企业注册局"开办企业一窗通"平台完成联通，实现包括住房公积金单位开户等开办企业事项"登录一个平台、填报一次信息、后台实时流转、确保一天办结"的要求。三是公积金服务首次入驻区级行政服务大厅，在坪山区行政服务大厅开设住房公积金便民服务窗口，为辖区居民和企业提供"一站式"公积金办理服务。

（四）当年信息化建设情况。2020 年，中心不断加强信息化建设统筹规划，保障住房公积金信息系统安全、高效、平稳运行，积极推进疫情期间政策配套的系统改造等建设，推进信息共享建设，持续提升系统对外服务能力。

1. 提升中心系统对各线上服务渠道的支持能力。疫情初期紧急完成降低缴存比例和缓缴预约功能调整的系统改造、网签自助办理服务协议上线的系统支持以及综合服务平台针对各移动互联网服务渠道的多项优化工作。

2. 积极推进省、市各部门间的信息互联共享。完成深圳市政务服务数据管理局"一件事一次办""单点登录""电子证照系统对接"等多项功能开发，协同深圳市标准技术研究院完成开办企业"一窗通办"；完成中心系统与广东公积金小程序、广东省动态稽查监管系统的对接工作。

3. 切实加强信息安全建设工作。组织人员对信息系统进行多次优化升级，并按照信息安全相关要求开展信息安全加固、监控等工作，已连续5年通过国家三级等级保护测评，切实保障住房公积金系统正常服务。

（五）当年对违反《住房公积金管理条例》和相关法规行为进行行政处罚和申请人民法院强制执行情况。2020年本市住房公积金缴存执法案件立案27348件，结案23600件，为23000多名投诉职工追缴了住房公积金；申请强制执行案件3819件，切实维护了我市住房公积金缴存职工的合法权益。

（六）当年所获荣誉情况。

1. 在由市委网信办、市政务服务数据管理局、深圳报业集团指导，深圳发布厅、深圳新闻网承办的"'新时代·新媒体·新使命'2020年深圳优秀政务新媒体和自媒体网络评选活动暨新媒体爆款作业大赛"中，中心微信公众号荣获"2020年度最具影响力政务新媒体公号"。

2. 在由南方都市报主办的第八届南都街坊口碑榜点赞礼活动中，中心凭借"'互联网＋公积金服务'打通市民办事最后一公里"民生实事案例，荣获2020年"战疫金奖"。

珠海市住房公积金2020年年度报告

根据国务院《住房公积金管理条例》和住房和城乡建设部、财政部、人民银行《关于健全住房公积金信息披露制度的通知》（建金〔2015〕26号）的规定，经住房公积金管理委员会审议通过，现将珠海市住房公积金2020年年度报告公布如下。

一、机构概况

（一）住房公积金管理委员会。市住房公积金管理委员会有25名委员，2020年召开1次会议，会议审议通过《珠海市住房公积金2019年年度报告》《珠海市2019年住房公积金归集使用计划执行情况报告和2020年住房公积金归集使用计划》。

（二）住房公积金管理中心。市住房公积金管理中心为珠海市政府直属管理不以营利为目的的公益一类事业单位，内设5个科室，5个管理部。2020年，市住房公积金管理中心共有从业人员99人，其中，在编人员23人，非在编人员76人。

二、业务运行情况

（一）缴存。2020年，新开户单位1797家，实缴单位9180家，净增单位1177家；新开户职工10.63万人，实缴职工68.11万人，同比减少1.68万人；缴存额91.59亿元，同比增长10.88%。2020年末，缴存总额750.59亿元，比上年末增长13.90%；缴存余额132.40亿元，比上年末增长9.22%。

受委托办理住房公积金缴存业务的银行6家，与上年持平。

（二）提取。2020年，提取额80.41亿元，同比增长14.76%；占当年缴存额的87.79%，比上年增加2.97个百分点。2020年末，提取总额618.19亿元，比上年末增长14.95%。

（三）贷款。个人住房贷款最高额度 50.00 万元，其中，单缴存职工最高额度 30.00 万元，双缴存职工最高额度 50.00 万元。

2020 年，发放个人住房贷款 1.15 万笔、27.36 亿元，同比分别增长 15.70%、下降 30.27%。其中，当年回购"公转商"贴息贷款 3.00 亿元，同比减少 12.49 亿元。

2020 年，回收个人住房贷款 12.08 亿元。

2020 年末，累计发放个人住房贷款 10.17 万笔、220.12 亿元，贷款余额 124.43 亿元，分别比上年末增长 12.82%、增长 14.19%、增长 14.00%。个人住房贷款余额占缴存余额的 93.98%，比上年末增加 3.93 个百分点。

受委托办理住房公积金个人住房贷款业务的银行 18 家，比上年增加 3 家。

（四）购买国债。2020 年末，国债余额 1.00 亿元，与上年持平。

（五）资金存储。2020 年末，住房公积金存款 14.61 亿元。其中，活期 0.02 亿元，1 年（含）以下定期 5.10 亿元，1 年以上定期 5.10 亿元，其他（协定、通知存款等）4.39 亿元。

（六）资金运用率。2020 年末，住房公积金个人住房贷款余额、项目贷款余额和购买国债余额的总和占缴存余额的 94.74%，比上年末增加 3.87 个百分点。

三、主要财务数据

（一）业务收入。2020 年，业务收入 43366.64 万元，同比增长 17.59%。其中，存款利息 5988.50 万元，委托贷款利息 36966.73 万元，国债利息 409.66 万元，其他 1.75 万元。

（二）业务支出。2020 年，业务支出 23763.90 万元，同比增长 21.17%。其中，支付职工住房公积金利息 19470.77 万元，归集手续费 1508.24 万元，委托贷款手续费 1034.33 万元，其他 1750.56 万元。

（三）增值收益。2020 年，增值收益 19602.74 万元，同比增长 13.53%。增值收益率 1.52%，比上年增加 0.02 个百分点。

（四）增值收益分配。2020 年，提取贷款风险准备金 11761.64 万元，提取管理费用 3000.00 万元，提取城市廉租住房（公共租赁住房）建设补充资金 4841.10 万元。

2020 年，上交财政管理费用 2850.00 万元。上缴财政城市廉租住房（公共租赁住房）建设补充资金 11470.15 万元。

2020 年末，贷款风险准备金余额 94006.10 万元。累计提取城市廉租住房（公共租赁住房）建设补充资金 31696.19 万元。

（五）管理费用支出。2020 年，管理费用支出 3447.42 万元，同比增长 2.26%。其中，人员经费 1698.16 万元，公用经费 253.67 万元，专项经费 1495.59 万元。

四、资产风险状况

2020 年末，个人住房贷款逾期额 161.51 万元，逾期率 0.1298‰。

个人贷款风险准备金按增值收益的 60.00% 提取。2020 年，提取个人贷款风险准备金 11761.65 万元。2020 年末，个人贷款风险准备金余额 94006.10 万元，占个人住房贷款余额的 7.55%，个人住房贷款逾期额与个人贷款风险准备金余额的比率为 0.17%。

五、社会经济效益

（一）缴存业务。2020年，实缴单位数、实缴职工人数和缴存额同比分别增长14.71%、下降2.41%和增长10.88%。

缴存单位中，国家机关和事业单位占11.95%，国有企业占8.95%，城镇集体企业占1.33%，外商投资企业占8.06%，城镇私营企业及其他城镇企业占62.55%，民办非企业单位和社会团体占3.80%，其他占3.36%。

缴存职工中，国家机关和事业单位占10.87%，国有企业占16.33%，城镇集体企业占0.55%，外商投资企业占14.96%，城镇私营企业及其他城镇企业占50.37%，民办非企业单位和社会团体占1.59%，灵活就业人员人数占0.03%，其他占5.30%；中、低收入占94.11%，高收入占5.89%。

新开户职工中，国家机关和事业单位占4.42%，国有企业占11.56%，城镇集体企业占0.88%，外商投资企业占11.82%，城镇私营企业及其他城镇企业占63.52%，民办非企业单位和社会团体占1.63%，灵活就业人员人数占0.12%，其他占6.05%；中、低收入占99.24%，高收入占0.76%。

（二）提取业务。2020年，我市39.14万名缴存职工提取住房公积金80.41亿元。

提取金额中，住房消费提取占90.42%（购买、建造、翻建、大修自住住房占13.75%，偿还购房贷款本息占59.08%，租赁住房占17.59%）；非住房消费提取占9.58%（离休和退休提取占4.72%，完全丧失劳动能力并与单位终止劳动关系提取占4.02%，其他占0.84%）。

提取职工中，中、低收入占92.63%，高收入占7.37%。

（三）贷款业务。

1. 个人住房贷款。2020年，支持职工购建房113.52万平方米，年末个人住房贷款市场占有率（含公转商贴息贷款）为5.73%，比上年末减少0.37个百分点。通过申请住房公积金个人住房贷款，可节约职工购房利息支出73223.90万元。

职工贷款笔数中，购房建筑面积90（含）平方米以下占39.49%，90~144（含）平方米占57.28%，144平方米以上占3.23%。购买新房占60.50%，购买二手房占39.50%。

职工贷款笔数中，单缴存职工申请贷款占42.82%，双缴存职工申请贷款占56.37%，三人及以上缴存职工共同申请贷款占0.81%。

贷款职工中，30岁（含）以下占33.04%，30岁~40岁（含）占46.26%，40岁~50岁（含）占17.45%，50岁以上占3.25%；首次申请贷款占89.24%，二次及以上申请贷款占10.76%；中、低收入占87.82%，高收入占12.18%。

2. 异地贷款。2020年，发放异地贷款1365笔、29454.45万元。2020年末，发放异地贷款总额144393.45万元，异地贷款余额91000.02万元。

3. 公转商贴息贷款。2020年，转回公转商贴息贷款1556笔、29996.80万元，当年贴息额2069.96万元。2020年末，累计发放公转商贴息贷款16028笔、385506.00万元，累计贴息14750.47万元。

（四）住房贡献率。2020年，个人住房贷款发放额、公转商贴息贷款发放额、项目贷款发放额、住房消费提取额的总和与当年缴存额的比率为109.25%，比上年减少15.54个百分点。

六、其他重要事项

（一）应对新冠肺炎疫情采取的措施，落实住房公积金阶段性支持政策情况和政策实施成效情况。2020年2月，市住房公积金管理中心先后印发《关于做好新冠肺炎疫情防控期间住房公积金服务保障工作的通知》《关于应对新冠肺炎疫情实施住房公积金阶段性政策支持企业复工复产的通知》，推出免跑腿、可补缴、可缓缴、可延期、可停缴、放宽限、降比例等一系列纾困便民举措。截至2020年12月31日，已为127家企业19524名缴存职工办理了缓缴，缓缴金额8726.96万元；为56家企业6764名缴存职工办理了降比例缴存，降低企业成本568.87万元；为符合偿还本市购房贷款原因提取条件的6.6万余名缴存职工免申请自动延期提取1年，为18549名在我市无自住住房的缴存职工提供纾困资金8989万元；对523名受疫情影响而逾期还款的职工不作逾期处理，为71名缓缴职工正常办理了住房公积金贷款，审批金额1638万元。

（二）当年机构及职能调整情况、受委托办理缴存贷款业务金融机构变更情况。2020年，市住房公积金管理中心的机构及职能无调整，新增3家委托办理住房公积金贷款业务银行，分别是民生银行、东莞银行和浙商银行。

（三）当年住房公积金政策调整及执行情况。

1. 缴存基数限额及确定方法、缴存比例等缴存政策调整情况。2020年7月1日至2021年6月30日，我市职工住房公积金月缴存基数上限为市统计部门公布的2019年度全市职工月平均工资的3倍，即25221元，月缴存基数下限为我市2020年度职工最低工资标准1720元，单位及个人的住房公积金缴存比例上限均为12%，下限均为5%。除了应对新冠肺炎疫情采取的落实住房公积金阶段性支持政策措施之外，其他缴存政策无调整。

2. 提取政策调整情况。除了应对新冠肺炎疫情采取的落实住房公积金阶段性支持政策措施之外，市住房公积金管理中心于2020年11月30日印发了《关于办理租房原因提取住房公积金业务的补充通知》（珠房金函〔2020〕45号），对因租赁住房原因提取住房公积金由原来的每年可提取一次调整为每月可提取一次，每个自然年内提取限额由18000元/年提高到24000元/年。

3. 个人住房贷款最高贷款额度、贷款条件等贷款政策调整情况。除了应对新冠肺炎疫情采取的落实住房公积金阶段性支持政策措施之外，其他贷款政策无调整。

4. 住房公积金存贷款利率执行标准情况。2020年，我市住房公积金存贷款利率执行标准无调整。

5. 支持老旧小区改造政策落实情况。2020年，市住房公积金管理中心积极支持全市老旧小区改造工作，助力缴存职工提取住房公积金用于支付改造费用共计166013元。

（四）当年服务改进情况。

1. 推进住房公积金服务"跨省通办"。2020年，市住房公积金管理中心推进个人住房公积金缴存贷款等信息查询、出具贷款职工住房公积金缴存使用证明、正常退休提取住房公积金3项服务事项实现"跨省通办"。

2. 优化住房公积金综合服务平台功能。2020年，市住房公积金管理中心积极优化和完善住房公积金综合服务平台建设，在个人网上服务大厅新增了贷款预申请、职工缴存证明打印和申请开具公积金贷款结清证明、公积金贷款利息凭证、异地贷款缴存证明、单位缴存情况（守法）证明等功能，在单位版网上服务大厅新增了单位缴存证明打印功能，在微信公众号新增了5项证明类申请功能，形成了涵盖门户网站、网上办事大厅、微信公众号、"粤省事"平台、支付宝—市民中心、手机公积金App、12345市民热线、短信平台、自助终端九大线上办事渠道。

3. 探索"自助办""智慧办"公积金服务新模式。2020年10月27日，市住房公积金管理中心精心打造的广东省首个集应用、服务、数据管理于一体的高新管理部智慧服务大厅揭牌投入使用。智慧服务大厅提供的"自助办"和"智慧办"服务树立了全省公积金服务新标杆。

（五）当年信息化建设情况，包括信息系统升级改造情况，基础数据标准贯彻落实和结算应用系统接入等情况。

1. 单位版网上服务大厅开通运行。全年共有1298家企业申请开通使用。

2. 研发推出微信公众号英文版办事界面。外籍缴存职工线上办理公积金业务更加方便。

3. 推动实现我市与省内其他城市公积金数据信息共享。住房公积金服务向"一次不用跑"的目标又迈进了一步。

4. 持续加强安全保障体系建设。完成住房公积金信息系统网络安全等级保护2.0的（三级）测评及备案工作。

（六）当年住房公积金管理中心所获荣誉情况。市住房公积金管理中心斗门管理部荣获2020年珠海市"青年文明号"称号。

（七）当年对违反《住房公积金管理条例》和相关法规行为进行行政处罚和申请人民法院强制执行情况。2020年，市住房公积金管理中心不断加大解决职工诉求力度，对违反《住房公积金管理条例》和相关法规的企业，及时上门协调沟通，妥善处理，没有通过行政处罚和申请人民法院强制执行的情况。

（八）当年对住房公积金管理人员违规行为的纠正和处理情况。2020年，市住房公积金管理中心未发现管理人员违规行为。

（九）其他需要披露的情况。其他需要了解的信息请登录市住房公积金管理中心网站（http：//gjj.zhuhai.gov.cn/）政府信息公开栏目查询。

汕头市住房公积金2020年年度报告

根据国务院《住房公积金管理条例》和住房和城乡建设部、财政部、人民银行《关于健全住房公积金信息披露制度的通知》（建金〔2015〕26号）的规定，现将汕头市住房公积金2020年年度报告公布如下。

一、机构概况

（一）住房公积金管理委员会。市住房公积金管理委员会有25名委员，2020年召开1次会议，审议通过的事项主要包括：1.《关于调整汕头市住房公积金管理委员会委员的报告》；2.《2019年度汕头市住房公积金管理的工作报告》及《汕头市住房公积金2019年年度报告》；3.《中国人民银行汕头市中心支行办公室关于提供2019年度汕头市住房公积金账户监管情况的函》；4.市财政局《关于对汕头市2019年度住房公积金决算的审核意见》；5.《汕头市2019年度住房公积金决算》；6.《汕头市2019年度住房公积金增值收益分配方案》；7.《汕头市 2020 年度住房公积金归集、使用计划》。

（二）住房公积金管理中心。汕头市住房公积金管理中心为市政府直属（市住建局代管）不以营利为目的的公益一类事业单位，设 6 个科室，4 个管理部。从业人员 61 人，其中，在编 45 人，非在编 16 人。

二、业务运行情况

（一）缴存。2020 年，新开户单位 585 家，净增单位 243 家；新开户职工 2.66 万人，净增职工 0.11 万人；实缴单位 4913 家，实缴职工 27.38 万人，缴存额 48.54 亿元，分别同比增长 5.2%、0.39%、9.52%。2020 年末，缴存总额 400.44 亿元，比上年末增加 13.79%；缴存余额 141.92 亿元，同比增长 10.64%。受委托办理住房公积金缴存业务的银行 5 家。

（二）提取。2020 年，11.69 万名缴存职工提取住房公积金；提取额 34.88 亿元，同比增长 29.18%；提取额占当年缴存额的 71.87%，比上年增加 10.94 个百分点。2020 年末，提取总额 258.51 亿元，比上年末增加 15.60%。

（三）贷款。

1. 个人住房贷款。个人住房贷款最高额度 70 万元。单缴存职工个人住房贷款最高额度 40 万元，双缴存职工个人住房贷款最高额度 70 万元。

2020 年，发放个人住房贷款 0.32 万笔、14.17 亿元，同比分别下降 49.74%、52.70%。

2020 年，回收个人住房贷款 13.78 亿元。

2020 年末，累计发放个人住房贷款 4.61 万笔、177.15 亿元，贷款余额 116.33 亿元，分别比上年末增加 7.57%、8.69%、3.34%。个人住房贷款余额占缴存余额的 81.97%，比上年末减少 8.42 个百分点。受委托办理住房公积金个人住房贷款业务的银行 11 家。

2. 异地贷款。2020 年，发放异地贷款 236 笔、9904 万元。2020 年末，发放异地贷款总额 79227 万元，异地贷款余额 25042.42 万元。

3. 公转商贴息贷款。2020 年，发放公转商贴息贷款 211 笔、8862 万元，当年贴息额 2525.19 万元。2020 年末，累计发放公转商贴息贷款 2550 笔、114760 万元，累计贴息 3719.32 万元。

4. 住房公积金支持保障性住房建设项目贷款。我市无此类项目贷款。

（四）购买国债。2020 年，购买（记账式、凭证式）国债 0 亿元，（兑付、转让、收回）国债 0 亿元。2020 年末，国债余额 0 亿元。

（五）资金存储。2020 年末，住房公积金存款 27.58 亿元。其中，活期 0.01 亿元，1 年（含）以下定期 17 亿元，1 年以上定期 6 亿元，其他（协定、通知存款等）4.57 亿元。

（六）资金运用率。2020 年末，住房公积金个人住房贷款余额、项目贷款余额和购买国债余额的总和占缴存余额的 81.97%，比上年末减少 8.42 个百分点。

三、主要财务数据

（一）业务收入。2020 年，业务收入 43170.23 万元，同比增长 14.34%。其中，存款利息 5456.47 万元，委托贷款利息 37711.95 万元，国债利息 0 万元，其他 1.81 万元。

（二）业务支出。2020 年，业务支出 25737.87 万元，同比增长 23.49%。其中，支付职工住房公积金利息20553.66万元，归集手续费998.55万元，委托贷款手续费1660.39万元，其他2525.27万元（其中贴息贷款支出2525.19万元）。

（三）**增值收益**。2020年，增值收益17432.36万元，同比增长124.46%。增值收益率1.28%，比上年增加0.63个百分点。

（四）**增值收益分配**。2020年，提取贷款风险准备金39.49万元，提取管理费用401.91万元，提取城市廉租住房（公共租赁住房）建设补充资金16990.96万元。

2020年，上交财政管理费用448.74万元。上缴财政城市廉租住房（公共租赁住房）建设补充资金5428.10万元。

2020年末，贷款风险准备金余额11633.25万元。累计提取城市廉租住房（公共租赁住房）建设补充资金135410.61万元。

（五）**管理费用支出**。2020年，管理费用支出1325.49万元，同比增长1.25%。其中，人员经费944.30万元，公用经费46.91万元，专项经费334.28万元。

四、资产风险状况

（一）**个人住房贷款**。2020年末，个人住房贷款逾期额167.68万元，逾期率0.1441‰。个人贷款风险准备金余额11633.25万元。2020年，使用个人贷款风险准备金核销呆坏账0万元。

（二）**支持保障性住房建设试点项目贷款**。我市无此类项目。

五、社会经济效益

（一）**缴存业务**。缴存职工中，国家机关和事业单位占32.53%，国有企业占9.51%，城镇集体企业占0.67%，外商投资企业占1.88%，城镇私营企业及其他城镇企业占53.27%，民办非企业单位和社会团体占2.14%，灵活就业人员占0%，其他占0%；中、低收入占96.80%，高收入占3.20%。

新开户职工中，国家机关和事业单位占17.41%，国有企业占10.34%，城镇集体企业占0.48%，外商投资企业占6.69%，城镇私营企业及其他城镇企业占60.56%，民办非企业单位和社会团体占4.52%，灵活就业人员占0%，其他占0%；中、低收入占99.57%，高收入占0.43%。

（二）**提取业务**。提取金额中，购买、建造、翻建、大修自住住房占27.86%，偿还购房贷款本息占45.52%，租赁住房占4.39%，支持老旧小区改造占0.05%，离休和退休提取占16.05%，完全丧失劳动能力并与单位终止劳动关系提取占3.58%，出境定居占0%，其他占2.55%。提取职工中，中、低收入占96.10%，高收入占3.90%。

（三）**个人住房贷款业务**。2020年，支持职工购建房40.33万平方米（含公转商贴息贷款），年末个人住房贷款市场占有率（含公转商贴息贷款）为19.95%，比上年末减少1.91个百分点。通过申请住房公积金个人住房贷款，可节约职工购房利息支出18936.97万元。

职工贷款笔数中，购房建筑面积90（含）平方米以下占12.32%，90~144（含）平方米占67.75%，144平方米以上占19.93%。购买新房占83.99%（其中购买保障性住房占0%），购买二手房占16.01%，建造、翻建、大修自住住房占0%（其中支持老旧小区改造占0%），其他占0%。

职工贷款笔数中，单缴存职工申请贷款占54.94%，双缴存职工申请贷款占45.06%，三人及以上缴

存职工共同申请贷款占 0%。

贷款职工中，30 岁（含）以下占 18.08%，30 岁~40 岁（含）占 44.22%，40 岁~50 岁（含）占 31.23%，50 岁以上占 6.47%；首次申请贷款占 91.47%，二次及以上申请贷款占 8.53%；中、低收入占 97.20%，高收入占 2.80%。

（四）住房贡献率。 2020 年，个人住房贷款发放额、公转商贴息贷款发放额、项目贷款发放额、住房消费提取额的总和与当年缴存额的比率为 86.95%，比上年减少 45 个百分点。

六、其他重要事项

（一）应对新冠肺炎疫情采取的措施，落实住房公积金阶段性支持政策情况和政策实施成效。 2020 年，我中心坚决贯彻习近平总书记关于做好疫情防控工作的重要指示精神，积极响应住房和城乡建设部、省住房城乡建设厅关于住房公积金阶段性支持政策，切实落实市委市政府关于疫情防控的工作部署，做好疫情期间住房公积金管理服务工作。一是做好疫情期间窗口服务保障各项工作。防疫期间我中心倡导办事群众疫情解除前尽量避免到各住房公积金业务窗口现场办理业务，可到中心微信公众号、"粤省事"微信小程序、支付宝城市服务等"非接触式"网上业务渠道进行查询相关信息。确因紧急需要必须到现场办理的，要求有关人员严格执行有关防疫要求。政务服务中心业务窗口按市政数局要求做好窗口服务工作，各管理部住房公积金窗口业务办理采取电话预约制，有效分流人群。各窗口结合自身实际按有关要求对窗口进行全面消毒，为群众及工作人员提供良好服务环境。二是在中心微信公众号发布《关于疫情防控期间住房公积金窗口业务办理有关事项的通知》等文件，大力宣传阶段性自愿缴存政策，得到了广大缴存企业及职工的好评。对因疫情前来申请公积金缓缴的企业进行耐心指导，给予方便，并对系统进行完善，配合该政策的实施。同时要求各住房公积金缴存单位经办人、缴存职工等住房公积金业务场所出入人员在各住房公积金业务场所期间必须佩戴口罩，做好个人防护，降低感染风险。三是结合我市实际情况，针对受疫情影响企业出台缓缴、补缴政策，纾解企业困难，针对受疫情影响的职工，出台申请公积金贷款，还款等方面的相关服务措施，切实保障职工在疫情期间的贷款权益，为企业减负，尽力支持企业尽快复工复产，帮企业度过疫情难关。

（二） 当年没有机构及职能调整情况；受委托办理缴存贷款业务金融机构没有变更。

（三）当年住房公积金政策调整及执行情况。

1. 当年缴存基数限额及确定方法、缴存比例等缴存政策调整情况。根据国家三部委《关于改进住房公积金缴存机制进一步降低企业成本的通知》（建金〔2018〕45 号）及《汕头市住房公积金归集管理办法》（汕房金管〔2018〕3 号）的规定，按照市统计局提供的 2019 年度我市（含区县）在岗职工月平均工资 6391.00 元的数据，确定我市（含区县）2020 年度（2020 年 7 月 1 日至 2021 年 6 月 30 日）职工最高缴存基数为 19173.00 元（我市上一年在岗职工月平均工资的 3 倍，即 6391.00 元×3），职工个人缴存和单位为职工缴存的住房公积金月最高缴存额各为 2300.76 元（最高缴存基数×最高缴存比例，即 19173.00 元×12%）。

2. 当年提取政策没有调整情况。

3. 当年个人住房贷款最高贷款额度、贷款条件等贷款政策调整情况。

当年个人住房贷款最高贷款额度没有变化。贷款政策调整情况。（1）为支持我市房地产市场的健康发展，贯彻落实我市"人才新政"政策，吸引高层次人才为我市经济建设提供强有力的人才保障和智力支持，经市住房公积金管委会审议通过，我中心对中高层学历人群实施政策倾斜，满足来汕入职但缴存公积金年限较短的职工购房需求。结合我市公积金管理实际，对个贷政策进行微调。对全日制大学本科学历在汕连续缴存住房公积金满3年的职工，个人最高可贷额度提高到40万元；对全日制研究生及以上学历在汕连续缴存住房公积金满1年的职工，个人最高可贷额度提高到40万元。（2）根据中心现存资金状况，将最高个人贷款额度公式中的缴存调节系数从1.0提高到1.2，为购房职工提供力度更大的金融支持。（3）原《汕头市住房公积金管理委员会关于汕头市住房公积金贷款信用管理若干规定（试行）》（汕房金管〔2018〕7号）于2020年12月28日期满失效，为继续做好我市住房公积金贷款信用管理工作，经市住房公积金管委会同意，我中心对该规定予以修订并按规范性文件制定有关程序报批后印发执行。

当年住房公积金存贷款利率执行标准不变。

市住房公积金中心存贷款利率按中国人民银行规定执行。

住房公积金个人住房贷款期限为1至5年（含5年）的，贷款年利率为2.75%；贷款期限为5年以上的，贷款年利率为3.25%。

4.支持老旧小区改造政策落实情况。为支持老旧小区改造，根据《汕头市住房公积金管理委员会关于汕头市住房公积金提取管理办法》（汕房金管规〔2018〕3号），汕头市行政区域内职工家庭既有住宅增设电梯，共同出资的房地产权所有人及其配偶可在电梯通过质量技术监督行政管理部门核发的使用登记证后一次性申请提取本人的住房公积金，职工本人及其配偶提取的合计额度不得超过本户增设电梯所分摊的费用。

（四）**当年服务改进情况，包括推进住房公积金服务"跨省通办"工作情况，服务网点、服务设施、服务手段、综合服务平台建设和其他网络载体建设服务情况等。** 2020年，我中心按照住房和城乡建设部双贯标的要求，以住房公积金新信息系统上线为契机，立足于群众需求完善业务，把能下放的权限都下放、能压缩的环节都压缩，能简化的手续都简化，解决好群众所想所需。一是优化住房公积金业务办理流程，实现高频提取类业务网上刷脸办理，提前两个月落实市委主要领导调研会交办的任务，为职工提供更优质、更便捷、更高效的服务。二是在窗口业务全面进驻市政务服务中心的同时，中心进一步加强政银合作，从2020年3月起，将购房、还贷提取、补缴等业务的收件工作下放受托银行，试行银行前台受理，中心后台审批，实现"就近办"。三是利用大数据、互联网等技术，让数据多跑路、群众少跑路甚至足不出户便能办理归集业务。四是依据《住房公积金管理条例》和有关法律法规，结合实际，精准维权，取得较好的社会效益。五是逐步完善优化贷款系统，与个贷受托银行重签委贷协议，楼盘备案管理进一步规范化。六是积极推进住房公积金服务"跨省通办"有关工作，确保按上级部门要求完成住房公积金有关服务事项"跨省通办"工作任务。

（五）**当年信息化建设情况，包括信息系统升级改造情况，基础数据标准贯彻落实和结算应用系统接入情况等。** 中心加大力度协同推进科技创新，全力以赴建立完善技术创新体系，将"互联网＋政务服务"作为深化"放管服"改革和优化营商环境的关键环节和重要抓手，着力构建现代化、全方位的智慧公积金信息体系。2020年，中心上线综合服务平台实现公积金业务线上服务渠道，推进线上办理业务事项进驻"粤省事"平台，推进粤港澳大湾区住房公积金数据平台的接入工作，对省政务"一网通办"，对接市住建局网签系统平台，接入省住房城乡建设厅住房公积金监管平台，接入全国住房公积金监管服务平台，完成市各政务部门的接口对接、数据提取和对外信息发布的工作。

（六）当年住房公积金管理中心及职工所获荣誉情况。我中心个贷业务科以提升住房公积金规范化管理为目标，努力提升管理服务水平，取得了显著成效，2020年5月我中心被评为全省巾帼文明岗称号。

（七）当年没有违反《住房公积金管理条例》和相关法规行为而进行行政处罚和申请人民法院强制执行情况。

（八）当年没有住房公积金管理人员违规行为情况。

注：经汕头市住房公积金管理委员会审核后，年报数据若调整，以最新披露为准。

佛山市住房公积金 2020 年年度报告

根据国务院《住房公积金管理条例》和住房和城乡建设部、财政部、人民银行《关于健全住房公积金信息披露制度的通知》（建金〔2015〕26号）的规定，经住房公积金管理委员会审议通过，现将佛山市住房公积金 2020 年年度报告公布如下。

一、机构概况

（一）住房公积金管理委员会。住房公积金管理委员会有24名委员，2021年召开第22次会议，审议通过的事项主要包括：

1. 审议《佛山市住房公积金 2020 年年度报告》；
2. 审议《2020 年度住房公积金增值收益分配方案》；
3. 审议《2021 年度住房公积金归集和使用计划》；
4. 审议《关于规范住房公积金结息日期的意见》；
5. 审议《关于确认住房公积金贷款业务承办银行名单的意见》；
6. 审议《关于调整我市住房公积金贷款政策的意见》；
7. 听取《佛山市住房公积金管理中心审计整改情况的汇报》。

（二）住房公积金管理中心。住房公积金管理中心为设区城市政府不以营利为目的的参公事业单位，设6个处（科），4个管理部。从业人员92人，其中，在编59人，非在编33人。

二、业务运行情况

（一）缴存。2020年，新开户单位5621家，实缴单位19319家，净增单位2620家；新开户职工20.17万人，实缴职工120.59万人，净增职工5.83万人；缴存额168.76亿元，同比增长8.82%。2020年末，缴存总额1258.39亿元，比上年末增加15.49%；缴存余额363.87亿元，比上年末增加13.46%。

受委托办理住房公积金缴存业务的银行2家。

（二）提取。2020年，72.54万名缴存职工提取住房公积金；提取额125.60亿元，同比增长10.36%；提取额占当年缴存额的74.43%，比上年增加1.04个百分点。2020年末，提取总额894.52亿元，比上年末增加 16.34%。

（三）贷款。

1. 个人住房贷款。个人住房贷款最高额度 50.00 万元，其中，单缴存职工个人住房贷款最高额度 50.00 万元，双缴存职工个人住房贷款最高额度 100.00 万元。

2020 年，发放个人住房贷款 1.70 万笔、80.53 亿元，同比分别下降 1.69%、8.59%。

2020 年，回收个人住房贷款 29.49 亿元。

2020 年末，累计发放个人住房贷款 17.29 万笔、565.40 亿元，贷款余额 360.31 亿元，分别比上年末增加 10.92%、16.61%、16.50%。个人住房贷款余额占缴存余额的 99.02%，比上年末增加 2.59 个百分点。

受委托办理住房公积金个人住房贷款业务的银行 5 家。

2. 异地贷款。2020 年，发放异地贷款 1554 笔、77374.35 万元。年末，发放异地贷款总额 473144.59 万元，异地贷款余额 302081.87 万元。

（四）购买国债。无购买国债。

（五）资金存储。2020 年末，住房公积金存款 8.93 亿元。其中，活期 0.01 亿元，其他（协定、通知存款等）8.92 亿元。

（六）资金运用率。2020 年末，住房公积金个人住房贷款余额、项目贷款余额和购买国债余额的总和占缴存余额的 99.02%，比上年末增加 2.59 个百分点。

三、主要财务数据

（一）业务收入。2020 年，业务收入 113222.72 万元，同比增长 18.83%。其中，存款利息 1529.14 万元，委托贷款利息 111667.00 万元，其他 26.58 万元。

（二）业务支出。2020 年，业务支出 90375.02 万元，同比增长 19.68%。其中，支付职工住房公积金利息 51776.03 万元，存款补贴 34222.92 万元归集手续费 391.93 万元，委托贷款手续费 3980.39 万元，其他 3.75 万元。

（三）增值收益。2020 年，增值收益 22847.70 万元，同比增长 15.55%。增值收益率 0.67%，比上年增加 0.01 个百分点。

（四）增值收益分配。2020 年，提取贷款风险准备金 5100.00 万元，提取管理费用 5700.00 万元，提取城市廉租住房（公共租赁住房）建设补充资金 12047.70 万元。

2020 年，上交财政管理费用 3400.00 万元。上缴财政城市廉租住房（公共租赁住房）建设补充资金 10073.11 万元

2020 年末，贷款风险准备金余额 36100.00 万元。累计提取城市廉租住房（公共租赁住房）建设补充资金 184816.60 万元。

（五）管理费用支出。2020 年，管理费用支出 3789.15 万元，同比增长 6.77%。其中，人员经费 1720.45 万元，公用经费 253.75 万元，专项经费 1814.96 万元。

四、资产风险状况

个人住房贷款。2020 年末，个人住房贷款逾期额 1770.76 万元，逾期率 0.49‰。个人贷款风险准备

金余额 36100 万元。2020 年，使用个人贷款风险准备金核销呆坏账 0 万元。

五、社会经济效益

（一）缴存业务。缴存职工中，国家机关和事业单位占 18.69%，国有企业占 0.95%，城镇集体企业占 0.54%，外商投资企业占 15%，城镇私营企业及其他城镇企业占 43.82%，民办非企业单位和社会团体占 3.46%，灵活就业人员占 1.41%，其他占 16.13%；中、低收入占 94.58%，高收入占 5.42%。

新开户职工中，国家机关和事业单位占 6.85%，国有企业占 0.46%，城镇集体企业占 0.31%，外商投资企业占 11.14%，城镇私营企业及其他城镇企业占 51.83%，民办非企业单位和社会团体占 5.29%，灵活就业人员占 1.72%，其他占 22.40%；中、低收入占 99.28%，高收入占 0.72%。

（二）提取业务。提取金额中，住房消费提取占 92.20%（购买、建造、翻建、大修自住住房占 19.24%，偿还购房贷款本息占 62.19%，租赁住房占 10.77%）；非住房消费提取占 7.80%（离休和退休提取占 6.17%，完全丧失劳动能力并与单位终止劳动关系提取占 0.01%，出境定居占 1.42%，其他占 0.20%）。

提取职工中，中、低收入占 90.53%，高收入占 9.47%。

（三）贷款业务。

个人住房贷款。2020 年，支持职工购建房 187.52 万平方米，年末个人住房贷款市场占有率为 7.07%，比上年末增加 0.17 个百分点。通过申请住房公积金个人住房贷款，可节约职工购房利息支出 170718.72 万元。

职工贷款笔数中，购房建筑面积 90（含）平方米以下占 17.50%，90~144（含）平方米占 82.50%。购买新房占 75.14%，购买二手房占 24.86%，建造、翻建、大修自住住房占 0%，其他占 0%。

职工贷款笔数中，单缴存职工申请贷款占 86.84%，双缴存职工申请贷款占 13.16%，三人及以上缴存职工共同申请贷款占 0%。

贷款职工中，30 岁（含）以下占 34.13%，30 岁~40 岁（含）占 45.17%，40 岁~50 岁（含）占 17.69%，50 岁以上占 3.01%；首次申请贷款占 83.19%，二次及以上申请贷款占 16.81%；中、低收入占 92.39%，高收入占 7.61%。

（四）住房贡献率。2020 年，个人住房贷款发放额、公转商贴息贷款发放额、项目贷款发放额、住房消费提取额的总和与当年缴存额的比率为 116.35%，比上年减少 8.21 个百分点。

六、其他重要事项

（一）深入贯彻落实国家部署，改进住房公积金缴存机制，降低实体经济成本，减轻企业非税负担。

1. 降低住房公积金缴存基数。按照建金〔2018〕45 号文件要求，2020 年继续执行缴存住房公积金的月工资基数，不得高于职工工作地所在设区城市统计部门公布的上一年度职工月平均工资的 3 倍，累计为企业减负金额 2.23 亿元。

2. 降低住房公积金缴存比例和缓缴。对缴存住房公积金确有困难的企业，在维护职工合法权益的基础上，兼顾企业实际困难和发展，引导企业依法定程序申请降低缴存比例和缓缴。2020 年，累计有 12 家企业降低住房公积金缴存比例（即低于 5%），涉及职工 1684 人，为企业减负金额 0.07 亿元；累计有 2 家企业申请缓缴，涉及职工167人，为企业减负金额43.11万元。

（二）切实落实审计部门整改意见，调整我市住房公积金贷款政策。

根据国家相关规定以及审计部门的整改要求，按照市住房公积金管理委员会第21次会议决议，调整我市住房公积金贷款政策，即："住房公积金缴存职工个人可申请两次贷款；首次贷款没有还清前，不得再次申请。不得向已有两次贷款使用记录的职工发放贷款。"调整后的《佛山市住房公积金住房抵押贷款办法》于2020年5月1日执行。

（三）扎实做好疫情防控期间住房公积金管理服务工作，研究制定政策，切实为民分忧。 一是抓好新冠肺炎疫情防控工作，尤其是各服务大厅的卫生防疫工作。各服务大厅采取了一系列科学防疫措施，并于2020年4月推出业务全预约服务，有序地疏导了人流，避免出现聚集风险，保障了业务的正常运作。二是制定疫情防控期间的住房公积金缴存政策，为受疫情影响的企业和职工排忧解难。2020年2月出台《关于新型冠状病毒肺炎疫情防控期间住房公积金管理服务工作的通知》。截至2020年12月底，累计有936家缴存企业涉及职工86873名、29名自愿缴存职工，根据政策在疫情防疫期间申请"可补缴"，涉及月缴存资金约5940万元；1388名职工按政策在2020年9月底前完成2020年1至6月补缴，1至6月视同正常缴存，成功获批住房公积金贷款。

（四）深化"放管服"改革优化营商环境，加强和改进住房公积金服务，提高业务办事效率和群众满意度。

1. 着力解决住房公积金涉企事项重点领域和关键环节。一是接入"广东省企业开办一网通办平台"，企业办理设立登记、银行开户、住房公积金缴存登记等事项时，只需登录一个平台、一次认证、一表填报，切实提高了企业开办的便利度。二是与市市场监管部门数据对接，企业办理商事登记后，即自动完成住房公积金缴存登记，全程无缝对接，进一步简化了办事流程，缩减了企业办事的时间成本。

2. 着力推进业务"双零"服务计划，提高网上业务办结率，构建"最多跑一次"便捷服务。2020年，我市住房公积金32个政务服务事项，除住房公积金贷款外，均已实现"最多跑一次"便捷服务，其中21个事项实现"双零"服务，即"零现场跑动""零材料提交"，包括单位缴存登记、同城转移、封存、汇缴调整等业务，以及各类住房公积金证明。

2020年，全市办结各项住房公积金业务196.74万宗，其中网上业务办结率达81.65%。

（五）以行政执法工作为突破口，多措并举推动住房公积金扩面建缴，推进法治政府建设。 一是将《住房公积金业务办理指引》纳入企业在广东政务服务一体机办理申领证照业务时的必经环节，提醒企业依法建缴住房公积金。二是通过税务部门获取企业信息进行针对性走访和调研，今年已连续走访60多家企业宣讲住房公积金政策。三是针对存在困难的企业，开展三方座谈会，现场为企业职工答疑解惑，引导企业依法定程序解决住房公积金建缴问题。四是充分利用网站、微信公众号等线上宣传阵地普及住房公积金政策法规。2020年，微信公众号共推送相关信息20余条，平均阅读量超过3万人次，单篇最高阅读量达到7.5万人次。

2020年，根据职工实名申告或群众来信提供的有效证据立案2168宗；作出行政处理决定358宗，申请法院强制执行56宗；作出行政处罚14宗，罚款金额14万元，申请法院强制执行6宗；单位或职工不服管理中心行政处理决定或行政处罚决定，提起行政复议的14宗，提起行政诉讼的一审51宗、二审46宗。行政复议、行政诉讼均为管理中心胜诉。

(六) 以信息化系统升级改造为着力点，推进与部门间的数据对接工作，锻造住房公积金智慧治理体系。

1. 升级改造住房公积金核心业务系统。2020年初制定了信息化建设3年升级改造方案，目标是从内到外打造一个安全、高效、便民的住房公积金业务系统。2020年4月启动了首期升级改造工作，计划于2021年3月上线。

2. 推进跨地域、跨系统、跨部门间的协同管理和服务。一是与其他省市中心协同合作，推进"跨省通办"业务。二是接入"粤港澳大湾区住房公积金信息共享平台"。目前，全省21个地市中心已实现异地贷款、缴存、转移信息以及不良信息的共享。三是推动与市住房和城乡建设部门的数据共享。

根据《关于完善住房公积金决策制度的意见》第四点第（十一）款关于管委会"审议住房公积金管理中心拟向社会公布的住房公积金年度公报"的职责规定，现提请管委会审议。审议通过后，管理中心将按要求向社会予以公布。

江门市住房公积金 2020 年年度报告

根据《住房公积金管理条例》《关于健全住房公积金信息披露制度的通知》《广东省住房和城乡建设厅转发住房和城乡建设部住房公积金监管司关于做好2020年度住房公积金年度报告披露工作的通知》要求，经住房公积金管理委员会审议通过，现将江门市住房公积金2020年年度报告公布如下。

一、机构概况

（一）住房公积金管理委员会。住房公积金管理委员会有24名委员，2020年召开2次会议，审议通过的事项主要包括：江门市2019年度住房公积金归集、使用指导计划执行情况报告，江门市2019年度住房公积金增值收益分配方案，江门市住房公积金2019年年度报告，江门市2020年度住房公积金归集、使用指导计划，修订《江门市住房公积金个人住房贷款管理办法》《江门市住房公积金个人住房贷款委托协议书》，调整住房公积金个人住房贷款额度计算公式，提高住房公积金个人住房贷款最高额度等。

（二）住房公积金管理中心。住房公积金管理中心为直属市政府，由市住房城乡建设局代管的不以营利为目的的公益一类事业单位，设4个部，6个管理部。从业人员81人，其中，在编45人，非在编36人。

二、业务运行情况

（一）缴存。2020年，新开户单位764家，净增单位368家；新开户职工6.70万人，净增职工1.91万人；实缴单位6260家，实缴职工42.02万人，缴存额58.85亿元，分别同比增长6.25%、4.76%、9.77%。2020年末，缴存总额528.59亿元，比上年末增加12.53%；缴存余额130.22亿元，同比增长7.80%。受委托办理住房公积金缴存业务的银行7家。

（二）提取。2020年，17.17万名缴存职工提取住房公积金；提取额49.43亿元，同比增长8.20%；提取额占当年缴存额的84.00%，比上年减少1.22个百分点。2020年末，提取总额398.37亿元，比上年末增加 14.17%。

(三) 贷款。

1. 个人住房贷款。个人住房贷款最高额度 60 万元，单缴存职工个人住房贷款最高额度 30 万元，双（多）缴存职工个人住房贷款最高额度 60 万元。购买全装修新建商品住房的，单缴存职工最高额度增加 3 万元，双（多）缴存职工最高额度增加 6 万元；棚户区改造居民购买新建商品住房作为安置房的，单缴存职工最高额度增加 5 万元，双（多）缴存职工最高额度增加 10 万元。

2020 年，发放个人住房贷款 0.86 万笔、28.70 亿元，同比分别增长 64.26%、77.38%。其中，市区管理一部发放个人住房贷款 0.36 万笔、12.6 亿元，市区管理二部发放个人住房贷款 0.21 万笔、6.83 亿元，台山管理部发放个人住房贷款 0.1 万笔、3.42 亿元，开平管理部发放个人住房贷款 0.06 万笔、1.81 亿元，鹤山管理部发放个人住房贷款 0.07 万笔、2.26 亿元，恩平管理部发放个人住房贷款 0.06 万笔、1.78 亿元。

2020 年，回收个人住房贷款 13.81 亿元。其中，市区管理一部 5.22 亿元，市区管理二部 3.29 亿元，台山管理部 1.58 亿元，开平管理部 1.73 亿元，鹤山管理部 1.17 亿元，恩平管理部 0.82 亿元。

2020 年末，累计发放个人住房贷款 9.56 万笔、224.64 亿元，贷款余额 123.19 亿元，分别比上年末增加 9.93%、14.65%、13.75%。个人住房贷款余额占缴存余额的 94.60%，比上年末增加 4.95 个百分点。受委托办理住房公积金个人住房贷款业务的银行 19 家。

2. 异地贷款。2020 年，发放异地贷款 1306 笔、41176.30 万元。2020 年末，发放异地贷款总额 154931.10 万元，异地贷款余额 69568.82 万元。

3. 公转商贴息贷款。2020 年，没有发放公转商贴息贷款，当年贴息额 65.10 万元。2020 年末，累计发放公转商贴息贷款 675 笔、22715.70 万元，累计贴息 581.52 万元。

(四) 购买国债。2020 年，没有购买、兑付、转让、收回国债。2020 年末，国债余额 0 亿元。

(五) 资金存储。2020 年末，住房公积金存款 9.91 亿元。其中，活期 0.05 亿元，1 年（含）以下定期 1.00 亿元，1 年以上定期 1.16 亿元，其他（协定、通知存款等）7.70 亿元。

(六) 资金运用率。2020 年末，住房公积金个人住房贷款余额、项目贷款余额和购买国债余额的总和占缴存余额的 94.60%，比上年末增加 4.95 个百分点。

三、主要财务数据

(一) 业务收入。2020 年，业务收入 40426.17 万元，同比增长 8.81%。其中，市区管理一部 16806.58 万元，市区管理二部 9014.86 万元，台山管理部 4490.5 万元，开平管理部 4521.31 万元，鹤山管理部 3049.55 万元，恩平管理部 2543.37 万元；存款利息 3096.39 万元，委托贷款利息 37328.70 万元，其他 1.08 万元。

(二) 业务支出。2020 年，业务支出 22987.67 万元，同比增长 6.18%。其中，市区管理一部 9682.21 万元，市区管理二部 5118.09 万元，台山管理部 2547.4 万元，开平管理部 2467.66 万元，鹤山管理部 1754.39 万元，恩平管理部 1417.92 万元；支付职工住房公积金利息 19118.33 万元，归集手续费 1953.66 万元，委托贷款手续费 1849.12 万元，其他 66.56 万元。

(三) 增值收益。2020 年，增值收益 17438.50 万元，同比增长 12.47%。其中，市区管理一部

7124.38万元，市区管理二部3896.76万元，台山管理部1943.1万元，开平管理部2053.65万元，鹤山管理部1295.16万元，恩平管理部1125.45万元；增值收益率1.38%，比上年增加0.06个百分点。

（四）**增值收益分配。**2020年，提取贷款风险准备金1489.28万元，提取管理费用2301.95万元，提取城市廉租住房（公共租赁住房）建设补充资金13647.27万元。

2020年，上交财政管理费用1726.47万元。上缴财政城市廉租住房（公共租赁住房）建设补充资金13428.07万元。其中，市区管理一部上缴江门市财政局5071.48万元，市区管理二部上缴新会区财政局3279.28万元，台山管理部上缴台山市财政局1568.55万元，开平管理部上缴开平市财政局1840.18万元，鹤山管理部上缴鹤山市财政局909.49万元，恩平管理部上缴恩平市财政局759.09万元。

2020年末，贷款风险准备金余额12318.61万元。累计提取城市廉租住房（公共租赁住房）建设补充资金130348.48万元。其中，市区管理一部提取46008.65万元，市区管理二部提取30106.83万元，台山管理部提取15983.81万元，开平管理部提取19498.97万元，鹤山管理部提取11499.43万元，恩平管理部提取7250.79万元。

（五）**管理费用支出。**2020年，管理费用支出1694.80万元，同比下降1.94%。其中，人员经费1050.18万元，公用经费75.67万元，专项经费568.95万元。

市区管理一部管理费用支出912.71万元，其中，人员、公用、专项经费分别为420.08万元、35.72万元、456.91万元；市区管理二部管理费用支出199.36万元，其中，人员、公用、专项经费分别为129.3万元、6.28万元、63.78万元；台山管理部管理费用支出181.76万元，其中，人员、公用、专项经费分别为157.82万元、9.57万元、14.37万元；开平管理部管理费用支出167.43万元，其中，人员、公用、专项经费分别为128.09万元、9.39万元、29.95万元；鹤山管理部管理费用支出157.29万元，其中，人员、公用、专项经费分别为147.12万元、8.69万元、1.48万元；恩平管理部管理费用支出76.25万元，其中，人员、公用、专项经费分别为67.77万元、6.02万元、2.46万元。

四、资产风险状况

2020年末，个人住房贷款逾期额485.64万元，逾期率0.39‰。其中，市区管理一部0.24‰，市区管理二部0.43‰，台山管理部0.52‰，开平管理部0.99‰，鹤山管理部0.15‰，恩平管理部0.27‰。个人贷款风险准备金余额12318.61万元。2020年，没有使用个人贷款风险准备金核销呆坏账。

五、社会经济效益

（一）**缴存业务。**缴存职工中，国家机关和事业单位占31.33%，国有企业占12.79%，城镇集体企业占2.39%，外商投资企业占20.71%，城镇私营企业及其他城镇企业占29.82%，民办非企业单位和社会团体占2.96%；中、低收入占97.13%，高收入占2.87%。

新开户职工中，国家机关和事业单位占11.87%，国有企业占7.61%，城镇集体企业占2.14%，外商投资企业占25.36%，城镇私营企业及其他城镇企业占46.68%，民办非企业单位和社会团体占6.33%，其他占0.01%；中、低收入占99.53%，高收入占0.47%。

（二）**提取业务。**提取金额中，购买、建造、翻建、大修自住住房占4.98%，偿还购房贷款本息占77.76%，租赁住房占1.28%，支持老旧小区改造占0.02%，退休提取占9.80%，出境定居占0.06%，其他占6.10%。提取职工中，中、低收入占95.12%，高收入占4.88%。

（三）贷款业务。

个人住房贷款。2020年，支持职工购建房96.18万平方米（含公转商贴息贷款），年末个人住房贷款市场占有率（含公转商贴息贷款）为8.34%，比上年末增加0.08个百分点。通过申请住房公积金个人住房贷款，可节约职工购房利息支出43902.59万元。

职工贷款笔数中，购房建筑面积90（含）平方米以下占11.61%，90~144（含）平方米占83.71%，144平方米以上占4.68%。购买新房占89.42%，购买二手房占10.58%。

职工贷款笔数中，单缴存职工申请贷款占41.79%，双缴存职工申请贷款占57.65%，三人及以上缴存职工共同申请贷款占0.56%。

贷款职工中，30岁（含）以下占34.33%，30岁~40岁（含）占40.88%，40岁~50岁（含）占21.98%，50岁以上占2.81%；首次申请贷款占84%，二次及以上申请贷款占16%；中、低收入占96.10%，高收入占3.90%。

（四）住房贡献率。 2020年，个人住房贷款发放额、公转商贴息贷款发放额、项目贷款发放额、住房消费提取额的总和与当年缴存额的比率为119.43%，比上年增加16.95个百分点。

六、其他重要事项

（一）应对新冠肺炎疫情采取的措施，落实住房公积金阶段性支持政策情况和政策实施成效。 为深入贯彻落实疫情防控和"六稳""六保"工作决策部署，出台《关于防控新冠肺炎疫情期间公积金业务办理有关事宜的通知》《关于实施应对新冠肺炎疫情阶段性支持政策的操作细则》，助力企业职工纾困解难。全年受理33家企业缓缴申请，受惠职工3166人，缓缴金额451.7万元，1家企业91名职工降低缴存比例，受理29笔、缓缴企业职工申请住房公积金贷款，金额1049.6万元。年末32家企业的2972名职工恢复正常缴存，补缴住房公积金439.59万元。

（二）当年机构及职能调整情况、受委托办理贷款业务金融机构变更情况。

1. 当年机构及职能调整情况。根据《中共江门市委机构编制委员会办公室关于江门市住房公积金管理中心机构编制方案的复函》（江机编办〔2020〕152号），我中心由不定级别单位调整为市政府直属正科级、公益一类事业单位，继续由市住房城乡建设局代管。主要任务为：贯彻执行国家、省、市有关住房公积金管理的政策、法律、法规和规定，编制、执行住房公积金的归集、使用计划；负责记载职工住房公积金的缴存、提取、使用等情况；负责住房公积金的核算；审批住房公积金的提取、使用；负责住房公积金的保值和归还；编制住房公积金归集、使用计划执行情况的报告；承办住房公积金管理委员会决定的其他事项。

根据江机编办〔2020〕152号，我中心内设综合部、财务部、归集管理部和贷款管理部4个机构。增设市区管理一部一个分支机构，新会管理部名称变更为市区管理二部。调整后，我中心设6个分支机构，分别为市区管理一部、市区管理二部、台山管理部、开平管理部、鹤山管理部、恩平管理部。各管理部按照我中心的授权负责所在地住房公积金管理工作，其中，市区管理一部负责蓬江、江海两区住房公积金业务办理工作，市区管理二部负责新会区住房公积金业务办理工作。

2. 受委托办理贷款业务金融机构变更情况。新增上海浦东发展银行股份有限公司江门分行和广州银行股份有限公司江门分行办理公积金贷款业务。

(三)当年住房公积金政策调整及执行情况。

1. 缴存政策调整情况。2020年7月27日,印发《关于2020年度住房公积金缴存调整有关问题的通知》(江房金字〔2020〕47号)。2020年度我市住房公积金缴存基数为2019年度职工本人月平均工资,且不能超过规定的限额。住房公积金缴存基数下限为1550元,上限为22241元。职工2019年月平均工资在上下限之间的,按实计缴,高于缴存基数上限的按缴存基数上限计缴。

2. 当年贷款政策调整情况。2020年,修订了《江门市住房公积金管理委员会关于江门市住房公积金个人住房贷款管理办法》。2020年3月25日发布修订后的办法,4月1日正式执行。

2020年3月16日,调整我市住房公积金个人住房贷款最高贷款额度。首套房一个职工申请从25万元调整为30万元,两个及以上职工共同申请从50万元调整为60万元;第二套房一个职工申请从20万元调整为25万元,两个及以上职工共同申请从40万元调整为50万元。

2020年4月1日,调整我市住房公积金个人住房贷款额度计算公式为:职工申请贷款时的住房公积金账户缴存余额×8+职工申请贷款时的住房公积金月缴存额×到退休年龄月数。计算职工住房公积金账户缴存余额时,不包含最近6个月的补缴金额(异地转入补缴金额除外)。职工的住房公积金个人住房贷款额度计算结果高于我市最高贷款额度的,按最高贷款额度核定。两个及以上职工购买同一住房的,贷款额度为每个职工贷款额度之和,但不得高于我市最高贷款额度。

3. 当年住房公积金存贷款利率执行标准。2020年,我市住房公积金个人住房贷款利率没有调整,5年期(含)以下贷款年利率为2.75%,5年期以上至30年(含)贷款年利率为3.25%。首套房贷款利率按照中国人民银行公布的基准利率执行,第二套房贷款利率按照同期首套房贷款利率上浮10%执行。

(四)当年服务改进情况。

1. 部分高频服务事项实现"自助办"。2020年,加强与相关部门及业务承办银行合作,构建起"粤省事""广东住房公积金"微信小程序、广东政务服务网、"江门易办事"App、"侨都之窗"自助服务终端、银行柜员机等多位一体的自助办理服务渠道,27项业务实现网上办理。职工"自助办"业务16491笔,自助预约52905人次。

2. 归集提取业务实现"全城通办"。2020年7月27日起,缴存职工可到我市任一承办公积金缴存、提取业务银行网点办理公积金提取和打印个人缴存证明业务,缴存单位可到我市任一承办公积金缴存、提取业务银行网点办理单位汇缴、个人账户设立、封存、启封、补缴、年度缴存调整、单位销户、单位账户信息变更、个人账户信息变更、同城转移、异地转移及账户合并等业务,开通网上业务,绑定付款账号登记。

3. 增加银行服务网点。2020年末,全市办理住房公积金缴存、提取业务受理银行网点达101个,比年初增加了10个,其中乡镇服务网点51个。

4. 简化提取办理材料。2020年1月1日起,取消办理公积金提取业务需提交《江门市住房公积金提取申请表》的规定。

(五)当年信息化建设情况。2020年10月,上线住房公积金贷款自主核算系统,住房公积金贷款从委托银行放款转变为自主放款和核算。

(六)当年住房公积金管理中心所获荣誉情况。2020年1月,江门市住房公积金管理中心被江门市住房和城乡建设局评为"先进单位"。

2020年10月，江门市住房公积金管理中心台山管理部党支部被台山市直属机关工作委员会评为"星级党员示范岗"。

（七）当年对违反《住房公积金管理条例》和相关法规行为进行行政处罚和申请人民法院强制执行情况。 2020年，依法受理职工投诉单位不缴存住房公积金案件125宗，结案276宗；发出《责令限期缴存通知书》60份，向法院提出强制执行210宗。

（八）其他需要披露的情况。 无。

湛江市住房公积金2020年年度报告

根据国务院《住房公积金管理条例》和住房和城乡建设部、财政部、人民银行《关于健全住房公积金信息披露制度的通知》（建金〔2015〕26号）的规定，经住房公积金管理委员会审议通过，现将（市）住房公积金2020年年度报告公布如下。

一、机构概况

（一）住房公积金管理委员会。 住房公积金管理委员会有24名委员，2020年召开1次会议，审议通过的事项主要包括：1.听取市住房公积金管理工作报告；2.审议《2020年湛江市住房公积金归集使用计划》；3.审议《住房公积金增值收益分配及城市廉租住房建设补充资金安排》；4.审议《关于调整2020年度住房公积金缴存基数的通知》；5.审议《湛江市住房公积金提取管理办法》；6.审议《湛江市住房公积金行政执法三项制度》；7.关于《湛江市住房公积金2019年年度报告》的情况说明。

（二）住房公积金管理中心。 住房公积金管理中心为市政府直属的不以营利为目的的事业单位，参公管理，属市政府机构，主要负责全市住房公积金的归集、管理、使用和会计核算等。中心内设综合科、财务科、筹集科、管理科4个科室以及雷州、廉江、吴川、徐闻、遂溪5个办事处，办事处为市住房公积金管理中心派出机构，分别负责各县（市）住房公积金管理工作。从业人员94人，其中，在编55人，非在编39人。

二、业务运行情况

（一）缴存。 2020年，新开户单位1308家，净增单位549家；新开户职工3.51万人，净增职工0.8万人；实缴单位8241家，实缴职工39.52万人，缴存额69.58亿元，分别同比增长7.14%、2.24%、12.03%。2020年末，缴存总额543.57亿元，比上年末增加14.68%；缴存余额181.40亿元，同比增长7.58%。受委托办理住房公积金缴存业务的银行7家。

（二）提取。 2020年，17.03万名缴存职工提取住房公积金；提取额56.80亿元，同比增长18.22%；提取额占当年缴存额的81.63%，比上年增加4.28个百分点。年末，提取总额362.18亿元，比上年末增加18.60%。

（三）贷款。

1. 个人住房贷款。个人住房贷款最高额度 40 万元（精装房 45 万元），其中，单缴存职工最高额度 20 万元（精装房 23 万元），双缴存职工最高额度 40 万元（精装房 45 万元）。

2020 年，发放个人住房贷款 0.80 万笔、21.60 亿元，同比分别增长 27.07%、23.87%。

2020 年，回收个人住房贷款 17.82 亿元。

2020 年末，累计发放个人住房贷款 9.93 万笔、256.16 亿元，贷款余额 140.83 亿元，分别比上年末增加 8.81%、9.21%、2.76%。个人住房贷款余额占缴存余额的 77.64%，比上年末减少 3.64 个百分点。受委托办理住房公积金个人住房贷款业务的银行 10 家。

2. 异地贷款。2020 年，发放异地贷款 156 笔、4642.80 万元。年末，发放异地贷款总额 106191.40 万元，异地贷款余额 57588.23 万元。

3. 公转商贴息贷款。无。

4. 住房公积金支持保障性住房建设项目贷款。无。

（四）购买国债。 无。

（五）资金存储。 2020 年末，住房公积金存款 42.73 亿元。其中，活期 0.02 亿元，1 年（含）以下定期 3.30 亿元，1 年以上定期 37.90 亿元，协定存款 1.51 亿元。

（六）资金运用率。 年末，住房公积金个人住房贷款余额、项目贷款余额和购买国债余额的总和占缴存余额的 77.64%，比上年末减少 3.64 个百分点。

三、主要财务数据

（一）业务收入。 2020 年，业务收入 58244.05 万元，同比增长 13.65%。其中，存款利息 13307.16 万元，委托贷款利息 44934.73 万元，其他 2.16 万元。

（二）业务支出。 2020 年，业务支出 32010.14 万元，同比增长 9.13%。其中，支付职工住房公积金利息 26426.12 万元，归集手续费 3337.48 万元，委托贷款手续费 2246.50 万元，其他 0.04 万元。

（三）增值收益。 2020 年，增值收益 26233.91 万元，同比增长 19.71%。增值收益率 1.48%，比上年增加 0.13 个百分点。

（四）增值收益分配。 2020 年，提取贷款风险准备金 377.90 万元，提取管理费用 2420.57 万元，提取城市廉租住房（公共租赁住房）建设补充资金 23435.44 万元。

2020 年，上交财政管理费用 2420.57 万元。上缴财政城市廉租住房（公共租赁住房）建设补充资金 18978.38 万元。

2020 年末，贷款风险准备金余额 14088.17 万元。累计提取城市廉租住房（公共租赁住房）建设补充资金 153928.47 万元。

（五）管理费用支出。 2020 年，管理费用支出 2744.73 万元，同比增长 1.60%。其中，人员经费 1273.83 万元，公用经费 51.54 万元，专项经费 1419.36 万元。

四、资产风险状况

（一）个人住房贷款。 2020 年末，个人住房贷款逾期额 395.69 万元，逾期率 0.28‰，个人贷款风险准备金余额 14083.17 万元。2020 年，使用个人贷款风险准备金核销呆坏账 0 万元。

（二）支持保障性住房建设试点项目贷款。 无。

五、社会经济效益

（一）**缴存业务**。缴存职工中，国家机关和事业单位占 47.32%，国有企业占 23.34%，城镇集体企业占 0.03%，外商投资企业占 0.05%，城镇私营企业及其他城镇企业占 26.38%，民办非企业单位和社会团体占 2.68%，灵活就业人员占 0.01%，其他占 0.19%；中、低收入占 91.65%，高收入占 8.35%。

新开户职工中，国家机关和事业单位占 19.53%，国有企业占 12.51%，城镇集体企业占 0.09%，外商投资企业占 0.19%，城镇私营企业及其他城镇企业占 61.55%，民办非企业单位和社会团体占 5.83%，灵活就业人员占 0.03%，其他占 0.27%；中、低收入占 99.10%，高收入占 0.90%。

（二）**提取业务**。提取金额中，购买、建造、翻建、大修自住住房占 36.19%，偿还购房贷款本息占 46.31%，租赁住房占 0.04%，支持老旧小区改造占 0.04%，离休和退休提取占 14.56%，其他占 2.86%。提取职工中，中、低收入占 79.55%，高收入占 20.45%。

（三）**贷款业务**。

1. 个人住房贷款。2020 年，支持职工购建房 94.25 万平方米，年末个人住房贷款市场占有率为 14.07%，比上年末减少 2.69 个百分点。通过申请住房公积金个人住房贷款，可节约职工购房利息支出 78，115.16 万元。

职工贷款笔数中，购房建筑面积 90（含）平方米以下占 9.23%，90~144（含）平方米占 83.72%，144 平方米以上占 7.05%。购买新房占 90.82%，购买二手房占 9.15%，建造、翻建、大修自住住房占 0.03%。

职工贷款笔数中，单缴存职工申请贷款占 54.28%，双缴存职工申请贷款占 45.72%。

贷款职工中，30 岁（含）以下占 20.11%，30 岁~40 岁（含）占 35.54%，40 岁~50 岁（含）占 33.73%，50 岁以上占 10.62%；首次申请贷款占 86.87%，二次及以上申请贷款占 13.13%；中、低收入占 91.88%，高收入占 8.12%。

2. 支持保障性住房建设试点项目贷款。无。

（四）**住房贡献率**。2020 年，个人住房贷款发放额、公转商贴息贷款发放额、项目贷款发放额、住房消费提取额的总和与当年缴存额的比率为 98.46%，比上年增加 7.47 个百分点。

六、其他重要事项

（一）**应对新冠肺炎疫情采取的措施，落实住房公积金阶段性支持政策情况和政策实施成效**。2020 年，市住房公积金管理中心及时推出新举措帮扶中小微企业复工复产。减缓住房公积金缴存，对受疫情影响，生产经营出现困难的中小微企业，可在疫情解除后 3 个月内补缴住房公积金，可申请降低住房公积金缴存比例至国家规定的 5%；对符合我市缓缴条件的，企业可申请缓缴，待企业效益好转后再补缴缓缴期间的住房公积金。2020 年，全市延后汇缴的中小企业累计有 1706 个，累计金额 5390.45 万元。

（二）**当年机构及职能调整情况、受委托办理缴存贷款业务金融机构变更情况**。2020 年，本市受委托办理住房公积金缴存业务的银行七家，受委托办理住房公积金贷款业务的银行十家。

(三）当年住房公积金政策调整及执行情况。

1. 住房公积金缴存基数限额及确定方法。本缴存年度（2020年7月1日至2021年6月30日）的月缴存工资基数不得低于本市的最低月工资标准1410元，不得高于所在城市统计部门公布的上一年度职工月平均工资的3倍，即月缴存工资基数的上限分别为：湛江市区23436元；廉江市18399元；雷州市15726元；吴川市15963元；遂溪县16947元；徐闻县16605元。

2. 住房公积金存贷款利率执行标准。市住房公积金管理中心存贷款利率按中国人民银行规定执行。住房公积金个人住房贷款期限为1至5年（含5年）的，贷款年利率为2.75%；贷款期限为5年以上的，贷款年利率为3.25%。

3. 优化调整住房公积金提取政策情况。2020年，出台《湛江市住房公积金提取管理办法》，新增预提住房公积金交付首期房款业务、自由职业人员提取业务等内容，提取使用规定更加科学全面。

（四）当年服务改进情况，包括推进住房公积金服务"跨省通办"工作情况，服务网点、服务设施、服务手段、综合服务平台建设和其他网络载体建设服务情况等。

1. 中心服务网点及途径（表1）。

市住房公积金管理中心及其办事处服务网点　　　　　　　　　　表1

序号	网点名称	地点	服务时间	咨询电话
1	市中心	湛江市赤坎区海滨大道北193号	上午：8:30-12:00 下午：2:30-6:00	3365773
2	雷州办事处	雷州市群众大道008号建行二、四楼	上午：8:30-12:00 下午：2:30-6:00	8813745
3	廉江办事处	廉江市南市北路33号建行二楼	上午：8:00-11:30 下午：2:30-5:30	6662366
4	吴川办事处	吴川市人民东路建行大厦三楼	上午：8:30-12:00 下午：2:30-5:30	5579131
5	遂溪办事处	遂溪县遂城镇中山路157号遂溪大厦首层	上午：8:30-12:00 下午：2:30-5:30	7770663
6	徐闻办事处	徐闻县徐城街道红旗二路146号建行二楼	上午：8:30-12:00 下午：2:30-5:30	4865222

2. 住房公积金业务及服务优化情况。

（1）主动作为，优化服务。坚持主动服务，到因病卧床、因病行动不便的职工家里办理提取业务18人次；开展预约办件服务5812次，办理提取件6550件。坚持送政策上门，到御景鸿庭等44个楼盘开展提取政策业务培训766人次；到假日名苑等19个楼盘开展贷款政策业务培训304人次。

（2）拓宽办事渠道，深化"零跑腿"服务。积极推进住房公积金系统与粤省事、粤商通、一网通办平台的对接，实现了住房公积金业务的多渠道特色网上办、跨省通办，企业开办多部门信息联动的一网通办服务；开通了线上绑定联名卡服务，办事群众可通过登录个人网厅、App、微信公众号直接绑定、变更或解绑联名卡，实现办事"零跑腿"。

（五）当年信息化建设情况。 2020年，市住房公积金管理中心聚焦新一代住房公积金系统二期项目建设，风险防控平台、内部综合管理平台、决策支持平台等子系统已正式上线运行。同年，先后高效完成了全国住房公积金监管平台、广东省住房公积金微信小程序、动态监管、电子稽查等平台建设及接入工作，有力推动了住房公积金信息化、科学化、效能化发展。

（六）当年住房公积金管理中心所获荣誉情况。2020年，市住房公积金管理中心被评为广东省住建系统扫黑除恶专项斗争先进单位、湛江市最佳志愿服务组织、湛江市先进职工小家、湛江市文明单位。

（七）当年对违反《住房公积金管理条例》和相关法规行为进行行政处罚和申请人民法院强制执行情况。2020年，市住房公积金管理中心对拒不履行行政处罚决定义务的某集团公司、某电视台，对拒不履行为职工缴存义务的某大学、某电视台，对拒不履行退回骗提款义务的李某某，合共向人民法院申请强制执行5次，人民法院均已作出《行政裁定书》准予强制执行。

（八）当年对住房公积金管理人员违规行为的纠正和处理情况等。2020年，市住房公积金管理中心无管理人员发生违规行为。

茂名市住房公积金2020年年度报告

根据国务院《住房公积金管理条例》和住房和城乡建设部、财政部、人民银行《关于健全住房公积金信息披露制度的通知》（建金〔2015〕26号）的规定，经住房公积金管理委员会审议通过，现将茂名市住房公积金2020年年度报告公布如下。

一、机构概况

（一）住房公积金管理委员会。住房公积金管理委员会有21名委员，2020年召开一次会议，审议通过的事项主要包括：《茂名市2019年度住房公积金归集、使用计划执行情况的报告》《茂名市2020年度住房公积金归集和使用计划》《茂名市2019年度住房公积金增值收益分配方案》《茂名市住房公积金2019年年度报告》。

（二）住房公积金管理中心。住房公积金管理中心为直属市人民政府不以营利为目的的参照公务员管理的副处级事业单位，设6个科，5个管理部。从业人员85人，其中，在编47人，非在编38人。

二、业务运行情况

（一）缴存。2020年，新开户单位527家，净增单位292家；新开户职工2.31万人，净增职工0.91万人；实缴单位5238家，实缴职工27.19万人，缴存额51.29亿元，分别同比增长5.90%、3.46%、15.31%。2020年末，缴存总额368.23亿元，比上年末增加16.18%；缴存余额132.73亿元，同比增长9.59%。受委托办理住房公积金缴存业务的银行8家。

（二）提取。2020年，9.30万名缴存职工提取住房公积金；提取额39.68亿元，同比增长27.68%；提取额占当年缴存额的77.36%，比上年增加7.50个百分点。2020年末，提取总额235.51亿元，比上年末增加20.26%。

（三）贷款。

1. 个人住房贷款。个人住房贷款最高额度35万元。单缴存职工个人住房贷款最高额度20万元，双缴存职工个人住房贷款最高额度35万元。

2020年，发放个人住房贷款0.63万笔、16.14亿元，同比分别下降1.55%、2.37%。

2020年，回收个人住房贷款12.28亿元。

2020年末，累计发放个人住房贷款7.35万笔、193.40亿元，贷款余额112.72亿元，分别比上年末增加9.36%、9.11%、3.55%。个人住房贷款余额占缴存余额的84.93%，比上年末减少4.95个百分点。受委托办理住房公积金个人住房贷款业务的银行7家。

2. 异地贷款。2020年，发放异地贷款91笔、1982.70万元。2020年末，发放异地贷款总额68058.90万元，异地贷款余额52417.91万元。

（四）购买国债。2020年，没有购买国债，没有兑付国债。2020年末，国债余额0.3亿元。

（五）资金存储。2020年末，住房公积金存款22.49亿元。其中，活期0.01亿元，1年（含）以下定期1.78亿元，1年以上定期16.35亿元，其他（协定、通知存款等）4.35亿元。

（六）资金运用率。2020年末，住房公积金个人住房贷款余额和购买国债余额的总和占缴存余额的85.15%，比上年末减少4.98个百分点。

三、主要财务数据

（一）业务收入。2020年，业务收入41769.55万元，同比增长11.42%。存款利息5650.04万元，委托贷款利息35979.11万元，国债利息140.40万元，无其他收入。

（二）业务支出。2020年，业务支出22184.82万元，同比增长11.17%。支付职工住房公积金利息19484.84万元，归集手续费1004.99万元，委托贷款手续费1694.99万元，无其他支出。

（三）增值收益。2020年，增值收益19584.73万元，同比增长11.70%。增值收益率1.52%，与上年相同。

（四）增值收益分配。2020年，提取贷款风险准备金771.92万元，提取管理费用1405.10万元，提取城市廉租住房（公共租赁住房）建设补充资金17407.71万元。

2020年，上交财政管理费用1417.50万元。上缴财政城市廉租住房（公共租赁住房）建设补充资金15069.93万元。

2020年末，贷款风险准备金余额22544.02万元。累计提取城市廉租住房（公共租赁住房）建设补充资金129871.90万元。

（五）管理费用支出。2020年，管理费用支出2891.10万元，同比增长43.58%。其中，人员经费1284.01万元，公用经费121.60万元，专项经费1485.49万元。

四、资产风险状况

个人住房贷款。2020年末，个人住房贷款逾期额358.98万元，逾期率0.32‰。个人贷款风险准备金余额22544.02万元。2020年，使用个人贷款风险准备金核销呆坏账0万元。

五、社会经济效益

（一）**缴存业务**。缴存职工中，国家机关和事业单位占61.99%，国有企业占12.31%，城镇集体企业占1.74%，外商投资企业占1.73%，城镇私营企业及其他城镇企业占11.47%，民办非企业单位和社会团体占1.16%，灵活就业人员占0%，其他占9.60%；中、低收入占98.86%，高收入占1.14%。

新开户职工中，国家机关和事业单位占33.99%，国有企业占10.62%，城镇集体企业占1.23%，外商投资企业占3.41%，城镇私营企业及其他城镇企业占32.62%，民办非企业单位和社会团体占4.77%，灵活就业人员占0%，其他占13.36%；中、低收入占99.92%，高收入占0.08%。

（二）**提取业务**。提取金额中，购买、建造、翻建、大修自住住房占38.01%，偿还购房贷款本息占46.22%，租赁住房占0.32%，支持老旧小区等改造占0.15%，离休和退休提取占12.94%，完全丧失劳动能力并与单位终止劳动关系提取占0.97%，出境定居占0%，其他占1.39%。提取职工中，中、低收入占98.09%，高收入占1.91%。

（三）**贷款业务**。

个人住房贷款。2020年，支持职工购建房84.53万平方米，年末个人住房贷款市场占有率为13.16%，比上年末减少1.93个百分点。通过申请住房公积金个人住房贷款，可节约职工购房利息支出28169.03万元。

职工贷款笔数中，购房建筑面积90（含）平方米以下占3.80%，90~144（含）平方米占71.32%，144平方米以上占24.88%。购买新房占88.24%，购买二手房占11.76%，建造、翻建、大修自住住房占0%（其中支持老旧小区改造占0%），其他占0%。

职工贷款笔数中，单缴存职工申请贷款占20.11%，双缴存职工申请贷款占78.91%，三人及以上缴存职工共同申请贷款占0.98%。

贷款职工中，30岁（含）以下占23.32%，30岁~40岁（含）占37.58%，40岁~50岁（含）占31.55%，50岁以上占7.55%；首次申请贷款占94.39%，二次及以上申请贷款占5.61%；中、低收入占99.33%，高收入占0.67%。

（四）**住房贡献率**。2020年，个人住房贷款发放额、住房消费提取额的总和与当年缴存额的比率为97.00%，比上年增加2.97个百分点。

六、其他重要事项

（一）**应对新冠肺炎疫情采取的政策措施，落实住房公积金阶段性支持政策情况和政策实施成效**。中心认真贯彻习近平总书记关于新冠肺炎疫情防控工作的重要指示精神，按照住房和城乡建设部和省住房城乡建设厅关于应对新型冠状病毒感染的肺炎疫情做好住房公积金管理服务工作的要求，结合实际研究出台了《关于新冠肺炎疫情防控期间做好住房公积金服务保障工作的通知》，明确缴存、贷款、提取三方面的阶段性支持政策，简化办事程序，持续抓好工作落实并定期报告。全年累计为17个企业1748人缓缴公积金678.76万元；25个因受疫情影响未能及时还款的职工家庭不作逾期处理，有效缓解了受疫情影响职工的还款压力，进一步减轻了疫情对职工生产生活的影响。

（二）**当年机构及职能调整、受委托办理缴存贷款业务金融机构变更情况**。2020年，我中心没有发生机构及职能调整；新增中信银行股份有限公司茂名分行为缴存业务委托金融机构。

（三）当年住房公积金政策调整情况。调整缴存基数限额。印发了《关于调整2020年度茂名市住房公积金缴存基数的通知》（茂住〔2020〕9号），规定2020年度的月缴存基数不得低于本市现行最低月工资标准1410元，不得超过统计部门公布的上一年度茂名市城镇非私营单位在岗职工月平均工资数据的3倍，明确我市2020年度市区（含市直、茂南区、电白区，下同）以及各县级市住房公积金缴存基数上限分别为：市区25407元、信宜市16869元、高州市16935元、化州市17199元。

（四）当年服务改进情况。一是分两批组织全市100多名优秀公积金专管员及中心业务骨干到中山大学开展业务培训，进一步提高了他们为缴存单位和职工服务的能力和水平。二是多次组织受托银行公积金业务员进行学习培训，提高银行公积金服务窗口的服务质量。三是深化与农商银行的合作，增加多个公积金服务网点，方便单位和职工办事。四是大力拓展"互联网＋公积金服务"功能。年内新增个人账户信息变更、面签储蓄卡的关联与解绑、部分提前还款、提前结清贷款、离退休提取、出境定居提取等6个服务事项上线"粤省事"和广东公积金小程序，累计进驻"粤省事"小程序19项、广东公积金小程序16项；首批9个服务事项通过全流程网办、异地代收代办等方式实现"跨省通办"；中心54个服务事项100%实现网上办理，其中34个事项实现"网上自助申请、系统自动或人工审核、网上打印业务回单"网上全流程办理；系统无人工干预自动审核"秒批"事项情形23项，足不出户即可办理相关业务，由"最多跑一次"变成"零跑腿"。

（五）当年信息化建设情况。一是抓好广东省企业开办一网通办平台住房公积金企业缴存登记接口开发，实现企业开办线上全流程，线下一窗受理、一窗领取。二是完成住房公积金数据共享接口开发、数据编目、资源挂接，并通过省政务大数据中心向公安、信用平台、中小企业融资平台等部门共享住房公积金信息，助力我市实体经济发展。三是完成广东省动态监管平台接入和开展全国住房公积金监管试点工作。四是完成业务信息系统异地灾备建设，实现了"两地三中心"灾备模式。五是实施了网络安全测评服务项目，为下一步开展安全等级保护整改打下了基础。

（六）当年住房公积金机构及从业人员所获荣誉情况。2020年，中心机关党支部被市直机关工委评为"五星级"党支部；中心谢华娣同志被市劳动竞赛委员会、市政务服务数据管理局评为"好心茂名·最美政务服务标兵"。

（七）当年对违反《住房公积金管理条例》和相关法规行为进行行政处罚和申请人民法院强制执行情况。2020年，我中心受理职工实名投诉单位未依法缴存公积金事件9起，已处理完毕7起，没有发生行政处罚。

（八）当年对住房公积金管理人员违规行为的纠正和处理情况等。无。

（九）其他需要披露的情况。无。

肇庆市住房公积金2020年年度报告

根据国务院《住房公积金管理条例》和住房和城乡建设部、财政部、人民银行《关于健全住房公积金信息披露制度的通知》（建金〔2015〕26号）的规定，经住房公积金管理委员会审议通过，现将肇庆市住房公积金 2020 年年度报告公布如下。

一、机构概况

（一）**住房公积金管理委员会。**住房公积金管理委员会有 21 名委员，2020 年以书面形式审议通过的事项主要包括：《肇庆市住房公积金 2019 年年度报告》《关于 2019 年住房公积金增值收益分配方案的请示》。

（二）**住房公积金管理中心。**住房公积金管理中心为直属肇庆市人民政府不以营利为目的的参公事业单位，设 9 个部门，8 个管理部，0 个分中心。从业人员 127 人，其中，在编 34 人，非在编 93 人。

二、业务运行情况

（一）**缴存。**2020 年，新开户单位 548 家，净增单位 112 家；新开户职工 2.95 万人，净增职工 0.36 万人；实缴单位 4411 家，实缴职工 26.59 万人，缴存额 41.22 亿元，分别同比增长 2.61%、增长 1.35%、增长 8.28%。2020 年末，缴存总额 300.52 亿元，比上年末增加 15.90%；缴存余额 83.68 亿元，同比增长 9.53%。受委托办理住房公积金缴存业务的银行 13 家。

（二）**提取。**2020 年，13.05 万名缴存职工提取住房公积金；提取额 33.94 亿元，同比增加 8.77%；提取额占当年缴存额的 82.34%，比上年增加 0.38 个百分点。2020 年末，提取总额 216.84 亿元，比上年末增加 18.55%。

（三）**贷款。**

1. 个人住房贷款。个人住房贷款最高额度 40 万元，其中，单缴存职工最高额度 20 万元，双缴存职工最高额度 40 万元。

2020 年，发放个人住房贷款 0.52 万笔、14.12 亿元，同比分别增长 0.81%、减少 3.5%。回收个人住房贷款 7.51 亿元。2020 年末，累计发放个人住房贷款 6.58 万笔、143.59 亿元，贷款余额 92.48 亿元，分别比上年末增加 8.60%、增加 10.90%、增加 7.69%。个人住房贷款余额占缴存余额的 110.51%，比上年末减少 1.88 个百分点。受委托办理住房公积金个人住房贷款业务的银行 12 家。

2. 异地贷款。2020 年，发放异地贷款 12 笔、261 万元。2020 年末，发放异地贷款总额 74617.4 万元，异地贷款余额 58900.83 万元。

3. 公转商贴息贷款。2020 年，市住房公积金管理中心没有发放公转商贴息贷款。

4. 住房公积金支持保障性住房建设项目贷款。2020 年，市住房公积金管理中心没有发放支持保障性住房建设项目贷款。

（四）**购买国债。**2020 年，市住房公积金管理中心没有购买国债。

（五）**资金存储。**2020 年末，住房公积金存款 0.89 亿元。其中，活期 0.03 亿元，1 年（含）以下定期 0 亿元，1 年以上定期 0 亿元，其他（协定、通知存款等）0.86 亿元。

（六）**资金运用率。**2020 年末，住房公积金个人住房贷款余额、项目贷款余额和购买国债余额的总和占缴存余额的 110.51%，比上年末减少 1.88 个百分点。

三、主要财务数据

（一）**业务收入。**2020 年，业务收入 30006.86 万元，同比增长 9.26%。存款利息 427.26 万元，委托贷款利息 29570.20 万元，国债利息 0 万元，其他 9.4 万元。

（二）业务支出。2020 年，业务支出 19445.00 万元，同比增长 5.15%。支付职工住房公积金利息 12217.48 万元，归集手续费 1998.46 万元，委托贷款手续费 1478.55 万元，其他 3750.51 万元。

（三）增值收益。2020 年，增值收益 10561.87 万元，同比增长 17.73%。增值收益率 1.31%，比上年增加 0.07 个百分点。

（四）增值收益分配。2020 年，提取贷款风险准备金 660.63 万元，提取管理费用 2233.88 万元，提取城市廉租住房（公共租赁住房）建设补充资金 7437.27 万元，调整以前年度收益 230.09 万元。

2020 年，上交财政管理费用 2233.88 万元。上缴财政城市廉租住房（公共租赁住房）建设补充资金 5932.21 万元。

2020 年末，贷款风险准备金余额 9247.56 万元。累计提取城市廉租住房（公共租赁住房）建设补充资金 61391.52 万元。

（五）管理费用支出。2020 年，管理费用支出 2463.31 万元，同比增长 17.24%。其中，人员经费 969.99 万元，公用经费 71.37 万元，专项经费 1421.95 万元。

四、资产风险状况

（一）个人住房贷款。2020 年末，个人住房贷款逾期额 2157.09 万元，逾期率 2.3326‰。个人贷款风险准备金余额 9247.56 万元。2020 年，使用个人贷款风险准备金核销呆坏账 0 万元。

（二）支持保障性住房建设试点项目贷款。2020 年，市住房公积金管理中心没有发放支持保障性住房建设项目贷款。

五、社会经济效益

（一）缴存业务。缴存职工中，国家机关和事业单位占 45.72%，国有企业占 15.46%，城镇集体企业占 1.02%，外商投资企业占 2.69%，城镇私营企业及其他城镇企业占 28.37%，民办非企业单位和社会团体占 0.57%，灵活就业人员占 0%，其他占 6.17%；中、低收入占 97.39%，高收入占 2.61%。

新开户职工中，国家机关和事业单位占 19.91%，国有企业占 8.7%，城镇集体企业占 0.29%，外商投资企业占 1.93%，城镇私营企业及其他城镇企业占 52.54%，民办非企业单位和社会团体占 2.76%，灵活就业人员占 0%，其他占 13.87%；中、低收入占 99.56%，高收入占 0.44%。

（二）提取业务。提取金额中，购买、建造、翻建、大修自住住房占 10.22%，偿还购房贷款本息 76.96%，租赁住房占 2.42%，支持老旧小区改造占 0%，离休和退休提取占 8.06%，完全丧失劳动能力并与单位终止劳动关系提取占 0%，出境定居占 1.39%，其他占 0.95%。提取职工中，中、低收入占 96.64%，高收入占 3.36%。

（三）贷款业务。

1. 个人住房贷款。2020 年，支持职工购建房 61.87 万平方米，年末个人住房贷款市场占有率为 8.68%，比上年末减少 0.74 个百分点。通过申请住房公积金个人住房贷款，可节约职工购房利息支出 40083.58 万元。

职工贷款笔数中，购房建筑面积 90（含）平方米以下占 6.88%，90~144（含）平方米占 84.54%，

144平方米以上占8.58%。购买新房占89.96%（其中购买保障性住房占0%），购买二手房占10.02%，建造、翻建、大修自住住房占0%（其中支持老旧小区改造占0%），其他占0.02%。

职工贷款笔数中，单缴存职工申请贷款占64.42%，双缴存职工申请贷款占35.43%，三人及以上缴存职工共同申请贷款占0.15%。

贷款职工中，30岁（含）以下占33.74%，30岁～40岁（含）占36.03%，40岁～50岁（含）占24.51%，50岁以上占5.72%；首次申请贷款占63.74%，二次及以上申请贷款占36.26%；中、低收入占87.75%，高收入占12.25%。

2. 支持保障性住房建设试点项目贷款。2020年，市住房公积金管理中心没有发放保障性住房建设项目贷款。

（四）住房贡献率。 2020年，个人住房贷款发放额、公转商贴息贷款发放额、项目贷款发放额、住房消费提取额的总和与当年缴存额的比率为108.03%，比上年减少2.61个百分点。

六、其他重要事项

（一）应对新冠肺炎疫情采取的措施，落实住房公积金阶段性支持政策情况和政策实施成效。

1. 应对新冠肺炎疫情采取的措施。一是下沉社区协助开展疫情防控、防疫知识宣传等志愿工作。二是坚决落实办事大厅"一米线"管理，按要求设置隔离带、佩戴口罩、测量体温。三是优化便民服务功能，市区住房公积金窗口实行网上预约制度和上下班延时服务，助力全市复工复产。

2. 落实住房公积金阶段性支持政策情况。疫情防控期间，我中心坚决执行国家、省、市有关住房公积金阶段性支持政策，制定了《关于防控新型冠状病毒感染的肺炎疫情期间住房公积金管理有关工作的通知》（肇公积金通〔2020〕7号）和《关于新冠肺炎疫情防控期间缓缴住房公积金单位的职工申请住房公积金贷款资格认定的通知》（肇公积金通〔2020〕11号）。一是落实住房公积金缴存阶段性支持政策，受疫情影响导致经营困难的企业，可按规定申请办理住房公积金缓缴业务，待企业效益好转后，再恢复缴存。二是落实住房公积金贷款阶段性支持政策。（1）在单位延迟缴存住房公积金，疫情后次月完成补缴的，不影响职工住房公积金贷款申请。（2）被隔离的职工以及工作在一线的医护人员、相关职能部门工作人员延迟归还住房公积金贷款的，只要职工能提供相关的证明，在疫情结束后次月补划还款的，不计算逾期。（3）自春节假期结束后到期的住房公积金贷款缴存证明、贷款其他证明材料的时效提交的时限可以相应延迟到疫情结束次月。（4）受疫情影响办理了缓缴业务的企业，缓缴期间缴存时间连续计算，不影响职工正常申请住房公积金贷款。（5）疫情结束后三个月内缓缴单位须补缴疫情期间欠缴的住房公积金，未按规定时限进行补缴的单位，其职工的住房公积金贷款暂缓发放，直至单位补缴后可以正常发放贷款。

3. 政策实施成效。2020年，我中心共批复67个单位阶段性缓缴住房公积金，涉及职工10443人，缓缴资金3043223.42元。

（二）当年机构及职能调整情况、受委托办理缴存贷款业务金融机构变更情况。 2020年，我市高要农商行、端州农商行和鼎湖农信社3家银行合并为肇庆农商行，因此我市受委托办理缴存业务金融机构相应变更为13家，受委托办理贷款业务金融机构相应地变更为12家，均比上年减少2家。

（三）当年住房公积金政策调整及执行情况。 2020年，我市单位及个人的住房公积金缴存比例下限各为5%，上限各为12%。职工个人住房公积金缴存基数为职工本人2019年月平均工资，缴存基数不能低于规定的下限或高于规定的上限。我市住房公积金根据2019年本市现行最低工资标准确定缴存基数下限，即1550元；根据2019年城镇非私营单位在岗职工月平均工资的3倍确定缴存基数上限，即20068元。从2020年7月1日起，住房公积金缴存基数按照职工本人上一年月平均工资进行调整，新的缴存额在一个缴存年度内（2020年7月1日至2021年6月30日）不得再变更。

（四）当年服务改进情况。 进一步加强住房公积金技术支撑，开通住房公积金网上办事大厅人脸识别功能，群众进行人脸识别身份认证后，即可轻松实现"网上办、零跑腿、零纸质"。

（五）当年信息化建设情况。

1. 在"数字政府"改革建设框架下，以大数据平台为依托，历时10个月开发、调试、完善，于2020年7月正式完成住房公积金新一代业务系统升级改造和上线运行，进一步提高资金安全系数。

2. 依托政务大数据，打破系统壁垒，高效利用各部门平台数据，发挥政务数据共享共用效能，实现29项住房公积金业务"不见面审批"，有效减少群众提交身份信息材料和跑动次数，全面提升政务服务审批效率和便利度。

（六）当年对违反《住房公积金管理条例》和相关法规行为进行行政处罚和申请人民法院强制执行情况。 2020年，申请人民法院强制执行6宗。

（七）当年对住房公积金管理人员违规行为的纠正和处理情况等。 2020年，本市住房公积金管理人员没有发生违规行为。

惠州市住房公积金2020年年度报告

根据国务院《住房公积金管理条例》和住房和城乡建设部、财政部、人民银行《关于健全住房公积金信息披露制度的通知》（建金〔2015〕26号）的规定，经市住房公积金管理委员会审议通过，现将惠州市住房公积金2020年年度报告公布如下。

一、机构概况

（一）住房公积金管理委员会。市住房公积金管理委员会有30名成员，2020年召开1次会议，审议通过的事项主要包括：《惠州市住房公积金2019年年度报告》《2019年度惠州市住房公积金归集、使用计划执行情况的报告》《2019年度惠州市住房公积金财务报告》《关于2019年度惠州市住房公积金增值收益分配方案的请示》《惠州市2020年度住房公积金归集、使用计划》《惠州市住房公积金管理中心关于修改〈惠州市住房公积金贷款办法〉的建议》《惠州市住房公积金增值收益管理办法》。

（二）住房公积金管理中心。市住房公积金管理中心为惠州市政府直属的不以营利为目的的参公管理事业单位，设4个处（科），6个管理部，0个分中心。从业人员74人，其中，在编49人，非在编25人。

二、业务运行情况

（一）缴存。2020年，新开户单位1576家，净增单位1407家；新开户职工18.17万人，净增职工

2.86 万人；实缴单位 9692 家，实缴职工 70.35 万人，缴存额 105.79 亿元，同比分别增长 16.98%、4.24%、19.12%。年末，缴存总额 662.45 亿元，同比增长 19.01%；缴存余额 210.10 亿元，同比增长 10.82%。受委托办理住房公积金缴存业务的银行 10 家。

（二）提取。2020 年，全市缴存职工提取住房公积金 47.50 万笔、85.29 亿元，同比增长 31.61%；提取额占当年缴存额的 80.62%，同比增长 7.65 个百分点。2020 年末，提取总额 452.35 亿元，同比增长 23.24%。

（三）贷款。

1. 个人住房贷款。单缴存职工最高贷款额度 40.00 万元，双缴存职工最高贷款额度 60.00 万元。

2020 年，发放个人住房贷款 1.27 万笔、51.27 亿元，同比分别增长 31.42%、32.69%；回收个人住房贷款 18.12 亿元。年末，累计发放个人住房贷款 11.37 万笔、289.53 亿元，贷款余额 179.03 亿元，同比分别增长 12.55%、21.52%、22.73%。个人住房贷款余额占缴存余额的 85.21%，同比增长 8.27 个百分点。受委托办理住房公积金个人住房贷款业务的银行 18 家。

2. 异地贷款。2020 年，发放异地贷款 1329 笔、54521.30 万元。年末，发放异地贷款总额 184844.40 万元，异地贷款余额 146346.77 万元。

（四）资金存储。2020 年末，住房公积金存款 31.07 亿元。其中，活期 0.15 亿元，1 年（含）以下定期 3.89 亿元，1 年以上定期 26.63 亿元，其他（协定、通知存款等）0.40 亿元。

（五）资金运用率。2020 年末，住房公积金个人住房贷款余额、项目贷款余额和购买国债余额的总和占缴存余额的 85.21%，同比增长 8.27 个百分点。

三、主要财务数据

（一）业务收入。2020 年，业务收入 66983.77 万元，同比增长 13.80%。其中，存款利息 13328.89 万元，委托贷款利息 53654.88 万元。

（二）业务支出。2020 年，业务支出 37597.00 万元，同比增长 16.26%。其中，支付职工住房公积金利息 31730.76 万元，归集手续费 2698.07 万元，委托贷款手续费 2682.74 万元，其他 485.43 万元。

（三）增值收益。2020 年，增值收益 29386.77 万元，同比增长 10.79%。增值收益率 1.46%，比上年减少 0.02 个百分点。

（四）增值收益分配。2020 年，提取贷款风险准备金 0.00 万元，提取管理费用 3100.00 万元，提取城市廉租住房（公共租赁住房）建设补充资金 26286.77 万元。

2020 年，上交财政管理费用 3100.00 万元。上缴财政城市廉租住房（公共租赁住房）建设补充资金 20000.00 万元。

年末，贷款风险准备金余额 30253.07 万元。累计提取城市廉租住房（公共租赁住房）建设补充资金 146533.77 万元。

（五）管理费用支出。2020 年，管理费用支出 3036.27 万元，同比增加 6.76%。其中，人员经费 1611.70 万元，公用经费 165.28 万元，专项经费 1259.29 万元。

四、资产风险状况

（一）个人住房贷款。2020 年末，个人住房贷款逾期额 871.15 万元，逾期率 0.4866‰。

2020年，个人贷款风险准备金余额30253.07万元，占个人住房贷款余额的1.69%，已达《财政部关于住房公积金财务管理补充规定的通知》（财综字〔1999〕149号）规定额度，本年不需计提贷款风险准备金。2020年，使用个人贷款风险准备金核销呆坏账0万元，个人住房贷款逾期额与个人贷款风险准备金余额的比率为2.88%。

（二）历史遗留风险资产。无历史遗留风险资产。

五、社会经济效益

（一）缴存业务。缴存职工中，国家机关和事业单位占18.31%，国有企业占5.49%，城镇集体企业占0.44%，外商投资企业占17.92%，城镇私营企业及其他城镇企业占50.13%，民办非企业单位和社会团体占3.04%，灵活就业人员占0%，其他占4.67%；中、低收入占92.74%，高收入占7.26%。

新开户职工中，国家机关和事业单位占5.05%，国有企业占2.82%，城镇集体企业占0.31%，外商投资企业占15.72%，城镇私营企业及其他城镇企业占66.49%，民办非企业单位和社会团体占3.54%，灵活就业人员占0%，其他占6.07%；中、低收入占99.19%，高收入占0.81%。

（二）提取业务。提取金额中，购买、建造、翻建、大修自住住房占18.78%，偿还购房贷款本息占44.69%，租赁住房占3.56%，支持老旧小区改造占0%，离休和退休提取占6.09%，完全丧失劳动能力并与单位终止劳动关系提取占0%，出境定居占12.39%，其他占14.49%。

提取职工中，中、低收入占97.90%，高收入占2.10%。

（三）贷款业务。个人住房贷款。2020年，支持职工购建自住住房55.25万平方米，年末个人住房贷款市场占有率为4.66%，同比增长0.16个百分点。通过申请住房公积金个人住房贷款，可节约职工购房利息支出77017.00万元。

职工贷款笔数中，购房建筑面积90（含）平方米以下占11.96%，90~144（含）平方米占79.36%，144平方米以上占8.68%。购买新房占85.51%（其中购买保障性住房占0%），购买二手房占14.49%，建造、翻建、大修自住住房占0%（其中支持老旧小区改造占0%），其他占0%。

职工贷款笔数中，单缴存职工申请贷款占63.94%，双缴存职工申请贷款占36.06%，三人及以上缴存职工共同申请贷款占0%。

贷款职工中，30岁（含）以下占36.09%，30岁~40岁（含）占40.07%，40岁~50岁（含）占19.60%，50岁以上占4.24%；首次申请贷款占89.33%，二次及以上申请贷款占10.67%；中、低收入占98.13%，高收入占1.87%。

（四）住房贡献率。2020年，个人住房贷款发放额、公转商贴息贷款发放额、项目贷款发放额、住房消费提取额的总和与当年缴存额的比率为110.97%，比上年增加6.89个百分点。

六、其他重要事项

（一）当年机构及职能调整情况、受委托办理缴存贷款业务金融机构变更情况。2020年，我市未调整住房公积金管理机构及职能，我市缴存贷款业务金融机构数量无增减。

（二）当年住房公积金政策调整及执行情况。

1.住房公积金缴存政策调整、执行情况。2020年，自1月新冠肺炎疫情发生以来，管理中心严格落实《广东省住房和城乡建设厅关于做好疫情防控期间住房公积金服务保障工作的通知》(粤建金函〔2020〕20号)、《广东省住房和城乡建设厅关于尽快落实好住房公积金阶段性支持政策的通知》(粤建金函〔2020〕54号)等文件要求,出台《关于防控新型冠状病毒感染的肺炎疫情期间住房公积金管理有关工作的通知》和《新冠肺炎疫情期间惠州市住房公积金汇缴问题答疑》,明确住房公积金贷款申请材料时效、还款、补缴缓缴等业务延迟时间为疫情结束后三个月,为受疫情影响的企业和职工解决燃眉之急、消除后顾之忧。全年,受疫情影响申请缓缴企业297家,占缴存单位总数的3.35%,缓缴人数35717人,至年末,缓缴企业已全部办理补缴事宜并开始正常汇缴。

当年缴存基数限额及确定方法、缴存比例。2020年7月至2021年6月,我市住房公积金最高月缴存基数为24951元(即市统计部门公布的设区城市2019年度在岗职工月平均工资8317元的3倍),住房公积金月缴存最高限额为5988元。月工资(实行年薪制的按月均分)未超过以上限额的,以实际工资额计算月缴存基数和月缴存额;月工资超过以上限额的,最高以上述限额为月缴存基数。住房公积金缴存比例为5%~12%。

2. 当年提取、贷款政策调整、执行情况。2020年未调整提取政策、个人住房贷款最高贷款额度、贷款条件等贷款政策、住房公积金存贷款利率执行标准等。

年内,持续深化"放管服"改革,取消办理二手房住房公积金贷款房屋评估报告,购买二手房申请住房公积金组合贷款的,房屋评估价格按受委托银行的评估价为准;购买二手房申请纯住房公积金贷款的,房屋评估价格以管理中心内部核查为准。

(三)当年服务改进情况。

1. 服务网点、服务设施改进情况。2020年,全市新增受委托银行承办住房公积金业务网点8个,新增受委托银行住房公积金业务经办岗285个,新增住房公积金自助终端机3台。

2. 当年服务能力改进情况。年内,学习培训常态化,对内组织1次为期3天的管理能力素质综合培训,管理中心管理人员70余人参培;每半年1次共组织2次全市性住房公积金业务和政策法规培训,共1347家缴存单位2076名经办人参培。服务指南标准化,编印《惠州住房公积金提取便民服务手册》,同步组织开展"送政策送服务进单位进企业"活动,广泛宣传、深度解读提取贷款政策和便民手段。

3. 综合服务平台建设和其他网络载体建设服务情况。2020年,共新增上线8项住房公积金业务接入"粤省事"小程序,至年末,共有23项住房公积金业务接入"粤省事"小程序。采购CA机构认证和电子签章服务,免费向全市缴存单位发放、提供认证服务,统一普及应用CA电子证照,按照管理中心审核岗位、管理中心和银行业务办理岗位、企业经办人的步骤分类分级管理,建立安全可靠、便捷高效的住房公积金业务办理体系。

(四)当年信息化建设情况,包括信息系统升级改造情况,基础数据标准贯彻落实和结算应用系统接入情况等。2020年,完成信息系统机房基础环境和部分安全设备、网络优化升级改造,降低设备故障率,保障系统运行安全;与住房和城乡建设部全国数据平台、粤港澳大湾区数据共享平台、省大数据中心、市共享交换平台、相关职能部门对接,完成核心系统对接粤港澳大湾区共享平台的适配性改造,进一步共享全省21个地市公积金中心的住房公积金数据,以及市直部门婚姻登记、户籍人口、不动产登记、商业银行贷款信息等,进一步减少了业务办理要件,提升办事效率;启动核心业务系统贷后资产风险管理子系统、业务管理及渠道优化等信息化项目建设,计划于2021年底前完成建设开发并投入试运行。

（五）当年住房公积金管理中心及职工所获荣誉情况。 2020年，管理中心"七五"普法工作经验被省住房城乡建设厅选为广东省"七五"普法先进案例，并在《广东省建设报》、羊城晚报专题报道、经验推广。

（六）当年对违反《住房公积金管理条例》和相关法规行为进行行政处罚和申请人民法院强制执行情况。 2020年，完成对惠城区、仲恺高新区的住房公积金缴存情况检查，获取52408家企业基础信息、缴存情况等，上门政策宣讲3013家；提醒316家破产清算企业及法院判决执行人依法为职工补缴以前欠缴（包括未缴和少缴）的住房公积金。

全年全市企业职工实名投诉企业未依法缴存住房公积金事件82起，已处理完毕70起，共发出责令整改通知6份，未作出行政处罚决定。

（七）当年对住房公积金管理人员违规行为的纠正和处理情况等。 2020年，我市无住房公积金管理人员发生违规行为。

（八）其他需要披露的情况。 中心组织机构、政策资讯、服务网点、业务指南及其他信息公开内容详见中心网站（http://hzgjj.huizhou.gov.cn/）。

梅州市住房公积金2020年年度报告

根据国务院《住房公积金管理条例》和住房和城乡建设部、财政部、人民银行《关于健全住房公积金信息披露制度的通知》（建金〔2015〕26号）的规定，经住房公积金管理委员会审议通过，现将梅州市住房公积金2020年年度报告公布如下。

一、机构概况

（一）住房公积金管理委员会。 梅州市住房公积金管理委员会有23名委员，2020年以书面形式征求了各委员意见建议，审核通过了《梅州市住房公积金2019年年度报告》。

（二）住房公积金管理中心。 住房公积金管理中心为梅州市人民政府不以营利为目的的参照公务员管理的事业单位，设3个科室，8个分理处。从业人员112人，其中，在编61人，非在编51人。

二、业务运行情况

（一）缴存。 2020年，新开户单位376家，净增单位-54家；新开户职工2.76万人，净增职工1.19万人；实缴单位4117家，实缴职工27.65万人，缴存额41.09亿元，分别同比增长-1.27%、4.48%、7.45%。2020年末，缴存总额269.31亿元，比上年末增加18%；缴存余额98.02亿元，同比增长12.54%。受委托办理住房公积金缴存业务的银行10家。

（二）提取。 2020年，8.68万名缴存职工提取住房公积金；提取额30.17亿元，同比增长12.95%；提取额占当年缴存额的73.42%，比上年增加3.57个百分点。2020年末，提取总额171.29亿元，比上年末增加21.38%。

（三）贷款。

1. 个人住房贷款。个人住房贷款最高额度 30 万元。单缴存职工个人住房贷款最高额度 20 万元，双缴存职工个人住房贷款最高额度 30 万元。

2020 年，发放个人住房贷款 0.8723 万笔、20.17 亿元，同比分别增长 24.90%、23.66%。其中，市中心发放个人住房贷款 0.2925 万笔、6.68 亿元，梅江区发放个人住房贷款 0.0312 万笔、0.72 亿元，梅县区发放个人住房贷款 0.1110 万笔、2.49 亿元，兴宁市发放个人住房贷款 0.1018 万笔、2.37 亿元，大埔县发放个人住房贷款 0.0670 万笔、1.57 亿元，丰顺县发放个人住房贷款 0.0602 万笔、1.39 亿元，五华县发放个人住房贷款 0.1411 万笔、3.45 亿元，蕉岭县发放个人住房贷款 0.0471 万笔、1.03 亿元，平远县发放个人住房贷款 0.0204 万笔、0.47 亿元。

2020 年，回收个人住房贷款 9.76 亿元。其中，市中心 3.21 亿元，梅江区 0.38 亿元，梅县区 1.15 亿元，兴宁市 1.07 亿元，大埔县 0.93 亿元，丰顺县 0.91 亿元，五华县 0.94 亿元，蕉岭县 0.71 亿元，平远县 0.46 亿元。

2020 年末，累计发放个人住房贷款 7.15 万笔、146.26 亿元，贷款余额 83.62 亿元，分别比上年末增加 13.85%、16%、14.23%。个人住房贷款余额占缴存余额的 85.31%，比上年末增加 1.26 个百分点。受委托办理住房公积金个人住房贷款业务的银行 10 家。

2. 异地贷款。2020 年，发放异地贷款 1537 笔、28321.40 万元。2020 年末，发放异地贷款总额 68776.80 万元，异地贷款余额 49330.45 万元。

3. 公转商贴息贷款。2020 年，发放公转商贴息贷款 0 笔、0 万元，当年贴息额 976.12 万元。2020 年末，累计发放公转商贴息贷款 3246 笔、99622.70 万元，累计贴息 5119.90 万元。

（四）购买国债。 2020 年，购买（记账式、凭证式）国债 0 亿元，（兑付、转让、收回）国债 0 亿元。2020 年末，国债余额 0 亿元。

（五）资金存储。 2020 年末，住房公积金存款 14.87 亿元。其中，活期 0.2 亿元，1 年（含）以下定期 5.09 亿元，1 年以上定期 5.81 亿元，其他（协定、通知存款等）3.77 亿元。

（六）资金运用率。 2020 年末，住房公积金个人住房贷款余额、项目贷款余额和购买国债余额的总和占缴存余额的 85.31%，比上年末增加 1.27 个百分点。

三、主要财务数据

（一）业务收入。 2020 年，业务收入 29293.04 万元，同比增长 18.89%。其中，市中心 9287.31 万元，梅江区 1483.26 万元，梅县区 3498.61 万元，兴宁市 3923.12 万元，大埔县 2120.55 万元，丰顺县 2462.58 万元，五华县 3234.37 万元，蕉岭县 1861.21 万元，平远县 1422.03 万元；存款利息 3814.82 万元，委托贷款利息 25474.58 万元，国债利息 0 万元，其他 3.6 万元。

（二）业务支出。 2020 年，业务支出 17001.4 万元，同比增长 11.5%。其中，市中心 5751.38 万元，梅江区 878.09 万元，梅县区 2071.65 万元，兴宁市 2005.11 万元，大埔县 1172.36 万元，丰顺县 1362.60 万元，五华县 1932.87 万元，蕉岭县 1018.41 万元，平远县 808.93 万元；支付职工住房公积金利息 14170.34 万元，归集手续费 585.72 万元，委托贷款手续费 1269.06 万元，其他 976.27 万元。

（三）增值收益。 2020 年，增值收益 12291.64 万元，同比下降 30.87%。其中，市中心 3535.93 万元,梅江区 605.17 万元,梅县区 1426.96 万元,兴宁市 1918.01 万元,大埔县 948.19 万元,丰顺县 1099.98 万元,五华县 1301.50 万元,蕉岭县 842.80 万元,平远县 613.10 万元;增值收益率 1.25%,比上年减少 0.17 个百分点。

(四)增值收益分配。2020 年,提取贷款风险准备金 -6082.95 万元,提取管理费用 2022.14 万元,提取城市廉租住房(公共租赁住房)建设补充资金 16352.45 万元。

2020 年,上交财政管理费用 1494.06 万元。上缴财政城市廉租住房(公共租赁住房)建设补充资金 12331.34 万元。其中,市中心上缴(梅州市财政局)2316.65 万元,梅江区上缴(梅江区财政局)332.94 万元,梅县区上缴(梅县区财政局)912.52 万元,兴宁市上缴(兴宁市财政局)2122.46 万元,大埔县上缴(大埔县财政局)1092.20 万元,丰顺县上缴(丰顺县财政局)2660.83 万元,五华县上缴(五华县财政局)1991.68 万元,蕉岭县上缴(蕉岭县财政局)809.54 万元,平远县上缴(平远县财政局)92.52 万元。

2020 年末,贷款风险准备金余额 8363.87 万元。累计提取城市廉租住房(公共租赁住房)建设补充资金 65346.94 万元。其中,市中心提取 28760.03 万元,梅江区提取 1939.4 万元,梅县区提取 7756.24 万元,兴宁市提取 7288.76 万元,大埔县提取 3876.85 万元,丰顺县提取 4485.86 万元,五华县提取 4638.63,蕉岭县提取 3995.19 万元,平远县提取 2605.98 万元。

(五)管理费用支出。2020 年,管理费用支出 1318.21 万元,同比增长 19.75%。其中,人员经费 602.53 万元,公用经费 276.41 万元,专项经费 439.26 万元。

市中心管理费用支出 470.59 万元,其中,人员、公用、专项经费分别为 255.42 万元、52.85 万元、162.31 万元;梅江区管理费用支出 103.34 万元,其中,人员、公用、专项经费分别为 83.18 万元、9.72 万元、10.44 万元;梅县区管理费用支出 43.05 万元,其中,人员、公用、专项经费分别为 0 万元、5.79 万元、37.26 万元;兴宁市管理费用支出 172.63 万元,其中,人员、公用、专项经费分别为 106.95 万元、21.07 万元、44.61 万元;大埔县管理费用支出 214.59 万元,其中,人员、公用、专项经费分别为 70.59 万元、84.00 万元、60 万元;丰顺县管理费用支出 59.99 万元,其中,人员、公用、专项经费分别为 3.67 万元、35.06 万元、21.26 万元;五华县管理费用支出 86.14 万元,其中,人员、公用、专项经费分别为 0 万元、59.76 万元、26.38 万元;蕉岭县管理费用支出 75.28 万元,其中,人员、公用、专项经费分别为 28.12 万元、2.16 万元、45.00 万元;平远县管理费用支出 92.60 万元,其中,人员、公用、专项经费分别为 54.60 万元、6 万元、32.00 万元。

四、资产风险状况

2020 年末,个人住房贷款逾期额 108.45 万元,逾期率 0.13‰。其中,市中心 0.11‰,梅江区 0.13‰,梅县区 0.09‰,兴宁市 0.42‰,大埔县 0.06‰,丰顺县 0.03‰,五华县 0.05‰,蕉岭县 0.25‰,平远县 0.02‰。个人贷款风险准备金余额 8363.87 万元。2020 年,使用个人贷款风险准备金核销呆坏账 0 万元。

五、社会经济效益

(一)缴存业务。缴存职工中,国家机关和事业单位占 65.49%,国有企业占 11.71%,城镇集体企业占 1.72%，外商投资企业占 3.06%，城镇私营企业及其他城镇企业占 14.36%，民办非企业单位和社会团体占 0.74%，灵活就业人员占 0.01%，其他占 2.92%；中、低收入占 96.19%，高收入占 3.81%。

新开户职工中，国家机关和事业单位占 37.55%，国有企业占 10.23%，城镇集体企业占 1.69%，外商投资企业占 4.98%，城镇私营企业及其他城镇企业占 37.61%，民办非企业单位和社会团体占 1.29%，灵活就业人员占 3.53%，其他占 3.12%；中、低收入占 99.6%，高收入占 0.40%。

（二）提取业务。提取金额中，购买、建造、翻建、大修自住住房占 25.61%，偿还购房贷款本息占 54.88%，租赁住房占 0.10%，支持老旧小区改造占 0.84%，离休和退休提取占 12.14%，完全丧失劳动能力并与单位终止劳动关系提取占 3.36%，出境定居占 0.01%，其他占 3.06%。提取职工中，中、低收入占 85.82%，高收入占 14.18%。

（三）贷款业务。2020 年，支持职工购建房 114.51 万平方米（含公转商贴息贷款），年末个人住房贷款市场占有率（含公转商贴息贷款）为 14.03%，比上年末减少 0.42 个百分点。通过申请住房公积金个人住房贷款，可节约职工购房利息支出 3355.09 万元。

职工贷款笔数中，购房建筑面积 90（含）平方米以下占 2.26%，90～144（含）平方米占 77.04%，144 平方米以上占 20.70%。购买新房占 90.86%，购买二手房占 9.14%。职工贷款笔数中，单缴存职工申请贷款占 23.51%，双缴存职工申请贷款占 76.49%，三人及以上缴存职工共同申请贷款占 0%。

贷款职工中，30 岁（含）以下占 26.39%，30 岁～40 岁（含）占 39.24%，40 岁～50 岁（含）占 27.30%，50 岁以上占 7.07%；首次申请贷款占 86.99%，二次及以上申请贷款占 13.01%；中、低收入占 95.53%，高收入占 4.47%。

（四）住房贡献率。2020 年，个人住房贷款发放额、公转商贴息贷款发放额、项目贷款发放额、住房消费提取额的总和与当年缴存额的比率为 108.79%，比上年增加 8.94 个百分点。

六、其他重要事项

（一）应对新冠肺炎疫情采取的措施，落实住房公积金阶段性支持政策情况和政策实施成效。我中心充分认识到疫情的严峻性和复杂性，坚决执行政府关于疫情防控的各项工作部署，全面开展疫情控制工作。一是各服务窗口配足消毒药水、口罩、手套等与疫情防控相关的物资，卫生间洗漱台配备洗手液，对公共区域每日进行消毒、通风，确保公共场所的安全。二是通过采取电话预约办理的方式进行统筹安排，尽可能减少人民群众现场排队等候办理业务的时间，每天安排专人在公积金中心大门入口处做好体温测量、信息登记、人员管控等工作，在办事大厅设置一米等候黄线，保障缴存单位和职工办事需求的同时，最大限度避免人员聚集和密切接触。三是积极引导缴存单位和职工通过微信公众号、"粤省事"微信小程序、网上办事大厅和手机 App 等线上渠道查询及办理公积金业务。同时及时制定了《关于我市疫情防控期间受影响企业补缴、缓缴住房公积金实施细则》，对受疫情影响的缴存企业复工复产给予政策支持，累计共受理 22 家企业缓缴住房公积金，涉及缴存职工 967 人，缓缴金额累计 210.73 万元。

（二）当年机构及职能调整情况、受委托办理缴存贷款业务金融机构变更情况。

1. 机构调整情况。我市《梅州市住房公积金管理机构调整工作方案》于 2020 年 12 月由市委办、市府办联合印发。目前我中心根据《方案》具体要求正在抓好相关工作的落实，切实按照"四统一"的要求管好用活我市住房公积金的资金，抓好住房公积金业务管理和监管工作，进一步提升服务质量和效率，推动我市住房公积金事业平稳健康发展。

2.受委托银行变更情况。2020年度我市受委托办理缴存贷款业务金融机构没有变更。

（三）当年住房公积金政策调整及执行情况，包括当年缴存基数限额及确定方法、缴存比例等缴存政策调整情况；当年提取政策调整情况；当年个人住房贷款最高贷款额度、贷款条件等贷款政策调整情况；当年住房公积金存贷款利率执行标准等；支持老旧小区改造政策落实情况。

1.2020年住房公积金缴存基数限额及确定方法、缴存比例等缴存政策调整情况。根据相关规定及市统计局公布的"2019年梅州市在岗职工（含劳务派遣人员）月平均工资"，我市缴存基数不得高于本市2019年梅州市城镇非私营单位在岗职工（含劳务派遣人员）月平均工资的3倍（即19913元），原则上不得低于省政府公布的现行最低工资标准（1410元）。缴存比例最低为5%，最高为12%。

2.2020年提取政策调整情况。2020年我市住房公积金提取政策没有调整。

3.2020年个人住房贷款最高贷款额度、贷款条件等贷款政策调整情况。2020年，我市住房公积金个人贷款额度和贷款条件没有调整，继续执行全市单方缴存的职工申请住房公积金贷款最高贷款额度20万元，夫妻双方缴存的职工申请住房公积金贷款最高贷款额度30万元。

4.2020年住房公积金存贷款利率执行标准。根据《中国人民银行、住房和城乡建设部、财政部关于完善职工住房公积金账户存款利率形成机制的通知》（银发〔2016〕43号），职工住房公积金账户存款利率按一年期定期存款基准利率执行。2020年，我市住房公积金个人住房贷款利率没有调整。5年期（含）以下贷款年利率2.75%，5年期以上至30年（含）的贷款年利率为3.25%；首套房贷款利率按照中国人民银行公布的基准利率执行，第二套房贷款年利率按照同期首套房贷款利率上浮10%执行。

（四）当年服务改进情况，包括推进住房公积金服务"跨省通办"工作情况，服务网点、服务设施、服务手段、综合服务平台建设和其他网络载体建设服务情况等。我中心以"跑零次"为提升服务工作主线，进一步优化和提升服务质量，不断提高服务满意度。一是根据业务办理"一门式"综合服务的要求，我中心于2020年8月28日进驻市政务服务中心办事大厅集中统一对外办理业务，把归集、提取、贷款三大类共35项业务全部进驻政务服务大厅，实现"一窗式"办理，"一门式"服务，更好地服务缴存单位和职工。二是以信息化建设为支撑，大力打造住房公积金网上营业厅、微信公众号、手机App以及对接粤省事平台等全力推进相关业务上线办理。目前为止单位缴存方面全系列业务、职工办理离退休提取、离职账户封存满半年提取以及变更个人缴存信息等业务均可在网上全流程办理，上述业务与提取还贷"两个签约"（提取还贷签约划扣和签约账户对冲还贷）一道真正实现了相关业务"零材料""零距离""零柜面""零跑腿"的办理目标。自2019年以来我中心已经实现了业务量60%以上的线上办理率，"在线办结率""离柜率"均处于省内前列，得到了社会各界的赞誉和好评。三是我中心利用银行网点多的优势积极与承办银行合作扩宽业务办理渠道，成功推出了"就近办"的便捷服务，极大地方便了缴存单位和缴存职工。

（五）当年信息化建设情况，包括信息系统升级改造情况，基础数据标准贯彻落实和结算应用系统接入情况等。我中心不断加大信息化建设工作力度，不断提升服务效率和水平，使办事群众的获得感、舒适感、便利感进一步得到加强。一是积极与部、省级数据共享平台对接，将我市住房公积金相关业务纳入全国数据集中平台和实现全省业务平台中通查通办。二是全力推进与银行间的业务数据共享平台建设。为了减少缴存职工提取住房公积金偿还商业购房贷款本息需往返银行打印商贷余额清单的次数，实现与商业银行间商贷数据的安全、实时、高效共享，进一步提高住房公积金业务办理效率和服务水平以及为下一步扩宽相关业务应用的需要，我中心全力推进与银行间的业务数据共享平台建设。该平台自2019年11月启动建设以来，至目前为止已与建行、工行、农行、农商行、客商行共5家银行实现商贷数据共享（占贷款职工户数的85%以上）。在上述银行办理商业贷款的职工在申请提取还贷时无需再跑银行打印商贷余额单，切实解决了缴存职工提取住房公积金偿还住房商业贷款本息"来回跑"的问题，方便职工办理业务，有效节省职工时间成本、交通成本，同时也为我中心将提取还贷业务搬上网厅实现线上办理打下了坚实的基础。三是开发"B2B住房公积金网上自助缴款"平台。为切实解决缴存单位在线签约托收无法实现跨行缴款的问题，打通线上缴存业务的"最后一公里"，我中心积极探索与承办银行开发建设住房公积金B2B在线缴款平台。该平台以住房公积金单位业务经办为主线、以网上业务大厅为载体、借助缴存单位已开通的网上银行，通过住房公积金网上办事大厅在线缴款平台将单位在缴交过程中的业务流转与资金支付融合，实现单位缴存业务资金一体化、结算分摊一站式的服务，单位用户可实现"不见面缴款"和"一站式缴款"，真正打通单位缴存业务的"最后一公里"，让网上办事大厅真正成为单位的"全能"办事大厅，缩短了业务窗口排队办理的时间和柜台的业务办理压力，切实降低了办事的时间和交通成本。该平台自2020年6月正式上线以来共有728家缴存单位通过该平台办理缴款3455笔、共缴存3.28亿元。该平台的上线运行，完美补充了跨行缴款不成功的短板，与传统线下申报缴款、同行签约托收一道为缴存单位业务的办理提供了三种缴存渠道，得到了缴存单位经办人员的认可，取得了初步成效。随着该平台的进一步推广完善，将与同行签约托收一道实现单位缴款全流程线上办理。四是认真抓好网上办事大厅业务培训，为更好地发挥住房公积金综合服务平台网上办事大厅的功能和作用，我中心组织开展了全市住房公积金网上办事大厅业务功能推介暨实操培训会，在全市部署推广使用网上办事大厅工作，并与承办银行合作由相关银行免费为缴存企业提供CA证书，实现缴存业务线上全流程办理，为办事群众"零材料""零距离""零柜面""零跑腿"的服务提供了技术支撑。

（六）当年住房公积金管理中心及职工所获荣誉情况，包括：文明单位（行业、窗口）、青年文明号、工人先锋号、五一劳动奖章（劳动模范）、三八红旗手（巾帼文明岗）、先进集体和个人等。

1. 评为"先进窗口"及"服务标兵"。我中心于2020年8月28日进驻市政务服务中心办事大厅集中统一对外办理业务，把归集、提取、贷款三大类共35项业务全部进驻政务服务大厅，实现"一窗式"办理，"一门式"服务，更好地服务缴存单位和职工。单位及职工于2020年10月份被市政务服务中心通报评为"先进窗口"及"服务标兵"。

2. 评为先进基层党组织。我中心始终重视党建工作，把党建工作作为推动住房公积金发展的一个重要抓手，认真落实全面从严治党要求，全面加强全体干部职工政治思想教育，增加党的凝聚力，努力推动各项工作全面落实，促进住房公积金稳步发展，取得了良好的效果。2020年，中心党支部被市直机关工委评为"先进基层党组织"。

（七）当年对违反《住房公积金管理条例》和相关法规行为进行行政处罚和申请人民法院强制执行情况。2020年未发生违反《住房公积金管理条例》和相关法规行为进行行政处罚和申请人民法院强制执行的情况。

（八）当年对住房公积金管理人员违规行为的纠正和处理情况等。2020年，梅州市住房公积金管理中心未发现管理人员违规行为。

（九）其他需要披露的情况。 没有其他需要披露的情况。

汕尾市住房公积金 2020 年年度报告

根据国务院《住房公积金管理条例》和住房和城乡建设部、财政部、人民银行《关于健全住房公积金信息披露制度的通知》（建金〔2015〕26 号）的规定，经住房公积金管理委员会审议通过，现将汕尾市市住房公积金 2020 年年度报告公布如下。

一、机构概况

（一）住房公积金管理委员会。 住房公积金管理委员会有 21 名委员，2020 年召开 2 次全体会议，审议通过的事项主要包括：

1.《汕尾市住房公积金管理中心关于做好疫情防控工作加强住房公积金服务保障的通知》；
2.《关于调整汕尾市住房公积金贷款风险准备金计提方式的通知》；
3.《关于购买装配式建筑商品房公积金贷款最高额度上浮 20% 的意见》；
4.《关于增加陆河农商行作为公积金业务委托银行的通知》；
5.《关于汕尾市住房公积金管理委员会成员调整方案》；
6.《汕尾市住房公积金资金流动性风险预案》。

（二）住房公积金管理中心。 住房公积金管理中心为直属市人民政府委托市住房城乡和建设局管理的不以营利为目的的参公管理事业单位，设 4 个管理部。从业人员 60 人，其中，在编 36 人，非在编 24 人。

二、业务运行情况

（一）缴存。 2020 年，新开户单位 237 家，净增单位 101 家；新开户职工 1.11 万人，净增职工－0.19 万人；实缴单位 1530 家，实缴职工 11.17 万人，缴存额 17.21 亿元，分别同比增长 7.07%、下降 1.67%、增长 9.96%。2020 年末，缴存总额 105.87 亿元，比上年末增加 19.42%；缴存余额 39.74 亿元，同比增加 19.37%。受委托办理住房公积金缴存业务的银行 7 家。

（二）提取。 2020 年，4.34 万名缴存职工提取住房公积金；提取额 10.77 亿元，同比增长 26.73%；提取额占当年缴存额的 62.54%，比上年增加 8.28 个百分点。2020 年末，提取总额 66.13 亿元，比上年末增加 19.44%。

（三）贷款。

1. 个人住房贷款。个人住房贷款最高额度 50.00 万元。单缴存职工个人住房贷款最高额度 30.00 万元，双缴存职工个人住房贷款最高额度 50.00 万元。

2020 年，发放个人住房贷款 0.32 万笔、12.20 亿元，同比分别下降 4.82%、2.98%。

2020 年，回收个人住房贷款 2.03 亿元。

2020年末，累计发放个人住房贷款1.48万笔、42.14亿元，贷款余额37.00亿元，分别比上年末增加28.06%、40.76%、37.91%。个人住房贷款余额占缴存余额的93.11%，比上年末增加12.51个百分点。受委托办理住房公积金个人住房贷款业务的银行7家。

2. 异地贷款。2020年，发放异地贷款287笔、8425.30万元。年末，发放异地贷款总额19047.10万元，异地贷款余额17394.87万元。

（四）购买国债。2020年，没有购买国债。

（五）资金存储。2020年末，住房公积金存款3.81亿元。其中，活期0.02亿元，1年（含）以下定期0.00亿元，1年以上定期3.32亿元，其他（协定、通知存款等）0.47亿元。

（六）资金运用率。2020年末，住房公积金个人住房贷款余额、项目贷款余额和购买国债余额的总和占缴存余额的93.11%，比上年末增加12.51个百分点。

三、主要财务数据

（一）业务收入。2020年，业务收入11740.87万元，同比增长20.86%；存款利息1458.39万元，委托贷款利息10282.43万元，国债利息0万元，其他0.06万元。

（二）业务支出。2020年，业务支出6448.03万元，同比增长2.23%；支付职工住房公积金利息5500.05万元，归集手续费291.24万元，委托贷款手续费656.70万元，其他0.04万元。

（三）增值收益。2020年，增值收益5292.85万元，同比增长55.37%；增值收益率1.43%，比上年增加0.29个百分点。

（四）增值收益分配。2020年，提取贷款风险准备金0万元，提取管理费用3292.85万元，提取城市廉租住房（公共租赁住房）建设补充资金2000.00万元。

2020年，上交财政管理费用3362.67万元。上缴财政城市廉租住房（公共租赁住房）建设补充资金2000.00万元。

2020年末，贷款风险准备金余额8552.52万元。累计提取城市廉租住房（公共租赁住房）建设补充资金3511.93万元。

（五）管理费用支出。2020年，管理费用支出1723.58万元，同比增长43.55%。其中，人员经费432.61万元，公用经费150.70万元，专项经费1140.27万元。

四、资产风险状况

个人住房贷款。2020年末，个人住房贷款逾期额163.09万元，逾期率0.4408‰。个人贷款风险准备金余额8552.52万元。2020年，使用个人贷款风险准备金核销呆坏账0万元。

五、社会经济效益

（一）缴存业务。缴存职工中，国家机关和事业单位占63.11%，国有企业占10.51%，城镇集体企业占3.84%，外商投资企业占10.70%，城镇私营企业及其他城镇企业占9.73%，民办非企业单位和社会团体占0.87%，灵活就业人员占0%，其他占1.24%；中、低收入占91.99%，高收入占8.01%。

新开户职工中，国家机关和事业单位占29.46%，国有企业占7.20%，城镇集体企业占6.78%，外商

投资企业占 18.41%，城镇私营企业及其他城镇企业占 24.48%，民办非企业单位和社会团体占 2.57%，灵活就业人员占 0%，其他占 11.10%；中、低收入占 98.77%，高收入占 1.23%。

（二）提取业务。提取金额中，购买、建造、翻建、大修自住住房占 34.67%，偿还购房贷款本息占 39.78%，租赁住房占 8.03%，支持老旧小区改造占 0%，离休和退休提取占 11.35%，完全丧失劳动能力并与单位终止劳动关系提取占 4.39%，出境定居占 0.01%，其他占 1.78%。提取职工中，中、低收入占 90.11%，高收入占 9.89%。

（三）贷款业务。

个人住房贷款。2020 年，支持职工购建房 45.44 万平方米，年末个人住房贷款市场占有率为 10.12%，比上年末增加 0.96 个百分点。通过申请住房公积金个人住房贷款，可节约职工购房利息支出 41674.13 万元。

职工贷款笔数中，购房建筑面积 90（含）平方米以下占 2.97%，90~144（含）平方米占 62.42%，144 平方米以上占 34.61%。购买新房占 32.51%（其中购买保障性住房占 2.13%），购买二手房占 30.38%，建造、翻建、大修自住住房占 0%（其中支持老旧小区改造占 0%），其他占 37.11%。

职工贷款笔数中，单缴存职工申请贷款占 50.03%，双缴存职工申请贷款占 49.97%，三人及以上缴存职工共同申请贷款占 0%。

贷款职工中，30 岁（含）以下占 18.11%，30 岁~40 岁（含）占 37.05%，40 岁~50 岁（含）占 34.15%，50 岁以上占 10.69%；首次申请贷款占 98.73%，二次及以上申请贷款占 1.27%；中、低收入占 88.81%，高收入占 11.19%。

（四）住房贡献率。2020 年，个人住房贷款发放额、公转商贴息贷款发放额、项目贷款发放额、住房消费提取额的总和与当年缴存额的比率为 122.46%，比上年减少 2.44 个百分点。

六、其他重要事项

（一）应对新冠肺炎疫情采取的措施，落实住房公积金阶段性支持政策情况和政策实施成效。出台了疫情期间惠企政策，对受疫情影响的企业可缓缴住房公积金，缴存比例可申请降至 1%。开展走企业、助复工复产"店小二"服务活动，组织干部职工深入企业、楼盘一线，指导企业疫情防控和复工复产工作，现场办公解决房地产企业楼盘备案手续，切实扛起疫情防控和复工复产应尽之责。

（二）当年受委托办理缴存贷款业务金融机构变更情况。受委托办理住房公积金缴存贷款业务的银行在原来 6 家（工商银行、建设银行、中国银行、农业银行、邮储银行、农商银行）的基础上增加了陆河农商行，目前公积金委托银行共有 7 家。

（三）当年住房公积金政策调整及执行情况。包括当年缴存基数限额及确定方法、缴存比例等缴存政策调整情况；当年提取政策调整情况；当年个人住房贷款最高贷款额度、贷款条件等贷款政策调整情况；当年住房公积金存贷款利率执行标准等。

1. 当年缴存比例和缴存基数的调整情况。根据《住房公积金管理条例》（国务院令第 350 号），住房和城乡建设部、财政部、人民银行《关于改进住房公积金缴存机制进一步降低企业成本的通知》（建金〔2018〕45 号）和《汕尾市住房公积金管理中心关于做好疫情防控工作加强住房公积金服务保障的通知》的规定，我市 2020 年度调整了住房公积金缴存比例和缴存基数，印发了《关于做好 2020 年度住房公积金缴存比例和缴存基数调整工作的通知》，规定单位及个人的住房公积金缴存比例下限为1%，上限为12%。住房公积金缴存基数不得高于本市统计部门公布的2019年度在岗职工月平均工资的3倍（最高月缴存基数为18834元），缴存基数不得低于本市现行最低工资标准1410元。对受到疫情影响，缴存住房公积金确有困难的单位，可按现行政策规定向我中心提出降低缴存比例申请（比例可降至1%）或者申请缓缴，报市住房公积金管理委员会批准后实施；待单位经济效益好转后，再提高缴存比例或者补缴缓缴的住房公积金。

2. 当年住房公积金政策调整情况。2020年公积金中心进一步完善住房公积金管理规定，建立完善了《汕尾市住房公积金管理中心关于做好疫情防控工作加强住房公积金服务保障的通知》《关于购买装配式建筑商品房公积金贷款最高额度上浮20%的意见》《关于调整汕尾市住房公积金贷款风险准备金计提方式的通知》《关于增加陆河农商行作为公积金业务委托银行的通知》《关于汕尾市住房公积金管理委员会成员调整方案》和《汕尾市住房公积金资金流动性风险预案》等规范性文件，为群众办理公积金业务提供政策指导。

（四）当年服务改进情况。包括推进住房公积金服务"跨省通办"工作情况，服务网点、服务设施、服务手段、综合服务平台建设和其他网络载体建设服务情况等。

1. 打造优质服务环境。投入资金300多万元，对市中心、陆丰管理部、陆河管理部服务厅进行改造升级，各服务厅由原大楼内办公服务转向临路，面向社会群众敞开办公服务。规范窗口人员工作行为，严格落实首问负责、限时办结、一次性告知制度，推出志愿者引导服务、错峰服务、超时顺延服务、客户预约服务。实行窗口轮值制度，主动为办事群众答疑解惑。设置党员服务岗、志愿者服务岗，门口设置停车位、无障碍通道，努力为缴存职工提供规范、热情、高效服务，加强了对服务窗口网点形象的塑造。

2. 提高服务效能。为提升便民服务质效，中心以单位和职工需求为导向，积极推动公积金服务事项向各承办银行网点延伸，推进"网上办""就近办""马上办""一次办""一门一网"式服务。目前，全市6家委办银行公积金柜台全部进驻公积金服务大厅，实现缴存、提取、贷款等业务办理只进"一扇门"，不再跑银行，通过延伸服务靠前一步，方便服务一次办结、只跑一个窗口的举措，真正实现"最多跑一次"。网厅24小时开通（节假日除外），一网通办，广大职工足不出户可以在手机App办理业务，实现秒批，秒放，秒到账。

3. 开展"无证明城市"创建，实现"减证便民"向"无证利民"转变。按照"法无规定全部取消，法有规定无需提交"原则，对公积金证明事项开展全面清理，通过保留和取消证明事项清单，对确需保留证明事项通过数据共享、部门协查、当事人承诺等方式，2020年已取消5个项目免交资料，39个项目通过电子证照或部门协查获得，实现公积金办理无需提交证明材料的目标。

（五）当年信息化建设情况。包括信息系统升级改造情况，基础数据标准贯彻落实和结算应用系统接入情况等。

1. 推进全国异地转移平台建设。2020年1月6日成功对接，实现了异地转移、异地贷款、异地查询等功能，完成了"让数据多跑路，让群众少跑腿"的目标。

2. 推进接入广东大数据中心建设。2020年3月30日成功对接，实现全省跨层级、跨地域、跨系统、跨部门、跨业务的协同管理和服务，帮助公积金用户便捷管理和使用海量政务信息资源，进一步提升中心数据管理效益和服务水平，为落实汕尾市委"三大会战"和"数字经济"建设提供有力的数据支撑。

3. 推进网厅在线支付缴款业务建设。7月15日完成上线，缴存单位通过在线支付缴款，让缴存更安全、业务更便捷。

4. 推进微信刷脸登录建设。4月15日成功接通，满足各类场景下公积金业务要求，有效提高离柜率。

5. 推进市政务服务网统一认证单点登录建设。7月22日完成对接，职工可通过登录政务服务网线上办理公积金提取。更多的登录渠道，让职工在体验线上办公积金业务时，更高效、便捷。

6. 推进商贷数据共享建设。11月30日与工行、农商行、建行、中行、邮储银行、农行等业务承办银行完成对接。通过全市各家银行商贷数据共享，为中心商贷数据协查、组合贷款提取、商业贷款提取业务线上办理奠定了基础。

7. 推进网厅偿还组合贷款业务建设。9月1日成功上线，职工可以登录网厅直接在线提取组合贷款，不用再到前台办理，实现足不出户，办理提取偿还贷款业务。

8. 推进省厅动态监管与电子稽查系统建设。10月12日对接完成，平台以数据分析为基础，对业务、财务、资金流动、综合服务、电子稽查、资产管理等数据进行全面监管，对存疑数据疑点进行了分析研判、整理更正、补充完善。经整理，电子稽查实现大突破，各项指标居全省前列，是全省唯一一个无重大疑点数据的公积金中心，实现了监管方式质的跨越。

9. 推进与市政数局办件数据库与好差评系统建设。9月29日对接完成，仅10～12月就获得群众14447条好评。

10. 推进"粤省事""一网通办"建设。12月14日在原有对接21个"粤省事"事项的基础上再上线2个"粤省事"提取事项。偿还组合贷款提取、偿还纯公积金贷款提取。

河源市住房公积金2020年年度报告

根据国务院《住房公积金管理条例》和住房和城乡建设部、财政部、人民银行《关于健全住房公积金信息披露制度的通知》（建金〔2015〕26号）的规定，现就河源市住房公积金2020年年度报告如下。

一、机构概况

（一）**住房公积金管理委员会**。住房公积金管理委员会有25名委员，2020年召开1次会议，审议通过的事项主要包括：《河源市2019年住房公积金归集、使用计划执行情况报告》《河源市2019年住房公积金增值收益分配方案》《河源市住房公积金2019年年度报告》《河源市2020年住房公积金归集、使用计划》《全市统一执行公积金贷款最高额度和租房提取限额标准》《恢复执行住房公积金异地贷款政策》《关于邮政储蓄银行河源市分行等三家商业银行申请承办公积金业务的报告》《关于现有业务承办银行扩大业务承办范围的情况报告》。

（二）**住房公积金管理中心**。河源市住房公积金管理中心为市政府管理公益一类事业单位，内设5个副科级机构，下设6个副科级分支机构。从业人员78人，其中，在编53人，非在编25人。

二、业务运行情况

（一）缴存。2020年，新开户单位441家，净增单位242家；新开户职工2.35万人，净增职工8208人；实缴单位3110家，实缴职工18.77万人，缴存额26.76亿元，分别同比增长8.44%、增长4.57%、下降3.38%。2020年末，累计缴存总额189.25亿元，比上年末增加16.47%；缴存余额59.04亿元，同比增加14.45%。受委托办理住房公积金缴存业务的银行6家。

（二）提取。2020年，4.08万名缴存职工提取住房公积金；提取额19.31亿元，同比减少4.42%；提取额占当年缴存额的72.15%，比上年减少0.78个百分点。2020年末，累计提取总额130.21亿元，比上年末增加17.41%。

（三）贷款。

1. 个人住房贷款。个人住房贷款最高额度40万元。其中单缴存职工个人住房贷款最高额度30万元，双缴存职工个人住房贷款最高额度40万元。

2020年，发放个人住房贷款4250笔、13.11亿元，同比分别增长35.18%、增长40.15%。

2020年，回收个人住房贷款5.03亿元。

2020年末，累计发放个人住房贷款4.2万笔、86.34亿元，贷款余额47.21亿元，分别比上年末增加11.25%、增加17.90%、增加20.65%。个人住房贷款余额占缴存余额的79.96%，比上年末增加4.11个百分点。受委托办理住房公积金个人住房贷款业务的银行6家。

2. 异地贷款。2020年，发放异地贷款234笔、5497.8万元。年末，累计发放异地贷款总额6982.8万元，异地贷款余额5403.55万元。

3. 公转商贴息贷款。我市尚未开展公转商贴息贷款业务。

4. 住房公积金支持保障性住房建设项目贷款。2020年，我市未用住房公积金支持保障性住房建设项目贷款。

（四）购买国债。我市尚未用住房公积金购买国债。

（五）资金存储。2020年末，住房公积金存款13.62亿元。其中，活期70万元，1年（含）以下定期1亿元，1年以上定期9.76亿元，协定2.85亿元。

（六）资金运用率。2020年末，住房公积金个人住房贷款余额、项目贷款余额和购买国债余额的总和占缴存余额的79.96%，比上年末增加4.11个百分点。

三、主要财务数据

（一）业务收入。2020年，业务收入18528.24万元，同比增长21.18%。其中存款利息收入4316.74万元，委托贷款利息收入14197.59万元，其他收入13.91万元。

（二）业务支出。2020年，业务支出9532.27万元，同比增长32.88%。其中支付职工住房公积金利息8569.96万元，支付归集手续费513.83万元，委托贷款手续费448.46万元，其他232元。

（三）增值收益。2020年，增值收益8995.97万元，同比增长10.84%。增值收益率1.60%，比上年减少0.08个百分点。

（四）增值收益分配。2020年，提取贷款风险准备金0元，提取管理费用1700万元，提取城市廉租住房（公共租赁住房）建设补充资金7295.97万元。

2020年，上交财政管理费用2500万元。上缴财政城市廉租住房（公共租赁住房）建设补充资金3788.65万元。2020年末，累计提取贷款风险准备金余额6592.10万元。累计提取城市廉租住房（公共租赁住房）建设补充资金23642.85万元。

（五）管理费用支出。2020年，管理费用支出2382.02万元，同比增长77.72%。其中，人员经费902.91万元，公用经费157.94万元，专项经费1321.17万元。

四、资产风险状况

（一）个人住房贷款。2020年末，个人住房贷款逾期额949.09万元，逾期率2.01‰。个人贷款风险准备金余额6592.10万元。2020年，使用个人贷款风险准备金核销呆坏账0元。

（二）支持保障性住房建设试点项目贷款。2020年末，无支持保障性住房建设试点项目贷款。

五、社会经济效益

（一）缴存业务。缴存单位中，机关事业占53.44%，国有企业占12.15%，城镇集体占0.71%，外商投资占1.49%，城镇私营及其他城镇占27.07%，民办非企业和社会团体占3.02%，其他占2.12%。

缴存职工中，国家机关和事业单位占53.93%，国有企业占14.00%，城镇集体企业占0.75%，外商投资企业占9.01%，城镇私营企业及其他城镇企业占18.05%，民办非企业单位和社会团体占2.39%，其他占1.87%；中、低收入占97.78%，高收入占2.22%。

新开户职工中，国家机关和事业单位占29.84%，国有企业占11.74%，城镇集体企业占0.12%，外商投资企业占14.11%，城镇私营企业及其他城镇企业占38.36%，民办非企业单位和社会团体占5.10%，其他占0.73%；中、低收入占99.72%，高收入占0.28%。

（二）提取业务。提取金额中，购买、建造、翻建、大修自住住房占28.08%，偿还购房贷款本息占52.75%，租赁住房占0.60%，离休和退休提取占10.94%，完全丧失劳动能力并与单位终止劳动关系提取占3.74%，出境定居占0.83%，其他占3.06%。提取职工中，中、低收入占95.51%，高收入占4.49%。

（三）贷款业务。

1. 个人住房贷款。2020年，支持职工购建房57.50万平方米，年末个人住房贷款市场占有率为6.75%，比上年末增加0.33个百分点。通过申请住房公积金个人住房贷款，可节约职工购房利息支出31245.24万元。

职工贷款笔数中，购房建筑面积90（含）平方米以下占3.91%，90~144（含）平方米占70.25%，144平方米以上占25.84%。购买新房占76.73%（其中购买保障性住房占0%），购买二手房占22.87%，建造、翻建、大修自住住房占0.40%。

职工贷款笔数中，单缴存职工申请贷款占27.25%，双缴存职工申请贷款占71.48%，三人及以上缴存职工共同申请贷款占1.27%。

贷款职工中，30岁（含）以下占36.94%，30岁~40岁（含）占38.71%，40岁~50岁（含）占20.87%，50岁以上占3.48%；首次申请贷款占86.73%，二次及以上申请贷款占13.27%；中、低收入

占 96.09%，高收入占 3.91%。

2. 支持保障性住房建设试点项目贷款。无支持保障性住房建设试点项目贷款。

（四）住房贡献率。 2020年，个人住房贷款发放额、住房消费提取额的总和与当年缴存额的比率为107.74%，比上年增加23.29个百分点。

六、其他重要事项

（一）应对新冠肺炎疫情采取的措施，落实住房公积金阶段性支持政策情况和政策实施成效。 为积极应对新冠肺炎疫情影响，支持企业复工复产，根据中央、省落实住房公积金阶段性支持政策要求，市公积金中心于2020年4月1日印发了《关于应对新冠肺炎疫情落实住房公积金阶段性支持政策的通知》（河公积〔2020〕27号），通知规定"对受疫情影响的企业，可申请在2020年6月30日前缓缴、降低缴存比例或停缴住房公积金，不影响职工正常提取和申请住房公积金贷款"。截至2020年6月底，全市累计收到申请缓缴住房公积金的企业5家职工1445人，累计缓缴金额140.36万元。累计收到申请降低缴存比例的企业3家职工703人，均申请降低缴存比例至1%，累计减少缴存金额29.35万元。未收到停缴住房公积金，以及受疫情影响未能正常还款调整住房公积金贷款逾期记录的申请。

（二）当年机构及职能调整情况、受委托办理缴存贷款业务金融机构变更情况。

1. 2020年机构及职能调整情况。2020年8月7日，中共河源市委机构编制委员会印发了《关于统一管理县区住房公积金管理中心有关机构编制的通知》（河机编〔2020〕20号）和《关于印发河源市住房公积金管理中心机构编制方案的通知》（河机编〔2020〕21号），明确了全市只设立一个住房公积金管理中心，原县区中心统一调整为市中心派出管理部，实行全市公积金"四统一"管理，业务上实行管办分离。市公积金中心内设5个机构，分别是综合部、法规部、财务部、归集使用部和区域管理部；下设6个分支机构，分别是源城管理部、东源管理部、和平管理部、龙川管理部、紫金管理部和连平管理部。11月13日，市公积金中心印发了《关于进一步加强资金管理的通知》（河公积〔2020〕74号），明确按照"全市统筹、依需调拨、使用依规、应急优先、兼顾效益"的原则，由市住房公积金管理中心对全市住房公积金资金集中统筹管理。11月24日，全市统一举行县区管理部挂牌仪式，标志着河源市住房公积金体制机制改革基本完成。

2. 受委托办理缴存贷款业务金融机构变更情况。2020年，本市委托办理缴存业务的银行共计6家，委托办理贷款业务的银行共计6家，对比上年均没有变化。为保障公积金业务有序开展，更好方便职工，经2020年3月30日市住房公积金管理委员会审议决定，同意现有业务承办银行扩大业务承办范围，增加工商银行东源支行承办东源县公积金归集贷款业务资格，增加工商银行紫金支行承办紫金县公积金归集贷款业务资格，增加农业银行源城支行承办源城区公积金贷款业务资格，增加农业银行龙川支行承办龙川县公积金贷款业务资格，增加农业银行连平支行承办连平县公积金归集贷款业务资格。

（三）当年住房公积金政策调整及执行情况，包括当年缴存基数限额及确定方法、缴存比例等缴存政策调整情况；当年提取政策调整情况；当年个人住房贷款最高贷款额度、贷款条件等贷款政策调整情况；当年住房公积金存贷款利率执行标准等；支持老旧小区改造政策落实情况。

1. 2020年住房公积金缴存基数限额及确定方法、缴存比例等缴存政策调整情况。为做好我市2020年住房公积金缴存基数调整工作，维护广大职工的合法权益，市公积金中心于2020年6月24日印发了《关于做好 2020 年度我市住房公积金缴存基数调整工作的通知》（河公积〔2020〕56 号），根据相关规定及河源市统计局公布的 2019 年城镇非私营单位在岗职工月平均工资，我市缴存基数不得高于本市 2019 年城镇非私营单位在岗职工月平均工资的 3 倍（即 17985 元），原则上不得低于省政府公布的现行最低工资标准（1410 元）。缴存比例最低为 5%，最高为 12%。

2. 当年提取政策调整情况。2020 年 4 月 14 日，为落实全市统一制度要求，经市公积金管委会研究决定，市公积金中心印发了《关于做好全市统一住房公积金个人贷款最高额度和租房提取最高额度有关工作的通知》（河公积〔2020〕33 号），明确全市统一执行租房提取住房公积金每月最高额度标准。缴存住房公积金家庭无自有住房且租赁住房的，职工家庭每月提取最高额度为 1000 元，房租不足 1000 元的，按实际房租支出总额提取。

3. 当年个人住房贷款最高贷款额度、贷款条件等贷款政策调整情况。

（1）为落实全市统一制度要求，经市公积金管委会研究决定，市公积金中心于 2020 年 4 月 14 日印发了《关于做好全市统一住房公积金个人贷款最高额度和租房提取最高额度有关工作的通知》（河公积〔2020〕33 号），明确全市统一执行住房公积金个人贷款最高额度标准。夫妻双方均缴存住房公积金的，最高贷款额度为 40 万元；单方缴存住房公积金的，最高贷款额度为 30 万元。

（2）为支持职工解决住房困难，经市公积金管委会审议决定，市公积金中心于 2020 年 4 月印发了《关于做好恢复办理异地缴存住房公积金职工个人住房贷款业务有关工作的通知》（河公积〔2020〕32 号），自 2020 年 4 月 1 日起恢复办理异地缴存住房公积金职工个人住房贷款业务。

4. 住房公积金存贷款利率执行标准。存款利率经与各承办银行协商，协定存款和定期存款利率在人民银行公布的基础利率上均有上浮，其中建行、工行、农行、中行的协定存款和定期存款利率上浮 40% 执行，河源农商行、连平农商行的协定存款和定期存款利率上浮 50% 执行。贷款利率按照人民银行公布的住房公积金贷款利率执行。

（四）当年服务改进情况，包括推进住房公积金服务"跨省通办"工作情况，服务网点、服务设施、服务手段、综合服务平台建设和其他网络载体建设服务情况等。

1. 进驻市行政服务中心。2020 年 7 月 6 日，市中心区域管理部进驻市政务服务中心，设立业务专窗，提供"一窗受理、一网通办、一次性办结"服务。

2. 加快推进住房公积金业务线上办理。为深入贯彻落实"放管服"改革，进一步提高住房公积金管理效率和服务水平，简化办事流程，实现住房公积金汇缴业务办理"零跑动"，自 2020 年 3 月 1 日起开通在线汇缴住房公积金业务，于 4 月 1 日开通退休职工和与单位终止劳动关系职工网上办理提取住房公积金业务；依托"广东公积金"微信小程序于 5 月 18 日开通住房公积金异地转入申请业务。

3. 进一步拓宽服务渠道。为进一步拓宽住房公积金服务渠道，2020 年 3 月 16 日在微信公众号开通智能机器人客服，为缴存单位和职工提供智能应答和人工服务；利用银行网点优势，于 9 月 23 日在中国建设银行河源高新区支行上线 VTM 自助柜员机，涵盖住房公积金 3 大类 16 项高频业务，满足市高新区企业和职工办理住房公积金查询、证明打印等业务需求，让河源市高新区园区企业和职工享受就近办公积金服务。

4. 实现企业住房公积金缴存登记"一网通办"。根据《转发市场监管总局等六部门关于进一步优化企业开办服务的通知》（粤市监〔2020〕75 号）有关要求，2020 年 10 月 15 日接入"广东省企业开办一网通办平台",企业在平台办理企业设立登记等服务事项时,可同步办理住房公积金企业缴存登记,平台将相关信息实时共享推送至住房公积金中心,完成登记备案。申请人无需另行再申请,平台实现"一次采集,一步办结"。同时,企业在设立完成后可随时通过平台办理企业住房公积金缴存登记事项。

5. 落实住房公积金"跨省通办"工作。根据《住房和城乡建设部办公厅关于做好住房公积金"跨省通办"工作的通知》(建办金〔2020〕53号)和省住房城乡建设厅相关要求,2020年底前需完成的3个服务事项,我市已全部完成,包括个人住房公积金缴存贷款等信息查询、出具贷款职工住房公积金缴存使用证明、正常退休提取住房公积金;2021年底前需完成的5个服务事项,我市已提前完成3项,包括住房公积金单位登记开户、住房公积金单位及个人缴存信息变更和开具住房公积金个人住房贷款全部还清证明。

6. 将住房公积金缴存条款纳入本市集体劳动合同条款。2020年9月21日,市公积金中心与市总工会联合印发了《关于做好维护职工住房公积金合法权益工作的通知》(河公积〔2020〕68号),将缴存住房公积金条款纳入本市集体劳动合同条款,通过工会组织推进职工缴存公积金缴存,保障职工的劳动合法权益。

(五)当年信息化建设情况,包括信息系统升级改造情况,基础数据标准贯彻落实和结算应用系统接入情况等。

1. 接入广东省住房公积金动态稽查系统。根据《广东省住房和城乡建设厅关于印发〈广东省住房公积金动态稽查系统建设技术方案〉的通知》和省住房城乡建设厅工作部署,于2020年9月18日接入广东省住房公积金动态稽查系统,实现业务数据、财务数据和专户资金流动、电子稽查数据的全面监管,实时准确地掌握住房公积金运营情况,进一步加强我市住房公积金监管力度,降低资金风险,提升监管效率。

2. 进一步完善公积金系统功能和基础数据。根据我市住房公积金政策调整和管理要求,完善异地贷款、全市统一贷款和提取额度、缴存基数年度调整、职工账户封存和集中封存、全市统一上报财务报表等工作相应的系统功能,开展全市住房公积金缴存单位账户信息完善和清理、职工住房公积金证件信息治理、住房公积金电子稽查问题整改等工作。

(六)当年住房公积金管理中心及职工所获荣誉情况。 2020年河源市住房公积金管理中心共有9名职工获嘉奖一次。

(七)当年对违反《住房公积金管理条例》和相关法规行为进行行政处罚和申请人民法院强制执行情况。 2020年没有违反《住房公积金管理条例》和相关法规行为进行行政处罚和申请人民法院强制执行情况。

(八)当年对住房公积金管理人员违规行为的纠正和处理情况等。 2020年没有对住房公积金管理人员违规行为的纠正和处理情况等。

阳江市住房公积金2020年年度报告

根据国务院《住房公积金管理条例》和住房和城乡建设部、财政部、人民银行《关于健全住房公积金信息披露制度的通知》(建金〔2015〕26号)的规定,经住房公积金管理委员会审议通过,现将阳江市住房公积金 2020 年年度报告公布如下。

一、机构概况

（一）住房公积金管理委员会。住房公积金管理委员会有 28 名委员，2020 年召开 1 次会议，审议通过的事项主要包括：1.《阳江市住房公积金 2019 年年度报告》；2. 审议《阳江市自由职业人员住房公积金缴存使用管理办法》；3. 审议《阳江市住房公积金 2020 年归集、使用计划》。

（二）住房公积金管理中心。住房公积金管理中心为阳江市人民政府不以营利为目的的公益一类事业单位，由阳江市住房和城乡建设局代管，设 5 个内设部门，3 个管理部。从业人员 44 人，其中，在编 24 人，非在编 20 人。

二、业务运行情况

（一）缴存。2020 年，新开户单位 212 家，实缴单位 2968 家，净增单位 205 家；新开户职工 1.69 万人，实缴职工 14.88 万人，净增职工 0.56 万人；缴存额 28.47 亿元，同比增长 33.92%。2020 年末，缴存总额 166.97 亿元，比上年末增加 20.56%；缴存余额 61.20 亿元，比上年末增加 19.20%。

受委托办理住房公积金缴存业务的银行 10 家，比上年增加 0 家。

（二）提取。2020 年，提取额 18.62 亿元，同比增长 22.47%；占当年缴存额的 65.38%，比上年减少 6.12 个百分点。2020 年末，提取总额 105.77 亿元，比上年末增加 21.36%。

（三）贷款。

1. 个人住房贷款。个人住房贷款最高额度 35.00 万元，其中，单缴存职工最高额度 25.00 万元，双缴存职工最高额度 35.00 万元。

2020 年，发放个人住房贷款 0.32 万笔、8.49 亿元，同比分别减少 28.25%、减少 27.40%。

2020 年，回收个人住房贷款 4.71 亿元。

2020 年末，累计发放个人住房贷款 3.42 万笔、83.53 亿元，贷款余额 53.81 亿元，分别比上年末增加 10.17%、增加 11.31%、增加 7.55%。个人住房贷款余额占缴存余额的 87.93%，比上年末减少 9.52 个百分点。

受委托办理住房公积金个人住房贷款业务的银行 10 家，比上年增加 0 家。

2. 住房公积金支持保障性住房建设项目贷款。无此类项目。

（四）购买国债。因个贷率较高，未购买国债。

（五）融资。无此类项目。

（六）资金存储。2020 年末，住房公积金存款 8.55 亿元。其中，活期 0.04 亿元，1 年（含）以下定期 1.90 亿元，1 年以上定期 1.70 亿元，其他（协定、通知存款等）4.91 亿元。

（七）资金运用率。2020 年末，住房公积金个人住房贷款余额、项目贷款余额和购买国债余额的总和占缴存余额的 87.93%，比上年末减少 9.52 个百分点。

三、主要财务数据

（一）业务收入。2020 年，业务收入 18111.28 万元，同比增长 13.96%。存款利息 1212.59 万元，委托贷款利息16895.49万元,国债利息0万元,其他3.19万元。

(二)业务支出。2020年,业务支出9889.75万元,同比增长19.82%。支付职工住房公积金利息8358.31万元,归集手续费762.89万元,委托贷款手续费768.44万元,其他0.10万元。

(三)增值收益。2020年,增值收益8221.53万元,同比增长7.63%。增值收益率1.45%,比上年减少0.13个百分点。

(四)增值收益分配。2020年,提取贷款风险准备金377.87万元,提取管理费用1182.00万元,提取城市廉租住房(公共租赁住房)建设补充资金6661.66万元。

2020年初,上交财政管理费用886.11万元。上缴财政城市廉租住房(公共租赁住房)建设补充资金6001.07万元。

2020年末,贷款风险准备金余额5381.23万元。累计提取城市廉租住房(公共租赁住房)建设补充资金39517.07万元。

(五)管理费用支出。2020年,管理费用支出761.59万元,同比减少25.83%。其中,人员经费551.33万元,公用经费144.82万元,专项经费65.44万元。

四、资产风险状况

(一)个人住房贷款。2020年末,个人住房贷款逾期额112.77万元,逾期率0.2096‰。

个人贷款风险准备金按贷款余额的1.00%提取。2020年,提取个人贷款风险准备金377.87万元,使用个人贷款风险准备金核销呆坏账0万元。2020年末,个人贷款风险准备金余额5381.23万元,占个人住房贷款余额的1.00%,个人住房贷款逾期额与个人贷款风险准备金余额的比率为2.10%。

(二)支持保障性住房建设试点项目贷款。无此类项目。

五、社会经济效益

(一)缴存业务。2020年,实缴单位数、实缴职工人数和缴存额同比分别增加7.42%、增加3.91%和增加33.92%。

缴存单位中,国家机关和事业单位占48.25%,国有企业占11.58%,城镇集体企业占21.06%,外商投资企业占2.56%,城镇私营企业及其他城镇企业占3.37%,民办非企业单位和社会团体占12.57%,其他占0.61%。

缴存职工中,国家机关和事业单位占51.03%,国有企业占16.72%,城镇集体企业占16.68%,外商投资企业占4.14%,城镇私营企业及其他城镇企业占1.14%,民办非企业单位和社会团体占10.26%,其他占0.03%;中、低收入占93.40%,高收入占6.60%。

新开户职工中,国家机关和事业单位占19.17%,国有企业占8.79%,城镇集体企业占29.01%,外商投资企业占8.63%,城镇私营企业及其他城镇企业占6.44%,民办非企业单位和社会团体占26.72%,其他占1.24%;中、低收入占98.87%,高收入占1.13%。

(二)提取业务。2020年,5.56万名缴存职工提取住房公积金18.62亿元。

提取金额中,住房消费提取占84.83%(购买、建造、翻建、大修自住住房占32.05%,偿还购房贷款本息占51.80%,租赁住房占0.98%,其他占0%);非住房消费提取占15.17%(离休和退休提取占

9.20%，完全丧失劳动能力并与单位终止劳动关系提取占 4.78%，出境定居占 0.87%，其他占 0.32%）。

提取职工中，中、低收入占 90.16%，高收入占 9.84%。

(三) 贷款业务。

1. 个人住房贷款。2020 年，支持职工购建房 41.62 万平方米，年末个人住房贷款市场占有率（含公转商贴息贷款）为 8.07%，比上年末减少 0.07 个百分点。通过申请住房公积金个人住房贷款，可节约职工购房利息支出 30899.69 万元。

职工贷款笔数中，购房建筑面积 90（含）平方米以下占 3.84%，90~144（含）平方米占 82.73%，144 平方米以上占 13.43%。购买新房占 89.03%（其中购买保障性住房占 0%），购买二手房占 10.97%，建造、翻建、大修自住住房占 0%，其他占 0%。

职工贷款笔数中，单缴存职工申请贷款占 31.89%，双缴存职工申请贷款占 67.29%，三人及以上缴存职工共同申请贷款占 0.82%。

贷款职工中，30 岁（含）以下占 33.44%，30 岁~40 岁（含）占 37.72%，40 岁~50 岁（含）占 24.37%，50 岁以上占 4.47%；首次申请贷款占 99.84%，二次及以上申请贷款占 0.16%；中、低收入占 95.34%，高收入占 4.66%。

2. 异地贷款。2020 年，发放异地贷款 15 笔、415 万元。2020 年末，发放异地贷款总额 43628.19 万元，异地贷款余额 39771.9 万元。

3. 公转商贴息贷款。无此类项目。

4. 支持保障性住房建设试点项目贷款。无此类项目。

(四) 住房贡献率。2020 年，个人住房贷款发放额、住房消费提取额的总和与当年缴存额的比率为 85.27%，比上年减少 29.60 个百分点。

六、其他重要事项

(一) 当年机构及职能调整情况、受委托办理缴存贷款业务金融机构变更情况。2020 年我中心机构及职能未发生调整。本市受委托办理住房公积金缴存业务的银行共 10 家；受委托办理住房公积金贷款业务的银行共 10 家。另说明，2020 年注销我中心在阳东农商行的账户，在中信银行阳江分行新开设一个账户。

(二) 当年住房公积金政策调整及执行情况。

1. 当年缴存基数限额及确定方法、缴存比例等缴存政策调整情况。当年缴存基数限额及确定方法、缴存比例等缴存政策调整情况。2020 年调整住房公积金缴存基数，缴存基数以职工上年度月平均工资为标准（阳江市统计局公布的 2020 年在岗就业人员上一年度平均工资中最高区域的在岗职工月平均工资 7524/月）。职工个人缴存和单位为职工缴存的住房公积金最高缴存额各不得超过 2709 元。困难企业的缴存基数可按广东省公布的三、四类城市最低工资标准 1410 元执行，最低缴存额各不得低于 70.50 元。缴存比例为 5%~12%。

2. 当年个人住房贷款最高贷款额度、贷款条件等贷款政策调整情况。（1）个人贷款最高额度为 25 万元，夫妻双方同时申请贷款最高额度为 35 万元。（2）根据阳江市统计局公布的 2020 年全市在岗职工月平均工资 7524 元/月的标准，凡职工月缴存额低于 752 元（含 752 元）以下的，个人贷款最高额度 20 万元，夫妻双方同时申请贷款最高额度30万元。（3）根据广东省2020年公布的三四类城市最低工资标准1410元/月，对职工月缴存额在141元（含141元）以下的，个人贷款最高额度15万元，夫妻双方同时申请贷款最高额度25万元。

夫妻双方申请公积金贷款，公积金月缴额不一致的，以最高一方月缴额为标准审批贷款额。

当年住房公积金存贷款利率执行标准情况。2020年我市住房公积金个人住房贷款利率没有调整，5年期（含）以下贷款年利率为2.75%；6年期（含）以上贷款年利率为3.25%。首套房贷款利率按照中国人民银行公布的基准利率执行，第二套房贷款年利率按照同期首套房贷款利率上浮10%执行。

（三）当年服务改进情况，包括服务网点、服务设施、服务手段、综合服务平台建设和其他网络载体建设服务情况等。

1. 精简办事要件。部分业务档案实施数字化管理，简化业务办理要件，一是取消提取业务购房资料的复印件资料，二是取消偿还贷款提取业务的还贷款记录资料，三是取消缴存业务的纸质资料，四是取消公积金贷款受理是开发企业出具的承诺书等。

2. 优化流程，简化贷款申请条件及申请资料。一是原住房公积金贷款申请条件之一"凭不动产登记部门登记备案的预售商品房买卖合同申请办理公积金贷款"，现调整为"凭经住房和城乡建设部门网签系统签订的预售商品房买卖合同可先申请办理公积金贷款"，预售商品房买卖合同登记备案同步进行，备案证明材料在受托银行送档办理贷款发放前一并归档即可。二是《预售商品房买卖合同》网签打印的前提条件为"首期购房款必须存入监管账户"，由于我市大部分县区的"商品房预售款监管系统平台"已上线，因此取消预售商品房首期购房款的《银行进账单》作为公积金贷款受理材料，现调整为凭房地产开发企业出具的发票或者收据即可申请公积金贷款受理（阳春市请视当地预售款监管系统上线情况参照执行）。

3. 办理过程"电子化"。在办理公积金业务时，全面应用电子签名、电子签章等技术。办事职工对公积金业务办理结果进行电子签名确认，中心统一启用业务电子专用账户，取消各业务实物章，累计使用电子签章数量达4.5万次。办事职工可以在网上查询、打印相关电子业务凭证，实现了"零跑腿"，也方便了办事职工，强化了风险防控。

（四）当年信息化建设情况，包括信息系统升级改造情况，基础数据标准贯彻落实和结算应用系统接入情况等。

1. 住房公积金信息管理系统情况。为优化公积金提取业务流程，减少缴存职工提取跑动次数，阳江中心与阳江市各大商业银行对接，建立还款数据查询机制。以通过住房公积金信息管理系统接口获取各大商业银行商业贷款数据的方式，减少职工提取材料及跑动次数。

2. 全国住房公积金监管服务平台情况。根据省住房城乡建设厅《关于印发〈广东省住房公积金动态稽查系统建设技术方案〉的通知》文件要求，我中心于2020年9月9日完成与住房和城乡建设部动态稽查系统的基础数据接口开发、环境网络测试、数据上传等工作，实现与税务总局总对总的数据交换，实现与全国住房公积金监管服务平台的数据交互。

3. 政务服务网情况。为优化公积金业务流程，增加企业开户渠道，阳江中心已于2020年10月14日完成政务服务网一网通办企业开户事项的接口接通，住房公积金信息管理系统与政务服务网企业开户事项的数据互通，为企业提供更多办理渠道的选择，使企业开办更加便利。

4. 粤省事情况。为优化公积金业务流程，增加缴存职工办理业务渠道，阳江中心在粤省事上新8大新事项，分别是部分提前还款、提前结清贷款、按月提取还款签约、还款计划查询、离职提取、退休提取、提取明细查询、异地转入申请。

（五）其他需要披露的情况。 中心组织机构、政策资讯、服务网点、业务指南及其他信息公开内容详见中心网站（http://www.yjgjj.cn）。

清远市住房公积金2020年年度报告

根据国务院《住房公积金管理条例》和住房和城乡建设部、财政部、人民银行《关于健全住房公积金信息披露制度的通知》（建金〔2015〕26号）的规定，经住房公积金管理委员会审议通过，现将清远市住房公积金2020年年度报告公布如下。

一、机构概况

（一）住房公积金管理委员会。 住房公积金管理委员会有30名委员，2020年共召开2次会议，审议通过的事项主要包括2019年住房公积金运行情况以及2020年工作计划、《清远市住房公积金2019年年度报告》、《2019年住房公积金增值收益分配方案》、《关于上浮使用住房公积金贷款购买装配式建造的商品房贷款额度的建议》等。

（二）住房公积金管理中心。 住房公积金管理中心为清远市人民政府不以营利为目的的参公事业单位，设6个科，8个管理部，0个分中心。从业人员88人，其中，在编62人，非在编26人。

二、业务运行情况

（一）缴存。 2020年，新开户单位515家，净增单位232家；新开户职工4.49万人，净增职工1.59万人；实缴单位3622家，实缴职工28.40万人，缴存额481766.5万元，分别同比增长6.84%、5.94%、7.33%。2020年末，缴存总额3537651.07万元，比上年末增长15.77%；缴存余额1028856.34万元，比上年末增长7.74%。

受委托办理住房公积金缴存业务的银行5家。

（二）提取。 2020年，10.34万名缴存职工提取住房公积金；提取额407876.57万元，同比增长13.20%；占当年缴存额的84.66%，比上年长4.39个百分点。2020年末，提取总额2508794.73万元，比上年末增长19.41%。

（三）贷款。 个人住房贷款。个人住房贷款最高额度50.00万元，其中，单缴存职工最高额度40.00万元，双缴存职工最高额度50.00万元。

2020年，发放个人住房贷款0.59万笔、222311.64万元，同比分别增长14.13%、33.22%。

2020年，回收个人住房贷款94771.68万元。

2020年末，累计发放个人住房贷款6.02万笔、1595086.44万元，贷款余额963290.85万元，分别比上年末增长10.79%、16.19%、15.26%。个人住房贷款余额占缴存余额的93.63%，比上年末增长6.11

个百分点。

受委托办理住房公积金个人住房贷款业务的银行 10 家。

(四) 资金存储。2020 年末,住房公积金存款 84312.76 万元。其中,活期 180.26 万元,1 年(含)以下定期 0 万元,1 年以上定期 62250 万元,其他(协定、通知存款等)21882.5 万元。

(五) 资金运用率。2020 年末,住房公积金个人住房贷款余额、项目贷款余额和购买国债余额的总和占缴存余额的 93.63%,比上年末增长 6.11 个百分点。

三、主要财务数据

(一) 业务收入。2020 年,业务收入 34313.86 万元,同比增长 8.51%。其中,存款利息 4639.84 万元,委托贷款利息 29674.98 万元,国债利息 0 万元,其他－0.96 万元(账务调整)。

(二) 业务支出。2020 年,业务支出 16890.68 万元,同比下降 16.85%。其中,支付职工住房公积金利息 13648.40 万元,归集手续费 1859.93 万元,委托贷款手续费 1382.29 万元,其他 0.06 万元。

(三) 增值收益。2020 年,增值收益 17423.18 万元,同比增长 54.05%。增值收益率 1.76%,比上年增长 0.53 个百分点。

(四) 增值收益分配。2020 年,提取贷款风险准备金 0 万元,提取管理费用 2166.85 万元,提取城市廉租住房(公共租赁住房)建设补充资金 15256.33 万元。

2020 年,上交财政管理费用 2279.80 万元。上缴财政城市廉租住房(公共租赁住房)建设补充资金 9030.49 万元。

2020 年末,贷款风险准备金余额 42567.06 万元。累计提取城市廉租住房(公共租赁住房)建设补充资金 47346.83 万元。

(五) 管理费用支出。2020 年,管理费用支出 2279.80 万元,同比下降 0.79%。其中,人员经费 1126.89 万元,公用经费 125.65 万元,专项经费 1027.26 万元。

四、资产风险状况

个人住房贷款。2020 年末,个人住房贷款逾期额 459.60 万元,逾期率 0.4771‰。

2020 年,提取个人贷款风险准备金 0 万元,使用个人贷款风险准备金核销呆坏账 0 万元。2020 年末,个人贷款风险准备金余额 42567.06 万元,占个人住房贷款余额的 4.42%,个人住房贷款逾期额与个人贷款风险准备金余额的比率为 1.08%。

五、社会经济效益

(一) 缴存业务。2020 年,实缴单位数、实缴职工人数和缴存额分别同比增长 6.84%、5.94%、7.33%。

缴存职工中,国家机关和事业单位占 41.30%,国有企业占 4.89%,城镇集体企业占 1.22%,外商投资企业占 13.13%,城镇私营企业及其他城镇企业占 18.10%,民办非企业单位和社会团体占 15.69%,灵活就业人员占 0.17%,其他占 5.50%;中、低收入占 97.80%,高收入占 2.20%。

新开户职工中,国家机关和事业单位占 13.46%,国有企业占 3.30%,城镇集体企业占 3.03%,外商投资企业占 13.45%，城镇私营企业及其他城镇企业占 34.39%，民办非企业单位和社会团体占 19.07%，灵活就业人员占 0.60%，其他占 12.70%；中、低收入占 99.80%，高收入占 0.20%。

（二）提取业务。2020 年，10.34 万名缴存职工提取住房公积金 407876.57 万元。

提取金额中，住房消费提取占 85.30%（购买、建造、翻建、大修自住住房占 4.27%，偿还购房贷款本息占 80.84%，租赁住房占 0.19%，其他占 0%）；非住房消费提取占 14.70%（离休和退休提取占 9.37%，完全丧失劳动能力并与单位终止劳动关系提取占 0%，出境定居占 0%，其他占 5.33%）。

提取职工中，中、低收入占 96.21%，高收入占 3.79%。

（三）贷款业务。

1. 个人住房贷款。2020 年，支持职工购建房 69.17 万平方米，年末个人住房贷款市场占有率（含公转商贴息贷款）为 9.09%，比上年末增加 0.29 个百分点。通过申请住房公积金个人住房贷款，可节约职工购房利息支出 43107.74 万元。

职工贷款笔数中，购房建筑面积 90（含）平方米以下占 10.59%，90~144（含）平方米占 81.21%，144 平方米以上占 8.20%。购买新房占 91.88%（其中购买保障性住房占 0%），购买二手房占 8.12%，建造、翻建、大修自住住房占 0%，其他占 0%。

职工贷款笔数中，单缴存职工申请贷款占 27.51%，双缴存职工申请贷款占 72.49%，三人及以上缴存职工共同申请贷款占 0%。

贷款职工中，30 岁（含）以下占 33.82%，30 岁~40 岁（含）占 36.49%，40 岁~50 岁（含）占 23.69%，50 岁以上占 6.00%；首次申请贷款占 99.62%，二次及以上申请贷款占 0.38%；中、低收入占 98.76%，高收入占 1.24%。

2. 异地贷款。2020 年，发放异地贷款 1487 笔、52981.40 万元。2020 年末，发放异地贷款总额 156669.50 万元，异地贷款余额 137971.56 万元。

（四）住房贡献率。2020 年，个人住房贷款发放额、公转商贴息贷款发放额、项目贷款发放额、住房消费提取额的总和与当年缴存额的比率为 118.36%，比上年增长 12.79 个百分点。

六、其他重要事项

（一）当年住房公积金政策调整及执行情况。

1. 疫情期间缴存政策情况。考虑到疫情期间缴存企业的现实困难，积极支持企业复工复产，我中心出台《关于进一步落实新冠肺炎疫情防控期间住房公积金阶段性支持政策的通知》，明确受新冠肺炎疫情影响的企业，可按规定申请在 2020 年 6 月 30 日前缓缴住房公积金，缓缴期间缴存时间连续计算，不影响职工正常提取和申请住房公积金贷款；在与职工充分协商的前提下，可在 2020 年 6 月 30 日前自愿缴存住房公积金，继续缴存的，自主确定缴存比例；停缴的，停缴期间缴存时间连续计算，不影响职工正常提取住房公积金和申请住房公积金贷款。

2. 疫情期间贷款政策情况。为减轻公积金借款职工疫情期间的还款压力，我中心出台《关于开通个人住房公积金贷款还款宽限期的通知》，对因感染新型肺炎住院治疗或隔离人员、疫情防控需要隔离观察人员、参加疫情防控工作人员以及受疫情影响暂时失去收入来源无法按时还款的人群，设置个人住房公积金贷款还款宽限期。职工在贷款合同约定的还款周期内向银行递交《还款宽限期申请书》以及相关证明，经中心审批同意后，银行工作人员为该职工设置还款宽限期。

3. 当年缴存基数调整情况。从2020年7月起全市缴存住房公积金的月缴存基数按职工本人2019年度的月平均工资总额核定（实行年薪制的按月均分），月缴存基数不得低于本市现行的最低月工资标准（1410元），不得超过我市统计部门公布的上一年度非私营单位在职职工月平均工资的3倍，即21507元。

4. 当年提取政策调整情况。为落实我市全面推进城镇老旧小区改造工作，加大对缴存职工家庭基本住房消费支持力度，我中心制订出台《老旧小区加装电梯提取住房公积金业务办事指南》，从2020年12月起，在我市老旧小区自住住房加装电梯的缴存职工可办理住房公积金提取业务，进一步发挥住房公积金支持中低收入群体改善居住条件的作用。

（二）当年服务改进情况。为转变服务理念、增强服务意识、改进服务措施，我中心推出多项便民举措，不断深化住房公积金领域"放管服"改革，以职工需求为着力点持续提升公积金服务水平，实现更优更高效为缴存职工服务。

1. 完善工作制度，提升服务质量。为进一步规范政务窗口服务大厅工作，提升政务服务质量，我中心重新修订完善了服务承诺制、首问首办责任制、投诉处理制、限时办结制、一次性告知制、政务公开制六项政务服务管理制度及《工作人员服务规范》《工作人员岗位职责》两项政务服务标准规范，积极提质、提速、提效，向群众提供优质服务。

2. 持续做好"就近办"，让窗口业务延伸到身边。一是开通住房公积金提取业务全市通办，市内缴存人可以跨区域办理提取业务，从而实现缴存职工"就近办"，真正做到惠民便民。二是契合群众办事需求，实行"跨省通办"。为满足缴存职工异地办事需求，我中心在前期与湖南省永州市率先开通"跨省通办"业务的基础上，通过采取全程网办、代收代办、两地联办等方式，将部分"跨省通办"业务范围扩大至全国，包括出具贷款职工住房公积金缴存使用证明、离（退）休提取住房公积金、个人信息查询，其中离（退）休提取住房公积金和个人信息查询实现了网上办理。缴存人需要出具贷款职工住房公积金缴存使用证明的，可在受理中心窗口提交申请，由受理中心和属地中心通过公积金监管平台、电话、快递等方式接洽办理业务，传送资料信息。

3. 优化减证便民服务，减轻购房职工经济负担。从2020年9月27日起，我中心取消贷款业务的存量房评估报告，即不再要求申请人提供住房公积金贷款业务中的二手房评估报告，改由各业务受托银行出具，任何银行不得以公积金贷款为由，向申请人收取二手房评估费用。取消二手房公积金贷款评估报告后，购房职工不再需要花时间、花精力、花费用购买评估公司出具的房地产评估报告，实现让缴存职工少跑路，减轻购房职工经济负担。

（三）当年信息化建设情况。2020年1月，我中心正式成立广清公积金一体化信息系统建设联合工作小组。5月，广清指挥部同意将广清公积金一体化信息系统升级工作纳入广清对口帮扶项目。9月，建设项目全面完成招标和签约工作。目前，系统建设需求调研分析工作已基本完成，存量数据治理和系统软件开发正在稳步推进，预计2021年6月份可正式上线运行。新系统上线后，将全面实现按月对冲还贷、财务自动结算、前台无纸化办公、贷款完全自主等功能，中心的管理水平、业务办理水平和信息化建设水平将迈上一个大台阶；同时，通过微信公众号、手机公积金等进一步拓展线上办理的业务范围，归集、提取、贷款等业务均可实现"网上办""指尖办"，将极大地提升公积金业务办理的便利化水平和广大缴存职工的满意度。

（四）当年住房公积金管理中心及职工所获荣誉情况。2020年，清远市精神文明建设委员会表彰了清远市文明行业服务窗口和文明行业服务标兵，我中心被评为"2020年清远市文明行业文明服务窗口"，清城区管理部黄海颜被评为"2020年清远市文明服务标兵"。余薇薇同志获"2020年度全市党委系统信息工作先进个人"称号。

东莞市住房公积金2020年年度报告

根据国务院《住房公积金管理条例》和住房和城乡建设部、财政部、人民银行《关于健全住房公积金信息披露制度的通知》（建金〔2015〕26号）的规定，经住房公积金管理委员会审议通过，现将东莞住房公积金2020年年度报告公布如下。

一、机构概况

（一）住房公积金管理委员会。东莞市住房公积金管理委员会有23名委员，2020年召开2次会议，审议通过的事项主要包括：四届四次会议——《东莞市住房公积金2019年年度报告（送审稿）》《东莞市住房公积金2019年执行情况和2020年预算草案的报告（送审稿）》《2020年度住房公积金归集使用计划（送审稿）》《东莞市确定住房公积金金融业务受委托银行操作规程（送审稿）》；四届五次会议——《关于调整部分住房公积金贷款提取政策的请示（送审稿）》。

（二）住房公积金管理中心。东莞市住房公积金管理中心为直属东莞市政府不以营利为目的的公益一类事业单位，设6个科，5个办事处。从业人员124人，其中，在编63人，非在编61人。

二、业务运行情况

（一）缴存。2020年，新开户单位7949家，净增单位1016家；新开户职工38.55万人，净增职工4.58万人；实缴单位48575家，实缴职工187.77万人，缴存额167.72亿元，分别同比增长2.14%、增长2.50%、增长15.10%。2020年末，缴存总额1169.89亿元，比上年末增加16.74%；缴存余额424.28亿元，同比增长17.86%。受委托办理住房公积金缴存业务的银行8家。

（二）提取。2020年，77.97万名缴存职工提取住房公积金；提取额103.44亿元，同比增长2.75%；提取额占当年缴存额的61.67%，比上年减少7.42个百分点。2020年末，提取总额745.61亿元，比上年末增加16.11%。

（三）贷款。

1. 个人住房贷款。个人住房贷款最高额度90.00万元，单缴存职工最高额度90.00万元，双缴存职工最高额度90.00万元。

2020年，发放个人住房贷款1.63万笔、134.15亿元，同比分别下降0.49%、增长6.40%。

2020年，回收个人住房贷款31.98亿元。

2020年末，累计发放个人住房贷款11.73万笔、585.77亿元，贷款余额392.51亿元，分别比上年末

增加16.16%、增加29.71%、增加35.19%。个人住房贷款余额占缴存余额的92.51%，比上年末增加11.86个百分点。

受委托办理住房公积金个人住房贷款业务的银行18家，比上年增加0家。

2. 异地贷款。2020年，发放异地贷款2029.00笔、165683.70万元。年末，发放异地贷款总额524036.91万元，异地贷款余额447426.76万元。

3. 公转商贴息贷款。无。

4. 住房公积金支持保障性住房建设项目贷款。无。

（四）购买国债。无。

（五）资金存储。2020年末，住房公积金存款40.59亿元。其中，活期0.06亿元，1年（含）以下定期11.00亿元，1年以上定期17.30亿元，其他（协定、通知存款等）12.23亿元。

（六）资金运用率。2020年末，住房公积金个人住房贷款余额、项目贷款余额和购买国债余额的总和占缴存余额的92.51%，比上年末增加11.86个百分点。

三、主要财务数据

（一）业务收入。2020年，业务收入129712.00万元，同比增长27.76%。存款利息18205.15万元，委托贷款利息110908.52万元，国债利息0万元，其他598.33万元。

（二）业务支出。2020年，业务支出73517.90万元，同比增长17.72%。支付职工住房公积金利息60714.41万元，归集手续费7904.58万元，委托贷款手续费4900.89万元，其他－1.98万元。

（三）增值收益。2020年，增值收益56194.10万元，同比增长43.81%。增值收益率1.41%，比上年增加0.25个百分点。

（四）增值收益分配。2020年，提取贷款风险准备金10217.31万元，提取管理费用4454.49万元，提取城市廉租住房（公共租赁住房）建设补充资金41522.30万元。

2020年，上交财政管理费用4375.00万元。上缴财政城市廉租住房（公共租赁住房）建设补充资金24318.77万元。

2020年末，贷款风险准备金余额39251.29万元。累计提取城市廉租住房（公共租赁住房）建设补充资金280611.52万元。

（五）管理费用支出。2020年，管理费用支出4323.76万元，同比增长3.00%。其中，人员经费2538.62万元，公用经费250.03万元，专项经费1535.11万元。

四、资产风险状况

（一）个人住房贷款。2020年末，个人住房贷款逾期额379.38万元，逾期率0.0967‰。个人贷款风险准备金余额39251.29万元。2020年，使用个人贷款风险准备金核销呆坏账0万元。

（二）支持保障性住房建设试点项目贷款。无。

五、社会经济效益

（一）缴存业务。缴存职工中，国家机关和事业单位占11.25%，国有企业占3.87%，城镇集体企业占 1.08%，外商投资企业占 23.59%，城镇私营企业及其他城镇企业占 53.27%，民办非企业单位和社会团体占 3.50%，灵活就业人员占 0.26%，其他占 3.18%；中、低收入占 96.16%，高收入占 3.84%。

新开户职工中，国家机关和事业单位占 3.87%，国有企业占 2.59%，城镇集体企业占 0.64%，外商投资企业占 19.95%，城镇私营企业及其他城镇企业占 67.27%，民办非企业单位和社会团体占 3.94%，灵活就业人员占 0.22%，其他占 1.52%；中、低收入占 99.01%，高收入占 0.99%。

（二）提取业务。 提取金额中，购买、建造、翻建、大修自住住房占 2.11%，偿还购房贷款本息占 62.45%，租赁住房占 24.38%，支持老旧小区改造占 0%，离休和退休提取占 5.64%，完全丧失劳动能力并与单位终止劳动关系提取占 0%，出境定居占 0.19%，其他占 5.23%。

提取职工中，中、低收入占 94.67%，高收入占 5.33%。

（三）贷款业务。

1. 个人住房贷款。2020 年，支持职工购建房 165.13 万平方米，年末个人住房贷款市场占有率为 8.50%，比上年末增加 1.02 个百分点。通过申请住房公积金个人住房贷款，可节约职工购房利息支出 288357.30 万元。

职工贷款笔数中，购房建筑面积 90（含）平方米以下占 27.14%，90～144（含）平方米占 67.83%，144 平方米以上占 5.03%。购买新房占 39.86%（其中购买保障性住房占 0%），购买二手房占 28.37%，建造、翻建、大修自住住房占 0%（其中支持老旧小区改造占 0%），其他占 31.77%。

职工贷款笔数中，单缴存职工申请贷款占 49.04%，双缴存职工申请贷款占 50.96%，三人及以上缴存职工共同申请贷款占 0%。

贷款职工中，30 岁（含）以下占 17.45%，30 岁～40 岁（含）占 58.73%，40 岁～50 岁（含）占 20.96%，50 岁以上占 2.86%；首次申请贷款占 92.34%，二次及以上申请贷款占 7.66%；中、低收入占 62.69%，高收入占 37.31%。

2. 支持保障性住房建设试点项目贷款。无。

（四）住房贡献率。 2020 年，个人住房贷款发放额、公转商贴息贷款发放额、项目贷款发放额、住房消费提取额的总和与当年缴存额的比率为 136.95%，比上年减少 12.71 个百分点。

六、其他重要事项

（一）应对新冠肺炎疫情采取的措施，落实住房公积金阶段性支持政策情况和政策实施成效。

1. 阶段性支持政策情况。

①《关于保障受疫情影响职工住房公积金贷款权益有关事项的通知》（东公积金通〔2020〕15 号），2020 年 1 月 1 日～6 月 30 日，受疫情影响的企业可依规申请缓缴、停缴 2020 年 6 月 30 日前的住房公积金，其职工缴存时间连续计算；受疫情影响的借款职工可向我中心提交证明材料申请不计逾期、延期还款。

②《关于公布疫情防控期间住房公积金阶段性惠企政策指引的通知》（东公积金通〔2020〕17 号），2020 年 6 月 30 日前，受疫情影响的企业可依规申请阶段性缓缴、阶段性降比、阶段性停缴。职工所在单位如果办理了上述业务，停缴、缓缴期间缴存时间连续计算，并可正常申请住房公积金提取及

贷款。

③《关于进一步明确新型冠状病毒疫情防控期间单位守法证明业务办理方式的通知》，根据《东莞市住房公积金管理中心关于办事窗口办理业务有关事项的通知》，现进一步明确新型冠状病毒疫情防控期间单位守法证明业务的办理方式，尽量采用快递方式办理。

④《关于公布住房公积金政务服务"延期后补"事项清单的通知》（东公积金通〔2020〕11号），2020年2月28日，根据《住房和城乡建设部办公厅关于应对新型冠状病毒感染的肺炎疫情做好住房公积金管理服务工作的通知》（建办金函〔2020〕71号）文件要求，在疫情期间，为了向企业复工复产和群众正常工作生活提供更大的支持，结合我中心工作实际，公布了住房公积金政务服务事项"延期后补"事项清单。

2. 政策实施成效。2020年3月到6月底，我中心实施了住房公积金阶段性支持政策，有178家企业申请了缓缴，89家企业申请了降低缴存比例，81家企业申请了停缴。对我市住房公积金管理未造成明显影响，近几个月正常缴存单位数比1月实缴单位数还略有增加。但阶段性支持政策在助力企业复工复产中发挥了应有的作用，为影响企业节省了周转资金，涉及金额13666.74万元。

（二）当年机构及职能调整情况、受委托办理缴存贷款业务金融机构变更情况。

2020年，我中心无发生机构及职能调整。

2020年，我市归集、贷款银行无发生变化。

2020年，我市商贷信息互通合作银行增至15家，新增广州银行股份有限公司东莞分行。

（三）当年住房公积金政策调整及执行情况，包括当年缴存基数限额及确定方法、缴存比例等缴存政策调整情况；当年提取政策调整情况；当年个人住房贷款最高贷款额度、贷款条件等贷款政策调整情况；当年住房公积金存贷款利率执行标准等；支持老旧小区改造政策落实情况。

1. 2020年，缴存基数限额及确定方法、缴存比例等未发生调整，缴存比例仍然是5%～12%。缴存基数上限为27391元，缴存基数下限为1720元。2020年2月至6月，落实阶段性应对疫情影响惠企政策，受新冠肺炎疫情影响企业在与职工充分协商后，可申请阶段性缓缴、停缴或将单位及职工缴存比例下调至1%到4%区间。

2. 2020年，提取政策发生以下调整。一是租住本市自住住房提取，增加低缴存额全额提取（月缴存额350元及以下）和租住政府保障性住房按实际租金据实申请两种方式。二是取消享受社会最低生活保障提取。三是取消职工本人或家庭成员患重大疾病提取。四是取消离职提取，港澳台同胞及外籍人士离职且账户封存后仍可按出境定居申请提取。五是取消建造、翻建、大修住房提取额度（单价2000元/平方米、建筑面积不超144平方米预（决）算金额）限制，由申请人据实申报。六是调整租房提取时效，可申请提取申请之日前12个月规定标准的住房公积金，申请当月不予计算。七是购买外市二手房应办出不动产权证满6个月方可申请提取。八是停止受理物业管理费提取。

3. 2020年，贷款政策发生以下调整。一是新增商转公贷款顺位抵押方式，可申请将部分或全部商业贷款转为公积金贷款。二是新增可贷额度上浮情形，凡符合购买装配式住宅、本市认定的特色人才或申请贷款时往前推算连续满5年（累计汇缴满60个月）未提取公积金任一情形，可贷额度可在计算公式计算额度的基础上最高上浮20%，但不得超过《贷款办法》第十条规定限额，且上浮额度不累加。三是贷款最长年限统一设定为30年，贷款年限只需审核不超过职工法定退休年龄后5年和抵押房屋土地使用权年限。四是新增等额本金还款方式，借款合同一旦签订，暂不支持还款方式的变更。五是新增展期做法，可申请延长贷款年限，但最长不超过 30 年、借款人法定退休年龄后 5 年和抵押房屋土地使用权年限。六是取消提前还款、期限变更（缩期或展期）的已还款时间限制。七是贷后连续停缴满 12 个月，将提前收回贷款或按借款合同约定贷款利率上浮 30% 计收违约金，直至重新依规正常缴存住房公积金满 6 个月为止。八是购买再交易商品住房在办妥过户手续后，应自不动产权属证书发证之日起 3 个月内提出贷款申请。九是调整供收比核定方式，由该笔公积金贷款每月应还款额不得高于职工家庭月收入的规定比例，调整为家庭总债务月均还款额不超过规定范围；债务范围包括但不限于商业贷款、向第三方提供的担保。十是降低保证金缴存比例至 5%，并鼓励、支持使用现金保函等额置换保证金，优先与使用现金保函的房地产开发企业、担保公司进行合作，直至替代保证金。十一是下调公积金贷款担保公司收费标准。2020 年 6 月 1 日起，担保费从不超过贷款额的 1% 降为 0.9%。综合服务费从不超过 3000 元/宗降为 2000 元/宗。十二是住房公积金贷款供收比规定比例从 60% 调整为 50%。十三是减免二手房公积金贷款所需资料。7 月 13 日起，购买二手房申请公积金贷款所需资料减免契税完税证明、购房发票。十四是异地缴存职工在我市申请公积金贷款的，申请人或配偶任意一方须符合户籍在东莞（以常住人口登记卡的登记机关为准）的要求。十五是调整流动性调节系数工作机制。根据《广东省住房公积金资金流动性风险预警和管理的指导意见》（粤建金〔2017〕252 号）调整为：个贷率上升至新区间且近三个月资金净流量连续为负数，市住房公积金管理中心发出通知，并于通知发出后次月起执行新区间的流动性调节系数；个贷率下降至新区间且近三个月资金净流量连续为正数，市住房公积金管理中心发出通知，并于通知发出后次月起执行新区间的流动性调节系数。十六是调整最高贷款额度，首套房最高贷款额度由 120 万元调整为 90 万元，二套房最高贷款额度由 80 万元调整为 50 万元。十七是保障受疫情影响职工住房公积金贷款权益，受疫情影响的企业依规申请缓缴、停缴 2020 年 6 月 30 日前住房公积金的，其职工缴存时间连续计算，不影响职工申请贷款；因疫情问题导致无法正常还款的不计逾期，借款人可申请延期还款，最晚可延迟至 2020 年 7 月偿还应还款项。

4.2020 年，住房公积金存贷款利率未发生调整。

5.2020 年，支持老旧小区改造政策落实情况如下。我市 2019 年 4 月 23 日起，新增本市既有住宅增设电梯提取。工程竣工验收后职工本人及配偶可一次性申请提取不超过该户应分摊的费用。

（四）当年服务改进情况，包括推进住房公积金服务"跨省通办"工作情况，服务网点、服务设施、服务手段、综合服务平台建设和其他网络载体建设服务情况等。

1. 落实"双统筹"暖企惠民举措。一是出台"受疫情影响企业可申请缓缴、停缴、降低缴存比例""保证金可用银行现金保函等额置换"等政策，帮助困难企业度过难关。二是发布"延期后补"事项清单，将《商转公确认书》《不动产登记情况查询结果列表》等有效期延长至疫情结束后 2 个月内。三是下调住房公积金贷款担保服务收费标准。

2. 推进"放管服"改进政务服务。一是落实"一门式一网式"部署，常平办事处整体进驻、石龙办事处窗口进驻所在镇政务服务中心。二是全面推行窗口业务网上预约办理，优化公积金业务预约类型、加大窗口放号量、提升窗口服务质量，满足群众办事需求。三是购买二手房申请公积金贷款所需资料减免契税完税证明、购房发票；单位出具守法证明减免营业执照和名册，仅凭《出具单位守法情况证明申请表》即可办结，工作时限从 15 个工作日调整为 5 个工作日。四是异地缴存职工申请住房公积金缴存使用证明的，中心作为受理地可"跨省通办"。五是职工投诉单位未依法缴存的，向职工手机发送短信告知案件办理进度。

3. 持续优化综合服务平台。中心逐步建设完善网上办事大厅、微信公众号、短信及自助一体机等自主服务渠道，并对接市政务一体化平台，延伸连接广东政务服务网、粤省事、"一网通办"、智慧机等重要服务渠道，与人民银行、公安、社保等进行数据共享，整合为一个规范、安全的公积金综合服务平台。2020年，各平台业务量如下：网厅6.01万笔，微信公众号124.24万笔，短信6.97万笔，"粤省事"29.74万笔，智慧机7.31万笔，广东公积金小程序0.14万笔，柜台20.37万笔，协议办理196.87万笔；12329热线接听总量14.77万通，微信公众号粉丝关注量154万人。

（五）当年信息化建设情况，包括信息系统升级改造情况，基础数据标准贯彻落实和结算应用系统接入情况等。升级单位和个人网上办事大厅，拓展网上预审业务类型，中心共有各项事项49项，实现100%事项可网办、51%事项可全程网办。

1. 上线单位网上办事大厅（二期）。实现单位缴存类业务全覆盖，新增单位经办人变更、集中封存、缴存登记注销、委托划款缴存协议办理、缴存基数调整审核、降低比例缴存、缓缴、阶段性停缴、错账调整、退单位挂账余额等业务。疫情期间阶段性缓缴、停缴、降低缴存比例等政策均实现线上申请。

2. 升级个人网上办事大厅。新增异地转入申请、逐月划扣签订（含申请及取消）、开具《职工缴存证明》《东莞市住房公积金贷款利息支出凭证》《提取情况证明》《异地贷款职工住房公积金缴存使用证明》等业务。

3. 省内首创二手房公积金贷款网上申办功能。在市政数局、不动产中心等部门通力合作下，推进部门数据先行先试和电子化手段的大胆运用，买卖双方无需到柜台办理，直接使用电脑、手机进行操作即可，率先做到购买二手房线上申请贷款。

4. 增加单位缴存登记线上办理渠道。为进一步优化营商环境，新增"一网通办"、粤商通App、广东政务服务网3个渠道供单位线上办理缴存登记，实现"零资料""秒办结"。新增通过网上自助服务大厅办理委托划款缴存业务的协议签订、暂停、恢复、变更或解除业务。

（六）当年住房公积金管理中心及职工所获荣誉情况，包括：文明单位（行业、窗口）、青年文明号、工人先锋号、五一劳动奖章（劳动模范）、三八红旗手（巾帼文明岗）、先进集体和个人等。

1.2020年度全市党内法规制度建设工作先进单位；

2.2020年度全市档案工作先进单位；

3.2020年度全市保密工作先进单位；

4.2020年度全市党内法规制度建设工作先进工作者（个人）；

5.2020年度全市档案工作先进工作者（个人）；

6.2020年度全市保密工作先进工作者（个人）；

7.2020年7月，东莞市市直机关青年党员领读计划暨微党课大赛最佳人气奖；

8.2020年12月，东莞市首届法治文化节"优秀法治动漫作品"（公积金卡通形象"家家"）；

9.2020年12月，东莞市市直机关"先锋杯"工作创新大赛优秀作品奖。

（七）当年对违反《住房公积金管理条例》和相关法规行为进行行政处罚和申请人民法院强制执行情况。2020年，中心共对3家企业作出行政处罚，申请人民法院强制执行352宗。

（八）当年对住房公积金管理人员违规行为的纠正和处理情况等。无。

（九）其他需要披露的情况。无。

中山市住房公积金2020年年度报告

根据国务院《住房公积金管理条例》和住房和城乡建设部、财政部、人民银行《关于健全住房公积金信息披露制度的通知》（建金〔2015〕26号）的规定，经住房公积金管理委员会审议通过，现将中山市住房公积金2020年年度报告公布如下。

一、机构概况

（一）**住房公积金管理委员会**。住房公积金管理委员会有17名委员，2020年由于疫情防控原因没有召开全体会议，通过书面联签方式审议通过的事项主要包括：《关于提请书面审议应对新冠肺炎疫情实施住房公积金阶段性支持政策的请示》《关于提请书面审议2019年度住房公积金年度报告、增值收益分配方案、预算执行情况及2020年归集、使用、业务收支预算及银行考核奖励等项目的请示》《关于提请书面审议延长既有住宅增设电梯可提取住房公积金时间政策的请示》和《关于提请书面审议〈中山市住房公积金资金流动性风险预警和防控方案〉的请示》。

（二）**住房公积金管理中心**。住房公积金管理中心为直属市政府管理不以营利为目的的公益一类事业单位，设4个科室5个办事处，0个管理部，0个分中心。从业人员87人，其中，在编28人，非在编59人。

二、业务运行情况

（一）**缴存**。2020年，新开户单位1540家，净增单位350家；新开户职工8.92万人，净增职工1.62万人；实缴单位9013家，实缴职工52.90万人，缴存额66.17亿元，分别同比增长4.04%、增长3.17%、增长14.59%。2020年末，缴存总额448.40亿元，比上年末增加17.31%；缴存余额154.89亿元，同比增长15.44%。受委托办理住房公积金缴存业务的银行8家。

（二）**提取**。2020年，23.88万名缴存职工提取住房公积金；提取额45.46亿元，同比增长12.55%；提取额占当年缴存额的68.70%，比上年减少1.25个百分点。2020年末，提取总额293.51亿元，比上年末增加18.33%。

（三）**贷款**。

1. 个人住房贷款。单缴存职工最高额度40.00万元，双缴存职工最高额度80.00万元。对符合条件的我市各类人才在购买首套自住住房申请住房公积金贷款时提供贷款额度上浮优惠，其中第一到第六层次高层次人才可上浮5倍的贷款额度；第七到第八层次高层次人才、副高职称人才及全日制硕士、博士研究生可上浮30%的贷款额度；紧缺适用人才可上浮20%的贷款额度。

2020年，发放个人住房贷款1.04万笔、48.03亿元，同比分别下降16.35%、下降18.53%。

2020年，回收个人住房贷款12.48亿元。

2020年末，累计发放个人住房贷款6.42万笔、223.93亿元，贷款余额144.50亿元，分别比上年末增加19.28%、增加27.31%、增加32.63%。个人住房贷款余额占缴存余额的93.30%，比上年末增加12.10个百分点。受委托办理住房公积金个人住房贷款业务的银行16家。

2. 异地贷款。2020年，发放异地贷款1771.00笔、78071.20万元。2020年末，发放异地贷款总额317110.77万元，异地贷款余额258593.39万元。

3. 公转商贴息贷款。无此类情况。

4. 住房公积金支持保障性住房建设项目贷款。无此类情况。

（四）购买国债。无此类情况。

（五）资金存储。2020年末，住房公积金存款13.62亿元。其中，活期0.01亿元，1年（含）以下定期3.17亿元，1年以上定期0亿元，其他（协定、通知存款等）10.44亿元。

（六）资金运用率。2020年末，住房公积金个人住房贷款余额、项目贷款余额和购买国债余额的总和占缴存余额的93.30%，比上年末增加12.10个百分点。

三、主要财务数据

（一）业务收入。2020年，业务收入47771.12万元，同比增长45.30%。其中，存款利息5838.47万元，委托贷款利息41932.65万元，国债利息0万元，其他0万元。

（二）业务支出。2020年，业务支出26041.05万元，同比增长17.06%。其中，支付职工住房公积金利息21952.59万元，归集手续费2548.38万元，委托贷款手续费1540.05万元，其他0.03万元。

（三）增值收益。2020年，增值收益21730.07万元，同比增长104.38%。增值收益率1.50%，比上年增加0.65个百分点。

（四）增值收益分配。2020年，提取贷款风险准备金3555.33万元，提取管理费用2528.62万元，提取城市廉租住房（公共租赁住房）建设补充资金15646.12万元。

2020年，上交财政管理费用2703.49万元。上缴财政城市廉租住房（公共租赁住房）建设补充资金3079.73万元。

2020年末，贷款风险准备金余额14450.23万元。累计提取城市廉租住房（公共租赁住房）建设补充资金95145.38万元。

（五）管理费用支出。2020年，管理费用支出2694.28万元，同比下降3.41%。其中，人员经费1378.42万元，公用经费196.76万元，专项经费1119.10万元。

四、资产风险状况

（一）个人住房贷款。2020年末，个人住房贷款逾期额399.86万元，逾期率0.2767‰。个人贷款风险准备金余额14450.23万元。2020年，使用个人贷款风险准备金核销呆坏账0万元。

（二）支持保障性住房建设试点项目贷款。无此类情况。

五、社会经济效益

（一）缴存业务。缴存职工中，国家机关和事业单位占17.56%，国有企业占10.59%，城镇集体企业

占 0.60%，外商投资企业占 23.96%，城镇私营企业及其他城镇企业占 39.62%，民办非企业单位和社会团体占 2.20%，灵活就业人员占 2.45%，其他占 3.02%；中、低收入占 93.00%，高收入占 7.00%。

新开户职工中，国家机关和事业单位占 5.64%，国有企业占 5.21%，城镇集体企业占 0.26%，外商投资企业占 23.20%，城镇私营企业及其他城镇企业占 53.02%，民办非企业单位和社会团体占 2.36%，灵活就业人员占 4.26%，其他占 6.05%；中、低收入占 99.68%，高收入占 0.32%。

（二）提取业务。提取金额中，购买、建造、翻建、大修自住住房占 5.10%，偿还购房贷款本息占 75.06%，租赁住房占 8.84%，支持老旧小区改造占 0.02%，离休和退休提取占 7.43%，完全丧失劳动能力并与单位终止劳动关系提取占 0.12%，出境定居占 0.02%，其他占 3.41%。提取职工中，中、低收入占 89.55%，高收入占 10.45%。

（三）贷款业务。

1. 个人住房贷款。2020 年，支持职工购建房 112.76 万平方米（含公转商贴息贷款），年末个人住房贷款市场占有率（含公转商贴息贷款）为 5.97%，比上年末增加 0.86 个百分点。通过申请住房公积金个人住房贷款，可节约职工购房利息支出 81690.72 万元。

职工贷款笔数中，购房建筑面积 90（含）平方米以下占 20.08%，90~144（含）平方米占 74.65%，144 平方米以上占 5.27%。购买新房占 73.88%（其中购买保障性住房占 0%），购买二手房占 26.12%，建造、翻建、大修自住住房占 0%（其中支持老旧小区改造占 0%），其他占 0%。

职工贷款笔数中，单缴存职工申请贷款占 63.52%，双缴存职工申请贷款占 36.48%，三人及以上缴存职工共同申请贷款占 0%。

贷款职工中，30 岁（含）以下占 40.37%，30 岁~40 岁（含）占 45.90%，40 岁~50 岁（含）占 12.40%，50 岁以上占 1.33%；首次申请贷款占 92.13%，二次及以上申请贷款占 7.87%；中、低收入占 95.30%，高收入占 4.70%。

2. 支持保障性住房建设试点项目贷款。无此类情况。

（四）住房贡献率。2020 年，个人住房贷款发放额、公转商贴息贷款发放额、项目贷款发放额、住房消费提取额的总和与当年缴存额的比率为 134.47%，比上年减少 30.79 个百分点。

六、其他重要事项

（一）应对新冠肺炎疫情采取的措施，落实住房公积金阶段性支持政策情况和政策实施成效。中山公积金落实应对新冠肺炎疫情实施住房公积金阶段性支持政策，疫情防控期间对企业实施可缓缴、可补缴、可降比、可停缴、可延期、减负担等住房公积金阶段性支持，累计受理申请缓缴企业 67 家，缓缴金额 214 万；降低缴存比例企业 8 家，减少缴存金额 11 万；停缴企业 2 家，停缴金额 9 万。中心协调某企业将最后补缴住房公积金的期限延迟，促使行政诉讼案以调解结案，相关做法得到省高级法院和人民法院报的宣传报道，并被司法部列为疫情防控和企业复工复产律师公益法律服务指导案例。

（二）当年机构及职能调整情况、受委托办理缴存贷款业务金融机构变更情况。无此类情况。

（三）当年住房公积金政策调整及执行情况，包括当年缴存基数限额及确定方法、缴存比例等缴存政策调整情况；当年提取政策调整情况；当年个人住房贷款最高贷款额度、贷款条件等贷款政策调整情况；当年住房公积金存贷款利率执行标准等；支持老旧小区改造政策落实情况。

1. 根据《关于做好 2020 年度我市住房公积金缴存基数和缴存额调整工作的通知》，本汇缴年度（2020 年 7 月至 2021 年 6 月）计算单位和职工每月缴存住房公积金的缴存基数为职工本人 2019 年全年工资总额（包括奖金、津贴补贴、加班加点工资等）的月平均数。2020 年汇缴年度我市新开户的职工最低住房公积金缴存基数为 1720 元，住房公积金月缴存最低限额为 172 元。

2020 年汇缴年度我市住房公积金最高月缴存基数为市统计局公布的 2019 年城镇非私营单位在岗职工月平均工资 7141 元的 3 倍即 21423 元，住房公积金月缴存最高限额为 5142 元。月均工资（实行年薪制的按月均分）未超过以上限额的，以实际工资额为住房公积金月缴存基数计算月缴存额；月均工资超过以上限额的，以上述最高限额为住房公积金月缴存基数。

2. 根据中山市人才工作领导小组颁布的《关于加强人才政策支持和服务保障的具体措施》，自 2020 年 4 月 17 日起加大对人才住房公积金贷款的政策支持力度，对符合条件的人才在购买首套自住住房申请住房公积金贷款时提供贷款额度上浮优惠，其中，第一到第六层次高层次人才可上浮 5 倍的贷款额度；第七到第八层次高层次人才、副高职称人才及全日制硕士、博士研究生可上浮 30％的贷款额度；紧缺适用人才可上浮 20％的贷款额度。

3. 根据《关于延长既有住宅增设电梯可提取住房公积金时间的通知》，自 2020 年 10 月 30 日起，我市职工及其配偶在本市行政区域范围内既有的住宅的所有权人需要使用该房屋共有部位增设电梯的，自市市场监督管理部门验收合格之日起三年内，职工及其配偶，以及其子女和配偶可一次性申请提取一次住房公积金。

4. 当年个人住房贷款条件等贷款政策无调整。

5. 当年住房公积金存贷款利率执行标准无调整，继续按照央行个人住房公积金存贷基准利率执行。

（四）当年服务改进情况，包括推进住房公积金服务"跨省通办"工作情况，服务网点、服务设施、服务手段、综合服务平台建设和其他网络载体建设服务情况等。

1. 为简化办事流程，提升行政服务效能，中山公积金通过电子证照、联网数据核查等方式，取消办理涉及本市的提取住房公积金业务所有相关证明。其中包括《职工死亡证明》《个人信用报告（征信）》（采用其他材料或授权查询的方式替代）；包括省内《居民身份证》《结婚证》《不动产权证书》《居民户口簿》《最低生活保障证》及《住房证明》（通过"粤省事"或电子证照查核）；包括涉及异地中心出具的《异地缴存使用证明及缴存流水》《异地贷款合同和还款明细》（广东省内的使用数据共享平台查核），均无需群众提供。

2. 为提升企业开办便利度，营造便捷舒心的企业营商办事环境，我市正式上线企业开办"一网通办"。申请人登录"广东省企业开办一网通办平台"，即可办理包括住房公积金企业缴存登记在内的所有企业开办事项，实现只需使用一个平台、进行一次登录操作，即可办理上述所有企业开办事项，无需在不同系统或平台之间进行切换。

3. 按照住房和城乡建设部住房公积金"跨省通办"事项工作要求，2020 年底实现的 3 项事项，包括"个人住房公积金缴存贷款等信息查询""出具贷款职工住房公积金缴存使用证明"及"正常退休提取住房公积金事项"，通过网上办事大厅、微信公众号"中山公积金"、微信小程序"粤省事"等线上办理渠道实现全流程"跨省通办"。

（五）当年信息化建设情况，包括信息系统升级改造情况，基础数据标准贯彻落实和结算应用系统接入情况等。中山公积金拓宽微信公众号业务功能，通过手机办理提取业务，无需亲临现场，无需提供纸质资料。除原有租房提取、其他住房消费提取、退休提取外，新增上线一次性付款购房提取、分期付款购房提取、纯公积金贷款购房提取、自建房提取、大修自住住房提取、既有住宅增设电梯提取、终止租房提取及其他住房消费提取协议等多项实用业务，只需使用微信公众号刷脸认证即可完成业务办理。另外，正在推进"粤省事"全业务互联网化项目建设，计划在政务云平台搭建综合服务平台，以"粤省事"、微信公众号等对外渠道的统一实施，使用政务共享数据和电子证照等平台作为数据基础，实现所有提取业务的全网上办理。

（六）当年住房公积金管理中心及职工所获荣誉情况，包括：文明单位（行业、窗口）、青年文明号、工人先锋号、五一劳动奖章（劳动模范）、三八红旗手（巾帼文明岗）、先进集体和个人等。

根据2020年7月31日《中共中山市委关于表彰中山市三八红旗手和三八红旗集体的决定》，中心会计核算科被授予"中山市三八红旗集体"荣誉称号。

根据2020年12月30日中共中山市直属机关工作委员会《关于授予2019—2020年度市直机关"党员先锋岗"称号的通报》，中心审批服务办公室获授予2019—2020年度中山市直机关"党员先锋岗"称号。

（七）当年对违反《住房公积金管理条例》和相关法规行为进行行政处罚和申请人民法院强制执行情况。 当年我中心无对违反《住房公积金管理条例》和相关法规行为进行行政处罚记录。中心申请人民法院强制执行的案件有165宗。

（八）当年对住房公积金管理人员违规行为的纠正和处理情况等。 无此类情况。

（九）其他需要披露的情况。 本报告中数据均以元为单位计算占比比例及增长率，且以元为单位四舍五入至万元、亿元，可能存在0.01（万元、亿元、百分比）的差异。

潮州市住房公积金2020年年度报告

根据国务院《住房公积金管理条例》和住房和城乡建设部、财政部、人民银行《关于健全住房公积金信息披露制度的通知》（建金〔2015〕26号）的规定，经住房公积金管理委员会审议通过，现将潮州市住房公积金2020年年度报告公布如下。

一、机构概况

（一）住房公积金管理委员会。 住房公积金管理委员会有26名委员，2020年召开1次会议，审议通过的事项主要包括：1.听取并审议市住房公积金中心汇报我市2019年住房公积金管理工作情况及2020年工作安排；2.审议《潮州市住房公积金2019年年度报告》；3.审议我市住房公积金2019年度增值收益的分配方案；4.通报2019年度商业银行公积金业务考核情况；5.制定《潮州市住房公积金业务承办银行考核办法》；6.修订《潮州市住房公积金个人住房抵押贷款办法》。

（二）住房公积金管理中心。 住房公积金管理中心为潮州市人民政府不以营利为目的的参照公务员法管理事业单位，设4个科，2个管理部。从业人员31人，其中，在编19人，非在编12人。

二、业务运行情况

（一）缴存。2020年，新开户单位145家，净增单位71家；新开户职工1.03万人，净增职工0.16万人；实缴单位1614家，实缴职工10.15万人，缴存额17.75亿元，分别同比增长4.60%、1.60%、14.07%。2020年末，缴存总额134.93亿元，比上年末增加15.15%；缴存余额48.56亿元，同比增长17.92%。受委托办理住房公积金缴存业务的银行8家。

（二）提取。2020年，3.24万名缴存职工提取住房公积金；提取额10.37亿元，同比增长14.97%；提取额占当年缴存额的58.42%，比上年增加0.45个百分点。2020年末，提取总额86.37亿元，比上年末增加13.64%。

（三）贷款。

1. 个人住房贷款。个人住房贷款最高额度60.00万元。单缴存职工个人住房贷款最高额度40.00万元，双缴存职工个人住房贷款最高额度60.00万元。

2020年，发放个人住房贷款0.18万笔、8.40亿元，同比分别下降10.00%、下降15.24%。

2020年，回收个人住房贷款3.49亿元。

2020年末，累计发放个人住房贷款1.48万笔、59.14亿元，贷款余额44.25亿元，分别比上年末增加13.85%、增加16.58%、增加12.45%。个人住房贷款余额占缴存余额的91.12%，比上年末减少4.44个百分点。受委托办理住房公积金个人住房贷款业务的银行8家。

2. 异地贷款。2020年，发放异地贷款169笔、7361.00万元。2020年末，发放异地贷款总额43058.00万元，异地贷款余额37179.12万元。

3. 公转商贴息贷款。2020年，发放公转商贴息贷款0笔、0万元，当年贴息额0万元。2020年末，累计发放公转商贴息贷款0笔、0万元，累计贴息0万元。

（四）购买国债。2020年，购买（记账式、凭证式）国债0亿元，（兑付、转让、收回）国债0.10亿元。2020年末，国债余额0亿元。

（五）资金存储。2020年末，住房公积金存款4.31亿元。其中，活期0.07亿元，1年（含）以下定期2.40亿元，1年以上定期0亿元，其他（协定、通知存款等）1.84亿元。

（六）资金运用率。2020年末，住房公积金个人住房贷款余额、项目贷款余额和购买国债余额的总和占缴存余额的91.12%，比上年末减少4.68个百分点。

三、主要财务数据

（一）业务收入。2020年，业务收入14277.97万元，同比增长19.08%。其中，存款利息771.21万元，委托贷款利息13489.29万元，国债利息17.43万元，其他0.04万元。

（二）业务支出。2020年，业务支出7135.43万元，同比增长29.12%。其中，支付职工住房公积金利息5842.84万元，归集手续费832.07万元，委托贷款手续费460.41万元，其他0.11万元。

（三）增值收益。2020年，增值收益7142.54万元，同比增长10.50%。增值收益率1.58%，比上年减少0.12个百分点。

（四）增值收益分配。2020年，提取贷款风险准备金839.93万元，提取管理费用620.13万元，提取城市廉租住房（公共租赁住房）建设补充资金 5682.48 万元。

2020 年，上交财政管理费用 620.13 万元。上缴财政城市廉租住房（公共租赁住房）建设补充资金 4945.84 万元。

2020 年末，贷款风险准备金余额 5900.96 万元。累计提取城市廉租住房（公共租赁住房）建设补充资金 22982.11 万元。

（五）管理费用支出。2020 年，管理费用支出 620.13 万元，同比增长 17.77%。其中，人员经费 385.50 万元，公用经费 19.25 万元，专项经费 215.38 万元。

四、资产风险状况

个人住房贷款。2020 年末，个人住房贷款逾期额 408.94 万元，逾期率 0.9242‰。个人贷款风险准备金余额 5900.96 万元。2020 年，使用个人贷款风险准备金核销呆坏账 0 万元。

五、社会经济效益

（一）缴存业务。缴存职工中，国家机关和事业单位占 60.77%，国有企业占 12.03%，城镇集体企业占 0.51%，外商投资企业占 18.17%，城镇私营企业及其他城镇企业占 0.79%，民办非企业单位和社会团体占 1.68%，灵活就业人员占 0.14%，其他占 5.91%；中、低收入占 100%，高收入占 0%。

新开户职工中，国家机关和事业单位占 29.85%，国有企业占 19.02%，城镇集体企业占 0.74%，外商投资企业占 18.42%，城镇私营企业及其他城镇企业占 11.40%，民办非企业单位和社会团体占 4.82%，灵活就业人员占 11.60%，其他占 4.15%；中、低收入占 100%，高收入占 0%。

（二）提取业务。提取金额中，购买、建造、翻建、大修自住住房占 16.34%，偿还购房贷款本息占 63.38%，租赁住房占 0.24%，支持老旧小区改造占 0.17%，离休和退休提取占 15.04%，完全丧失劳动能力并与单位终止劳动关系提取占 3.79%，出境定居占 0.01%，其他占 1.03%。提取职工中，中、低收入占 100%，高收入占 0%。

（三）贷款业务。

个人住房贷款。2020 年，支持职工购建房 24.60 万平方米（含公转商贴息贷款），年末个人住房贷款市场占有率（含公转商贴息贷款）为 23.89%，比上年末减少 0.66 个百分点。通过申请住房公积金个人住房贷款，可节约职工购房利息支出 2547.68 万元。

职工贷款笔数中，购房建筑面积 90（含）平方米以下占 2.54%，90～144（含）平方米占 58.05%，144 平方米以上占 39.41%。购买新房占 90.24%（其中购买保障性住房占 0%），购买二手房占 9.76%，建造、翻建、大修自住住房占 0%（其中支持老旧小区改造占 0%），其他占 0%。

职工贷款笔数中，单缴存职工申请贷款占 18.03%，双缴存职工申请贷款占 80.65%，三人及以上缴存职工共同申请贷款占 1.32%。

贷款职工中，30 岁（含）以下占 16.04%，30 岁～40 岁（含）占 40.96%，40 岁～50 岁（含）占 33.96%，50 岁以上占 9.04%；首次申请贷款占 96.42%，二次及以上申请贷款占 3.58%；中、低收入占 100%，高收入占 0%。

（四）住房贡献率。2020年，个人住房贷款发放额、公转商贴息贷款发放额、项目贷款发放额、住房消费提取额的总和与当年缴存额的比率为94.14%，比上年减少14.72个百分点。

六、其他重要事项

（一）应对新冠肺炎疫情采取的措施，落实住房公积金阶段性支持政策情况和政策实施成效。

1.2020年2月12日发布《关于疫情防控期间住房公积金业务办理相关事项的通知》（潮公积金通〔2020〕5号），具体采取了在疫情防控期间"未按时缴存可补缴""生产经营困难可缓缴"和"未能及时还款可延期"三项举措，并提出"在线办理，减少跑动"的倡议和"佩戴口罩，文明办理"的要求。

2.2020年4月13日发布《关于应对新冠肺炎疫情实施住房公积金阶段性支持政策的通知》（潮公积金通〔2020〕11号），具体针对受新冠肺炎疫情影响的企业和职工推出了在2020年6月30日前阶段性实施"可申请缓缴，缓缴期间缴存时间连续计算""不能正常还款的，暂不作逾期处理"和"可自愿缴存，不影响正常使用"三项住房公积金惠企政策。

截至2020年6月30日，受疫情影响职工无法正常还款且不作逾期处理的贷款总笔数17笔，不作逾期处理的贷款余额497.17万元，不作逾期处理的贷款应还未还本金额2.60万元。

2020年机构及职能调整情况，受委托办理缴存贷款业务金融机构变更情况：

1.2020年中心内设机构归集管理科更名为归集个贷科，个贷管理科更名为审查科。归集个贷科职能为：负责公积金的催缴、归集等工作；办理住房公积金的提取、使用；办理住房公积金贷款和贷款档案管理及催讨放贷欠款工作。审查科职能为：负责内部审计、住房公积金资金运作审查等工作；负责住房公积金信息化建设的运行、管理和维护等工作；负责受理住房公积金缴存单位及个人的检举、投诉等工作。

2.2020年受委托办理缴存贷款业务银行无变更。

（二）2020年住房公积金政策调整及执行情况。

1.2020年，我市执行住房公积金月缴存基数不得低于本市最低工资标准1410元，不得高于市统计部门公布的2019年度城镇非私营单位在岗职工月平均工资的3倍，即18643元；缴存比例下限为5%，上限为12%。

2.根据国家和省有关规定，结合我市经济社会发展及住房公积金归集使用情况，报市住房公积金管理委员会同意，2020年5月27日出台《潮州市住房公积金个人住房抵押贷款办法》对我市公积金贷款有关政策规定进行调整。

3.2020年住房公积金存款年利率执行标准为1.50%。贷款年利率执行标准为五年以内（含五年）2.75%，五年以上3.25%。

4.2020年提取公积金用于加装电梯等老旧小区自住住房改造的人数为32人，金额为174.55万元。

（三）2020年服务改进情况。

1.已有归集业务、提取业务、贷款业务和其他业务四个方面共计33项业务可以通过全程网办和代收代办方式实现跨省通办。

2.2020年12月4日潮州市住房公积金管理中心正式进驻市政数局的潮州市政务服务2号大厅集中受

理业务,为缴存单位和缴存职工提供更加方便快捷的服务。

3.2020年5月1日起,潮州市住房公积金管理中心新版微信公众号推出了刷脸登录服务,成为我市首个自建系统实现刷脸登录功能的微信公众号。2020年6月25日在广东公积金微信小程序上线查询功能,并于2020年7月8日上线两项提取业务。2020年10月14日接入广东省企业开办一网通办平台,将公积金单位缴存登记纳入一网通办平台,实现企业开办一网通办平台完全覆盖住房公积金单位缴存登记。2020年10月20日接入"好差评"业务系统,力促政务服务质量的提高。2020年10月起与部分银行的数据共享已经进入接口对接、系统改造、联调测试阶段,共同建设公积金中心与承办银行业务数据共享平台。

(四) 2020 年信息化建设情况。

1. 贯彻落实国家信用体系建设部署,2020年3月28日中心信用信息在省政务大数据中心编目,2020年6月18日将中心信用信息以"库表"方式挂接到省政务大数据中心数据共享平台的前置机。

2. 加快推进政务服务一体化平台可网办事项实现单点登录,2020年10月16日接入省统一身份认证服务,实现单点登录和 https 改造,解决个人、法人在不同地区和部门办事重复注册、无法单点登录等问题。

3. 成功接入广东省住房公积金动态稽查系统,实现业务数据、财务数据和专户资金流动、电子稽查数据的全面监管。

4. 加强"数字政府"政务云的统筹和管理,2020年10月份正式开展迁移政务云平台工作,将住房公积金信息管理系统迁移到潮州节点上,以促进信息资源共享,提高云资源利用率及政务信息系统安全性。

(五)潮州市住房公积金管理中心党支部获评市直机关"三好两强"模范党支部。中心詹晓蝶同志被潮州市政务服务数据管理局授予潮州市政务服务2020年度"窗口微笑之星"称号。

揭阳市住房公积金 2020 年年度报告

根据国务院《住房公积金管理条例》和住房和城乡建设部、财政部、人民银行《关于健全住房公积金信息披露制度的通知》(建金〔2015〕26号)的规定,经住房公积金管理委员会审议通过,现将揭阳市住房公积金2020年年度报告公布如下。

一、机构概况

(一)住房公积金管理委员会。住房公积金管理委员会有23名委员。

(二)住房公积金管理中心。住房公积金管理中心为直属市人民政府委托市住房城乡和建设局管理的不以营利为目的的参照公务员管理事业单位,设3个部,4个管理部。从业人员45人,其中,在编28人,非在编17人。

二、业务运行情况

(一)缴存。2020年,新开户单位191家,实缴单位1989家,净增单位80家;新开户职工1.05万人,实缴职工16.35万人,净增职工0.45万人;缴存额26.60亿元,同比增加7.18%。2020年末,缴存总额197.55亿元,同比增加15.56%;缴存余额90.36亿元,同比增加18.24%。

受委托办理住房公积金缴存业务的银行6家,比上年增加3家。

(二)提取。2020年,提取额12.66亿元,同比增加2.68%;占当年缴存额的47.59%,比上年减少2.08个百分点。2020年末,提取总额107.19亿元,同比增加13.39%。

(三)贷款。

1. 个人住房贷款。个人住房贷款最高额度45.00万元,其中,单缴存职工最高额度30.00万元,双缴存职工最高额度45.00万元。

2020年,发放个人住房贷款0.36万笔、12.07亿元,同比分别减少4.58%、减少7.86%。

2020年,回收个人住房贷款5.53亿元。

2020年末,累计发放个人住房贷款3.07万笔、93.21亿元,贷款余额68.42亿元,同比分别增加13.32%、增加14.87%、增加10.56%。个人住房贷款余额占缴存余额的75.72%,比上年减少5.26个百分点。

受委托办理住房公积金个人住房贷款业务的银行8家,与上年相同。

2. 无住房公积金支持保障性住房建设项目贷款。

(四)无购买国债。

(五)无融资。

(六)资金存储。2020年末,住房公积金存款22.81亿元。其中,活期0.10亿元,1年(含)以下定期4.70亿元,1年以上定期15.81亿元,其他(协定、通知存款等)2.20亿元。

(七)资金运用率。2020年末,住房公积金个人住房贷款余额、项目贷款余额和购买国债余额的总和占缴存余额的75.72%,比上年减少5.26个百分点。

三、主要财务数据

(一)业务收入。2020年,业务收入22483.92万元,同比增加8.64%。存款利息1474.04万元,委托贷款利息21008.86万元,其他1.02万元。

(二)业务支出。2020年,业务支出13232.38万元,同比增加18.88%。支付职工住房公积金利息11646.04万元,归集手续费635.43万元,委托贷款手续费950.38万元,其他0.53万元。

(三)增值收益。2020年,增值收益9251.54万元,同比减少3.27%。增值收益率1.10%,比上年减少0.27个百分点。

(四)增值收益分配。2020年,提取贷款风险准备金653.32万元,提取管理费用1101.16万元,提取城市廉租住房(公共租赁住房)建设补充资金7497.06万元。

2020年,上交财政管理费用1101.16万元。上缴财政城市廉租住房(公共租赁住房)建设补充资金7523.65万元。

2020年末，贷款风险准备金余额9483.01万元。累计提取城市廉租住房（公共租赁住房）建设补充资金41508.12万元。

（五）管理费用支出。 2020年，管理费用支出1084.16万元，同比增加15.62%。其中，人员经费522.89万元，公用经费40.87万元，专项经费520.40万元。

四、资产风险状况

（一）个人住房贷款。 2020年末，个人住房贷款逾期额204.70万元，逾期率0.2992%。

个人贷款风险准备金按新增贷款余额的1.00%提取。2020年，提取个人贷款风险准备金653.32万元。2020年末，个人贷款风险准备金余额9483.01万元，占个人住房贷款余额的1.39%，个人住房贷款逾期额与个人贷款风险准备金余额的比率为2.16%。

（二）无支持保障性住房建设试点项目贷款。

（三）无历史遗留风险资产。

五、社会经济效益

（一）缴存业务。 2020年，实缴单位数、实缴职工人数和缴存额同比分别增加4.19%、增加2.80%和增加7.18%。

缴存单位中，国家机关和事业单位占49.62%，国有企业占11.92%，城镇集体企业占0.65%，外商投资企业占1.26%，城镇私营企业及其他城镇企业占14.38%，民办非企业单位和社会团体占2.06%，其他占20.11%。

缴存职工中，国家机关和事业单位占58.61%，国有企业占14.10%，城镇集体企业占0.62%，外商投资企业占0.97%，城镇私营企业及其他城镇企业占9.11%，民办非企业单位和社会团体占0.67%，灵活就业人员占0.04%，其他占15.88%；中、低收入占97.96%，高收入占2.04%。

新开户职工中，国家机关和事业单位占26.67%，国有企业占22.70%，城镇集体企业占0.67%，外商投资企业占3.51%，城镇私营企业及其他城镇企业占32.83%，民办非企业单位和社会团体占0.89%，灵活就业人员占0.49%，其他占12.24%；中、低收入占99.31%，高收入占0.69%。

（二）提取业务。 2020年，2.63万名缴存职工提取住房公积金12.66亿元。

提取金额中，住房消费提取占75.72%（购买、建造、翻建、大修自住住房9.17%，偿还购房贷款本息占66.35%，租赁住房占0.07%，其他占0.13%）；非住房消费提取占24.28%（离休和退休提取占20.71%，完全丧失劳动能力并与单位终止劳动关系提取占0.06%，户口迁出本市或出境定居占0.01%，其他占3.50%）。

提取职工中，中、低收入占96.78%，高收入占3.22%。

（三）贷款业务。

1. 个人住房贷款。2020年，支持职工购建房51.99万平方米，年末个人住房贷款市场占有率为20.10%，比上年减少1.23个百分点。通过申请住房公积金个人住房贷款，可节约职工购房利息支出21099.64万元。

职工贷款笔数中，购房建筑面积90（含）平方米以下占0.78%，90～144（含）平方米占55.08%，

144 平方米以上占 44.14%。购买新房占 92.34%，购买存量商品住房占 7.66%。

职工贷款笔数中，单缴存职工申请贷款占 15.96%，双缴存职工申请贷款占 83.07%，三人及以上缴存职工共同申请贷款占 0.97%。

贷款职工中，30 岁（含）以下占 25.85%，30 岁~40 岁（含）占 40.03%，40 岁~50 岁（含）占 27.57%，50 岁以上占 6.55%；首次申请贷款占 96.03%，二次及以上申请贷款占 3.97%；中、低收入占 97.86%，高收入占 2.14%。

2. 异地贷款。2020 年，发放异地贷款 296.00 笔、7826.00 万元。2020 年末，发放异地贷款总额 47679.00 万元，异地贷款余额 41801.77 万元。

3. 无公转商贴息贷款。

4. 无支持保障性住房建设试点项目贷款。

（四）住房贡献率。 2020 年，个人住房贷款发放额、公转商贴息贷款发放额、项目贷款发放额、住房消费提取额的总和与当年缴存额的比率为 81.40%，比上年减少 9.03 个百分点。

六、其他重要事项

（一）应对新冠肺炎疫情采取的措施及实施成效。 为应对新冠肺炎疫情，推出一系列阶段性支持企业及职工的服务保障措施，维护企业和职工的权益，支持企业复工复产。一是受新冠肺炎疫情影响的企业，可按规定在 2020 年 6 月 30 日前申请缓缴 2020 年 1 至 6 月的住房公积金，缓缴期间缴存时间连续计算，不影响职工正常提取和申请公积金贷款。二是受新冠肺炎疫情影响的职工，2020 年 6 月 30 日前住房公积金贷款不能正常还款的，不作逾期处理。三是受新冠肺炎疫情影响较严重的企业，在与职工充分协商的前提下，可按规定在 2020 年 6 月 30 日前申请停缴 2020 年 1 至 6 月的住房公积金，停缴期间时间连续计算，不影响职工正常提取住房公积金和申请公积金贷款。四是零跑动，职工可通过线上办理公积金缴存、提取和信息查询等业务。共支持缓缴企业 11 家，缓缴职工 941 人，缓缴金额 143.84 万元；无降低缴存比例及停缴的企业；支持 2 笔受疫情影响无法正常还款且不作逾期处理的贷款，贷款余额共 54.04 万元，应还未还本金额 0.95 万元。

（二）当年机构职能调整情况、缴存贷款业务金融机构变更情况。 当年机构职能无调整；缴存业务金融机构新增 3 家，为广发银行、交通银行和揭东农商行；贷款业务金融机构没有变更。

（三）当年住房公积金政策调整及执行情况。

1. 当年缴存政策调整情况。一是自 2020 年 7 月 1 日起，本市单位和职工缴存住房公积金的月工资基数上限为所在区榕城区平均工资的 3 倍 19644 元；下限为本市现行最低工资标准 1410 元；住房公积金缴存比例上限 12%，下限 5%；二是新增个人自愿缴存住房公积金业务，将农业转移人口、自由职业者、个体工商户及其他灵活就业人员纳入住房公积金缴存范围，享受我市住房公积金缴存职工的同等权利。

2. 当年提取政策调整情况。新增既有住宅增设电梯可提取住房公积金。

3. 当年贷款政策调整情况。自 2020 年 1 月 8 号起重新受理异地住房公积金个人住房贷款。

4. 当年住房公积金存贷款利率及执行情况。按照《关于完善职工住房公积金账户存款利率形成机制的通知》（银发〔2016〕43 号）规定，职工住房公积金账户存款利率统一按一年期定期存款基准利率执行。

根据中国人民银行人民币贷款利率的规定，住房公积金贷款利率为：五年以下（含五年）为2.75%，五年以上为3.25%。

5. 支持老旧小区改造政策落实情况。为支持老旧小区改造，印发了《关于既有住宅增设电梯提取住房公积金有关事项的通知》（揭公积金管委〔2020〕5号），揭阳市行政区域范围内既有住宅增设电梯的房屋所有权人及其配偶，可提取其名下的住房公积金。

（四）当年服务改进情况。

1. 深化"放管服"改革，力行"减证便民"。

一是取消我市住房公积金个人住房贷款业务受理要件中的二手房评估报告，改为由借款申请人向中心书面承诺房屋交易的真实价格，房产价格以缴纳契税时税务机关认定的该房产的价格与买卖双方交易价格孰低确认。

二是简化提取办理要件，揭阳市新一代住房公积金信息管理系统上线后，即2019年2月份以后办理过住房公积金提取业务，再次以同一事由提取住房公积金的，按要求提交相关申请材料原件供核对即可，免交相关复印件。

2. 扩展线上服务，推进"跨省通办"。

一是开通了纯公积金还贷提取业务，只要在新系统上线后，即2019年2月份以后在线下办理过公积金贷款提取业务，就不用再到公积金业务窗口填表和提交各种证明材料，只需动动手指，在手机上登录"粤省事"小程序就可以完成纯公积金还贷提取申请。

二是实现省内异地转移接续线上办理，职工在省内新就职城市缴存住房公积金满半年申请住房公积金异地转移业务，只需要登录"广东公积金"小程序，输入转出住房公积金账户相关信息，即可将异地住房公积金转移到新就职城市。

三是2020年12月实现异地贷款缴存使用证明线上申请，我市缴存职工到异地申请住房公积金贷款的，可直接登录网上业务大厅申请开具异地贷款缴存使用证明，至此，完成了"跨省通办"2020年度事项清单全部内容。

3. 力争便企惠企，优化营商环境。

一是压缩住房公积金审批时限，实现住房公积金缴存业务即办即结，提取和贷款业务审批时限"双减半"。

二是接入"广东省企业开办一网通办平台"，企业在"广东省企业开办一网通办平台"办理企业设立登记时可直接完成住房公积金缴存登记。

三是实现住房公积金归集业务"通缴通取"，缴存单位和缴存人可在我市范围内就近办理业务。

（五）当年信息化建设情况。

一是"揭阳市住房公积金管理中心新一代住房公积金信息管理系统建设项目"通过市政数据信息化建设专家组验收评审。

二是接入"广东省住房公积金动态监管平台"，有效化解和消除风险隐患，为省级监管部门的统筹管理、业务流程优化、政策调整提供数据支撑，保证公积金制度运行健康发展。

三是更新中心机房UPS供电设施，为业务系统24小时不间断运行提供稳定保障。

（六）当年对住房公积金管理人员违规行为的纠正和处理情况。 对中心普宁管理部一名干部违纪违规行为进行立案调查，根据调查结果，予以党内严重警告和行政记大过处分。

云浮市住房公积金 2020 年年度报告

根据国务院《住房公积金管理条例》和住房和城乡建设部、财政部、人民银行《关于健全住房公积金信息披露制度的通知》（建金〔2015〕26 号）的规定，经住房公积金管理委员会审议通过，现将云浮市住房公积金 2020 年年度报告公布如下。

一、机构概况

（一）住房公积金管理委员会。住房公积金管理委员会有 25 名委员，2020 年召开 2 次会议，审议通过的事项主要包括：《云浮市住房公积金管理中心劳务派遣管理办法》《云浮市 2019 年度住房公积金归集和使用计划执行情况》《云浮市 2020 年住房公积金归集和使用计划》《云浮市 2019 年度住房公积金增值收益分配方案》和《云浮市 2019 年度城市廉租住房建设补充资金分配方案》。

（二）住房公积金管理中心。住房公积金管理中心为云浮市人民政府直属管理不以营利为目的的参公管理事业单位，设 3 个科，4 个管理部，0 个分中心。目前，从业人员 69 人，其中，在编 29 人，非在编 40 人。

二、业务运行情况

（一）缴存。2020 年，新开户单位 211 家，净增单位 1 家；新开户职工 1.56 万人，净增职工 0.56 万人；实缴单位 2713 家，实缴职工 14.74 万人，缴存额 25.04 亿元，分别同比增加 0.04%、增加 3.98%、增加 12.32%。2020 年末，缴存总额 171.28 亿元，比上年末增加 17.12%；缴存余额 58.83 亿元，同比增加 12.47%。受委托办理住房公积金缴存业务的银行 4 家。

（二）提取。2020 年，5.89 万名缴存职工提取住房公积金；提取额 18.52 亿元，同比增加 13.01%；提取额占当年缴存额的 73.95%，比上年增加 0.45 个百分点。2020 年末，提取总额 112.45 亿元，比上年末增加 19.72%。

（三）贷款。

1. 个人住房贷款。个人住房贷款最高额度 30 万元（个人住房贷款最高额度政策不按单缴存职工和双缴存职工区分的城市填写）。单缴存职工最高额度 20 万元，双缴存职工最高额度 30 万元（个人住房贷款最高额度政策按单缴存职工和双缴存职工区分的城市填写）。

2020 年，发放个人住房贷款 0.50 万笔、11.32 亿元，同比分别减少 6.87%、减少 18.31%。

2020 年，回收个人住房贷款 6.10 亿元。

2020 年末，累计发放个人住房贷款 3.90 万笔、89.08 亿元，贷款余额 56.69 亿元，同比分别增加 14.64%、增加 14.55%、增加 10.13%。个人住房贷款余额占缴存余额的 96.36%，比上年减少 2.05 个百分点。受委托办理住房公积金个人住房贷款业务的银行 6 家。

2. 异地贷款。2020年，发放异地贷款624.00笔、14626.60万元。2020年末，发放异地贷款总额69125.10万元，异地贷款余额55881.17万元。

3. 公转商贴息贷款。2020年，发放公转商贴息贷款0笔、0万元，当年贴息额0万元。2020年末，累计发放公转商贴息贷款0笔、0万元，累计贴息0万元。

4. 住房公积金支持保障性住房建设项目贷款（本段仅项目贷款余额不为0的城市填写）。2020年，发放支持保障性住房建设项目贷款0亿元，回收项目贷款0亿元。2020年末，累计发放项目贷款0亿元，项目贷款余额0亿元。

（四）购买国债。2020年，购买（记账式、凭证式）国债0亿元，（兑付、转让、收回）国债0亿元。2020年末，国债余额0亿元。

（五）资金存储。2020年末，住房公积金存款3.84亿元。其中，活期0.02亿元，1年（含）以下定期0亿元，1年以上定期0亿元，其他（协定、通知存款等）3.82亿元。

（六）资金运用率。2020年末，住房公积金个人住房贷款余额、项目贷款余额和购买国债余额的总和占缴存余额的96.36%，比上年末减少2.05个百分点。

三、主要财务数据

（一）业务收入。2020年，业务收入18350.95万元，同比增加17.13%。存款利息828.99万元，委托贷款利息17521.96万元，国债利息0万元，其他0万元。

（二）业务支出。2020年，业务支出10172.39万元，同比增加13.79%。支付职工住房公积金利息8449.77万元，归集手续费846.91万元，委托贷款手续费875.66万元，其他0.05万元。

（三）增值收益。2020年，增值收益8178.56万元，同比增加21.58%，增值收益率1.46%，比上年增加0.1个百分点。

（四）增值收益分配。2020年，提取管理费用1286.44万元，提取城市廉租住房（公共租赁住房）建设补充资金6892.12万元。

2020年，上缴财政管理费用1679.55万元。

2020年末，贷款风险准备金余额6583.69万元。累计提取城市廉租住房（公共租赁住房）建设补充资金43870.18万元。

（五）管理费用支出。2020年，管理费用支出1158.79万元，同比减少24.47%。其中，人员经费476.84万元，公用经费31.83万元，专项经费650.12万元。

四、资产风险状况

（一）个人住房贷款。2020年末，个人住房贷款逾期额558.85万元，逾期率0.9858‰。

（二）支持保障性住房建设试点项目贷款（本段仅项目贷款余额不为0的城市填写）。2020年末，逾期项目贷款0万元，逾期率0%。项目贷款风险准备金余额0万元，2020年，使用项目贷款风险准备金核销呆坏账0万元。

五、社会经济效益

（一）缴存业务。缴存职工中，国家机关和事业单位占46.86%，国有企业占12.93%，城镇集体企业

占0.36%，外商投资企业占7.77%，城镇私营企业及其他城镇企业占25.10%，民办非企业单位和社会团体占1.01%，灵活就业人员占0%，其他占5.97%；中、低收入占98.38%，高收入占1.62%。

新开户职工中，国家机关和事业单位占26.28%，国有企业占5.22%，城镇集体企业占0.49%，外商投资企业占7.09%，城镇私营企业及其他城镇企业占39.42%，民办非企业单位和社会团体占3.80%，灵活就业人员占0%，其他占17.70%；中、低收入占99.90%，高收入占0.10%。

（二）提取业务。 提取金额中，购买、建造、翻建、大修自住住房占29.37%，偿还购房贷款本息占58.41%，租赁住房占0%，支持老旧小区改造占0%，离休和退休提取占8.64%，完全丧失劳动能力并与单位终止劳动关系提取占0%，出境定居占1.36%，其他占2.22%。提取职工中，中、低收入占97.84%，高收入占2.16%。

（三）贷款业务。

1. 个人住房贷款。2020年，支持职工购建房65.29万平方米（含公转商贴息贷款），年末个人住房贷款市场占有率（含公转商贴息贷款）为13.77%，比上年末减少0.78个百分点。通过申请住房公积金个人住房贷款，可节约职工购房利息支出19077.37万元。

职工贷款笔数中，购房建筑面积90（含）平方米以下占2.81%，90~144（含）平方米占79.70%，144平方米以上占17.49%。购买新房占96.38%（其中购买保障性住房占0%），购买二手房占3.58%，建造、翻建、大修自住住房占0.04%（其中支持老旧小区改造占0%），其他占0%。

职工贷款笔数中，单缴存职工申请贷款占27.40%，双缴存职工申请贷款占71.02%，三人及以上缴存职工共同申请贷款占1.58%。

贷款职工中，30岁（含）以下占40.24%，30岁~40岁（含）占34.79%，40岁~50岁（含）占20.88%，50岁以上占4.09%；首次申请贷款占93.25%，二次及以上申请贷款占6.75%；中、低收入占99.56%，高收入占0.44%。

2. 支持保障性住房建设试点项目贷款（本段仅项目贷款余额不为0的城市填写）。2020年末，累计试点项目0个，贷款额度0亿元，建筑面积0万平方米，可解决0户中低收入职工家庭的住房问题。0个试点项目贷款资金已发放并还清贷款本息。

（四）住房贡献率。 2020年，个人住房贷款发放额、公转商贴息贷款发放额、项目贷款发放额、住房消费提取额的总和与当年缴存额的比率为110.23%，比上年减少16.39个百分点。

六、其他重要事项

（一）应对新冠肺炎疫情采取的措施，落实住房公积金阶段性支持政策情况和政策实施成效。

1. 为深入贯彻落实习近平总书记关于防控新型冠状病毒感染的肺炎疫情作出的重要指示精神，根据省住房和城乡建设厅和我市政府有关要求，于2020年2月7日，我中心印发了《关于疫情防控期间办理住房公积金业务相关事项的通知》（云房金函〔2020〕12号），明确了疫情防控期间住房公积金业务办理的有关事项。一是可补缴，二是可缓缴，三是可延期。

支持企业阶段性缓缴等政策，对帮助部分企业复工复厂、度过难关，起到了重要的作用，截至2020年12月，全市共有20个企业单位1739名职工按规定以书面形式申请了住房公积金阶段性缓缴政策，已缓缴金额1244.76万元，其中企业单位缓缴金额622.38万元，职工缓缴部分622.38万元；共13个企业单位233名职工降低比例，降比例减少的缴存金额共19.94万元。

2. 全面消化完我市积压的轮候贷款，全力稳企业稳经济稳发展。为支持房地产企业复工复产，帮助化解地方性金融风险隐患，我中心制订了《关于加大贷款资金投放支持房地产企业复工复产和解决贷款轮候问题的方案》，在确保提取业务正常开展的前提下，防范资金风险，集中资金，分区域逐步加大住房公积金贷款资金投放。截至2020年12月份，全年累计加大投放6.6亿元，各县（市）区积压的轮候贷款已全部解决，有效支持了我市房地产企业复工复产，化解地方性金融风险隐患。

3. 对我市参加援助武汉疫情防控的医护人员，提供住房公积金贷款关爱政策。一是可不受缴存时间限制。对我市参加援助武汉疫情防控的医护人员，自缴存住房公积金之日起即可申请住房公积金贷款。二是可享受最高贷款额度。对我市参加援助武汉疫情防控的医护人员，符合住房公积金其他贷款条件的，可按最高贷款额度办理（个人最高贷款额度：20万，可享受次数：1次）。三是可优先发放。对我市参加援助武汉疫情防控的医护人员，成功办理的住房公积金贷款可不按贷款轮候次序优先发放。

我市参加援助武汉疫情防控的医护人员，已有2人享受了住房公积金贷款关爱政策，贷款金额共62万元。

（二）当年机构及职能调整情况、受委托办理缴存贷款业务金融机构变更情况。 鉴于机构改革和人员变动，根据《关于调整云浮市第四届住房公积金管理委员会委员的通知》（云房金〔2020〕5号），对我市住房公积金管理委员会委员作了相应的调整。

（三）当年住房公积金政策调整及执行情况，包括当年缴存基数限额及确定方法、缴存比例等缴存政策调整情况；当年提取政策调整情况；当年个人住房贷款最高贷款额度、贷款条件等贷款政策调整情况；当年住房公积金存贷款利率执行标准等；支持老旧小区改造政策落实情况。

1. 当年涉及的归集政策。为进一步规范了我市住房公积金年度调整工作，保障缴存职工权益，以上一年度月平均工资为计缴基数，印发《关于公布2020年度云浮市住房公积金月缴最低额、基准额和最高额的通知》（云房金〔2020〕39号）和《关于做好2020年度云浮市住房公积金缴存调整工作的通知》（云房金〔2020〕40号）；为进一步维护职工合法权益，在我市开展归集扩面、催建催缴有关工作，发出《关于进一步落实住房公积金制度的通知》（云房金〔2020〕61号）。

2. 当年涉及的提取政策。为更好地保障缴存职工合法权益，防范风险隐患，对《关于贯彻落实广东省住房和城乡建设厅等四部门开展治理违规提取住房公积金工作通知的实施意见实施细则》进行了修订。

3. 当年涉及的贷款政策。无。

4. 应对新冠肺炎疫情采取的措施，落实住房公积金阶段性支持政策。《关于疫情防控期间办理住房公积金业务相关事项的通知》（云房金函〔2020〕12号）。

（四）当年服务改进情况，包括推进住房公积金服务"跨省通办"工作情况，服务网点、服务设施、服务手段、综合服务平台建设和其他网络载体建设服务情况等。

1. 为加强我市住房公积金委托金融业务的管理，保障住房公积金的资金安全和资产质量，引导办理住房公积金业务的银行业金融机构有序竞争、提高服务水平，出台了对银行的考核办法。《关于印发〈云浮市住房公积金业务受托金融机构管理制度〉的通知》（云房金〔2020〕22号）、《关于印发〈云浮市住房公积金业务受托金融机构管理制度的实施细则〉的通知》（云房金〔2020〕31号）、《云浮市住房公积金归集业务承办银行考核办法（暂行）》和《云浮市住房公积金贷款业务承办银行考核办法（暂行）》。

2. 跨省通办情况。根据《国务院办公厅关于加快推进政务服务"跨省通办"的指导意见》（国办发〔2020〕35号）和《住房和城乡建设部关于做好住房公积金服务"跨省通办"工作的通知》（建办金〔2020〕53号）等文件要求，我市实现"跨省通办"的服务事项有："个人住房公积金缴存贷款等信息异地查询""住房公积金汇缴、补缴""正常退休异地提取住房公积金""异地申请住房公积金单位及个人缴存信息变更"和"异地提前还清住房公积金贷款"5项服务事项。

3. 综合服务平台建设。云浮市住房公积金管理中心网上业务办事大厅及云浮市住房公积金管理中心手机App从2020年9月30日起投入使用。为进一步全面深化"放管服"改革，加快推动我市住房公积金业务"互联网＋政务服务"模式，不断拓宽和完善网上服务渠道，提升住房公积金服务质量。在加强风险防范的基础上，通过住房公积金线上线下业务融合，优化住房公积金办事流程、简化办事材料、缩短办事时限，逐步实现住房公积金在线缴纳、业务在线办理、"群众办事零跑腿"。

（五）当年信息化建设情况，包括信息系统升级改造情况，基础数据标准贯彻落实和结算应用系统接入情况等。

1. 完成省信用信息平台的挂接工作。根据省住房城乡建设厅《关于请抓紧在政务大数据中心编目挂接信用信息的通知》，中心积极落实上级要求，完成了住房公积金单位和个人相关信息的挂接。

2. 根据《广东省企业开办一网通办平台接口规范》及广东省住房和城乡建设厅的要求，完成了住房公积金缴存登记接入广东省企业开办"一网通办"平台，实现企业开户登记与住房公积金缴存登记一网通办。

3. 接入了国家住房公积金监管平台和广东省动态稽核平台，实现我市住房公积金的电子稽查与住房和城乡建设部、省住房城乡建设厅的稽查系统对接，稽查系统的上线应用，提高了业务风险防控能力，加强了资金安全。

4. 实现了与我市住房和城乡建设部门的信息共享，通过职工的购房合同编号可获取职工购房的房屋地址、受买人、面积等多项信息，大大提高了工作效率，有效防范虚假资料，确保了业务安全。

5. 通过完成了与广东省大湾区数据共享平台对接，实现了省内各地市间的住房公积金信息的联网查询，数据共享覆盖面逐步增加，为中心的信息化建设打下牢固基础。

6. 配合市政数局加快推进电子证照在住房公积金业务的使用，通过信息共享、数据比对获取的电子证照替代实体卡证，逐步实现住房公积金政务服务"免证办"，让办事群众真正体验到"互联网＋公积金服务"的便利，成为便企利民重要举措。

（六）当年对违反《住房公积金管理条例》和相关法规行为进行行政处罚和申请人民法院强制执行情况。无。

（七）当年对住房公积金管理人员违规行为的纠正和处理情况等。无。

（八）其他需要披露的情况。无。

2020 全国住房公积金年度报告汇编

广西壮族自治区

南宁
柳州市
桂林市
梧州市
北海市
防城港市
钦州市
贵港市
玉林市
百色市
贺州市
来宾市
崇左市
河池市

广西壮族自治区住房公积金 2020 年年度报告

根据国务院《住房公积金管理条例》和住房和城乡建设部、财政部、人民银行《关于健全住房公积金信息披露制度的通知》（建金〔2015〕26 号）规定，现将广西壮族自治区住房公积金 2020 年度报告汇总公布如下。

一、机构概况

（一）住房公积金管理机构。全区共设 14 个设区城市住房公积金管理中心，1 个独立设置的分中心（南宁住房公积金管理中心区直分中心，隶属广西壮族自治区机关事务管理局）。从业人员 1408 人，其中，在编人员 783 人，非在编人员 693 人。

（二）住房公积金监管机构。广西壮族自治区住房和城乡建设厅、财政厅和人民银行南宁中心支行负责对本自治区住房公积金管理运行情况进行监督。广西壮族自治区住房和城乡建设厅设立住房公积金监管处，负责全区住房公积金日常监管工作。

二、业务运行情况

（一）缴存。2020 年，全区新开户单位 7661 家，净增单位 4359 家；新开户职工 36.77 万人，净增职工 7.81 万人；实缴单位 6.03 万家，实缴职工 310.55 万人，缴存额 528.77 亿元，分别同比增长 7.79％、2.58％和 11.26％。2020 年末，缴存总额 3931.74 亿元，比上年末增加 15.54％；缴存余额 1357.42 亿元，同比增长 10.45％。

（二）提取。2020 年，全区有 136.63 万名缴存职工提取住房公积金；提取额 400.3 亿元，同比增长 11.67％；提取额占当年缴存额的 75.7％，比 2019 年增加 0.28 个百分点。截至 2020 年末，全区提取总额累计 2574.32 亿元，比 2019 年末增加 18.41％。

（三）贷款。

1. 个人住房贷款。2020 年，全区共发放个人住房贷款 7.35 万笔、275.34 亿元，分别同比增长 20.76％和 30.51％；回收个人住房贷款 107.75 亿元。

截至 2020 年末，全区累计发放个人住房贷款 80.11 万笔、1929.95 亿元，贷款余额 1240.3 亿元，分别比上年末增加 10.1％、16.64％和 15.62％；个人住房贷款余额占缴存余额的 91.37％，比 2019 年末增加 4.09 个百分点。

2020 年，全区住房公积金共支持职工购建房 885.54 万平方米。年末个人住房贷款市场占有率（含公转商贴息贷款）为 12.47％，比 2019 年末减少 0.12 个百分点。通过住房公积金个人住房贷款，可节约职工购房利息支出 83.28 亿元。

2. 异地贷款。2020 年，全区共发放异地贷款 1278 笔、4.66 亿元。2020 年末，发放异地贷款总额 50.83 亿元，异地贷款余额 41.7 亿元。

3. 公转商贴息贷款。2020 年，全区共发放公转商贴息贷款 974 笔、27985.62 万元，支持职工购建房面积 11.53 万平方米。当年贴息额 978 万元。截至 2020 年末，全区累计发放公转商贴息贷款 10388 笔、18.9 亿元，累计贴息 7832.33 万元。

（四）购买国债。 无。

（五）融资。 2020年，全区住房公积金融资23.95亿元，归还15.06亿元。截至2020年末，全区融资总额累计49.83亿元，融资余额20.56亿元。

（六）资金存储。 2020年末，全区住房公积金存款172.46亿元。其中，活期16.71亿元，1年（含）以下定期19.18亿元，1年以上定期91.48亿元，其他（协定、通知存款等）45.1亿元。

（七）资金运用率。 2020年末，全区住房公积金个人住房贷款余额、项目贷款余额和购买国债余额的总和占缴存余额的91.37%，比2019年末增加4.09个百分点。

三、主要财务数据

（一）业务收入。 2020年，全区住房公积金业务收入42.86亿元，同比增长13.63%。其中，存款利息5.67亿元，委托贷款利息37.18亿元，国债利息0元，其他0.01亿元。

（二）业务支出。 2020年，全区住房公积金业务支出23.1亿元，同比增长18.61%。其中，支付职工住房公积金利息20.38亿元，归集手续费0.24亿元，委托贷款手续费1.41亿元，其他1.07亿元。

（三）增值收益。 2020年，全区住房公积金增值收益19.77亿元，同比增长8.32%；增值收益率1.53%，比2019年减少0.03个百分点。

（四）增值收益分配。 2020年，提取贷款风险准备金4.25亿元，提取管理费用3.92亿元，提取城市廉租住房（公共租赁住房）建设补充资金11.6亿元。

2020年，上交财政管理费用6.65亿元，上缴财政城市廉租住房（公共租赁住房）建设补充资金12.64亿元。

2020年末，贷款风险准备金余额38.56亿元，累计提取城市廉租住房（公共租赁住房）建设补充资金93.98亿元。

（五）管理费用支出。 2020年，全区住房公积金管理费用支出4.87亿元，同比增长61.79%。其中，人员经费1.27亿元，公用经费0.21亿元，专项经费3.4亿元。

四、资产风险状况

个人住房贷款。2020年末，个人住房贷款逾期额1.03亿元，逾期率0.8‰，个人贷款风险准备金余额38.51亿元。2020年，使用个人贷款风险准备金核销呆坏账0元。

五、社会经济效益

（一）缴存业务。 全区缴存职工中，国家机关和事业单位占53.37%，国有企业占22.73%，城镇集体企业占1%，外商投资企业占3.16%，城镇私营企业及其他城镇企业占15.62%，民办非企业单位和社会团体占0.82%，灵活就业人员占0.9%，其他占2.4%。按收入统计，中、低收入群体占98.16%，高收入群体占1.84%。

2020年新开户职工中，国家机关和事业单位占32.68%，国有企业占16.48%，城镇集体企业占0.72%，外商投资企业占4.89%，城镇私营企业及其他城镇企业占33.77%，民办非企业单位和社会团体占1.7%，灵活就业人员占5.4%，其他占4.36%；中、低收入群体占99.43%，高收入群体占0.57%。

（二）提取业务。 全区住房公积金提取额中，购买、建造、翻建、大修自住住房占35.52%，偿还购房贷款本息占40.05%，租赁住房占6.21%，其他住房消费提取占0.11%；离休和退休提取占12.26%，完全丧失劳动能力并与单位终止劳动关系提取占3.95%，其他占1.9%。提取职工中，中、低收入群体占97.47%，高收入群体占2.53%。

（三）贷款业务。

1. 个人住房贷款。职工贷款笔数中，购房建筑面积90（含）平方米以下占14.42%，90～144（含）平方米占73.29%，144平方米以上占12.29%；购买新房占81.07%（其中购买保障性住房占2.91%），购买二手房占18.12%；建造、翻建、大修自住住房占0.81%；单缴存职工申请贷款占46.18%，双缴存职工申请贷款占53.15%，三人及以上缴存职工共同申请贷款占0.67%。

贷款职工中，30岁（含）以下占31.27%，30岁～40岁（含）占42.03%，40岁～50岁（含）占21.37%，50岁以上占5.33%；首次申请贷款占88.97%，二次申请贷款占11.03%；中、低收入占98.29%，高收入占1.71%。

2. 住房公积金支持保障性住房建设项目贷款。2020年末，全区有住房公积金试点城市3个，试点项目4个，贷款额度2.26亿元，建筑面积21.3万平方米，可解决1993户中低收入职工家庭的住房问题。所有试点项目贷款资金已发放并还清贷款本息。

（四）住房贡献率。 2020年个人住房贷款发放额、公转商贴息贷款发放额、项目贷款发放额、住房消费提取额的总和与当年缴存额的比率为114.6%，比2019年增加9.7个百分点。

六、其他重要事项

（一）应对新冠肺炎疫情采取的政策措施、落实住房公积金阶段性支持政策情况和政策实施成效。 全面落实住房公积金阶段性支持政策助力企业和职工抗击新冠肺炎疫情。2020年2月21日，自治区住房城乡建设厅印发《全区住房城乡建设行业坚决支持打赢疫情防控阻击战促进经济稳增长的若干措施》（桂建发〔2020〕2号）；3月17日，自治区住房城乡建设厅、财政厅、人民银行南宁中心支行联合印发《关于贯彻落实住房和城乡建设部等三部门妥善应对新冠肺炎疫情实施住房公积金阶段性支持政策的通知》（桂建金管〔2020〕3号），明确受新冠肺炎疫情影响的企业可按规定申请在2020年6月30日前缓缴住房公积金，缓缴期间缴存时间连续计算，不影响职工正常提取和申请住房公积金贷款；受新冠肺炎疫情影响的职工在2020年6月30日前住房公积金贷款不能正常还款的，不作逾期处理，对支付房租压力较大的职工，可合理提高租房提取额度、灵活安排时间。要求各地分级分类为企业提供缴存服务，简化缴存业务办理流程，开辟绿色通道，加快缓缴补缴业务的受理和审批，压减证明材料，缩短办理流程，对企业和职工受疫情影响的住房公积金缴存情况认定、职工代表大会或工会讨论结果等证明材料，要适度从简，灵活运用承诺审批制，减轻企业办事负担。

在整个阶段性政策支持期间，全区共有1323个企业办理缓缴住房公积金业务，缓缴金额共计9.48亿元，有效降低了企业阶段性运营成本，释放流动性资金，支持企业可持续发展，为稳定和提振企业信心、加快推动企业复工复产发挥了积极作用；共对2416名因疫情影响无法正常偿还住房公积金贷款的职工不作逾期处理，涉及贷款余额5.61亿元；柳州、桂林、贺州等城市提高了租房提取额度，为4282名职工增加租房提取额1115.4万元。阶段性政策到期后，自治区住房城乡建设厅指导各地继续做好帮扶企业工作，跟踪评估受新冠肺炎疫情影响的全区企业恢复正常缴存情况，帮助企业提高复工率。截至2020年底，在住房公积金阶段性支持政策的帮助下，已有1261个受疫情影响缓缴住房公积金的企业恢复正常缴存，恢复正常缴存企业的比例达到95.31%。

（二）2020年住房公积金政策调整情况。全面深入开展住房公积金自愿缴存业务。为贯彻落实中共中央、国务院《关于新时代加快完善社会主义市场经济体制的意见》精神，改革完善住房公积金制度，扩大住房公积金制度受益群体，建立健全符合广西灵活就业人员特点的个人自愿缴存住房公积金机制，2020年7月，自治区住房城乡建设厅、财政厅、人民银行南宁中心支行联合印发《关于进一步深入开展个人自愿缴存住房公积金业务工作的通知》（桂建金管〔2020〕8号），提出扩大制度覆盖范围、降低贷款门槛、加大租房支持力度、建立鼓励机制、设立缴存积分制等五项改革创新举措，并在南宁、钦州、贵港、玉林、贺州、河池等六个城市试点推行，以点带面在全区范围内推行个人自愿缴存住房公积金制度，提高对自愿缴存人员缴存、提取、贷款的管理和服务水平，提升参缴人员的获得感。同时，自治区住房城乡建设厅进一步强化督促考核，一是把推动个人自愿缴存住房公积金工作纳入自治区层面的绩效考评内容；二是把推动个人自愿缴存住房公积金工作列入2020年各地住房公积金管理工作的年度考核目标，督促指导各地深入推进自愿缴存住房公积金工作。截至2020年底，全区参加自愿缴存人员共计2.49万人，归集金额2.41亿元，累计为2382名自愿缴存人员（家庭）发放住房公积金贷款8.08亿元。广西开展自愿缴存五项改革创新举措入选住房和城乡建设部2021年2月的建设工作简报进行专题报道。

（三）2020年开展监督检查情况。

1. 开展年度监督和考核。2020年6~9月，自治区住房城乡建设厅结合住房和城乡建设部住房公积金电子稽查工作实际，重新梳理、调整审计工作内容，通过政府采购，以委托会计师事务所进行审计检查的方式，对全区14个公积金中心和南宁住房公积金管理中心区直分中心2019年度住房公积金内部控制情况开展审计监督。针对审计发现的制度建设、政策执行、业务管理、资金运作等方面存在的问题，自治区住房城乡建设厅印发监督检查意见书，提出整改意见，督促及时整改。2020年10月，自治区住房城乡建设厅住房公积金委托审计模式在全国住房公积金监管信息化培训班上获经验推广。此外，自治区住房城乡建设厅和自治区财政厅完成了对各公积金中心2019年度业务和管理情况的考核，并联合印发考核通报，全面、客观地评价各公积金中心业务发展和管理情况；印发了2020年度考核指标，引导和促进各地进一步加强和规范住房公积金管理。

2. 强化电子稽查工作。2020年，自治区住房城乡建设厅严格按照住房和城乡建设部关于开展住房公积金电子稽查工作要求，按月督促各公积金中心用好电子稽查工具对业务系统进行巡检，按季度抽选部分公积金中心进行实地指导；每月及时指导各地加快推进历史业务数据清理，补齐基础数据缺漏，进一步完善电子稽查工作机制，加强风险隐患问题整改力度，完善风险防控措施预案，不断提高风险防控水平，监管效率明显提高。截至2020年底，经电子稽查工具检测，全区发现疑点总量较2019年12月下降83.69%，各地业务数据质量明显提升，新型风险隐患排查机制初步建立。

（四）2020年服务改进情况。2020年，自治区住房城乡建设厅大力提升全区住房公积金服务效能，通过强化住房公积金业务"简单办、方便办、加速办、网上办、就近办"，指导各地大力推进数据共享，优化业务流程，提高住房公积金业务办理效率，助力优化广西营商环境。一是进一步减证便民。通过取消群众填写提交缴存、提取、贷款业务纸质申请表，全面推行业务办理表单签字确认制，提高群众办事便利度，取消二手房公积金贷款评估报告要件，减轻群众获得贷款成本负担，缴存业务可实现"零材料""零见面"办理。二是全面实行贷款业务联办。全区14个设区市全部实现住房公积金贷款业务联办模式，群众办理住房公积金贷款"只进一扇门、只收一套材料、一站式办结、最多跑一次"，公积金贷款受理至抵押办结不超过10个工作日。三是业务流程再优化。认真贯彻落实广西优化营商环境企业开办要求，全区14个设区市全部实现新设立企业同步完成公积金缴存登记开户的缴存新模式，为新设立企业提供一站式住房公积金缴存登记开户服务。企业设立登记即办结住房公积金缴存开户的经验做法，入选国家发展改革委《中国营商环境报告2020》"一省一案例"，住房公积金服务效能和服务水平得到全面提升。四是实现跨省通办、同城通缴通取。自治区住房城乡建设厅认真贯彻落实国务院"放管服"改革部署，按照《住房和城乡建设部办公厅关于做好住房公积金服务"跨省通办"工作的通知》（建办金〔2020〕53号）要求，积极转变服务理念，指导14个设区市在2020年底前全部实现个人住房公积金缴存贷款等信息查询、出具贷款职工住房公积金缴存使用证明、正常退休提取住房公积金三项服务事项跨省通办。同时，全区住房公积金实现同城通缴通取，满足缴存职工异地办事需求。

（五）2020年信息化建设情况。2020年，自治区住房城乡建设厅继续推进全区住房公积金信息化建设工作。一是全面建成住房公积金综合服务平台，指导各地按照住房和城乡建设部住房公积金综合服务平台建设和验收要求开展平台建设，于2020年底实现全区15个公积金中心（分中心）全部通过住房和城乡建设部综合服务平台验收，为推动我区住房公积金事业持续高质量发展提供坚实保障。二是积极推进信息交换与共享，持续推动全区各公积金中心接入监管信息系统，实现全区住房公积金行业数据共享、各相关政府部门数据的跨部门共享，各公积金中心可直接获取工商登记信息和民族婚姻信息，为各地优化业务流程、简化办理材料提供数据支持。

（六）2020年住房公积金机构及从业人员所获荣誉情况。2020年，贵港市住房公积金管理中心获得国家级"全国文明单位"荣誉称号及地市级"青年文明号"，南宁住房公积金管理中心区直分中心保留国家级"全国文明单位"荣誉称号；北海市住房公积金管理中心获得省部级"青年文明号"；钦州市住房公积金管理中心获得省部级"三八红旗手"称号。全国共有7个集体和个人获得省部级先进集体和个人称号，有24个集体和个人获得地市级先进集体和个人称号。

南宁住房公积金2020年年度报告

根据国务院《住房公积金管理条例》和住房和城乡建设部、财政部、人民银行《关于健全住房公积金信息披露制度的通知》（建金〔2015〕26号）的规定，经住房公积金管理委员会审议通过，现将南宁住房公积金2020年年度报告公布如下。

一、机构概况

（一）住房公积金管理委员会。

1. 南宁住房公积金管理委员会。南宁住房公积金管理委员会有21名委员，2020年召开3次会议，审议通过的事项主要包括：关于调整危旧房改造住房个人住房公积金贷款的有关政策；2019年度住房公积金制度执行情况的报告；2019年度住房公积金财务收支决算和2020年度财务收支预算的报告；2020年住房公积金归集运用计划；关于调整住房公积金缴存管理的政策；关于印发规范性文件在住房公积金贷款业务引入第三方担保机构相关问题的请示；关于开展个人自愿缴存住房公积金工作的请示；关于制定南宁市个人自愿缴存使用住房公积金实施办法请示。

2. 南宁住房公积金管理中心区直分中心（以下简称区直分中心）管理委员会。自治区直属单位住房制度改革委员会承担区直单位住房公积金管理委员会职能，并将区直分中心纳入其统一管理，现有委员19名。2020年，审议通过住房公积金归集使用计划执行情况报告、增值收益分配方案、年度财务报告、住房公积金年度报告，并对住房公积金归集使用计划、单位降低缴存比例或缓缴申请、住房公积金缴存基数上下限等重要事项进行决策。

（二）住房公积金管理中心。

1. 南宁住房公积金管理中心。南宁住房公积金管理中心为直属南宁市人民政府不以营利为目的的参照公务员管理事业单位，设9个科室，6个营业部，6个管理部，1个分中心（铁路分中心）。从业人员188人，其中，在编109人，非在编79人。

2. 区直分中心。区直分中心隶属自治区机关事务管理局管理，为不以营利为目的的公益二类事业单位，主要负责区直和中直驻邕单位住房公积金的归集、管理、使用和会计核算。中心内设5个科和2个服务部，即综合科、业务科、财务科、稽核科、信息科和政务中心服务部、新民服务部。实有从业人员114人，其中，实有在编人员28人，非在编人员86人。

二、业务运行情况

（一）缴存。

1. 南宁住房公积金管理中心缴存。2020年，新开户单位2167家，净增单位61家；新开户职工9.70万人，净增职工下降0.30万人；实缴单位13301家，实缴职工64.38万人，缴存额105.89亿元，分别同比增长14.23%、下降5.42%、增长10.67%。2020年末，缴存总额781.14亿元，比上年末增加15.68%；缴存余额267.81亿元，同比增长9.13%。受委托办理住房公积金缴存业务的银行7家。

2. 区直分中心缴存。2020年，新开户单位349家，实缴单位2833家，净增单位138家；新开户职工2.65万人，实缴职工25.28万人，净增职工0.54万人。缴存额68.58亿元，分别同比增长5.12%、2.16%、13.39%。2020年末，缴存总额503.96亿元，比上年末增加15.75%；缴存余额166.09亿元，同比增长7.29%。已开展住房公积金缴存业务的银行9家，2020年新增4家。

（二）提取。

1. 南宁住房公积金管理中心提取。2020年，34.14万名缴存职工提取住房公积金；提取额83.47亿元，同比增长12.40%；提取额占当年缴存额的78.83%，比上年增加1.22个百分点。2020年末，提取总额513.34亿元，比上年末增加19.42%。

2. 区直分中心提取。2020年，12.23万名缴存职工提取住房公积金；提取额57.29亿元，同比增长20.61%；提取额占当年缴存额的83.54%，比上年增加5个百分点。2020年末，提取总额337.87亿元，同比增长20.42%。

（三）贷款。

1. 个人住房贷款。

（1）南宁住房公积金管理中心个人住房贷款。个人住房贷款最高额度60万元。

2020年，发放个人住房贷款0.88万笔、40.29亿元，同比分别增长83.33%、85.07%。其中，市中心发放个人住房贷款0.71万笔、31.90亿元，铁路分中心发放个人住房贷款0.17万笔、8.39亿元。

2020年，回收个人住房贷款17.77亿元。其中，市中心14.55亿元，铁路分中心3.22亿元。

2020年末，累计发放个人住房贷款12.90万笔、323.96亿元，贷款余额197.96亿元，分别比上年末增加7.32%、14.20%、12.83%。个人住房贷款余额占缴存余额的73.92%，比上年末增加2.43个百分点。受委托办理住房公积金个人住房贷款业务的银行7家。

（2）区直分中心个人住房贷款。个人住房贷款最高额度60万元。单缴存职工个人住房贷款最高额度60万元，双缴存职工最高额度60万元。

2020年，发放个人住房贷款0.67万笔、32.75亿元，同比分别增长62.50%、70.45%。

2020年，回收个人住房贷款12.49亿元。

2020年末，累计发放个人住房贷款6.85万笔、222.38亿元，贷款余额144.36亿元，同比分别增长10.87%、17.27%、16.32%。个人住房贷款余额占缴存余额的86.92%，比上年末增加6.75个百分点。已开展住房公积金个人住房贷款业务的银行9家，2020年新增8家。

2. 异地贷款。

（1）南宁住房公积金管理中心异地贷款。2020年，发放异地贷款72笔、3777.60万元。2020年末，发放异地贷款总额46015.50万元，异地贷款余额42805.20万元。

（2）区直分中心异地贷款。2020年，发放异地贷款250笔、12994万元。2020年末，累计发放异地贷款38897.20万元，异地贷款余额29824.58万元。

3. 公转商贴息贷款。

（1）南宁住房公积金管理中心公转商贴息贷款。2020年，未发放公转商贴息贷款，当年未产生贴息金额。2020年末，累计未发放公转商贴息贷款，也未产生贴息金额。

（2）区直分中心公转商贴息贷款。2020年，发放公转商贴息贷款0笔、0万元，当年贴息额8.30万元。2020年末，累计发放公转商贴息贷款9笔、440.50万元，累计贴息19.70万元。

（四）购买国债。南宁住房公积金管理中心与区直分中心2020年，均未购买（记账式、凭证式）国债，未发生兑付、转让、收回国债的情况。2020年末，国债余额0亿元。

（五）资金存储。

1. 南宁住房公积金管理中心资金存储。2020年末，住房公积金存款75.52亿元。其中，活期0.31亿元，1年（含）以下定期6.05亿元，1年以上定期63.51亿元，其他（协定、通知存款等）5.65亿元。

2. 区直分中心资金存储。2020年末，住房公积金存款22.79亿元。其中，活期0.009亿元，1年（含）以下定期2.20亿元，1年以上定期11.8亿元，其他（协定、通知存款等）8.78亿元。

（六）资金运用率。

1. 南宁住房公积金管理中心资金运用率。2020年末，住房公积金个人住房贷款余额、项目贷款余额和购买国债余额的总和占缴存余额的73.92%，比上年末增加2.43个百分点。

2. 区直分中心资金运用率。2020年末，住房公积金个人住房贷款余额、项目贷款余额和购买国债余额的总和占缴存余额的86.92%，比上年末增加6.75个百分点。

三、主要财务数据

（一）业务收入。

1. 南宁住房公积金管理中心业务收入。2020年，业务收入84167.95万元，同比增长15.05%。其中，市中心68665.46万元，铁路分中心15502.49万元；存款利息24678.20万元，委托贷款利息59487.85万元，国债利息0万元，其他1.90万元。

2. 区直分中心业务收入。2020年，业务收入52038.34万元，同比增长14.77%。存款利息8640.43万元，委托贷款利息43389.99万元，国债利息0万元，其他7.92万元。

（二）业务支出。

1. 南宁住房公积金管理中心业务支出。2020年，业务支出50480.04万元，同比增长43.62%。其中，市中心41759.73万元，铁路分中心8720.31万元；支付职工住房公积金利息47491.68万元，归集手续费0万元，委托贷款手续费2974.78万元，其他13.58万元。

2. 区直分中心业务支出。2020年，业务支出29475.67万元，同比增长13.31%。支付职工住房公积金利息24479.37万元，归集手续费1907.52万元，委托贷款手续费2042.65万元，其他1046.13万元。

（三）增值收益。

1. 南宁住房公积金管理中心增值收益。2020年，增值收益33687.91万元，同比下降11.36%。其中，市中心26905.73万元，铁路分中心6782.18万元；增值收益率1.32%，比上年减少0.3个百分点。

2. 区直分中心增值收益。2020年，增值收益22562.67万元，同比增长16.72%。增值收益率1.4%，比上年增加0.1个百分点。

（四）增值收益分配。

1. 南宁住房公积金管理中心增值收益分配。2020年，提取贷款风险准备金2252.06万元，提取管理费用4807.24万元，提取城市廉租住房（公共租赁住房）建设补充资金26628.61万元。

2020年，上交财政管理费用7400万元。上缴财政城市廉租住房（公共租赁住房）建设补充资金32689.80万元。其中，市中心上缴27468.25万元，铁路分中心上缴（南宁铁路局）5221.55万元。

2020年末，贷款风险准备金余额32464.31万元。累计提取城市廉租住房（公共租赁住房）建设补充资金274368.82万元。其中，市中心提取220064.64万元，铁路分中心提取54304.18万元。

2. 区直分中心收益分配。2020年，提取贷款风险准备金0万元，提取管理费用6788.67万元，提取城市廉租住房建设补充资金15774.00万元。

2020年，上交财政管理费用23039.33万元。上缴财政城市廉租住房建设补充资金27200万元。

2020年末，贷款风险准备金余额34763.97万元，累计提取城市廉租住房建设补充资金130825.75万元。

（五）管理费用支出。

1. 南宁住房公积金管理中心管理费用支出。2020年，管理费用支出4816.58万元，同比增长2.63%。其中，人员经费1809.68万元，公用经费268.66万元，专项经费2738.24万元。

市中心管理费用支出 3613.80 万元，其中，人员、公用、专项经费分别为 1396.50 万元、198.74 万元、2018.55 万元；铁路分中心管理费用支出 1202.78 万元，其中，人员、公用、专项经费分别为 413.18 万元、69.92 万元、719.68 万元。

2. 区直分中心管理费用支出。2020 年，管理费用支出 21531.52 万元，同比增长 611.24%。其中，人员经费 1086.42 万元，公用经费 412.74 万元，专项经费 20032.36 万元（含购置技术业务用房及装修费用 18855.19 万元）。

四、资产风险状况

（一）南宁住房公积金管理中心资产风险状况。2020 年末，个人住房贷款逾期额 2961.07 万元，逾期率 1.5‰，其中，市中心 1.5‰，铁路分中心 1.3‰。个人贷款风险准备金余额 32024.31 万元。2020 年，未使用个人贷款风险准备金核销呆坏账。

（二）区直分中心资产风险状况。2020 年末，个人住房贷款逾期额 1129.60 万元，逾期率 0.783‰。个人贷款风险准备金余额 34763.97 万元。2020 年，使用个人贷款风险准备金核销呆坏账 0 万元。

五、社会经济效益

（一）缴存业务。

1. 南宁住房公积金管理中心缴存业务。缴存职工中，国家机关和事业单位占 45.31%，国有企业占 24.25%，城镇集体企业占 0.76%，外商投资企业占 6.19%，城镇私营企业及其他城镇企业占 22.52%，民办非企业单位和社会团体占 0.83%，灵活就业人员占 0%，其他占 0.14%；中、低收入占 98.94%，高收入占 1.06%。

新开户职工中，国家机关和事业单位占 20.36%，国有企业占 14.34%，城镇集体企业占 0.52%，外商投资企业占 10.19%，城镇私营企业及其他城镇企业占 51.68%，民办非企业单位和社会团体占 1.99%，灵活就业人员占 0%，其他占 0.92%；中、低收入占 99.24%，高收入占 0.76%。

2. 区直分中心缴存业务。缴存职工中，国家机关和事业单位占 41.73%，国有企业占 40.33%，城镇集体企业占 1.17%，外商投资企业占 1.32%，城镇私营企业及其他城镇企业占 13.28%，民办非企业单位和社会团体占 1.04%，灵活就业人员占 0.72%，其他占 0.41%；中、低收入占 92.85%，高收入占 7.15%。

新开户职工中，国家机关和事业单位占 23.99%，国有企业占 45.54%，城镇集体企业占 0.98%，外商投资企业占 1.22%，城镇私营企业及其他城镇企业占 21.07%，民办非企业单位和社会团体占 1.82%，灵活就业人员占 4.24%，其他占 1.14%；中、低收入占 97.76%，高收入占 2.24%。

（二）提取业务。

1. 南宁住房公积金管理中心提取业务。提取金额中，购买、建造、翻建、大修自住住房占 31.17%，偿还购房贷款本息占 40.70%，租赁住房占 9.62%，支持老旧小区改造占 0%，离休和退休提取占 12.01%，完全丧失劳动能力并与单位终止劳动关系提取占 4.52%，出境定居占 0%，其他占 1.98%。提取职工中，中、低收入占 97.89%，高收入占 2.11%。

2. 区直分中心提取业务：提取金额中，购买、建造、翻建、大修自住住房占 42.36%，偿还购房贷款本息占40.60%，租赁住房占2.60%，加装电梯等老旧小区自住住房改造占0.001%，离休和退休提取占9.69%，完全丧失劳动能力并与单位终止劳动关系提取占2.64%，户口迁出本市或出境定居占1.54%，其他占0.57%。提取职工中，中、低收入占91.55%，高收入占8.45%。

（三）贷款业务。

1. 南宁住房公积金管理中心个人住房贷款。2020年，支持职工购建房93.87万平方米，年末个人住房贷款市场占有率为5.13%，比上年末减少0.16个百分点。通过申请住房公积金个人住房贷款，可节约职工购房利息支出139837.79万元。

职工贷款笔数中，购房建筑面积90（含）平方米以下占26.64%，90～144（含）平方米占68.93%，144平方米以上占4.43%。购买新房占77.55%（其中购买保障性住房占2.91%），购买二手房占22.42%，建造、翻建、大修自住住房占0.03%（其中未发生老旧小区改造房贷款）。

职工贷款笔数中，单缴存职工申请贷款占46.42%，双缴存职工申请贷款占53.52%，三人及以上缴存职工共同申请贷款占0.06%。

贷款职工中，30岁（含）以下占37.16%，30岁～40岁（含）占43.65%，40岁～50岁（含）占16.07%，50岁以上占3.12%；首次申请贷款占88.28%，二次及以上申请贷款占11.72%；中、低收入占99.70%，高收入占0.30%。

2. 区直分中心个人住房贷款。2020年，支持职工购建房75.48万平方米，年末个人住房贷款市场占有率（含公转商贴息贷款）为3.74%，与上年持平。通过申请住房公积金个人住房贷款，可节约职工购房利息支出77945.72万元。

职工贷款笔数中，购房建筑面积90（含）平方米以下占24.39%，90～144（含）平方米占68.57%，144平方米以上占7.04%。购买新房占69.95%（其中购买保障性住房占18.76%），购买二手房占30.05%。

职工贷款笔数中，单缴存职工申请贷款占79.18%，双缴存职工申请贷款占20.82%。

贷款职工中，30岁（含）以下占25.79%，30岁～40岁（含）占51.34%，40岁～50岁（含）占18.81%，50岁以上占4.06%；首次申请贷款占85.77%，二次及以上申请贷款占14.23%；中、低收入占93.48%，高收入占6.52%。

（四）住房贡献率。

1. 南宁住房公积金管理中心住房贡献率。2020年，个人住房贷款发放额40.29亿元、公转商贴息贷款发放额0亿元、项目贷款发放额0亿元、住房消费提取额68.02亿元的总和与当年缴存额105.89亿元的比率为102.29%，比上年增加17.77个百分点。

2. 区直分中心住房贡献率。2020年，个人住房贷款发放额、公转商贴息贷款发放额、项目贷款发放额、住房消费提取额的总和与当年缴存额的比率为119.23%，比上年增加21.45个百分点。

六、其他重要事项

（一）应对新冠肺炎疫情采取的措施，落实住房公积金阶段性支持政策情况和政策实施成效。

1. 南宁住房公积金管理中心。

（1）制定南宁市住房公积金阶段性缓缴政策，对受疫情影响的企业，允许申请缓缴或延期缴存住房公积金，同时进一步放宽阶段性缓缴的申报条件，简化办理程序，企业可通过邮寄、电子邮件等途径，零接触、零跑动办理缓缴业务，管理中心实现"不见面审批"。疫情期间累计办理企业缓缴496家，涉及职工9.29万人，缓缴金额4.61亿元，及时有效地帮扶各类企业减轻疫情期间生产经营成本和办事成本，共度疫情难关。截至2020年12月31日，缓缴企业中已恢复正常缴存的有479家，恢复正常汇缴及办理补缴金额共计13.60亿元。

（2）受疫情影响的企业缓缴期间，对这类单位职工的住房公积金缴存时间视同连续缴存，不影响职工正常提取和申请住房公积金贷款。有近80名缓缴企业职工申请了住房公积金贷款，该政策给受疫情影响的企业职工提供了阶段性的政策支持，最大程度的解决了这部分职工购房资金困难的问题。

（3）延长部分职工住房公积金贷款还款期限。疫情期间受理住房公积金贷款延期还款申请5人次。对因感染病毒住院治疗或隔离、疫情防控需要隔离观察、参加防疫工作，以及受疫情影响暂时失去经济收入来源等导致偿还住房公积金贷款存在困难的职工，可进行延后还款申报，所产生新的贷款逾期不计为逾期记录报送。

2. 区直分中心。为妥善应对新冠肺炎疫情，做好疫情期间服务工作，区直分中心于2020年2月18日印发《关于为打赢疫情防控阻击战加强住房公积金服务保障的通知》（桂公积发〔2020〕1号），切实减轻缴存单位和缴存人经济负担，保障缴存职工权益，倡导网上办理和自助服务，并为一线医务工作人员开设绿色通道。

为贯彻落实住房和城乡建设部等三部门妥善应对新冠肺炎疫情实施住房公积金阶段性支持政策，区直分中心于2020年4月8日印发《关于贯彻落实妥善应对新冠肺炎疫情实施住房公积金阶段性支持政策的通知》（桂公积发〔2020〕2号），对受疫情影响，缴存职工未能在规定时限内申请办理提取和贷款业务的，可延期至2020年6月30日；明确受疫情影响的企业，可按规定申请在2020年6月30日前缓缴住房公积金，缓缴期间缴存时间连续计算，不影响缴存职工正常提取和申请住房公积金贷款，切实帮助企业减轻负担，助力复工复产，共帮助28家企业办理缓缴，缓缴金额1904.02万元。目前，28家缓缴企业已全部恢复正常缴存。

（二）当年机构及职能调整情况、受委托办理缴存贷款业务金融机构变更情况。

1. 南宁住房公积金管理中心。2020年南宁住房公积金无职能调整、无受委托办理缴存贷款业务金融机构变更情况。

2. 区直分中心。2020年，区直分中心未调整职能，已开展住房公积金缴存业务的银行9家，2020年新增4家；已开展住房公积金个人住房贷款业务的银行9家，2020年新增8家。

（三）当年住房公积金政策调整及执行情况。

1. 南宁住房公积金管理中心当年住房公积金政策调整及执行情况。

（1）2020年住房公积金月缴存工资基数，不应超过职工工作所在设区城市统计部门公布的上一年度职工月平均工资的3倍。以南宁市统计局提供数据，确定2020年度住房公积金月缴存基数最高不得超过22746元。企业可结合自身经济效益状况在5%～12%范围内自主调整确定住房公积金缴存比例。单位和职工个人住房公积金月缴存额上限为2730元，月缴存基数下限为1810元。

（2）2020年11月2日，南宁住房公积金管理委员会印发了《关于调整住房公积金缴存管理有关事项的通知》（南金管规〔2020〕3号），明确从2021年起，南宁市住房公积金汇缴年度统一调整为自然年度。

缴存基数执行起止时间为当年1月1日至12月31日。

（3）2020年12月29日，南宁住房公积金管理委员会印发了《南宁市个人自愿缴存使用住房公积金实施办法》（南金管规〔2020〕4号），明确自2021年3月1日起，正式开展我市个人自愿缴存住房公积金工作。

（4）调整住房公积金贷款"二套二次"政策。为进一步提高南宁市住房公积金使用效率，加大住房公积金对缴存职工购买改善性住房的支持力度，经南宁住房公积金管理委员会审议通过了《关于调整住房公积金贷款有关政策的通知》（南金管规〔2020〕1号）。此次调整是按照坚持调控力度不放松，保持房地产市场调控政策的连续性、稳定性的原则来定位，有条件的放开"二套、二次"贷款政策，坚决遏制投机炒房行为，促进南宁市房地产市场平稳健康发展。

（5）落实高层次人才贷款政策。为贯彻落实中共南宁市委办公室、南宁市人民政府办公室印发《关于加快集聚人才资源全面落实强首府战略的若干措施》的通知（南办发〔2020〕10号）文件精神，经管委会讨论通过，印发了《南宁住房公积金管理委员会关于高层次人才使用住房公积金贷款有关政策的通知》（南金管规〔2020〕2号），对高层次人才使用住房公积金贷款提供了政策支持。

（6）推进商业贷款转住房公积金贷款顺位抵押贷款业务。根据《关于商业住房贷款转住房公积金贷款有关政策的通知》（南金管规〔2019〕5号）文件精神，进一步推进商业贷款转住房公积金贷款顺位抵押业务，除建设银行、农业银行外，2020年新增了交通银行、工商银行、中国银行、广西北部湾银行和招商银行五家银行开展商贷转公积金顺位贷款业务。

2.区直分中心当年住房公积金政策调整及执行情况。区直分中心缴存基数限额及确定方法、缴存比例调整按照《住房公积金管理条例》（国务院令第350号）、《自治区直属单位住房制度改革委员会关于加强住房公积金管理若干具体问题的通知》（区直房委会字〔2005〕4号）、《住房和城乡建设部财政部人民银行关于改进住房公积金缴存机制进一步降低企业成本的通知》（建金〔2018〕45号）等有关规定执行，职工缴存住房公积金的月工资基数不超过单位所在设区城市统计部门公布的上一年度职工月平均工资的3倍，进一步落实住房公积金降成本政策，优化营商环境，缴存比例最高不超过12%，各单位可结合自身经济效益状况，在5%~12%的范围内自主调整确定住房公积金缴存比例。根据有关规定及南宁市统计局提供的数据，经报区直房委会审批同意，确定2020年度缴存基数上限为22747元，缴存基数下限为1680元。

区直分中心个人住房公积金贷款最高额度为60万元。住房公积金存贷款利率按中国人民银行公布利率执行。职工住房公积金账户存款利率按一年期定期存款基准利率执行，现行利率为1.5%。个人住房公积金贷款利率，五年期（含）以下现行贷款利率为2.75%，五年期以上现行贷款利率为3.25%。

（四）当年服务改进情况。

1.南宁住房公积金管理中心当年服务改进情况。

（1）不断优化完善住房公积金综合服务平台。管理中心已开通公积金门户网站、12329服务热线、12329短信、网上业务大厅、查询终端、手机App、微信公众号、官方微博等八大服务渠道，实现了面向广大住房公积金缴存职工及单位的多渠道服务。通过提供线上业务服务，职工办理业务的成本和时间大大降低，不再需要多头跑、多次排队，职工足不出户、动动手指即可办理各项业务，实现"信息多跑路，群众不跑路"，群众满意度明显提升，取得了良好的经济效益和社会效益。

（2）实现新开办企业同步办理住房公积金缴存登记。通过自治区监管平台与市场监管部门信息互联，开发了系统自动办理程序，新开办企业在0.5个工作日内可完成住房公积金缴存登记，实现了单点登录、"一表填报"、一次身份验证、并联办理。

（3）实现缴存业务全程网上办理。与市人社部门打通了网厅数字证书认证的共享路径，企业使用社保Ukey登录人社网厅亦可跳转登录南宁住房公积金单位网厅办理相关业务，实现"一号登记，一网通办"，免除了企业购买多种网厅Ukey的费用支出，避免了企业多头认证、多点登录的麻烦。企业通过单位网厅直接填报相关业务数据申办业务，系统根据业务规则自动进行审批，无需企业拍照上传材料后台人工审核，全流程"零材料""零跑动"办理。

（4）全面实行全城"通缴通取"业务。在南宁市区、各县均可通办住房公积金归集、提取业务。同时，全面开展首批住房公积金"跨省通办"业务。自2020年12月28日起，管理中心采取"全程网办""代收代办"等方式，实现了个人住房公积金缴存贷款信息查询、出具贷款职工住房公积金缴存使用证明、正常退休提取住房公积金3项业务的"跨省通办"。

（5）购房提取网上业务正式上线。在南宁市行政区域内购房且经房屋网签备案的产权人及配偶，以及在南宁市城区内购房并已完成不动产登记的产权人及配偶均可以通过微信网厅、个人网厅网页版、爱南宁App、支付宝直接办理购房提取，系统自动计算可提取额度，并自动转入职工绑定的银行卡中。

（6）实现南宁市公积金贷款联办业务。即公积金中心、不动产登记中心、各受托银行三部门实现业务联办。住房公积金缴存职工办理公积金贷款"只进一扇门、只收一套材料、一站式办结、最多跑一次"，自公积金贷款受理至抵押办结不超过7.5个工作日。住房公积金贷款业务的受理窗口统一为管理中心贷款服务部以及县管理部，一次性收取住房公积金贷款申请和不动产抵押登记的申请材料，当场预签借款合同和抵押合同。

2.区直分中心当年服务改进情况。一是修订个人自愿缴存办法，建立自愿缴存鼓励机制，扩大住房公积金制度受益群体。二是开展住房公积金服务"跨省通办"，设立"跨省通办"窗口，满足缴存职工异地办事需求。三是开展商转公贷款免自筹顺位抵押业务，通过办理不动产第二顺位抵押登记手续，可免自筹住房公积金可贷额度资金，优化业务办理。四是全面推行预约办理，减少群众等待时间，避免人员聚集。五是倡导网上办理，丰富线上业务种类，个人自愿缴存开户、购房提取、偿还商业住房贷款提取等业务实现网上办理。

（五）当年信息化建设情况。

1.南宁住房公积金管理中心当年信息化建设情况。

（1）完成住房公积金综合业务管理系统竣工验收。2020年5月经过南宁市大数据发展局、市公安局网安支队及特邀专家的项目验收评审，南宁住房公积金综合业务管理系统按合同约定完成建设内容，建设符合国家相关规范，系统软硬件功能及性能满足合同要求，顺利通过项目竣工验收。

（2）开展财务会计档案电子化工作。打通管理中心与各家银行的电子数据交换通道，自动抓取银行传送的结算交易流水信息和财务工作中产生的会计凭证信息，利用信息技术将传统纸质票据转换成有效的、具有法律效力的电子凭证，以电子影像文件集中存储管理，建立财务电子档案数据库。财务会计档案电子化不仅提升了财务工作效率，减轻了工作强度，也强化了会计监督和内控管理。

2.区直分中心当年信息化建设情况。贯彻落实广西政务数据资源管理与应用改革等系列文件精神，完成政务一体化平台专业业务系统对接，完成12329话务平台与12345政府热线系统对接，完成非涉密信息系统迁移上云、非涉密业务专网迁移打通工作，完成门户网站迁移，纳入自治区大数据发展局政府网站集约化平台统一管理。

（六）当年住房公积金管理中心及职工所获荣誉情况。

1. 南宁住房公积金管理中心获荣誉情况。2020年10月，南宁住房公积金管理中心1名同志被中共南宁市委员会组织部评为全市优秀贫困村党组织第一书记，2名同志被中共南宁市委员会组织部评为优秀脱贫攻坚（乡村振兴）工作队员。2020年10月，南宁住房公积金管理中心贷款服务部被南宁总工会评为2020年度"五一巾帼标兵岗"荣誉称号。2021年1月，南宁住房公积金管理中心1名同志被中共南宁市委南宁市人民政府评为2020年度南宁市脱贫攻坚先进个人。

2. 区直分中心获荣誉情况。2020年，区直分中心通过中央文明委复查继续保留"全国文明单位"荣誉称号，获自治区直属企事业工会委员会"2019年度自治区直属企事业工会工会目标管理考核二等奖"，1名同志获广西党委宣传部评为全区"学习强国"学习积极分子，1名同志获中共自治区直属机关工委"2020年机关党员干部春节回乡开展调研活动助力打赢脱贫攻坚战调研报告"优秀奖，1名同志获自治区审计厅、广西内部审计师协会评为"2017—2019年全区内部审计工作成绩突出个人"，1名同志获中共河池市组织部通报表扬为全市表现突出的脱贫攻坚（乡村振兴）工作队员。

（七）当年对违反《住房公积金管理条例》和相关法规行为进行行政处罚和申请人民法院强制执行情况。

1. 2020年南宁住房公积金管理中心共对68件行政执法案件进行了立案处理，作出行政处理决定78件，作出行政处罚决定2件，申请法院强制执行31件，法院作出强执裁定4件，结案127件。同时，管理中心积极应对行政复议案件57件、行政诉讼案件3件，为职工追回单位欠缴少缴住房公积金240.77万元，追回以欺骗手段提取住房公积金21.33万元，追回以欺骗手段骗取住房公积金贷款115.64万元。

2. 2020年，区直分中心无违反《住房公积金管理条例》和相关法规行为进行行政处罚和申请人民法院强制执行情况。

（八）当年对住房公积金管理人员违规行为的纠正和处理情况等。2020年，南宁住房公积金管理中心与区直分中心无住房公积金管理人员违规行为。

柳州市住房公积金2020年年度报告

根据国务院《住房公积金管理条例》和住房和城乡建设部、财政部、人民银行《关于健全住房公积金信息披露制度的通知》（建金〔2015〕26号）的规定，经住房公积金管理委员会审议通过，现将柳州（市）住房公积金2020年年度报告公布如下。

一、机构概况

（一）住房公积金管理委员会。住房公积金管理委员会有名委员，2020年召开2次会议，审议通过的事项主要包括：

1.2020 第一次管委会通过议题。

（1）柳州市住房公积金管理中心 2019 年度住房公积金增值收益分配方案；

（2）柳州市住房公积金管理中心关于调整住房公积金个人贷款政策的通知；

（3）关于 2020 年住房公积金归集和资金使用计划的请示；

（4）柳州市住房公积金 2019 年年度报告。

2.2020 年第二次管委会通过议题。

（1）《柳州市住房公积金个人住房贷款轮候制试行办法》；

（2）《关于支付资金不足风险应对方案的请示》；

（3）《关于调整 2020 年度个贷发放总额的请示》；

（4）《关于在招商银行柳州分行开设住房公积金专户的请示》；

（5）《关于在浦发银行柳州分行开设住房公积金专户的请示》；

（6）《关于开展商业住房贷款转住房公积金贷款顺位抵押业务的通知（送审稿）》。

（二）住房公积金管理中心。住房公积金管理中心为直属柳州市人民政府不以营利为目的的参公事业单位，设 11 个科，5 个管理部，0 个分中心。从业人员 155 人，其中，在编 78 人，非在编 77 人。

二、业务运行情况

（一）缴存。2020 年，新开户单位 725 家，净增单位 485 家；新开户职工 3.67 万人，净增职工 0.56 万人；实缴单位 4965 家，实缴职工 35.05 万人，缴存额 60.25 亿元，分别同比增长 10.83%、1.61%、7.3%。2020 年末，缴存总额 512.10 亿元，比上年末增加 13.33%；缴存余额 154.40 亿元，同比增长 11.32%。受委托办理住房公积金缴存业务的银行 9 家。

（二）提取。2020 年，15.39 万名缴存职工提取住房公积金；提取额 44.55 亿元，同比增长 4.3%；提取额占当年缴存额的 73.94%，比上年减少 2.12 个百分点。2020 年末，提取总额 357.70 亿元，比上年末增加 14.23%。

（三）贷款。

1.个人住房贷款。个人住房贷款最高额度 40 万元（个人住房贷款最高额度政策不按单缴存职工和双缴存职工区分的城市填写）。

2020 年，发放个人住房贷款 0.87 万笔、37.80 亿元，同比分别增长 41.44%、54.78%。

2020 年，回收个人住房贷款 11.34 亿元。

2020 年末，累计发放个人住房贷款 9.63 万笔、233.84 亿元，贷款余额 149.71 亿元，分别比上年末增加 9.93%、19.28%、21.46%。个人住房贷款余额占缴存余额的 96.96%，比上年末增加 8.09 个百分点。受委托办理住房公积金个人住房贷款业务的银行 8 家。

2.异地贷款。2020 年，发放异地贷款 5 笔、197 万元。年末，发放异地贷款总额 38505.20 万元，异地贷款余额 30373.31 万元。

3.公转商贴息贷款。无。

4.住房公积金支持保障性住房建设项目贷款（本段仅项目贷款余额不为 0 的城市填写）。

（四）购买国债。无。

（五）资金存储。2020年末，住房公积金存款7.86亿元。其中，活期0.01亿元，1年（含）以下定期1.5亿元，1年以上定期2.05亿元，其他（协定、通知存款等）4.3亿元。

（六）资金运用率。2020年末，住房公积金个人住房贷款余额、项目贷款余额和购买国债余额的总和占缴存余额的96.97%，比上年末增加8.09个百分点。

三、主要财务数据

（一）业务收入。2020年，业务收入47218.31万元，同比增长11.39%。其中，存款利息4328.29万元，委托贷款利息42884.42万元，国债利息0万元，其他5.6万元。

（二）业务支出。2020年，业务支出23483.08万元，同比增长14.66%。其中，支付职工住房公积金利息21910.79万元，归集手续费0万元，委托贷款手续费1284.96万元，其他287.33万元。

（三）增值收益。2020年，增值收益23735.23万元，同比增长8.33%。增值收益率1.61%，比上年减少0.06个百分点。

（四）增值收益分配。2020年，提取贷款风险准备金0万元，提取管理费用3051.93万元，提取城市廉租住房（公共租赁住房）建设补充资金20683.30万元。

2020年，上交财政管理费用3051.93万元。上缴财政城市廉租住房（公共租赁住房）建设补充资金16217.81万元。

2020年末，贷款风险准备金余额26316.43万元。累计提取城市廉租住房（公共租赁住房）建设补充资金153113.25万元。

（五）管理费用支出。2020年，管理费用支出2995.14万元，同比增长6.54%。其中，人员经费1413.29万元，公用经费219.65万元，专项经费1362.20万元。

四、资产风险状况

（一）个人住房贷款。2020年末，个人住房贷款逾期额1366.92万元，逾期率0.91‰，个人贷款风险准备金余额26316.43万元。2020年，使用个人贷款风险准备金核销呆坏账0万元。

（二）支持保障性住房建设试点项目贷款（本段仅项目贷款余额不为0的城市填写）。

五、社会经济效益

（一）缴存业务。缴存职工中，国家机关和事业单位占41.34%，国有企业占35.36%，城镇集体企业占0.51%，外商投资企业占2.21%，城镇私营企业及其他城镇企业占13.97%，民办非企业单位和社会团体占0.67%，灵活就业人员占0.17%，其他占5.76%；中、低收入占97.20%，高收入占2.80%。

新开户职工中，国家机关和事业单位占29.01%，国有企业占25.88%，城镇集体企业占0.30%，外商投资企业占1.59%，城镇私营企业及其他城镇企业占28.41%，民办非企业单位和社会团体占1.06%，灵活就业人员占0.70%，其他占13.04%；中、低收入占99.66%，高收入占0.34%。

（二）提取业务。提取金额中，购买、建造、翻建、大修自住住房占35.09%，偿还购房贷款本息占38.20%，租赁住房占5.72%，支持老旧小区改造占0%，离休和退休提取占11.96%，完全丧失劳动能力并与单位终止劳动关系提取占7.53%，出境定居占0%，其他占1.51%。提取职工中，中、低收入占92.45%，高收入占7.55%。

(三) 贷款业务。

1. 个人住房贷款。2020年，支持职工购建房97.44万平方米（含公转商贴息贷款），年末个人住房贷款市场占有率（含公转商贴息贷款）为12.52%，比上年末增加0.9个百分点。通过申请住房公积金个人住房贷款，可节约职工购房利息支出84243.34万元。

职工贷款笔数中，购房建筑面积90（含）平方米以下占18.75%，90～144（含）平方米占70.34%，144平方米以上占10.91%。购买新房占84.41%（其中购买保障性住房占1.24%），购买二手房占15.56%，建造、翻建、大修自住住房占0.03%（其中支持老旧小区改造占0%），其他占0%。

职工贷款笔数中，单缴存职工申请贷款占62.40%，双缴存职工申请贷款占37.60%，三人及以上缴存职工共同申请贷款占0%。

贷款职工中，30岁（含）以下占32.63%，30岁～40岁（含）占42.44%，40岁～50岁（含）占19.59%，50岁以上占5.34%；首次申请贷款占86.28%，二次及以上申请贷款占13.72%；中、低收入占96.60%，高收入占3.4%。

2. 支持保障性住房建设试点项目贷款（本段仅项目贷款余额不为0的城市填写）。

(四) 住房贡献率。 2020年，个人住房贷款发放额、公转商贴息贷款发放额、项目贷款发放额、住房消费提取额的总和与当年缴存额的比率为121.16%，比上年增加18.78个百分点。

六、其他重要事项

(一) 应对新冠肺炎疫情采取的措施，落实住房公积金阶段性支持政策情况和政策实施成效。 为帮助我市企业度过难关，有效应对疫情，更好保障人民群众生命安全、身体健康和相关权益，我中心下发《关于印发应对新型冠状病毒感染的肺炎疫情住房公积金业务办理有关措施的通知》（柳房金〔2020〕1号）、《关于应对新型冠状病毒感染的肺炎疫情住房公积金业务办理的补充通知》（柳房金〔2020〕3号）。具体措施：

1. 提高当年支付租金提取住房公积金的额度，单身职工年度提取额度从9600元提高至12000元，职工家庭年度提取额度从14400元提高至18000元。

2. 疫情期间允许延期缴存公积金，经审批在2020年7月31日前内补缴全部缓缴金额的视同连续缴存；企业因疫情出现资金困难的，经职工代表大会批准可下调缴存比例（不低于5%），也可按柳州市最低工资标准为职工缴存公积金，减轻企业负担。截至2020年12月底，我中心已办理103家企业的缓缴申请，涉及职工21465人，金额1.46亿元。

3. 疫情开始前，单位所属职工及自愿缴存人住房公积金为正常状态的，并在疫情结束后3个月内及时足额补缴的，视同连续缴存，可正常申请住房公积金贷款。

4. 企业申请缓缴住房公积金并获中心批准的，2020年7月31日前，其职工在缓缴期间的缴存时间连续计算，不影响职工正常申请住房公积金贷款。

5. 2020年12月31日前，职工申请住房公积金贷款购买二手房的，受疫情影响申办时间的，所购二手房房龄上限标准顺延一年。

6. 因受新冠肺炎疫情影响暂时导致偿还住房公积金贷款存在困难的住房公积金贷款的借款人，2020

年6月30日前,需暂缓住房公积金贷款还款的,提交相关证明,经中心审批同意后,借款人在2020年1月至6月期间不能正常偿还住房公积金贷款的,不作逾期处理,已报送的予以调整。截至2020年12月31日,因受疫情影响申请暂缓住房公积金贷款还款并审批通过的5名借款人,均按借款合同约定偿还所有应还贷款本息。未发现有能力还款仍拒绝还款的情况,未发现逾期贷款情况。

(二)当年机构及职能调整情况、受委托办理缴存贷款业务金融机构变更情况。新增柳州银行股份有限公司、广西北部湾银行股份有限公司柳州分行2家委托贷款银行,全市现共有8家委托贷款银行。

(三)当年住房公积金政策调整及执行情况,包括当年缴存基数限额及确定方法、缴存比例等缴存政策调整情况;当年提取政策调整情况;当年个人住房贷款最高贷款额度、贷款条件等贷款政策调整情况;当年住房公积金存贷款利率执行标准等;支持老旧小区改造政策落实情况。

1. 缴存。2020年度柳州市(含五县)单位和个人住房公积金月缴存额上限由2019年的4320调整为4622元,月缴存额下限为182元(市区)、130元(五县);2019年度柳州市(含五县)企业及其职工住房公积金缴存比例为5%~12%,其他单位及其职工住房公积缴存比例为8%~12%,具体缴存比例由各单位根据实际情况在上述标准范围内自行确定;灵活就业人员可以自愿的原则参加住房公积金缴存,缴存比例为10%~24%,缴存上限、下限按全市统一标准执行。

2. 个人住房贷款。

(1)调整贷款政策。《关于调整部分住房公积金个人住房贷款政策的通知》(柳公积字〔2020〕5号)于10月发布,主要修改为:引入阶段性担保,提高收件和贷款发放效率;二手房房龄加贷款年限之和不大于35年;贷款额度上限由60万调整至40万元,实行住房公积金贷款额度与借款申请人及配偶住房公积金账户缴存余额挂钩核定办法。

(2)贷款利率执行标准。首次申办住房公积金贷款的,贷款利率按同期中国人民银行公布的住房公积金贷款基准利率执行;结清第一次住房公积金贷款后,第二次使用住房公积金贷款购买住房的,贷款利率为同期首套住房公积金贷款利率的1.1倍;对购买建筑产业现代化项目新建商品房的借款申请人家庭,按规定需上浮贷款利率的,贷款利率按人民银行公布的同期住房公积金贷款基准利率执行。

(四)当年服务改进情况,包括推进住房公积金服务"跨省通办"工作情况,服务网点、服务设施、服务手段、综合服务平台建设和其他网络载体建设服务情况等。

1. 2020年,为贯彻落实国务院深化"放管服"改革部署,进一步推动住房公积金服务"跨省通办"工作,缴存职工可实现异地查询个人住房公积金缴存、贷款信息;在非缴存地贷款购房时,可向购房所在地住房公积金管理中心申请出具本人住房公积金缴存使用证明;申请人正常退休,可异地提取住房公积金等三项业务,满足了缴存职工异地办事需求。

2. 协调增设柳州银行、广西北部湾银行、桂林银行、兴业银行代办网点,受理住房公积金还贷提取业务,目前全市银行还贷提取业务代办网点达到27个。

3. 进一步优化业务系统、业务办理流程,异地转移接续、个人自愿缴存开户、商业贷款和公积金组合贷款的还贷提取陆续实现网上申办,让缴存职工实现一次不用跑。

4. "多证合一"办理新设企业住房公积金缴存开户登记,提升企业开办便利度,实现"一次登录、一网通办"。企业在市场监督管理部门注册后,中心通过自治区住房和城乡建设厅获取有关登记数据,即可在住房公积金管理系统为企业预开立缴存账户,同时向企业法人发出通知短信,告知其单位缴存账号以及网厅登录地址，企业登录网厅，补录企业注册数据中缺失的如银行账户、经办人、缴存比率等信息，并签订《网厅服务协议》，即可在线上办理职工个人开户、日常变更、缴款确认等缴存业务，不需交纳费用，一次不用跑完成住房公积金账户开设。

5. 个人住房贷款业务推行一窗联办方式。职工只进一扇门、只收一套材料、一站式办结、最多跑一次，效率同比大幅提升。创造性的开设银行网点为贷款联办受理窗口，使用银行有经验的信贷人员，实现优势资源互补，在广西是首次尝试，取得了较好社会效益，现有41个住房公积金贷款业务受理银行网点。

（五）当年信息化建设情况，包括信息系统升级改造情况，基础数据标准贯彻落实和结算应用系统接入情况等。 中心根据《柳州市住房公积金信息化发展战略规划（2016—2020年）》要求，依托于柳州市数据共享平台，加强和其他部门、商业银行的数据共享，在需求清晰、风险可控的前提下进一步减少缴存职工办理业务所需的材料，不断完善综合服务平台的各项功能，不断提升"离柜率"。2020年5月，"住房公积金服务"获得"龙城市民云App"2020年度最受市民欢迎的十佳服务奖。

中心根据柳州市政府投资信息化项目竣工验收流程要求，向柳州市大数据局、柳州市信息中心提交信息化项目竣工验收申请，申请验收；2020年12月15日，"住房公积金政务信息系统综合管理平台和软件应用服务及其信息处理设备采购项目"（政府采购合同编号。LZG18-269）通过了柳州市大数据局、柳州市信息中心专家组的验收。

桂林市住房公积金2020年年度报告

根据国务院《住房公积金管理条例》和住房和城乡建设部、财政部、人民银行《关于健全住房公积金信息披露制度的通知》（建金〔2015〕26号）的规定，经住房公积金管理委员会审议通过，现将桂林市住房公积金2020年年度报告公布如下。

一、机构概况

（一）住房公积金管理委员会。 住房公积金管理委员会有25名委员，2020年召开2次会议，审议通过的事项主要包括：《桂林市住房公积金管理中心2019年工作总结及2020年工作计划》、《2020年住房公积金年度预算表》及编报说明、《2019年住房公积金归集使用计划执行情况报告》、《桂林市住房公积金2019年年度报告》、《桂林市住房公积金管理中心2020年1~8月工作总结及四季度工作计划》、《桂林市住房公积金管理中心关于申请调整桂林市第四届住房公积金管理委员会委员的请示》、《桂林市住房公积金管理中心关于申请调整桂林市第四届住房公积金管理委员会副主任委员的请示》、《关于调整住房公积金租房提取额度的通知》（讨论稿）、《关于解决易地交流干部周转住房的请示》。

（二）住房公积金管理中心。 住房公积金管理中心为直属于市人民政府的正处级公益一类参公事业单位，设11个部（科）室，11个管理部。从业人员120人，其中，在编81人，非在编39人。

二、业务运行情况

（一）缴存。2020年，新开户单位694家，净增单位206家；新开户职工3.26万人，净增职工1.18万人；实缴单位5871家，实缴职工32.11万人，缴存额52.34亿元，分别同比增长3.64％、3.82％、11.16％。2020年末，缴存总额421.18亿元，比上年末增加14.19％；缴存余额148.15亿元，同比增长8.15％。受委托办理住房公积金缴存业务的银行9家。

（二）提取。2020年，12.19万名缴存职工提取住房公积金；提取额41.17亿元，同比增长16.65％；提取额占当年缴存额的78.66％，比上年增加3.68个百分点。2020年末，提取总额273.04亿元，比上年末增加17.76％。

（三）贷款。

1. 个人住房贷款。个人住房贷款最高额度40万元。

2020年，发放个人住房贷款1.07万笔、35.37亿元，同比分别增长41.56％、49.33％。

2020年，回收个人住房贷款15.81亿元。

2020年末，累计发放个人住房贷款11.91万笔、255.49亿元，贷款余额145.37亿元，分别比上年末增加9.87％、16.07％、15.56％。个人住房贷款余额占缴存余额的98.12％，比上年末增加6.29个百分点。受委托办理住房公积金个人住房贷款业务的银行9家。

2. 异地贷款。2020年，当年没有发放异地贷款。2020年末，异地贷款余额5031.45万元。

3. 公转商贴息贷款。无。

4. 住房公积金支持保障性住房建设项目贷款。无。

（四）购买国债。无。

（五）资金存储。2020年末，住房公积金存款6.1亿元。其中，活期0.08亿元，1年（含）以下定期2.2亿元，1年以上定期0.9亿元，其他（协定、通知存款等）2.92亿元。

（六）资金运用率。2020年末，住房公积金个人住房贷款余额、项目贷款余额和购买国债余额的总和占缴存余额的98.12％，比上年末增加6.29个百分点。

三、主要财务数据

（一）业务收入。2020年，业务收入45866.9万元，同比增长9.61％。其中，存款利息2758.75万元，委托贷款利息43102.33万元，国债利息0万元，其他5.82万元。

（二）业务支出。2020年，业务支出23793.93万元，同比增长8.76％。其中，支付职工住房公积金利息21579.95万元，归集手续费0万元，委托贷款手续费1592.9万元，其他621.08万元。

（三）增值收益。2020年，增值收益22072.97万元，同比增长10.54％。增值收益率1.55％，比上年增加0.03个百分点。

（四）增值收益分配。2020年，提取贷款风险准备金1566.84万元，提取管理费用2185.58万元，提取城市廉租住房（公共租赁住房）建设补充资金18320.55万元。

2020年，上交财政管理费用3727.83万元。上缴财政城市廉租住房（公共租赁住房）建设补充资金16241.24万元。

2020年末，贷款风险准备金余额14536.54万元。累计提取城市廉租住房（公共租赁住房）建设补充资金158077.1万元。

（五）管理费用支出。 2020年，管理费用支出2185.58万元，同比下降41.37%。其中，人员经费1191.88万元，公用经费198.63万元，专项经费795.07万元。

四、资产风险状况

（一）个人住房贷款。 2020年末，个人住房贷款逾期额145.09万元，逾期率0.1‰，个人贷款风险准备金余额14536.54万元。2020年，使用个人贷款风险准备金核销呆坏账0万元。

（二）支持保障性住房建设试点项目贷款。 无。

五、社会经济效益

（一）缴存业务。 缴存职工中，国家机关和事业单位占52.43%，国有企业占18.12%，城镇集体企业占1.34%，外商投资企业占2.28%，城镇私营企业及其他城镇企业占22.45%，民办非企业单位和社会团体占1.07%，灵活就业人员占0.35%，其他占1.96%；中、低收入占97.57%，高收入占2.43%。

新开户职工中，国家机关和事业单位占30.84%，国有企业占10.57%，城镇集体企业占0.89%，外商投资企业占2.15%，城镇私营企业及其他城镇企业占48.76%，民办非企业单位和社会团体占2.52%，灵活就业人员占3.1%，其他占1.17%；中、低收入占99.58%，高收入占0.42%。

（二）提取业务。 提取金额中，购买、建造、翻建、大修自住住房占35.1%，偿还购房贷款本息占43.29%，租赁住房占0.99%，支持老旧小区改造占0%，离休和退休提取占14.51%，完全丧失劳动能力并与单位终止劳动关系提取占4.7%，出境定居占0%，其他占1.41%。提取职工中，中、低收入占96.6%，高收入占3.4%。

（三）贷款业务。

1. 个人住房贷款。2020年，支持职工购建房128.19万平方米。2020年末个人住房贷款市场占有率（含公转商贴息贷款）为15.41%，比上年末减少0.12个百分点。通过申请住房公积金个人住房贷款，可节约职工购房利息支出87162.54万元。

职工贷款笔数中，购房建筑面积90（含）平方米以下占17.49%，90～144（含）平方米占67.06%，144平方米以上占15.45%。购买新房占77.62%（其中购买保障性住房占0.74%），购买二手房占22.31%，建造、翻建、大修自住住房占0.07%（其中支持老旧小区改造占0%），其他占0%。

职工贷款笔数中，单缴存职工申请贷款占29.27%，双缴存职工申请贷款占69.72%，三人及以上缴存职工共同申请贷款占1.01%。

贷款职工中，30岁（含）以下占22.83%，30岁～40岁（含）占41.95%，40岁～50岁（含）占27.55%，50岁以上占7.67%；首次申请贷款占77.88%，二次及以上申请贷款占22.12%；中、低收入占97.29%，高收入占2.71%。

2. 支持保障性住房建设试点项目贷款。无。

（四）住房贡献率。 2020年，个人住房贷款发放额、公转商贴息贷款发放额、项目贷款发放额、住房消费提取额的总和与当年缴存额的比率为130.03%，比上年增加22.72个百分点。

六、其他重要事项

（一）应对新冠肺炎疫情采取的措施，落实住房公积金阶段性支持政策情况和政策实施成效。2020年2月21日，中心发布《桂林市住房公积金管理中心关于做好疫情防控期间住房公积金服务工作的通知》（市公积金〔2020〕3号），临时调整了疫情防控期间住房公积金相关政策措施。

2020年3月12日，中心和相关部门联合发文《桂林市住房和城乡建设局等5部门关于有效应对新冠肺炎疫情促进房地产市场平稳健康发展的通知》（市住建〔2020〕16号），出台了疫情防控期间促进房地产市场平稳健康发展的住房公积金相关政策措施。

2020年4月7日，中心和相关部门联合发文《桂林市发展和改革委员会桂林市商务局桂林市财政局桂林市工业和信息化局桂林市住房公积金管理中心中国人民银行桂林市中心支行印发关于应对疫情支持服务业企业发展的若干措施的通知》（市发改工服〔2020〕3号），出台了减轻服务业企业住房公积金负担的相关措施。

截至2020年6月30日，共有141家企业办理了公积金缓缴申请，缓缴人数19772人，累计缓缴金额5713.9万元，缓解了企业资金压力，较好保障企业有序复工复产；累计提高租房提取金额的职工人数为81人，累计提高租房提取金额13.48万元，缓解了职工租房压力；受疫情影响无法正常还款申请不作逾期处理的人数为2人，缓解了其还贷压力；企业申请缓缴期间，职工不受影响，可以正常购房提取公积金和申请住房公积金贷款购房，另外中心支持开发公司采取网络申请、在线审核、预约办理等方式保障个人住房按揭贷款有序发放。共有1939位缴存人通过开发商网厅预约办理贷款申请，有效保障了疫情期间个人住房贷款得到及时审批，有序发放，有利于房地产市场平稳健康发展。

（二）当年机构及职能调整情况、受委托办理缴存贷款业务金融机构变更情况。

1.2020年4月，经中共桂林市委员会批准，设立中国共产党桂林市住房公积金管理中心党组，成立了以李钧同志任中共桂林市住房公积金管理中心党组书记，邓金山、张益泉、罗迪同志任党组成员的新一届领导班子。

2.当年受委托办理缴存贷款业务金融机构无变更。

（三）当年住房公积金政策调整及执行情况。

1.当年缴存基数限额及确定方法、缴存比例等缴存政策调整情况。

2020年6月18日，中心发布《关于调整2020年度桂林市住房公积金缴存基数及月缴存额上下限的通知》（市公积金〔2020〕13号），住房公积金缴存基数不得高于本市上一年度职工月平均工资的3倍，根据桂林市2019年城镇非私营单位就业人员年平均工资74339元，确定2020年度本市住房公积金月缴存基数上限为18585元。住房公积金缴存基数下限按桂林市现行最低工资标准执行，2020年度本市城区住房公积金缴存基数下限为1810元，市辖各县、县级市、自治县住房公积金缴存基数下限为1430元。住房公积金缴存比例上限为12%，住房公积金缴存比例下限为5%。

2.当年提取政策调整情况。2020年10月21日，中心发布《桂林市住房公积金管理中心关于调整住房公积金租房提取额度的通知》（市公积金〔2020〕21号），租住商品住房的无房职工家庭，每月可提取的住房公积金最高限额调整为1200元，本年度已提取的不再补取。

3.当年个人住房贷款最高贷款额度、贷款条件等贷款政策调整情况。个人住房贷款最高额度40万元,其中,单缴存职工最高额度40万元,双缴存职工最高额度40万元。最高贷款额度、贷款条件等贷款政策当年无调整。

4. 当年住房公积金存贷款利率执行标准。申请贷款年限在5年(含)内,贷款利率2.75%,申请贷款年限在5年以上,贷款利率3.25%,当年无调整。

5. 支持老旧小区改造政策落实情况。2019年3月29日发布了《桂林市住房公积金管理中心关于既有住宅加装电梯提取住房公积金有关事项的通知》(市公积金〔2019〕9号),2020年未接到既有住宅加装电梯提取公积金的申请。

(四)当年服务改进情况,包括推进住房公积金服务"跨省通办"工作情况,服务网点、服务设施、服务手段、综合服务平台建设和其他网络载体建设服务情况等。

1. 不断优化营商环境,解决异地办事"多地跑""折返跑"等堵点难点问题。中心线下所有业务网点设置"跨省通办专窗",异地缴存职工可在"专窗"申请办理个人住房公积金缴存贷款等信息查询、出具贷款职工住房公积金缴存使用证明、正常退休提取住房公积金三项"跨省通办"业务,缴存地支持线上办理的,实行"全程网办"模式,不支持线上办理的,实行"代收代办"模式。我市缴存职工可在异地申请办理开通住房公积金单位及个人缴存信息变更、提前还清住房公积金贷款、住房公积金单位登记开户、购房提取住房公积金、开具住房公积金个人住房贷款全部还清证明五项"跨省通办"业务,均为全程网办。

2. 深化落实"放管服"改革要求,进一步提升业务办理效能。中心已实现了全部缴存和支取业务、部分贷款业务同城通办,同时中心十一县(市)管理部全部进驻当地政务服务中心;成功连接婚姻查询系统、企业信息查询平台、住房公积金信息共享平台等系统,简化多项业务办理所需材料。

3. 完成中心电子签章业务建设。缴存单位和职工个人在网厅办理业务,凭证将自动加盖电子业务专用签章,群众足不出户即可获取自己所需的证明材料。电子签章的使用打通了缴存单位、职工个人和公积金中心的"最后一公里",真正实现了"信息多跑路,群众零跑腿"。

4. 全方位延伸公积金业务办理渠道。2020年以来,中心增加了公积金App、微信公众号、网上业务大厅等网上办理业务渠道,目前已实现纯公积金贷款和7家商业银行贷款还贷提取、退休提取、离职提取、提前还款、冲还贷签约、个人自愿缴存等业务线上办理,同时实现网上提取公积金"零材料、零审批、秒到账"。

5. 优化贷款业务流程,缩短业务办理时间。中心积极推进公积金贷款与不动产抵押业务"一事通办"工作,是全区第一个通过线上数据推送办理抵押登记的城市。目前已完成业务系统直连,数据互通和电子档案互认的开发工作,通过专线传递数据,抵押业务办理时间提速到1个工作日。

6. 加快推进政府服务热线建设工作。完成12329热线与市政府12345热线数据对接,实现双号并存、统一接听、统一对外服务,完成的时间节点比区监管办的要求提前20天,是全市第一条并入12345政府服务热线的热线电话。并入后工单办结率为100%,办结一件工单平均用时0.33天,群众满意率达99.92%。根据《桂林市12345政府服务热线工作考核办法》,在桂林市行政审批局对52个市直单位月度考核中,我中心均排名前列。

7. 新开办企业在桂林市场监管部门办理工商登记注册时,住房公积金登记开户同步完成,无须再到公积金网点办理缴存登记开户手续;企业在桂林市场监管部门办理工商注销登记时,未欠费且无缴存人员的住房公积金账户同步销户,无须再到公积金网点办理缴存登记注销手续。

（五）当年信息化建设情况，包括信息系统升级改造情况，基础数据标准贯彻落实和结算应用系统接入情况等。

1. 我中心已完成中心—银行数据交换平台建设相关工作，目前可直接查询桂林市由工商银行、农业银行、建设银行、交通银行、桂林银行、漓江农村合作银行、中信银行、民生银行 8 家银行发放的商业贷款还款信息，中国银行接口也正在加紧测试。

2. 我中心已完成与市不动产登记中心业务数据对接有关工作，是区内第一个完成住房公积金贷款抵押业务全程线上办理的中心。

3. 我中心已完成"聚通用"要求的与区政务一体化平台的反向流水推送项目的采购及开发实施工作，并按要求在 6 月 30 日前完成上线，截至 2020 年底累计报送住房公积金业务办件信息近 65 万余笔。

（六）当年住房公积金管理中心及职工所获荣誉情况。

1. 2019 年度自治区业务管理考核结果为优秀。

2. 中心获得全市创城工作集体三等功、刘香荣同志获得个人三等功、刘艳萍同志获得创建全国文明城市工作先进个人荣誉称号。

3. 中心 2019 年脱贫攻坚（乡村振兴）工作队员与选派单位捆绑考评结果为优秀。卫承刚同志被评为桂林市优秀贫困村党组织第一书记。

4. 中心贷款业务部成功创建 2019—2020 年度桂林市青年文明号集体。

5. 中心团支部获得 2019 年"五四红旗"团支部光荣称号。肖丹同志被评为 2019 年桂林市优秀共青团干部。

6. 中心档案管理工作被市档案局评为 2020 年档案管理优秀单位。

7. 获得燕山大学（中国）住房公积金研究中心、公积金信息化（西安）研究中心、住房保障与住房公积金报社联合颁发的"全国城市和地区住房公积金综合发展三十强"荣誉证书。

（七）当年对违反《住房公积金管理条例》和相关法规行为进行行政处罚和申请人民法院强制执行情况。无。

（八）当年对住房公积金管理人员违规行为的纠正和处理情况等。无。

（九）其他需要披露的情况。无。

梧州市住房公积金 2020 年年度报告

根据国务院《住房公积金管理条例》和住房和城乡建设部、财政部、人民银行《关于健全住房公积金信息披露制度的通知》（建金〔2015〕26 号）的规定，经住房公积金管理委员会审议通过，现将梧州市住房公积金 2020 年年度报告公布如下。

一、机构概况

（一）住房公积金管理委员会。住房公积金管理委员会有 25 名委员，2020 年召开两次会议，审议通过的事项主要包括：1. 关于审议住房公积金 2019 年年度报告的请示；2. 关于请求实施贷款轮候制试行办法的请示；3. 关于调整梧州市住房公积金提取和贷款政策的请示；4. 关于调整梧州市住房公积金提取业务的请示；5. 关于住房公积金融资方案的请示；6. 关于审议中国邮政储蓄银行梧州分行承办住房公积金缴存及委托贷款业务的请示；7. 关于审议 2020 年度住房公积金归集使用计划的请示；8. 关于审议住房公积金 2020 年度预算的请示；9.2020 年度梧州市住房公积金增值收益分配方案；10. 关于对我市个人自愿缴存住房公积金业务实施细则进行修改的请示。

（二）住房公积金管理中心。住房公积金管理中心为直属梧州市人民政府管理不以营利为目的的公益一类事业单位，设 8 个科室，4 个管理部。从业人员 83 人，其中，在编 45 人，非在编 38 人。

二、业务运行情况

（一）缴存。2020 年，新开户单位 360 家，净增单位 156 家；新开户职工 1.53 万人，净增职工 0.46 万人；实缴单位 3520 家，实缴职工 14.62 万人，缴存额 21 亿元，分别同比增长 4.64%、3.23%、10.42%。2020 年末，缴存总额 161.99 亿元，比上年末增加 14.89%；缴存余额 57.69 亿元，同比增长 8.97%。受委托办理住房公积金缴存业务的银行 10 家。

（二）提取。2020 年，5.96 万名缴存职工提取住房公积金；提取额 16.25 亿元，同比增长 1.44%；提取额占当年缴存额的 77.38%，比上年减少 6.85 个百分点。2020 年末，提取总额 104.30 亿元，比上年末增加 18.45%。

（三）贷款。

1. 个人住房贷款。个人住房贷款最高额度 32 万元，政府引进人才个人住房贷款最高额度 40 万元。

2020 年，发放个人住房贷款 0.47 万笔、13.05 亿元，同比分别下降 20.61%、17.02%。

2020 年，回收个人住房贷款 5.29 亿元。

2020 年末，累计发放个人住房贷款 5.15 万笔、98.74 亿元，贷款余额 58.35 亿元，分别比上年末增加 9.97%、15.23%、15.34%。个人住房贷款余额占缴存余额的 101.14%，比上年末增加 5.58 个百分点。受委托办理住房公积金个人住房贷款业务的银行 10 家。

2. 异地贷款。2020 年，发放异地贷款 311 笔、7576.9 万元。2020 年末，发放异地贷款总额 49071.8 万元，异地贷款余额 44097.29 万元。

3. 公转商贴息贷款。2020 年，发放公转商贴息贷款 377 笔、5998.32 万元，当年贴息额 451.18 万元。2020 年末，累计发放公转商贴息贷款 6432 笔、89259.04 万元，累计贴息 4291.95 万元。

4. 住房公积金支持保障性住房建设项目贷款。无此类情况。

（四）购买国债。无此类情况。

（五）融资。2020 年融资 9.2 亿元，归还 4.07 亿元，2020 年末，融资总额 13.66 亿元，融资余额 9.2 亿元。

（六）资金存储。2020 年末，住房公积金存款 9.39 亿元。其中，活期 0.01 亿元，1 年（含）以下定期 2.55 亿元，1 年以上定期 1.59 亿元，其他（协定、通知存款等）5.24 亿元。

（七）资金运用率。2020 年末，住房公积金个人住房贷款余额、项目贷款余额和购买国债余额的总和占缴存余额的 101.14%，比上年末增加 5.58 个百分点。

三、主要财务数据

（一）业务收入。2020 年，业务收入 19379.81 万元，同比增长 17.80%。其中，存款利息 1998.67 万元，委托贷款利息 17378.45 万元，国债利息 0 万元，其他 2.69 万元。

（二）业务支出。2020 年，业务支出 12433.82 万元，同比增长 32.44%。其中，支付职工住房公积金利息 8284.01 万元，归集手续费 151.51 万元，委托贷款手续费 480.39 万元，其他 3517.91 万元。

（三）增值收益。2020 年，增值收益 6945.99 万元，同比下降 1.65%。增值收益率 1.27%，比上年降低 0.12 个百分点。

（四）增值收益分配。2020 年，提取贷款风险准备金 0 万元，提取管理费用 2629.48 万元，提取城市廉租住房（公共租赁住房）建设补充资金 4316.51 万元。

2020 年，上交财政管理费用 2401.86 万元。上缴财政城市廉租住房（公共租赁住房）建设补充资金 5928.13 万元。

2020 年末，贷款风险准备金余额 9238.03 万元。累计提取城市廉租住房（公共租赁住房）建设补充资金 31409.43 万元。

（五）管理费用支出。2020 年，管理费用支出 2987.4 万元，同比增长 28.14%。其中，人员经费 454.85 万元，公用经费 71.29 万元，专项经费 2461.26 万元。

四、资产风险状况

（一）个人住房贷款。2020 年末，个人住房贷款逾期额 0 万元，逾期率 0‰。个人贷款风险准备金余额 9238.03 万元。2020 年，使用个人贷款风险准备金核销呆坏账 0 万元。

（二）支持保障性住房建设试点项目贷款。无此类情况。

五、社会经济效益

（一）缴存业务。缴存职工中，国家机关和事业单位占 57.66%，国有企业占 16.04%，城镇集体企业占 1.13%，外商投资企业占 2.65%，城镇私营企业及其他城镇企业占 17.57%，民办非企业单位和社会团体占 0.51%，灵活就业人员占 2.05%，其他占 2.39%；中、低收入占 99.36%，高收入占 0.64%。

新开户职工中，国家机关和事业单位占 35.36%，国有企业占 11.23%，城镇集体企业占 0.50%，外商投资企业占 2.33%，城镇私营企业及其他城镇企业占 33.34%，民办非企业单位和社会团体占 1.55%，灵活就业人员占 9.13%，其他占 6.56%；中、低收入占 99.74%，高收入占 0.26%。

（二）提取业务。提取金额中，购买、建造、翻建、大修自住住房占 36.84%，偿还购房贷款本息占 42.03%，租赁住房占 2%，支持老旧小区改造占 0%，离休和退休提取占 13.26%，完全丧失劳动能力并与单位终止劳动关系提取占 4.03%，出境定居占 0%，其他（含死亡或宣告死亡提取）占 1.84%。提取职工中，中、低收入占 99.09%，高收入占 0.91%。

（三）贷款业务。

1. 个人住房贷款。2020 年，支持职工购建房 57.24 万平方米，2020 年末个人住房贷款市场占有率（含公转商贴息贷款）为 13.54%，比上年末减少 0.85 个百分点。通过申请住房公积金个人住房贷款，可节约职工购房利息支出47261.77万元。

职工贷款笔数中，购房建筑面积90（含）平方米以下占8.81%，90～144（含）平方米占83.14%，144平方米以上占8.05%。购买新房占91.75%（其中购买保障性住房占0%），购买二手房占7.95%，建造、翻建、大修自住住房占0.30%（其中支持老旧小区改造占0%），其他占0%。

职工贷款笔数中，单缴存职工申请贷款占30.14%，双缴存职工申请贷款占66.92%，三人及以上缴存职工共同申请贷款占2.94%。

贷款职工中，30岁（含）以下占25.58%，30岁～40岁（含）占41.62%，40岁～50岁（含）占25.56%，50岁以上占7.24%；首次申请贷款占87.51%，二次及以上申请贷款占12.49%；中、低收入占99.46%，高收入占0.54%。

2. 支持保障性住房建设试点项目贷款。无此类情况。

（四）住房贡献率。 2020年，个人住房贷款发放额、公转商贴息贷款发放额、项目贷款发放额、住房消费提取额的总和与当年缴存额的比率为127.58%，比上年减少25.2个百分点。

六、其他重要事项

（一）应对新冠肺炎疫情采取的措施，落实住房公积金阶段性支持政策情况和政策实施成效。

1. 应对新冠肺炎疫情采取的措施。（1）结合我市的实际情况，出台本市住房公积金阶段性支持政策《关于新冠肺炎疫情期间阶段性调整住房公积金有关政策的通知》（梧金管字〔2020〕7号），涉及缓缴、停缴、补缴、降低缴存比例、贷款申请、贷款逾期不作逾期处理六项阶段性支持举措，切实发挥好住房公积金服务保障作用。（2）优化服务方式，提升服务效能。通过12329短信方式向全市企业单位经办人发送阶段性缓缴政策及申请缓缴所须资料信息1000多条，引导和支持确受疫情影响的企业申请缓缴住房公积金，开辟绿色通道，把企业申请缓缴的审批时限压缩在1个工作日内办结；在收取资料方面实行容缺办理，先提交申请，缓缴方案在疫情过后补齐，为企业提供了贴心服务。（3）关注困难企业，支持企业复工复产。中心密切关注我市企业复产复工动向，设立了专门咨询电话，落实专人负责对受疫情影响企业进行电话沟通，了解企业面临的困难，有针对性支持企业复工复产，充分发挥住房公积金行业支持地方疫情防控作用。

2. 政策实施成效。（1）截至2020年6月30日，全市共审批因疫情影响申请缓缴公积金的困难企业27家，缓缴职工人数2146人，缓缴金额686.76万元，有效降低申请缓缴企业的阶段性运营成本，释放流动性资金支持企业的可持续发展。截至2020年7月31日，申请缓缴的27家企业中，25家已完成缓缴金额的补缴并恢复正常缴存。（2）截至2020年12月31日，受疫情影响申请缓缴的27家企业已全部恢复正常缴存，恢复正常缴存人数2167人，正常缴存金额2016.43万元。

在疫情防控期间，充分发挥住房公积金行业支持地方疫情防控作用，对受影响的行业，以及暂时存在困难的缴存单位和自愿缴存个人提供差异化服务，不能按期缴存的，可适当允许延期办理，视同连续缴存。对因感染病毒治疗或隔离、参加疫情防控工作，以及受影响暂时失去经济收入来源等导致偿还住房公积金贷款存在困难的，可适当延长还贷周期或延后还款期限，所产生新的逾期，不计为逾期，可不作逾期记录报送，已报送的予以调整。

（二）当年机构及职能调整情况、受委托办理缴存贷款业务金融机构变更情况。 当年住房公积金机构及职能无调整情况，新增中国邮政储蓄银行梧州分行承办住房公积金缴存及委托贷款业务，承办住房公积金业务的金融机构从 9 家增加到 10 家。

（三）当年住房公积金政策调整及执行情况，包括当年缴存基数限额及确定方法、缴存比例等缴存政策调整情况；当年提取政策调整情况；当年个人住房贷款最高贷款额度、贷款条件等贷款政策调整情况；当年住房公积金存贷款利率执行标准等；支持老旧小区改造政策落实情况。

1. 当年缴存基数限额及确定方法、缴存比例等缴存政策调整情况。（1）2020 年度梧州市住房公积金最高缴存比例为 12%，职工月缴存基数上限为统计部门公布的上年度梧州市职工月平均工资的 3 倍。根据统计部门提供的数据，设定 2020 年度梧州市全辖区职工月缴存基数上限为 17411 元，单位和个人的住房公积金月缴存额上限各为 2090 元，合计为 4180 元。2020 年度梧州市住房公积金最低缴存比例为 5%，根据《广西壮族自治区人民政府关于调整全区最低工资标准的通知》（桂政发〔2020〕1 号）规定，设定 2020 年梧州市全辖区职工最低缴存基数为 1810 元，单位和个人的住房公积金月缴存额下限各为 91 元，合计为 182 元。

2. 当年提取政策调整情况。从 2020 年 3 月 30 日起，对于职工房产权属证书上存在配偶、父母、子女外其他权利人的，不予受理该套住房的购房提取申请。对于同一套住房在办理了购房提取住房公积金业务后，间隔时间不足一年再次交易的，暂不予受理该套住房购房提取申请，必须在取得房产权属证书之日起满一年后且提取时产权在职工名下未注销的，方可申请购房提取。

3. 当年住房公积金个人住房贷款政策调整情况。（1）经梧州市住房公积金管理委员会 2020 年第一次全体委员会议审议通过的《梧州市住房公积金贷款轮候制试行办法》于 2020 年 3 月 28 日印发实施。在住房公积金贷款余额（含存量转让贷款余额）占缴存余额的比例超过 90%，且资金不足的情况下，对已审批未发放的住房公积金贷款实行轮候发放制度。（2）《梧州市住房公积金管理委员会关于调整我市住房公积金贷款政策的通知》于 2020 年 4 月 20 日印发实施。从 2020 年 7 月 1 日起，职工在申请住房公积金贷款时，应已连续正常缴存住房公积金 12 个月（含）以上（政府引进人才除外，名单以梧州市人才服务办公室提供为准）；同时，暂停受理二次住房公积金贷款（政府引进人才除外，名单以梧州市人才服务办公室提供为准），当个贷率（含转让贷款）连续三个月降至 90% 以下，自动调整信贷政策，重新开放二次住房公积金贷款的申请。

4. 当年住房公积金存贷款利率无调整。

5. 支持老旧小区改造政策落实情况。《梧州市既有住宅加装电梯提取住房公积金实施办法》（梧金管字〔2019〕64 号）明确了既有住宅加装电梯的提取范围、对象及条件、提取所须材料、提取时限及提取额度，是我市缴存职工既有住宅加装电梯提取住房公积金的政策依据。2020 年 12 月，梧州市住房和城乡建设局起草《关于梧州市全面推进城镇老旧小区改造的实施细则》（征求意见稿），现正在征求意见阶段，待该实施细则通过后中心将按要求执行。

（四）当年服务改进情况，包括推进住房公积金服务"跨省通办"工作情况，服务网点、服务设施、服务手段、综合服务平台建设和其他网络载体建设服务情况等。

1. 为进一步拓宽住房公积金服务渠道，满足缴存职工多元化、个性化服务需求，提升公积金服务水平。中心于 2020 年 5 月分别开通我市住房公积金缴存和提取同城"通缴通取"业务，缴存单位、缴存职工可以就近到各业务网点办理公积金缴存和提取业务；2020 年 6 月，开通异地转移接续网上申请业务，因工作调入本市的职工，在本市正常缴存住房公积金满半年的，即可登录中心个人网厅办理住房公积金异地转入接续业务；同时，通过"公银合作"模式开通了个人自愿缴存网上开户，职工可在线上申请开户、自动扣缴住房公积金，实现零资料办理；2020 年 10 月中心个人网厅上线异地贷款职工住房公积金缴存使用证明的新增打印功能，即本地缴存职工可在网上自助申请异地贷款职工住房公积金缴存使用证明的开具，无需到中心柜台办理。

2. 按照自治区优化营商环境的工作要求，进一步优化住房公积金业务办理流程，精简办理要件，缩短办理时限，提高业务网上办理率，营造高效便民的政务服务环境，全力推进与各商业银行数据共享工作，与建行梧州分行，交行梧州分行、农行梧州分行等10家商业金融机构进行了接洽，2020年12月底与农村信用社、桂林银行、建设银行3家商业银行实现了数据共享，职工偿还商贷提取和组合贷款提取公积金线上办理，极大地方便了职工办理业务。

3. 积极落实"跨省通办"文件精神，依托综合服务平台，不断提升信息化程度，丰富线上服务种类，使"跨省通办"服务事项实现全程网办，实现个人住房公积金缴存贷款等信息查询、出具贷款职工住房公积金缴存使用证明、正常退休提取住房公积金等3项服务事项"跨省通办"，2020年12月，中心在市本级和各管理部均设立"跨省通办"窗口，在原有服务窗口上叠加设置"跨省通办"服务窗口，实现业务无差别化受理。明确"跨省通办"业务岗位职责，业务办理人员和业务联系人，并按全程网办、代收代办、两地联办模式针对不同服务事项制定相应的业务办理流程。

（五）当年信息化建设情况，包括信息系统升级改造情况，基础数据标准贯彻落实和结算应用系统接入情况等。为配合我市进一步提升公共服务的信息化水平，中心已接入梧州市政务外网，更好地实现了与各单位的数据共享工作。目前中心已实现与民政、工商、不动产、房交所的信息对接，职工申请住房公积金贷款或办理提取业务时不再需要提供相关资料。其中民政、工商数据已接入业务系统使用，不动产、房交所数据由专线对接，专机专用。

（六）当年住房公积金管理中心及职工所获荣誉情况。根据《梧州市精神文明建设委员会办公室文件》（梧文明办〔2020〕33号），我中心继续保留自治区文明单位荣誉称号。

（七）当年对违反《住房公积金管理条例》和相关法规行为进行行政处罚和申请人民法院强制执行情况。2020年中心对全辖区尚未建立住房公积金制度的21家企业发出了《办理住房公积金缴存登记建议书》，并对其中10家发出了《限期办理通知书》；对已建立住房公积金制度但逾期不缴或者少缴的283家企业发出《缴存住房公积金建议书》，并对其中45家发出了《限期缴存通知书》。全年共对51家企业进行了立案处理。

2020年中心无行政处罚和申请人民法院强制执行情况。

（八）当年对住房公积金管理人员违规行为的纠正和处理情况等。2020年，未发现住房公积金管理人员有违规行为。

（九）其他需要披露的情况。无其他需要披露情况。

北海市住房公积金2020年年度报告

根据《住房公积金管理条例》（国务院令第350号，以下简称《条例》）和住房和城乡建设部、财政部、人民银行《关于健全住房公积金信息披露制度的通知》（建金〔2015〕26号）规定，经市住房公积金管理委员会审议通过，现将北海市住房公积金 2020 年年度报告如下。

一、机构概况

（一）住房公积金管理委员会。北海市住房公积金管理委员会有 21 名委员，2020 年召开 3 次会议，审议通过的事项主要包括：《关于 2019 年住房公积金归集使用计划执行情况及 2020 年住房公积金归集使用计划的报告》《关于 2019 年住房公积金增值收益分配方案执行情况及 2020 年增值收益分配计划方案的报告》《北海市住房公积金 2019 年年度报告》《北海市住房公积金管理中心 2019 年度住房公积金财务报告》以及调整住房公积金提取政策、通报 2018 年度住房公积金内部控制工作整改情况、调整住房公积金使用政策、实行融资计划等有关事项。

（二）住房公积金管理中心。北海市住房公积金管理中心为直属北海市人民政府不以营利为目的的副县（处）级参公管理事业单位，设 5 个科，2 个管理部。从业人员 53 人，其中，在编 37 人，非在编 16 人。

二、业务运行情况

（一）缴存。2020 年，新开户单位 320 家，净增单位 164 家；新开户职工 1.93 万人，净增职工 0.94 万人；实缴单位 2451 家，实缴职工 12.06 万人，缴存额 18.01 亿元，分别同比增长 7.17%、8.45%、16.8%。2020 年末，缴存总额 125.70 亿元，比上年末增长 16.72%；缴存余额 47.95 亿元，同比增长 14%。受委托办理住房公积金缴存业务的银行 10 家。

（二）提取。2020 年，5.17 万名缴存职工提取住房公积金；提取额 12.11 亿元，同比增长 8.9%；提取额占当年缴存额的 67.24%，比上年减少 4.86 个百分点。2020 年末，提取总额 77.75 亿元，比上年末增长 18.45%。

（三）贷款。

1. 个人住房贷款。单缴存职工个人住房贷款最高额度 40 万元，双缴存职工个人住房贷款最高额度 50 万元。

2020 年，发放个人住房贷款 0.32 万笔、11.84 亿元，同比分别增长 21.31%、22.95%。

2020 年，回收个人住房贷款 3.37 亿元。

2020 年末，累计发放个人住房贷款 2.86 万笔、71.31 亿元，贷款余额 46.99 亿元，分别比上年末增长 12.60%、19.91%、21.99%。个人住房贷款余额占缴存余额的 98%，比上年末增加 6.41 个百分点。受委托办理住房公积金个人住房贷款业务的银行 5 家。

2. 异地贷款。2020 年，发放异地贷款 153 笔、5922.6 万元。2020 年末，发放异地贷款总额 29768.87 万元，异地贷款余额 25924.81 万元。

3. 公转商贴息贷款。2020 年，发放公转商贴息贷款 0 笔、0 万元，当年贴息额 159.99 万元。2020 年末，累计发放公转商贴息贷款 1606 笔、28573.52 万元，累计贴息 2129.72 万元。

（四）购买国债。2020 年，购买（记账式、凭证式）国债 0 亿元，（兑付、转让、收回）国债 0 亿元。2020 年末，国债余额 0 亿元。

（五）融资。2020 年，融资 1.8 亿元，归还 0 亿元。2020 年末，融资总额 1.8 亿元，融资余额 1.8

亿元。

（六）资金存储。2020年末，住房公积金存款3.58亿元。其中，活期0.1亿元，1年（含）以下定期0亿元，1年以上定期2.01亿元，其他（协定、通知存款等）1.47亿元。

（七）资金运用率。2020年末，住房公积金个人住房贷款余额、项目贷款余额和购买国债余额的总和占缴存余额的98%，比上年末增加6.41个百分点。

三、主要财务数据

（一）业务收入。2020年，业务收入15422.22万元，同比增长11.64%。其中，存款利息1808.14万元，委托贷款利息13610.74万元，国债利息0万元，其他（个人逾期贷款罚息）3.34万元。

（二）业务支出。2020年，业务支出7524.64万元，同比增长12.56%。其中，支付职工住房公积金利息6705.11万元，归集手续费0万元，委托贷款手续费544.58万元，其他（主要是公积金贴息和借款利息支出）274.95万元。

（三）增值收益。2020年，增值收益7897.58万元，同比增长10.77%。增值收益率1.75%，比上年减少0.02个百分点。

（四）增值收益分配。2020年，提取贷款风险准备金5923.18万元；提取管理费用1294.66万元，提取公共租赁住房建设补充资金679.74万元。

2020年，上缴财政管理费用1294.66万元。上缴财政公共租赁住房建设补充资金1274.19万元。

2020年末，贷款风险准备金余额37699.94万元。累计提取公共租赁住房建设补充资金6001.62万元。

（五）管理费用支出。2020年，管理费用支出1234.07万元，同比减少7.88%。其中，人员经费653.18万元，公用经费87.77万元，专项经费493.12万元。

四、资产风险状况

个人住房贷款。2020年末，个人住房贷款逾期额109.99万元，逾期率0.23‰。个人贷款风险准备金余额37699.94万元。2020年，使用个人贷款风险准备金核销呆坏账0万元。

五、社会经济效益

（一）缴存业务。缴存职工中，国家机关和事业单位占48.97%，国有企业占18.76%，城镇集体企业占1.16%，外商投资企业占6.85%，城镇私营企业及其他城镇企业占19.94%，民办非企业单位和社会团体占0.61%，灵活就业人员占0.30%，其他占3.41%；中、低收入占98.79%，高收入占1.21%。

新开户职工中，国家机关和事业单位占28.43%，国有企业占13.28%，城镇集体企业占0.5%，外商投资企业占16.77%，城镇私营企业及其他城镇企业占35.60%，民办非企业单位和社会团体占0.81%，灵活就业人员占1.22%，其他占3.39%；中、低收入占99.6%，高收入占0.4%。

（二）提取业务。提取金额中，购买、建造、翻建、大修自住住房占36.37%，偿还购房贷款本息占32.3%，租赁住房占9.97%，支持老旧小区改造占0%，离休和退休提取占13.04%，完全丧失劳动能力并与单位终止劳动关系提取占4.8%，出境定居占0%，其他占3.52%。提取职工中，中、低收入占

98.66%，高收入占 1.34%。

（三）贷款业务。

个人住房贷款。2020 年，支持职工购建房 36.03 万平方米（含公转商贴息贷款），2020 年末个人住房贷款市场占有率（含公转商贴息贷款）为 10.40%，比上年末增加 1.07 个百分点。通过申请住房公积金个人住房贷款，可节约职工购房利息支出 77419.93 万元。

职工贷款笔数中，购房建筑面积 90（含）平方米以下占 27.56%，90～144（含）平方米占 66.51%，144 平方米以上占 5.93%。购买新房占 74.83%（其中购买保障性住房占 4.46%），购买二手房占 23.46%，建造、翻建、大修自住住房占 1.71%（其中支持老旧小区改造占 0%），其他占 0%。

职工贷款笔数中，单缴存职工申请贷款占 39.45%，双缴存职工申请贷款占 60.46%，三人及以上缴存职工共同申请贷款占 0.09%。

贷款职工中，30 岁（含）以下占 36.12%，30 岁～40 岁（含）占 40.07%，40 岁～50 岁（含）占 19.68%，50 岁以上占 4.13%；首次申请贷款占 99.50%，二次及以上申请贷款占 0.5%；中、低收入占 99.16%，高收入占 0.84%。

（四）住房贡献率。 2020 年，个人住房贷款发放额、公转商贴息贷款发放额、项目贷款发放额、住房消费提取额的总和与当年缴存额的比率为 118.63%，比上年减少 0.7 个百分点。

六、其他重要事项

（一）应对新冠肺炎疫情采取的措施，落实住房公积金阶段性支持政策情况和政策实施成效。 中心统筹推进新冠肺炎疫情防控和缴存职工权益保障工作，出台阶段性缓缴政策，提供差异化服务，先后制定印发《关于动员党员干部做好新型冠状病毒感染的肺炎疫情防控工作的实施方案》《关于减轻缴存人员负担加强疫情防控工作的通知》《关于发挥住房公积金服务保障作用支持打赢疫情防控阻击战的通知》（北房金〔2020〕7 号）等，对受疫情影响未能按期缴存的企业，允许延期办理，视同连续缴存；对存在困难的企业，可申请降低缴存比例，最低可降至 5%；对偿还公积金贷款存在困难的职工，适当延后还款期限，不计逾期，不列入征信，充分发挥公积金行业支持疫情防控作用。优化公积金服务，积极应对疫情影响。支持网上业务办理，暂停现场服务，引导职工在网厅、微信、手机 App 等渠道网上办理业务；对有特殊需求的职工通过电话办、邮寄办、自助办等方式办理业务，实行容缺后补，有效避免人群聚集，遏制病毒传播。在实施阶段性支持政策期间，有 93 家企业受疫情影响申请办理缓缴业务，涉及 1.04 万名职工，缓缴金额 2422.66 万元，切实减轻缴存单位和职工经济负担，支持复工复产。阶段性支持政策到期后，截至 2020 年末，93 家企业全部完成补缴并恢复正常缴存，金额达 8850.08 万元。

（二）当年机构及职能调整情况、受委托办理缴存贷款业务金融机构变更情况。 无。

（三）当年住房公积金政策调整及执行情况。

1. 2020 年，北海市住房公积金缴存基数限额。上限为 18660 元，按统计部门公布的上一年度职工月平均工资的 3 倍来确定，单位和职工个人的住房公积金月缴存额上限各为 2239 元，合计为 4478 元；下限为 1810 元，根据《广西壮族自治区人民政府关于调整全区职工最低工资标准的通知》（桂政发〔2020〕1 号）规定，按北海市的最低工资标准来确定，单位和个人的住房公积金月缴存额下限各为 91 元，合计为 182 元。北海市缴存单位及其职工的住房公积金最高缴存比例均为 12%，最低缴存比例均为 5%。

2. 根据《北海市住房公积金管理中心关于延长租房提取时间间隔的通知》要求，自 2020 年 2 月 1 日起，无房职工在申请租房提取时，每次提取需距离上一次提取时间间隔满 12 个月，每年度可申请提取一次。

3. 根据《北海市住房公积金管理委员会关于调整住房公积金提取政策的通知》（北房金委〔2020〕2号）规定，自 2020 年 4 月 1 日起，除销户提取外，职工个人及家庭提取住房公积金时，账户余额需保留 1 个月缴存额，属享受住房公积金贷款且未结清的职工个人及家庭，其主贷人账户余额则需保留 6 个月缴存额；职工个人及家庭在北部湾经济区同城化四市（即南宁、北海、钦州、防城港）行政区域范围外发生住房消费申请提取住房公积金的，房屋所在地须为职工个人及家庭户籍地或工作地；职工以购房原因办理住房公积金提取时，所购住房的房屋权属在办理前一年内（12 个月）发生两次以上（含两次）变更的，在取得不动产权登记证一年后（满 12 个月）才能就所购房屋申请提取住房公积金。

4. 根据《北海市住房公积金管理委员会关于调整住房公积金使用政策的通知》（北房金委〔2020〕4号）规定，自 2020 年 10 月 1 日起，购建、大修住房及加装电梯提取的申请办理时限调整为一年，限提一次；住房公积金贷款的申请办理时限调整为一年；在北海市行政区域范围内，同一套房缴存人办理购建、大修住房提取公积金或申请公积金贷款二选一，即缴存人因购建、大修住房办理公积金提取的，不能再申请公积金贷款；如缴存人已办理公积金贷款的，不能再办理购建、大修住房提取公积金。除此之外，其他提取不受影响。

5. 利率按当年人民银行通知的住房公积金存贷款利率执行。

6. 支持城镇老旧小区改造。中心已于 2019 年 4 月 12 日出台既有住宅加装电梯提取住房公积金政策，减轻加装电梯给步梯住户带来的经济压力，保障缴存职工权益。2020 年 10 月 9 日，通过网上服务大厅、微信等平台开通"加装电梯"线上提取业务，进一步发挥了住房公积金服务民生的积极作用。

（四）当年服务改进情况。 中心不断改善服务网点，延伸服务范围。2020 年 1 月 9 日，铁山港管理部按要求进驻北海市铁山港区政务服务中心办公，方便单位和群众办事，进一步优化营商环境。2020 年 5 月 26 日，依托北海市区农村信用合作联社涠洲信用社网点，增设涠洲岛住房公积金业务代办点，为岛上 38 家单位和近千名职工办理缴存、提取业务，解决出岛办事难、路途远、往返时间长等问题，年内办理业务 82 笔、276.37 万元，打通服务"最后一公里"。

积极推动住房公积金服务"跨省通办"，明确专人专责，设立"跨省通办"专窗，实现"个人住房公积金缴存贷款等信息查询""出具贷款职工住房公积金缴存使用证明""正常退休提取住房公积金""住房公积金单位及个人缴存信息变更"4 项业务全程网办，满足缴存职工异地办事需求。持续深化"一事通办"改革，营造高效便民的政务服务环境。开展同城"通缴通取"，缴存单位和职工按照就近、便利原则，在北海市范围内自行选择任一网点办理缴存、提取业务，打破区域限制。丰富综合服务平台内容，启用开发商版网厅，新开通提前还款、异地转入接续、自愿缴存开户 3 项业务网上申请，新推出偿还商贷、大修住房、出境定居、加装电梯 4 项提取业务网上办理，提升在线服务效率。截至 2020 年末，全市开通网厅的单位有 2014 家，占实缴单位的 86.96%；注册线上平台的职工有 6.04 万人，占实缴职工的 55.41%；线上自助办理各类业务 4.04 万笔、4.74 亿元，网办率超 86% 以上。

（五）当年信息化建设情况。 一是加强业务系统运维安全保障，购置日志审查服务器、防火墙、网闸等设备，加强日常维护和保养，完善缴存单位和缴存人公积金账户密码安全管理，提高密码复杂度，将 6

位数的密码设置修改为"密码长度在 8～16 位且包含字母、数字和特殊符号"的密码，并对同一账户密码连续输入错误次数超过 5 次的，强制锁定账户 24 小时，有效防范暴力破解。二是深化公银联动，中心与 9 家银行签订数据互联互通协议，采用专线接入方式，推动商业按揭贷款数据共享，实现偿还商贷线上提取；商业银行经职工授权可共享公积金相关数据，方便开展快贷业务；协调 10 家银行开通自愿缴存网上开户，每日定时自动发出指令扣收自愿缴存资金。三是推进政务信息系统整合，根据自治区、北海市政务资源整合共享工作总体部署，中心将网厅、微信、手机 App 等对外服务系统迁移上政务云；配合广西数字政务一体化平台标准化建设，实现政务服务事项应上尽上，每日推送公积金业务办理件数，实时统计网办率。四是推动查询接口接入，实现北海市工商数据查询接口接入业务系统，完善了企业自动办理缴存登记工作，提高办事效率；实现民政数据查询接口接入网厅，窗口工作人员在办理业务时，可直接在网厅上进行查询，无需再登录自治区监管平台，提高办事效率。

（六）当年住房公积金管理中心及职工所获荣誉情况。

1. 2020 年，北海市住房公积金管理中心服务窗口被继续认定为广西壮族自治区级青年文明号。

2. 北海市住房公积金管理中心窗口被评为市政务服务中心 2020 年年度"文明窗口"；叶扬彩同志被评为市政务服务中心 2020 年年度"文明之星"。

（七）当年对违反《住房公积金管理条例》和相关法规行为进行行政处罚和申请人民法院强制执行情况。中心严格按照《广西住房公积金业务管理规范》的规定程序受理投诉、举报，及时处理、跟踪落实，积极与相关单位沟通，全力做好协调工作，切实维护缴存职工合法权益，努力化解社会矛盾。2020 年，接待、处理来访来电 260 余人次，正式受理投诉举报 7 件，目前已经全部办结。根据《住房公积金管理条例》规定及《住房和城乡建设部　财政部　人民银行公安部关于开展治理违规提取住房公积金工作的通知》（建金〔2018〕46 号）要求，对部分单位职工通过伪造结婚证、借款合同、不动产登记证、重大疾病证明等虚假材料骗提公积金行为，多次电话催退，先后发出限期退回通知书、协助追回函等，有效遏制违规行为，年内发现 24 起骗提公积金行为，已阻止 7 笔，追回 9 笔、骗提资金 62.78 万元。

对不按时缴存或少缴住房公积金的单位及时发出《限期缴存通知书》28 份，对尚未建立住房公积金制度的单位发出《限期办理通知书》36 份，并对在限期内未办理登记手续的单位通过北海市政府门户网站中心站点予以公示。2020 年度通过行政执法促建单位 25 个，促建职工人数 361 人。本年度申请人民法院强制执行的案件 1 件，即对以前年度受理的合浦二中部分职工欠缴事项成功申请了海城区人民法院强制执行。目前，已与合浦二中签订补缴协议，分 6 年补缴住房公积金 119.17 万元（含单位和个人的欠缴部分）。

（八）当年对住房公积金管理人员违规行为的纠正和处理情况等。无。

（九）其他需要披露的情况。无。

防城港市住房公积金 2020 年年度报告

根据国务院《住房公积金管理条例》和住房和城乡建设部、财政部、人民银行《关于健全住房公积金信息披露制度的通知》（建金〔2015〕26 号）的规定，经防城港市住房公积金管理委员会审议通过，现将

《防城港市住房公积金 2020 年年度报告》公布如下。

一、机构概况

(一)住房公积金管理委员会。住房公积金管理委员会有 25 名委员,2020 年召开 2 次会议,审议、审批通过的事项主要包括:《防城港市住房公积金 2019 年年度报告》、《防城港市住房公积金管理中心 2019 年度财务运行报告》、2019 年度住房公积金归集及使用计划执行情况和 2020 年度住房公积金归集及使用计划、继续授权市住房公积金管理中心对缴存单位申请降低缴存比例和缓缴事项、调整我市 2020 年住房公积金管理措施、《防城港市住房公积金资金流动性风险预案》、解决 2020 年住房公积金资金短缺问题和抵押物作价抵债问题、委托受委托贷款银行办理个人住房公积金贷款受理及初审业务、修订《防城港市住房公积金流动性资金风险预案》和《防城港市自愿缴存住房公积金实施办法(试行)》。听取市住房公积金管理中心关于 2018 年度住房公积金管理情况监督检查意见书指出存在问题整改情况的报告、市财政局关于 2019 年住房公积金管理中心财政监管情况的通报、中国人民银行防城港市中心支行 2019 年防城港市受托银行办理住房公积金金融业务监管情况的通报。

(二)住房公积金管理中心。防城港市住房公积金管理中心为防城港市人民政府直属的不以营利为目的的参公事业单位,设 5 个科室,4 个管理部。从业人员 56 人,其中,在编 18 人,非在编 38 人。

二、业务运行情况

(一)缴存。2020 年,新开户单位 337 家,净增单位 183 家;新开户职工 1.06 万人,净增职工 1.02 万人;实缴单位 2191 家,实缴职工 7.63 万人,缴存额 13.01 亿元,分别同比增长 9.11%、15.44%、26.1%。2020 年末,缴存总额 85.16 亿元,比上年末增加 18.03%;缴存余额 28.81 亿元,同比增长 20.37%。受委托办理住房公积金缴存业务的银行 6 家。

(二)提取。2020 年,3.14 万名缴存职工提取住房公积金;提取额 8.13 亿元,同比增长 14.1%;提取额占当年缴存额的 62.52%,比上年减少 10.73 个百分点。2020 年末,提取总额 56.35 亿元,比上年末增加 16.87%。

(三)贷款。

1. 个人住房贷款。个人住房贷款最高额度 48 万元。

2020 年,发放个人住房贷款 0.22 万笔、8.24 亿元,同比分别增长 63.94%、73%。

2020 年,回收个人住房贷款 1.94 亿元。

2020 年末,累计发放个人住房贷款 1.62 万笔、38.79 亿元,贷款余额 26.69 亿元,分别比上年末增加 15.58%、26.96%、30.86%。个人住房贷款余额占缴存余额的 92.64%,比上年末增加 7.42 个百分点。受委托办理住房公积金个人住房贷款业务的银行 5 家。

2. 异地贷款。2020 年,发放异地贷款 134 笔、5249 万元。2020 年末,发放异地贷款总额 25316 万元,异地贷款余额 20557.58 万元。

3. 公转商贴息贷款。2020 年,发放公转商贴息贷款 0 笔、0 万元,当年贴息额 0 万元。2020 年末,累计发放公转商贴息贷款 0 笔、0 万元,累计贴息 0 万元。

(四)购买国债。2020 年,购买记账式、凭证式国债 0 亿元,兑付、转让、收回国债 0 亿元。2020 年末，国债余额 0 亿元。

（五）**资金存储**。2020 年末，住房公积金存款 2.64 亿元。其中，活期 0.33 亿元，1 年（含）以下定期 0.5 亿元，1 年以上定期 0 亿元，其他协定 1.81 亿元。

（六）**资金运用率**。2020 年末，住房公积金个人住房贷款余额、项目贷款余额和购买国债余额的总和占缴存余额的 92.64%，比上年末增加 7.42 个百分点。

三、主要财务数据

（一）**业务收入**。2020 年，业务收入 8278.54 万元，同比增长 18.95%。其中，存款利息 738.02 万元，委托贷款利息 7531.87 万元，国债利息 0 万元，其他 8.65 万元。

（二）**业务支出**。2020 年，业务支出 4282.63 万元，同比增长 18.03%。其中，支付职工住房公积金利息 3904.69 万元，归集手续费 0 万元，委托贷款手续费 376.76 万元，其他 1.18 万元。

（三）**增值收益**。2020 年，增值收益 3995.91 万元，同比增长 19.95%。其中，增值收益率 1.54%，比上年增加 0.04 个百分点。

（四）**增值收益分配**。2020 年，提取贷款风险准备金 2397.54 万元；提取管理费用 947.52 万元，提取城市廉租住房（公共租赁住房）建设补充资金 650.85 万元。

2020 年，上交财政管理费用 947.52 万元。上缴财政城市廉租住房（公共租赁住房）建设补充资金 369.9 万元。

2020 年末，贷款风险准备金余额 14659.38 万元。累计提取城市廉租住房（公共租赁住房）建设补充资金 5046.57 万元。

（五）**管理费用支出**。2020 年，管理费用支出 879.64 万元，同比下降 6.47%。其中，人员经费 310.69 万元，公用经费 98.63 万元，专项经费 470.32 万元。

四、资产风险状况

个人住房贷款。2020 年末，个人住房贷款逾期额 1652.44 万元，逾期率 6.19‰，其中，个人贷款风险准备金余额 14659.38 万元。2020 年，使用个人贷款风险准备金核销呆坏账 0 万元。

五、社会经济效益

（一）**缴存业务**。缴存职工中，国家机关和事业单位占 48.02%，国有企业占 35.69%，城镇集体企业占 0%，外商投资企业占 1.81%，城镇私营企业及其他城镇企业占 13.12%，民办非企业单位和社会团体占 0.47%，灵活就业人员占 0.34%，其他占 0.55%；中、低收入占 99.99%，高收入占 0.01%。

新开户职工中，国家机关和事业单位占 33.31%，国有企业占 32.18%，城镇集体企业占 0%，外商投资企业占 1.14%，城镇私营企业及其他城镇企业占 30.61%，民办非企业单位和社会团体占 1.17%，灵活就业人员占 1.58%，其他占 0.01%；中、低收入占 100%，高收入占 0%。

（二）**提取业务**。提取金额中，购买、建造、翻建、大修自住住房占 25.36%，偿还购房贷款本息占 40.86%，租赁住房占 17.6%，支持老旧小区改造占 0%，离休和退休提取占 10.6%，完全丧失劳动能力并与单位终止劳动关系提取占 2.86%，出境定居占 0%，其他占 2.72%。提取职工中，中、低收入占

99.98%，高收入占 0.02%。

（三）贷款业务。

个人住房贷款。2020 年，支持职工购建房 28.23 万平方米（含公转商贴息贷款），2020 年末个人住房贷款市场占有率（含公转商贴息贷款）为 11.84%，比上年末增加 1.88 个百分点。通过申请住房公积金个人住房贷款，可节约职工购房利息支出 27416.25 万元。

职工贷款笔数中，购房建筑面积 90（含）平方米以下占 9.85%，90～144（含）平方米占 77.73%，144 平方米以上占 12.42%。购买新房占 71.31%（其中购买保障性住房占 0%），购买二手房占 28.14%，建造、翻建、大修自住住房占 0.55%（其中支持老旧小区改造占 0%），其他占 0%。

职工贷款笔数中，单缴存职工申请贷款占 41.61%，双缴存职工申请贷款占 56.69%，三人及以上缴存职工共同申请贷款占 1.7%。

贷款职工中，30 岁（含）以下占 32.77%，30 岁～40 岁（含）占 45.42%，40 岁～50 岁（含）占 16.91%，50 岁以上占 4.9%；首次申请贷款占 97.53%，二次及以上申请贷款占 2.47%；中、低收入占 100%，高收入占 0%。

（四）住房贡献率。 2020 年，个人住房贷款发放额、公转商贴息贷款发放额、项目贷款发放额、住房消费提取额的总和与当年缴存额的比率为 115.72%，比上年增加 10.55 个百分点。

六、其他重要事项

（一）应对新冠肺炎疫情采取的措施，落实住房公积金阶段性支持政策情况和政策实施成效。 2020 年 2 月 7 日，市住房公积金管理中心印发了《关于做好全市住房公积金新型冠状病毒感染的肺炎疫情防控工作的通知》（防金管通〔2020〕8 号）文件，从做好住房公积金服务保障工作、维护缴存单位和缴存人权益、积极维护我市房地产市场平稳健康发展、充分发挥信息化高效便捷优势等方面，切实做好疫情防控，稳妥办理住房公积金各项业务。

2020 年 3 月 27 日，市住房公积金管委会办公室发布《关于贯彻落实妥善应对新冠肺炎疫情实施住房公积金阶段性缴存支持政策的通知》（防金委办通〔2020〕3 号），结合我市住房公积金管理工作实际情况，实施住房公积金阶段性缴存支持政策，切实帮助企业降费减负、复产复工。

（二）当年机构及职能调整情况、受委托办理缴存贷款业务金融机构变更情况。 2020 年，防城港市住房公积金管理中心无机构及职能调整情况和无新增受委托办理缴存贷款业务金融机构。

（三）当年住房公积金政策调整及执行情况。

1. 缴存基数限额及确定方法、缴存比例等缴存政策调整情况。2020 年 3 月 27 日，根据《自治区住房和城乡建设厅财政厅人民银行南宁中心支行关于贯彻落实住房和城乡建设部等三部门妥善应对新冠肺炎疫情实施住房公积金阶段性支持政策的通知》（桂建金管〔2020〕3 号）精神，市住房公积金管委会办公室发布《关于贯彻落实妥善应对新冠肺炎疫情实施住房公积金阶段性缴存支持政策的通知》（防金委办通〔2020〕3 号），2020 年 6 月 30 日前，缴存企业因受疫情影响无法按时足额缴存住房公积金的，可向市住房公积金中心申请缓缴。

2020 年 4 月 23 日，根据《自治区住房和城乡建设厅　财政厅　人民银行南宁中心支行转发住房和城乡建设部　财政部　人民银行关于改进住房公积金缴存机制进一步减低企业成本的通知》（桂建金管

〔2018〕11号）规定。"2020年4月30日前，企业仍可结合自身经济效益状况，在5％～12％范围内自主调整确定当年的住房公积金缴存比例"，市住房公积金管理中心发布《关于停止企业自主调整住房公积金缴存比例的通知》（防金管通〔2020〕14号），自2020年5月1日起，停止企业自主调整住房公积金缴存比例。

2020年6月29日，根据国务院《住房公积金管理条例》和《广西住房公积金业务管理规范》规定，市住房公积金管理中心发布《关于设定防城港市2020年度住房公积金月缴存额上下限的通知》（防金管通〔2020〕22号），实行控高保低，明确了2020年度防城港市的缴存基数确定方法及缴存基数限额、缴存比例。

2020年11月13日，市住房公积金管理中心印发《防城港市住房公积金管理中心关于开通住房公积金归集业务"全城通缴"功能的通知》，各缴存单位可按照就近、便利的原则，自行选择本市任一管理部，办理住房公积金缴存业务。

2. 提取政策调整情况。2020年1月13日，市住房公积金管理中心印发（关于开启住房公积金提取业务全市通办服务功能的通知），自2020年1月13日开始，各缴存职工办理提取业务时，不再限定到办理公积金归集缴存业务的管理部办理，在本市各县（市、区）均可办理提取业务。

2020年2月7日，为贯彻落实中央、自治区、防城港市疫情指挥部关于新型冠状病毒感染肺炎疫情防控工作的部署和《自治区住房和城乡建设厅关于做好全区城乡建设系统新型冠状病毒感染肺炎疫情防控工作的通知》（桂建办〔2020〕5号）文件精神，市住房公积金管理中心印发《关于做好全市住房公积金新型冠状病毒感染的肺炎疫情防控工作的通知》（防金管通〔2020〕8号），各类提取申请时限自2020年1月24日至疫情解除期间超时的，可顺延6个月办理。

2020年5月27日，市住房公积金管理中心印发《关于调整我市2020年住房公积金管理措施的通知》（防金管通〔2020〕16号），一是调整住房公积金原则上一年提取一次的限制，二是开展既有住宅加装电梯提取住房公积金业务。

2020年6月1日，市住房公积金管理中心印发《关于明确无房证明使用时限的通知》，明确租住商品住房的，本人及配偶提供的无房证明使用时限为证明出具之日起30日内。

2020年6月5日，市住房公积金管理中心印发《关于明确"偿还购、建自住住房贷款本息"提取额度计算方式的通知》（防金管通〔2020〕18号），明确缴存人以"偿还购、建自住住房贷款本息"理由提取的，每次提取额不得超过该笔、贷款未提取期间偿还的贷款本息之和。

2020年6月10日，市住房公积金管理中心印发《防城港市住房公积金管理中心关于启动资金流动性风险防控措施的通知》（防金管通〔2020〕19号），于2020年6月21日起实施橙色预警调控措施。①以购房名义提取住房公积金的，在办理住房公积金提取时，职工及配偶必须同时各留存不少于6个月的缴存余额；已办理公积金冲还贷业务的，不允许再办理其他提取业务（家庭成员重大疾病提取除外）；②未办理公积金冲还贷业务的，符合多种提取条件的，只能选取一种提取条件进行办理（一年办理一次，家庭成员重大疾病提取除外）

3. 贷款政策调整情况。根据2020年2月20日《防城港市人民政府办公室关于印发〈关于应对新型冠状病毒感染的肺炎疫情促进房地产行业健康平稳发展的若干意见（暂行）〉的通知》（防政规〔2020〕4号）规定。①提高住房公积金最高贷款额度，住房公积金个人住房贷款最高额度由原来的48万元提高至

55万元；②对因新型冠状病毒感染的肺炎需入院治疗或隔离、参加疫情防控、疫情防控需要隔离，以及受影响暂时失去经济收入来源等导致偿还住房公积金贷款存在困难的，公积金中心给予适当延长还贷周期或延后还款期限，延长期限不超过一年，疫情期间所产生新的逾期，不计为逾期；③住房公积金贷款次数以家庭为单位，再婚前的住房公积金贷款次数，不计为新组建家庭的贷款次数（施行期限至2020年6月30日）。

2020年4月15日，市住房公积金管理中心印发《关于进一步明确划扣借款人住房公积金余额用于偿还逾期贷款有关事项的通知》，一是贷款连续逾期达到3~5期的，由各管理部负责划扣借款人（含"突击缴存人员"）住房公积金余额用于偿还逾期贷款；二是对贷款连续逾期6期及以上的，不予划扣，由市住房公积金管理中心内控法规科按诉讼程序进行诉讼。

2020年6月10日，市住房公积金管理中心印发《防城港市住房公积金管理中心关于启动资金流动性风险防控措施的通知》（防金管通〔2020〕19号），于2020年6月21日起实施橙色预警调控措施。①暂停商业性银行住房贷款转住房公积金贷款业务，启用贷款轮候，优先保障首套住房贷款使用住房公积金的需求；②将最高贷款额度调整为现行额度的90%。

2020年7月13日，市住房公积金管理中心印发《关于印发〈防城港市住房公积金管理中心住房公积金贷款轮候细则〉的通知》（防金管通〔2020〕24号），同时印发《关于做好贷款轮候工作的通知》，开展贷款轮候工作，定期报送、分期确定、中心网站公布轮候放款人员名单。

2020年12月28日，市住房公积金管理中心印发《防城港市住房公积金管理中心关于开展受委托贷款银行办理住房公积金贷款受理、初审业务工作的通知》，自2021年1月1日起，启动各受委托贷款银行办理住房公积金贷款受理、初审业务工作。

4. 贷款利率执行标准。1~5年的利率为2.75%；6~30年的利率为3.25%。

（四）当年服务优化情况。2020年3月上线租房、购房、大修自住住房、出境定居等4项业务的网上办理功能；6月上线建房、重大疾病、提前退休、最低生活保障、死亡等5项业务的网上办理功能；9月上线商业贷款网上提取功能，职工足不出户便可完成提取业务申请。2020年10月开通自愿缴存人员网上办理开户，市民无需再到柜台办理申请手续。

（五）当年信息化建设情况。2020年6月配合市大数据对中心综合信息管理系统进行升级改造，完成了中心综合信息管理系统与广西数据政务一体化平台对接工作，实现统一身份证，实时推送网上办理件数，避免二次录入。为进一步提高住房公积金服务管理效能，对综合信息管理系统功能进行优化，在2020年1月开通"同城通取"功能；2020年11月开通"同城通缴"功能，实现住房公积金提取业务、缴存业务全市通办，各缴存职工和缴存单位可就近方便办理业务，进一步降低办理业务的时间成本。2020年12月开通自愿缴存人员每月自动扣缴公积金功能，自愿缴存人员只需在柜台办理一次签约手续，便可实现每月自动划扣缴交住房公积金。

（六）当年对违反《住房公积金管理条例》和相关法规行为进行行政处罚和申请人民法院强制执行情况。2020年防城港市住房公积金管理中心向法院申请执行公积金个人住房贷款借款合同纠纷案件7宗。

（七）当年对住房公积金管理人员违规行为的纠正和处理情况等。2020年，防城港市住房公积金管理中心没有出现管理人员因违规行为被处理的情况。

钦州市住房公积金 2020 年年度报告

根据国务院《住房公积金管理条例》和住房和城乡建设部、财政部、人民银行《关于健全住房公积金信息披露制度的通知》（建金〔2015〕26 号）规定，经住房公积金管理委员会审议通过，现将钦州住房公积金 2020 年年度报告公布如下。

一、机构概况

（一）市住房公积金管理委员会。市住房公积金管理委员会有 22 名成员，2020 年共召开 3 次会议，审议通过的事项主要包括：2019 年年度报告、2019 年度住房公积金增值收益分配方案、钦州市既有住宅加装电梯提取住房公积金有关事宜的通知、进一步优化和规范住房公积金政策提升服务效能的通知、修订钦州市个人自愿缴存住房公积金实施办法等。

（二）市住房公积金管理中心。市住房公积金管理中心为钦州市人民政府直属的、不以营利为目的、参照公务员法管理的事业单位，设 5 个科室、5 个管理部。从业人员 61 人，其中，在编 33 人，非在编 28 人。

二、业务运行情况

（一）缴存。2020 年新开户单位 351 家，净增单位 166 家；新开户职工 1.61 万人，净增职工 0.95 万人；实缴单位 2909 家，实缴职工 15.04 万人，缴存额 22.33 亿元，分别同比增长 6.05%、6.72%、16.09%。截至 2020 年末缴存总额 145.62 亿元，比上年末增加 18.11%；缴存余额 55.83 亿元，同比增长 13.93%。受委托办理住房公积金缴存业务的银行 9 家，比上年增加 1 家。

（二）提取。2020 年共 6.23 万名缴存职工提取住房公积金，提取额 15.50 亿元，同比增长 7.21%；提取额占当年缴存额的 69.43%，比上年减少 5.75 个百分点。截至 2020 年末提取总额 89.79 亿元，比上年末增加 20.87%。

（三）贷款。

1. 个人住房贷款。个人住房贷款最高额度 35 万元。单缴存职工个人住房贷款最高额度 28 万元，双缴存职工个人住房贷款最高额度 35 万元。

2020 年发放个人住房贷款 0.35 万笔、9.97 亿元，同比分别增长 5.29%、7.51%。

2020 年回收个人住房贷款 4.37 亿元。

截至 2020 年末累计发放个人住房贷款 3.46 万笔、76.41 亿元，贷款余额 54.35 亿元，分别比上年末增加 11.19%、15.00%、11.49%。个人住房贷款余额占缴存余额的 97.37%，比上年末减少 2.13 个百分点。受委托办理住房公积金个人住房贷款业务的银行 8 家。

2. 异地贷款。2020 年发放异地贷款 0 笔、0 万元。截至 2020 年末累计发放异地贷款总额 13668.45 万元，异地贷款余额 6417.33 万元。

3. 公转商贴息贷款。2020 年发放公转商贴息贷款 0 笔、0 万元，当年贴息额 0 万元。截至 2020 年末累计发放公转商贴息贷款 0 笔、0 万元，累计贴息 0 万元。

4. 住房公积金支持保障性住房建设项目贷款。2020年发放支持保障性住房建设项目贷款0亿元，回收项目贷款0亿元。截至2020年末累计发放项目贷款0亿元，项目贷款余额0亿元。

（四）购买国债。2020年购买（记账式、凭证式）国债0亿元，（兑付、转让、收回）国债0亿元。截至2020年末国债余额0亿元。

（五）资金存储。截至2020年末，住房公积金存款余额4.83亿元。其中，活期4.83亿元，1年（含）以下定期0亿元，1年以上定期0亿元，其他（协定、通知存款等）0亿元。

（六）资金运用率。2020年末，住房公积金个人住房贷款余额、项目贷款余额和购买国债余额的总和占缴存余额的97.37%，比上年末减少2.13个百分点。

三、主要财务数据

（一）业务收入。2020年业务收入17962.77万元，同比增长15.89%。存款利息920.26万元，委托贷款利息17040.31万元，国债利息0万元，其他2.20万元。

（二）业务支出。2020年业务支出9108.26万元，同比增长13.40%。支付职工住房公积金利息7913.62万元，归集手续费75.00万元，委托贷款手续费584.45万元，其他535.19万元。

（三）增值收益。2020年增值收益8854.51万元，同比增长18.57%。增值收益率1.69%，比上年增加0.11个百分点。

（四）增值收益分配。2020年提取贷款风险准备金5312.72万元，提取管理费用1164.19万元，提取公共租赁住房资金2377.60万元。

2020年上缴财政2019年度住房公积金增值收益合计2987.18万元，其中，上缴管理费用1077.48万元，计提公共租赁住房资金1909.70万元。

截至2020年末，贷款风险准备金余额30932.16万元。累计提取城市廉租住房（公共租赁住房）建设补充资金19010.54万元。

（五）管理费用支出。2020年管理费用支出991.01万元，同比增长4.20%。其中，人员经费529.48万元，公用经费67.30万元，专项经费394.23万元。

四、资产风险状况

（一）个人住房贷款。2020年末个人住房贷款逾期额124.21万元，逾期率0.23‰，个人贷款风险准备金余额30932.16万元。2020年使用个人贷款风险准备金核销呆坏账0万元。

（二）支持保障性住房建设试点项目贷款。截至2020年末，逾期项目贷款0万元，逾期率0‰；项目贷款风险准备金余额0万元。2020年使用项目贷款风险准备金核销呆坏账0万元。

五、社会经济效益

（一）缴存业务。缴存职工中，国家机关和事业单位占61.91%，国有企业占13.66%，城镇集体企业占2.67%，外商投资企业占1.10%，城镇私营企业及其他城镇企业占19.07%，民办非企业单位和社会团体占0.64%，灵活就业人员占0.94%，其他占0.01%；中、低收入占98.85%，高收入占1.15%。

新开户职工中，国家机关和事业单位占45.32%，国有企业占11.03%，城镇集体企业占2.65%，外

商投资企业占 0.62%，城镇私营企业及其他城镇企业占 34.82%，民办非企业单位和社会团体占 1.54%，灵活就业人员占 3.99%，其他占 0.03%；中、低收入占 99.56%，高收入占 0.44%。

（二）提取业务。提取金额中，购买、建造、翻建、大修自住住房占 37.85%，偿还购房贷款本息占 40.02%，租赁住房占 6.36%，支持老旧小区改造占 0%，离休和退休提取占 10.24%，完全丧失劳动能力并与单位终止劳动关系提取占 3.88%，出境定居占 0%，其他占 1.65%。提取职工中，中、低收入占 98.55%，高收入占 1.45%。

（三）贷款业务。

1. 个人住房贷款。2020 年支持职工购建房 43.74 万平方米（含公转商贴息贷款），年末个人住房贷款市场占有率（含公转商贴息贷款）为 14.81%，比上年末减少 0.85 个百分点。通过申请住房公积金个人住房贷款，可节约职工购房利息支出 38797.14 万元。

职工贷款笔数中，购房建筑面积 90（含）平方米以下占 5.80%，90~144（含）平方米占 86.87%，144 平方米以上占 7.33%。购买新房占 93.45%（其中购买保障性住房占 0%），购买二手房占 6.18%，建造、翻建、大修自住住房占 0.37%（其中支持老旧小区改造占 0%），其他占 0%。

职工贷款笔数中，单缴存职工申请贷款占 32.20%，双缴存职工申请贷款占 67.14%，三人及以上缴存职工共同申请贷款占 0.66%。

贷款职工中，30 岁（含）以下占 38.85%，30 岁~40 岁（含）占 38.72%，40 岁~50 岁（含）占 19.33%，50 岁以上占 3.10%；首次申请贷款占 94.63%，二次及以上申请贷款占 5.37%；中、低收入占 99.54%，高收入占 0.46%。

2. 支持保障性住房建设试点项目贷款。截至 2020 年末累计试点项目 0 个，贷款额度 0 亿元，建筑面积 0 万平方米。

（四）住房贡献率。2020 年个人住房贷款发放额、公转商贴息贷款发放额、项目贷款发放额、住房消费提取额的总和与当年缴存额的比率为 103.11%，比上年减少 7.95 个百分点。

六、其他重要事项

（一）应对新冠肺炎疫情采取的措施，落实住房公积金阶段性支持政策情况和政策实施成效。认真贯彻落实《住房和城乡建设部、财政部、人民银行关于妥善应对新冠肺炎疫情期间实施住房公积金阶段性支持政策的通知》（建金〔2020〕23 号）和我市相关政策措施，统筹实施应对新冠肺炎疫情各项住房公积金阶段性支持政策，切实帮助企业缓解疫情期间生产经营资金困难，减轻企业复工复产负担，努力降低疫情对企业和职工的影响。

1. 缴存业务方面。共审批钦州市白石湖碧桂园房地产开发有限公司等 88 家企业的缓缴和降低缴存比例的申请。其中，缓缴 57 家，降低个人和单位缴存比例至 5% 的 31 家。因疫情申请缓缴和降低缴存比例涉及职工人数共 6990 人（其中，缓缴人数 5705 人，降低缴存比例人数 1285 人）。因疫情申请缓缴和降低缴存比例减少缴存金额共 3575.21 万元（其中，缓缴金额 3192.22 万元，降低缴存比例金额 382.99 万元）。截至 2020 年底，已有 55 家企业恢复正常缴存，补缴金额约 3096.99 万元。

2. 贷款业务方面。2020 年初，4 名借款人因受疫情影响不能正常偿还住房公积金贷款通过电话申请征信豁免，经协调已于 2 月底全部正常还款。为缓解资金流动性紧张，支持缴存职工住房消费，有效应对新冠肺炎疫情情况下促进房地产市场平稳健康发展，全年共向商业银行融资 3.5 亿元用于发放住房公积金个人住房贷款。

（二）当年机构及职能调整情况、受委托办理缴存贷款业务金融机构变更情况。

1. 机构及职能调整情况。根据《中共钦州市委员会办公室钦州市人民政府办公室关于印发〈钦州市住房和城乡建设局职能配置、内设机构和人员编制规定〉的通知》（钦办通〔2020〕137号），自2020年12月4日起，市住房和城乡建设局管理市住房公积金管理中心的科级干部人事、机构编制。

2. 受委托办理缴存贷款业务金融机构变更情况。2020年9月29日，经市住房公积金管理委员会2020年第二次会议审议通过，同意市住房公积金管理中心在光大银行钦州分行开立单位账户。

（三）当年住房公积金政策调整及执行情况，包括当年缴存基数限额及确定方法、缴存比例等缴存政策调整情况；当年提取政策调整情况；当年个人住房贷款最高贷款额度、贷款条件等贷款政策调整情况；当年住房公积金存贷款利率执行标准等；支持老旧小区改造政策落实情况。

1. 当年缴存基数限额及确定方法、缴存比例等缴存政策调整情况。2020年6月28日，根据《住房公积金管理条例》《广西住房公积金业务管理规范》和《钦州市个人自愿缴存住房公积金实施办法》的有关规定，印发《关于调整钦州市2020年住房公积金月缴存额上下限的通知》（钦市金管规〔2020〕1号），调整住房公积金缴存基数上限为16712元，缴存基数下限根据《广西壮族自治区人民政府关于调整全区最低工资标准的通知》（桂政发〔2020〕1号）精神，按上年度本市最低工资标准1810元执行，单位和职工个人个住房公积金缴存额下限各为91元。个人自愿缴存按钦州市2019年城镇居民人均可支配收入为35732元计算，月缴存额下限为596元，缴存比例为20％。

2. 当年提取政策调整情况。经住房公积金管理委员会审议同意，市住房公积金管理中心于2020年7月14日印发《关于钦州市既有住宅加装电梯提取住房公积金有关事项的通知》（钦市金管规〔2020〕2号），明确钦州市行政区域内符合既有住宅加装电梯规定的缴存职工及其配偶可提取名下的住房公积金。

2020年7月17日，市住房公积金管理委员会印发《关于进一步优化和规范住房公积金政策提升服务效能的通知》（钦市金管委规〔2020〕1号），其中对提取政策进行了规范。

（1）钦州市辖区范围内住房公积金提取业务实现通办，缴存职工可以根据需要在中心本级、灵山县、浦北县任一住房公积金提取业务办理地点申请提取，材料在办理地点组卷上架。

（2）根据广西北部湾同城一体化要求以及《北部湾城市住房公积金业务合作框架协议》，缴存职工在北部湾10市（钦州、南宁、北海、防城港、玉林、茂名、阳江、湛江、海口、儋州）使用住房公积金贷款，符合条件的，可以偿还贷款本息为由提取住房公积金。

（3）不支持职工家庭户第三次（套）购买、建造住房及偿还住房贷款本息提取。在钦州市住房公积金信息管理系统内记录缴存职工以购买、建造住房提取住房公积金，套（幢）数已达两次及以上的，再发生购买、建造住房行为不允许提取；在钦州市住房公积金信息管理系统内记录缴存职工以偿还住房贷款本息提取住房公积金，贷款次数已达两次及以上的，再发生贷款行为不允许提取。

（4）规范提取次数。缴存职工及其直系亲属（配偶、父母、子女）每人的提取次数不得超过两次，且提取金额之和不得超出当次住房消费总额，所有提取人原则上应同一时间办理。购置自有产权住房的，在全部付清房款（不含贷款）或合同生效之日起两年内；建造、翻建自住住房的，在《建设工程规划许可证》发证之日起两年内；提前还清住房贷款的，自贷款结清之日起1年内。

（5）规范异地购房提取行为。除北部湾10市（钦州、南宁、北海、防城港、玉林、茂名、阳江、湛江、海口、儋州）外，缴存职工及其配偶在非工作地、非户籍地、非缴存地购置住房的，不允许提取住房公积金。

（6）规范租房提取额度。租赁住房的，缴存职工年度提取额度不得超过《钦州市住房公积金管理委员会关于规范和改进住房公积金使用政策的通知》（钦市金管委规〔2018〕3号）所确定的标准，即未婚（单身）职工7200元/年，已婚职工9600元/年。

（7）规范同一套住房多人频繁买卖的提取行为。同一套住房在发生购房提取住房公积金记录后，间隔时间不足一年（12个月）又再次交易的，第二次购买该住房的缴存职工须在交易行为发生之日起满一年（12个月）后，方可进行提取。

3. 当年个人住房贷款最高贷款额度、贷款条件等贷款政策调整情况。根据钦州市住房公积金管理委员会《关于调整住房公积金政策支持职工住房消费的通知》（钦市金管委字〔2014〕2号），借款人及其配偶双方均正常缴存住房公积金的，最高贷款额度为35万元；单方正常缴存住房公积金的，最高贷款额度为28万元。

2020年7月17日，市住房公积金管理委员会印发《关于进一步优化和规范住房公积金政策提升服务效能的通知》（钦市金管委规〔2020〕1号），其中对贷款政策进行了规范。

（1）依据《住房和城乡建设部、财政部、中国人民银行关于发展住房公积金个人住房贷款业务的通知》（建金〔2014〕148号）文中"住房公积金管理中心不得向购买第三套及以上住房的缴存职工家庭发放住房公积金个人住房贷款"的规定，规范贷款次数的认定标准如下。人民银行征信中心的个人信用报告及住房公积金管理机构显示缴存职工家庭已有两次（套）及以上住房贷款记录（含住房公积金个人贷款共同借款人记录）的不予受理。

（2）调整购买二手住房首付款比例。缴存职工家庭无住房贷款记录的，首次申请办理住房公积金个人贷款购买二手住房的，首期付款不低于40%；第二次申请办理住房公积金个人贷款购买二手住房的，首期付款不低于60%。

（3）信用状况的核定规则。信用逾期记录包括贷款和信用卡透支逾期、互联网贷款逾期，如借款申请人及配偶、共同借款人（共有产权人）信用状况有下列情形之一的不予受理。一是近一年内连续逾期2期（含）或累计逾期4期（含）的；二是近二年内连续逾期3期（含）或累计逾期6期（含）的；三是连续逾期4期（含）或累计逾期12期（含）的。

4. 当年住房公积金存贷款利率执行标准等。根据《中国人民银行、住房和城乡建设部、财政部关于完善职工住房公积金账户存款利率形成机制的通知》（银发〔2016〕43号），自2016年2月21日起，将职工住房公积金账户存款利率，由按归集时间执行活期、三个月存款基准利率，调整为统一按一年期定期存款基准利率执行。

5年期（含）以下的住房公积金个人贷款年利率为2.75%，5年期以上至30年（含）的贷款年利率为3.25%。

5. 支持老旧小区改造政策落实情况。2020年7月24日，市公积金管理中心印发《关于钦州市既有住宅加装电梯提取住房公积金有关事项的通知》（钦市金管规〔2020〕2号），明确钦州市行政区域内符合既有住宅加装电梯规定的缴存职工及其配偶可提取名下的住房公积金。

(四)当年服务改进情况,包括推进住房公积金服务"跨省通办"工作情况,服务网点、服务设施、服务手段、综合服务平台建设和其他网络载体建设服务情况等。

1. 深入推进个人自愿缴存业务。根据《自治区住房和城乡建设厅、财政厅、人民银行南宁中心支行关于进一步深入开展个人自愿缴存住房公积金业务的通知》(桂建金管〔2020〕8号)要求,及时修订《钦州市个人自愿缴存住房公积金实施办法》,进一步加强个人自愿缴存业务的宣传推广,切实发挥住房公积金解决新市民住房问题的保障作用。一是持续通过多种形式开展个人自愿缴存政策宣传,在11月开展住房公积金政策法规集中宣传活动月活动,日常通过业务科室和管理部组织小分队形式开展现场宣传服务。二是通过中心官网、微信公众号、手机App等广泛宣传引导个人自愿缴存住房公积金,协调各受托银行和部分房地产企业在各自办公场所滚动播放宣传标语,定制两条线路的公共汽车整车广告宣传自愿缴存政策。三是联合农业银行钦州分行深入钦北区平吉镇、钦南区那丽镇、灵山县太平镇、浦北北通等人口大镇摆摊设点现场宣传,灵山、浦北县管理部与房地产开发公司携手到繁华的商业场所、结合外出务工人员招聘会等活动,通过发放宣传折页、摆放宣传展牌和现场政策解读等,向公众普及个人自愿缴存住房公积金相关政策。截至2020年底,个人自愿缴存人数累计1479人,缴存余额1269.71万元;累计向自愿缴存人员发放住房公积金个人贷款85笔,贷款金额2408.50万元。

2. 优化营商环境。根据按照《自治区市场监管局等十三部门关于印发〈2020年广西优化营商环境开办企业专项实施方案〉的通知》要求,实现市、县区两级开办企业、纳税等世界银行评价指标中涉及住房公积金业务内容与全区先进城市并跑。一是通过自治区住房公积金监管处新开户企业信息平台获取市场监管部门提供的本地区新开办企业信息,同步完成住房公积金缴存登记开户并反馈办理结果,企业的银行账户、缴存比例、个人账户设立、经办人等信息待企业办理首月缴存时再获取录入或调整。二是对自治区住房公积金监管处新开户企业信息平台建立前已进行工商登记的企业,取消其住房公积金缴存登记业务所需的一切纸质材料,通过全国组织机构统一社会信用代码公示查询平台和自治区住房公积金监管处企业信息查询平台查询获取。三是优化业务办理流程,重新编制"一次性告知"事项清单,进一步简化办事程序,压缩办理时限。

3. 提升窗口服务能力。提取业务进驻市民服务中心、灵山县和浦北县政务服务中心,公积金提取窗口实行"一窗受理、集成服务"审批模式,实现"一窗受理""一事通办"。中心本级和两县管理部业务大厅设立了公积金个人贷款(含组合贷款)"一窗受理"专窗,以公积金个人贷款(含组合贷款)业务为核心,整合市不动产局、各受委托银行的关联业务,实现网上受理、预审住房公积金个人贷款申请,后台审批模式。按照《住房和城乡建设部办公厅关于做好住房公积金服务"跨省通办"工作的通知》要求,实现7项跨省通办业务。

(五)当年信息化建设情况,包括信息系统升级改造情况,基础数据标准贯彻落实和结算应用系统接入情况等。 持续完善住房公积金综合服务平台功能,全部实现《住房公积金综合服务平台建设导则》要求的4大类服务功能、83个服务种类,不断提高归集、提取、贷款业务的离柜率,有效开展信息查询、信息发布和互动交流服务。一是增添更多网上业务,广西区内首先实现线上自愿缴存申请登记功能,实现线上自助办理住房公积金异地转入业务。二是扩展与职能部门、合作银行的数据共享,对接住建局商定房产交易信息共享;新增农行、中信和桂林银行的住房贷款网上提取业务。三是实施"住房公积金互联网+"信息系统与广西数字政务一体化平台对接工作,实时上传住房公积金业务的审批数据。截至2020年12月底，住房公积金综合服务平台注册人数12.77万人，占全市缴存职工人数的76.79%，微信公众号关注人数14.11万人。全市97.27%缴存单位开通了单位版网厅授权，归集业务离柜率为95.63%。全市职工通过线上渠道办理提取业务10.91万笔，提取离柜率达77.50%。全市110家销售活跃的房地产企业均已开通开发商版网上服务大厅，线上提交住房公积金个人贷款材料。2020全年，共主动发送短信73.46万条，12329热线接听3.17万通，主动电话回复51通，微信公众号主动推送政策、解读等48条。

（六）当年住房公积金管理中心及职工所获荣誉情况，包括：文明单位（行业、窗口）、青年文明号、工人先锋号、五一劳动奖章（劳动模范）、三八红旗手（巾帼文明岗）、先进集体和个人等。2020年8月6日，《自治区妇联关于认定2020年度广西壮族自治区巾帼文明岗的通知》（桂妇字〔2020〕33号）认定市住房公积金管理中心驻钦州市民服务中心公积金窗口为全区巾帼文明岗。

（七）当年对违反《住房公积金管理条例》和相关法规行为进行行政处罚和申请人民法院强制执行情况。无。

（八）当年对住房公积金管理人员违规行为的纠正和处理情况等。无。

（九）其他需要披露的情况。无。

贵港市住房公积金2020年年度报告

根据国务院《住房公积金管理条例》和住房和城乡建设部、财政部、人民银行《关于健全住房公积金信息披露制度的通知》（建金〔2015〕26号）的规定，经住房公积金管理委员会审议通过，现将贵港市住房公积金2020年年度报告公布如下。

一、机构概况

（一）住房公积金管理委员会。住房公积金管理委员会有19名委员，2020年4月7日召开1次会议，审议通过的事项主要包括：

1. 关于贵港市住房公积金管理中心2019年工作总结及2020年工作思路；
2. 关于贵港市2019年住房公积金归集使用计划执行情况报告（草案）；
3. 关于贵港市住房公积金2019年年度报告；
4. 关于贵港2019年度住房公积金财务报告（草案）；
5. 关于贵港市2020年住房公积金归集使用计划表（草案）；
6. 关于请求审定贵港市2020年住房公积金月缴存额上下限；
7. 关于调整我市住房公积金提取和贷款政策；
8. 关于引进第三方担保公司对住房公积金贷款阶段性连带责任保证担保。

（二）住房公积金管理中心。住房公积金管理中心为（隶属于市人民政府）不以营利为目的的（参公）事业单位，设7个科室，4个管理部，0个分中心。从业人员63人，其中，在编43人，非在编20人。

二、业务运行情况

（一）缴存。2020年，新开户单位368家，实缴单位3271家，净增单位167家；新开户职工1.85万人，实缴职工15.94万人，净增职工0.62万人；缴存额21.4亿元，同比增长8.57%。2020年末，缴存总额151.98亿元，同比增长16.39%；缴存余额53.04亿元，同比增长10.35%。

受委托办理住房公积金缴存业务的银行9家，比上年增加0家。

（二）提取。2020年，提取额16.43亿元，同比增长4.29%；占当年缴存额的76.76%，比上年减少3.15个百分点。2020年末，提取总额98.93亿元，同比增长19.91%。

（三）贷款。

1. 个人住房贷款。个人住房贷款最高额度40万元，其中，单缴存职工最高额度40万元，双缴存职工最高额度40万元。

2020年，发放个人住房贷款0.279万笔、共9.99亿元，同比分别增长35.7%、44.51%。

2020年，回收个人住房贷款3.53亿元。

2020年末，累计发放个人住房贷款3.0801万笔、共69.55亿元，贷款余额45.26亿元，同比分别增长9.96%、16.78%、16.67%。个人住房贷款余额占缴存余额的85.34%，比上年增加4.62个百分点。

受委托办理住房公积金个人住房贷款业务的银行6家，比上年增加0家。

2. 住房公积金支持保障性住房建设项目贷款。无。

（四）购买国债。无。

（五）融资。无。

（六）资金存储。2020年末，住房公积金存款9.23亿元。其中，活期2.06亿元，1年（含）以下定期3.075亿元，1年以上定期2.57亿元，其他（协定、通知存款等）1.525亿元。

（七）资金运用率。2020年末，住房公积金个人住房贷款余额、项目贷款余额和购买国债余额的总和占缴存余额的85.34%，比上年增加4.62个百分点。

三、主要财务数据

（一）业务收入。2020年，业务收入16791.58万元，同比增长12.92%。其中，存款利息2932.08万元，委托贷款利息13857.94万元，国债利息0万元，其他1.56万元。

（二）业务支出。2020年，业务支出9368.11万元，同比增长14.66%。其中，支付职工住房公积金利息8146.11万元，归集手续费170.20万元，委托贷款手续费692.90万元，其他358.90万元（含公转商贴息支出358.53万元）。

（三）增值收益。2020年，增值收益7423.47万元，同比增长10.80%。增值收益率1.45%，比上年减少0.098个百分点。

（四）增值收益分配。2020年，提取贷款风险准备金982.73万元，提取管理费用3840.74万元，提取城市廉租住房（公共租赁住房）建设补充资金2600万元。

2020年，上交财政管理费用2450.79万元。上缴财政城市廉租住房（公共租赁住房）建设补充资金3566.4万元（2019年增值收益6699.8万元，其中，计提贷款风险准备金682.61万元；管理费用2450.79

万元；廉租住房建设补充资金 3566.4 万元）。

2020 年末，贷款风险准备金余额 22869.34 万元。累计提取城市廉租住房（公共租赁住房）建设补充资金 18790.88 万元。

（五）管理费用支出。2020 年，管理费用支出 1478.29 万元，同比增长 29.33%。其中，人员经费 714.73 万元，公用经费 68.52 万元，专项经费 695.04 万元。

四、资产风险状况

（一）个人住房贷款。2020 年末，个人住房贷款逾期额 1.55 万元，逾期率 0.00342‰。

个人贷款风险准备金按年度新增贷款余额的 1% 提取。2020 年，提取个人贷款风险准备金 982.73 万元，使用个人贷款风险准备金核销呆坏账 0 万元。2020 年末，个人贷款风险准备金余额 22869.34 万元，占个人住房贷款余额的 5.05%，个人住房贷款逾期额与个人贷款风险准备金余额的比率为 0.0068%。

（二）支持保障性住房建设试点项目贷款。2020 年末，逾期项目贷款 0 万元，逾期率 0‰。

项目贷款风险准备金按贷款余额的 0% 提取。2020 年，提取项目贷款风险准备金 0 万元，使用项目贷款风险准备金核销呆坏账 0 万元，项目贷款风险准备金余额 0 万元，占项目贷款余额的 0%，项目贷款逾期额与项目贷款风险准备金余额的比率为 0%。

（三）历史遗留风险资产。2020 年末，历史遗留风险资产余额 0 万元，比上年减少 0 万元，历史遗留风险资产回收率 0%。

五、社会经济效益

（一）缴存业务。2020 年，实缴单位数、实缴职工人数和缴存额同比分别增长 5.38%、4.05% 和 8.57%。

缴存单位中，国家机关和事业单位占 67.87%，国有企业占 8.62%，城镇集体企业占 1.77%，外商投资企业占 0.95%，城镇私营企业及其他城镇企业占 9.20%，民办非企业单位和社会团体占 2.02%，其他占 9.57%。

缴存职工中，国家机关和事业单位占 64.25%，国有企业占 12.12%，城镇集体企业占 1.38%，外商投资企业占 4.50%，城镇私营企业及其他城镇企业占 3.14%，民办非企业单位和社会团体占 1.59%，其他占 13.02%；中、低收入占 99.62%，高收入占 0.38%。

新开户职工中，国家机关和事业单位占 32.01%，国有企业占 7.76%，城镇集体企业占 1.47%，外商投资企业占 6.71%，城镇私营企业及其他城镇企业占 8.64%，民办非企业单位和社会团体占 3.21%，其他占 40.20%；中、低收入占 99.85%，高收入占 0.15%。

（二）提取业务。2020 年，6.41 万名缴存职工提取住房公积金 16.43 亿元。

提取金额中，住房消费提取占 82.44%（购买、建造、翻建、大修自住住房占 26.22%，偿还购房贷款本息占 40.66%，租赁住房占 13.04%，其他占 2.52%）；非住房消费提取占 17.56%（离休和退休提取占 13.18%，完全丧失劳动能力并与单位终止劳动关系提取占 3.04%，户口迁出本市或出境定居占 0%，其他占 1.34%）。

提取职工中，中、低收入占 99.45%，高收入占 0.55%。

(三)贷款业务。

1. 个人住房贷款。2020年,支持职工购建房33.14万平方米,年末个人住房贷款市场占有率(含公转商贴息贷款)为7.72%,比上年减少0.21个百分点。通过申请住房公积金个人住房贷款,可节约职工购房利息支出34809.35万元。

职工贷款笔数中,购房建筑面积90(含)平方米以下占5.23%,90~144(含)平方米占90.36%,144平方米以上占4.41%。购买新房占89.67%(其中购买保障性住房占0.11%),购买二手房占10.29%,建造、翻建、大修自住住房占0.04%,其他占0%。

职工贷款笔数中,单缴存职工申请贷款占38.39%,双缴存职工申请贷款占60.46%,三人及以上缴存职工共同申请贷款占1.15%。

贷款职工中,30岁(含)以下占49.10%,30岁~40岁(含)占36.49%,40岁~50岁(含)占11.76%,50岁以上占2.65%;首次申请贷款占95.13%,二次及以上申请贷款占4.87%;中、低收入占100%,高收入占0%。

2. 异地贷款。2020年,发放异地贷款0笔、0万元。2020年末,发放异地贷款总额17556.5万元,异地贷款余额13418.67万元。

3. 公转商贴息贷款。2020年,发放公转商贴息贷款597笔、21987.3万元,支持职工购建住房面积7.17万平方米,当年贴息额358.53万元。2020年末,累计发放公转商贴息贷款2341笔、合计70745.7万元,累计贴息1390.96万元。2020年度赎回公转商贴息贷款2笔、58.9万元,未偿付公转商贴息贷款1385笔、合计43136.46万元。

4. 支持保障性住房建设试点项目贷款。2020年末,累计试点项目0个,贷款额度0亿元,建筑面积0万平方米,可解决0户中低收入职工家庭的住房问题。0个试点项目贷款资金已发放并还清贷款本息。

(四)住房贡献率。

2020年,个人住房贷款发放额、公转商贴息贷款发放额、项目贷款发放额、住房消费提取额的总和与当年缴存额的比率为120.25%,比上年增加20.44个百分点。

六、其他重要事项

(一)应对新冠肺炎疫情采取的措施,落实住房公积金阶段性支持政策情况和政策实施成效。

1. 积极开办网上业务。2月14日,为充分发挥住房公积金行业支持疫情防控作用,结合实际,我中心发布了《关于支持疫情防控保障住房公积金业务的通知》,推行"网上办、电话办、邮寄办"办理住房公积金政务服务事项,引导缴存单位和个人拨打12345市民热线进行业务咨询,通过广西政务一体化平台、门户网站网上服务大厅、微信公众号、支付宝城市服务以及手机App等渠道网上办理住房公积金缴存、提取和打印证明材料等业务。

2. 出台阶段性减负惠民优惠政策措施。归集业务方面,于2020年2月14日发布了《关于支持疫情防控保障住房公积金业务的通知》,做好为企业提供缴存服务工作。一是对受疫情影响较大的批发零售、住宿餐饮、物流运输、文化旅游等行业,以及暂时存在困难的缴存单位,可以阶段性申请降低住房公积金缴存比例或者缓缴住房公积金,缴存比例最低可降至5%,缓缴期限最长可延至2020年6月30日。暂时存在困难的自愿缴存个人可以阶段性申请缓缴住房公积金,缓缴期限最长可延长至2020年6月30日;二是开辟绿色通道。申请降比和缓缴的单位和申请缓缴的自愿缴存个人以书面形式将降比或缓缴申请书通过邮寄或电子邮件传输申请表扫描件报辖区住房公积金管理部即可完成"不见面"申办,有效减轻疫情期间企业和缴存人办事负担;三是因企业降低住房公积金缴存比例或者缓缴住房公积金可能影响职工提取住房公积金余额和住房公积金贷款申请额度的,企业应提前告知职工,职工应保证还款银行账户余额充足,保证扣划,避免逾期;四是经批准同意缓缴住房公积金的企业职工和自愿缴存个人,如申请缓缴前正常缴存的,缓缴期内视为连续缴存。

贷款业务方面,调整贷款逾期宽限期保障职工征信权益。我中心于2020年2月14日发布《关于疫情防控期间保障贷款职工征信权益的通知》,明确。一是调整住房公积金贷款逾期宽限期。疫情防控期间,延长我市住房公积金贷款职工还款时间,设定10天逾期宽限期,在宽限期内还款不影响个人征信记录;二是视情况调整"四类人员"相关逾期记录。在疫情防控期间,对于感染新型冠状病毒感染肺炎住院治疗或隔离、疫情防控需要隔离观察、参加疫情防控工作以及受疫情影响暂时失去收入来源的职工,因受疫情防控影响,在宽限期内未能及时还款造成逾期的,职工提供相关证明材料,经调查核实后,我中心不会将相关逾期记录报送至人民银行征信中心,已经报送的将予以调整。目前通过宽限期以及贷后管理员的电话催收,未发现因受疫情影响征信的情况。

3. 住房公积金阶段性支持政策实施效果。截至2020年12月31日,我中心提取业务网办件为28266件,归集业务网办件21882件。累计降比单位3个,降比涉及职工人数92人,涉及金额15.82万元;累计缓缴单位50个,缓缴职工人数7914人,缓缴金额约1826万元;个人自由缴存申请缓缴1个,缓缴金额为0.09万元。

(二)当年机构及职能调整情况、受委托办理缴存贷款业务金融机构变更情况。2020年未新增委托办理缴存贷款业务金融机构。

(三)当年住房公积金政策调整及执行情况,包括当年缴存基数限额及确定方法、缴存比例等缴存政策调整情况;当年提取政策调整情况;当年个人住房贷款最高贷款额度、贷款条件等贷款政策调整情况;当年住房公积金存贷款利率执行标准等;支持老旧小区改造政策落实情况。

1. 当年缴存基数限额及确定方法、缴存比例调整情况。本市当年公积金缴存基数限额及确定方法,根据《关于设定贵港市2020年住房公积金月缴存额上下限的通知》(贵金管字〔2020〕5号)的规定,(1)贵港市住房公积金缴存比例最高为12%,2020年单位和个人月住房公积金缴存基数上限为18454元,2020年单位和个人月住房公积金缴存额上限各为2214元,月缴存额合计上限为4428元(职工住房公积金月缴存工资基数上限额度为贵港市统计部门公布的上年度贵港市在岗职工月平均工资的3倍,贵港市统计局于2020年6月2日公布的2019年贵港市城镇非私营单位在岗职工劳动工资(含劳务)为73816元,计算公式如下。73816元÷12个月×3≈18454元,18454元×12%≈2214元,2214元×2=4428元)。(2)根据《住房公积金管理条例》规定,住房公积金最低缴存比例为5%。按照《广西壮族自治区人民政府关于调整全区职工最低工资标准的通知》(桂政发〔2020〕1号)的规定,确定2020年度贵港市职工住房公积金缴存基数下限:贵港市为1580元、桂平市和平南县均为1430元。

2. 2020年4月20日,我市调整住房公积金贷款政策。职工个人及家庭未使用过住房公积金贷款的,允许其购买第二套住房时申请住房公积金贷款,其购房首付比例不低于30%,贷款利率调整为同期住房公积金个人住房贷款利率的1.1倍。

3. 调整住房公积金提取政策。开展既有住宅加装电梯提取业务。开展既有住宅加装电梯提取公积金业务内容如下。（1）提取对象、条件及范围。贵港市行政区域范围内既有住宅加装电梯的房屋所有权人出资为该住宅加装电梯，经住房和城乡建设主管部门和财政主管部门审核确认加装电梯财政补贴金额后，该既有住宅所有权人及其配偶可申请提取其名下的住房公积金。既有住宅是指贵港市行政区域范围内国有土地上有合法权属证明或合法报批手续，已依法建成并投入使用，且未设电梯的四层以上（含四层，不含地下室）、九层以下（含九层）的单元式住宅。自建房、别墅、C或D级危房，单梯为单一产权的住宅，以及已列入房屋征收范围和计划、已列入危旧房改造计划的住宅不在可提取范围。（2）提取所需提供材料。①个人身份证；②房屋所有权证（如尚未取得房产证或不动产权证，属商品房的，提供房屋买卖合同登记备案证明；属保障性住房的，提供购房协议或相关部门出具的购房证明材料）；③住房和城乡建设主管部门和财政主管部门审核批准的《贵港市既有住宅加装电梯财政补助资金申请表》；④加装电梯协议；⑤加装电梯个人出资凭证（收据、转款凭证等）。（3）提取时限。获得住房和城乡建设主管部门和财政主管部门审核批准的《贵港市既有住宅加装电梯财政补助资金申请表》最终载明日期起两年内一次或分次提取，过期不予提取。（4）提取额度。职工本人及配偶加装电梯提取总额不得超过家庭所分摊的加装电梯费用实际支出金额，已用住房住宅专项维修金、房改售房款及财政资金补贴支付住宅加装电梯费用的费用，不计入提取额度。

（四）当年服务改进情况，包括推进住房公积金服务"跨省通办"工作情况，服务网点、服务设施、服务手段、综合服务平台建设和其他网络载体建设服务情况等。

1. 创新改革推动服务提质。一是大力推行网上业务。在疫情防控常态化下，通过依托自治区政务一体化平台、贵港市智慧政务平台以及贵港市住房公积金管理中心网上业务大厅等线上公积金业务办理渠道，向贵港市缴存单位和个人推广网上业务，引导单位和个人通过线上办理公积金业务，住房公积金业务事项网上可办率达到100%，实现住房公积金网上"零见面""零资料""零跑腿"办理业务，购房提取、建房提取、公积金还贷提取等8项提取业务在网上业务大厅实现"零材料"审批、资金"秒到账"。二是开展同城通办业务。从办事群众角度出发，针对住房公积金缴存单位和个人异地线下办事的需求，在贵港市（含三区两县市）推行依申请政务服务事项线下同城通办服务模式，打破传统属地管理审批模式。通过属地和异地相互委托或授权，实现住房公积金缴存单位和个人异地通办、就近能办、多点可办，减少群众在属地和异地实体大厅来回跑腿的次数。23项业务事项都实现同城通办。三是开展无差别全科"一窗受理"。合理规划业务窗口，按"前台综合收件、后台分类审批、统一窗口出件"的模式，进一步优化业务流程，精简申请材料，实现住房公积金业务的集成高效受理和审批。四是实现住房公积金服务"跨省通办"。我市认真贯彻落实自治区党委、政府的决策部署，按照《国务院办公厅关于加快推进政务服务"跨省通办"的指导意见》（国办发〔2020〕35号）要求，努力推动住房公积金服务"跨省通办"，通过全程网办、代收代办、两地联办方式实现个人住房公积金缴存贷款等信息查询、出具贷款职工住房公积金缴存使用证明、正常退休提取住房公积金、住房公积金单位登记开户、住房公积金单位及个人缴存信息变更、购房提取住房公积金、开具住房公积金个人住房贷款全部还清证明、提前还清住房公积金贷款共8项服务事项"跨省通办"，满足缴存职工异地办事需求。

2. 简易办改革优化营商环境，提升群众满意度。贵港市住房公积金管理中心切实从缴存单位和职工的服务需求和满意度出发，以"政府放心、群众满意"为目标，持续深化"放管服"改革，积极推动线上线下办事减环节、减材料、减跑动次数等措施，不断优化住房公积金服务。一是组合政策助企纾困。开办阶段性缓缴，推动贷款业务联办，深入施行组合贷款，开展既有住宅加装电梯提取业务，推行逐户封顶放款，为贵港市经济平稳健康发展注入生机活力；二是深化政务服务"应进必进"。进驻各级政务服务中心集中办理住房公积金业务；三是修炼内功主动出击。打通多证合一渠道，"一表填报"创新申办模式，"容缺办理"拓展服务需求，"一网通办"实现业务零跑腿、业务办理时限"零成本"；精简柜台提取材料，推广网上业务，加快电子化影像化建设，完善网上营业厅、微信公众号、支付宝城市服务功能，启用电子签章模式，优化综合服务平台管理；实现一级账户核算，推进住房公积金政务服务事项线下同城通办。

贵港市住房公积金业务申请材料数量由原150项减至77项，减少率为48%；实现提取二级审批；18项一次性告知清单均实现一次性办结，贷款审批办结时限由法定15个工作日提速到4个工作日，提速达86.7%；实现"最多跑一次"事项22项，窗口办结事项比例为100%。

3.6月份，新的网上办事大厅上线使用，公积金贷款还贷提取、购房提取、建房提取等8项提取业务在网厅实现"零材料"办理、"零审批"办结，资金"秒到账"。

4.8月份，网厅单位登录界面除了原有的单位证书登录方式，还增加了短信验证码登录方式，不仅方便了单位经办人办理缴存业务，也为全面推广网厅业务、提升中心网办率打下了牢固基础。

（五）当年信息化建设情况，包括信息系统升级改造情况，基础数据标准贯彻落实和结算应用系统接入情况等。

1. 中心核心业务系统与贵港市智慧政务平台完成接口对接，实现数据实时上传。
2. 完成中心档案系统升级，包括人证合一和板式无纸化、3D虚拟库房以及档案复用等。
3. 完成中心非涉密系统迁移至电子政务外网。

（六）当年住房公积金管理中心及职工所获荣誉情况，包括文明单位（行业、窗口）、青年文明号、工人先锋号、五一劳动奖章（劳动模范）、三八红旗手（巾帼文明岗）、先进集体和个人等。2020年11月20日，我中心荣获第六届"全国文明单位"称号；荣获全区"2019年度住房公积金业务管理优秀单位"和"2019年度全区住建系统模范职工之家"。2020年11月，我中心分别在全国住房公积金信息化培训班和2020年全区住房公积金管理人员综合能力提升培训班做了《公积金档案数字化应用初步研究及经验分享》的经验介绍。2020年12月，我中心在2020年度全区住房公积金运行分析会暨个人自愿缴存住房公积金业务现场推进会做了《突出三抓三促自愿缴存工作实现新突破》的典型发言。

（七）当年对违反《住房公积金管理条例》和相关法规行为进行行政处罚和申请人民法院强制执行情况。2020年，我中心积极开展住房公积金行政执法上门宣传检查30余次和"双随机"抽查1次，没有行政处罚，申请人民法院强制执行2起。

（八）当年对住房公积金管理人员违规行为的纠正和处理情况等。根据《关于印发2019年度住房公积金管理内部专项监督检查意见书的通知》（桂建金管〔2020〕9号）的要求，我中心及时制定方案，对检查意见涉及的内部控制制度执行、业务层面内部控制存两个方面，已具体量化成6个具体问题，明确整改措施、责任人和时限要求，落实整改责任，2020年12月31日前已整改完毕。以打击非法中介协助缴存职工以虚假手段违规提取住房公积金、骗取住房公积金贷款为重点，丰富宣传形式，增强审核力度，深入开展扫黑除恶专项行动。截至目前，中心出台了7个关于住房公积金行业管理服务规范，与公安部门建立协作联动机制，移交案件线索19条，滚动播放宣传标语50条，发放宣传资料近2000份，利用微信群、

QQ 群、内网通和腾讯通等渠道发布各类信息 60 条次以上。

玉林市住房公积金 2020 年年度报告

根据《住房公积金管理条例》和住房和城乡建设部、财政部、人民银行《关于健全住房公积金信息披露制度的通知》（建金〔2015〕26 号）的规定，经住房公积金管理委员会审议通过，现将玉林市住房公积金 2020 年年度报告公布如下。

一、机构概况

（一）住房公积金管理委员会。住房公积金管理委员会有 25 名委员，2020 年召开 1 次会议，审议通过的事项主要包括：《玉林市住房公积金管理中心关于审议 2019 年度住房公积金增值收益分配方案和其他住房资金及住房补贴增值收益分配方案的请示》《玉林市住房公积金管理中心关于审议 2020 年管理费用预算的请示》《玉林市住房公积金管理中心关于编制玉林市住房公积金 2020 年年度预算的请示》《玉林市住房公积金管理中心关于编制 2020 年度住房公积金归集使用计划的请示》《玉林市 2019 年住房公积金制度执行情况报告》《玉林市住房公积金管理中心 2019 年度财务报告》《玉林市住房公积金管理中心关于审议〈玉林市既有住宅加装电梯提取住房公积金实施细则〉的请示》。

（二）住房公积金管理中心。玉林市住房公积金管理中心为玉林市政府直属不以营利为目的的参公事业单位，设 8 个科室，7 个管理部，无分中心。从业人员 104 人，其中，在编 42 人，非在编 62 人。

二、业务运行情况

（一）缴存。2020 年，新开户单位 445 家，净增单位 165 家；新开户职工 3.11 万人，净增职工 1.92 万人；实缴单位 3238 家，实缴职工 22.13 万人，缴存额 34.43 亿元，分别同比增长 5.37%、9.5%、10.74%。2020 年末，缴存总额 243.13 亿元，比上年末增加 16.50%；缴存余额 99.72 亿元，同比增长 12.02%。受委托办理住房公积金缴存业务的银行 8 家。

（二）提取。2020 年，8.23 万名缴存职工提取住房公积金；提取额 23.73 亿元，同比增长 9.61%；提取额占当年缴存额的 68.92%，比上年减少 0.72 个百分点。2020 年末，提取总额 143.41 亿元，比上年末增加 19.83%。

（三）贷款。

1. 个人住房贷款。个人住房贷款最高额度 40 万元。

2020 年，发放个人住房贷款 0.42 万笔、15.04 亿元，同比分别下降 23.64%、16.77%。

2020 年，回收个人住房贷款 7.25 亿元。

2020 年末，累计发放个人住房贷款 5.04 万笔、134.25 亿元，贷款余额 96.03 亿元，分别比上年末增加 9.33%、12.62%、8.83%。个人住房贷款余额占缴存余额的 96.30%，比上年末减少 2.83 个百分点。受委托办理住房公积金个人住房贷款业务的银行 8 家。

2. 异地贷款。2020年，发放异地贷款0笔、0万元。2020年末，发放异地贷款总额77476.30万元，异地贷款余额62876.44万元。

3. 公转商贴息贷款。2020年，发放公转商贴息贷款0笔、0万元，当年贴息额0万元。2020年末，累计发放公转商贴息贷款0笔、0万元，累计贴息0万元。

4. 住房公积金支持保障性住房建设项目贷款。2020年，我管理中心没有住房公积金支持保障性住房建设项目贷款。

（四）购买国债。2020年，我管理中心未购买国债。

（五）资金存储。2020年末，住房公积金存款8.52亿元。其中，活期2.04亿元，1年（含）以下定期1.00亿元，1年以上定期0亿元，其他（协定、通知存款等）5.48亿元。

（六）资金运用率。2020年末，住房公积金个人住房贷款余额、项目贷款余额和购买国债余额的总和占缴存余额的96.30%，比上年末减少2.83个百分点。

三、主要财务数据

（一）业务收入。2020年，业务收入31701.01万元，同比增长11.74%。存款利息1924.62万元，委托贷款利息29774.77万元，国债利息0万元，其他1.62万元。

（二）业务支出。2020年，业务支出16030.28万元，同比增长5.17%。支付职工住房公积金利息14538.58万元，归集手续费0万元，委托贷款手续费1488.74万元，其他2.96万元。

（三）增值收益。2020年，增值收益15670.73万元，同比增长19.37%。增值收益率1.64%，比上年增加0.09个百分点。

（四）增值收益分配。2020年，提取贷款风险准备金9402.44万元，提取管理费用1941.28万元，提取城市廉租住房（公共租赁住房）建设补充资金4327.01万元。

2020年，上交财政管理费用1941.28万元。上缴财政城市廉租住房（公共租赁住房）建设补充资金3582.21万元。

2020年末，贷款风险准备金余额63115.95万元。累计提取城市廉租住房（公共租赁住房）建设补充资金30440.28万元。

（五）管理费用支出。2020年，管理费用支出2154.65万元，同比增长22.53%。其中，人员经费1002.74万元，公用经费131.41万元，专项经费1020.50万元。

四、资产风险状况

（一）个人住房贷款。2020年末，个人住房贷款逾期额7.33万元，逾期率0.008‰，个人贷款风险准备金余额63115.95万元。2020年，使用个人贷款风险准备金核销呆坏账0万元。

（二）支持保障性住房建设试点项目贷款。截至2020年末，我管理中心没有住房公积金支持保障性住房建设试点项目贷款。

五、社会经济效益

（一）缴存业务。缴存职工中，国家机关和事业单位占65.04%，国有企业占16.85%，城镇集体企业占1.13%，外商投资企业占1.47%，城镇私营企业及其他城镇企业占10.21%，民办非企业单位和社会团体占0.34%，灵活就业人员占3.66%，其他占1.30%；中、低收入占98.97%，高收入占1.03%。

新开户职工中，国家机关和事业单位占43.73%，国有企业占10.68%，城镇集体企业占0.60%，外商投资企业占1.66%，城镇私营企业及其他城镇企业占18.90%，民办非企业单位和社会团体占0.39%，灵活就业人员占22.96%，其他占1.08%；中、低收入占99.69%，高收入占0.31%。

（二）提取业务。提取金额中，购买、建造、翻建、大修自住住房占30.09%，偿还购房贷款本息占46.30%，租赁住房占4.58%，支持老旧小区改造占0%，离休和退休提取占14.08%，完全丧失劳动能力并与单位终止劳动关系提取占3.29%，出境定居占0%，其他占1.66%。提取职工中，中、低收入占98.00%，高收入占2.00%。

（三）贷款业务。个人住房贷款。2020年，支持职工购建房50.71万平方米（含公转商贴息贷款），年末个人住房贷款市场占有率（含公转商贴息贷款）为12.89%，比上年末减少1.54个百分点。通过申请住房公积金个人住房贷款，可节约职工购房利息支出28167.13万元。

职工贷款笔数中，购房建筑面积90（含）平方米以下占7.40%，90～144（含）平方米占87.07%，144平方米以上占5.53%。购买新房占90.99%（其中购买保障性住房占0%），购买二手房占8.91%，建造、翻建、大修自住住房占0.10%（其中支持老旧小区改造占0%），其他占0%。

职工贷款笔数中，单缴存职工申请贷款占67.82%，双缴存职工申请贷款占32.11%，三人及以上缴存职工共同申请贷款占0.07%。

贷款职工中，30岁（含）以下占32.04%，30岁～40岁（含）占40.62%，40岁～50岁（含）占23.58%，50岁以上占3.76%；首次申请贷款占96.15%，二次及以上申请贷款占3.85%；中、低收入占99.81%，高收入占0.19%。

（四）住房贡献率。2020年，个人住房贷款发放额、公转商贴息贷款发放额、项目贷款发放额、住房消费提取额的总和与当年缴存额的比率99.48%，比上年减少13.58个百分点。

六、其他重要事项

（一）应对新冠肺炎疫情采取的措施，落实住房公积金阶段性支持政策情况和政策实施成效。一是积极引导缴存单位和职工通过网上业务大厅、微信公众号、手机App等线上渠道办理住房公积金相关业务。二是阶段性调整企业及个人自愿缴存政策。2020年6月30日前，受新冠肺炎疫情影响的企业和自愿缴存个人，可按规定申请缓缴住房公积金，可容缺受理。三是优化提取办理流程，为缴存职工提取住房公积金提供便利。在疫情防控期间，对提取住房公积金有时限要求的，可延期至疫情结束后3个月内申请办理。对支付房租压力较大的租房职工，提取住房公积金由原来每年提取一次调整为可逐月提取。四是切实保障受疫情影响缴存职工的住房公积金贷款权益。减轻住房公积金贷款职工还贷压力，受新冠肺炎疫情影响的职工，2020年2月1日至6月30日住房公积金贷款不能正常还款的，不作逾期处理，不作为逾期记录报送征信部门，已报送的予以调整。对住房公积金贷款业务有时限要求的，可延期至疫情结束后3个月内申请办理。五是提高住房公积金组合贷款办理效率。疫情防控期间，提高住房公积金组合贷款办理效率和质量，合理安排信贷资源，保障住房公积金组合贷款发放。

(二)当年机构及职能调整情况、受委托办理缴存贷款业务金融机构变更情况。

1. 当年机构及职能调整情况。无变更。

2. 当年受托办理缴存贷款业务金融机构情况。无变更。

(三)当年住房公积金政策调整及执行情况,包括当年缴存基数限额及确定方法、缴存比例等缴存政策调整情况;当年提取政策调整情况;当年个人住房贷款最高贷款额度、贷款条件等贷款政策调整情况;当年住房公积金存贷款利率执行标准等;支持老旧小区改造政策落实情况。

1.2020年住房公积金缴存政策的调整情况。

(1)缴存基数。职工缴存住房公积金的基数不应超过职工工作地所在设区城市统计部门公布的上一年度职工平均工资的3倍。工资总额按照国家统计部门规定的列入工资总额的组成项目计算。

(2)缴存基数上下限。

① 根据玉林市统计局提供的2019年在岗职工年平均工资71968元,计算出2020年度住房公积金缴存基数上限为71968×3÷12=17992元。

② 2020年度玉林市住房公积金缴存基数不得低于玉林市现行最低工资标准。按照《广西壮族自治区人民政府关于调整全区最低工资标准的通知》(桂政发〔2020〕1号)的规定,确定2020年度玉林市职工住房公积金缴存基数下限为1580元(如最低工资标准调整,住房公积金缴存基数随之调整)。

(3)月缴存额上下限。

① 2020年度单位和个人住房公积金缴存比例各为最高12%。个人自愿缴存人员的缴存比例统一为20%。

② 2020年度住房公积金月缴存额=职工本人2019年月平均工资×个人住房公积金缴存比例+职工本人2019年月平均工资×单位住房公积金缴存比例。同一单位职工的缴存比例一致、个人住房公积金缴存比例和单位住房公积金缴存比例一致。

③ 2020年度单位和个人住房公积金月缴存额上限均为17992×12%≈2159元,合计为4318元。

④ 住房公积金缴存比例下限为5%,据此计算出现单位和个人住房公积金月缴存额下限均为1580×5%=79元,合计为158元(如最低工资标准调整,住房公积金缴存额下限随之调整)。

2.2020年提取政策调整情况。在疫情防控期间,对提取住房公积金有时限要求的,可延期至疫情结束后3个月内申请办理;对支付房租压力较大的租房职工,提取住房公积金由原来,每年提取一次调整为可逐月提取。

3.2020年个人住房贷款最高贷款额度、贷款条件等贷款政策调整情况,贷款利率执行标准。2020年个人住房贷款最高贷款额度为40万,贷款条件等贷款政策无调整。

4.2020年个人住房公积金贷款年利率为五(含)年期以下2.75%,五年期以上3.25%。

5.支持老旧小区改造政策落实情况。支持老旧小区加装电梯提取住房公积金。

(四)当年服务改进情况,包括推进住房公积金服务"跨省通办"工作情况,服务网点、服务设施、服务手段、综合服务平台建设和其他网络载体建设服务情况等。

1.住房公积金服务"跨省通办"工作情况。率先全区实现"跨省通办",对接融入粤港澳大湾区,分别与广东茂名、湛江住房公积金中心联网开通办理相关业务,服务效能再提速。

2.服务网点、服务设施、服务手段。2020年9月8日市人民政府同意成立玉林市政务服务中心住房公积金管理分中心。

（1）推"四零模式""玉林速度"显身手。全面深化"放管服"改革，率先全区首家实施"零填单、零复印、零存量、零跑腿""四零"服务的创新举措。归集"刷脸开户"、提取"秒到账"、公积金还贷"直对冲""商贷公积金还贷T+1"和7×24小时全天候不间断的业务办理和移动式的不见面审批。服务效能再提速，让玉林人民真正享受住房公积金的"玉林速度"。

（2）创"小金人"服务体系"一事通办"暖民心。打造住房公积金大中台和链上生态平台——"小金人"服务体系新品牌。构建一云承载、一网通达、一池共享、一事通办、一体安全的"五个一"政务数据治理新模式。通过区块链技术引入住房公积金应用，实现"云中落地"，利用云计算、移动互联网、大数据等技术，实现数据共享，达到"一屏显、一键达"的"一事通办"效果，助力政务服务更加便民利民，提高群众办事的满意度和幸福感。

（3）创新工作模式，"自愿缴存"惠民生。两年多来，我市通过"顶层统筹，中端发力，基层各个击破"的发展理念，实现三年翻两番。2020年12月31日修订出台了《玉林市灵活就业人员住房公积金管理办法》。2020年度全区住房公积金运行分析会暨个人自愿缴存住房公积金个人业务现场推进会在玉林市隆重召开。

3.综合服务平台建设和其他网络载体建设服务情况。2020年各服务渠道共办理业务总量为273482笔，信息查询总量为4806424次，业务离柜率达94.65%，其中微信公众号关注量共有157325人，使用微信公众号办理业务34805笔，信息查询1287171次，注册手机App用户共有9954人，使用手机App办理业务7523笔，信息查询96367次，使用网厅办理业务183169笔，信息查询31738次。

（五）当年信息化建设情况，包括信息系统升级改造情况，基础数据标准贯彻落实和结算应用系统接入情况等。

1.我管理中心"住房公积金互联网+"综合信息管理系统通过国家网络安全等级保护三级2.0测评验收。

2.区块链"公积金失信惩戒黑名单及公积金电子缴存证明"功能上线。

3.手写信息数字签名系统上线。利用电子签名屏等设备，结合业务系统，实现所有签名业务无纸化办理和数字形式存储。

4.建成远程视频柜员机系统。通过VTM设备上的远程视频功能实现客户与远程柜员的对话交流、信息沟通、自助办理指导、业务咨询、可视化，7×24小时不间断服务。

（六）当年住房公积金管理中心及职工所获荣誉情况。荣获住房和城乡建设厅2019年度业务考核优秀等次；荣获玉林市2019年度市直部门综合绩效考评"一等等次"；荣获2020年机关企事业单位档案工作年度检查优秀单位；荣获市直2019年度预算绩效再评价等级为"一等等级"。

（七）当年对违反《住房公积金管理条例》和相关法规行为进行行政处罚和申请人民法院强制执行情况。无。

（八）当年对住房公积金管理人员违规行为的纠正和处理情况等。无。

（九）其他需要披露的情况。无。

百色市住房公积金 2020 年年度报告

根据国务院《住房公积金管理条例》和住房和城乡建设部、财政部、人民银行《关于健全住房公积金信息披露制度的通知》（建金〔2015〕26 号）的规定，经住房公积金管理委员会审议通过，现将百色市住房公积金 2020 年年度报告公布如下。

一、机构概况

（一）住房公积金管理委员会。有 15 名委员，2020 年召开 2 次会议，审议通过的事项主要包括：1. 审议并通过市住房公积金管理中心 2019 年年度工作报告；2. 审议并通过 2020 年度住房公积金归集、使用计划方案；3. 审议并通过 2019 年住房公积金增值收益分配方案；4. 通报市财政局对市住房公积金管理中心 2018 年度部门决算的批复；5. 审议并通过市住房公积金管理中心 2019 年度部门决算；6. 审议并通过百色市住房公积金 2019 年年度报告；7. 审议并通过《百色市住房公积金管理委员会关于调整住房公积金政策的通知》；8. 审议并通过《百色市住房公积金管理中心关于开展融资工作的请示》；9. 审议并通过《百色市住房公积金管理委员会关于高层次人才使用住房公积金贷款有关政策的通知》；10. 审议并通过《百色市住房公积金管理委员会关于调整百色市 2020 年度住房公积金月缴存额上下限的通知》；11. 通报市财政局对市住房公积金管理中心 2019 年度部门决算的批复；12. 审议并通过《百色市住房公积金管理中心 2021 年部门预算》；13. 审议并通过《百色市住房公积金管理中心 2021—2023 年部门中期财政规划》。

（二）住房公积金管理中心。住房公积金管理中心为直属市人民政府不以营利为目的的独立的参照公务员法管理的事业单位，设 7 个科，13 个管理部。从业人员 111 人，其中，在编 43 人，非在编 68 人。

二、业务运行情况

（一）缴存。2020 年，新开户单位 360 家，净增单位 74 家；新开户职工 1.88 万人，净增职工 1.45 万人；实缴单位 3845 家，实缴职工 18.94 万人，缴存额 35.96 亿元，分别同比增长 1.96%、8.32%、15.09%。2020 年末，缴存总额 246.42 亿元，比上年末增加 17.09%；缴存余额 85.22 亿元，同比增长 11.92%。受委托办理住房公积金缴存业务的银行 8 家。

（二）提取。2020 年，8.13 万名缴存职工提取住房公积金；提取额 26.88 亿元，同比增长 18.21%；提取额占当年缴存额的 74.75%，比上年增加 1.97 个百分点。2020 年末，提取总额 161.20 亿元，比上年末增加 20.02%。

（三）贷款。

1. 个人住房贷款。个人住房贷款最高额度 45 万元。

2020 年，发放个人住房贷款 0.54 万笔、19.71 亿元，同比分别增长 21.71%、33.05%。

2020 年，回收个人住房贷款 6.53 亿元。

2020 年末，累计发放个人住房贷款 4.38 万笔、115.37 亿元，贷款余额 82.96 亿元，分别比上年末增加 14.12%、20.60%、18.89%。个人住房贷款余额占缴存余额的 97.35%，比上年末增加 5.70 个百分点。受委托办理住房公积金个人住房贷款业务的银行 7 家。

2. 异地贷款。2020年，无发放异地贷款。2020年末，发放异地贷款总额24097.10万元，异地贷款余额18088.43万元。

3. 公转商贴息贷款。无。

(四) 购买国债。无。

(五) 资金存储。2020年末，住房公积金存款4.24亿元。其中，活期0.09亿元，1年（含）以下定期0亿元，1年以上定期0.05亿元，其他（协定、通知存款等）4.10亿元。

(六) 资金运用率。2020年末，住房公积金个人住房贷款余额、项目贷款余额和购买国债余额的总和占缴存余额的97.35%，比上年末增加5.70个百分点。

三、主要财务数据

(一) 业务收入。2020年，业务收入26178.00万元，同比增长17.50%。存款利息1146.84万元，委托贷款利息25007.46万元，国债利息0万元，其他23.70万元。

(二) 业务支出。2020年，业务支出12452.37万元，同比增长8.67%。支付职工住房公积金利息11737.22万元，归集手续费85.02万元，委托贷款手续费623.08万元，其他7.05万元。

(三) 增值收益。2020年，增值收益13725.63万元，同比增长26.84%。增值收益率1.67%，比上年增加0.18个百分点。

(四) 增值收益分配。2020年，提取贷款风险准备金1318.03万元，提取管理费用1852.00万元，提取城市廉租住房（公共租赁住房）建设补充资金10555.60万元。

2020年，上交财政管理费用800.00万元。上缴财政城市廉租住房（公共租赁住房）建设补充资金7103.01万元。

2020年末，贷款风险准备金余额8306.97万元。累计提取城市廉租住房（公共租赁住房）建设补充资金59235.31万元。

(五) 管理费用支出。2020年，管理费用支出2221.37万元，同比下降11.23%。其中，人员经费764.39万元，公用经费231.26万元，专项经费1225.72万元。

四、资产风险状况

个人住房贷款。2020年末，个人住房贷款逾期额1030.00万元，逾期率1.24‰。个人贷款风险准备金余额8295.97万元。2020年，使用个人贷款风险准备金核销呆坏账0万元。

五、社会经济效益

(一) 缴存业务。缴存职工中，国家机关和事业单位占64.20%，国有企业占21.61%，城镇集体企业占0.86%，外商投资企业占0.77%，城镇私营企业及其他城镇企业占10.19%，民办非企业单位和社会团体占0.90%，灵活就业人员占0.57%，其他占0.90%；中、低收入占97.71%，高收入占2.29%。

新开户职工中，国家机关和事业单位占46.64%，国有企业占18.97%，城镇集体企业占0.64%，外商投资企业占0.52%，城镇私营企业及其他城镇企业占22.60%，民办非企业单位和社会团体占1.99%，灵活就业人员占4.45%，其他占4.19%；中、低收入占99.73%，高收入占0.27%。

（二）提取业务。 提取金额中，购买、建造、翻建、大修自住住房占 50.81%，偿还购房贷款本息占 28.03%，租赁住房占 4.90%，支持老旧小区改造占 0.04%，离休和退休提取占 12.91%，完全丧失劳动能力并与单位终止劳动关系提取占 1.24%，出境定居占 0%，其他占 2.07%。提取职工中，中、低收入占 97.33%，高收入占 2.67%。

（三）贷款业务。

个人住房贷款。2020 年，支持职工购建房 73.05 万平方米（含公转商贴息贷款），年末个人住房贷款市场占有率（含公转商贴息贷款）为 25.22%，比上年末增加 0.24 个百分点。通过申请住房公积金个人住房贷款，可节约职工购房利息支出 80165.83 万元。

职工贷款笔数中，购房建筑面积 90（含）平方米以下占 4.36%，90～144（含）平方米占 63.71%，144 平方米以上占 31.93%。购买新房占 82.57%（其中购买保障性住房占 2.92%），购买二手房占 12.26%，建造、翻建、大修自住住房占 5.17%（其中支持老旧小区改造占 0%），其他占 0%。

职工贷款笔数中，单缴存职工申请贷款占 29.31%，双缴存职工申请贷款占 70.69%，三人及以上缴存职工共同申请贷款占 0%。

贷款职工中，30 岁（含）以下占 30.27%，30 岁～40 岁（含）占 37.69%，40 岁～50 岁（含）占 25.47%，50 岁以上占 6.57%；首次申请贷款占 90.78%，二次及以上申请贷款占 9.22%；中、低收入占 98.13%，高收入占 1.87%。

（四）住房贡献率。 2020 年，个人住房贷款发放额、公转商贴息贷款发放额、项目贷款发放额、住房消费提取额的总和与当年缴存额的比率为 117.43%，比上年增加 11.56 个百分点。

六、其他重要事项

（一）应对新冠肺炎疫情采取的措施，落实住房公积金阶段性支持政策情况和政策实施成效。

1. 落实缓缴政策，降低企业成本。研究制定《百色市住房公积金管理中心关于抗击新型冠状病毒感染的肺炎疫情做好住房公积金服务保障的通知》，在 2020 年 6 月 30 日前，受新冠肺炎疫情影响的企业和自愿缴存个人，可按规定申请缓缴住房公积金。截至 2020 年 6 月，申请缓缴单位共 79 个单位，8883 人，申请缓缴金额 3836.5 万元。截至 2020 年 12 月以上所有缓缴企业已全部恢复正常缴存。

2. 调整贷款政策，助力房地产事业发展。自 2020 年 2 月 24 日起至疫情结束后 3 个月，降低我市楼盘住房公积金贷款准入条件，房地产开发企业申请准入的项目楼栋，主体结构工程建设进度达 80% 以上即可准入住房公积金贷款。

3. 出台惠民措施，保障职工权益。一是对申请缓缴住房公积金的企业和自愿缴存个人，在疫情结束后 3 个月内办理补缴的，视同连续缴存，不影响贷款资格。二是延长业务办理时限。对受疫情影响的缴存职工未能在规定时限内申请办理提取和贷款业务的，可延期至疫情结束后 3 个月内申请办理。三是减轻借款职工还贷压力。对因感染病毒住院治疗或隔离、疫情防控需要隔离观察、参加疫情防控工作，以及受影响暂时失去经济收入来源等导致偿还住房公积金贷款存在困难的，由所在单位或社区出具相关证明，经我中心确认后可适当延后还款期限，对自 2020 年 2 月 1 日起至 6 月 30 日所产生新的逾期，可不作逾期处理，不作为逾期记录报送征信部门，已报送的可予以调整。四是加大医务工作者住房公积金政策倾斜力度。开设绿色通道，在疫情结束后 1 年内，所有一线医务工作人员凭相关身份证明可优先办理住房公积金业务，同时在此期间申请贷款提前还款，不收取任何违约金。

4. 引导业务网办，打造不见面服务。疫情未解除期间，引导缴存单位和职工优先使用百色市住房公积金管理中心网上服务大厅、手机App、微信公众号和政务平台线上服务渠道办理住房公积金缴存、提取、贷款业务；如遇紧急情况需现场办理，可通过网上服务大厅、微信城市服务、微信公众号、12329呼叫（人工）网上预约功能进行预约，预约成功后，按规定时间到公积金服务大厅窗口办理。同时，保证办公时间12329人工座席和各县（市、区）公积金网点值守排班，及时解释业务疑问和答复缴存职工的意见建议。

（二）当年机构及职能调整情况、受委托办理缴存贷款业务金融机构变更情况。 2020年6月，百色市委正式批复同意成立中共百色市住房公积金管理中心党组，配齐配强中心党组书记和党组成员，为全市住房公积金系统科学民主决策提供强有力的组织保障。2020年4月，报经百色市住房公积金管理委员会批准，同意广西田阳农村商业银行股份有限公司承办住房公积金贷款业务。

（三）当年住房公积金政策调整及执行情况，包括当年缴存基数限额及确定方法、缴存比例等缴存政策调整情况；当年提取政策调整情况；当年个人住房贷款最高贷款额度、贷款条件等贷款政策调整情况；当年住房公积金存贷款利率执行标准等；支持老旧小区改造政策落实情况。

1. 缴存政策调整情况。（1）调整缴存基数限额。严格执行国家"控高保低"政策，住房公积金月缴存基数按照职工本人上一年度月平均工资收入（工资总额）核定，最高不高于统计部门公布的上一年度职工月平均工资的3倍，最低不得低于人社部门公布的全省各类地区职工月最低工资标准。根据百色市统计部门公布的数据和《广西壮族自治区人民政府关于调整全区最低工资标准的通知》（桂政发〔2020〕1号），2019年百色市在岗职工月平均工资为6417.4元，2020年百色市月最低工资标准为1580元，确定百色市2020年度住房公积金月缴存基数上限为19252元，下限为1580元，职工上一年度月均工资达不到1580元的职工，缴存工资基数最低按1580元扣缴。即。单位和职工个人住房公积金月缴存额上限各为2310元，合计为4620元；单位和职工个人住房公积金月缴存额下限各为79元，合计158元。住房公积金缴存基数每年调整一次，每年7月开始进行调整（当年7月1日至次年6月30日为一个住房公积金年度）。（2）精简办理要件。取消缴存业务办理人填写纸质申请表，实行业务表单确认制。

2. 提取政策调整情况。（1）暂停广西辖区外住房消费提取。暂停职工在广西区外购买、建造、翻建、大修自住住房及偿还商业住房贷款、既有住房加装电梯等提取住房公积金。（2）调整部分提取业务办理时限。一是购房、建房、翻建、大修自住住房及既有住房加装电梯提取住房公积金时限，由五年内一次或分次提取调整为三年内一次或分次提取。二是提前还贷提取住房公积金时限，由提前还贷五年内办理调整为提前还贷三年内办理。（3）调整其他提取事项。一是有住房公积金贷款余额的缴存职工，在办理提取业务时，夫妻双方住房公积金账户上需各自保留6个月的缴存额。二是职工以购房名义办理住房公积金提取时，其所购住房的房屋权属在办理提取前一年内发生两次以上（含2次）变更的，在取得不动产权登记证一年（12个月）后才能以所购房屋申请提取住房公积金。三是对多人频繁买卖同一套房、同一人多次变更婚姻关系、非亲属关系共同购房的情况，住房公积金管理部门可进行限制或禁止提取住房公积金。四是职工在办理住房公积金提取业务时，住房公积金管理部门对提取材料的真实性存在疑义的，可通过发函或者其他形式跟相关部门进行核实，待核实材料的真实性后再将提取资金划转到职工账户，核查过程不受办结时限限制。

3. 贷款政策调整情况。提高购买二手房首付比例，首次申请住房公积金贷款的，首付比例应不低于40%；第二次申请住房公积金贷款的，首付比例应不低于50%。贷款年限1～5年的，年利率为2.75%；6～30年的，年利率为3.25%；第二次使用住房公积金贷款利率上浮10%。

4. 住房公积金存贷款利率执行标准。2020年，百色市住房公积金存贷款利率未有调整。在2019年度结息工作中，住房公积金存款利率按结息当日中国人民银行挂牌的一年期整存整取定期存款基准利率执行，为1.5%。职工个人及家庭首次申请住房公积金贷款，贷款利率按同期中国人民银行公布的住房公积金个人住房贷款利率执行；第二次申请住房公积金贷款，贷款利率为同期住房公积金个人住房贷款利率的1.1倍。

5. 支持老旧小区改造政策落实情况。为进一步改进和完善住房公积金使用机制，充分发挥住房公积金保障作用，我市针对支持老旧小区改造出台了既有住房加装电梯提取政策。对我市国有土地上依法建成并投入使用的四层以上（含四层，不含地下室）、九层以下（含九层）的无电梯住宅，C级危房经加固后被鉴定为B级及以上房屋、多个自然人业主在国有土地上共同建设的既有住宅纳入提取使用范围。

（四）当年服务改进情况，包括推进住房公积金服务"跨省通办"工作情况，服务网点、服务设施、服务手段、综合服务平台建设和其他网络载体建设服务情况等。

1. 着力推进住房公积金服务"跨省通办"。制定跨省事项通办流程，在各县（市、区）管理部设置服务窗口，主要以代收代办模式开通跨省通办离退休提取业务，通过网办，不受地域限制提供住房公积金单位登记开户、住房公积金单位及个人缴存信息变更、提前还清住房公积金贷款、打印住房公积金贷款结清凭证等服务。

2. 实现全市各县（市、区）"通缴通取"。重点做好"通缴通取"系统需求设计，打破市辖区内政务服务层级与地域限制，实现全市住房公积金缴存业务全流程网办，提取业务各县（市、区）通办。2020年线上汇、补缴总额达到43202笔、31.88亿元，线上业务占比达到84.15%；全市柜台通取1593笔、5086.99万元；全年在线办理提取业务共1.62万笔，提取金额3.1亿元，网办率达80%以上。

3. 实现新开办企业缴存登记业务0.5个工作日内办结。加大与市市场监督管理局的协调沟通，双方均落实一名分管领导和业务办理A、B岗专人负责企业缴存住房公积金登记业务，对接自治区公积金监管平台调取百色市场监管部门提供的新开办企业信息，实现企业新开户零材料自动登记，通过"多证合一"，控制新开办企业住房公积金缴存登记开户时间在0.5个工作日内完成，同步反馈办理结果。2020年全市新开办企业住房公积金缴存登记共8487户，其中新开户单位有360家缴交住房公积金。

4. 完成贷款转自主核算。我市住房公积金贷款转自主核算系统于2020年12月初上线，4.3万笔贷款存量数据全部迁移，同时启用新的、统一的借款合同、借款借据，规范各项贷款资料和流程，有效提高约定提取业务办理效率，为增加贷款网办事项打下坚实基础。一是实现对贷款开户、发放、收回、计息、提前还款、报送征信等全部业务的办理，符合贷款放款条件的，由中心直接放款，减少银行间资金划转环节，贷款流程较之前缩短2天以上，贷款发放更加高效。二是实现公积金系统自主扣款，实时记录扣款。扣款不再与银行对接，业务系统实时记录扣款情况，及时反映出贷款的还款动态，资金回收效率更加高效，解决之前模式下，银行返回数据错漏，不及时划转贷款本息等难题，一改以往受限于委托银行的工作局面，确保了资金安全。

5. 全面精简业务材料。全面统筹优化住房公积金归集、提取、贷款业务办理流程，精简业务申请材料27份，取消贷款申请表、二手房评估报告、本市缴存职工异地缴存使用证明材料等，实行表单确认制，全部业务办理实现申请材料零复印件，填报材料、"来回跑"大幅缩减，让住房公积金业务办理更加便捷、高效。

6. 提升业务服务水平。优化服务硬件设施，为办事单位和职工提供良好的环境，严格落实首问负责制、限时办结制、一次告知制等服务制，切实以住房公积金服务效能的提升持续优化我市营商环境。在2020年全市政务服务30000件抽样评分中，我中心获得五星评价占比高达99.86%，在所有市直部门中排名第一。

（五）当年信息化建设情况，包括信息系统升级改造情况，基础数据标准贯彻落实和结算应用系统接入情况等。 全面贯彻落实基础数据标准，完成综合业务系统升级改造项目第二期建设，住房公积金业务全部通过结算应用系统进行支付结算，着力提升信息化服务水平。一是重点打造"24小时不打烊"提取网厅系统，截至目前，住房公积金贷款还贷提取、工商银行商业住房贷款提取、住房公积金贷款约定提取、离退休提取、离职提取等业务已实现24小时线上智慧审批，资金实时到账。二是拓展综合服务平台渠道服务功能，实现刷脸实名认证办理住房公积金业务、智能多媒体自助查询打印电子凭证和防伪二维码认证，开发上线智能机器人交互平台，提供业务咨询及常见问题在线解答等服务。三是建成开发商版网厅，正式投入使用后，公积金贷款楼盘开发商即可对职工公积金贷款资料进行采集录入，包括：网上贷款申请登记上报、开发商楼盘信息登记申请上报、网上贷款申请审批、网上开发商楼盘信息申请审批等。四是持续沟通对接数据共享平台建设，已建成使用工商、民政、工商银行商贷数据共享接口；计划通过与自治区住房公积金监管平台对接，实现全区不动产数据共享；计划与人行征信系统对接，实现贷款业务在线核验征信数据。五是完成百公里级数据异地灾备，实现与工商银行业务卡实名认证、B2B在线支付，配合百色市大数据发展局完成中心网站集约化建设，开设政务新媒体，接入广西数字一体化平台，解决政务系统二次录入问题，实现政务审批中心对住房公积金业务办理环节的时限监管。六是对接推进中心信息系统平台、数据库、服务器、网络安全等进行第三方安全等保测评，确保中心信息化建设符合计算机信息安全三级等保要求。

（六）当年住房公积金管理中心及职工所获荣誉情况。 2020年，百色市住房公积金管理中心及职工所获荣誉情况如下。1. 荣获2020年度百色市市直单位档案工作优秀等次；2. 荣获2019年度百色市绩效考评一等等次；3. 百色市住房公积金管理中心获评2018—2019年度全市脱贫攻坚（乡村振兴）先进后盾单位称号；4. 黄云同志获评2018—2019年度全市脱贫攻坚（乡村振兴）优秀工作队员称号。

（七）当年对违反《住房公积金管理条例》和相关法规行为进行行政处罚和申请人民法院强制执行情况。

2020年，百色市有2人因违反《住房公积金管理条例》和相关法规，被申请人民法院强制执行。

（八）当年对住房公积金管理人员违规行为的纠正和处理情况等。 无。

（九）其他需要披露的情况。 无。

贺州市住房公积金2020年年度报告

根据国务院《住房公积金管理条例》和住房和城乡建设部、财政部、人民银行《关于健全住房公积金信息披露制度的通知》（建金〔2015〕26号）的规定，经市住房公积金管理委员会审议通过，现将贺州市住房公积金 2020 年年度报告公布如下。

一、机构概况

（一）**住房公积金管理委员会。** 住房公积金管理委员会有 24 名委员，2020 年召开 1 次会议，审议通过的事项主要包括：《贺州市住房公积金 2019 年年度报告》、《2019 年度贺州市住房公积金增值收益分配方案》、《2020 年贺州市住房公积金归集使用计划》（主要业务指标计划）、《贺州市住房公积金个人失信行为管理办法》、《调整贺州市住房公积金使用政策的事项》、《贺州八步东盈村镇银行开立住房公积金专户的事项》。

（二）**住房公积金管理中心。** 住房公积金管理中心为市人民政府直属的不以营利为目的的参照公务员管理事业单位，设 7 个科，5 个管理部。从业人员 63 人，其中，在编 28 人，非在编 35 人。

二、业务运行情况

（一）**缴存。** 2020 年，新开户单位 545 家，实缴单位 3436 家，净增单位 644 家；新开户职工 1.10 万人，其中自愿缴存人 1174 人、自愿缴存额 1321.52 万元，同比分别增长 6.73％、182.62％。实缴职工 10.37 万人，净增职工 0.46 万人；缴存额 15.67 亿元，同比增长 11.85％。2020 年末，缴存总额 107.20 亿元，同比增长 17.12％；缴存余额 42.72 亿元，同比增长 12.35％。

受委托办理住房公积金缴存业务的银行 7 家，比上年增加 0 家。

（二）**提取。** 2020 年，提取额 10.98 亿元，同比减少 1.00％；占当年缴存额的比率 70.04％，比上年减少 9 个百分点。2020 年末，提取总额 64.48 亿元，同比增长 20.52％。

（三）**贷款。**

1. 个人住房贷款。个人住房贷款最高额度 35 万元，其中，单职工家庭最高额度 35 万元，双职工家庭最高额度 35 万元。

2020 年，发放个人住房贷款 0.36 万笔、11.57 亿元，同比增长 24.14％、26.59％。

2020 年，回收个人住房贷款 4.29 亿元。

2020 年末，累计发放个人住房贷款 3.21 万笔、69.22 亿元，贷款余额 44.88 亿元，同比分别增长 12.24％、20.06％、19.35％。个人住房贷款余额占缴存余额的 105.07％，比上年增加 6.15 个百分点。

受委托办理住房公积金个人住房贷款业务的银行 6 家，比上年增加 2 家。

2. 住房公积金支持保障性住房建设项目贷款。2020 年，发放支持保障性住房建设项目贷款 0 亿元，回收项目贷款 0 亿元。

2020 年末，累计发放项目贷款 0 亿元，项目贷款余额 0 亿元。

（四）**购买国债。** 2020 年，购买（记账式、凭证式）国债 0 亿元，（兑付、转让、收回）国债 0 亿元，2020 年末，国债余额 0 亿元，比上年同期减少（增加）0 亿元。

（五）**融资。** 2020 年，融资 2.10 亿元，归还 1.05 亿元。2020 年末，融资总额 5.42 亿元，融资余额 1.65 亿元。

（六）**资金存储。** 2020 年末，住房公积金存款 2.45 亿元。其中，活期 2.20 亿元，1 年以内定期（含）0 亿元，1 年以上定期 0 亿元，其他（协议、协定、通知存款等）0.25 亿元。

(七)资金运用率。 2020年末,住房公积金个人住房贷款余额、项目贷款余额和购买国债余额的总和占缴存余额的105.07%,比上年增加6.17个百分点。

三、主要财务数据

(一)业务收入。 2020年,业务收入14335.08万元,同比增长9.53%。存款利息收入1024.72万元,委托贷款利息收入13241.65万元,国债利息收入0万元,其他收入68.70万元。

(二)业务支出。 2020年,业务支出6792.78万元,同比增长3.18%。其中,支付职工住房公积金利息6100.39万元,归集手续费用支出0万元,委托贷款手续费支出5.66万元,其他支出686.72万元(其中,融资利息支出617.98万元)。

(三)增值收益。 2020年,增值收益7542.30万元,同比增长15.95%。增值收益率1.88%,比上年增长0.09个百分点。

(四)增值收益分配。 2020年,提取贷款风险准备金4525.38万元,提取管理费用960.11万元,提取城市廉租房(公共租赁住房)建设补充资金2056.81万元。

2020年,上交财政管理费用960.11万元。上缴财政的城市廉租房(公共租赁住房)建设补充资金513.46万元。

2020年末,贷款风险准备金余额28800.27万元。累计提取城市廉租房(公共租赁住房)建设补充资金10703.23万元。

(五)管理费用支出。 2020年,管理费用支出960.09万元,同比减少0.46%。其中,人员经费638.60万元,公用经费63.86万元,专项经费257.63万元。

四、资产风险状况

(一)个人住房贷款。 2020年末,个人住房贷款逾期额109.80万元,个人住房贷款逾期率0.24‰。

个人贷款风险准备金按增值收益的60%提取。2020年,提取个人贷款风险准备金4525.38万元,使用个人贷款风险准备金核销呆坏账0万元,2020年末,个人贷款风险准备金余额为28800.27万元,占个人住房贷款余额的6.42%,个人贷款逾期额与个人贷款风险准备金余额的比率为0.38%。

(二)支持保障性住房建设试点项目贷款。 2020年末,逾期项目贷款0万元,逾期率为0‰。

项目贷款风险准备金按贷款余额的0%提取。2020年,提取项目贷款风险准备金0万元,使用项目贷款风险准备金核销呆坏账0万元,项目贷款风险准备金余额为0万元,占项目贷款余额的0%,项目贷款逾期额与项目贷款风险准备金余额的比率为0%。

(三)历史遗留风险资产。 2020年末,历史遗留风险资产余额0万元,比去年减少0万元,历史遗留风险资产回收率0%。

五、社会经济效益

(一)缴存业务。 缴存单位中,国家机关和事业单位占63.22%,国有企业占15.52%,城镇集体企业占0.85%,外商投资企业占2.42%,城镇私营企业及其他城镇企业占12.14%,民办非企业单位和社会团体占2.29%,个人自愿缴存占1.60%,其他占1.96%。

缴存职工中，国家机关和事业单位占60.36%，国有企业占14.65%，城镇集体企业占0.84%，外商投资企业占2.24%，城镇私营企业及其他城镇企业占11.45%，民办非企业单位和社会团体占2.18%，个人自愿缴存占2.17%，其他占6.11%；中、低收入占99.30%，高收入占0.7%。

（二）提取业务。提取的金额中，住房消费提取占81.89%（购买、建造、翻建、大修自住住房占32.37%，偿还购房贷款本息占42.08%，租赁住房7.44%，其他0%）；非住房消费提取占18.11%（离休和退休提取占12.88%，完全丧失劳动能力并与单位终止劳动关系提取占4.40%，户口迁出本市或出境定居占0%，其他占0.83%）。提取职工中，中、低收入占99.13%，高收入占0.87%。

（三）贷款业务。

1. 个人住房贷款。2020年，支持职工购建房46.90万平方米，年末个人住房贷款市场占有率为29.05%，比上年增加1.67个百分点。通过申请住房公积金个人住房贷款，可节约职工购房利息支出30429.13万元。

职工贷款笔数中，购房建筑面积90（含）平方米以下占4.40%，90～144（含）平方米占68.39%，144平方米以上占27.21%。购买新房占86.05%（其中购买保障性住房占5.13%），购买二手房占13.56%，建造、翻建、大修自住住房占0.39%，其他占0%。

职工贷款笔数中，单缴存职工申请贷款占57.80%，双缴存职工申请贷款占42.03%，三人及以上缴存职工共同申请贷款占0.17%。

贷款职工中，30岁（含）以下占28.22%，30岁～40岁（含）占43.63%，40岁～50岁（含）占21.80%，50岁（含）以上占6.35%；首次申请贷款占90.81%，二次及以上申请贷款占9.19%；中、低收入占99.89%，高收入占0.11%。

2. 异地贷款。2020年，发放异地贷款0笔、0万元。2020年末，发放异地贷款总额0万元，异地贷款余额0万元。

3. 公转商贴息贷款。2020年，发放公转商贴息贷款0笔、0万元，支持职工购建房0万平方米。当年贴息额0万元。2020年末，累计发放公转商贴息贷款0笔、0万元，累计贴息0万元。

4. 住房公积金支持保障性住房建设项目贷款。2020年末，累计试点项目0个，贷款额度0亿元，建筑面积共0万平方米，可解决0户中低收入职工家庭的住房问题。0个试点项目贷款资金已发放并还清贷款本息。

（四）住房贡献率。2020年，个人住房贷款发放额、公转商贴息贷款发放额、项目贷款发放额、住房消费提取额的总和与当年缴存额的比率为131.16%，比上年下降0.44个百分点。

六、其他重要事项

（一）应对新冠肺炎疫情采取的措施，落实住房公积金阶段性支持政策情况和政策实施成效。

1. 应对新冠肺炎疫情采取的措施。

（1）阶段性适当降低住房公积金缴存比例政策。2020年4月30日前，企业可结合自身经济效益情况，在5%～12%范围内自主调整确定当年的住房公积金缴存比例。

（2）针对缴存确有困难的企业，降低缴存比例。允许公积金缴存确有困难的企业，待企业经济效益好转后，再提高缴存比例或补缴，可申请按低于5%的比例缴存或者缓缴住房公积金。

(3) 阶段性放宽住房公积金缴存政策。允许受新冠肺炎疫情影响的企业阶段性缓缴 2020 年 1 月～6 月住房公积金；允许受新冠肺炎疫情影响的企业 2020 年 6 月 30 日前经职工代表大会或工会讨论通过，并报市公积金中心审核同意后可按我市最低工资标准为职工缴存住房公积金；为受新冠肺炎疫情影响的企业开辟绿色服务通道加快受理审批。

2. 落实阶段性支持政策情况和政策实施成效。

(1) 受疫情影响已缓缴企业住房公积金补缴情况。截至 2020 年 12 月，我市 28 个缓缴企业中，共有广西岭域创和文旅投资有限公司以及贺州市金奇石林旅游开发有限责任公司为职工补缴了 2020 年 2 至 6 月住房公积金，共补缴住房公积金 28.23 万元。

(2) 受疫情影响已缓缴企业恢复正常缴存情况。截至 2020 年 12 月，我市 28 个缓缴企业全部恢复正常缴存。

(3) 受疫情影响已缓缴企业破产情况。经跟踪了解，目前我市 28 个缓缴企业中没有企业破产情况。

(4) 受疫情影响不作逾期处理的贷款恢复正常还款情况。我市无受疫情影响不作逾期处理的贷款情况。

（二）当年机构及职能调整情况、受委托办理缴存贷款业务金融机构变更情况。

1. 机构及职能调整情况。2020 年住房公积金机构及职能未发生变更。

2. 缴存贷款业务金融机构变更情况。2020 年办理贷款业务金融机构未发生变更。

（三）当年住房公积金政策调整及执行情况，包括当年缴存基数限额及确定方法、缴存比例等缴存政策调整情况；当年提取政策调整情况；当年个人住房贷款最高贷款额度、贷款条件等贷款政策调整情况；当年住房公积金存贷款利率执行标准等；支持老旧小区改造政策落实情况。

1. 当年住房公积金政策调整及执行情况。

(1) 印发《贺州市住房公积金个人失信行为管理办法》（贺金管规〔2020〕1 号），对失信行为及失信行为的认定、失信惩戒措施、失信行为处理程序、权益保护、失信信息管理期限等作出规定。

(2) 印发《贺州市住房公积金管理中心"一窗受理、集成服务"工作实施方案的通知》（贺金管发〔2020〕19 号），精简办理流程，缩短办理时限，深化"放管服"改革，优化营商环境，推进政务服务。

(3) 印发《贺州市住房公积金管理中心关于公布 2020 年度住房公积金月缴存额上下限的通知》（贺金管发〔2020〕21 号），对住房公积金月缴存额上限和下限做出明确规定，最高缴存比例为 12%，最低缴存比例不得低于 5%。

(4) 印发《贺州市个人自愿缴存住房公积金管理实施细则的通知》（贺金管委发〔2020〕2 号），对个人自愿缴存的办理条件及材料、缴存基数、缴存比例、月缴存额、贷款额度等内容作出规定。

(5) 印发《关于调整我市住房公积金贷款政策的通知》（贺金管发〔2020〕30 号），住房公积金个贷率超过 90%，从 2020 年 11 月 10 日起，贺州市住房公积金贷款申请条件由原来"连续正常缴存住房公积金 6 个月以上"调整为"连续正常缴存住房公积金满 1 年（时间从后往前推算）"方可申请。

(6) 印发《关于连续缴存住房公积金有关问题的通知》（贺金管委发〔2020〕3 号），缺缴最近 2 个月份以上住房公积金，或最近 12 个月内出现 2 次以上非按月正常缴存住房公积金情况的视为断缴；到账时间滞后或因业务对账导致跨月对账、提前汇缴、因工作变动等原因出现不超过 2 个月未连续缴存、非自身原因托收失败、因疫情原因后补缴并恢复正常缴存的均视为连续缴存。

2. 当年缴存基数限额及确定方法。按照市统计部门公布的2019年贺州市辖区内城镇非私营单位在岗职工年平均工资为76481元，确定2020年贺州市单位和职工个人住房公积金月缴存额上限各为2294元，合计为4588元。按照贺州市2020年职工最低工资标准1580元，确定贺州市2020年度单位和职工个人住房公积金月缴存额下限各为79元，合计为158元。

3. 当年缴存比例调整情况。2020年，我市经批准的住房公积金缴存比例为5%～12%，没有调整。

4. 当年住房公积金存贷款利率调整及执行情况。职工住房公积金账户存款按结息日挂牌公告的1年期定期存款基准利率计息执行。住房公积金贷款基准利率五年以下（含五年）年利率2.75%，五年以上年利率3.25%。

5. 当年住房公积金个人住房贷款最高贷款额度调整情况等。2020年，我市住房公积金个人住房贷款最高贷款额度为35万元，没有调整。

6. 支持老旧小区改造政策落实情况。截至2020年12月，全市共办理了7笔、既有住宅加装电梯提取业务、提取金额为12.10万元。

（四）当年服务改进情况，包括推进住房公积金服务"跨省通办"工作情况，服务网点、服务设施、服务手段、综合服务平台建设和其他网络载体建设服务情况等。

1. 推进住房公积金服务"跨省通办"工作情况。

（1）设立专办窗口。通过优化办事流程、精简申请材料、整合人员力量、优化升级系统等措施，设立住房公积金综合服务窗口，并由综合服务窗口负责"跨省通办"业务办理，明确业务岗位职责和业务办理人员。

（2）采取措施推进服务事项落实落地。积极推进代收代办、两地联办工作开展，制定了代收代办和两地联办业务办理流程及办理时限。截至2020年底，共有"个人住房公积金缴存贷款等信息查询、出具贷款职工住房公积金缴存使用证明、正常退休提取住房公积金、住房公积金单位登记开户、住房公积金单位及个人缴存信息变更、购房提取住房公积金、开具住房公积金个人住房贷款全部还清证明、提前还清住房公积金贷款"6项高频业务实现"跨省通办"。

（3）强化工作支撑，完善平台功能和提升服务效能。发挥综合平台作用，积极对接市场监管部门，全面实现住房公积金缴存登记与企业开办在线上"一表填报"申请办理。优化事项办理流程，大力推进电子印章应用，目前我中心已实现缴存人在个人网上业务大厅自行下载打印个人缴存证明、缴存明细、提取凭证、还款明细和贷款信息等多项服务。建立联系人制度，明确了1名分管领导和1名联系人，做好政策交流、信息协查、业务联办等工作。

2. 服务网点改进情况。2020年，市本级归集、提取、贷款和八步管理部的服务网点没有调整变化；2020年5月，平桂管理部搬迁至贺州市平桂区政务服务中心三楼（平桂区平桂大道18号C座）对外办公；2020年5月，富川管理部搬迁至富川瑶族自治县园区大厦二楼（富川瑶族自治县迎宾大道1号）对外办公；2020年7月，钟山管理部搬迁至钟山县政务中心二楼（钟山县兴钟中路14号）对外办公；2020年12月，昭平管理部搬迁至政务中心B区二楼（昭平县昭平镇江滨新区茶叶大厦）对外办公。

3. 服务设施情况。市本级归集、提取、信贷业务窗口统一设置排队叫号机、查询机、政策滚动宣传显示屏、公布业务办理流程图；市本级、各管理部窗口配置高拍仪，实现业务档案电子化管理。

4. 服务手段改进情况。

（1）缴存开户登记全流程在线申报、缴存业务全程在线办理。我市住房公积金缴存开户登记已实现全流程在线申报。借助广西数字政务一体化平台，实现住房公积金缴存开户登记全流程在线申报；新开办企业可通过我中心单位版网上业务大厅，按照统一社会信用代码登记进行管理，缴存单位办理缴存登记不需重复提供资料。新开办企业申领营业执照时，由自治区住房和城乡建设厅统一推送企业开户信息，中心业务窗口收到推送信息后立即为企业办理完成缴存登记开户，实现住房公积金缴存登记开户业务0.5个工作日内完成办结。

（2）设立综合服务窗口实现"一窗受理"。2020年，我中心在市民服务中心窗口设立了住房公积金综合服务窗口，集合住房公积金缴存、提取、贷款业务，推行"前台综合受理、后台分类审批"的审批模式，平衡使用人工资源，实现"一窗受理""一事通办"。

（3）合作商业银行进驻办理业务。2020年，合作商业银行继续派出21名工作人员进驻市民服务中心公积金服务区和各管理部营业大厅承办信贷、归集业务，全面提高服务效率。

5. 综合服务平台建设情况。2020年完善住房公积金综合服务平台建设，将公积金业务向互联网延伸，实现业务办理线上"一次不跑"、线下"最多跑一次"，缴存单位、缴存人办理住房公积金业务可就近自行办理，实现公积金业务同城"通缴通取"；缴存人通过微信公众号、手机公积金App、个人网厅，可在网上自助办理离退休提取、购房提取、建造翻建大修提取、租房提取、享受低保提取和出境定居提取等多种提取业务，全天候24小时"零资料、零跑腿"线上实时办理，群众办事"不见面"。

6. 其他网络载体建设服务情况。2020年，中心网站共发布信息844条，其中，党建新闻264条、中心工作动态122条，业内动态263条，信息公开信息15条、通知公告89条，抗击疫情13条，政策普法14条，法治专栏64条。

（五）**当年信息化建设情况**，包括信息系统升级改造情况，基础数据标准贯彻落实和结算应用系统接入情况等。

1. 完成住房公积金综合业务管理系统与自治区数字政务一体化平台对接，中心日常业务办件量实时推送到自治区一体化平台，彻底解决业务数据"二次录入"问题，极大提高业务数据录入效率；

2. 网上业务大厅业务办理功能融入广西政务App，缴存人登录广西政务App即可直接办理住房公积金业务，实现住房公积金业务办理与自治区服务平台的系统融合；

3. 12329服务热线整合到12345政府政务热线，实现热线电话统一接听，热线服务更加标准；

4. 新增实现与工行、农行、建行的数据共享，信息共享范围不断扩大；

5. 完成住房公积金综合业务管理系统与自治区电子印章系统对接，实现缴存人"一次不跑"即可网上打印业务办理类凭证及缴存证明类材料。

（六）**当年住房公积金管理中心及职工所获荣誉情况**，包括：**文明单位（行业、窗口）、青年文明号、工人先锋号、五一劳动奖章（劳动模范）、三八红旗手（巾帼文明岗）、先进集体和个人等**。2020年，中心党支部被评为2019—2020年度五星级党组织；中心团支部被评为2019—2020年度五星级团支部；陶融萍同志荣获贺州市"我喜爱的学习金句"学习习近平新时代中国特色社会主义思想体会征文活动二等奖。

（七）当年对违反《住房公积金管理条例》和相关法规行为进行行政处罚和申请人民法院强制执行情况。2020年，共发出《催建通知书》61份、《催缴通知书》33份；申请法院强制执行数为0。

（八）当年对住房公积金管理人员违规行为的纠正和处理情况等。2020年，中心没有违法违纪现象，没有违反中央八项规定的事项。

（九）其他需要披露的情况。无。

来宾市住房公积金 2020 年年度报告

根据国务院《住房公积金管理条例》和住房和城乡建设部、财政部、人民银行《关于健全住房公积金信息披露制度的通知》（建金〔2015〕26号）的规定，经来宾市住房公积金管理委员会审议通过，现将来宾市住房公积金2020年年度报告公布如下。

一、机构概况

（一）住房公积金管理委员会。来宾市住房公积金管理委员会有22名委员，2020年召开一次会议，审议通过的事项主要包括：

1. 审议通过了《来宾市住房公积金管理中心2019年年度报告》《2019年度住房公积金财务报告》《2019年度住房公积金归集使用计划执行情况的报告》及《2019年度住房公积金增值收益分配实施方案》；

2. 审议通过了《2020年度住房公积金归集使用计划》及《2020年度财务预算收支计划》；

3. 审议通过了《来宾市住房公积金管理中心关于应对新冠肺炎疫情实施住房公积金阶段性支持政策的通知》、《来宾市人民政府办公室关于印发来宾市有效应对疫情促进房地产业健康平稳发展若干措施的通知》（涉及住房公积金服务内容）、《来宾市住房公积金管理中心关于明确和调整住房公积金政策的通知》；

4. 审议通过了《关于调整住房公积金增值收益分配有关事项的请示》；

5. 审议通过了《来宾市住房公积金管理中心关于老旧小区住宅加装电梯提取住房公积金有关事项的通知》。

（二）住房公积金管理中心。来宾市住房公积金管理中心为来宾市人民政府直属不以营利为目的的参公副处级事业单位，设6个科，6个管理部。从业人员70人，其中，在编26人，非在编44人。

二、业务运行情况

（一）缴存。2020年，新开户单位275家，净增单位148家；新开户人数0.75万人，净增人数0.24万人；实缴单位2506家，实缴人数10.08万人，缴存额17.48亿元，同比分别增长6.28%、2.44%、12.12%。2020年末，累计缴存总额132.63亿元，同比增长15.18%；缴存余额40.52亿元，同比增长12.96%。受委托办理住房公积金缴存业务的银行6家。

（二）提取。2020年，4.86万名缴存人提取住房公积金；提取额12.83亿元，同比增长18.80%；提取额占当年缴存额的73.40%，比上年增加4.12个百分点。2020年末，累计提取总额92.11亿元，同比增长16.20%。

(三) 贷款。

1. 个人住房贷款。单缴存职工个人住房贷款最高额度 32 万元，双缴存职工个人住房贷款最高额度 40 万元，自愿缴存人员个人住房贷款最高贷款额度 40 万元。2020 年，发放个人住房贷款 0.27 万笔、8.07 亿元，同比分别增长 11.03%、13.50%。

2020 年，回收个人住房贷款 3.87 亿元。

2020 年末，累计发放个人住房贷款 3.05 万笔、57.09 亿元，贷款余额 35.97 亿元，同比分别增长 9.71%、16.49%、13.22%。个人住房贷款余额占缴存余额的 88.77%，比上年末增加 0.2 个百分点。受委托办理住房公积金个人住房贷款业务的银行 5 家。

2. 异地贷款。2020 年，发放异地贷款 54 笔、586.30 万元。2020 年末，发放异地贷款总额 25113.80 万元，异地贷款余额 22964.82 万元。

3. 公转商贴息贷款。2020 年，发放公转商贴息贷款 0 笔、0 万元，当年贴息额 0 万元。2020 年末，累计发放公转商贴息贷款 0 笔、0 万元，累计贴息 0 万元。

4. 住房公积金支持保障性住房建设项目贷款。2020 年，发放支持保障性住房建设项目贷款 0 亿元，回收项目贷款 0 亿元。2020 年末，累计发放项目贷款 0 亿元，项目贷款余额 0 亿元。

(四) 购买国债。 2020 年，购买（记账式、凭证式）国债 0 亿元，（兑付、转让、收回）国债 0 亿元。2020 年末，国债余额 0 亿元。

(五) 资金存储。 2020 年末，住房公积金存款 5.63 亿元。其中，活期 0.6 亿元，1 年（含）以下定期 0.1 亿元，1 年以上定期 3.7 亿元，其他（协定存款）1.23 亿元。

(六) 资金运用率。 2020 年末，住房公积金个人住房贷款余额、项目贷款余额和购买国债余额的总和占缴存余额的 88.77%，比上年末增加 0.2 个百分点。

三、主要财务数据

(一) 业务收入。 2020 年，业务收入 11776.00 万元，同比增长 4.65%。存款利息 919.15 万元，委托贷款利息 10854.86 万元，国债利息 0 万元，其他 1.99 万元。

(二) 业务支出。 2020 年，业务支出 6099.93 万元，同比增长 13.05%。支付缴存人住房公积金利息 5786.34 万元，归集手续费 0 万元，委托贷款手续费 313.29 万元，其他 0.3 万元。

(三) 增值收益。 2020 年，增值收益 5676.07 万元，同比下降 3.09%。增值收益率 1.48%，比上年减少 0.26 个百分点。

(四) 增值收益分配。 2020 年，提取贷款风险准备金 789.30 万元，提取管理费用 1853.03 万元，提取城市廉租住房（公共租赁住房）建设补充资金 3033.74 万元。

2020 年，上缴财政城市廉租住房（公共租赁住房）建设补充资金 3957.93 万元。

年末贷款风险准备金余额 6535.46 万元。累计提取城市廉租住房（公共租赁住房）建设补充资金 19287.22 万元。

(五) 管理费用支出。 2020 年，管理费用支出 1211.98 万元，同比增长 7.15%。其中，人员经费 755.84 万元，公用经费 57.08 万元，专项经费 399.06 万元。

四、资产风险状况

（一）个人住房贷款。2020年末，个人住房贷款逾期额220.64万元，逾期率0.61‰，按减出起诉至法院逾期额38.6万元，逾期率0.11‰，个人贷款风险准备金余额6535.46万元。2020年，使用个人贷款风险准备金核销呆坏账0万元。

（二）支持保障性住房建设试点项目贷款。2020年末，逾期项目贷款0万元，逾期率0‰；项目贷款风险准备金余额0万元。2020年，使用项目贷款风险准备金核销呆坏账0万元。

五、社会经济效益

（一）缴存业务。缴存人数中，国家机关和事业单位占64.70%，国有企业占21.95%，城镇集体企业占0.83%，外商投资企业占1.4%，城镇私营企业及其他城镇企业占9.85%，民办非企业单位和社会团体占0.1%，灵活就业人员占0.55%，其他占0.62%；中、低收入人员占99%，高收入人员占1%。

新开户人数中，国家机关和事业单位占56.35%，国有企业占16.09%，城镇集体企业占1.30%，外商投资企业占2.30%，城镇私营企业及其他城镇企业占18.45%，民办非企业单位和社会团体占0.28%，灵活就业人员占3.07%，其他占2.16%；中、低收入占99.55%，高收入占0.45%。

（二）提取业务。提取金额中，购买、建造、翻建、大修自住住房占27.66%，偿还购房贷款本息占46.02%，租赁住房占7.27%，支持老旧小区改造占0%，离休和退休提取占13.91%，完全丧失劳动能力并与单位终止劳动关系提取占2.99%，出境定居占0%，其他占2.15%。提取人数中，中、低收入占97%，高收入占3%。

（三）贷款业务。

1. 个人住房贷款。2020年，支持缴存人购建房33.74万平方米（含公转商贴息贷款），年末个人住房贷款市场占有率（含公转商贴息贷款）为20.79%，比上年末减少1.02个百分点。通过申请住房公积金个人住房贷款，可节约缴存人购房利息支出12,812.13万元。

缴存人贷款笔数中，购房建筑面积90（含）平方米以下占6.36%，90～144（含）平方米占85.45%，144平方米以上占8.19%。购买新房占78.82%（其中购买保障性住房占2.75%），购买二手房占20.77%，建造、翻建、大修自住住房占0.41%（其中支持老旧小区改造占0%），其他占0%。

缴存人贷款笔数中，单缴存职工（缴存人）申请贷款占62.97%，双缴存职工（缴存人）申请贷款占36.84%，三人及以上缴存职工（缴存人）共同申请贷款占0.19%。

贷款人数中，30岁（含）以下占36.66%，30岁～40岁（含）占36.66%，40岁～50岁（含）占21.99%，50岁以上占4.69%；首次申请贷款占93.11%，二次及以上申请贷款占6.89%；中、低收入人数占99.63%，高收入人数占0.37%。

2. 支持保障性住房建设试点项目贷款。2020年末，累计试点项目0个，贷款额度0亿元，建筑面积0万平方米，可解决0户中低收入缴存人家庭的住房问题。0个试点项目贷款资金已发放并还清贷款本息。

（四）住房贡献率。2020年，个人住房贷款发放额、公转商贴息贷款发放额、项目贷款发放额、住房消费提取额的总和与当年缴存额的比率为105.61%，比上年增加4.11个百分点。

六、其他重要事项

（一）应对新冠肺炎疫情采取的措施，落实住房公积金阶段性支持政策情况和政策实施成效。为加强新型冠状病毒感染的肺炎疫情防控工作，2020年2月27日，本中心印发了《关于应对新冠肺炎疫情实施住房公积金阶段性支持政策的通知》，及时研究出台了准许企业缓缴及降低缴存比例、提高贷款额度、贷款不作逾期处理等应对新冠肺炎疫情实施住房公积金阶段性支持政策，较好促进了住房公积金消费，有效保障了我市房地产业稳定健康发展的资金需求，对统筹推进我市疫情防控和经济社会发展做出了积极贡献。

（二）当年机构及职能调整情况、受委托办理缴存贷款业务金融机构变更情况。2020年，我中心职能未调整，与上年相同。受委托办理住房公积金缴存贷款业务的金融机构共计6家，与上年相同。

（三）当年住房公积金政策调整及执行情况，包括当年缴存基数限额及确定方法、缴存比例等缴存政策调整情况；当年提取政策调整情况；当年个人住房贷款最高贷款额度、贷款条件等贷款政策调整情况；当年住房公积金存贷款利率执行标准等；支持老旧小区改造政策落实情况。根据来宾市统计局提供的来宾市职工2019年度月平均工资确定2020年度的最高缴存基数为17394元，最低限为1580元，缴存比例为5%~12%。

我中心个人住房公积金贷款最高额度为40万元。其中，单缴存职工最高额度32万元，双缴存职工最高额度40万元，自愿缴存人员最高贷款额度40万元。

个人住房公积金贷款利率，五年期（含）以下现行贷款利率为2.75%，五年期以上现行贷款利率为3.25%。

2020年10月28日，中心印发了《来宾市住房公积金管理中心关于印发来宾市老旧小区住宅加装电梯提取住房公积金有关事项的通知》，并积极配合做好来宾市老旧小区改善居住条件支持工作。

（四）当年服务改进情况，包括推进住房公积金服务"跨省通办"工作情况，服务网点、服务设施、服务手段、综合服务平台建设和其他网络载体建设服务情况等。加快推进公积金"互联网+"业务，营商环境更优化。2020年，本中心依托"双贯标"和综合服务平台为基础，积极开展优化营商环境和"同城通办"工作，数字化服务水平进一步提升。一是住房公积金网上服务高效便捷。推出涵盖网站、网厅、12329热线、手机App、微信公众号、短信平台和自助终端等多渠道智能化的住房公积金综合服务平台，实现信息查询、部分业务办理、互动交流线上服务，为广大缴存单位及缴存人提供多渠道、全方位、人性化、安全高效快捷的住房公积金服务，推动把大部分业务放到互联网进行办理，让群众不用再到柜台，随时在家里或手机上就可以办理公积金业务。二提取业务"秒到账"，支持住房消费力度大。中心不断拓展线上业务办理内容，住房公积金提取业务办理实现从只跑一次到足不出户就能提取住房公积金，提取资金能够"秒到账"。目前，住房公积金提取网上办理事项达到80%，公积金提取离柜率达到86%，归集离柜率达到71%，进一步实现了"让缴存人少跑腿，让数据多跑路、就近办、速度快、环境优"目标，获得办事群众的点赞。三是全市个人住房贷款市场占有率排第一，支持房地产平稳发展贡献大。市不动产登记中心与公积金业务系统联网及委贷银行进驻市公积金中心业务大厅，促进住房公积金贷款业务实现"一站式"办理，公积金贷款申请面签与借款合同预签同步进行，个人征信报告可直接在公积金窗口查询打印，缴存人办理贷款只跑一次。

（五）当年信息化建设情况，包括信息系统升级改造情况，基础数据标准贯彻落实和结算应用系统接入情况等。2020年我中心一直在不断优化综合服务平台功能，将网站、网厅、手机App、12329热线、12329短信、自助终端、微信公众号、微博8个服务渠道全部接入了综合管理系统，实现了服务渠道快速部署和集中统一管理；实现了统一控制渠道端系统与业务系统的交互，不同渠道间可协同操作和处理，实现统一管理各渠道的用户注册、注销、登录、关闭服务，建设智能客服，支持智能应答和人工交流。为全面提升公积金服务水平的基础性工作，对满足群众多样化需求、丰富线上业务办理种类、有效提高离柜率、打造"为民、利民、便民"服务品牌，提供了有效的技术保障。

将大力积极配合市政务和大数据发展局的工作，加快推进数据共享，为群众提供高效便捷的服务夯实基础。同时加快完善综合服务平台建设，推进公积金"互联网+"业务发展，争取实现"零跑腿、零审批、零材料"。

（六）当年住房公积金管理中心及职工所获荣誉情况，包括：文明单位（行业、窗口）、青年文明号、工人先锋号、五一劳动奖章（劳动模范）、三八红旗手（巾帼文明岗）、先进集体和个人等。2020年获得市级文明单位的荣誉称号。

（七）当年对违反《住房公积金管理条例》和相关法规行为进行行政处罚和申请人民法院强制执行情况。

1. 加大住房公积金骗提骗贷查处力度，切实维护住房公积金管理秩序和保障广大缴存人的合法权益。一是加强对《来宾市住房公积金骗提骗贷违规行为处理办法》《关于严厉打击住房公积金骗提骗贷违规行为的通告》的宣传力度，形成对骗提骗贷的强大震慑。二是抽调专职人员负责对历年的提取、贷款材料进行重新清理、核对，全面开展骗提骗贷清查工作。三是积极会同市纪委监委、公安局、城市管理行政执法局、税务局、市场监督管理局等部门，联动开展打击骗提套取住房公积金专项整治工作，严肃依法查处违规提取行为。

2. 加大对逾期借款催收力度。采取逾期一、二期电话催收，逾期三期下发催款函，逾期四期发律师函，逾期五期诉讼追收的办法，有效地降低逾期率。2020年，中心诉讼法院案件29件，申请法院强制执行6件，使逾期率有效控制在万分之五以内。

（八）当年对住房公积金管理人员违规行为的纠正和处理情况等。2020年度我中心没有发生住房公积金管理人员违规操作的行为。

崇左市住房公积金2020年年度报告

根据国务院《住房公积金管理条例》和住房和城乡建设部、财政部、人民银行《关于健全住房公积金信息披露制度的通知》（建金〔2015〕26号）的规定，请市住房公积金管理委员会审议《崇左市住房公积金2020年年度报告》，内容如下。

一、机构概况

（一）住房公积金管理委员会。住房公积金管理委员会有27名委员，2020年召开4次会议，审议通

过的事项主要包括:《崇左市住房公积金 2019 年年度报告》《崇左市住房公积金 2019 年财务报告》《崇左市 2019 年度住房公积金归集、使用计划执行情况》《崇左市住房公积金 2019 年度增值收益分配方案》《崇左市 2020 年住房公积金归集、使用计划》《调整崇左市住房公积金贷款发放方式》《批准桂林银行崇左分行在崇左市开设住房公积金账户及办理住房公积金业务》《崇左市个人自愿缴存住房公积金暂行管理办法（2020 修订版）》《调整崇左市住房公积金贷款政策》《崇左市既有住宅加装电梯提取住房公积金实施细则》。

（二）住房公积金管理中心。 住房公积金管理中心为直属于市人民政府不以营利为目的的参照公务员法管理事业单位，设 5 个科，6 个管理部。从业人员 73 人，其中，在编 33 人，非在编 40 人。

二、业务运行情况

（一）缴存。 2020 年，新开户单位 725 家，净增单位 58 家；新开户职工 1.16 万人，净增职工 0.24 万人；实缴单位 2761 家，实缴职工 10.52 万人，缴存额 14.28 亿元，分别同比增长 2.15%、2.35%、1.11%。2020 年末，缴存总额 114.65 亿元，比上年末增加 14.23%；缴存余额 39.36 亿元，同比增长 11.25%。

受委托办理住房公积金缴存业务的银行 7 家，比上年增加 1 家。

（二）提取。 2020 年，4.11 万名缴存职工提取住房公积金；提取额 10.29 亿元，同比增长 8.85%；占当年缴存额的 72.08%，比上年增加 5.12 个百分点。2020 年末，累计提取总额 75.29 亿元，比上年末增加 15.84%。

（三）贷款。

1. 个人住房贷款。个人住房贷款最高额度 35 万元（个人住房贷款最高额度政策不按单缴存职工和双缴存职工区分）。

2020 年，发放个人住房贷款 0.21 万笔、6.77 亿元，同比分别减少 35.43%、41.31%。

2020 年，回收个人住房贷款 3.31 亿元。

2020 年末，累计发放个人住房贷款 2.77 万笔、62.84 亿元，贷款余额 44.36 亿元，分别比上年末增加 8.08%、12.07%、8.45%。个人住房贷款余额占缴存余额的 112.7%，比上年末减少 2.93 个百分点。

受委托办理住房公积金个人住房贷款业务的银行 6 家，比上年增加 1 家。

2. 异地贷款。2020 年，发放异地贷款 69 笔、2603.7 万元。年末，发放异地贷款总额 35852.8 万元，异地贷款余额 32056.61 万元。

3. 公转商贴息贷款。2020 年，发放公转商贴息贷款 0 笔、0 万元，当年贴息额 0 万元。2020 年末，累计发放公转商贴息贷款 0 笔、0 万元，累计贴息 0 万元。

4. 住房公积金支持保障性住房建设项目贷款。2020 年，发放支持保障性住房建设项目贷款 0 亿元，回收项目贷款 0 亿元。2020 年末，累计发放项目贷款 0 亿元，项目贷款余额 0 亿元。

（四）购买国债。 2020 年，购买（记账式、凭证式）国债 0 亿元，（兑付、转让、收回）国债 0 亿元。2020 年末，国债余额 0 亿元，比上年末减少 0 亿元。

（五）融资。 2020 年，融资 5 亿元，归还 5.59 亿元。年末，融资总额 16.6 亿元，融资余额 6.41 亿元。

（六）资金存储。 2020 年末，住房公积金存款 3.98 亿元。其中，活期 3.98 亿元，1 年（含）以下定期0亿元，1年以上定期0亿元，其他（协定、通知存款等）0亿元。

（七）资金运用率。 2020年末，住房公积金个人住房贷款余额、项目贷款余额和购买国债余额的总和占缴存余额的112.7%，比上年末减少2.93个百分点。

三、主要财务数据

（一）业务收入。 2020年，业务收入14347.68万元，同比增长25.56%。其中存款利息216.86万元，增值收益利息收入313.84万元，委托贷款利息13808.33万元，国债利息0万元，其他8.65万元。

（二）业务支出。 2020年，业务支出9258.59万元，同比增长27.71%。其中支付职工住房公积金利息5685.31万元，归集手续费0万元，委托贷款手续费261.87万元，其他3311.41万元。

（三）增值收益。 2020年，增值收益5089.09万元，同比增长21.83%。其中，增值收益率1.41%，比上年增长0.14个百分点。

（四）增值收益分配。 2020年，提取贷款风险准备金1336.14万元，提取管理费用1000万元，提取城市廉租住房（公共租赁住房）建设补充资金2752.95万元。

2020年，上交财政管理费用1217.40万元。上缴财政城市廉租住房（公共租赁住房）建设补充资金4849.13万元（其中因财政局重新核定贷款风险准备金比例，补缴城市廉租住房（公共租赁住房）建设补充资金2021.83万元）。

2020年末，贷款风险准备金余额19075.37万元。累计提取城市廉租住房（公共租赁住房）建设补充资金14448.63万元。

（五）管理费用支出。 2020年，管理费用支出1018.98万元，同比增长1.46%。其中，人员经费531.2万元，公用经费51.96万元，专项经费435.82万元。

四、资产风险状况

（一）个人住房贷款。 2020年末，个人住房贷款逾期额1430.66万元，逾期率3.23‰。个人贷款风险准备金根据崇左市财政局指示将按贷款余额的4.3%核定。2020年末，个人贷款风险准备金余额19075.37万元；使用个人贷款风险准备金核销呆坏账0万元。个人住房贷款逾期额与个人贷款风险准备金余额的比率为7.5%。

（二）支持保障性住房建设试点项目贷款。 2020年末，逾期项目贷款0万元，逾期率0‰。

项目贷款风险准备金按贷款余额的0%提取。2020年，提取项目贷款风险准备金0万元，使用项目贷款风险准备金核销呆坏账0万元，项目贷款风险准备金余额0万元，占项目贷款余额的0%，项目贷款逾期额与项目贷款风险准备金余额的比率为0%。

五、社会经济效益

（一）缴存业务。 缴存职工中，国家机关和事业单位占60.95%，国有企业占14.78%，城镇集体企业占1.63%，外商投资企业占7.63%，城镇私营企业及其他城镇企业占10.47%，民办非企业单位和社会团体占0.46%，灵活就业人员占1.13%，其他占2.95%。

新开户职工中，国家机关和事业单位占49.05%，国有企业占8.14%，城镇集体企业占1.55%，外商

投资企业占 2.4%，城镇私营企业及其他城镇企业占 23.76%，民办非企业单位和社会团体占 1.45%，灵活就业人员占 10.08%，其他占 3.57%；中、低收入占 99.37%，高收入占 0.63%。

（二）提取业务。 提取金额中，住房消费提取占 79.24%（购买、建造、翻建、大修自住住房占 23.98%，偿还购房贷款本息占 46.21%，租赁住房占 9.05%，其他占 0%）；非住房消费提取占 20.76%（离休和退休提取占 14.70%，完全丧失劳动能力并与单位终止劳动关系提取占 2.47%，出境定居占 0.002%，其他占 3.59%）。

提取职工中，中、低收入占 98.86%，高收入占 1.14%。

（三）贷款业务。

1. 个人住房贷款。2020 年，支持职工购建房 25.45 万平方米，年末个人住房贷款市场占有率（含公转商贴息贷款）为 19.5%，比上年末减少 2.47 个百分点。通过申请住房公积金个人住房贷款，可节约职工购房利息支出 16198.9 万元。

职工贷款笔数中，购房建筑面积 90（含）平方米以下占 3.72%，90～144（含）平方米占 91.65%，144 平方米以上占 4.63%。购买新房占 90.06%（其中购买保障性住房占 0%），购买二手房占 9.46%，建造、翻建、大修自住住房占 0.48%，其他占 0%。

职工贷款笔数中，单缴存职工申请贷款占 43.48%，双缴存职工申请贷款占 52.65%，三人及以上缴存职工共同申请贷款占 3.86%。

贷款职工中，30 岁（含）以下占 41.17%，30 岁～40 岁（含）占 35.09%，40 岁～50 岁（含）占 18.05%，50 岁以上占 5.69%；首次申请贷款占 96.96%，二次及以上申请贷款占 3.04%；中、低收入占 99.32%，高收入占 0.68%。

2. 支持保障性住房建设试点项目贷款。2020 年末，累计试点项目 0 个，贷款额度 0 亿元，建筑面积 0 万平方米，可解决 0 户中低收入职工家庭的住房问题。0 个试点项目贷款资金已发放并还清贷款本息。

（四）住房贡献率。 2020 年，个人住房贷款发放额、公转商贴息贷款发放额、项目贷款发放额、住房消费提取额的总和与当年缴存额的比率为 104.5%，比上年减少 29.54 个百分点。

六、其他重要事项

（一）应对新冠肺炎疫情采取的措施，落实住房公积金阶段性支持政策情况和政策实施成效。 2020 年 3 月 26 日，我中心出台《崇左市住房公积金管理中心关于实施应对新冠肺炎疫情住房公积金阶段性支持政策的通知》，共受理 84 人办理延长提取业务，涉及金额 421.63 万元，6 个企业申请缓缴住房公积金，缓缴金额 570 万元。对受新冠肺炎疫情影响而产生的逾期贷款 100 笔，涉及逾期贷款金额 1927.39 万元，不列入上报逾期范围。

（二）当年机构及职能调整情况、受委托办理缴存贷款业务金融机构变更情况。 2020 年，我中心无机构及职能调整，新增桂林银行崇左分行一家金融机构办理住房公积金业务。

（三）当年住房公积金政策调整及执行情况，包括当年缴存基数限额及确定方法、缴存比例等缴存政策调整情况；当年提取政策调整情况；当年个人住房贷款最高贷款额度，贷款条件等贷款政策调整情况；当年住房公积金存贷款利率执行标准等；支持老旧小区改造政策落实情况。

（1）对缴存基数上下限的调整，根据《住房公积金管理条例》（国务院令第 350 号）和《广西住房公积金管理规范》(桂建金管〔2011〕26号)规定,自2020年7月1日起对崇左市2020年度住房公积金月缴存额上、下限进行调整。

缴存上限。2020年度,崇左市缴存单位及其职工的住房公积金最高缴存比例为12%,职工月缴存基数上限为所在设区城市统计部门公布的上一年度职工平均工资的3倍。根据统计部门提供的数据,2019年崇左市城镇单位在岗职工年平均工资为70650元。据此,崇左市2020年度职工住房公积金月缴存基数上限各为17663元;单位和个人的月缴存额上限各为2120元(70650÷12×3×12%),合计4240元。

缴存下限。2020年度,崇左市缴存单位及其职工的住房公积金最低缴存比例为5%,职工月缴存基数下限为所在设区城市上一年度最低月工资标准。根据广西壮族自治区人民政府《关于调整全区职工最低工资标准的通知》(桂政发〔2018〕6号)的规定,崇左市的最低月工资标准为1300元。据此,崇左市2020年度职工住房公积金月最低缴存基数为1300元,单位和个人的月缴存额下限各为65元(1300×5%),合计130元。

(2)当年无提取政策调整。

(3)经崇左市住房公积金管理委员会批准,自2020年1月1日起,中心贷款发放模式由委托商业银行发放转变为中心自主发放模式。当年个人住房贷款最高贷款额度为35万元,没有调整。

(4)贷款条件利率等政策没有调整。

(5)已出台支持老旧小区改造政策。

(四)当年服务改进情况,包括推荐住房公积金服务"跨省通办"工作情况,服务网点、服务设施、服务手段、综合服务平台建设和其他网络载体建设服务情况等。 2020年,我中心实现企业开户登记全程网上办,对新开办企业通过自治区住房城乡建设厅监管信息平台获取工商部门推送的企业信息,并自动为企业办理住房公积金缴存登记,实现新开办企业办理缴存登记业务"零材料""零跑腿",0.5个工作日内办结。中心精简提取业务材料,职工办理住房公积金提取业务不再需要填报住房公积金提取申请表。在办理提取业务时,工作人员将打印的提取通知书交职工签字确认;所需的银行卡信息,可由职工填写在身份证复印件空白处。实行移动实时审批业务,实现提取资金"秒到账"。住房公积金贷款由委托银行发放改为中心自主发放。分散受理的缴存、提取、贷款业务窗口统一整合为综合柜员窗口,实现崇左市辖区内通缴通取通办业务。

(五)当年信息化建设情况,包括信息系统升级改造情况,基础数据标准贯彻落实和结算应用系统接入情况等。 2020年1月15日,我市住房公积金综合服务平台上线试运行,12月18日,住房公积金综合服务平台以"优秀"等级通过住房和城乡建设部、自治区住房城乡建设厅专家联合检查验收。

(六)当年住房公积金管理中心及职工所获荣誉情况。 2020年我中心无获得荣誉等情况。

(七)当年对违反《住房公积金管理条例》和相关法规行为进行行政处罚和申请人民法院强制执行情况。 2020年我中心无行政处罚和申请人民法院强制执行等情况。

(八)当年对住房公积金管理人员违规行为的纠正和处理情况等。 2020年我中心无对住房公积金管理人员违规行为的纠正和处理情况。

(九)其他需要披露的情况。 无。

河池市住房公积金 2020 年年度报告

根据国务院《住房公积金管理条例》和住房和城乡建设部、财政部、人民银行《关于健全住房公积金信息披露制度的通知》（建金〔2015〕26 号）的规定，现将河池市住房公积金 2020 年年度报告公布如下。

一、机构概况

（一）住房公积金管理委员会。河池住房公积金管理委员会有 20 名委员，2020 年召开 1 次会议，会议听取并审议通过了市住房公积金管理中心所作的《2019 年全市住房公积金管理工作情况和 2020 年工作计划报告》。审议通过《河池市住房公积金 2019 年度财务报告》《河池住房公积金管理中心关于 2019 年度增值收益分配方案的报告》《河池住房公积金管理中心关于 2020 年住房公积金归集使用计划的报告》和《河池市住房公积金 2019 年度报告》。

（二）住房公积金管理中心。河池住房公积金管理中心是河池市人民政府直属副处级公益一类事业单位，设 9 个科室，11 个管理部。从业人员 96 人，其中，在编 51 人，非在编 45 人。

二、业务运行情况

（一）缴存。2020 年，新开户单位 193 家，实缴单位 3209 家；新开户职工 1.62 万人，实缴职工 16.39 万人，净增职工 0.93 万人；缴存额 28.15 亿元，同比增长 7.84%。2020 年末，缴存总额 198.87 亿元，比上年末增加 16.49%；缴存余额 70.11 亿元，比上年末增加 11.93%。

受委托办理住房公积金缴存业务的银行 6 家，比上年增加 0 家。

（二）提取。2020 年，提取额 20.67 亿元，同比增长 11.95%；占当年缴存额的 73.45%，比上年增加 2.7 个百分点。2020 年末，提取总额 128.76 亿元，比上年末增加 19.13%。

（三）贷款。

1. 个人住房贷款。个人住房贷款最高额度 50 万元，其中，单缴存职工最高额度 40 万元，双缴存职工最高额度 50 万元。

2020 年，发放个人住房贷款 4208 笔、14.88 亿元，同比分别减少 6.01%、0.20%。

2020 年，回收个人住房贷款 6.58 亿元。

2020 年末，累计发放个人住房贷款 41948 笔、100.71 亿元，贷款余额 67.06 亿元，分别比上年末增加 11.15%、17.34%、14.13%。个人住房贷款余额占缴存余额的 95.64%，比上年末增加 1.84 个百分点。

受委托办理住房公积金个人住房贷款业务的银行 6 家，比上年增加 2 家。

2. 住房公积金支持保障性住房建设项目贷款。2020 年，发放支持保障性住房建设项目贷款 0 亿元，回收项目贷款 0 亿元。2020 年末，累计发放项目贷款 0 亿元，项目贷款余额 0 亿元。

（四）购买国债。2020 年，购买记账式、凭证式国债 0 亿元，兑付、转让、收回国债 0 亿元。2020 年末，国债余额 0 亿元，比上年末增加 0 亿元。

（五）**融资**。2020年，融资0.85亿元，归还0.85亿元。2020年末，融资总额0.85亿元，融资余额0亿元。

（六）**资金存储**。2020年末，住房公积金存款5.68亿元。其中，活期0.05亿元，1年（含）以下定期0亿元，1年以上定期3.30亿元，其他（协定、通知存款等）2.33亿元。

（七）**资金运用率**。2020年末，住房公积金个人住房贷款余额、项目贷款余额和购买国债余额的总和占缴存余额的95.64%，比上年末增加1.84个百分点。

三、主要财务数据

（一）**业务收入**。2020年，业务收入23179.45万元，同比增长13.21%。其中，存款利息2341.20万元，委托贷款利息20836.43万元，国债利息0万元，其他收入1.82万元。

（二）**业务支出**。2020年，业务支出10402.71万元，同比增长10.81%。其中，支付职工住房公积金利息9553.75万元，委托贷款手续费826.86万元，其他支出22.10万元。

（三）**增值收益**。2020年，增值收益12776.74万元，同比增长15.24%。增值收益率1.90%，比上年增加0.02个百分点。

（四）**增值收益分配**。2020年，提取贷款风险准备金6705.56万元，提取管理费用4856.94万元，提取城市廉租房（公共租赁住房）建设补充资金1214.24万元。

2020年，上缴财政2019年度提取的管理费用4168.86万元，上缴财政城市廉租住房（公共租赁住房）建设补充资金1042.21万元。

2020年末，贷款风险准备金余额36241.27万元。累计提取城市廉租住房（公共租赁住房）建设补充资金9007.85万元。

（五）**管理费用支出**。2020年，中心市本级及11个县（区）管理费用支出2074.21万元，同比增加10.93%。其中，人员经费813.89万元，公用经费81.89万元，专项经费1178.43万元。

四、资产风险状况

（一）**个人住房贷款**。2020年末，个人住房贷款逾期额50.47万元，逾期率为万分之0.75。

个人贷款风险准备金按贷款余额的1%提取。2020年，提取个人贷款风险准备金6705.56万元，使用个人贷款风险准备金核销呆坏账0万元。2020年末，个人贷款风险准备金余额36241.27万元，占个人住房贷款余额的5.40%，个人住房贷款逾期额与个人贷款风险准备金余额的比率为0.14%。

（二）**支持保障性住房建设试点项目贷款**。截至2020年末，我中心没有保障性住房建设试点项目贷款。

五、社会经济效益

（一）**缴存业务**。2020年，实缴单位3209家，实缴职工16.39万人，缴存额28.15亿元。

缴存单位中，国家机关和事业单位占68.62%，国有企业占9.16%，城镇集体企业占1%，外商投资企业占0.12%，城镇私营企业及其他城镇企业占18.64%，民办非企业单位和社会团体占1.84%，其他占0.62%。

缴存职工中，国家机关和事业单位占 69.63%，国有企业占 13.11%，城镇集体企业占 0.15%，外商投资企业占 0.58%，城镇私营企业及其他城镇企业占 10.49%，民办非企业单位和社会团体占 0.59%，其他占 5.45%；中、低收入占 99.68%，高收入占 0.32%。

新开户职工中，国家机关和事业单位占 60.16%，国有企业占 5.74%，城镇集体企业占 0.14%，外商投资企业占 0.33%，城镇私营企业及其他城镇企业占 17.60%，民办非企业单位和社会团体占 1.56%，其他占 14.47%；中、低收入占 99.93%，高收入占 0.07%。

（二）提取业务。 2020 年，6.47 万名缴存职工提取住房公积金 20.67 亿元。

提取的金额中，住房消费提取占 84.85%（购买、建造、翻建、大修自住住房占 42.70%，偿还购房贷款本息占 36.24%，租赁住房占 5.91%，其他占 0%）；非住房消费提取占 15.15%（离休和退休提取占 11.21%，完全丧失劳动能力并与单位终止劳动关系提取占 2.02%，出境定居占 0%，其他占 1.92%）。

提取职工中，中、低收入占 99.58%，高收入占 0.42%。

（三）贷款业务。

1. 个人住房贷款。2020 年，支持职工购建房 62.33 万平方米，年末个人住房贷款市场占有率为 30.58%，比上年末减少 0.44 个百分点。通过申请住房公积金个人住房贷款，可节约职工购房利息支出 50083.82 万元。

职工贷款笔数中，购房建筑面积 90（含）平方米以下占 6.68%，90~144（含）平方米占 67.16%，144 平方米以上占 26.16%。购买新房占 71.06%（其中购买保障性住房占 0%），购买二手房占 25.02%，建造、翻建、大修自住住房占 3.92%，其他占 0%。

职工贷款笔数中，单缴存职工申请贷款占 25.48%，双缴存职工申请贷款占 73.36%，三人及以上缴存职工共同申请贷款占 1.16%。

贷款职工中，30 岁（含）以下占 24.86%，30 岁~40 岁（含）占 42.30%，40 岁~50 岁（含）占 24.83%，50 岁以上占 8.01%；首次申请贷款占 92.09%，二次及以上申请贷款占 7.91%；中、低收入占 99.95%，高收入占 0.05%。

2. 异地贷款。2020 年，发放异地贷款 230 笔，7686.90 万元。2020 年末，发放异地贷款总额 51025.60 万元，异地贷款余额 41389 万元。

3. 公转商贴息贷款。2020 年，发放公转商贴息贷款 0 笔、0 万元，支持职工购建住房面积 0 万平方米，当年贴息额 0 万元。2020 年末，累计发放公转商贴息贷款 0 笔、0 万元，累计贴息 0 万元。

4. 支持保障性住房建设试点项目贷款。截至 2020 年末，我中心没有支持保障性住房建设试点项目贷款。

（四）住房贡献率。 2020 年，个人住房贷款发放额、公转商贴息贷款发放额、项目贷款发放额、住房消费提取额的总和与当年缴存额的比率为 115.19%，比上年减少 0.23 个百分点。

六、其他重要事项

（一）当年机构及职能调整情况、受委托办理缴存贷款业务金融机构变更情况。 2020 年 2 月，河池市委机构编制委员会《关于印发〈河池住房公积金管理中心职能配置、内设机构和人员编制规定〉的通知》，同意我中心增设风险管理科和档案管理科，其他内设机构及职能没有调整，目前河池住房公积金管理中心内设9个科室11个管理部。2020年，中心增加柳州银行和农村信用社作为受委托办理住房公积金个人住房贷款业务的银行，目前中心受委托办理贷款业务金融机构6家。

（二）当年住房公积金政策调整及执行情况，包括当年缴存基数限额及确定方法、缴存比例等缴存政策调整情况；当年提取政策调整情况；当年个人住房贷款最高贷款额度、贷款条件等贷款政策调整情况；当年住房公积金存贷款利率执行标准等。

1. 2020年河池市住房公积金缴存基数上限。根据广西壮族自治区住房制度改革委员会《关于调整住房公积金缴存政策的通知》（桂房改〔2011〕50号）规定，单位和职工住房公积金缴存基数最高不能超过职工工作所在城市统计部门公布的上一年度职工月均工资的3倍，住房公积金缴存比例最高不能超过12%。根据我市统计部门提供的城镇单位在岗职工2019年度平均工资为6541元/月，因此，2020年全市住房公积金月缴存工资基数上限为19623元，单位和个人的住房公积金月缴存额上限各为2355元，合计不能超过4710元。

2. 2020年河池市住房公积金缴存基数下限。根据《广西壮族自治区人民政府关于调整全区最低工资标准的通知》（桂政发〔2020〕1号）和自治区住房制度改革委员会《关于调整住房公积金缴存政策的通知》（桂房改〔2011〕50号）规定，职工缴存住房公积金的月工资基数不能低于全区职工最低工资标准，单位和职工的缴存比例不能低于5%。河池市月最低工资标准为1538元，各县、自治县月最低工资标准为1430元。因此，2020年，市本级、金城江区和宜州区住房公积金月缴存工资基数下限为1580元，单位和个人的住房公积金月缴存额下限各为79元，合计不能低于158元；其他县为1430元，单位和个人的住房公积金月缴存额下限各为72元，合计不能低于144元。

3. 缴存比例调整情况。2020年，河池市住房公积金缴存比例政策没有调整，单位和职工的住房公积金缴存比例最低为5%，最高为12%。

4. 当年提取政策调整情况。2020年11月26日，河池住房公积金管理中心印发了《河池市既有住宅加装电梯提取住房公积金实施办法》（河金管〔2020〕40号），规定河池市行政区域范围内依法建成并投入使用的四层以上（含）九层以下（含）无电梯住宅（不包括自建房、别墅、C或D级危房，以及已列入拆迁改造计划的住宅）加装电梯的房屋所有权人及其配偶均可提取其名下住房公积金。

5. 当年个人住房贷款最高贷款额度、贷款条件等贷款政策调整情况。2020年，我市个人住房贷款最高贷款额度、贷款条件等政策没有调整，即借款人有共同申请人且共同申请人正常缴存住房公积金的，贷款最高额度为50万元；借款人无共同申请人或共同申请人不缴存住房公积金的，贷款最高额度为40万元。2020年9月17日印发了《关于深入推进个人自愿缴存住房公积金业务发展的通知》，一是进一步明确自愿缴存人员与单位在职缴存职工享受同等的申请住房公积金贷款权利和贷款条件。二是进一步明确实行多缴多贷、长缴长贷政策，自愿缴存人员可贷款的额度与个人缴存余额挂钩，缴存的越多可贷款额度就越高，缴存时间越久可贷款的额度就越高，自愿缴存人员每缴满1年，可贷款的额度即增加1万元。

6. 当年住房公积金存贷款利率执行标准等。2020年，国家没有对个人住房公积金存款、贷款利率进行调整，河池市按照中国人民银行最新公布的住房公积金存款、贷款利率执行，其中，个人住房公积金存款年利率为1.50%；个人住房公积金贷款利率五年以下（含五年）年利率为2.75%，五年以上年利率为3.25%。

（三）当年服务改进情况，包括服务网点、服务设施、服务手段、综合服务平台建设和其他网络载体建设服务情况等。

1. 服务网点和服务设施建设情况。2020年，河池住房公积金管理中心金城江、宜州、罗城、南丹、天峨、东兰、巴马、都安等管理部已进驻政务服务中心统一办公，实现所有事项"一站式"办结，最大限度为前来办事群众提供方便。环江、凤山管理部在中心业务用房设置服务网点，大化管理部设为大化县政务服务中心政务服务分厅，各服务网点均配备叫号机、休息椅、复印机、饮水机、报刊栏等服务设施，为前来办事群众提供舒适的环境。同时，为进一步满足服务需求和业务发展需要，2020年12月，经河池市政府批准，河池住房公积金管理中心购置了巴马管理部业务用房。

2. 综合服务平台建设情况。河池住房公积金管理中心住房公积金综合服务平台已于2019年6月以"优秀"等次通过了住房和城乡建设部及自治区住房城乡建设厅的联合检查验收。2020年，河池住房公积金管理中心进一步完善综合服务平台功能，全面推进住房公积金业务"网上随时办""跨省通办"，实现了所有住房公积金缴存业务全流程网上办理，并在支付宝平台推出了终止劳动关系提取和离退休提取在线办理服务、在公积金12329、手机公积金App上推出了偿还商业住房贷款提取住房公积金服务；个人住房公积金缴存贷款等信息查询、出具贷款职工住房公积金缴存使用证明、正常退休提取住房公积金等住房和城乡建设部要求分两年实现的8项"跨省通办"业务，中心已全部提前完成，满足了缴存职工的个性化、多样化的服务需求，全面提升了住房公积金服务水平。

（四）当年信息化建设情况，包括信息系统升级改造情况，基础数据标准贯彻落实和结算应用系统接入情况等。

1. 信息化建设情况。一是积极推进数据共享，提升网上政务服务水平。2020年，河池住房公积金管理中心积极推进与商业银行的数据共享工作，通过业务数据专线和建设系统对接接口，实现了偿还商业住房贷款提取住房公积金的全流程网上零材料办理。此外，中心还积极打通住房公积金综合服务平台与支付宝平台的业务办理通道，在支付宝平台推出了终止劳动关系提取和离退休提取在线办理服务。二是主动推进住房公积金信息系统迁移上云。2020年，河池住房公积金管理中心积极响应河池市大数据发展局的要求，组织整合各方面技术力量，克服各种困难，在5月底完成了将住房公积金综合管理系统、住房公积金综合服务平台和GOA电子公文系统迁移到河池市政务云的工作。三是大力推进软件正版化工作。2020年，河池住房公积金管理中心积极统筹安排，全力推进软件正版化工作。通过采购正版办公软件、安装免费杀毒软件、恢复随机操作系统等方式，对内部办公计算机的正版软件进行安装部署和替换，实现了办公计算机的操作系统、杀毒软件和办公软件的正版化全覆盖。

2. 基础数据标准贯彻落实和结算应用系统接入情况。河池住房公积金管理中心已于2016年4月27日全面完成基础数据标准贯彻落实和结算应用系统接入工作，并以"优秀"等次通过了住房和城乡建设部和自治区住房城乡建设厅的联合验收。

（五）当年住房公积金管理中心及职工所获荣誉情况。2020年，河池住房公积金管理中心被自治区住房城乡建设厅、财政厅评为2019年度全区住房公积金业务管理工作优秀单位，获得2019年度市直单位绩效考评一等等次、2019年度河池市政务服务先进集体称号，率先完成全区个人自愿缴存改革试点工作，并在2020年全区住房公积金运行分析会暨个人自愿缴存业务推进现场会上作经验交流发言。市政务服务中心住房公积金窗口2020年4月～12月每月都被评为市政务服务"红旗窗口"，每月都有工作人员评为

"服务之星"。中心党支部课题组撰写的《有效破解机关党建与业务工作"两张皮"问题研究》荣获河池市直属机关基层党组织2019年度党建课题优秀研究成果二等奖,被评为河池市"七五"普法中期先进集体。2010年12月至今连续保持河池市文明单位荣誉。崖海莲同志评为2019年度河池市政务服务先进个人,韩燕、覃娜两位同志评为河池市"七五"普法中期先进个人。

(六)当年对违反《住房公积金管理条例》和相关法规行为进行行政处罚和申请人民法院强制执行情况。2020年,河池住房公积金管理中心申请人民法院强制执行9笔、逾期贷款,已收回5笔、共125.23万元。

(七)当年对住房公积金管理人员违规行为的纠正和处理情况等。2020年,河池住房公积金管理中心全体干部职工无违法违规行为。

2020 全国住房公积金年度报告汇编

海南省

海南省住房公积金 2020 年年度报告

根据国务院《住房公积金管理条例》和住房和城乡建设部、财政部、人民银行《关于健全住房公积金信息披露制度的通知》（建金〔2015〕26 号）规定，现将海南省住房公积金 2020 年年度报告汇总公布如下。

一、机构概况

（一）住房公积金管理机构。全省设 1 个住房公积金管理局，无独立设置的分支机构。从业人员 268 人，其中，在编 226 人，非在编 42 人。

（二）住房公积金监管机构。海南省住房和城乡建设厅、海南省财政厅、人民银行海口中心支行和中国银保监会海南监管局负责对本省住房公积金管理运行情况进行监督。海南省住房和城乡建设厅设立住房公积金监管处，负责辖区住房公积金日常监管工作。

二、业务运行情况

（一）缴存。2020 年，新开户单位 7090 家，净增单位 4022 家；新开户职工 12.36 万人，净增职工 2.28 万人；实缴单位 34515 家，实缴职工 110.42 万人，缴存额 142.12 亿元，分别同比增长 13.19%、2.11%、6.70%。2020 年末，缴存总额 1102.15 亿元，比上年末增加 14.80%；缴存余额 483.82 亿元，同比增长 11.68%。

（二）提取。2020 年，32.24 万名缴存职工提取住房公积金；提取额 91.53 亿元，同比增长 2.13%；提取额占当年缴存额的 64.40%，比上年减少 2.88 个百分点。2020 年末，提取总额 618.33 亿元，比上年末增加 17.37%。

（三）贷款。

1. 个人住房贷款。2020 年，发放个人住房贷款 1.90 万笔、103.39 亿元，同比增长 32.87%、54.75%。回收个人住房贷款 39.98 亿元。

2020 年末，累计发放个人住房贷款 19.59 万笔、620.00 亿元，贷款余额 418.96 亿元，分别比上年末增长 10.68%、20.01%、17.83%。个人住房贷款余额占缴存余额的 86.60%，比上年末增加 4.53 个百分点。

2020 年，支持职工购建房 194.67 万平方米。年末个人住房贷款市场占有率（含公转商贴息贷款）为 17.96%，比上年末增加 1.09 个百分点。通过申请住房公积金个人住房贷款，可节约职工购房利息支出 23.52 亿元。

2. 异地贷款。2020 年，发放异地贷款 672 笔、3.08 亿元。2020 年末，发放异地贷款总额 7.09 亿元，异地贷款余额 5.62 亿元。

3. 公转商贴息贷款。2020 年，未发放公转商贴息贷款。2020 年末，无累计发放公转商贴息贷款。

（四）购买国债。2020 年，未购买国债。当年无国债余额。

（五）融资。2020 年，未融资，无当年归还。截至 2020 年底，无融资总额，无融资余额。

（六）资金存储。2020年末，住房公积金存款64.84亿元。其中，活期0.05亿元，1年（含）以下定期20.29亿元，1年以上定期43.32亿元，其他（协定、通知存款等）1.18亿元。

（七）资金运用率。2020年末，住房公积金个人住房贷款余额、项目贷款余额和购买国债余额的总和占缴存余额的86.60%，比上年末增加4.53个百分点。

三、主要财务数据

（一）业务收入。2020年，业务收入14.97亿元，同比增长22.05%。其中，存款利息2.61亿元，委托贷款利息12.36亿元，无国债利息，无其他。

（二）业务支出。2020年，业务支出8.10亿元，同比增长28.61%。其中，支付职工住房公积金利息7.51亿元，归集手续费0.06亿元，委托贷款手续费0.53亿元，其他0.00004亿元。

（三）增值收益。2020年，增值收益6.87亿元，同比增长15.12%；增值收益率1.48%，比上年增长0.04个百分点。

（四）增值收益分配。2020年，提取贷款风险准备金4.12亿元，提取管理费用0.71亿元，提取城市廉租住房建设补充资金2.17亿元。

2020年，上交财政管理费用0.68亿元，上缴财政城市廉租住房建设补充资金1.71亿元。

2020年末，贷款风险准备金余额22.98亿元，自2011年起累计提取城市廉租住房建设补充资金15.62亿元。

（五）管理费用支出。2020年，管理费用支出0.63亿元，同比增长9.75%。其中，人员经费0.40亿元，公用经费0.06亿元，专项经费0.17亿元。

四、资产风险状况

（一）个人住房贷款。2020年末，个人住房贷款逾期额0.11亿元，逾期率0.258‰，个人贷款风险准备金余额22.90亿元。2020年，未使用个人贷款风险准备金核销呆坏账。

（二）住房公积金支持保障性住房建设项目贷款。2020年末，无逾期项目贷款，项目贷款风险准备金余额0.08亿元。2020年，未使用项目贷款风险准备金核销呆坏账。

五、社会经济效益

（一）缴存业务。缴存职工中，国家机关和事业单位占28.91%，国有企业占14.48%，城镇集体企业占1.43%，外商投资企业占2.16%，城镇私营企业及其他城镇企业占44.18%，民办非企业单位和社会团体占4.33%，灵活就业人员占0.33%，其他占4.18%；中、低收入占97.71%，高收入占2.29%。

新开户职工中，国家机关和事业单位占13.03%，国有企业占9.80%，城镇集体企业占1.10%，外商投资企业占2.07%，城镇私营企业及其他城镇企业占59.58%，民办非企业单位和社会团体占4.88%，灵活就业人员占0.73%，其他占8.81%；中、低收入占97.46%，高收入占2.54%。

（二）提取业务。提取金额中，购买、建造、翻建、大修自住住房占28.72%，偿还购房贷款本息占46.15%，租赁住房占5.14%，无支持老旧小区改造提取；离休和退休提取占16.11%，完全丧失劳动能力并与单位终止劳动关系提取占0.01%，出境定居占0.01%，其他占3.86%。提取职工中，中、低收入占94.40%，高收入占5.6%。

(三) 贷款业务。

个人住房贷款。职工贷款笔数中，购房建筑面积90（含）平方米以下占34.70%，90~144（含）平方米占61.14%，144平方米以上占4.16%。购买新房占91.16%（其中购买保障性住房占4.35%），购买二手房占8.63%，建造、翻建、大修自住住房占0.21%（无支持老旧小区改造），无其他。

职工贷款笔数中，单缴存职工申请贷款占35.42%，双缴存职工申请贷款占63.99%，三人及以上缴存职工共同申请贷款占0.59%。

贷款职工中，30岁（含）以下占33.31%，30岁~40岁（含）占42.34%，40岁~50岁（含）占18.41%，50岁以上占5.94%；首次申请贷款占88.41%，二次及以上申请贷款占11.59%；中、低收入占98.05%，高收入占1.95%。

(四) 住房贡献率。2020年，个人住房贷款发放额、公转商贴息贷款发放额、项目贷款发放额、住房消费提取额的总和与当年缴存额的比率为124.28%，比上年增加19.80个百分点。

六、其他重要事项

(一) 应对新冠肺炎疫情采取的政策措施，落实住房公积金阶段性支持政策情况和政策实施成效。归集业务方面。落实省应对新冠肺炎疫情相关通知精神，联合贷款处出台中小企业缓缴政策，并确保线上办理渠道畅通。2至6月，共有819家企业提出缓缴申请，涉及职工9.93万人、月暂缓缴存0.69亿元。

贷款业务方面。为助力疫情防控，印发《关于疫情防控期间强化住房公积金贷款业务服务保障的通知》《关于落实应对疫情住房公积金阶段性支持政策意见的通知》（琼公积金贷〔2020〕1号），以合理延后还款期限、拓宽贷款申请连续缴存认定条件等措施，支持广大缴存职工共度难关。2020年2月12日至6月30日，共有3403名职工享受到不计算逾期和罚息的阶段性支持政策红利，涉及贷款余额15.94亿元、应还未还本金0.23亿元。

(二) 当年住房公积金政策调整情况。归集业务方面。一是印发《关于开展个人自住住房商业贷款约定提取业务的通知》（琼公积金归〔2020〕12号），创新商贷提取模式，由一年一提调整为约定按月转账至主借款人还款账户；二是印发《关于2020年度住房公积金缴存基数范围的通告》，发布新一缴存年度缴存基数上下限范围。

贷款业务方面。一是印发《关于修订〈海南省住房公积金管理局住房公积金业务操作规程〉部分条款的通知》（琼公积金贷〔2020〕6号），修订完善"自住住房"定义及逾期催收相关政策；二是印发《关于离婚解除共同借款人业务有关规定的通知》（琼公积金贷〔2020〕13号），进一步规范离婚解除共同借款人业务的办理条件、办理要件、审核要点及修订《海南住房公积金（委托贷款）借款合同》相关条款；三是印发《关于进一步简化住房公积金业务办理材料的通知》（琼公积金法〔2020〕14号），进一步简化住房公积金贷款业务办理材料；四是印发《关于调整住房公积金个人住房贷款业务有关规定的通知》（琼公积金贷函〔2020〕6号），提高住房公积金个人住房贷款最高额度、放宽异地贷款申请条件及明确二手自住住房贷款最低首付款比例为40%；五是印发《关于调整住房公积金个人住房贷款业务有关规定的补充通知》（琼公积金贷函〔2020〕7号），规范省外缴存住房公积金职工的贷款办理条件及住房公积金贷款额度控制标准。

（三）当年开展监督检查情况。 2020 年为切实履行监督职责，进一步加强住房公积金管理，我局根据业务发展需要，修改完善《海南省住房公积金管理局直属管理局考核办法》；组织对 20 个直属管理局开展年度考核工作；组织对乐东、屯昌、文昌、保亭 4 个直属管理局开展内部审计；组织对 2019 年 10 月至 12 月、2020 年 1 月至 11 月的归集、提取、贷款业务进行稽核，并对购买保障性住房、拆迁安置住房提取业务进行专项稽核，核查落实整改情况，确保资金安全管理和业务办理合法合规。

（四）当年服务改进情况。 2020 年，我局服务应民之需，改革为民谋利，不断提高便民办事水平和群众获得感。一是以信息化建设作为提升管理服务的根本支撑。住房公积金"互联网＋"信息系统支撑业务发展，提升办事体验，获评 2020 年全省电子政务绩效优秀等次。二是以"不见面审批"改革作为促进服务便民化的有效抓手。住房公积金"7×24"全时服务提供个性化、时效性、不间断服务，实现全时受理、免审办结、实时结算，达到银行业内服务标准，全年"不见面审批"办件量达 1247.80 万件、办件量占有率为 99.28%。三是以"智慧海南"建设作为推进智慧政务的重要契机。成为"智慧海南政务便民服务站"第一批上线成员单位，完成 17 项住房公积金高频便民服务事项，实现"海南 e 登记"平台同步办理开户缴存登记，住房公积金跨省异地转入业务与基本养老保险等"三险"形成"一张表单"办事、"一个窗口"受理机制，在线政务分数、网厅业务"好差评"评价率在全省单位排名前四。

（五）当年信息化建设情况。 2020 年，我局实施缓缴、租房提取额度调整及逾期认定等功能开发、系统配置，在阶段性政策期满后及时变更业务系统功能。完成各厅局共享数据接口对接，完成便民通、码上办事、椰城市民云、一卡通系统等多个政务渠道的住房公积金服务延伸扩展。完成统一垂直系统可执行部分开发，升级改造省局机关外网设备和全省一体化高质量视频会议系统，提高网络带宽和远程视频会议效果。

（六）当年住房公积金机构及从业人员所获荣誉情况。 2020 年，聚焦营商环境建设，完善信息化管理平台，住房公积金"互联网＋"信息系统获评 2020 年全省电子政务绩效优秀等次。各直属管理局积极创建"青年文明号"、文明单位，不断提升住房公积金管理服务品质，琼中管理局荣获"第六届海南省文明单位"，定安、陵水、儋州、洋浦 4 个直属局被当地团委评为"青年文明号"创建单位，洋浦管理局获洋浦政务服务中心 2020 年度"优秀窗口单位"、其中两名干部分别荣获当地"文明家庭""文明职工"称号，省直管理局获评海口市青年外语场景秀竞赛优秀奖。

（七）当年对住房公积金管理人员违规行为的纠正和处理情况等。 2020 年，我局对 1 名因违反考勤纪律、管理松散的直属局负责人作出调整岗位处理。对 7 名业务审批不严的同志进行通报批评，其中责成相关党支部对 6 名工作人员进行廉政谈话提醒、1 名劳务派遣人员因协助违规骗提作清退用工处理。

（八）无其他需要披露的情况。

2020 全国住房公积金年度报告汇编

重庆市

重庆市住房公积金2020年年度报告

根据国务院《住房公积金管理条例》和住房和城乡建设部、财政部、人民银行《关于健全住房公积金信息披露制度的通知》（建金〔2015〕26号）的规定，经住房公积金管理委员会审议通过，现将重庆市住房公积金2020年年度报告公布如下。

一、机构概况

（一）住房公积金管理委员会。住房公积金管理委员会有30名委员，2020年召开1次会议，审议通过的事项主要包括：《重庆市住房公积金管委会办公室关于调整住房公积金管委会委员的请示》《2019年重庆市住房公积金管理工作情况报告》《2019年度住房公积金缴存使用计划执行情况及2020年度缴存使用计划》《重庆市住房公积金2019年年度报告》《重庆市住房公积金管理委员会办公室关于进一步加大对缴存职工租房自住支持力度的通知》。

（二）住房公积金管理中心。市住房公积金管理中心为隶属于重庆市住房和城乡建设委员会的不以营利为目的的公益性事业单位，设10个处室，5个主城办事处（其中，九龙坡办事处于2020年8月开始对外服务），31个分中心。从业人员579人，其中，在编334人，非在编245人。

二、业务运行情况

（一）缴存。2020年，新开户单位6634家，净增单位5402家；新开户职工29.03万人，净增职工18.68万人；实缴单位42221家，实缴职工273.86万人，缴存额475.57亿元，分别同比增长6.96%、2.50%、10.73%。2020年末，缴存总额3388.32亿元，比上年末增加16.33%；缴存余额1211.28亿元，同比增长11.95%。受委托办理住房公积金缴存业务的银行5家。

（二）提取。2020年，94.00万名缴存职工提取住房公积金；提取额346.27亿元，同比增长7.33%；提取额占当年缴存额的72.81%，比上年减少2.31个百分点。2020年末，提取总额2177.05亿元，比上年末增加18.91%。

（三）贷款。

1.个人住房贷款。单缴存职工个人住房贷款最高额度40.00万元，双缴存职工个人住房贷款最高额度60.00万元。

2020年，发放个人住房贷款6.95万笔、270.11亿元（其中，自有资金发放个人住房贷款5.53万笔、213.64亿元，利用银行资金发放住房公积金贴息贷款1.42万笔、56.47亿元），同比分别增长12.64%、14.40%。回收个人住房贷款115.08亿元。

2020年末，累计发放个人住房贷款72.91万笔、2133.59亿元（其中，自有资金累计发放个人住房贷款65.72万笔、1876.68亿元，利用银行资金累计发放住房公积金贴息贷款7.19万笔、256.91亿元），贷款余额1390.61亿元（其中，自有资金贷款余额1195.27亿元，住房公积金贴息贷款余额195.34亿元），分别比上年末增加10.54%、14.49%、11.08%。个人住房贷款余额占缴存余额的98.68%，比上年末减少2.68个百分点。受委托办理住房公积金个人住房贷款业务的银行16家。

2. 异地贷款。2020年，发放异地贷款3705笔、137152.40万元。2020年末，发放异地贷款总额541412.80万元，异地贷款余额454128.39万元。

3. 公转商贴息贷款。2020年，发放公转商贴息贷款14200笔、564745.40万元，当年贴息额25073.34万元。2020年末，累计发放公转商贴息贷款71934笔、2569120.53万元，累计贴息110988.02万元。

（四）购买国债。2020年，未购买国债。2020年末，无国债余额。

（五）资金存储。2020年末，住房公积金存款31.01亿元。其中，活期存款0.03亿元，协定存款30.98亿元。

（六）资金运用率。2020年末，住房公积金个人住房贷款余额、项目贷款余额和购买国债余额的总和占缴存余额的98.68%，比上年末减少2.68个百分点。

三、主要财务数据

（一）业务收入。2020年，业务收入381659.46万元，同比增长11.33%。其中，存款利息10257.75万元，委托贷款利息371089.41万元，其他312.30万元。

（二）业务支出。2020年，业务支出214037.56万元，同比增长8.06%。其中，支付职工住房公积金利息200104.95万元，归集手续费2820.75万元，委托贷款手续费12714.32万元，其他－1602.46万元。

（三）增值收益。2020年，增值收益167621.90万元，同比增长15.79%；增值收益率1.45%，比上年增长0.04个百分点。

（四）增值收益分配。2020年，提取贷款风险准备金9920.11万元，提取管理费用30584.86万元，提取城市廉租住房建设补充资金127116.93万元。

2020年，上交财政管理费用32185.00万元（其中，清缴2019年度增值收益分配的管理费用3485.00万元，预缴2020年增值收益分配的管理费用28700.00万元）。上缴财政城市廉租住房建设补充资金147704.67万元（其中，清缴2019年度增值收益分配的城市廉租住房建设补充资金58204.67万元，预缴2020年增值收益分配的城市廉租住房建设补充资金89500.00万元）。

2020年末，贷款风险准备金余额329701.29万元。累计提取城市廉租住房建设补充资金734147.82万元。

（五）管理费用支出。2020年，管理费用支出21864.36万元，同比增长4.63%。其中，人员经费8128.22万元，公用经费2370.56万元，专项经费11365.58万元。

四、资产风险状况

2020年末，个人住房贷款逾期额1464.76万元，逾期率0.12‰。个人贷款风险准备金余额329701.29万元。当年无个人贷款核销。

五、社会经济效益

（一）缴存业务。缴存职工中，国家机关和事业单位占29.45%，国有企业占13.38%，城镇集体企业占0.37%，外商投资企业占7.15%，城镇私营企业及其他城镇企业占44.59%，民办非企业单位和社会团体占 0.95%，其他占 4.11%；中、低收入占 98.22%，高收入占 1.78%。

新开户职工中，国家机关和事业单位占 9.12%，国有企业占 6.54%，城镇集体企业占 0.32%，外商投资企业占 8.72%，城镇私营企业及其他城镇企业占 68.86%，民办非企业单位和社会团体占 1.25%，其他占 5.19%；中、低收入占 99.71%，高收入占 0.29%。

（二）提取业务。提取金额中，购买、建造、翻建、大修自住住房占 6.14%，偿还购房贷款本息占 74.71%，租赁住房占 1.32%，支持老旧小区改造占 0.0025%，离休和退休提取占 9.66%，完全丧失劳动能力并与单位终止劳动关系提取占 2.50%，出境定居占 0.0003%，其他占 5.67%。提取职工中，中、低收入占 97.03%，高收入占 2.97%。

（三）贷款业务。2020 年，支持职工购建房 714.35 万平方米（其中，住房公积金自有资金贷款支持职工购建房 572.67 万平方米，贴息贷款支持职工购建房 141.68 万平方米），年末个人住房贷款市场占有率（含公转商贴息贷款）为 11.31%，比上年末减少 0.26 个百分点。通过申请住房公积金个人住房贷款，可节约职工购房利息支出 88.60 亿元（其中，住房公积金自有资金个贷节约利息支出 68.24 亿元，贴息贷款节约利息支出 20.36 亿元）。

职工贷款笔数中，购房建筑面积 90（含）平方米以下占 24.96%，90～144（含）平方米占 71.53%，144 平方米以上占 3.51%。购买新房占 75.20%（其中购买保障性住房占 0.03%），购买二手房占 24.80%。

职工贷款笔数中，单缴存职工申请贷款占 86.12%，双缴存职工申请贷款占 13.88%。

贷款职工中，30 岁（含）以下占 49.94%，30 岁～40 岁（含）占 32.35%，40 岁～50 岁（含）占 14.15%，50 岁以上占 3.56%；首次申请贷款占 94.46%，二次及以上申请贷款占 5.54%；中、低收入占 99.82%，高收入占 0.18%。

（四）住房贡献率。2020 年，个人住房贷款发放额、公转商贴息贷款发放额、项目贷款发放额、住房消费提取额的总和与当年缴存额的比率为 116.63%，比上年增加 0.70 个百分点。

六、其他重要事项

（一）落实住房公积金阶段性支持政策情况。按照国家及我市相关决策部署，及时出台实施《关于转发重庆市住房和城乡建委等部门关于妥善应对新冠肺炎疫情落实住房公积金阶段性支持政策措施的通知的通知》（渝公积金发〔2020〕16 号）。一是实施阶段性缓缴、降低缴存比例等支持政策，为企业纾困解难。截至 2020 年 6 月 30 日，1791 家企业申请阶段性缓缴，涉及职工 28.22 万人，累计缓缴金额近 15 亿元，576 家企业申请降低缴存比例，涉及职工 2.67 万人，累计减少金额 1492.82 万元。二是适当提高租房提取额度，中心城区缴存职工每人每月提取金额由 900 元提高至 1200 元，其他区县缴存职工每人每月提取金额由 600 元提高至 900 元。三是受新冠肺炎疫情影响，2020 年 6 月 30 日前，不能正常还款的 6851 笔住房公积金贷款，不计罚息，不作为逾期记录报送征信部门。

（二）当年政策调整情况。

1. 调整当年缴存基数上下限。出台《关于确定 2020 年度住房公积金缴存基数上、下限的通知》（渝公积金发〔2020〕33 号），规定了 2020 年度月缴存基数上限不超过市统计局公布的 2019 年度重庆市职工月平均工资 3 倍，月缴存基数下限不得低于重庆市人力资源和社会保障局公布的我市现行最低工资标准。

2. 改进住房公积金提取政策。一是出台《关于进一步加大对缴存职工租房自住支持力度的通知》（渝住公积金委发〔2020〕4号），简化租房提取要件，提高租房提取金额标准，支持职工通过租购并举解决居住问题。二是出台《关于提取住房公积金支付城镇老旧小区自住住房加装电梯费用的通知》（渝住公积金委发〔2020〕5号），进一步扩大住房消费类提取范围，将支付城镇老旧小区自住住房加装电梯费用纳入住房公积金提取范围。

（三）当年服务改进情况。

1. 服务渠道和内容更丰富。一是在"渝快办"政务服务平台新增"租房提取""离职提取""提前还款"等9项公积金业务，均可在线办结。截至2020年末，共16项业务上线"渝快办"，成为重庆市政府事业单位类上线业务最多的部门。二是在"支付宝"App推出公积金小程序，"联名卡变更""购房还贷提取""贷款还款期限变更"等20项服务可在小程序办理。三是率先在全行业实现住房公积金自建渠道"住房生活缴费"服务，缴存职工可通过微信公众号、手机App等渠道，在线缴纳"水、电、气、有线电视"等7项费用。

2. 客服服务更智能。一是率先在全行业探索建立"客户画像评价体系"，通过客户画像管理系统，主动向缴存职工推荐有针对性的住房公积金知识和服务。二是借助AI技术，率先在全行业打造"公积金智能客服平台"，目前，已通过智能外呼功能，开展缴存人满意度调查。三是率先在全行业引入区块链技术，在住房公积金管理中心、招商银行、重庆电信三方建立"公积金智能客服联盟链"，对链接点产生的数据进行可信记录和信息共享，实现智能客服平台过程留痕和可信存证。

3. 窗口服务更规范。一是完成了"跨省通办""川渝通办"窗口设置、网办业务升级等前期部署，住房公积金单位登记开户、正常退休提取住房公积金、提前还清住房公积金贷款等6项"跨省通办""川渝通办"事项已可在线办结，以"全程网办"方式实现"跨省通办"。二是根据《窗口服务规范化标准》《智能化网点建设指导意见》，进一步规范网点服务，推进大厅智能化建设。三是聘请第三方专业机构对窗口服务开展暗访和满意度问卷调查，并从服务环境、设备设施、服务态度、业务技能等方面开展集中整改。

（四）当年信息化建设情况。以服务和安全为导向，注重创新应用，进一步提高科技管理水平。一是助力深化便民服务。与"渝快办App""电子税务局"、重庆市市场监管局和支付宝实现系统对接，与四川省住房和城乡建设厅搭建川渝公积金信息共享平台。二是加强信息安全建设和防护。开展安全培训、安全专项检查、安全实战演练等安全保障工作，完成异地灾备中心建设，部署网络安全态势感知系统、代码扫描系统。2020年，荣获重庆市2019年度网络安全等级保护工作先进单位称号。三是科研创新取得成果。开展区块链数据存证、分布式数据共享、机器人攻击防御、开发运维一体化等课题研究，研究成果已应用于公积金智能客服、反爬虫建设和系统开发运维能力提升等方面。四是贯彻落实住房和城乡建设部相关工作要求。完成电子稽查工具本地化应用系统建设，完成全国数据平台上报数据质量核验及整改。

（五）当年推进优化营商环境情况。为深入贯彻落实国家及我市"放管服"改革和优化营商环境相关工作要求，助力优化我市营商环境，提升住房公积金管理服务水平。一是实现开办企业同步设立住房公积金单位账户，企业通过"渝快办"申请办理企业设立登记等开办事项时，可同步申请设立住房公积金单位账户及职工个人账户，企业无须再提供相关纸质材料到住房公积金柜面申报缴存信息。二是实现缴存住房公积金与纳税事项一网通办，缴存单位登录"电子税务局"办理纳税业务时，可同网办理住房公积金缴存业务。三是新增电子营业执照登记方式，实现日常缴存业务在线办结。缴存企业可登录"渝快办"、微信公众号或者支付宝 App 等渠道下载领取电子营业执照，无须再到住房公积金柜面办理网上缴存开通及领取数字证书手续，通过电子营业执照即可扫码登录重庆市住房公积金单位网上服务大厅办理日常缴存业务，实现单位开户和日常缴存的全流程网上办理。

（六）当年成渝地区双城经济圈公积金一体化发展情况。按照国家及我市关于推进成渝地区双城经济圈建设的相关要求，建立了两地公积金一体化长效工作机制，多项合作顺利推进。一是优化业务办理。依托川渝两地住房公积金信息跨区域互通共享和绿色通道，进一步简化了两地住房公积金异地转移接续办理流程，办理时间由原来的 1 个月压缩为 2~3 个工作日；实现了与成都、绵阳公积金贷款异地缴存证明无纸化，异地贷款申请由"两地跑"变为"一地办"，方便两地职工跨区域缴存使用住房公积金。二是强化公积金领域执法司法联动。推动两地高级人民法院在住房公积金领域执法司法方面达成共识，为住房公积金领域跨区域执法司法联动提供范例。三是探索开展资金融通。与绵阳建立住房公积金一体化战略合作关系，探索开展资金跨区域融通使用工作。四是加强交流沟通。推进多个川渝毗邻地区合作先行先试，截至 2020 年末，已有 14 个重庆中心所属分中心、办事处，与含成都在内的 14 个四川省城市中心开展了 21 场交流对接。

（七）当年住房公积金管理中心及职工所获荣誉情况。市住房公积金管理中心及下属办事处、分中心获"全国模范职工小家"2 个，获重庆市"巾帼文明岗"4 个、"重庆市模范职工小家"3 个、"重庆市职工小家示范单位"1 个，获区县级"巾帼文明岗"3 个、"文明单位"2 个、"模范职工之家"1 个、"卫生红旗单位"1 个、"先进集体"1 个。

（八）当年对违反《住房公积金管理条例》和相关法规行为进行行政处罚和申请人民法院强制执行情况。共受理违反《住房公积金管理条例》和相关法规行为的案件 409 件，其中，立案前处理整改 230 件，立案查处 179 件。依法申请人民法院强制执行 65 件。

2020 全国住房公积金年度报告汇编

四川省

成都　　　　　宜宾市
自贡市　　　　广安市
攀枝花市　　　达州市
泸州市　　　　巴中市
德阳市　　　　雅安市
绵阳市　　　　眉山市
广元市　　　　资阳市
遂宁市　　　　阿坝藏族羌族自治州
内江市　　　　甘孜藏族自治州
乐山市　　　　凉山彝族自治州
南充市

四川省住房公积金 2020 年年度报告

根据国务院《住房公积金管理条例》和住房和城乡建设部、财政部、人民银行《关于健全住房公积金信息披露制度的通知》（建金〔2015〕26 号）规定，现将四川省住房公积金 2020 年度报告汇总公布如下。

一、机构概况

（一）住房公积金管理机构。全省共设 21 个设区城市住房公积金管理中心，3 个独立设置的分中心（其中，四川省省级住房公积金管理中心隶属四川省机关事务管理局，四川石油管理局住房公积金管理中心隶属四川石油管理局有限公司，中国工程物理研究院住房公积金管理中心隶属中国工程物理研究院）。从业人员 2405 人，其中，在编 1295 人，非在编 1110 人。

（二）住房公积金监管机构。省住房城乡建设厅、财政厅和人民银行成都分行负责对本省住房公积金管理运行情况进行监督。省住房城乡建设厅设立住房公积金监管处，负责辖区住房公积金日常监管工作。

二、业务运行情况

（一）缴存。2020 年，新开户单位 20502 家，净增单位 9396 家；新开户职工 93.18 万人，净增职工 31.38 万人；实缴单位 136764 家，实缴职工 724.47 万人，缴存额 1197.79 亿元，分别同比增长 7.38％、4.53％、8.61％。2020 年末，缴存总额 8706.21 亿元，比上年末增加 15.95％；缴存余额 3593.96 亿元，同比增长 13.42％。

（二）提取。2020 年，246.24 万名缴存职工提取住房公积金；提取额 772.52 亿元，同比增长 12.14％；提取额占当年缴存额的 64.50％，比上年增加 2.04 个百分点。2020 年末，提取总额 5112.25 亿元，比上年末增加 17.80％。

（三）贷款。

1. 个人住房贷款。2020 年，发放个人住房贷款 16.86 万笔、671.81 亿元，同比增长 17.18％、20.30％。回收个人住房贷款 328.02 亿元。

2020 年末，累计发放个人住房贷款 179.70 万笔、4782.66 亿元，贷款余额 2910.83 亿元，分别比上年末增加 10.35％、16.34％、13.39％。个人住房贷款余额占缴存余额的 80.99％，比上年末减少 0.02 个百分点。

2020 年，支持职工购建房 1777.40 万平方米。年末个人住房贷款市场占有率（含公转商贴息贷款）为 16.68％，比上年末减少 0.12 个百分点。通过申请住房公积金个人住房贷款，可节约职工购房利息支出 1347396.45 万元。

2. 异地贷款。2020 年，发放异地贷款 23750 笔、957365.45 万元。2020 年末，发放异地贷款总额 3779712.51 万元，异地贷款余额 2763942.02 万元。

3. 公转商贴息贷款。2020 年，无发放公转商贴息贷款。当年贴息额 1996.10 万元。2020 年末，累计发放公转商贴息贷款 5965 笔、185649.49 万元，累计贴息 10969.66 万元。

（四）**融资**。2020 年，融资 10.20 亿元，归还 15.90 亿元。2020 年末，融资总额 155.21 亿元，融资余额 4 亿元。

（五）**资金存储**。2020 年末，住房公积金存款 735.12 亿元。其中，活期 9.61 亿元，1 年（含）以下定期 73.58 亿元，1 年以上定期 489.76 亿元，其他（协定、通知存款等）162.17 亿元。

（六）**资金运用率**。2020 年末，住房公积金个人住房贷款余额、项目贷款余额和购买国债余额的总和占缴存余额的 80.99%，比上年末减少 0.02 个百分点。

三、主要财务数据

（一）**业务收入**。2020 年，业务收入 1145048.01 万元，同比增长 16.76%。其中，存款利息 256502.53 万元，委托贷款利息 887383.65 万元，其他 1161.83 万元。

（二）**业务支出**。2020 年，业务支出 563058.86 万元，同比增长 15.96%。其中，支付职工住房公积金利息 518945.85 万元，归集手续费 459.49 万元，委托贷款手续费 32458.30 万元，其他 11195.22 万元。

（三）**增值收益**。2020 年，增值收益 581989.15 万元，同比增长 17.52%；增值收益率 1.72%，比上年增加 0.05 个百分点。

（四）**增值收益分配**。2020 年，提取贷款风险准备金 128760.38 万元，提取管理费用 67017.11 万元，提取城市廉租住房（公共租赁住房）建设补充资金 386211.66 万元。

2020 年，上交财政管理费用 49199.49 万元，上缴财政城市廉租住房（公共租赁住房）建设补充资金 319336.00 万元。

2020 年末，贷款风险准备金余额 1057955.76 万元，累计提取城市廉租住房（公共租赁住房）建设补充资金 2236505.85 万元。

（五）**管理费用支出**。2020 年，管理费用支出 54894.03 万元，同比下降 9.88%。其中，人员经费 30562.39 万元，公用经费 3888.10 万元，专项经费 20443.54 万元。

四、资产风险状况

个人住房贷款。2020 年末，个人住房贷款逾期额 5954.63 万元，逾期率 0.20‰，个人贷款风险准备金余额 1053061.36 万元。

五、社会经济效益

（一）**缴存业务**。缴存职工中，国家机关和事业单位占 35.41%，国有企业占 16.15%，城镇集体企业占 1.21%，外商投资企业占 4.41%，城镇私营企业及其他城镇企业占 39.79%，民办非企业单位和社会团体占 1.60%，灵活就业人员占 0.15%，其他占 1.28%；中、低收入占 94.45%，高收入占 5.55%。

新开户职工中，国家机关和事业单位占 21.75%，国有企业占 9.48%，城镇集体企业占 1.43%，外商投资企业占 6.42%，城镇私营企业及其他城镇企业占 56.48%，民办非企业单位和社会团体占 2.48%，灵活就业人员占 0.14%，其他占 1.82%；中、低收入占 98.90%，高收入占 1.10%。

（二）提取业务。 提取金额中，购买、建造、翻建、大修自住住房占 22.29%，偿还购房贷款本息占 56.45%，租赁住房占 2.98%；离休和退休提取占 13.63%，完全丧失劳动能力并与单位终止劳动关系提取占 1.63%，出境定居占 0.25%，其他占 2.77%。提取职工中，中、低收入占 91.25%，高收入占 8.75%。

（三）贷款业务。

个人住房贷款。职工贷款笔数中，购房建筑面积 90（含）平方米以下占 26.44%，90~144（含）平方米占 68.82%，144 平方米以上占 4.74%。购买新房占 77.10%（其中购买保障性住房占 0.02%），购买二手房占 21.82%，建造、翻建、大修自住住房占 0.01%，其他占 1.07%。

职工贷款笔数中，单缴存职工申请贷款占 58.50%，双缴存职工申请贷款占 41.43%，三人及以上缴存职工共同申请贷款占 0.07%。

贷款职工中，30 岁（含）以下占 40.81%，30 岁~40 岁（含）占 37.57%，40 岁~50 岁（含）占 17.66%，50 岁以上占 3.96%；首次申请贷款占 89.53%，二次及以上申请贷款占 10.47%；中、低收入占 95.91%，高收入占 4.09%。

（四）住房贡献率。 2020 年，个人住房贷款发放额、公转商贴息贷款发放额、项目贷款发放额、住房消费提取额的总和与当年缴存额的比率为 108.80%，比上年增加 8.83 个百分点。

六、其他重要事项

（一）积极应对新冠肺炎疫情。 年初，面对新冠肺炎疫情，四川省住房公积金行业贯彻落实中央以及省委省政府指示要求态度坚决，行动迅速，措施有力，各市州先后出台应对措施。2 月 26 日，住房和城乡建设部召开妥善应对新冠肺炎疫情实施住房公积金阶段性支持政策视频会议以后，全省住房公积金行业积极响应，21 个市州都出台了住房公积金支持政策，提高服务能力，缓解企业经营困难，维护缴存职工利益。

（二）积极推进住房公积金川渝合作。 四川省住房公积金行业积极响应省委省政府号召，认真落实国家战略，率先在川渝合作中推进住房公积金一体化发展，推动成渝地区双城经济圈住房公积金一体化发展，实现两地数据互联互通。各项工作有序推进，取得了阶段性成果。川渝两省市社会反响好，得到了各级领导和人民群众的关注和肯定，缴存职工异地业务办理更加便捷。

（三）当年信息化建设和服务改进情况。

1. 全面开展全国住房公积金监管平台试点工作。2020 年 9 月以来，全省各地住房公积金管理中心高度重视，积极行动开展监管平台试点工作。通过隐患排查和整改，全省监管平台风险隐患数显著降低，促进了政策规定完善和信息系统功能改进。

2. 有序推进住房公积金服务"跨省通办"，积极响应缴存职工异地办事需求。全省 24 个公积金中心（分中心）按时完成"个人住房公积金缴存贷款等信息查询、出具贷款职工住房公积金缴存使用证明、正常退休提取住房公积金"3 项"跨省通办"业务办理准备，"跨省通办"业务正常开展。

3. 积极推动政务服务一体化。按照四川省政府有关政务服务工作要求，全省 24 个公积金中心（分中心）完成和政务服务一体化平台对接，完成接入企业缴存"一窗通"平台接入工作，实现了数据交换。

（四）精神文明建设取得丰硕成果。 四川省住房公积金行业积极营造创先争优的氛围，积极开展文明单位和文明窗口创建，突出行业特色，2020年11月广元市住房公积金管理中心成功创建第六届全国文明单位。当年住房公积金机构及从业人员所获荣誉情况，包括：文明单位行业（国家级1个、省部级3个、地市级3个）；青年文明号（省部级2个）；先进集体和个人（省部级3个、地市级40个）。

成都住房公积金2020年年度报告

根据国务院《住房公积金管理条例》和住房和城乡建设部、财政部、人民银行《关于健全住房公积金信息披露制度的通知》（建金〔2015〕26号）的规定，经成都住房公积金管理委员会审议通过，现将成都住房公积金2020年年度报告公布如下。

一、机构概况

（一）住房公积金管理委员会。 成都住房公积金管理委员会有31名委员，2020年召开1次会议，审议通过的事项主要包括：《成都住房公积金2019年年度报告》《成都住房公积金管理中心关于2019年住房公积金计划执行及增值收益分配情况和2020年计划及增值收益分配预案的审议事项》《成都住房公积金管理中心关于修订〈成都住房公积金行政执法管理办法〉的审议事项》《成都住房公积金管理中心省级分中心2019年计划执行情况及2020年计划》《成都住房公积金管理中心省级分中心关于调整2019年度增值收益分配方案的审议事项》。

（二）住房公积金管理中心。 成都住房公积金管理中心（以下简称市中心）为成都市政府直属不以营利为目的的正局级公益二类事业单位，设11个内设机构，20个管理部，3个分中心。从业人员515人，其中，在编156人，非在编359人。四川省省级住房公积金管理中心（以下简称省级分中心）、四川石油管理局住房公积金管理中心（以下简称石油分中心）加挂成都住房公积金管理中心分中心牌子，在授权管理下独立运作。省级分中心设7个科，从业人员49人，其中，在编27人，非在编22人。石油分中心设3个科，从业人员16人，均为在编人员。

二、业务运行情况

（一）缴存。 2020年，新开户单位15364家，净增单位8590家；新开户职工54.68万人，净增职工20.41万人；实缴单位73058家，实缴职工382.19万人，缴存额570.00亿元，分别同比增长13.32%、5.64%、10.83%。2020年末，缴存总额4041.40亿元，比上年末增加16.42%；缴存余额1589.24亿元，同比增长15.51%。受委托办理住房公积金缴存业务的银行11家。

（二）提取。 2020年，126.47万名缴存职工提取住房公积金；提取额356.64亿元，同比增长12.12%；提取额占当年缴存额的62.57%，比上年增加0.72个百分点。2020年末，提取总额2452.16亿元，比上年末增加17.02%。

（三）贷款。

1.个人住房贷款。单缴存职工个人住房贷款最高额度40万元，双缴存职工个人住房贷款最高额度70

万元。

2020年，发放个人住房贷款6.75万笔、309.54亿元，同比分别增长26.17%、29.58%。其中，市中心发放个人住房贷款6.08万笔、277.82亿元，省级分中心发放个人住房贷款0.65万笔、31.23亿元，石油分中心发放个人住房贷款110笔、0.49亿元。

2020年，回收个人住房贷款128.68亿元。其中，市中心111.38亿元，省级分中心17.19亿元，石油分中心0.11亿元。

2020年末，累计发放个人住房贷款62.53万笔、2004.82亿元，贷款余额1243.11亿元，分别比上年末增加12.10%、18.26%、17.03%。个人住房贷款余额占缴存余额的78.22%，比上年末增加1.01个百分点。受委托办理住房公积金个人住房贷款业务的银行14家。

2. 异地贷款。2020年，发放异地贷款8144笔、416238.30万元。2020年末，发放异地贷款总额1127267.71万元，异地贷款余额906072.30万元。

3. 公转商贴息贷款。2020年，未发放公转商贴息贷款，当年贴息额97.42万元。2020年末，累计发放公转商贴息贷款419笔、13352.20万元，累计贴息404.04万元。

（四）购买国债。2020年未购买国债，无国债余额。

（五）资金存储。2020年末，住房公积金存款369.79亿元。其中，活期0.03亿元，1年（含）以下定期28.50亿元，1年以上定期246.22亿元，其他（协定、通知存款等）95.04亿元。

（六）资金运用率。2020年末，住房公积金个人住房贷款余额、项目贷款余额和购买国债余额的总和占缴存余额的78.22%，比上年末增加1.01个百分点。

三、主要财务数据

（一）业务收入。2020年，业务收入497803.11万元，同比增长18.75%。其中，市中心421641.53万元，省级分中心64182.04万元，石油分中心11979.54万元；存款利息123661.39万元，委托贷款利息374102.33万元，其他39.39万元。

（二）业务支出。2020年，业务支出237948.99万元，同比增长15.48%。其中，市中心200567.38万元，省级分中心31192.98万元，石油分中心6188.63万元；支付职工住房公积金利息224709.42万元，归集手续费264.79万元，委托贷款手续费9733.32万元，个人贷款担保费3141.77万元，公转商贷款贴息97.42万元，其他2.27万元。

（三）增值收益。2020年，增值收益259854.12万元，同比增长21.92%。其中，市中心221074.15万元，省级分中心32989.06万元，石油分中心5790.91万元；增值收益率1.75%，比上年增加0.08个百分点。

（四）增值收益分配。2020年，提取贷款风险准备金18541.48万元，提取管理费用17599.83万元，提取城市廉租住房（公共租赁住房）建设补充资金223712.81万元。

2020年，上交财政管理费用9642.00万元。上缴财政城市廉租住房（公共租赁住房）建设补充资金176494.55万元。其中，市中心上缴153753.73万元，省级分中心上缴22740.82万元。

2020年末，贷款风险准备金余额237085.61万元。累计提取城市廉租住房（公共租赁住房）建设补充资金1239861.92万元。其中，市中心提取1108494.75万元，省级分中心提取110455.09万元，石油分中心提取 20912.08 万元。

（五）管理费用支出。 2020 年，管理费用支出 17633.99 万元，同比下降 2.61%。其中，人员经费 11965.71 万元，公用经费 668.19 万元，专项经费 5000.09 万元。

市中心管理费用支出 15957.83 万元，其中，人员、公用、专项经费分别为 11229.82 万元、471.38 万元、4256.63 万元；省级分中心管理费用支出 1676.16 万元，其中，人员、公用、专项经费分别为 735.89 万元、196.81 万元、743.46 万元；石油分中心管理费用由中国石油西南油气田分公司负担。

四、资产风险状况

2020 年末，个人住房贷款逾期额 996.64 万元，逾期率 0.08‰，其中，市中心 0.08‰，省级分中心 0.05‰，石油分中心 0‰。个人贷款风险准备金余额 233597.61 万元。2020 年，未使用个人贷款风险准备金核销呆坏账。

五、社会经济效益

（一）缴存业务。 缴存职工中，国家机关和事业单位占 16.26%，国有企业占 10.37%，城镇集体企业占 0.36%，外商投资企业占 6.84%，城镇私营企业及其他城镇企业占 62.70%，民办非企业单位和社会团体占 1.66%，灵活就业人员占 0.24%，其他占 1.57%；中、低收入占 91.60%，高收入占 8.40%。

新开户职工中，国家机关和事业单位占 6.34%，国有企业占 5.00%，城镇集体企业占 0.08%，外商投资企业占 9.44%，城镇私营企业及其他城镇企业占 75.78%，民办非企业单位和社会团体占 2.00%，灵活就业人员占 0.02%，其他占 1.34%；中、低收入占 98.40%，高收入占 1.60%。

（二）提取业务。 提取金额中，购买、建造、翻建、大修自住住房占 22.23%，偿还购房贷款本息占 59.00%，租赁住房占 3.62%，支持老旧小区改造占 0.01%，离休和退休提取占 10.73%，完全丧失劳动能力并与单位终止劳动关系提取占 1.64%，其他占 2.77%。提取职工中，中、低收入占 85.99%，高收入占 14.01%。

（三）贷款业务。 个人住房贷款。2020 年，支持职工购建房 730.21 万平方米，年末个人住房贷款市场占有率（含公转商贴息贷款）为 14.26%，比上年末增加 0.64 个百分点。通过申请住房公积金个人住房贷款，可节约职工购房利息支出 745532.91 万元。

职工贷款笔数中，购房建筑面积 90（含）平方米以下占 28.36%，90~144（含）平方米占 63.48%，144 平方米以上占 8.16%。购买新房占 63.74%，购买二手房占 36.15%，其他占 0.11%。

职工贷款笔数中，单缴存职工申请贷款占 58.62%，双缴存职工申请贷款占 41.31%，三人及以上缴存职工共同申请贷款占 0.07%。

贷款职工中，30 岁（含）以下占 45.29%，30 岁~40 岁（含）占 40.63%，40 岁~50 岁（含）占 11.91%，50 岁以上占 2.17%；首次申请贷款占 93.23%，二次及以上申请贷款占 6.77%；中、低收入占 92.29%，高收入占 7.71%。

（四）住房贡献率。 2020 年，个人住房贷款发放额、公转商贴息贷款发放额、项目贷款发放额、住房消费提取额的总和与当年缴存额的比率为 107.40%，比上年增加 10.75 个百分点。

六、其他重要事项

（一）应对新冠肺炎疫情采取的措施，落实住房公积金阶段性支持政策情况和政策实施成效。

市中心。疫情发生后，迅速聚焦受疫情影响经营困难的企业、职工以及参加疫情防控的一线工作者等，积极开展疫情影响调研和评估，针对缴存困难和贷款权益等问题，形成并发布《关于应对当前新型冠状病毒肺炎疫情政策措施的通知》及实施细则、政策解读等，全力帮助企业和职工战胜疫情。明确了支持受疫情影响导致生产经营困难的企业，经行业主管部门认定，可申请降低住房公积金缴存比例或者缓缴；受疫情影响未能正常缴存住房公积金的企业职工，贷款权益不受影响；参加疫情防控的一线工作者，住院治疗、医学观察或被政府隔离的新型冠状病毒感染肺炎患者、疑似病人或密切接触者以及因疫情暂时失去收入来源的职工，在疫情期间不能正常还款的，不作逾期处理、不计罚息。该政策措施被纳入《成都市人民政府关于印发有效应对疫情稳定经济运行20条政策措施的通知》中。全年，共计2717家单位实施了公积金降比或缓缴，支持单位阶段性减负资金总额累计7.50亿元，受理延期还款的罚息退付，协调贷款银行调整征信记录共计16笔。

省级分中心。一是制定《四川省省级住房公积金管理中心关于应对当前新型冠状病毒肺炎疫情政策措施的实施细则》及《补充通知》，及时通过微信公众号、官网、手机短消息等载体开展政策宣传及解读，确保缴存企业及职工第一时间知悉政策。二是通过预约办理、错峰办理、业务窗口前移等方式，有序恢复大厅业务办理，并借助微成都、成都高新及中心官网、微信等宣传平台，大力倡导业务线上办理，确保疫情期间服务不断档。三是主动靠前服务，对企业缓缴业务开通绿色通道，进一步简化流程，对窗口经办人员进行业务培训，确保政策执行统一、办理流程清晰、业务解读精准，为政策落实提供优质高效的服务保障。全年共为25家企业办理了住房公积金缓缴业务，累计缓缴金额2.59亿元。

石油分中心。按照《成都市人民政府关于印发有效应对疫情稳定经济运行20条政策措施的通知》要求，共对符合条件的申请缓缴单位1家支持缓缴，资金总额度84.87万/月，累计缓缴424.35万元，涉及缴存职工421人。受疫情影响未能正常缴存住房公积金的企业职工贷款权益不受影响。在疫情期间不能正常还款的不作逾期处理，不计罚息。

（二）当年机构及职能调整情况、受委托办理缴存贷款业务金融机构变更情况。 市中心：2020年新增缴存合作金融机构5家，分别为中国银行股份有限公司、中国农业银行股份有限公司、中信银行股份有限公司、交通银行股份有限公司、成都农村商业银行股份有限公司。

省级分中心和石油分中心：无。

（三）当年住房公积金政策调整及执行情况。

1. 缴存方面。印发了《关于2020年住房公积金缴存比例及缴存基数执行标准的通知》，继续按照"我市城镇非私营单位就业人员月平均工资"计算缴存基数上限，将缴存基数上限调整为23681元，缴存基数下限及缴存比例不作调整。

2. 贷款方面。市中心：印发了《成都住房公积金管理中心关于调整住房公积金个人住房贷款相关事项的通知》《成都住房公积金管理中心关于印发〈住房公积金贷款合作项目实施细则（试行）〉的通知》。

3. 执行的存贷款利率。2020年执行的职工住房公积金账户存款利率为1.50%（一年期定期存款基准利率）；执行的住房公积金贷款基准利率5年（含）以下为2.75%，5年以上为3.25%。

（四）当年服务改进情况。

市中心。一是坚持服务、防疫"两手抓"，积极推进"预约办""网上办"，做好12329热线咨询服务工作，加强与群众互动交流，全力保障疫情期间群众安全有序办事。二是深入开展"服务质效提升百日行动"，改进服务、补强短板，提升办理效率、优化服务细节，落实政务服务"好差评"管理，获得群众好评。三是主动服务"南拓"发展战略，设立"天府新区服务大厅"，提升公积金服务能级。完成城北、彭州、崇州服务大厅智能化改造，全辖智能化服务大厅总数达15个，群众办事环境进一步优化。四是推进综合服务平台建设，接入"天府信用通"和"天府蓉易办"等应用，进一步拓宽公积金线上服务渠道；优化升级门户网站、微信、支付宝、App等公积金对外服务渠道，连续3年获评"天府市民云'十佳'口碑民生服务"。五是有序推进住房公积金服务"跨省通办"，积极响应缴存职工异地办事需求。六是推动成渝地区双城经济圈住房公积金一体化发展，实现两地数据互联互通，为全国住房公积金跨区域合作提供借鉴经验。

省级分中心。一是为深入推进川渝地区双城经济圈住房公积金一体化发展，提供便捷的跨区域使用住房公积金服务，开通"川渝住房公积金一体化绿色通道"。全年与川渝其他住房公积金中心互相办理异地转移接续业务10030笔，金额达2.86亿元，办理跨地区提取业务6694笔，金额达2.64亿元。二是通过建立覆盖所有窗口的四川政务服务"好差评"评价体系，有效掌握缴存职工的意见，精准提升服务水平，评价系统于今年7月上线以来，整体评价量及主动评价量均排名省直部门前列，好评率99.99%。三是设置"跨省通办"服务窗口，采取全程网办、代收代办、两地联办等方式，为缴存单位和职工提供线上线下多样化办事渠道，有效解决缴存单位和职工异地办事"往返跑"等实际问题。四是在全省住房公积金行业中率先将企业住房公积金开户登记纳入"一窗通"平台办理，新开办企业在"一窗通"平台申请企业工商营业执照时，填写住房公积金缴存信息登记，营业执照审批下发的同时，平台自动将企业住房公积金缴存登记信息推送至中心，实现企业办理住房公积金开户业务"零材料""零跑腿"。五是指派专人，及时梳理回复职工网上投诉、建议及咨询1700余件，着力解决广大缴存职工的难题，努力做到有问必答，满意率达到100%。六是优化便老服务措施，通过开辟老年人办事"绿色通道"，设立"无健康码通道"，在大厅放置急救箱、老花镜等物件，对大厅智能设备进行适老改造，为老年人提供更周全、更贴心、更直接的便利化服务。

石油分中心。落实"放管服"改革，简化职工提取办理要件和流程，针对油气田一线职工，组织银行到现场开展贷款"一站式"服务。

（五）当年信息化建设情况。

市中心。一是全力推进信息系统升级改造建设。以"打造智慧公积金服务平台，提供7×24小时服务"为目标，通过优化业务流程、提供线上业务、融合外部渠道等方式，升级改造公积金信息系统，在"成都公积金"App、网上服务大厅以及微信、支付宝、天府市民云、蓉易办、银行智慧服务终端等渠道为广大市民提供在线预约、信息查询和业务办理等服务。二是进一步巩固贯标成果。以信息系统升级改造建设为契机，集中力量持续开展了数据治理工作。夯实贯标成果，制定各类数据清理措施200余项，推动一人多户、个人信息管理分散、贷款抵押物信息错误等问题解决，不断提升了数据质量。三是加强信息安全体系建设和防护。完成中心信息系统等级保护2.0测评工作、信息系统渗透测试、信息安全风险评估和同城灾备数据恢复等安全保障工作，组织开展信息安全培训，中心正版软件100%覆盖，扎实做好系统维护和保障，持续提升中心信息安全水平，中心全年未发生重大网络安全事件。

省级分中心。中心推进重点信息系统项目建设，上线新一代核心业务系统，积极探索"互联网＋公共服务"新模式，全力助推中心综合服务平台与省一体化政务服务平台联通融合，在省内率先设立"天府通办"住房公积金服务专区，实现与川渝其他住房公积金管理中心信息交互共享和住房公积金业务"一网通办"。

石油分中心。对住房公积金综合业务系统进行升级改造。将所有合作银行纳入结算应用系统。加强信息安全体系建设和防护，完成中心信息系统等级保护2.0测评工作。

（六）当年住房公积金管理中心及职工所获荣誉情况。

市中心。荣获"中华人民共和国成立70周年大庆安保维稳信访工作先进集体""2020年度天府市民云'十佳'口碑民生服务""2020年度成都信用创建先进单位""全国五四红旗团委"，都江堰服务部荣获"全国巾帼文明岗"，归集业务管理部荣获"2019年成都国际化营商环境建设先进集体"，2名同志分别荣获"成都建设全面体现新发展理念的城市改革创新奖""2019年成都国际化营商环境建设先进个人"，《兴改革、新体验、心服务》荣获"2019年度机关十佳支部党建品牌"。

省级分中心。荣获"省直机关工委青年理论学习标兵集体"，荣获"全省事业单位脱贫攻坚先进集体专项奖励三等功"，荣获"省机关事务管理局2019年度绩效管理先进单位""省机关事务管理局2020年度全省系统优秀调研成果二等奖"，"财政厅2019年度预算绩效管理工作良好等次"，"财政厅2020年省级预算项目绩效目标复审优等次"，"省直机关工会委员会2019年度先进职工之家"。

石油分中心。抗击疫情助力企业复工复产受四川省房地产协会通报表彰；荣获党员示范科室1个，党员示范岗2个；荣获抗击疫情先进个人1个；荣获先进工作者1个；荣获五好文明家庭1个；荣获优秀党员、优秀党务工作者2个。

（七）当年对违反《住房公积金管理条例》和相关法规行为进行行政处罚和申请人民法院强制执行情况。

市中心：2020年，对违反《住房公积金管理条例》行为进行行政处罚7件，申请人民法院强制执行42件。

省级分中心和石油分中心：无。

（八）当年对住房公积金管理人员违规行为的纠正和处理情况等。 无。

（九）其他需要披露的情况。

省级分中心：根据2020年3月30日管委会第四届三次全会决议，中心调整2019年度增值收益分配方案，由"增值收益的60％"改为"年新增贷款余额的1％"计提贷款风险准备金，调整后的2019年贷款风险准备金余额比期初减少14186.90万元，累计计提城市廉租住房（公共租赁住房）建设补充资金增加14186.90万元。

自贡市住房公积金2020年年度报告

根据国务院《住房公积金管理条例》和住房和城乡建设部、财政部、人民银行《关于健全住房公积金信息披露制度的通知》（建金〔2015〕26号）的规定，经住房公积金管理委员会审议通过，现将自贡市住房公积金 2020 年年度报告公布如下。

一、机构概况

（一）住房公积金管理委员会。住房公积金管理委员会有 18 名委员，2020 年召开 1 次会议，审议通过的事项主要包括：《自贡市住房公积金管理中心 2019 年度住房公积金归集使用计划及财务收支预算执行情况和 2020 年度归集使用计划及财务收支预算》《自贡市住房公积金 2019 年年度报告》《自贡市住房公积金管理中心关于调整缴存基数上限计算标准相关问题》《自贡市住房公积金管理中心关于取消重大疾病等提取政策的相关问题》《自贡市住房公积金管理中心关于授权由中心调整租房提取政策相关问题》5 个议题。书面表决审议通过《自贡市住房公积金管理中心关于增加住房公积金贷款受委托银行相关问题》《自贡市住房公积金行政执法管理办法（暂行）》2 个议题。

（二）住房公积金管理中心。住房公积金管理中心为市政府直属的、不以营利为目的的公益二类事业单位，设 6 个科（室），5 个管理部。从业人员 76 人，其中，在编 51 人，非在编 25 人。

二、业务运行情况

（一）缴存。2020 年，新开户单位 213 家，净增单位－23 家；新开户职工 1.06 万人，净增职工 0.09 万人；实缴单位 2542 家，实缴职工 13.46 万人，缴存额 23.7 亿元，分别同比增长－0.9%、0.69%、3.19%。2020 年末，缴存总额 189.46 亿元，比上年末增加 14.3%；缴存余额 82.72 亿元，同比增长 9.79%。受委托办理住房公积金缴存业务的银行 3 家。

（二）提取。2020 年，4.88 万名缴存职工提取住房公积金；提取额 16.32 亿元，同比增长 24.79%；提取额占当年缴存额的 68.86%，比上年增加 11.92 个百分点。2020 年末，提取总额 106.74 亿元，比上年末增加 18.05%。

（三）贷款。

1. 个人住房贷款。单缴存职工个人住房贷款最高额度 40 万元，双缴存职工个人住房贷款最高额度 50 万元。

2020 年，发放个人住房贷款 0.41 万笔、14.69 亿元，同比分别增长 0.61%、1.67%。

2020 年，回收个人住房贷款 8.71 亿元。

2020 年末，累计发放个人住房贷款 6.17 万笔、139 亿元，贷款余额 79.56 亿元，分别比上年末增加 7.22%、11.82%、8.12%。个人住房贷款余额占缴存余额的 96.17%，比上年末减少 1.49 个百分点。受委托办理住房公积金个人住房贷款业务的银行 7 家。

2. 异地贷款。2020 年，发放异地贷款 550 笔、18302.6 万元。年末，发放异地贷款总额 60547.9 万元，异地贷款余额 51230.66 万元。

3. 公转商贴息贷款。无。

4. 住房公积金支持保障性住房建设项目贷款。无。

（四）购买国债。无。

（五）资金存储。2020 年末，住房公积金存款 2.96 亿元。其中，活期 0.01 亿元，1 年（含）以下定期 0.7 亿元，1 年以上定期 1.25 亿元，其他（协定、通知存款等）1 亿元。

（六）资金运用率。 2020 年末，住房公积金个人住房贷款余额、项目贷款余额和购买国债余额的总和占缴存余额的 96.17%，比上年末减少 1.49 个百分点。

三、主要财务数据

（一）业务收入。 2020 年，业务收入 26910.82 万元，同比增长 10.06%。其中，存款利息 1865.06 万元，委托贷款利息 25043.5 万元，其他 2.26 万元。

（二）业务支出。 2020 年，业务支出 12106.44 万元，同比增长 9.6%。其中，支付职工住房公积金利息 11087.01 万元，委托贷款手续费 954.81 万元，其他 64.62 万元。

（三）增值收益。 2020 年，增值收益 14804.38 万元，同比增长 10.43%。其中，增值收益率 1.88%，比上年减少 0.03 个百分点。

（四）增值收益分配。 2020 年，提取贷款风险准备金 597.43 万元，提取管理费用 1623.77 万元，提取城市廉租住房（公共租赁住房）建设补充资金 12583.18 万元。

2020 年，上交财政管理费用 1623.77 万元。上缴财政城市廉租住房（公共租赁住房）建设补充资金 11079.47 万元。

2020 年末，贷款风险准备金余额 22865.56 万元。累计提取城市廉租住房（公共租赁住房）建设补充资金 80257.27 万元。

（五）管理费用支出。 2020 年，管理费用支出 1613.57 万元，同比下降 2.2%。其中，人员经费 894.44 万元，公用经费 87.65 万元，专项经费 631.48 万元。

四、资产风险状况

（一）个人住房贷款。 2020 年末，个人住房贷款逾期额 12.16 万元，逾期率 0.015‰。个人贷款风险准备金余额 22865.56 万元。2020 年，使用个人贷款风险准备金核销呆坏账 0 万元。

（二）支持保障性住房建设试点项目贷款。 无。

五、社会经济效益

（一）缴存业务。 缴存职工中，国家机关和事业单位占 58.28%，国有企业占 19.56%，城镇集体企业占 1.33%，外商投资企业占 1.37%，城镇私营企业及其他城镇企业占 18.31%，民办非企业单位和社会团体占 1.05%，灵活就业人员占 0.09%，其他占 0.01%；中、低收入占 98.24%，高收入占 1.76%。

新开户职工中，国家机关和事业单位占 45.97%，国有企业占 11.04%，城镇集体企业占 0.74%，外商投资企业占 2.09%，城镇私营企业及其他城镇企业占 34.16%，民办非企业单位和社会团体占 3.08%，灵活就业人员占 0.31%，其他占 2.61%；中、低收入占 99.57%，高收入占 0.43%。

（二）提取业务。 提取金额中，购买、建造、翻建、大修自住住房占 16.07%，偿还购房贷款本息占 60.53%，租赁住房占 0.41%，支持老旧小区改造占 0.04%，离休和退休提取占 17.48%，其他占 5.47%。提取职工中，中、低收入占 98.06%，高收入占 1.94%。

（三）贷款业务。

1. 个人住房贷款。2020 年，支持职工购建房 42.1 万平方米，年末个人住房贷款市场占有率为

18.83%，比上年末减少0.4个百分点。通过申请住房公积金个人住房贷款，可节约职工购房利息支出23907.72万元。

职工贷款笔数中，购房建筑面积90（含）平方米以下占26.27%，90~144（含）平方米占72.43%，144平方米以上占1.3%。购买新房占91.66%，购买二手房占8.34%。

职工贷款笔数中，单缴存职工申请贷款占72.93%，双缴存职工申请贷款占27.07%。

贷款职工中，30岁（含）以下占49.36%，30岁~40岁（含）占29.45%，40岁~50岁（含）占15.72%，50岁以上占5.47%；首次申请贷款占90.36%，二次及以上申请贷款占9.64%；中、低收入占99.18%，高收入占0.82%。

2. 支持保障性住房建设试点项目贷款。无。

（四）住房贡献率。2020年，个人住房贷款发放额、公转商贴息贷款发放额、项目贷款发放额、住房消费提取额的总和与当年缴存额的比率为115.04%，比上年增加10.78个百分点。

六、其他重要事项

（一）应对新冠肺炎疫情采取的措施，落实住房公积金阶段性支持政策情况和政策实施成效。出台了《自贡市住房公积金管理中心应对新型冠状病毒肺炎疫情做好住房公积金管理服务工作的十条措施》和《关于落实国家三部门文件精神并做好政策衔接的通知》，阶段性支持160家企业降比缓缴公积金7492.07万元，帮助企业复工复产，助力我市经济复苏；受理延期还款并已调整征信5笔；审批援湖北医疗队员二套房享受首套房政策3户；审批因疫情影响缓缴公积金职工贷款40户，金额1272.5万元。

（二）当年机构及职能调整情况、受委托办理缴存贷款业务金融机构变更情况。当年机构及职能无变化，受委托办理贷款业务金融机构新增自贡银行、工商银行、邮政储蓄银行三家。

（三）当年住房公积金政策调整及执行情况。

1. 缴存政策调整情况。根据住房和城乡建设部《关于进一步落实住房公积金降低成本政策的通知》（建金政函〔2018〕181号）规定，将我市住房公积金缴存基数上限计算标准调整为："不得超过本市统计部门公布的上一年度城镇非私营单位职工月平均工资的三倍"。确定我市2020年缴存基数限额：上限为17881元；下限为1650元。

2. 提取政策调整情况。取消因患重大疾病、遭遇重大灾难或交通事故造成家庭生活严重困难提取公积金政策。

3. 贷款政策调整情况。下调住房公积金贷款保证金，对新增合作项目（含分项目）贷款保证金比例由原3%~50%下调为2%~6%。

4. 住房公积金存贷款利率执行标准。

（1）存款利率。职工住房公积金账户存款利率为一年期定期存款基准利率，目前为1.5%。

（2）贷款利率。2020年个人住房公积金贷款利率年内未调整，即：五年以下（含五年）为2.75%，五年以上为3.25%。

5. 支持老旧小区改造政策落实情况。支持13名职工既有住宅增设电梯提取66.78万元。

（四）当年服务改进情况。

1. 区域协同发展。融入成渝双城经济圈建设，推进跨省通办、川渝通办、内自同城化工作，建立与重庆大足联络员制度，实现信息互通，互认互贷，保障群众跨区域安居乐业。

2. 信息领跑服务。业务系统与网办业务再优化，实现离（退）休提取、与单位解除劳动关系未就业提取"零资料、智能审、秒到账"，封存业务"精准办、零等待"，商贷委托按年提取签约"零跑腿"，公积金再交易房贷款申请和提前还款"微信办"。新增公积金按年提取到账通知、生日祝福短信服务。2020年门户网站访问46.12万人次，微信公众号关注人数达9.22万人、全年访问量61.8万人次，发送通知短信203.78万条。

3. 专线网络升级。一是建成全市公积金系统主备线网络。有效避免因单点网络故障造成业务停滞，标志着中心核心业务系统专线网络达到"金融级"标准，网络稳定性显著提高。二是建成中心与省住房公积金监管平台专线网络。组织开发"好差评""一窗通"及法院冻结、扣划资金相关接口程序，稳步推进相关测试工作，助力公积金服务水平再上新台阶。

（五）当年信息化建设情况。

1. 加强内防内控，提高信息安全。完成信息系统三级等保（2.0版）测评及整改工作，引入具备专业资质的第三方为中心提供安全运维服务，定期开展设备巡检、防护升级、漏洞扫描和渗透测试，主动查找、完善防护薄弱之处，提高信息安全防护能力。

2. 贯彻数据标准，提升数据质量。完成个税抵扣数据核验、清理数据平台中异常的"单位性质"数据，完善证件号码和租房提取相关数据，有效提升公积金数据质量。

（六）当年住房公积金管理中心及职工所获荣誉情况。中心荣获四川省最佳文明单位、全省内部审计先进集体、全市脱贫攻坚先进帮扶单位、自贡市模范职工之家、五好党支部、市职工诵读和演讲比赛第一名。

一名职工被评为全市优秀驻村干部；一名职工荣获市促进服务业发展先进个人、爱岗敬业最美家庭。

（七）当年对违反《住房公积金管理条例》和相关法规行为进行行政处罚和申请人民法院强制执行情况。无。

（八）当年对住房公积金管理人员违规行为的纠正和处理情况等。无。

攀枝花市住房公积金2020年年度报告

根据国务院《住房公积金管理条例》和住房和城乡建设部、财政部、人民银行《关于健全住房公积金信息披露制度的通知》（建金〔2015〕26号）的规定，经住房公积金管理委员会审议通过，现将攀枝花（市）住房公积金2020年年度报告公布如下。

一、机构概况

（一）住房公积金管理委员会。住房公积金管理委员会有25名委员，2020年召开1次会议，审议通过的事项主要包括：2019年度住房公积金归集、使用执行情况的报告，2019年增值收益分配方案，2019年年度报告及2020年工作计划。

(二)住房公积金管理中心。住房公积金管理中心为(直属于攀枝花市人民政府)不以营利为目的的(全额拨款)事业单位,设7个科,5个管理部,0个分中心。从业人员49人,其中,在编39人,非在编10人。

二、业务运行情况

(一)缴存。2020年,新开户单位271家,净增单位－11家;新开户职工0.86万人,净增职工－0.11万人;实缴单位1815家,实缴职工14.32万人,缴存额25.73亿元,分别同比增长5.10%、－0.55%、－2.42%。2020年末,缴存总额250.77亿元,比上年末增加11.44%;缴存余额96.10亿元,同比增长7.48%。受委托办理住房公积金缴存业务的银行7家。

(二)提取。2020年,4.44万名缴存职工提取住房公积金;提取额19.05亿元,同比增长13.71%;提取额占当年缴存额的74.01%,比上年增加10.49个百分点。2020年末,提取总额154.68亿元,比上年末增加14.04%。

(三)贷款。

1. 个人住房贷款。单缴存职工个人住房贷款最高额度40万元,双缴存职工个人住房贷款最高额度60万元(个人住房贷款最高额度政策按单缴存职工和双缴存职工区分的城市填写)。

2020年,发放个人住房贷款0.46万笔、17.64亿元,同比分别增长0.46%、3.89%。

2020年,回收个人住房贷款9.86亿元。

2020年末,累计发放个人住房贷款6.3万笔、134.04亿元,贷款余额72.32亿元,分别比上年末增加7.86%、15.16%、12.06%。个人住房贷款余额占缴存余额的75.25%,比上年末增加了3.08个百分点。受委托办理住房公积金个人住房贷款业务的银行9家。

2. 异地贷款。2020年,发放异地贷款604笔、23036万元。2020年末,发放异地贷款总额87067万元,异地贷款余额68014.65万元。

3. 公转商贴息贷款。2020年,发放公转商贴息贷款0笔、0万元,当年贴息额0万元。2020年末,累计发放公转商贴息贷款0笔、0万元,累计贴息0万元。

(四)购买国债。2020年,购买(记账式、凭证式)国债0亿元,(兑付、转让、收回)国债0亿元。2020年末,国债余额0亿元。

(五)资金存储。2020年末,住房公积金存款23.99亿元。其中,活期0亿元,1年(含)以下定期1.8亿元,1年以上定期20.7亿元,其他(协定、通知存款等)1.49亿元。

(六)资金运用率。2020年末,住房公积金个人住房贷款余额、项目贷款余额和购买国债余额的总和占缴存余额的75.25%,比上年末增加3.08个百分点。

三、主要财务数据

(一)业务收入。2020年,业务收入34685.6万元,同比增长11.27%。存款利息12924万元,委托贷款利息21761.6万元,国债利息0万元,其他0万元。

(二)业务支出。2020年,业务支出15571.19万元,同比增长6.04%。支付职工住房公积金利息14077.19万元,归集手续费194.71万元,委托贷款手续费821.56万元,其他477.73万元。

（三）增值收益。 2020年，增值收益19114.41万元，同比增长15.92%。增值收益率2.06%，比上年增加0.11个百分点。

（四）增值收益分配。 2020年，提取贷款风险准备金11468.65万元，提取管理费用1454.66万元，提取城市廉租住房建设补充资金6191.10万元。

2020年，上交财政管理费用1525.97万元。上缴财政城市廉租住房建设补充资金5069.63万元。

2020年末，贷款风险准备金余额95145.89万元。累计提取城市廉租住房建设补充资金45808.47万元。

（五）管理费用支出。 2020年，管理费用支出1442.98万元，同比下降10.17%。其中，人员经费842.57万元，公用经费92.14万元，专项经费508.27万元。

四、资产风险状况

（一）个人住房贷款。 2020年末，个人住房贷款逾期额355.23万元，逾期率0.49‰。个人贷款风险准备金余额93739.49万元。2020年，使用个人贷款风险准备金核销呆坏账0万元。

（二）支持保障性住房建设试点项目贷款（本段仅项目贷款余额不为0的城市填写）。 2020年末，逾期项目贷款0万元，逾期率0‰；项目贷款风险准备金余额1406.40万元。2020年，使用项目贷款风险准备金核销呆坏账0万元。

五、社会经济效益

（一）缴存业务。 缴存职工中，国家机关和事业单位占38.10%，国有企业占46.70%，城镇集体企业占0.76%，外商投资企业占0.27%，城镇私营企业及其他城镇企业占12.57%，民办非企业单位和社会团体占1.10%，灵活就业人员占0.35%，其他占0.15%；中、低收入占93.51%，高收入占6.49%。

新开户职工中，国家机关和事业单位占29.49%，国有企业占15.73%，城镇集体企业占0.87%，外商投资企业占0.45%，城镇私营企业及其他城镇企业占42.04%，民办非企业单位和社会团体占5.29%，灵活就业人员占3.10%，其他占3.03%；中、低收入占99.51%，高收入占0.49%。

（二）提取业务。 提取金额中，购买、建造、翻建、大修自住住房占29.24%，偿还购房贷款本息占44.51%，租赁住房占1.84%，支持老旧小区改造占0%，离休和退休提取占19.55%，完全丧失劳动能力并与单位终止劳动关系提取占2.4%，出境定居占0.01%，其他占2.45%。提取职工中，中、低收入占81.23%，高收入占18.77%。

（三）贷款业务。

1. 个人住房贷款。2020年，支持职工购建房31.91万平方米（含公转商贴息贷款），年末个人住房贷款市场占有率（含公转商贴息贷款）为47.44%，比上年末减少8.2个百分点。通过申请住房公积金个人住房贷款，可节约职工购房利息支出70138.48万元。

职工贷款笔数中，购房建筑面积90（含）平方米以下占41.35%，90~144（含）平方米占56.80%，144平方米以上占1.85%。购买新房占83.28%（其中购买保障性住房占0%），购买二手房占16.72%，建造、翻建、大修自住住房占0%（其中支持老旧小区改造占0%），其他占0%。

职工贷款笔数中，单缴存职工申请贷款占31.73%，双缴存职工申请贷款占68.27%，三人及以上缴存职工共同申请贷款占0%。

贷款职工中，30岁（含）以下占25.94%，30岁~40岁（含）占36.42%，40岁~50岁（含）占30.78%，50岁以上占6.86%；首次申请贷款占100%，二次及以上申请贷款占0%；中、低收入占93.66%，高收入占6.34%。

（四）住房贡献率。 2020年，个人住房贷款发放额、公转商贴息贷款发放额、项目贷款发放额、住房消费提取额的总和与当年缴存额的比率为124.51%，比上年增加13.97个百分点。

六、其他重要事项

（一）应对新冠肺炎疫情采取的措施，落实住房公积金阶段性支持政策情况和政策实施成效。

1. 采取的措施和落实情况。一是在疫情发生后，第一时间出台了《攀枝花市住房公积金管理中心关于应对新型冠状病毒肺炎疫情做好公积金业务的通知》，全面宣传落实三部门《关于妥善应对新冠肺炎疫情实施住房公积金阶段性支持政策的通知》的精神。

二是强化不见面服务，积极引导缴存单位和职工通过政务平台、网上服务大厅、微信公众号、手机App等线上渠道办理住房公积金业务。对无法线上办理的，倡导单位、职工疫情结束后再到现场办理。确需到现场办理的，实行预约办理，减少人员聚集，防止交叉传染，有效遏制疫情扩散和蔓延。

三是保障受疫情影响职工的住房公积金使用权益。对按规定申请在2020年6月30日前缓缴住房公积金的单位和个人，缓缴期间缴存时间连续计算，不影响职工正常提取和申请住房公积金贷款。对因感染新冠肺炎住院治疗或隔离人员、疫情防控需要隔离观察人员、一线医务人员等参加疫情防控的工作人员以及受疫情影响暂时失去收入来源的人员，不能正常偿还住房公积金贷款的，在疫情解除后及时补划还款的，不作逾期处理。

四是优化提取办理流程。在疫情防控期间，对提取住房公积金有时限要求的可延期办理。

五是住房公积金缴存单位及自愿缴存个人因受疫情影响，未能按时足额缴存住房公积金，且没有在疫情期间完成缓缴手续的，可向住房公积金管理中心书面说明情况后，在疫情解除后一定期限内办理补缴的，期间，职工的住房公积金缴存时间连续计算，视同正常缴存。

2. 取得的成效。及时处理企业政策咨询，申请缓缴等利民、惠民措施。全年共计为18个单位办理了缓缴业务，比照缓缴企业为攀钢提供住房公积金阶段性政策支持和服务。住房公积金阶段性政策支持涉及包括攀钢在内的19个单位37000余名职工，8000余万元，大力支持了企业复工复产。截至2020年末，包括攀钢在内的19家企业已全部完成缓缴资金的补缴。截至2020年末，受疫情影响不作逾期处理的贷款共计7笔，不作逾期处理的贷款余额合计108.39万元。

（二）2020年我中心机构及职能无调整、受委托办理缴存贷款业务金融机构无变更。

（三）住房公积金政策调整及执行情况。

1. 缴存基数限额及确定方法、缴存比例等缴存政策。2020年我市住房公积金月缴存基数上限为21023元，单位及职工单边缴存额上限为2523元每月；基数下限不变，为1650元，最低缴存额为单边83元每月。基数上限根据市统计局公布的我市2019年城镇非私营单位就业人员平均工资为口径进行确定；下限不变。执行缴存单位在5%~12%间选择缴存比例。

2. 2020年我中心提取政策无调整。

3. 个人住房贷款最高贷款额度、贷款条件等贷款政策调整情况。2020年个人住房贷款最高额度60万元，其中，单缴存职工最高额度40万元，双缴存职工最高额度60万元。贷款条件无调整。

4. 住房公积金存贷款利率执行标准。2020年，职工住房公积金账户存款按一年期定期基准利率1.5%计息；贷款5年期以内（含5年）利率2.75%，5年期以上利率是3.25%。

5. 2020年无支持老旧小区改造政策。

（四）当年服务改进情况。

1. 深入推进一网通办，跨省通办，"非接触式"办理，持续优化营商环境，服务水平全面提升。一是加强信息化建设，不断完善网上大厅，启用电子印章，使网上办理公积金业务更加便捷高效；二是优化流程，缴存业务全部实现自动受理、自动审批、完成汇缴流程再造；三是上线电子档案系统，实现了业务申请扫描采集、审批环节实时调阅、后台管理自动归档等完善的电子档案管理、使用制度。四是积极引导，通过门户网站、微信群、现场培训等方式大力宣传公积金网办业务。五是设立"跨省通办"窗口，受理住房公积金"跨省通办"业务，完成在住房和城乡建设部全国住房公积金监管服务平台中填报"跨省通办"事项明细，建立"跨省通办"事项数据库和事项明细共享机制。

2. 深化运用"互联网＋政府服务"，做好与省、市政务服务一体化平台的联网对接，加速推进"一网通办"工作。在完成省政府一体化政务服务平台新增接口开发和网络调试工作任务的前提下按照《四川政务服务网暨天府通办App攀枝花分站点首批拟接入应用程序清单》要求，认真梳理涉及本中心拟接入的应用程序，逐项核实和完善清单内容，配合专项工作组做好接入工作。

3. 开通中心到省住房城乡建设厅监管处的专线，接入四川住房公积金管理服务平台，通过该平台从省市场监管局"一窗通"服务平台获取新企业注册信息（企业缴存住房公积金登记信息），为企业缴存住房公积金开户登记"一窗通办、全程网办"提供有效助力。

4. 针对疫情期间线上业务办理量相对平时大幅增加，优化完善线上业务办理渠道，引导鼓励职工通过网厅、微信、App等线上渠道办理公积金业务。确保线上办理体验不断改善。

（五）信息化建设情况。

1. 为提高住房公积金政策执行情况检查及风险隐患排查工作质量和效率，运用住房和城乡建设部住房公积金监管司研发的电子化检查工具，从2018年7月开始每月进行一次排查及数据报告生成及上报工作。按照住房和城乡建设部对基础数据清理的要求，对系统存在的不规范数据进行筛查分析，切实把提升数据质量的工作抓好、抓实。

2. 按照《关于全面开展全国住房公积金监管平台试点工作函》安排，签署相关保密协议，制订试点工作方案，把握中心自身存在的数据问题整改方向，让基础数据的质量不断提高。

3. 在计划时间内正式上线档案系统，保障了日常业务中纸质档案向电子档案的顺利过渡，促进了档案信息系统的规范和完善。

（六）2020年我中心获得攀枝花市级文明单位称号。

（七）2020年无违反《住房公积金管理条例》和相关法规行为进行行政处罚和申请人民法院强制执行情况。

（八）2020年无住房公积金管理人员违规行为的纠正和处理情况等。

（九）2020年无其他需要披露的情况。

泸州市住房公积金2020年年度报告

根据国务院《住房公积金管理条例》和住房和城乡建设部、财政部、人民银行《关于健全住房公积金信息披露制度的通知》（建金〔2015〕26号）的规定，经住房公积金管理委员会审议通过，现将泸州市住房公积金2020年年度报告公布如下。

一、机构概况

（一）住房公积金管理委员会。住房公积金管理委员会有20名委员，2020年召开1次会议。审议通过的事项主要包括：《泸州市住房公积金2019年计划执行情况和2020年计划安排的报告》《泸州市住房公积金2019年年度报告》《关于调整我市部分住房公积金政策及完善有关管理办法的建议》。

（二）住房公积金管理中心。住房公积金管理中心为泸州市财政局下属不以营利为目的的全额拨款事业单位，设7个部室，6个管理部，0个分中心。从业人员114人，其中，在编54人，非在编60人。

二、业务运行情况

（一）缴存。2020年，新开户单位379家，净增单位193家；新开户职工2.75万人，净增职工0.15万人；实缴单位3935家，实缴职工27.19万人，缴存额41.61亿元，分别同比增长5.16%、0.55%、6.42%。2020年末，缴存总额290.56亿元，比上年末增加16.71%；缴存余额113.12亿元，同比增长13.38%。

受委托办理住房公积金缴存业务的银行10家。

（二）提取。2020年，8.83万名缴存职工提取住房公积金；提取额28.26亿元，同比增长19.90%；提取额占当年缴存额的67.92%，比上年增加7.64个百分点。2020年末，提取总额177.44亿元，比上年末增加18.94%。

（三）贷款。

1. 个人住房贷款。单缴存职工个人住房贷款最高额度40万元，双缴存职工个人住房贷款最高额度50万元。

2020年，发放个人住房贷款0.49万笔、15.20亿元，同比分别增长67.31%、76.65%。

2020年，回收个人住房贷款9.03亿元。

2020年末，累计发放个人住房贷款5.34万笔、142.29亿元，贷款余额97.31亿元，分别比上年末增加10.16%、11.96%、6.77%。个人住房贷款余额占缴存余额的86.03%，比上年末减少5.32个百分点。受委托办理住房公积金个人住房贷款业务的银行7家。

2. 异地贷款。2020年，发放异地贷款273笔、6382.35万元。年末，发放异地贷款总额103760.45万元，异地贷款余额78658.11万元。

3. 公转商贴息贷款。2020年，发放公转商贴息贷款0笔、0万元，当年贴息额1641.02万元。2020年末，累计发放公转商贴息贷款3803笔、139251.4万元，累计贴息8856.74万元。

4. 住房公积金支持保障性住房建设项目贷款。中心无支持保障性住房建设项目贷款。

（四）购买国债。2020年，购买（记账式、凭证式）国债0亿元，（兑付、转让、收回）国债0亿元。2020年末，国债余额0亿元。

（五）资金存储。2020年末，住房公积金存款17.91亿元。其中，活期0.17亿元，1年（含）以下定期4亿元，1年以上定期2亿元，其他（协定、通知存款等）11.74亿元。

（六）资金运用率。2020年末，住房公积金个人住房贷款余额、项目贷款余额和购买国债余额的总和占缴存余额的86.03%，比上年末减少5.32个百分点。

三、主要财务数据

（一）业务收入。2020年，业务收入34655.97万元，同比增长4.81%。其中，存款利息4327.18万元，委托贷款利息30304.62万元，国债利息0万元，其他24.17万元。

（二）业务支出。2020年，业务支出20776.21万元，同比增长18.28%。其中，支付职工住房公积金利息19229.31万元，归集手续费0万元，委托贷款手续费1472.87万元，其他74.03万元。

（三）增值收益。2020年，增值收益13879.76万元，同比下降10.45%。增值收益率1.31%，比上年减少0.39个百分点。

（四）增值收益分配。2020年，提取贷款风险准备金8327.85万元，提取管理费用3792.21万元（含融资费用1680万元），提取城市廉租住房（公共租赁住房）建设补充资金1759.70万元。

2020年，上交财政管理费用0万元。上缴财政城市廉租住房（公共租赁住房）建设补充资金0万元。

2020年末，贷款风险准备金余额39938.16万元。累计提取城市廉租住房（公共租赁住房）建设补充资金28749.97万元。

（五）管理费用支出。2020年，管理费用支出3792.21万元（含融资费用1680万元），同比下降58.11%。其中，人员经费614.20万元，公用经费58.73万元，专项经费3119.28万元（含融资费用1680万元，其中信用借款利息支出50.72万元，贴息贷款贴息1629.28万元）。

四、资产风险状况

个人住房贷款。2020年末，个人住房贷款逾期额205.66万元，逾期率0.21‰。个人贷款风险准备金余额39938.16万元。2020年，使用个人贷款风险准备金核销呆坏账0万元。

五、社会经济效益

（一）缴存业务。缴存职工中，国家机关和事业单位占48.49%，国有企业占20.95%，城镇集体企业占3.42%，外商投资企业占0.39%，城镇私营企业及其他城镇企业占24.74%，民办非企业单位和社会团体占1.80%，灵活就业人员占0.03%，其他占0.18%；中、低收入占95.72%，高收入占4.28%。

新开户职工中，国家机关和事业单位占34.03%，国有企业占11.88%，城镇集体企业占6.63%，外商投资企业占0.35%，城镇私营企业及其他城镇企业占37.83%，民办非企业单位和社会团体占3.27%，

灵活就业人员占 0.07%，其他占 5.94%；中、低收入占 99.03%，高收入占 0.97%。

（二）提取业务。提取金额中，购买、建造、翻建、大修自住住房占 21.14%，偿还购房贷款本息占 57.21%，租赁住房占 2.47%，支持老旧小区改造占 0%，离休和退休提取占 14.33%，完全丧失劳动能力并与单位终止劳动关系提取占 0%，出境定居占 0%，其他占 4.85%。提取职工中，中、低收入占 97.54%，高收入占 2.46%。

（三）贷款业务。个人住房贷款。2020 年，支持职工购建房 52.59 万平方米（含公转商贴息贷款），年末个人住房贷款市场占有率（含公转商贴息贷款）为 13.58%，比上年末减少 0.72 个百分点。通过申请住房公积金个人住房贷款，可节约职工购房利息支出 23850.83 万元。

职工贷款笔数中，购房建筑面积 90（含）平方米以下占 23.72%，90～144（含）平方米占 74.59%，144 平方米以上占 1.69%。购买新房占 91.31%（其中购买保障性住房占 0%），购买二手房占 8.63%，建造、翻建、大修自住住房占 0%（其中支持老旧小区改造占 0%），其他占 0.06%。

职工贷款笔数中，单缴存职工申请贷款占 58.37%，双缴存职工申请贷款占 41.29%，三人及以上缴存职工共同申请贷款占 0.34%。

贷款职工中，30 岁（含）以下占 45.76%，30 岁～40 岁（含）占 31.90%，40 岁～50 岁（含）占 16.10%，50 岁以上占 6.24%；首次申请贷款占 94.92%，二次及以上申请贷款占 5.08%；中、低收入占 98.70%，高收入占 1.30%。

（四）住房贡献率。2020 年，个人住房贷款发放额、公转商贴息贷款发放额、项目贷款发放额、住房消费提取额的总和与当年缴存额的比率为 91.42%，比上年增加 21.86 个百分点。

六、其他重要事项

（一）应对新冠肺炎疫情采取的措施，落实住房公积金阶段性支持政策情况和政策实施成效。为应对新冠肺炎疫情，中心主动采取措施，积极落实各项政策，助力疫情期间的复工复产。

1. 缴存提取方面。一是允许缴存单位延期缴存住房公积金，对在政策有效期内及时按规定足额补缴并恢复正常缴交的视为正常缴存。在此期间，职工缴存时间连续计算，不影响职工提取使用，中心暂停原有催缴工作，切实关注受疫情影响企业办理缴存相关业务的实际困难，为企业和职工提供有温度的公积金服务政策保障。二是允许受疫情影响导致生产经营困难的单位在政策有效期内降比、缓缴，待经济效益好转后再补缴、恢复正常缴交。三是允许受疫情影响未能及时申请提取的职工延长申请有效期。同时，因疫情防控延期申请还贷提取的，按延期时间合并计算可提金额。四是提高租房提取金额。将无自有住房租住商品房提取住房公积金的上限金额，由原来的每人每月 500 元，调整为每人每月 800 元。五是调整住房公积金提取政策。支持缴存职工及配偶在政策有效期内使用纯商业银行按揭贷款购买改善性住房（第二套住房）提取购房首付款。

2. 个人住房贷款方面。一是疫情期间暂时调整住房公积金最高贷款额度，单方缴存住房公积金的，最高贷款额度由 30 万元调整为 40 万元；夫妻双方缴存住房公积金的，最高贷款额度由 40 万元调整为 50 万元。二是调整公积金放贷进度要求，对开发项目取得商品房预售许可证且相应楼栋现场施工形象进度达到 1/5 的，预抵押到位后轮候发放住房公积金贷款。三是积极保障疫情期间公积金借款人权益，针对在疫情期间不能正常偿还公积金贷款本息造成逾期的借款人，符合不作逾期处理条件的，参照各委托贷款银行自营性贷款疫情期间的管理措施进行管理。

各项措施的落实，切实维护了缴存职工的权益，解决了疫情期间部分职工住房公积金业务办理需求，得到广大缴存职工的一致好评。阶段性支持政策实施以来，我市提高租房提取金额的提取职工累计5493人，累计租房提取金额增加1742.91万元；购房提取公积金职工增加1798人、提取额增长19944.33万元。贷款额度的提高，进一步支持了职工的购房需求，2020年受理贷款4224笔，贷款金额14.2亿元，同比增长119.95%；调整公积金放贷进度要求，积极支持开发企业复工复产，全年共发放贷款4924笔、贷款金额15.2亿元，准入合作项目94期次，基本实现了全市公积金贷款合作全覆盖，对推动房地产业的健康发展起了积极作用。

（二）当年机构及职能调整情况、受委托办理缴存贷款业务金融机构变更情况。当年机构及职能情况未作调整，受委托办理缴存贷款业务金融机构未作变更。

（三）当年住房公积金政策调整及执行情况，包括当年缴存基数限额及确定方法、缴存比例等缴存政策调整情况；当年提取政策调整情况；当年个人住房贷款最高贷款额度、贷款条件等贷款政策调整情况；当年住房公积金存贷款利率执行标准等；支持老旧小区改造政策落实情况。

1. 当年缴存基数限额及确定方法：2020年泸州市职工住房公积金月缴存基数上限为18695元、下限为1650元。职工住房公积金月缴存基数限额的确定按照《住房公积金归集业务标准》GB/T51271—2017第4.0.9条规定执行，即住房公积金缴存基数应符合规定范围，最高不应高于职工工作地设区城市上一年度职工月平均工资的3倍，最低不应低于职工工作地设区城市公布的最低工资标准。

2. 提取政策调整情况：经泸州市住房公积金管理委员会第十五次会议审议通过，调整了部分提取政策。即：

（1）印发《泸州市住房公积金管理委员会关于新冠肺炎疫情防控期间住房公积金政策调整的通知》（泸市公积管〔2020〕1号），调整住房公积金购房提取政策，支持职工及配偶使用纯商业银行按揭贷款购买改善性住房（第二套住房）提取购房首付款（该条2020年3月19日起执行，有效期至2020年12月31日）；

（2）印发《泸州市住房公积金管理委员会关于调整租住商品房提取住房公积金额度的通知》（泸市公积管〔2020〕2号），调整租住商品房提取住房公积金额度，由原标准每人每月500元，调整为每人每月800元。

3. 贷款政策调整情况。

（1）根据《〈泸州市合力应对疫情影响支持建筑业和房地产业复工复产若干措施〉的通知》（泸住建发〔2020〕40号）文件要求，在疫情防控期间调整住房公积金最高贷款额度，单方缴存住房公积金的，最高贷款额度由30万元调整为40万元；夫妻双方缴存住房公积金的，最高贷款额度由40万元调整为50万元（该政策从2020年3月19日起执行，有效期至2020年12月31日）。

（2）为进一步推进成渝地区双城经济圈住房公积金一体化，拓展"跨省通办"范围和深度，畅通公积金互认互贷。缴存职工在缴存地以外地区购房，可按购房地住房公积金个人住房贷款政策向购房地住房公积金管理中心申请个人住房贷款。申请异地贷款的职工，与本地贷款职工享有同等贷款权益。

4. 当年住房公积金存贷款利率执行标准。公积金贷款利率按照中国人民银行规定的利率执行，分为两档，即5年以下（含5年）和5年以上年利率。现行利率为首套住房5年以下（含5年）年利率2.75%，5年以上年利率3.25%。第二套住房公积金贷款利率按同期首套住房贷款利率的1.1倍执行。

（四）当年服务改进情况，包括推进住房公积金服务"跨省通办"工作情况，服务网点、服务设施、服务手段、综合服务平台建设和其他网络载体建设服务情况等。2020年泸州公积金中心不断优化和完善中心网站、网上公积金查询、网络问政等服务渠道，为全市缴存职工提供优质高效的服务。全年网站访问量达12万人次、网站咨询建议类问题142人次；"泸州新闻网"（即网络问政平台）的网友问政261条；官方微信发布150条信息、累计关注超18万人次，访问量达70万人次；网上服务大厅访问量达4万人次；12329短信发送62.4万多条、12329热线电话7000多人次。完成全省和重庆的公积金信息互联互通，通过系统接口开发，把全省和重庆的公积金信息嵌入到公积金业务系统中，方便业务人员查询。

（五）当年信息化建设情况，包括信息系统升级改造情况，基础数据标准贯彻落实和结算应用系统接入情况等。

1. 信息系统等级改造情况。一是加强信息系统硬件环境建设，增加信息系统安全防护措施，保障业务系统和综合服务平台安全稳定运行；二是根据政策变化和业务发展需要，不断优化和完善业务系统功能，为缴存职工和单位提供更加高效、优质的服务。

2. 基础数据标准贯彻落实情况。在2016年度完成基础数据库贯标工作基础上，不断完善、补充历史基础数据信息。

3. 结算应用系统接入情况。已完成9家业务合作银行接入住房和城乡建设部住房公积金银行结算数据应用系统，实现资金实时结算；逐步开展银行直联接口工作，实现资金结算和其他关联业务，与住房和城乡建设部结算应用系统进行功能互补，已上线4家银行，其他银行正逐步推进中。

（六）当年住房公积金管理中心及职工所获荣誉情况，包括：文明单位（行业、窗口）、青年文明号、工人先锋号、五一劳动奖章（劳动模范）、三八红旗手（巾帼文明岗）、先进集体和个人等。

泸州市住房公积金管理中心直属业务部被泸州市政务服务中心评为2020年市政务服务示范窗口。

（七）当年对违反《住房公积金管理条例》和相关法规行为进行行政处罚和申请人民法院强制执行情况。当年无违反《住房公积金管理条例》和相关法规行为进行行政处罚和申请人民法院强制执行情况。

（八）当年对住房公积金管理人员违规行为的纠正和处理情况等。当年无住房公积金管理人员违规行为的纠正和处理情况。

德阳市住房公积金2020年年度报告

根据国务院《住房公积金管理条例》和住房和城乡建设部、财政部、人民银行《关于健全住房公积金信息披露制度的通知》（建金〔2015〕26号）的规定，经德阳市住房公积金管理委员会审议通过，现将德阳市住房公积金2020年年度报告公布如下。

一、机构概况

（一）住房公积金管理委员会。住房公积金管理委员会有19名委员，2020年3月召开四届五次会议，审议通过的事项主要包括：《德阳市2019年度住房公积金财务收支决算和2020年度住房公积金财务收支预算编制情况的报告》《德阳市财政局关于2019年度住房公积金财务收支监管情况通报》《德阳市住房公积金缴存管理办法》《德阳市住房公积金2019年年度报告》《德阳市住房公积金管理中心2019年度城市廉租住房建设补充资金分配方案》《我市住房公积金部分政策调整情况》《德阳市住房公积金管理中心关于银行账户开设情况的报告》。闭会期间审议通过了《德阳市住房公积金管理委员会关于加强住房公积金支持防控新冠肺炎疫情的通知》《德阳市住房公积金管理委员会关于应对新冠肺炎疫情支持房地产市场发展调整住房公积金提取有关事项的通知》《德阳市住房公积金管理委员会关于应对新冠肺炎疫情支持房地产市场有关住房公积金政策的通知》《德阳市住房公积金管理委员会关于新冠肺炎疫情实施住房公积金阶段性支持政策相关事宜的通知》《德阳市住房公积金管理委员会关于同意调整2020年度住房公积金财务收支预算的报告》《德阳市住房公积金管理委员会关于同意交通银行德阳分行、邮储银行德阳分行、成都银行德阳分行承办住房公积金业务的报告》《德阳市住房公积金管理委员会关于同意调整重点企事业单位高层次人才和特殊人才2020年度住房公积金缴存基数上限的报告》。

（二）住房公积金管理中心。住房公积金管理中心为市政府不以营利为目的的直属事业单位，设9个科室，6个管理部。从业人员129人，其中，在编75人，非在编54人。

二、业务运行情况

（一）缴存。2020年，新开户单位303家，净增单位67家；新开户职工1.99万人，净增职工0.95万人；实缴单位3653家，实缴职工23.71万人，缴存额41.80亿元，分别同比增长1.87%、4.17%、7.73%。年末，缴存总额367.36亿元，比上年末增加12.84%；缴存余额139.17亿元，同比增长10.41%。受委托办理住房公积金缴存业务的银行5家。

（二）提取。2020年，8.85万名缴存职工提取住房公积金；提取额28.67亿元，同比增长19.11%；提取额占当年缴存额的68.59%，比上年增加6.56个百分点。年末，提取总额228.19亿元，比上年末增加14.37%。

（三）贷款。

1. 个人住房贷款。单缴存职工个人住房贷款最高额度40万元，双缴存职工个人住房贷款最高额度50万元。

2020年，发放个人住房贷款0.74万笔、27.72亿元，同比分别增长57.56%、65.13%。

2020年，回收个人住房贷款13.83亿元。

2020年末，累计发放个人住房贷款7.90万笔、188.23亿元，贷款余额111.64亿元，分别比上年末增加10.27%、17.27%、14.21%。个人住房贷款余额占缴存余额的80.22%，比上年末增加2.67个百分点。受委托办理住房公积金个人住房贷款业务的银行6家。

2. 异地贷款。2020年，发放异地贷款0.12万笔、43073.10万元。年末，发放异地贷款总额167600.90万元，异地贷款余额132467.91万元。

3. 住房公积金支持保障性住房建设项目贷款。2020年，发放支持保障性住房建设项目贷款0亿元，回收项目贷款0亿元。年末，累计发放项目贷款9.85亿元，项目贷款余额0亿元。

（四）资金存储。2020年末，住房公积金存款28.94亿元。其中，活期0.02亿元，1年（含）以下定期3.40亿元，1年以上定期24.68亿元，协定存款0.84亿元。

（五）资金运用率。2020年末，住房公积金个人住房贷款余额、项目贷款余额和购买国债余额的总和占缴存余额的80.22%，比上年末增加2.67个百分点。

三、主要财务数据

（一）业务收入。2020年，业务收入44509.62万元，同比增长14.66%。其中，存款利息10556.09万元，委托贷款利息33948.96万元，其他4.57万元。

（二）业务支出。2020年，业务支出22168.88万元，同比增长14.43%。其中，支付职工住房公积金利息20541.67万元，委托贷款手续费1596.31万元，其他30.90万元。

（三）增值收益。2020年，增值收益22340.74万元，同比增长14.89%。增值收益率1.68%，比上年增加0.03个百分点。

（四）增值收益分配。2020年，提取贷款风险准备金3326.31万元；提取管理费用2871.48万元，提取城市廉租住房（公共租赁住房）建设补充资金16142.95万元。

2020年，上交财政管理费用2871.48万元。上缴财政城市廉租住房（公共租赁住房）建设补充资金14577.64万元。

2020年末，贷款风险准备金余额49395.56万元。累计提取城市廉租住房（公共租赁住房）建设补充资金115342.63万元。

（五）管理费用支出。2020年，管理费用支出2093.18万元，同比增长1.28%。其中，人员经费1215.16万元，公用经费129.25万元，专项经费748.77万元。

四、资产风险状况

个人住房贷款。2020年末，个人住房贷款逾期额190.34万元，逾期率0.17‰。个人贷款风险准备金余额49395.56万元。2020年，使用个人贷款风险准备金核销呆坏账0万元。

五、社会经济效益

（一）缴存业务。缴存职工中，国家机关和事业单位占41.50%，国有企业占25.83%，城镇集体企业占1.36%，外商投资企业占3.80%，城镇私营企业及其他城镇企业占22.88%，民办非企业单位和社会团体占1.64%，其他占2.99%；中、低收入占96.52%，高收入占3.48%。

新开户职工中，国家机关和事业单位占30.15%，国有企业占12.16%，城镇集体企业占0.55%，外商投资企业占5.09%，城镇私营企业及其他城镇企业占43.67%，民办非企业单位和社会团体占5.12%，其他占3.26%；中、低收入占99.56%，高收入占0.44%。

（二）提取业务。提取金额中，购买、建造、翻建、大修自住住房占17.86%，偿还购房贷款本息占56.50%，租赁住房占1.99%，支持老旧小区改造占0.01%，离休和退休提取占19.07%，完全丧失劳动能力并与单位终止劳动关系提取占0.47%，其他占4.10%。提取职工中，中、低收入占89.52%，高收入占10.48%。

（三）贷款业务。

1. 个人住房贷款。2020年，支持职工购建房85.53万平方米，年末个人住房贷款市场占有率为20.43%，比上年末减少2.29个百分点。通过申请住房公积金个人住房贷款，可节约职工购房利息支出48949.40万元。

职工贷款笔数中，购房建筑面积90（含）平方米以下占9.89%，90~144（含）平方米占83.26%，144平方米以上占6.85%。购买新房占84.66%（其中购买保障性住房占0.50%），购买二手房占15.34%。

职工贷款笔数中，单缴存职工申请贷款占65%，双缴存职工申请贷款占35%。

贷款职工中，30岁（含）以下占30.27%，30岁~40岁（含）占38.04%，40岁~50岁（含）占25.66%，50岁以上占6.03%；首次申请贷款占77.94%，二次及以上申请贷款占22.06%；中、低收入占97%，高收入占3%。

2. 支持保障性住房建设试点项目贷款。2020年末，累计试点项目15个，贷款额度9.85亿元，建筑面积81.56万平方米，可解决9262户中低收入职工家庭的住房问题。截至2017年末所有试点项目贷款资金已发放并还清贷款本息。

（四）住房贡献率。2020年，个人住房贷款发放额、公转商贴息贷款发放额、项目贷款发放额、住房消费提取额的总和与当年缴存额的比率为118.69%，比上年增加29.92个百分点。

六、其他重要事项

（一）当年应对新冠肺炎疫情情况。为深入贯彻党中央、国务院和省市关于做好新型冠状病毒感染肺炎疫情防控和应对工作的重要指示精神，2020年，中心出台了住房公积金缴存、提取、贷款等方面一系列应对疫情的阶段性政策，在助力企业复工复产，减轻缴存职工购房压力等方面取得一定成效，政策执行效果明显。全年全市累计缓缴企业44家，累计缓缴职工7695人，截至12月末，已恢复正常缴存的企业41家，恢复正常缴存职工总数4721人；全市不作逾期贷款处理共138笔，不作逾期处理的贷款余额2916万元；累计提高租房提取金额人数3198人，累计提高住房提取金额3755万元。

（二）当年机构及职能调整情况。2020年经市委编办同意，增设发展规划科，配备科长1名、副科长1名。科室职能一是负责住房公积金缴存、提取、贷款业务政策的调研、制定、报批、发布、清理及政策解释；二是组织住房公积金政策的综合调研；三是负责综合文稿、信息宣传、政府信息公开工作；四是负责舆情的控制处理。增设机关党委专职副书记兼机关纪委书记1名。

（三）当年住房公积金政策调整及执行情况。

1. 当年缴存基数限额及确定方法。根据国务院《住房公积金管理条例》（国务院令第350号）、《四川省人民政府关于调整德阳市住房公积金缴存比例和基数的批复》（川府函〔2009〕214号）、《德阳市统计局关于发布2019年全市城镇全部单位就业人员平均工资的公告》《德阳市人民政府关于调整全市最低工资标准的通知》（德府发〔2018〕12号）等文件精神，将2020年度全市住房公积金月缴存基数上限调整为20424元，下限为1650元，规定住房公积金缴存比例为5%至12%，单位与职工个人按相同比例缴存。

2. 当年归集政策调整情况。2020年，经管委会审议修订了《德阳市住房公积金缴存管理办法》（德公积金管发〔2020〕4号），将军队在职文职人员、新市民、个体工商户及其雇用人员、自由职业者、未就业的自主择业军队转业干部、其他灵活就业人员纳入制度缴存范围，出台了《德阳市住房公积金个人自愿缴存使用管理暂行办法》（德公积金管发〔2020〕10号），对自愿缴存者缴存使用住房公积金相关规定予以明确。

3. 当年住房公积金存贷款利率执行标准。根据中国人民银行、住房和城乡建设部、财政部印发的《关于完善职工住房公积金账户存款利率形成机制的通知》（银发〔2016〕43号），我市职工住房公积金账户存款利率，统一按一年期定期存款基准利率1.5%执行。根据人民银行公布的基准利率，住房公积金五年期及以下贷款年利率为2.75%，五年期以上贷款年利率为3.25%。

4. 支持老旧小区改造政策落实情况。根据德阳市住房公积金管理委员会办公室印发的《关于既有住宅电梯增设提取住房公积金有关事项的通知》，截至2020年末全市共办理增设电梯提取住房公积金5笔，提取金额16.5万元。

（四）当年服务改进情况。

1. 打造公积金一站式服务。为进一步提升服务效能，优化营商环境，中心通过实行综合柜员制，加强网点建设，要求银行、中介机构、评估公司等单位集中入驻业务办事大厅等措施，进一步优化政务服务环境，实现业务办理"一站式"服务，切实解决群众"多头跑"问题。

2. 推动"跨省通办"工作顺利开展。中心各业务窗口均设立"跨省通办"专窗，设置醒目标识及导引，完善窗口服务指南，并安排专人协调处理该业务具体事项，做好政策交流、信息协查、业务联办、电子信息交流以及具体业务工作。

（五）当年信息化建设情况。

1. 加快推进"互联网＋公积金"改革。一是完成网上业务大厅的升级改造，使退休提取、提前还款、部分自助打印结清证明等实现全程网办。二是完成系统与省住房公积金管理服务平台的对接，接入省政务一体化平台，实现川渝两地公积金数据互联互查、住房公积金缴存证明无差别受理、企业缴存住房公积金开户登记"一窗通"，实现非接触式办理业务目标，为优化营商环境，提升公积金服务水平提供科技保障。

2. 完成财务集中核算系统升级改造。围绕账户精简、财务核算、财务数据基本管理为基础，引入辅助核算项，将管理部资金上收、账户精简、会计科目设置从多级简化为不超过三级，实现资金管理集约化、账户管理规范化、会计核算简约化。

3. 完成信息系统安全三级等保建设网络安全加固工作。新增加了防火墙、准入控制、终端安全检测等安全设备，进一步加强了中心信息系统网络安全保障，确保中心信息系统安全、稳定、高效运行。

（六）当年住房公积金管理中心所获荣誉情况。中心经省文明委验收，继续保留省级"文明单位"称号；中心被市委、市政府评选为"创建全国文明城市先进集体"；中江管理部被团省委评选为省级"青年文明号"；罗江管理部制作的微视频《廉洁自律保持戒心防止被围猎》被市纪委评选为"清廉德阳共建共享"主题微视频大赛优秀奖；机关第一党支部被市直机关工委评选为"先进基层党组织"。

（七）其他需要披露的情况。为进一步规范和加强缴存单位账户管理，根据《住房公积金管理条例》《住房公积金归集业务标准》《德阳市住房公积金管理中心住房公积金封存管理办法（暂行）》，2020年中心对因合并、分立、撤销或者破产等原因，长期未发生缴存业务且单位缴存余额为零、缴存职工为零的住房公积金单位账户 623 个予以注销。

绵阳市住房公积金 2020 年年度报告

根据国务院《住房公积金管理条例》和住房和城乡建设部、财政部、人民银行《关于健全住房公积金信息披露制度的通知》(建金〔2015〕26 号)的规定，经住房公积金管理委员会审议通过，现将绵阳市住房公积金 2020 年年度报告公布如下。

一、机构概况

(一)住房公积金管理委员会。住房公积金管理委员会有 27 名委员，2020 年召开第十八次会议，审议通过的事项主要包括：《绵阳市住房公积金服务中心 2019 年住房公积金执行情况和 2020 年计划的报告》《绵阳市住房公积金 2019 年年度报告》《2019 年度住房公积金增值收益分配方案的报告》《绵阳市住房公积金服务中心关于制定〈住房公积金定期存款存放管理办法〉有关情况的报告》。

(二)住房公积金服务中心。住房公积金服务中心为市人民政府不以营利为目的的公益一类事业单位，设 7 个科，10 个管理部，1 个分中心。从业人员 162 人，其中，在编 97 人，非在编 65 人。

二、业务运行情况

(一)缴存。2020 年，新开户单位 654 家，净增单位 219 家；新开户职工 5.74 万人，净增职工 1.44 万人；实缴单位 5465 家，实缴职工 32.72 万人，缴存额 58.61 亿元，分别同比增长 4.17%、4.60%、6.86%。2020 年末，缴存总额 446.70 亿元，比上年末增加 15.10%；缴存余额 193.45 亿元，同比增长 11.46%。受委托办理住房公积金缴存业务的银行 13 家。

(二)提取。2020 年，8.95 万名缴存职工提取住房公积金；提取额 38.72 亿元，同比增长 10.64%；提取额占当年缴存额的 66.07%，比上年增加 2.26 个百分点。2020 年末，提取总额 253.25 亿元，比上年末增加 18.05%。

(三)贷款。

1. 个人住房贷款。单缴存职工个人住房贷款最高额度 40 万元，双缴存职工个人住房贷款最高额度 60 万元。

2020 年，发放个人住房贷款 0.88 万笔、34.32 亿元，同比分别增长 13.24%、12.44%。其中，市中心发放个人住房贷款 0.83 万笔、31.37 亿元，第 1 分中心发放个人住房贷款 0.05 万笔、2.95 亿元。

2020 年，回收个人住房贷款 20.63 亿元。其中，市中心 19.70 亿元，第 1 分中心 0.93 亿元。

2020 年末，累计发放个人住房贷款 10.38 万笔、249.64 亿元，贷款余额 141.07 亿元，分别比上年末增加 9.23%、15.94%、10.75%。个人住房贷款余额占缴存余额的 72.92%，比上年末减少 0.47 个百分点。受委托办理住房公积金个人住房贷款业务的银行 13 家。

2. 异地贷款。2020 年，发放异地贷款 2154 笔、80462.30 万元。2020 年末，发放异地贷款总额

318843.36 万元，异地贷款余额 248900.86 万元。

3. 公转商贴息贷款。无。

4. 住房公积金支持保障性住房建设项目贷款。无。

（四）购买国债。无。

（五）资金存储。2020 年末，住房公积金存款 53.76 亿元。其中，活期 0.63 亿元，1 年（含）以下定期 9.18 亿元，1 年以上定期 36.09 亿元，其他（协定、通知存款等）7.85 亿元。

（六）资金运用率。2020 年末，住房公积金个人住房贷款余额、项目贷款余额和购买国债余额的总和占缴存余额的 72.92%，比上年末减少 0.47 个百分点。

三、主要财务数据

（一）业务收入。2020 年，业务收入 64249.81 万元，同比增长 21.36%。其中，市中心 58160.31 万元，第 1 分中心 6089.50 万元；存款利息 19672.25 万元，委托贷款利息 43668.09 万元，其他 909.47 万元。

（二）业务支出。2020 年，业务支出 31962.03 万元，同比增长 31.08%。其中，市中心 28652.47 万元，第 1 分中心 3309.56 万元；支付职工住房公积金利息 29600.95 万元，委托贷款手续费 2149.74 万元，其他 211.34 万元。

（三）增值收益。2020 年，增值收益 32287.78 万元，同比增长 13.09%。其中，市中心 29507.84 万元，第 1 分中心 2779.94 万元；增值收益率 1.76%，比上年增加 0.01 个百分点。

（四）增值收益分配。2020 年，提取贷款风险准备金 1166.83 万元，提取管理费用 2657.64 万元，提取城市廉租住房（公共租赁住房）建设补充资金 28463.31 万元。

2020 年，上交财政管理费用 1557.64 万元。上缴财政城市廉租住房（公共租赁住房）建设补充资金 31509.10 万元。其中，市中心上缴 23325.33 万元，第 1 分中心上缴 8183.77 万元。

2020 年末，贷款风险准备金余额 64372.51 万元。累计提取城市廉租住房（公共租赁住房）建设补充资金 107646.87 万元。其中，市中心提取 95771.28 万元，第 1 分中心提取 11875.59 万元。

（五）管理费用支出。2020 年，管理费用支出 3048.30 万元，同比下降 5.66%。其中，人员经费 1586.05 万元，公用经费 147.57 万元，专项经费 1314.68 万元。

市中心管理费用支出 2788.01 万元，其中，人员、公用、专项经费分别为 1401.67 万元、119.36 万元、1266.98 万元；第 1 分中心管理费用支出 260.29 万元，其中，人员、公用、专项经费分别为 184.38 万元、28.21 万元、47.70 万元。

四、资产风险状况

（一）个人住房贷款。2020 年末，个人住房贷款逾期额 688.22 万元，逾期率 0.49‰，其中，市中心 0.52‰，第 1 分中心 0‰。2020 年，未使用个人贷款风险准备金核销呆坏账。

（二）支持保障性住房建设试点项目贷款。无。

五、社会经济效益

（一）缴存业务。缴存职工中，国家机关和事业单位占 47.49%，国有企业占 25.46%，城镇集体企业

占 0.49%，外商投资企业占 1.89%，城镇私营企业及其他城镇企业占 23.03%，民办非企业单位和社会团体占 1.37%，灵活就业人员占 0.04%，其他占 0.23%；中、低收入占 97.77%，高收入占 2.23%。

新开户职工中，国家机关和事业单位占 35.96%，国有企业占 18.91%，城镇集体企业占 0.28%，外商投资企业占 1.51%，城镇私营企业及其他城镇企业占 37.47%，民办非企业单位和社会团体占 1.62%，灵活就业人员占 0.12%，其他占 4.13%；中、低收入占 99.52%，高收入占 0.48%。

（二）提取业务。提取金额中，购买、建造、翻建、大修自住住房占 25.29%，偿还购房贷款本息占 49.94%，租赁住房占 2.56%，支持老旧小区改造占 0.01%，离休和退休提取占 15.22%，完全丧失劳动能力并与单位终止劳动关系提取占 4.64%，出境定居占 1.13%，其他占 1.21%。提取职工中，中、低收入占 96.85%，高收入占 3.15%。

（三）贷款业务。

1. 个人住房贷款。2020 年，支持职工购建房 91.95 万平方米（含公转商贴息贷款），年末个人住房贷款市场占有率（含公转商贴息贷款）为 18.61%，比上年末减少 1.36 个百分点。通过申请住房公积金个人住房贷款，可节约职工购房利息支出 54937.95 万元。

职工贷款笔数中，购房建筑面积 90（含）平方米以下占 22.54%，90~144（含）平方米占 77.22%，144 平方米以上占 0.24%。购买新房占 79.08%，购买二手房占 20.34%，其他占 0.58%。

职工贷款笔数中，单缴存职工申请贷款占 60.07%，双缴存职工申请贷款占 39.93%。

贷款职工中，30 岁（含）以下占 30.75%，30 岁~40 岁（含）占 38.71%，40 岁~50 岁（含）占 24.99%，50 岁以上占 5.55%；首次申请贷款占 89.18%，二次及以上申请贷款占 10.82%；中、低收入占 98.06%，高收入占 1.94%。

2. 支持保障性住房建设试点项目贷款。无。

（四）住房贡献率。2020 年，个人住房贷款发放额、公转商贴息贷款发放额、项目贷款发放额、住房消费提取额的总和与当年缴存额的比率为 109.96%，比上年增加 6.22 个百分点。

六、其他重要事项

（一）应对新冠肺炎疫情采取的措施，落实住房公积金阶段性支持政策情况和政策实施成效。在疫情防控期间先后出台《关于推行新型冠状病毒疫情防控期间便民服务的通知》《关于支持新冠肺炎疫情防控有关公积金政策的通知》《关于支持新冠肺炎疫情防控有关公积金政策的实施细则》，通过"不见面"审批、支持企业降比缓缴、放宽贷款缴存条件、延长业务办理有效时限、特殊人群逾期不纳入信用管理、对一线医务工作者贷款给予支持等具体支持举措，充分保障受疫情影响的企业、职工和一线医务工作者的权益。同时，加大宣传力度，指导企业用好用足公积金各项支持政策，全力帮助受疫情影响企业和人员共度难关、复工复产。全年累计审批缓缴企业 182 户，涉及 3.88 万人、2.62 亿元；审批降比企业 35 户、涉及 1044 人，为企业降低用工成本 120 万元；受疫情影响职工无法正常还款且不作逾期处理的贷款 1 笔，涉及金额 0.39 万元；办理提高租房提取金额 3 笔，涉及金额 1.70 万元。

（二）当年机构及职能调整情况、受委托办理缴存贷款业务金融机构变更情况。2020 年住房公积金机构、职能和受委托银行情况无变化。

（三）当年住房公积金政策调整及执行情况。2020 年住房公积金政策无调整。大力支持城镇老旧小区改造，促进城市更新可持续发展，2020年办理既有住宅加装电梯提取47.18万元。

（四）当年服务改进情况。深入推进便民改革，逐渐形成了"线下办理不费事、线上办理不费心、同城办理不跑腿、预约服务送上门、灵活缴存减负担"的多元化服务模式。2020年持续深化"放管服"改革，不断提升服务质效。一是通过市场监管局的"企业开办协同平台"实现了企业在开办时，由系统自动推送其登记注册时的相关信息，同步完成住房公积金自动开户。二是依托微信、网上服务大厅、i绵阳App线上渠道，开通了线上提取业务。三是推行好差评制度、业务审批人制度，深化内部治理、提高业务办理效率。四是推动公积金业务"全市通办""跨省通办"，在全市范围内推行住房公积金提取业务跨区域通办。在各级住房公积金窗口设立"跨省通办"窗口，受理"跨省通办"业务。五是推行"容缺后补、取消贷款保证金"放款新模式，破解公积金放款慢"老大难"问题，减轻企业资金负担。公积金贷款办理时间由原来2个月缩短至10天内、提速84%。施行楼盘准入"备案制"，进一步降低准入门槛、减少审批环节、精简报送资料、压缩审批时限。六是试点开展"商转公"直转业务，切实解决职工自筹资金结清商贷的难题。七是积极推动成渝地区双城经济圈住房公积金一体化发展，与重庆中心合作，建立信息共享机制、实现互认互贷、开通绿色通道。八是强化网点设施建设，完成了4个分支机构服务大厅升级改造。

（五）当年信息化建设情况。一是持续完善全市住房公积金信息系统。全年升级系统9次，更换补丁1800余次。二是加快提升双贯标数据质量，提高风险疑点排查和整改效率，上线了"风险隐患监测整改系统"。三是建立健全信息安全管理体制机制，逗硬问题自查整改，顺利通过信息系统三级等保测评和备案。四是上线电子签章系统，实现业务打印安全认证。五是上线人脸识别系统，实现网上登录多因子认证。六是上线电子档案系统，推进住房公积金档案电子化管理。

（六）当年住房公积金服务中心及职工所获荣誉情况。2019年度脱贫攻坚先进集体、绵阳市优化营商环境先进集体和先进个人、2019年度审计监督工作先进单位、2019年度全市政府系统办公室工作绩效评价先进单位、2019年度全市政务信息报送工作单位和先进个人、荣获2019年度机关党建宣传信息工作先进单位、荣获2020年度"优秀窗口""优秀工作人员"、2020年健康绵阳全民运动汇绵阳市直机关工间操比赛优秀组织奖、绵阳市"巾帼文明岗"。

（七）当年对违反《住房公积金管理条例》和相关法规行为进行行政处罚和申请人民法院强制执行情况。深入开展住房公积金逾期贷款催收专项行动，全年向个人和所在单位寄送《逾期贷款催收函》98次，对个别逾期严重的贷款职工送达律师函共计67封，向人民法院申请起诉并立案人数8人、金额合计149.58万元，其中，申请人民法院强制执行收回逾期贷款人数合计2人、合计金额10.75万元。

广元市住房公积金2020年年度报告

根据国务院《住房公积金管理条例》和住房和城乡建设部、财政部、人民银行《关于健全住房公积金信息披露制度的通知》（建金〔2015〕26号）的规定，经住房公积金管理委员会审议通过，现将广元市住房公积金2020年年度报告公布如下。

一、机构概况

(一)住房公积金管理委员会。住房公积金管理委员会有27名委员,2020年召开1次会议,审议通过的事项主要包括:《广元市住房公积金2019年年度报告》《2019年度住房公积金增值收益分配方案》。

(二)住房公积金管理中心。住房公积金管理中心为市政府直属不以营利为目的的正县级事业单位,设7个科室,8个管理部。从业人员77人,其中,在编55人,非在编22人。

二、业务运行情况

(一)缴存。2020年,新开户单位144家,净增单位-63家;新开户职工0.97万人,净增职工1.10万人;实缴单位2821家,实缴职工14.80万人,缴存额24.80亿元,分别同比增长-2.18%、8.03%、15.08%。2020年末,缴存总额169.27亿元,比上年末增加17.17%;缴存余额96.34亿元,同比增长13.26%。受委托办理住房公积金缴存业务的银行10家。

(二)提取。2020年,7.09万名缴存职工提取住房公积金;提取额13.52亿元,同比增长16.94%;提取额占当年缴存额的53.64%,比上年增加0.87个百分点。2020年末,提取总额72.92亿元,比上年末增加22.76%。

(三)贷款。

1. 个人住房贷款。个人住房贷款最高额度70万元,其中,单缴存职工最高额度50万元,双缴存职工最高额度70万元。

2020年,发放个人住房贷款0.4万笔、16.49亿元,同比分别增长3.24%、8.34%。

2020年,回收个人住房贷款7.68亿元。

2020年末,累计发放个人住房贷款3.9万笔、104.24亿元,贷款余额67.59亿元,分别比上年末增长11.75%、17.17%、15.01%。个人住房贷款余额占缴存余额的70.16%,比上年末增加1.06个百分点。

受委托办理住房公积金个人住房贷款业务的银行5家。

2. 异地贷款。2020年,发放异地贷款392笔、13607万元。年末,发放异地贷款总额80106万元,异地贷款余额13273.58万元。

(四)资金存储。2020年末,住房公积金存款31.73亿元。其中,活期3.18亿元,1年(含)以下定期3.55亿元,1年以上定期25亿元,其他(协定、通知存款等)0亿元。

(五)资金运用率。2020年末,住房公积金个人住房贷款余额、项目贷款余额和购买国债余额的总和占缴存余额的70.16%,比上年末增长1.06个百分点。

三、主要财务数据

(一)业务收入。2020年,业务收入29943.47万元,同比增长31.83%。其中,存款利息9568.10万元,委托贷款利息20341.88万元,国债利息0万元,其他33.48万元。

(二)业务支出。2020年,业务支出15792.68万元,同比增长31.58%。支付职工住房公积金利息14965.72万元,归集手续费0万元,委托贷款手续费813.53万元,其他13.42万元。

（三）增值收益。 2020年，增值收益14150.79万元，同比增长31.77%。其中，增值收益率1.55%，比上年增加0.22个百分点。

（四）增值收益分配。 2020年，提取贷款风险准备金6759.18万元，提取管理费用1350万元，提取城市廉租住房（公共租赁住房）建设补充资金6041.61万元。

2020年，上缴财政管理费用1290万元。上缴财政城市廉租住房（公共租赁住房）建设补充资金5543.35万元。

2020年末，贷款风险准备金余额37356.69万元。累计提取城市廉租住房（公共租赁住房）建设补充资金32372.74万元。

（五）管理费用支出。 2020年，管理费用支出1280万元，同比下降5.95%。其中，人员经费810.42万元，公用经费96万元，专项经费373.58万元。

四、资产风险状况

个人住房贷款。2020年末，个人住房贷款逾期额13.37万元，逾期率0.02‰。个人贷款风险准备金余额37356.69万元，2020年，使用个人贷款风险准备金核销呆坏账0万元。

五、社会经济效益

（一）缴存业务。 缴存职工中，国家机关和事业单位占56.58%，国有企业占29.24%，城镇集体企业占2.38%，外商投资企业占4.74%，城镇私营企业及其他城镇企业占6.76%，民办非企业单位和社会团体占0.26%，灵活就业人员占比为0，其他占0.04%；中、低收入占94.85%，高收入占5.15%。

新开户职工中，国家机关和事业单位占38.82%，国有企业占20.59%，城镇集体企业占3.95%，外商投资企业占10.81%，城镇私营企业及其他城镇企业占17.88%，民办非企业单位和社会团体占5.36%，其他占2.59%；中、低收入占99.39%，高收入占0.61%。

（二）提取业务。 提取金额中，购买、建造、翻建、大修自住住房占15.48%，偿还购房贷款本息占54.15%，租赁住房占0.99%，支持老旧小区改造占比为0，离休和退休提取占22.01%，完全丧失劳动能力并与单位终止劳动关系提取占2.91%，出境定居占0%，其他占4.41%。提取职工中，中、低收入占84.39%，高收入占15.61%。

（三）贷款业务。 个人住房贷款。2020年，支持职工购建房43.64万平方米，年末个人住房贷款市场占有率为42.74%，比上年末减少11.52个百分点。通过申请住房公积金个人住房贷款，可节约职工购房利息支出2887.43万元。

职工贷款笔数中，购房建筑面积90（含）平方米以下占27.48%，90~144（含）平方米占69.00%，144平方米以上占3.52%。购买新房占76.79%（其中购买保障性住房占0.05%），购买二手房占21.52%，建造、翻建、大修自住住房占0%（其中支持老旧小区改造占比为0），其他占1.69%。

职工贷款笔数中，单缴存职工申请贷款占30.37%，双缴存职工申请贷款占69.60%，三人及以上缴存职工共同申请贷款占0.03%。

贷款职工中，30岁（含）以下占38.89%，30岁~40岁（含）占33.85%，40岁~50岁（含）占23.84%，50岁以上占3.42%；首次申请贷款占90.37%，二次及以上申请贷款占9.63%；中、低收入占

95.17%，高收入占 4.83%。

（四）住房贡献率。 2020 年，个人住房贷款发放额、公转商贴息贷款发放额、项目贷款发放额、住房消费提取额的总和与当年缴存额的比率为 105.04%，比上年减少 2.29 个百分点。

六、其他重要事项

（一）应对新冠肺炎疫情采取的措施，落实住房公积金阶段性支持政策情况和政策实施成效。 认真贯彻落实中央、省、市关于统筹推进疫情防控和经济社会发展的部署要求，出台我市《应对新冠肺炎疫情期间做好住房公积金管理服务工作的五条措施》，严格落实缓缴、降比政策，开通楼盘备案审查绿色通道，有力支持企业尽快复工复产。当年受理申请缓缴企业 100 家、降比企业 2 家，共涉及金额 4050.2 万元，惠及职工 9655 人。

（二）当年机构及职能调整情况、受委托办理缴存贷款业务金融机构变更情况。 2020 年，市住房公积金管理中心机构及职能无调整，受委托办理缴存业务金融机构无变更，受委托办理贷款业务金融机构新增广元市农商银行。

（三）当年住房公积金政策调整及执行情况。 2020 年，全市各行政、企事业单位住房公积金缴交工资基数上限不超过上一年度全市城镇全部就业人员月平均工资（以市统计局公布标准）3 倍，即为 18775 元；缴存基数下限按上一年度最低工资标准执行，即为 1650 元；缴存比例为 5%～12%，单位和个人为 1∶1 同比例缴存。严格遵照并执行中国人民银行存款利率 1.5%，住房公积金贷款利率仍然保持不变，5 年期（含）以下贷款年利率为 2.75%，5 年期以上至 30 年（含）的贷款利率为 3.25%。取消了提取住房公积金用于缴纳物业管理费政策；新增了提取住房公积金用于老旧小区改造或增设电梯的政策。当年个人住房贷款最高贷款额度双职工 70 万元，单职工 50 万元。

（四）当年服务改进情况。 2020 年，公积金服务窗口立足"互联网＋"，充分运用信息化技术，深化住房公积金领域"放管服"改革，优化营商环境。严格执行首问责任制和限时办结制，公开效能服务承诺，优化办事流程。继续深化"热心、公心、细心、耐心、诚心"的"五心"服务理念，开展好"预约服务""上门服务""延时服务"。继续办好中心网络问政"有问必答"栏目，扎实开展好公积金进机关、进单位、进企业、进医院、进社区宣传"五进"活动。开通 12329 服务热线、短信、网厅、网站、微信、微博、手机 App、自助查询八个服务渠道并运行正常，退休提取、公积金还贷提取、还贷对冲等业务实现手机公积金 App 在线办理，实现 24 小时查询、短信服务等功能，实现服务事项"最多跑一次"达 100%、全程网办达 80%，切实为办事职工提供高效、快捷、优质的服务，进一步提升了群众满意度。

（五）当年信息化建设情况。 2020 年，围绕优化营商环境，着力以信息化支撑优质服务和提能增效。加大投入打造"智慧公积金"系统。公积金网上政务大厅（个人版、单位版、开发商版）应用全面推广。"天府通办""跨省通办"及政务一体化平台相继开通，公积金业务非接触式办理比例大幅度增加。公积金"网上服务大厅"和"手机 App"等在线平台疫情期间发挥了积极作用。数据机房建成投产，通过国家三级等级保护验收，信息安全有效保障。

（六）当年住房公积金管理中心及职工所获荣誉情况。 荣获第六届"全国文明单位"、广元经济建设"三大主战场"突出贡献单位。

（七）当年无违反《住房公积金管理条例》和相关法规行为进行行政处罚和申请人民法院强制执行情况。

（八）当年无住房公积金管理人员违规行为的情况发生。

遂宁市住房公积金 2020 年年度报告

根据国务院《住房公积金管理条例》和住房和城乡建设部、财政部、人民银行《关于健全住房公积金信息披露制度的通知》（建金〔2015〕26 号）的规定，经遂宁市住房公积金管理委员会四届七次会议审议通过，现将遂宁（市）住房公积金 2020 年年度报告公布如下。

一、机构概况

（一）住房公积金管理委员会。住房公积金管理委员会有 25 名委员，2020 年召开 1 次会议，审议通过的事项主要包括：《2019 年遂宁市住房公积金归集使用计划执行情况和增值收益分配方案的请示》《2020 年遂宁市住房公积金归集使用计划的请示》《2019 年遂宁市住房公积金年度报告》及《2019 年遂宁市住房公积金年度报告解读》《关于处置市公积金中心 2003—2008 年收取的贷款保证金的建议》《遂宁银行关于申请开立遂宁市住房公积金结算账户的请示》《绵阳市商业银行遂宁分行关于申请设立遂宁住房公积金归集业务银行账户的请示》。

（二）住房公积金管理中心。住房公积金管理中心为市政府直属的不以营利为目的的财政全额拨款副县级事业单位，设 6 个处（科），5 个管理部。从业人员 41 人，其中，在编 28 人，非在编 13 人。

二、业务运行情况

（一）缴存。2020 年，新开户单位 226 家，净增单位 −7 家；新开户职工 2.16 万人，净增职工 −0.39 万人；实缴单位 2340 家，实缴职工 12.81 万人，缴存额 21.62 亿元，实缴单位数和实缴职工数同比下降 0.3%、3.03%，缴存额同比增长 4.1%。2020 年末，缴存总额 136.74 亿元，比上年末增长 18.78%；缴存余额 69.35 亿元，同比增长 13.98%。受委托办理住房公积金缴存业务的银行 7 家。

（二）提取。2020 年，3.23 万名职工提取住房公积金；提取额 13.12 亿元，同比增长 16.73%；占当年缴存额的 60.66%，比上年增加 6.56 个百分点。2020 年末，提取总额 67.39 亿元，同比增长 24.17%。

（三）贷款。

1. 个人住房贷款。个人住房贷款最高额度 40 万元，其中，单缴存职工家庭最高额度 35 万元，双缴存职工家庭最高额度 40 万元。

2020 年，发放个人住房贷款 0.41 万笔、13.43 亿元，同比分别增加 29.75%、30.24%。

2020 年，回收个人住房贷款 8.06 亿元。

2020 年末，累计发放个人住房贷款 3.97 万笔、94.87 亿元，贷款余额 52.99 亿元，同比分别增长 11.57%、16.49%、11.26%。个人住房贷款余额占缴存余额的 76.42%，比上年减少 1.87 个百分点。

受委托办理住房公积金个人住房贷款业务的银行9家。

2. 异地贷款。2020年，发放异地贷款827笔、26591.1万元。年末，发放异地贷款总额112717万元，异地贷款余额75608万元。

3. 公转商贴息贷款。2020，我中心未开展公转商贴息贷款。

4. 住房公积金支持保障性住房建设项目贷款。2020年，我中心未开展保障性住房建设项目贷款业务。

（四）购买国债。2020年，我中心未开展购买国债业务。

（五）资金存储。2020年末，住房公积金存款17.54亿元。其中，活期0.7亿元，1年（含）以下定期0.1亿元，1年以上定期15.66亿元，其他（协定、通知存款等）1.08亿元。

（六）资金运用率。2020年末，住房公积金个人住房贷款余额、项目贷款余额和购买国债余额的总和占缴存余额的76.42%，比上年减少1.87个百分点。

三、主要财务数据

（一）业务收入。2020年，业务收入22116.60万元，同比增长24.35%。存款利息5789.25万元，委托贷款利息16327.35万元，国债利息0万元，其他0万元。

（二）业务支出。2020年，业务支出10707.63万元，同比增长9.44%。支付职工住房公积金利息9889.25万元，归集手续费0万元，委托贷款手续费816.37万元，其他2.01万元。

（三）增值收益。2020年，增值收益11408.97万元，同比增长42.58%。增值收益率1.75%，比上年增加0.32个百分点。

（四）增值收益分配。2020年，提取贷款风险准备金5458.97万元，提取管理费用550万元，提取城市廉租住房（公共租赁住房）建设补充资金5400万元。

2020年，上交财政管理费用371.7万元。上缴财政城市廉租住房（公共租赁住房）建设补充资金4500万元。

2020年末，贷款风险准备金余额25881.39万元。累计提取城市廉租住房（公共租赁住房）建设补充资金31450.18万元。

（五）管理费用支出。2020年，管理费用支出371.7万元，同比下降3.07%。其中，人员经费45万元，公用经费159万元，专项经费167.7万元。

四、资产风险状况

（一）个人住房贷款。2020年末，个人住房贷款逾期额49.73万元，逾期率0.09‰。

个人贷款风险准备金按贷款余额的1.03%提取。2020年，提取个人贷款风险准备金5458.97万元，使用个人贷款风险准备金核销呆坏账0万元。2020年末，个人贷款风险准备金余额25881.39万元，占个人住房贷款余额的4.88%，个人住房贷款逾期额与个人贷款风险准备金余额的比率为0.19%。

（二）支持保障性住房建设试点项目贷款。2020年末，无保障性住房建设试点项目贷款。

（三）历史遗留风险资产。2020年末，历史遗留风险资产余额0万元，比上年减少0万元，历史遗留风险资产回收率0%。

五、社会经济效益

（一）缴存业务。 缴存职工中，国家机关和事业单位占 55.33%，国有企业占 18.01%，城镇集体企业占 2.1%，外商投资企业占 2.36%，城镇私营企业及其他城镇企业占 19.63%，民办非企业单位和社会团体占 1.95%，灵活就业人员占 0.45%，其他占 0.17%；中、低收入占 98.12%，高收入占 1.88%。

新开户职工中，国家机关和事业单位占 38.31%，国有企业占 11.53%，城镇集体企业占 4.85%，外商投资企业占 2.77%，城镇私营企业及其他城镇企业占 38.82%，民办非企业单位和社会团体占 2.12%，灵活就业人员占 0.43%，其他占 1.17%；中、低收入占 99.64%，高收入占 0.36%。

（二）提取业务。 提取金额中，购买、建造、翻建、大修自住住房占 20.32%，偿还购房贷款本息占 55.21%，租赁住房占 3.03%，支持老旧小区改造占 0%，离休和退休提取占 15.3%，完全丧失劳动能力并与单位终止劳动关系提取占 0.7%，出境定居占 0.58%，其他占 4.86%。提取职工中，中、低收入占 94.47%，高收入占 5.53%。

（三）贷款业务。

1. 个人住房贷款。2020 年，支持职工购建房 43.01 万平方米，年末个人住房贷款市场占有率为 6.82%，比上年减少 7.11 个百分点。通过申请住房公积金个人住房贷款，可节约职工购房利息支出 19726.41 万元。

职工贷款笔数中，购房建筑面积 90（含）平方米以下占 24.84%，90~144（含）平方米占 73.65%，144 平方米以上占 1.51%。购买新房占 84.23%（其中购买保障性住房占 0%），购买二手房占 15.77%，建造、翻建、大修自住住房占 0%（其中支持老旧小区改造占 0%），其他占 0%。

职工贷款笔数中，单缴存职工申请贷款占 72.17%，双缴存职工申请贷款占 27.8%，三人及以上缴存职工共同申请贷款占 0.03%。

贷款职工中，30 岁（含）以下占 39.81%，30 岁~40 岁（含）占 36.56%，40 岁~50 岁（含）占 19.6%，50 岁以上占 4.03%；首次申请贷款占 92.84%，二次及以上申请贷款占 7.16%；中、低收入占 98.25%，高收入占 1.75%。

2. 支持保障性住房建设试点项目贷款。2020 年末，无保障性住房建设试点项目贷款。

（四）住房贡献率。 2020 年，个人住房贷款发放额、公转商贴息贷款发放额、项目贷款发放额、住房消费提取额的总和与当年缴存额的比率为 109.75%，比上年增加 18.66 个百分点。

六、其他重要事项

（一）应对新冠肺炎疫情采取的措施，落实住房公积金阶段性支持政策情况和政策实施成效。 新冠肺炎疫情发生以来，市公积金中心及时研究出台了《遂宁住房公积金管理中心关于印发〈遂宁住房公积金管理中心关于应对新型冠状病毒肺炎疫情的政策措施实施细则〉的通知》（遂市房金管函〔2020〕1 号）和《关于落实企业公积金缴费政策的通知》，推出惠企便民具体举措，助力中小微企业和缴存职工有效应对疫情、共度难关，切实减轻企业负担。各项调整政策执行平稳有序、初见成效。2020 年，我市共有 5 家企业降低住房公积金缴存比例，共有 20 家企业因疫情影响申请缓缴，现有 16 家企业恢复缴存，人数 1536 人，金额 1048.28 万元。

(二）当年机构及职能调整情况、受委托办理缴存贷款业务金融机构变更情况。 2020年中心机构及职能无调整。新增绵阳商业银行遂宁分行办理住房公积金缴存贷款业务。

(三）当年住房公积金政策调整及执行情况，包括当年缴存基数限额及确定方法、缴存比例等缴存政策调整情况；当年提取政策调整情况；当年个人住房贷款最高贷款额度、贷款条件等贷款政策调整情况；当年住房公积金存贷款利率执行标准等；支持老旧小区改造政策落实情况。 2020年，我市住房公积金最高缴存基数为16932元/月，根据我市市平工资5644元/月的三倍来确定的，最低缴存基数为1650元/月，根据我市人力资源和社会保障局公布的最低工资标准来确定的，最高缴存比例为单位与个人各12%，最低缴存比例为单位与个人各5%。

2020年提取政策无调整。

2020年贷款政策无调整。借款人必须是具有完全民事行为能力并连续足额缴存住房公积金半年以上的自然人，借款人分当地借款人和异地借款人；单缴存职工家庭最高贷款限额35万元、双缴存职工家庭最高贷款限额40万元；首套房最高贷款限额不超过职工家庭住房公积金账户余额的40倍，二套房最高贷款限额不超过职工家庭住房公积金账户余额的35倍；首套房首付房款比例不低于房款总额的20%，二套房首付房款比例不低于房款总额的40%。贷款利率：首套房贷款期限1～5年，利率2.75%，首套房贷款期限6～30年，利率3.25%，二套房贷款期限1～5年，利率3.025%，二套房贷款期限6～30年，利率3.575%。

我中心已研究讨论、起草了《遂宁市住房公积金管理中心关于既有住宅增设电梯提取住房公积金的实施办法（草案）》和《遂宁市住房公积金管理中心关于城镇老旧小区改造提取住房公积金的实施办法（草案）》，待住房公积金管委会审议通过后出台。

(四）当年服务改进情况，包括推进住房公积金服务"跨省通办"工作情况，服务网点、服务设施、服务手段、综合服务平台建设和其他网络载体建设服务情况等。 跨省通办顺利实现。2020年，我中心顺利实现3项跨省通办业务，即个人住房公积金缴存贷款等信息查询、出具贷款职工住房公积金缴存使用证明、正常退休提取住房公积金。进一步满足缴存职工异地办事需求，有效解决企业和群众异地办事"往返跑"等实际问题，切实提高了公积金服务水平和人民群众获得感。我市住房公积金各业务大厅均设立"跨省通办"服务窗口。

服务环境不断优化。严格落实首问负责、限时办结、一次性告知制度，推出了窗口引导服务、延时服务、绿色通道服务等服务项目，极大方便办事群众和企业。主动接受服务对象"码上监督"，规范窗口服务行为，改进工作作风，推动服务提速增效。2020年，我中心线上线下共收到办事群众办理公积金业务的评价113015条，满意度达到100%。

办事手续不断简化。积极推进"一岗受理、全程网办"，大幅简化办事材料，取消缴存、提取各种证明材料复印件，公积金还贷提取、退休提取、离职提取3种情况实现"零要件"。提高审批效率，压缩审批承诺时限，贷款办理法定时限15个工作日，承诺时限6个工作日，行政许可承诺时限比法定时限平均减少了60%以上。

综合服务平台不断完善。实行"综合受理、一站式服务"，37项公共服务事项全部进驻政务大厅窗口和四川一体化政务服务平台受理，进驻比例100%。开通支付宝城市服务等线上业务，综合服务平台不断完善。缴存业务均可在网上办理，非接触式缴存占比达98%，真正实现让"信息多跑路，群众少跑路"。

（五）当年信息化建设情况，包括信息系统升级改造情况，基础数据标准贯彻落实和结算应用系统接入情况等。2020年，我中心成功接入四川一体化政务服务平台2.0版本，全年推送办件量共117891件。成功接入遂宁市政务共享平台，已发布中心政务共享责任清单接口数据，实现与市房管局、不动产中心的房屋信息共享。顺利完成数据中心硬件、网络安全的维保服务招标采购，维保服务工作有序推进。顺利实现"川渝通办"，即个人住房公积金缴存贷款等信息互联互查、出具贷款职工住房公积金缴存使用证明、正常退休提取住房公积金、遂潼联动治理违规提取使用公积金等。

2017年，我中心基础数据已全部贯标，同时已接入住房和城乡建设部住房公积金结算应用系统。

（六）当年住房公积金管理中心及职工所获荣誉情况，包括：文明单位（行业、窗口）、青年文明号、工人先锋号、五一劳动奖章（劳动模范）、三八红旗手（巾帼文明岗）、先进集体和个人等。2020年，遂宁市住房公积金管理中心2名同志被市政府机关党委评为优秀共产党员；1名同志被市政府机关党委评为优秀党务工作者；1名同志在疫情防控工作中获"优秀楼栋长"称号；1名同志被市人社局、市直机关工委、市扶贫开发局表彰为事业单位脱贫攻坚市级嘉奖。

（七）当年对违反《住房公积金管理条例》和相关法规行为进行行政处罚和申请人民法院强制执行情况。2020年，我中心无对违反《住房公积金管理条例》和相关法规行为进行行政处罚和申请人民法院强制执行情况。

（八）当年对住房公积金管理人员违规行为的纠正和处理情况等。2020年，我中心无住房公积金管理人员受到处理。

（九）其他需要披露的情况。2020年，我中心无其他需要披露的情况。

内江市住房公积金2020年年度报告

根据国务院《住房公积金管理条例》和住房和城乡建设部、财政部、人民银行《关于健全住房公积金信息披露制度的通知》（建金〔2015〕26号）的规定，经住房公积金管理委员会审议通过，现将内江市住房公积金2020年年度报告公布如下。

一、机构概况

（一）**住房公积金管理委员会**。住房公积金管理委员会有18名委员，2020年召开一次会议，审议通过的事项主要包括：《关于内江市住房公积金2019年管理工作总结暨2020年工作计划的报告》《内江市住房公积金2019年增值收益分配方案（草案）》《内江市住房公积金2019年年度报告（审议稿）》《内江市住房公积金管理中心关于授权审批单位缓缴或降比缴存住房公积金的请示》《内江市住房公积金逾期贷款管理办法（审议稿）》。

（二）**住房公积金管理中心**。住房公积金管理中心为市政府委托市财政局代管不以营利为目的的公益一类事业单位，设4个科，5个管理部。从业人员77人，其中，在编48人，非在编29人。

二、业务运行情况

（一）缴存。2020年，新开户单位166家，净增单位19家；新开户职工2.07万人，净增职工0.26万人；实缴单位2218家，实缴职工14.4万人，缴存额23.63亿元，分别同比增长0.86%、1.77%、2.38%。2020年末，缴存总额175.97亿元，比上年末增加15.51%；缴存余额83.83亿元，同比增长10.92%。受委托办理住房公积金缴存业务的银行9家。

（二）提取。2020年，4.88万名缴存职工提取住房公积金；提取额15.38亿元，同比增长6.36%；提取额占当年缴存额的65.09%，比上年增加2.44个百分点。2020年末，提取总额92.14亿元，比上年末增加20.04%。

（三）贷款。

1. 个人住房贷款。单缴存职工个人住房贷款最高额度40万元，双缴存职工个人住房贷款最高额度50万元。

2020年，发放个人住房贷款0.39万笔、14.14亿元，同比分别下降0.33%、4.52%。

2020年，回收个人住房贷款8亿元。

2020年末，累计发放个人住房贷款4.02万笔、115.47亿元，贷款余额79.29亿元，分别比上年末增加10.66%、13.95%、8.39%。个人住房贷款余额占缴存余额的94.58%，比上年末减少2.2个百分点。受委托办理住房公积金个人住房贷款业务的银行7家。

2. 异地贷款。2020年，发放异地贷款425笔、15037.2万元。2020年末，发放异地贷款总额30920.4万元，异地贷款余额25949.16万元。

（四）资金存储。2020年末，住房公积金存款7.96亿元。其中，活期0.27亿元，1年（含）以下定期0亿元，1年以上定期1.54亿元，其他6.15亿元。

（五）资金运用率。2020年末，住房公积金个人住房贷款余额、项目贷款余额和购买国债余额的总和占缴存余额的94.58%，比上年末减少2.2个百分点。

三、主要财务数据

（一）业务收入。2020年，业务收入25938.52万元，同比增长13.83%。存款利息1217.45万元，委托贷款利息24717.93万元，国债利息0万元，其他3.14万元。

（二）业务支出。2020年，业务支出13046.91万元，同比增长11.55%。支付职工住房公积金利息11809.1万元，归集手续费0万元，委托贷款手续费1235.96万元，其他1.85万元。

（三）增值收益。2020年，增值收益12891.61万元，同比增长16.23%。增值收益率1.62%，比上年增加0.05个百分点。

（四）增值收益分配。2020年，提取贷款风险准备金614.57万元，提取管理费用10644.46万元，提取城市廉租住房（公共租赁住房）建设补充资金1632.58万元。

2020年，上交财政管理费用8129.75万元。上缴财政城市廉租住房（公共租赁住房）建设补充资金2184.98万元。

2020年末，贷款风险准备金余额7929.26万元。累计提取城市廉租住房（公共租赁住房）建设补充资金9583.53万元。

（五）**管理费用支出**。2020年，管理费用支出1196.35万元，同比下降5.21%。其中，人员经费660.19万元，公用经费213.11万元，专项经费323.05万元。

四、资产风险状况

个人住房贷款。2020年末，个人住房贷款逾期额110.56万元，逾期率0.14‰。个人贷款风险准备金余额7929.26万元。2020年，使用个人贷款风险准备金核销呆坏账0万元。

五、社会经济效益

（一）**缴存业务**。缴存职工中，国家机关和事业单位占61.1%，国有企业占9.16%，城镇集体企业占0.22%，外商投资企业占4.9%，城镇私营企业及其他城镇企业占15.52%，民办非企业单位和社会团体占0.85%，灵活就业人员占0.02%，其他占8.23%；中、低收入占97.43%，高收入占2.57%。

新开户职工中，国家机关和事业单位占57.32%，国有企业占6.72%，城镇集体企业占0.71%，外商投资企业占8.4%，城镇私营企业及其他城镇企业占12.78%，民办非企业单位和社会团体占1.94%，灵活就业人员占0.01%，其他占12.12%；中、低收入占99.07%，高收入占0.93%。

（二）**提取业务**。提取金额中，购买、建造、翻建、大修自住住房占8.13%，偿还购房贷款本息占64.9%，租赁住房占1.55%，支持老旧小区改造占0%，离休和退休提取占21.76%，完全丧失劳动能力并与单位终止劳动关系提取占0.13%，出境定居占1.46%，其他占2.08%。提取职工中，中、低收入占96.71%，高收入占3.29%。

（三）**贷款业务**。个人住房贷款。2020年，支持职工购建房39.71万平方米，年末个人住房贷款市场占有率为18.39%，比上年减少0.72个百分点。通过申请住房公积金个人住房贷款，可节约职工购房利息支出23245.8万元。

职工贷款笔数中，购房建筑面积90（含）平方米以下占30.83%，90～144（含）平方米占66.41%，144平方米以上占2.76%。购买新房占89.81%（其中购买保障性住房占0%），购买二手房占10.19%，建造、翻建、大修自住住房占0%（其中支持老旧小区改造占0%），其他占0%。

职工贷款笔数中，单缴存职工申请贷款占72.76%，双缴存职工申请贷款占27.24%，三人及以上缴存职工共同申请贷款占0%。

贷款职工中，30岁（含）以下占38%，30岁～40岁（含）占33.21%，40岁～50岁（含）占21.28%，50岁以上占7.51%；首次申请贷款占92.78%，二次及以上申请贷款占7.22%；中、低收入占97.91%，高收入占2.09%。

（四）**住房贡献率**。2020年，个人住房贷款发放额、公转商贴息贷款发放额、项目贷款发放额、住房消费提取额的总和与当年缴存额的比率为108.38%，比上年减少1.64个百分点。

六、其他重要事项

（一）**应对新冠肺炎疫情采取的政策措施，落实住房公积金阶段性支持政策情况和政策实施成效**。印发《内江市住房公积金管理中心关于进一步做好新型冠状病毒肺炎疫情防控期间住房公积金服务工作的通知》(内市公积金发〔2020〕1号),适当放宽住房公积金相关政策限制,为受疫情影响导致生产经营困难的企业,提供缓缴降比支持政策,助力企业复工复产;为受疫情影响不能正常按月还款的有关借款人,提供延期还款服务,缓解借款人还款压力;为受疫情影响的提取职工,顺延办理提取业务,保障缴存职工的权益,减轻疫情对企业和职工的影响。执行疫情支持政策期间,全市累计审批缓缴企业52个,缓缴职工11111人,累计审批缓缴总金额3863.6万元;不作逾期处理的贷款数量1笔,贷款余额28.02万元,应还未还本金额0.49万元。截至2020年12月底,已有47个企业已恢复缴存,该笔受疫情影响不作逾期处理的贷款已正常还款。

(二)当年住房公积金政策调整情况。

1. 根据《内江市住房公积金管理委员会关于调整2020年度住房公积金缴存基数的通知》(内市公积金管发〔2020〕1号)的规定,我市2020年度最高缴存基数为每月17536元,最低缴存基数为每月1650元;各单位住房公积金最高缴存比例为12%,最低缴存比例为5%。

2. 10月26日,《内江市人民政府办公室关于印发〈保持中心城区房地产市场平稳健康发展的九条措施〉的通知》(内府办发〔2020〕34号),通知中新增了组合贷款业务(有效期2年)。

3. 10月30日,《内江市住房公积金管理中心关于印发〈内江市住房公积金贷款实施细则〉的通知》(内市公积金发〔2020〕15号),通知规定购买第二套住房申请公积金贷款,首付款比例不低于40%(原政策首付款比例不低于50%)。

(三)当年服务改进情况。

1. 2020年跨省通办情况。根据《四川省住房和城乡建设厅关于转发〈住房和城乡建设部办公厅《关于做好住房公积金服务"跨省通办"工作》的通知〉的通知》(川建金函〔2020〕864号)文件要求,中心积极组织推动"跨省通办"相关工作,进一步完善综合服务平台功能,拓展业务办理事项,充分利用网上业务大厅、微信公众号、住房公积金监管平台等,于2020年底实现"个人住房公积金缴存贷款等信息查询""出具贷款职工住房公积金缴存使用证明""正常退休提取业务"等3个服务事项"跨省通办"。同时,提前实现需在2021年底完成的"住房公积金单位登记开户""住房公积金单位及个人缴存信息变更""提前还清住房公积金贷款""开具住房公积金个人住房贷款全部还清证明"4个服务事项"跨省通办"。在中心门户网站开设"跨省通办"专栏,将"跨省通办"事项服务指南上传专栏中,方便缴存职工了解并办理"跨省通办"服务事项。在各业务网点设立"跨省通办"窗口,摆放统一的标识标牌,安排专人具体负责办理"跨省通办"业务,进一步提升缴存职工满意度和体验感。

2. 2020年全年省内各市州跨地通办情况。信息共享情况:贷款信息查询184人次。异地贷款发放:办结250笔,贷款发放8878.7万元。

3. 2020年全年川渝一体化通办情况。信息共享情况:贷款信息查询46人次。异地贷款发放:办结58笔,贷款发放2076.9万元。

4. 2020年"内自同城化"贷款办理情况。我市向自贡公积金缴存职工发放贷款35户,金额1210.1万元,自贡向内江公积金缴存职工发放贷款55户,金额1893.5万元。

5. 精简了住房公积金提取业务单位签章事项、异地贷款第三方担保、贷款申请人收入证明、保证函等办事要件。

6. 实现对省内异地贷款申请人的公积金缴存情况网络核查。

7. 优化省外异地公积金缴存职工缴存核查方式，可通过手机 App 现场核查。

（四）当年住房公积金管理中心所获荣誉情况。

1. 获得全省"2020 年度全国住房公积金监管平台试点突出工作突出单位"称号。
2. 获得"内江市三八红旗集体"荣誉称号。

乐山市住房公积金 2020 年年度报告

根据国务院《住房公积金管理条例》和国家住房和城乡建设部、国家财政部、中国人民银行《关于健全住房公积金信息披露制度的通知》（建金〔2015〕26 号）的规定，经乐山市住房公积金管理委员会审议通过，现将乐山市住房公积金 2020 年年度报告公布如下。

一、机构概况

（一）乐山市住房公积金管理委员会。乐山市住房公积金管理委员会有 21 名委员，2020 年召开 1 次全体委员会议，听取和审议通过的事项主要包括：听取乐山市住房公积金管理中心《关于 2019 年工作情况总结暨 2020 年工作计划的报告》；审议《乐山市住房公积金 2019 年年度报告》《乐山市住房公积金管理中心关于审议 2020 年住房公积金归集、使用和增值收益计划的请示》《乐山市住房公积金提取管理办法（送审稿）》《乐山市住房公积金个人住房贷款管理办法（送审稿）》《乐山市住房公积金缴存管理办法（送审稿）》《乐山市住房公积金管理委员会办公室关于明确和调整我市住房公积金贷款、提取部分政策的请示》。

（二）乐山市住房公积金管理中心。乐山市住房公积金管理中心为直属于乐山市人民政府不以营利为目的的独立的事业单位，设 6 个科，11 个管理部，0 个分中心。从业人员 135 人，其中，在编 42 人，非在编 93 人。

二、业务运行情况

（一）缴存。2020 年，新开户单位 378 家，净增单位 -22 家；新开户职工 1.82 万人，净增职工 0.31 万人；实缴单位 4048 家，同比减少 0.54%；实缴职工 20.00 万人，缴存额 35.86 亿元，分别同比增长 1.57%、4.18%。2020 年末，缴存总额 309.73 亿元，比上年末增加 13.09%；缴存余额 116.12 亿元，同比增长 9.35%。受委托办理住房公积金缴存业务的银行 9 家。

（二）提取。2020 年，8.11 万名缴存职工提取住房公积金；提取额 25.93 亿元，同比增长 2.61%；提取额占当年缴存额的 72.31%，比上年减少 1.11 个百分点。2020 年末，提取总额 193.61 亿元，比上年末增加 15.46%。

（三）贷款。

1. 个人住房贷款。个人住房贷款最高额度 50 万元。单缴存职工个人住房贷款最高额度 40 万元，双缴存职工个人住房贷款最高额度 50 万元。

2020 年，发放个人住房贷款 0.67 万笔、24.48 亿元，同比分别增长 4.69%、5.29%。

2020 年，回收个人住房贷款 13.82 亿元。

2020 年末，累计发放个人住房贷款 8.36 万笔、196.21 亿元，贷款余额 108.30 亿元，分别比上年末增加 8.71%、14.25%、10.92%。个人住房贷款余额占缴存余额的 93.27%，比上年末增加 1.32 个百分点。受委托办理住房公积金个人住房贷款业务的银行 7 家。

2. 异地贷款。2020 年，发放异地贷款 1358 笔、47463.30 万元。2020 年末，发放异地贷款总额 179456.38 万元，异地贷款余额 113595.82 万元。

3. 公转商贴息贷款。2020 年，发放公转商贴息贷款 0 笔、0 万元，当年贴息额 0 万元。2020 年末，累计发放公转商贴息贷款 0 笔、0 万元，累计贴息 0 万元。

4. 住房公积金支持保障性住房建设项目贷款。2020 年，发放支持保障性住房建设项目贷款 0 亿元，回收项目贷款 0 亿元。2020 年末，累计发放项目贷款 0 亿元，项目贷款余额 0 亿元。

（四）购买国债。2020 年，购买（记账式、凭证式）国债 0 亿元，（兑付、转让、收回）国债 0 亿元。2020 年末，国债余额 0 亿元，比上年减少（增加）0 亿元。

（五）资金存储。2020 年末，住房公积金存款 8.73 亿元。其中，活期 0.008 亿元，1 年（含）以下定期 2.40 亿元，1 年以上定期 2.18 亿元，其他（协定、通知存款等）4.142 亿元。

（六）资金运用率。2020 年末，住房公积金个人住房贷款余额、项目贷款余额和购买国债余额的总和占缴存余额的 93.27%，比上年增加 1.32 个百分点。

三、主要财务数据

（一）业务收入。2020 年，业务收入 36714.10 万元，同比增长 11.65%。其中，存款利息 2888.74 万元，委托贷款利息 33825.06 万元，国债利息 0 万元，其他 0.30 万元。

（二）业务支出。2020 年，业务支出 18022.30 万元，同比增长 8.79%。其中，支付职工住房公积金利息 16865.66 万元，归集手续费 0 万元，委托贷款手续费 1014.72 万元，其他 141.92 万元。

（三）增值收益。2020 年，增值收益 18691.80 万元，同比增长 14.56%。增值收益率 1.68%，比上年增加 0.08 个百分点。

（四）增值收益分配。2020 年，提取贷款风险准备金 3198.25 万元，提取管理费用 2215.11 万元，提取城市廉租住房（公共租赁住房）建设补充资金 13278.44 万元。

2020 年，上交财政管理费用 2215.11 万元。上缴财政城市廉租住房（公共租赁住房）建设补充资金 13278.44 万元。

2020 年末，贷款风险准备金余额 25079.11 万元。累计提取城市廉租住房（公共租赁住房）建设补充资金 82265.15 万元。

（五）管理费用支出。2020 年，管理费用支出 1993.34 万元，同比下降 9.74%。其中，人员经费 1454.66 万元，公用经费 296.17 万元，专项经费 242.51 万元。

四、资产风险状况

（一）个人住房贷款。2020 年末，个人住房贷款逾期额 37.41 万元，逾期率 0.035‰。2020 年，使用个人贷款风险准备金核销呆坏账 0 万元。

（二）支持保障性住房建设试点项目贷款。 2020 年末，逾期项目贷款 0 万元，逾期率 0‰。项目贷款风险准备金余额 0 万元。2020 年，使用项目贷款风险准备金核销呆坏账 0 万元。

五、社会经济效益

（一）缴存业务。 缴存职工中，国家机关和事业单位占 49.78%，国有企业占 21.49%，城镇集体企业占 1.07%，外商投资企业占 3.08%，城镇私营企业及其他城镇企业占 21.23%，民办非企业单位和社会团体占 3.34%，灵活就业人员占 0%，其他占 0.01%；中、低收入占 97.75%，高收入占 2.25%。

新开户职工中，国家机关和事业单位占 28.81%，国有企业占 15.18%，城镇集体企业占 0.91%，外商投资企业占 2.10%，城镇私营企业及其他城镇企业占 46.50%，民办非企业单位和社会团体占 6.44%，灵活就业人员占 0%，其他占 0.06%；中、低收入占 99.70%，高收入占 0.30%。

（二）提取业务。 提取金额中，购买、建造、翻建、大修自住住房占 12.72%，偿还购房贷款本息占 64.29%，租赁住房占 1.76%，支持老旧小区改造占 0%，离休和退休提取占 16.74%，完全丧失劳动能力并与单位终止劳动关系提取占 2.85%，出境定居占 0%，死亡占 0.51%，其他占 1.13%。提取职工中，中、低收入占 97.53%，高收入占 2.47%。

（三）贷款业务。

1. 个人住房贷款。2020 年，支持职工购建房 72.62 万平方米，年末个人住房贷款市场占有率为 21.10%，比上年减少 0.17 个百分点。通过申请住房公积金个人住房贷款，可节约职工购房利息支出 3462.15 万元。

职工贷款笔数中，购房建筑面积 90（含）平方米以下占 18.84%，90～144（含）平方米占 75.66%，144 平方米以上占 5.50%。购买新房占 87.38%（其中购买保障性住房占 0%），购买二手房占 12.62%，建造、翻建、大修自住住房占 0%，其他占 0%。

职工贷款笔数中，单缴存职工申请贷款占 70.87%，双缴存职工申请贷款占 29.13%，三人及以上缴存职工共同申请贷款占 0%。

贷款职工中，30 岁（含）以下占 36.75%，30 岁～40 岁（含）占 36.52%，40 岁～50 岁（含）占 19.55%，50 岁以上占 7.18%；首次申请贷款占 55.54%，二次及以上申请贷款占 44.46%；中、低收入占 98.42%，高收入占 1.58%。

2. 支持保障性住房建设试点项目贷款。2020 年末，累计试点项目 0 个，贷款额度 0 亿元，建筑面积 0 万平方米，可解决 0 户中低收入职工家庭的住房问题。0 个试点项目贷款资金已发放并还清贷款本息。

（四）住房贡献率。 2020 年，个人住房贷款发放额、公转商贴息贷款发放额、项目贷款发放额、住房消费提取额的总和与当年缴存额的比率为 125.29%，比上年增加 2.22 个百分点。

六、其他重要事项

（一）乐山市住房公积金管理中心应对新冠肺炎疫情采取的措施，落实住房公积金阶段性支持政策情况和政策实施成效。 为全面贯彻落实国务院及省、市关于新冠肺炎疫情防控工作要求，根据住房和城乡建设部、财政部、中国人民银行印发的《关于妥善应对新冠肺炎疫情实施住房公积金阶段性支持政策的通知》（建金〔2020〕23号）、国家住房和城乡建设部办公厅《关于应对新型冠状病毒感染的肺炎疫情做好住房公积金管理服务工作的通知》（建金办函〔2020〕71号），乐山市住房公积金管理委员会办公室出台两个阶段性支持政策。《关于新型冠状病毒疫情防控期间推行便民服务的通知》（乐住公委办〔2020〕11号）和《关于新型冠状病毒疫情防控期间推行便民服务的补充通知》（乐住公委办〔2020〕12号），切实做好疫情联防联控工作，方便缴存单位和职工业务办理。

为支持企业复工复产，帮助受疫情影响的企业和职工纾困，乐山市住房公积金管理中心迅速梳理，制成政策"明白卡"，并一对一送进企业；在"不见面审批""最多跑一次"服务基础上及时推出疫情防控新举措，大力推行"延时办、网上办、预约办"，并推出"绿色通道"服务，优化"一窗受理"，强化审批服务"快速办"，降低现场等候造成的人员聚集风险。截至6月30日阶段性政策到期，共向本市1850家缴存企业分发支持政策"明白卡"；2020年为本市15家受疫情影响经营困难企业办理住房公积金缓缴业务，惠及职工3000余名；对缴存职工在疫情防控期间未能正常还款的，不作逾期处理526笔，已计收罚息的作退回处理，疫情期间已报送的逾期记录予以调整。同时，对政策执行中的困难和问题积极提出协调解决方案，采用线下预约办理或上门服务的方式进行，确保政策及时落地落实。

（二）2020年乐山市住房公积金管理中心机构及职能无调整、受委托办理缴存贷款业务金融机构无变更。

（三）当年住房公积金政策调整及执行情况。

1. 坚持"房子是用来住的，不是用来炒的"定位，为进一步加强提取、贷款、缴存业务规范化、标准化管理，优化政务服务，提高服务质量和效率，维护住房公积金缴存职工的合法权益，提高城镇居民的居住水平，促进我市经济平稳健康发展，乐山市住房公积金管理委员会根据相关法规、章程出台了新的《乐山市住房公积金提取管理办法》《乐山市住房公积金贷款管理办法》《乐山市住房公积金缴存管理办法》，于2020年5月1日起施行。截至2020年末，各项政策落地实施平稳有效。

2. 当年缴存基数调整及执行情况。按照《关于进一步规范市级行政事业单位职工住房公积金缴存基数的通知》要求，对行政事业单位职工住房公积金缴存基数范围进行清理规范。根据乐山市人力资源和社会保障局公布的2019年度最低月工资标准，2020年度全市住房公积金个人和单位的缴存基数最低不得低于1650元/月；根据乐山市统计局公布的2019年度城镇非私营单位从业人员平均工资，2020年度住房公积金个人和单位的缴存基数最高不得超过19767元/月。执行时间从2020年7月1日至2021年6月31日。

（四）当年服务改进情况。抓好服务平台，切实为民解忧。践行以人民为中心的发展思想，进一步增强服务意识，增添主动服务措施，实施周六错时服务、专场服务、上门服务，根据实际情况为办事群众提供贴心服务。及时更新了心连心知识库和乐山市"心连心服务热线"AI智能语音知识点，并安排业务骨干在乐山市心连心服务中心开展政策宣讲。

（五）当年信息化建设情况。乐山市住房公积金管理中心深入贯彻落实"互联网+政务服务"系列精神，着力加强信息系统建设，不断提升信息化水平，全面优化业务管理模式和流程。2020年6月，乐山市住房公积金管理中心电子印章系统正式上线运行，缴存单位在办结网上缴存业务后可自主打印《乐山市住房公积金管理中心缴款通知书》《乐山市住房公积金管理中心收款通知书》等业务回单，已有4048个单位真正实现了缴存"零跑路"，网上轻松办业务。

（六）当年乐山市住房公积金管理中心及职工所获荣誉情况。峨眉山市住房公积金管理部获得2020年乐山市"巾帼文明岗"。

（七）2020年乐山市住房公积金管理中心无对违反《住房公积金管理条例》和相关法规行为进行行政处罚和申请人民法院强制执行情况。

（八）2020年乐山市住房公积金管理中心无对住房公积金管理人员违规行为的纠正和处理情况。

（九）无其他需要披露的情况。

南充市住房公积金2020年年度报告

根据国务院《住房公积金管理条例》和住房和城乡建设部、财政部、人民银行《关于健全住房公积金信息披露制度的通知》（建金〔2015〕26号）的规定，经住房公积金管理委员会审议通过，现将南充市住房公积金2020年年度报告公布如下。

一、机构概况

（一）住房公积金管理委员会。住房公积金管理委员会有27名委员，2020年召开一次会议，审议通过的事项主要包括：《南充市住房公积金2019年年度报告》《关于2019年住房公积金增值收益分配的报告》《关于2019年度机构经费决算及2020年度机构经费预算的报告》《关于2020年度住房公积金缴存和使用计划的报告》《关于积极应对疫情优化公积金贷款政策支持房地产市场平稳健康发展的报告》。

（二）住房公积金管理中心。住房公积金管理中心为直属市人民政府不以营利为目的的独立的全额拨款事业单位，设7个科、10个管理部。从业人员96人，其中，在编82人，非在编14人。

二、业务运行情况

（一）缴存。2020年，新开户单位304家，净减单位32家；新开户职工1.97万人，净增职工2万人；实缴单位4905家，实缴职工24.61万人，缴存额42.75亿元，分别同比下降0.65%、增长8.85%、8.29%。2020年末，缴存总额295.60亿元，比上年末增加16.91%；缴存余额114.33亿元，同比增长11.69%。受委托办理住房公积金缴存业务的银行6家。

（二）提取。2020年，9.21万名缴存职工提取住房公积金；提取额30.79亿元，同比增长19.11%；提取额占当年缴存额的72.02%，比上年增加6.54个百分点。年末，提取总额181.27亿元，比上年末增加20.46%。

（三）贷款。

1. 个人住房贷款。单缴存职工个人住房贷款最高额度42万元，双缴存职工个人住房贷款最高额度48万元。

2020年，发放个人住房贷款0.95万笔、31.66亿元，同比分别增长69.64%、92.23%。

2020年，回收个人住房贷款10.82亿元。

2020年末，累计发放个人住房贷款7.23万笔、163.08亿元，贷款余额102.69亿元，分别比上年末

增加15.13%、24.09%、25.48%。个人住房贷款余额占缴存余额的89.82%，比上年末增加9.87个百分点。受委托办理住房公积金个人住房贷款业务的银行4家。

2. 异地贷款。2020年，发放异地贷款1220笔、39882万元。2020年末，发放异地贷款总额133003.20万元，异地贷款余额48292.76万元。

3. 公转商贴息贷款。2020年，发放公转商贴息贷款0笔、0万元，当年贴息额0万元。2020年末，累计发放公转商贴息贷款0笔、0万元，累计贴息0万元。

4. 住房公积金支持保障性住房建设项目贷款。2020年，发放支持保障性住房建设项目贷款0亿元，回收项目贷款0亿元。2020年末，累计发放项目贷款4.2亿元，项目贷款余额0亿元。

（四）购买国债。2020年，购买（记账式、凭证式）国债0亿元，（兑付、转让、收回）国债0亿元。2020年末，国债余额0亿元。

（五）资金存储。2020年末，住房公积金存款10.97亿元。其中，活期0.01亿元，1年（含）以下定期0亿元，1年以上定期8.93亿元，其他（协定、通知存款等）2.03亿元。

（六）资金运用率。2020年末，住房公积金个人住房贷款余额、项目贷款余额和购买国债余额的总和占缴存余额的89.82%，比上年末增加9.87个百分点。

三、主要财务数据

（一）业务收入。2020年，业务收入38196.06万元，同比增长23.41%。其中，存款利息8857.39万元，委托贷款利息29338.50万元，国债利息0万元，其他0.17万元。

（二）业务支出。2020年，业务支出22055.06万元，同比增长54.81%。其中，支付职工住房公积金利息20938.40万元，归集手续费0万元，委托贷款手续费1040.20万元，其他76.46万元。

（三）增值收益。2020年，增值收益16141万元，同比下降3.37%。增值收益率1.5%，比上年减少0.26个百分点。

（四）增值收益分配。2020年，提取贷款风险准备金9684.60万元；提取管理费用2327.48万元，提取城市廉租住房（公共租赁住房）建设补充资金4128.92万元。

2020年，上交财政管理费用2327.48万元。上缴财政城市廉租住房（公共租赁住房）建设补充资金3934.40万元。

2020年末，贷款风险准备金余额63881.27万元。累计提取城市廉租住房（公共租赁住房）建设补充资金41395.27万元。

（五）管理费用支出。2020年，管理费用支出2400.39万元，同比下降7.03%。其中，人员经费1267.37万元，公用经费23.35万元，专项经费1109.67万元。

四、资产风险状况

（一）个人住房贷款。2020年末，个人住房贷款逾期额44.34万元，逾期率0.04‰。个人贷款风险准备金余额63881.27万元。2020年，使用个人贷款风险准备金核销呆坏账0万元。

（二）支持保障性住房建设试点项目贷款。2020年末，逾期项目贷款0万元，逾期率0‰；项目贷款风险准备金余额0万元。2020年，使用项目贷款风险准备金核销呆坏账0万元。

五、社会经济效益

（一）**缴存业务**。缴存职工中，国家机关和事业单位占66%，国有企业占15.62%，城镇集体企业占2.28%，外商投资企业占0.93%，城镇私营企业及其他城镇企业占13.70%，民办非企业单位和社会团体占1.37%，灵活就业人员占0%，其他占0.1%；中、低收入占100%，高收入占0%。

新开户职工中，国家机关和事业单位占39.62%，国有企业占12.25%，城镇集体企业占0.76%，外商投资企业占1.69%，城镇私营企业及其他城镇企业占41.57%，民办非企业单位和社会团体占3.17%，灵活就业人员占0%，其他占0.94%；中、低收入占100%，高收入占0%。

（二）**提取业务**。提取金额中，购买、建造、翻建、大修自住住房占36.41%，偿还购房贷款本息占46.67%，租赁住房占2.05%，支持老旧小区改造占0.12%，离休和退休提取占11.12%，完全丧失劳动能力并与单位终止劳动关系提取占0.01%，出境定居占0%，其他占3.62%。提取职工中，中、低收入占100%，高收入占0%。

（三）**贷款业务**。

1. 个人住房贷款。2020年，支持职工购建房95.15万平方米，年末个人住房贷款市场占有率为12.91%，比上年末增加2.02个百分点。通过申请住房公积金个人住房贷款，可节约职工购房利息支出138760.78万元。

职工贷款笔数中，购房建筑面积90（含）平方米以下占31.92%，90~144（含）平方米占66.92%，144平方米以上占1.16%。购买新房占96.43%（其中购买保障性住房占0%），购买二手房占3.57%，建造、翻建、大修自住住房占0%（其中支持老旧小区改造占0%），其他占0%。

职工贷款笔数中，单缴存职工申请贷款占62.90%，双缴存职工申请贷款占37.10%，三人及以上缴存职工共同申请贷款占0%。

贷款职工中，30岁（含）以下占35.04%，30岁~40岁（含）占33.40%，40岁~50岁（含）占26.23%，50岁以上占5.33%；首次申请贷款占88.60%，二次及以上申请贷款占11.40%；中、低收入占100%，高收入占0%。

2. 支持保障性住房建设试点项目贷款。2020年末，累计试点项目4个，贷款额度4.2亿元，建筑面积47.6万平方米，可解决5676户中低收入职工家庭的住房问题。4个试点项目贷款资金已发放并还清贷款本息。

（四）**住房贡献率**。2020年，个人住房贷款发放额、公转商贴息贷款发放额、项目贷款发放额、住房消费提取额的总和与当年缴存额的比率为135.46%，比上年增加40.60个百分点。

六、其他重要事项

（一）**应对新冠肺炎疫情采取的措施，落实住房公积金阶段性支持政策情况和政策实施成效**。

1. 授权办理降比缓缴，助力企业度过难关。2020年，中心认真贯彻落实各级应对疫情的阶段性政策措施，出台《关于调整疫情防控期有关业务操作细则的通知》，严格按照市政府关于应对疫情支持中小企业发展措施中"减轻住房公积金缴存负担"的要求，授权管理部直接办理企业疫情防控期间降低比例缴存和缓缴业务，极大提高办事效率。全年累计办理缓缴单位78个，涉及职工6860人，缓缴金额共780万元，帮助困难企业度过难关。

2. 全面落实"南房十三条"，助力楼市率先激活。全面落实南充市《应对新冠肺炎疫情影响促进房地产市场平稳健康有序发展的十三条措施》，优化政策，精简环节，提升服务，全年发放个人住房贷款 31.66 亿元，同比增长 92.23%，居全省第二，与商业住房贷款相比，可为职工节约购房利息支出 13.88 亿元。

（二）当年机构及职能调整情况、受委托办理缴存贷款业务金融机构变更情况。当年机构及职能、受委托办理缴存贷款业务金融机构均无调整变更。

（三）当年住房公积金政策调整及执行情况。当年全市缴存基数最低限额不得低于本市上一年度职工最低月工资标准 1650 元，最高限额不得超过本市上一年度职工月平均工资的三倍，即 19413 元。

当年住房公积金存款利率执行标准如下。活期存款利率 0.35%；协定存款利率按基准利率上浮 30%，即 1.495%；定期存款利率按基准利率上浮 40%，即半年期 1.82%，一年期 2.1%，二年期 2.94%，三年期 3.85%。贷款利率执行标准如下。五年以下（含五年）2.75%，五年以上 3.25%。

为防范骗提套取公积金行为，经市住房公积金管委会决定，对公积金提取政策做以下调整。限制同一套住房频繁交易提取住房公积金；停止非直系亲属共同购房提取住房公积金。

根据南充市《应对新冠肺炎疫情影响促进房地产市场平稳健康有序发展的十三条措施》和管委会批准，将单、双边缴存职工个人住房贷款最高贷款额度上限分别上浮 20%，即单边缴存的最高 42 万元、双边缴存的最高 48 万元。

根据各级关于将城镇老旧小区加装电梯"纳入住房公积金使用范围"的要求，南充中心于 2020 年 1 月经管委会批准出台《关于既有住宅增设电梯提取住房公积金的实施细则》，全年因增设电梯提取公积金 82 人，共计 377.25 万元支持城镇老旧小区的改造。

（四）当年服务改进情况。

1. 改进服务方式。一方面，中心积极应对新冠疫情挑战，全面推进缴存业务"非接触式"办理，优化系统自动对冲还贷，引导职工网上办理离职、退休等提取业务，将线上业务占比提高到 70%，极大提高了服务效能。另一方面，重点打好六场风险攻坚战，认真落实二十条工作措施，充分利用监管服务平台和电子稽查工具，排查整改风险隐患项目 626 项，整改完成率 99.84%，在全省名列前茅。

2. 拓宽服务渠道。优化完善南充市住房公积金微信公众号、网上服务大厅、"手机公积金"App、微信—城市服务、支付宝—市民中心、"公积金查询"、12329（12345）公积金服务热线、手机短信、自助服务终端等服务渠道，致力为人民群众提供随时随地随身的服务。中心微信公众号访问 15 万人次、手机公积金 42 万人次、网厅 22 万人次。

3. 优化服务质量。积极推进业务办理由柜面到网上转变、由人工向智能转变，让"数据多跑路，群众少跑腿"，全面实现"八个实时"，即汇缴实时分解、提取实时到账、贷款实时发放、还贷实时对冲、资金实时调拨、账户实时查询、业务实时监控、信息实时推送。

（五）当年信息化建设情况。认真贯彻落实中央、省、市决策部署和要求，以"互联网＋公积金"建设为抓手，大力推进"跨省通办""川渝一体化""好差评"等工作，成功接入省政务一体化平台，完成市政务平台接口开发测试，大力推进与人行、房管、不动产、民政、公安等部门的信息数据共联共享。中心与工行、农行、中行、建行、交行、天府银行 6 家银行签署合作协议，与中国银行、天府银行实现信息共享。

（六）当年住房公积金管理中心及职工所获荣誉情况。中心通过文明创建复查验收，被省文明委确认继续保留"四川省最佳文明单位"称号；中心脱贫攻坚荣获全市记功表彰。

（七）当年对违反《住房公积金管理条例》和相关法规行为进行行政处罚和申请人民法院强制执行情况。深入推进"扫黑除恶"专项斗争，强化部门协同配合，在全市拉网排查清除街头骗提小广告，在全省公积金领域最大力度公开曝光骗提人员名单。严格坚持提取业务"三限三禁"，集中开展大病提取专项回查。加强"黑名单"管理工作，积极配合法院做好查询、冻结、解冻、扣划工作，并联合发文，建立执行协作联动机制。

（八）当年对住房公积金管理人员违规行为的纠正和处理情况等。无。

（九）其他需要披露的情况。无。

宜宾市住房公积金2020年年度报告

根据国务院《住房公积金管理条例》和住房和城乡建设部、财政部、人民银行《关于健全住房公积金信息披露制度的通知》（建金〔2015〕26号）的规定，经住房公积金管理委员会审议通过，现将宜宾市住房公积金2020年年度报告公布如下。

一、机构概况

（一）宜宾市住房公积金管理委员会。现有委员25名，2020年度召开1次会议，审议通过的主要事项：《宜宾市住房公积金2019年年度报告》《2019年度住房公积金工作情况报告》《关于2019年住房公积金归集使用计划执行情况报告》《关于2020年住房公积金归集使用计划建议报告》。同时，在2020年9月，对住房公积金使用政策进行了部分调整。对受托银行承办住房公积金业务考核情况进行考核奖惩。

（二）宜宾市住房公积金管理中心。系直属于宜宾市人民政府的不以营利为目的的独立的正县级事业单位，设7个科室，11个管理部。从业人员139人，其中在编76人，非在编63人。

二、业务运行情况

（一）缴存。2020年，新开户单位520家，净减单位208家；新开户职工2.28万人，净增职工0.48万人；实缴单位4530家，实缴职工26.73万人，缴存额53.02亿元，分别同比增长4.81%、1.83%、12.50%。2020年末，缴存总额386.84亿元，比上年末增加15.88%；缴存余额150.07亿元，同比增长9.66%。受委托办理住房公积金缴存业务的银行9家。

（二）提取。2020年，11.11万名缴存职工提取住房公积金；提取额39.80亿元，同比增长9.43%；提取额占当年缴存额的75.07%，比上年减少2.10个百分点。2020年末，提取总额236.77亿元，比上年末增加20.21%。

（三）贷款。

1.个人住房贷款。单缴存职工个人住房贷款最高额度30万元，双缴存职工个人住房贷款最高额度50

万元。

2020年，发放个人住房贷款0.69万笔、21.02亿元，同比分别下降10.56%、10.52%。

2020年，回收个人住房贷款19.68亿元。

2020年末，累计发放个人住房贷款12.27万笔、251.46亿元，贷款余额126.62亿元，分别比上年末增加6.05%、9.12%、1.08%。个人住房贷款余额占缴存余额的84.37%，比上年末减少7.17个百分点。

受委托办理住房公积金个人住房贷款业务的银行7家。

2. 异地贷款。2020年，发放异地贷款617笔、18670.60万元。2020年末，发放异地贷款总额72367.30万元，异地贷款余额38416.66万元。

（四）资金存储情况。2020年末，住房公积金存款24.04亿元。其中，活期0.01亿元，1年（含）以下定期11.05亿元，1年以上定期12.25亿元，其他（协定、通知存款等）0.73亿元。

（五）资金运用率情况。2020年末，住房公积金个人住房贷款余额、项目贷款余额和购买国债余额的总和占缴存余额的84.37%，比上年末减少7.17个百分点。

三、主要财务数据

（一）业务收入。2020年，业务收入48833.81万元，同比增长9.54%。存款利息8516.27万元，委托贷款利息40316.07万元，国债利息0万元，其他1.47万元。

（二）业务支出。2020年，业务支出23883.53万元，同比增长8.27%。支付职工住房公积金利息21851.87万元，归集手续费0万元，委托贷款手续费2013.30万元，其他18.36万元。

（三）增值收益。2020年，增值收益24950.28万元，同比增长10.79%。增值收益率1.73%，比上年增长0.03个百分点。

（四）增值收益分配。2020年，提取贷款风险准备金12661.51万元，提取管理费用1962.14万元，提取城市廉租住房（公共租赁住房）建设补充资金10326.63万元。

2020年，上交财政管理费用1962.14万元。上缴2019年度提取的财政城市廉租住房（公共租赁住房）建设补充资金7842.07万元。

2020年末，贷款风险准备金余额99044.13万元。累计提取城市廉租住房（公共租赁住房）建设补充资金62832.57万元。

（五）管理费用支出。2020年，管理费用支出（实际支出）2268.85万元，同比增长2.15%。其中，人员经费1409.06万元，公用经费91.56万元，专项经费768.23万元。

四、资产风险状况

2020年末，个人住房贷款逾期额6.62万元，逾期率0.005‰。

个人贷款风险准备金余额99044.13万元。2020年，使用个人贷款风险准备金核销呆坏账0万元。

五、社会经济效益

（一）缴存业务。缴存职工中，国家机关和事业单位占50.44%，国有企业占47.17%，城镇集体企业占0.11%，外商投资企业占0%，城镇私营企业及其他城镇企业占0.38%，民办非企业单位和社会团体占

1.49%，灵活就业人员占 0%，其他占 0.41%；中、低收入占 98.66%，高收入占 1.34%。

新开户职工中，国家机关和事业单位占 32.39%，国有企业占 63.50%，城镇集体企业占 0.17%，外商投资企业占 0%，城镇私营企业及其他城镇企业占 0.39%，民办非企业单位和社会团体占 3.21%，灵活就业人员占 0%，其他占 0.34%；中、低收入占 99.82%，高收入占 0.18%。

（二）提取业务。提取金额中，购买、建造、翻建、大修自住住房占 19.12%，偿还购房贷款本息占 62.30%，租赁住房占 1.73%，离休和退休提取占 12.63%，出境定居占 0.56%，其他占 3.66%。

提取职工中，中、低收入占 98.56%，高收入占 1.44%。

（三）贷款业务。2020 年，支持职工购建房 69.74 万平方米（含公转商贴息贷款），年末个人住房贷款市场占有率（含公转商贴息贷款）为 16.78%，比上年减少 2.69 个百分点。通过申请住房公积金个人住房贷款，节约职工购房利息支出 50938.92 万元。

职工贷款笔数中，购房建筑面积 90（含）平方米以下占 35.71%，90~144（含）平方米占 62.69%，144 平方米以上占 1.60%。购买新房占 87.02%，购买二手房占 12.98%。

职工贷款笔数中，单缴存职工申请贷款占 36.40%，双缴存职工申请贷款占 63.60%，三人及以上缴存职工共同申请贷款占 0%。

贷款职工中，30 岁（含）以下占 44.02%，30 岁~40 岁（含）占 31.21%，40 岁~50 岁（含）占 19.62%，50 岁以上占 5.15%；首次申请贷款占 86.26%，二次及以上申请贷款占 13.74%；中、低收入占 99.77%，高收入占 0.23%。

（四）住房贡献。2020 年，个人住房贷款发放额、公转商贴息贷款发放额、项目贷款发放额、住房消费提取额的总和与当年缴存额的比率为 102.07%，比上年减少 11.27 个百分点。

六、其他重要事项

（一）精准施策，统筹做好疫情防控和住房公积金业务发展工作。采取"线上"业务办理、优化窗口设置、严守防控规定措施，推进疫情防控和业务运行两手抓、两不误。特别是在惠民惠企方面，制定《宜宾市住房公积金管理中心关于应对新型冠状病毒感染的肺炎疫情做好住房公积金管理服务工作的通知》（宜住金发〔2020〕3 号）、《宜宾市住房公积金管理中心关于办理疫情期间降比缓缴业务有关事项的通知》（宜住金发〔2020〕6 号）、《宜宾市住房公积金管理中心关于应对疫情延后办理提取业务有关事项的通知》（宜住金发〔2020〕16 号）等住房公积金阶段性支持政策，通过支持困难企业降比、缓缴住房公积金度过经营难关，疫情期间未按时缴存公积金职工视同正常缴存，确保职工权益不受影响。2020 年全年累计支持 10 个受疫情影响的困难企业缓缴公积金 1 年，缓缴职工 291 人，缓缴金额 93 万余元。支持 993 户缴存职工"延后办""足额提"，补充提取公积金 719.86 万元。

（二）规范管理，切实做好银行账户归并工作。2020 年撤销住房公积金金融机构账户 1 个，即中国银行结算户。归集业务仍由 9 家银行办理，分别是工商银行、农业银行、建设银行、中国银行、商业银行、兴业银行、交通银行、中信银行、邮储银行。

（三）因势利导，积极适时调整住房公积金政策。

1. 出台《宜宾市住房公积金管理委员会关于确定 2020 年度住房公积金缴存基数上限的通知》（宜住金管发〔2020〕4 号），根据全市 2019 年度城镇非私营单位职工年平均工资统计，调整全市 2020 年度住房公积金缴存基数上限为 20049 元。

2. 出台《宜宾市住房公积金管理中心关于调整部分住房公积金使用政策的通知》（宜住金发〔2020〕63号），调整住房公积金最高贷款额度、取消住房公积金贷款间隔期、执行第二套住房贷款利率政策、全面推行再交易住房组合贷款业务、调整无房职工租房提取使用住房公积金支持政策、放宽职工封存账户偿还住房公积金贷款政策，保障住房公积金缴存职工合法权益。

3. 着手修订《住房公积金提取业务操作规程》《住房公积金归集业务操作规程》，进一步规范住房公积金归集提取管理。修订《按揭合作项目业务操作规程》《个人住房公积金贷款操作规程》，进一步规范贷款操作流程。

（四）以民为本，进一步加强和改进服务工作。

1. 改善服务条件。强化"便民利民惠民"理念，进一步完善各区县管理部办事大厅和窗口的设施设备，在显著位置坚持公示窗口人员岗位情况、服务承诺、工作流程等内容，候办休息椅、服务咨询台、饮水机、老花镜、充电器等便民设施不断完善，为办事群众提供更加"贴心"的服务。办公服务条件明显改善，11个区县管理部有8个进驻所在区县政务服务中心，其中临港开发区管理部投入运行，全力服务三江新区发展。

2. 优化服务流程。开展资料"瘦身"行动，取消原办理提取业务时需要收取的25种纸质复印资料，全年有效减少职工提供复印件50万张。采取减项提效、工作下沉等举措，进一步优化办事流程，各类办事环节减少30%以上，手续压缩70%以上。打开"绿色通道"，实行延时、预约、上门等特色服务。在服务大厅设立"跨省通办"窗口，推动工作落地落实。

3. 提升服务效能。扎实推进综合服务平台建设，加强住房公积金数据信息整合、业务互联互通，实现数据多跑路、群众"少跑腿"甚至"零跑腿"。在全省一体化政务服务平台上认领公共服务事项24项，其中"全程网办"事项20项，"最多跑一次"事项24项。与银行结算系统深度融合，提高资金结算效率，实现归集缴存、提取资金、提取还贷"秒到账"。布局打造"指尖上"的住房公积金，缴存、提取业务网办率分别达到90%以上、50%以上。协助银行推出"金闪借"等金融产品并取得明显成效，着力解决缴存职工融资难问题。优化营商环境，开通网办业务缴存企业达1791个，实现"非接触式"缴存的企业1708个，占缴存企业总数的94.36%。

4. 增强服务能力。认真制订培训规划和年度计划，延伸拓展"自主集中学＋外出拓展学＋交流锻炼学＋宣讲引导学＋平时主动学＋结合工作学"等六学模式，依托每月末职工全员培训、中心组学习、"三会一课"等平台，将学习教育融入日常、抓在经常。创新开展"促发展惠民生、勇争先作贡献"主题实践，扎实推进各项工作出实效、上台阶，为宜宾加快建成全省经济副中心和成渝地区经济副中心多作贡献，争当成渝地区双城经济圈住房公积金行业排头兵。深入开展"三亮三比三评"活动，在全系统评选党员先锋岗、服务标兵、示范窗口（科室），发挥党员干部先锋模范作用，营造比学赶超、创先争优的良好氛围。严格执行服务承诺制、首问责任制、一次性告知制、窗口服务标准等制度，规范服务言行，增强服务意识。开展"双报到"活动，做实社区"双包双保"，常态化开展志愿服务，2020年参与疫情防控、帮扶慰问、政策宣传、爱心助学、环境整治、文明劝导等志愿服务活动1000余人次，助力宜宾成功创建全国文明城市。

（五）互联互通，信息化建设取得突破。

1. 健全完善信息管理体系。持续深化"放管服"改革，扎实推进信息化建设，在全省率先完成接入政务服务一体化平台、"跨省通办""川渝通办""一窗通""好差评"等试点工作。推进信息管理规范化，有效防控信息系统运行中的各类风险。

2. 有效运用信息服务渠道。进一步畅通官网、微信、微博等8个服务渠道,与市内主流媒体进行常态化沟通联络、深度交流合作,促进关注用户"裂变式"增长,不断扩大受益群众的范围。运用好12345市民热线、便民信箱等平台,主动接受缴存职工评价、监督。全年各渠道服务量达1000余万人次,其中网上服务大厅办理业务80余万人次。

3. 高度重视信息网络安全。建立完善《加强计算机信息系统安全和保密管理的若干规定》《信息系统管理风险内部控制办法》等信息安全管理制度,强化信息安全防护措施。完成信息系统网络安全等级保护测评工作,提高信息系统的安全防护能力,"核心业务系统""综合服务管理系统"通过等保三级测评。全面完成新虚拟系统搭建及数据迁移、核心生产环境虚拟系统新环境搭建,构建双活磁盘阵列,平稳迁移22套虚拟系统及相关核心数据,迁移总数据量13T。

4. 扎实推进信息共享。加强与各部门的互通互联,通过对接省政务平台,实现与全省和重庆市住房公积金系统数据共享,推动川渝住房公积金一体化发展。全年共为重庆、宜宾两地缴存职工办理异地转移接续62人106.69万元,办理异地购房提取10笔、102.76万元,受理异地贷款49笔,办结贷款47笔、1452.3万元;出具缴存证明48个。实现省内信息共享缴存人数4793人,提取35人,贷款142人;异地转移接续816人2758.95万元,办理异地购房提取126笔、共1775.15万元,受理异地贷款410笔,办结贷款368笔、11514.2万元;出具缴存证明452个,协助司法扣划受理1笔,冻结1笔。与市政务平台加强对接,为其他部门办理业务和服务缴存职工提供信息、数据支持。

(六)增光添彩,单位及职工荣获多项荣誉。2020年12月,在全国住房公积金有关研究机构联合发布的《全国城市和地区住房公积金发展评价报告》中,宜宾中心以89.6分进入全国30强,在全国333个地级以上城市公积金中心中综合排名第23位、居四川省第1位。宜宾中心在省政府服务一体化、"一窗通"服务平台试点等工作中成效显著,被省住房城乡建设厅通报表扬;被省扫黑除恶专项斗争领导小组评为"全省扫黑除恶专项斗争先进单位";持续保持省级文明单位称号并接受四川省第三届文明单位复查验收;荣获"创建全国文明城市工作先进集体"等多项市级部门表彰;7名干部职工被省、市有关部门评为"先进个人",其中1名职工被省房地产业协会评为"先进个人"。

(七)当年无违反《住房公积金管理条例》和相关法规行为进行行政处罚和申请人民法院强制执行情况。2020年,宜宾中心未实施行政处罚,未申请法院强制执行。

(八)2020年,宜宾中心管理人员无因违规行为受到处理的情况。

(九)宜宾中心无其他需要披露的情况。

广安市住房公积金2020年年度报告

根据国务院《住房公积金管理条例》和住房和城乡建设部、财政部、人民银行《关于健全住房公积金信息披露制度的通知》(建金〔2015〕26号)的规定,经住房公积金管理委员会审议通过,现将广安(市)住房公积金2020年年度报告公布如下。

一、机构概况

（一）住房公积金管理委员会。住房公积金管理委员会有28名委员，2020年召开1次全体会议，审议通过的事项主要包括：《关于广安市住房公积金2019年财务收支、增值收益分配及2020年度计划情况的报告》《广安市住房公积金2019年年度报告》。

（二）住房公积金管理中心。住房公积金管理中心为隶属于市政府不以营利为目的的事业单位，设4个科室，6个管理部。从业人员50人，其中，在编29人，非在编21人。

二、业务运行情况

（一）缴存。2020年，新开户单位138家，净增单位91家；新开户职工0.91万人，净增职工0.44万人；实缴单位2971家，实缴职工13.8万人，缴存额25.55亿元，分别同比增长3.16%、3.22%、13.05%。2020年末，缴存总额149.03亿元，比上年末增加20.69%；缴存余额66.33亿元，同比增长22.67%。受委托办理住房公积金缴存业务的银行7家。

（二）提取。2020年，4.65万名缴存职工提取住房公积金；提取额13.29亿元，同比增长16.05%；2020年末，提取总额82.7亿元，比上年末增加19.15%。

（三）贷款。

1. 个人住房贷款。个人住房贷款最高额度40万元。单缴存职工个人住房贷款最高额度35万元，双缴存职工个人住房贷款最高额度40万元。

2020年，发放个人住房贷款0.46万笔、16.81亿元，同比分别下降7.03%、4.43%。

2020年，回收个人住房贷款4.9亿元。

2020年末，累计发放个人住房贷款2.79万笔、81.16亿元，贷款余额61.19亿元，分别比上年末增加19.86%、26.12%、24.17%。个人住房贷款余额占缴存余额的92.24%，比上年末增加1.11个百分点。受委托办理住房公积金个人住房贷款业务的银行4家。

2. 异地贷款。2020年，发放异地贷款509笔、17801万元。2020年末，发放异地贷款总额68859万元，异地贷款余额59368.91万元。

3. 公转商贴息贷款。广安未开展公转商贴息贷款业务。

4. 住房公积金支持保障性住房建设项目贷款。广安市未纳入保障性住房建设项目贷款试点城市，未开展该项业务。

（四）购买国债。截至2020年末全市未购买国债。

（五）资金存储。2020年末，住房公积金存款8.91亿元。其中，活期0.17亿元，1年（含）以下定期3.5亿元，其他（协定、通知存款等）5.24亿元。

（六）资金运用率。2020年末，住房公积金个人住房贷款余额、项目贷款余额和购买国债余额的总和占缴存余额的92.24%，比上年末增加1.11个百分点。

三、主要财务数据

（一）业务收入。2020年，业务收入19198.55万元，同比增长28.15%。其中，存款利息1595.88万元,委托贷款利息17602.67万元。

(二)**业务支出**。2020年,业务支出9957.62万元,同比增长25.23%。其中,支付职工住房公积金利息9086.35万元,委托贷款手续费853.89万元,其他17.38万元。

(三)**增值收益**。2020年,增值收益9240.93万元,同比增长31.44%。其中,增值收益率1.53%,比上年增长0.08个百分点。

(四)**增值收益分配**。2020年,提取贷款风险准备金2,381.87万元,提取管理费用667万元,提取城市廉租住房(公共租赁住房)建设补充资金6192.06万元。

2020年,上交财政管理费用672.06万元。上缴财政城市廉租住房(公共租赁住房)建设补充资金4302.91万元。

2020年末,贷款风险准备金余额12898.92万元。累计提取城市廉租住房(公共租赁住房)建设补充资金25455.03万元。

(五)**管理费用支出**。2020年,管理费用支出750.28万元,同比下降9.89%。其中,人员经费224.46万元,公用经费314.81万元,专项经费211.01万元。

四、资产风险状况

(一)**个人住房贷款**。2020年末,个人住房贷款逾期额163.98万元,逾期率0.27‰。个人贷款风险准备金余额12898.92万元。2020年,未使用个人贷款风险准备金核销呆坏账。

(二)**支持保障性住房建设试点项目贷款**。广安市未纳入保障性住房建设项目贷款试点城市,未开展该项业务。

五、社会经济效益

(一)**缴存业务**。缴存职工中,国家机关和事业单位占62.22%,国有企业占21.02%,城镇集体企业占0.48%,外商投资企业占3.82%,城镇私营企业及其他城镇企业占7.91%,民办非企业单位和社会团体占1.91%,灵活就业人员占0%,其他占2.64%;中、低收入占98.58%,高收入占1.42%。

新开户职工中,国家机关和事业单位占58.46%,国有企业占24.23%,城镇集体企业占0.59%,外商投资企业占4.21%,城镇私营企业及其他城镇企业占11.1%,民办非企业单位和社会团体占1.41%,灵活就业人员占0%,其他占0%;中、低收入占100%,高收入占0%。

(二)**提取业务**。提取金额中,购买、建造、翻建、大修自住住房占25.93%,偿还购房贷款本息占48.15%,租赁住房占9.53%,支持老旧小区改造占0.01%,离休和退休提取占12.02%,完全丧失劳动能力并与单位终止劳动关系提取占2.64%,出境定居占0%,其他占1.72%。提取职工中,中、低收入占99.85%,高收入占0.15%。

(三)**贷款业务**。

1.个人住房贷款。2020年,支持职工购建房51.67万平方米,年末个人住房贷款市场占有率为15.56%,比上年末增加1.25个百分点。通过申请住房公积金个人住房贷款,当年可节约职工购房利息支出15868.45万元。

职工贷款笔数中,购房建筑面积90(含)平方米以下占15.4%,90~144(含)平方米占82.59%,

144 平方米以上占 2.01%。购买新房占 95.70%（其中购买保障性住房占 0%），购买二手房占 4.3%。

职工贷款笔数中，单缴存职工申请贷款占 68.94%，双缴存职工申请贷款占 31.06%。

贷款职工中，30 岁（含）以下占 26.78%，30 岁～40 岁（含）占 46.26%，40 岁～50 岁（含）占 19.7%，50 岁以上占 7.26%；首次申请贷款占 96.98%，二次及以上申请贷款占 3.02%；中、低收入占 99.86%，高收入占 0.14%。

2. 支持保障性住房建设试点项目贷款。2020 年末，广安市未纳入保障性住房建设项目贷款试点城市，未开展该项业务。

（四）住房贡献率。 2020 年，个人住房贷款发放额、公转商贴息贷款发放额、项目贷款发放额、住房消费提取额的总和与当年缴存额的比率为 109.28%，比上年减少 9.37 个百分点。

六、其他重要事项

（一）应对新冠肺炎疫情采取的措施，落实住房公积金阶段性支持政策情况和政策实施成效。 为切实做好疫情防控期间住房公积金管理和服务工作，维护缴存单位和职工的权益，中心高度重视，明确目标任务，出台（广市金管〔2020〕7 号）文件，成立了优化营商环境提升服务水平工作领导小组，强化服务意识，严控办理时限。严格执行疫情防控期间生产经营困难企业缓缴、降比政策，切实减轻企业负担。全年共为 33 家企业办理缓缴降比业务，涉及职工人数 6677 人。公积金阶段性支持政策为企业减轻负担 2201 万元。

（二）机构及职能调整情况、受委托办理缴存贷款业务金融机构变更情况。 本年机构及职能未进行调整。本市受委托办理住房公积金缴存业务的银行 7 家，受委托办理住房公积金个人住房贷款业务的银行 4 家，与上年无变化。

（三）住房公积金政策调整及执行情况。

1. 公积金缴存方面。进一步规范机关行政、事业单位缴存行为，维护职工合法权益，出台了《关于进一步规范机关事业单位职工住房公积金申报工作事项的通知》（广市金管〔2020〕46 号）文件，对机关事业单位缴存基数、申报范围、申报方式及相关工作做了要求。

2020 年度，广安市最高缴存基数限额是根据广安市统计局公布的 2019 年就业人员平均工资的公告确定，最高限额 15514 元；最低限额是根据广安市人民政府公布全市最低工资标准确定，最低限额为 1650 元；缴存基数的确定以本市统计局发布的《关于工资总额组成的规定》中相关内容为准；缴存比例为 5%～12%。职工缴存部分由所在单位依照上年度月平均工资为基数乘以缴存比例按月代扣（收）代缴，汇同单位缴存部分一并缴存。

2. 公积金使用方面。为进一步深化"放管服"改革，优化办事流程，精简要件资料，提升办事效率，确保住房公积金制度稳健运行，结合广安实际，出台了《关于进一步提质增效有关事项的通知》（广市金管〔2020〕14 号）文件，经管委会审议通过，就提取、贷款方面均作了政策调整及要求。

（1）取消"广安市住房公积金提取申请表"，精简要件。

（2）改进个人贷款审批流程，成立个贷审核小组，优化办事流程。实行组长责任制，将贷款三级审批职能优化整合，加快了审批速度，切实缩短了个贷审批等待时间。同时，配套实行《贷款业务责任领导抽查稽核制度》，降低信贷风险。

（3）提升服务效率，审核无异议的提取业务，原则上即办。无法办理的需及时告知原由。

（4）按照"能减则减、能并则并"的原则，对各类业务实行审核全流程再造。出台《关于进一步规范业务管理相关事项的通知》（广金管函〔2020〕23号）文件，全面优化工作环节，缩短周期，提升效率。特别注重审核要件、重点、注意事项等内容，提供的要件资料必须齐全，互相印证，加强对极个别提供虚假资料的甄别。

（5）为方便群众少跑腿，数据多跑路，中心出台《关于住房公积金提取、贷款业务房屋套数认定有关事项的通知》（广市金管委〔2020〕4号文件），结合购房地、征信报告、业务信息数据系统综合判断房屋套数。

3. 开展首套房商转公贷款业务。按照管委会《关于进一步明确首套房商转公贷款业务办理有关事项的通知》（广市金管〔2020〕66号文件），明确了借款人办理条件、贷款额度、首付比例及利率、办理模式、办理要件等规定。符合条件的借款人夫妻双方名下仅此一套住房，可办首套房商转公贷款业务。

4. 支持老旧小区改造加装电梯。2020年度支持老旧小区改造加装电梯提取业务办理共3人，提取金额14.94万元。

5. 住房公积金存贷款利率执行标准。2020年，我市住房公积金贷款利率延续按照住房和城乡建设部《关于按照中国人民银行规定实施住房公积金存贷款利率调整的通知》（川建金发〔2015〕606号）的文件规定执行。五年期（含）以下住房公积金贷款利率2.75%、五年期以上住房公积金贷款利率3.25%，二套房利率上浮10%。

存款利率按照中国人民银行、住房和城乡建设部、财政部印发《关于完善职工住房公积金账户存款利率形成机制的通知》执行。职工住房公积金账户存款利率，按一年期定期存款基准利率1.5%执行。

（四）服务改进情况。

1. 2020年，中心多角度全方位强化服务，充分体现科技引领效能，"放管服"改革成效显著。一是服务事项全面实现"只跑一次"。全面实现所有政务服务事项"只跑一次"，营造了便民良好环境。二是正式开通广安住房公积金网上服务大厅（单位版）业务。可线上办理住房公积金个人账户开设、封存、启封、缴存以及信息查询、下载等具体功能，进一步提升了服务效能。三是推广手机App业务办理。目前我市注册用户已达9.1万余户，注册率达65.22%。全年通过手机App办理提取21712笔，提取金额4.38亿元，五类可网办提取业务网办率达59.27%。

2. 住房公积金服务"跨省通办"工作情况。推进成渝双城经济圈住房公积金一体化发展。一是建立合作工作机制。签订了广安、合川、达州三方一体化发展合作协议，成立联合工作组，助力推动合作。截至目前，共召开三次联席会议，研究探索协同发展中的问题。9月25日，广安中心各管理部设立了川渝住房公积金一体化绿色通道。二是建立信息协查机制。明确协查内容，为人才跨区域流动缴存使用住房公积金提供便利和信息保障。2020年，与重庆市实现信息查询共享154人次，异地转移接续转入我市34人、转入金额63.43万元，转出58人、转出金额117.74万元。三是推进两地互认互贷。贯彻落实住房公积金跨区域转移接续和互认互贷机制，全年，办结异地购房提取213笔，涉及提取金额1276.58万元，为重庆市缴存职工办结异地贷款83笔，发放贷款2968万元。

夯实"跨省通办""川渝通办"服务。加强组织保障，明细办理流程，明确工作要求。目前已实现个人住房公积金缴存贷款等信息查询、出具贷款职工住房公积金缴存使用证明、正常退休提取住房公积金等3项服务事项的全程网办（代收代办）。

（五）信息化建设情况。 2020年，中心持续有序推进信息安全项目建设，创新网办业务，持续拓宽服务渠道，增大网办业务比重，保障手机公积金办理五大类提取业务持续开展，不断强化与相关部门间实时数据共享。利用电子监测平台、巡察、审计、内部稽核等反映的问题，切实强化整改。全面完成等保三级建设，确保系统安全、业务安全和数据安全。持续拓宽服务渠道，增大网办业务比重，保障手机公积金办理五大类提取业务持续开展，强化与相关部门间实时数据共享。

达州市住房公积金2020年年度报告

根据国务院《住房公积金管理条例》和住房和城乡建设部、财政部、人民银行《关于健全住房公积金信息披露制度的通知》（建金〔2015〕26号）的规定，经市住房公积金管理委员会审议通过，现将达州市住房公积金2020年度报告公布如下。

一、机构概况

（一）住房公积金管理委员会。 市住房公积金管理委员会有18名委员，2020年召开1次例会、2次专题会议。审议通过的事项主要包括：《达州市住房公积金2019年度报告》《2020年度全市住房公积金归集使用计划的报告》《关于继续印发实施〈达州市住房公积金失信黑名单管理办法〉的请示》《达州市灵活就业人员住房公积金缴存使用暂行办法》等。

（二）住房公积金管理中心。 市住房公积金管理中心为直属市政府由市政府办公室代管的不以营利为目的的自收自支事业单位，设8个科室，5个管理部。从业人员79人，其中，在编50人，非在编29人。

二、业务运行情况

（一）缴存。 2020年，新开户单位119家，净减单位171家，新开户职工3.10万人，净增职工0.81万人；实缴单位3321家，实缴职工19.60万人，缴存额35.00亿元，实缴单位同比下降4.90%、实缴职工同比增长4.33%、缴存额同比增长0.53%。2020年末，缴存总额251.09亿元，比上年末增加16.20%；缴存余额121.26亿元，同比增长18.01%。受委托办理住房公积金缴存业务的银行10家。

（二）提取。 2020年，5.30万名缴存职工提取住房公积金；提取额16.49亿元，同比下降7.78%；提取额占当年缴存额的47.12%，比上年减少4.24个百分点。2020年末，提取总额129.83亿元，比上年末增加14.55%。

（三）贷款。

1. 个人住房贷款。个人住房贷款最高额度50万元，单缴存职工个人住房贷款最高额度40万元，双缴存职工个人住房贷款最高额度50万元。

2020年，发放个人住房贷款0.43万笔、15.75亿元，同比分别下降16.93%、12.06%。

2020年，回收个人住房贷款8.40亿元。

2020年末，累计发放个人住房贷款4.80万笔、131.36亿元，贷款余额93.91亿元，分别比上年末增加9.75%、13.62%、8.49%。个人住房贷款余额占缴存余额的77.45%，比上年末减少6.79个百分点。受委托办理住房公积金个人住房贷款业务的银行10家。

2. 异地贷款。2020年，发放异地贷款601笔、20732.70万元。2020年末，发放异地贷款总额133604.70万元，异地贷款余额103884.86万元。

（四）资金存储。2020年末，住房公积金存款28.17亿元。其中，活期0.01亿元，1年（含）以下定期7.05亿元，1年以上定期19.10亿元，其他（协定、通知存款等）2.01亿元。

（五）资金运用率。2020年末，住房公积金个人住房贷款余额、项目贷款余额和购买国债余额的总和占缴存余额的77.45%，比上年末减少6.79个百分点。

三、主要财务数据

（一）业务收入。2020年，业务收入36121.52万元，同比增长22.93%。其中，存款利息7267.95万元，委托贷款利息28845.25万元，其他8.32万元。

（二）业务支出。2020年，业务支出17968.09万元，同比增长13.74%。支付职工住房公积金利息16502.83万元，委托贷款手续费1464.24万元，其他1.02万元。

（三）增值收益。2020年，增值收益18153.43万元，同比增长33.62%。增值收益率1.63%，比上年增加0.18个百分点。

（四）增值收益分配。2020年，提取贷款风险准备金735.05万元；提取管理费用1681.62万元，提取城市廉租住房（公共租赁住房）建设补充资金15736.76万元。

2020年，上交财政管理费用1681.62万元。上缴财政城市廉租住房（公共租赁住房）建设补充资金11068.78万元。

2020年末，贷款风险准备金余额18340.47万元。累计提取城市廉租住房（公共租赁住房）建设补充资金78028.78万元。

（五）管理费用支出。2020年，管理费用支出1383.12万元，同比下降3.34%。其中，人员经费734.58万元，公用经费106.87万元，专项经费541.67万元。

四、资产风险状况

个人住房贷款。2020年末，个人住房贷款逾期额689.02万元，逾期率0.73‰。个人贷款风险准备金余额18340.47万元。2020年，使用个人贷款风险准备金核销呆坏账0万元。

五、社会经济效益

（一）缴存业务。缴存职工中，国家机关和事业单位占68.34%，国有企业占9.91%，城镇集体企业占12.19%，外商投资企业占0.34%，城镇私营企业及其他城镇企业占7.00%，民办非企业单位和社会团体占1.18%，灵活就业人员占0.03%，其他占1.01%；中、低收入占98.68%，高收入占1.32%。

新开户职工中，国家机关和事业单位占57.50%，国有企业占4.06%，城镇集体企业占7.34%，外商

投资企业占 0.26%，城镇私营企业及其他城镇企业占 25.38%，民办非企业单位和社会团体占 3.59%，灵活就业人员占 0.24%，其他占 1.63%；中、低收入占 99.89%，高收入占 0.11%。

（二）提取业务。 提取金额中，购买、建造、翻建、大修自住住房占 16.56%，偿还购房贷款本息占 51.45%，租赁住房占 5.79%，离休和退休提取占 20.19%，完全丧失劳动能力并与单位终止劳动关系提取占 3.23%，出境定居占 1.16%，其他占 1.62%。提取职工中，中、低收入占 98.31%，高收入占 1.69%。

（三）贷款业务。 个人住房贷款。2020 年，支持职工购建房 41.20 万平方米（含公转商贴息贷款），年末个人住房贷款市场占有率（含公转商贴息贷款）为 16.02%，比上年末减少 0.18 个百分点。通过申请住房公积金个人住房贷款，可节约职工购房利息支出 25825.04 万元。

职工贷款笔数中，购房建筑面积 90（含）平方米以下占 42.01%，90～144（含）平方米占 56.02%，144 平方米以上占 1.97%。购买新房占 90.16%（其中购买保障性住房占 0%），购买二手房占 9.84%，建造、翻建、大修自住住房占 0%（其中支持老旧小区改造占 0%），其他占 0%。

职工贷款笔数中，单缴存职工申请贷款占 71.85%，双缴存职工申请贷款占 28.15%，三人及以上缴存职工共同申请贷款占 0%。

贷款职工中，30 岁（含）以下占 43.01%，30 岁～40 岁（含）占 34.98%，40 岁～50 岁（含）占 19.94%，50 岁以上占 2.07%；首次申请贷款占 95.84%，二次及以上申请贷款占 4.16%；中、低收入占 99.37%，高收入占 0.63%。

（四）住房贡献率。 2020 年，个人住房贷款发放额、公转商贴息贷款发放额、项目贷款发放额、住房消费提取额的总和与当年缴存额的比率为 79.77%，比上年减少 8.87 个百分点。

六、其他重要事项

（一）应对新冠肺炎疫情采取的措施，落实住房公积金阶段性支持政策情况和政策实施成效。 2020 年我中心针对新冠肺炎疫情情况出台《达州市住房公积金管理中心关于进一步做好新冠肺炎疫情防控期间住房公积金服务工作的通知》（达金管函〔2020〕9 号）一是切实保障受疫情影响缴存职工的住房公积金贷款权益。对防疫一线工作人员在疫情防控期间，新冠肺炎患者、疑似病人、密切接触者在其隔离治疗期间或医学观察期间，以及因政府实施隔离措施或采取其他紧急措施而不能正常归还住房公积金贷款的，放宽至疫情管控措施取消后 3 个月内不作逾期处理、不计罚息；二是在疫情防控期间，因参加疫情防控工作未能及时缴存住房公积金的单位，在疫情管控措施取消后 1 个月内说明情况并补缴后，可视同正常缴存。其间，职工的住房公积金缴存时间连续计算，不影响缴存职工申请提取住房公积金和办理住房公积金贷款的权益；三是受疫情影响导致生产经营困难的企业，可根据《住房和城乡建设部、财政部、人民银行关于改进住房公积金缴存机制进一步降低企业成本的通知》（建金〔2018〕45 号）的要求，在疫情管控措施取消后 1 个月内，按规定申请降低住房公积金缴存比例或暂缓缴存住房公积金；四是疫情期间，原则上不进行各类催收，包括电话、短信、上门等，后续工作安排将视疫情发展情况另行通知。

（二）当年机构及职能调整情况、受委托办理缴存贷款业务金融机构变更情况。 2020 年，我中心对部分科室进行了重组更名，新成立了资金归集科、贷款管理科、城区管理科、监督执法科等，并重新明确了相关科室职能职责，但内设机构总数保持不变。受委托办理缴存贷款业务金融机构与去年相比无变化。

（三）当年住房公积金政策调整及执行情况，包括当年缴存基数限额及确定方法、缴存比例等缴存政策调整情况；当年提取政策调整情况；当年个人住房贷款最高贷款额度、贷款条件等贷款政策调整情况；当年住房公积金存贷款利率执行标准等；支持老旧小区改造政策落实情况。2020年我市住房公积金政策调整及执行情况。一是调整基数上下限。2020年，最低缴存基数1650元，最高缴存基数15396元；二是归集政策调整，出台了《达州市灵活就业人员住房公积金缴存使用试行办法》；三是贷款额度调整，达市府办〔2020〕28号文件规定2020年5月1日至2020年12月31日期间，夫妻双方缴纳住房公积金的，贷款额度上限由50万调整为60万；夫妻一方（或单身）缴纳住房公积金的，贷款额度上限由40万调整为50万；四是贷款政策调整，达市金管委〔2020〕5号文件《达州市灵活就业人员住房公积金缴存使用试行办法》；五是首套房的利率，五年以下2.75%，五年（含五年）以上3.25%。二套房利率上浮10%。

（四）当年服务改进情况，包括推进住房公积金服务"跨省通办"工作情况，服务网点、服务设施、服务手段、综合服务平台建设和其他网络载体建设服务情况等。2020年我市已开设的"全程网办"提取事项有：退休提取、离职提取、无房职工租房提取、偿还达州市住房公积金贷款本息提取、达州市缴存职工在达州市购房提取等。根据四川省住房和城乡建设厅关于转发《住房和城乡建设部办公厅〈关于做好住房公积金服务"跨省通办"工作〉的通知》的通知（川建金函〔2020〕864号）要求，我中心认真落实国务院的"放管服"部署和《通知》要求，加强组织领导、明确内部分工，积极参加"跨省通办"业务培训视频会。并在政务服务大厅窗口设立"跨省通办"标识，开展"跨省通办"业务。

（五）当年信息化建设情况，包括信息系统升级改造情况，基础数据标准贯彻落实和结算应用系统接入情况等。一是完成机房整体搬迁；二是进一步实现无纸化办公要求、提高办事人员系统录入效率，公积金提取窗口安装了银行卡读卡器和业务办理签名平板确认及系统；三是ATS自助机升级换代，可以通过自助机自助查询打印个人缴存信息和证明、并可提交办理退休、调离支取公积金业务；四是新增人脸识别系统功能、缴存职工可通过自助终端和微信客户端进行人脸识别登录公积金网站查询个人相关信息；五是完成了川渝公积金信息互查；六是跨省通办业务实现了出具异地公积金缴存证明，正常退休提取，公积金缴存及贷款信息查询功能；七是初步建成电子印章及档案管理系统；八是按等保三级要求，完成测评备案前的设备采购安装；九是推进"放管服"改革，实现了全市提取业务通办和全省"一窗通"服务。

（六）2020年住房公积金管理中心及职工所获荣誉情况。成功创建省级青年文明号1个、市级先进集体和个人13个。

（七）2020年我中心对违反《住房公积金管理条例》和相关法规行为进行行政处罚情况。无。

对逾期贷款6期以上的借款申请人民法院强制执行的有6笔。

（八）当年对住房公积金管理人员违规行为的纠正和处理情况等。无。

（九）其他需要披露的情况。无。

巴中市住房公积金2020年年度报告

根据国务院《住房公积金管理条例》和住房和城乡建设部、财政部、人民银行《关于健全住房公积金

信息披露制度的通知》（建金〔2015〕26号）的规定，经住房公积金管理委员会审议通过，现将巴中（市）住房公积金2020年年度报告公布如下。

一、机构概况

（一）住房公积金管理委员会。住房公积金管理委员会有15名委员，2020年召开1次会议，审议通过的事项主要包括：1.审议《2019年度住房公积金归集、使用及增值收益计划执行情况》；2.审议《巴中市住房公积金2019年年度报告》及解读；3.审议《2020年度住房公积金归集和使用计划》；4.审议《2020年度住房公积金增值收益预算及分配方案》；5.审议《调整住房公积金提取政策》；6.审议《调整住房公积金贷款政策》。

（二）住房公积金管理中心。住房公积金管理中心为市人民政府不以营利为目的的一般事业单位，设9个科（室），5个管理部。从业人员59人，其中，在编32人，非在编27人。

二、业务运行情况

（一）缴存。2020年，新开户单位141家，净增单位141家；新开户职工0.79万人，净增职工0.48万人；实缴单位3551家，实缴职工12.40万人，缴存额19.35亿元，分别同比增长4.13%、4.03%、8.28%。2020年末，缴存总额126.76亿元，比上年末增加18.02%；缴存余额78.81亿元，同比增长17.14%。受委托办理住房公积金缴存业务的银行10家。

（二）提取。2020年，2.60万名缴存职工提取住房公积金；提取额7.82亿元，同比下降14.81%；提取额占当年缴存额的40.41%，比上年减少10.93个百分点。2020年末，提取总额47.95亿元，比上年末增加19.49%。

（三）贷款。

1.个人住房贷款。单缴存职工个人住房贷款最高额度40万元，双缴存职工个人住房贷款最高额度60万元。

2020年，发放个人住房贷款0.44万笔、14.14亿元，同比分别下降18.52%、18.08%。其中，市中心发放个人住房贷款0.44万笔、14.14亿元。

2020年，回收个人住房贷款6.46亿元。

2020年末，累计发放个人住房贷款4.29万笔、103.04亿元，贷款余额70.71亿元，分别比上年末增加11.43%、15.91%、12.20%。个人住房贷款余额占缴存余额的89.72%，比上年末减少3.95个百分点。受委托办理住房公积金个人住房贷款业务的银行5家。

2.异地贷款。2020年，发放异地贷款689笔、20888万元。2020年末，发放异地贷款总额88589万元，异地贷款余额69323.43万元。

（四）购买国债。无。

（五）资金存储。2020年末，住房公积金存款9.02亿元。其中，活期1.84亿元，1年（含）以下定期5.00亿元，1年以上定期0.5亿元，其他（协定、通知存款等）1.68亿元。

（六）资金运用率。2020年末，住房公积金个人住房贷款余额、项目贷款余额和购买国债余额的总和占缴存余额的89.72%，比上年末减少3.95个百分点。

三、主要财务数据

（一）**业务收入**。2020年，业务收入23633.68万元，同比增长19.68%。其中，存款利息1724.97万元，委托贷款利息21908.71万元。

（二）**业务支出**。2020年，业务支出11066.44万元，同比增长16.34%。支付职工住房公积金利息9970.59万元，委托贷款手续费1094.73万元，其他1.12万元。

（三）**增值收益**。2020年，增值收益12567.24万元，同比增长22.79%。增值收益率1.73%，比上年增加0.09个百分点。

（四）**增值收益分配**。2020年，提取贷款风险准备金8147.24万元，提取管理费用2308.50万元，提取城市廉租住房（公共租赁住房）建设补充资金2111.50万元。

2020年，上交财政管理费用508.50万元。上缴财政城市廉租住房（公共租赁住房）建设补充资金2111.50万元。

2020年末，贷款风险准备金余额38345.80万元。累计提取城市廉租住房（公共租赁住房）建设补充资金15288.57万元。

（五）**管理费用支出**。2020年，管理费用支出986.20万元，同比增长1.74%。其中，人员经费455.60万元，公用经费71.70万元，专项经费458.90万元。

市中心管理费用支出986.20万元，其中，人员、公用、专项经费分别为455.60万元、71.70万元、458.90万元。

四、资产风险状况

（一）**个人住房贷款**。2020年末，个人住房贷款逾期额408.42万元，逾期率0.58‰，个人贷款风险准备金余额38345.80万元。

（二）**支持保障性住房建设试点项目贷款**。无。

五、社会经济效益

（一）**缴存业务**。缴存职工中，国家机关和事业单位占70.09%，国有企业占17.37%，城镇集体企业占1.19%，外商投资企业占1.12%，城镇私营企业及其他城镇企业占7.24%，民办非企业单位和社会团体占2.88%，灵活就业人员占0.06%，其他占0.05%；中、低收入占97.72%，高收入占2.28%。

新开户职工中，国家机关和事业单位占45.05%，国有企业占22.67%，城镇集体企业占4.72%，外商投资企业占1.85%，城镇私营企业及其他城镇企业占17.36%，民办非企业单位和社会团体占7.98%，灵活就业人员占0.09%，其他占0.28%；中、低收入占99.56%，高收入占0.44%。

（二）**提取业务**。提取金额中，购买、建造、翻建、大修自住住房占15.35%，偿还购房贷款本息占50.63%，租赁住房占5.44%，离休和退休提取22.57%，完全丧失劳动能力并与单位终止劳动关系提取占3.12%，出境定居占1.70%，其他占1.19%。提取职工中，中、低收入占97.43%，高收入占2.57%。

（三）**贷款业务**。

个人住房贷款。2020年，支持职工购建房48.12万平方米（含公转商贴息贷款），年末个人住房贷款市场占有率（含公转商贴息贷款）为 25.64%，比上年末减少 0.48 个百分点。通过申请住房公积金个人住房贷款，可节约职工购房利息支出 24285.47 万元。

职工贷款笔数中，购房建筑面积 90（含）平方米以下占 10.17%，90～144（含）平方米占 89.83%，144 平方米以上占 0%。购买新房占 94.21%（其中购买保障性住房占 0%），购买二手房占 5.79%，其他占 0%。

职工贷款笔数中，单缴存职工申请贷款占 38.87%，双缴存职工申请贷款占 61.13%，三人及以上缴存职工共同申请贷款占 0%。

贷款职工中，30 岁（含）以下占 46.61%，30 岁～40 岁（含）占 30.02%，40 岁～50 岁（含）占 18.45%，50 岁以上占 4.92%；首次申请贷款占 92.97%，二次及以上申请贷款占 7.03%；中、低收入占 97.25%，高收入占 2.75%。

（四）住房贡献率。 2020 年，个人住房贷款发放额、公转商贴息贷款发放额、项目贷款发放额、住房消费提取额的总和与当年缴存额的比率为 101.94%，比上年减少 32.41 个百分点。

六、其他重要事项

（一）应对新冠肺炎疫情采取的措施，落实住房公积金阶段性支持政策情况和政策实施成效。

1. 放宽楼盘准入条件。针对已取得预售许可证的房地产项目，分类开展住房公积金贷款签约合作。开发资质在二级及以上、征信良好的开发企业，可在楼盘施工进度达到三分之一时签约合作；其他房地产开发企业，在楼盘施工进度达到三分之二时签约合作。国有建设用地使用权已抵押的房地产开发项目，经风险评估后，由土地抵押权人出具同意函后，可签约合作。

2. 缓期缴存住房公积金。受疫情影响的企业，可按规定申请在 2020 年 6 月 30 日前缓缴职工住房公积金，缓缴期间缴存时间连续计算，不影响职工正常提取和申请住房公积金贷款。

3. 延长住房公积金贷款还款时间。对参加疫情防控的一线工作者，住院治疗、医学观察或实施医疗隔离观察的患者、疑似病人、密切接触者，以及因疫情暂时失去收入来源的职工，在疫情防控应急响应期间不能正常偿还住房公积金贷款的，可电话申请，经市住房公积金管理中心核实后，不作逾期处理、不计罚息，应偿还的贷款本息须在 2020 年 6 月 30 日前偿还。

（二）当年机构及职能调整情况、受委托办理缴存贷款业务金融机构变更情况。 无变化。

（三）当年住房公积金政策调整及执行情况，包括当年缴存基数限额及确定方法、缴存比例等缴存政策调整情况；当年提取政策调整情况；当年个人住房贷款最高贷款额度、贷款条件等贷款政策调整情况；当年住房公积金存贷款利率执行标准等；支持老旧小区改造政策落实情况。

1. 缴存政策执行情况。2020 年 6 月 3 日，按照市统计局公布的巴中市年工资水平标准，印发了《关于确定 2020 年度住房公积金缴存基数的通知》，确定 2020 年缴存基数限额。上限为 15420 元；下限为 1650 元；个体工商户、自由职业者的住房公积金月缴存基数为 5140 元。

全市缴存比例为 5%～12%，无变化。

2. 提取政策执行情况。

（1）取消缴存人及配偶患重大疾病造成家庭生活困难提取住房公积金。

（2）明确缴存职工与单位解除或终止劳动关系的，先办理个人账户封存。账户封存期间，在异地开立住房公积金账户并稳定缴存6个月以上的，办理异地转移接续手续。未在异地继续缴存的，封存满6个月后可提取。

（3）购房面积超过普通自住住房标准的，不能以购房和偿还购房贷款（包括存量贷款）的名义提取。

（4）职工办理租房提取时，夫妻双方在不同的缴存地且缴存地无自住住房的，同一年度内可以按缴存职工提取公积金，不受以家庭为单位的限制（恩阳区、经开区、巴州区除外）。

（5）同一套住房再次交易，以购买自住住房方式提取公积金的，应间隔24个月。

3. 贷款政策执行情况。

（1）住房公积金贷款支持缴存者家庭购买首套自住住房或第二套改善性普通自住住房，不支持购买第三套及以上住房。借款申请人（含共同申请人）的住房套数，以个人征信报告及住房公积金信息系统的住房贷款记录（原住房公积金装修存量贷款除外）为依据。

（2）无住房公积金住房贷款记录和商业住房贷款记录的，认定为购买首套住房，执行首套房公积金贷款政策。

（3）有一笔住房公积金住房贷款记录，且贷款已结清或有一笔、商业住房贷款，无论贷款是否已结清，认定为购买第二套住房，执行第二套公积金贷款政策。

（4）有两笔及以上住房贷款记录的（包括住房公积金住房贷款和商业住房贷款），无论贷款是否已结清，均认定为购买第三套及以上住房，不予贷款。

（5）经市委市政府统筹引进的人才、纳入"巴山优才千人培育工程"的专家人才和经市委组织部认定的高端人才，公积金缴存6个月及以上，可享受公积金贷款最高额度，不受缴存余额倍数和缴存时间系数影响。

4. 当年住房公积金存贷款利率执行标准。2020年，严格执行人民银行、住房和城乡建设部、财政部《关于完善职工住房公积金账户存款利率形成机制的通知》，公积金存款利率统一按一年定期存款基准利率执行，目前为1.5%。

2020年，住房公积金贷款利率五年以下为2.75%，五年以上为3.25%。

（四）当年服务改进情况，包括推进住房公积金服务"跨省通办"工作情况，服务网点、服务设施、服务手段、综合服务平台建设和其他网络载体建设服务情况等。

1. 为进一步推进"就近办"，从2020年12月1日起，全市提取业务实行全市通办，只要在巴中市范围内缴存公积金，符合提取政策，申请人可根据本人方便，自行选择在市本级或县区管理部办理业务，不再受缴存区域限制。同时，市本级住房公积金提取、贷款业务全部入驻政务大厅实现一站式办结。

2. 严格落实跨省通办要求，实现个人住房公积金缴存贷款等信息查询、出具贷款职工住房公积金缴存使用证明、实现正常退休、购期房、租房提取住房公积金业务线上办理，进一步提高了服务效率。

3. 在住房公积金窗口开设了川渝住房公积金一体化绿色通道，大幅缩短办理时间，提升业务办理效率，为川渝两地住房公积金一体化发展打开了全新局面。截至12月底，办理重庆住房公积金转入巴中9人9.2万元，办理在重庆购房提取19人168.93万元，办理重庆职工在巴中购房贷款28人838万元，开出缴存证明12次。

（五）当年信息化建设情况，包括信息系统升级改造情况，基础数据标准贯彻落实和结算应用系统接入情况等。

1. 认真梳理排查信息系统，通过采取账号固定到人、完善口令定期更改账号密码、增强账号强制认证手段和防暴力破解等措施,切实防范信息安全风险。缴存职工个人信息实行精确查询,需同时输入姓名、身份证号、密码等信息方可自行查询。

2. 加强门户网站已纳入市政府网站集约化平台管理,每日通过"开普云"系统检查网站运行安全情况。业务系统及网上办事服务大厅都启用了网闸、防火墙等安全措施,确保了数据安全。目前中心正在筹备三级安全等级保护的建设。

3. 积极启动业务信息系统升级改造项目,进一步加强信息化建设,为缴存者使用住房公积金提供更多便利。

(六)当年住房公积金管理中心及职工所获荣誉情况,包括:文明单位(行业、窗口)、青年文明号、工人先锋号、五一劳动奖章(劳动模范)、三八红旗手(巾帼文明岗)、先进集体和个人等。

2020年5月18日,市住房公积金管理中心荣获省委、省政府表彰为2019年脱贫攻坚先进集体;2020年12月1日,市住房公积金管理中心贷款受理窗口荣获市妇联表彰为巴中市巾帼文明岗。

(七)当年对违反《住房公积金管理条例》和相关法规行为进行行政处罚和申请人民法院强制执行情况。无。

(八)当年对住房公积金管理人员违规行为的纠正和处理情况等。无。

(九)其他需要披露的情况。无。

雅安市住房公积金2020年年度报告

根据国务院《住房公积金管理条例》和住房和城乡建设部、财政部、人民银行《关于健全住房公积金信息披露制度的通知》(建金〔2015〕26号)的规定,经住房公积金管理委员会审议通过,现将雅安市住房公积金2020年年度报告公布如下。

一、机构概况

(一)住房公积金管理委员会。住房公积金管理委员会有21名委员,2020年召开1次会议,审议通过的事项主要包括:《关于2019年度住房公积金缴存使用情况的报告》《关于2019年住房公积金增值收益分配方案的请示》《关于住房公积金2019年年度报告披露的请示》《关于个人自愿缴存住房公积金相关问题的请示》。

(二)住房公积金管理中心。住房公积金管理中心为雅安市政府不以营利为目的的公益一类事业单位,设5个科,8个管理部。从业人员70人,其中,在编44人,非在编26人。

二、业务运行情况

(一)缴存。2020年,新开户单位209家,净增单位-48家;新开户职工0.75万人,净增职工0.23万人;实缴单位2467家,实缴职工9.20万人,缴存额18.75亿元,分别同比增长-1.9%、2.56%、6.81%;2020年末,缴存总额141.99亿元,同比增长15.21%;缴存余额51.49亿元,同比增长

12.53%。受委托办理住房公积金缴存业务的银行7家。

（二）提取。2020年，4.27万名缴存职工提取住房公积金，提取额13.02亿元，同比增长2.18%；提取额占当年缴存额的69.43%，比上年减少3.15个百分点。2020年末，提取总额90.50亿元，比上年末增加16.80%。

（三）贷款。

1. 个人住房贷款。个人住房贷款最高额度40万元，其中，单缴存职工个人住房贷款最高额度35万元，双缴存职工个人住房贷款最高额度40万元。

2020年，发放个人住房贷款0.28万笔，9.25亿元，同比分别增长12%、5.23%。

2020年，回收个人住房贷款4.96亿元。

2020年末，累计发放个人住房贷款2.39万笔，71.27亿元，贷款余额49.84亿元，分别比上年末增加12.74%、14.92%、9.42%。个人住房贷款余额占缴存余额的96.80%，比上年末减少2.76个百分点。受委托办理住房公积金个人住房贷款业务的银行7家。

2. 异地贷款。2020年，发放异地贷款376笔，12510.70万元。2020年末，发放异地贷款总额51531.50万元，异地贷款余额35610.12万元。

（四）资金存储。2020年末，住房公积金存款2.88亿元。其中，其他（协定、通知存款等）2.88亿元。

（五）资金运用率。2020年末，住房公积金个人住房贷款余额、项目贷款余额和购买国债余额的总和占缴存余额的96.80%，比上年末减少2.74个百分点。

三、主要财务数据

（一）业务收入。2020年，业务收入17367.93万元，同比增长4.45%。其中，存款利息1676.95万元，委托贷款利息15677.90万元，其他13.08万元。

（二）业务支出。2020年，业务支出8367.09万元，同比下降8.92%。支付职工住房公积金利息7389.38万元，委托贷款手续费608.9万元，其他368.81万元。

（三）增值收益。2020年，增值收益9000.84万元，同比增长20.95%。增值收益率1.85%，比上年增加0.12个百分点。

（四）增值收益分配。2020年，提取贷款风险准备金5400.51万元；提取管理费用1265.93万元，提取城市廉租住房（公共租赁住房）建设补充资金2334.40万元。

2020年，上交财政管理费用1265.93万元。上缴财政城市廉租住房（公共租赁住房）建设补充资金2024.84万元。

2020年末，贷款风险准备金余额28156.43万元。累计提取城市廉租住房（公共租赁住房）建设补充资金25342.33万元。

（五）管理费用支出。2020年，管理费用支出1358.29万元，同比增长14.76%。其中，人员经费487.77万元，公用经费201.10万元，专项经费669.42万元。

四、资产风险状况

个人住房贷款。2020年末，个人住房贷款逾期额1.81万元，逾期率0.004‰。个人贷款风险准备金余额28156.43万元。

五、社会经济效益

（一）**缴存业务**。缴存职工中，国家机关和事业单位占60.48%，国有企业占19.89%，城镇集体企业占0.61%，外商投资企业占0.41%，城镇私营企业及其他城镇企业占16.46%，民办非企业单位和社会团体占2.04%，其他占0.11%；中、低收入占96.90%，高收入占3.10%。

新开户职工中，国家机关和事业单位占39.25%，国有企业占14.75%，城镇集体企业占0.37%，外商投资企业占0.11%，城镇私营企业及其他城镇企业占37.72%，民办非企业单位和社会团体占7.50%，其他占0.30%；中、低收入占99.65%，高收入占0.35%。

（二）**提取业务**。提取金额中，购买、建造、翻建、大修自住住房占17.26%，偿还购房贷款本息占61.27%，租赁住房占3.69%，离休和退休提取占13.81%，完全丧失劳动能力并与单位终止劳动关系提取占2.37%，其他占1.60%。提取职工中，中、低收入占96.22%，高收入占3.78%。

（三）**贷款业务**。个人住房贷款。2020年，支持职工购建房28.94万平方米，年末个人住房贷款市场占有率为33.87%，比上年末减少0.85个百分点。通过申请住房公积金个人住房贷款，可节约职工购房利息支出11,064.72万元。

职工贷款笔数中，购房建筑面积90（含）平方米以下占14.42%，90～144（含）平方米占83.36%，144平方米以上占2.22%。购买新房占89.18%，购买二手房占10.82%。

职工贷款笔数中，单缴存职工申请贷款占32.73%，双缴存职工申请贷款占65.75%，三人及以上缴存职工共同申请贷款占1.52%。

贷款职工中，30岁（含）以下占36.61%，30岁～40岁（含）占39.88%，40岁～50岁（含）占15.26%，50岁以上占8.25%；首次申请贷款占90.99%，二次及以上申请贷款占9.01%；中、低收入占96.84%，高收入占3.16%。

（四）**住房贡献率**。2020年，个人住房贷款发放额、公转商贴息贷款发放额、项目贷款发放额、住房消费提取额的总和与当年缴存额的比率为106.4%，比上年减少3.25个百分点。

六、其他重要事项

（一）应对新冠肺炎疫情采取的措施，落实住房公积金阶段性支持政策情况和政策实施成效。疫情期间，及时出台公积金阶段性支持政策，深入企业开展走访调研，了解企业经营状况和复工复产情况，大力支持企业度过难关。疫情期间，全市共为43家企业，3045名职工办理缓缴住房公积金，为1家企业办理降低公积金缴存比例，减轻企业阶段性资金压力747万余元。

（二）当年机构及职能调整情况、受委托办理缴存贷款业务金融机构变更情况。2020年，市住房公积金管理委员会办公室对部分因工作变动的委员进行了调整。受委托办理缴存贷款业务金融机构无变更。

（三）当年住房公积金政策调整及执行情况。2020年，市公积金管委会办公室制定印发《关于个人自愿缴存住房公积金相关问题的通知》（雅住金管办〔2020〕4号）。8月，印发了《关于2020年度住房公积金缴存比例和缴存基数执行标准的通知》（雅住金发〔2020〕19号），规定我市2020年住房公积金最高缴存基数为19,943元/月，最低缴存基数为1650元/月；缴存比例不得低于5%，不得高于12%。2020年，住房公积金存款利率为1.5%；住房公积金个人贷款利率五年以上为3.25%，五年以下（含五年）为2.75%，采用住房公积金购买第二套住房的按基准利率上浮10%执行。

（四）当年服务改进情况。深入推进"最多跑一次"改革。积极开展政务服务事项标准化建设工作，加快推进全市通办和一网通办。在各政务服务大厅设立了"跨省通办"窗口，积极推进住房公积金"跨省通办"业务开展。通过全程网办、代收代办、两地联办等方式，实现住房公积金服务跨省通办。开展延时服务和主动服务，满足群众业务办理需求。积极畅通办事渠道，全面推行线上办、预约办、限时办、自助办，加快审批进度。2020年，缴存单位和职工通过线上服务渠道查询信息和办理业务2391599人次，其中微信公众号1285679人次，网上业务大厅1080838人次，累计向职工推送账户信息变动短信124万余条。

（五）当年信息化建设情况。完成机房迁移和推进信息系统等级保护测评及电子签章系统上线。接入人民银行第二代征信系统正式环境，推进信用体系建设。接入全省住房公积金信息互查平台，实现省内公积金中心信息双向查询。利用人脸识别技术，实现账户"免密"登录。以身份证号作为唯一标识，结合实名制，运用网络身份识别技术，联通整合线下服务窗口和线上服务渠道的用户认证，实现一次注册登录，多终端、全渠道应用。截至2020年，全市共2119家单位开通并使用网厅办理缴存业务，占全市正常缴存单位数的93%。

（六）当年住房公积金管理中心及职工所获荣誉情况。市政务中心服务窗口第一季度、第三季度荣获"党员示范窗口"称号，第二季度、第四季度荣获"先进服务窗口"称号，多名窗口工作人员被评为"文明服务标兵""学雷锋"助人为乐标兵和优秀党员示范岗，窗口服务工作受到群众书面表扬3次，获得政务服务和大数据局红榜表扬。名山区1名工作人员荣获"名山区2020年度先进窗口工作人员"称号。

眉山市住房公积金2020年年度报告

根据国务院《住房公积金管理条例》和住房和城乡建设部、财政部、人民银行《关于健全住房公积金信息披露制度的通知》（建金〔2015〕26号）的规定，经眉山市住房公积金管理委员会审议通过，现将眉山市住房公积金2020年年度报告公布如下。

一、机构概况

（一）住房公积金管理委员会。住房公积金管理委员会有19名委员，2020年召开2次会议，审议通过的事项主要包括：《关于2019年住房公积金增值收益分配方案的报告》《关于调整市住房公积金管理委员会组成人员的请示》《关于住房公积金贷款抵债资产处置的请示》《眉山市住房公积金2019年年度报告》《关于对我市住房公积金使用政策进行部分调整的请示》《关于采取竞争性方式选择住房公积金归集银行和开设增值收益户的请示》。

（二）住房公积金管理中心。住房公积金管理中心为市政府直属的不以营利为目的的自收自支事业单位，设8个处（科），8个管理部。从业人员88人，其中，在编54人，非在编34人。

二、业务运行情况

（一）缴存。2020年，新开户单位303家，净增单位48家；新开户职工3.04万人，净增职工0.9万人；实缴单位2805家，实缴职工15.68万人，缴存额29.47亿元，分别同比增长1.74%、6.1%、5.54%。2020年末，缴存总额192.72亿元，比上年末增加18.05%；缴存余额72.25亿元，同比增长10.41%。受委托办理住房公积金缴存业务的银行2家。

（二）提取。2020年，6.93万名缴存职工提取住房公积金；提取额22.65亿元，同比增长13.11%；提取额占当年缴存额的76.88%，比上年增加5.15个百分点。2020年末，提取总额120.46亿元，比上年末增加23.16%。

（三）贷款。

1. 个人住房贷款。个人住房贷款最高额度35万元。

2020年，发放个人住房贷款0.63万笔、19.91亿元，同比分别增长69.6%、71.24%。

2020年，回收个人住房贷款10.3亿元。

2020年末，累计发放个人住房贷款5.41万笔、124.98亿元，贷款余额75.05亿元，分别比上年末增加13.22%、18.95%、14.69%。个人住房贷款余额占缴存余额的103.87%，比上年末增加3.87个百分点。受委托办理住房公积金个人住房贷款业务的银行12家。

2. 异地贷款。2020年，发放异地贷款1672笔、51943.2万元。2020年末，发放异地贷款总额253792.3万元，异地贷款余额173631.72万元。

3. 公转商贴息贷款。2020年，发放公转商贴息贷款0笔、0万元，当年贴息额257.66万元。2020年末，累计发放公转商贴息贷款1743笔、33045.89万元，累计贴息1708.88万元。

4. 住房公积金支持保障性住房建设项目贷款。无。

（四）购买国债。无。

（五）资金存储。2020年末，住房公积金存款1.22亿元。其中，活期0.03亿元，1年（含）以下定期0亿元，1年以上定期0亿元，其他（协定、通知存款等）1.19亿元。

（六）资金运用率。2020年末，住房公积金个人住房贷款余额、项目贷款余额和购买国债余额的总和占缴存余额的103.87%，比上年末增加3.87个百分点。

三、主要财务数据

（一）业务收入。2020年，业务收入24449.74万元，同比增长12.16%。存款利息478.43万元，委托贷款利息23970.72万元，国债利息0万元，其他0.59万元。

（二）业务支出。2020年，业务支出13668.09万元，同比增长12.77%。支付职工住房公积金利息10388.65万元，归集手续费0万元，委托贷款手续费956.50万元，其他2322.94万元。

（三）增值收益。2020年，增值收益10781.65万元，同比增长11.41%。增值收益率1.57%，比上年增加0.01个百分点。

（四）增值收益分配。2020年，提取贷款风险准备金3111.23万元，提取管理费用2561.06万元，提取城市廉租住房（公共租赁住房）建设补充资金5109.35万元。

2020年，上交财政管理费用2126.53万元。上缴财政城市廉租住房（公共租赁住房）建设补充资金2569.54万元。

2020年末，贷款风险准备金余额15010.22万元。累计提取城市廉租住房（公共租赁住房）建设补充资金36301.09万元。

（五）管理费用支出。 2020年，管理费用支出2561.06万元，同比下降2.49%。其中，人员经费977.37万元，公用经费149.66万元，专项经费1434.03万元。

四、资产风险状况

（一）个人住房贷款。 2020年末，个人住房贷款逾期额889.19万元，逾期率1.185‰。个人贷款风险准备金余额15010.22万元。2020年，使用个人贷款风险准备金核销呆坏账0万元。

（二）支持保障性住房建设试点项目贷款。 无。

五、社会经济效益

（一）缴存业务。 缴存职工中，国家机关和事业单位占51.21%，国有企业占17.81%，城镇集体企业占2.28%，外商投资企业占1.06%，城镇私营企业及其他城镇企业占23.98%，民办非企业单位和社会团体占1.9%，灵活就业人员占0%，其他占1.76%；中、低收入占99.02%，高收入占0.98%。

新开户职工中，国家机关和事业单位占38.47%，国有企业占11.77%，城镇集体企业占0.97%，外商投资企业占0.45%，城镇私营企业及其他城镇企业占43.78%，民办非企业单位和社会团体占2.97%，灵活就业人员占0%，其他占1.59%；中、低收入占99.75%，高收入占0.25%。

（二）提取业务。 提取金额中，购买、建造、翻建、大修自住住房占26.77%，偿还购房贷款本息占56.21%，租赁住房占3.37%，支持老旧小区改造占0.02%，离休和退休提取占10.28%，完全丧失劳动能力并与单位终止劳动关系提取占1.81%，出境定居占0%，其他占1.54%。提取职工中，中、低收入占98.94%，高收入占1.06%。

（三）贷款业务。

1. 个人住房贷款。2020年，支持职工购建房63.51万平方米（含公转商贴息贷款），年末个人住房贷款市场占有率（含公转商贴息贷款）为14.54%，比上年末减少0.05个百分点。通过申请住房公积金个人住房贷款，可节约职工购房利息支出33241.07万元。

职工贷款笔数中，购房建筑面积90（含）平方米以下占32.3%，90～144（含）平方米占65.78%，144平方米以上占1.92%。购买新房占93.4%（其中购买保障性住房占0%），购买二手房占6.6%，建造、翻建、大修自住住房占0%（其中支持老旧小区改造占0%），其他占0%。

职工贷款笔数中，单缴存职工申请贷款占72.48%，双缴存职工申请贷款占27.52%，三人及以上缴存职工共同申请贷款占0%。

贷款职工中，30岁（含）以下占36.31%，30岁～40岁（含）占37.06%，40岁～50岁（含）占22.77%，50岁以上占3.86%；首次申请贷款占84.34%，二次及以上申请贷款占15.66%；中、低收入占99.57%，高收入占0.43%。

2. 支持保障性住房建设试点项目贷款。无。

（四）住房贡献率。 2020年，个人住房贷款发放额、公转商贴息贷款发放额、项目贷款发放额、住房消费提取额的总和与当年缴存额的比率为133.95％，比上年增加32.48个百分点。

六、其他重要事项

（一）应对新冠肺炎疫情采取的措施，落实住房公积金阶段性支持政策情况和政策实施成效。面对突如其来的新冠肺炎疫情，市住房公积金管理中心迅速行动，取消贷款轮候制，仅1~2月份就发放贷款资金7.4亿元；出台阶段性"降比缓缴"政策，共支持670家企业降比缓缴公积金6704万元，支持企业复工复产、共度难关。对受疫情影响无法正常还款的668户缴存职工不作逾期处理，提高租房提取额度，为7263名无房职工办理租房提取7642.95万元。

（二）当年机构及职能调整情况、受委托办理缴存贷款业务金融机构变更情况。2020年11月，经眉山市委编办批复同意，眉山市住房公积金管理中心岷东新区管理部更名为高新技术产业园区管理部，主要负责眉山高新技术产业园区范围内的住房公积金归集、提取和贷款业务的办理。原岷东新区管理部职责由直属管理部承担。

（三）当年住房公积金政策调整及执行情况。

1. 缴存政策调整情况。2020年2月，眉山市住房公积金管理中心印发业务通知，对受疫情影响，未能如期开工开业和生产经营效益受到影响的中小微企业，可申请降低住房公积金缴存比例和申请缓缴住房公积金。缴存比例最低可降至5％，降比和缓缴期限最长可延至2020年12月31日。

2020年8月，眉山市住房公积金管理中心启动全市缴存职工住房公积金缴存基数调整工作，确定2020年住房公积金缴存基数为职工本人2019年度月平均工资收入，同时明确2020年职工住房公积金缴存基数上限为22620元，缴存基数下限为1650元。

2. 提取政策调整情况。经眉山市住房公积金管委会2020年第二次全会审议通过，2020年10月市住房公积金管理委员会办公室印发《关于对住房公积金政策进行部分调整的通知》（眉房金管委办〔2020〕4号），决定从2021年1月1日起，将住房消费类提取"三代共用"调整为"夫妻互助"，即职工（含配偶）的住房公积金只能用于本人（含配偶）购房、还贷等住房消费类提取（购买自住住房、偿还住房贷款、房屋建造翻建、房屋大修、既有住宅增设电梯、租房等）。

3. 贷款政策调整情况。根据市住房公积金管理委员会办公室《关于对住房公积金政策进行部分调整的通知》（眉房金管委办〔2020〕4号），从2021年1月1日起，将首套房和改善性住房的认定标准调整为"认贷又认房"；提高贷款额度，单职工家庭贷款最高额度为40万元，双职工家庭贷款最高额度为50万元；将我市住房公积金贷款开发商保证金比例从3％、4％和5％，分别下调为1％、2％和3％。

4. 住房公积金存贷款利率执行标准等。2020年，住房公积金存款利率依然按照中国人民银行、住房和城乡建设部、财政部2016年印发的《关于完善职工住房公积金账户存款利率形成机制的通知》（银发〔2016〕43号），统一按一年期定期存款基准利率1.50％执行。公积金贷款利率仍然执行2015年10月24日中国人民银行发布的住房公积金贷款利率，即五年以上公积金贷款年利率为3.25％，五年及以下公积金贷款年利率为2.75％。

5. 支持老旧小区改造政策落实情况。2020年，市住房公积金管理中心继续执行既有住宅增设电梯提取住房公积金政策，全年共办理既有住宅增设电梯提取业务11笔、52.97万元。

(四）当年服务改进情况。

1. 推进住房公积金服务"跨省通办"工作情况。市住房公积金管理中心认真落实各级党委、政府关于住房公积金"跨省通办"业务相关文件要求，组织前台工作人员参加业务培训，确保异地职工部分住房公积金业务无差别办理。截至2020年12月底，尚无职工申请办理该项业务。

2. 服务网点、服务设施、服务手段、综合服务平台建设和其他网络载体建设服务情况等。服务网点方面，2020年，眉山市住房公积金管理中心洪雅管理部、仁寿管理部正式入驻当地市民服务中心，眉山东部新城政务中心住房公积金窗口智慧大厅部署工作正在推进。服务设施方面，2020年4月完成住房公积金信息系统迁移华为云工作，成为全市第一批迁移华为云的自建系统。服务手段方面，集中为各管理部网点增设住房公积金自助一体机，实现公积金窗口自助查询和办理服务的全覆盖。综合服务平台建设方面，持续优化综合服务平台线上渠道功能，截至2020年12月底，各服务渠道中个人用户注册量已达10.57万人，占全市缴存职工的72%，单位用户注册3098个，占全市缴存单位数的96%；2020年通过短信发布各类信息121.76万条，向缴存职工和单位提供信息查询服务1198万人次，全年网上业务办理量达89万笔，网办率约90%。其他载体建设服务方面，2020年5月，初步完成12329与12345热线的整合工作，实现12329在12345平台的话务转接和政策咨询。

（五）当年信息化建设情况。 2020年6月至2021年2月，顺利推进信息系统升级改造项目的立项、评估、评审、需求论证、财政备案、公开招投标等采购流程，组织召开了项目启动会、需求调研专题会、合作银行协调会，完成了系统功能优化完善、数据清理、用户培训、系统试运行等准备工作，新系统已于2021年3月上旬全面上线。

（六）当年住房公积金管理中心及职工所获荣誉情况。 2020年，眉山市住房公积金管理中心被市委、市政府评为2019年度新型城镇化工作先进集体，被市政府评为2019年度财政工作先进集体。中心职工被市委、市政府联合表彰3人次，被市委办、市政府办联合表彰2人次，被市政府办表彰1人次，被市委宣传部、市退役军人事务局、市军分区政治工作处联合表彰1人次，被市政务服务管理局表彰4人次。

（七）当年对违反《住房公积金管理条例》和相关法规行为进行行政处罚和申请人民法院强制执行情况。 无。

（八）当年对住房公积金管理人员违规行为的纠正和处理情况等。 无。

（九）其他需要披露的情况。 无。

资阳市住房公积金2020年年度报告

根据国务院《住房公积金管理条例》和住房和城乡建设部、财政部、人民银行《关于健全住房公积金信息披露制度的通知》（建金〔2015〕26号）的规定，经住房公积金管理委员会审议通过，现将资阳市住房公积金2020年年度报告公布如下。

一、机构概况

（一）住房公积金管理委员会。住房公积金管理委员会有 29 名委员，2020 年召开 2 次会议，4 月 16 日召开的四届五次会议审议通过的事项主要包括：1. 审议通过 2019 年全市住房公积金运行管理情况和 2020 年工作计划；2. 审议通过《资阳市住房公积金 2019 年年度报告》；3. 审议通过资阳市住房公积金管理中心 2019 年度增值收益分配方案；4. 审议通过《2020 年资阳市住房公积金归集、使用计划》；5. 听取并审议市住房公积金中心报告成德眉资住房公积金同城化工作推进情况；6. 审议并原则同意《关于住房公积金预抵押贷款保证金管理有关问题的请示》。12 月 10 日召开的四届六次会议审议通过的事项主要包括：1. 审议并原则同意中心《关于阶段性适当调整贷款政策的请示》；2. 审议并原则同意中心《关于既有住宅加装电梯提取住房公积金的请示》；3. 审议并原则同意成德眉资四市管委会《关于成德眉资缴存职工在四市区域非缴存地购房有关公积金贷款政策措施的通知（代拟稿）》。

（二）住房公积金管理中心。资阳市住房公积金管理中心为直属于市人民政府的不以营利为目的的自收自支的事业单位，主要负责全市住房公积金的归集、管理、使用和会计核算，设 5 个科（室），2 个管理部，0 个分中心。现有从业人员 37 人，其中，在编 16 人，非在编 21 人。

二、业务运行情况

（一）缴存。2020 年，新开户单位 101 家，净减单位 46 家；新开户职工 1.36 万人，净增职工 0.09 万人；实缴单位 1709 家，实缴职工 9.59 万人，缴存额 18.17 亿元，分别同比下降 1.33%、增长 2.22%、13.6%。2020 年末，缴存总额 123.09 亿元，比上年末增加 17.31%；缴存余额 56.25 亿元，同比增长 14.72%。受委托办理住房公积金缴存业务的银行 10 家。

（二）提取。2020 年，3.5 万名缴存职工提取住房公积金；提取额 10.95 亿元，同比增长 17.3%；提取额占当年缴存额的 60.27%，比上年增加 1.9 个百分点。2020 年末，提取总额 66.84 亿元，比上年末增加 19.59%。

（三）贷款。

1. 个人住房贷款。单缴存职工个人住房贷款最高额度 35 万元，双缴存职工个人住房贷款最高额度 45 万元。

2020 年，发放个人住房贷款 0.32 万笔、10.52 亿元，同比分别增长 3.12%、1.12%。其中，市中心发放个人住房贷款 0.32 万笔、10.52 亿元。

2020 年，回收个人住房贷款 6.19 亿元。其中，市中心 6.19 亿元。

2020 年末，累计发放个人住房贷款 4.88 万笔、83.81 亿元，贷款余额 50.91 亿元，分别比上年末增加 6.95%、14.35%、9.29%。个人住房贷款余额占缴存余额的 90.51%，比上年末减少 4.49 个百分点。受委托办理住房公积金个人住房贷款业务的银行 10 家。

2. 异地贷款。2020 年，发放异地贷款 699 笔、21701.5 万元。2020 年末，发放异地贷款总额 93716 万元，异地贷款余额 66584.37 万元。

3. 无公转商贴息贷款。

4. 无住房公积金支持保障性住房建设项目贷款。

（四）无国债余额。

（五）资金存储。2020年末，住房公积金存款7.87亿元。其中，活期2亿元，1年（含）以下定期3.35亿元，1年以上定期2.52亿元，其他（协定、通知存款等）0亿元。

（六）资金运用率。2020年末，住房公积金个人住房贷款余额、项目贷款余额和购买国债余额的总和占缴存余额的90.51%，比上年末减少4.49个百分点。

三、主要财务数据

（一）业务收入。2020年，业务收入16646.8万元，同比增长10.71%。其中，市中心16646.8万元；存款利息735.63万元，委托贷款利息15732.1万元，国债利息0万元，其他9.99万元。

（二）业务支出。2020年，业务支出8628.79万元，同比增长14.36%。其中，市中心8628.79万元；支付职工住房公积金利息7696.82万元，归集手续费0万元，委托贷款手续费926.62万元，其他5.35万元。

（三）增值收益。2020年，增值收益8018.01万元，同比增长7.03%。其中，市中心8018.01万元；增值收益率1.55%，比上年减少0.14个百分点。

（四）增值收益分配。2020年，提取贷款风险准备金5091.17万元；提取管理费用600万元，提取城市廉租住房（公共租赁住房）建设补充资金2326.84万元。

2020年，上交财政管理费用600万元。上缴财政城市廉租住房（公共租赁住房）建设补充资金2163.09万元。其中，市中心上缴2163.09万元。

2020年末，贷款风险准备金余额29328.33万元。累计提取城市廉租住房（公共租赁住房）建设补充资金26269.91万元。其中，市中心提取26269.91万元。

（五）管理费用支出。2020年，管理费用支出511.8万元，同比下降23.61%。其中，人员经费380万元，公用经费0万元，专项经费131.8万元。

四、资产风险状况

（一）个人住房贷款。2020年末，个人住房贷款逾期额50.25万元，逾期率0.09‰。个人贷款风险准备金余额29328.33万元。2020年，使用个人贷款风险准备金核销呆坏账0万元。

（二）无支持保障性住房建设试点项目贷款。

五、社会经济效益

（一）缴存业务。缴存职工中，国家机关和事业单位占61.83%，国有企业占18.73%，城镇集体企业占1.67%，外商投资企业占3.98%，城镇私营企业及其他城镇企业占9.78%，民办非企业单位和社会团体占1.91%，灵活就业人员占0.07%，其他占2.02%；中、低收入占98.99%，高收入占1.01%。

新开户职工中，国家机关和事业单位占53.22%，国有企业占10.48%，城镇集体企业占1.57%，外商投资企业占7.3%，城镇私营企业及其他城镇企业占19.68%，民办非企业单位和社会团体占4.64%，灵活就业人员占0.29%，其他占2.82%；中、低收入占99.9%，高收入占0.1%。

（二）提取业务。提取金额中，购买、建造、翻建、大修自住住房占21.06%，偿还购房贷款本息占

52.08%，租赁住房占 3.01%，支持老旧小区改造占 0%，离休和退休提取占 17.99%，完全丧失劳动能力并与单位终止劳动关系提取占 2.55%，出境定居占 2.16%，其他占 1.15%。提取职工中，中、低收入占 98.88%，高收入占 1.12%。

（三）贷款业务。

1. 个人住房贷款。2020 年，支持职工购建房 33.02 万平方米（含公转商贴息贷款），年末个人住房贷款市场占有率（含公转商贴息贷款）为 17.77%，比上年末减少 2.98 个百分点。通过申请住房公积金个人住房贷款，可节约职工购房利息支出 17696.47 万元。

职工贷款笔数中，购房建筑面积 90（含）平方米以下占 22.45%，90~144（含）平方米占 76.6%，144 平方米以上占 0.95%。购买新房占 93.85%（其中购买保障性住房占 0%），购买二手房占 5.58%，建造、翻建、大修自住住房占 0%（其中支持老旧小区改造占 0%），其他占 0.57%。

职工贷款笔数中，单缴存职工申请贷款占 66.45%，双缴存职工申请贷款占 33.55%，三人及以上缴存职工共同申请贷款占 0%。

贷款职工中，30 岁（含）以下占 40.4%，30 岁~40 岁（含）占 36.14%，40 岁~50 岁（含）占 20.21%，50 岁以上占 3.25%；首次申请贷款占 92.05%，二次及以上申请贷款占 7.95%；中、低收入占 99.24%，高收入占 0.76%。

2. 无支持保障性住房建设试点项目贷款。

（四）住房贡献率。 2020 年，个人住房贷款发放额、公转商贴息贷款发放额、项目贷款发放额、住房消费提取额的总和与当年缴存额的比率为 118.16%，比上年增加 10.15 个百分点。

六、其他重要事项

（一）应对新冠肺炎疫情采取的措施，落实住房公积金阶段性支持政策情况和政策实施成效。 深入贯彻中央、省、市关于新冠肺炎疫情防控工作的决策部署和各项具体要求，出台《关于做好新型冠状病毒肺炎疫情期间住房公积金业务办理事宜的通知》和《关于应对当前新型冠状病毒肺炎疫情政策措施的通知》等文件，积极推出降低缴存比例、缓缴、停缴和降低贷款保证金等措施，支持住房公积金缴存企业和职工应对疫情的影响，助力企业复工复产，仅降低贷款保证金比例一项即为开发企业减轻资金压力 3600 余万元。

（二）当年机构及职能调整情况、受委托办理缴存贷款业务金融机构变更情况。 无调整和变动。

（三）当年住房公积金政策调整及执行情况，包括当年缴存基数限额及确定方法、缴存比例等缴存政策调整情况；当年提取政策调整情况；当年个人住房贷款最高贷款额度、贷款条件等贷款政策调整情况；当年住房公积金存贷款利率执行标准等；支持老旧小区改造政策落实情况。

1. 1 月，出台《资阳市住房公积金管理中心关于确定 2020 年度房租提取最高限额的通知》。规定自 2020 年 1 月 1 日起，我市 2020 年度房租提取最高限额为每月 1000 元、全年 12000 元，缴存人和配偶及未成年子女在缴存人工作所在地（县、区）行政区域内无住房且连续足额缴存满 3 个月的，可申请提取住房公积金支付房租，1 个自然年度内最多可申请提取 4 次，每次提取至少间隔 3 个月。

2. 8 月，出台《资阳市住房公积金管理中心关于 2020 年度职工住房公积金缴存基数和完善缴存基础信息有关事项的通知》。规定自 2020 年 1 月 1 日起，职工住房公积金工资基数调整为 2019 年 1 月至 12 月职工本人月平均工资额。职工住房公积金月缴存工资基数最高限额不得高于当地月平均工资总额的三倍，即17340元，最低不得低于当地最低月工资标准1650元。缴存比例不得低于5%，不得高于12%。

3. 12月，出台《关于阶段性适当调整贷款政策的通知》，主要内容一是职工家庭夫妻双方均缴存公积金的单笔、贷款最高额度由45万元提高到50万元；二是暂停再次贷款间隔时间；三是积极推行组合贷款。

4. 12月，出台《资阳市既有住宅增设电梯提取住房公积金实施细则》，规定经相关部门批准实施的既有住宅加装电梯的项目，其房屋所有权人及其配偶，可以提取其名下账户内的住房公积金余额。

5. 严格执行人民银行规定的住房公积金存贷款利率标准。执行人民银行规定的住房公积金存款利率标准；一套房贷款5年期内年利率2.75%，5年期以上年利率3.25%，二套房贷款5年期内年利率3.025%，5年期以上年利率3.575%。

（四）当年服务改进情况，包括推进住房公积金服务"跨省通办"工作情况，服务网点、服务设施、服务手段、综合服务平台建设和其他网络载体建设服务情况等。着力提升服务质效。深化"放管服"改革，打通服务群众"最后一公里"。落实跨省通办便民服务措施，个人住房公积金缴存贷款等信息查询、贷款职工住房公积金缴存使用证明、正常退休提取住房公积金三个事项实现跨省通办。开通网上办理偿还本地公积金贷款提取功能，贷款职工提取公积金"零跑腿"。联通资阳市民云、天府通办App，公积金业务渠道多元化。公积金事项全部一次办，全程网办率达97%，即办事项达87.5%，无接触汇缴占83%，签约提取占40%，服务质效进一步提升。

（五）当年信息化建设情况，包括信息系统升级改造情况，基础数据标准贯彻落实和结算应用系统接入情况等。进一步提升完善信息化水平。公积金数据信息系统接入住房和城乡建设部平台；建设人脸识别认证系统；异地转移接续平台建设不断完善，实现异地转入实时到账；按要求实现跨省通办和川渝通办。

（六）当年住房公积金管理中心及职工所获荣誉情况，包括：文明单位（行业、窗口）、青年文明号、工人先锋号、五一劳动奖章（劳动模范）、三八红旗手（巾帼文明岗）、先进集体和个人等。无。

（七）当年对违反《住房公积金管理条例》和相关法规行为进行行政处罚和申请人民法院强制执行情况。2020年，没有对违反《住房公积金管理条例》和相关法规行为进行行政处罚的情况；当年通过申请人民法院强制执行贷款职工8户，收回涉险资金59.79万余元。

（八）当年对住房公积金管理人员违规行为的纠正和处理情况等。无。

（九）其他需要披露的情况。无。

阿坝藏族羌族自治州住房公积金2020年年度报告

根据国务院《住房公积金管理条例》和住房和城乡建设部、财政部、人民银行《关于健全住房公积金信息披露制度的通知》（建金〔2015〕26号）的规定，经住房公积金管理委员会审议通过，现将阿坝州住房公积金2020年年度报告公布如下。

一、机构概况

（一）住房公积金管理委员会。住房公积金管理委员会有30名委员，2020年召开1次会议，审议通

过的事项主要包括：阿坝州住房公积金管理中心2019年工作总结及2020年工作计划；阿坝州住房公积金管理中心2019年度住房公积金归集、使用计划执行情况报告和2020年归集、使用计划；阿坝州住房公积金2019年年度报告；阿坝藏族羌族自治州住房公积金缴存管理办法、阿坝藏族羌族自治州住房公积金提取管理办法、阿坝藏族羌族自治州住房公积金贷款管理办法；继续实施阿坝州缴存人住房公积金法定孳息管理办法；阿坝州财政局关于2019年度住房公积金增值收益提取保障性住房补充资金的分配方案。

（二）住房公积金管理中心。住房公积金管理中心为州人民政府直属正县级公益一类事业单位，挂阿坝州住房公积金管理委员会办公室牌子。设5个科，14个管理部。从业人员87人，其中，在编67人，非在编20人。

二、业务运行情况

（一）缴存。2020年，新开户单位96家，实缴单位2115家，净增单位－7家；新开户职工1.05万人，实缴职工8.08万人，净增职工0.20万人；缴存额21.66亿元，同比增长6.28%。2020年末，缴存总额146.5亿元，同比增长17.35%；缴存余额62.77亿元，同比增长11.69%。

受委托办理住房公积金缴存业务的银行5家。

（二）提取。2020年，提取额15.09亿元，同比增长9.28%；占当年缴存额的69.66%，比上年增加1.9个百分点。2020年末，提取总额83.74亿元，同比增长21.99%。

（三）贷款。

1. 个人住房贷款。个人住房贷款最高额度80万元，其中，单缴存职工最高额度60万元，双缴存职工最高额度80万元。

2020年，发放个人住房贷款0.13万笔、5.69亿元，同比分别增长15.43%、18.31%。2020年，回收个人住房贷款4.81亿元。

2020年末，累计发放个人住房贷款1.83万笔、55.75亿元，贷款余额33.44亿元，同比分别增长7.71%、11.37%、2.71%。个人住房贷款余额占缴存余额的53.27%，比上年减少4.66个百分点。

受委托办理住房公积金个人住房贷款业务的银行5家。

2. 异地贷款。2020年，发放异地贷款299笔、13538.5万元。2020年末，发放异地贷款总额279242.41万元，异地贷款余额192386.53万元。

3. 公转商贴息贷款。无。

4. 住房公积金支持保障性住房建设项目贷款。无。

（四）购买国债。无。

（五）资金存储。2020年末，住房公积金存款29.71亿元。其中，活期0.47亿元，1年以上定期29.24亿元。

（六）资金运用率。2020年末，住房公积金个人住房贷款余额、项目贷款余额和购买国债余额的总和占缴存余额的53.27%，比上年减少4.66个百分点。

三、主要财务数据

（一）业务收入。2020年，业务收入21426.34万元，同比增长13.93%。存款利息10789.03万元，委托贷款利息 10634.35 万元，其他 2.96 万元。

（二）业务支出。 2020 年，业务支出 13155.46 万元，同比增长 15.69%。支付职工住房公积金利息 8490.2 万元，委托贷款手续费 563.71 万元，其他 4101.55 万元（包含挚息 4100.02 万元）。

（三）增值收益。 2020 年，增值收益 8270.89 万元，同比增长 11.24%。增值收益率 1.37%，比上年减少 0.02 个百分点。

（四）增值收益分配。 2020 年，提取贷款风险准备金 3343.94 万元，提取管理费用 826.93 万元，提取城市廉租住房（公共租赁住房）建设补充资金 4100.02 万元。

2020 年，上交财政管理费用 770.53 万元。上缴财政城市廉租住房（公共租赁住房）建设补充资金 3409.23 万元。

2020 年末，贷款风险准备金余额 21995.33 万元。累计提取城市廉租住房（公共租赁住房）建设补充资金 27341.31 万元。

（五）管理费用支出。 2020 年，管理费用支出 759.17 万元，同比增长 18.84%。其中，人员经费 337.08 万元，公用经费 215.82 万元，专项经费 206.27 万元。

四、资产风险状况

（一）个人住房贷款。 2020 年末，个人住房贷款逾期额 33.01 万元，逾期率 0.09‰。

个人贷款风险准备金按贷款余额的 1% 提取。2020 年，提取个人贷款风险准备金 3343.94 元，未使用个人贷款风险准备金核销呆坏账。2020 年末，个人贷款风险准备金余额 21995.33 万元，占个人住房贷款余额的 6.57%，个人住房贷款逾期额与个人贷款风险准备金余额的比率为 0.15%。

（二）支持保障性住房建设试点项目贷款。 无。

五、社会经济效益

（一）缴存业务。 缴存职工中，国家机关和事业单位占 80.94%，国有企业占 11.67%，城镇集体企业占 1.72%，外商投资企业占 0.02%，城镇私营企业及其他城镇企业占 4.5%，民办非企业单位和社会团体占 1.04%，无灵活就业人员，其他占 0.11%；中、低收入占 99.79%，高收入占 0.21%。

新开户职工中，国家机关和事业单位占 77.26%，国有企业占 8.87%，城镇集体企业占 0.84%，外商投资企业占 0.02%，城镇私营企业及其他城镇企业占 10.23%，民办非企业单位和社会团体占 2.2%，其他占 0.58%；中、低收入占 99.8%，高收入占 0.2%。

（二）提取业务。 提取金额中，购买、建造、翻建、大修自住住房占 39.86%，偿还购房贷款本息占 41.44%，租赁住房占 2.29%，支持老旧小区改造占 0%，离休和退休提取占 13.39%，出境定居占 0%，其他占 3.02%。提取职工中，中、低收入占 99.51%，高收入占 0.49%。

（三）贷款业务。

1. 个人住房贷款。2020 年，支持职工购建房 15.32 万平方米，年末个人住房贷款市场占有率为 97%，比上年减少 0.2 个百分点。通过申请住房公积金个人住房贷款，可节约职工购房利息支出 7954.98 万元。

职工贷款笔数中，购房建筑面积 90（含）平方米以下占 14.59%，90～144（含）平方米占 79.68%，144 平方米以上占 5.73%。购买新房占 52.24%（无购买保障性住房），购买二手房占 21.09%，建造、翻建、大修自住住房占1.07%（无老旧小区改造），其他占25.6%。

职工贷款笔数中，单缴存职工申请贷款占59.13%，双缴存职工申请贷款占40.87%。

贷款职工中，30岁（含）以下占49.8%，30岁～40岁（含）占33.32%，40岁～50岁（含）占14.67%，50岁以上占2.21%；首次申请贷款占91.86%，二次及以上申请贷款占8.14%；中、低收入占99.91%，高收入占0.09%。

2. 支持保障性住房建设试点项目贷款。无。

（四）**住房贡献率**。2020年，个人住房贷款发放额、公转商贴息贷款发放额、项目贷款发放额、住房消费提取额的总和与当年缴存额的比率为84.53%，比上年增加2.78个百分点。

六、其他重要事项

（一）应对新冠肺炎疫情采取的措施，落实住房公积金阶段性支持政策情况和政策实施成效。及时制定实施阶段性支持政策，采取特别业务办理服务措施，支持企业复工复产，满足职工资金使用需求，共为14家企业、726名职工办理住房公积金缓缴，缓缴金额223.28万元。

（二）当年机构及职能调整情况、受委托办理缴存贷款业务金融机构变更情况。无变更。

（三）当年住房公积金政策调整及执行情况，包括当年缴存基数限额及确定方法、缴存比例等缴存政策调整情况；当年提取政策调整情况；当年个人住房贷款最高贷款额度、贷款条件等贷款政策调整情况；当年住房公积金存贷款利率执行标准等；支持老旧小区改造政策落实情况。

1. 当年缴存基数限额及确定方法、缴存比例等缴存政策调整情。2020年度住房公积金缴存基数上限按阿坝州统计局公布的2019年度城镇地域非私营单位在岗职工月平均工资的3倍确定为25485元，住房公积金缴存基数下限按州人民政府公布的全州月最低工资标准1650元执行，缴存比例5%～12%。修订了阿坝州住房公积金缴存管理办法，2020年5月1日起执行。新增自主择业的军转干部、本州就业的港澳台人员和取得《外国人永久居留身份证》的外籍人员、自由职业者、新市民及其他灵活就业人员自愿缴存住房公积金；新增网上缴存业务相关条款；增加监督检查内容，维护职工合法权益。

2. 当年提取政策调整情况。修订了阿坝州住房公积金提取管理办法，2020年5月1日起执行。一是调整提取范围。将提取主体明确为职工及其配偶，取消父母子女购房、还贷提取；新增"既有住宅增设电梯"提取；取消工作调动至州外提取，落实跨地区调动公积金转移接续要求；取消州外大修、新建、翻修自住住房提取。二是新增提取规定。职工省外购房提取，其所购房屋需与职工本人或配偶工作所在地或户籍（或籍贯）所在地一致；职工既有我州住房公积金贷款又有州外购房商业贷款的，只能办理我州公积金贷款还贷支取。职工销户提取，在我州公积金贷款未结清前，提取须先用于还贷。职工购买异地再交易住房提取，应自取得房屋不动产登记证书之日起满6个月后，一年内申请提取一次；除退休、死亡、开除公职、提前冲还贷和签约还贷提取外，两次支取需间隔12个月。

3. 当年个人住房贷款最高贷款额度、贷款条件等贷款政策调整情况。修订了阿坝州住房公积金贷款管理办法，2020年5月1日起执行。增加符合条件的异地缴存公积金职工在州购房可申请公积金贷款；暂停执行《阿坝州住房公积金管理委员会关于印发〈阿坝州住房公积金异地购房直贷实施方案（试行）〉的通知》（阿州住公委〔2013〕8号）；停止办理异地购房他房抵押贷款业务，保留职工成都市行政区域内再交易房经担保公司直贷业务和购房商业贷款直转公积金贷款业务。

4. 当年住房公积金存贷款利率执行标准。首次申请公积金贷款贷购买自主住房，首付比例为总房价的20%，执行5年以上公积金贷款利率3.25%，5年及以下公积金贷款利率2.75%；第二次申请公积金贷款购买自主住房，首付比例提高到总房价的30%，利率上浮10%。

5. 支持老旧小区改造政策落实情况。将"既有住宅增设电梯"纳入住房公积金提取范围。

（四）当年服务改进情况，包括推进住房公积金服务"跨省通办"工作情况，服务网点、服务设施、服务手段、综合服务平台建设和其他网络载体建设服务情况等。认真贯彻落实"放管服"改革要求，持续优化营商环境。梳理完成34项住房公积金公共服务事项清单政务服务一体化平台录入确认工作，实时修订完善住房公积金缴存、提取、贷款业务办理服务指南，深化拓展"互联网＋公积金服务"，增强综合服务平台和微信公众号功能，实现公积金基数调整、单位汇缴、退休提取、个人缴存信息查询、缴存明细及缴存证明打印等网上办理，落实推动住房公积金跨省通办和川渝联办互办。持续优流程、简手续、增服务，不断提升公积金服务效率。州统计局通报，州住房公积金管理中心政风行风群众满意度测评综合得分位居州政府部门第二。

（五）当年信息化建设情况，包括信息系统升级改造情况，基础数据标准贯彻落实和结算应用系统接入情况等。推进信息系统运行安全、畅通、高效建设，完成住房和城乡建设部住房公积金监管平台反馈问题整改处置，全面推行单位缴存公积金网上办理，实现职工退休提取公积金全程网办。结算应用系统接入合规、运行正常。

（六）当年住房公积金管理中心及职工所获荣誉情况。获得2019年度全州行政事业单位国有资产年度报告工作通报表扬；获政务服务"红旗窗口"2个、"文明示范窗口"1个；获州直机关"优秀共产党员"1人、州级"联寺联僧"先进个人1人；州级脱贫攻坚工作记功奖励1人、嘉奖1人；州级"巾帼建功标兵"1人、州直机关"青年理论学习标兵"2人；政务服务窗口"服务明星"7人、"党员示范岗"3人、"优秀首席"2人。

（七）当年对违反《住房公积金管理条例》和相关法规行为进行行政处罚和申请人民法院强制执行情况。无。

（八）当年对住房公积金管理人员违规行为的纠正和处理情况等。无。

（九）其他需要披露的情况。无。

甘孜藏族自治州住房公积金2020年年度报告

根据国务院《住房公积金管理条例》和住房和城乡建设部、财政部、人民银行《关于健全住房公积金信息披露制度的通知》（建金〔2015〕26号）的规定，经住房公积金管理委员会审议通过，现将甘孜州住房公积金2020年年度报告公布如下。

一、机构概况

（一）住房公积金管理委员会。住房公积金管理委员会有25名委员，2020年召开2次会议，审议通

过的事项主要包括：第一次会议审议通过《甘孜州住房公积金 2019 年度报告》《2019 年住房公积金增值收益分配方案》、2020 年度住房公积金归集、使用计划执行情况，并对其他重要事项进行决策；第二次会议审议通过《关于 2020 年住房公积金缴存比例及缴存基数执行标准》《甘孜州住房公积金管理委员会议事规则（修订）》，对其他重要事项进行研究决策。

（二）住房公积金管理中心。住房公积金管理中心为正县级不以营利为目的的自收自支事业单位，设 6 个处（科），19 个管理部。从业人员 88 人，其中，在编 64 人，非在编 24 人。

二、业务运行情况

（一）缴存。2020 年，新开户单位 75 家，净增单位 13 家；新开户职工 0.39 万人，净增职工 0.25 万人；实缴单位 2211 家，实缴职工 8.13 万人，缴存额 23.57 亿元，分别同比增长 0.59％、3.12％、6.60％。2020 年末，缴存总额 170.03 亿元，比上年末增加 16.09％；缴存余额 83.95 亿元，同比增长 10.34％。受委托办理住房公积金缴存业务的银行 3 家。

（二）提取。2020 年，2.60 万名缴存职工提取住房公积金；提取额 15.70 亿元，同比增长 23.02％；提取额占当年缴存额的 66.62％，比上年增加 8.89 个百分点。2020 年末，提取总额 86.08 亿元，比上年末增加 22.31％。

（三）贷款。

1. 个人住房贷款。个人住房贷款最高额度 50 万元。2020 年，发放个人住房贷款 0.23 万笔、9.35 亿元，同比分别下降 21.07％、21.50％。2020 年，回收个人住房贷款 10.15 亿元。2020 年末，累计发放个人住房贷款 5.73 万笔、141.13 亿元，贷款余额 64.65 亿元，分别比上年末增加 4.23％、7.10％、－1.21％。个人住房贷款余额占缴存余额的 77.02％，比上年末减少 9.01 个百分点。受委托办理住房公积金个人住房贷款业务的银行 3 家。

2. 异地贷款。2020 年，发放异地贷款 786 笔、35882 万元。2020 年末，发放异地贷款总额 260285 万元，异地贷款余额 208704.25 万元。

3. 公转商贴息贷款。2020 年，发放公转商贴息贷款 0 笔、0 万元，当年贴息额 0 万元。2020 年末，累计发放公转商贴息贷款 0 笔、0 万元，累计贴息 0 万元。

（四）购买国债。2020 年，购买（记账式、凭证式）国债 0 亿元，（兑付、转让、收回）国债 0 亿元。2020 年末，国债余额 0 亿元。

（五）资金存储。2020 年末，住房公积金存款 19.25 亿元。其中，活期 0.003 亿元，1 年（含）以下定期 2 亿元，1 年以上定期 14.2 亿元，其他（协定、通知存款等）3.04 亿元。

（六）资金运用率。2020 年末，住房公积金个人住房贷款余额、项目贷款余额和购买国债余额的总和占缴存余额的 77.02％，比上年末减少 9.01 个百分点。

三、主要财务数据

（一）业务收入。2020 年，业务收入 28724.06 万元，同比增长 15.59％。存款利息 7705.29 万元，委托贷款利息 20997.39 万元，国债利息 0 万元，其他 21.38 万元。

（二）业务支出。2020 年，业务支出 13232.53 万元，同比增长 10.89％。支付职工住房公积金利息

12364.24 万元，归集手续费 0 万元，委托贷款手续费 868.24 万元，其他 0.05 万元。

（三）**增值收益**。2020 年，增值收益 15491.53 万元，同比增长 19.93%。增值收益率 1.90%，比上年增加 0.12 个百分点。

（四）**增值收益分配**。2020 年，提取贷款风险准备金 10934.25 万元；，提取管理费用 3757.28 万元，提取城市廉租住房（公共租赁住房）建设补充资金 800 万元。

2020 年，上交财政管理费用 3757.28 万元。上缴财政城市廉租住房（公共租赁住房）建设补充资金 500 万元。

2020 年末，贷款风险准备金余额 66729.07 万元。累计提取城市廉租住房（公共租赁住房）建设补充资金 5121.34 万元。

（五）**管理费用支出**。2020 年，管理费用支出 3329.26 万元，同比下降 0.58%。其中，人员经费 1939.80 万元，公用经费 302.06 万元，专项经费 1087.40 万元。

四、资产风险状况

个人住房贷款。2020 年末，个人住房贷款逾期额 546.05 万元，逾期率 0.84‰。个人贷款风险准备金余额 66729.07 万元。2020 年，使用个人贷款风险准备金核销呆坏账 0 万元。

五、社会经济效益

（一）**缴存业务**。缴存职工中，国家机关和事业单位占 82.33%，国有企业占 14.97%，城镇集体企业占 0%，外商投资企业占 0%，城镇私营企业及其他城镇企业占 2.56%，民办非企业单位和社会团体占 0.11%，灵活就业人员占 0%，其他占 0.03%；中、低收入占 94.6%，高收入占 5.40%。

新开户职工中，国家机关和事业单位占 68.27%，国有企业占 21.02%，城镇集体企业占 0%，外商投资企业占 0%，城镇私营企业及其他城镇企业占 9.74%，民办非企业单位和社会团体占 0.72%，灵活就业人员占 0%，其他占 0.25%；中、低收入占 99.51%，高收入占 0.49%。

（二）**提取业务**。提取金额中，购买、建造、翻建、大修自住住房占 28.06%，偿还购房贷款本息占 50.19%，租赁住房占 0.64%，支持老旧小区改造占 0%，离休和退休提取占 15.60%，完全丧失劳动能力并与单位终止劳动关系提取占 0.67%，出境定居占 0.01%，其他占 4.83%。提取职工中，中、低收入占 92.73%，高收入占 7.27%。

（三）**贷款业务**。个人住房贷款。2020 年，支持职工购建房 27.54 万平方米（含公转商贴息贷款），年末个人住房贷款市场占有率（含公转商贴息贷款）为 91.46%，比上年末减少 1.73 个百分点。通过申请住房公积金个人住房贷款，可节约职工购房利息支出 9374.53 万元。

职工贷款笔数中，购房建筑面积 90（含）平方米以下占 18.17%，90~144（含）平方米占 71.32%，144 平方米以上占 10.51%。购买新房占 22.18%（其中购买保障性住房占 0%），购买二手房占 27.99%，建造、翻建、大修自住住房占 0%（其中支持老旧小区改造占 0%），其他占 49.83%。

职工贷款笔数中，单缴存职工申请贷款占 40.83%，双缴存职工申请贷款占 59.17%，三人及以上缴存职工共同申请贷款占 0%。

贷款职工中，30 岁（含）以下占 42.03%，30 岁~40 岁（含）占 37.30%，40 岁~50 岁（含）占

16.58%，50岁以上占4.09%；首次申请贷款占62.83%，二次及以上申请贷款占37.17%；中、低收入占95.95%，高收入占4.05%。

（四）住房贡献率。 2020年，个人住房贷款发放额、公转商贴息贷款发放额、项目贷款发放额、住房消费提取额的总和与当年缴存额的比率为92.25%，比上年减少7.99个百分点。

六、其他重要事项

（一）应对新冠肺炎疫情采取的措施，落实住房公积金阶段性支持政策情况和政策实施成效。

1. 积极引导线上办理业务。

2. 受疫情影响未能正常缴存住房公积金的单位可延后补缴，职工贷款权益不受影响。

3. 受疫情影响导致生产经营困难的企业，经行业主管部门认定，可申请降低住房公积金缴存比例或者缓缴。

4. 参加疫情防控的一线工作者，住院治疗、医学观察或被政府隔离的新型冠状病毒感染肺炎患者、疑似病人或密切接触者以及因疫情暂时失去收入来源的职工，在2020年1月30日前信用良好、无逾期记录的住房公积金贷款职工，在疫情防控期间未能正常还款的，提供单位参加疫情防控证明或感染新型肺炎住院治疗证明或隔离证明材料，可延后还款期限，不作逾期处理，不纳入州中心逾期管理记录。

5. 在"疫情"期间租房提取金额从最高15000元/年提高到18000元/年。

在新型冠状病毒肺炎疫情防控期间我中心受疫情影响有1家企业申请了缓缴住房公积金，涉及职工人数为14人，涉及金额为1.36万元，缓解了企业缴存住房公积金压力，目前已恢复正常缴存。

（二）当年无机构及职能调整情况、受委托办理缴存贷款业务金融机构变更情况。

（三）当年住房公积金政策调整及执行情况，包括当年缴存基数限额及确定方法、缴存比例等缴存政策调整情况；当年提取政策调整情况；当年个人住房贷款最高贷款额度、贷款条件等贷款政策调整情况；当年住房公积金存贷款利率执行标准等。

1. 缴存。经管委会审议通过，印发了《关于2020年住房公积金缴存基数和月缴存额执行标准的通知》（甘公积金〔2020〕27号），即我州2020年度住房公积金缴存基数最高不得超过21657元/月（3倍平均工资），个人和单位的月缴存额分别不得高于2598.84元；石渠、色达、理塘、稻城四县2020年度缴存基数下限为1780元/月，其他各县缴存基数下限为1650元/月；缴存比例不得低于5%，不得高于12%。

2. 提取。继续执行上年相关政策，进一步加强治理违规提取住房公积金相关工作。

3. 贷款。继续执行上年相关贷款政策。

4. 存贷利率执行标准。缴存职工公积金按一年期定期存款基准利率1.5%执行，贷款利率1～5年（含5年）的按2.75%执行，5～30年（含30）的按3.25%执行。

（四）当年服务改进情况，包括推进住房公积金服务"跨省通办"工作情况，服务网点、服务设施、服务手段、综合服务平台建设和其他网络载体建设服务情况等。

1. 按照"跨省通办"工作的要求，一是我中心在办事服务大厅窗口设立"跨省通办"标识；二是个人住房公积金缴存、贷款等信息的查询，出具贷款职工住房公积金缴存使用证明，正常退休、离职和偿还甘孜州公积金贷款本息的提取等已实现全程网办；三是服务大厅窗口接待职工缴存地中心尚未实现全程网办的"跨省通办"业务时，实行代收代办，由综合联系人去联系缴存地中心，两地联办，协同完成缴存职工的异地办事需求。

2. 中心购置了泸定、道孚、理塘 3 个县管理部窗口服务综合办公用房，基础设施得到进一步改善，适应业务发展的需求。

3. 进一步提升服务窗口的办事效率。一是实行窗口服务前移。为维持良好的服务秩序，各管理部实行了窗口前移服务，将窗口的服务从柜台内向柜台外延伸，安排专人做好职工群众来访及各类咨询的接待工作，保证职工群众在办理住房公积金事务时"等候有位坐，咨询有人答，服务有人引"，实现了一次性告知制；二是压减企业开办时间。我中心在州行政审批局的大力支持下，融入了企业开办"一窗通"平台服务功能，极大地方便了企业及职工。

4. 完善省一体化服务平台的事项录入。我中心已在四川省政务一体化服务平台中录入 25 项公共服务事项，其中住房公积金缴存基数年度申报、按年提取住房公积金偿还贷款等业务实现了全程网办，其他部分业务已实现最多跑一次即可办完，极大地提高了办事效率。

（五）当年信息化建设情况，包括信息系统升级改造情况，基础数据标准贯彻落实和结算应用系统接入情况等。

1. 完成省厅布置的全省公积金互查互认，公积金个税数据核验，法院公积金数据查询接口。
2. 完成省监管平台接口开发，接入省政务一体化"一窗通办"平台。
3. 综合业务系统于 2016 年 11 月即完成基础数据标准和银行结算系统"双贯标"任务，运行稳定。
4. 综合服务平台持续升级，实现 80% 公积金业务网上全程办理，查询、缴存业务网上办理全覆盖。

（六）当年住房公积金管理中心及职工所获荣誉情况，包括：文明单位（行业、窗口）、青年文明号、工人先锋号、五一劳动奖章（劳动模范）、三八红旗手（巾帼文明岗）、先进集体和个人等。我中心脱贫攻坚派驻第一书记荣获省级个人"记大功"。

（七）当年无违反《住房公积金管理条例》和相关法规行为进行行政处罚和申请人民法院强制执行情况。

（八）当年无住房公积金管理人员违规行为的纠正和处理情况等。

（九）无其他需要披露的情况。

凉山彝族自治州住房公积金 2020 年年度报告

根据国务院《住房公积金管理条例》和住房和城乡建设部、财政部、人民银行《关于健全住房公积金信息披露制度的通知》（建金〔2015〕26 号）的规定，经住房公积金管理委员会审议通过，现将凉山州住房公积金 2020 年年度报告公布如下。

一、机构概况

（一）住房公积金管理委员会。住房公积金管理委员会有 24 名委员，2020 年 3 月 30 日召开第二十次全体会议，审议通过的事项主要包括：会议听取和审议通过了《凉山州住房公积金管理中心〈关于 2019

年住房公积金管理工作情况总结暨2020年工作要点的报告〉》《凉山州住房公积金管理中心〈关于2019年住房公积金归集、使用计划执行情况及增值收益分配方案的报告〉》《凉山州住房公积金管理中心〈关于凉山州住房公积金2019年度报告〉》《凉山州住房公积金管理中心〈关于对各县市2019年度缴存扩面工作考核结果的报告〉》《凉山州住房公积金管理中心〈关于表扬2019年住房公积金缴存扩面先进县（市）和管理工作先进单位的请示〉》4个报告1个请示；2020年12月30日召开第二十一次全体会议，会议听取和审议《凉山州住房公积金管理中心关于调整部分住房公积金使用政策的请示》《凉山州住房公积金管理中心关于与浙商银行凉山分行建立住房公积金业务合作的请示》2个请示。会议听取了2020年全州住房公积金运行情况报告，对当前住房公积金管理工作进行科学研判、把脉定向，对突出抓好2021年住房公积金管理工作提出了具体要求。

（二）住房公积金管理中心。 住房公积金管理中心为州人民政府直属不以营利为目的的正县级自收自支事业单位，下设6个科（室），16个管理部，1个分中心。从业人员194人，其中，在编116人，非在编78人。

二、业务运行情况

（一）缴存。 2020年，新开户单位398家，净增单位115家；新开户职工3.4282万人，净增职工1.13万人；实缴单位4284家，实缴职工21.0286万人，缴存额43.15亿元，分别同比增长2.76%、增加5.68%、增加5.76%。2020年末，缴存总额344.61亿元，比上年末增加14.32%；缴存余额157.02亿元，同比增长8.15%。受委托办理住房公积金缴存业务的银行11家。

（二）提取。 2020年，7.4168万名缴存职工提取住房公积金；提取额31.32亿元，同比增长18.77%；提取额占当年缴存额的72.58%，比上年增加7.95个百分点。2020年末，提取总额187.58亿元，比上年末增加20.04%。

（三）贷款。

1. 个人住房贷款。个人住房贷款最高额度60万元。单缴存职工个人住房贷款最高额度50万元，双缴存职工个人住房贷款最高额度60万元。

2020年，发放个人住房贷款0.6856万笔、30.04亿元，同比分别增长2.94%、5.89%。

2020年，回收个人住房贷款13.06亿元。

2020年末，累计发放个人住房贷款9.2174万笔、206.8亿元，贷款余额128.64亿元，分别比上年末增加8.04%、16.99%、15.2%。个人住房贷款余额占缴存余额的81.93%，比上年末增加5.02个百分点。受委托办理住房公积金个人住房贷款业务的银行9家。

2. 异地贷款。2020年，发放异地贷款317笔、13622万元。2020年末，发放异地贷款总额64274万元，异地贷款余额53967.36万元。

（四）购买国债。 没有购买国债。

（五）资金存储。 2020年末，住房公积金存款29.78亿元。其中，活期0.04亿元，1年（含）以下定期0亿元，1年以上定期27.7亿元，其他（协定、通知存款等）2.04亿元。

（六）资金运用率。 2020年末，住房公积金个人住房贷款余额、项目贷款余额和购买国债余额的总和占缴存余额的81.93%，比上年末增加5.02个百分点。

三、主要财务数据

（一）**业务收入**。2020 年，业务收入 52921.87 万元，同比增长 9.90％。存款利息 14516.17 万元，委托贷款利息 38318.64 万元，其他 87.06 万元。

（二）**业务支出**。2020 年，业务支出 22972.9 万元，同比增长 11.11％。支付职工住房公积金利息 21491.24 万元，归集手续费 0 万元，委托贷款手续费 1480.73 万元，其他 0.93 万元。

（三）**增值收益**。2020 年，增值收益 29948.98 万元，同比增长 8.99％。增值收益率 1.99％，比上年减少 0.02 个百分点。

（四）**增值收益分配**。2020 年，提取贷款风险准备金 7809.49 万元，提取管理费用 4300 万元，提取城市廉租住房（公共租赁住房）建设补充资金 17839.49 万元。

2020 年，上交财政管理费用 4300 万元。上缴 2019 年财政城市廉租住房（公共租赁住房）建设补充资金 15172.48 万元。

2020 年末，贷款风险准备金余额 59176.05 万元。累计提取城市廉租住房（公共租赁住房）建设补充资金 119790.88 万元。

（五）**管理费用支出**。2020 年，管理费用支出 4120 万元，同比增长 15.22％。其中，人员经费 2260.9 万元，公用经费 463.36 万元，专项经费 1395.74 万元。

四、资产风险状况

个人住房贷款。2020 年末，个人住房贷款逾期额 462.62 万元，逾期率 0.36‰。个人贷款风险准备金余额 59176.05 万元。2020 年，使用个人贷款风险准备金核销呆坏账 0 万元。

五、社会经济效益

（一）**缴存业务**。缴存职工中，国家机关和事业单位占 70.89％，国有企业占 17.11％，城镇集体企业占 4.42％，外商投资企业占 0.48％，城镇私营企业及其他城镇企业占 6.04％，民办非企业单位和社会团体占 0.90％，灵活就业人员占 0.10％，其他占 0.06％；中、低收入占 98.69％，高收入占 1.31％。

新开户职工中，国家机关和事业单位占 60.74％，国有企业占 9.5％，城镇集体企业占 15.75％，外商投资企业占 0.21％，城镇私营企业及其他城镇企业占 11.83％，民办非企业单位和社会团体占 1.37％，灵活就业人员占 0.29％，其他占 0.31％；中、低收入占 99.59％，高收入占 0.41％。

（二）**提取业务**。提取金额中，购买、建造、翻建、大修自住住房占 23.11％，偿还购房贷款本息占 50.54％，租赁住房占 0.78％，离休和退休提取占 21.21％，完全丧失劳动能力并与单位终止劳动关系提取占 2.84％，出境定居占 0.71％，其他占 0.81％。提取职工中，中、低收入占 98.46％，高收入占 1.54％。

（三）**贷款业务**。

1. 个人住房贷款。2020 年，支持职工购建房 163.83 万平方米（含公转商贴息贷款），年末个人住房贷款市场占有率（含公转商贴息贷款）为 49.3％，比上年末增加 1.41 个百分点。通过申请住房公积金个人住房贷款，可节约职工购房利息支出 47718.03 万元。

职工贷款笔数中，购房建筑面积 90（含）平方米以下占 25.22%，90~144（含）平方米占 72.84%，144 平方米以上占 1.94%。购买新房占 80.33%（其中购买保障性住房占 0%），购买二手房占 18.04%，建造、翻建、大修自住住房占 0.07%（其中支持老旧小区改造占 0%），其他占 1.56%。

职工贷款笔数中，单缴存职工申请贷款占 59.44%，双缴存职工申请贷款占 40.56%，三人及以上缴存职工共同申请贷款占 0%。

贷款职工中，30 岁（含）以下占 42.53%，30 岁~40 岁（含）占 35.68%，40 岁~50 岁（含）占 19.65%，50 岁以上占 2.14%；首次申请贷款占 88.33%，二次及以上申请贷款占 11.67%；中、低收入占 99.31%，高收入占 0.69%。

2. 支持保障性住房建设试点项目贷款（本段仅项目贷款余额不为 0 的城市填写）。本公积金中心无。

（四）住房贡献率。2020 年，个人住房贷款发放额、公转商贴息贷款发放额、项目贷款发放额、住房消费提取额的总和与当年缴存额的比率为 123.63%，比上年增加 6.55 个百分点。

六、其他重要事项

（一）应对新冠肺炎疫情采取的措施，落实住房公积金阶段性支持政策情况和政策实施成效。面对新型冠状疫情我中心全面落实"外防输入、内防反弹"的总体防控策略，确保办公场所全面消毒、防疫措施有效落实、业务工作正常推进，做到线上服务"不断档"。及时出台《凉山州住房公积金中心关于应对新型冠状病毒防范措施的通知》《凉山州住房公积金中心关于落实妥善应对新冠肺炎疫情实施住房公积金阶段性支持政策的通知》等文件，及时果断采取阶段性支持政策措施。今年以来，办理疫情影响降缴住房公积金 9 个单位 43.71 万元，惠及缴存职工 153 人；办理缓缴住房公积金 7 个单位 844.82 万元，惠及缴存职工 2590 人。

（二）当年机构及职能未发生变化，受委托办理缴存业务金融机构 11 家银行、贷款业务金融机构 9 家银行都未发生变化。

（三）当年住房公积金政策调整及执行情况。

1. 当年缴存基数限额及确定办法、缴存比例调整情况。2020 年度我州缴存住房公积金月工资基数上限为 20372 元，下限为 1650 元。

2. 当年提取政策调整情况。住房公积金全州网点业务应当遵循就近办理原则。（1）购房提取的应当到购房地和缴存地办理提取。（2）租房提取的应当到缴存地和工作所在地办理提取。（3）还贷提取（不含委托按月提取）应当到缴存地和工作所在地办理提取。（4）涉及夫妻双方提取、委托按月提取签约的，夫妻双方可任意选择到其中一方缴存地和工作所在地办理提取、签约业务。各级各单位必须对符合要求的业务进行受理，任何单位不得找借口推脱不办，让办事职工舍近求远。

3. 当年个人住房贷款最高贷款额度为 60 万未变，贷款条件等贷款政策调整情况。贷款受理应当到抵押物所在地办理，提前还贷应当到发放贷款银行所在地住房公积金部门办理提取业务。

4. 当年住房公积金存贷款利率执行情况。存款利率。缴存职工公积金的利率按一年期定期利率 1.5% 计息，三年期定期利率为 3.9875%，通知存款利率为 1.75%，协定存款利率为 1.495%；贷款利率。五年期及以下 2.75%，五年期以上 3.25%。

（四）当年服务改进情况。

1. 提档升级持续推进服务"便民化"；创新"互联网＋公积金"的服务模式，做到为缴存职工住房公积金提取业务 18 个机构通办，网上服务大厅可自助办理多项业务，搭建手机 App 和"凉山公积金"微信公众号两个手机终端服务渠道，开通直连全州所有公积金合作楼盘的贷款网上服务大厅，业务办理全面启用电子印章和精简办理业务要件等，推进业务大厅规范化、标准化建设提档升级，不断提高窗口服务水平，让广大缴存单位和职工充分体验住房公积金业务"一网通办"前提下"最多跑一次"的便利。

2. 为进一步贯彻落实"放管服"工作要求，做好住房公积金服务"跨省通办"工作，按照省住房城乡建设厅关于转发《住房和城乡建设部办公厅〈关于做好住房公积金服务"跨省通办"工作〉》的通知相关要求，结合中心实际，制定我中心"跨省通办"业务工作方案，实行代收代办或两地联办。各地缴存职工可到凉山中心服务大厅和各县管理部"跨省通办绿色通道"服务窗口办理异地住房公积金相关业务，实现住房公积金业务代收代办或两地联办。

3. 为加强全国住房公积金监管平台（以下简称"监管平台"）应用和管理，确保监管平台安全、稳定运行，根据省住房城乡建设厅住房公积金监管处《关于全面开展全国住房公积金监管平台试点工作的函》（川建金管函〔2020〕50号）和《住房公积金监管平台工作规则（暂行）》相关要求，结合中心工作实际，制定监管平台试点工作方案。

4. 认真做好社区专职工作者缴存住房公积金相关服务保障工作。要依据《实施意见》第 80 条，积极配合相关部门全面推进社区专职工作者专业化职业化体系建设，并按规定认真做好社区专职工作者缴存住房公积金相关服务保障工作。坚持有理有据，依法依规办事，积极与社区对接，主动上门服务，为社区专职工作者宣讲住房公积金政策，做好缴存业务办理等相关工作，确保将社区专职工作者全员纳入住房公积金缴存范围。

（五）当年信息化建设情况。凉山州住房公积金管理中心长期以来严格按照国家相关法律法规要求，以《住房公积金信息化建设导则》为指导开展信息化建设相关工作，在信息化建设过程中始终将信息安全放在第一位，目前已建成以中心公积金业务系统为核心的住房公积金信息系统，整套系统通过国家信息安全等级保护三级认证。具体如下：

1. 加强住房公积金业务信息系统安全部署。2020 年 9 月 25 日，中心信息系统升级改造项目（按照等保三级 2.0 标准要求新增的设备的部署和系统集成）通过验收，中心信息系统安全防护能力得到进一步提升。本次新增数据库审计系统、入侵检测系统、上网行为管理系统、堡垒机等多个安全设备，加强了中心信息系统的边界防御，对数据库和信息系统的访问进行了访问控制，对整个信息系统内部的各种操作进行了有效监听和管理。

2. 开展网络信息安全培训。2020 年 10 月 26 日和 11 月 9 日，中心组织了两期网络信息安全培训，共培训 120 人，培训由凉山州住房公积金管理中心主办，四川大学信息安全研究所协办，天融信科技集团承办，全州所有干部职工参与了培训学习。培训安排了四川大学教授、西昌市公安局网安大队队长、信息和网络安全行业专家等 5 位老师围绕办公与个人信息安全、数据安全意识、网络空间内容安全、网络诈骗、网络安全法律法规、"护网"行动、网络安全案例解析、等保制度等内容为主开展培训，并进行现场交流和工作探讨。

3. 完成住房公积金业务信息系统安全等级保护三级认证（2.0 标准）。2020 年 11 月 6 日，中心信息安全等级保护三级认证（2.0 标准）测评工作顺利完成。此次测评严格按照 2019 年 12 月 1 日正式开始实施的《信息安全技术网络安全等级保护基本要求》《信息安全技术网络安全等级保护测评要求》《信息安全技术网络安全等级保护安全设计技术要求》三项国家标准执行，凉山中心各项测评均符合国家标准。

（六）当年住房公积金管理中心及职工所获荣誉情况。

1. 获得省部级荣誉：

关于2019年全省住房公积金精简归并银行账户工作情况的通报（川建金管函〔2020〕2号）。

2. 获得地市级荣誉：

关于命名2019至2020年度凉山"巾帼文明岗"的决定（凉妇发〔2020〕32号）；

关于给予阿苏晓明等93名个人和西昌市扶贫移民服务中心等63个集体记功奖励的决定（凉人社发〔2020〕67号）；

关于表扬"双报到、双评价"工作"十大服务品牌"和"百名先进个人"的通报（凉直工委发〔2021〕3号）；

关于表扬2019年住房公积金缴存扩面先进县（市）和管理工作先进单位的通报（凉府办函〔2020〕28号）；

关于对2019年度州直各部门（单位）机关党组织落实机关党建工作目标责任情况的考核结果通报（凉直工委发〔2020〕17号）；

关于2019年度州级党政机关事业单位领导班子开展"四好一强"活动的考核结果通报（凉直工委发〔2020〕18号）；

关于表扬2019年度全州优秀政务调研成果的通报（凉府办函〔2020〕51号）；

关于2019年度县（市）和州级部门综合目标绩效考评结果的通报（凉委〔2020〕438号）；

关于对2019年度全州行政事业单位资产报表编制工作情况的通报（凉财资〔2020〕35号）；

关于对2019年度全州公共基础实施等行政事业性国有资产报告编制工作情况的通报（凉财资〔2020〕36号）；

关于2020年度全州政务公开和政府信息公开工作目标完成情况的通报。

（七）当年对违反《住房公积金管理条例》和相关法规行为进行行政处罚和申请人民法院强制执行情况。 无。

（八）当年对住房公积金管理人员违规行为的纠正和处理情况等。 无。

（九）其他需要披露的情况。 无。

2020 全国住房公积金年度报告汇编

贵州省

贵阳

六盘水市

遵义市

安顺市

毕节市

铜仁市

黔西南布依族苗族自治州

黔东南苗族侗族自治州

黔南布依族苗族自治州

贵州省住房公积金 2020 年年度报告

根据国务院《住房公积金管理条例》和住房和城乡建设部、财政部、人民银行《关于健全住房公积金信息披露制度的通知》（建金〔2015〕26号）规定，现将贵州省住房公积金 2020 年年度报告汇总公布如下。

一、机构概况

（一）住房公积金管理机构。全省共设 9 个设区城市住房公积金管理中心，1 个独立设置的分中心。从业人员 847 人，其中，在编 632 人，非在编 215 人。

（二）住房公积金监管机构。贵州省住房和城乡建设厅、财政厅和人民银行贵阳中心支行负责对本省住房公积金管理运行情况进行监督。省住房城乡建设厅设立住房公积金监管处，负责辖区住房公积金日常监管工作。

二、业务运行情况

（一）缴存。2020 年，新开户单位 8005 家，净增单位 3588 家；新开户职工 27.09 万人，净增职工 8.21 万人；实缴单位 51666 家，实缴职工 269.30 万人，缴存额 455.15 亿元，分别同比增长 7.46%、3.14%、9.88%。2020 年末，缴存总额 2924.48 亿元，比上年末增加 18.43%；缴存余额 1284.29 亿元，同比增长 12.50%。

（二）提取。2020 年，139.07 万名缴存职工提取住房公积金；提取额 312.47 亿元，同比增长 16.83%；提取额占当年缴存额的 68.65%，比上年增加 4.08 个百分点。2020 年末，提取总额 1640.18 亿元，比上年末增加 23.53%。

（三）贷款。

1. 个人住房贷款。2020 年，发放个人住房贷款 8.26 万笔、324.66 亿元，同比增长 9.55%、19.66%。回收个人住房贷款 142.17 亿元。

2020 年末，累计发放个人住房贷款 82.24 万笔、2057.84 亿元，贷款余额 1294.03 亿元，分别比上年末增加 11.17%、18.73%、16.42%。个人住房贷款余额占缴存余额的 100.76%，比上年末增加 3.39 个百分点。

2020 年，支持职工购建房 812 万平方米。年末个人住房贷款市场占有率（含公转商贴息贷款）为 22.42%，比上年末减少 0.43 个百分点。通过申请住房公积金个人住房贷款，可节约职工购房利息支出 534692.28 万元。

2. 异地贷款。2020 年，发放异地贷款 3844 笔、135727.30 万元。2020 年末，发放异地贷款总额 390033.30 万元，异地贷款余额 353513.76 万元。

3. 公转商贴息贷款。2020 年，发放公转商贴息贷款 2604 笔、70871.41 万元，支持职工购建房面积 27.51 万平方米。当年贴息额 4777.27 万元。2020 年末，累计发放公转商贴息贷款 14973 笔、431725.41 万元，累计贴息 26412.33 万元。

4. 住房公积金支持保障性住房建设项目贷款。2020年，回收项目贷款1058万元。2020年末，累计发放项目贷款14.32亿元，项目贷款余额4180万元。

（四）**购买国债**。2020年，未购买国债。

（五）**融资**。2020年，融资6.77亿元，归还5.43亿元。年末，融资总额66.33亿元，融资余额23.13亿元。

（六）**资金存储**。2020年末，住房公积金存款51.26亿元。其中，活期1.36亿元，1年（含）以下定期13.20亿元，1年以上定期6.45亿元，其他（协定、通知存款等）30.25亿元。

（七）**资金运用率**。2020年末，住房公积金个人住房贷款余额、项目贷款余额和购买国债余额的总和占缴存余额的100.79%，比上年末增加3.38个百分点。

三、主要财务数据

（一）**业务收入**。2020年，业务收入393608.45万元，同比增长15.45%。其中，存款利息12093.90万元，委托贷款利息378142.61万元，其他3371.93万元。

（二）**业务支出**。2020年，业务支出247721.11万元，同比增长30.18%。其中，支付职工住房公积金利息208847.36万元，归集手续费14018.52万元，委托贷款手续费18078.63万元，其他6776.59万元。

（三）**增值收益**。2020年，增值收益145887.34万元，同比下降3.16%；增值收益率1.19%，比上年减少0.21个百分点。

（四）**增值收益分配**。2020年，提取贷款风险准备金18206.93万元，提取管理费用22518.05万元，提取城市廉租住房（公共租赁住房）建设补充资金105162.36万元。

2020年，上交财政管理费用22412.71万元，上缴财政城市廉租住房（公共租赁住房）建设补充资金117657.74万元。

2020年末，贷款风险准备金余额140785.24万元，累计提取城市廉租住房（公共租赁住房）建设补充资金724674.04万元。

（五）**管理费用支出**。2020年，管理费用支出17976.47万元，同比下降16.99%。其中，人员经费10886.41万元，公用经费1432.87万元，专项经费5657.19万元。

四、资产风险状况

（一）**个人住房贷款**。2020年末，个人住房贷款逾期额2918.72万元，逾期率0.226‰，个人贷款风险准备金余额140618.04万元。

（二）**住房公积金支持保障性住房建设项目贷款**。2020年末，无逾期项目贷款，项目贷款风险准备金余额167.20万元。

五、社会经济效益

（一）**缴存业务**。缴存职工中，国家机关和事业单位占44.57%，国有企业占26.51%，城镇集体企业占2.29%，外商投资企业占1.19%，城镇私营企业及其他城镇企业占20.72%，民办非企业单位和社会团体占 1.72%，灵活就业人员占 0.16%，其他占 2.84%；中、低收入占 95.44%，高收入占 4.56%。

新开户职工中，国家机关和事业单位占 19.94%，国有企业占 22.22%，城镇集体企业占 1.91%，外商投资企业占 2.04%，城镇私营企业及其他城镇企业占 43.45%，民办非企业单位和社会团体占 3.20%，灵活就业人员占 0.64%，其他占 6.60%；中、低收入占 98.49%，高收入占 1.51%。

（二）提取业务。 提取金额中，购买、建造、翻建、大修自住住房占 14.26%，偿还购房贷款本息占 57.87%，租赁住房占 4.43%；离休和退休提取占 12.97%，完全丧失劳动能力并与单位终止劳动关系提取占 3.33%，出境定居占 0.33%，其他占 6.81%。提取职工中，中、低收入占 82.27%，高收入占 17.73%。

（三）贷款业务。

1. 个人住房贷款。职工贷款笔数中，购房建筑面积 90（含）平方米以下占 7.29%，90～144（含）平方米占 81.23%，144 平方米以上占 11.49%。购买新房占 90.04%（其中购买保障性住房占 0.02%），购买二手房占 9.69%，建造、翻建、大修自住住房占 0.05%，其他占 0.22%。

职工贷款笔数中，单缴存职工申请贷款占 59.44%，双缴存职工申请贷款占 40.37%，三人及以上缴存职工共同申请贷款占 0.18%。

贷款职工中，30 岁（含）以下占 45.38%，30 岁～40 岁（含）占 33.99%，40 岁～50 岁（含）占 15.89%，50 岁以上占 4.74%；首次申请贷款占 91.13%，二次及以上申请贷款占 8.87%；中、低收入占 87.25%，高收入占 12.57%。

2. 住房公积金支持保障性住房建设项目贷款。2020 年末，全省有住房公积金试点城市 2 个，试点项目 14 个，贷款额度 14.32 亿元，建筑面积 107.12 万平方米，可解决 11936 户中低收入职工家庭的住房问题。12 个试点项目贷款资金已发放并还清贷款本息。

（四）住房贡献率。 2020 年，个人住房贷款发放额、公转商贴息贷款发放额、项目贷款发放额、住房消费提取额的总和与当年缴存额的比率为 125.75%，比上年增加 9.93 个百分点。

六、其他重要事项

（一）应对新冠肺炎疫情采取的政策措施，落实住房公积金阶段性支持政策情况和政策实施成效。 为贯彻落实习近平总书记关于新冠肺炎疫情防控和应对工作的重要指示精神，按照住房和城乡建设部、财政部、中国人民银行《关于妥善应对新冠肺炎疫情实施住房公积金阶段性支持政策的通知》（建金〔2020〕23 号）要求，我厅会同省财政厅、人民银行贵阳中心支行联合印发了《关于妥善应对新冠肺炎疫情落实住房公积金阶段性支持政策的通知》（黔建房资监通〔2020〕26 号），指导各地重点做好以下五个方面工作：一是减轻企业负担，2020 年 6 月 30 日前，受新冠肺炎疫情影响的企业可缓缴住房公积金，不影响职工正常提取和申请住房公积金贷款；二是降低疫情对职工的影响，2020 年 6 月 30 日前，受新冠肺炎疫情影响的职工住房公积金贷款不能正常还款的，不作逾期处理；三是进一步提高服务效能和服务水平，为缴存企业和职工提供优质服务；四是密切关注舆情，加强正面引导，及时对社会关注的住房公积金热点问题作出解释回应；五是提前谋划工作，做好政策衔接，确保阶段性政策实施期满后及时调回正轨。截至 2020 年 6 月底，全省累计 1677 家企业办理了缓缴手续，涉及职工 12.21 万人，累计缓缴金额（单位缴存部分及职工缴存部分合计）约 2.76 亿元；累计为 3744 户缴存职工处理了逾期问题，不作逾期处理的贷款余额7.54亿元。

（二）当年住房公积金政策调整情况。

1.《关于进一步加强教职员工住房公积金缴存管理的通知》（黔建房资监通〔2020〕109号）；

2.《关于做好利用住房公积金支持城镇老旧小区改造工作的通知》（黔建房资监字〔2020〕232号）。

（三）当年服务改进情况。 一是积极推进住房公积金业务"跨省通办"工作，按照住房和城乡建设部办公厅《关于做好住房公积金服务"跨省通办"工作的通知》（建办金〔2020〕53号）要求，完成了个人住房公积金缴存贷款等信息查询、出具贷款职工住房公积金缴存使用证明、正常退休提取住房公积金等3项服务事项"跨省通办"；二是积极推进优化企业开办服务工作，按照市场监管总局等六部门《关于进一步优化企业开办服务的通知》（国市监注〔2020〕129号）要求，指导各地接入企业开办"一网通办"平台。

（四）当年信息化建设情况。 一是按照住房和城乡建设部的工作安排，持续优化住房公积金数据平台，提升数据质量，开展了职工缴存信息、贷款信息、个人信息等清理工作。二是督促指导各地建设住房公积金综合服务平台，全面提升住房公积金服务效率和服务水平。目前，全省各中心已基本建成住房公积金综合服务平台，为职工提供门户网站、网上办事大厅、手机客户端、微信、支付宝等多种服务渠道；贵阳、遵义、黔东南和六盘水住房公积金综合服务平台建设工作已通过验收。

（五）当年住房公积金机构及从业人员所获荣誉情况。

1. 安顺市住房公积金管理中心城区管理部获得"贵州省五一巾帼标兵岗"荣誉称号；

2. 黔西南州住房公积金管理中心被中共贵州省委授予"2018—2020全省文明单位"，中共黔西南州住房公积金管理中心联合第一党支部被贵州省委党的建设工作领导小组表彰为"全省党支部标准化规范化建设示范点"；

3. 黔西南州住房公积金管理中心党组书记、主任胡雨生同志被中共贵州省委表彰为"全省脱贫攻坚优秀基层党组织书记"；

4. 黔东南州住房公积金管理中心被评为"全省精神文明建设工作先进单位"。

贵阳住房公积金2020年年度报告

根据国务院《住房公积金管理条例》和住房和城乡建设部、财政部、人民银行《关于健全住房公积金信息披露制度的通知》（建金〔2015〕26号）规定，现将贵阳住房公积金2020年年度报告如下。

一、机构概况

（一）住房公积金管理委员会。 贵阳市住房公积金管理委员会有29名委员。2020年召开两次会议：召开贵阳市住房公积金管委会三届七次全体会议，审议通过2019年度住房公积金财务收支执行情况及2020年住房公积金管理归集使用预算报告，并对扩大住房公积金归集业务委托银行、变更住房公积金有关会计核算方式、支持全市缴存职工在贵安新区购房等重要事项进行决策；召开贵阳市住房公积金管委会换届暨四届一次全会，审议通过第三届委员会工作报告，产生新一届管理委员会委员，修订《贵阳市住房公积金异地个人住房贷款业务实施细则（试行）》和《贵阳市住房公积金补息贷款暂行办法》，同意增加2020年住房公积金补息贷款额度等。

（二）住房公积金管理中心。贵阳市住房公积金管理中心为贵阳市人民政府不以营利为目的的参公事业单位，设6个处（室），9个管理部，1个分中心，从业人员126人，其中，在编75人，非在编51人。贵州省住房资金管理中心为贵州省住房和城乡建设厅不以营利为目的的公益二类事业单位，主要负责贵州省省直住房公积金的归集、管理、使用和会计核算，中心设3个科，从业人员18人，其中在编8人，非在编10人。

二、业务运行情况

（一）缴存。2020年，新开户单位4245家，净增单位2444家；新开户职工13.08万人，净增职工0.18万人；实缴单位22738家，实缴职工104.73万人，缴存额142.46亿元，分别同比增长12.04%、0.17%、8.28%。2020年末，缴存总额953.67亿元，比上年末增加17.56%；缴存余额370.93亿元，同比增长10.16%。受委托办理住房公积金缴存业务的银行3家。

（二）提取。2020年，47.69万名缴存职工提取住房公积金；提取额108.25亿元，同比增长19.19%；提取额占当年缴存额的75.99%，比上年增加6.96个百分点。2020年末，提取总额582.74亿元，比上年末增加22.82%。

（三）贷款。

1. 个人住房贷款。单缴存职工个人住房贷款最高额度50万元，双缴存职工个人住房贷款最高额度60万元。

2020年，发放个人住房贷款1.86万笔、89.72亿元，同比分别增长40.91%、53.21%。其中，市中心发放个人住房贷款1.53万笔、73.16亿元，省直中心发放个人住房贷款0.33万笔、16.56亿元。

2020年，回收个人住房贷款34.96亿元。其中，市中心29.65亿元，省直中心5.31亿元。

2020年末，累计发放个人住房贷款19.53万笔、578.19亿元，贷款余额366.43亿元，分别比上年末增加10.53%、18.37%、17.57%。个人住房贷款余额占缴存余额的98.79%，比上年末增加6.24个百分点。受委托办理住房公积金个人住房贷款业务的银行9家。

2. 异地贷款。2020年，发放异地贷款173笔、8124.60万元。2020年末，发放异地贷款总额27953.40万元，异地贷款余额24743.52万元。

3. 公转商贴息贷款。2020年，未发放公转商贴息贷款，当年贴息额3352.35万元。2020年末，累计发放公转商贴息贷款8946笔、279510.60万元，累计贴息21140.40万元。

（四）购买国债。2020年，无购买、兑付、转让、收回国债事项。2020年末，无国债贷款余额。

（五）资金存储。2020年末，住房公积金存款11.29亿元。其中，活期0.04亿元，1年（含）以下定期2.50亿元，其他（协定、通知存款等）8.75亿元。

（六）资金运用率。2020年末，住房公积金个人住房贷款余额、项目贷款余额和购买国债余额的总和占缴存余额的98.79%，比上年末增加6.24个百分点。

三、主要财务数据

（一）业务收入。 2020年，业务收入113385.54万元，同比增长14.75%。其中，市中心93662.46万元，省直中心19723.08万元；存款利息5660.98万元，委托贷款利息107715.62万元，其他8.94万元。

（二）业务支出。 2020年，业务支出89608.40万元，同比增长54.39%。其中，市中心78631.59万元，省直中心10976.81万元；支付职工住房公积金利息72567.91万元，归集手续费6465.18万元，委托贷款手续费6872.37万元，其他3702.94万元。

（三）增值收益。 2020年，增值收益23777.14万元，同比下降41.68%。其中，市中心15030.87万元，省直中心8746.27万元；增值收益率0.67%，比上年减少0.61个百分点。

（四）增值收益分配。 2020年，提取贷款风险准备金5475.99万元，提取管理费用3485.86万元，提取城市廉租住房（公共租赁住房）建设补充资金14815.29万元。

2020年，上交财政管理费用3535.86万元。上缴财政城市廉租住房（公共租赁住房）建设补充资金33557.25万元。其中，市中心上缴26785.13万元，省直中心上缴6772.12万元。

2020年末，贷款风险准备金余额36642.88万元。累计提取城市廉租住房（公共租赁住房）建设补充资金229301.13万元。其中，市中心提取181016.13万元，省直中心提取48285万元。

（五）管理费用支出。 2020年，管理费用支出3662.31万元，同比增长5.42%。其中，人员经费1889.69万元，公用经费329.59万元，专项经费1443.03万元。

市中心管理费用支出3402万元。其中，人员、公用、专项经费分别为1675.07万元、283.9万元、1443.03万元。

省直中心管理费用支出260.31万元。其中，人员经费214.62万元，公用经费45.69万元。

四、资产风险状况

个人住房贷款。2020年末，个人住房贷款逾期额832.25万元，逾期率0.23‰，其中，市中心0.15‰，省直中心0.59‰。个人贷款风险准备金余额36642.88万元。2020年，未使用个人贷款风险准备金核销呆坏账。

五、社会经济效益

（一）缴存业务。 缴存职工中，国家机关和事业单位占21.60%，国有企业占27.33%，城镇集体企业占1.51%，外商投资企业占2.16%，城镇私营企业及其他城镇企业占41.08%，民办非企业单位和社会团体占1.91%，灵活就业人员占0.01%，其他占4.40%；中、低收入占99.40%，高收入占0.6%。

新开户职工中，国家机关和事业单位占9.70%，国有企业占16.80%，城镇集体企业占1.33%，外商投资企业占2.81%，城镇私营企业及其他城镇企业占60.51%，民办非企业单位和社会团体占2.40%，其他占6.45%；中、低收入占99.94%，高收入占0.06%。

（二）提取业务。 提取金额中，购买、建造、翻建、大修自住住房占6.33%，偿还购房贷款本息占66.13%，租赁住房占7.14%，离休和退休提取占12.98%，完全丧失劳动能力并与单位终止劳动关系提取占 5.70%，出境定居占 0.26%，其他占 1.46%。提取职工中，中、低收入占 99.93%，高收入占 0.07%。

（三）贷款业务。 个人住房贷款。2020 年，支持职工购建房 205.82 万平方米（含公转商贴息贷款），年末个人住房贷款市场占有率（含公转商贴息贷款）为 14.88%，比上年末减少 0.19 个百分点。通过申请住房公积金个人住房贷款，可节约职工购房利息支出 176634.28 万元。

职工贷款笔数中，购房建筑面积 90（含）平方米以下占 17.67%，90～144（含）平方米占 74.34%，144 平方米以上占 7.99%。购买新房占 83.05%（其中购买保障性住房占 0.01%），购买二手房占 16.95%。

职工贷款笔数中，单缴存职工申请贷款占 79.70%，双缴存职工申请贷款占 20.30%。

贷款职工中，30 岁（含）以下占 52.78%，30 岁～40 岁（含）占 32.03%，40 岁～50 岁（含）占 12.67%，50 岁以上占 2.52%；首次申请贷款占 94.15%，二次及以上申请贷款占 5.85%；中、低收入占 99.34%，高收入占 0.66%。

（四）住房贡献率。 2020 年，个人住房贷款发放额、公转商贴息贷款发放额、项目贷款发放额、住房消费提取额的总和与当年缴存额的比率为 123.49%，比上年增加 25.38 个百分点。

六、其他重要事项

（一）应对新冠肺炎疫情采取的措施及实施成效。

1. 出台《关于做好新冠肺炎疫情期间企业申请降低缴存比例和缓缴工作的通知》（筑公积金通字〔2020〕14 号）。通过简化审批流程，开通绿色通道，将缓缴审批时限降至 2 个工作日。疫情期间，共为 1098 个企业 72510 人办理缓缴，缓缴金额 17301.32 万元；为 245 家单位办理降低缴存比例，每月为单位和职工减少缴存额 202.13 万元。

2. 出台《贵阳市住房公积金管理中心关于加强应对新冠肺炎疫情实施住房公积金阶段性支持政策的通知》（筑公积金通字〔2020〕18 号）。一是支持新冠肺炎患病职工提取住房公积金。将新型冠状病毒感染的肺炎纳入遭遇重大突发事件提取住房公积金范围，患者可按规定提取本人及配偶住房公积金。二是延长提取时限。职工购买、建造、翻建、大修自住住房提取住房公积金，因受疫情防控影响无法及时办理而超出申请期限的，提取申请期限可延长至疫情防控结束后两个月。三是延长提取证明材料有效期。提取证明材料在疫情防控期间到期的，证明有效期可延长至疫情防控结束后两个月。四是延后贷款还款期限。受新冠肺炎疫情影响的职工，2020 年 6 月 30 日前住房公积金贷款不能正常还款的，不作逾期处理，不作为逾期记录报送征信部门。截至 6 月末，不作逾期处理的贷款共计 1022 笔。

（二）机构及职能调整情况、受委托办理缴存贷款业务金融机构变更情况。

1. 2020 年 8 月 17 日，经贵阳市委机构编制委员会办公室批准，贵阳市住房公积金管理中心内设机构花溪管理部加挂贵安分中心牌子。

2. 2020 年 4 月 7 日，经贵阳市住房公积金管理委员会三届七次全体会议审议，新增招商银行贵阳分行为我市住房公积金金融业务委托银行，具体承办我市住房公积金委托贷款业务。

（三）住房公积金政策调整及执行情况。

1. 出台《关于 2020—2021 年度贵阳市住房公积金缴存比例及缴存基数执行标准的通知》（筑公积金

通字〔2020〕53号），规定。(1)缴存比例：本市住房公积金缴存比例最低不得低于5%，最高不得高于12%。(2)缴存基数：2020—2021年度住房公积金缴存基数下限为1790元，上限为20777元。

2. 出台《关于调整住房公积金租房提取政策相关事宜的通知》（筑公积金通字〔2020〕54号），自2020年7月1日起调整租房提取政策，将适用范围扩大至贵安新区直管区住房公积金缴存职工。

3. 修订并出台《贵阳市住房公积金补息贷款管理办法》（筑公积金字〔2020〕111号），进一步规范缓解资金流动性不足问题的政策措施。

4. 修订并出台《贵阳市住房公积金异地个人住房贷款业务实施细则》（筑公积金字〔2020〕112号）。将适用范围扩大至贵安新区户籍并在贵阳市行政区域和贵安新区直管区范围外正常缴存住房公积金的单位缴存职工。

（四）服务改进情况。

1. 开展"跨省通办"工作情况。按照"异地受理、无差别办理"的服务原则，采取全程网办、代收代办的方式，推出"个人住房公积金缴存贷款等信息查询、出具贷款职工住房公积金缴存使用证明、正常退休提取住房公积金、提前还清住房公积金贷款"等四项"跨省通办"服务事项。

2. 优化线上服务情况。深化与住建、不动产、民政和商业银行的信息共享，通过微信公众号、"数智贵阳"微信小程序、筑民生、支付宝等渠道，实现离退休、离职、租住商品房、偿还公积金贷款等住房公积金高频事项线上办理、全天候自助查询和证明打印等服务；以微信公众号为载体，推出15项线上提取业务，开启提取业务线上申请、后台集中审批的模式，职工可以通过线上渠道引导式服务，简要填写信息并上传申请资料影像，即可在线完成提取申请。

3. 综合服务平台及其他网络载体建设服务情况。一是实现住房公积金政务服务事项在贵州省政务服务网网上可办率100%，全程网办事项由2019年末的7项增加至24项，全程网办率提高至82.76%；二是取消单位开通住房公积金网上服务厅功能6个月时间限制；三是制定业务办理指南和标准化材料清单，并在中心门户网站和贵州省政务服务网公布。

4. 深化"放管服"情况。将住房公积金服务窗口延伸至银行网点，在建行和工行设立"住房公积金业务办理点"37个，就近为缴存单位和职工提供住房公积金服务。

（五）信息化建设情况。

1. 通过增加民政、不动产、银行等数据联查，提高了审核效率，部分业务已实现了"一次都不跑"即可办理。

2. 通过建设数据共享平台，与贵州省住房资金管理中心实现数据互通，该平台预留了其他中心接入的接口，为下一步实现省级公积金行业数据共享奠定了信息基础。在省内率先完成了企业在市场监督管理局申办时，可自动办理住房公积金单位及个人开户业务。

（六）当年无违反《住房公积金管理条例》和相关法规行为进行行政处罚和申请人民法院强制执行情况。

（七）当年无住房公积金管理人员违规行为的纠正和处理情况。

（八）其他情况。根据省委、省政府关于贵阳贵安融合发展及市委、市政府关于贵安社会事务移交承接工作的相关要求，贵安新区住房公积金管理事务于2020年7月8日正式移交至贵阳市住房公积金管理中心，实现了统一决策、统一管理、统一制度、统一核算。

六盘水市住房公积金2020年年度报告

根据国务院《住房公积金管理条例》和住房和城乡建设部、财政部、人民银行《关于健全住房公积金信息披露制度的通知》（建金〔2015〕26号）的规定，经住房公积金管理委员会审议通过，现将六盘水市住房公积金2020年年度报告公布如下。

一、机构概况

（一）住房公积金管理委员会。住房公积金管理委员会有27名委员，2020年召开3次会议，审议通过的事项主要包括：《六盘水市2019年度住房公积金增值收益分配方案》《关于进一步规范住房公积金缴存基数执行标准的通知》《六盘水市住房公积金2019年年度报告》《六盘水市2020年度住房公积金归集使用计划》《安排部署2020年度住房公积金管理工作》《六盘水市住房公积金管理委员会办公室关于调整住房公积金管理委员会相关委员的通知（送审稿）》《六盘水市住房公积金管理委员会关于调整部分住房公积金管理规定的通知（送审稿）》《六盘水市住房公积金管理委员会关于明确六枝特区信用合作联社为住房公积金贷款专项业务受委托银行的通知（送审稿）》。

（二）住房公积金管理中心。住房公积金管理中心为直属于六盘水市人民政府不以营利为目的的参公管理的事业单位，设10个处（科），8个管理部。从业人员64人，其中，在编64人，非在编0人。

二、业务运行情况

（一）缴存。2020年，新开户单位223家，净增单位87家；新开户职工1.3万人，净增职工0.19万人；实缴单位1692家，实缴职工16.22万人，缴存额26.46亿元，分别同比增长5.42%、0.87%、7.43%。2020年末，缴存总额203.97亿元，比上年末增加14.91%；缴存余额79.92亿元，同比增长8.48%。

受委托办理住房公积金缴存业务的银行3家。

（二）提取。2020年，7.0万名缴存职工提取住房公积金；提取额20.20亿元，同比增长24.78%；提取额占当年缴存额的76.34%，比上年增加10.61个百分点。2020年末，提取总额124.05亿元，比上年末增加19.45%。

（三）贷款。

1. 个人住房贷款。个人住房贷款最高额度60万元。单缴存职工个人住房贷款最高额度50万元，双缴存职工个人住房贷款最高额度60万元。

2020年，发放个人住房贷款0.57万笔、22.93亿元，同比分别增长71.19%、83.93%。

2020年，回收个人住房贷款6.54亿元。

2020年末，累计发放个人住房贷款5.07万笔、116.52亿元，贷款余额73.39亿元，分别比上年末增加12.92%、24.51%、28.75%。个人住房贷款余额占缴存余额的91.83%，比上年末增加14.46个百分点。

受委托办理住房公积金个人住房贷款业务的银行10家，比上年增加1家。

2. 异地贷款。2020年，发放异地贷款418笔、16546.4万元。2020年末，发放异地贷款总额42447.40万元，异地贷款余额36941.1万元。

3. 公转商贴息贷款。2020年，发放公转商贴息贷款0笔、0万元，支持职工购建住房面积0万平方米，当年贴息额0万元。2020年末，累计发放公转商贴息贷款0笔、0万元，累计贴息0万元。

4. 住房公积金支持保障性住房建设项目贷款。2020年，发放支持保障性住房建设项目贷款0亿元，回收项目贷款0.11亿元。2020年末，累计发放项目贷款0亿元，项目贷款余额0.42亿元。

（四）购买国债。2020年，购买国债0亿元，兑付、转让、收回国债0亿元。2020年末，国债余额0亿元，比上年减少0亿元。

（五）资金存储。2020年末，住房公积金存款7.74亿元。其中，活期1.24亿元，1年（含）以下定期0.6亿元，1年以上定期5.9亿元，其他（协定、通知存款等）0亿元。

（六）资金运用率。2020年末，住房公积金个人住房贷款余额、项目贷款余额和购买国债余额的总和占缴存余额的92.35%，比上年末增加14.27个百分点。

三、主要财务数据

（一）业务收入。2020年，业务收入25246.07万元，同比增长18.20%。存款利息3048.5万元，委托贷款利息21513.86万元，国债利息0万元，其他683.71万元。

（二）业务支出。2020年，业务支出14058.58万元，同比增长10.94%。支付职工住房公积金利息11722.43万元，归集手续费1262.15万元，委托贷款手续费1073.57万元，其他0.43万元。

（三）增值收益。2020年，增值收益11187.49万元，同比增长28.79%。增值收益率1.44%，比上年增加0.21个百分点。

（四）增值收益分配。2020年，提取贷款风险准备金1596.89万元，提取管理费用1611.48万元，提取城市廉租住房（公共租赁住房）建设补充资金7979.12万元。

2020年，上交财政管理费用1225.45万元。上缴财政城市廉租住房（公共租赁住房）建设补充资金6823.11万元。

2020年末，贷款风险准备金余额7506.23万元。累计提取城市廉租住房（公共租赁住房）建设补充资金40654.57万元。

（五）管理费用支出。2020年，管理费用支出1611.48万元，同比增长31.50%。其中，人员经费1008.08万元，公用经费82.32万元，专项经费521.08万元。

四、资产风险状况

（一）个人住房贷款。2020年末，个人住房贷款逾期额286.98万元，逾期率0.039%。个人贷款风险准备金按贷款余额的1%提取。2020年，提取个人贷款风险准备金1639.21万元，使用个人贷款风险准备金核销呆坏账0万元。2020年末，个人贷款风险准备金余额7339.03万元，占个人住房贷款余额的1%，个人住房贷款逾期额与个人贷款风险准备金余额的比率为3.91%。

（二）支持保障性住房建设试点项目贷款。2020年末，逾期项目贷款0万元，逾期率0%。

项目贷款风险准备金按贷款余额的4%提取。2020年，提取项目贷款风险准备金-42.32万元，使用项目贷款风险准备金核销呆坏账 0 万元，项目贷款风险准备金余额 167.2 万元，占项目贷款余额的 4%，项目贷款逾期额与项目贷款风险准备金余额的比率为 0%。

五、社会经济效益

（一）缴存业务。缴存职工中，国家机关和事业单位占 51.42%，国有企业占 40.91%，城镇集体企业占 0.93%，外商投资企业占 0.28%，城镇私营企业及其他城镇企业占 3.39%，民办非企业单位和社会团体占 0.41%，其他占 2.66%；中、低收入占 98.15%，高收入占 1.85%。

新开户职工中，国家机关和事业单位占 31.21%，国有企业占 38.80%，城镇集体企业占 0.7%，外商投资企业占 0.54%，城镇私营企业及其他城镇企业占 16.9%，民办非企业单位和社会团体占 1.85%，其他占 10%；中、低收入占 99.84%，高收入占 0.16%。

（二）提取业务。2020 年，7.0 万名缴存职工提取住房公积金 20.20 亿元。

提取金额中，住房消费提取占 81.57%（购买、建造、翻建、大修自住住房占 29.25%，偿还购房贷款本息 38.13%，租赁住房占 14.19%，其他占 0%）；非住房消费提取占 18.43%（离休和退休提取占 14.11%，完全丧失劳动能力并与单位终止劳动关系提取占 2.93%，出境定居占 0.87%，其他占 0.52%）。提取职工中，中、低收入占 97.8%，高收入占 2.2%。

（三）贷款业务。

1. 个人住房贷款。2020 年，支持职工购建房 69.77 万平方米，年末个人住房贷款市场占有率为 29.52%，比上年末增长 0.67 个百分点。通过申请住房公积金个人住房贷款，可节约职工购房利息支出 70968.76 万元。

职工贷款笔数中，购房建筑面积 90（含）平方米以下占 8.05%，90~144（含）平方米占 81.94%，144 平方米以上占 10.01%。购买新房占 90.96%（其中购买保障性住房占 0%），购买二手房占 9.04%，建造、翻建、大修自住住房占 0%，其他占 0%。

职工贷款笔数中，单缴存职工申请贷款占 68.6%，双缴存职工申请贷款占 31.4%，三人及以上缴存职工共同申请贷款占 0%。

贷款职工中，30 岁（含）以下占 31.78%，30 岁~40 岁（含）占 39.19%，40 岁~50 岁（含）占 23.88%，50 岁以上占 5.15%；首次申请贷款占 92.78%，二次及以上申请贷款占 7.22%；中、低收入占 97.33%，高收入占 2.67%。

2. 支持保障性住房建设试点项目贷款。2020 年末，累计试点项目 12 个，贷款额度 7.93 亿元，建筑面积 78.2 万平方米，可解决 7808 户中低收入职工家庭的住房问题。10 个试点项目贷款资金已发放并还清贷款本息。

（四）住房贡献率。2020 年，个人住房贷款发放额、公转商贴息贷款发放额、项目贷款发放额、住房消费提取额的总和与当年缴存额的比率为 163%，比上年增加 58.98 个百分点。

六、其他重要事项

（一）应对新冠肺炎疫情采取的措施、落实住房公积金阶段性支持政策情况和政策实施成效。为减轻企业复工复产压力，促进企业职工返岗就业，中心在年初疫情防控关键时期印发了《关于认真做好新型冠状病毒感染的肺炎疫情防控期间住房公积金管理服务工作的通知》《关于妥善应对新冠肺炎疫情落实住房公积金阶段性支持政策的通知》等阶段性措施文件，允许企业通过申请住房公积金缓缴、降低缴存比例等方式减轻资金压力，共为我市 34 家企业 9654 名职工办理缓缴业务，缓缴公积金 1463.83 万元。

（二）当年机构及职能调整情况、受委托办理缴存贷款业务金融机构变更情况。2020 年，六盘水市住房公积金管理机构及职能未作调整。受委托办理住房公积金个人住房贷款业务的银行比上年增加 1 家。

2020 年末，住房公积金综合业务受委托银行 3 家，分别是工商银行、建设银行和贵州银行，负责住房公积金缴存、提取、贷款等综合业务办理；贷款专项业务受委托银行 7 家，分别是中国银行、农业银行、六盘水农商银行、交通银行、贵阳银行、招商银行、六枝特区信用合作联社，专项办理住房公积金个人贷款业务。

（三）当年住房公积金政策调整及执行情况。

1. 缴存政策调整及执行情况。根据贵州省人力资源和社会保障厅、贵州省统计局公布的六盘水市 2020 年城镇单位从业人员平均工资和 2020 年六盘水市最低工资标准，明确向社会公布本市住房公积金缴存基数标准，上限为 17024 元、下限为 1670 元，缴存比例未调整，为 5％～12％。

2. 提取政策调整及执行情况。未调整。

3. 贷款政策调整及执行情况。未调整。

4. 住房公积金存贷款利率执行标准。职工住房公积金账户存款利率当年缴存和上年结转统一为 1.5％；个人住房公积金贷款利率为五年以内（含五年）2.75％、五年以上 3.25％。

（四）当年服务情况。2020 年，全面开展综合服务平台建设工作，网上业务大厅、微信公众号等服务渠道正式上线运行，实现了缴存单位通过网上业务大厅在线办理缴存业务，缴存职工通过网上业务大厅和微信公众号等服务渠道在线实时查询信息和自助办理提取、还款业务，缴存资金自动分摊记入职工个人账号和提取资金"秒级到账"。2020 年，实施完成了"一岗通办"，进一步提升了服务水平和服务质量。

（五）当年信息化建设情况。公积金信息系统优化建设稳步向前，服务能力全面加强。一是推进核心业务系统升级改造。以全新数据接口方式接入全国住房公积金异地转移平台，提高业务办理效率。升级资金结算系统、建立数据共享交换平台和银行购房贷款信息联网核查系统，增强公积金业务系统运行能力和安全性。二是解决信息化设备基础设施薄弱问题。将信息系统成功迁移部署至"凉都云"，全面提升核心业务系统、网上业务大厅和微信公众号等信息系统运行稳定性和流畅性。三是建设上线公积金电子档案管理系统。充分应用电子签章、数字签字技术，实现窗口前台业务办理无纸化，促进中心"放管服"改革，"减证便民"成效显著。四是优化综合服务平台各服务渠道功能覆盖。在全市各服务网点部署集信息查询、业务办理和单据打印于一体的自助服务终端，新增手机号码刷脸验证变更和单据证明打印等便民服务事项。五是建成风险防控管理系统。助力中心疑点业务数据分析和治理工作，加强各项业务规范化办理，有效防控业务风险。六是加强信息安全管理。完成年度信息系统等级保护测评及网络安全设备采购加固工作，大幅提升网络安全风险防御能力，确保业务办理和资金结算安全，保障数据信息安全。

（六）当年住房公积金管理中心及职工所获荣誉情况。2020 年无获奖情况。

（七）当年对违反《住房公积金管理条例》和相关法规行为进行行政处罚和申请人民法院强制执行情况。2020 年没有行政处罚和申请人民法院强制执行情况。

（八）当年对住房公积金管理人员违规行为的纠正和处理情况等。2020年无管理人员违规行为。

遵义市住房公积金2020年年度报告

根据国务院《住房公积金管理条例》和住房和城乡建设部、财政部、人民银行《关于健全住房公积金信息披露制度的通知》（建金〔2015〕26号）的规定，现将《遵义市住房公积金2020年年度报告》报告如下，请予审议。

一、机构概况

（一）**住房公积金管理委员会**。住房公积金管理委员会由政府有关部门及专家代表、职工及工会代表、单位代表组成，共有委员28名。提请审议通过的事项主要包括：

1.《遵义市住房公积金2020年年度报告》；
2.《遵义市住房公积金管理中心关于2021年度住房公积金归集使用计划及管理费用预算的报告》；
3.《遵义市住房公积金管理办法（草案）》；
4. 调整住房公积金有关政策的报告。

（二）**住房公积金管理中心**。住房公积金管理中心为直属遵义市人民政府不以营利为目的的正县级参照公务员法管理事业单位，设6个科室，14个管理部。从业人员139人，其中，在编71人，非在编68人。

二、业务运行情况

（一）**缴存**。2020年，新开户单位714家，净增缴存单位556家；新开户职工3.81万人，净增职工2.26万人；实缴单位5758家，实缴职工39.92万人，缴存额82.23亿元，分别同比增长7.67%、4.37%、10.66%。2020年末，累计缴存总额482.64亿元，同比增长20.54%；缴存余额218.97亿元，同比增长15.61%。受委托办理住房公积金缴存业务银行有3家。

（二）**提取**。2020年，16.49万名缴存职工提取住房公积金；提取额52.67亿元，同比增长20.50%；提取额占当年缴存额的64.05%，比上年增加5.23个百分点。2020年末，累计提取总额263.67亿元，比上年末增长24.96%。

（三）**贷款**。

1. 个人住房贷款。职工购买普通住房个人住房贷款最高额度50万元，其中单缴存职工最高额度40万元，双缴存职工最高额度50万元。职工购买城区成品房个人住房贷款最高额度55万元，其中单缴存职工最高额度45万元，双缴存职工最高额度55万元。

2020年，发放个人住房贷款1.27万笔、44.77亿元，同比分别下降11.45%、2.65%。

2020年，回收个人住房贷款27.26亿元。

2020年末，累计发放个人住房贷款14.74万笔、332.23亿元，贷款余额205.28亿元，分别比上年末

增长9.43%、15.57%、9.33%。个人住房贷款余额占缴存余额的93.75%，比上年末减少5.39个百分点。受委托办理住房公积金个人住房贷款业务银行有15家。

2. 异地贷款。2020年，发放异地贷款510笔、17060万元。2020年末，发放异地贷款总额69243万元，异地贷款余额59508万元。

（四）资金存储。2020年末，住房公积金存款18.65亿元。其中，活期0.01亿元，1年以上定期8亿元，协定存款10.64亿元。

（五）资金运用率。2020年末，住房公积金个人住房贷款余额、项目贷款余额和购买国债余额的总和占缴存余额的93.75%，比上年末减少5.39个百分点。

三、主要财务数据

（一）业务收入。2020年，业务收入65425万元，同比增长15.11%。其中，住房公积金存款利息1959万元，委托贷款利息62561万元，增值收益利息收入900万元，其他收入5万元。

（二）业务支出。2020年，业务支出35604万元，同比增长12.02%。其中，支付职工住房公积金利息31152万元，归集手续费1584万元，委托贷款手续费2502万元，其他支出366万元。

（三）增值收益。2020年，增值收益29821万元，同比增长19.05%。增值收益率1.45%，比上年增加0.02个百分点。

（四）增值收益分配。2020年，提取贷款风险准备金1751万元，提取管理费用3063万元，提取城市廉租住房（公共租赁住房）建设补充资金25007万元。

2020年，上交财政管理费用2979万元。上缴财政城市廉租住房（公共租赁住房）建设补充资金19680万元。

2020年末，贷款风险准备金余额20528万元。累计提取城市廉租住房（公共租赁住房）建设补充资金125091万元。

（五）管理费用支出。2020年，管理费用支出2784万元，同比增长4.39%。其中，人员经费1471万元，公用经费148万元，专项经费1165万元。

四、资产风险状况

2020年末，个人住房贷款逾期87笔、739万元，逾期率0.36‰。个人贷款风险准备金按贷款余额的1%提取，个人贷款风险准备金余额20528万元。

五、社会经济效益

（一）缴存业务。2020年，实缴单位数5758家，实缴职工人数39.92万人，缴存额82.23亿元，同比分别增长7.67%、4.37%和10.66%。

缴存职工中，国家机关和事业单位占50.58%，国有企业占31.67%，城镇集体企业占0.63%，外商投资企业占0.98%，城镇私营企业及其他城镇企业占14.36%，民办非企业单位和社会团体占0.91%，灵活就业人员占0.61%，其他占0.26%。

新开户职工中，国家机关和事业单位占22.18%，国有企业占23.32%，城镇集体企业占2.21%，外

商投资企业占 1.71%，城镇私营企业及其他城镇企业占 42.62%，民办非企业单位和社会团体占 2.97%，灵活就业人员占 3.46%，其他占 1.53%；中、低收入占 99.92%，高收入占 0.08%。

（二）**提取业务**。提取金额中，购买、建造、翻建、大修自住住房占 9.52%，偿还购房贷款本息占 74.31%，租赁住房占 0.43%，支持老旧小区改造占 0%，离休和退休提取占 10.82%，完全丧失劳动能力并与单位终止劳动关系提取占 2.23%，出境定居占 0.06%，其他占 2.63%。提取职工中，中、低收入占 95.69%，高收入占 4.31%。

（三）**贷款业务**。个人住房贷款。2020 年支持职工购建房 152.68 万平方米，年末个人住房贷款市场占有率为 21.03%，比上年末减少 1.23 个百分点。通过申请住房公积金个人住房贷款，可节约职工购房利息支出 76589 万元。

职工贷款笔数中，购房建筑面积 90（含）平方米以下占 7.44%，90～144（含）平方米占 84.22%，144 平方米以上占 8.34%。购买新房占 87.38%（其中购买保障性住房占 0.14%），购买二手房占 12.62%，建造、翻建、大修自住住房占 0%。

职工住房公积金贷款中，单缴存职工申请贷款占 45.83%，双缴存职工申请贷款占 54.17%。

贷款职工中，30 岁（含）以下占 47.73%，30 岁～40 岁（含）占 31.49%，40 岁～50 岁（含）占 16%，50 岁以上占 4.78%；首次申请贷款占 91.99%，二次及以上申请贷款占 8.01%；中、低收入占 98.87%，高收入占 1.13%。

（四）**住房贡献率**。2020 年个人住房贷款额、公转商贴息贷款额、项目贷款额、住房消费提取额的总和与当年缴存额的比率为 108.40%，比上年减少 2.57 个百分点。

六、其他重要事项

（一）**应对新冠肺炎疫情采取的措施，落实住房公积金阶段性支持政策情况和政策实施成效**。全面贯彻落实习近平总书记关于新冠肺炎疫情防控工作的重要指示精神及中央、省、市疫情防控决策部署，助力困难企业复工复产，切实减轻疫情对住房公积金缴存企业及缴存职工的影响。一是迅速调整疫情期间服务方式。及时关闭业务大厅，大力推广网上业务大厅、手机 App、微信公众号等线上服务渠道。聚焦公众关心热点，及时在微信上推出 4 期住房公积金业务政策解答，降低人员聚集风险。二是实施住房公积金阶段性支持政策。印发《关于统筹做好疫情防控和住房公积金服务保障的通知》，与市财政局、人民银行遵义中心支行联合印发了《关于妥善应对新冠肺炎疫情进一步落实住房公积金阶段性支持政策的通知》，支持受疫情影响、生产经营困难的企业降比或缓缴，开辟绿色通道，压缩申请办理时限；对受疫情影响而不能正常还款的职工，不作逾期处理，不报逾期记录；增加租房提取额度，推行网上办理。2020 年 3 月 16 日至 6 月 30 日，共为 80 家企业办理缓缴住房公积金 1610 万元，为 7 家企业降比减缴 7 万元。

（二）**2020 年住房公积金政策调整及执行情况**。

1. 当年缴存政策调整情况。2020—2021 年度住房公积金缴存基数上限调整为 19509 元、下限 1790 元；缴存基数限额的确定方式未作调整，缴存基数上限仍为省人社厅发布的我市上一年度全口径城镇单位在岗职工年平均工资的 3 倍，缴存基数下限仍为我市职工月最低工资标准；缴存比例未作调整，仍为单位和职工缴存比例最高为各 12%，最低为各 5%。

2. 当年提取政策调整情况。共调整了 3 项提取政策。一是将购房提取申请时限从一年延长至两年；

二是将偿还商贷提取申请时间从还贷 3 个月后提前至首次还款日后；三是将租赁商品房提取额度从不超过当年年租金总额减去职工家庭年收入总额 30% 后的差额，调整为不超过当年年租金总额减去职工家庭年收入总额 10% 后的差额。

3. 当年贷款政策调整情况。共调整了 3 项贷款政策。一是将住房公积金贷款对缴存时间要求从 12 个月缩短到 6 个月；二是将购买首套自住住房最低首付款比例调整为 20%；三是将单职工、双职工购买非成品房最高贷款额度由 35 万元、45 万元分别提高至 40 万元、50 万元。

4. 认真贯彻落实国务院、省、市关于实施城市更新行动、推进城镇老旧小区改造的决策部署，出台了《关于支持缴存职工提取住房公积金用于城镇老旧小区自住住房改造的通知》，明确既有住宅加装电梯的，在既有住宅加装电梯监督检验合格后 2 年内，缴存人可申请一次性提取住房公积金用于支付电梯加装费用；自住住房维修补助提取的，在自住住房所在小区被纳入我市县（市、区）政府城镇老旧小区改造范围后 2 年内，缴存人可申请一次性提取住房公积金用于自住住房维修补助，同一住房累计提取金额不超过 3 万元。

（三）2020 年服务改进情况，包括推进住房公积金服务"跨省通办"、服务网点、服务设施、服务手段、综合服务平台建设和其他网络载体建设服务情况等。一是持续优化营商环境。精简申请材料 10 项、优化管理服务 9 项。印发了《创建"遵满意"政务服务品牌工作方案》，结合 6 类 23 项工作任务，明确职责任务，加强调度落实，于 2020 年底实现了个人住房公积金缴存贷款等信息查询、出具贷款职工住房公积金缴存使用证明、正常退休提取公积金 3 项服务事项"跨省通办"。二是提升服务标准化水平。根据业务细则更新服务指南，为各管理部服务大厅和委托银行网点配发更新后的服务指南 1.6 万册。及时更新调整"12345"知识库。统一配备工作服装，加强窗口礼仪培训，建立住房公积金业务测试制度，出台《遵义市住房公积金管理中心窗口工作人员绩效考核办法（试行）》，切实提升业务能力、服务水平，加强标准化规范化管理。

（四）2020 年信息化建设及网络安全情况。持续落实住房和城乡建设部"双贯标"要求，并拓展贵州省政务服务网和支付宝市民中心等服务渠道开通离职、退休、偿还贷款本息等个人住房公积金提取业务。与此同时，通过部署反爬虫系统，开展国产商用密码应用，在江苏省盐城市住房公积金管理中心建设灾难备份暨高可用服务中心，以及做好信息系统安全等级保护三级备案测评与商用密码安全性评估工作，不断增强网络信息安全防控措施，为新形势下深入推进"放管服"改革，提高服务效能、提升服务质量奠定坚实基础。

（五）2020 年住房公积金管理中心窗口及职工所获荣誉情况。当年共获得各级表彰 10 项，主要包括：湄潭县、余庆县、道真县管理部获当地县委、县政府 2019 年度目标综合考核一等奖，正安县管理部卢勇兵同志荣获当地县委、县政府"脱贫攻坚先进个人"称号。

安顺市住房公积金 2020 年年度报告

根据国务院《住房公积金管理条例》和住房和城乡建设部、财政部、人民银行《关于健全住房公积金信息披露制度的通知》（建金〔2015〕26 号）的规定，经住房公积金管理委员会审议通过，现将安顺市住房公积金 2020 年年度报告公布如下。

一、机构概况

（一）住房公积金管理委员会。住房公积金管理委员会有 21 名委员，2020 年召开 2 次全体会议、1 次主任办公会议。听取了关于调整聘任部分管理委员会委员的相关事宜；审议并通过了：《安顺市住房公积金管理中心 2019 年住房公积金归集使用计划执行情况及 2020 年归集使用计划草案》《关于对安顺市住房公积金 2019 年度财务收支决算审核及 2020 年财务收支预算草案的报告》《安顺市住房公积金 2019 年度增值收益分配草案报告》《安顺市住房公积金 2019 年年度报告》《关于对安顺市住房公积金 2020 年财务收支预算草案调整的报告》《安顺市住房公积金管理中心关于调整成品房住宅住房公积金贷款政策的意见》《安顺市住房公积金归集管理办法》《安顺市住房公积金归集管理办法实施细则》《安顺市住房公积金提取管理办法》《安顺市住房公积金提取管理办法实施细则》《安顺市住房公积金个人住房贷款管理办法》《安顺市住房公积金个人住房贷款管理办法实施细则》和安顺市西秀区人民政府关于核销西秀区住房公积金挂账账务（1492181.45 元）的相关事宜。

（二）住房公积金管理中心。住房公积金管理中心为直属于市人民政府的不以营利为目的的正县级参公管理事业单位，内设综合科、资金管理科、计划信贷科、稽核执法科及信息技术科五个科室，下设西秀区、平坝区、普定县、镇宁自治县、关岭自治县、紫云自治县、经济技术开发区、黄果树风景名胜区及黎阳航空发动机公司九个管理部。从业人员 79 人，其中，在编 49 人，非在编 31 人。

二、业务运行情况

（一）缴存。2020 年，新开户单位 289 家，净增单位 189 家；新开户职工 1.01 万人，净增职工 0.29 万人；实缴单位 2574 家，实缴职工 12.48 万人，缴存额 23.10 亿元，分别同比增长 11.24%、8.57%、10.62%。2020 年末，缴存总额 158.50 亿元，比上年末增加 7.06%；缴存余额 65.94 亿元，同比增长 11.60%。

受委托办理住房公积金缴存业务的银行 2 家。

（二）提取。2020 年，5.55 万名缴存职工提取住房公积金；提取额 16.25 亿元，同比增长 23.57%；提取额占当年缴存额的 70.35%，比上年增加 7.4 个百分点。2020 年末，提取总额 92.56 亿元，比上年末增加 21.28%。

（三）贷款。

1. 个人住房贷款。个人住房贷款最高额度为 45 万元。单缴存职工最高额度 35 万元，双缴存职工最高额度 45 万元。

2020 年，发放个人住房贷款 0.46 万笔、15.64 亿元，同比分别分别增长 5%、21.5%。

2020 年，回收个人住房贷款 7.60 亿元。

2020 年末，累计发放个人住房贷款 5.22 万笔、103.86 亿元，贷款余额 63.49 亿元，分别比上年末增加 9.77%、17.72%、14.50%。个人住房贷款余额占缴存余额的 96.29%，比上年末增长 2.44 个百分点。

受委托办理住房公积金个人住房贷款业务的银行 9 家。

2. 异地贷款。2020 年，发放异地贷款 149 笔、4865.7 万元。发放异地贷款总额 15318.1 万元，异地贷款余额 12040.50 万元。

（四）购买国债。2020 年未购买国债，截至 2020 年底国债余额为 0。

（五）资金存储。2020 年末，住房公积金存款 4.23 亿元。其中，活期 0.01 亿元，1 年（含以下）定期 1.46 亿元，1 年以上定期 0.347 亿元，其他（协定存款）2.42 亿元。

（六）资金运用率。2020 年末，住房公积金个人住房贷款余额、项目贷款余额和购买国债余额的总和占缴存余额的 96.29%，比上年末增长 2.44 个百分点。

三、主要财务数据

（一）业务收入。2020 年，业务收入 20542.96 万元，同比增长 17.93%。存款利息 1036.76 万元，委托贷款利息 19410.30 万元，其他 95.90 万元。

（二）业务支出。2020 年，业务支出 14893.46 万元，同比增长 72.68%。支付职工住房公积金利息 13962.98 万元，委托贷款手续费 926.31 万元，其他 4.17 万元。

（三）增值收益。2020 年，增值收益 5649.50 万元，同比下降 35.76%。增值收益率 0.89%，比上年下降 0.69 个百分点。

（四）增值收益分配。2020 年，提取贷款风险准备金 804.17 万元，提取管理费用 1362.94 万元，提取城市廉租住房（公共租赁住房）建设补充资金 3482.39 万元。

2020 年，上缴财政管理费用 1824.68 万元。上缴财政城市廉租住房（公共租赁住房）建设补充资金 6274.08 万元。

2020 年末，贷款风险准备金余额 6349.40 万元，累计提取城市廉租住房（公共租赁住房）建设补充资金 39776.72 万元。

（五）管理费用支出。2020 年，管理费用支出 2023.02 万元，同比增长 6.59%。其中，人员经费 719.69 万元，公用经费 68.5 万元，专项经费 1234.83 万元。

四、资产风险状况

2020 年末，个人住房贷款逾期额 151.08 万元，逾期率 0.24‰。个人贷款风险准备金余额 6349.40 万元。2020 年，使用个人贷款风险准备金核销呆坏账 0 万元。

五、社会经济效益

（一）缴存业务。缴存职工中，国家机关和事业单位占 57.79%，国有企业占 27.01%，城镇集体企业占 1.11%，外商投资企业占 1.83%，城镇私营企业及其他城镇企业占 7.83%，民办非企业单位和社会团体占 1.67%，其他占 2.76%。中、低收入占 98.47%，高收入占 1.53%。

新开户职工中，国家机关和事业单位占 32.28%，国有企业占 21.98%，城镇集体企业占 0.45%，外商投资企业占 4.52%，城镇私营企业及其他城镇企业占 23.37%，民办非企业单位和社会团体占 7.73%，其他占 9.69%；中、低收入占 100%，高收入占 0%。

（二）提取业务。提取金额中，住房消费提取占 79.96%（购买、建造、翻建、大修自住住房占 17.68%，偿还购房贷款本息占 59.61%，租赁住房占 2.67%）；非住房消费提取占 20.04%（离休和退休提取占15.09%，完全丧失劳动能力并与单位终止劳动关系提取占3.05%，户口迁出本市或出境定居占0.27%，其他占1.63%）。提取职工中，中、低收入占99.996%，高收入占0.004%。

（三）贷款业务。个人住房贷款。2020年，支持职工购建房58.27万㎡，年末个人住房贷款市场占有率为29.56%，比上年减少2.07个百分点。通过申请住房公积金个人住房贷款，在贷款合同约定的存续期内可节约职工购房利息支出3.28亿元。

职工贷款笔数中，购房建筑面积90（含）平方米以下占3.62%，90~144（含）平方米占83.18%，144平方米以上占13.20%。购买新房占92.56%（其中购买保障性住房占0%），购买二手房占7.07%，建造、翻建、大修自住住房占0%，其他占0.37%。

职工贷款笔数中，单缴存职工申请贷款占67.14%，双缴存职工申请贷款占29.74%，三人及以上缴存职工共同申请贷款占0.07%（不含异地缴存户）。

贷款职工中，30岁（含）以下占43.73%，30岁~40岁（含）占29.34%，40岁~50岁（含）占20.56%，50岁以上占6.37%；首次申请贷款占87.81%，二次及以上申请贷款占12.19%；中、低收入占98.34%，高收入占1.66%。

（四）住房贡献率。2020年，个人住房贷款发放额、住房消费提取额的总和与当年缴存额的比率为123.77%，比上年增加11.52个百分点。

六、其他重要事项

（一）应对新冠肺炎疫情采取的措施。为贯彻落实习近平总书记关于新冠肺炎疫情防控和应对工作的重要指示精神，缓解企业困难，切实减轻疫情对住房公积金缴存企业及缴存职工的影响，2020年3月16日至6月30日，我市实施住房公积金阶段性支持政策。（1）减轻企业负担，支持复工复产。受新冠肺炎疫情影响的企业，经与职工充分协商并提出补缴计划，可缓缴住房公积金，企业缓缴期间，职工缴存时间连续计算，不影响职工正常提取和申请住房公积金贷款。（2）维护职工权益，降低疫情影响。受新冠肺炎疫情影响的职工住房公积金贷款不能正常还款的，不作为逾期记录报送，已报送的，职工再次申请住房公积金贷款时不作逾期认定。（3）提高租房提取额度，减轻职工压力。对受疫情影响支付房租压力较大的缴存职工，可按每月租金不超过1000元的标准，一次性提取一年额度，保障职工的租房提取需求。（4）延长资料有效期，满足职工需求。受疫情影响缴存职工住房公积金提取及贷款业务无法办理而超期的，所提供资料的有效期顺延3个月。

疫情期间累计缓缴企业38个，缓缴职工2635人，缓缴金额1071.18万元；不作逾期处理的贷款398笔；简化租房提取资料及办事程序，提取额度提高到1.2万元/年，累计惠及1407名职工，提取金额489.16万元。

（二）当年住房公积金政策调整及执行情况。

1.当年缴存政策调整情况。根据2020年安顺市统计局公布的上年在岗职工平均工资，向社会发布新的住房公积金缴存基数上下限标准，自2020年7月1日起，各缴存单位调整后的缴存基数上限不超过17067元，职工月缴存额上限统一为4096元；缴存基数下限不得低于安顺市劳动部门公布的职工月最低工资标准，其中，西秀区、平坝区为1790元，市直、开发区参照西秀区标准执行，黎阳公司参照平坝区标准执行；普定县、关岭县、镇宁县及紫云县均为1570元，黄果树参照镇宁县标准执行，职工月缴存下限分别为：市直、西秀区、开发区、平坝区 180 元；普定县、关岭县、镇宁县及紫云县 158 元。

2. 当年住房公积金贷款政策调整情况。印发《安顺市住房公积金管理中心成品住宅住房公积金个人住房贷款实施意见》。双方缴交住房公积金的职工购买成品住宅的，最高贷款额度为 55 万元；单方缴交住房公积金的职工购买成品住宅的最高贷款额度为 45 万元；购买成品住宅且认定为首套公积金贷款的，首付比例不得低于房价的 20%，购买成品住宅且认定为二套公积金贷款的，首付比例不得低于房价的 40%，且公积金贷款金额不得高于最高贷款额度；借款申请人及共同申请人累计有两次（含）以上公积金贷款记录的，停止发放公积金贷款；购买成品住宅申请公积金贷款提供的《商品房买卖合同》需经住房和城乡建设局备案，且合同备案表中须注明为成品住宅。

（三）服务改进情况。

1. 实现 7 个服务事项的"跨省通办"。可实现个人缴存（贷款）信息查询、单位登记开户、缴存信息变更、退休提取、提前还清住房公积金贷款、出具职工缴存使用证明和个人住房贷款结清证明 7 个服务事项的"跨省通办"。

2. 信用体系建设。大力开展信用体系建设，制定《安顺市住房公积金管理中心征信管理制度》，积极主动向人民银行发送数据，把骗提骗贷行为列入个人信用记录，严厉打击住房公积金行业乱象。

3. 取消公积金贷款企业保证金。2020 年 6 月 1 日起，发放个人住房公积金贷款，不再要求企业向保证金监管账户存入贷款保证金；对新准入的住房公积金贷款楼盘项目，不再要求企业开立住房公积金贷款保证金监管账户；对所有公积金贷款保证金存款予以全部释放，解除房开企业在银行开立的所有住房公积金贷款保证金账户的监管。

4. 精简要件、简化手续。进一步落实减证便民、优化服务，取消提取审批表和单位盖章、房屋租赁合同或租房协议、二手房贷款评估报告等材料，单位开户登记、个人账户设立、基数调整不再提供工资清册。

（四）信息化建设情况。综合服务体系更健全。一是住房公积金贷款进入自主核算新时代，贷款发放、回收、计息、提前还款等业务办理均可由公积金中心独立完成，贷款发放更高效、还款管理更智能、贷款服务更全面。二是升级住房公积金核心系统。对公积金核心系统进行升级改造，业务操作更全面、更安全，实现业务、账务、资金三账联动，更符合行业规范。三是全新打造综合服务平台建设。集网上服务大厅、微信公众号、支付宝公众号、自助终端、手机 App、12329 热线电话、手机短信、微博、中心门户网站九大服务渠道于一体的综合服务平台正式上线，支持线上线下双服务。四是加强安全保障体系建设。严格执行国家信息系统安全规范，保障渠道设施、终端设备、通信线路和服务平台安全，实现线上业务、资金和信息安全。

（五）当年住房公积金管理中心及职工所荣获荣誉情况。安顺市住房公积金管理中心城区管理部获得"贵州省五一巾帼标兵岗"荣誉称号。

毕节市住房公积金 2020 年年度报告

根据国务院《住房公积金管理条例》和住房和城乡建设部、财政部、人民银行《关于健全住房公积金信息披露制度的通知》（建金〔2015〕26 号）的规定，经毕节市住房公积金管理委员会审议通过，现将毕节市住房公积金 2020 年年度报告公布如下。

一、机构概况

（一）住房公积金管理委员会。住房公积金管理委员会有 26 名委员，2020 年召开一次会议，审议通过的事项主要包括：市住房公积金管理委员会办公室《关于调整毕节市住房公积金管理委员会部分委员的建议》、毕节市住房公积金 2019 年年度报告、2019 年度毕节市住房公积金增值收益分配方案、2020 年度住房公积金归集、使用计划、市住房公积金管理中心《关于增加贵阳银行毕节分行作为住房公积金业务受托银行的报告》、人民银行毕节市中心支行《关于 2019 年度受托银行承办住房公积金业务情况的报告》、市财政局《关于对 2019 年度住房公积金财务监管情况的报告》、市财政局关于对毕节市住房公积金管理中心（含九县区管理部）2020 年管理经费预算的审核意见。

（二）住房公积金管理中心。住房公积金管理中心为市人民政府直属不以营利为目的的正县级参公事业单位，主要负责全市住房公积金的归集、管理、使用和会计核算。目前中心内设 5 个科室，综合科、业务科、会计科、监督科和信息科，下设市直、七星关区、大方县、黔西县、金沙县、织金县、纳雍县、威宁县、赫章县、百管委 10 个管理部。从业人员 83 人，其中，在编 56 人，非在编 27 人。

二、业务运行情况

（一）缴存。2020 年，新开户单位 460 家，实缴单位 3772 家，净增单位 203 家；新开户职工 2.08 万人，实缴职工 24.34 万人，净增职工 1.04 万人；缴存额 42.19 亿元，同比增长 31.10%。2020 年末，缴存总额 240.29 亿元，同比增长 21.30%；缴存余额 111.00 亿元，同比增长 16.11%。

受委托办理住房公积金缴存业务的银行 3 家，与上年相同。

（二）提取。2020 年，提取额 26.79 亿元，同比增长 25.01%；占当年缴存额的 63.50%，比上年减少 3.09 个百分点。2020 年末，提取总额 129.29 亿元，同比增长 26.14%。

（三）贷款。

1. 个人住房贷款。个人住房贷款最高额度 40 万元，其中，单缴存职工最高额度 40 万元，双缴存职工最高额度 40 万元。

2020 年，发放个人住房贷款 1.18 万笔、43.05 亿元，同比分别增长 22.92%、26.53%。

2020 年，回收个人住房贷款 20.51 亿元。

2020 年末，累计发放个人住房贷款 8.55 万笔、220.65 亿元，贷款余额 123.09 亿元，同比分别增长 16.01%、24.24%、22.42%。个人住房贷款余额占缴存余额的 110.89%，比上年增加 5.71 个百分点。

受委托办理住房公积金个人住房贷款业务的银行 7 家，比上年增加 1 家。

2. 住房公积金支持保障性住房建设项目贷款。无。

（四）购买国债。无。

（五）融资。2020 年，融资 6.99 亿元，归还 0.24 亿元。2020 年末，融资总额 8.97 亿元，融资余额 8.72 亿元。

（六）资金存储。2020 年末，住房公积金存款 0 亿元。

（七）资金运用率。2020 年末，住房公积金个人住房贷款余额、项目贷款余额和购买国债余额的总和占缴存余额的 110.89%，比上年增加 5.71 个百分点。

三、主要财务数据

（一）业务收入。2020 年，业务收入 33984.24 万元，同比增长 14.85%。其中，存款利息 126.94 万元，委托贷款利息 33857.30 万元，国债利息 0 万元，其他 0 万元。

（二）业务支出。2020 年，业务支出 17760.46 万元，同比增长 20.61%。其中，支付职工住房公积金利息 16682.38 万元，归集手续费 400.91 万元，委托贷款手续费 677.17 万元，其他 0 万元。

（三）增值收益。2020 年，增值收益 16223.77 万元，同比增长 9.15%。增值收益率 1.46%，比上年减少 0.19 个百分点。

（四）增值收益分配。2020 年，提取贷款风险准备金 2254.40 万元，提取管理费用 1501.31 万元，提取城市廉租住房（公共租赁住房）建设补充资金 12468.06 万元。

2020 年，上交财政管理费用 1168.94 万元。上缴财政城市廉租住房（公共租赁住房）建设补充资金 11881.34 万元。

2020 年末，贷款风险准备金余额 10054.82 万元。累计提取城市廉租住房（公共租赁住房）建设补充资金 67784.78 万元。

（五）管理费用支出。2020 年，管理费用支出 1411.78 万元，同比下降 23.81%。其中，人员经费 956.66 万元，公用经费 130.51 万元，专项经费 324.61 万元。

四、资产风险状况

（一）个人住房贷款。2020 年末，个人住房贷款逾期额 21.43 万元，逾期率 0.017‰，逾期控制情况名列全省各中心第二。

个人贷款风险准备金按贷款余额的 1% 提取。2020 年，提取个人贷款风险准备金 1813.32 万元，使用个人贷款风险准备金核销呆坏账 0 万元。2020 年末，个人贷款风险准备金余额 10054.82 万元，占个人住房贷款余额的 0.82%，个人住房贷款逾期额与个人贷款风险准备金余额的比率为 0.21%。

（二）支持保障性住房建设试点项目贷款。无。

（三）历史遗留风险资产。无。

五、社会经济效益

（一）缴存业务。2020 年，实缴单位数、实缴职工人数和缴存额同比分别增长 5.69%、4.46% 和 31.10%。

缴存单位中，国家机关和事业单位占 63.94%，国有企业占 31.09%，民办非企业单位和社会团体占 1.96%，其他占 3.01%。

缴存职工中，国家机关和事业单位占 77.31%，国有企业占 20.19%，民办非企业单位和社会团体占 0.84%，其他占 1.66%；中、低收入占 98.60%，高收入占 1.40%。

新开户职工中，国家机关和事业单位占 42.63%，国有企业占 51.30%，民办非企业单位和社会团体占 2.14%，其他占 3.93%；中、低收入占 99.48%，高收入占 0.52%。

(二）提取业务。 2020年，8.42万名缴存职工提取住房公积金26.79亿元。

提取金额中，住房消费提取占83.49%（购买、建造、翻建、大修自住住房占3.74%，偿还购房贷款本息占77.51%，租赁住房占2.24%，其他占0%）；非住房消费提取占16.51%（离休和退休提取占11.72%，完全丧失劳动能力并与单位终止劳动关系提取占2.05%，其他占2.74%）。

提取职工中，中、低收入占98.93%，高收入占1.07%。

（三）贷款业务。

1. 个人住房贷款。2020年，支持职工购建房124.36万平方米，年末个人住房贷款市场占有率为32.41%（123.09/379.83），比上年减少6.91个百分点。通过申请住房公积金个人住房贷款，可节约职工购房利息支出90402.67万元。

职工贷款笔数中，购房建筑面积90（含）平方米以下占2.31%，90~144（含）平方米占92.11%，144平方米以上占5.58%。购买新房占96.12%（其中购买保障性住房占0%），购买二手房占3.88%，建造、翻建、大修自住住房占0%，其他占0%。

职工贷款笔数中，单缴存职工申请贷款占39.06%，双缴存职工申请贷款占60.94%，三人及以上缴存职工共同申请贷款占0%。

贷款职工中，30岁（含）以下占44.26%，30岁~40岁（含）占36.87%，40岁~50岁（含）占14.59%，50岁以上占4.28%；首次申请贷款占81.34%，二次及以上申请贷款占18.66%；中、低收入占99.69%，高收入占0.31%。

2. 异地贷款。2020年，发放异地贷款756笔、26712.20万元。2020年末，发放异地贷款总额60739.63万元，异地贷款余额56677.22万元。

3. 公转商贴息贷款。2020年，发放公转商贴息贷款2577笔、69921.41万元，支持职工购建住房面积27.16万平方米，当年贴息额1327.80万元。2020年末，累计发放公转商贴息贷款5944笔、159452.89万元，累计贴息4682.80万元。

4. 支持保障性住房建设试点项目贷款。无。

（四）住房贡献率。 2020年，个人住房贷款发放额、公转商贴息贷款发放额、项目贷款发放额、住房消费提取额的总和与当年缴存额的比率为154.81%，比上年减少10.82个百分点。

六、其他重要事项

（一）应对新冠肺炎疫情采取的措施，落实住房公积金阶段性支持政策情况和政策实施成效。印发了《关于应对新型冠状病毒感染的肺炎防控大力推广网上办事大厅办理业务的通知》《关于应对新冠肺炎疫情住房公积金阶段性支持政策的实施办法》等文件，疫情期间，共为13户企业1636名职工办理申请缓缴住房公积金，企业申请缓缴住房公积金约780万元。

（二）当年机构及职能调整情况、受委托办理缴存贷款业务金融机构变更情况。2020年受委托办理住房公积金个人住房贷款业务的银行包括毕节市建设银行、毕节市农业银行、毕节市工商银行、毕节市中国银行、毕节市交通银行、贵州银行、贵阳银行，共计七家，增加贵阳银行一家。

（三）当年缴存基数限额及确定方法、缴存比例等缴存政策调整情况。根据《毕节市住房公积金归集管理暂行办法》、省人社厅省统计局《关于公布2019年贵州省城镇单位从业人员平均工资和企业离退休人员平均基本养老金的通知》（黔人社发〔2020〕5号）、省人社厅《关于调整贵州省最低工资标准的通知》（黔人社发〔2019〕16号）文件精神及相关规定，毕节市2020年度住房公积金月最高缴存基数为16823元（67291÷12×3），月缴存额（单位及个人缴存合计）上限标准最高不得超过4038元〔16823×12%（单位）＋16823×12%（个人）〕；住房公积金月缴存额（单位及个人缴存合计）下限标准最低不得低于157元〔1570×5%（单位）＋1570×5%（个人）〕。

（四）当年服务改进等情况。

1. 起草《关于推进"跨省通办"事项工作实施方案》，并于2020年12月实现了个人住房公积金缴存贷款等信息查询、职工住房公积金缴存证明、退休提取住房公积金三项业务的"跨省通办"。

2. 全市10个县区管理部32个银行网点办理住房公积金缴存、提取、贷款等多项业务，其中3个网点延伸到乡镇。

3. 根据住房和城乡建设部建设综合服务平台的要求，2020年中心多形式、全方位开通服务渠道，完成了集中心门户网站、网上业务大厅、12329服务热线、短信、微信、手机App、终端查询八大功能为一体的服务渠道，实现服务事项"应上尽上、线上线下"，上线业务涵盖住房公积金归集、提取、贷款、查询等40余项，满足了缴存单位和职工多元化、个性化服务需求。线上办理率达80%，位居全省前列。

（五）当年信息化建设情况。

1. 中心2020年核心业务系统得到不断健全和完善，全年核心业务系统更新40余次，功能模块更新及优化235余项。

2. 中心"等保三级"项目通过验收。

（六）文明创建情况。 2020年，赫章县管理部获得市级"文明单位"称号；纳雍县管理部获得纳雍县团委2020年度"青年文明号"、纳雍县精神文明委员会"文明单位"称号；市直、七星关、金沙等管理部多次获得"文明窗口"称号。2020年，在脱贫攻坚工作中，市住房公积金管理中心两名干部分别获省委、市委"脱贫攻坚优秀共产党员"表彰，所联系帮扶的赫章县结构乡青江村、威宁县陕桥街道办事处高坪村均获省委"脱贫攻坚先进基层党组织"表彰。

铜仁市住房公积金2020年年度报告

根据国务院《住房公积金管理条例》和住房和城乡建设部、财政部、人民银行《关于健全住房公积金信息披露制度的通知》（建金〔2015〕26号）的规定，经住房公积金管理委员会审议通过，现将铜仁市住房公积金2020年年度报告公布如下。

一、机构概况

（一）住房公积金管理委员会。 住房公积金管理委员会有15名委员，2020年召开1次会议，审议通过《铜仁市住房公积金缴存管理办法》《铜仁市住房公积金提取管理办法》《铜仁市住房公积金贷款管理办法》及铜仁市住房公积金管理中心继续开展补息贷款工作。

(二)住房公积金管理中心。住房公积金管理中心为不以营利为目的的事业单位,设9个科室,11个管理部。从业人员109人,其中,在编79人,非在编30人。

二、业务运行情况

(一)缴存。2020年,新开户单位357家,净增单位165家;新开户职工1.17万人,净增职工0.46万人;实缴单位3190家,实缴职工16.95万人,缴存额31.93亿元,分别同比增长5.45%、2.79%、7.65%。2020年末,缴存总额199.93亿元,比上年末增加19.01%;缴存余额94.59亿元,同比增长10.36%。受委托办理住房公积金缴存业务的银行4家。

(二)提取。2020年,7.59万名缴存职工提取住房公积金;提取额23.06亿元,同比下降0.69%;提取额占当年缴存额的72.22%,比上年减少6.07个百分点。2020年末,提取总额105.34亿元,比上年末增加28.01%。

(三)贷款。

1. 个人住房贷款。个人住房贷款最高额度50万元。

2020年,发放个人住房贷款0.67万笔、23.07亿元,同比分别下降14.10%、8.85%。

2020年,回收个人住房贷款9.77亿元。

2020年末,累计发放个人住房贷款6.96万笔、153.88亿元,贷款余额96.71亿元,分别比上年末增加10.65%、17.63%、15.95%。个人住房贷款余额占缴存余额的102.24%,比上年末增加4.93个百分点。受委托办理住房公积金个人住房贷款业务的银行7家。

2. 异地贷款。2020年,发放异地贷款387笔、14530.20万元。2020年末,发放异地贷款总额34707.70万元,异地贷款余额34663.03万元。

3. 公转商贴息贷款。2020年,发放公转商贴息贷款520笔、7999.39万元,当年贴息额77.07万元。2020年末,累计发放公转商贴息贷款1184笔、19595.19万元,累计贴息569.08万元。

(四)资金存储。2020年末,住房公积金存款0.55亿元,全部为协定存款。

(五)资金运用率。2020年末,住房公积金个人住房贷款余额、项目贷款余额和购买国债余额的总和占缴存余额的102.24%,比上年末增加4.93个百分点。

三、主要财务数据

(一)业务收入。2020年,业务收入29352.28万元,同比增长14.56%。其中,存款利息230.93万元,委托贷款利息29120.31万元,其他1.04万元。

(二)业务支出。2020年,业务支出14843.68万元,同比增长12.07%。其中支付职工住房公积金利息13026.74万元,归集手续费866.13万元,委托贷款手续费873.46万元,其他77.34万元。

(三)增值收益。2020年,增值收益14508.60万元,同比增长17.22%。其中,增值收益率1.60%,比上年增加0.11个百分点。

(四)增值收益分配。2020年,提取贷款风险准备金1329.78万元;提取管理费用3228.78万元,提取城市廉租住房(公共租赁住房)建设补充资金9950.04万元。

2020年,上交财政管理费用2935.25万元。上缴财政城市廉租住房(公共租赁住房)建设补充资金

7897.99 万元。

2020 年末，贷款风险准备金余额 9671.11 万元。累计提取城市廉租住房（公共租赁住房）建设补充资金 50569.45 万元。

（五）管理费用支出。2020 年，管理费用支出 1555.93 万元，同比下降 11.48%。其中，人员经费 1246.91 万元，公用经费 279.62 万元，专项经费 29.4 万元。

四、资产风险状况

（一）个人住房贷款。2020 年末，个人住房贷款逾期额 219.32 万元，逾期率 0.227‰。个人贷款风险准备金余额 9671.11 万元。2020 年，未使用个人贷款风险准备金核销呆坏账。

（二）支持保障性住房建设试点项目贷款。铜仁市住房公积金管理中心没有开展住房公积金支持保障性住房建设项目贷款。

五、社会经济效益

（一）缴存业务。缴存职工中，国家机关和事业单位占 73.45%，国有企业占 13.84%，城镇集体企业占 0.96%，外商投资企业占 0.11%，城镇私营企业及其他城镇企业占 5.76%，民办非企业单位和社会团体占 2.10%，其他占 3.78%；中、低收入占 61.02%，高收入占 38.98%。

新开户职工中，国家机关和事业单位占 32.07%，国有企业占 12.77%，城镇集体企业占 2.13%，外商投资企业占 0.95%，城镇私营企业及其他城镇企业占 28.99%，民办非企业单位和社会团体占 6.08%，其他占 17.01%；中、低收入占 94.93%，高收入占 5.07%。

（二）提取业务。提取金额中，购买、建造、翻建、大修自住住房占 27.44%，偿还购房贷款本息占 51.60%，租赁住房占 4.65%，离休和退休提取占 11.61%，完全丧失劳动能力并与单位终止劳动关系提取占 1.67%，出境定居占 0.01%，其他占 3.02%。提取职工中，中、低收入占 43.81%，高收入占 56.19%。

（三）贷款业务。

1. 个人住房贷款。2020 年，支持职工购建房 92.13 万平方米（含公转商贴息贷款），年末个人住房贷款市场占有率（含公转商贴息贷款）为 30.92%，比上年末减少 0.82 个百分点。通过申请住房公积金个人住房贷款，可节约职工购房利息支出 55700 万元。

职工贷款笔数中，购房建筑面积 90（含）平方米以下占 4.42%，90～144（含）平方米占 83.42%，144 平方米以上占 12.16%。购买新房 92.18%，购买二手房占 7.13%，建造、翻建、大修自住住房占 0.19%，其他占 0.5%。

职工贷款笔数中，单缴存职工申请贷款占 40.20%，双缴存职工申请贷款占 59.80%。

贷款职工中，30 岁（含）以下占 44.73%，30 岁～40 岁（含）占 34.43%，40 岁～50 岁（含）占 15.61%，50 岁以上占 5.23%；首次申请贷款占 85.39%，二次及以上申请贷款占 14.61%；中、低收入占 66.93%，高收入占 33.07%。

2. 支持保障性住房建设试点项目贷款：铜仁市住房公积金管理中心没有开展住房公积金支持保障性住房建设项目贷款。

(四)住房贡献率。2020年,个人住房贷款发放额、公转商贴息贷款发放额、项目贷款发放额、住房消费提取额的总和与当年缴存额的比率为144%,比上年减少10个百分点。

六、其他重要事项

(一)2020年应对新冠肺炎疫情采取的措施,落实住房公积金阶段性支持政策情况和政策实施成效。为贯彻落实习近平总书记关于新冠肺炎疫情防控和应对工作的重要指示精神,按照党中央、国务院关于出台阶段性、有针对性的政策措施,纾解企业困难的决策部署,结合我市实际情况,中心出台了《关于加强应对新冠肺炎疫情实施住房公积金阶段性支持政策的通知》《关于新型冠状病毒感染的肺炎疫情期间通过互联网线上渠道经办服务相关工作的通知》《关于应对新型冠状病毒肺炎疫情加强住房公积金服务保障的通知》等政策。截至12月31日,申请缓缴的企业66个、3757人、2654.33万元;同时,对疫情期间全市931笔、逾期的贷款不作逾期处理,有效减少新冠疫情对企业和缴存职工的影响,对企业和缴存职工恢复正常生产生活起到了积极的推动作用。

(二)当年机构及职能调整情况、受委托办理缴存贷款业务金融机构变更情况。2020年,中心机构及职能均未发生调整变动。为进一步规范全市归集业务工作,根据《关于完善住房公积金决策制度的意见》建房改〔2002〕149号精神,经中心研究决定将全市受托办理缴存业务的银行由原来的工商银行、农业银行、建设银行、中国银行、农村商业银行、贵州银行、贵阳银行7家银行调整为工商银行、农业银行、建设银行、中国银行4家银行。受委托办理贷款业务的银行不变,仍然由7家银行办理。

(三)当年住房公积金政策调整及执行情况。

1. 缴存基数限额及确定方法。根据贵州省人力资源和社会保障厅贵州省统计局发布的相关数据,2020年度我市住房公积金最高缴存基数为17525元,最低缴存基数不得低于1790元。

2. 缴存比例等缴存政策调整情况。缴存比例:职工个人和单位缴存比例上限为12%,下限为5%。缴存政策调整情况:一是将"缴存管理办法"修订成"归集管理办法";二是新增了单位住房公积金专管员相关职责;三是明确缴存职工应符合法定劳动年龄要求,为职工缴纳五险一金是单位的法定义务;四是新增了财政供养单位及公有制企业以外单位办理职工住房公积金账户设立手续还需提供职工五险正常缴交凭证及明细;五是结合当前实际和住房和城乡建设部要求,对职工住房公积金账户在铜仁公积金中心内部转移和跨市转移如何办理,重新进行了阐述;六是新增了住房公积金专管员可以使用数字证书(密钥)在网上业务大厅可办结的业务;七是新增了缴存相关监督与罚则章节。

3. 提取政策调整情况。一是按《住房公积金提取业务标准》GB/T 51353—2019要求,重新规范了提取范围,删除了职工"子女购买、建造自住住房""生活困难正在领取城镇最低生活保障金""遇到意外事故造成家庭生活严重困难""辞职或被单位辞退""调出铜仁市行政区域自愿提取""单位被撤销、解散或破产后未再就业"的提取业务,增加了"职工或其配偶、子女、父母遭受重大疾病或重大自然灾害造成家庭生活严重困难的""职工与单位解除或终止劳动关系、账户已封存达规定时间且未再缴存住房公积金的"的提取业务。二是为打击骗提骗贷等失信行为,新增了失信行为(黑名单)登记未达规定年限不得提取本人住房公积金的限制。三是按照《关于开展治理违规提取住房公积金工作的通知》(建金〔2018〕46号)要求,防止提取住房公积金用于炒房投机,明确购房提取的,所购住房须在铜仁市行政区域内或职工夫妻任意一方户籍地城市。四是按照《住房公积金提取业务标准》GB/T

51353—2019 要求，明确大修住房提取需提供 C 级或 D 级房屋安全鉴定报告。五是结合铜仁实际情况，对租房提取的条件、频次及额度进行了详细规定。六是按照《住房公积金提取业务标准》GB/T 51353—2019 要求，对偿还住房贷款本息的条件、频次及额度进行了重新规定。七是新增了提取相关监督与罚则章节。

4. 个人住房贷款最高贷款额度、贷款条件等贷款政策调整情况。个人住房贷款最高贷款额度。2020 年，我市个人住房贷款最高贷款额度为 50 万元。

贷款政策调整情况。一是按照《关于发展住房公积金个人住房贷款业务的通知》（建金〔2014〕148 号）精神，明确住房公积金贷款支持缴存职工家庭购买首套自住住房或第二套改善居住条件的自住住房，不支持购买第三套及以上住房。二是为加强贷款风险防控，对失信等不良情形的缴存人不予住房公积金贷款作出了规定。三是为体现缴贷挂钩、互助性、公平性及《住房公积金个人住房贷款业务规范》GB/T 5126—2017 要求，综合考虑当前铜仁商品住房平均价格、职工公积金缴存情况、职工偿还贷款的能力、住房公积金资金结余、公积金贷款资金风险防控及职工基本住房需求等因素，对每笔、公积金贷款的可贷金额、贷款额度计算公式重新进行了设置。四是为防控贷款风险又体现实事求是的原则，对贷款月还款额及月收入重新进行了界定。五是按照《住房和城乡建设部关于取消部分部门规章和规范性文件设定的证明事项的决定》（建法规〔2019〕6 号）要求，购买再交易住房（二手房）且用该房屋抵押申请贷款的，取消了提供评估报告的资料要求。

5. 住房公积金存贷款利率执行标准。住房公积金贷款五年之内（含 5 年），年利率按 2.75％执行，住房公积金贷款五年以上，年利率按 3.25％执行。

（四）服务改进情况，包括推进住房公积金服务"跨省通办"工作情况，服务网点、服务设施、服务手段、综合服务平台建设和其他网络载体建设服务情况。铜仁市住房公积金管理中心一方面与相关部门打通数据共享渠道，提高前台业务离柜率，抽调业务骨干开展"全省通办""一次办成"公积金业务进驻政务中心，为职工创造了一站式服务窗口，"让信息多跑路，让群众少跑腿"扎实开展特色服务，着力提升服务水平。一方面开展了办理公积金业务所需提供证明材料的清理，例如。2020 年取消了购买再交易住房（二手房），用该房产抵押贷款的不需另行提供"房屋价值评估报告"，为广大缴存职工提供了更加便捷高效的优质服务。

（五）信息化建设情况。一是持续优化公积金综合业务系统办理流程，完善中心网上业务大厅；二是完成中心网络安全三级等级建设工作，提升网络安全防控能力，降低中心网络安全风险；三是推进"一云一网一平台一体系"建设，完成了本单位数据资源的全量梳理和单位数据安全管理制度建设。

（六）当年住房公积金管理中心及职工所获荣誉情况。铜仁市住房公积金管理中心铜仁管理部获 2020 年度政务服务"红色审批链""文明服务窗口"称号，铜仁市住房公积金管理中心松桃管理部、德江管理部获 2020 年度"文明科室"称号。铜仁管理部副主任王素娟获铜仁市"三八红旗手"称号，沿河管理部九级管理员杨力获 2020 年度市直"文明标兵"称号。

（七）当年对违反《住房公积金管理条例》和相关法规行为进行行政处罚和申请人民法院强制执行情况。2020 年，铜仁市住房公积金管理中心不存在对违反《住房公积金管理条例》和相关法规行为进行行政处罚和申请人民法院强制执行的情况。

（八）2020 年对住房公积金管理人员违规行为的纠正和处理情况。2020 年铜仁市住房公积金管理中心未发生对住房公积金管理人员违规行为的纠正和处理情况。

黔西南布依族苗族自治州住房公积金 2020年年度报告

根据国务院《住房公积金管理条例》和住房和城乡建设部、财政部、人民银行《关于健全住房公积金信息披露制度的通知》（建金〔2015〕26号）的规定，经黔西南州住房公积金管理委员会三届五次会议审议通过，现将黔西南州住房公积金2020年度信息披露如下。

一、机构概况

（一）住房公积金管理委员会。住房公积金管理委员会有27名委员，2020年召开1次会议，审议通过的事项主要包括：《黔西南州2019年住房公积金制度运行情况及2020年住房公积金归集使用计划报告》、黔西南州住房公积金2019年度财务决算和2020年度计划的报告》《黔西南州住房公积金2019年信息披露年度报告》。

（二）住房公积金管理中心。住房公积金管理中心为黔西南州人民政府不以营利为目的的参照公务员法管理的事业单位，设6个科室，10个管理部。从业人员93人，其中，在编48人，非在编45人。

二、业务运行情况

（一）缴存。2020年，新开户单位501家，净增单位318家；新开户职工1.23万人，净增职工0.37万人；实缴单位2917家，实缴职工14.86万人，缴存额29.59亿元，分别同比增长12.24%、2.52%、10.21%。2020年末，缴存总额180.21亿元，比上年末增加19.64%；缴存余额92.58亿元，同比增长15.57%。受委托办理住房公积金缴存业务的银行2家。

（二）提取。2020年，31.10万人次缴存职工提取住房公积金；提取额17.11亿元，同比增长28.31%；提取额占当年缴存额的57.84%，比上年增加8.16个百分点。2020年末，提取总额87.63亿元，比上年末增加24.26%。

（三）贷款。

1. 个人住房贷款。个人住房贷款最高额度40万元（个人住房贷款最高额度政策不按单缴存职工和双缴存职工区分）。

2020年，发放个人住房贷款0.6939万笔、25.71亿元，同比分别下降4.17%、2.61%。

2020年，回收个人住房贷款10.95亿元。

2020年末，累计发放个人住房贷款5.6986万笔、152.62亿元，贷款余额98.90亿元，分别比上年末增加13.86%、20.26%、17.54%。个人住房贷款余额占缴存余额的106.37%，比上年末增加1.34个百分点。受委托办理住房公积金个人住房贷款业务的银行6家。

2. 异地贷款。2020年，发放异地贷款357笔、13042.50万元。2020年末，发放异地贷款总额

33006.20万元，异地贷款余额29916.33万元。

3. 公转商贴息贷款。2020年，发放公转商贴息贷款0笔、0万元，当年贴息额0万元。2020年末，累计发放公转商贴息贷款0笔、0万元，累计贴息0万元。

4. 住房公积金支持保障性住房建设项目贷款。2020年，发放支持保障性住房建设项目贷款0亿元，回收项目贷款0亿元。2020年末，累计发放项目贷款0亿元，项目贷款余额0亿元。

（四）购买国债。2020年，购买（记账式、凭证式）国债0亿元，（兑付、转让、收回）国债0亿元。2020年末，国债余额0亿元。

（五）资金存储。2020年末，住房公积金存款2.82亿元。其中，活期0.02亿元，1年（含）以下定期0.64亿元，1年以上定期0.2亿元，其他（协定、通知存款等）1.96亿元。

（六）资金运用率。2020年末，住房公积金个人住房贷款余额、项目贷款余额和购买国债余额的总和占缴存余额的106.37%，比上年末增加1.34个百分点。

三、主要财务数据

（一）业务收入。2020年，业务收入28363.00万元，同比增长18.55%。其中，存款利息243.10万元，委托贷款利息28119.90万元，国债利息0万元，其他0万元。

（二）业务支出。2020年，业务支出16725.14万元，同比增长22.35%。其中，支付职工住房公积金利息14104.00万元，归集手续费1211.00万元，委托贷款手续费1410.05万元，其他0.09万元。

（三）增值收益。2020年，增值收益11637.86万元，同比增长13.47%。其中，增值收益率1.33%，比上年减少0.06个百分点。

（四）增值收益分配。2020年，提取贷款风险准备金1476.48万元，提取管理费用1532.34万元，提取城市廉租住房（公共租赁住房）建设补充资金8629.04万元。

2020年，上交财政管理费用1532.34万元。上缴财政城市廉租住房（公共租赁住房）建设补充资金8629.04万元。

2020年末，贷款风险准备金余额9890.45万元。累计提取城市廉租住房（公共租赁住房）建设补充资金33944.21万元。

（五）管理费用支出。2020年，管理费用支出1156.74万元，同比下降45.56%。其中，人员经费762.20万元，公用经费45.94万元，专项经费348.60万元。

四、资产风险状况

（一）个人住房贷款。2020年末，个人住房贷款逾期额0万元，逾期率0‰。个人贷款风险准备金余额9890.45万元。2020年，使用个人贷款风险准备金核销呆坏账0万元。

（二）支持保障性住房建设试点项目贷款。2020年末，逾期项目贷款0万元，逾期率0‰；项目贷款风险准备金余额0万元。2020年，使用项目贷款风险准备金核销呆坏账0万元。

五、社会经济效益

（一）缴存业务。缴存职工中，国家机关和事业单位占66.86%，国有企业占18.12%，城镇集体企业

占 5.69%，外商投资企业占 0.45%，城镇私营企业及其他城镇企业占 7.00%，民办非企业单位和社会团体占 0.98%，灵活就业人员占 0.52%，其他占 0.38%；中、低收入占 87.47%，高收入占 12.53%。

新开户职工中，国家机关和事业单位占 30.32%，国有企业占 20.06%，城镇集体企业占 6.67%，外商投资企业占 1.01%，城镇私营企业及其他城镇企业占 36.58%，民办非企业单位和社会团体占 2.15%，灵活就业人员占 1.33%，其他占 1.88%；中、低收入占 86.82%，高收入占 13.18%。

（二）提取业务。提取金额中，购买、建造、翻建、大修自住住房占 14.93%，偿还购房贷款本息占 66.74%，租赁住房占 0.90%，支持老旧小区改造占 0%，离休和退休提取占 12.38%，完全丧失劳动能力并与单位终止劳动关系提取占 2.28%，出境定居占 0.03%，其他占 2.74%。提取职工中，中、低收入占 35.04%，高收入占 64.96%。

（三）贷款业务。

1. 个人住房贷款。2020 年，支持职工购建房 95.96 万平方米（含公转商贴息贷款），年末个人住房贷款市场占有率（含公转商贴息贷款）为 21.23%，比上年末增加 8.03 个百分点。通过申请住房公积金个人住房贷款，可节约职工购房利息支出 47666.32 万元。

职工贷款笔数中，购房建筑面积 90（含）平方米以下占 1.45%，90～144（含）平方米占 69.25%，144 平方米以上占 29.30%。购买新房占 94.93%（其中购买保障性住房占 0%），购买二手房占 3.49%，建造、翻建、大修自住住房占 0.33%（其中支持老旧小区改造占 0%），其他占 1.25%。

职工贷款笔数中，单缴存职工申请贷款占 71.21%，双缴存职工申请贷款占 28.79%，三人及以上缴存职工共同申请贷款占 0%。

贷款职工中，30 岁（含）以下占 37.56%，30 岁～40 岁（含）占 41.99%，40 岁～50 岁（含）占 16.01%，50 岁以上占 4.44%；首次申请贷款占 91.94%，二次及以上申请贷款占 8.06%；中、低收入占 47.77%，高收入占 52.23%。

2. 支持保障性住房建设试点项目贷款。2020 年末，累计试点项目 0 个，贷款额度 0 亿元，建筑面积 0 万平方米，可解决 0 户中低收入职工家庭的住房问题。0 个试点项目贷款资金已发放并还清贷款本息。

（四）住房贡献率。2020 年，个人住房贷款发放额、公转商贴息贷款发放额、项目贷款发放额、住房消费提取额的总和与当年缴存额的比率为 144.74%，比上年减少 3.27 个百分点。

六、其他重要事项

（一）应对新冠肺炎疫情采取的措施，落实住房公积金阶段性支持政策情况和政策实施成效。2020 年，共有 74 个企业 3730 户职工办理住房公积金缓缴，缓缴金额 1165.70 万元。没有收到受新冠肺炎疫情影响的职工延期还款申请。为缓缴职工发放住房公积金贷款 46 笔，共计 1415.10 万元。办理缴存职工租房提取业务 1447 笔，共 1418.50 万元。

（二）当年机构及职能调整情况、受委托办理缴存贷款业务金融机构变更情况。2020 年，办理缴存业务受托银行无变化，增加兴义农村商业银行为贷款业务委托银行。

（三）当年住房公积金政策调整及执行情况，包括当年缴存基数限额及确定方法、缴存比例等缴存政策调整情况；当年提取政策调整情况；当年个人住房贷款最高贷款额度、贷款条件等贷款政策调整情况；当年住房公积金存贷款利率执行标准等；支持老旧小区改造政策落实情况。2020 年 6 月，印发《州住房公积金中心关于调整 2020 年住房公积金缴存基数上下限的通知》(州公通〔2020〕8 号),对我州职工缴存住房公积金基数上下限进行明确,2020 年单位在岗职工缴存住房公积金的月工资基数上限为 18311 元,月缴存额上限为 4394 元(个人缴存额 18311×12%+单位缴存额 18311×12%);月工资基数下限分别为:一类地区 1790 元,二类地区 1670 元,三类地区为 1570 元。月缴存额下限分别为:一类地区 180 元,二类地区 168 元,三类地区 158 元。

当年提取政策调整情况:无变化。

当年个人住房贷款最高贷款额度、贷款条件等贷款政策调整情况:无变化。

当年住房公积金存贷款利率执行标准:严格按照央行住房公积金贷款利率执行。

支持老旧小区改造政策落实情况:2020 年未开展。

(四)当年服务改进情况,包括推进住房公积金服务"跨省通办"工作情况,服务网点、服务设施、服务手段、综合服务平台建设和其他网络载体建设服务情况等。2020 年,黔西南州 10 个市(城区、县、新区)住房公积金管理部全部入驻政务中心,实行"管办分离""一站办结"模式,授权办理全部业务事项。当年 6 月,黔西南州"全省通办、一次办成"领导小组办公室与中心联合下发了关于印发《州住房公积金政务服务事项"全州通办、一次办成"实施方案》,公积金三大类事项 28 个子项全部实现"全州通办",随职工意愿,在全州范围内任意选择各县(市、新区)政务中心公积金窗口办理业务,2020 年共计办理"全州通办"业务 5541 件。

2020 年,率先落实"全省通办""跨省通办"服务改革。深入贯彻落实《国务院办公厅关于加快推进政务服务"跨省通办"的指导意见》(国办发〔2020〕35 号)精神,按照住房和城乡建设部《关于落实国务院办公厅〈关于加快推进政务服务"跨省通办"的指导意见〉做好住房公积金服务"跨省通办"工作的通知》文件要求,先行先试,率先探索,10 月全州各公积金业务窗口受理、办理 8 项"跨省通办"业务,并参照"跨省通办"实现省内各中心公积金业务"全省通办"。

(五)当年信息化建设情况,包括信息系统升级改造情况,基础数据标准贯彻落实和结算应用系统接入情况等。2020 年,中心全面开通网上服务大厅、手机 App、支付宝公积金查询、12329 服务热线、微信等八大公积金服务渠道,逐步扩展网上业务功能和自助功能。按照《州政务服务中心关于将人社、公积金自建系统与贵州省网上办事大厅融合的函》文件精神,公积金系统接入工作有序推进。完成了公积金数据在贵州政务服务网、多彩宝 App(云上贵州移动端)的实时查询;完成了公积金业务过程数据的推送工作,2020 年业务办理数据按照个人信息推送统计达 117.85 万条。

实现公积金缴存业务全程网办。缴存单位可通过黔西南州住房公积金管理中心官网登录"网上服务平台—单位用户"办理本单位缴存业务,业务范围包括单位信息查询、缴存人信息查询、单位信息变更、缴存人信息变更、缴存人登记、缴存人调动、基数调整、启封、封存、汇缴、补缴、单位缓缴及解除、单位注销等业务,截至 2020 年,共计注册缴存单位 2168 家、办理业务 51471 件。

拓展"零材料"办理服务事项。2020 年中心依托信息化平台推出 5 项公积金业务在网上服务大厅、微信公众号、手机公积金 App 上零跑腿、零材料办理。

(六)当年住房公积金管理中心及职工所获荣誉情况,包括:文明单位(行业、窗口)、青年文明号、工人先锋号、五一劳动奖章(劳动模范)、三八红旗手(巾帼文明岗)、先进集体和个人等。2020 年 1 月,因工作突出,陈显富同志、刘贵民同志受到州委"不忘初心牢记使命"主题教育领导小组表彰;

2020年5月，中心被中共黔西南州直属机关工委表彰为"让党中央放心让人民群众满意"模范机关；

2020年6月，党组书记、主任胡雨生同志被中共贵州省委表彰为"全省脱贫攻坚优秀基层党组织书记"；王正江同志被贵州省妇联表彰为贵州省2020年度"最美绿色生态家庭"；李巧玉同志作品在贵州省妇联举办的"家风传家书"征集活动中获评"优秀家书"；

2020年9月，中心被中共黔西南州直属机关工委命名为"州直机关党建实践教育基地"；

2020年12月，被中共贵州省委授予"2018—2020全省文明单位"；中共黔西南州公积金中心联合第一党支部被贵州省委党的建设工作领导小组表彰为"全省党支部标准化规范化建设示范点"。

（七）当年对违反《住房公积金管理条例》和相关法规行为进行行政处罚和申请人民法院强制执行情况。无。

（八）当年对住房公积金管理人员违规行为的纠正和处理情况等。无。

（九）其他需要披露的情况。无。

黔东南苗族侗族自治州住房公积金2020年年度报告

根据国务院《住房公积金管理条例》和住房和城乡建设部、财政部、人民银行《关于健全住房公积金信息披露制度的通知》（建金〔2015〕26号）的规定，经住房公积金管理委员会审议通过，现将黔东南州住房公积金2020年年度报告公布如下。

一、机构概况

（一）住房公积金管理委员会。住房公积金管理委员会有27名委员，2020年召开2次会议，审议通过的事项主要包括：1.同意黔东南州住房公积金管理委员会副主任委员、州住房公积金管理中心党组书记、主任吴述科同志所作的《2019年黔东南州住房公积金管理工作报告》，并批准黔东南州住房公积金管理中心2020年工作安排；2.同意黔东南州住房公积金管理委员会委员、州住房公积金管理中心党组成员、副主任田应红同志所作的《2019年度黔东南州住房公积金财务收支决算、2020年度黔东南州住房公积金归集使用预算和2020年度黔东南州住房公积金管理中心部门预算审核意见的报告》；3.同意《黔东南州住房公积金2019年年度报告》；4.同意《关于委托交通银行黔东南州分行办理住房公积金贷款业务的意见》；5.同意《黔东南州受托承办银行住房公积金业务综合考核办法》；6.同意《黔东南州住房公积金骗提骗贷行为处理办法》；7.同意《关于开展住房公积金个人住房组合贷款支持我州房地产业健康发展实施方案》。

（二）住房公积金管理中心。住房公积金管理中心为黔东南州人民政府直属的不以营利为目的的参照公务员管理事业单位，设10个科室，17个管理部。从业人员111人，其中，在编109人，非在编2人。

二、业务运行情况

（一）缴存。2020年，新开户单位404家，净减少单位169家；新开户职工1.49万人，净增职工

0.35万人；实缴单位4244家，同比下降13.37%，实缴职工18.74万人，缴存额40.37亿元，分别同比增长22.09%、3.35%。2020年末，缴存总额265.22亿元，同比增长17.95%；缴存余额141.92亿元，同比增长12.41%。受委托办理住房公积金缴存业务的银行3家。

（二）提取。2020年，6.93万名缴存职工提取住房公积金，提取额24.71亿元，同比增长12.17%；提取额占当年缴存额的61.21%，比上年增加4.81个百分点。2020年末，提取总额123.30亿元，比上年末增加25.05%。

（三）贷款。

1. 个人住房贷款。个人住房贷款最高额度50万元，其中，单缴存职工、双缴存职工最高额度均为50万元。

2020年，发放个人住房贷款0.71万笔、30.06亿元，同比分别增加2.9%、9.15%。

2020年，回收个人住房贷款12.13亿元。

2020年末，累计发放个人住房贷款8.20万笔、209.36亿元，贷款余额140.61亿元，分别比上年末增加9.33%、16.76%、14.62%。个人住房贷款余额占缴存余额的99.08%，比上年末增加1.91个百分点。受委托办理住房公积金个人住房贷款业务的银行9家，比上年增加1家。

2. 异地贷款。2020年，发放异地贷款394笔、15656.6万元。2020年末，发放异地贷款总额45783.3万元，异地贷款余额41639.85万元。

（四）购买国债。2020年，购买（记账式、凭证式）国债0亿元，（兑付、转让、收回）国债0亿元。2020年末，国债余额0亿元，比上年末减少0亿元。

（五）资金存储。2020年末，住房公积金存款4.98亿元。其中，活期0.02亿元，其他（协定、通知存款等）4.96亿元。

（六）资金运用率。2020年末，住房公积金个人住房贷款余额、项目贷款余额和购买国债余额的总和占缴存余额的99.08%，比上年末增加1.91个百分点。

三、主要财务数据

（一）业务收入。2020年，业务收入44170.63万元，同比增长13.95%。存款利息1138.78万元，委托贷款利息42999.67万元，国债利息0万元，其他32.18万元。

（二）业务支出。2020年，业务支出24423.04万元，同比增长19.34%。支付职工住房公积金利息20341.14万元，归集手续费1935.25万元，委托贷款手续费2146.61万元，其他0.04万元。

（三）增值收益。2020年，增值收益19747.59万元，同比增长7.91%。增值收益率1.47%，比上年减少0.08个百分点。

（四）增值收益分配。2020年，提取贷款风险准备金1792.42万元，提取管理费用5167.76万元，提取城市廉租住房（公共租赁住房）建设补充资金12787.41万元。

2020年，上交财政管理费用4927.94万元。上缴财政城市廉租住房（公共租赁住房）建设补充资金11689.13万元。

2020年末，贷款风险准备金余额25275.21万元。累计提取城市廉租住房（公共租赁住房）建设补充资金64068.51万元。

（五）管理费用支出。 2020 年，管理费用支出 2511.43 万元，同比下降 45.47%。其中，人员经费支出 1693.13 万元，公用经费支出 227.24 万元，专项经费支出 591.06 万元。

四、资产风险状况

（一）个人住房贷款。 2020 年末，个人住房贷款逾期额 365.93 万元，逾期率 0.26‰。个人贷款风险准备金余额 25275.21 万元，使用个人贷款风险准备金核销呆坏账 0 万元。

（二）支持保障性住房建设试点项目贷款。 2020 年末，逾期项目贷款 0 万元，逾期率 0‰。项目贷款风险准备金余额 0 万元。2020 年使用项目贷款风险准备金核销呆坏账 0 万元。

五、社会经济效益

（一）缴存业务。 2020 年实缴单位 4244 家，实缴职工 18.74 万人，缴存额 40.37 亿元，缴存职工中，国家机关和事业单位占 37.73%，国有企业占 33.44%，城镇集体企业占 15.12%，外商投资企业占 0.83%，城镇私营企业及其他城镇企业占 1.71%，民办非企业单位和社会团体占 6.47%，灵活就业人员占 0.17%，其他占 4.53%；中、低收入占 98.6%，高收入占 1.4%。

2020 年新开户单位 404 家，新开户职工 1.49 万人，新开户职工中，国家机关和事业单位 23.34%，国有企业占 24.16%，城镇集体企业占 8.63%，外商投资企业占 1.08%，城镇私营企业及其他城镇企业占 9.72%，民办非企业单位和社会团体占 12.66%，灵活就业人员占 0.1%，其他占 20.31%；中、低收入占 100%，高收入占 0%。

（二）提取业务。 2020 年共有 6.93 万名缴存职工提取住房公积金，提取金额共 24.71 亿元，提取金额中，购买、建造、翻建、大修自住住房占 18.07%，偿还购房贷款本息占 60.36%，租赁住房占 2.7%，支持老旧小区改造占 0%，离休和退休提取占 15.89%，完全丧失劳动能力并与单位终止劳动关系提取占 1.75%，出境定居占 0%，其他占 1.23%。提取职工中，中、低收入占 100%，高收入占 0%。

（三）贷款业务。

1. 个人住房贷款。2020 年，支持职工购建房 93.98 万平方米，年末个人住房贷款市场占有率为 36.43%，比上年末减少 1.25 个百分点。通过申请住房公积金个人住房贷款，可节约职工购房利息支出 52729.6 万元。

职工贷款笔数中，购房建筑面积 90（含）平方米以下占 2.88%，90~144（含）平方米占 78.69%，144 平方米以上占 18.43%。购买新房占 87.57%（其中购买保障性住房占 0%），购买二手房占 11.67%，建造、翻建、大修自住住房占 0.07%，其他占 0.69%。

职工贷款笔数中，单缴存职工申请贷款占 73.27%，双缴存职工申请贷款占 26.73%，三人及以上缴存职工共同申请贷款占 0%。

贷款职工中，30 岁（含）以下占 44.35%，30 岁~40 岁（含）占 30.79%，40 岁~50 岁（含）占 15.72%，50 岁以上占 9.14%；首次申请贷款占 91.69%，二次及以上申请贷款占 8.31%；中、低收入占 100%，高收入占 0%。

2. 支持保障性住房建设试点项目贷款。2020 年末，累计试点项目 0 个，贷款额度 0 亿元，建筑面积 0 万平方米，可解决 0 户中低收入职工家庭的住房问题。0 个试点项目贷款资金已发放并还清贷款本息。

（四）住房贡献率。 2020年，个人住房贷款发放额、住房消费提取额的总和与当年缴存额的比率为124.18%，比上年增加8.19个百分点。

六、其他重要事项

（一）应对新冠肺炎疫情采取的措施，落实住房公积金阶段性支持政策情况和政策实施成效。

1. 应对新冠肺炎疫情采取的措施。一是针对困难企业出台激励政策，印发了《黔东南州住房公积金管理中心关于应对新型冠状病毒肺炎疫情期间做好住房公积金管理服务工作的通知》（州公积金发〔2020〕1号文件），减轻企业的资金压力，推动企业复工复产，助力社会经济尽快恢复秩序。二是推行公积金业务"不见面"办理，实现多项提取业务"线上"办，"指尖"办。通过"线上""线下"的有效结合，满足疫情期间缴存职工住房公积金业务办理需求。三是针对疫情期间住房公积金还贷逾期和信用不良记录的事项，采取"上门服务"方式，对产生逾期的一线工作人员和受疫情影响的隔离人员或暂时失去收入的人员，开辟"绿色通道"通过线上收集材料，汇总名单，作不转逾期业务办理。

2. 落实住房公积金阶段性支持政策情况和政策实施成效。2020年，共为85户困难企业办理缓缴延缴公积金1782.37万元。为1家困难企业办理降低缴存比例业务，减少缴存资金达29.45万元。共计为36名受疫情影响人员解除逾期影响50次。

（二）当年机构及职能调整情况、受委托办理缴存贷款业务金融机构变更情况。

1. 机构及职能未变更。

2. 受委托办理贷款业务金融机构增加交通银行黔东南州分行。

（三）当年住房公积金政策调整及执行情况，包括当年缴存基数限额及确定方法、缴存比例等缴存政策调整情况；当年提取政策调整情况；当年个人住房贷款最高贷款额度、贷款条件等贷款政策调整情况；当年住房公积金存贷款利率执行标准等；支持老旧小区改造政策落实情况。

1. 当年住房公积金缴存基数限额及确定方法、缴存比例调整情况。2020年，职工和单位住房公积金个人缴存基数以2019年度职工个人月平均工资确定，最高不得超过地区在职职工月平均工资的3倍，最低不得低于地区最低工资标准。即。最高缴存基数上限为17238元，最低缴存基数下限为1790元。职工和单位住房公积金缴存比例均不低于5%，不高于12%，按1∶1的比例缴存公积金。

2. 当年提取政策调整情况。无。

3. 当年个人住房贷款最高贷款额度、贷款条件等贷款政策调整情况。2020年出台《黔东南州住房公积金管理委员会关于印发〈黔东南州住房公积金个人住房组合贷款实施方案〉的通知》（州公管委发〔2020〕7号）文件，开展个人住房组合贷款业务。

4. 当年住房公积金存贷款利率执行标准。2020年，当年归集和上年结转住房公积金存款利率均为1.5%；住房公积金贷款利率分两档，1至5年期住房公积金贷款利率为2.75%；5年期以上住房公积金贷款利率为3.25%。

（四）当年服务改进情况，包括推进住房公积金服务"跨省通办"工作情况，服务网点、服务设施、服务手段、综合服务平台建设和其他网络载体建设服务情况等。

1. 2020年，新增从江县、台江县贵州银行服务网点，交通银行黔东南州分行服务网点。

2. 完成12329热线与12345热线整合、双号并行，实现7×24小时不间断热线服务；提前完成退休提取等 8 项住房公积金业务"跨省通办";建成包含 11 项服务事项的网上业务大厅;实现与商业银行、民政等部门数据共享。

(五)当年信息化建设情况,包括信息系统升级改造情况,基础数据标准贯彻落实和结算应用系统接入情况等。2020 年实现数据中心由托管转自管,信息系统安全等级保护级别达到三级标准,建立"两地三中心"数据灾备机制。

(六)当年住房公积金管理中心及职工所获荣誉情况,包括:文明单位(行业、窗口)、青年文明号、工人先锋号、五一劳动奖章(劳动模范)、三八红旗手(巾帼文明岗)、先进集体和个人等。2020 年,中心被评为"全省精神文明建设工作先进单位",获得州、县评选"红旗窗口"5 次、"服务之星"6 人次,凯里市管理部被州委宣传部评为"文明窗口",中心及派出帮扶干部先后获评黔东南州"优秀结对帮扶干部"、榕江县"优秀帮扶单位""优秀援榕干部""最美结对帮扶干部",天柱县"优秀援柱干部",锦屏县"优秀第一书记"等荣誉。

(七)当年对违反《住房公积金管理条例》和相关法规行为进行行政处罚和申请人民法院强制执行情况。无。

(八)当年对住房公积金管理人员违规行为的纠正和处理情况等。无。

(九)其他需要披露的情况。无。

黔南布依族苗族自治州住房公积金 2020 年年度报告

根据国务院《住房公积金管理条例》和住房和城乡建设部、财政部、人民银行《关于健全住房公积金信息披露制度的通知》(建金〔2015〕26 号)的规定,经住房公积金管理委员会审议通过,现将黔南州住房公积金 2020 年年度报告公布如下。

一、机构概况

(一)住房公积金管理委员会。住房公积金管理委员会有 33 名委员,2020 年召开 2 次会议。2020 年 3 月 30 日召开第三届第四次会议审议通过的事项主要包括:1.《黔南州 2019 年全州住房公积金计划执行情况与 2020 年全州住房公积金计划草案的报告》;2.《黔南州住房公积金 2019 年年度报告》;3.《关于调整住房公积金使用政策的请示》;4.《关于龙里农村商业银行股份有限公司承办公积金贷款委托业务的请示》;5.《关于向商业银行申请贴息贷款规模的请示》。2020 年 12 月 23 日召开第三届第五次会议审议通过的事项主要有:《政金合作黔南宜居"聚保增"三年行动计划实施方案》(讨论稿)。

(二)住房公积金管理中心。住房公积金管理中心为州人民政府不以营利为目的的独立的正县级公益一类事业单位,设综合科(机关党委办公室)、计划统计与会计核算科、信贷管理科、信息技术科、审计监督科、归集管理科 6 个科室和直属业务部、福泉、独山、平塘、荔波、三都、瓮安、贵定、龙里、惠水、长顺、罗甸 12 个管理部(业务部)。从业人员 101 人,其中,在编 72 人,非在编 29 人。

二、业务运行情况

（一）缴存。2020年，新开户单位815家，净增单位431家；新开户职工1.90万人，净增职工1.57万人；实缴单位4785家，实缴职工21.05万人，缴存额36.82亿元，分别同比增长9.90%、8.06%、4.96%。2020年末，缴存总额240.03亿元，比上年末增加18.11%；缴存余额108.43亿元，同比增长14.11%。受委托办理住房公积金缴存业务的银行9家。

（二）提取。2020年，9万余名缴存职工提取住房公积金；提取额23.41亿元，同比下降0.69%；提取额占当年缴存额的63.58%，比上年减少3.61个百分点。2020年末，提取总额131.60亿元，比上年末增加21.64%。

（三）贷款。

1. 个人住房贷款。个人住房贷款最高额度35万元。其中，单缴存职工个人住房贷款最高额度35万元，双缴存职工个人住房贷款最高额度35万元。

2020年，发放个人住房贷款0.84万笔、同比下降3.45%，发放个人住房贷款29.72亿元同比增长5.61%。

2020年，回收个人住房贷款12.46亿元。

2020年末，累计发放个人住房贷款8.28万笔、190.55亿元，贷款余额126.13亿元，分别比上年末增加11.44%、18.49%、15.85%。个人住房贷款余额占缴存余额的116.32%，比上年末增加1.75个百分点。

受委托办理住房公积金个人住房贷款业务的银行9家。

2. 异地贷款。2020年，发放异地贷款676笔、22994.6万元。2020年末，发放异地贷款总额71355.6万元，异地贷款余额62033.93万元。

3. 公转商贴息贷款。无。

4. 住房公积金支持保障性住房建设项目贷款。无。

（四）购买国债。无。

（五）资金存储。2020年末，住房公积金存款0.99亿元。其中，活期0.021亿元，1年（含）以下定期0亿元，1年以上定期0亿元，其他（协定、通知存款等）0.974亿元。

（六）资金运用率。2020年末，住房公积金个人住房贷款余额、项目贷款余额和购买国债余额的总和占缴存余额的116.32%，比上年末增加1.75个百分点。

三、主要财务数据

（一）业务收入。2020年，业务收入33139.22万元，同比增长15.80%。其中，存款利息294.68万元，委托贷款利息32844.46万元，其他0.08万元（罚息收入）。

（二）业务支出。2020年，业务支出19804.56万元，同比增长16.05%。其中，支付职工住房公积金利息15288.16万元，归集手续费294.26万元，委托贷款手续费1596.65万元，其他2625.49万元（贴息贷款利息支出）。

（三）增值收益。2020年，增值收益13334.66万元，同比增长15.42%。增值收益率1.31%，较上年没有变化。

（四）**增值收益分配**。2020年，提取贷款风险准备金1725.95万元，提取管理费用1565.02万元，提取城市廉租住房（公共租赁住房）建设补充资金10043.69万元。

2020年，上交财政管理费用1565.02万元。上缴财政城市廉租住房（公共租赁住房）建设补充资金9483.18万元。其中含2019年度计提未交的7483.18万元和2020年按要求预缴入国库的2000万元整。

2020年末，贷款风险准备金余额12612.96万元。累计提取城市廉租住房（公共租赁住房）建设补充资金60602.88万元。

（五）**管理费用支出**。2020年，管理费用支出1723.97万元，同比增长23.20%。其中，人员经费1180.05万元，公用经费131.05万元，专项经费412.87万元。

四、资产风险状况

（一）**个人住房贷款**。2020年末，个人住房贷款逾期额302.68万元，逾期率0.24‰。个人贷款风险准备金余额12612.96万元。2020年，未使用个人贷款风险准备金核销呆坏账。

（二）**支持保障性住房建设试点项目贷款**。无。

五、社会经济效益

（一）**缴存业务**。缴存职工中，国家机关和事业单位占65.43%，国有企业占17.10%，城镇集体企业占0.44%，外商投资企业占0.22%，城镇私营企业及其他城镇企业占15.26%，民办非企业单位和社会团体占0.29%，灵活就业人员占0.32%，其他占0.94%；中、低收入占98.63%，高收入占1.37%。

新开户职工中，国家机关和事业单位占34.84%，国有企业占12.02%，城镇集体企业占0.58%，外商投资企业占1.5%，城镇私营企业及其他城镇企业占45.51%，民办非企业单位和社会团体占0.85%，灵活就业人员占0.28%，其他占4.42%；中、低收入占91.48%，高收入占8.52%。

（二）**提取业务**。提取金额中，购买、建造、翻建、大修自住住房占10.61%，偿还购房贷款本息占68.55%，租赁住房占0.63%，离休和退休提取占15.16%，完全丧失劳动能力并与单位终止劳动关系提取占2.45%，其他占2.60%。提取职工中，中、低收入占98.70%，高收入占1.30%。

（三）**贷款业务**。

1.个人住房贷款。2020年，支持职工购建房108.29万平方米，年末个人住房贷款市场占有率为44.25%，比上年末下降0.72个百分点。通过申请住房公积金个人住房贷款，可节约职工购房利息支出93,662.68万元。

职工贷款笔数中，购房建筑面积90（含）平方米以下占2.49%，90～144（含）平方米占84.98%，144平方米以上占12.53%。购买新房占95.07%，购买二手房占4.93%。

职工贷款笔数中，单缴存职工申请贷款占72.99%，双缴存职工申请贷款占26.92%，三人及以上缴存职工共同申请贷款占0.09%。

贷款职工中，30岁（含）以下占47.63%，30岁～40岁（含）占33%，40岁～50岁（含）占16.10%，50岁以上占3.30%；首次申请贷款占86.30%，二次及以上申请贷款占13.70%；中、低收入占50.37%，高收入占49.63%。

2. 支持保障性住房建设试点项目贷款。无。

（四）住房贡献率。 2020年，个人住房贷款发放额、公转商贴息贷款发放额、项目贷款发放额、住房消费提取额的总和与当年缴存额的比率为131.46%，比上年减少4.05个百分点。

六、其他重要事项

（一） 为认真贯彻落实《黔南州人民政府办公室关于印发黔南州疫情防控期间支持中小企业平稳发展的若干措施的通知》（黔南府办函〔2020〕4号）要求，为做好疫情防控期间中小企业住房公积金服务保障做出以下调整。1.受疫情影响企业可申请降低缴存比例；2.受疫情影响企业可申请缓缴；3.受疫情影响未能正常缴存的职工，其贷款权益不受影响；4.窗口采取以"非直接接触政务服务"为主、现场办为辅的疫情防控措施，充分利用互联网优势，通过黔南公积金网上办事大厅、"手机公积金"App、微信公众号、支付宝城市服务、云上贵州多彩宝等互联网服务渠道线上查询、办理公积金业务。在疫情防控期间，工作在一线的医护人员、疫情防控应急指挥部成员单位工作人员以及因病被隔离的缴存职工出现未按时偿还公积金贷款的，在疫情结束后次月补划还款的，则不计算逾期。

（二）当年住房公积金政策调整及执行情况。

1.当年缴存基数限额及确定方法。2020年，根据人力资源和社会保障部门、统计部门公布的2019年度我州城镇职工平均工资等相关数据，调整2020年缴存住房公积金基数的上下限，即：职工住房公积金缴存基数上限，不得超过贵州省人力资源和社会保障厅公布的2019年度黔南州在岗职工月平均工资（68153元÷12个月＝5679）的3倍，即17037元；单位和职工个人每月缴存住房公积金的合计上限为4088元（17037元×12%×2）；缴存基数下限为贵州省人力资源和社会保障厅公布的2019年度我州各县（市）最低工资标准。

2.提取、贷款政策调整情况。为深入贯彻党的十九大精神，坚持"房子是用来住的，不是用来炒的"的定位，落实《黔南州2020年防范化解重大风险工作实施方案》要求，着力防范化解重大风险，确保公积金资金安全，对现行部分使用政策进行适当调整。贷款方面，一是提高购买第二套普通自住住房首付比例不低于40%；二是按房屋年限相应调整职工申请住房公积金贷款购买"二手房"首付比例；三是缴存职工购买首套普通自住住房的公积金贷款最高额度调整为35万元，缴存职工购买第二套普通自住住房的公积金贷款最高额度调整为30万元。提取方面，取消原政策中患有重大疾病可提取公积金、最低缴存标准职工因子女就读国家承认学历的大中专院校缴费困难可提取公积金的规定。

（三）2020年信息化建设工作情况。 一是信息化建设进一步深化。为全面提升黔南州住房公积金信息管理水平，2020年中心严格按照公开招投标采购程序共完成网络安全等级保护、自助服务终端采购、全国住房公积金数据平台等信息化项目建设，项目总预算319.80万元，实际支出49.30万元。二是住房公积金综合服务平台服务渠道进一步得到完善。新增贵州政务服务网、支付宝市民中心等线上业务办理渠道。三是逐步打通了关键业务所需数据共享通道。2020年共完成公安人口基础信息、民政婚姻状态、自然资源局不动产登记等基础证照信息的接口开发工作。四是完成网络安全保障体系建设。成功通过定级评审并获得网络安全等级保护三级备案证书，达到了建设完整的"事前有防范、事中有应对、事后有追溯"的安全防御体系的预期目标。

（四） 2020年，向法院提起诉讼2起，共计收回逾期贷款本息27.71万元。

2020 全国住房公积金年度报告汇编

云南省

昆明	楚雄彝族自治州
曲靖市	红河哈尼族彝族自治州
玉溪市	文山壮族苗族自治州
保山市	西双版纳傣族自治州
昭通市	大理白族自治州
丽江市	德宏傣族景颇族自治州
普洱市	怒江傈僳族自治州
临沧市	迪庆藏族自治州

云南省住房公积金 2020 年年度报告

根据国务院《住房公积金管理条例》和住房和城乡建设部、财政部、人民银行《关于健全住房公积金信息披露制度的通知》（建金〔2015〕26 号）规定，现将云南省住房公积金 2020 年年度报告公布如下。

一、机构概况

（一）住房公积金管理机构。全省共设 16 个设区城市住房公积金管理中心、1 个独立设置的分中心；从业人员 1438 人，其中，在编 1019 人、非在编 419 人。

（二）住房公积金监管机构。省住房城乡建设厅、省财政厅和人民银行昆明中心支行负责对本省住房公积金管理运行情况进行监督。省住房城乡建设厅设立住房公积金监管处，负责全省住房公积金日常监管工作。

二、业务运行情况

（一）缴存。2020 年，全省新开户单位 6054 家，净增单位 2452 家；新开户职工 26.01 万人，净增职工 7.73 万人；实缴单位 56764 家，实缴职工 286.4 万人，缴存额 591.6 亿元，分别同比增长 4.51%、2.78%、8.31%。2020 年末，缴存总额 4583.92 亿元，比上年末增长 14.82%；缴存余额 1657.25 亿元，同比增长 7.66%（图1）。

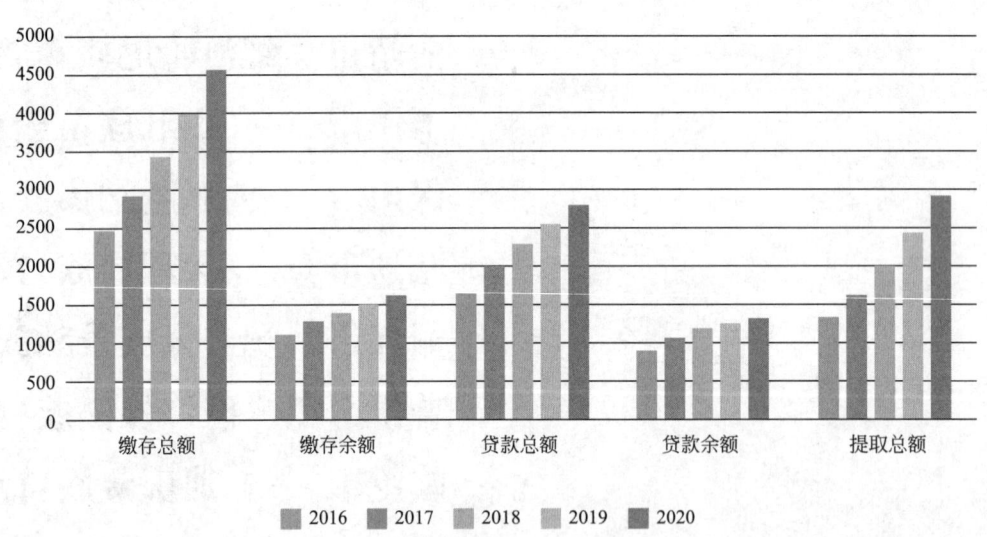

图 1 2016—2020 年缴存、贷款、提取情况比较（单位：亿元）

（二）提取。2020 年，全省 119.68 万名缴存职工提取住房公积金；提取额 473.7 亿元，同比增长 11.44%；提取额占当年缴存额的 80.07%，比上年上升 2.25 个百分点。2020 年末，提取总额 2926.67 亿元，比上年末增长 19.31%。

（三）贷款。

1. 个人住房贷款。2020 年，全省发放个人住房贷款 6.85 万笔、共 264.82 亿元，同比增长 2.09%、0.78%。回收个人住房贷款 201.22 亿元。

2020年末，累计发放个人住房贷款132.01万笔、共2827.01亿元，贷款余额1343.32亿元，分别比上年末增长5.34%、10.34%、4.97%。个人住房贷款余额占缴存余额的81.06%，比上年末下降2.08个百分点。

2020年，支持职工购建房982.73万平方米。年末个人住房贷款市场占有率（含公转商贴息贷款）为18.01%，比上年末下降2.86个百分点。通过申请住房公积金个人住房贷款，可节约职工购房利息支出46.27亿元。

2. 异地贷款。2020年，全省发放异地贷款934笔共3.51亿元。2020年末，发放异地贷款总额25.21亿元，异地贷款余额16.42亿元。

3. 公转商贴息贷款。2020年，全省发放公转商贴息贷款2234笔、共9.64亿元，支持职工购建房面积31.66万平方米。当年贴息额0.42亿元。2020年末，累计发放公转商贴息贷款6889笔、共32.65亿元，累计贴息0.69亿元。

4. 住房公积金支持保障性住房建设项目贷款。2020年，全省回收项目贷款0.6亿元，项目贷款余额0.21亿元。

（四）融资。2020年，全省融资0亿元，归还2亿元。2020年末，融资总额18.15亿元，融资余额0亿元。

（五）资金存储。2020年末，全省住房公积金存款323.86亿元。其中，活期10.04亿元，1年（含）以下定期105.12亿元，1年以上定期158.43亿元，其他（协定、通知存款等）50.28亿元。

（六）资金运用率。2020年末，全省住房公积金个人住房贷款余额、项目贷款余额和购买国债余额的总和占缴存余额的81.07%，比上年末减少2.12个百分点。

三、主要财务数据

（一）业务收入。2020年，全省业务收入51.29亿元，同比增长8.81%。其中，存款利息8.53亿元，委托贷款利息42.73亿元，其他0.03亿元。

（二）业务支出。2020年，全省业务支出26.68亿元，同比增长11.39%。其中，支付职工住房公积金利息25.11亿元，归集手续费0.43亿元，委托贷款手续费1.13亿元，其他0.01亿元。

（三）增值收益。2020年，全省住房公积金增值收益24.61亿元，同比增长6.15%；增值收益率1.53%，同比减少0.03个百分点。

（四）增值收益分配。2020年，全省提取贷款风险准备金0.73亿元，提取管理费用4.88亿元，提取城市廉租住房（公共租赁住房）建设补充资金18.99亿元。

2020年，按分级管理原则，上交各级财政管理费用4.67亿元，上缴财政城市廉租住房（公共租赁住房）建设补充资金17.90亿元。

2020年末，贷款风险准备金余额17.95亿元，累计提取城市廉租住房（公共租赁住房）建设补充资金127.97亿元。

（五）管理费用支出。2020年，全省各级管理费用支出3.23亿元，同比下降5.5%。其中，人员经费1.97亿元，公用经费0.32亿元，专项经费0.94亿元。

四、资产风险状况

（一）个人住房贷款。2020年末，全省个人住房贷款逾期额0.06亿元，逾期率0.5‰。个人贷款风险准备金余额17.83亿元。2020年，使用个人贷款风险准备金核销呆坏账0亿元。

（二）住房公积金支持保障性住房建设项目贷款。2020年末，全省逾期项目贷款0亿元，逾期率为0‰，项目贷款风险准备金余额0.12亿元。

五、社会经济效益

（一）缴存业务。全省缴存职工中，国家机关和事业单位占50.2%，国有企业占22.67%，城镇集体企业占1.68%，外商投资企业占1.33%，城镇私营企业及其他城镇企业占18.03%，民办非企业单位和社会团体占1.55%，灵活就业人员占0.1%，其他占4.44%；中、低收入占98.09%，高收入占1.91%。

新开户职工中，国家机关和事业单位占27.41%，国有企业占16.86%，城镇集体企业占2%，外商投资企业占1.7%，城镇私营企业及其他城镇企业占40.36%，民办非企业单位和社会团体占3.6%，灵活就业人员占0.47%，其他占7.6%；中、低收入占99.71%，高收入占0.29%。

（二）提取业务。全省提取金额中，购买、建造、翻建、大修自住住房占47.56%，偿还购房贷款本息占33.05%，租赁住房占1.7%，其他住房消费提取占0.53%；离休和退休提取占12.57%，完全丧失劳动能力并与单位终止劳动关系提取占3.34%，出境定居占0.16%，其他占1.05%。提取职工中，中、低收入占93.7%，高收入占6.3%。

（三）贷款业务。

1. 个人住房贷款。全省职工贷款笔数中，购房建筑面积90平方米（含）以下占10.37%，90～144平方米（含）占61.56%，144平方米以上占28.07%。购买新房占69.19%（其中购买保障性住房占0.23%），购买二手房占28.79%，建造、翻建、大修自住住房占1.33%，其他占0.68%。

职工贷款笔数中，单缴存职工申请贷款占35.24%，双缴存职工申请贷款占63.75%，三人及以上缴存职工共同申请贷款占1.01%。

贷款职工中，30岁（含）以下占35.23%，30岁～40岁（含）占36.11%，40岁～50岁（含）占22.45%，50岁以上占6.21%；首次申请贷款占84.73%，二次及以上申请贷款占15.27%；中、低收入占98.8%，高收入占1.2%（图2）。

图2 2016—2020年贷款职工按收入情况占比

2. 住房公积金支持保障性住房建设项目贷款。2020年末，全省有住房公积金试点城市1个，试点项目1个，贷款额度3亿元，建筑面积24.45万平方米，可解决2840户中低收入职工家庭的住房问题。

（四）住房贡献率。2020年，个人住房贷款发放额、公转商贴息贷款发放额、项目贷款发放额、住房消费提取额的总和与当年缴存额的比率为112.57%，比上年减少4.2个百分点。

六、其他重要事项

（一）2020年1月30日，出台了《云南省住房和城乡建设厅关于进一步做好新型冠状病毒感染肺炎疫情防控有关工作的紧急通知》（云住建发明电〔2020〕6号），要求各住房公积金中心做好住房公积金业务办理防控管理工作。2月13日，转发了《住房和城乡建设部办公厅关于应对新型冠状病毒感染的肺炎疫情做好住房公积金管理服务工作的通知》（建办金函〔2020〕71号），再次强调了疫情防控期间住房公积金各项防控及服务工作，务必确保工作落实到位；3月3日，省住房和城乡建设厅联合省财政厅、人民银行昆明中心支行转发了《住房和城乡建设部、财政部、人民银行关于妥善应对新冠肺炎疫情实施住房公积金阶段性支持政策的通知》（云建金〔2020〕33号），要求全省各住房公积金管理中心实施住房公积金阶段性支持政策。2020年1~6月，通过实施住房公积金阶段性支持政策，为全省受疫情影响的企业累计缓缴1.70亿元，职工累计缓缴1.68亿元；昆明市、玉溪市、红河州、怒江州、楚雄州住房公积金管理中心在疫情期间调整了租房提取额度。

（二）按照住房和城乡建设部和省人民政府对公积金监管工作的安排部署，坚持"稳中求进，防控风险"的总基调，深化住房公积金制度改革，提升信息化管理服务水平，健全监管体制，加强廉政风险防控，充分发挥住房公积金支持改善职工住房条件的积极作用。2020年4月17日，省住房城乡建设厅印发了《2020年云南省住房公积金工作要点》，鼓励昆明市和有条件的州（市）积极探索优化使用住房公积金发展租赁住房的试点政策，认真研究提取住房公积金支持城镇老旧小区改造的措施办法，提高住房公积金使用效率。

（三）按照省人民政府要求，积极做好"一部手机办事通—我的住房公积金"主题事项上线开通的相关配合协调工作。截至2020年底，全省17家中心已完成查询事项上线工作，昆明、省直、普洱、曲靖、楚雄、保山、德宏、丽江、迪庆中心已上线办理事项，其余8家住房公积金管理中心已具备线上办理能力。

（四）结合住房和城乡建设部和省人民政府要求，督促全省各住房公积金管理中心积极配合当地政务服务部门，打通信息共享壁垒，建立"跨省通办"渠道。截至2020年12月20日，云南省各州（市）都已实现个人住房公积缴存贷款等信息查询、出具贷款职工住房公积金缴存使用证明、正常退休提取住房公积金等3项服务事项"跨省通办"。

（五）根据《住房和城乡建设部关于加快建设住房公积金综合服务平台的通知》（建金〔2016〕14号）、《住房公积金监管司关于印发住房公积金综合服务平台验收工作流程和评分标准的通知》（建金服函〔2018〕70号）要求，完成了7个公积金中心住房公积金综合服务平台的实地验收工作。

（六）全省住房公积金管理中心获得荣誉情况。2020年，省级职工住房资金管理中心获全国文明单位、大理州住房公积金管理中心获云南省文明单位、昭通市住房公积金管理中心1人获云南省三八红旗手称号。

昆明住房公积金 2020 年年度报告

根据国务院《住房公积金管理条例》和住房和城乡建设部、财政部、人民银行《关于健全住房公积金信息披露制度的通知》（建金〔2015〕26 号）的规定，经住房公积金管理委员会审议通过，现将昆明住房公积金 2020 年年度报告公布如下。

一、机构概况

（一）住房公积金管理委员会。住房公积金管理委员会有 30 名委员，2020 年召开 5 次会议，审议通过的事项主要包括：《关于昆明市妥善应对新冠肺炎疫情实施住房公积金阶段性支持政策的请示》《关于昆明市妥善应对新冠肺炎疫情实施住房公积金阶段性支持政策的实施细则》《昆明市住房公积金管理中心执行〈云南省人民政府办公厅关于进一步规范住房公积金使用政策的通知〉的请示》《关于开展商品房预告登记业务的请示》《昆明市住房公积金管理中心 2020 年工作总结、2021 年工作计划和"十三五"工作总结、"十四五"工作计划》《昆明市住房公积金个人住房贷款管理办法》和《昆明市住房公积金归集管理办法》等事项。

（二）昆明市住房公积金管理中心。昆明市住房公积金管理中心（以下简称市住房公积金中心）为隶属昆明市人民政府不以营利为目的的全额拨款事业单位，设 10 个处室，16 个管理部，1 个分中心。从业人员 178 人，其中，在编 164 人，非在编 14 人。

（三）云南省省级职工住房资金管理中心（昆明市住房公积金管理中心省直机关分中心）。云南省省级职工住房资金管理中心（昆明市住房公积金管理中心省直机关分中心，以下简称省直分中心）为隶属于云南省住房和城乡建设厅不以营利为目的的公益一类事业单位，设 8 个科。从业人员 64 人，其中，在编 29 人，非在编 35 人。

二、业务运行情况

（一）缴存。2020 年，新开户单位 2435 家，净增单位 1420 家；新开户职工 12.51 万人，净增职工 3.79 万人；实缴单位 17983 家，实缴职工 107.58 万人，缴存额 223.12 亿元，分别同比增长 8.57％、3.64％、9.68％。2020 年末，缴存总额 1743.72 亿元，比上年末增加 14.67％；缴存余额 482.20 亿元，同比增长 3.71％。

市住房公积金中心受委托办理住房公积金缴存业务的银行 5 家，省直分中心受委托办理住房公积金缴存业务的银行 4 家。

（二）提取。2020 年，49.76 万名缴存职工提取住房公积金；提取额 205.85 亿元，同比增长 11.06％；提取额占当年缴存额的 92.26％，比上年增加 1.15 个百分点。2020 年末，提取总额 1261.51 亿元，比上年末增加 19.40％。

（三）贷款。

1. 个人住房贷款。单缴存职工个人住房贷款最高额度 30 万元，双缴存职工个人住房贷款最高额度 50 万元。

2020年，发放个人住房贷款1.1万笔、37.84亿元，同比分别增长13.40%、14.74%。其中，市住房公积金中心发放个人住房贷款0.85万笔、28.84亿元，省直分中心发放个人住房贷款0.23万笔、8.27亿元，铁路分中心发放个人住房贷款0.02万笔、0.73亿元。

2020年，回收个人住房贷款46.36亿。其中，市住房公积金中心35.85亿元，省直分中心9.31亿元，铁路分中心1.20亿元。

2020年末，累计发放个人住房贷款26.18万笔、692.86亿元，分别比上年末增加4.39%、5.78%；贷款余额350.81亿元，比上年末减少2.37%；个人住房贷款余额占缴存余额的72.75%，比上年末减少4.54个百分点。

市住房公积金中心受委托办理住房公积金个人住房贷款业务的银行12家，省直分中心受委托办理住房公积金个人住房贷款业务的银行14家。

2. 异地贷款。2020年，发放异地贷款229笔、10252.90万元。2020年末，发放异地贷款总额74819.90万元，异地贷款余额60244.61万元。

（四）资金存储。2020年末，住房公积金存款135.54亿元。其中，活期6.49亿元，1年（含）以下定期49.27亿元，1年以上定期76.42亿元，其他（协定、通知存款等）3.36亿元。

（五）资金运用率。2020年末，住房公积金个人住房贷款余额、项目贷款余额和购买国债余额的总和占缴存余额的72.75%，比上年末减少4.54个百分点。

三、主要财务数据

（一）业务收入。2020年，业务收入149636.73万元，同比增长3.64%。其中，市住房公积金中心105452.21万元，省直分中心32620.71万元，铁路分中心11563.81万元；存款利息33360.26万元，委托贷款利息116269.62万元，其他6.85万元。

（二）业务支出。2020年，业务支出77727.37万元，同比增长4.78%。其中，市住房公积金中心56267.88万元，省直分中心16559.09万元，铁路分中心4900.40万元；支付职工住房公积金利息72425.39万元，归集手续费2829.49万元，委托贷款手续费2472.49万元，其他0万元。

（三）增值收益。2020年，增值收益71909.36万元，同比增长2.42%。其中，市住房公积金中心49184.33万元，省直分中心16061.62万元，铁路分中心6663.41万元；增值收益率1.51%，比上年减少0.01个百分点。

（四）增值收益分配。2020年，提取贷款风险准备金0万元，提取管理费用7899.82万元，提取城市廉租住房（公共租赁住房）建设补充资金64009.54万元。

2020年，上交财政管理费用7899.82万元。上缴财政城市廉租住房（公共租赁住房）建设补充资金51867.56万元。其中，市住房公积金中心上缴38464.91万元，省直分中心13402.65万元，铁路分中心上缴0万元。

2020年末，贷款风险准备金余额47657.98万元。累计提取城市廉租住房（公共租赁住房）建设补充资金506427.25万元。其中，市住房公积金中心提取365821.72万元，省直分中心提取100494.41万元，铁路分中心提取40111.12万元。

（五）管理费用支出。2020年，管理费用支出7183.98万元，同比增长6.65%。其中，人员经费

4430.68万元，公用经费862.29万元，专项经费1891.01万元。

市住房公积金中心管理费用支出4891.43万元，其中，人员、公用、专项经费分别为3019.78万元、188.96万元、1682.69万元；省直分中心管理费用支出1913.95万元，其中，人员、公用、专项经费分别为1080.63万元、655万元、178.32万元；铁路分中心管理费用支出378.60万元，其中，人员、公用、专项经费分别为330.27万元、18.33万元、30万元。

四、资产风险状况

个人住房贷款。2020年末，个人住房贷款逾期额994.29万元，逾期率0.28‰。其中，市住房公积金中心0.24‰，省直分中心为0.45‰，铁路分中心0‰。个人贷款风险准备金余额47657.98万元。2020年，使用个人贷款风险准备金核销呆坏账0万元。

五、社会经济效益

（一）**缴存业务**。缴存职工中，国家机关和事业单位占23.81%，国有企业占30.89%，城镇集体企业占0.95%，外商投资企业占2.21%，城镇私营企业及其他城镇企业占31.08%，民办非企业单位和社会团体占2.87%，灵活就业人员占0.01%，其他占8.18%；中、低收入占97%，高收入占3%。

新开户职工中，国家机关和事业单位占7.57%，国有企业占19.49%，城镇集体企业占1.68%，外商投资企业占2.47%，城镇私营企业及其他城镇企业占53.51%，民办非企业单位和社会团体占4.82%，灵活就业人员占0.05%，其他占10.41%；中、低收入占99.67%，高收入占0.33%。

（二）**提取业务**。提取金额中，购买、建造、翻建、大修自住住房占65.54%，偿还购房贷款本息占17.32%，租赁住房占2.12%，支持老旧小区改造占0%，离休和退休提取占9.86%，完全丧失劳动能力并与单位终止劳动关系提取4.45%，出境定居占0%，其他占0.71%。提取职工中，中、低收入占95.50%，高收入占4.50%。

（三）**贷款业务**。

个人住房贷款。2020年，支持职工购建房122.09万平方米，年末个人住房贷款市场占有率为8.38%，比上年末减少1.95个百分点。通过申请住房公积金个人住房贷款，可节约职工购房利息支出100020.40万元。

职工贷款笔数中，购房建筑面积90（含）平方米以下占27.30%，90~144（含）平方米占65.39%，144平方米以上占7.31%。购买新房占58.42%（其中购买保障性住房占0%），购买二手房占26.13%，建造、翻建、大修自住住房占0%（其中支持老旧小区改造占0%），其他占15.45%。

职工贷款笔数中，单缴存职工申请贷款占39.67%，双缴存职工申请贷款占57.64%，三人及以上缴存职工共同申请贷款占2.69%。

贷款职工中，30岁（含）以下占46.82%，30岁~40岁（含）占34.63%，40岁~50岁（含）占15.06%，50岁以上3.51%；首次申请贷款占96.50%，二次及以上申请贷款占3.50%；中、低收入占98.81%，高收入占1.19%。

（四）**住房贡献率**。2020年，个人住房贷款发放额、公转商贴息贷款发放额、项目贷款发放额、住房消费提取额的总和与当年缴存额的比率为96.02%，比上年增加2.19个百分点。

六、其他重要事项

（一）应对新冠肺炎疫情采取的措施，落实住房公积金阶段性支持政策情况和政策实施成效。印发《昆明市妥善应对新冠肺炎疫情实施住房公积金阶段性支持政策的通知》（昆公积金〔2020〕30号）及《昆明市住房公积金管理中心关于印发〈昆明市妥善应对新冠肺炎疫情实施住房公积金阶段性支持政策实施细则〉的通知》（昆公积金〔2020〕31号），出台住房公积金阶段性支持政策措施，帮助受疫情影响生产经营困难企业及缴存职工度过难关，积极贡献住房公积金抗疫力量。

住房公积金阶段性支持政策实施期间，市住房公积金中心累计受理正常申请降低缴存比例企业85个，降低缴存比例涉及职工5537人，降低缴存比例实际减少的归集金额0.07亿元；累计受理申请暂缓缴企业352个，缓缴涉及职工45008人，缓缴实际减少的归集金额1.52亿元；为2名职工成功办理提高租房月提取额业务，共额外提取住房公积金2700元；共涉及498笔住房公积金贷款，贷款余额10295.55万元，贷款应还未还本金61.42万元，未作逾期处理。

（二）2020年机构及职能调整情况，受委托办理缴存贷款业务金融机构变更情况。市住房公积金中心受委托办理住房公积金缴存业务的银行5家，比去年增加0家；省直分中心受委托办理住房公积金缴存业务的银行4家，比去年增加0家。

市住房公积金中心受委托办理住房公积金个人住房贷款业务的银行12家，比去年增加0家；省直分中心受委托办理住房公积金个人住房贷款业务的银行14家，比去年增加0家。

2020年，市住房公积金中心和省直分中心按照国家审计署要求以及住房和城乡建设部《住房公积金资金管理业务标准》进一步规范了财务管理体制。

（三）2020年缴存基数限额及确定方法、缴存比例调整情况。根据昆明市统计局提供的数据，2019年昆明市城镇非私营单位在岗职工年均工资94063元，月平均工资为7838.58元。2020年，昆明市单位职工缴存住房公积金的工资基数上限仍按统计部门公布上一年度职工月平均工资的3倍执行，缴存基数上限为23516.00元，凡月工资收入超过23516.00元的职工，以23516.00元为缴存基数缴存住房公积金。2020年昆明市职工缴存住房公积金的最高比例为12%。2020年，昆明市住房公积金的缴存工资基数下限分别为：一类区为1670.00元/月，二类区为1500.00元/月。

（四）2020年住房公积金个人住房贷款最高贷款额度调整情况。2020年，住房公积金个人住房贷款最高额度为单缴存职工30万元，双缴存职工50万元。

（五）2020年住房公积金存贷款利率调整及执行情况。根据《中国人民银行、住房和城乡建设部、财政部关于完善职工住房公积金账户存款利率形成机制的通知》（银发〔2016〕43号），自2016年2月21日起，将职工住房公积金账户存款利率，由按照归集时间执行活期、三个月存款基准利率，调整为统一按一年期定期存款基准利率执行。2020年未进行住房公积金账户存款利率调整。

根据《中国人民银行关于下调金融机构人民币贷款及存款基准利率并进一步推进利率市场化改革的通知》（银发〔2015〕265号），从2015年8月26日起，下调住房公积金个人贷款利率0.25个百分点。调整后，5年期（含）以下贷款年利率为2.75%，5年期以上至30年（含）的贷款年利率为3.25%，5年期以上公积金贷款年利率比商业贷款年利率低1.65个百分点；二套房住房公积金个人贷款利率执行基准利率的1.1倍。2020年未进行住房公积金贷款利率调整。

(六) 2020 年住房公积金政策调整情况。 印发《昆明市住房公积金管理中心关与公积金个人住房贷款政策调整的通知》(昆公积金〔2020〕56 号），调整贷款政策为"职工开户满 6 个月（含）且连续足额缴存住房公积金 6 个月（含）以上，可申请住房公积金个人住房贷款；住房公积金贷款对象为购买首套自住住房或第二套改善型普通自住住房的缴存职工；不得向购买第三套及以上住房的缴存职工家庭发放住房公积金个人住房贷款。"

(七) 2020 年服务改进情况。

1. 综合服务平台于 2016 年 10 月 28 日上线运行以来，得到住房和城乡建设部、省住房城乡建设厅及广大缴存单位和职工的充分认可。2020 年，综合服务平台持续发挥服务效能，为缴存单位和职工提供优质、便捷和高效的服务。截至 2020 年 12 月底，平台注册用户为 101.49 万人，占全市缴存职工（含省直分中心）132.27 万人的 76.73％。微信公众号"昆明公积金"关注人数为 108.82 万人。占全市缴存职工（含省直分中心）132.27 万人的 81.95％。过去一年，平台工作日日均线上办理资金类业务 4383 笔。

2. 在云南政务服务网"我的公积金"主题上线包含住房公积金缴存、提取、贷款、查询 4 大类 29 小类业务受理，实现政务服务事项"应上尽上"，达到市政务服务事项网办"五级十二同"，全面实现全市范围内，同一事项同标准受理、同材料提交、无差别办理，实现线上"一次登录、全网通办、异地可办"，线下"只进一扇门、最多跑一次"，全程网办政务服务事项比例达到 100％。

3. 市住房公积金中心于 2020 年 12 月 10 日在云南省"一窗通"服务平台上线"单位住房公积金开户登记"业务，进一步优化营商环境，提升服务效能。

(八) 2020 年信息化建设情况。

1. 按照《住房和城乡建设部办公厅关于做好全国住房公积金异地转移接续平台建设使用准备工作的通知》(建办金〔2016〕49 号），市住房公积金中心积极开展全国住房公积金异地转移接续平台建设工作，于 2017 年 3 月 31 日作为首批上线机构接入平台（WEB 端接入），2018 年 1 月 1 日直连接入平台，提升了住房公积金异地转移接续服务效率，大大缩短了办理时限，极大方便了缴存职工。

2. 按照住房和城乡建设部《关于贯彻落实住房公积金基础数据标准的通知》(建办金〔2014〕51 号）、《关于推广住房公积金银行结算数据应用系统的通知》(建金信函〔2015〕5 号），市住房公积金中心积极开展"住房公积金基础数据"和"住房公积金银行结算数据应用系统"建设工作，于 2017 年 7 月 24 日建设完成并正式上线，2017 年 12 月 26 日通过住房和城乡建设部系统建设验收，系统上线后，实现了部、省、市三级连通的住房公积金运行监管平台。2020 年，根据住房和城乡建设部电子化检查工具，清理昆明市不规范住房公积金数据，完善提升数据质量。同时，结合住房和城乡建设部归集、提取、贷款、资金管理业务规范，进一步提高业务数据质量，持续提升住房公积金服务水平。

3. 为持续贯彻落实审批服务便民化，市住房公积金中心充分利用"互联网＋政务服务"模式，稳步推进网上业务大厅和归集网厅建设及优化，住房公积金缴存、提取业务实现"跨省通办"。

4. 按照住房和城乡建设部颁布的资金管理规范等有关业务标准要求，市住房公积金中心完成财务对标系统升级改造，充分利用部结算平台电子化结算手段，精简账户，提质增效，缩短科目级次，为实现"全程网办"奠定了基础。

5. 上线"好差评"系统，通过缴存单位及缴存职工对住房公积金业务办理体验的评价，助推住房公积金从业人员不断提高业务水平，提升综合素质。

6. 通过"一贷通"项目建设搭建了数据共享交换平台,为规范安全实现数据共享交换奠定了系统基础。

7. 制定《系统应急协作流程》,在系统发生故障时,实现整体联动,统一协同,有效提升客户服务满意度。

(九) 2020年所获荣誉情况。 市住房公积金中心被昆明市委市政府授予文明单位称号,在市级部门党风廉政建设考核工作中被评定为优秀单位,安宁市管理部被共青团昆明市市级机关工委认定为"四星级"市级"青年文明号"。

省直分中心被中央文明办评为全国住房和城乡建设系统第六届全国文明单位;省直分中心党支部被中共云南省委省直机关工委授予"先进党组织"称号。

曲靖市住房公积金 2020 年年度报告

根据国务院《住房公积金管理条例》和住房和城乡建设部、财政部、人民银行《关于健全住房公积金信息披露制度的通知》(建金〔2015〕26号)的规定,现将曲靖市住房公积金 2020 年年度报告公布如下。

一、机构概况

(一) 住房公积金管理委员会。 本市住房公积金管理委员会有 29 名委员,管委会审议通过 2020 年度曲靖市住房公积金归集、使用计划执行情况,并对其他重要事项进行决策,主要包括:《曲靖市住房公积金 2020 年年度报告》《曲靖市住房公积金 2020 年归集使用计划执行报告》《曲靖市住房公积金 2021 年归集使用计划》《曲靖市住房公积金 2020 年度增值收益分配方案》《曲靖市住房公积金管理中心个人购房住房公积金按揭贷款管理办法》。

(二) 住房公积金管理中心。 曲靖市住房公积金管理中心为曲靖市人民政府直属不以营利为目的的财政全额拨款事业单位,主要负责全市住房公积金的归集、管理、使用和会计核算。内设 7 个科室、3 个管理部、下设 6 个分中心。从业人员 100 人,其中,在编 70 人,非在编 30 人。

二、业务运行情况

(一) 缴存。 2020 年,新开户单位 243 家,净增单位 107 家;新开户职工 1.57 万人,净增职工 0.48 万人;实缴单位 3451 家,实缴职工 24.34 万人,缴存额 53.43 亿元,分别同比增长 3.2%、2%、10.12%。2020 年末,缴存总额 412.53 亿元,同比增长 14.88%;缴存余额 158.52 亿元,同比增长 9.48%。

(二) 提取。 2020 年,提取额 39.71 亿元,同比增长 13.55%,占当年缴存额的 74.32%,比上年增加 2.25 个百分点,累计提取 254.02 亿元,同比增长 18.53%。

(三) 贷款。 2020 年,双缴存职工住房公积金贷款最高额度为 70 万元,单缴存职工最高额度 35 万元。

2020年，发放个人住房贷款6293笔、24.26亿元，同比分别下降16.34%、12.86%。其中，麒麟中心城区（含开发区）发放2747笔、10.49亿元，沾益区发放790笔、3.14亿元，马龙区发放231笔、0.95亿元，宣威市发放924笔、3.34亿元，会泽县发放717笔、2.96亿元，富源县发放209笔、0.74亿元，陆良县发放162笔、0.59亿元，师宗县发放132笔、0.44亿元，罗平县发放381笔、1.61亿元。

2020年，回收个人住房贷款20.76亿元，其中，麒麟中心城区（含开发区）8.03亿元，沾益区1.25亿元，宣威市2.17亿元，会泽县3.12亿元，马龙区0.99亿元，富源县1.39亿元，陆良县1.16亿元，师宗县0.78亿元，罗平县1.87亿元。

2020年末，累计发放个人住房贷款18万笔、266.69亿元，贷款余额118.59亿元，同比增长3.62%、10.01%、3.04%。个人住房贷款余额占缴存余额的74.81%，比上年末减少4.68个百分点。

受委托办理住房公积金个人住房贷款业务的银行10家。

(四) 资金存储。 2020年末，住房公积金存款40.44亿元。其中，活期0.01亿元，1年（含）以下定期8.07亿元，1年以上定期30.86亿元，其他（协定、通知存款等）1.5亿元。

(五) 资金运用率。 2020年末，住房公积金个人住房贷款余额占缴存余额的74.81%，比上年末减少4.68个百分点。

三、主要财务数据

(一) 业务收入。 2020年，业务收入50505.55万元，同比增长16.98%。其中，存款利息收入12338.22万元，委托贷款利息收入38157.58万元，其他收入9.75万元。

(二) 业务支出。 2020年，业务支出22716.86万元，同比增长50.77%，其中，住房公积金利息支出22678.88万元，其他支出37.98万元。

(三) 增值收益。 2020年，增值收益27788.69万元，同比下降1.13%。增值收益率1.83%，比上年减少0.2个百分点。

(四) 增值收益分配。 2020年，提取贷款风险准备金349.88万元，提取管理费用1250万元，提取城市廉租住房（公共租赁住房）建设补充资金26188.81万元。

2020年，上缴财政管理费用1215万元。上缴财政城市廉租住房（公共租赁住房）建设补充资金35995.07万元。

2020年末，贷款风险准备金余额12461.09万元。累计提取城市廉租住房（公共租赁住房）建设补充资金167215.23万元。

(五) 管理费用支出。 2020年，管理费用支出2356.74万元，同比增加4.85%，其中，人员经费1012.12万元，公用经费77.89万元，专项经费1266.73万元。

市中心支出2271.22万元（含麒麟管理部），其中，人员、公用、专项经费分别为1012.12万元、77.89万元、1181.21万元；各县（市、区）分中心（管理部）管理费用支出85.52万元，全部为专项经费，其中，沾益管理部支出7.61万元，马龙管理部支出11.41万元，会泽分中心支出12.72万元，宣威分中心支出6.16万元，富源分中心支出10.13万元，陆良分中心支出17.04万元，师宗分中心支出8.62万元，罗平分中心支出11.83万元。

四、资产风险状况

2020年末,全市住房公积金个人逾期贷款668.69万元,逾期率0.56‰。其中,麒麟中心城区(含开发区)逾期413.23万元,逾期率0.85‰,沾益区逾期39.39万元,逾期率0.44‰,马龙区逾期1.08万元,逾期率0.02‰,富源县逾期46.74万元,逾期率0.69‰,师宗县逾期40.6万元,逾期率0.99‰,宣威市逾期39.56万元,逾期率0.38‰,会泽县逾期85.83万元,逾期率0.47‰,陆良县逾期2.26万元,逾期率0.04‰,罗平县无逾期。

个人贷款风险准备金按当年贷款净余额1‰提取。2020年,提取个人贷款风险准备金349.88万。2020年末,个人贷款风险准备金余额12461.09万元,占个人住房贷款余额的1.05%,个人贷款逾期额与个人贷款风险准备金余额的比率为5.37%。

五、社会经济效益

(一)缴存业务。缴存单位中,国家机关和事业单位占62.85%,国有企业占14.69%,城镇集体企业占1.33%,外商投资企业占0.72%,城镇私营企业及其他城镇企业占8.87%,民办非企业单位和社会团体占3.22%,其他占8.32%。

缴存职工中,国家机关和事业单位占56.79%,国有企业占28.15%,城镇集体企业占0.86%,外商投资企业占0.91%,城镇私营企业及其他城镇企业占4.5%,民办非企业单位和社会团体占1.24%,其他占7.55%;中、低收入占97.73%,高收入占2.27%。

新开户职工中,国家机关和事业单位占40.01%,国有企业占17.98%,城镇集体企业占0.47%,外商投资企业占1.4%,城镇私营企业及其他城镇企业占19.72%,民办非企业单位和社会团体占3.81%,其他占16.61%;中、低收入占99.57%,高收入占0.43%。

(二)提取业务。2020年,9.62万名缴存职工提取住房公积金39.71亿元。

提取金额中,住房消费提取占82.4%(购买、建造、翻建、大修自住住房占27.52%,偿还购房贷款本息占53.74%,租赁住房占1.14%);非住房消费提取占17.6%(离休和退休提取占14.55%,完全丧失劳动能力并与单位终止劳动关系提取占1.7%,其他占1.35%)。

提取职工中,中、低收入占97.49%,高收入占2.51%。

(三)贷款业务。

1.个人住房贷款。2020年,支持职工购建房89.4万平方米,年末个人住房贷款市场占有率为30.56%,比上年减少4.13个百分点。通过申请住房公积金个人住房贷款,可节约职工购房利息支出69260.95万元。

职工贷款笔数中,购房建筑面积90(含)平方米以下占10.6%,90～144(含)平方米占56.43%,144平方米以上占32.97%。购买新房占70.7%,购买二手房占28.25%,建造、翻建、大修自住住房占0.33%,其他占0.72%。

职工贷款笔数中,单缴存职工申请贷款占59.67%,双缴存职工申请贷款占40.33%。

贷款职工中,30岁(含)以下占28.98%,30岁～40岁(含)占38.63%,40岁～50岁(含)占26.03%,50岁以上占6.36%;首次申请贷款占85.44%,二次及以上申请贷款占14.56%;中、低收入占 99.14%，高收入占 0.86%。

2. 异地贷款。2020年，发放异地贷款274笔、8373.7万元。2020年末，累计发放异地贷款61433.3万元，异地贷款余额24951.08万元。

（四）住房贡献率。 2020年，个人住房贷款发放额、住房消费提取额的总和与当年缴存额的比率为106.64%，比上年减少12.03个百分点。

六、其他重要事项

（一）应对新冠肺炎疫情措施，落实住房公积金阶段性支持政策情况和政策实施成效。 面对新冠肺炎疫情曲靖市住房公积金管理中心认真落实党中央、国务院和省市委防控工作决策部署，积极采取应对措施落实阶段性支持政策。1. 对受疫情影响的单位和职工给予政策支持。一是生产经营出现困难的企业，可在国家政策规定的5%~12%范围内自行确定住房公积金缴存比例，4月底前可缓缴住房公积金。二是新型冠状病毒感染的肺炎患者、疑似病人、密切接触者在其隔离治疗期间或医学观察期间，一线医务人员等参加疫情防控的工作人员在履行疫情防控职责期间不能正常还款的，不计罚息、不纳入违约名单。三是因新型冠状病毒感染的肺炎疫情影响，未能及时缴存住房公积金的单位，说明情况并补缴后，可视同正常缴存。该期间内，受困单位的职工申请贷款时，视同连续足额正常缴存。四是适当放宽公积金业务办理时限。针对疫情期间无法及时办理住房公积金业务的缴存职工，适当延长办理购买自住住房提取住房公积金、申请住房公积金贷款和提取住房公积金提前还贷等业务的时间限制，材料有效期自疫情结束后顺延。2. 加强住房公积金线上线下业务保障。全面开通线上业务，各单位可通过曲靖住房公积金信息系统"网上营业厅"在线缴存住房公积金。推行预约办理，疫情防控期间，推行住房公积金业务预约办理制，确需到业务窗口办理的，应提前预约，错峰办理。

2020年通过实施住房公积金缓期缴存政策，有效缓解了12家企业370.18万元的资金压力。

（二）曲靖市住房公积金管理中心受托办理住房公积金缴存贷款业务的银行10家。 10家主办银行分别为：中国工商银行、建设银行、农业银行、云南省农村信用合作联社、曲靖市商业银行、中国银行、招商银行、交通银行、红塔银行、重庆农村商业银行。

（三）2020年缴存基数限额及确定方法、缴存比例调整情况。 根据曲靖市统计局提供2019年曲靖市全部非私营单位在岗职工月平均工资6598元，核定2020年1月1日至2020年12月31日住房公积金月缴存基数上限为19794元和月缴存额上限为4750元。曲靖市个体工商户和农民工住房公积金缴存基数调整为6598元，缴存比例为5%，月缴存额为660元。2020年曲靖市住房公积金的缴存比例仍按不低于5%、不高于12%的标准执行。

（四）2020年住房公积金政策调整及执行情况。

1. 根据《住房和城乡建设部办公厅国家发展改革委办公厅财政部办公厅关于申报2021年城镇老旧小区改造计划任务的通知》（建办城〔2020〕41号）精神，县级以上城市规划区范围内，具有合法的权属证明的老旧小区改造加装电梯，需要公积金缴存职工个人支付费用的，提供一年内装电梯项目协议书或加装电梯合同，可申请提取房屋产权人住房公积金，提取住房公积金的总额不得超过加装电梯扣除政府补贴后每户分摊的费用。

2. 按照住房和城乡建设部、财政部、人民银行、公安部《关于开展治理违规提取住房公积金工作的通知》（建金〔2018〕46号）明确规定，住房公积金"重点支持提取住房公积金在缴存地或户籍地购买首套普通住房和第二套改善型住房，防止提取住房公积金用于炒房投机。"自2020年6月起，严格执行非缴存地、非户籍地、非工作地购房不得使用住房公积金的规定。

3. 根据《云南省住房和城乡建设厅、云南省财政厅关于做好2019年度云南省住房公积金和住宅专项维修资金审计发现问题整改工作的通知》（云建金〔2020〕25号）精神，自2020年3月起，一是缴存职工购买新建自住住房，已取得《不动产权证书》的，不纳入住房公积金贷款范围；二是为确保住房公积金专款专用，住房公积金贷款不再发放到借款人账户，发放至售房人账户。

（五）2020年住房公积金存贷款利率调整及执行情况。根据《中国人民银行、住房和城乡建设部、财政部关于完善职工住房公积金账户存款利率形成机制的通知》（银发〔2016〕43号）规定，2020年曲靖市缴存的个人住房公积金存款利率按年利率1.50%执行。

根据《中国人民银行关于下调金融机构人民币贷款及存款基准利率并进一步推进利率市场化改革的通知》（银发〔2015〕265号）规定，2020年曲靖市个人住房公积金贷款按5年期以下（含5年）贷款年利率2.75%，5年期以上贷款年利率3.25%执行，其中二套房贷款利率同档次上浮10%。

（六）2020年服务改进及信息化建设情况。一是积极推行公积金按揭贷款、组合贷款，降低按揭贷款项目准入条件，取消抵押物委托评估，出台老旧小区改造提取政策，支持职工改善居住条件；规范缴存地、工作地、户籍地购建自住住房使用本人住房公积金的管理，确保公积金精准支持刚需群体；认真落实疫情期间支持企业复工复产政策，切实减轻企业负担，支持受疫情影响未按时缴存公积金的职工贷款；为一线抗疫人员开通绿色通道、提供志愿服务，全力支持抗击疫情。

二是加快"智慧公积金"建设步伐。融合"互联网＋"，实现单位缴存、个人开户、封存、启封、基数调整等业务，全流程办结时间由原来的2个工作日提速到10至20分钟，实现了缴存资金实时记账，改变了传统人工入账工作方式，为缴存单位节省了大量的人力物力，账务处理更加安全可靠；住房公积金信息综合服务平台与省政府"一部手机办事通"深度融合，搭建起立体、多元、智能化的综合服务体系，形成"互联网＋"与住房公积金业务及服务融合发展的良好局面。截至2020年12月，微信公众号访问量520.33万次，门户网站访问量461.51万次，"曲靖公积金"App访问量45.82万次，"一部手机办事通"访问量74.43万次，累计发送短信2140余万条，线上业务办结11574笔、4.12亿元。

（七）2020年住房公积金管理中心及职工所获荣誉情况。曲靖市住房公积金管理中心富源分中心被共青团曲靖市委评为"曲靖市青年文明号"，曲靖市住房公积金管理中心党组成员、副主任贾丽同志被曲靖市委、市政府评为"脱贫攻坚先进工作者"，曲靖市住房公积金管理中心办公室陈思宇同志在曲靖市创建全国文明城市工作中做出重大贡献，记功。

玉溪市住房公积金2020年年度报告

根据国务院《住房公积金管理条例》和住房和城乡建设部、财政部、人民银行《关于健全住房公积金

信息披露制度的通知》的规定，经住房公积金管理委员会审定，现将玉溪市住房公积金 2020 年年度报告公布如下。

一、机构概况

（一）住房公积金管理委员会。玉溪市住房公积金管理委员会有 33 名委员，2020 年召开 1 次会议，审议通过的事项主要包括：1. 审议《玉溪市住房公积金管理中心预警机制（修订）》；2. 审议《玉溪市住房公积金归集管理办法（修订）》《玉溪市住房公积金提取管理办法（修订）》；3. 审议《玉溪市住房公积金个人住房贷款管理办法（修订）》；4. 审议玉溪市住房公积金管理中心关于调整租房租住面积和租金提取住房公积金额度、玉溪市住房公积金管理中心关于调整住房公积金贷款政策、玉溪市住房公积金管理中心关于清退住房公积金贷款保证金等事项。

（二）住房公积金管理中心。玉溪市住房公积金管理中心（以下简称中心）为直属玉溪市人民政府不以营利为目的的公益一类、财政全额拨款事业单位，设 8 个科室，9 个管理部。从业人员 102 人，其中，在编 68 人，非在编 34 人。

二、业务运行情况

（一）缴存。2020 年，新开户单位 242 家，净增单位 -199 家；新开户职工 1.15 万人，净增职工 0.13 万人；实缴单位 3606 家，实缴职工 13.69 万人，缴存额 33.65 亿元，分别同比增长 -5.23％、0.96％、8.05％。2020 年末，缴存总额 282.14 亿元，比上年末增加 13.54％；缴存余额 86.03 亿元，同比增长 5.13％。

受委托办理住房公积金缴存业务的银行 12 家。

（二）提取。2020 年，5.82 万名缴存职工提取住房公积金；提取额 29.45 亿元，同比增长 14.29％；提取额占当年缴存额的 87.52％，比上年增加 4.76 个百分点。2020 年末，提取总额 196.11 亿元，比上年末增加 17.67％。

（三）贷款。

1. 个人住房贷款。单缴存职工个人住房贷款最高额度 30 万元，双缴存职工个人住房贷款最高额度 50 万元。

2020 年，发放个人住房贷款 0.35 万笔、13.29 亿元，同比分别下降 30％、27.75％。

2020 年，回收个人住房贷款 11.15 亿元。

2020 年末，累计发放个人住房贷款 7.92 万笔、172.46 亿元，贷款余额 84.84 亿元，分别比上年末增加 4.62％、8.35％、2.59％。个人住房贷款余额占缴存余额的 98.62％，比上年末减少 2.45 个百分点。

受委托办理住房公积金个人住房贷款业务的银行 12 家。

2. 异地贷款。2020 年，发放异地贷款 71 笔、2476 万元。截至 2020 年末，累计发放异地贷款总额 24011.80 万元，异地贷款余额 17114.37 万元。

3. 公转商贴息贷款。2020 年，发放公转商贴息贷款 1855 笔、85156.80 万元，当年贴息额 3454.33 万元。截至 2020 年末，累计发放公转商贴息贷款 4800 笔、264889.90 万元，累计贴息 6013.42 万元。

4. 住房公积金支持保障性住房建设项目贷款。2020 年，没有继续发放支持保障性住房建设项目贷款，回收项目贷款0.6亿元。截至2020年末，累计发放项目贷款3亿元，项目贷款余额0.21亿元。

（四）**购买国债。**2020年没有开展此项工作。

（五）**资金存储。**2020年末，住房公积金存款2.66亿元。其中，活期0.02亿元，其他（协定、通知存款等）2.64亿元。

（六）**资金运用率。**2020年末，住房公积金个人住房贷款余额、项目贷款余额和购买国债余额的总和占缴存余额的98.86%，比上年末下降3.20个百分点。

三、主要财务数据

（一）**业务收入。**2020年，业务收入28013.60万元，同比增长3.82%。存款利息602.83万元，委托贷款利息27408.88万元，其他1.89万元。

（二）**业务支出。**2020年，业务支出18066.51万元，同比增长9.50%。支付职工住房公积金利息12715.81万元，委托贷款手续费1102.49万元，其他4248.21万元。

（三）**增值收益。**2020年，增值收益9947.09万元，同比下降5.12%。增值收益率1.19%，比上年减少0.11个百分点。

（四）**增值收益分配。**2020年，提取贷款风险准备金213.85万元；提取管理费用997.62万元，提取城市廉租住房（公共租赁住房）建设补充资金8735.62万元。

2020年，上交财政管理费用966.64万元。上缴财政城市廉租住房（公共租赁住房）建设补充资金8801.55万元。

截至2020年末，贷款风险准备金余额17025.74万元。累计提取城市廉租住房（公共租赁住房）建设补充资金62398.51万元。

（五）**管理费用支出。**2020年，管理费用支出1985.99万元，同比下降30.03%。其中，人员经费1437.07万元，公用经费548.92万元。

四、资产风险状况

（一）**个人住房贷款。**2020年末，个人住房贷款逾期额376.37万元，逾期率0.4‰。个人贷款风险准备金余额15827.74万元。

（二）**支持保障性住房建设试点项目贷款。**2020年末，项目贷款风险准备金余额1198万元。

五、社会经济效益

（一）**缴存业务。**缴存职工中，国家机关和事业单位占55.21%，国有企业占19.78%，城镇集体企业占2.23%，外商投资企业占0.67%，城镇私营企业及其他城镇企业占20.73%，民办非企业单位和社会团体占0.75%，灵活就业人员占0.09%，其他占0.54%；中、低收入占95.73%，高收入占4.27%。

新开户职工中，国家机关和事业单位占25.28%，国有企业占10.59%，城镇集体企业占1.13%，外商投资企业占0.54%，城镇私营企业及其他城镇企业占57.62%，民办非企业单位和社会团体占3.61%，灵活就业人员占0.45%，其他占0.78%；中、低收入占99.58%，高收入占0.42%。

（二）**提取业务。**提取金额中，购买、建造、翻建、大修自住住房占41.19%，偿还购房贷款本息占

44.27%，租赁住房占 0.14%，支持老旧小区改造占 0%，离休和退休提取占 10.14%，完全丧失劳动能力并与单位终止劳动关系提取占 2.42%，出境定居占 0%，其他占 1.84%。提取职工中，中、低收入占 95.71%，高收入占 4.29%。

（三）贷款业务。

1. 个人住房贷款。2020 年，支持职工购建房 82.64 万平方米（含公转商贴息贷款），年末个人住房贷款市场占有率（含公转商贴息贷款）为 38.22%，比上年末增加 3.71 个百分点。通过申请住房公积金个人住房贷款，可节约职工购房利息支出 25342.77 万元。

职工贷款笔数中，购房建筑面积 90（含）平方米以下占 10.04%，90～144（含）平方米占 44.87%，144 平方米以上占 45.09%。购买新房占 51.66%（其中购买保障性住房占 0.11%），购买二手房占 47.68%，建造、翻建、大修自住住房占 0.66%（其中支持老旧小区改造占 0%）。

职工贷款笔数中，单缴存职工申请贷款占 21.24%，双缴存职工申请贷款占 78.53%，三人及以上缴存职工共同申请贷款占 0.23%。

贷款职工中，30 岁（含）以下占 21.18%，30 岁～40 岁（含）占 33.69%，40 岁～50 岁（含）占 33.67%，50 岁以上占 11.46%；首次申请贷款占 63.86%，二次及以上申请贷款占 36.14%；中、低收入占 95.71%，高收入占 4.29%。

2. 支持保障性住房建设试点项目贷款。2020 年末，累计试点项目 1 个，贷款额度 3 亿元，建筑面积 24.45 万平方米，解决了 2840 户中低收入职工家庭的住房问题。

（四）住房贡献率。2020 年，个人住房贷款发放额、公转商贴息贷款发放额、项目贷款发放额、住房消费提取额的总和与当年缴存额的比率为 139.73%，比上年减少 18.05 个百分点。

六、其他重要事项

（一）应对新冠肺炎疫情采取的措施，落实住房公积金阶段性支持政策情况和政策实施成效。面对突如其来的新冠肺炎疫情，中心深入贯彻习近平总书记关于做好新型冠状病毒感染的肺炎疫情防控工作的重要指示精神，认真落实党中央、国务院、省、市关于疫情防控工作的决策部署，做好疫情防控期间住房公积金管理服务工作，结合实际，出台住房公积金线上线下服务措施和阶段性支持政策，切实维护缴存单位和职工权益。

1. 推行住房公积金业务预约办理机制，实现分时段合理分流，错峰办理，减少职工等待时间，减少人员聚集。疫情期间，实行"提前预约、即办即走"的方式，全市共接受预约 2820 人次，办结 26804 笔预约业务。

2. 完善线上服务渠道，实现由"人审"到"机审"转变。缴存单位和职工可通过中心网上业务大厅、个人网厅、中心微信公众号、支付宝"城市服务"、手机公积金 App 等渠道查询和办理公积金业务。缴存职工还可通过手机"刷脸"办理离职提取、退休提取、出境定居提取等，实现"秒批秒办"，服务大幅提速。

3. 切实保障受疫情影响缴存职工的住房公积金贷款权益。对因感染新型肺炎住院治疗或隔离人员、疫情防控需要隔离观察人员、一线医务人员等参加疫情防控工作人员以及受疫情影响暂时失去收入来源的人群，可灵活调整其住房公积金贷款还款安排，合理延后还款期限。

4. 职工办理住房公积金购、建住房申请提取或申请住房公积金贷款时，购买、建造自住住房时间达到 12 个月上限规定的，延长住房公积金贷款和提取要件有效时限。

5. 因新型冠状病毒感染的肺炎疫情影响而延迟开工的企业职工租房自住的，在申请提取住房公积金支付房租时，可向中心说明情况后，在 2 月至疫情结束期间，职工及配偶每月可提取住房公积金合计 1500 元支付房租。

6. 住房公积金缴存单位及自愿缴存个人因受疫情影响，未能按时足额缴存住房公积金的，可向中心说明情况并在疫情结束三个月内办理补缴。期间，职工的住房公积金缴存时间连续计算，不影响职工申请租房提取和住房公积金贷款的权益。

7. 支持受疫情影响导致生产经营困难的企业，可以在 5%～12% 之间自主确定住房公积金缴存比例，经职工代表大会或工会讨论通过，可申请降低住房公积金缴存比例或暂缓缴存住房公积金。年内全市共有 21 家企业缓缴住房公积金，涉及职工 1133 人，缓缴住房公积金 418 万元，8 家企业降低住房公积金缴存比例，涉及职工 420 人，减少缴存 122.80 万元。

8. 从 2020 年 2 月 7 日起，准入阶段性担保合作的房地产开发企业，取消缴存保证金的管理规定，并对已准入的房地产开发企业所缴存的保证金余额全额清退。自 2020 年 2 月 17 日至 12 月 31 日，共为 17 家房地产开发企业节约缴存保证金约 6985 万元。

（二）当年机构及职能调整情况、受委托办理缴存贷款业务金融机构变更情况。2020 年机构及职能未进行调整，受委托办理缴存贷款业务金融机构未有变更。

（三）当年住房公积金政策调整及执行情况。

1. 中心按照《住房公积金管理条例》的规定，2020 年 6 月开始进行全市年度住房公积金缴存基数核定工作，执行时间为 2020 年 7 月至 2021 年 6 月。2020 年 8 月开始进行国家机关和事业单位住房公积金缴存基数构成项目重新调整。将国家机关（含参公事业单位）的住房公积金缴存基数中，改革性补贴全额计入缴存基数；将事业单位的住房公积金缴存基数中，奖励性绩效工资全额计入缴存基数，从 2020 年 7 月起执行。住房公积金工资基数的上限不得超过玉溪市统计部门公布的上年度在岗职工月平均工资的 3 倍即 20668 元，下限为人力资源社会保障部门公布的最低工资标准，即红塔区不低于 1500 元，其他县（市、区）不低于 1350 元。企业、非财政全额供养事业单位及个人自愿缴存者缴存比例在 5%～12% 之间，由单位自主选择缴存比例；国家机关及财政供养事业单位为所在县（市、区）报经省住房城乡建设厅、省财政厅批准的缴存比例 12%。

2. 经玉溪市住房公积金管理委员会四届二次会议研究同意，出台《玉溪市住房公积金管理委员会关于印发玉溪市住房公积金提取管理办法（修订）的通知》（玉市管规〔2020〕2 号），一是新增限制异地购建房或偿还异地购建房贷款提取的规定。职工和直系亲属（仅限父母、子女，下同）共同购建房，该住房所在地为拥有该住房所有权的职工、配偶、父母、子女的户籍地或就业地的，职工和直系亲属可以申请提取住房公积金。职工和共同借款人偿还购建房贷款，该贷款所购建房的所在地为拥有该住房所有权的职工、配偶、父母、子女的户籍地或就业地的，职工和共同借款人可以申请提取住房公积金。二是规范提取范围。购买车库、车位或所购建房的规划用途不是住宅的，不得提取；一套住房内的所有权人之间交易所有权的，不得提取；不以整套房屋全部所有权进行交易的，不得提取；非直系亲属成员关系的多人共同购建房的，不得提取；取消遇患严重疾病等突发事件，造成家庭生活严重困难的提取住房公积金。三是调整租房提取条件限制。职工及配偶在本市辖区内无自住住房,且租赁本市辖区内住房自住的,提取申请人应连续足额缴存住房公积金满 3 个月;职工及其配偶同时租赁两套及以上自住住房的,只能以一套住房申请提取住房公积金。四是明确配偶的提取权利。职工购建房、偿还购建房贷款本息和无房职工租房自住申请提取住房公积金的,职工和配偶均可以申请提取住房公积金。五是新增提取公积金余额必须优先偿还公积金贷款的规定。职工购建房、无房职工租房自住申请提取住房公积金,有未结清住房公积金贷款的,不得提取住房公积金余额。六是新增不同提取情形的提取频次和时限、提取额度、提取规定。

3. 经玉溪市住房公积金管理委员会四届二次会议研究同意,出台《玉溪市住房公积金管理委员会关于印发玉溪市住房公积金个人住房贷款管理办法(修订)的通知》(玉市管规〔2020〕3 号)。对贷款对象、条件、利率等作了如下规范:

(1)住房公积金贷款对象为购建首套自住住房或第二套改善型普通自住住房的缴存职工。中心不得向购买第三套及以上住房的缴存职工家庭发放住房公积金贷款。

(2)根据国家相关规定,结合本市实际,住房套数的认定标准采用认房认贷相结合的方式确定。对第三次(含)以上使用住房公积金贷款的申请不予受理。

(3)使用住房公积金个人住房贷款购建首套普通自住住房,套型建筑面积在 90 ㎡(含)以下的,贷款首付款比例不得低于 20%,套型建筑面积在 90 ㎡以上的,贷款首付款比例不得低于 30%;第二套房住房公积金贷款首付款比例不低于 50%。

(4)申请个人住房公积金贷款的时间为购建房发生一年内。

(5)借款申请人应为本次所购建自住住房的房屋所有权人或共有权人(仅限配偶、父母、子女)。

(6)所购建住房须在借款申请人及直系亲属(仅限配偶、父母、子女)之一的户籍所在地或就业地。

(7)申请住房公积金贷款时,借款申请人须连续足额缴存住房公积金达到 6 个月及以上。

(8)借款申请人及其配偶无尚未还清的住房公积金贷款(含住房公积金"公转商"贴息贷款)。

(9)已全额付清本次所购建住房房款的,不予贷款。

(10)住房公积金首套房贷款利率按中国人民银行公布的同期贷款利率执行;住房公积金二套房贷款利率不得低于同期首套房住房公积金贷款利率的 1.1 倍。

4. 经玉溪市住房公积金管理委员会四届二次会议研究同意,出台《玉溪市住房公积金管理委员会关于调整住房公积金贷款政策有关事项的通知》(玉市管规〔2020〕4 号),对住房公积金个人住房贷款最高额度、贷款轮候发放作调整、规范。

(1)将住房公积金个人住房贷款最高额度由"缴存住房公积金的职工家庭,双方连续正常缴存 6 个月(含)以上的,住房公积金个人住房贷款最高额度为 60 万元;一方连续正常缴存 6 个月(含)以上住房公积金的,住房公积金个人住房贷款最高额度为 40 万元。"调整为:"借款申请人夫妻双方连续正常缴存公积金 6 个月(含)以上的,住房公积金个人住房贷款最高额度为 50 万元;夫妻只有一方或单身职工连续正常缴存公积金 6 个月(含)以上住房公积金的,住房公积金个人住房贷款最高额度为 30 万元。"

(2)贷款轮候方式。

①缴存人在上一笔、住房公积金贷款还清后 6 个月内,中心不再受理其住房公积金贷款申请。

②对已经受理未发放的住房公积金贷款(含组合贷款),视中心的资金结存情况,以审批时间先后顺序,按照首套房优先的原则轮候发放。

5. 经玉溪市住房公积金管理委员会四届二次会议研究同意，出台《玉溪市住房公积金管理委员会关于清退住房公积金贷款保证金有关事项的通知》（玉市管规〔2020〕6号）中规定。

（1）同意中心继续执行"对新准入阶段性担保合作的房地产开发企业，取消缴存保证金"的管理规定。

（2）同意对房地产开发企业存量合作楼盘所缴存的保证金余额分类进行处理。

① 已办理全部转抵押登记（含结清）手续的楼盘，由开发企业向中心提出全额退还保证金的书面申请，经中心和银行审批同意，全部退还并解除对该账户的监管；

② 对尚有部分借款人未办理转抵押登记手续的楼盘，根据每一楼盘中尚未办理转抵押登记手续的贷款余额数留足保证金数额，其余保证金给予退还，待剩余部分借款人办理转抵押或结清贷款后逐渐退还保证金；

③ 若所缴存的保证金余额小于剩余部分尚未转抵押登记的贷款余额数的，或者开发企业从未办理过转抵押登记手续的楼盘，按照合作协议约定，逐步办理保证金清退手续；

④ 对尚未全部清退完保证金的合作开发商，继续对其保证金账户实行三方监管约定，直至全额清退后解除监管。

（四）当年服务改进情况。 2020年，中心遵循便民、利民、高效的服务标准，按照省市优化营商环境和落实"放管服"工作要求，积极推进"跨省通办"，9个县区管理部陆续进驻各县区政务服务大厅，实现一窗叫号，一门办理业务，并与市政务服务网融合结合疫情防控推出住房公积金业务网上预约，按照住房和城乡建设部、省政府要求完成三个"跨省通办"事项。

1. 综合服务平台服务渠道进行拓展由8个渠道增加至11个渠道（新增支付宝、一部手机办事通、一站式惠民服务平台融合3个渠道）。各渠道业务量如下。单位网厅办理归集业务38704笔，短信实时成功推送2437216条；自助终端个人缴存明细打印2044人次、结清证明打印91人次、异地贷款证明打印188人次、个人缴存证明打印1274人次、借款人信息查询104人次、贷款信息查询248人次、还款信息查询184人次、缴存人信息查询832人次、提取审批进度查询111人次、贷款办理进度查询11人次。

2. 通过与玉溪市一站式惠民服务平台深度融合实现与房管、不动产、市场监管等部门部分数据共享。

3. 新增"公转商"贴息贷款按月提取还贷服务。实现与金融部门之间互联互通，完成了与工行、中行、农村信用社系统平台互联互通。截至2020年底，成功办结10647人次"公转商"贴息贷款按月提取还贷，提取金额共计3430.38万元。

4. 推出住房公积金窗口业务网上预约服务，减轻柜台压力，进一步提高了办事效率。

5. 进一步升级"12329"服务热线。新升级的"12329"服务热线，采用电话自助查询和人工咨询服务相结合的方式为缴存职工提供住房公积金各项业务咨询服务。

6. 拓宽住房公积金提取办理渠道。自2020年12月14日起，除国家法定节假日、上级部门要求停办及系统升级维护外，职工可通过个人网厅和手机App全天线上办理离退休、终止劳动关系、出境定居三种情形的提取业务。截至2020年底，通过个人网厅办理个人提取业务4笔，手机App办理个人提取业务13笔。

7. 2020年末，在手机App及个人网厅两渠道实现个人住房公积金缴存贷款等信息查询、出具贷款职工住房公积金缴存使用证明、正常退休提取住房公积金三个事项"跨省通办"。

8. 加快微信公众号、微信小程序、支付宝、手机 App 等新媒体渠道建设。截至2020年底，微信公众号信息公开发布44篇，关注人数12254人，微信小程序注册量为2361人次、支付宝访问量为47373人次，手机App新增注册量为2806人次。

（五）当年信息化建设情况。严格执行国家基础数据标准，继续做好玉溪市住房公积金"互联网+"信息系统续建及完善，搭建集核心业务系统、综合服务监管平台、数据管控平台于一体的智慧公积金系统，所有资金结算业务均通过住房和城乡建设部公积金银行结算系统完成，同时建设"两地三中心"做好数据灾备工作。

1. 通过住房和城乡建设部综合服务平台验收。严格按照《住房公积金信息系统技术规范》《住房公积金基础数据标准》和《住房公积金信息化建设导则》推进"互联网+"信息系统各项业务完善，相继接入银行结算系统、异地转移接续平台、数据平台、一部手机办事通，实现了业务线上线下并行，中心审批线下到手机App的转变，进一步缩短了中心业务办理时间，减少业务办理成本；12329热线完成了智能语音回复，拓宽了缴存职工公积金业务政策咨询渠道；破解"公转商"贷款不能按月提取的"难题"，实现工行、中行"公转商"贷款按月提取业务。实现与不动产、房管部门、市场监管部门部分数据共享，提高前台工作效率，使服务水平更上新台阶。并于2020年12月15日以优秀等次通过省住房城乡建设厅监管处组织的综合服务平台验收。

2. 建章立制，规范工作。拟定了《玉溪市住房公积金管理中心核心业务系统防疫期间保障正常运行工作方案》《玉溪市住房公积金管理中心网站管理制度》《玉溪市住房公积金管理中心新媒体平台账号管理制度》等制度。

（六）当年住房公积金管理中心及职工所获荣誉情况。2020年8月19日，中心党员马国忠荣获云南省首届"学习强国·学习达人"学习竞赛第6名和玉溪市直机关首届"学习强国·学习达人"竞赛第2名。

（七）当年对违反《住房公积金管理条例》和相关法规行为进行行政处罚和申请人民法院强制执行情况。2020年，中心大力打击骗提、骗贷住房公积金的失信行为，全市共查处骗提公积金案件17件，涉案金额共计196.13万元，涉案人员共计17人。按照规定，对发现的骗提住房公积金行为的，除责令退回骗提款项外，同时将骗提行为通报到缴存人单位，属于公职人员的，一律将违纪违法事实及线索上报纪委或单位纪检部门，并视情况取消其3至5年内办理公积金提取和贷款资格，并将不良记录纳入住房公积金失信人员名单。

（八）当年对住房公积金管理人员违规行为的纠正和处理情况等。2020年，中心党组对峨山管理部1名工作人员违纪问题立案查处，并给予该名干部政务警告处分。

（九）其他需要披露的情况。无其他需要披露的情况。

保山市住房公积金2020年年度报告

根据国务院《住房公积金管理条例》和住房和城乡建设部、财政部、人民银行《关于健全住房公积金信息披露制度的通知》（建金〔2015〕26号）的规定，经保山市住房公积金管理委员会审议通过，现将保山市住房公积金 2020 年年度报告公布如下。

一、机构概况

（一）保山市住房公积金管理委员会。保山市住房公积金管理委员会有 28 名委员，2020 年召开了 4 次会议，审议通过的事项主要包括：保山市住房公积金 2019 年年度报告；保山市住房公积金管理中心 2019 年工作总结暨 2020 年工作意见；保山市 2019 年住房公积金（归集使用计划和增值收益分配）财务收支情况报告；保山市住房公积金管理中心 2019 年年度管理经费财务报告；保山市 2020 年住房公积金（归集使用计划和增值收益分配）财务预算；保山市住房公积金管理中心 2019 年度管理经费财务预算；保山市 2020 年度住房公积金缴存工资基数实行限高保低有关事项；保山市住房公积金缴存管理办法，保山市住房公积金提取管理办法，保山市住房公积金个人住房贷款管理办法；提高我市无房职工租住商品住房提取住房公积金额度事项。

（二）保山市住房公积金管理中心。保山市住房公积金管理中心（以下简称"中心"）为直属保山市人民政府公益二类经费自理事业单位，设办公室、稽核执法科、计划财务科、业务管理科、信息技术科 5 个科室，下辖隆阳、施甸县、腾冲、龙陵县、昌宁县 5 个管理部。从业人员 90 人，其中，在编职工 30 人，非编制职工 60 人。

二、业务运行情况

（一）缴存。2020 年，新开户单位 232 家，净增单位 75 家；新开户职工 1.16 万人，净增职工 0.49 万人；实缴单位 2532 家，实缴职工 12.24 万人，缴存额 21.52 亿元，同比分别增长 3.05％、4.17％、3.61％。2020 年末，缴存总额 154.67 亿元，同比增长 16.15％；缴存余额 74.86 亿元，同比增长 8.52％。

受委托办理住房公积金缴存业务的银行 7 家，与上年相比无增减。

（二）提取。2020 年，4.80 万名缴存职工提取住房公积金；提取额 15.63 亿元，同比减少 2.62％，占当年缴存额的 72.63％，比上年减少 4.63％。2020 年末，提取总额 79.81 亿元，同比增长 24.35％。

（三）贷款。

1. 个人住房贷款。个人住房贷款最高额度 40 万元，其中，单缴存职工最高额度 25 万元，双缴存职工最高额度 40 万元。

2020 年，发放个人住房贷款 3003 笔、8.62 亿元，同比分别增长 628.88％、612.40％。

2020 年，回收个人住房贷款 7.25 亿元。

2020 年末，累计发放个人住房贷款 49475 笔、114.76 亿元，同比分别增长 6.46％、8.12％，贷款余额 62.37 亿元，同比增长 2.25％。个人住房贷款余额占缴存余额的 83.31％，比上年末减少 5.12 个百分点。

受委托办理住房公积金个人住房贷款业务的银行 5 家，比上年无增减。

2. 异地贷款。2020 年，发放异地贷款 72 笔、1867.40 万元。2020 年末，发放异地贷款总额 6722.10 万元，异地贷款余额 5226.74 万元。

3. 公转商贴息贷款。2020 年，发放公转商贴息贷款 379 笔、11253.50 万元，支持职工构建住房面积 4.52 万平方米，当年贴息额 719.27 万元。至 2020 年末，累计发放公转商贴息贷款 2089 笔、61588.80 万元,累计贴息846.38万元。

2020年下半年,在住房公积金资金流动性得到缓解后,逐步把剩余的2074笔、金额589409157.96元"公转商贴息贷款"全部置换住房公积金贷款。截至2020年12月31日,已无"公转商贴息贷款"余额。

(四)**资金存储**。2020年末,住房公积金存款14.02亿元。其中,活期0.01亿元,1年(含)以下定期4.7亿元,1年以上定期存款5.3亿元,其他(协定存款)4.01亿元。

(五)**资金运用率**。2020年末,住房公积金个人住房贷款余额(无项目贷款和国债)占缴存余额的83.31%、比上年末减少5.12个百分点。

三、主要财务数据

(一)**业务收入**。2020年,业务收入24122.60万元,同比增长10.07%。其中,存款利息收入4457.14万元,委托贷款利息收入19665.46万元。

(二)**业务支出**。2020年,业务支出12303.20万元,同比增长5.64%。其中,支付职工住房公积金利息11704.73万元,委托贷款手续费598.47万元。

(三)**增值收益**。2020年,实现增值收益11819.40万元,同比增长15.09%;增值收益率1.64%,比上年增加0.10个百分点。

(四)**增值收益分配**。2020年,提取贷款风险准备金137.36万元,提取管理费用3545.82万元,提取城市廉租住房(公共租赁住房)建设补充资金8136.22万元。

2020年,上交财政管理费用3080.94万元,上缴财政城市廉租住房(公共租赁住房)建设补充资金7188.87万元。

2020年末,贷款风险准备金余额7520.14万元。累计提取城市廉租住房(公共租赁住房)建设补充资金44426.31万元。

(五)**管理费用支出**。2020年,管理费用支出2019.69万元,同比增长16.67%。其中,人员经费1180.13万元,公用经费298.66万元,专项经费540.90万元。

四、资产风险状况

个人住房贷款。2020年末,个人住房贷款逾期额38.69万元,逾期率0.06‰。个人贷款风险准备金余额7520.14万元,占个人住房贷款余额的1.21%,个人住房贷款逾期额与个人贷款风险准备金余额的比率为0.51‰。2020年未使用个人贷款风险准备金核销呆坏账。

五、社会经济效益

(一)**缴存业务**。缴存职工中,国家机关和事业单位占63.21%,国有企业占22.46%,城镇集体企业占0.09%,外商投资企业占1.19%,城镇私营企业及其他城镇企业占12.10%,民办非企业单位和社会团体占0.55%,灵活就业人员占0.38%,其他占0.02%;中、低收入占98.46%,高收入占1.54%。

新开户职工中,国家机关和事业单位占35.63%,国有企业占30.76%,城镇集体企业占0.03%,外商投资企业占1.53%,城镇私营企业及其他城镇企业占30.78%,民办非企业单位和社会团体占1.08%,

灵活就业人员占 0.17%,其他占 0.02%;中、低收入占 99.50%,高收入占 0.50%。

(二)**提取业务**。提取金额中,购买、建造、翻建、大修自住住房占 28.91%,偿还购房贷款本息占 50.27%,租赁住房占 1.70%;离休和退休提取占 13.88%,完全丧失劳动能力并与单位终止劳动关系提取占 4.07%,出境定居占 0.68%,其他(死亡或宣告死亡)占 0.49%。提取职工中,中、低收入占 92.03%,高收入占 7.97%。

(三)**贷款业务**。个人住房贷款。2020 年,支持职工购建房 43.09 万平方米(含公转商贴息贷款),年末个人住房贷款市场占有率为 22.77%,比上年末下降 3.69 个百分点。通过申请住房公积金个人住房贷款,可节约职工购房利息支出 18346.02 万元。

职工贷款笔数中,购房建筑面积 90(含)平方米以下占 5.26%,90~144(含)平方米占 94.44%,144 平方米以上占 0.30%。购买新房占 77.99%,购买二手房占 22.01%。

职工贷款笔数中,单缴存职工申请贷款占 35.46%,双缴存职工申请贷款占 63.63%,三人及以上缴存职工共同申请贷款占 0.91%。

贷款职工中,30 岁(含)以下占 62.77%,30 岁~40 岁(含)占 28.77%,40 岁~50 岁(含)占 7.33%,50 岁以上占 1.13%;首次申请贷款占 95.87%,二次及以上申请贷款 4.13%;中、低收入占 99.53%,高收入占 0.47%。

(四)**住房贡献率**。2020 年,个人住房贷款发放额、公转商贴息贷款发放额、住房消费提取额的总和与当年缴存额的比率为 104.04%,比上年增加 8.13 个百分点。

六、其他重要事项

(一)**应对新冠肺炎疫情采取的措施,落实住房公积金阶段性支持政策情况和政策实施成效。**

1. 应对新冠肺炎疫情采取的措施。一是认真贯彻落实住房公积金阶段性支持政策。及时制定落实住房公积金阶段性缓缴政策方案,对受疫情影响的企业申请住房公积金阶段性缓缴的快速受理审核,确保 3 个工作日内办结;对受疫情影响不能正常还款的职工,及时发送短信提醒,并电话联系本人了解欠还原因,因疫情影响欠还住房公积金贷款本息的职工申请不作逾期处理的,及时受理审核,住房公积金贷款不转逾期贷款。

二是继续贯彻落实企业降低住房公积金缴存比例政策。因受疫情影响导致生产经营困难的企业,可在政策规定的 5%~12% 范围内自行选择住房公积金缴存比例。

三是加大疫情期间住房公积金政策宣传力度。深入单位、企业开展住房公积金政策宣传,同时通过综合服务平台以及 QQ 群、微信群等即时通信工具,公开发布有关住房公积金阶段性支持政策,加强住房公积金阶段性支持政策宣传。

四是切实做好服务保障工作。疫情防控期间畅通住房公积金网上业务办理和查询,同时开辟柜面预约业务绿色通道,确保住房公积金"业务不中断、服务不缺位"。

2. 落实住房公积金阶段性支持政策情况和政策实施成效。一是切实降低企业经济成本,纾解企业困难。贯彻实施住房公积金阶段性支持政策,全市共 39 家受新冠肺炎疫情影响的企业申请缓缴住房公积金,涉及职工人数 4088 人,累计缓缴金额 1213.43 万元;全市共 221 家企业申请降低住房公积金缴存比例,涉及职工人数 15028 人,企业降低缴存比例后少缴住房公积金 5262.86 万元。

二是保障缴存职工住房公积金使用权益。受新冠肺炎疫情影响，企业缓缴期间，职工的住房公积金缴存时间连续计算，职工可以正常提取住房公积金和申请住房公积金贷款。政策实施期间缓缴企业职工申请办理住房公积金贷款30笔、896万元，提取住房公积金843笔、236.94万元。2020年，全市没有受新冠肺炎疫情影响不能正常还款职工被作逾期处理的情况。

（二）当年机构及职能调整情况、受委托办理缴存贷款业务金融机构变更情况。

1.当年机构及职能调整情况。2020年，保山市住房公积金管理中心保持事业编制30名，其中，正处级领导职数1名：主任1名；副处级领导职数2名：副主任2名；科级领导职数17名：正科级领导职数10名，副科级领导职数7名；与上年相比无变化。

2.受委托办理缴存贷款业务金融机构变更情况。2020年，保山市受委托办理住房公积金缴存业务和住房公积金个人住房贷款业务的银行无变更。

（三）当年住房公积金政策调整及执行情况。

1.当年缴存基数限额及确定方法、缴存比例等缴存政策调整情况，缴存基数限额及确定方法。职工缴存住房公积金的工资基数最高不得超过统计部门公布的保山市2019年度在岗职工月平均工资的三倍20305元；职工缴存住房公积金的最低月缴存工资基数按保山市社会保障部门2019年度收缴职工养老保险金的最低缴费基数3107元执行。

缴存比例：保山市住房公积金缴存比例为12%，企业可根据自身生产经营状况在5%~12%之间自行选择缴存比例。

扩大缴存范围及对象：与本市单位存在劳动关系的港澳台同胞和持有外国人永久居留证的外籍人员、驻保山市军队用人单位的军队文职人员纳入住房公积金缴存范围。

明确劳务派遣单位义务：劳务派遣单位与用工单位签订劳务派遣协议时，应当将为职工缴存住房公积金作为协议内容。

完善自愿缴存人员参缴及封存条件：自愿缴存人员缴存住房公积金，应当与中心签订自愿缴存协议，明确缴存义务期；允许自愿缴存人员在缴存义务期满或者因失业、经营严重亏损、家庭发生重大变故时停缴封存其住房公积金个人账户。

规范异地转出业务：职工调出本市并在外地中心缴存住房公积金的，不再允许销户提取，必须通过全国住房公积金异地转移接续平台进行线上划转。

2.当年提取政策调整情况。完善提取范围：自愿缴存人员住房公积金个人账户封存满半年后可提取住房公积金；职工调出本市并在外地中心缴存住房公积金的，不再允许销户提取。

规范购房和偿还住房贷款本息提取行为：一是取消了无房屋产权的父母或子女可以互助提取住房公积金的规定；二是职工购建房提取住房公积金时，与父母、子女共有房屋产权的，提取额度按照所占产权份额计算，没有明确产权份额的，按照产权人数平均计算；三是职工购建、大修自住住房或偿还住房贷款本息申请提取住房公积金的，房屋应当坐落于职工或其配偶、夫妻双方父母、子女的户籍地、工作地或者住房公积金缴存地。

规范租房提取的条件：取消了职工及配偶没有使用过住房公积金个人住房贷款和因购建住房或者偿还住房贷款提取过住房公积金的限制。

延长提取时限：将购建大修自住住房的提取时限由"6个月"延长至"12个月"。

规范偿还商业性住房贷款提取的条件：取消了提取住房公积金用于偿还商业性住房贷款对购建房日期与贷款日期的时间间隔要求以及住房面积限制，同时，对在异地办理了住房贷款的职工，允许每年提取一次住房公积金用于偿还住房贷款本息。

统一提取间隔时限：除租房提取外的住房消费类提取与上一笔、住房公积金贷款结清，购建、大修提取或者偿还住房贷款本息提取间隔时间由"两年"统一调整为"12个月"。

3. 当年贷款政策调整情况。最高贷款额度：2020年度，继续维持"以家庭为单位，夫妻双方正常缴存住房公积金的，最高贷款额度40万元；单方正常缴存住房公积金的，最高贷款额度原则上不超过25万元"，政策增加了贷款额度要实行存贷挂钩的规定，即：职工申请住房公积金贷款的额度不得高于借款申请人（含共同申请人）住房公积金个人账户缴存余额的20倍，缴存余额之和小于1万元的按1万元计算。

规范住房公积金贷款对象：对购建首套自住住房申请住房公积金贷款的，不再要求必须为普通自住住房。

规范自住住房套数的认定方式：对自住住房套数的认定，不再以产权人及产权共有人购建自住住房申请提取（含偿还住房贷款提取、装修提取）和贷款使用过住房公积金的次数合并计算认定，而是依据拟购建房家庭（包括借款申请人、配偶及未成年子女）成员名下实际拥有的成套住房数量进行认定。

实行住房公积金贷款次数限制：对符合贷款条件的缴存职工家庭最多可申请使用两次住房公积金贷款。

规范住房公积金贷款的时限和申请流程：对购买新建商品房期房的，申请时限由6个月延长至12个月；对购买新建商品房现房或二手房的，申请程序由"先过户，后申请"调整为"先申请，后过户"；对建造、翻建自住住房的，申请程序由"先办证，后申请"调整为"先申请，后办证"；对大修自住住房的，调整为取得房屋危险性鉴定为C级以上的房屋安全鉴定报告和工程概预算后，在大修工程竣工前提出贷款申请。

增加借款申请人月收入认定方式：对借款申请人同意根据本人住房公积金月缴存额推算其月收入的，可以不再另行提供收入证明。

规范住房公积金贷款资金的发放方式：住房公积金贷款资金必须通过受委托银行划入售房单位（售房人）或者施工方账户内。

增加失信惩戒强度：将失信人的惩戒期限由两年延长至五年。

明确了不予受理住房公积金贷款的几种情形。一是购建第三套及以上自住住房的；二是购买、建造、翻建、大修房屋规划用途为非住宅用房的；三是买受人与售房人之间存在夫妻、父母、子女关系的；四是存在提供虚假资料、虚假承诺等情形的；五是与父母、成年子女以外的共有权人共同购建住房的；六是房屋产权有异议或法律规定不得用于贷款抵押的；七是近5年内被认定存在违法违规提取本人或者他人的住房公积金，或者近5年内被认定通过虚假购房交易等欺骗手段申请住房公积金贷款的；八是个人信用报告中的信贷交易行为和住房公积金中心信息系统中近5年存在连续3期（含）或累计6期（含）以上的逾期记录的；九是被人民法院纳入失信被执行人公布名单的；十是存在其他可能影响住房公积金贷款资金安全情形的。

4. 当年住房公积金存贷款利率执行标准。2020年，保山市住房公积金存贷款利率按照中国人民银行公布的利率标准执行。即：住房公积金存款利率执行标准为年利率1.5%；住房公积金贷款利率执行标准为：首套住房，5年及以下执行年利率2.75%，5年以上执行年利率3.25%；二套住房执行利率在同期限首套住房执行利率基础上上浮10%。

（四）当年服务改进情况。 一是优化服务方式。成立了中心住房公积金制度政策宣讲服务队，深入单位、企业开展住房公积金政策宣传和制度动员；积极服务购房职工办理住房公积金贷款，兼顾疫情防控和发挥住房公积金制度作用，主动联系和服务房地产企业，全年新增按揭合作楼盘30个，至年末按揭合作楼盘达到130个，用活用好用足住房公积金支持我市房地产市场健康平稳发展。

二是推进数字政府建设。实现与住建、不动产登记部门间的数据互联共享，无房职工在办理租住商品房提取住房公积金业务时，中心可实时获取我市行政区域内的购房合同和不动产登记信息，缴存职工无需再提供申请人及配偶的《无房产登记证明》，有效解决了群众办事"多头跑、重复跑"问题。

三是超前完成"跨省通办"事项。按照住房和城乡建设部要求2020年度完成住房公积金政务服务"跨省通办"3个事项的工作部署，中心主要领导亲自抓，部门通力合作，人、财、物全力满足，至年末，已实现住房公积金"跨省通办"7个事项全程网办。

四是实现住房公积金服务标准化。通过加强干部职工政治理论、住房公积金业务知识、窗口服务礼仪等培训和建立住房公积金服务"好差评"管理体系，全面提升职工综合服务素质和服务能力水平，2020年，好评率达100%。

五是持续做好综合服务平台建设及运营。全年"12329"客服热线提供人工及自助语音服务12841个，微信公众号提醒推送和手机免费短信发送职工住房公积金信息239万余条；中心门户网站发布各类信息398条，受理网上在线咨询5369件，答复率100%。至2020年末，"保山市住房公积金管理中心"微信公众号关注人数已突破8.8万人，发送推文70篇，总阅读量达50.7万余次；网上办事大厅签约单位达2430家，占缴存单位数的91.3%。

六是提升改造窗口服务硬件设施。重新改造装修了昌宁县管理部，改造提升后的管理部服务大厅不仅有业务受理柜台，还增设了咨询填单、叫号等候、自助服务、休息等候等人性化服务功能区域，同时对其他服务窗口统一增设配置了硬件设施设备。

（五）当年信息化建设情况。 一是提升网上业务办理功能。升级改版了门户网站和网上办事大厅，新增房地产开发商网上办事大厅，为开发商提供在线业务办理服务，实现了住房公积金单位业务100%可网上申报办理、个人业务90%可网上申报办理，并为在线业务凭证增加了具有防伪和验真功能的电子印章。

二是拓展在线服务功能。为手机App、网上办事大厅和自助柜员机个人用户提供刷脸方式登录，有效提升登陆便捷度及账户安全性。

三是完善基础数据标准。依托全国住房公积金电子稽查工具，发现基础数据标准实施中存在的问题，及时进行整改，不断提升数据质量。

四是持续深化"放管服"。住房公积金业务与管理系统接入了云南政务服务"一网通办"平台及政务服务"好差评"系统，为单位和职工提供了统一的办事服务入口和反馈满意度的途径。

（六）当年住房公积金管理中心所获荣誉情况。 2020年，依据属地管理原则，中心省级文明单位通过保山市文明委的动态管理，继续保留省级文明单位荣誉。

（七）当年没有对违反《住房公积金管理条例》和相关法规行为进行行政处罚和申请人民法院强制执行情况。

（八）当年没有发生对住房公积金管理人员违规行为的纠正和处理情况。

昭通市住房公积金 2020 年年度报告

根据国务院《住房公积金管理条例》和住房和城乡建设部、财政部、人民银行《关于健全住房公积金信息披露制度的通知》（建金〔2015〕26 号）的规定，经住房公积金管理委员会审议通过，现将昭通市住房公积金 2020 年年度报告公布如下。

一、机构概况

（一）**住房公积金管理委员会**。住房公积金管理委员会有 28 名委员。因疫情影响，2020 年未召开会议，由住房公积金管理委员会办公室将《关于市住房公积金管理中心年度决算与预算报告进行表决的函》《2019 年度住房公积金归集使用情况及管理费用决算、增值收益分配报告》《2020 年度住房公积金归集使用计划及管理费用预算报告》和《昭通市住房公积金管理委员会表决票》函送给 28 位委员，收回表决票 28 票，一致同意通过《2019 年度住房公积金归集使用情况及管理费用决算、增值收益分配报告》和《2020 年度住房公积金归集使用计划及管理费用预算报告》。

（二）**住房公积金管理中心**。住房公积金管理中心为直属市人民政府不以营利为目的的公益一类事业单位，设 10 个科（室），12 个分中心。从业人员 149 人，其中，在编 106 人，非在编 43 人。

二、业务运行情况

（一）**缴存**。2020 年，新开户单位 248 家，新开户职工 1.23 万人；实缴单位 2846 家，净增单位－10 家，实缴职工 16.76 万人，净增职工 0.02 万人，缴存额 35.39 亿元。实缴单位、实缴职工、缴存额分别同比增长－0.35%、0.12%、9.84%。2020 年末，缴存总额 258.33 亿元，比上年末增加 15.88%；缴存余额 120.68 亿元，同比增长 9.30%。受委托办理住房公积金缴存业务的银行 7 家。

（二）**提取**。2020 年，5.51 万名缴存职工提取住房公积金；提取额 25.13 亿元，同比增长 14.85%；提取额占当年缴存额的 71.01%，比上年增加 3.10 个百分点。2020 年末，提取总额 137.65 亿元，比上年末增加 22.33%。

（三）**贷款**。

1. 个人住房贷款。单缴存职工个人住房贷款最高额度 30 万元，双缴存职工个人住房贷款最高额度 50 万元。

2020 年，发放个人住房贷款 0.58 万笔、21.00 亿元，同比分别增长 20.83%、3.09%。其中，市直分中心发放个人住房贷款 0.18 万笔、6.59 亿元，昭阳区分中心发放个人住房贷款 0.18 万笔、6.89 亿元，巧家县分中心发放个人住房贷款 0.02 万笔、0.57 亿元，永善县分中心发放个人住房贷款 0.02 万笔、

0.56 亿元，绥江县分中心发放个人住房贷款 0.01 万笔、0.39 亿元，镇雄县分中心发放个人住房贷款 0.08 万笔、3.1 亿元，彝良县分中心发放个人住房贷款 0.03 万笔、1.09 亿元，水富市分中心发放个人住房贷款 0.02 万笔、0.79 亿元，大关县分中心发放个人住房贷款 0.01 万笔、0.19 亿元，鲁甸县分中心发放个人住房贷款 0.01 万笔、0.26 亿元，威信县分中心发放个人住房贷款 0.01 万笔、0.21 亿元，盐津县分中心发放个人住房贷款 0.01 万笔、0.36 亿元。

2020 年，回收个人住房贷款 13.18 亿元。其中，市直分中心回收个人住房贷款 2.73 亿元，昭阳区分中心回收个人住房贷款 2.38 亿元，巧家县分中心回收个人住房贷款 0.86 亿元，永善县分中心回收个人住房贷款 0.76 亿元，绥江县分中心回收个人住房贷款 0.56 亿元，镇雄县分中心回收个人住房贷款 1.44 亿元，彝良县分中心回收个人住房贷款 0.88 亿元，水富市分中心回收个人住房贷款 0.61 亿元，大关县分中心回收个人住房贷款 0.59 亿元，鲁甸县分中心回收个人住房贷款 0.84 亿元，威信县分中心回收个人住房贷款 0.83 亿元，盐津县分中心回收个人住房贷款 0.7 亿元。

2020 年末，累计发放个人住房贷款 9.29 万笔、200.61 亿元，贷款余额 105.43 亿元，分别比上年末增加 6.66%、11.69%、8.01%。个人住房贷款余额占缴存余额的 87.36%，比上年末减少 1.05 个百分点。受委托办理住房公积金个人住房贷款业务的银行 7 家。

2. 异地贷款。2020 年，发放异地贷款 70 笔、2317 万元。2020 年末，发放异地贷款总额 12375.80 万元，异地贷款余额 8896.79 万元。

（四）资金存储。2020 年末，住房公积金存款 16.60 亿元。其中，活期 0.48 亿元，1 年（含）以下定期 6.15 亿元，1 年以上定期 9.97 亿元。

（五）资金运用率。2020 年末，住房公积金个人住房贷款余额、项目贷款余额和购买国债余额的总和占缴存余额的 87.36%，比上年末减少 1.05 个百分点。

三、主要财务数据

（一）业务收入。2020 年，业务收入 38375.97 万元，同比增长 11.01%。其中，存款利息 6260.30 万元，委托贷款利息 32108.95 万元，其他 6.72 万元。

（二）业务支出。2020 年，业务支出 18166.78 万元，同比增长 9.03%。其中，支付职工住房公积金利息 17203.26 万元，委托贷款手续费 963.52 万元。

（三）增值收益。2020 年，增值收益 20209.18 万元，同比增长 13.4%。增值收益率 1.73%，比上年增加 0.03 个百分点。

（四）增值收益分配。2020 年，提取贷款风险准备金 777.29 万元，提取管理费用 3276.00 万元，提取城市廉租住房（公共租赁住房）建设补充资金 16155.90 万元。

2020 年，上交财政管理费用 3276.00 万元。上缴财政城市廉租住房（公共租赁住房）建设补充资金 13364.37 万元。

2020 年末，贷款风险准备金余额 21178.01 万元。累计提取城市廉租住房（公共租赁住房）建设补充资金 76633.13 万元。

（五）管理费用支出。2020 年，管理费用支出 3145.60 万元，同比增长 8.76%。其中，人员经费 2277.83 万元，公用经费 531.79 万元，专项经费 335.98 万元。

四、资产风险状况

个人住房贷款。2020年末,个人住房贷款逾期额484.50万元,逾期率0.46‰。其中,市直分中心0.07‰,昭阳区分中心0.08‰,巧家县分中心0.1‰,永善县分中心0‰,绥江县分中心0‰,镇雄县分中心0.05‰,彝良县分中心0.01‰,水富市分中心0‰,大关县分中心0‰,鲁甸县分中心0‰,威信县分中心0‰,盐津县分中心0.15‰。个人贷款风险准备金余额21178.01万元。

五、社会经济效益

(一)缴存业务。缴存职工中,国家机关和事业单位占74.57%,国有企业占13.52%,城镇集体企业占4.00%,外商投资企业占1.54%,城镇私营企业及其他城镇企业占5.41%,民办非企业单位和社会团体占0.55%,灵活就业人员占0.27%,其他占0.14%;中、低收入占98.16%,高收入占0.82%。

新开户职工中,国家机关和事业单位占50.46%,国有企业占13.60%,城镇集体企业占4.41%,外商投资企业占1.07%,城镇私营企业及其他城镇企业占23.33%,民办非企业单位和社会团体占2.97%,灵活就业人员占3.63%,其他占0.53%;中、低收入占99.80%,高收入占0.20%。

(二)提取业务。提取金额中,购买、建造、翻建、大修自住住房占43.59%,偿还购房贷款本息占32.96%,租赁住房占5.18%,离休和退休提取占14.95%,完全丧失劳动能力并与单位终止劳动关系提取占1.07%,出境定居占0.58%,其他占1.67%。提取职工中,中、低收入占98.91%,高收入占1.09%。

(三)贷款业务。个人住房贷款。2020年,支持职工购建房74.74万平方米(含公转商贴息贷款),年末个人住房贷款市场占有率(含公转商贴息贷款)为33.89%,比上年末减少7.53个百分点。通过申请住房公积金个人住房贷款,可节约职工购房利息支出35737.51万元。

职工贷款笔数中,购房建筑面积90(含)平方米以下占3.17%,90~144(含)平方米占74.07%,144平方米以上占22.76%。购买新房占86.82%,购买二手房占12.32%,建造、翻建、大修自住住房占0.36%,其他占0.5%。

职工贷款笔数中,单缴存职工申请贷款占30.72%,双缴存职工申请贷款占68.40%,三人及以上缴存职工共同申请贷款占0.88%。

贷款职工中,30岁(含)以下占38.28%,30岁~40岁(含)占35.05%,40岁~50岁(含)占21.48%,50岁以上占5.19%;首次申请贷款占78.48%,二次及以上申请贷款占21.52%;中、低收入占96.9%,高收入占3.1%。

(四)住房贡献率。2020年,个人住房贷款发放额、公转商贴息贷款发放额、项目贷款发放额、住房消费提取额的总和与当年缴存额的比率为117.81%,比上年减少3.70个百分点。

六、其他重要事项

(一)应对新冠肺炎疫情采取的措施。落实住房公积金阶段性支持政策情况和政策实施成效。为深入贯彻落实习近平总书记重要指示精神,全力支持打赢疫情防控阻击战,切实做好减轻企业住房公积金缴存负担的相关工作,昭通中心收到《住房和城乡建设部、财政部、中国人民银行关于妥善应对新冠肺炎疫情实施住房公积金阶段性支持政策的通知》(建金〔2020〕23号)文件后,高度重视,及时拟定政策措施,下发了《关于应对新冠肺炎疫情实施阶段性支持政策做好住房公积金管理服务工作的通知》,并要求各分中心高度重视,按照市中心通知要求,明确疫情防控期间的管理服务措施、加大宣传力度、优化办理流程、提高办事效率,确保工作落实到位。一是加大宣传力度,提高企业降低缴存比例或暂缓缴存住房公积金政策的知晓率。二是提高办事效率,按照"职代会讨论通过、单位申请、管理中心审核、管委会批准"的流程,积极办理企业降低住房公积金缴存比例或缓缴业务。截至2020年6月30日受新冠肺炎疫情影响申请缓缴的企业20个,涉及职工2851人,累计缓缴金额2685.23万元。截至2020年11月30日,我市范围内受疫情影响申请缓缴的20家企业已全部恢复正常缴存,补缴缓缴资金2895.50万元。

(二)受委托办理缴存贷款业务金融机构变更情况。 经管委会同意,2020年新增红塔银行为受委托办理缴存贷款业务金融机构。

(三)当年住房公积金政策调整及执行情况。

1. 2020年缴存基数限额及确定方法、缴存比例。缴存基数上限。2019年昭通市在岗职工年平均工资为88764.00元,月平均工资为7397.00元,月平均工资的三倍为22191.00元,按照最高缴存比例计算,个人和单位最高月缴存额分别为2663.00元,个人和单位月缴存额合计最高不超过5326.00元。单位和职工缴存比例执行最低5%,最高12%的标准。

2. 2020年提取政策、贷款政策无调整。

3. 当年住房公积金存贷款利率执行标准。缴存职工住房公积金账户存款余额按一年期定期存款利率(1.5%)执行。住房公积金贷款首套房5年期(含5年)利率2.75%、5年以上3.25%;二套房按首套房利率的1.1倍执行。

4. 支持老旧小区改造政策落实情况。昭通市住房公积金管理中心已拟定住房公积金支持老旧小区改造措施,草拟试点实施方案,并向管委会上报相关请示,待管委会会议审议通过后实施。

(四)当年服务改进情况。

1. "跨省通办"已实现个人住房公积金缴存贷款等信息查询、退休提取住房公积金、离职满6个月提取住房公积金以及提前还清住房公积金贷款等业务的网上办理。并在中心服务大厅设立跨省通办窗口,对于不能在网上办理的业务,由窗口收集资料,通过传真,邮寄等方式服务缴存人。

2. 综合服务平台建设有序推进,12329热线、12329短信、网站、单位网厅、个人网厅和微信公众号等服务渠道已开通,实现了政策咨询、建议和投诉、公积金信息查询及业务办理等功能;按要求接入"一部手机办事通",实现了公积金信息查询、公积金明细查询、公积金贷款信息查询、公积金贷款明细查询、还款计划查询等功能的主题事项上线工作。

(五)当年信息化建设情况。 按信息系统安全等级保护三级要求,对中心机房和业务管理系统进行了升级改造,建立了包括基础设施、应用、安全等各个层次的运维保障、监控和应急响应体系。并于2021年1月6日通过了测评,获得了信息系统安全等级保护三级资质证书;于2020年6月完成了云南红塔银行股份有限公司昭通分行接入结算应用系统的测试和上线工作。

(六)当年住房公积金管理中心及职工所获荣誉情况。 2020年昭通市住房公积金管理中心昭阳区分中心荣获省级三八红旗集体荣誉。

丽江市住房公积金 2020 年年度报告

根据国务院《住房公积金管理条例》和住房和城乡建设部、财政部、人民银行《关于健全住房公积金信息披露制度的通知》(建金〔2015〕26 号)的规定,经住房公积金管理委员会审议通过,现将丽江市住房公积金 2020 年年度报告公布如下。

一、机构概况

(一)住房公积金管理委员会。住房公积金管理委员会有 23 名委员,2020 年召开 3 次会议,审议通过的事项主要包括:《丽江市住房公积金管理中心 2020 年第一季度工作情况报告》《丽江市住房公积金 2019 年年度报告》《关于住房公积金政策调整的报告》《关于调整住房公积金按揭贷款阶段性担保模式的报告》《丽江市住房公积金管理中心 2020 年第二季度工作报告》《丽江市住房公积金线上办理退休提取和解除或终止劳动关系提取的报告》《丽江市贯彻落实省市场监管局等部门关于进一步规范公积金贷款环节收费行为有关问题的工作报告》《丽江市 2020 年住房公积金缴存基数及缴存比例执行标准》《市住房公积金管理中心 2020 年度工作报告暨 2021 年重点工作》《丽江市住房公积金管理中心关于开设住房公积金受托银行账户的请示》《丽江市住房公积金管理中心清退房屋抵押权登记费工作方案》《关于住房公积金定期存款的请示》《丽江市住房公积金中心阶段性担保保证金清退整改工作方案》《丽江市住房公积金个人住房按揭贷款阶段性担保操作规程》《丽江市住房公积金管理中心关于调整住房公积金业务办理时间的报告》。

(二)住房公积金管理中心。丽江市住房公积金管理中心是直属于丽江市人民政府的不以营利为目的的全额拨款事业单位,由丽江市住房和城乡建设局统一领导和管理,主要负责丽江市住房公积金的归集、管理、使用和会计核算。内设 6 个科室和 6 个管理部。从业人员 48 人,其中,在编 40 人,非在编 8 人(原核定工勤人员 8 人)。

二、业务运行情况

(一)缴存。2020 年,新开户单位 123 家,净增单位 20 家;新开户职工 0.52 万人,净增职工 0.22 万人;实缴单位 1579 家,实缴职工 7.28 万人,缴存额 13.70 亿元,分别同比增长 2.8%、2.39%、4.9%。2020 年末,缴存总额 106.39 亿元,比上年末增加 14.78%;缴存余额 37.34 亿元,同比增长 9.57%。受委托办理住房公积金缴存业务的银行 8 家。

(二)提取。2020 年,2.67 万名缴存职工提取住房公积金;提取额 10.44 亿元,同比增长 9.55%;提取额占当年缴存额的 76.20%,比上年减少 3.23 个百分点。2020 年末,提取总额 69.05 亿元,比上年末增加 17.81%。

(三)贷款。

1. 个人住房贷款。个人住房贷款最高额度 80 万元。单缴存职工个人住房贷款最高额度 40 万元,双缴存职工个人住房贷款最高额度 80 万元。

2020 年,发放个人住房贷款 0.18 万笔、7.89 亿元,同比分别增长 20%、24.84%。

2020 年,回收个人住房贷款 7.32 亿元。

2020年末，累计发放个人住房贷款5.73万笔、81.22亿元，贷款余额26.46亿元，分别比上年末增加3.06%、10.76%、2.20%。个人住房贷款余额占缴存余额的70.86%，比上年末减少5.11个百分点。受委托办理住房公积金个人住房贷款业务的银行6家。

2. 异地贷款。2020年，发放异地贷款42笔、1841万元。

2020年末，发放异地贷款总额6054万元，异地贷款余额5138.23万元。

（四）**资金存储**。2020年末，住房公积金存款11.38亿元。其中，活期0.03亿元，其他（协定、通知存款等）11.35亿元。

（五）**资金运用率**。2020年末，住房公积金个人住房贷款余额、项目贷款余额和购买国债余额的总和占缴存余额的70.86%，比上年末减少5.11个百分点。

三、主要财务数据

（一）**业务收入**。2020年，业务收入11058.38万元，同比增长2.34%。其中，存款利息1996.21万元，委托贷款利息9058.89万元，其他3.28万元。

（二）**业务支出**。2020年，业务支出5528.01万元，同比增长12.28%。其中，支付职工住房公积金利息5488.66万元，委托贷款手续费39.24万元，其他0.11万元。

（三）**增值收益**。2020年，增值收益5530.37万元，同比下降5.97%。增值收益率1.53%，比上年减少0.26个百分点。

（四）**增值收益分配**。2020年，提取贷款风险准备金57.35万元；提取管理费用4919.99万元，提取城市廉租住房（公共租赁住房）建设补充资金553.03万元。

2020年，上缴财政管理费用5293.50万元。上缴财政城市廉租住房（公共租赁住房）建设补充资金588.17万元。

2020年末，贷款风险准备金余额423.22万元。累计提取城市廉租住房（公共租赁住房）建设补充资金4103.91万元。

（五）**管理费用支出**。2020年，管理费用支出1358.47万元，同比下降16.16%。其中，人员经费729.11万元，公用经费38.57万元，专项经费590.79万元。

四、资产风险状况

个人住房贷款。2020年末，个人住房贷款逾期额1026.23万元，逾期率3.88‰。个人贷款风险准备金余额423.22万元。

五、社会经济效益

（一）**缴存业务**。缴存职工中，国家机关和事业单位占62.46%，国有企业占15.81%，城镇集体企业占0.32%，外商投资企业占0.80%，城镇私营企业及其他城镇企业占16.50%，民办非企业单位和社会团体占0.30%，灵活就业人员占0.02%，其他占3.79%；中、低收入占99.98%，高收入占0.02%。

新开户职工中，国家机关和事业单位占36.29%，国有企业占8.6%，城镇集体企业占0.41%，外商投资企业占2.27%，城镇私营企业及其他城镇企业占30.7%，民办非企业单位和社会团体占1.43%，灵活就业人员占0.01%，其他占20.29%；中、低收入占99.98%，高收入占0.02%。

（二）**提取业务**。提取金额中，购买、建造、翻建、大修自住住房占37.81%，偿还购房贷款本息占46.34%，租赁住房占2.56%，离休和退休提取占9.4%，完全丧失劳动能力并与单位终止劳动关系提取占2.56%，其他占1.33%。提取职工中，中、低收入占99.99%，高收入占0.01%。

（三）**贷款业务**。个人住房贷款。2020年，支持职工购建房29.62万平方米，年末个人住房贷款市场占有率为22.32%，比上年末减少3.64个百分点。通过申请住房公积金个人住房贷款，可节约职工购房利息支出9029万元。

职工贷款笔数中，购房建筑面积90（含）平方米以下占7.2%，90～144（含）平方米占55.13%，144平方米以上占37.67%。购买新房占56.08%，购买二手房占41.46%，建造、翻建、大修自住住房占2.46%。

职工贷款笔数中，单缴存职工申请贷款占23.77%，双缴存职工申请贷款占75.95%，三人及以上缴存职工共同申请贷款占0.28%。

贷款职工中，30岁（含）以下占31.31%，30岁～40岁（含）占41.24%，40岁～50岁（含）占23.27%，50岁以上占4.18%；首次申请贷款占81.19%，二次及以上申请贷款占18.81%；中、低收入占100%。

（四）**住房贡献率**。2020年，个人住房贷款发放额、住房消费提取额的总和与当年缴存额的比率为123.65%，比上年增加9.35个百分点。

六、其他重要事项

（一）**应对新冠肺炎疫情采取的措施，落实住房公积金阶段性支持政策情况和政策实施成效**。结合丽江实际，下发了《关于落实妥善应对新冠肺炎疫情住房公积金阶段性支持政策的通知》，落实住房公积金阶段性支持政策进行了明确，对企业办理申请缓交的流程进行了明确，简化了流程和办理要件，方便了企业及时有效办理缓交申请。大力推广住房公积金线上业务办理和缴存职工个人住房公积金网上预约办理，不断拓展线上服务，推进"不见面"住房公积金缴存、提取业务，最大限度减少群众跑动和人群聚集。至12月31日，完成了线上业务办理25051件，其中完成公积金归集业务6508笔、5.14亿元，提前偿还贷款1384笔、1.22亿元，提取公积金偿还贷款16159笔、4.09亿元。通过12329等服务热线咨询业务7936人次，完成预约服务714人次。完成柜面办理提前还贷款472笔、3847万元，提取公积金还贷款547笔、3109万元。共受理32家缴存企业住房公积金缓交申请，审批32家企业住房公积金缓缴申请，申请缓交住房公积金923万元。

（二）**当年住房公积金政策调整及执行情况**。当年缴存基数限额及确定方法、缴存比例等缴存政策调整情况：根据丽江市统计局提供的数据，2019年丽江市城镇非私营单位在岗职工年平均工资为97757.00元，月平均工资为8146.00元（计算结果保留至元位）。2020年单位职工缴存住房公积金缴存基数上限执行标准为月平均工资3倍24438.00元。根据云南省人力资源和社会保障厅《关于调整最低工资标准的通知》（云人社发〔2018〕16号）文件规定，云南省一类地区月最低工资标准为1670.00元；二类地区月最低工资标准为1500.00元；三类地区月最低工资标准为1350.00元。古城区、玉龙县为二类地区执行1500.00元标准，永胜县、华坪县、宁蒗县为三类地区执行1350.00元标准。职工住房公积金缴存比例标准为5%至12%。

（三）当年服务改进情况。

1. 推进住房公积金服务"跨省通办"工作情况。实现2020年"跨省通办"三项任务。按照《国务院办公厅关于加快推进政务服务"跨省通办"的指导意见》（国办发〔2020〕35号）精神，深化"放管服"改革，进一步优化政务服务，充实完善线上办事通服务内容。践行为缴存职工提供优质、高效、便捷的服务宗旨，推出线上办理业务事项，提升公积金业务线上办理效率，实现"掌上办、指尖办、零跑腿"。2020年12月实现了"跨省通办"，一是个人住房公积金缴存贷款等信息查询。采取全程网办方式实施，申请人可异地查询个人住房公积金缴存贷款等信息，不受住房公积金缴存地限制。二是出具贷款职工住房公积金缴存使用证明。采用全程网办和代收代办相结合的方式实施，申请人在非住房公积金缴存地贷款购房，可向购房地住房公积金管理中心申请出具贷款职工住房公积金缴存使用证明，不受住房公积金缴存地限制。三是正常退休提取住房公积金。采取全程网办方式实施，申请人正常退休，可异地提取住房公积金，不受住房公积金缴存地限制。

2. 服务网点、服务设施、服务手段、综合服务平台建设和其他网络载体建设服务情况。丽江市住房公积金管理中心有市直属服务大厅、永胜县管理部、华坪县管理部、宁蒗县管理部4个服务网点。2020年6月按宁蒗县政务服务管理局要求，宁蒗县管理部整体迁入宁蒗县政务服务中心。综合服务平台建设和其他网络载体建设服务情况。2020年12月9日丽江住房公积金综合服务平台通过云南省住房和城乡建设厅验收。截至2020年12月，公积金综合服务平台建设注册人数达到55182人，696家缴存单位成功注册开通单位网厅办理网上缴存业务。自6月1日开通线上办理住房公积金贷款按月冲还贷业务，已成功签约661人。实现了"服务由柜面到网络、让群众少跑腿信息多跑路"的转变，有效解决了群众办事"多头跑、重复跑"问题，实现了线上办理公积金业务零跑路、线下提取业务"最多跑一次"、打通了住房公积金服务的"最后一公里"。

（四）当年信息化建设情况。

1. 继续推进"一部手机办事通功能"。2020年8月完成"一部手机办事通—我的公积金"二期线上办理事项，实现线上个人住房贷款提前部分还款、住房公积金个人住房贷款提前还清贷款等业务。

2. 开展公积金电子政务"好差评"系统建设。根据省政府办公厅《关于建立云南省政务服务"好差评"制度的通知》（云政办发〔2020〕6号）和《关于开展政务服务"好差评"系统对接工作的通知》，丽江住房公积金综合服务平台进行了系统改造，2020年11月开通公积金电子政务"好差评"评价功能，对窗口工作人员日常工作进行满意度调查，通过"好差评"系统进行住房公积金相关业务评价，不断促进业务水平和服务质量的提升，不断改善窗口服务，提升群众满意率。评价信息采集后汇聚到省"好差评"系统。

普洱市住房公积金2020年年度报告

根据国务院《住房公积金管理条例》和住房和城乡建设部、财政部、人民银行《关于健全住房公积金信息披露制度的通知》（建金〔2015〕26号）的规定，经普洱市住房公积金管理委员会审议通过，现将普洱市住房公积金 2020 年年度报告公布如下。

一、机构概况

（一）普洱市住房公积金管理委员会。住房公积金管理委员会有委员 30 名，2020 年召开 1 次会议，审议通过《关于普洱市住房公积金管理中心 2019 年工作情况和 2020 年工作安排的报告》《关于普洱市住房公积金 2019 年度归集、使用执行情况和 2020 年度归集、使用计划草案的报告》《关于普洱市住房公积金 2019 年度财务收支决算和 2020 年度财务收支预算草案的报告》《普洱市住房公积金 2019 年年度报告》《普洱市 2020 年住房公积金缴存基数核定标准》《关于实施全市住房公积金管理机构资金集中管理及合理配置和优化存量资金存款结构的请示》等议题。

（二）普洱市住房公积金管理中心。普洱市住房公积金管理中心为市人民政府直属的不以营利为目的的事业单位，内设 6 个科室，下设市直营业部和 9 县管理部，从业人员 101 人，其中，在编 61 人，非在编 40 人。

二、业务运行情况

（一）缴存。2020 年，新开户单位 534 家，净增单位 145 家；新开户职工 0.83 万人，净增职工 0.57 万人；实缴单位 3186 家，实缴职工 12.07 万人，缴存额 24.58 亿元，分别同比增长 4.77%、4.96%、10.97%。2020 年末，缴存总额 174.39 亿元，比上年末增加 16.41%；缴存余额 86.51 亿元，同比增加 12.83%。受委托办理住房公积金缴存业务的银行 8 家。

（二）提取。2020 年，2.89 万名缴存职工提取住房公积金，提取额 14.72 亿元，同比增长 19.19%；提取额占当年缴存额的 59.89%，比上年增加 4.12 个百分点。2020 年末，提取总额 87.87 亿元，比上年末增加 20.12%。

（三）贷款。

1. 个人住房贷款。个人住房贷款最高额度 60 万元。单缴存职工个人住房贷款最高额度 50 万元，双缴存职工个人住房贷款最高额度 60 万元。

2020 年，发放个人住房贷款 4269 笔、17.64 亿元，同比增长 3.52%、11.93%。其中，市直营业部发放个人住房贷款 1401 笔、6.09 亿元，各县管理部发放个人住房贷款 2868 笔、11.55 亿元。

2020 年，回收个人住房贷款 10.17 亿元。其中，市直营业部 3.66 亿元，各县管理部 6.51 亿元。

2020 年末，累计发放个人住房贷款 8.43 万笔、155.39 亿元，贷款余额 75.05 亿元，分别比上年末增加 5.34%、12.81%、11.05%。个人住房贷款余额占缴存余额的 86.76%，比上年末减少 1.39 个百分点。受委托办理住房公积金个人住房贷款业务的银行 8 家。

2. 异地贷款。2020 年，发放异地贷款 48 笔、2164 万元。年末，发放异地贷款总额 5112.6 万元，异地贷款余额 4581.13 万元。

3. 2020 年未发放公转商贴息贷款。无住房公积金支持保障性住房建设项目贷款。

（四）购买国债。2020 年无购买国债情况。

（五）资金存储。2020 年末，住房公积金存款（不含增值收益存款）13.02 亿元。其中，活期 9.93 亿元，1 年（含）以下定期 1 亿元，1 年以上定期 2.09 亿元。

(六)资金运用率。 2020年末,住房公积金个人住房贷款余额、项目贷款余额和购买国债余额的总和占缴存余额的86.76%,比上年末减少1.39个百分点。

三、主要财务数据

(一)业务收入。 2020年,业务收入25006.31万元,同比增长11.83%。其中,存款利息2008.08万元,委托贷款利息22988.37万元,其他收入(罚息)9.86万元。

(二)业务支出。 2020年,业务支出13525.15万元,同比增长10.98%。其中,支付职工住房公积金利息12835.17万元,归集手续费0.14万元,委托贷款手续费689.84万元,其他0万元。

(三)增值收益。 2020年,增值收益11481.16万元,同比增长12.85%。其中,增值收益率1.29%,比上年增加0.01个百分点。

(四)增值收益分配。 2020年,提取贷款风险准备金746.88万元,提取管理费用2200万元,提取城市廉租住房(公共租赁住房)建设补充资金8534.28万元。

2020年,上交财政管理费用2200万元。上缴财政城市廉租住房(公共租赁住房)建设补充资金7269.04万元,同比增长17.41%。

2020年末,贷款风险准备金余额9375.62万元。累计提取城市廉租住房(公共租赁住房)建设补充资金62104.77万元。

(五)管理费用支出。 2020年,管理费用支出2188.16万元,同比增长40.05%。其中,人员经费1067.72万元,公用经费70.43万元,专项经费1050.01万元。

四、资产风险状况

个人住房贷款。 2020年末,个人住房贷款逾期贷额47.91万元,个贷逾期率0.06‰。个人贷款风险准备金余额9375.62万元。2020年使用个人贷款风险准备金核销呆坏账0万元。

五、社会经济效益

(一)缴存业务。 缴存职工中,国家机关和事业单位占63.15%,国有企业占17.31%,城镇集体企业占3.03%,外商投资企业占0.55%,城镇私营企业及其他城镇企业占14.03%,民办非企业单位和社会团体占0.76%,灵活就业人员占0.27%,其他占0.91%。中、低收入占99.99%,高收入占0.01%。

新开户职工中,国家机关和事业单位占44.80%,国有企业占15.65%,城镇集体企业占2.68%,无外商投资企业开户情况,城镇私营企业及其他城镇企业占26.95%,民办非企业单位和社会团体占1.96%,灵活就业人员占3.61%,其他占3.36%。

(二)提取业务。 提取金额中,购买、建造、翻建、大修自住住房占30.79%,偿还购房贷款本息占45.70%,租赁住房占2.84%;无支持老旧小区改造情况,离休和退休提取占17.17%,完全丧失劳动能力并与单位终止劳动关系提取占1.75%,出境定居占0.7%,其他占1.05%。提取职工中,中、低收入占100%。

(三)贷款业务。

个人住房贷款。 2020年,支持职工购建房37.47万平方米,年末个人住房贷款市场占有率(含公转商贴息贷款）为71.23%，比上年末增加1.28个百分点。

职工贷款笔数中，购房建筑面积90（含）平方米以下占7.71%，90～144（含）平方米占68.88%，144平方米以上占23.41%。购买新房占67.57%，购买二手房占29.88%，建造、翻建、大修自住住房占2.55%。

职工贷款笔数中，单缴存职工申请贷款占30.01%，双缴存职工申请贷款占69.99%。无三人及以上缴存职工共同申请贷款情况。

贷款职工中，30岁（含）以下占30.05%，30岁～40岁（含）占36.24%，40岁～50岁（含）占24.83%，50岁以上占8.85%；首次申请贷款占73.34%，二次及以上申请贷款占21.06%；中、低收入占100%。

（四）住房贡献率。 2020年，个人住房贷款发放额、公转商贴息贷款发放额、项目贷款发放额、住房消费提取额的总和与当年缴存额的比率为119.89%，比上年增加3.9个百分点。

六、其他重要事项

（一）应对新冠肺炎疫情采取的措施，落实住房公积金阶段性支持政策情况和政策实施成效。

1. 迅速部署，保障到位。按照《住房和城乡建设部办公厅关于应对新型冠状病毒感染的肺炎疫情做好住房公积金管理服务工作的通知》（建办金函〔2020〕71号）、《云南省住房和城乡建设厅云南省财政厅人民银行昆明支行转发住房和城乡建设部财政部人民银行关于妥善应对新冠肺炎疫情实施住房公积金阶段性支持政策的通知》（云建金〔2020〕33号）、普洱市人民政府的"19条措施"等相关文件精神，2月20日下发了《普洱市住房公积金管理中心关于应对新型冠状病毒感染的肺炎疫情做好住房公积金管理服务工作的通知》，提出了"三个保障"。加强住房公积金线上线下业务保障，加强对受疫情影响缴存单位的服务保障，加强对受疫情防控影响缴存职工的服务保障。

2. 简化手续，加快审批。对企业因受疫情影响申请的缓缴，中心开辟绿色通道，加快受理审批，视同正常缴存，不影响缴存职工其办理公积金提取和贷款。

3. 支持有力，成效显著。截至2020年6月30日，全市共有13家企业因受疫情影响申请缓缴公积金，涉及缓缴职工794人，累计缓缴金额335.87万元，在企业复工复产的紧要关头，有力地帮助了企业加快生产，恢复产能，尽可能减少疫情对企业生产的影响。

（二）当年机构及当年机构及职能调整情况、受委托办理缴存贷款业务金融机构变更情况。 2020年中心机构及职能无调整情况；受委托办理缴存业务和受委托办理贷款业务金融机构无调整情况。

（三）当年住房公积金政策调整及执行情况。

1. 职工住房公积金的月缴存工资基数按照国家统计部门规定的工资总额口径核定。

2. 职工住房公积金缴存比例不得低于上述工资总额的5%，最高不得超过12%。

3. 职工住房公积金的月缴存工资基数，最低不得低于本市公布的最低月工资标准，最高不得超过本市公布的上一年度职工月平均工资的3倍。本市2020年度职工住房公积金月缴存工资基数下限不得低于1500元，月缴存额不得低于150元（按个人5%、单位5%，合计10%计算，其中：个人缴75元，单位缴75元）。执行时间为2020年1月1日至12月31日。本市2020年职工住房公积金月缴存工资基数上限不得高于22460元，月缴存额不得高于5390.4元（按个人12%、单位12%、合计24%计算，其中：个人缴存 2695.20 元，单位缴存 2695.20 元）。执行时间为 2020 年 1 月 1 日至 12 月 31 日。

4.2020 年，未对住房公积金政策、提取政策、个人住房贷款最高贷款额度、贷款条件等贷款政策进行调整。

5.2020 年，严格执行中国人民银行、住房和城乡建设部、财政部印发《关于完善职工住房公积金账户存款利率形成机制的通知》（银发〔2016〕43 号）规定，职工住房公积金账户存款利率按一年期定期存款基准利率执行。

6.2020 年，严格执行中国人民银行《关于下调金融机构人民币贷款和存款基准利率并进一步推进利率市场化改革的通知》（银发〔2015〕265 号）的规定，个人住房公积金贷款利率首套房执行。五年以下（含 5 年）贷款年利率执行 2.75%；五年以上贷款年利率执行 3.25%；二套房贷款利率上浮 10%。

7.2020 年，本市未开展老旧小区改造项目贷款。

（四）当年服务改进情况。

1.深入贯彻落实国家、省、市减费降税和优化营商环境等一系列决策部署，减轻房地产开发企业和贷款申请人的负担。

2.根据《云南省加快推进政务服务"跨省通办"实施方案》（云政办发〔2020〕62 号）及普洱市人民政府办公室关于印发《普洱市贯彻落实〈云南省加快推进"跨省通办"实施方案〉的工作方案》的通知（普政办函〔2020〕115 号）精神，市公积金中心如期实现了个人住房公积金缴存贷款等信息查询、出具贷款职工住房公积金缴存使用证明、正常退休提取住房公积金 3 项业务"跨省通办"。

3.继续在金融超市开设办理贷款业务窗口，真正实现了让职工少跑路、就近办住房公积金业务，认真落实窗口服务的各项制度，严格执行首问负责制、一次性办结和服务承诺、投诉管理等服务制度。

4.全面完成公积金服务"好差评"系统建设工作，全市第一家接入全国政务服务平台，实时报送评价业务数据，切实做好监管的"加法"和优化服务的"乘法"，为办事群众提供更优质、更高效的服务，增强办事群众获得感。

（五）当年信息化建设情况。2020 年，中心始终将住房公积金信息化建设作为重中之重的工作来抓，认真梳理业务类型、研究解决办法、逐一攻克难点，成功接入政务服务一网通办，实现了在云南省政务服务平台可办理住房公积金业务事项达 27 个；通过授权共享其他相关部门的信息数据，建立公积金数据核查系统，打通网上申请、网上受理、网上审批环节的数据交换通道，使住房公积金业务"全程网办、全网办结"成为现实奠定了坚实的基础；建设完成了以住房公积金综合服务平台为依托的门户网站、微信平台、单位和个人网上业务大厅、自助查询机、一部手机办事通、12329 短信及热线对外服务的渠道建设工作，并于"优秀"等级通过省住房城乡建设厅的检查验收，实现了住房公积金的"缴、提、贷、还、推、查、签、批"八大环节互联网移动化，促进综合服务平台实现了"线上业务种类更多样""系统服务内容更全面""业务办理速度更快捷""住房公积金汇缴更灵活"的全新服务体验，为缴存职工提供了更便捷、更智能的用户体验，多项业务实现了"最多跑一趟"，甚至"一次都不跑"，线上线下管理服务水平实现较大提升。截至 2020 年 12 月 30 日，通过单位网厅办理单位缴存业务 1840 笔，金额 1.69 亿元；办理提取业务 2549 笔，金额 2.25 亿元，其中，退休提取 322 笔，金额 2512.99 万元；办理提取公积金一次性结清贷款 2227 笔，金额 1.2 亿元；办理提前还款业务 705 笔，金额 7350 万元。

（六）当年住房公积金管理中心及职工所获荣誉情况。2020 年，中心及职工未获得相关荣誉称号。

（七）当年未发生违反《住房公积金管理条例》和相关法规行为进行行政处罚和申请人民法院强制执行情况。

（八）当年不存在对住房公积金管理人员违规行为的纠正和处理情况等。

临沧市住房公积金 2020 年年度报告

根据国务院《住房公积金管理条例》和住房和城乡建设部、财政部、人民银行《关于健全住房公积金信息披露制度的通知》（建金〔2015〕26 号）的规定，经临沧市住房公积金管理委员会审议通过，现将临沧市住房公积金 2020 年年度报告公布如下。

一、机构概况

（一）住房公积金管理委员会。临沧市住房公积金管理委员会有 23 名委员，2020 年召开 3 次全体会议，审议通过的事项主要包括：1. 审议通过《临沧市住房公积金 2019 年收支预算执行情况和 2020 年收支预算（草案）》；2. 审议通过《临沧市住房公积金 2019 年年度报告》；3. 审议通过贯彻落实省市场监管局等五部门规范住房公积金贷款环节收费行为的具体措施；4. 审议修改完善临沧市住房公积金缴存、提取、贷款三个管理办法的建议。

（二）住房公积金管理中心。临沧市住房公积金管理中心为直属于临沧市人民政府的不以营利为目的事业单位，主要负责全市住房公积金的归集、管理、使用和会计核算。中心设 8 个科（室），9 个管理部。从业人员 95 人，其中，在编 76 人，非在编（劳务派遣人员）19 人。

二、业务运行情况

（一）缴存。2020 年，新开户单位 535 家，净增单位 439 家；新开户职工 1.14 万人，净增职工 4539 人；实缴单位 3413 家，实缴职工 11.69 万人，缴存额 20.22 亿元（含结转利息），分别同比增长 14.76%、4.06%、6.19%。2020 年末，缴存总额 137.34 亿元，比上年末增加 17.27%；缴存余额 79.95 亿元，比上年末增加 16.04%（图 1）。受委托办理住房公积金缴存业务的银行 7 家，较上年相比无增减。

图 1　2015—2020 年住房公积金缴存情况（单位：亿元）

（二）提取。2020年，3.44万名缴存职工提取住房公积金；提取额9.17亿元，同比下降2.72%；占当年缴存额的45.36%，比上年下降4.18个百分点（图2）。2020年末，提取总额57.39亿元，比上年末增加19.04%。

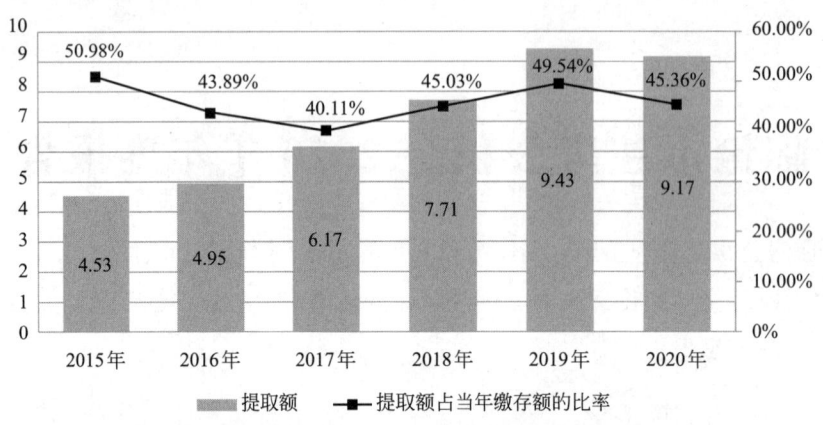

图2　2015—2020年住房公积金提取情况（单位：亿元）

（三）贷款。

1. 个人住房贷款。个人住房贷款最高额度70万元，其中，双缴存职工首套住房贷款最高额度70万元，二套住房贷款最高额度60万元；单缴存职工首套住房贷款最高额度50万元，二套住房贷款最高额度为40万元。

2020年，发放个人住房贷款0.41万笔、19亿元，同比分别下降7.89%、4.98%。

2020年，回收个人住房贷款7.27亿元。

2020年末，累计发放个人住房贷款4.31万笔、116.51亿元，贷款余额70.65亿元，分别比上年末增加10.23%、19.49%、19.93%。个人住房贷款余额占缴存余额的88.37%，比上年末增加2.87个百分点（图3）。受委托办理住房公积金个人住房贷款业务的银行7家，较上年相比无增减。

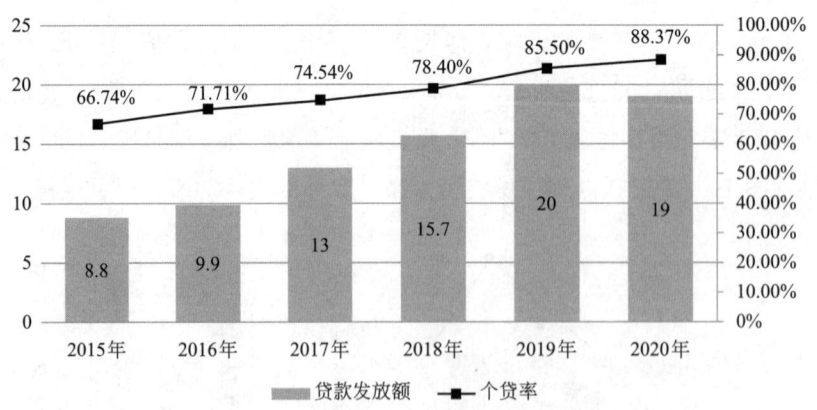

图3　2015—2020年住房公积金贷款情况（单位：亿元）

2. 异地贷款。2020年未发放异地贷款。年末，发放异地贷款总额1676.9万元，异地贷款余额1273.08万元。

（四）资金存储。2020年末，住房公积金存款额10.08亿元。其中，活期0.03亿元，1年以上定期

5.26 亿元，协定存款 4.79 亿元。

（五）资金运用率。2020 年末，住房公积金个人住房贷款余额占缴存余额的 88.37%（无项目贷款和国债），比上年末增加 2.87 个百分点。

三、主要财务数据

（一）业务收入。2020 年，业务收入 23929.51 万元，同比增长 11.55%。其中，存款利息收入 2659.90 万元，委托贷款利息收入 21269.38 万元，其他 0.23 万元。

（二）业务支出。2020 年，业务支出 12266.36 万元，同比增长 16.38%。其中，支付职工住房公积金利息 11323.86 万元，委托贷款手续费 929.55 万元，其他 12.96 万元。

（三）增值收益。2020 年，增值收益 11663.15 万元，同比增长 6.89%。增值收益率 1.69%，较上年增加 0.01 个百分点。

（四）增值收益分配。2020 年，提取贷款风险准备金 1173.83 万元，提取管理费用 1970.82 万元，提取城市廉租住房（公共租赁住房）建设补充资金 8518.49 万元。

2020 年，上交财政管理费用 1970.82 万元。上缴财政城市廉租住房（公共租赁住房）建设补充资金 8518.49 万元。

2020 年末，贷款风险准备金余额 7075.23 万元。累计提取城市廉租住房（公共租赁住房）建设补充资金 47565.3 万元。

（五）管理费用支出。2020 年，管理费用支出 2242.22 万元，同比增长 14.53%。其中，人员经费 1015.30 万元，公用经费 58.32 万元，专项经费 1168.60 万元。

四、资产风险状况

2020 年末，无逾期个人住房贷款，年末个人贷款风险准备金余额 7075.23 万元。当年未使用个人贷款风险准备金核销呆坏账。

五、社会经济效益

（一）缴存业务。缴存职工中，国家机关和事业单位占 72.66%，国有企业占 10.25%，城镇集体企业占 1.48%，外商投资企业占 0.24%，城镇私营企业及其他城镇企业占 13.86%，民办非企业单位和社会团体占 1.34%，其他占 0.17%（图 4）；中、低收入占 99.33%，高收入占 0.67%。

新开户职工中，国家机关和事业单位占 59.49%，国有企业占 5.45%，城镇集体企业占 0.86%，外商投资企业占 0.39%，城镇私营企业及其他城镇企业占 28.73%，民办非企业单位和社会团体占 3.53%，其他占 1.55%（图 5）；中、低收入占 99.66%，高收入占 0.34%。

（二）提取业务。提取金额中，购买、建造、翻建、大修自住住房占 15.24%，偿还购房贷款本息占 56.77%，租赁住房占 0.63%，离休和退休提取占 21.38%，完全丧失劳动能力并与单位终止劳动关系提取占 4.08%，出境定居占 0.52%，其他占 1.38%。提取职工中，中、低收入占 99.02%，高收入占 0.98%。

（三）贷款业务。个人住房贷款。2020 年，支持职工购建房 59.65 万平方米，年末个人住房贷款市场

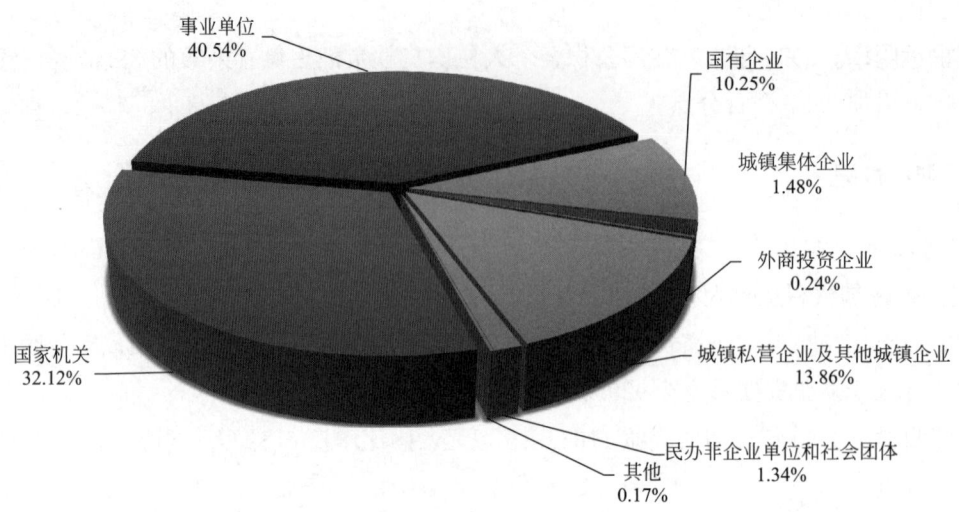

图 4 2020 年缴存职工按所在单位性质分类占比情况

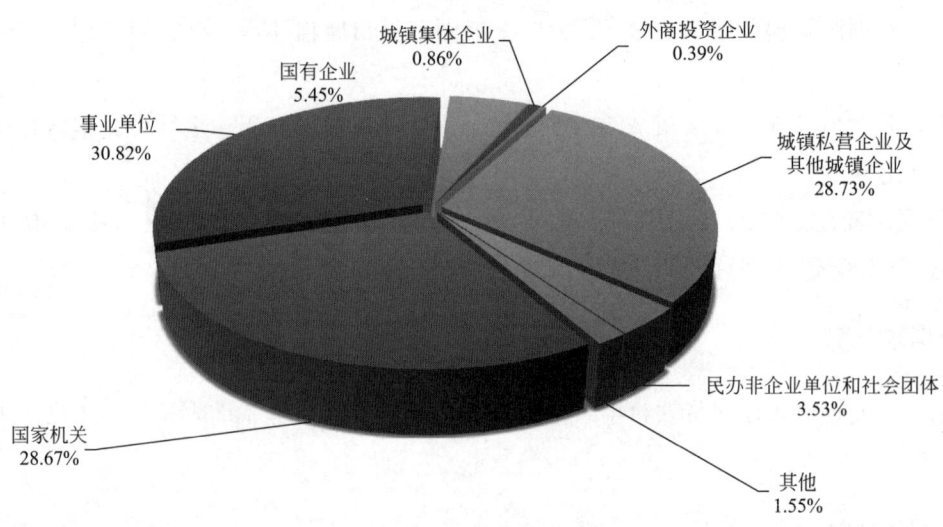

图 5 2020 年新开户职工按所在单位性质分类占比情况

占有率为 61.09%，比上年末减少 2.2 个百分点。通过申请住房公积金个人住房贷款，可节约职工购房利息支出 45300 万元。

职工贷款笔数中，购房建筑面积 90（含）平方米以下占 5.35%，90～144（含）平方米占 58.64%，144 平方米以上占 36.01%。购买新房占 84.30%，购买二手房占 14.14%，建造、翻建、大修自住住房占 1.56%。

职工贷款笔数中，单缴存职工申请贷款占 28.85%，双缴存职工申请贷款占 71.15%。

贷款职工中，30 岁（含）以下占 36.94%，30～40 岁（含）占 36.65%，40～50 岁（含）占 20.71%，50 岁以上占 5.70%；首次申请贷款占 80.73%，二次申请贷款占 19.27%；中、低收入群体占 99.36%，高收入群体占 0.64%。

（四）住房贡献率。2020 年，个人住房贷款发放额、住房消费提取额的总和与当年缴存额的比率为

126.75%，比上年下降 18.38 个百分点。

六、其他重要事项

（一）落实住房公积金阶段性支持政策情况及实施成效。全面贯彻"六稳六保"工作部署，围绕民生保障，聚焦服务企业、稳定就业、推动发展，切实抓好住房公积金阶段性支持政策落实落地，采取积极有效措施应对新冠肺炎疫情带来的影响，深入房地产企业和基层一线帮助解决复工复产中遇到的困难和问题，对 64 个房地产项目给予资金投放 14.49 亿元，对 16 个缴存住房公积金有困难的企业给予阶段性缓缴 897.85 万元，有力支持房地产企业发展，推动住房市场健康发展。

（二）当年住房公积金政策调整及执行情况。

1.2020 年，依据统计部门统计年报数据，我市住房公积金缴存工资基数上限为上年在岗职工月平均工资的 3 倍 22243 元，下限为临沧市各县最低工资标准 1350 元；缴存比例上限为 12%，下限为 5%。

2. 根据云南省市场监督管理局等五部门《关于进一步规范住房公积金贷款环节收费行为有关问题的通知》（云市监办函〔2020〕13 号）要求，经临沧市住房公积金管理委员会 2020 年第 2 次会议审议决定，临沧市住房公积金个人住房贷款抵押物价值总体免评估，商品房期房、商品房现房以登记备案的购房合同价值作为认定标准。二手房抵押物价值以登记备案的交易合同价值和不动产契税发票金额为依据，按就低不就高原则认定价值。当缴存职工提供的二手房交易合同价值和不动产契税发票金额严重背离当期当地市场交易价的，由公积金中心委托房地产评估机构进行评估。贷款申请人要求对抵押物价值重新认定进行评估的，可由贷款申请人委托房地产评估机构进行评估。自建房由公积金中心委托房地产评估机构进行评估。评估费用按照"谁委托、谁付费"的原则各自承担。

3. 根据《临沧市住房公积金流动性风险防控暂行办法》的规定，于 2020 年 2 月启动流动性风险防控一级响应措施，实施响应期阶段性使用政策规定。

4. 存款利率执行《中国人民银行、住房和城乡建设部、财政部关于完善职工住房公积金账户存款利率形成机制的通知》（银发〔2016〕43 号）规定，当年归集及上年结转的个人住房公积金存款利率均为一年期定期存款利率 1.5%；当前贷款利率。首套房五年期以下（含五年）为 2.75%，五年期以上为 3.25%。二套房贷款利率按同期首套住房公积金贷款利率上浮 10% 执行。

（三）优化和改进服务情况。持续深化"放管服"改革，不断改进和优化服务工作。认真贯彻落实住房公积金服务"跨省通办"的安排部署，实现缴存贷款信息查询、出具缴存使用证明、正常退休提取三个事项"跨省通办"，有序推进其他事项；在疫情期间发出"网上查询，线上办理"倡议书，倡导通过门户网站、微信公众号、手机客户端、"一部手机办事通"等渠道查询和办理公积金业务；结合疫情防控大力推广网厅业务，升级扩容中心业务系统，建成开发商网厅系统，扩大网厅不见面办理事项。

（四）信息化建设情况。按照全省统一部署，依托自身信息系统，完成接入云南信用信息一体化平台建设，实现住房公积金信用信息按月推送；启动住房公积金服务事项接入全省政务服务平台建设；围绕企业开办同步办理住房公积金缴存登记，启动接入云南省开办企业"一窗通"平台建设工作；积极推进柜面延伸，完成业务系统银行柜面版和数据接口程序开发，为实现银行柜面办理公积金业务和数据共享查询奠定基础。

（五）获得荣誉表彰情况。临沧市住房公积金管理中心为省级文明单位，2020 年度，被临沧市委、市人民政府表彰为"全市民族团结进步模范集体"。

(六) 其他情况。本市无住房公积金支持保障性住房建设项目贷款，无公转商贴息贷款，无国债资产，无融资业务。

楚雄彝族自治州住房公积金管理中心 2020 年工作报告

2020 年以来，中心坚持问题导向、目标导向，追根溯源，抓班子带队伍，抓整改堵漏洞，推改革建机制，抓创新激活力，补短板强弱项，改革了管理体制、完善了管理制度、增强了队伍活力、提升了风险防控和治理能力，努力推进事业向前发展。现将主要做法及成效报告如下。

一、2020 年的主要工作情况

(一) 加强政治建设，推进全面从严治党工作落实。始终坚持用习近平新时代中国特色社会主义思想武装头脑，指导实践，推动工作。一是深入学习贯彻党的十九届四中、五中全会精神和习近平考察云南重要讲话精神。党组理论中心组 9 次集中学习，"万名党员进党校"等认真学习党的十九届四中、五中全会精神和习近平考察云南重要讲话精神，不断增强"四个意识"，坚定"四个自信"，做到"两个维护"。二是扛牢压实主体责任。规范党组议事规则，坚持民主集中制，召开党组会 21 次，发挥把方向、管大局、保落实的作用。三是制定全面从严治党责任清单，抓责任落实。制定《楚雄州住房公积金管理中心全面从严治党责任清单》，提出中心党组要做到"九个必须"、书记要落实"41234"工作要求，班子成员要落实"1234"工作要求，职能科室要做好"提醒、建议、执行、督促、记录、总结、宣传"十四字工作要求，细化明确了党组、书记、班子成员、职能科室管党治党的具体责任。四是强化党建科室的统筹职能。充实人员，将党风廉政、人事、教育工作纳入党办职责，让党的建设工作更有抓手。落实落细"六个年"工作和"十个一"警示教育，开展"家风教育"等活动，组织观看《政治掮客苏洪波》《交通局长的"不归路"》《围猎：行贿者说》等警示教育片和楚雄州反腐倡廉警示教育基地栏目。五是加强班子建设。开展交心谈心，及时沟通工作，营造心齐气顺工作环境，维护班子团结。六是扛牢压实巡察整改责任。中心党组对州委第四巡察组的反馈意见高度重视，制定整改方案，分解落实责任，建立台账细化整改，真改实抓。9 月底全面彻底完成巡察反馈的在党的领导、党的建设、全面从严治党等方面存在的 51 个问题的整改工作。标本兼治，推进改革，完善机制，在解决具体问题的基础上，深剖根源，解决管理机制等深层问题。

(二) 转观念转作风，推进管理向规范化、精细化方向迈进。一是加强学习，借鉴经验。到文山中心、大理中心学习，借鉴经验，取长补短。根据我州实际情况不断完善体制机制，提高精细化管理水平；组织部分干部职工到省外中心进行学习，开阔眼界，中心职工跳出自我，不断向先进地区学习的氛围正在形成。二是对标先进，查找不足。行业外，围绕资金管理、准金融和服务三大属性，对标财政、税务、金融管理和服务；行业内，对标文山、大理和部分发达地区先进做法，不断寻找管理方面的问题和不足，改革完善管理体制，实施精细化管理。三是转变观念，依法行政。规划指挥系统，取消微信、电话通知政策的做法，业务政策通过发放正式通知进行指导和规范。规范性文件坚持征求意见和法制审查。凡出台规范性文件均广泛征求意见，并提请法律顾问进行法制审查，确保文件具有广泛的群众基础，确保依法行政。四是开展调研，听取意见。2020年，中心领导到管理部调研达到全覆盖，听取了基层干部职工的意见建议，并开展"建言献策"活动，对征集到的88条意见建议逐一进行回应，会上不说，会下乱议论的风气有所好转，心平气顺的干事环境逐步形成。五是对待问题不放过，整改不应付，真改实改。改变了重创建轻业务、重服务轻管理、重成绩轻问题的倾向。以巡察、审计发现问题为导向，自我加压，深挖根源，举一反三，不断完善体制机制建设，把可能发生的问题消灭在萌芽阶段。六是加强年初工作计划安排和年终工作目标考核，确保工作实效。加强部门协调，年内召开金融协调会5次，深入部门调研20余次。自公积金中心成立以来首次邀请州人民政府分管副州长参加金融委托业务座谈会，改变以往座谈会走形式轻实效的作风。

（三）**加强业务管理，积极比拼，做实主责主业。**全州住房公积金管理系统上下齐心、攻坚克难，大力发扬"跨越发展、争创一流、比学赶超、奋勇争先"的精神，围绕主责主业认真开展"干在实处，走在前列"大比拼。解决重服务轻管理的问题，加强"缴存扩面、信贷管理、提取管理、保值增值"四大核心业务工作。一是加强归集扩面工作。在房地产行业中开展公积金制度推广工作，公积金制度扩面力度大。同时，严格执行限高保低政策，规范公积金缴存，持续做大公积金总量这块"蛋糕"。全年新增缴存单位152家，新增缴存职工8453人，今年累计归集24.13亿元，较上年23亿元增长4.94%，完成年初计划23亿元的104.46%。截至目前，全州共有缴存单位2560家，缴存职工12.48万人，归集余额55.78亿元。二是加强公积金贷款管理工作。召开金融委托业务会，州人民政府分管副州长参加会议，强化了领导。加强与合作银行业务沟通协调，召开协调会、上门走访。严格实行按揭贷款项目准入考察、贷前审查，严格落实风险保证金制度，压缩贷款审批时限，开展公积金组合贷款业务，最大限度发挥公积金在改善职工住房条件、完善住房保障体系中的基础性作用。全年累计发放个人住房贷款4144笔、8.54亿元，同比分别增长5.66%、3.87%，完成年初计划数8.4亿元的101.69%，累计发放住房公积金个人住房贷款总额95.47亿元，贷款余额46.07亿元，住房公积金个人住房贷款逾期率0.25‰，较去年同期下降0.04‰，贷款资产管理状况良好，个贷率为82.59%，同比降低4.17%，资金流动性充裕。三是严格提取审核管理，打击骗提行为。改变将提取作为任务目标的做法，将提取作为严格管控事项。认真贯彻四部委关于打击骗提住房公积金的要求。开展为期三个月的骗提骗贷专项整治，楚雄、姚安、永仁查处5次骗提行为，遏制了骗提势头。追回曲靖协查案发现的骗提住房公积17笔，金额109.74万元，形成震慑，骗提住房公积金违法行为得到有效遏制。四是加强资金调度管理，做好增值保值工作。在保障职工正常提取和贷款需求的前提下，以实现增值收益最大化为目标，合理调度使用资金，按月制定《住房公积金资金调拨计划》，开展业务运行分析。全年划转调配资金374次，安排转存定期存款41笔、8.55亿元，使资金结构合理化，既保证正常的业务运转，又实现资金收益最大化。2020年支付职工住房公积金存款利息7899.37万元，实现增值收益7584.45万元、同比增长500多万元、增值收益增长率7.49%，住房公积金保值增值明显。

（四）**狠抓业务问题整改，堵塞管理漏洞。**今年以来，先后经历了州委第十一轮巡察、州审计局业务审计、曲靖市骗提住房公积金案件协查、国家审计署审计发现问题整改等四次重大"体检"，对各类发现和反馈问题，州中心党组高度重视，将整改作为检验从严管党治党能力的标准，逐项认领，认真整改，真改实改。一是抓好州审计反馈的13个问题的整改。针对审计中提出"金融委托业务手续费支付未引入市场竞争机制、支付手续费过高"问题，中心制定了《楚雄州住房公积金金融委托业务办理评价考核办法（试行）》，加强委托业务考核。针对提取材料缺失的问题，中心配强稽核科加强内部审计，充分发挥主管科室和稽核科功能，对十县市提取等材料进行抽查和稽核，让检查稽核成为工作常态，巩固了审计整改成果，确保管理精细化、业务规范化。二是抓好国家审计署审计反馈问题整改。2019国家审计署审计指出，截至2019年9底我州应缴未缴住房公积金职工为3.8374万人。彻查问题根源，分门别类采取措施。召开18场重点欠缴企业座谈会，成了13个整改小组深入企业宣传动员，走访应缴未缴企业83家，宣传动员1263名欠缴人员续缴住房公积金。提请州政府办公室召开州级相关部门会议，分解任务。下发按月缴存通知，清理长期失联账户，与财政、审计联发《楚雄州财政局楚雄州审计局楚雄州住房公积金管理中心关于对"长期失联公积金缴存账户"进行处置的意见》，依法依规注销长期失联账户242笔、20.87万元。通过认真整改，进一步明确了需要强化的管理工作。

（五）**改革管理体制，完善监督制约机制。**一是理顺管理体制，夯实"三化"管理基础。报请州委编办批准，设立楚雄管理部，改变多年来机关科室"管办不分"格局，解决管理粗放问题，夯实专门化、专业化、精细化管理基础，实施"管办分离"，权力相互制约管理模式。二是实施委托贷款"集中统一办理"模式。将过去各家银行"分散自行办理"模式改为"集中统一办理"，将分散于各家银行的代办员集中到楚雄管理部统一办理、统一管理、统一考核，提升公积金贷款办结率和群众满意率，加强对公积金办理人员的监督和管理。三是实行"采管分离"，由科室提需求和验收，综合科统一组织采购的机制。四是细化科室职能职责，强化内部监督制约机制。进一步明确各科室和管理部的职能职责，强化机关科室的监督检查职能。配强稽核科，强化内部审计、稽核和监督。加强对缴存、提取、信贷等核心岗位的管理和权力制约，构建"不能腐"的权力监督制约机制。

（六）**完善管理制度，提升管理能力。**一是修订《楚雄州住房公积金管理委员会章程》，按程序及时调整住房公积金管理委员会委员，将有利于推动住房公积金事业发展的人员纳入委员，提高管委会的管理决策效能。二是制定《楚雄州住房公积金金融委托业务办理评价考核办法》（以下简称《考核办法》），加强委托业务考核工作。三是制定《楚雄州住房公积金失信行为惩戒办法》，对骗提、骗贷行为进行惩戒，失信惩戒体制机制逐步形成，公积金业务运行更加顺畅，管理水平不断提升。

（七）**加强风险防控，个贷管理全省领先。**一是流动性风险全面解除。全州住房公积金存贷比从2017年的103%下降到82.59%，住房公积金流动性风险有效化解。二是个贷逾期率低于全国全省平均水平，组合贷款业务省内领先。全州住房公积金个贷逾期率0.25‰，低于去年全省平均逾期率0.33‰和全国平均逾期率0.3‰，省外住房公积金中心前来学习。

（八）**注重效能，优化信息系统管理使用。**一是强力推行办公系统的应用，提高阅文、发文效率。二是转观念、保运用、强服务。要求系统服务商对应用中提出的问题要"有求必应，及时处理"，提高系统响应速度。三是优化网站，优化服务平台管理，降低费用，提高效能。四是开放数据使用，与农行、建行联网，数据共享，支持数字经济。五是坚持问题导向，启动现有软件升级改造工作。

（九）**完善体制机制，激发队伍活力。**一是积极协调争取财政、人社部门的政策支持，报请州住房公积金管委员出台了新增奖励性绩效，完善了考核办法。2020年预计增加绩效工资30多万元。二是积极汇报，取报请州委编办设立了楚雄管理部，增加了5名副科级职数，拓宽了干部成长通道。三是交流轮岗，配好干部。按照州委"五个一批"和"六个相统一"精神，通过调研，严格按照干部选拔任用程序，选配了9名正科干部和6名副科干部。交流轮岗14人（其中管理部主任4名、科长1名、副科2名、职工7名），建立了后备干部人才库共计10人，择优选调3名年轻干部到机关工作，对4名管理部职工进行交流调整，极大激发了干部职工干事创业活力。四是教育后进，激励先进，树立标兵。对违反纪律的职工进行通报，严肃处理参与打麻将赌博的退休人员并在职工大会上进行通报，用身边事教育身边人。中心两次发文通报表扬工作中担当尽责的一个科室和两名职工，并授予两位同志提取管理业务能手称号，激励干部职工担当作为、善作善成，不断提高干部职工干事创业精气神。五是建立"公积金讲堂"，开展"我为公积金发展建言献策"活动。中心领导讲3次，业务能手讲1次。收集意见建议88条，逐条回应落实，营造畅所欲言、心齐气顺的工作环境，激发了干部职工的干事热情。

（十）担当作为，服务大局。一是在全省率先出台支持老旧小区改造和加装电梯政策。在充分调研的基础上，2020年6月1日州在全省首家出台支持城镇老旧小区改造和加装电梯提取住房公积金政策。二是将受疫情影响支付房租压力较大的职工提取额度提高到每年1.4万元。全州共18家企业2238名职工申请调整、降低缴存比例及缓缴住房公积金，为企业减负405.22万元，为企业尽快复工复产打下坚实基础。三是优化服务。增加楚雄市办理点，楚雄、大姚、禄丰、武定四个县市全面进驻政务服务大厅。四是扎实做好脱贫攻坚工作。派出6名驻村工作队员，认真抓好全州系统7个县8个扶贫联系点脱贫攻坚工作。先后协调解决项目资金8万元，落实驻村工作经费共4.5万元，入户走访贫困户648人/次。中心51名干部职工包保的162户654人已全部脱贫出列。五是持续做好疫情防控工作。贯彻执行州人民政府《关于应对新冠肺炎疫情稳定经济运行30条措施的意见》，做好受新冠肺炎疫情影响企业阶段性缓缴、少缴政策。全州共有18家企业2238名职工申请调整、降低缴存比例及缓缴住房公积金，为企业减负405.22万元。六是全力以赴做好"双创"工作。认真落实"社区吹哨、单位报到"要求，汇集全员力量做好单位包保的凤鸣花园小区全国文明城市、全国卫生城市创建工作，共投入资金1.6万元，开展志愿服务1263人/次。

回顾工作，2020年是接受各种检查最多、历史问题暴露最彻底的一年，审计、巡察、协查、审计署问题整改；是得到州委、政府领导关心重视最多的一年，杨斌书记在中心调研机关党建，周副州长亲自出席金融业务委托工作会议，程副州长带队亲自到中心调研住房公积金工作，州人大专题调研住房公积金工作；是转变观念、推进改革、完善机制力度较大的一年；也是在现有体制下争取支持成效明显的一年。一年来，全州住房公积金管理工作在州委、州政府的坚强领导下，在财政、人社和金融部门的支持下，在各位干部职工齐心协力辛勤付出下，扩大缴存成绩显著，贷款任务全面完成，提取增长势头得到遏制，资金流动性充裕，贷款逾期率全省前列，干部安全，四大主业得到发展，各项目标圆满完成，两大风险防控有力。为改善全州干部职工住房条件，促进全州经济社会发展作出了积极贡献。在此，我代表中心党组向全体干部职工表示衷心感谢！

二、全面把握住房公积金工作形势和我州管理现状

（一）从全国来看。作为与"五险"一同起步的住房公积金发展滞后，住房公积金制度的覆盖面不广，出现了危机。定位不明、不准，工作边缘化。住房公积金没有作为住房民生保障的措施来定位。中央、省"十四五"规划建议中"一字未提"。没有全国统一的管理，体制机制不一，各自为阵，五花八门。公积金管理没有建立全国、全省的信息化平台，各个地州自行开发信息系统，开发商也不统一，开发成本大，重复投资，数据不统一，地州之间信息不能互联共通。加之与住建、税务、公安、人行、人社、民政、不动产登记、受托银行等部门无法有效实现信息共享、数据联通，一定程度制约了公积金服务水平的提高。

但从国务院的年度工作要点和住房和城乡建设部的工作安排看，"改制银行论""取消论"都已过去，住房公积金制度下步属于进一步完善的范畴。今年的全国住建工作会议，提出"进一步完善住房公积缴存、使用和管理机制"的要求。

从全国实践来看，北京、上海、浙江的住房公积金管理发展较好，实现了区域"一盘棋"和全面缴存，作为重要的民生制度进行落实，为公积金制度的发展提供了良好样本。

（二）从全省来看。云南省处于全国的"后位方队"，属地管理特征较为明显。上级弱化，属地不强，管理上呈现各行其是的状态。从全省十六个地州加两个中心的情况看，我州总体上处于"中上水平"，成绩显著，问题也突出。

成绩显著。一是不出大事；二是组合贷款工作起步早；三是不良贷款管理优质；三是党风廉政、文明创建领先。

问题突出。一是硬件设施差。各县均无自己的办公场所；二是工作地位、保障水平低；三是信息化水平低，理念陈旧；四是管理粗放，管办不分。

（三）从我州自身看。我们的工作取得了一定成绩，纵向的比，我们已取得长足的进步。一是机构改革提升了部门的地位。二是干部流动与成长，增强了队伍的活力。三是管办分离迈向专门化、专业化、精细化管理的步伐。四是促进发展的考核机制的建立，增强了发展的动力。五是审计巡察为我们指明了前进的方向。

对标先进、自我剖析，我们也清醒地认识到，我们在全国处于"后位方队"中的"中上水平"，离州委、州政府的要求，离群众的期盼，还有差距和不足，特别是对标先进地区，我们还有很大差距。

在工作上。一是住房公积金制度的覆盖面不广。我州住房公积金缴存人数为12.48万人，仅占全州人口总数的4.6%，缴存人数不到全州社保缴纳人数27.52的50%。二是信贷管理、提取管理与国家业务规范和标准有差距。住房和城乡建设部与国家质检总局联合发布《住房公积金个人住房贷款业务规范》和《住房公积金提取业务标准》于2018年5月1日和2019年8月1日实施。目前，我州的贷款管理办法仍沿用2003年出台的《楚雄彝族自治州住房公积金管理中心个人住房贷款办法》。三是有履职不到位的情况。不重视执法工作，不重视政策宣传工作，群众维权意识的增强，对我们的工作提出了新的要求。

在领导作风和工作作风上。有的不谦虚，不听各方意见，主观决断，摆架子；有的当"二传手"，当"甩手掌柜"；有的不认真研究、思考工作，文件不认真看，安排工作前，没有认真思考、谋划工作，交给科长就算安排了，大而化之；有的作风不深入，不与科室共同研究，面对请示，不答复、不汇报、不解决问题；有的跑风漏气，对还在酝酿的事不保密，传消息，搞亲亲疏疏；有的不注重协调，不愿求人，不会求人；有的不敢大胆管理，当老好人，做显绩，做有人情的事；有的盯着别人多年前的过错不放，遇事就说，一棒子把人打死，不能用发展的眼光看人；有的不钻研业务，不学习，凭老经验、老办法、老习惯做工作；有的学习浅尝辄止，知其然，不知其所以然，一知半解，误导工作；有的学用脱节，学归学，做归做。缺乏空杯心态，先入为主；有的文风不实，重文字和形式，轻素材收集整理，内容空洞，言之无物，总结不像，概括不全，不做艰苦细致的前期工作；有的还不习惯在监督下工作，听不得批评意见，一听到批评意见就还击，别人话还未说完就反驳，不让人讲话，老虎屁股摸不得；有的工作中的业务探讨开展不起来，把正常的工作分歧、意见，上升为个人恩怨，认为是挑自己毛病，跟自己过不去；有的科室之间配合意识不强，补台意识不强，不愿当无名英雄，奉献意识不强；有的存在惯性思维，不主动适应新要求，总是强调以前如何如何，一直都如何如何；有的政治敏锐性、自觉性不强，仍然有我行我素的现象，自我革命精神不强；有的个人习惯还未随着形势要求作自我革命。

我们不能以"后位方队"的前面而自足，要增强危机意识，要适应我们所处环境，要围绕"进一步完善住房公积缴存、使用和管理机制"的要求，不等不靠，对标先进地区，用开放的心态，勇于善于学习，积极主动作为。

三、2021年的工作目标和工作要点

2021年的初步工作计划建议是。计划归集住房公积金24.3亿元，与2020年实际归集数24.11亿元相比增长0.79%；计划贷款8.61亿元，与2020年实际贷款数8.54亿元相比增长0.82%；计划提取18.43亿元，与2020年实际提取数19.73亿元相比降低6.59%；计划实现增值收益8000万元，与2020年实际收益7584.45万元相比增长5.47%。为此，要围绕住房公积金"缴存扩面、提取管理、信贷管理、保值增值"四大核心业务和"优化服务、风险防控（资金、政策、廉洁）"两大重点开展工作，重点要抓好以下几方面的工作。

（一）要强化党建引领，推进党建与业务双融合双促进双提升。

1. 全面从严治党，严管厚爱激发干部活力。一是要落实《楚雄州住房公积金管理中心全面从严治党责任清单》做到"九个必须"，书记要落实"41234"工作要求，班子成员要落实"1234"工作要求，职能科室要做好"提醒、建议、执行、督促、记录、总结、宣传"十四字工作要求，推进州委全面从严治党"3456610"楚雄实践，不断完善管理机制，巩固审计、州委巡察整改、管理体制改革成果，提升风险防控和治理能力。二是进一步加强干部职工教育管理，增强干部队伍活力。加强学习型组织建设，持续开展好"公积金讲堂"和"道德讲堂"。

2. 推进党建与业务双融合双促进双提升。要围绕工作重点，发挥班子的火车头作用、主要领导的领头雁作用、干部排头兵作用、党支部的战斗堡垒作用、党员的先锋模范作用，有力推动模范机关建设，深入推进"干在实处，走在前列"大比拼，进一步激励广大党员干部新时代新担当新作为，以"跨越发展、争创一流，比学赶超、奋勇争先"精神积极投身住房公积金规范化、高质量发展。

（二）解放思想，转变作风，推进公积金管理规范化、法制化、精细化。 一是要针对存在的十六种作风上的不良现象，切实转变，自我革新，自我完善。二是要善于学习。"他山之石，可以攻玉"，我们要时刻保持谦虚的心态，积极向浙江、上海、北京、深圳、长沙等发达地区住房公积金管理中心学习先进经验和做法，结合楚雄州实际，取长补短、去粗取精，推进我州住房公积金管理规范化、法制化、精细化。

（三）巩固机构改革成果，细化管办分离运行体制。 一要转变观念，理顺模式。管办分离是对我州公积金管理模式的一次转型，大的管理转型。要认真落实职能职责。机关科室的主要着力点在"管理"，重点做四件事。制定规矩、提出要求、管住要害、抓好监督。县市管理部重在"业务办理"，重点四件事。业务合规、抓好落实、规范操作、掌握实情。进一步明确和规范有关制度，理顺"管办分离"后科室对管理部的业务管理、监督、指导模式。二要消除管理空白，补齐管理短板。落实专业化、专门化管理要求，把审计整改中发现的"多年来应管未管"的事要管起来，把工作中"想管但忙不过来管"的事要管起来，把权力运行和日常管理中的薄弱环节控起来。三要加强缴存归集管理。要加强扩面建制的宣传，要开展公

积金宣传月活动，传递住房公积金民生保障的责任；要抓按月缴存制度的落实，催缴催建常态化，实施定期清理销户管理。四要严格提取审批管理。严格按规矩办事，归集科要加强管理，做好骗提防范及查处工作。五要加强信贷管理。开展房地产市场运行和风险监测，把握整体风险防范力度；加强楼盘准入管理，实行楼盘准入分类，严格楼盘封顶断水放贷原则，加强楼盘交付风险防控；规范资料，简化手续，提升贷款发放效率；加强逾期贷款催收和处置，严格控制逾期率。六要建立业务办理日常监督机制，保障制度落实。建立按天抽查制度，归集科、信贷科要每天抽查十个管理部的提取业务办理、贷款业务，及时指出存在问题；加强住房公积金诚信体系建设，建立部门协调联动机制，抓好"黑名单"落实，打击骗提骗贷行为。

（四）深化管理考核，提升管理服务效能。一要强化履职尽责。对照《职责》，加强对部门工作绩效管理，实施部门工作责任制和工作人员平时考核制度。加强绩效考核，细化考核内容，将业务办理日常监督中发现的问题纳入考核。

二要加强金融业务考核，委托贷款集中统一办理模式。简化流程优化服务。减少贷款受理、审核、审批等环节因资料传递、补正等时间，全面提升公积金贷款审批效率，提高组合贷款发放效率。积极探索公积金贷款一站式服务。三要加强稽核和稽核成果运用，确保业务合规。常态化开展电子稽查工作，加强风险隐患排查处置力度。建立由中心"一把手"负总责，稽核科牵头，信息科提供技术支撑，各业务科室和管理部全力配合的工作机制。每月对全部业务数据进行稽查，全面筛查和整理业务明细数据，对历史数据进行清理，补齐数据缺项，保证业务数据真实、完整。对全部风险隐患点进行排查，分类逐条核对归类处置。对存在的风险点，逐条分析原因，核对原始材料，线上发现问题和线下核查处置相结合，坚持边查边整改，建立整改销号制度，有力消减存量，有效遏制增量。

（五）优化完善政策，进一步发挥住房公积金作用。一要对标《规范》，清理政策，修订完善制度办法。信贷管理、提取管理与国家业务规范和标准有差距，要对标《住房公积金个人住房贷款业务规范》和《住房公积金提取业务标准》，按照"废、改、立、补"的原则完善各项业务管理制度办法。要修改我州2003年出台的《楚雄彝族自治州住房公积金管理中心个人住房贷款办法》。二要完善贷款管理政策。存贷挂钩原则、可贷额度精细化测算原则、贷款额度年度管理原则、轮候制度、风险线管理原则；择机提高最高贷款额度，更好支持服务缴存职工购买自住住房；完善提取政策，提高公平互助性；加强政策的调研储备，优化完善信贷政策。对标浙江等先进地区，加强异地贷款政策、扩面建制、自由缴存等政策的学习调研。

（六）抓好信息化建设，助推服务提质增效。按照数据共享，信息化安全运行要求，对标先进优化服务。一是提升现有业务信息系统功能，在实现基本业务的基础上，要用信息化手段防控管理漏洞和风险，努力做到"可查可控"，实现"系统控制流程、系统监控操作、系统控制违规"。二是整合优化信息系统渠道，突出重点，注重绩效。对现有服务渠道进行优化整合，突出重点，降本增效。三是严格把控新录入数据质量，不断进行历史基础数据质量校正，力所能及抓好信息化建设，助力服务提质增效。

（七）继续完善机制。加强沟通协调，争取设置专业技术岗，解决中心多年来没有专业技术岗，干部职工无法评定职称，待遇提高渠道单一的问题。继续完善人员管理和考核机制，进一步激发干部职工创先争优的内生动力。

同志们，进一步加强住房公积金规范化、法制化、精细化管理，充分发挥住房公积金制度的作用，意义重大、任务繁重。我们要坚定不移以习近平新时代中国特色社会主义思想武装头脑、指导实践、推动工作，在州委、州人民政府的坚强领导下，围绕州委"1133战略"安排部署，聚焦新使命、提振精气神，鼓足干劲，站在改善和保障民生的高度，大力弘扬"跨越发展、争创一流，比学赶超、奋勇争先"精神，发扬"钉钉子"精神、"工匠"精神和"愚公移山"精神，转作风、强素质、提效率，确保完成2021年住房公积金管理各项目标任务，努力在保障民生方面、在促进我州经济社会高质量跨越发展中发挥更大的作用！

红河哈尼族彝族自治州住房公积金 2020 年年度报告

根据国务院《住房公积金管理条例》和住房和城乡建设部、财政部、人民银行《关于健全住房公积金信息披露制度的通知》（建金〔2015〕26号）的规定，经红河州住房公积金管理委员会审议通过，现将红河州住房公积金 2020 年年度报告公布如下。

一、机构概况

（一）住房公积金管理委员会。红河州住房公积金管理委员会有 33 名委员，2020 年召开 1 次会议，审议通过的事项主要包括：

1. 红河州 2019 年和今年上半年住房公积金管理工作报告；
2. 《红河州住房公积金 2020 年度归集、使用和增值收益计划（草案）》；
3. 《红河州住房公积金 2020 年度增值收益分配方案（草案）》；
4. 《关于授权红河州住房公积金管理中心审批降低住房公积金缴存比例、缓缴住房公积金申请的请示》；
5. 《关于将住房公积金贷款环节相关费用纳入部门预算管理的请示》；
6. 《关于进一步规范住房公积金贷款使用政策的请示》；
7. 《红河州住房公积金房地产开发项目阶段性担保贷款合作机制（试行）》；
8. 《关于招聘劳务派遣制工作人员的请示》。

（二）住房公积金管理中心。红河州住房公积金管理中心是直属于州人民政府不以营利为目的财政全额拨款的事业单位，主要负责全州住房公积金的归集、管理、使用和会计核算。设 6 个科室，14 个管理部。从业人员 94 人，其中，在编 93 人，非在编 1 人。

二、业务运行情况

（一）缴存。2020 年，新开户单位 476 家，净增单位 277 家，新开户职工 1.4 万人，净增职工 0.04 万人；实缴单位 4,579 家；实缴职工 19.71 万人，缴存额 40.21 亿元，分别同比增长 6.44%、0.20% 和 5.65%。2020 年末，缴存总额 355.58 亿元，同比增长 12.75%；缴存余额 133.71 亿元，同比增长 4.78%。

受委托办理住房公积金缴存业务的银行15家，与上年一致。

（二）提取。2020年，13.11万人次缴存职工提取住房公积金，提取额34.11亿元，同比增长24.08%；占当年缴存额的84.83%，比上年增加12.60个百分点。2020年末，提取总额221.87亿元，同比增长18.17%。

（三）贷款。

1. 个人住房贷款。个人住房贷款最高额度50万元，其中，单缴存职工最高额度30万元，双缴存职工最高额度50万元。

2020年，发放个人住房贷款0.99万笔、41.62亿元，同比分别增长11.24%和增长10.66%。

2020年，回收个人住房贷款25.75亿元。

2020年末，累计发放个人住房贷款14.74万笔、325.67亿元，贷款余额130.26亿元，同比分别增长7.12%、14.65%、13.87%。个人住房贷款余额占缴存余额的97.42%，比上年末增加7.78个百分点。

受委托办理住房公积金个人住房贷款业务的银行15家，与上年一致。

2. 异地贷款。2020年，未发放异地贷款。2020年末，发放异地贷款总额31899.7万元，异地贷款余额16397.36万元。

（四）资金存储。2020年末，住房公积金存款5.01亿元。其中，活期0.01亿元，1年（含）以下定期0.7亿元，1年以上定期2.55亿元，其他（协定、通知存款等）1.75亿元。

（五）资金运用率。2020年末，住房公积金资金运用率为97.42%，比上年增加7.78个百分点。无项目贷款和购买国债事项。

三、主要财务数据

（一）业务收入。2020年，业务收入44251.47万元，同比增长7.72%。其中，存款利息4316.86万元，委托贷款利息39931.84万元，其他（逾期贷款罚息）2.77万元。

（二）业务支出。2020年，业务支出23391.74万元，同比增长10.11%。支付职工住房公积金利息20098.55万元，归集手续费1489.73万元，委托贷款手续费1780.81万元，其他（抵押登记费）22.65万元。

（三）增值收益。2020年，增值收益20859.73万元，同比增长5.15%。增值收益率1.57%，比上年减少0.05个百分点。

（四）增值收益分配。2020年，提取贷款风险准备金1586.74万元，提取管理费用2920.36万元，提取城市廉租住房（公共租赁住房）建设补充资金16352.63万元。

2020年，上交财政管理费用2920.36万元。上缴财政城市廉租住房（公共租赁住房）建设补充资金16352.63万元。

2020年末，贷款风险准备金余额14984.44万元。累计提取城市廉租住房（公共租赁住房）建设补充资金114205.07万元。

（五）管理费用支出。2020年，管理费用支出1860.22万元，同比下降1.02%。其中，人员经费1341.61万元，公用经费105.13万元，专项经费413.48万元。

四、资产风险状况

个人住房贷款。2020年末，个人住房贷款逾期额165.21万元，逾期率0.13‰。

个人贷款风险准备金按年度贷款余额（即当年个人住房贷款发放额减去个人住房贷款回收额）的1%提取。2020年，提取个人贷款风险准备金1586.74万元。2020年末，个人贷款风险准备金余额14984.44万元，占个人住房贷款余额的1.15%，个人住房贷款逾期额与个人贷款风险准备金余额的比率为1.10%。

五、社会经济效益

（一）缴存业务。缴存职工中，国家机关和事业单位占76.35%，国有企业占11.79%，城镇集体企业占3.01%，外商投资企业占0.05%，城镇私营企业及其他城镇企业占4.57%，民办非企业单位和社会团体占1.21%，灵活就业人员占0.26%，其他占2.76%；中、低收入占98.24%，高收入占1.76%。

新开户职工中，国家机关和事业单位占56.29%，国有企业占12.14%，城镇集体企业占2.74%，外商投资企业占0.09%，城镇私营企业及其他城镇企业占16.34%，民办非企业单位和社会团体占4.56%，灵活就业人员占0.71%，其他占7.13%；中、低收入占100%，高收入无。

（二）提取业务。提取金额中，购买、建造、翻建、大修自住住房占39.17%，偿还购房贷款本息占37.52%，租赁住房占0.52%，支持老旧小区改造占0%，离休和退休提取占18.33%，完全丧失劳动能力并与单位终止劳动关系提取占3.39%，户口迁出本市或出境定居0.41%，其他占0.66%。提取职工中，中、低收入占96.97%，高收入占3.03%。

（三）贷款业务。个人住房贷款。2020年，支持职工购建房142.03万平方米，年末个人住房贷款市场占有率为37.76%，比上年减少1.96个百分点。通过申请住房公积金个人住房贷款，可节约职工购房利息支出54909.04万元。

职工贷款笔数中，购房建筑面积90（含）平方米以下占7.30%，90～144（含）平方米占54.98%，144平方米以上占37.72%。购买新房占68.87%（其中购买保障性住房占0.02%），购买二手房占30.26%，建造、翻建、大修自住住房占0.87%。

职工贷款笔数中，单缴存职工申请贷款占22.22%，双缴存职工申请贷款占75.06%，三人及以上缴存职工共同申请贷款占2.72%。

贷款职工中，30岁（含）以下占28.33%，30岁～40岁（含）占37.73%，40岁～50岁（含）占25.57%，50岁以上占8.37%；首次申请贷款占96.59%，二次及以上申请贷款占3.41%；中、低收入占97.87%，高收入占2.13%。

（四）住房贡献率。2020年，个人住房贷款发放额、住房消费提取额的总和与当年缴存额的比率为169.01%，比上年增加14.65个百分点。

六、其他重要事项

（一）应对新冠肺炎疫情采取的措施，落实住房公积金阶段性支持政策情况和政策实施成效。根据《红河州住房公积金中心红河州财政局人民银行红河州中心支行关于应对新冠肺炎疫情实施住房公积金阶段性支持政策的通知》规定，我州采取。一是受新冠肺炎影响的企业，可申请缓缴2月至6月住房公积金，缓缴期间缴存时间连续计算；二是职工租房每年提取公积金金额由10800元提高至15000元；三是受新冠肺炎疫情影响的职工，6月30日前住房公积金贷款不能正常还款的，不作逾期处理。上述政策调整自2020年3月12日起执行。

2020年，阶段性支持政策实施以来，受疫情影响累计缓缴企业37个，职工2753人，金额421.53万元；与原租房提取政策相比，职工实际租房提取增加提取额206.6万元，受益职工797人；不作逾期处理的贷款申请笔数3笔，贷款余额80.45万元，应还未还本金额1.27万元。

（二）当年机构及职能调整情况、受委托办理缴存贷款业务金融机构变更情况。2020年，红河州住房公积金管理中心机构及职能、受委托办理缴存贷款业务金融机构维持不变。

（三）当年住房公积金政策调整及执行情况。

1. 当年缴存基数限额及确定方法、缴存比例调整情况。

（1）各缴存单位和职工缴存住房公积金工资基数不得超过红河州统计部门公布的上一年度职工月平均工资总额的3倍；2019年度我州在岗职工年平均工资为76722元（月平均工资为6394元）。

（2）住房公积金缴存比例严格执行5％～12％。

（3）根据云南省人力资源和社会保障厅《关于调整最低工资标准的通知》（云人社发〔2018〕16号），红河州个旧市、开远市、蒙自市、弥勒市月最低工资标准1500元；其他县月最低工资标准1350元。

2. 当年使用政策调整及执行情况。为认真贯彻落实云南省住房和城乡建设厅《关于进一步加强资金风险防控的通知》要求，坚持"房子是用来住的，不是用来炒的"定位，积极引导职工合理住房消费，防范和化解资金流动性风险，确保住房公积金安全运行，促进红河州房地产市场平稳健康发展。根据红河州住房公积金管理委员会四届二次会议审议通过的《关于印发红河州住房公积金资金流动性风险预警机制实施办法的通知》，红河州住房公积金管理中心出台了《关于对住房公积金使用政策进行调整的通知》（红房资〔2020〕44号）。一是调整贷款最高额度。即双职工贷款最高额度由60万元调整为50万元，单职工最高额度由40万元调整为30万元。二是暂停执行住房公积金可提可贷政策，职工购建自住房，只可选择提取使用或贷款。上述政策调整自2020年12月1日起执行。

3. 当年住房公积金存贷款利率执行标准。红河州住房公积金管理中心严格执行中国人民银行规定的存贷款利率标准。2020年，住房公积金存款利率为1.5％；首套房贷款利率五年以内（含五年）为2.75％、五年期以上为3.25％，二套房贷款利率上浮10％；逾期贷款罚息利率按贷款合同载明的贷款利率水平上加收50％计收罚息，借款人未按合同约定使用的，罚息利率按贷款合同载明的贷款利率水平上加收100％计收罚息。

（四）当年服务改进情况。2020年，红河州住房公积金管理中心认真贯彻落实国务院、省、州深化"放管服"改革、优化营商环境决策部署，紧紧围绕"互联网＋政务服务＋公积金"，实现信息化发展带动服务效能新提升。

一是推进住房公积金服务"跨省通办"工作。根据国家住房和城乡建设部、省住房城乡建设厅2020年部分业务要实现"跨省通办"的要求，我中心积极做好相关工作并按要求，在2020年实现了"个人住房公积金缴存贷款等信息查询""出具贷款职工住房公积金缴存使用证明"和"正常退休提取住房公积金"三项业务的"跨省通办"，职工可使用红河州住房公积金管理中心网上业务厅个人版系统，全程网上办理以上业务。2021年我中心将实现更多业务"跨省通办""全程网办"。

二是优化各服务渠道，实现更多业务线上办理。2020年，通过升级住房和城乡建设部结算接口2.0和建成电子签章系统，实现网厅、微信、App住房公积金部分业务线上办理，彻底解决了原来服务渠道只能查询，不能办理事项的局面。截至目前，网厅、微信、App开通实现了住房公积金办理类事项6项。即离退休提取、解除劳动合同提取、租房后续提取、提前还款、开具住房公积金个人住房贷款全部还清证明、出具贷款职工住房公积金缴存证明，极大地方便了广大缴存职工办理住房公积金业务。

三是积极响应政府服务事项入驻要求。当年新增开远、元阳、金平三个管理部入驻当地政务服务大厅，截至目前，已累计8个管理部入驻政务服务大厅，极大地方便了广大住房公积金缴存职工办理、咨询住房公积金业务。

（五）当年信息化建设情况。一是完成住房和城乡建设部结算接口升级工作。按照2018年4月住房和城乡建设部发布的《住房公积金银行结算数据应用系统——与公积金中心公共接口标准V2.0.3.pdf》接口要求，中心启动结算接口升级工作。升级后，系统运用新增的接口（银行账户状态及信息查询），为缴存职工使用网上业务厅、微信、App、一部手机办事通等渠道上的资金业务提供银行卡校验功能，为实现线上办理资金结算业务，防范资金结算风险，减轻柜面压力，提升"离柜率"，实现"一步办结"打下基础。

二是完成电子签章系统建设工作。为切实推动线上业务发展，中心启动电子签章系统建设工作。电子签章系统建成后，主要应用于各服务渠道业务办理过程中产生各类电子回单，可有效地防止电子回单被篡改，保证线上业务电子回单真实、完整和有效，使电子回单和纸质回单具备同等法律效力。

三是持续优化各服务渠道，实现更多业务线上办理。2020年，通过升级住房和城乡建设部结算接口2.0和建成电子签章系统，实现网厅、微信、App、"一部手机办事通"住房公积金部分业务线上办理，彻底解决了原来服务渠道只能查询，不能办理事项的局面。

四是综合服务平台顺利通过省住房城乡建设厅专家组验收，标志着我州住房公积金业务线上线下融合发展新型服务模式取得新进展。2020年12月16日，省住房城乡建设厅检查验收组对红河州住房公积金综合服务平台服务渠道开通、功能实现、综合管理系统和安全保障体系建设情况、运行绩效分析功能及取得的成效进行实地检查验收，最终红河州住房公积金综合服务平台以"优秀"等次通过验收。目前，已建成了以门户网站、网上服务大厅、自助终端、手机App、微信公众号、12329服务热线、短信和"一部手机办事通"8个服务渠道，为广大缴存职工提供更加高效、便捷、温馨的住房公积金服务。

五是积极主动作为，为红河州建立大数据中心提供支持。按照州政府第一批迁移上云的决策部署，多次与华为公司、幂次科技研究上云方案，编制提出红河州服务云资源清单，通过了红河州大数据发展中心组织的资源申请第三方评审，为迁移上云打好基础。同时编制上报红河州政务信息资源目录表，为建立大数据中心，实现数据交换提供依据。

六是做好信息安全工作。根据三级等保测评的工作要求，于2020年11月底开展红河州住房公积金管理中心核心业务系统三级等保复测工作，并于12月中旬顺利通过复测，复测等次为"良"。通过三级等保复测工作，为信息安全工作提供了基础保障，指明了优化方向。

文山壮族苗族自治州住房公积金 2020 年年度报告

根据国务院《住房公积金管理条例》和住房和城乡建设部、财政部、人民银行《关于健全住房公积金信息披露制度的通知》（建金〔2015〕26 号）的规定，经住房公积金管理委员会审议通过，现将文山州住房公积金 2020 年年度报告公布如下。

一、机构概况

（一）住房公积金管理委员会。住房公积金管理委员会有 17 名委员，2020 年召开 1 次会议，审议通过的事项主要包括：审议《关于文山州 2020 年度住房公积金归集使用计划执行情况及 2021 年归集使用计划的报告》；审议《文山州灵活就业人员缴存及使用住房公积金办法（试行）》；讨论通过《文山州住房公积金管理中心关于暂时调整提取公积金偿还金融机构住房贷款期限的请示》。

（二）住房公积金管理中心。文山州住房公积金管理中心为直属于州人民政府不以营利为目的的公益一类事业单位，设 6 个科室，8 个管理部。从业人员 118 人，其中，在编 59 人，非在编 59 人。

二、业务运行情况

（一）缴存。2020 年，新开户单位 279 家，净增单位 6 家；新开户职工 1.77 万人，净增职工 1.17 万人；实缴单位 2893 家，实缴职工 14.88 万人，缴存额 27.01 亿元，分别同比增长 0.21%、8.53%、8.17%；2020 年末，缴存总额 194.01 亿元，比上年末增加 16.17%；缴存余额 83.20 亿元，同比增长 9.78%。受委托办理住房公积金缴存业务的银行 8 家。

（二）提取。2020 年，4.52 万名缴存职工提取住房公积金；提取额 19.60 亿元，同比增长 19.37%；提取额占当年缴存额的 72.57%，比上年增加 6.81 个百分点。2020 年末，提取总额 110.81 亿元，比上年末增加 21.49%。

（三）贷款。

1. 个人住房贷款。个人住房贷款最高额度 50 万元。

2020 年，发放个人住房贷款 0.55 万笔、21.04 亿元，同比分别增长 3.77%、9.24%。

2020 年，回收个人住房贷款 14.85 亿元。

2020 年末，累计发放个人住房贷款 8.37 万笔、189.06 亿元，贷款余额 70.45 亿元，分别比上年末增加 7.03%、12.53%、9.63%。个人住房贷款余额占缴存余额的 84.68%，比上年末减少 0.10 个百分点。受委托办理住房公积金个人住房贷款业务的银行 8 家。

2. 异地贷款。2020 年，发放异地贷款 32 笔、1186.00 万元。年末，发放异地贷款总额 2104.00 万元，异地贷款余额 1976.67 万元。

（四）资金存储。2020 年末，住房公积金存款 12.75 亿元。其中，活期 0.22 亿元，1 年（含）以下定期 4.57 亿元，1 年以上定期 5.93 亿元，其他（协定、通知存款等）2.03 亿元。

（五）资金运用率。2020 年末，住房公积金个人住房贷款余额、项目贷款余额和购买国债余额的总和占缴存余额的 84.68%，比上年末减少 0.10 个百分点。

三、主要财务数据

(一) 业务收入。 2020 年,业务收入 23201.74 万元,同比增长 11.30%。其中,存款利息 1816.05 万元,委托贷款利息 21384.20 万元,国债利息 0 万元,其他 1.49 万元。

(二) 业务支出。 2020 年,业务支出 12382.52 万元,同比增长 12.29%。其中,支付职工住房公积金利息 12167.96 万元,归集手续费 0 万元,委托贷款手续费 213.86 万元,其他 0.70 万元。

(三) 增值收益。 2020 年,增值收益 10819.22 万元,同比增长 10.18%。增值收益率 1.35%,比上年减少 0.02 个百分点。

(四) 增值收益分配。 2020 年,提取贷款风险准备金 618.98 万元,提取管理费用 3245.77 万元,提取城市廉租住房(公共租赁住房)建设补充资金 6954.47 万元。

2020 年,上交财政管理费用 2945.82 万元。上缴财政城市廉租住房(公共租赁住房)建设补充资金 6468.11 万元。

2020 年末,贷款风险准备金余额 7241.31 万元。累计提取城市廉租住房(公共租赁住房)建设补充资金 49320.82 万元。

(五) 管理费用支出。 2020 年,管理费用支出 2587.35 万元,同比增长 6.28%。其中,人员经费 1804.27 万元,公用经费 95.49 万元,专项经费 687.59 万元。

四、资产风险状况

个人住房贷款。2020 年末,个人住房贷款逾期额 24.02 万元,逾期率 0.03‰。个人贷款风险准备金余额 7241.31 万元。

五、社会经济效益

(一) 缴存业务。 缴存职工中,国家机关和事业单位占 72.70%,国有企业占 18.13%,城镇集体企业占 0.69%,外商投资企业占 0.30%,城镇私营企业及其他城镇企业占 7.76%,民办非企业单位和社会团体占 0.42%,灵活就业人员占 0%,其他占 0%;中、低收入占 99.47%,高收入占 0.53%。

新开户职工中,国家机关和事业单位占 69.13%,国有企业占 16.34%,城镇集体企业占 0.33%,外商投资企业占 0.20%,城镇私营企业及其他城镇企业占 13.13%,民办非企业单位和社会团体占 0.87%,灵活就业人员占 0%,其他占 0%;中、低收入占 99.94%,高收入占 0.06%。

(二) 提取业务。 提取金额中,购买、建造、翻建、大修自住住房占 17.36%,偿还购房贷款本息占 65.91%,租赁住房占 0.28%,支持老旧小区改造占 0%,离休和退休提取占 12.21%,完全丧失劳动能力并与单位终止劳动关系提取占 2.19%,出境定居占 0%,其他占 2.05%。提取职工中,中、低收入占 98.28%,高收入占 1.72%。

(三) 贷款业务。 个人住房贷款。2020 年,支持职工购建房 99.66 万平方米(含公转商贴息贷款),年末个人住房贷款市场占有率(含公转商贴息贷款)为 21.60%,比上年末减少 1.37 个百分点。通过申请住房公积金个人住房贷款,可节约职工购房利息支出 45683.65 万元。

职工贷款笔数中,购房建筑面积 90(含)平方米以下占 3.35%,90~144(含)平方米占 53.78%,

144平方米以上占42.87%。购买新房占72.05%（其中购买保障性住房占0%），购买二手房占23.45%，建造、翻建、大修自住住房占4.50%（其中支持老旧小区改造占0%），其他占0%。

职工贷款笔数中，单缴存职工申请贷款占24.21%，双缴存职工申请贷款占74.30%，三人及以上缴存职工共同申请贷款占1.49%。

贷款职工中，30岁（含）以下占26.03%，30岁～40岁（含）占40.78%，40岁～50岁（含）占26.22%，50岁以上占6.97%；首次申请贷款占72.96%，二次及以上申请贷款占27.04%；中、低收入占99.25%，高收入占0.75%。

（四）住房贡献率。2020年，个人住房贷款发放额、公转商贴息贷款发放额、项目贷款发放额、住房消费提取额的总和与当年缴存额的比率为138.52%，比上年增加6.51个百分点。

六、其他重要事项

（一）应对新冠肺炎疫情采取的措施，落实住房公积金阶段性支持政策情况和政策实施成效。印发实施《文山州住房公积金管理中心关于贯彻落实应对新型冠状病毒感染的肺炎疫情相关政策措施的通知》《文山州住房公积金管理中心关于妥善应对新冠肺炎疫情实施住房公积金阶段性支持政策的通知》，不折不扣地抓好政策宣传和贯彻落实，全年共为30家企业1504名缴存职工办理缓缴住房公积金，累计缓缴金额731.51万元；共为6家企业282名缴存职工办理降低缴存比例，共少缴公积金99.75万元；疫情期间，为申请缓缴企业的2名职工办理提取业务，受理贷款申请20笔，共计发放贷款金额694万元。

（二）当年无机构及职能调整情况、受委托办理缴存贷款业务金融机构变更情况。

（三）当年住房公积金政策调整及执行情况，包括当年缴存基数限额及确定方法、缴存比例等缴存政策调整情况；当年提取政策调整情况；当年个人住房贷款最高贷款额度、贷款条件等贷款政策调整情况；当年住房公积金存贷款利率执行标准等；支持老旧小区改造政策落实情况。

1. 当年缴存基数限额及确定方法、缴存比例等缴存政策调整情况。根据文山州统计局公布的2019年度文山州在岗职工月平均工资7668元计算，2020年度住房公积金缴存基数上限为23004元；2020年度住房公积金缴存基数不得低于文山州人力资源和社会保障局公布的当地现行最低工资标准1500元。

2. 当年提取政策调整情况。印发《关于修订〈文山州住房公积金提取管理办法〉有关工作的通知》，成立起草工作领导小组，年内已完成征求意见稿、初稿的起草工作。

3. 当年个人住房贷款最高贷款额度、贷款条件等贷款政策调整情况。

（1）调整贷款申请条件。印发实施《文山州住房公积金管理中心关于贷款有关问题的通知》，对公积金贷款申请条件作出调整，取消"在6个月内未提取过住房公积金才可申请住房公积金个人住房贷款"的规定。

（2）调整贷款期限。印发实施《文山州住房公积金管理中心关于调整贷款期限的通知》，调整个人住房贷款最长期限为30年。

（3）为适应市场发展需求，解决缴存职工购房、还贷等难题，印发实施《文山州住房公积金个人住房组合贷款管理办法（试行）》《文山州个人住房商业贷款转住房公积金个人住房贷款实施细则（试行）》，为本地缴存职工提供更加多样化的贷款模式。

4. 当年住房公积金存贷款利率执行标准与上年相同。

（四）当年服务改进情况，包括推进住房公积金服务"跨省通办"工作情况，服务网点、服务设施、服务手段、综合服务平台建设和其他网络载体建设服务情况等。

1. 跨省通办情况。根据《云南省人民政府办公厅关于印发云南省加快推进政务服务"跨省通办"实施方案的通知》要求，完成了2020年底前实现跨省通办的三个公积金事项，个人住房公积金缴存贷款等信息查询、出具贷款职工住房公积金缴存使用证明、正常退休提取住房公积金业务，均可通过微信公众号、手机App实现全程网办。

2. 服务网点、服务设施、服务手段、综合服务平台建设和其他网络载体建设服务情况。全州下设8个县（市）管理部，作为承办住房公积金日常业务的服务网点。住房公积金服务渠道除柜面业务办理外，还包括门户网站、网上业务大厅、自助终端、服务热线、手机短信、手机客户端、官方微信、官方微博，共八种对外服务渠道。

本年度完成了一部手机办事通二期建设，开通支付宝城市服务功能，并新增了手机App人脸识别登录。新增解除劳动合同提取、退休提取、使用住房公积金偿还住房公积金贷款等三项业务的线上办理功能。在文山管理部大厅布放VTM自助查询机、征信自助查询机。

（五）当年信息化建设情况，包括信息系统升级改造情况，基础数据标准贯彻落实和结算应用系统接入情况等。完成了外网改造、云桌面系统建设、富宁灾备部署、住房和城乡建设部结算平台2.0版接口升级改造、接入全国住房公积金数据平台。

（六）当年住房公积金管理中心及职工所获荣誉情况。

1. 2020年5月被文山州创建全国民族团结进步示范州工作领导小组命名为"民族团结进步示范机关"；
2. 2020年10月被文山州妇女联合会授予"三八红旗集体"；
3. 2020年10月被中共麻栗坡县委麻栗坡县人民政府授予"脱贫攻坚先进集体"。

西双版纳傣族自治州住房公积金2020年年度报告

根据国务院《住房公积金管理条例》和住房和城乡建设部、财政部、人民银行《关于健全住房公积金信息披露制度的通知》（建金〔2015〕26号）的规定，经住房公积金管理委员会审议通过，现将西双版纳州住房公积金2020年年度报告公布如下。

一、机构概况

（一）住房公积金管理委员会。住房公积金管理委员会有25名委员，2020年召开1次会议，审议通过的事项主要包括：《西双版纳傣族自治州住房公积金2019年年度报告》《西双版纳州住房公积金2019年度决算和2020年度预算（草案）》《西双版纳州住房公积金管理中心关于调整住房公积金提取和贷款政策的送审稿》《西双版纳州城镇个体工商户、自由职业者和进城务工人员缴存住房公积金管理办法（试行）》。

（二）住房公积金管理中心。住房公积金管理中心为州政府不以营利为目的的正处级事业单位，设5个科室，3个管理部，无分中心。从业人员45人，其中，在编24人，非在编21人。

二、业务运行情况

（一）缴存。2020年，新开户单位191家，净增单位100家；新开户职工0.56万人，净增职工0.02万人；实缴单位1929家，实缴职工6.59万人，缴存额12.51亿元，分别同比增长5.47%、0.3%、5.21%。2020年末，缴存总额101.78亿元，比上年末增加14.01%；缴存余额51.51亿元，同比增长13.21%。受委托办理住房公积金缴存业务的银行4家。

（二）提取。2020年，1.49万名缴存职工提取住房公积金；提取额6.49亿元，同比下降33.98%；提取额占当年缴存额的51.88%，比上年减少30.79个百分点。2020年末，提取总额50.27亿元，比上年末增加14.85%。

（三）贷款。

1. 个人住房贷款。单缴存职工个人住房贷款最高额度20万元，双缴存职工个人住房贷款最高额度30万元。

2020年，发放个人住房贷款0.15万笔、7.49亿元，同比分别下降54.55%、52.62%。

2020年，回收个人住房贷款4.84亿元。

2020年末，累计发放个人住房贷款4.25万笔、93.51亿元，贷款余额46.15亿元，分别比上年末减少3.91%、8.71%、增长6.09%。个人住房贷款余额占缴存余额的89.59%，比上年末减少6.01个百分点。受委托办理住房公积金个人住房贷款业务的银行4家。

2. 异地贷款。2020年，发放异地贷款10笔、560万元。2020年末，发放异地贷款总额2323万元，异地贷款余额1950.68万元。

（四）资金存储。2020年末，住房公积金存款5.91亿元。其中，活期0.004亿元，1年（含）以下定期0亿元，1年以上定期0亿元，协定存款5.906亿元。

（五）资金运用率。2020年末，住房公积金个人住房贷款余额、项目贷款余额和购买国债余额的总和占缴存余额的89.59%，比上年末减少6.01个百分点。

三、主要财务数据

（一）业务收入。2020年，业务收入15464.68万元，同比增长7.94%。存款利息678.77万元，委托贷款利息14724.47万元，国债利息0万元，其他61.44万元。

（二）业务支出。2020年，业务支出7904.43万元，同比增长12.12%。支付职工住房公积金利息7464.84万元，归集手续费0万元，委托贷款手续费441.68万元，其他-2.09万元。

（三）增值收益。2020年，增值收益7560.25万元，同比增长3.89%。其中，增值收益率1.55%，比上年减少0.1个百分点。

（四）增值收益分配。2020年，提取贷款风险准备金265.22万元，提取管理费用2268.07万元，提取城市廉租住房（公共租赁住房）建设补充资金5026.96万元。

2020年，上交财政管理费用2183.19万元。上缴财政城市廉租住房（公共租赁住房）建设补充资金4118.94万元。其中：2020年末，贷款风险准备金余额4615.15万元。累计提取城市廉租住房（公共租赁住房）建设补充资金18060.05万元。

（五）管理费用支出。2020年,管理费用支出755.82万元,同比下降9.28%。其中,人员经费623.65万元,公用经费42.23万元,专项经费89.94万元。

四、资产风险状况

个人住房贷款。2020年末,个人住房贷款逾期额1278.46万元,逾期率2.77‰。个人贷款风险准备金余额4615.15万元。2020年,使用个人贷款风险准备金核销呆坏账0万元。

五、社会经济效益

（一）缴存业务。缴存职工中,国家机关和事业单位占55.54%,国有企业占16.56%,城镇集体企业占1.71%,外商投资企业占3.12%,城镇私营企业及其他城镇企业占17.81%,民办非企业单位和社会团体占0.29%,灵活就业人员占0%,其他占4.97%;中、低收入占99.98%,高收入占0.02%。

新开户职工中,国家机关和事业单位占90.12%,国有企业占0.14%,城镇集体企业占0.02%,外商投资企业占0%,城镇私营企业及其他城镇企业占9.42%,民办非企业单位和社会团体占0%,灵活就业人员占0%,其他占0.3%;中、低收入占100%,高收入占0%。

（二）提取业务。提取金额中,购买、建造、翻建、大修自住住房占36.51%,偿还购房贷款本息占24.99%,租赁住房占0.34%,支持老旧小区改造占0%,离休和退休提取占26.89%,完全丧失劳动能力并与单位终止劳动关系提取占7.87%,出境定居占1.65%,其他占1.75%。提取职工中,中、低收入占99.99%,高收入占0.01%。

（三）贷款业务。

个人住房贷款。2020年,支持职工购建房15.56万平方米,年末个人住房贷款市场占有率为24.94%,比上年末减少4.33个百分点。通过申请住房公积金个人住房贷款,可节约职工购房利息支出14510.69万元。

职工贷款笔数中,购房建筑面积90（含）平方米以下占23.24%,90～144（含）平方米占60.19%,144平方米以上占16.57%。购买新房占84.99%,购买二手房占14.82%,建造、翻建、大修自住住房占0.19%。

职工贷款笔数中,单缴存职工申请贷款占37.8%,双缴存职工申请贷款占62.2%,三人及以上缴存职工共同申请贷款占0%。

贷款职工中,30岁（含）以下占37.86%,30岁～40岁（含）占37.28%,40岁～50岁（含）占19.03%,50岁以上占5.83%;首次申请贷款占86.41%,二次及以上申请贷款占13.59%;中、低收入占99.94%,高收入占0.06%。

（四）住房贡献率。2020年,个人住房贷款发放额、公转商贴息贷款发放额、项目贷款发放额、住房消费提取额的总和与当年缴存额的比率为111.75%,比上年减少103.89个百分点。

六、其他重要事项

（一）应对新冠肺炎疫情采取的措施,落实住房公积金阶段性支持政策情况和政策实施成效。制发《西双版纳州住房公积金管理中心关于应对新型冠状病毒感染肺炎疫情做好住房公积金管理服务工作的通知》《"20"条措施涉及住房公积金系统工作清单》《西双版纳州住房公积金管理中心关于有效应对疫情保持房地产市场平稳发展有关事项的通知》，认真落实了疫情期间国家对住房公积金缴存单位及职工的各项支持政策。

1. 因受疫情影响，未能按时足额缴存住房公积金的企业，在6月30日前可向各管理部提出书面申请缓缴住房公积金，并在一定期限内办理补缴。其间，职工住房公积金缴存时间连续计算，不影响职工申请住房公积金贷款的权益。

2. 切实保障受疫情影响缴存职工的住房公积金贷款权益。对因感染新型肺炎住院治疗或隔离人员、疫情防控需要隔离观察人员、一线医务人员等参加疫情防控工作人员以及受疫情影响暂时失去收入来源的人群，可灵活调整其住房公积金贷款还款安排，合理延后还款期限。上述人员疫情防控期间未能正常还款的，可不作逾期处理，不作为逾期记录报送征信部门，已报送的予以调整。

3. 优化提取办理流程，为缴存职工提取住房公积金提供便利。在疫情防控期间，对提取住房公积金有时限要求的，可延期办理；对受疫情影响支付房租压力较大的租房职工，可根据其实际需求合理确定租房提取额度、灵活安排提取时间，保障职工的租房提取需求。

4. 对受疫情影响的企业，在与职工充分协商前提下，可以在6月30日前决定自愿缴存住房公积金的比例（5%~12%）。

5. 缴存单位可通过网银办理住房公积金转账业务。对需要现场办理业务的职工，实行预约办理和错峰办理，分时段合理分流，减少职工等待时间，减少人员聚集。

6. 在疫情影响期间，房地产项目取得商品房预售许可后，即可申请办理公积金按揭贷款准入手续。

通过执行以上政策，有效缓解了受疫情影响企业的生产经营压力，纾解了职工困难。

（二）当年机构及职能调整情况、受委托办理缴存贷款业务金融机构变更情况。

1. 中心内设5个科室、3个管理部，本年度内无调整。

2. 云南省农村信用社联合社住房公积金存款专户于2020年8月7日销户，受委托办理缴存贷款业务的金融机构为：中国农业银行景洪金穗支行、中国工商银行景洪东路支行、中国建设银行景洪西路支行、中国银行西双版纳州分行。

（三）当年住房公积金政策调整及执行情况。

1. 2020年度，缴存基数上限为社会平均工资的三倍，缴存比例不得超过12%，下限为社会平均工资，缴存比例不得低于5%；住房公积金存款利率按1年期1.5%计息。

2. 提取、贷款政策调整情况。

（1）调整直系亲属共同使用住房公积金政策。职工购（建）自住房申请提取和贷款，其直系亲属可作为共同申请人使用住房公积金政策调整为：职工购（建）自住房申请提取和贷款，申请人应当为购房合同上约定的买受人（共同买受人）之一或不动产权证记载的权利人之一。

（2）调整职工购买第二套改善型住房申请住房公积金贷款时限。职工购买第二套改善型住房申请住房公积金贷款，由贷款结清后即可办理贷款调整为：职工购买第二套改善型住房申请住房公积金贷款，在职工上一笔住房公积金贷款结清24个月后方可再次申请住房公积金贷款。

（3）调整住房贷款额度。贷款最高额度由不分单双职工最高80万元调整为：双职工不超过30万元，单职工不超过20万元；同时贷款额不超过个人公积金余额的10倍。

（4）规范贷款次数。根据《云南省人民政府办公厅关于进一步规范住房公积金使用政策的通知》（云政办函35号）调整为：严格执行根据住房公积金业务系统和银行征信系统查询情况，不再向已有2次及以上住房贷款记录（含公积金和商业银行贷款）的缴存职工家庭发放公积金贷款。

（5）调整办理州外购房提取和贷款业务范围。缴存职工及配偶购买西双版纳行政区域外的住房，由能查到备案登记和增值税发票即可办理住房公积金提取和贷款调整为：缴存职工及配偶购买西双版纳行政区域外的住房，仅限于户籍所在地或工作所在地的住房可申请提取公积金。除此之外的购房行为不支持提取公积金和办理公积金贷款。

3. 贷款利率按5年（含5年）以下为2.75%，5年以上为3.25%执行，贷款购买第二套住房的，贷款利率按公积金贷款基准利率的1.1倍执行。

(四) 当年服务改进情况。

1. 2020年度，已有三个事项实现线上办理"跨省通办"。个人住房公积金缴存贷款信息异地查询、正常退休异地提取、出具异地贷款职工住房公积金缴存使用证明。

2. 完成了住房公积金综合服务平台建设。目前已开通门户网站、微信、一部手机办事通、12329热线等途径的个人及单位信息查询，为职工咨询政策，缩短办理时限，提高服务效率奠定了良好的基础。

3. 电子检查与内部稽核工作相结合。利用电子化检查工具，每月对所办理的各项业务进行稽核，加强了内部管理。避免了业务人员在办理业务时出现违规违纪的行为，同时也杜绝了骗提、骗贷行为的发生。

4. 与全国住房公积金异地转移接续平台实现直连，做到了中心核心业务系统与平台无缝对接，实现了住房公积金全国漫游，缴存职工在转入地住房公积金管理中心就可办理业务。

5. 推行"一窗受理、集成服务"模式。按照《西双版纳州人民政府办公室关于政务服务"一窗受理、集成服务"改革工作实施方案》《深化"互联网＋政务服务"推进政务服务"一网、一门、一次"改革工作方案的通知》要求，中心以设立公积金受理专区的方式授权业务事项在州级实体政务服务大厅办理公积金相关业务。以及勐腊管理部进驻当地政务服务大厅，让窗口服务成为群众和企业办事的主渠道，杜绝审批服务"两头受理""脱离监管"，提高了办事效率，服务水平得到进一步提升。

(五) 当年信息化建设情况。与系统运维商沟通对接常态化，不断升级完善住房公积金业务系统，全面巩固提升"双贯标"工作成果。做好日常系统、设备巡检和网络安全日常管理，确保住房公积金信息系统和资金安全。

(六) 当年对违反《住房公积金管理条例》和相关法规行为进行行政处罚和申请人民法院强制执行情况。对逾期超过6期的，委托律师按照法律程序向人民法院提起诉讼。借款人不执行法院判决的，在相关法律规定的时效内申请法院强制执行申请人民法院强制执行13笔。

大理白族自治州住房公积金2020年年度报告

根据国务院《住房公积金管理条例》、住房和城乡建设部、财政部、人民银行《关于健全住房公积金信息披露制度的通知》（建金〔2015〕26号）的规定，大理州住房公积金2020年年度报告经大理州住房公积金管理委员会审议通过,现公布如下。

一、机构概况

(一)住房公积金管理委员会。大理州住房公积金管理委员会有24名委员,2020年召开1次会议,审议通过的事项主要包括:《大理州住房公积金管理中心2019年工作报告》《大理州住房公积金2019年度增值收益分配方案》《大理州住房公积金管理委员会办公室关于进一步规范大理州住房公积金贷款政策执行及贷款审批授权意见(草案)报告》《大理州住房公积金2019年度归集使用计划执行情况及2020年度归集使用计划报告》《大理州住房公积金管理中心信息系统建设情况的报告》《大理州住房公积金2019年年度报告》。

(二)住房公积金管理中心。大理州住房公积金管理中心(下称中心)为大理州人民政府直属的不以营利为目的的公益一类事业单位,下设5个科室,12个县(市)管理部。从业人员89人,其中,在编50人,非在编39人。

二、业务运行情况

(一)缴存。2020年,新开户单位167家,新开户职工0.84万人,净增职工0.13万人;实缴单位3279家,实缴职工14.82万人,缴存额31.56亿元,分别同比增长-0.82%、0.88%、4.92%。2020年末,缴存总额245.08亿元,比上年末增加14.78%;缴存余额95.04亿元,同比增长8.72%。受委托办理住房公积金缴存业务的银行7家。

(二)提取。2020年,4.14万名缴存职工提取住房公积金;提取额23.94亿元,同比增长16.33%;提取额占当年缴存额的75.86%,比上年增加7.44个百分点。2020年末,提取总额150.04亿元,比上年末增加18.98%。

(三)贷款。

1. 个人住房贷款。个人住房贷款最高额度70万元。单缴存职工个人住房贷款最高额度60万元,双缴存职工个人住房贷款最高额度70万元。

2020年发放个人住房贷款0.31万笔、16.94亿元,同比分别下降11.43%、8.63%。

2020年回收个人住房贷款9.87亿元。

2020年末,累计发放个人住房贷款6.20万笔、149.28亿元,贷款余额82.58亿元,分别比上年末增加5.26%、12.80%、9.36%。个人住房贷款余额占缴存余额的86.89%,比上年末增加0.51个百分点。受委托办理住房公积金个人住房贷款业务的银行6家。

2. 异地贷款。2020年发放异地贷款31笔、1599万元。2020年末,发放异地贷款总额5427万元,异地贷款余额4814.58万元。

(四)资金存储。2020年末,住房公积金存款12.46亿元。其中,活期0.01亿元,1年(含)以下定期6.3亿元,1年以上定期4.5亿元,其他(协定、通知存款等)1.65亿元。

(五)资金运用率。2020年末,住房公积金个人住房贷款余额、项目贷款余额和购买国债余额的总和占缴存余额的86.89%,比上年末增加0.51个百分点。

三、主要财务数据

（一）**业务收入**。2020年业务收入30097.65万元，同比增长13.37%。其中，存款利息4368.11万元，委托贷款利息25727.7万元，其他1.84万元。

（二）**业务支出**。2020年业务支出16222.24万元，同比增长4.69%。其中，支付职工住房公积金利息15257.24万元，没有发生归集手续费，委托贷款手续费965万元。

（三）**增值收益**。2020年增值收益13875.41万元，同比增长25.55%。增值收益率1.5%，比上年增加0.18个百分点。

（四）**增值收益分配**。2020年提取贷款风险准备金707.41万元，提取管理费用4162.62万元，提取城市廉租住房（公共租赁住房）建设补充资金9005.38万元。

2020年，上交财政管理费用4162.62万元，上缴财政城市廉租住房（公共租赁住房）建设补充资金9005.38万元。

2020年末，贷款风险准备金余额8255.67万元。累计提取城市廉租住房（公共租赁住房）建设补充资金52200.89万元。

（五）**管理费用支出**。2020年，管理费用支出1516.78万元，同比下降46.65%。其中，人员经费1104.17万元，公用经费108.98万元，专项经费303.63万元。

四、资产风险状况

个人住房贷款。2020年末，个人住房贷款逾期额189.27万元，逾期率0.23‰。个人贷款风险准备金余额8255.67万元。2020年，没有使用过个人贷款风险准备金。

五、社会经济效益

（一）**缴存业务**。缴存职工中，国家机关和事业单位占64.25%，国有企业占19.09%，城镇集体企业占4.13%，外商投资企业占1.26%，城镇私营企业及其他城镇企业占7.87%，民办非企业单位和社会团体占0.28%，其他占3.12%；中、低收入占99.20%，高收入占0.80%。

新开户职工中，国家机关和事业单位占39.50%，国有企业占12.46%，城镇集体企业占13.09%，外商投资企业占1.99%，城镇私营企业及其他城镇企业占23.55%，民办非企业单位和社会团体占1.78%，其他占7.63%；中、低收入占99.72%，高收入占0.28%。

（二）**提取业务**。提取金额中，购买、建造、翻建、大修自住住房占42.43%，偿还购房贷款本息占40.94%，租赁住房占0.72%，离休和退休提取占12.01%，完全丧失劳动能力并与单位终止劳动关系提取占2.53%，出境定居占0.37%，其他占1%。提取职工中，中、低收入占98.90%，高收入占1.10%。

（三）**贷款业务**。个人住房贷款。2020年，支持职工购建房44.58万平方米，年末个人住房贷款市场占有率为24.24%，比上年末增加5.6个百分点。通过申请住房公积金个人住房贷款，可节约职工购房利息支出17764.57万元。

职工贷款笔数中，购房建筑面积90（含）平方米以下占9.06%，90～144（含）平方米占67.29%，144平方米以上占23.65%。购买新房占71.03%，购买二手房占27.36%，建造、翻建、大修自住住房占1.61%。

职工贷款笔数中，单缴存职工申请贷款占23.94%，双缴存职工申请贷款占74.32%，三人及以上缴存职工共同申请贷款占1.74%。

贷款职工中，30岁（含）以下占35.48%，30岁～40岁（含）占35.45%，40岁～50岁（含）占22.23%，50岁以上占6.84%；首次申请贷款占87.52%，二次及以上申请贷款占12.48%；中、低收入占99.94%，高收入占0.06%。

（四）住房贡献率。 2020年，个人住房贷款发放额、公转商贴息贷款发放额、项目贷款发放额、住房消费提取额的总和与当年缴存额的比率为117.47%，比上年降低3.01个百分点。

六、其他重要事项

（一）2020年中心面对新冠肺炎疫情积极采取措施，落实住房公积金阶段性支持政策。 一是受新冠肺炎疫情影响的企业，可在2020年6月30日前提出缓缴住房公积金，缓缴期间职工缴存时间连续计算，不影响正常提取和申请住房公积金贷款。期间全州累计336家企业申请住房公积金暂缓缴存，受益缴存职工17970人，缓缴金额756.3万元（其中：企业378.15万元，缴存职工378.15万元）。二是出台了因感染新冠肺炎住院治疗或隔离人员、疫情防控需要隔离人员以及受疫情影响暂时失去收入来源人员、参加疫情防控一线工作者，在疫情期间不能正常偿还住房公积金贷款的，贷款暂不转逾期、不计收罚息且不影响个人征信等支持抗疫政策。疫情期间按政策规定不作逾期处理的贷款有88笔，贷款余额2662.13万元，应还未还本金22.89万元；发放受疫情影响申请缓缴单位的职工贷款3笔，贷款金额147万元；2020年，中心与30家房地产企业共31个项目开展按揭贷款合作，发放按揭贷款11.55亿元，全力支持企业复工复产，为企业度难关稳发展创造条件。

（二）2020年大理州住房公积金业务受委托银行有7家，分别是建行大理州分行、农行大理州分行、工行大理州分行、中行大理州分行、交行大理州分行、大理州农信社（农商行）和富滇银行大理州分行。通过考核，评选出建行大理州分行、工行大理州分行和农行大理州分行为2020年住房公积金业务优秀承办银行。

（三）在住房公积金政策调整及执行方面。 一是为认真落实"房住不炒"的精神，积极做好巡察整改，经管委会审议通过，2020年中心出台了一系列政策，进一步规范贷款行为。具体如下：职工连续足额缴存住房公积金6个月（含）以上，在购、建首套自住住房或第二套改善型普通住房时，可申请住房公积金个人贷款；以第二套改善型普通住房为由申请住房公积金个人贷款的，建筑面积超过144㎡（含）的则不予支持；对第三次及以上使用住房公积金个人贷款的申请不予支持；不再受理购、建房行为发生之日起超过12个月的住房公积金个人贷款申请；严禁用同一购、建房理由重复申请住房公积金个人贷款等。二是认真执行公积金保低限高缴存政策。2020年缴存住房公积金的工资基数上限为24729元，月缴存额不得超过5934元（单位、个人各缴存2967元）。大理市最低工资标准1500元，职工住房公积金月缴存额不得低于150元（单位、个人各缴存75元）。祥云等11个县最低工资标准1350元，职工住房公积金月缴存额不得低于136元（单位、个人各缴存68元）。

（四）深化"放管服"改革，不断提升服务意识和服务能力。 一是不断完善信息系统建设，增加服务设施，拓宽服务渠道，提升服务质量和服务水平。（1）完成开通"跨省通办"要求的公积金信息查询、出具贷款职工住房公积金缴存使用证明、退休提取住房公积金等全部事项；（2）开通因离退休和终止劳动关系提取住房公积金的互联网线上渠道；（3）通过省住房城乡建设厅综合服务平台验收；（4）完成"一网通办""好差评"系统建设，通过验收并上线运行；（5）大理州住房公积金管理信息系统通过国家标准网络安全等级保护第三级测评。二是从2020年6月1日起，住房公积金个人贷款由各县（市）管理部审批，减少审批环节和时间。三是从2020年11月1日起，按照属地原则可由购房所在地管理部受理职工贷款申请并办理贷款业务，极大方便缴存职工。

（五）荣誉。2020年大理州住房公积金管理中心荣获云南省省级文明单位、大理市市级文明单位称号。

德宏傣族景颇族自治州住房公积金2020年年度报告

根据国务院《住房公积金管理条例》和住房和城乡建设部、财政部、人民银行《关于健全住房公积金信息披露制度的通知》（建金〔2015〕26号）的规定，现将德宏州（市）住房公积金2020年年度报告如下。

一、机构概况

（一）住房公积金管理委员会。住房公积金管理委员会有20名委员，2020年召开一次会议，审议通过的事项主要包括：

1.《2019年德宏州住房公积金管理工作情况汇报》；
2.《德宏州住房公积金2019年度住房公积金财务报告》；
3.《德宏州住房公积金2019年增值收益分配方案》；
4.《德宏州住房公积金2019年度报告》。

（二）住房公积金管理中心。德宏州住房公积金管理中心为隶属关系不以营利为目的的机构属性事业单位，设6个处（科），5个管理部，0个分中心。从业人员38人，其中，在编38人，非在编0人。

二、业务运行情况

（一）缴存。2020年，新开户单位116家，净增单位116家；新开户职工0.125万人，净增职工0.125万人；实缴单位1471家，实缴职工6.33万人，缴存额12.77亿元，分别同比增长8.56%、1.93%、2.16%。2020年末，缴存总额94.52亿元，比上年末增加15.62%；缴存余额49.07亿元，同比增长8.61%。受委托办理住房公积金缴存业务的银行8家。

（二）提取。2020年，4.26万名缴存职工提取住房公积金；提取额8.88亿元，同比增长16.71%；提取额占当年缴存额的69.45%，比上年增加14.22个百分点。2020年末，提取总额45.44亿元，比上年末增加24.25%。

（三）贷款。

个人住房贷款。个人住房贷款最高额度60万元。单缴存职工个人住房贷款最高额度40万元，双缴存职工个人住房贷款最高额度 60 万元。

2020 年,发放个人住房贷款 0.252 万笔、11.55 亿元,同比分别增长 0%、12.13%。

2020 年,回收个人住房贷款 5.93 亿元。

2020 年末,累计发放个人住房贷款 3.97 万笔、81.53 亿元,贷款余额 44.33 亿元,分别比上年末增加 7%、16.5%、14.48%。个人住房贷款余额占缴存余额的 90.34%,比上年末增加 5.41 个百分点。受委托办理住房公积金个人住房贷款业务的银行 8 家。

(四)资金存储。2020 年末,住房公积金存款 6.23 亿元。其中,活期 3.48 亿元,1 年(含)以下定期 2.75 亿元,1 年以上定期 0 亿元,其他(协定、通知存款等)0 亿元。

(五)资金运用率。2020 年末,住房公积金个人住房贷款余额、项目贷款余额和购买国债余额的总和占缴存余额的 90.34%,比上年末增加 5.41 个百分点。

三、主要财务数据

(一)业务收入。2020 年,业务收入 15235.71 万元,同比增长 15.71%。存款利息 1370.15 万元,委托贷款利息 13864.71 万元,其他 0.85 万元。

(二)业务支出。2020 年,业务支出 7528.37 万元,同比增长 4.86%。支付职工住房公积金利息 7206.15 万元,委托贷款手续费 322.22 万元。

(三)增值收益。2020 年,增值收益 7707.34 万元,同比增长 28.72%。增值收益率 1.62%,比上年增加 0.22 个百分点。

(四)增值收益分配。2020 年,提取贷款风险准备金 561.68 万元;提取管理费用 6374.9 万元,提取城市廉租住房(公共租赁住房)建设补充资金 770.76 万元。

2020 年,上交财政管理费用 4930.5 万元。上缴财政城市廉租住房(公共租赁住房)建设补充资金 598.82 万元。

2020 年末,贷款风险准备金余额 4639.85 万元。累计提取城市廉租住房(公共租赁住房)建设补充资金 770.76 万元。

(五)管理费用支出。2020 年,管理费用支出 509.93 万元,同比下降 71.26%。其中,人员经费 103.47 万元,专项经费 406.46 万元。

四、资产风险状况

个人住房贷款。2020 年末,个人住房贷款逾期额 24.71 万元,逾期率 0.056‰,人贷款风险准备金余额 4639.85 万元。

五、社会经济效益

(一)缴存业务。缴存职工中,国家机关和事业单位占 70.17%,国有企业占 16.54%,城镇集体企业占 0.36%,外商投资企业占 0.19%,城镇私营企业及其他城镇企业占 4.78%,民办非企业单位和社会团体占 0.33%,其他占 7.63%;中、低收入占 100%。

新开户职工中,国家机关和事业单位占 44%,国有企业占 18%,城镇集体企业占 0.22%,外商投资企业占 1.66%，城镇私营企业及其他城镇企业占 20.03%，民办非企业单位和社会团体占 1.04%，其他占 15.05%；中、低收入占 100%。

（二）**提取业务**。提取金额中，购买、建造、翻建、大修自住住房占 5.63%，偿还购房贷款本息占 76.75%，租赁住房占 1%，支持老旧小区改造占 0%，离休和退休提取占 3.82%，完全丧失劳动能力并与单位终止劳动关系提取占 2.02%，出境定居占 0%，其他占 10.78%。提取职工中，中、低收入占 100%，高收入占 0%。

（三）**贷款业务**。个人住房贷款。2020 年，支持职工购建房 41.68 万平方米（含公转商贴息贷款），年末个人住房贷款市场占有率（含公转商贴息贷款）为 36.59%，比上年末增加 0.56 个百分点。通过申请住房公积金个人住房贷款，可节约职工购房利息支出 1905.32 万元。

职工贷款笔数中，购房建筑面积 90（含）平方米以下占 5.95%，90~144（含）平方米占 45.16%，144 平方米以上占 48.89%。购买新房占 44.88%，购买二手房占 48.25%，建造、翻建、大修自住住房占 3.25%，其他占 3.62%。

职工贷款笔数中，单缴存职工申请贷款占 22.9%，双缴存职工申请贷款占 74.33%，三人及以上缴存职工共同申请贷款占 2.77%。

贷款职工中，30 岁（含）以下占 33.65%，30 岁~40 岁（含）占 42.9%，40 岁~50 岁（含）占 19.6%，50 岁以上占 3.85%；首次申请贷款占 73%，二次及以上申请贷款占 27%；中、低收入占 100%。

（四）**住房贡献率**。2020 年，个人住房贷款发放额、公转商贴息贷款发放额、项目贷款发放额、住房消费提取额的总和与当年缴存额的比率为 159.97%，比上年增加 16.77 个百分点。

六、其他重要事项

2020 年其他重要事项有：

（一）**疫情期间实行人性化管理**。为有效减轻企业职工缴存住房公积金负担，制定出台了"受新冠肺炎疫情影响的企业职工，可申请缓缴住房公积金，住房公积金贷款因疫情不能正常还款的，不作逾期处理"的相关管理政策，全年共办理受疫情影响 11 家 355 名企业职工 23.9 万元缓缴申请。

（二）**业务办理要件进行"瘦身"**。进一步精简办事手续，取消了提取业务纸质申请表、二手房估价报告、租房提取部分证明材料等业务办理过程中设定证明事项相关规定，提高了工作效率。

（三）**对企业实行"减负"**。认真落实省市场监督局、省住房城乡建设厅、发展改革委、财政厅和人民银行昆明支行 5 部门联发的《关于进一步规范住房公积金贷款环节收费行为有关问题的通知》要求，全州共清退 2017 年 1 月 1 日至 2020 年 7 月 31 日期间由住房公积金贷款职工支付的抵押登记费 5068 笔、40.54 万元，清退了全州 65 家房地产开发商缴纳的住房公积金按揭贷款保证金 1.21 亿元。

（四）**全力推进"互联网＋政务"服务信息化建设**。实现住房公积金服务事项"掌上办""指尖办"，全州全年网上业务大厅完成业务查询 191000 笔，共有 1431 家单位通过网上自助汇缴业务 21787 笔，占缴存单位比例的 92.5%；短信签约用户达到 64,455 人，向缴存职工推送 200 多万条短信，短信用户覆盖率达到 96%；微信用户达到 34700 人，同比增长 23.9%，微信业务查询 190000 笔；手机 App 用户量达 7300 人，同比增长 37.7%，手机 App 业务查询 38000 笔；"一部手机办事通—我的公积金"活跃用户人数达到 6500 人，实现业务查询 59000 笔，手机移动端实现提前还款业务办理 41 笔。

（五）成功创建"规范化建设示范党支部"。 州公积金中心党支部被州委州直机关工委命名为德宏州第三批"规范化建设示范党支部"。

怒江傈僳族自治州住房公积金 2020 年年度报告

根据国务院《住房公积金管理条例》和住房和城乡建设部、财政部、人民银行《关于健全住房公积金信息披露制度的通知》（建金〔2015〕26 号）的规定，经住房公积金管理委员会审议通过，现将怒江州住房公积金 2020 年年度报告公布如下。

一、机构概况

（一）住房公积金管理委员会。 住房公积金管理委员会有 23 名委员，2020 年召开 2 次会议，审议通过的事项主要包括：审议通过了《怒江州住房公积金 2019 年年度报告》《怒江州住房公积金管理委员会章程》《2019 年公积金增值收益分配方案》《2019 年度公积金归集和使用执行情况暨 2020 年度公积金归集和使用计划》《怒江州 2020 年上半年公积金制度执行情况》《关于调整个人住房公积金贷款最高额度的建议》《怒江州住房公积金管理中心归集管理办法》《怒江州住房公积金管理中心提取管理办法》《怒江州住房公积金管理中心个人贷款管理办法》。

（二）住房公积金管理中心。 住房公积金管理中心为怒江州人民政府直属不以营利为目的的公益一类事业单位，设 8 个科，4 个管理部。从业人员 39 人，其中，在编 24 人，非在编 15 人。

二、业务运行情况

（一）缴存。 2020 年，新开户单位 33 家，净增单位 11 家；新开户职工 0.21 万人，净增职工 0.13 万人；实缴单位 727 家，实缴职工 3.46 万人，缴存额 8.46 亿元，分别同比增长 1.54%、3.9%、25.15%。2020 年末，缴存总额 59.78 亿元，比上年末增加 16.48%；缴存余额 23.26 亿元，同比增长 18.13%。

（二）提取。 2020 年，1.39 万名缴存职工提取住房公积金；提取额 4.89 亿元，同比下降 2.78%；提取额占当年缴存额的 57.8%，比上年减少 16.69 个百分点。2020 年末，提取总额 36.52 亿元，比上年末增加 15.46%。

（三）贷款。

1. 个人住房贷款。单缴存职工个人住房贷款最高额度 50 万元，双缴存职工个人住房贷款最高额度 80 万元。

2020 年，发放个人住房贷款 0.11 万笔、4.15 亿元，同比分别下降 16.93%、13.54%。

2020 年，回收个人住房贷款 4.21 亿元。

2020 年末，累计发放个人住房贷款 2.56 万笔、45.15 亿元，贷款余额 11.15 亿元，分别比上年末增加 4.49%、10.15%、−0.54%。个人住房贷款余额占缴存余额的 47.94%，比上年末减少 8.99 个百分点。受委托办理住房公积金个人住房贷款业务的银行 5 家。

2. 异地贷款。2020 年，发放异地贷款 55 笔、2427 万元。2020 年末，发放异地贷款总额 9877 万元，异地贷款余额 6023.33 万元。

（四）**资金存储**。2020 年末，住房公积金存款 12.38 亿元。其中，活期 2.58 亿元，1 年（含）以下定期 9.8 亿元。

（五）**资金运用率**。2020 年末，住房公积金个人住房贷款余额、项目贷款余额和购买国债余额的总和占缴存余额的 47.94%，比上年末减少 8.99 个百分点。

三、主要财务数据

（一）**业务收入**。2020 年，业务收入 6223.39 万元，同比增长 28.07%。其中，存款利息 2044.91 万元，委托贷款利息 3987.96 万元，其他 190.52 万元。

（二）**业务支出**。2020 年，业务支出 4703.3 万元，同比增长 80.72%。其中，支付职工住房公积金利息 4677.4 万元，委托贷款手续费 25.53 万元，其他 0.37 万元。

（三）**增值收益**。2020 年，增值收益 1520.09 万元，同比下降 18.9%。其中，增值收益率 0.71%，比上年减少 0.3 个百分点。

（四）**增值收益分配**。2020 年，提取贷款风险准备金 0 万元；提取管理费用 456.02 万元，提取城市廉租住房（公共租赁住房）建设补充资金 1064.07 万元。

2020 年，上交财政管理费用 562.27 万元。上缴财政城市廉租住房（公共租赁住房）建设补充资金 187.42 万元。

2020 年末，贷款风险准备金余额 10017.36 万元。累计提取城市廉租住房（公共租赁住房）建设补充资金 2365.96 万元。

（五）**管理费用支出**。2020 年，管理费用支出 230.79 万元，同比增长 152.78%。其中，人员经费 93.26 万元，专项经费 137.53 万元。

四、资产风险状况

个人住房贷款。2020 年末，个人住房贷款逾期额 530.2 万元，逾期率 4.76‰。个人贷款风险准备金余额 10017.36 万元。2020 年，使用个人贷款风险准备金核销呆坏账 0 万元。

五、社会经济效益

（一）**缴存业务**。缴存职工中，国家机关和事业单位占 73.2%，国有企业占 10.22%，城镇集体企业占 13.74%，外商投资企业占 0%，城镇私营企业及其他城镇企业占 1.82%，民办非企业单位和社会团体占 0.39%，灵活就业人员占 0%，其他占 0.63%；中、低收入占 99.49%，高收入占 0.51%。

新开户职工中，国家机关和事业单位占 68.59%，国有企业占 7.17%，城镇集体企业占 14.84%，外商投资企业占 0%，城镇私营企业及其他城镇企业占 6.47%，民办非企业单位和社会团体占 0.28%，灵活就业人员占 0%，其他占 2.65%；中、低收入占 99.53%，高收入占 0.47%。

（二）**提取业务**。提取金额中，购买、建造、翻建、大修自住住房占 15.29%，偿还购房贷款本息占 60.84%，租赁住房占 6.79%，支持老旧小区改造占 0%，离休和退休提取占 14.23%，完全丧失劳动能力并与单位终止劳动关系提取占 1.11%，出境定居占 0.72%，其他占 1.02%。提取职工中，中、低收入占 99.5%，高收入占 0.5%。

（三）**贷款业务**。个人住房贷款。2020 年，支持职工购建房 15.83 万平方米，年末个人住房贷款市场占有率为 37.5%，比上年末减少 5.54 个百分点。通过申请住房公积金个人住房贷款，可节约职工购房利息支出 5657.13 万元。

职工贷款笔数中，购房建筑面积 90（含）平方米以下占 2.87%，90~144（含）平方米占 67.33%，144 平方米以上占 29.8%。购买新房占 76.84%（其中购买保障性住房占 0%），购买二手房占 17.32%，建造、翻建、大修自住住房占 0.9%（其中支持老旧小区改造占 0%），其他占 4.94%。

职工贷款笔数中，单缴存职工申请贷款占 29.89%，双缴存职工申请贷款占 70.11%，三人及以上缴存职工共同申请贷款占 0%。

贷款职工中，30 岁（含）以下占 31.69%，30 岁~40 岁（含）占 39.95%，40 岁~50 岁（含）占 22.53%，50 岁以上占 5.83%；首次申请贷款占 85.01%，二次及以上申请贷款占 14.99%；中、低收入占 99.73%，高收入占 0.27%。

（四）**住房贡献率**。2020 年，个人住房贷款发放额、公转商贴息贷款发放额、项目贷款发放额、住房消费提取额的总和与当年缴存额的比率为 97.09%，比上年减少 39.71 个百分点。

六、其他重要事项

（一）**认真做好新冠疫情防控工作**。及时成立应对新型冠状病毒感染的肺炎疫情工作领导小组，充分利用网站、微信公众号、职工微信朋友圈加大疫情及业务宣传。在停办业务期间开展电话咨询服务，同时中心及时调整逾期还款宽限日，调整时限至 2020 年 6 月 30 日，该期限内不计贷款逾期。协助相关部门、社区做好疫情防控相关排查工作，组织广大党员、干部职工清扫、消毒责任区、办公楼房等卫生，教育和引导干部职工群众做好卫生防护工作。

（二）**当年机构及职能调整情况**。2020 年，核定事业编制为 34 名，内设机构 12 个（新增 1 个科室）；核定领导职数 20 人，其中设中心主任 1 名（事业管理五级），副主任 2 名（事业管理六级）；科级领导职数 17 名，含正职 12 名（事业管理七级），副职 5 名（事业管理八级）。

（三）**当年住房公积金政策调整及执行情况**。一是按照建设部、财政部、中国人民银行建金管〔2005〕5 号文件及云建房 148 号《关于加强住房公积金管理若干具体问题的通知》规定，缴存职工住房公积金的月缴存基数原则上不得超过职工工作所在地的设区城市统计部门公布的上一年度职工月平均工资总额的三倍，2019 年度怒江州全州职工社会月平均工资为 6584 元，计算 2020 年度月缴存额合计最高不得超过 19752×12%×2=4740 元。根据文件及执行标准我州缴存工资基数下限和最低缴存额分别为：泸水市（含州直）1500×5%×2=150 元；兰坪县、福贡县、贡山县为 1350×5%×2=136 元，保留至整数。二是颁布实施《怒江州住房公积金归集管理办法》《怒江州住房公积金个人贷款管理办法》《怒江州住房公积金提取管理办法》三个管理办法。

（四）**当年服务改进情况**。自 2019 年底管理中心进驻州政务服务中心以来，公积金业务全面实现"一站式"办理，给广大公积金缴存单位和职工提供更高效便捷的服务，得到了广大群众的好评。制定了"怒江州住房公积金管理中心业务办理工作手册""怒江州住房公积金管理中心业务办理指南"，为广大干部职工提供政策帮助，提高办事效率。做好服务承诺，为广大干部职工提供优质高效的服务。2020年，管理中心相继取消了身份证复印件、未婚证明、死亡证明、无房证明，取消了公积金提取业务申请书等公积金业务办理材料。受理公积金业务10332件，办结通过10332件，办结率为100%，目前，累计受理49432件，办结49432件。

（五）当年信息化建设情况。2020年中心在信息化建设上重点推进综合服务平台建设，本着"以人为本，保障住房"的理念不断探索拓展渠道及业务服务功能，放宽了购建修自住住房的提取年限，简化了后续提取手续，开通了网厅服务渠道，目前线上用户单位达到97%，个人注册用户达到74.1%。增加了线上归集汇缴、按月冲还业务、线上公积金贷款抵扣、12329电话语音查询服务、离退休支取等渠道功能，渠道用户注册量达25609人，极大地方便了广大干部职工。中心机房托管、好差评建设等项目正在有序推进。一体推进政府服务功能，推进一部手机办事通、一网通办、跨省通办。

迪庆藏族自治州住房公积金2020年年度报告

根据国务院《住房公积金管理条例》和住房和城乡建设部、财政部、人民银行《关于健全住房公积金信息披露制度的通知》（建金〔2015〕26号）的规定，经住房公积金管理委员会审议通过，现将迪庆州住房公积金2020年年度报告公布如下。

一、机构概况

（一）住房公积金管理委员会。住房公积金管理委员会有18名委员，2020年召开1次会议，审议通过的事项主要包括：关于2019年度全州住房公积金归集、使用计划执行情况；迪庆州住房公积金2019年年度报告；关于核销住房公积金贷款的请示、关于清理建户单位睡眠账户的请示、关于规范按揭贷款业务的请示、关于调整部分住房公积金资金存款的请示。

（二）住房公积金管理中心。迪庆州住房公积金管理中心为直属迪庆州人民政府的公益一类事业单位，归口州住房和城乡建设局管理。设5个科室，3个管理部。从业人员36人，其中，在编23人，非在编13人。

二、业务运行情况

（一）缴存。2020年，新开户单位48家，比上年减少22家；新开户职工0.14万人，净增职工0.02万人；实缴单位819家，实缴职工3.17万人，缴存额9.38亿元，分别同比下降2.62%、增长0.32%、增长8.56%。2020年末，缴存总额61.16亿元，比上年末增加18.13%；缴存余额39.59亿元，同比增长9.82%。受委托办理住房公积金缴存业务的银行3家。

（二）提取。2020年，0.48万名缴存职工提取住房公积金；提取额5.84亿元，同比增长27.51%；提取额占当年缴存额的62.26%，比上年增加9.61个百分点。2020年末，提取总额21.57亿元，比上年末增加37.21%。

（三）贷款。

个人住房贷款。单缴存职工个人住房贷款最高额度 30 万元，双缴存职工个人住房贷款最高额度 50 万元。

2020 年，发放个人住房贷款 0.10 万笔、3.94 亿元，同比分别下降 23.07%、26.36%。

2020 年，回收个人住房贷款 5.13 亿元。

2020 年末，累计发放个人住房贷款 1.92 万笔、46.84 亿元，贷款余额 18.12 亿元，分别比上年末增加 6.08%、9.18%、下降 6.11%。个人住房贷款余额占缴存余额的 45.80%，比上年末减少 7.73 个百分点。受委托办理住房公积金个人住房贷款业务的银行 3 家。

（四）资金存储。2020 年末，住房公积金存款 21.76 亿元。其中，活期 0.02 亿元，1 年（含）以下定期 9.25 亿元，1 年以上定期 11.8 亿元，其他（协定、通知存款等）0.69 亿元。

（五）资金运用率。2020 年末，住房公积金个人住房贷款余额、项目贷款余额和购买国债余额的总和占缴存余额 45.78%，比上年减少 7.79 个百分点。

三、主要财务数据

（一）业务收入。2020 年，业务收入 11609.45 万元，同比增长 14.48%。存款利息 5419.29 万元，委托贷款利息 6174.73 万元，其他 15.43 万元。

（二）业务支出。2020 年，业务支出 5780.10 万元，同比增长 11.37%。其中，支付职工住房公积金利息 5706.86 万元，委托贷款手续费 73.06 万元，其他 0.18 万元。

（三）增值收益。2020 年，增值收益 5829.35 万元，同比增长 17.74%。其中，增值收益率 1.53%，比上年增加 0.08 个百分点。

（四）增值收益分配。2020 年，提取管理费用 1748.81 万元，提取城市廉租住房（公共租赁住房）建设补充资金 4080.54 万元。

2020 年，上交财政管理费用 1485.53 万元。上缴财政城市廉租住房（公共租赁住房）建设补充资金 3395.56 万元。

2020 年末，贷款风险准备金余额 2043.57 万元。累计提取城市廉租住房（公共租赁住房）建设补充资金 21809.55 万元。

（五）管理费用支出。2020 年，管理费用支出 1105.23 万元，同比增长 20%。其中，人员经费 650.54 万元，公用经费 39.55 万元，专项经费 415.14 万元。

四、资产风险状况

个人住房贷款。2020 年末，个人住房贷款逾期额 129.50 万元，逾期率 0.72‰。个人贷款风险准备金余额 2043.57 万元。

五、社会经济效益

（一）缴存业务。缴存职工中，国家机关和事业单位占 66.92%，国有企业占 20.74%，城镇集体企业占 0.63%，外商投资企业占 0.8%，城镇私营企业及其他城镇企业占 9.88%，民办非企业单位和社会团体占0.31%，其他占0.72%；中、低收入占99.54%，高收入占0.46%。

新开户职工中，国家机关和事业单位占20.2%，国有企业占28.67%，城镇集体企业占1.16%，外商投资企业占1.96%，城镇私营企业及其他城镇企业占43.23%，民办非企业单位和社会团体占1.16%，其他占3.62%；中、低收入占99.06%，高收入占0.94%。

（二）提取业务。 提取金额中，购买、建造、翻建、大修自住住房占29.56%，偿还购房贷款本息占42%，租赁住房占0.24%，支持老旧小区改造占0%，离休和退休提取占23.32%，完全丧失劳动能力并与单位终止劳动关系提取占3.16%，出境定居占0.73%，其他占0.99%。提取职工中，中、低收入占99.93%，高收入占0.07%。

（三）贷款业务。

个人住房贷款。2020年，支持职工购建房21.47万平方米，年末个人住房贷款市场占有率为71.03%，比上年末减少13.12个百分点。通过申请住房公积金个人住房贷款，可节约职工购房利息支出5515.72万元。

职工贷款笔数中，购房建筑面积90（含）平方米以下占5.06%，90～144（含）平方米占41.17%，144平方米以上占53.77%。购买新房占35.32%，购买二手房占51.79%，建造、翻建、大修自住住房占12.90%。

职工贷款笔数中，单缴存职工申请贷款占24.70%，双缴存职工申请贷款占74.90%，三人及以上缴存职工共同申请贷款占0.40%。

贷款职工中，30岁（含）以下占36.31%，30岁～40岁（含）占41.87%，40岁～50岁（含）占19.54%，50岁以上占2.28%；首次申请贷款占79.17%，二次及以上申请贷款占20.83%；中、低收入占100%，高收入占0%。

（四）住房贡献率。 2020年，个人住房贷款发放额、公转商贴息贷款发放额、项目贷款发放额、住房消费提取额的总和与当年缴存额的比率为91.97%，比上年增加2.47个百分点。

六、其他重要事项

（一）应对新冠肺炎疫情、落实住房公积金阶段性支持政策情况。

1. 严格贯彻落实省委省政府、州委州政府应对新冠肺炎疫情的决策部署，充分发挥中心门户网站、微信公众号等平台优势，全方位宣传疫情防护知识和住房公积金阶段性惠民政策，采取有效措施积极稳妥的推进疫情期间住房公积金各项业务工作。1月～6月共受理12家企业的缓缴住房公积金业务，年内已完成补缴后恢复正常缴存状态，未出现职工投诉情况。

2. 全面抓好列入国务院督查室督查台账的住房公积金应缴未问题的整改落实工作，按期完成整改任务。

（二）当年住房公积金政策调整及执行情况。 缴存政策调整情况。2020年，本州住房公积金月缴存上限为31383元，缴存基数下限按上一年度最低工资标准1350元执行，缴存比例为5%～12%。

提取政策调整情况。从2020年6月1日起停止"既贷又提"业务受理，即已申请了住房公积金贷款职工及共同申请人，除可办理提取冲还住房公积金贷款外，不能提取用于其他用途。

贷款政策调整情况。按照省市场监督管理局等四部门《关于进一步规范住房公积金贷款环节收费行为有关问题的通知》要求,完成了本州住房公积金房屋抵押贷款抵押权登记费的退还工作,停止收取按揭楼盘贷款保证金,有效推进住房公积金贷款环节有关收费行为的整改工作。

当年住房公积金存贷款利率执行标准。严格按照国家利率政策规定的基准利率执行。存款利率为年利率1.5%;贷款利率为五年(含五年)为2.75%,五年以上为3.25%。第二套住房个人住房公积金贷款利率按基准利率的1.1倍执行。

(三)当年服务改进情况。 一是加强了线下流程再造,做好材料简化、流程优化。持续深化"放管服"改革工作,按照住房和城乡建设部公布的"取消规范性文件设定的证明事项目录",认真梳理涉及住房公积金领域的内容,及时下发《取消有关证明事项的通知》并要求严格执行,有效做到减证便民、优化服务的工作效率;二是研推网办新模式,实现服务体系多元化。利用"互联网+"服务,拓宽服务渠道应用,推行线上办理"离退休及与单位解除劳动合同支取、银行卡绑定、个人信息修改、异地转移接续、提前结清公积金贷款"等业务,逐步推行"不见面审批、跨省通办"服务事项;三是完成CA电子签章系统的搭建工作,职工可通过微信公众号、网上业务大厅打印住房公积金缴存证明、贷款结清证明、缴存清单等证明;四是建成了集服务热线、短信、门户网站、网上营业厅、微信公众号、自助查询终端为一体的住房公积金综合服务平台,对综合服务平台的渠道功能、管理功能进行持续优化,实现各业务渠道统一平台管理,各渠道业务实时动态监控,各渠道功能灵活配置。2020年12月份以"优秀"成绩通过省住房城乡建设厅组织的综合服务平台项目验收。

(四)当年信息化建设情况。 一是以个人信息安全、个人授权和网络安全为出发点,与银行对接合作协议、数据共享,建立公积金缴存人与农业银行的数据平台合作;二是切实加强信息安全建设工作,开展各管理部的信息安全检查和整改工作,参与各级网络安全攻防演习,通过替换核心网络设备、增加网络安全设备配置等手段对现有网络进行重新规划整合,对关键网络节点进行安全加固,不断完善信息安全防护手段;三是在严格贯彻基础数据标准的基础上,以政策合规性、业务规范性、资金安全性为稽查重点,深入开展风险防控,结合电子稽查工具,反复筛查业务明细数据、梳理风险疑点,提高了数据信息的准确性和完整性。

(五)当年住房公积金管理中心及职工所获荣誉情况。

1. 中心荣誉。迪庆州住房公积金管理中心荣获2020年州级"文明单位"。

2. 职工个人荣誉。张海燕同志荣获迪庆州"民族团结进步"模范个人。张叶妹同志荣获2020年度迪庆州"最美家庭"。达娃卓玛同志荣获2020年度"红旗党员标兵"。

2020 全国住房公积金年度报告汇编

西藏自治区

拉萨市市直
日喀则市
昌都市
山南市
那曲市
阿里地区
林芝市

西藏自治区住房公积金 2020 年年度报告

根据国务院《住房公积金管理条例》和住房和城乡建设部、财政部、人民银行《关于健全住房公积金信息披露制度的通知》(建金〔2015〕26 号)规定,现将西藏自治区住房公积金 2020 年年度报告汇总公布如下。

一、机构概况

(一)住房公积金管理机构。全区共设 8 个设区城市住房公积金管理中心,从业人员 65 人(其中,在编 35 人,非在编 30 人)。

(二)住房公积金监管机构。西藏自治区住房和城乡建设厅、西藏自治区财政厅和人民银行拉萨中心支行负责对全区住房公积金管理运行情况进行监督。西藏自治区住房和城乡建设厅设立规划财务处(住房公积金监管处),负责全区住房公积金日常监管工作。

二、业务运行情况

(一)缴存。2020 年,全区住房公积金新开户单位 790 家,净增单位 643 家;新开户职工 4.23 万人,净增职工 0.55 万人;全区实缴单位 5435 家,实缴职工 35.92 万人,缴存额 111.29 亿元,分别同比增长 13.42%、1.55%、12.52%。截至 2020 年末,全区累计缴存总额 709.35 亿元,比上年末增加 18.61%;累计缴存余额 343.18 亿元,同比增长 14.08%。

(二)提取。2020 年,7.37 万名缴存职工提取住房公积金;提取额 68.93 亿元,同比增长 25.27%;提取额占当年缴存额的 61.94%,比上年增加 9.01 个百分点。截至 2020 年末,全区累计提取总额 366.16 亿元,比上年末增加 23.19%。

(三)贷款。

1. 个人住房贷款。2020 年,发放个人住房贷款 1.14 万笔、72.84 亿元,同比增长 7.55%、10.80%。回收个人住房贷款 32.43 亿元。

截至 2020 年末,全区累计发放个人住房贷款 10.30 万笔、421.74 亿元,贷款余额 249.50 亿元,分别比上年末增加 12.45%、18.92%、19.33%。个人住房贷款余额占缴存余额的 93.68%,比上年末增加 24.17 个百分点。

2. 异地贷款。2020 年,发放异地公积金个人住房贷款 74 笔、5402 万元。截至 2020 年末,全区累计发放异地公积金个人住房贷款总额 23838 万元,异地公积金个人住房贷款余额 15110.36 万元。与全国一道实现缴存互认,满足异地缴存职工购房需求。

(四)资金存储。截至 2020 年末,全区住房公积金存款 97.23 亿元。其中,活期 23.40 亿元,1 年(含)以下定期 53.61 亿元,1 年以上定期 19.62 亿元,其他(协定、通知存款等)0.60 亿元。

(五)公积金使用率。截至 2020 年末,全区住房公积金个人住房贷款总额、住房公积金提取总额之和占缴存总额的 111.07%,比上年末增加 3.03 个百分点。

三、主要财务数据

（一）**业务收入**。2020 年，业务收入 67127.20 万元，同比增长 16.02%。其中，存款利息 21200.11 万元，委托贷款利息 45951.29 万元，其他 75.80 万元。

（二）**业务支出**。2020 年，业务支出 50905.93 万元，同比增长 13.71%。其中，支付职工住房公积金利息 48532.57 万元，委托贷款手续费 2371.45 万元，其他 1.91 万元。

（三）**增值收益**。2020 年，增值收益 16221.28 万元，同比增长 19.40%；增值收益率 0.51%，比上年增加 0.31 个百分点。

（四）**增值收益分配**。2020 年，提取贷款风险准备金 9732.76 万元，提取管理费用 1646.17 万元，提取城市廉租住房建设补充资金 4842.34 万元。

2020 年，上交财政管理费用 1646.17 万元，上缴财政城市廉租住房建设补充资金 4842.34 万元。

截至 2020 年末，全区贷款风险准备金余额 58080.51 万元，累计提取城市廉租住房建设补充资金 26392.33 万元。

（五）**管理费用支出**。2020 年，管理费用支出 780.02 万元，同比下降 27.43%。其中，人员经费 498.18 万元，公用经费 179.50 万元，专项经费 102.34 万元。

四、资产风险状况

截至 2020 年末，全区个人住房贷款逾期额 6363.80 万元，逾期率 2.55‰，个人贷款风险准备金余额 58080.51 万元。2020 年未使用个人贷款风险准备金核销呆坏账。

五、社会经济效益

（一）**缴存业务**。缴存职工中，国家机关和事业单位占 73.69%，国有企业占 19.64%，外商投资企业占 0.15%，城镇私营企业及其他城镇企业占 6.30%，其他占 0.21%；中、低收入占 99.53%，高收入占 0.47%。

新开户职工中，国家机关和事业单位占 56.10%，国有企业占 24.95%，外商投资企业占 0.29%，城镇私营企业及其他城镇企业占 18.03%，其他占 0.64%；中、低收入占 99.23%，高收入占 0.77%。

（二）**提取业务**。提取金额中，购买、建造、翻建、大修自住住房占 53.29%，偿还购房贷款本息占 26.26%，租赁住房占 2.34%，离休和退休提取占 9.67%，完全丧失劳动能力并与单位终止劳动关系提取占 1.78%，其他占 6.66%。

提取职工中，中、低收入占 99.87%，高收入占 0.13%。

（三）**贷款业务**。职工贷款笔数中，购房建筑面积 90（含）平方米以下占 10.68%，90~144（含）平方米占 69.08%，144 平方米以上占 20.25%。购买新房占 73.13%，购买二手房占 13.67%，建造、翻建、大修自住住房占 2.02%，其他占 11.18%。

职工贷款笔数中，单缴存职工申请贷款占 36.36%，双缴存职工申请贷款占 63.64%。

贷款职工中，30 岁（含）以下占 35.14%，30 岁~40 岁（含）占 44.75%，40 岁~50 岁（含）占 16.78%，50 岁以上占 3.33%；首次申请贷款占 82.06%，二次及以上申请贷款占 17.94%；中、低收入占 99.61%，高收入占 0.39%。

（四）住房贡献率。 2020 年，个人住房贷款发放额、公转商贴息贷款发放额、项目贷款发放额、住房消费提取额的总和与当年缴存额的比率为 117.47%，比上年增加 9.75 个百分点。

六、其他重要事项

（一）应对新冠肺炎疫情采取的政策措施，落实住房公积金阶段性支持政策情况和政策实施成效。 自新冠肺炎疫情发生以来，我区认真贯彻住房和城乡建设部、财政部、人民银行《关于妥善应对新冠肺炎疫情实施住房公积金阶段性支持政策的通知》（建金〔2020〕23 号）精神，结合实际及时印发了《关于防控新冠肺炎疫情期间实施住房公积金阶段性支持政策的通知》，要求各地（市）资金管理中心提高政治站位，细化措施和业务流程，切实解决缴存单位和职工困难问题，力保群众刚需，全力支持疫情防控和企业复工复产。一是组织各地（市）资金管理中心对全区 1340 家企业 3.62 万名缴存职工进行了调研，截至 6 月 30 日，共有 83 家企业 3173 名缴存职工申请阶段性缓缴住房公积金，累计缓缴金额为 473.25 万元（含单位和个人部分）。二是加强缴存职工租房提取支持力度，疫情期间我区共办理 1178 笔、租房提取，提取金额 4706.66 万元，有效缓解了缴存职工租房压力。

（二）当年住房公积金政策调整及执行情况。 一是为切实加强住房公积金使用管理，有效防范住房公积金风险，保障广大缴存职工合法权益，打击骗提骗贷套取住房公积金及逾期贷款的行为，我厅会同自治区财政厅、人民银行拉萨中心支行印发《关于进一步完善住房公积金使用管理有关事宜的补充通知》（藏建金监管〔2020〕6 号），明确要求加大对骗提骗贷行为逾期的惩处和警示力度，对于经核实涉嫌提供虚假材料申请骗提骗贷的，由受理住房资金中心没收相关材料，涉嫌违法的，将相关线索材料移送司法机关处理。对于已事实形成提供虚假材料骗提骗贷的，限期全额收回骗提骗贷的资金及贷款违约金，将骗提骗贷人列入失信名单，3 年内不予受理其提取、贷款申请，并曝光失信行为。对于住房公积金贷款连续逾期 3 期或累计逾期 6 期及以上行为，将失信行为纳入黑名单不良记录，贷款未结清前不予受理借款人、共同借还人及担保人提取和贷款申请，结清贷款后 3 年内不予受理借款人、共同借款人住房公积金提取和贷款申请。二是印发《关于支持城镇老旧小区改造有关事项的通知》（藏建房市〔2020〕159 号），明确支持城镇老旧小区改造和既有住宅加装电梯可提取使用住房公积金等政策。三是根据《关于规范住房公积金使用业务的通知》（藏建金监管〔2018〕265 号）要求，我区继续执行住房公积金贷款额度最高 90 万，最长贷款年限 20 年。执行特殊优惠公积金贷款利率，即 5 年及以下 1.76%（与全国现行利率相比低 0.99 个百分点），5 年以上 2.08%（与全国现行利率相比低 1.17 个百分点）。四是按照《关于规范住房公积金缴存业务的通知》（藏建金监管〔2018〕190 号）要求，继续执行住房公积金月缴存基数不得高于职工工作地所在市（地）统计部门公布的上一年度职工月平均工资的 3 倍，缴存比例（单位缴存比例）按照不应低于 5%，不得高于 12% 的规定。

（三）服务改进情况。 深化"放管服"改革，通过建立"商业银行营业网点受理、中心后台审核"模式，在全区各商业银行延伸服务共设立营业网点 76 个，方便缴存职工就近办理住房公积金业务，有效解决住房公积金管理部门人员少、业务办理窗口不足、职工排队候时长及审批往返路途远等服务对象反映的突出问题，特别是方便了基层县乡干部职工。2020 年度住房公积金使用率高达 127%。通过深入推进住房公积金"放管服"改革，进一步发挥了住房公积金制度的住房保障作用。

(四)信息化建设情况。一是积极推进"互联网+公积金"服务。积极推进"互联网+公积金"服务,缴存单位和职工可通过西藏住房公积金综合服务平台微信公众号、手机App、网厅等渠道办理公积金缴存、提取、贷款、查询等业务。实现提取住房公积金贷款上一年度还款本息高频事项和离退休、终止劳动关系提取"零材料"不见面办结,切实实现了"让数据多跑路、群众少跑腿"。2020年住房公积金综合服务平台网上办件量达1230.28万笔,涉及资金约34.7亿元,微信公众号关注人数达25万余人。二是有序推进数据共享。目前公积金综合服务平台已实现与人社厅退休干部职工信息、房地产网签备案合同信息、民政部门婚姻登记信息共享,无须缴存职工提供相关证明,同时实现企业开办公积金缴存登记业务"一网通办"。三是按照住房和城乡建设部统一要求,已将个人住房公积金缴存贷款等信息查询、出具贷款职工住房公积金缴存使用证明、正常退休提取住房公积金等三个事项通过全程网办模式实现"跨省通办"。

(五)强化监管机制。为防范资金风险,确保住房公积金安全运行、以不发生系统性风险为底线,紧紧围绕降低住房公积金逾期率,规范住房公积金缴存、提取和贷款业务等重点,加强对各住房公积金中心业务办理的指导和监督,及时发现风险隐患并进行警示。针对逾期率较高的那曲市中心就住房公积金贷款逾期率居高不下问题下发专项督办通知,对日喀则市和拉萨市中心主任进行电话约谈。同时通过公积金综合服务平台短信功能,2020年9月起对贷款逾期3次及以上的借款人、共同借款人以及担保人分别每周发送1条短信,提醒借款人及时还款,截至2020年末已发送短息1.71万条。2020年末住房公积金贷款逾期率从3.88‰逐步降低到2.55‰,将逾期率严格控制在"十三五"时期住房和城乡建设事业主要发展确定计划指标(≤3‰)以内。

(六)当年住房公积金机构所获荣誉情况。2020年昌都市资金管理中心获得了2019—2020年度西藏自治区级"青年文明号"称号、昌都市住房和城乡建设局民族团结进步创建"先进科室"。

(七)当年对违反《住房公积金管理条例》和相关法规行为申请人民法院强制执行情况。为严格审核程序,严防公积金骗贷、骗提,积极向公安经侦等部门提供案件线索,针对频繁出现的公积金贷款、提取中购房合同造假、租赁合同造假、结婚证造假、公证书造假等情况,坚持深入现场,开展涉黑涉恶与公积金骗提骗贷线索摸排收集工作,2020年共发现骗贷、骗提现象40余起,及时追回资金200余万元。同时,对24名严重逾期还款的职工进行法院强制执行,追回资金123.09万元。

拉萨市市直住房公积金2020年年度报告

根据国务院《住房公积金管理条例》和住房和城乡建设部、财政部、人民银行《关于健全住房公积金信息披露制度的通知》(建金〔2015〕26号)的规定,经住房公积金管理委员会审议通过,现将拉萨市市直住房公积金2020年年度报告公布如下。

一、机构概况

拉萨市住房资金管理中心为拉萨市住房和城乡建设局不以营利为目的的参公事业单位。中心设4个业务窗口，受理拉萨市及市属县（区）住房公积金业务。从业人员8人，其中在编4人，非在编4人。

二、业务运行情况

（一）缴存。2020年，新开户单位369家，净增单位304家；新开户职工1.05万人，净增职工0.87万人；实缴单位1209家，实缴职工6.62万人，缴存额16.65亿元，分别同比增长33.59%、11.26%、12.20%。2020年末，缴存总额98.67亿元，比上年末增加20.30%；缴存余额49.20亿元，同比增17.96%。受委托办理住房公积金缴存业务的银行6家。

（二）提取。2020年，1.23万名缴存职工提取住房公积金；提取额9.15亿元，同比增长19.92%；提取额占当年缴存额的54.95%，比上年增加3.54个百分点。2020年末，提取总额49.47亿元，比上年末增加22.69%。

（三）贷款。

1. 个人住房贷款。个人住房贷款最高额度90万元。

2020年，发放个人住房贷款1515笔、9.85亿元，同比分别下降26.47%、21.84%。

2020年，回收个人住房贷款5.60亿元。

2020年末，累计发放个人住房贷款17950笔、72.76亿元，贷款余额41.33亿元，分别比上年末增加9.23%、15.65%、11.46%。个人住房贷款余额占缴存余额的84%，比上年末减少4.9个百分点。受委托办理住房公积金个人住房贷款业务的银行6家。

2. 异地贷款。2020年末，发放异地贷款总额1827万元，异地贷款余额948.35万元。

（四）资金存储。2020年末，住房公积金存款8.59亿元。其中，活期2.68亿元，1年（含）以下定期5.91亿元。

（五）住房公积金使用率。2020年末，住房公积金个人住房贷款总额72.76亿元、提取总额49.47亿元，提取总额和贷款总额占公积金缴存总额123.88%。

三、主要财务数据

（一）业务收入。2020年，业务收入9354.89万元，同比增长17.16%。其中，存款利息1329.19万元，委托贷款利息7865.60万元，增值收益利息153.04万元，其他7.06万元。

（二）业务支出。2020年，业务支出6706.29万元，同比下降0.64%。其中，支付职工住房公积金利息6338.66万元，委托贷款手续费367.38万元，其他0.25万元。

（三）增值收益。2020年，增值收益2648.61万元，同比增长62.22%。增值收益率0.59%，比上年增加0.33个百分点。

（四）增值收益分配。2020年，提取贷款风险准备金1589.16万元，提取管理费用529.72万元，提取城市廉租住房（公共租赁住房）建设补充资金529.72万元。

2020年，上交财政管理费用529.72万元。上缴财政城市廉租住房（公共租赁住房）建设补充资金529.72万元。

2020年末，贷款风险准备金余额6614.48万元。累计提取城市廉租住房（公共租赁住房）建设补充资金2170.05万元。

（五）管理费用支出。 2020年，管理费用支出70.96万元，同比增长3.74%。其中，人员经费34.58万元，公用经费36.38万元。

四、资产风险状况

个人住房贷款。2020年末，个人住房贷款逾期额1526.90万元，逾期率3.69‰。

五、社会经济效益

（一）缴存业务。 缴存职工中，国家机关和事业单位占60.77%，国有企业占21.55%，外商投资企业占0.09%，城镇私营企业及其他城镇企业占17.44%，其他占0.15%；中、低收入占99.74%，高收入占0.26%。

新开户职工中，国家机关和事业单位占30.36%，国有企业占24.99%，外商投资企业占0.26%，城镇私营企业及其他城镇企业占43.59%，其他占0.8%；中、低收入占100%。

（二）提取业务。 提取金额中，购买、建造、翻建、大修自住住房占46.88%，偿还购房贷款本息占34.53%，租赁住房占1.51%，离休和退休提取占9.77%，完全丧失劳动能力并与单位终止劳动关系提取占2.98%，其他占4.33%。提取职工中，中、低收入占99.93%，高收入占0.07%。

（三）贷款业务。 个人住房贷款。2020年，支持职工购建房81.11万平方米（含公转商贴息贷款），年末个人住房贷款市场占有率（含公转商贴息贷款）为19.09%，比上年末减少30.63个百分点。通过申请住房公积金个人住房贷款，可节约职工购房利息支出560.88万元。

职工贷款笔数中，购房建筑面积90（含）平方米以下占12.06%，90～144（含）平方米占66.99%，144平方米以上占20.95%。购买新房占72.62%，购买二手房占13.65%，建造、翻建、大修自住住房占0.99%，其他占12.74%。

职工贷款笔数中，单缴存职工申请贷款占38.68%，双缴存职工申请贷款占61.32%。

贷款职工中，30岁（含）以下占30.82%，30岁～40岁（含）占49.2%，40岁～50岁（含）占18.02%，50岁以上占1.96%；首次申请贷款占75.59%，二次及以上申请贷款占24.41%；中、低收入占100%。

（四）住房贡献率。 2020年，个人住房贷款发放额、住房消费提取额的总和与当年缴存额的比率为104.74%。

六、其他重要事项

（一）积极应对新冠肺炎疫情，严格落实住房公积金阶段性支持政策。 开展新冠肺炎疫情对各类单位住房公积金缴存影响问卷调查。根据区住房城乡建设厅要求，及时制定发放了《新冠肺疫情对各类单位住房公积金缴存的影响问卷调查表》109份，（其中党政机关事业单位占12%、国有企业占42%、私营企业占46%。）通过调查，及时了解掌握新冠肺炎疫情对我市缴存单位和缴存职工带来的消极影响及亟待解决的困难和问题。同时，按照三部委出台的《企业可申请缓缴住房公积金》的通知精神，我中心共为35家企业办理了延缓缴存住房公积金手续，涉及职工2019人、金额90.45万元。

（二）增加委托办理缴存贷款业务商业银行服务网点。 代理拉萨市市直住房公积金贷款、结算等金融业务的商业银行从原有的 5 家银行增加至 6 家，商业银行服务网点从原有的 20 个增加至 24 个。

（三）积极提升服务质量，不断改进服务方式。 一是完成办事大厅迁址工作。拉萨市住房公积金办事大厅由原来的城建综合楼三楼迁移至便民服务大厅一楼东区办公，2020 年 4 月底新的住房公积金办事大厅已正式运行。

二是简化办理流程。拉萨市市直住房公积金与受托银行一道不断规范贷款和提取业务流程，简化审批环节、压缩审批时限。缴存职工提供材料齐全且符合相关业务要求的前提下，提取可在 2 个工作日内审批完成，贷款可在 10 个工作日内审批完成。

三是不断推进"互联网＋公积金"。自住房公积金综合服务平台全面启动以来，缴存职工可通过微信公众号、综合服务平台网厅等途径完成公积金个人信息查询、公积金提取及单位公积金缴存等部分公积金业务，2020 年通过微信公众号、综合服务平台网厅进行查询 163.81 万次，办理提取 4510 笔、涉及金额 2.1 亿元，进行缴存 221 笔、涉及金额 0.53 亿元。真正实现了让"数据多跑路、群众少跑路"的目标。

四是积极开展"跨省通办"各项工作。按照住房和城乡建设部发布的住房公积金服务"跨省通办"目标任务，拉萨市市直公积金积极利用全国住房公积金转移接续平台，在区住房城乡建设厅的全力支持下不断完善办理"跨省"异地转移接续业务功能，在 2020 年底已完成的 3 个服务事项，住房公积金服务"跨省通办"的全面推进，有效提高了转移接续业务的便捷性和实效性，更大范围的为缴存职工提供了便民服务。

五是集中开展公积金归集和贷款逾期清缴工作。为切实解决住房公积金欠缴和贷款逾期的问题，拉萨市住房资金管理中心及时制定了《拉萨市住房资金管理中心催缴住房公积金和清收住房公积金逾期贷款工作方案》从 2020 年 1 月 1 日开始，利用 3 个月的时间，针对我市 2019 年欠缴 3 个月（含）以上的 100 余家单位和 82 笔、贷款逾期进行了集中清缴，成效显著。有 37 家单位已进行补缴，集中清理 3 个月以上的逾期贷款，已有 10 余家单位正在协助扣款。

六是严格审核程序，严防公积金骗贷、骗提。拉萨市住房资金管理中心结合工作实际，积极向公安经侦等部门提供案件线索，针对频繁出现的公积金贷款、提取中购房合同造假、租赁合同造假、结婚证造假、公证书造假等情况，坚持深入现场，开展涉黑涉恶与公积金骗提骗贷线索摸排收集工作，2020 年共发现骗贷、骗提现象 20 余起，及时追回资金 200 余万元。同时，拉萨市住房资金管理中心还及时没收相关造假资料，严格进行台账管理，为全力促进公积金事业健康发展提供坚强保证。

日喀则市住房公积金 2020 年年度报告

根据国务院《住房公积金管理条例》和住房和城乡建设部、财政部、人民银行《关于健全住房公积金信息披露制度的通知》（建金〔2015〕26 号）的规定，经住房公积金管理委员会审议通过，现将日喀则市住房公积金 2020 年年度报告公布如下。

一、机构概况

（一）**住房公积金管理委员会**。住房公积金管理委员会有13名委员，2020年召开1次会议，审议通过的事项主要包括：

1. 审定《2019年年度报告》；
2. 审定《2019年度住房公积金增值收益分配方案》；
3. 审定《2020年度管理费用使用计划》。

（二）**住房公积金管理中心**。住房公积金管理中心为不以营利为目的的参公事业单位。从业人员6人，其中，在编3人，非在编3人。

二、业务运行情况

（一）**缴存**。2020年，新开户单位57家，净增单位53家；新开户职工5294人，净增职工1656人；实缴单位552家，实缴职工4.71万人，缴存额16.70亿元，分别同比增长10.62%、3.65%、16.21%。2020年末，缴存总额108.33亿元，比上年末增加18.23%；缴存余额63.45亿元，同比增长10.23%。受委托办理住房公积金缴存业务的银行4家。

（二）**提取**。2020年，9940名缴存职工提取住房公积金；提取额10.81亿元，同比增长48.49%；提取额占当年缴存额的64.73%，比上年增加14.07个百分点。2020年末，提取总额44.88亿元，比上年末增加31.69%。

（三）**贷款**。个人住房贷款最高额度90万元。单缴存职工个人住房贷款最高额度90万元，双缴存职工个人住房贷款最高额度90万元。

2020年，发放个人住房贷款1910笔、12.55亿元，同比分别增长7.97%、14.93%。

2020年，回收个人住房贷款6.99亿元。

2020年末，累计发放个人住房贷款2.29万笔、89.49亿元，贷款余额51.99亿元，分别比上年末增加9.09%、16.31%、11.98%。个人住房贷款余额占缴存余额的81.94%，比上年末增加1.28个百分点。受委托办理住房公积金个人住房贷款业务的银行2家。

（四）**资金存储**。2020年末，住房公积金存款12.96亿元。其中，活期8.96亿元，1年（含）以下定期4亿元。

（五）**资金运用率**。2020年末，住房公积金个贷率为81.94%，比上年末增加1.28个百分点。住房公积金使用率为124.04%。

三、主要财务数据

（一）**业务收入**。2020年，业务收入10731.18万元，同比增长7.1%。其中，存款利息754.28万元，委托贷款利息9963.51万元，其他13.39万元。

（二）**业务支出**。2020年，业务支出9943.85万元，同比增长6.7%。其中，支付职工住房公积金利息9449.67万元，委托贷款手续费493.98万元，其他0.2万元。

（三）**增值收益**。2020年，增值收益787.33万元，同比增长12.47%。增值收益率0.15%，比上年增加 0.02 个百分点。

(四) 增值收益分配。 2020 年，提取贷款风险准备金 472.4 万元，提取管理费用 157.47 万元，提取城市廉租住房（公共租赁住房）建设补充资金 157.47 万元。

2020 年，上交财政管理费用 157.47 万元。上缴财政城市廉租住房（公共租赁住房）建设补充资金 157.47 万元。

2020 年末，贷款风险准备金余额 3696.34 万元。累计提取城市廉租住房（公共租赁住房）建设补充资金 1026.68 万元。

(五) 管理费用支出。 2020 年，管理费用支出 13.37 万元，同比增长 19.91%。其中，人员经费 6.77 万元，公用经费 6.60 万元。

四、资产风险状况

2020 年末，个人住房贷款逾期额 2026.46 万元，逾期率 3.89‰。个人贷款风险准备金余额 3696.34 万元。2020 年，未使用个人贷款风险准备金核销呆坏账。

五、社会经济效益

(一) 缴存业务。 缴存职工中，国家机关和事业单位占 88.35%，国有企业占 10.95%，外商投资企业占 0.05%，城镇私营企业及其他城镇企业占 0.56%，其他占 0.09%；中、低收入占 99.99%，高收入占 0.01%。

新开户职工中，国家机关和事业单位占 79.58%，国有企业占 16.85%，城镇私营企业及其他城镇企业占 3.19%，其他占 0.38%；中、低收入占 99.96%，高收入占 0.04%。

(二) 提取业务。 提取金额中，购买、建造、翻建、大修自住住房占 31.68%，偿还购房贷款本息占 46.37%，离休和退休提取占 5.33%，完全丧失劳动能力并与单位终止劳动关系提取占 1.71%，其他占 14.91%。提取职工中，中、低收入占 99.98%，高收入占 0.02%。

(三) 贷款业务。 个人住房贷款。2020 年，支持职工购建房 27.69 万平方米，年末个人住房贷款市场占有率为 84.14%，比上年末增加 20.84 个百分点。通过申请住房公积金个人住房贷款，可节约职工购房利息支出 3119 万元。

职工贷款笔数中，购房建筑面积 90（含）平方米以下占 5%，90~144（含）平方米占 65%，144 平方米以上占 30%。购买新房占 69%，购买二手房占 18%，建造、翻建、大修自住住房占 8%，其他占 5%。

职工贷款笔数中，单缴存职工申请贷款占 36%，双缴存职工申请贷款占 64%。

贷款职工中，30 岁（含）以下占 43%，30 岁~40 岁（含）占 44%，40 岁~50 岁（含）占 11%，50 岁以上占 2%；首次申请贷款占 87%，二次及以上申请贷款占 13%；中、低收入占 66.07%，高收入占 33.93%。

(四) 住房贡献率。 2020 年，个人住房贷款发放额、公转商贴息贷款发放额、项目贷款发放额、住房消费提取额的总和与当年缴存额的比率为 129.76%，比上年增加 18.21 个百分点。

六、其他重要事项

（一）应对新冠肺炎疫情采取的措施方面。为贯彻落实住房和城乡建设部、财政部、人民银行《关于妥善应对新冠肺炎疫情实施住房公积金阶段性支持政策的通知》（建金〔2020〕23号）及西藏自治区住房和城乡建设厅《关于防空新冠肺炎疫情期间实施住房公积金阶段性支持政策的通知》要求，我中心高度重视，立即启动相关工作。截至2020年6月30日前，向我市住房资金管理中心提出因疫情缓交的企业单位共11家，涉及职工93人。其中6家企业已在当年10月份恢复正常缴存，正常缴存的职工人数为89人，正常缴存的金额（含单位和职工部分）93.47万元，5家企业尚未恢复缴存。上述5家未恢复企业主要是因其自身运营不良，工资核发及住房公积金缴款均存在困难。

（二）根据自治区265号文件要求，执行公积金贷款额度90万，最长贷款年限不变，即20年，公积金贷款执行利率为5年及以下（含五年）1.76、五年以上2.08。上一年度职工月平均工资为公积金缴存基数，最高基数不能超过当年社平工资三倍，缴存比例单位和个人部分分别不低于5%、不高于12%。

（三）当年服务改进情况方面。为进一步完善服务措施，提高服务质量，中心共增设三处服务网点，开通后台管理服务及特殊业务处理平台，全面实现"一站式"服务，干部职工满意度明显提升；推进服务网点、服务设施、服务手段等方面。通过建立银行服务网点受理，中心后台审核的模式，积极与委托银行衔接延伸网点工作，在我市设立了2家公积金银行服务网点，方便缴存职工就近办理住房公积金业务，有效解决了住房公积金人员少，业务办理窗口不足的问题；住房公积金服务"跨省通办"工作情况方面。按照住房和城乡建设部的统一要求，个人住房公积金缴存、贷款等信息查询，出具住房公积金缴存使用证明，正常退休提取住房公积金三个事项已通过全程网办的模式，实现"跨省通办"；综合服务平台建设和其他网络载体建设服务情况方面。积极推进"互联网＋公积金"服务，可通过西藏住房公积金综合服务平台的微信公众号、手机App、开网厅的模式办理公积金业务，尤其是实现上一年度偿还贷款本息、离退休、终止劳动关系提取实现了零材料、零跑腿办结。切实实现了让数据多跑路，群众少跑腿，进一步发挥了住房公积金的作用。

（四）其他需要披露的情况。

营业网点：

日喀则市桑珠孜区扎德东路5号（住房资金管理中心）日喀则市黑龙江北路（应急避难场所）（便民大厅公积金窗口）；

日喀则市珠峰路10号（中行公积金服务网点）；

日喀则市山东南路20号（建行公积金服务网点）；

桑珠孜区、南木林县、定结县、定日县、拉孜县、通门县、康马县、吉隆县、仲巴县、岗巴县机关事业单位职工在县住建局受理点，教育系统教职工在县教育局受理点；仁布县、亚东县、萨迦县、萨嘎县、聂拉木县、昂仁县、江孜县、白朗县机关事业职工在县财政局受理点，教育系统教职工在县教育局受理点。

网点电话：0892-8833807（住房资金管理中心）；

0892-8954044（便民大厅公积金窗口）；

0892-8822457（建行公积金服务网点）；

0892-8846066（中行公积金服务网点）。

网点传真：0892-6841006。

营业时间：

上午 10：00～13：00；

下午 15：30～18：30。

网点领导：

刘中起：市住房和城乡建设局党组成员、四级调研员，分管公积金工作；

卓嘎：市住房资金管理中心主任，负责公积金具体工作。

自治区住房公积金监督管理处举报电话：0891-6828411。

日喀则市住房公积金监督管理办公室举报电话：0892-8823890。

昌都市住房公积金 2020 年年度报告

根据国务院《住房公积金管理条例》和住房和城乡建设部、财政部、人民银行《关于健全住房公积金信息披露制度的通知》（建金〔2015〕26 号）的规定，经住房公积金管理委员会审议通过，现将昌都市住房公积金 2020 年年度报告公布如下。

一、机构概况

（一）住房公积金管理委员会。住房公积金管理委员会有 33 名委员，2020 年召开 1 次会议，审议通过的事项主要包括：审批住房公积金 2021 年归集扩面和资金使用计划、审议《住房公积金受委托银行受托业务工作考核办法》。

（二）住房公积金管理中心。住房公积金管理中心为隶属西藏昌都市住房和城乡建设局，不以营利为目的的参公正科级科室。从业人员 13 人，其中，在编 10 人，非在编 3 人。

二、业务运行情况

（一）缴存。2020 年，新开户单位 42 家，净增单位 42 家；新开户职工 3924 人，净增职工 2957 人；实缴单位 772 家，同比增长 5.75%，实缴职工 4.77 万人，同比增长 6.47%，缴存额 14.49 亿元，同比增长 18.48%。2020 年末，缴存总额 84.23 亿元，比上年末增加 20.79%；缴存余额 41.25 亿元，同比增长 22.33%。受委托办理住房公积金缴存业务的银行 3 家。

（二）提取。2020 年，9382 名缴存职工提取住房公积金；提取额 6.96 亿元，同比下降 13.54%；提取额占当年缴存额的 48.03%，比上年减少 17.79 个百分点。2020 年末，提取总额 42.98 亿元，比上年末增加 19.36%。

（三）贷款。个人住房贷款最高额度 90 万元。2020 年，发放个人住房贷款 1466 笔、7.90 亿元，同比分别增长 65.84%、54.90%。回收个人住房贷款 2.76 亿元。2020 年末，累计发放个人住房贷款 8441 万笔、34.34亿元，贷款余额20.41亿元，分别比上年末增加21.02%、29.88%、33.66%。个人住房贷款余额占缴存余额的49.48%，比上年末增加4.20个百分点。受委托办理住房公积金个人住房贷款业务的银行3家，比上年增加一家。2020年，发放异地贷款5笔、280万元。2020年末，发放异地贷款总额413万元，异地贷款余额350.23万元。

（四）**资金存储**。2020年末，住房公积金存款21.09亿元。其中，活期4.29亿元，1年（含）以下定期16.80亿元。

（五）**资金运用率**。2020年末，住房公积金使用率92%，比上年末增加2个百分点。

三、主要财务数据

（一）**业务收入**。2020年，业务收入7089.75万元，同比增长17.13%。存款利息3596.58万元，委托贷款利息3490.48万元，其他2.69万元。

（二）**业务支出**。2020年，业务支出5776.50万元，同比增长22.99%。支付职工住房公积金利息5505.41万元，委托贷款手续费270.92万元，其他0.17万元。

（三）**增值收益**。2020年，增值收益1313.25万元，同比下降3.16%。增值收益率0.36%，比上年减少0.08个百分点。

（四）**增值收益分配**。2020年，提取贷款风险准备金787.95万元；提取管理费用65万元，提取城市廉租住房（公共租赁住房）建设补充资金460.30万元。2020年，上交财政管理费用65万元。上缴财政城市廉租住房（公共租赁住房）建设补充资金460.30万元。2020年末，贷款风险准备金余额5405.25万元。累计提取城市廉租住房（公共租赁住房）建设补充资金2189.40万元。

（五）**管理费用支出**。2020年，管理费用支出49.65万元，同比增长160.90%。其中，人员经费14.81万元，公用经费34.84万元。

四、资产风险状况

2020年末，个人住房贷款逾期额327.33万元，逾期率1.60‰。个人贷款风险准备金按贷款余额或增值收益的60%提取。2020年，提取个人贷款风险准备金787.95万元，使用个人贷款风险准备金核销呆坏账0万元。2020年末，个人贷款风险准备金余额5405.25万元。占个人贷款余额的2.65%，个人住房贷款逾期额与个人贷款风险准备金余额的比率为6.06%。

五、社会经济效益

（一）**缴存业务**。缴存职工中，国家机关和事业单位占88.01%，国有企业占11.23%，外商投资企业占0.01%，城镇私营企业及其他城镇企业占0.63%，其他占0.12%；中、低收入占99.99%，高收入占0.01%。

新开户职工中，国家机关和事业单位占81.37%，国有企业占15.90%，外商投资企业占0.05%，城镇私营企业及其他城镇企业占2.40%，其他占0.28%；中、低收入占99.95%，高收入占0.05%。

（二）**提取业务**。提取金额中，购买、建造、翻建、大修自住住房占46.27%，偿还购房贷款本息占22.98%，租赁住房占13.90%，离休和退休提取占5.45%，完全丧失劳动能力并与单位终止劳动关系提取占 1.73%，死亡或宣告死亡占 0.72%，其他占 8.95%。提取职工中，中、低收入占 100%。

（三）贷款业务。 2020 年，支持职工购建房 9.39 万平方米（含公转商贴息贷款），年末个人住房贷款市场占有率（含公转商贴息贷款）为 71.37%，比上年末增加 23.17 个百分点。通过申请住房公积金个人住房贷款，可节约职工购房利息支出 4901.90 万元。

职工贷款笔数中，购房建筑面积 90（含）平方米以下占 23.33%，90～144（含）平方米占 62.69%，144 平方米以上占 13.98%。购买新房占 80.15%（其中购买保障性住房占 0%），购买二手房 11.59%，建造、翻建、大修自住住房占 0.14%，其他占 8.12%。

职工贷款笔数中，单缴存职工申请贷款占 28.24%，双缴存职工申请贷款占 71.76%。

贷款职工中，30 岁（含）以下占 27.56%，30 岁～40 岁（含）占 36.15%，40 岁～50 岁（含）占 29.67%，50 岁以上占 6.62%；首次申请贷款占 86.83%，二次及以上申请贷款占 13.17%；中、低收入占 99.86%，高收入占 0.14%。

（四）住房贡献率。 2020 年，个人住房贷款发放额、公转商贴息贷款发放额、项目贷款发放额、住房消费提取额的总和与当年缴存额的比率为 94.48%，比上年减少 1.68 个百分点。

六、其他重要事项

（一）应对新冠肺炎疫情采取的措施，落实住房公积金阶段性支持政策情况和政策实施成效。 疫情期间，公积金阶段性支持政策实施。按照住房和城乡建设部、财政部、人民银行《关于妥善应对新冠肺炎疫情实施住房公积金阶段性支持政策的通知》（建金〔2020〕23 号）文件要求和西藏自治区住房和城乡建设厅公积金监管处的工作安排，对受新冠肺炎疫情影响的企业，可按规定申请在 2020 年 6 月 30 日前缓缴住房公积金，缓缴期间缴存时间连续计算，不影响职工正常提取和申请住房公积金贷款。对受新冠肺炎疫情影响的职工，2020 年 6 月 30 日前住房公积金贷款不能正常还款的，不作逾期处理，不作为逾期记录报送征信部门，已报送的予以调整。

2020 年 6 月 30 日前，昌都市受疫情影响有 10 家企业办理缓缴业务，涉及缓缴职工人数为 201 人，减轻企业负担 205.3 万元，但目前已缓缴企业均恢复正常缴存。

逾期贷款方面。对 2020 年 6 月 30 日前，已办理 32 笔、公积金贷款不作逾期处理，减轻疫情期间职工还贷压力，不作逾期处理的贷款额为 585.77 万元。

（二）当年机构及职能调整情况、受委托办理缴存贷款业务金融机构变更情况。 按照中共昌都市委员会机构编制委员会《关于市住房和城乡建设局所属事业单位机构编制有关事项的通知》（昌机编发〔2020〕30 号）文件，公积金管理中心正科级建制，核定事业编制 13 名，其中科级领导数 3 名。经费来源为财政全额拨款。

受委托办理住房公积金缴存业务的银行 3 家（建行、农行、藏行），与上一年度保持一致。

（三）当年住房公积金政策调整及执行情况。 一是严格按照《关于规范住房公积金使用业务的通知》（藏建金监管〔2018〕265 号）、《关于严厉打击骗提骗贷套取住房公积金违法行为的通知》（藏建金监管〔2018〕232 号）、《关于开展住房公积金业务网点延伸工作的通知》（藏建金〔2019〕41 号）、西藏自治区住房和城乡建设厅、财政厅、人行拉萨中心支行《关于进一步完善住房公积金使用管理有关事宜的补充通知》（藏建金监管〔2020〕6 号）、《关于妥善应对新冠肺炎疫情实施住房公积金阶段性支持政策的通知》

（建金〔2020〕23号）、《关于防控新冠肺炎疫情期间实施住房公积金阶段性政策支持政策的通知》等相关文件要求，严格执行公积金贷款和提取业务规则，打击骗提骗贷住房公积金行为，深入推进公积金业务网点延伸，落实疫情期间公积金阶段性支持政策纾解企业困难。

二是按照《住房公积金管理条例》第十六条"职工住房公积金的月缴存额为职工本人上一年度月平均工资乘以职工住房公积金缴存比例"。我区公积金缴存比例（单位缴存比例）按照不应低于5%，不得高于12%的规定，执行期至2020年4月30日。单位为职工缴存的住房公积金的月缴存额为职工本人上一年度（即2019年，并含13个月奖励工资）月平均工资乘以单位住房公积金缴存比例。缴存住房公积金的月工资基数，不得高于职工在昌都市工作市（地）统计部门公布的上一年度职工月平均工资的3倍，凡超过3倍的，一律予以规范调整。

三是2020年提取政策新增支持老旧小区改造提取业务。按照西藏自治区住房和城乡建设厅《关于支持城镇老旧小区改造有关事项的通知》（藏建房市〔2020〕159号）文件要求新增2项为：城镇老旧小区改造提取业务和城镇老旧小区改造加装电梯提取业务。

四是2020年提取政策、个人住房公积金最高贷款额度、贷款条件、存贷款利率执行标准与上一年度保持一致。

（四）当年服务改进情况。一是按照"异地受理，内部流转，属地办理，办结反馈"的原则和住房和城乡建设部"跨省通办"清单事项完成时限，对"个人住房公积金缴存贷款等信息查询"、出具"异地贷款职工住房公积金缴存使用证明""正常退休提取住房公积金"、正常偿还公积金贷款本息（一年期）、解除劳动关系提取，实行"零材料"全程网办。

二是2020年深入推行业务网点延伸，将2019年网点延伸覆盖率60%提高到100%，实现了11县（区）网点全覆盖，让"就近跑一次"实现纵深发展。

三是推进"互联网+公积金"建设。"西藏住房公积金网厅""西藏住房公积金微信公众号"、0891-12329服务热线、西藏公积金手机App、手机支付宝——公积金查询功能及自助服务终端功能大大方便干部职工办理业务。

四是为更好、更便捷地向干部职工提供服务，公积金中心建设了综合服务平台网厅业务办理体验区，提供了4台网络机，让干部职工感受网上办事的便捷。另外，为了给宝宝和妈妈营造一个安全私密、干净舒适的环境，进一步完善和优化母婴群体对公共场所母婴设施的需求，在中心服务大厅新增设立了母婴室，为前来办理公积金业务的干部职工提供更加人性化的服务。

（五）当年住房公积金管理中心及职工所获荣誉情况。2020年公积金中心获得了2019—2020年度西藏自治区级"青年文明号"称号、昌都市住房和城乡建设局民族团结进步创建"先进科室"。常伟获第四届昌都市"青年五四奖章"个人。肖丽婷、向巴群措获2020年度优秀公务员。

山南市住房公积金2020年年度报告

根据国务院《住房公积金管理条例》和住房和城乡建设部、财政部、人民银行《关于健全住房公积金

信息披露制度的通知》(建金〔2015〕26号)的规定,经住房公积金管理委员会审议通过,现将山南市住房公积金2020年年度报告公布如下。

一、机构概况

(一)住房公积金管理委员会。住房公积金管理委员会有16名委员,2020年召开1次会议,审议通过的事项主要包括:审定《山南市住房公积金2019年年度报告》和《山南市住房资金管理中心2020年度管理费使用计划》。

(二)住房公积金管理中心。住房公积金管理中心为山南市住房和城乡建设局不以营利为目的的参公事业单位。从业人员5人,其中,在编2人,非在编3人(含聘用人员3人)。

二、业务运行情况

(一)缴存。2020年,新开户单位95家,净增单位104家;新开户职工0.41万人,实缴职工2.96万人;实缴单位1049家,同比增长11.01%;缴存额11.19亿元,同比增长12.46%。2020年末,缴存总额70.39亿元,比上年末增加18.90%;缴存余额30.93亿元,同比增长11.18%。受委托办理住房公积金缴存业务的银行4家。

(二)提取。2020年,7957名缴存职工提取住房公积金;提取额8.08亿元,同比增长56.89%;提取额占当年缴存额的72.21%,比上年增加20.45个百分点。2020年末,提取总额39.46亿元,比上年末增加25.75%。

(三)贷款。

1.个人住房贷款。个人住房贷款最高额度90万元。

2020年,发放个人住房贷款1384笔、8.72亿元,同比分别增长5.57%、9.82%。

2020年,回收个人住房贷款3.72亿元。

2020年末,累计发放个人住房贷款10619笔、45.97亿元,贷款余额28.06亿元,分别比上年末增加14.99%、23.44%、21.74%。个人住房贷款余额占缴存余额的90.72%,比上年末增加7.87个百分点。受委托办理住房公积金个人住房贷款业务的银行4家。

2.异地贷款。2020年,发放异地贷款10笔、673万元。2020年末,发放异地贷款总额1762万元,异地贷款余额1433.49万元。

(四)资金存储。2020年末,住房公积金存款2.99亿元。其中,活期1.69亿元,1年以上定期1.30亿元。

(五)资金运用率。2020年末,住房公积金个贷率90.72%,比上年末增加7.87个百分点;住房公积金使用率为121.37%,比上年末增加5.37个百分点。

三、主要财务数据

(一)业务收入。2020年,业务收入6330.72万元,同比增长18.52%。存款利息1254.25万元,委托贷款利息5074.36万元,其他2.11万元。

(二)业务支出。2020年,业务支出5131.15万元,同比增长28.73%。支付职工住房公积金利息

4864.71万元，委托贷款手续费266.11万元，其他0.33万元。

（三）**增值收益。** 2020年，增值收益1199.57万元，同比下降11.50%。增值收益率0.41%，比上年减少0.12个百分点。

（四）**增值收益分配。** 2020年，提取贷款风险准备金719.74万元，提取管理费用103.30万元，提取城市廉租住房（公共租赁住房）建设补充资金376.53万元。

2020年，上交财政管理费用103.30万元。上缴财政城市廉租住房（公共租赁住房）建设补充资金376.53万元。

2020年末，贷款风险准备金余额5980.14万元。累计提取城市廉租住房（公共租赁住房）建设补充资金2341.80万元。

（五）**管理费用支出。** 2020年，管理费用支出51.63万元，同比下降18.33%。其中，人员经费36.30万元，公用经费9.83万元，专项经费5.50万元。

四、资产风险状况

个人住房贷款。 2020年末，个人住房贷款逾期额582.75万元，逾期率2.08‰，个人贷款风险准备金余额5980.14万元。

五、社会经济效益

（一）**缴存业务。** 缴存职工中，国家机关和事业单位占84.01%，国有企业占12.92%，城镇私营企业及其他城镇企业占3.07%；中、低收入占99.81%，高收入占0.19%。

新开户职工中，国家机关和事业单位占81.28%，国有企业占14.64%，城镇私营企业及其他城镇企业占3.03%，其他占1.05%；中、低收入占99.59%，高收入占0.41%。

（二）**提取业务。** 提取金额中，购买、建造、翻建、大修自住住房占60.69%，偿还购房贷款本息占26.85%，租赁住房占0.07%；离休和退休提取占6.65%，完全丧失劳动能力并与单位终止劳动关系提取占0.72%，其他占5.02%。提取职工中，中、低收入占99.99%，高收入占0.01%。

（三）**贷款业务。** 2020年，支持职工购建房18.65万平方米，2020年末个人住房贷款市场占有率为88.34%，比上年末减少2.23个百分点。通过申请住房公积金个人住房贷款，可节约职工购房利息支出7156.19万元。

职工贷款笔数中，购房建筑面积90（含）平方米以下占4.48%，90~144（含）平方米占67.92%，144平方米以上占27.60%。购买新房占82.23%，购买二手房占8.67%，建造、翻建、大修自住住房占0.79%其他占8.31%。

职工贷款笔数中，单缴存职工申请贷款占34.39%，双缴存职工申请贷款占65.61%。

贷款职工中，30岁（含）以下占34.32%，30岁~40岁（含）占47.18%，40岁~50岁（含）占15.54%，50岁以上占2.96%；首次申请贷款占85.04%，二次及以上申请贷款占14.96%；中、低收入占99.78%，高收入占0.22%。

（四）**住房贡献率。** 2020年，个人住房贷款发放额、住房消费提取额的总和与当年缴存额的比率为141.20%，比上年增加22.21个百分点。

六、其他重要事项

（一）应对新冠肺炎疫情采取措施情况。2020年1月~3月，在新冠病毒疫情防控期间，按照自治区住房和城乡建设厅《关于防控新冠肺炎疫情期间实施住房公积金阶段性支持政策的通知》要求，我中心积极鼓励全市各缴存单位和缴存职工尽量在网上办理住房公积金相关业务。

（二）继续推行住房公积金银行网点服务改进情况。2020上半年，我中心积极同市农行衔接，切实做好推行11个县银行网点的前期准备工作。2020年7月12日开始，11个县农行网点逐步推行，进展顺利，为各县缴存单位和广大缴存干部职工办理住房公积金相关业务提供了便利。

（三）继续宣传、推行"互联网＋公积金"情况。2020年，我中心继续向全市广大缴存单位及职工宣传推行"互联网＋公积金"的便捷和高效，鼓励未接入综合服务平台的缴存单位积极进行接入，以方便缴存单位及缴存职工可通过西藏住房公积金微信公众号、手机App、网厅等渠道查询、办理住房公积金相关业务，切实实现"让数据多跑路、群众少跑腿"。

（四）顺利完成"跨省通办"年度任务。按照住房和城乡建设部和自治区住房和城乡建设厅统一要求，我中心已将个人住房公积金缴存贷款等信息查询、出具贷款职工住房公积金缴存使用证明、正常退休提取住房公积金等三个事项通过全程网办模式实现"跨省通办"。

那曲市住房公积金2020年年度报告

根据国务院《住房公积金管理条例》和住房和城乡建设部、财政部、人民银行《关于健全住房公积金信息披露制度的通知》（建金〔2015〕26号）的规定，经住房公积金管理委员会审议通过，现将那曲（市）住房公积金2020年年度报告公布如下。

一、机构概况

（一）住房公积金管理委员会。住房公积金管理委员会有31名委员，2020年召开1次会议，审议通过的事项主要包括：《关于调整充实那曲市住房公积金管理委员会组成人员的请示》《关于对2020年公积金贷款逾期3期（含）以上人员进行本单位范围内通报、公告催收及提起诉讼的请示》《那曲市住房资金管理中心关于申请解决2020年度业务管理费、审计费、律师诉讼代理（顾问）费的请示》《关于〈那曲市住房公积金个人住房贷款逾期催收管理规定〉（试行）的请示》。

（二）住房公积金管理中心。住房公积金管理中心为隶属那曲市住房和城乡建设局不以营利为目的的参照公务员正科级事业科室，设1个科，0个管理部，0个分中心。从业人员7人，其中，在编3人，非在编4人。

二、业务运行情况

（一）缴存。2020年，新开户单位21家，净增单位15家；新开户职工0.3303万人，净减职工0.17

万人；实缴单位199家，实缴职工3.3649万人，缴存额12.9982亿元，分别同比增长8.15%、下降4.82%、增长7.35%。2020年末，缴存总额77.87亿元，比上年末增加20.04%；缴存余额38.76亿元，同比增长8.18%。受委托办理住房公积金缴存业务的银行4家。

（二）提取。2020年，0.8186万名缴存职工提取住房公积金；提取额10.0716亿元，同比增长83.42%；提取额占当年缴存额的77.46%，比上年增加32.73个百分点。2020年末，提取总额39.11亿元，比上年末增加34.68%。

（三）贷款。

1. 个人住房贷款。个人住房贷款最高额度90万元。

2020年，发放个人住房贷款0.1306万笔、8.1866亿元，同比分别增长148.76%、144.48%。

2020年，回收个人住房贷款2.75亿元，同比增加3.77%。

2020年末，累计发放个人住房贷款0.8152万笔、35.29亿元，贷款余额18.78亿元，分别比上年末增加19.08%、30.17%、40.78%。个人住房贷款余额占缴存余额的48.45%，比上年末增加11.22个百分点。受委托办理住房公积金个人住房贷款业务的银行3家。

2. 异地贷款。2020年，发放异地贷款6笔、491万元。2020年末，发放异地贷款总额998万元，异地贷款余额905.42万元。

3. 公转商贴息贷款。那曲市未发放公转商贴息贷款。

4. 住房公积金支持保障性住房建设项目贷款。那曲市未发放。

（四）购买国债。那曲市未购买国债。

（五）资金存储。2020年末，住房公积金存款20.1713亿元。其中，活期2.8197亿元，1年（含）以下定期12.3516亿元，1年以上定期5亿元，其他（协定、通知存款等）0亿元。

（六）资金运用率。2020年末，住房公积金个人住房贷款余额18.78亿元、项目贷款余额和购买国债余额的总和占缴存余额的48.45%，比上年末增加11.22个百分点。

三、主要财务数据

（一）业务收入。2020年，业务收入8078.32万元，同比增长2.89%；存款利息4885.56万元，委托贷款利息3155.25万元，国债利息0万元，其他37.55万元。

（二）业务支出。2020年，业务支出5543.68万元，同比增长（下降）11.97%；支付职工住房公积金利息5388.81万元，归集手续费0万元，委托贷款手续费154.63万元，其他0.24万元。

（三）增值收益。2020年，增值收益2534.64万元，同比下降12.61%；增值收益率0.71%，比上年增加0.17个百分点。

（四）增值收益分配。2020年，提取贷款风险准备金1520.78万元；提取管理费用506.93万元，提取城市廉租住房（公共租赁住房）建设补充资金506.93万元。

2020年，上交财政管理费用580.06万元。上缴财政城市廉租住房（公共租赁住房）建设补充资金580.06万元。

2020年末，贷款风险准备金余额6648.88万元。累计提取城市廉租住房（公共租赁住房）建设补充资金2159.46万元。

（五）管理费用支出。2020年，管理费用支出20.76万元，同比增长33.33%。其中，人员经费2.28万元，公用经费18.48万元，专项经费0万元。

四、资产风险状况

（一）个人住房贷款。2020年末，个人住房贷款逾期额1621.9万元，逾期率8.638‰。个人贷款风险准备金余额6648.88万元。2020年，使用个人贷款风险准备金核销呆坏账0万元。

（二）支持保障性住房建设试点项目贷款（本段仅项目贷款余额不为0的城市填写）。截至2020年末无。

五、社会经济效益

（一）缴存业务。缴存职工中，国家机关和事业单位占89.51%，国有企业占8.91%，城镇集体企业占0%，外商投资企业占0%，城镇私营企业及其他城镇企业占1.37%，民办非企业单位和社会团体占0%，灵活就业人员占0%，其他占0.21%；高收入占0%，中等收入占55.33%，低收入占44.67%。

新开户职工中，国家机关和事业单位占70.03%，国有企业占19.53%，城镇集体企业占0%，外商投资企业占0%，城镇私营企业及其他城镇企业占10.35%，民办非企业单位和社会团体占0%，灵活就业人员占0%，其他占0.09%；高收入占0%，中等收入占20.31%，低收入占79.69%。

（二）提取业务。提取金额中，购买、建造、翻建、大修自住住房提取占70.3%，偿还购房贷款本息提取占13.87%，租赁住房提取占0.09%，支持老旧小区改造占0%，离休和退休提取占8.31%，完全丧失劳动能力并与单位终止劳动关系提取占0.71%，死亡或宣告死亡提取占0.59%，其他提取占6.13%。提取职工中，低收入占24.76%，中等收入占75.24%，高收入占0%。

（三）贷款业务。

1. 个人住房贷款。2020年，支持职工购建房16.89万平方米（含公转商贴息贷款），年末个人住房贷款市场占有率（含公转商贴息贷款）为66.84%，比上年末减少11.07个百分点。通过申请住房公积金个人住房贷款，可节约职工购房利息支出7691.48万元。

职工贷款笔数中，购房建筑面积90（含）平方米以下占6.43%，90~144（含）平方米占74.66%，144平方米以上占18.91%。购买新房占79.86%（其中购买保障性住房占0%），购买二手房占9.65%，建造、翻建、大修自住住房占0.31%（其中支持老旧小区改造占0%），其他占10.18%。

职工贷款笔数中，单缴存职工申请贷款占47.09%，双缴存职工申请贷款占52.91%，三人及以上缴存职工共同申请贷款占0%。

贷款职工中，30岁（含）以下占39.51%，30岁~40岁（含）占48.24%，40岁~50岁（含）占9.88%，50岁以上占2.37%；首次申请贷款占90.89%，二次申请贷款占8.88%，三次及以上贷款占0.23%；低收入占36.06%，中等收入占63.94%，高收入占0%。

2. 支持保障性住房建设试点项目贷款（本段仅项目贷款余额不为0的城市填写）。截至2020年末无。

（四）住房贡献率。2020年，个人住房贷款发放额、公转商贴息贷款发放额、项目贷款发放额、住房消费提取额的总和与当年缴存额的比率为128.31%，比上年增加65.8个百分点。

六、其他重要事项

（一）应对新冠肺炎疫情采取的措施，落实住房公积金阶段性支持政策情况和政策实施成效。疫情期间，公积金阶段性支持政策实施。为困难单位缓交住房公积金、困难职工延期偿还公积金贷款给予帮助。在缴存和降低缴存比例及停缴方面。没有企业申请降低缴存比例，没有涉及职工降低缴存比例。2020年6月30日前，受疫情影响有2家企业办理缓缴业务，涉及缓缴职工人数为23人，减轻企业负担14.26万元，但目前已缓缴企业均恢复正常缴存。

逾期贷款方面。2020年那曲市无因疫情申请不作逾期处理的业务。

（二）当年机构及职能调整情况、受委托办理缴存贷款业务金融机构变更情况。按照中共那曲市委员会机构编制委员会《关于市住房和城乡建设局所属事业单位机构编制有关事项的通知》（那机编办发〔2020〕32号）文件，公积金管理中心正科级建制，核定事业编制6名，其中科级领导数3名（正科级1名，副科级2名）。经费来源为财政全额拨款。

受委托办理住房公积金缴存业务的银行4家（建行、农行、藏行、中行），比上年增加2家。

（三）当年住房公积金政策调整及执行情况，包括当年缴存基数限额及确定方法、缴存比例等缴存政策调整情况；当年提取政策调整情况；当年个人住房贷款最高贷款额度、贷款条件等贷款政策调整情况；当年住房公积金存贷款利率执行标准等；支持老旧小区改造政策落实情况。一是严格按照《关于规范住房公积金使用业务的通知》（藏建金监管〔2018〕265号）、《关于严厉打击骗提骗贷套取住房公积金违法行为的通知》（藏建金监管〔2018〕232号）、《关于开展住房公积金业务网点延伸工作的通知》（藏建金〔2019〕41号）、西藏自治区住房和城乡建设厅、财政厅、人行拉萨中心支行《关于进一步完善住房公积金使用管理有关事宜的补充通知》（藏建金监管〔2020〕6号）、《关于妥善应对新冠肺炎疫情实施住房公积金阶段性支持政策的通知》（建金〔2020〕23号）、《关于防控新冠肺炎疫情期间实施住房公积金阶段性政策支持政策的通知》等相关文件要求，严格执行公积金贷款和提取业务规则，打击骗提骗贷住房公积金行为，深入推进公积金业务网点延伸，落实疫情期间公积金阶段性支持政策纾解企业困难。

二是按照《住房公积金管理条例》第十六条"职工住房公积金的月缴存额为职工本人上一年度月平均工资乘以职工住房公积金缴存比例。我区公积金缴存比例（单位缴存比例）按照不应低于5%，不得高于12%的规定，执行期至2020年4月30日。单位为职工缴存的住房公积金的月缴存额为职工本人上一年度（即2019年，并含13个月奖励工资）月平均工资乘以单位住房公积金缴存比例。缴存住房公积金的月工资基数，不得高于职工在那曲市工作市统计部门公布的上一年度职工月平均工资的3倍，凡超过3倍的，一律予以规范调整。

三是2020年提取政策新增支持老旧小区改造提取业务。按照西藏自治区住房和城乡建设厅《关于支持城镇老旧小区改造有关事项的通知》（藏建房市〔2020〕159号）文件要求新增2项为：城镇老旧小区改造提取业务和城镇老旧小区改造加装电梯提取业务，截至2020年末，相关政策已宣传，但截至目前无相关业务申请。

四是2020年提取政策、个人住房公积金最高贷款额度、贷款条件、存贷款利率执行标准按照我区有关政策与上一年度保持一致。

（四）当年服务改进情况，包括推进住房公积金服务"跨省通办"工作情况，服务网点、服务设施、服务手段、综合服务平台建设和其他网络载体建设服务情况等。一是按照"异地受理，内部流转，属地办理，办结反馈"的原则和住房和城乡建设部"跨省通办"清单事项完成时限，对"个人住房公积金缴存贷款等信息查询"、出具"异地贷款职工住房公积金缴存使用证明""正常退休提取住房公积金"、正常偿还公积金贷款本息（一年期）、解除劳动关系提取，实行"零材料"全程网办。

二是 2020 年深入推行业务网点延伸，在藏行增设业务网点，让"就近跑一次"实现纵深发展。

三是推进"互联网＋公积金"建设。大力宣传"西藏住房公积金网厅""西藏住房公积金微信公众号"、0891-12329 服务热线、西藏公积金手机 App、手机支付宝—公积金查询功能及自助服务终端功能，大大方便了干部职工办理业务。

四是为更好、更便捷地向干部职工提供服务，公积金中心加快业务审核审批程序推进，压缩业务办结时间，提升业务办结时效。

（五）当年信息化建设情况，包括信息系统升级改造情况，基础数据标准贯彻落实和结算应用系统接入情况等。无。

（六）当年住房公积金管理中心及职工所获荣誉情况。无。

（七）当年对违反《住房公积金管理条例》和相关法规行为进行行政处罚和申请人民法院强制执行情况。无。

（八）当年对住房公积金管理人员违规行为的纠正和处理情况等。无。

（九）其他需要披露的情况。无。

阿里地区住房公积金 2020 年年度报告

根据国务院《住房公积金管理条例》和住房和城乡建设部、财政部、人民银行《关于健全住房公积金信息披露制度的通知》（建金〔2015〕26 号）的规定，经阿里地区住房公积金管理委员会审议通过，现将阿里地区住房公积金 2020 年年度报告公布如下。

一、机构概况

（一）阿里地区住房公积金管理委员会。阿里地区住房公积金管理委员会有 17 名委员，2020 年召开 4 次会议，审议通过的事项主要包括：

1. 第一次管委会，一是审定了《阿里地区住房资金管理中心 2020 年度管理费用使用计划》《聘用人员工资晋级的相关事宜》，二是同意与昌都市澜沧江房地产有限公司阿里分公司建立贷款合作关系，凡在该公司购房人员选择住房公积金贷款时，住房资金管理中心放款选择委托支付，将购房剩余款项直接汇入户名为昌都市澜沧江房地产开发有限责任公司阿里分公司按揭贷款专用账户，开户行为中国农业银行噶尔县支行，账号为 25100001040777770；

2. 第二次管委会，审定了《阿里地区住房公积金 2019 年运行情况报告》《阿里地区住房资金管理中心 2020 年第一季度工作运行情况》《关于对 2020 年失信客户处理情况报告》；

3. 第三次管委会，审定了《关于调整充实阿里地区住房公积金管理委员会成员的建议》《阿里地区住房资金管理中心 2020 年第二季度工作运行情况》《关于解决住房资金管理中心管理费用的申请》《聘用人员变动的相关事宜》；

4. 第四次管委会，审定了《阿里地区住房资金管理中心 2020 年第三、四季度工作运行情况》《阿里地区住房资金管理中心聘用人员管理办法》《对 2020 年失信人员予以起诉的请示》《关于对住房公积金大病提取政策变更的请示》《住房资金管理中心 2021 年管理费用使用计划（预算）》。

（二）住房公积金管理中心。阿里地区住房资金管理中心是隶属于阿里地区住房和城乡建设局不以营利为目的的参公事业单位。从业人员 10 人，其中，在编 4 人，非在编 6 人。

二、业务运行情况

（一）缴存。2020 年，新开户单位 31 家，净增单位 17 家；新开户职工 1442 人；实缴单位 184 家，同比增长 10.18％，缴存额 5.93 亿元，同比增长 10.84％。2020 年末，缴存总额 36.41 亿元，比上年末增加 19.45％；缴存余额 16.38 亿元，同比增长 11.58％。受委托办理住房公积金缴存业务的银行 4 家。

（二）提取。2020 年，4241 名缴存职工提取住房公积金；提取额 4.23 亿元，同比增长 39.6％；提取额占当年缴存额的 71.33％，比上年增加 14.64 个百分点。2020 年末，提取总额 20.03 亿元，比上年末增加 26.69％。

（三）贷款。

1. 个人住房贷款。个人住房贷款最高额度 90 万元。单缴存职工个人住房贷款最高额度 90 万元，双缴存职工个人住房贷款最高额度 90 万元。

2020 年，发放个人住房贷款 684 笔、4.55 亿元，同比分别增长 10.68％、20.37％。

2020 年，回收个人住房贷款 1.72 亿元。

2020 年末，累计发放个人住房贷款 5253 笔，20.87 亿元，贷款余额 13.94 亿元，分别比上年末增加 14.97％、27.88％、25.46％。个人住房贷款余额占缴存余额的 85.10％，比上年末增加 9.42 个百分点。受委托办理住房公积金个人住房贷款业务的银行 4 家。

2. 异地贷款。2020 年，发放异地贷款 1 笔、46 万元。2020 年末，发放异地贷款总额 46 万元，异地贷款余额 43.57 万元。

（四）资金存储。2020 年末，住房公积金存款 2.85 亿元。其中，活期 0.55 亿元，1 年（含）以下定期 2.3 亿元。

（五）资金运用率。2020 年末，住房公积金个人住房贷款余额、项目贷款余额和购买国债余额的总和占缴存余额的 85.10％，比上年末增加 9.42 个百分点。

（六）资金使用率。2020 年末，住房资金使用率为 112.34％。

三、主要财务数据

（一）业务收入。2020 年，业务收入 3069.97 万元，同比增长 15.31％。存款利息 562.19 万元，委托贷款利息 2502.59 万元，其他 5.19 万元。

（二）业务支出。2020 年，业务支出 2454.82 万元，同比增长 18.37％。支付职工住房公积金利息

2372.36万元，委托贷款手续费82.03万元，其他0.43万元。

（三）增值收益。2020年，增值收益615.15万元，同比增长4.53%。增值收益率0.39%，比上年减少0.05个百分点。

（四）增值收益分配。2020年，提取贷款风险准备金369.09万元；提取管理费用150.21万元，提取城市廉租住房（公共租赁住房）建设补充资金95.85万元。

2020年，上交财政管理费用150.21万元。上缴财政城市廉租住房（公共租赁住房）建设补充资金95.85万元。

2020年末，贷款风险准备金余额3955.14万元。累计提取城市廉租住房（公共租赁住房）建设补充资金1562.5万元。

（五）管理费用支出：2020年，管理费用支出123.72万元。其中，人员经费92.47万元，公用经费31.25万元。

四、资产风险状况

个人住房贷款。2020年末，个人住房贷款逾期额82.09万元，逾期率0.59‰，个人贷款风险准备金余额3955.15万元。

五、社会经济效益

（一）缴存业务。缴存职工中，国家机关和事业单位占86.51%，国有企业占12.32%，城镇私营企业及其他城镇企业占0.48%，其他占0.69%；中、低收入占99.70%，高收入占0.30%。

新开户职工中，国家机关和事业单位占75.10%，国有企业占22.12%，城镇私营企业及其他城镇企业占2.64%，其他占0.14%；中、低收入占99.24%，高收入占0.76%。

（二）提取业务。提取金额中，购买、建造、翻建、大修自住住房占55.85%，偿还购房贷款本息占25.64%，租赁住房占0.12%，离休和退休提取占6.19%，完全丧失劳动能力并与单位终止劳动关系提取占1.09%，其他占11.11%。提取职工中，中、低收入占99.46%，高收入占0.54%。

（三）贷款业务。2020年，支持职工购建房9.39万平方米（含公转商贴息贷款），年末个人住房贷款市场占有率（含公转商贴息贷款）为91.88%，比上年末增加27.36个百分点。通过申请住房公积金个人住房贷款，可节约职工购房利息支出1407.59万元。

职工贷款笔数中，购房建筑面积90（含）平方米以下占8.48%，90～144（含）平方米占70.47%，144平方米以上占21.05%。购买新房占70.32%（其中购买保障性住房占0%），购买二手房占17.11%，建造、翻建、大修自住住房占2.05%（其中支持老旧小区改造占0%），其他占10.52%。

职工贷款笔数中，单缴存职工申请贷款占30.85%，双缴存职工申请贷款占69.15%。

贷款职工中，30岁（含）以下占46.35%，30岁～40岁（含）占41.81%，40岁～50岁（含）占10.96%，50岁以上占0.88%；首次申请贷款占88.01%，二次及以上申请贷款占11.99%；中、低收入占99.56%，高收入占0.44%。

（四）住房贡献率。2020年，个人住房贷款发放额、公转商贴息贷款发放额、项目贷款发放额、住房消费提取额的总和与当年缴存额的比率为134.91%，比上年增加21.26个百分点。

六、其他重要事项

（一）应对新冠肺炎疫情采取的措施，落实住房公积金阶段性支持政策情况和政策实施成效。为有效应对新型冠状病毒肺炎疫情，确保缴存职工的身心健康，我中心严格按照住房和城乡建设厅《关于做好新型冠状病毒肺炎疫情防控期间住房公积金业务办理有关事宜的通知》精神要求，及时出台政策措施。一是可暂缓缴存。受疫情影响导致生产经营困难的中小微企业，可按规定申请暂缓缴存住房公积金。二是可不作逾期通报。对因感染新冠肺炎住院治疗或隔离人员、疫情防控需要隔离观察人员、一线医务人员等参加疫情防控工作人员以及受疫情影响暂时失去收入来源的人群，在疫情防控期间未能正常归还住房公积金贷款的，可以不作通报处理。三是大力推进网上办理。积极引导缴存干部职工网上办理业务，凡是可以网上办理的业务采取"零见面"办结，必须要面签的业务采取预约面签做到"只见一次"。

（二）当年住房公积金政策调整及执行情况，包括当年缴存基数限额及确定方法、缴存比例等缴存政策调整情况；当年提取政策调整情况；当年个人住房贷款最高贷款额度、贷款条件等贷款政策调整情况；当年住房公积金存贷款利率执行标准等；支持老旧小区改造政策落实情况。严格落实住房和城乡建设厅《关于支持城镇老旧小区改造有关事项的通知》（藏建房市〔2020〕159号）文件精神，及时将文件精神内容转发至各缴存单位并将其作为2021年政策宣讲的重点内容。

（三）当年服务改进情况，包括推进住房公积金服务"跨省通办"工作情况，服务网点、服务设施、服务手段、综合服务平台建设和其他网络载体建设服务情况等。针对跨省通办事项清单的内容，我中心严格按照要求及时全部录入"全国住房公积金监管服务平台"。

（四）当年住房公积金管理中心及职工所获荣誉情况，包括：文明单位（行业、窗口）、青年文明号、工人先锋号、五一劳动奖章（劳动模范）、三八红旗手（巾帼文明岗）、先进集体和个人等。2020年度阿里地区住房资金管理中心被评为阿里地区政务服务"民族团结先进集体"，1名同志被评为"优秀公务员"。

（五）当年对违反《住房公积金管理条例》和相关法规行为进行行政处罚和申请人民法院强制执行情况。2020年对9名严重逾期客户进行法院强制执行，追回资金44.03万元。

（六）其他需要披露的情况。营业网点：阿里地区政务服务大厅、中国农业银行阿里分行、中国建设银行阿里分行、西藏银行阿里分行、中国银行阿里分行。

办公室电话：0897-2901063；

办公室传真：0897-2901063；

政务大厅业务网点电话：0897-2901063。

营业时间：

冬季上午10：30～13：30；

冬季下午16：00～18：30；

夏季上午10：00～13：00；

夏季下午16：30～19：00。

自治区住房公积金监督管理处电话：0891-6828411；

地区住房公积金监督管理办公室举报电话：0897-2821399。

林芝市住房公积金 2020 年年度报告

根据国务院《住房公积金管理条例》和住房和城乡建设部、财政部、人民银行《关于健全住房公积金信息披露制度的通知》（建金〔2015〕26 号）的规定，经住房公积金管理委员会审议通过，现将林芝市住房公积金 2020 年年度报告公布如下。

一、机构概况

（一）住房公积金管理委员会。住房公积金管理委员会有 26 名委员，2020 年审议通过 2020 年住房公积金贷款指标 5 亿元。

（二）住房公积金管理中心。林芝市住房公积金管理中心隶属于林芝市住房和城乡建设局，是不以营利为目的的参照公务员法管理的事业单位，从业人员 7 人，其中，在编 3 人，非在编 4 人。

二、业务运行情况

（一）缴存。2020 年，新开户单位 120 家，净增单位 113 家；新开户职工 0.45 万人，净减职工 0.22 万人；实缴单位 731 家，实缴职工 2.44 万人，缴存额 8.56 亿元，分别同比增长 18.28%、下降 8.27%、14.13%。2020 年末，缴存总额 55.63 亿元，比上年末增加 18.19%；缴存余额 24.30 亿元，同比增长 19.23%。受委托办理住房公积金缴存业务的银行 4 家。

（二）提取。2020 年，0.55 万名缴存职工提取住房公积金；提取额 4.64 亿元，同比增长 13.17%；提取额占当年缴存额的 54.21%，比上年减少 0.46 个百分点。2020 年末，提取总额 31.33 亿元，比上年末增加 17.38%。

（三）贷款。

1. 个人住房贷款。个人住房贷款最高额度 90 万元。

2020 年，发放个人住房贷款 771 笔、5.14 亿元，同比分别下降 12.58%、4.64%。

2020 年，回收个人住房贷款 1.86 亿元。

2020 年末，累计发放个人住房贷款 6491 万笔、26.22 亿元，贷款余额 15.17 亿元，分别比上年末增加 13.48%、24.38%、27.59%。个人住房贷款余额占缴存余额的 62.43%，比上年末增加 4.09 个百分点。受委托办理住房公积金个人住房贷款业务的银行 3 家。

2. 异地贷款。2020 年，未发放异地贷款。

（四）资金存储。2020 年末，住房公积金存款 9.37 亿元。其中，活期 0.85 亿元，3 年定期 7.92 亿元，七天通知存款 0.6 亿元。

（五）资金运用率。2020 年末，住房公积金个人住房贷款余额占缴存余额的 62.43%，比上年末增加 4.09 个百分点。

三、主要财务数据

（一）业务收入。2020 年，业务收入 6052.17 万元，同比增长 21.26%。其中，存款利息 3299.31 万元，委托贷款利息 2613.01 万元，其他 139.85 万元。

（二）业务支出。2020 年，业务支出 3491.82 万元，同比增长 19.48%。其中，支付职工住房公积金利息 3379.32 万元，委托贷款手续费 112.5 万元。

（三）增值收益。2020 年，增值收益 2560.35 万元，同比增长 23.77%。增值收益率 1.10%，与 2019 年持平。

（四）增值收益分配。2020 年，提取贷款风险准备金 1536.21 万元，提取管理费用 16 万元，提取城市廉租住房（公共租赁住房）建设补充资金 1008.14 万元。

2020 年，上交财政管理费用 16 万元。上缴财政城市廉租住房（公共租赁住房）建设补充资金 1008.14 万元。

2020 年末，贷款风险准备金余额 5428.65 万元。累计提取城市廉租住房（公共租赁住房）建设补充资金 2305.62 万元。

（五）管理费用支出：2020 年，管理费用支出 14.24 万元，同比增长 357.88%。其中，公用经费 14.24 万元。

四、资产风险状况

个人住房贷款。2020 年末，个人住房贷款逾期额 161.69 万元，逾期率 1.07‰。

五、社会经济效益

（一）缴存业务。缴存职工中，国家机关和事业单位占 80.05%，国有企业占 17.06%，城镇私营企业占 2.34%，其他占 0.55%，中、低收入占 98.27%，高收入占 1.73%。

新开户职工中，国家机关和事业单位占 82.25%，国有企业占 11.49%，城镇集体企业占 5.18%，其他占 1.08%；中、低收入占 97.89%，高收入占 2.11%。

（二）提取业务。提取金额中，购买、建造、翻建、大修自住住房占 40.50%，偿还购房贷款本息占 29.93%，租赁住房占 1.25%，离休和退休提取占 7.19%，完全丧失劳动能力并与单位终止劳动关系提取占 3.82%，其他占 17.31%。提取职工中，中、低收入占 99.05%，高收入占 0.95%。

（三）贷款业务。

个人住房贷款。2020 年，支持职工购建房 9.49 万平方米（含公转商贴息贷款），年末个人住房贷款市场占有率（含公转商贴息贷款）为 76.79%，比上年末减少 4.49 个百分点。通过申请住房公积金个人住房贷款，可节约职工购房利息支出 4336.01 万元。

职工贷款笔数中，购房建筑面积 90（含）平方米以下占 7.65%，90～144（含）平方米占 79.64%，144 平方米以上占 12.71%。购买新房占 68.09%，购买二手房占 21.27%，其他占 10.64%。

职工贷款笔数中，单缴存职工申请贷款占 32.04%，双缴存职工申请贷款占 67.96%。

贷款职工中，30 岁（含）以下占 33.20%，30 岁～40 岁（含）占 48.64%，40 岁～50 岁（含）占 15.95%，50 岁以上占 2.21%；首次申请贷款占 52.14%，二次及以上申请贷款占 47.86%；中、低收入占 98.05%，高收入占 1.95%。

（四）住房贡献率。2020 年，个人住房贷款发放额、公转商贴息贷款发放额、项目贷款发放额、住房消费提取额的总和与当年缴存额的比率为103.97%，比上年减少12.7个百分点。

六、其他重要事项

（一）应对新冠肺炎疫情采取的措施，落实住房公积金阶段性支持政策情况和政策实施成效。

1. 应对新冠肺炎疫情采取的措施。一是认真开展调研摸底工作。2020年3月份鉴于新冠肺炎疫情影响，我中心通过网络、电话、传真等方式，了解新冠肺炎疫情对各单位住房公积金缴存的影响，听取各缴存单位的意见建议。二是着力改进服务工作。通过微信群、电话等渠道，积极做好住房公积金政策解读，安排专人及时回复缴存单位和职工的疑惑，着力推进不见面网上办理。

2. 落实住房公积金阶段性支持政策情况和政策实施成效。截止到2020年6月30日前，向我中心申请住房公积金缓缴单位7个，其中，提供书面申请缓缴申请书单位1个，口头申请缓缴单位6个。截止到2020年12月31日，企业已全部补缴，补缴金额为249.63万元。

（二）机构调整情况。2020年机构职能未进行调整，受委托办理缴存的银行为4家，受委托办理贷款的银行未进行调整。

（三）分管领导及负责人。达瓦次仁：市住建局党组书记、副局长，分管住房资金管理中心工作。

覃丽平：局住房资金管理中心主任，负责住房资金管理中心工作。

（四）2020年住房公积金贷款利率执行情况。2020年，继续执行西藏住房公积金利率政策，5年及以下利率1.76%，5年以上利率2.08%。

（五）2020年住房公积金个人住房贷款最高额度情况。2020年，继续根据《关于规范住房公积金使用业务的通知》（藏建金监管〔2018〕265号），执行自治区关于"我区缴存职工住房公积金贷款最高额度由70万元提高到90万元"的规定。

（六）2020年住房公积金结息情况。2020年，继续执行《中国人民银行、住房和城乡建设部、财政部关于完善职工住房公积金账户存款利率形成机制的通知》（银发〔2016〕43号）的规定，按一年期定期利率1.5%对职工住房公积金存款进行结息。

（七）2020年缴存基数限额及确定方法、缴存比例等缴存政策调整情况。继续执行《住房和城乡建设部财政部人民银行〈关于改进住房公积金缴存机制进一步降低企业成本的通知〉》（建金〔2018〕45号）规定。对生产经营困难的企业，经职工代表大会或工会讨论通过，可申请降低住房公积金缴存比例（最低不得低于5%）或者缓缴。

（八）当年服务改进情况。

1. 2020年，林芝市住房资金管理中心紧紧围绕为民办实事、解难事、以最好的服务态度为根本宗旨，始终以提高群众满意度为落脚点，在墨脱县农行开办住房公积金网点延伸工作。

2. 结合林芝市实际情况，有效利用行政审批和便民服务局大厅、集中住房资金管理中心、农行、建行、中行人员形成快速高效的审批服务体系，极大方便了缴存单位和职工办理公积金业务。

3. 2020年无违反《住房公积金管理条例》和相关法规行为进行行政处罚和申请人民法院强制执行情况。住房公积金管理人员无违规行为。

（九）2020年打击骗提骗贷行为工作情况。为切实加强住房公积金使用管理，有效防范住房公积金风险，保障广大缴存职工合法权益，打击骗提骗贷套取住房公积金行为，我中心积极通过微信公众号《微林芝》《西藏林芝网》《林芝报》、局单位门户网站、便民服务大厅显示屏多渠道发布《关于打击骗提骗贷住房公积金行为的通告》，提醒广大缴存职工正确维护自己的合法权益，按正规、合法渠道申办，自觉抵制"代办公积金提取、公积金贷款"等非法小广告，谨防受骗。

（十）办公地点、时间及办公电话。

1. 办公地点。林芝市行政审批和便民服务局一楼大厅。

2. 办公时间：上午9：30～13：00，下午15：30～18：30。

3. 办公电话：0894-5835333、5828599、5828839。

（十一）监督举报电话。 自治区住房公积金监督管理处举报电话：0891-6828411。

2020 全国住房公积金年度报告汇编

甘肃省

兰州
嘉峪关市
金昌市
白银市
天水市
武威市
张掖市
平凉市
酒泉市
庆阳市
定西市
陇南市
临夏回族自治州
甘南州

甘肃省住房公积金 2020 年年度报告

根据国务院《住房公积金管理条例》和住房和城乡建设部、财政部、人民银行《关于健全住房公积金信息披露制度的通知》（建金〔2015〕26 号）规定，现将甘肃省住房公积金 2020 年年度报告汇总公布如下。

一、机构概况

（一）住房公积金管理机构。全省共设 14 个设区城市住房公积金管理中心，8 个独立设置的分中心（其中，甘肃省住房资金管理中心隶属甘肃省住房和城乡建设厅，甘肃矿区住房公积金管理中心隶属甘肃矿区，甘肃省电力公司房改与住房公积金管理中心隶属甘肃省电力公司，窑街煤电办事处隶属于窑街煤电集团有限公司，靖远煤业分中心隶属靖远煤业集团有限责任公司，华亭煤业分中心隶属华亭煤业集团有限责任公司，玉门油田分中心隶属中国石油天然气股份有限公司玉门油田分公司，金川公司分中心隶属金川集团股份有限公司）。从业人员 1725 人，其中，在编 1135 人，非在编 590 人。

（二）住房公积金监管机构。省住房城乡建设厅、省财政厅和中国人民银行兰州中心支行负责对甘肃省住房公积金管理运行情况进行监督。

二、业务运行情况

（一）缴存。2020 年，新开户单位 3212 家，净增单位 1366 家；新开户职工 14.02 万人，净增职工 1.6 万人；实缴单位 33880 家，实缴职工 195.06 万人，缴存额 324.11 亿元，分别同比增长 4.2%、0.83%、7.73%。2020 年末，缴存总额 2576.43 亿元，比上年末增长 14.37%；缴存余额 1145.49 亿元，同比增长 8.96%。

（二）提取。2020 年，62.9 万名缴存职工提取住房公积金；提取额 229.94 亿元，同比增长 10.35%；提取额占当年缴存额的 70.95%，比上年增加 1.69 个百分点。2020 年末，提取总额 1430.93 亿元，比上年末增长 19.1%。

（三）贷款。

1. 个人住房贷款。2020 年，发放个人住房贷款 5.22 万笔、197.87 亿元，同比增长－4.74%、1.75%。回收个人住房贷款 136.27 亿元。

2020 年末，累计发放个人住房贷款 83.21 万笔、1676.39 亿元，贷款余额 875.92 亿元，分别比上年末增长 6.62%、13.46%、7.56%。个人住房贷款余额占缴存余额的 76.46%，比上年末减少 1 个百分点。

2020 年，支持职工购建房 611.27 万平方米。年末个人住房贷款市场占有率（含公转商贴息贷款）为 26.74%，比上年末减少 3.04 个百分点。通过申请住房公积金个人住房贷款，可节约职工购房利息支出 330616.79 万元。

2. 异地贷款。2020 年，发放异地贷款 5909 笔、248005.6 万元。2020 年末，发放异地贷款总额 1730746.88 万元，异地贷款余额 1322276.53 万元。

3. 公转商贴息贷款。2020 年末发放公转商贴息贷款，当年贴息额 474.51 万元。2020 年末，累计发放公转商贴息贷款 800 笔、35236.00 万元，累计贴息 1630.98 万元。

（四）**资金存储**。2020 年末，住房公积金存款 290.33 亿元。其中，活期 20.92 亿元，1 年（含）以下定期 123.38 亿元，1 年以上定期 103.03 亿元，其他（协定、通知存款等）43 亿元。

（五）**资金运用率**。2020 年末，住房公积金个人住房贷款余额、项目贷款余额和购买国债余额的总和占缴存余额的 76.47%，比上年末减少 1 个百分点。

三、主要财务数据

（一）**业务收入**。2020 年，业务收入 351349.49 万元，同比增长 9.58%。其中，存款利息 78658.89 万元，委托贷款利息 272588.15 万元，其他 102.45 万元。

（二）**业务支出**。2020 年，业务支出 189908.54 万元，同比增长 5.72%。其中，支付职工住房公积金利息 172185.9 万元，归集手续费 5404.03 万元，委托贷款手续费 11633.23 万元，其他 685.38 万元。

（三）**增值收益**。2020 年，增值收益 161440.95 万元，同比增长 14.5%；增值收益率 1.46%，比上年增加 0.06 个百分点。

（四）**增值收益分配**。2020 年，提取贷款风险准备金 12554.59 万元，提取管理费用 39580.96 万元，提取城市廉租住房（公共租赁住房）建设补充资金 109305.4 万元。

2020 年，上交财政管理费用 33570.94 万元，上缴财政城市廉租住房（公共租赁住房）建设补充资金 103186.53 万元。

2020 年末，贷款风险准备金余额 137105.57 万元，累计提取城市廉租住房（公共租赁住房）建设补充资金 689136.42 万元。

（五）**管理费用支出**。2020 年，管理费用支出 36740.01 万元，同比增长 9.09%。其中，人员经费 20960.81 万元，公用经费 4136.38 万元，专项经费 11642.82 万元。

四、资产风险状况

个人住房贷款。2020 年末，个人住房贷款逾期额 4526.89 万元，逾期率 0.5‰，个人贷款风险准备金余额 135825.57 万元。

五、社会经济效益

（一）**缴存业务**。缴存职工中，国家机关和事业单位占 54.74%，国有企业占 31.81%，城镇集体企业占 0.67%，外商投资企业占 0.7%，城镇私营企业及其他城镇企业占 11.12%，民办非企业单位和社会团体占 0.38%，灵活就业人员占 0.35%，其他占 0.23%；中、低收入占 99.14%，高收入占 0.86%。

新开户职工中，国家机关和事业单位占 33.8%，国有企业占 26.47%，城镇集体企业占 0.77%，外商投资企业占 1.34%，城镇私营企业及其他城镇企业占 33.13%，民办非企业单位和社会团体占 1.1%，灵活就业人员占 2.4%，其他占 0.99%；中、低收入占 99.84%，高收入占 0.16%。

（二）**提取业务**。提取金额中，购买、建造、翻建、大修自住住房占 34.29%，偿还购房贷款本息占 41.38%，租赁住房占 1.71%，离休和退休提取占 17.08%，完全丧失劳动能力并与单位终止劳动关系提取占 1.46%，出境定居占 0.47%，其他占 3.61%。提取职工中，中、低收入占 98.93%，高收入占1.07%。

（三）**个人住房贷款业务**。职工贷款笔数中，购房建筑面积90（含）平方米以下占9.99%，90~144（含）平方米占81.68%，144平方米以上占8.33%。购买新房占85.28%（其中购买保障性住房占1.2%），购买二手房占14.14%，建造、翻建、大修自住住房占0.16%，其他占0.42%。

职工贷款笔数中，单缴存职工申请贷款占31.64%，双缴存职工申请贷款占68.33%，三人及以上缴存职工共同申请贷款占0.03%。

贷款职工中，30岁（含）以下占27.5%，30岁~40岁（含）占42.14%，40岁~50岁（含）占21.29%，50岁以上占9.07%；首次申请贷款占81.37%，二次及以上申请贷款占18.63%；中、低收入占99.27%，高收入占0.73%。

（四）**住房贡献率**。2020年，个人住房贷款发放额、公转商贴息贷款发放额、项目贷款发放额、住房消费提取额的总和与当年缴存额的比率为116.35%，比上年减少59.3个百分点。

六、其他重要事项

（一）**应对新冠肺炎疫情采取的政策措施，落实住房公积金阶段性支持政策情况和政策实施成效**。为做好疫情防控期间住房公积金管理服务工作，维护广大缴存单位和职工权益，助力企业复工复产，2020年3月初，我厅指导各地陆续出台支持困难企业暂缓缴存和降低比例、保障职工贷款权益、阶段性提高职工租赁提取额度等一系列助企惠民政策。据统计，全省有426家企业申请缓缴住房公积金，涉及缴存职工8.03万人，缓缴金额3.74亿元。同时，各地主动为缴存职工排忧解难，职工因受疫情影响未正常还款的，不作逾期处理、不计罚息，切实减轻了疫情期间企业及缴存职工的经济压力。2020年下半年，为应对秋冬季新冠肺炎疫情防控工作，研究制定相应应急预案，及时跟踪了解阶段性支持政策执行情况，为坚决打赢疫情防控阻击战，支持企业复工复产，推进全省经济社会发展提供了支持。

（二）**当年开展监督检查情况**。积极开展住房公积金监管平台试点工作。2020年，我省作为全国公积金监管平台的试点省份，承担着省内公积金风险监管和问题整改职责。组织在兰州举行2020年甘肃省住房公积金信息化建设和全国住房公积金监管分析平台数据整改培训班，邀请住房和城乡建设部和人民银行兰州中心支行讲解监管平台实际操作和人民银行征信系统接入等工作。同时，加强对全国住房公积金监管平台试点督导力度，建立全国住房公积金监管平台周通报制度。截至年底我省1483项风险预警，整改率62.93%。

（三）**当年服务改进情况**。一是持续推动住房公积金企业缴存登记事项实现"一窗办、一网办"。按照国家市场监管总局等6部门联合《关于进一步优化企业开办服务的通知》要求，我厅高度重视，明确责任分工，细化责任领导、责任部门，建立工作台账，专题安排落实的措施和时效，力争尽快形成好的效果，服务市场主体，优化营商环境。截至12月底，已接收甘肃省市场监管局推送的工商企业注册登记实时数据信息5.15万条。二是积极推进公积金服务事项"跨省通办"工作。根据《住房和城乡建设部办公厅关于做好住房公积金服务"跨省通办"工作的通知》（建办金〔2020〕53号）要求，指导各地切实转变服务理念、增强服务意识、改进服务措施，着力打通业务链条和数据共享堵点，满足公积金缴存职工异地办事需求。据统计，各地住房公积金业务大厅全部设置"跨省通办""省内通办"专柜。城市中心全部梳理完成"跨省通办""省内通办"事项业务流程并依规主动公开。三是加快推进住房公积金"一网通办"。根据

《甘肃省人民政府关于分解落实2020年全省经济社会发展主要指标和重点工作任务通知》要求，积极安排部署，建立了住房公积金业务线上办理月通报制度，并印发《甘肃省住房公积金加快推进"一网通办"工作实施方案》和《甘肃省住房和城乡建设厅关于甘肃省住房公积金业务"一网通办"工作考核办法》。

（四）其他需要披露的情况。按照《甘肃省人民政府2019年住房公积金和住宅专项维修资金审计报告》要求，积极推进公积金管理机构整合。2020年5月11日，我厅提请甘肃省人民政府十三届第90次常务会议审议通过了《甘肃省住房公积金管理分支机构调整实施方案》，并会同省委编办、省人社厅、省财政厅、省政府国资委联合印发。截至2020年底，省级层面已整改完成。

兰州住房公积金2020年年度报告

根据国务院《住房公积金管理条例》和住房和城乡建设部、财政部、人民银行《关于健全住房公积金信息披露制度的通知》（建金〔2015〕26号）的规定，经住房公积金管理委员会审议通过，现将兰州住房公积金2020年年度报告公布如下。

一、机构概况

（一）住房公积金管理委员会。住房公积金管理委员会有32名委员，2020年召开3次会议，审议通过的事项主要包括：《兰州住房公积金管理中心关于2019年度住房公积金归集计划和使用计划执行情况及2020年度住房公积金归集计划和使用计划的报告》《兰州住房公积金管理中心关于2019年度财务预算执行情况、增值收益分配方案和2020年度财务预算的报告》《兰州住房公积金管理中心2019年年度报告》《兰州市住房公积金提取管理办法（修订）》。

（二）住房公积金管理中心。本市目前共有4家住房公积金管理机构。

兰州住房公积金管理中心（以下简称兰州公积金中心）为市属不以营利为目的的参照公务员管理的事业单位。设9个科（室），9个管理部，1个分中心。从业人员181人，其中，在编91人，非在编90人。

甘肃省住房资金管理中心（以下简称省资金中心）为甘肃省住房和城乡建设厅下属的不以营利为目的的自收自支事业单位。设6个处（科），4个管理部。从业人员142人，其中，在编21人，非在编121人。

甘肃省电力公司房改与住房公积金管理中心（以下简称省电力中心）为国网甘肃省电力公司不以营利为目的的后勤服务事业单位，设2个处（科），58个管理部。从业人员176人，其中，在编176人，非在编0人。

兰州住房公积金管理中心窑街煤电办事处（以下简称窑街煤电办事处）为窑街煤电集团公司所属的办事机构，设3个处（科）。从业人员32人，其中，在编31人，非在编1人。

二、业务运行情况

（一）缴存。2020年，新开户单位1796家，净增单位927家；新开户职工7.13万人，净增职工－0.67万人；实缴单位10678家，实缴职工71.41万人，缴存额122.39亿元，分别同比增长9.51%、

-0.93%、9.23%。2020年末，缴存总额1061.40亿元，比上年末增加13.03%；缴存余额398.74亿元，同比增长8.19%。

受委托办理住房公积金缴存业务的银行，兰州公积金中心3家，省资金中心10家，省电力中心2家，窑街煤电办事处7家。

（二）提取。2020年，25.07万名缴存职工提取住房公积金；提取额92.20亿元，同比增长8.41%；提取额占当年缴存额的75.33%，比上年减少0.57个百分点。2020年末，提取总额662.66亿元，比上年末增加16.16%。

（三）贷款。

1. 个人住房贷款。兰州公积金中心个人住房贷款最高额度60万元。省资金中心、省电力中心和窑街煤电办事处单缴存职工个人住房贷款最高额度50万元，双缴存职工个人住房贷款最高额度60万元。

2020年，发放个人住房贷款1.53万笔、67.56亿元，同比分别下降8.93%、2.79%。其中，兰州公积金中心发放个人住房贷款0.87万笔、36.74亿元，省资金中心发放个人住房贷款0.58万笔、27.24亿元，省电力中心发放个人住房贷款0.08万笔、3.52亿元，窑街煤电办事处发放个人住房贷款0.003万笔、0.06亿元。

2020年，回收个人住房贷款47.62亿元。其中，兰州公积金中心29.68亿元，省资金中心15.86亿元，省电力中心1.85亿元，窑街煤电办事处0.23亿元。

2020年末，累计发放个人住房贷款21.41万笔、603.25亿元，贷款余额343.93亿元，分别比上年末增加7.91%、12.61%、6.15%。个人住房贷款余额占缴存余额的86.25%，比上年末减少1.66个百分点。

受委托办理住房公积金个人住房贷款业务的银行，兰州公积金中心13家，省资金中心14家，省电力中心5家，窑街煤电办事处1家。

2. 异地贷款。2020年，发放异地贷款2797笔、129475.30万元。2020年末，发放异地贷款总额1279321.56万元，异地贷款余额999034.54万元。

3. 公转商贴息贷款。2020年，发放公转商贴息贷款0笔、0万元，当年贴息额474.51万元。2020年末，累计发放公转商贴息贷款800笔、35236.00万元，累计贴息1630.98万元。

（四）购买国债。2020年，购买国债0亿元，兑付国债0亿元。2020年末，国债余额0亿元。

（五）资金存储。2020年末，住房公积金存款63.17亿元。其中，活期0.98亿元，1年（含）以下定期18.97亿元，1年以上定期18.05亿元，其他（协定、通知存款等）25.17亿元。

（六）资金运用率。2020年末，住房公积金个人住房贷款余额、项目贷款余额和购买国债余额的总和占缴存余额的86.25%，比上年减少1.66个百分点。

三、主要财务数据

（一）业务收入。2020年，业务收入132687.95万元，同比增长11.61%。其中，兰州公积金中心70188.65万元，省资金中心41414.91万元，省电力中心19831.63万元，窑街煤电办事处1252.76万元；存款利息23606.13万元，委托贷款利息109045.51万元，国债利息0万元，其他36.31万元。

（二）业务支出。2020年，业务支出68312.76万元，同比增长4.89%。其中，兰州公积金中心37694.64万元，省资金中心23613.09万元，省电力中心6146.95万元，窑街煤电办事处858.08万元；支付职工住房公积金利息 57379.96 万元，归集手续费 4948.80 万元，委托贷款手续费 5104.73 万元，其他 879.27 万元。

（三）**增值收益**。2020 年，增值收益 64375.19 万元，同比增长 19.74%。其中，兰州公积金中心 32494.01 万元，省资金中心 17801.82 万元，省电力中心 13684.68 万元，窑街煤电办事处 394.68 万元；增值收益率 1.67%，比上年增加 0.16 个百分点。

（四）**增值收益分配**。2020 年，提取贷款风险准备金 3847.44 万元，提取管理费用 16048.45 万元，提取城市廉租住房（公共租赁住房）建设补充资金 44479.30 万元。

2020 年，上交财政管理费用 6446.91 万元。上缴财政城市廉租住房（公共租赁住房）建设补充资金 34535.01 万元。其中，兰州公积金中心上缴 22762.03 万元，省资金中心上缴 11772.98 万元，省电力中心上缴 0 万元，窑街煤电办事处上缴 0 万元。

2020 年末，贷款风险准备金余额 62151.33 万元。累计提取城市廉租住房（公共租赁住房）建设补充资金 320069.53 万元。其中，兰州公积金中心提取 191811.71 万元，省资金中心提取 107380.41 万元，省电力中心提取 18285.53 万元，窑街煤电办事处提取 2591.88 万元。

（五）**管理费用支出**。2020 年，管理费用支出 14700.26 万元，同比增长 39.64%。其中，人员经费 9008.72 万元，公用经费 1792.84 万元，专项经费 3898.70 万元。

兰州公积金中心管理费用支出 3515.30 万元，其中，人员、公用、专项经费分别为 2223.53 万元、168.35 万元、1123.42 万元；省资金中心管理费用支出 2841.72 万元，其中，人员、公用、专项经费分别为 227.61 万元、17.03 万元、2597.08 万元；省电力中心管理费用支出 8031.87 万元，其中，人员、公用、专项经费分别为 6286.73 万元、1579.11 万元、166.03 万元；窑街煤电办事处管理费用支出 311.37 万元，其中，人员、公用、专项经费分别为 270.85 万元、28.35 万元、12.17 万元。

四、资产风险状况

个人住房贷款。2020 年末，个人住房贷款逾期额 2146.78 万元，逾期率 0.62‰。其中，兰州公积金中心 0.64‰，省资金中心 0.66‰，省电力中心 0.25‰，窑街煤电办事处 1.05‰。

个人贷款风险准备金余额 62151.33 万元。2020 年，使用个人贷款风险准备金核销呆坏账 0 万元。

五、社会经济效益

（一）**缴存业务**。缴存职工中，国家机关和事业单位占 27.86%，国有企业占 47.77%，城镇集体企业占 0.70%，外商投资企业占 1.28%，城镇私营企业及其他城镇企业占 21.30%，民办非企业单位和社会团体占 0.63%，灵活就业人员占 0.28%，其他占 0.18%；中、低收入占 98.67%，高收入占 1.33%。

（二）**提取业务**。提取金额中，购买、建造、翻建、大修自住住房占 34.10%，偿还购房贷款本息占 38.26%，租赁住房占 2.42%，支持老旧小区改造占 0%，离休和退休提取占 19.45%，完全丧失劳动能力并与单位终止劳动关系提取占 0.64%，出境定居占 0.02%，其他占 5.11%。提取职工中，中、低收入占 98.57%，高收入占 1.43%。

（三）**贷款业务**。个人住房贷款。2020 年，支持职工购建房 169.57 万平方米（含公转商贴息贷款），年末个人住房贷款市场占有率（含公转商贴息贷款）为 21.45%，比上年末减少 3.04 个百分点。通过申请住房公积金个人住房贷款,可节约职工购房利息支出114301.90万元。

职工贷款笔数中,购房建筑面积90(含)平方米以下占16.54%,90～144(含)平方米占78.60%,144平方米以上占4.86%。购买新房占84.71%(其中购买保障性住房占2.86%),购买二手房占15.25%,建造、翻建、大修自住住房占0%(其中支持老旧小区改造占0%),其他占0.04%。

职工贷款笔数中,单缴存职工申请贷款占34.48%,双缴存职工申请贷款占65.52%,三人及以上缴存职工共同申请贷款占0%。

贷款职工中,30岁(含)以下占29.64%,30岁～40岁(含)占35.55%,40岁～50岁(含)占23.22%,50岁以上占11.59%;首次申请贷款占86.21%,二次及以上申请贷款占13.79%;中、低收入占99.22%,高收入占0.78%。

(四)住房贡献率。 2020年,个人住房贷款发放额、公转商贴息贷款发放额、项目贷款发放额、住房消费提取额的总和与当年缴存额的比率为111.96%,比上年减少4.51个百分点。

六、其他重要事项

(一)应对新冠肺炎疫情采取的措施,落实住房公积金阶段性支持政策情况和政策实施成效。

1. 兰州公积金中心。中心制定了《兰州住房公积金管理中心关于应对疫情做好住房公积金管理服务工作的通知》(兰住金〔2020〕4号),做好了相关工作。一是允许困难企业阶段性降低缴存比例。积极缓解企业生产经营困难,对受疫情影响导致生产经营困难的企业,执行阶段性降低缴存比例政策,单位和职工个人缴存比例分别可低至5%。截至6月30日,为18家企业办理了降低缴存比例业务,累计减少企业支出82.70万元。二是允许企业延期缓缴。未能按月缴存2020年1、2月份住房公积金的单位,可在3月份一并办理汇缴。受疫情影响导致生产经营困难的企业,可申请在2020年6月30日前缓缴住房公积金。申请缓缴期间,视同单位及职工连续按月正常缴存,不影响职工住房公积金提取、贷款权益。截至6月30日,为97家企业办理缓缴公积金业务,涉及企业职工20444人,为企业缓解1.09亿元的资金压力。受理缓缴职工贷款46笔、贷款金额1648万元。三是允许职工延期办理提取和贷款业务。在1月31日至2月25日疫情防控期内无法正常办理提取、贷款业务,造成职工购房合同等申请资料日期超过规定办理时限的,可延期至2020年3月31日前办理。对疫情防控一线医务工作者、参与疫情防控工作的一线工作人员、新冠肺炎患者和隔离人员、受疫情影响暂时失去收入来源人群,在2020年6月30日前不能正常偿还住房公积金贷款的,不作逾期处理。共为32名借款人办理了延期还款,累计应还未还贷款本金15.15万元。四是倡导"网上办、掌上办"等办事模式。对于可通过线上服务方式办理的事项,鼓励和引导缴存单位或职工通过"兰州公积金中心"官方网站、"兰州公积金"微信公众号或"兰州公积金"App线上办理。五是开通多条服务热线。2月2日,兰州公积金中心公布全省公积金客服热线和各服务大厅咨询热线11条,安排专职坐席人员负责咨询电话的接听受理,提供公积金业务的政策解答和网上办理指导。同时及时做好受理信息的汇总分析和办理反馈,做到有问必答。2月25日起,兰州公积金中心所属各服务大厅窗口全面恢复线下服务,有序受理住房公积金各项业务。

2. 省资金中心。

(1) 拟定《关于应对疫情实施住房公积金阶段性支持政策的通知》(甘房资发〔2020〕6号),对受疫情影响的缴存单位和职工给予政策支持,切实解决了缴存单位及缴存职工的住房公积金业务实际办理困难。本年以来，甘肃一建、甘肃七建等45家企业办理了住房公积金缓缴业务，涉及缴存职工14049人，缓缴金额9686余万元，更好地助力企业复工复产。

（2）为贯彻落实国家应对新冠肺炎疫情有关政策部署，主要推出以下应对疫情的贷款政策。一是逾期还款不作逾期处理；二是无法按时缴存的不影响正常贷款申请；三是导致部分贷款资料过期的可正常申请公积金贷款，有力支持了职工的住房消费需求，帮助受疫情影响的缴存职工度过难关。

（3）全员建缴落实情况。通过上门走访、发放调查问卷、宣讲住房公积金相关政策等方式分行业依次推进医疗、教育等单位全员建缴工作。截至2020年末，已跟进完成36家缴存单位的全员建缴工作，涉及缴存职工5250人，每年新增缴存额约6924万元。截至目前，中心现有正常缴存单位1718家，封存单位491家，共摸排到1187家单位的建缴情况，其中，全员建缴单位共计1027家，占86.52%。

3. 省电力中心。通过手机App线上办理提取、个人贷款业务，保证职工正常利益。

4. 窑街煤电办事处。无。

（二）当年机构及职能调整情况、受委托办理缴存贷款业务金融机构变更情况。

1. 省资金中心。由于光大银行连续两年考核不及格，经省资金中心会议研究决定"暂时停办光大银行委托业务"。

2. 其他中心。无。

（三）当年住房公积金政策调整及执行情况，包括当年缴存基数限额及确定方法、缴存比例等缴存政策调整情况；当年提取政策调整情况；当年个人住房贷款最高贷款额度、贷款条件等贷款政策调整情况；当年住房公积金存贷款利率执行标准等；支持老旧小区改造政策落实情况。

1. 兰州公积金中心。

（1）当年缴存基数限额及确定方法、缴存比例等缴存政策调整情况。自2020年7月1日起，兰州市住房公积金缴存基数调整为职工本人上年度的月平均工资，且最高不得超过我市城镇非私营单位在岗职工月平均工资7366.25元的3倍，即22098.75元；最低不得低于所在县区最低工资标准，即：兰州新区以及城关区等五区为1620元，永登县等三县为1570元。我市自由职业者住房公积金缴存基数统一调整为最低不低于7366.25元，最高不得超过22098.75元。本年度缴存比例未作调整，住房公积金基本缴存比例为单位12%、个人9%，且单位和职工个人住房公积金缴存比例均最高不得超过12%，最低不得低于5%。自由职业缴存者缴存比例在10%~21%之间自行选择确定。在我中心已开户缴存住房公积金的企业，因自身生产经营情况，确有困难的，可阶段性适当降低现有住房公积金缴存比例，但单位和个人缴存比例最低均不得低于5%。

（2）当年提取政策调整情况。中心于2020年3月向兰州住房公积金管理委员会提交并审议通过了《兰州住房公积金管理中心提取管理办法（修订）》（以下简称《办法》）。本次《办法》修订严格按照《住房公积金管理条例》的具体要求，取消了"用于家庭自有住房的其他住房消费的""被纳入本市城镇居民最低生活保障范围的""部分或全部丧失劳动能力并造成家庭生活困难的"3种可以申请提取住房公积金的情形。另外，中心根据《办法》修订了《兰州住房公积金提取业务操作规程》，同时废止了《兰州住房公积金管理中心铁路分中心提取业务操作规程》，实现了铁路分中心与中心其他分支机构提取政策的统一。

（3）当年个人住房贷款最高贷款额度、贷款条件等贷款政策调整情况。当年最高贷款额度未作调整，仍为已婚家庭最高60万元，单身职工最高50万元。当年对住房公积金个人住房贷款政策进行了完善，发布《兰州住房公积金管理中心关于补充住房公积金个人住房贷款操作规程有关条款的通知》，对铁路分中心的现房贷款、贷款额度等进行规范，并取消了"过户后二手房贷款"；发布《兰州住房公积金管理中心关于调整住房公积金个人住房贷款政策的通知》，为进一步明确"保一限二禁三"政策，调整首套房及二套房认定规则。首套及二套房以借款人及配偶在中心综合信息系统或《异地贷款职工住房公积金缴存使用证明》记录的公积金贷款次数、人民银行个人征信记录的公积金贷款信息、本市住房和城乡建设部门的房产查询证明进行综合认定，即由"认贷不认房"调整为"认贷又认房"，同时实行差别化信贷政策，按照中心首套房及二套房认定标准，对购买第二套住房申请住房公积金贷款的，贷款利率实行上浮，在同期首套住房公积金个人住房贷款利率的基础上上浮10%，即5年以下（含5年）的年利率为3.025%，5年以上的年利率为3.575%；发布《兰州住房公积金管理中心个人住房组合贷款操作规程》，解决本中心缴存职工购买兰州市辖区范围内普通自住住房或改善性住房时，公积金贷款不足的问题；发布《兰州住房公积金管理中心个人住房公积金按月冲还贷款业务暂行规定》，进一步拓展住房公积金贷款还款业务渠道，减轻缴存职工住房公积金个人住房贷款还款压力；进一步降低贷款申请人的贷款成本，取消向贷款申请人收取二手房评估报告。

（4）当年住房公积金存贷款利率执行标准等。严格执行人民银行住房公积金贷款利率，贷款期限为5年（含）以下年利率为2.75%，5年以上年利率为3.25%。

（5）支持老旧小区改造政策落实情况。按照《老旧住宅小区增设电梯提取住房公积金业务操作规程》（兰住金〔2018〕101号）规定，本着便民、高效的原则，采取部门联动措施，协调房管部门及申请人代表一致同意，由房管部门及申请人代表在电梯安装项目竣工验收完毕且财政补贴到位后提供相应的资料数据，中心在完成数据采集后，提取职工仅凭个人身份证、《不动产权证》或《房屋所有权证》等有效证明材料，只需一次即可办理提取住房公积金业务。提取额度为个人公积金账户余额范围内，最多可提取增设电梯个人分摊金额。截至2020年12月31日，共办理因老旧住宅加装电梯申请提取公积金业务8笔，累计提取金额14.39万元。

2. 省资金中心。

（1）缴存、提取政策调整及执行情况。为进一步减轻受新冠肺炎疫情影响的单位和职工负担，省资金中心制定了疫情期间阶段性支持政策，包括允许单位延期缴存、允许自愿缴存人员补缴、落实缓缴政策、降低住房公积金缴存比例、延期提取办理、提高缴存职工本人及配偶无所有权住房、租赁自住住房提取额度等一系列惠民、便民政策。

为进一步发挥住房公积金政策的普惠互助作用，自2020年5月1日起，暂停办理在省资金中心有未结清住房公积金个人住房贷款的缴存职工本人、配偶及共同借款人的提取业务。缴存职工和配偶可根据《甘肃省住房资金管理中心委托提取公积金内转偿还公积金贷款实施细则（试行）》规定，办理"冲还贷"业务。

当年缴存基数限额及确定方法、缴存比例调整情况。2020年度严格执行缴存基数限额，办理缴存比例调整。职工缴存基数为职工本人上一年度月平均工资，缴存基数不高于兰州市统计部门公布的上年度月平均工资的3倍，且最低不低于兰州市统计部门公布的上一年度职工月平均工资的0.6倍。单位及职工缴存比例最低不低于5%，且最高不高于12%。

调整降低住房公积金缴存比例业务办理流程和时限。根据住房和城乡建设部财政部人民银行《关于改进住房公积金缴存机制进一步降低企业成本的通知》要求，省资金中心进一步规范降低住房公积金缴存比例调整业务办理的流程，由省资金中心审核批准后办理该项业务，办理时限调整为"手续齐全，不超过10个工作日"。

（2）贷款政策调整及执行情况。个人住房贷款最高贷款额度仍为60万元未作调整，其中单职工最高额度50万元，双职工最高额度60万元。调整首套房及二套房认定规则，实行"认房认贷"政策；整改重复贷款问题，新增公积金贷款核查标准，对外中心缴存职工申请省资金中心公积金贷款的条件做出调整，进一步规范了住房公积金缴存和使用行为；全面恢复阶段性暂停受理的商转公业务，并优化了抵押流程；调整商品房及二手房住房公积金贷款受理范围；调整了二手房贷款的判定标准，不再向缴存职工收取二手房房产评估报告，并对承办银行资格采用准入制；制定提前还款冲还贷和按月冲还贷业务操作细则，并下发《甘肃省住房资金管理中心关于开展委托冲还贷业务的通知》，使缴存职工能够灵活使用公积金账户余额，提高缴存职工公积金账户的使用率极大地缓解了职工还款压力；调整了个体工商户及自由职业者的担保方式。

（3）当年住房公积金贷款利率执行标准。首套房贷款期限5年（含5年）以下年利率为2.75%，5年以上年利率为3.25%；二套房贷款利率上浮10%，即贷款期限5年以下（含5年）年利率为3.025%，5年以上的年利率为3.575%。

3. 省电力中心。当年无政策调整。

4. 窑街煤电办事处。同兰州公积金中心。

（四）当年服务改进情况，包括推进住房公积金服务"跨省通办"工作情况，服务网点、服务设施、服务手段、综合服务平台建设和其他网络载体建设服务情况等。

1. 兰州公积金中心。

（1）推进住房公积金服务"跨省通办"工作情况。按照《国务院办公厅关于加快推进政务服务"跨省通办"的指导意见》（国办发〔2020〕35号），中心采取全程网办、代收代办、两地联办等方式，于2020年年底实现了个人住房公积金缴存贷款信息查询、出具贷款职工住房公积金缴存使用证明、退休提取住房公积金3项业务的"跨省通办"，进一步满足了缴存职工异地办事的需求。

（2）服务网点、服务设施、服务手段改进情况。一是打造优质服务环境。设置志愿者服务岗，摆放"军人优先"提示牌，张贴禁止吸烟等标识；配备电源插座、针线包、老花镜等服务设施；在显著位置展示行业规范及公益宣传广告，倡导社会主义核心价值观，营造了更加舒适、便民的服务环境。二是不断加强服务管理。邀请高级礼仪培训师开展职业素养和服务礼仪专题培训；内部机构每月结合自身工作实际，采取灵活多样、行之有效的方法进行服务培训；采用现场检查及视频监控的方式，对窗口人员服务态度、工作纪律、行为规范等进行督导，有效提升了服务质量和服务水平。三是认真做好群众诉求留言工作。牢固树立以服务缴存职工为本的宗旨，认真做到群众诉求件件有回应、处理有程序、答复有时效、结果有反馈。2020年共处理各类诉求留言831件，群众留言答复率达到100%，诉求留言办理效果好，群众满意度高，得到了市政府的肯定。四是全面提升贷款服务质量。依照相关法律法规组织了专家评审会，以综合评分法的方式引进两家担保公司为我中心保证担保业务合作单位，大力推行阶段性担保模式。五是充分发挥模范带头作用。按照"科学、合理、民主、公开"的原则，评选出"季度服务标兵"和"年度服务标兵"，为中心干部职工树立了全心全意为人民服务的榜样。

（3）综合服务平台建设和其他网络载体建设服务情况等。中心不断加强综合服务平台建设，认真贯彻落实省、市政府工作要求，拓展服务渠道，推动更多公积金业务线上办理，为职工个性化服务提供多种选择。一是实现住房公积金综合服务平台与政务服务网互联互通，做到了"单点登录，全网通办"。二是积极对接省市场监督管理局等职能部门，在全省公积金行业率先实现市场监管企业注册信息共享。三是落实住房和城乡建设部及省市高频政务服务事项要求，共完成4项"省内通办"、5项"全市通办"事项，全年线上业务45.94万笔，占业务总量的51.50%，其中单位办件34.54万笔，个人11.40万笔。四是完成兰州市级政务服务"好差评"功能开发，截至年底评价点击数61253条，好评率100%。

2. 省资金中心。

（1）"跨省通办"工作落实情况。按照住房和城乡建设部《关于做好住房公积金服务"跨省通办"工作的通知》（建办金〔2020〕53号）的要求，截至2020年末已实现个人住房公积金缴存贷款等信息查询、出具贷款职工住房公积金缴存使用证明、正常退休提取公积金等3项服务事项"跨省通办"，省资金中心各业务受理大厅均已设立"跨省通办"业务窗口并根据业务实际拟定了"跨省通办"业务操作流程。

（2）优化业务系统办理流程。对业务系统及网厅功能进行了再次梳理，其中，G系统中共提出了26项业务需求，网厅中提出了30项业务需求。在个人网厅中新释放了异地购房提取、购买经济适用房提取和解除劳动合同提取三项提取情形。截至目前，单位网厅注册量已由最初的220家发展到1566家，单位网厅开通率达91.15%，开通使用率达96.41%，单位网厅推广工作成效显著。

3. 其他中心。无。

（五）当年信息化建设情况，包括信息系统升级改造情况，基础数据标准贯彻落实和结算应用系统接入情况等。

1. 兰州公积金中心。中心积极做好信息化建设基础工作，不断完善信息化服务平台。一是根据中心业务发展需要，完成组合贷款和按月冲还贷业务功能的开发、测试和上线工作。二是持续做好"贯标"29张基础表和"税总"16张标准表的数据校验整理工作。三是做好监管平台试点工作，积极落实相关工作要求，提出操作权限等有效性建议3条。四是完成中心信息系统三级等级保护测评和全市组织的网络安全应急演练工作，提高网络安全防护能力。五是狠抓电子稽查工作，及时整改隐患，切实提升了业务风险防控能力，保障资金安全。

2. 省资金中心。一是持续推进系统建设，促进线上业务提升。为积极应对新冠疫情带来的影响，上线单位缓缴功能，并且开通了"按月冲还贷"等个人及网厅业务功能，推出了微信小程序，进一步方便缴存单位和职工在线办理公积金业务。二是深化"放管服"改革、切实推动政务信息共享和"一网通办"。组织开发了省级不动产权信息接口、城镇企业职工基本养老保险参保缴费信息接口、企业基本信息接口，接入了婚姻和身份信息接口，通过信息共享进一步简化要件、精简流程，提升服务水平，确保资金安全。三是加强信息安全风险防控，确保业务数据及资金安全。完成信息安全等级保护整改项目建设并通过了2020年度三级等保测评。

3. 其他中心。无。

（六）当年住房公积金管理中心及职工所获荣誉情况，包括：文明单位（行业、窗口）、青年文明号、工人先锋号、五一劳动奖章（劳动模范）、三八红旗手（巾帼文明岗）、先进集体和个人等。

兰州公积金中心。被市文明委授予"市级文明单位"荣誉称号，1名职工家庭被市文明委授予"第三届兰州市文明家庭"荣誉称号，1名职工被授予兰州市"2020年诚信建设万里行～诚信个人"荣誉称号。

省资金中心。2020年2月，被评为甘肃省巾帼建功先进集体。

其他中心。无。

（七）当年对违反《住房公积金管理条例》和相关法规行为进行行政处罚和申请人民法院强制执行情况。

兰州公积金中心。2020年共对3家单位启动行政执法程序，督促30家单位建缴住房公积金，缴存职工人数308人。对人民法院判决生效但未主动还款的11名逾期贷款人申请了强制执行，通过法律途径处理逾期贷款23笔。

注：本报告各项数据为兰州公积金中心、省资金中心、省电力中心和窑街煤电办事处四家机构的合并数据。兰州公积金中心相应内容已经2021年3月18日第三届兰州住房公积金管理委员会第九次会议审议通过。

嘉峪关市住房公积金2020年年度报告

根据国务院《住房公积金管理条例》和住房和城乡建设部、财政部、人民银行《关于健全住房公积金信息披露制度的通知》（建金〔2015〕26号）文件规定，经住房公积金管理委员会审议通过，现将嘉峪关市住房公积金2020年年度报告公布如下。

一、机构概况

（一）**住房公积金管理委员会。** 嘉峪关市住房公积金管理委员会有19名委员，2020年召开四届五次会议，审议通过的事项主要包括：《2019年嘉峪关市住房公积金管理工作总结暨2020年工作计划》《2019年住房公积金增值收益分配计划》、《2020年度住房公积金归集使用计划》、《嘉峪关市住房公积金2019年年度报告》，新修订的《嘉峪关市住房公积金归集管理办法》、《嘉峪关市住房公积金提取管理办法》、《嘉峪关市住房公积金个人住房贷款管理办法》、《嘉峪关市城镇个体工商户、自由职业人员住房公积金管理办法》，《关于申请将〈不动产登记证明〉工本费列入管理费用的请示》，《关于需要明确住房公积金提取和贷款有关政策的请示》。

（二）**住房公积金管理中心。** 嘉峪关市住房公积金管理中心（以下简称"市中心"）为直属嘉峪关市人民政府不以营利为目的参照国家公务员管理的副县级事业单位，设3个科室。从业人员37人，其中，在编5人，非在编32人。

甘肃矿区住房公积金管理中心（以下简称"矿区中心"）主要负责甘肃矿区住房公积金的管理、归集、使用和会计核算，设1个科室。从业人员11人，其中，在编8人，非在编3人。

二、业务运行情况

（一）缴存。2020年，新开户单位60家，净增单位4家；新开户职工3221人；实缴单位597家，实缴职工5.99万人，缴存金额10.44亿元，同比分别增长4.19%、0.34%、7.96%。2020年末，缴存总额90.04亿元，比上年末增长13.12%；缴存余额33.6亿元，同比增长8.95%。受委托办理住房公积金缴存业务的银行3家。

（二）提取。2020年，2.1万名缴存职工提取住房公积金，提取金额7.68亿元，同比增长9.09%；提取额占当年缴存额的73.56%，比上年增加0.76个百分点。2020年末，提取总额56.44亿元，比上年末增长15.75%。

（三）贷款。

1. 个人住房贷款。单缴存职工个人住房贷款最高额度40万元，双缴存职工个人住房贷款最高额度50万元。

2020年，共发放个人住房贷款0.26万笔、7.19亿元，同比分别增长8.33%、15.04%。其中，市中心发放个人住房贷款0.23万笔、6.19亿元，矿区中心发放个人住房贷款0.03万笔、1.0亿元。

2020年，回收个人住房贷款本金2.08亿元。其中，市中心1.56亿元，矿区中心0.52亿元。

2020年末，累计发放个人住房贷款2.28万笔、36.7亿元，贷款余额21.96亿元，分别比上年末增长12.87%、24.36%、30.33%。个人住房贷款余额占缴存余额的65.36%，比上年末增加10.72个百分点。受委托办理住房公积金个人住房贷款业务的银行3家。

2. 异地贷款。2020年，发放异地贷款136笔、4115.80万元。截至2020年末，累计发放异地贷款总额7710.40万元，异地贷款余额6454.15万元。

（四）资金存储。2020年末，住房公积金存款11.43亿元。其中，活期0.45亿元，1年（含）以下定期2.31亿元，1年以上定期8.06亿元，其他（协定、通知存款等）0.61亿元。

（五）资金运用率。2020年末，住房公积金个人住房贷款余额、项目贷款余额和购买国债余额的总和占缴存余额的65.36%，比上年末增加10.72个百分点。

三、主要财务数据

（一）业务收入。2020年，业务收入10603.02万元，同比增长8.56%。其中，市中心8947.99万元，矿区中心1655.03万元；存款利息4244.26万元，委托贷款利息6357.66万元，其他1.1万元。

（二）业务支出。2020年，业务支出5026.22万元，同比增长11.17%。其中，市中心4025.11万元，矿区中心1001.11万元；支付职工住房公积金利息4746.71万元，委托贷款手续费277.8万元，其他1.71万元。

（三）增值收益。2020年，实现增值收益5576.8万元，同比增长6.31%。其中，市中心4922.88万元，矿区中心653.92万元；增值收益率1.72%，比上年降低0.03个百分点。

（四）增值收益分配。2020年，提取贷款风险准备金511.14万元，提取管理费用1226.51万元，提取城市廉租住房（公共租赁住房）建设补充资金3839.15万元。

2020年，上交财政管理费用1003.5万元。上缴财政城市廉租住房（公共租赁住房）建设补充资金

3751.8万元。其中,市中心上缴3387.52万元,矿区中心上缴364.28万元。

2020年末,贷款风险准备金余额2195.77万元。累计提取城市廉租住房(公共租赁住房)建设补充资金38105.22万元。其中,市中心提取35592.40万元,矿区中心提取2512.82万元。

(五)管理费用支出。 2020年,管理费用支出931.99万元,同比下降4.5%。其中,人员经费268.46万元,公用经费141.28万元,专项经费522.25万元。

市中心管理费用支出634.93万元,其中,人员、公用、专项经费分别为268.46万元、85.64万元、280.83万元;矿区中心管理费用支出297.06万元,其中,人员、公用、专项经费分别为0万元、55.64万元、241.42万元。

四、资产风险状况

个人住房贷款。2020年末,个人住房贷款逾期额83.25万元,逾期率0.38‰,其中,市中心0.2‰,矿区中心1.01‰。2020年,未使用个人贷款风险准备金核销呆坏账。

五、社会经济效益

(一)缴存业务。 缴存职工中,国家机关和事业单位占16.16%,国有企业占76.34%,城镇集体企业占0.02%,外商投资企业占0.02%,城镇私营企业及其他城镇企业占7.24%,民办非企业单位和社会团体占0.14%,灵活就业人员占0.01%,其他占0.07%;中、低收入占96.88%,高收入占3.12%。

新开户职工中,国家机关和事业单位占9.25%,国有企业占73.81%,城镇集体企业占0.06%,外商投资企业占0.03%,城镇私营企业及其他城镇企业占15.18%,民办非企业单位和社会团体占0.28%,灵活就业人员占0.06%,其他占1.33%;中、低收入占98.2%,高收入占1.8%。

(二)提取业务。 提取金额中,购买、建造、翻建、大修自住住房占38.28%,偿还购房贷款本息占37.34%,租赁住房占1.47%,支持老旧小区改造占0.04%,离休和退休提取占17.55%,完全丧失劳动能力并与单位终止劳动关系提取占2.33%,出境定居占1.45%,其他占1.54%。提取职工中,中、低收入占96.39%,高收入占3.61%。

(三)贷款业务。 个人住房贷款。2020年,支持职工购建房31.34万平方米,年末个人住房贷款市场占有率为38.61%,比上年末增加5.17个百分点。通过申请住房公积金个人住房贷款,可节约职工购房利息支出7253.67万元。

职工贷款笔数中,购房建筑面积90(含)平方米以下占10.2%,90~144(含)平方米占77.31%,144平方米以上占12.49%。购买新房占73.05%,购买二手房占26.95%。

职工贷款笔数中,单缴存职工申请贷款占40.95%,双缴存职工申请贷款占59.05%。

贷款职工中,30岁(含)以下占41.18%,30岁~40岁(含)占38.04%,40岁~50岁(含)占16.09%,50岁以上占4.69%;首次申请贷款占89.84%,二次申请贷款占10.16%;中、低收入占99.26%,高收入占0.74%。

(四)住房贡献率。 2020年,个人住房贷款发放额、住房消费提取额的总和与当年缴存额的比率为125.58%,比上年增加4.28个百分点。

六、其他重要事项

（一）落实"六保""六稳"，全面打赢疫情防控阻击战。深入贯彻习近平总书记关于坚决打赢新冠肺炎疫情防控阻击战的重要讲话和指示精神，认真贯彻落实中央、省、市疫情防控精神和要求。市中心全面落实《住房和城乡建设部、财政部、人民银行关于妥善应对新冠肺炎疫情实施住房公积金阶段性支持政策的通知》要求，妥善应对新冠肺炎疫情，出台了《嘉峪关市疫情防控期间住房公积金阶段性支持政策实施办法》，全年审批缓缴住房公积金单位99家，缓缴住房公积金1.27亿元，涉及缴存职工人数3.44万人，目前阶段性缓缴单位已全部恢复正常。审批因感染新型冠状病毒肺炎住院治疗或隔离人员、疫情防控需要隔离观察人员、一线医务人员等参加疫情防控工作人员，以及受疫情影响暂时失去收入来源不能正常还款的借款人不作逾期处理共计341人。审批2020年6月30日前贷款逾期不纳入征信管理总笔数7704笔。

矿区中心强力保障企业复工复产，全力落实"外防输入、宁紧勿松"策略。坚持科学防控，摆正疫情防控与复工复产之间的关系，杜绝麻痹思想、厌战情绪、侥幸心理、松劲心态。根据省委、住房城乡建设厅和矿区办事处主要精神，全面为复工复产保驾护航。出台《疫情防控期间住房公积金阶段性支持政策暂行办法》，对受疫情影响的企业提供缓缴政策，对支付房租压力较大的职工提供按月提取公积金缴纳房租政策，并延长办理要件时效，对因感染新型冠状病毒肺炎住院治疗或隔离人员、疫情防控需要隔离观察人员、一线医务人员等参加疫情防控工作人员，以及受疫情影响暂时失去收入来源的借款人，2020年6月30日前住房公积金贷款不能正常还款不作逾期处理，不作为逾期记录报送征信部门，不计罚息等相关政策。

（二）机构及职能调整情况、受委托办理缴存贷款业务金融机构变更情况。2020年，市中心、矿区中心受委托办理缴存、贷款业务金融机构无变更。

（三）住房公积金政策调整及执行情况。

一是修订了四个《办法》。

经2020年6月23日召开的嘉峪关市住房公积金管理委员会四届五次会议审议通过，修订了《嘉峪关市住房公积金归集管理办法》《嘉峪关市住房公积金提取管理办法》《嘉峪关市住房公积金个人住房贷款管理办法》《嘉峪关市城镇个体工商户、自由职业人员住房公积金管理办法》，本次修订的四个《办法》自发布之日起执行。

二是调整了四项政策。

1. 增加了《嘉峪关市住房公积金提取管理办法》中的提取情形。

（1）享受城镇最低生活保障；与单位终止劳动关系未再就业、部分或者全部丧失劳动能力以及遇到其他突发事件，造成家庭生活严重困难的。

（2）缴存职工与单位解除或终止劳动关系，在异地开立住房公积金账户并稳定缴存半年以上的；未在异地继续缴存且个人账户封存满半年。

（3）城市老旧住宅小区增设电梯。

2. 明确了抵押物价值的认定。住房公积金个人住房贷款担保以所购住房抵押为主，用于抵押房产的价值，原则上不做评估。对于需要以评估方式确定抵押物价值的，抵押物价值应由住房公积金管理中心认可的，具有评估资质的房地产评估机构进行评估确认，并应出具符合国家房地产评估规范要求的抵押物价值评估报告。

3. 调整了贷款额度计算公式。单笔、住房公积金贷款额度＝借款人及共同借款人公积金账户余额×缴存余额倍数×缴存时间系数×使用公积金贷款次数系数。

根据上述公式计算后借款人申请的住房公积金贷款金额不超过市住房公积金管理委员会确定的单笔、住房公积金贷款最高限额。

4. 继续执行缴存职工直系亲属购买住房使用住房公积金的政策。

（四）服务改进情况。 一是加强政治理论学习。市中心党组深入贯彻落实习近平新时代中国特色社会主义思想和党的十九大、十九届二中、三中、四中、五中全会精神，贯彻落实习近平总书记对甘肃重要讲话和指示精神，牢固树立"四个意识"、坚定"四个自信"、做到"两个维护"，更加自觉地在思想上政治上行动上同以习近平同志为核心的党中央保持高度一致。

矿区中心切实加强对职工的勤政廉政和作风纪律教育，严格工作纪律和廉洁自律要求，切实规范服务行为，不断提升为民服务的能力和效率。

二是注重创新服务理念。市中心持续推进减证便民、流程再造、创新服务，推行了住房公积金提取业务即时受理当场办结，贷款审批由原来的10个工作日压缩到1个工作日当场完成审批。业务审批由"人工对纸质材料审核"向"系统自动联网查验"过渡，系统可采集的信息，无须群众提供纸质材料。实现了与市房产服务中心的数据共享，以数据共享促进流程优化业务协同，使提取和贷款材料大瘦身。办理贷款的抵押资料全部由中心系统打印，职工无需填写任何资料。尝试将公积金提取和贷款业务两件事一次办，从缴存职工提交公积金提取和贷款申请资料到完成初审、复审、终审、签订抵押协议均在一个窗口一次性完成的新模式。推行承诺制试点、容缺预审制度，已分4批梳理出11项可承诺的高频业务事项，公布了第一批容缺预审业务8项。

矿区中心强化服务树形象，对行动不便的人员进行预约上门服务，助力中核四〇四有限公司创建全国文明单位。切实加强工作作风转变，进行文明用语及业务统一操作培训，并为大厅配置急救箱、便民箱、填写台、饮水机、手机充电站等便民服务设备，切实提升服务质量和服务形象。

三是增强风险防控意识。市中心人防、机防、技防多方发力，切实提高风险防控意识。根据各项业务和环节梳理出风险点，对各单位账号登录密码进行初始化修改，对操作密码定期强制更换，建立了切实可行的风险防控体系和关键岗位制衡机制。与公安部门联合发文，严厉打击骗提骗贷住房公积金、扰乱住房公积金管理秩序的行为。使用稽核软件，对业务审批实施全时段、全要素实时稽核。利用电子化检查工具，每月全面排查，对异常指标分析研判、查明原因、预警预报，防范化解潜在风险，全程保障资金运行安全。

（五）信息化建设情况。 市中心持续加大信息化投入，依托住房公积金综合服务平台，变"群众跑腿"为"信息跑路"，在全省率先实现了住房公积金业务"一网通办"，涉及住房公积金的29项业务，25项实现"零跑腿"、4项实现"最多跑一次"，线上业务办理率高达94%以上，综合排名全省第一。打破区域限制，住房公积金8项业务，已实现"跨省通办"，提前完成了2021年要求实现的跨省通办5项业务。实现了电子签章和业务好差评功能，档案管理系统和预约排号系统正在施工阶段，项目完成后将进一步提升中心信息化管理水平和服务能力。

矿区中心强化宣传引导，充分展现新时代公积金中心的良好形象和精神风貌。利用网厅、手机App、微信公众号等网络媒体和12329热线电话，加强政策措施宣传解读，鼓励减少出行、在线办理公积金业务。深入推进综合服务平台优化建设及"一网通办、跨省通办"改革。进一步拓展网上办事的广度和深度，延长网上办事链条，确保与甘肃省政务网深度对接，强化信息网络安全建设，提高信息化管理水平。

（六）中心及职工所获荣誉情况。 市中心2020年荣获基层党组织政治生态五星级党组织、嘉峪关市全市最具影响力政务号、全市网络安全工作先进集体、五四红旗团支部等荣誉称号。

下一步工作中，中心将紧紧围绕"便民、利民、高效、廉洁"的服务宗旨，履职尽责、担当作为，加快推进信息共享，写好"服务"大文章、提高政府服务能力、优化业务办理流程，努力使住房公积金业务向智能化方向迈进，为广大缴存职工提供更加高效、优质、便捷的服务，让住房公积金制度惠及更多的人民群众。

金昌市住房公积金2020年年度报告

根据国务院《住房公积金管理条例》和住房和城乡建设部、财政部、人民银行《关于健全住房公积金信息披露制度的通知》（建金〔2015〕26号）规定，并经3月23日金昌市住房公积金管理委员会四届六次全体委员会审议通过，现将金昌市住房公积金2020年年度报告公布如下。

一、机构概况

（一）住房公积金管理委员会。 住房公积金管理委员会有25名委员，2020年召开2次会议。审议通过了《关于仲建善、柴国栋、郭斌爱三位同志为市住房公积金管理委员会委员的请示》《金昌市住房公积金2020年度工作报告》《关于2019年度住房公积金归集使用计划执行情况的报告》和《关于2020年度住房公积金归集使用计划的报告》《金昌市住房公积金归集管理办法（修订送审稿）》《金昌市住房公积金提取管理办法（修订送审稿）》《金昌市住房公积金个人住房贷款管理办法（修订送审稿）》及《金昌市住房公积金行政处罚程序规定（修订送审稿）》。

（二）市住房公积金管理中心。 市住房公积金管理中心为金昌市人民政府直属的不以营利为目的的参照公务员管理的事业单位，设5个科室，3个管理部。从业人员47人，其中，在编26人，非在编21人。

市住房公积金管理中心金川集团公司分中心（以下简称"分中心"）为金川集团公司服务分公司和金川集团公司财务部双重管理的不以营利为目的的正科级企业单位。从业人员18人，其中在编人员18人。

二、业务运行情况

（一）缴存。 2020年，新开户单位97家，净增单位16家；新开户职工0.3万人，净增职工－0.14万人（其中分中心减少0.25万人）；实缴单位746家，实缴职工6.103万人，缴存额11.55亿元，分别同比增长2.19%、－3.88%、13.46%。2020年末，缴存总额113.81亿元，比上年末增加11.29%；缴存余额48.74亿元，同比增长9.11%。受委托办理住房公积金缴存业务的银行8家，与上年一致。

（二）提取。 2020年，12933名缴存职工提取住房公积金，提取额7.48亿元，同比增长15.25%；提取额占当年缴存额的 64.76%，比上年增加 1.01 个百分点。2020 年末，提取总额 65.07 亿元，比上年末增加 12.97%。

（三）贷款。

1. 个人住房贷款。个人住房贷款最高额度 60 万元。单缴存职工个人住房贷款最高额度 50 万元，双缴存职工个人住房贷款最高额度 60 万元。

2020 年，发放个人住房贷款 882 笔、2.793 亿元，同比分别增长 0.8%、8.13%。其中，市中心发放个人住房贷款 620 笔、1.955 亿元，分中心发放个人住房贷款 262 笔、0.84 亿元。

2020 年，回收个人住房贷款 2.07 亿元。其中，市中心 1.59 亿元，分中心 0.48 亿元。

2020 年末，累计发放个人住房贷款 1.7893 万笔、29.76 亿元，贷款余额 12.33 亿元，分别比上年末增加 5.18%、10.34%、6.2%。个人住房贷款余额占缴存余额的 25.3%（其中，市中心为 45.28%，分中心为 8.66%），比上年末减少 0.7 个百分点。受委托办理住房公积金个人住房贷款业务的银行 3 家，与上年一致。

2. 异地贷款。2020 年，发放异地贷款 50 笔、1426 万元。2020 年末，发放异地贷款总额 21818.4 万元，异地贷款余额 16267.94 万元。

3. 公转商贴息贷款。2020 年，发放公转商贴息贷款 0 笔、0 万元，当年贴息额 0 万元。2020 年末，累计发放公转商贴息贷款 0 笔、0 万元，累计贴息 0 万元。

4. 住房公积金支持保障性住房建设项目贷款。2020 年，未发放和回收支持保障性住房建设项目贷款。2020 年末，累计发放项目贷款 2.5 亿元，项目贷款余额 0 亿元。

（四）购买国债。 2020 年，未购买及兑付国债。2020 年末，国债余额 0 亿元。

（五）资金存储。 2020 年末，住房公积金存款 36.74 亿元。其中，活期 0.2 亿元，1 年（含）以下定期 26.17 亿元，1 年以上定期存款 0.48 亿元，1 年及 1 年以上大额存单 9.89 亿元。

（六）资金运用率。 2020 年末，住房公积金个人住房贷款余额、项目贷款余额和购买国债余额的总和占缴存余额的 25.3%，比上年末减少 0.7 个百分点。

三、主要财务数据

（一）业务收入。 2020 年，业务收入 12193.55 万元，同比增长 12.95%。其中，市中心 6680.85 万元，分中心 5512.7 万元；存款利息收入 8463.86 万元，委托贷款利息收入 3728.9 万元，其他 0.79 万元。

（二）业务支出。 2020 年，业务支出 7265.31 万元，同比增长 6.06%。其中，市中心 3421.53 万元，分中心 3843.78 万元；支付职工住房公积金利息 7094.89 万元，委托贷款手续费 169.98 万元，其他 0.44 万元。

（三）增值收益。 2020 年，增值收益 4928.24 万元，同比增长 24.9%。其中，市中心 3259.32 万元，同比增长 32.9%，分中心 1668.92 万元，同比增长 11.75%；增值收益率 1.04%（其中，市中心 1.51%，分中心 0.65%），比上年增加 0.14 个百分点。

（四）增值收益分配。 2020 年，提取贷款风险准备金 72.25 万元，提取管理费用 729.76 万元，提取城市廉租住房（公共租赁住房）建设补充资金 4126.23 万元。

2020 年，上交管理费用 1118.9 万元。其中，市中心上缴市财政 540.9 万元，分中心上缴金川集团公司财务部 578 万元。上缴城市廉租住房（公共租赁住房）建设补充资金 12567.13 万元。其中，市中心上缴 1867.13 万元，分中心上缴 10700 万元。

2020 年末，贷款风险准备金余额 1233.47 万元。累计提取城市廉租住房（公共租赁住房）建设补充资金 29924.57 万元。其中，市中心提取 11162.16 万元，分中心提取 18762.41 万元。

（五）管理费用支出。 2020 年，管理费用支出 1030.94 万元，同比下降 15.8%。其中，人员经费 706.77 万元，公用经费 69.02 万元，专项经费 255.15 万元。

市中心管理费用支出 590.95 万元，其中，人员、公用、专项经费分别为 425.21 万元、57.39 万元、108.35 万元；分中心管理费用支出 439.99 万元，其中，人员、公用、专项经费分别为 281.56 万元、11.63 万元、146.8 万元。

四、资产风险状况

（一）个人住房贷款。 2020 年末，个人住房贷款逾期额 1.56 万元，逾期率 0.013‰。其中，市中心 0‰，分中心 0.068‰。个人贷款风险准备金余额 1233.47 万元。2020 年，使用个人贷款风险准备金核销呆坏账 0 万元。

（二）支持保障性住房建设试点项目贷款。 2020 年末，逾期项目贷款 0 万元，逾期率 0‰；项目贷款风险准备金余额 800 万元。2020 年，使用项目贷款风险准备金核销呆坏账 0 万元。

五、社会经济效益

（一）缴存业务。 缴存职工中，国家机关和事业单位占 29.55%，国有企业占 66.04%，城镇集体企业占 1.1%，外商投资企业占 0.03%，城镇私营企业及其他城镇企业占 3.02%，民办非企业单位和社会团体占 0.19%，灵活就业人员占 0.07%；中、低收入占 99.23%，高收入占 0.77%。

新开户职工中，国家机关和事业单位占 19.22%，国有企业占 55.44%，城镇集体企业占 1.34%，城镇私营企业及其他城镇企业占 22.1%，民办非企业单位和社会团体占 0.64%，灵活就业人员占 1.23%，其他占 0.03%；中、低收入占 99.87%，高收入占 0.13%。

（二）提取业务。 提取金额中，购买、建造、翻建、大修自住住房占 44.55%，偿还购房贷款本息占 21.04%，租赁住房占 0.36%，支持老旧小区改造占 0%，离休和退休提取占 26.2%，完全丧失劳动能力并与单位终止劳动关系提取占 2.65%，户口迁出本市区或出境定居占 3.6%，其他占 1.6%。提取职工中，中、低收入占 98.82%，高收入占 1.18%。

（三）贷款业务。

1. 个人住房贷款。2020 年，支持职工购房 10.97 万平方米，年末公积金个人住房贷款市场占有率为 25.06%（其中，市中心 20.39%，分中心 4.67%），比上年末减少 0.6 个百分点。通过申请住房公积金个人住房贷款，可节约职工购房利息支出 5282.32 万元。

职工贷款笔数中，购房建筑面积 90（含）平方米以下占 5.78%，90~144（含）平方米占 81.86%，144 平方米以上占 12.36%。购买新房占 85.71%（其中购买保障性住房占 0.13%），购买二手房占 14.29%，建造、翻建、大修自住住房占 0%，其他占 0%。

职工贷款笔数中，单缴存职工申请贷款占 35.6%，双缴存职工申请贷款占 64.4%，三人及以上缴存职工共同申请贷款占 0%。

贷款职工中，30 岁（含）以下占 31.97%，30 岁～40 岁（含）占 36.74%，40 岁～50 岁（含）占 21.43%，50 岁以上占 9.86%；首次申请贷款占 89.12%，二次申请贷款占 10.88%；中、低收入占 99.43%，高收入占 0.57%。

2. 支持保障性住房建设试点项目贷款。2020 年末，累计试点项目 2 个，贷款额度 2.5 亿元，建筑面积 40.55 万平方米，可解决 5130 户中低收入职工家庭的住房问题。2 个试点项目贷款资金于 2014 年发放并于 2017 年还清贷款本息。

（四）住房贡献率。 2020 年，个人住房贷款发放额、公转商贴息贷款发放额、项目贷款发放额、住房消费提取额的总和与当年缴存额的比率为 66.89%，比上年增加 0.05 个百分点。

六、其他重要事项

（一）应对新冠肺炎疫情采取的措施，落实住房公积金阶段性支持政策情况和政策实施成效。

1. 疫情期间，中心及时印发了《关于应对新冠肺炎疫情实施住房公积金阶段性支持政策的通知》，通过中心网站、微信公众号面向社会公开，积极在公积金缴存单位 QQ 群和微信群转发宣传，同时通过金昌电视台、金昌日报、受托银行 LED 显示屏宣传缓缴政策及政策落实情况，扩大住房公积金缓缴政策的知晓度。

2. 对受疫情影响导致生产经营困难的中小微企业申请缓缴或阶段性降低比例申请，不需提供审计报告、亏损财务报表及其他核定为困难单位的证明材料，只需提交住房公积金缓缴申请表或降低比例申请表及职工工会或职工大会会议决议即可申请，同时减少审批时间为 5 个工作日。截至年末，中心累计共审批 9 家企业提交的住房公积金缓缴申请，累计缓缴职工人数 1039 人，累计缓缴金额达 408.86 万元。

3、落实《关于改进住房公积金缴存机制进一步降低企业成本的通知》精神，指导企业根据经营状况在 5%～12% 范围内自主确定公积金缴存比例。截至年底，为 5 家中小企业办理降低缴存比例审批手续，涉及人数 100 余人，累计节减缴存资金 9.84 万元，有效减轻了企业资金压力。

（二）当年机构及职能、受委托办理缴存贷款业务金融机构均未作调整。

（三）当年住房公积金政策调整及执行情况。 中心积极响应国家有关政策调整和"放管服"改革要求，进一步明确在住房公积金贷款中设定存贷挂钩倍数和时间系数，取消了住房公积金异地贷款户籍地限制、商转公贷款银行所在地限制及已还贷时间限制和"发生特殊病症提取住房公积金"提取类型，开展"商转公"贷款顺位抵押、贷款缩期、老旧小区加装电梯提取公积金等业务，修订了《金昌市住房公积金归集管理办法》《金昌市住房公积金提取管理办法》《金昌市住房公积金个人住房贷款管理办法》及《金昌市住房公积金行政处罚程序规定》。

（四）当年服务改进情况。

1. 线上线下融合，大力开展网上业务办理，引导缴存单位和职工通过金昌政务服务网、金昌公积金网上业务大厅、微信公众号、手机 App、支付宝城市服务等办理住房公积金缴存基数调整、汇补缴、变更登记等单位业务及查询、提取和贷款申请等个人业务。

2. 办理流程做到"能减尽减"。全面聚焦群众反映突出的事项，重点推动减环节、减时间、减材料、减跑动，集中梳理公共服务事项 32 项，进一步简化公积金缴存、提取、贷款办理流程，设计形式直观、易看易懂的业务办理流程图，实现网上可查，电话可询，为缴存职工办事提供清晰指引。

3. 积极推广借鉴优化营商环境改革举措，打破空间和地域限制，实现全市公积金业务"一盘棋"，即全市范围内住房公积金业务通缴通取通贷通还，缴存职工可以任意选择我市辖区内的管理部办理公积金业务。同时，按照全市政务服务事项规范化标准化建设工作要求，公积金业务进驻市、县政务服务大厅，实现了集中办理、"一站式服务"，群众"只进一扇门"即可"一厅式"办理住房公积金业务，实现了公积金服务"线上进一网、线下进一窗"的目标，提升了办事群众的获得感和满意度。

（五）当年信息化建设情况。

1. 采用前端融合方式，使用省级统建的政务服务网统一身份认证系统，在中心综合服务平台（系统）实现自然人法人的注册、登录、信任传递、登出等功能，实现了中心住房公积金综合服务平台与政务服务网的互联互通，基本做到"单点登录，全网通办"，统一通过政务服务网提供住房公积金业务服务，缴存职工通过政务服务网身份认证系统验证后登录到中心网上业务大厅时，原则上不再进行二次验密。

2. 完成了住房公积金综合服务平台与政务服务网的互联互通，对全省"一网通办"事项（第一批）中涉及住房公积金领域的 4 个高频事项（偿还购房贷款本息提取住房公积金、购买自住住房提取住房公积金、离休退休提取住房公积金、住房公积金贷款审批），实现了"单点登录，全网通办，在线办理"，全年线上业务综合办理率达到 91.44%，在全省排名第二。

（六）当年住房公积金中心及职工所获荣誉情况。 2020 年，中心积极参加创建文明城市包街包帮活动，被评为全市五星志愿服务组织，2 名职工被评为最美志愿者；3 名干部在年度考核中确定为优秀等次，受到市委组织部嘉奖。

白银市住房公积金 2020 年年度报告

根据国务院《住房公积金管理条例》和住房和城乡建设部、财政部、人民银行《关于健全住房公积金信息披露制度的通知》（建金〔2015〕26 号）的规定，经住房公积金管理委员会审议通过，现将白银市住房公积金 2020 年年度报告公布如下。

一、机构概况

（一）住房公积金管理委员会。 白银市住房公积金管理委员会有 22 名委员，2020 年受疫情影响未召开现场会议，通过向各位委员送达书面文件形式征求审议意见，共收到 21 名委员反馈意见。通过的事项主要包括：审议通过了《2019 年住房公积金归集使用计划执行情况的报告》《2019 年度住房公积金财务收支决算的报告》《白银市住房公积金 2019 年年度报告》；审议确定了 2020 年住房公积金归集使用计划、2020 年住房公积金月缴存额上下限、2020 年度住房公积金财务收支预算。

（二）住房公积金管理中心。 白银市住房公积金管理中心为直属白银市人民政府不以营利为目的的参公管理事业单位，主要负责全市住房公积金的归集、管理、使用和会计核算工作。中心内设办公室、归集管理科、贷款管理科、核算科、审计稽核科、计算机室、营业部、保障性住房建设项目贷款科 8 个科室，下设会宁管理部、靖远管理部、景泰管理部、平川管理部和靖远煤业分中心。其中，市中心从业人员 69 人（在编 42 人，劳务派遣 27 人），靖煤分中心从业人员 11 人（均为靖煤集团公司在册干部）。

二、业务运行情况

（一）缴存。2020 年，新开户单位 84 家，实缴单位 1431 家，净增单位 60 家；新开户职工 6076 人，实缴职工 119578 人，净增职工 725 人；缴存额 16.08 亿元，同比增长 3.9%。2020 年末，缴存总额 141.25 亿元，同比增长 13%；缴存余额 65.9 亿元，同比增长 9.21%。其中，市中心年缴存额 13.32 亿元，累计缴存总额 107.51 亿元，缴存余额 51.13 亿元，同比分别增长 3.7%、14.14% 和 10.31%。靖煤分中心年缴存额 2.76 亿元，累计缴存总额 33.74 亿元，缴存余额 14.77 亿元，同比分别增长 4.9%、8.9% 和 5.58%。

受委托办理住房公积金缴存业务的银行 5 家，其中，市中心为 1 家（建设银行），分中心为 5 家（建设银行、甘肃银行、工商银行、农业银行、邮储银行），与上年相比无变化。

（二）提取。2020 年，提取额 10.53 亿元，同比增长 1.8%，占当年缴存额的 65.5%，比上年下降 1.33 个百分点。其中：市中心提取额 8.54 亿元，同比增长 1.7%，占当年缴存额的 64.11%，比上年下降 1.3 个百分点。

2020 年末，提取总额 75.36 亿元，比上年末增加 16.24%。其中，市中心提取总额 56.37 亿元，比上年末增加 17.83%。

（三）贷款。

1. 个人住房贷款。个人住房贷款最高额度 40 万元，最高额度没有区分单缴存职工与双缴存职工。

2020 年，发放个人住房贷款 1942 笔、6.41 亿元，同比分别下降 26%、17%。其中，市中心发放个人住房贷款 1834 笔、6.08 亿元，同比分别下降 28%、19.5%；靖煤分中心发放个人住房贷款 108 笔、0.33 亿元。

2020 年，回收个人住房贷款 7.44 亿元。其中，市中心 7.39 亿元，靖煤分中心 0.05 亿元。

2020 年末，累计发放个人住房贷款 47344 笔、89.05 亿元，贷款余额 40.18 亿元。其中，市中心累计发放个人住房贷款 44503 笔、86.48 亿元，贷款余额 39.63 亿元；贷款笔数和贷款总额分别比上年末增加 4.3%、7.56%，贷款余额比上年末下降 3.18%。全市个人住房贷款余额占缴存余额的 60.98%。其中，市中心个人住房贷款余额占缴存余额的 77.5%，比上年末减少 10.8 个百分点。

市中心受委托办理住房公积金个人住房贷款业务的银行 3 家（建设银行、工商银行、甘肃银行），与上年相比无变化。

2. 异地贷款。2020 年，发放异地贷款 204 笔、7005.5 万元。2020 年末，发放异地贷款总额 64302.6 万元，异地贷款余额 23590.21 万元。

3. 公转商贴息贷款。2020 年未发放公转商贴息贷款。

（四）购买国债。中心无购买（记账式、凭证式）国债业务。

（五）融资。2020 年，市中心向靖煤分中心融资 0.5 亿元，未归还。

（六）资金存储。2020 年末，住房公积金存款 27.2 亿元。活期 0.13 亿元，1 年（含）以下定期 10.2 亿元，1 年以上定期 15.38 亿元，其他（协定、通知存款等）1.49 亿元。其中，市中心住房公积金存款

13.44 亿元。1 年（含）以下定期 0.3 亿元，1 年以上定期 12.38 亿元，其他（协定、通知存款等）0.76 亿元，无活期存款。

（七）资金运用率。2020 年末，住房公积金个人住房贷款余额、项目贷款余额和购买国债余额的总和占缴存余额的 60.98%。其中，市中心为 77.5%，比上年末减少 10.8 个百分点。

三、主要财务数据

（一）业务收入。2020 年，业务收入 20697.8 万元，同比增长 20.14%。其中，市中心 17570.75 万元，靖煤分中心 3127.05 万元；存款利息 7264.30 万元，委托贷款利息 13428.6 万元，其他 4.9 万元。

（二）业务支出。2020 年，业务支出 10713.05 万元，同比增长 3%。其中，市中心 8536.56 万元，靖煤分中心 2176.49 万元；支付职工住房公积金利息 10176.17 万元，委托贷款手续费 397.61 万元，其他 139.27 万元，无归集手续费支出。

（三）增值收益。2020 年，增值收益 9984.74 万元，同比增长 46.34%。其中，市中心 9034.19 万元，同比增长 39.85%，增值收益率 1.82%，比上年增加 0.38 个百分点；靖煤分中心 950.55 万元，同比增长 162%。

（四）增值收益分配。2020 年，提取贷款风险准备金 663.11 万元，提取管理费用 1362.01 万元，提取城市廉租住房（公共租赁住房）建设补充资金 7959.62 万元。

2020 年，上缴财政管理费用 912.01 万元；上缴财政城市廉租住房（公共租赁住房）建设补充资金 4535.6 万元。两笔资金均为市中心上缴。

2020 年末，贷款风险准备金余额 9308.31 万元。累计提取城市廉租住房（公共租赁住房）建设补充资金 43008.03 万元。其中，市中心提取 39208.96 万元，靖煤分中心提取 3799.07 万元。

（五）管理费用支出。2020 年，管理费用支出 1578.22 万元，同比增长 14.71%。其中，人员经费 675.09 万元，公用经费 53.33 万元，专项经费 849.8 万元。

市中心管理费用支出 782.88 万元，其中，人员、公用、专项经费分别为 509.62 万元、37.55 万元、235.71 万元，管理费用同比减少 30.78%，专项经费减少 59.75%，主要是上年会宁管理部购置业务用房支出 377 万元；靖煤分中心管理费用支出 795.34 万元，其中，人员、公用、专项经费分别为 165.47 万元、15.78 万元、614.09 万元（含靖煤分中心购置办公楼 575.6 万元）。

四、资产风险状况

2020 年末，个人住房贷款逾期额 21.33 万元，逾期率 0.05‰。其中，市中心个人住房贷款逾期额 16.06 万元，逾期率 0.04‰；靖煤分中心个人住房贷款逾期额 5.27 万元，逾期率 0.96‰。个人贷款风险准备金余额 9308.32 万元，2020 年，未使用个人贷款风险准备金核销呆坏账。

五、社会经济效益

（一）缴存业务。缴存职工中，国家机关和事业单位占 54.36%，国有企业占 38.41%，城镇集体企业占 0.53%，外商投资企业占 0.13%，城镇私营企业及其他城镇企业占 6.27%，民办非企业单位和社会团体占 0.23%，其他占 0.07%；中、低收入占 98.91%，高收入占 1.09%。

新开户职工中，国家机关和事业单位占40.89%，国有企业占35.78%，城镇集体企业占0.81%，外商投资企业占0.63%，城镇私营企业及其他城镇企业占19.25%，民办非企业单位和社会团体占0.75%，其他占1.89%；新开户职工全部属于中、低收入人群。

（二）**提取业务**。提取金额中，购买、建造、翻建、大修自住住房占35.95%，偿还购房贷款本息占31.55%，租赁住房占3.30%，离休和退休提取占23.72%，完全丧失劳动能力并与单位终止劳动关系提取占1.82%，其他占3.66%。提取职工全部为中、低收入者，高收入职工未提取。

（三）**贷款业务**。个人住房贷款。2020年，支持职工购建房23.18万平方米，2020年末个人住房贷款市场占有率（含公转商贴息贷款）为28.7%，比上年末减少5.3个百分点。通过申请住房公积金个人住房贷款，可节约职工购房利息支出16983.92万元。

职工贷款笔数中，购房建筑面积90（含）平方米以下9.32%，90~144（含）平方米占81.87%，144平方米以上占8.81%。购买新房占77.55%（其中购买保障性住房占2.33%），购买二手房占15.14%，其他占7.31%。

职工贷款笔数中，单缴存职工申请贷款占32.08%，双缴存职工申请贷款占67.92%。

贷款职工中，30岁（含）以下占26.41%，30岁~40岁（含）占40.84%，40岁~50岁（含）占24%，50岁以上占8.75%；首次申请贷款占91.86%，二次申请贷款占8.14%；中、低收入占99.43%，高收入占0.57%。

（四）**住房贡献率**。2020年，个人住房贷款发放额、公转商贴息贷款发放额、项目贷款发放额、住房消费提取额的总和与当年缴存额的比率为86.19%，比上年减少5个百分点。

六、其他重要事项

（一）**应对新冠肺炎疫情采取的措施，落实住房公积金阶段性支持政策情况和政策实施成效**。

措施：（1）支持因疫情影响生产经营困难的企业降低缴存比例或缓缴住房公积金，缓解企业缴存压力；（2）支持因疫情影响生活困难的缴存职工租房提取不受间隔满一年的条件限制，缓解职工租房压力。

成效：2家经营困难企业降低缴存比例，减少企业缴存159.83万元；3家经营困难企业缓缴住房公积金88.95万元；放宽租房提取时间限制，3名缴存职工租房提取1.28万元。

（二）**当年机构及职能调整情况、受委托办理缴存贷款业务金融机构变更情况**。中心当年管理机构和业务职能、缴存贷款业务委托承办机构均未调整。其中：市中心委托银行为建设银行、工商银行、甘肃银行。

（三）**当年住房公积金政策调整及执行情况，包括当年缴存基数限额及确定方法、缴存比例等缴存政策调整情况；当年提取政策调整情况；当年个人住房贷款最高贷款额度、贷款条件等贷款政策调整情况；当年住房公积金存贷款利率执行标准等**。

1. 调整2019年度住房公积金缴存上下限。依据《住房公积金管理条例》（国务院令第350号）以及《关于住房公积金管理若干具体问题的指导意见》（建金管〔2005〕5号）有关规定，根据白银市统计局2020年4月15日发布的2019年白银市在岗职工年平均工资72513元，最低工资标准为1570元，测算缴存单位及个人最高、最低缴存基数。单位和个人最高缴存基数均不得超过职工月平均工资的3倍，最低缴存基数均不得低于最低工资标准；单位和个人缴存比例最高均不得超过12%，最低均不得低于5%，即

2020 年最高缴存基数为 18128 元,最低缴存基数为 1570 元;单位和个人缴存额均不得高于 2175 元、不得低于 79 元。

2. 2020 年未修订提取政策。

3. 支持老旧小区改造政策落实情况。按照《白银市住房公积金管理中心关于城市老旧楼院住宅小区电梯改造支取住房公积金的通知》(市公积金中心发〔2018〕46 号)要求,全市加装电梯提取住房公积金共计 17 笔、40.18 万元。

4. 2020 年市中心修订贷款政策。修订贷款额度测算方式,根据单位缴存时间、个人缴存时间和账户余额等因素统筹考虑,综合测算可贷额度,加大了对刚需职工的贷款支持力度。

冲还贷后还款方式由单一的冲还贷后月还款额不变、还贷期限缩短,调整为月还款额不变、还款期限缩短和月还款额减少、还款期限不变两种情形,由借款人自行选择。

根据中国银保监会等八部委《关于印发融资担保公司监督管理补充规定的通知》(银保监发〔2019〕37 号)精神,白银市住房置业担保经纪有限公司不再具备担保资质,于 2020 年 6 月停止贷款担保业务,现行贷款担保方式为房产抵押和保证人保证。二手房贷款担保方式为房产抵押的,抵押房产房龄由原来的 20 年放宽至 25 年。

5. 当年住房公积金存贷款利率调整及执行情况。住房公积金存款利率执行。个人住房公积金存款按一年期定期存款利率 1.5% 结息,结息计入职工个人公积金账户。

住房公积金贷款利率执行。首套房五年期以上个人住房贷款利率为 3.25%,五年期以下(含五年)个人住房贷款利率为 2.75%;二套房五年期以上个人住房贷款利率为 3.575%,五年期以下(含五年)个人住房贷款利率为 3.025%。

(四)当年服务改进情况,包括推进住房公积金服务"跨省通办"工作情况,服务网点、服务设施、服务手段、综合服务平台建设和其他网络载体建设服务情况等。按照"跨省通办"工作要求,对需要落实的公积金服务事项,全部在各业务受理大厅实现柜面受理及代收代办,实现网上应开尽开、全程网办。全市现有服务网点 5 家,服务设施、手段有线下和线上。线下有柜面办理、自助服务机;线上建设了网厅、手机 App、微信公众号等 7 个主要服务渠道。市中心 1398 家缴存单位,有 1133 家开通单位网厅;微信公众号关注人数由年初的 5 万人增加到年末的 7.5 万人。综合服务平台已完成同甘肃政务服务网身份认证系统统一对接,实现了"一网通办"。我市住房公积金缴存、提取、贷款有 19 项业务线上可办,全年线上办理业务 73710 笔,公积金业务线上办结率和高频事项线上办结率分别达到 73.67% 和 67.37%,均高于省住房城乡建设厅 50% 的考核标准。

当年其他服务改进情况。二手房贷款评估费由受托银行支付,不再由借款人承担;异地缴存本地贷款不再收取借款人的收入证明;线上办理的业务不再留存纸质资料;达到法定退休年龄的职工提取公积金取消退休文件、退休证及相关离、退休证明材料。

(五)当年信息化建设情况,包括信息系统升级改造情况,基础数据标准贯彻落实和结算应用系统接入情况等。当年中心信息系统无升级改造,基础数据标准已达到双贯标要求,并通过验收。数据结算应用系统已与住房和城乡建设部实现直连,与住房和城乡建设部提供的报税数据平台实现对接,按日推送存量数据。

(六)当年住房公积金管理中心及职工所获荣誉情况,包括:文明单位(行业、窗口)、青年文明号、工人先锋号、五一劳动奖章（劳动模范）、三八红旗手（巾帼文明岗）、先进集体和个人等。无。

（七）当年对违反《住房公积金管理条例》和相关法规行为进行行政处罚和申请人民法院强制执行情况。无。

（八）当年对住房公积金管理人员违规行为的纠正和处理情况等。无。

天水市住房公积金2020年年度报告

根据国务院《住房公积金管理条例》和住房和城乡建设部、财政部、人民银行《关于健全住房公积金信息披露制度的通知》（建金〔2015〕26号）的规定，经住房公积金管理委员会审议通过，现将天水（市）住房公积金2020年年度报告公布如下。

一、机构概况

（一）住房公积金管理委员会。住房公积金管理委员会有25名委员，2020年召开一次会议，审议通过的事项主要包括：会议审议并通过了《天水市住房公积金归集管理办法》《天水市住房公积金归集业务规程》《天水市住房公积金个人住房贷款管理办法》《天水市住房公积金个人住房贷款业务规程》《天水市住房公积金提取管理办法》《天水市住房公积金提取业务规程》《天水市住房公积金个人住房异地贷款实施细则》《天水市住房公积金房地产开发企业楼盘准入办法（试行）》《天水市住房公积金业务承办银行管理办法（试行）》《天水市住房公积金受托银行业务综合考核办法（试行）》《天水市住房公积金农业转移人员缴存和使用管理办法》《天水市住房公积金管理中心关于应对新冠肺炎疫情实施住房公积金阶段性支持政策的通知》。

（二）住房公积金管理中心。住房公积金管理中心为市政府直属不以营利为目的的全额拨款事业单位，设7个（科），7个管理部，0个分中心。从业人员105人，其中，在编60人，非在编45人。

二、业务运行情况

（一）缴存。2020年，新开户单位161家，净增单位20家；新开户职工1.14万人，净增职工0.58万人；实缴单位2204家，实缴职工14.98万人，缴存额23.72亿元，分别同比增长0.92%、4.02%、7.90%。2020年末，缴存总额156.24亿元，比上年末增加17.90%；缴存余额73.07亿元，同比增长11.23%。受委托办理住房公积金缴存业务的银行5家。

（二）提取。2020年，5.55万名缴存职工提取住房公积金；提取额16.34亿元，同比增长10.46%；提取额占当年缴存额的68.90%，比上年增加1.60个百分点。2020年末，提取总额83.18亿元，比上年末增加24.45%。

（三）贷款。

1. 个人住房贷款。个人住房贷款最高额度60万元。（个人住房贷款最高额度政策不按单缴存职工和双缴存职工区分的城市填写）。单缴存职工个人住房贷款最高额度45万元，双缴存职工个人住房贷款最高额度 60 万元（个人住房贷款最高额度政策按单缴存职工和双缴存职工区分的城市填写）。

2020 年，发放个人住房贷款 0.41 万笔、15.59 亿元，同比分别增长 7.99%、11.00%。

2020 年，回收个人住房贷款 6.71 亿元。

2020 年末，累计发放个人住房贷款 3.45 万笔、102.52 亿元，贷款余额 70.15 亿元，分别比上年末增加 13.32%、17.94%、14.49%。个人住房贷款余额占缴存余额的 96.02%，比上年末增加 2.74 个百分点。受委托办理住房公积金个人住房贷款业务的银行 10 家。

2. 异地贷款。2020 年，发放异地贷款 115 笔、4156.50 万元。2020 年末，发放异地贷款总额 27314 万元，异地贷款余额 23321.69 万元。

3. 公转商贴息贷款。2020 年，发放公转商贴息贷款 0 笔、0 万元，当年贴息额 0 万元。2020 年末，累计发放公转商贴息贷款 0 笔、0 万元，累计贴息 0 万元。

（四）购买国债。2020 年，购买（记账式、凭证式）国债 0 亿元，（兑付、转让、收回）国债 0 亿元。2020 年末，国债余额 0 亿元。

（五）资金存储。2020 年末，住房公积金存款 3.10 亿元。其中，活期 1.45 亿元，1 年（含）以下定期 0.90 亿元，1 年以上定期 0.40 亿元，其他（通知存款）0.35 亿元。

（六）资金运用率。2020 年末，住房公积金个人住房贷款余额、项目贷款余额和购买国债余额的总和占缴存余额的 96.02%，比上年末增加 2.74 个百分点。

三、主要财务数据

（一）业务收入。2020 年，业务收入 21936.27 万元，同比增长 7.96%。其中，存款利息 847.22 万元，委托贷款利息 21086.21 万元，国债利息 0 万元，其他 2.84 万元。

（二）业务支出。2020 年，业务支出 12107.63 万元，同比增长 12.52%。其中，支付职工住房公积金利息 10598.39 万元，归集手续费 454.62 万元，委托贷款手续费 1054.62 万元，其他 0 万元。

（三）增值收益。2020 年，增值收益 9828.64 万元，同比增长 2.82%。其中，增值收益率 1.41%，比上年减少 0.13 个百分点。

（四）增值收益分配。2020 年，提取贷款风险准备金 887.92 万元，提取管理费用 2138 万元，提取城市廉租住房（公共租赁住房）建设补充资金 6802.72 万元。

2020 年，上交财政管理费用 2138 万元。上缴财政城市廉租住房（公共租赁住房）建设补充资金 6862 万元。

2020 年末，贷款风险准备金余额 7015.44 万元。累计提取城市廉租住房（公共租赁住房）建设补充资金 35109.31 万元。

（五）管理费用支出。2020 年，管理费用支出 1703.21 万元，同比下降 14.81%。其中，人员经费 1029.76 万元，公用经费 113.34 万元，专项经费 560.11 万元。

四、资产风险状况

个人住房贷款。2020 年末，个人住房贷款逾期额 371.88 万元，逾期率 0.53‰。个人贷款风险准备金余额 7015.45 万元。2020 年，使用个人贷款风险准备金核销呆坏账 0 万元。

五、社会经济效益

（一）**缴存业务**。缴存职工中，国家机关和事业单位占73.31%，国有企业占17.79%，城镇集体企业占0.16%，外商投资企业占0.15%，城镇私营企业及其他城镇企业占8.27%，民办非企业单位和社会团体占0.31%，灵活就业人员占0.01%，其他占0%；中、低收入占99.97%，高收入占0.03%。

新开户职工中，国家机关和事业单位占43.49%，国有企业占31.19%，城镇集体企业占0.13%，外商投资企业占0.41%，城镇私营企业及其他城镇企业占23.53%，民办非企业单位和社会团体占1.21%，灵活就业人员占0.04%，其他占0%；中、低收入占100%，高收入占0%。

（二）**提取业务**。提取金额中，购买、建造、翻建、大修自住住房占38.90%，偿还购房贷款本息占40.21%，租赁住房占2.14%，支持老旧小区改造占0%，离休和退休提取占12.98%，完全丧失劳动能力并与单位终止劳动关系提取占4.27%，死亡或宣告死亡提取占0.81%，出境定居占0%，其他占0.69%。提取职工中，中、低收入占99.94%，高收入占0.06%。

（三）**贷款业务**。

个人住房贷款。2020年，支持职工购建房47.42万平方米（含公转商贴息贷款），年末个人住房贷款市场占有率（含公转商贴息贷款）为23.81%，比上年末减少3.23个百分点。通过申请住房公积金个人住房贷款，可节约职工购房利息支出1367.64万元。

职工贷款笔数中，购房建筑面积90（含）平方米以下占10.93%，90~144（含）平方米占74.81%，144平方米以上占14.26%。购买新房占88.06%（其中购买保障性住房占0%），购买二手房占11.94%，建造、翻建、大修自住住房占0%（其中支持老旧小区改造占0%），其他占0%。

职工贷款笔数中，单缴存职工申请贷款占16.68%，双缴存职工申请贷款占83.32%，三人及以上缴存职工共同申请贷款占0%。

贷款职工中，30岁（含）以下占12.13%，30岁~40岁（含）占52.85%，40岁~50岁（含）占26.59%，50岁以上占8.43%；首次申请贷款占61.22%，二次及以上申请贷款占38.78%；中、低收入占98.93%，高收入占1.07%。

（四）**住房贡献率**。2020年，个人住房贷款发放额、公转商贴息贷款发放额、项目贷款发放额、住房消费提取额的总和与当年缴存额的比率为134.64%，比上年增加3.44个百分点。

六、其他重要事项

（一）**面对新冠疫情采取的措施，落实住房公积金阶段性支持情况和政策实施成效**。一是按照《住房和城乡建设部、财政部、人民银行关于妥善应对新冠肺炎疫情实施住房公积金阶段性支持政策的通知》文件要求，结合我市工作实际，积极落实政策，确保申请缓缴企业不因缓缴而影响企业信用，确保企业员工不因缓缴而影响住房公积金贷款和支取权益，出台《天水市住房公积金管理中心关于应对新冠肺炎疫情实施住房公积金阶段性支持政策的通知》，受理审批2家企业办理缓缴，涉及缴存职工228人，缓缴金额58.16万元。该措施有力地助推了企业复工复产，促进了就业稳定，确保了企业经营的平稳运行。

二是面对今年新冠肺炎疫情，坚持"疫情防控"和"业务拓展"两手抓，既支持企业复工复产，又切实便民利民。通过大力宣传、全力推行住房公积金"网上办、不见面"线上业务办理模式，制定业务办理流程，简化业务办理手续，为缴存单位和职工提供随时受理、实时办结的 7×24 小时"足不出户"的住房公积金线上业务服务，尤其在新冠肺炎疫情防控期间，做到了线上业务办理"不断档"，服务缴存职工"不打烊"，办理业务省时省事，为推动疫情期间我市房地产市场健康运行和经济发展作出了贡献。

（二）当年机构及职能调整情况、受委托办理缴存贷款业务金融机构变更情况。2020 年机构及职能无调整，受委托办理缴存贷款业务金融机构无变更。

（三）当年住房公积金政策调整及执行情况。

1. 当年缴存基数限额及确定标准。一是 2020 年 7 月 1 日起至 2021 年 6 月 30 日公积金缴存年度，职工住房公积金缴存基数按职工本人 2019 年度月平均工资执行。

二是 2020 年度全市职工住房公积金月缴存基数上限为 15924 元。月缴存额最高为 3822 元，即单位和职工月最高缴存额分别为 1911 元。

三是拟定了《天水市农业转移人员缴存和使用公积金管理办法》，并报四届四次管委会审议通过。

2. 当年提取政策调整情况。一是取消本人或配偶及其直系亲属患大病提取；

二是取消在职期间被判处刑罚，与单位终止劳动关系的提取；

三是调整为同一套住房只能提取一次公积金，行为时间在网签备案合同生效后两年（含）以内或所购自住住房《不动产权证书》（房产证）办妥后两年（含）以内。

3. 当年贷款政策调整情况。一是将第三套住房的认定方式修改为既认房又认贷。

二是提高首套房首付比例不得低于 30%，贷款额度不得超过房屋总价的 70%；二套房首付比例不得低于 40%，贷款额度不得超过房屋总价的 60%。

三是贷款利率及计息规则调整为贷款利率按照中国人民银行公布的同期公积金贷款利率执行，第二套住房公积金个人贷款利率不得低于同期首套住房公积金个人住房贷款利率的 1.1 倍。

（四）当年服务改进情况。一是进一步加强公积金线上线下业务融合，在积极推广现有微信端服务的同时，进一步利用微信公众号平台，开发更多便民服务。二是深入推进"放管服"改革，实现公积金缴存、提取、转移业务 100%网上办，提取业务资金"秒到账"。三是放宽业务办理人员和时间限制，公积金贷款、提取、转移、提前偿还公积金贷款实现"全辖通办"。实现再交易房公积金贷款网上申请、公积金贷款合作楼盘项目网上申报和网上预审。扩大在政务服务 App 上的公积金业务功能，拓宽公积金便民服务渠道，提升制度影响力。四是与政务服务深度对接，初步实现"一网办"，实现了公积金网厅与政务服务网之间的无缝转接和身份信息的统一，实现了政务事项在政务服务网的在线受理。五是全面开展"跨省通办""省内通办"相关业务，实现了缴存职工公积金业务"马上办、网上办、就近办、一地办"，推动公积金服务线上线下深度融合，解决职工异地办事需求。

（五）当年信息化建设情况。一是全力配合疫情防控要求，做好不见面审批技术保障。配合疫情防控，开发了大厅办事微信登记功能，提供了全面的技术支撑，保证了防疫期间各类业务的不见面审批，为防止疫情传播做出了一定贡献。二是进行了一大批业务的网上渠道功能开发，通过集中力量开发，新增了网厅、App、微信渠道的购房、租房、翻建修住房、偿还商业贷款提取功能，调整了网上提前偿还住房公积金贷款冲还贷功能，可进行借款人及共同借款人同时冲还贷，调整了离退休提取功能，在原基础上加入了提前退休提取网上审批功能，加入了网上异地贷款证明办理功能。极大地方便了办事群众及时快捷的办理住房公积金业务。三是开展了网上业务的全面推广工作，归集、提取、贷款业务自四月起全面开展网上渠道受理，目前已基本达到省住房城乡建设厅考核要求，将改善营商环境、进一步落实"放管服"工作落到实处。四是优化了资金交易规则，拓宽了线上业务银行渠道，将提取业务办理银行由 2 家增加至 10 家，进一步提升了线上资金交易的成功率，获得了办事群众的一致好评。五是内强管理，上线了运维系统、在线审批系统、稽核稽查系统、决策分析系统、支付宝城市服务、智能客服系统、工行及农行数据共享（建行、中行、甘行在建），在优化服务能力的同时，精细化管理，工作取得了一定成效。六是数据互联互通，房产交易、不动产数据接口测试完成，并部署上线，保证了前台对房屋交易、不动产信息的查询鉴别。打通了市智慧金融平台、集约化管理平台、政务服务网渠道等数据共享，向政务服务网提出了数据共享需求。七是政务服务网深度融合取得进展，按照服务网深度融合要求，梳理了政务服务事项，讨论形成了深度融合方案，进行了事项加载和功能开发，完成了认领事项的深度融合和好差评评价系统部署。八是进行了大批量的个人身份信息维护工作，按照住房和城乡建设部个人身份信息数据要求，及时进行了整改工作安排部署，截至目前，已修改相关数据逾 7 万条。九是持续推进电子化稽查整改、历史封存户清理、监管平台疑似问题数据整改工作，在今年上半年的工作中持续发力，进行电子化稽查整改和历史封存户清理工作，取得了一定进展。十是完成了一期项目软件审计工作，委托北京交通大学软件检测实验室，通过远程访问、视频会议等手段，进行了软件业务流程测试、功能测试、并发测试、安全测试等检测工作，测评效果良好。十一是完成了一期二期项目终验工作，并以良好成绩通过了住房和城乡建设部综合服务平台验收。

（六）当年住房公积金管理中心及职工所获荣誉情况。2020 年武山管理部被武山县委、县政府授予"文明单位"。

（七）当年对违反《住房公积金管理条例》和相关法规行为进行行政处罚和申请人民法院强制执行情况。当年无行政处罚，申请人民法院强制执行 15 笔，涉及金额 54.74 万元。

武威市住房公积金 2020 年年度报告

根据国务院《住房公积金管理条例》和住房和城乡建设部、财政部、人民银行《关于健全住房公积金信息披露制度的通知》（建金〔2015〕26 号）的规定，经住房公积金管理委员会审议通过，现将武威市住房公积金 2020 年年度报告公布如下。

一、机构概况

（一）住房公积金管理委员会。住房公积金管理委员会有 28 名委员，2020 年召开 1 次会议，审议通过的事项主要包括：《全市 2019 年住房公积金管理工作情况和 2020 年重点工作报告》《武威市住房公积金 2019 年年度报告》《武威市 2020 年度住房公积金归集使用计划》，修订了《武威市住房公积金缴存管理办法》《武威市住房公积金提取管理办法》《武威市住房公积金个人住房贷款管理办法》。

（二）机构情况。武威市住房公积金管理中心为市政府直属的正县级事业单位（参照公务员管理）。中心内设办公室、会计核算科、信贷科、归集科、稽核科、信息技术科、市直管理部、凉州区管理部、民勤县管理部、古浪县管理部、天祝县管理部等6个职能科室和市直、凉州区、民勤县、古浪县、天祝县5个管理部。从业人员61人，其中，在编43人，临聘人员18人。

二、业务运行情况

（一）缴存。2020年，新开户单位200家，净增单位108家；新开户职工0.7691万人，净增职工0.4048万人；实缴单位1739家，实缴职工8.4147万人，缴存额14.2亿元，分别同比增长4.7%、4.3%、4.01%。2020年末，缴存总额109.67亿元，比上年末增加14.9%；缴存余额50.66亿元，同比增长0.9%。受委托办理住房公积金缴存业务的银行12家。

（二）提取。2020年，6.4620万名缴存职工提取住房公积金；提取额13.74亿元，同比增长49%；提取额占当年缴存额的96.7%，比上年增加29个百分点。2020年末，提取总额59.01亿元，比上年末增加30.3%。

（三）贷款。

1. 个人住房贷款。个人住房贷款最高额度60万元。单缴存职工个人住房贷款最高额度45万元，双缴存职工个人住房贷款最高额度60万元。

2020年，发放个人住房贷款0.2953万笔、11.58亿元，同比分别增长23.87%、27.32%。

2020年，回收个人住房贷款9.65亿元。

2020年末，累计发放个人住房贷款3.5933万笔、81.65亿元，贷款余额38.09亿元，分别比上年末增加8.95%、16.52%、5.32%。个人住房贷款余额占缴存余额的75.19%，比上年末增加3.14个百分点。受委托办理住房公积金个人住房贷款业务的银行6家，比上年增加1家。

2. 异地贷款。2020年，发放异地贷款510笔、1.97亿元。年末发放异地贷款总额7.28亿元，异地贷款余额4.07亿元。

（四）资金存储。2020年末，住房公积金存款13.99亿元。其中，活期0.55亿元，1年（含）以下定期3.5亿元，1年以上定期9.94亿元。

（五）资金运用率。2020年末，住房公积金个人住房贷款余额占缴存余额的75.19%，比上年末增加3.14个百分点。

三、主要财务数据

（一）业务收入。2020年，业务收入16692.51万元，同比增长0.26%。存款利息4767.54万元，委托贷款利息11729.17万元，其他195.8万元。

（二）业务支出。2020年，业务支出8244.6万元，同比增长3.89%。支付职工住房公积金利息7665.06万元，委托贷款手续费579.37万元，其他0.17万元。

（三）增值收益。2020年，增值收益8447.91万元，同比下降3.04%。增值收益率1.68%，比上年减少0.14个百分点。

（四）增值收益分配。2020年，提取贷款风险准备金192.27万元，提取管理费用1539.03万元，提取城市廉租住房（公共租赁住房）建设补充资金6716.61万元。

2020年，上交财政管理费用2036.22万元。上缴财政城市廉租住房（公共租赁住房）建设补充资金6563.13万元。

2020年末，贷款风险准备金余额5550.21万元。累计提取城市廉租住房（公共租赁住房）建设补充资金31033.74万元。

（五）**管理费用支出。**2020年，管理费用支出1752.57万元，同比增长66.54%。其中，人员经费479.82万元，公用经费68.64万元，专项经费1204.11万元。

四、资产风险状况

个人住房贷款。2020年末，个人住房贷款逾期额96.43万元，逾期率0.25‰。个人贷款风险准备金余额5550.21万元。

五、社会经济效益

（一）**缴存业务。**缴存职工中，国家机关和事业单位占72.72%，国有企业占15.43%，城镇私营企业及其他城镇企业占7.41%，民办非企业单位和社会团体占0.16%，灵活就业人员占3.31%，其他占0.97%；中、低收入占99.9%，高收入占0.1%。

新开户职工中，国家机关和事业单位占32.2%，国有企业占11.5%，城镇私营企业及其他城镇企业占25.1%，民办非企业单位和社会团体占0.8%，灵活就业人员占27.5%，其他占2.9%；中、低收入占99.97%，高收入占0.03%。

（二）**提取业务。**提取金额中，购买、建造、翻建、大修自住住房占37.4%，偿还购房贷款本息占49.5%，租赁住房占0.3%，支持老旧小区改造占0.01%，离休和退休提取占10.2%，完全丧失劳动能力并与单位终止劳动关系提取占1.4%，出境定居占0.6%，其他占0.59%。提取职工中，中、低收入占99.99%，高收入占0.01%。

（三）**贷款业务。**2020年，支持职工购建房34.0735万平方米，年末个人住房贷款市场占有率为29.93%，比上年末减少2.39个百分点。通过申请住房公积金个人住房贷款，可节约职工购房利息支出30490.48万元。

职工贷款笔数中，购房建筑面积90（含）平方米以下占6.67%，90～144（含）平方米占89.71%，144平方米以上占3.62%。购买新房占90.72%（其中购买保障性住房占0.17%），购买二手房8.33%，其他占0.95%。

职工贷款笔数中，单缴存职工申请贷款占24.31%，双缴存职工申请贷款占75.69%，三人及以上缴存职工共同申请贷款占0%。

贷款职工中，30岁（含）以下占25.84%，30岁～40岁（含）占41.21%，40岁～50岁（含）占21.5%，50岁以上占11.45%；首次申请贷款占85.61%，二次及以上申请贷款占14.39%；中、低收入占97.39%，高收入占2.61%。

（四）**住房贡献率。**2020年，个人住房贷款发放额和住房消费提取额的总和与当年缴存额的比率为178.31%，比上年增加55.02个百分点。

六、其他重要事项

(一)住房公积金阶段性支持政策情况和政策实施成效。

1. 当年缴存阶段性政策支持情况及实施成效。按照市委、市政府统一部署,支持新冠肺炎疫情防控工作,进一步减轻受新冠肺炎疫情影响的企业和职工负担,支持企业发展。根据住房和城乡建设部、财政部、人民银行《关于妥善应对新型肺炎疫情实施住房公积金阶段性支持政策的通知》(建金〔2020〕23号)精神和省住房城乡建设厅《关于转发〈关于妥善应对新型肺炎疫情实施住房公积金阶段性支持政策的通知〉的通知》(甘建金〔2020〕74号)文件精神,结合本市实际,2020年3月6日制定印发了武威市住房公积金管理中心《关于妥善应对新冠肺炎疫情实施住房公积金阶段性支持政策的通知》。一是认真落实阶段性缓缴政策,共为提出缓缴申请的37家企业落实了阶段性缓缴政策,涉及缴存职工1186人,企业阶段性缓缴金额312.36万元,切实减轻了企业的负担,增加了企业现金流,全力支持企业复工复产。共为110名租房职工提取住房公积金173万元支付房租,减轻缴存职工压力,保障缴存职工合法权益。二是对一线医务人员及参加疫情防控的工作人员、因感染新冠肺炎住院治疗或隔离人员、因疫情防控期间需要隔离观察人员以及受疫情影响暂时失去收入来源的借款人,在2020年2月1日至6月30日期间,未能正常偿还住房公积金贷款造成的逾期,借款人可向市公积金中心提出申请,经市公积金中心认定后,不作为逾期记录报送征信部门,并对已报送数据予以调整。

2. 当年贷款阶段性政策支持情况及实施成效。根据《中共武威市委办公室、武威市人民政府办公室关于印发〈武威市进一步贯彻落实保护关心爱护援鄂医务人员的若干政策措施〉的通知》(武办发〔2020〕8号)精神,对我市援鄂医务人员使用住房公积金购买自住住房制定了三项贷款优惠政策。一是开辟住房公积金业务办理绿色通道,指定专人为援鄂医务人员实行一对一全程服务。二是加大对援鄂医务人员的购房资金支持力度,对援鄂医务人员的住房公积金贷款额度给予最高限额上浮20%的购房资金支持。根据《武威市住房公积金个人住房贷款管理办法》规定,上浮20%后贷款最高额度可达到72万元。三是对已使用住房公积金贷款购买自住住房现正在偿还贷款或今后5年内(2024年12月31日前)在本市首次购买自住住房申请公积金贷款的援鄂医务人员,给予为期5年的公积金贷款利率50%的政府贴息。

(二)当年受委托办理缴存贷款业务金融机构变更情况。 2020年受委托办理缴存业务银行12家,分别是中国银行武威分行、农业银行武威分行、工商银行武威分行、建设银行武威分行、交通银行武威分行、邮储银行武威分行、甘肃银行武威分行、兰州银行武威分行、武威农商银行、天祝农商银行、古浪农商银行、民勤农商银行;受委托办理委托贷款业务银行6家,较上年增加1家,分别是建设银行武威分行、农业银行武威分行、工商银行武威分行、邮储银行武威分行、甘肃银行武威分行、兰州银行武威分行。

(三)当年住房公积金政策调整及执行情况。

1. 当年缴存政策调整情况。经2020年6月28日武威市住房公积金管理委员会四届四次会议审议通过修订《武威市住房公积金缴存管理办法》。

(1)将《武威市住房公积金缴存管理办法》第二章第六条"城镇个体工商户、自由职业人员、非全日制就业人员以及其他灵活就业人员。(年满18周岁,男性60周岁以下,女性50周岁以下)"修改为"城镇个体工商户、自由职业人员、非全日制就业人员以及其他灵活就业人员。(年满18周岁,男性60周岁以下，女性 55 周岁以下）。

（2）自 2020 年 1 月 1 日起，全市住房公积金缴存基数由 2018 年职工个人月均工资总额，调整为 2019 年职工个人月均工资总额。一是 2020 年度武威市住房公积金职工的缴存基数不得高于 16626 元；二是住房公积金缴存基数下限可继续执行 2019 年公布的标准，凉州区住房公积金缴存基数不得低于 1520 元；天祝、民勤、古浪县住房公积金缴存基数不得低于 1470 元；三是个人自愿缴存者参照执行。

（3）2020 年度单位及职工的住房公积金缴存比例未做调整，不得低于 5％，且不得高于 12％。个人自愿缴存者的缴存比例不得低于 5％，且不得高于 24％。

2. 当年提取政策调整情况。经 2020 年 6 月 28 日武威市住房公积金管理委员会四届四次会议审议通过修订《武威市住房公积金提取管理办法》。

3. 当年贷款政策调整情况。根据《甘肃省住房和城乡建设厅关于进一步推进审计发现问题整改工作的通知》（甘建金〔2020〕128 号）精神，印发了《武威市住房公积金管理中心关于严格落实审计整改问题的通知》。于 2020 年 4 月 1 日起，对新办理的第二套住房公积金个人住房贷款利率按照不得低于同期首套住房公积金个人住房贷款利率 1.1 倍的规定执行，即 5 年以下（含 5 年）的年利率为 3.025％，5 年以上的年利率为 3.575％。

经 2020 年 6 月 28 日武威市住房公积金管理委员会四届四次会议审议通过修订《武威市住房公积金个人住房贷款管理办法》。

（四）公积金中心服务改进情况。"一网通办"完成单点登录和高频事项的数据推送；对接智慧武威天马行 App；如期完成了"跨省通办"各项工作；与工商银行对接"金闪借"项目，完成前期考察及签约事宜。

（五）公积金信息化建设情况。一是不断优化系统功能。增加了大量线上功能，在全省较早实现按月对冲，缓解了职工的还款压力。对部分功能进行了流程优化，对部分业务设置强控功能；二是加强信息基础建设。完成一体化机房和网络安全等级保护三级建设、完成"五合一"登录设备的系统改造与硬件安装、完成智慧公积金和档案数字化招标、签约工作；三是线上办理率进一步提高。全年缴存事项的线上办理率达到 55.02％，贷款事项的线上办理率达到 20.31％，提取事项的线上办理率达到 67.48％，三项高频事项的线上办理率达 85.12％。

（六）当年住房公积金管理中心及职工所获荣誉情况。中心驻市、县政府服务窗口工作人员，连续数月被评为"红旗示范窗口""巾帼建功岗""优秀工作人员"。

张掖市住房公积金 2020 年年度报告

根据国务院《住房公积金管理条例》和住房和城乡建设部、财政部、人民银行《关于健全住房公积金信息披露制度的通知》（建金〔2015〕26 号）的规定，现将张掖市住房公积金 2020 年年度报告公布如下。

一、机构概况

（一）住房公积金管理委员会。张掖市住房公积金管理委员会有25名委员，2020年召开1次会议，审议通过的事项主要包括：《张掖市住房公积金2019年年度报告》《关于2019年度全市住房公积金归集、使用计划执行及增值收益分配情况的报告》《关于2020年度全市住房公积金归集、使用计划的报告（草案）》和市财政局《关于2018年政府住房基金收入使用情况的报告》等决议事项。讨论通过的事项主要包括：修订后的《张掖市住房公积金管理委员会章程》《张掖市住房公积金管理委员会议事规则》和《张掖市住房公积金归集管理办法》《张掖市住房公积金提取管理办法》《张掖市住房公积金个人住房贷款管理办法》等事项。

（二）住房公积金管理中心。张掖市住房公积金管理中心为隶属市政府管理不以营利为目的的参照公务员法管理的事业单位，设8个科室，7个管理部。从业人员118人，其中，在编90人，非在编28人。

二、业务运行情况

（一）缴存。2020年，新开户单位115家，净减单位12家，新开户职工0.40万人，净增职工0.14万人；实缴单位1947家，实缴职工7万人，缴存额12.70亿元，同比分别下降0.61%、增长2.11%、增长12.25%。2020年末，缴存总额96.94亿元，同比增长15.07%；缴存余额49.51亿元，同比增长9.80%。受委托办理住房公积金缴存业务的银行8家，与上年相同。

（二）提取。2020年，2.32万名职工提取住房公积金；提取额8.28亿元，同比增长11.84%；提取额占当年缴存额的65.20%，比上年下降0.24个百分点。2020年末，提取总额47.43亿元，同比增长21.14%。

（三）贷款。

1. 个人住房贷款。个人住房贷款最高额度40万元，其中，单缴存职工最高额度30万元，双缴存职工最高额度40万元。

2020年，发放个人住房贷款0.25万笔、6.58亿元，同比分别增长1.58%、0.98%。

2020年，回收个人住房贷款4.79亿元。

2020年末，累计发放个人住房贷款9.73万笔、86.32亿元，贷款余额37.03亿元，同比分别增长2.65%、8.25%、5.08%。个人住房贷款余额占缴存余额的74.80%，同比下降3.35个百分点。受委托办理住房公积金个人住房贷款业务的银行4家，与上年相同。

2. 异地贷款。2020年，发放异地贷款241笔、6258.50万元。2020年末，发放异地贷款总额22457.20万元，余额19294.19万元。

（四）购买国债。2020年，未购买国债，未兑付国债。2020年末，国债余额0亿元。

（五）资金存储。2020年末，住房公积金存款12.94亿元。其中，活期0.29亿元，1年（含）以下定期0.12亿元，1年以上定期12.43亿元，其他（协定、通知存款等）0.10亿元。

（六）资金运用率。2020年末，住房公积金个人住房贷款余额、项目贷款余额和购买国债余额的总和占缴存余额的74.80%，比上年末降低3.35个百分点。

三、主要财务数据

（一）**业务收入**。2020年，业务收入15049.76万元，同比增长8.59%。其中，存款利息收入3420.70万元，委托贷款利息收入11625.98万元，国债利息收入0万元，其他收入3.08万元。

（二）**业务支出**。2020年，业务支出7649.05万元，同比增长9.33%。其中，支付职工住房公积金利息7122.27万元，归集手续费0万元，委托贷款手续费526.78万元，其他0万元。

（三）**增值收益**。2020年，实现增值收益7400.71万元，同比增长7.83%。增值收益率1.56%，比上年减少0.02个百分点。

（四）**增值收益分配**。2020年，提取贷款风险准备金179.10万元，提取管理费用1865.00万元，提取城市廉租住房（公共租赁住房）建设补充资金5356.61万元。

2020年，上交财政管理费用1865.00万元。上缴财政城市廉租住房（公共租赁住房）建设补充资金4235.00万元，未上缴1121.61万元。

2020年末，贷款风险准备金余额3703.49万元。累计提取城市廉租住房（公共租赁住房）建设补充资金38580.99万元。

（五）**管理费用支出**。2020年，管理费用支出1855.23万元，同比增加267.11万元，增长16.82%。其中，人员经费1203.03万元，公用经费205.03万元，专项经费447.17万元。

四、资产风险状况

2020年末，个人住房贷款逾期额351.05万元，逾期率为0.95‰。个人贷款风险准备金余额3703.49万元。2020年，使用个人贷款风险准备金核销呆坏账0万元。

五、社会经济效益

（一）**缴存业务**。缴存职工中，国家机关和事业单位占77.67%，国有企业占11.61%，城镇集体企业占1.16%，外商投资企业占0.20%，城镇私营企业及其他城镇企业占7.81%，民办非企业单位和社会团体占0.08%，灵活就业人员占0.92%，其他占0.55%；中、低收入占99.74%，高收入占0.26%。

新开户职工中，国家机关和事业单位占55.86%，国有企业占16.11%，城镇集体企业占1.76%，外商投资企业占0.42%，城镇私营企业及其他城镇企业占22.27%，民办非企业单位和社会团体占0.07%，灵活就业人员占0.62%，其他占2.89%；中、低收入占99.73%，高收入占0.27%。

（二）**提取业务**。提取金额中，购买、建造、翻建、大修自住住房占31.64%，偿还购房贷款本息占45%，租赁住房占0.11%，支持老旧小区改造占0.04%，离休和退休提取占17.96%，完全丧失劳动能力并与单位终止劳动关系占2.30%，出境定居占0%，其他占2.95%。提取职工中，中、低收入占99.30%，高收入占0.70%。

（三）**贷款业务**。

个人住房贷款。2020年，支持职工购建房30.76万平方米，年末个人住房贷款市场占有率为30.58%，比上年下降0.81个百分点。通过申请住房公积金个人住房贷款，可节约职工购房利息支出17466.32万元。

职工贷款笔数中，购房建筑面积 90（含）平方米以下占 5.78%，90~144（含）平方米占 84.18%，144 平方米以上占 10.04%。购买新房占 92.95%（其中购买保障性住房占 0.04%），购买二手房占 7.05%，建造、翻建、大修自住住房占 0%。

职工贷款笔数中，单缴存职工申请贷款占 66.96%，双缴存职工申请贷款占 33.04%，三人及以上缴存职工共同申请贷款占 0%。

贷款职工中，30 岁（含）以下占 34.20%，30 岁~40 岁（含）占 40.25%，40 岁~50 岁（含）占 17.98%，50 岁以上占 7.57%；首次申请贷款占 69.11%，二次及以上申请贷款占 30.89%；中、低收入占 99.80%，高收入占 0.20%。

（四）住房贡献率。 2020 年，个人住房贷款发放额、住房消费提取额的总和与当年缴存额的比率为 117.04%，比上年增加 8.92 个百分点。

六、其他重要事项

（一）应对新冠肺炎疫情采取的措施，落实住房公积金阶段性支持政策情况和政策实施成效。 为妥善应对疫情，印发了《关于新冠肺炎疫情防控期间做好住房公积金管理服务工作的通知》等文件，出台了八项惠企惠民政策，并积极推行网上办、掌上办和不见面审批，切实为缴存职工解忧，为困难企业纾困。2020 年，共受理审批 26 家单位的缓缴申请，涉及缴存职工 1112 人，金额 655.60 万元。受理审批 2 家单位的降低缴存比例申请，涉及缴存职工 22 人，金额 17.1 万元。

（二）当年住房公积金政策调整及执行情况。

1. 缴存基数比例调整。自 2020 年 7 月 1 日起，职工住房公积金月缴存基数为职工本人上一年度月平均工资，月缴存基数最高不超过上年度在岗职工月平均工资 6373 元的 3 倍，即 19119 元，最低不低于 2020 年张掖市最低工资标准 1520 元。单位和职工缴存比例各不高于 12%、不低于 5%，且保持一致。

2. 缴存政策调整。一是将城镇个体工商户、自由职业人员月缴存基数修改为"按照本市统计部门公布的上年度城镇单位从业人员月平均工资核定"。二是对补缴住房公积金作了规定。三是明确了异地转移公积金的，应通过全国住房公积金异地转移接续平台办理住房公积金转移接续手续的规定。四是建立了信用管理机制，明确了缴存单位、缴存人员应对住房公积金缴存行为作出信用承诺的规定。

3. 提取政策调整。一是规范了提取范围。将提取住房公积金偿还贷款本息（包括偿还异地公积金贷款和商业住房贷款本息）纳入了购房提取的范围，并将"完全丧失劳动能力并与单位终止劳动关系"和"出境定居"等情形纳入提取范围。二是增加了"缴存职工遇到突发事件造成家庭生活严重困难"可提取住房公积金的规定。三是增加了租房提取公积金需满足"连续足额缴存住房公积金满 3 个月"的条件。四是增加了老旧住宅小区电梯增设、改造的提取情形，并明确了提取总额不得超过个人分摊部分。五是明确了提取申请人应对住房公积金提取行为作出信用承诺，违反承诺失信将实施联合惩戒的规定。

4. 贷款政策调整。一是贷款额度实行对单、双缴存职工差异化政策，单缴存职工最高贷款额度 30 万元，双缴存职工最高贷款额度 40 万元。二是明确了房地产开发企业在预售商品房抵押贷款期间应该承担的连带担保责任及惩戒措施，以此规范房地产市场秩序，建立打击拒贷现象的长效机制，督促房地产开发企业及时协助借款人和权利人办理抵押登记手续。三是规范了贷款担保方式，主要包括住房公积金质押、个人保证担保和房产抵押三种方式。四是明确了建立贷款信用机制及对骗取住房公积金贷款的惩戒措施和对中心工作人员的监督管理，进一步维护了资金安全和缴存职工的合法权益。

5. 支持老旧小区改造政策落实情况。2020年，共为13名缴存职工提取住房公积金31.88万元用于支付增设电梯个人分摊的费用。

（三）当年服务改进情况。认真贯彻以人民为中心的发展思想，自觉践行群众路线，持续深化"放管服"改革，着力提高管理服务效能，群众满意度和获得感进一步增强。一是在已经取消22项证明的基础上，进一步取消要件资料4项，承诺书代替证明事项4项。二是对30项服务事项进行全面梳理，确定"最多跑一次"服务事项20项，全流程在线填报提交和"不来即享"服务事项14项，编制了服务事项和要件资料清单，并积极引导缴存单位和缴存职工通过网上营业厅、手机App、微信公众号等渠道办理资金汇缴、信息变更、离退休提取等24项业务。三是研究制定并认真落实《加快推进住房公积金服务事项"跨省通办""省内通办"工作实施方案》，个人缴存贷款信息查询、离退休和购房提取等8项业务已实现"省内通办"和"跨省通办"。四是完成了业务系统与政务服务网的对接，资金汇缴、个人账户封存启封和离退休提取4项业务实现了"一网通办"。

（四）当年信息化建设情况。一是加强与业务系统开发商和张掖华为云大数据中心的沟通协调，在全省公积金行业率先完成了信息系统的迁移上云工作，实现了"数据＋网络"的同步上云。二是委托开发了电子稽查整改系统和可视化大数据分析平台，为加强电子稽查工具反馈问题的整改和提高运营决策水平提供了技术支撑。三是进一步优化综合服务平台模块功能，并加快"好差评"系统建设，办事群众可对办理情况进行现场评价。四是完成了个人、单位缴存信息资源目录的编制、登记和在市级政务信息资源共享平台的挂载等工作，目前相关单位已能根据工作需要正常使用。

（五）当年住房公积金管理中心及职工所获荣誉情况。2020年，中心先后被省委、省政府，省财政厅、市妇联、市爱卫会、市无偿献血办和市综合治税领导小组办公室授予"省级文明单位""全省会计工作业绩突出单位""全市妇女工作先进单位""市级卫生单位""无偿献血先进单位"和"综合治税先进单位"等荣誉称号；民乐管理部、肃南管理部被市委、市政府授予"市级文明单位"荣誉称号；甘州管理部被张掖市人力资源和社会保障局、张掖市妇女联合会授予张掖市"巾帼建功先进集体"荣誉称号；高台管理部被高台县委直属机关工委、政务服务中心评选为"共产党员示范窗口""2020年度优秀窗口"；市直管理部职工薛辉明被省妇联授予"最美家庭"荣誉称号；网络信息管理科副科长吴睿超被中共张掖市委组织部记"三等功"一次；办公室主任郑自立、副主任俞海元、二级主任科员曹春晖、肃南管理部副主任张骞、甘州管理部副主任王文娟5名同志受到中共张掖市委组织部嘉奖；行政执法科副科长田凤被张掖市社会信用体系建设领导小组评为"全市信用体系建设优秀联络员"；网络信息管理科职工蒉伟宇被市综合治税办公室评选为"全市综合治税先进个人"；肃南管理部职工郝静被肃南县委直属机关工委授予"优秀共产党员"称号；高台管理部科员张丽丽被高台县政务服务中心评为"2020年度先进个人"。

（六）当年对违反《住房公积金管理条例》和相关法规行为进行整治处罚和申请人民法院强制执行情况。当年无处罚和申请人民法院强制执行情况。

（七）当年对住房公积金管理人员违规行为的纠正和处理情况等。因违规办理长期封存户提取销户业务，市直管理部主任被市纪委监委第五派驻纪检监察组给予政务警告处分，市直和临泽管理部6名相关工作人员由中心党组给予批评教育和提醒谈话，并在职工大会上作出深刻检查。

平凉市住房公积金 2020 年年度报告

根据国务院《住房公积金管理条例》和住房和城乡建设部、财政部、人民银行《关于健全住房公积金信息披露制度的通知》（建金〔2015〕26 号）的规定，经住房公积金管理委员会审议通过，现将平凉市（市）住房公积金 2020 年年度报告公布如下。

一、机构概况

（一）住房公积金管理委员会。住房公积金管理委员会有 25 名委员，2020 年召开 2 次会议，审议通过的事项主要包括：

1. 审议通过了 2019 年度住房公积金财务决算；
2. 审议通过了拟向社会公布的我市住房公积金管理工作 2019 年度公报；
3. 审议通过了 2020 年度重点工作报告；
4. 审议通过了 2020 年度保障房（棚户区改造工程）建设补充资金分配意见；
5. 审议通过了受新冠肺炎疫情影响的企业阶段性缓建（缓缴）住房公积金申请；
6. 审批通过了 2019 年度全市住房公积金归集使用计划执行情况；
7. 审批通过了 2020 年度住房公积金财务及管理费用预算。

（二）住房公积金管理中心。住房公积金管理中心为参公管理的市政府直属事业单位，设 5 个科（室），8 个管理部（办事处），1 个分中心。从业人员 129 人，其中，在编 69 人，非在编 60 人。

二、业务运行情况

（一）缴存。2020 年，新开户单位 91 家，实缴单位 2107 家，净增单位 91 家；新开户职工 0.56 万人，实缴职工 11.61 万人，净增职工 0.23 万人；缴存额 19.89 亿元，同比增长（下降）11.37%。2020 年末，缴存总额 145.75 亿元，比上年末增加 15.80%；缴存余额 84.52 亿元，比上年末增加 9.89%。

受委托办理住房公积金缴存业务的银行 9 家，比上年增加（减少）0 家。

（二）提取。2020 年，提取额 12.28 亿元，同比增长 19.57%；占当年缴存额的 61.74%，比上年增加 4.24 个百分点。2020 年末，提取总额 61.22 亿元，比上年末增加 25.09%。

（三）贷款。

1. 个人住房贷款。个人住房贷款最高额度 40.00 万元，其中，单缴存职工最高额度 40.00 万元，双缴存职工最高额度 40.00 万元。

2020 年，发放个人住房贷款 0.40 万笔、13.36 亿元，同比分别（下降）－21.57%、－21.18%。其中，平凉中心发放个人住房贷款 0.34 万笔、11.35 亿元，华煤分中心发放个人住房贷款 0.06 万笔、2.01 亿元。

2020 年，回收个人住房贷款 9.94 亿元。其中，平凉中心 8.12 亿元，华煤分中心 1.82 亿元。

2020 年末，累计发放个人住房贷款 9.39 万笔、131.44 亿元，贷款余额 65.60 亿元，分别比上年末增加 4.40%、11.31%、5.79%。个人住房贷款余额占缴存余额的 77.61%，比上年末（减少）－3.23 个百分点。

受委托办理住房公积金个人住房贷款业务的银行9家，比上年增加（减少）0家。

2. 住房公积金支持保障性住房建设项目贷款。2020年，发放支持保障性住房建设项目贷款0亿元，回收项目贷款亿元。2020年末，累计发放项目贷款0亿元，项目贷款余额0亿元。

（四）**购买国债**。2020年，购买（记账式、凭证式）国债0亿元，（兑付、转让、收回）国债0亿元。2020年末，国债余额0亿元，比上年末减少（增加）0亿元。

（五）**融资**。2020年，融资0亿元，归还0亿元。2020年末，融资总额0亿元，融资余额0亿元。

（六）**资金存储**。2020年末，住房公积金存款22.63亿元。其中，活期7.64亿元，1年（含）以下定期13.35亿元，1年以上定期0亿元，其他（协定、通知存款等）1.64亿元。

（七）**资金运用率**。2020年末，住房公积金个人住房贷款余额、项目贷款余额和购买国债余额的总和占缴存余额的73.99%，比上年末（减少）－2.87个百分点。

三、主要财务数据

（一）**业务收入**。2020年，业务收入25005.29万元，同比增长12.52%。其中，市中心20552.4万元，华煤分中心4452.89万元；存款利息5290.46万元，委托贷款利息19708.03万元，国债利息0万元，其他6.8万元。

（二）**业务支出**。2020年，业务支出18661.43万元，同比增长11.81%。其中，市中心16562.34万元，华煤分中心2099.09万元；支付职工住房公积金利息17750.77万元，归集手续费0万元，委托贷款手续费910.13万元，其他0.53万元。

（三）**增值收益**。2020年，增值收益6343.86万元，同比增长14.65%。其中，市中心3990.06万元，华煤分中心2353.8万元；增值收益率0.78%，比上年增加0.02个百分点。

（四）**增值收益分配**。2020年，提取贷款风险准备金1734.76万元，提取管理费用2335.58万元，提取城市廉租住房（公共租赁住房）建设补充资金2273.52万元。

2020年，上交财政管理费用2335.58万元。上缴财政城市廉租住房（公共租赁住房）建设补充资金4001.55万元。其中，市中心上缴1300万元，华煤分中心上缴（收缴单位）2701.55万元。

2020年末，贷款风险准备金余额12459.71万元。累计提取城市廉租住房（公共租赁住房）建设补充资金18667.01万元。其中，市中心提取12995.08万元，华煤分中心提取5671.93万元。

（五）**管理费用支出**。2020年，管理费用支出1857.8万元，同比下降1.38%。其中，人员经费1058.94万元，公用经费160.63万元，专项经费638.23万元。

市中心管理费用支出1835.58万元，其中，人员、公用、专项经费分别为1058.94万元、155.86万元、620.78万元；华煤分中心管理费用支出22.22万元，其中，人员、公用、专项经费分别为0万元、4.77万元、17.45万元。

四、资产风险状况

（一）**个人住房贷款**。2020年末，个人住房贷款逾期额249.13万元，逾期率0.0428%。其中，平凉中心0.0428%，华煤分中心0%。

个人贷款风险准备金按（贷款余额或增值收益）的1%提取。2020年，提取个人贷款风险准备金1734.76万元，使用个人贷款风险准备金核销呆坏账0万元。2020年末，个人贷款风险准备金余额12459.71万元，占个人住房贷款余额的1.91%，个人住房贷款逾期额与个人贷款风险准备金余额的比率为2%。

（二）支持保障性住房建设试点项目贷款。2020年末，逾期项目贷款0万元，逾期率0%。

项目贷款风险准备金按贷款余额的0%提取。2020年，提取项目贷款风险准备金0万元，使用项目贷款风险准备金核销呆坏账0万元，项目贷款风险准备金余额0万元，占项目贷款余额的0%，项目贷款逾期额与项目贷款风险准备金余额的比率为0%。

五、社会经济效益

（一）缴存业务。2020年，实缴单位数、实缴职工人数和缴存额同比分别增长-1.59%、1.44%和11.38%。

缴存单位中，国家机关和事业单位占83.34%，国有企业占6.93%，城镇集体企业占1.47%，外商投资企业占0.14%，城镇私营企业及其他城镇企业占6.45%，民办非企业单位和社会团体占0.76%，其他占0.90%。

缴存职工中，国家机关和事业单位占76.68%，国有企业占19.88%，城镇集体企业占0.85%，外商投资企业占0.05%，城镇私营企业及其他城镇企业占2.22%，民办非企业单位和社会团体占0.20%，其他占0.11%；中、低收入占100.00%，高收入占0%。

新开户职工中，国家机关和事业单位占73.58%，国有企业占16.27%，城镇集体企业占1.52%，外商投资企业占0.44%，城镇私营企业及其他城镇企业占5.67%，民办非企业单位和社会团体占1.08%，其他占1.45%；中、低收入占100.00%，高收入占0%。

（二）提取业务。2020年，3.35万名缴存职工提取住房公积金12.28亿元。

提取金额中，住房消费提取占77.40%（购买、建造、翻建、大修自住住房占18.66%，偿还购房贷款本息占58.66%，租赁住房占0.08%，其他占0%）；非住房消费提取占22.60%（离休和退休提取占16.02%，完全丧失劳动能力并与单位终止劳动关系提取占1.32%，出境定居占1.98%，其他占3.28%）。

提取职工中，中、低收入占100.00%，高收入占0%。

（三）贷款业务。

1.个人住房贷款。2020年，支持职工购建房46.19万平方米，年末个人住房贷款市场占有率（含公转商贴息贷款）为34.39%，比上年末减少3.8个百分点。通过申请住房公积金个人住房贷款，可节约职工购房利息支出19572.94万元。

职工贷款笔数中，购房建筑面积90（含）平方米以下占8.83%，90～144（含）平方米占83.37%，144平方米以上占7.80%。购买新房占82.91%（其中购买保障性住房占0%），购买二手房占17.09%，建造、翻建、大修自住住房占0%，其他占0%。

职工贷款笔数中，单缴存职工申请贷款占46.37%，双缴存职工申请贷款占53.33%，三人及以上缴存职工共同申请贷款占0.30%。

贷款职工中，30岁（含）以下占28.09%，30岁～40岁（含）占47.85%，40岁～50岁（含）占

19.43%，50岁以上占4.62%；首次申请贷款占80.31%，二次及以上申请贷款占19.69%；中、低收入占100.00%，高收入占0%。

2. 异地贷款。2020年，发放异地贷款215笔、6951.7万元。2020年末，发放异地贷款总额26786.50万元，异地贷款余额24121.4万元。

3. 公转商贴息贷款。2020年，发放公转商贴息贷款0笔、0万元，支持职工购建住房面积0万平方米，当年贴息额0万元。2020年末，累计发放公转商贴息贷款0笔、0万元，累计贴息0万元。

4. 支持保障性住房建设试点项目贷款。2020年末，累计试点项目0个，贷款额度0亿元，建筑面积0万平方米，可解决0户中低收入职工家庭的住房问题。0个试点项目贷款资金已发放并还清贷款本息。

（四）住房贡献率。 2020年，个人住房贷款发放额、公转商贴息贷款发放额、项目贷款发放额、住房消费提取额的总和与当年缴存额的比率为115%，比上年（减少）24.14个百分点。

六、其他重要事项

（一）应对新冠肺炎疫情，落实住房公积金阶段性支持政策。 按照国家政策平凉中心制定了《平凉市住房公积金管理中心关于妥善应对新冠肺炎疫情实施住房公积金阶段性支持政策的实施办法》。全市受新冠肺炎疫情影响的企业，无法按时足额缴存住房公积金的，可经企业职工代表大会或者工会讨论通过后，均可按规定申请在2020年6月30日前缓缴住房公积金。对企业规定缓缴和停缴时间，缴存时间连续计算，不影响职工正常的提取和申请住房公积金贷款。部分职工在2020年6月30日前公积金贷款不能正常偿还住房公积金贷款的，不作逾期处理，不作为逾期记录报送征信部门，已报送的予以调整。对支付房租压力较大的职工，合理提高租房提取额度、灵活安排提取时间。通过压减证明材料，缩短办事流程。对企业和职工受疫情影响的情况认定，职工代表大会或者是工会的讨论结果等证明材料适度从宽，运用征信承诺制，减轻企业和职工负担。

自阶段性缓缴政策实施以来，平凉中心对无法正常还款、不作逾期处理的住房公积金贷款近60笔，对应余额3万元。10家企业办理了阶段性缓缴业务，涉及人数641人，缓缴金额168.97万元。这10家企业已经全部于2020年6月30日补缴完毕，目前已经全部正常缴存。

（二）当年机构及职能调整情况。 根据省住房城乡建设厅、省委编办等部委联合印发的《关于〈甘肃省住房公积金管理分支机构实施方案〉的通知》（甘建金〔2020〕208号）精神，平凉市政府办公室印发了《关于接收华亭煤业集团有限责任公司住房公积金管理分中心工作方案的通知》，平凉中心与华煤集团积极衔接，核实查验了华煤集团住房公积金分中心资产负债，全面接收了各类档案、资产，完成了业务数据备份迁移，承接了住房公积金业务，于2021年1月1日签订了交接协议，全面完成了移交工作，实现了全市住房公积金"决策、制度、管理、核算"四统一。

（三）当年住房公积金政策调整及服务方式改进情况。

1. 基数调整情况。自2020年7月1日起，住房公积金缴存基数以缴存职工本人上一年度月平均工资为基数，最高按平凉市2019年城镇非私营单位在岗职工月平均工资6263.33元的3倍，最低按平凉市人民政府公布的最低工资标准执行。即2020年度全市住房公积金月缴存额上限为4512元，月缴存额下限分为两类。崆峒区和工业园区为157元，其余6县（市）为152元。单位和职工缴存比例各不高于12%、不低于5%，单位缴存比例和个人缴存比例保持一致。

2. 政策调整情况。平凉中心根据《建设部、财政部、中国人民银行关于住房公积金管理中心职责和内部授权管理的指导意见》（建金管〔2003〕70号）文件，授权管理部（办事处）出具《异地贷款职工住房公积金缴存使用证明》，由管理部（办事处）加盖公章或业务专用章。统一使用建金〔2015〕135号文件明确规定的《缴存使用证明》。除可另附缴存使用明细外，不得随意要求职工提供其他缴存使用证明材料。对未使用过住房公积金个人住房贷款或首次住房公积金个人住房贷款已经结清的职工，出具《缴存使用证明》，不再冻结职工住房公积金账户，对已经冻结的账户进行解冻。申请异地贷款的职工，与本地贷款职工同等享有贷款权益，各管理部（办事处）不得对其异地贷款设置附加条件。严格执行"住房公积金质押、公职人员工资保证和有价证券质押"三种担保方式贷款"零"收费政策，全面实行缴存人以所购住房直接抵押的贷款方式，切实减轻缴存人贷款负担。

3. 当年服务改进情况。2020年平凉中心积极贯彻深化"放管服"改革要求，不断转变服务理念、拓宽服务渠道、提高服务效率。一是充分发挥互联网＋优势，拓宽了线上业务办理渠道。目前建成了甘肃政务服务网（公积金服务）、门户网站等十一项综合便民服务渠道，以多功能、多渠道、全覆盖的模式实现缴存人线上办理公积金业务。二是打破了信息孤岛，实现信息共享。将人民银行征信系统嵌入到业务系统当中，业务办理中可实时查询个人信用信息；通过授权方式登录公安信息系统核查个人身份信息；通过税务信息系统核查购房发票真实性；通过民政信息系统核查婚姻登记情况；通过部门协同监管平台系统核查掌握非公企业登记建立情况；通过房地产交易系统核查房地产开发企业的房屋预售备案情况。三是优化了窗口功能，实现了业务"一站式"办理。公开住房公积金业务政策、办事流程、办理时限、服务事项清单等服务信息，按照"前台综合受理、后台分类审批、窗口一站办结"的标准设置了岗位，实行一人多岗、一岗多责，按照相互配合、相互制约的原则，科学合理分配了各项审批权限，并根据业务办理需要和业务交叉授权的原则设置了AB岗位制。四是实现政务服务事项"跨省通办"。通过"全程网办""异地代收代办""多地联办"等一种方式或多种方式组合，目前离退休提取住房公积金、个人住房公积金缴存、贷款信息查询、职工住房公积金缴存使用证明等事项已实现"跨省通办"。

（四）当年信息化建设情况。一是丰富拓宽服务渠道。升级开发了综合服务平台"最多跑一次"改造、资金监管系统、甘肃政务服务网及一窗办云平台数据对接、自助柜员机系统、自动结算接口开发、人行征信前置查询及内部管理系统、人行征信数据上报系统、数字证书（CA）、电子签章系统九个信息模块。二是提升了平凉中心机房安防水平。安装了网闸和网络防火墙，升级了网络管理（网墙）管理软件，增强了机房防护功能，确保各项业务正常开展和数据库安全。

酒泉市住房公积金2020年年度报告

根据国务院《住房公积金管理条例》和住房和城乡建设部、财政部、人民银行《关于健全住房公积金信息披露制度的通知》（建金〔2015〕26号）的规定，经住房公积金管理委员会审议通过，现将酒泉市住房公积金2020年年度报告公布如下。

一、机构概况

（一）住房公积金管理委员会。住房公积金管理委员会有 23 名委员，2020 年召开二次会议，审议通过的事项主要包括：

1. 审议通过了《酒泉市 2019 年度住房公积金归集、使用计划执行情况和 2020 年度住房公积金归集、使用计划的报告》；
2. 审议通过了《酒泉市住房公积金 2019 年年度报告》，决定由市住房公积金管理中心向社会予以公告；
3. 审议通过了取消"调出本市"提取住房公积金政策的事项；
4. 审议通过了关于取消 2015 年 7 月、2019 年 3 月酒泉市住房公积金管理委员会决定将 12329 服务热线人工坐席等费用从公积金业务费中列支的事项；
5. 审议通过了关于将担保服务费变更为"贷后资产管理服务费用"，与 12329 服务热线人工坐席等费用一并列入市级财政预算的事项；
6. 审议通过了《酒泉市住房公积金归集业务管理办法》；
7. 审议通过了《酒泉市住房公积金提取业务管理办法》；
8. 审议通过了《酒泉市住房公积金贷款业务管理办法》；
9. 审议通过了《酒泉市住房公积金执法管理办法》。

（二）住房公积金管理中心。住房公积金管理中心为直属人民政府不以营利为目的的独立的参公事业单位，设 5 个科室，7 个分中心，1 个行业分中心。从业人员 100 人，其中，在编 67 人，非在编 33 人。

二、业务运行情况

（一）缴存。2020 年，新开户单位 248 家，净增单位 135 家；新开户职工 0.65 万人，净增职工 0.2 万人；实缴单位 2311 家，实缴职工 8.31 万人，缴存额 16.73 亿元，分别同比增长 6.2%、2.47%、3.02%。2020 年末，缴存总额 142.65 亿元，比上年末增加 13.30%；缴存余额 55.22 亿元，同比增长 6.38%。

（二）提取。2020 年，2.96 万名缴存职工提取住房公积金；提取额 13.43 亿元，同比增长 12.57%；提取额占当年缴存额的 80.27%，比上年增加 6.80 个百分点。2020 年末，提取总额 87.42 亿元，比上年末增加 18.15%。

（三）贷款。

1. 个人住房贷款。单缴存职工个人住房贷款最高额度 40 万元，双缴存职工个人住房贷款最高额 50 万元。其中，玉门油田分中心最高额度 60 万元，其中单职工最高额度 60 万元，双职工最高额度 60 万元。

2020 年，发放个人住房贷款 0.34 万笔、10.52 亿元，同比分别增长 6.25%、6.37%。其中，市中心发放个人住房贷款 0.31 万笔、9.76 亿元，玉门油田分中心发放个人住房贷款 0.03 万笔、0.76 亿元。

2020 年，回收个人住房贷款 7.94 亿元。其中，市中心 7.3 亿元，玉门油田分中心 0.64 亿元。

2020 年末，累计发放个人住房贷款 4.56 万笔、80.91 亿元，贷款余额 35.77 亿元，分别比上年末增加 8.06%、14.95%、7.74%。个人住房贷款余额占缴存余额的 64.78%，比上年末增加 0.8 个百分点。

受委托办理住房公积金个人住房贷款业务的银行 7 家。

2. 异地贷款。2020 年，发放异地贷款 241 笔、7562.6 万元。2020 年末，发放异地贷款总额 28895.5 万元，异地贷款余额 24242.67 万元。

3. 公转商贴息贷款。2020 年，发放公转商贴息贷款 0 笔、0 万元，当年贴息额 0 万元。2020 年末，累计发放公转商贴息贷款 0 笔、0 万元，累计贴息 0 万元。

（四）购买国债。2020 年，购买（记账式、凭证式）国债 0 亿元，（兑付、转让、收回）国债 0 亿元。2020 年末，国债余额 0 亿元。

（五）资金存储。2020 年末，住房公积金存款 19.56 亿元。其中，活期 0.44 亿元，1 年（含）以下定期 11.08 亿元，1 年以上定期 7.48 亿元，其他（协定、通知存款等）0.56 亿元。

（六）资金运用率。2020 年末，住房公积金个人住房贷款余额、项目贷款余额和购买国债余额的总和占缴存余额的 64.79%，比上年末增加 0.8 个百分点。

三、主要财务数据

（一）业务收入。2020 年，业务收入 15109.41 万元，同比下降 3.72%。其中，市中心 11733.34 万元，玉门油田分中心 3376.07 万元；存款利息 3995.78 万元，委托贷款利息 11102.55 万元，国债利息 0 万元，其他 11.08 万元。

（二）业务支出。2020 年，业务支出 7538.81 万元，同比下降 1.62%。其中，市中心 5003.54 万元，玉门油田分中心 2535.27 万元；支付职工住房公积金利息 7877.67 万元，归集手续费 0 万元，委托贷款手续费 0 万元，其他 -338.86 万元。

（三）增值收益。2020 年，增值收益 7570.60 万元，同比下降 5.73%。其中，市中心 6729.80 万元，玉门油田分中心 840.80 万元；增值收益率 1.41%，比上年减少 0.2 个百分点。

（四）增值收益分配。2020 年，提取贷款风险准备金 1933.97 万元；提取管理费用 3229.93 万元，提取城市廉租住房（公共租赁住房）建设补充资金 2406.70 万元。

2020 年，上缴财政管理费用 2393.30 万元。上缴财政城市廉租住房（公共租赁住房）建设补充资金 2406.70 万元。其中，市中心上缴 2406.70 万元，玉门油田分中心上缴 0 万元。

2020 年末，贷款风险准备金余额 8594.90 万元。累计提取城市廉租住房（公共租赁住房）建设补充资金 23003.13 万元。其中，市中心提取 16641.95 万元，玉门油田分中心提取 6361.18 万元。

（五）管理费用支出。2020 年，管理费用支出 2475.49 万元，同比下降 22.42%。其中，人员经费 1597.19 万元，公用经费 161.47 万元，专项经费 716.83 万元。

市中心管理费用支出 1638.86 万元，其中，人员、公用、专项经费分别为 916.64 万元、122.22 万元、600 万元；玉门油田分中心管理费用支出 836.63 万元，其中，人员、公用、专项经费分别为 680.55 万元、39.25 万元、116.83 万元。

四、资产风险状况

个人住房贷款。2020 年末，个人住房贷款逾期额 112.02 万元，逾期率 0.31‰，其中，市中心 0.03‰，玉门油田分中心 4.40‰。个人贷款风险准备金余额 8594.9 万元。2020 年，使用个人贷款风险准备金核销呆坏账 0 万元。

五、社会经济效益

（一）缴存业务。缴存职工中，国家机关和事业单位占 57.27%，国有企业占 28.67%，城镇集体企业占 0.89%，外商投资企业占 0.57%，城镇私营企业及其他城镇企业占 11.34%，民办非企业单位和社会团体占 0.57%，灵活就业人员占 0.16%，其他占 0.53%；中、低收入占 99.43%，高收入占 0.57%。

新开户职工中，国家机关和事业单位占 38.66%，国有企业占 17.38%，城镇集体企业占 1.99%，外商投资企业占 0.83%，城镇私营企业及其他城镇企业占 37.02%，民办非企业单位和社会团体占 1.18%，灵活就业人员占 0.48%，其他占 2.46%；中、低收入占 99.71%，高收入占 0.29%。

（二）提取业务。提取金额中，购买、建造、翻建、大修自住住房占 41.72%，偿还购房贷款本息占 39.37%，租赁住房占 1.21%，支持老旧小区改造占 0%，离休和退休提取占 12.44%，完全丧失劳动能力并与单位终止劳动关系提取占 2.20%，出境定居占 0%，其他占 3.06%。提取职工中，中、低收入占 99.45%，高收入占 0.55%。

（三）贷款业务。2020 年，支持职工购建房 39.25 万平方米（含公转商贴息贷款），2020 年末个人住房贷款市场占有率（含公转商贴息贷款）为 32.84%，比上年末减少 0.2 个百分点。通过申请住房公积金个人住房贷款，可节约职工购房利息支出 16208.09 万元。

职工贷款笔数中，购房建筑面积 90（含）平方米以下占 8.34%，90～144（含）平方米占 86.46%，144 平方米以上占 5.2%。购买新房占 81.65%（其中购买保障性住房占 0.04%），购买二手房占 18.35%，建造、翻建、大修自住住房占 0%（其中支持老旧小区改造占 0%），其他占 0%。

职工贷款笔数中，单缴存职工申请贷款占 36.46%，双缴存职工申请贷款占 63.54%，三人及以上缴存职工共同申请贷款占 0%。

贷款职工中，30 岁（含）以下占 32.39%，30 岁～40 岁（含）占 37.20%，40 岁～50 岁（含）占 18.50%，50 岁以上占 11.91%；首次申请贷款占 85.1%，二次及以上申请贷款占 14.90%；中、低收入占 99.44%，高收入占 0.56%。

（四）住房贡献率。2020 年，个人住房贷款发放额、公转商贴息贷款发放额、项目贷款发放额、住房消费提取额的总和与当年缴存额的比率为 128.93%，比上年减少 5.4 个百分点。

六、其他重要事项

（一）应对新冠肺炎疫情采取的措施，落实住房公积金阶段性支持政策情况和政策实施成效。新冠肺炎疫情发生后，市中心与玉门油田分中心高度重视，积极响应国家"六稳六保"政策。按照《住房和城乡建设部、财政部、人民银行关于妥善应对新冠肺炎疫情实施住房公积金阶段性支持政策的通知》（甘建金〔2020〕74 号）文件要求，切实提高思想认识，严格贯彻落实阶段性支持政策，出台了相关政策措施，统筹推进疫情防控和住房公积金管理运行工作，助力企业复工复产，着力解决受疫情影响缴存单位的和职工实际困难，为全力打赢疫情防控阻击战提供了保证。

在疫情期间，市中心和玉门油田分中心充分利用住房公积金网站、微信公众号、短信平台、12329 短信、报纸等宣传渠道，大力宣传应对疫情支持中小企业惠民政策及相关服务措施，共发布政策调整、宣传信息 20 余条，平台访问量达到 19800 人次，做到让企业和缴存职工应知尽知、应缓尽缓、应降尽降。对受疫情影响出现暂时缴存困难的企业、家庭经济困难的借款人以及隔离期间提取公积金的职工等各类群体，提供政策支持和防护保障。全年共为 56 家企业 2232 名职工审批办理了缓缴、降低缴存比例手续，缓缴住房公积金 576.58 万元，减轻了困难企业的负担；为 3278 名职工办理了延长购房资料有效期时间，保障了职工的提取需求；为因受疫情影响造成逾期的 200 户 194 万元个人住房贷款职工，办理了不作逾期处理、不计罚息、不催收的手续，暂时缓解了贷款职工的经济压力；对无法线上办理，确需到现场办理的职工，执行疫情防控管理规定，出入大厅进行体温检测和详细信息登记等防控措施。同时，实行预约和错峰办理，减少职工等待时间和人员聚集，合理分流办事人员并引导职工做好防护工作。通过以上措施，住房公积金在支持中小企业抗击疫情、助力企业复工复产等工作中发挥了积极作用。

（二）当年住房公积金政策调整及执行情况，包括当年缴存基数限额及确定方法、缴存比例等缴存政策调整情况；当年提取政策调整情况；当年个人住房贷款最高贷款额度、贷款条件等贷款政策调整情况；当年住房公积金存贷款利率执行标准等；支持老旧小区改造政策落实情况。2020 年度住房公积金单位和个人缴存比例分别不得低于 5%，不得高于 12%。自 2020 年 7 月 1 日起，我市住房公积金缴存基数由 2018 年职工个人月平均工资总额调整为 2019 年职工个人月平均工资总额，最低月缴存基数不应低于 1620 元，最高月缴存基数不得高于 17967 元。职工工资总额根据国家统计局关于工资总额组成的规定核定；取消了"调出本市"提取政策，将相关业务分别并入"异地转移接续"提取业务和"与单位终止劳动关系"提取业务；取消"本人及配偶在本市支付自住住房物业费"提取政策。明确租住商品房提取公积金的，只需提供本人及配偶名下无房产的证明；适度调整住房公积金个人住房贷款额度。缴存职工夫妻双方均正常缴存住房公积金的，贷款最高额度由 40 万元提高至 50 万元；单身职工或夫妻只有一方正常缴存住房公积金的，贷款最高额度为 40 万；住房公积金存款利率严格按一年期定期存款基准利率执行；住房公积金贷款利率严格按首套住房五年期以下贷款利率 2.75，五年期以上贷款利率 3.25，第二套住房贷款利率上浮 10%。

（三）当年服务改进情况，包括推进住房公积金服务"跨省通办"工作情况，服务网点、服务设施、服务手段、综合服务平台建设和其他网络载体建设服务情况等。2020 年，中心以"互联网＋政务服务"为目标，大力促进住房公积金业务线上线下深度融合。持续推进落实"一网通办""跨省通办"等工作，完成住房公积金综合服务平台与政务服务网互联互通，手机 App 各项功能模块全部接入"酒事快"政务服务 App，开展"跨省通办"工作，全市七个县市区分中心设立"跨省通办"柜台，实现同一事项异地无差别受理、同标准办理。

（四）当年信息化建设情况，包括信息系统升级改造情况，基础数据标准贯彻落实和结算应用系统接入情况等。2020 年，中心不断优化信息系统，大力推进信息数据共享，接入市级政务服务数据共享平台，实现与公安、民政、不动产等部门共享数据 8 项，完成了与人民银行征信系统接入工作，按时上报缴存、贷款数据，开通了人民银行个人信用报告查询权限。

（五）当年住房公积金管理中心及职工所获荣誉情况，包括：文明单位（行业、窗口）、青年文明号、工人先锋号、五一劳动奖章（劳动模范）、三八红旗手（巾帼文明岗）、先进集体和个人等。

市中心肃州区分中心被肃州区委授予 2020 年度"优化营商环境工作先进单位"荣誉称号，被甘肃省爱国卫生运动委员会评为"甘肃省卫生单位"；金塔县分中心被金塔县县委、县政府评为"县级模范单位"；肃州区分中心被肃州区行政服务中心评为 2020 年度"优秀服务窗口"；敦煌市分中心被评为 2020 年度敦煌市民中心政务服务工作"优秀窗口单位"。

1 名职工被肃州区委授予 2020 年度"优化营商环境先进个人"荣誉称号；2 名职工被肃州区妇联授予"最美家庭"荣誉称号。

9 名职工被县（市、区）行政服务中心、市民中心和市民中心服务大厅评为"窗口优秀共产党员""党员先锋岗""金牌首席""优秀首席代表""巾帼服务之星""巾帼建功岗""优秀窗口工作人员""政务服务先进个人""窗口政务服务先进工作者""2020 年度服务明星"和"文明服务之星"。

庆阳市住房公积金 2020 年年度报告

根据国务院《住房公积金管理条例》和住房和城乡建设部、财政部、人民银行《关于健全住房公积金信息披露制度的通知》（建金〔2015〕26 号）的规定，经住房公积金管理委员会审议通过，现将庆阳市住房公积金 2020 年年度报告公布如下。

一、机构概况

（一）住房公积金管理委员会。住房公积金管理委员会有 23 名委员，2020 年召开 1 次会议，审议通过的主要事项包括：

审议了关于《2019 年住房公积金归集运营情况和 2020 年住房公积金归集运营计划报告》《庆阳市住房公积金 2019 年年度报告》《庆阳市住房公积金管理中心关于修订庆阳市住房公积金归集、提取、贷款管理办法的请示》。

会议决定：1. 同意《2019 年住房公积金归集运营情况和 2020 年住房公积金归集运营计划报告》《庆阳市住房公积金 2019 年年度报告》，由市住房公积金管理委员会发文批复实施；2. 同意《庆阳市住房公积金管理中心关于修订庆阳市住房公积金归集、提取、贷款管理办法的请示》《庆阳市住房公积金归集管理办法》《庆阳市住房公积金提取管理办法》《庆阳市住房公积金贷款管理办法》，由市住房公积金管理委员会印发实施。

（二）住房公积金管理中心。住房公积金管理中心为庆阳市人民政府不以营利为目的的正县级参照公务员管理事业单位，设 5 个科室（中心），9 个管理部。从业人员 86 人，其中，在编 84 人，非在编 2 人。

二、业务运行情况

（一）缴存。2020 年，新开户单位 88 家，净增单位 39 家；新开户职工 0.48 万人，净增职工 0.09 万人；实缴单位 2574 家，实缴职工 11.93 万人，缴存额 16.27 亿元，分别同比增长 11.19％、1.02％、－1.03％。年末，缴存总额 119.27 亿元，比上年末增加 15.8％；缴存余额 67.73 亿元，同比增长 10.74％。受委托办理住房公积金缴存业务的银行 9 家。

(二) 提取。2020 年，3.09 万名缴存职工提取住房公积金；提取额 9.7 亿元，同比增长 8.87%；提取额占当年缴存额的 59.62%，比上年增加 5.42 个百分点。年末，提取总额 51.54 亿元，比上年末增加 23.18%。

(三) 贷款。

1. 个人住房贷款。单缴存职工个人住房贷款最高额度 40 万元，双缴存职工个人住房贷款最高额度 50 万元。

2020 年，发放个人住房贷款 0.28 万笔、9.92 亿元，同比分别增长 27.27%、38.74%。

2020 年，回收个人住房贷款 5.77 亿元。

2020 年末，累计发放个人住房贷款 5.58 万笔、92.03 亿元，贷款余额 49.16 亿元，分别比上年末增加 5.28%、12.08%、9.22%。个人住房贷款余额占缴存余额的 72.58%，比上年末减少 1.01 个百分点。受委托办理住房公积金个人住房贷款业务的银行 9 家。

2. 异地贷款。2020 年，发放异地贷款 162 笔、4822 万元。2020 年末，发放异地贷款总额 12697 万元，异地贷款余额 11161.41 万元。

(四) 资金存储。2020 年末，住房公积金存款 19.1 亿元。其中，1 年（含）以下定期 15.9 亿元，协定存款 3.2 亿元。

(五) 资金运用率。2020 年末，住房公积金个人住房贷款余额、项目贷款余额和购买国债余额的总和占缴存余额的 72.58%，比上年末减少 1.01 个百分点。

三、主要财务数据

(一) 业务收入。2020 年，业务收入 19289.97 万元，同比增长 13.93%。存款利息 4155.12 万元，委托贷款利息 15129.55 万元，其他 5.3 万元。

(二) 业务支出。2020 年，业务支出 10600.13 万元，同比增长 12.89%。支付职工住房公积金利息 9874.99 万元，归集手续费 0.06 万元，委托贷款手续费 724.18 万元，其他 0.9 万元。

(三) 增值收益。2020 年，增值收益 8689.84 万元，同比增长 15.22%。增值收益率 1.33%，比上年增加 0.01 个百分点。

(四) 增值收益分配。2020 年，提取贷款风险准备金 414.9 万元，提取管理费用 1500 万元，提取城市廉租住房（公共租赁住房）建设补充资金 6774.94 万元。

2020 年，上交财政管理费用 1500 万元。上缴财政城市廉租住房（公共租赁住房）建设补充资金 6774.94 万元。

2020 年末，贷款风险准备金余额 4915.86 万元。累计提取城市廉租住房（公共租赁住房）建设补充资金 31899.7 万元。

(五) 管理费用支出。2020 年，管理费用支出 1415.24 万元，同比下降 11.62%。其中，人员经费 1005.52 万元，公用经费 168.66 万元，专项经费 241.06 万元。

四、资产风险状况

2020 年末，个人住房贷款逾期额 255.58 万元，逾期率 0.52‰。个人贷款风险准备金余额 4915.86 万元。2020年，使用个人贷款风险准备金核销呆坏账0万元。

五、社会经济效益

（一）缴存业务。缴存职工中，国家机关和事业单位占80.93%，国有企业占10.47%，城镇集体企业占1.58%，城镇私营企业及其他城镇企业占6.19%，民办非企业单位和社会团体占0.42%，灵活就业人员占0.23%，其他占0.18%；中、低收入占99.72%，高收入占0.28%。

新开户职工中，国家机关和事业单位占64.26%，国有企业占10.15%，城镇集体企业占6%，外商投资企业占0%，城镇私营企业及其他城镇企业占15.07%，民办非企业单位和社会团体占0.19%，灵活就业人员占1.06%，其他占3.27%；中、低收入占99.96%，高收入占0.04%。

（二）提取业务。提取金额中，购买、建造、翻建、大修自住住房占38.73%，偿还购房贷款本息占35.58%，租赁住房占2.42%，支持老旧小区改造占0.02%，离休和退休提取占16.58%，完全丧失劳动能力并与单位终止劳动关系提取占2.04%，户口迁出本市或出境定居占1.81%，其他占2.82%。提取职工中，中、低收入占99.39%，高收入占0.61%。

（三）贷款业务。2020年，支持职工购建房33.66万平方米，年末个人住房贷款市场占有率为32.34%，比上年末减少4.4个百分点。通过申请住房公积金个人住房贷款，可节约职工购房利息支出13244.3万元。

职工贷款笔数中，购房建筑面积90（含）平方米以下占7.07%，90~144（含）平方米占83.99%，144平方米以上占8.94%。购买新房占88.69%，购买二手房占11.31%。

职工贷款笔数中，单缴存职工申请贷款占17.45%，双缴存职工申请贷款占82.55%。

贷款职工中，30岁（含）以下占22.44%，30岁~40岁（含）占53.82%，40岁~50岁（含）占18.82%，50岁以上占4.92%；首次申请贷款占74%，二次及以上申请贷款占26%；中、低收入占99.71%，高收入占0.29%。

（四）住房贡献率。2020年，个人住房贷款发放额、公转商贴息贷款发放额、项目贷款发放额、住房消费提取额的总和与当年缴存额的比率为108.08%，比上年增加22.19个百分点。

六、其他重要事项

（一）应对新冠肺炎疫情采取的措施。为加强疫情防控，中心全面推行"网上办事""不见面审批"，倡导缴存单位和职工通过政务平台、网上营业厅、12329服务热线、微信公众号、手机App等线上渠道咨询、办理住房公积金业务。确需到现场办理的，实行预约办理和错峰办理，尽可能减少职工等待时间和人员聚集。

对受疫情影响导致生产经营困难的中小微企业，经企业职代会或工会会议同意后，于2020年6月30日前可申请缓缴或降低缴存比例。缓缴期间，职工的住房公积金缴存时间连续计算，不影响职工申请购房提取和住房公积金贷款的权益。先后受理批复庆阳美年大健康健康管理有限公司等7家企业的缓缴住房公积金申请，涉及职工356人，累计缓缴金额175.2万元。

疫情防控期间，对缴存职工办理提取或贷款申请时提供的购房发票、购房合同、不动产权证明等资料，将时限顺延到疫情结束后30个工作日。对因感染新冠肺炎住院治疗或隔离人员、疫情防控需要隔离观察人员、一线医务人员等参加疫情防控工作人员，在疫情防控期间未能正常偿还其住房公积金贷款的，不作逾期处理，不计罚息且不影响个人征信。对庆阳市援助武汉医疗队员，在申请住房公积金贷款时最高可贷额度提高 20%。

（二）当年住房公积金政策调整及执行情况。根据住房和城乡建设部等部门相关政策规定，及时修订下发了住房公积金归集、提取和贷款管理办法。同时结合我市住房公积金管理工作实际，制定了归集、提取、贷款业务实施细则，为规范化办理各项业务提供政策遵循。

归集方面，规定同一单位职工单位缴存比例和职工个人缴存比例应一致。确定 2020 年度缴存基数最高限额为 18312 元，最低限额市直、西峰区 1520 元，庆城县、镇原县、宁县、正宁县、合水县、华池县、环县 1470 元。灵活就业人员缴存基数为本人 2019 年度月平均收入，月平均收入由缴存者个人申报，缴存比例为 10%～24%。

提取方面，取消职工本人或者配偶、未成年子女患九种重大疾病的提取情形，职工购买、建造、翻建、大修自住住房申请办理住房公积金提取时限由取得合法资料签发之日起 1 年内调整为 2 年内。增加支持老旧小区加装电梯提取类型，全年提取 4 笔、19.43 万元。

贷款方面，职工购买、建造、翻建、大修自住住房申请办理住房公积金贷款时限由取得合法资料签发之日起 1 年内修改为 2 年内。增加贷款变更业务，在借款期限内，当借款人发生离异、失踪或丧失民事行为能力、死亡或被宣告死亡等情形时，可向住房公积金管理中心申请办理贷款变更业务。明确第二套住房申请公积金贷款首付比例不低于 50%，贷款利率不低于同期首套住房公积金贷款利率的 1.1 倍。

（三）服务改进情况。通过综合服务平台升级改造，微信公众号、手机 App、住房公积金网厅、支付宝小程序等服务终端更好地满足了广大缴存职工业务办理的多样化需求。

充分依托全国住房公积金监管服务平台，在各县区政务大厅设置"跨省通办"专窗，配齐工作人员。使"个人住房公积金缴存贷款信息查询"等 7 项"跨省通办"事项实现全程网办和线下异地代办。

针对"我要提取公积金""我要办理公积金贷款"两项"一件事一次办"服务事项设置综合服务窗口。编制"一件事一次办"主题集成服务办事指南，制定业务受理手册，下发综合服务窗口工作人员。减少职工跑动次数，真正实现让数据多跑路、职工少跑腿。

将"推行住房公积金网上业务办理"作为 2020 年经济体制和生态文明体制改革微改革事项，制定下发了《庆阳市住房公积金管理中心关于推行住房公积金网上业务办理工作的通知》（庆市公积金发〔2020〕10 号），及时向缴存单位授权，单位用户登录网上服务大厅后，即可在线办理单位基数调整，个人账户设立等业务，进一步提高了服务效能。

（四）信息化建设情况。积极推广住房公积金综合服务平台应用。全年累计办理各类住房公积金业务 232421 笔，线上办理 153317 笔，线上办理率 65.97%，有效提高了服务效率和服务水平。

建立了住房公积金业务服务"好差评"制度，对接一体化在线政务服务平台，实现住房公积金网上服务"一事一评"，及时了解群众对住房公积金政策知悉度、办事便利度、服务满意度等情况，不断增强服务意识，转变作风，为缴存单位和职工提供全面规范、便捷高效的住房公积金服务。

定西市住房公积金 2020 年年度报告

根据国务院《住房公积金管理条例》和住房和城乡建设部、财政部、人民银行《关于健全住房公积金信息披露制度的通知》(建金〔2015〕26 号)的规定,经住房公积金管理委员会审议通过,现将定西市住房公积金 2020 年年度报告公布如下。

一、机构概况

(一)住房公积金管理委员会。住房公积金管理委员会有 22 名委员,2020 年召开第十五次会议,审议通过的事项主要包括:1.《关于全市 2019 年住房公积金管理工作完成情况和 2020 年工作打算的报告》;2.《定西市住房公积金管理中心 2019 年住房公积金增值收益支出及 2020 年预算安排情况的报告》;3.《定西市住房公积金管理中心 2019 年住房公积金归集使用计划执行情况及 2020 年住房公积金归集使用计划的报告》;4.《定西市住房公积金管理中心 2019 年年度报告》;5.《定西市住房公积金管理中心关于住房公积金及增值收益专户开设情况的报告》;6.《定西市住房公积金管理中心关于部分财政拨款单位降低个人缴存比例的建议》;7.《定西市住房公积金管理中心关于部分困难企业疫情期间缓缴的建议》;8.《定西市住房公积金管理中心关于确定 2020 年全市住房公积金缴存基数和月缴存限额的建议》。

(二)住房公积金管理中心。住房公积金管理中心为隶属于定西市人民政府不以营利为目的的参照公务员法管理的事业单位,设 6 个科室,8 个管理部。从业人员 80 人,其中,在编 68 人,非在编 12 人。

二、业务运行情况

(一)缴存。2020 年,新开户单位 61 家,净增单位 11 家;新开户职工 0.42 万人,净增职工 0.09 万人;实缴单位 1872 家,实缴职工 11.41 万人,缴存额 17.80 亿元,实缴单位同比下降 1.78%,实缴职工和缴存额同比增长 4.65%、5.38%。2020 年末,缴存总额 120.74 亿元,比上年末增加 17.29%;缴存余额 69.34 亿元,同比增长 9.08%。

受委托办理住房公积金缴存业务的银行 8 家。

(二)提取。2020 年,2.11 万名缴存职工提取住房公积金,提取额 12.02 亿元,同比增长 32.17%;提取额占当年缴存额的 67.56%,比上年增加 13.69 个百分点。2020 年末,提取总额 51.40 亿元,比上年末增加 30.53%。

(三)贷款。

1.个人住房贷款。个人住房贷款最高额度 50 万元。

2020 年,发放个人住房贷款 0.3755 万笔、14.39 亿元,笔数同比下降 5.03%、金额同比增长 8.41%。

2020 年,回收个人住房贷款 9.71 亿元。

2020 年末,累计发放个人住房贷款 6.2136 万笔、108.70 亿元,贷款余额 53.76 亿元,分别比上年末增加 6.43%、15.25%、9.53%。个人住房贷款余额占缴存余额的 77.54%,比上年末增加 0.32 个百分点。

受委托办理住房公积金个人住房贷款业务的银行5家。

2. 异地贷款。2020年,发放异地贷款151笔、5856.50万元。2020年末,发放异地贷款总额19574.20万元,异地贷款余额16863.85万元。

(四)资金存储。2020年末,住房公积金存款16.18亿元。其中,活期1.40亿元,1年(含)以下定期14.78亿元。

(五)资金运用率。2020年末,住房公积金个人住房贷款余额、项目贷款余额和购买国债余额的总和占缴存余额的77.54%,比上年末增加0.32个百分点。

三、主要财务数据

(一)业务收入。2020年,业务收入20368.53万元,同比增长11.73%。存款利息3626.57万元,委托贷款利息16735.45万元,其他6.51万元。

(二)业务支出。2020年,业务支出11063.17万元,同比增长12.12%。支付职工住房公积金利息10233.47万元,归集手续费0.26万元,委托贷款手续费829.44万元。

(三)增值收益。2020年,增值收益9305.36万元,同比增长11.28%。增值收益率1.38%,与上年持平。

(四)增值收益分配。2020年,提取贷款风险准备金467.82万元,提取管理费用1426.95万元,提取城市廉租住房(公共租赁住房)建设补充资金7410.59万元。

2020年,上交财政管理费用1735.02万元。上缴财政城市廉租住房(公共租赁住房)建设补充资金6091.05万元。

2020年末,贷款风险准备金余额5376.10万元。累计提取城市廉租住房(公共租赁住房)建设补充资金36146.79万元。

(五)管理费用支出。2020年,管理费用支出1549.51万元,同比下降21.12%。其中,人员经费859.36万元,公用经费107.04万元,专项经费583.11万元。

四、资产风险状况

个人住房贷款。2020年末,个人住房贷款逾期额43.01万元,逾期率0.08‰。个人贷款风险准备金余额5376.10万元。

五、社会经济效益

(一)缴存业务。缴存职工中,国家机关和事业单位占81.09%,国有企业占12.51%,城镇集体企业占1.24%,外商投资企业占0.7%,城镇私营企业及其他城镇企业占3.92%,民办非企业单位和社会团体占0.27%,其他占0.27%;中、低收入占99.20%,高收入占0.8%。

新开户职工中,国家机关和事业单位占62.14%,国有企业占17.99%,城镇集体企业占1.05%,外商投资企业占1.64%,城镇私营企业及其他城镇企业占16.58%,民办非企业单位和社会团体占0.26%,其他占0.34%;中、低收入占99.40%,高收入占0.60%。

(二)提取业务。提取金额中,购买、建造、翻建、大修自住住房占 38.27%,偿还购房贷款本息占 43.16%,租赁住房占 0.78%,离休和退休提取占 12.54%,完全丧失劳动能力并与单位终止劳动关系提取占 1.18%,调离本市或出境定居占 0.85%,其他占 3.22%。提取职工中,中、低收入占 99.14%,高收入占 0.86%。

(三)贷款业务。 个人住房贷款。2020 年,支持职工购建房 44.64 万平方米(含公转商贴息贷款),年末个人住房贷款市场占有率(含公转商贴息贷款)为 31.74%,比上年末减少 2.51 个百分点。通过申请住房公积金个人住房贷款,可节约职工购房利息支出 46069.81 万元。

职工贷款笔数中,购房建筑面积 90(含)平方米以下占 6.47%,90~144(含)平方米占 87.86%,144 平方米以上占 5.67%。购买新房占 84.10%,购买二手房占 15.76%,建造、翻建、大修自住住房占 0.03%,其他占 0.11%。

职工贷款笔数中,单缴存职工申请贷款占 20.61%,双缴存职工申请贷款占 79.31%,三人及以上缴存职工共同申请贷款占 0.08%。

贷款职工中,30 岁(含)以下占 23.20%,30 岁~40 岁(含)占 50.25%,40 岁~50 岁(含)占 17.52%,50 岁以上占 9.03%;首次申请贷款占 70.25%,二次及以上申请贷款占 29.75%;中、低收入占 99.36%,高收入占 0.64%。

(四)住房贡献率。 2020 年,个人住房贷款发放额、公转商贴息贷款发放额、项目贷款发放额、住房消费提取额的总和与当年缴存额的比率为 136.38%,比上年增加 15.55 个百分点。

六、其他重要事项

(一)应对新冠肺炎疫情采取的措施,落实住房公积金阶段性支持政策情况和政策实施成效。 疫情期间,积极出台住房公积金阶段性政策,支持疫情防控。一是缴存方面,支持企业缓缴和停缴。缓缴和停缴期间,职工的住房公积金缴存时间连续计算,不影响职工正常提取和申请住房公积金贷款。二是提取方面,支持缴存职工提取本人住房公积金账户余额用于支付租房费用。三是贷款方面,支持感染新冠肺炎住院治疗人员、隔离人员及参加疫情防控人员调整或延后还款期限,在疫情期间未能正常还款的,不作逾期处理,不作为逾期记录报送征信部门。同时,因受疫情影响,购房合同到期而无法办理借款申请的,以合同备案时间为准延长至 2020 年 6 月 30 日,更好地保障缴存职工的使用权益。疫情期间,共申请缓缴企业 22 个,涉及 3437 名缴存职工,月缓缴额 301.82 万元,累计缓缴金额 1204.03 万元。至 2020 年 12 月底,缓缴企业全部按照缴存计划,如数补缴了缓缴资金,阶段性支持工作圆满收官。

(二)当年机构及职能调整情况、受委托办理缴存贷款业务金融机构变更情况。 2020 年定西市住房公积金管理中心新开设中国邮政储蓄银行公积金存款专户,并办理缴存业务。

(三)当年住房公积金政策调整及执行情况。

1. 当年缴存政策调整情况。根据统计部门公布的上年度在岗职工月平均工资标准,职工个人最高月缴存基数应为 17305.50 元,月缴额最高为 2076.5 元。单位为职工缴存的住房公积金月缴额按照职工个人月缴存额统一标准执行。

2. 当年存贷款利率调整及执行情况。执行人民银行公布的住房公积金存贷款挂牌利率。

(四)当年服务改进情况。 我市住房公积金以进一步深化公积金领域"放管服"改革为主线,抓服务改进、抓效能提升的举措和力度前所未有，成效卓著。

1. "一网通办"工作完成建设任务，并取得了喜人成绩，多项指标行业领先。一是单位网厅签约率达到99.40%。全市缴存单位1831个，在线签约1820个，基本覆盖全部正常缴存单位，实现了"应签尽签"。二是缴存业务在线办结率为98.43%。2020年全市缴存事项办理量11.3943万笔，综合线上办理量11.2152万笔，占比98.43%，全省排名第一。三是线上业务办理率88.16%。2020年全市业务办理合计14.2570万笔，线上业务办理合计12.5685万笔，占比88.16%，全省排名前三。

2. "跨省通办"工作稳步推进。目前，我市住房公积金8项全国高频政务服务事项已实现"跨省通办"，为缴存职工提供跨区域住房公积金业务查询，证明打印、退休提取等服务。一是梳理完善"跨省通办"事项清单。通过与政务平台对接，按照要求逐项制定全国高频政务服务"跨省通办"事项线路图，明确具体操作流程、实现方式等内容。围绕"全程网办""异地代收代办""多地联办"三种"跨省通办"业务模式，进一步优化事项办理内部流程，做好"跨省通办"事项落实落地工作。二是统一规范"跨省通办"办理事项。按照"应简尽简"的原则，充分运用信息化手段，着力在减环节、减材料、减时限、减跑动次数上下功夫，逐项提出"跨省通办"事项流程材料优化建议。按照国家统一的"跨省通办"事项标准，进一步规范申请材料、审查要点、流程和时限等内容，实现同一事项在不同管理部无差别受理、同标准办理。三是设置"跨省通办"窗口。结合"一窗通办"改革进展和"全省通办"窗口开设情况，各管理部明确责任联系人，做好政策解答、信息协查等工作。在政务大厅科学设置"跨省通办"窗口，建立"跨省通办"协调联动机制。四是加强"跨省通办"平台建设。按照全国一体化政务服务平台相关标准规范，在定西政务服务网开设住房公积金"跨省通办"专区。按照国家统一部署，积极推动国家部委建设的"跨省通办"相关住房公积金业务系统与政务服务网互联互通、协同办理，提供跨区域在线查询和核验服务。全面梳理"跨省通办、一次办成"事项清单，除涉密、收件受理专业技术性强等特殊原因外，其余事项全部纳入通办清单。

3. "数据互联共享"工作持续推进。一是全面接入全国一体化在线政务服务平台。通过统一身份认证，避免办事群众二次登录。二是数据实时推送。实现公积金账户、缴存、贷款以及网上办事大厅的办件信息实时推送至市级数据中心、"陇码"服务平台，为其他业务平台调用接口查询数据奠定基础。三是进一步拓展完善服务渠道。实现"i定西"App查询办理各类公积金业务。

（五）当年信息化建设情况。一是升级改造财务核算功能模块，实现财务精准核算，同时规范资金运行管理。二是开展按年（月）对冲还贷，切实减轻住房公积金贷款职工的还贷压力。三是完成二代人行征信上报接口升级工作，实现缴存及贷款信息的上报，为顺利完成人行征信系统对接奠定基础。四是推动业务凭证电子化。在建立电子印章管理系统的基础上拓展、研发住房公积金信息管理系统业务凭证电子化功能，为缴存职工在线提供缴存明细、贷款还清、异地贷款等证明材料，同时进一步规范中心业务凭证管理。

（六）当年住房公积金管理中心及职工所获荣誉情况。我中心获得定西市政府政务服务大厅、市民服务中心2020年度优秀窗口单位，牟晓刚同志被评为定西市政府政务服务大厅、市民服务中心2020年度优秀服务标兵。

陇南市住房公积金 2020 年年度报告

根据国务院《住房公积金管理条例》和住房和城乡建设部、财政部、人民银行《关于健全住房公积金信息披露制度的通知》（建金〔2015〕26 号）的规定，经住房公积金管理委员会审议通过，现将陇南市住房公积金 2020 年年度报告公布如下。

一、机构概况

（一）**住房公积金管理委员会**。住房公积金管理委员会有 27 名委员，2020 年召开 2 次会议，审议通过的事项主要包括：第一次会议，1. 审议通过了市住房公积金管理中心关于 2019 年度经费预算执行情况的报告，原则同意 2019 年度增值收益分配方案；2. 审议通过了《陇南市住房公积金 2019 年年度报告》；第二次会议，审议通过了《陇南市住房公积金个人住房贷款实施细则》修订事项。

（二）**住房公积金管理中心**。住房公积金管理中心为陇南市政府直属不以营利为目的的自收自支事业单位，设 7 个科，9 个管理部。从业人员 158 人，其中，在编 105 人，非在编 53 人。

二、业务运行情况

（一）**缴存**。2020 年，新开户单位 87 家，净增单位 54 家；新开户职工 4047 人，净增职工 4047 人；实缴单位 2467 家，实缴职工 108701 人，缴存额 15.99 亿元，新增开户单位同比下降 8.42%，新增开户职工和缴存额分别同比增长 1.89%、6.81%。2020 年末，缴存总额 105.95 亿元，比上年末增加 17.79%；缴存余额 68.18 亿元，同比增长 15.48%。受委托办理住房公积金缴存业务的银行 8 家。

（二）**提取**。2020 年，19294 名缴存职工提取住房公积金；提取额 6.86 亿元，同比下降 35.22%；提取额占当年缴存额的 42.9%，比上年减少 27.84 个百分点。2020 年末，累计提取总额 37.77 亿元，比上年末增加 22.19%。

（三）**贷款**。

1. 个人住房贷款。个人住房贷款最高额度 55 万元。单缴存职工个人住房贷款最高额度 55 万元，双缴存职工个人住房贷款最高额度 55 万元。

2020 年，发放个人住房贷款 2673 笔、10.96 亿元，同比分别下降 11.54%、6.56%。

2020 年，回收个人住房贷款 6.1 亿元。

2020 年末，累计发放个人住房贷款 36076 笔、85.93 亿元，贷款余额 46.06 亿元，分别比上年末增加 8%、14.62%、11.74%。个人住房贷款余额占缴存余额的 67.56%，比上年末减少 2.25 个百分点。受委托办理住房公积金个人住房贷款业务的银行 8 家。

2. 异地贷款。2020 年，发放异地贷款 197 笔、7860 万元。2020 年末，发放异地贷款总额 12336.5 万元，异地贷款余额 12089.14 万元。

（四）**资金存储**。2020 年末，住房公积金存款 23.04 亿元。其中，活期 4.73 亿元，1 年（含）以下定期 0.45 亿元，1 年以上定期 17.86 亿元，其他（协定、通知存款等）0 亿元。

（五）**资金运用率**。2020 年末，住房公积金个人住房贷款余额、项目贷款余额和购买国债余额的总和占缴存余额的 67.56%，比上年末减少 2.25 个百分点。

三、主要财务数据

（一）业务收入。2020 年，业务收入 21108.98 万元，同比增长 12.21%；存款利息 6977.09 万元，委托贷款利息 14112.72 万元，其他 19.17 万元。

（二）业务支出。2020 年，业务支出 9863.12 万元，同比增长 10.78%；支付职工住房公积金利息 9493.78 万元，归集手续费 0 万元，委托贷款手续费 368.13 万元，其他 1.21 万元。

（三）增值收益。2020 年，增值收益 11245.86 万元，同比增长 13.54%；增值收益率 1.6%，与上年持平。

（四）增值收益分配。2020 年，提取贷款风险准备金 484.81 万元，提取管理费用 2455.5 万元，提取城市廉租住房（公共租赁住房）建设补充资金 8305.55 万元。

2020 年，上交财政管理费用 2455.5 万元。上缴财政城市廉租住房（公共租赁住房）建设补充资金 8305.55 万元。

2020 年末，贷款风险准备金余额 4606.47 万元。累计提取城市廉租住房（公共租赁住房）建设补充资金 35121.63 万元。

（五）管理费用支出。2020 年，管理费用支出 1809.92 万元，同比下降 14.83%。其中，人员经费 1333.82 万元，公用经费 201.16 万元，专项经费 274.94 万元。

四、资产风险状况

个人住房贷款。2020 年末，个人住房贷款逾期额 279.64 万元，逾期率 0.60‰。个人贷款风险准备金余额 4606.47 万元。

五、社会经济效益

（一）缴存业务。缴存职工中，国家机关和事业单位占 83.88%，国有企业占 11.48%，城镇集体企业占 0.04%，外商投资企业占 2.35%，城镇私营企业及其他城镇企业占 1.59%，民办非企业单位和社会团体占 0.1%，灵活就业人员占 0.05%，其他占 0.51%；中、低收入占 99.43%，高收入占 0.57%。

新开户职工中，国家机关和事业单位占 54.63%，国有企业占 26.93%，城镇集体企业占 0.05%，外商投资企业占 6.52%，城镇私营企业及其他城镇企业占 8.65%，民办非企业单位和社会团体占 0.67%，灵活就业人员占 0.4%，其他占 2.15%；中、低收入占 99.73%，高收入占 0.27%。

（二）提取业务。提取金额中，购买、建造、翻建、大修自住住房占 29.06%，偿还购房贷款本息占 37.69%，租赁住房占 1.27%，支持老旧小区改造占 0%，离休和退休提取占 25.64%，完全丧失劳动能力并与单位终止劳动关系提取占 1.48%，出境定居占 0%，其他占 4.86%。提取职工中，中、低收入占 91.93%，高收入占 8.07%。

（三）贷款业务。

个人住房贷款。2020 年，支持职工购建房 32.86 万平方米（含公转商贴息贷款），2020 年末个人住房贷款市场占有率（含公转商贴息贷款）为 37.16%，比上年末减少 5.68 个百分点。通过申请住房公积金个人住房贷款，可节约职工购房利息支出1534.4万元。

职工贷款笔数中，购房建筑面积90（含）平方米以下占31.09%，90～144（含）平方米占36.67%，144平方米以上占32.24%。购买新房占89.41%（其中购买保障性住房占0%），购买二手房占7.16%，建造、翻建、大修自住住房占2.55%（其中支持老旧小区改造占0%），其他占0.88%。

职工贷款笔数中，单缴存职工申请贷款占24.43%，双缴存职工申请贷款占75.57%，三人及以上缴存职工共同申请贷款占0%。

贷款职工中，30岁（含）以下占29.52%，30岁～40岁（含）占49.14%，40岁～50岁（含）占15.95%，50岁以上占5.39%；首次申请贷款占89.3%，二次及以上申请贷款占10.7%；中、低收入占99.44%，高收入占0.56%。

（四）住房贡献率。 2020年，个人住房贷款发放额、公转商贴息贷款发放额、项目贷款发放额、住房消费提取额的总和与当年缴存额的比率为97.65%，比上年减少38.02个百分点。

六、其他重要事项

（一）应对新冠肺炎疫情采取的措施，落实住房公积金阶段性支持政策情况和政策实施成效。 出台了《关于疫情防控期间支持企业住房公积金缓缴等事项的通知》，与疫情相关的住房公积金缴存单位及自愿缴存个人因受疫情影响，不能按时足额缴存公积金的，可向住房公积金管理中心说明情况并在疫情结束后办理补缴，补缴后认同为连续缴存。受疫情影响的企业提供与疫情相关证明可申请降低缴存比例和缓缴住房公积金。截至去年6月底，共为3家企业缓缴资金65.38万元。

（二）当年机构及职能调整情况、受委托办理缴存贷款业务金融机构变更情况。 陇南市住房公积金管理中心为直属陇南市政府不以营利为目的的自收自支事业单位，主要负责全市住房公积金的归集、管理、使用和会计核算。目前中心内设办公室等七科室，下设武都区等九管理部。

缴存。本市受委托办理住房公积金缴存业务的银行包括：甘肃银行、建设银行、中国银行、邮政银行、甘肃农商银行、工商银行、农业银行、兰州银行。

贷款。本市受委托办理住房公积金个人住房贷款业务的银行包括：甘肃银行、建设银行、中国银行、工商银行、农业银行、邮政银行、甘肃农商银行、兰州银行。

（三）当年住房公积金政策调整及执行情况，包括当年缴存基数限额及确定方法、缴存比例等缴存政策调整情况；当年提取政策调整情况；当年个人住房贷款最高贷款额度、贷款条件等贷款政策调整情况；当年住房公积金存贷款利率执行标准等；支持老旧小区改造政策落实情况。 缴存基数、缴存比例调整方面。缴存基数按照市统计局公布的2019年在岗职工月平均工资水平和最低工资标准，调整为：上限15759元/月，下限1570元/月。缴存比例按照《陇南市住房公积金管理暂行办法》规定和《陇南市住房公积金管理委员会2020年第一次会议纪要》精神，调整为：双向不低于10%，不超过24%。

提取政策调整情况。将"购买、建造、翻建、大修自住住房的职工可同时提取配偶、父母、子女的住房公积金"，修改为："购买、建造、翻建、大修自住住房的缴存者可提取本人及配偶、未成年子女或房屋共同所有人的住房公积金"。

支持老旧小区改造政策落实情况。自2018年中心出台老旧小区加装电梯提取以来，尚无缴存人员申请提取。

2020 年，陇南市住房公积金提取政策未变化，贷款首付比例为 20%，贷款最高额度 50 万元（武都区城区最高额度为 55 万元），贷款最长期限 30 年；个贷率由去年底的 69.81% 下降到 67.56%，住房公积金贷款量占全市住房贷款的 37.16%。

2020 年陇南市住房公积金存款利率统一按一年期定期存款 1.50% 基准利率执行。

2020 年陇南市住房公积金五年期以上个人住房公积金贷款利率为 3.25%，五年期以下（含五年）个人住房公积金贷款利率为 2.75%。二套房年利率为同等贷款利率的 1.1 倍。

（四）**当年服务改进情况，包括推进住房公积金服务"跨省通办"工作情况，服务网点、服务设施、服务手段、综合服务平台建设和其他网络载体建设服务情况等。**2020 年，我中心与税务总局实现数据实时查询。中心拓宽网上业务办理渠道，进一步提高了业务离柜率。

（五）**当年信息化建设情况，包括信息系统升级改造情况，基础数据标准贯彻落实和结算应用系统接入情况等。**2020 年，我中心信息系统云 3 升级，优化了业务办理流程，推进了住房公积金信息化建设。

（六）**当年住房公积金管理中心及职工所获荣誉情况，包括：文明单位（行业、窗口）、青年文明号、工人先锋号、五一劳动奖章（劳动模范）、三八红旗手（巾帼文明岗）、先进集体和个人等。**无。

（七）**当年对违反《住房公积金管理条例》和相关法规行为进行行政处罚和申请人民法院强制执行情况。**无。

（八）**当年对住房公积金管理人员违规行为的纠正和处理情况等。**无。

（九）**其他需要披露的情况。**无。

临夏回族自治州住房公积金 2020 年年度报告

根据国务院《住房公积金管理条例》和住房和城乡建设部、财政部、人民银行《关于健全住房公积金信息披露制度的通知》（建金〔2015〕26 号）的规定，经住房公积金管理委员会审议通过，现将临夏州住房公积金 2020 年年度报告公布如下。

一、机构概况

（一）**住房公积金管理委员会。**临夏州住房公积金管理委员会有 27 名委员，2020 年召开了一次会议，审议通过的事项主要包括：《临夏州住房公积金管理中心 2019 年年度报告》《2019 年度临夏州廉租住房（公共租赁住房）补充资金分配方案》《临夏州住房公积金提取管理暂行办法》《临夏州住房公积金个人贷款管理暂行办法》《关于进一步扩大住房公积金缴存面工作的实施意见》《州住房公积金管理中心关于 2020 年度管理费用预算的请示》《关于临夏州住房公积金管理信息系统数据同步及安全改造建设项目建设资金的请示》《关于临夏州住房公积金管理信息系统增加运行维护服务费用的请示》。

（二）**住房公积金管理中心。**临夏回族自治州住房公积金管理中心为临夏州政府不以营利为目的的正县级事业单位，设 5 个科室，8 个管理部。从业人员 93 人，其中，在编 49 人，非在编 44 人。

二、业务运行情况

（一）缴存。2020年，新开户单位66家，净增单位28家；新开户职工0.56万人，净增职工0.38万人；实缴单位1642家，实缴职工8.94万人，缴存额14.66亿元，分别同比下降5.79%、增长5.91%和14.55%。2020年末，缴存总额85.29亿元，比上年末增加20.76%；缴存余额45.31亿元，同比增长14.83%。受委托办理住房公积金缴存业务的银行7家。

（二）提取。2020年，2.09万名缴存职工提取住房公积金；提取额8.81亿元，同比增长20.45%；提取额占当年缴存额的60.08%，比上年增加2.94个百分点。2020年末，提取总额39.98亿元，比上年末增加28.26%。

（三）贷款。

1. 个人住房贷款。个人住房贷款最高额度45万元。单缴存职工个人住房贷款最高额度40万元，双缴存职工个人住房贷款最高额度45万元。

2020年，发放个人住房贷款0.31万笔、11.65亿元，同比分别增长8.55%、17.11%。其中，营业室发放个人住房贷款928笔、3.58亿元，永靖县管理部发放个人贷款272笔、1.07亿元，临夏县管理部发放个人贷款445笔、1.7亿元，和政县管理部发放个人贷款376笔、1.34亿元，康乐县管理部发放个人贷款313笔、1.22亿元，积石山县管理部发放个人贷款255笔、0.99亿元，东乡县管理部发放个人贷款257笔、1亿元，广河县管理部发放个人贷款214笔、0.75亿元。

2020年，回收个人住房贷款7.14亿元。其中，营业室2.25亿元，永靖县管理部0.94亿元，临夏县管理部0.85亿元，和政县管理部0.62亿元，康乐县管理部0.55亿元，积石山县管理部0.8亿元，东乡县管理部0.68亿元，广河县管理部0.45亿元。

2020年末，累计发放个人住房贷款2.68万笔、63.97亿元，贷款余额34.02亿元，分别比上年末增加13.71%、22.27%、15.30%。个人住房贷款余额占缴存余额的75.08%，比上年末增加0.32个百分点。受委托办理住房公积金个人住房贷款业务的银行7家，比上年增加1家。

2. 异地贷款。2020年，发放异地贷款87笔、3054万元。2020年末，发放异地贷款总额11411万元，异地贷款余额9749.73万元。

3. 公转商贴息贷款。中心目前没有开展公转商贴息贷款。

4. 住房公积金支持保障性住房建设项目贷款。中心目前没有保障性住房建设项目贷款。

（四）购买国债。中心目前没有购买国债。

（五）资金存储。2020年末，住房公积金存款13.42亿元。其中，活期1.14亿元，1年（含）以下定期1.28亿元，1年以上定期11亿元。

（六）资金运用率。2020年末，住房公积金个人住房贷款余额、项目贷款余额和购买国债余额的总和占缴存余额的75.08%，比上年末增加0.32个百分点。

三、主要财务数据

（一）业务收入。2020年，业务收入10407.02万元，同比下降4.33%。存款利息478.17万元，委托贷款利息9924.28万元，其他4.57万元。

（二）业务支出。 2020年，业务支出7447.68万元，同比下降10.31%。支付职工住房公积金利息6936.79万元，委托贷款手续费510.34万元，其他0.55万元。

（三）增值收益。 2020年，增值收益2959.34万元，同比增长14.93%。增值收益率0.7%，比上年减少0.01个百分点。

（四）增值收益分配。 2020年，提取贷款风险准备金1165.10万元，提取管理费用894.24万元，提取城市廉租住房（公共租赁住房）建设补充资金900万元。

2020年，上交财政管理费用894.24万元。上缴上年度财政城市廉租住房（公共租赁住房）建设补充资金800万元。

2020年末，贷款风险准备金余额6399.12万元。累计提取城市廉租住房（公共租赁住房）建设补充资金5508万元。

（五）管理费用支出。 2020年，管理费用支出1269.6万元，同比下降3.77%。其中，人员经费381.39万元，公用经费558.41万元，专项经费329.8万元。

四、资产风险状况

个人住房贷款。2020年末，个人住房贷款逾期额178.99万元，逾期率0.50‰，个人贷款风险准备金余额6399.12万元。2020年，中心没有使用个人贷款风险准备金核销呆坏账。

五、社会经济效益

（一）缴存业务。 缴存职工中，国家机关和事业单位占91.04%，国有企业占7.52%，城镇集体企业占0.40%，外商投资企业占0.02%，城镇私营企业及其他城镇企业占0.81%，民办非企业单位和社会团体占0.06%，其他占0.15%；中、低收入占99.98%，高收入占0.02%。

新开户职工中，国家机关和事业单位占84.89%，国有企业占9.88%，城镇集体企业占0.49%，外商投资企业占0.04%，城镇私营企业及其他城镇企业占2.46%，民办非企业单位和社会团体占0.11%，其他占2.13%；中、低收入占100%。

（二）提取业务。 提取金额中，购买、建造、翻建、大修自住住房占19.14%，偿还购房贷款本息占64.72%，租赁住房占0.28%，支持老旧小区改造占0.01%，离休和退休提取占12.03%，完全丧失劳动能力并与单位终止劳动关系提取占0.86%，出境定居占1.03%，其他占1.93%。提取职工中，中、低收入占99.98%，高收入占0.02%。

（三）贷款业务。 个人住房贷款。2020年，支持职工购建房39.74万平方米，年末个人住房贷款市场占有率为33.25%，比上年末增加2.5个百分点。通过申请住房公积金个人住房贷款，可节约职工购房利息支出2.05亿元。

职工贷款笔数中，购房建筑面积90（含）平方米以下占2.16%，90~144（含）平方米占75.39%，144平方米以上占22.45%。购买新房占83.99%，购买二手房占16.01%。职工贷款笔数中，单缴存职工申请贷款占23.40%，双缴存职工申请贷款占76.54%，三人及以上缴存职工共同申请贷款占0.06%。

贷款职工中，30岁（含）以下占25.95%，30岁~40岁（含）占42.55%，40岁~50岁（含）占23.86%，50岁以上占7.64%；首次申请贷款占91.41%，二次及以上申请贷款占8.59%；中、低收入

占 100%。

(四) 住房贡献率。 2020 年，个人住房贷款发放额、公转商贴息贷款发放额、项目贷款发放额、住房消费提取额的总和与当年缴存额的比率为 139.56%，比上年增加 4.72 个百分点。

六、其他重要事项

1. 在疫情期间，为全力支持企业复工复产，中心及时出台了《关于临夏州应对新冠肺炎疫情实施住房公积金阶段性支持政策贯彻意见的通知》，阶段性调整了相关企业缴存住房公积金的相关政策，疫情期间积极推广线上业务办理，鼓励各缴存单位和缴存职工通过临夏州住房公积金综合服务平台申请办理住房公积金业务等举措，最大限度支持应对新冠肺炎疫情，全州住房公积金缴存、贷款、提取业务办理量不仅没有减少，而且保持了持续增长的良好势头，切实维护了缴存职工的合法权益，临夏州医药公司在疫情期间缓交了住房公积金。

2. 2020 年度住房公积金的核定缴存基数最高不得超过临夏州上一年月平均工资 5790 元的 3 倍 17370 元，最低不得低于省政府发布的临夏州、各县市最低工资标准 1470 元。在开展住房公积金个人账户余额按年冲还的基础上，新增加按月提取冲还贷业务，减轻了贷款职工的还款压力。积极响应国家政策，支持老旧小区改造，加装电梯可以支取住房公积金。

3. 全面推行"一网通办"，出台了《州住房公积金管理中心政务服务"一件事一次办"工作实施方案》，加载完成 12345 民情热线知识库，重新梳理政务服务事项清单，进一步细化了办理事项和办事指南，扩大"一次办"事项范围，完善了可共享数据信息目录清单，完成了住房公积金信息管理系统与政务服务网的深度对接，实现了数据实时互传、共享，完成了与政务服务网"好差评"系统的对接；完成了与州政务服务共享平台的对接，实现了全州住房公积金信息实时共享。

4. 在全系统开展信息化系统运用专题培训，有效提高了干部职工的业务素质。中心驻州、县政府政务服务中心窗口及工作人员多次被评选为"政务服务工作明星窗口""民族团结进步示范岗""新时代文明实践政务服务平台志愿者服务先锋岗""优质服务窗口""服务明星""政务服务标兵"等荣誉称号。

甘南州住房公积金 2020 年年度报告

根据国务院《住房公积金管理条例》和住房和城乡建设部、财政部、人民银行《关于健全住房公积金信息披露制度的通知》（建金〔2015〕26 号）的规定，经住房公积金管理委员会审议通过，现将甘南州住房公积金 2020 年年度报告公布如下。

一、机构概况

（一）住房公积金管理委员会。 住房公积金管理委员会有 27 名委员，2020 年召开 1 次会议，审议通过的事项主要包括：《2020 年度住房公积金归集、使用计划执行情况暨 2021 年住房公积金归集、使用计划报告》《2020 年度住房公积金增值收益分配方案暨 2021 年度住房公积金增值收益分配预算方案》《关于请求正式施行〈甘南藏族自治州住房公积金归集业务规范流程〉〈甘南藏族自治州住房公积金提取业务规范流程〉〈甘南藏族自治州住房公积金个人住房贷款业务规范流程〉的请示》《关于规范核定住房公积金缴存基数的请示》《关于住房公积金管理业务用房标准化建设的请示》《关于增加住房公积金受委托银行的请示》六项议题。

（二）住房公积金管理中心。住房公积金管理中心为州政府直属部门不以营利为目的的参照公务员管理的事业单位，设部、室、科14个，在编71人。

二、业务运行情况

（一）缴存。2020年，新开户单位58家，净增单位17家；新开户职工0.28万人，净增职工0.04万人；实缴单位1565家，实缴职工6.13万人，缴存额11.69亿元，分别同比下降1.5%、增长1.49%、增长3.09%。2020年末，缴存总额87.43亿元，比上年末增加15.45%；缴存余额34.97亿元，同比增长3.19%。受委托办理住房公积金缴存业务的银行6家。

（二）提取。2020年，1.92万名缴存职工提取住房公积金；提取额10.62亿元，同比增长6.95%；提取额占当年缴存额的90.85%，比上年增加3.26个百分点。2020年末，提取总额52.45亿元，比上年末增加25.36%。

（三）贷款。

1. 个人住房贷款。个人住房贷款最高额度60万元。

2020年，发放个人住房贷款0.23万笔、9.38亿元，同比分别下降25.81%、4.38%。

2020年，回收个人住房贷款9.31亿元。

2020年末，累计发放个人住房贷款4.20万笔、84.16亿元，贷款余额27.88亿元，分别比上年末增加5.79%、12.54%、0.25%。个人住房贷款余额占缴存余额的79.73%，比上年末减少2.33个百分点。受委托办理住房公积金个人住房贷款业务的银行6家。

2. 异地贷款。2020年，发放异地贷款803笔、39770万元。2020年末，发放异地贷款总额123341万元，异地贷款余额95344万元。

（四）资金存储。2020年末，住房公积金存款7.69亿元。其中，活期1.51亿元，1年（含）以下定期4.23亿元，1年以上定期1.95亿元。

（五）资金运用率。2020年末，住房公积金个人住房贷款余额、项目贷款余额和购买国债余额的总和占缴存余额的79.73%，比上年末减少2.33个百分点。

三、主要财务数据

（一）业务收入。2020年，业务收入10199.43万元，同比下降2.19%。存款利息1325.89万元，委托贷款利息8873.54万元，其他0.0002万元。

（二）业务支出。2020年，业务支出5415.58万元，同比下降12.79%。支付职工住房公积金利息5234.97万元，委托贷款手续费180.12万元，其他0.49万元。

（三）增值收益。2020年，增值收益4783.85万元，同比增长13.42%。增值收益率1.39%，比上年增加0.15个百分点。

（四）增值收益分配。 提取管理费用 2830 万元，提取城市廉租住房（公共租赁住房）建设补充资金 1953.85 万元。

2020 年，上交财政管理费用 6130 万元。上缴财政城市廉租住房（公共租赁住房）建设补充资金 1577.83 万元。

2020 年末，贷款风险准备金余额 2795.39 万元。累计提取城市廉租住房（公共租赁住房）建设补充资金 2958.77 万元。

（五）管理费用支出。 2020 年，管理费用支出 2810.03 万元，同比下降 1.40%。其中，人员经费 1352.94 万元，公用经费 335.53 万元，专项经费 1121.56 万元。

四、资产风险状况

个人住房贷款。2020 年末，个人住房贷款逾期额 336.24 万元，逾期率 1.21‰，其中，个人贷款风险准备金余额 2795.39 万元。

五、社会经济效益

（一）缴存业务。 缴存职工中，国家机关和事业单位占 85.39%，国有企业占 10.97%，城镇集体企业占 0.53%，城镇私营企业及其他城镇企业占 1.18%，民办非企业单位和社会团体占 0.23%，灵活就业人员占 1.43%，其他占 0.27%；中、低收入占 99.64%，高收入占 0.36%。

新开户职工中，国家机关和事业单位占 59.26%，国有企业占 11.21%，城镇集体企业占 1.5%，城镇私营企业及其他城镇企业占 7.98%，民办非企业单位和社会团体占 0.39%，灵活就业人员占 19.05%，其他占 0.61%；中、低收入占 98.6%，高收入占 1.4%。

（二）提取业务。 提取金额中，购买、建造、翻建、大修自住住房占 38.87%，偿还购房贷款本息占 51.2%，租赁住房占 0.04%，离休和退休提取占 7.02%，完全丧失劳动能力并与单位终止劳动关系提取占 0.45%，出境定居占 0.01%，其他占 2.41%。提取职工中，中、低收入占 99.59%，高收入占 0.41%。

（三）贷款业务。

个人住房贷款。2020 年，支持职工购建房 27.62 万平方米（含公转商贴息贷款），年末个人住房贷款市场占有率（含公转商贴息贷款）为 77.05%，比上年末减少 11.24 个百分点。通过申请住房公积金个人住房贷款，可节约职工购房利息支出 20341 万元。

职工贷款笔数中，购房建筑面积 90（含）平方米以下占 7.63%，90～144（含）平方米占 83.65%，144 平方米以上占 8.72%。购买新房占 91.41%（其中购买保障性住房占 6.87%），购买二手房占 5.97%，建造、翻建、大修自住住房占 0.96%，其他占 1.66%。

职工贷款笔数中，单缴存职工申请贷款占 19.62%，双缴存职工申请贷款占 80.38%。贷款职工中，30 岁（含）以下占 24.12%，30 岁～40 岁（含）占 42.21%，40 岁～50 岁（含）占 25.99%，50 岁以上占 7.68%；首次申请贷款占 66.94%，二次及以上申请贷款占 33.06%；中、低收入占 99.65%，高收入占 0.35%。

（四）住房贡献率。 2020 年，个人住房贷款发放额、公转商贴息贷款发放额、项目贷款发放额、住房消费提取额的总和与当年缴存额的比率为 162%，比上年减少 6 个百分点。

六、其他重要事项

（一）应对新冠肺炎疫情采取的措施，落实住房公积金阶段性支持政策情况和政策实施成效。为有效应对做好新冠肺炎疫情形势下住房公积金管理服务工作，针对疫情形势，及时将2020年确定为"智慧公积金网上业务提升年"，大力倡导线上"互联网大厅"服务和线下大厅"综合窗口柜台"服务新模式。切实贯彻落实了国家、省、州关于应对新冠肺炎疫情实施支持性政策要求，及时印发《关于做好应对新冠肺炎疫情实施住房公积金阶段性支持政策的通知》。2020年全州享受新冠疫情下住房公积金支持政策缓缴单位2个500余人、不作不良信用记录处置的逾期贷款1168笔、2.2亿元，充分发挥了住房公积金民生保障职能。

（二）当年机构及职能调整情况、受委托办理缴存贷款业务金融机构变更情况。2020年调整补充甘南州住房公积金管理委员会成员，委员增加至27名。增加2家受委托办理缴存贷款业务金融机构，由2019年的6家增加至8家。

（三）当年住房公积金政策调整及执行情况。积极落实国家关于进城务工人员、个体工商户、自由职业者群体扩面政策，制定《甘南藏族自治州住房公积金缴存政策及流程要件（试行）》。根据甘南藏族自治州统计局公布数据，按照缴存住房公积金的月工资基数最高不得超过职工工作地所在社区城市统计部门公布的上一年度职工月平均工资的3倍的要求，2020年职工/单位住房公积金月最高缴存限额为4960元；缴存住房公积金的月工资基数不得低于2019年合作市最低月工资标准1570元，最低缴存限额为378元。缴存比例单位个人均为12%。

根据《关于开展治理违规提取住房公积金工作的通知》建金〔2018〕46号文件和"房子是用来住的，不是用来炒的"定位及建立租购并举住房制度的精神，规范改进《甘南藏族自治州住房公积金提取政策及流程要件（试行）》，精减流程要件，加大租赁自住住房提取，设定租房提取金额上限；开展职工住房公积金账户余额冲还贷款业务，加快资金回笼，降低职工贷款利息支出；开展异地贷款职工提取还贷业务，减轻职工还款压力。

根据甘南藏族自治州房地产市场发展情况，对借款人购房行为有效时间限定为两年之内，质押人的条件进行严格限定，进一步推行住房公积金贷款期房抵押、本人房产抵押和他人房产抵押业务；结合本州职工在外地购房养老情况，积极开展了异地购房贷款业务；及时调整住房公积金贷款额度和期限，最高贷款额度为60万元，最高贷款期限为30年；进一步细化贷款变更相关条款等。

认真执行中国人民银行、住房和城乡建设部公布的住房公积金存贷款利率。2020年6月30日，年度结息时职工住房公积金账户存款利率采用一年期定期存款基准利率。贷款利率严格执行五年以内（含）为2.75%，五年以上为3.25%，二次贷款上浮10%的规定。

（四）当年服务改进情况。一是全面贯彻落实国务院"放管服"政策，创新落实了住房公积金业务"随来随办，成熟一个即办一个"窗口服务新模式。简政放权、优化办事流程，精减办理要件、改变审批方式、推进审批窗口前移。二是将公积金政策流程要件与"双贯标"信息综合服务平台匹配同步，对系统的功能提出了符合住房公积金政策及其窗口服务的标准要求。甘南住房公积金窗口服务实现了"五个彻底"。彻底实现了"统一制度、统一决策、统一核算、统一管理"的国家政策；彻底实现了突破县市域行政界限的"一网通办"模式；彻底实现了自主核算模式；彻底实现了无纸化的电子档案管理模式；彻底转变了窗口服务的良好作风,"放管服"改革取得了显著成效。三是根据住房和城乡建设部、国家发展改革委《住房公积金管理业务用房建设标准》,全力推进住房公积金窗口服务标准化建设,得到了社会各界的好评。四是与四川省成都市住房公积金管理中心共同签署了住房公积金友好中心框架协议,达成以数据联网实现互联互通、观摩学习实现互帮互学、惠及民生实现异地便民、干部交流实施联合培训等合作内容及技术软件系统开发等事项,共同推动跨省住房公积金数据互联共享,使甘南住房公积金异地贷款服务业务融入"成德眉资"一体化建设信息数据共享平台,"让数据多跑路,让群众少跑腿",更进一步为甘南职工异地购买康养住房提供便捷高效服务。

通过"双贯标"及综合服务平台建设,甘南住房公积金窗口服务已经形成了"1+4"的服务新格局,即"线下综合柜台办理+网上营业大厅、手机App、微信公众号、支付宝"的多渠道服务模式。通过"双贯标"及综合服务平台建设,从制度上统一设立"一站式"服务大厅,统一设立综合服务窗口(综合柜台),以线上线下推进互联网和移动终端服务为重点,拓展智慧公积金网上服务渠道,创建和开通了甘南公积金短信服务平台、门户网站、微信公众号、手机公积金App、网上营业大厅等十二大服务平台和"小卓玛"智能应答系统,实现24小时住房公积金业务咨询应答机制。

(五)当年信息化建设情况,已全面完成住房公积金"双贯标"及综合服务平台建设,积极推进政务服务"一网通办"。完成与州政务服务数据共享交换平台数据对接。现已提交了与不动产、民政、住建、人口信息等部门的数据对接申请,下一步将实现数据互联互通、信息共享。

(六)当年住房公积金管理中心及职工所获荣誉情况。2020年,甘南州公积金中心驻村帮扶工作队队员先后获得"甘肃省脱贫攻坚帮扶先进个人""甘南州脱贫攻坚帮扶先进个人"荣誉称号,甘南州公积金中心团工委获得"2019年度甘南州五四红旗团委"荣誉称号。

(七)其他需要披露的情况。认真贯彻民主集中制,严格落实"三重一大"议事决策制度。制定了《中共甘南州住房公积金管理中心党组"三重一大"决策制度实施细则》,对重大事项决策、重要干部任免、重要项目安排和大额资金支付、划拨、调拨均提交党组会议审批,并邀请纪检组同志出席,集体决议、集体决策,形成规范会议纪要,做到依法依规,有力有序开展各项重点工作,全力保障住房公积金资金安全。结合扫黑除恶专项斗争,公开发布《关于严厉打击利用虚假材料办理住房公积金业务行为的公告》,深入开展房地产领域和住房公积金扫黑除恶治乱专项斗争舆论宣传。依法严厉打击利用不合规房源、伪造虚假材料或通过其他方式造假办理住房公积金业务,诈骗住房公积金违法行为,进一步维护《住房公积金管理条例》的严肃性,保障住房公积金民生保障事业健康、有序发展。

2020 全国住房公积金年度报告汇编

陕西省

西安
铜川市
宝鸡市
咸阳市
渭南市
延安市
汉中市
榆林市
安康市
商洛市
杨凌示范区

陕西省住房公积金2020年年度报告

根据国务院《住房公积金管理条例》和住房和城乡建设部、财政部、人民银行《关于健全住房公积金信息披露制度的通知》（建金〔2015〕26号）规定，现将陕西省住房公积金2020年年度报告汇总公布如下。

一、机构概况

（一）住房公积金管理机构。 全省共有10个设区市、杨凌示范区和韩城市住房公积金管理中心，2个独立设置的分中心（省直、长庆分中心隶属西安中心）。从业人员1766人，其中在编987人，非在编779人。

（二）住房公积金监管机构。 陕西省住房和城乡建设厅、陕西省财政厅和人民银行西安分行负责对本省住房公积金管理运行情况实施监督。

省住房和城乡建设厅住房公积金监管处负责全省住房公积金法规政策、运行管理执行情况的监督。

省财政厅综合处负责全省住房公积金财政政策的贯彻落实。

人民银行西安分行货币信贷管理处负责全省住房公积金金融政策的贯彻落实。

二、业务运行情况

（一）缴存。 2020年，新开户单位11017家，净增6491家；新开户职工47.20万人，净增13.98万人；实缴单位69260家，实缴职工418.54万人，缴存额达592.90亿元，分别同比增长10.34%、3.46%、8.24%。2020年末，缴存总额4380.84亿元，同比增长15.65%；缴存余额1828.94亿元，同比增长15%。

（二）提取。 2020年，有130.25万名缴存职工提取住房公积金，提取额达354.30亿元，同比增长20.78%；提取额占当年缴存额的59.76%，比上年增加6.21个百分点。2020年末，提取总额2551.90亿元，比上年末增加16.12个百分点。

（三）贷款。

1. 个人住房贷款。2020年，发放个人住房贷款8.16万笔，同比减少0.61%，发放个人住房贷款金额达358.71亿元，同比增加3.84%。回收个人住房贷款147.72亿元。

2020年末，累计发放个人住房贷款87.43万笔、2273.84亿元，贷款余额1489.80亿元，分别比上年末同比增长10.29%、18.73%、16.50%。个人住房贷款余额占缴存余额的81.46%，比上年末增加1.05个百分点。

2020年，支持职工购建房1761.46万平方米。年末个人住房贷款市场占有率为16.41%，比上年末减少0.53个百分点。通过申请住房公积金个人住房贷款，可节约职工购房利息支出735039.14万元。

2. 异地贷款。2020年，发放异地贷款16632笔、720723.30万元。2020年末，发放异地贷款总额3460875.16万元，异地贷款余额2749889.58万元。

3. 住房公积金支持保障性住房建设项目贷款。2020年，发放支持保障性住房建设项目贷款0亿元，回收项目贷款0.64亿元。2020年末，累计发放项目贷款83.10亿元，项目贷款余额2.58亿元。

（四）购买国债。2020年，购买记账式国债2.04亿元，兑付（转让、收回）国债2.24亿元。2020年末，国债余额1.75亿元，比上年末减少0.21亿元。

（五）资金存储。2020年末，住房公积金存款373.84亿元，其中活期33.13亿元，1年（含）以下定期109.30亿元，1年以上定期175.83亿元，其他（协定、通知存款等）55.57亿元。

（六）资金运用率。2020年末，住房公积金个人住房贷款余额、项目贷款余额和购买国债余额的总和占缴存余额的81.69%，比上年末增加0.95个百分点。

三、主要财务数据

（一）业务收入。2020年，业务收入548841.52万元，同比增长14.51%。其中存款利息99821.53万元、委托贷款利息446153.51万元、国债利息748.18万元、其他2118.30万元。

（二）业务支出。2020年，业务支出292899.33万元，同比增长21.19%。其中支付职工住房公积金利息260312.42万元、归集手续费11830.85万元、委托贷款手续费16877.27万元、其他3878.79万元。

（三）增值收益。2020年，增值收益255942.19万元，同比增长7.72%；增值收益率1.49%，比上年减少0.14个百分点。

（四）增值收益分配。2020年，提取贷款风险准备金39540.26万元，提取管理费用45056.07万元，提取城市廉租住房（公共租赁住房）建设补充资金170697.65万元。

2020年，上交财政管理费用61100.78万元，上缴财政城市廉租住房（公共租赁住房）建设补充资金172455.07万元。

2020年末，贷款风险准备金余额312980.51万元，累计提取城市廉租住房（公共租赁住房）建设补充资金1017528.62万元。

（五）管理费用支出。2020年，管理费用支出28497.53万元，同比下降6.55%。其中人员经费16432.08万元，公用经费3460.22万元，专项经费8605.23万元。

四、资产风险状况

（一）个人住房贷款。2020年末，个人住房贷款逾期额3589.73万元，逾期率0.24‰，个人贷款风险准备金余额310892.51万元。

（二）住房公积金支持保障性住房建设项目贷款。2020年末，逾期项目贷款0万元，逾期率为0‰，项目贷款风险准备金余额2088万元。

五、社会经济效益

（一）缴存业务。缴存职工中，国家机关和事业单位占35.92%，国有企业占32.52%，城镇集体企业占0.86%，外商投资企业占4.00%，城镇私营企业及其他城镇企业占18.99%，民办非企业单位和社会团体占1.74%，灵活就业人员占0.26%，其他占5.71%；中、低收入占96.75%，高收入占3.25%。

新开户职工中，国家机关和事业单位占14.58%，国有企业占24.44%，城镇集体企业占0.67%，外商投资企业占5.42%，城镇私营企业及其他城镇企业占43.41%，民办非企业单位和社会团体占3.99%，

灵活就业人员占 1.36%，其他占 6.13%；中、低收入占 99.56%，高收入占 0.44%。

（二）提取业务。提取金额中，购买、建造、翻建、大修自住住房占 35.30%，偿还购房贷款本息占 36.06%，租赁住房占 4.37%，支持老旧小区改造加装电梯提取占 0.03%；离休和退休提取占 15.28%，完全丧失劳动能力并与单位终止劳动关系提取占 1.06%，出境定居占 1.00%，其他占 6.91%。提取职工中，中、低收入占 95.64%，高收入占 4.36%。

（三）贷款业务。

1. 个人住房贷款。职工贷款笔数中，购房建筑面积 90（含）平方米以下占 11.36%，90～144（含）平方米占 76.20%，144 平方米以上占 12.44%。购买新房占 83.49%（其中购买保障性住房占 0.12%），购买二手房占 15.73%，建造、翻建、大修自住住房占 0.10%，其他占 0.68%。

职工贷款笔数中，单缴存职工申请贷款占 33.14%，双缴存职工申请贷款占 66.79%，三人及以上缴存职工共同申请贷款占 0.07%。

贷款职工中，30 岁（含）以下占 27.41%，30 岁～40 岁（含）占 45.05%，40 岁～50 岁（含）占 21.70%，50 岁以上占 5.84%；首次申请贷款占 90.92%，二次及以上申请贷款占 9.08%；中、低收入占 97.98%，高收入占 2.02%。

2. 住房公积金支持保障性住房建设项目贷款。2020 年末，全省有住房公积金试点城市 4 个，试点项目 27 个，贷款额度 83.10 亿元，建筑面积 585.01 万平方米，可解决 66542 户中低收入职工家庭的住房问题。26 个试点项目贷款资金已还清贷款本息。

（四）住房贡献率。2020 年，个人住房贷款发放额、公转商贴息贷款发放额、项目贷款发放额、住房消费提取额的总和与当年缴存额的比率为 107.30%，比上年增加 2.66 个百分点。

六、其他重要事项

（一）应对新冠肺炎疫情采取的政策措施，落实住房公积金阶段性支持政策情况和政策实施成效。全省住房公积金疫情防控期间，累计为 2883 家企业、26.92 万名职工办理了公积金缓缴手续，其中企业缓缴 2.66 亿元，职工缓缴 1.98 亿元。为 16017 户公积金贷款家庭不转逾期、不计罚息、不影响个人征信，涉及贷款余额 41 亿元。同时，在疫情期间采取增设网点、上门服务、"预约办、线上办、邮寄办"等措施，全力保障职工的业务办理需求，保障了疫情期间全省公积金行业健康有序发展。

（二）当年开展监督检查情况。督促各管委会、管理中心落实住房公积金廉政风险防控制度，加强内部民主决策机制建设。指导健全审贷分离、分级审核等内部监督制度。严格住房公积金使用审核关，严防骗提骗贷行为。梳理公积金管理工作短板弱项，制定系列整改措施。对个贷率低、逾期率高和信息化建设滞后的中心实施季度通报。指导各地认真落实审计整改，并要求举一反三，强化制度落实。加强存款账户管理，落实"一行一户"要求。

（三）当年服务改进情况。巩固利用"双贯标"成果，进一步清理公积金历史数据；推行"互联网＋公积金"服务模式，14 个中心综合服务平台全部通过验收，各地公积金中心网厅、支付宝、手机 App、短信、微信、12329 服务热线和服务短信等网上业务办理全面开通，缴存职工足不出户就能随时随地了解个人公积金账户情况、办理有关业务；积极推行让数据多跑路，群众少跑腿，形成"一站式""网上办、马上办、一次办"优质服务品牌。

(四)当年信息化建设情况。全省已实现与税务部门公积金贷款数据共享,落实贷款职工应享受的个税抵扣政策;推进"一张网"便捷审核功能,积极推进与人社、公安、税务、社会保障等部门互联互通,全力推进企业开办全程网上办理住房公积金缴存登记,目前全省14个管理中心(含分中心)全部实现企业开办全程网上办理;委托西安中心和省直分中心,分别完成了住房公积金"12329"短信和热线服务平台开发建设。信息化建设的推进,为优化流程、简化要件、减少环节、压缩办理时限提供了坚强的技术支撑,住房公积金服务水平和办事效率大幅提升。

(五)当年住房公积金机构及从业人员所获荣誉情况。2020年全省住房公积金系统共获得省级文明单位1个、地市级文明单位9个、三八红旗手1个、先进集体5个、先进个人2个、获得"优秀党建品牌"称号1个。

西安住房公积金 2020 年年度报告

根据国务院《住房公积金管理条例》和住房和城乡建设部、财政部、人民银行《关于健全住房公积金信息披露制度的通知》(建金〔2015〕26号)的规定,经住房公积金管理委员会审议通过,现将西安住房公积金2020年年度报告公布如下。

一、机构概况

(一)住房公积金管理委员会。西安住房公积金管理委员会有30名委员,2020年召开2次会议,审议通过的事项主要包括:《西安住房公积金2019年度报告》《西安住房公积金管理中心关于2019年度住房公积金计划执行情况及2020年度业务计划编制情况的报告》《西安住房公积金管理中心关于住房公积金2019年度财务收支预算执行情况及2020年度财务收支预算建议和编制说明的报告》《西安住房公积金管理中心2019年度增值收益分配方案》《西安住房公积金管理中心关于简化自主缴交人员开户条件的请示》《西安住房公积金管理工作报告》《西安住房公积金管理中心关于住房公积金阶段性支持政策实施情况的报告》《西安住房公积金管理中心关于调整2020年度住房公积金缴存基数有关情况的报告》《西安住房公积金管理中心关于修订自主缴交人员公积金缴存使用相关规定的请示》。

(二)住房公积金管理中心。西安住房公积金管理中心为市政府直属不以营利为目的的参公管理事业单位,内设10个处室,13个管理部,2个分中心(西铁分中心和西咸新区分中心),从业人员254人,其中,在编178人,非在编76人。另有省直分中心为省住房和城乡建设厅直属的事业单位,从业人员82人,其中,在编35人,非在编47人;长庆油田分中心为长庆石油勘探局有限公司管理的企业单位,从业人员18人,其中在编18人,非在编0人。目前,全部从业人员354人,其中,在编231人,非在编123人。

二、业务运行情况

(一)缴存。2020年,新开户单位7915家,净增单位5222家;新开户职工32.50万人,净增职工

9.38万人；实缴单位31167家，实缴职工224.94万人，缴存额337.78亿元，分别同比增长20.13%、4.35%、10.42%。2020年末，缴存总额2406.12亿元，比上年末增加16.33%；缴存余额1012.89亿元，同比增长16.29%。

受委托办理住房公积金缴存业务的银行18家。

（二）提取。2020年，65.55万名缴存职工提取住房公积金；提取额195.88亿元，同比增长23.13%；提取额占当年缴存额的57.99%，比上年增加5.98个百分点。2020年末，提取总额1393.23亿元，比上年末增加16.36%。

（三）贷款。

1. 个人住房贷款。单缴存职工个人住房贷款最高额度50万元，双缴存职工个人住房贷款最高额度65万元。

2020年，发放个人住房贷款3.70万笔、186.46亿元，同比分别下降6.80%、3.81%。其中，西安中心（含西铁分中心、西咸新区分中心）发放个人住房贷款2.63万笔、131.02亿元，省直分中心发放个人住房贷款0.94万笔、47.94亿元，长庆油田分中心发放个人住房贷款0.13万笔、7.50亿元。

2020年，回收个人住房贷款76.95亿元。其中，西安中心（含西铁分中心、西咸新区分中心）61.08亿元，省直分中心10.76亿元，长庆油田分中心5.11亿元。

2020年末，累计发放个人住房贷款38.76万笔、1245.00亿元，贷款余额868.05亿元，分别比上年末增加10.55%、17.61%、14.44%。个人住房贷款余额占缴存余额的85.70%，比上年末下降1.39个百分点。受委托办理住房公积金个人住房贷款业务的银行18家。

2. 异地贷款。2020年，发放异地贷款7753笔、396463万元。2020年末，发放异地贷款总额2299473.96万元，异地贷款余额1761433.62万元。

3. 公转商贴息贷款。无。

（四）购买国债。2020年，未购买和兑付国债。2020年末，国债余额1.75亿元。

（五）资金存储。2020年末，住房公积金存款162.03亿元。其中，活期11.26亿元，1年（含）以下定期32.40亿元，1年以上定期75.76亿元，其他（协定、通知存款等）42.61亿元。

（六）资金运用率。2020年末，住房公积金个人住房贷款余额、项目贷款余额和购买国债余额的总和占缴存余额的85.87%，比上年末减少1.42个百分点。

三、主要财务数据

（一）业务收入。2020年，业务收入303587.51万元（其中含内部融通资金利息收入202.67万元），同比增长12.05%。其中，西安中心（含西铁分中心、西咸新区分中心）226412.55万元，省直分中心54045.93万元，长庆油田分中心23129.03万元；存款利息40059.32万元，委托贷款利息262718.34万元，国债利息576.28万元，其他233.57万元。

（二）业务支出。2020年，业务支出168529.96万元（其中含内部融通资金利息支出202.67万元），同比增长16.05%。其中，西安中心（含西铁分中心、西咸新区分中心）128435.97万元，省直分中心29702.52万元，长庆油田分中心10391.47万元；支付职工住房公积金利息143196.18万元，归集手续费11704.41万元，委托贷款手续费12294.99万元，其他1334.38万元。

（三）增值收益。 2020 年，增值收益 135057.55 万元，同比增长 7.43%。其中，西安中心（含西铁分中心、西咸新区分中心）97976.58 万元，省直分中心 24343.41 万元，长庆油田分中心 12737.56 万元；增值收益率 1.42%，比上年下降 0.17 个百分点。

（四）增值收益分配。 2020 年，提取贷款风险准备金 10950.50 万元，提取管理费用 11854.13 万元，提取城市廉租住房（公共租赁住房）建设补充资金 112252.92 万元。

2020 年，上交财政管理费用 10653.22 万元。上缴财政城市廉租住房（公共租赁住房）建设补充资金 105465.11 万元。其中，西安中心（含西铁分中心、西咸新区分中心）上缴 71186.79 万元，省直分中心上缴（陕西省财政厅）18713.32 万元，长庆油田分中心上缴 15565.00 万元。

2020 年末，贷款风险准备金余额 110713.08 万元。累计提取城市廉租住房（公共租赁住房）建设补充资金 725893.69 万元。其中，西安中心（含西铁分中心、西咸新区分中心）提取 545148.96 万元，省直分中心提取 111948.72 万元，长庆油田分中心提取 68796.01 万元。

（五）管理费用支出。 2020 年，管理费用支出 9628.24 万元，同比增长 17.79%。其中，人员经费 6128.03 万元，公用经费 739.64 万元，专项经费 2760.57 万元。

西安中心（含西铁分中心、西咸新区分中心）管理费用支出 6729.51 万元，其中，人员、公用、专项经费分别为 3996.30 万元、328.51 万元、2404.70 万元；省直分中心管理费用支出 1883.49 万元，其中，人员、公用、专项经费分别为 1398.70 万元、228.70 万元、256.09 万元；长庆油田分中心管理费用支出 1015.24 万元，其中，人员、公用、专项经费分别为 733.03 万元、182.43 万元、99.78 万元。

四、资产风险状况

个人住房贷款。2020 年末，个人住房贷款逾期额 740.36 万元，逾期率 0.09‰。其中，西安中心（含西铁分中心、西咸新区分中心）0.10‰，省直分中心 0.04‰，长庆油田分中心无逾期贷款。个人贷款风险准备金余额 110713.08 万元，2020 年，省直分中心收回已核销贷款风险准备金 50 万元。

五、社会经济效益

（一）缴存业务。 缴存职工中，国家机关和事业单位占 19.23%，国有企业占 39.88%，城镇集体企业占 0.79%，外商投资企业占 6.36%，城镇私营企业及其他城镇企业占 30.28%，民办非企业单位和社会团体占 2.60%，灵活就业人员占 0.17%，其他占 0.69%；中、低收入占 96.41%，高收入占 3.59%。

新开户职工中，国家机关和事业单位占 8.04%，国有企业占 26.27%，城镇集体企业占 0.54%，外商投资企业占 6.82%，城镇私营企业及其他城镇企业占 53.29%，民办非企业单位和社会团体占 3.80%，灵活就业人员占 0.09%，其他占 1.15%；中、低收入占 99.47%，高收入占 0.53%。

（二）提取业务。 提取金额中，购买、建造、翻建、大修自住住房占 32.54%，偿还购房贷款本息占 42.98%，租赁住房占 3.31%，支持老旧小区改造占 0%，离休和退休提取占 14.74%，完全丧失劳动能力并与单位终止劳动关系提取占 0.15%，出境定居占 1.68%，其他占 4.60%。提取职工中，中、低收入占 94.75%，高收入占 5.25%。

（三）贷款业务。 2020 年，支持职工购建房 400.85 万平方米（含公转商贴息贷款），年末个人住房贷款市场占有率（含公转商贴息贷款）为 13.86%，比上年末减少 0.27 个百分点。通过申请住房公积金个人住房贷款，可节约职工购房利息支出 401684.67 万元。

职工贷款笔数中，购房建筑面积 90（含）平方米以下占 19.71%，90~144（含）平方米占 69.89%，144 平方米以上占 10.40%。购买新房占 75.66%（其中购买保障性住房占 0.18%），购买二手房占 23.52%，建造、翻建、大修自住住房占 0%（其中支持老旧小区改造占 0%），其他占 0.82%。

职工贷款笔数中，单缴存职工申请贷款占 37.57%，双缴存职工申请贷款占 62.43%，三人及以上缴存职工共同申请贷款占 0%。

贷款职工中，30 岁（含）以下占 26.21%，30 岁~40 岁（含）占 47.14%，40 岁~50 岁（含）占 21.27%，50 岁以上占 5.38%；首次申请贷款占 90.22%，二次及以上申请贷款占 9.78%；中、低收入占 97.22%，高收入占 2.78%。

（四）住房贡献率。 2020 年，个人住房贷款发放额、公转商贴息贷款发放额、项目贷款发放额、住房消费提取额的总和与当年缴存额的比率为 101.69%，比上年减少 3.45 个百分点。

六、其他重要事项

（一）应对新冠肺炎疫情采取的措施。 疫情发生后，中心认真贯彻落实国务院和部、省、市关于应对疫情促进经济平稳发展的部署要求，快速反应、精准施策，率先出台《应对新冠肺炎疫情支持企业发展相关政策措施》，得到了缴存单位、职工群众和社会各界的充分认可。住房和城乡建设部关于住房公积金阶段性支持政策出台后，进一步修订完善有关条款，制定《实施细则》，确保各项举措规范有序、切实可行。为确保政策落实到位，由领导班子分头带队，开展"三送"活动，指导帮助受疫情影响的企业科学制定缓缴、补缴方案，全力支持缴存企业和职工群众应对疫情、度过难关。截至 6 月底，累计为 2564 家企业、19.6 万名职工办理公积金缓缴手续，企业缓缴 1.09 亿元，职工缓缴 8792 万元；对 1.32 万户受疫情影响不能正常偿还公积金贷款的家庭不作逾期处理，涉及贷款余额 35.30 亿元。《中国建设报》《陕西日报》等中省媒体对中心做法进行了深度报道与好评。

（二）住房公积金政策调整及执行情况。

1. 当年缴存基数限额及确定方法、缴存比例等缴存政策调整情况。根据《西安住房公积金管理委员会关于调整 2020 年度住房公积金缴存基数的通知》（西房金管发〔2020〕1 号）要求，2020 年度职工住房公积金缴存基数调整为职工本人 2019 年（自然年度）月平均工资。2020 年度住房公积金月缴存基数，上限不得高于 2019 年西安市城镇非私营单位就业人员月平均工资的三倍，即 23090 元。职工月平均工资超过上限的，以上限金额作为缴存基数。未超过上限的，以实际月平均工资作为缴存基数。缴存基数下限不得低于西安市最低工资标准。单位和职工住房公积金缴存比例下限分别为 5%，上限分别为 12%。单位可在规定的缴存比例上下限区间内自主确定缴存比例。

2. 提取政策调整情况。恢复西安地区（含西咸新区）以外购房提取和相应的还贷提取公积金。

3. 当年个人住房贷款政策调整情况。

（1）根据《融资担保公司监督管理条例》和《关于印发融资担保公司监督管理补充规定的通知》（银保监〔2019〕37 号）相关要求，印发《关于调整贷款担保模式有关事项的通知》（西房金发〔2020〕7 号）调整贷款担保模式。对新发放贷款采用"抵押方式加担保公司阶段性连带责任保证、购买贷后管理服务"的模式。

(2) 印发《关于调整个人二手房住房公积金贷款房屋评估有关事项的通知》（西房金发〔2020〕36号），从5月18日正式开始实施。取消了二手房公积金贷款评估报告，改由中心自主核查，简化了借款人贷款申请资料，降低了群众贷款办理成本。

(3) 根据我市促进房地市场平稳健康发展协调领导小组文件要求，结合中心工作实际，制定印发了《关于贯彻落实西安市促进房地产市场平稳健康发展协调领导小组〈加快建立房地产市场调控"四个闭环"和"五化"管理体系的工作方案〉的通知》和《政策解读》等文件。暂停受理西安市（含西咸新区）以外缴存职工住房公积金贷款业务。

(4) 根据西安市自然资源和规划局发布《关于优化不动产登记婚姻关系审查的公告》就不动产抵押登记变更的要求，出台了《关于借款人婚姻存续期间申请住房公积金贷款有关事项的通知》（西房金发〔2020〕40号），要求对婚姻存续期间申请公积金贷款的，购房合同须有夫妻双方共同签署，即购房合同的买受人必须是夫妻双方。

(5) 根据市住建及中心等四个部门联合出台《关于进一步加强房地产市场调控的通知》要求，印发《关于明确个人住房公积金贷款有关事项的通知》（西房金发〔2020〕81号）等文件，对第二次使用公积金贷款的，所购住房在西安市行政区范围内的，购房面积在144平方米（含）以内的首付比例不低于50%；购房面积在144平方米以上的首付比例不低于55%。

4. 当年住房公积金存贷款利率执行标准。职工住房公积金账户存款利率统一按一年期定期存款基准利率执行，目前为1.50%。五年期以下（含五年）个人住房公积金贷款基准利率为2.75%；五年期以上个人住房公积金贷款基准利率为3.25%。第二次使用住房公积金贷款购买住房的，贷款利率在当年基准利率的基础上上浮10%。

（三）当年服务改进情况。 深化"放管服"改革，大力推进"三个一"建设，持续优化流程、简化手续，65项政务服务事项并入西安政务服务网，提前完成"最多跑一次"事项达到95%的年度目标任务。大力推进服务网点建设，全市140个服务网点基本实现公积金业务"一窗受理、集成服务"，公积金服务已经融入市民"15分钟生活圈"。紧盯"四个最"目标，积极推动"多证合一"数据应用，实现了住房公积金缴存登记全程网办、跨省通办。全面落实政务服务"好差评"制度建设要求，线上线下同步研发、部署，中心办件量占到全市的四分之一，好评率在全市36个部门中排名第一。积极与税务税评系统联网共享，全面调整二手房评估方式，降低职工群众办事成本。

（四）信息化建设情况。 稳步推进西安住房公积金综合服务平台建设，完成了全省12329短信平台、监管数据平台和电子稽查云平台对接，成功将公积金个贷信息纳入人民银行征信系统。试点开展商业银行贷款数据共享，为实现商贷还款提取公积金"零资料、零跑路"奠定了基础。中心"云平台"系统和综合服务平台项目被评为"数字西安'智慧政务'建设优秀成果和最佳实践案例"。综合服务平台注册关注人数突破360万人，占全市缴存职工总人数的94.6%，综合业务线上办理率突破60%。

（五）住房公积金管理中心及职工所获荣誉情况。 2020年，中心被省住房城乡建设厅评为"全省住建系统政风行风先进单位"，被市委文明办评为"文明机关"，在全市公众满意度测评中综合排名第一；综合业务部、驻市政务服务中心窗口、莲湖区管理部被市委、市政府授予2019—2021年度"市级人民满意示范窗口"称号；1名同志被市委、市政府评为"西安市优化营商环境工作先进个人"；省直分中心被省委、省政府授予2018—2020年度"省级文明单位称号"。

（六）对违反《住房公积金管理条例》和相关法规行为进行行政处罚和申请人民法院强制执行情况。

2020年，无行政处罚案例。申请人民法院强制执行的案件共计9件。

铜川市住房公积金2020年年度报告

根据国务院《住房公积金管理条例》和住房和城乡建设部、财政部、人民银行《关于健全住房公积金信息披露制度的通知》（建金〔2015〕26号）规定，经住房公积金管理委员会审议通过，现将铜川市住房公积金2020年年度报告公布如下：

一、机构概况

（一）住房公积金管理委员会。住房公积金管理委员会有23名委员，2020年召开2次会议，审议通过的事项主要包括：一是会议听取了市公积金中心2020年工作总结和2021年工作安排汇报；二是审定并通过了铜川市2019年、2020年增值收益分配方案；三是审议通过了市公积金中心2020年目标任务；四是审议通过了市公积金中心2020年信息化建设重点项目；五是审议通过了市住房公积金管理中心《关于提高铜川市住房公积金个人贷款最高额度的意见》；六是审议通过《2021年铜川市住房公积金归集使用计划》；七是审议通过市住房公积金管理中心《关于提请授权审批缴存单位住房公积金降低缴存比例和缓缴事宜》和《关于审批陕西果业冷链新材料有限公司等单位住房公积金降低缴存比例和缓缴事项》；八是审议通过了《关于支持老旧小区改造提取住房公积金的意见》。

（二）住房公积金管理中心。住房公积金管理中心为铜川市政府不以营利为目的的直属事业单位，设4个科，5个管理部。从业人员65人，其中在编19人，非在编46人。

二、业务运行情况

（一）缴存。2020年，新开户单位240家，净增单位240家；新开户职工0.5843万人，净增职工0.2242万人；实缴单位2330家，实缴职工8.3447万人，缴存额8.61亿元，分别同比增长11.48%、2.76%、-3.69%。2020年末，缴存总额70.77亿元，比上年末增长13.85%；缴存余额25.61亿元，同比增长12.03%。受委托办理住房公积金缴存业务的银行8家。

（二）提取。2020年，2.2006万名缴存职工提取住房公积金；提取额5.86亿元，同比下降12.80%；提取额占当年缴存额的68.06%，比上年减少7.11个百分点。2020年末，提取总额45.16亿元，比上年末增加14.91%。

（三）贷款。

1. 个人住房贷款。个人住房贷款最高额度50万元。单缴存职工最高额度30万元，双缴存职工最高额度50万元。

2020年，发放个人住房贷款0.1487万笔、5.53亿元，同比分别增长59.72%、71.74%。

2020年，回收个人住房贷款1.99亿元。

2020年末，累计发放个人住房贷款 2.1471 万笔、34.02 亿元，贷款余额 19.29 亿元，分别比上年末增加 7.44%、19.41%、22.55%。个人住房贷款余额占缴存余额的 75.32%，比上年末增加 6.47 个百分点。受委托办理住房公积金个人住房贷款业务的银行 8 家。

2. 异地贷款。2020 年，发放异地贷款 283 笔、10862.8 万元，年末，发放异地贷款总额 28132.5 万元，异地贷款余额 24748.47 万元。

3. 公转商贴息贷款。未开展此项业务。

4. 住房公积金支持保障性住房建设项目贷款。未开展此项业务。

（四）购买国债。未开展此项业务。

（五）资金存储。2020 年末，住房公积金存款 6.60 亿元。其中，活期 0.75 亿元，1 年（含）以下定期 0.3 亿元，1 年以上定期 5.55 亿元。

（六）资金运用率。2020 年末，住房公积金个人住房贷款余额、项目贷款余额和购买国债余额的总和占缴存余额的 75.32%，比上年末增长 6.47 个百分点。

三、主要财务数据

（一）业务收入。2020 年，业务收入 8031.85 万元，同比增长 12.95%。其中，存款利息 2485.81 万元，委托贷款利息 5546.04 万元。

（二）业务支出。2020 年，业务支出 3677.11 万元，同比增长 11.40%。其中，支付职工住房公积金利息 3650.81 万元，归集手续费 0 万元，委托贷款手续费 21.94 万元，其他 4.36 万元。

（三）增值收益。2020 年，增值收益 4354.74 万元，同比增长 14.31%。增值收益率 1.80%，比上年增加 0.06 个百分点。

（四）增值收益分配。2020 年，提取贷款风险准备金 1062.33 万元，提取管理费用 2692.41 万元，提取城市廉租住房（公共租赁住房）建设补充资金 600 万元。

2020 年，上交财政管理费用 4726.83 万元。上缴财政城市廉租住房（公共租赁住房）建设补充资金 400 万元。

2020 年末，贷款风险准备金余额 5992.97 万元。累计提取城市廉租住房（公共租赁住房）建设补充资金 2905.50 万元。

（五）管理费用支出。2020 年，管理费用支出 935.74 万元，同比增长 0.29%。其中，劳务派遣人员工资支出 247.99 万元，公用经费 144.49 万元，专项经费 543.26 万元。

四、资产风险状况

（一）个人住房贷款。2020 年末，个人住房贷款逾期额 2.9 万元，逾期率 0.015‰。个人贷款风险准备金余额 5992.97 万元。2020 年，使用个人贷款风险准备金核销呆坏账 0 万元。

（二）支持保障性住房建设试点项目贷款。未开展此项业务。

五、社会经济效益

（一）缴存业务。缴存职工中，国家机关和事业单位占 49.0%，国有企业占 34.68%，城镇集体企业

占0.64%，外商投资企业占0%，城镇私营企业及其他城镇企业占4.26%，民办分企业单位和社会团体占5.96%，灵活就业人员占0.34%，其他占5.12%；中、低收入占95.0%，高收入占5.0%。

新开户职工中，国家机关和事业单位占29.35%，国有企业占40.61%，城镇集体企业占0%，外商投资企业占0%，城镇私营企业及其他城镇企业占19.75%，民办非企业单位和社会团体占3.58%，灵活就业人员占2.28%，其他占4.43%；中、低收入占100%，高收入占0%。

（二）提取业务。提取金额中，购买、建造、翻建、大修自住住房占13.73%，偿还购房贷款本息占36.90%，租赁住房占15.76%，支持老旧小区改造占0%，其他占6.65%，离休和退休提取占20.65%，完全丧失劳动能力并与单位终止劳动关系提取占2.12%，出境定居占0%，其他占4.19%。提取职工中，中、低收入占99.96%，高收入占0.04%。

（三）贷款业务。

1. 个人住房贷款。2020年，支持职工购建房18.24万平方米，年末个人住房贷款市场占有率（含公转商贴息贷款）为32.48%，比上年末减少0.61个百分点。通过申请住房公积金个人住房贷款，可节约职工购房利息支出14630.27万元。

职工贷款笔数中，购房建筑面积90（含）平方米以下占2.56%，90～144（含）平方米占79.82%，144平方米以上占17.62%。购买新房占82.51%（其中购买保障性住房占0%），购买二手房占16.07%，建造、翻建、大修自住住房占0.61%（其中支持老旧小区改造占0%），其他占0.81%。

职工贷款笔数中，单缴存职工申请贷款占28.58%，双缴存职工申请贷款占71.42%，三人及以上缴存职工共同申请贷款占0%。

贷款职工中，30岁（含）以下占31.67%，30岁～40岁（含）占39.14%，40岁～50岁（含）占23.0%，50岁以上占6.19%；首次申请贷款占83.99%，二次及以上申请贷款占16.01%；中、低收入占99.39%，高收入占0.61%。

2. 支持保障性住房建设试点项目贷款。未开展此项业务。

（四）住房贡献率。2020年，个人住房贷款发放额、公转商贴息贷款发放额、项目贷款发放额、住房消费提取额的总和与当年缴存额的比率为113.99%，比上年增加24.95个百分点。

六、其他重要事项

（一）积极应对新冠肺炎疫情，及时研究出台《关于加强住房公积金服务保障助力决胜疫情防控阻击战的通知》《关于坚决打赢防控阻击战促进房地产市场平稳发展的通知》。共3个方面11项措施，提供"一企一策"精准服务，开通绿色通道特事特办，累计为27家企业办理公积金缓缴68万元，为574名一线防控人员提取公积金1849万元，对14名因疫情缓期还贷的人员不作逾期处理、不计罚息。

（二）2020年中心贷款发放增加2户，2020年新增了中国工商银行和中国邮政储蓄银行发放个人住房贷款。2020年铜川市住房公积金缴存基数调整为职工本人2019年度月平均工资。计算缴存基数的工资项目以国家统计局《关于工资总额组成的规定》（统制字〔1990〕1号）文件为准。2020年度职工住房公积金月缴存基数最高不超过2019年度铜川市在岗职工月平均工资5569元的三倍即16707元，最低不得低于铜川市政府规定的本地区最低月工资标准，铜川市王益区1700元，铜川市印台区、耀州区、新区、宜君县1600元，低于2020年度住房公积金缴存基数最高限额的，以职工实际月平均工资作为职工本年度住房公积金缴存基数。住房公积金缴存比例个人部分和单位补贴部分均不得低于5%，不得高于12%。

2020年度，严格执行中国人民银行、住房和城乡建设部、财政部印发《关于完善职工住房公积金账户存款利率机制的通知》（银发〔2016〕43号）的规定，2016年2月21日以后缴存职工住房公积金账户存款利率将统一按一年期定期存款基准利率1.5%计息。公积金贷款五年以下（含五年）利率2.75%，公积金贷款五年以上利率3.25%；如遇中国人民银行调整贷款利率，调整利率后新增贷款执行新贷款利率，调整前的贷款次年执行新利率。

2020年公积金贷款最高限额50万元。贷款期限最长不超过30年，原则上不超过借款人法定退休年龄内的剩余工作年限。职工确需延长贷款期限的，经市公积金中心审核批准，贷款期限可延长至法定退休年龄后5年，但不能超过规定最长贷款年限。购买二手房、翻建或大修自住住房贷款期限不得超过房屋使用年限。

经铜川市住房公积金管理委员会审议通过将老旧小区改造纳入公积金提取范围。

（三）2020年中心继续执行便民服务"十二"条，严格执行一次性告知、限时办结、首问负责制、落实上门服务、延时服务、绿色通道等便民举措。推出支付宝市民中心、微信城市服务、铜城办App公积金查询及办理等服务，增加"人脸识别"，实现账户"免密"登录，启用电子签章，方便群众自助打印凭证；69个业务事项实现线上办理，开设"跨省通办"服务专窗，推行贷款预约办理，逐步实现"最多跑一次"。1638家单位开通网厅业务，覆盖率78%，线上业务累计5万余笔，离柜率达到55.8%。开设专栏解读政策27期，组织"三进"活动，各管理部深入一线开展培训、上门宣讲政策27期，通过融媒体"王者管家说"节目宣传公积金政策。打造12329"第二服务窗口"及时处理来电，扎实做好回访，共接通电话11183通，回访电话8822通，满意度达100%。

（四）2020年完成核心业务系统升级项目的评审、招投标及合同的签订工作，该项目计划于2021年元月底上线运行，逐步实现数字化、网络化、智能化。

（五）建立逾期贷款预警机制，对2户贷款逾期户提起法律诉讼，追偿1笔、35万元。深入开展扫黑除恶专项斗争和行业治乱，共核查提取2769笔，追回骗提资金4.9万元。协助法院执行案件111起，协查、冻结、扣划公积金1265笔，行业乱象实现动态清零。

（六）中心被省住房城乡建设厅评为"2019年度全省住房公积金系统社会满意度测评成绩突出单位"，驻市政务服务大厅窗口连续三个季度荣获"优秀窗口"称号。中心团支部荣获市级"五四红旗团支部"称号，1人被评为"优秀共青团员"。

宝鸡市住房公积金2020年年度报告

根据国务院《住房公积金管理条例》和住房和城乡建设部、财政部、人民银行《关于健全住房公积金信息披露制度的通知》（建金〔2015〕26号）的规定，经住房公积金管理委员会审议通过，现将宝鸡市住房公积金2020年年度报告公布如下。

一、机构概况

（一）住房公积金管理委员会。住房公积金管理委员会有 19 名委员，2020 年召开 1 次会议，审议通过的事项主要包括：报告 2019 年工作；调整宝鸡市住房公积金管理委员会组成人员；审议宝鸡市住房公积金管理中心归集、提取、贷款管理办法；审议宝鸡市住房公积金管理中心应对资金流动性风险预案；审议 2020 年增值收益分配方案。

（二）住房公积金管理中心。住房公积金管理中心为市政府直属的不以营利为目的的参公事业单位，设 3 个科，13 个管理部。从业人员 142 人，其中，在编 81 人，非在编 61 人。

二、业务运行情况

（一）缴存。2020 年，新开户单位 491 家，净增单位 260 家，新开户职工 1.78 万人，净增职工 0.53 万人；实缴单位 5020 家，实缴职工 29.10 万人，缴存额 32.93 亿元，分别同比增长 5.46%、1.86%、6.36%。2020 年末，缴存总额 296.11 亿元，比上年末增加 12.51%；缴存余额 112.15 亿元，同比增长 11.79%。受委托办理住房公积金缴存业务的银行 13 家，与上年相同。

（二）提取。2020 年，8.24 万名缴存职工提取住房公积金；提取额 21.09 亿元，同比增长 17.49%；提取额占当年缴存额的 64.04%，比上年增加 6.06 个百分点。2020 年末，提取总额 183.95 亿元，比上年末增加 12.95%。

（三）贷款。

1. 个人住房贷款。个人住房贷款最高额度 40 万元。单缴存职工个人住房贷款最高额度 30 万元，双缴存职工个人住房贷款最高额度 40 万元。

2020 年，发放个人住房贷款 0.8892 万笔、25.56 亿元，同比分别增长 2.28%、5.62%。

2020 年，回收个人住房贷款 8.44 亿元。

2020 年末，累计发放个人住房贷款 6.32 万笔、145.50 亿元，贷款余额 106.67 亿元，分别比上年末增加 16.39%、21.31%、19.10%。个人住房贷款余额占缴存余额的 95.11%，比上年末增加 5.84 个百分点。受委托办理住房公积金个人住房贷款业务的银行 13 家。

2. 异地贷款。2020 年，发放异地贷款 2336 笔、63708.9 万元，2020 年末，发放异地贷款总额 242348.20 万元，异地贷款余额 189278.59 万元。

3. 公转商贴息贷款。宝鸡市没有开展此项业务。

4. 住房公积金支持保障性住房建设项目贷款。宝鸡市没有开展此项业务。

（四）购买国债。2020 年，收回国债 0.20 亿元。2020 年末，国债余额 0 亿元。

（五）资金存储。2020 年末，住房公积金存款 5.40 亿元。其中，活期 1.20 亿元，1 年（含）以下定期 3.30 亿元，1 年以上定期 0 亿元，其他（协定、通知存款等）0.90 亿元。

（六）资金运用率。2020 年末，住房公积金个人住房贷款余额、项目贷款余额和购买国债余额的总和占缴存余额的 95.11%，比上年末增加 5.64 个百分点。

三、主要财务数据

（一）业务收入。2020年，业务收入34355.40万元，同比增长16.90%。存款利息3021.61万元，委托贷款利息31333.79万元，国债利息0万元，其他0万元。

（二）业务支出。2020年，业务支出16437.91万元，同比增长10.94%。支付职工住房公积金利息15895.68万元，归集手续费0万元，委托贷款手续费537.48万元，其他4.75万元。

（三）增值收益。2020年，增值收益17917.49万元，同比增长22.95%。增值收益率1.71%，比上年增加0.14个百分点。

（四）增值收益分配。2020年12月31日，提取2020年度贷款风险准备金1791.75万元，提取管理费用2687.62万元，提取城市廉租住房（公共租赁住房）建设补充资金13438.12万元，待上缴财政。

2020年，上交2019年度财政管理费用2185.92万元。上缴财政城市廉租住房（公共租赁住房）建设补充资金3643.19万元。

2020年末，贷款风险准备金余额38241.91万元。累计提取城市廉租住房（公共租赁住房）建设补充资金55207.54万元。

（五）管理费用支出。2020年，管理费用支出2186.90万元，同比下降18.85%。其中，人员经费1167.20万元，公用经费34.80万元，专项经费984.90万元。

四、资产风险状况

（一）个人住房贷款。2020年末，个人住房贷款逾期额0万元，逾期率0‰。2020年末，个人贷款风险准备金余额38241.91万元，2020年，使用个人贷款风险准备金核销呆坏账0万元。

（二）支持保障性住房建设试点项目贷款。宝鸡市没有开展此项业务。

五、社会经济效益

（一）缴存业务。缴存职工中，国家机关和事业单位占48.33%，国有企业占31.43%，城镇集体企业占3.04%，外商投资企业占2.54%，城镇私营企业及其他城镇企业占8.82%，民办非企业单位和社会团体占0.25%，其他占5.59%；中、低收入占99.87%，高收入占0.13%。

新开户职工中，国家机关和事业单位占23.28%，国有企业占24.77%，城镇集体企业占2.12%，外商投资企业占7.51%，城镇私营企业及其他城镇企业占26.08%，民办非企业单位和社会团体占1.27%，其他占14.97%；中、低收入占99.98%，高收入占0.02%。

（二）提取业务。提取金额中，购买、建造、翻建、大修自住住房占31.86%，偿还购房贷款本息占42.51%，租赁住房占1.32%，支持老旧小区改造占0%，离休和退休提取占19.12%，完全丧失劳动能力并与单位终止劳动关系提取占2.76%，出境定居占0%，其他占2.43%。提取职工中，中、低收入占99.98%，高收入占0.02%。

（三）贷款业务。

1. 个人住房贷款。2020年，支持职工购建房（含公转商贴息贷款）108.98万平方米，年末个人住房贷款市场占有率（含公转商贴息贷款）为22.99%，比上年末减少0.96个百分点。通过申请住房公积金个人住房贷款，可节约职工购房利息支出 39670.43 万元。

职工贷款笔数中，购房建筑面积 90（含）平方米以下占 3.59%，90~144（含）平方米占 90.70%，144 平方米以上占 5.71%。购买新房占 91.22%（其中购买保障性住房占 0%），购买二手房占 6.68%，建造、翻建、大修自住住房占 0%（其中支持老旧小区改造占 0%），其他占 2.10%。

职工贷款笔数中，单缴存职工申请贷款占 22.93%，双缴存职工申请贷款占 77.07%，三人及以上缴存职工共同申请贷款占 0%。

贷款职工中，30 岁（含）以下占 23.67%，30 岁~40 岁（含）占 43.21%，40 岁~50 岁（含）占 25.38%，50 岁以上占 7.74%；首次申请贷款占 93.58%，二次及以上申请贷款占 6.42%；中、低收入占 99.44%，高收入占 0.56%。

2. 支持保障性住房建设试点项目贷款。宝鸡市没有开展此项业务。

（四）住房贡献率。 2020 年，个人住房贷款发放额、公转商贴息贷款发放额、项目贷款发放额、住房消费提取额的总和与当年缴存额的比率为 126.33%，比上年增加 5.11 个百分点。

六、其他重要事项

（一）应对新冠肺炎疫情采取的措施，落实住房公积金阶段性支持政策情况和政策实施成效。 2020 年 6 月对因新冠肺炎疫情影响缓缴相关事宜作了调整。

（1）受疫情影响导致经营困难、无力按时足额缴存住房公积金的企业，经中心审批，6 月 30 日前可缓缴公积金，并附补缴计划。

（2）各缓缴企业的缓缴期限均为 2020 年 6 月 30 日截止。

（3）缓缴期限届满后，自 7 月起正常缴存，且按照中心批复按时完成补缴的，该企业职工住房公积金贷款权益不受影响；否则，职工不可申请住房公积金贷款，且其住房公积金缴存的连续性清零，从完成补缴后，正常缴存月起计算连续性。

（4）异地缴存申请住房公积金贷款的，1~6 月视为正常连续缴存，自 7 月起须正常连续缴存，并按照异地贷款相关政策规定审批贷款。

（二）当年机构及职能调整情况、受委托办理缴存贷款业务金融机构变更情况。 无。

（三）当年住房公积金政策调整及执行情况，包括当年缴存基数限额及确定方法、缴存比例等缴存政策调整情况；当年提取政策调整情况；当年个人住房贷款最高贷款额度、贷款条件等贷款政策调整情况；当年住房公积金存贷款利率执行标准等；支持老旧小区改造政策落实情况。

1. 2020 年住房公积金政策没有大的调整。

2. 2020 年 5 月取消了部分证明事项。

（1）取消《宝鸡市住房公积金集中提取申请表》。

（2）取消再交易自住住房贷款申请人提供的《房产抵押评估报告》，办理再交易自住住房贷款的申请人不再提交《房产抵押评估报告》，由各管理部委托在市中心备案的评估公司进行房产抵押评估，费用在业务支出中列支。

（3）自 2020 年 6 月 1 日起执行。

3. 2020 年 7 月份发文调整当年住房公积金缴存基数。

(1) 2020年度职工住房公积金缴存基数调整为职工个人2019年（自然年度）月平均工资，工资的认定按照国家统计局《关于工资总额组成的规定》（统制字〔1990〕1号）计算。

(2) 2020年度住房公积金缴存基数，上限不得高于我市2019年度在岗职工月平均工资的3倍，即16746元/月。

(3) 缴存基数下限不得低于我市最低工资标准，即金台区、渭滨区、陈仓区、凤县缴存基数不得低于1700元/月。岐山县、眉县、凤翔县、扶风县、千阳县、陇县、太白县、麟游县缴存基数不得低于1600元/月。

(4) 缴存比例严格按照单位和个人均不得高于12%、不低于5%的要求执行。

(5) 执行时间。2020年7月至2021年6月。

4.当年利率执行标准。五年以下（含五年）2.75%；五年以上3.25%。

（四）当年服务改进情况，包括推进住房公积金服务"跨省通办"工作情况，服务网点、服务设施、服务手段、综合服务平台建设和其他网络载体建设服务情况等。中心通过升级上线业务网络系统已实现个人住房公积金缴存贷款等网上查询、正常退休提取住房公积金、对冲还贷、提前或部分还清住房公积金贷款等服务事项的全网"跨省通办"业务，同时，按照通过全国住房公积金监管服务平台办理了多笔、公积金业务核查。坚持硬件建设与软件建设同向发力，内强素质与外树形象同步提升，对照全国文明城市测评标准，在服务大厅统一设置柜台服务区、自助查询区、等候休息区、咨询引导区和母婴室，配齐叫号系统、饮水机、报纸杂志、老花眼镜、花卉绿植、暖心雨伞、爱心轮椅等亲情服务设施；大力强化服务技能，持续规范服务礼仪"四统一"，服务程序六部曲，服务群众的能力和水平得到进一步提升。不断完善综合服务平台建设，建成办事大厅、网上服务大厅、微信公众号、手机App、自助服务终端、支付宝城市服务、手机短信、12329热线八大服务渠道，努力提高离柜率，极大地方便了办事群众。

（五）当年信息化建设情况，包括信息系统升级改造情况，基础数据标准贯彻落实和结算应用系统接入情况等。强化"互联网+公积金"服务，加快完善住房公积金综合服务平台。及时进行业务平台迁移，提高平台运行效率。以"互联网+政务服务"为导向，完成业务系统三级等保达标目标，不断提升信息安全防护等级。进一步提高平台集约化程度，完善基础数据的标准化建设和改进结算应用系统接入，提高基础数据标准化质量和结算能力，切实提高了信息化运维水平和安全防御能力。

（六）当年住房公积金管理中心及职工所获荣誉情况，包括：文明单位（行业、窗口）、青年文明号、工人先锋号、五一劳动奖章（劳动模范）、三八红旗手（巾帼文明岗）、先进集体和个人等。2020年9月，宝鸡住房公积金管理中心以92.16分的优异成绩，从全国333个公积金管理中心中脱颖而出，跻身全国城市和地区住房公积金综合发展十强。同时先后荣获"市级文明单位标兵""人民满意公务员示范岗""巾帼文明岗""政风行风测评优秀单位""预算管理先进单位""平安建设优秀单位""档案管理优秀单位""网络安全责任制优秀单位""工会工作先进单位"等光荣称号。

（七）当年对违反《住房公积金管理条例》和相关法规行为进行行政处罚和申请人民法院强制执行情况。2020年度，没有进行行政处罚；2020年度，因借款人侯某逾期还款，对其进行民事诉讼，并强制执行回金额共计人民币251661.91元。

（八）当年对住房公积金管理人员违规行为的纠正和处理情况等。无。

（九）其他需要披露的情况。无。

咸阳市住房公积金 2020 年年度报告

根据国务院《住房公积金管理条例》和住房和城乡建设部、财政部、人民银行《关于健全住房公积金信息披露制度的通知》（建金〔2015〕26 号）的规定，经住房公积金管理委员会审议通过，现将咸阳市住房公积金 2020 年年度报告公布如下。

一、机构概况

（一）住房公积金管理委员会。住房公积金管理委员会有 15 名委员，2020 年召开 1 次会议，审议通过的事项主要包括：

1. 审议通过了《关于 2019 年度住房公积金计划执行情况及 2020 年度计划编制情况的报告》；
2. 审议通过了《咸阳市 2019 年住房公积金年度报告》并同意向社会公告；
3. 原则同意住房公积金个人贷款保证金处置措施；
4. 原则通过了《关于释放贷款风险准备金的报告》；
5. 审议通过了《咸阳市个人住房公积金贷款实施细则》和《咸阳市个人住房公积金贷款贷后管理实施细则》。

（二）住房公积金管理中心。住房公积金管理中心为市政府直属的不以营利为目的的事业单位，设 6 个科，13 个管理部。从业人员 128 人，其中，在编 110 人，非在编 18 人。

二、业务运行情况

（一）缴存。2020 年，新开户单位 271 家，净增单位 253 家；新开户职工 2.67 万人，净增职工 0.30 万人；实缴单位 5946 家，实缴职工 36.74 万人，缴存额 35.39 亿元，分别同比增加 4.44％、0.82％、7.17％。2020 年末，缴存总额 273.29 亿元，比上年末增加 14.88％；缴存余额 117.61 亿元，同比增长 16.34％。受委托办理住房公积金缴存业务的银行 14 家。

（二）提取。2020 年，6.62 万名缴存职工提取住房公积金；提取额 18.87 亿元，同比增长 9.70％；提取额占当年缴存额的 53.33％，比上年增加 1.24 个百分点。2020 年末，提取总额 155.68 亿元，比上年末增加 13.79％。

（三）贷款。

1. 个人住房贷款。个人住房贷款最高额度 60 万元。

2020 年，发放个人住房贷款 0.58 万笔、24.68 亿元，同比分别增长 3.57％、13.63％。

2020 年，回收个人住房贷款 8.31 亿元。

2020 年末，累计发放个人住房贷款 5.65 万笔、147.6 亿元，贷款余额 102.58 亿元，分别比上年末增加 11.44％、20.08％、18.99％。个人住房贷款余额占缴存余额的 87.22％，比上年末增加 1.93 个百分点。受委托办理住房公积金个人住房贷款业务的银行12家。

2. 异地贷款。2020年，发放异地贷款2077笔、89359.4万元。2020年末，发放异地贷款总额353303.70万元，异地贷款余额314813.39万元。

3. 公转商贴息贷款。2020年，发放公转商贴息贷款0笔、0万元，当年贴息额0万元。2020年末，累计发放公转商贴息贷款0笔、0万元，累计贴息0万元。

4. 住房公积金支持保障性住房建设项目贷款（本段仅项目贷款余额不为0的城市填写）。2020年，发放支持保障性住房建设项目贷款0亿元，回收项目贷款0.64亿元。2020年末，累计发放项目贷款9.5亿元，项目贷款余额2.58亿元。

（四）购买国债。2020年，购买（记账式、凭证式）国债0亿元，（兑付、转让、收回）国债0亿元。2020年末，国债余额0亿元。

（五）资金存储。2020年末，住房公积金存款16亿元。其中，活期6.5亿元，1年（含）以下定期9.5亿元，1年以上定期0亿元，其他（协定、通知存款等）0亿元。

（六）资金运用率。2020年末，住房公积金个人住房贷款余额、项目贷款余额和购买国债余额的总和占缴存余额的89.41%，比上年末增加0.95个百分点。

三、主要财务数据

（一）业务收入。2020年，业务收入39068.36万元，同比增长23.51%。存款利息6351.91万元，委托贷款利息31050.92万元，国债利息0万元，其他1665.53万元。

（二）业务支出。2020年，业务支出18722.63万元，同比增长25.66%。支付职工住房公积金利息16639.71万元，归集手续费0万元，委托贷款手续费779.32万元，其他1303.6万元。

（三）增值收益。2020年，增值收益20345.73万元，同比增长21.59%。增值收益率1.84%，比上年增加0.06个百分点。

（四）增值收益分配。2020年，提取贷款风险准备金1637.14万元，提取管理费用2000万元，提取城市廉租住房（公共租赁住房）建设补充资金16708.59万元。

2020年，上交财政管理费用16000万元。上缴财政城市廉租住房（公共租赁住房）建设补充资金35342.11万元。

2020年末，贷款风险准备金余额11545.71万元。累计提取城市廉租住房（公共租赁住房）建设补充资金80298.87万元。

（五）管理费用支出。2020年，管理费用支出1760.8万元，同比下降4.8%。其中，人员经费1238.85万元，公用经费360.83万元，专项经费161万元。

四、资产风险状况

（一）个人住房贷款。2020年末，个人住房贷款逾期额340.23万元，逾期率0.3‰。个人贷款风险准备金余额10257.71万元。2020年，使用个人贷款风险准备金核销呆坏账0万元。

（二）支持保障性住房建设试点项目贷款。2020年末，逾期项目贷款0万元，逾期率0‰；项目贷款风险准备金余额1288万元。2020年，使用项目贷款风险准备金核销呆坏账0万元。

五、社会经济效益

（一）缴存业务。缴存职工中，国家机关和事业单位占 35.88%，国有企业占 7.32%，城镇集体企业占 0.41%，外商投资企业占 2.51%，城镇私营企业及其他城镇企业占 3.96%，民办非企业单位和社会团体占 0.52%，灵活就业人员占 0%，其他占 49.4%；中、低收入占 99.45%，高收入占 0.55%。

新开户职工中，国家机关和事业单位占 15.06%，国有企业占 5.4%，城镇集体企业占 0.35%，外商投资企业占 4.57%，城镇私营企业及其他城镇企业占 16.18%，民办非企业单位和社会团体占 1.02%，灵活就业人员占 0%，其他占 57.42%；中、低收入占 99.59%，高收入占 0.41%。

（二）提取业务。提取金额中，购买、建造、翻建、大修自住住房占 30.74%，偿还购房贷款本息占 34.65%，租赁住房占 4.11%，支持老旧小区改造占 0%，离休和退休提取占 19.97%，完全丧失劳动能力并与单位终止劳动关系提取占 6.25%，出境定居占 0%，其他占 4.28%。提取职工中，中、低收入占 98.65%，高收入占 1.35%。

（三）贷款业务。

1. 个人住房贷款。2020 年，支持职工购建房 66.8 万平方米（含公转商贴息贷款），年末个人住房贷款市场占有率（含公转商贴息贷款）为 12.40%，比上年末减少 1.99 个百分点。通过申请住房公积金个人住房贷款，可节约职工购房利息支出 1727.88 万元。

职工贷款笔数中，购房建筑面积 90（含）平方米以下占 7.60%，90~144（含）平方米占 92.30%，144 平方米以上占 0.1%。购买新房占 87.99%（其中购买保障性住房占 0%），购买二手房占 12.01%，建造、翻建、大修自住住房占 0%（其中支持老旧小区改造占 0%），其他占 0%。

职工贷款笔数中，单缴存职工申请贷款占 27.10%，双缴存职工申请贷款占 72.9%，三人及以上缴存职工共同申请贷款占 0%。

贷款职工中，30 岁（含）以下占 27.72%，30 岁~40 岁（含）占 42.81%，40 岁~50 岁（含）占 24.43%，50 岁以上占 5.04%；首次申请贷款占 94.79%，二次及以上申请贷款占 5.21%；中、低收入占 98.27%，高收入占 1.73%。

2. 支持保障性住房建设试点项目贷款。2020 年末，累计试点项目 2 个，贷款额度 9.5 亿元，建筑面积 49.8 万平方米，可解决 8611 户中低收入职工家庭的住房问题。1 个试点项目贷款资金已发放并还清贷款本息。

（四）住房贡献率。2020 年，个人住房贷款发放额、公转商贴息贷款发放额、项目贷款发放额、住房消费提取额的总和与当年缴存额的比率为 106.81%，比上年增加 8.51 个百分点。

六、其他重要事项

（一）应对新冠肺炎疫情采取的措施，落实住房公积金阶段性支持政策情况和政策实施成效。2 月 1 日，发布《关于新型冠状病毒肺炎疫情防控期间办理住房公积金业务的倡议书》，提倡网上办理，足不出户办结业务。2 月 4 日，发布《关于加强住房公积金服务保障决胜疫情防控阻击战的公告》。3 月 4 日，就疫情期间单位延迟缴存住房公积金、造成单位生产经营困难申请阶段性降低住房公积金缴存比例或缓缴、提高职工住房公积金租房提取额度等情形，出台了《关于妥善应对新冠肺炎疫情落实住房公积金阶段性支持政策的通知》（咸房金发〔2020〕5号），有效消除缴存单位和职工后顾之忧。先后有32家企业办理了缓缴业务，涉及缓缴职工11920人，减轻企业负担约1564.87万元；为3家企业办理了降低缴存比例业务，涉及降比缴存职工105人，月减少金额19580元；租房提取职工6178人，提取金额7755.95万元，增加提取额1853.4万元。

（二）当年住房公积金政策调整及执行情况。2020年7月，将住房公积金缴存基数调整为职工本人2019年度月平均工资，计算缴存基数的工资项目以国家统计局《关于工资总额组成的规定》（统制字〔1990〕1号）文件为准。缴存基数不得超过2019年度咸阳市城镇非私营单位在岗职工月平均工资的三倍，即16005元，不得低于咸阳市政府规定的本地区最低工资标准，分为三类区，一类区1800元/月，二类区1700元/月，三类区1600元/月。单位及个人缴存比例均为5%至12%。

2020年11月，中心印发《关于调整住房公积金部分提取政策的通知》（咸房金发〔2020〕77号）文件，支持职工自住城镇老旧小区改造提取，暂停职工缴纳物业维修基金、物业管理费提取政策。

（三）当年服务改进情况。2020年度，个人住房公积金缴存贷款等信息查询、出具贷款职工住房公积金缴存使用证明、正常退休提取住房公积金3项业务均已达到"跨省通办"条件，已完成既定任务。2020年度，未收到外中心和个人办理需求。

（四）当年信息化建设情况。按照国务院深化"放管服"改革、强力惠民生的部署，为贯彻落实住房和城乡建设部、省住房城乡建设厅和全市有关工作部署，进一步加大住房公积金"放管服"改革工作力度，2017年10月通过了住房和城乡建设部的"双贯标"验收。2019年5月升级业务系统至云3.0版本，接入全国住房公积金异地转移接续平台，实现全国范围内"账随人走、钱随账走"的目标。搭建住房公积金综合服务平台，高分通过了住房和城乡建设部的验收，平台的正式上线，拓展网上业务，拓宽服务渠道，变"群众跑路"为"数据跑腿"。开通网站、网厅、手机App、12329热线、短信、自助终端、微信、微博八大服务渠道，成功通过了住房和城乡建设部的验收。创新服务渠道，可在支付宝市民中心查询办理公积金业务，在招商银行App也可进行个人住房公积金信息查询。

（五）当年对住房公积金管理人员违规行为的纠正和处理情况等。咸阳市住房公积金管理中心原党组书记、主任李晓强因严重违纪违法，被开除党籍、开除公职。

渭南市住房公积金2020年年度报告

根据国务院《住房公积金管理条例》和住房和城乡建设部、财政部、人民银行《关于健全住房公积金信息披露制度的通知》（建金〔2015〕26号）的规定，经住房公积金管理委员会审议通过，现将渭南（市）住房公积金2020年年度报告公布如下。

一、机构概况

（一）住房公积金管理委员会。住房公积金管理委员会有21名委员，2020年召开2次会议，审议通过的事项主要包括：

1. 会议审议通过了《渭南市住房公积金 2019 年年度报告》；
2. 会议审议通过了《关于我市住房公积金信息系统安全等级测评及公安备案项目建设预算的批复》；
3. 会议审议通过了《关于调整 2020 年度住房公积金缴存基数的通知》；
4. 会议审议通过了《市住房公积金管理委员会会议纪要》；
5. 会议审议通过了《住房公积金管理办法》；
6. 会议审议通过了《住房公积金个人住房贷款管理办法》；
7. 会议审议通过了《住房公积金流动性风险防控实施方案》。

（二）住房公积金管理中心。住房公积金管理中心为直属于渭南市政府管理的不以营利为目的的正县级事业单位，设 7 个处（科），12 个管理部，0 个分中心。从业人员 155 人，其中，在编 55 人，非在编 100 人。

二、业务运行情况

（一）缴存。2020 年，新开户单位 243 家，净增单位 78 家；新开户职工 1.98 万人，净增职工 0.53 万人；实缴单位 4023 家，实缴职工 26.18 万人，缴存额 30.66 亿元，分别同比增长 1.98%、2.07%、—4.99%。2020 年末，缴存总额 250.57 亿元，比上年末增加 13.94%；缴存余额 97.80 亿元，同比增长 14%。受委托办理住房公积金缴存业务的银行 12 家。

（二）提取。2020 年，7.28 万名缴存职工提取住房公积金；提取额 18.66 亿元，同比增长 7.80%；提取额占当年缴存额的 60.86%，比上年增加 7.22 个百分点。2020 年末，提取总额 152.77 亿元，比上年末增加 13.91%。

（三）贷款。

1. 个人住房贷款。单缴存职工个人住房贷款最高额度 40 万元，双缴存职工个人住房贷款最高额度 50 万元（个人住房贷款最高额度政策按单缴存职工和双缴存职工区分的城市填写）。

2020 年，发放个人住房贷款 0.76 万笔、27.10 亿元，同比分别增长 8.57%、15.07%。其中，市中心发放个人住房贷款 0.60 万笔、21.64 亿元，韩城中心发放个人住房贷款 0.16 万笔、5.46 亿元。

2020 年，回收个人住房贷款 7.36 亿元。其中，市中心 6.48 亿元，韩城中心 0.88 亿元。

2020 年末，累计发放个人住房贷款 4.67 万笔、118.16 亿元，贷款余额 86.31 亿元，分别比上年末增加 19.44%、29.75%、29.65%。个人住房贷款余额占缴存余额的 88.25%，比上年末增加 10.65 个百分点。受委托办理住房公积金个人住房贷款业务的银行 11 家。

2. 异地贷款。2020 年，发放异地贷款 2556 笔、93946.80 万元。2020 年末，发放异地贷款总额 313090.80 万元，异地贷款余额 266282.34 万元。

3. 公转商贴息贷款。无。

4. 住房公积金支持保障性住房建设项目贷款。无。

（四）购买国债。无。

（五）资金存储。2020 年末，住房公积金存款 20.39 亿元。其中，活期 5.99 亿元，1 年（含）以下定期 11.90 亿元，1 年以上定期 2.50 亿元，其他（协定、通知存款等）0 亿元。

（六）资金运用率。2020 年末，住房公积金个人住房贷款余额、项目贷款余额和购买国债余额的总和占缴存余额的 88.25%，比上年末增加 10.65 个百分点。

三、主要财务数据

（一）业务收入。2020 年，业务收入 31191.21 万元，同比增长 26.79%。其中，市中心 24987.61 万元，韩城中心 6203.60 万元；存款利息 6696.23 万元，委托贷款利息 24493.16 万元，国债利息 0 万元，其他 1.82 万元。

（二）业务支出。2020 年，业务支出 12352.15 万元，同比增长 522.38%。其中，市中心 9750.84 万元，韩城中心 2601.31 万元；支付职工住房公积金利息 11295.12 万元，归集手续费 0 万元，委托贷款手续费 1056.37 万元，其他 0.66 万元。

（三）增值收益。2020 年，增值收益 18839.06 万元，同比下降 16.70%。其中，市中心 15236.77 万元，韩城中心 3602.29 万元；增值收益率 2.04%，比上年减少 0.79 个百分点。

（四）增值收益分配。2020 年，提取贷款风险准备金 14087.56 万元，提取管理费用 1845.42 万元，提取城市廉租住房（公共租赁住房）建设补充资金 2906.08 万元。

2020 年，上交财政管理费用 1623 万元。上缴财政城市廉租住房（公共租赁住房）建设补充资金 2466.08 万元。其中，市中心上缴 2466.08 万元，韩城中心上缴（收缴单位）0 万元。

2020 年末，贷款风险准备金余额 64582.91 万元。累计提取城市廉租住房（公共租赁住房）建设补充资金 14687.95 万元。其中，市中心提取 14507.95 万元，韩城中心提取 180 万元。

（五）管理费用支出。2020 年，管理费用支出 1503.41 万元，同比增长 0.60%。其中，人员经费 1154.34 万元，公用经费 240.70 万元，专项经费 108.37 万元。

市中心管理费用支出 1423.86 万元，其中，人员、公用、专项经费分别为 1111.44 万元、204.05 万元、108.37 万元；韩城中心管理费用支出 79.55 万元，其中，人员、公用、专项经费分别为 42.90 万元、36.65 万元、0 万元。

四、资产风险状况

（一）个人住房贷款。2020 年末，个人住房贷款逾期额 33.94 万元，逾期率 0.04‰，其中，市中心 0.03‰，韩城中心 0.01‰。个人贷款风险准备金余额 64582.91 万元。2020 年，使用个人贷款风险准备金核销呆坏账 0 万元。

（二）支持保障性住房建设试点项目贷款。无。

五、社会经济效益

（一）缴存业务。缴存职工中，国家机关和事业单位占 57.82%，国有企业占 30.37%，城镇集体企业占 1.12%，外商投资企业占 1.39%，城镇私营企业及其他城镇企业占 7.43%，民办非企业单位和社会团体占 1.01%，灵活就业人员占 0.17%，其他占 0.69%；中、低收入占 98.12%，高收入占 1.88%。

新开户职工中，国家机关和事业单位占 35.64%，国有企业占 23.13%，城镇集体企业占 4.06%，外商投资企业占 1.30%，城镇私营企业及其他城镇企业占 29.72%，民办非企业单位和社会团体占 3.94%，灵活就业人员占 0.33%，其他占 1.88%；中、低收入占 99.81%，高收入占 0.19%。

（二）提取业务。提取金额中，购买、建造、翻建、大修自住住房占 37.89%，偿还购房贷款本息占 27.10%，租赁住房占 8.65%，支持老旧小区改造占 0%，离休和退休提取占 20.33%，完全丧失劳动能力并与单位终止劳动关系提取占 3.04%，出境定居占 0.80%，其他占 2.19%。提取职工中，中、低收入占 98.10%，高收入占 1.90%。

（三）贷款业务。

1. 个人住房贷款。2020 年，支持职工购建房 97.98 万平方米（含公转商贴息贷款），年末个人住房贷款市场占有率（含公转商贴息贷款）为 19.55%，比上年末减少 0.34 个百分点。通过申请住房公积金个人住房贷款，可节约职工购房利息支出 41342.30 万元。

职工贷款笔数中，购房建筑面积 90（含）平方米以下占 2.06%，90～144（含）平方米占 86.03%，144 平方米以上占 11.91%。购买新房占 96.33%（其中购买保障性住房占 0%），购买二手房占 3.67%，建造、翻建、大修自住住房占 0%（其中支持老旧小区改造占 0%），其他占 0%。

职工贷款笔数中，单缴存职工申请贷款占 25.87%，双缴存职工申请贷款占 74.13%，三人及以上缴存职工共同申请贷款占 0%。

贷款职工中，30 岁（含）以下占 33.38%，30 岁～40 岁（含）占 43.28%，40 岁～50 岁（含）占 19.75%，50 岁以上占 3.59%；首次申请贷款占 97.59%，二次及以上申请贷款占 2.41%；中、低收入占 99.25%，高收入占 0.75%。

2. 支持保障性住房建设试点项目贷款。无。

（四）住房贡献率。2020 年，个人住房贷款发放额、公转商贴息贷款发放额、项目贷款发放额、住房消费提取额的总和与当年缴存额的比率为 133.20%，比上年增加 22.20 个百分点。

六、其他重要事项

（一）应对新冠肺炎疫情采取的措施，落实住房公积金阶段性支持政策情况和政策实施成效。为贯彻落实习近平总书记关于新冠肺炎疫情防控和应对工作的重要指示精神，落实中央、省有关工作部署，做好疫情防控期间住房公积金管理服务工作，维护缴存单位和职工权益，我中心认真贯彻落实《关于妥善应对新冠肺炎疫情实施住房公积金阶段性支持政策通知》（建金〔2020〕23 号）文件精神，分别于 2020 年 2 月 7 日印发《关于应对新型冠状病毒感染肺炎疫情进一步做好住房公积金服务工作的通知》（渭房金发〔2020〕2 号）和 2020 年 3 月 12 日印发《关于做好疫情防控期间住房公积金管理服务工作的实施办法》的通知（渭房金发〔2020〕5 号）。

疫情防控期间，通过阶段性支持生产经营困难企业降低住房公积金缴存比例或缓缴住房公积金，优化服务保障，推行线上业务办理模式，线下实行容缺、预约办理等措施，为企业和职工减压减负，切实保障了受疫情影响缴存职工的住房公积金权益。

我中心截至 2020 年底共有 4023 个正常缴存单位，累计有 17 个单位申请缓缴，缓缴占比是 0.42%，涉及职工人数 12329 人。截至 2020 年底，已有 16 个单位恢复正常缴存，并对 2020 年的缓缴金额分期进行汇缴及补缴，已汇、补缴金额 6748.29 万元。目前陕煤澄合矿务局没有恢复正常缴存，我中心领导通过多次进入企业了解和沟通，共同商议为退休、离职、死亡的职工先补缴公积金，首先确保这三类职工公积金权益，在企业恢复正常生产后，足额为所有职工补缴公积金。截至目前所有缓缴企业职工申请住房公积金提取和贷款均正常受理，且无申请公积金贷款延缓归还的情况。

（二）当年机构及职能调整情况、受委托办理缴存贷款业务金融机构变更情况。无机构及职能调整情况。

（三）当年住房公积金政策调整及执行情况，包括当年缴存基数限额及确定方法、缴存比例等缴存政策调整情况；当年提取政策调整情况；当年个人住房贷款最高贷款额度、贷款条件等贷款政策调整情况；当年住房公积金存贷款利率执行标准等；支持老旧小区改造政策落实情况。

1.我市2020年度职工住房公积金缴存基数调整为职工本人2019年（自然年度）月平均工资，缴存基数执行时间从2020年7月1日到2021年6月30日。2020年度住房公积金缴存基数最高上限不得超过市统计局公布的2019年渭南市城镇非私营单位在岗职工月平均工资的三倍，即16454元/月，最低下限不得低于上一年度的渭南市最低工资标准。根据《住房和城乡建设部、发展改革委、财政部、人民银行关于规范和阶段性适当降低住房公积金缴存比例的通知》（建金〔2016〕74号）要求，单位和职工住房公积金缴存比例分别不低于5%，不得高于12%。

2.依据渭南市住房公积金管理委员会三届二次会议审议通过的《渭南市住房公积金资金流动性风险防控实施办法》，为充分发挥住房公积金互助性、保障性作用，体现缴存职工权利和义务对等原则，在加大内部资金融通的基础上，经研究决定于2020年12月16日启动一级响应措施。即：个人住房公积金贷款额度计算与缴存余额挂钩。具体为：公积金缴存余额≥2万元的，可申请的贷款额度为缴存余额的15倍，并乘以缴存时间系数；缴存余额＜2万元的，贷款额度相应下调5万元；个人住房公积金贷款首付比例相应提高10%；精装修房屋首付比例不低于50%。

3.2020年住房公积金存贷款利率执行标准无调整。

（四）当年服务改进情况，包括推进住房公积金服务"跨省通办"工作情况，服务网点、服务设施、服务手段、综合服务平台建设和其他网络载体建设服务情况等。2020年以来，开展了住房公积金基础数据库的清理规范和住房公积金基础数据与多行业（包括人行、民政、公安、不动产登记交易、税务）互联共享工作。截至目前，这两方面工作已全面完成。按照审计署《审计报告》指出的问题，市公积金中心已与相关信息技术服务公司合作，完成了网络安全等级保护（简称"等保"），提升信息安全管理水平和控制能力，适应并符合不断发展的业务新需求。

（五）当年信息化建设情况，包括信息系统升级改造情况，基础数据标准贯彻落实和结算应用系统接入情况等。

1.严格按照住房和城乡建设部颁布的基础数据标准，配合相关科室及管理部核查、清理数据库中"一人多户""个人信息不完善"等问题，在贯标的基础上，继续补充完善基础数据，库表以29个基础数据表、394个基础数据项为核心进行扩展设计，数据项名称、数据类型、长度以及取值范围均与标准一致。

2.中心综合服务平台于2020年12月16日顺利通过省厅住房公积金综合服务平台检查验收组的联合检查验收工作。目前中心已互联开通的信息平台有：12345政府服务热线（公积金查询热线）、中心门户网站、网上业务大厅、短信、自助服务终端、手机App客户端、微信公众号、官方微博、支付宝查询等。其中，12329住房公积金服务热线整合于"12345"政府服务热线，可实现住房公积金政策的咨询和账户查询；住房公积金网上业务大厅部署在中心网站首页，可满足相关业务的查询和部分业务的申请办理；手机 App 客户端、微信公众号可实现相关业务的查询及办理。

3. 完成了中心门户网站 IPV6 升级改造项目建设工作。

4. 完成了人民银行二代征信系统数据上报接口程序的开发等准备工作，目前已进入相关业务数据上报的测试阶段。

5. 8月份完成了住房公积金管理信息系统网络安全等级保护备案工作，由中心运维的住房公积金综合管理信息系统、住房公积金银行结算数据应用系统、住房公积金综合服务平台和住房公积金异地转移接续平台依照最新网络安全等级保护 2.0 标准，以优异成绩通过等保测评及公安部备案，符合等保三级测评要求。

（六）当年住房公积金管理中心及职工所获荣誉情况，包括：文明单位（行业、窗口）、青年文明号、工人先锋号、五一劳动奖章（劳动模范）、三八红旗手（巾帼文明岗）、先进集体和个人等。无上述情况发生。

（七）当年对违反《住房公积金管理条例》和相关法规行为进行行政处罚和申请人民法院强制执行情况。无上述情况发生。

（八）当年对住房公积金管理人员违规行为的纠正和处理情况等。无上述情况发生。

（九）其他需要披露的情况。

1. 为深入推进住房公积金"放管服"改革，持续优化营商环境，加快部门联网和住房公积金综合服务平台建设进度，打通便民"最后一公里"，推行"互联网＋公积金"优质服务，实现中心始终坚持的让办事群众"最多跑一次"的理念和目标，争取早日接通人民银行征信查询系统，以满足中心自助查询借款职工个人信用报告需求。

2. 完成中心网站系统的网络安全等保备案工作，提高网络安全级别，确保中心业务系统安全规范运行，达到部、省及相关部门要求。

3. 继续做好住房公积金管理信息系统的异地容灾备份项目建设工作。

4. 目前中心内设人秘科、公积金管理科、财务会计科、贷后管理（风险控制）科、稽查科、信贷科、监察室，并在临渭区、高新区、华州区、华阴市、潼关县、蒲城县、白水县、富平县、大荔县、澄城县、合阳县设立住房公积金管理部。韩城市设立住房公积金管理中心。

延安市住房公积金 2020 年年度报告

根据国务院《住房公积金管理条例》和住房和城乡建设部、财政部、人民银行《关于健全住房公积金信息披露制度的通知》（建金〔2015〕26号）的规定，经住房公积金管理委员会审议通过，现将延安（市）住房公积金 2020 年年度报告公布如下。

一、机构概况

（一）住房公积金管理委员会。住房公积金管理委员会有 27 名委员，2020 年召开 1 次会议，审议通过的事项主要包括：1. 审议通过《关于延安市住房公积金 2019 年年度报告》；2. 审议通过《关于 2020 年全市住房公积金归集使用计划》；3. 审议通过《关于延长油田住房公积金统一管理的意见》。

（二）住房公积金管理中心。住房公积金管理中心为延安市人民政府不以营利为目的的参照公务员管理事业单位，设5个科，13个管理部，1个保障性住房项目贷款经办处。从业人员156人，其中，在编80人，非在编76人。

二、业务运行情况

（一）缴存。2020年，新开户单位551家，净减单位82家；新开户职工1.31万人，净增职工0.18万人；实缴单位5186家，实缴职工21.15万人，缴存额29.94亿元，分别同比下降1.56%、增长0.86%、增长4.21%。2020年末，缴存总额287.89亿元，比上年末增长11.61%；缴存余额100.22亿元，比上年末增长12.53%。受委托办理住房公积金缴存业务的银行12家。

（二）提取。2020年，4.39万名缴存职工提取住房公积金，提取额18.78亿元，同比增长1.19%，提取额占当年缴存额的62.73%，比上年减少1.87个百分点。2020年末，提取总额187.67亿元，比上年末增长11.12%。

（三）贷款。

1. 个人住房贷款。单缴存职工个人住房贷款最高额度50万元，双缴存职工个人住房贷款最高额度75万元。

2020年，发放个人住房贷款0.30万笔、13.91亿元，同比分别下降18.92%、12.30%。其中，市中心发放个人住房贷款0.20万笔、10.06亿元。

2020年，回收个人住房贷款8.93亿元。其中，市中心2.61亿元。

2020年末，累计发放个人住房贷款6.97万笔、122.53亿元，贷款余额61.53亿元，分别比上年末增长4.34%、12.81%、8.81%。个人住房贷款余额占缴存余额的61.39%，比上年末减少2.11个百分点。受委托办理住房公积金个人住房贷款业务的银行9家。

2. 异地贷款。2020年，发放异地贷款329笔、16034万元。年末，发放异地贷款总额36551万元，异地贷款余额35706.57万元。

3. 公转商贴息贷款。2020年，发放公转商贴息贷款0笔、0万元，当年贴息额0万元。2020年末，累计发放公转商贴息贷款0笔、0万元，累计贴息0万元。

（四）购买国债。2020年，购买（记账式、凭证式）国债0亿元，（兑付、转让、收回）国债0亿元。2020年末，国债余额0亿元。

（五）资金存储。2020年末，住房公积金存款41.35亿元。其中，活期4.25亿元，1年（含）以下定期8.15亿元，1年以上定期28.95亿元，其他（协定、通知存款等）0亿元。

（六）资金运用率。2020年末，住房公积金个人住房贷款余额、项目贷款余额和购买国债余额的总和占缴存余额的61.39%，比上年末减少2.11个百分点。

三、主要财务数据

（一）业务收入。2020年，业务收入27217.12万元，同比增长4.45%，其中市中心8637.66万元。存款利息8085.00万元，委托贷款利息19103.14万元，国债利息0万元，其他28.98万元。

（二）业务支出。 2020 年，业务支出 15358.28 万元，同比下降 2.06%，其中市中心 3713.74 万元。支付职工住房公积金利息 14396.73 万元，归集手续费 0 万元，委托贷款手续费 955.16 万元，其他 6.39 万元。

（三）增值收益。 2020 年，实现增值收益 11858.84 万元（其中延长油田增值收益 648.22 万元），同比增长 14.27%，其中市中心 4923.92 万元。增值收益率 1.24%，比上年增加 0.01 个百分点。

（四）增值收益分配。 2020 年，提取贷款风险准备金 597.63 万元；提取管理费用 8490.39 万元，提取城市廉租住房（公共租赁住房）建设补充资金 2122.60 万元（延长油田增值收益不参与分配）。

2020 年，上交财政管理费用 11744.23 万元，上缴财政城市廉租住房（公共租赁住房）建设补充资金 1834.05 万元。

2020 年末，贷款风险准备金余额 7383.61 万元。累计提取城市廉租住房（公共租赁住房）建设补充资金 14691.75 万元。

（五）管理费用支出。 2020 年，管理费用支出 1615.45 万元，同比增长 6.56%。其中，人员经费 944.50 万元，公用经费 91.75 万元，专项经费 579.20 万元。

市中心管理费用支出 891.64 万元，其中人员、公用、专项经费分别为 279.89 万元、32.55 万元、579.20 万元。

四、资产风险状况

个人住房贷款。2020 年末，个人住房贷款逾期 1460.21 万元，逾期率 2.37‰，其中市中心 2.67‰。个人贷款风险准备金余额 7383.61 万元。2020 年，使用个人贷款风险准备金核销呆坏账 0 万元。

五、社会经济效益

（一）缴存业务。 缴存职工中，国家机关和事业单位占 57.85%，国有企业占 34.35%，城镇集体企业占 0.20%，外商投资企业占 0.20%，城镇私营企业及其他城镇企业占 2.81%，民办非企业单位和社会团体占 0.22%，灵活就业人员占 1.17%，其他占 3.20%。中、低收入占 98.71%，高收入占 1.29%。

新开户职工中，国家机关和事业单位占 42.73%，国有企业占 28.76%，城镇集体企业占 0.05%，外商投资企业占 1.09%，城镇私营企业及其他城镇企业占 13.81%，民办非企业单位和社会团体占 0.75%，灵活就业人员占 5.36%，其他占 7.45%。中、低收入占 99%，高收入占 1%。

（二）提取业务。 提取金额中，购买、建造、翻建、大修自住住房占 48.40%，偿还购房贷款本息占 13.23%，租赁住房占 8.47%，支持老旧小区改造占 0%，离休和退休提取占 14.06%，完全丧失劳动能力并与单位终止劳动关系提取占 0.61%，出境定居占 0.09%，其他占 15.14%。提取职工中，中、低收入占 97.99%，高收入占 2.01%。

（三）贷款业务。 个人住房贷款。2020 年，支持职工购建房 45.12 万平方米（含公转商贴息贷款），年末个人住房贷款市场占有率（含公转商贴息贷款）为 31.90%，比上年末减少 2.11 个百分点。通过申请住房公积金个人住房贷款，可节约职工购房利息支出 26815.43 万元。

职工贷款笔数中，购房建筑面积 90（含）平方米以下占 5.93%，90～144（含）平方米占 68.65%，144 平方米以上占 25.42%。购买新房占 90.47%（其中购买保障性住房占 0%），购买二手房占 9.02%，建造、翻建、大修自住住房占0.51%（其中支持老旧小区改造占0%），其他占0%。

职工贷款笔数中，单缴存职工申请贷款占29.22%，双缴存职工申请贷款占70.71%，三人及以上缴存职工共同申请贷款占0.07%。

贷款职工中，30岁（含）以下占30.95%，30岁～40岁（含）占47.59%，40岁～50岁（含）占16.85%，50岁以上占4.61%；首次申请贷款占91.12%，二次及以上申请贷款占8.88%；中、低收入占99.93%，高收入占0.07%。

（四）住房贡献率。 2020年，个人住房贷款发放额、公转商贴息贷款发放额、项目贷款发放额、住房消费提取额的总和与当年缴存额的比率为90.50%，比上年减少13个百分点。

六、其他重要事项

（一）扎实落实疫情防控政策。 我中心积极参与我市《有效应对新冠肺炎疫情促进经济平稳发展的16条暂行措施》，及时出台了《关于规范落实疫情期间实施住房公积金阶段性支持政策》，全面推进降比例、缓缴等一系列优惠政策，帮助企业复工复产，共批复降比例单位2个74人，批复缓缴单位11个415人，涉及金额155.99万元。同时，对因受新冠肺炎疫情影响公积金贷款不能正常还款的职工，不作逾期处理，涉及465人135.74万元。

（二）机构及职能调整情况。 2020年，长安银行延安分行、西安银行延安分行、北京银行延安分行开通了委托贷款业务，进一步方便了借款人。协调市财政局，自2020年起，将全市公积金贷款不动产抵押登记费列入财政预算，由不动产登记机关向我中心收取，减轻了借款人负担。停止收取并全额退还了按揭贷款保证金，减轻了企业负担。

（三）当年住房公积金政策调整及执行情况。 一是及时调整缴存基数，保障职工合法权益。7月初，中心依据市统计部门公布的2019年度月平均工资为基础，确定各缴存单位在上下限范围内据实计算当年缴存基数，上限不高于2019年度职工月平均工资的3倍，即18708元；下限不低于当地月平均工资标准。宝塔区、安塞区、洛川县、志丹县、黄陵县、甘泉县、子长市、吴起县不低于1800元/月，宜川县、延长县、富县、黄龙县、延川县不低于1700元/月。二是精简业务办理要件，方便广大干部职工。根据业务办理实际和群众诉求，印发了《进一步加强住房公积金服务工作的意见》《关于进一步规范住房公积金业务受理要件的通知》，重新修订了公积金提取指南，取消了"租房协议"等办理要件，提供优质、高效服务，方便广大缴存职工。三是加大资金精细化运营。严格按照规定执行全市公积金资金的调拨、平衡，积极与各承办银行协商，续签了住房公积金专户协定利率协议，提高存款利率浮动上限，活期存款年平均利率为1.28%，定期存款年平均利率为3.16%，处于同行业较高水平。按月进行经营分析，在保证业务资金正常运转的情况下，小金额、多批次加大活转定的频率。年度结息为21.17万名缴存职工按实计结利息1.28亿元，全部利息准确、足额计入缴存职工个人住房公积金账户。先后两次上缴财政2019年度增值收益1.08亿元及历年结转增值收益0.35亿元。四是加强风险隐患排查，逐步完善风险防控体系建设。加强了财务内部制度建设，陆续出台了《财务制度》《大额资金使用监管办法》《科室岗位职责》《会计档案管理办法》《内部控制制度》等一系列制度，进一步规范了资金使用和财务管理。根据市委网信办、市公安局联合网络安全攻防演练指出的信息安全隐患，对业务系统进行了隐患排查及安全等级提升，完成了建行灾备机房的搬迁、调试工作和业务系统日常软硬件及网络维护。按照住房和城乡建设部、省住房城乡建设厅要求完成了全国数据平台数据质量整改及反馈，进一步加强了对县区管理部住房公积金相关业务的监督、指导、支撑工作。按月上报电子化稽查结果，并及时督促各县区管理部、各科室做好整改工作，全市数据质量工作得到了较大的提升。五是开展依法收贷，贷款逾期率进一步降低。发放逾期贷款律师函26份，提起诉讼23件，已立案7人，开庭调解7次，判决9人。大力催收逾期贷款，制定出台了《贷后管理办法》，在全市集中开展纠正涉贷不规范业务、信息核查、贷款诉讼、案件调查四项专项行动，有效制止不规范业务操作，降低资金风险。由市政府办发函督促相关区县采取有力措施催收逾期贷款，联合市金融办发文将住房公积金贷款纳入清理公职人员不良贷款年度考核，将各委托银行的逾期贷款诉讼进度纳入我中心年度考核。

（四）当年服务改进情况。一是按照省住房城乡建设厅要求，完成了省监管平台二次开发，完成数据共享平台和跨省通办平台建设的前期准备工作，积极推动全市"互联网＋不动产登记＋房屋交易＋税务＋公积金"一体化平台建设。进一步优化了业务系统及综合服务平台，完成征信系统接入协调对接工作，预计2021年6月前顺利接入。二是业务"离柜率"快速提升。建成了集门户网站、网上业务大厅、手机App、微信、微博、自助终端机、热线、手机短信八大服务渠道，实现了大部分业务网上查询、办理。微信公众号"延安公积金"关注人数突破18万。共为895家企业开通了网上业务大厅，办理业务量超过56.18万次，单位汇缴、补缴业务实现"零跑腿"。三是不断推进服务改革。重新划分科室职责，实施管办分离，优化了岗位配置，增加窗口数量，整合银行资源，组建了"银行＋公积金"联合服务大厅，扩充了一线服务力量，启用了高拍仪、刷卡机，实现了业务提交、复核、审批全部线上操作，一站式服务，办理时限大幅缩短。在老城区设立了13个商业银行公积金专柜，有效解决了群众办事跑腿多问题。

（五）当年信息化建设情况。协助市不动产登记中心建成一体化协同系统，实现部门之间数据共享、"一网通办"。增加网上业务功能，拓展网厅业务覆盖面，推进全市公积金业务"掌上办"。完成全省公积金行业数据共享平台建设、陕西省公积金企业开户数据接口标准项目建设，实现部门与地区之间的信息共享、"省内通办""跨省通办"。

（六）当年住房公积金管理中心及职工所获荣誉情况。无。

（七）当年对违反《住房公积金管理条例》和相关法规行为进行行政处罚和申请人民法院强制执行情况。无。

（八）当年对住房公积金管理人员违规行为的纠正和处理情况等。无。

（九）其他需要披露的情况。建立了扫黑除恶工作长效机制，严厉打击骗提骗贷行为，向市扫黑办移交公积金骗贷线索1条，向省市报送公积金骗提线索3条。对违规提取公积金人员实施5年内限制提取惩罚措施，对违规骗贷人员取消再次贷款资格，有效整治了骗提骗贷的行业乱象。

汉中市住房公积金2020年年度报告

根据国务院《住房公积金管理条例》和住房和城乡建设部、财政部、人民银行《关于健全住房公积金信息披露制度的通知》（建金〔2015〕26号）的规定，并经汉中市住房公积金管理委员会3月31日会议审议通过,现将汉中市住房公积金 2020 年年度报告公布如下。

一、机构概况

(一)住房公积金管理委员会。住房公积金管理委员会委员 17 名,2020 年召开会议 1 次,审议通过了《汉中市住房公积金 2020 年年度报告》《汉中市住房公积金管理中心缴存、提取、贷款实施细则》等事项。

(二)住房公积金管理中心。住房公积金管理中心为汉中市人民政府不以营利为目的的正县级直属参公事业单位,下设 6 个科室、11 个县区管理部。从业人员 149 人,其中:在编 87 人,非在编 62 人。

二、业务运行情况

(一)缴存。2020 年,全市新开户单位 226 家,净增单位 71 家,新开户职工 15002 人,净增职工 3795 人;实缴单位 3700 家,实缴职工 17.80 万人,当年缴存额 22.82 亿元,分别同比增长 1.96%、1.51%、0.4%。2020 年末,缴存总额 194.85 亿元,比上年末增加 13.27%;缴存余额 85.63 亿元,同比增长 11.56%。

受委托办理住房公积金缴存业务的银行 7 家。

(二)提取。2020 年,15.75 万名缴存职工提取住房公积金,提取额 13.95 亿元,同比增长 14.34%;占当年缴存额的 61.13%,比上年增加 7.43 个百分点。2020 年末,提取总额 109.23 亿元,比上年末增加 14.65%。

(三)贷款。

1. 个人住房贷款。个人住房贷款最高额度 50 万元,其中,单缴存职工最高额度 50 万元,双缴存职工最高额度 50 万元。

2020 年,发放个人住房贷款 0.51 万笔、17.15 亿元,同比分别下降 3.77%、2.17%。

2020 年,回收个人住房贷款 10.49 亿元。

2020 年末,累计发放个人住房贷款 5.43 万笔、118.98 亿元,贷款余额 69.96 亿元,分别比上年末增加 10.14%、16.84%、10.52%。个人住房贷款余额占缴存余额的 81.70%,比上年末减少 0.76 个百分点。

受委托办理住房公积金个人住房贷款业务的银行 7 家。

2. 异地贷款。2020 年,发放异地贷款 87 笔、2914 万元。年末,发放异地贷款总额 63303 万元,异地贷款余额 49575 万元。

3. 公转商贴息贷款。2020 年,没有公转商贴息贷款,贴息贷款余额为 0。

(四)购买国债。2020 年,没有购买国债,国债余额为零。

(五)资金存储。2020 年末,住房公积金存款 18.50 亿元。其中,活期 0.23 亿元,1 年(含)以下定期 10.75 亿元,1 年以上定期 6.96 亿元,其他(协定、通知存款等)0.56 亿元。

(六)资金运用率。2020 年末,住房公积金个人住房贷款余额、项目贷款余额的总和占缴存余额的 81.70%,比上年减少 0.76 个百分点。

三、主要财务数据

（一）业务收入。2020年，业务收入25289.28万元，同比下降0.58%。存款利息3883.67万元，委托贷款利息21396.48万元，国债利息0万元，其他9.13万元。

（二）业务支出。2020年，业务支出12810.84万元，同比增长4.02%。支付职工住房公积金利息12398.24万元，归集手续费0万元，委托贷款手续费330.83万元，其他81.77万元。

（三）增值收益。2020年，增值收益12478.45万元，同比减少4.9%。增值收益率1.53%，比上年减少0.3个百分点。

（四）增值收益分配。2020年，提取贷款风险准备金1331.45万元，提取管理费用3000万元，提取城市廉租住房（公共租赁住房）建设补充资金8147万元。

2020年，上缴财政管理费用3000万元。上缴财政城市廉租住房（公共租赁住房）建设补充资金8651万元。

2020年末，贷款风险准备金余额31203.52万元。累计提取城市廉租住房（公共租赁住房）建设补充资金45364万元。

（五）管理费用支出。2020年，管理费用支出2058.85万元，同比下降8.3%。其中，人员经费1094.58万元，公用经费566.07万元，专项经费397.90万元。

四、资产风险状况

（一）个人住房贷款。2020年末，个人住房贷款逾期额308万元，逾期率0.4‰。

个人贷款风险准备金按当年新增贷款余额的2%提取。2020年，提取个人贷款风险准备金1331.45万元，使用个人贷款风险准备金核销呆坏账0万元。2020年末，个人贷款风险准备金余额30403.52万元，占个人住房贷款余额的4.35%，个人住房贷款逾期额与个人贷款风险准备金余额的比率为1.01%。

（二）支持保障性住房建设试点项目贷款。2020年末，逾期项目贷款0万元，逾期率0‰。

项目贷款风险准备金按贷款余额的5%提取。2020年，提取项目贷款风险准备金0万元，使用项目贷款风险准备金核销呆坏账0万元，项目贷款风险准备金余额800万元，占项目贷款余额的0%，项目贷款逾期额与项目贷款风险准备金余额的比率为0%。

五、社会经济效益

（一）缴存业务。2020年，实缴单位数、实缴职工人数和缴存额同比分别增长1.96%、1.51%和0.4%。缴存职工中，国家机关和事业单位占71.12%，国有企业占17.24%，城镇集体企业占0.47%，外商投资企业占0.54%，城镇私营企业及其他城镇企业占7.70%，民办非企业单位和社会团体占1.24%，其他占1.69%；中、低收入占98.56%，高收入占1.44%。

新开户职工中，国家机关和事业单位占35.45%，国有企业占33.93%，城镇集体企业占0.15%，外商投资企业占0.81%，城镇私营企业及其他城镇企业占24.36%，民办非企业单位和社会团体占3.54%，其他占1.76%；中、低收入占99.75%，高收入占0.25%。

（二）提取业务。提取金额中，购买、建造、翻建、大修自住住房占28.83%，偿还购房贷款本息占

43.42%，租赁住房占 0.74%，其他占 0.35%；离休和退休提取占 21.47%，完全丧失劳动能力并与单位终止劳动关系提取占 2.27%，户口迁出本市或出境定居占 0.96%，其他占 1.96%；提取职工中，中、低收入占 97.33%，高收入占 2.67%。

（三）贷款业务。

1. 个人住房贷款。2020 年，支持职工购建房 62.84 万平方米，年末个人住房贷款市场占有率为 25.97%，比上年减少 2.26 个百分点。通过申请住房公积金个人住房贷款，可节约职工购房利息支出 42730 万元。

职工贷款笔数中，购房建筑面积 90（含）平方米以下占 7.79%，90～144（含）平方米占 85.49%，144 平方米以上占 6.72%；购买新房 89.03%（其中购买保障性住房占 0.08%），购买二手房占 10.89%，建造、翻建、大修自住住房占 0.08%。

职工贷款笔数中，单缴存职工申请贷款占 56.70%，双缴存职工申请贷款占 43.30%，三人及以上缴存职工共同申请贷款占 0%。

贷款职工中，30 岁（含）以下占 25.63%，30 岁～40 岁（含）占 35.91%，40 岁～50 岁（含）占 28.26%，50 岁以上占 10.20%；首次申请贷款占 89.21%，二次及以上申请贷款占 10.79%；中、低收入占 99.21%，高收入占 0.79%。

2. 支持保障性住房建设试点项目贷款。2020 年末，累计试点项目 3 个，贷款额度 1.8 亿元，建筑面积 20.03 万平方米，可解决 1938 户中低收入职工家庭的住房问题。3 个试点项目贷款资金已发放并还清本息。

（四）住房贡献率。 2020 年，个人住房贷款发放额、公转商贴息贷款发放额、项目贷款发放额、住房消费提取额的总和与当年缴存额的比率为 119.98%，比上年增加 3.83 个百分点。

六、其他重要事项

（一）应对新冠肺炎疫情采取的措施，落实住房公积金阶段性支持政策和政策实施成效。

1. 应对新冠肺炎疫情采取的措施。引导各缴存单位和职工通过汉中市住房公积金管理中心官方网站网上服务大厅、微信公众号、"手机公积金"App、支付宝等在线平台查询及办理住房公积金业务。对无法线上办理的，倡导单位、职工待疫情结束后再到现场办理；确需紧急办理的，实行预约错峰办理。

对参加疫情防控的一线工作者、因感染新冠肺炎住院治疗或被隔离人员、疫情防控需要被隔离观察人员以及受疫情影响暂时失去收入来源人员，在 2020 年 6 月 30 日前不能正常偿还住房公积金贷款的，经本人提供相关证明材料，贷款不作逾期处理、不收取罚息，并对已经报送的逾期记录予以调整，不影响缴存职工办理后续住房公积金业务。

职工提取住房公积金，因受疫情影响无法办理而超期的，提取业务所需的相关资料期限可顺延三个月。

因受疫情影响未能按时足额缴存住房公积金的单位和个人，在疫情过后及时补缴并提交相关情况说明的，视为正常缴存，其住房公积金缴存时间连续计算，不影响职工申请租房提取和住房公积金贷款的权益。

受疫情影响导致生产经营出现严重困难、无力按时足额缴存公积金的企业，在与职工充分协商的前提下,可申请降低住房公积金缴存比例或者暂缓缴存住房公积金。

2. 落实住房公积金阶段性支持政策和政策实施成效。截至2020年6月30日,全市为受疫情影响的13个单位915名职工提供阶段性公积金政策支持,缓缴公积金450万元;助力7家企业537名缴存职工正常生产生活秩序恢复。

(二)当年机构及职能调整情况、受委托办理缴存贷款业务金融机构变更情况。汉中市住房公积金管理中心2020年未进行机构及职能调整,市中心内设6个科室、下设11个县区管理部。

受委托办理住房公积金缴存贷款业务的银行无变化,分别是。中国银行股份有限公司汉中分行、中国建设银行股份有限公司汉中分行、中国工商银行股份有限公司汉中分行、中国农业银行股份有限公司汉中分行、长安银行股份有限公司汉中分行、中国邮政储蓄银行股份有限公司汉中分行、陕西省农村信用社联合社汉中办事处。

(三)当年住房公积金政策调整及执行情况。

1. 当年缴存基数限额及确定方法、缴存比例调整情况。严格按照《陕西省住房公积金缴存业务办理指引》执行,政策无变化。单位和职工住房公积金缴存比例分别不低于5%,不高于12%。

2. 当年提取政策调整情况。严格按照《陕西省住房公积金提取业务办理指引》《关于对住房公积金业务政策进行调整的通知》执行,具体分为住房消费提取、销户提取、特殊情况提取三大类。其中,因大病住院造成家庭生活困难的(参照医保部门大病保险范围确定),提供1年内的住院证、诊断证明、病案首页等资料到公积金缴存地办理公积金提取。用于支付房租提取公积金的,提供租房发票、租房合同、租房人身份证、结婚证(户口簿)原件和夫妻双方租住地《不动产查询证明》,夫妻双方提取公积金总额按当年实际房租支出额办理(最高提取额不超过1万元)。根据省厅检查要求,4月2日起停止受理公积金装修提取业务,9月29日起暂停受理提取公积金用于缴纳维修资金和物业管理费的业务。

3. 当年住房公积金个人住房贷款最高贷款额度、贷款条件等贷款政策调整情况。严格按照《陕西省个人住房公积金贷款业务办理指引》《关于对住房公积金业务政策进行调整的通知》执行,2020年度无调整。自贷款申请前连续足额缴存住房公积金6个月(含)以上且具有完全民事行为能力的缴存人,在本人或配偶购买、建造、翻建、大修住房时,可申请个人住房公积金贷款,贷款单笔、最高额度为50万元、贷款期限最高不超过30年,贷款额度的审批根据贷款申请人及配偶公积金缴存年限和账户余额计算。

4. 当年住房公积金存贷款利率调整及执行情况。根据《中国人民银行、住房和城乡建设部、财政部关于完善职工住房公积金账户存款利率形成机制的通知》的规定严格执行,2020年度无调整。职工住房公积金账户存款利率按一年期定期存款基准利率执行,个人住房公积金贷款利率保持不变(1~5年(含)2.75%、5年以上3.25%),二次贷款在相应的基准利率上上浮10%。

(四)当年服务改进情况。2020年,中心以"规范内部管理,提升服务运用"为主线,优化办事流程、合理运作资金、提高运行质量、创新服务手段、提升服务水平。一是靶向发力,认真开展"跨省通办"服务。中心按照住房和城乡建设部"跨省通办"清单事项完成四项任务,目前,个人住房公积金贷款信息查询、出具贷款职工住房公积金缴存使用证明、正常退休提取住房公积金和提前还清住房公积金贷款业务4项服务事项已实现全程网办,其余4项服务事项将于2021年全部实现。二是持续发力,不断完善线上服务、不断推进综合服务平台与住房公积金业务管理信息系统的有机融合。今年已实现网上服务事项16项,涵盖住房公积金的缴存、提取、转移、贷款等业务类型。缴存职工可通过中心网站、微信公众号、手机公积金、"汉中通"App 和支付宝市民服务五种服务渠道，实现 24 小时不间断、不见面在线办理各项业务申请。三是借力发力，积极提供一体化服务。成功接入陕西省企业开办全程网上办服务平台，共享企业登记信息，实现线上企业注册与公积金账户设立并行办理。各业务大厅引入不动产登记便民服务点、个人征信查询终端等设备，真正实现公积金贷款业务"一厅式"办公、"一站式"办理，窗口开展点对点"异地代收代办"服务，采取收受分离模式，打破事项办理的属地化管理限制，省去企业和群众来回往返公积金缴存地办理业务环节。

（五）当年信息化建设情况。2020 年，持续加强信息化建设。一是打造了集网站、网上业务大厅、微信公众服务号、手机 App、自助查询机、12329 服务热线、短信平台、支付宝市民中心八大功能于一体的住房公积金综合服务平台，并以"优秀"等级通过住房和城乡建设部、省住房城乡建设厅两级检查验收。实现了缴存单位和职工可随时随地了解有关政策、查询公积金账户信息、提交业务办理申请、跟踪业务办理进度的目标，通过综合服务平台，将柜面业务向移动互联网终端和八小时以外延伸，为缴存职工提供了指尖上的便捷服务。二是自主开发上线新一代电子档案系统。对原有的公积金业务档案管理工作进行了改革，建立了独立的电子档案管理系统和数字认证体系，将中心所有档案进行统一管理，实现公积金归集、提取等业务无纸化办公，会计档案固化和财务档案数字化管理。三是加快信息化建设，推进部门信息共享。按照住房和城乡建设部信息化建设导则和全市信息化建设统一部署要求，积极开展信息安全等级保护工作，不断提高信息化安全防护水平。推进了与市住房城乡建设局、人民银行征信系统、房管局、不动产登记中心和各商业银行等部门的信息共享。

（六）当年住房公积金管理中心及职工所获荣誉情况。2020 年，汉中市住房公积金管理中心被中共汉中市委、汉中市人民政府表彰为"2019 年度驻村联户扶贫工作先进集体"，被汉中市创建工作指挥部通报表彰为"2019 年度城市综合创建工作先进集体"，洋县管理部和留坝县管理部荣获 2019 年度"市级文明单位"荣誉称号；镇巴县管理部王成林同志荣获陕西省第六届"道德模范"称号，党总支专职副书记李广仁同志被评为市直机关"优秀党务干部"，略阳党支部陈东同志、汉台党支部张晓林同志被市直机关工委评为"优秀基层党务工作者"和"优秀驻村第一书记"，中心王婷毓同志被市机关工委表彰为"市直机关青年学习标兵"。

（七）当年对违反《住房公积金管理条例》和相关法规行为进行行政处罚和申请人民法院强制执行情况。2020 年我单位对住房公积金贷款严重逾期的进行法律诉讼，申请人民法院对 105 户强制执行。

（八）无其他需要披露的情况。

榆林市住房公积金 2020 年年度报告

根据国务院《住房公积金管理条例》和住房和城乡建设部、财政部、人民银行《关于健全住房公积金信息披露制度的通知》（建金〔2015〕26 号）的规定，经住房公积金管理委员会审议通过，现将榆林（市）住房公积金 2020 年年度报告公布如下。

一、机构概况

（一）**住房公积金管理委员会**。住房公积金管理委员会有 23 名委员，2020 年召开 3 次会议，审议通过的事项主要包括：

1. 审议 2019 年度增值收益分配方案；
2. 审议《榆林市住房公积金 2019 年年度报告》；
3. 关于重新核定全市机关事业单位干部职工公积金缴存基数有关事项；
4. 关于新型冠状病毒感染的肺炎疫情期间住房公积金政策阶段性调整问题；
5. 审议榆林市住房公积金信息系统可替代性项目有关事项；
6. 关于采购 CA（安全数字证书）的报告；
7. 关于市住房公积金管理中心中央直属企业分中心筹建问题；
8. 关于取消预抵押楼盘项目住房公积金贷款阶段性担保保证金问题；
9. 关于靖边等县区部分违规贷款催收暂行处置有关问题；
10. 关于前三季度住房公积金管理工作有关情况的汇报；
11. 关于调整市住房公积金管理中心作息时间有关事项；
12. 关于在全市大力推进商转公贷款业务有关问题；
13. 关于建议市政府将住房公积金管理中心对银行的考核纳入到对全市金融业考核范畴的有关事项。

（二）**住房公积金管理中心**。住房公积金管理中心为隶属于市政府不以营利为目的的独立事业单位，设 12 个处（科），13 个管理部，1 个分中心（正科级）。从业人员 366 人，其中，在编 120 人，非在编 246 人。

二、业务运行情况

（一）**缴存**。2020 年，新开户单位 722 家，净增单位 218 家；新开户职工 3.17 万人，净增职工 0.98 万人；实缴单位 6050 家，实缴职工 30.18 万人，缴存额 61.54 亿元，分别同比增长 3.74%、3.36%、11.53%。2020 年末，缴存总额 356.61 亿元，比上年末增加 20.86%；缴存余额 154.43 亿元，同比增长 14.00%。受委托办理住房公积金缴存业务的银行 14 家。

（二）**提取**。2020 年，14.89 万名缴存职工提取住房公积金；提取额 42.57 亿元，同比增长 47.56%；提取额占当年缴存额的 69.17%，比上年增加 16.89 个百分点。2020 年末，提取总额 202.18 亿元，比上年末增加 26.67%。

（三）**贷款**。

1. 个人住房贷款。个人住房贷款最高额度 80 万元。单缴存职工个人住房贷款最高额度 80 万元，双缴存职工个人住房贷款最高额度 80 万元。

2020 年，发放个人住房贷款 0.71 万笔、36.21 亿元，同比分别增长 24.56%、42.73%。

2020 年，回收个人住房贷款 13.87 亿元。

2020 年末，累计发放个人住房贷款 5.77 万笔、161.63 亿元，贷款余额 87.21 亿元，分别比上年末增加 13.81%、28.87%、34.44%。个人住房贷款余额占缴存余额的 56.47%，比上年末增加 8.58 个百分点。受委托办理住房公积金个人住房贷款业务的银行 13 家。

2. 异地贷款。2020年，发放异地贷款627笔、29394万元。2020年末，发放异地贷款总额60910万元，异地贷款余额57439.51万元。

3. 公转商贴息贷款。2020年，我中心未发放公转商贴息贷款。

4. 住房公积金支持保障性住房建设项目贷款。2020年，我中心未发放保障性住房建设项目贷款。

（四）**购买国债**。2020年，购买（记账式）国债2.04亿元，（兑付）国债2.04亿元。2020年末，国债余额0亿元。

（五）**资金存储**。2020年末，住房公积金存款69.62亿元。其中，活期0亿元，1年（含）以下定期25.8亿元，1年以上定期34.2亿元，其他（协定、通知存款等）9.62亿元。

（六）**资金运用率**。2020年末，住房公积金个人住房贷款余额、项目贷款余额和购买国债余额的总和占缴存余额的56.47%，比上年末增加8.58个百分点。

三、主要财务数据

（一）**业务收入**。2020年，业务收入42243万元，同比增长31.32%。存款利息18451.61万元，委托贷款利息23446.67万元，国债利息171.90万元，其他172.82万元。

（二）**业务支出**。2020年，业务支出27078.01万元，同比增长46.40%。支付职工住房公积金利息25403.40万元，归集手续费0万元，委托贷款手续费532.64万元，其他1141.97万元。

（三）**增值收益**。2020年，增值收益15164.99万元，同比增长10.92%。增值收益率1.05%，比上年减少0.09个百分点。

（四）**增值收益分配**。2020年，提取贷款风险准备金4468.77万元；提取管理费用8000万元，提取城市廉租住房（公共租赁住房）建设补充资金2696.22万元。

2020年，上交财政管理费用7500万元。上缴财政城市廉租住房（公共租赁住房）建设补充资金4550.03万元。

2020年末，贷款风险准备金余额17441.87万元。累计提取城市廉租住房（公共租赁住房）建设补充资金27090.25万元。

（五）**管理费用支出**。2020年，管理费用支出4662.88万元，同比下降42.86%。其中，人员经费1504.27万元，公用经费681.91万元，专项经费2476.70万元。

四、资产风险状况

（一）**个人住房贷款**。2020年末，个人住房贷款逾期额560万元，逾期率0.64‰。个人贷款风险准备金余额17441.87万元。2020年，使用个人贷款风险准备金核销呆坏账0万元。

（二）**支持保障性住房建设试点项目贷款**。2020年，我中心未发放保障性住房建设试点项目贷款。

五、社会经济效益

（一）**缴存业务**。缴存职工中，国家机关和事业单位占57.91%，国有企业占32.33%，城镇集体企业占0.26%，外商投资企业占0.13%，城镇私营企业及其他城镇企业占6.14%，民办非企业单位和社会团体占0.21%，灵活就业人员占1.11%，其他占1.91%；中、低收入占89.33%，高收入占10.67%。

新开户职工中，国家机关和事业单位占20.06%，国有企业占15.20%，城镇集体企业占0.10%，外商投资企业占0.18%，城镇私营企业及其他城镇企业占25.91%，民办非企业单位和社会团体占13.18%，灵活就业人员占12.54%，其他占12.83%；中、低收入占100%，高收入占0%。

（二）提取业务。提取金额中，购买、建造、翻建、大修自住住房占51.87%，偿还购房贷款本息占11.66%，租赁住房占8.46%，支持老旧小区改造占0%，离休和退休提取占8.24%，完全丧失劳动能力并与单位终止劳动关系提取占0.63%，出境定居占0.03%，其他占19.11%。提取职工中，中、低收入占77.06%，高收入占22.94%。

（三）贷款业务。

1. 个人住房贷款。2020年，支持职工购建房95.93万平方米（含公转商贴息贷款），年末个人住房贷款市场占有率（含公转商贴息贷款）为38.15%，比上年末减少5.96个百分点。通过申请住房公积金个人住房贷款，可节约职工购房利息支出156418.99万元。

职工贷款笔数中，购房建筑面积90（含）平方米以下占2.45%，90～144（含）平方米占63.29%，144平方米以上占34.26%。购买新房占85.26%（其中购买保障性住房占0%），购买二手房占14.37%，建造、翻建、大修自住住房占0.24%（其中支持老旧小区改造占0%），其他占0.13%。

职工贷款笔数中，单缴存职工申请贷款占26.46%，双缴存职工申请贷款占72.83%，三人及以上缴存职工共同申请贷款占0.71%。

贷款职工中，30岁（含）以下占28.02%，30岁～40岁（含）占53.13%，40岁～50岁（含）占15.10%，50岁以上占3.75%；首次申请贷款占89.93%，二次及以上申请贷款占10.07%；中、低收入占99.79%，高收入占0.21%。

2. 支持保障性住房建设试点项目贷款。2020年，我中心未发放保障性住房建设试点项目贷款。

（四）住房贡献率。2020年，个人住房贷款发放额、公转商贴息贷款发放额、项目贷款发放额、住房消费提取额的总和与当年缴存额的比率为117.26%，比上年增加27.34个百分点。

六、其他重要事项

（一）应对新冠肺炎疫情采取的措施，落实住房公积金阶段性支持政策情况和政策实施成效。2020年受新冠肺炎疫情影响，我中心出台了《榆林市住房公积金管理中心关于调整应对新型冠状病毒肺炎疫情支持企业发展相关政策措施的通知》榆市房金发〔2020〕9号文件，受疫情影响导致生产经营困难，无力按时足额缴存住房公积金的企业，可按规定申请降低住房公积金缴存比例（最低缴存比例为5%）或者暂缓缴存公积金（申请暂缓缴存公积金期限最长至2020年6月30日）。文件出台后共有91家企业申请了缓缴，共涉及职工人数16334人，企业减少的缴存金额为2855万元。

将新型冠状病毒感染的肺炎列入"因重大疾病住院造成家庭生活严重困难"提取住房公积金范围，对已确诊的新型冠状病毒肺炎本人及配偶、父母（含岳父母、公婆）、子女（含儿媳、女婿）可凭患者医院诊断证明或相关病历及相关亲属关系证明、身份证、银行卡，不受时间和住院费用限制一次性提取公积金账户中整百元以上余额。疫情防控一线工作者申请提取本人住房公积金账户余额可约定提取，具体手续由单位统一申报办理。

（二）当年机构及职能调整情况、受委托办理缴存贷款业务金融机构变更情况。2020年筹建成立了中央直属企业分中心（正科级）。2020年新增西安银行为受委托办理缴存业务金融机构。

（三）当年住房公积金政策调整及执行情况，包括当年缴存基数限额及确定方法、缴存比例等缴存政策调整情况；当年提取政策调整情况；当年个人住房贷款最高贷款额度、贷款条件等贷款政策调整情况；当年住房公积金存贷款利率执行标准等；支持老旧小区改造政策落实情况。缴存方面：2020年我市缴存基数上限为20709元，下限为南六县1700元，北六县1800元。缴存基数上限不高于榆林市统计部门公布的2019年社会平均工资的3倍，最低不低于榆林市最低工资标准。缴存比例最高不应高于12%，最低不低于5%。

提取方面：1.放宽提取条件，加大住房公积金对缴存人住房消费的支持力度，取消购买、建造、翻建、大修自住住房五年提取时限；2.规范住房公积金提取政策，取消单位房改房、房屋装修、交纳维修基金、物业费、享受城镇居民最低生活保障、子女上大学、连续失业两年以上、家庭人均月收入低于本地区最低工资收入标准、自然灾害或突发事件、重大疾病等提取。新增购买拍卖房、购买保障性住房提取。

信贷方面：1.2020年年初，完成了信贷业务系统的优化升级工作，并且榆林市中小企业融资担保有限责任公司正式作为我中心住房公积金贷款保证人开展住房公积金贷款业务，有效地提升了我中心住房公积金贷款资金安全防控，也为借款申请人住房公积金贷款申请提供了更多的选择机遇；全年担保公积金贷款3890笔，金额205056万元，占全市贷款发放总额的56.63%；2.我中心积极探索信贷创新，开展信誉良好者的额度提升奖励政策，在全省率先制定《信用评价贷款业务操作规程》，对缴存单位和缴存职工信用优良的借款申请人员实施贷款额度提升奖励，最高奖励额度可提升至贷款测算额度的两倍，切实改善了借款申请人购房资金需求的问题，并将评估、公证业务列入非必须事项，有效缩短借款人业务办理时限，同时取消了房地产开发企业阶段性担保保证金，减轻企业经营负担，激发了市场主体活力。

（四）当年服务改进情况，包括推进住房公积金服务"跨省通办"工作情况，服务网点、服务设施、服务手段、综合服务平台建设和其他网络载体建设服务情况等。

1.百姓问政。根据中共榆林市委、榆林市人民政府有关工作要求，我中心高度重视"百姓问政"工作，成立了以中心主任为组长的领导小组，确保问政工作有问必答、答政结果及时准确。共收到问政事项609条，涉及贷款业务、归集业务、提取业务、合作银行等方面，其中投诉类73条，咨询类442条，建议类11条，求助类82条，感谢类1条，全部按时回复，回复率达100%，获得了较高的认同度和满意度。

2.门户网站、微信公众号、手机App。中心门户网站收到网民留言360条，其中，贷款类230条，归集提取类93条，其他类37条，均100%按时回复。"12345"便民服务热线平台共收到49项工单，其中求助类12项，咨询类11项，建议类6项，感谢类5项，投诉类15项，均在规定时间内给予答复。

（五）当年信息化建设情况，包括信息系统升级改造情况，基础数据标准贯彻落实和结算应用系统接入情况等。

1.新一代"智慧+公积金"业务系统上线运行。按照"面向全国、着眼一线"的建设思路，通过反复调研论证，最终形成"智慧+公积金"业务系统建设方案，并于2020年8月11日通过政府采购公开招标的方式，完成了"智慧+公积金"核心业务系统采购工作。通过历时4个月的研发、测试，全国首家第七代"智慧+公积金"核心业务系统已经部署到生产环境，实现了上线运行。

2.部署上线"三个系统"。一是视频会议系统。由中国联合通信集团有限公司榆林分公司承建，于

2020年3月投入使用。二是电子档案系统。由北京网智易通科技有限公司承建的中心档案系统于2020年6月上线运行，为业务流程不断优化、业务办理进一步规范提供信息支撑，为"无纸化"办公目标的早日实现奠定了坚实基础。三是桌面云系统。由深圳宏崎达信息工程有限公司承建的桌面云系统，已经全部部署到位，进入了最终试运行阶段。

3. 完成网络宽带升级。为确保业务系统、档案系统、桌面云系统稳定高效运行，由中国移动通信集团公司榆林分公司为中心网络服务运营商，将通往各服务厅、管理部的网络宽带由原来的10兆升级到50兆，中心到智慧局的网络宽带由原来的50兆升级到200兆，为三个系统正常运行提供了网络保障。

4. 推进"三级等保"测评工作。于2020年3月30日，通过政府采购程序完成"三级等保"招标工作。

5. 妥善部署政务云迁移工作。按照市政府最新系统部署到"榆林政务云"的要求，中心积极主动地与市智慧局取得联系，先后召开了十余次技术交流对接会议和大量的测试验证。但受政务云资源有限限制，最新系统只能部分部署到了政务云。

6. 大力开发网厅业务。一是积极推进数据共享。通过主动协调，积极争取，中心于年初被榆林市政府确定为全市唯一"一网通办"试点单位。截至目前，涉及住房公积金"一网通办"数据共享10个单位的12项数据，已经有11项数据成功实现共享，剩余中国人民银行个人征信接通工作正在加紧推进中。二是丰富网厅业务功能。新增了灵活就业人员缴存托收银行，上线了单位网厅个人账户设立等功能。三是完成CA采购。通过政府采购方式，完成了CA采购工作，实现了各缴存单位通过CA、扫脸、密码3种方式登录网厅的功能，为"离柜率"提升打下了基础。

（六）当年住房公积金管理中心及职工所获荣誉情况，包括：文明单位（行业、窗口）、青年文明号、工人先锋号、五一劳动奖章（劳动模范）、三八红旗手（巾帼文明岗）、先进集体和个人等。2020年我中心被市委授予"文明单位"荣誉称号。2020年我中心获得"三八红旗"先进集体，一名职工获得"三八红旗手"荣誉称号。

（七）当年对违反《住房公积金管理条例》和相关法规行为进行行政处罚和申请人民法院强制执行情况。一是中心将182名公积金贷款逾期连三累六及涉嫌骗提骗贷人员在诚信"红黑榜"新闻发布会上进行公布，累计将146人纳入信用中国（陕西榆林）平台"黑名单"实施联合惩戒；二是清收靖边等县违规贷款537笔，涉及金额达1.2亿元；三是协助公检法部门对伪造公章提取公积金非法中介毛某某进行强力打击，依法被榆林市榆阳区人民法院判处有期徒刑七个月，并处罚金两万元。

安康市住房公积金2020年年度报告

根据国务院《住房公积金管理条例》和住房和城乡建设部、财政部、人民银行《关于健全住房公积金信息披露制度的通知》（建金〔2015〕26号）的规定，现将安康市住房公积金2020年年度报告公布如下。

一、机构概况

(一) 住房公积金管理委员会。 根据《关于印发〈安康市市直承担行政职能事业单位改革方案〉的通知》(安机改发〔2019〕1号),调整为市住房和城乡建设局下属正县级财政全额预算单位,更名为"安康市住房公积金经办中心"(管委会消失)。

(二) 住房公积金经办中心。 住房公积金经办中心为(市住房城乡建设局)不以营利为目的的(正县级)事业单位,设5个处(科),12个管理部。从业人员108人,其中,在编80人,非在编28人。

二、业务运行情况

(一) 缴存。 2020年,新开户单位148家,净增单位50家;新开户职工0.72万人,净增职工0.33万人;实缴单位2897家,实缴职工11.37万人,缴存额15.48亿元,分别同比增长1.76%、2.99%、3.48%。2020年末,缴存总额121.93亿元,比上年末增加14.55%;缴存余额60.01亿元,同比增长12.11%。

受委托办理住房公积金缴存业务的银行7家。

(二) 提取。 2020年,3.05万名缴存职工提取住房公积金;提取额9.0亿元,同比增长14.07%;提取额占当年缴存额的58.14%,比上年增加5.40个百分点。2020年末,提取总额61.92亿元,比上年末增加17.01%。

(三) 贷款。

1. 个人住房贷款。个人住房贷款最高额度60万元,其中,单缴存职工最高额度50万元,双缴存职工最高额度60万元。

2020年,发放个人住房贷款0.33万笔、13.6亿元,同比分别增长10%、18.68%。

2020年,回收个人住房贷款6.34亿元。

2020年末,累计发放个人住房贷款6.75万笔、102.35亿元,贷款余额51.01亿元,分别比上年末增加5.14%、15.34%、16.6%。个人住房贷款余额占缴存余额的85%,比上年末增加3.27个百分点。受委托办理住房公积金个人住房贷款业务的银行7家。

2. 异地贷款。2020年,发放异地贷款78笔、3335.4万元。2020年末,发放异地贷款总额16452.50万元,异地贷款余额11587.25万元。

(四) 资金存储。 2020年末,住房公积金存款9.66亿元。其中,活期0.98亿元,1年(含)以下定期7.1亿元,1年以上定期0亿元,其他(协定、通知存款等)1.58亿元。

(五) 资金运用率。 2020年末,住房公积金个人住房贷款余额、项目贷款余额和购买国债余额的总和占缴存余额的85%,比上年末增加3.27个百分点。

三、主要财务数据

(一) 业务收入。 2020年,业务收入17290.12万元,同比增长15.9%。存款利息1708.99万元,委托贷款利息15579.53万元,国债利息0万元,其他1.6万元。

(二) 业务支出。 2020年,业务支出9221.91万元,同比增长11.71%。支付职工住房公积金利息

8747.34万元，归集手续费126.44万元，委托贷款手续费347.72万元，其他0.41万元。

（三）增值收益。 2020年，增值收益8068.21万元，同比增长21.1%。增值收益率1.42%，比上年增加0.08个百分点。

（四）增值收益分配。 2020年，提取贷款风险准备金726.72万元，提取管理费用1366.02万元，提取城市廉租住房（公共租赁住房）建设补充资金5975.47万元。

2020年，上交财政管理费用1366.02万元。上缴财政城市廉租住房（公共租赁住房）建设补充资金5975.47万元。

2020年末，贷款风险准备金余额6856.85万元。累计提取城市廉租住房（公共租赁住房）建设补充资金31419.72万元。

（五）管理费用支出。 2020年，管理费用支出1494万元，同比下降0.19%。其中，人员经费1054.64万元，公用经费169.18万元，专项经费270.18万元。

四、资产风险状况

个人住房贷款。2020年末，个人住房贷款逾期额93.22万元，逾期率0.18‰。个人贷款风险准备金余额6856.85万元，2020年，使用个人贷款风险准备金核销呆坏账0万元。

五、社会经济效益

（一）缴存业务。 缴存职工中，国家机关和事业单位占81.73%，国有企业占11.28%，城镇集体企业占0.71%，外商投资企业占0.09%，城镇私营企业及其他城镇企业占2.99%，民办非企业单位和社会团体占0.27%，其他占2.93%；中、低收入占95.16%，高收入占4.84%。

新开户职工中，国家机关和事业单位占54.72%，国有企业占18.09%，城镇集体企业占1.39%，外商投资企业占0.5%，城镇私营企业及其他城镇企业占9.68%，民办非企业单位和社会团体占0.72%，其他占14.90%；中、低收入占100%，高收入占0%。

（二）提取业务。 提取金额中，购买、建造、翻建、大修自住住房占21.15%，偿还购房贷款本息占56.51%，租赁住房占0.54%，支持老旧小区改造占0%，其他占1.46%，离休和退休提取占17.04%，完全丧失劳动能力并与单位终止劳动关系提取占1.13%，出境定居占0.71%，其他占1.46%。提取职工中，中、低收入占100%，高收入占0%。

（三）贷款业务。 个人住房贷款。2020年，支持职工购建房42.12万平方米，年末个人住房贷款市场占有率（含公转商贴息贷款）为24.29%，比上年末减少0.89个百分点。通过申请住房公积金个人住房贷款，可节约职工购房利息支出4963.93万元。

职工贷款笔数中，购房建筑面积90（含）平方米以下占3.77%，90～144（含）平方米占80.55%，144平方米以上占15.68%。购买新房占86.56%（其中购买保障性住房占0%），购买二手房占11.93%，建造、翻建、大修自住住房占0.4%（其中支持老旧小区改造占0%），其他占1.11%。

职工贷款笔数中，单缴存职工申请贷款占27.94%，双缴存职工申请贷款占71.99%，三人及以上缴存职工共同申请贷款占0.07%。

贷款职工中，30岁（含）以下占36.17%，30岁～40岁（含）占35.15%，40岁～50岁（含）占

20.8%，50 岁以上占 7.88%；首次申请贷款占 80.12%，二次及以上申请贷款占 19.88%；中、低收入占 89.82%，高收入占 10.18%。

（四）**住房贡献率**。2020 年，个人住房贷款发放额、公转商贴息贷款发放额、项目贷款发放额、住房消费提取额的总和与当年缴存额的比率为 134.17%，比上年增加 16.86 个百分点。

六、其他重要事项

（一）**应对新冠肺炎疫情采取的措施，落实住房公积金阶段性支持政策情况和政策实施成效**。制定出台疫情期间阶段性支持政策，对疫情影响严重的企业，可申请缓缴住房公积金；对防疫一线缴存职工不能按时还款的，不作逾期处理、不计罚息。累计为 17 家企业 863 人缓缴 181.62 万元。

（二）**当年机构及职能调整情况、受委托办理缴存贷款业务金融机构变更情况**。邮政储蓄银行完成与市中心贷款业务数据接口建设，受委托办理贷款业务金融机构增加一家。

（三）**当年住房公积金政策调整及执行情况**。暂停自住住房装修、缴纳维修资金和物业管理费提取，明确线上提取渠道、业务类型及条件，调整重大疾病提取事项。

（四）**当年服务改进情况**。认真组织开展以案促改专题教育以及"作风大整饬"活动，充分结合实际，全面开展业务大排查工作，推进业务高质量发展，不断提高效率和工作效能。

（五）**当年信息化建设情况**。公积金系统数据迁入"政务云"，实现云储存。积极推进网上业务办理，实现五项业务"跨省通办"。

（六）**当年住房公积金经办中心及职工所获荣誉情况**。被市委、市政府评为"脱贫攻坚先进集体"，予以记功表彰，被市纪委监委评为"党风政风行风评议优秀单位"，取得两连优，被市政务服务中心评为"2020 年度政务服务红旗窗口"；刘志农同志被市政府评为脱贫攻坚"交友帮扶先进个人"。

商洛市住房公积金 2020 年年度报告

根据国务院《住房公积金管理条例》及住房和城乡建设部、财政部、人民银行《关于健全住房公积金信息披露制度的通知》（建金〔2015〕26 号）规定，现将商洛市住房公积金 2020 年年度报告公布如下。

一、机构概况

（一）**住房公积金管理委员会**。商洛市住房公积金管理委员会有 16 名委员，2020 年召开会议 1 次，审议通过的事项主要包括：

1.《2019 年年度报告》；

2.《2019 年住房公积金增值收益决算》；

3.《2020 年度住房公积金归集使用计划》；

4.《关于在西安银行商洛分行设立归集账户的报告》。

(二) 住房公积金管理中心。商洛市住房公积金管理中心为隶属于商洛市政府，不以营利为目的的参照公务员管理事业单位，设 3 个科室，8 个管理部。从业人员 119 人，其中，在编 119 人，非在编 0 人。

二、业务运行情况

(一) 缴存。2020 年，新开户单位 139 家，净增单位 153 家；新开户职工 0.67 万人，净增职工 0.7 万人；实缴单位 2385 家，实缴职工 9.57 万人，缴存额 14.08 亿元，分别同比增长 6.85%、7.77%、21.59%。2020 年末，缴存总额 96.58 亿元，同比增长 17.07%；缴存余额 51.93 亿元，同比增长 13.91%。

(二) 提取。2020 年，1.58 万名缴存职工提取住房公积金；提取额 7.74 亿元，同比增长 33.50%；提取额占当年缴存额的 54.96%，比上年增加 4.91 个百分点。2020 年末，提取总额 44.65 亿元，同比增长 20.97%。

(三) 贷款。

1. 个人住房贷款。个人住房贷款最高额度 55 万元。

2020 年，发放个人住房贷款 0.15 万笔、5.64 亿元，同比下降 11.76%、7.08%。回收个人住房贷款 4.00 亿元。

2020 年末，累计发放个人住房贷款 4.08 万笔、62.22 亿元，贷款余额 27.03 亿元，同比分别增长 3.82%、9.95%、6.46%。个人住房贷款余额占缴存余额的 52.05%，比上年减少 3.65 个百分点。受委托办理住房公积金个人住房贷款业务的银行 4 家。

2. 异地贷款。2020 年，发放异地贷款 62 笔、2418 万元。年末，发放异地贷款总额 3408 万元，异地贷款余额 3285.14 万元。

(四) 购买国债。无。

(五) 资金存储。2020 年末，住房公积金存款 23.61 亿元。其中，活期 1.96 亿元，1 年（含）以下定期 0 亿元，1 年以上定期 21.65 亿元。

(六) 资金运用率。2020 年末，住房公积金个人住房贷款余额、项目贷款余额和购买国债余额的总和占缴存余额的 52.05%，比上年减少 3.65 个百分点。

三、主要财务数据

(一) 业务收入。2020 年，业务收入 17363.20 万元，同比增长 13.08%。其中，存款利息 8674.35 万元，增值收益存款利息 165.96 万元，委托贷款利息 8518.06 万元，国债利息 0 万元，其他 4.83 万元。

(二) 业务支出。2020 年，业务支出 7352.50 万元，同比增长 12.85%。其中，支付职工住房公积金利息 7336.23 万元，归集手续费支出 0 万元，委托贷款手续费支出 16.06 万元，其他支出 0.21 万元。

(三) 增值收益。2020 年，增值收益 10010.71 万元，同比增长 13.24%；增值收益率 2.06%，比上年增长 0.03 个百分点。

(四) 增值收益分配。2020 年，提取贷款风险准备金 2703.28 万元，提取管理费用 1789.44 万元，提取城市廉租住房（公共租赁住房）建设补充资金 5517.99 万元。

2020 年，上交财政管理费用 1789.44 万元，上缴财政城市廉租住房（公共租赁住房）建设补充资金

4000万元。

2020年末,贷款风险准备金余额14845.46万元,累计提取城市廉租住房(公共租赁住房)建设补充资金18552.06万元。

(五)管理费用支出。2020年管理费用支出1913.14万元,同比增长4.89%,其中人员经费1511.82万元,公用经费224.89万元,专项经费176.43万元。

四、资产风险状况

(一)个人住房贷款。2020年末,个人住房贷款逾期额50.87万元,逾期率0.19‰。

2020年,提取个人贷款风险准备金2703.28万元,使用个人贷款风险准备金核销呆坏账3.68万元。2020年末,个人贷款风险准备金余额14845.46万元,占个人贷款余额的5.5%,个人贷款逾期额与个人贷款风险准备金余额的比率为0.34%。

(二)住房公积金支持保障性住房建设项目贷款。无。

(三)历史遗留风险资产。无历史遗留风险资产。

五、社会经济效益

(一)缴存业务。2020年,实缴单位数、实缴职工人数和缴存额增长率分别为6.85%、7.86%和21.56%。

缴存单位中,国家机关和事业单位占86.50%,国有企业占6.83%,城镇集体企业占1.47%,外商投资企业占0.38%,城镇私营企业及其他城镇企业占2.93%,民办非企业单位和社会团体占0.84%,个人自愿缴存占0.54%,其他占0.51%。

缴存职工中,国家机关和事业单位占79.82%,国有企业占15.01%,城镇集体企业占1.55%,外商投资企业占0.23%,城镇私营企业及其他城镇企业占2.54%,民办非企业单位和社会团体占0.32%,个人自愿缴存占0.46%,其他占0.07%;中收入占100%。

新开户职工中,国家机关和事业单位占53.05%,国有企业占22.77%,城镇集体企业占0.8%,外商投资企业占0.19%,城镇私营企业及其他城镇企业占4.44%,民办非企业单位和社会团体占1.75%,个人自愿缴存占16.68%,其他占0.32%;中收入占100%。

(二)提取业务。提取金额中,购买、建造、翻建、大修自住住房占41.27%,偿还购房贷款本息占18%,租赁住房占0.68%,其他消费住房提取占7.07%,离休和退休提取占19.66%,完全丧失劳动能力并与单位终止劳动关系提取占1.46%,户口迁出所在市或出境定居占0.02%,死亡或宣告死亡占1.08%,其他非消费住房提取占10.76%。

提取职工中,中收入占100%。

(三)贷款业务。

1.个人住房贷款。2020年,支持职工购建房23.73万平方米。年末个人住房贷款市场占有率为60.91%,与上年同期持平。通过申请住房公积金个人住房贷款,可节约职工购房利息支出约1071.35万元。

职工贷款笔数中,购房建筑面积90(含)平方米以下占3.05%,90~144(含)平方米占60.48%,

144平方米以上占36.47%。购买新房占97.83%（其中购买保障性住房占0.17%），购买二手房占0.57%，建造、翻建、大修自住住房占1.37%，其他占0.22%。

职工贷款笔数中，单缴存职工申请贷款占15.56%，双缴存职工申请贷款占84.36%，三人及以上缴存职工共同申请贷款占0.08%。

贷款职工中，30岁（含）以下占21.47%，30岁~40岁（含）占41.19%，40岁~50岁（含）占25.33%，50岁以上占12.01%；首次申请贷款占81.72%，二次及以上申请贷款占18.28%；中收入占100%。

2. 异地贷款。2020年，发放异地贷款62笔、2418万元。2020年末，累计发放异地贷款92笔、3408万元，异地贷款余额3285.14万元。

（四）住房贡献率。 2020年，个人住房贷款发放额、公转商贴息贷款发放额、项目贷款发放额、住房消费提取额的总和与当年缴存额的比率为76.92%，比上年下降13.18个百分点。

六、其他重要事项

（一）应对新冠肺炎采取的措施，落实住房公积金阶段性支持政策情况和政策实施效果。

1. 深入贯彻落实习近平总书记关于"疫情就是命令，防控就是责任"等一系列重要指示精神，以及中央、省、市关于新型冠状病毒感染的肺炎疫情防控部署要求，自觉服从服务于全市疫情防控工作大局，把疫情防控措施落实落细，迅速行动，主动作为，认真贯彻落实上级部门的决策部署，及时出台了《关于加强住房公积金服务保障决胜疫情防控阻击战的通知》，并在电视台、门户网站向社会公布。

2. 按照住房和城乡建设部文件要求，在7月1日前完成了新冠肺炎疫情期间171人逾期贷款不视为逾期、不计罚息、不列入失信名单的处理，因疫情影响造成171人的逾期贷款，已全部转为正常还款。

3. 对疫情防控一线工作人员简化业务办理流程，为863名疫情防控工作人员提取公积金4215.3万元。

4. 因受疫情影响，缓缴公积金的2家企业89名缴存职工，已在5月份恢复正常缴存，无企业因受疫情影响而提交缓缴公积金申请。

（二）当年住房公积金政策调整情况。

1.《关于加强住房公积金服务保障决胜疫情防控阻击战的通知》（商政金发〔2020〕1号）。

2.《关于2020—2021住房公积金年度缴存事项的通知》（商政金发〔2020〕53号）。

3.《关于明确个贷业务若干问题办理意见的通知》（商政金发〔2020〕59号）。

4.《关于印发〈个人住房公积金贷款期房楼盘备案审批规定〉的通知》（商政金发〔2020〕60号）。

（三）当年信息化建设情况。

1. 2020年6月5日对核心业务系统、综合服务平台进行了优化升级，为进一步提升服务效能提供有力支撑。

2. 2020年8月10日实现了民政部门婚姻登记信息数据共享。

3. 2020年9月2日取得信息系统安全等级保护三级备案证明，公积金核心业务数据安全得到有效保障。

4. 2020年12月15日商洛中心综合服务平台通过验收，退休提取、还公贷提取实现全程网办，逐步提高离柜率。

(四)当年住房公积金机构及从业人员所获荣誉情况。

1. "共享公积金,同圆住房梦"党建品牌被评为"优秀党建品牌"。
2. 市中心机关被评为市级文明单位标兵;镇安管理部被评为市级文明单位。
3. 商洛中心市直管理部多次位居商洛市政务服务大厅绩效考核流动红旗榜首,工作人员多次被评为优秀员工;商州管理部被政务服务大厅评为"红旗窗口"。

杨凌示范区住房公积金 2020 年年度报告

根据国务院《住房公积金管理条例》和住房和城乡建设部、财政部、人民银行《关于健全住房公积金信息披露制度的通知》(建金〔2015〕26 号)的规定,现将杨凌示范区住房公积金 2020 年年度报告公布如下。

一、机构概况

(一)住房公积金管理委员会。住房公积金管理委员会有 18 名委员,2020 年召开 1 次会议,审议通过的事项主要包括:《杨凌示范区住房公积金 2019 年年度报告》《杨凌示范区 2019 年住房公积金增值收益分配方案》《关于控制住房公积金流动性风险措施》和 2020 年的归集使用计划。

(二)住房公积金管理中心。杨凌示范区住房公积金管理中心为示范区住房和城乡建设局下属的不以营利为目的的全额拨款事业单位,从业人员 13 人,其中,在编 9 人,非在编 4 人。

二、业务运行情况

(一)缴存。2020 年,新开户单位 71 家,净增单位 28 家;新开户职工 0.33 万人,净增职工 0.56 万人;实缴单位 556 家,实缴职工 3.16 万人,缴存额 3.67 亿元,分别同比增长 5.3%、21.54%、4.86%。2020 年末,缴存总额 26.13 亿元,比上年末增加 16.39%;缴存余额 10.67 亿元,同比增长 19.89%。受委托办理住房公积金缴存业务的银行 6 家。

(二)提取。2020 年,0.71 万名缴存职工提取住房公积金;提取额 1.9 亿元,同比增长 7.34%;提取额占当年缴存额的 51.77%,比上年增加 1.2 个百分点。2020 年末,提取总额 15.45 亿元,比上年末增加 14.02%。

(三)贷款。

1. 个人住房贷款。单缴存职工个人住房贷款最高额度 40 万元,双缴存职工个人住房贷款最高额度 50 万元。

2020 年,发放个人住房贷款 0.09 万笔、2.88 亿元,同比分别增长 6.43%、10.34%。

2020 年,回收个人住房贷款 1.05 亿元。

2020 年末,累计发放个人住房贷款 0.87 万笔、15.85 亿元,贷款余额 10.17 亿元,分别比上年末增加 11.54%、22.21%、22.09%。个人住房贷款余额占缴存余额的 95.31%,比上年末增加 1.71 个百分点。受委托办理住房公积金个人住房贷款业务的银行3家。

2. 异地贷款。2020年，发放异地贷款444笔、12287万元。年末，发放异地贷款总额43874.5万元，异地贷款余额35739.70万元。

（四）购买国债。未购买国债。

（五）资金存储。2020年末，住房公积金存款0.66亿元。其中，1年（含）以下定期0.1亿元，1年以上定期0.25亿元，其他（协定、通知存款等）0.31亿元。

（六）资金运用率。2020年末，住房公积金个人住房贷款余额占缴存余额的95.31%，比上年末增加1.71个百分点。

三、主要财务数据

（一）业务收入。2020年，业务收入3204.46万元，同比增长24.23%。存款利息237.07万元，委托贷款利息2967.39万元。

（二）业务支出。2020年，业务支出1358.03万元，同比增长22.81%。支付职工住房公积金利息1352.98万元，归集手续费0万元，委托贷款手续费4.76万元，其他0.29万元。

（三）增值收益。2020年，增值收益1846.43万元，同比增长25.3%。增值收益率1.87%，比上年增加0.05个百分点。

（四）增值收益分配。2020年，提取贷款风险准备金183.14万元；提取管理费用1330.63万元，提取城市廉租住房（公共租赁住房）建设补充资金332.66万元。

2020年，上交财政管理费用512.12万元。上缴财政城市廉租住房（公共租赁住房）建设补充资金128.03万元。

2020年末，贷款风险准备金余额4172.61万元。累计提取城市廉租住房（公共租赁住房）建设补充资金1417.79万元。

（五）管理费用支出。管理费用支出：2020年，管理费用支出313万元，同比增长40.42%。其中，人员经费196万元，公用经费25.3万元，专项经费91.7万元。

四、资产风险状况

个人住房贷款。2020年末，个人住房贷款逾期额0万元，逾期率0‰。个人贷款风险准备金余额4172.61万元。使用个人贷款风险准备金核销呆坏账0万元。

五、社会经济效益

（一）缴存业务。缴存职工中，国家机关和事业单位占40.75%，国有企业占28.29%，城镇集体企业占0.06%，外商投资企业占5.02%，城镇私营企业及其他城镇企业占22.22%，民办非企业单位和社会团体占0.13%，其他占3.53%；中、低收入占97.9%，高收入占2.1%。

新开户职工中，国家机关和事业单位占26.97%，国有企业占18.6%，城镇集体企业占0.03%，外商投资企业占4.59%，城镇私营企业及其他城镇企业占31.43%，民办非企业单位和社会团体占0.22%，其他占18.16%；中、低收入占99.67%，高收入占0.33%。

（二）提取业务。 提取金额中，购买、建造、翻建、大修自住住房占 33.98%，偿还购房贷款本息占 44.76%，租赁住房占 0.76%，离休和退休提取占 13.36%，完全丧失劳动能力并与单位终止劳动关系提取占 4.36%，出境定居占 0.42%，其他占 2.36%。提取职工中，中、低收入占 98.5%，高收入占 1.5%。

（三）贷款业务。 2020 年，支持职工购建房 10.9 万平方米，年末个人住房贷款市场占有率为 19.34%，比上年末减少 1.08 个百分点。通过申请住房公积金个人住房贷款，可节约职工购房利息支出 3983.89 万元。

职工贷款笔数中，购房建筑面积 90（含）平方米以下占 10.55%，90～144（含）平方米占 78.46%，144 平方米以上占 10.99%。购买新房 89.34%，购买二手房占 10.66%。

职工贷款笔数中，单缴存职工申请贷款占 41.76%，双缴存职工申请贷款占 58.24%。

贷款职工中，30 岁（含）以下占 27.84%，30 岁～40 岁（含）占 38.83%，40 岁～50 岁（含）占 26.55%，50 岁以上占 6.78%；首次申请贷款占 95.44%，二次及以上申请贷款占 4.56%；中、低收入占 97.66%，高收入占 2.34%。

（四）住房贡献率。 2020 年，个人住房贷款发放额和住房消费提取额的总和与当年缴存额的比率为 119.62%，比上年减少 1.26 个百分点。

六、其他重要事项

（一）2020 年初受新冠肺炎疫情影响，中心及时出台《关于应对新冠肺炎疫情影响住房公积金支持政策措施的通知》，缴存单位和缴存职工可缓交住房公积金，缓交期间不影响职工住房公积金贷款。办理缓交住房公积金企业 38 家，涉及缴存职工 4387 人，缓交职工申请住房公积金贷款 79 笔、2369 万元。

（二）2020 年公积金中心受委托办理受委托办理缴存贷款业务金融机构无变化。

（三）当年住房公积金政策调整及执行情况。

1. 根据陕西省住房和城乡建设厅、财政厅《关于加强和规范住房公积金缴存管理的通知》（陕建发〔2013〕167 号）文件规定及杨凌示范区统计局公布的杨凌示范区 2019 年在岗职工平均工资，杨凌示范区职工 2020 年住房公积金月缴存基数最高不得超过杨凌示范区在岗职工月平均工资的 3 倍，即 19291 元；职工月缴存基数下限不得低于杨凌示范区最低工资标准。

缴存比例。单位和职工住房公积金缴存比例均不应低于 5%，不得高于 12%，同一缴存单位内职工应当执行相同缴存比例。

2. 当年住房公积金存贷款利率调整及执行情况。5 年以上 3.25%，5 年以下（含 5 年）2.75%；按照缴存职工以家庭为单位，二次申请使用住房公积金贷款的，首付比例调整不得低于 50%，个人住房公积金贷款利率根据贷款年限上浮 10%。贷款年限 5 年以内（含 5 年）的个人住房公积金贷款利率为 3.025%；贷款年限 5 年以上的个人住房公积金贷款利率为 3.575%。

（四）当年服务改进情况。住房公积金综合服务平台通过住房和城乡建设部专家组验收，平台功能基本能够满足当前住房公积金业务实际，开通了住房公积金还贷提取、对冲还贷等线上业务，方便了缴存职工提取个人住房公积金。

（五）当年住房公积金管理中心及职工所获荣誉情况。2020 年度中心获得示范区政务服务中心先进窗口单位，中心 1 名同志荣获先进窗口工作人员。

2020 全国住房公积金年度报告汇编

青海省

西宁
海东市
海北藏族自治州
黄南藏族自治州
海南藏族自治州
果洛藏族自治州
玉树藏族自治州
海西蒙古族藏族自治州

青海省住房公积金 2020 年年度报告

根据国务院《住房公积金管理条例》和住房和城乡建设部、财政部、人民银行《关于健全住房公积金信息披露制度的通知》（建金〔2015〕26 号）规定，现将青海省住房公积金 2020 年年度报告汇总公布如下。

一、机构概况

（一）住房公积金管理机构。全省共设 8 个设区城市住房公积金管理中心，1 个独立设置的分中心（其中，省直分中心隶属青海省住房和城乡建设厅）和 1 个行业中心。从业人员 386 人，其中，在编 223 人，非在编 163 人。

（二）住房公积金监管机构。省住房和城乡建设厅、财政厅和人民银行西宁中心支行负责对本省住房公积金管理运行情况进行监督。省住房和城乡建设厅设立住房公积金监管处，负责辖区住房公积金日常监管工作。

二、业务运行情况

（一）缴存。2020 年，新开户单位 1340 家，净增单位 914 家；新开户职工 4.9 万人，净增职工 1.21 万人；实缴单位 10650 家，实缴职工 55.73 万人，缴存额 127.08 亿元，分别同比增长 9.39%、2.22%、7.91%。2020 年末，缴存总额 1007.81 亿元，比上年末增加 14.43%；缴存余额 345.39 亿元，同比增长 4.75%。

（二）提取。2020 年，33.82 万名缴存职工提取住房公积金；提取额 111.42 亿元，同比增长 12.97%；提取额占当年缴存额的 87.68%，比上年增加 3.92 个百分点。2020 年末，提取总额 662.42 亿元，比上年末增加 20.22%。

（三）贷款。

1. 个人住房贷款。2020 年，发放个人住房贷款 1.92 万笔、86.19 亿元，同比增长 10.98%、22.1%。回收个人住房贷款 49.93 亿元。

2020 年末，累计发放个人住房贷款 29.12 万笔、614.11 亿元，贷款余额 284.07 亿元，分别比上年末增加 7.02%、16.33%、14.634%。个人住房贷款余额占缴存余额的 82.25%，比上年末增加 7.1 个百分点。

2020 年，支持职工购建房 167.5 万平方米。年末个人住房贷款市场占有率（含公转商贴息贷款）为 39.18%，比上年末减少 4.04 个百分点。通过申请住房公积金个人住房贷款，可节约职工购房利息支出 117335 万元。

2. 异地贷款。2020 年，发放异地贷款 2373 笔、101291.4 万元。2020 年末，发放异地贷款总额 687161.02 万元，异地贷款余额 425553.64 万元。

3. 公转商贴息贷款。2020 年，发放公转商贴息贷款 2375 笔、80056.16 万元，支持职工购建房面积 26.77 万平方米。当年贴息额 40.45 万元。2020 年末，累计发放公转商贴息贷款 2375 笔、80056.16 万元，累计贴息 40.45 万元。

（四）**购买国债**。无。

（五）**融资**。2020 年，融资 0.18 亿元，归还 3.82 亿元。2020 年末，融资总额 4.93 亿元，融资余额 0.43 亿元。

（六）**资金存储**。2020 年末，住房公积金存款 56.26 亿元。其中，活期 4.47 亿元，1 年（含）以下定期 22.53 亿元，1 年以上定期 18.43 亿元，其他（协定、通知存款等）10.83 亿元。

（七）**资金运用率**。2020 年末，住房公积金个人住房贷款余额、项目贷款余额和购买国债余额的总和占缴存余额的 82.25%，比上年末增加 7.1 个百分点。

三、主要财务数据

（一）**业务收入**。2020 年，业务收入 124498.24 万元，同比增长 19.82%。其中，存款利息 38456.17 万元，委托贷款利息 86004.89 万元，国债利息 0 万元，其他 37.18 万元。

（二）**业务支出**。2020 年，业务支出 50576.78 万元，同比下降 10.13%。其中，支付职工住房公积金利息 42134.48 万元，归集手续费 4855.61 万元，委托贷款手续费 3542.87 万元，其他 43.82 万元。

（三）**增值收益**。2020 年，增值收益 73921.46 万元，同比增长 55.22%；增值收益率 2.17%，比上年增加 0.7 个百分点。

（四）**增值收益分配**。2020 年，提取贷款风险准备金 31902.25 万元，提取管理费用 6746.28 万元，提取城市廉租住房（公共租赁住房）建设补充资金 35656.49 万元。

2020 年，上交财政管理费用 3741.91 万元，上缴财政城市廉租住房（公共租赁住房）建设补充资金 22544.22 万元。

2020 年末，贷款风险准备金余额 194971.62 万元，累计提取城市廉租住房（公共租赁住房）建设补充资金 115310.55 万元。

（五）**管理费用支出**。2020 年，管理费用支出 7233.06 万元，同比下降 11.57%。其中，人员经费 4741.49 万元，公用经费 838.11 万元，专项经费 1653.46 万元。

四、资产风险状况

个人住房贷款。2020 年末，个人住房贷款逾期额 1200.66 万元，逾期率 0.42‰，个人贷款风险准备金余额 194971.42 万元。2020 年，使用个人贷款风险准备金核销呆坏账 0 万元。

五、社会经济效益

（一）**缴存业务**。缴存职工中，国家机关和事业单位占 45.64%，国有企业占 34.53%，城镇集体企业占 1.97%，外商投资企业占 1.09%，城镇私营企业及其他城镇企业占 9.27%，民办非企业单位和社会团体占 0.71%，灵活就业人员占 0.99%，其他占 5.8%；中、低收入占 97.53%，高收入占 2.47%。

新开户职工中，国家机关和事业单位占 32.81%，国有企业占 22.19%，城镇集体企业占 3.32%，外商投资企业占 1.37%，城镇私营企业及其他城镇企业占 22.37%，民办非企业单位和社会团体占 2.19%，灵活就业人员占 4.62%，其他占 11.13%；中、低收入占 99.76%，高收入占 0.24%。

(二)提取业务。提取金额中,购买、建造、翻建、大修自住住房占40.76%,偿还购房贷款本息占31.8%,租赁住房占1.57%,支持老旧小区改造提取占0%;离休和退休提取占18.02%,完全丧失劳动能力并与单位终止劳动关系提取占2.06%,出境定居占0.1%,其他占5.69%。提取职工中,中、低收入占98.97%,高收入占1.03%。

(三)贷款业务。

个人住房贷款。职工贷款笔数中,购房建筑面积90(含)平方米以下占17.11%,90~144(含)平方米占71.21%,144平方米以上占11.68%。购买新房占75.28%(其中购买保障性住房占0.09%),购买二手房占22.79%,建造、翻建、大修自住住房占0%(其中支持老旧小区改造占0%),其他占1.93%。

职工贷款笔数中,单缴存职工申请贷款占45.18%,双缴存职工申请贷款占54.81%,三人及以上缴存职工共同申请贷款占0.01%。

贷款职工中,30岁(含)以下占44%,30岁~40岁(含)占34.31%,40岁~50岁(含)占17.93%,50岁以上占3.76%;首次申请贷款占77.53%,二次及以上申请贷款占22.47%;中、低收入占97.92%,高收入占2.08%。

(四)住房贡献率。2020年,个人住房贷款发放额、公转商贴息贷款发放额、项目贷款发放额、住房消费提取额的总和与当年缴存额的比率为135.71%,比上年增加10.64个百分点。

六、其他重要事项

(一)应对新冠肺炎疫情采取的政策措施及成效。一是印发《关于疫情防控期间做好全省住房公积金行业相关工作的通知》,对住房公积金行业疫情防控及管理工作提出了明确要求,指导各住房公积金管理中心开展消毒防护、优化业务办理、加强宣传引导等工作。二是会同省财政厅、人民银行西宁中心支行下发《关于妥善应对新冠肺炎疫情贯彻落实住房公积金阶段性支持政策的通知》(青建房〔2020〕58号),要求各地严格执行住房公积金阶段性支持政策规定,有效提升服务效能,加强政策宣传舆情引导,及时评估政策实施效果,督促各地把阶段性支持政策落到实处。疫情期间,全省累计为受疫情影响的178家企业38881名职工缓缴了住房公积金,缓缴金额达15173万元。对受疫情影响的201笔无法正常还款的职工贷款予以不作逾期处理,涉及应还未还本金额92.38万元,贷款余额5609.37万元。为缓缴企业中的141位申请贷款职工审批发放5719万元住房公积金贷款。有效减轻了疫情给企业带来的生产经营压力,解决了缴存单位和职工的后顾之忧,保障了缴存职工权益,为促进经济社会发展贡献了行业力量。

(二)当年住房公积金政策调整情况。一是印发《2020年全省住房公积金工作要点》(青建房〔2020〕33号),围绕住房公积金制度改革、加强行业监管、防范资金风险、提高信息化服务水平等方面对各地住房公积金管理中心提出了具体工作要求。二是在省委省政府印发的《青海省关于建立房地产市场平稳健康发展城市主体责任制的实施意见》中明确了住房公积金贷款政策,并对提取量较大的直系亲属互提住房公积金政策进行了调整,合理缩小资金提取规模,缓解了流动资金紧张局面。

(三)当年开展监督检查情况。一是持续开展住房公积金电子稽查工作。充分利用住房公积金电子稽查工具,组织各地全面排查住房公积金风险隐患。对电子稽查报告中的风险隐患疑点及明细逐条逐项梳理,认真进行整改,及时研究采取了防控措施。二是省厅在各中心全面自查基础上,抽调住房公积金行业业务骨干对全省住房公积金管理中心政策标准执行、资金规范管理、业务服务提升、廉政风险防控等情况实地开展了专项检查。并对检查发现的问题进行了梳理和通报，督促各中心不断强化管理服务工作。

（四）当年服务改进情况。组织开展住房公积金行业"人员大培训、岗位大练兵、环境大整治"活动，各中心以住房公积金业务培训、服务培训及拓展培训等专题培训形式，围绕住房公积金政策知识、岗位操作等开展包括缴存、提取、贷款、财务管理、稽核审计、信息化、档案管理等培训。同时，针对中心及受委托银行住房公积金窗口服务人员开展了业务系统操作技能大比武、服务礼仪测评等活动。

（五）当年信息化建设情况。一是下发《关于做好住房公积金服务"跨省通办"工作的通知》（建房〔2020〕6号），组织各地年内实现了个人住房公积金缴存贷款等信息查询、出具贷款职工住房公积金缴存使用证明、正常退休提取住房公积金等3项服务事项"跨省通办"。二是完成对西宁住房公积金综合服务平台的验收工作。省厅抽调人员组成检查验收组，通过听取汇报、查看资料、系统演示、质询答疑以及合议等环节对中心综合服务平台进行了检查，中心最终以优秀等级通过综合服务平台验收。三是与公安、民政、自然资源等相关部门推进信息互联互通工作，通过数据接口等方式实现了期房网签、个人身份、婚姻信息、不动产等信息的联网核查。同时，成功向人民银行校验并报送了全省住房公积金贷款信用数据，实现了我省住房公积金征信数据全覆盖。

（六）当年住房公积金机构及从业人员所获荣誉情况。西宁中心被青海省妇联授予"青海省城乡妇女岗位建功先进集体"荣誉称号；被青海省省直机关事务管理局和青海省水利厅授予"青海省公共机构节水型单位"荣誉称号；被中共西宁市直属机关工作委员会确定为"市直机关党建教学点"；被西宁市总工会授予"西宁市先进职工之家"荣誉称号；全市年度目标责任绩效考核和党风廉政建设责任制考核中获得"优秀领导班子"通报表彰。

省直分中心经复查通过，继续保留"全国文明单位"荣誉称号。

海北中心被海北州政务服务监督管理局授予"文明窗口"称号；中心财务部主任吉汉菊被海北州妇女联合会评为海北州三八红旗手；中心财务部会计宋吉芳被海北州总工会评为海北州优秀工会工作者。

海西中心被海西州政务服务监督管理局评为"文明窗口单位"；中心副主任许若军同志根据组织安排前往疫情防控一线参与疫情防控工作，获得州委组织部通报表扬。

果洛中心公积金窗口被果洛州行政服务和公共资源交易中心连续四年评为"优秀窗口"，窗口两名工作人员评为"先进个人"和"党员先锋岗"。

西宁住房公积金 2020 年年度报告

根据国务院《住房公积金管理条例》和住房和城乡建设部、财政部、人民银行《关于健全住房公积金信息披露制度的通知》（建金〔2015〕26号）的规定，经住房公积金管理委员会审议通过，现将西宁住房公积金 2020 年年度报告公布如下。

一、机构概况

（一）住房公积金管理委员会。西宁住房公积金管理委员会有18名委员，2020年召开2次会议，审议通过的事项主要包括：一是2019年住房公积金管理工作报告；二是2019年住房公积金归集使用计划完成情况及2020年归集使用计划；三是2019年住房公积金增值收益分配情况及2020年增值收益分配计划；四是原则同意在西宁地区开办住房公积金公转商贴息贷款业务及实施细则。

青海油田住房公积金管理委员会有19名委员，2020年召开1次会议，审议通过的事项主要包括：一是青海油田住房公积金管理中心2019年工作汇报；二是《青海油田住房公积金管理办法》；三是2020年度住房公积金增值收益分配的意见；四是青海油田住房公积金管理中心2020年中心管理费用预算；五是《关于调整青海油田住房公积金管理委员会成员的通知》；六是《2019年城市公积金年度报告》。

（二）住房公积金管理中心。西宁住房公积金管理中心为直属于西宁市人民政府不以营利为目的的公益一类事业单位，设10个科，5个管理部，1个分中心。从业人员90人，其中，在编70人，非在编20人。西宁中心市本级与铁路分中心财务进行统一核算。

西宁住房公积金管理中心省直分中心为直属于青海省住房和城乡建设厅不以营利为目的的公益一类事业单位，设5个科，从业人员28人，其中，在编18人，非在编10人。

青海油田住房公积金管理中心为青海油田公司不以营利为目的的直属单位，设4个科，1个管理部，0个分中心。从业人员17人，其中，在编17人，非在编0人。

二、业务运行情况

（一）缴存。2020年，新开户单位987家，净增单位811家；新开户职工3.51万人，净增职工0.74万人；实缴单位5191家，实缴职工35.54万人，缴存额77.83亿元，分别同比增长18.52%、2.13%、7.22%。2020年末，缴存总额636.78亿元，比上年末增加13.93%；缴存余额209.49亿元，同比增长4.86%。受委托办理住房公积金缴存业务的银行5家。

（二）提取。2020年，22.58万名缴存职工提取住房公积金；提取额68.12亿元，同比增长11.02%；提取额占当年缴存额的87.52%，比上年增加2.99个百分点。2020年末，提取总额427.29亿元，比上年末增加18.97%。

（三）贷款。

1. 个人住房贷款。个人住房贷款最高额度50万元，不区分单双职工家庭。对信用状况良好的职工其贷款额度可在最高额度的基础上适度上浮，上浮比例控制在20%以内，最高贷款额度可达60万元。

2020年，发放个人住房贷款1.11万笔、51.36亿元，同比分别增长15.63%、30.72%。其中，市中心发放个人住房贷款0.65万笔、29.75亿元，铁路分中心发放个人住房贷款0.06万笔、3.06亿元，省直分中心发放个人住房贷款0.36万笔、17.35亿元，油田中心发放个人住房贷款0.04万笔、1.20亿元。

2020年，回收个人住房贷款31.78亿元。其中，市中心18.32亿元，铁路分中心3.36亿元，省直分中心8.99亿元，油田中心1.11亿元。

2020年末，累计发放个人住房贷款15.46万笔、352.67亿元，贷款余额176.94亿元，分别比上年末增加7.74%、17.05%、12.44%。个人住房贷款余额占缴存余额的84.46%，比上年末增加5.69个百分点。其中，西宁中心94.58%，省直分中心98.98%，油田中心12.79%。受委托办理住房公积金个人住房贷款业务的银行15家。

2. 异地贷款。2020年，发放异地贷款802笔、33253.7万元。2020年末，发放异地贷款总额441383.44万元，异地贷款余额223944.54万元。

3. 公转商贴息贷款。2020年11月起西宁中心发放公转商贴息贷款，截至年底累计发放公转商贴息贷款2375笔、80056.16万元，累计贴息40.45万元。

（四）购买国债。无。

（五）资金存储。2020年末，住房公积金存款43.91亿元。其中，活期0.34亿元，1年（含）以下定期10.75亿元，1年以上定期29.65亿元，其他（协定、通知存款等）3.17亿元。

（六）资金运用率。2020年末，住房公积金个人住房贷款余额、项目贷款余额和购买国债余额的总和占缴存余额的84.46%，比上年末增加5.69个百分点。

三、主要财务数据

（一）业务收入。2020年，业务收入78737.31万元，同比增长18.91%。其中，西宁中心37495.46万元，省直分中心30516.87万元，油田中心10724.98万元；存款利息23994.65万元，委托贷款利息54738.38万元，国债利息0万元，其他4.28万元。

（二）业务支出。2020年，业务支出21896.17万元，同比下降31.26%。其中，西宁中心4276.17万元，省直分中心13160.32万元，油田中心4459.68万元；支付职工住房公积金利息16276.84万元，归集手续费3172.63万元，委托贷款手续费2405.58万元，其他41.12万元。

（三）增值收益。2020年，增值收益56841.14万元，同比增长65.41%。其中，西宁中心33219.29万元，省直分中心17356.55万元，油田中心6265.30万元；增值收益率2.75%，比上年增加1个百分点。

（四）增值收益分配。2020年，提取贷款风险准备金20915.66万元，提取管理费用2994.74万元，提取城市廉租住房（公共租赁住房）建设补充资金33284.30万元。

2020年，上交财政管理费用1864万元。上缴财政城市廉租住房（公共租赁住房）建设补充资金20000.01万元。其中，西宁中心上缴20000.01万元，省直分中心上缴0万元，油田中心上缴0万元。

2020年末，贷款风险准备金余额129967.71万元。累计提取城市廉租住房（公共租赁住房）建设补充资金96501.71万元。其中，西宁中心提取38132.76万元，省直分中心提取31365.39万元，油田中心提取27003.56万元。

（五）管理费用支出。2020年，管理费用支出3591.87万元，同比下降19.15%。其中，人员经费2220.66万元，公用经费197.70万元，专项经费1173.51万元。

西宁中心管理费用支出2032.74万元，其中，人员、公用、专项经费分别为1242.42万元、55.76万元、734.56万元；省直分中心管理费用支出806.6万元，其中，人员、公用、专项经费分别为346.17万元、21.48万元、438.95万元；油田中心管理费用支出752.53万元，其中，人员、公用、专项经费分别为632.07万元、120.46万元、0万元。

四、资产风险状况

个人住房贷款。2020年末，个人住房贷款逾期额281.52万元，逾期率0.16‰，其中，西宁中心

0.17‰，省直分中心 0.10‰，油田中心 0.90‰。个人贷款风险准备金余额 129,967.71 万元。2020 年，使用个人贷款风险准备金核销呆坏账 0 万元。

五、社会经济效益

（一）缴存业务。缴存职工中，国家机关和事业单位占 34.29%，国有企业占 42.37%，城镇集体企业占 1.86%，外商投资企业占 1.55%，城镇私营企业及其他城镇企业占 13.06%，民办非企业单位和社会团体占 0.9%，灵活就业人员占 1.18%，其他占 4.79%；中、低收入占 97.87%，高收入占 2.13%。

新开户职工中，国家机关和事业单位占 22.15%，国有企业占 24.94%，城镇集体企业占 3.15%，外商投资企业占 1.77%，城镇私营企业及其他城镇企业占 29.60%，民办非企业单位和社会团体占 2.69%，灵活就业人员占 5.56%，其他占 10.14%；中、低收入占 99.85%，高收入占 0.15%。

（二）提取业务。提取金额中，购买、建造、翻建、大修自住住房占 38.81%，偿还购房贷款本息占 32.70%，租赁住房占 0.70%，支持老旧小区改造占 0%，离休和退休提取占 18.95%，完全丧失劳动能力并与单位终止劳动关系提取占 2.53%，出境定居占 0.06%，其他占 6.25%。提取职工中，中、低收入占 99.71%，高收入占 0.29%。

（三）贷款业务。

个人住房贷款。2020 年，支持职工购建房 115.12 万平方米（含公转商贴息贷款），年末个人住房贷款市场占有率（含公转商贴息贷款）为 33.42%，比上年末减少 2.51 个百分点。通过申请住房公积金个人住房贷款，可节约职工购房利息支出 85,670.26 万元。

职工贷款笔数中，购房建筑面积 90（含）平方米以下占 22.60%，90~144（含）平方米占 68.44%，144 平方米以上占 8.96%。购买新房占 70.83%（其中购买保障性住房占 0.22%），购买二手房占 25.84%，建造、翻建、大修自住住房占 0%（其中支持老旧小区改造占 0%），其他占 3.33%。

职工贷款笔数中，单缴存职工申请贷款占 47.36%，双缴存职工申请贷款占 52.64%，三人及以上缴存职工共同申请贷款占 0%。

贷款职工中，30 岁（含）以下占 46.90%，30 岁~40 岁（含）占 35.08%，40 岁~50 岁（含）占 15.46%，50 岁以上占 2.56%；首次申请贷款占 77.15%，二次及以上申请贷款占 22.85%；中、低收入占 99.14%，高收入占 0.86%。

（四）住房贡献率。2020 年，个人住房贷款发放额、公转商贴息贷款发放额、项目贷款发放额、住房消费提取额的总和与当年缴存额的比率为 132.71%，比上年增加 14.91 个百分点。

六、其他重要事项

（一）应对新冠肺炎疫情采取的措施，落实住房公积金阶段性支持政策情况和政策实施成效。

1. 西宁中心。新冠肺炎疫情发生后，认真贯彻落实并细化阶段性支持政策和措施，累计为 150 家单位办理缓缴申请，为企业缓解资金压力达 8880.82 万元，助力企业复工复产。延长部分业务提取时限，开通预约办理、容缺办理、承诺办理等绿色通道。为 107 名因疫情缓缴单位职工发放个人住房公积金贷款 3965.30 万元，未按逾期处理的贷款 1 笔。

2. 省直分中心。严格落实疫情服务保障的政策和措施，疫情期间及时为符合政策支持条件的 7 家单位办理了住房公积金缓缴业务,同时对 177 户职工,87.85 万元应还本金未作逾期处理,且不作为逾期记录报送。

(二)当年机构及职能调整情况、受委托办理缴存贷款业务金融机构变更情况。当年机构及职能未作调整;西宁中心受委托办理贷款业务比上年新增民生银行、华夏银行 2 家金融机构。省直分中心受委托办理贷款业务比上年新增华夏银行和青海西宁农村商业银行 2 家金融机构。

(三)当年住房公积金政策调整及执行情况,包括当年缴存基数限额及确定方法、缴存比例等缴存政策调整情况;当年提取政策调整情况;当年个人住房贷款最高贷款额度、贷款条件等贷款政策调整情况;当年住房公积金存贷款利率执行标准等;支持老旧小区改造政策落实情况。

1. 西宁中心。住房公积金缴存基数为职工本人上一年度月平均工资。缴存基数上限按 2020 年度全省在岗职工月平均工资 3 倍的要求确定为 22731 元;缴存基数下限按人社部门公布的 2020 年度最低月工资标准确定为 1700 元。缴存基数调整实现网上申报审批。深入开展"送政策进单位"活动,全年新增缴存单位数 930 家、新增缴存职工数 5425 人、新增缴存额 397.85 万元,再创历史新高。持续深化"放管服"改革,优化营商环境,精简退休、二次还贷等 4 项提取业务流程。进一步落实加装电梯提取政策,支持老旧小区改造。防范资金流动性风险,开办公转商贴息贷款业务。

2. 省直分中心。住房公积金缴存基数为职工本人上一年度月平均工资。缴存基数上限按 2020 年度全省在岗职工月平均工资 3 倍的要求确定为 22731 元;缴存基数下限按人社部门公布的 2020 年度最低月工资标准确定为 1700 元。行政、全额和差额预算事业单位职工个人住房公积金缴存比例为 10%,单位缴存比例为 12%;企业单位(含自收自支事业单位)职工个人和单位缴存比例均为 12%。

为适应社会经济发展和人口老龄化,完善我省既有多层住宅建筑使用功能,我中心增加了加装电梯提取,方便职工生活。

3. 油田中心。2020 年 7 月根据《住房公积金管理条例》和建金管〔2005〕5 号文规定调整了住房公积金的缴存基数,缴存基数为职工上一年度月平均工资。2019 年青海省海西州在岗职工社会平均工资 8769.17 元/月,月平均工资超过海西州月平均工资 300%的,按海西州月平均工资的 300%核定缴存基数,缴存基数上限为 26307 元,缴存基数下限按不低于青海省最低工资标准 1700 元核定。

(四)当年服务改进情况,包括推进住房公积金服务"跨省通办"工作情况,服务网点、服务设施、服务手段、综合服务平台建设和其他网络载体建设服务情况等。

1. 西宁中心。在全省率先推行"一窗受理"综合柜员制,打破不同业务窗口壁垒,所有窗口均能受理归集、提取、贷款等全部业务。开通"贷款直通车",延伸贷款业务至大型楼盘销售现场,科学调整网点布局,增设标准化业务网点,打造"家门口的住房公积金",进一步缩短缴存单位和缴存职工办事距离,缩小"办事圈"。按照住房和城乡建设部"跨省通办"的要求,购房提取等 8 项业务实现跨省通办,超前完成 2021 年的 5 项跨省通办事项。与兰州住房公积金管理中心签订《推动兰西城市群建设住房公积金合作备忘录》,推进两地住房公积金多领域深入合作。全省首家建成住房公积金服务效能监管平台,促进服务提质增效。

2. 省直分中心。落实国务院、住房和城乡建设部、省政府和省市场监督管理局关于住房公积金"跨省通办"及优化营商环境的要求,积极与省电子政务办等部门对接接口开发工作,年底前实现了"个人住房公积金缴存贷款等信息查询""出具贷款职工住房公积金缴存使用证明""正常退休提取住房公积金"和

"住房公积金单位登记开户"4项高频政务服务事项跨省办理。拓展综合服务平台功能，完成单位网上业务大厅升级改造，开通单位汇补缴、变更清册、同城转移和单位及个人信息变更等功能，实现公积金归集业务网厅全覆盖。

3. 油田中心。2020年11月根据建金办〔2020〕53号文规定做好住房公积金服务"跨省通办"工作要求，截至2020年12月25日前中心在微信"青海公积金12329"开通个人住房公积金缴存贷款等信息查询、出具贷款职工住房公积金缴存使用证明、正常退休提取住房公积金全程网办业务。

（五）当年信息化建设情况，包括信息系统升级改造情况，基础数据标准贯彻落实和结算应用系统接入情况等。

1. 西宁中心。与大数据局、房产、公安、民政、税务等相关部门推进信息互联互通工作，通过数据接口等方式实现了期房网签、个人身份、婚姻信息、不动产发票等信息的联网核查。同时中心住房公积金数据被"青信融"平台、发展改革委社会信用平台等部门共享使用，为全市社会信用体系建设提供了数据支撑。并与人民银行实现征信系统联网，向人民银行征信系统报送公积金缴存数据，同时开通征信查询权限。开通了单位网上自主开户渠道，实现开户网上办理，营商环境进一步优化。进一步完善综合服务平台功能和优化各服务渠道流程，综合服务平台以"优秀"等次通过建设厅检查验收，业务由线下转向线上，柜台从有形到无形，服务渠道从单一转向多元化，建成了以设计标准化、渠道多元化、管理一体化为特点的"智慧公积金"平台。对"机器人家家"智能应答数据库进行优化升级，促进线上线下解答引导服务更加精准智能。

2. 省直分中心。住房公积金12329综合服务平台分别于2020年4月、12月开通我中心单位网厅、个人网厅，年内已完成微信全部提取功能上线。根据征信一口式报送要求，2020年7月，向人民银行成功校验和报送了全省10家公积金中心贷款信用数据，实现了我省公积金征信数据全覆盖。加强省级住房公积金数据共享平台建设，积极对接省公安厅、省民政厅、省自然资源厅和省发展改革委，通过省电子政务办青海省政务数据共享平台，实现与民政、公安、不动产登记和房产交易部门的数据共享，同时，为增加服务功能，在门户网站、12329微信公众号中提供智能机器人7×24不间断咨询服务。

（六）当年住房公积金管理中心及职工所获荣誉情况，包括：文明单位（行业、窗口）、青年文明号、工人先锋号、五一劳动奖章（劳动模范）、三八红旗手（巾帼文明岗）、先进集体和个人等。

1. 西宁中心。2020年1月被青海省省直机关事务管理局和青海省水利厅授予"青海省公共机构节水型单位"荣誉称号。

2020年3月被青海省妇联授予"青海省城乡妇女岗位建功先进集体"荣誉称号。

2020年7月被中共西宁市直属机关工作委员会确定为"市直机关党建教学点"。

2020年10月被西宁市总工会授予"西宁市先进职工之家"荣誉称号。

在2020年度全市目标责任绩效考核和党风廉政建设责任制考核中均获得"优秀领导班子"通报表彰。

2. 省直分中心。2020年全国文明单位复查通过，我中心继续保留"全国文明单位"荣誉称号。

（七）当年对违反《住房公积金管理条例》和相关法规行为进行行政处罚和申请人民法院强制执行情况。无。

（八）当年对住房公积金管理人员违规行为的纠正和处理情况等。无。

（九）其他需要披露的情况。无。

海东市住房公积金 2020 年年度报告

根据《住房公积金管理条例》和住房和城乡建设部、财政部、人民银行《关于健全住房公积金信息披露制度的通知》（建金〔2015〕26 号）的规定，经住房公积金管理委员会审议通过，现将海东市住房公积金 2020 年年度报告公布如下。

一、机构概况

（一）住房公积金管理委员会。住房公积金管理委员会有 23 名委员，2020 年召开 1 次会议，审议通过的事项主要包括：《关于 2019 年全市住房公积金归集使用计划收支预算及政府性基金收支预算执行情况的报告》《关于 2020 年全市住房公积金归集使用计划及收支预算的报告》。

（二）住房公积金管理中心。住房公积金管理中心为海东市政府不以营利为目的的公益一类事业单位，设 6 个部门，5 个管理部。从业人员 41 人，其中在编 31 人，非在编 10 人。

二、业务运行情况

（一）缴存。2020 年，新开户单位 51 家，净减单位 3 家；新开户职工 0.41 万人，净增职工 0.08 万人；实缴单位 1134 家，下降 0.44%；实缴职工 4.98 万人，缴存额 13.13 亿元，分别同比增长 2.68%、9.78%。2020 年末，缴存总额 100.47 亿元，比上年末增加 15.03%；缴存余额 34.25 亿元，同比增长 5.35%。受委托办理住房公积金缴存业务的银行 4 家。

（二）提取。2020 年，2.34 万名缴存职工提取住房公积金；提取额 11.38 亿元，同比增长 4.79%；提取额占当年缴存额的 86.67%，比上年减少 4.13 个百分点。2020 年末，提取总额 66.21 亿元，比上年末增加 20.76%。

（三）贷款。

1. 个人住房贷款。个人住房贷款最高额度 60 万元。

2020 年，发放个人住房贷款 2652 笔、10.85 亿元，同比分别增长 13.04%、23.02%。

2020 年，回收个人住房贷款 4.69 亿元。

2020 年末，累计发放个人住房贷款 4.43 万笔、74.89 亿元，贷款余额 27.45 亿元，分别比上年末增加 6.24%、16.95%、28.93%。个人住房贷款余额占缴存余额的 80.15%，比上年末增加 14.66 个百分点。受委托办理住房公积金个人住房贷款业务的银行 7 家。

2. 异地贷款。2020 年，发放异地贷款 978 笔、41968.8 万元。2020 年末，发放异地贷款总额 109268.3 万元，异地贷款余额 92765.09 万元。

（四）资金存储。2020 年末，住房公积金存款 7.17 亿元。其中，活期 1.94 亿元，1 年（含）以下定期 3.35 亿元，1 年以上定期 0.95 亿元，其他（协定、通知存款等）0.93 亿元。

（五）资金运用率。2020 年末，住房公积金个人住房贷款余额、项目贷款余额和购买国债余额的总和占缴存余额的 80.15%，比上年末增加 14.66 个百分点。

三、主要财务数据

（一）业务收入。2020年，业务收入10261.25万元，同比增长17.76%。其中，存款利息2489.82万元，委托贷款利息7764.97万元，其他6.46万元。

（二）业务支出。2020年，业务支出5600.32万元，同比下降3.33%。支付职工住房公积金利息4994.51万元，归集手续费377.48万元，委托贷款手续费228.33万元。

（三）增值收益。2020年，增值收益4660.92万元，同比增长59.59%。增值收益率1.38%，比上年增加0.48个百分点。

（四）增值收益分配。2020年，提取贷款风险准备金2796.55万元，提取管理费用1364.37万元，提取城市廉租住房（公共租赁住房）建设补充资金500万元。

2020年，上交财政管理费用918.21万元。上缴财政城市廉租住房（公共租赁住房）建设补充资金250万元。

2020年末，贷款风险准备金余额20533.88万元。累计提取城市廉租住房（公共租赁住房）建设补充资金2456.87万元。

（五）管理费用支出。2020年，管理费用支出761.99万元，同比增长6.19%。其中，人员经费554.09万元，公用经费57.21万元，专项经费150.69万元。

四、资产风险状况

个人住房贷款。2020年末，个人住房贷款逾期额107.69万元，逾期率0.39‰。个人贷款风险准备金余额20533.88万元。

五、社会经济效益

（一）缴存业务。缴存职工中，国家机关和事业单位占82%，国有企业占7.54%，城镇集体企业占2.18%，外商投资企业占0.07%，城镇私营企业及其他城镇企业占7.41%，民办非企业单位和社会团体占0.53%，灵活就业人员占0.27%；中、低收入占99.76%，高收入占0.24%。

新开户职工中，国家机关和事业单位占65.51%，国有企业占9.62%，城镇集体企业占6.21%，外商投资企业占0.84%，城镇私营企业及其他城镇企业占14.29%，民办非企业单位和社会团体占1.68%，灵活就业人员占1.85%；中、低收入占99.71%，高收入占0.29%。

（二）提取业务。提取金额中，购买、建造、翻建、大修自住住房占48.56%，偿还购房贷款本息占31.12%，租赁住房占0.72%，离休和退休提取占15.04%，完全丧失劳动能力并与单位终止劳动关系提取占0.94%，其他占3.62%。提取职工中，中、低收入占99.82%，高收入占0.18%。

（三）贷款业务。个人住房贷款。2020年，支持职工购建房33.49万平方米，年末个人住房贷款市场占有率为61.79%。通过申请住房公积金个人住房贷款，可节约职工购房利息支出12620.1万元。

职工贷款笔数中，购房建筑面积90（含）平方米以下占6.45%，90～144（含）平方米占74.02%，144平方米以上占19.53%。购买新房占95.59%，购买二手房占4.41%。

职工贷款笔数中，单缴存职工申请贷款占34.65%，双缴存职工申请贷款占65.35%。

贷款职工中，30岁（含）以下占35.67%，30岁~40岁（含）占30.09%，40岁~50岁（含）占25%，50岁以上占9.24%；首次申请贷款占59.62%，二次及以上申请贷款占40.38%；中、低收入占99.74%，高收入占0.26%。

（四）住房贡献率。 2020年，个人住房贷款发放额、公转商贴息贷款发放额、项目贷款发放额、住房消费提取额的总和与当年缴存额的比率为153.54%，比上年增加4.27个百分点。

六、其他重要事项

（一）落实阶段性支持政策情况。 对生产经营出现困难的中小微企业，可阶段性适当降低住房公积金缴存比例，待企业经济效益好转，再恢复缴存。对受疫情影响的单位及个人也可申请暂缓缴存住房公积金。全市共有9家企业的1753人申请办理了缓交业务，缓缴金额为1206.77万元。在疫情防控期间，我市归集业务的基数调整工作全部通过网厅办理，通过电话预约、错峰办理等措施，减少人员聚集，做到防疫、工作两不误、两促进。对参加疫情防控的一线工作者、疫情防控需要被隔离人员、受疫情影响暂时失去收入来源的职工，疫情期间未正常还贷的，不作逾期处理、不影响个人征信。

（二）当年基数调整情况。 根据《住房公积金管理条例》规定，住房公积金缴存基数为上年度职工个人月平均工资总额（职工工资总额按照国家统计部门规定的工资总额计算口径核定）。即2020年度住房公积金缴存基数为：最低月缴存基数1700元，最高月缴存基数不得超过本市上一年度在岗职工月平均工资的3倍（21342元）。2020年度住房公积金单位和个人缴存比例分别按不低于5%，不高于12%执行。

（三）"跨省通办"工作情况。 个人住房公积金信息查询、异地贷款职工住房公积金缴存使用证明出具、正常退休提取住房公积金等3项服务事项可通过"青海住房公积金12329"微信公众号和支付宝小程序进行网上查询与办理，都已实现"跨省通办""一网通办"。

（四）推进信息化建设情况。 持续加强"互联网+住房公积金"。3月，开通新版住房公积金网厅，海东正常缴存单位网厅注册率达到100%，单位会计登录"网厅"，可自主完成单位及个人基数调整、单位信息变更、流水查询等工作。7月，个人住房公积金贷款信息纳入中国人民银行征信系统，成为衡量个人征信的重要参考指标。12月，开通网上提取业务，职工可在"青海住房公积金12329"微信公众号和支付宝小程序自主办理退休、物业费、偿还公积金贷款等提取业务。

海北藏族自治州住房公积金2020年年度报告

根据国务院《住房公积金管理条例》和住房和城乡建设部、财政部、人民银行《关于健全住房公积金信息披露制度的通知》（建金〔2015〕26号）的规定，经住房公积金管理委员会审议通过，现将海北州住房公积金2020年年度报告公布如下。

一、机构概况

（一）住房公积金管理委员会。 海北州住房公积金管理委员会有25名委员，2020年召开1次会议，审议通过的事项主要包括：1. 审议2019年归集使用执行情况；2. 审批2020年归集使用计划。

（二）住房公积金管理中心。海北州住房公积金管理中心是直属海北州人民政府管理的不以营利为目的的公益一类事业单位，内设3个科室。从业人员13人，其中，在编10人，非在编3人。

二、业务运行情况

（一）缴存。2020年，新开户单位30家，净减单位6家；新开户职工757人，净减职工93人；实缴单位598家，实缴职工15813人，缴存额4.33亿元，分别同比减少0.99%、0.58%、增加3.59%。2020年末，缴存总额33.71亿元，比上年末增加14.74%；缴存余额10.96亿元，同比增长3.79%。受委托办理住房公积金缴存业务的银行2家。

（二）提取。2020年，8723名缴存职工提取住房公积金；提取额3.92亿元，同比增长19.88%；提取额占当年缴存额的90.53%，比上年增加12.3个百分点。2020年末，提取总额22.75亿元，比上年末增加20.88%。

（三）贷款。

1. 个人住房贷款。单缴存职工个人住房贷款最高额度35万元，双缴存职工个人住房贷款最高额度50万元。

2020年，发放个人住房贷款635笔、2.31亿元，同比分别下降16.67%、20.07%。

2020年，回收个人住房贷款2.06亿元。

2020年末，累计发放个人住房贷款13342笔、26.51亿元，贷款余额10.93亿元，分别比上年末增加5%、9.55%、2.34%。个人住房贷款余额占缴存余额的99.73%，比上年末减少1.41个百分点。受委托办理住房公积金个人住房贷款业务的银行4家。

2. 异地贷款。2020年，发放异地贷款51笔、1564.70万元。2020年末，发放异地贷款总额12267.90万元，异地贷款余额3818.29万元。

3. 公转商贴息贷款。无。

4. 住房公积金支持保障性住房建设项目贷款。无。

（四）购买国债。无。

（五）资金存储。2020年末，住房公积金存款5688.44万元。其中，活期217.94万元，1年（含）以下定期4800万元，1年以上定期0万元，协定存款670.50万元。

（六）资金运用率。2020年末，住房公积金个人住房贷款余额、项目贷款余额和购买国债余额的总和占缴存余额的99.73%，比上年末减少1.41个百分点。

三、主要财务数据

（一）业务收入。2020年，业务收入3708.29万元，同比增长6.56%。其中，存款利息196.3万元，委托贷款利息3511.90万元，国债利息0万元，其他0.09万元。

（二）业务支出。2020年，业务支出1986.04万元，同比下降13.68%。其中，支付职工住房公积金利息1690.18万元，归集手续费155.24万元，委托贷款手续费140.21万元，其他0.41万元。

（三）增值收益。2020年，增值收益1722.26万元，同比增长46.06%。增值收益率1.71%，比上年

增加 0.56 个百分点。

（四）增值收益分配。 2020年，当年实现增值收益1722.26万元，可供分配的增值收益1752.26万元。提取贷款风险准备金1093万元，提取管理费用550万元，提取城市廉租住房（公共租赁住房）建设补充资金109.25万元。

2020年，上交财政管理费用30万元。上缴财政城市廉租住房（公共租赁住房）建设补充资金450.44万元。

2020年末，贷款风险准备金余额7134.98万元。累计提取城市廉租住房（公共租赁住房）建设补充资金3634.42万元。

（五）管理费用支出。 2020年，管理费用支出231.04万元，同比增长11.84%。其中，人员经费180.97万元，公用经费17.16万元，专项经费32.91万元。

四、资产风险状况

（一）个人住房贷款。 2020年末，个人住房贷款逾期额1.45万元，逾期率0.01‰。个人贷款风险准备金余额7134.98万元。2020年，使用个人贷款风险准备金核销呆坏账0万元。

（二）支持保障性住房建设试点项目贷款。 无。

五、社会经济效益

（一）缴存业务。 缴存职工中，国家机关和事业单位占82.15%，国有企业占11%，城镇集体企业占1.6%，外商投资企业占0%，城镇私营企业及其他城镇企业占4.48%，民办非企业单位和社会团体占0.42%，灵活就业人员占0.12%，其他占0.23%；中、低收入占99.77%，高收入占0.23%。

新开户职工中，国家机关和事业单位占68.03%，国有企业占13.47%，城镇集体企业占5.42%，外商投资企业占0%，城镇私营企业及其他城镇企业占0%，民办非企业单位和社会团体占0.4%，灵活就业人员占1.85%，其他占10.83%；中、低收入占99.60%，高收入占0.4%。

（二）提取业务。 提取金额中，购买、建造、翻建、大修自住住房占38.91%，偿还购房贷款本息占41.96%，租赁住房占0.12%，自住住房物业费占0.96%，支持老旧小区改造占0%，离休和退休提取占15.14%，完全丧失劳动能力并与单位终止劳动关系提取占0.95%，出境定居占0%，其他占1.96%。提取职工中，中、低收入占99.83%，高收入占0.17%。

（三）贷款业务。

1. 个人住房贷款。2020年，支持职工购建房7.54万平方米，年末个人住房贷款市场占有率为29.98%，比上年末减少42.18个百分点。通过申请住房公积金个人住房贷款，可节约职工购房利息支出3288.85万元。

职工贷款笔数中，购房建筑面积90（含）平方米以下占9.29%，90～144（含）平方米占78.90%，144平方米以上占11.81%。购买新房占89.29%（其中购买保障性住房占0.16%），购买二手房占10.71%，建造、翻建、大修自住住房占0%（其中支持老旧小区改造占0%），其他占0%。

职工贷款笔数中，单缴存职工申请贷款占35.59%，双缴存职工申请贷款占64.41%，三人及以上缴存职工共同申请贷款占0%。

贷款职工中，30岁（含）以下占42.2%，30岁～40岁（含）占30.08%，40岁~50岁（含）占23.46%，50岁以上占4.25%；首次申请贷款占71.65%，二次及以上申请贷款占28.35%；中、低收入占100%，高收入占0%。

2. 支持保障性住房建设试点项目贷款。无。

（四）**住房贡献率。**2020年，个人住房贷款发放额、公转商贴息贷款发放额、项目贷款发放额、住房消费提取额的总和与当年缴存额的比率为127.68%，比上年减少9.88个百分点。

六、其他重要事项

（一）**应对新冠肺炎疫情采取的措施，落实住房公积金阶段性支持政策情况和政策落实成效。**为了应对突如其来的新冠疫情，海北州住房公积金管理中心及时召开会议，安排部署疫情防控期间阶段性支持政策的相关工作，出台了《海北州住房公积金管理中心关于疫情期间减轻缴存企业负担的通知》文件，受新冠肺炎疫情影响生产经营出现困难的中小微企业，缴存比例可下调至国家规定最低5%的缴存比例，对缴存住房公积金确有困难的单位，经本单位职工代表大会通过并报住房公积金管理委员会审批同意，可暂缓缴存住房公积金3~6个月，待企业经济好转后，再提高缴存比例或者进行补缴。对未按时复工复产的企业职工拖欠住房公积金贷款本息的行为不纳入个人征信并经本人同意可适当延长贷款期限。在疫情期间按照"特事特办、急事急办"原则，开辟绿色通道，加强部门联动，简化审批流程，压缩审批时限，完善服务机制，不断提高办事效能，为缴存单位和职工减压。

（二）**当年机构及职能情况、受委托办理缴存贷款业务金融机构变更情况。**2020年4月，海北州住房公积金管理中心经州委编委会议研究确定为州政府管理的正县级全额拨款公益一类事业单位，内设机构为三个，分别为综合部（挂稽核部牌子）、业务部（挂信息技术部牌子）、财务部。核定全额拨款事业编制12名，其中，县级领导职数3名（1正2副），内设机构正科级领导职数3名。到目前为止两名县级副职未到位，未成立党组。

受委托办理缴存贷款业务金融机构与2019年一致，无新增和减少的委托机构。

（三）**当年住房公积金政策调整及执行情况，包括当年缴存基数限额及确定方法、缴存比例等缴存政策调整情况；当年提取政策调整情况；当年个人贷款最高贷款额度、贷款条件等贷款政策调整情况；当年住房公积金存贷款利率执行标准等；支持老旧小区改造政策落实情况。**

1. 当年缴存基数限额及确定方法、缴存比例等缴存政策调整情况。2020年，住房公积金缴存基数为职工本人上一年度月平均工资。工资收入超过上一年度月社会平均工资3倍的，按海北州统计局发布的2019年度全州在岗职工月平均工资（7483元）的3倍22450元确定（最高缴存额22450×12%×2=5388元）；最低应不低于职工工作地设区城市公布的最低工资标准1700元（最低缴存额1700×5%×2=170元）。行政、事业单位、社会团体的住房公积金单位、个人部分缴存比例为12%，企业单位住房公积金单位和个人部分的缴存比例控制在为5%~12%，同一单位的缴存比例和单位、个人部分的缴存比例必须要一致。

2. 当年提取政策调整情况。2020年12月1日调整住房公积金提取政策，即缴存职工购买自住住房时，可申请提取拥有该住房所有权的本人、配偶及直系亲属名下公积金，不得提取不享有该住房所有权的直系亲属公积金。

3. 当年个人贷款最高贷款额度、贷款条件等贷款政策调整情况。2020年最高贷款额度仍为50万元，贷款条件没有变化，但取消了办理住房贷款抵押手续时二手房贷款评估的报告。

根据资金不足和缴存职工购房需求增加的实际，2020年5月，海北州住房公积金管理中心与中国银行海北支行联合开展住房公积金组合贷款业务，该项业务的开展既解决了干部职工购买自住住房时住房公积金贷款额度不足的实际情况，也解决了缴存职工改善居住条件，并为住房市场注入了消费资金，为经济发展贡献力量。

4. 当年住房公积金存贷款利率执行标准，海北州住房公积金管理中心存贷款利率均按人民银行规定的利率执行，没有随意提高或降低利率的现象。

（四）当年服务改进情况，包括推进住房公积金服务"跨省通办"工作情况，服务网点、服务设施、服务手段、综合服务平台建设和其他网络载体建设服务情况等。 海北州住房公积金管理中心大力推行"一站式"服务，最大限度地简化办事程序，优化业务流程，加快办理速度，提高服务效率。加强窗口人员服务礼仪、语言规范、业务技能、学习培训，增强服务意识，规范服务行为，打造住房公积金的文明服务品牌。

2020年12月10日，海北州住房公积金管理中心开通了即时办理物业费、正常退休、偿还本中心贷款提取三项住房公积金提取业务。实现了线上办理、自动审批、实时到账，为推进住房公积金服务"跨省通办"工作迈开了第一步。按照住房和城乡建设部"跨省通办"的安排部署，下一步海北州住房公积金管理中心积极向省住房城乡建设厅汇报，并争取省直中心的支持，落实责任、落实资金，按照时间节点，于2021年底全面完成购房提取住房公积金、提前还清住房公积金贷款等5项通办业务，全面实现我州住房公积金业务办理全程网办。海北州住房公积金管理中心运用的信息管理系统为青海省住房公积金管理信息系统和青海省住房公积12329综合服务平台，目前运行良好。

（五）当年信息化建设情况，包括信息系统升级改造情况，基础数据标准贯彻落实和结算应用系统接入情况等。 海北州住房公积金管理中心全力推进"互联网＋住房公积金"建设，加大与各政务服务平台的开发和改造，更加完善了与住房和城乡建设部银行结算平台、全国住房公积金数据接入平台和异地转移接续平台、12329综合服务平台、大数据平台互联互通，进一步完善了微信公众号等服务渠道，大力推行网上办理能力，让"数据多跑路，群众少跑腿"，为办事群众提供了多样化的智能服务，努力打造"智慧公积金"。

2020年，海北州住房公积金管理中心建设完成了三个信息化建设项目，分别为全国住房公积金数据平台接入上报系统、全国住房公积金数据平台应用系统扩展系统、人行二代征信系统，共投资项目资金59.8万元。通过与大数据中心、公安、民政、住建、人民银行等部门的沟通协调，打破部门之间的信息壁垒，扩大信息互通的广度和深度，努力实现数据互联共享，使"互联网＋住房公积金"服务水平进一步提高。

（六）当年住房公积金管理中心及职工所获誉情况。 2020年，海北州政务服务监督管理局授予海北州住房公积金管理中心"文明窗口"称号。

2020年，海北州住房公积金管理中心财务部主任吉汉菊被海北州妇女联合会评为海北州三八红旗手。

2020年，海北州住房公积金管理中心财务部会计宋吉芳被海北州总工会评为海北州优秀工会工作者。

（七）当年对违反《住房公积金管理条例》和相关法规行为进行行政处罚和申请人民法院强制执行情

况。无。

（八）当年对住房公积金管理人员违规行为的纠正和处理情况等。无。

（九）其他需要披露的情况。无。

黄南藏族自治州住房公积金2020年年度报告

根据国务院《住房公积金管理条例》和住房和城乡建设部、财政部、人民银行《关于健全住房公积金信息披露制度的通知》（建金〔2015〕26号）的规定，经住房公积金管理委员会审议通过，现将黄南州住房公积金年年度报告公布如下。

一、机构概况

（一）**住房公积金管理委员会**。住房公积金管理委员会有23名委员，2020年召开1次会议，审议通过的事项主要包括：审议通过了《黄南州住房公积金2019年年度报告》《黄南州自主缴存人员缴存使用住房公积金管理办法（试行）》《关于调整黄南州住房公积金个人住房贷款政策的通知》。

（二）**住房公积金管理中心**。住房公积金管理中心为黄南州人民政府管理的公益一类事业单位，机构规格为正县级，经费形式为全额拨款。内设机构：综合部（挂稽核部牌子）、业务部（挂信息技术部牌子）、财务部。从业人员15人，其中，在编11人，非在编4人。

二、业务运行情况

（一）**缴存**。2020年，新开户单位58家，净增单位-49家；新开户职工604人，净增职工0.14万人；实缴单位638家，实缴职工1.46万人，缴存额4.02亿元，分别同比增长7.49%、10.61%、7.49%。年末，缴存总额29.74亿元，比上年末增加15.63%；缴存余额12.70亿元，同比增长3.17%。受委托办理住房公积金缴存业务的银行3家。

（二）**提取**。2020年，21855名缴存职工提取住房公积金；提取额3.63亿元，同比增长19.01%；提取额占当年缴存额的90.30%，比上年增加8.75个百分点。2020年末，提取总额17.04亿元，比上年末增加27.07%。

（三）**贷款**。

1. 个人住房贷款。个人住房贷款最高额度70万元。单缴存职工个人住房贷款最高额度70万元，双缴存职工个人住房贷款最高额度70万元。

2020年，发放个人住房贷款648笔、3.42亿元，同比分别增长-5.81%、11.04%。2020年，回收个人住房贷款1.72亿元。2020年末，累计发放个人住房贷款13579笔、23.92亿元，贷款余额9.39亿元，分别比上年末增加5.01%、16.68%、22.11%。个人住房贷款余额占缴存余额的73.94%，比上年末增加11.47个百分点。受委托办理住房公积金个人住房贷款业务的银行4家。

2. 异地贷款。2020年，发放异地贷款505笔、29029.87万元。2020年末，发放异地贷款总额13.53

万元,异地贷款余额 5.08 万元。

3. 公转商贴息贷款。无。

4. 住房公积金支持保障性住房建设项目贷款。无。

(四)购买国债。无。

(五)资金存储。2020 年末,住房公积金存款 3.64 亿元。其中,活期 0.54 亿元,1 年(含)以下定期 2.6 亿元,1 年以上定期 0.5 亿元。

(六)资金运用率。2020 年末,住房公积金个人住房贷款余额、项目贷款余额和购买国债余额的总和占缴存余额的 73.94%,比上年末增加 11.47 个百分点。

三、主要财务数据

(一)业务收入。2020 年,业务收入 5587.69 万元,同比增长 89.29%。存款利息 2794.89 万元,委托贷款利息 2783.80 万元,国债利息 0 万元,其他 9 万元。

(二)业务支出。2020 年,业务支出 2753.19 万元,同比增长 31.03%。支付职工住房公积金利息 2543.78 万元,归集手续费 116.24 万元,委托贷款手续费 92.18 万元,其他 0.99 万元。

(三)增值收益。2020 年,增值收益 2834.50 万元,同比增长 233.17%。增值收益率 2.23%,比上年增加 1.55 个百分点。

(四)增值收益分配。2020 年,提取贷款风险准备金 1700.70 万元;提取管理费用 1100 万元,提取城市廉租住房(公共租赁住房)建设补充资金 33.80 万元。

2020 年,上交财政管理费用 1100 万元。上缴财政城市廉租住房(公共租赁住房)建设补充资金 33.80 万元。2020 年末,贷款风险准备金余额 8298.34 万元。累计提取城市廉租住房(公共租赁住房)建设补充资金 389.84 万元。

(五)管理费用支出。2020 年,管理费用支出 309.23 万元,同比增长 8.13%。其中,人员经费 264.88 万元,公用经费 44.35 万元,专项经费 0 万元。

四、资产风险状况

(一)个人住房贷款。2020 年末,个人住房贷款逾期额 60.32 万元,逾期率 0.64‰。个人贷款风险准备金余额 8298.34 万元。2020 年,使用个人贷款风险准备金核销呆坏账 0 万元。

(二)支持保障性住房建设试点项目贷款。无。

五、社会经济效益

(一)缴存业务。缴存职工中,国家机关和事业单位占 84.39%,国有企业占 6.43%,城镇集体企业占 1.47%,外商投资企业占 0%,城镇私营企业及其他城镇企业占 0%,民办非企业单位和社会团体占 0.35%,灵活就业人员占 0%,其他占 7.36%;中、低收入占 99.92%,高收入占 0.08%。

新开户职工中,国家机关和事业单位 60.93%,国有企业占 17.38%,城镇集体企业占 6.46%,其他占 15.23%;中、低收入占 99.67%,高收入占 0.33%。

(二)提取业务。提取金额中,购买、建造、翻建、大修自住住房占 22.92%,偿还购房贷款本息占

51.20%，租赁住房占 9.88%，支持老旧小区改造占 0%，离休和退休提取 11.16%，完全丧失劳动能力并与单位终止劳动关系提取 3.92%。提取职工中，中、低收入占 99.95%，高收入占 0.35%。

（三）贷款业务。

1. **个人住房贷款。**2020 年，支持职工购建房 7.97 万平方米（含公转商贴息贷款），年末个人住房贷款市场占有率（含公转商贴息贷款）为 94.53%，比上年末减少 1.55 个百分点。通过申请住房公积金个人住房贷款，可节约职工购房利息支出 4686.17 万元。

职工贷款笔数中，购房建筑面积 90（含）平方米以下占 5.56%，90~144（含）平方米占 71.60%，144 平方米以上占 22.84%。购买新房占 77.01%，购买二手房占 22.99%。

职工贷款笔数中，单缴存职工申请贷款占 31.17%，双缴存职工申请贷款占 68.67%，三人及以上缴存职工共同申请贷款占 0.16%。

贷款职工中，30 岁（含）以下占 33.03%，30 岁~40 岁（含）占 35.03%，40 岁~50 岁（含）占 25.46%，50 岁以上占 6.48%；首次申请贷款占 87.96%，二次及以上申请贷款占 12.04%；中、低收入占 99.69%，高收入占 0.31%。

2. **支持保障性住房建设试点项目贷款。**无。

（四）住房贡献率。2020 年，个人住房贷款发放额、公转商贴息贷款发放额、项目贷款发放额、住房消费提取额的总和与当年缴存额的比率为 160.70%，比上年增加 9.85 个百分点。

六、其他重要事项

（一）积极开展审计专项工作。根据省住房城乡建设厅《关于进一步加强住房公积金管理工作的通知》（青建房〔2019〕244 号）文件要求，州审计局对我中心开展了审计工作。审计覆盖中心全盘工作，对政策落实、资金管理等内容进行重点审计。

（二）推动扩大住房公积金缴存覆盖面。根据省住房城乡建设厅《2019 年全省住房公积金工作要点》文件精神，积极推动我州住房公积金制度向签订劳动合同的从业人员、非公有制单位职工、个体工商户和自由职业者等新市民覆盖。

（三）实施阶段性支持政策应对新冠肺炎疫情。为认真贯彻落实部、省《关于妥善应对新冠肺炎疫情实施住房公积金阶段性支持政策的通知》等政策，扎实推进"六稳""六保"工作，中心出台了《关于调整疫情防控期间住房公积金有关事项的通知》，对受疫情影响的中国石油天然气股份有限公司青海黄南销售分公司实施了住房公积金阶段性支持缓缴政策。为该企业办理了 3~6 月的缓缴申请，涉及缴存职工 43 名、合计缓缴住房公积金金额约 35.24 万元，纾解了企业生产经营资金压力，增强了企业恢复生产的信心。

（四）积极开展组合贷款业务。为满足我州干部职工住房消费需求，多渠道增加个人住房消费资金供给，今年 6 月与黄南州农行开展住房公积金组合贷款业务，同仁、尖扎农行已发放组合贷款 4 笔，金额 364 万（其中公积金 280 万元、商贷 84 万元）。正在受理中 3 笔，同仁农行正在发放 3 笔、组合贷款，金额 372 万元（其中公积金贷款 210 万元、商贷 162 万元）。

（五）积极开通微信平台业务服务。经过前期的准备，12 月 18 日起"青海住房公积金 12329"微信平台进行了改版升级，对我州公积金缴存职工在保持原有查询类服务不变的情况下，新增了业务办理类功能，开通了物业费提取、退休提取和提取住房公积金偿还本中心贷款三项业务，实现了我州缴存职工"足不出户""指尖办理"公积金业务，大幅提升了服务效率。

海南藏族自治州住房公积金 2020 年年度报告

根据国务院《住房公积金管理条例》和住房和城乡建设部、财政部、人民银行《关于健全住房公积金信息披露制度的通知》（建金〔2015〕26 号）的规定，经住房公积金管理委员会审议通过，现将海南州住房公积金 2020 年年度报告公布如下。

一、机构概况

（一）**住房公积金管理委员会**。住房公积金管理委员会有 22 名委员，2020 年召开 1 次会议，审议通过的事项主要包括：《海南州住房公积金 2019 年年度报告》《海南州 2019 年度住房公积金财务运行及增值收益分配情况》《海南州 2019 年住房公积金归集、使用情况》《海南州住房公积金管理办法》《海南州住房公积金贷款管理办法》和《关于调整住房公积金相关政策的报告》。

（二）**住房公积金管理中心**。住房公积金管理中心为州政府管理的不以营利为目的的公益一类正县级事业单位，设 6 个科，4 个管理部。从业人员 23 人，其中，在编 19 人，非在编 4 人。

二、业务运行情况

（一）**缴存**。2020 年，新开户单位 44 家，净减少单位 21 家；新开户职工 0.11 万人，净增职工 189 人；实缴单位 746 家，同比减少 2.74%、实缴职工 21123 人，同比增长 0.90%，缴存额 5.56 亿元，同比增长 4.12%。2020 年末，缴存总额 46.49 亿元，比上年末增加 13.58%；缴存余额 15.35 亿元，同比增长 3.72%。受委托办理住房公积金缴存业务的银行 2 家。

（二）**提取**。2020 年，0.98 万名缴存职工提取住房公积金；提取额 5.02 亿元，同比增长 9.13%；提取额占当年缴存额的 90.29%，比上年增加 4.15 个百分点。2020 年末，提取总额 31.14 亿元，比上年末增加 19.22%。

（三）**贷款**。

1. 个人住房贷款。单缴存职工个人住房贷款最高额度 40 万元，双缴存职工个人住房贷款最高额度 50 万元。

2020 年，发放个人住房贷款 989 笔、4.21 亿元，同比分别增长 7.85%、7.40%。

2020 年，回收个人住房贷款 2.73 亿元。

2020 年末，累计发放个人住房贷款 1.72 万笔、35.60 亿元，贷款余额 15.07 亿元，分别比上年末增加 6.17%、13.41%、10.89%。个人住房贷款余额占缴存余额的 98.18%，比上年末增加 6.36 个百分点。受委托办理住房公积金个人住房贷款业务的银行 6 家。

2. 异地贷款。2020 年，发放异地贷款 10 笔、412 万元。年末，发放异地贷款总额 4656.80 万元，异地贷款余额 2922.81 万元。

3. 公转商贴息贷款。无。

4. 住房公积金支持保障性住房建设项目贷款。无。

(四) 购买国债。无。

(五) 资金存储。2020 年末，住房公积金存款 1.05 亿元。其中，活期 0.35 亿元，1 年（含）以下定期 0.7 亿元，1 年以上定期 0 亿元，其他（协定、通知存款等）0 亿元。

(六) 资金运用率。2020 年末，住房公积金个人住房贷款余额、项目贷款余额和购买国债余额的总和占缴存余额的 98.18%，比上年末增加 6.36 个百分点。

三、主要财务数据

(一) 业务收入。2020 年，业务收入 5310.96 万元，同比增长 9.46%。存款利息 667.07 万元，委托贷款利息 4641.72 万元，国债利息 0 万元，其他 2.17 万元。

(二) 业务支出。2020 年，业务支出 3547.32 万元，同比增长 14.92%。支付职工住房公积金利息 3155.31 万元，归集手续费 213.74 万元，委托贷款手续费 178.16 万元，其他 0.11 万元。

(三) 增值收益。2020 年，增值收益 1763.64 万元，同比下降 0.08%。增值收益率 1.16%，比上年减少 0.05 个百分点。

(四) 增值收益分配。2020 年，提取贷款风险准备金 1507.18 万元，提取管理费用 205 万元，提取城市廉租住房（公共租赁住房）建设补充资金 51.45 万元。

2020 年，上交财政管理费用 160 万元。上缴财政城市廉租住房（公共租赁住房）建设补充资金 59.17 万元。

2020 年末，贷款风险准备金余额 6993.32 万元。累计提取城市廉租住房（公共租赁住房）建设补充资金 923.38 万元。

(五) 管理费用支出。2020 年，管理费用支出 493.85 万元，同比下降 55.81%。其中，人员经费 315.65 万元，公用经费 44.85 万元，专项经费 133.35 万元。

四、资产风险状况

(一) 个人住房贷款。2020 年末，个人住房贷款逾期额 72.95 万元，逾期率 0.48‰。个人贷款风险准备金余额 6993.32 万元。2020 年，使用个人贷款风险准备金核销呆坏账 0 万元。

(二) 支持保障性住房建设试点项目贷款。无。

五、社会经济效益

(一) 缴存业务。缴存职工中，国家机关和事业单位占 83.21%，国有企业占 9%，城镇集体企业占 2%，外商投资企业占 0%，城镇私营企业及其他城镇企业占 3.97%，民办非企业单位和社会团体占 0.6%，灵活就业人员占 0.28%，其他占 0.95%；中、低收入占 72%，高收入占 28%。

新开户职工中，国家机关和事业单位占 61.04%，国有企业占 12.96%，城镇集体企业占 2.65%，外商投资企业占 0%，城镇私营企业及其他城镇企业占 0%，民办非企业单位和社会团体占 2.46%，灵活就业人员占 3.65%，其他占 17.24%；中、低收入占 96.62%，高收入占 3.38%。

（二）提取业务。 提取金额中，购买、建造、翻建、大修自住住房占 42.19%，偿还购房贷款本息占 37.34%，租赁住房占 1.66%，支持老旧小区改造占 0%，离休和退休提取占 14.97%，完全丧失劳动能力并与单位终止劳动关系提取占 0.44%，出境定居占 0%，其他占 2.32%。提取职工中，中、低收入占 72.38%，高收入占 27.62%。

（三）贷款业务。

1. 个人住房贷款。2020 年，支持职工购建房 12.04 万平方米（含公转商贴息贷款），年末个人住房贷款市场占有率（含公转商贴息贷款）为 80.63%，比上年末减少 2.34 个百分点。通过申请住房公积金个人住房贷款，可节约职工购房利息支出 5844.53 万元。

职工贷款笔数中，购房建筑面积 90（含）平方米以下占 7.89%，90～144（含）平方米占 72.8%，144 平方米以上占 19.31%。购买新房占 78.46%（其中购买保障性住房占 0%），购买二手房占 21.54%，建造、翻建、大修自住住房占 0%（其中支持老旧小区改造占 0%），其他占 0%。

职工贷款笔数中，单缴存职工申请贷款占 56.12%，双缴存职工申请贷款占 43.88%，三人及以上缴存职工共同申请贷款占 0%。

贷款职工中，30 岁（含）以下占 24.77%，30 岁～40 岁（含）占 35.09%，40 岁～50 岁（含）占 32.96%，50 岁以上占 7.18%；首次申请贷款占 76.64%，二次及以上申请贷款占 23.36%；中、低收入占 70.88%，高收入占 29.12%。

2. 支持保障性住房建设试点项目贷款。无。

（四）住房贡献率。 2020 年，个人住房贷款发放额、公转商贴息贷款发放额、项目贷款发放额、住房消费提取额的总和与当年缴存额的比率为 150%，比上年增加 2.5 个百分点。

六、其他重要事项

（一）应对新冠肺炎疫情采取的措施，落实住房公积金阶段性支持政策情况和政策实施成效。中心认真执行各项防控措施，结合实际制定六项具体措施，大力倡导"非接触式"办理、有序开展支持疫情防控有关住房公积金政策辅导宣传。通过电话预约办理、部分业务线上办理等举措，有效减少人员聚集。疫情期间，为 3 家企业（26 人）申请缓交，一定程度上降低了企业的财务成本支出，减轻了缴存企业困难，助力度过资金难关。2 家企业恢复正常汇缴，1 家企业继续申请缓交。

（二）2020 年住房公积金贷款额度调整为，双职工家庭最高贷款额度为 50 万，单职工家庭最高贷款额度为 40 万。缴存基数上限按海南州统计局发布的 2019 年度全州非私营单位平均工资的 3 倍即 23640 元确定；缴存基数下限按海南州地区最低工资 1700 元确定。缴存比例不得高于 12%，低于 5%。缴存的住房公积金按照人民银行规定得一年期定期存款基准利率计息，即年利率 1.5%。首套房：贷款期限 5 年（含）以内，贷款利率 2.75%；贷款期限 5 年以上，贷款利率 3.25%。公积金贷款二套房利率：贷款利率与借款人资质有关，除满足改善性政策住房需求贷款执行首套住房公积金贷款外其余执行 1.1 倍公积金首套房贷款利率，即贷款期限 5 年（含）以内，贷款利率 3.03%；贷款期限 5 年以上，贷款利率 3.58%。

（三）服务工作改进情况。

1. 积极发挥舆论宣传。进一步提升群众对住房公积金政策的知情权，通过多种渠道开展政策宣传服务工作，5月份集中开展了"住房公积金政策宣传月"活动，积极推广公积金12329微信公众号，先后发放征信和政策宣传相关资料2100余份，提供咨询服务300余人（次）。有效提高群众对征信的重要性认识和住房公积金政策、制度的了解，为住房公积金发展营造良好的舆论氛围。

2. 加强干部队伍建设，提高服务能力。不断强化中心干部队伍建设，以提高干部职工政治素养和业务能力为目标，针对年轻干部业务短板，开展"外出培训＋内部培训"年内，组织内部培训2期100人次，外出培训9期27人次，定期进行业务知识更新，进一步提高职工业务素质和服务能力。

3. 实现信息多跑路办事群众更方便。(1)"跨省通办"已在中心及各县管理部设立跨省通办窗口，解决了异地群众办理其他省份住房公积金业务。(2)企业住房公积金单位登记开户通过市场监督管理局企业注册登记自动实现开户。(3)微信实现公积金缴存证明的开具。极大的方便了职工住房公积金办理。(4)住房公积金业务实现单位网厅办理，让数据替群众跑路，使缴存单位和缴存职工办理业务更加便捷。

(四) 当年信息化建设情况。

1. 住房公积金档案电子化数据库建成。档案电子化数据库建成，方便业务档案查阅，完善职工对历史业务异议查询，免去提取业务纸质复印件的留存，资料的重复上交，简化业务流程，节省职工办事成本，提高了业务信息的保存时限，管理工作更加趋于精细化、规范化，为海南州公积金无纸化服务打下基础。

2. 利用"互联网＋"技术，加快推进综合服务平台，开通"单位网厅"，实现单位公积金汇缴网厅办理。单位缴存、单位人员转移等业务可直接在"单位网厅"办理，让数据替群众跑路，使缴存单位和缴存职工办理业务更加便捷。

3. 部分业务实现"跨省通办"，职工可办理个人住房公积金缴存贷款信息查询（青海政务服务网、青海省住房公积金官网、微信公众号12329）、出具贷款职工住房公积金缴存使用证明（青海政务服务网、青海省住房公积金官网）、正常退休提取住房公积金（微信公众号12329）、购房提取公积金（微信公众号12329）、开具贷款还清证明（青海政务服务网、青海省住房公积金官网）、公积金贷款提前还款（微信公众号12329）。

果洛藏族自治州住房公积金2020年年度报告

根据国务院《住房公积金管理条例》和住房和城乡建设部、财政部、人民银行《关于健全住房公积金信息披露制度的通知》（建金〔2015〕26号）的规定，经住房公积金管理委员会审议通过，现将果洛州住房公积金2020年年度报告公布如下。

一、机构概况

（一）住房公积金管理委员会。 住房公积金管理委员会有15名委员，2020年召开4次会议，审议通过的事项主要包括：1. 关于印发《果洛州住房公积金管理办法》（试行）；2. 关于调整果洛州住房公积金管理委员会成员的请示；3. 关于落实直系亲属互提政策；4. 果洛州住房公积金关于执行住房公积金贷款配贷系数的通知。

(二)住房公积金管理中心。住房公积金管理中心为果洛州人民政府不以营利为目的的财政全额拨款事业单位,现隶属于果洛州住建局下属事业单位,从业人员7人,其中,在编6人,非在编1人。

二、业务运行情况

(一)缴存。2020年,新开户单位8家,净增单位8家;新开户职工0.12万人,净增职工0.01万人;实缴单位349家,实缴职工1.16万人,缴存额3.67亿元,分别同比增长2.37%、-0.87%、-1.08%。2020年末,缴存总额23.58亿元,比上年末增长18.43%;缴存余额7.41亿元,同比增长0.82%。受委托办理住房公积金缴存业务银行1家。

(二)提取。2020年,12716万名缴存职工提取住房公积金;提取额3.61亿元,同比增长44.4%;提取额占当年缴存额的98.37%,比上年增加30.8个百分点。2020年末,提取总额16.17亿元,比上年末增长28.74%。

(三)贷款。

1. 个人住房贷款。个人住房贷款最高额度60万元。单缴存职工个人住房贷款最高额度60万元,双缴存职工个人住房贷款最高额度60万元。

2020年,发放个人住房贷款409笔、2.15亿元,同比分别增长0.74%、8.59%。贷款全部由州中心统一发放。

2020年,回收个人住房贷款0.51亿元。

2020年末,累计发放个人住房贷款0.29万笔、8.26亿元,贷款余额5.68亿元,分别比上年末增加11.54%、35.19%、40.6%。个人住房贷款余额占缴存余额的76.65%,比上年末增加21.68个百分点。受委托办理住房公积金个人住房贷款业务的银行1家。

2. 异地贷款。2020年,发放异地贷款409笔、2.15亿元。

3. 公转商贴息贷款。无。

4. 住房公积金支持保障性住房建设项目贷款。无。

(四)购买国债。无。

(五)资金存储。2020年末,住房公积金存款4.89亿元。其中,活期0.49亿元,1年以上定期4.4亿元。

(六)资金运用率。2020年末,住房公积金个人住房贷款余额、项目贷款余额和购买国债余额的总和占缴存余额的76.65%,比上年末增加21.68个百分点。

三、主要财务数据

(一)业务收入。2020年,业务收入2737.17万元,同比增长13.76%。其中,存款利息1497.03万元,委托贷款利息1239.53万元,其他0.61万元。

(二)业务支出。2020年,业务支出2164.52万元,同比增长47.11%。其中,支付职工住房公积金利息1898.88万元,归集手续费208.25万元,委托贷款手续费57.3万元,其他0.09万元。

(三)增值收益。2020年,增值收益572.65万元,同比下降38.73%。增值收益率0.79%,比上年减少 0.63 个百分点。

（四）增值收益分配。 2020 年，提取贷款风险准备金 572.65 万元。

2020 年末，贷款风险准备金余额 572.65 万元。

（五）管理费用支出。 2020 年，管理费用支出 5.9 万元，同比下降 28.91%。其中，人员经费 5.5 万元，公用经费 0.4 万元。

四、资产风险状况

个人住房贷款。2020 年末，个人住房贷款逾期额 0 万元，逾期率 0‰。

五、社会经济效益

（一）缴存业务。 缴存职工中，国家机关和事业单位占 58.89%，国有企业占 5.7%，城镇集体企业占 0.78%，民办非企业单位和社会团体占 0.26%，其他占 34.37%；中、低收入占 100%。

新开户职工中，国家机关和事业单位占 68.74%，国有企业占 8.05%，城镇集体企业占 1.34%，民办非企业单位和社会团体占 1.59%，其他占 20.28%；中、低收入占 100%。

（二）提取业务。 提取金额中，购买、建造、翻建、大修自住住房占 55.02%，偿还购房贷款本息占 16.96%，租赁住房占 0.02%，离休和退休提取占 17.56%，完全丧失劳动能力并与单位终止劳动关系提取占 0.6%，出境定居占 0.68%，其他占 9.16%。提取职工中，中、低收入占 100%。

（三）贷款业务。 个人住房贷款。2020 年，支持职工购建房 4.84 万平方米（含公转商贴息贷款），年末个人住房贷款市场占有率（含公转商贴息贷款）为 25.91%（商业性个贷余额为 16.24 亿元），通过申请住房公积金个人住房贷款，可节约职工购房利息支出 344.59 万元。

职工贷款笔数中，购房建筑面积 90（含）平方米以下占 10.51%，90～144（含）平方米占 75.79%，144 平方米以上占 13.7%。购买新房占 84.84%，购买二手房占 15.16%。

职工贷款笔数中，单缴存职工申请贷款占 52.57%，双缴存职工申请贷款占 47.43%。

贷款职工中，30 岁（含）以下占 49.15%，30 岁～40 岁（含）占 34.72%，40 岁～50 岁（含）占 14.91%，50 岁以上占 1.22%；首次申请贷款占 77.02%，二次及以上申请贷款占 22.98%；中、低收入占 100%。

（四）住房贡献率。 2020 年，个人住房贷款发放额、公转商贴息贷款发放额、项目贷款发放额、住房消费提取额的总和与当年缴存额的比率为 129.41%，比上年增加 0.61 个百分点。

六、其他重要事项

（一） 应对新冠肺炎疫情，严格落实常态化疫情防控措施的要求，公积金业务大厅严格执行疫情防控措施，组织人员分流，防止人员结群扎堆，控制大厅人员流量，提醒、劝导办事人员保持距离，佩戴口罩，并且在疫情期间积极落实企业住房公住房公积金缓缴政策，极大地为缴存企业缓解了压力。

（二） 当年机构及职能调整情况、受委托办理缴存贷款业务金融机构变更情况。2020 年，未作机构及职能调整，受委托办理缴存贷款业务金融机构未变更。

（三） 当年住房公积金政策调整及执行情况，包括当年缴存基数限额及确定方法、缴存比例等缴存政策调整情况；当年提取政策调整情况；当年个人住房贷款最高贷款额度、贷款条件等贷款政策调整情况；当年住房公积金存贷款利率执行标准等；支持老旧小区改造政策落实情况。当年缴存基数和缴存比例按照规定办理；提取业务因中心资金紧张原因做了调整；贷款额度根据管委会确定的贷款配贷系数执行，并且二套房利率上浮10%。

（四）当年服务改进情况，包括推进住房公积金服务"跨省通办"工作情况，服务网点、服务设施、服务手段、综合服务平台建设和其他网络载体建设服务情况等。2020年根据公积金"跨省通办"要求，当年需开通的业务已经全部实现，并且在微信客户端开通了打印缴存证明、自主提取物业费、退休提取等便民业务。

（五）当年信息化建设情况，包括信息系统升级改造情况，基础数据标准贯彻落实和结算应用系统接入情况等。我中心信息化建设与省中心的信息化建设同步。

（六）当年住房公积金管理中心及职工所获荣誉情况，包括：2020年果洛州公积金窗口被果洛州行政服务和公共资源交易中心连续四年评为"优秀窗口"，并且窗口两名工作人员评为"先进个人"和"党员先锋岗"。

（七）当年对违反《住房公积金管理条例》和相关法规行为进行行政处罚和申请人民法院强制执行情况。2020年未发现违反《住房公积金管理条例》和相关法规行为情况。

玉树藏族自治州住房公积金2020年年度报告

根据国务院《住房公积金管理条例》和住房和城乡建设部、财政部、人民银行《关于健全住房公积金信息披露制度的通知》（建金〔2015〕26号）的规定，经住房公积金管理委员会审议通过，现将玉树州住房公积金管理中心2020年年度报告公布如下。

一、机构概况

（一）住房公积金管理委员会。住房公积金管理委员会有21名委员，2020年共召开一次全体会议，审议通过了以下事项，主要包括：1.审议《玉树州2019年度住房公积金归集使用情况及2020年归集使用计划》；2.审议《玉树州住房公积金2019年度增值收益分配方案》；3.审议《玉树州住房公积金2019年度报告》；4.审议《关于玉树州住房公积金贷款管理办法部门政策调整的意见》等4个重大事项。

（二）住房公积金管理中心。住房公积金管理中心为玉树州人民政府直属的不以营利为目的的正县级全额拨款公益一类事业单位，主要负责全州住房公积金的归集、管理、使用和会计核算。中心设4个科，5个管理部。从业人员41人，其中，在编17人，非在编24人。

二、业务运行情况

（一）缴存。2020年，新开户单位38家，实缴单位662家，净增单位42家；新开户职工0.14万人，实缴职工 1.84 万人，净增职工 0.20 万人；当年缴存额 5.70 亿元，同比增长 6.54%。2020 年末，缴存总额 41.97 亿元，同比增加 15.72%，缴存余额 17.80 亿元，同比增长 4.28%。受委托办理住房公积金缴存业务的银行 2 家。

（二）提取。2020 年，0.71 万名缴存职工提取住房公积金；提取额 4.97 亿元，同比增长 16.12%；占当年缴存额的 87.19%，比上年同期增加 7.19 个百分点。2020 年末，提取总额 24.18 亿元，同比增加 25.87%。

（三）贷款。

1. 个人住房贷款。个人住房贷款最高额度 50 万元。

2020 年，发放个人住房贷款 669 笔，同比降低 5.77%，3.46 亿元，增加 3.90%。

2020 年，回收个人住房贷款 3.11 亿元。

2020 年末，累计发放个人住房贷款 1.95 万笔、41.18 亿元，贷款余额 14.04 亿元，同比分别增长 3.72%、9.17%、2.56%。个人住房贷款余额占缴存余额的 78.88%，比上年同期减少 1.32 个百分点。

受委托办理住房公积金个人住房贷款业务的银行 6 家。

2. 异地贷款。2020 年，发放异地贷款 293 笔、15143 万元。年末，发放异地贷款总额 32665.30 万元，异地贷款余额 29913.90 万元。

3. 公转商贴息贷款。无。

4. 住房公积金支持保障性住房建设项目贷款。无。

（四）购买国债。无。

（五）资金存储。2020 年末，住房公积金存款额 4.17 亿元。其中，活期 0.04 亿元，1 年以内定期（含）0 亿元，1 年以上定期 3.98 亿元，其他（协议、协定、通知存款等）0.15 亿元。

（六）资金运用率。2020 年末，个人住房公积金个人住房贷款余额、项目贷款余额和购买国债余额的总和占缴存余额的 78.88%，比上年同期减少 1.32 个百分点。

三、主要财务数据

（一）业务收入。2020 年，业务收入 5006.85 万元，同比增加 0.85%。存款利息收入 610.45 万元，委托贷款利息收入 4387.94 万元，国债利息收入 0 万元，其他收入 8.46 万元。

（二）业务支出。2020 年，业务支出 2917.56 万元，同比增长 5.01%。支付职工住房公积金利息 2718.78 万元，归集手续费 0 万元，委托贷款手续费 198.32 万元，其他 0.46 万元。

（三）增值收益。2020 年，增值收益 2089.29 万元，同比减少 4.44%。增值收益率 1.19%，比上年同期降低 0.13 个百分点。

（四）增值收益分配。2020 年，提取贷款风险准备金 1253.57 万元，提取管理费用 532.17 万元，提取城市廉租房（公共租赁住房）建设补充资金 303.55 万元。

2020 年，上交财政管理费用 469.70 万元。上缴财政的城市廉租房（公共租赁住房）建设补充资金 404.86 万元。

2020 年末，贷款风险准备金余额 9784.85 万元。累计提取城市廉租房（公共租赁住房）建设补充资金 2159.74 万元。

（五）管理费用支出。2020 年，管理费用支出 787.99 万元，同比增长 23.17%。其中，人员经费 379.8 万元，公用经费 408.19 万元，专项经费 0 万元。

四、资产风险状况

（一）个人住房贷款。2020 年末，个人住房贷款逾期额 88.33 万元，逾期率 0.63‰，个人贷款风险准备金余额 9784.85 万元。2020 年，使用个人贷款风险准备金核销呆坏账 0 万元。

（二）支持保障性住房建设试点项目贷款。无。

五、社会经济效益

（一）缴存业务。缴存职工中，国家机关和事业单位占 86.57%，国有企业占 6.89%，城镇集体企业占 0.24%，外商投资企业占 0%，城镇私营企业及其他城镇企业占 0%，民办非企业单位和社会团体占 0.15%，灵活就业人员占 2.90%，其他占 3.25%；中、低收入 100%，高收入占 0%。

新开户职工中，国家机关和事业单位占 85.74%，国有企业占 6.25%，城镇集体企业占 0.40%，外商投资企业占 0%，城镇私营企业及其他城镇企业占 0%，民办非企业单位和社会团体占 0.14%，灵活就业人员占 2.89%，其他占 4.58%；中、低收入占 100%，高收入占 0%。

（二）提取业务。提取金额中，购买、建造、翻建、大修自住住房占 36.84%，偿还购房贷款本息占 47.30%，租赁住房占 1.54%，支持老旧小区改造占 0%，离休和退休提取占 8.80%，完全丧失劳动能力并与单位终止劳动关系提取占 0.41%，出境定居占 0%，死亡或宣告死亡占 0.58%，其他占 4.53%。提取职工中，中、低收入占 100%，高收入占 0%。

（三）贷款业务。

1. 个人住房贷款。2020 年，支持职工购建房 8.30 万平方米，年末个人住房贷款市场占有率为 100%，比上年同年无变化，通过申请住房公积金个人住房贷款，可节约职工购房利息支出 5224.87 万元。

职工贷款笔数中，购房建筑面积 90（含）平方米以下占 16.59%，90～144（含）平方米占 63.98%，144 平方米以上占 19.43%。购买新房占 41.70%（其中购买保障性住房占 0%），购买二手房占比 58.30%。

职工贷款笔数中，单职工申请贷款占 59.19%，双职工申请贷款占 40.81%，三人及以上共同申请贷款占 0%。

贷款职工中，30 岁（含）以下占 46.34%，30 岁～40 岁（含）占 38.42%，40 岁～50 岁（含）占 13.30%，50 岁以上的占 1.94%，首次申请贷款占 93.27%，二次及以上申请贷款占 6.73%，中、低收入占 100%，高收入占 0%。

2. 支持保障性住房建设试点项目贷款。无。

（四）住房贡献率。2020 年，个人住房贷款发放额、公转商贴息贷款发放额、项目贷款发放额、住房消费提取额的总和与当年缴存额的比率为 135.44%，比上年增加 3.66 个百分点。

六、其他重要事项

（一）应对新冠肺炎疫情采取的措施，落实住房公积金阶段性支持政策情况和政策实施成效。根据住房和城乡建设部办公厅《关于应对新型冠状病毒感染的肺炎疫情做好住房公积金管理服务工作的通知》和青海省人民政府《关于印发应对新冠肺炎疫情支持中小微企业发展和推动重大项目开复工政策措施的通知》（青政〔2020〕15号）等文件要求，中心结合本地区实际制定相关办法，一是对全州51家企业缴存中心进行主动上门宣讲相关政策，受新冠肺炎疫情影响，生产经营出现困难的中小微企业，可阶段性适当降低住房公积金缴存比例，比例下限至国家规定的5%，还可以经过职工代表大会或工会讨论后，申请暂缓缴存住房公积金；二是切实保障受疫情影响缴存职工的住房公积金贷款权益。对因感染新型肺炎住院治疗或隔离人员、疫情防控需要隔离观察人员、一线医务人员等参加疫情防控工作人员以及受疫情影响暂时失去收入来源的人员，可灵活调整其住房公积金贷款还款安排，合理延后还款期限。上述人员疫情防控期间未能正常还款的，可不作逾期处理，不作为逾期记录报送征信部分，已报送的予以调整。截至2020年12月1日有一家企业申请阶段性缓缴住房公积金。

当年机构及职能调整情况、受委托办理缴存贷款业务金融机构变更情况。

1. 当年机构及职能未调整；

2. 当年受委托办理缴存贷款业务金融机构未调整。

（二）当年住房公积金政策调整及执行情况，包括当年缴存基数限额及确定方法、缴存比例等缴存政策调整情况；当年提取政策调整情况；当年个人住房贷款最高贷款额度、贷款条件等贷款政策调整情况；当年住房公积金存贷款利率执行标准等；支持老旧小区改造政策落实情况。

1. 当年缴存基数限额及确定方法，缴存比例等缴存政策调整情况。2020年公积金缴存基数限额控制在省统计局公布的2020年职工月平均工资的3倍确定。单位住房公积金缴存比例最低不得低于5%，最高不得超过12%，2020年度最高缴存基数为24402元。

2. 当年缴存、贷款、提取等政策均无调整。

（三）当年服务改进情况，包括推进住房公积金服务"跨省通办"工作情况，服务网点、服务设施、服务手段、综合服务平台建设和其他网络载体建设服务情况等。2020年中心以党的基层组织建设为引领，促进各项业务稳步发展为目标，紧密结合国家对住房公积金制度的发展要求，进一步深化改革、开拓创新，推动住房公积金各项工作协调发展。

1. 党建引领促发展。中心认真学习贯彻党的十九大、十九届历次全会和省州历次全会精神，结合公积金制度改革，对管党治党工作不断进行安排、督促。支部书记始终把主体责任当作政治责任，做到重要工作亲自部署、重大问题亲自过问、重要环节亲自协调、重要案件亲自督办。

2. 减证便民，落实"最多跑一次"改革要求。深入推进"最多跑一次"改革，全面整合优化业务流、数据流和审批流，实现更多事项"一证通办"和"跨省通办"等，进一步方便缴存职工。探索建立了多部门互联共享一网通办，今年10月中心与市不动产登记管理中心开通互联网＋网上自助办理不动产抵押登记，真正意识上实现了让职工少跑路。

3. 强化文明服务特色举措、助力全国文明城市创建。中心紧紧围绕社会主义核心价值观，深化"服务惠民、诚信便民"服务理念，着力打造"住房公积金、圆您住房梦"的优质服务品牌，积极拓展志愿服务岗、一站式服务、"12329"咨询服务、手机线下业务办理等文明服务特色举措，实现了思想境界、文明素质、服务水平、对外形象四大提升，深化了公积金保障助推文明城市创建。

4. 防范有力，提升风险管控水平。按照有力削减存量、有效遏制增量的原则，建立风险隐患排查整改工作机制，明确职责分工，理顺防控流程，细化整改措施，层层压实责任，确保有序分工、规范管控、整改到位。充分利用电子化稽查工具，按月对住房和城乡建设部明确的 4 大类 38 项风险点进行排查，摸清风险隐患底数，从源头上化解风险疑点，堵塞风险漏洞。年内中心通过公开招标，对全州 12000 余盒业务档案进行了数字化包装加工等工作，方便了档案复用。

5. 助力精准脱贫工作开展情况。中心按照州委、州政府"规划到户，责任到人"的精准扶贫工作要求，抽调精干人员担任扶贫专职工作人员，近年来中心先后 15 次赴小苏莽乡多陇村开展扶贫慰问等工作，主要针对结对帮扶 22 户贫困户送去慰问金和慰问物资共计 7.92 万元，并对接相关部门正在协调解决便民桥 2 座。

(四) 当年信息化建设情况，包括信息系统升级改造情况，基础数据标准贯彻落实和结算应用系统接入情况等。

1. 为防护中心信息系统安全稳定，年内通过采购对全中心电脑安装了正版操作系统软件。

2. 为拓展党建工作范围，打破时间、空间限制，促进党建工作提效、提质，中心积极利用互联网技术优化党建工作，开发建设了"玉树公积金党建"云平台，以线下与线上相结合、"面对面"与"键对键"相结合的方式，扩展了党建工作空间，为党建工作高质量开展奠定了基础、提供了支撑。

(五) 当年住房公积金管理中心及职工所获荣誉情况，包括：文明单位（行业、窗口）、青年文明号、工人先锋号、五一劳动奖章（劳动模范）、三八红旗手（巾帼文明岗）、先进集体和个人等。无。

(六) 当年对违反《住房公积金管理条例》和相关法规行为进行行政处罚和申请人民法院强制执行情况。无。

(七) 当年对住房公积金管理人员违规行为的纠正和处理情况。当年我州住房公积金管理人员无违规行为。

(八) 其他需要披露的情况。其他无披露事项。

海西蒙古族藏族自治州住房公积金 2020 年年度报告

根据国务院《住房公积金管理条例》和住房和城乡建设部、财政部、人民银行《关于健全住房公积金信息披露制度的通知》（建金〔2015〕26 号）的规定，经住房公积金管理委员会审议通过，现将海西州住房公积金 2020 年年度报告公布如下。

一、机构概况

(一) 住房公积金管理委员会。住房公积金管理委员会有 33 名委员，2020 年召开 1 次会议，审议通过的事项主要包括：调整州住房公积金管理委员会委员；推举产生主任委员、副主任委员；审议通过 2020 年度住房公积金归集、使用计划报告；审议通过 2020 年度财务收支计划报告；审议通过 2019 年年度报告。

(二) 住房公积金管理中心。住房公积金管理中心为州政府直属不以营利为目的的全额拨款事业单位，设 4 个部门，5 个管理部，1 个分中心。从业人员 110 人，其中，在编 24 人，非在编 86 人（含银行驻点人员 34 人）。

二、业务运行情况

（一）缴存。2020 年，新开户单位 132 家，净增单位 24 家；新开户职工 0.47 万人，净减职工 0.03 万人；实缴单位 1332 家，实缴职工 7.05 万人，缴存额 12.84 亿元，分别同比增长 8.38%、下降 0.42%、增长 17.91%。2020 年末，缴存总额 95.08 亿元，比上年末增加 15.61%；缴存余额 37.43 亿元，同比增长 5.85%。受委托办理住房公积金缴存业务的银行 4 家。

（二）提取。2020 年，3.5 万名缴存职工提取住房公积金；提取额 10.76 亿元，同比增长 23.68%；提取额占当年缴存额的 83.8%，比上年增加 3.91 个百分点。2020 年末，提取总额 57.65 亿元，比上年末增加 22.95%。

（三）贷款。

1. 个人住房贷款。个人住房贷款最高额度 60 万元（信用等级良好，连续足额缴纳住房公积金的，贷款额度可上浮 20%）。

2020 年，发放个人住房贷款 0.21 万笔、8.43 亿元，同比分别增长 10.53%、15.80%。其中，州中心发放个人住房贷款 0.1 万笔、4.34 亿元，分中心发放个人住房贷款 0.11 万笔、4.09 亿元。

2020 年，回收个人住房贷款 3.31 亿元。其中，州中心 1.75 亿元，分中心 1.56 亿元。

2020 年末，累计发放个人住房贷款 2.58 万笔、51.08 亿元，贷款余额 24.56 亿元，分别比上年末增加 8.86%、19.79%、26.03%。个人住房贷款余额占缴存余额的 65.62%，比上年末增加 10.64 个百分点。受委托办理住房公积金个人住房贷款业务的银行 8 家。

2. 异地贷款。2020 年，发放异地贷款 237 笔、8884.2 万元。2020 年末，发放异地贷款总额 86194.4 万元，异地贷款余额 71699.46 万元。

3. 公转商贴息贷款。无。

4. 住房公积金支持保障性住房建设项目贷款（本段仅项目贷款余额不为 0 的城市填写）。无。

（四）购买国债。无。

（五）资金存储。2020 年末，住房公积金存款 14.73 亿元。其中，活期 0.03 亿元，1 年（含）以下定期 6.65 亿元，1 年以上定期 7.25 亿元，其他（协定、通知存款等）0.8 亿元。

（六）资金运用率。2020 年末，住房公积金个人住房贷款余额、项目贷款余额和购买国债余额的总和占缴存余额的 65.62%，比上年末增加 10.64 个百分点。

三、主要财务数据

（一）业务收入。2020 年，业务收入 13148.71 万元，同比增长 27.46%。存款利息 6205.94 万元，委托贷款利息 6936.65 万元，国债利息 0 万元，其他 6.12 万元。

（二）业务支出。2020 年，业务支出 9711.65 万元，同比增长 40.93%。支付职工住房公积金利息 8856.2 万元，归集手续费 612.03 万元，委托贷款手续费 242.78 万元，其他 0.64 万元。

（三）增值收益。2020 年，增值收益 3437.06 万元，同比增长 0.36%。增值收益率 0.93%，比上年减少 0.07 个百分点。

（四）增值收益分配。 2020 年，提取贷款风险准备金 2062.92 万元，提取管理费用 0 万元，提取城市廉租住房（公共租赁住房）建设补充资金 1374.14 万元。

2020 年，上交财政管理费用 0 万元。上缴财政城市廉租住房（公共租赁住房）建设补充资金 1369 万元。

2020 年末，贷款风险准备金余额 11685.9 万元。累计提取城市廉租住房（公共租赁住房）建设补充资金 9102.05 万。

（五）管理费用支出。 2020 年，管理费用支出 1051.19 万元，同比增加 38.23％。其中，人员经费 819.94 万元，公用经费 68.25 万元，专项经费 163 万元。

州中心管理费用支出 881.31 万元，其中，人员、公用、专项经费分别为 748.45 万元、57.79 万元、75.07 万元；格尔木分中心管理费用支出 169.88 万元，其中，人员、公用、专项经费分别为 71.49 万元、10.46 万元、87.93 万元。

四、资产风险状况

（一）个人住房贷款。 2020 年末，个人住房贷款逾期额 588.4 万元，逾期率 2.39‰，其中，州中心 1.96‰，分中心 2.85‰，个人贷款风险准备金余额 11685.9 万元。2020 年，使用个人贷款风险准备金核销呆坏账 0 万元。

（二）支持保障性住房建设试点项目贷款（本段仅项目贷款余额不为 0 的城市填写）。 无。

五、社会经济效益

（一）缴存业务。 缴存职工中，国家机关和事业单位占 36.81％，国有企业占 44.76％，城镇集体企业占 3.17％，外商投资企业占 0.8％，城镇私营企业及其他城镇企业占 0％，民办非企业单位和社会团体占 0.29％，灵活就业人员占 0.79％，其他占 13.38％；中、低收入占 99.83％，高收入占 0.17％。

新开户职工中，国家机关和事业单位占 42.44％，国有企业占 25.29％，城镇集体企业占 2.97％，外商投资企业占 0.3％，城镇私营企业及其他城镇企业占 0％，民办非企业单位和社会团体占 0.25％，灵活就业人员占 2.97％，其他占 25.78％；中、低收入占 99.77％，高收入占 0.23％。

（二）提取业务。 提取金额中，购买、建造、翻建、大修自住住房占 36.66％，偿还购房贷款本息占 20.9％，租赁住房占 9.48％，支持老旧小区改造占 0％，离休和退休提取占 22.8％，完全丧失劳动能力并与单位终止劳动关系提取占 3.24％，出境定居占 0％，其他占 6.92％。提取职工中，中、低收入占 99.52％，高收入占 0.48％。

（三）贷款业务。

1. 个人住房贷款。2020 年，支持职工购建房 23.68 万平方米（含公转商贴息贷款），年末个人住房贷款市场占有率（含公转商贴息贷款）为 78.3％，比上年末增加 3.04 个百分点。通过申请住房公积金个人住房贷款，可节约职工购房利息支出 13452.23 万元。

职工贷款笔数中，购房建筑面积 90（含）平方米以下占 13.29％，90～144（含）平方米占 80.52％，144 平方米以上占 6.19％。购买新房占 75.72％（其中购买保障性住房占 0％），购买二手房占 24.28％，建造、翻建、大修自住住房占0%（其中支持老旧小区改造占0%），其他占0%。

职工贷款笔数中，单缴存职工申请贷款占43.09%，双缴存职工申请贷款占56.81%，三人及以上缴存职工共同申请贷款占0.1%。

贷款职工中，30岁（含）以下占50.53%，30岁~40岁（含）占34.84%，40岁~50岁（含）占12.95%，50岁以上占1.68%；首次申请贷款占96.4%，二次及以上申请贷款占3.6%；中、低收入占99.66%，高收入占0.34%。

2. 支持保障性住房建设试点项目贷款（本段仅项目贷款余额不为0的城市填写）。无。

（四）**住房贡献率**。2020年，个人住房贷款发放额、公转商贴息贷款发放额、项目贷款发放额、住房消费提取额的总和与当年缴存额的比率为124.53%，比上年减少0.47个百分点。

六、其他重要事项

（一）**应对新冠肺炎疫情采取的措施，落实住房公积金阶段性支持政策情况和政策实施成效**。制定印发了《〈关于妥善应对新冠肺炎疫情贯彻落实住房公积金阶段性支持政策的通知〉实施细则》，支持受疫情影响的企业暂缓缴存或降低缴存比例，共办理缓缴企业6家，涉及缓缴职工人数为766人，减轻企业及缴存职工负担470.6万元，切实减轻了疫情期间企业经济压力。

（二）**当年机构及职能调整情况、受委托办理缴存贷款业务金融机构变更情况**。

1. 当年机构及职能未调整；

2. 当年新增青海都兰农村商业银行股份有限公司、青海乌兰农村商业银行股份有限公司和青海天峻农村商业银行股份有限公司3家委托银行办理住房公积金贷款业务。

（三）**当年住房公积金政策调整及执行情况，包括当年缴存基数限额及确定方法、缴存比例等缴存政策调整情况；当年提取政策调整情况；当年个人住房贷款最高贷款额度、贷款条件等贷款政策调整情况；当年住房公积金存贷款利率执行标准等；支持老旧小区改造政策落实情况**。

1. 缴存住房公积金的月工资基数不得超过州统计部门2019年度全州在岗职工月均工资的3倍，即26307元；最低不得低于青海省人民政府确定的最低工资标准，即1700元。单位和职工缴存比例未调整；

2. 当年个人住房贷款最高贷款额度、贷款条件等贷款政策，住房公积金存贷款利率执行标准未调整。

（四）**当年服务改进情况，包括推进住房公积金服务"跨省通办"工作情况，服务网点、服务设施、服务手段、综合服务平台建设和其他网络载体建设服务情况等**。

1. 深化"放管服"改革，中心5个管理部正式挂牌运行，实现我州三市三县一行委住房公积金服务机构全覆盖，彻底解决了缴存职工跨区域往返跑的难题，打通服务缴存职工的"最后一公里"，广大缴存职工可享受到更加优质、便捷的住房公积金服务。

2. 优化工作流程，公积金贷款业务。取消身份证复印件、《二手房评估报告》；公积金提取业务。取消到达法定退休年龄职工的退休证明材料。目前，中心归集、提取业务已经实现"一窗受理，当场办结"，办理过程中，缴存职工只需取1次号，进1个窗，交1次件，即可快速办理。

3. 以深入开展作风突出问题集中整治活动为抓手，持续深化服务效能建设，从便民处着手、细微处用心，针对缴存职工办理住房公积金"堵点，难点"问题，经多方协调人民银行将个人信用报告自助查询机投放至中心服务窗口。

4. 以缴存职工需求为出发点，中心依托青海政务服务网开通网上预审业务。同时，积极与软件开发企业对接，拓展"互联网＋公积金"功能，提升服务效能，开通部分网上提取业务，实现住房公积金业务办理"零跑腿"，于2020年11月正式投入使用。

（五）当年信息化建设情况，包括信息系统升级改造情况，基础数据标准贯彻落实和结算应用系统接入情况等。 当年无此类情况。

（六）当年住房公积金管理中心及职工所获荣誉情况，包括：文明单位（行业、窗口）、青年文明号、工人先锋号、五一劳动奖章（劳动模范）、三八红旗手（巾帼文明岗）、先进集体和个人等。

1. 中心在海西州总工会组织的"歌声嘹亮庆五一·歌唱祖国战疫情"合唱比赛中荣获"优秀组织奖"。

2. 中心在海西州政务服务监督管理局办事大厅窗口建设活动中获得"文明窗口单位"。

3. 中心副主任许若军同志根据组织安排前往疫情防控一线参与疫情防控工作，获得州委组织部通报表扬。

（七）当年对违反《住房公积金管理条例》和相关法规行为进行行政处罚和申请人民法院强制执行情况。 当年无此类情况。

（八）当年对住房公积金管理人员违规行为的纠正和处理情况等。 当年无此类情况。

（九）其他需要披露的情况。 无。

2020 全国住房公积金年度报告汇编

宁夏回族自治区

银川
石嘴山市
吴忠市
固原市
中卫市

宁夏回族自治区住房公积金2020年年度报告

根据国务院《住房公积金管理条例》以及住房和城乡建设部、财政部、人民银行《关于健全住房公积金信息披露制度的通知》（建金〔2015〕26号）规定，现将宁夏回族自治区住房公积金2020年度报告公布如下。

一、机构概况

（一）管房住房公积金管理机构。全区共设5个设区城市住房公积金管理中心，1个独立设置的分中心（隶属银川住房公积金管理中心）。从业人员311人，其中，在编194人，非在编117人。

（二）住房公积金监管机构。宁夏回族自治区住房和城乡建设厅、财政厅、中国人民银行银川中心支行负责对本区住房公积金管理运行情况进行监督。宁夏回族自治区住房和城乡建设厅设立住房公积金监管处，负责辖区住房公积金日常监管工作。

二、业务运行情况

（一）缴存。2020年，新开户单位965家，净增单位488家；新开户职工6.38万人，净增职工0.85万人；实缴单位10442家，实缴职工66.49万人，缴存额115.79亿元，分别同比增长4.90%、1.30%、8.43%。2020年末，缴存总额1008.72亿元，比上年末增加12.97%；缴存余额353.93亿元，同比增长8.41%。

（二）提取。2020年，21.82万名缴存职工提取住房公积金；提取额88.32亿元，同比增长7.30%；提取额占当年缴存额的76.28%，比上年增加7.88个百分点；2020年末，提取总额654.79亿元，比上年末增加15.59%。

（三）贷款。

1. 个人住房贷款。2020年，发放个人住房贷款1.66万笔、同比下降4.60%，贷款金额69.77亿元、同比增长3.21%。回收个人住房贷款50.27亿元。

2020年末，累计发放个人住房贷款29.97万笔、654.93亿元，年末累计发放个人住房贷款0万笔、0亿元，贷款余额286.34亿元，分别比上年末增加5.86%、11.92%、7.31%。个人住房贷款余额占缴存余额的80.90%，比上年末减少0.83个百分点。

2020年，支持职工购建房208.75万平方米。年末个人住房贷款市场占有率（含公转商贴息贷款）为22.44%，比上年末减少3.71个百分点。通过申请住房公积金个人住房贷款，可节约职工购房利息支出83798.89万元。

2. 异地贷款。2020年，发放异地贷款1919笔、75470.40万元。2020年末，发放异地贷款总额530292.60万元，异地贷款余额305058.36万元。

3. 公转商贴息贷款。无。

（四）购买国债。无。

（五）融资。无。

（六）资金存储。2020年末，住房公积金存款77.89亿元。其中，活期2.38亿元，1年（含）以下定期45.97亿元，1年以上定期22.99亿元，其他（协定、通知存款等）6.55亿元。

（七）资金运用率。2020年末，住房公积金个人住房贷款余额、项目贷款余额和购买国债余额的总和占缴存余额的80.90%，比上年末减少0.83个百分点。

三、主要财务数据

（一）业务收入。2020年，业务收入105290.32万元，同比增长10.45%。其中，存款利息15901.90万元，委托贷款利息89375.19万元，国债利息0万元，其他13.23万元。

（二）业务支出。2020年，业务支出58009.63万元，同比增长7.65%。其中，支付职工住房公积金利息53739.74万元，归集手续费1184.96万元，委托贷款手续费2979.80万元，其他105.13万元。

（三）增值收益。2020年，增值收益47280.70万元，同比增长14.08%；增值收益率1.38%，比上年增加0.05个百分点。

（四）增值收益分配。2020年，提取贷款风险准备金2345.92万元，提取管理费用6800.88万元，提取城市廉租住房（公共租赁住房）建设补充资金38133.91万元。2020年，上交财政管理费用6398.80万元，上缴财政城市廉租住房（公共租赁住房）建设补充资金31946.39万元。2020年末，贷款风险准备金余额32323.70万元，累计提取城市廉租住房（公共租赁住房）建设补充资金270004.40万元。

（五）管理费用支出。2020年，管理费用支出6189.18万元，同比增长0.09%。其中，人员经费3808.62万元，公用经费457.39万元，专项经费1923.17万元。

四、资产风险状况

个人住房贷款。2020年末，个人住房贷款逾期额1913.79万元，逾期率0.7‰，个人贷款风险准备金余额年使用个人贷款风险准备金核销呆坏账32323.70万元。2020年，使用个人贷款风险准备金核销呆坏账0万元。

五、社会经济效益

（一）缴存业务。缴存职工中，国家机关和事业单位占37.23%，国有企业占29.23%，城镇集体企业占4.29%，外商投资企业占0.83%，城镇私营企业及其他城镇企业占26.48%，民办非企业单位和社会团体占1.11%，灵活就业人员占0.27%，其他占0.56%；中、低收入占99.44%，高收入占0.56%。

新开户职工中，国家机关和事业单位占15.11%，国有企业占15.10%，城镇集体企业占3.68%，外商投资企业占1.21%，城镇私营企业及其他城镇企业占60.77%，民办非企业单位和社会团体占2.24%，灵活就业人员占0.52%，其他占1.37%；中、低收入占99.84%，高收入占0.16%。

（二）提取业务。提取金额中，购买、建造、翻建、大修自住住房占19.56%，偿还购房贷款本息占57.11%，租赁住房占1.82%；离休和退休提取占14.30%，完全丧失劳动能力并与单位终止劳动关系提取占2.46%，出境定居占0.69%，其他占4.06%。提取职工中，中、低收入占99.29%，高收入占0.71%。

（三）贷款业务。

个人住房贷款。职工贷款笔数中，购房建筑面积90（含）平方米以下占5.86%，90～144（含）平方米占 81.42%，144 平方米以上占 12.72%。购买新房占 73.55%（其中购买保障性住房占 0.006%），购买，购买二手房占 26.12%翻建，建造，建造、翻建、大修自住住房占 0%，其他占 0.33%。

职工贷款笔数中，单缴存职工申请贷款占 53.24%，双缴存职工申请贷款占 45.36%，三人及以上缴存职工共同申请贷款占 1.39%。

贷款职工中，30 岁（含）以下占 32.21%，30 岁～40 岁（含）占 40.96%，40 岁～50 岁（含）占 20.14%，50 岁以上占 6.69%；首次申请贷款占 85.09%，二次及以上申请贷款占 14.91%；中、低收入占 98.62%，高收入占 1.38%。

（四）**住房贡献率**。2020 年，个人住房贷款发放额、公转商贴息贷款发放额、项目贷款发放额、住房消费提取额的总和与当年缴存额的比率为 120.14%，比上年增加 2.78 个百分点。

六、其他重要事项

（一）**应对新冠肺炎疫情采取的措施，落实住房公积金阶段性支持政策情况和政策实施成效**。联合自治区财政厅、人民银行银川中心支行转发《住房和城乡建设部、财政部和人民银行关于妥善应对新冠肺炎疫情实施住房公积金阶段性支持政策的通知》，督促全区各中心严格贯彻落实住房公积金阶段性支持政策。自支持政策实施以来，全区共受理 1721 家企业缓缴申请，涉及职工 134435 人，缓缴金额 59598.26 万元（其中企业部分 29799.13 万元、个人部分 29799.13 万元），纾解企业资金力法以实际受疫情影响压力，以实际行动帮助企业度过难关。受疫情影响职工无法正常还款不作逾期处理的贷款总笔数为 865 笔，贷款余额 16426.71 万元。同时，为解决部分职工因受疫情影响支付房租压力较大问题，各市根据当地实际情况，不同程度提高租房提取额度。提高租房提取累计职工人数 1139 人，累计提高租房提取金额 806.73 万元，确保住房公积金缓缴职工的贷款权益不受影响。

（二）**当年住房公积金政策调整情况**。2020 年出台了《关于印发〈宁夏住房公积金业务操作规范〉的通知》（宁建〈金管〉发〔2020〕1 号），《宁夏住房公积金业务操作规范》正式落地实施，进一步优化流程、压缩环节、精简要件，为实现全自治区住房公积金管理标准化、服务规范化、办件高效化、数据精准化、风险可控化，促进住房公积金管理服务工作提档升级，推动住房公积金行业高质量发展奠定坚实基础。为进一步加强和规范住房公积金管理，积极落实中央和自治区深化"放管服"和优化营商环境有关要求，印发了《自治区住房和城乡建设厅关于进一步规范我区住房公积金管理的通知》（宁建〈金管〉发〔2020〕6 号），严格落实住房公积金管理委员会决策制度、依法履行监督职责、积极推进归集扩面和风险防控等工作，持续优化提升服务水平，不断拓宽制度普惠面，完善健全风险防控体系，为全自治区住房公积金健康发展提供保障。

（三）**当年开展监督检查情况**。7 月、12 月，分别组成调研检查组研检查组，对全区各中心住房公积金业务系统流程优化调整、规范岗位设置、人员学习培训情况，落实国家政务服务、优化营商环境改革要求以及按照住房和城乡建设部、自治区相关文件，开展"一网通办""跨省通办"和政务服务"好差评"等一系列工作的进展，各项配套管理制度的建立，"跨省通办"窗口设立、业务办理等情况进行检查督促，并就检查情况进行通报。

（四）**当年服务改进情况**。认真落实国家、自治区"优化营商环境"改革要求，取得积极成效。一是稳步推进"跨省通办"工作。督促各中心按照《住房和城乡建设部办公厅关于做好住房公积金服务"跨省通办"工作的通知》要求,全面完成 2020 年"跨省通办"任务目标。其中,个人住房公积金缴存贷款等信息查询和正常退休提取依托于综合服务平台的网上业务大厅已实现全程网办。二是积极开展"一网通办"。按照市场监管总局等六部门关于进一步优化企业开办服务的要求,主动与自治区市场管理厅对接"企业开通一网通办平台",共享企业主体信息数据,实现企业开办与企业缴存登记"一网通办、一次办结",减少审核环节,压缩开办时间。三是积极对接"好差评"系统。协调各中心全面贯彻落实国务院办公厅《关于建立政务服务"好差评"制度提高政务服务水平的意见》,建立差评和投诉问题调查核实、督促整改和反馈机制的"好差评"管理体系,倒逼服务提质增效,推进公积金规范化、标准化、精细化服务再升级。

(五)当年信息化建设情况。一是继续完善网厅建设。印发《宁夏住房公积金综合服务平台"区规"案设计方案》,逐步将原 6 个中心 6 个住房业务大厅整合为个住房公积金综合服务平台网上业务大厅整合为一个网厅,进一步规范全区公积金业务办理,提升便民服务水平。利用"人脸识别+手机号+验证码"等方式,改进网厅登录设置,使网厅使用更加安全便捷。二是加快数据共享。加强政务服务数据对接,推进政府部门间信息共享和业务协同,确保"一网通办""跨省通办""好差评"等工作顺利实施,充分发挥"互联网+公积金"使用优势,着力提升"不见面,马上办"服务能力。三是积极推进线上预约系统。为加强疫情防控常态化,及时开发线上预约系统,通过预约信息中心合理安排柜台业务办理情况,截至 6 月底,通过 12329 服务热线预约住房公积金业务 1025 笔,通过微信公众号在线预约 15997 笔,有力地缓解了柜台业务办理"职工扎堆"情况。

(六)当年住房公积金机构及从业人员获荣誉情况。2020 年全区各中心再接再厉,锐意进取,在新时代展示新气象,荣获文明单位、三八红旗集体、先进集体等一批荣誉称号。其中,自治区住房资金管理中心获得全国文明单位和全国三八红旗集体;银川市中心获得市级文明单位、新冠肺炎疫情防控工作先进基层党组织"称号;石嘴山市中心获得自治区级民族团结进步创建示范机关、市网络安全等级保护工作先进单位;吴忠、固原市住房公积金管理中心获得市级文明单位;中卫市中心获得自治区级文明单位、市级民族团结进步创建示范机关。

(七)当年对住房公积金管理人员违规行为的纠正和处理情况等。银川中心对 11 名在办理提取业务中负有责任的人员给予通报批评、责令作出书面检查等问责处理。均情上其他中心均无上述情况。

银川住房公积金 2020 年年度报告

根据国务院《住房公积金管理条例》和住房和城乡建设部、财政部、人民银行《关于健全住房公积金信息披露制度的通知》(建金〔2015〕26 号)的规定,经住房公积金管理委员会审议通过,现将银川住房公积金 2020 年年度报告公布如下。

一、机构概况

(一)住房公积金管理委员会。住房公积金管理委员会有 29 名委员,2020 年召开 1 次会议,审议通过的事项主要包括：《银川市住房公积金管理委员会办公室关于调整银川市住房公积金管理委员会部分委员的请示》《银川住房公积金管理中心 2019 年年度报告》《银川住房公积金管理中心关于 2019 年度增值收益分配的报告》《银川住房公积金管理中心 2020 年度归集、使用计划安排》《银川住房公积金管理中心关于妥善应对新冠肺炎疫情落实住房公积金阶段性支持政策的实施办法的请示》《银川住房公积金管理中心关于调整住房公积金业务委托签约对象的请示》《银川住房公积金管理中心关于恢复办理商业性贷款转公积金个人贷款政策的请示》《银川住房公积金管理中心关于全面推行二手房住房公积金贷款新流程的请示》。

（二）住房公积金管理中心。银川住房公积金管理中心（以下简称银川中心）为市政府直属的不以营利为目的的自收自支事业单位，设 7 个处，6 个分中心。从业人员 106 人，其中，在编 44 人，非在编 62 人。宁夏住房资金管理中心（银川住房公积金管理中心区直分中心）为隶属于宁夏住房和城乡建设厅的公益一类事业单位，设 4 个（科）。从业人员 28 人，其中，在编 28 人，非在编 0 人。

二、业务运行情况

（一）缴存。2020 年，全市新开户单位 633 家，净增单位 173 家，其中银川中心新开户单位 606 家，净增单位 183 家；全市新开户职工 4.60 万人，净增职工 1.38 万人，其中银川中心新开户职工 4.10 万人，净增职工 1.30 万人；全市实缴单位 5669 家，实缴职工 41.91 万人，缴存额 73.98 亿元，分别同比增长 3.15%、3.43%、9.83%，其中银川中心实缴单位 4852 家，实缴职工 32.43 万人，缴存额 50.12 亿元，分别同比增长 3.92%、4.18%、10.18%。2020 年末，全市缴存总额 656.06 亿元，比上年末增加 12.71%，其中银川中心缴存总额 432.48 亿元，比上年末增加 13.11%；全市缴存余额 216.29 亿元，同比增长 8.37%，其中银川中心缴存余额 146.82 亿元，同比增长 7.78%。受委托办理住房公积金缴存业务的银行 6 家。

（二）提取。2020 年，全市 14.08 万名缴存职工提取住房公积金，其中银川中心 10.33 万名缴存职工提取住房公积金；全市提取额 57.27 亿元，同比增长 22.08%，其中银川中心提取额 39.51 亿元，同比增长 23.74%；提取额占当年缴存额的 77.41%，比上年增加 7.81 个百分点，其中银川中心提取额占当年缴存额的 78.83%，比上年增加 8.63 个百分点。2020 年末，全市提取总额 439.77 亿元，比上年末增加 14.97%，其中银川中心提取总额 285.66 亿元，比上年末增加 16.05%。

（三）贷款。

1. 个人住房贷款。个人住房贷款最高额度 70 万元。单缴存职工个人住房贷款最高额度 50 万元，双缴存职工个人住房贷款最高额度 70 万元。

2020 年，全市发放个人住房贷款 0.9788 万笔、43.91 亿元，同比分别下降 7.38%、1.44%。

银川中心发放个人住房贷款 0.7481 万笔、32.13 亿元，同比分别下降 5.91%、0.53%。其中，银川本部发放个人住房贷款 0.4281 万笔、18.25 亿元，灵武分中心发放个人住房贷款 0.0365 万笔、1.55 亿元，永宁分中心发放个人住房贷款 0.0357 万笔、1.35 亿元，贺兰分中心发放个人住房贷款 0.0686 万笔、2.86 亿元，宁煤分中心发放个人住房贷款 0.1109 万笔、5.15 亿元，铁路分中心发放个人住房贷款 0.0596 万笔、2.61 亿元，宁东分中心发放个人住房贷款 0.0087 万笔、0.36 亿元。

2020 年，全市回收个人住房贷款 32.75 亿元。

银川中心回收个人住房贷款 22.68 亿元。其中，银川本部 13.39 亿元，灵武分中心 0.99 亿元，永宁分中心 0.81 亿元，贺兰分中心 1.04 亿元，宁煤分中心发放个人住房贷款 4.59 亿元，铁路分中心 1.73 亿元，宁东分中心 0.13 亿元。

2020 年末，全市累计发放个人住房贷款 16.76 万笔、432.69 亿元，贷款余额 193.38 亿元，分别比上年末增加 6.28%、11.32%、6.19%，其中银川中心累计发放个人住房贷款 12.03 万笔、299.83 亿元，贷款余额 130.98 亿元，分别比上年末增加 6.65%、12.01%、7.77%。全市个人住房贷款余额占缴存余额的 89.41%，比上年下降 1.79 个百分点，其中银川中心个人住房贷款余额占缴存余额的 89.21%，比上年下降 0.01 个百分点。受委托办理住房公积金个人住房贷款业务的银行 6 家。

2. **异地贷款**。2020 年，发放异地贷款 1073 笔、45299 万元。2020 年末，发放异地贷款总额 297200.90 万元，异地贷款余额 176669.40 万元。

3. **公转商贴息贷款**。2020 年，发放公转商贴息贷款 0 笔、0 万元，当年贴息额 0 万元。2020 年末，累计发放公转商贴息贷款 0 笔、0 万元，累计贴息 0 万元。

（四）**购买国债**。2020 年，购买（记账式、凭证式）国债 0 亿元，（兑付、转让、收回）国债 0 亿元。2020 年末，国债余额 0 亿元。

（五）**资金存储**。2020 年末，全市住房公积金存款 31.418 亿元。其中，活期 0.018 亿元，1 年（含）以下定期 25.1 亿元，1 年以上定期 1.06 亿元，其他（协定、通知存款等）5.24 亿元。

银川中心住房公积金存款 22.79 亿元。其中，活期 0.01 亿元，1 年（含）以下定期 17.6 亿元，1 年以上定期 1.06 亿元，其他（协定、通知存款等）4.12 亿元。

（六）**资金运用率**。2020 年末，全市住房公积金个人住房贷款余额、项目贷款余额和购买国债余额的总和占缴存余额的 89.40%，比上年末减少 1.8 个百分点。

银川中心住房公积金个人住房贷款余额、项目贷款余额和购买国债余额的总和占缴存余额的 89.21%，比上年末减少 0.01 个百分点。

三、主要财务数据

（一）**业务收入**。2020 年，全市业务收入 66977.29 万元，同比增长 12.09%。存款利息 5911.33 万元，委托贷款利息 61056.19 万元，国债利息 0 万元，其他 9.77 万元。

银川中心业务收入 45699.51 万元，同比增长 12.35%。存款利息 4601.33 万元，委托贷款利息 41098.18 万元，国债利息 0 万元，其他 0 万元。

（二）**业务支出**。2020 年，全市业务支出 37318.02 万元，同比增长 7.65%。支付职工住房公积金利息 34016.13 万元，归集手续费 1163.62 万元，委托贷款手续费 2039.98 万元，其他 98.29 万元。

银川中心业务支出 26314.94 万元，同比增长 6.45%。支付职工住房公积金利息 23988.95 万元，归集手续费 974.28 万元，委托贷款手续费 1253.42 万元，其他 98.29 万元。

（三）**增值收益**。2020 年，全市增值收益 29659.26 万元，同比增长 18.23%。增值收益率 1.41%，比上年增加 0.09 个百分点。

银川中心增值收益 19384.57 万元，同比增长 21.48%。增值收益率 1.36%，比上年增加 0.13 个百分点。

（四）增值收益分配。2020年，全市提取贷款风险准备金1127.94万元，提取管理费用2353.90万元，提取城市廉租住房（公共租赁住房）建设补充资金26177.42万元。

银川中心提取贷款风险准备金944.60万元，提取管理费用1483.01万元，提取城市廉租住房（公共租赁住房）建设补充资金16956.96万元。

2020年，全市上缴财政管理费用2331.55万元。上缴财政城市廉租住房（公共租赁住房）建设补充资金21052.22万元。

银川中心上缴财政管理费用1483.01万元。上缴财政城市廉租住房（公共租赁住房）建设补充资金13062.12万元。其中，上缴银川市级财政国库11639.66万元，上缴永宁县财政国库492.44万元，上缴贺兰县国库356.59万元，上缴灵武市财政国库573.43万元。

2020年末，全市贷款风险准备金余额19337.23万元。累计提取城市廉租住房（公共租赁住房）建设补充资金181437.56万元。

银川中心贷款风险准备金余额13098.37万元。累计提取城市廉租住房（公共租赁住房）建设补充资金109333.82万元。其中，银川本部提取62120.98万元，永宁分中心提取4406.14万元，贺兰分中心提取3300.95万元，灵武分中心提取5526.32万元，宁煤分中心提取26575.74万元，铁路分中心提取6450.68万元，宁东分中心提取953.01万元。

（五）管理费用支出。2020年，全市管理费用支出2635.80万元，同比增长1.14%。其中，人员经费1258.72万元，公用经费166.60万元，专项经费1210.48万元。

银川中心管理费用支出1787.26万元，同比增长3.33%。其中，人员经费813.62万元，公用经费127.36万元，专项经费846.28万元。其中银川本部管理费用支出1721.23万元，其中，人员、公用、专项经费分别为847.9万元、68.69万元、804.64万元；灵武分中心管理费用支出8.11万元，其中，人员、公用、专项经费分别为0万元、6.75万元、1.36万元；永宁分中心管理费用支出9.17万元，其中，人员、公用、专项经费分别为0万元、7.53万元、1.64万元；贺兰分中心管理费用支出7.14万元，其中，人员、公用、专项经费分别为0万元、5.7万元、1.44万元；宁煤分中心管理费用支出1.37万元，其中，人员、公用、专项经费分别为0万元、0.12万元、1.25万元；铁路分中心管理费用支出40.24万元，其中，人员、公用、专项经费分别为0万元、4.3万元、35.94万元；宁东分中心管理费用支出0万元，其中，人员、公用、专项经费分别为0万元、0万元、0万元。

四、资产风险状况

个人住房贷款。2020年末，全市个人住房贷款逾期额1465.60万元，逾期率0.76‰，其中银川中心个人住房贷款逾期额441.65万元，逾期率0.34‰，其中，银川本部0.41‰，灵武分中心0.42‰，永宁分中心0‰，贺兰分中心0.003‰，宁煤分中心0.29‰，铁路分中心0.07‰，宁东分中心1.69‰。全市个人贷款风险准备金余额19337.23万元，其中银川中心个人贷款风险准备金余额13098.37万元。2020年，全市使用个人贷款风险准备金核销呆坏账0万元。

五、社会经济效益

（一）缴存业务。全市缴存职工中，国家机关和事业单位占24.60%，国有企业占33.68%，城镇集体企业占6.00%，外商投资企业占0.81%，城镇私营企业及其他城镇企业占33.33%，民办非企业单位和社会团体占1.43%，灵活就业人员占0.15%，其他占0%；中、低收入占99.17%，高收入占0.83%。

银川中心缴存职工中，国家机关和事业单位占17.82%，国有企业占31.70%，城镇集体企业占5.25%，外商投资企业占0.97%，城镇私营企业及其他城镇企业占42.48%，民办非企业单位和社会团体占1.59%，灵活就业人员占0.19%，其他占0%；中、低收入占98.92%，高收入占1.08%。

全市新开户职工中，国家机关和事业单位占10.05%，国有企业占13.96%，城镇集体企业占4.08%，外商投资企业占0.84%，城镇私营企业及其他城镇企业占68.52%，民办非企业单位和社会团体占2.45%，灵活就业人员占0.10%，其他占0%；中、低收入占99.83%，高收入占0.17%。

银川中心新开户职工中，国家机关和事业单位占6.57%，国有企业占10.94%，城镇集体企业占2.71%，外商投资企业占0.83%，城镇私营企业及其他城镇企业占76.34%，民办非企业单位和社会团体占2.50%，灵活就业人员占0.11%，其他占0%；中、低收入占99.88%，高收入占0.12%。

（二）提取业务。 全市提取金额中，购买、建造、翻建、大修自住住房占18.27%，偿还购房贷款本息占58.91%，租赁住房占1.78%，支持老旧小区改造占0.01%，离休和退休提取占13.87%，完全丧失劳动能力并与单位终止劳动关系提取占4.45%，出境定居占0.47%，其他占2.24%。提取职工中，中、低收入占98.98%，高收入占1.02%。

银川中心提取金额中，购买、建造、翻建、大修自住住房占17.57%，偿还购房贷款本息占57.66%，租赁住房占2.20%，支持老旧小区改造占0.01%，离休和退休提取占13.88%，完全丧失劳动能力并与单位终止劳动关系提取占6.32%，出境定居占0%，其他占2.36%。提取职工中，中、低收入占95.98%，高收入占4.02%。

（三）贷款业务。 个人住房贷款。2020年，全市支持职工购建房122.30万平方米，2020年末个人住房贷款市场占有率为18.14%，比上年末减少3.56个百分点。通过申请住房公积金个人住房贷款，可节约职工购房利息支出50778.15万元。

银川中心支持职工购建房91.79万平方米，2020年末个人住房贷款市场占有率为13.61%，比上年末减少2.49个百分点。通过申请住房公积金个人住房贷款，可节约职工购房利息支出37225.19万元。

全市职工贷款笔数中，购房建筑面积90（含）平方米以下占6.97%，90~144（含）平方米占79.79%，144平方米以上占13.24%。购买新房占72.54%（其中购买保障性住房占0%），购买二手房占27.46%，建造、翻建、大修自住住房占0%（其中支持老旧小区改造占0%），其他占0%。

银川中心职工贷款笔数中，购房建筑面积90（含）平方米以下占7.41%，90~144（含）平方米占82.03%，144平方米以上占10.56%。购买新房占73.95%（其中购买保障性住房占0%），购买二手房占26.05%，建造、翻建、大修自住住房占0%（其中支持老旧小区改造占0%），其他占0%。

全市职工贷款笔数中，单缴存职工申请贷款占64.27%，双缴存职工申请贷款占33.53%，三人及以上缴存职工共同申请贷款占2.20%。

银川中心职工贷款笔数中，单缴存职工申请贷款占76.49%，双缴存职工申请贷款占21.19%，三人及以上缴存职工共同申请贷款占2.32%。

全市贷款职工中，30岁（含）以下占30.89%，30岁~40岁（含）占41.85%，40岁~50岁（含）

占 20.73%，50 岁以上占 6.53%；首次申请贷款占 87.25%，二次及以上申请贷款占 12.75%；中、低收入占 97.72%，高收入占 2.28%。

银川中心贷款职工中，30 岁（含）以下占 31.35%，30 岁~40 岁（含）占 40.32%，40 岁~50 岁（含）占 21.49%，50 岁以上占 6.84%；首次申请贷款占 83.45%，二次及以上申请贷款占 16.55%；中、低收入占 97.02%，高收入占 2.98%。

（四）住房贡献率。 2020 年，个人住房贷款发放额、公转商贴息贷款发放额、项目贷款发放额、住房消费提取额的总和与当年缴存额的比率为 120.52%，比上年减少 1.08 个百分点。

银川中心个人住房贷款发放额、公转商贴息贷款发放额、项目贷款发放额、住房消费提取额的总和与当年缴存额的比率为 125.22%，比上年减少 0.78 个百分点。

六、其他重要事项

（一）应对新冠肺炎疫情采取的措施，落实住房公积金阶段性支持政策情况和政策实施成效。 研究出台《关于妥善应对新冠肺炎疫情落实住房公积金阶段性支持政策的实施办法》，多措并举纾解企业困难，累计 1531 家企业、112295 名职工享受缓缴补缴支持政策，涉及金额 5.19 亿元。

（二）政策调整情况。 恢复"商转公"业务。对在银川住房公积金管理中心缴存住房公积金、并符合"商转公"贷款条件且已办理不动产权证书的公积金缴存职工可申请办理"商转公"业务。调整二手房贷款流程，引入第三方监管付款账户，采用先贷款后过户的模式办理，有效保护了二手房交易的资金安全，同时可以防止房屋产权人"一房二卖"，切实保障购房者的资金安全。

（三）当年服务改进情况。 通过官方网站、微信公众号、12329 热线等多种渠道大力宣传银行延伸网点，银行网点业务量较上年大幅增加。大力推进"网上办"业务，不断更新系统上线新功能。目前，全市已有 4783 个缴存单位开通网厅，开通率达到 99.2%，归集业务已基本实现网上办理。开通网厅还贷提取、离退休提取业务。积极开展住房公积金转移接续平台办理异地转移接续工作，减少职工办事成本。已完成"个人住房公积金缴存贷款等信息查询""正常退休提取住房公积金""出具贷款职工住房公积金缴存使用证明"等"跨省通办"事项，在服务大厅设置窗口，安排专人办理"跨省通办"业务。

（四）信息化建设情况。 不断完善"就近办"业务，持续开展 8 家就近办银行网点住房公积金业务标准化建设，统一服务标准，提升服务水平。加快信息化建设项目进度，"智慧公积金"建设项目已通过审批立项。全力推进数据共享工作，已从大数据服务平台获取职工身份、户籍、婚姻、社保、房屋等信息数据。加快研究制定新业务流程，简化办事手续，为方便群众办理公积金业务夯实基础。

（五）住房公积金管理中心及职工所获荣誉情况。 管理中心被授予"银川市文明单位"称号，团支部被授予"全区五四红旗团支部"称号。机关党支部荣获"新冠肺炎疫情防控工作先进基层党组织"称号，并被市直机关工委命名为首批"模范机关党支部"。服务大厅被市审批局评为 2020 年度全市优质政务服务大厅，并被授予"优质服务大厅"称号。

（六）当年对住房公积金管理人员违规行为的纠正和处理情况等。 对 11 名在办理提取业务中负有责任的人员给予通报批评、责令作出书面检查等问责处理。

（七）其他需要披露的情况。 无。

石嘴山市住房公积金 2020 年年度报告

根据国务院《住房公积金管理条例》和住房和城乡建设部住房公积金监管司《关于做好 2020 年住房公积金年度报告披露工作的通知》（建司局函金〔2021〕6 号）的规定，经住房公积金管理委员会审议通过，现将石嘴山市住房公积金 2020 年年度报告公布如下。

一、机构概况

（一）住房公积金管理委员会。住房公积金管理委员会有 19 名委员，2020 年召开 1 次会议，审议通过的事项主要包括：《关于 2019 年度住房公积金归集使用计划执行情况的报告》《关于 2019 年度住房公积金增值收益分配方案的报告》《石嘴山市住房公积金 2019 年年度报告》《关于 2020 年度住房公积金归集使用计划的报告》《市住房公积金管理中心关于调整住房公积金使用政策的请示》。

（二）住房公积金管理中心。住房公积金管理中心为石嘴山市人民政府管理的事业单位，中心内设 4 个科，下设 3 个管理部。从业人员 36 人，其中，在编 26 人，非在编 10 人。

二、业务运行情况

（一）缴存。2020 年，新开户单位 94 家，净减单位 35 家；新开户职工 5173 人，净增职工 409 人；实缴单位 1199 家，实缴职工 6.15 万人，缴存额 8.65 亿元，分别同比增长 15.73%、4.83% 和 2.25%。2020 年末，缴存总额 85 亿元，比上年末增加 13.44%，缴存余额 32.15 亿元，同比增长 8.07%。

受委托办理住房公积金缴存业务银行 5 家，与上年一致。

（二）提取。2020 年，1.68 万名缴存职工提取住房公积金；提取额 6.26 亿元，同比增长 9.25%；占当年缴存额的 72.37%，比上年增加 4.71 个百分点。2020 年末，提取总额 52.85 亿元，比上年末增长 13.44%。

（三）贷款。

1. 个人住房贷款。个人住房贷款最高额度 70 万元，其中，单缴存职工最高额度 50 万元，双缴存职工最高额度 70 万元。

2020 年，发放个人住房贷款 1296 笔、4.12 亿元，同比分别增长 5.88%、21.53%。其中，大武口管理部发放个人住房贷款 685 笔、2.09 亿元，平罗管理部发放个人住房贷款 383 笔、1.22 亿元，惠农管理部发放个人住房贷款 228 笔、0.81 亿元。

2020 年，回收个人住房贷款 2.69 亿元。其中，大武口管理部 1.53 亿元，平罗管理部 0.63 亿元，惠农管理部 0.53 亿元。

2020 年末，累计发放个人住房贷款 33067 笔、43.99 亿元，贷款余额 17.12 亿元。分别比上年末增长 4.09%、10.33%、9.11%。个人住房贷款余额占缴存余额的 53.25%，比上年增长 0.52 个百分点。

受委托办理住房公积金个人住房贷款业务银行 3 家，与上年一致。

2. 异地贷款。2020 年，发放异地贷款 59 笔、1084.1 万元。2020 年末，发放异地贷款总额 10253.2 万元，异地贷款余额 5483.77 万元。

3. 公转商贴息贷款。2020年无公转商贴息贷款。

(四)购买国债。2020年未购买国债,期末国债余额为零。

(五)资金存储。2020年末,住房公积金存款14.88亿元。其中,活期0.19亿元,1年(含)以下定期4.42亿元,1年以上定期10.27亿元。

(六)资金运用率。2020年末,住房公积金个人住房贷款余额、项目贷款余额和购买国债余额的总和占缴存余额的53.25%,比上年增长0.52个百分点。

三、主要财务数据

(一)业务收入。2020年,业务收入9446.14万元,同比增长11.1%。其中,存款利息4224.82万元,委托贷款利息5220.07万元,其他1.25万元。

(二)业务支出。2020年,业务支出4763.19万元,同比增加6.3%。其中,支付职工住房公积金利息4578.94万元,归集手续费21.34万元,委托贷款手续费156.64万元,其他6.27万元。

(三)增值收益。2020年,增值收益4682.96万元,同比增长16.46%。增值收益率1.5%,比上年增长0.09个百分点。

(四)增值收益分配。2020年,提取贷款风险准备金285.96万元,提取管理费用984.84万元,提取城市廉租住房(公共租赁住房)建设补充资金3412.16万元。

2020年,上交财政管理费用1017.59万元。上缴财政城市廉租住房(公共租赁住房)建设补充资金2774.55万元。

2020年末,贷款风险准备金余额3423.77万元。累计提取城市廉租住房(公共租赁住房)建设补充资金20407.59万元。

(五)管理费用支出。2020年,管理费用支出1060.46万元,同比增长11.8%。其中,人员经费665.10万元,公用经费93.29万元,专项经费302.06万元。

四、资产风险状况

个人住房贷款。2020年末,个人住房贷款逾期额57.94万元,逾期率0.338‰。其中,大武口管理部0.248‰,平罗管理部0.002‰,惠农管理部0.088‰。个人贷款风险准备金余额3423.77万元。2020年,未使用个人贷款风险准备金核销呆坏账。

五、社会经济效益

(一)缴存业务。缴存职工中,国家机关和事业单位占42.81%,国有企业占29.9%,城镇集体企业占1.91%,外商投资企业占2.76%,城镇私营企业及其他城镇企业占15.04%,民办非企业单位和社会团体占1.41%,灵活就业人员占1%,其他占5.17%;中、低收入占99.8%,高收入占0.2%。

新开户职工中,国家机关和事业单位占20.03%,国有企业占15.95%,城镇集体企业占3.94%,外商投资企业占4.29%,城镇私营企业及其他城镇企业占35.18%,民办非企业单位和社会团体占3.67%,灵活就业人员占2.84%,其他占14.1%;中、低收入占99.75%,高收入占0.25%。

(二)提取业务。提取金额中,购买、建造、翻建、大修自住住房占20.56%,偿还购房贷款本息占

46.36%，租赁住房占 2.24%；离休和退休提取占 20.54%，完全丧失劳动能力并与单位终止劳动关系提取占 4.33%，其他占 5.97%。

提取职工中，中、低收入占 99.68%，高收入占 0.32%。

（三）贷款业务。

个人住房贷款。2020 年，支持职工购建房 15.91 万平方米，年末个人住房贷款市场占有率为 47.49%，比上年增加 2.51 个百分点。通过申请住房公积金个人住房贷款，缴存职工可少支付购房利息 5201.05 万元。

职工贷款笔数中，购房建筑面积 90（含）平方米以下占 7.72%，90～144（含）平方米占 78.24%，144 平方米以上占 14.04%。购买新房占 55.71%（其中购买保障性住房占 0.46%），购买再交易自住住房占 44.29%。

职工贷款笔数中，单缴存职工申请贷款占 29.55%，双缴存职工申请贷款占 70.45%。

贷款职工中，30 岁（含）以下占 30.79%，30 岁～40 岁（含）占 41.28%，40 岁～50 岁（含）占 19.98%，50 岁以上占 7.95%；首次申请贷款占 80.48%，二次及以上申请贷款占 19.52%；中、低收入占 99.77%，高收入占 0.23%。

（四）住房贡献率。 2020 年，个人住房贷款发放额、公转商贴息贷款发放额、项目贷款发放额、住房消费提取额的总和与当年缴存额的比率为 97.65%，比上年增加 10.2 个百分点。

六、其他重要事项

（一）应对新冠肺炎疫情采取的措施。 一是阶段性调整部分公积金政策。根据市委、市政府"六稳六保"的工作要求和自治区住房和城乡建设厅的文件精神，推出降比缓缴、延长购房提取和贷款受理期限等政策。2020 年，办理 2 笔、企业缓缴降比业务，助力企业和职工共度难关。二是全面梳理线上业务办理流程，疫情期间线上办理公积金业务 13715 笔，有效减少了人员聚集。三是建立公积金帮办代办服务，因疫情影响不能前来大厅的办事群众，中心通过上门取件、办后送达、上门服务等方式提供帮办代办服务 380 余次，实现疫情防控和业务服务"两不误"。

（二）当年住房公积金政策调整及执行情况。

1. 根据国务院《住房公积金管理条例》，住房和城乡建设部、财政部、中国人民银行《关于住房公积金管理若干具体问题的指导意见》（建金管〔2005〕5 号），以及《石嘴山市统计局提供数据记录》关于 2019 年全市在岗职工年平均工资统计数据，调整 2020 年度住房公积金最高月缴存额和缴存比例。2020 年度我市职工住房公积金月缴存基数为职工本人 2019 年度月平均工资（在岗职工），最高月缴存工资基数不得超过 2019 年度全市在岗职工月平均工资 6181 元的三倍，即 18543 元。住房公积金最高缴存比例为单位和个人分别为 12%，住房公积金缴存单位和职工个人最高月缴存总额不超过 4450 元。

列入财政预算的单位，应执行财政部门预算中确认的工资基数；超出预算范围规定的，应由本级财政部门同意后办理。

执行年度：2020 年 7 月 1 日至 2021 年 6 月 30 日。

2. 根据住房公积金管理委员会《关于调整住房公积金使用政策的批复》（石房金管发〔2020〕1 号），调整了五项政策。一是执行公积金贷款额度受缴存余额限制的政策。借款申请人（含共同借款人）住房公积金最高贷款额度为缴存余额的 20 倍。二是调整重大疾病提取政策。缴存职工本人、配偶、未婚子女、双方父母患病住院就医，结算的实际支付医疗费用在 8000 元（不含）以上的，可在患者出院后，申请办理住房公积金提取，提取总额不超过实际自付费用总额。三是调整完全丧失劳动能力提取政策。取消"四级（含）以上伤残或 1、2 级精神残疾"提取业务，调整为完全丧失劳动能力并与单位终止劳动关系提取。四是取消在校大学生缴存住房公积金政策。五是取消专项维修费、住房物业费、契税提取政策。

3. 中心出台了《市住房公积金管理中心关于疫情防控期间调整部分公积金政策及规范相关业务的通知》（石房中发〔2020〕6 号），进一步落实疫情期间的支持政策。一是调整正常连续缴存 6 个月的贷款条件。因疫情影响未能缴存住房公积金，疫情结束后补缴的，期间中断时间不影响缴存职工贷款时连续缴存时间计算。二是延长购房提取、贷款受理业务办理期限。疫情期间，对业务办理有期限要求的购买、建造、翻建、大修住房提取业务及贷款受理业务，因疫情影响，造成业务办理超期限的，办理期限顺延至疫情结束。

（三）当年开展监督检查情况。一是修订完善了目标考核办法，每季度对科室、管理部全面开展绩效考评，将业务、业绩、服务、廉政建设和风险防控同步纳入考核量化，促进各项指标任务的完成。二是开展日常稽查，不定期对各管理部业务办理情况进行专项检查，全面排查存在的问题和漏洞，及时整改，防控资金风险。三是加强对委托银行承办住房公积金归集、提取、贷款委托业务情况考核，进一步提高公积金委托业务的办理质量和效率。四是开展专项审计问题排查整改工作，成立三个专项排查小组，对公积金缴存、提取、贷款、机构运行和管理等方面开展问题排查，发现问题及时查找原因并进行整改，进一步增强风险防控意识，有效防范住房公积金风险。

（四）当年服务改进情况。

1. 优化业务办理，实现服务惠民化。一是调整再交易住房办理流程，减轻贷款人资金压力，同时确保资金流向符合国家要求。二是建立容缺机制，在申请人符合条件的情况下，对 18 个非核心要件实行承诺容缺受理，先受理再补交，推进了业务审批人性化、便捷化。

2. 拓宽办事渠道，实现服务便民化。严格按照"跨省通办"业务要求，制定"跨省通办"工作实施方案，积极推进"跨省通办"工作。在各办事大厅设置"跨省通办"服务窗口，八项业务均可通过网办、代收代办实现跨省通办。

（五）当年信息化建设情况。

1. 积极对接"好差评"系统，服务水平得到新提升。深化"放管服"改革，全面贯彻落实国务院办公厅《关于建立政务服务"好差评"制度提高政务服务水平的意见》，建立政务服务"好差评"管理体系。中心所属三个管理部服务窗口均与"好差评"系统对接。通过设置评价器、录入评价事项等，对服务人员和服务事项进行评价，"好差评"评定情况纳入绩效考核，并建立差评和投诉问题调查核实、督促整改和反馈机制，推进公积金规范化、标准化、精细化服务再升级。

2. 加快信息化建设，提升便民服务水平。一是继续完善网厅建设，利用"人脸识别＋手机号＋验证码"等方式加强网厅登录设置，使网厅使用更加安全。二是推行电子营业执照办理单位缴存开户业务，实现安全、快捷、高效的办理单位开户业务。

（六）当年住房公积金管理中心获荣誉情况。

1. 2020 年 9 月，被评为自治区级民族团结进步示范机关。

2. 2020年5月，被评为石嘴山市法治政府建设示范创建单位。

3. 2020年11月，被评为石嘴山市网络安全等级保护工作先进单位。

（七）当年对住房公积金管理人员违规行为的纠正和处理情况等。无上述情况。

吴忠市住房公积金2020年年度报告

根据国务院《住房公积金管理条例》和住房和城乡建设部、财政部、人民银行《关于健全住房公积金信息披露制度的通知》（建金〔2015〕26号）的规定，经住房公积金管理委员会审议通过，现将吴忠市住房公积金2020年年度报告公布如下。

一、机构概况

（一）住房公积金管理委员会。吴忠市住房公积金管理委员会有23名委员，2020年3月17日，经协商，以文件会签的方式让各位委员审议通过了《关于2019年住房公积金归集管理使用情况和2020年归集使用计划情况的报告》《关于2019年度住房公积金业务收支决算和增值收益分配方案及2020年度住房公积金业务收支预算的报告》和《吴忠市住房公积金2019年年度报告》。

（二）住房公积金管理中心。吴忠市住房公积金管理中心为直属吴忠市人民政府不以营利为目的的正处级公益一类事业单位，设5个科室，4个分中心。从业人员58人，其中，在编52人，非在编6人。

二、业务运行情况

（一）缴存。2020年，新开户单位116家，净增单位70家；新开户职工5820人，净增职工362人；实缴单位1362家，实缴职工67721人，缴存额12.05亿元，同比分别增长5.26%、1.78%、8.29%。2020年末，缴存总额105.50亿元，比上年末增加12.89%；缴存余额40.65亿元，同比增长6.25%。受委托办理住房公积金缴存业务的银行5家。

（二）提取。2020年，2.77万名缴存职工提取住房公积金；提取额9.66亿元，同比增长22.21%；提取额占当年缴存额的80.16%，比上年增加9.13个百分点。2020年末，提取总额64.86亿元，比上年末增加17.50%。

（三）贷款。

1. 个人住房贷款。个人住房贷款最高额度70万元，单缴存职工个人住房贷款最高额度50万元，双缴存职工个人住房贷款最高额度70万元。

2020年，发放个人住房贷款2174笔、8.57亿元，同比分别增长4.57%、21.19%。其中，市中心发放个人住房贷款1317笔、5.45亿元，青铜峡分中心发放个人住房贷款263笔、0.92亿元，盐池分中心发放个人住房贷款129笔、0.46亿元，同心分中心发放个人住房贷款290笔、1.14亿元，红寺堡分中心发放个人住房贷款175笔、0.60亿元。

2020年，回收个人住房贷款6.57亿元。其中，市中心3.77亿元，青铜峡分中心0.95亿元，盐池分中心 0.57 亿元，同心分中心 0.88 亿元，红寺堡分中心 0.40 亿元。

2020 年末，累计发放个人住房贷款 4.86 万笔、74.02 亿元，贷款余额 25.63 亿元，分别比上年末增加 4.68%、13.09%、8.48%。个人住房贷款余额占缴存余额的 63.05%，比上年末增加 1.29 个百分点。受委托办理住房公积金个人住房贷款业务的银行 5 家。

2. 异地贷款。2020 年，发放异地贷款 394 笔、14046.20 万元。2020 年末，发放异地贷款总额 89744.80 万元，异地贷款余额 50381.22 万元。

3. 公转商贴息贷款。2020 年，发放公转商贴息贷款 0 笔、0 万元，当年贴息额 0 万元。2020 年末，累计发放公转商贴息贷款 0 笔、0 万元，累计贴息 0 万元。

4. 住房公积金支持保障性住房建设项目贷款。2020 年，发放支持保障性住房建设项目贷款 0 亿元，回收项目贷款 0 亿元。2020 年末，累计发放项目贷款 0 亿元，项目贷款余额 0 亿元。

（四）购买国债。2020 年，购买（记账式、凭证式）国债 0 亿元，（兑付、转让、收回）国债 0 亿元。2020 年末，国债余额 0 亿元。

（五）资金存储。2020 年末，住房公积金存款 15.33 亿元。其中，活期 1.74 亿元，1 年（含）以下定期 9.06 亿元，1 年以上定期 4.53 亿元，其他（协定、通知存款等）0 亿元。

（六）资金运用率。2020 年末，住房公积金个人住房贷款余额、项目贷款余额和购买国债余额的总和占缴存余额的 63.05%，比上年末增加 1.29 个百分点。

三、主要财务数据

（一）业务收入。2020 年，业务收入 10505.25 万元，同比下降 1.82%。其中，市中心 5244.13 万元，青铜峡分中心 1919.04 万元，盐池分中心 1154.08 万元，同心分中心 1601.12 万元，红寺堡分中心 586.88 万元，存款利息 2658.15 万元，委托贷款利息 7847.10 万元，国债利息 0 万元，其他 0 万元。

（二）业务支出。2020 年，业务支出 6184.62 万元，同比增长 7.86%。其中，市中心 2430.16 万元，青铜峡分中心 1586.75 万元，盐池分中心 743.83 万元，同心分中心 1006.75 万元，红寺堡分中心 417.13 万元，支付职工住房公积金利息 5964.43 万元，归集手续费 0 万元，委托贷款手续费 220.19 万元，其他 0 万元。

（三）增值收益。2020 年，增值收益 4320.63 万元，同比下降 12.99%。其中，市中心 2813.96 万元，青铜峡分中心 332.29 万元，盐池分中心 410.25 万元，同心分中心 594.37 万元，红寺堡分中心 169.76 万元；增值收益率 1.09%，比上年下降 0.26 个百分点。

（四）增值收益分配。2020 年，提取贷款风险准备金 68.83 万元，提取管理费用 1507.48 万元，提取城市廉租住房（公共租赁住房）建设补充资金 2744.33 万元。

2020 年，上交财政管理费用 1592.20 万元。上缴财政城市廉租住房（公共租赁住房）建设补充资金 3019.62 万元。其中，市中心上缴 1167.99 万元，青铜峡分中心上缴 796.88 万元，盐池分中心上缴 361.45 万元，同心分中心上缴 495.22 万元，红寺堡分中心上缴 198.08 万元。

2020 年末，贷款风险准备金余额 3844.10 万元。累计提取城市廉租住房（公共租赁住房）建设补充资金 27869.35 万元。其中，市中心提取 11846.91 万元，青铜峡分中心提取 7546.09 万元，盐池分中心提取 3040.23 万元，同心分中心提取 4030.28 万元，红寺堡分中心提取 1405.84 万元。

（五）管理费用支出。 2020 年，管理费用支出 1124.46 万元，同比下降 12.22%。其中，人员经费 924.70 万元，公用经费 76.50 万元，专项经费 123.26 万元。市中心管理费用支出 625.03 万元，其中，人员、公用、专项经费分别为 465.47 万元、36.30 万元、123.26 万元；青铜峡分中心管理费用支出 276.89 万元，其中，人员、公用、专项经费分别为 254.69 万元、22.2 万元、0 万元；盐池分中心管理费用支出 68.31 万元，其中，人员、公用、专项经费分别为 63.51 万元、4.8 万元、0 万元；同心分中心管理费用支出 84.59 万元，其中，人员、公用、专项经费分别为 77.39 万元、7.2 万元、0 万元；红寺堡分中心管理费用支出 69.64 万元，其中，人员、公用、专项经费分别为 63.64 万元、6 万元、0 万元。

四、资产风险状况

（一）个人住房贷款。 2020 年末，个人住房贷款逾期额 106.51 万元，逾期率 0.40‰。其中，市中心 0.34‰，青铜峡分中心 0.77‰，盐池分中心 0‰，同心分中心 0.01‰，红寺堡分中心 1.52‰。个人贷款风险准备金余额 3844.10 万元，2020 年使用个人贷款风险准备金核销呆坏账 0 万元。

（二）支持保障性住房建设试点项目贷款。 2020 年末，逾期项目贷款 0 万元，逾期率 0‰；项目贷款风险准备金余额 0 万元。2020 年，使用项目贷款风险准备金核销呆坏账 0 万元。

五、社会经济效益

（一）缴存业务。 缴存职工中，国家机关和事业单位占 58.75%，国有企业占 22.49%，城镇集体企业占 0.98%，外商投资企业占 0.22%，城镇私营企业及其他城镇企业占 16.41%，民办非企业单位和社会团体占 0.18%，灵活就业人员占 0.52%，其他占 0.45%；中、低收入占 100%，高收入占 0%。新开户职工中，国家机关和事业单位占 31.89%，国有企业占 19.26%，城镇集体企业占 2.96%，外商投资企业占 2.15%，城镇私营企业及其他城镇企业占 38.59%，民办非企业单位和社会团体占 1.29%，灵活就业人员占 1.63%，其他占 2.23%；中、低收入占 100%，高收入占 0%。

（二）提取业务。 提取金额中，购买、建造、翻建、大修自住住房占 25.58%，偿还购房贷款本息占 52.47%，租赁住房占 0.51%，支持老旧小区改造占 0%；离休和退休提取占 15.35%，完全丧失劳动能力并与单位终止劳动关系提取占 2.06%，出境定居占 3.51%，其他占 0.52%。提取职工中，中、低收入占 100%，高收入占 0%。

（三）贷款业务。

1. 个人住房贷款。2020 年，支持职工购建房 27.78 万平方米（含公转商贴息贷款），年末个人住房贷款市场占有率（含公转商贴息贷款）为 27.43%，比上年末增加 2.47 个百分点。通过申请住房公积金个人住房贷款，可节约职工购房利息支出 1273.98 万元。职工贷款笔数中，购房建筑面积 90（含）平方米以下占 4.78%，90~144（含）平方米占 82.80%，144 平方米以上占 12.42%。购买新房占 71.53%（其中购买保障性住房占 0.05%），购买二手房占 28.47%，建造、翻建、大修自住住房占 0%，其他占 0%。职工贷款笔数中，单缴存职工申请贷款占 23.55%，双缴存职工申请贷款占 76.45%，三人及以上缴存职工共同申请贷款占 0%。贷款职工中，30 岁以下（含）占 28.61%，30 岁~40 岁（含）占 40.43%，40 岁~50 岁（含）占 23.51%，50 岁以上占 7.45%；首次申请贷款占 91.63%，二次及以上申请贷款占 8.37%；中、低收入占 100%，高收入占 0%。

2. 支持保障性住房建设试点项目贷款。2020年末，累计试点项目0个，贷款额度0亿元，建筑面积0万平方米，可解决0户中低收入职工家庭的住房问题。0个试点项目贷款资金已发放并还清贷款本息。

（四）住房贡献率。2020年，个人住房贷款发放额、公转商贴息贷款发放额、项目贷款发放额、住房消费提取额的总和与当年缴存额的比率为134.09%，比上年增加16.32个百分点。

六、其他重要事项

（一）全力以赴落实疫情防控责任。认真贯彻落实疫情防控工作部署，成立疫情防控领导小组，12名党员和14名干部职工冲锋在前、奋战一线，积极参与金花园共建社区2个值守点疫情防控工作，入户摸排近300户。业务大厅配备防疫物资，严格落实办理业务间隔1米线规定，安排专人负责对线下办理业务群众进行日常体温测量和查验绿色健康码，做到凡进必测必查，不漏一人。积极配合帮扶村做好疫情防控，提供防疫物资。确保疫情防控期间住房公积金业务服务"不打烊"。大力倡导紧急事项预约办、常规事项线上办，提供"网上办""掌上办"等业务办理方式，限人限号预约错峰办理。疫情防控期间，全市共办理缴存线上业务1353笔，真正做到防疫、服务两不误、两促进。全面落实疫情期间住房公积金阶段性支持政策，为12家企业办理住房公积金缓缴业务，累计缓缴金额2536万元。

（二）严格执行住房公积金各项业务政策。2020年，没有对现行公积金政策进行调整。

（三）积极配合市委巡察组监督检查工作。中心党组高度重视，周密安排，成立巡察工作领导小组，对巡察出的问题即知即改，立行立改。组织召开巡察整改专题民主生活会。在《吴忠日报》公开巡察反馈问题整改情况的通报（摘要）。修改完善党组议事规则、财务管理规定等制度，总结整改经验，巩固整改成果。

（四）不断深化"放管服"改革。缩短贷款审批周期，将"按月对冲"申请业务嵌入贷款申请系统界面，帮助职工将申请贷款与签订"按月对冲还贷"协议同步完成。简化提取要件，积极开展租房、偿还商业住房贷款等提取政策。设置叫号机，引入"好差评"制度，倒逼服务提质生效。开通网上预约绿色通道，节省等待时间。根据窗口服务行业标准，加强礼仪服务规范化培训，进一步规范工作细节和服务行为。稳步推进"跨省通办"工作。一是明确责任分工，指定一名分管领导直接负责，一名中层干部具体操作，并按照要求签订全国监管服务平台保密协议。二是积极与综合服务平台开发单位对接，依托综合服务平台网上业务大厅，通过对部分网办业务流程进行调整和业务测试，退休提取、信息查询业务已可实现网上办理。三是召开专题会研究学习代收代办操作流程及监管服务平台的软件操作，通过多次模拟操作，已可按要求办理异地缴存证明代收代办业务。四是在业务大厅开设"跨省通办"便民服务窗口，摆放"跨省通办"指示牌，引导办事群众对网办事项进行办理。目前，中心"跨省通办"受理窗口已开通正常退休提取公积金、出具职工住房公积金缴存证明、个人住房公积金缴存贷款等信息查询3项业务跨省受理。积极开展"一网通办"。中心按照文件要求开通"一网通办"业务，通过数据共享平台核对缴存单位信息，指定归集业务主管专人负责对接，并设立"一网通办"专柜，摆放"一网通办"指示牌，方便缴存单位办理开户登记业务。

（五）加快信息化建设步伐。依托综合服务平台资金结算功能，实现划拨资金秒到账。办理异地转移接续业务1219笔。积极开展托收业务，已办理托收业务单位占缴存单位总数的87.71%，公积金缴存业务离柜率达 91%。加强风险防控管理。建立内部大额资金调拨制度，实行大额资金调度报备审批机制，做到资金安全有序运行。严格执行"黑名单"制度，加强行业治乱，有效杜绝利用虚假资料骗提骗贷住房公积金的行为。计提风险准备金 3844.1 万元。充分运用电子化稽查工具等手段，将事后监督转变为事前预防和事中监控，形成资金运行全过程的内部约束监控体系。顺利完成网络安全等级保护三级安全测评工作。

（六）**获市文明单位荣誉称号。**通过大力弘扬社会主义核心价值观，扎实开展文明创建活动，有效发挥示范引领作用，经吴忠市文明委会议研究决定，继续确认和复查认定我中心为吴忠市文明单位。

（七）**纠正违规行为情况。**我中心工作人员认真履职尽责，恪尽职守，无违规行为发生。

固原市住房公积金 2020 年年度报告

根据国务院《住房公积金管理条例》和住房和城乡建设部、财政部、人民银行《关于健全住房公积金信息披露制度的通知》（建金〔2015〕26 号）的规定，经住房公积金管理委员会审议通过，现将固原市住房公积金 2020 年年度报告公布如下。

一、机构概况

（一）**住房公积金管理委员会。**固原市住房公积金管理委员会有 27 名委员，2020 年 3 月 25 日召开固原市第四届住房公积金管理委员会二次全体会议，审议通过的事项主要包括：《固原市 2019 年住房公积金归集使用计划执行情况的报告》《固原市 2019 年度住房公积金增值收益分配方案》《固原市住房公积金 2019 年年度报告》和《固原市 2020 年住房公积金归集使用计划》，听取了住房公积金管理服务情况汇报和 2019 年度住房公积金审计结果的报告。

（二）**住房公积金管理中心。**固原市住房公积金管理中心为固原市人民政府直属全额拨款的正处级事业法人单位，主要负责全市住房公积金的归集、管理、使用和会计核算，中心内设办公室、归集管理科、住房信贷科、审计稽核科 4 个科室，下设西吉、隆德、泾源、彭阳 4 个分中心。从业人员 41 人，其中，在编 18 人，非在编 23 人。

二、业务运行情况

（一）**缴存。**2020 年，新开户单位 85 家，净增单位 108 家；新开户职工 0.24 万人，净增职工 0.33 万人；实缴单位 1302 家，实缴职工 6.29 万人，缴存额 11.43 亿元，分别同比增长 9.5%、5.52%、5.84%。2020 年末，缴存总额 93.05 亿元，比上年末增加 13.99%；缴存余额 36.25 亿元，同比增长 9.41%。受委托办理住房公积金缴存业务的银行 11 家，与上年保持一致。

（二）**提取。**2020 年，1.57 万名缴存职工提取住房公积金；提取额 8.31 亿元，同比增长 16.03%；提取额占当年缴存额的 72.71%，比上年增加 6.38 个百分点。2020 年末，提取总额 56.8 亿元，比上年末增加 17.14%。

(三) 贷款。

1. 个人住房贷款。个人住房贷款最高额度 70 万元，其中，单缴存职工个人住房贷款最高额度 50 万元，双缴存职工个人住房贷款最高额度 70 万元。

2020 年，发放个人住房贷款 0.2 万笔、8.08 亿元，同比分别增长－7.61%、4.31%。其中，市中心发放个人住房贷款 0.12 万笔、5.04 亿元，西吉分中心发放个人住房贷款 0.04 万笔、1.54 亿元，隆德分中心发放个人住房贷款 0.01 万笔、0.34 亿元，泾源分中心发放个人住房贷款 0.005 万笔、0.19 亿元，彭阳分中心发放个人住房贷款 0.025 万笔、0.97 亿元。

2020 年，回收个人住房贷款 3.99 亿元。其中，市中心 2.49 亿元，西吉分中心 0.58 亿元，隆德分中心 0.27 亿元，泾源分中心 0.2 亿元，彭阳分中心 0.45 亿元。

2020 年末，累计发放个人住房贷款 3 万笔、60.09 亿元，贷款余额 30.9 亿元，分别比上年末增加 7.06%、15.54%、15.27%。个人住房贷款余额占缴存余额的 85.24%，比上年末增加 4.33 个百分点。受委托办理住房公积金个人住房贷款业务的银行 11 家，与上年保持一致。

2. 异地贷款。2020 年，发放异地贷款 232 笔、9133.7 万元。2020 年末，发放异地贷款总额 56121.3 万元，异地贷款余额 38736.19 万元。

(四) 资金存储。2020 年末，住房公积金存款 5.75 亿元。其中，活期 0.04 亿元，1 年（含）以下定期 4.21 亿元，1 年以上定期 0.6 亿元，其他（协定、通知存款等）0.9 亿元。

(五) 资金运用率。2020 年末，住房公积金个人住房贷款余额占缴存余额的 85.24%，比上年末增加 4.33 个百分点。

三、主要财务数据

(一) 业务收入。2020 年，业务收入 10875.95 万元，同比增长 17.62%。其中，存款利息 1672.85 万元，委托贷款利息 9201.61 万元，其他 1.49 万元。

(二) 业务支出。2020 年，业务支出 5739.50 万元，同比增长 16.29%。其中，支付职工住房公积金利息 5378.38 万元，委托贷款手续费 360.81 万元，其他 0.31 万元。

(三) 增值收益。2020 年，增值收益 5136.45 万元，同比增长 19.15%。其中，增值收益率 1.34%，比上年减少 0.02 个百分点。

(四) 增值收益分配。2020 年，提取贷款风险准备金 854.45 万元；提取管理费用 1082 万元，提取城市廉租住房（公共租赁住房）建设补充资金 3200 万元。

2020 年，上交财政管理费用 695.25 万元。上缴财政城市廉租住房（公共租赁住房）建设补充资金 3000 万元。其中，市中心上缴 1476 万元，西吉分中心上缴 635 万元，隆德分中心上缴 282 万元，泾源分中心上缴 155 万元，彭阳分中心上缴 452 万元。

2020 年末，贷款风险准备金余额 3722.29 万元。累计提取城市廉租住房（公共租赁住房）建设补充资金 23053.9 万元。其中，市中心提取 11878.04 万元，西吉分中心提取 4313.89 万元，隆德分中心提取 2677.31 万元，泾源分中心提取 1425.39 万元，彭阳分中心提取 2759.27 万元。

(五) 管理费用支出。2020 年，管理费用支出 536.21 万元，同比增长 45.16%。其中，人员经费 356.33 万元，公用经费 25.26 万元，专项经费 154.62 万元。

四、资产风险状况

个人住房贷款。2020年末，个人住房贷款逾期额204.13万元，逾期率0.66‰，其中，市中心0.88‰，西吉分中心0.03‰，彭阳分中心0.6‰。个人贷款风险准备金余额3722.29万元。

五、社会经济效益

（一）**缴存业务**。缴存职工中，国家机关和事业单位占74.56%，国有企业占17.2%，城镇集体企业占1.62%，城镇私营企业及其他城镇企业占5.6%，民办非企业单位和社会团体占0.49%，灵活就业人员占0.09%，其他占0.44%；中、低收入占100%。

新开户职工中，国家机关和事业单位占33.6%，国有企业占22.61%，城镇集体企业占2.35%，城镇私营企业及其他城镇企业占39.23%，民办非企业单位和社会团体占1.45%，灵活就业人员占0.12%，其他占0.64%；中、低收入占100%。

（二）**提取业务**。提取金额中，购买、建造、翻建、大修自住住房占22.94%，偿还购房贷款本息占58.25%，租赁住房占1.78%，离休和退休提取占13.04%，完全丧失劳动能力并与单位终止劳动关系提取占1.02%，其他占2.97%。提取职工中，中、低收入占100%。

（三）**贷款业务**。个人住房贷款。2020年，支持职工购建房25.26万平方米，年末个人住房贷款市场占有率为38.78%，比上年末减少0.27个百分点。通过申请住房公积金个人住房贷款，可节约职工购房利息支出17811.9万元。

职工贷款笔数中，购房建筑面积90（含）平方米以下占1.51%，90~144（含）平方米占88.53%，144平方米以上占9.96%。购买新房占84.84%，购买二手房占13.69%，其他占1.47%。

职工贷款笔数中，单缴存职工申请贷款占64.93%，双缴存职工申请贷款占35.07%，三人及以上缴存职工共同申请贷款占0%。

贷款职工中，30岁（含）以下占38.1%，30岁~40岁（含）占39.36%，40岁~50岁（含）占17.23%，50岁以上占5.31%；首次申请贷款占83.22%，二次及以上申请贷款占16.78%；中、低收入占100%。

（四）**住房贡献率**。2020年，个人住房贷款发放额、住房消费提取额的总和与当年缴存额的比率为131.06%，比上年增加3.65个百分点。

六、其他重要事项

（一）**应对新冠肺炎疫情采取的措施，落实住房公积金阶段性支持政策情况和政策实施成效**。在新冠疫情防控关键时期，市住房公积金管理中心认真落实国家、自治区、固原市疫情防控工作各项决策部署，大力推行"线上业务自助办、线下业务预约办"的服务模式，出台了《关于应对新冠肺炎疫情期间住房公积金阶段性支持政策实施办法》，全面支持新冠肺炎疫情防控工作，切实维护广大住房公积金缴存单位和职工的利益，确保疫情防控期间住房公积金服务工作不打烊。疫情防控期间，共受理缓缴企业1家，缓缴金额1306.94万元；受理降比例缴存企业2家，降比例缴存金额9.04万元；租房提取由15000元/年提高到18000元/年，受益职工人数175人，提取金额307.47万元。

（二）当年住房公积金政策调整及执行情况。缴存基数限额及确定方法：2020年度职工住房公积金最高缴存基数以固原市统计局公布的非私营单位从业人员平均工资为标准确定，最低缴存基数以自治区人民政府公布的最低工资为标准确定。缴存比例及缴存政策情况：缴存比例为5%～12%；最高缴存额4861.44元（个人和单位），最低缴存额148.00元（个人和单位）。当年提取政策调整情况：租房提取，3月份由15000元/年调整为18000元/年，7月份又调回15000元/年。当年个人住房贷款最高贷款额度、贷款条件等贷款政策情况：单缴存职工贷款最高额度50万元，双缴存职工贷款最高额度70万元；贷款最长年限30年，职工连续足额缴存住房公积金6个月（含）以上，可申请住房公积金个人住房贷款；贷款对象为购买首套自住住房或第二套改善型普通自住住房的缴存职工。当年住房公积金存贷款利率执行标准：职工缴存的住房公积金按一年期存款利率1.5%计息，职工贷款，5年（含）以下年利率2.75%，5年以上年利率3.25%（二次住房公积金贷款利率上浮10%）。

（三）当年服务改进情况。按照"一网通办""跨省通办"工作要求，注册了住房公积金数据共享平台账号、密码，顺利接入全国"一网通办"服务平台，企业开户登记业务全面开通。认真落实"跨省通办"工作，完成服务窗口设置、服务指南印制，确定了综合联络人、注册了账号、密码、签订了保密协议，"全程网办""代收代办""多地联办"全部开通。深入推进宁夏政务服务"好差评"数据汇聚工作，完成了评价器采购配备、系统接口开发与开通工作，实现了"好差评"数据信息系统自动推送。结合固原市163政务服务模式，全面开展"一门一窗一网"通办业务和延时、预约服务。成功举办了"政府开放日"活动。通过以上举措，住房公积金政策的知晓率和管理服务的透明度得到进一步提升，各项便民利民惠民机制得到进一步完善。

（四）当年信息化建设情况。2020年结合落实《宁夏回族自治区住房公积金业务操作规范》，扎实开展住房公积金综合服务平台部分接口开发与对接工作，完成住房公积金信息系统三级等保测评工作。

（五）当年住房公积金管理中心及职工所获荣誉情况。2020年，市住房公积金管理中心被市精神文明建设指导委员会继续确认为"固原市文明单位"，被市政务服务中心评为优质服务"红旗窗口"，5名职工被评为"服务标兵"、4名职工被授予"党员模范岗"、3名职工年度考核评为"优秀"等次。

中卫市住房公积金2020年年度报告

根据国务院《住房公积金管理条例》和住房和城乡建设部、财政部、人民银行《关于健全住房公积金信息披露制度的通知》（建金〔2015〕26号）的规定，现将中卫市住房公积金2020年年度报告公布如下。

一、机构概况

（一）住房公积金管理委员会。2020年市住房公积金管理委员会有委员25名，召开1次会议，审议通过的事项有三项：一是《关于全市2019年住房公积金归集使用计划完成情况暨2020年归集使用计划的报告（草案）》；二是《关于全市2019年住房公积金业务收支决算暨2020年业务收支预算的报告（草案）》；三是《中卫市住房公积金2019年年度报告（草案）》。

（二）住房公积金管理中心。 住房公积金管理中心为市人民政府直属不以营利为目的的正处级全额拨款事业单位，内设5个科室，下设2个分中心。从业人员40人，其中在编25人，非在编15人。

二、业务运行情况

（一）缴存情况。 2020年，新开户单位37家、职工4298人；年末建制单位971家，建制职工74587人，同比增长单位1家、职工206人；实缴单位910家，实缴职工53582人；当年缴存9.68亿元，同比增长7.06%。2020年末，累计缴存69.11亿元，同比增长16.29%；缴存余额28.58亿元，同比增长11.08%。

受委托办理缴存业务的银行12家，同比减少1家。

（二）提取情况。 2020年，17093名缴存职工提取住房公积金6.82亿元，同比增长27.72%；提取额占当年缴存额的70.45%，同比增长11.38%。2020年末，累计提取40.53亿元，同比增长20.27%。

（三）贷款情况。

1. 个人住房贷款。单缴存职工个人住房贷款最高额度50万元，双缴存职工个人住房贷款最高额度70万元。

2020年，发放贷款1343笔、5.09亿元，同比分别增长－2.89%、5.17%；回收贷款4.38亿元，同比增长7.05%；累计发放贷款20405笔、44.23亿元，同比增长13%；贷款余额19.30亿元，同比增长3.82%。贷款余额占缴存余额的67.53%，同比减少4.72%。

受委托办理贷款业务的银行8家，与上年相同。

2. 异地贷款。2020年，发放异地贷款161笔、0.59亿元。累计发放异地贷款6.24亿元，异地贷款余额3.38亿元。

（四）资金存储。 2020年末，住房公积金存款10.13亿元。其中活期0.01亿元，1年及以下定期3.19亿元，2年及以上定期6.53亿元，其他（协定、通知存款等）0.4亿元。

（五）资金运用率。 2020年末，住房公积金个人住房贷款余额占缴存余额的67.53%，比上年减少4.72个百分点。

三、主要财务数据

（一）业务收入。 2020年，业务收入7485.70万元，同比增长5.01%。其中存款利息1434.75万元，委托贷款利息6050.22万元，其他0.73万元。

（二）业务支出。 2020年，业务支出4004.29万元，同比下降1.55%。其中支付职工利息3801.85万元，委托贷款手续费202.18万元，其他0.26万元。

（三）增值收益。 2020年，增值收益3481.41万元，同比增长13.73%。增值收益率1.29%，与上年持平。

（四）增值收益分配。 2020年，提取贷款风险准备金8.75万元、管理费用872.66万元、城市廉租住房（公共租赁住房）建设补充资金2600万元。

2020年，上交财政管理费用762.22万元、财政城市廉租住房（公共租赁住房）建设补充资金2100万元。

2020年末,贷款风险准备金余额1996.31万元;累计提取城市廉租住房(公共租赁住房)建设补充资金17236万元。

(五)**管理费用支出**:2020年,管理费用支出837.95万元,同比增长27.52%。其中人员经费543.60万元,公用经费80.60万元,专项经费213.75万元。

四、资产风险状况

主要表现为个人住房贷款发生的逾期,即2020年末,个人住房贷款逾期额79.61万元,逾期率0.41‰,低于自治区住房和城乡建设厅监管处下达的0.6‰的指标;已提取个人贷款风险准备金1996.31万元,2020年没有使用个人贷款风险准备金核销呆坏账。

五、社会经济效益

(一)**缴存业务**。按缴存单位性质分类。国家机关和事业单位占58.49%,国有企业占16.24%,城镇集体企业占1.01%,外商投资企业占0.49%,城镇私营企业及其他城镇企业占23.30%,民办非企业单位和社会团体占0.11%,灵活就业人员占0.34%,其他占0.02%。

按缴存职工收入状况分类。中、低收入者占99.75%,高收入者占0.25%。

新开户职工中,国家机关和事业单位占30.29%,国有企业占16.38%,城镇集体企业占0.77%,外商投资企业占0.86%,城镇私营企业及其他城镇企业占50.70%,民办非企业单位和社会团体占0.12%,灵活就业人员占0.88%。

(二)**提取业务**。按提取资金用途分类。购买、建造、翻建、大修自住住房占16.82%,偿还购房贷款本息占57.11%,租赁住房占3.59%,离退休提取占12.25%,完全丧失劳动能力并与单位终止劳动关系提取占3.02%,其他占7.21%。

提取职工中,中、低收入占99.13%,高收入占0.87%。

(三)**贷款业务**。2020年,支持职工购建房17.49万平方米,年末个人住房贷款市场占有率为26.16%,比上年末减少1.35个百分点。通过申请住房公积金个人住房贷款,可节约职工购房利息支出8733.81万元。

年内发放贷款1343笔,按购房建筑面积划分,90平方米及以下占4.17%,90~144平方米占83.62%,144平方米以上占12.21%;按购房类型分,新房占82.65%,二手房占13.33%,其他(商转公)占4.02%;按缴存职工分,单缴存职工申请贷款占26.58%,双缴存职工申请贷款占72.23%,三人及以上缴存职工共同申请贷款占1.19%;按年龄结构分,30岁及以下占40.28%,30岁~40岁占37.38%,40岁~50岁占14.89%,50岁及以上占7.45%;按贷款次数分,首次申请贷款占89.58%,二次及以上申请贷款占10.42%;按家庭收入状况分,中、低收入占99.78%,高收入占0.22%。

(四)**住房贡献率**。2020年,个人住房贷款发放额、住房消费提取额的总和占当年缴存额的比例为107.13%,比上年增加5.8个百分点。

六、其他重要事项

(一)应对新冠肺炎疫情采取的措施,落实住房公积金阶段性支持政策情况和政策实施成效。及时印发《关于新冠肺炎疫情防控期间做好管理服务工作的通知》，公布疫情防控期间我市住房公积金管理服务相关支持措施。一是受疫情影响的企业，向市公积金中心说明情况，可按规定申请在2020年6月30日前缓缴住房公积金，缓缴期间缴存时间连续计算，不影响职工正常提取和申请住房公积金贷款；二是受疫情影响的职工，在2020年6月30日前不能按期正常偿还住房公积金贷款本息的，不作逾期处理，不纳入住房公积金失信人员黑名单，不作为逾期记录报送征信部门；三是受疫情影响，职工无法办理有期限要求的购房提取及贷款受理业务，导致期限超期的，业务办理时限顺延至疫情结束后次月；四是受疫情影响导致生产经营困难的企业，可按规定申请降低住房公积金缴存比例或缓缴；五是疫情防控期间，各缴存单位和职工可通过中卫市住房公积金管理中心官方网站、网上业务大厅、微信公众号、手机App等线上平台查询及办理住房公积金业务；六是对无法线上办理的，倡导相关单位、职工在疫情结束后到业务大厅办理。疫情防控期间急需现场办理的业务，实行电话预约办理。当年共为14家企业办理了缓缴手续，涉及职工13047人、当年累计缓缴0.86亿元。当年2~6月疫情期间向46户受疫情影响未能正常缴存的申贷职工发放贷款1114万元。当年2~6月，当期不作逾期处理的贷款288笔、不作逾期处理的贷款余额5592.49万元，当期不作逾期处理的贷款应还未还本金190.83万元，极大地缓解了缴存企业和职工的经济压力。

（二）当年受委托办理缴存贷款业务金融机构变更情况。

1. 受托办理缴存业务的银行情况。当年受托办理住房公积金缴存业务的银行有12家，即建设银行中卫分行、农业银行中卫分行、中国银行中卫分行、工商银行中卫支行、宁夏银行中卫分行、邮储银行沙坡头区支行、建设银行中宁支行、农业银行中宁支行、工商银行中宁支行、宁夏银行中宁支行、农业银行海原支行、宁夏银行海原支行，比上年减少1家（邮储银行海原支行）。

2. 受委托办理个人住房贷款业务的银行情况。受委托办理住房公积金个人住房贷款业务的银行有8家，即建设银行中卫分行、农业银行中卫分行、宁夏银行中卫分行、建设银行中宁支行、农业银行中宁支行、宁夏银行中宁支行、农业银行海原支行、宁夏银行海原支行。

（三）当年住房公积金政策调整及执行情况。

1. 调整当年最高最低缴存基数。2020年6月28日印发《关于调整2020年职工住房公积金最高最低缴存基数的通知》（卫房金管字〔2020〕23号），一是明确最高缴存限额。2020年我市职工住房公积金月缴存基数为在岗职工本人2019年月平均工资，最高月缴存基数不得超过2019年中卫市城镇非私营单位就业人员月平均工资6431元（77169元/年）的三倍，即19293元。住房公积金缴存比例最高为12%、最低为5%，职工住房公积金最高月缴存额不超过4630元。二是明确最低缴存基数。2020年我市职工住房公积金最低月缴存基数为：中卫市本级及沙坡头区、中宁县（二类区）每月均为1560元；海原县（三类区）每月1480元。

2. 印发《关于调整全市住房公积金贷款相关政策的通知》（卫房金管字〔2020〕24号）。一是对贷款担保人的政策调整。区内灵活就业、单身缴存职工和区外缴存职工在本中心申请贷款的，需要提供担保人。借款人及配偶个人信用有不良记录，但尚未达到住房公积金拒绝贷款条件的，视情况需要提供担保人（市公积金中心对借款人的工作稳定性、个人信用状况、个人和家庭收入及负债情况综合考虑后认为需要提供担保人的）。担保人的条件要求由之前规定的"本人及配偶名下无住房公积金贷款的本市缴存职工或有中卫户籍、在中卫市有房产的区内异地缴存职工"调整为"信用状况良好的本市缴存职工或有宁夏户籍、工作地在中卫的区内异地缴存职工"。二是对提前偿还公积金贷款的政策调整。申请提取个人（含配偶）住房公积金账户余额全部用于还贷的，提取资金直接用于一次性偿还贷款本金；申请提取一年贷款还款额的，提取金额为"办理提取业务时近12个月应还本息金额"，提取资金划转至借款人还款银行账户按月对冲还贷；中卫本市缴存职工可申请办理使用个人住房公积金按月对冲还贷。三是借款人可根据个人家庭收入和公积金缴存情况自主选择还款方式。选择提取还贷的，在偿还了首次贷款本息后即可申请办理提取还贷业务。每年只可提取一次，提取间隔期必须满一年。自贷款发放之日起提取的个人公积金账户资金不得超过该笔、贷款本息总额。

3. 印发《关于调整有关住房公积金政策的通知》。一是开通在本市购房的异地缴存职工在本市申请办理住房商业贷款转住房公积金贷款的政策。对异地缴存职工在本市辖区内购买住房，办理了住房商业贷款且已办理了房屋所有权证，可以在市公积金中心申请将住房商业贷款转为住房公积金贷款。办理流程为：职工先提交贷款申请资料，经中心受理审核审批，审批通过后职工自筹资金结清住房商业贷款，办理房屋抵押登记手续，中心依据该房屋不动产抵押权证和住房商业贷款结清凭证发放贷款。二是统一住房商业贷款转住房公积金贷款办理时限。在本中心申请办理住房商业贷款转住房公积金贷款，应在贷款审批通过后30日内完成房产抵押，同时将《不动产登记受理凭证》交到本中心。贷款审批通过后超过30日未完成房产抵押的，应重新向本中心提交贷款申请。三是明确缴存职工可以申请的贷款期限。本中心按主借款人年龄计算可贷年限，申请贷款期限最高不得超过30年，同时应满足以下条件。主借款人为本市缴存职工，贷款到期日不得超过主借款人法定退休时间后五年；主借款人为异地缴存职工，贷款到期日为男不超过60岁，女不超过其退休时间；主借款人为灵活就业人员的，贷款到期日为男不超过60岁，女不超过50岁。

（四）当年服务改进情况。

1. 建立住房公积金失信人员黑名单制度。通过构建以信用为核心的新型监管机制，探索信用惠民，强化诚信宣传等手段，助力中卫打造一流营商环境。一是使用"单身承诺书"替代传统"单身证明"。当年共为357名单身职工办理发放住房公积金贷款1.19亿元。二是逾期或骗贷骗提列入黑名单，5年内不得使用公积金。印发了《中卫市住房公积金个人账户黑名单管理制度》，对失信人员进行住房公积金业务限制及依法惩戒。对未按规定还款3期以上的贷款当事人，列入住房公积金失信"黑名单"。对逾期6期以上情节严重的提请法律诉讼或仲裁，依法追究其法律责任。对提供伪造、虚假资料骗提骗贷的职工列入系统"黑名单"，5年内不予批准提取、贷款申请，情节严重的将移交公安机关处理。当年对153名信用状况严重不良的缴存职工拒绝办理其住房公积金贷款，涉及金额7800余万元；对370名未达到拒贷标准的申贷职工核减贷款金额410万元；将提供伪造、虚假资料骗提骗贷的20名职工和11名逾期还款的职工纳入住房公积金信用"黑名单"，给予失信惩戒；对4笔逾期6期以上的贷款提请实施法律诉讼或仲裁。三是建立信用重塑机制。把社会信用体系建设工作纳入重要议事日程，继续健全完善相应制度规定，强化宣传教育引导，自觉树立诚信为本理念，加强社会信用体系建设。

2. 落实"一网通办"及政务服务"好差评"工作。主动协调软件提供商做好"一网通办"程序及"好差评"接口的开发工作。推进"好差评"系统开发。着力推进住房公积金业务"跨省通办"工作落实。在服务大厅开设了"跨省通办"服务窗口，及时承接办理相关业务。

（五）当年信息化建设情况。

1. 全面贯彻落实《区规》。当年全面落实了《宁夏住房公积金业务操作规范（试行）》对信息化建设的要求，管理服务的规范化水平明显得到提升。

2. 持续升级改造信息管理系统。持续升级改造缴存提取、贷款、财务、电子档案等信息管理子系统，进一步落实住房和城乡建设部《关于贯彻落实住房公积金基础数据标准的通知》要求。当年完成业务信息系统安全等级测评，达到三级水平。

3. 持续提升综合服务平台运行能力。以公开招标方式完成住房公积金综合服务平台运营服务采购工作，持续完善线上服务平台功能，确保向广大缴存单位和职工提供稳定、优质的线上服务。

（六）当年市公积金中心保持"区级文明单位"称号，被市委统一战线工作领导小组评为"民族团结进步创建示范机关"。

（七）当年申请人民法院强制执行情况。2020年，我中心申请人民法院强制执行了3笔逾期贷款。一是依据中卫市仲裁委员会（2019）卫仲字第152号裁决书，申请法院强制执行了借款人李某的逾期贷款，涉及本金153200元，已执行完结；二是依据中卫市沙坡头区人民法院（2020）宁0502民初1585号民事判决书，申请法院强制执行借款人王某的逾期贷款，涉及本金184553.61元，处于强制执行排队阶段；三是依据中宁县人民法院（2020）宁0521民初3914号民事判决书，申请法院执行借款人李某的逾期贷款，涉及本金199166.60元，处于申请法院强制执行阶段。

2020 全国住房公积金年度报告汇编

新疆维吾尔自治区

乌鲁木齐

克拉玛依市

吐鲁番市

哈密市

昌吉回族自治州

博尔塔拉蒙古自治州

巴音郭楞蒙古自治州

阿克苏地区

克孜勒苏柯尔克孜自治州

喀什地区

和田地区

伊犁哈萨克自治州

塔城地区

阿勒泰地区

新疆维吾尔自治区住房公积金 2020 年年度报告

根据国务院《住房公积金管理条例》和住房和城乡建设部、财政部、人民银行《关于健全住房公积金信息披露制度的通知》（建金〔2015〕26 号）规定，现将新疆维吾尔自治区住房公积金 2020 年年度报告汇总公布如下。

一、机构概况

（一）住房公积金管理机构。全区共设 14 个设区城市住房公积金管理中心，1 个独立设置的分中心（其中，吐哈油田分中心隶属中国石油股份有限公司吐哈油田分公司）。从业人员 1190 人，其中，在编 739 人，非在编 451 人。

（二）住房公积金监管机构。自治区住房城乡建设厅、自治区财政厅和中国人民银行乌鲁木齐中心支行负责对全区住房公积金管理运行情况进行监督。自治区住房和城乡建设厅设立住房公积金监管处，负责辖区住房公积金日常监管工作。

二、业务运行情况

（一）缴存。2020 年，新开户单位 4223 家，净增单位 1434 家；新开户职工 19.12 万人，净增职工 3.25 万人；实缴单位 35845 家，实缴职工 220.68 万人，缴存额 471.14 亿元，分别同比增长 4.17%、1.49%、11.80%。2020 年末，缴存总额 3616.21 亿元，比上年末增加 14.98%；缴存余额 1377.96 亿元，同比增长 11.94%。

（二）提取。2020 年，82.27 万名缴存职工提取住房公积金；提取额 324.12 亿元，同比增长 10.61%；提取额占当年缴存额的 68.79%，比上年减少 0.75 个百分点。2020 年末，提取总额 2238.25 亿元，比上年末增加 16.93%。

（三）贷款。

1. 个人住房贷款。2020 年，发放个人住房贷款 7.62 万笔、260.52 亿元，同比增长 3.67%、3.83%。回收个人住房贷款 124.23 亿元。

2020 年末，累计发放个人住房贷款 100.91 万笔、1969.05 亿元，贷款余额 1020.80 亿元，分别比上年末增加 8.18%、15.25%、15.41%。个人住房贷款余额占缴存余额的 74.08%，比上年末增加 2.22 个百分点。

2020 年，支持职工购建房 901.21 万平方米。年末个人住房贷款市场占有率（含公转商贴息贷款）为 30%，比上年末增加 0.21 个百分点。通过申请住房公积金个人住房贷款，可节约职工购房利息支出 474323.37 万元。

2. 异地贷款。2020 年，发放异地贷款 3683 笔、149425.05 万元。2020 年末，发放异地贷款总额 610508.18 万元，异地贷款余额 332576.39 万元。

3. 公转商贴息贷款。2020 年，发放公转商贴息贷款 8919 笔、465544.55 万元，支持职工购建房面积 106.58 万平方米。当年贴息额 6923.28 万元。2020 年末，累计发放公转商贴息贷款 12367 笔、653517.54

万元，累计贴息 8330.31 万元。

（四）**购买国债**。2020 年，购买国债 0 亿元，收回国债 0.1 亿元。2020 年末，国债余额 0.16 亿元，比上年末减少 0.1 亿元。

（五）**融资**。2020 年，融资 1.40 亿元，归还 1.40 亿元。2020 年末，融资总额 4.40 亿元，融资余额 0 亿元。

（六）**资金存储**。2020 年末，住房公积金存款 373.59 亿元。其中，活期 15.07 亿元，1 年（含）以下定期 56.54 亿元，1 年以上定期 276.44 亿元，其他（协定、通知存款等）25.54 亿元。

（七）**资金运用率**。2020 年末，住房公积金个人住房贷款余额、项目贷款余额和购买国债余额的总和占缴存余额的 74.09%，比上年末增加 2.21 个百分点。

三、主要财务数据

（一）**业务收入**。2020 年，业务收入 440120.07 万元，同比增长 19.58%。其中，存款利息 136182.68 万元，委托贷款利息 303807.72 万元，国债利息 89.26 万元，其他 40.41 万元。

（二）**业务支出**。2020 年，业务支出 219374.91 万元，同比增长 21.11%。其中，支付职工住房公积金利息 210178.87 万元，归集手续费 0 万元，委托贷款手续费 7446.62 万元，其他 1749.42 万元。

（三）**增值收益**。2020 年，增值收益 220745.16 万元，同比增长 18.09%；增值收益率 1.67%，比上年增加 0.08 个百分点。

（四）**增值收益分配**。2020 年，提取贷款风险准备金 28110.09 万元，提取管理费用 27435.73 万元，提取城市廉租住房（公共租赁住房）建设补充资金 165199.34 万元。

2020 年，上交财政管理费用 29442.79 万元，上缴财政城市廉租住房（公共租赁住房）建设补充资金 133921.63 万元。

2020 年末，贷款风险准备金余额 238456.94 万元（含哈密市住房公积金管理中心项目贷款风险准备金余额 1019.03 万元），累计提取城市廉租住房（公共租赁住房）建设补充资金 968514.03 万元。

（五）**管理费用支出**。2020 年，管理费用支出 24962.35 万元，同比增长 2.31%。其中，人员经费 14643.17 万元，公用经费 2881.80 万元，专项经费 7437.38 万元。

四、资产风险状况

个人住房贷款。2020 年末，个人住房贷款逾期额 1609.79 万元，逾期率 0.16‰，个人贷款风险准备金余额 237437.91 万元。2020 年，使用个人贷款风险准备金核销呆坏账 0 万元。

五、社会经济效益

（一）**缴存业务**。缴存职工中，国家机关和事业单位占 56.47%，国有企业占 25.06%，城镇集体企业占 1.50%，外商投资企业占 0.74%，城镇私营企业及其他城镇企业占 12.05%，民办非企业单位和社会团体占 0.83%，灵活就业人员占 0.05%，其他占 3.30%；中、低收入占 97.57%，高收入占 2.43%。

新开户职工中，国家机关和事业单位占 41.42%，国有企业占 21.19%，城镇集体企业占 1.51%，外商投资企业占 1.71%，城镇私营企业及其他城镇企业占 25.51%，民办非企业单位和社会团体占 1.38%，灵活就业人员占0.17%，其他占7.11%；中、低收入占99.76%，高收入占0.24%。

（二）提取业务。提取金额中，购买、建造、翻建、大修自住住房占37.56%，偿还购房贷款本息占39.61%，租赁住房占1.75%，支持老旧小区改造提取占0%；离休和退休提取占13.98%，完全丧失劳动能力并与单位终止劳动关系提取占5.24%，出境定居占0.01%，其他占1.85%。提取职工中，中、低收入占97.24%，高收入占2.76%。

（三）贷款业务。职工贷款笔数中，购房建筑面积90（含）平方米以下占12.20%，90～144（含）平方米占78.13%，144平方米以上占9.67%。购买新房占77.98%（其中购买保障性住房占0%），购买二手房占22.02%，建造、翻建、大修自住住房占0%（其中支持老旧小区改造占0%），其他占0%。

职工贷款笔数中，单缴存职工申请贷款占65.26%，双缴存职工申请贷款占34.74%，三人及以上缴存职工共同申请贷款占0%。

贷款职工中，30岁（含）以下占40.50%，30岁～40岁（含）占37.28%，40岁～50岁（含）占17.82%，50岁以上占4.40%；首次申请贷款占80.61%，二次及以上申请贷款占19.39%；中、低收入占97.21%，高收入占2.79%。

（四）住房贡献率。2020年，个人住房贷款发放额、公转商贴息贷款发放额、项目贷款发放额、住房消费提取额的总和与当年缴存额的比率为119.58%，比上年增加1.41个百分点。

六、其他重要事项

（一）应对新冠肺炎疫情采取的政策措施，落实住房公积金阶段性支持政策情况和政策实施成效。一是坚决扛起疫情防控政治责任，打好疫情防控阻击战。面临突发疫情，认真落实自治区党委、人民政府部署要求，坚决扛起疫情防控政治责任，第一时间启动应急预案，全区14个中心采取"单位值守＋居家办公＋线上办理"工作模式，做到线上服务"不断档"。2020年，线上办理业务85.91万笔，实现了"网上办、快速办"，确保了疫情防控和业务办理两不误。12329热线日均接听电话1447通以上；及时上线互联网预约系统，通过预约服务办理业务3.76万笔，减少人员聚集，最大限度合理安排群众办事时间。恢复正常办公秩序以来，各业务大厅的窗口服务有序开展，实现了"线下预约办、线上自主办"；通过微信公众号和门户网站向广大缴存职工推送全民"战疫"和住房公积金支持政策等信息56篇，确保特殊时期"业务不停顿、服务不断档、监管不缺位"。

二是制定阶段性政策，促进企业复工复产。在落实好住房和城乡建设部、自治区人民政府支持企业复工复产政策的基础上，结合疫情防控工作实际，因地制宜、分城施策，指导乌鲁木齐等地制定延续性支持政策。2020年累计为895家受疫情影响的企业缓缴住房公积金3.03亿元；放宽连续缴存认定，3.07万家缴存单位158.28万名缴存职工受益；不作逾期处理的住房公积金贷款8.27万笔、3.28亿元；为4.74万名缴存职工通过线上渠道办理租房提取5.68亿元。

（二）政策调整及服务改进情况。一是推进管理机构调整，打牢管理基础。经过持续推进，塔里木油田住房公积金于2020年5月6日完成属地化移交，实现与巴州住房公积金管理中心的"统一决策、统一管理、统一制度、统一核算"。

二是探索完善缴存机制，扩展制度覆盖。邀请疆内外专家学者，共同完成《住房公积金支持新市民解决住房问题》课题研究。加快推进新市民缴存住房公积金扩大制度覆盖范围，助力新市民通过住房公积金实现住房梦。

三是建立司法联动机制，填补法制空白。2020年6月与自治区高级人民法院联合发布《全区住房公积金执行联动机制指导意见》，填补了我区民事诉讼案件中住房公积金执行程序的空白，有效保护了债权人和缴存人的合法权益，规范了民事诉讼案件中涉及住房公积金的执行程序。住房和城乡建设部转发了重庆、江苏、辽宁、新疆四个省（区、市）住房和城乡建设部门与当地高级人民法院印发的建立住房公积金执行联动机制的政策文件，以供其他省（区、市）参考执行。

四是制定发布标准规范，完善支撑体系。2020年5月1日，《新疆住房公积金监管信息系统基础数据标准》正式颁布实施，有力地促进了我区"智慧公积金"建设。制定全疆统一的住房公积金"归集、提取、贷款、资金管理"四项业务规范，进一步优化全区住房公积金业务流程和办事要件，为我区实现住房公积金业务"全疆通办""跨省通办"，助力区域一体化奠定了坚实基础。

五是缓解贷款轮候问题，融通资金渠道。积极协调金融机构开展贴息贷款业务，2020年共有7家银行为3个地州市发放贴息贷款0.89万笔、46.56亿元，住房公积金贷款轮候问题得到有效缓解。鼓励并指导吐鲁番市和乌鲁木齐市开展异地放款业务，首次实现城市间的资金融通使用。

六是落实审计整改意见，堵塞制度漏洞。积极配合自治区审计厅做好乌鲁木齐、吐鲁番、博州、哈密等地专项审计工作。召开行业廉政风险防控会议，对存在的问题在全区范围内举一反三、以点带面、以查促改，实现整改一个问题，杜绝一类现象，健全了风险防控长效机制。

（三）落实"放管服"情况。 一是积极与市场监督管理局对接，将住房公积金单位开户整合至企业开办环节。2020年，已有11个地区92家单位实现自动开户，提升了住房公积金制度对中小微企业的吸引力。与自治区政务服务平台建立数据接口，全区住房公积金查询和"三提一贷"业务实现了一网通办、一次办结。通过互联网渠道累计办理各项业务252.15万笔，业务离柜率已达78%以上。

二是根据国务院关于推进政务服务"跨省通办"工作部署、住房和城乡建设部关于住房公积金服务"跨省通办"工作要求和自治区人民政府具体安排，全区住房公积金系统按时完成2020年的3项"跨省通办"任务，并于2020年底提前完成2021年任务清单中"实现住房公积金单位异地登记开户"的业务，实现新疆缴存职工全程网办。

（四）信息化建设情况。 通过持续加强信息安全风险管控，对"智慧公积金"平台进行优化升级，开通住房公积金预约服务系统、电子签章系统、电子档案系统，完善业务流程和平台设置，推进疆内住房公积金业务"通缴、通提、通贷、通还"，实现业务由"分散办理"到"全城通办"再到"全疆通办"的三级跳。新疆"智慧公积金"平台被住房和城乡建设部评为全国信息化建设优秀示范案例。

（五）住房公积金机构及从业人员所获荣誉情况。 喀什地区住房公积金管理中心、塔城地区住房公积金管理中心、阿勒泰地区住房公积金管理中心、博尔塔拉蒙古自治州住房公积金管理中心、昌吉回族州住房公积金管理中心等五个中心荣获自治区级精神文明单位称号；

阿克苏地区住房公积金管理中心持续保持自治区级精神文明单位称号，获得阿克苏地区民族团结进步示范单位荣誉称号；

伊犁哈萨克自治州住房公积金管理中心被评为自治州民族团结进步示范单位；

巴音郭楞蒙古自治州住房公积金管理中心荣获自治州级精神文明单位称号。

（六）住房公积金行业宣传情况。 发挥新媒体优势，抢占网络新媒体"第一阵地"，传统媒体与新媒体宣传齐头并进。2020年末,"新疆住房公积金"网站站群访问量超过3251.93万次,日均约2.97万次。2020年"新疆住房公积金"微信公众号累计推送47期257篇文章,累计阅读量271.7万次,朋友圈转发15.1万次;在人民网、CCTV2、学习强国和《中国建设报》等国家级媒体宣传报道29篇次,在《新疆日报》和天山网等省级以上媒体宣传报道52篇次。

乌鲁木齐住房公积金2020年年度报告

根据国务院《住房公积金管理条例》和住房和城乡建设部、财政部、人民银行《关于健全住房公积金信息披露制度的通知》(建金〔2015〕26号)的规定,经住房公积金管理委员会审议通过,现将乌鲁木齐住房公积金2020年年度报告公布如下。

一、机构概况

(一)住房公积金管理委员会。住房公积金管理委员会有29名委员,2020年召开1次会议,审议通过的事项主要包括:

1. 审议《关于拟调整乌鲁木齐住房公积金管理委员会委员的请示》;
2. 审议《2019年度住房公积金各项计划完成情况暨2020年度归集、使用、收益分配计划》;
3. 审议《乌鲁木齐住房公积金2019年年度报告》;
4. 审议《关于增加40亿元公积金贴息贷款额度的请示》;
5. 审议《关于增加聘用劳务派遣人员的请示》。

(二)住房公积金管理中心。住房公积金管理中心为隶属于市人民政府不以营利为目的的自收自支事业单位,设9个处室,2个分中心,8个管理部。从业人员179人,其中,在编119人,非在编60人。

二、业务运行情况

(一)缴存。2020年,新开户单位1772家,净增单位1052家;新开户职工6.41万人,净增职工1.21万人;实缴单位10299家,实缴职工63.30万人,缴存额137.13亿元,分别同比增长11.38%、1.93%、8.99%。2020年末,缴存总额1147.32亿元,比上年末增加13.57%;缴存余额413.58亿元,同比增长12.39%。受委托办理住房公积金缴存业务的银行5家。

(二)提取。2020年,23.39万名缴存职工提取住房公积金;提取额91.55亿元,同比减少5.63%;提取额占当年缴存额的66.76%,比上年减少10.34个百分点。2020年末,提取总额733.73亿元,比上年末增加14.26%。

(三)贷款。

1. 个人住房贷款。个人住房贷款最高额度70万元。

2020年,发放个人住房贷款1.51万笔、70.98亿元,同比分别下降25.62%、30.16%。

2020年,回收个人住房贷款41.70亿元。

2020年末，累计发放个人住房贷款24.87万笔、670.30亿元，贷款余额388.05亿元，分别比上年末增加6.46%、11.84%、8.16%。个人住房贷款余额占缴存余额的93.83%，比上年末减少3.66个百分点。受委托办理住房公积金个人住房贷款业务的银行8家。

2. 异地贷款。2020年，发放异地贷款1101笔、50175.55万元。2020年末，发放异地贷款总额237659.36万元，异地贷款余额151681.99万元。

3. 公转商贴息贷款。2020年，发放公转商贴息贷款6618笔、373781.15万元，当年贴息额6519.63万元。2020年末，累计发放公转商贴息贷款9378笔、544754.14万元，累计贴息7022.87万元。

（四）**资金存储**。2020年末，住房公积金存款29.22亿元。其中，活期7.22亿元，1年（含）以下定期0亿元，1年以上定期22亿元，其他（协定、通知存款等）0亿元。

（五）**资金运用率**。2020年末，住房公积金个人住房贷款余额、项目贷款余额和购买国债余额的总和占缴存余额的93.83%，比上年末减少3.66个百分点。

三、主要财务数据

（一）**业务收入**。2020年，业务收入130275.51万元，同比增长10.11%。其中，存款利息9896.10万元，委托贷款利息120372.13万元，国债利息0万元，其他7.28万元。

（二）**业务支出**。2020年，业务支出70583.45万元，同比增长19.97%。其中，支付职工住房公积金利息66244.97万元，归集手续费0万元，委托贷款手续费3179.87万元，其他1158.61万元（其中，贷款担保费支出1133.51万元，抵押登记费支出25.10万元）。

（三）**增值收益**。2020年，增值收益59692.06万元，同比增长0.35%。其中，增值收益率1.51%，比上年下降0.16个百分点。

（四）**增值收益分配**。2020年，提取贷款风险准备金2927.40万元，提取管理费用4284.70万元，提取城市廉租住房（公共租赁住房）建设补充资金52479.96万元。

2020年，上交财政管理费用4408.87万元。上缴财政城市廉租住房（公共租赁住房）建设补充资金61435.52万元。

2020年末，贷款风险准备金余额38805.22万元。累计提取城市廉租住房（公共租赁住房）建设补充资金436335.29万元。

（五）**管理费用支出**。2020年，管理费用支出4219.80万元，同比增长4.94%。其中，人员经费2379.62万元，公用经费279.60万元，专项经费1560.58万元。

市中心管理费用支出3456.40万元，其中，人员、公用、专项经费分别为1840.44万元、214.93万元、1401.03万元；自治区机关事业单位分中心管理费用支出349.71万元，其中，人员、公用、专项经费分别为231.66万元、25.72万元、92.33万元；铁路局分中心管理费用支出413.69万元，其中，人员、公用、专项经费分别为307.51万元、38.96万元、67.22万元。

四、资产风险状况

个人住房贷款。2020年末，个人住房贷款逾期额542.49万元，逾期率0.14‰。个人贷款风险准备金余额38805.22万元。2020年，使用个人贷款风险准备金核销呆坏账0万元。

五、社会经济效益

（一）缴存业务。缴存职工中，国家机关和事业单位占 31.08%，国有企业占 37.83%，城镇集体企业占 1.36%，外商投资企业占 1.40%，城镇私营企业及其他城镇企业占 16.99%，民办非企业单位和社会团体占 0.87%，灵活就业人员占 0%，其他占 10.47%；中、低收入占 94.43%，高收入占 5.57%。

新开户职工中，国家机关和事业单位占 20.21%，国有企业占 25.42%，城镇集体企业占 1.67%，外商投资企业占 1.51%，城镇私营企业及其他城镇企业占 31.40%，民办非企业单位和社会团体占 1.99%，灵活就业人员占 0%，其他占 17.80%；中、低收入占 99.57%，高收入占 0.43%。

（二）提取业务。提取金额中，购买、建造、翻建、大修自住住房占 25.82%，偿还购房贷款本息占 49.06%，租赁住房占 0.08%，支持老旧小区改造占 0%，离休和退休提取占 17.30%，完全丧失劳动能力并与单位终止劳动关系提取 6.37%，出境定居占 0.88%，其他占 0.49%。提取职工中，中、低收入占 93%，高收入占 7%。

（三）贷款业务。

个人住房贷款。2020 年，支持职工购建房 244.67 万平方米（含公转商贴息贷款），2020 年末个人住房贷款市场占有率（含公转商贴息贷款）为 22.72%，比上年末增加 0.94 个百分点。通过申请住房公积金个人住房贷款，可节约职工购房利息支出 190708.26 万元。

职工贷款笔数中，购房建筑面积 90（含）平方米以下占 18.49%，90~144（含）平方米占 75.46%，144 平方米以上占 6.05%。购买新房占 73.45%（其中购买保障性住房占 0%），购买二手房占 26.55%，建造、翻建、大修自住住房占 0%（其中支持老旧小区改造占 0%），其他占 0%。

职工贷款笔数中，单缴存职工申请贷款占 66.94%，双缴存职工申请贷款占 33.06%，三人及以上缴存职工共同申请贷款占 0%。

贷款职工中，30 岁（含）以下占 33.62%，30 岁~40 岁（含）占 40.14%，40 岁~50 岁（含）占 20.73%，50 岁以上占 5.51%；首次申请贷款占 82.63%，二次及以上申请贷款占 17.37%；中、低收入占 92.93%，高收入占 7.07%。

（四）住房贡献率。2020 年，个人住房贷款发放额、公转商贴息贷款发放额、项目贷款发放额、住房消费提取额的总和与当年缴存额的比率为 129.06%，比上年减少 23.93 个百分点。

六、其他重要事项

（一）应对新冠肺炎疫情采取的措施，落实住房公积金阶段性支持政策情况和政策实施成效。中心坚决贯彻执行国家、自治区人民政府、市委市政府应对新冠肺炎疫情阶段性支持政策。批准单位缓缴 122 家 113180 人，涉及金额 7623.43 万元；累计不作逾期处理的贷款 10952 笔，涉及金额 5282.86 万元；办理租房提取 767 笔，金额 484.70 万元。

2020 年 7 月，为应对乌鲁木齐地区新冠疫情，中心报请自治区住房和城乡建设厅和市委市政府同意，调整部分住房公积金政策。一是 12 月 30 日前受疫情影响企业可申请缓缴或降低比例。二是因单位缓缴，职工未能正常缴纳公积金不影响其申请贷款。三是 12 月 30 日前已贷款职工不能正常还款的，不作逾期处理。有力支持了乌鲁木齐市经济社会复工复产。

（二）当年机构及职能调整情况、受委托办理缴存贷款业务金融机构变更情况。乌鲁木齐住房公积金管理中心仍作为乌鲁木齐市人民政府直属事业单位，由市住房保障和房产管理局统一管理和协调。受委托办理缴存贷款业务金融机构未变更。

（三）当年住房公积金政策调整及执行情况。

1. 归集、提取方面。

（1）依据乌鲁木齐市统计局公布的上一年月社会平均工资的三倍确定2020年度住房公积金缴存基数上限为月17852元。

（2）按照乌鲁木齐市上一年度职工最低工资标准确定，2020年缴存基数下限为月1620元。

（3）缴存比例。最高缴存比例12％，最低缴存比例5％。

（4）依据自治区住房和城乡建设厅《住房公积金提取业务规范》，取消缴存职工购买住房时，父母和子女（仅限直系亲属）申请提取住房公积金业务。

（5）取消异地翻建、大修、自建房支取公积金业务。

2. 贷款方面。

（1）中心与吐鲁番中心开通了异地放款业务，即：吐鲁番中心和中心缴存职工在乌鲁木齐市购房，在中心申请贷款，中心贷款经办人员进入吐鲁番中心系统办理为吐鲁番中心的贷款。

（2）贷款利率。5年以内（含）2.75％，5年以上3.25％。

（四）当年服务改进情况。

1. 与市不动产登记中心积极协调，实现借款职工抵押登记费通过系统逐笔、从中心账户扣划支付。与兵团不动产中心签订抵押登记费支付协议，借款职工抵押登记费由中心支付。

2. 简化提取手续，拓宽手机App办理提取业务的种类。在原有已开通的解除劳动关系、退休提取外，又开通了本地购房提取、偿还商业住房贷款提取、支付房租提取业务、出境定居提取业务。

3. 2020年已开通"跨省通办"业务4项。（1）实现个人住房公积金缴存贷款等信息查询。（2）出具贷款职工住房公积金缴存使用证明。（3）正常退休提取住房公积金。（4）实现住房公积金单位异地登记开户。

（五）当年信息化建设情况。一是实现不动产抵押登记费从中心账户自动扣划功能。二是为方便职工查询个人征信，中心在各分中心、管理部布设征信查询机。三是更新排队叫号机，与预约系统开始对接。

（六）当年住房公积金管理中心及职工所获荣誉情况。中心被评为2020年市级"平安建设先进单位"。

克拉玛依市住房公积金2020年年度报告

根据国务院《住房公积金管理条例》和住房和城乡建设部、财政部、人民银行《关于健全住房公积金信息披露制度的通知》（建金〔2015〕26号）的规定，经住房公积金管理委员会审议通过，现将克拉玛依市住房公积金2020年年度报告公布如下。

一、机构概况

（一）住房公积金管理委员会。住房公积金管理委员会有 32 名委员，2020 年召开 2 次会议，审议通过的事项主要包括：克拉玛依市住房公积金 2019 年年度报告；2019 年住房公积金增值收益分配方案；2020 年住房公积金预算草案；2019 年第二次管委会会议决策事项执行情况；2020 年 1~11 月住房公积金运行情况；住房公积金行业治乱有关问题处理的建议；关于规范我市住房公积金缴存比例的建议。

（二）住房公积金管理中心。住房公积金管理中心为克拉玛依市政府不以营利为目的的公益性一类事业单位，设 5 个科室，2 个分中心，2 个管理部。从业人员 43 人，其中，在编 42 人，非在编 1 人。

二、业务运行情况

（一）缴存。2020 年，新开户单位 260 家，净增单位 164 家；新开户职工 0.82 万人，净减职工 0.48 万人；实缴单位 1608 家，实缴职工 15.83 万人，缴存额 42.71 亿元，分别同比增长 11.36%、下降 2.94%、增长 9.34%。2020 年末，缴存总额 439.56 亿元，比上年末增长 10.76%；缴存余额 111.20 亿元，同比增长 12.26%。受委托办理住房公积金缴存业务的银行 5 家，与上年保持一致。

（二）提取。2020 年，7.76 万名缴存职工提取住房公积金；提取额 30.57 亿元，同比增长 4.8%；提取额占当年缴存额的 71.58%，比上年减少 3.1 个百分点。2020 年末，提取总额 328.37 亿元，比上年末增长 10.27%。

（三）贷款。

1. 个人住房贷款。个人住房贷款最高额度 85 万元。

2020 年，发放个人住房贷款 0.37 万笔、12.46 亿元，同比分别下降 13.95%、8.92%。其中，市直分中心发放个人住房贷款 2964 笔、9.58 亿元，独山子分中心发放个人住房贷款 310 笔、0.68 亿元，明园管理部发放个人住房贷款 404 笔、2.17 亿元，准东管理部发放个人住房贷款 24 笔、0.03 亿元。

2020 年，回收个人住房贷款 11.60 亿元。其中，市直分中心 8.37 亿元，独山子分中心 1.92 亿元，明园管理部 1.13 亿元，准东管理部 0.18 亿元。

2020 年末，累计发放个人住房贷款 8.59 万笔、163.98 亿元，贷款余额 71.05 亿元，分别比上年末增长 4.50%、8.22%、1.21%。个人住房贷款余额占缴存余额的 63.89%，比上年末减少 6.98 个百分点。受委托办理住房公积金个人住房贷款业务的银行 5 家，同上年保持一致。

2. 异地贷款。2020 年，发放异地贷款 81 笔、2796.10 万元。2020 年末，发放异地贷款总额 42371.30 万元，异地贷款余额 9269.47 万元。

（四）资金存储。2020 年末，住房公积金存款 41.59 亿元。其中，活期 0.34 亿元，1 年（含）以下定期 0 亿元，1 年以上定期 40.75 亿元，其他（协定、通知存款等）0.5 亿元。

（五）资金运用率。2020 年末，住房公积金个人住房贷款余额、项目贷款余额和购买国债余额的总和占缴存余额的 63.89%，比上年减少 6.98 个百分点。

三、主要财务数据

（一）业务收入。2020 年，业务收入 35211.8 万元，同比增长 20.07%。存款利息 12801.98 万元，委托贷款利息 22398 万元，国债利息 0 万元，其他 11.82 万元。

（二）业务支出。2020 年，业务支出 17375.36 万元，同比增长 14.12%。支付职工住房公积金利息 16129.56 万元，归集手续费 0 万元，委托贷款手续费 1108.19 万元，其他 137.61 万元。

（三）增值收益。2020 年，增值收益 17836.44 万元，同比增长 26.49%。增值收益率 1.68%，比上年增加 0.19 个百分点。

（四）增值收益分配。2020 年，提取贷款风险准备金 7105.17 万元，提取管理费用 1547.38 万元，提取城市廉租住房（公共租赁住房）建设补充资金 9183.89 万元。

2020 年，上交财政管理费用 2634.35 万元。上缴财政城市廉租住房（公共租赁住房）建设补充资金 4447.32 万元。

2020 年末，贷款风险准备金余额 53379.58 万元。累计提取城市廉租住房（公共租赁住房）建设补充资金 105724.30 万元（根据预算，调减管理费用 12.76 万元，同时调增廉租住房建设补充资金 12.76 万元）。

（五）管理费用支出。2020 年，管理费用支出 2623.26 万元，同比增长 39.09%。其中，人员经费 883.96 万元，公用经费 155.14 万元，专项经费 1584.16 万元。

四、资产风险状况

个人住房贷款。2020 年末，个人住房贷款逾期额 329.84 万元，逾期率 0.46‰，个人贷款风险准备金余额 53379.58 万元。2020 年，使用个人贷款风险准备金核销呆坏账 0 万元。

五、社会经济效益

（一）缴存业务。缴存职工中，国家机关和事业单位占 16.88%，国有企业占 57.62%，城镇集体企业占 2.94%，外商投资企业占 0.01%，城镇私营企业及其他城镇企业占 21.49%，民办非企业单位和社会团体占 0.19%，灵活就业人员占 0.05%，其他占 0.82%；中、低收入占 99.12%，高收入占 0.88%。

新开户职工中，国家机关和事业单位占 13.56%，国有企业占 37.19%，城镇集体企业占 2.60%，外商投资企业占 0.01%，城镇私营企业及其他城镇企业占 43.91%，民办非企业单位和社会团体占 0.29%，灵活就业人员占 0.11%，其他占 2.33%；中、低收入占 99.64%，高收入占 0.36%。

（二）提取业务。提取金额中，购买、建造、翻建、大修自住住房占 36.36%，偿还购房贷款本息占 39.58%，租赁住房占 3.87%，支持老旧小区改造占 0%，离休和退休提取占 17.06%，完全丧失劳动能力并与单位终止劳动关系提取占 2.39%，出境定居占 0%，其他占 0.74%。提取职工中，中、低收入占 98.35%，高收入占 1.65%。

（三）贷款业务。个人住房贷款。2020 年，支持职工购建房 46.91 万平方米（含公转商贴息贷款），年末个人住房贷款市场占有率（含公转商贴息贷款）为 89.68%，比上年末减少 1.31 个百分点。通过申请住房公积金个人住房贷款，可节约职工购房利息支出 17432.15 万元。

职工贷款笔数中，购房建筑面积 90（含）平方米以下占 15.29%，90～144（含）平方米占 64.1%，144 平方米以上占 20.61%。购买新房占 51.54%（其中购买保障性住房占 0%），购买二手房占 39.28%，建造、翻建、大修自住住房占 0%（其中支持老旧小区改造占 0%），其他占 9.18%。

职工贷款笔数中,单缴存职工申请贷款占 63.53%,双缴存职工申请贷款占 36.47%,三人及以上缴存职工共同申请贷款占 0%。

贷款职工中,30 岁(含)以下占 35.87%,30 岁～40 岁(含)占 39.01%,40 岁～50 岁(含)占 19.72%,50 岁以上占 5.4%;首次申请贷款占 70.58%,二次及以上申请贷款占 29.42%;中、低收入占 99.30%,高收入占 0.7%。

(四)住房贡献率。 2020 年,个人住房贷款发放额、公转商贴息贷款发放额、项目贷款发放额、住房消费提取额的总和与当年缴存额的比率为 86.3%,比上年减少 9.55 个百分点。

六、其他重要事项

(一)积极应对新冠肺炎疫情带来的不利影响,为全市缴存单位和缴存职工减轻经营压力和还贷压力。 2020 年疫情暴发以来,克拉玛依住房公积金管理中心扎实落实自治区党委"1+3"重要工作部署要求,统筹做好疫情防控和公积金事业发展,认真研究落实住房公积金方面的疫情防控政策,助力企业复工复产,减轻借款职工还款压力。及时研发移动审批业务,引导群众线上办理业务。疫情期间通过手机 App 等线上方式共受理各类公积金业务近 18 万笔,累计金额近 21.71 亿元,其中办理租房提取业务 5357 笔、6335.46 万元,"智慧公积金"成为疫情防控中的一大亮点。及时为受疫情影响缴存困难企业办理缓缴业务,惠及企业 60 家资金 4862.9 万元,支持企业复工复产。对于受疫情影响未能正常偿还公积金贷款的逾期记录不作逾期处理,惠及职工 9051 人,资金 4753.32 万元,为受疫情影响的职工减轻还款压力的同时,安定了企业职工情绪。开通网上办理租房提取绿色通道,为解决因疫情影响职工支付房租困难问题,不分时间对网上申请房租提取业务进行审核,立审立办。

(二)当年住房公积金政策调整及执行情况。

1. 缴存基数限额及确定方法。职工月住房公积金缴存基数最低不得低于自治区发布的关于克拉玛依市最低工资标准 1820 元,最高不得超过克拉玛依市统计部门发布的社会平均工资的 3 倍 31397 元。对生产经营困难的企业,经职工代表大会或工会讨论通过,可申请降低缴存比例或缓缴。

2. 住房公积金存贷款利率执行标准。住房公积金个人账户存款利率按一年期定期存款基准年利率 1.5%执行。贷款利率 1～5(含)年 2.75%;5 年以上 3.25%。

3. 规范了住房公积金贷款的申请条件。为防范住房公积金风险,根据住房和城乡建设部《关于切实提高住房公积金使用效率的通知》(建金〔2015〕150 号)规定。"在保证借款人基本生活费用的前提下,月还款额与月收入比上限控制在 50%～60%"的要求。经克拉玛依住房公积金管理委员会审议通过,修订《克拉玛依个人住房公积金贷款实施细则》内容,在借款人申请住房公积金贷款条件中增加"借款申请人偿还住房贷款,月还款额不得高于月收入 60%"的限制条件,在满足缴存职工贷款需求的同时,保证其基本还款能力和基本生活费用,进一步降低住房公积金资金风险。

4. 规范了住房公积金的支取条件。

(1)取消了住房公积金大病支取。根据国务院修订颁布的《住房公积金管理条例》提取和使用范围,以及住房公积金相关制度"强化住房公积金保障功能,重点支持职工基本住房消费,不得超出规定的使用范围"的要求,为了进一步规范公积金提取和使用范围,经克拉玛依住房公积金管理委员会审议通过,取消缴存职工、配偶及其直系亲属因患重大疾病申请提取住房公积金的政策。该政策自 2020 年 2 月 1 日起开始执行。

（2）规范了父母子女互提互贷住房公积金的条件。根据国务院修订颁布的《住房公积金管理条例》提取和使用范围，以及住房和城乡建设部相关文件规定，经克拉玛依住房公积金管理委员会审议通过，对《克拉玛依住房公积金归集实施细则》《克拉玛依个人住房公积金贷款实施细则》进行了修订，规范为父母子女同为公积金缴存人的前提下可以互提互贷，充分体现住房公积金的互助性原则。该政策自 2020 年 2 月 1 日起开始执行。

吐鲁番市住房公积金 2020 年年度报告

根据国务院《住房公积金管理条例》和住房和城乡建设部、财政部、人民银行《关于健全住房公积金信息披露制度的通知》（建金〔2015〕26 号）的规定，经住房公积金管理委员会审议通过，现将吐鲁番市住房公积金 2020 年年度报告公布如下。

一、机构概况

（一）住房公积金管理委员会。住房公积金管理委员会有 22 名委员，2020 年召开 1 次会议，审议通过的事项主要包括：《2020 年度经费使用计划》《关于不予计提住房公积金贷款风险准备金的请示》《2020 年吐鲁番市住房公积金归集使用计划》《关于调整 2020 年度住房公积金缴存基数的请示》《关于修改归集、提取、贷款管理办法的请示》《关于开办住房公积金异地放款的请示》《关于引进住房置业担保公司的请示》等内容。

（二）住房公积金管理中心。吐鲁番市住房公积金管理中心为隶属于吐鲁番市人民政府不以营利为目的的自收自支事业单位，中心下设 4 个科室，3 个管理部。从业人员 47 人，其中，在编 28 人，非在编 19 人。

二、业务运行情况

（一）缴存。2020 年，新开户单位 63 家，净减单位 15 家；新开户职工 0.56 万人，净减职工 0.02 万人；实缴单位 1057 家，实缴职工 6.44 万人，分别同比下降 1.40%、0.31%，缴存额 10.23 亿元，同比增长 2.30%。2020 年末，缴存总额 73.32 亿元，比上年末增加 16.21%；缴存余额 30.71 亿元，同比增长 16.86%。受委托办理住房公积金缴存业务的银行 7 家。

（二）提取。2020 年，1.73 万名缴存职工提取住房公积金；提取额 5.79 亿元，同比下降 3.66%；提取额占当年缴存额的 56.60%，比上年减少 3.5 个百分点。2020 年末，提取总额 42.60 亿元，比上年末增加 15.73%。

（三）贷款。

1.个人住房贷款。单缴存职工个人住房贷款最高额度 50 万元，双缴存职工个人住房贷款最高额度 60 万元。

2020年，发放个人住房贷款0.18万笔、4.37亿元，同比分别增长12.50%、11.76%。

2020年，回收个人住房贷款2.30亿元。

2020年末，累计发放个人住房贷款2.57万笔、38.63亿元，贷款余额16.17亿元，分别比上年末增加7.53%、12.76%、14.68%。个人住房贷款余额占缴存余额的52.65%，比上年末减少1个百分点。受委托办理住房公积金个人住房贷款业务的银行7家。

2. 异地贷款。2020年，发放异地贷款51笔、1534.10万元。2020年末，发放异地贷款总额25973.50万元，异地贷款余额9286.72万元。

（四）购买国债。2020年，购买（记账式、凭证式）国债0亿元，（兑付、转让、收回）国债0亿元。2020年末，国债余额0.06亿元。

（五）资金存储。2020年末，住房公积金存款15.07亿元。其中，活期0.54亿元，1年（含）以下定期9.64亿元，1年以上定期4.89亿元，其他（协定、通知存款等）0亿元。

（六）资金运用率。2020年末，住房公积金个人住房贷款余额、项目贷款余额和购买国债余额的总和占缴存余额的52.85%，比上年末减少1.03个百分点。

三、主要财务数据

（一）业务收入。2020年，业务收入7296.19万元，同比增长13.48%。存款利息2475.57万元，委托贷款利息4801.00万元，国债利息19.26万元，其他0.36万元。

（二）业务支出。2020年，业务支出4795.02万元，同比增长9.55%。支付职工住房公积金利息4789.02万元，归集手续费0万元，委托贷款手续费0万元，其他6.00万元。

（三）增值收益。2020年，增值收益2501.17万元，同比增长21.88%。增值收益率0.86%，比上年增加0.03个百分点。

（四）增值收益分配。2020年，提取贷款风险准备金0万元；提取管理费用1001.17万元，提取城市廉租住房（公共租赁住房）建设补充资金1500万元。

2020年，上交财政管理费用1052.08万元。上缴财政城市廉租住房（公共租赁住房）建设补充资金1000万元。

2020年末，贷款风险准备金余额8076.69万元。累计提取城市廉租住房（公共租赁住房）建设补充资金6400万元。

（五）管理费用支出。2020年，管理费用支出727.62万元，同比下降2.39%。其中，人员经费549.12万元，公用经费62.01万元，专项经费116.49万元。

四、资产风险状况

个人住房贷款。2020年末，个人住房贷款逾期额51.55万元，逾期率0.32‰，个人贷款风险准备金余额8076.69万元。2020年，使用个人贷款风险准备金核销呆坏账0万元。

五、社会经济效益

（一）缴存业务。缴存职工中，国家机关和事业单位占64.07%，国有企业占23.96%，城镇集体企业

占0.60%，外商投资企业占0.54%，城镇私营企业及其他城镇企业占10.08%，民办非企业单位和社会团体占0.08%，灵活就业人员占0%，其他占0.67%；中、低收入占99.54%，高收入占0.46%。

新开户职工中，国家机关和事业单位占17.97%，国有企业占33.43%，城镇集体企业占0.18%，外商投资企业占0.41%，城镇私营企业及其他城镇企业占43.13%，民办非企业单位和社会团体占0.12%，灵活就业人员占0%，其他占4.76%；中、低收入占99.84%，高收入占0.16%。

（二）提取业务。提取金额中，购买、建造、翻建、大修自住住房占30.80%，偿还购房贷款本息占41.22%，租赁住房占1.16%，支持老旧小区改造占0%，离休和退休提取占14.60%，完全丧失劳动能力并与单位终止劳动关系提取占8.04%，出境定居占0%，其他占4.18%。提取职工中，中、低收入占99.44%，高收入占0.56%。

（三）贷款业务。

个人住房贷款。2020年，支持职工购建房21万平方米（含公转商贴息贷款），年末个人住房贷款市场占有率（含公转商贴息贷款）为65.49%，比上年末增加1.41个百分点。通过申请住房公积金个人住房贷款，可节约职工购房利息支出8222.60万元。

职工贷款笔数中，购房建筑面积90（含）平方米以下占14.46%，90~144（含）平方米占77.01%，144平方米以上占8.53%。购买新房占72.63%（其中购买保障性住房占0%），购买二手房占27.37%，建造、翻建、大修自住住房占0%（其中支持老旧小区改造占0%），其他占0%。

职工贷款笔数中，单缴存职工申请贷款占67.42%，双缴存职工申请贷款占32.58%，三人及以上缴存职工共同申请贷款占0%。

贷款职工中，30岁（含）以下占53.35%，30岁~40岁（含）占31.47%，40岁~50岁（含）占12.80%，50岁以上占2.38%；首次申请贷款占86.26%，二次及以上申请贷款占13.74%；中、低收入占99.78%，高收入占0.22%。

（四）住房贡献率。2020年，个人住房贷款发放额、公转商贴息贷款发放额、项目贷款发放额、住房消费提取额的总和与当年缴存额的比率为84.18%，比上年减少0.62个百分点。

六、其他重要事项

（一）应对新冠肺炎疫情采取的措施，落实住房公积金阶段性支持政策情况和政策实施成效。为贯彻落实党中央、国务院关于疫情防控工作的决策部署，切实维护公积金缴存单位、职工权益，降低疫情期间对缴存单位和职工住房公积金业务的影响，我中心在疫情防控期间及时对住房公积金业务政策进行相应调整。一是大力推进住房公积金线上服务。疫情防控期间，各缴存单位、职工可通过政务服务平台、公积金网厅、微信公众号、手机公积金App、12329服务热线等渠道咨询或办理住房公积金归集、提取、贷款业务。截至2020年9月30日线上办理业务20493笔，综合离柜率84.89%。二是减轻企业负担。受疫情影响延迟复工或停工停产的企业，可向住房公积金管理中心申请降低缴存比例或申请缓缴存住房公积金，待企业复工后再恢复缴存。截至2020年9月30日缓缴企业27家，961人，缓缴金额226.35万元。三是缓解租房压力，减少办理环节。对支付房租压力较大的职工，根据其实际需求，经管理部查阅上一年租房提取信息，如租房信息未发生变化，可线上办理租房提取。截至2020年9月30日租房提取累计233人、330.71万元。四是延长提取和贷款资格时限。职工因疫情防控无法办理业务而导致提取材料和贷款资格认证材料超时限的，办理资格时限延长至疫情结束后的3个月。截至2020年9月30日贷款申请材料超时限的职工10人，申请贷款金额290.40万元；提取申请材料超时限的职工1人，申请提取金额2万元。五是减免贷款逾期利息。在疫情期间不能正常偿还住房公积金贷款的，在2020年12月31日前全部不作逾期处理。截至2020年12月31日对不能正常还款的3861户家庭，累计逾期本金1157.96万元，不作逾期处理。

（二）当年受委托办理缴存贷款业务金融机构变更情况。 2020年7月，根据《关于同意开设住房公积金专户的通知》（吐市公管委〔2020〕1号）文件精神，吐鲁番市住房公积金管理中心增加吐鲁番市农村信用合作联社为受委托办理公积金业务金融机构。

（三）当年住房公积金政策调整及执行情况。

1. 住房公积金缴存基数。2020年，吐鲁番市住房公积金月缴存基数上限不超过全市地方属在岗职工月平均工资的3倍，即19736元（吐鲁番市统计局提供）；下限不低于新疆维吾尔自治区人民政府规定的最低工资标准，即1540元。

2. 住房公积金缴存比例。2020年，单位及个人住房公积金缴存比例最高为12%，最低为5%。

3. 提取政策调整情况。根据国家和自治区的相关文件精神，重新调整了提取政策。一是规范购房提取时间。职工购买、建造、翻建大修自住住房时间在一年内的，调整为两年内。二是取消支付物业管理费提取住房公积金。

4. 个人住房贷款政策调整情况。2020年7月，经吐鲁番市住房公积金管理委员会批准，对贷款业务做了如下调整和完善。一是取消购买征迁安置补偿住房，借款人须提交首付20%及以上房款票据的要求。二是规范职工购房申请贷款时限。职工购买住房年限1年内的（期房从购房合同签订日期算起，现房从不动产权证出证日期算起）。三是拓宽贷款使用渠道，与乌鲁木齐住房公积金管理中心合作开通异地放款业务，方便职工就近办理住房贷款业务。

5. 住房公积金存款利率按照一年期1.50%执行，职工个人住房公积金贷款利率分别按照五年以上3.25%，五年及以下2.75%执行。

6. 根据《关于同意不予计提住房公积金贷款风险准备金的通知》（吐市公管委〔2020〕3号）文件通知，2020年吐鲁番市住房公积金管理中心不计提贷款风险准备金。

（四）当年服务改进情况。 2020年，我中心坚持"住房公积金取之于民用之于民"服务宗旨，继续在贯彻落实国务院"放管服"改革部署工作上发力，一是为了尽量消除受疫情影响给职工办理业务带来的不便，我中心依托信息化技术，积极推行网上预约服务，开通单位网厅手机登录版，扩大线上服务范围，实现住房公积金"线下预约办、线上自主办"，毫不放松两手抓疫情防控和业务办理工作；二是延长受理业务时间，缩短月末扎账时限，中心将月末扎账时限由当月25日至次月3日，缩短至月末最后一天和次月第一天，极大方便了职工办理业务时在时间上的限制；三是为减轻职工负担，中心取消了职工购买二手房申请贷款的房屋评估事项，同时，推出了职工申请购房贷款办理不动产抵押权登记的费用由中心承担，该费用直接从住房公积金业务支出中列支，上述两项政策的出台，大大减轻了职工负担；四是为减轻企业负担，助力企业复工复产，中心主动靠前、积极行动，快速落实住房公积金阶段性支持政策，企业通过缓缴住房公积金或降低缴存比例极大减轻了自身负担，有力缓冲疫情对企业的影响；五是为进一步方便职工办理业务，最大努力维护职工权益，中心与乌鲁木齐住房公积金管理中心共同努力下，开通住房公积金异地贷款事宜；六是中心开通柜台服务评价器，通过评价器及时收集群众对干部职工服务水平的满意度，同时也督促窗口工作人员为办事群众提供更加优质的服务。

（五）当年信息化建设情况。中心充分利用信息化技术，不断探索"互联网＋住房公积金"服务模式，多项业务实现掌上办、网上办，使得群众"最多跑一次"不再是一句口头承诺。一是根据住房和城乡建设部关于推动住房公积金服务"跨省通办"总体要求，我中心积极响应，迅速采取行动，提前完成实现个人住房公积金缴存贷款等信息查询、出具贷款职工住房公积金缴存使用证明、正常退休提取住房公积金、企业开办一窗通办4项任务；二是启用推行住房公积金业务电子印章，通过个人网厅、手机公积金、单位网厅等平台，实现了缴存职工自行下载打印缴存使用证明、贷款结清证明等凭据，极大方便了缴存职工办理业务，有效减少了地域空间和时间上的限制。

（六）当年机构设置调整情况。按照《关于调整吐鲁番市机关事业单位党组织设置的通知》（吐市党字〔2020〕51号文件），经市委研究，决定成立中共吐鲁番市住房公积金管理中心党组，设党组成员3名，其中书记1名，加强住房公积金党组织建设。

（七）当年对住房公积金管理人员违规行为的纠正和处理情况。2020年5月20日，吐鲁番市住房公积金管理中心鄯善县管理部原主任郑成宇，风险管理科原副科长艾尔肯·沙塔尔俩人因涉嫌严重职务违法和职务犯罪，吐鲁番市纪委监委对其实施留置并立案审查。2021年1月14日吐鲁番市纪委监委在我中心召开通报大会，宣布对郑成宇开除党籍、开除公职，对艾尔肯·沙塔尔开除公职。目前，相关线索已移交司法机关。

哈密市住房公积金2020年年度报告

根据国务院《住房公积金管理条例》和住房和城乡建设部、财政部、人民银行《关于健全住房公积金信息披露制度的通知》（建金〔2015〕26号）的规定，经住房公积金管理委员会审议通过，现将哈密市住房公积金2020年年度报告公布如下。

一、机构概况

（一）住房公积金管理委员会。住房公积金管理委员会有23名委员，2020年召开2次会议，审议通过的事项主要包括：1.审定《关于调整管委会组成人员的报告》；2.审定《关于2019年住房公积金业务运行情况及2020年住房公积金归集使用预算安排建议的报告》；3.审定《关于哈密市住房公积金管理中心承担公积金个人贷款担保费的请示》；4.审定《关于取消上学困难、大病医疗、物业费等提取公积金的请示》；5.审定《关于历年沉淀的增值收益上缴财政的请示》；6.审定《关于申请专项资金的请示》；7.审定《关于支付抵押登记服务费的请示》；8.审定《关于解决在职人员退休后次月停止缴存住房公积金的请示》。

（二）住房公积金管理中心。住房公积金管理中心为隶属哈密市政府管理的不以营利为目的的自收自支事业单位，设8个科，4个管理部，1个分中心。从业人员101人，其中，在编36人，非在编65人。

二、业务运行情况

（一）缴存。2020年，新开户单位82家，净减单位28家；新开户职工0.48万人，净减职工0.27万人；实缴单位1285家，实缴职工9.11万人，缴存额19.48亿元，分别同比减少2.13%、2.88%、增长1.67%。2020年末，缴存总额180.24亿元，比上年末增加12.12%；缴存余额71.29亿元，同比增长10.03%。受委托办理住房公积金缴存业务的银行2家。

（二）提取。2020年，2.99万名缴存职工提取住房公积金；提取额12.98亿元，同比下降5.32%；提取额占当年缴存额的66.63%，比上年减少4.93个百分点。2020年末，提取总额108.95亿元，比上年末增加13.53%。

（三）贷款。

1. 个人住房贷款。个人住房贷款最高额度60万元。

2020年，发放个人住房贷款0.36万笔、11.36亿元，同比分别增长24.14%、28.51%。其中，市中心发放个人住房贷款0.34万笔、10.79亿元，分中心发放个人住房贷款0.02万笔、0.57亿元。

2020年，回收个人住房贷款4.85亿元。其中，市中心4.12亿元，分中心0.73亿元。

2020年末，累计发放个人住房贷款3.95万笔、74.53亿元，贷款余额40.88亿元，分别比上年末增加10.03%、17.98%、18.94%。个人住房贷款余额占缴存余额的57.34%，比上年末增加4.29个百分点。受委托办理住房公积金个人住房贷款业务的银行6家。

2. 异地贷款。2020年，发放异地贷款227笔、8352.7万元。2020年末，发放异地贷款总额49765.2万元，异地贷款余额28118.45万元。

（四）资金存储。2020年末，住房公积金存款30.81亿元。其中，活期1.46亿元，1年（含）以下定期1.80亿元，1年以上定期27.15亿元，其他（协定、通知存款等）0.4亿元。

（五）资金运用率。2020年末，住房公积金个人住房贷款余额、项目贷款余额和购买国债余额的总和占缴存余额的57.34%，比上年末增加4.29个百分点。

三、主要财务数据

（一）业务收入。2020年，业务收入23259.14万元，同比增长9.88%。其中，市中心13607.24万元，分中心9651.90万元；存款利息10932.62万元，委托贷款利息12325.44万元，国债利息0万元，其他1.08万元。

（二）业务支出。2020年，业务支出10700.64万元，同比增长246.31%。其中，市中心6808.88万元，分中心3891.76万元；支付职工住房公积金利息10360.94万元，归集手续费0万元，委托贷款手续费338.99万元，其他0.71万元。

（三）增值收益。2020年，增值收益12558.50万元，同比下降30.53%。其中，市中心6798.36万元，分中心5760.14万元；增值收益率1.83%，比上年减少1.05个百分点。

（四）增值收益分配。2020年，提取贷款风险准备金0万元；提取管理费用2037万元，提取城市廉租住房（公共租赁住房）建设补充资金10521.50万元。

2020年，上交财政管理费用1557万元。上缴财政城市廉租住房（公共租赁住房）建设补充资金

10573.76万元。其中，市中心上缴6933.76万元，分中心上缴3640万元。

2020年末，贷款风险准备金余额9864.29万元（含项目贷款风险准备金余额1019.03万元）。累计提取城市廉租住房（公共租赁住房）建设补充资金59816.37万元。其中，市中心提取29283.48万元，分中心提取30532.89万元。

（五）管理费用支出。 2020年，管理费用支出1462.40万元，同比下降37.31%。其中，人员经费1010.39万元，公用经费323.49万元，专项经费128.52万元。

市中心管理费用支出982.40万元，其中，人员、公用、专项经费分别为746.39万元、225.49万元、10.52万元；分中心管理费用支出480万元，其中，人员、公用、专项经费分别为264万元、98万元、118万元。

四、资产风险状况

个人住房贷款。2020年末，个人住房贷款逾期额73.57万元，逾期率0.18‰，其中，市中心0.14‰，分中心0.65‰。个人贷款风险准备金余额8845.26万元。2020年，使用个人贷款风险准备金核销呆坏账0万元。

五、社会经济效益

（一）缴存业务。 缴存职工中，国家机关和事业单位占56.95%，国有企业占19.07%，城镇集体企业占1.48%，外商投资企业占0.39%，城镇私营企业及其他城镇企业占18.52%，民办非企业单位和社会团体占1.95%，灵活就业人员占0.39%，其他占1.25%；中、低收入占97.56%，高收入占2.44%。

新开户职工中，国家机关和事业单位占21.74%，国有企业占29.53%，城镇集体企业占1.43%，外商投资企业占0.5%，城镇私营企业及其他城镇企业占40.87%，民办非企业单位和社会团体占2.66%，灵活就业人员占0.10%，其他占3.17%；中、低收入占99.92%，高收入占0.08%。

（二）提取业务。 提取金额中，购买、建造、翻建、大修自住住房占37.98%，偿还购房贷款本息占35.68%，租赁住房占0.34%，支持老旧小区改造占0%，离休和退休提取占18.93%，完全丧失劳动能力并与单位终止劳动关系提取占4.86%，出境定居占0%，其他占2.21%。提取职工中，中、低收入占97.59%，高收入占2.41%。

（三）贷款业务。

个人住房贷款。2020年，支持职工购建房44.13万平方米（含公转商贴息贷款），年末个人住房贷款市场占有率（含公转商贴息贷款）为58.42%，比上年末增加3.85个百分点。通过申请住房公积金个人住房贷款，可节约职工购房利息支出20680.31万元。

职工贷款笔数中，购房建筑面积90（含）平方米以下占9.13%，90~144（含）平方米占75.69%，144平方米以上占15.18%。购买新房占85.01%（其中购买保障性住房占0%），购买二手房占14.99%，建造、翻建、大修自住住房占0%（其中支持老旧小区改造占0%），其他0%。

职工贷款笔数中，单缴存职工申请贷款占74.21%，双缴存职工申请贷款占25.79%，三人及以上缴存职工共同申请贷款占0%。

贷款职工中，30岁（含）以下占43.43%，30岁~40岁（含）占34.22%，40岁~50岁（含）占

16.83%，50岁以上占5.52%；首次申请贷款占81.33%，二次及以上申请贷款占18.67%；中、低收入占98.52%，高收入占1.48%。

（四）住房贡献率。 2020年，个人住房贷款发放额、公转商贴息贷款发放额、项目贷款发放额、住房消费提取额的总和与当年缴存额的比率为107.60%，比上年增加8.71个百分点。

六、其他重要事项

（一）同心协力防疫情落实纾困度难关情况。 今年新冠疫情突发，哈密市先后两次按下"暂停键"。面对这场"硬仗"，中心第一时间积极投身疫情防疫阻击战。"访惠聚"工作队和志愿者们积极配合防疫部门，深入社区、街道和道路检查口开展防疫消毒、督导检查、服务群众工作。留守工作人员通过网上办、预约办、快速办等多种形式，确保疫情防控和业务工作两不误。按照住房和城乡建设部、财政部、人民银行《关于妥善应对新冠肺炎疫情实施住房公积金阶段性支持政策的通知》精神，中心先后出台和落实了八项住房公积金阶段性支持政策，全力支持企业复工复产。通过门户网站、微信公众号发布网上办理业务指南，连续推送住房公积金阶段性支持政策。手机公积金App和网厅业务在疫情期间不停止，线上工作基本覆盖公积金全部业务。针对受疫情影响的企业，做到公积金缓存应缓尽缓。全市自阶段性支持政策实施以来，申请缓缴公积金困难企业22个、职工6202人、缓缴金额1255.2万元。受疫情影响不作逾期处理的贷款2373笔、应还未还贷款本金额678.24万元。

（二）住房公积金缴存贷款政策执行情况。 2020年度，全市住房公积金缴存比例执行上限为单位和职工本人各12%，下限各5%。月缴存工资基数上限标准为21549元，月缴存额上限为5172元。根据中国人民银行、住房和城乡建设部、财政部印发《关于完善职工住房公积金账户存款利率形成机制的通知》要求，个人住房公积金账户按一年期定期存款基准利率1.5%计息。6月30日为10.34万户职工个人账户结计利息0.96亿元，同比增长10.02%。结计利息和月缴存明细等账户信息可以通过手机公积金App随时查询。个人住房贷款方面。继续执行个人贷款最高发放额度60万元。1至5年公积金个人贷款年利率执行2.75%，5年以上至30年年利率执行3.25%。全市受委托办理公积金个人住房贷款业务的银行共计6家（工行、农行、中行、建行、交行、昆仑银行）。

（三）当年服务改进促高质量发展情况。 2020年，中心立足业务促发展，强化服务求实效，不断提升住房公积金管理能力和服务水平。按照"减证便民"工作部署，本着能减则减、能取则取的原则，取消各类纸质复印材料。通过"一窗办、简化办、马上办"等一站式服务措施，服务质量目标化、规范化、标准化工作得到有效落实。特别是通过加强信息化网络建设，持续推进线上、线下业务的深度融合，促进了业务"网上办、掌上办、自主办"。全市公积金缴存业务实现单位网厅线上汇缴办理，减轻了各单位公积金专管员工作量。住房公积金离退休、偿还公积金贷款、公积金贷款结清等提取全部实现手机App掌上办理。通过推广使用综合服务云平台，推行移动受理、移动审批，实现了"零材料、零跑路"的服务目标。根据国务院办公厅关于推进政务服务"跨省通办"工作部署、住房和城乡建设部关于住房公积金服务"跨省通办"工作要求及自治区人民政府具体安排，年底前完成了跨省通办个人住房公积金缴存贷款信息查询、出具贷款职工缴存使用证明、正常退休提取及异地向注册地申请单位登记开户四项工作。通过随机回访，中心整体服务满意率达到95%以上。

（四）当年基础数据及信息化建设情况。 持续深化"智慧公积金"建设，规范使用全国住房公积金数据平台、异地转移接续平台、统计数据上报平台和电子稽核检查数据功能，进一步提升住房公积金业务的规范化水平。一是推进共享平台建设，使住房公积金与房产、不动产、市场监管、民政、人民银行等多部门联网，实现资源共享；二是充分利用电子稽核功能，逐项排查业务数据风险点；三是做好启用电子印章前期工作，为提升线上业务服务质量，全面完成跨省通办奠定基础。通过推进"互联网＋公积金"服务建设，方便了群众办理业务，提升了系统的先进性、安全性、便捷性。截至年末，公积金综合离柜率达到80.61％，手机App用户达到5.9万人，单位网厅使用率达到93.95％。

（五）当年对住房公积金管理人员违规行为处理情况。哈密市住房公积金管理中心三道岭管理部原负责人汪传欣、工作人员田伟峰于2015年5月至2017年8月期间，在履行职责过程中履职不严，审批不严格。明知他人提供虚假材料还予以审核通过，违规支取公积金，造成国家利益遭受重大损失，破坏了正常的公积金管理秩序。分别于2020年4月12日和5月20日被判处有期徒刑二年六个月和有期徒刑二年。

（六）当年持续规范和优化公积金使用政策情况。一是坚持房子是用来住、不是用来炒的定位，严禁发放第三套住房贷款；二是全面取消大病、物业等非住房消费提取；三是继续执行购买第二套自住住房需结清第一套住房的公积金贷款，利率按照第一套住房公积金贷款利率执行；四是减轻职工负担，取消二手房贷款时评估报告；五是规范不动产抵押登记费管理，个人办理不动产抵押登记证费用由中心承担；六是停止担保公司收取公积金贷款个人担保费，对于中心认为确有必要提供住房置业担保的贷款，担保费由中心承担。

昌吉回族自治州住房公积金2020年年度报告

根据国务院《住房公积金管理条例》和住房和城乡建设部、财政部、人民银行《关于健全住房公积金信息披露制度的通知》（建金〔2015〕26号）的规定，经住房公积金管理委员会审议通过，现将昌吉州住房公积金2020年年度报告公布如下。

一、机构概况

（一）**住房公积金管理委员会**。住房公积金管理委员会有19名委员，由于疫情原因，2020年召开0次会议，审议通过的事项为0。

（二）**住房公积金管理中心**。住房公积金管理中心为昌吉州人民政府不以营利为目的自收自支事业单位，设9个科室，7个管理部。从业人员135人，其中，在编78人，非在编57人。

二、业务运行情况

（一）**缴存**。2020年，新开户单位305家，净增单位52家；新开户职工2.02万人，净增职工0.23万人；实缴单位2955家，实缴职工16.36万人；缴存额27.91亿元，分别同比增长1.79％、1.43％、3.91％。2020年末，缴存总额226.22亿元，比上年末增加14.07％；缴存余额95.52亿元，同比增长

8.05%。受委托办理住房公积金缴存业务的银行5家。

（二）提取。2020年，6.17万名缴存职工提取住房公积金；提取额20.80亿元，同比增长3.79%；提取额占当年缴存额的74.53%，比上年减少0.08个百分点。2020年末，提取总额130.71亿元，比上年末增加18.92%。

（三）贷款。

1. 个人住房贷款。个人住房贷款最高额度50万元。

2020年，发放个人住房贷款0.61万笔、20.07亿元，同比分别减少3.17%、增长1.62%。

2020年，回收个人住房贷款11.03亿元。

2020年末，累计发放个人住房贷款9.51万笔、182.62亿元，贷款余额93.31亿元，分别比上年末增加6.85%、12.35%、10.73%。个人住房贷款余额占缴存余额的97.69%，比上年末增加2.36个百分点。受委托办理住房公积金个人住房贷款业务的银行6家。

2. 异地贷款。2020年，发放异地贷款202笔、7609.5万元。2020年末，发放异地贷款总额12780.9万元，异地贷款余额10497.3万元。

3. 公转商贴息贷款。2020年，发放公转商贴息贷款255笔、10474.1万元，支持职工购建住房面积32201.19平方米，当年贴息额205.53万元。2020年末，累计发放公转商贴息贷款943笔、27474.1万元，累计贴息1109.32万元。

（四）融资。2020年末，融资1.4亿元，归还1.4亿元。2020年末，融资总额4.4亿元，融资余额0亿元。

（五）资金存储。2020年末，住房公积金存款2.88亿元。其中，活期1.78亿元，1年（含）以下定期0.3亿元，1年以上定期0亿元，其他（协定、通知存款等）0.8亿元。

（六）资金运用率。2020年末，住房公积金个人住房贷款余额、项目贷款余额和购买国债余额的总和占缴存余额的97.69%，比上年末增加2.36个百分点。

三、主要财务数据

（一）业务收入。2020年，业务收入30220.99万元，同比增长7.41%。存款利息1414.74万元，委托贷款利息28801.33万元，国债利息0万元，其他4.92万元。

（二）业务支出。2020年，业务支出15096.07万元，同比增长11.75%。支付职工住房公积金利息14358.48万元，归集手续费0万元，委托贷款手续费532.05万元，其他205.54万元。

（三）增值收益。2020年，增值收益15124.92万元，同比增长3.41%。增值收益率1.64%，比上年减少0.07个百分点。

（四）增值收益分配。2020年，提取贷款风险准备金9331.20万元，提取管理费用4793.72万元，提取城市廉租住房（公共租赁住房）建设补充资金1000万元。

2020年，上缴财政管理费用6515.93万元。上缴财政城市廉租住房（公共租赁住房）建设补充资金1000万元。

2020年末，贷款风险准备金余额50510.91万元。累计提取城市廉租住房（公共租赁住房）建设补充资金10600万元。

（五）管理费用支出。 2020 年，管理费用支出 3118.08 万元，同比下降 5.34%。其中，人员经费 2069.07 万元，公用经费 336.88 万元，专项经费 712.13 万元。

四、资产风险状况

个人住房贷款。2020 年末，个人住房贷款逾期额 165.48 万元，逾期率 0.18‰。个人贷款风险准备金余额 50510.91 万元。2020 年使用个人贷款风险准备金核销呆坏账 0 万元。

五、社会经济效益

（一）缴存业务。 缴存职工中，国家机关和事业单位占 57.45%，国有企业占 12.91%，城镇集体企业占 3.01%，外商投资企业占 1.17%，城镇私营企业及其他城镇企业占 24.49%，民办非企业单位和社会团体占 0.19%，其他占 0.78%。中、低收入占 99.2%，高收入占 0.8%。

新开户职工中，国家机关和事业单位占 40.33%，国有企业占 19.41%，城镇集体企业占 1.55%，外商投资企业占 1.87%，城镇私营企业及其他城镇企业占 33.61%，民办非企业单位和社会团体占 0.55%，其他占 2.68%；中、低收入占 99.79%，高收入占 0.21%。

（二）提取业务。 提取金额中，住房消费提取占 73.14%（购买、建造、翻建、大修自住住房占 23.99%，偿还购房贷款本息占 49.13%，租赁住房占 0.02%）；非住房消费提取占 26.86%（离休和退休提取占 16.58%，完全丧失劳动能力并与单位终止劳动关系提取占 7.57%，死亡或被宣告死亡 0.55%，其他占 2.16%）。提取职工中，中、低收入占 98.01%，高收入占 1.99%。

（三）贷款业务。

个人住房贷款。2020 年，支持职工购建房 71 万平方米（含公转商贴息贷款），年末个人住房贷款市场占有率（含公转商贴息贷款）为 30.3%，比上年末减少 0.56 个百分点。通过申请住房公积金个人住房贷款，可节约职工购房利息支出 36880.1 万元。

职工贷款笔数中，购房建筑面积 90（含）平方米以下占 18.94%，90～144（含）平方米占 75.05%，144 平方米以上占 6.01%。购买新房占 56.75%，购买二手房占 43.25%。

职工贷款笔数中，单缴存职工申请贷款占 75.66%，双缴存职工申请贷款占 24.34%，三人及以上缴存职工共同申请贷款占 0%。

贷款职工中，30 岁（含）以下占 41.66%，30 岁～40 岁（含）占 36.89%，40 岁～50 岁（含）占 16.56%，50 岁以上占 4.89%；首次申请贷款占 84.49%，二次及以上申请贷款占 15.51%；中、低收入占 99.42%，高收入占 0.58%。

（四）住房贡献率。 2020 年，个人住房贷款发放额、公转商贴息贷款发放额、项目贷款发放额、住房消费提取额的总和与当年缴存额的比率为 130%，比上年增加 2.19 个百分点。

六、其他重要事项

（一）应对新冠肺炎疫情采取的措施。 2020 年新冠肺炎疫情期间中心积极制定了《关于应对新冠肺炎疫情实施住房公积金服务政策六项措施》，全面开启线上渠道、保障业务咨询受理、做好线上审核审批、提供一线绿色服务、实施网上预约办理，六条措施的实施使阶段性扶持政策落地生根，保证了疫情期间惠民服务不断档。疫情期间共为 86 家企业办理缓缴业务，涉及缓缴人数 15630 人，缓缴金额 6281.15 万元；职工受疫情影响不作逾期处理的贷款笔数 3808 笔，金额 2166.3 万元，为抗疫一线的 100 余名缴存职工通过绿色服务办理了公积金相关业务。

（二）当年住房公积金政策调整及执行情况。

1. 对《昌吉州住房公积金归集实施细则》《昌吉州住房公积金提取实施细则》《昌吉回族自治州住房公积金贷款实施细则》进行了修订。放宽疆内异地购房提取、贷款户籍和工作地限制；开通外中心缴存职工异地个人住房贷款政策；开办个人住房组合贷款和贴息贷款业务；降低二次使用公积金提取和贷款首付比例；简化企业担保资格审核和楼盘备案手续；下发规范住房公积金缴存事项的通知和 2020 年度住房公积金缴存基数调整通知，严控缴存基数上下限标准，保障低收入职工合法权益。

2. 2019 年度昌吉州统计部门公布的职工年均工资总额为 80727 元，按规定，缴存住房公积金的月工资基数，最高上限额不得高于职工工作地统计部门公布的上一年度职工月平均工资的 3 倍，为 20181 元。最低下限额不得低于上一年度职工月平均工资的 60%，为 4036 元。职工月缴存额最高上限为 4844 元（其中，个人缴存 2422 元，单位为职工缴存 2422 元）。最低下限为 404 元（其中，个人缴存 202 元，单位为职工缴存 202 元）。

3. 缴存比例最低 5%，最高 12%。

4. 贷款利率按照中国人民银行规定执行，5 年以内（含）贷款年利率 2.75%，5 年以上贷款年利率 3.25%。

（三）当年服务改进情况。 2020 年，中心进一步落实"放管服"改革的要求，紧扣减政放权，切实提升服务能力，不断加强信息化建设水平。

1. 跨省通办情况。

（1）借款职工通过身份认证后可通过手机 App、微信公众号、单位网厅实现个人住房公积金缴存贷款等信息异地查询，外省可通过登录属地住房公积金管理中心综合服务平台系统查询。

（2）通过网上办理和代收代办方式实现异地出具贷款职工住房公积金缴存使用证明。

（3）退休职工可通过手机 App 和属地住房公积金管理中心综合服务平台系统可异地提取住房公积金，不受住房公积金缴存地限制。

（4）企业在市场监督管理部门登记注册时，信息直接推送公积金业务系统，企业无需再次提供相同资料既可办理公积金单位开户登记业务。

2. 为了优化服务，提高办事效率，中心玛纳斯管理部已与当地不动产管理部门实现联网办公，可在线直接办理不动产抵押手续及打证业务，其他县市管理部业正在与当地不动产管理部门积极对接中。

3. 根据国家业务规范标准和相关文件要求对归集、提取、贷款三个细则进行了修改。对政务服务事项进行了梳理，共梳理归集业务办理事项 15 项，提取业务事项 17 项，贷款业务事项 16 项，进一步规范了业务办理要件及流程。

4. 根据国家发展和改革委员会及财政部文件规定，对 2017 年至 2019 年公积金贷款他项权（不动产）登记费用进行了付费，并从 2020 年 1 月 1 日起，公积金贷款他项权（不动产）登记费用全部由中心承担。

5. 不断简化公积金贷款资料，取消二手房公积金贷款房屋评估报告，房屋交易价格以契税发票金额为准。

（四）当年信息化建设情况。

1. 持续不断优化和改进单位门户网站、微信公众号、单位网厅、手机公积金 App、手机短信息、12329 服务热线六位一体的综合服务平台建设，拓展单位网厅和手机公积金 App 线上业务办理种类，开办单位网厅"零跑路"归集汇缴业务，开通"掌上办、自主办、即时办"的手机公积金 App 职工个人离退休提取、终止劳动关系提取、提前结清贷款、提前还本、按月抵扣等多项线上业务办理服务通道，实现提取资金秒速到账，让"足不出户的公积金""家门口的公积金"成为现实。

2. 开通网上预约服务，实行公积金线上、线下双融合服务模式。

3. 完成住房公积金与税务、社保、民政、高法、人行等部门数据交换及查询，优化企业开办手续，将企业公积金单位开户并入企业登记注册环节。

4. 积极推动与不动产登记管理部门数据端口对接工作，将不动产抵押登记窗口前移至中心柜台，实现让"数据多跑路，群众少跑腿"工作目标。

5. 中心与中国人民银行个人征信系统联网，通过信息化大数据分析平台降低贷款风险。

（五）当年住房公积金中心及职工所获荣誉情况。 2020 年被自治区授予"自治区文明单位"称号。

（六）当年对违反《住房公积金管理条例》和相关法规行为进行行政处罚和申请人民法院强制执行情况。 2020 年昌吉州住房公积金管理中心在催建催缴住房公积金过程中无行政处罚案件，申请人民法院强制执行案件 5 件，立案 9 件，结案 9 件（其中 4 件为往年遗留案件），收回案款 211.4 万元。

博尔塔拉蒙古自治州住房公积金 2020 年年度报告

根据国务院《住房公积金管理条例》和住房和城乡建设部、财政部、人民银行《关于健全住房公积金信息披露制度的通知》（建金〔2015〕26 号）的规定，经住房公积金管理委员会审议通过，现将博尔塔拉州住房公积金 2020 年年度报告公布如下。

一、机构概况

（一）**住房公积金管理委员会。** 住房公积金管理委员会有 22 名委员，2020 年召开 1 次会议，审议通过的事项主要包括：审议通过《自治州 2019 年住房公积金归集使用计划执行情况和 2020 年住房公积金归集使用计划草案的报告》《博尔塔拉蒙古自治州住房公积金 2019 年年度报告》《博州住房公积金管理中心关于在博乐农商银行开立住房公积金业务账户的请示》。

（二）**住房公积金管理中心。** 住房公积金管理中心为直属于自治州人民政府不以营利为目的的自收自支事业单位，设 3 个科室，4 个管理部。从业人员 40 人，其中，在编 26 人，非在编 14 人。

二、业务运行情况

（一）**缴存。** 2020 年，新开户单位 63 家，净增单位 11 家；新开户职工 0.37 万人，净增职工 0.02 万人；实缴单位 949 家，实缴职工 4.12 万人，缴存额 7.41 亿元，分别同比增长 1.17%、0.49%、5.41%。

2020年末，缴存总额58.37亿元，比上年末增加14.54%；缴存余额20.15亿元，同比增长7.01%。

受委托办理住房公积金缴存业务的银行5家，较上年增加一家。

(二) 提取。2020年，1.75万名缴存职工提取住房公积金，提取额6.09亿元，同比增长2.87%；占当年缴存额的82.19%，比上年减少2.02个百分点。2020年末，提取总额38.22亿元，比上年末增加18.95%。

(三) 贷款。

1. 个人住房贷款。个人住房贷款最高额度50万元。其中，单缴存职工个人住房贷款最高额度40万元，双缴存职工个人住房贷款最高额度50万元。

2020年，发放个人住房贷款0.18万笔、5.78亿元，同比分别下降5.26%、增长7.24%。

2020年，回收个人住房贷款2.36亿元。

2020年末，累计发放个人住房贷款2.68万笔、42.90亿元，贷款余额19.29亿元，分别比上年末增加6.77%、15.57%、21.47%。个人住房贷款余额占缴存余额的95.73%，比上年末增加11.40个百分点。

受委托办理住房公积金个人住房贷款业务的银行4家，同上年保持一致。

2. 异地贷款。2020年，发放异地贷款30笔、1001.30万元。2020年末，发放异地贷款总额16240.37万元，异地贷款余额2566.15万元。

(四) 资金存储。2020年末，住房公积金存款1.34亿元。其中，活期1.34亿元。1年（含）以下定期0亿元，1年以上定期0亿元，其他（协定、通知存款等）0亿元。

(五) 资金运用率。2020年末，住房公积金个人住房贷款余额、项目贷款余额和购买国债余额的总和占缴存余额的95.73%，比上年末增加11.4个百分点。

三、主要财务数据

(一) 业务收入。2020年，业务收入6427.43万元，同比增长17.52%。其中，存款利息781.24万元，委托贷款利息5646.06万元，国债利息0万元，其他0.13万元。

(二) 业务支出。2020年，业务支出2959.48万元，同比增长6.19%。其中，支付职工住房公积金利息2954.12万元，归集手续费0万元，委托贷款手续费0万元，其他5.36万元。

(三) 增值收益。2020年，增值收益3467.95万元，同比增长29.31%。增值收益率1.78%，比上年增加0.32个百分点。

(四) 增值收益分配。2020年，提取贷款风险准备金0万元；提取管理费用385万元，提取城市廉租住房（公共租赁住房）建设补充资金3082.95万元。

2020年，上交财政管理费用750万元。上缴财政城市廉租住房（公共租赁住房）建设补充资金1044万元。

2020年末，贷款风险准备金余额8781.62万元。累计提取城市廉租住房（公共租赁住房）建设补充资金5902.65万元。

(五) 管理费用支出。2020年，管理费用支出764.46万元，同比增长28.60%。其中，人员经费469.41万元，公用经费121.41万元，专项经费173.64万元。

四、资产风险状况

个人住房贷款。2020 年末,个人住房贷款逾期额 0 万元,逾期率 0‰。个人贷款风险准备金余额 8781.62 万元。2020 年,使用个人贷款风险准备金核销呆坏账 0 万元。

五、社会经济效益

(一)缴存业务。缴存职工中,国家机关和事业单位占 82.99%,国有企业占 10.82%,城镇集体企业占 0.76%,外商投资企业占 1.41%,城镇私营企业及其他城镇企业占 2.59%,民办非企业单位和社会团体占 0.48%,灵活就业人员占 0.06%,其他占 0.89%;中、低收入占 99.23%,高收入占 0.77%。

新开户职工中,国家机关和事业单位占 80.37%,国有企业占 6.48%,城镇集体企业占 0.87%,外商投资企业占 2.25%,城镇私营企业及其他城镇企业占 7.02%,民办非企业单位和社会团体占 0.41%,灵活就业人员占 0.41%,其他占 2.19%;中、低收入占 100%,高收入占 0%。

(二)提取业务。提取金额中,购买、建造、翻建、大修自住住房占 41.80%,偿还购房贷款本息占 35.33%,租赁住房占 5.20%,离休和退休提取占 12.29%,完全丧失劳动能力并与单位终止劳动关系提取占 3.27%,出境定居占 0%,其他占 2.11%。提取职工中,中、低收入占 99.33%,高收入占 0.67%。

(三)贷款业务。

个人住房贷款。2020 年,支持职工购建房 23.23 万平方米(含公转商贴息贷款),年末个人住房贷款市场占有率(含公转商贴息贷款)为 37.51%,比上年末减少 2.58 个百分点。通过申请住房公积金个人住房贷款,可节约职工购房利息支出 8353.53 万元。

职工贷款笔数中,购房建筑面积 90(含)平方米以下占 4.24%,90~144(含)平方米占 84.65%,144 平方米以上占 11.11%。购买新房占 89.77%(其中购买保障性住房占 0%),购买二手房占 10.23%,建造、翻建、大修自住住房占 0%(其中支持老旧小区改造占 0%),其他占 0%。

职工贷款笔数中,单缴存职工申请贷款占 72.55%,双缴存职工申请贷款占 27.45%,三人及以上缴存职工共同申请贷款占 0%。

贷款职工中,30 岁(含)以下占 39.82%,30 岁~40 岁(含)占 32.23%,40 岁~50 岁(含)占 21.18%,50 岁以上占 6.77%;首次申请贷款占 76.90%,二次及以上申请贷款占 23.10%;中、低收入占 99.72%,高收入占 0.28%。

(四)住房贡献率。2020 年,个人住房贷款发放额、公转商贴息贷款发放额、项目贷款发放额、住房消费提取额的总和与当年缴存额的比率为 145.61%,比上年增加 1.23 个百分点。

六、其他重要事项

(一)应对新冠肺炎疫情采取的措施,落实住房公积金阶段性支持政策情况和政策实施成效。2020 年,博州住房公积金管理中心按自治区人民政府《关于应对新冠肺炎疫情支持中小微企业复工复产健康发展的十六条措施》(新政办发〔2020〕7 号)及自治区住房和城乡建设厅、财政厅、人民银行《关于持续做好全区个人住房公积金贷款逾期管理支持疫情防控工作的通知》(新建金〔2020〕2 号)要求,及时发布线上业务办理倡议书，出台企业"缓缴存"、职工"延还款"等七项便企惠民政策，引导938个缴存单位、4.10万余名缴存职工"网上办、预约办"，全力支持疫情防控工作。疫情期间，通过手机App线上办理业务5503人，网上预约办理业务790人；为受疫情影响的24家企业办理住房公积金缓缴320.49万元；为3607名1294.47万元逾期贷款职工延长还款时限；为28名缴存职工购房延长提取时限；为受疫情影响未能正常缴存住房公积金的企业职工，享受连续缴存职工的同等贷款权益；为"抗疫"一线的警察、医生、教师等50名缴存职工开展预约、延时、上门服务，受到了群众的一致点赞好评。

（二）当年机构及职能调整情况、受委托办理缴存贷款业务金融机构变更情况。根据自治州住房公积金管理委员会《关于在〈博乐农商银行开立住房公积金业务账户的请示〉的批复》（博州公管委发〔2020〕3号）文件，于2020年6月在博乐市农村商业银行开立住房公积金存款专户，办理住房公积金缴存、提取、贷款业务。

（三）当年住房公积金政策调整及执行情况。当年缴存基数限额及确定方法、缴存比例等缴存政策调整情况。根据博州统计部门提供的上年度博州地区工资收入数据，博州住房公积金单位和职工个人月缴存额合计最高上限由2019年的4282元下调至4104元。单位和职工个人住房公积金缴存比例按照5%～12%的标准执行（5%≤缴存比例≤12%）。

住房公积金存款利率按照一年期1.5%执行，职工个人住房公积金贷款利率分别按照五年及以下2.75%执行，五年以上3.25%。

（四）当年服务改进及信息化建设情况。一是推广"网上快办"。围绕住房公积金"缴、提、贷、查"服务全过程，成功将33项业务搬到网上业务大厅和手机App终端，949个缴存单位通过网厅实时自主办理了公积金汇缴、基数变更等业务，1.5万人通过手机App体验了足不出户业务办理，资金到账由原来24小时内缩短为"秒到账"，群众获得感和满意度不断提升，离柜率达85%。

二是推行"简事速办"。与房产、民政、公安、人民银行等部门实现共享数据接口，解决个人信息、购房资料等核查工作难点；取消提取、贷款业务全部复印件，推进窗口服务无纸化；取消二手房评估报告，由中心支付不动产抵押权登记费，实现便民惠民效益最大化。

三是推动"就近能办"。通过实地调研、场地查看、人员培训，于6月增设完成了住房公积金阿拉山口市管理部服务网点，解决了缴存职工办理住房公积金业务来回耗时久、成本高的问题。实现业务"就近就地"办理。

四是推进"政策宣传"。发送宣传稿件40篇，被新疆公积金微信公众平台、博州政府网、博尔塔拉报、视听博州等媒体采用刊登15篇；深入房交会现场，房地产企业，各管理部窗口柜台、缴存单位，面对面向群众宣传解读住房公积金政策，印制发放宣传单1000份，调查问卷300份。截至12月底，住房公积金微信公众平台信息阅读量达660万余人次，"12329"提供信息查询、政策咨询5万人余次，发送短信27万条，群众知晓率不断提升。

（五）当年住房公积金管理中心及职工所获荣誉情况。2020年博州住房公积金管理中心荣获自治区级"文明单位"称号。

2020年6月，博州住房公积金管理中心古力斯旦·吐达吉同志被自治州直属机关工作委员会评为优秀共产党员。

巴音郭楞蒙古自治州住房公积金 2020 年年度报告

根据国务院《住房公积金管理条例》和住房和城乡建设部、财政部、人民银行《关于健全住房公积金信息披露制度的通知》（建金〔2015〕26 号）的规定，经住房公积金管理委员会审议通过，现将巴音郭楞州住房公积金 2020 年年度报告公布如下。

一、机构概况

（一）住房公积金管理委员会。住房公积金管理委员会有 18 名委员，2020 年召开 1 次会议，审议通过了《关于巴州住房公积金管理中心 2018 年度住房公积金归集、使用情况及 2019 年归集、使用计划的报告》《关于巴州住房公积金管理中心 2018 年增值收益分配方案的报告》《关于巴州住房公积金管理中心 2018 年管理费用执行情况及 2019 年管理费用预算安排的报告》《2018 年度塔里木油田分中心住房公积金归集、使用情况及 2019 年归集使用计划的报告》《关于 2018 年塔里木油田分中心增值收益分配方案的报告》《塔里木油田分中心 2019 年度管理费用预算编制报告》《关于调整巴州住房公积金个人委托贷款政策的报告》《关于开办跨省异地个人住房公积金贷款业务的报告》《巴州公积金 2019 年年度报告》《关于巴州住房公积金管理中心 2019 年度住房公积金归集、使用情况及 2020 年归集、使用计划的报告》《关于巴州住房公积金管理中心 2019 年增值收益分配方案的报告》《关于巴州住房公积金管理中心 2019 年管理费用执行情况及 2020 年管理费用预算安排的报告》。

（二）住房公积金管理中心。巴州住房公积金管理中心隶属巴州人民政府的自收自支事业单位，设 6 个科室，1 个分中心，11 个管理部。从业人员 104 人，其中，在编 57 人，非在编 47 人。

二、业务运行情况

（一）缴存。2020 年，新开户单位 182 家，净增单位 12 家；新开户职工 1.77 万人，净增职工 0.92 万人；实缴单位 2464 家，实缴职工 16.64 万人，缴存额 51.84 亿元，分别同比增长 0.49%、5.85%、88.44%。2020 年末，缴存总额 260.79 亿元，比上年末增加 24.82%；缴存余额 101.97 亿元，同比增长 20.13%。受委托办理住房公积金缴存业务的银行 9 家。

（二）提取。2020 年，5.05 万名缴存职工提取住房公积金；提取额 34.75 亿元，同比增长 126.23%；提取额占当年缴存额的 67.03%，比上年增加 11.2 个百分点。2020 年末，提取总额 158.82 亿元，比上年末增加 28.01%。

（三）贷款。

1. 个人住房贷款。单缴存职工个人住房贷款最高额度 50 万元，双缴存职工个人住房贷款最高额度 70 万元。

2020 年，发放个人住房贷款 0.50 万笔、15.54 亿元，同比分别增长 61.29%、93.52%。其中，市中心发放个人住房贷款 0.38 万笔、12.21 亿元，塔里木油田分中心发放个人住房贷款 0.12 万笔、3.33 亿元。

2020 年，回收个人住房贷款 6.25 亿元。

2020年末，累计发放个人住房贷款5.47万笔、100.53亿元，贷款余额49.97亿元，分别比上年末增加10.06%、18.28%、22.81%。个人住房贷款余额占缴存余额的49%，比上年末增加1.06个百分点。受委托办理住房公积金个人住房贷款业务的银行9家。

2. **异地贷款。** 2020年，发放异地贷款114笔、5277.30万元。2020年末，发放异地贷款总额24525.10万元，异地贷款余额6348.49万元。

（四）**资金存储。** 2020年末，住房公积金存款53.38亿元。其中，活期1.31亿元，1年（含）以下定期15.37亿元，1年以上定期26.15亿元，其他（协定、通知存款等）10.55亿元。

（五）**资金运用率。** 2020年末，住房公积金个人住房贷款余额、项目贷款余额和购买国债余额的总和占缴存余额的49.01%，比上年末增加1.07个百分点。

三、主要财务数据

（一）**业务收入。** 2020年，业务收入30118.47万元，同比增长47.56%。存款利息16249.04万元，委托贷款利息13863.81万元，其他5.62万元。

（二）**业务支出。** 2020年，业务支出15372.46万元，同比增长40.87%。支付职工住房公积金利息14896.94万元，委托贷款手续费475.46万元，其他0.06万元。

（三）**增值收益。** 2020年，增值收益14746.01万元，同比增长55.25%。增值收益率1.53%，比上年增加0.34个百分点。

（四）**增值收益分配。** 2020年，提取贷款风险准备金4997.27万元，提取管理费用2241万元，提取城市廉租住房（公共租赁住房）建设补充资金7507.74万元。

2020年，上交财政管理费用2195.18万元。上缴财政城市廉租住房（公共租赁住房）建设补充资金9621.87万元。

2020年末，贷款风险准备金余额20489.09万元。累计提取城市廉租住房（公共租赁住房）建设补充资金46255.84万元。

（五）**管理费用支出。** 2020年，管理费用支出2220.87万元，同比增长24.89%。其中，人员经费1102.72万元，公用经费678.39万元，专项经费439.76万元。

四、资产风险状况

个人住房贷款。 2020年末，个人住房贷款逾期109.19万元，逾期率0.2‰，个人贷款风险准备金余额20489.09万元。2020年，使用个人贷款风险准备金核销呆坏账0万元。

五、社会经济效益

（一）**缴存业务。** 缴存职工中，国家机关和事业单位占57.63%，国有企业占24.51%，城镇集体企业占0.85%，外商投资企业占0.43%，城镇私营企业及其他城镇企业占11.01%，民办非企业单位和社会团体占5.38%，灵活就业人员占0.02%，其他占0.17%；中、低收入占96.22%，高收入占3.78%。

新开户职工中，国家机关和事业单位占50.80%，国有企业占20.68%，城镇集体企业占0.63%，外商投资企业占0.54%，城镇私营企业及其他城镇企业占19.41%，民办非企业单位和社会团体占5.53%，

灵活就业人员占 0.04%，其他占 2.37%；中、低收入占 100%。

（二）提取业务。提取金额中，购买、建造、翻建、大修自住住房占 51.90%，偿还购房贷款本息占 25.98%，租赁住房占 1.15%，离休和退休提取占 15.79%，完全丧失劳动能力并与单位终止劳动关系提取占 4.30%，其他占 0.88%。提取职工中，中、低收入占 95.24%，高收入占 4.76%。

（三）贷款业务。

个人住房贷款。2020 年，支持职工购建房 58.01 万平方米，年末个人住房贷款市场占有率为 29.37%，比上年末增加 2.71 个百分点。通过申请住房公积金个人住房贷款，可节约职工购房利息支出 20484.82 万元。

职工贷款笔数中，购房建筑面积 90（含）平方米以下占 9.82%，90～144（含）平方米占 70.88%，144 平方米以上占 19.30%。购买新房占 77.93%，购买二手房占 22.07%。

职工贷款笔数中，单缴存职工申请贷款占 62.17%，双缴存职工申请贷款占 37.83%。

贷款职工中，30 岁（含）以下占 42.57%，30 岁～40 岁（含）占 38.39%，40 岁～50 岁（含）占 15.14%，50 岁以上占 3.90%；首次申请贷款占 84.54%，二次及以上申请贷款占 15.46%；中、低收入占 87.05%，高收入占 12.95%。

（四）住房贡献率。2020 年，个人住房贷款发放额、公转商贴息贷款发放额、项目贷款发放额、住房消费提取额的总和与当年缴存额的比率为 82.94%，比上年增加 12.08 个百分点。

六、其他重要事项

（一）打好疫情阻击战，防控工作成效显著。认真贯彻落实州党委、政府工作要求，坚决扛起疫情防控政治责任，组织干部职工捐款 13810 元支援武汉保卫战；加大复工复产政策支持，出台了《关于应对新型冠状病毒感染的肺炎疫情做好住房公积金管理服务工作实施细则》（巴住房公积金〔2020〕3 号）应对新型冠状病毒感染的疫情阶段性支持政策，累计为 59 家办理公积金缓缴 1331.68 万元，放宽连续缴存认定 2085 笔、12.23 万元，通过线上渠道办理租房提取 2270 笔、2262.33 万元。不作逾期处理贷款 1065 笔、409.59 万元；不断完善"线上办理＋线下预约"服务模式，利用手机公积金 App、12329 服务热线、网上营业厅等线上渠道，为缴存单位、职工及房产开发商办理住房公积金业务 41909 笔，确保疫情防控与业务工作两手抓、两不误。

（二）推动属地移交，实现油地"四统一"。经过不懈努力，2020 年 4 月 14 日历时 18 年久拖未决的塔里木油田住房公积金和塔西南住房公积金完成属地移交，移交后中心增加缴存额 211003.53 万元、支取额 125741.86 万元、贷款发放额 6503.50 万元、贷款回收额 5062.27 万元、风险准备金 32.47 万元、管理费用 219.86 万元、城市廉租房建设资金 8101.23 万元。增加昆仑银行为住房公积金业务办理银行，实现了"四统一"。

（三）出台利好政策，为巴州经济发展做出贡献。管委会研究批准，4 月 20 日起实行住房公积金贷款最高限额 70 万元、开办异地贷款业务、降低贷款担保条件等政策，对提振巴州经济、满足各族干部职工群众购房需求，改善住房条件发挥了积极作用。

（四）强化信息化建设，打造"智慧公积金"。加快"线上线下"业务融合，推动"智慧公积金"走进千家万户，开通"跨省通办"业务，实现"马上办、掌上办、就近办、全区通办"。今年以来，全州通过手机公积金 App 注册用户达 25954 人，办理各项公积金业务 10997 笔，离柜率达到 81％以上，群众满意率达 99％。

（五）调整缴存基数，惠及缴存职工。 严格按照《住房公积金资金管理业务规范》存款利率在基准利率上上浮 30％，个人贷款利率五年（含五年）以下 2.75％，五年以上 3.25％执行。按照住房公积金月缴存基数原则上不得超过上一年度职工平均工资 88207 元/人的三倍的规定，2020 年度住房公积金缴存基数上限为 22052 元（88207÷12×3＝22052），按各 12％的缴存比例计算月缴存额上限为 5292 元/月；下限为 1460 元，按各 5％的缴存比例计算月缴存额下限为 146 元/月。

（六）当年住房公积金管理中心及职工所获荣誉情况。 巴州住房公积金管理中心荣获新华网客户端 2020 年"最具影响力政务号"荣誉称号、2020 年度全区住房公积金行业宣传工作先进单位、2020 年自治州级"精神文明单位"称号、自治州"平安建设暨社会治理现代化建设"考核优秀等次。王吉德同志荣获 2019 年度自治区级"民族团结先进个人"称号，方承铸同志荣获 2020 年度全区住房公积金行业模范信息员。

阿克苏地区住房公积金 2020 年年度报告

根据国务院《住房公积金管理条例》和住房和城乡建设部、财政部、人民银行《关于健全住房公积金信息披露制度的通知》（建金〔2015〕26 号）的规定，经住房公积金管理委员会审议通过，现将阿克苏地区住房公积金 2020 年年度报告公布如下。

一、机构概况

（一）住房公积金管理委员会。 住房公积金管理委员会有 23 名委员，2020 年召开 1 次会议，审议通过的事项主要包括：《阿克苏地区住房公积金 2019 年度归集、使用情况决算报告》及《2020 年归集、使用和收益分配计划（预算）报告》，并就放宽地区住房公积金提取和个人贷款政策、向社会公布《地区住房公积金 2019 年度报告》等问题进行了研究确定。

（二）住房公积金管理中心。 住房公积金管理中心为行署直属不以营利为目的的自收自支事业单位，设 6 个科，10 个管理部。从业人员 100 人，其中，在编 88 人，非在编 12 人。

二、业务运行情况

（一）缴存。 2020 年，新开户单位 259 家，净减单位 56 家；新开户职工 1.40 万人，净增职工 0.48 万人；实缴单位 2685 家，实缴职工 15.17 万人，缴存额 28.97 亿元，分别同比下降 2.04％、增长 3.27％、增长 6.66％。2020 年末，缴存总额 207.35 亿元，比上年末增加 16.24％；缴存余额 78.19 亿元，同比增长 7.12％。受委托办理住房公积金缴存业务的银行 6 家。

（二）提取。 2020 年，8.75 万名缴存职工提取住房公积金；提取额 23.77 亿元，同比增长 37.64％；提取额占当年缴存额的 82.05％，比上年增加 18.46 个百分点。2020 年末，提取总额 129.16 亿元，比上年末增加 22.55%。

(三) 贷款。

1. 个人住房贷款。个人住房贷款最高额度 60 万元。

2020 年，发放个人住房贷款 0.83 万笔、24.02 亿元，同比分别增长 80.43%、95.76%。

2020 年，回收个人住房贷款 5.80 亿元。

2020 年末，累计发放个人住房贷款 6.52 万笔、104.75 亿元，贷款余额 56.83 亿元，分别比上年末增加 14.79%、29.77%、47.15%。个人住房贷款余额占缴存余额的 72.68%，比上年末增加 19.77 个百分点。受委托办理住房公积金个人住房贷款业务的银行 6 家。

2. 异地贷款。2020 年，发放异地贷款 301 笔、11005.90 万元。2020 年末，发放异地贷款总额 21645.40 万元，异地贷款余额 12259.26 万元。

(四) 资金存储。2020 年末，住房公积金存款 23.01 亿元。其中，活期 0.01 亿元，1 年（含）以下定期 8.10 亿元，1 年以上定期 10.60 亿元，其他（协定存款）4.30 亿元。

(五) 资金运用率。2020 年末，住房公积金个人住房贷款余额、项目贷款余额和购买国债余额的总和占缴存余额的 72.68%，比上年末增加 19.77 个百分点。

三、主要财务数据

(一) 业务收入。2020 年，业务收入 24407.25 万元，同比增长 10.42%。存款利息 9608.82 万元，委托贷款利息 14798.19 万元，国债利息 0 万元，其他 0.24 万元。

(二) 业务支出。2020 年，业务支出 14035.53 万元，同比增长 29.02%。支付职工住房公积金利息 13720.62 万元，归集手续费 0 万元，委托贷款手续费 290.01 万元，其他 24.90 万元。

(三) 增值收益。2020 年，增值收益 10371.72 万元，同比下降 7.61%。增值收益率 1.34%，比上年减少 0.28 个百分点。

(四) 增值收益分配。2020 年，提取贷款风险准备金 663.54 万元，提取管理费用 1711.11 万元，提取城市廉租住房（公共租赁住房）建设补充资金 7997.07 万元。

2020 年，上交财政管理费用 1711.11 万元。上缴财政城市廉租住房（公共租赁住房）建设补充资金 7718.04 万元。

2020 年末，贷款风险准备金余额 5683.41 万元。累计提取城市廉租住房（公共租赁住房）建设补充资金 44003.93 万元。

(五) 管理费用支出。2020 年，管理费用支出 1709.37 万元，同比增长 7.14%。其中，人员经费 1288.12 万元，公用经费 62.37 万元，专项经费 358.88 万元。

四、资产风险状况

个人住房贷款。2020 年末，个人住房贷款逾期额 26.75 万元，逾期率 0.05‰。个人贷款风险准备金余额 5683.41 万元。2020 年，使用个人贷款风险准备金核销呆坏账 0 万元。

五、社会经济效益

(一) 缴存业务。缴存职工中，国家机关和事业单位占 75.51%，国有企业占 13.52%，城镇集体企业占 1.13%，外商投资企业占 0.48%，城镇私营企业及其他城镇企业占 6.92%，民办非企业单位和社会团体占 1.19%，灵活就业人员占 0%，其他占 1.25%；中、低收入占 98.93%，高收入占 1.07%。

新开户职工中，国家机关和事业单位占 61.26%，国有企业占 15.69%，城镇集体企业占 0.86%，外商投资企业占 0.46%，城镇私营企业及其他城镇企业占 18.63%，民办非企业单位和社会团体占 0.84%，灵活就业人员占 0%，其他占 2.26%；中、低收入占 99.91%，高收入占 0.09%。

（二）提取业务。提取金额中，购买、建造、翻建、大修自住住房占 46.50%，偿还购房贷款本息占 31.50%，租赁住房占 5.06%，支持老旧小区改造占 0%，离休和退休提取占 9.16%，完全丧失劳动能力并与单位终止劳动关系提取占 3.98%，出境定居占 0%，其他占 3.80%。提取职工中，中、低收入占 99.19%，高收入占 0.81%。

（三）贷款业务。个人住房贷款。2020 年，支持职工购建房 98.75 万平方米，年末个人住房贷款市场占有率为 33.28%，比上年末增加 4.24 个百分点。通过申请住房公积金个人住房贷款，可节约职工购房利息支出 38458.94 万元。

职工贷款笔数中，购房建筑面积 90（含）平方米以下占 7.97%，90～144（含）平方米占 86.60%，144 平方米以上占 5.43%。购买新房占 93.02%（其中购买保障性住房占 0%），购买二手房占 6.98%，建造、翻建、大修自住住房占 0%（其中支持老旧小区改造占 0%），其他占 0%。

职工贷款笔数中，单缴存职工申请贷款占 64.94%，双缴存职工申请贷款占 35.06%，三人及以上缴存职工共同申请贷款占 0%。

贷款职工中，30 岁（含）以下占 49.60%，30 岁～40 岁（含）占 32.83%，40 岁～50 岁（含）占 14.50%，50 岁以上占 3.07%；首次申请贷款占 79.79%，二次及以上申请贷款占 20.21%；中、低收入占 99.30%，高收入占 0.70%。

（四）住房贡献率。2020 年，个人住房贷款发放额、公转商贴息贷款发放额、项目贷款发放额、住房消费提取额的总和与当年缴存额的比率为 152.88%，比上年增加 55.05 个百分点。

六、其他重要事项

（一）新冠肺炎疫情采取的措施，落实住房公积金阶段性支持政策情况。根据自治区人民政府应对新冠肺炎疫情 28 项优惠政策，中心出台三项地区住房公积金应对疫情阶段性支持政策。一是对受疫情影响的中小微企业可申请缓交住房公积金。二是放宽缴存职工租房提取住房公积金的时限和金额限制。三是借款人未能正常还款的，不作逾期处理，不作为逾期记录报送征信部门，已报送的予以调整。

2020 年，中心批准 46 家中小企业缓缴住房公积金，共 3216 人，缓缴金额 1095.17 万元；放宽连续缴存认定的单位 2476 家、13.51 万人；办理租房提取业务 6805 笔、6373.81 万元，不作逾期处理的住房公积金贷款 1098 笔，涉及金额 388.98 万元。

（二）当年住房公积金政策调整及执行情况。

1. 2020 年缴存基数最高限额 17520 元，月缴存额最高上限 4204 元，缴存比例无变化。

2. 2020 年提取政策变化情况。放宽房屋大修提取政策，提取金额上限由原来的 5 万元提高至 10 万元。

3. 2020 年个人住房贷款政策变化情况。提高最高贷款额度，将最高额度由原来的 50 万元提高至 60

万元。2020年房地产开发企业取得《商品房预售许可证》，所建项目暂无需封顶，符合住房公积金项目准入条件的即可向中心提出贷款项目申请。

4. 2020年住房公积金存贷款利率执行标准无变化。

（三）当年服务改进情况。持续推动地区住房公积金"智慧公积金"建设，大力推进公积金业务"网上办""掌上办"，实现"应上尽上、能上尽上"，最大限度地做到"信息多跑路，群众少跑腿"。增设"跨省通办"服务窗口，开通提前还清住房公积金贷款等七项"跨省通办"业务，提高了服务水平和质量。

（四）当年信息化建设情况。通过不断优化升级网上营业厅、手机App等服务手段，在全地区范围内实现"同城通办"，在全疆范围内试点完成业务"四通"。积极与地区大数据中心对接，在地区率先实现了住房公积金"政务信息资源共享交换"和"为民服务App"业务办理等工作。

（五）当年住房公积金管理中心及职工所获荣誉情况。

1. 持续保持自治区文明单位称号。

2. 民族团结工作成果丰硕，获得地区民族团结进步示范单位荣誉称号。

3. 在阿克苏地区2020年度绩效综合考评中被评为优秀单位，领导班子被评为优秀领导班子，党建工作考核综合考评为好的单位。

克孜勒苏柯尔克孜自治州住房公积金 2020 年年度报告

根据国务院《住房公积金管理条例》和住房和城乡建设部、财政部、人民银行《关于健全住房公积金信息披露制度的通知》（建金〔2015〕26号）的规定，经住房公积金管理委员会审议通过，现将克孜勒苏柯尔克孜自治州住房公积金2020年年度报告公布如下。

一、机构概况

（一）住房公积金管理委员会。住房公积金管理委员会有23名委员，2020年召开1次会议，审议通过的事项主要包括：1.《2020年住房公积金归集使用计划》；2.《2019年住房公积金增值收益分配方案》；3.《克州住房公积金2019年年度报告》；4.《关于在阿图什市农村信用合作联社开设住房公积金专户的报告》。

（二）住房公积金管理中心。住房公积金管理中心为隶属于克孜勒苏柯尔克孜自治州人民政府不以营利为目的全额财政拨款参照公务员法管理的事业单位，设4个科，4个管理部。从业人员29人，其中，在编15人，非在编14人。

二、业务运行情况

（一）缴存。2020年，新开户单位55家，净减单位20家；新开户职工0.39万人，净增职工0.11万人；实缴单位878家，实缴职工5.77万人，缴存额12.08亿元，分别同比下降2.23%、同比增长1.94%、6.34%。2020年末，缴存总额77.18亿元，比上年末增加18.54%；缴存余额41.94亿元，同比增长 15.63%。

受委托办理住房公积金缴存业务的银行 4 家。

（二）提取。2020 年，1.49 万名缴存职工提取住房公积金；提取额 6.40 亿元，同比增长 27.49%；提取额占当年缴存额的 52.98%，比上年增加 8.79 个百分点。2020 年末，提取总额 35.24 亿元，比上年末增加 22.23%。

（三）贷款。

1. 个人住房贷款。个人住房贷款最高额度 70 万元。单缴存职工个人住房贷款最高额度 40 万元，双缴存职工个人住房贷款最高额度 70 万元。

2020 年，发放个人住房贷款 0.15 万笔、4.93 亿元，同比分别增长 36.36%、88.89%。

2020 年，回收个人住房贷款 2.35 亿元。

2020 年末，累计发放个人住房贷款 3.65 万笔、41.80 亿元，贷款余额 11.05 亿元，分别比上年末增加 4.58%、13.34%、30.46%。个人住房贷款余额占缴存余额的 26.35%，比上年末增加 3 个百分点。

受委托办理住房公积金个人住房贷款业务的银行 4 家。

2. 异地贷款。2020 年末发放异地贷款 183 笔、8282.10 万元。2020 年末，发放异地贷款总额 20023.40 万元，异地贷款余额 12243.84 万元。

（四）资金存储。2020 年末，住房公积金存款 30.67 亿元。其中，活期 0.07 亿元，1 年（含）以下定期 0.63 亿元，1 年以上定期 28.98 亿元，其他（协定、通知存款等）0.99 亿元。

（五）资金运用率。2020 年末，住房公积金个人住房贷款余额、项目贷款余额和购买国债余额的总和占缴存余额的 26.35%，比上年末增加 3 个百分点。

三、主要财务数据

（一）业务收入。2020 年，业务收入 12935.13 万元，同比增长 65.59%。其中，存款利息 9966.19 万元，委托贷款利息 2965.19 万元，国债利息 0 万元，其他 3.75 万元。

（二）业务支出。2020 年，业务支出 7433.69 万元，同比增长 30.47%。其中，支付职工住房公积金利息 7433.62 万元，归集手续费 0 万元，委托贷款手续费 0 万元，其他 0.07 万元。

（三）增值收益。2020 年，增值收益 5501.44 万元，同比增长 160.23%。增值收益率 1.39%，比上年增加 0.76 个百分点。

（四）增值收益分配。2020 年，提取贷款风险准备金 0 万元；提取管理费用 697.86 万元，提取城市廉租住房（公共租赁住房）建设补充资金 4803.58 万元。

2020 年，上交财政管理费用 0 万元。上缴财政城市廉租住房（公共租赁住房）建设补充资金 0 万元。

2020 年末，贷款风险准备金余额 1219.31 万元。累计提取城市廉租住房（公共租赁住房）建设补充资金 16107.85 万元。

（五）管理费用支出。2020 年，管理费用支出 655.64 万元，同比下降 10.70%。其中，人员经费 260.32 万元，公用经费 13.68 万元，专项经费 381.64 万元。

四、资产风险状况

个人住房贷款。2020 年末，个人住房贷款逾期额 0 万元，逾期率 0‰。个人贷款风险准备金余额

1219.31万元。2020年，使用个人贷款风险准备金核销呆坏账0万元。

五、社会经济效益

（一）缴存业务。缴存职工中，国家机关和事业单位占88.43%，国有企业占8.37%，城镇集体企业占0.56%，外商投资企业占0%，城镇私营企业及其他城镇企业占2.42%，民办非企业单位和社会团体占0.18%，灵活就业人员占0%，其他占0.04%；中、低收入占99.63%，高收入占0.37%。

新开户职工中，国家机关和事业单位占68.27%，国有企业占22.74%，城镇集体企业占0.13%，外商投资企业占0%，城镇私营企业及其他城镇企业占8.42%，民办非企业单位和社会团体占0.13%，灵活就业人员占0%，其他占0.31%；中、低收入占99.92%，高收入占0.08%。

（二）提取业务。提取金额中，购买、建造、翻建、大修自住住房占49.75%，偿还购房贷款本息占27.97%，租赁住房占6.26%，支持老旧小区改造占0%，离休和退休提取占5.82%，完全丧失劳动能力并与单位终止劳动关系提取占6.94%，出境定居占0%，其他占3.26%。

提取职工中，中、低收入占99.61%，高收入占0.39%。

（三）贷款业务。

个人住房贷款。2020年，支持职工购建房18.11万平方米（含公转商贴息贷款），年末个人住房贷款市场占有率（含公转商贴息贷款）为91.92%，比上年末增加2.63个百分点。通过申请住房公积金个人住房贷款，可节约职工购房利息支出6828.46万元。

职工贷款笔数中，购房建筑面积90（含）平方米以下占13.36%，90~144（含）平方米占79.77%，144平方米以上占6.87%。购买新房占71.34%（其中购买保障性住房占0%），购买二手房占28.66%，建造、翻建、大修自住住房占0%（其中支持老旧小区改造占0%），其他占0%。

职工贷款笔数中，单缴存职工申请贷款占56.94%，双缴存职工申请贷款占43.06%，三人及以上缴存职工共同申请贷款占0%。

贷款职工中，30岁（含）以下占43.97%，30岁~40岁（含）占39.17%，40岁~50岁（含）占14.98%，50岁以上占1.88%；首次申请贷款占78.27%，二次及以上申请贷款占21.73%；中、低收入占99.68%，高收入占0.32%。

（四）住房贡献率。2020年，个人住房贷款发放额、公转商贴息贷款发放额、项目贷款发放额、住房消费提取额的总和与当年缴存额的比率为85.26%，比上年增加26.19个百分点。

六、其他重要事项

（一）积极应对新冠肺炎疫情采取的措施，落实住房公积金阶段性支持政策情况和政策实施成效。克州中心认真落实住房和城乡建设部为应对新冠肺炎疫情出台的各项支持政策，及时印发阶段性政策通知文件，提供优质线上服务，做到疫情防控和业务服务工作两不误，以"高站位、勇担当、严履职、践使命"的良好作风把疫情防控责任落实落细。

1.严格落实疫情防控措施。做好干部职工自我防护、办事职工体温检测和办公场所消杀，确保工作人员和办事群众的生命安全和身体健康。

2.积极引导群众通过线上办理业务。持续推进住房公积金线上服务，引导各缴存单位、职工通过单位网厅、微信公众号、手机 App 等渠道咨询、办理住房公积金业务。对无法线上办理的，实行预约办、错峰办，最大程度降低交叉感染风险。

3. 对防控一线人员开通绿色通道。为奋战在疫情防控一线的医务工作者、社区工作人员等开通绿色通道；按照"特事特办、急事急办"原则，新疆援助湖北医护队医护人员的住房公积金业务优先办理，申请贷款的第一时间优先放款，为他们提供更加方便、快捷的服务。

4. 持续宣传、送政策上门、优化业务流程。克州中心为打赢疫情防控战发挥住房公积金行业正能量，创新服务手段，优化办事流程，压减证明材料，编制汉、柯、维三种文字优惠政策宣传单，利用网站、克州零距离、微信公众号、12329 手机短信、电话通知、实地上门等多种方式全方位进行宣传；开启线上、线下申请模式，开展"送政策、帮企业，送服务、解难题"专项行动，实行容缺办理，现场指导缴存企业在单位网厅申请缓缴，全覆盖告知缴存企业，即申请即审批。

我中心始终坚持"以人为本，服务为民"的原则，对受疫情影响有缓缴需求的企业申请照单全收，不推、不卡、不延时。为减轻企业办事负担，积极创新服务手段，压减证明材料，进一步简化办事流程，缩短办理时间，即时申请即时审批，同时对缴存单位和职工提出的疑问及时给予解答，将阶段性缓缴公积金惠民政策真真正正落到实处。

政策实施成效：克州住房公积金阶段性缓缴政策惠企 67 家，累计缓缴金额 487.5 万元；住房公积金个人贷款不作逾期处理 888 笔，涉及金额 773.80 万元，办理租房提取 2044 笔，金额 2383.58 万元，切实维护了缴存职工权益。

（二）当年机构及职能调整情况、受委托办理缴存贷款业务金融机构变更情况。 2020 年机构及职能未做调整，受委托办理缴存贷款业务金融机构增加 1 家（阿图什市农村信用合作联社）。

（三）当年住房公积金政策调整及执行情况。

1. 住房公积金缴存基数限额及确定方法。根据克州统计局公布的 2019 年度职工月平均工资的三倍，确定 2020 年克州月缴存基数上限为 20229 元，按照克州统计局公布的上一年职工最低工资标准，确定月缴存基数下限为 1460 元。

2. 缴存比例为 5%～12%，无调整。

3. 2020 年提取政策、贷款政策，均未调整。

4. 2020 年住房公积金存贷款利率执行标准。（1）职工住房公积金账户存款利率按一年期定期存款基准利率 1.5% 执行；（2）住房公积金贷款执行利率为五年以下的（含五年）2.75%、五年以上的 3.25%。

（四）当年服务改进情况。 根据自治区住房和城乡建设厅《关于全面做好住房公积金服务"跨省通办"工作的通知》（新建金〔2020〕9 号）文件要求，克州中心认真按照具体目标和任务时限要求，贯彻落实党中央、国务院决策部署和"放管服"改革任务，践行"以人民为中心"发展思想，提升住房公积金服务水平，满足缴存单位和职工异地办事需求的重大举措，于 2020 年年底前实现了 4 项"跨省通办"业务。

1. 实现个人住房公积金缴存贷款等信息查询。申请人为新疆缴存职工，可通过"手机公积金"App、"新疆住房公积金"微信公众号、单位网厅、个人网厅进行查询；外省区市缴存职工，可通过登录属地住房公积金管理中心综合服务平台系统进行查询。

2. 出具贷款职工住房公积金缴存使用证明。申请人可通过全程网办和代收代办相结合的方式自主选择办理。新疆缴存职工可通过"手机公积金"App自行下载打印缴存使用证明或到购房地住房公积金管理中心业务大厅"跨省通办"服务窗口申请办理。外省区市缴存职工需到购房地住房公积金管理中心业务大厅"跨省通办"服务窗口申请办理。

3. 正常退休提取住房公积金。申请人为新疆缴存职工，可通过登录"手机公积金"App线上办理；外省区市缴存职工，可通过登录属地住房公积金管理中心综合服务平台系统进行办理。

4. 住房公积金异地登记开户。提前完成2021年度5项跨省通办业务计划当中"住房公积金异地登记开户"工作，申请人可通过全程网办的方式异地向注册地住房公积金管理中心申请住房公积金单位登记开户，不受地域限制。

（五）综合服务平台建设和其他网络载体建设服务情况。持续推进信息化建设，增强服务效能。一是拓展综合服务平台线上渠道，力求群众办事"零跑腿"。大力推广应用手机App、微信公众号、门户网站、网上业务大厅、12329服务热线、12329短信六大服务渠道，便于职工随时随地查询、办理公积金业务，切实增强了缴存职工的获得感、安全感和幸福感。二是启用电子合同和开发商网厅，服务更高效。开发商网厅正式投入使用，减少购房职工购房地、中心来回跑的局面，真正实现"数据多跑路，群众少跑腿"目标。三是新增农村信用社公积金专户。为方便在农村信用合作联社设立基本户的缴存单位和职工办理住房公积金相关业务提供了便利。

喀什地区住房公积金2020年年度报告

根据国务院《住房公积金管理条例》和住房和城乡建设部、财政部、人民银行《关于健全住房公积金信息披露制度的通知》（建金〔2015〕26号）的规定，经住房公积金管理委员会审议通过，现将喀什地区住房公积金2020年年度报告公布如下。

一、机构概况

（一）住房公积金管理委员会。住房公积金管理委员会有25名委员，2020年召开1次会议，审议通过的事项主要包括：1. 会议听取并审议了《喀什地区住房公积金管理中心2019年度工作情况汇报及2020年工作计划》的报告；2. 会议审议通过了喀什地区住房公积金2019年年度报告；3. 会议审议通过了《关于加快住房公积金资金使用支持我区经济发展的意见》。

（二）住房公积金管理中心。住房公积金管理中心为直属地区行署不以营利为目的的参照公务员法管理事业单位，设6个科室，12个管理部。从业人员96人，其中，在编74人，非在编22人。

二、业务运行情况

（一）缴存。2020年，新开户单位432家，净增单位206家；新开户职工1.41万人，净增职工0.35万人；实缴单位3194家，实缴职工22.88万人，缴存额48.40亿元，分别同比增长6.89%、1.60%、8.91%。2020年末，缴存总额316.91亿元，比上年末增加18.03%；缴存余额156.56亿元，同比增长

13.54%。受委托办理住房公积金缴存业务的银行4家。

（二）提取。2020年，6.7万名缴存职工提取住房公积金，提取额29.73亿元，同比增长16.86%；提取额占当年缴存额的61.43%，比上年增加4.18个百分点。2020年末，提取总额160.34亿元，比上年末增加22.76%。

（三）贷款。

1. 个人住房贷款。个人住房贷款最高额度60万元。

2020年，发放个人住房贷款1.21万笔、34.72亿元，同比分别增长23.47%、43.18%。

2020年，回收个人住房贷款10.08亿元。

2020年末，累计发放个人住房贷款9.82万笔、158.58亿元，贷款余额82.11亿元，分别比上年末增加14.05%、28.02%、42.87%。个人住房贷款余额占缴存余额的52.45%，比上年末增加10.77个百分点。受委托办理住房公积金个人住房贷款业务的银行4家。

2. 异地贷款。2020年，发放异地贷款572笔、23218.10万元。2020年末，发放异地贷款总额32099.65万元，异地贷款余额26682.90万元。

（四）资金存储。2020年末，住房公积金存款76.91亿元。其中，活期0.02亿元，1年（含）以下定期16.20亿元，1年以上定期59.50亿元，其他（协定、通知存款等）1.19亿元。

（五）资金运用率。2020年末，住房公积金个人住房贷款余额、项目贷款余额和购买国债余额的总和占缴存余额的52.45%，比上年末增加10.77个百分点。

三、主要财务数据

（一）业务收入。2020年，业务收入60776.09万元，同比增长79.86%。存款利息38799.82万元，委托贷款利息21975.51万元，国债利息0万元，其他0.76万元。

（二）业务支出。2020年，业务支出22807.15万元，同比增长25.02%。支付职工住房公积金利息22455.09万元，归集手续费0万元，委托贷款手续费351.94万元，其他0.12万元。

（三）增值收益。2020年，增值收益37968.94万元，同比增长144.22%。增值收益率2.56%，比上年增加1.37个百分点。

（四）增值收益分配。2020年，提取贷款风险准备金0万元，提取管理费用2090.42万元，提取城市廉租住房（公共租赁住房）建设补充资金35878.52万元。

2020年，上交财政管理费用2032.96万元。上缴财政城市廉租住房（公共租赁住房）建设补充资金8000万元。

2020年末，贷款风险准备金余额14430.77万元。累计提取城市廉租住房（公共租赁住房）建设补充资金72834.00万元。

（五）管理费用支出。2020年，管理费用支出1737.87万元，同比下降5.77%。其中，人员经费1242.16万元，公用经费60.25万元，专项经费435.46万元。

四、资产风险状况

个人住房贷款。2020年末，个人住房贷款逾期额11.34万元，逾期率0.01‰。个人贷款风险准备金余额 14430.77 万元。2020 年，使用个人贷款风险准备金核销呆坏账 0 万元。

五、社会经济效益

（一）缴存业务。缴存职工中，国家机关和事业单位占 88.27%，国有企业占 8.27%，城镇集体企业占 1.02%，外商投资企业占 0.13%，城镇私营企业及其他城镇企业占 2.28%，民办非企业单位和社会团体占 0.02%，灵活就业人员占 0%，其他占 0.01%；中、低收入占 99.49%，高收入占 0.51%。

新开户职工中，国家机关和事业单位占 77.83%，国有企业占 11.02%，城镇集体企业占 1.58%，外商投资企业占 0.35%，城镇私营企业及其他城镇企业占 8.91%，民办非企业单位和社会团体占 0.08%，灵活就业人员占 0%，其他占 0.23%；中、低收入占 99.84%，高收入占 0.16%。

（二）提取业务。提取金额中，购买、建造、翻建、大修自住住房占 46.54%，偿还购房贷款本息占 35.88%，租赁住房占 0.59%，支持老旧小区改造占 0%，离休和退休提取占 8.76%，完全丧失劳动能力并与单位终止劳动关系提取占 5.88%，出境定居占 0.01%，其他占 2.34%。提取职工中，中、低收入占 99.49%，高收入占 0.51%。

（三）贷款业务。个人住房贷款。2020 年，支持职工购建房 146.27 万平方米（含公转商贴息贷款），2020 年末个人住房贷款市场占有率（含公转商贴息贷款）为 85.99%，比上年末增加 3.13 个百分点。通过申请住房公积金个人住房贷款，可节约职工购房利息支出 42525.44 万元。

职工贷款笔数中，购房建筑面积 90（含）平方米以下占 8.8%，90～144（含）平方米占 82.99%，144 平方米以上占 8.21%。购买新房占 88.90%（其中购买保障性住房占 0%），购买二手房占 11.10%，建造、翻建、大修自住住房占 0%（其中支持老旧小区改造占 0%），其他占 0%。

职工贷款笔数中，单缴存职工申请贷款占 57.43%，双缴存职工申请贷款占 42.57%，三人及以上缴存职工共同申请贷款占 0%。

贷款职工中，30 岁（含）以下占 43.52%，30 岁～40 岁（含）占 38.43%，40 岁～50 岁（含）占 15.12%，50 岁以上占 2.93%；首次申请贷款占 79.72%，二次及以上申请贷款占 20.28%；中、低收入占 99.47%，高收入占 0.53%。

（四）住房贡献率。2020 年，个人住房贷款发放额、公转商贴息贷款发放额、项目贷款发放额、住房消费提取额的总和与当年缴存额的比率为 122.72%，比上年增加 22.13 个百分点。

六、其他重要事项

（一）2020 年疫情防控期间，中心积极落实缓缴企业的住房公积金阶段性支持政策。截至 2020 年底，当年喀什地区累计享受缓缴政策企业 51 家，累计缓缴职工人数 1046 人，累计缓缴金额 271 万元。

（二）先后印发《关于加快住房公积金资金使用支持我区经济发展的意见》（喀地公积金字〔2020〕5 号）和《关于加快落实住房公积金等便民惠企措施支持房地产平稳健康发展的通知》（喀地建房字〔2020〕3 号）两个文件，推出提高贷款额度、放宽提取条件等 21 条惠企利民措施。

（三）印发《关于做好 2020 年度住房公积金缴存基数核定工作有关问题的通知》（公积金字〔2020〕7 号）文件，明确当年缴存基数限额及确定方法、缴存比例等缴存政策。

（四）中心和喀什地区中级人民法院联合发文《关于协助执行住房公积金若干问题的意见》文件，明确规范民事执行案件涉及住房公积金执行过程中的工作程序和相关政策规定。

（五）公积金信息化服务水平明显提升。截至 2020 年底，中心当年在线缴存 47.77 亿元，占当年缴存的 98.7%；在线受理提取 8.29 亿元，占当年提取额的 27.88%；在线受理贷款业务 2628 笔、发放 7.96 亿元，占当年贷款发放额的 22.93%；综合离柜率达 80.4%。

（六）落实政务服务"跨省通办"工作，涉及住房公积金服务事项共 8 项，其中 2020 年已完成 4 项，其余 4 项将于 2021 年上半年完成。

（七）中心获 2020 年度"自治区文明单位"荣誉称号。

和田地区住房公积金 2020 年年度报告

根据国务院《住房公积金管理条例》和住房和城乡建设部、财政部、人民银行《关于健全住房公积金信息披露制度的通知》（建金〔2015〕26 号）的规定，经住房公积金管理委员会审议通过，现将和田地区住房公积金 2020 年年度报告公布如下。

一、机构概况

（一）住房公积金管理委员会。住房公积金管理委员会有 16 名委员，2020 年召开 1 次会议，审议通过的事项主要包括：审议《和田地区住房公积金管理中心 2019 年工作完成情况及 2020 年工作部署》、审议《和田地区 2019 年住房公积金增值收益分配方案（草案）》、审批《和田地区 2020 年住房公积金归集、使用计划（草案）》、审批《和田地区住房公积金 2019 年年度报告》。

（二）住房公积金管理中心。住房公积金管理中心为隶属于和田行署不以营利为目的的自收自支事业单位，设 6 个科，7 个管理部。从业人员 62 人，其中，在编 39 人，非在编 23 人。

二、业务运行情况

（一）缴存。2020 年，新开户单位 167 家，净增单位 34 家；新开户职工 0.63 万人，净增职工 0 万人；实缴单位 1642 家，实缴职工 12.13 万人，缴存额 26.33 亿元，分别同比增长 2.11%、0%、下降 2.84%。2020 年末，缴存总额 168.25 亿元，比上年末增加 18.55%；缴存余额 81.65 亿元，同比增长 14.85%。受委托办理住房公积金缴存业务的银行 4 家。

（二）提取。2020 年，3.99 万名缴存职工提取住房公积金；提取额 15.77 亿元，同比增长 31.42%；提取额占当年缴存额的 59.89%，比上年增加 15.61 个百分点。2020 年末，提取总额 86.60 亿元，比上年末增加 22.26%。

（三）贷款。

1. 个人住房贷款。个人住房贷款最高额度 50 万元。

2020 年，发放个人住房贷款 0.41 万笔、13.07 亿元，同比分别增长 46.43%、69.96%。

2020 年，回收个人住房贷款 4.47 亿元。

2020年末，累计发放个人住房贷款3.89万笔、66.31亿元，贷款余额29.61亿元，分别比上年末增加11.78%、24.55%、40.93%。个人住房贷款余额占缴存余额的36.26%，比上年末增加6.7个百分点。受委托办理住房公积金个人住房贷款业务的银行4家。

2. 异地贷款。2020年，发放异地贷款210笔、8177.20万元。2020年末，发放异地贷款总额15500.40万元，异地贷款余额8600.16万元。

（四）资金存储。2020年末，住房公积金存款52.45亿元。其中，活期0.19亿元，1年（含）以下定期0.70亿元，1年以上定期49.40亿元，其他（协定、通知存款等）2.16亿元。

（五）资金运用率。2020年末，住房公积金个人住房贷款余额、项目贷款余额和购买国债余额的总和占缴存余额的36.26%，比上年末增加6.7个百分点。

三、主要财务数据

（一）业务收入。2020年，业务收入25443.16万元，同比增长20.04%。存款利息17547.10万元，委托贷款利息7895.65万元，国债利息0万元，其他0.41万元。

（二）业务支出。2020年，业务支出11706.78万元，同比增长34.29%。支付职工住房公积金利息11706.78万元，归集手续费0万元，委托贷款手续费0万元，其他0万元。

（三）增值收益。2020年，增值收益13736.38万元，同比增长10.08%。增值收益率1.77%，比上年减少0.18个百分点。

（四）增值收益分配。2020年，提取贷款风险准备金860.24万元，提取管理费用1880万元，提取城市廉租住房（公共租赁住房）建设补充资金10996.14万元。

2020年，上交财政管理费用1810万元。上缴财政城市廉租住房（公共租赁住房）建设补充资金10526.12万元。

2020年末，贷款风险准备金余额2961.33万元。累计提取城市廉租住房（公共租赁住房）建设补充资金41491.79万元。

（五）管理费用支出。2020年，管理费用支出1416.03万元，同比增长29.03%。其中，人员经费681.33万元，公用经费178.76万元，专项经费555.94万元。

四、资产风险状况

个人住房贷款。2020年末，个人住房贷款逾期额137.69万元，逾期率0.46‰。个人贷款风险准备金余额2961.33万元。2020年，使用个人贷款风险准备金核销呆坏账0万元。

五、社会经济效益

（一）缴存业务。缴存职工中，国家机关和事业单位占91.47%，国有企业占6.44%，城镇集体企业占0.87%，外商投资企业占0%，城镇私营企业及其他城镇企业占1.07%，民办非企业单位和社会团体占0.13%，灵活就业人员占0.02%，其他占0%；中、低收入占99.30%，高收入占0.70%。

新开户职工中，国家机关和事业单位占79.90%，国有企业占12.29%，城镇集体企业占1.42%，外商投资企业占0%，城镇私营企业及其他城镇企业占6.11%，民办非企业单位和社会团体占0.09%，灵活就业人员占 0.19%，其他占 0%；中、低收入占 99.78%，高收入占 0.22%。

（二）提取业务。提取金额中，购买、建造、翻建、大修自住住房占 46.14%，偿还购房贷款本息占 30.24%，租赁住房占 10.39%，支持老旧小区改造占 0%，离休和退休提取占 5.43%，完全丧失劳动能力并与单位终止劳动关系提取占 5.73%，出境定居占 0%，其他占 2.07%。提取职工中，中、低收入占 99.48%，高收入占 0.52%。

（三）贷款业务。

个人住房贷款。2020 年，支持职工购建房 48.82 万平方米（含公转商贴息贷款），年末个人住房贷款市场占有率（含公转商贴息贷款）为 88.23%，比上年末增加 2.30 个百分点。通过申请住房公积金个人住房贷款，可节约职工购房利息支出 14101.74 万元。

职工贷款笔数中，购房建筑面积 90（含）平方米以下占 7.93%，90～144（含）平方米占 82.47%，144 平方米以上占 9.60%。购买新房占 89.88%（其中购买保障性住房占 0%），购买二手房占 10.12%，建造、翻建、大修自住住房占 0%（其中支持老旧小区改造占 0%），其他占 0%。

职工贷款笔数中，单缴存职工申请贷款占 47.72%，双缴存职工申请贷款占 52.28%，三人及以上缴存职工共同申请贷款占 0%。

贷款职工中，30 岁（含）以下占 37.92%，30 岁～40 岁（含）占 42.01%，40 岁～50 岁（含）占 16.84%，50 岁以上占 3.23%；首次申请贷款占 82.34%，二次及以上申请贷款占 17.66%；中、低收入占 99.48%，高收入占 0.52%。

（四）住房贡献率。2020 年，个人住房贷款发放额、公转商贴息贷款发放额、项目贷款发放额、住房消费提取额的总和与当年缴存额的比率为 101.60%，比上年增加 36.25 个百分点。

六、其他重要事项

（一）应对新冠肺炎疫情采取的措施，落实住房公积金阶段性支持政策情况和政策实施成效。

1. 企业可申请缓缴住房公积金。疫情期间，受新冠肺炎疫情影响面临生产经营困难且无法按时足额缴存住房公积金的企业，经本单位职工代表大会或者工会讨论通过，可申请缓缴。

截至 2020 年 9 月 30 日，共受理企业缓缴申请 75 笔，办结 75 笔，办结率 100%，缓缴金额 1865.90 万元。

2. 申请住房公积金贷款。疫情期间，经批准办理缓缴住房公积金的企业职工申请住房公积金贷款的，缓缴期间视为连续缴存，其他贷款申请条件不变。

截至 2020 年 9 月 30 日，共计 1469 家缴存单位 9.1 万名缴存职工，因疫情影响无法汇缴住房公积金，发生断缴金额达 9.14 亿元。中心已按要求通知断缴单位及时进行补缴，补缴后视同连续缴存，不影响职工贷款权益。

3. 住房公积金贷款逾期处理。对因感染新冠肺炎住院治疗或观察人员、一线医务人员、社区工作人员、志愿者等参加疫情防控工作人员以及受疫情影响暂时失去收入来源的人群，确实无法按时还款的，提供相关证明材料后，在 2020 年 12 月 31 日前未能正常还款的不作逾期处理，不作为逾期记录报送征信部门。

截至 2020 年 12 月 31 日，全地区共计 765 笔、逾期贷款未作逾期处理，逾期本金 433.85 万元。

（二）当年住房公积金政策调整及执行情况。

1. 缴存基数限额及确定方法。2020年，中心依据《住房公积金管理条例》和《和田地区住房公积金缴存管理办法》等文件精神，和田地区住房公积金缴存基数不得低于本地人民政府或人社部门公布的上一年度月最低工资标准，不得超过本地统计部门公布的上一年度职工月平均工资的三倍，确定2020年和田公积金月缴存基数上限为17925元，最低基数为1460元。职工月缴存额最高上限为4302元，其中个人缴存1918元，单位为职工缴存1918元；职工月缴存额下限为146元，其中个人缴存73元，单位为职工缴存73元。

2. 缴存比例标准。和田地区行政事业单位住房公积金缴存比例执行单位、个人各12%标准，各类企业参照此标准执行，但缴存比例最低不得低于单位、个人各5%，最高不得超过单位、个人各12%。同一单位职工缴存比例一致，单位缴存比例和职工缴存比例一致。

3. 当年住房公积金存贷款利率执行标准。存贷款利率均按照中国人民银行规定执行，5年以内含5年贷款年利率2.75%，5年以上贷款年利率3.25%。公积金结息按照1.5%年利率执行。

（三）当年服务改进情况，包括推进住房公积金服务"跨省通办"工作情况，服务网点、服务设施、服务手段、综合服务平台建设和其他网络载体建设服务情况等。

1. 和田市区管理部随和田地区行政服务和公共资源交易中心一并搬迁至和田市北京和田工业园区杭州大道78号。

2. 为进一步优化营商环境，简化办理流程，提高业务办理效率，降低住房公积金业务办理成本，在确保住房公积金业务流程和办理环节安全可靠的前提下，开通了电子印章服务。缴存单位经办人或职工可通过中心网上服务大厅、手机公积金等业务办理渠道打印已自动加盖电子印章的业务凭证、缴存证明、还款证明等相关材料。电子印章与实物印章具有同等法律效力，加盖电子印章的电子材料合法有效。

3. 推进"综合服务平台"建设，进一步优化手机公积金业务服务功能，新增租房提取、柜台服务预约、贷款结清证明下载打印、异地贷款缴存证明贷款预受理等功能。在中心门户网站增加单位开户功能、与市场监督管理局数据对接开通单位开户一网通办功能。2020年全年"12329"客服热线提供人工服务及自助语音服务2.84万次，满意率99.57%；12329短信平台发放短信178.70万次，受益职工数达11.50万人，覆盖全部职工的99.69%；中心门户网站群众访问量达56.08万次；中心个人网厅访问量达1.76万次；通过手机App办理业务6.39万笔。截至2020年末，微信公众号累计绑定人数6.68万人，绑定率55.07%；单位网厅累计签约单位数量1765个，单位网厅系统使用率100%；手机App累计注册9.11万人，注册率75.10%；中心业务综合离柜率达91.95%，同比增长21.05%，其中，归集业务离柜率95.87%，贷款离柜率81.86%，提取离柜率87.95%。

4. 做好住房公积金服务"跨省通办"工作。根据国务院关于推进政务服务"跨省通办"工作部署、住房和城乡建设部关于住房公积金"跨省通办"工作要求及自治区人民政府具体安排，我中心住房公积金系统除按时完成2020年的3项"跨省通办"任务外，2021年任务清单中"实现住房公积金单位异地登记开户"业务也于2020年底提前完成。

（四）当年住房公积金管理中心及职工所获荣誉情况。 2020年继续保持和田地区精神文明单位。

伊犁哈萨克自治州住房公积金 2020 年年度报告

根据国务院《住房公积金管理条例》和住房和城乡建设部、财政部、人民银行《关于健全住房公积金信息披露制度的通知》（建金〔2015〕26 号）的规定，经住房公积金管理委员会审议通过，现将伊犁州住房公积金 2020 年年度报告公布如下。

一、机构概况

（一）住房公积金管理委员会。

1. 住房公积金管理委员会组成人员。住房公积金管理委员会有 13 名委员，主任由自治州党委常委、常务副州长陶青松担任，副主任 6 名及委员 6 名分别由自治州人民政府、自治州财政局、住建局、人社局、审计局、司法局、自治州住房公积金管理中心、人民银行伊犁州中心支行、中国银行保险监督管理委员会伊犁监管分局等单位主要领导组成。

2. 住房公积金管理委员会会议。2020 年召开 3 次会议，审议通过的事项主要包括：审议通过调整自治州住房公积金管理委员会组成人员的议题；审议通过伊犁州直 2019 年住房公积金决算情况报告；审议通过伊犁州直 2020 年住房公积金预算情况报告；审议通过 2019 年度住房公积金增值收益分配建议；审议通过伊犁州住房公积金资金供求预警机制管理办法；审议通过启动"公转商"贴息贷款的议题；审议通过 2020 年伊犁州直职工住房公积金月缴存额最高上限与最低下限；审议通过伊犁州住房公积金管理中心失信行为惩戒管理办法；审议通过乌鲁木齐银行伊犁分行申报承办住房公积金存贷款业务的议题。

（二）住房公积金管理中心。 住房公积金管理中心为隶属于伊犁哈萨克自治州政府管理的不以营利为目的的自收自支事业单位，设 6 个科室，10 个管理部，1 个分中心。从业人员 112 人，其中，在编 57 人，非在编 55 人。

二、业务运行情况

（一）缴存。 2020 年，新开户单位 262 家，净增单位 59 家；新开户职工 1.52 万人，净增职工 0.25 万人；实缴单位 3005 家，实缴职工 17.97 万人，缴存额 31.52 亿元，分别同比增长 2.00%、1.41%、4.34%。2020 年末，缴存总额 245.65 亿元，比上年末增加 14.72%；缴存余额 97.04 亿元，同比增长 6.50%。受委托办理住房公积金缴存业务的银行 9 家。

（二）提取。 2020 年，6.87 万名缴存职工提取住房公积金；提取额 25.60 亿元，同比下降 2.40%；提取额占当年缴存额的 81.22%，比上年减少 5.61 个百分点。2020 年末，提取总额 148.61 亿元，比上年末增加 20.81%。

（三）贷款。

1. 个人住房贷款。个人住房贷款最高额度 65 万元。

2020 年，发放个人住房贷款 0.80 万笔、26.78 亿元，同比分别下降 3.61%、增长 11.68%。其中，伊犁河谷各县市发放个人住房贷款 0.73 万笔、24.75 亿元，奎屯分中心发放个人住房贷款 0.07 万笔、2.03 亿元。

2020年，回收个人住房贷款12.74亿元。其中，伊犁河谷各县市11.92亿元，奎屯分中心0.82亿元。

2020年末，累计发放个人住房贷款10.49万笔、183.88亿元，贷款余额96.18亿元，分别比上年末增加8.26%、17.05%、17.11%。个人住房贷款余额占缴存余额的99.11%，比上年末增加8.98个百分点。受委托办理住房公积金个人住房贷款业务的银行8家。

2. 异地贷款。2020年，发放异地贷款232笔、8401.20万元。2020年末，发放异地贷款总额22654.00万元，异地贷款余额15187.28万元。

3. 公转商贴息贷款。2020年，发放公转商贴息贷款1笔、36.70万元，当年贴息额0万元。2020年末，累计发放公转商贴息贷款1笔、36.70万元，累计贴息0万元。

（四）资金存储。2020年末，住房公积金存款3.54亿元。其中，活期0.01亿元，1年（含）以下定期2.30亿元，1年以上定期0.88亿元，其他（协定、通知存款等）0.35亿元。

（五）资金运用率。2020年末，住房公积金个人住房贷款余额、项目贷款余额和购买国债余额的总和占缴存余额的99.11%，比上年末增加8.98个百分点。

三、主要财务数据

（一）业务收入。2020年，业务收入29489.00万元，同比增长5.42%。存款利息1608.65万元，委托贷款利息27876.99万元，国债利息0万元，其他3.36万元。

（二）业务支出。2020年，业务支出14521.03万元，同比下降7.01%。支付职工住房公积金利息13671.81万元，归集手续费0万元，委托贷款手续费840.75万元，其他8.47万元。

（三）增值收益。2020年，增值收益14967.97万元，同比增长21.14%。增值收益率1.59%，比上年增加0.22个百分点。

（四）增值收益分配。2020年，提取贷款风险准备金1708.25万元，提取管理费用2225.51万元，提取城市廉租住房（公共租赁住房）建设补充资金11034.21万元。

2020年，上缴财政管理费用2048.35万元。上缴财政城市廉租住房（公共租赁住房）建设补充资金10307.62万元。

2020年末，贷款风险准备金余额12502.94万元。累计提取城市廉租住房（公共租赁住房）建设补充资金62538.83万元。

（五）管理费用支出。2020年，管理费用支出2044.80万元，同比增长5.50%。其中，人员经费1207.66万元，公用经费413.81万元，专项经费423.33万元。

伊犁河谷各县市管理费用支出1931.90万元，其中，人员、公用、专项经费分别为1102.23万元、406.34万元、423.33万元；奎屯分中心管理费用支出112.90万元，其中，人员、公用、专项经费分别为105.43万元、7.47万元、0万元。

四、资产风险状况

个人住房贷款。2020年末，个人住房贷款逾期额148.37万元，逾期率0.15‰。个人贷款风险准备金余额12502.94万元。2020年，使用个人贷款风险准备金核销呆坏账0万元。

五、社会经济效益

（一）缴存业务。缴存职工中，国家机关和事业单位占 72.28%，国有企业占 14.13%，城镇集体企业占 0.49%，外商投资企业占 1.20%，城镇私营企业及其他城镇企业占 11.28%，民办非企业单位和社会团体占 0.21%，灵活就业人员占 0.16%，其他占 0.25%；中、低收入占 99.18%，高收入占 0.82%。

新开户职工中，国家机关和事业单位占 49.29%，国有企业占 15.19%，城镇集体企业占 0.34%，外商投资企业占 10.36%，城镇私营企业及其他城镇企业占 23.89%，民办非企业单位和社会团体占 0.07%，灵活就业人员占 0.46%，其他占 0.40%；中、低收入占 99.86%，高收入占 0.14%。

（二）提取业务。提取金额中，购买、建造、翻建、大修自住住房占 41.44%，偿还购房贷款本息占 39.35%，租赁住房占 0.13%，支持老旧小区改造占 0%，离休和退休提取占 12.43%，完全丧失劳动能力并与单位终止劳动关系提取占 5.06%，出境定居占 0%，其他占 1.59%。提取职工中，中、低收入占 99.61%，高收入占 0.39%。

（三）贷款业务。个人住房贷款。2020 年，支持职工购建房 96.34 万平方米（含公转商贴息贷款），年末个人住房贷款市场占有率（含公转商贴息贷款）为 28.05%，比上年末增加 0.47 个百分点。通过申请住房公积金个人住房贷款，可节约职工购房利息支出 41810 万元。

职工贷款笔数中，购房建筑面积 90（含）平方米以下占 11.08%，90～144（含）平方米占 79.89%，144 平方米以上占 9.03%。购买新房占 75.71%（其中购买保障性住房占 0%），购买二手房占 24.27%，建造、翻建、大修自住住房占 0.02%（其中支持老旧小区改造占 0%），其他占 0%。

职工贷款笔数中，单缴存职工申请贷款占 70.66%，双缴存职工申请贷款占 29.34%，三人及以上缴存职工共同申请贷款占 0%。

贷款职工中，30 岁（含）以下占 39.74%，30 岁～40 岁（含）占 37.07%，40 岁～50 岁（含）占 18.92%，50 岁以上占 4.27%；首次申请贷款占 79.72%，二次及以上申请贷款占 20.28%；中、低收入占 98.69%，高收入占 1.31%。

（四）住房贡献率。2020 年，个人住房贷款发放额、公转商贴息贷款发放额、项目贷款发放额、住房消费提取额的总和与当年缴存额的比率为 150.73%，比上年增加 0.26 个百分点。

六、其他重要事项

（一）应对疫情防控采取的措施，落实住房公积金阶段性支持政策情况和政策实施成效。伊犁州住房公积金管理中心结合疫情防控实际，落实落细常态化疫情防控举措，认真研究出台《关于妥善应对疫情防控实施住房公积金阶段性支持政策》，对受疫情影响的中小微企业和缴存职工允许暂缓住房公积金缴存、放宽缴存时间认定、延迟还款期限、延长提取和贷款期限、延长租房提取时限。疫情期间，及时在住房公积金门户网站、缴存住房公积金单位微信群内发布住房公积金阶段性支持政策信息，在伊犁人民广播电台每天固定时段播报住房公积金政策，做到政策 100% 落实到位。同时，畅通住房公积金官方网站、"手机公积金" App、微信公众号、12329 客服热线等渠道，保障企业和缴存职工足不出户顺利办理住房公积金业务，减少人员聚集引发的流动风险。2020 年，伊犁州累计缓缴住房公积金的企业已达 59 家，累计缓缴职工约 3370 人，累计缓缴金额约 1455.90 万元。

（二）当年机构及职能调整情况、受委托办理缴存贷款业务金融机构变更情况。当年住房公积金管理机构及职能无调整；受委托办理存贷款业务金融机构增加乌鲁木齐银行伊犁分行 1 家。

（三）当年住房公积金政策调整及执行情况。

1. 缴存基数限额及确定方法、缴存比例调整情况。住房公积金缴存基数。最高上限 16767 元（按照伊犁州统计部门公布的上一年度职工平均工资的 3 倍确定），月缴存额上限 4024 元；最低下限 1460 元（按照伊犁州上一年度职工最低工资标准确定），月缴存额下限 146 元。

缴存比例：最高缴存比例 12%，最低缴存比例 5%。

2. 住房公积金政策调整情况。

（1）按照住房和城乡建设部、财政部、人民银行、公安部《关于开展治理违规提取住房公积金的通知》（建金〔2018〕46 号）文件精神，保障住房公积金管理秩序，增强住房公积金制度的互助性和保障性，为防范多人频繁买卖同一套住宅套取住房公积金的行为，原则上对同一套住宅在一年内多次交易只可办理一次住房公积金提取业务。

（2）提取住房公积金偿还住房公积金贷款和商业银行住房贷款采取大额还款和按月还款两种方式，由贷款人自行选择一种方式进行，还款方式一经选定，贷款人一年内不允许变更还款方式。

（3）对于贷款人因住房公积金贷款形成逾期的期数核定，原则上参照《征信业管理条例》，对个人不良信息的保存期限自不良行为或者事件终止之日起为五年，超过五年的应当予以删除。

（四）当年服务改进情况。

1. 推进住房公积金服务"跨省通办"工作。根据国务院关于推进政务服务"跨省通办"工作部署、住房和城乡建设部关于住房公积金服务"跨省通办"工作要求及自治区人民政府具体安排，我州住房公积金系统除按时完成 2020 年的 3 项"跨省通办"任务外，2021 年任务清单中"实现住房公积金单位异地登记开户"业务也于 2020 年底提前完成。一是新疆缴存职工通过身份认证后，可在"手机公积金"App、"新疆住房公积金"微信公众号、个人网厅异地查询个人住房公积金缴存贷款等信息，不受住房公积金缴存地限制，外省（区、市）缴存职工可登录属地住房公积金管理中心综合服务平台系统进行查询；二是完成异地出具贷款职工住房公积金缴存使用证明工作，新疆缴存职工可使用"手机公积金"App 自行下载打印，外省（区、市）缴存职工则采取代收代办的方式办理；三是正常退休人员如果想提取住房公积金，再也不用跑去账户所在地的住房公积金管理中心柜台办理了，缴存职工只要一部智能手机，登录属地住房公积金管理中心综合服务平台系统就可以完成提取；四是新疆的缴存单位可通过自治区市场监管局"企业开办一窗通办"平台登记开户，外省（区、市）的缴存单位则登录属地相关平台进行登记开户。各县市分中心、管理部在服务大厅设立了"跨省通办"专柜。

2. 落实"放管服"，取得新突破。中心持续在规范业务运行上下功夫，深化"放管服"，将规范化管理落到细节、落到实处，做到"降低贷款门槛但不降低管理标准，减少审批环节但不规避责任"，全力支持购房贷款、提取业务。一是优化业务流程。不动产抵押登记费不再由个人承担；优化期房转现房流程；加快推进与不动产登记中心数据共享的步伐；取消二手房住房公积金贷款业务提交二手房估价报告。二是优化信息平台。通过网上申请住房公积金还贷支取业务累计 15418 人次及离、退休支取 4168 人次，有效解决了办事"多头跑、重复跑"问题，提高了工作效率和工作质量。

（五）当年信息化建设情况。

1. 截至2020年底，单位网厅注册使用率为82.89%，微信公众号关注绑定12.34万人，"手机公积金"App注册使用人数13万人，综合业务离柜率达76.37%。

2. 经伊犁州住房公积金管理中心多方沟通协调，2020年实现了与民政局、市场监督管理局、伊宁市房产局的信息资源共享，打通了跨部门之间的信息壁垒。

3. 开通了"手机公积金"App的提前还本、异地转移接续、异地贷款证明打印、贷款结清证明打印、缴存人信息变更、还款账号变更等功能。

（六）当年伊犁州住房公积金管理中心及职工所获荣誉情况。

1. 伊犁州住房公积金管理中心被评为全国城市和地区住房公积金综合发展50强；
2. 2020年度伊犁州住房公积金管理中心被评为自治州民族团结进步示范单位；
3. 奎屯分中心职工刘凌云获奎屯市政务服务中心"党员先锋示范岗"称号；
4. 新源县管理部职工王新林获新源县政务服务中心"政务服务之星"称号。

塔城地区住房公积金2020年年度报告

根据国务院《住房公积金管理条例》和住房和城乡建设部、财政部、人民银行《关于健全住房公积金信息披露制度的通知》（建金〔2015〕26号）的规定，经住房公积金管理委员会审议通过，现将塔城地区住房公积金2020年年度报告公布如下。

一、机构概况

（一）住房公积金管理委员会。住房公积金管理委员会有22名委员，2020年召开2次会议，审议通过的事项主要包括：1.《塔城地区住房公积金2019年年度报告》；2.关于申请应对新冠肺炎疫情《塔城地区贯彻落实住房公积金阶段性支持政策实施办法》的报告；3.《关于上缴2019年度城市公共租赁住房建设补充资金的报告》；4.《关于2020年塔城地区住房公积金归集使用计划的报告》；5.《关于2019年度塔城地区住房公积金归集使用计划执行情况的报告》。

（二）住房公积金管理中心。住房公积金管理中心为直属行署不以营利为目的的自收自支事业单位，设7个科室，8个管理部。从业人员80人，其中，在编43人，非在编37人。

二、业务运行情况

（一）缴存。2020年，新开户单位97家，净减单位51家；新开户职工0.52万人，净增职工0.06万人；实缴单位1625家，实缴职工7.78万人，缴存额13.58亿元，分别同比下降3.04%、增长0.78%、下降0.07%。2020年末，缴存总额113.38亿元，比上年末增加13.61%；缴存余额42.87亿元，同比增长10.35%。受委托办理住房公积金缴存业务的银行6家。

（二）提取。2020年，2.63万名缴存职工提取住房公积金；提取额9.56亿元，同比增长3.80%；提取额占当年缴存额的 70.40％，比上年增加 2.63 个百分点。2020 年末，提取总额 70.51 亿元，比上年末增加 15.68％。

（三）贷款。

1. 个人住房贷款。个人住房贷款最高额度 55 万元。

2020 年，发放个人住房贷款 0.30 万笔、9.15 亿元，同比分别增长 3.45％、18.52％。

2020 年，回收个人住房贷款 3.98 亿元。

2020 年末，累计发放个人住房贷款 4.40 万笔、66.52 亿元，贷款余额 31.65 亿元，分别比上年末增加 7.32％、15.95％、19.52％。个人住房贷款余额占缴存余额的 73.83％，比上年末增加 5.67 个百分点。受委托办理住房公积金个人住房贷款业务的银行 6 家。

2. 异地贷款。2020 年，发放异地贷款 231 笔、7973.10 万元。2020 年末，发放异地贷款总额 44494.30 万元，异地贷款余额 16951.28 万元。

（四）资金存储。 2020 年末，住房公积金存款 11.94 亿元。其中，活期 0.02 亿元，1 年（含）以下定期 1.50 亿元，1 年以上定期 6.14 亿元，其他（协定、通知存款等）4.28 亿元。

（五）资金运用率。 2020 年末，住房公积金个人住房贷款余额、项目贷款余额和购买国债余额的总和占缴存余额的 73.83％，比上年末增加 5.67 个百分点。

三、主要财务数据

（一）业务收入。 2020 年，业务收入 12758.91 万元，同比下降 16.88％。存款利息 3645.48 万元，委托贷款利息 9113.39 万元，国债利息 0 万元，其他 0.04 万元。

（二）业务支出。 2020 年，业务支出 6225.21 万元，同比下降 23.19％。支付职工住房公积金利息 6221.52 万元，归集手续费 0 万元，委托贷款手续费 0 万元，其他 3.69 万元。

（三）增值收益。 2020 年，增值收益 6533.70 万元，同比下降 9.81％。增值收益率 1.59％，比上年减少 0.37 个百分点。

（四）增值收益分配。 2020 年，提取贷款风险准备金 517.01 万元；提取管理费用 1440.87 万元，提取城市廉租住房（公共租赁住房）建设补充资金 4575.82 万元。

2020 年，上交财政管理费用 1079.96 万元。上缴财政城市廉租住房（公共租赁住房）建设补充资金 5578.38 万元。

2020 年末，贷款风险准备金余额 3164.96 万元。累计提取城市廉租住房（公共租赁住房）建设补充资金 35983.24 万元。

（五）管理费用支出。 2020 年，管理费用支出 1079.88 万元，同比下降 19.96％。其中，人员经费 632.4 万元，公用经费 18.52 万元，专项经费 428.96 万元。

四、资产风险状况

个人住房贷款。2020 年末，个人住房贷款逾期额 0.34 万元，逾期率 0.001‰。个人贷款风险准备金余额 3164.96 万元。2020 年，使用个人贷款风险准备金核销呆坏账 0 万元。

五、社会经济效益

（一）**缴存业务**。缴存职工中，国家机关和事业单位占 74.98%，国有企业占 17.80%，城镇集体企业占 0.60%，外商投资企业占 0.47%，城镇私营企业及其他城镇企业占 6.03%，民办非企业单位和社会团体占 0.12%，灵活就业人员占 0%，其他占 0%；中、低收入占 99.24%，高收入占 0.76%。

新开户职工中，国家机关和事业单位占 60.32%，国有企业占 23.95%，城镇集体企业占 0.19%，外商投资企业占 0.35%，城镇私营企业及其他城镇企业占 15.09%，民办非企业单位和社会团体占 0.10%，灵活就业人员占 0%，其他占 0%；中、低收入占 99.75%，高收入占 0.25%。

（二）**提取业务**。提取金额中，购买、建造、翻建、大修自住住房占 41.96%，偿还购房贷款本息占 38.98%，租赁住房占 1.25%，支持老旧小区改造占 0%，离休和退休提取占 10.44%，完全丧失劳动能力并与单位终止劳动关系提取占 4.50%，出境定居占 0.02%，其他占 2.85%。提取职工中，中、低收入占 99.33%，高收入占 0.67%。

（三）**贷款业务**。个人住房贷款。2020 年，支持职工购建房 36.87 万平方米，2020 年末个人住房贷款市场占有率为 39.24%，比上年末增加 2.25 个百分点。通过申请住房公积金个人住房贷款，可节约职工购房利息支出 15260.45 万元。

职工贷款笔数中，购房建筑面积 90（含）平方米以下占 8.85%，90～144（含）平方米占 77.09%，144 平方米以上占 14.06%。购买新房占 72.02%（其中购买保障性住房占 0%），购买二手房占 27.98%，建造、翻建、大修自住住房占 0%（其中支持老旧小区改造占 0%），其他占 0%。

职工贷款笔数中，单缴存职工申请贷款占 70.06%，双缴存职工申请贷款占 29.94%，三人及以上缴存职工共同申请贷款占 0%。

贷款职工中，30 岁（含）以下占 37.14%，30 岁～40 岁（含）占 31.87%，40 岁～50 岁（含）占 24.57%，50 岁以上占 6.42%；首次申请贷款占 77.63%，二次及以上申请贷款占 22.37%；中、低收入占 99.29%，高收入占 0.71%。

（四）**住房贡献率**。2020 年，个人住房贷款发放额、公转商贴息贷款发放额、项目贷款发放额、住房消费提取额的总和与当年缴存额的比率为 125.21%，比上年增加 13.66 个百分点。

六、其他重要事项

（一）**应对新冠肺炎疫情采取的措施，落实住房公积金阶段性支持政策情况和政策实施成效**。按自治区人民政府《关于应对新冠肺炎疫情支持中小微企业复工复产健康发展的十六条措施》（新政办发〔2020〕7 号）及自治区住房和城乡建设厅、财政厅、人民银行《关于持续做好全区个人住房公积金贷款逾期管理支持疫情防控工作的通知》（新建金〔2020〕2 号）要求，一是企业缓缴工作于 2020 年 6 月 30 日到期后不再延续执行，但对仍然存在经营困难、需要缓缴的企业，可按照《住房公积金管理条例》规定申请缓缴或降低缴存比例的一般程序办理。二是为维护好缴存单位和缴存职工的合法权益，95 家申请缓缴的企业年底前已有 94 家企业恢复缴存，对前期欠缴的公积金已进行了补缴。累计缓缴职工人数 2571 人。疫情缓缴期间缴存时间连续计算，不影响职工正常提取和申请住房公积金个人贷款。三是将放宽逾期处理的政策延续至 2020 年 12 月 31 日，不作逾期处理贷款共计有 5518 笔，不作逾期处理的金额 1968.62 万元。加大了对未及时还款人员的催收力度，对失去收入来源确实无法按时还款的人员，进行延期还款处理。

（二）当年机构及职能调整情况。2020年公积金中心新增1名副县级领导职数。

（三）当年住房公积金政策调整及执行情况。

1.2020年根据统计部门提供塔城地区上年职工月平均工资基数，按《塔城地区住房公积金归集管理办法》规定，住房公积金最高缴存额不超过塔城地区统计局公布的上一年度职工月平均工资的3倍，最低缴存不低于当地劳动部门规定的职工最低月工资标准，确定塔城地区职工月缴存住房公积金最高上限为4334元，最低下限为146元。

2.2020年住房公积金缴存比例仍按照《塔城地区住房公积金归集管理办法》规定执行，月缴存比例不得低于5％，原则上不高于12％的标准。缴存单位可在5％至12％区间内，自主确定住房公积金缴存比例。

3.提取政策调整情况。一是调整职工符合规定情形多次提取住房公积金的，每年只能限定提取一次，提取时限按周期年度计算。二是根据塔城地区租金水平，调整了租住县（市）城区商品住房最高年提取金额，由23000元调整为20000元。三是调整大修自住住房的提取资料，增加大修住房的不动产权证书或房屋所有权证。四是增加一项购买拍卖类住房的提取条件，增加了提取资料。五是增加职工死亡或者被宣告死亡的，有多人继承的需提供公证书。

4.当年个人住房贷款最高贷款额度、贷款条件等贷款政策调整情况。为进一步完善住房公积金的保障功能，加大对职工住房消费的力度，根据塔城地区住房公积金贷款相关规定对住房公积金贷款作出调整，一是住房公积金单笔、最高贷款额度由40万元调整为55万元。二是住房公积金疆内异地公积金共享查询功能通过测试，异地贷款简化办事流程。缴存职工办理疆内异地公积金贷款业务时，无需提供《住房公积金缴存证明》类纸质版材料。

5.2020年度住房公积金存款利率执行标准。根据《关于完善职工住房公积金账户存款利率形成机制的通知》要求，统一按一年期定期存款基准利率执行。目前，一年期定期存款利率为1.5％。

6.2020年度住房公积金贷款利率执行标准。根据中国人民银行相关规定，贷款利率按照五年以下（含五年）为2.75％，五年以上3.25％。

（四）当年服务改进情况。

1.根据国务院关于推进政务服务"跨省通办"工作部署、住房和城乡建设部关于住房公积金服务"跨省通办"工作要求及自治区人民政府具体安排，地区住房公积金系统除按时完成2020年的3项"跨省通办"任务外，2021年任务清单中"实现住房公积金单位异地登记开户"业务也于2020年底前提前完成。

2.精简异地贷款办理要件。通过完善业务系统实现异地公积金共享查询功能，极大地简化了异地贷款办事流程，缴存职工办理疆内异地公积金贷款业务时，无须再提供缴存证明等纸质材料。

3.开辟绿色通道。设立驻村干部、医护人员、社区工作人员等疫情防控一线工作者办理专柜，提供"加急办、马上办、便捷办"服务。截至年底，绿色通道已为全地区240多名干部办理了住房公积金业务。

4.强化互联网服务，提高离柜率。大力推行"单位网厅""个人网厅""开发商网厅""手机App"等互联网服务，推广柜台业务互联网"预约"办理方式。2020年通过"手机App"办理住房公积金贷款对冲签约和提前还款业务7443笔；办理退休、终止劳动关系、租房等提取业务3791笔。通过"单位网厅"

"个人网厅"和"手机App"办理信息变更、账户状态变更、缴存基数调整等业务32134笔。截至2020年12月底综合离柜率达89.74%，位列全疆第二名。

5. 打造一体化住房公积金综合服务平台，拓宽服务渠道。通过12329热线、官方网站、12329短信、微信公众号、网上业务大厅、手机App等服务渠道为缴存职工提供全方位、全时段的住房公积金服务。2020年，塔城地区住房公积金管理中心网站访问量110.74万次；个人网厅访问量12.77万次；单位网厅注册量1768户、手机App注册量8.5万人；新疆微信公众号绑定量1.5万人；12329短信发送量122.94万条；12329热线呼入量5万次，接通率99.60%，服务满意度达到99.60%。

6. 减轻贷款职工负担，将住房公积金贷款不动产登记费由职工缴纳变更为住房公积金管理中心统一支付。此项改革的落实，提升了办事群众的幸福感、满足感和获得感。

（五）当年信息化建设情况。 地区住房公积金管理中心努力打造一体化住房公积金综合服务平台，拓宽服务渠道。一是持续推进信息化建设工作。全面提升管理和服务水平，增加线上业务办理种类，优化了业务办理流程。通过12329热线、微信公众号、网上业务大厅、手机App、12329短信平台等服务渠道为缴存职工提供全方位、全时段的住房公积金服务，宣传住房公积金政策法规和惠民措施，多渠道向社会宣传住房公积金政策和服务流程。二是全区信息化建设在保证规范性、实用性、安全性、可扩展性的要求下，进一步完善了个人信息和单位网厅办理缴存业务的权限。

（六）当年住房公积金管理中心及职工所获荣誉情况。

1. 塔城地区住房公积金管理中心被评为"自治区级精神文明单位"。
2. 塔城地区住房公积金管理中心干部宋晓贞被评为地直机关"优秀共产党员"。

阿勒泰地区住房公积金2020年年度报告

根据国务院《住房公积金管理条例》和住房和城乡建设部、财政部、人民银行《关于健全住房公积金信息披露制度的通知》（建金〔2015〕26号）的规定，经住房公积金管理委员会审议通过，现将阿勒泰地区住房公积金2020年年度报告公布如下。

一、机构概况

（一）住房公积金管理委员会。 住房公积金管理委员会有25名委员，2020年召开1次会议，审议通过的事项主要包括：一是审议阿勒泰地区住房公积金2019年归集使用计划执行情况和2020年归集使用计划草案的报告；二是审议《阿勒泰地区住房公积金2019年年度报告》；三是审议《阿勒泰地区住房公积金归集管理办法》《阿勒泰地区住房公积金提取管理办法》《阿勒泰地区住房公积金贷款管理办法》；四是审议《地区住房公积金管理中心预警机制管理办法（试行）》；五是审议《阿勒泰地区住房公积金贴息贷款管理办法（暂行）》。

（二）住房公积金管理中心。 住房公积金管理中心隶属于阿勒泰行署，是不以营利为目的的自收自支事业单位，设6个科室，8个管理部。从业人员68人，其中，在编38人，非在编30人。

二、业务运行情况

（一）缴存。2020年，新开户单位224家，净增单位14家；新开户职工0.80万人，净增职工0.39万人；实缴单位2199家，实缴职工7.17万人，缴存额13.54亿元，分别同比增长0.64%、5.75%、11.72%。2020年末，缴存总额101.66亿元，比上年末增加15.37%；缴存余额35.28亿元，同比增长8.55%。

受委托办理住房公积金缴存业务的银行6家，同上年一致。

（二）提取。2020年，2.98万名缴存职工提取住房公积金；提取额10.76亿元，同比增长1.13%；提取额占当年缴存额的79.47%，比上年减少8.32个百分点。年末，提取总额66.38亿元，比上年末增加19.35%。

（三）贷款。

1. 个人住房贷款。个人住房贷款最高额度50万元。

2020年，发放个人住房贷款0.21万笔、7.30亿元，同比分别减少40.00%、34.65%。

2020年，回收个人住房贷款4.72亿元。

2020年末，累计发放个人住房贷款4.49万笔、73.73亿元，贷款余额34.63亿元，分别比上年末增加4.91%、11.01%、8.05%。个人住房贷款余额占缴存余额的98.16%，比上年末减少0.46个百分点。

受委托办理住房公积金个人住房贷款业务的银行6家，同上年一致。

2. 异地贷款。2020年，发放异地贷款148笔、5620.90万元。年末，发放异地贷款总额44775.30万元，异地贷款余额22883.10万元。

3. 公转商贴息贷款。2020年，发放公转商贴息贷款2045笔、81252.60万元，当年贴息额198.12万元。2020年末，累计发放公转商贴息贷款2045笔、81252.60万元，累计贴息198.12万元。

（四）购买国债。2020年，购买国债0亿元，收回国债0.1亿元。2020年末，国债余额0.1亿元。

（五）资金存储。2020年末，住房公积金存款0.77亿元。其中，活期0.77亿元。

（六）资金运用率。2020年末，住房公积金个人住房贷款余额、项目贷款余额和购买国债余额的总和占缴存余额的98.44%，比上年末减少0.79个百分点。

三、主要财务数据

（一）业务收入。2020年，业务收入11500.98万元，同比增长8.66%。存款利息455.30万元，委托贷款利息10975.04万元，国债利息70.00万元，其他0.64万元。

（二）业务支出。2020年，业务支出5763.03万元，同比增长12.04%。支付职工住房公积金利息5235.37万元，归集手续费0万元，委托贷款手续费329.37万元，其他198.29万元（其中贴息支出198.12万元）。

（三）增值收益。2020年，增值收益5737.95万元，同比增长5.47%。增值收益率1.66%，比上年减少0.02个百分点。

（四）增值收益分配。2020年，提取贷款风险准备金0万元，提取管理费用1100.00万元，提取城市廉租住房（公共租赁住房）建设补充资金4637.95万元。

2020年，上交财政管理费用1167万元。上缴财政城市廉租住房（公共租赁住房）建设补充资金2669万元。

2020年末，贷款风险准备金余额8586.82万元。累计提取城市廉租住房（公共租赁住房）建设补充资金24519.95万元。

（五）管理费用支出。 2020年，管理费用支出1182.27万元，同比下降0.40%。其中，人员经费866.89万元，公用经费177.49万元，专项经费137.89万元。

四、资产风险状况

个人住房贷款。2020年末，个人住房贷款逾期额13.18万元，逾期率0.04‰。个人贷款风险准备金余额8586.82万元。2020年，使用个人贷款风险准备金核销呆坏账0万元。

五、社会经济效益

（一）缴存业务。 缴存职工中，国家机关和事业单位占72.06%，国有企业占12.92%，城镇集体企业占7.83%，外商投资企业占0.03%，城镇私营企业及其他城镇企业占6.54%，民办非企业单位和社会团体占0.17%，灵活就业人员占0.12%，其他占0.33%；中、低收入占99.24%，高收入占0.76%。

新开户职工中，国家机关和事业单位占62.60%，国有企业占13.05%，城镇集体企业占7.16%，外商投资企业占0.01%，城镇私营企业及其他城镇企业占14.04%，民办非企业单位和社会团体占0.63%，灵活就业人员占0.67%，其他占1.84%；中、低收入占99.89%，高收入占0.11%。

（二）提取业务。 提取金额中，购买、建造、翻建、大修自住住房占43.98%，偿还购房贷款本息占41.39%，租赁住房占0.19%，支持老旧小区改造占0%，离休和退休提取占10.06%，完全丧失劳动能力并与单位终止劳动关系提取占2.70%，出境定居占0%，其他占1.68%。提取职工中，中、低收入占99.38%，高收入占0.62%。

（三）贷款业务。 个人住房贷款。2020年，支持职工购建房53.59万平方米（含公转商贴息贷款），年末个人住房贷款市场占有率（含公转商贴息贷款）为54.16%，比上年末增加18.08个百分点。通过申请住房公积金个人住房贷款，可节约职工购房利息支出12576.57万元。

职工贷款笔数中，购房建筑面积90（含）平方米以下占10.71%，90~144（含）平方米占71.17%，144平方米以上占18.12%。购买新房占60.61%，购买二手房占39.39%。

职工贷款笔数中，单缴存职工申请贷款占69.46%，双缴存职工申请贷款占30.54%，三人及以上缴存职工共同申请贷款占0%。

贷款职工中，30岁（含）以下占30.78%，30岁~40岁（含）占35.52%，40岁~50岁（含）占25.57%，50岁以上占8.13%；首次申请贷款占74.62%，二次及以上申请贷款占25.38%；中、低收入占99.67%，高收入占0.33%。

（四）住房贡献率。 2020年，个人住房贷款发放额、公转商贴息贷款发放额、项目贷款发放额、住房消费提取额的总和与当年缴存额的比率为181.98%，比上年增加14.32个百分点。

六、其他重要事项

（一）应对疫情落实政策执行情况。 中心在做好疫情防控工作的同时，精准落实住房公积金阶段性支持政策惠民服务举措，为企业复工复产提质增效，对受疫情影响有缓缴需求的企业申请照单全收，不推、不卡、不延时，即申请即审批，共受理92家企业缓缴申请，缓缴金额684.21万元；受疫情影响职工无法正常还款且不作逾期处理的贷款999笔，602.66万元，用真情服务困难企业，助力企业度过难关。

（二）当年中心机构及主要人员调整情况。2020年3月，地委对中心主要领导进行了调整。赵路同志任地区住房公积金管理中心党组书记，冯红军同志任地区住房公积金管理中心党组成员、主任。

（三）当年住房公积金政策调整及执行情况。2020年，中心根据地区统计部门上一年度在岗职工平均工资的3倍，确定当年缴存基数上限为17436元；按照阿勒泰地区上一年度职工最低工资标准确定，当年缴存基数下限为1460元。缴存比例为5％～12％，无调整。

2020年4月29日，中心出台《阿勒泰地区住房公积金提取管理办法》，取消了原办法中"正常缴存职工，用于支付普通自住住房物业管理服务费提取住房公积金"的规定。新增了"提前偿还个人住房公积金贷款本金提取住房公积金"的规定。出台《阿勒泰地区个人住房公积金贷款管理办法》：1. 增加了"根据所购住房的价格确定，最高贷款额度50万元，贷款额度与住房公积金存储余额挂钩，按照存储余额的倍数发放贷款，但不得超过最高限额。"2. 增加了"以房地产权益作为抵押担保的，借款额不得超过抵押物价值的80％。"的规定。

2020年7月22日，中心出台《关于规范住房公积金使用资金划转账户的通知》，购房类提取、贷款住房公积金由之前划转入申请人账户更改为划转入相应的对公账户。

职工住房公积金账户存款利率按一年期定期存款基准利率执行，目前为1.50％；住房公积金贷款执行利率为五年以下的（含五年）2.75％、五年以上的3.25％。

（四）当年服务改进情况。完成住房公积金"跨省通办"任务4项。1. 实现个人住房公积金缴存贷款等信息查询。2. 出具贷款职工住房公积金缴存使用证明。3. 正常退休提取住房公积金。4. 实现住房公积金单位异地登记开户。

（五）当年信息化建设情况。2020年公积金信息化融合发展快速推进。住房公积金与房产业务融合办理，商品房网签、合同备案、住房公积金提取、贷款申请全部实现线上办理，本地商品房贷款、提取线上业务覆盖达到100％，住房公积金信息化服务缴存单位和缴存职工的能力取得了新突破。

（六）当年住房公积金管理中心及职工所获荣誉情况。中心获得2020年度自治区文明单位称号。

2020 全国住房公积金年度报告汇编

新疆生产建设兵团

新疆生产建设兵团住房公积金 2020 年年度报告

根据国务院《住房公积金管理条例》和住房和城乡建设部、财政部、人民银行《关于健全住房公积金信息披露制度的通知》（建金〔2015〕26 号）规定，现将新疆生产建设兵团住房公积金 2020 年年度报告汇总公布如下。

一、机构概况

（一）住房公积金管理机构。全兵团共设 1 个住房公积金管理中心。从业人员 83 人，其中，在编 65 人，非在编 18 人。

（二）住房公积金监管机构。兵团住房和城乡建设局、兵团财政局和人民银行乌鲁木齐中心支行负责对兵团住房公积金管理运行情况进行监督。兵团住房和城乡建设局设立住房公积金监管处，负责辖区住房公积金日常监管工作。

二、业务运行情况

（一）缴存。2020 年，新开户单位 579 家，净增单位 424 家；新开户职工 3.01 万人，净增职工 1.09 万人；实缴单位 5221 家，实缴职工 25.81 万人，缴存额 47.99 亿元，分别同比增长 3.02%、0.05%、5.08%。2020 年末，缴存总额 344.54 亿元，比上年末增加 16.18%；缴存余额 152.26 亿元，同比增长 10.15%。

（二）提取。2020 年，35.53 万名缴存职工提取住房公积金；提取额 33.97 亿元，同比增长 3.45%；提取额占当年缴存额的 70.78%，比上年减少 1.11 个百分点。2020 年末，提取总额 192.28 亿元，比上年末增加 21.46%。

（三）贷款。

1. 个人住房贷款。2020 年，发放个人住房贷款 1.08 万笔、41.49 亿元，同比增长 27.64%、41.61%。回收个人住房贷款 8.99 亿元。

2020 年末，累计发放个人住房贷款 7.14 万笔、157.61 亿元，贷款余额 101.52 亿元，分别比上年末增加 17.78%、35.73%、47.07%。个人住房贷款余额占缴存余额的 66.67%，比上年末增加 16.74 个百分点。

2020 年，支持职工购建房 128.85 万平方米。通过申请住房公积金个人住房贷款，可节约职工购房利息支出 6886.48 万元。

2. 异地贷款。2020 年，发放异地贷款 300 笔、10686.7 万元。2020 年末，发放异地贷款总额 20797.23 万元，异地贷款余额 18018.54 万元。

（四）资金存储。2020 年末，住房公积金存款 53.38 亿元。其中，活期 1.98 亿元，1 年（含）以下定期 9.3 亿元，1 年以上定期 39.1 亿元，其他（协定、通知存款等）3 亿元。

（五）资金运用率。2020 年末，住房公积金个人住房贷款余额、项目贷款余额和购买国债余额的总和占缴存余额的 66.67%，比上年末增加 16.74 个百分点。

三、主要财务数据

（一）业务收入。2020年，业务收入49804.81万元，同比增长4.45%。其中，存款利息22959.66万元，委托贷款利息26844.69万元，国债利息0万元，其他0.46万元。

（二）业务支出。2020年，业务支出23493.85万元，同比增长10.31%。其中，支付职工住房公积金利息23218.32万元，归集手续费0万元，委托贷款手续费249.56万元，其他25.97万元。

（三）增值收益。2020年，增值收益26310.96万元，同比下降0.28%；增值收益率1.80%，比上年减少0.19个百分点。

（四）增值收益分配。2020年，提取贷款风险准备金9747.04万元，提取管理费用2362.83万元，提取城市廉租住房（公共租赁住房）建设补充资金14201.09万元。

2020年，上交财政管理费用2217.59万元，上缴财政城市廉租住房（公共租赁住房）建设补充资金17700.25万元。

2020年末，贷款风险准备金余额31370.32万元，累计提取城市廉租住房（公共租赁住房）建设补充资金113363.37万元。

（五）管理费用支出。2020年，管理费用支出1925.4万元，同比下降7.2%。其中，人员经费1164.54万元，公用经费201.92万元，专项经费558.94万元。

四、资产风险状况

（一）个人住房贷款。2020年末，个人住房贷款逾期额296.47万元，逾期率0.29‰，个人贷款风险准备金余额29794.32万元。2020年，使用个人贷款风险准备金核销呆坏账0万元。

（二）2020年末，项目贷款风险准备金余额1576.00万元。

五、社会经济效益

（一）缴存业务。缴存职工中，国家机关和事业单位占53.95%，国有企业占24.36%，城镇集体企业占2.61%，外商投资企业占1.64%，城镇私营企业及其他城镇企业占4.96%，民办非企业单位和社会团体占5.61%，灵活就业人员占0%，其他占6.87%；中、低收入占100%，高收入占0%。

新开户职工中，国家机关和事业单位占59.58%，国有企业占17.27%，城镇集体企业占3.33%，外商投资企业占1.08%，城镇私营企业及其他城镇企业占7.82%，民办非企业单位和社会团体占5.14%，灵活就业人员占0%，其他占5.78%；中、低收入占100%，高收入占0%。

（二）提取业务。提取金额中，购买、建造、翻建、大修自住住房占34.51%，偿还购房贷款本息占29.66%，租赁住房占3.01%，支持老旧小区改造提取占0%；离休和退休提取占20.65%，完全丧失劳动能力并与单位终止劳动关系提取占9.67%，出境定居0%，其他占2.5%。提取职工中，中、低收入占100%，高收入占0%。

（三）贷款业务。个人住房贷款。职工贷款笔数中，购房建筑面积90（含）平方米以下占15.09%，90~144（含）平方米占75.31%，144平方米以上占9.6%。购买新房占70.83%（其中购买保障性住房占0%），购买二手房占29.17%，建造、翻建、大修自住住房占0%（其中支持老旧小区改造占0%），其他占0%。

职工贷款笔数中，单缴存职工申请贷款占38.40%，双缴存职工申请贷款占61.60%，三人及以上缴存职工共同申请贷款占0%。

贷款职工中，30岁（含）以下占33.69%，30岁～40岁（含）占41.48%，40岁～50岁（含）占17.27%，50岁以上占7.56%；首次申请贷款占87.37%，二次及以上申请贷款占12.63%；中、低收入占100%，高收入占0%。

（四）住房贡献率。 2020年，个人住房贷款发放额、公转商贴息贷款发放额、项目贷款发放额、住房消费提取额的总和与当年缴存额的比率为133.99%，比上年增加24.93个百分点。

六、其他重要事项

（一）应对新冠肺炎疫情采取的政策措施，落实住房公积金阶段性支持政策情况和政策实施成效。 管理中心坚决贯彻执行国家、自治区及兵团应对新冠肺炎疫情阶段性支持政策。批准单位缓缴33家8810人，涉及金额4930万元；批准单位降低比例7家1459人，涉及金额102.92万元；累计不作逾期处理的贷款471笔，涉及金额93.01万元；办理租房提取1847笔，涉及金额928.97万元。

2020年7月，为应对乌鲁木齐地区新冠肺炎疫情，管理中心报请兵团住建局同意，调整部分住房公积金政策。一是2020年9月30日前受疫情影响企业可申请缓缴或降低比例；二是因单位缓缴，职工未能正常缴纳住房公积金不影响其申请贷款；三是9月30日前已贷款职工不能正常还款的，不作逾期处理；四是12月30日前提高租房提取额度。有力支持了兵团各师（市）经济社会复工复产。

（二）当年住房公积金政策调整情况

1. 当年缴存基数限额及确定方法、缴存比例调整情况。

（1）2020年基数调整上下限确定。兵团驻乌鲁木齐单位住房公积金缴存基数下限按乌鲁木齐市上一年最低工资标准执行即为1620元；兵团驻乌鲁木齐单位住房公积金缴存基数上限按乌鲁木齐市上一年全市在岗职工年平均工资总额的3倍执行即为17852元。

兵团各师执行属地化管理原则，其缴存基数上下限执行驻地标准。

（2）2020年缴存比例。住房公积金缴存比例为各5%至12%，具体比例由各单位根据实际情况确定。

2. 2020年贷款最高额度、存贷款利率执行情况。

（1）最高贷款额度。正常缴存单职工70万；正常缴存双职工（夫妻）100万。

（2）当年住房公积金存贷款利率调整及执行情况。2020年存贷款利率无调整。

贷款利率：5年以内（含）2.75%，5年以上3.25%。

存款利率：一年期存款基准利率执行1.50%。

（三）当年开展专项监督检查情况。 2020年4月接受兵团财政局委托中介机构对2019年的住房公积金年度决算和管理费用年度决算进行审计。

（四）当年服务改进情况。

1. 拓宽网厅、手机App办理提取业务的种类。在原有已开通的退休、提前全部或部分归还管理中心住房公积金贷款二项提取外，又开通了解除劳动关系、未到年龄提前退休二项提取。

2. 2020年已开通"跨省通办"业务7项。

（1）实现个人住房公积金缴存贷款等信息查询。

（2）出具贷款职工住房公积金缴存使用证明。

（3）正常退休提取住房公积金。

（4）住房公积金单位登记开户。

（5）住房公积金单位及个人缴存信息变更。

（6）开具住房公积金个人住房贷款全部还清证明。

（7）提前还清住房公积金贷款。

3.2020年9月，为方便缴存职工一站式办理业务，改善服务环境，第二师管理部在铁门关市政务服务中心设立服务窗口，直属管理部在十二师政务服务中心设立服务窗口。

（五）当年信息化建设情况。

1.为方便缴存职工办理查询业务，在直属管理部、八师分中心业务大厅放置自助查询设备，提供查询和打印服务。

2.为方便缴存单位缴存住房公积金，开通人民银行小额支付借记系统。

3.完成2020年度住房公积金信息系统等级保护第三级测评工作。

（六）当年住房公积金机构及从业人员所获荣誉情况。

1.管理中心被评为2020年度兵直文明单位。

2.第四师管理部党锋同志被第四师可克达拉市政务服务管理办公室表彰为2020年度政务服务"优秀工作人员"。

索引

A

阿坝藏族羌族自治州 … 1333
阿克苏地区 … 1710
阿拉善盟 … 205
阿勒泰地区 … 1732
阿里地区 … 1488
安徽省 … 562
安康市 … 1604
安庆市 … 594
安顺市 … 1363
安阳市（含滑县）… 841
鞍山市 … 234

B

巴彦淖尔市 … 187
巴中市 … 1317
巴音郭楞蒙古自治州 … 1707
白城市 … 327
白山市 … 319
白银市 … 1518
百色市 … 1215
蚌埠市 … 573
包头市 … 162
宝鸡市 … 1577
保定市 … 57
保山市 … 1410
北海市 … 1186
北京 … 18
本溪市 … 244
毕节市 … 1367
滨州市 … 805
亳州市 … 618
博尔塔拉蒙古自治州 … 1703

C

沧州市	74
昌都市	1478
昌吉回族自治州	1699
长春地区	295
长沙	993
长治市	111
常德市	1020
常州市	443
朝阳市	282
潮州市	1142
郴州市	1028
成都	1259
承德市	69
池州市	622
赤峰市	170
崇左市	1231
滁州市	602
楚雄彝族自治州	1434
重庆市	1250

D

达州市	1314
大理白族自治州	1453
大连市	229
大庆市	366
大同市	101
大兴安岭地区	390
丹东市	248
德宏傣族景颇族自治州	1457
德阳市	1277
德州市	797
迪庆藏族自治州	1463
电力分中心	406
定西市	1549
东莞市	1132
东营市	759

E

鄂尔多斯市	179
鄂州市	941
恩施土家族苗族自治州	971

F

防城港市	1191
佛山市	1084
福建省	634
福州	637
抚顺市	238
抚州市	724
阜新市	260
阜阳市	606

G

甘南州	1559
甘肃省	1498
甘孜藏族自治州	1337
赣州市	711
固原市	1669
广安市	1309
广东省	1058
广西壮族自治区	1158
广元市	1285
广州	1061
贵港市	1203
贵阳	1351
贵州省	1348
桂林市	1176
果洛藏族自治州	1638

H

哈尔滨住房公积金管理中心农垦分中心	398
哈尔滨	344
哈密市	1695
海北藏族自治州	1627
海东市	1625
海南省	1244

海南藏族自治州	1635
海西蒙古族藏族自治州	1645
邯郸市	48
汉中市	1594
杭州	501
合肥	565
和田地区	1720
河北省	30
河池市	1236
河南省	816
河源市	1118
菏泽市	809
贺州市	1220
鹤壁市	847
鹤岗市	357
黑河市	384
黑龙江省	338
黑龙江省森工林区	402
衡水市	86
衡阳市	1007
红河哈尼族彝族自治州	1441
呼和浩特	157
呼伦贝尔市	182
葫芦岛市	285
湖北省	914
湖南省	990
湖州市	526
怀化市	1039
淮安市	464
淮北市	585
淮南市	576
黄冈市	957
黄南藏族自治州	1632
黄山市	598
黄石市	922
惠州市	1104

J

鸡西市	352
吉安市	715
吉林省	292
吉林市	305
济南	740
济宁市	775
济源市	907
佳木斯市	375
嘉兴市	521
嘉峪关市	1509
江门市	1088
江苏省	422
江西省	684
焦作市	859
揭阳市	1146
金昌市	1514
金华市	535
锦州市	252
晋城市	115
晋中市	125
荆门市	946
荆州市	953
景德镇市	691
九江市	698
酒泉市	1540

K

喀什地区	1717
开封市	828
克拉玛依市	1687
克孜勒苏柯尔克孜自治州	1713
昆明	1394

L

拉萨市市直	1471
来宾市	1227
兰州	1501

廊坊市	81
乐山市	1297
丽江市	1421
丽水市	549
连云港市	460
凉山彝族自治州	1341
辽宁省	216
辽阳市	266
辽源市	313
聊城市	800
林芝市	1492
临沧市	1429
临汾市	138
临夏回族自治州	1556
临沂市	793
柳州市	1171
六安市	614
六盘水市	1356
龙岩市	669
陇南市	1553
娄底市	1043
泸州市	1273
洛阳市	833
漯河市	872
吕梁市	142

M

马鞍山市	580
满洲里市	210
茂名市	1097
眉山市	1325
梅州市	1108
绵阳市	1282
牡丹江市	381

N

那曲市	1484
南昌	687

南充市	1301
南京	427
南宁	1162
南平市	665
南通市	455
南阳市	881
内江市	1293
内蒙古自治区	154
宁波市	510
宁德市	674
宁夏回族自治区	1652
怒江傈僳族自治州	1460

P

攀枝花市	1268
盘锦市	270
平顶山市	837
平凉市	1536
平潭综合实验区	678
萍乡市	694
莆田市	648
濮阳市	864
普洱市	1424

Q

七台河市	378
齐齐哈尔市	348
潜江市	978
黔东南苗族侗族自治州	1380
黔南布依族苗族自治州	1384
黔西南布依族苗族自治州	1376
钦州市	1197
秦皇岛市	44
青岛市	744
青海省	1616
清远市	1128
庆阳市	1545
衢州市	540

曲靖市	1399
全国	2
泉州市	656

R

日喀则市	1474
日照市	788

S

三门峡市	877
三明市	652
山东省	734
山南市	1481
山西省	92
山西省省级机关	146
陕西省	1566
汕头市	1079
汕尾市	1114
商洛市	1607
商丘市	886
上海市	412
上饶市	728
韶关市	1066
邵阳市	1011
绍兴市	530
深圳市	1069
神农架林区	985
沈阳	219
省直	394
十堰市	926
石家庄	33
石嘴山市	1661
双鸭山市	362
宿迁市	491
宿州市	610
朔州市	120
四川省	1256
四平市	309

松原市	323
苏州市	447
绥化市	387
随州市	968
遂宁市	1289

T

塔城地区	1728
台州市	556
太原	95
泰安市	779
泰州市	485
唐山市	40
天津市	24
天门市	981
天水市	1523
铁岭市	277
通化市	316
通辽市	174
铜川市	1574
铜陵市	591
铜仁市	1371
吐鲁番市	1691

W

威海市	784
潍坊市	769
渭南市	1585
温州市	516
文山壮族苗族自治州	1446
乌海市	165
乌兰察布市	192
乌鲁木齐	1684
无锡市	432
芜湖市	569
吴忠市	1665
梧州市	1181
武汉	917

武威市	1527

X

西安	1569
西藏自治区	1468
西宁	1619
西双版纳傣族自治州	1449
锡林郭勒盟	201
厦门市	642
仙桃市	975
咸宁市	963
咸阳市	1582
湘潭市	1003
湘西土家族苗族自治州	1047
襄阳市	937
孝感市	949
忻州市	133
新疆生产建设兵团	1738
新疆维吾尔自治区	1680
新乡市	853
新余市	702
信阳市	896
邢台市	52
兴安盟	196
徐州市	438
许昌市	868
宣城市	626

Y

雅安市	1322
烟台市	765
延安市	1590
延边朝鲜族自治州	331
盐城市	469
扬州市	475
阳江市	1123
阳泉市	105
杨凌示范区	1611

伊春市	371
伊犁哈萨克自治州	1724
宜宾市	1305
宜昌市	932
宜春市	720
益阳市	1052
银川	1655
鹰潭市	706
营口市	256
永州市	1033
榆林市	1599
玉林市	1210
玉树藏族自治州	1641
玉溪市	1403
岳阳市	1015
云浮市	1151
云南省	1390
运城市	130

Z

枣庄市	754
湛江市	1093
张家界市	1024
张家口市	65
张掖市	1531
漳州市	661
昭通市	1417
肇庆市	1100
浙江省	498
镇江市	478
郑州	819
中山市	1138
中卫市	1672
舟山市	545
周口市	900
珠海市	1075
株洲市	997

驻马店市	904
资阳市	1329
淄博市	749
自贡市	1264
遵义市	1360